le Robert
& Collins

poche

allemand

français-allemand / allemand-français

le Robert

Collins

HarperCollins Publishers
Westerhill Road
Bishopbriggs
Glasgow
G64 2QT
Great Britain

Dritte Auflage/Troisième édition
2005

www.collins.co.uk

Dictionnaires Le Robert
25, avenue Pierre de Coubertin
75211 Paris cedex 13
France

ISBN 2-84902-233-0

Dépôt légal janvier 2006
Achevé d'imprimer en janvier 2006

Fotosatz/ Photocomposition
Fotosatz Kaufmann, Stuttgart

Gedruckt in Großbritannien von/
Imprimé en Grande-Bretagne par
Clays Ltd, St Ives plc

Inhalt

Table de matières

Warenzeichen

Wörter, die unseres Wissens eingetragene Warenzeichen darstellen, sind als solche gekennzeichnet. Es ist jedoch zu beachten, dass weder das Vorhandensein noch das Fehlen derartiger Kennzeichnungen die Rechtslage hinsichtlich eingetragener Warenzeichen berührt.

Marques déposées

Les termes qui constituent à notre connaisance une marque déposée ont été désignés comme tels. La présence ou l'absence de cette désignation ne peut toutefois être considérée comme ayant valeur juridique.

Abkürzungen

Abréviations

auch	*a.*	aussi
österreichisch	A	autrichien
Abkürzung	*abk, abr*	abréviation
Akronym	*acr*	acronyme
Adjektiv	*adj*	adjectif
Verwaltung	ADMIN	administration
Adverb	*adv*	adverbe
Landwirtschaft	AGR	agriculture
Akkusativ	*akk*	accusatif
Akronym	*akr*	acronyme
Anatomie	ANAT	anatomie
Architektur	ARCHIT	architecture
Artikel	*art*	article
Kunst	ART	beaux arts
Astronomie, Astrologie	ASTR	astronomie, astrologie
Auto, Verkehr	AUTO	automobile
Luftfahrt	AVIAT	aviation
Biologie	BIO	biologie
Botanik	BOT	botanique
Karten	CARTES	cartes
schweizerisch	CH	suisse
Chemie	CHEM, CHIM	chimie
Eisenbahn	CHEMIN DE FER	chemin de fer
Film	CINE	cinéma
Handel	COM	commerce
Konjunktion	*conj*	conjonction
Dativ	*dat*	datif
Schach	ECHECS	échecs
Wirtschaft	ECON	économie
Eisenbahn	EISENBAHN	chemin de fer
Elektrizität	ELEC	électricité
und so weiter	*etc*	et cetera
etwas	*etw*	quelque chose
Femininum	*f*	féminin
umgangssprachlich	*fam*	langue familière
übertragen	*fig*	emploi figuré
Finanzen, Börse	FIN	finance
Fußball	FOOT	football
Fotografie	FOTO	photographie
Gastronomie	GASTR	gastronomie
Genitiv	*gen*	génitif
Geografie, Geologie	GEO	géographie, géologie
Geschichte	HIST	histoire
Imperativ	*imper*	impératif
Imperfekt	*imperf*	imparfait
unpersönlich	*impers*	impersonnel
Indikativ	*ind*	indicatif
Infinitiv	*inf*	infinitif
Informatik, Computer	INFORM	informatique, ordinateurs
Interjektion, Ausruf	*interj*	exclamation

unveränderlich	*inv*	invariable
unregelmäßig	*irr*	irrégulier
jemand, jemandem,	*jd, jdm,*	
jemanden, jemandes	*jdn, jds*	
Rechtsprechung	JUR	domaine juridique
Komparativ	*komp*	comparatif
Konjunktion	*konj*	conjonction
Sprachwissenschaft,	LING	linguistique et
Grammatik		grammaire
Maskulinum	*m*	masculin
Mathematik	MATH	mathématiques
Medizin	MED	médecine
Meteorologie	METEO	météorologie
Maskulinum und	*mf*	masculin et féminin
Femininum		
Militär	MIL	domaine militaire
Musik	MUS	musique
Seefahrt	NAUT	nautisme, navigation
Neutrum	*nt*	neutre
Zahlwort	*num*	adjectif ou nom numérique
oder	*o*	ou
pejorativ, abwertend	*pej*	péjoratif
Physik	PHYS	physique
Plural	*pl*	pluriel
Politik	POL	politique
Partizip Perfekt	*pp*	participe passé
Präfix	*pref*	préfixe
Präposition	*prep*	préposition
Pronomen	*pron*	pronom
Psychologie	PSYCH	psychologie
	qch	quelque chose
	qn	quelqu'un
Warenzeichen	®	marque déposée
Rundfunk	RADIO	radio
Religion	REL	religion
siehe	*s.*	voir
Schule,	SCH, SCOL	domaine scolaire et
Universität		universitaire
süddeutsch	SDEUTSCH	allemand du Sud
trennbares Verb	*sep*	verbe séparable
Singular	*sing*	singulier
Skifahren	SKI	ski
salopp	*sl*	argot allemand
Sport	SPORT	sport
Konjunktiv	*subj*	subjonctif
Superlativ	*superl*	superlatif
Technik	TECH	domaine technique
Nachrichtentechnik	TEL	télécommunications
Tennis	TENNIS	tennis
Theater	THEAT	théâtre
Fernsehen	TV	télévision
Typografie	TYPO	typographie
Universität	UNIV	université
unpersönlich	*unpers*	impersonnel
siehe	*v.*	voir
Verb	*vb*	verbe
Hilfsverb	*vb aux*	verbe auxiliaire

intransitives Verb	*vi*	verbe intransitif
Pronominalverb	*vpr*	verbe pronominal
reflexives Verb	*vr*	verbe réfléchi
transitives Verb	*vt*	verbe transitif
vulgär	*vulg*	emploi vulgaire
Zoologie	ZOOL	zoologie
zwischen zwei Sprechern	–	changement d'interlocuteur
ungefähre Entsprechung	≈	indique une équivalence culturelle
abtrennbares Präfix	ǀ	préfixe séparable

Regelmäßige deutsche Substantivendungen
Terminaisons régulières des noms allemands

nominatif		génitif	pluriel	nominatif		génitif	pluriel
-ade	f	-ade	-aden	-ist	m	-isten	-isten
-ant	m	-anten	-anten	-ium	nt	-iums	-ien
-anz	f	-anz	-anzen	-ius	m	-ius	-iusse
-ar	m	-ars	-are	-ive	f	-ive	-iven
-är	m	-ärs	-äre	-keit	f	-keit	-keiten
-at	nt	-at[e]s	-ate	-lein	nt	-leins	-lein
-atte	f	-atte	-atten	-ling	m	-lings	-linge
-chen	nt	-chens	-chen	-ment	nt	-ments	-mente
-ei	f	-ei	-eien	-mus	m	-mus	-men
-elle	f	-elle	-ellen	-nis	f	-nis	-nisse
-ent	m	-enten	-enten	-nis	nt	-nisses	-nisse
-enz	f	-enz	-enzen	-nom	m	-nomen	-nomen
-ette	f	-ette	-etten	-rich	m	-richs	-riche
-eur	m	-eurs	-eure	-schaft	f	-schaft	-schaften
-euse	f	-euse	-eusen	-sel	nt	-sels	-sel
-heit	f	-heit	-heiten	-tät	f	-tät	-täten
-ie	f	-ie	-ien	-tiv	nt, m	-tivs	-tive
-ik	f	-ik	-iken	-tor	m	-tors	-toren
-in	f	-in	-innen	-tum	m, nt	-tums	-tümer
-ine	f	-ine	-inen	-ung	f	-ung	-ungen
-ion	f	-ion	-ionen	-ur	f	-ur	-uren

Substantive, die mit einem geklammerten 'r' oder 's' enden (**z. B. Angestellte(r)** *mf*, **Beamte(r)** *m*, **Gute(s)** *nt*) werden wie Adjektive dekliniert:

Les noms suivis d'un 'r' ou d'un 's' entre parenthèses (**par example Angestellte(r)** *mf*, **Beamte(r)** *m*, **Gute(s)** *nt*) se déclinent comme des adjectifs:

der Angestellte *m*	**die Angestellte** *f*	**die Angestellten** *pl*
ein Angestellter *m*	**eine Angestellte** *f*	**Angestellte** *pl*
der Beamte *m*		**die Beamten** *pl*
ein Beamter *m*		**Beamte** *pl*
das Gute *nt*		
ein Gutes *nt*		

Lautschrift
Transcription phonétique

Vokale		**Voyelles**	**Konsonanten**		**Consonnes**
plat, amour	[a]	matt	bombe	[b]	Ball
bas, pâte	[ɑ]		dinde	[d]	denn
jouer, été	[e]	Etage	fer, phare	[f]	fern
lait, merci	[ɛ]	Wäsche	gag, bague	[g]	gern
le, premier	[ə]	mache	yeux, paille, pied	[j]	ja
ici, vie, lyre	[i]	Vitamin	coq, qui, képi	[k]	Kind
or, homme	[ɔ]	Most	lent, salle	[l]	links
mot, gauche	[o]	Oase	maman, femme	[m]	Mann
beurre, peur	[œ]	Götter	non, nonne	[n]	Nest
peu, deux	[ø]	Ökonomie	agneau, vigne	[ɲ]	
genou, roue	[u]	zuletzt	camping	[ŋ]	Gong
rue, urne	[y]	Typ	poupée	[p]	Paar
			rare, rentrer	[ʀ]	
			sale, ce, nation	[s]	Bus
			tache, chat	[ʃ]	Stein, Schlag
			gilet, juge	[ʒ]	Etage
			tente, thermal	[t]	Tafel
			vase	[v]	wer
			fouetter, oui	[w]	
			huile, lui	[ɥ]	
			zéro, rose	[z]	singen

Nasale		**Nasales**
sang, dans	[ã]	Gourmand
matin, plein	[ɛ̃]	timbrieren
brun	[œ̃]	Parfum
non, pont	[ɔ̃]	Bonbon

Bei Stichwörtern mit einem „h aspiré" steht in der Lautschrift [']. Diese Wörter werden nicht mit dem vorhergehenden Wort zusammengezogen.

FRANZÖSISCH – DEUTSCH
FRANÇAIS – ALLEMAND

A

A, a [ɑ] *m* A, a *nt*
A *abr de* **autoroute** A *f*
à (à + le = au, à + les = aux) [a, o] *prep* (*situation*) in +*dat*; (*direction*) in +*akk*; (*avec villes*) nach; **donner qch ~ qn** jdm etw geben; **prendre de l'eau ~ la fontaine** Wasser am Brunnen holen; **aller ~ la campagne** aufs Land fahren; **un ami ~ moi** ein Freund von mir; **cinq ~ six heures** fünf bis sechs Stunden; **payer au mois** monatlich bezahlen; **100 km/unités ~ l'heure** 100 Stundenkilometer/Einheiten pro Stunde; **~ 3 heures** um 3 Uhr; **se chauffer au gaz** mit Gas heizen; **l'homme aux yeux verts** der Mann mit den grünen Augen; **~ la semaine prochaine** bis nächste Woche; **~ la russe** auf russische Art
A.B. *abr de* **assez bien** (*SCOL*) befriedigend
abaissement [abɛsmɑ̃] *m* Sinken *nt*; (*de l'âge de la retraite*) Senken *nt*
abaisser ⟨1⟩ [abese] **1.** *vt* (*vitre*) herunterlassen; (*manette*) nach unten drücken; (*prix, limite, niveau*) senken; (*humilier*) demütigen **2.** *vpr* **s'~** sich senken; **s'~ à faire/à qch** sich herablassen, etw zu tun, sich zu etw herablassen
abandon [abɑ̃dɔ̃] *m* Verlassen *nt*; Aufgeben *nt*; (*détente*) Ungezwungenheit *f*; **être à l'~** (*sans entretien*) verwahrlost sein; **abandonner** ⟨1⟩ [abɑ̃dɔne] **1.** *vt* verlassen; (*projet, activité*) aufgeben **2.** *vi* (*SPORT*) aufgeben
abasourdi, e [abazuRdi] *adj* betäubt, benommen; **rester ~** wie betäubt dastehen
abasourdir ⟨8⟩ [abazuRdiR] *vt* betäuben, benommen machen
abat-jour [abaʒuR] *m inv* Lampenschirm *m*
abats [aba] *mpl* (*GASTR*) Innereien *pl*
abattant [abatɑ̃] *m* Ausziehplatte *f*
abattement [abatmɑ̃] *m* (*déduction*) Abzug *m*; (*COM*) Rabatt *m*
abattis [abati] *mpl* **~ de poulet** Hühnerklein *nt*

abattoir [abatwaR] *m* Schlachthof *m*
abattre [abatʀ(ə)] *irr comme* battre **1.** *vt* (*arbre*) fällen; (*mur, maison*) niederreißen; (*avion*) abschießen; (*animal*) schlachten; (*personne*) niederschießen **2.** *vpr* **s'~** (*pluie*) niederprasseln; (*mât, malheur*) niederstürzen (*sur* auf +*akk*); **abattu, e** [abaty] *adj* (*déprimé*) entmutigt; (*fatigué*) entkräftet
abbaye [abei] *f* Abtei *f*
abbé [abe] *m* (*d'une abbaye*) Abt *m*; (*de paroisse*) Pfarrer(in) *m(f)*
abcès [apsɛ] *m* (*MED*) Abszess *m*
abdication [abdikasjɔ̃] *f* Rücktritt *m*, Abdankung *f*
abdiquer ⟨1⟩ [abdike] **1.** *vi* abdanken **2.** *vt* verzichten auf +*akk*
abdomen [abdɔmɛn] *m* Bauch *m*, Unterleib *m*; **abdominal, e** (-aux) [abdɔminal, o] *adj* Unterleibs-; **cavité ~e** Bauchhöhle *f*
abeille [abɛj] *f* Biene *f*
aberrant, e [abeRɑ̃, ɑ̃t] *adj* absurd
abêtir ⟨8⟩ [abetiR] **1.** *vt* verblöden lassen **2.** *vpr* **s'~** verblöden
abhorrer ⟨1⟩ [abɔre] *vt* verabscheuen
abîme [abim] *m* Abgrund *m*
abîmer ⟨1⟩ [abime] **1.** *vt* beschädigen **2.** *vpr* **s'~** (*se détériorer*) kaputtgehen
abject, e [abʒɛkt] *adj* verabscheuungswürdig
abjurer ⟨1⟩ [abʒyRe] *vt* abschwören +*dat*
ablation [ablasjɔ̃] *f* (*MED*) Entfernung *f*
aboiement [abwamɑ̃] *m* Bellen *nt*
abois [abwa] *mpl* **être aux ~** in die Enge getrieben sein
abolir ⟨8⟩ [abɔliR] *vt* abschaffen; **abolition** [abɔlisjɔ̃] *f* Abschaffung *f*
abominable [abɔminabl(ə)] *adj* abscheulich
abondance [abɔ̃dɑ̃s] *f* Reichtum *m*, Fülle *f*; **en ~** in Hülle und Fülle; **abondant, e** *adj* reichlich; **abonder** ⟨1⟩ [abɔ̃de] *vi* im Überfluss vorhanden sein; **~ en** wimmeln von
abonné, e [abɔne] *m, f* (*du téléphone*) Teilnehmer(in) *m(f)*; (*à un journal*) Abon-

nent(in) *m(f)*

abonnement [abɔnmɑ̃] *m* Abonnement *nt; (de transports en commun)* Monats(-fahr)karte *f;* **abonner** ⟨1⟩ [abɔne] *vpr* **s'~ à qch** etw abonnieren

abord [abɔʀ] *m* **être d'un ~ facile/difficile** zugänglich/schwer zugänglich sein; **~s** *mpl (d'un lieu)* Umgebung *f;* **au premier ~** auf den ersten Blick; **d'~** zuerst

abordable [abɔʀdabl] *adj* erschwinglich; *(personne)* umgänglich

aborder ⟨1⟩ [abɔʀde] **1.** *vi (NAUT)* einlaufen **2.** *vt (prendre d'assaut)* entern; *(heurter)* kollidieren mit; *(fig: sujet)* angehen; *(fig: personne)* ansprechen

aboutir ⟨8⟩ [abutiʀ] *vi (projet, discussion)* erfolgreich sein; **~ à/dans/sur** enden in +*dat*

aboyer ⟨6⟩ [abwaje] *vi* bellen

abrasif [abʀazif] *m* Schleifmittel *nt*

abrégé [abʀeʒe] *m* Abriss *m*

abréger ⟨2, 5⟩ [abʀeʒe] *vt* verkürzen, abkürzen; *(texte, mot)* (ab)kürzen

abreuver ⟨1⟩ [abʀœve] *vpr* **s'~** *(animal)* saufen; **abreuvoir** *m* Tränke *f*

abréviation [abʀevjasjɔ̃] *f* Abkürzung *f*

abri [abʀi] *m* Schutz *m; (lieu couvert)* Unterstand *m; (cabane)* Hütte *f;* **être/se mettre à l'~** geschützt sein/sich in Sicherheit bringen *(de* vor +*dat);* **abribus** [abʀibys] *m* überdachte Bushaltestelle, Wartehäuschen *nt*

abricot [abʀiko] *m* Aprikose *f;* **abricotier** [abʀikɔtje] *m* Aprikosenbaum *m*

abriter ⟨1⟩ [abʀite] **1.** *vt (protéger)* schützen; *(recevoir, loger)* unterbringen **2.** *vpr* **s'~** Schutz suchen

abroger ⟨2⟩ [abʀɔʒe] *vt* außer Kraft setzen

abrupt, e [abʀypt] *adj* steil; *(personne, ton)* schroff, brüsk

abruti, e [abʀyti] *m, f* Idiot(in) *m(f)*

abrutir ⟨8⟩ [abʀytiʀ] *vt* benommen machen; **abrutissant, e** [abʀytisɑ̃, ɑ̃t] *adj (bruit)* ohrenbetäubend; *(travail)* stumpfsinnig

abscisse [apsis] *f* Abszisse *f*

absence [apsɑ̃s] *f* Abwesenheit *f,* Fehlen *nt;* **absent, e** [apsɑ̃, ɑ̃t] **1.** *adj* abwesend; *(inexistant)* fehlend; *(air, attitude)* zerstreut **2.** *m, f* Abwesende(r) *mf;* **absentéisme** [apsɑ̃teism] *m* Blaumachen *nt,* Krankfeiern *nt;* **taux d'~** Abwesenheitsquote *f;* **~ parlementaire** Abwesenheit *f* der Abgeordneten (bei Parlamentssitzungen); **~ scolaire** Schulschwänzen *nt;* **absenter** ⟨1⟩ [apsɑ̃te] *vpr* **s'~** sich freinehmen;

(momentanément) weggehen

abside [apsid] *f* Apsis *f*

absinthe [apsɛ̃t] *f (boisson)* Absinth *m; (BOT)* Wermut *m*

absolu, e [apsɔly] **1.** *adj* absolut **2.** *m* **dans l'~** absolut (gesehen); **absolument** *adv* absolut; *(à tout prix)* unbedingt

absolution [apsɔlysjɔ̃] *f (JUR)* Freispruch *m; (REL)* Absolution *f*

absolutisme [apsɔlytism] *m* Absolutismus *m*

absorbant, e [apsɔʀbɑ̃, ɑ̃t] *adj (matière)* saugfähig; *(tâche, travail)* fesselnd

absorber ⟨1⟩ [apsɔʀbe] *vt (manger, boire)* zu sich nehmen; *(liquide, gaz)* absorbieren, aufnehmen; *(temps, attention, personne)* in Anspruch nehmen

absoudre [apsudʀ(ə)] *irr comme* dissoudre *vt* lossprechen

abstenir ⟨9⟩ [apstəniʀ] *vpr* **s'~** *(POL)* sich der Stimme enthalten; **s'~ de qch/de faire qch** etw unterlassen/es unterlassen, etw zu tun; **abstention** [apstɑ̃sjɔ̃] *f* Enthaltung *f;* **abstentionnisme** [apstɑ̃sjɔnism] *m* Wahlverdrossenheit *f;* **abstentionniste** [apstɑ̃sjɔnist] *mf (POL)* Nichtwähler(in) *m(f)*

abstinent, e [apstinɑ̃, ɑ̃t] *adj* abstinent

abstraction [apstʀaksjɔ̃] *f* Abstraktion *f; (idée)* Abstraktum *nt;* **faire ~ de qch** von etw absehen

abstraire [apstʀɛʀ] *irr comme* traire **1.** *vt* abstrahieren **2.** *vpr* **s'~** sich zurückziehen; **abstrait, e** [apstʀɛ, ɛt] *adj* abstrakt

absurde [apsyʀd] *adj* absurd; **absurdité** [apsyʀdite] *f* Absurdität *f*

abus [aby] *m (excès)* Missbrauch *m; (injustice)* Missstand *m;* **~ de confiance** Vertrauensmissbrauch *m;* **abuser** ⟨1⟩ [abyze] **1.** *vi* das Maß überschreiten; **~ de** missbrauchen **2.** *vpr* **s'~** sich irren; **abusif, -ive** [abyzif, iv] *adj (prix)* unverschämt, maßlos; **usage ~** Missbrauch *m*

acacia [akasja] *m* Akazie *f*

académie [akademi] *f (société)* Akademie *f*

Académie française

Die Académie française wurde 1635 von Kardinal Richelieu unter König Louis III gegründet. Sie besteht aus 40 gewählten Gelehrten und Schriftstellern, die als „les Quarante" oder „les Immortels" bekannt sind. Eine der Hauptaufgaben der Académie ist, die Entwicklung der französischen Sprache zu regulieren. Ihre Empfehlungen werden häufig heftig öffentlich diskutiert. Die Académie hat mehrere Ausga-

ben ihres berühmten Wörterbuchs herausgegeben und verleiht verschiedene literarische Preise.

académique adj akademisch; (pej: style) konventionell

Acadie [akadi] f (au Canada) l'~ Akadien nt

acajou [akaʒu] m Mahagoni nt

accablant, e [akablɑ̃, ɑ̃t] adj (témoignage, preuve) niederschmetternd; (chaleur, poids) unerträglich; **accabler** ⟨1⟩ [akable] vt belasten

accalmie [akalmi] f Flaute f

accaparant, e [akaparɑ̃, ɑ̃t] adj Zeit und Energie fordernd

accaparer ⟨1⟩ [akapare] vt sich bemächtigen +gen

accéder ⟨5⟩ [aksede] vt ~ à kommen zu, gelangen zu; (requête, désirs) nachkommen +dat

accélérateur [akseleratœr] m (AUTO) Gaspedal nt; (atomique) Beschleuniger m; **accélération** [akselerasjɔ̃] f Beschleunigung f; **accéléré** [akselere] m Zeitraffer m; **accélérer** ⟨5⟩ [akselere] 1. vt beschleunigen 2. vi (AUTO) beschleunigen; (conducteur) Gas geben

accent [aksɑ̃] m Akzent m; (inflexions expressives) Tonfall m; (LING: intonation) Betonung f; (signe) Akzentzeichen nt, Akzent m; **mettre l'~ sur qch** (fig) etw betonen; **accentuer** ⟨1⟩ [aksɑ̃tɥe] 1. vt (orthographe) einen Akzente setzen auf +akk; (intonation, fig) betonen; (augmenter) steigern 2. vpr **s'~** zunehmen

acceptable [akseptabl(ə)] adj annehmbar

acceptation [akseptasjɔ̃] f (d'invitation, condition, offre) Annahme f; (de risque, de responsabilité, de tolérance, d'intégration) Akzeptieren nt; (de fait, d'hypothèse) Anerkennung f

accepter ⟨1⟩ [aksepte] vt annehmen; (risque, responsabilité) auf sich akk nehmen; (fait, hypothèse) anerkennen; (personne) akzeptieren; ~ **de faire qch** einwilligen, etw zu tun; ~ **que** (tolérer) dulden, dass

acception [aksepsjɔ̃] f Bedeutung f

accès [akse] 1. m Zugang m; (MED: de fièvre) Anfall m; (MED: de boutons) Ausbruch m; (INFORM) Zugriff m; ~ **de colère/joie** Wutanfall/Freudenausbruch m; ~ **à Internet** Internetzugriff; ~ **codé** Passwortschutz m 2. mpl (route, etc) Zufahrtsstraße f; **accessible** [aksesibl(ə)] adj leicht zu erreichen; (livre, sujet) zugänglich

accessoire [akseswar] m (mécanique) Zubehörteil nt

accident [aksidɑ̃] m Unglück nt; (de voiture) Unfall m; (événement fortuit) Zufall m; **par ~** zufälligerweise, durch Zufall; ~ **de travail** Arbeitsunfall

accidenté, e [aksidɑ̃te] adj (terrain) uneben; (personne) verunglückt; (voiture) beschädigt

acclamation [aklamasjɔ̃] f **par ~** durch Akklamation; ~**s** Beifall m

acclamer ⟨1⟩ [aklame] vt zujubeln +dat

acclimater ⟨1⟩ [aklimate] vpr **s'~** sich akklimatisieren

accolade [akɔlad] f (amicale) Umarmung f; (signe) geschweifte Klammer

accommodant, e [akɔmɔdɑ̃, ɑ̃t] adj zuvorkommend

accommoder ⟨1⟩ [akɔmɔde] 1. vt (GASTR) zubereiten; (points de vue) miteinander vereinbaren 2. vpr **s'~ de** sich abfinden mit

accompagnateur, -trice [akɔ̃paɲatœr, tris] m, f Begleiter(in) m(f); (de voyage organisé) Reisebegleiter(in) m(f); **accompagnement** [akɔ̃paɲmɑ̃] m Begleitung f; **accompagner** ⟨1⟩ [akɔ̃paɲe] vt begleiten

accompli, e [akɔ̃pli] adj **musicien ~** vollendeter Musiker

accomplir ⟨8⟩ [akɔ̃plir] 1. vt (tâche, projet) ausführen; (souhait, vœu) erfüllen 2. vpr **s'~** in Erfüllung gehen

accord [akɔr] m Übereinstimmung f; (convention) Abkommen nt; (consentement) Zustimmung f; (MUS) Akkord m; **être d'~ (pour faire qch)** einverstanden sein (, etw zu tun); **être d'~ (avec qn)** (mit jdm) übereinstimmen; ~ **commercial** Handelsabkommen nt; ~ **de libre échange** Freihandelsabkommen; **accord-cadre** (accords-cadres) [akɔrkadr] m Rahmenabkommen nt

accordéon [akɔrdeɔ̃] m Akkordeon nt; **accordéoniste** [akɔrdeɔnist] mf Akkordeonspieler(in) m(f)

accorder ⟨1⟩ [akɔrde] vt (faveur, délai) bewilligen; (harmoniser) abstimmen (avec qch mit etw); (MUS) stimmen; **je vous accorde que …** ich gebe zu, dass …

accoster ⟨1⟩ [akɔste] vt (NAUT) anlegen; (personne) ansprechen

accotement [akɔtmɑ̃] m (de route) Rand m

accouchement [akuʃmɑ̃] m Entbindung f; **accoucher** ⟨1⟩ [akuʃe] vi entbinden; ~ **d'un enfant** ein Kind gebären

accouder ⟨1⟩ [akude] vpr **s'~ à/contre**

sich mit den Ellbogen stützen auf +akk;
accoudoir [akudwaʀ] m Armlehne f
accoupler ⟨1⟩ [akuple] 1. vt (moteurs,
bœufs) koppeln; (idées) verbinden 2. vpr
s'~ sich paaren
accourir [akuʀiʀ] irr comme courir vi ⟨avec
être⟩ herbeilaufen
accoutrement [akutʀəmã] m (pej) Aufzug m; **accoutrer** ⟨1⟩ [akutʀe] 1. vt auftakeln 2. vpr **s'~** sich auftakeln
accoutumance [akutymãs] f Süchtigkeit
f
accoutumé, e [akutyme] adj gewohnt (à
qch an etw akk)
accréditer ⟨1⟩ [akʀedite] vt (nouvelle)
glaubwürdig erscheinen lassen; ~ qn
auprès de qn jdn bei jdm akkreditieren
accro [akʀo] adj (fam) süchtig; **être ~ à la
cocaïne** kokainsüchtig sein
accroc [akʀo] m (déchirure) Riss m; (fig)
Schwierigkeit f, Problem nt
accrochage [akʀɔʃaʒ] m Aufhängen nt;
(AUTO) Zusammenstoß m
accroche-cœur (accroche-cœurs)
[akʀɔʃkœʀ] m Schmachtlocke f
accrocher ⟨1⟩ [akʀɔʃe] 1. vt (suspendre)
aufhängen; (attacher) anhängen; (heurter)
anstoßen; (déchirer) hängenbleiben mit;
(MIL) angreifen; (attention, regard, client)
anziehen 2. vpr **s'~** einen Zusammenstoß
haben; **s'~ à** hängenbleiben an +dat;
(agripper, fig) sich klammern an +akk
accrocheur, -euse [akʀɔʃœʀ, øz] adj (vendeur, concurrent) beharrlich; (publicité, titre)
zugkräftig
accroissement [akʀwasmã] m Zunahme
f
accroître [akʀwatʀ(ə)] irr comme croître
1. vt vergrößern 2. vpr **s'~** anwachsen,
stärker werden
accroupir ⟨8⟩ [akʀupiʀ] vpr **s'~** hocken,
kauern
accru, e [akʀy] adj verstärkt
accueil [akœj] m Empfang m; **accueillant, e** adj gastfreundlich; **accueillir**
[akœjiʀ] irr comme cueillir vt begrüßen;
(loger) unterbringen
accumulateur [akymylatœʀ] m Akku m
accumulation [akymylasjɔ̃] f Anhäufung
f
accumuler ⟨1⟩ [akymyle] 1. vt anhäufen;
(retard) vergrößern 2. vpr **s'~** sich ansammeln; sich vergrößern
accusateur, -trice [akyzatœʀ, tʀis] 1. m, f
Ankläger(in) m(f) 2. adj anklagend; (document, preuve) belastend
accusatif [akyzatif] m Akkusativ m

accusation [akyzasjɔ̃] f Beschuldigung f;
(JUR) Anklage f; (JUR: partie) Anklagevertre-
tung f; **accusé, e** 1. m, f (JUR) Ange-
klagte(r) m f 2. m ~ **de réception** Empfangsbestätigung f; (de poste) Rückschein
m; **accuser** ⟨1⟩ [akyze] vt beschuldigen;
(JUR) anklagen; (faire ressortir) betonen; ~
qn de qch jdn einer Sache gen beschuldigen [o anklagen]
acerbe [asɛʀb(ə)] adj bissig
Ach. abr de **achète, achetons** kaufe
achalandé, e [aʃalãde] adj **bien/mal ~**
(magasin) gut/schlecht ausgestattet
acharné, e [aʃaʀne] adj (lutte, adversaire)
unerbittlich, erbarmungslos; (travailleur)
unermüdlich; **acharnement** [aʃaʀnəmã]
m (de lutte) Unerbittlichkeit f; (de travail)
Unermüdlichkeit f; **acharner** ⟨1⟩ vpr **s'~
contre** [o sur] qn jdn erbarmungslos
angreifen; (malchance) jdn verfolgen; **s'~
à faire qch** etw unbedingt tun wollen
achat [aʃa] m Kauf m; **faire des ~s** einkaufen; ~ **au comptant** Barkauf
acheminer ⟨1⟩ [aʃ(ə)mine] 1. vt senden
2. vpr **s'~ vers** zusteuern auf +akk
acheter ⟨4⟩ [aʃ(ə)te] vt kaufen; ~ **qch à
qn** (provenance) etw von jdm kaufen; (destination) etw für jdn kaufen; **acheteur,
-euse** m, f (client) Käufer(in) m(f)
achevé, e [aʃ(ə)ve] adj **d'un ridicule ~**
völlig lächerlich; **d'un comique ~** ungeheuer komisch
achever ⟨4⟩ [aʃ(ə)ve] 1. vt beenden;
(blessé) den Gnadenschuss geben +dat
2. vpr **s'~** zu Ende gehen
acide [asid] 1. adj sauer 2. m (CHIM) Säure
f; ~ **ascorbique** Ascorbinsäure; ~ **désoxyribonucléique** Desoxyribonukleinsäure; ~ **ribonucléique** Ribonukleinsäure;
acidité [asidite] f Säure f
acidulé, e [asidyle] adj säuerlich; **vert ~**
Giftgrün nt
acier [asje] m Stahl m; ~ **inoxydable**
nichtrostender Stahl; **aciérie** [asjeʀi] f
Stahlwerk nt
acné [akne] m Akne f
acolyte [akɔlit] m (pej) Komplize (Komplizin) m(f)
acompte [akɔ̃t] m Anzahlung f
Açores [asɔʀ] fpl **les ~** die Azoren
à-coup [aku] m Ruck m; **sans/par ~s**
glatt/ruckartig [o stoßweise]
acoustique [akustik] 1. adj akustisch 2. f
Akustik f
acquéreur [akeʀœʀ] m Käufer(in) m(f)
acquérir [akeʀiʀ] irr vt (biens) erwerben,
kaufen; (habitude) annehmen; (valeur)

bekommen; (*droit*) erlangen; (*certitude*) gelangen zu

acquiescer ⟨2⟩ [akjese] *vi* zustimmen

acquis, e [aki, iz] **1.** *pp de* **acquérir 2.** *adj* (*habitude, caractère*) angenommen; (*résultat, vitesse*) erreicht

acquisition [akizisjɔ̃] *f* (*achat*) Kauf *m*; (*de célébrité, droit*) Erlangen *nt*; (*objet acquis*) Erwerbung *f*

acquit [aki] *m* (*quittance*) Quittung *f*; **par ~ de conscience** zur Gewissensberuhigung

acquittement [akitmɑ̃] *m* (*d'un accusé*) Freispruch *m*; (*de facture*) Begleichung *f*; (*de promesse*) Einlösen *nt*; (*de tâche*) Ausführung *f*

acquitter ⟨1⟩ [akite] **1.** *vt* (*JUR*) freisprechen; (*payer*) begleichen **2.** *vpr* **s'~ de** (*d'un devoir, engagement*) nachkommen +*dat*; (*travail*) erledigen

âcre [ɑkʀ(ə)] *adj* bitter, herb

acrimonie [akʀimɔni] *f* Bitterkeit *f*

acrobate [akʀɔbat] *mf* Akrobat(in) *m(f)*; **acrobatie** [akʀɔbasi] *f* (*art*) Akrobatik *f*; (*exercice*) akrobatisches Kunststück; **acrobatique** [akʀɔbatik] *adj* akrobatisch

acronyme [akʀɔnim] *m* Akronym *nt*

acrylique [akʀilik] *m* Acryl *nt*

acte [akt(ə)] *m* (*action, geste*) Tat *f*; (*papier, document*) Akte *f*; (*THEAT*) Akt *m*; **~s** *mpl* (*compte rendu*) Protokoll *nt*; **prendre ~ de qch** etw zur Kenntnis nehmen; **faire ~ de présence** sich sehen lassen; **faire ~ de candidature** kandidieren; **~ de naissance** Geburtsurkunde *f*

acteur, -trice [aktœʀ, tʀis] *m, f* Schauspieler(in) *m(f)*

actif, -ive [aktif, iv] **1.** *adj* aktiv **2.** *m* (*COM*) Aktiva *pl*; **mettre/avoir qch à son ~** (*fig*) etw auf seine Erfolgsliste setzen/etw als Erfolg verbuchen können

action [aksjɔ̃] *f* (*acte*) Tat *f*; (*activité*) Tätigkeit *f*; (*effet*) Wirkung *f*; (*THEAT, CINE*) Handlung *f*; (*COM*) Aktie *f*; **mettre en ~** in die Tat umsetzen; **passer à l'~** zur Tat schreiten, aktiv werden; **un film d'~** ein Actionfilm; **bonne ~** gute Tat; **liberté d'~** Handlungsfreiheit *f*; **portefeuille d'~s** (*COM*) Aktienpaket *nt*; **~ de décompresser** Chill-out *nt*; **~ en diffamation** Verleumdungsklage *f*; **actionnaire** [aksjɔnɛʀ] *mf* Aktionär(in) *m(f)*

actionner ⟨1⟩ [aksjɔne] *vt* betätigen

activer ⟨1⟩ [aktive] **1.** *vt* (*accélérer*) beschleunigen; (*CHIM*) aktivieren **2.** *vpr* **s'~** sich betätigen

activisme [aktivism] *m* Aktivismus *m*;

activiste [aktivist] *mf* Aktivist(in) *m(f)*

activité [aktivite] *f* Aktivität *f*; (*occupation, loisir*) Betätigung *f*; **~ professionnelle** Erwerbstätigkeit *f*

actrice *f v.* **acteur**

actualiser ⟨1⟩ [aktɥalize] *vt* (*ouvrage*) aktualisieren

actualité [aktɥalite] *f* Aktualität *f*; **~s** *fpl* (*TV*) Nachrichten *pl*

actuel, le [aktɥɛl] *adj* (*présent*) augenblicklich; (*d'actualité*) aktuell; **actuellement** *adv* derzeit

acuponcteur, -trice [akypɔ̃ktœʀ, tʀis] *m, f* Akupunkteur (Akupunkteuse) *m(f)*; **acuponcture, acupuncture** [akypɔ̃ktyʀ] *f* Akupunktur *f*

adage [adaʒ] *m* Sprichwort *nt*

adaptable [adaptabl] *adj* anpassungfähig; (*chose*) anpassbar

adaptateur [adaptatœʀ] *m* (*ELEC*) Adapter *m*, Zwischenstecker *m*; **~ de réseau** (*INFORM*) Netzwerkkarte *f*

adaptation [adaptasjɔ̃] *f* Anpassung *f*; (*d'un texte*) Bearbeitung *f*

adapter ⟨1⟩ [adapte] **1.** *vt* (*œuvre*) bearbeiten; **~ qch à** (*approprier*) etw anpassen an +*akk*; (*fixer*) etw anbringen auf/in/an +*dat* **2.** *vpr* **s'~** (*personne*) sich anpassen (*à* an +*akk*)

addenda [adɛ̃da] *m* Nachtrag *m*

additif [aditif] *m* Zusatz *m*

addition [adisjɔ̃] *f* Hinzufügen *nt*; (*MATH*) Addition *f*; (*au restaurant*) Rechnung *f*;

additionnel, le [adisjɔnɛl] *adj* zusätzlich;

additionner ⟨1⟩ [adisjɔne] *vt* (*MATH*) addieren; **~ un produit/vin d'eau** einem Produkt Wasser hinzufügen/Wein mit Wasser strecken

adepte [adɛpt(ə)] *mf* Anhänger(in) *m(f)*

adéquat, e [adekwa, at] *adj* passend, angebracht

adhérence [adeʀɑ̃s] *f* Haftung *f*; **~ au sol** Bodenhaftung

adhérent, e [adeʀɑ̃, ɑ̃t] *m, f* Mitglied *nt*

adhérer ⟨5⟩ [adeʀe] *vi* **~ à** (*coller*) haften an +*dat*; (*se rallier à: parti, club*) beitreten +*dat*; (*à une opinion*) unterstützen, eintreten für

adhésif, -ive [adezif, iv] **1.** *adj* haftend **2.** *m* Selbstklebefolie *f*; (*colle*) Klebstoff *m*

adhésion [adezjɔ̃] *f* Beitritt *m*; (*à une opinion*) Unterstützung *f*

adieu (x) [adjø] **1.** *interj* Lebe wohl! **2.** *m* Abschied *m*

adipeux, -euse [adipø, øz] *adj* Fett-; (*obèse*) fett

adjectif [adʒɛktif] *m* Adjektiv *nt*; **adjecti-**

val, e (-aux) [adʒɛktival, o] *adj* adjektivisch

adjoindre [adʒwɛ̃dʀ(ə)] *irr comme* joindre *vt* ~ **qch à qch** etw einer Sache *dat* beifügen; **s'**~ **un collaborateur** sich *dat* einen Mitarbeiter ernennen; **adjoint, e** [adʒwɛ̃, ɛ̃t] *m, f* (**directeur**) ~ stellvertretender Direktor; ~ **au maire** zweiter Bürgermeister

adjudication [adʒydikasjɔ̃] *f* (*vente aux enchères*) Versteigerung *f*; (*attribution aux enchères*) Zuschlag *m*; (*marché administratif*) Ausschreibung *f*; (*attribution*) Vergabe *f*

adjuger ⟨2⟩ [adʒyʒe] *vt* zusprechen; **adjugé!** (*vendu*) verkauft!

admettre [admɛtʀ(ə)] *irr comme* mettre *vt* (*visiteur, nouveau venu*) hereinlassen; (*patient, membre*) aufnehmen (*dans* in +*akk*); (*comportement*) durchgehen lassen; (*fait, point de vue*) anerkennen; (*explication*) gelten lassen; ~ **que** zugeben, dass

administrateur, -trice [administʀatœʀ, tʀis] *m, f* Verwalter(in) *m(f)*; ~ **judiciaire** Konkursverwalter; ~ **de courrier** (INFORM) Postmaster *m*; **administratif, -ive** *adj* administrativ, Verwaltungs-; (*style, paperasserie*) bürokratisch; **administration** [administʀasjɔ̃] *f* Verwaltung *f*; **l'Administration** die Verwaltung, der Verwaltungsdienst; **administrer** ⟨1⟩ *vt* (*diriger*) führen, leiten; (*remède, correction*) verabreichen; (*sacrement*) spenden

admirable [admiʀabl(ə)] *adj* bewundernswert; **admirateur, -trice** [admiʀatœʀ, tʀis] *m, f* Bewunderer (Bewunderin) *m(f)*; **admiratif, -ive** [admiʀatif, iv] *adj* bewundernd; **admiration** [admiʀasjɔ̃] *f* Bewunderung *f*; **être en** ~ **devant qch** etw voller Bewunderung betrachten; **admirer** ⟨1⟩ *vt* bewundern

admissible [admisibl(ə)] *adj* (*comportement*) zulässig; (SCOL: *candidat*) (zur mündlichen Prüfung) zugelassen

admission [admisjɔ̃] *f* Einlass *m*; Aufnahme *f* (*à* in +*akk*); Zulassung *f*; (*patient*) Neuaufnahme *f*

A.D.N. *m abr de* **acide désoxyribonucléique** DNS *f*

ado [ado] *m, f* (*fam: adolescent*) Jugendliche(r) *mf*

adolescence [adɔlesɑ̃s] *f* Jugend *f*; **adolescent, e 1.** *adj* jugendlich **2.** *m, f* Jugendliche(r) *mf*

adonner ⟨1⟩ [adɔne] *vpr* **s'**~ **à** sich hingebungsvoll widmen +*dat*

adopter ⟨1⟩ [adɔpte] *vt* (*projet de loi*) ver-

abschieden; (*politique, attitude, mode*) annehmen; (*enfant*) adoptieren

adoptif, -ive [adɔptif, iv] *adj* Adoptiv-; (*patrie, ville*) Wahl-

adoption [adɔpsjɔ̃] *f* (*de motion*) Verabschiedung *f*; (*de politique, attitude*) Annahme *f*; (*d'un enfant*) Adoption *f*; (*d'un nouveau venu*) Aufnahme *f*; **c'est sa patrie d'**~ das ist seine Wahlheimat

adorable [adɔʀabl(ə)] *adj* bezaubernd; **adoration** [adɔʀasjɔ̃] *f* Verehrung *f*; (REL) Anbetung *f*; **être en** ~ **devant** abgöttisch lieben; **adorer** ⟨1⟩ [adɔʀe] *vt* über alles lieben; (REL) anbeten

adosser ⟨1⟩ [adose] **1.** *vt* ~ **qch à/contre** etw lehnen an/gegen +*akk* **2.** *vpr* **s'**~ **à** sich lehnen an/gegen +*akk*

adoucir ⟨8⟩ [adusiʀ] **1.** *vt* (*goût*) verfeinern; (*peau*) weich machen; (*caractère*) abschwächen; (*peine*) mildern **2.** *vpr* **s'**~ sich verfeinern; (*caractère*) sich abschwächen; (*température*) abnehmen; **adoucissant** *m* Weichspüler *m*; **adoucissement** [adusismɑ̃] *m* Milderung *f*; **adoucisseur** [adusisœʀ] *m* ~ **d'eau** Wasserenthärter *m*

adrénaline [adʀenalin] *f* Adrenalin *nt*

adresse [adʀɛs] *f* (*domicile*, INFORM) Adresse *f*; (*habileté*) Geschicklichkeit *f*; ~ **électronique** E-Mail-Adresse; ~ **URL** URL *f*; **adresser** ⟨1⟩ [adʀese] **1.** *vt* (*lettre*) schicken (*à* an +*akk*); (*écrire l'adresse sur*) adressieren; (*injure, compliments*) richten (*à* an +*akk*) **2.** *vpr* **s'**~ **à** (*parler à*) sprechen zu; (*destinataire*) sich richten an +*akk*

Adriatique [adʀiatik] *f* Adria *f*

adroit, e [adʀwa, at] *adj* geschickt

adulte [adylt(ə)] **1.** *mf* Erwachsene(r) *mf* **2.** *adj* (*chien, arbre*) ausgewachsen; (*attitude*) reif

adultère [adyltɛʀ] *m* Ehebruch *m*

advenir ⟨9⟩ [advaniʀ] *vi* ⟨*avec être*⟩ geschehen, sich ereignen; **qu'est-il advenu de …?** was ist aus … geworden?

adverbe [advɛʀb(ə)] *m* Adverb *nt*; **adverbial, e** (-aux) [advɛʀbjal, o] *adj* adverbial

adversaire [advɛʀsɛʀ] *mf* Gegner(in) *m(f)*

adverse [advɛʀs] *adj* gegnerisch; **la partie** ~ die Gegenpartei

adversité [advɛʀsite] *f* Not *f*

A.E. *fpl abr de* **Affaires étrangères** (POL) AA *nt*

aérateur [aeʀatœʀ] *m* Ventilator *m*

aération [aeʀasjɔ̃] *f* Lüftung *f*

aérer ⟨5⟩ [aeʀe] *vt* lüften; (*style*) auflockern

aérien, ne [aeʀjɛ̃, ɛn] *adj* (AVIAT) Luft-;

(câble) oberirdisch; **métro** ~ Hochbahn *f*

aérobic [aeʀobik] *f* Aerobic *nt*

aérodrome [aeʀodʀom] *m* Flugplatz *m*

aérodynamique [aeʀodinamik] **1.** *adj* aerodynamisch **2.** *f* Aerodynamik *f*

aérofrein [aeʀofʀɛ̃] *m* Bremsklappe *f*, Landeklappe *f*

aérogare [aeʀogaʀ] *f (à l'aéroport)* Flughafen *m*; *(en ville)* Airterminal *m*

aéroglisseur [aeʀoglisœʀ] *m* Luftkissenboot *nt*

aérogramme [aeʀogʀam] *m* Luftpostleichtbrief *m*

aéromodélisme [aeʀomɔdelism] *m* Modellflugzeugbau *m*

aéronaute [aeʀonot] *mf* Ballonfahrer(in) *m(f)*; **aéronautique** [aeʀonotik] *adj* aeronautisch

aéronaval, e [aeʀonaval] *adj* Luft- und See-

aéronef [aeʀonɛf] *m* Luftschiff *nt*

aéroport [aeʀopɔʀ] *m* Flughafen *m*

aéropostal, e (-aux) [aeʀopɔstal, o] *adj* Luftpost-

aérosol [aeʀosɔl] *m (bombe)* Spraydose *f*

aérospatial, e (-aux) [aeʀospasjal, o] **1.** *adj* Raumfahrt- **2.** *f* Raumfahrt *f*

aérostat [aeʀosta] *m* Ballon *m*

aérotrain® [aeʀotʀɛ̃] *m* Luftkissenzug *m*

affabilité [afabilite] *f* Umgänglichkeit *f*; **affable** [afabl(ə)] *adj* umgänglich

affaiblir ⟨8⟩ [afeblir] **1.** *vt* schwächen **2.** *vpr* **s'**~ schwächer werden; **affaiblissement** [afeblismã] *m* Schwächung *f*; *(de la vue, mémoire)* Nachlassen *nt*

affairé, e [afeʀe] *adj* geschäftig

affaire [afeʀ] *f (problème, question)* Angelegenheit *f*; *(criminelle, judiciaire)* Fall *m*; *(scandale)* Affäre *f*; *(COM)* Geschäft *nt*; *(occasion intéressante)* günstige Gelegenheit; ~**s** *fpl (intérêts privés ou publics)* Geschäfte *pl*; *(effets personnels)* Sachen *pl*; **Affaires étranges** Auswärtige Angelegenheiten; ~ **de mœurs** Sexskandal *m*; **ce sont mes/tes** ~**s** *(cela me/te concerne)* das ist meine/deine Sache; **avoir** ~ **à qn/qch** es mit jdm/etw zu tun haben

affairer ⟨1⟩ [afeʀe] *vpr* **s'**~ geschäftig hin und her eilen

affairisme [afeʀism] *m* Geschäftemacherei *f*

affaissement [afesmã] *m* ~ **de terrain** Erdrutsch *m*

affaisser ⟨1⟩ [afese] *vpr* **s'**~ *(terrain, immeuble)* einstürzen; *(personne)* zusammenbrechen

affaler ⟨1⟩ [afale] *vpr* **s'**~ sich erschöpft

fallen lassen *(dans/sur* in/auf *+akk)*

affamé, e [afame] *adj* ausgehungert

affamer ⟨1⟩ [afame] *vt* aushungern

affectation [afɛktasjɔ̃] *f (de crédits)* Zweckbindung *f*; *(à un poste)* Zuweisung *f*; *(manque de naturel)* Geziertheit *f*; *(simulation)* Heuchelei *f*

affecté, e [afɛkte] *adj* geziert; *(feint)* geheuchelt

affecter ⟨1⟩ [afɛkte] *vt (émouvoir)* berühren, treffen; *(feindre)* vortäuschen; *(allouer)* zuteilen *(à dat)*; ~ **qch d'un signe** *(MATH)* etw mit einem Zeichen versehen

affectif, -ive [afɛktif, iv] *adj* Gefühls-

affection [afɛksjɔ̃] *f* Zuneigung *f*; *(MED)* Leiden *nt*

affectionner ⟨1⟩ [afɛksjɔne] *vt* mögen

affectueux, -euse [afɛktɥø, øz] *adj* liebevoll

affermir ⟨8⟩ [afɛʀmiʀ] *vt (décision)* bekräftigen; *(pouvoir, fig)* festigen

affichage [afiʃaʒ] *m* Anschlag *m*; *(INFORM)* Anzeige *f*, Display *nt*; **montre à** ~ **numérique** Digitaluhr *f*; ~ **du numéro de l'appelant** Rufnummeranzeige

affiche [afiʃ] *f* Plakat *nt*; **être à l'**~ *(THEAT, CINE)* gespielt werden; **tenir l'**~ lang auf dem Programm stehen; **afficher** ⟨1⟩ *vt* anschlagen; *(attitude)* zur Schau stellen; **afficheur** *m* Plakatankleber *m*; *(INFORM)* Display *nt*; ~ **à cristaux liquides** Flüssigkristallanzeige *f*, LCD-Anzeige *f*

affilée [afile] *adv* **d'**~ ununterbrochen

affiliation [afiljasjɔ̃] *f* Mitgliedschaft *f*

affilier ⟨1⟩ [afilje] *vpr* **s'**~ **à** Mitglied werden bei

affinité [afinite] *f* Verwandtschaft *f*, Affinität *f*

affirmatif, -ive [afiʀmatif, iv] **1.** *adj (réponse)* bejahend; *(personne)* positiv **2.** *f* **répondre par l'affirmative** ja sagen, mit Ja antworten

affirmation [afiʀmasjɔ̃] *f (assertion)* Behauptung *f*

affirmative [afiʀmativ] *f* **répondre par l'**~ mit Ja antworten; **dans l'**~ im Falle einer positiven Antwort

affirmer ⟨1⟩ [afiʀme] *vt (prétendre, assurer)* behaupten; *(désir, autorité)* geltend machen

affliction [afliksjɔ̃] *f* Kummer *m*

affligé, e [afliʒe] *adj* erschüttert; ~ **d'une maladie** an einer Krankheit leidend; **affliger** ⟨2⟩ *vt (peiner)* zutiefst bekümmern

affluence [aflyãs] *f* **heure/jour d'**~ Stoßzeit *f*

affluent [aflyã] *m (GEO)* Nebenfluss *m*

affluer ⟨1⟩ [aflye] vi (secours, biens) eintreffen; (sang, gens) strömen

afflux [afly] m Andrang m, Strom m; ~ **de réfugiés** Flüchtlingsstrom

affolant, e [afɔlɑ̃, ɑ̃t] adj erschreckend; (fam) verrückt; **c'est ~!** das ist zum Verrücktwerden; **affolé, e** [afɔle] adj durcheinander, in Panik; **affolement** [afɔlmɑ̃] m Aufregung f; **affoler** ⟨1⟩ vt verrückt machen **2.** vpr **s'~** durchdrehen

affranchir ⟨2⟩ [afrɑ̃ʃiʀ] vt freimachen; (esclave) freilassen; (d'une contrainte, menace) befreien; **affranchissement** [afrɑ̃ʃismɑ̃] m (d'une lettre, d'un paquet) Frankieren nt; (prix payé) Porto nt; (d'un esclave) Freilassung f; (fig) Befreiung f

affréter ⟨5⟩ [afʀete] vt (véhicule, bateau) mieten

affreux, -euse [afʀø, øz] adj schrecklich

affrontement [afʀɔ̃tmɑ̃] m Zusammenstoß m; (MIL, fig) Konfrontation f; **affronter** ⟨1⟩ vt (adversaire) entgegentreten +dat

affût [afy] m **être à l'~ de qch** auf etw akk lauern

affûter ⟨1⟩ [afyte] vt (outil) schärfen

afghan, e [afgɑ̃, an] adj afghanisch; **Afghanistan** [afganistɑ̃] m **l'~** Afghanistan nt

afin [afɛ̃] conj ~ **que** +subj so dass, damit; ~ **de faire** um zu tun

AFNOR [afnɔʀ] f acr de **Association française de normalisation** französischer Normenverband

a fortiori [afɔʀsjɔʀi] adv umso mehr

A.F.P. f abr de **Agence France-Presse** französische Presseagentur

AFPA [afpa] f acr de **Association pour la formation professionnelle des adultes** Organisation für die Erwachsenenbildung

africain, e [afʀikɛ̃, ɛn] adj afrikanisch; **Africain, e** m, f Afrikaner(in) m(f); **Afrique** [afʀik] f **l'~** Afrika nt; **l'~ du Nord** Nordafrika; **l'~ du Sud** Südafrika

afro [afʀo] adj inv **coiffure ~** Afrolook m

A.G. f abr de **assemblée générale** Generalversammlung f

agaçant, e [agasɑ̃, ɑ̃t] adj nervig; **agacement** [agasmɑ̃] m Gereiztheit f; **agacer** ⟨2⟩ [agase] vt aufregen

agate [agat] f Achat m

âge [aʒ] m Alter nt; (ère) Zeitalter nt; **quel ~ as-tu?** wie alt bist du?; **âgé, e** [aʒe] adj alt; ~ **de 10 ans** 10 Jahre alt

agence [aʒɑ̃s] f Agentur f; (succursale) Filiale f; ~ **immobilière/matrimoniale/de publicité/de voyages** Immobilienbüro nt/

Eheinstitut nt/Werbeagentur/Reisebüro nt

agencer ⟨2⟩ [aʒɑ̃se] vt (éléments, texte) zusammenfügen, arrangieren; (appartement) einrichten

agenda [aʒɛ̃da] m Kalender m

agenouiller ⟨1⟩ [aʒ(ə)nuje] vpr **s'~** (sich) niederknien

agent [aʒɑ̃] m (élément, facteur) Faktor m; ~ **d'assurances** Versicherungsmakler(in) m(f); ~ **de change** Börsenmakler(in) m(f); ~ **(de police)** Polizist(in) m(f); ~ **économique global** Globalplayer m

A.G.F. fpl abr de **Assurances générales de France** französische Versicherungsgesellschaft

agglomération [aglɔmeʀasjɔ̃] f Ortschaft f; **l'~ parisienne** der Großraum Paris

aggloméré [aglɔmeʀe] m Pressspan m

agglomérer ⟨5⟩ [aglɔmeʀe] vt anhäufen; (TECH) verbinden

aggravant, e [agʀavɑ̃, ɑ̃t] adj **circonstances ~es** erschwerende Umstände;

aggravation [agʀavasjɔ̃] f Verschlimmerung f; **aggraver** ⟨1⟩ [agʀave] vt verschlimmern; (peine) erhöhen

agile [aʒil] adj beweglich; **agilité** [aʒilite] f Beweglichkeit f

agio [aʒjo] m (FIN) Agio nt

agir ⟨8⟩ [aʒiʀ] vi handeln; (se comporter) sich verhalten; (avoir de l'effet) wirken; **de quoi s'agit-il?** um was handelt es sich?

agissements [aʒismɑ̃] mpl Machenschaften pl

agitateur, -trice [aʒitatœʀ, tʀis] m, f Agitator(in) m(f)

agitation [aʒitasjɔ̃] f Bewegung f; (excitation, inquiétude) Erregung f; (POL) Aufruhr m; **agité, e** [aʒite] adj unruhig; (troublé, excité) aufgeregt, erregt; (mer) aufgewühlt; **agiter** ⟨1⟩ vt schütteln; (préoccuper) beunruhigen

agneau (x) [aɲo] m Lamm nt; (GASTR) Lammfleisch nt

agonie [agɔni] f Todeskampf m

agoniser ⟨1⟩ [agɔnize] vi in den letzten Zügen liegen

agrafe [agʀaf] f (de vêtement) Haken m; (de bureau) Heftklammer f; **agrafer** ⟨1⟩ vt zusammenhalten; heften; **agrafeuse** [agʀaføz] f (de bureau) Heftmaschine f

agraire [agʀɛʀ] adj agrarisch

agrandir ⟨8⟩ [agʀɑ̃diʀ] **1.** vt erweitern; (FOTO) vergrößern **2.** vpr **s'~** größer werden; **agrandissement** m (FOTO) Vergrößerung f

agréable [agʀeabl(ə)] adj angenehm

agréé, e [agʀee] adj (magasin, concessionaire) Vertrags-

agréer ⟨1⟩ [agʀee] vt (*requête*) annehmen; (*demande*) stattgeben +dat; ~ **à qn** (*date*) jdm passen; **veuillez ~, Monsieur/ Madame, ...** mit freundlichen Grüßen
agrég [agʀeg] f v. **agrégation**
agrégation [agʀegasjɔ̃] f höchste Lehramtsbefähigung

---
agrégation

Die agrégation oder umgangssprachlich die agrég ist eine hoch angesehene Prüfung für zukünftige Dozenten in Frankreich. Die Anzahl der Prüfungskandidaten übersteigt immer weit die Anzahl der freien Stellen. Die meisten Lehrer der „classes préparatoires" und Universitätsdozenten haben die „agrégation".

---

agrégé, e [agʀeʒe] m, f Lehrer(in) mit der höchsten Lehramtsbefähigung
agrément [agʀemɑ̃] m (*accord*) Zustimmung f; (*plaisir*) Vergnügen nt
agrès [agʀe] mpl (Turn)geräte pl
agresser ⟨1⟩ [agʀese] vt angreifen; **agresseur** [agʀesœʀ] m Angreifer(in) m(f); (POL, MIL) Aggressor(in) m(f); **agressif, -ive** [agʀesif, iv] adj aggressiv; **agression** [agʀesjɔ̃] f Aggression f; (POL, MIL) Angriff m; **agressivité** [agʀesivite] f Aggressivität f
agricole [agʀikɔl] adj landwirtschaftlich
agriculteur, -trice [agʀikyltœʀ, tʀis] m, f Landwirt(in) m(f)
agriculture [agʀikyltyʀ] f Landwirtschaft f; ~ **biologique** Biolandwirtschaft
agripper ⟨1⟩ [agʀipe] **1.** vt schnappen, packen **2.** vpr **s'~ à** sich festhalten an +dat, sich festklammern an +dat
agroalimentaire [agʀoalimɑ̃tɛʀ] **1.** adj Lebensmittel-; (*usine*) Nahrungsmittel- **2.** m Lebensmittelsektor m
agrume [agʀym] m Zitrusfrucht f
aguerrir ⟨8⟩ [ageʀiʀ] vt abhärten, stählen
aguets [age] adv **être aux ~** auf der Lauer liegen
aguichant, e [agiʃɑ̃, ɑ̃t] adj aufreizend; **aguicher** ⟨1⟩ [agiʃe] vt aufreizen; **aguicheur, -euse** [agiʃœʀ, øz] adj verführerisch
ah [a] interj aha
ahuri, e [ayʀi] adj verblüfft, verdutzt
ahurissant, e [ayʀisɑ̃, ɑ̃t] adj verblüffend
aide [ɛd] **1.** f Hilfe f; **à l'~ de** mit Hilfe von; **appeler à l'~** zu Hilfe rufen; ~ **contextuelle** (INFORM) kontextsensitive Hilfe; ~ **judiciaire** Prozesskostenhilfe; ~ **sociale** Sozialhilfe f **2.** mf Assistent(in) m(f); ~ **comptable** Buchhaltungsgehilfe(-gehilfin)

m(f); ~-**éducateur(-trice)** Assistenzlehrkraft f; ~ **soignant(e)** Schwesternhelfer(in) m(f); **aide-mémoire** m inv Gedächtnishilfe f; **aider** ⟨1⟩ [ede] vt helfen +dat; ~ **à** (*faciliter*) beitragen zu
aïeux [ajø] mpl Vorfahren pl
aigle [egl(ə)] m Adler m
aiglefin [eglafɛ̃] m v. **églefin**
aigre [egʀ(ə)] adj sauer, säuerlich; (*fig*) schneidend; **aigre-doux, -douce** (aigres-doux) [egʀədu, dus] adj süßsauer; (*propos*) säuerlich; **aigreur** [egʀœʀ] f saurer Geschmack; (*fig*) Verbitterung f; ~**s** fpl **d'estomac** Sodbrennen nt; **aigri, e** [egʀi] adj verbittert; **aigrir** ⟨8⟩ [egʀiʀ] vt (*personne*) verbittern
aigu, ë [egy] adj (*objet, arête*) spitz; (*son, voix*) hoch; (*douleur, conflit, intelligence*) scharf
aigue-marine (aigues-marines) [egmaʀin] f Aquamarin m
aiguillage [eguijaʒ] m Weiche f
aiguille [eguij] f (*de réveil, compteur*) Zeiger m; (*à coudre*) Nadel f; ~ **à tricoter** Stricknadel
aiguilleur [eguijœʀ] m ~ (**du ciel**) Fluglotse m
aiguillon [eguijɔ̃] m (*d'abeille*) Stachel m; **aiguillonner** ⟨1⟩ [eguijɔne] vt anspornen
aiguiser ⟨1⟩ [egize] vt (*outil*) schleifen, schärfen; (*fig*) stimulieren
ail [aj] m Knoblauch m
aile [ɛl] f Flügel m
aileron [ɛlʀɔ̃] m (*de requin*) Flosse f; (*d'avion*) Querruder nt
ailier [elje] m Flügelspieler(in) m(f)
ailleurs [ajœʀ] adv woanders; **nulle part ~** nirgendwo anders; **d'~** übrigens; **par ~** überdies
ailloli [ajɔli] m Knoblauchmajonäse f
aimable [emabl(ə)] adj liebenswürdig
aimant [emɑ̃] m Magnet m; **aimanter** ⟨1⟩ [emɑ̃te] vt magnetisieren
aimer ⟨1⟩ [eme] vt lieben; (*d'amitié, d'affection*) mögen; (*chose, activité*) gern haben; **bien ~ qn/qch** jdn/etw gern haben; ~ **mieux faire qch** etw lieber tun; ~ **autant faire qch** (*préférer*) etw lieber tun
aine [ɛn] f (ANAT) Leiste f
aîné, e [ene] **1.** adj älter **2.** m, f ältestes Kind, Älteste(r) mf
ainsi [ɛ̃si] **1.** adv so; **pour ~ dire** sozusagen **2.** conj ~ **que** wie; (*et aussi*) sowie, und
aïoli [ajɔli] m v. **ailloli**
air [ɛʀ] m (*atmosphérique*) Luft f; (*mélodie*) Luft f

Melodie f; (expression) Gesichtsausdruck m; (attitude) Benehmen nt, Auftreten nt; **prendre de grands ~s avec qn** jdn herablassend behandeln; **parole/menace en l'~** leere Reden/Drohung; **prendre l'~** Luft schnappen; **avoir l'~** scheinen; **avoir l'~ triste/d'un clown** traurig aussehen/aussehen wie ein Clown

airbag [ɛʀbɛg] m Airbag m; ~ **latéral** Seitenairbag

airbus® [ɛʀbys] m Airbus® m

aire [ɛʀ] f Fläche f; (domaine, zone) Gebiet nt; ~ **de jeux** Spielplatz m; ~ **de repos** Raststätte f, Rastplatz m

airelle [ɛʀɛl] f ~ **rouge** Preiselbeere f

aisance [ɛzɑ̃s] f Leichtigkeit f; (adresse) Geschicklichkeit f; (richesse) Wohlstand m

aise [ɛz] f (confort) Komfort m; **être à l'~**, **être à son ~** sich wohl fühlen; (financièrement) sich gut stehen; **se mettre à l'~** es sich dat bequem machen; **être mal à l'~** [o à son ~] sich nicht wohl fühlen

aisé, e [eze] adj (facile) leicht; (assez riche) gut situiert; **aisément** [ezemɑ̃] adv leicht

aisselle [ɛsɛl] f Achselhöhle f

Aix-la-Chapelle [ɛkslafapɛl] Aachen nt

ajournement [aʒuʀnəmɑ̃] m Vertagen nt

ajourner ⟨1⟩ [aʒuʀne] vt vertagen

ajout [aʒu] m Zusatz m; **ajouter** ⟨1⟩ [aʒute] vt hinzufügen; ~ **foi à** Glauben schenken +dat

ajustage [aʒystaʒ] m Justieren nt, Einrichten nt; **ajustement** [aʒystəmɑ̃] m (harmonisation) Abstimmung f; (adaptation) Anpassung f; ~ **des prix** Preisanpassung; ~ **des salaires** Lohnanpassung; **ajuster** ⟨1⟩ [aʒyste] vt (régler) einstellen; (adapter) einpassen (à in +akk)

ajusteur, -euse [aʒystœʀ, øz] m, f Metallarbeiter(in) m(f)

alambic [alãbik] m Destillierapparat m

alarmant, e [alaʀmɑ̃, ɑ̃t] adj beunruhigend; **alarme** [alaʀm(ə)] f (signal) Alarm m; (inquiétude) Sorge f, Beunruhigung f; **alarmer** ⟨1⟩ vt warnen **2.** vpr **s'~** sich dat Sorgen machen; **alarmiste** [alaʀmist] adj dramatisierend, schwarzseherisch

albanais, e [albanɛ, ɛz] adj albanisch

Albanie [albani] f l'~ Albanien nt

albâtre [albɑtʀ] m Alabaster m

albatros [albatʀos] m Albatros m

albinos [albinos] mf Albino m

album [albɔm] m Album nt

albumen [albymɛn] m Eiweiß nt

albumine [albymin] f Albumin nt; **avoir de l'~** Eiweiß im Urin haben

alcalin, e [alkalɛ̃, in] adj alkalisch

alcool [alkɔl] m l'~ der Alkohol; **un ~** ein Weinbrand m; ~ **à brûler** Brennspiritus m; ~ **à 90°** Wundbenzin nt; **alcoolémie** f Alkoholgehalt m im Blut; **alcoolique 1.** adj alkoholisch **2.** mf Alkoholiker(in) m(f); **alcoolisé, e** adj (boisson) alkoholisch; **alcoolisme** m Alkoholismus m; **alcootest®** m Alkoholtest m

aléas [alea] mpl Wechselfälle pl, unvorhergesehene Ereignisse pl

aléatoire [aleatwaʀ] adj zufällig; (INFORM) Zufalls-

alémanique [alemanik] adj alemannisch

alentour [alɑ̃tuʀ] adv darum herum; **alentours** mpl Umgebung f

alerte [alɛʀt(ə)] **1.** adj aufgeweckt **2.** f (menace) Warnung f; (signal) Alarm m; **donner l'~** den Alarm auslösen; ~ **à l'ozone** Ozonalarm; **alerter** ⟨1⟩ [alɛʀte] vt (pompiers) alarmieren; (informer) (darauf) aufmerksam machen

alevin [alvɛ̃] m (junger) Zuchtfisch

alexandrin [alɛksɑ̃dʀɛ̃] m Alexandriner m (Versmaß)

algèbre [alʒɛbʀ(ə)] f Algebra f; **algébrique** [alʒebʀik] adj algebraisch

Algérie [alʒeʀi] f l'~ Algerien nt; **algérien, ne** [alʒeʀjɛ̃, jɛn] adj algerisch; **Algérien, ne** f pl Algerier(in) m(f)

algorithme [algɔʀitm(ə)] m Algorithmus m

algue [alg(ə)] f Alge f

alibi [alibi] m Alibi nt

aliéné, e [aljene] m, f Geistesgestörte(r) mf

aliéner ⟨5⟩ [aljene] **1.** vt (JUR: biens) veräußern; (liberté) aufgeben **2.** vpr **s'~** (sympathie) verlieren

alignement [aliɲ(ə)mɑ̃] m Ausrichtung f; (d'une équipe) Aufstellung f; (d'idées, de chiffres) Aneinanderreihung f; (POL) Angleichung f; **se mettre à l'~** sich ausrichten; **aligner** ⟨1⟩ [aliɲe] **1.** vt in eine Reihe stellen; (adapter) angleichen (sur an +akk); (présenter) in einer Reihenfolge darlegen **2.** vpr **s'~** (concurrents) sich aufstellen; (POL) sich ausrichten (sur nach)

aliment [alimɑ̃] m Nahrungsmittel nt; ~ **transgénétique** Genlebensmittel nt; **alimentaire** [alimɑ̃tɛʀ] adj Nahrungs-; (pej) lukrativ; **produits** [o **denrées**] ~**s** Nahrungsmittel pl; **régime** ~ Diät f; **alimentation** [alimɑ̃tasjɔ̃] f Ernährung f; (approvisionnement) Versorgung f; (commerce) Lebensmittelhandel m; ~ **énergétique** Energieversorgung; ~ **forcée** Zwangsernährung; ~ **du papier** Papierzufuhr f; **alimenter** ⟨1⟩ [alimãte] vt ernähren; (en eau, électricité) versorgen; (conversation) in Gang halten

alinéa [alinea] m Absatz m

aliter ⟨1⟩ [alite] vpr s'~ sich ins Bett legen; **alité(e)** (malade) bettlägerig

allaitement [aletmã] m Stillen nt; **allaiter** ⟨1⟩ [alete] vt stillen

allant [alã] m Elan m

alléchant, e [aleʃã, ãt] adj verlockend

allécher ⟨5⟩ [aleʃe] vt anlocken

allée [ale] f Allee f; **des ~s et venues** fpl das Kommen und Gehen

allégation [alegasjɔ̃] f Behauptung f

allégé adj light, leicht

alléger ⟨2, 5⟩ [aleʒe] vt leichter machen; (dette, impôt) senken; (souffrance) lindern

allégorie [a(l)legɔʀi] f Allegorie f; **allégorique** [a(l)legɔʀik] adj allegorisch

allégresse [a(l)legʀɛs] f Fröhlichkeit f

alléguer ⟨5⟩ [alege] vt (fait, texte) anführen; (prétexte) vorbringen

Allemagne [almaɲ] f l'~ Deutschland nt; **en ~** in Deutschland; **aller en ~** nach Deutschland fahren; **allemand, e** [almã, ãd] adj deutsch; **allemand** m l'~ (langue) Deutsch nt; **apprendre l'~** Deutsch lernen; **parler ~** deutsch sprechen; **traduire en ~** ins Deutsche übersetzen; **Allemand, e** m, f Deutsche(r) mf

aller [ale] **1.** m (trajet) Hinweg m; (billet) Einfachfahrkarte f; **~ et retour** (billet) Rückfahrkarte f **2.** irr vi <avec être> gehen; **je vais y aller/me fâcher/le faire** ich werde hingehen/ärgerlich/es machen; **~ voir/chercher qch** sich dat etw ansehen/etw holen; **comment allez-vous/va-t-il?** wie geht es Ihnen/ihm?; **ça va?** wie geht's?; **il va déjà mieux** es geht ihm schon besser; **cela te va bien** (couleur, vêtement) das steht dir gut; **cela me va bien** (projet, dispositions) das passt mir; **cela va bien avec le tapis/les rideaux** das passt gut zum Teppich/zu den Vorhängen; **il y va de leur vie** es geht um ihr Leben; **~ voir qn** jdn besuchen; **s'en ~** weggehen

allergène [alɛʀʒɛn] m Allergen nt

allergie [alɛʀʒi] f Allergie f; **allergique** adj allergisch (à gegen)

alliage [aljaʒ] m Legierung f

alliance [aljãs] f Allianz f; (bague) Ehering m; **~ des verts** Bündnisgrüne pl; **neveu par ~** angeheirateter Neffe

allier ⟨1⟩ [alje] **1.** vt (métaux) legieren; (unir) verbünden **2.** vpr s'~ (pays, personnes) sich verbünden (à mit); (éléments, caractéristiques) sich verbinden

alligator [aligatɔʀ] m Alligator m

allô [alo] interj (au téléphone) hallo

allocataire [alɔkatɛʀ] mf Empfänger(in) m(f) (einer Beihilfe)

allocation [alɔkasjɔ̃] f Zuteilung f, Zuweisung f; **~ (de) logement/chômage** Mietzuschuss m/Arbeitslosengeld nt; **~ de fin de droits** Arbeitslosenhilfe f; **~s** fpl **familiales** Familienbeihilfe f

allocution [alɔkysjɔ̃] f (kurze) Ansprache

allonger ⟨2⟩ [alɔ̃ʒe] **1.** vt verlängern; (bras, jambe) ausstrecken; **~ le pas** den Schritt beschleunigen **2.** vpr s'~ (se coucher) sich hinlegen

allumage [alymaʒ] m (AUTO) Zündung f

allume-cigare (allume-cigares) m Zigarettenanzünder m; **allume-gaz** [alymgaz] m inv Gasanzünder m

allumer ⟨1⟩ [alyme] vt (lampe, phare) einschalten; (feu) machen; **~ (la lumière)** das Licht anmachen

allumette [alymɛt] f Streichholz nt

allure [alyʀ] f (vitesse) Geschwindigkeit f; (démarche, maintien) Gang m; (aspect, air) Aussehen nt; **avoir de l'~** Stil haben; **à toute ~** mit Höchstgeschwindigkeit

allusion [alyzjɔ̃] f Anspielung f; **faire ~** anspielen auf +akk

aloès [alɔɛs] m Aloe f

alors [alɔʀ] adv (à ce moment-là) da; (par conséquent) infolgedessen, also; **~ que** (tandis que) während

alouette [alwɛt] f Lerche f

alourdir ⟨8⟩ [aluʀdiʀ] vt belasten

alpage [alpaʒ] m Alm f

Alpes [alp] fpl **les ~** die Alpen pl

alpestre [alpɛstʀ] adj alpin, Alpen-

alphabet [alfabɛ] m Alphabet nt; **alphabétique** [alfabetik] adj alphabetisch; **par ordre ~** in alphabetischer Reihenfolge; **alphabétiser** ⟨1⟩ vt das Schreiben und Lesen beibringen +dat

alphanumérique [alfanymeʀik] adj alphanumerisch

alpin, e [alpɛ̃, in] adj alpin, Alpen-; **club ~** Alpenverein m

alpinisme [alpinism(ə)] m Bergsteigen nt; **alpiniste** [alpinist(ə)] mf Bergsteiger(in) m(f)

Alsace [alzas] f l'~ das Elsass; **alsacien, ne** [alsasjɛ̃, ɛn] adj elsässisch; **Alsacien, ne** m, f Elsässer(in) m(f)

altercation [altɛʀkasjɔ̃] f Auseinandersetzung f

altérer ⟨5⟩ [alteʀe] vt (texte, document) verfälschen; (matériau) beschädigen, angreifen; (*sentiment*) beeinträchtigen

altermondialisation [altɛʀmɔ̃djalizasjɔ̃] f Antiglobalisierung f

alternance [altɛʀnɑ̃s] f Wechsel m; ~ **de pouvoir** Machtwechsel

alternateur [altɛʀnatœʀ] m Wechselstromgenerator m

alternatif, -ive [altɛʀnatif, iv] adj (*mouvement*) wechselnd; (*courant*) Wechsel-; **les mouvements ~s** (POL) die Alternativen pl; **alternative** f (*choix*) Alternative f; **alternativement** adv abwechselnd

alterner ⟨1⟩ [altɛʀne] vi abwechseln; ~ **avec qch** sich mit etw abwechseln

altimètre [altimɛtʀ] m Höhenmesser m

altiste [altist] mf Bratschist(in) m(f)

altitude [altityd] f Höhe f

alto [alto] m (*instrument*) Bratsche f; (*cantatrice*) Altistin f

altruisme [altʀɥism] m Altruismus m

aluminium [alyminjɔm] m Aluminium nt

alunir ⟨8⟩ [alyniʀ] vi auf dem Mond landen; **alunissage** [alynisaʒ] m Mondlandung f

alvéole [alveɔl] f (*de ruche*) (Bienen)wabe f

amabilité [amabilite] f Liebenswürdigkeit f; **il a eu l'~ de le faire** er war so nett und hat es gemacht

amadouer ⟨1⟩ [amadwe] vt (*fig*) umgarnen

amaigrir ⟨8⟩ [amegʀiʀ] vt **il était extrêmement amaigri** er war total abgemagert; **amaigrissant, e** [amegʀisɑ̃, ɑ̃t] adj **régime ~** Abmagerungskur f

amalgame [amalgam] m Gemisch nt; (*pour dents*) Amalgam nt

amande [amɑ̃d] f Mandel f; **en ~** mandelförmig; **amandier** m Mandelbaum m

amanite [amanit] f ~ **tue-mouches** Fliegenpilz m

amant [amɑ̃] m Liebhaber m

amarrer ⟨1⟩ [amaʀe] vt (NAUT) vertäuen, festmachen

amaryllis [amaʀilis] f Amaryllis f

amas [amɑ] m Haufen m; **amasser** ⟨1⟩ [amɑse] vt anhäufen

amateur [amatœʀ] m (*non professionnel*) Amateur(in) m(f); ~ **de musique** (*qui aime la musique*) Musikliebhaber(in) m(f)

amazone [amazon] f **en ~** im Damensitz

Amazone [amazon] f **l'~** der Amazonas

ambassade [ɑ̃basad] f Botschaft f; **ambassadeur, -drice** m, f (POL) Botschafter(in) m(f)

ambiance [ɑ̃bjɑ̃s] f Atmosphäre f

ambiant, e [ɑ̃bjɑ̃, ɑ̃t] adj in der Umgebung

ambidextre [ɑ̃bidɛkstʀ] adj mit beiden Händen gleich geschickt

ambigu, ë [ɑ̃bigy] adj zweideutig; **ambiguïté** [ɑ̃biguite] f Doppeldeutigkeit f

ambitieux, -euse [ɑ̃bisjø, øz] adj ehrgeizig

ambition [ɑ̃bisjɔ̃] f Ehrgeiz m; **ambitionner** ⟨1⟩ [ɑ̃bisjɔne] vt anstreben

ambivalent, e [ɑ̃bivalɑ̃, ɑ̃t] adj ambivalent

ambre [ɑ̃bʀ(ə)] m ~ **jaune** Bernstein m; ~ **gris** Amber m

ambulance [ɑ̃bylɑ̃s] f Krankenwagen m; **ambulancier, -ière** m, f Sanitäter(in) m(f)

ambulant, e [ɑ̃bylɑ̃, ɑ̃t] adj umherziehend, Wander-

âme [am] f Seele f; **rendre l'~** den Geist aufgeben; ~ **sœur** Gleichgesinnte(r) mf

amélioration [ameljɔʀasjɔ̃] f Besserung f; (*de la situation*) Verbesserung f; **améliorer** ⟨1⟩ **1.** vt verbessern **2.** vpr **s'~** besser werden

aménagement [amenaʒmɑ̃] m Ausstattung f, Einrichtung f; ~ **de la durée du temps de travail** Arbeitszeitregelung f; **aménager** ⟨2⟩ vt (*appartement*) einrichten; (*espace, terrain*) anlegen; (*mansarde, vieille maison*) umbauen; (*coin-cuisine, placards*) einbauen

amende [amɑ̃d] f Geldstrafe f; **mettre à l'~** bestrafen; **faire ~ honorable** sich öffentlich schuldig bekennen

amendement [amɑ̃dmɑ̃] m Gesetzesänderung f

amender ⟨1⟩ [amɑ̃de] **1.** vt (JUR) ändern **2.** vpr **s'~** sich bessern

amener ⟨4⟩ [am(ə)ne] **1.** vt mitnehmen, mitbringen; (*causer*) mit sich bringen **2.** vpr **s'~** (*fam: venir*) aufkreuzen

amer, -ère [amɛʀ] adj bitter

américain, e [ameʀikɛ̃, ɛn] adj amerikanisch; **Américain, e** m, f Amerikaner(in) m(f); **Amérique** [ameʀik] f **l'~** Amerika nt; **l'~ centrale** Zentralamerika; **l'~ latine** Lateinamerika; **l'~ du Nord** Nordamerika; **l'~ du Sud** Südamerika

amerrir ⟨8⟩ [ameʀiʀ] vi wassern; **amerrissage** [ameʀisaʒ] m Wassern nt

amertume [amɛʀtym] f Bitterkeit f

améthyste [ametist] f Amethyst m

ameublement [amœbləmɑ̃] m Mobiliar nt

ameuter ⟨1⟩ [amøte] vt (*badauds*) zusammenlaufen lassen

ami, e [ami] m, f Freund(in) m(f); **être**

(très) ~ avec qn mit jdm (sehr) gut befreundet sein

amiable [amjabl(ə)] *adj* gütlich; **à l'**~ in gegenseitigem Einverständnis

amiante [amjãt] *f* Asbest *m*

amibe [amib] *f* Amöbe *f*

amical, e (-aux) [amikal, o] *adj* freundschaftlich; **amicale** *f* (*club*) Vereinigung *f*; **amicalement** [amikalmã] *adv* freundschaftlich; (*formule épistolaire*) mit lieben Grüßen

amidon [amidɔ̃] *m* Stärke *f*; **amidonner** ⟨1⟩ [amidɔne] *vt* stärken

amincir ⟨8⟩ [amɛ̃siʀ] **1.** *vt* (*objet*) dünn machen; (*robe: personne*) schlank machen; (*entreprise*) verschlanken **2.** *vpr* **s'**~ (*personne*) schlanker werden

amiral (-aux) [amiʀal, o] *m* Admiral *m*

amitié [amitje] *f* Freundschaft *f*; **faire** [o **présenter**] **ses** ~**s à qn** jdm viele Grüße ausrichten lassen

ammoniac [amɔnjak] *m* Ammoniak *m*

ammoniaque [amɔnjak] *f* Salmiakgeist *m*

amnésie [amnezi] *f* Gedächtnisverlust *m*; **amnésique** [amnezik] *adj* **elle est** ~ sie hat ihr Gedächtnis verloren

amniocentèse [amnjosɛ̃tɛz] *f* Fruchtwasseruntersuchung *f*

amnistie [amnisti] *f* Amnestie *f*; **amnistier** ⟨1⟩ [amnistje] *vt* amnestieren

amoindrir ⟨8⟩ [amwɛ̃dʀiʀ] *vt* (ver)mindern

amonceler ⟨3⟩ [amɔ̃sle] *vt* anhäufen

amont [amɔ̃] *adv* **en** ~ stromaufwärts; (*sur une pente*) bergauf

amoral, e (-aux) [amɔʀal, o] *adj* unmoralisch

amorce [amɔʀs(ə)] *f* (*sur un hameçon*) Köder *m*; (*explosif*) Zünder *m*; (*fig: début*) Ansatz *m*; **amorcer** ⟨2⟩ *vt* (*hameçon*) beködern; (*munition*) scharf machen; (*négociations*) in die Wege leiten; (*virage*) angehen; (*geste*) ansetzen zu

amorphe [amɔʀf(ə)] *adj* passiv, träge

amortir ⟨8⟩ [amɔʀtiʀ] *vt* (*choc, bruit*) dämpfen; (*douleur*) mildern; (*mise de fonds*) abschreiben; **amortissement** [amɔʀtismã] *m* (*de choc*) Dämpfen *nt*; (*de dette*) Abbezahlen *nt*; **amortisseur** [amɔʀtisœʀ] *m* (AUTO) Stoßdämpfer *m*

amour [amuʀ] *m* (*sentiment*) Liebe *f*; **faire l'**~ sich lieben

amouracher ⟨1⟩ [amuʀaʃe] *vpr* **s'**~ **de** (*fam*) sich verknallen in +*akk*

amoureusement [amuʀøzmã] *adv* verliebt; (*avec soin*) liebevoll

amoureux, -euse [amuʀø, øz] **1.** *adj* ver-

liebt; (*vie, passions*) Liebes-; **être** ~ verliebt sein (*de qn* in jdn) **2.** *mpl* Liebespaar *nt*

amour-propre (amours-propres) [amuʀpʀɔpʀ] *m* Selbstachtung *f*

amovible [amɔvibl(ə)] *adj* abnehmbar

ampère [ãpɛʀ] *m* Ampère *nt*; **ampèremètre** [ãpɛʀmɛtʀ] *m* Amperemeter *nt*

amphétamine [ãfetamin] *f* Amphetamin *nt*

amphi [ãfi] *m* Hörsaal *m*

amphithéâtre [ãfiteatʀ(ə)] *m* Amphitheater *nt*; (UNIV) Hörsaal *m*

ample [ãpl(ə)] *adj* (*vêtement*) weit; (*gestes, mouvement*) ausladend; (*ressources*) üppig, reichlich; **ampleur** [ãplœʀ] *f* Größe *f*, Weite *f*; (*d'un désastre*) Ausmaß *nt*

amplificateur [ãplifikatœʀ] *m* Verstärker *m*

amplifier ⟨1⟩ [ãplifje] *vt* (*son, oscillation*) verstärken; (*fig*) vergrößern

amplitude [ãplityd] *f* (*d'une onde, oscillation*) Schwingung *f*; (*des températures*) Schwankung *f*

ampoule [ãpul] *f* (*électrique*) Birne *f*; (*de médicament*) Ampulle *f*; (*aux mains, pieds*) Blase *f*

amputation [ãpytasjɔ̃] *f* (MED) Amputation *f*; (*de budget, etc*) drastische Kürzung

amputer ⟨1⟩ [ãpyte] *vt* (MED) amputieren; (*texte, budget*) drastisch kürzen; ~ **qn d'un bras** jdm einen Arm abnehmen

amusant, e [amyzã, ãt] *adj* unterhaltsam; (*comique*) komisch

amuse-gueule [amyzgœl] *m inv* Appetithappen *m*

amusement [amyzmã] *m* (*qui fait rire*) Belustigung *f*; (*divertissement*) Unterhaltung *f*; **amuser** ⟨1⟩ **1.** *vt* (*divertir*) unterhalten; (*faire rire*) belustigen **2.** *vpr* **s'**~ (*jouer*) spielen; (*se divertir*) sich amüsieren

amygdale [amidal] *f* (Rachen)mandel *f*; **opérer qn des** ~**s** jdm die Mandeln herausnehmen; **amygdalite** *f* Mandelentzündung *f*

an [ã] *m* Jahr *nt*; **être âgé(e) de** [o **avoir**] **3** ~**s** 3 Jahre alt sein; **le jour de l'**~, **le premier de l'**~, **le nouvel** ~ der Neujahrstag

A.N. *f abr de* **Assemblée nationale** Nationalversammlung *f*

anabolisant [anabɔlizã] *m* Anabolikum *nt*

anachronique [anakʀɔnik] *adj* nicht zeitgemäß, anachronistisch; **anachronisme** [anakʀɔnism] *m* Anachronismus *m*

anaconda [anakɔ̃da] *f* Anakonda *f*

analgésique [analʒezik] *m* Schmerzmittel *nt*

anallergique [analɛʀʒik] *adj* antiallergisch

analogie [analɔʒi] *f* Analogie *f*

analogique [analɔʒik] *adj* (*INFORM*) analog; **calculateur** *m* Analogrechner *m*

analogue [analɔg] *adj* analog

analphabète [analfabɛt] *mf* Analphabet(in) *m(f)*; **analphabétisme** [analfabetism] *m* Analphabetentum *nt*

analyse [analiz] *f* (*a. PSYCH*) Analyse *f*; ~ **fonctionnelle** (*INFORM*) Systemanalyse; ~ **syntaxique** (*LING*) Satzanalyse; (*INFORM*) Parsing *nt*; ~ **du génome humain** Genomanalyse; **analyser** ⟨1⟩ *vt* analysieren; **analyste** *mf* (*a. PSYCH*) Analytiker(in) *m(f)*; ~ **système** (*INFORM*) Systemanalytiker(in); **analyste-programmeur, -euse** (analystes-programmeurs) [analistpʀɔgʀamœʀ, øz] *m, f* Programmanalytiker(in) *m(f)*; **analytique** *adj* analytisch

ananas [anana(s)] *m* Ananas *f*

anarchie [anaʀʃi] *f* Anarchie *f*; **anarchique** [anaʀʃik] *adj* anarchisch; **anarchisme** [anaʀʃism] *m* Anarchismus *m*; **anarchiste** *mf* Anarchist(in) *m(f)*

anathème [anatɛm] *m* jeter l'~ contre qn jdn mit dem Bann belegen

anatomie [anatɔmi] *f* Anatomie *f*; **anatomique** [anatɔmik] *adj* anatomisch

ancestral, e (-aux) [ɑ̃sɛstʀal, o] *adj* Ahnen-

ancêtre [ɑ̃sɛtʀ(ə)] *mf* Vorfahr *m*; ~**s** *mpl* (*aïeux*) Vorfahren *pl*

anchois [ɑ̃ʃwa] *m* Sardelle *f*

ancien, ne [ɑ̃sjɛ̃, ɛn] **1.** *adj* (*vieux*) alt; (*d'alors*) ehemalig; (*meuble*) antik **2.** *m, f* (*d'une tribu*) Älteste(r) *mf*; **anciennement** [ɑ̃sjɛnmɑ̃] *adv* früher; **ancienneté** [ɑ̃sjɛnte] *f* Alter *nt*; (*ADMIN*) Dienstalter *nt*

ancre [ɑ̃kʀ(ə)] *f* Anker *m*; **jeter/lever l'~** den Anker werfen/lichten; **à l'~** vor Anker; **ancrer** ⟨1⟩ **1.** *vt* verankern **2.** *vpr* **s'~** (*NAUT*) ankern

Andalousie [ɑ̃daluzi] *f* l'~ Andalusien *nt*

Andes [ɑ̃d] *fpl* **les** ~ die Anden *pl*

Andorre [ɑ̃dɔʀ] *f* l'~ Andorra *nt*

andouille [ɑ̃duj] *f* (*charcuterie*) französische Wurstsorte (*aus Innereien vom Schwein oder Kalb im Darm, die kalt gegessen wird*); (*pej*) Trottel *m*

andouillette [ɑ̃dujɛt] *f* Würstchen aus Innereien (*vom Schwein oder Kalb im Darm*), *das warm gegessen wird*

âne [ɑn] *m* Esel *m*

anéantir ⟨8⟩ [aneɑ̃tiʀ] *vt* vernichten; (*personne*) fertig machen

anecdote [anɛkdɔt] *f* Anekdote *f*

anémie [anemi] *f* Anämie *f*; **anémique** *adj* anämisch, blutarm

anémone [anemɔn] *f* Anemone *f*; ~ **de mer** Seeanemone

ânerie [ɑnʀi] *f* Dummheit *f*

anesthésie [anɛstezi] *f* Betäubung *f*; ~ **générale/locale** Vollnarkose *f*/örtliche Betäubung; **anesthésier** ⟨1⟩ [anɛstezje] *vt* betäuben; **anesthésique** [anɛstezik] *m* Narkose *f*; **anesthésiste** *mf* Anästhesist(in) *m(f)*

ange [ɑ̃ʒ] *m* Engel *m*; **angélique** [ɑ̃ʒelik] *adj* engelgleich, engelhaft; **angelot** [ɑ̃ʒ(ə)lo] *m* Putte *f*

angine [ɑ̃ʒin] *f* Angina *f*; ~ **de poitrine** Angina pectoris *f*

anglais, e [ɑ̃glɛ, ɛz] **1.** *adj* englisch; **filer à l'~e** sich auf Französisch verabschieden **2.** *m* l'~ (*LING*) das Englisch; **Anglais, e** *m, f* Engländer(in) *m(f)*

angle [ɑ̃gl(ə)] *m* Winkel *m*; ~ **droit/obtus/aigu** rechter/stumpfer/spitzer Winkel

Angleterre [ɑ̃glətɛʀ] *f* l'~ England *nt*

anglicisme [ɑ̃glisism] *m* Anglizismus *m*

anglophile [ɑ̃glɔfil] *adj* anglophil

anglophobe [ɑ̃glɔfɔb] *adj* anglophob

anglophone [ɑ̃glɔfɔn] *adj* englischsprachig

angoisse [ɑ̃gwas] *f* Beklemmung *f*; **c'est l'~** (*fam*) das ist ätzend; **angoisser** ⟨1⟩ **1.** *vt* beängstigen, beklemmen **2.** *vi* (*fam*) ausflippen

Angola [ɑ̃gɔla] *m* l'~ Angola *nt*; **angolais, e** [ɑ̃gɔlɛ, ɛz] *adj* angolanisch

angora [ɑ̃gɔʀa] **1.** *adj* Angora- **2.** *m* Angorawolle *f*

anguille [ɑ̃gij] *f* Aal *m*

angulaire [ɑ̃gylɛʀ] *adj* eckig

anguleux, -euse [ɑ̃gylø, øz] *adj* eckig, kantig

animal, e (-aux) [animal, o] **1.** *adj* tierisch; (*règne*) Tier- **2.** *m* Tier *nt*

animateur, -trice [animatœʀ, tʀis] *m, f* (*de TV, music-hall*) Conférencier *m*; (*d'un groupe*) Leiter(in) *m(f)*; (*d'un club de vacances*) Animateur(in) *m(f)*

animation [animasjɔ̃] *f* Animation *f*; ~ **par ordinateur** Computeranimation

animé, e [anime] *adj* (*rue, lieu*) belebt; (*conversation, réunion*) lebhaft; (*opposé à inanimé*) lebendig

animer ⟨1⟩ [anime] **1.** *vt* (*conversation, soirée*) beleben; (*pousser*) beseelen **2.** *vpr* **s'~** (*rue, ville*) sich beleben; (*conversation, personne*) lebhaft werden

animosité [animozite] f Feindseligkeit f

anis [ani(s)] m Anis m

anisette [anizɛt] f Anislikör m

ankyloser ⟨1⟩ [ɑ̃kiloze] vpr s'~ steif werden

annales [anal] fpl Annalen pl

anneau (x) [ano] m (de chaîne) Glied nt; (bague; de rideau) Ring m

année [ane] f Jahr nt; l'~ **scolaire/fiscale** das Schul-/Steuerjahr

annexe [anɛks(ə)] f (bâtiment) Anbau m; (document) Anhang m; **annexer** ⟨1⟩ vt (pays, biens) annektieren; (texte, document) anfügen

annihiler ⟨1⟩ [aniile] vt vernichten

anniversaire [anivɛʀsɛʀ] m Geburtstag m; (d'un événement) Jahrestag m

annonce [anɔ̃s] f Ankündigung f; (publicitaire) Anzeige f; (CARTES) Angabe f; ~s Anzeigenteil m; **les petites** ~s Kleinanzeigen pl; **annoncé, e** adj angesagt; **annoncer** ⟨2⟩ 1. vt ankündigen 2. vpr s'~ **bien/difficile** viel versprechend/ schwierig aussehen; **annonceur, -euse** m, f (publicitaire) Inserent(in) m(f)

annotation [anɔtasjɔ̃] f Randbemerkung f

annoter ⟨1⟩ [anɔte] vt mit Anmerkungen versehen

annuaire [anɥɛʀ] m Jahrbuch nt; ~ **téléphonique** Telefonbuch nt

annuel, le [anɥɛl] adj jährlich; **annuellement** [anɥɛlmɑ̃] adv jährlich

annuité [anɥite] f Jahresrate f

annulaire [anɥlɛʀ] m Ringfinger m

annulation [anɥlasjɔ̃] f (d'un rendez-vous) Absagen nt; (d'un voyage) Stornieren nt; (d'un contrat) Annulieren nt

annuler ⟨1⟩ [anɥle] vt (rendez-vous) absagen; (mariage, résultats) annullieren, für ungültig erklären; (paris) aufheben

anode [anɔd] f Anode f

anodin, e [anɔdɛ̃, in] adj unbedeutend

anomalie [anɔmali] f Anomalie f

anonymat [anɔnima] m Anonymität f

anonyme [anɔnim] adj anonym; (sans caractère) unpersönlich

anorak [anɔʀak] m Anorak m

anorexie [anɔʀɛksi] f Magersucht f; **anorexique** adj magersüchtig

A.N.P.E. f abr de **Agence nationale pour l'emploi** ≈ Bundesanstalt f für Arbeit; (bureau régional) Arbeitsamt nt

anse [ɑ̃s] f (de panier, tasse) Henkel m; (GEO) kleine Bucht

antagonisme [ɑ̃tagɔnism] m Antagonismus m, Feindseligkeit f; **antagoniste** [ɑ̃tagɔnist] 1. adj feindselig 2. mf Gegner(in) m(f)

antarctique [ɑ̃taʀktik] 1. adj antarktisch 2. m l'**Antartique** die Antarktis

antécédent [ɑ̃tesedɑ̃] m (LING) Bezugswort nt; ~s mpl (MED) Vorgeschichte f

antédiluvien, ne [ɑ̃tedilyvjɛ̃, ɛn] adj vorsintflutlich

antémémoire [ɑ̃tememwaʀ] f (INFORM) Cache(-Speicher) m

antenne [ɑ̃tɛn] f Antenne f; **à l'**~ (TV, RADIO) im Radio, auf Sendung; ~ **extérieure** Außenantenne

antérieur, e [ɑ̃teʀjœʀ] adj (d'avant) vorig; (de devant) vordere(r, s); ~ **à** früher/älter als

anthologie [ɑ̃tɔlɔʒi] f Anthologie f

anthracite [ɑ̃tʀasit] m Anthrazit m

anti- [ɑ̃ti] pref anti-; **antiaérien, ne** [ɑ̃tiaeʀjɛ̃, ɛn] adj (canon) Luftabwehr-; **défense** ~**ne** Luftabwehr f; **abri** ~ Luftschutzbunker m; **antiatomique** adj **abri** ~ Atomschutzbunker m; **antibiotique** m Antibiotikum nt; **antibrouillard** adj **phare** ~ Nebelscheinwerfer m; **antibruit** adj Lärmschutz-; **écran** ~, **mur** ~ Lärmschutzwall m, Lärmschutzmauer f; **anticancéreux, -euse** adj **centre** ~ (MED) Krebsforschungsinstitut nt

antichambre [ɑ̃tiʃɑ̃bʀ(ə)] f Vorzimmer nt

anticipation [ɑ̃tisipasjɔ̃] f Vorwegnahme f; **par** ~ (rembourser) im Voraus; **livre d'**~ Zukunftsroman m; **film d'**~ Sciencefictionfilm m; **anticipé, e** [ɑ̃tisipe] adj (règlement) vorzeitig; **avec mes remerciements** ~**s** im Voraus schon vielen Dank; **anticiper** ⟨1⟩ vt (événement, coup) vorhersehen

anticoagulant, e [ɑ̃tikɔagylɑ̃, ɑ̃t] adj (MED) die Blutgerinnung hemmend; **anticonceptionnel, le** [ɑ̃tikɔ̃sɛppsjɔnɛl] adj Verhütungs-; **anticonstitutionnel, le** [ɑ̃tikɔ̃stitysjɔnɛl] adj verfassungswidrig; **anticorps** [ɑ̃tikɔʀ] m (MED) Antikörper m; **anticyclone** [ɑ̃tisiklon] m Hoch(druckgebiet) nt

antidater ⟨1⟩ [ɑ̃tidate] vt zurückdatieren

antidémarrage [ɑ̃tidemaʀaʒ] m Wegfahrsperre f; **antidérapant, e** [ɑ̃tideʀapɑ̃, ɑ̃t] adj rutschfest; **antidopage** [ɑ̃tidɔpaʒ] adj inv Doping-; **loi** ~ Dopingbestimmungen pl; **antidote** [ɑ̃tidɔt] m Gegenmittel nt; **antigang** [ɑ̃tigɑ̃g] adj inv **brigade** ~ Sonderkommando der Polizei gegen Bandenkriminalität; **antigel** [ɑ̃tiʒɛl] m Frostschutzmittel nt

antigène [ɑ̃tiʒɛn] m Antigen nt

antihistaminique [ɑ̃tiistaminik] m Antihistamin nt; **anti-inflammatoire**

[ãtiɛ̃flamatwaʀ] m entzündungshemmendes Mittel; **anti-inflationniste** [ãtiɛ̃flasjɔnist] adj zur Bekämpfung der Inflation

Antilles [ãtij] fpl **les ~** die Antillen pl

antilope [ãtilɔp] f Antilope f

antimissile [ãtimisil] adj Raketenabwehr-; **antimite(s)** [ãtimit] adj produit ~ Mottenschutzmittel nt; **antinucléaire** [ãtinykleɛʀ] **1.** adj Antikernkraft-; **manifestation ~** Demonstration von Kernkraftgegnern **2.** mf Kernkraftgegner(in) m(f)

ANTIOPE [ãtjɔp] f acr de **Acquisition numérique et télévisualisation d'images organisées en pages d'écriture: le système ~ ≈** Videotext m

antiparasite [ãtipaʀazit] adj Entstör-; **antipathie** [ãtipati] f Antipathie f; **antipathique** [ãtipatik] adj unsympathisch; **antipelliculaire** [ãtipelikylɛʀ] adj Schuppen-; **antipoison** [ãtipwazɔ̃] adj inv **centre ~** Entgiftungszentrum nt; **antipollution** [ãtipɔlysjɔ̃] adj umweltfreundlich, Umweltschutz-

antiquaire [ãtikɛʀ] mf Antiquitätenhändler(in) m(f)

antique [ãtik] adj antik; (très vieux) uralt **antiquité** [ãtikite] f Antiquität f; **l'Antiquité** die Antike; **magasin d'~s** Antiquitätengeschäft nt; **marchand d'~s** Antiquitätenhändler m

antireflet [ãtiʀəflɛ] adj **verre ~** entspiegeltes Glas; **antirides** [ãtiʀid] adj inv gegen Falten, (Anti)falten-; **antirouille** [ãtiʀuj] adj inv Rostschutz-; **antisémite** [ãtisemit] adj antisemitisch; **antisémitisme** [ãtisemitism] m Antisemitismus m; **antiseptique** [ãtisɛptik] adj antiseptisch; **antislash** [ãtislaʃ] m Backslash m, umgekehrter Schrägstrich; **antisocial, e** (-aux) [ãtisɔsjal, o] adj unsozial; **antisous-marin, e** adj **défense ~e** U-Boot-Abwehr f; **antispasmodique** [ãtispasmɔdik] adj krampflösend; **antisportif, -ive** [ãtispɔʀtif, iv] adj unsportlich; **antitabac** [ãtitaba] adj inv gegen das Rauchen; **antitétanique** [ãtitetanik] adj Tetanus-; **antithèse** [ãtitez] f Antithese f; **antitrust** [ãtitʀœst] adj **loi ~** Kartellgesetz nt; **antitussif, -ive** [ãtitysif, iv] adj gegen Husten, Husten-; **antivol** [ãtivɔl] m Diebstahlsicherung f

antonyme [ãtɔnim] m Antonym nt

antre [ãtʀ(ə)] m Höhle f

anus [anys] m After m

Anvers [ãvɛʀ] Antwerpen nt

anxiété [ãksjete] f Angst f

anxieux, -euse [ãksjø, øz] adj besorgt

A.O.C. abr de **Appellation d'origine contrôlée** (vin, etc) Bezeichnung eines bestimmten Anbaugebietes

---
A.O.C.

Die A.O.C. ist die höchste französische Weinklassifizierung. Sie zeigt an, dass der Wein strengen Vorschriften in Bezug auf das Weinanbaugebiet, die Weinsorte, das Herstellungsverfahren und den Alkoholgehalt genügt.

---

aorte [aɔʀt] f Aorta f

août [u(t)] m August m; **en ~** im August; **le 21 ~** am 21. August; **le 21 ~ 2015** der 21. August 2015; **aoûtien, ne** [ausjɛ̃, ɛn] m eine Person, die im August in Urlaub fährt

apaisement [apezmã] m Besänftigung f

apaiser ⟨1⟩ [apeze] vt (personne) beruhigen; (colère) besänftigen; (douleur) lindern

apanage [apanaʒ] m **être l'~ de qn** jds Vorrecht sein

aparté [apaʀte] m **en ~** beiseite, privat

apathie [apati] f Apathie f; **apathique** [apatik] adj apathisch

apatride [apatʀid] mf Staatenlose(r) mf

apercevoir ⟨12⟩ [apɛʀsəvwaʀ] **1.** vt wahrnehmen **2.** vpr **s'~ de** bemerken; **s'~ que** bemerken, dass

aperçu [apɛʀsy] m (vue d'ensemble) Überblick m; (idée) Einsicht f

apéritif [apeʀitif] m Aperitif m

à-peu-près [apøpʀɛ] m inv halbe Sache

aphone [afɔn] adj völlig heiser; (LING) stimmlos

aphrodisiaque [afʀɔdizjak] **1.** adj aphrodisisch **2.** m Aphrodisiakum nt

aphte [aft] m (MED) Bläschen nt; **aphteux, -euse** [aftø, øz] adj **fièvre aphteuse** Maul- und Klauenseuche f

apiculteur [apikyltœʀ] m Imker(in) m(f); **apiculture** [apikyltyʀ] f Bienenzucht f, Imkerei f

apitoyer ⟨6⟩ [apitwaje] vt mitleidig stimmen

aplanir ⟨8⟩ [aplaniʀ] vt (surface) ebnen; (fig: difficultés) beseitigen

aplatir ⟨8⟩ [aplatiʀ] vt flach machen

aplomb [aplɔ̃] m (fig) Selbstsicherheit f; **d'~** (ARCHIT) senkrecht

apogée [apɔʒe] m Höhepunkt m; (temps) Glanzzeit f

apoplexie [apɔplɛksi] f Schlaganfall m

a posteriori [apɔsteʀjɔʀi] adv im Nachhinein

apostrophe [apɔstʀɔf] f (signe) Apostroph m; (interpellation) Beschimpfung f

apôtre [apotʀ(ə)] m Apostel m

apparaître [apaʀɛtʀ(ə)] irr comme connaître vi erscheinen; (avec attribut) (er)scheinen

apparat [apaʀa] m Apparat m; ~ **de surveillance** Überwachungsapparat

appareil [apaʀɛj] m Apparat m; (avion) Maschine f; (dentier) Spange f; ~ **digestif** Verdauungssystem nt; ~ **à ultra-sons** Ultraschallgerät nt; ~**s électroniques usés** Elektronikschrott m; ~ **d'écoute** Abhörgerät m

appareil photo (appareils photo) [apaʀɛjfɔo] m Fotoapparat m; ~ **numérique** Digitalkamera f; ~ **compact** Kompaktkamera f

apparemment [apaʀamã] adv anscheinend

apparence [apaʀãs] f Anschein m; **en** ~ scheinbar

apparent, e [apaʀã, ãt] adj (visible) sichtbar; (en apparence) scheinbar

apparenté, e [apaʀãte] adj ~ **à** verwandt mit

apparition [apaʀisjɔ̃] f Erscheinung f

appartement [apaʀtəmã] m Wohnung f

appartenance [apaʀtənãs] f Zugehörigkeit f (à zu)

appartenir ⟨9⟩ [apaʀtəniʀ] vi ~ **à** gehören +dat; (faire partie de) angehören +dat, gehören zu

appât [apa] m Köder m

appauvrissement [apovʀismã] m Verarmung f

appel [apɛl] m (interpellation) Ruf m; (nominal, INFORM) Aufruf m; (TEL) Anruf m; (MIL) Einberufung f; **faire** ~ (JUR) Berufung einlegen; **faire** ~ **à** (invoquer) appellieren an +akk; (avoir recours à) sich wenden an +akk; **sans** ~ endgültig; ~ **à la grève** Streikaufruf; ~ **en instance** (TEL) Anklopfen nt; **appeler** ⟨3⟩ [ap(ə)le] **1.** vt rufen; (nommer) nennen; (nécessiter) erfordern; (INFORM) aufrufen **2.** vpr **s'**~ heißen; **comment ça s'appelle?** wie heißt das?;

appellation [apelasjɔ̃] f Bezeichnung f

appendice [apɛ̃dis] m (MED) Blinddarm m; (d'un livre) Anhang m

appendicite [apɛ̃disit] f Blinddarmentzündung f

Appenzell [apɛntsɛl] m **l'**~ **Rhodes-Extérieures** Appenzell-Außerrhoden nt; **l'**~ **Rhodes-Intérieures** Appenzell-Innerrhoden nt

appesantir ⟨8⟩ [apəzãtiʀ] vpr **s'**~ **sur** sich verbreiten über +akk

appétissant, e [apetisã, ãt] adj (mets) lecker

appétit [apeti] m Appetit m; **bon** ~! guten Appetit!

applaudimètre [aplodimɛtʀ] m Applausmesser m

applaudir ⟨8⟩ [aplodiʀ] **1.** vt Beifall klatschen +dat **2.** vi klatschen; **applaudissements** mpl Beifall m

applicable [aplikabl] adj anwendbar

applicateur [aplikatœʀ] m (dispositif) Applikator m; (d'un tampon) Einführhülse f

application [aplikasjɔ̃] f (a. INFORM) Anwendung f; (de papier peint) Anbringen nt; (attention) Fleiß m; **mettre en** ~ anwenden

applique [aplik] f Wandleuchte f

appliqué, e [aplike] adj (élève, etc) fleißig; (science) angewandt

appliquer ⟨1⟩ [aplike] **1.** vt anwenden; (poser) anbringen **2.** vpr **s'**~ (élève) sich anstrengen

appoint [apwɛ̃] m **faire l'**~ die genaue Summe zahlen

appointements [apwɛ̃tmã] mpl Einkünfte pl

apport [apɔʀ] m Beitrag m

apporter ⟨1⟩ [apɔʀte] vt bringen

appréciable [apʀesjabl] adj (important) beträchtlich

appréciation [apʀesjasjɔ̃] f (d'un immeuble) Schätzung f; (de situation, personne) Einschätzung f

apprécier ⟨1⟩ [apʀesje] vt (personne) schätzen; (distance) abschätzen; (importance) einschätzen

appréhender ⟨1⟩ [apʀeãde] vt (craindre) fürchten; (arrêter) festnehmen

appréhension [apʀeãsjɔ̃] f (crainte) Furcht f

apprendre ⟨13⟩ [apʀãdʀ(ə)] vt (nouvelle) erfahren; (leçon) lernen; ~ **qch à qn** (informer) jdm etw mitteilen; (enseigner) jdn etw lehren; ~ **à faire qch** lernen, etw zu tun

apprenti, e [apʀãti] m, f Lehrling m, Auszubildende(r) mf; **apprentissage** [apʀãtisaʒ] f an Ausbildung f; **contrat d'**~ Ausbildungsvertrag m

apprivoiser ⟨1⟩ [apʀivwaze] vt zähmen

approbation [apʀɔbasjɔ̃] f Zustimmung f

approche [apʀɔʃ] f Herannahen nt; (d'un problème) Methode f; (fam: conception) Einstellung f; **approcher** ⟨1⟩ **1.** vi sich nähern; (vacances, date) nahen, näher rücken; ~ **de** (but, moment) näher kommen +dat **2.** vt näher (heran)rücken,

näher (heran)stellen (de an +akk) **3.** vpr
s'~ de sich nähern +dat
approfondir ⟨8⟩ [apʀɔfɔ̃diʀ] vt vertiefen
appropriation [apʀɔpʀijasjɔ̃] f Aneig-
nung f
approprié, e [apʀɔpʀije] adj **~ à** angemessen +dat
approprier ⟨1⟩ [apʀɔpʀije] vpr **s'~** sich
dat aneignen
approuver ⟨1⟩ [apʀuve] vt (projet)
genehmigen; (loi) annehmen; (personne)
zustimmen +dat
approvisionnement [apʀɔvizjɔnmã] m
Belieferung f; (provisions) Vorräte pl
approvisionner ⟨1⟩ [apʀɔvizjɔne] vt
beliefern, versorgen; (compte bancaire)
auffüllen
approximatif, -ive [apʀɔksimatif, iv] adj
ungefähr
Appt. abr de appartement Wohnung f
appui [apɥi] m Stütze f; (de fenêtre) Fensterbrett nt; (fig) Unterstützung f, Hilfe f;
prendre ~ sur sich stützen auf +akk; **à l'~
de** zum Nachweis +gen; **appuie-tête**
(appuie-têtes) [apɥitɛt] m Kopfstütze f;
appuyer ⟨6⟩ **1.** vt (soutenir) unterstützen; **~ qch sur/contre/à** (poser) etw stützen auf +akk/etw lehnen gegen/an +akk
2. vpr **s'~ sur** sich stützen auf +akk **3.** vi **~
sur** drücken auf +akk; (frein) betätigen;
(mot, détail) unterstreichen
âpre [ɑpʀ(ə)] adj herb; (voix) rau; (lutte)
heftig, erbittert
après [apʀɛ] **1.** prep nach; **~ avoir fait qch**
nachdem er/sie etw getan hat; **~ coup**
hinterher, nachträglich **2.** adv danach;
d'~ lui ihm zufolge **3.** conj **~ qu'il est
parti** nachdem er weggegangen ist;
après-demain adv übermorgen;
après-guerre (après-guerres) m Nachkriegszeit f; **après-midi** m o f inv Nachmittag m; **après-rasage** (après-rasages)
m Aftershave nt; **après-shampooing**
(après-shampooings) m Haarspülung f;
après-skis mpl Moonboots pl; **après-
vente** [apʀevãt] adj inv **service ~** Kundendienst m
à-propos [apʀɔpo] m (présence d'esprit)
Geistesgegenwart f; (répartie) Schlagfertigkeit f
apte [apt(ə)] adj fähig; (MIL) tauglich;
aptitude [aptityd] f Fähigkeit f; (prédisposition) Begabung f
aquaculture [akwakyltyʀ] f Fischzucht f
(im Meer)
aquaplanage [akwaplanaʒ] m Aquaplaning nt

aquaplane [akwaplan] m (planche)
Monoski m; (sport) Monoskifahren nt
aquaplaning [akwaplaniŋ] m Aquaplaning nt
aquarelle [akwaʀɛl] f Aquarellmalerei f;
(tableau) Aquarell nt
aquarium [akwaʀjɔm] m Aquarium nt
aquatique [akwatik] adj Wasser-
aqueduc [ak(ə)dyk] m Aquädukt m
A.R. 1. abr de aller et retour hin und
zurück **2.** m abr de accusé de réception
Rückschein m
arabe [aʀab] **1.** adj arabisch **2.** m Arabisch
nt; **Arabe** mf Araber(in) m(f)
Arabie Saoudite [aʀabisaudit] f **l'~** Saudi-Arabien nt
arachide [aʀaʃid] f Erdnuss f
araignée [aʀeɲe] f Spinne f
arbitrage [aʀbitʀaʒ] m (de conflit) Schlichtung f; (de débat) Gesprächsführung f;
erreur d'~ Schiedsrichterirrtum m
arbitraire [aʀbitʀɛʀ] adj willkürlich
arbitre [aʀbitʀ(ə)] mf (SPORT) Schiedsrich-
ter(in) m(f); (JUR) Schlichter(in) m(f); **arbi-
trer** ⟨1⟩ [aʀbitʀe] vt (conflit) schlichten;
(débat, confrontation) die Gesprächsführung haben bei; (SPORT) als Schiedsrichter
leiten; (en boxe) als Ringrichter leiten
arborer ⟨1⟩ [aʀbɔʀe] vt (drapeau) hissen;
(fig) zur Schau tragen
arbre [aʀbʀ(ə)] m Baum m; **~ à cames**
Nockenwelle f; **~ de transmission** (AUTO)
Kardanwelle f; **~ généalogique** Stammbaum
arbuste [aʀbyst(ə)] m Busch m, Strauch
m
arc [aʀk] m Bogen m
A.R.C. [aʀk] f acr de Association pour la
recherche contre le cancer ≈ Deutsche
Krebshilfe
arcade [aʀkad] f Arkade f; **~ sourcilière**
Augenbrauenbogen m
arc-boutant (arcs-boutants) [aʀkbutã] m
(ARCHIT) Strebebogen m
arc-bouter ⟨1⟩ [aʀkbute] vpr **s'~** sich
aufstemmen
arc-en-ciel (arcs-en-ciel) [aʀkãsjɛl] m
Regenbogen m
archaïque [aʀkaik] adj veraltet, archaisch
archange [aʀkãʒ] m Erzengel m
arche [aʀʃ(ə)] f Brückenbogen m
archéologie [aʀkeɔlɔʒi] f Archäologie f;
archéologique [aʀkeɔlɔʒik] adj archäo-
logisch; **archéologue** [aʀkeɔlɔg] mf
Archäologe(-login) m(f)
archer [aʀʃe] m Bogenschütze m
archet [aʀʃe] m (de violon, etc) Bogen m

archevêque [aʀʃəvɛk] m Erzbischof m

archi- [aʀʃi] pref erz-, Erz-

archipel [aʀʃipɛl] m Archipel m

architecte [aʀʃitɛkt(ə)] mf Architekt(in) m(f); **architecture** [aʀʃitɛktyʀ] f Architektur f; (ART) Baustil m

archiver ⟨1⟩ [aʀʃive] vt (a. INFORM) archivieren; **archives** fpl Archiv nt

arctique [aʀktik] 1. adj arktisch 2. m l'**Arctique** die Arktis

ardent, e [aʀdā, āt] adj (feu, soleil) glühend, heiß; (soif) brennend; (prière) inbrünstig; (amour) leidenschaftlich; (lutte) erbittert

ardeur [aʀdœʀ] f (du soleil, feu) Glut f, Hitze f; (fig: ferveur) Leidenschaft f

ardoise [aʀdwaz] f Schiefer m; (SCOL) (Schiefer)tafel f

ardu, e [aʀdy] adj schwierig

arène [aʀɛn] f Arena f; ~s (de corrida) Stierkampfarena f

arête [aʀɛt] f (de poisson) Gräte f; (d'une montagne) Grat m, Kamm m; (MATH, ARCHIT) Kante f

argent [aʀʒā] m (métal) Silber nt; (monnaie) Geld nt; ~ **liquide** Bargeld; **argenterie** f Silber nt

argentin, e [aʀʒātɛ̃, in] adj (son) silberhell; (GEO) argentinisch

Argentine [aʀʒātin] f l'~ Argentinien nt

argile [aʀʒil] f Ton m, Lehm m; **argileux, -euse** [aʀʒilø, øz] adj Ton-

argot [aʀgo] m Argot m o nt, Slang m

Argovie [aʀgɔvi] f l'~ der Aargau

argument [aʀgymā] m (raison) Argument nt; ~ **de vente** Verkaufsargument; **argumentaire** m Broschüre f

Argus [aʀgys] m ≈ Schwackeliste f (offizielle Preisliste für Gebrauchtwagen)

aride [aʀid] adj ausgetrocknet; (cœur) gefühllos

aristocrate [aʀistɔkʀat] mf Aristokrat(in) m(f); **aristocratie** [aʀistɔkʀasi] f Aristokratie f

arithmétique [aʀitmetik] 1. adj arithmetisch 2. f Arithmetik f

armagnac [aʀmaɲak] m Armagnac m

armateur, -trice [aʀmatœʀ, tʀis] m, f Reeder(in) m(f)

armature [aʀmatyʀ] f (de bâtiment) Gerüst nt; (de tente) Gestänge nt; (de soutien-gorge) Bügel m

arme [aʀm(ə)] f Waffe f; ~**s** fpl (blason) Wappen nt; ~ **à feu** Feuerwaffe; ~**s de destruction massive** Massenvernichtungswaffen

armé, e [aʀme] adj bewaffnet; ~ **de** (garni, équipé) versehen mit, ausgerüstet mit

armée [aʀme] f Armee f; ~ **de l'air/de terre** Luftwaffe f/Heer nt

armement [aʀməmā] m Bewaffnung f; (matériel) Rüstung f

Arménie [aʀmeni] f l'~ Armenien nt; **arménien, ne** [aʀmenjɛ̃, ɛn] adj armenisch

armer ⟨1⟩ [aʀme] 1. vt bewaffnen; (arme à feu) spannen; (appareil photo) weiterspulen 2. vpr s'~ **de** sich bewaffnen mit; (courage, patience) sich wappnen mit

armistice [aʀmistis] m Waffenstillstand m

armoire [aʀmwaʀ] f Schrank m

armoiries [aʀmwaʀi] fpl Wappen nt

armure [aʀmyʀ] f Rüstung f

arnaque [aʀnak] f c'**est de l'**~ das ist Wucher; **arnaquer** ⟨1⟩ vt (fam) übers Ohr hauen; **se faire** ~ übers Ohr gehauen werden; **arnaqueur, -euse** [aʀnakœʀ, øz] m, f Schwindler(in) m(f), Gauner(in) m(f)

arnica [aʀnika] m Arnika f

arobase [aʀobas] f At-Zeichen nt, Klammeraffe m

aromate [aʀɔmat] m Duftstoff m; (épice) Gewürz nt

aromatique [aʀɔmatik] adj aromatisch

arôme [aʀom] m Aroma nt; (odeur) Duft m

arpentage [aʀpātaʒ] m Vermessung f

arpenter ⟨1⟩ [aʀpāte] vt auf und ab gehen in +dat

arpenteur, -euse [aʀpātœʀ, øz] m, f Landvermesser(in) m(f)

arqué, e [aʀke] adj gekrümmt

arrache-pied [aʀaʃpje] adv d'~ unermüdlich

arracher ⟨1⟩ [aʀaʃe] 1. vt herausziehen; (dent) ziehen; (page) herausreißen; (fig: obtenir) abringen 2. vpr s'~ (personne, article très recherché) sich reißen um; s'~ **de/à** sich losreißen von

arraisonner ⟨1⟩ [aʀɛzɔne] vt (bateau) überprüfen, kontrollieren

arrangeant, e [aʀāʒā, āt] adj (personne) verträglich

arranger ⟨2⟩ [aʀāʒe] 1. vt (appartement) einrichten; (rendez-vous) vereinbaren; (voyage) organisieren; (problème) regeln, in Ordnung bringen; (MUS) arrangieren; **cela m'arrange** das passt mir gut 2. vpr s'~ (se mettre d'accord) sich einigen; s'~ **pour que** sich so einrichten, dass

arrestation [aʀɛstasjɔ̃] f Verhaftung f, Festnahme f

arrêt [aʀɛ] m Anhalten nt, Halt m; (JUR) Urteil nt, Entscheidung f; **sans ~** ununterbrochen, unaufhörlich; **~ interdit** Halteverbot nt; **~ (d'autobus)** Haltestelle f; **~ de mort** Todesurteil

arrêté [aʀete] m (JUR) Erlass m

arrêter ⟨1⟩ [aʀete] **1.** vt (projet, construction) einstellen; (voiture, personne) anhalten; (INFORM, TECH) herunterfahren; (date) festlegen; (suspect) festnehmen, verhaften; **~ de faire qch** aufhören, etw zu tun **2.** vpr **s'~** stehen bleiben; (pluie, bruit) aufhören; **son choix s'est arrêté sur** seine Wahl fiel auf +akk

arrhes [aʀ] fpl Anzahlung f

arrière [aʀjɛʀ] **1.** adj inv **feu/siège/roue ~** Rücklicht nt/Rücksitz m/Hinterrad nt **2.** m (d'une voiture) Heck nt; (d'une maison) Rückseite f; (SPORT) Verteidiger(in) m(f); **à l'~** hinten; **en ~** rückwärts

arriéré, e [aʀjeʀe] **1.** adj (personne) zurückgeblieben **2.** m (d'argent) (Zahlungs)rückstand m

arrière- [aʀjeʀ] pref Hinter-; Nach-; **arrière-cour** (arrière-cours) f Hinterhof m; **arrière-garde** (arrière-gardes) f Nachhut f; **arrière-goût** (arrière-goûts) m Nachgeschmack m; **arrière-grand-mère** (arrière-grands-mères) f Urgroßmutter f; **arrière-grand-père** (arrière-grands-pères) m Urgroßvater m; **arrière-pays** m inv Hinterland nt; **arrière-pensée** (arrière-pensées) f Hintergedanke m; **arrière-plan** (arrière-plans) f Hintergrund m; **arrière-saison** (arrière-saisons) f Nachsaison f

arrimage [aʀimaʒ] m Koppelungsmanöver nt

arrimer ⟨1⟩ [aʀime] vt (chargement) verstauen; (bateau) festmachen; (navettes spaciales) koppeln

arrivage [aʀivaʒ] m (de marchandises) Eingang m

arrivée [aʀive] f Ankunft f; (SPORT) Ziel nt; **~ d'air/de gaz** (TECH) Luft-/Gaszufuhr f

arriver ⟨1⟩ [aʀive] vi ⟨avec être⟩ (événement, fait) geschehen, sich ereignen; (dans un lieu) ankommen; **j'arrive à faire qch** es gelingt mir, etw zu tun; **il arrive que** es kommt vor, dass; **il lui arrive de rire** es kommt vor, dass er lacht

arrivisme [aʀivism] m Strebertum nt; **arriviste** [aʀivist(ə)] mf Streber(in) m(f)

arrobase f v. **arobase**

arrogance [aʀɔgɑ̃s] f Arroganz f; **arrogant, e** [aʀɔgɑ̃, ɑ̃t] adj arrogant

arroger ⟨2⟩ [aʀɔʒe] vpr **s'~** (droit) sich dat anmaßen

arrondir ⟨8⟩ [aʀɔ̃diʀ] vt (forme) runden; (somme) (auf)runden, (ab)runden; **~ ses fins de mois** sein Gehalt aufbessern

arrondissement [aʀɔ̃dismɑ̃] m Verwaltungsbezirk m; (à Paris, Lyon, Marseille) Stadtbezirk m

arrosage [aʀozaʒ] m Spritzen nt; (INFORM) Spamming nt

arroser [aʀoze] vt gießen; (rôti, victoire) begießen; **arrosoir** [aʀozwaʀ] m Gießkanne f

arsenal (-aux) [aʀsənal, o] m (NAUT) Werft f; (MIL) Arsenal nt; (dépôt d'armes) Waffenlager nt; (panoplie) Sammlung f

art [aʀ] m Kunst f; **~ dramatique** Schauspielkunst

art. abr de **article** (JUR) Artikel m

artère [aʀtɛʀ] f Arterie f; (rue) Verkehrsader f

artériosclérose [aʀteʀjoskleʀoz] f Arteriosklerose f

arthrite [aʀtʀit] f Arthritis f

arthrose [aʀtʀoz] f Arthrose f

artichaut [aʀtiʃo] m Artischocke f

article [aʀtikl(ə)] m Artikel m; faire l'~ seine Ware anpreisen; **~ de fond** Leitartikel

articulation [aʀtikylasjɔ̃] f (LING) Artikulation f; (ANAT) Gelenk nt; **articuler** ⟨1⟩ **1.** vt (prononcer) aussprechen **2.** vpr **s'~ (sur)** (ANAT, TECH) durch ein Gelenk verbunden sein (mit)

artifice [aʀtifis] m Trick m, Kunstgriff m

artificiel, le [aʀtifisjɛl] adj künstlich; (pej: factice) gekünstelt

artisan [aʀtizɑ̃] m Handwerker(in) m(f); **artisanal, e** (-aux) [aʀtizanal, o] adj handwerklich; **artisanat** [aʀtizana] m Handwerk nt

artiste [aʀtist(ə)] mf Künstler(in) m(f); **artistique** adj künstlerisch

ARTT m abr de **accord sur la réduction du temps de travail** Vereinbarung f zur Arbeitszeitverkürzung

aryen, ne [aʀjɛ̃, ɛn] adj arisch

as [ɑs] m Ass nt

AS f abr de **association sportive** SC m

a/s abr de **aux bons soins de** zu (treuen) Händen von

ascendant, e [asɑ̃dɑ̃, ɑ̃t] **1.** adj aufsteigend **2.** m (influence) Einfluss m; (ASTR) Aszendent m

ascenseur [asɑ̃sœʀ] m Aufzug m

ascension [asɑ̃sjɔ̃] f Besteigung f; (d'un ballon, etc) Aufstieg m; **l'Ascension** (Christi) Himmelfahrt f

aseptiser ⟨1⟩ [aseptize] vt keimfrei

machen

asiatique [azjatik] *adj* asiatisch; **Asiatique** *mf* Asiat(in) *m(f)*; **Asie** [azi] *f* l'~ Asien *nt*; ~ **Mineure** Kleinasien

asile [azil] *m* (*refuge*) Zuflucht *f*; (*POL*) Asyl *nt*; (*pour troubles mentaux*) Anstalt *f*, Heim *nt*; **droit d'**~ Asylrecht *nt*

aspect [aspɛ] *m* (*apparence*) Aussehen *nt*; (*point de vue*) Aspekt *m*, Gesichtspunkt *m*; **à l'**~ **de** beim Anblick +*gen*

asperge [aspɛrʒ(ə)] *f* Spargel *m*

asperger ⟨2⟩ [aspɛrʒe] *vt* bespritzen

aspérité [asperite] *f* Unebenheit *f*

asphyxie [asfiksi] *f* Ersticken *nt*; **asphyxier** ⟨1⟩ [asfiksje] *vt* ersticken; (*fig*) lähmen

aspic [aspik] *m* (*ZOOL*) Natter *f*; (*GASTR*) Sülze *f*

aspirateur [aspiratœr] *m* Staubsauger *m*; **passer l'**~ staubsaugen

aspiration [aspirasjɔ̃] *f* Atemholen *nt*, Einatmen *nt*; Aufsaugen *nt*; (*pl: ambition*) Streben *nt* (à nach); **les** ~**s** die Ambitionen *pl*; **aspirer** ⟨1⟩ *vt* aufsaugen; (*air*) einatmen; ~ **à** streben nach

aspirine [aspirin] *f* Aspirin® *nt*

assagir ⟨8⟩ [asaʒir] *vpr* **s'**~ ruhiger werden

assaillir [asajir] *irr vt* angreifen; (*fig*) überschütten (*de* mit)

assainir ⟨8⟩ [asenir] *vt* sanieren; (*pièce*) desinfizieren; (*nettoyer*) sauber machen

assaisonnement [asɛzɔnmã] *m* Gewürz *nt*; (*action*) Würzen *nt*; **assaisonner** ⟨1⟩ *vt* (*plat*) würzen; (*salade*) anmachen

assassin [asasɛ̃] *m* Mörder(in) *m(f)*; **assassinat** [asasina] *m* Ermordung *f*; **assassiner** ⟨1⟩ [asasine] *vt* ermorden

assaut [aso] *m* (*MIL*) (Sturm)angriff *m*; (*d'une montagne*) Besteigung *f*; **prendre d'**~ stürmen

assécher ⟨5⟩ [asefe] *vt* (*terrain*) trockenlegen

ASSEDIC [asedik] *fpl acr de* **Association pour l'emploi dans l'industrie et le commerce** ≈ Arbeitslosenversicherung *f*

assemblage [asãblaʒ] *m* Zusammensetzen *nt*; (*menuiserie*) Verbindung *f*; (*fig*) Ansammlung *f*; **langage d'**~ (*INFORM*) Assemblersprache *f*

assemblée [asãble] *f* Versammlung *f*; ~ **générale** Generalversammlung

---

Assemblée nationale

Die Assemblée nationale ist das Unterhaus des französischen Parlaments, das Oberhaus ist der Sénat. Sie tagt im Palais Bourbon in Paris und besteht aus 577 „députés" (Abgeordneten), die alle fünf Jahre gewählt werden.

---

assembler ⟨1⟩ **1.** *vt* (*TECH*) zusammensetzen; (*mots, idées*) verbinden **2.** *vpr* **s'**~ (*personnes*) sich versammeln; **assembleur** *m* (*INFORM*) Assembler *m*

assentiment [asãtimã] *m* Zustimmung *f*, Einwilligung *f*

asseoir [aswar] *irr* **1.** *vt* hinsetzen; (*autorité, réputation*) festigen **2.** *vpr* **s'**~ sich setzen

assermenté, e [asɛrmãte] *adj* beeidigt, vereidigt

assertion [asɛrsjɔ̃] *f* Behauptung *f*

assez [ase] *adv* (*suffisamment*) genug; (*avec adjectif, adverbe*) ziemlich; ~ **bien** (*SCOL*) befriedigend; ~ **de pain/livres** genug [o genügend] Brot/Bücher; **en avoir** ~ **de qch** von etw genug haben, etw satt haben

assidu, e [asidy] *adj* eifrig; (*consciencieux*) gewissenhaft; **assiduité** [asidɥite] *f* Eifer *m*; Gewissenhaftigkeit *f*; ~**s** *fpl* (lästige) Aufmerksamkeiten *pl*

assiéger ⟨2, 5⟩ [asjeʒe] *vt* belagern

assiette [asjɛt] *f* Teller *m*; ~ **anglaise** (kalter) Aufschnitt; ~ **plate/creuse/à dessert** flacher Teller/Suppenteller/Dessertteller

assigner ⟨1⟩ [asiɲe] *vt* (*part, travail*) zuweisen, zuteilen; (*limite, crédit*) festsetzen (à für); (*cause, effet*) zuschreiben (à dat)

assimiler ⟨1⟩ [asimile] *vt* (*digérer*) verdauen; (*connaissances, idée*) verarbeiten; (*immigrants*) integrieren; ~ **qch/qn à** (*comparer*) etw/jdn gleichstellen mit

assis, e [asi, iz] **1.** *adj* sitzend **2.** *f* (*d'une maison, d'un objet*) Unterbau *m*; (*GEO*) Schicht *f*; (*d'un régime*) Grundlage *f*; ~**es** *fpl* (*JUR*) Schwurgericht *nt*

assistance [asistãs] *f* (*public*) Publikum *nt*; (*aide*) Hilfe *f*; ~ **juridique** Rechtsschutzversicherung *f*; **l'Assistance publique** die Fürsorge; ~ **pour l'étranger** Auslandsschutzbrief *m*; **assistant, e** [asistã, ãt] *m, f* Assistent(in) *m(f)*; ~**s** *mpl* (*public*) Anwesende *pl*; ~(**e**) **social(e)** Sozialarbeiter(in) *m(f)*; ~ **personnel numérique** Handheld-PC *m*, Organizer *m*; ~ **personnel Palm** Palm-PC *m*, Palmtop *m*

assisté, e [asiste] *adj* **direction** ~**e** (*AUTO*) Servolenkung *f*

assister ⟨1⟩ [asiste] *vt, vi* ~ **à** beiwohnen +*dat*; ~ **qn** jdm helfen

association [asɔsjasjɔ̃] *f* Vereinigung *f*; (*d'idées*) Assoziation *f*; (*participation*)

Beteiligung f; (groupe) Verein m; ~ **des contribuables** Steuerzahlerbund m; ~ **sportive** Sportklub m, Sortverein m; **associé, e** m, f (COM) Gesellschafter(in) m(f); **associer** ⟨1⟩ [asɔsje] **1.** vt vereinigen; (mots, idées) verbinden; ~ **qn à** (faire participer) jdn beteiligen an +dat; ~ **qch à** (joindre) mit 2. vpr **s'**~ sich verbinden; **s'**~ **à** sich anschließen an +akk
assombrir ⟨8⟩ [asɔ̃bʀiʀ] vt verdunkeln
assommer ⟨1⟩ [asɔme] vt niederschlagen, bewusstlos machen
Assomption [asɔ̃psjɔ̃] f l'~ Mariä Himmelfahrt f

assorti, e [asɔʀti] adj (zusammen)passend; **fromages/légumes ~s** Käse-/Gemüseplatte f; ~ **à** passend zu; **assortiment** [asɔʀtimɑ̃] m Auswahl f
assoupir ⟨8⟩ [asupiʀ] vpr **s'**~ einschlummern, einnicken; (fig) sich beruhigen
assouplir ⟨8⟩ [asupliʀ] vt geschmeidig machen; (fig) lockern; **assouplissant** m Weichspüler m
assourdir ⟨8⟩ [asuʀdiʀ] vt (étouffer) abschwächen; (rendre sourd) betäuben
assujettir ⟨8⟩ [asyʒetiʀ] vt unterwerfen; ~ **qn à qch** (à un impôt) jdm etw auferlegen
assumer ⟨1⟩ [asyme] vt (fonction, emploi) übernehmen
assurance [asyʀɑ̃s] f (confiance en soi) Selbstbewusstsein nt; (contrat) Versicherung f; ~ **annulation** Reiserücktrittsversicherung; ~ **auto(mobile)** Kfz-Versicherung; ~ **habitation** Hausratversicherung; ~ **au tiers** (Kraftfahrzeug)haftpflichtversicherung; ~ **tierce collision** Teilkaskoversicherung; ~ **tous risques** Vollkaskoversicherung; **assurance-vie** (assurances-vie) f Lebensversicherung f; **assurance-vol** (assurances-vol) f Diebstahlversicherung f; **assurance-voyage** (assurances-voyage) f Reiseversicherung f; **assuré, e 1.** adj ~ **de qch** einer Sache gen sicher **2.** m, f (couvert par une assurance) Versicherte(r) mf; **assurément** adv sicherlich, ganz gewiss; **assurer** ⟨1⟩

[asyʀe] **1.** vt (COM) versichern; (démarche, construction) absichern; (succès, victoire) sich dat sichern; (fait) bestätigen; (service, garde) sorgen für, stellen; ~ **(à qn) que** ... (affirmer) (jdm) versichern, dass ...; ~ **qn de qch** (confirmer, garantir) jdm etw zusichern **2.** vpr **s'**~ (COM) sich versichern (contre gegen); **s'**~ **de** (vérifier) sich überzeugen von
aster [asteʀ] m Aster f
astérisque [asteʀisk(ə)] m (TYPO) Sternchen nt
asthmatique [asmatik] **1.** adj asthmatisch **2.** mf Asthmatiker(in) m(f)
asthme [asm(ə)] m Asthma nt
asticot [astiko] m Made f
asticoter ⟨1⟩ [astikɔte] vt (tracasser) schikanieren
astiquer ⟨1⟩ [astike] vt polieren
astre [astʀ(ə)] m Gestirn nt
astreindre [astʀɛ̃dʀ(ə)] irr comme peindre vt ~ **qn à qch** jdn zu etw zwingen; ~ **qn à faire qch** jdn zwingen, etw zu tun
astrologie [astʀɔlɔʒi] f Astrologie f; **astrologique** [astʀɔlɔʒik] adj astrologisch; **astrologue** [astʀɔlɔg] mf Astrologe(-login) m(f)
astronaute [astʀonot] mf Astronaut(in) m(f); **astronautique** [astʀonotik] f Raumfahrt f, Astronautik f
astronomie [astʀɔnɔmi] f Astronomie f; **astronomique** [astʀɔnɔmik] adj astronomisch
astuce [astys] f (ingéniosité) Findigkeit f; (plaisanterie) Witz m; (truc) Trick m, Kniff m; **astucieux, -euse** [astysjø, øz] adj schlau, pfiffig
atelier [atəlje] m Werkstatt f; (de peintre) Atelier nt
athée [ate] adj atheistisch; **athéisme** [ateism] m Atheismus m
Athènes [aten] Athen nt
athlète [atlet] mf (SPORT) Athlet(in) m(f); **athlétisme** [atletism(ə)] m Leichtathletik f
atlantique [atlɑ̃tik] m l'(**océan) Atlantique** der Atlantische Ozean
atlantiste [atlɑ̃tist] mf Befürworter(in) m(f) der Nato
atlas [atlɑs] m Atlas m
atmosphère [atmɔsfɛʀ] f Atmosphäre f; (air) Luft f; **atmosphérique** [atmɔsfeʀik] adj atmosphärisch
atoll [atɔl] m Atoll nt
atome [atom] m Atom nt; **atomique** [atɔmik] adj Atom-
atomiseur [atɔmizœʀ] m Zerstäuber m

atout [atu] *m* Trumpf *m*

atroce [atʀɔs] *adj* entsetzlich; *(fam)* grässlich; **atrocité** [atʀɔsite] *f (d'un crime)* Grausamkeit *f;* ~**s** *(actes)* Gräueltaten *pl*

atrophier ⟨1⟩ [atʀɔfje] *vi* verkümmern

attabler ⟨1⟩ [atable] *vpr* **s'**~ sich an den Tisch setzen

attachant, e [ataʃɑ̃, ɑ̃t] *adj* liebenswert

attache [ataʃ] *f (Heft)*klammer *f; (fig)* Bindung *f,* Band *nt*

attaché, e [ataʃe] **1.** *adj* **être** ~ **à** sehr hängen an +*dat* **2.** *m, f* Attaché *m;* ~ **d'ambassade** Botschaftsattaché *m;* ~ **commercial** Handelsattaché *m;* ~ **de presse** Presseattaché *m;* **attaché-case** (attachés-cases) [ataʃekεz] *m* Aktenkoffer *m*

attachement [ataʃmɑ̃] *m* Zuneigung *f*

attacher ⟨1⟩ [ataʃe] **1.** *vt (chien)* anbinden, festbinden; *(bateau)* festmachen; *(étiquette)* befestigen; *(mains, pieds, prisonnier)* fesseln; *(ceinture, tablier)* umbinden; *(souliers)* binden, schnüren; ~ **qch** etw festmachen, etw befestigen *(à* an +*dat)* **2.** *vi (GASTR: riz, poêle)* anhängen **3.** *vpr* **s'**~ **à qn** jdn lieb gewinnen

attaque [atak] *f* Angriff *m; (MED: cardiaque)* Anfall *m; (MED: cérébrale)* Schlag *m;* **attaquer** ⟨1⟩ *vt* angreifen; *(travail)* in Angriff nehmen

attardé, e [ataʀde] *adj* verspätet; *(enfant, classe)* zurückgeblieben; *(conception, etc)* rückständig; **attarder** ⟨1⟩ *vpr* **s'**~ sich verspäten

atteindre [atɛ̃dʀ(ə)] *irr comme peindre vt* erreichen; *(projectile)* treffen; **atteint, e** **1.** *pp de* **atteindre 2.** *adj* **être** ~ **de** *(MED)* leiden an +*dat* **3.** *f* Angriff *m,* Verletzung *f; (MED)* Anfall *m;* **porter** ~**e à qch** etw beeinträchtigen; **hors d'**~**e** außer Reichweite

attelle [atεl] *f (MED)* Schiene *f*

attenant, e [at(ə)nɑ̃, ɑ̃t] *adj* ~ **à** (an)grenzend an +*akk*

attendre ‹14› [atɑ̃dʀ(ə)] **1.** *vt* warten auf +*akk; (être destiné à)* erwarten; ~ **un enfant** ein Kind erwarten; ~ **qch de qn** etw von jdm erwarten **2.** *vi* warten **3.** *vpr* **s'**~ **à** rechnen mit; **attendrir** ⟨8⟩ [atɑ̃dʀiʀ] **1.** *vt (personne)* rühren **2.** *vpr* **s'**~ gerührt sein *(sur* von)

attendu, e [atɑ̃dy] **1.** *pp de* **attendre 2.** *adj (personne, jour)* erwartet; ~ **que** *(a. JUR)* da

attentat [atɑ̃ta] *m* Attentat *nt,* Anschlag *m;* ~ **à la pudeur** Sittlichkeitsvergehen *nt;* ~ **suicide** Selbstmordanschlag *m*

attente [atɑ̃t] *f* Warten *nt,* Wartezeit *f; (espérance)* Erwartung *f*

attenter ⟨1⟩ [atɑ̃te] *vi* ~ **à** *(vie)* einen Anschlag verüben auf +*akk; (liberté)* verletzen +*akk*

attentif, -ive [atɑ̃tif, iv] *adj* aufmerksam; *(soins, travail)* sorgfältig

attention [atɑ̃sjɔ̃] *f* Aufmerksamkeit *f;* **à l'**~ **de** zu Händen von; **faire** ~ **à** Acht geben auf +*akk;* **faire** ~ **que/à ce que** ... aufpassen, dass ...; ~! Achtung!, Vorsicht!; **attentionné, e** [atɑ̃sjɔne] *adj* aufmerksam, zuvorkommend

attentisme [atɑ̃tism] *m* Abwartepolitik *f;* **attentiste** [atɑ̃tist] *adj* abwartend

attentivement [atɑ̃tivma] *adv* aufmerksam

atténuant, e [atenɥɑ̃, ɑ̃t] *adj* **circonstances** ~**es** *fpl* mildernde Umstände *pl;* **atténuer** ⟨1⟩ *vt* abschwächen

atterrer ⟨1⟩ [ateʀe] *vt* bestürzen

atterrir ⟨8⟩ [ateʀiʀ] *vi* landen; **atterrissage** *m* Landung *f*

attestation [atεstasjɔ̃] *f* Bescheinigung *f;* **attester** ⟨1⟩ *vt* bestätigen; *(témoigner de)* zeugen von

attifer ⟨1⟩ [atife] *vt* aufdonnern

attirail [atiʀaj] *m* Ausrüstung *f; (pej)* Zeug *nt*

attirer ⟨1⟩ [atiʀe] **1.** *vt* anlocken; *(chose)* anziehen; ~ **qn dans un coin/vers soi** *(entraîner)* jdn in eine Ecke/zu sich ziehen **2.** *vpr* **s'**~ **des ennuis** sich *dat* Ärger einhandeln

attitude [atityd] *f* Haltung *f; (comportement)* Verhalten *nt*

attractif, -ive [atʀaktif, iv] *adj* ansprechend; *(prix, salaire)* verlockend

attraction [atʀaksjɔ̃] *f (attirance)* Reiz *m; (terrestre)* Anziehungskraft *f; (de foire)* Attraktion *f*

attrait [atʀε] *m* Reiz *m*

attrape-nigaud (attrape-nigauds) [atʀapnigo] *m* Bauernfängerei *f*

attraper ⟨1⟩ [atʀape] *vt* fangen; *(habitude)* annehmen; *(maladie)* bekommen; *(fam: amende)* aufgebrummt bekommen; *(duper)* hereinlegen

attrayant, e [atʀεjɑ̃, ɑ̃t] *adj* attraktiv

attribuer ⟨1⟩ [atʀibɥe] **1.** *vt (prix)* verleihen; *(rôle, tâche)* zuweisen, zuteilen; *(conséquence)* zuschreiben **2.** *vpr* **s'**~ für sich in Anspruch nehmen

attribut [atʀiby] *m (symbole)* Merkmal *nt,* Kennzeichen *nt; (LING)* Attribut *nt;* ~ **de fichier** Dateiattribut

attrouper ⟨1⟩ [atʀupe] *vpr* **s'**~ sich versammeln

au *prep v.* **à**

aubaine [obɛn] f Glücksfall m
aube [ob] f (du jour) Morgengrauen nt; l'~ **de** (fig) der Anbruch +gen; **à l'~** bei Tagesanbruch
aubépine [obepin] f Hagedorn m
auberge [obɛʀʒ(ə)] f Gasthaus nt; ~ **de jeunesse** Jugendherberge f
aubergine [obɛʀʒin] f Aubergine f
aubergiste [obɛʀʒist(ə)] mf (Gast)wirt(in) m(f)
aucun, e [okœ̃, yn] 1. adj kein(e); **sans ~ doute** zweifellos 2. pron keine(r, s); **plus qu'~ autre** mehr als jeder andere; **~ des deux/participants** keiner von beiden/ keiner der Teilnehmer
audace [odas] f (hardiesse) Kühnheit f; (pej: culot) Frechheit f; **audacieux, -euse** adj kühn
au-delà [od(ə)la] 1. adv weiter, darüber hinaus; ~ **de** jenseits von; (limite) über +dat 2. m l'~ das Jenseits
au-dessous [od(ə)su] adv unten; darunter; ~ **de** unter +dat; (mouvement) unter +akk
au-dessus [od(ə)sy] adv oben; darüber; ~ **de** über +dat; (mouvement) über +akk
au-devant [od(ə)vã] prep **aller ~ de** entgegengehen +dat; (désirs de qn) zuvorkommen +dat
audience [odjãs] f (entrevue) Audienz f; (JUR: séance) Sitzung f
audimat [odimat] m Messgerät nt für die Einschaltquote; (taux) Einschaltquote f
audiovisuel, le [odjovizɥɛl] 1. adj audiovisuell 2. m Rundfunk und Fernsehen pl
auditeur, -trice [oditœʀ, tʀis] m, f (Zu)hörer(in) m(f); ~ **libre** (SCOL) Gasthörer(in) m(f)
audition [odisjɔ̃] f (ouïe) Hören nt; (de témoins) Anhörung f; (THEAT) Vorsprechprobe f; **auditionner** ⟨1⟩ [odisjɔne] vt (artiste) vorsprechen [o vorspielen] lassen
auditoire [oditwaʀ] m Publikum nt
augmentation [ɔgmãtasjɔ̃] f ~ **de** (salaire) Gehalts-/Lohnerhöhung f; ~ **des ventes** Absatzplus nt; **augmenter** ⟨1⟩ 1. vt erhöhen; (grandeur) erweitern; (employé, salarié) eine Gehaltserhöhung/ Lohnerhöhung geben +dat 2. vi zunehmen, sich vergrößern; (prix, valeur, taux) steigen; (vie, produit) teurer werden
augure [ogyʀ] m Wahrsager(in) m(f), Seher(in) m(f); **être de bon/mauvais ~** ein gutes/schlechtes Zeichen sein
aujourd'hui [oʒuʀdɥi] adv heute; (de nos jours) heutzutage
aumône [omon] f Almosen nt

auparavant [opaʀavã] adv vorher, zuvor
auprès [opʀɛ] prep ~ **de** bei
auquel pron v. **lequel**
auriculaire [ɔʀikylɛʀ] m kleiner Finger
aurore [ɔʀɔʀ] f Morgengrauen nt; ~ **boréale** Nordlicht nt
ausculter ⟨1⟩ [ɔskylte] vt (malade) abhorchen
aussi [osi] 1. adv (également) auch, ebenfalls; (avec adjectif, adverbe) (eben)so; ~ **fort/rapidement que ...** ebenso stark/ schnell wie ...; **moi ~** ich auch 2. conj (par conséquent) daher, deshalb; **aussitôt** adv sofort, (so)gleich; ~ **que** sobald
austère [ɔstɛʀ] adj (personne) asketisch, streng; (paysage) karg; **austérité** f (ECON) Sparmaßnahmen pl
austral, e [ɔstʀal] adj südlich, Süd-
Australie [ɔstʀali] f l'~ Australien nt; **australien, ne** [ɔstʀaljɛ̃, ɛn] adj australisch; **Australien, ne** m, f Australier(in) m(f)
autant [otã] adv (tant, tellement) so viel; ~ **(que)** (eben)so viel (wie); ~ **de** so viel; ~ **partir/ne rien dire** es ist besser abzufahren/nichts zu sagen; **il y a ~ de garçons que de filles** es gibt (eben)so viele Jungen wie Mädchen; **pour ~** trotzdem; **pour ~ que** soviel, soweit; **d'~ plus/moins/ mieux (que)** umso mehr/weniger/besser (als)
autel [otɛl] m Altar m
auteur [otœʀ] mf (d'un crime) Täter(in) m(f); (d'un livre) Autor(in) m(f), Verfasser(in) m(f); **auteur-compositeur** (auteurs-compositeurs) [otœʀkɔ̃pozitœʀ] m Liedermacher(in) m(f)
authentique [otãtik] adj echt; (véridique) wahr
autisme [otism(ə)] m Autismus m; **autiste** adj autistisch
auto- [oto] pref Auto-, Selbst-; **autoallumage** m (TECH) Selbstzündung f; **autobiographie** f Autobiografie f; **autobiographique** adj autobiografisch
autobus [otobys] m (Stadt)bus m; **autocar** m (Reise)bus m
autochtone [ɔtɔktɔn] 1. adj einheimisch; eingeboren 2. mf Einheimische(r) mf; (indigène) Eingeborene(r) mf
autocollant, e [otokɔlã, ãt] 1. adj selbstklebend; **enveloppe ~e** Briefumschlag m mit Klebverschluss 2. m Aufkleber m
auto-couchettes [ɔtɔkuʃɛt] adj inv **train ~** Autoreisezug m
autocritique f Selbstkritik f
autocuiseur [otokɥizœʀ] m Schnell-

kochtopf *m*

autodécompactant, e [otodekɔ̃paktɑ̃, ɑ̃t] *adj* (*INFORM*) selbstentpackend

autodéfense [otodefɑ̃s] *f* Selbstverteidigung *f*

autodétermination *f* Selbstbestimmung *f*

autodidacte *mf* Autodidakt(in) *m(f)*

autodrome [otodʀom] *m* Autorennbahn *f*

auto-école (auto-écoles) [otoekɔl] *f* Fahrschule *f*

autofocus [otofɔkys] *m* (*FOTO*) Autofokus *m*

autogène [otoʒɛn] *adj* autogen

autogestion [otoʒɛstjɔ̃] *f* Selbstverwaltung *f*

autographe [ɔtɔgʀaf] *m* Autogramm *m*

automate [ɔtɔmat] *m* (*a. fig*) Roboter *m*;

automatique *adj* automatisch; **automatiquement** [ɔtɔmatikmɑ̃] *adv* automatisch; **automatiser** ⟨1⟩ [ɔtɔmatize] *vt* automatisieren; **automatisme** *m* Automatismus *m*

automédication [otomedikasjɔ̃] *f* Selbstmedikation *f*

automitrailleuse [otomitʀajøz] *f* Panzerwagen *m*

automnal, e (-aux) [ɔtɔnal, o] *adj* herbstlich

automne [otɔn] *m* Herbst *m*; **en ~** im Herbst

automobile [ɔtɔmɔbil] *f* Auto *nt*; **automobiliste** *mf* Autofahrer(in) *m(f)*

autonettoyant, e [otonetwajɑ̃, ɑ̃t] *adj* selbstreinigend

autonome [ɔtɔnɔm] **1.** *adj* autonom; (*appareil, système*) unabhängig **2.** *mf* Autonome *mf*; **autonomie** [ɔtɔnɔmi] *f* Unabhängigkeit *f*; (*POL*) Autonomie *f*; **autonomiste** [ɔtɔnɔmist] *mf* Separatist(in) *m(f)*

autopsie [ɔtɔpsi] *f* Autopsie *f*

autoradio [otoʀadjo] *m* Autoradio *nt*

autorail [otoʀaj] *m* Schienenbus *m*

autoreverse [otoʀəvɛʀs, -ʀivœʀs] *adj inv* (*magnétophone*) mit Autoreverse

autorisation [ɔtɔʀizasjɔ̃] *f* Genehmigung *f*, Erlaubnis *f*; **~ de séjour** Aufenthaltserlaubnis *f*; **autorisé, e** *adj* (*personne*) berechtigt; (*source*) zuverlässig; (*opinion*) maßgeblich; **autoriser** ⟨1⟩ [ɔtɔʀize] *vt* genehmigen; (*permettre*) berechtigen (*à* zu)

autoritaire [ɔtɔʀitɛʀ] *adj* autoritär

autorité [ɔtɔʀite] *f* Machtbefugnis *f*; (*ascendant, influence*) Autorität *f*; **faire ~** maßgeblich sein

autoroute [otoʀut] *f* Autobahn *f*; **~ de l'information** Datenautobahn

auto-stop [otostɔp] *m* Trampen *nt*; **faire de l'~** per Anhalter fahren, trampen; **auto-stoppeur, -euse** *m, f* Tramper(in) *m(f)*, Anhalter(in) *m(f)*

autour [otuʀ] *adv* herum, umher; **tout ~** ringsherum; **~ de** um (... herum); (*environ*) etwa

autre [otʀ(ə)] **1.** *adj* (*différent*) andere(r, s); **un ~ verre/d'~s verres** (*supplémentaire*) noch ein [o ein weiteres] Glas/noch mehr Gläser; **~ part** anderswo; **d'~ part** andererseits; (*en outre*) überdies **2.** *pron* andere(r, s); **l'~, les ~s** der andere, die anderen; **l'un et l'~** beide; **se détester l'un ~/les uns les ~s** einander verabscheuen; **d'une minute à l'~** von einer Minute auf die andere; **d'~s** andere; **entre ~s** unter anderem; **nous ~s** (*fam*) wir; **autrefois** [otʀəfwa] *adv* früher, einst; **autrement** [otʀəmɑ̃] *adv* (*d'une manière différente*) anders; (*sinon*) sonst; **je n'ai pas pu faire ~** ich konnte nicht anders; **~ dit** mit anderen Worten

Autriche [otʀiʃ] *f* l'~ Österreich *nt*; **autrichien, ne** [otʀiʃjɛ̃, ɛn] *adj* österreichisch; **Autrichien, ne** *m, f* Österreicher(in) *m(f)*

autruche [otʀyʃ] *f* Strauß *m*

autrui [otʀɥi] *pron* der Nächste, die anderen

auvent [ovɑ̃] *m* (Zelt)vordach *nt*

Auvergne [ovɛʀɲ(ə)] *f* l'~ die Auvergne

aux *prep v.* **à**

auxiliaire [ɔksiljɛʀ] **1.** *adj* Hilfs- **2.** *mf* (*ADMIN*) Hilfskraft *f* **3.** *m* (*LING*) Hilfsverb *nt*

auxquels *pron v.* **lequel**

Av. *abr de* **Avenue** Str.

aval [aval] *m* (*soutien*) Unterstützung *f*; **en ~ de** flussabwärts von; (*sur une pente*) bergabwärts von

avalanche [avalɑ̃ʃ] *f* Lawine *f*

avaler ⟨1⟩ [avale] *vt* (hinunter)schlucken, verschlingen

avance [avɑ̃s] *f* (*de coureur, dans le travail*) Vorsprung *m*; (*de train*) Verfrühung *f*; (*d'argent*) Vorschuss *m*; **~s** *fpl* (*amoureuses*) Annäherungsversuche *pl*; (**être**) **en ~** zu früh dran (sein); **payer/réserver d'~** vorausbezahlen/vorbestellen; **par ~, d'~** im Voraus; **à l'~** im Voraus

avancé, e [avɑ̃se] *adj* (*heure*) vorgerückt; (*saison, travail*) fortgeschritten; (*technique*) fortschrittlich

avancement [avɑ̃smɑ̃] *m* (*professionnel*) Beförderung *f*

avancer ⟨2⟩ [avɑ̃se] **1.** vi sich (vorwärts)-bewegen; (*progresser*) vorangehen; (*personne*) vorankommen; (*montre, réveil*) vorgehen **2.** vt vorrücken, vorschieben; (*main*) ausstrecken; (*date, rencontre*) vorverlegen; (*montre, pendule*) vorstellen; (*hypothèse*) aufstellen; (*argent*) vorstrecken **3.** vpr s'~ (*s'approcher*) näherkommen; (*être en saillie*) herausragen

avant [avɑ̃] **1.** prep vor +dat; (*mouvement*) vor +akk; ~ **tout** vor allem; **en** ~ vorwärts; **en** ~ **de** vor +dat **2.** adj inv Vorder- **3.** m (*d'un véhicule*) Vorderteil nt **4.** conj ~ **qu'il parte/de faire qch** bevor er abfährt/man etw tut

avantage [avɑ̃taʒ] m Vorteil m; (*supériorité*) Überlegenheit f; **avantager** ⟨2⟩ vt bevorzugen; **avantageux, -euse** [avɑ̃taʒø, øz] adj vorteilhaft, günstig

avant-bras [avɑ̃bʁa] m inv Unterarm m; **avant-centre** (avant-centres) m Mittelstürmer m; **avant-dernier, -ière** (avant-derniers) m, f Vorletzte(r) mf; **avant-garde** (avant-gardes) f (MIL) Vorhut f; (*fig*) Avantgarde f; **avant-goût** (avant-goûts) m Vorgeschmack m; **avant-hier** adv vorgestern; **avant-première** (avant-premières) f (*de film*) Voraufführung f; **avant-projet** (avant-projets) m Pilotprojekt nt; **avant-propos** m inv Vorwort nt; **avant-veille** f l'~ zwei Tage davor

avare [avaʁ] adj geizig; **avarice** [avaʁis] f Geiz m

avarié, e [avaʁje] adj (*marchandise*) verdorben

avarie [avaʁi] f (*de bateau, d'avion*) Schaden m

avec [avɛk] prep mit +dat; (*en plus de, en sus de*) zu +dat; (*envers*) zu +dat, gegenüber +dat; ~ **habileté/lenteur** geschickt/langsam

avenant, e [av(ə)nɑ̃, ɑ̃t] adj freundlich; **le reste à l'~** der Rest ist entsprechend

avenir [av(ə)niʁ] m Zukunft f; **à l'~** in Zukunft; **technique d'~** Zukunftstechnik f

avent [avɑ̃] m Advent m

aventure [avɑ̃tyʁ] f Abenteuer nt; **aventurer** ⟨1⟩ vpr s'~ sich wagen; **aventureux, -euse** [avɑ̃tyʁø, øz] adj (*personne*) abenteuerlustig; (*projet, vie*) abenteuerlich; **aventurier, -ière** [avɑ̃tyʁje, ɛʁ] m, f Abenteurer(in) m(f)

avenue [av(ə)ny] f Allee f, breite Straße (*innerhalb einer Stadt*)

avérer ⟨5⟩ [aveʁe] vpr s'~ faux (fausse)/coûteux (-euse) sich als falsch/kostspielig erweisen

averse [avɛʁs(ə)] f Regenschauer m

aversion [avɛʁsjɔ̃] f Abneigung f

avertir ⟨8⟩ [avɛʁtiʁ] vt warnen (*de* vor +dat); (*renseigner*) benachrichtigen (*de* von); **avertissement** m Warnung f; Benachrichtigung f; (*blâme*) Mahnung f; **avertisseur** m (AUTO) Hupe f

aveu (x) [avø] m Geständnis nt

aveugle [avœgl(ə)] adj blind; **aveuglément** [avœglemɑ̃] adv blindlings; **aveugler** ⟨1⟩ vt (*lumière, soleil*) blenden; (*amour, colère*) blind machen

aviateur, -trice [avjatœʁ, tʁis] m, f Flieger(in) m(f); **aviation** [avjasjɔ̃] f Luftfahrt f; (MIL) Luftwaffe f

aviculture [avikyltyʁ] f Geflügelzucht f

avide [avid] adj (be)gierig

avion [avjɔ̃] m Flugzeug nt; **aller (quelque part) en** ~ (irgendwohin) fliegen; **avion-cargo** (avions-cargos) [avjɔ̃kaʁgo] m Transportflugzeug nt; **avion-citerne** (avions-citernes) [avjɔ̃sitɛʁn] m Tankflugzeug nt

aviron [aviʁɔ̃] m Ruder nt; (SPORT) Rudern nt

avis [avi] m (*point de vue*) Meinung f, Ansicht f; (*notification*) Mitteilung f, Benachrichtigung f; **être d'~ que** ... der Meinung [o der Ansicht] sein, dass ...; **changer d'~** seine Meinung ändern

avisé, e [avize] adj (*sensé*) vernünftig

aviser ⟨1⟩ [avize] **1.** vt (*voir*) bemerken; ~ **qn de qch/que** (*informer*) jdn von etw in Kenntnis setzen/jdn davon in Kenntnis setzen, dass **2.** vi (*réfléchir*) nachdenken **3.** vpr s'~ **de qch/que** etw bemerken/bemerken, dass

avocat, e [avɔka, at] **1.** m, f (JUR) Rechtsanwalt(-anwältin) m(f); ~(e) **général(e)** Staatsanwalt(-anwältin) m(f) **2.** m (GASTR) Avocado f

avoine [avwan] f Hafer m

avoir [avwaʁ] **1.** m Vermögen nt; (FIN) Guthaben nt **2.** irr vt haben; (*fam: duper*) hereinlegen; ~ **faim/peur** Hunger/Angst haben; **il y a** es gibt; **il n'y a qu'à faire** ... man braucht nur ... zu tun; **qu'est-ce qu'il y a?** was ist los?; ~ **du sens** Sinn machen **3.** vb aux haben; ~ **à faire qch** etw tun müssen

avoisiner ⟨1⟩ [avwazine] vt (an)grenzen an +akk

avortement [avɔʁtəmɑ̃] m (MED) Abtreibung f; **avorter** ⟨1⟩ [avɔʁte] vi abtreiben; (*projet*) misslingen, scheitern

avorton [avɔʁtɔ̃] m Wicht m

avoué [avwe] *m* Rechtsanwalt(-anwältin) *m(f)* (*der/die nicht plädiert*)

avouer ⟨1⟩ [avwe] **1.** *vt* gestehen **2.** *vpr* **s'~ vaincu(e)/incompétent(e)** sich geschlagen geben/zugeben, dass man inkompetent ist

avril [avril] *m* April *m;* **en ~** im April; **le 13 ~** am 13. April; **le 13 ~ 2003** der 13. April 2003

axe [aks(ə)] *m* Achse *f*

ayant droit (ayants droit) [ɛjãdRwa] *mf* Empfangsberechtigte(r) *mf*

azalée [azale] *f* Azalee *f*

Azerbaidjan [azɛRbaidʒã] *m* **l'~** Aserbaidschan *nt*

azote [azɔt] *m* Stickstoff *m*

azur [azyR] *m* (*couleur*) Azur *m,* Himmelsblau *nt*

B

B, b [be] *m* B, b *nt*

B *abr de* **bien** (*SCOL*) gut

B.A. *f abr de* **bonne action** gute Tat

baba [baba] **1.** *adj inv* **en être ~** (*fam*) platt sein **2.** *m* **~ au rhum** *leichter, mit Rum getränkter Kuchen*

babiller ⟨1⟩ [babije] *vi* plappern

babiole [babjɔl] *f* Kleinigkeit *f*

bâbord [babɔR] *m* **à ~** an Backbord

babouin [babwɛ̃] *m* Pavian *m*

baby-foot [babifut] *m inv* Tischfußball *m*

baby-sitter (baby-sitters) [babisitœR] *mf* Babysitter(in) *m(f)*

baby-sitting [babisitiŋ, bebi-] *m* Babysitten *nt;* **faire du ~** babysitten

bac [bak] *m* (*bateau*) Fähre *f;* (*pour laver*) Schüssel *f,* kleine Wanne; (*fam: baccalauréat*) Abi *nt; ~* **ferroviaire** Eisenbahnfähre

baccalauréat [bakalɔRea] *m* Abitur *nt*

---

baccalauréat

Das baccalauréat oder kurz bac ist das Schulabgangszeugnis, das man an einem „lycée" im Alter von 17 oder 18 Jahren erhält. Eine Vielzahl von Fächerkombinationen ist möglich. Mit diesem Zeugnis besitzt man die Zugangsberechtigung für eine Hochschule.

---

bâche [baʃ] *f* Plane *f;* **bâcher** ⟨1⟩ *vt* mit einer Plane zudecken

bachoter ⟨1⟩ [baʃɔte] *vi* (*fam: préparer un examen*) pauken, büffeln

bacille [basil] *m* Bazillus *m*

bâcler ⟨1⟩ [bakle] *vt* pfuschen

bactéricide [bakterisid] **1.** *adj* keimtötend **2.** *m* keimtötendes Mittel

bactérie [bakteri] *f* Bakterie *f*

badaud, e [bado, od] *m, f* Schaulustige(r) *mf*

badge [badʒ] *m* Button *m*

badigeonner ⟨1⟩ [badiʒɔne] *vt* (*peindre*) tünchen; (*MED*) bepinseln

badin, e [badɛ̃, in] *adj* scherzhaft; **badinage** [badinaʒ] *m* Scherze *pl,* Geplänkel *nt;* **badiner** ⟨1⟩ [badine] *vi* plänkeln, scherzen; **ne pas ~ avec qch** mit etw nicht scherzen

badminton [badmintɔn] *m* Badminton *nt*

baffe [baf] *f* (*fam*) Ohrfeige *f*

baffle [bafl(ə)] *m* (Lautsprecher)box *f*

bafouer ⟨1⟩ [bafwe] *vt* lächerlich machen

bafouillage [bafujaʒ] *m* Gestammel *nt*

bafouiller ⟨1⟩ [bafuje] *vt, vi* stammeln

bâfrer ⟨1⟩ [bafRe] *vt, vi* (*fam*) schlingen

bagage [bagaʒ] *m* **~s** *mpl* Gepäck *nt; ~* **à main** Handgepäck *nt*

bagarre [bagaR] *f* Rauferei *f;* **il aime la ~** er rauft sich gern; **bagarrer** ⟨1⟩ *vpr* **se ~** sich raufen; **bagarreur, -euse 1.** *adj* rauflustig **2.** *m, f* Raufbold *m*

bagatelle [bagatɛl] *f* Kleinigkeit *f*

bagnard [baɲaR] *m* Sträfling *m;* **bagne** [baɲ] *m* Strafkolonie *f*

bagnole [baɲɔl] *f* (*fam: voiture*) Karre *f*

bagout [bagu] *m* **avoir du ~** nicht auf den Mund gefallen sein

bague [bag] *f* Ring *m; ~* **de fiançailles** Verlobungsring; **~ de serrage** (*TECH*)

Klammer f

baguette [bagɛt] f Stab m; Stäbchen nt; (de chef d'orchestre) Taktstock m; (pain) Baguette f; **mener qn à la ~** jdn an der Kandare haben; **~ de tambour** Trommelschlägel m

Bahamas [baama(s)] fpl **les (îles) ~** die Bahamas pl, die Bahamainseln pl

Bahreïn [baʀɛn] m **le ~** Bahrein nt

bahut [bay] m Truhe f

baie [bɛ] **1.** f (GEO) Bucht f **2.** f (fruit) Beere f **3.** f **~ (vitrée)** großes Fenster

baignade [bɛɲad] f Baden nt

baigner ⟨1⟩ [bɛɲe] **1.** vt baden **2.** vi **~ dans la brume** in Nebel gehüllt sein; **ça baigne** (fam) alles ist bestens **3.** vpr **se ~** baden; (nager) schwimmen; **baigneur, -euse** [bɛɲœʀ, øz] m, f Badende(r) mf;

baignoire [bɛɲwaʀ] f Badewanne f; (THEAT) Parterreloge f

bail (baux) [baj, bo] m Mietvertrag m

bâiller ⟨1⟩ [baje] vi gähnen; (être ouvert) offen stehen

bailleur, -eresse [bajœʀ, bajʀɛs] m, f **~ de fonds** Geldgeber(in) m(f)

bâillon [bajɔ̃] m Knebel m; **bâillonner** ⟨1⟩ vt knebeln

bain [bɛ̃] m Bad nt; **faire couler un ~** ein Bad einlassen; **se mettre dans le ~** sich eingewöhnen; **~ de mer** Bad im Meer; **~ de pieds** Fußbad; **~ à remous** Whirlpool® m; **~ de soleil** Sonnenbad; **bain-marie** (bains-marie) [bɛ̃maʀi] m (GASTR) Wasserbad nt

baisemain [bɛzmɛ̃] m Handkuss m

baiser [bese] **1.** vt (main, front) küssen **2.** vi, vt (vulg: faire l'amour) bumsen, ficken; (vulg: tromper) bescheißen **3.** m Kuss m

baisse [bɛs] f Sinken nt; (de niveau, d'influence) Abnahme f; **baisser** ⟨1⟩ **1.** vt (store, vitre) herunterlassen; (tête, yeux, voix) senken; (radio) leiser machen; (chauffage) niedriger stellen; (prix) herabsetzen **2.** vi (niveau, température, cours, prix) fallen, sinken; (facultés, lumière) schwächer werden, abnehmen **3.** vpr **se ~** sich bücken

bal [bal] m Ball m

balade [balad] f (à pied) Spaziergang m; (en voiture) Spazierfahrt f; **faire une ~** einen Spaziergang machen; **balader** ⟨1⟩ **1.** vt (promener) spazieren führen; (traîner) mit sich herumschleppen **2.** vpr **se ~** spazieren gehen

baladeur [baladœʀ] m Walkman® m

baladeuse [baladøz] f Kontrolllampe f

balafre [balafʀ(ə)] f (coupure) Schmiss m,

Narbe f

balai [balɛ] m Besen m; (fam: an) Jährchen nt; **donner un coup de ~** ausfegen; **balai-brosse** (balais-brosses) m Schrubber m

balance [balɑ̃s] f Waage f; **Balance** (ASTR) Waage; **~ des comptes/des paiements** Zahlungsbilanz f; **balancer** ⟨2⟩ **1.** vt (bras, jambes) baumeln lassen; (encensoir, etc) schwenken; (fam: jeter) wegwerfen **2.** vi (lustre, etc) schwanken **3.** vpr **se ~** sich hin- und herbewegen; (sur une balançoire) schaukeln; **se ~ de** (fam) sich nicht kümmern um; **balancier** [balɑ̃sje] m (de pendule) Pendel nt; (perche) Balancierstange f; **balançoire** [balɑ̃swaʀ] f (suspendue) Schaukel f; (sur pivot) Wippe f

balayer ⟨7⟩ [baleje] vt (feuilles, etc) zusammenfegen; (pièce, cour) (aus)fegen; (fig: chasser) vertreiben; (phares, radar) absuchen; **balayette** [balejɛt] f Handfeger m; **balayeur, -euse** [balejœʀ, øz] **1.** m, f Straßenkehrer(in) m(f) **2.** f (engin) Straßenkehrmaschine f

balbutier ⟨1⟩ [balbysje] vt, vi stammeln

balcon [balkɔ̃] m Balkon m; (THEAT) erster Rang

Bâle [bal] Basel nt; **~-Champagne** Basel-Landschaft nt; **~-Ville** Basel-Stadt nt

Baléares [baleaʀ] fpl **les (îles) ~** die Balearen pl

baleine [balɛn] f Wal m; (de parapluie) Speiche f

balisage [balizaʒ] m Markierung f; (AVIAT) Befeuerung f; **balise** [baliz] f (NAUT) Bake f, Seezeichen nt; (AVIAT) Befeuerungslicht nt; (AUTO, SKI) Markierung f; (INFORM) Tag m; **baliser** ⟨1⟩ vt (balize) vt markieren; (AVIAT) befeuern; (INFORM) markieren, taggen

balistique [balistik] **1.** adj ballistisch **2.** f Ballistik f

balivernes [balivɛʀn(ə)] fpl Geschwätz nt

balkanique [balkanik] adj Balkan-

Balkans [balkɑ̃] mpl **les ~** die Balkanländer pl, der Balkan

ballade [balad] f Ballade f

ballast [balast] m (sur voie ferrée) Schotter m

balle [bal] f (de fusil) Kugel f; (de tennis, etc) Ball m; (du blé) Spreu f; (paquet) Ballen m; (fam: franc) Franc m; **~ perdue** verirrte Kugel

ballerine [balʀin] f Ballerina f; (chaussure) Ballerina(schuh) m

ballet [balɛ] m Ballett nt

ballon [balɔ̃] m Ball m; (AVIAT) Ballon m;

(de vin) Glas nt; ~ **de football** Fußball;
ballonner ⟨1⟩ [balɔne] vt **j'ai le ventre
ballonné** ich habe einen Blähbauch; **bal-
lon-sonde** (ballons-sondes) [balɔ̃sɔ̃d] m
Messballon m
ballot [balo] m Ballen m; (pej) Blödmann
m
ballottage [balɔtaʒ] m (POL) Stichwahl f
ballotter ⟨1⟩ [balɔte] **1.** vi hin- und her-
rollen **2.** vt durcheinander werfen; **être
ballotté(e) entre** hin- und hergerissen
sein zwischen +dat
balluchon [balyʃɔ̃] m Bündel nt
balnéaire [balneɛʀ] adj See-
balnéothérapie [balneoteʀapi] f Bäder-
kur f
balourd, e [baluʀ, d(ə)] adj unbeholfen,
linkisch; **balourdise** f Unbeholfenheit f,
Schwerfälligkeit f
balte [balt] adj baltisch; **Balte** [balt] mf
Balte (Baltin) m(f); **baltique** [baltik] **1.** adj
baltisch **2.** f **la (mer) Baltique** die Ostsee
balustrade [balystʀad] f Geländer nt
bambin [bɑ̃bɛ̃] m (fam) kleines Kind
bambou [bɑ̃bu] m Bambus m
ban [bɑ̃] m **être/mettre au ~ de** ausgesto-
ßen sein/ausstoßen aus; **~s** mpl (de
mariage) Aufgebot nt
banal, e [banal] adj banal; **banaliser**
⟨1⟩ [banalize] vt banalisieren; **voiture
banalisée** Zivilstreifenwagen m; **banalité**
f Banalität f
banane [banan] f Banane f; (pochette)
Gürteltasche f; **bananier** [bananje] m
(arbre) Bananenstaude f; (cargo) Bana-
nendampfer m
banc [bɑ̃] m (siège) Bank f; (de poissons)
Schwarm m; ~ **d'essai** Prüfstand m; ~ **de
sable** Sandbank; **le ~ des témoins/accu-
sés** die Zeugen-/Anklagebank
bancaire [bɑ̃kɛʀ] adj Bank-
bancal, e [bɑ̃kal] adj wackelig
bandage [bɑ̃daʒ] m Verband
bande [bɑ̃d] f (de tissu, etc) Streifen m,
Band nt; (MED) Binde f; (magnétique)
Band nt; (motif, dessin) Streifen m; **une ~
de ...** (pej) eine Horde von ...; **par la ~**
auf Umwegen; **donner de la ~** (NAUT)
krängen; **faire ~ à part** sich absondern; ~
d'arrêt d'urgence Standspur f; ~ **dessinée**
Comic m; **la ~ de Gaza** (POL) der Gaza-
streifen; ~ **magnétique** Magnetband; ~
originale Soundtrack m; ~ **sonore** Tonspur f; **bande-annonce** (bandes-annonces) [bɑ̃dɑnɔ̃s] f Trailer m
bandeau (x) [bɑ̃do] m (autour du front)
Stirnband nt; (sur les yeux) Augenbinde f;

(Internet) Banner nt
bander ⟨1⟩ [bɑ̃de] **1.** vt (blessure) verbinden; (muscle) anspannen; ~ **les yeux à qn**
jdm die Augen verbinden **2.** vi (fam)
einen Ständer haben
banderole [bɑ̃dʀɔl] f Spruchband nt
bande-son (bandes-son) [bɑ̃dsɔ̃] f Tonspur f; **bande-vidéo** (bandes-vidéo)
[bɑ̃dvideo] f Video(band) nt
bandit [bɑ̃di] m Bandit(in) m(f); (fig:
escroc) Gauner(in) m(f)
bandoulière [bɑ̃duljɛʀ] adv **en ~** (quer)
umgehängt
Bangladesh [bɑ̃gladɛʃ] m **le ~** Bangladesh nt
banjo [bɑ̃(d)ʒo] m Banjo nt
banlieue [bɑ̃ljø] f Vorort m; **quartier de ~**
Vorstadtviertel nt; **~s pourries** Woh-
nungshalden pl; **banlieusard, e** m, f
Vorortbewohner(in) m(f); (personne qui fait
la navette pour travailler) Pendler(in) m(f)
bannière [banjɛʀ] f (a. INFORM) Banner m
bannir ⟨8⟩ [baniʀ] vt verbannen
banque [bɑ̃k] f Bank f; ~ **d'affaires** Han-
delsbank; ~ **centrale (européenne)** (Europäische) Zentralbank; ~ **directe** Direktbank; ~ **de données** Datenbank; ~
d'organes (MED) Organbank
banqueroute [bɑ̃kʀut] f Bankrott m
banquet [bɑ̃kɛ] m Festmahl nt, Bankett
nt
banquette [bɑ̃kɛt] f Sitzbank f; (d'auto)
Rücksitz m
banquier [bɑ̃kje] m Bankier m
baptême [batɛm] m Taufe f; ~ **de l'air**
Jungfernflug m; **baptiser** ⟨1⟩ [batize] vt
taufen
baquet [bakɛ] m Zuber m, Kübel m
bar [baʀ] m (établissement) Bar f; (comptoir)
Tresen m, Theke f; (meuble) Bar f
baragouin [baʀagwɛ̃] m Kauderwelsch nt;
baragouiner ⟨1⟩ [baʀagwine] vt, vi
radebrechen
baraque [baʀak] f Baracke f; (fam: maison)
Bude f; ~ **foraine** Jahrmarktsbude f
baraqué, e [baʀake] adj (fam) kräftig
gebaut
baraquements [baʀakmɑ̃] mpl Baracken-
siedlung f
baratin [baʀatɛ̃] m (fam) Geschwätz nt;
baratiner ⟨1⟩ [baʀatine] vt (fam) einre-
den auf +akk
Barbade [baʀbad] f **la ~** Barbados nt
barbare [baʀbaʀ] **1.** adj (cruel) barbarisch;
(inculte) unzivilisiert **2.** mf Barbar(in) m(f);
barbarie f Barbarei f
barbe [baʀb(ə)] f Bart m; **à la ~ de** unbe-

merkt von; **quelle ~!** (fam) so was von öde!; **~ à papa** Zuckerwatte f

barbecue [barbakju] m Grillfest nt

barbelé [barbəle] m Stacheldraht m

barber ⟨1⟩ [barbe] vt (fam) langweilen

barbiche [barbiʃ] f Spitzbart m

barbiturique [barbityrik] m Schlafmittel nt

barboter ⟨1⟩ [barbɔte] **1.** vi waten **2.** vt (fam) klauen

barboteuse [barbɔtøz] f Strampelanzug m

barbouiller ⟨1⟩ [barbuje] vt beschmieren; **avoir l'estomac barbouillé** einen verdorbenen Magen haben

barbu, e [barby] adj bärtig

barbue [barby] f (poisson) Glattbutt m

Barcelone [barsəlɔn] Barcelona nt

barda [barda] m (fam) Zeug nt, Sachen pl

barde [bard(ə)] **1.** f (GASTR) Speckstreifen m **2.** m (poète) Barde m

barder ⟨1⟩ [barde] vi **ça va ~** (fam) das gibt Ärger

barème [barɛm] m (des prix, des tarifs) Skala f; **~ des salaires** Lohnskala

baril [bari(l)] m Fass nt

bariolé, e [barjɔle] adj bunt

barman (barmen o barmans) [barman] m Barkeeper m

baromètre [barɔmɛtr] m Barometer m

baroque [barɔk] adj barock; (fig) seltsam

barque [bark(ə)] f Barke f

barrage [baraʒ] m Damm m; (sur route) Straßensperre f; **~ de police** Polizeisperre

barre [bar] f (de fer, etc) Stange f; (NAUT: pour gouverner) Ruderpinne f; (de la houle) Springflut f; (écrite) Strich m; **être à la ~, tenir la ~** (NAUT) steuern; (com)**paraître à la ~** (JUR) vor Gericht erscheinen; **~ de combustible** Brennstab m; **~ de défilement** (INFORM) Bildlaufleiste f; **~ d'état** (INFORM) Statusleiste f; **~ fixe** Reck nt; **~ de menu** Menüzeile f; **~ d'outils** Symbolleiste f; **~s fpl parallèles** Barren m; **~ de recherche** Suchleiste f

barreau (x) [baro] m Stab m; **le ~** (JUR) die Anwaltschaft

barrer ⟨1⟩ [bare] **1.** vt (route, etc) (ab)sperren; (mot) (durch)streichen; (chèque) zur Verrechnung ausstellen; (NAUT) steuern **2.** vpr **se ~** (fam) abhauen

barrette [barɛt] f (pour cheveux) Spange f; **~ de mémoire** USB-Speichermodul nt

barreur [barœr] m Steuermann m

barricade [barikad] f Barrikade f; **barricader** ⟨1⟩ **1.** vt verbarrikadieren **2.** vpr **se ~ chez soi** (fig) sich einschließen

barrière [barjɛr] f Zaun m; (de passage à niveau) Schranke f; (obstacle) Barriere f; **~ acoustique** Lärmschutzwall m, Lärmschutzwand f; **~s fpl douanières** Zollschranken pl; **~ psychologique** Hemmschwelle f

barrique [barik] f Fass nt

baryton [baritɔ̃] m Bariton m

bas, se [ba, bas] **1.** adj niedrig; (ton) tief; (vil) gemein; **la tête ~se** mit gesenktem Kopf; **avoir la vue ~se** schlecht sehen; **au ~ mot** mindestens; **enfant en ~ âge** Kleinkind nt **2.** adv niedrig, tief; (parler) leise; **à ~ la dictature!** nieder mit der Diktatur!; **plus ~** tiefer/leiser; (dans un texte) weiter unten **3.** m (partie inférieure) unterer Teil; **le ~ de ...** (partie inférieure) der untere Teil von ...; **en ~** unten; **en ~ de** unterhalb von; **de haut en ~** von oben bis unten **4.** m (chaussette) Strumpf m **5.** f (MUS) Bass m

basalte [bazalt] m Basalt m

basané, e [bazane] adj gebräunt

bas-côté (bas-côtés) [bakote] m (de route) Straßenrand m; (d'église) Seitenschiff nt

bascule [baskyl] f (jeu de) ~ Wippe f; (balance à) ~ Waage f; **fauteuil à ~** Schaukelstuhl m; **basculer** ⟨1⟩ **1.** vi (tomber) umfallen; (sur un pivot) (um)kippen **2.** vt (faire ~) (um)kippen

base [baz] f (d'édifice) Fundament nt; (de triangle) Basis f; (de montagne) Fuß m; (militaire) Basis f, Stützpunkt m; (fondement, principe) Grundlage f, Basis f; **la ~** (POL) die Basis; **jeter les ~s de qch** die Grundlage für etw legen; **à la ~ de** (fig) am Anfang von, zu Beginn von; **sur la ~ de ...** (fig) ausgehend von ...; **à ~ de café** auf Kaffeebasis; **principe/produit de ~** Grundprinzip nt /Grundprodukt nt; **~ de données** Datenbasis

base-ball [bezbɔl] m Baseball m

baser ⟨1⟩ **1.** vt **~ qch sur qch** etw auf etw dat basieren lassen **2.** vpr **se ~ sur** sich stützen auf +akk

bas-fond (bas-fonds) [baf5] m (NAUT) Untiefe f; **~s mpl** (fig) Abschaum m

basilic [bazilik] m (GASTR) Basilikum nt

basilique [bazilik] f Basilika f

basket [baskɛt] m (SPORT) Basketball m; (chaussure) Basketballschuh m; **être bien dans ses ~s** (fam) sich sauwohl fühlen; **lâche-moi les ~s!** (fam) lass mich in Ruhe!

basket-ball [basketbɔl] m Basketball m

basque [bask(ə)] adj baskisch

basse [bas] adj v. bas; **basse-cour** (bas-

ses-cours) f Hühnerhof m; Kleintierzucht f
Basse-Saxe [bɑssaks] f **la ~** Niedersachsen nt
basset [bɑse] m Basset m
bassin [bɑsɛ̃] m (cuvette) Becken nt, Schüssel f; (pièce d'eau) Bassin nt; ~ **houiller** Steinkohlerevier nt
bassiste [bɑsist] mf Kontrabassspieler(in) m(f)
basson [bɑsɔ̃] m (instrument) Fagott nt
bastingage [bastɛ̃gaʒ] m Reling f
bastion [bastjɔ̃] m Bastion f; (fig) Bollwerk nt
bas-ventre (bas-ventres) [bavɑ̃tʀ(ə)] m Unterleib m
bataille [bɑtɑj] f Schlacht f, Kampf m; ~ **rangée** offener Kampf
bâtard, e [bɑtɑʀ, d(ə)] **1.** adj (solution) Misch- **2.** m, f Bastard m
batavia [batavja] f Eisbergsalat m
bateau (x) [bɑto] m Schiff nt; **bateau-mouche** (bateaux-mouches) m Aussichtsschiff nt (auf der Seine); **bateau-pilote** (bateaux-pilotes) m Lotsenboot nt
batelier, -ière [bɑtəlje, ɛʀ] m, f Flussschiffer(in) m(f)
bâti, e [bɑti] **1.** adj **bien ~** gut gebaut **2.** m (armature) Rahmen m
batifoler ⟨1⟩ [batifɔle] vi herumalbern
bâtiment [bɑtimɑ̃] m (édifice) Gebäude nt; (NAUT) Schiff nt; **le ~** (industrie) das Baugewerbe
bâtir ⟨8⟩ [bɑtiʀ] vt bauen
bâton [bɑtɔ̃] m Stock m; (d'agent de police) Knüppel m; **mettre des ~s dans les roues à qn** jdm Knüppel zwischen die Beine werfen; **à ~s rompus** ohne Zusammenhang; ~ **de rouge (à lèvres)** Lippenstift m; ~ **de ski** Skistock; **un ~** (fam) 10 000 Franc
bâtonnet [bɑtɔnɛ] m Stäbchen nt; ~ **de poisson** Fischstäbchen
batracien [batʀasjɛ̃] m Amphibie f
battage [bataʒ] m (publicité) Werberummel m
battant, e [batɑ̃, ɑ̃t] **1.** m (de cloche) Klöppel m; (de volet, de porte) Flügel m; **porte à double ~** Doppeltür f **2.** m, f Kämpfertyp m
battement [batmɑ̃] m (de cœur) Schlagen nt; (intervalle) Pause f; (entre trains) Aufenthalt m; **10 minutes de ~ (entre)** 10 Minuten Zeit (zwischen); ~ **de paupières** Blinzeln nt
batterie [batʀi] f (MIL, ELEC) Batterie f; (MUS) Schlagzeug nt; ~ **de cuisine** Küchengeräte pl

batteur [batœʀ] m (MUS) Schlagzeuger(in) m(f); (appareil) Mixer m
battre [batʀ(ə)] irr **1.** vt schlagen; (tapis) klopfen; (blé) dreschen; (fer) hämmern; ~ **en brèche** einreißen; ~ **son plein** in vollem Schwung sein **2.** vi schlagen; ~ **de l'aile** (fig) in schlechter Verfassung sein; ~ **des mains** in die Hände klatschen; ~ **en retraite** den Rückzug antreten **3.** vpr **se ~** sich schlagen
battue [baty] f Treibjagd f
baud [bo] m Baud nt
baume [bom] m Balsam m
bauxite [boksit] f Bauxit m
bavard, e [bavaʀ, d(ə)] adj schwatzhaft; **bavardage** m Geschwätz nt; **bavarder** ⟨1⟩ vi schwatzen; (indiscrètement) klatschen; ~ **en ligne directe** chatten
bavarois, e [bavaʀwa, az] adj bay(e)risch
bave [bav] f Speichel m; (de chien, etc) Geifer m; (d'escargot, etc) Schleim m; **baver** ⟨1⟩ vi sabbern; (chien) geifern; **en ~** (fam) was mitmachen
bavette [bavɛt] f Lätzchen nt
baveux, -euse [bavø, øz] adj sabbernd; (omelette) schaumig
Bavière [bavjɛʀ] f **la ~** Bayern nt
bavoir [bavwaʀ] m Lätzchen nt
bavure [bavyʀ] f (fig: erreur) Schnitzer m, Panne f; ~ **policière** Polizeiübergriffe pl
bazar [bazaʀ] m Basar m; (fam: désordre) Durcheinander nt
bazooka [bazuka] m Panzerfaust f
B.C.B.G. adj abr de **bon chic bon genre** adrett, geschniegelt und gebügelt
BCE f abr de **Banque centrale européenne** EZB f
Bd abr de **Boulevard** Str.
B.D. f abr de **bande dessinée** Comic m
béant, e [beɑ̃, ɑ̃t] adj weit offen, klaffend
béat, e [bea, at] adj glückselig; (pej: content de soi) selbstgefällig; **béatitude** f Glückseligkeit f
beau (bel), **belle** (beaux) [bo, bɛl] **1.** adj schön; (homme) gut aussehend; (moralement) gut; **en faire/dire de belles** schöne Geschichten machen/erzählen; **de plus belle** noch mehr, stärker; **il fait ~** es ist schön; **un ~ geste** eine nette Geste; **un ~ salaire** ein gutes Gehalt; **un ~ gâchis/rhume** (ironique) ein schöner Schlamassel/Schnupfen; **un ~ jour** eines schönen Tages; **bel et bien** gut und schön; **le plus ~ c'est que …** das Schönste daran ist, dass …; **c'est du ~!** das ist ein starkes Stück!; **on a ~ essayer** egal, wie sehr man versucht; ~ **parleur** Schönredner m **2.** m

le temps est au ~ es wird schönes Wetter; **faire le** ~ *(chien)* Männchen machen **3.** f **la belle** *(SPORT)* der Entscheidungskampf

beaucoup [boku] *adv* viel; *(très)* sehr; ~ **de** *(nombre)* viele; *(quantité)* viel; ~ **plus/ trop** viel mehr/viel zu viel; **de** ~ bei weitem

beau-fils (beaux-fils) [bofis] *m* Schwiegersohn *m*; *(d'un remariage)* Stiefsohn *m*; **beau-frère** (beaux-frères) [bofʀɛʀ] *m* Schwager *m*; *(d'un remariage)* Stiefbruder *m*; **beau-père** (beaux-pères) [bopɛʀ] *m* Schwiegervater *m*; *(d'un remariage)* Stiefvater *m*

beauté [bote] *f* Schönheit *f*; **de toute** ~ wunderbar; **en** ~ *(femme)* bildhübsch; *(réussir)* sehr gekonnt

beaux-arts [bozaʀ] *mpl* **les** ~ die schönen Künste *pl*; **beaux-parents** [bopaʀɑ̃] *mpl* Schwiegereltern *pl*; *(d'un remariage)* Stiefeltern *pl*

bébé [bebe] *m* Baby *nt*; **bébé-éprouvette** (bébés-éprouvette) *m* Retortenbaby *nt*

bec [bɛk] *m* *(d'oiseau)* Schnabel *m*; *(fam: bouche)* Mund *m*; ~ **de gaz** Gaslaterne *f*; ~ **verseur** *(de récipient)* Schnabel, Tülle *f*

bécane [bekan] *f* *(fam)* Fahrrad *nt*; *(INFORM)* Kiste *f*

bécasse [bekas] *f* *(ZOOL)* Waldschnepfe *f*; *(fam)* dumme Gans

bec-de-lièvre (becs-de-lièvre) [bɛkdəljɛvʀ(ə)] *m* Hasenscharte *f*

bêche [bɛʃ] *f* Spaten *m*; **bêcher** ⟨1⟩ *vt* umgraben

bécoter ⟨1⟩ [bekɔte] **1.** *vt* abküssen **2.** *vpr* **se** ~ schnäbeln

becquée [beke] *f* **donner la** ~ **à** füttern

becquerel [bekʀɛl] *m* Becquerel *nt*

becqueter ⟨3⟩ [bɛkte] *vt* *(fam)* schnabulieren

bedaine [bədɛn] *f* Wanst *m*

bédé [bede] *f* *(fam)* Comic *m*

bedonnant, e [bədɔnɑ̃, ɑ̃t] *adj* dick

bée [be] *adj* **bouche** ~ mit offenem Mund

beffroi [befʀwa] *m* Kirchturm *m*

bégayer ⟨7⟩ [begeje] *vt, vi* stottern

bégonia [begɔnja] *m* Begonie *f*

bègue [beg] **1.** *adj* **être** ~ stottern **2.** *mf* Stotterer (Stotterrin) *m(f)*

bégueule [begœl] *adj* prüde, zimperlich

béguin [begɛ̃] *m* **avoir le** ~ **pour qn** für jdn schwärmen

beige [bɛʒ] *adj inv* beige

beignet [beɲɛ] *m* Beignet *m*, Krapfen *m*

bel *adj v.* **beau**

bêler ⟨1⟩ [bele] *vi* blöken

belette [bəlɛt] *f* Wiesel *nt*

belge [bɛlʒ(ə)] *adj* belgisch

La fête nationale belge

La fête nationale belge am 21. Juli ist in Belgien ein Feiertag zur Erinnerung an den 21. Juli 1831, an dem Leopold von Sachsen-Coburg Gotha König Leopold I wurde.

Belge [bɛlʒ(ə)] *mf* Belgier(in) *m(f)*; **Belgique** [bɛlʒik] *f* **la** ~ Belgien *nt*

bélier [belje] *m* Widder *m*; *(engin)* Rammbock *m*; **Bélier** *(ASTR)* Widder

belle [bɛl] *adj v.* **beau**; **belle-fille** (belles-filles) *f* Schwiegertochter *f*; *(d'un remariage)* Stieftochter *f*; **belle-mère** (belles-mères) *f* Schwiegermutter *f*; *(d'un remariage)* Stiefmutter *f*; **belle-sœur** (belles-sœurs) *f* Schwägerin *f*; *(d'un remariage)* Stiefschwester *f*

belligérant, e [beliʒeʀɑ̃, ɑ̃t] *adj* Krieg führend

belliqueux, -euse [belikø, øz] *adj* kriegerisch

belote [bəlɔt] *f* Kartenspiel mit 32 Karten

belvédère [belvedeʀ] *m* Aussichtspunkt *m*

bémol [bemɔl] *m* *(MUS)* Erniedrigungszeichen *nt*, b *nt*

bénédiction [benediksjɔ̃] *f* Segen *m*

bénéfice [benefis] *m* *(COM)* Gewinn *m*; *(avantage)* Nutzen *m*; **au** ~ **de** zugunsten von; **participation aux** ~**s** Gewinnbeteiligung *f*; **bénéficiaire** [benefisjɛʀ] *mf* Nutznießer(in) *m(f)*; **bénéficier** ⟨1⟩ [benefisje] *vi* ~ **de** *(jouir de, avoir)* genießen; *(tirer profit de)* profitieren von; *(obtenir)* erhalten

bénéfique [benefik] *adj* gut, vorteilhaft

Bénélux [benelyks] *m* **le** ~ die Beneluxländer *pl*

benêt [bənɛ] *m* Dummkopf *m*

bénévole [benevɔl] *adj* freiwillig; **bénévolement** *adv* freiwillig

bénin, -igne [benɛ̃, iɲ] *adj* *(humeur, caractère)* gütig; *(tumeur)* gutartig; *(rhume, punition)* leicht

Bénin [benɛ̃] *m* **le** ~ der Benin

bénir ⟨8⟩ [beniʀ] *vt* segnen; **bénit, e** *adj* gesegnet; **eau** ~**e** Weihwasser *nt*; **bénitier** [benitje] *m* Weihwasserbecken *nt*

benjamin, e [bɛ̃ʒamɛ̃, in] *m, f* Benjamin *m*, Nesthäkchen *nt*

benji [bɛ̃ʒi] *m* Bungeejumping *nt*

benne [bɛn] *f* *(de camion)* Container *m*; *(pour débris)* Container *m*, Bauschuttmulde *f*; *(de téléphérique)* Gondel *f*; *(dans* *une mine)* Förderkorb *m*; ~ **basculante** Kipper *m*; ~ **d'ordures ménagères** Müllcontainer *m*; *(camion)* Müllwagen *m*

benzine [bɛzin] *f* Leichtbenzin *nt*

B.E.P. *m abr de* **Brevet d'études professionnelles** ≈ Hauptschulabschlusszeugnis *nt*

B.E.P.C. *m abr de* **Brevet d'études du premier cycle** ≈ mittlere Reife

béquille [bekij] *f* Krücke *f*; *(de vélo)* Ständer *m*

berceau (x) [bɛʁso] *m* Wiege *f*

bercer ⟨2⟩ [bɛʁse] *vt* wiegen; *(musique, etc)* einlullen; ~ **qn de promesses** jdn mit Versprechungen täuschen

berceuse [bɛʁsøz] *f* Wiegenlied *nt*

béret (basque) [beʁɛ(bask(ə))] *m* Baskenmütze *f*

berge [bɛʁʒ(ə)] *f* Ufer *nt*

berger, -ère [bɛʁʒe, ɛʁ] *m*, *f* Schäfer(in) *m(f)*; ~ **allemand** Deutscher Schäferhund; **bergère** *f (fauteuil)* ≈ Polstersessel *m*; **bergerie** *f* Schafstall *m*

béribéri [beʁibeʁi] *m* Beriberi *f*

Berlin [bɛʁlɛ̃] Berlin *nt*

berline [bɛʁlin] *f (voiture)* Limousine *f*

berlingot [bɛʁlɛ̃go] *m (emballage)* Tetraeder *m*

berlinois, e [bɛʁlinwa, waz] *adj* Berliner

bermuda [bɛʁmyda] *m* Bermudashorts *pl*

Bermudes [bɛʁmyd] *fpl* **les** ~ die Bermudas *pl*, die Bermudainseln *pl*

berne [bɛʁn(ə)] *f* **en** ~ auf halbmast

Berne [bɛʁn] *(ville et canton)* Bern *nt*

berner ⟨1⟩ [bɛʁne] *vt* zum Narren halten

besogne [bəzɔɲ] *f* Arbeit *f*; **besogneux, -euse** [b(ə)zɔɲø, øz] *adj* fleißig

besoin [bəzwɛ̃] *m* Bedürfnis *nt*, Bedarf *m*; **le** ~ *(pauvreté)* die Bedürftigkeit; **le** ~ **d'argent** der Bedarf an Geld; ~**s énergétiques** Energiebedarf *m*; **le** ~ **de gloire** das Bedürfnis nach Ruhm; **le** ~ **en main-d'œuvre** der Bedarf an Arbeitskräften; **faire ses** ~**s** seine Notdurft verrichten; **avoir** ~ **de qch** etw brauchen; **avoir** ~ **de faire qch** etw tun müssen; **au** ~ notfalls

bestiaux [bɛstjo] *mpl* Vieh *nt*

bestiole [bɛstjɔl] *f* Tierchen *nt*

bêtabloquant [betablɔkɑ̃] *m* Betablocker *m*

bétail [betaj] *m* Vieh *nt*

bête [bɛt] **1.** *f* Tier *nt*; **chercher la petite** ~ übergenau sein; **c'est ma** ~ **noire** das ist für mich ein rotes Tuch; ~ **de somme** Lasttier; ~**s sauvages** wilde Tiere **2.** *adj (stupide)* dumm; **bêtement** [bɛtmɑ̃] *adv* dumm; **tout** ~ schlicht und ergreifend;

bêtise [betiz] *f* Dummheit *f*; *(parole)* Unsinn *m*; *(bagatelle)* Lappalie *f*; **dire des** ~**s** Unsinn reden; **dire une** ~ etwas Dummes sagen

béton [betɔ̃] *m* Beton *m*; ~ **armé** Stahlbeton; **bétonner** ⟨1⟩ *vt* betonieren; **bétonnière** *f* Betonmischmaschine *f*

bette [bɛt] *f* Mangold *m*

betterave [bɛtʁav] *f* Rübe *f*; *(rouge)* Rote Bete

beugler ⟨1⟩ [bøgle] **1.** *vi (bovin)* brüllen; *(pej: personne, radio)* plärren **2.** *vt (pej)* schmettern

beur [bœʁ] *m (fam) junger Franzose maghrebinischer Abstammung*

Beur

Beur ist die Bezeichnung für jemanden, der in Frankreich geboren wurde und dessen Eltern aus Nordafrika stammen. Es ist kein rassistischer Ausdruck und wird oft von den Medien, Anti-Rassismus-Gruppen und den „Beurs" selbst benutzt.

---

beurre [bœʁ] *m* Butter *f*; **beurrer** ⟨1⟩ *vt* buttern; **beurrier** [bœʁje] *m* Butterdose *f*

beuverie [bøvʁi] *f* Sauferei *f*

bévue [bevy] *f* Schnitzer *m*

B.F. *f abr de* **Banque de France** *französische Notenbank*

Bhoutan [butɑ̃] *m* **le** ~ Bhutan *nt*

Biafra [bjafʁa] *m* **le** ~ Biafra *nt*

biais [bjɛ] *m* Schrägstreifen *m*; **par le** ~ **de** *(moyen)* mittels +*gen*; **en** ~, **de** ~ *(obliquement)* schräg; *(fig)* indirekt

biaiser ⟨1⟩ [bjeze] *vi (fig)* ausweichen

bibelot [biblo] *m* Schmuckstück *nt*

biberon [bibʁɔ̃] *m* Fläschchen *nt*; **nourrir au** ~ mit der Flasche aufziehen

bible [bibl(ə)] *f* Bibel *f*

bibliobus [biblijobys] *m* Fahrbücherei *f*

bibliophile [biblijɔfil] *mf* Bücherfreund(in) *m(f)*

bibliothécaire [biblijɔtekɛʁ] *mf* Bibliothekar(in) *m(f)*; **bibliothèque** [biblijɔtɛk] *f* Bibliothek *f*; *(meuble)* Bücherschrank *m*; ~ **en-ligne** Onlinebibliothek; ~ **municipale** Stadtbücherei *f*; ~ **universitaire** Universitätsbibliothek

biblique [biblik] *adj* biblisch

bicarbonate [bikaʁbɔnat] *m* ~ **(de soude)** Natron *nt*

biceps [bisɛps] *m* Bizeps *m*

biche [biʃ] *f* Hirschkuh *f*

bichonner ⟨1⟩ [biʃɔne] *vt* verhätscheln

bicolore [bikɔlɔʁ] *adj* zweifarbig

bicoque [bikɔk] *f* (*pej*) Schuppen *m*
bicyclette [bisiklɛt] *f* Fahrrad *nt*
bidasse [bidas] *m* (*fam*) Soldat *m*
bide [bid] *m* (*fam: ventre*) Bauch *m;* (*THEAT*) Reinfall *m,* Flop *m;* **faire un** ~ (*fam*) ein Reinfall sein
bidet [bide] *m* (*cuvette*) Bidet *nt*
bidoche [bidɔʃ] *f* (*fam*) Fleisch *nt*
bidon [bidɔ̃] **1.** *m* (*récipient*) Kanister *m* **2.** *adj inv* (*fam: simulé*) Schein-, vorgetäuscht; **c'est (du)** ~ (*fam*) das ist Quatsch
bidonville [bidɔ̃vil] *m* Elendsviertel *nt*
bidule [bidyl] *m* (*fam*) Dingsda *nt*
bien [bjɛ̃] **1.** *m* (*avantage, profit*) Beste(s) *nt,* Nutzen *m;* (*d'une personne, du public*) Wohl *nt;* (*patrimoine, possession*) Besitz *m;* **le** ~ (*moral*) das Gute; **le** ~ **public** das Gemeinwohl; **faire du** ~ **à qn** jdm gut tun; **faire le** ~ Gutes tun; **dire du** ~ **de** gut sprechen von; **changer en** ~ sich zum Vorteil verändern; **je te veux du** ~ ich meine es gut mit dir; **c'est pour son** ~ **que …** es ist nur zu seinem Besten, dass …; **les** ~**s de ce monde** die weltlichen Güter *pl;* ~**s d'investissement** Investitionsgüter *pl;* **mener à** ~ zum guten Ende führen; ~**s de consommation** Verbrauchsgüter *pl,* Konsumgüter *pl* **2.** *adv* (*travailler, manger*) gut; (*comprendre*) richtig; ~ **assez** wirklich genug; **assez/très** ~ (*SCOL*) gut/sehr gut; ~ **jeune/souvent** (*très*) sehr jung/oft; ~ **mieux** sehr viel besser; ~ **du temps/des gens** (*beaucoup*) viel Zeit/viele Leute; **j'espère** ~ **y aller** ich hoffe doch, dorthin zu gehen; **je veux** ~ **y aller** (*concession*) ich will ja gern dorthin gehen; **il faut** ~ **le faire** es muss getan werden; ~ **sûr** natürlich, gewiss; **c'est** ~ **fait** (*mérité*) er/sie verdient es **3.** *adj inv* **se sentir/être** ~ (*à l'aise*) sich wohl fühlen; **être** ~ **avec qn** sich mit jdm gut verstehen; **ce n'est pas** ~ **de** (*juste, moral*) es ist nicht richtig; **cette maison/secrétaire est** ~ (*adéquat*) dieses Haus/diese Sekretärin ist genau richtig; **des gens** ~ (*sérieux, convenable*) feine Leute **4.** *conj* ~ **que** +*subj* obwohl; **bien-aimé, e 1.** *adj* geliebt **2.** *m, f* Geliebte(r) *mf;* **bien-être** *m* (*sensation*) Wohlbefinden *nt,* Wellness *f;* (*situation*) Wohlstand *m;* **bienfaisance** [bjɛ̃fəzɑ̃s] *f* Wohltätigkeit *f;* **bienfaisant, e** *adj* (*chose*) gut, zuträglich; **bienfait** [bjɛ̃fɛ] *m* (*acte*) gute Tat; (*avantage*) Nutzen *m,* Vorteil *m;* **bienfaiteur, -trice** *m, f* Wohltäter(in) *m(f);* **bien-fondé** *m* Berechtigung *f;* **bienheureux, -euse**

adj glücklich; (*REL*) selig
biennal, e (-aux) [bjenal, o] *adj* (*durée*) zweijährig; (*tous les deux ans*) zweijährlich, alle zwei Jahre stattfindend; **plan** ~ Zweijahresplan *m*
bien-pensant, e (bien-pensants) [bjɛ̃pɑ̃sɑ̃, ɑ̃t] *adj* spießbürgerlich
bienséance [bjɛ̃seɑ̃s] *f* Anstand *m;* **bienséant, e** [bjɛ̃seɑ̃, ɑ̃t] *adj* schicklich, anständig
bientôt [bjɛ̃to] *adv* bald; **à** ~ bis bald
bienveillance [bjɛ̃vɛjɑ̃s] *f* Wohlwollen *nt;* **bienveillant, e** *adj* wohlwollend; **bienvenu, e** [bjɛ̃v(ə)ny] **1.** *adj* willkommen **2.** *m, f* **être le** ~/**la** ~**e** willkommen sein **3.** *f* **souhaiter la** ~**e à qn** jdn willkommen heißen; ~**e à Paris** willkommen in Paris
bière [bjɛʀ] *f* (*boisson*) Bier *nt;* (*cercueil*) Sarg *m*
biffer ⟨1⟩ [bife] *vt* durchstreichen
bifteck [biftɛk] *m* Beefsteak *nt*
bifurcation [bifyʀkasjɔ̃] *f* (*Weg*)gabelung *f;* **bifurquer** ⟨1⟩ *vi* (*route*) sich gabeln; (*véhicule, personne*) abbiegen
bigame [bigam] *adj* bigamistisch; **bigamie** [bigami] *f* Bigamie *f*
bigarré, e [bigaʀe] *adj* (*kunter*)bunt
bigorneau (x) [bigɔʀno] *m* Strandschnecke *f*
bigot, e [bigo, ɔt] **1.** *adj* bigott **2.** *m, f* Frömmler(in) *m(f)*
bigoudi [bigudi] *m* Lockenwickler *m*
bigrement [bigʀəmɑ̃] *adv* (*fam*) verdammt
bijou (x) [biʒu] *m* Schmuckstück *nt;* (*fig*) Juwel *nt;* ~**x** *mpl* Schmuck *m;* ~ **fantaisie** Modeschmuck *m;* **bijouterie** *f* Juweliergeschäft *nt;* **bijoutier, -ière** *m, f* Juwelier(in) *m(f)*
bikini [bikini] *m* Bikini *m*
bilan [bilɑ̃] *m* Bilanz *f;* **faire le** ~ **de** die Bilanz ziehen aus; **déposer son** ~ Konkurs anmelden
bilatéral, e (-aux) [bilateʀal, o] *adj* bilateral
bile [bil] *f* Galle *f;* **se faire de la** ~ (*fam*) sich *dat* Sorgen machen; **biliaire** [biljɛʀ] *adj* Gallen-; **bilieux, -euse** [biljø, øz] *adj* (*visage, teint*) gelblich; (*fig: colérique*) aufbrausend
bilingue [bilɛ̃g] *adj* zweisprachig
billard [bijaʀ] *m* Billard *nt;* (*table*) Billardtisch *m;* **passer sur le** ~ unters Messer kommen; ~ **électrique** Flipper *m*
bille [bij] *f* Kugel *f;* (*du jeu de billes*) Murmel *f*
billet [bijɛ] *m* (~ **de banque**) (*Geld*)schein

m; (de cinéma) (Eintritts)karte f; *(de train)*
Fahrkarte f; *(d'avion)* Flugschein m, Ticket
nt; (courte lettre) Briefchen nt; ~ **circulaire**
Rundreiseticket; ~ **de commerce** Schuldschein; ~ **de faveur** Freikarte; ~ **de loterie**
Los nt; ~ **doux** Liebesbrief m; ~ **électronique** E-Ticket nt; **billetterie** f Fahrscheinautomat m
illion [biljɔ̃] m Billion f
imensuel, le [bimãsɥɛl] adj vierzehntäglich
inaire [binɛʀ] adj binär
inocle [binɔkl(ə)] m Lorgnon nt, Kneifer
m
io- pref Bio-, bio-; **biochimie** [bjoʃimi] f
Biochemie f; **biochimique** [bjoʃimik] adj
biochemisch; **biodégradable**
[bjodegʀadabl(ə)] adj biologisch abbaubar;
biodiversité [bjodivɛʀsite] f Artenvielfalt
f; **bioénergie** f *(PSYCH)* Bioenergetik f;
bioéthique [bjoetik] f Bioethik f
iographe [bjɔgʀaf] mf Biograf(in) m(f);
biographie f Biografie f; **biographi-
que** adj biografisch
iologie [bjɔlɔʒi] f Biologie f; **biologique** adj biologisch; *(agriculture)* biodynamisch; **biologiste** [bjɔlɔʒist] mf Biolo-
ge(-login) m(f)
iomasse [bjɔmas] f Biomasse f
iopsie [bjɔpsi] f Biopsie f
iorythme [bjɔʀitm(ə)] m Biorhythmus
m
iosphère [bjɔsfɛʀ] f Biosphäre f; **biotechnique** f Biotechnik f; **bioterrorisme** [bjɔtɛʀɔʀism(ə)] m Bioterrorismus
m; **biotope** [bjɔtɔp] m Biotop nt; **biovigi-
lance** [bjɔviʒilɑ̃s] f biologische Wachsamkeit f *(in Bezug auf genmanipulierte Produkte)*
ip [bip] m ~ **sonore** Pfeifton m; **Laissez
votre message après le ~ sonore** *(au
répondeur)* Hinterlassen Sie Ihre Nachricht
nach dem Pfeifton
ipartisme [bipaʀtism] m Zweiparteien-
system nt; **bipartite** [bipaʀtit] adj *(gouvernement)* Zweiparteien-; *(accord)* zweiseitig
ipède [biped] m Zweibeiner m
iplan [biplɑ̃] m Doppeldecker m
iréacteur [biʀeaktœʀ] m zweimotoriges
Flugzeug
irmanie [biʀmani] f **la** ~ Birma nt
is, e [bis] 1. adv *(après un chiffre)* a; **le 5 ~
de la rue Truffaut** Nr. 5a in der Rue Truffaut 2. m Zugabe f 3. interj Zugabe
isannuel, le [bizanɥɛl] adj zweijährlich;
(plante) zweijährig
isbille [bisbij] f **être en ~ avec qn** sich
mit jdm in den Haaren liegen

biscornu, e [biskɔʀny] adj unförmig,
ungestalt; *(pej: idée, esprit)* bizarr, ausgefallen
biscotte [biskɔt] f Zwieback m
biscuit [biskɥi] m Keks m; *(porcelaine)* Bis-
kuitporzellan nt
bise [biz] f *(baiser)* Kuss m; *(vent)* (Nord)-
wind m
bisexué, e [bisɛksɥe], **bisexuel, le**
[bisɛksɥɛl] adj bisexuell
bison [bizɔ̃] m Bison m
bisou [bizu] m *(fam)* Küsschen nt
bisque [bisk(ə)] f ~ **d'écrevisses** Krebs-
suppe f
bisser ⟨1⟩ [bise] vt eine Zugabe verlangen von
bissextile [bisɛkstil] adj **année** ~ Schaltjahr nt
bistro(t) [bistʀo] m Kneipe f
bit [bit] m *(INFORM)* Bit nt
bitume [bitym] m Asphalt m
bivalent, e [bivalɑ̃, ɑ̃t] adj zweiwertig
bivouac [bivwak] m Biwak m; **bivoua-
quer** ⟨1⟩ [bivwake] vi biwakieren
bizarre [bizaʀ] adj bizarr; **bizarrerie**
[bizaʀʀi] f Merkwürdigkeit f
blackbouler ⟨1⟩ [blakbule] vt stimmen
gegen
blafard, e [blafaʀ, d(ə)] adj bleich
blague [blag] f *(propos)* Witz m; *(farce)*
Streich m; **sans ~!** im Ernst!; ~ **à tabac**
Tabaksbeutel m; **blaguer** ⟨1⟩ vi Witze
machen; **blagueur, -euse 1.** adj
neckend; *(sourire)* schelmisch **2.** m, f
Witzbold m
blaireau (x) [blɛʀo] m *(animal)* Dachs m;
(brosse) Rasierpinsel m
blairer ⟨1⟩ [blɛʀe] vt **je ne peux pas le ~**
(fam) ich kann den nicht ausstehen
blâme [blɑm] m Tadel m; **blâmer** ⟨1⟩ vt
tadeln
blanc, blanche [blɑ̃, blɑ̃ʃ] **1.** adj weiß;
(non imprimé) leer; *(innocent)* rein; **d'une
voix blanche** mit tonloser Stimme **2.** m
(couleur) Weiß nt; *(espace non écrit)* freier
Raum; **le ~** *(linge)* die Weißwaren pl; **laisser en ~** *(ne pas écrire)* frei lassen; **le ~ de
l'œil** das Weiße im Auge; **le ~** *(linge)* die
Weißwaren pl; **laisser en ~** *(ne pas écrire)*
frei lassen; **le ~ de l'œil** das Weiße im
Auge; **chèque en ~** Blankoscheck m; **à ~**
(chauffer) weiß glühend; *(tirer, charger)*
mit Platzpatronen; ~ **(d'œuf)** Eiweiß; ~
(de poulet) Hähnchenbrust f **3.** f *(MUS)*
halbe Note; **Blanc, Blanche** m, f
Weiße(r) mf; **blanc-bec** (blancs-becs) m
Grünschnabel m; **blancheur** f Weiße f;

blanchiment m (mur) Weißen nt, Tünchen nt; (de tissu, etc) Bleichen nt; ~ **d'argent** (fig) Geldwäsche f; **blanchir** ⟨8⟩ [blɑ̃ʃiʀ] **1.** vt weiß machen; (mur) weißen; (linge) bleichen; (GASTR) blanchieren; (l'argent de la drogue) waschen; (fig: disculper) reinwaschen **2.** vi weiß werden; (cheveux) grau werden; **blanchi(e) à la chaux** geweißt, getüncht; **blanchissage** m (du linge blanc) Waschen und Bleichen nt; **blanchisserie** [blɑ̃ʃisʀi] f Wäscherei f; (nettoyage à sec) Reinigung f; **blanchisseur, -euse** m, f Wäscher(in) m(f)
blanc-seing (blancs-seings) [blɑ̃sɛ̃] m Blankovollmacht f
blanquette [blɑ̃kɛt] f ~ **de veau** Kalbsragout nt
blasé, e [blaze] adj blasiert
blason [blazɔ̃] m Wappen nt
blasphème [blasfɛm] m Blasphemie f; **blasphémer** ⟨5⟩ [blasfeme] **1.** vi Gott lästern **2.** vt verspotten
blatte [blat] f Schabe f
blazer [blazɛʀ] m Blazer m
blé [ble] m Weizen m
bled [blɛd] m (pej: lieu isolé) Kaff nt
blême [blɛm] adj bleich
blennorragie [blenɔʀaʒi] f Tripper m
blessant, e [blesɑ̃, ɑ̃t] adj verletzend; **blessé, e** [blese] **1.** adj verletzt **2.** m, f Verletzte(r) mf; **un ~ grave, un grand ~** ein Schwerverletzter; **blesser** ⟨1⟩ **1.** vt verletzen **2.** vpr **se ~** sich verletzen; **se ~ au pied** sich dat den Fuß verletzen; **blessure** [blesyʀ] f Wunde f, Verletzung f
blet, te [blɛ, blɛt] adj (poire) überreif
blette [blɛt] f v. **bette**
bleu [blø] **1.** adj blau; (bifteck) roh, englisch; **une peur** ~e eine Heidenangst; **une colère** ~e ein unmäßiger Zorn; ~ **marine** marineblau **2.** m (couleur) Blau nt; (novice) Neuling m; (contusion) blauer Fleck; (vêtement) blauer Anton; **au** ~ (GASTR) blau
bleuet [bløɛ] m Kornblume f
blindage [blɛ̃daʒ] m Panzerung f; **blindé, e 1.** adj gepanzert; (fig) abgehärtet **2.** m Panzer m; **blinder** ⟨1⟩ vt panzern; (fig) abhärten
blizzard [blizaʀ] m Schneesturm m
bloc [blɔk] m Block m; **à** ~ ganz, fest; **en** ~ im Ganzen; **faire** ~ zusammenhalten; **faire** ~ **contre qch** geschlossen gegen etw sein
blocage [blɔkaʒ] m (des roues) Blockieren nt; (ECON) Stopp m; (PSYCH) Blockade f; (INFORM) Systemabsturz m
bloc-moteur (blocs-moteurs) m

Motorblock m; **bloc-notes** (blocs-notes) m Notizblock m
blocus [blɔkys] m Blockade f
blond, e [blɔ̃] **1.** adj (cheveux, personne) blond; (sable, blé) gelb; ~ **cendré** aschblond **2.** m, f blonder Mann, Blondine f
bloquer ⟨1⟩ [blɔke] vt (regrouper) zusammenfassen; (passage, pièce mobile) blockieren; (crédits, compte) sperren; ~ **les freins** eine Vollbremsung machen
blottir ⟨8⟩ [blɔtiʀ] vpr **se** ~ sich zusammenkauern
blouse [bluz] f Kittel m
blouson [bluzɔ̃] m Blouson nt; ~ **noir** Halbstarke(r) mf
blue-jean (blue-jeans) [bludʒin] m (Blue)jeans pl
bluff [blœf] m Bluff m; **bluffer** ⟨1⟩ vt, vi bluffen
B.O. m abr de **Bulletin officiel** Amtsblatt nt
boa [bɔa] m Federboa f; ~ (**constricteur**) Boa f (constrictor)
bob [bɔb] m v. **bobsleigh**
bobard [bɔbaʀ] m (fam) Märchen nt
bobine [bɔbin] f Spule f
bobo [bobo] m (fam) Aua nt, Wehwehchen nt
bobo [bobo] m acr de **bourgeois bohème** Bobo m (bezeichnet gut betuchte junge Leute mit relaxtem Lebensstil)
bobsleigh [bɔbslɛg] m Bob m
bocage [bɔkaʒ] m Knicklandschaft f (in der Normandie, der Vendée)
bocal (-aux) [bɔkal, o] m Glasbehälter m
body [bɔdi] m (vêtement féminin) Body m
bœuf (-s) [bœf, bø] m (animal) Ochse m; (GASTR) Rindfleisch nt
bof [bɔf] interj na ja
bohémien, ne [bɔemjɛ̃, ɛn] **1.** adj Zigeuner- **2.** m, f Zigeuner(in) m(f)
boire [bwaʀ] irr **1.** vt trinken; (absorber) aufsaugen; ~ **un verre** ein Gläschen trinken **2.** vi (alcoolique) trinken
bois [bwa] m (substance) Holz nt; (forêt) Wald m; **de** ~, **en** ~ aus Holz
boisé, e [bwaze] adj bewaldet
boiser ⟨1⟩ [bwaze] vt (chambre) täfeln; (galerie de mine) abstützen; (terrain) aufforsten; **boiseries** [bwazʀi] fpl Täfelung f
boisson [bwasɔ̃] f Getränk nt; **s'adonner à la** ~ sich dem Trunk ergeben; ~**s alcoolisées** alkoholische Getränke; ~ **gazeuse** kohlensäurehaltiges Getränk
boîte [bwat] f Schachtel f; (fam: ~ **de nuit**) Disko f; (fam: entreprise) Firma f; **aliments en** ~ Büchsennahrung f; **une** ~ **d'allumettes** eine Streichholzschachtel; **une** ~

de sardines eine Sardinenbüchse; ~ **auto-matique** Automatikgetriebe nt; ~ **de con-serves** Konservenbüchse f, Konserven-dose f; ~ **crânienne** (ANAT) Schädel m; ~ **de dialogue** Dialogbox f; ~ **aux lettres** Briefkasten m; (électronique) Mailbox f, elektronischer Briefkasten; ~ **noire** Flug(daten)schreiber m; ~ **de nuit** Nacht-klub m; ~ **postale** Postfach nt; ~ **de vites-ses** Getriebe nt; ~ **vocale** Voicemail f

boiter ⟨1⟩ [bwate] vi hinken; **boiteux, -euse 1.** adj hinkend **2.** m, f Hinkende(r) mf

boîtier [bwatje] m Gehäuse nt

bol [bɔl] m Trinkschale f; **un ~ d'air** ein bisschen frische Luft

bolet [bɔlɛ] m Röhrling m

bolide [bɔlid] m Rennwagen m; **comme un ~** rasend schnell

Bolivie [bɔlivi] f **la ~** Bolivien nt; **boli-vien, ne** [bɔlivjɛ̃, ɛn] adj bolivianisch; **Bolivien, ne** [bɔlivjɛ̃, ɛn] m, f Bolivia-ner(in) m(f)

bombance [bɔ̃bɑ̃s] f **faire ~** schlemmen

bombardement [bɔ̃baʁdəmɑ̃] m Bom-bardierung f; **bombarder** ⟨1⟩ vt bom-bardieren; ~ **qn de cailloux** jdn mit Stei-nen bewerfen; ~ **qn de lettres** jdn mit Briefen überhäufen; ~ **qn directeur** (fam) jdn auf den Posten des Direktors katapul-tieren

bombe [bɔ̃b] f Bombe f; (atomiseur) Spraydose f; **faire la ~** (fam) auf Sauftour gehen; ~ **à neutrons** Neutronenbombe; ~ **à retardement** Zeitzünderbombe; ~ **atomique** Atombombe f

bombé, e [bɔ̃be] adj gewölbt

bomber ⟨1⟩ [bɔ̃be] **1.** vt (graffiti) sprühen **2.** vi sich wölben

bon, ne [bɔ̃, bɔn] **1.** adj gut; **c'est le ~ numéro/moment** (juste) das ist die rich-tige Nummer/der richtige Moment; **un ~ nombre de** eine beträchtliche Zahl von; **une bonne distance** ein gutes Stück; ~ **à** (adopté, approprié) gut zu; ~ **à être impri-mé(e)** druckreif sein; ~ **pour** gut für; ~ **anniversaire!** herzlichen Glückwunsch zum Geburtstag!; ~ **voyage!** gute Reise!; **bonne route!** gute Fahrt!; **bonne chance!** viel Glück!; **bonne année!** ein gutes neues Jahr!; **bonne nuit!** gute Nacht!; **bonne femme** (pej) Tante f; **bonnes œuvres** fpl wohltätige Werke pl; **avoir ~ dos** einen breiten Rücken haben; ~ **mar-ché** billig, preiswert; ~ **sens** gesunder Menschenverstand; ~ **vivant** Lebens-künstler(in) m(f) **2.** adv **il fait ~** es ist schö-nes Wetter; **sentir ~** gut riechen; **tenir ~** aushalten; **pour de ~** wirklich **3.** interj ~**!** gut!; **ah ~?** ach wirklich? **4.** m (billet) Bon m; (de rationnement) Marke f; **il y a du ~ dans cela/ce qu'il dit** das hat etwas Gutes für sich/es ist gar nicht so schlecht, was er sagt; ~ **d'achat** Einkaufsgutschein m; ~ (**cadeau**) Geschenkgutschein m; ~ **de commande** (COM) Bestellschein m; ~ **d'essence** Benzingutschein m; v. a. **bonne**

bonasse [bɔnas] adj gutmütig

bonbon [bɔ̃bɔ̃] m Bonbon nt

bonbonne [bɔ̃bɔn] f Korbflasche f

bond [bɔ̃] m Sprung m; **faire un ~** einen Sprung machen; **d'un seul ~** mit einem Satz

bonde [bɔ̃d] f (d'évier, etc) Stöpsel m; (de tonneau) Spund m

bondé, e [bɔ̃de] adj überfüllt

bondir ⟨8⟩ [bɔ̃diʁ] vi springen, einen Satz machen

bonheur [bɔnœʁ] m Glück nt; **avoir le ~ de ...** das Glück haben zu ...; **porter ~ (à qn)** (jdm) Glück bringen; **au petit ~** aufs Geratewohl; **par ~** glücklicherweise

bonhomie [bɔnɔmi] f Gutmütigkeit f

bonhomme (bonshommes) [bɔnɔm] **1.** m Mensch m, Typ m; **aller son ~ de chemin** (fig) unbeirrbar seinen Weg gehen; ~ **de neige** Schneemann m **2.** adj gutmütig

boni [bɔni] m Profit m

bonification [bɔnifikasjɔ̃] f (somme) Bonus m

bonifier ⟨1⟩ [bɔnifje] vt verbessern

bonjour [bɔ̃ʒuʁ] m ~**!** guten Tag!; ~ **Monsieur!** guten Tag!; **donner** [o **souhai-ter**] **le ~ à qn** jdm guten Tag sagen; **dire ~ à qn** jdn grüßen

bonne [bɔn] **1.** adj v. **bon 2.** f (domestique) Hausgehilfin f; ~ **d'enfant** Kindermäd-chen nt; ~ **à tout faire** Mädchen nt für alles

bonne-maman (bonnes-mamans) [bɔnmamɑ̃] f Oma f

bonnement [bɔnmɑ̃] adv **tout ~** ganz einfach

bonnet [bɔnɛ] m Mütze f; (de soutien-gorge) Körbchen nt; ~ **d'âne** Papierhut für den schlechtesten Schüler; ~ **de bain** Bade-kappe f, Bademütze f; ~ **de nuit** Nacht-mütze

bon-papa (bons-papas) [bɔ̃papa] m Opa m

bonsaï [bɔ̃zaj] m Bonsai m

bonsoir [bɔ̃swaʁ] interj guten Abend

bonté [bɔ̃te] f Güte f; **avoir la ~ de ...** so gut sein und ...

bonus [bɔnys] m Bonus m, Schadenfreiheitsrabatt m

boom [bum] m Boom m; (ÉCON) Hochkonjunktur f; ~ **de la demande** (ÉCON) Nachfrageboom; ~ **démographique** Bevölkerungsexplosion f

boomerang [bumʀɑ̃g] m Bumerang m

booter ⟨1⟩ [bute] vt (INFORM) booten

boots [buts] mpl Boots pl

bord [bɔʀ] m Rand m; (de rivière, lac) Ufer nt; à ~ an Bord; de tous ~s jedweder Couleur; monter à ~ an Bord gehen; jeter par-dessus ~ über Bord werfen; du même ~ der gleichen Meinung; au ~ de la mer am Meer; au ~ de la route am Straßenrand; être au ~ des larmes den Tränen nahe sein

bordeaux [bɔʀdo] 1. m (vin) Bordeaux(wein) m 2. adj inv (couleur) weinrot

bordel [bɔʀdɛl] m (fam) Puff m; (fam: désordre) heilloses Durcheinander; **bordélique** [bɔʀdelik] adj (fam) chaotisch, unordentlich

border ⟨1⟩ [bɔʀde] vt (être le long de) säumen; (garnir) einfassen (de mit); **bordé(e) de** gesäumt von

bordereau (x) [bɔʀdəʀo] m Aufstellung f; (facture) Rechnung f

bordure [bɔʀdyʀ] f Umrandung f; (sur un vêtement) Bordüre f; en ~ de entlang +dat

borgne [bɔʀɲ(ə)] adj einäugig; (fenêtre) blind; hôtel ~ schäbiges Hotel

borne [bɔʀn(ə)] f (pour délimiter) Grenzstein m, Markstein m; ~ **kilométrique** Kilometerstein m; ~s fpl (limites) Grenzen pl; dépasser les ~s zu weit gehen; sans ~(s) grenzenlos

borné, e [bɔʀne] adj engstirnig

borner ⟨1⟩ [bɔʀne] 1. vt (terrain, horizon) begrenzen, eingrenzen; (désirs, ambition) zurückschrauben 2. vpr se ~ à qch sich mit etw begnügen; se ~ à faire qch sich damit begnügen, etw zu tun

bosniaque [bɔznjak] adj bosnisch; **Bosniaque** mf Bosnier(in) m(f)

Bosnie [bɔzni] f la ~ Bosnien nt

Bosphore [bɔsfɔʀ] m le ~ der Bosporus

bosquet [bɔskɛ] m Wäldchen nt

bosse [bɔs] f (de terrain, sur un objet) Unebenheit f; (enflure) Beule f; (du bossu) Buckel m; (du chameau, etc) Höcker m; avoir la ~ des maths ein Talent für Mathe haben; rouler sa ~ (viel) herumkommen

bosseler ⟨1⟩ [bɔsle] vt (ouvrer) treiben; (abîmer) verbeulen

bosser ⟨1⟩ [bɔse] vi (fam: travailler) arbeiten; (travailler dur) schuften; **bosseur,**

-euse [bɔsœʀ, øz] m, f Arbeitstier nt

bossu [bɔsy] 1. adj bucklig 2. m, f Bucklige(r) mf

botanique [bɔtanik] 1. f Botanik f 2. adj botanisch

Botswana [bɔtswana] m le ~ Botsuana nt

botte [bɔt] f (soulier) Stiefel m; (escrime: coup) Stoß m; ~ **d'asperges** Bündel nt Spargel; ~ **de paille** Strohbündel nt; ~ **de radis** Rettichbund m; **botter** ⟨1⟩ vt Stiefel anziehen +dat; (donner un coup de pied dans) einen Tritt versetzen +dat; ça me botte (fam) das reizt mich; **bottier** [bɔtje] m Schuhmacher(in) m(f)

bottin [bɔtɛ̃] m Telefonbuch nt

bottine [bɔtin] f Stiefelette f

botulisme [bɔtylism] m Fleischvergiftung f

bouc [buk] m (animal) Ziegenbock m; (barbe) Spitzbart m; ~ **émissaire** Sündenbock

boucan [bukɑ̃] m (bruit) Lärm m, Getöse nt

bouche [buʃ] f Mund m; (de volcan) Schlund m; (de four) Öffnung f; une ~ inutile ein unnützer Esser; ouvrir la ~ (fig) den Mund aufmachen; ~ cousue! nicht weitersagen!; ~ **de chaleur** Heißluftöffnung f; ~ **d'égout** Kanalschacht m; ~ **d'incendie** Hydrant m; ~ **de métro** Metroeingang m; le ~ à oreille die Mundpropaganda

bouché, e [buʃe] adj verstopft; (vin, cidre) verkorkt; (temps, ciel) bewölkt; (pej: personne) blöd(e); avoir le nez ~ eine verstopfte Nase haben

bouche-à-bouche m Mund-zu-Mund-Beatmung f

bouchée [buʃe] f Bissen m; ne faire qu'une ~ de schnell fertig werden mit; pour une ~ de pain für ein Butterbrot; ~s fpl à la reine Königinpastetchen pl

boucher ⟨1⟩ [buʃe] 1. vt verstopfen; (passage, vue) versperren 2. vpr se ~ sich verstopfen; se ~ le nez/les oreilles sich dat die Nase/Ohren zuhalten

boucher, -ère [buʃe, ɛʀ] m Metzger(in) m(f); **boucherie** [buʃʀi] f Metzgerei f; (fig) Gemetzel nt

bouche-trou (bouche-trous) [buʃtʀu] m (personne) Lückenbüßer(in) m(f); (chose) Notbehelf m

bouchon [buʃɔ̃] m (en liège) Korken m; (en d'autre matière) Stöpsel m; (AUTO) Stau m; **bouchonner** ⟨1⟩ vi sich stauen

bouchot [buʃo] m Muschelbank f

boucle [bukl(ə)] f (forme, figure, INFORM)

Schleife f; (objet) Schnalle f, Spange f; ~ (de cheveux) Locke f; ~ d'oreille Ohrring m

bouclé, e [bukle] adj lockig

boucler ⟨1⟩ [bukle] 1. vt (fermer) zumachen, abriegeln; (enfermer) einschließen; (terminer) abschließen; ~ son budget sein Budget ausgleichen 2. vi faire ~ (cheveux) Locken machen in +akk

bouclier [buklije] m Schild m

bouddha [buda] m Buddha m

bouddhisme [budism] m Buddhismus m; **bouddhiste** [budist] mf Buddhist(in) m(f)

bouder ⟨1⟩ [bude] vi schmollen; **boudeur, -euse** adj schmollend

boudin [budɛ̃] m (charcuterie) Blutwurst f

boue [bu] f Schlamm m

bouée [bwe] f Boje f; ~ (de sauvetage) Rettungsring m

boueux, -euse [bwø, øz] 1. adj schlammig 2. m Müllmann m 3. mpl Müllabfuhr f

bouffant, e [bufã, ãt] adj bauschig

bouffe [buf] f (fam) Essen nt; se faire une ~ gemütlich zusammen essen; ~ industrielle Junkfood nt

bouffée [bufe] f (de fumée) Stoß m; (d'air) Hauch m; (de pipe) Wolke f, Schwade f; ~ de chaleur Hitzewallung f; ~ d'orgueil/de honte Anfall m von Stolz/Scham

bouffer ⟨1⟩ [bufe] vt (fam) essen

bouffi, e [bufi] adj geschwollen

bougeoir [buʒwaʀ] m Kerzenhalter m

bougeotte [buʒɔt] f avoir la ~ (fam) kein Sitzfleisch haben

bouger ⟨2⟩ [buʒe] 1. vi (remuer) sich bewegen; (voyager) (herum)reisen; (changer) sich ändern; (agir) sich regen 2. vt bewegen

bougie [buʒi] f Kerze f; (AUTO) Zündkerze f

bougon, ne [bugɔ̃, ɔn] adj mürrisch, grantig; **bougonner** ⟨1⟩ vi murren

bougre [bugʀ(ə)] m Kerl m; ce ~ de ... dieser verfluchte Kerl von ...

bouillabaisse [bujabɛs] f Bouillabaisse f (Fischsuppe)

bouillant, e [bujã, ãt] adj (qui bout) kochend; (très chaud) siedend heiß

bouille [buj] f (fam) Birne f, Rübe f

bouilli, e [buji] adj gekocht; **bouillie** f Brei m; en ~ (fig) zerquetscht

bouillir [bujiʀ] irr vi kochen; faire ~ (GASTR) kochen; (pour stériliser) auskochen

bouilloire [bujwaʀ] f Kessel m

bouillon [bujɔ̃] m (GASTR) Bouillon f; (bulle) Blase f

bouillonner ⟨1⟩ [bujɔne] vi sprudeln; (fig: de colère) schäumen

bouillotte [bujɔt] f Wärmflasche f

boulanger, -ère [bulãʒe, ɛʀ] m, f Bäcker(in) m(f); **boulangerie** [bulãʒʀi] f (boutique) Bäckerei f; (commerce, branche) Bäckerhandwerk nt; **boulangerie-pâtisserie** (boulangeries-pâtisseries) f Bäckerei und Konditorei f

boule [bul] f Kugel f; (de machine à écrire) Kugelkopf m; roulé(e) en ~ zusammengerollt; se mettre en ~ (fig) wütend werden; perdre la ~ (fam) verrückt werden; ~ de neige Schneeball m

bouleau (x) [bulo] m Birke f

bouledogue [buldɔg] m Bulldogge f

boulet [bulɛ] m (~ de canon) (Kanonen)kugel f; (charbon) Eierbrikett nt

boulette [bulɛt] f Bällchen nt; (mets) Kloß m

boulevard [bulvaʀ] m Boulevard m

bouleversement [bulvɛʀsəmã] m (politique, social) Aufruhr m; **bouleverser** ⟨1⟩ vt erschüttern; (pays, vie, objets) durcheinander bringen

boulier [bulje] m Abakus m; (SPORT) Anzeigetafel f

boulimie [bulimi] f Heißhunger m; (maladie) Bulimie f; **boulimique** [bulimik] adj bulimisch, bulimiekrank

boulon [bulɔ̃] m Bolzen m; **boulonner** ⟨1⟩ vt festschrauben

boulot [bulo] m (fam: travail) Arbeit f; petit ~ Gelegenheitsarbeit f

boulot, te [bulo, ɔt] adj stämmig

boum [bum] f (fam) Fete f

bouquet [bukɛ] m (de fleurs) (Blumen)strauß m; (de persil, etc) Bund nt; (parfum) Bukett nt; c'est le ~! das ist der Abschuss!

bouquetin [buk(ə)tɛ̃] m Steinbock m

bouquin [bukɛ̃] m (fam) Buch nt; **bouquiner** ⟨1⟩ vi (fam) lesen

bourbeux, -euse [buʀbø, øz] adj schlammig

bourbier [buʀbje] m Morast m

bourdon [buʀdɔ̃] m Hummel f

bourdonnement [buʀdɔnmã] m Summen m; **bourdonner** ⟨1⟩ vi (abeilles, etc) summen; (oreilles) dröhnen

bourg [buʀ] m Marktstadt f

bourgade [buʀgad] f Marktflecken m

bourgeois, e [buʀʒwa, az] 1. adj bürgerlich; (pej: petit bourgeois) spießig 2. m, f Bürger(in) m(f); (pej) Spießer(in) m(f); **bourgeoisie** f Bürgertum nt; haute/petite ~ Groß-/Kleinbürgertum

bourgeon [buʀʒɔ̃] m Knospe f; **bour-**

geonner ⟨1⟩ *vi* knospen

bourgogne [buʀɡɔɲ] *m (vin)* Burgunder(wein) *m;* **Bourgogne** *f* **la ~** Burgund *nt;* **bourguignon, ne** [buʀɡiɲɔ̃, ɔn] *adj* burgundisch; **bœuf ~** *Rindfleisch in Rotwein;* **fondue bourguignonne** Fleischfondue *nt*

bourlinguer ⟨1⟩ [buʀlɛ̃ge] *vi (fam)* herumziehen

bourrade [buʀad] *f* Schubs *m*

bourrage [buʀaʒ] *m* **~ de crâne** ≈ Stimmungsmache *f;* **~ papier** Papierstau *m*

bourrasque [buʀask(ə)] *f* Bö *f*

bourratif, -ive [buʀatif, iv] *adj (aliment)* stopfend

bourré, e [buʀe] *adj* **~ de** voll gestopft mit

bourreau (x) [buʀo] *m (exécuteur)* Henker *m; (qui maltraite, torture)* Folterknecht *m;* **~ de travail** Arbeitstier *nt*

bourrelet [buʀlɛ] *m* Filzstreifen *m; (isolant)* Dichtungsmaterial *nt; (renflement)* Wulst *m*

bourrer ⟨1⟩ [buʀe] *vt* voll stopfen; *(pipe)* stopfen; **~ qn de coups** auf jdn einschlagen

bourrique [buʀik] *f (âne)* Esel *m*

bourru, e [buʀy] *adj* mürrisch, missmutig

bourse [buʀs(ə)] *f (pension)* Stipendium *nt; (petit sac)* Geldbeutel *m;* **la Bourse** die Börse; **Bourse des valeurs** Effektenbörse *f;* **cote en ~** Börsennotierung *f;* **opération de ~** Börsengeschäft *nt;* **sans ~ délier** ohne Geld auszugeben; **boursier, -ière** [buʀsje, ɛʀ] *m, f* Stipendiat(in) *m(f)*

boursouflé, e [buʀsufle] *adj* geschwollen; **boursoufler** ⟨1⟩ **1.** *vt* anschwellen lassen **2.** *vpr* **se ~** *(visage)* anschwellen

bousculade [buskylad] *f (remous)* Gedränge *nt; (hâte)* Hast *f;* **bousculer** ⟨1⟩ *vt* überrennen; *(heurter)* anrempeln; *(objet)* umwerfen; *(fig)* einen Stoß geben *+dat;* **être bousculé(e)** *(pressé)* unter Zeitdruck stehen

bouse [buz] *f* **~ de vache** Kuhmist *m,* Kuhfladen *m*

boussole [busɔl] *f* Kompass *m*

bout [bu] *m (morceau)* Stück *nt; (extrémité)* Ende *nt; (de pied, bâton)* Spitze *f;* **au ~ de** *(après)* nach; **être à ~** am Ende sein; **pousser qn à ~** jdn zur Weißglut bringen; **venir à ~ de qch** etw zu Ende bringen; **venir à ~ de qn** mit jdm fertig werden; **~ à ~** aneinander; **d'un ~ à l'autre, de ~ en ~** von Anfang bis Ende; **~ filtre** Filtermundstück

boutade [butad] *f* witzige Bemerkung

boute-en-train [butɑ̃tʀɛ̃] *m inv* Betriebsnudel *f*

bouteille [butɛj] *f* Flasche *f;* **~ consignée** Pfandflasche; **~ jetable** [o **perdue**] Einwegflasche

boutique [butik] *f* Laden *m;* **~ hors taxes** Dutyfreeshop *m;* **boutiquier, -ière** [butikje, ɛʀ] *m, f (pej)* Krämer(in) *m(f)*

bouton [butɔ̃] *m* Knopf *m; (BOT)* Knospe *f; (MED)* Pickel *m; (INFORM)* Schaltfläche *f;* **~ de commande** *(INFORM)* Befehlsschaltfläche; **~ d'or** Butterblume *f;* **boutonner** ⟨1⟩ [butɔne] *vt* zuknöpfen; **boutonnière** [butɔnjɛʀ] *f* Knopfloch *nt;* **bouton-pression** (boutons-pression) *m* Druckknopf *m*

bouvreuil [buvʀœj] *m* Dompfaff *m*

bovin, e [bɔvɛ̃, in] *adj (élevage, race)* Rinder-; *(fig: air)* blöd

box [bɔks] *m (JUR)* Anklagebank *f; (pour cheval)* Box *f*

boxe [bɔks(ə)] *f* Boxen *nt;* **boxer** ⟨1⟩ *vi* boxen; **boxeur, -euse** *m, f* Boxer(in) *m(f)*

boyau (x) [bwajo] *m (viscère)* Eingeweide *pl; (galerie)* Gang *m; (tuyau)* Schlauch *m*

boycottage [bɔjkɔtaʒ] *m* Boykott *m;* **boycotter** ⟨1⟩ [bɔjkɔte] *vt* boykottieren

B.P. *f abr de* boîte postale Postfach *nt*

bracelet [bʀaslɛ] *m* Armband *nt;* **bracelet-montre** (bracelets-montres) *m* Armbanduhr *f*

braconnage [bʀakɔnaʒ] *m* Wilderei *f;* **braconner** ⟨1⟩ *vt* wildern; **braconnier** *m* Wilderer *m*

brader ⟨1⟩ [bʀade] *vt* verschleudern; **braderie** [bʀadʀi] *f* Trödelmarkt *m; (soldes)* Ausverkauf *m*

braguette [bʀaɡɛt] *f* Hosenschlitz *m*

braillard, e [bʀajaʀ, d(ə)] *adj* brüllend

braille [bʀaj] *m* Blindenschrift *f*

braillement [bʀajmɑ̃] *m* Geschrei *nt*

brailler ⟨1⟩ [bʀaje] **1.** *vi* grölen, schreien **2.** *vt* brüllen

braire [bʀɛʀ] *irr comme traire vi* schreien; *(âne)* iahen

braise [bʀɛz] *f* Glut *f*

braiser ⟨1⟩ [bʀeze] *vt* schmoren; **bœuf braisé** geschmortes Rindfleisch

bramer ⟨1⟩ [bʀame] *vi (cerf)* röhren

brancard [bʀɑ̃kaʀ] *m (pour blessé)* Tragbahre *f; (pour cheval)* Deichsel *f;* **brancardier, -ière** *m, f* Krankenträger(in) *m(f)*

branche [bʀɑ̃ʃ] *f* Ast *m; (de lunettes)* Bügel *m; (d'enseignement, de science)* Zweig *m*

branché, e [bʀɑ̃ʃe] *adj* **être ~** *(fam)* im

Trend liegen, in sein

branchement [brɑ̃ʃmɑ̃] *m* Anschluss *m*; ~ **Internet** Internetanschluss *m*; **brancher** ⟨1⟩ *vt* anschließen

branchie [brɑ̃ʃi] *f* Kieme *f*

brandir ⟨8⟩ [brɑ̃dir] *vt* schwingen, fuchteln mit

branlant, e [brɑ̃lɑ̃, ɑ̃t] *adj* wacklig

branle [brɑ̃l] *m* **mettre en ~** in Gang bringen; **donner le ~ à qch** etw in Bewegung setzen; **branle-bas** *m inv* Aufregung *f*, Durcheinander *nt*

branler ⟨1⟩ [brɑ̃le] **1.** *vi* wackeln **2.** *vt* = **la tête** mit dem Kopf wackeln

braquer ⟨1⟩ [brake] **1.** *vi* (*AUTO*) einschlagen **2.** *vt* (*mettre en colère*) aufbringen; ~ **qch sur qn** etw auf jdn richten **3.** *vpr* **se ~ (contre)** sich widersetzen +*dat*

bras [brɑ] *m* Arm *m*; **avoir le ~ long** viel Einfluss haben; **à ~-le-corps** (*saisir*) um die Hüfte; **à ~ raccourcis** mit aller Gewalt; **le ~ droit** (*fig*) die rechte Hand; ~ *mpl* (*fig: travailleurs*) Arbeitskräfte *pl*; ~ **de mer** Meeresarm

brassage [brɑsaʒ] *m* (*fig: des races, des populations*) Gemisch *nt*

brassard [brɑsar] *m* Armbinde *f*; ~ **noir**, ~ **de deuil** schwarze Armbinde, Trauerflor *m*

brasse [brɑs] *f* (*nage*) Brustschwimmen *nt*; ~ **papillon** Schmetterlingsstil *m*

brasser ⟨1⟩ [brɑse] *vt* durcheinander kneten; ~ **de l'argent** viel Geld in Umlauf bringen; ~ **des affaires** viele Geschäfte tätigen

brasserie [brɑsri] *f* (*restaurant*) Gaststätte *f*; (*usine*) Brauerei *f*; **brasseur, -euse** [brɑsœr, øz] *m, f* (*de bière*) Brauer(in) *m(f)*; ~ **d'affaires** großer Geschäftsmann

brassière [brɑsjɛr] *f* (*de bébé*) Babyjäckchen *nt*

bravade [bravad] *f* **par ~** aus Übermut; (*pour provoquer*) zur Provokation

brave [brav] *adj* (*courageux*) mutig; (*bon, gentil*) lieb; (*pej*) bieder

braver ⟨1⟩ [brave] *vt* trotzen +*dat*

bravo [bravo] **1.** *interj* bravo **2.** *m* Bravoruf *m*

bravoure [bravur] *f* Wagemut *m*

break [brɛk] *m* Kombiwagen *m*; (*fam: pause*) Pause *f*

brebis [brəbi] *f* Mutterschaf *nt*; ~ **galeuse** (*fig*) schwarzes Schaf

brèche [brɛʃ] *f* Öffnung *f*; **être sur la ~** (*fig*) immer auf Trab sein; **battre en ~** (*fig*) Punkt für Punkt widerlegen

bredouille [brəduj] *adj* mit leeren Händen

bredouiller ⟨1⟩ [brəduje] *vt, vi* murmeln, stammeln

bref, brève [brɛf, brɛv] **1.** *adj* kurz; **d'un ton ~** kurz angebunden; (*voyelle*) **brève** kurzer Vokal **2.** *adv* kurz gesagt; **en ~** kurz (gesagt)

breloque [brələk] *f* (*bijou*) Anhänger *m*

brème [brɛm] *f* (*poisson*) Brasse *f*

Brême [brɛm] Bremen *nt*

Brésil [brezil] *m* **le ~** Brasilien *nt*; **brésilien, ne** [breziljɛ̃, ɛn] *adj* brasilianisch; **Brésilien, ne** *m, f* Brasilianer(in) *m(f)*

Bretagne [brətaɲ] *f* **la ~** die Bretagne

bretelle [brətɛl] *f* (*de fusil, etc*) Tragriemen *m*; (*de soutien-gorge*) Träger *m*; (*d'autoroute*) Zubringer *m*; ~**s** *fpl* (*pour pantalons*) Hosenträger *pl*

breton, ne [brətɔ̃, ɔn] *adj* bretonisch; **Breton, ne** *m, f* Bretone (Bretonin) *m(f)*

brève [brɛv] *adj* v. **bref**

brevet [brəvɛ] *m* Diplom *nt*; ~ (**d'invention**) Patent *nt*; ~ **d'apprentissage** Gesellenbrief *m*; **breveté, e** *adj* (*invention*) patentiert; (*diplômé*) qualifiziert; **breveter** ⟨3⟩ [brəv(ə)te] *vt* patentieren

bréviaire [brevjɛr] *m* Brevier *nt*

bribes [brib] *fpl* (*de conversation*) Bruchstücke *pl*, Fetzen *pl*; **par ~** stückweise

bric-à-brac [brikabrak] *m inv* Trödel *m*

bricolage [brikɔlaʒ] *m* Basteln *nt*

bricole [brikɔl] *f* Bagatelle *f*

bricoler ⟨1⟩ [brikɔle] **1.** *vi* herumwerkeln **2.** *vt* herumbasteln an +*dat*; (*faire*) basteln; **bricoleur, -euse 1.** *m, f* Bastler(in) *m(f)*, Heimwerker(in) *m(f)* **2.** *adj* Bastler-

bride [brid] *f* Zaum *m*; (*d'un bonnet*) Band *nt*; **à ~ abattue** in Windeseile; **tenir en ~** im Zaum halten

bridé, e [bride] *adj* **yeux ~s** *mpl* Schlitzaugen *pl*

brider ⟨1⟩ [bride] *vt* (*réprimer*) zügeln; (*cheval*) aufzäumen; (*GASTR*) dressieren

bridge [bridʒ(ə)] *m* (*jeu*) Bridge *nt*; (*dentaire*) Brücke *f*

brièvement [brijɛvmɑ̃] *adv* kurz

brièveté [brijɛvte] *f* Kürze *f*

brigade [brigad] *f* (*MIL: petit détachement*) Trupp *m*; (*d'infanterie, etc*) Brigade *f*; (*de police*) Dezernat *nt*; ~ **des stupéfiants** Rauschgiftdezernat

brigadier [brigadje] *m* Gefreite(r) *mf*

brigand [brigɑ̃] *m* Räuber(in) *m(f)*

brillamment [brijamɑ̃] *adv* großartig, glänzend

brillant, e [brijɑ̃, ɑ̃t] **1.** *adj* strahlend; (*fig*) großartig **2.** *m* (*diamant*) Brillant *m*

brillantine [bʀijãtin] f Pomade f
briller ⟨1⟩ [bʀije] vi leuchten, glänzen
brimade [bʀimad] f (vexation) Schikane f;
brimer ⟨1⟩ vt schikanieren
brin [bʀɛ̃] m (de laine, ficelle, etc) Faden m;
un ~ de (fig: un peu) ein bisschen; ~
d'herbe Grashalm m; ~ de muguet Mai-
glöckchensträußchen nt; ~ de paille
Strohhalm m
brindille [bʀɛ̃dij] f Zweig m
brio [bʀijo] m avec ~ großartig
brioche [bʀijɔʃ] f Brioche f (rundes Hefege-
bäck); (fam: ventre) Bauch m
brique [bʀik] 1. f Ziegelstein m 2. adj inv
(couleur) ziegelrot
briquet [bʀikɛ] m Feuerzeug nt; ~ jetable
Wegwerffeuerzeug
brise [bʀiz] f Brise f
brisé, e [bʀize] adj (ligne, arc) gebrochen
brisées [bʀize] fpl marcher sur les ~ de qn
jdm ins Gehege kommen
brise-glace(s) [bʀizglas] m inv Eisbrecher
m; **brise-lames** [bʀizlam] m inv Wellenbrecher m
briser ⟨1⟩ [bʀize] 1. vt (casser: objet) zerbrechen; (fig: carrière, vie, amitié) zerstören; (volonté, résistance, personne) brechen;
(fatiguer) erschöpfen; brisé(e) de fatigue
erschöpft vor Müdigkeit; d'une voix brisée mit gebrochener Stimme 2. vpr se ~
brechen; (fig) sich zerschlagen; **brise-**
tout [bʀiztu] m inv Raubein nt; **briseur,**
-euse [bʀizœʀ, øz] m, f ~ de grève Streik-
brecher(in) m(f); **brise-vent** [bʀizvã] m
inv Wandschirm m
bristol [bʀistɔl] m (carte de visite) Visitenkarte f
britannique [bʀitanik] adj britisch; **Bri-**
tannique mf Brite (Britin) m(f)
broc [bʀo] m Krug m
brocante [bʀɔkɑ̃t] f Trödelladen m; **bro-**
canteur, -euse m, f Trödler(in) m(f)
brocart [bʀɔkaʀ] m Brokat m
broche [bʀɔʃ] f Brosche f; (GASTR) Spieß
m; à la ~ am Spieß
broché, e [bʀɔʃe] adj (livre) broschiert
brochet [bʀɔʃɛ] m Hecht m
brochette [bʀɔʃɛt] f (GASTR) Spieß m
brochure [bʀɔʃyʀ] f Broschüre f
brocoli [bʀɔkɔli] m Brokkoli pl
broder ⟨1⟩ [bʀɔde] 1. vt sticken 2. vi ~ sur
des faits/une histoire die Tatsachen/eine
Geschichte ausschmücken; **broderie** f
Stickerei f
broncher ⟨1⟩ [bʀɔ̃ʃe] vi sans ~ ohne zu
protestieren
bronches [bʀɔ̃ʃ] fpl Bronchien pl

bronchite [bʀɔ̃ʃit] f Bronchitis f
broncho-pneumonie (broncho-pneu-
monies) [bʀɔ̃kopnømɔni] f schwere Bronchitis
bronzage [bʀɔ̃zaʒ] m Sonnenbräune f
bronze [bʀɔ̃z] m Bronze f
bronzé, e [bʀɔ̃ze] adj gebräunt, braun;
bronzer ⟨1⟩ 1. vt bräunen 2. vi braun
werden 3. vpr se ~ sonnenbaden
brosse [bʀɔs] f (ustensile) Bürste f; **donner**
un coup de ~ à qch etw abbürsten;
coupe en ~ Bürstenschnitt m; ~ à cheveux Haarbürste; ~ à dents Zahnbürste;
~ à ongles Nagelbürste; **brosser** ⟨1⟩
1. vt (nettoyer) bürsten; (fig: tableau, bilan,
etc) in groben Zügen darlegen 2. vpr se ~
sich bürsten; se ~ les dents/cheveux sich
dat die Zähne putzen/die Haare bürsten
brouette [bʀuɛt] f Schubkarren m
brouhaha [bʀuaa] m Stimmengewirr nt,
Geräuschkulisse f
brouillard [bʀujaʀ] m Nebel m
brouille [bʀuj] f Streit m; **brouillé, e** adj
(fâché) verkracht; (teint) unrein; **brouil-**
ler ⟨1⟩ [bʀuje] 1. vt durcheinander bringen; (embrouiller) vermischen; (RADIO) stören; (rendre trouble, confus) trüben; (amis)
entzweien 2. vpr se ~ (ciel, temps) sich
bewölken; (vitres, vue) beschlagen;
(détails) durcheinander geraten; (amis)
sich überwerfen
brouillon, ne [bʀujɔ̃, ɔn] 1. adj konfus,
unordentlich 2. m (écrit) Konzept nt;
cahier de ~(s) Konzeptheft nt
broussailles [bʀusaj] fpl Gestrüpp nt,
Gebüsch nt; **broussailleux, -euse** adj
buschig
brousse [bʀus] f la ~ der Busch
brouter ⟨1⟩ [bʀute] 1. vt abgrasen 2. vi
grasen
broutille [bʀutij] f Lappalie f
broyer ⟨6⟩ [bʀwaje] vt zerkleinern; ~ du
noir deprimiert sein
brugnon [bʀyɲɔ̃] m Nektarine f
bruine [bʀɥin] f Nieselregen m; **bruiner**
⟨1⟩ vb impers il bruine es nieselt
bruissement [bʀɥismã] m Rascheln nt
bruit [bʀɥi] m un ~ ein Geräusch nt; (fig:
rumeur) ein Gerücht nt; le ~ der Lärm;
pas/trop de ~ kein/zu viel Lärm; sans ~
geräuschlos; faire grand ~ (fig) Aufsehen
erregen; ~ de fond Hintergrundgeräusch
bruitage [bʀɥitaʒ] m Toneffekte pl
brûlant, e [bʀylã, ãt] adj siedend heiß;
(regard) feurig; (sujet) heiß; **brûlé, e 1.** adj
(fig: démasqué) entlarvt 2. m odeur de ~
Brandgeruch m; **brûle-pourpoint**

[bʀylpuʀpwɛ̃] adv **à ~** unvermittelt; **brû-ler** ⟨1⟩ [bʀyle] **1.** vt verbrennen; (gaz) abfackeln; (eau bouillante) verbrühen; (consommer: charbon, électricité) verbrauchen; (fig: enfiévrer) verzehren; **~ un feu rouge** bei Rot über die Ampel fahren; **~ les étapes** eine Stufe überspringen **2.** vi brennen; (être brûlant, ardent) glühen; **~ de fièvre** vor Fieber glühen **3.** vpr se ~ (accidentellement) sich verbrennen; (avec de l'eau bouillante) sich verbrühen; **se ~ la cervelle** sich dat eine Kugel durch den Kopf jagen; **brûleur** m (TECH) Brenner m; **brûlure** f (lésion) Verbrennung f; (sensation) Brennen nt; **~s d'estomac** Sodbrennen

brume [bʀym] f Nebel m; **brumeux, -euse** [bʀymø, øz] adj neblig; (fig) unklar, verschwommen; **brumisateur®** m Zerstäuber m

brun, e [bʀœ̃, yn] **1.** adj braun **2.** m (couleur) Braun nt

brunch [bʀɑ̃ʃ] m Brunch m

Brunéi [bʀynɛj] m **le ~** Brunei nt

brunir ⟨8⟩ **1.** vi braun werden **2.** vt bräunen

brushing [bʀœʃiŋ] m (coiffeur) Fönen nt

brusque [bʀysk(ə)] adj (soudain) plötzlich; (rude) schroff; **brusquement** adv (soudainement) plötzlich, unvermittelt

brusquer ⟨1⟩ [bʀyske] vt (personne) hetzen, drängen

brusquerie [bʀyskəʀi] f (rudesse) Barschheit f

brut, e [bʀyt] adj (sauvage) roh; (bénéfice, salaire, poids) brutto; (champagne) **~** trockener Champagner

brutal, e (-aux) [bʀytal, o] adj brutal; **brutaliser** ⟨1⟩ vt grob behandeln; **brutalité** f Brutalität f

brute f Rohling m

Bruxelles [bʀysɛl] Brüssel nt

bruyamment [bʀɥijamɑ̃] adv laut

bruyant, e [bʀɥijɑ̃, ɑ̃t] adj laut

bruyère [bʀyjɛʀ] f Heidekraut m

Bt. abr de **bâtiment** Wohnblock m

BT m abr de **Brevet de technicien** Zeugnis einer technischen Schule

BTA m abr de **Brevet de technicien agricole** Zeugnis einer Landwirtschaftsschule

BTP mpl abr de **bâtiments et travaux publics** ≈ öffentliches Bauwesen

B.T.S. m v. **Brevet de technicien supérieur** Diplom nach zweijähriger Berufsausbildung

bu, e [by] pp de **boire**

B.U. f abr de **bibliothèque universitaire** UB f

buanderie [bɥɑ̃dʀi] f Waschküche f

buccal, e (-aux) [bykal, o] adj **par voie ~e** oral

bûche [byʃ] f Holzscheit m; **prendre** [o **ramasser] une ~** (fam) hinfallen; **~ de Noël** Weihnachtskuchen in Form eines Holzscheits

bûcher ⟨1⟩ [byʃe] vt, vi (fam) büffeln

bûcheron, ne [byʃʀɔ̃, ɔn] m, f Holzfäller(in) m(f)

budget [bydʒɛ] m Budget nt; **budgétaire** adj Budget-; **budgétiser** ⟨1⟩ [bydʒetize] vt veranschlagen

buée [bɥe] f (sur une vitre) Beschlag m; (de l'haleine) Dampf m

buffet [byfɛ] m (meuble) Anrichte f; (de réception) Büfett nt; **~ (de gare)** Bahnhofsgaststätte f

buffle [byfl(ə)] m Büffel m

buisson [bɥisɔ̃] m Busch m

buissonnière [bɥisɔnjɛʀ] adj **faire l'école ~** die Schule schwänzen

bulbe [bylb(ə)] m (BOT) Zwiebel f; (ANAT) Knoten m; (coupole) Zwiebelturm m

bulgare [bylgaʀ] adj bulgarisch; **Bulgare** mf Bulgare (Bulgarin) m(f); **Bulgarie** [bylgaʀi] f **la ~** Bulgarien nt

bulldozer [buldozœʀ] m Bulldozer m

bulle [byl] f Blase f; (papale) Bulle f; **~ de savon** Seifenblase

bulletin [byltɛ̃] m (RADIO, TV) Sendung f; (SCOL) Zeugnis nt; **~ officiel** Amtsblatt nt; **~ de vote** Stimmzettel m; **~ de salaire** Gehaltsabrechnung f; **~ de santé** Krankheitsbericht m; **~ météorologique** Wetterbericht m

buraliste [byʀalist(ə)] mf Tabakwarenhändler(in) m(f)

bureau (x) [byʀo] m Büro nt; (meuble) Schreibtisch m; **~ de change** Wechselstube f; **~ de poste** Postamt nt; **~ de tabac** Tabakladen m; **~ de vote** Wahllokal nt; **bureaucrate** [byʀokʀat] mf Bürokrat(in) m(f); **bureaucratie** [byʀokʀasi] f Bürokratie f; **bureaucratique** [byʀokʀatik] adj bürokratisch; **bureautique** f Büroautomation f, Bürokommunikation f

Burkina-Faso [byʀkinafaso] m **le ~** Burkina Faso nt

burlesque [byʀlɛsk(ə)] adj lächerlich; (littérature) burlesk

burnous [byʀnu(s)] m Burnus m

Burundi [buʀundi] m **le ~** Burundi nt

bus [bys] m (Stadt)bus m; (INFORM) Bus m

buse [byz] f Bussard m

busqué, e [byske] adj **nez ~** Hakennase f

buste [byst(ə)] m (ANAT) Brustkorb m;

(*sculpture*) Büste *f*
bustier [bystje] *m* Mieder *nt;* ~ **à fines bretelles** Trägertop *nt*
but [by(t)] *m* (*cible*) Zielscheibe *f;* (*fig*) Ziel *nt;* (*SPORT*) Tor *nt;* **de** ~ **en blanc** geradeheraus; **il a pour** ~ **de faire qch** es ist sein Ziel, etw zu tun; **dans le** ~ **de** in der Absicht zu; **à** ~ **non lucratif** (*JUR: association*) gemeinnützig; **gagner par 3** ~**s à 2** 3 : 2 gewinnen
butane [bytan] *m* Butan *nt; une bouteille de* ~ eine Butangasflasche
buté, e [byte] *adj* stur
buter ⟨1⟩ [byte] **1.** *vi* ~ **contre/sur qch** gegen/auf etw *akk* stoßen **2.** *vt* (*contrecarrer*) aufbringen **3.** *vpr* **se** ~ sich versteifen
buteur [bytœʀ] *m* Torjäger *m*

butin [bytɛ̃] *m* Beute *f*
butiner ⟨1⟩ [bytine] *vi* (*abeille*) Pollen sammeln
butor [bytɔʀ] *m* (*fam*) Trampel *m o nt*, Tölpel *m*
butte [byt] *f* (*éminence*) Hügel *m;* **être en** ~ **à** ausgesetzt sein +*dat*
buvable [byvabl(ə)] *adj* trinkbar
buvard [byvaʀ] *m* Löschpapier *nt*
buvette [byvɛt] *f* Erfrischungsraum *m*
buveur, -euse [byvœʀ, øz] *m, f* (*pej*) Säufer(in) *m(f);* ~ **de bière/vin** Bier-/Weintrinker(in) *m(f)*
B.V.P. *m abr de* **Bureau de la vérification de la publicité** Werbeaufsichtsamt *nt*, Werberat *m*
BZH *abr de* **Breizh** Bretagne *f*

C

C, c [se] *m* C, c *nt*
ça [sa] *pron* das; ~ **va?** wie geht's?; (*d'accord*) in Ordnung?; ~ **alors!** na so was!; **c'est** ~ richtig!
çà [sa] *adv* ~ **et là** hier und da
C.A. *m abr de* **chiffre d'affaires** Umsatz *m*
cabane [kaban] *f* Hütte *f*
cabaret [kabaʀɛ] *m* Kabarett *nt*
cabillaud [kabijo] *m* Kabeljau *m*
cabine [kabin] *f* (*de bateau, de plage*) Kabine *f;* (*de camion*) Führerhaus *nt;* (*d'avion*) Cockpit *nt;* ~ (*téléphonique*) Telefonzelle *f*
cabinet [kabinɛ] *m* (*petite pièce*) Kammer *f;* (*de médecin*) Sprechzimmer *nt;* (*d'avocat*) Kanzlei *f;* (*clientèle*) Praxis *f;* (*POL*) Kabinett *nt;* ~**s** *mpl* Toiletten *pl*
câble [kabl(ə)] *m* Kabel *nt;* ~ **optique** Glasfaserkabel; ~ **de remorque** Abschleppseil *nt;* **câblé, e** [kable] *adj* (*TV*) verkabelt; (*branché*) mega-in; **câbler** ⟨1⟩ *vt* (*message*) telegrafieren; (*pays*) verkabeln; **câblodistribution** [kablɔdistʀibysjɔ̃] *f* Kabelfernsehen *nt*
cabrer ⟨1⟩ [kabʀe] **1.** *vpr* **se** ~ (*cheval*) sich aufbäumen; (*personne*) sich aufleh-

nen **2.** *vt* (*cheval*) steigen lassen; (*avion*) hochziehen
cabriolet [kabʀijɔlɛ] *m* Kabriolett *nt*
caca [kaka] *m* (*langage enfantin*) Aa *nt*
cacahuète [kakawɛt] *f* Erdnuss *f*
cacao [kakao] *m* Kakao *m*
cache [kaʃ] **1.** *m* (*FOTO*) Maske *f* **2.** *f* Versteck *nt;* **caché, e** *adj* (*a. INFORM*) versteckt, verborgen; **cache-cache** *m* **jouer à** ~ Verstecken spielen; **cacher** ⟨1⟩ **1.** *vt* verstecken; (*intentions, sentiments*) verbergen; (*empêcher de voir*) verdecken; (*vérité, nouvelle*) verheimlichen; **je ne vous cache pas que** ich verhehle nicht, dass **2.** *vpr* **se** ~ sich verstecken; **cache-sexe** [kaʃsɛks] *m inv* Minislip *m*
cachet [kaʃɛ] *m* (*comprimé*) Tablette *f;* (*sceau*) Siegel *nt;* (*rétribution*) Gage *f;* (*fig*) Stil *m;* **cacheter** ⟨3⟩ *vt* versiegeln
cachette [kaʃɛt] *f* Versteck *nt;* **en** ~ heimlich
cachot [kaʃo] *m* Verlies *nt*
cacophonie [kakɔfɔni] *f* ~ **des médias** Mediengetümmel *nt*
cactus [kaktys] *m* Kaktus *m*
c.-à.-d. *abr de* **c'est-à-dire** d. h.

cadavre [kadavʀ(ə)] *m* Leiche *f*
caddie [kadi] *m* (*de golf*) Caddie *m*;
(®: *chariot*) Einkaufswagen *m*
cadeau (x) [kado] *m* Geschenk *nt*; **faire ~
de qch à qn** jdm etw schenken; **faire un ~
à qn** jdm etwas schenken
cadenas [kadnɑ] *m* Vorhängeschloss *nt*;
cadenasser ⟨1⟩ *vt* verschließen
cadence [kadãs] *f* (*MUS*) Kadenz *f*; (*de travail*) Tempo *nt*; **en ~** im Rhythmus;
cadencé, e *adj* (*MUS*) rhythmisch
cadet, te [kadɛ, ɛt] **1.** *adj* jünger **2.** *m, f*
Jüngste(r) *mf*
cadran [kadʀɑ̃] *m* Zifferblatt *nt*; (*du téléphone*) Wählscheibe *f*; **~ solaire** Sonnen-
uhr *f*
cadre [kadʀ(ə)] *m* Rahmen *m*; (*paysage*)
Umgebung *f*; (*ADMIN*) Führungskraft *f*;
dans le ~ de im Rahmen von; **~ d'un
réseau cyberrelié** Netzverbund *m*; **rayer
qn des ~s** jdn entlassen; **~ moyen/supé-
rieur** mittlerer/höherer Angestellter
cadrer ⟨1⟩ [kadʀe] **1.** *vi* **~ avec qch** einer
Sache *dat* entsprechen **2.** *vt* (*CINE*) zentrieren
caduc, caduque [kadyk] *adj* veraltet;
(*annulé*) hinfällig; **arbre à feuilles caduques**
Laubbaum *m*
C.A.F. [kaf] *f acr de* **Caisse d'allocations
familiales** Familienausgleichskasse *f*
cafard [kafaʀ] *m* Schabe *f*; **avoir le ~**
deprimiert sein; **cafardeux, -euse**
[kafaʀdø, øz] *adj* (*personne*) deprimiert;
(*ambiance*) deprimierend
café [kafe] *m* Kaffee *m*; (*bistro*) Kneipe *f*; **~
au lait** Milchkaffee; **~ noir** schwarzer Kaffee; **café-concert** (cafés-concerts)
[kafekɔ̃sɛʀ] *m* ≈ Varieté *nt*
caféine [kafein] *f* Koffein *nt*
cafétéria [kafeteʀja] *f* Cafeteria *f*
café-théâtre (cafés-théâtres) *m* Klein-
kunstbühne *f*
cafetier, -ière [kaftje, ɛʀ] **1.** *m, f* Kneipen-
inhaber(in) *m(f)* **2.** *f* (*pot*) Kaffeekanne *f*;
(*machine*) Kaffeemaschine *f*
cafouillage [kafuja3] *m* (*fam*) Durcheinander *nt*, Chaos *nt*
cage [ka3] *f* Käfig *m*; **~ (des buts)** Tor *nt*;
~ d'escalier Treppenhaus *nt*; **~ thoracique** Brustkorb *m*
cagibi [ka3ibi] *m* (*fam*) Kämmerchen *nt*
cagnotte [kaɲɔt] *f* gemeinsame Kasse
cagoule [kagul] *f* Kapuze *f*; (*SKI*) Kapuzenmütze *f*
cahier [kaje] *m* (*Schul*)heft *nt*; **~ de
brouillon** Schmierheft; **~ des charges**
Pflichtenheft

cahot [kao] *m* Ruck *m*; **cahoter** ⟨1⟩ *vi*
holpern
caille [kaj] *f* Wachtel *f*
caillé, e [kaje] *adj* **lait ~** geronnene Milch
cailler ⟨1⟩ [kaje] *vi* gerinnen; (*fam*) frieren
caillou (x) [kaju] *m* Stein *m*; (*galet*) Kieselstein *m*; **caillouteux, -euse** *adj* steinig
caïman [kaimɑ̃] *m* Kaiman *m*
Caire [kɛʀ] *m* **Le ~** Kairo *nt*
caisse [kɛs] *f* Kasse *f*; (*boîte*) Kiste *f*;
grosse ~ (*MUS*) Pauke *f*; **à fond la ~** (*fam*)
mit voller Pulle; **~ enregistreuse** Registrierkasse; **~ d'épargne/de retraite** Spar-/
Pensionskasse; **caissier, -ière** *m, f* Kas-
sierer(in) *m(f)*
caisson [kɛsɔ̃] *m* Kiste *f*; **~ de décompres-
sion** Dekompressionskammer *f*
cajoler ⟨1⟩ [ka3ɔle] *vt* ganz lieb sein zu;
cajoleries [ka3ɔlʀi] *fpl* Schmeicheleien
pl; (*manières*) Zärtlichkeiten *pl*
cajou [ka3u] *m* **(noix de) ~** Cashewnuss *f*
cake [kɛk] *m* Früchtekuchen *m*
cal. *abr de* **calorie(s)** cal.
calaminé, e [kalamine] *adj* (*AUTO*) verrußt
calamité [kalamite] *f* Katastrophe *f*
calandre [kalɑ̃dʀ(ə)] *f* (*AUTO*) Kühlergrill *m*
calanque [kalɑ̃k] *f* kleine Felsenbucht am
Mittelmeer
calcaire [kalkɛʀ] **1.** *m* Kalkstein *m* **2.** *adj*
(*eau*) kalkhaltig; (*terrain*) kalkig
calcium [kalsjɔm] *m* Kalzium *nt*
calcul [kalkyl] *m* Berechnung *f*; **le ~** (*SCOL*)
das Rechnen; **~ biliaire/rénal** Gallen-/
Nierenstein *m*; **~ mental** Kopfrechnen *nt*;
calculateur, -trice 1. *adj* berechnend
2. *m, f* Rechner(in) *m(f)* **3.** *m* Rechner *m*;
~ de table Tischrechner **4.** *f* Rechner *m*;
calculatrice de poche Taschenrechner;
calculer ⟨1⟩ **1.** *vt* berechnen; (*combiner*)
kalkulieren **2.** *vi* rechnen; **calculette** *f*
Taschenrechner *m*
cale [kal] *f* (*de bateau*) Laderaum *m*; (*en
bois*) Keil *m*; **~ sèche** Trockendock *nt*;
calé, e *adj* (*fixé*) verkeilt; (*fam*) bewandert
caleçon [kalsɔ̃] *m* (*sous-vêtement*) Unterhose *f*; (*pantalon moulant*) Leggings *f o pl*
calembour [kalɑ̃buʀ] *m* Wortspiel *nt*
calendes [kalɑ̃d] *fpl* **renvoyer aux ~ grec-
ques** auf den St. Nimmerleinstag verschieben
calendrier [kalɑ̃dʀije] *m* Kalender *m*; (*programme*) Zeitplan *m*
calepin [kalpɛ̃] *m* Notizbuch *nt*
caler ⟨1⟩ [kale] **1.** *vt* (*fixer*) festmachen

2. *vi (voiture)* stehen bleiben
calfeutrer ⟨1⟩ [kalføtʀe] *vt* abdichten
calibre [kalibʀ(ə)] *m (d'un fruit)* Größe *f;*
(d'une arme) Kaliber *nt; (fig)* Format *nt*
calice [kalis] *m* Kelch *m*
calife [kalif] *m* Kalif *m*
Californie [kalifɔʀni] *f* **la ~** Kalifornien *nt*
californien, ne [kalifurɲjɛ̃, ɛn] *adj* kalifornisch
califourchon [kalifuʀʃɔ̃] *adv* **à ~** rittlings
câlin, e [kɑlɛ̃, in] *adj* anschmiegsam
câliner ⟨1⟩ [kɑline] *vt* schmusen mit
calleux, -euse [kalø, øz] *adj* schwielig
callosité [kalozite] *f* Schwiele *f*
calmant [kalmɑ̃] *m* Beruhigungsmittel *nt*
calmar [kalmaʀ] *m* Tintenfisch *m*
calme [kalm(ə)] **1.** *adj* ruhig **2.** *m (d'un lieu)* Stille *f*
calmer ⟨1⟩ [kalme] **1.** *vt (personne)* beruhigen; *(douleur, colère)* mildern, lindern **2.** *vpr* **se ~** *(personne, mer)* sich beruhigen; *(vent)* sich legen
calomnie [kalɔmni] *f* Verleumdung *f;*
calomnier ⟨1⟩ *vt* verleumden
calorie [kalɔʀi] *f* Kalorie *f*
calorifère [kalɔʀifɛʀ] *m* (Warmluft)heizung *f*
calorifique [kalɔʀifik] *adj* Wärme erzeugend
calorifuge [kalɔʀifyʒ] **1.** *adj* wärmedämmend **2.** *m (isolant)* Wärmeisolierung *f*
calque [kalk(ə)] *m (copie)* Pause *f; (fig)* Nachahmung *f;* **le papier-calque** das Pauspapier; **calquer** ⟨1⟩ *vt* durchpausen; *(fig)* nachahmen
calvados [kalvados] *m* Calvados *m*
calvaire [kalvɛʀ] *m* Kalvarienberg *m (in der Bretagne); (souffrances)* Martyrium *nt,* Leidensweg *m*
calvitie [kalvisi] *f* Kahlköpfigkeit *f*
camarade [kamaʀad] *mf* Kumpel *m; (POL)* Genosse (Genossin) *m(f);* **camaraderie** *f* Freundschaft *f*
Camargue [kamaʀg] *f* **la ~** die Camargue
cambiste [kɑ̃bist(ə)] *m* Devisenhändler(in) *m(f); (pour touristes)* Geldwechsler(in) *m(f)*
Cambodge [kɑ̃bɔdʒ] *m* **le ~** Kambodscha *nt*
cambouis [kɑ̃bwi] *m* Motorenöl *nt*
cambrer ⟨1⟩ [kɑ̃bʀe] *vt* krümmen
cambriolage [kɑ̃bʀijɔlaʒ] *m* Einbruch *m;*
cambrioler ⟨1⟩ *vt* einbrechen; **cambrioleur, -euse** *m, f* Einbrecher(in) *m(f)*
came [kam] *f (fam: drogue)* Stoff *m;* **arbre à ~s** Nockenwelle *f;* **camé, e** *m, f (fam: drogué)* Junkie *mf*
caméléon [kameleɔ̃] *m* Chamäleon *nt*
camélia [kamelja] *m* Kamelie *f*

camelot [kamlo] *m* fliegender Händler
camelote [kamlɔt] *f* Ramsch *m*
camembert [kamɑ̃bɛʀ] *m (fromage)* Camembert *m;* (INFORM) Tortendiagramm *nt*
camer ⟨1⟩ [kame] *vpr* **se ~** *(fam)* sich bekiffen
caméra [kameʀa] *f* Kamera *f; ~* **à miroir réflecteur** Spiegelreflexkamera; **~ vidéo** Videokamera; **caméraman** [kameʀaman] *m* Kameramann *m*
Cameroun [kamʀun] *m* **le ~** Kamerun *nt*
caméscope [kameskɔp] *m* Videokamera *f*
camion [kamjɔ̃] *m* Lastwagen *m;*
camion-citerne (camions-citernes) *m* Tankwagen *m;* **camionnage** [kamjɔnaʒ] *m* **frais de ~** Transportkosten *pl;* **entreprise de ~** Spedition *f;* **camionnette** *f* Lieferwagen *m;* **camionneur** *m* Lkw-Fahrer *m*
camisole [kamizɔl] *f* **~ de force** Zwangsjacke *f*
camomille [kamɔmij] *f* Kamille *f*
camouflage [kamuflaʒ] *m* Tarnung *f*
camoufler ⟨1⟩ [kamufle] *vt* tarnen
camp [kɑ̃] *m* Lager *nt; (groupe)* Seite *f; ~* **d'accueil** Auffanglager; **~ de concentration** Konzentrationslager; **~ de rétention** Auffanglager für Immigranten; **~ de vacances** Ferienlager
campagnard, e [kɑ̃paɲaʀ, d(ə)] *adj* Land-; *(mœurs)* ländlich
campagne [kɑ̃paɲ] *f* Land *nt; (MIL, POL, COM)* Kampagne *f;* **à la ~** auf dem Land; *(mouvement)* aufs Land; **~ de relations publiques** Öffentlichkeitskampagne
campement [kɑ̃pmɑ̃] *m* Lager *nt*
camper ⟨1⟩ [kɑ̃pe] **1.** *vi* zelten **2.** *vt (chapeau)* (kess) aufsetzen **3.** *vpr* **se ~ devant qn** sich vor jdm aufbauen; **campeur, -euse** *m, f* Camper(in) *m(f)*
camphre [kɑ̃fʀ(ə)] *m* Kampfer *m*
camping [kɑ̃piŋ] *m* Zelten *nt,* Camping *nt;* **faire du ~** zelten; **(terrain de) ~** Campingplatz *m;* **camping-car** (camping-cars) *m* Wohnmobil *nt;* **camping-gaz**® *m* Campingkocher *m*
campus [kɑ̃pys] *m* Universitätsgelände *nt*
Canada [kanada] *m* **le ~** Kanada *nt;* **canadien, ne** [kanadjɛ̃, ɛn] *adj* kanadisch; **Canadien, ne** *m, f* Kanadier(in) *m(f);* **canadienne** *f (veste)* gefütterte Schafslederjacke; *(tente)* Zweimannzelt *nt*
canaille [kanɑj] *f* Schurke *m*
canal (-aux) [kanal, o] *m* Kanal *m; ~* **spécialisé** (TV) Spartenkanal; **canalisation** *f (tuyauterie)* Leitungsnetz *nt; (pour vidan-*

ges) Kanalisation f; (d'eau, de gaz) Leitung f; **canaliser** ⟨1⟩ [kanalize] vt kanalisieren

canapé [kanape] m Sofa nt; (GASTR) Kanapee nt; **canapé-lit** (canapés-lits) [kanapeli] m Schlafsofa nt

canaque [kanak] **1.** adj kanakisch **2.** mf Kanake (Kanakin) m(f)

canard [kanaʀ] m Ente f; (mâle) Enterich m; (fam: journal) Blatt nt; ~ **boiteux** (fam: entreprise en difficulté) marodes Unternehmen

canari [kanaʀi] m Kanarienvogel m

Canaries [kanaʀi] fpl **les (îles)** ~ die Kanarischen Inseln pl

cancaner ⟨1⟩ [kɑ̃kane] vi tratschen; (canard) quaken; **cancans** [kɑ̃kɑ̃] mpl Tratsch m

cancer [kɑ̃sɛʀ] m Krebs m; **Cancer** (ASTR) Krebs; **cancéreux, -euse** [kɑ̃seʀø, øz] adj krebsartig; **cancérigène, cancérogène** [kɑ̃seʀiʒɛn, kɑ̃seʀɔʒɛn] adj Krebs erzeugend, karzinogen; **cancérologue** [kɑ̃seʀɔlɔg] mf Krebsspezialist(in) m(f)

cancre [kɑ̃kʀ(ə)] m (fam: élève) Faulpelz m

candélabre [kɑ̃delabʀ] m Kandelaber m; (lampadaire) Straßenlaterne f

candeur [kɑ̃dœʀ] f Naivität f

candi [kɑ̃di] adj inv **sucre** ~ Kandiszucker m

candidat, e [kɑ̃dida, at] m, f Kandidat(in) m(f); ~ **au départ** Ausreisewillige(r) m

candidature [kɑ̃didatyʀ] f (POL) Kandidatur f; (à un poste) Bewerbung f; **poser sa** ~ (à un poste) sich bewerben

candide [kɑ̃did] adj naiv, unbefangen

cane [kan] f (weibliche) Ente

caneton [kantɔ̃] m Entchen nt, Entenküken nt

canette [kanɛt] f (de bière) Bierflasche f; (à bouchon mécanique) Bügelflasche f; (en métal) Getränkedose f

canevas [kanva] m (en couture) Leinwand f

caniche [kaniʃ] m Pudel m

canicule [kanikyl] f Hundstage pl

canif [kanif] m Taschenmesser nt

canin, e [kanɛ̃, in] **1.** adj Hunde- **2.** f Eckzahn m

caninette [kaninɛt] f Motorrad, mit dem man Hundekot von der Straße aufsaugen kann

caniveau (x) [kanivo] m Rinnstein m

cannabis [kanabis] m Cannabis nt

canne [kan] m Stock m; ~ **à pêche** Angelrute f; ~ **à sucre** Zuckerrohr nt

cannelle [kanɛl] f Zimt m

cannibale [kanibal] **1.** adj kannibalisch **2.** mf Kannibale (Kannibalin) m(f); **canni-**

balisme [kanibalism] m Kannibalismus m

canoë [kanɔe] m Kanu nt

canon [kanɔ̃] m Kanone f; (d'une arme: tube) Lauf m; (norme) Regel f; (MUS) Kanon m; ~ **à eau** Wasserwerfer m; **être** ~ (fam) super sein

canoniser ⟨1⟩ [kanɔnize] vt heilig sprechen

canot [kano] m Boot nt; ~ **pneumatique** Schlauchboot; ~ **de sauvetage** Rettungsboot

canotier [kanɔtje] m (chapeau) Kreissäge f

Canson® [kɑ̃sɔ̃] m **papier** ~ Zeichenpapier nt

cantatrice [kɑ̃tatʀis] f Sängerin f

cantine [kɑ̃tin] f (réfectoire) Kantine f

cantique [kɑ̃tik] m Kirchenlied nt, Hymne f

canton [kɑ̃tɔ̃] m (en France) Verwaltungseinheit mehrerer Gemeinden; (en Suisse) Kanton m

---

canton

Ein canton ist in Frankreich die Verwaltungseinheit, die von einem Abgeordneten in dem „Conseil général" vertreten wird. Der „canton" umfasst eine Anzahl von „communes" und ist wiederum eine Unterabteilung des „arrondissement". In der Schweiz sind die Kantone die 23 selbstständigen politischen Einheiten, die die schweizerische Eidgenossenschaft ausmachen.

---

cantonal, e (-aux) [kɑ̃tɔnal, o] adj (en France) Bezirks-; (en Suisse) kantonal

cantonner ⟨1⟩ [kɑ̃tɔne] vpr **se** ~ **dans** sich beschränken auf +akk; (dans la maison) sich zurückziehen in +akk

cantonnier [kɑ̃tɔnje] m Straßenwärter(in) m(f)

canyoning [kanjɔniŋ] m Canyoning nt

C.A.O. f abr de **conception assistée par ordinateur** CAD nt

caoutchouc [kautʃu] m Kautschuk m; **en** ~ aus Gummi; ~ **mousse** Schaumgummi m

cap [kap] m Kap nt; **mettre le** ~ **sur** Kurs nehmen auf +akk

C.A.P. m abr de **Certificat d'aptitude professionnelle** berufsspezifisches Abschlusszeugnis

capable [kapabl(ə)] adj fähig; ~ **de faire** fähig zu tun; **un livre** ~ **d'intéresser** ein möglicherweise interessantes Buch

capacité [kapasite] f (compétence) Fähigkeit f; (contenance) Kapazität f; ~ **de mémoire** (INFORM) Speicherkapazität

cape [kap] f Cape nt; **rire sous ~** sich dat ins Fäustchen lachen

C.A.P.E.S. [kapɛs] m acr de **Certificat d'aptitude au professorat de l'enseignement secondaire** Lehrbefähigung f für höhere Schulen

---
C.A.P.E.S.

Die **C.A.P.E.S.** ist eine Prüfung für zukünftige französische Gymnasiallehrer. Sie wird nach der „licence" abgelegt. Erfolgreiche Kandidaten werden dann „professeurs certifiés".

C.A.P.E.T. [kapɛt] m acr de **Certificat d'aptitude au professorat de l'enseignement technique** Lehrbefähigung f für Fachschulen

capharnaüm [kafaʀnaɔm] m (fam: désordre) Durcheinander nt

capillaire [kapilɛʀ] adj (soins, lotion) Haar-; (vaisseau, etc) Kapillar-

capitaine [kapitɛn] m Kapitän m; (MIL) Feldherr m; (de gendarmerie, pompiers) Hauptmann m

capital, e (-aux) [kapital, o] **1.** adj wesentliche(r, s); **peine ~e** Todesstrafe f **2.** m Kapital nt; **augmentation de ~** (société) Kapitalerhöhung; **~ génétique** Erbgut nt **3.** f (ville) Hauptstadt f; (lettre) Großbuchstabe m **4.** mpl (fonds) Vermögen nt; **évasion des capitaux** Kapitalflucht f; **capitaliser** ⟨1⟩ vt (amasser) anhäufen; **capitalisme** m Kapitalismus m; **capitaliste** adj kapitalistisch

capiteux, -euse [kapitø, øz] adj berauschend

capitonner ⟨1⟩ [kapitɔne] vt polstern

capitulation [kapitylasjɔ̃] f Kapitulation f

capituler ⟨1⟩ [kapityle] vi kapitulieren

caporal (-aux) [kapɔʀal, o] m Obergefreite(r) mf

capot [kapo] m (AUTO) Kühlerhaube f

capote [kapɔt] f (de voiture) Verdeck nt; (de soldat) Überziehmantel m; **~ anglaise** (fam) Pariser m

capoter ⟨1⟩ [kapɔte] vi (véhicule) sich überschlagen

câpre [kɑpʀ(ə)] f Kaper f

caprice [kapʀis] m Laune f; **capricieux, -euse** adj launisch

Capricorne [kapʀikɔʀn(ə)] m (ASTR) Steinbock m

capsule [kapsyl] f (de bouteille) Verschluss m; (spatiale) Kapsel f

capter ⟨1⟩ [kapte] vt auffangen; (intérêt) erregen; **capteur** m **~ solaire** Sonnenkollektor m

captieux, -euse [kapsjø, øz] adj fadenscheinig

captif, -ive [kaptif, iv] adj gefangen

captivant, e [kaptivɑ̃, ɑ̃t] adj fesselnd, faszinierend

captiver ⟨1⟩ [kaptive] vt fesseln, faszinieren

captivité [kaptivite] f Gefangenschaft f

capturer ⟨1⟩ [kaptyʀe] vt einfangen

capuche [kapyʃ] f (de manteau) Kapuze f

capuchon [kapyʃɔ̃] m Kapuze f; (de stylo) Kappe f

capucine [kapysin] f Kapuzinerkresse f

Cap-vert [kapvɛʀ] m **le ~** Kap Verde nt

caquelon [kaklɔ̃] m Fonduetopf m

caqueter ⟨3⟩ [kakte] vi (poule) gackern; (fig) plappern

car [kaʀ] **1.** m (Reise)bus m **2.** conj weil, da

caractère [kaʀaktɛʀ] m Charakter m; (lettre, signe) Schriftzeichen nt; **avoir bon ~** gutmütig sein; **avoir mauvais ~** ein übles Wesen haben; **en ~s gras** fett gedruckt; **~ de contrôle** [o **de commande**] (INFORM) Steuerzeichen nt; **~s** mpl **d'imprimerie** Druckbuchstaben pl; **~s** mpl **OCR** OCR-Schrift f; **~ underscore** Underscore m, Unterstrich m

caractériel, le [kaʀaktɛʀjɛl] **1.** adj (enfant) gestört; **troubles ~s** Verhaltensstörungen pl **2.** mf Problemkind nt

caractérisé, e [kaʀaktɛʀize] adj ausgeprägt

caractériser ⟨1⟩ [kaʀaktɛʀize] vt charakterisieren

caractéristique [kaʀaktɛʀistik] **1.** adj charakteristisch **2.** f typisches Merkmal

carafe [kaʀaf] f Karaffe f

caraïbe [kaʀaib] f **la mer des Caraïbes, les Caraïbes** die Karibik

carambolage [kaʀɑ̃bɔlaʒ] m (AUTO) Auffahrunfall m

caramel [kaʀamɛl] m (bonbon) Karamellbonbon nt; (substance) Karamell m

carapace [kaʀapas] f (ZOOL, fig) Panzer m

caravane [kaʀavan] f (de chameaux) Karawane f; (de camping) Wohnwagen m; **caravaning** [kaʀavaniŋ] m (camping) Urlaub m mit dem Wohnwagen; (terrain) Campingplatz m für Wohnwagen

carbonade [kaʀbɔnad] f geschmortes Rind mit Zwiebeln in Biersoße

carbone [kaʀbɔn] m Kohlenstoff m; (feuille) Kohlepapier nt; (double) Durchschlag m; **carbonique** [kaʀbɔnik] adj **gaz ~** Kohlensäure f; **neige ~** Trockeneis nt; **carboniser** ⟨1⟩ [kaʀbɔnize] vt karbonisieren

carburant [kaʁbyʁɑ̃] m Kraftstoff m; ~ **vert** Biotreibstoff m

carburateur [kaʁbyʁatœʁ] m Vergaser m

carcasse [kaʁkas] f (d'animal) Kadaver m; (chez le boucher) Rumpf m; (de voiture) Karosserie f

carcinogène [kaʁsinɔʒɛn] adj Krebs erregend

carcinome [kaʁsinom] m Karzinom nt, Krebsgeschwulst f

cardiaque [kaʁdjak] adj Herz-

cardigan [kaʁdigɑ̃] m Strickjacke f

cardinal (-aux) [kaʁdinal, o] m Kardinal m

cardiologie [kaʁdjɔlɔʒi] f Kardiologie f; **cardiologue** [kaʁdjɔlɔg] mf Kardiologe(-login) m(f)

carême [kaʁɛm] m **le Carême** die Fastenzeit

carence [kaʁɑ̃s] f (incompétence) Unfähigkeit f; (manque) Mangel m

caresse [kaʁɛs] f Zärtlichkeit f; **caresser** ⟨1⟩ vt streicheln; (fig: projet, espoir) spielen mit

cargaison [kaʁgɛzɔ̃] f Schiffsfracht f

cargo [kaʁgo] m Frachter m

caricature [kaʁikatyʁ] f Karikatur f; **caricaturiste** [kaʁikatyʁist] mf Karikaturist(in) m(f)

carie [kaʁi] f **la ~ (dentaire)** Karies f; **une ~** ein Loch nt im Zahn; **carié, e** [kaʁje] adj kariös

carillon [kaʁijɔ̃] m Glockenspiel nt; ~ (électrique) (de porte) Türklingel f

carlingue [kaʁlɛ̃g] f (AVIAT) Cockpit nt

carnage [kaʁnaʒ] m Gemetzel nt, Blutbad nt

carnassier, -ière [kaʁnasje, ɛʁ] adj Fleisch fressend

carnaval [kaʁnaval] m Karneval m

carnet [kaʁnɛ] m Heft nt; ~ **de chèques** Scheckheft

carnivore [kaʁnivɔʁ] adj Fleisch fressend

carotide [kaʁɔtid] f Halsschlagader f

carotte [kaʁɔt] f Möhre f

Carpates [kaʁpat] fpl les ~, die Karpaten pl

carpe [kaʁp(ə)] f Karpfen m

carquois [kaʁkwa] m Köcher m

carré, e [kaʁe] **1.** adj quadratisch; (visage, épaules) eckig; (franc) aufrichtig, geradeaus; **mètre/kilomètre** ~ Quadratmeter m/-kilometer m **2.** m (a. MATH) Quadrat nt; (de terrain, jardin) Stück nt; **élever un nombre au ~** eine Zahl ins Quadrat erheben

carreau (x) [kaʁo] m (en faïence, etc) Fliese f; (de fenêtre) Glasscheibe f; (motif) Karomuster nt; (CARTES) Karo nt; **à ~x** kariert

carrefour [kaʁfuʁ] m Kreuzung f

carrelage [kaʁlaʒ] m Fliesen pl; **carreler** ⟨3⟩ vt fliesen, kacheln

carrelet [kaʁlɛ] m (poisson) Scholle f

carreleur [kaʁlœʁ] m Fliesenleger m

carrément [kaʁemɑ̃] adv wirklich, echt

carrière [kaʁjɛʁ] f (de craie, sable) Steinbruch m; (métier) Karriere f; **militaire de ~** Berufssoldat(in) m(f); **carriériste** [kaʁjeʁist] **1.** adj karrieresüchtig **2.** mf Karrierist(in) m(f)

carrossable [kaʁɔsabl(ə)] adj befahrbar

carrosse [kaʁɔs] m Kutsche f

carrosserie [kaʁɔsʁi] f Karosserie f; **carrossier** [kaʁɔsje] m Karosseriebauer(in) m(f)

carrousel [kaʁuzɛl] m Karussell nt

carrure [kaʁyʁ] f Statur f

cartable [kaʁtabl(ə)] m Schultasche f

carte [kaʁt(ə)] f Karte f; (d'électeur, de parti, d'abonnement, etc) Ausweis m; (au restaurant) Speisekarte f; **avoir/donner ~ blanche** freie Hand haben/lassen; ~ **de crédit** Kreditkarte; ~ **de crédit des télécommunications** (Telefon)buchungskarte; ~ **d'embarquement** (AVIAT) Bordkarte, Einsteigekarte; ~ **enfichable** Steckkarte; ~ **d'étudiant** (SCOL) Studentenausweis m; **la ~ grise** (AUTO) der Kraftfahrzeugschein; ~ (**d'identité) bancaire** Scheckkarte; ~ **Inter-Rail** Interrailkarte; ~ **jeune** Juniorpass m; ~ **météorologique** (METEO) Wetterkarte; ~ (**postale)** Postkarte; ~ **à puce** Prozessorchipkarte; ~ **de réduction pour trajets en train** BahnCard f; ~ **routière** Straßenkarte; ~ **de séjour** Aufenthaltsgenehmigung f; ~ **son(ore)** Soundkarte; ~ **de télécommunication** Telefonkarte; ~ **vermeil** Seniorenpass m; ~ **verte** Versicherungsdoppelkarte, grüne Versicherungskarte; ~ (**de visite)** Visitenkarte

cartel [kaʁtɛl] m Kartell nt

carte-lettre (cartes-lettres) [kaʁtəlɛtʁ] f Briefkarte f

carter [kaʁtɛʁ] m (TECH) Gehäuse nt; (AUTO: ~ d'huile) Ölwanne f

carte-réponse (cartes-réponse) [kaʁt(ə)ʁepɔ̃s] f Antwortkarte f

cartilage [kaʁtilaʒ] m Knorpel m; **cartilagineux, -euse** [kaʁtilaʒinø, øz] adj knorpelig

cartographe [kaʁtɔgʁaf] mf Kartograf(in) m(f); **cartographie** [kaʁtɔgʁafi] f Kartografie f

cartomancie [kaʁtɔmɑ̃si] f Kartenlegen

nt; **cartomancien, ne** [kaʀtɔmɑ̃sjɛ̃, ɛn] m, f Kartenleger(in) m(f)

carton [kaʀtɔ̃] m (*matériau*) Pappe f; (*boîte*) Karton m; **faire un ~** (*au tir*) einen Treffer landen; **~** (**à dessin**) Mappe f; **cartonnage** [kaʀtɔnaʒ] m Verpackungskarton m; **cartonné, e** adj (*livre*) kartoniert

cartouche [kaʀtuʃ] f Patrone f; (*de film, de ruban encreur*) Kassette f; **~ d'encre, ~ de toner** Tonerkassette

cas [kɑ] m Fall m; **au ~ où** falls; **en ~ de** bei, im ... Fall; **en ~ de besoin** notfalls; **en aucun ~** unter keinen Umständen; **en tout ~** auf jeden Fall, in jedem Fall; **faire peu de/grand ~ de** viel/wenig Aufhebens machen um

casanier, -ière [kazanje, ɛʀ] adj häuslich

cascade [kaskad] f Wasserfall m; (*fig*) Flut f

cascadeur, -euse [kaskadœʀ, øz] m Stuntman(-woman) m(f)

case [kaz] f (*hutte*) Hütte f; (*compartiment*) Fach nt; (*sur un formulaire, de mots-croisés, d'échiquier*) Kästchen nt; **caser** ⟨1⟩ **1.** vt (*fam*) unterbringen **2.** vpr **se ~** (*fam*) sich verheiraten, einen Hausstand gründen

caserne [kazɛʀn(ə)] f Kaserne f

cash [kaʃ] adv **payer ~** (*fam*) bar bezahlen

casier [kazje] m (*à bouteilles, journaux*) Ständer m; (*pour le courrier*) Fach nt; **~ judiciaire** Strafregister nt

casino [kazino] m Kasino nt

casque [kask(ə)] m Helm m; (*chez le coiffeur*) Trockenhaube f; (*pour audition*) Kopfhörer m; **Casques bleus** Blauhelme pl; **~ intégral** Integralhelm m

casquette [kaskɛt] f Kappe f

cassant, e [kasɑ̃, ɑ̃t] adj zerbrechlich; (*fig*) schroff

cassation [kasasjɔ̃] f **recours en ~** Berufung f; **cour de ~** Berufungsgericht nt

casse [kas] f **mettre à la ~** (*AUTO*) verschrotten lassen; **il y a eu de la ~** (*dégâts*) es gab viel Bruch

casse-cou [kasku] adj inv waghalsig; **casse-croûte** [kaskʀut] m inv Imbiss m; **casse-noisette(s), casse-noix** m inv Nussknacker m; **casse-pieds** [kaspje] adj inv (*fam*) unerträglich

casser ⟨1⟩ [kase] **1.** vt brechen; (*œuf*) aufschlagen; (*gradé*) degradieren; (*JUR*) aufheben **2.** vi (*lacet, etc*) reißen **3.** vpr **se ~** brechen

casserole [kasʀɔl] f (Stiel)kasserolle f

casse-tête [kastɛt] m inv (*fig*) harte Nuss

cassette [kasɛt] f (*bande magnétique*) Kas-

sette f; (*coffret*) Schatulle f; **~ vidéo** Videokassette

casseur, -euse [kasœʀ, øz] m, f (*vandale*) Randalierer(in) m(f); (*épaviste*) Schrotthändler(in) m(f)

cassis [kasis] m (*BOT*) Schwarze Johannisbeere; (*de la route*) Unebenheit f

cassoulet [kasulɛ] m Ragout mit weißen Bohnen u. Gänse-, Hammel- oder Schweinefleisch

caste [kast] f Kaste f

castor [kastɔʀ] m Biber m

castrer ⟨1⟩ [kastʀe] vt kastrieren

cat. abr de **catégorie** Kategorie f

catadioptre [katadjɔptʀ] m Katzenauge nt

catalogue [katalɔg] m Katalog m; **cataloguer** ⟨1⟩ vt katalogisieren; (*pej*) einordnen, etikettieren

catalyseur [katalizœʀ] m Katalysator m; **catalytique** adj katalytisch; **pot ~** (*AUTO*) Auspuff m mit (eingebautem) Katalysator

catamaran [katamaʀɑ̃] m Katamaran m

cataphote [katafɔt] m Katzenauge nt

cataplasme [kataplasm(ə)] m (*MED*) Umschlag m

catapulter ⟨1⟩ [katapylte] vt katapultieren

cataracte [kataʀakt(ə)] f grauer Star

catarrhe [kataʀ] m Katarr(h) m

catastrophe [katastʀɔf] f Katastrophe f; **catastrophé, e** adj (*fam*) fix und fertig; **catastrophique** adj katastrophal

catch [katʃ] m Catchen nt

catéchisme [kateʃism(ə)] m ≈ Religionsunterricht m

catégorie [kategɔʀi] f Kategorie f; (*SPORT*) Klasse f

catégorique [kategɔʀik] adj kategorisch

catégoriser ⟨1⟩ [kategɔʀize] vt in Kategorien einordnen

cathédrale [katedʀal] f Kathedrale f

cathode [katɔd] f Kathode f

catholicisme [katɔlisism(ə)] m Katholizismus m; **catholique** [katɔlik] adj katholisch; **pas très ~** (*fam*) zweifelhaft, nicht ganz sauber

catimini [katimini] adv **en ~** still und leise

catogan [katɔgɑ̃] m Pferdeschwanz m

Caucase [kokaz] m **le ~** der Kaukasus

cauchemar [koʃmaʀ] m Albtraum m; **cauchemardesque** [koʃmaʀdɛsk] adj grauenvoll

cause [koz] f Grund m; (*d'un événement, phénomène, accident*) Ursache f; (*JUR*) Fall m; **à ~ de, pour ~ de** wegen; **(et) pour ~**

zu Recht; **faire ~ commune avec qn** mit jdm gemeinsame Sache machen; **mettre en ~** verwickeln; **qch est en ~** es geht um etw; **remettre en ~** in Frage stellen; **causer** ⟨1⟩ **1.** vt verursachen **2.** vi plaudern; **causerie** [kozʀi] f Plauderei f

caustique [kostik] adj (fig) bissig

caution [kosjɔ̃] f Kaution f; (fig) Unterstützung f; **libéré(e) sous ~** gegen Kaution freigelassen; **cautionner** ⟨1⟩ vt (soutenir) unterstützen

cavale [kaval] f **être en ~** (fam) auf der Flucht sein

cavalier, -ière [kavalje, ɛʀ] **1.** adj (désinvolte) unbekümmert **2.** m, f Reiter(in) m(f); (au bal) Partner(in) m(f) **3.** m (ECHECS) Springer m

cave [kav] f Keller m

caveau (x) [kavo] m Gruft f

caverne [kavɛʀn(ə)] f Höhle f

caverneux, -euse [kavɛʀnø, øz] adj **voix caverneuse** hohle Stimme

caviar [kavjaʀ] m Kaviar m

cavité [kavite] f Hohlraum m

CB [sibi] f abr de **citizens' band, canaux banalisés** CB nt

c.c. abr de **compte courant** Girokonto nt

CC f abr de **corps consulaire** CC

C.C.I. f abr de **Chambre de commerce et d'industrie** IHK f

C.C.P. 1. m abr de **Compte Chèques Postaux** Postgiroamt nt **2.** m abr de **compte courant postal, compte chèque postal** Postgirokonto nt

C.D. m abr de **corps diplomatique** CD

CD m abr de **compact disc** CD f; **~ photo** Foto-CD

CDD m abr de **contrat à durée déterminé** Zeitvertrag m

CDI m abr de **contrat à durée indéterminé** unbefristeter Vertrag

C.D.I. m abr de **Centre de documentation et d'information** Schulbibliothek f

CD-ROM [sedeʀɔm] f inv abr de **compact disc read only memory** CD-ROM f; **~ multimédia** Multimedia-CD-ROM f

CDS f abr de **Centre des démocrates sociaux** politische Partei

ce (cet), cette (ces) [sə, sɛt, se] **1.** adj diese(r, s); (pl) diese **2.** pron **~ qui/que** (das,) was; **il est bête, ~ qui me chagrine** er ist dumm, und das macht mir Kummer; **~ dont j'ai parlé** (das,) wovon ich gesprochen habe; **~ que c'est grand!** (fam) das ist aber groß!; **c'est petit/grand** es ist klein/groß; **c'est un brave homme** er ist ein guter Mensch; **c'est une girafe** das ist

eine Giraffe; **qui est-ce? – c'est le médecin** wer ist das? – der Arzt; (à la porte) wer ist da? – der Arzt; v. a. est-ce que, n'est-ce pas, c'est-à-dire

C.E. 1. f abr de **Caisse d'épargne** Sparkasse f **2.** f abr de **Communauté européenne** (HIST) EG f

ceci [səsi] pron dies(es), das

cécité [sesite] f Blindheit f

céder ⟨5⟩ [sede] **1.** vt abtreten; **~ le passage** Vorfahrt achten **2.** vi nachgeben; **~ à** erliegen +dat

Cedex [sedeks] m acr de **Courrier d'entreprise à distribution exceptionnelle** Poststelle f für Selbstabholer

cédille [sedij] f Cedille f

cèdre [sɛdʀ] m Zeder f

C.E.E. f abr de **Communauté économique européenne** (HIST) E(W)G f

C.E.I. f abr de **Communauté d'États indépendants** GUS f

ceindre [sɛ̃dʀ(ə)] irr comme peindre vt **~ sa tête/ses épaules de qch** etw um den Kopf/die Schultern schlingen

ceinture [sɛ̃tyʀ] f Gürtel m; **~ à enrouleur** Automatikgurt m; **~ d'ozone** Ozonschild m; **~ de sécurité** Sicherheitsgurt m; **ceinturer** ⟨1⟩ vt (SPORT) um die Taille fassen, umklammern; **ceinturon** [sɛ̃tyʀɔ̃] m Gürtel m

cela [s(ə)la] pron das, jene(r, s)

célébration [selebʀasjɔ̃] f Feier f; (de messe) Zelebrieren nt

célèbre [selebʀ(ə)] adj berühmt

célébrer ⟨5⟩ [selebʀe] vt (anniversaire, etc) feiern; (cérémonie) feierlich begehen

célébrité [selebʀite] f Berühmtheit f

céleri [sɛlʀi] m **~ en branche** Stangensellerie m o f; **~(-rave)** (Knollen)sellerie m o f

céleste [selɛst(ə)] adj himmlisch

célibat [seliba] m Ehelosigkeit f; (de prêtre) Zölibat nt o m

célibataire [selibatɛʀ] **1.** adj unverheiratet, ledig **2.** mf Junggeselle(-gesellin) m(f)

celle, celles [sɛl] pron v. **celui**

cellophane® [selɔfan] f Cellophan® nt

cellulaire [selylɛʀ] adj **voiture** [o **fourgon**] **~** grüne Minna

cellule [selyl] f Zelle f; **~ (photoélectrique)** Photozelle f

cellulite [selylit] f Zellulitis f

cellulose [selyloz] f Zellulose f; **~ végétale** Ballaststoffe pl

celte [sɛlt(ə)], **celtique** [sɛltik] adj keltisch

celui, celle (ceux, celles) [səlɥi, sɛl, sø] pron der/die/das; **~ qui bouge** der(jenige), der/die(jenige), die/das(jenige), das sich bewegt; ~ **dont je parle** der/die/das, von dem/der/dem ich spreche; ~ **qui veut** wer will; ~ **du salon** der/die/das aus dem Wohnzimmer; ~**-ci/-là, celle-ci/-là** diese(r, s) (hier/da); **ceux-ci/-là, celles-ci/-là** diese (hier/da)

cendre [sãdʀ(ə)] f Asche f; **sous la ~** (GASTR) in der Glut; **cendré, e** adj (couleur) aschfarben; **cendrier** m Aschenbecher m

censé, e [sãse] adj **être ~ faire qch** etw eigentlich tun sollen

censure [sãsyʀ] f Zensur f; **censurer** ⟨1⟩ vt zensieren

cent [sã] num (ein)hundert; **trois ~(s)** dreihundert; **centaine** f **une ~ (de)** etwa hundert; **centenaire 1.** adj hundertjährig **2.** mf Hundertjährige(r) mf **3.** m (anniversaire) hundertster Geburtstag; **centième** adj hundertste(r, s); **centigrade** m Grad m Celsius; **centigramme** [sãtigʀam] m Zentigramm nt; **centilitre** [sãtilitʀ] m Zentiliter m; **centime** m Centime m; **centimètre** m Zentimeter m; (ruban) Maßband nt; **central, e** (-aux) [sãtʀal, o] **1.** adj zentral **2.** m ~ **(téléphonique)** Telefonzentrale f **3.** f Kraftwerk nt; ~**e atomique** [o **nucléaire**] Atomkraftwerk, Kernkraftwerk; ~**e de données** Datenzentrum nt; ~**e électrique** Elektrizitätswerk nt; ~**e marémotrice** Gezeitenkraftwerk; ~**e de retraitement des combustibles irradiés** Wiederaufbereitungsanlage f (für abgebrannte Brennelemente)

centralisation [sãtʀalizasjɔ̃] f Zentralisierung f

centraliser ⟨1⟩ [sãtʀalize] vt zentralisieren

centre [sãtʀ(ə)] m Zentrum nt; (milieu) Mitte f; ~ **d'accueil pour toxicomanes** Drogenberatungsstelle f; ~ **d'appels** Callcenter nt; ~ **d'apprentissage** Ausbildungszentrum; ~ **de calcul** Rechenzentrum; ~ **commercial/sportif/culturel** Einkaufs-/Sport-/Kulturzentrum; ~ **de culturisme** Fitnesscenter nt, Fitnessstudio nt; ~ **de gravité** Schwerpunkt m; ~ **d'hébergement pour femmes battues** Frauenhaus nt; ~ **hospitalier régional/universitaire** Kreiskrankenhaus f/Universitätsklinik; ~ **de rééducation** Rehabilitationszentrum; ~ **de stockage définitif** Endlager nt; ~ **technologique** Technologiezentrum; ~ **de transfusion sanguine** Blutspendezentrale f

centrer ⟨1⟩ [sãtʀe] vt (TYPO, INFORM) zentrieren

centre-ville (centres-villes) [sãtʀəvil] m Innenstadt f, Zentrum nt

centriste [sãtʀist(ə)] adj Zentrums-

centuple [sãtypl(ə)] m Hundertfache(s) nt

cep [sɛp] m (Wein)stock m

C.E.P. m abr de **Certificat des études primaires** Abschlusszeugnis der Grundschule

cépage [sepaʒ] m (vin) Rebsorte f

cèpe [sɛp] m Steinpilz m

cependant [s(ə)pãdã] adv jedoch

céramique [seʀamik] f Keramik f

cercle [sɛʀkl(ə)] m Kreis m; (objet) Reifen m

cercueil [sɛʀkœj] m Sarg m

céréale [seʀeal] f Getreide nt

cérébral, e (-aux) [seʀebʀal, o] adj Hirn-

cérémonie [seʀemɔni] f Feierlichkeiten pl; ~**s** fpl (pej) Theater nt, Umstände pl

cerf [sɛʀ] m Hirsch m

cerfeuil [sɛʀfœj] m Kerbel m

cerf-volant (cerfs-volants) [sɛʀvɔlã] m (jouet) Drachen m

cerise [s(ə)ʀiz] f Kirsche f; **cerisier** m Kirschbaum m

cerné, e [sɛʀne] adj (assiégé) umzingelt; (yeux) mit dunklen Ringen

cerner ⟨1⟩ [sɛʀne] vt umzingeln; (problème) einkreisen

certain, e [sɛʀtɛ̃, ɛn] adj bestimmt, gewiss; **un ~ courage/talent** eine ordentliche Portion Mut/ein gewisses Talent; **un ~ Georges/dimanche** ein gewisser Georges/bestimmter Sonntag; ~**s cas** gewisse Fälle; ~ **(de/que)** (sûr) sicher (+gen/dass); **certainement** adv (probablement) höchstwahrscheinlich; (bien sûr) sicherlich; **certains** pron manche

certes [sɛʀt(ə)] adv sicherlich

certificat [sɛʀtifika] m Zeugnis nt, Bescheinigung f; ~ **de concubinage** Bescheinigung über eine eheähnliche Gemeinschaft; **le ~ d'études** ≈ Grundschulabschluss

certifié, e [sɛʀtifje] adj professeur ~ staatlich geprüfter Lehrer; **copie ~e conforme (à l'original)** beglaubigte Kopie

certifier ⟨1⟩ [sɛʀtifje] vt bescheinigen; ~ **que** bestätigen, dass

certitude [sɛʀtityd] f Gewissheit f

cérumen [seʀymɛn] m Ohrenschmalz nt

cerveau (x) [sɛʀvo] m Gehirn nt

cervelle [sɛʀvɛl] f Hirn nt

cervical, e (-aux) [sɛʀvikal, o] adj Hals-

Cervin [sɛʀvɛ̃] m **le ~** das Matterhorn

ces [se] adj v. **ce**

C.E.S. *m abr de* **Collège d'enseignement secondaire** Sekundarstufe I *f*
césarienne [sezarjɛn] *f* Kaiserschnitt *m*
césium [sezjɔm] *m* Cäsium *nt*
cesse [sɛs] *adv* **sans ~** unaufhörlich
cesser ⟨1⟩ [sese] *vt* aufhören mit
cessez-le-feu [seselfø] *m inv* Feuerpause *f*; (*plus long*) Waffenruhe *f*
c'est-à-dire [setadir] *adv* das heißt
C.E.T. *m abr de* **collège d'enseignement technique** Berufsfachschule *f*
cétacé [setase] *m* Wal *m*
cette [sɛt] *pron v.* **ce**
ceux [sø] *pron v.* **celui**
Cévennes [seven] *fpl* **les ~** die Cevennen
cf *abr de* **confer** (*se reporter à*) vgl.
CFAO *f abr de* **conception et fabrication assistées par ordinateur** CAM *nt*
CFC *m abr de* **chlorofluorocarbone** FCKW *nt*
C.F.D.T. *f abr de* **Confédération française démocratique du travail** demokratische Gewerkschaft
C.F.P. *f abr de* **centre de formation professionnelle** Berufsausbildungszentrum *nt*
C.F.T.C. *f abr de* **Confédération française des travailleurs chrétien** christliche Arbeitnehmergewerkschaft
C.G.C. *f abr de* **Confédération générale des cadres** Verband der leitenden Angestellten
C.G.E. *f abr de* **Compagnie générale d'électricité** Allgemeine Elektrizitätsgesellschaft *f*
C.G.T. *f abr de* **Confédération générale du travail** kommunistische Gewerkschaft
ch. *abr de* **cherche** suche
chacal [ʃakal] *m* Schakal *m*
chacun, e [ʃakœ̃, yn] *pron* jede(r, s)
chagrin, e [ʃagrɛ̃, in] **1.** *adj* missmutig **2.** *m* Kummer *m*, Leid *nt*
chahut [ʃay] *m* (*SCOL*) Rabatz *m*; **chahuter** ⟨1⟩ *vt, vi* (*élèves pendant le cours*) Unfug treiben, Rabatz machen
chai [ʃɛ] *m* Wein- und Spirituosenlager *nt*
chaîne [ʃɛn] *f* Kette *f*; **faire la ~** eine Kette bilden; **sur la 2ième ~** (*RADIO, TV*) im 2. Programm; **~ alimentaire** Nahrungskette; **~ câblée** Kabelkanal *m*; **~ humaine** Menschenkette; **~ (de montage)**, **~ de fabrication** Fließband *nt*; **~ à péage** Bezahlfernsehen *nt*, Pay-TV *nt*; **~ privée** Privatsender *m*; **~ (stéréo)** Stereoanlage *f*; **travail à la ~** Fließbandarbeit *f*
chair [ʃɛr] *f* Fleisch *nt*; **avoir la ~ de poule** eine Gänsehaut haben; (*couleur*) ~ fleischfarben; **en ~ et en os** leibhaftig; **être bien en ~** gut beieinander sein

chaire [ʃɛr] *f* (*d'église*) Kanzel *f*; (*d'université*) Lehrstuhl *m*
chaise [ʃɛz] *f* Stuhl *m*; **~ longue** Liegestuhl
châle [ʃɑl] *m* Umhängetuch *nt*
chalet [ʃalɛ] *m* Chalet *nt*
chaleur [ʃalœr] *f* Hitze *f*; (*modérée, fig*) Wärme *f*; **les grandes ~s** die heißen Tage; **récupération de la ~** (*TECH*) Wärmerückgewinnung *f*; **chaleureux, -euse** [ʃalœrø, øz] *adj* warm(herzig), herzlich
challenge [ʃalɑ̃ʒ] *m* Wettkampf *m*
challenger [ʃalɑ̃ʒœr] *m* Herausforderer *m*
chaloupe [ʃalup] *f* Boot *nt*; **~ de sauvetage** Rettungsboot
chalumeau (x) [ʃalymo] *m* Schweißbrenner *m*; (*pour découper*) Schneidbrenner *m*
chalut [ʃaly] *m* Schleppnetz *nt*
chalutier [ʃalytje] *m* (*bateau*) Fischdampfer *m*
chamailler ⟨1⟩ [ʃamaje] *vpr* **se ~** (*fam*) sich streiten
chambouler ⟨1⟩ [ʃãbule] *vt* umwerfen, durcheinander bringen
chambre [ʃãbr(ə)] *f* Zimmer *nt*; (*JUR, POL*) Kammer *f*; **~ à air** (*pneu*) Schlauch *m*; **~ de commerce/de l'industrie** Handels-/Industriekammer *f*; **~ à coucher** Schlafzimmer; **~ à un lit/deux lits** (*à l'hôtel*) Einzel-/Doppelzimmer; **~ froide** Kühlraum *m*; **~ noire** (*FOTO*) Dunkelkammer *f*
chambrer ⟨1⟩ [ʃãbre] *vt* (*vin*) auf Zimmertemperatur bringen
chameau (x) [ʃamo] *m* Kamel *nt*
chamois [ʃamwa] *m* Gämse *f*
champ [ʃã] *m* Feld *nt*; (*fig: domaine*) Gebiet *nt*; **~ de bataille** Schlachtfeld
champagne [ʃãpaɲ] *m* Champagner *m*
Champagne [ʃãpaɲ] *f* **la ~** die Champagne
champêtre [ʃãpɛtr(ə)] *adj* ländlich
champignon [ʃãpiɲɔ̃] *m* Pilz *m*; **~ atomique** Atompilz; **~ de Paris** Champignon *m*
champion, ne [ʃãpjɔ̃, ɔn] *m, f* (*SPORT*) Champion *m*, Meister(in) *m(f)*; (*d'une cause*) Verfechter(in) *m(f)*; **~ d'Europe** Europameister; **championnat** [ʃãpjɔna] *m* Meisterschaft *f*
chance [ʃãs] *f* **bonne ~!** viel Glück!; **la ~** der Zufall; **une ~** ein Glück; **par ~** zufälligerweise; glücklicherweise; **tu as de la ~** du hast Glück; **~s** Chancen *pl*, Aussichten *pl*; **~s du marché** Marktchancen *pl*
chanceler ⟨3⟩ [ʃãs(ə)le] *vi* (*personne*) taumeln; (*meuble, mur*) wackeln
chancelier [ʃãsəlje] *m* (*allemand*) Kanzler(in) *m(f)*; (*d'ambassade*) Sekretär(in) *m(f)*

chanceux, -euse [ʃɑ̃sø, øz] *adj* glücklich; **être ~** Glück haben

chandail [ʃɑ̃daj] *m* (dicker) Pullover

Chandeleur [ʃɑ̃dlœʀ] *f* **la ~** Mariä Lichtmess

chandelier [ʃɑ̃dəlje] *m* Kerzenhalter *m*

chandelle [ʃɑ̃dɛl] *f* Kerze *f*

change [ʃɑ̃ʒ] *m* (COM) Wechseln *nt*; **contrôle des ~s** Devisenkontrolle *f*; **le taux du ~** der Wechselkurs

changement [ʃɑ̃ʒmɑ̃] *m* Wechsel *m*, Änderung *f*

changer ⟨2⟩ [ʃɑ̃ʒe] **1.** *vt* wechseln; (*modifier*) abändern; (*rhabiller*) umziehen **2.** *vi* sich ändern; **~ de** wechseln; (*modifier*) ändern; **~ de domicile** umziehen; **~ d'idée** es sich *dat* anders überlegen; **~ de place avec qn** mit jdm (den Platz) tauschen; **~ (de train)** umsteigen; **~ de vitesse** (AUTO) schalten **3.** *vpr* **se ~** sich umziehen

chanson [ʃɑ̃sɔ̃] *f* Lied *nt*; **chansonnier** [ʃɑ̃sɔnje] *m* (*personne*) Chansonsänger *m*; (*livre*) Liederbuch *nt*

chant [ʃɑ̃] *m* Gesang *m*; (*d'église, folklorique*) Lied *nt*

chantage [ʃɑ̃taʒ] *m* Erpressung *f*

chanter ⟨1⟩ [ʃɑ̃te] **1.** *vt* singen; (*vanter*) besingen **2.** *vi* singen; **si cela lui chante** (*fam*) wenn es ihm gefällt

chanterelle [ʃɑ̃tʀɛl] *f* Pfifferling *m*

chanteur, -euse [ʃɑ̃tœʀ, øz] *m, f* Sänger(in) *m(f)*

chantier [ʃɑ̃tje] *m* Baustelle *f*; **être/mettre en ~** im Entstehen sein/in die Wege leiten; **~ naval** Werft *f*

chantilly [ʃɑ̃tiji] *f* (**crème**) **~** Schlagsahne *f*

chanvre [ʃɑ̃vʀ(ə)] *m* Hanf *m*

chaos [kao] *m* Chaos *nt*

chaotique [kaɔtik] *adj* chaotisch

chaparder ⟨1⟩ [ʃapaʀde] *vt* (*fam*) klauen

chapeau (x) [ʃapo] *m* Hut *m*; **~ de paille/de soleil** Stroh-/Sonnenhut

chapelet [ʃaplɛ] *m* Rosenkranz *m*

chapelle [ʃapɛl] *f* Kapelle *f*; **~ ardente** Leichenhalle *f*

chapelure [ʃaplyʀ] *f* Paniermehl *nt*

chaperon [ʃapʀɔ̃] *m* Anstandsdame *f*; **le Petit Chaperon rouge** (das) Rotkäppchen; **chaperonner** ⟨1⟩ [ʃapʀɔne] *vt* (als Anstandsdame) begleiten

chapiteau (x) [ʃapito] *m* (*de cirque*) Zelt *nt*

chapitrage [ʃapitʀaʒ] *m* (*de DVD*) Szenenauswahl *f*

chapitre [ʃapitʀ(ə)] *m* (*d'un livre*) Kapitel *nt*; (*fig*) Thema *m*; **avoir voix au ~** ein

Wörtchen mitzureden haben

chaque [ʃak] *adj* jede(r, s)

char [ʃaʀ] *m* (*à foin, etc*) Wagen *m*, Karren *m*; **~ (d'assaut)** (MIL) Panzer *m*

charabia [ʃaʀabja] *m* Kauderwelsch *nt*

charbon [ʃaʀbɔ̃] *m* Kohle *f*

charcuterie [ʃaʀkytʀi] *f* (*magasin*) Schweinemetzgerei *f*; (*produit*) Wurstwaren *pl* aus Schweinefleisch; **charcutier, -ière** [ʃaʀkytje, ɛʀ] *m, f* Schweinemetzger(in) *m(f)*; (*traiteur*) Delikatessenhändler(in) *m(f)*

chardon [ʃaʀdɔ̃] *m* Distel *f*

charge [ʃaʀʒ(ə)] *f* (*fardeau*) Last *f*; (*explosif, ELEC*) Ladung *f*; (*rôle, mission*) Aufgabe *f*; (MIL) Angriff *m*; (JUR) Anklagepunkt *m*; **~s** *fpl* (*du loyer*) Nebenkosten *pl*; **être à la ~ de qn** (*dépendant de*) jdm (finanziell) zur Last fallen; (*aux frais de*) zu Lasten von jdm gehen; **avoir deux enfants à ~** zwei Kinder zu versorgen haben; **prendre qch en ~** etw übernehmen; **~s sociales** Sozialabgaben *pl*; **chargement** *m* (*objets*) Last *f*; Ladung *f*; **charger** ⟨2⟩ **1.** *vt* beladen; (*fusil, batterie, caméra*) laden; (*description*) übertreiben, überziehen; (INFORM) laden; **~ qn de qch/faire qch** jdn mit etw beauftragen/beauftragen, etw zu tun **2.** *vi* (*éléphant, soldat*) stürmen **3.** *vpr* **se ~ de** (*tâche*) sich kümmern um; **chargeur** [ʃaʀʒœʀ] *m* (*d'arme à feu*) Magazin *nt*; (FOTO) Kassette *f*; **~ de batterie** Ladegerät *nt*

chariot [ʃaʀjo] *m* (*table roulante*) Teewagen *m*; (*à bagages*) Kofferkuli *m*; (*à provisions*) Einkaufswagen *m*; (*charrette*) Karren *m*; (*de machine à écrire*) Wagen *m*

charisme [kaʀism] *m* Charisma *nt*

charitable [ʃaʀitabl(ə)] *adj* karitativ, wohltätig

charité [ʃaʀite] *f* (*vertu*) Nächstenliebe *f*; **faire la ~ à qn** jdm ein Almosen geben; **fête de ~** Wohltätigkeitsfest *nt*

charlotte [ʃaʀlɔt] *f* Süßspeise aus Löffelbiskuits, Früchten und Sahne

charmant, e [ʃaʀmɑ̃, ɑ̃t] *adj* reizend

charme [ʃaʀm(ə)] *m* (*d'une personne*) Charme *m*; (*d'un endroit, d'une activité*) Reiz *m*; (*envoûtement*) Anziehungskraft *f*; **faire du ~** seinen Charme spielen lassen; **charmer** ⟨1⟩ *vt* (*séduire, plaire*) bezaubern; **charmeur, -euse** [ʃaʀmœʀ, øz] **1.** *adj* (*sourire, manières*) verführerisch **2.** *m, f* Charmeur *m*; **~ de serpents** Schlangenbeschwörer

charnier [ʃaʀnje] *m* Massengrab *nt*

charnière [ʃaʀnjɛʀ] *f* (*de porte*) Türangel *f*

charnu, e [ʃaʀny] *adj* fleischig

charogne [ʃaʀɔɲ] f Aas nt, Kadaver m
charpente [ʃaʀpɑ̃t] f (d'un bâti) Gerüst nt;
(de maison) Gebälk nt
charpentier [ʃaʀpɑ̃tje] m Zimmermann m
charrette [ʃaʀɛt] f Karren m; **être ~** (fam)
unter großem Zeitdruck arbeiten
charrier ⟨1⟩ [ʃaʀje] **1.** vt (camion) transportieren; (fleuve) mit sich führen; (fam)
verspotten **2.** vi (fam) wild übertreiben
charrue [ʃaʀy] f Pflug m
charte [ʃaʀt] f Charta f; **Charte internationale des Droits de l'homme** Internationale Charta der Menschenrechte
charter [ʃaʀtɛʀ] m (vol) Charterflug m;
(avion) Charterflugzeug nt
chas [ʃa] m Öhr nt
chasse [ʃas] f (SPORT) Jagd f; (poursuite)
Verfolgung f; **prendre en ~** verfolgen; **~
(d'eau)** (Toiletten)spülung f; **tirer la ~
(d'eau)** die Spülung betätigen
châsse [ʃas] f Reliquienschrein m
chasse-neige [ʃasnɛʒ] m inv Schneepflug
m
chasser ⟨1⟩ [ʃase] vt (gibier, voleur) jagen;
(expulser) vertreiben; (employé) hinauswerfen; (dissiper) zerstreuen; **chasseur,
-euse 1.** m, f Jäger(in) m(f) **2.** m (avion)
Jagdflugzeug nt; (domestique) Page m; **~ à
réaction** Düsenjäger m
châssis [ʃasi] m (AUTO) Chassis nt; (cadre)
Rahmen m; (de jardin) Frühbeet nt
chaste [ʃast(ə)] adj keusch
chasuble [ʃazybl(ə)] f Messgewand nt
chat, te [ʃa, at] m, f Katze f
châtaigne [ʃatɛɲ] f Kastanie f; **châtaignier** [ʃatɛɲe] m Kastanienbaum m
châtain [ʃatɛ̃] adj inv kastanienbraun
château (x) [ʃato] m Schloss nt; **~ (fort)**
Burg f
châtier ⟨1⟩ [ʃatje] vt bestrafen; (style)
den letzten Schliff geben +dat; **châtiment** m Bestrafung f
chaton [ʃatɔ̃] m (ZOOL) Kätzchen nt; (de
bague) Fassung f
chatonner ⟨1⟩ [ʃatɔne] vt, vi summen
chatouillement [ʃatujmɑ̃] m Kitzeln nt;
chatouiller ⟨1⟩ [ʃatuje] vt kitzeln; (l'odorat, le palais) anregen; **chatouilleux,
-euse** adj kitzelig; (fig) empfindlich
chatoyer ⟨6⟩ [ʃatwaje] vi schillern
châtrer ⟨1⟩ [ʃatʀe] vt kastrieren
chatte [ʃat] f v. **chat**
chatterton [ʃatɛʀtɔ̃] m Isolierband nt
chaud, e [ʃo, od] adj warm; (très ~) heiß;
il fait ~ es ist warm/heiß; **j'ai ~** mir ist
warm/heiß; **tenir ~** (vêtement) warm sein;
(repas) warm halten; **chaudière** [ʃodjɛʀ]

f (de chauffage central) Boiler m; (de bateau)
Dampfkessel m
chaudron [ʃodʀɔ̃] m großer Kessel
chauffage [ʃofaʒ] m Heizung f; **~ central**
Zentralheizung; **~ au gaz/à l'électricité**
Gasheizung/elektrische Heizung; **chauf-
fant, e** [ʃofɑ̃, ɑ̃t] adj **couverture/plaque
~e** Heizdecke f/-platte f
chauffard [ʃofaʀ] m (pej) Verkehrsrowdy
m
chauffe-biberon (chauffe-biberons)
[ʃofbibʀɔ̃] m Fläschchenwärmer m;
chauffe-eau [ʃofo] m inv Warmwasser-
bereiter m; **chauffe-plats** [ʃofpla] m inv
Warmhalteplatte f
chauffer ⟨1⟩ [ʃofe] **1.** vt (eau) erhitzen;
(appartement) heizen **2.** vi (eau, four) sich
erwärmen; (moteur) heißlaufen **3.** vpr **se ~**
(se mettre en train) warm werden; (au
soleil) heiß werden
chauffeur [ʃofœʀ] mf Fahrer(in) m(f); (professionnel) Chauffeur(in) m(f)
chaume [ʃom] m (du toit) Stroh nt; (tiges)
Stoppeln pl
chaumière [ʃomjɛʀ] f strohgedecktes
Haus
chaussée [ʃose] f Fahrbahn f
chausse-pied (chausse-pieds) [ʃospje] m
Schuhlöffel m
chausser ⟨1⟩ [ʃose] vt (bottes, skis) anziehen; (enfant) die Schuhe anziehen +dat;
~ du 38 Schuhgröße 38 haben
chaussette [ʃosɛt] f Socke f
chausson [ʃosɔ̃] m Hausschuh m; **~ (de
bébé)** Babyschuh m; **~ (aux pommes)**
(pâtisserie) Apfeltasche f
chaussure [ʃosyʀ] f Schuh m; **~s basses**
Halbschuhe pl
chauve [ʃov] adj kahl(köpfig); **chauve-
souris** (chauves-souris) f Fledermaus f
chauvin, e [ʃovɛ̃, in] adj chauvinistisch
chaux [ʃo] f Kalk m
chef [ʃef] **1.** mf Führer(in) m(f); (patron)
Chef(in) m(f) **2.** m (de tribu) Häuptling m;
(de cuisine) Koch m; **~ d'accusation** (Vertreter der) Anklage f; **~ de l'État** Staats-
chef(in) m(f); **~ d'orchestre** Dirigent(in)
m(f)
chef-d'œuvre (chefs-d'œuvre)
[ʃedœvʀ(ə)] m Meisterwerk nt; **chef-lieu**
(chefs-lieux) [ʃefljø] m Hauptstadt eines französischen Departements
cheikh [ʃɛk] m Scheich m
chemin [ʃ(ə)mɛ̃] m Weg m; (INFORM) Pfad
m; **en ~** unterwegs; **~ de fer** Eisenbahn f
cheminée [ʃ(ə)mine] f Kamin m; (sur le
toit) Schornstein m

cheminer ⟨1⟩ [ʃ(ə)mine] vi (marcher) (langsam) gehen; (avancer) sich vorwärts bewegen

cheminot [ʃ(ə)mino] m Eisenbahner m

chemise [ʃ(ə)miz] f Hemd nt; (dossier) Aktendeckel m; ~ **en jean** Jeanshemd;

chemisier [ʃ(ə)mizje] m Bluse f

chenal (-aux) [ʃənal, o] m Kanal m

chêne [ʃɛn] m Eiche f

chenille [ʃ(ə)nij] f (ZOOL) Raupe f; (AUTO) Raupenkette f

chèque [ʃɛk] m Scheck m; ~ **barré/sans provision/au porteur** Verrechnungsscheck/ungedeckter Scheck/Inhaberscheck; ~ **non barré** Barscheck; ~ **de voyage** Reisescheck; **encaisser un** ~ einen Scheck einlösen; **chèque-cadeau** (chèques-cadeaux) m Geschenkgutschein m; **chèque-repas** (chèques-repas) m, **chèque-restaurant** (chèques-restaurant) m Essensbon m; **chéquier** m Scheckheft nt

cher, chère [ʃɛʀ] **1.** adj (aimé) lieb; (coûteux) teuer **2.** adv **coûter/payer** ~ teuer sein/bezahlen

chercher ⟨1⟩ [ʃɛʀʃe] vt suchen; **aller** ~ holen; **chercheur, -euse** m, f (scientifique) Forscher(in) m(f)

chéri, e [ʃeʀi] adj geliebt; (mon) ~ Liebling m; **chérir** ⟨8⟩ vt lieben

chétif, -ive [ʃetif, iv] adj schwächlich

cheval (-aux) [ʃ(ə)val, o] m Pferd nt; **à** ~ **sur** rittlings auf +dat; **faire du** ~ reiten; ~(**-vapeur**) (AUTO) Pferdestärke f; ~ **de Troie** (INFORM) Trojanisches Pferd; **chevalerie** f Rittertum nt

chevalet [ʃ(ə)valɛ] m Staffelei f

chevalier [ʃ(ə)valje] m Ritter m

chevalière [ʃ(ə)valjɛʀ] f Siegelring m

chevalin, e [ʃ(ə)valɛ̃, in] adj **boucherie** ~**e** Pferdemetzgerei f

cheval-vapeur (chevaux-vapeur) [ʃəvalvapœʀ] m Pferdestärke f

chevaucher ⟨1⟩ [ʃ(ə)voʃe] **1.** vi, vpr **se** ~ sich überlappen **2.** vt rittlings sitzen auf +dat

chevelu, e [ʃəv(ə)ly] adj haarig; **cuir** ~ Kopfhaut f; **chevelure** f Haar nt

chevet [ʃ(ə)vɛ] m **au** ~ **de qn** an jds Bett; **table de** ~ Nachttisch m

cheveu (x) [ʃ(ə)vø] m Haar nt; **avoir les** ~**x courts** kurze Haare haben

cheville [ʃ(ə)vij] f (ANAT) (Fuß)knöchel m; (de bois) Stift m

chèvre [ʃɛvʀ(ə)] f Ziege f

chèvrefeuille [ʃɛvʀəfœj] m Geißblatt nt

chevreuil [ʃəvʀœj] m Reh nt; (viande) Rehfleisch nt

chevron [ʃəvʀɔ̃] m (poutre) Sparren m; **à** ~**s** im Fischgrät(en)muster

chevronné, e [ʃəvʀɔne] adj erfahren

chevrotant, e [ʃəvʀɔtã, ãt] adj (voix) bebend, zitternd

chewing-gum (chewing-gums) [ʃwiŋɡɔm] m Kaugummi m

chez [ʃe] prep bei +dat; ~ **moi/nous** bei mir/uns; **chez-soi** m inv Zuhause nt

chiant, e [ʃjã, ãt] adj (vulg) ätzend

chic [ʃik] **1.** adj inv schick; (fam: généreux) anständig; ~! klasse! **2.** m inv Chic m; **avoir le** ~ **de** das Talent haben zu

chicane [ʃikan] f (obstacle) Schikane f; (querelle) Streiterei f

chiche [ʃiʃ] adj knauserig; ~! wetten, dass!; (en réponse) die Wette gilt

chichis [ʃiʃi] mpl (fam) **ne fais pas de** ~! stell dich nicht so an!

chicorée [ʃikɔʀe] f (à café) Zichorie f

chien, ne [ʃjɛ̃, ɛn] **1.** m, f Hund (Hündin) m(f) **2.** m (de pistolet) Hahn m

chiendent [ʃjɛ̃dã] m Quecke f

chier ⟨1⟩ [ʃje] vi (vulg) scheißen; **faire** ~ **qn** (importuner) jdm auf den Wecker gehen; (causer des ennuis à) jdn herumschikanieren; **se faire** ~ (s'ennuyer) sich tödlich langweilen

chiffon [ʃifɔ̃] m Lappen m, Lumpen m

chiffonner ⟨1⟩ [ʃifɔne] vt zerknittern

chiffonnier, -ière [ʃifɔnje, ɛʀ] m, f Lumpensammler(in) m(f)

chiffre [ʃifʀ(ə)] m Ziffer f; (montant, total) Summe f; **en** ~**s ronds** (auf-/ab)gerundet; ~ **d'affaires** Umsatz m; **chiffrement** m Verschlüsselung f; **chiffrer** ⟨1⟩ vt (dépense) beziffern; (coder) verschlüsseln

chignon [ʃiɲɔ̃] m (Haar)knoten m

chiite [ʃiit] adj schiitisch

Chili [ʃili] m **le** ~ Chile nt; **chilien, ne** [ʃiljɛ̃, ɛn] adj chilenisch; **Chilien, ne** m, f Chilene (Chilenin) m(f)

chimie [ʃimi] f Chemie f; **chimiothérapie** [ʃimjɔteʀapi] f Chemotherapie f; **chimique** adj chemisch; **chimiste** mf Chemiker(in) m(f)

chimpanzé [ʃɛ̃pãze] m Schimpanse m

Chine [ʃin] f **la** ~ China nt; **chinois, e** [ʃinwa, az] **1.** adj chinesisch **2.** m (langue) Chinesisch nt; **Chinois, e** m, f Chinese (Chinesin) m(f)

chips [ʃip(s)] fpl (Kartoffel)chips pl

chiquer ⟨1⟩ [ʃike] **1.** vi Tabak kauen **2.** vt kauen

chiromancie [kiʀɔmãsi] f Handlesen nt

chiropraticien, ne [kiʀɔpʀatisjɛ̃, ɛn] m, f

Chiropraktiker(in) *m(f)*
chirurgical, e (-aux) [ʃiʀyʀʒikal, o] *adj* chirurgisch; **chirurgie** *f* Chirurgie *f*; ~ **esthétique** plastische Chirurgie; **chirurgien, ne** *m, f* Chirurg(in) *m(f)*
chlore [klɔʀ] *m* Chlor *nt*
chlorofluorocarbone [klɔʀoflyɔʀokaʀbɔn] *m* Fluorchlorkohlenwasserstoff *m*
chloroforme [klɔʀɔfɔʀm] *m* Chloroform *nt*
chlorophylle [klɔʀɔfil] *f* Chlorophyll *nt*
choc [ʃɔk] *m* Stoß *m*; (*traumatisme*) Schock *m*; **troupes de ~** Kampftruppen *pl*
chocolat [ʃɔkɔla] *m* Schokolade *f*; ~ **au lait** Milchschokolade; ~ **noir** Bitterschokolade
chœur [kœʀ] *m* Chor *m*; (ARCHIT) Chor(raum) *m*; **en ~** im Chor
choisir ⟨8⟩ [ʃwaziʀ] *vt* auswählen; (*nommer*) wählen; (*décider de*) sich entscheiden für
choix [ʃwa] *m* Wahl *f*; (*décision*) Entscheidung *f*; (*assortiment*) Auswahl *f* (de an +*dat*); **au ~** nach Wahl; **avoir le ~** die Wahl haben; **premier ~** erste Wahl
choléra [kɔleʀa] *m* Cholera *f*
cholestérol [kɔlesteʀɔl] *m* Cholesterin *nt*
chômage [ʃomaʒ] *m* Arbeitslosigkeit *f*; **être au ~** arbeitslos sein
chômer ⟨1⟩ [ʃome] *vi* (*travailleur*) arbeitslos sein; (*équipements*) stillstehen
chômeur, -euse [ʃomœʀ, øz] *m, f* Arbeitslose(r) *mf*
chope [ʃɔp] *f* Seidel *nt*
choquant, e [ʃɔkã, ãt] *adj* schockierend; (*injustice, contraste*) schreiend; **choquer** ⟨1⟩ *vt* schockieren; (*commotionner*) erschüttern
chorégraphe [kɔʀegʀaf] *mf* Choreograf(in) *m(f)*; **chorégraphie** [kɔʀegʀafi] *f* Choreografie *f*
choriste [kɔʀist(ə)] *mf* Chorsänger(in) *m(f)*
chose [ʃoz] *f* Ding *nt*; (*événement, histoire*) Ereignis *nt*; (*sujet, matière*) Sache *f*; **les ~s** (*la situation*) die Lage, die Dinge; **c'est peu de ~** das ist nicht der Rede wert
chou (x) [ʃu] *m* Kohl *m*; **mon petit ~** mein Süßer, meine Süße; ~ (**à la crème**) Windbeutel *m*
chouchou, te [ʃuʃu, ut] *m, f* (*fam*) Liebling *m*, Hätschelkind *nt*
chouchouter ⟨1⟩ [ʃuʃute] *vt* (*fam*) vorziehen
choucroute [ʃukʀut] *f* Sauerkraut *nt*
chouette [ʃwet] **1.** *f* Eule *f* **2.** *adj* **c'est ~!**

(*fam*) das ist toll!
chou-fleur (choux-fleurs) [ʃuflœʀ] *m* Blumenkohl *m*; **chou-navet** (choux-navets) [ʃunave] *m* Kohlrübe *f*; **chou-rave** (choux-raves) [ʃuʀav] *m* Kohlrabi *m*
choyer ⟨6⟩ [ʃwaje] *vt* (ver)hätscheln, verwöhnen
C.H.R. *m abr de* **Centre hospitalier régional** Kreiskrankenhaus *nt*
chrétien, ne [kʀetjɛ̃, ɛn] *adj* christlich
Christ [kʀist] *m* **le ~** Christus *m*; **christianisme** *m* Christentum *nt*
chrome [kʀom] *m* Chrom *nt*; **chromé, e** *adj* verchromt
chromosome [kʀomozom] *m* Chromosom *nt*
chronique [kʀɔnik] **1.** *adj* (MED) chronisch; (*problème, difficultés*) andauernd **2.** *f* (*de journal*) Kolumne *f*; (*historique*) Chronik *f*; **la ~ locale** die Lokalnachrichten *pl*; ~ **sportive/théâtrale** (RADIO, TV) Sportbericht *m*/Theaterübersicht *f*
chrono *m v.* **chronomètre**
chronologie [kʀɔnɔlɔʒi] *f* zeitliche Reihenfolge; **chronologique** [kʀɔnɔlɔʒik] *adj* chronologisch
chronomètre [kʀɔnɔ(metʀ(ə))] *m* Stoppuhr *f*; **chronométrer** ⟨5⟩ *vt* stoppen
chrysalide [kʀizalid] *f* Puppe *f*
chrysanthème [kʀizãtem] *m* Chrysantheme *f*
chtarbé, e [ʃtaʀbe] *adj* (*fam*) verrückt; **elle est ~e** die hat einen Sprung in der Schüssel
C.H.U. *m abr de* **Centre hospitalier universitaire** Universitätsklinik *f*
chuchoter ⟨1⟩ [ʃyʃɔte] *vt, vi* flüstern
chut [ʃyt] *interj* pst
chute [ʃyt] *f* Sturz *m*; (*des feuilles*) Fallen *nt*; (*de bois, papier: déchet*) Stückchen *nt*; **la ~ des cheveux** der Haarausfall; ~ **des cotations** Kursverfall *m*; ~ (**d'eau**) Wasserfall *m*; ~ **libre** freier Fall; ~**s** *fpl* **de pluie/neige** Regen-/Schneefälle *pl*
Chypre [ʃipʀ] *f* (**l'île f de**) ~ Zypern *nt*
-ci, ci- [si] *adv v.* **par, ci-contre, ci-joint**: **ce garçon-ci/-là** dieser/jener Junge; **ces femmes-ci/-là** diese/jene Frauen; **ci-après** *adv* im Folgenden
cibiste [sibist] *mf* CB-Funker(in) *m(f)*; ~ **amateur** Amateurfunker(in) *m(f)*
cible [sibl(ə)] *f* Zielscheibe *f*
ciboule [sibul] *f* Winterlauch *m*
ciboulette [sibulet] *f* Schnittlauch *m*
cicatrice [sikatʀis] *f* Narbe *f*; **cicatriser** ⟨1⟩ *vpr* **se ~** (ver)heilen
ci-contre [sikɔ̃tʀ] *adv* (*texte écrit*) gegen-

über; **ci-dessous** adv (weiter) unten;
ci-dessus adv (weiter) oben
cidre [sidʀ(ə)] m Apfelwein m
Cie abr de **Compagnie** Ges.
ciel (cieux) [sjɛl, sjø] m Himmel m
cierge [sjɛʀʒ(ə)] m Kerze f
cigale [sigal] f Zikade f
cigare [sigaʀ] m Zigarre f
cigarette [sigaʀɛt] f Zigarette f
ci-gît [siʒi] vi hier ruht
cigogne [sigɔɲ] f Storch m
ci-inclus, e [siɛ̃kly, yz], **ci-joint, e** [siʒwɛ̃,
ɛ̃t] adj, adv beiliegend
cil [sil] m (Augen)wimper f
cime [sim] f (d'arbre) Krone f; (de montagne) Gipfel m
ciment [simã] m Zement m; ~ **armé**
Stahlbeton m
cimetière [simtjɛʀ] m Friedhof m
cinéaste [sineast(ə)] mf Filmemacher(in)
m(f)
ciné-club (ciné-clubs) [sineklœb] m Film-
klub m
cinéma [sinema] m Film m; (local) Kino
nt; **faire du ~** (fam) ein Theater machen;
c'est du ~ (fam) das ist alles Theater [o
Schau]; **cinémascope®** [sinemaskɔp] m
Breitwand f; **cinémathèque** [sinematɛk]
f Filmarchiv nt, Kinemathek f; **cinématographie** [sinematɔgʀafi] f Filmkunst f;
ciné-parc (ciné-parcs) m Autokino nt;
cinéphile [sinefil] mf Kinofan m, Filmfan
m
cinétique [sinetik] adj kinetisch
cinglé, e [sɛ̃gle] adj (fam) verrückt
cingler ⟨1⟩ [sɛ̃gle] **1.** vt peitschen; (vent,
pluie) peitschen gegen **2.** vi ~ **vers** (NAUT)
Kurs halten auf +akk
cinq [sɛ̃k] num fünf; **le ~ août** der fünfte
August; ~ **fois** fünfmal; **de ~ ans** fünfjährig; ~ **cents** fünfhundert; **cinquantaine**
[sɛ̃kɑ̃tɛn] f **une ~ (de)** etwa fünfzig; **cinquante** [sɛ̃kɑ̃t] num fünfzig; **cinquième**
[sɛ̃kjɛm] **1.** adj fünfte(r), s **2.** m (fraction)
Fünftel nt **3.** mf (personne) Fünfte(r) mf;
cinquièmement adv fünftens
cintre [sɛ̃tʀ(ə)] m Kleiderbügel m; (ARCHIT)
Bogen m
cintré, e [sɛ̃tʀe] adj (bois) gewölbt; (chemise) tailliert
C.I.O. 1. m abr de **Comité international
olympique** IOK nt **2.** m abr de **Centre
d'information et d'orientation** Berufsbera-
tung(sstelle) f
cirage [siʀaʒ] m (pour parquet) Bohnerwachs nt; (pour chaussures) Schuhcreme f
circoncire [siʀkɔ̃siʀ] (irr comme suffire, pp

circoncis) vt beschneiden
circoncision [siʀkɔ̃sizjɔ̃] f Beschneidung f
circonférence [siʀkɔ̃feʀɑ̃s] f Umfang m
circonflexe [siʀkɔ̃flɛks(ə)] adj accent ~
Zirkumflex m
circonscription [siʀkɔ̃skʀipsjɔ̃] f ~ **électo-
rale/militaire** Wahlkreis m/Wehrerfas-
sungsbereich m; **circonscrire**
[siʀkɔ̃skʀiʀ] irr comme écrire vt abstecken;
(incendie) eindämmen
circonstance [siʀkɔ̃stɑ̃s] f Umstand m;
~**s** fpl (contexte) Umstände pl, Verhältnisse pl; ~**s atténuantes** mildernde
Umstände pl; **circonstancié, e**
[siʀkɔ̃stɑ̃sje] adj ausführlich
circuit [siʀkɥi] m (trajet) Rundgang m;
(ELEC) Stromkreis m; ~ **intégré** integrierte
Schaltung
circulaire [siʀkylɛʀ] **1.** adj kreisförmig;
(mouvement) Kreis-; (regard) umherschweifend **2.** f Rundschreiben nt
circulation [siʀkylasjɔ̃] f (MED) Kreislauf m;
(AUTO) Verkehr m; **mettre en ~** in Umlauf
bringen; **libre ~ des capitaux** freier Kapi-
talverkehr
circuler ⟨1⟩ [siʀkyle] vi (personne) gehen;
(voiture) fahren; (sang, électricité, etc) fließen, zirkulieren; (devises, capitaux) in
Umlauf sein; **faire ~** (nouvelle) verbreiten;
(badauds) zum Weitergehen auffordern
cire [siʀ] f Wachs nt; **ciré** [siʀe] m (contre
la pluie) Regenmantel m; (pour le bateau)
Ölzeug nt; **cirer** ⟨1⟩ vt (parquet) (ein)-
wachsen; (souliers) putzen
cirque [siʀk(ə)] m Zirkus m; (GEO) Kar nt
cirrhose [siʀoz] f ~ **du foie** Leberzirrhose
f
cisaille(s) [sizaj] f(pl) (Garten)schere f
ciseau (x) [sizo] **1.** m ~ **(à bois)** Meißel m
2. mpl Schere f
citadelle [sitadɛl] f Zitadelle f
citadin, e [sitadɛ̃, in] m, f Städter(in) m(f)
citation [sitasjɔ̃] f (d'auteur) Zitat nt; (JUR)
Vorladung f
cité [site] f Stadt f; ~ **satellite** Satellitenstadt, Trabantenstadt; ~ **universitaire**
Studentenwohnheim nt; **cité-dortoir**
(cités-dortoirs) f Schlafstadt f
citer ⟨1⟩ [site] vt (un auteur) zitieren; (JUR)
vorladen
citerne [sitɛʀn(ə)] f Zisterne f
citoyen, ne [sitwajɛ̃, ɛn] m, f Bürger(in)
m(f)
citron [sitʀɔ̃] m Zitrone f
citronnade [sitʀɔnad] f Zitronenlimonade f
citronnelle [sitʀɔnɛl] f Zitronenmelisse f

citronnier

clignoter

citronnier [sitrɔnje] m Zitronenbaum m
citrouille [sitruj] f Kürbis m
cive [siv] f Schnittlauch m
civet [sive] m in Rotwein geschmortes Wild
civette [sivet] f Schnittlauch m
civière [sivjɛʀ] f Bahre f
civil, e [sivil] **1.** adj (staats)bürgerlich; (institution) staatlich; (non militaire, JUR) Zivil-, zivil; (guerre) Bürger-; (poli) höflich; **habillé(e) en ~** in Zivil; **mariage/enterrement ~** standesamtliche Trauung/nichtkirchliche Bestattung **2.** m Zivilist(in) m(f)
civilisation [sivilizasjɔ̃] f Zivilisation f
civilisé, e [sivilize] adj zivilisiert
civiliser ⟨1⟩ [sivilize] vt zivilisieren
civilité [sivilite] f Höflichkeit f
civique [sivik] adj staatsbürgerlich; **instruction ~** Staatsbürgerkunde f
civisme [sivism(ə)] m vorbildliches staatsbürgerliches Verhalten
clair, e [klɛʀ] **1.** adj klar; (couleur, teint, local) hell; **bleu/rouge ~** hellblau/-rot; **le plus ~ de son temps** die meiste Zeit **2.** adv **voir ~** deutlich sehen **3.** m **~ de lune** Mondschein f; **mettre au ~** in Ordnung bringen; **tirer qch au ~** etw klären
clairière [klɛʀjɛʀ] f Lichtung f
clairsemé, e [klɛʀsəme] adj dünn gesät
clairvoyant, e [klɛʀvwajã, ãt] adj weit blickend
clam [klam] m Venusmuschel f
clameur [klamœʀ] f Geschrei nt
clandestin, e [klɑ̃dɛstɛ̃, in] **1.** adj geheim; (passager) blind; (commerce) Schleich- **2.** m, f illegaler Einwanderer, illegale Einwanderin
clapoter ⟨1⟩ [klapɔte] vi (eau) schlagen, plätschern
claque [klak] f (gifle) Klaps m, Schlag m
claqué, e [klake] adj (fam) abgeschlafft
claquer ⟨1⟩ [klake] **1.** vi (drapeau) flattern; (coup de feu) krachen; **faire ~ ses doigts** mit den Fingern knacken **2.** vt (porte) zuschlagen
clarifier ⟨1⟩ [klaʀifje] vt (fig) klären
clarinette [klaʀinɛt] f Klarinette f
clarté [klaʀte] f Helligkeit f; (netteté) Klarheit f
classe [klɑs] f Klasse f; (local) Klassenzimmer nt; **faire la ~** unterrichten; **un (soldat de) deuxième ~** ein gemeiner Soldat; **~ sociale** soziale Klasse, soziale Schicht

| classes préparatoires |

Classes préparatoires sind zweijährige Kurse, in denen intensiv gelernt wird, um die Aufnahmeprüfungen für die „grandes écoles" zu be-
stehen. Es handelt sich dabei um äußerst anstrengende Kurse, die man nach dem bestandenen „baccalauréat" im „lycée" belegt. Schulen, die solche Kurse anbieten, sind besonders hoch angesehen.

classement [klɑsmã] m (liste) (An)ordnung f; (rang) Einstufung f
classer ⟨1⟩ [klɑse] **1.** vt (papiers, idées) ordnen; (candidat, concurrent) einstufen; (INFORM) sortieren; (JUR: affaire) abschließen **2.** vpr **se ~ premier(-ière)/dernier(-ière)** als Erste(r)/Letzte(r) kommen
classeur [klɑsœʀ] m (cahier) Aktenordner m; (meuble) Aktenschrank m
classifier ⟨1⟩ [klasifje] vt klassifizieren
classique [klasik] adj klassisch; (traditionnel) herkömmlich; (habituel) üblich
clause [kloz] f Klausel f
claustrophobie [klostʀɔfɔbi] f Klaustrophobie f
clavecin [klavsɛ̃] m Cembalo nt
clavicule [klavikyl] f Schlüsselbein nt
clavier [klavje] m (de piano) Klaviatur f; (de machine) Tastatur f
clé, clef [kle] **1.** f Schlüssel m; (de boîte de conserves) (Dosen)öffner m; (de mécanicien) Schraubenschlüssel m; (fig: solution) Lösung f; **~ anglaise** Engländer m; **~ de contact** Zündschlüssel m; **~ en croix** Kreuzschlüssel m; **~ de sol/de fa/d'ut** (MUS) Violin-/Bass-/C-Schlüssel m; **~ de voûte** Schlussstein m; **mettre la ~ sous la porte** (fig) heimlich verschwinden; (commerce) dichtmachen **2.** adj inv **problème/position ~** Hauptproblem nt/Schlüsselstellung f
clément, e [klemã, ãt] adj mild
clémentine [klemãtin] f Klementine f
cleptomane [klɛptɔman] mf v. **kleptomane; cleptomanie** f Kleptomanie f
clerc [klɛʀ] m **~ de notaire/d'avoué** Notariats-/Anwaltsangestellte(r) mf
clergé [klɛʀʒe] m Klerus m
clérical, e (-aux) [kleʀikal, o] adj geistlich
clic-clac® [klikklak] m inv Bettcouch f
cliché [kliʃe] m (FOTO) Negativ nt; (LING) Klischee nt; **cliché-mémoire** (clichés-mémoire) m (INFORM) Speicherauszug m
client, e [klijã, ãt] m, f (acheteur) Kunde (Kundin) m(f); (du docteur) Patient(in) m(f); (de l'avocat) Klient(in) m(f); **clientèle** f (du magasin) Kundschaft f; (du docteur, de l'avocat) Klientel f
cligner ⟨1⟩ [kliɲe] vi **~ de l'œil** zwinkern; **~ des yeux** mit den Augen zwinkern
clignotant [kliɲɔtã] m (AUTO) Blinker m
clignoter ⟨1⟩ [kliɲɔte] vi (yeux) zwinkern;

(lumière) blinken; *(vaciller)* flackern; *(étoile)* funkeln

climat [klima] *m* Klima *nt;* **climatique** [klimatik] *adj* klimatisch, Klima-; **climatisation** [klimatizasjɔ̃] *f* Klimaanlage *f;* **climatisé, e** [klimatize] *adj* klimatisiert; **climatologie** [klimatɔlɔʒi] *f* Klimatologie *f,* Klimaforschung *f*

clin d'œil (clins d'œil) [klɛ̃dœj] *m* Augenzwinkern *nt;* **en un ~** im Nu

clinique [klinik] *f* Klinik *f*

clip [klip] *m* Videoclip *m*

cliquer ⟨1⟩ [klike] *vt (INFORM)* klicken; **~ deux fois/double ~** doppelklicken

cliqueter ⟨3⟩ [klik(ə)te] *vi* klappern; *(chaine)* rasseln

clitoris [klitɔris] *m* Klitoris *f*

clivage [klivaʒ] *m (fig)* Kluft *f*

clochard, e [klɔʃar, d(ə)] *m, f* Stadtstreicher(in) *m(f),* Penner(in) *m(f)*

cloche [klɔʃ] *f* Glocke *f; (fam)* Trottel *m;* **~ à fromage** Käseglocke; **cloche-pied** *adv* **aller** [o **sauter**] **à ~** auf einem Bein hüpfen; **clocher** [klɔʃe] 1. *m* Kirchturm *m* 2. ⟨1⟩ *vi (fam)* nicht hinhauen

clochette [klɔʃɛt] *f* Glöckchen *nt*

cloison [klwazɔ̃] *f* Trennwand *f*

cloître [klwatr(ə)] *m* Kreuzgang *m*

cloîtrer ⟨1⟩ [klwatre] *vpr* **se ~** *(fig)* sich einschließen, zurückgezogen leben

clonage [klonaʒ] *m* Klonen *nt;* **clone** [klon] *m* Klon *m*

clope [klɔp] *f (fam)* Kippe *f*

cloque [klɔk] *f* Blase *f*

clore [klɔr] *irr vt* (ab)schließen

clos, e [klo, oz] 1. *pp de* **clore** 2. *adj (fermé)* geschlossen; *(achevé)* beendet

clôture [klotyr] *f* Abschluss *m; (action)* Schließen *nt; (barrière)* Einfriedung *f,* Zaun *m*

clou [klu] *m* Nagel *m;* **~s** *mpl (passage clouté)* Fußgängerüberweg *m;* **pneus à ~s** Spikes *pl;* **le ~ du spectacle/de la soirée** der Höhepunkt der Veranstaltung/des Abends; **~ de girofle** Gewürznelke *f;* **clouer** ⟨1⟩ *vt* festnageln, zunageln

clown [klun] *m* Clown *m*

club [klœb] *m* Klub *m*

cm *abr de* **centimètre** cm

CMU *f abr de* **couverture maladie universelle** kostenlose medizinische Versorgung für sozial Schwache

C.N.C. *m abr de* **Centre national de la cinématographie** Filmförderungsanstalt *f*

C.N.P.F. *m abr de* **Conseil national du patronat français** französischer Arbeitgeberverband

C.N.R.S. *m abr de* **Centre national de la recherche scientifique** nationales Zentrum für wissenschaftliche Forschung

c/o *abr de* **care of** (wohnhaft) bei

coaching [kɔtʃiŋ] *m* Coaching *nt*

coaguler ⟨1⟩ [kɔagyle] *vpr* **se ~** gerinnen

coaliser ⟨1⟩ [kɔalize] *vi* koalieren

coalition [kɔalisjɔ̃] *f* Koalition *f*

coaxial, e (-aux) [kɔaksjal, o] *adj* Koaxial-

C.O.B. [kɔb] *f acr de* **Commission des opérations de Bourse** Börsenaufsichtsamt *nt*

cobalt [kɔbalt] *m* Kobalt *nt*

cobaye [kɔbaj] *m* Meerschweinchen *nt; (fig)* Versuchskaninchen *nt*

cobra [kɔbra] *m* Kobra *f*

coca [kɔka] *m* Cola *f*

cocagne [kɔkaɲ] *f* **pays de ~** Schlaraffenland *nt*

cocaïne [kɔkain] *f* Kokain *nt*

cocasse [kɔkas] *adj* komisch, spaßig

coccinelle [kɔksinɛl] *f* Marienkäfer *m; (AUTO)* VW-Käfer *m*

cocher [kɔʃe] 1. *m* Kutscher(in) *m(f)* 2. ⟨1⟩ *vt* abhaken; *(marquer d'une croix)* ankreuzen

cochère [kɔʃɛr] *adj* **porte ~** Hoftor *nt*

cochon, ne [kɔʃɔ̃, ɔn] 1. *m* Schwein *nt* 2. *m(f) (pej)* Schwein *nt* 3. *adj (fam)* schmutzig, schweinisch; **cochonnerie** *f (fam: obscénité)* Schweinerei *f*

cochonnet [kɔʃɔnɛ] *m* Zielkugel *f*

cocker [kɔkɛr] *m* Cocker(spaniel) *m*

cocktail [kɔktɛl] *m* Cocktail *m; (réception)* Cocktailparty *f*

coco [koko] *m (fam)* Typ *m;* **noix de ~** Kokosnuss *f*

cocon [kɔkɔ̃] *m* Kokon *m*

cocooning [kɔkuniŋ] *m* Cocooning *nt (neue Häuslichkeit)*

cocorico [kɔkɔriko] *interj* kikeriki

cocotier [kɔkɔtje] *m* Kokospalme *f*

cocotte [kɔkɔt] *f (en fonte)* Kasserolle *f;* **ma ~** *(fam)* meine Süße; **~(-minute)®** Dampfkochtopf *m*

cocu [kɔky] *m* betrogener Ehemann

code [kɔd] 1. *m* Kodex *m; (JUR)* Gesetzbuch *nt;* **~ d'accès** Zugriffscode *m;* **~ ASCII, ~ d'accès** Zugriffscode *m,* ASCII-Code *m;* **~ banque** Bankleitzahl *f;* **~ (à) barres** Strichkode *m;* **~ civil/pénal** Zivil-/Strafgesetzbuch; **~ de la nationalité** Staatsbürgerschaftsrecht *nt;* **~ postal** Postleitzahl *f;* **~ de la route** Straßenverkehrsordnung *f;* **~ source** *(INFORM)* Quellcode *m* 2. *adj* **phares ~** Abblendlicht *nt;* **code-barre** (codes-barres) *m* Strichkode *m*

codéine [kɔdein] f Kodein nt
coder ⟨1⟩ [kɔde] vt kodieren
codétenu, e [kodet(ə)ny] m, f Mitgefangene(r) mf
coefficient [kɔefisjɑ̃] m Koeffizient m
coeliochirurgie [seljɔʃiʀyʀʒi] f Schlüssellochchirurgie f
cœur [kœʀ] m Herz nt; **apprendre/savoir par ~** auswendig lernen/wissen; **avoir bon/du ~** gutherzig sein; **avoir à ~ de faire qch** Wert darauf legen, etw zu tun; **de bon** [o grand] **~** bereitwillig, gern; **cela lui tient à ~** das liegt ihm am Herzen; **j'ai mal au ~** mir ist schlecht; **~ du réacteur** Reaktorkern m
coexistence [kɔegzistɑ̃s] f (religion) Koexistenz f; (personne) Zusammenleben nt; **~ pacifique** friedliches Zusammenleben
coffre [kɔfʀ(ə)] m (meuble) Truhe f; (d'auto) Kofferraum m; **avoir du ~** (fam) Puste haben; **coffre-fort** (coffres-forts) m Tresor m; **coffret** [kɔfʀe] m Schatulle f
cogner ⟨1⟩ [kɔɲe] vi stoßen, schlagen; **~ à la porte/fenêtre** an die Tür/ans Fenster klopfen; **~ sur/contre** schlagen auf/gegen +akk
cohabitation [kɔabitasjɔ̃] f Zusammenleben nt; (POL) Kohabitation f; **cohabiter** ⟨1⟩ [kɔabite] vi zusammenleben
cohérence [kɔeʀɑ̃s] f Zusammenhang m; **cohérent, e** [kɔeʀɑ̃, ɑ̃t] adj zusammenhängend; (politique, équipe) einheitlich
coi, te [kwa, kwat] adj rester [o se tenir] **~** ruhig bleiben, sich ruhig verhalten
coiffe [kwaf] f (bonnet) Haube f; **coiffé, e** adj bien/mal **~** frisiert/nicht frisiert; **être ~ en arrière/en brosse** zurückgekämmtes Haar/einen Bürstenschnitt haben; **être ~ d'un béret** eine Baskenmütze tragen; **coiffer** ⟨1⟩ [kwafe] 1. vt frisieren; (surmonter) bedecken; **~ qn de qch** jdm etw aufsetzen 2. vpr se **~** (se peigner) sich frisieren; **coiffeur, -euse** 1. m, f Friseur (Friseuse) m(f) 2. f (table) Frisiertisch m; **coiffure** [kwafyʀ] f (cheveux) Frisur f; (chapeau) Kopfbedeckung f
coin [kwɛ̃] m Ecke f; (outil) Keil m; (endroit) Winkel m; **au ~ du feu** am Kamin; **dans le ~** (les alentours) in der Umgebung; **l'épicerie du ~** der Lebensmittelladen gleich um die Ecke; **~ cuisine** Kochecke f, Kochnische f
coincé, e [kwɛ̃se] adj verklemmt
coincer ⟨2⟩ [kwɛ̃se] vt klemmen; (fam) in die Enge treiben
coïncidence [kɔɛ̃sidɑ̃s] f Zufall m;
coïncider ⟨1⟩ vi **~** (avec) zusammen-

fallen (mit)
coing [kwɛ̃] m Quitte f
coït [kɔit] m Koitus m
coke [kɔk] f (fam) Koks m
col [kɔl] m Kragen m; (encolure, cou) Hals m; (de montagne) Pass m
coléoptère [kɔleɔptɛʀ] m Käfer m
colère [kɔlɛʀ] f Wut f; **en ~** wütend; **se mettre en ~** wütend werden; **coléreux, -euse** [kɔleʀø, øz] adj jähzornig
colibacille [kɔlibasil] m Kolibakterie f
colimaçon [kɔlimasɔ̃] m **escalier en ~** Wendeltreppe f
colin [kɔlɛ̃] m Seehecht m
colique [kɔlik] f Kolik f
colis [kɔli] m Paket nt
collaborateur, -trice [kɔlabɔʀatœʀ, tʀis] m, f Mitarbeiter(in) m(f); (POL) Kollaborateur(in) m(f); **collaboration** [kɔ(l)labɔʀasjɔ̃] f Mitarbeit f; (POL, pej) Kollaboration f; **en ~ avec** in Zusammenarbeit mit; **collaborer** ⟨1⟩ vi zusammenarbeiten; (POL) kollaborieren; **~ à** mitarbeiten an +dat
collant, e [kɔlɑ̃, ɑ̃t] 1. adj klebrig; (robe) eng anliegend; (pej) aufdringlich 2. m (bas) Strumpfhose f; (de danseur) Gymnastikanzug m, Trikot m
collation [kɔlasjɔ̃] f Imbiss m
colle [kɔl] f Klebstoff m; (devinette) harte Nuss; (SCOL) Nachsitzen nt; **~ superglu®** Sekundenkleber m
collecte [kɔlɛkt(ə)] f Sammlung f
collecteur, -trice [kɔlɛktœʀ, tʀis] adj Sammel-
collectif, -ive [kɔlɛktif, iv] adj kollektiv; (LING) Sammel-
collection [kɔlɛksjɔ̃] f Sammlung f; **~ (de mode)** Kollektion f; **collectionner** ⟨1⟩ [kɔlɛksjɔne] vt sammeln; **collectionneur, -euse** m, f Sammler(in) m(f)
collectivité [kɔlɛktivite] f Gemeinschaft f
collège [kɔlɛʒ] m (école) höhere Schule; (assemblée) Kollegium nt

---

Le collège

Le collège ist eine staatliche Schule für Kinder im Alter von 11 bis 15 Jahren. Schüler werden nach einem vorgeschriebenen nationalen Lehrplan, der Pflicht- und Wahlfächer enthält, unterrichtet. Ein „collège" kann seinen eigenen Stundenplan aufstellen und seine eigenen Unterrichtsmethoden auswählen. Das brevet des collèges ist das Abschlusszeugnis, das die Schüler nach ihren bestandenen Prüfungen erhalten.

collégien, ne [kɔleʒjɛ̃, ɛn] *m, f* Gymnasiast(in) *m(f)*

collègue [kɔlɛg] *mf* Kollege (Kollegin) *m(f)*

coller ⟨1⟩ [kɔle] **1.** *vt* kleben; *(morceaux)* zusammenkleben; *(SCOL fam)* nachsitzen lassen **2.** *vi (être collant)* kleben; *(fam)* hinhauen, klappen; ~ **à** kleben an +*dat*

collet [kɔlɛ] *m (piège)* Schlinge *f;* **prendre qn au** ~ jdn am Kragen packen

collier [kɔlje] *m (bijou)* Halskette *f;* *(de chien)* Halsband *nt*

colline [kɔlin] *f* Hügel *m*

collision [kɔlizjɔ̃] *f* Zusammenstoß *m;* **entrer en** ~ **(avec)** zusammenstoßen (mit)

collyre [kɔliʀ] *m* Augentropfen *pl*

colo [kɔlo] *f abbr de* **colonie de vacances** Ferienlager *nt*

colocataire [kɔlɔkatɛʀ] *mf* Mitbewohner(in) *m(f)*

Cologne [kɔlɔɲ] Köln *nt*

colombage [kɔlɔ̃baʒ] *m* Fachwerk *nt*

colombe [kɔlɔ̃b] *f* (weiße) Taube

Colombie [kɔlɔ̃bi] *f* **la** ~ Kolumbien *nt;* **colombien, ne** [kɔlɔ̃bjɛ̃, ɛn] *adj* kolumbianisch; **Colombien, ne** *m, f* Kolumbianer(in) *m(f)*

colon [kɔlɔ̃] *m* Siedler(in) *m(f)*

colonel [kɔlɔnɛl] *m* Oberst *m*

colonie [kɔlɔni] *f* Kolonie *f;* ~ **(de vacances)** Ferienlager *nt*

colonne [kɔlɔn] *f* Säule *f;* *(dans un registre; de chiffres, de journal)* Spalte *f;* *(de soldats, camions)* Kolonne *f;* ~ **Morris** Litfaßsäule *f;* ~ **de secours** Suchtrupp *m;* ~ **vertébrale** Wirbelsäule

colorant [kɔlɔʀɑ̃] *m* Farbstoff *m;* **coloration** *f* Färbung *f;* **colorer** ⟨1⟩ *vt* färben; **coloris** [kɔlɔʀi] *m* Farbe *f*

colporter ⟨1⟩ [kɔlpɔʀte] *vt* hausieren mit; *(nouvelle)* verbreiten; **colporteur, -euse** *m, f* Hausierer(in) *m(f)*

colza [kɔlza] *m* Raps *m*

coma [kɔma] *m* Koma *nt*

combat [kɔ̃ba] *m* Kampf *m;* **combattant, e** [kɔ̃batɑ̃, ɑ̃t] *m, f* Kampfteilnehmer(in) *m(f);* **ancien** ~ Kriegsveteran *m;* **combattre** [kɔ̃batʀ(ə)] *irr comme* battre *vt* bekämpfen

combien [kɔ̃bjɛ̃] *adv (quantité)* wie viel; *(avec pl)* wie viele; *(exclamatif)* wie; ~ **coûte/mesure ceci?** wie viel kostet/misst das?; ~ **de personnes** wie viele Menschen

combinaison [kɔ̃binɛzɔ̃] *f* Zusammenstellung *f,* Kombination *f;* *(de femme)* Unterrock *m;* *(spatiale, de scaphandrier)* Anzug *m;* *(de cadenas, de coffre-fort)* Kombination *f*

combine [kɔ̃bin] *f* Trick *m*

combiné [kɔ̃bine] *m (de téléphone)* Hörer *m*

combiner ⟨1⟩ [kɔ̃bine] *vt* kombinieren, zusammenstellen; *(plan, horaire, rencontre)* planen

comble [kɔ̃bl(ə)] **1.** *adj* brechend voll **2.** *m (du bonheur, plaisir)* Höhepunkt *m;* ~**s** *mpl* Dachboden *m;* **de fond en** ~ von oben bis unten; **c'est le** ~**!** das ist die Höhe!; **combler** ⟨1⟩ *vt (trou)* zumachen; *(fig: lacune, déficit)* ausgleichen; *(satisfaire)* zufrieden stellen, vollkommen glücklich machen

combustible [kɔ̃bystibl(ə)] *m* Brennstoff *m*

combustion [kɔ̃bystjɔ̃] *f* Verbrennung *f*

comédie [kɔmedi] *f* Komödie *f;* *(fig)* Theater *nt*

La Comédie française

La Comédie française, die 1680 von Louis XIV. gegründet wurde, ist das französische Nationaltheater. Das staatlich subventionierte Ensemble tritt meist im „Palais-Royal" in Paris auf und führt in erster Linie klassische französische Stücke auf.

---

comédien, ne [kɔmedjɛ̃, ɛn] *m, f* Schauspieler(in) *m(f)*

comédon [kɔmedɔ̃] *m* Mitesser *m*

comestible [kɔmɛstibl(ə)] *adj* essbar

comète [kɔmɛt] *f* Komet *m*

comique [kɔmik] **1.** *adj* komisch **2.** *m (artiste)* Komiker(in) *m(f)*

comité [kɔmite] *m* Komitee *nt,* Ausschuss *m;* ~ **de défense** Bürgerinitiative *f;* ~ **d'entreprise** ≈ Betriebsrat *m;* ~ **d'experts** Sachverständigengremium *nt;* **Comité international olympique** Internationales Olympisches Komitee; ~ **de surveillance** Aufsichtsgremium *nt*

commandant, e [kɔmɑ̃dɑ̃, ɑ̃t] *m, f* Kommandant(in) *m(f);* *(NAUT)* Fregattenkapitän *m;* ~ **(de bord)** *(AVIAT)* (Flug)kapitän *m*

commande [kɔmɑ̃d] *f (COM)* Bestellung *f;* ~**s** *fpl (AVIAT)* Steuerung *f;* **sur** ~ auf Befehl; ~ **Copie** Kopierbefehl *m;* ~ **de menu** Menübefehl *m*

commandement [kɔmɑ̃dmɑ̃] *m (ordre)* Befehl *m;* *(REL)* Gebot *nt*

commander ⟨1⟩ [kɔmɑ̃de] *vt (COM)* bestellen; *(armée, bateau)* befehligen; *(avion)* fliegen, führen; ~ **à qn de faire qch** jdm befehlen, etw zu tun

commanditaire [kɔmɑ̃ditɛʀ] *mf* Sponsor(in) *m(f)*; **commanditer** ⟨1⟩ *vt* finanzieren; *(sponsoriser)* sponsern

comme [kɔm] **1.** *prep* wie; *(en tant que)* als **2.** *adv* ~ **il est fort/c'est bon** wie stark er ist/gut das ist **3.** *conj (ainsi que)* wie; *(parce que, puisque)* da; *(au moment où, alors que)* als; ~ **cela**, ~ **ça** so; ~ **ci** ~ **ça** lala; **joli/bête** ~ **tout** *(fam)* unheimlich hübsch/dumm

commémorer ⟨1⟩ [kɔmemɔʀe] *vt* gedenken +*gen*

commencement [kɔmɑ̃smɑ̃] *m* Anfang *m*, Beginn *m*; **commencer** ⟨2⟩ **1.** *vt* anfangen; *(être placé au début de)* beginnen **2.** *vi* anfangen, beginnen; ~ **à faire qch** anfangen [o beginnen], etw zu tun; ~ **par faire qch** mit etw anfangen, etw zuerst tun

comment [kɔmɑ̃] *adv* wie; ~? *(que dites-vous)* wie bitte?; **le** ~ **et le pourquoi** das Wie und Warum

commentaire [kɔmɑ̃tɛʀ] *m* Kommentar *m*; **commenter** ⟨1⟩ *vt* kommentieren

commérages [kɔmeʀaʒ] *mpl* Klatsch *m*

commerçant, e [kɔmɛʀsɑ̃, ɑ̃t] **1.** *adj (ville)* Handels-; *(rue)* Geschäfts- **2.** *m, f* Kaufmann(-frau) *m(f)*, Händler(in) *m(f)*; **commerce** *m (activité)* Handel *m*; *(boutique)* Geschäft *nt*, Laden *m*; *(fig: rapports)* Umgang *m*; ~ **électronique** E-Commerce *m*; ~ **équitable** fairer Handel; ~ **extérieur** Außenhandel; **commercial, e** (-aux) *adj* Handels-; geschäftlich; **relations** ~**es** Geschäftsbeziehungen *pl*; **commercialiser** ⟨1⟩ *vt* auf den Markt bringen

commère [kɔmɛʀ] *f* Klatschbase *f*

commettre [kɔmɛtʀ(ə)] *irr comme* mettre *vt* begehen

commis [kɔmi] *m (de magasin)* Verkäufer(in) *m(f)*; *(de banque)* Angestellte(r) *mf*; ~ **voyageur** Handelsreisende(r) *mf*

commisération [kɔmizeʀasjɔ̃] *f* Mitleid *nt*

commissaire [kɔmisɛʀ] *m (de police)* Kommissar(in) *m(f)*; **commissaire-priseur** (commissaires-priseurs) *m* Versteigerer *m*; **commissariat** [kɔmisaʀja] *m (de police)* Polizeiwache *f*; **Commissariat à l'énergie atomique** Atomenergiebehörde *f*

commission [kɔmisjɔ̃] *f* Kommission *f*; *(message)* Auftrag *m*; Botschaft *f*; ~**s** *fpl (achats)* Einkäufe *pl*

commode [kɔmɔd] **1.** *adj (pratique)* praktisch; *(facile)* leicht, bequem; *(personne)* umgänglich **2.** *f* Kommode *f*

commotion [kɔmosjɔ̃] *f* ~ **(cérébrale)** Gehirnerschütterung *f*

commuer ⟨1⟩ [kɔmɥe] *vt (peine)* umwandeln

commun, e [kɔmœ̃, yn] **1.** *adj* gemeinsam; *(habituel)* gewöhnlich; **en** ~ *(faire)* gemeinsam; *(mettre)* zusammen **2.** *f (ADMIN)* Gemeinde *f* **3.** *m* ~**s** *mpl (bâtiments)* Nebengebäude *pl*; **communal, e** (-aux) *adj (ADMIN)* Gemeinde-

communautaire [kɔmynotɛʀ] *adj* Gemeinschafts-; *(de la Union européenne)* EU-

communauté [kɔmynote] *f* Gemeinde *f*; *(monastère)* (Ordens)gemeinschaft *f*; **régime de la** ~ *(JUR)* Gütergemeinschaft; **Communauté économique européenne** *(HIST)* Europäische Wirtschaftsgemeinschaft; **Communauté européenne** *(HIST)* Europäische Gemeinschaft; **Communauté d'États indépendants** Gemeinschaft *f* Unabhängiger Staaten

commune [kɔmyn] *f* Gemeinde *f*; *(urbaine)* Stadtbezirk *m*

communication [kɔmynikasjɔ̃] *f* Kommunikation *f*, Verständigung *f*; *(message)* Mitteilung *f*; *(téléphonique)* Verbindung *f*, (Telefon)gespräch *nt*; ~**s** *fpl (routes, téléphone, etc)* Verbindungen *pl*, Verkehr *m*

communier ⟨1⟩ [kɔmynje] *vi (REL)* die Kommunion empfangen

communion [kɔmynjɔ̃] *f (REL: catholique)* Kommunion *f*; *(protestant)* Abendmahl *nt*; *(fig)* Verbundenheit *f*

communiqué [kɔmynike] *m* Kommuniqué *nt*, (amtliche) Verlautbarung *f*

communiquer ⟨1⟩ [kɔmynike] **1.** *vt (nouvelle)* mitteilen; *(demande)* übermitteln; *(dossier)* übergeben; *(chaleur)* übertragen; ~ **qch à qn** *(maladie, peur, etc)* jdn mit etw anstecken **2.** *vi (salles)* verbunden sein; ~ **avec** *(salle)* verbunden sein mit **3.** *vpr* **se** ~ **à** übergreifen auf +*akk*

communisme [kɔmynism(ə)] *m* Kommunismus *m*; **communiste** *mf* Kommunist(in) *m(f)*

commutable [kɔmytabl(ə)] *adj* umschaltbar

commutateur [kɔmytatœʀ] *m (ELEC)* Schalter *m*

Comores [kɔmɔʀ] *fpl* **les** ~ die Komoren *pl*

compact, e [kɔ̃pakt] *adj* kompakt, dicht, fest

compactable [kɔ̃paktablə] *adj* **bouteille** ~ Tetrapakflasche® *f*

compact disc [kɔ̃paktdisk] *m* Compact

Disc f, CD f

compagne [kɔ̃paɲ] f v. **compagnon**

compagnie [kɔ̃paɲi] f Gesellschaft f; (MIL) Kompanie f; **en ~ de** in Gesellschaft [o Begleitung] von; **fausser ~ à qn** jdm entwischen; **tenir ~ à qn** jdm Gesellschaft leisten; **Compagnie républicaine de sécurité** Bereitschaftspolizei f

compagnon, compagne [kɔ̃paɲɔ̃, kɔ̃paɲ] mf (de voyage) Gefährte (Gefährtin) m(f), Begleiter(in) m(f); (de classe) Kamerad(in) m(f); (partenaire) Partner(in) m(f); **~ d'infortune** Leidensgefährte

comparable [kɔ̃paʀabl(ə)] adj **~ (à)** vergleichbar (mit)

comparaison [kɔ̃paʀɛzɔ̃] f Vergleich m

comparatif, -ive [kɔ̃paʀatif, iv] **1.** adj vergleichend **2.** m Komparativ m

comparer ⟨1⟩ [kɔ̃paʀe] vt vergleichen (à, et mit)

compartiment [kɔ̃paʀtimɑ̃] m (de train) Abteil nt; (case) Fach nt

comparution [kɔ̃paʀysjɔ̃] f Erscheinen nt (vor Gericht)

compas [kɔ̃pa] m (MATH) Zirkel m; (NAUT) Kompass m

compassion [kɔ̃pasjɔ̃] f Mitgefühl nt

compatibilité [kɔ̃patibilite] f Kompatibilität f; **compatible** adj (a. INFORM) kompatibel; **~ (avec)** vereinbar (mit)

compatriote [kɔ̃patʀijɔt] mf Landsmann(-männin) m(f)

compenser ⟨1⟩ [kɔ̃pɑ̃se] vt ausgleichen

compère [kɔ̃pɛʀ] m Komplize m

compétence [kɔ̃petɑ̃s] f Kompetenz f; **compétent, e** [kɔ̃petɑ̃, ɑ̃t] adj (apte) fähig; (expert) kompetent, sachverständig; (JUR) zuständig

compétitif, -ive [kɔ̃petitif, iv] adj wettbewerbsfähig; (prix) konkurrenzfähig; **compétition** f Konkurrenz f, Wettbewerb m; (SPORT) Wettkampf m; **compétitivité** [kɔ̃petitivite] f Wettbewerbsfähigkeit f

compil [kɔ̃pil] f Sampler m

compilateur [kɔ̃pilatœʀ] m (INFORM) Compiler m

compiler ⟨1⟩ [kɔ̃pile] vt zusammenstellen

complainte [kɔ̃plɛ̃t] f Klagelied nt

complaire [kɔ̃plɛʀ] irr comme plaire vpr **se ~ dans** Gefallen finden an +dat; **se ~ parmi** sich wohl fühlen bei

complaisance [kɔ̃plɛzɑ̃s] f Zuvorkommenheit f, Gefälligkeit f; (pej) (zu große) Nachsicht; **certificat de ~** aus Gefälligkeit ausgestellte Bescheinigung; **complaisant, e** adj gefällig, zuvorkommend; (pej) nachsichtig

complément [kɔ̃plemɑ̃] m Ergänzung f

complet, -ète [kɔ̃plɛ, ɛt] **1.** adj (plein) voll; (total) völlig, total; (entier) vollständig, komplett **2.** m (costume) Anzug m; **complètement** adv völlig; **compléter** ⟨5⟩ vt (série, collection) vervollständigen; (études) abschließen; (former le pendant de) ergänzen

complexe [kɔ̃plɛks(ə)] **1.** adj kompliziert, komplex **2.** m Komplex m

complication [kɔ̃plikasjɔ̃] f (d'une situation) Kompliziertheit f; (difficulté, ennui) Komplikation f; **~s** (MED) Komplikationen pl

complice [kɔ̃plis] m Komplize (Komplizin) m(f), Mittäter(in) m(f); **complicité** [kɔ̃plisite] f Mittäterschaft f

compliment [kɔ̃plimɑ̃] m Kompliment nt; **~s** mpl Glückwünsche pl; **complimenter** ⟨1⟩ [kɔ̃plimɑ̃te] vt **~ qn de** [o **sur**] **qch** jdm zu etw Komplimente machen

compliqué, e [kɔ̃plike] adj kompliziert

compliquer ⟨1⟩ [kɔ̃plike] vt komplizieren

complot [kɔ̃plo] m Komplott nt, Verschwörung f

comportement [kɔ̃pɔʀtəmɑ̃] m Verhalten nt

comporter ⟨1⟩ [kɔ̃pɔʀte] **1.** vt sich zusammensetzen aus, haben **2.** vpr **se ~** sich verhalten

composante [kɔ̃pozɑ̃t] f Komponente f

composé, e [kɔ̃poze] **1.** adj zusammengesetzt; (visage, air) einstudiert, affektiert; **~ de** zusammengesetzt aus, bestehend aus **2.** m Mischung f, Verbindung f

composer ⟨1⟩ [kɔ̃poze] **1.** vt (musique) komponieren; (mélange, équipe) zusammenstellen, bilden; (texte) abfassen; (faire partie de) bilden, ausmachen; **~ un numéro** (TEL) eine Nummer wählen **2.** vi (transiger) sich abfinden **3.** vpr **se ~ de** sich zusammensetzen aus, bestehen aus

composite [kɔ̃pozit] adj verschiedenartig

compositeur, -trice [kɔ̃pozitœʀ, tʀis] m, f (MUS) Komponist(in) m(f); (TYPO) Setzer(in) m(f)

composition [kɔ̃pozisjɔ̃] f Zusammensetzung f, Aufbau m; (style, arrangement) Stil m, Komposition f; (SCOL) Schulaufgabe f; (MUS) Komposition f; (TYPO) Setzen nt; **de bonne ~** (accommodant) verträglich

compost [kɔ̃pɔst] m Kompost m

compostage [kɔ̃pɔstaʒ] m (de billet) Entwerten nt; (de terre) Kompostierung f; **composter** ⟨1⟩ vt (billet) entwerten;

composteur m Entwerter m
compote [kɔ̃pɔt] f Kompott nt; **compotier** m Kompottschale f
compréhensible [kɔ̃preɑ̃sibl(ə)] adj verständlich; **compréhensif, -ive** adj verständnisvoll; **compréhension** f Verständnis nt
comprendre ⟨13⟩ [kɔ̃prɑ̃dʀ(ə)] vt verstehen; (se composer de) umfassen, enthalten
compresse [kɔ̃pʀɛs] f Kompresse f, Umschlag m
compression [kɔ̃pʀesjɔ̃] f (a. INFORM) Kompression f; (de substance) Zusammenpressen nt; (de crédit) Kürzung f; (des effectifs) Verringerung f
comprimé, e [kɔ̃pʀime] 1. adj air ~ Pressluft f 2. m Tablette f; ~ **effervescent** Brausetablette
comprimer ⟨1⟩ [kɔ̃pʀime] vt (air) komprimieren, verdichten; (substance) zusammenpressen; (crédit) kürzen, einschränken; (effectifs) verringern
compris, e [kɔ̃pʀi, iz] 1. pp de **comprendre** 2. adj (inclus) enthalten, einbezogen; (COM) inklusive; ~ **entre** (situé) gelegen zwischen; **la maison ~e, y ~ la maison** einschließlich des Hauses, mit(samt) dem Haus; **la maison non ~e** das Haus nicht mitgerechnet, ohne das Haus
compromettre [kɔ̃pʀɔmɛtʀ(ə)] irr comme mettre vt (personne) kompromittieren; (plan, chances) gefährden
compromis [kɔ̃pʀɔmi] m Kompromiss m
comptabiliser ⟨1⟩ [kɔ̃tabilize] vt verbuchen
comptabilité [kɔ̃tabilite] f (activité, technique) Buchführung f, Buchhaltung f; (comptes) Geschäftsbücher pl; (service) Buchhaltung f
comptable [kɔ̃tabl(ə)] mf Buchhalter(in) m(f)
comptant [kɔ̃tɑ̃] adv acheter ~ gegen bar kaufen; **payer** ~ bar (be)zahlen
compte [kɔ̃t] m Zählung f; (total, montant) Betrag m, Summe f; (bancaire) Konto nt; (facture) Rechnung f; ~**s** mpl Geschäftsbücher pl; **à bon** ~ günstig; **avoir son** ~ genug haben; **en fin de** ~ letztlich; **pour le** ~ **de qn** für jdn; **rendre** ~ **(à qn) de qch** (jdm) über etw akk Rechenschaft ablegen; **travailler à son** ~ selbstständig sein; ~ **chèque postal** Postscheckkonto, Postgirokonto; ~ **courant** Girokonto; ~ **de dépôt** Sparkonto; ~ **à rebours** Count-down nt o m; **compter** ⟨1⟩ [kɔ̃te] 1. vt zählen; (facturer) berechnen; (avoir à son actif) (für sich) verbu-

chen; (comporter) haben 2. vi (calculer) zählen, rechnen; (être économe) rechnen, haushalten; (être non négligeable) zählen, wichtig sein; ~ **avec/sans qch/qn** mit etw/jdm rechnen/nicht rechnen; ~ **parmi** (figurer) zählen zu; ~ **pour rien** (valoir) nichts gelten; ~ **réussir/revenir** (espérer) hoffen [o damit rechnen] Erfolg zu haben/wiederzukehren; ~ **sur** rechnen mit, sich verlassen auf +akk; **sans** ~ **que** abgesehen davon, dass; **compte-rendu** (comptes-rendus) m (Rechenschafts)bericht m; **compte-tours** m inv Drehzahlmesser m, Tourenzähler m; **compteur** m Zähler m; ~ **Geiger** Geigerzähler
comptine [kɔ̃tin] f Abzählvers m
comptoir [kɔ̃twaʀ] m (de magasin) Ladentisch m; (de café) Theke f
compulser ⟨1⟩ [kɔ̃pylse] vt (livre, notes, etc) konsultieren
comte, comtesse [kɔ̃t, kɔ̃tɛs] m, f Graf (Gräfin) m(f)
con, ne [kɔ̃, kɔn] 1. adj (fam) bescheuert, doof; **c'est trop ~!** zu dumm! 2. m, f Idiot(in) m(f)
concave [kɔ̃kav] adj konkav
concéder ⟨5⟩ [kɔ̃sede] vt ~ **qch à qn** jdm etw zugestehen; ~ **que** zugeben, dass
concentration [kɔ̃sɑ̃tʀasjɔ̃] f Konzentration f
concentré, e [kɔ̃sɑ̃tʀe] 1. adj konzentriert 2. m (de tomate) Püree nt; (d'orange) Konzentrat nt
concentrer ⟨1⟩ [kɔ̃sɑ̃tʀe] 1. vt konzentrieren; (pouvoirs) vereinigen, vereinen; (population) versammeln 2. vpr **se** ~ sich konzentrieren
concept [kɔ̃sɛpt] m Begriff m
concepteur, trice [kɔ̃sɛptœʀ, tʀis] m, f ~ **Web** Webdesigner(in) m(f)
conception [kɔ̃sɛpsjɔ̃] f Konzeption f; (création) Gestaltung f, Design nt; (d'un enfant) Empfängnis f; ~ **assistée par ordinateur** (INFORM) computer-aided design nt, computerunterstützter Entwurf
concernant [kɔ̃sɛʀnɑ̃] prep betreffend +akk
concerner ⟨1⟩ [kɔ̃sɛʀne] vt angehen, betreffen; **en ce qui concerne** bezüglich [o hinsichtlich] +gen
concert [kɔ̃sɛʀ] m Konzert nt; **de** ~ in Übereinstimmung, gemeinsam
concertation [kɔ̃sɛʀtasjɔ̃] f Meinungsaustausch m; (rencontre) Treffen nt
concerter ⟨1⟩ [kɔ̃sɛʀte] vpr **se** ~ sich absprechen

concerto [kɔsɛrto] m Konzert nt

concession [kɔsesjɔ̃] f Zugeständnis nt; (de terrain, d'exploitation) Konzession f; **concessionnaire** [kɔsesjɔnɛR] mf Inhaber(in) m(f) einer Konzession

concevable [kɔs(ə)vabl] adj denkbar

concevoir ⟨12⟩ [kɔs(ə)vwaR] vt sich dat ausdenken, konzipieren; (enfant) empfangen

concierge [kɔsjɛRʒ(ə)] mf Hausmeister(in) m(f)

concile [kɔsil] m Konzil nt

conciliabule [kɔsiljabyl] m vertrauliche Unterredung

concilier ⟨1⟩ [kɔsilje] vt in Einklang bringen, miteinander vereinbaren

concis, e [kɔsi, iz] adj kurz, knapp, präzis(e)

concitoyen, ne [kɔsitwajɛ̃, ɛn] m, f Mitbürger(in) m(f)

concluant, e [kɔklyɑ̃, ɑ̃t] adj schlüssig, überzeugend

conclure [kɔklyR] irr 1. vt schließen; ~ **qch de qch** (déduire) etw aus etw schließen [o folgern] 2. vi ~ **à** (JUR) sich aussprechen für

conclusion [kɔklyzjɔ̃] f (raisonnement) Schluss m

concocter ⟨1⟩ [kɔkɔkte] vt zusammenbrauen

concombre [kɔkɔ̃bR(ə)] m (Salat)gurke f

concordance [kɔkɔRdɑ̃s] f Übereinstimmung f; **la ~ des temps** (LING) die Zeitenfolge

concorde [kɔkɔRd(ə)] f Eintracht f

concorder ⟨1⟩ [kɔkɔRde] vi übereinstimmen

concourir [kɔkuRiR] irr comme courir vi, vt ~ **à** beitragen zu

concours [kɔkuR] m (SPORT) Wettkampf m; (SCOL) (Auswahl)prüfung f; (assistance) Hilfe f, Unterstützung f; **apporter son ~ à** beitragen zu; ~ **de circonstances** Zusammentreffen nt von Umständen

concret, -ète [kɔkRɛ, ɛt] adj konkret

conçu, e [kɔsy] pp de **concevoir**

concubinage [kɔkybinaʒ] m eheähnliche Gemeinschaft

concurremment [kɔkyRamɑ̃] adv gleichzeitig

concurrence [kɔkyRɑ̃s] f Konkurrenz f; **jusqu'à ~ de** bis zur Höhe von; ~ **déloyale** unlauterer Wettbewerb; **concurrencer** ⟨2⟩ [kɔkyRɑ̃se] vt Konkurrenz machen +dat; **concurrent, e** [kɔkyRɑ̃, ɑ̃t] m, f (SPORT) Teilnehmer(in) m(f); (ECON) Konkurrent(in) m(f)

condamnation [kɔ̃danasjɔ̃] f Verurteilung f

condamné, e [kɔ̃dane] m, f Verurteilte(r) mf

condamner ⟨1⟩ [kɔ̃dane] vt verurteilen; (porte, ouverture) (auf Dauer) versperren; (malade) aufgeben; ~ **qn à 2 ans de prison** jdn zu 2 Jahren Freiheitsstrafe verurteilen; ~ **qn à faire qch** jdn dazu verurteilen [o verdammen], etw zu tun; ~ **qn à qch** (obliger) jdn zu etw verurteilen

condensateur [kɔ̃dɑ̃satœR] m Kondensator m

condensation [kɔ̃dɑ̃sasjɔ̃] f Kondensation f

condenser ⟨1⟩ [kɔ̃dɑ̃se] vt (discours, texte) zusammenfassen, komprimieren; (gaz, etc) kondensieren 2. vpr **se ~** kondensieren

condescendre ⟨14⟩ [kɔ̃desɑ̃dR(ə)] vi ~ **à qch** sich zu etw herablassen

condiment [kɔ̃dimɑ̃] m Gewürz nt

condisciple [kɔ̃disipl(ə)] mf (d'école) Schulkamerad(in) m(f); (d'université, etc) Kommilitone(-tonin) m(f)

condition [kɔ̃disjɔ̃] f Bedingung f; (rang social) Stand m, Rang m; (INFORM) Zustand m; ~**s** fpl Bedingungen pl; **à ~ de/que** vorausgesetzt, dass; **sans ~** bedingungslos; **sous ~ de/que** unter dem Vorbehalt, dass; ~ **sine qua non** unerlässliche Voraussetzung; **conditionné, e** [kɔ̃disjɔne] adj **air ~** Klimaanlage f

conditionnel, le [kɔ̃disjɔnɛl] 1. adj bedingt 2. m (LING) Konditional nt

conditionnement [kɔ̃disjɔnmɑ̃] m (emballage) Verpackung f, Präsentation f

conditionner ⟨1⟩ [kɔ̃disjɔne] vt (déterminer) bestimmen; (COM) verpacken, präsentieren

condoléances [kɔ̃dɔleɑ̃s] fpl Beileid nt

conducteur, -trice [kɔ̃dyktœR, tRis] 1. adj (ELEC) leitend 2. m, f (de véhicule) Fahrer(in) m(f)

conduire [kɔ̃dɥiR] irr 1. vt führen; (véhicule) fahren 2. vpr **se ~** sich benehmen, sich betragen 3. vi ~ **à** (fig) führen zu

conduit [kɔ̃dɥi] m (TECH) Leitung f, Rohr nt; (ANAT) Gang m, Kanal m

conduite [kɔ̃dɥit] f (comportement) Verhalten nt, Benehmen nt; (d'eau, gaz) Rohr nt; ~ **à gauche** (AUTO) Linkssteuerung f; ~ **intérieure** Limousine f

cône [kon] m Kegel m

confection [kɔ̃fɛksjɔ̃] f (fabrication) Herstellung f; **la ~** (en couture) die Konfek-

tion, die Bekleidungsindustrie; **confec-tionner** ⟨1⟩ [kɔ̃fɛksjɔne] *vt* herstellen
confédération [kɔ̃federasjɔ̃] *f (POL)* Bündnis *nt*, Bund *m*, Konföderation *f*
conférence [kɔ̃ferɑ̃s] *f (exposé)* Vortrag *m*; *(pourparlers)* Konferenz *f*; ~ **de presse** Pressekonferenz
conférencier, -ière [kɔ̃ferɑ̃sje, ɛR] *m* Redner(in) *m(f)*
conférer ⟨5⟩ [kɔ̃fere] *vt* ~ **qch à qn/qch** jdm/einer Sache etw verleihen
confesser ⟨1⟩ [kɔ̃fese] **1.** *vt* gestehen, zugeben; *(REL)* beichten **2.** *vpr* **se** ~ *(REL)* beichten; **confesseur** *m* Beichtvater *m*; **confession** *f (REL)* Beichte *f*; *(culte)* Konfession *f*, (Glaubens)bekenntnis *nt*
confessionnal (-aux) [kɔ̃fesjɔnal, o] *m* Beichtstuhl *m*
confessionnel, le [kɔ̃fesjɔnɛl] *adj* kirchlich
confetti [kɔ̃feti] *m* Konfetti *nt*
confiance [kɔ̃fjɑ̃s] *f* Vertrauen *nt*; **avoir** ~ **en** Vertrauen haben zu, vertrauen +*dat*; **question/vote de** ~ Vertrauensfrage *f*/ -votum *nt*; **confiant, e** [kɔ̃fjɑ̃, ɑ̃t] *adj* vertrauensvoll
confidence [kɔ̃fidɑ̃s] *f* **une** ~ eine vertrauliche Mitteilung; **confident, e** *m, f* Vertrauter(r) *mf*; **confidentiel, le** [kɔ̃fidɑ̃sjɛl] *adj* vertraulich
confier ⟨1⟩ [kɔ̃fje] **1.** *vt* ~ **qch à qn** *(en dépôt, garde)* jdm etw anvertrauen; *(travail, responsabilité)* jdn mit etw betrauen **2.** *vpr* **se** ~ **à qn** sich jdm anvertrauen
configuration [kɔ̃figyrasjɔ̃] *f* Beschaffenheit *f*; *(INFORM)* Konfiguration *f*
confiner ⟨1⟩ [kɔ̃fine] **1.** *vi* ~ **à** grenzen an +*akk* **2.** *vpr* **se** ~ **dans/à** sich zurückziehen in +*akk*/sich beschränken auf +*akk*; **confins** [kɔ̃fɛ̃] *mpl* **aux** ~ **de** *(région)* am äußersten Ende von
confirmation [kɔ̃firmasjɔ̃] *f* Bestätigung *f*; *(catholique)* Firmung *f*; *(protestante)* Konfirmation *f*
confirmer ⟨1⟩ [kɔ̃firme] *vt* bestätigen
confiserie [kɔ̃fizri] *f (magasin)* Süßwarenladen *m*; *(bonbon)* Süßigkeit *f*; **confiseur, -euse** [kɔ̃fizœr, øz] *m, f* Konditor(in) *m(f)*
confisquer ⟨1⟩ [kɔ̃fiske] *vt* beschlagnahmen, konfiszieren
confit, e [kɔ̃fi, it] **1.** *adj* **fruits** ~**s** kandierte Früchte *pl* **2.** *m* ~ **d'oie** eingemachte [*o* eingelegte] Gans
confiture [kɔ̃fityR] *f* Marmelade *f*
conflit [kɔ̃fli] *m* Konflikt *m*
confluent [kɔ̃flyɑ̃] *m* Zusammenfluss *m*

confondre ⟨14⟩ [kɔ̃fɔ̃dR(ə)] *vt* verwechseln; *(dates, faits)* durcheinander bringen; *(témoin)* verwirren, aus der Fassung bringen; *(menteur)* der Lüge überführen
conforme [kɔ̃fɔrm(ə)] *adj* ~ **à** entsprechend +*dat*, übereinstimmend mit; **copie certifiée** ~ beglaubigte Abschrift; **conformément** *adv* ~ **à** entsprechend +*dat*, gemäß +*dat*; **conformer** ⟨1⟩ **1.** *vt* ~ **qch à** etw anpassen an +*akk* **2.** *vpr* **se** ~ **à** sich anpassen an +*akk*, sich richten nach; **conformisme** *m* Konformismus *m*; **conformité** *f* Übereinstimmung *f*
confort [kɔ̃fɔr] *m* Komfort *m*; **tout** ~ *(COM)* mit allem Komfort; **confortable** *adj (fauteuil, etc)* bequem; *(hôtel)* komfortabel; *(somme)* ausreichend
conforter ⟨1⟩ [kɔ̃fɔrte] *vt* bestärken
confrère [kɔ̃frɛr] *m* (Berufs)kollege *m*
confrontation [kɔ̃frɔ̃tasjɔ̃] *f* Konfrontation *f*
confronter ⟨1⟩ [kɔ̃frɔ̃te] *vt* gegenüberstellen
confus, e [kɔ̃fy, yz] *adj (vague)* wirr, verworren; *(embarrassé)* verwirrt, verlegen; **confusion** [kɔ̃fyzjɔ̃] *f (caractère confus)* Verworrenheit *f*; *(erreur)* Verwechslung *f*; *(embarras)* Verlegenheit *f*
congé [kɔ̃ʒe] *m (vacances)* Urlaub *m*; *(avis de départ)* Kündigung *f*; **donner son** ~ **à qn** jdm kündigen; **en** ~ im Urlaub; **être en** ~ **de maladie** krankgeschrieben sein; **j'ai deux semaines/un jour de** ~ ich habe zwei Wochen/einen Tag frei; **prendre** ~ **de qn** sich von jdm verabschieden; ~ **de maternité** Mutterschaftsurlaub; ~**s payés** bezahlter Urlaub
congédier ⟨1⟩ [kɔ̃ʒedje] *vt* entlassen
congélateur [kɔ̃ʒelatœr] *m* Gefriertruhe *f*; *(compartiment)* Tiefkühlfach *nt*; **congélation** [kɔ̃ʒelasjɔ̃] *f (de l'eau)* Gefrieren *nt*; *(d'aliments)* Einfrieren *nt*; **congeler** ⟨4⟩ [kɔ̃ʒ(ə)le] *vt* einfrieren
congénital, e (-aux) [kɔ̃ʒenital, o] *adj* angeboren
congère [kɔ̃ʒɛr] *f* Schneewehe *f*
congestion [kɔ̃ʒɛstjɔ̃] *f* Stau *m*; ~ **pulmonaire/cérébrale** Lungenentzündung *f*/ Schlaganfall *m*; **congestionner** ⟨1⟩ *vt (rue)* verstopfen; **avoir le visage congestionné** ein rotes Gesicht haben
Congo [kɔ̃go] *m* **le** ~ der Kongo
congrégation [kɔ̃gregasjɔ̃] *f (REL)* Bruderschaft *f*
congrès [kɔ̃grɛ] *m* Kongress *m*, Tagung *f*
conifère [kɔnifɛr] *m* Nadelbaum *m*
conique [konik] *adj* konisch, kegelförmig

conjecture [kɔ̃ʒɛktyʀ] f Vermutung f
conjoint, e [kɔ̃ʒwɛ̃, ɛ̃t] **1.** adj gemeinsam **2.** m Ehegatte(-gattin) m(f)
conjonctif, -ive [kɔ̃ʒɔ̃ktif, iv] adj tissu ~ Bindegewebe nt
conjonction [kɔ̃ʒɔ̃ksjɔ̃] f (LING) Konjunktion f, Bindewort nt
conjonctivite [kɔ̃ʒɔ̃ktivit] f Bindehautentzündung f
conjoncture [kɔ̃ʒɔ̃ktyʀ] f Umstände pl, Lage f; (ÉCON) Konjunktur f; **conjoncturel, le** [kɔ̃ʒɔ̃ktyʀɛl] adj Konjunktur-
conjugaison [kɔ̃ʒygɛzɔ̃] f (LING) Konjugation f
conjugal, e (-aux) [kɔ̃ʒygal, o] adj ehelich
conjuguer ⟨1⟩ [kɔ̃ʒyge] vt (LING) konjugieren, beugen; (efforts, etc) vereinigen
conjuré, e [kɔ̃ʒyʀe] m, f Verschwörer(in) m(f)
conjurer ⟨1⟩ [kɔ̃ʒyʀe] vt (sort, maladie) abwenden; ~ **qn de faire qch** jdn beschwören, etw zu tun
connaissance [kɔnɛsɑ̃s] f (personne connue) Bekanntschaft f, Bekannte(r) mf; ~**s** fpl Wissen nt, Kenntnisse pl; **à ma** ~ meines Wissens, soviel ich weiß; **avoir** ~ **de** (fait, document) Kenntnis haben von; **en** ~ **de cause** in Kenntnis der Sachlage; **être sans/perdre** ~ bewusstlos sein/werden; **prendre** ~ **de qch** (fait) etw zur Kenntnis nehmen; (document) etw durchlesen; ~**s stockées** gespeichertes Wissen
connaisseur, -euse [kɔnɛsœʀ, øz] m, f Kenner(in) m(f)
connaître [kɔnɛtʀ(ə)] irr **1.** vt kennen; ~ **le succès/une fin tragique** Erfolg haben/ein tragisches Ende nehmen; ~ **qn de nom/vue** jdn dem Namen nach/vom Sehen kennen **2.** vpr **ils se sont connus à Heidelberg** sie haben sich in Heidelberg kennen gelernt
connard, connasse [kɔnaʀ, as] m, f (vulg) blöde Sau
connecté, e [kɔnɛkte] adj (INFORM) angeschlossen; (en ligne) online, Online-; **connecter** ⟨1⟩ vt anschließen; ~ **en réseau** (INFORM) vernetzen; **connecteur** m (INFORM) Steckplatz m
connerie [kɔnʀi] f (fam) Blödsinn m
connu, e [kɔny] **1.** pp de **connaître 2.** adj bekannt
conquérir [kɔ̃keʀiʀ] irr comme acquérir vt erobern; (droit) erwerben, erkämpfen
conquête [kɔ̃kɛt] f Eroberung f
consacré, e [kɔ̃sakʀe] adj (REL) geweiht; (terme) üblich
consacrer ⟨1⟩ [kɔ̃sakʀe] **1.** vt (REL) weihen; (usage, etc) sanktionieren; ~ **qch à qch** (employer) etw einer Sache dat widmen; ~ **son temps/argent à faire qch** seine Zeit darauf/sein Geld dazu verwenden, etw zu tun **2.** vpr **se** ~ **à qch** sich einer Sache dat widmen
consanguin, e [kɔ̃sɑ̃gɛ̃, in] adj blutsverwandt
conscience [kɔ̃sjɑ̃s] f (sentiment, perception) Bewusstsein nt; (siège du jugement moral) Gewissen nt; **avoir bonne/mauvaise** ~ ein gutes/schlechtes Gewissen haben; **avoir/prendre** ~ **de qch** sich dat einer Sache gen bewusst sein/werden; **perdre** ~ das Bewusstsein verlieren, ohnmächtig werden; ~ **professionnelle** Berufsethos nt; **consciencieux, -euse** [kɔ̃sjɑ̃sjø, øz] adj gewissenhaft; **conscient, e** adj (MÉD) bei Bewusstsein; ~ **de qch** einer Sache gen bewusst
conscrit [kɔ̃skʀi] m Wehrpflichtige(r) m, Rekrut m
consécutif, -ive [kɔ̃sekytif, iv] adj aufeinander folgend; ~ **à qch** nach etw
conseil [kɔ̃sɛj] m (avis) Rat m, Ratschlag m; (assemblée) Rat m, Versammlung f; **prendre** ~ **(auprès de qn)** sich dat (bei jdm) Rat holen; **tenir** ~ sich beraten; (se réunir) eine Sitzung abhalten; ~ **d'administration** Aufsichtsrat; ~ **cantonal** Kantonsrat; **Conseil de l'Europe** Europarat; ~ **des ministres** Ministerrat; ~ **municipal** Stadtrat/Gemeinderat

---

Conseil général

Ein Conseil général ist eine gewählte Versammlung in jedem „département" und besteht aus conseillers généraux, die wiederum jeweils einen „canton" vertreten. Ein Conseil ist für sechs Jahre gewählt und die Hälfte der Ratsmitglieder werden alle drei Jahre neu gewählt. Die Aufgaben des Conseil général umfassen Verwaltungsangelegenheiten, wie Personalfragen, Infrastruktur, Wohnungsbau und wirtschaftliches Wachstum.

---

conseiller ⟨1⟩ vt ~ **qn** jdn beraten, jdm einen Rat geben; ~ **qch à qn** jdm etw raten [o empfehlen]; ~ **qn** etw raten; **conseiller, -ère** [kɔ̃seje, ɛʀ] m, f Ratgeber(in) m(f), Berater(in) m(f); ~ **en entreprise** Unternehmensberater; ~ **municipal** Stadtrat m; ~ **d'orientation** Berufsberater
consentement [kɔ̃sɑ̃tmɑ̃] m Zustimmung f, Einwilligung f
consentir ⟨8⟩ [kɔ̃sɑ̃tiʀ] vt ~ **à faire qch** sich einverstanden erklären, etw zu tun;

~ **à qch** einer Sache *dat* zustimmen, in etw *akk* einwilligen

conséquence [kɔ̃sekɑ̃s] *f* Folge *f*, Konsequenz *f*; **en** ~ (*donc*) folglich; (*de façon appropriée*) entsprechend; **tirer/ne pas tirer à** ~ Folgen/keine Folgen haben; **conséquent, e** *adj* konsequent; **par** ~ folglich

conservateur, -trice [kɔ̃sɛʀvatœʀ, tʀis] **1.** *adj* (*traditionaliste*) konservativ **2.** *m* (*de musée*) Kustos *m*

conservation [kɔ̃sɛʀvasjɔ̃] *f* (*préservation*) Erhaltung *f*; (*d'aliments*) Konservierung *f*; (*à la maison*) Einmachen *nt*

conservatoire [kɔ̃sɛʀvatwaʀ] *m* (*de musique*) Konservatorium *nt*

conserve [kɔ̃sɛʀv(ə)] *f* Konserve *f*; **en** ~ Dosen-, Büchsen-; **de** ~ (*ensemble*) gemeinsam

conserver ⟨1⟩ [kɔ̃sɛʀve] *vt* (*aliments*) konservieren; (*à la maison*) einmachen; (*amis, espoir*) behalten; (*habitude*) beibehalten; **bien conservé(e)** gut erhalten

considérable [kɔ̃sideʀabl(ə)] *adj* beträchtlich

considération [kɔ̃sideʀasjɔ̃] *f* Überlegung *f*; (*idée*) Gedanke *m*; (*estime*) Achtung *f*; **prendre en** ~ in Erwägung ziehen, bedenken

considérer ⟨5⟩ [kɔ̃sideʀe] *vt* (*étudier, regarder*) betrachten; (*tenir compte de*) bedenken, berücksichtigen; ~ **qch comme** (*juger*) etw halten für; ~ **que** (*estimer*) meinen, dass

consigne [kɔ̃siɲ] *f* (*de bouteilles, d'emballages*) Pfand *nt*; (*de gare*) Gepäckaufbewahrung *f*; (*SCOL, MIL*) Arrest *m*; ~ (**automatique**) Schließfach *nt*; **consigné, e** [kɔ̃siɲe] *adj* (*bouteille*) Pfand-; (*emballage*) mit Pfand; **non** ~ Einweg-; **consigner** ⟨1⟩ [kɔ̃siɲe] *vt* (*noter*) notieren; (*soldat, élève*) Arrest geben +*dat*; (*emballage*) ein Pfand berechnen für

consistance [kɔ̃sistɑ̃s] *f* (*d'une substance*) Konsistenz *f*

consistant, e [kɔ̃sistɑ̃, ɑ̃t] *adj* fest

consister ⟨1⟩ [kɔ̃siste] *vi* ~ **à faire qch** darin bestehen, etw zu tun; ~ **en** bestehen aus

consœur [kɔ̃sœʀ] *f* (Berufs)kollegin *f*

consolation [kɔ̃sɔlasjɔ̃] *f* Trost *m*

console [kɔ̃sɔl] *f* (*d'ordinateur*) Kontrollpult *nt*; (*meuble*) Konsole *f*; ~ **de jeux** Spielekonsole *f*; ~ **de mixage** Mischpult *nt*

consoler ⟨1⟩ [kɔ̃sɔle] **1.** *vt* (*personne*) trösten **2.** *vpr* **se** ~ (**de qch**) (über etw *akk*) hinwegkommen

consolider ⟨1⟩ [kɔ̃sɔlide] *vt* (*maison*) befestigen; (*meuble*) verstärken

consommateur, -trice [kɔ̃sɔmatœʀ, tʀis] *m, f* Verbraucher(in) *m(f)*; (*dans un café*) Gast *m*

consommation [kɔ̃sɔmasjɔ̃] *f* (*boisson*) Verzehr *m*, Getränk *nt*; ~ **de 10 litres aux 100 km** (Treibstoff)verbrauch *m* von 10 l auf 100 km

consommé, e [kɔ̃sɔme] **1.** *adj* vollendet, vollkommen **2.** *m* (*potage*) Kraftbrühe *f*

consommer ⟨1⟩ [kɔ̃sɔme] **1.** *vt* verbrauchen **2.** *vi* (*dans un café*) etwas verzehren, etwas zu sich nehmen

consonne [kɔ̃sɔn] *f* Konsonant *m*, Mitlaut *m*

consortium [kɔ̃sɔʀsjɔm] *m* Konsortium *nt*; ~ **industriel** Industriekonzern *m*

conspirateur, -trice [kɔ̃spiʀatœʀ, tʀis] *m, f* Verschwörer(in) *m(f)*

conspiration [kɔ̃spiʀasjɔ̃] *f* Verschwörung *f*

conspirer ⟨1⟩ [kɔ̃spiʀe] *vi* sich verschwören; **tout conspire à faire qch** alles kommt zusammen, um etw zu tun

constamment [kɔ̃stamɑ̃] *adv* andauernd

constant, e [kɔ̃stɑ̃, ɑ̃t] *adj* (*personne*) standhaft; (*efforts*) beständig; (*température*) gleich bleibend; (*augmentation*) konstant

constat [kɔ̃sta] *m* Bericht *m*; (*procès-verbal*) Protokoll *nt*

constatation [kɔ̃statasjɔ̃] *f* Feststellung *f*

constater ⟨1⟩ [kɔ̃state] *vt* feststellen

constellation [kɔ̃stelasjɔ̃] *f* (*ASTR*) Konstellation *f*

consternant, e [kɔ̃stɛʀnɑ̃, ɑ̃t] *adj* bestürzend; **consternation** [kɔ̃stɛʀnasjɔ̃] *f* Bestürzung *f*; **consterner** ⟨1⟩ *vt* bestürzen

constipation [kɔ̃stipasjɔ̃] *f* Verstopfung *f*; **constipé, e** *adj* verstopft; **constiper** ⟨1⟩ [kɔ̃stipe] *vt* verstopfen

constitué, e [kɔ̃stitɥe] *adj* **être** ~ **de** bestehen aus

constituer ⟨1⟩ [kɔ̃stitɥe] **1.** *vt* (*comité, équipe*) bilden, aufstellen; (*dossier, collection*) zusammenstellen; (*éléments, parties*) bilden, ausmachen; ~ **une menace/un début** eine Bedrohung/ein Anfang sein **2.** *vpr* **se** ~ **prisonnier** sich stellen

constitution [kɔ̃stitysjɔ̃] *f* (*composition*) Zusammensetzung *f*; (*santé*) Konstitution *f*, Gesundheit *f*; (*POL*) Verfassung *f*

constructeur [kɔ̃stʀyktœʀ] *m* (*de voitures*) Hersteller(in) *m(f)*; (*de bateaux*) Schiffsbauer(in) *m(f)*

construction [kɔ̃stʀyksjɔ̃] *f* Bau *m*

construire [kɔ̃stʀɥiʀ] *irr comme conduire vt*
(*bâtiment, pont, navire*) bauen; (*phrase*)
konstruieren; (*théorie*) entwickeln; (*histoire*) sich *dat* ausdenken

consul [kɔ̃syl] *m* Konsul *m*

consulat [kɔ̃syla] *m* Konsulat *nt*

consultant, e [kɔ̃syltɑ̃, ɑ̃t] *m, f* Berater(in) *m(f)*

consultation [kɔ̃syltasjɔ̃] *f* Konsultation *f*;
(*juridique, astrologie*) Beratung *f*; (MED)
Untersuchung *f*; (INFORM) Abfrage *f*; **~s** *fpl*
(POL) Gespräche *pl*; **heures de ~** (MED)
Sprechstunde *f*; **~ à distance** Fernabfrage

consulter ⟨1⟩ [kɔ̃sylte] **1.** *vt* (*médecin, avocat, conseiller*) konsultieren, zu Rate ziehen; (*dictionnaire, annuaire*) nachschlagen
in *+dat*; (*plan*) nachsehen auf *+dat*; (*baromètre, montre*) sehen auf *+akk* **2.** *vi* (*médecin*) Sprechstunde haben **3.** *vpr* **se ~** miteinander beraten

consumer ⟨1⟩ [kɔ̃syme] **1.** *vt* (*brûler*) verbrennen **2.** *vpr* **se ~ de chagrin/douleur**
sich vor Kummer/Schmerz verzehren

consumérisme [kɔ̃symeʀism] *m* Konsum *m*

contact [kɔ̃takt] *m* (*physique*) Kontakt *m*,
Berührung *f*; (*pl: rencontres, rapports*) Kontakte *pl*, Beziehungen *pl*; **entrer en ~**
(**avec**) sich in Verbindung setzen (mit);
mettre/couper le ~ (AUTO) den Motor
anlassen/ausschalten; **prendre** [o **se mettre en**] **~ avec qn** sich mit jdm in Verbindung setzen; **~ intime** Intimkontakt;
contacter ⟨1⟩ *vt* sich in Verbindung
setzen mit

contagieux, -euse [kɔ̃taʒjø, øz] *adj*
ansteckend

container [kɔ̃tɛnɛʀ] *m* Container *m*

contamination [kɔ̃taminasjɔ̃] *f* Infektion
f; (*de l'eau, etc*) Verseuchung *f*

contaminer ⟨1⟩ [kɔ̃tamine] *vt* (MED)
anstecken; (*eau, etc*) verseuchen

conte [kɔ̃t] *m* **~ de fées** Märchen *nt*

contempler ⟨1⟩ [kɔ̃tɑ̃ple] *vt* betrachten

contemporain, e [kɔ̃tɑ̃pɔʀɛ̃, ɛn] **1.** *adj* (*de
la même époque*) zeitgenössisch; (*actuel*)
heutig **2.** *m, f* Zeitgenosse(-genossin) *m(f)*

contenance [kɔ̃t(ə)nɑ̃s] *f* (*d'un récipient*)
Fassungsvermögen *nt*; (*attitude*) Haltung
f; **perdre ~** die Fassung verlieren; **se donner une ~** die Haltung bewahren

conteneur [kɔ̃t(ə)nœʀ] *m* Container *m*;
(*pour plantes*) Pflanzkübel *m*, Blumencontainer *m*; **~ à papier** Papiertonne *f*; **~ à
verre** (Alt)glascontainer

contenir ⟨9⟩ [kɔ̃t(ə)niʀ] **1.** *vt* enthalten;
(*capacité*) fassen **2.** *vpr* **se ~** sich beherr-

schen

content, e [kɔ̃tɑ̃, ɑ̃t] *adj* zufrieden; (*heureux*) froh; **~ de qn/qch** mit jdm/etw
zufrieden; **contenter** ⟨1⟩ **1.** *vt* (*personne*)
zufrieden stellen **2.** *vpr* **se ~ de** sich
begnügen mit

contenu [kɔ̃t(ə)ny] *m* Inhalt *m*

conter ⟨1⟩ [kɔ̃te] *vt* **en ~ à qn** jdn täuschen, jdm Lügengeschichten auftischen

contestation [kɔ̃testasjɔ̃] *f* **la ~** (POL) der
Protest

conteste [kɔ̃test(ə)] *adv* **sans ~** unbestreitbar

contester ⟨1⟩ [kɔ̃teste] **1.** *vt* in Frage stellen; (*droit*) abstreiten (*à qn* jdm) **2.** *vi* protestieren; **~ que** bestreiten, dass

contexte [kɔ̃tɛkst(ə)] *m* Zusammenhang
m

contigu, ë [kɔ̃tigy] *adj* aneinander grenzend, benachbart

continent [kɔ̃tinɑ̃] *m* (GEO) Kontinent *m*

contingences [kɔ̃tɛ̃ʒɑ̃s] *fpl* Eventualitäten
pl

continu, e [kɔ̃tiny] **1.** *adj* ständig, dauernd; (*ligne*) durchgezogen **2.** *m* (**courant**)
~ Gleichstrom *m*

continuation [kɔ̃tinɥasjɔ̃] *f* Fortsetzung *f*

continuel, le [kɔ̃tinɥɛl] *adj* ständig, dauernd

continuer ⟨1⟩ [kɔ̃tinɥe] **1.** *vt* (*travail*) weitermachen mit; (*voyage*) fortsetzen; (*prolonger*) verlängern **2.** *vi* nicht aufhören;
(*personne*) weitermachen; (*pluie, etc*)
andauern; (*vie*) weitergehen; **~ à** [o **de**]
faire qch etw weiter tun

contorsion [kɔ̃tɔʀsjɔ̃] *f* Verrenkung *f*

contour [kɔ̃tuʀ] *m* (*limite*) Kontur *f*,
Umriss *m*; **contourner** ⟨1⟩ *vt* umgehen

contraceptif [kɔ̃tʀaseptif] *m* Verhütungsmittel *nt*; **contraception** *f* Empfängnisverhütung *f*

contractant, e [kɔ̃tʀaktɑ̃, ɑ̃t] *m, f* Vertragspartner(in) *m(f)*

contracter ⟨1⟩ [kɔ̃tʀakte] **1.** *vt* (*muscle*)
zusammenziehen; (*visage*) verzerren;
(*maladie*) sich *dat* zuziehen; (*habitude*)
annehmen; (*dette*) machen; (*obligation*)
eingehen; (*assurance*) abschließen **2.** *vpr*
se ~ sich zusammenziehen; **contraction** [kɔ̃tʀaksjɔ̃] *f* (*spasme*) Krampf *m*; **~s**
fpl (*de l'accouchement*) Wehen *pl*

contractuel, le [kɔ̃tʀaktɥɛl] **1.** *adj* vertraglich **2.** *m* (*agent*) Verkehrspolizist (Politesse) *m(f)*

contradiction [kɔ̃tʀadiksjɔ̃] *f* Widerspruch *m*; **contradictoire** [kɔ̃tʀadiktwaʀ]
adj widersprüchlich; **débat ~** Debatte *f*,

Streitgespräch nt

contraindre [kɔ̃tʀɛ̃dʀ(ə)] irr comme craindre vt ~ **qn à faire qch** jdn dazu zwingen, etw zu tun; ~ **qn à qch** jdn zu etw zwingen; **contrainte** f Zwang m; **sans** ~ zwanglos

contraire [kɔ̃tʀɛʀ] **1.** adj (opposé) entgegengesetzt; ~ **à** (loi, raison) gegen +akk, wider +akk **2.** m Gegenteil nt; **au** ~ im Gegenteil

contralto [kɔ̃tʀalto] m (voix) Alt m; (personne) Altistin f

contrariant, e [kɔ̃tʀaʀjɑ̃, ɑ̃t] adj (personne) widerborstig; (incident) ärgerlich

contrarier ⟨1⟩ [kɔ̃tʀaʀje] vt (personne) ärgern; (mouvement, action) stören, behindern; (projets) durchkreuzen

contrariété [kɔ̃tʀaʀjete] f Unannehmlichkeit f, Widrigkeit f

contraste [kɔ̃tʀast(ə)] m Kontrast m, Gegensatz m; **contraster** ⟨1⟩ vi ~ (avec) kontrastieren (mit), im Gegensatz stehen zu

contrat [kɔ̃tʀa] m Vertrag m; ~ **à durée déterminé/indéterminé** Zeitvertrag/unbefristeter Vertrag; ~ **social** Sozialpakt m

contravention [kɔ̃tʀavɑ̃sjɔ̃] f (infraction) Verstoß m, Übertretung f; (amende) Bußgeld nt; (procès-verbal) (gebührenpflichtige) Verwarnung, Strafzettel m

contre [kɔ̃tʀ(ə)] prep gegen +akk; **par** ~ andererseits; **contre-attaquer** ⟨1⟩ vi zurückschlagen

contrebande [kɔ̃tʀəbɑ̃d] f (trafic) Schmuggel m; (marchandise) Schmuggelware f; **faire la** ~ **de qch** etw schmuggeln

contrebas [kɔ̃tʀəba] adv **en** ~ (weiter) unten

contrebasse [kɔ̃tʀəbas] f Kontrabass m

contrecarrer ⟨1⟩ [kɔ̃tʀəkaʀe] vt (projet) vereiteln, durchkreuzen; **contrecœur** adv **à** ~ widerwillig; **contrecoup** m (répercussion) indirekte Auswirkung; **contre-courant** adv **à** ~ gegen den Strom

contredire [kɔ̃tʀədiʀ] irr comme dire **1.** vt widersprechen +dat; (faits, réalité) im Widerspruch stehen zu **2.** vpr **se** ~ sich widersprechen

contre-espionnage [kɔ̃tʀɛspiɔnaʒ] m Spionageabwehr f; **contre-expertise** (contre-expertises) f zweites Sachverständigengutachten

contrefaçon [kɔ̃tʀəfasɔ̃] f Fälschung f; (d'article de marque) Produktpiraterie f; **contrefaire** irr comme faire vt fälschen; (personne, démarche) nachahmen, nachma-

chen; (dénaturer) entstellen

contrefort [kɔ̃tʀəfɔʀ] m (ARCHIT) Strebebogen m; (GEO) (Gebirgs)ausläufer pl

contre-indication (contre-indications) [kɔ̃tʀɛ̃dikasjɔ̃] f (MED) Kontraindikation f, Gegenanzeige f

contre-jour [kɔ̃tʀəʒuʀ] adv **à** ~ im Gegenlicht

contremaître [kɔ̃tʀəmɛtʀ(ə)] mf Vorarbeiter(in) m(f)

contremarque [kɔ̃tʀəmaʀk(ə)] f (ticket) Kontrollkarte f

contre-offensive (contre-offensives) [kɔ̃tʀɔfɑ̃siv] f (MIL) Gegenoffensive f, Gegenangriff m

contrepartie [kɔ̃tʀəpaʀti] f **en** ~ zum Ausgleich

contrepèterie [kɔ̃tʀəpetʀi] f Schüttelreim m

contre-pied [kɔ̃tʀəpje] m **prendre le** ~ **de** das Gegenteil tun/sagen von; **contreplaqué** [kɔ̃tʀəplake] m Sperrholz nt; **contrepoids** m Gegengewicht nt; **faire** ~ **à qch** etw ausgleichen, etw kompensieren; **contrepoint** [kɔ̃tʀəpwɛ̃] m Kontrapunkt m; **contreproductif, -ive** [kɔ̃tʀəpʀɔdyktif, iv] adj kontraproduktiv

contrer ⟨1⟩ [kɔ̃tʀe] vt (adversaire) sich widersetzen +dat; (CARTES) Kontra bieten +dat

contresens [kɔ̃tʀəsɑ̃s] m (interprétation) Fehldeutung f; (erreur) Unsinn m; **à** ~ verkehrt; in falscher Richtung; **contresigner** ⟨1⟩ vt gegenzeichnen; **contretemps** m (complication, ennui) Zwischenfall m; **à** ~ (MUS) in falschem Takt; (fig) zur Unzeit

contrevenir ⟨9⟩ [kɔ̃tʀəvniʀ] vi ~ **à** verstoßen gegen

contribuable [kɔ̃tʀibɥabl(ə)] mf Steuerzahler(in) m(f)

contribuer ⟨1⟩ [kɔ̃tʀibɥe] vt ~ **à** beitragen zu; (aux dépenses, frais) beisteuern zu; **contribution** f Beitrag m; ~**s directes/indirectes** direkte/indirekte Steuern pl; **mettre qn à** ~ jds Dienste in Anspruch nehmen; ~ **de solidarité** Solidaritätszuschlag m

contrôle [kɔ̃tʀol] m (vérification) Kontrolle f, Überprüfung f; (surveillance) Überwachung f; **perdre le** ~ **de son véhicule** die Kontrolle [o Herrschaft] über sein Fahrzeug verlieren; ~ **antipollution** (AUTO) Abgassonderuntersuchung f; ~ **de la concurrence** Wettbewerbskontrolle; ~ **d'identité** Ausweiskontrolle; ~ **de luminosité** Helligkeitsregler m; ~ **des naissances**

Geburtenkontrolle; ~ **radar** Radarkontrolle; ~ **technique** (de voiture) ≈ TÜV m;
~ **de vraisemblance** Plausibilitätskontrolle
contrôler ⟨1⟩ [kɔ̃trole] **1.** vt kontrollieren,
überprüfen; (surveiller) beaufsichtigen;
(COM) kontrollieren **2.** vpr **se** ~ sich
beherrschen; **contrôleur, -euse**
[kɔ̃trolœr, øz] **1.** m, f (de train) Schaff-
ner(in) m(f) **2.** m (INFORM) Steuergerät nt
contrordre [kɔ̃trɔrdr(ə)] m Gegenbefehl
m; **sauf** ~ bis auf weiteres
controversé, e [kɔ̃trɔverse] adj umstritten
contusion [kɔ̃tyzjɔ̃] f Quetschung f, Prellung f
conurbation [kɔnyrbasjɔ̃] f Ballungsgebiet nt
convaincant, e [kɔ̃vɛ̃kɑ̃, ɑ̃t] adj überzeugend
convaincre [kɔ̃vɛ̃kr(ə)] irr comme vaincre vt
~ **qn de qch** jdn von etw überzeugen;
(JUR) jdn einer Sache gen überführen
convaincu, e [kɔ̃vɛ̃ky] **1.** pp de convaincre
2. adj überzeugt
convalescence [kɔ̃valesɑ̃s] f Genesung f,
Rekonvaleszenz f; **maison de** ~ Erholungsheim nt
convenable [kɔ̃vnabl(ə)] adj anständig;
convenablement [kɔ̃vnabləmɑ̃] adv
(placé, choisi) gut; (s'habiller, s'exprimer)
passend; (payé, logé) anständig; **conve-
nance** [kɔ̃vnɑ̃s] f à votre ~ nach Ihrem
Belieben; **~s** fpl Anstand m; **convenir**
⟨9⟩ [kɔ̃vnir] vi ~ **à** (être approprié à) passen +dat, geeignet sein für; ~ **de** (admettre) zugeben; (fixer) vereinbaren; ~ **de
faire qch** übereinkommen, etw zu tun; **il
convient de faire qch** es empfiehlt sich,
etw zu tun; **il a été convenu que/de faire
qch** es wurde vereinbart, dass/etw zu
tun; **comme convenu** wie vereinbart
convention [kɔ̃vɑ̃sjɔ̃] f Abkommen nt,
Vereinbarung f; (assemblée) Konvent m;
~s fpl (gesellschaftliche) Konventionen
pl; **de** ~ konventionell; ~ **collective** Tarifvertrag m; ~ **de Schengen** Schengener
Abkommen; ~ **type** (JUR) Rahmenabkommen
conventionné, e [kɔ̃vɑ̃sjɔne] adj **médecin**
~ Kassenarzt(-ärztin) m(f)
convenu, e [kɔ̃vny] **1.** pp de convenir
2. adj vereinbart, festgesetzt
converger ⟨2⟩ [kɔ̃verʒe] vi konvergieren;
(efforts, idées) übereinstimmen; ~ **vers**
zustreben +dat
conversation [kɔ̃versasjɔ̃] f Unterhaltung
f; (INFORM) Dialog m; **il a de la** ~ er ist ein

guter Gesprächspartner; **converser** ⟨1⟩
vi sich unterhalten
conversion [kɔ̃versjɔ̃] f Umwandlung f;
(POL) Umbildung f; (REL) Bekehrung f;
(COM, INFORM) Konvertierung f; (SCOL)
Umschulung f; **convertir** ⟨8⟩ [kɔ̃vertir]
1. vt (données) konvertieren; ~ **qch en**
etw umwandeln in; ~ **qn** (à) jdn bekehren (zu) +akk **2.** vpr **se** ~ (à) konvertieren
(zu)
conviction [kɔ̃viksjɔ̃] f Überzeugung f
convier ⟨1⟩ [kɔ̃vje] vt ~ **qn à** jdn einladen zu; ~ **qn à faire qch** jdn auffordern,
etw zu tun
convive [kɔ̃viv] mf Gast m (bei Tisch)
convivial, e (-aux) [kɔ̃vivjal, o] adj
(INFORM) benutzerfreundlich; (personne,
réunion) gesellig
convocation [kɔ̃vɔkasjɔ̃] f (assemblée)
Einberufung f; (JUR) Vorladung f
convoi [kɔ̃vwa] m Konvoi m, Kolonne f;
(train) Zug m; ~ **funèbre** Leichenzug m
convoquer ⟨1⟩ [kɔ̃vɔke] vt (assemblée)
einberufen; (candidat) bestellen; (JUR)
laden
convoyeur [kɔ̃vwajœr] m (NAUT) Begleit-
schiff nt; ~ **de fonds** Sicherheitsbeamte(r)
m
convulsions [kɔ̃vylsjɔ̃] fpl (MED) Zuckun-
gen pl, Krämpfe pl
cookie [kuki] m Cookie nt
coopérant, e [kɔɔperɑ̃, ɑ̃t] m, f Entwick-
lungshelfer(in) m(f)
coopération [kɔɔperasjɔ̃] f (aide) Kooperation f, Unterstützung f; **la Coopération
militaire** (POL) die Entwicklungshilfe auf
militärischem Gebiet
coopérer ⟨5⟩ [kɔɔpere] vi zusammenarbeiten; ~ **à** mitarbeiten an +dat, beitragen zu
coordonné, e [kɔɔrdɔne] **1.** adj koordiniert **2.** m **~s** Kleidung f zum Kombinie-
ren **3.** f (LING) Nebensatz m; (détails personnels) Angaben pl
zur Person, Personalien pl
coparentalité [kɔparɑ̃talite] f gemeinsa-
mes Sorgerecht nt (bei getrennt lebenden
Eltern)
copain, copine [kɔpɛ̃, kɔpin] **1.** m, f
Freund(in) m(f), Kamerad(in) m(f) **2.** adj
être ~ **avec qn** mit jdm gut befreundet
sein
copie [kɔpi] f Kopie f; (feuille d'examen)
Blatt nt, Bogen m; (devoir) (Schul)arbeit
pour ~ **conforme** beglaubigte Kopie;
copier ⟨1⟩ [kɔpje] **1.** vt (a. INFORM) kopieren **2.** vi (SCOL) abschreiben; **copieur** m

Kopierer m, Kopiergerät nt

copieux, -euse [kɔpjø, øz] adj (repas) reichlich

copilote [kɔpilɔt] mf Kopilot(in) m(f); (AUTO) Beifahrer(in) m(f)

copine [kɔpin] f v. **copain**

coproduction [kɔprɔdyksjɔ̃] f Koproduktion f

copropriété [kɔprɔprijete] f Miteigentum nt, Mitbesitz m; **acheter un appartement en** ~ eine Eigentumswohnung erwerben

copyright [kɔpirajt] m Copyright nt

copyshop [kɔpiʃɔp] m Copyshop m

coq [kɔk] m Hahn m; **passer du** ~ **à l'âne** abrupt das Thema wechseln

coq-à-l'âne [kɔkalɑn] m inv abrupter Themawechsel

coque [kɔk] f (de noix) Schale f; (de bateau) Rumpf m; (mollusque) Muschel f; **à la** ~ (œuf) weich (gekocht)

coquelicot [kɔkliko] m (Klatsch)mohn m

coqueluche [kɔklyʃ] f (MED) Keuchhusten m

coquet, te [kɔkɛ, ɛt] adj (personne) kokett; (joli) hübsch, nett

coquetier [kɔk(ə)tje] m Eierbecher m

coquillage [kɔkijaʒ] m Muschel f

coquille [kɔkij] f (de noix, d'œuf) Schale f; (TYPO) Druckfehler m; ~ **Saint-Jacques** Jakobsmuschel f

coquin, e [kɔkɛ̃, in] adj schelmisch, spitzbübisch

cor [kɔr] m (MUS) Horn nt; **à** ~ **et à cri** (fig) lautstark; ~ **(au pied)** (MED) Hühnerauge nt; ~ **de chasse** Waldhorn, Jagdhorn

corail (-aux) [kɔraj, o] m Koralle f

Coran [kɔrɑ̃] m **le** ~ der Koran

corbeau (x) [kɔrbo] m Rabe m; (lettre anonyme) Verfasser m anonymer Briefe

corbeille [kɔrbɛj] f Korb m; (à la Bourse) Maklerbereich m; ~ **de mariage** Hochzeitsgeschenke pl; ~ **à pain** Brotkorb m; ~ **à papier** Papierkorb

corbillard [kɔrbijar] m Leichenwagen m

corde [kɔrd(ə)] f Seil nt, Strick m; (de violon, raquette) Saite f; (d'arc) Sehne f; (SPORT, AUTO) Innenseite f; **la** ~ (trame) der Faden; **les** ~**s** (MUS) die Streichinstrumente pl; ~**s vocales** Stimmbänder pl

cordeau (x) [kɔrdo] m Richtschnur f

cordée [kɔrde] f (d'alpinistes) Seilschaft f

cordial, e (-aux) [kɔrdjal, o] adj herzlich; **cordialement** adv herzlich; (formule épistolaire) mit herzlichen [o lieben] Grüßen

cordon [kɔrdɔ̃] m Schnur f; ~ **ombilical**

Nabelschnur; ~ **de police** Postenkette f, Polizeikordon m; ~ **sanitaire** Sperrgürtel m (um ein Seuchengebiet)

cordon-bleu (cordons-bleus) [kɔrdɔ̃blø] m ausgezeichneter Koch, ausgezeichnete Köchin

cordonnier, -ière [kɔrdɔnje, ɛr] m, f Schuster(in) m(f), Schuhmacher(in) m(f)

Corée [kɔre] f **la** ~ Korea nt; **coréen, ne** [kɔreɛ̃, ɛn] adj koreanisch; **Coréen, ne** m, f Koreaner(in) m(f)

Corfou [kɔrfu] (**l'île** f **de**) ~ Korfu nt

coriace [kɔrjas] adj (viande) zäh; (fig) hartnäckig

coriandre [kɔrjɑ̃dr] f Koriander m

cormoran [kɔrmɔrɑ̃] m Kormoran m

corne [kɔrn(ə)] f Horn nt

cornée [kɔrne] f Hornhaut f

corneille [kɔrnɛj] f Krähe f

cornélien, ne [kɔrneljɛ̃, ɛn] adj **un débat** ~ ein innerer Zwiespalt

cornemuse [kɔrnəmyz] f Dudelsack m

corner 1. [kɔrnɛr] m (FOOT) Eckball m 2. ⟨1⟩ [kɔrne] vt (livre) die Seitenecke (als Lesezeichen) umknicken

cornet [kɔrnɛ] m Tüte f; (de glace) Eistüte f; ~ **à piston** Kornett nt

cornette [kɔrnɛt] f (coiffure) Schwesternhaube f

corniche [kɔrniʃ] f Straße f im Küstengebirge

cornichon [kɔrniʃɔ̃] m Gewürzgürkchen nt

Cornouailles [kɔrnwaj] fpl **les** ~ Cornwall nt

corporation [kɔrpɔrasjɔ̃] f Innung f, Zunft f

corporel, le [kɔrpɔrɛl] adj Körper-; (douleurs) körperlich

corps [kɔr] m Körper m; (cadavre) Leiche f; (fig: d'un texte, discours) Hauptteil m; **à** ~ **perdu** blindlings, Hals über Kopf; **perdu** ~ **et biens** (bateau) mit Mann und Maus gesunken; **à son** ~ **défendant** widerwillig, ungern; **faire** ~ **avec** eine Einheit bilden mit; **le** ~ **du délit** die Tatwaffe; **le** ~ **diplomatique** das diplomatische Korps; **le** ~ **enseignant** der Lehrkörper; **le** ~ **électoral** die Wählerschaft; **prendre** ~ Gestalt annehmen; ~ **à** ~ Handgemenge nt; (MIL) Nahkampf m; ~ **d'armée** Armeekorps nt; ~ **de ballet** Balletttruppe f; ~ **étranger** Fremdkörper

corpulent, e [kɔrpylɑ̃, ɑ̃t] adj korpulent

correct, e [kɔrɛkt] adj korrekt; (exact) richtig; (passable) ausreichend; **correctement** adv richtig; **correcteur** m ~

orthographique Rechtschreibhilfe f; **correction** [kɔʀɛksjɔ̃] f Korrektur f, Verbesserung f; (qualité) Richtigkeit f, Korrektheit f; (rature, surcharge) Korrektur f; (coups) Züchtigung f, Hiebe pl

correctionnelle [kɔʀɛksjɔnɛl] f **la ~** die Strafkammer

corrélation [kɔʀelasjɔ̃] f Wechselbeziehung f, direkter Zusammenhang

correspondance [kɔʀɛspɔ̃dɑ̃s] f (analogie, rapport) Entsprechung f; (lettres) Korrespondenz f; (de train, d'avion) Anschluss m, Verbindung f; **ce train assure la ~ avec l'avion de 10h** mit diesem Zug hat man Anschluss an die 10-Uhr-Maschine; **~ commerciale** Handelskorrespondenz; **correspondant, e** m, f (épistolaire) Brieffreund(in) m(f); (journaliste) Korrespondent(in) m(f); **correspondre** ⟨14⟩ [kɔʀɛspɔ̃dʀ] vi (données) übereinstimmen; (chambres) miteinander verbunden sein; **~ à** (être en conformité avec) entsprechen +dat; **~ avec qn** mit jdm in Briefwechsel stehen

corrida [kɔʀida] f Stierkampf m

corridor [kɔʀidɔʀ] m Korridor m, Gang m

corriger ⟨2⟩ [kɔʀiʒe] vt korrigieren; (erreur, défaut) verbessern; (idée) richtig stellen; (punir) züchtigen

corroborer ⟨1⟩ [kɔʀɔbɔʀe] vt bekräftigen

corroder ⟨1⟩ [kɔʀɔde] vt (acide) zerfressen

corrompre ⟨14⟩ [kɔʀɔ̃pʀ(ə)] vt (soudoyer) bestechen; (dépraver) verderben, korrumpieren

corrosion [kɔʀozjɔ̃] f Korrosion f

corruption [kɔʀypsjɔ̃] f Korruption f

corsage [kɔʀsaʒ] m Bluse f

corse [kɔʀs] adj korsisch; **Corse 1.** f **la ~** Korsika nt **2.** mf Korse (Korsin) m(f)

corsé, e [kɔʀse] adj (vin, café) würzig; (affaire, problème) pikant, heikel

corset [kɔʀsɛ] m Korsett nt

cortège [kɔʀtɛʒ] m (escorte) Gefolge nt; (défilé) Zug m

cortisone [kɔʀtizɔn] f Kortison nt

corvée [kɔʀve] f lästige [o undankbare] Aufgabe f; (MIL) Arbeitsdienst m

cosmétique [kɔsmetik] m Kosmetikartikel m

cosmétologie [kɔsmetɔlɔʒi] f Schönheitspflege f

cosmique [kɔsmik] adj kosmisch

cosmonaute [kɔsmɔnot] mf Kosmonaut(in) m(f)

cosmopolite [kɔsmɔpɔlit] adj multikulturell; (personne) kosmopolitisch

cosmos [kɔsmos] m Kosmos m, Weltall n

cosse [kɔs] f (BOT) Hülse f, Schote f

cossu, e [kɔsy] adj (maison) prunkvoll, stattlich; (personne) wohlhabend

Costa Rica [kɔstaʀika] m **le ~** Costa Rica nt; **costaricien, ne** [kɔstaʀisjɛ̃, ɛn] adj costaricanisch; **Costaricien, ne** [kɔstaʀisjɛ̃, ɛn] m, f Costaricaner(in) m(f)

costaud, e [kɔsto, od] adj (fam: personne) stämmig, kräftig; (chose) unverwüstlich

costume [kɔstym] m (d'homme) Anzug m (de théâtre) Kostüm nt

cotation [kɔtasjɔ̃] f Notierung f

cote [kɔt] f (en Bourse) (Börsen)notierung f, Kursnotierung f; (d'un cheval) Gewinnchance f; (d'un candidat) Chance f; (altitude) Höhe f; **~ d'alerte** Hochwassermarke f

côte [kot] f (pente) Abhang m; (rivage) Küste f; (d'un tricot, ANAT) Rippe f; **~ à ~** Seite an Seite; **la Côte d'Azur** die Côte d'Azur (französische Riviera); **la ~ d'Ivoire** die Elfenbeinküste

côté [kote] m Seite f; **à ~** daneben, nebenan; **à ~ de** neben +dat; **de ~** (marcher, se tourner) zur Seite, seitwärts; (regarder) von der Seite; **de ce/de l'autre ~** au dieser/auf der anderen Seite; (mouvement) in diese/in die andere Richtung; **du ~ de** (nahe) bei +dat; in Richtung auf +akk ... zu; von ... her; **du ~ paternel** väterlicherseits; **de quel ~ est-il parti?** in welche Richtung ist er gefahren/gegangen?; **de tous les ~s** von allen Seiten; **être aux ~s de qn** bei jdm sein, jdm beistehen; **laisser de ~** beiseite lassen; **mettre de ~** (argent) auf die Seite legen; (marchandise) zurücklegen

coteau (x) [kɔto] m Hügel m, Anhöhe f

côtelé, e [kotle] adj gerippt; **velours ~** Kordsamt m

côtelette [kotlɛt] f Kotelett nt

coter ⟨1⟩ [kɔte] vt (en Bourse) notieren

côtier, -ière [kotje, ɛʀ] adj Küsten-

cotisant, e [kɔtizɑ̃, ɑ̃t] m, f Beitragszahler(in) m(f)

cotisation [kɔtizasjɔ̃] f (argent) Beitrag m (action) Beitragszahlung f

cotiser ⟨1⟩ [kɔtize] **1.** vi (à une assurance, etc) seinen Beitrag zahlen **2.** vpr **se ~** zusammenlegen

coton [kɔtɔ̃] m Baumwolle f; **~ hydrophil** (Verband)watte f; **coton-tige®** (cotonstiges) [kɔtɔ̃tiʒ] m Wattestäbchen nt

côtoyer ⟨6⟩ [kotwaje] vt (personne) zusammenkommen mit, frequentieren; (précipice, rivière) entlangfahren/-gehen;

(*indécence*) grenzen an +*akk*; (*misère*) nahe sein +*dat*

cou [ku] *m* Hals *m*

couche [kuʃ] *f* Schicht *f*; (*de bébé*) Windel *f*; ~**s** *fpl* (*MED*) Entbindung *f*; ~**s sociales** Gesellschaftsschichten *pl*; **être en** ~**s** im Wochenbett liegen; ~ **d'ozone** Ozonschicht; **trou dans la** ~ **d'ozone** Ozonloch *nt*; **couche-culotte** (couches-culottes) *f* Windelhöschen *nt*

coucher ⟨1⟩ [kuʃe] **1.** *vt* (*personne*) zu Bett bringen; (*écrire: idées*) niederschreiben **2.** *vi* die Nacht verbringen; ~ **avec qn** (*fam*) mit jdm schlafen **3.** *vpr* **se** ~ (*pour dormir*) schlafen gehen; (*s'étendre*) sich hinlegen **4.** *m* (*du soleil*) Untergang *m*

couche-tard [kuʃtaʀ] *mf inv* Nachtmensch *m*

couchette [kuʃɛt] *f* (*de bateau*) Koje *f*; (*de train*) Liegewagenplatz *m*

couci-couça [kusikusa] *adv* (*fam*) so lala

coucou [kuku] *m* Kuckuck *m*

coude [kud] *m* (*ANAT*) Ellbogen *m*; (*de tuyau*) Knie *nt*; (*de la route*) Kurve *f*; ~ **à** ~ Seite an Seite

cou-de-pied (cous-de-pied) [kudpje] *m* Spann *m*, Rist *m*

coudre [kudʀ(ə)] *irr* **1.** *vt* (*robe*) nähen; (*bouton*) annähen **2.** *vi* nähen

couenne [kwan] *f* (*porc*) Schwarte *f*

couette [kwɛt] *f* Steppdecke *f*

couffin [kufɛ̃] *m* Babytragetasche *f*

coulant, e [kulɑ̃, ɑ̃t] *adj* (*fam: indulgent*) großzügig, kulant

couler ⟨1⟩ [kule] **1.** *vi* fließen; (*fuir: stylo*) auslaufen; (*récipient*) lecken; (*sombrer*) sinken, untergehen **2.** *vt* (*cloche, sculpture*) gießen; (*bateau*) versenken; (*magasin, entreprise*) zugrunde richten, ruinieren; (*candidat*) durchfallen lassen **3.** *vpr* **se** ~ **dans** (*se glisser*) hineinschlüpfen in +*akk*; (*se conformer*) sich richten nach

couleur [kulœʀ] *f* Farbe *f*; ~**s** *fpl* (*du teint*) (Gesichts)farbe *f*; **les** ~**s** (*MIL*) die Nationalfarben *pl*; **film/télévision en** ~**s** Farbfilm *m*/-fernsehen *nt*

couleuvre [kulœvʀ(ə)] *f* Ringelnatter *f*

coulisse [kulis] *f* (*TECH*) Führungsschiene *f*; ~**s** *fpl* (*THEAT*) Kulisse *f*; (*fig*) Hintergründe *pl*; **dans la** ~ hinter den Kulissen

couloir [kulwaʀ] *m* (*de maison*) Gang *m*, Flur *m*; (*de train, bus*) Gang *m*; ~ **aérien** Luftkorridor *m*

coup [ku] *m* Schlag *m*; (*de fusil*) Schuss *m*; (*fois*) Mal *nt*; **à** ~**s de hache/marteau** mit der Axt/dem Hammer; **à** ~ **sûr** bestimmt, ganz sicher; **après** ~ hinterher; **avoir le** ~

den Dreh heraushaben; **boire un** ~ einen trinken; ~ **sur** ~ Schlag auf Schlag; **donner un** ~ **de balai/chiffon** fegen/Staub wischen; **donner un** ~ **de frein** scharf bremsen; **donner un** ~ **de main à qn** jdm behilflich sein; **donner un** ~ **de téléphone à qn** jdn anrufen; **du même** ~ gleichzeitig; **d'un seul** ~ auf einmal; **être dans le** ~ auf dem Laufenden sein; **sur le** ~ auf der Stelle; **sous le** ~ **de** unter dem Eindruck +*gen*; (*JUR*) bedroht von; ~ **de coude/genou** Stoß *m* mit dem Ellbogen/Knie; ~ **de chance** Glücksfall *m*; ~ **de couteau** Messerstich *m*; ~ **de crayon/pinceau** Bleistift-/Pinselstrich *m*; ~ **dur** harter [*o* schwerer] Schlag; ~ **d'essai** erster Versuch; ~ **d'État** Staatsstreich *m*; ~ **de feu** Schuss; ~ **de filet** Fang *m*; ~ **de grâce** Gnadenstoß *m*; ~ **d'œil** Blick *m*; ~ **de main** (*aide*) Hilfe *f*; (*raid*) Handstreich *m*; ~ **de pied** Fußtritt *m*; ~ **de poing** Faustschlag *m*; ~ **de soleil** Sonnenbrand *m*; ~ **de téléphone** Anruf *m*; ~ **de tête** (*fig*) impulsive, unüberlegte Entscheidung; ~ **de théâtre** Knalleffekt *m*; ~ **de sonnette** Läuten *nt*; ~ **de tonnerre** Donnerschlag; ~ **de vent** Windstoß *m*, Bö *f*; **en** ~ **de vent** (*arriver, partir*) im Sturmschritt

coupable [kupabl(ə)] **1.** *adj* schuldig (*de gen, de an* +*dat*) **2.** *mf* Schuldige(r) *mf*; (*JUR*) Täter(in) *m(f)*

coupe [kup] *f* (*verre*) (Sekt)schale *f*, Kelch *m*; (*à fruits*) Schale *f*; (*SPORT*) Pokal *m*; (*de cheveux, de vêtement*) Schnitt *m*; **être sous la** ~ **de qn** unter jds Fuchtel *dat* stehen; **vu en** ~ im Querschnitt

coupe-faim (coupe-faim(s)) [kupfɛ̃] *m* Appetitzügler *m*; **coupe-gorge** (coupe-gorge(s)) *m* übler Ort; **coupe-ongles** *m inv* Nagelknipser *m*; (*ciseaux*) Nagelschere *f*; **coupe-papier** *m inv* Brieföffner *m*

couper ⟨1⟩ [kupe] **1.** *vt* schneiden; (*tissu*) zuschneiden; (*tranche, morceau*) abschneiden; (*communication*) unterbrechen; (*eau, courant*) sperren, abstellen; (*appétit*) nehmen; (*fièvre*) senken; (*vin, cidre*) verdünnen; ~ **la parole à qn** jdm ins Wort fallen; ~ **les vivres à qn** nicht mehr für jds Unterhalt aufkommen; ~ **le contact,** ~ **l'allumage** (*AUTO*) die Zündung ausschalten **2.** *vi* (*verre, couteau*) schneiden; (*prendre un raccourci*) den Weg abkürzen; (*CARTES*) abheben; (*CARTES: avec l'atout*) stechen **3.** *vpr* **se** ~ (*se blesser*) sich schneiden; (*en témoignant, etc*) sich verraten, sich versprechen

coupe-vent (coupe-vent(s)) [kupvã] m
Windjacke f
couple [kupl(ə)] m (Ehe)paar nt
coupler ⟨1⟩ [kuple] vt koppeln
couplet [kuple] m (de chanson) Strophe f
coupole [kupɔl] f Kuppel f
coupon [kupɔ̃] m (ticket) Abschnitt m;
  coupon-réponse (coupons-réponse)
  [kupɔ̃Repɔ̃s] m Antwortschein m
coupure [kupyʀ] f (blessure) Schnitt m,
  Schnittwunde f; (billet de banque) Banknote f; (de journal) Zeitungsausschnitt m;
  ~ **de courant** Stromsperre f; ~ **d'eau**
  Abstellen nt des Wassers
cour [kuʀ] f Hof m; (JUR) Gericht nt; **faire
  la** ~ **à qn** jdm den Hof machen; ~ **d'assises** Schwurgericht; ~ **martiale** Kriegsgericht
courage [kuʀaʒ] m Mut m; **bon** ~! frohes
  Schaffen!; na, dann viel Spaß!; **courageux, -euse** adj mutig, tapfer
couramment [kuʀamã] adv (souvent) oft,
  häufig; (parler) fließend
courant, e [kuʀã, ãt] **1.** adj (usuel)
  gebräuchlich, üblich; **eau ~e** fließendes
  Wasser **2.** m (d'eau) Strömung f; (ELEC)
  Strom m; **il y a un** ~ **d'air** es zieht; **être au**
  ~ **(de)** Bescheid wissen (über +akk); **mettre au** ~ **(de)** auf dem Laufenden halten
  (über +akk); **se tenir au** ~ **(de)** sich auf
  dem Laufenden halten (über +akk); ~
  d'air (Luft)zug m; ~ **(électrique)** Strom;
  ~ **faible/fort** Schwach-/Starkstrom
courbatures [kuʀbatyʀ] fpl Muskelkater
  m
courbe [kuʀb(ə)] **1.** adj gebogen,
  gekrümmt **2.** f Kurve f; **courber** ⟨1⟩ vt
  (plier, arrondir) biegen; ~ **la tête** den Kopf
  senken
coureur, -euse [kuʀœʀ, øz] **1.** m, f
  (cycliste) Radrennfahrer(in) m(f); (automobile) Rennfahrer(in) m(f); (à pied) Läu-
  fer(in) m(f) **2.** m (pej) Schürzenjäger m **3.** f
  c'est une coureuse (pej) sie ist dauernd
  auf Männerfang
courge [kuʀʒ(ə)] f Kürbis m
courgette [kuʀʒet] f Zucchini pl
courir [kuʀiʀ] irr **1.** vi laufen, rennen; **le
  bruit court que** es geht das Gerücht, dass
  2. vt (SPORT) laufen; ~ **les cafés/bals** sich
  (ständig) in Kneipen/auf Bällen herumtreiben; ~ **un danger** sich einer Gefahr aussetzen; ~ **un risque** ein Risiko eingehen
couronne [kuʀɔn] f Krone f; (de fleurs)
  Kranz m; **couronner** ⟨1⟩ vt krönen; (carrière) der Höhepunkt [o die Krönung] sein
  von; (ouvrage, auteur) auszeichnen

courriel [kuʀjel] m E-Mail f
courrier [kuʀje] m (lettres) Post f, Briefe
  pl; ~ **électronique** E-Mail f
courroie [kuʀwa] f Riemen m, Gurt m
cours [kuʀ] m (Unterrichts)stunde f; (à
  l'université) Vorlesung f; (classes pour adultes, ECON) Kurs m; (d'une rivière) Lauf m; **au**
  ~ **de** im Verlauf +gen, während +gen;
  avoir ~ (argent) gesetzliches Zahlungs-
  mittel sein; (être usuel) gebräuchlich sein;
  (à l'école) Unterricht haben; **donner libre**
  ~ **à** freien Lauf lassen +dat; **en** ~ laufend;
  en ~ **de route** unterwegs; ~ **du change**
  Devisenkurs, Wechselkurs; ~ **du jour**
  (bourse) Tageskurs; ~ **magistral** (UNIV)
  Vorlesung; ~ **du soir** Abendkurs
course [kuʀs(ə)] f (à pied) (Wett)lauf m;
  (automobile, de chevaux, cycliste) Rennen nt;
  (du soleil) Lauf m; (d'un projectile) Flugbahn f; (d'un piston) Hub m; (excursion en
  montagne) Bergtour f; (d'un taxi, d'autocar)
  Fahrt f; (petite mission) Besorgung f; ~s fpl
  (achats) Einkäufe pl, Besorgungen pl; **faire
  les/ses** ~s einkaufen (gehen); ~ **aux
  armements** Rüstungswettlauf m; ~ **de
  haies** Hürdenlauf m; ~ **en sac** Sackhüp-
  fen nt
court, e [kuʀ, kuʀt(ə)] **1.** adj kurz **2.** adv
  tourner ~ plötzlich die Richtung ändern;
  couper ~ **à qch** etw abbrechen; **être à** ~
  d'argent/de papier kein Geld/Papier
  mehr haben; **prendre qn de** ~ jdn überraschen **3.** m (de tennis) (Tennis)platz m;
  court-bouillon (courts-bouillons) m
  würzige Fischbrühe; **court-circuit** (courts-
  circuits) m Kurzschluss m; **court-circui-
  ter** ⟨1⟩ [kuʀsiʀkɥite] vt (fig) umgehen
courtier, -ière [kuʀtje, ɛʀ] m, f (COM)
  Makler(in) m(f)
courtiser ⟨1⟩ [kuʀtize] vt den Hof
  machen +dat
courtois, e [kuʀtwa, az] adj höflich;
  courtoisie [kuʀtwazi] f Höflichkeit f
couscous [kuskus] m Kuskus m o nt
cousin, e [kuzɛ̃, in] m, f Cousin(e) m(f),
  Vetter (Kusine) m(f); ~ **germain** Vetter
  ersten Grades
coussin [kusɛ̃] m Kissen nt; ~ **d'air** Luftkissen; ~ **gonflable de sécurité** Airbag m
cousu, e [kuzy] pp de **coudre**
coût [ku] m Kosten pl; **le** ~ **de la vie** die
  Lebenshaltungskosten pl; ~ **unitaire de
  salaire** Lohnstückkosten pl
coûtant [kutã] adj **au prix** ~ zum Selbstkostenpreis
couteau (x) [kuto] m Messer nt; ~ **à cran
  d'arrêt** Klappmesser; **couteau-scie**

(couteaux-scies) [kutosi] *m* Sägemesser *nt*

coûter ⟨1⟩ [kute] **1.** *vt* kosten **2.** *vi* **à qn** *(décision, etc)* jdm schwer fallen; ~ **cher** teuer sein; **combien ça coûte?** was [o wie viel] kostet das?; **coûte que coûte** koste es, was es wolle; **coûteux, -euse** *adj* teuer

coutume [kutym] *f* Sitte *f*, Brauch *m*; *(habitude)* Gewohnheit *f*; **la ~** *(JUR)* das Gewohnheitsrecht

couture [kutyʀ] *f (activité)* Nähen *nt*, Schneidern *nt*; *(ouvrage)* Näharbeit *f*; *(art)* Schneiderhandwerk *nt*; *(points)* Naht *f*; **couturier** *m* Couturier *m*, Modeschöpfer(in) *m(f)*; **couturière** *f* Schneiderin *f*; *(THEAT)* Kostümprobe *f*

couvée [kuve] *f (œufs)* Gelege *nt*; *(oiseaux)* Brut *f*

couvent [kuvã] *m* Kloster *nt*

couver ⟨1⟩ [kuve] **1.** *vt* ausbrüten **2.** *vi (feu)* schwelen; *(révolte)* sich zusammenbrauen

couvercle [kuvɛʀkl(ə)] *m* Deckel *m*

couvert, e [kuvɛʀ, t(ə)] **1.** *pp de* **couvrir** **2.** *m (cuillère ou fourchette)* Besteck *nt*; *(place à table)* Gedeck *nt*; **à ~** geschützt; **mettre le ~** den Tisch decken; **sous le ~ de** im Schutze *+gen*, unter dem Deckmantel *+gen* **3.** *adj (ciel, temps)* bedeckt, bewölkt; ~ **de** bedeckt mit; **être ~** *(d'un chapeau)* einen Hut aufhaben

couverture [kuvɛʀtyʀ] *f (de lit)* (Bett)decke *f*; *(de livre)* Einband *m*; *(de cahier)* Umschlag *m*, Deckung *f*; *(des médias)* Berichterstattung *f*

couveuse [kuvøz] *f (de maternité)* Brutkasten *m*

couvre-chef (couvres-chef) [kuvʀəʃɛf] *m* Kopfbedeckung *f*; **couvre-feu** (couvre-feux) [kuvʀəfø] *m (interdiction)* Ausgangssperre *f*; **couvre-lit** (couvre-lits) *m* Tagesdecke *f*; **couvre-pieds** [kuvʀəpje] *m inv* Steppdecke *f*

couvrir ⟨11⟩ [kuvʀiʀ] **1.** *vt (recouvrir)* bedecken; *(d'ornements, d'éloges)* überhäufen; *(protéger)* decken; *(parcourir)* zurücklegen **2.** *vpr* **se ~** *(s'habiller)* sich anziehen; *(se coiffer)* seinen Hut aufsetzen; *(par une assurance)* sich absichern; *(temps, ciel)* sich bewölken, sich bedecken

covoiturage [kovwatyʀaʒ] *m (déplacement en commun)* Fahrgemeinschaft *f*; *(voiture en commun)* Carsharing *nt*

cow-boy (cow-boys) [kɔbɔj] *m* Cowboy *m*

coyote [kɔjɔt] *m* Kojote *m*

C.Q.F.D. *abr de* **ce qu'il fallait démontrer** q.e.d.

crabe [kʀab] *m* Krabbe *f*

cracher ⟨1⟩ [kʀaʃe] **1.** *vi* spucken **2.** *vt* ausspucken; *(lave)* speien; *(injures)* ausstoßen

crachin [kʀaʃɛ̃] *m* Sprühregen *m*

crachiner ⟨1⟩ [kʀaʃine] *vi* nieseln

crack [kʀak] *m (drogue)* Crack *nt*

crade [kʀad] *adj (fam)* dreckig, eklig

cradingue [kʀadɛ̃g] *adj (fam)* dreckig

craie [kʀɛ] *f* Kreide *f*

craindre [kʀɛ̃dʀ(ə)] *irr vt (avoir peur de)* fürchten, sich fürchten vor *+dat*; *(chaleur, froid)* nicht vertragen; ~ **que** (be)fürchten, dass

crainte [kʀɛ̃t] *f* Furcht *f*; **soyez sans ~** nur keine Angst; **de ~ de** aus Furcht vor *+dat*; **de ~ que** aus Furcht, dass

craintif, -ive [kʀɛ̃tif, iv] *adj* furchtsam, ängstlich

cramoisi, e [kʀamwazi] *adj* puterrot

crampe [kʀãp] *f* Krampf *m*

crampon [kʀãpɔ̃] *m* Steigeisen *nt*; *(de chaussure)* Stollen *m*

cramponner ⟨1⟩ [kʀãpɔne] *vpr* **se ~ à** sich klammern an *+akk*

cran [kʀã] *m* Einkerbung *f*; *(fam: courage)* Schneid *m*, Mumm *m*

crâne [kʀan] *m* Schädel *m*; **avoir mal au ~** *(fam)* Kopfschmerzen haben

crâner ⟨1⟩ [kʀane] *vi (fam)* angeben

crapaud [kʀapo] *m (ZOOL)* Kröte *f*

crapule [kʀapyl] *f* Schuft *m*

crapuleux, -euse [kʀapylø, øz] *adj* **crime ~** scheußliches Verbrechen

craquelure [kʀaklyʀ] *f* Riss *m*, Sprung *m*

craquement [kʀakmã] *m* Krachen *nt*; Knacks *m*

craquer ⟨1⟩ [kʀake] **1.** *vi (bruit)* knacken, knarren; *(fil, couture)* (zer)reißen; *(planche)* entzweibrechen, zerbrechen; *(s'effondrer)* zusammenbrechen **2.** *vt* ~ **une allumette** ein Streichholz anzünden

crasse [kʀas] *f (saleté)* Schmutz *m*, Dreck *m*

crasseux, -euse [kʀasø, øz] *adj* dreckig, schmutzig

cratère [kʀatɛʀ] *m* Krater *m*

cravate [kʀavat] *f* Krawatte *f*

crawl [kʀol] *m* Kraul(schwimmen) *nt*

crayon [kʀɛjɔ̃] *m* Bleistift *m*; ~ **à bille** Kugelschreiber *m*; ~ **de couleur** Farbstift *m*; ~ **optique** *(INFORM)* Lichtgriffel *m*, Lichtstift *m*; **crayon-feutre** (crayons-feutres) [kʀɛjɔ̃føtʀ] *m* Filzstift *m*

créancier, -ière [kʀeãsje, ɛʀ] *m, f* Gläubiger(in) *m(f)*

créateur, -trice [kreatœr, tris] m, f
Schöpfer(in) m(f); ~ **d'entreprise** Existenzgründer(in) m(f)

créatif, -ive [kreatif, iv] adj kreativ

création [kreasjɔ̃] f Schaffung f; (REL) Erschaffung f; (THEAT) Uraufführung f; (de l'univers) Schöpfung f; (de nouvelle robe, de voiture, etc) Kreation f; ~ **de valeur** Wertschöpfung f

créativité [kreativite] f Kreativität f

créature [kreatyr] f Geschöpf nt, Lebewesen nt

crèche [kreʃ] f Krippe f

crédibilité [kredibilite] f Glaubwürdigkeit f; **crédible** [kredibl] adj glaubwürdig

crédit [kredi] m (confiance) Glaube m; (autorité) Ansehen nt; (prêt) Kredit m; (d'un compte bancaire) Guthaben nt; ~**s** mpl (fonds) Mittel pl, Gelder pl; **acheter à** ~ auf Kredit kaufen; **faire** ~ **à qn** jdm Kredit geben, jdm einen Kredit gewähren; **payer à** ~ in Raten zahlen; **crédit-bail** (crédits-bails) [kredibaj] m Leasing nt; **créditer** ⟨1⟩ vt ~ **un compte d'une somme** einen Betrag einem Konto gutschreiben; **créditeur, -trice** [kreditœr, tris] **1.** adj (personne) Kredit habend; (compte, solde) Kredit- **2.** m, f Schuldner(in) m(f)

credo [kredo] m Glaubensbekenntnis nt

crédule [kredyl] adj leichtgläubig; **crédulité** [kredylite] f Leichtgläubigkeit f

créer ⟨1⟩ [kree] vt (inventer, concevoir) schaffen; (REL) erschaffen; (COM) herausbringen; (embouteillage) verursachen; (problème) schaffen; (besoins) entstehen lassen; (THEAT: spectacle) (ur)aufführen

crémaillère [kremajer] f (tige crantée) Zahnstange f; **pendre la** ~ den Einzug feiern; **chemin de fer à** ~ Zahnradbahn f

crémation [kremasjɔ̃] f Einäscherung f

crématoire [krematwar] adj **four** ~ Krematorium nt

crématorium [krematɔrjɔm] m Krematorium nt

crème [krem] **1.** f (du lait) Sahne f, Rahm m; (de beauté; entremets) Creme f; **un (café)** ~ ein Kaffee mit Milch [o Sahne]; ~ **fouettée,** ~ **Chantilly** Schlagsahne **2.** adj inv creme(farben); **crémerie** f Milchgeschäft nt

crémeux, -euse [kremø, øz] adj sahnig

créneau (x) [kreno] m (de fortification) Zinne f; (COM) Marktlücke f; (TV) Sendeplatz m; **faire un** ~ einparken

créole [kreɔl] adj kreolisch; **Créole** mf Kreole (Kreolin) m(f)

crêpe [krep] **1.** f (galette) Pfannkuchen m, Crêpe f **2.** m (tissu) Krepp m; (de deuil) Trauerflor m; **semelle (de)** ~ Kreppsohle f

crêpé, e [krepe] adj (cheveux) toupiert

crêperie [krepri] f Crêperie f

crépi [krepi] m (Ver)putz m

crépitement [krepitmã] m (du feu) Prasseln nt; (d'une mitrailleuse) Knattern nt

crépiter ⟨1⟩ [krepite] vi (feu) prasseln, knistern; (mitrailleuse) knattern; (huile) zischen, brutzeln

crépon [krepɔ̃] m Kräuselkrepp m; **papier** ~ Krepppapier nt

crépu, e [krepy] adj (cheveux) gekräuselt, Kraus-

crépuscule [krepyskyl] m (Abend)dämmerung f

cresson [kresɔ̃] m Kresse f

crête [kret] f (de coq) Kamm m; (d'oiseau) Haube f; (de montagne) (Berg)kamm m

Crète [kret] f **la** ~ Kreta nt

crétin, e [kretɛ̃, in] m, f (fam) Schwachkopf m

creuser ⟨1⟩ [krøze] **1.** vt (trou, tunnel) graben; (sol) graben in +dat; (bois) aushöhlen; (fig: approfondir) vertiefen **2.** vpr **se** ~ **la cervelle** [o **la tête**] sich dat den Kopf zerbrechen

creux, creuse [krø, øz] **1.** adj hohl; (assiette) tief; (yeux) tief liegend; **heures creuses** stille Zeit, ruhige Zeit, Flaute f **2.** m Loch nt; (dépression) Vertiefung f, Senke f; **le** ~ **de la main** die hohle Hand; **le** ~ **des reins** das Kreuz

crevaison [krəvezɔ̃] f Reifenpanne f

crevant, e [krəvã, ãt] adj (fatigant) ermüdend; (amusant) umwerfend komisch

crevasse [krəvas] f (GEO) Spalte f; (MED) Schrunde f, Riss m

crevé, e [krəve] adj (pneu) platt; **je suis** ~ (fam) ich bin fix und fertig

crever ⟨4⟩ [krəve] **1.** vt (papier, tambour) zerreißen; (ballon) platzen lassen **2.** vi (pneu) platzen; (automobiliste) eine Reifenpanne haben; (abcès) aufplatzen; (outre) platzen; (fam) krepieren

crevette [krəvet] f ~ **rose** Garnele f, Krabbe f; ~ **grise** Garnele f, Krevette f

cri [kri] m Schrei m; (appel) Ruf m; ~**s mp d'enthousiasme** Begeisterungsrufe pl; ~**s mpl de protestation** Protestgeschrei nt; **le dernier** ~ (fig: mode) der letzte Schrei

criard, e [krijar, d(ə)] adj (couleur) grell; (voix) kreischend

crible [kribl(ə)] m Sieb nt; **passer qch au** ~ etw durchsieben; **criblé, e** adj ~ **de balles** von Kugeln durchsiebt; **être** ~ **de**

dettes bis über die Ohren in Schulden stecken

cric [kʀik] m (AUTO) Wagenheber m

crier ⟨1⟩ [kʀije] **1.** vi schreien **2.** vt (ordre) brüllen

crime [kʀim] m Verbrechen nt; (meurtre) Mord m; ~ **passionnel** Verbrechen aus Leidenschaft

Crimée [kʀime] f **la** ~ die Krim

criminalité [kʀiminalite] f Kriminalität f; ~ **économique** Wirtschaftskriminalität

criminel, le [kʀiminɛl] m, f Verbrecher(in) m(f); ~ **de guerre** Kriegsverbrecher

criminologie [kʀiminɔlɔʒi] f Kriminologie f; **criminologue** [kʀiminɔlɔg] mf Kriminologe(-login) m(f)

crin [kʀɛ̃] m (de queue) Schwanzhaar nt; (comme fibre) Rosshaar nt; **à tous** ~**s, à tout** ~ durch und durch

crinière [kʀinjɛʀ] f Mähne f

crique [kʀik] f kleine Bucht

criquet [kʀikɛ] m Heuschrecke f

crise [kʀiz] f Krise f; **avoir une** ~ **de nerfs** mit den Nerven am Ende sein; ~ **cardiaque** Herzanfall m; ~ **conjugale** Ehekrise; ~ **existentielle** Sinnkrise; ~ **de foie** Magenverstimmung f

crispant, e [kʀispɑ̃, ɑ̃t] adj ärgerlich

crispé, e [kʀispe] adj angespannt

crisper ⟨1⟩ [kʀispe] **1.** vt (muscle) anspannen; (visage) verzerren **2.** vpr se ~ sich verkrampfen

crisser ⟨1⟩ [kʀise] vi (neige, gravier) knirschen; (pneu) quietschen

cristal (-aux) [kʀistal, o] m Kristall m; (verre) Kristall(glas) nt; ~ **de roche** Bergkristall m; **cristallin, e** [kʀistalɛ̃, in] **1.** adj (voix, eau) kristallklar **2.** m (Augen)linse f; **cristalliser** ⟨1⟩ vi, vpr se ~ (sich) kristallisieren

critère [kʀitɛʀ] m Kriterium nt

critérium [kʀiteʀjɔm] m Ausscheidungswettkampf m

critiquable [kʀitikabl] adj tadelnswert

critique [kʀitik] **1.** adj kritisch **2.** f Kritik f **3.** m Kritiker(in) m(f); **critiquer** ⟨1⟩ vt kritisieren

croasser ⟨1⟩ [kʀɔase] vi (corbeau) krächzen

croate [kʀɔat] adj kroatisch; **Croate** mf Kroate (Kroatin) m(f)

Croatie [kʀɔasi] f **la** ~ Kroatien nt

croc [kʀo] m (de chien, etc) (Fang)zahn m; (de boucher) Haken m; **croc-en-jambe** (crocs-en-jambe) m Beinstellen nt

croche [kʀɔʃ] f Achtelnote f; **double/triple** ~ Sechzehntel-/Zweiunddreißigstelnote f

crochet [kʀɔʃɛ] m Haken m; (clé) Dietrich m; (détour) Abstecher m; (aiguille) Häkelnadel f; (tricot) Häkelarbeit f; ~**s** mpl (TYPO) eckige Klammern pl; **faire du** ~ häkeln; (boxe) **aux** ~**s de qn** (fam) auf jds Kosten akk leben; ~ **d'attelage pour remorque** Anhängerkupplung f; **crocheter** ⟨4⟩ [kʀɔʃte] vt mit einem Dietrich öffnen

crochu, e [kʀɔʃy] adj krumm

crocodile [kʀɔkɔdil] m Krokodil nt; (peau) Krokodilleder nt

crocus [kʀɔkys] m Krokus m

croire [kʀwaʀ] irr vt glauben; (personne) glauben +dat; ~ **à** glauben an +akk; ~ **en Dieu** an Gott glauben; ~ **qn honnête** jdn für ehrlich halten; ~ **que** glauben, dass

croisade [kʀwazad] f Kreuzzug m

croisé, e [kʀwaze] **1.** adj (veste) zweireihig; **mots** ~**s** Kreuzworträtsel nt **2.** m (guerrier) Kreuzritter m **3.** f ~**e d'ogives** Spitzbogenkreuz nt; **être à la** ~**e des chemins** am Scheideweg stehen

croisement [kʀwazmɑ̃] m Kreuzung f

croiser ⟨1⟩ [kʀwaze] **1.** vt (personne, voiture) begegnen +dat; (route) kreuzen; (jambes) übereinander schlagen; (bras) verschränken; (BIO) kreuzen **2.** vi (NAUT) kreuzen **3.** vpr se ~ (personnes, véhicules) einander begegnen; (routes, lettres) sich kreuzen; (regards) sich begegnen; **se** ~ **les bras** (fig) die Hände in den Schoß legen; **croiseur** m Kreuzer m; **croisière** [kʀwazjɛʀ] f Kreuzfahrt f; **vitesse de** ~ Reisegeschwindigkeit f

croissance [kʀwasɑ̃s] f Wachsen nt, Wachstum m; ~ **économique** Wirtschaftswachstum

croissant [kʀwasɑ̃] m (à manger) Hörnchen nt; ~ **de lune** Mondsichel f

croître [kʀwatʀ(ə)] irr vi wachsen; (fig) zunehmen

croix [kʀwa] f Kreuz nt; **en** ~ über Kreuz, kreuzweise; **c'est la** ~ es ist verdammt schwierig; **la Croix-Rouge** das Rote Kreuz

croquant, e [kʀɔkɑ̃, ɑ̃t] adj (pomme, légumes) knackig

croque-madame [kʀɔkmadam] m inv überbackener Käsetoast mit Schinken und Spiegelei; **croque-mitaine** (croque-mitaines) [kʀɔkmitɛn] m Buhmann m; **croque-monsieur** [kʀɔkməsjø] m inv überbackener Käsetoast mit Schinken; **croque-mort** (croque-morts) [kʀɔkmɔʀ] m (fam) Leichenträger m; **croquer** ⟨1⟩ **1.** vt (manger) knabbern; (dessiner) skizzieren **2.** vi knacken

croquette [kʀɔkɛt] f Krokette f

croquis [kʀɔki] m Skizze f

cross [kʀɔs] m, **cross-country** (cross-countries) [kʀɔs(kuntʀi)] m Geländelauf m, Querfeldeinrennen nt

crotale [kʀɔtal] m Klapperschlange f

crotte [kʀɔt] 1. f Kot m; ~ **de chèvre/lapin** Ziegen-/Hasenkötel pl 2. interj (fam) Mist; **crotté, e** adj (sale) dreckig

crottin [kʀɔtɛ̃] m (GASTR) kleiner rundlicher Ziegenkäse; ~ **(de cheval)** (Pferde)apfel m

croulant, e [kʀulɑ̃, ɑ̃t] m, f (fam) Grufti m

crouler ⟨1⟩ [kʀule] vi (s'effondrer) einstürzen; (être délabré) zerfallen, verfallen; ~ **sous (le poids de) qch** unter dem Gewicht von etw zusammenbrechen

croupe [kʀup] f Kruppe f; **monter en** ~ hinten aufsitzen

croupier, -ière [kʀupje, ɛʀ] m, f Croupier m

croupir ⟨8⟩ [kʀupiʀ] vi (eau) faulen; (personne) vegetieren (dans in +dat)

C.R.O.U.S. [kʀus] m acr de **Centre régional des œuvres universitaires** Studentenwerk auf regionaler Ebene

croustade [kʀustad] f Überbackene(s) nt

croustillant, e [kʀustijɑ̃, ɑ̃t] adj knusprig; (histoire) pikant

croustiller ⟨1⟩ [kʀustije] vi knusprig sein

croûte [kʀut] f (du pain) Kruste f; (du fromage) Rinde f; (MED) Schorf m; (de tartre, de peinture, etc) Schicht f; **en** ~ (GASTR) in einer Teighülle; ~ **au fromage/aux champignons** Käse-/Champignontoast m;

croûton m (GASTR) gerösteter Brotwürfel; (extrémité du pain) Brotkanten m

croyable [kʀwajabl(ə)] adj **ce n'est pas** ~ das ist unglaublich

croyant, e [kʀwajɑ̃, ɑ̃t] m, f Gläubige(r) mf

C.R.S. m abr de **Compagnie républicaine de sécurité** (membre ~) Bereitschaftspolizist m; **les** ~ die Bereitschaftspolizei

cru, e [kʀy] 1. pp de **croire** 2. adj (non cuit) roh; (lumière, couleur) grell; (paroles, langage) derb 3. m (vignoble) Weingegend f, Weinbaugebiet nt; Weinlage f; (vin) Wein m, Sorte f 4. f (d'un cours d'eau) Hochwasser nt; **être en** ~**e** Hochwasser führen

crû, e [kʀy] pp de **croître**

cruauté [kʀyote] f Grausamkeit f

cruche [kʀyʃ] f Krug m

crucial, e (-aux) [kʀysjal, o] adj entscheidend, sehr wichtig; **point** ~ heikler Punkt

crucifier ⟨1⟩ [kʀysifje] vt kreuzigen

crucifix [kʀysifi] m Kruzifix nt

crudité f (d'un éclairage, d'une couleur) Grelligkeit f; ~**s** Rohkostplatte f

cruel, le [kʀyɛl] adj grausam

crustacés [kʀystase] mpl (GASTR) Meeresfrüchte pl

crypte [kʀipt] f Krypta f

crypté, e [kʀipte] adj (chaîne de TV) kodiert; (message) verschlüsselt

CSA m abr de **Conseil supérieur de l'audio-visuel** Medienkontrolldienst m

CSCE f abr de **Conférence sur la sécurité et la coopération en Europe** KSZE f

C.S.G. f abr de **Contribution sociale généralisée** Sozialabgaben pl (Sozialsteuer zum Ausgleich des Defizits der Sécurité sociale)

Cuba [kyba] (**l'île f de**) ~ Kuba nt

cubage [kybaʒ] m Rauminhalt m

cube [kyb] m Würfel m; (jouet) Bauklotz m; (d'un nombre) Kubikzahl f; **élever au** ~ in die dritte Potenz erheben; **mètre** ~ Kubikmeter m o nt; **cube-flash** (cubes-flashes) [kybflaʃ] m Blitzlichtwürfel m

cubique [kybik] adj kubisch, würfelförmig

cubisme [kybism] m Kubismus m

cubitus [kybitys] m Elle f

cueillette [kœjɛt] f (Obst)ernte f

cueillir [kœjiʀ] irr vt pflücken

cuiller, cuillère [kɥijɛʀ] f Löffel m; ~ **à soupe/café** Suppen-/Kaffeelöffel m; **cuillerée** f une ~ de ein Löffel (voll)

cuir [kɥiʀ] m Leder nt

cuire [kɥiʀ] irr comme conduire vt, vi (aliments) kochen; (au four) backen

cuisant, e [kɥizɑ̃, ɑ̃t] adj (douleur, sensation) brennend, stechend; (souvenir, échec, défaite) schmerzlich

cuisiné, e [kɥizine] adj plat ~ Fertiggericht nt

cuisine [kɥizin] f Küche f; (nourriture) Kost f, Essen nt; **faire la** ~ kochen; **cuisiner** ⟨1⟩ 1. vt zubereiten; (fam: interroger) ins Verhör nehmen 2. vi kochen; **cuisinette** [kɥizinɛt] f Kochnische f; **cuisinier, -ière** [kɥizinje, ɛʀ] 1. m, f Koch (Köchin) m(f) 2. f (poêle) (Küchen)herd m

cuissard [kɥisaʀ] m Radlerhose f

cuisse [kɥis] f (ANAT) (Ober)schenkel m; (GASTR) Keule f; (de poulet) Schlegel m

cuit, e [kɥi, kɥit] 1. pp de **cuire** 2. adj (légumes) gekocht; (pain) gebacken; **bien** ~(**e**) (viande) gut durchgebraten

cuivre [kɥivʀ(ə)] m Kupfer nt; **les** ~**s** die Blechblasinstrumente pl

cul [ky] m (fam) Hintern m; ~ **de bouteille** Flaschenboden m

culasse [kylas] f (AUTO) Zylinderkopf m; (de fusil) Verschluss m

culbute [kylbyt] f (en jouant) Purzelbaum m; (accidentelle) Sturz m; **culbuter** ⟨1⟩ [kylbyte] vi hinfallen; **culbuteur** m (AUTO) Kipphebel m

cul-de-sac (culs-de-sac) [kydsak] m Sackgasse f

culinaire [kylinɛʀ] adj kulinarisch, Koch-

culminant, e [kylminɑ̃, ɑ̃t] adj point ~ höchster Punkt; (fig) Höhepunkt m; **culminer** ⟨1⟩ vi den höchsten Punkt erreichen

culot [kylo] m (d'ampoule) Sockel m; (fam: effronterie) Frechheit f

culotte [kylɔt] f (pantalon) Kniehose f; **(petite)** ~ (de femme) Schlüpfer m; ~ **de cheval** Reithose f

culotté, e [kylɔte] adj (cuir) abgegriffen; (pipe) geschwärzt; (fam: effronté) frech

culpabiliser ⟨1⟩ [kylpabilize] vt ~ **qn** jdm Schuldgefühle geben

culpabilité [kylpabilite] f Schuld f

culte [kylt(ə)] m (religion) Religion f; (hommage, vénération) Verehrung f, Kult m; (office protestant) Gottesdienst m

cultivateur, -trice [kyltivatœʀ, tʀis] m, f Landwirt(in) m(f)

cultivé, e [kyltive] adj (terre) bebaut; (personne) kultiviert, gebildet

cultiver ⟨1⟩ [kyltive] vt (terre) bebauen, bestellen; (légumes) anbauen, anpflanzen; (esprit, mémoire) entwickeln

culture [kyltyʀ] f Kultur f; (agriculture) Ackerbau m; (de plantes) Anbau m; ~ **physique** Leibesübungen pl

culturel, le [kyltyʀɛl] adj kulturell

culturisme [kyltyʀism(ə)] m Bodybuilding m; **culturiste** [kyltyʀist] mf Bodybuilder(in) m(f)

cumin [kymɛ̃] m Kümmel m

cumuler ⟨1⟩ [kymyle] vt (fonctions) gleichzeitig innehaben; (salaires) gleichzeitig beziehen

cupide [kypid] adj (hab)gierig

cure [kyʀ] f (MED) Kur f; (REL) Pfarrei f; **n'avoir** ~ **de** sich nicht kümmern um; **faire une** ~ **de fruits/légumes** eine Obst-/Gemüsekur machen; ~ **de désintoxication** Entziehungskur; ~ **thermale** Badekur

curé [kyʀe] m Pfarrer(in) m(f)

cure-dent(s) [kyʀdɑ̃] m inv Zahnstocher m; **cure-ongles** [kyʀɔ̃gl] m inv Nagelreiniger m; **cure-pipe** (cure-pipes) [kyʀpip] m Pfeifenreiniger m

curer ⟨1⟩ [kyʀe] vt (fossé, puits) säubern

curetage [kyʀtaʒ] m Ausschabung f

curieusement [kyʀjøzmɑ̃] adv merkwürdigerweise

curieux, -euse [kyʀjø, øz] **1.** adj (étrange) eigenartig, seltsam; (indiscret, intéressé) neugierig **2.** mpl (badauds) Schaulustige pl

curiosité [kyʀjozite] f Neugier(de) f; (objet) Kuriosität f; (lieu) Sehenswürdigkeit f

curiste [kyʀist] mf Kurgast m

curling [kœʀliŋ] m Eisschießen nt

curriculum vitae [kyʀikylɔmvite] m inv Lebenslauf m

curry [kyʀi] m Curry m o nt

curseur [kyʀsœʀ] m (INFORM) Cursor m

cursif, -ive [kyʀsif, iv] adj **écriture cursive** kursive Schrift

cursus [kyʀsys] m Studiengang m

cuticule [kytikyl] f Nagelhaut f

cutiréaction [kytiʀeaksjɔ̃] f (MED) Hauttest m

cuve [kyv] f Bottich m

cuvée [kyve] f (de vignoble) Ertrag m eines Weinbergs

cuvette [kyvɛt] f (récipient) (Wasch)schüssel f; (GEO) Becken nt

C.V. 1. m abr de **cheval-vapeur** PS nt **2.** m abr de **curriculum vitae** Lebenslauf m

cybercafé [sibɛʀkafe] m Cybercafé nt; **cybercommerce** m Internethandel m; **cyberconsommateur, -trice** m, f Internetkäufer(in) m(f); **cybercriminalité** f Internetkriminalität f; **cyberespace** m Cyberspace m; **cyberjournal** (-aux) m Onlinezeitung f; **cybermonde** m Cyberwelt f; **cybernétique** [sibɛʀnetik] f Kybernetik f; **cybershopping** [sibɛʀʃɔpiŋ] m Onlineshopping nt; **cyberspace** m Cyberspace m

cyclable [siklabl(ə)] adj **piste** ~ Radweg m

cyclamen [siklamɛn] m Alpenveilchen nt

cycle [sikl(ə)] m Zyklus m, Kreislauf m; ~ **des générations** Generationenfolge f

cyclisme [siklism] m Radfahren nt; (SPORT) Radrennfahren nt; **cycliste** [siklist(ə)] mf Radfahrer(in) m(f)

cyclomoteur [siklɔmɔtœʀ] m Moped nt, Mofa nt; **cyclomotoriste** mf Mopedfahrer(in) m(f), Mofafahrer(in) m(f)

cyclone [siklon] m Wirbelsturm m

cyclotourisme [sikloturism(ə)] m Fahrradtourismus m

cygne [siɲ] m Schwan m

cylindre [silɛ̃dʀ(ə)] m Zylinder m; **cylindrée** [silɛ̃dʀe] f Hubraum m

cymbale [sɛ̃bal] f (MUS) Becken nt

cynique [sinik] adj zynisch

cynisme [sinism] m Zynismus m

cyprès [sipʀɛ] m Zypresse f

cypriote [sipʀijɔt] adj zypriotisch,

zyprisch
cyrillique [siʀilik] *adj* kyrillisch

cystite [sistit] *f* Blasenentzündung *f*
cytise [sitiz] *m* Goldregen *m*

D

D, d [de] *m* D, d *nt*
d' *prep v.* **de**
dactylo [daktilo] *f* Stenotypist(in) *m(f);*
 dactylographier ⟨1⟩ [daktilogʀafje] *vt*
 mit der Maschine schreiben
dada [dada] *m* Lieblingsthema *nt*
dahlia [dalja] *m* Dahlie *f*
daigner ⟨1⟩ [deɲe] *vt* ~ **faire qch** sich
 dazu herablassen , etw zu tun
daim [dɛ̃] *m* Damhirsch *m;* (*peau*) Wildleder *nt*
dalle [dal] *f* (Stein)platte *f*
Dalmatie [dalmasi] *f* **la** ~ Dalmatien *nt*
dalmatien [dalmasjɛ̃] *m* (*chien*) Dalmatiner *m*
daltonien, ne [daltɔnjɛ̃, ɛn] *adj* farbenblind
daltonisme [daltɔnism] *m* Farbenblind-
 heit *f*
dame [dam] *f* Dame *f;* ~**s** *fpl* (*jeu*) Damespiel *nt;* **dame-jeanne** (dames-jeannes)
 [damʒan] *f* Korbflasche *f;* **damier** [damje]
 m Damebrett *nt;* (*dessin*) Karomuster *nt*
damner ⟨1⟩ [dane] *vt* verdammen
dancing [dãsiŋ] *m* Tanzlokal *nt*
Danemark [danmaʀk] *m* **le** ~ Dänemark
 nt
danger [dãʒe] *m* Gefahr *f;* ~ **d'accident**
 Unfallgefahr; ~ **d'épidémie** Seuchengefahr; **dangereux, -euse** [dãʒʀø, øz] *adj*
 gefährlich
danois, e [danwa, az] *adj* dänisch;
 Danois, e *m, f* Däne (Dänin) *m(f)*
dans [dã] *prep* in +*dat;* (*direction*) in +*akk;*
 je l'ai pris ~ **le tiroir** ich habe es aus der
 Schublade genommen; **boire** ~ **un verre**
 aus einem Glas trinken; ~ **deux mois** in
 zwei Monaten
danse [dãs] *f* Tanz *m;* (*action*) Tanzen *nt;*
 la ~ (**classique**) das Ballett; **danser** ⟨1⟩
 vt, vi tanzen; **danseur, -euse** [dãsœʀ,

øz] *m, f* Tänzer(in) *m(f)*
Danube [danyb] *m* **le** ~ die Donau
d'après *prep v.* **après**
dard [daʀ] *m* Stachel *m*
dare-dare [daʀdaʀ] *adv* (*fam*) auf die
 Schnelle
darne [daʀn] *f* Fischsteak *nt;* ~ **de sau-**
 mon Lachssteak
date [dat] *f* Datum *nt;* **de longue** ~ lang-
 jährig; ~ **de naissance** Geburtsdatum *nt;*
 date limite (dates limite) *f* letzter Termin; ~ **de conservation** Haltbarkeitsda-
 tum *nt;* **dater** ⟨1⟩ **1.** *vt* datieren **2.** *vi* veraltet sein; **dater du XVIe s.** aus dem
 16. Jh. stammen; **à** ~ **de** von ... an
datif [datif] *m* Dativ *m*
datte [dat] *f* Dattel *f;* **dattier** [datje] *m*
 Dattelpalme *f*
dauber ⟨1⟩ [dobe] *vi* (*fam*) stinken, mie-
 fen; **ça daube ici!** hier mieft's
dauphin [dofɛ̃] *m* Delphin *m;* (*HIST*) Dauphin *m*
davantage [davãtaʒ] *adv* mehr; (*plus long-*
 temps) länger; ~ **de** mehr
D.D.A.S.S. [das] *f acr de* **Direction dépar-**
 tementale de l'action sanitaire et sociale
 Sozial- und Gesundheitsamt *nt*
de (de + le = du, de + les = des) [də, dy,
 de] **1.** *prep* von +*dat;* (*d'un pays, d'une ville,*
 d'une matière) aus +*dat;* (*moyen*) mit +*dat;*
 pendant des mois monatelang; **la voiture**
 ~ **Claire/mes parents** Claires Auto/das
 Auto meiner Eltern; **une pièce** ~ **2 m** ~
 large ein 2 m breites Zimmer; **un bébé** ~
 dix mois ein zehn Monate altes Baby;
 douze mois ~ **crédit** zwölf Monate Kredit
 2. *art* **du vin/de l'eau/des pommes** Wein/
 Wasser/Äpfel; **il n'eut pas de pommes**
 er will keine Äpfel
dé [de] *m* (*à jouer*) Würfel *m;* ~ **à coudre**
 Fingerhut *m*

ealer [dilœʀ] m (fam) Dealer m

ealer ⟨1⟩ [dile] vt (fam) dealen mit

ébâcle [debɑkl(ə)] f Eisschmelze f; (d'une armée) Flucht f, ungeordneter Rückzug

éballer ⟨1⟩ [debale] vt auspacken

ébandade [debɑ̃dad] f Flucht f

ébarbouiller ⟨1⟩ [debaʀbuje] vpr se ~ sich (das Gesicht) waschen

ébarcadère [debaʀkadɛʀ] m Landungssteg m

ébardeur [debaʀdœʀ] m Docker m; (maillot) Top nt

ébarquement [debaʀkəmɑ̃] m (de personnes) Aussteigen nt; (arrivée) Ankunft f; (de marchandises) Ausladen nt; (MIL) Landung f

ébarquer ⟨1⟩ [debaʀke] 1. vt ausladen 2. vi von Bord gehen; (fam) plötzlich ankommen; (fig fam) nicht wissen, was läuft

ébarras [debaʀa] m Rumpelkammer f; **bon ~!** den/die/das sind wir zum Glück los!; **débarrasser** ⟨1⟩ [debaʀase] 1. vt (local) räumen; (la table) abräumen; ~ qn de qch (dégager) jdm etw abnehmen 2. vpr se ~ de qn/qch jdn/etw loswerden

ébat [deba] m Debatte f; ~ **télévisé** Fernsehdebatte

ébattre [debatʀ(ə)] irr comme battre 1. vt diskutieren 2. vpr se ~ sich wehren

ébauche [deboʃ] f Ausschweifung f

ébaucher ⟨1⟩ [deboʃe] vt (licencier) entlassen; (fam) von der Arbeit abhalten

ébile [debil] adj schwach; (fam: idiot) hirnrissig; **il est complètement ~** (fam) bei dem tickt es nicht richtig; ~ **mental(e)** Geistesgestörte(r) mf

ébit [debi] m (d'eau) Durchflussmenge f; (élocution) Redefluss m; (d'un magasin) Umsatz m; (à la banque) Soll nt; ~ **en bauds** Baudrate f; ~ **de boisson** Ausschank m; ~ **de tabac** Tabakladen m; **modem de haut ~** Breitbandmodem nt; **débiter** ⟨1⟩ vt (compte) belasten; (liquide, gaz) ausstoßen; (bois) zerkleinern; (bœuf, mouton) zerteilen; (COM) produzieren, ausstoßen; **débiteur, -trice** m, f Schuldner(in) m(f)

éblayer ⟨7⟩ [debleje] vt räumen

ébloquer ⟨1⟩ [deblɔke] 1. vt losmachen; (prix, salaires) freigeben; (crédit) bewilligen 2. vi (fam) überschnappen

éboguer ⟨1⟩ [debɔge] vt (INFORM) debuggen

éboires [debwaʀ] mpl Enttäuschungen pl

éboisement [debwaz(ə)mɑ̃] m Abholzung f; **déboiser** ⟨1⟩ vt abholzen

déboîter ⟨1⟩ [debwate] 1. vi (AUTO) ausscheren 2. vpr se ~ **l'épaule** sich dat die Schulter verrenken

débonnaire [debɔnɛʀ] adj gutmütig

débordé, e adj être ~ überlastet sein (de mit)

déborder ⟨1⟩ [debɔʀde] vi (rivière) über die Ufer treten; (eau, lait) überlaufen; ~ (de) qch über etw akk hinausgehen; ~ de joie/zèle sich vor Freude/Eifer überschlagen

débouché [debuʃe] m (marché) Absatzmarkt m; ~**s** (perspectives d'emploi) (Berufs)aussichten pl; **au ~ de la vallée** am Ausgang des Tals

déboucher ⟨1⟩ [debuʃe] 1. vt frei machen; (bouteille) entkorken 2. vi herauskommen (de aus); ~ **sur** (voie) einmünden in +akk

débourser ⟨1⟩ [debuʀse] vt ausgeben

debout [dəbu] adj être ~ stehen; (éveillé) auf sein; **être encore ~** (fig) noch intakt sein; **se mettre ~** aufstehen; ~! aufstehen!; **ça ne tient pas ~** das ist doch nicht stichhaltig

déboutonner ⟨1⟩ [debutɔne] vt aufknöpfen

débraillé, e [debʀaje] adj schlampig

débrancher ⟨1⟩ [debʀɑ̃ʃe] vt (appareil électrique) ausstecken

débrayage [debʀɛjaʒ] m (AUTO) Kupplung f; **débrayer** ⟨7⟩ vi (AUTO) (aus)kuppeln; (cesser le travail) die Arbeit niederlegen

débris [debʀi] m (fragment) Scherbe f; (déchet) Überrest m; (d'un bâtiment, fig) Trümmer pl

débrouillard, e [debʀujaʀ, d(ə)] adj (fam) einfallsreich, findig; **débrouiller** ⟨1⟩ 1. vt klären 2. vpr se ~ (fam) zurechtkommen

début [deby] m Anfang m, Beginn m; ~**s** mpl (CINE, SPORT) Debüt nt; **débutant, e** m, f Anfänger(in) m(f); **débuter** ⟨1⟩ [debyte] vi anfangen

décade [dekad] f (10 jours) zehn Tage; (10 ans) Dekade f

décadence [dekadɑ̃s] f Dekadenz f

décaféiné, e [dekafeine] adj koffeinfrei

décalage [dekalaʒ] m Abstand m; (écart) Unterschied m; ~ **horaire** Zeitunterschied

décalcification [dekalsifikasjɔ̃] f Kalkmangel m

décalcomanie [dekalkɔmani] f Abziehbild nt

décaler ⟨1⟩ [dekale] vt verrücken; (dans le temps) verschieben; ~ **de 10 cm** um 10 cm verschieben

décalitre [dekalitʀ] m zehn Liter

décalquer ⟨1⟩ [dekalke] vt abpausen; (par pression) durchpausen

décamètre [dekamɛtʀ] m zehn Meter; (chaîne ou ruban d'acier) Metermaß nt (von zehn Meter Länge)

décamper ⟨1⟩ [dekãpe] vi abziehen

décanter ⟨1⟩ [dekãte] vt sich setzen lassen

décapiter ⟨1⟩ [dekapite] vt enthaupten; (par accident) köpfen

décapotable [dekapɔtabl(ə)] adj voiture ~ Kabriolett nt

décapsuler ⟨1⟩ [dekapsyle] vt den Deckel abnehmen von; **décapsuleur** m Flaschenöffner m

décathlon [dekatlɔ̃] m Zehnkampf m

décédé, e [desede] adj verstorben

décéder ⟨5⟩ [desede] vi ⟨avec être⟩ sterben

déceler ⟨4⟩ [des(ə)le] vt entdecken; (indice, etc) erkennen lassen

décélérer ⟨5⟩ [deselere] vi (sich) verlangsamen

décembre [desãbʀ(ə)] m Dezember m; **en** ~ im Dezember; **le 18** ~ am 18. Dezember; **le 18** ~ **2005** der 18. Dezember 2005

décemment [desamã] adv anständig; (raisonnablement) vernünftig

décence [desãs] f Anstand m

décennie [deseni] f Jahrzehnt nt

décent, e [desã, ãt] adj anständig

décentralisation [desãtralizasjɔ̃] f Dezentralisierung f; **décentralisé, e** adj dezentralisiert; **décentraliser** ⟨1⟩ [desãtralize] vt dezentralisieren

déception [desɛpsjɔ̃] f Enttäuschung f

décerner ⟨1⟩ [deserne] vt (prix) verleihen

décès [desɛ] m Ableben nt

décevant, e [des(ə)vã, ãt] adj enttäuschend

décevoir ⟨12⟩ [des(ə)vwaʀ] vt enttäuschen

déchaîner ⟨1⟩ [deʃene] **1.** vt auslösen **2.** vpr **se** ~ (tempête) losbrechen; (mer) toben; (passions, colère, etc) ausbrechen; (se mettre en colère) wütend werden

décharge [deʃaʀʒ(ə)] f (dépôt d'ordures) Müllablageplatz m; (~ électrique) Schlag m; ~ **de produits toxiques** Giftmülldeponie f; **à la** ~ **de** zur Entlastung von; **décharger** ⟨2⟩ vt abladen; (arme, ELEC) entladen; (faire feu) abfeuern; ~ **qn de** (fig) jdn befreien von

décharné, e [deʃaʀne] adj hager

déchausser ⟨1⟩ [deʃose] **1.** vt die Schuhe

ausziehen +dat; (ski) ausziehen **2.** vpr **se** ~ die Schuhe ausziehen; (dent) wackeln

dèche [dɛʃ] f **être dans la** ~ (fam) völlig abgebrannt sein

déchéance [deʃeãs] f Verfall m

déchet [deʃɛ] m Abfall m; **usine de traitement des** ~**s** Entsorgungsbetrieb m; ~**s** mpl **toxiques** Giftmüll m

déchetterie [deʃɛtʀi] f Müllverwertungsanlage f

déchiffrer ⟨1⟩ [deʃifʀe] vt entziffern; (musique, partition) lesen

déchiqueter ⟨3⟩ [deʃikte] vt zerreißen, zerfetzen

déchirant, e [deʃiʀã, ãt] adj herzzerreißend

déchirer ⟨1⟩ [deʃiʀe] **1.** vt zerreißen **2.** vpr **se** ~ reißen; **se** ~ **un muscle/tendon** sich dat einen Muskelriss/einen Sehnenriss zuziehen

décibel [desibɛl] m Dezibel nt

décidé, e [deside] adj entschlossen; **c'est** ~ es ist beschlossen; **décidément** [desidemã] adv wirklich, tatsächlich

décider ⟨1⟩ [deside] **1.** vt beschließen; ~ **qn (à faire qch)** jdn überreden(, etw zu tun) **2.** vi entscheiden (de qch etw) **3.** vpr **se** ~ **pour/à** sich entscheiden für/sich entschließen zu; **décideur, -euse** m, f Entscheidungsträger(in) m(f)

décilitre [desilitʀ] m Deziliter m

décimal, e [desimal, o] (-aux) **1.** adj dezimal **2.** f Dezimalstelle f

décimètre [desimɛtʀ(ə)] m Dezimeter m; **double** ~ Lineal nt (von 20 cm)

décisif, -ive [desizif, iv] adj entscheidend

décision [desizjɔ̃] f Entscheidung f; (fermeté) Entschlossenheit f

déclaration [deklaʀasjɔ̃] f Erklärung f; ~ (**d'amour**) Liebeserklärung; ~ **de décès/naissance** Anmeldung f eines Todesfalles/einer Geburt; ~ (**de sinistre**) Meldung f; ~ **obligatoire** (MED) Meldepflicht f

déclarer ⟨1⟩ [deklaʀe] **1.** vt erklären; (revenus) angeben; (employés, décès) anmelden; (marchandises) verzollen **2.** vpr **se** ~ (feu, maladie) ausbrechen; (amoureux) eine Liebeserklärung machen; **se** ~ **prêt(e) à** sich bereit erklären zu

déclasser ⟨1⟩ [deklase] vt niedriger einstufen

déclencher ⟨1⟩ [deklãʃe] **1.** vt auslösen; (INFORM) starten **2.** vpr **se** ~ losgehen

déclic [deklik] m Auslösevorrichtung f; (bruit) Klicken nt; (fam) Aha-Erlebnis nt

déclin [deklɛ̃] m Niedergang m; **être sur son** ~ sich verschlechtern

déclinaison [deklinɛzɔ̃] f Deklination f
décliner ⟨1⟩ [dekline] **1.** vi (empire) verfallen; (acteur) nachlassen; (santé) sich verschlechtern; (jour, soleil) abnehmen **2.** vt (invitation, etc) ablehnen; (nom, adresse) angeben; (LING) deklinieren
décocher ⟨1⟩ [dekɔʃe] vt (flèche) abschießen; (regard) zuwerfen
décodage [dekɔdaʒ] m Dekodierung f, Entschlüsselung f
décoder ⟨1⟩ [dekɔde] vt dekodieren; **décodeur** m Decoder m
décoiffer ⟨1⟩ [dekwafe] **1.** vt zerzausen **2.** vpr se ~ den Hut abnehmen
décoincer ⟨2⟩ [dekwɛse] vt (fam) entspannen
décollage [dekɔlaʒ] m (AVIAT) Abflug m
décoller ⟨1⟩ [dekɔle] **1.** vt lösen **2.** vi (avion) abheben **3.** vpr se ~ sich lösen
décolleté, e [dekɔlte] **1.** adj ausgeschnitten **2.** m (Hals)ausschnitt m
décoloniser ⟨1⟩ [dekɔlɔnize] vt entkolonialisieren
décolorer ⟨1⟩ [dekɔlɔʀe] **1.** vt bleichen; (cheveux) entfärben **2.** vpr se ~ verblassen
décombres [dekɔ̃bʀ(ə)] mpl Ruinen pl, Trümmer pl
décommander ⟨1⟩ [dekɔmɑ̃de] **1.** vt abbestellen; (réception) absagen **2.** vpr se ~ absagen
décompacter ⟨1⟩ [dekɔ̃pakte] vt (INFORM) entpacken
décomposé, e [dekɔ̃poze] adj un visage ~ ein verzerrtes Gesicht
décomposer ⟨1⟩ [dekɔ̃poze] **1.** vt zerlegen **2.** vpr se ~ sich zersetzen, verwesen
décompresser ⟨1⟩ [dekɔ̃pʀese] vt (fichier) dekomprimieren
décompte [dekɔ̃t] m (déduction) Abzug m; (facture détaillée) (aufgeschlüsselte) Rechnung f; ~ final Abschlussrechnung f; **décompter** ⟨1⟩ vt abziehen
déconcerter ⟨1⟩ [dekɔ̃sɛʀte] vt aus der Fassung bringen
décongeler ⟨4⟩ [dekɔ̃ʒ(ə)le] vt auftauen
décongestionner ⟨1⟩ [dekɔ̃ʒɛstjɔne] vt (MED) abschwellen lassen; (rue) entlasten
déconnecté, e [dekɔnekte] adj (INFORM) offline, Offline-; **déconnecter** ⟨1⟩ vpr se ~ sich ausloggen
déconner ⟨1⟩ [dekɔne] vi (fam: chose) verrückt spielen; (personne) Scheiße bauen; (en parlant) Mist reden; (être détraqué) durchdrehen
déconseiller ⟨1⟩ [dekɔ̃seje] vt ~ qch (à qn) (jdm) von etw abraten
déconsidérer ⟨5⟩ [dekɔ̃sidere] vt in Misskredit bringen

décontamination [dekɔ̃taminasjɔ̃] f Entseuchung f; ~ d'un terrain Altlastsanierung f
décontenancer ⟨2⟩ [dekɔ̃t(ə)nɑ̃se] vt aus der Fassung bringen
décontracté, e [dekɔ̃tʀakte] adj locker, entspannt
décontracter ⟨1⟩ [dekɔ̃tʀakte] **1.** vt entspannen **2.** vpr se ~ sich entspannen
déconvenue [dekɔ̃v(ə)ny] f Enttäuschung f
décor [dekɔʀ] m Dekor m, Ausstattung f; ~s mpl (THEAT) Bühnenbild nt; (CINE) Szenenaufbau m; aller dans le ~ (fam) (mit dem Auto) von der Straße abkommen; **décorateur, -trice** m, f Dekorateur(in) m(f); (CINE) Bühnenbildner(in) m(f); **décoratif, -ive** adj dekorativ; **décoration** [dekɔʀasjɔ̃] f (ornement) Schmuck m; (médaille) Orden f; **décorer** ⟨1⟩ vt schmücken; (médailler) auszeichnen
décortiquer ⟨1⟩ [dekɔʀtike] vt (graine) enthülsen; (crustacé) herausschälen; (fig: texte) zerlegen
découcher ⟨1⟩ [dekuʃe] vi auswärts schlafen
découdre [dekudʀ(ə)] irr comme coudre **1.** vt auftrennen **2.** vpr se ~ aufgehen
découler ⟨1⟩ [dekule] vi ~ de folgen aus
découper ⟨1⟩ [dekupe] **1.** vt (volaille, viande) zerteilen; (article) ausschneiden **2.** vpr se ~ sur le ciel/l'horizon sich gegen den Himmel/Horizont abheben
découplé, e [dekuple] adj bien ~ wohlproportioniert
décourageant, e [dekuʀaʒɑ̃, ɑ̃t] adj entmutigend
découragement [dekuʀaʒmɑ̃] m Entmutigung f
décourager ⟨2⟩ [dekuʀaʒe] **1.** vt entmutigen; (dissuader) abhalten **2.** vpr se ~ entmutigt werden
découvert, e [dekuvɛʀ, ɛʀt(ə)] **1.** adj bloß; (lieu) kahl, nackt **2.** m (bancaire) Kontoüberziehung f; à ~ (MIL) ungeschützt; (compte) überzogen **3.** f Entdeckung f
découvrir ⟨11⟩ [dekuvʀiʀ] **1.** vt aufdecken; (trouver) entdecken; ~ que herausfinden, dass **2.** vpr se ~ (ôter son chapeau) den Hut lüften; (ses vêtements) sich ausziehen; (au lit) sich aufdecken; (ciel) sich aufklären
décret [dekʀɛ] m Verordnung f; **décréter** ⟨5⟩ vt verordnen, anordnen
décrire [dekʀiʀ] irr comme écrire vt beschreiben

décrocher ⟨1⟩ [dekʀɔʃe] **1.** vt herunternehmen; (TEL) abnehmen; (fam) ergattern **2.** vi (fam) ausscheiden

décroître [dekʀwatʀ(ə)] irr comme croître vi abnehmen, zurückgehen

décrypter ⟨1⟩ [dekʀipte] vt entschlüsseln

déçu, e [desy] pp de **décevoir**

déculpabiliser ⟨1⟩ [dekylpabilize] vt von Schuldgefühlen befreien

décupler ⟨1⟩ [dekyple] **1.** vt verzehnfachen **2.** vi sich verzehnfachen

dédaigner ⟨1⟩ [dedeɲe] vt verachten; ~ **de faire** sich nicht herablassen zu tun

dédaigneux, -euse [dedɛɲø, øz] adj verächtlich

dédain [dedɛ̃] m Verachtung f

dédale [dedal] m Labyrinth nt

dedans [d(ə)dɑ̃] **1.** adv innen; **là-dedans** dort drinnen **2.** m Innere(s) nt; **au ~** innen

dédicace [dedikas] f Widmung f

dédicacer ⟨2⟩ [dedikase] vt mit einer Widmung versehen

dédier ⟨1⟩ [dedje] vt widmen

dédire [dediʀ] irr comme dire vpr **se ~** sein Wort zurücknehmen

dédommagement [dedɔmaʒmɑ̃] m Entschädigung f; **dédommager** ⟨2⟩ vt entschädigen

dédouaner ⟨1⟩ [dedwane] vt zollamtlich abfertigen

dédoubler ⟨1⟩ [deduble] vt (classe, effectifs) halbieren

dédramatiser ⟨1⟩ [dedʀamatize] vt (situation, événement) entschärfen

déductible [dedyktibl] adj (impôts) absetzbar

déduction [dedyksjɔ̃] f (d'argent) Abzug m, Nachlass m; (raisonnement) Folgerung f

déduire [dedɥiʀ] irr comme conduire vt abziehen; (conclure) folgern, schließen

déesse [dɛɛs] f Göttin f

défaillance [defajɑ̃s] f Ohnmachtsanfall m; (technique, intellectuelle) Versagen nt, Ausfall m; **défaillir** [defajiʀ] irr vi ohnmächtig werden

défaire [defɛʀ] irr comme faire **1.** vt (installation, échafaudage) abmontieren; (paquet, etc) auspacken; (nœud, vêtement) aufmachen **2.** vpr **se ~** aufgehen; (fig) zerbrechen; **se ~ de** sich entledigen +gen

défait, e [defɛ, ɛt] **1.** pp de **défaire 2.** adj (visage) abgespannt **3.** f Niederlage f

défaitisme [defetism] m Defätismus m

défaut [defo] m Fehler m; (moral) Schwäche f; (carence) Mangel m; (INFORM) Voreinstellung f; **faire ~** fehlen; **à ~ (de)**

mangels +gen; **en ~** im Unrecht; **par ~** in Abwesenheit

défaveur [defavœʀ] f Ungnade f

défavorable [defavɔʀabl(ə)] adj ungünstig

défavoriser ⟨1⟩ [defavɔʀize] vt benachteiligen

défection [defɛksjɔ̃] f Abtrünnigkeit f, Abfall m; (absence) Nichterscheinen nt; **faire ~** abtrünnig werden

défectueux, -euse [defɛktɥø, øz] adj fehlerhaft, defekt

défendre ⟨14⟩ [defɑ̃dʀ(ə)] **1.** vt verteidigen; (opinion, etc) vertreten; (interdire) untersagen; ~ **à qn de faire** jdm untersagen zu tun **2.** vpr **se ~** sich verteidigen; **se ~ de** (se garder de) sich enthalten +gen; **se ~ de/contre** (se protéger) sich schützen vor/gegen; **défense** [defɑ̃s] f Verteidigung f; (fig, PSYCH) Schutz m; (d'éléphant, etc) Stoßzahn m; ~ **de fumer** Rauchen verboten; **défenseur** [defɑ̃sœʀ] m Verteidiger(in) m(f); (partisan) Anhänger(in) m(f); ~ **de valeurs conservatrices** wertkonservativ; **défensif, -ive** [defɑ̃sif, iv] **1.** adj (arme, système) Verteidigungs-; (attitude) defensiv **2.** f **être sur la défensive** in der Defensive sein

déférer ⟨5⟩ [defeʀe] vi, vt ~ **à** sich beugen +dat; ~ **qn à la justice** jdn vor Gericht bringen

déferler ⟨1⟩ [defɛʀle] vi (vagues) sich brechen; (enfants) strömen

défi [defi] m Herausforderung f; (refus) Trotz m

défiance [defjɑ̃s] f Misstrauen nt

déficeler ⟨3⟩ [defis(ə)le] vt aufschnüren

déficience [defisjɑ̃s] f Schwäche f; ~ **immunitaire** Immunschwäche

déficient, e [defisjɑ̃, ɑ̃t] adj (organisme, intelligence) schwach; (argumentation) mangelhaft

déficit [defisit] m Defizit nt; **déficitaire** [defisitɛʀ] adj Verlust-; (année, récolte) schlecht

défier ⟨1⟩ [defje] **1.** vt herausfordern; (fig) trotzen +dat **2.** vpr **se ~ de** (se méfier) misstrauen +dat

défigurer ⟨1⟩ [defigyʀe] vt entstellen

défilé [defile] m Engpass m; (GEO) (Meer)enge f; (de soldats, manifestants) Vorbeimarsch m; **défiler** ⟨1⟩ **1.** vi vorbeimarschieren, vorbeiziehen **2.** vpr **se ~** (fam) sich verdrücken

définir ⟨8⟩ [definiʀ] vt definieren

définitif, -ive [definitif, iv] **1.** adj definitiv, entschieden **2.** f **en définitive** eigentlich, letztendlich

définition [definisjɔ̃] f Definition f; (de mots croisés) Frage f; (TV) Bildauflösung f; (caractérisation) Beschreibung f

définitivement [definitivmɑ̃] adv endgültig

déflorer ⟨1⟩ [deflɔʀe] vt entjungfern

défoliant [defɔljɑ̃] m Entlaubungsmittel nt

défoncer ⟨2⟩ [defɔ̃se] 1. vt (porte) einbrechen; (caisse) den Boden +gen ausschlagen 2. vpr se ~ (fam: travailler) sich reinknien; **on se défonce** (fam: s'amuse) es geht ab

déforestation [defɔʀɛstasjɔ̃] f Raubbau m am Wald

déformation [defɔʀmasjɔ̃] f Verformung f; (MED) Missbildung f; ~ **professionnelle** (fig) Berufskrankheit f

déformer ⟨1⟩ [defɔʀme] 1. vt aus der Form bringen; (pensée, fait) verdrehen 2. vpr se ~ sich verformen

défoulement [defulmɑ̃] m Abreagieren nt

défouler ⟨1⟩ [defule] vpr se ~ sich abreagieren

défragmenter ⟨1⟩ [defʀagmɑ̃te] vt (INFORM) defragmentieren

défraîchir ⟨8⟩ [defʀeʃiʀ] vpr se ~ verbleichen, verschießen

défunt, e [defœ̃, œ̃t] adj verstorben

dégagé, e [degaʒe] adj klar; (ton, air) lässig, ungezwungen

dégagement [degaʒmɑ̃] m **voie de ~** Zufahrtsstraße f; **itinéraire de ~** Entlastungsroute f

dégager ⟨2⟩ [degaʒe] 1. vt (exhaler) aussenden, ausströmen; (délivrer) befreien; (désencombrer) räumen; (isoler) hervorheben 2. vpr se ~ sich befreien; (odeur) ausströmen; (passage bloqué) frei werden; (ciel) sich aufklären

dégarnir ⟨8⟩ [degaʀniʀ] 1. vt (vider) leeren 2. vpr se ~ (salle, rayons) sich leeren; (tempe, crâne) sich lichten

dégâts [dega] mpl Schaden m; ~ **collatéraux** Kollateralschäden pl

dégel [deʒɛl] m Tauwetter nt; **dégeler** ⟨4⟩ [deʒ(ə)le] 1. vt auftauen lassen; (fig: prix) freigeben; (atmosphère) entspannen 2. vi auftauen

dégénéré, e [deʒeneʀe] adj degeneriert

dégénérer ⟨5⟩ [deʒeneʀe] vi degenerieren; (empirer) ausarten

dégivrage [deʒivʀaʒ] m Abtauen nt

dégivrer ⟨1⟩ [deʒivʀe] vt entfrosten, abtauen; **dégivreur** [deʒivʀœʀ] m Entfroster m

déglutir ⟨8⟩ [deglytiʀ] vt hinunterschlucken

dégonflé, e [degɔ̃fle] adj (pneu) platt

dégonfler ⟨1⟩ [degɔ̃fle] 1. vt die Luft ablassen aus 2. vpr se ~ (fam) kneifen

dégorger ⟨2⟩ [degɔʀʒe] vi **faire ~** (GASTR) entwässern

dégoter ⟨1⟩ [degɔte] vt (fam) auftreiben

dégouliner ⟨1⟩ [deguline] vi tropfen

dégourdi, e [deguʀdi] adj schlau, geschickt

dégourdir ⟨8⟩ [deguʀdiʀ] vpr se ~ (les jambes) sich dat die Beine vertreten

dégoût [degu] m Ekel m, Abneigung f, Abscheu m; **dégoûtant, e** adj widerlich; (injuste) empörend, gemein;

dégoûté, e [degute] adj angewidert (de von); **dégoûter** ⟨1⟩ 1. vt anekeln, anwidern; (fig) empören; ~ **qn de qch** jdm etw verleiden 2. vpr se ~ de überdrüssig werden +gen

dégradé [degʀade] m Abstufung f; **coupe en ~** (cheveux) Stufenschnitt m

dégrader ⟨1⟩ [degʀade] 1. vt (MIL) degradieren; (abîmer) verunstalten; (fig) erniedrigen 2. vpr se ~ (relations) sich verschlechtern; (s'avilir) sich erniedrigen

dégraisser ⟨1⟩ [degʀese] vt (soupe) das Fett abschöpfen von

degré [dəgʀe] m Grad m; (échelon) Stufe f; (de méchanceté, de courage) Ausmaß nt; **équation du 1er/2ème** ~ lineare/quadratische Gleichung; **alcool à 90** ~**s** 90-prozentiger Alkohol; **par ~(s)** nach und nach

dégringoler ⟨1⟩ [degʀɛ̃gɔle] vi herunterpurzeln

dégriser ⟨1⟩ [degʀize] vt nüchtern machen

déguerpir ⟨8⟩ [degɛʀpiʀ] vi sich aus dem Staub machen

dégueulasse [degœlas] adj (fam: sale, répugnant) widerlich, ekelhaft; **un temps** ~ (fam) ein abscheuliches Wetter

dégueuler ⟨1⟩ [degœle] vi (vulg) kotzen

déguisement [degizmɑ̃] m Verkleidung f; (fig) Verschleierung f

déguiser ⟨1⟩ [degize] 1. vt verkleiden; (fig) verschleiern 2. vpr se ~ sich verkleiden

dégustation [degystasjɔ̃] f ~ **de vin(s)** Weinprobe f

déguster ⟨1⟩ [degyste] vt (vin) probieren; (aliment, boisson) genießen

dehors [dəɔʀ] 1. adv (dr)außen; **au** ~ draußen; **en** ~ nach außen; **en** ~ **de** (hormis) mit Ausnahme von; **mettre** ~, **jeter**

~ **hinauswerfen 2.** *mpl* Äußere(s) *nt*
déjà [deʒa] *adv* schon; (*auparavant*)
bereits; **c'est où, ~?** wo ist das gleich?
déjanté, e [deʒɑ̃te] *adj* (*fam*) ausgeflippt
déjeuner ⟨1⟩ [deʒœne] **1.** *vi* (*le matin*)
frühstücken; (*à midi*) zu Mittag essen **2.** *m*
Mittagessen *nt*; *v. a.* petit-déjeuner
déjouer ⟨1⟩ [deʒwe] *vt* ausweichen +*dat*;
(*plan*) durchkreuzen
delà [dəla] *adj* par ~, en ~ (de), au ~ (de)
über +*dat*, jenseits +*gen*
délabré, e [delabʀe] *adj* (*maison, mur*) verfallen, baufällig; (*mobilier*) klapprig; (*matériel*) brüchig; **délabrement** [delabʀəmɑ̃]
m Baufälligkeit *f*; **délabrer** ⟨1⟩ [delabʀe]
vpr **se** ~ verfallen, herunterkommen
délai [dele] *m* Frist *f*; **à bref** ~ kurzfristig;
dans les ~**s** innerhalb der Frist; **respecter
un** ~ eine Frist einhalten; **sans** ~ unverzüglich
délaisser ⟨1⟩ [delese] *vt* im Stich lassen
délasser ⟨1⟩ [delase] *vt* entspannen
délavé, e [delave] *adj* verwaschen
délayer ⟨7⟩ [deleje] *vt* (*GASTR*) mit Wasser
verrühren; (*peinture*) verdünnen; (*fig*)
ausdehnen, strecken
delco [delko] *m* (*AUTO*) Verteiler *m*
délégation [delegasjɔ̃] *f* (*groupe*) Delegation *f*, Abordnung *f*; (*de pouvoirs, d'autorité*) Übertragung *f*; ~ **de pouvoir** (*document*) Vollmacht *f*
délégué, e [delege] *m*, *f* Abgeordnete(r)
mf, Vertreter(in) *m(f)*; ~**(e) à la condition
féminine** Frauenbeauftragte(r) *mf*; ~**(e) à
l'environnement** Umweltbeauftragte(r)
mf; ~**(e) aux droits de l'homme** Men-
schenrechtsbeauftragte(r) *mf*
déléguer ⟨1⟩ *vt* delegieren
délibération [deliberasjɔ̃] *f* Beratung *f*;
(*réflexion*) Überlegung *f*
délibéré, e [delibeʀe] *adj* (*conscient*)
absichtlich; **délibérément** *adv* mit
Absicht, bewusst
délibérer ⟨5⟩ [delibeʀe] *vi* sich beraten
délicat, e [delika, at] *adj* (*fin*) fein; (*fragile*)
empfindlich; (*enfant, santé*) zart; (*manipulation, problème*) delikat, heikel; (*embarrassant*) peinlich; (*plein de tact, d'attention*)
taktvoll; **délicatesse** *f* (*tact*) Fingerspit-
zengefühl *nt*
délice [delis] *m* Freude *f*; ~**s** *fpl* Genüsse
pl; **délicieusement** [delisjøzmɑ̃] *adv*
wunderbar; **délicieux, -euse** [delisjø,
øz] *adj* köstlich; (*sensation*) wunderbar
délimiter ⟨1⟩ [delimite] *vt* abgrenzen
délinquance [delɛ̃kɑ̃s] *f* Kriminalität *f*; ~
juvénile Jugendkriminalität; **délin-**

quant, e 1. *adj* straffällig **2.** *m*, *f* Delin-
quent(in) *m(f)*
délire [deliʀ] *m* (*fièvre*) Delirium *nt*; **délirer** ⟨1⟩ *vi* (*fam*) Blödsinn erzählen
délit [deli] *m* Delikt *nt*, Vergehen *nt*; ~ **de
fuite** Fahrerflucht *f*; ~ **d'imprudence**
Fahrlässigkeit *f*; ~ **informatique** (*INFORM*)
Computerkriminalität *f*
délivrer ⟨1⟩ [delivʀe] *vt* entlassen; (*passeport, certificat*) ausstellen; ~ **qn** jdn
befreien von
délocalisation [delɔkalizasjɔ̃] *f* Verlage-
rung *f* ins Ausland, Auslagerung *f*; ~ **de la
production** Produktionsverlagerung *f*
délocaliser ⟨1⟩ [delɔkalize] **1.** *vt* ins Ausland verlagern **2.** *vi* auslagern
déloger ⟨2⟩ [delɔʒe] *vt* (*ennemi*) vertreiben; (*locataire*) ausquartieren
deltaplane [deltaplan] *m* (*SPORT*) (Flug)-
drachen *m*; **faire du** ~ Drachen fliegen
déluge [delyʒ] *m* (*biblique*) Sintflut *f*; **un** ~
de eine Flut von
déluré, e [delyʀe] *adj* clever; (*pej*) dreist
demain [d(ə)mɛ̃] *adv* morgen; ~ **matin/
soir** morgen früh/Abend; **à** ~ bis morgen
demande [d(ə)mɑ̃d] *f* Forderung *f*;
(*ADMIN: formulaire*) Antrag *m*, Gesuch *nt*; **la**
~ (*ECON*) die Nachfrage; ~ **de capital**
Kapitalnachfrage *f*; ~ **d'emploi** Stellengesuch *nt*; ~ **d'extradition** (*JUR*) Ausliefe-
rungsantrag; ~ **de recherche** (*INFORM*)
Suchanfrage *f*; **demandé, e** *adj* gefragt;
demander ⟨1⟩ *vt* (*vouloir savoir*) fragen
nach; (*question*) stellen; (*désirer*) bitten
um; (*vouloir avoir*) verlangen; (*vouloir engager*) suchen; (*requérir, nécessiter*) erfordern
(*à qn* jdm); ~ **la main de qn** um jds
Hand anhalten; ~ **qch à qn** jdn (nach)
etw fragen; jdn um etw bitten; ~ **à qn de
faire** jdn bitten zu tun; ~ **que** verlangen,
dass; ~ **pourquoi/si** fragen, warum/ob;
se ~ **pourquoi/si** sich fragen, warum/ob;
on vous demande au téléphone Sie werden am Telefon verlangt; **demandeur,
-euse** *m*, *f* Antragsteller(in) *m(f)*, Bewer-
ber(in) *m(f)*; ~ **d'asile** Asylbewerber; ~
d'emploi Arbeitssuchende(r) *m*
démangeaison [demɑ̃ʒɛzɔ̃] *f* Jucken *nt*;
démanger ⟨2⟩ *vi* jucken
démanteler ⟨4⟩ [demɑ̃tle] *vt* zerstören;
~ **un réseau de drogue** einen Drogenring
ausheben
démaquillant, e [demakijɑ̃, ɑ̃t] *adj*
Abschmink-; **démaquiller** ⟨1⟩ *vpr* **se** ~
sich abschminken
démarchage [demaʀʃaʒ] *m* (*vente*) Hau-

sieren nt; ~ **électoral** Wahlwerbung f; ~
téléphonique Telefonmarketing nt
démarche [demaʀʃ(ə)] f (allure) Gang m;
(raisonnement) Vorgehen nt; **faire des ~s**
auprès de vorsprechen bei
démarquer ⟨1⟩ [demaʀke] vt (COM) he-
runtersetzen; (SPORT) freispielen
démarrage [demaʀaʒ] m Starten nt,
Anfahren nt; (SPORT) Start m; ~ **à froid**
(INFORM) Kaltstart m; **démarrer** ⟨1⟩ **1.** vi
(AUTO, SPORT) starten **2.** vt (voiture) anlassen; (INFORM, TECH) hochfahren; (travail) in
die Wege leiten; **démarreur** m Anlasser
m
démasquer ⟨1⟩ [demaske] vt entlarven
démêler ⟨1⟩ [demele] vt entwirren
démêlés [demele] mpl Auseinandersetzung f
déménagement [demenaʒmã] m
Umzug m; **camion de ~** Möbelwagen m
déménager ⟨2⟩ [demenaʒe] **1.** vi umziehen **2.** vt umziehen mit; **déménageur**
[demenaʒœʀ] m Möbelpacker m; (entrepreneur) Möbelspedition f
démener ⟨4⟩ [dem(ə)ne] vpr se ~ um
sich schlagen
dément, e [demã, ãt] adj verrückt
démentir ⟨10⟩ [demãtiʀ] vt (nier)
dementieren; (contredire) widerlegen
démerder ⟨1⟩ [demɛʀde] vpr se ~ (fam)
klarkommen
démesure [demzyʀ] f Maßlosigkeit f
démettre [demɛtʀ(ə)] irr comme mettre **1.** vt
~ **qn de** jdn entheben +gen **2.** vpr se ~
(membre) sich dat ausrenken; **se ~ de ses**
fonctions sein Amt niederlegen
demeurant [dəmœʀã] adv au ~ im Übrigen
demeure [dəmœʀ] f Wohnung f, Wohnsitz m; **mettre qn en ~ de faire ...** jdn auffordern ... zu tun; **demeurer** ⟨1⟩ vi
(habiter) wohnen; (rester) bleiben
demi, e [d(ə)mi] **1.** adj halb; **à ~** halb;
trois heures/bouteilles et ~e dreieinhalb
Stunden/Flaschen; **il est 2 heures et ~e/**
midi et ~ es ist halb drei/halb eins **2.** m
(Glas) Bier nt (0,25 l) **3.** f **à la ~e** (heure)
um halb
demi- [d(ə)mi] pref Halb-; **demi-cercle**
(demi-cercles) m Halbkreis m; **demi-**
douzaine (demi-douzaines) f halbes
Dutzend; **demi-finale** (demi-finales) f
Halbfinalspiel nt; **demi-frère** (demi-
frères) m Halbbruder m; **demi-heure**
(demi-heures) f halbe Stunde; **demi-**
jour m inv Zwielicht nt; **demi-journée**
(demi-journées) f halber Tag

démilitariser ⟨1⟩ [demilitaʀize] vt entmi-
litarisieren
demi-litre (demi-litres) [d(ə)militʀ] m
halber Liter; **demi-mot** [d(ə)mimo] adv
à ~ andeutungsweise; **demi-pension**
(demi-pensions) f Halbpension f; **demi-**
quintal (demi-quintaux) m 50 Kilo; (en
Allemagne) Zentner m
démis, e [demi, iz] adj ausgerenkt
demi-saison (demi-saisons) [d(ə)misezɔ̃] f
vêtements de ~ Übergangskleidung f;
demi-sec adj (vin) halbtrocken; **demi-**
sel adj inv (beurre) leicht gesalzen
démission [demisjɔ̃] f Kündigung f; (de
ministre) Demission f; **donner sa ~** kündigen; seinen Rücktritt erklären; **démis-**
sionner ⟨1⟩ [demisjɔne] vi zurücktreten
demi-tarif (demi-taris) [d(ə)mitaʀif] m
halber Preis; **demi-tour** (demi-tours) m
Kehrtwendung f; **faire ~** kehrtmachen
démocrate [demɔkʀat] **1.** adj demokratisch **2.** mf Demokrat(in) m(f)
démocratie [demɔkʀasi] f Demokratie f
démocratique [demɔkʀatik] adj demokratisch
démocratiser ⟨1⟩ [demɔkʀatize] vt
demokratisieren
démodé, e [demɔde] adj altmodisch
démographique [demɔgʀafik] adj demo-
grafisch; **poussée ~** Bevölkerungszu-
wachs m
demoiselle [d(ə)mwazɛl] f Fräulein nt; ~
d'honneur Brautjungfer f
démolir ⟨8⟩ [demɔliʀ] vt abreißen, einreißen; (fig) vernichten; **démolition**
[demɔlisjɔ̃] f (de bâtiment) Abbruch m;
entreprise de ~ Abbruchunternehmen nt
démon [demɔ̃] m Dämon m; (enfant) Teufel m; **démoniaque** [demɔnjak] adj teuflisch
démonstrateur, -trice [demɔ̃stʀatœʀ,
tʀis] m, f Vorführer(in) m(f)
démonstration [demɔ̃stʀasjɔ̃] f
Demonstration f, Vorführung f
démonté, e [demɔ̃te] adj (mer) tobend;
(personne) rasend
démonter ⟨1⟩ [demɔ̃te] **1.** vt auseinander
nehmen **2.** vpr se ~ (personne) die Fassung verlieren
démontrer ⟨1⟩ [demɔ̃tʀe] vt beweisen;
ce qu'il fallait ~ was zu beweisen war
démoralisant, e [demɔʀalizã, ãt] adj entmutigend
démoraliser ⟨1⟩ [demɔʀalize] vt entmutigen
démordre ⟨14⟩ [demɔʀdʀ(ə)] vi **ne pas ~**
de beharren auf +dat

démouler ⟨1⟩ [demule] vt (gâteau) aus der Form nehmen

démuni, e [demyni] adj mittellos

démunir ⟨8⟩ [demyniʀ] vt ~ qn de qch jdn einer Sache gen berauben

dénazification [denazifikasjɔ̃] f Entnazifizierung f; **dénazifier** ⟨1⟩ [denazifje] vt entnazifizieren

dénégation [denegasjɔ̃] f Leugnen nt

dénicher ⟨1⟩ [deniʃe] vt auftreiben, ausfindig machen

denier [dənje] m ~s publics mpl öffentliche Mittel pl; **de ses (propres)** ~s mit seinem eigenen Geld

dénier ⟨1⟩ [denje] vt leugnen; ~ qch à qn jdm etw verweigern

dénigrement [denigʀəmã] m Verunglimpfung f; **campagne de** ~ Hetzkampagne f

dénombrer ⟨1⟩ [denɔ̃bʀe] vt zählen; (énumérer) aufzählen

dénominateur [denɔminatœʀ] m Nenner m

dénomination [denɔminasjɔ̃] f Bezeichnung f

dénommer ⟨1⟩ [denɔme] vt benennen

dénoncer ⟨2⟩ [denɔ̃se] 1. vt (personne) anzeigen; (abus, erreur) brandmarken 2. vpr se ~ sich stellen; **dénonciation** f Denunziation f

dénoter ⟨1⟩ [denɔte] vt verraten, erkennen lassen

dénouement [denumã] m (fin, solution) Ausgang m

dénouer ⟨1⟩ [denwe] vt aufknoten

dénoyauter ⟨1⟩ [denwajote] vt (fruit) entsteinen

denrée [dɑ̃ʀe] f ~s fpl Nahrungsmittel pl

dense [dɑ̃s] adj dicht; **densité** f Dichte f; ~ **de la circulation** Verkehrsaufkommen nt

dent [dã] f Zahn m; **mordre à belles** ~s mit Genuss hineinbeißen; ~ **de lait** Milchzahn; ~ **de sagesse** Weisheitszahn; **dentaire** adj Zahn-; **denté, e** adj **roue** ~e Zahnrad nt

dentelé, e [dãt(ə)le] adj gezackt

dentelle [dãtɛl] f (tissu) Spitze f

dentier [dãtje] m (künstliches) Gebiss

dentifrice [dãtifʀis] m Zahnpasta f

dentiste [dãtist(ə)] mf Zahnarzt(-ärztin) m(f)

dentition [dãtisjɔ̃] f (natürliches) Gebiss

dénucléarisé, e [denykleaʀize] adj atomwaffenfrei

dénudé, e [denyde] adj bloß

dénuder ⟨1⟩ [denyde] vt (corps) entblö-

ßen

dénué, e [denɥe] adj ~ de ohne +akk

dénuement [denymã] m bittere Not, Elend nt

déodorant [deɔdɔʀã] m Deo(dorant) nt; ~ **à bille** Deoroller m; ~ **en aérosol** Deospray m

déontologie [deɔ̃tɔlɔʒi] f Berufsethos nt

dépannage [depanaʒ] m Reparatur f; **service de** ~ Pannendienst m

dépanner ⟨1⟩ [depane] vt reparieren; (fam) aus der Patsche helfen +dat;

dépanneur [depanœʀ] m Pannenhelfer m; (TV) Fernsehmechaniker m; **dépanneuse** f Abschleppwagen m

déparer ⟨1⟩ [depaʀe] vt (visage) entstellen; (paysage) verschandeln

départ [depaʀ] m Abreise f; (SPORT) Start m; (sur un horaire) Abfahrt f; **au** ~ zu Beginn

départager ⟨2⟩ [depaʀtaʒe] vt entscheiden zwischen

département [depaʀtəmã] m Abteilung f; (en France) Departement nt; **Départements d'outre-mer** überseeische Departements

---

Les départements

Les départements sind die 96 Verwaltungseinheiten, in die Frankreich aufgeteilt ist. Diese départements werden von ernannten „préfets" geleitet und von einem gewählten „Conseil général" verwaltet. Die départements werden meistens nach geografischen Besonderheiten, wie einem Fluss oder einer Gebirgskette benannt.

---

départir ⟨10⟩ [depaʀtiʀ] vpr se ~ de qch etw aufgeben

dépassé, e [depase] adj veraltet, überholt; (affolé) überfordert

dépassement [depasmã] m Überschreitung f; ~ **de compétence** Kompetenzüberschreitung

dépasser ⟨1⟩ [depase] 1. vt überholen; (endroit) vorübergehen an +dat; (limite fixée, prévisions) überschreiten; (en intelligence) übertreffen; **ça me dépasse** das ist mir zu hoch 2. vi (ourlet, jupon) vorsehen

dépaysé, e [depeize] adj verloren, nicht heimisch

dépaysement [depeizmã] m Verwirrung f

dépayser ⟨1⟩ [depeize] vt verwirren

dépecer ⟨4⟩ [depəse] vt (animal) zerlegen

dépêcher ⟨1⟩ [depeʃe] 1. vt senden, schicken 2. vpr se ~ sich beeilen

dépeindre [depɛ̃dʀ(ə)] *irr comme peindre vt* beschreiben

dépénalisation [depenalizasjɔ̃] *f* Entkriminalisierung *f*

dépendre ⟨14⟩ [depãdʀ(ə)] **1.** *vt* (*objet*) abnehmen, abhängen **2.** *vi* ~ **de** (*personne, pays*) abhängig sein von; (*résultat, situation*) abhängen von; **ça dépend** das kommt darauf an

dépens [depã] *mpl* **aux** ~ **de** auf Kosten von

dépense [depãs] *f* Ausgabe *f*; **dépenser** ⟨1⟩ **1.** *vt* ausgeben **2.** *vpr* **se** ~ sich anstrengen; **dépensier, -ière** *adj* verschwenderisch

dépérir ⟨8⟩ [depeʀiʀ] *vi* verkümmern; **dépérissement** *m* ~ **des forêts** Waldsterben *nt*

dépeupler ⟨1⟩ [depœple] **1.** *vt* entvölkern **2.** *vpr* **se** ~ sich entvölkern

déphasé, e [defaze] *adj* phasenverschoben; (*fam: personne*) desorientiert

dépilatoire [depilatwaʀ] *adj* **crème** ~ Enthaarungscreme *f*

dépistage [depistaʒ] *m* (*MED*) Reihenuntersuchung *f*, Früherkennung *f*; ~ **du cancer** Krebsvorsorge *f*

dépister ⟨1⟩ [depiste] *vt* (*maladie*) erkennen; (*voleur*) finden

dépit [depi] *m* Trotz *m*; **en** ~ **de** trotz +*gen*; **en** ~ **du bon sens** gegen alle Vernunft; **dépité, e** *adj* verärgert

déplacé, e [deplase] *adj* (*propos*) unangebracht, deplatziert

déplacement [deplasmã] *m* (*voyage*) Reise *f*

déplacer ⟨2⟩ [deplase] **1.** *vt* umstellen, verschieben; (*employé*) versetzen; (*groupe de personnes*) umsiedeln; (*INFORM*) verschieben **2.** *vpr* **se** ~ (*voyager*) verreisen

déplaire [deplɛʀ] *irr comme plaire vi* ~ **à qn** jdm nicht gefallen

dépliant [deplijã] *m* Faltblatt *nt*

déplier ⟨1⟩ [deplije] **1.** *vt* auseinander falten **2.** *vpr* **se** ~ (*parachute*) sich entfalten

déploiement [deplwamã] *m* Ausbreiten *nt*; (*MIL*) Einsatz *m*

déplomber ⟨1⟩ [deplɔ̃be] *vt* (*véhicule, colis*) die Plombe entfernen von; (*dent*) die Plombe entfernen aus; (*INFORM*) knacken

déplorable [deplɔʀabl] *adj* (*triste*) beklagenswert; (*blâmable*) bedauerlich

déplorer ⟨1⟩ [deplɔʀe] *vt* bedauern

déployer ⟨6⟩ [deplwaje] *vt* (*troupes*) einsetzen; (*aile, voile, carte*) ausbreiten

dépolluer ⟨1⟩ [depɔlɥe] *vt* reinigen

déporter ⟨1⟩ [depɔʀte] *vt* (*POL*) deportieren; (*dévier*) vom Weg abbringen

déposer ⟨1⟩ [depoze] **1.** *vt* (*mettre, poser*) legen, stellen; (*à la consigne*) abgeben; (*à la banque*) einzahlen; (*passager; roi*) absetzen; (*réclamation, dossier*) einreichen **2.** *vi* (*vin, etc*) sich absetzen; ~ **contre** (*JUR*) aussagen gegen **3.** *vpr* **se** ~ (*calcaire, poussière*) sich ablagern; **déposition** *f* Aussage *f*

déposséder ⟨5⟩ [deposede] *vt* wegnehmen (*qn de qch* jdm etw)

dépôt [depo] *m* (*de sable, de poussière*) Ablagerung *f*; (*entrepôt, réserve*) (Waren)-lager *nt*; (*d'un brevet*) Anmeldung *f*; (*d'une déclaration*) Abgabe *f*; ~ **de bilan** (*ECON*) Konkursanmeldung *f*; **dépotoir** [depɔtwaʀ] *m* Müllabladeplatz *m*

dépouille [depuj] *f* abgezogene Haut; **la** ~ (**mortelle**) die sterblichen Überreste *pl*; **dépouillé, e** *adj* (*style*) nüchtern; **dépouiller** ⟨1⟩ *vt* die Haut abziehen +*dat*; (*fig: personne*) berauben; (*résultats, documents*) sorgfältig durchlesen

dépourvu, e [depuʀvy] *adj* ~ **de** ohne; **au** ~ unvorbereitet

dépraver ⟨1⟩ [depʀave] *vt* verderben

déprécier ⟨1⟩ [depʀesje] **1.** *vt* (*personne*) herabsetzen; (*chose*) entwerten **2.** *vpr* **se** ~ an Wert verlieren

dépressif, -ive [depʀesif, iv] *adj* depressiv

dépression [depʀesjɔ̃] *f* (*creux*) Vertiefung *f*, Mulde *f*; (*ECON*) Flaute *f*; (*METEO*) Tief *nt*; **faire une** ~ (**nerveuse**) unter Depressionen leiden

déprimant, e [depʀimã, ãt] *adj* deprimierend

déprime [depʀim] *f* **faire de la** ~ ein Tief haben

déprimé, e [depʀime] *adj* deprimiert

déprimer ⟨1⟩ [depʀime] *vt* deprimieren

dépt. *abr de* **département** Departement *nt*

depuis [dəpɥi] **1.** *prep* seit; (*espace*) von ~ an; (*quantité, rang*) von, ab **2.** *adv* seitdem; ~ **que** seit

député, e [depyte] *m, f* Abgeordnete(r) *mf*; ~ **au Parlement européen** Europaabgeordnete(r) *mf*

déraciner ⟨1⟩ [deʀasine] *vt* entwurzeln

dérailler ⟨1⟩ [deʀaje] *vi* entgleisen

dérailleur [deʀajœʀ] *m* Kettenschaltung *f*

déraisonner ⟨1⟩ [deʀezɔne] *vi* Unsinn reden

dérangement [deʀãʒmã] *m* Störung *f*; **en** ~ (*téléphone*) gestört

déranger ⟨2⟩ [deʀãʒe] *vt* durcheinander

bringing; (*personne*) stören

déraper ⟨1⟩ [deʀape] *vi* (*voiture*) schleudern; (*personne*) ausrutschen

déréglé, e [deʀegle] *adj* (*mœurs, vie*) ausschweifend, zügellos

déréglementation *f* Deregulierung *f*

dérégler ⟨5⟩ [deʀegle] *vt* (*mécanisme*) aus dem Rhythmus bringen

déréguler ⟨1⟩ [deʀegyle] *vt* deregulieren

dérider ⟨1⟩ [deʀide] *vpr* **se ~** fröhlicher werden

dérision [deʀizjɔ̃] *f* Spott *m*; **tourner en ~** verspotten; **dérisoire** [deʀizwaʀ] *adj* lächerlich

dérivatif [deʀivatif] *m* Ablenkung *f*

dérive [deʀiv] *f* (*NAUT*) Abdrift *f*; **aller à la ~** sich treiben lassen

dérivé, e [deʀive] **1.** *adj* (*LING*) derivativ **2.** *m* Derivat *nt* **3.** *f* (*MATH*) Ableitung *f*;

dériver ⟨1⟩ [deʀive] **1.** *vt* (*MATH, LING*) ableiten; (*cours d'eau, etc*) umleiten **2.** *vi* (*bateau, avion*) abgetrieben werden; **~ de** stammen von; (*LING*) sich ableiten von

dermatite [deʀmatit] *f* Hautentzündung *f*

dermatologue [deʀmatɔlɔg] *mf* Hautarzt(-ärztin) *m(f)*

dermatose [deʀmatoz] *f* Hautkrankheit *f*

dernier, -ière [deʀnje, ɛʀ] *adj* letzte(r, s); **ce ~** der/die/das Letztere; **du ~ chic** äußerst schick; **en ~** zuletzt; **lundi/le mois ~** letzten Montag/Monat; **dernièrement** *adv* kürzlich

dérobé, e [deʀobe] **1.** *adj* (*porte, escalier*) geheim, versteckt **2.** *f* **à la ~e** verstohlen, heimlich

dérober ⟨1⟩ [deʀobe] **1.** *vt* stehlen; **~ qch à (la vue de) qn** etw (vor jdm) verbergen **2.** *vpr* **se ~** sich wegstehlen; **se ~ à** (*aux regards, à une obligation*) ausweichen +*dat*; (*à la justice*) sich entziehen +*dat*

déroger ⟨2⟩ [deʀɔʒe] *vi* **~ à** abweichen von

dérouler ⟨1⟩ [deʀule] **1.** *vt* aufrollen **2.** *vpr* **se ~** stattfinden

déroutant, e [deʀutɑ̃, ɑ̃t] *adj* verwirrend

déroute [deʀut] *f* Debakel *nt*

dérouter ⟨1⟩ [deʀute] *vt* umleiten; (*étonner*) aus der Fassung bringen

derrick [deʀik] *m* Bohrturm *m*

derrière [deʀjɛʀ] **1.** *prep* hinter +*dat*; (*direction*) hinter +*akk* **2.** *adv* hinten; dahinter; **par ~** von hinten **3.** *m* Rückseite *f*; (*ANAT*) Hinterteil *nt*; **les pattes/roues de ~** die Hinterbeine/-räder *pl*

des [de] *prep v.* **de**

dès [de] *prep* von ... an; **~ lors** von da an; **~ que** sobald; **~ son retour** gleich bei/nach seiner Rückkehr

désabusé, e [dezabyze] *adj* desillusioniert

désaccord [dezakɔʀ] *m* Meinungsverschiedenheit *f*; (*contraste*) Diskrepanz *f*; **désaccordé, e** *adj* verstimmt

désactiver ⟨1⟩ [dezaktive] *vt* (*INFORM*) deaktivieren

désaffecté, e [dezafɛkte] *adj* (*abandonné*) nicht mehr benutzt; (*nouvelle affectation*) zweckentfremdet

désagréable [dezagʀeabl] *adj* unangenehm; (*personne*) unfreundlich

désagréger ⟨5⟩ [dezagʀeʒe] *vpr* **se ~** auseinander bröckeln

désagrément [dezagʀemɑ̃] *m* Unannehmlichkeit *f*

désaltérer ⟨5⟩ [dezalteʀe] **1.** *vt* **~ qn** jds Durst löschen **2.** *vi* den Durst stillen

désamorcer ⟨2⟩ [dezamɔʀse] *vt* (*bombe, a. fig*) entschärfen

désappointé, e [dezapwɛ̃te] *adj* enttäuscht

désapprouver ⟨1⟩ [dezapʀuve] *vt* missbilligen

désarmement [dezaʀmemɑ̃] *m* (*MIL*) Abrüstung *f*

désarmer ⟨1⟩ [dezaʀme] *vt* (*personne*) entwaffnen; (*pays*) abrüsten

désarroi [dezaʀwa] *m* Ratlosigkeit *f*

désarticuler ⟨1⟩ [dezaʀtikyle] *vpr* **se ~** sich verrenken

désastre [dezastʀ(ə)] *m* Katastrophe *f*

désastreux, -euse [dezastʀø, øz] *adj* katastrophal

désavantage [dezavɑ̃taʒ] *m* Nachteil *m*; **désavantager** ⟨2⟩ [dezavɑ̃taʒe] *vt* benachteiligen; **désavantageux, -euse** [dezavɑ̃taʒø, øz] *adj* nachteilig

désaxé, e [dezakse] *adj* (*fig*) verrückt

descendant, e [desɑ̃dɑ̃, ɑ̃t] *m, f* Nachkomme *m*

descendre ⟨14⟩ [desɑ̃dʀ(ə)] **1.** *vt* ⟨avec avoir⟩ (*escalier, rue*) hinuntergehen; (*montagne*) hinuntersteigen von; (*rivière*) hinunterfahren; (*valise, paquet*) hinuntertragen/-bringen; (*fam: abattre*) umlegen, abknallen; **~ en flammes** (*critique*) verreißen **2.** *vi* ⟨avec être⟩ hinuntergehen; (*ascenseur, etc*) nach unten fahren; (*passager: s'arrêter*) aussteigen; (*avion*) absteigen; (*voiture*) herunterfahren; (*route, chemin*) herunterführen; (*niveau, température*) fallen, sinken; **~ à l'hôtel** im Hotel absteigen; **~ de** (*famille*) abstammen von; **~ de cheval** vom Pferd steigen; **~ du train** aus dem Zug steigen; **descente** *f* (*route*) Abstieg *m*; (*SKI*) Abfahrt *f*; **~ de lit** Bett-

vorleger *m*; ~ **(de police)** Razzia *f*
description [dɛskʀipsjɔ̃] *f* Beschreibung *f*
désemparé, e [dezɑ̃paʀe] *adj* ratlos
désemparer ⟨1⟩ [dezɑ̃paʀe] *vi* sans ~ ununterbrochen
désemplir ⟨8⟩ [dezɑ̃pliʀ] *vi* ne pas ~ immer voll sein
déséquilibre [dezekilibʀ(ə)] *m* Ungleichgewicht *nt*; *(fig, psych)* Unausgeglichenheit *f*; **déséquilibrer** ⟨1⟩ *vt* aus dem Gleichgewicht bringen
désert [dezɛʀ] *m* Wüste *f*
déserter ⟨1⟩ [dezɛʀte] **1.** *vi (mil)* desertieren **2.** *vt* verlassen
déserteur, -euse [dezɛʀtœʀ, øz] *m, f* Deserteur(in) *m(f)*
désertification [dezɛʀtifikasjɔ̃] *f (geo)* Desertifikation *f*, Verödung *f*
désespéré, e [dezɛspeʀe] *adj* verzweifelt; **désespérément** *adv* verzweifelt; **désespérer** ⟨5⟩ **1.** *vt* zur Verzweiflung bringen **2.** *vi* ~ **de** verzweifeln an +*dat*; **désespoir** *m* Verzweiflung *f*
déshabillé, e [dezabije] **1.** *adj* unbekleidet **2.** *m* Negligé *nt*; **déshabiller** ⟨1⟩ **1.** *vt* ausziehen **2.** *vpr* se ~ sich ausziehen
déshabituer ⟨1⟩ [dezabitɥe] *vpr* se ~ de qch sich *dat* etw abgewöhnen
désherbant [dezɛʀbɑ̃] *m* Unkrautvernichtungsmittel *nt*
déshériter ⟨1⟩ [dezeʀite] *vt* enterben
déshonorer ⟨1⟩ [dezɔnɔʀe] *vt* Schande machen +*dat*
déshydraté, e [dezidʀate] *adj* sehr durstig; *(med)* dehydriert; *(aliment)* Trocken-
désigner ⟨1⟩ [deziɲe] *vt (montrer)* zeigen [o deuten] auf +*akk*; *(symbole, signe)* bezeichnen; *(nommer)* ernennen
designer [dezajnœʀ] *mf* Designer(in) *m(f)*; ~ **Web** Webdesigner(in)
désinence [dezinɑ̃s] *f* Endung *f*
désinfectant [dezɛ̃fɛktɑ̃] *m* Desinfektionsmittel *nt*
désinfecter ⟨1⟩ [dezɛ̃fɛkte] *vt* desinfizieren
désinstaller ⟨1⟩ [dezɛ̃stale] *vt (programme)* deinstallieren
désintégrer ⟨5⟩ [dezɛ̃tegʀe] **1.** *vt* spalten **2.** *vpr* se ~ zerfallen
désintéressé, e [dezɛ̃teʀese] *adj* selbstlos, uneigennützig
désintéresser ⟨1⟩ [dezɛ̃teʀese] *vpr* se ~ (de qn/qch) das Interesse (an jdm/etw) verlieren
désintoxication [dezɛ̃tɔksikasjɔ̃] *f* Entgiftung *f*; cure de ~ Entziehungskur *f*
désinvolte [dezɛ̃vɔlt(ə)] *adj (dégagé)*

ungezwungen, nonchalant; *(sans-gêne)* hemdsärmelig
désir [deziʀ] *m* Verlangen *nt*, Sehnsucht *f*; **exprimer le** ~ **de** den Wunsch äußern zu; **désirable** *adj* wünschenswert; *(excitant)* begehrenswert; **désirer** ⟨1⟩ *vt* wünschen; *(sexuellement)* begehren; ~ **faire qch** etw gerne tun wollen; **je désire ...** ich möchte gerne ...
désister ⟨1⟩ [deziste] *vpr* se ~ zurücktreten
désobéir ⟨8⟩ [dezɔbeiʀ] *vi* ~ (à qn/qch) (jdm/einer Sache) nicht gehorchen; **désobéissance** [dezɔbeisɑ̃s] *f* Ungehorsam *m*; **désobéissant, e** [dezɔbeisɑ̃, ɑ̃t] *adj* ungehorsam
désobligeant, e [dezɔbliʒɑ̃, ɑ̃t] *adj* unfreundlich
désodorisant [dezɔdɔʀizɑ̃] *m* Deodorant *nt*; *(d'appartement)* Raumspray *nt o m*; **désodoriser** ⟨1⟩ *vt* desodorieren
désœuvré, e [dezœvʀe] *adj* müßig
désolé, e [dezɔle] *adj* je suis ~ es tut mir Leid; **désolé!** sorry!
désoler ⟨1⟩ [dezɔle] *vt* Kummer machen +*dat*
désopilant, e [dezɔpilɑ̃, ɑ̃t] *adj* urkomisch
désordre [dezɔʀdʀ(ə)] *m* Unordnung *f*; ~**s** *mpl (pol)* Unruhen *pl*; **en** ~ unordentlich
désorganiser ⟨1⟩ [dezɔʀganize] *vt* durcheinander bringen
désorienté, e [dezɔʀjɑ̃te] *adj* verwirrt
désorienter ⟨1⟩ [dezɔʀjɑ̃te] *vt* die Orientierung verlieren lassen
désormais [dezɔʀmɛ] *adv* von jetzt an, in Zukunft
désosser ⟨1⟩ [dezose] *vt* entbeinen
dessaisir ⟨8⟩ [deseziʀ] *vpr* se ~ de sich entledigen +*gen*
dessécher ⟨5⟩ [deseʃe] *vt* austrocknen
dessein [desɛ̃] *m* Absicht *f*; à ~ absichtlich; **dans le** ~ **de faire** mit der Absicht zu tun
desserrer ⟨1⟩ [deseʀe] *vt* lösen
dessert [desɛʀ] *m* Nachtisch *m*
desservir ⟨10⟩ [deseʀviʀ] *vt* abräumen; *(bus, train)* anfahren; *(nuire)* einen schlechten Dienst erweisen +*dat*
dessin [desɛ̃] *m* Zeichnung *f*; *(motif)* Muster *nt*; **le** ~ *(art)* das Zeichnen; ~ **animé** Zeichentrickfilm *m*; **dessinateur, -trice** [desinatœʀ, tʀis] *m, f* Zeichner(in) *m(f)*; **dessiner** ⟨1⟩ [desine] *vt* zeichnen
dessoûler ⟨1⟩ [desule] *vi* nüchtern werden

dessous [d(ə)su] **1.** adj en ~, au ~ darunter; **regarder (par) en** ~ verstohlen ansehen; **au ~ de** unter +dat; **par ~** unter +dat; **au ~ de tout** unter aller Kritik **2.** m Unterseite f; **avoir le ~** unterlegen sein **3.** mpl (fig) Hintergründe pl; (sous-vêtements) Unterwäsche f; **dessous-de-plat** m inv Untersetzer m

dessus [d(ə)sy] **1.** adj en ~, par ~, au ~ darüber; **au ~ de** über +dat **2.** m Oberseite f; **avoir le ~** die Oberhand haben; **dessus-de-lit** m inv Bettüberwurf m

destin [dɛstɛ̃] m Schicksal nt

destinataire [dɛstinatɛʀ] mf Empfänger(in) m(f); **destination** [dɛstinasjɔ̃] f Bestimmung f; (fig) Zweck m; (d'un envoi) (Bestimmungs)ort m; (du voyageur) Reiseziel nt; **passagers à ~ de Londres** Reisende nach London

destinée [dɛstine] f Schicksal nt

destiner ⟨1⟩ [dɛstine] vt ~ **qch à qn** etw für jdn bestimmen; ~ **qn/qch à qch** jdn/ etw für etw ausersehen

destituer ⟨1⟩ [dɛstitɥe] vt absetzen

destructeur [dɛstʀyktœʀ] m Zerstörer m; ~ **de documents** Schredder m

destructif, -ive [dɛstʀyktif, iv] adj zerstörerisch

destruction [dɛstʀyksjɔ̃] f Zerstörung f

désuet, -ète [dezɥɛ, ɛt] adj altmodisch; **désuétude** f **tomber en** ~ außer Gebrauch kommen

désunir ⟨8⟩ [dezyniʀ] vt entzweien

détaché, e [detaʃe] adj (fig) gleichgültig

détacher ⟨1⟩ [detaʃe] **1.** vt (délier) lösen; (représentant, envoyé) abordnen; (nettoyer) die Flecken entfernen aus **2.** vpr **se** ~ (tomber) abgehen; (se défaire) aufgehen; **se** ~ **(de qn/qch)** sich innerlich (von jdm/etw) entfernen [o lösen]

détail [detaj] m Einzelheit f; **en** ~ im Einzelnen; **le** ~ (COM) der Einzelhandel; **détaillant, e** [detajã, ãt] m, f Einzelhändler(in) m(f)

détartrer ⟨1⟩ [detaʀtʀe] vt entkalken

détecter ⟨1⟩ [detɛkte] vt entdecken; **détecteur** m Detektor m, Sensor m; ~ **de fumée** Rauchmelder m; ~ **de mouvement** Bewegungsmelder m

détective [detɛktiv] mf ~ **(privé(e))** (Privat)detektiv(in) m(f)

déteindre [detɛ̃dʀ(ə)] irr comme peindre vi verblassen; ~ **sur** abfärben auf +akk

dételer ⟨3⟩ [det(ə)le] vt (cheval) abschirren

détendre ⟨14⟩ [detɑ̃dʀ(ə)] vpr **se** ~ sich lockern; (se reposer, se décontracter) sich

entspannen; **détendu, e** [detɑ̃dy] adj entspannt

détenir ⟨9⟩ [det(ə)niʀ] vt besitzen; (prisonnier) in Haft halten

détente [detɑ̃t] f (relaxation, MIL) Entspannung f; (d'une arme) Abzug m; **être dur(e) à la** ~ (fam: avare) geizig sein; (fam: lent à comprendre) schwer von Begriff sein; **politique de** ~ Entspannungspolitik f

détenteur, -trice [detɑ̃tœʀ, tʀis] m, f Inhaber(in) m(f)

détention [detɑ̃sjɔ̃] f ~ **préventive** Untersuchungshaft f

détenu, e [det(ə)ny] m, f Häftling m

détergent [detɛʀʒɑ̃] m Reinigungsmittel nt

détériorer ⟨1⟩ [deteʀjɔʀe] **1.** vt beschädigen **2.** vpr **se** ~ (fig: santé) sich verschlechtern

déterminant, e [detɛʀminɑ̃, ɑ̃t] adj ausschlaggebend; **détermination** [detɛʀminasjɔ̃] f (résolution) Entschlossenheit f; **déterminé, e** adj entschlossen; (fixé) fest, bestimmt; **déterminer** ⟨1⟩ vt bestimmen; (décider) veranlassen

déterrer ⟨1⟩ [detɛʀe] vt ausgraben

détester ⟨1⟩ [detɛste] vt verabscheuen

détonateur [detɔnatœʀ] m Sprengkapsel f, Zünder m

détonner ⟨1⟩ [detɔne] vi (MUS) falsch singen/spielen; (fig) nicht dazu passen

détour [detuʀ] m Umweg m; (tournant) Kurve f; **sans** ~ ohne Umschweife; **détourné, e** [detuʀne] adj par des moyens ~s auf Umwegen

détournement [detuʀnəmã] m ~ **d'avion** Flugzeugentführung f; ~ **(de fonds)** Unterschlagung f von Geldern; ~ **de mineur** Verführung f Minderjähriger

détourner ⟨1⟩ [detuʀne] **1.** vt (rivière, trafic) umleiten; (yeux, tête) abwenden; (argent) unterschlagen; (avion) entführen **2.** vpr **se** ~ sich abwenden

détracteur, -trice [detʀaktœʀ, tʀis] m, f scharfer Gegner, scharfe Gegnerin

détraquer ⟨1⟩ [detʀake] vpr **se** ~ (montre) falsch gehen; (temps) schlechter werden

détresse [detʀɛs] f Verzweiflung f; (misère) Kummer m; **en** ~ in Not; **feux de** ~ (AUTO) Warnblinkanlage f

détriment [detʀimã] m **au** ~ **de** zum Schaden von

détroit [detʀwa] m Meerenge f; ~ **de Bering** Beringstraße f

détromper ⟨1⟩ [detʀɔ̃pe] vt eines Besseren belehren

détruire [detʀɥiʀ] irr comme conduire vt

zerstören

dette [dɛt] f Schuld f

D.E.U.G. [dœg] m acr de **Diplôme d'études universitaires générales** Diplom nach 2 Jahren an der Universität

---
| D.E.U.G. |

Le D.E.U.G. ist eine Abschlussprüfung, die Studenten nach zwei Jahren Universitätsstudium ablegen. Studenten können nach dem D.E.U.G. die Universität verlassen, oder sie können mit der „licence" weitermachen.

---

deuil [dœj] m Trauer f; (mort) Todesfall m; (période) Trauern nt; **être en ~** trauern; **porter le ~** Trauer tragen

deux [dø] num zwei; **le ~ août** der zweite August; **~ fois** zweimal; zweifach; **~ cents** zweihundert; **de ~ ans** zweijährig; **deuxième 1.** adj zweite(r, s) **2.** mf (personne) Zweite(r) m/f; **deuxièmement** adv zweitens; **deux-pièces** m inv (maillot de bain) Bikini m; (logement) Zweizimmerwohnung f; (ensemble féminin) Zweiteiler m; **deux-temps** adj Zweitakt-

dévaler ⟨1⟩ [devale] vt hinunterrennen

dévaliser ⟨1⟩ [devalize] vt ausrauben

dévalorisation [devalɔrizasjɔ̃] f Erniedrigung f; (de monnaie) Entwertung f

dévaloriser ⟨1⟩ [devalɔrize] **1.** vt (fig) mindern, herabsetzen **2.** vpr **se ~** (monnaie) an Kaufkraft verlieren

dévaluation [devalɥasjɔ̃] f Geldentwertung f; (FIN) Abwertung f

dévaluer ⟨1⟩ [devalɥe] vt abwerten

devancer ⟨2⟩ [dəvãse] vt vorangehen +dat; (arriver avant) kommen vor +dat; (prévenir) zuvorkommen +dat

devant [d(ə)vã] **1.** adv vorn; (dans véhicule) vorne; **par ~** vorne **2.** prep vor +dat; (direction) vor +akk **3.** m Vorderseite f; **aller au-devant de qn** jdm entgegengehen; **aller au-devant de qch** einer Sache zuvorkommen; **pattes de ~** Vorderbeine pl

devanture [d(ə)vãtyr] f (étalage) Auslage f

dévastateur, -trice [devastatœr, tris] adj verheerend

dévastation [devastasjɔ̃] f Verwüstung f

dévaster ⟨1⟩ [devaste] vt verwüsten

développement [dev(ə)lɔpmã] m Entwicklung f

développer ⟨1⟩ [dev(ə)lɔpe] **1.** vt entwickeln **2.** vpr **se ~** sich entwickeln

devenir ⟨9⟩ [dəv(ə)nir] vi <avec être> werden

dévergondé, e [deverɡɔ̃de] adj schamlos

déverser ⟨1⟩ [deverse] vt ausgießen, ausschütten

dévêtir [devetir] irr comme vêtir **1.** vt ausziehen **2.** vpr **se ~** sich ausziehen, ablegen

déviation [devjasjɔ̃] f (AUTO) Umleitung f; **déviationniste** mf Abweichler(in) m(f)

dévider ⟨1⟩ [devide] vt abwickeln, abspulen

dévier ⟨1⟩ [devje] **1.** vt umleiten **2.** vi (balle) vom Kurs abkommen; (conversation) vom Thema abkommen

deviner ⟨1⟩ [d(ə)vine] vt (er)raten; (prédire) vorhersagen; (prévoir) vorhersehen; **devine!** rat mal!; **devinette** f Rätsel nt

devis [d(ə)vi] m Voranschlag m

dévisager ⟨2⟩ [devizaʒe] vt mustern

devise [d(ə)viz] f (formule) Motto nt, Devise f; (monnaie) Währung f; **~s** fpl Devisen pl

deviser ⟨1⟩ [dəvize] vi plaudern

dévisser ⟨1⟩ [devise] vt abschrauben

dévoiler ⟨1⟩ [devwale] vt (statue) enthüllen; (secret) aufdecken

devoir [d(ə)vwar] **1.** irr vt (argent) schulden; (suivi de l'infinitif) müssen **2.** m (SCOL) Aufgabe f; **le ~/un ~** (obligation) die Pflicht/eine Verpflichtung; **~ de mémoire** Erinnerungspflicht f

dévorer ⟨1⟩ [devɔre] vt verschlingen; (feu, soucis) verzehren

dévot, e [devo, ɔt] adj fromm; frömmelnd

dévoué, e [devwe] adj ergeben; **dévouement** m Hingabe f; **dévouer** ⟨1⟩ vpr **se ~ à** (se consacrer) sich widmen +dat; **se ~ (pour)** sich opfern (für)

dextérité [deksterite] f Geschicklichkeit f

D.G. 1. m abr de **directeur général** Geschäftsführer(in) m(f) **2.** f abr de **direction générale** Geschäftsleitung f

diabète [djabɛt] m Zuckerkrankheit f, Diabetes m; **diabétique** mf Diabetiker(in) m(f)

diable [djɑbl(ə)] m Teufel m; **diabolique** adj teuflisch

diabolo [djabɔlo] m (boisson) Limonade mit Sirup

diacre [djakr(ə)] m Diakon m

diagnostic [djaɡnɔstik] m Diagnose f; **diagnostiquer** ⟨1⟩ vt diagnostizieren

diagonal, e (-aux) [djaɡɔnal, o] **1.** adj diagonal **2.** f Diagonale f; **en ~e** diagonal; **lire en ~e** überfliegen

diagramme [djaɡram] m Diagramm nt

dialecte [djalɛkt(ə)] m Dialekt m

dialogue [djalɔɡ] m (a. INFORM) Dialog m; **dialoguer** ⟨1⟩ vi (POL) im Dialog stehen

dialyse [djaliz] f (MED) Dialyse f
diamant [djamã] m Diamant m
diamètre [djametʀ(ə)] m Durchmesser m
diapason [djapazɔ̃] m Stimmgabel f
diaphragme [djafʀagm(ə)] m (ANAT) Zwerchfell nt; (FOTO) Blende f; (contraceptif) Pessar nt
diapo [djapo] f (fam) Dia nt; **diaporama** [djapɔʀama] m Diavortrag m; **diapositive** [djapozitiv] f Dia nt, Lichtbild nt
diarrhée [djaʀe] f Durchfall m
dictateur, -trice [diktatœʀ, tʀis] m Diktator(in) m(f); **dictatorial, e** (-aux) adj diktatorisch; **dictature** f Diktatur f
dictée [dikte] f Diktat nt
dicter ⟨1⟩ [dikte] vt diktieren; (fig) aufzwingen (qch à qn jdm etw)
diction [diksjɔ̃] f Diktion f; **cours de ~** Sprecherziehung f
dictionnaire [diksjɔnɛʀ] m Wörterbuch nt
dicton [diktɔ̃] m Redensart f
didacticiel [didaktisjɛl] m (INFORM) Lernprogramm nt, Lernsoftware f
dièse [djɛz] m (MUS) Kreuz nt
diesel [djezɛl] m Dieselöl nt; **un (véhicule/moteur) ~** ein Diesel m
diète [djɛt] f Diät f; **diététicien, ne** [djetetisjɛ̃, ɛn] m, f Diätist(in) m(f); **diététique** 1. adj diätetisch 2. f Ernährungswissenschaft f
dieu (x) [djø] m Gott m
diffamation [difamasjɔ̃] f Verleumdung f
diffamer ⟨1⟩ [difame] vt verleumden
différé, e [difeʀe] m **en ~** (TV) aufgezeichnet
différence [difeʀɑ̃s] f Unterschied m; (MATH) Differenz f; **à la ~ de** im Unterschied zu
différencier ⟨1⟩ [difeʀɑ̃sje] vt unterscheiden
différent, e [difeʀɑ̃, ɑ̃t] adj verschieden; **~s objets** mehrere Gegenstände
différentiel, le [difeʀɑ̃sjɛl] 1. adj (tarif, droit) unterschiedlich 2. m (AUTO) Differenzial nt
différer ⟨5⟩ [difeʀe] 1. vt aufschieben, verschieben 2. vi **~ (de)** sich unterscheiden (von)
difficile [difisil] adj schwierig; **difficilement** adv mit Schwierigkeiten; **~ lisible** schwer leserlich
difficulté [difikylte] f Schwierigkeit f; **en ~** (bateau) in Seenot; (alpiniste) in Schwierigkeiten
difforme [difɔʀm(ə)] adj deformiert
diffus, e [dify, yz] adj diffus
diffuser ⟨1⟩ [difyze] vt verbreiten; (émission, musique) ausstrahlen; **diffusion** f Verbreitung f; Ausstrahlung f
digérer ⟨5⟩ [diʒeʀe] vt verdauen; **digestif, -ive** 1. adj Verdauungs- 2. m Verdauungsschnaps m; **digestion** f Verdauung f
digicode® [diʒikɔd] m Türkode m
digital, e (-aux) [diʒital, o] adj digital; **montre ~e** Digitaluhr f
digne [diɲ] adj (respectable) würdig; **~ de foi** vertrauenswürdig; **~ d'intérêt** beachtenswert; **~ de qch** einer Sache gen wert; **~ de qn** jds würdig; **dignitaire** [diɲitɛʀ] m Würdenträger(in) m(f); **dignité** f Würde f; (fierté, honneur) Ehre f
digue [dig] f Deich m, Damm m
dilapider ⟨1⟩ [dilapide] vt (argent) durchbringen
dilater ⟨1⟩ [dilate] 1. vt (joues, ballon) aufblasen; (narines) blähen 2. vpr **se ~** sich dehnen
dilemme [dilɛm] m Dilemma nt
diligence [diliʒɑ̃s] f Postkutsche f; (empressement) Eifer m
diluer ⟨1⟩ [dilɥe] vt (substance) auflösen; (liquide) verdünnen
diluvien, ne [dilyvjɛ̃, ɛn] adj **pluie ~ne** Wolkenbruch m
dimanche [dimɑ̃ʃ] m Sonntag m; **tous les ~** sonntags; **conducteur du ~** (fam) Sonntagsfahrer m
dimension [dimɑ̃sjɔ̃] f Dimension f; (taille, grandeur) Größe f
diminuer ⟨1⟩ [diminɥe] 1. vt (hauteur, quantité, nombre) verringern, reduzieren; (enthousiasme, ardeur) abschwächen; (personne: physiquement) angreifen; (moralement) unterminieren 2. vi (quantité) abnehmen, sich verringern; (intensité) sich vermindern; (fréquence) abnehmen; **diminutif** m (LING) Verkleinerungsform f; (surnom) Kosename m; **diminution** f Abnahme f, Rückgang m
dinde [dɛ̃d] f Truthahn m
dindon [dɛ̃dɔ̃] m Puter m
dîner ⟨1⟩ [dine] 1. vi zu Abend essen 2. m Abendessen nt; **~ d'affaires** Arbeitsessen nt
dingue [dɛ̃g] adj (fam) verrückt
dinosaure [dinɔzɔʀ] m Dinosaurier m
diode [djɔd] f Diode f; **~ électroluminescente** Leuchtdiode
dioxine [djɔksin] f Dioxin nt
diphtérie [diftɛʀi] f Diphterie f
diplomate [diplɔmat] 1. adj diplomatisch 2. m Diplomat(in) m(f); **diplomatie** [diplɔmasi] f Diplomatie f; **diplomatique** adj diplomatisch
diplôme [diplom] m Diplom nt;

diplômé, e *adj* Diplom-
dircom *mf* PR-Manager(in) *m(f)*
dire [diʀ] **1.** *irr vt* sagen; *(secret, mensonge)* erzählen; *(poème, etc)* aufsagen; **vouloir ~ (que)** bedeuten (dass); **cela me dit (de faire)** *(fam)* ich hätte Lust (zu tun); **on dirait que** man könnte meinen, dass; **on dirait un chat** wie eine Katze; **à vrai ~** offen gestanden; **dites donc!** *(agressif)* na hören Sie mal!; **et ~ que** wenn man bedenkt, dass **2.** *m* **au ~ des témoins** den Aussagen der Zeugen zufolge
direct, e [diʀɛkt] *adj* direkt; **directement** *adv* direkt
directeur, -trice [diʀɛktœʀ, tʀis] **1.** *adj* Haupt- **2.** *m, f* Direktor(in) *m(f)*; *(d'école primaire)* Rektor(in) *m(f)*; ~ **général** Geschäftsführer *m*; ~ **de thèse** Doktorvater *m*
direction [diʀɛksjɔ̃] *f* Leitung *f*, Führung *f*; *(AUTO)* Lenkung *f*; *(sens)* Richtung *f*; *(directeurs, bureaux)* Geschäftsleitung *f*; **sous la ~ de** unter Leitung von; **toutes ~s** alle Richtungen; ~ **assistée** *(AUTO)* Servolenkung *f*; ~ **générale** Geschäftsleitung
directive [diʀɛktiv] *f* Direktive *f*, Anweisung *f*; *(de l'UE)* Richtlinie *f*
dirigeable [diʀiʒabl(ə)] *m* Luftschiff *nt*, Zeppelin *m*
diriger ⟨2⟩ [diʀiʒe] **1.** *vt* leiten; *(personnes)* führen; *(véhicule)* lenken; *(orchestre)* dirigieren; ~ **sur** *(regard, arme)* richten auf +*akk* **2.** *vpr* **se** ~ **vers** zugehen [o zufahren] auf +*akk*
discernement [disɛʀnəmã] *m* feines Gespür
discerner ⟨1⟩ [disɛʀne] *vt* wahrnehmen
disciple [disipl(ə)] *mf* *(REL)* Jünger *m*; **un ~ de** ein Schüler von
discipline [disiplin] *f* Disziplin *f*
disc-jockey (disc-jockeys) [diskʒɔki] *m* Diskjockey *m*
discontinu, e [diskɔ̃tiny] *adj* periodisch, mit Unterbrechungen
discordant, e [diskɔʀdã, ãt] *adj* nicht miteinander harmonierend; **discorde** *f* Zwist *m*
discothèque [diskɔtɛk] *f* *(disques)* Plattensammlung *f*; *(dans une bibliothèque)* Schallplattenarchiv *nt*; *(boîte de nuit)* Diskothek *f*
discours [diskuʀ] *m* Rede *f*
discréditer ⟨1⟩ [diskʀedite] *vt* in Misskredit bringen
discret, -ète [diskʀɛ, ɛt] *adj* *(réservé, modéré)* zurückhaltend; *(pas indiscret)* diskret; **un endroit ~** ein stilles Plätzchen;
discrètement *adv* diskret; dezent, zurückhaltend; **discrétion** [diskʀesjɔ̃] *f* Diskretion *f*; Zurückhaltung *f*; **à ~** nach Belieben; **à la ~ de qn** nach jds Gutdünken
discrimination [diskʀiminasjɔ̃] *f* Diskriminierung *f*; *(discernement)* Unterscheidung *f*
disculper ⟨1⟩ [diskylpe] *vt* entlasten
discussion [diskysjɔ̃] *f* Diskussion *f*; ~ **au sommet** Gipfelgespräch *nt*; ~ **tarifaire** Tarifauseinandersetzung *f*; ~**s** *fpl* *(négociations)* Verhandlungen *pl*; **discutable** *adj* diskutabel; *(contestable)* anfechtbar; **discuté, e** *adj* umstritten; **discuter** ⟨1⟩ [diskyte] *vt* *(contester)* in Frage stellen; ~ **(de)** *(négocier)* verhandeln über +*akk*; ~ **de** *(parler)* diskutieren +*akk*
disette [dizɛt] *f* Hungersnot *f*
diseur, -euse [dizœʀ, øz] *m, f* ~ **de bonne aventure** Wahrsager(in) *m(f)*
disgrâce [disgʀas] *f* **être en ~** in Ungnade sein
disgracieux, -euse [disgʀasjø, øz] *adj* linkisch
disjoindre [disʒwɛ̃dʀ(ə)] *irr comme joindre* **1.** *vt* auseinander nehmen **2.** *vpr* **se** ~ sich trennen
dislocation [dislɔkasjɔ̃] *f* Auskugeln *nt*
disloquer ⟨1⟩ [dislɔke] **1.** *vt* *(membre)* ausrenken; *(chaise)* auseinander nehmen **2.** *vpr* **se** ~ *(parti, empire)* auseinander fallen; **se** ~ **l'épaule** sich *dat* den Arm auskugeln
disparaître [dispaʀɛtʀ(ə)] *irr comme connaître* vu verschwinden; *(mourir)* sterben
disparité [dispaʀite] *f* Ungleichheit *f*; *(de salaires)* Gefälle *nt*; ~ **économique** *(ÉCON)* wirtschaftliches Gefälle
disparition [dispaʀisjɔ̃] *f* Verschwinden *nt*; *(mort)* Sterben *nt*; ~ **des espèces** Artensterben
disparu, e [dispaʀy] *m, f* *(défunt)* Verstorbene(r) *mf*
dispatcher ⟨1⟩ [dispatʃe] *vt* verteilen
dispensaire [dispãsɛʀ] *m* (soziale) Krankenstation
dispenser ⟨1⟩ [dispãse] **1.** *vt* *(donner)* schenken, gewähren; ~ **qn de faire qch** jdn davon befreien, etw zu tun **2.** *vpr* **se** ~ **de qch** sich einer Sache *dat* entziehen
disperser ⟨1⟩ [dispɛʀse] **1.** *vt* verstreuen; *(chasser)* auseinander treiben; *(son attention, ses efforts)* verschwenden **2.** *vpr* **se** ~ *(foule)* sich zerstreuen
disponibilité [dispɔnibilite] *f* Verfügbar-

keit f; **disponible** adj verfügbar
dispos, e [dispo, oz] adj (**frais et**) ~ frisch
und munter
disposé, e [dispoze] adj (*fleurs*) arrangiert;
~ **à** bereit zu
disposer ⟨1⟩ [dispoze] **1.** vt (*arranger, placer*) anordnen; ~ **qn à qch** jdn für etw
gewinnen; ~ **qn à faire qch** jdn dafür
gewinnen, etw zu tun **2.** vi ~ **de** (*avoir*)
verfügen über +akk; **vous pouvez** ~ Sie
können gehen **3.** vpr **se** ~ **à faire qch** sich
darauf vorbereiten, etw zu tun
dispositif [dispozitif] m Vorrichtung f,
Anlage f; (*fig*) Einsatzplan m; ~ **antivol**
Diebstahlsicherungsanlage
disposition [dispozisjɔ̃] f (*arrangement*)
Anordnung f; (*loi, testament*) Verfügung f;
(*humeur*) Veranlagung f, Neigung f; (*pl:
mesure, décision*) Maßnahme f; **être à la** ~
de qn jdm zur Verfügung stehen
disproportion [dispʀɔpɔʀsjɔ̃] f Missverhältnis nt; **disproportionné, e** adj in
keinem Verhältnis stehend (*à* zu), unan-
gepasst
dispute [dispyt] f Streit m; **disputer** ⟨1⟩
1. vt (*match*) austragen; ~ **qch à qn** mit
jdm um etw kämpfen **2.** vpr **se** ~ sich
streiten
disquaire [diskɛʀ] mf Schallplattenver-
käufer(in) m(f)
disqualification [diskalifikasjɔ̃] f Disqua-
lifizierung f
disqualifier ⟨1⟩ [diskalifje] vt disqualifizieren
disque [disk(ə)] m Scheibe f; (*INFORM*)
Platte f; (*MUS*) Schallplatte f; (*SPORT*) Dis-
kus m; ~ **audionumérique**, ~ **compact**
CD f, Compact Disc f; ~ **dur** (*INFORM*)
Festplatte; ~ **à démaquiller** Wattepad m
disquette [disket] f (*INFORM*) Diskette f; ~
Zip® ZIP-Diskette®
disséminer ⟨1⟩ [disemine] vt ausstreuen,
verstreuen
dissension [disɑ̃sjɔ̃] f Meinungsverschiedenheit f
dissertation [disɛʀtasjɔ̃] f (*SCOL*) Aufsatz
m
dissident, e [disidɑ̃, ɑ̃t] m, f Dissident(in)
m(f), Regimekritiker(in) m(f)
dissimuler ⟨1⟩ [disimyle] **1.** vt (*taire*) verheimlichen; (*cacher à la vue*) verbergen
2. vpr **se** ~ sich verbergen
dissiper ⟨1⟩ [disipe] **1.** vt auflösen; (*doutes*) zerstreuen; (*fortune*) vergeuden, verschwenden **2.** vpr **se** ~ (*brouillard*) sich
auflösen; (*doutes*) sich zerstreuen; (*perdre
sa concentration*) sich zerstreuen lassen; (*se*

dévergonder) sich Ausschweifungen hinge-
ben
dissolu, e [disɔly] adj zügellos
dissolution [disɔlysjɔ̃] f Auflösung f
dissolvant [disɔlvɑ̃] m (*CHIM*) Lösungsmittel nt; ~ (**gras**) Nagellackentferner m
dissonant, e [disɔnɑ̃, ɑ̃t] adj disharmo-
nisch
dissoudre [disudʀ(ə)] irr **1.** vt auflösen
2. vpr **se** ~ sich auflösen
dissuader ⟨1⟩ [disɥade] vt ~ **qn de faire
qch** jdn davon abbringen, etw zu tun; ~
qn de qch jdn von etw abbringen; **dissuasion** [disɥazjɔ̃] f (*MIL*) Abschreckung
f; **politique de** ~ Abschreckungspolitik f
distance [distɑ̃s] f Entfernung f, Distanz
f; (*fig*) Abstand m; **à** ~ aus der Entfernung; **tenir la** ~ (*SPORT*) durchhalten;
tenir qn à ~ jdn auf Distanz halten; ~ **de
freinage** (*AUTO*) Bremsweg m; **distancer**
⟨2⟩ vt hinter sich dat lassen, abhängen;
distant, e adj (*réservé*) distanziert, reserviert; ~ **d'un lieu** (*éloigné*) von einem Ort
entfernt; ~ **de 5 km** 5 km entfernt
distiller ⟨1⟩ [distile] vt destillieren; (*venin,
suc*) tropfenweise aussondern; **distille-
rie** f Brennerei f
distinct, e [distɛ̃(kt), distɛ̃kt(ə)] adj (*différent*) verschieden; (*clair, net*) deutlich,
klar; **distinctement** adv deutlich; **distinction** [distɛ̃ksjɔ̃] f (*bonnes manières*)
Vornehmheit f; (*médaille*) Auszeichnung f;
(*différence*) Unterschied m
distingué, e [distɛ̃ge] adj (*éminent*) von
hohem Rang; (*raffiné, élégant*) distingu-
iert, vornehm
distinguer ⟨1⟩ [distɛ̃ge] **1.** vt (*apercevoir*)
erkennen; (*différencier*) unterscheiden
2. vpr **se** ~ sich auszeichnen; **se** ~ (**de**)
(*différer*) sich unterscheiden (von)
distraction [distʀaksjɔ̃] f Zerstreutheit f;
(*détente, passe-temps*) Zerstreuung f
distraire [distʀɛʀ] irr comme traire **1.** vt
(*déranger*) ablenken; (*divertir*) unterhalten
2. vpr **se** ~ sich zerstreuen; **distrait, e**
[distʀɛ, ɛt] adj zerstreut
distribuer ⟨1⟩ [distʀibɥe] vt verteilen;
(*gifles, coups*) austeilen; (*COM*) vertreiben;
distributeur m ~ (**automatique**) Münz-
automat m; ~ **automatique de billets**
Geldautomat m; ~ **automatique de timbres** Briefmarkenautomat m; ~ **de tickets,
~ de billets** Fahrkartenautomat m; **distribution** f Verteilung f; (*COM*) Vertrieb
m; (*choix d'acteurs*) Rollenverteilung f
district [distʀikt] m Bezirk m
dit, e [di, dit] **1.** pp de dire **2.** adj (*fixé*) ver-

einbart; **X**, ~ **Pierrot** (*surnommé*) X, genannt Pierrot
diurétique [djyretik] *adj* harntreibend
divaguer ⟨1⟩ [divage] *vi* unzusammen-hängendes Zeug faseln
divan [divã] *m* Diwan *m*
divergence [divɛʀʒãs] *f* Meinungsver-schiedenheit *f*
diverger ⟨2⟩ [divɛʀʒe] *vi* (*personnes, idées*) voneinander abweichen; (*rayons, lignes*) divergieren
divers, e [divɛʀ, ɛʀs(ə)] *adj* (*varié, différent*) unterschiedlich; (*adj indéfini*) mehrere; **diversifier** ⟨1⟩ *vt* abwechslungsreicher gestalten
diversion [divɛʀsjɔ̃] *f* Ablenkung *f*; **faire ~** (**à**) ablenken (von)
diversité [divɛʀsite] *f* Vielfalt *f*
divertir ⟨8⟩ [divɛʀtiʀ] **1.** *vt* unterhalten **2.** *vpr* **se ~** sich amüsieren; **divertisse-ment** [divɛʀtismã] *m* Unterhaltung *f*; (*passe-temps*) Zeitvertreib *m*
dividende [dividãd] *m* (*MATH*) Zähler *m*; (*FIN*) Dividende *f*
divin, e [divɛ̃, in] *adj* göttlich; **divinité** *f* Gottheit *f*
diviser ⟨1⟩ [divize] **1.** *vt* (*MATH*) dividieren, teilen; (*somme, terrain*) aufteilen; (*ouvrage, ensemble*) unterteilen **2.** *vpr* **se ~ en** sich teilen in +*akk*
diviseur [divizœʀ] *m* Teiler *m*, Nenner *m*
divisible [divizibl] *adj* teilbar
division [divizjɔ̃] *f* Teilung *f*, Division *f*; Auftei-lung *f*; (*secteur*) Abteilung *f*; (*MIL*) Division *f*; (*SPORT*) Liga *f*
divorce [divɔʀs(ə)] *m* Scheidung *f*; **divorcé, e** *m, f* Geschiedene(r) *mf*; **divorcer** ⟨1⟩ *vi* sich scheiden lassen (*de* von)
divulgation [divylgasjɔ̃] *f* Veröffentli-chung *f*
divulguer ⟨1⟩ [divylge] *vt* veröffentlichen
dix [dis] *num* zehn; **le ~ juin** der zehnte Juni; **~ fois** zehnmal; zehnfach; **de ~ ans** zehnjährig; **dix-huit** [dizɥit] *num* acht-zehn; **dixième 1.** *adj* zehnte(r, s) **2.** *m* (*fraction*) Zehntel *nt* **3.** *mf* (*personne*) Zehnte(r) *mf*; **dixièmement** *adv* zehn-tens; **dix-neuf** *num* neunzehn; **dix-sept** *num* siebzehn; **dizaine** [dizɛn] *f* **une ~** (**de**) etwa zehn
dl *abr de* **décilitre** dl
dm *abr de* **décimètre** dm
do [do] *m* (*MUS*) C *nt*
doberman [dɔbɛʀman] *m* Dobermann *m*
doc. *abr de* **document, documentation** Dok.

docile [dɔsil] *adj* gefügig
docker [dɔkɛʀ] *m* Hafenarbeiter(in) *m(f)*
docteur [dɔktœʀ] *m* Arzt (Ärztin) *m(f)*; (*d'université*) Doktor *m*; **doctorat** [dɔktɔʀa] *m* Doktorwürde *f*
doctrine [dɔktʀin] *f* Doktrin *f*
document [dɔkymã] *m* Dokument *nt*; **documentaire** *m* (*film*) ~ Dokumen-tarfilm *m*; **documentation** [dɔkymãtasjɔ̃] *f* (*documents*) Dokumenta-tion *f*; **documenter** ⟨1⟩ **1.** *vt* (*INFORM*) dokumentieren **2.** *vpr* **se ~** sich *dat* Infor-mationsmaterial beschaffen (*sur* über +*akk*)
dodo [dodo] *m* **faire ~** (*fam*) schlafen
dodu, e [dɔdy] *adj* rundlich
dogmatique [dɔgmatik] *adj* dogmatisch; **dogme** *m* Dogma *nt*
dogue [dɔg] *m* Dogge *f*
doigt [dwa] *m* Finger *m*; **il a été à deux ~s de la mort** er ist nur knapp dem Tod ent-ronnen; **~ de pied** Zehe *f*
doléances [dɔleãs] *fpl* Beschwerde *f*
dollar [dɔlaʀ] *m* Dollar *m*
Dolomites [dɔlɔmit] *fpl* **les ~** die Dolomi-ten
D.O.M. [dɔm] *m(pl) acr de* **Département(s) d'outre-mer** überseeische Departements

---

D.O.M.

Die D.O.M. sind die vier „Départements" in Übersee: Französisch-Guyana, Guadeloupe, Martinique und Réunion. Seit 1982 hat jedes „Département" den Status einer Region.

---

domaine [dɔmɛn] *m* Grundbesitz *m*; (*INFORM*) Domäne *f*, Domain *nt*; (*fig*) Gebiet *nt*
domanial, e (-aux) [dɔmanjal, o] *adj* zu den Staatsgütern gehörend
dôme [dom] *m* Kuppel *f*
domesticité [dɔmɛstisite] *f* Hauspersonal *nt*
domestique [dɔmɛstik] **1.** *adj* (*animal*) Haus-; (*de la maison, du ménage*) häuslich, Haus- **2.** *mf* Hausangestellte(r) *mf*; **domestiquer** ⟨1⟩ *vt* (*animal*) domesti-zieren
domicile [dɔmisil] *m* Wohnsitz *m*; **à ~** zu Hause; (*livrer*) ins Haus; **sans ~ fixe** ohne festen Wohnsitz; **domicilié, e** *adj* **être ~ à** den Wohnsitz haben in +*dat*
dominant, e [dɔminã, ãt] *adj* dominie-rend; (*principal*) Haupt-; **dominateur, -trice** [dɔminatœʀ, tʀis] *adj* beherrschend, dominierend; **dominer** ⟨1⟩ [dɔmine] **1.** *vt* beherrschen; (*surpasser*) übertreffen

2. vi (SPORT) dominieren **3.** vpr **se ~** sich beherrschen

dominical, e (-aux) [dominikal, o] adj Sonntags-

domino [domino] m Dominostein m; **~s** mpl (jeu) Domino(spiel) nt

dommage [domaʒ] m (dégâts, pertes) Schaden m; **c'est ~ que** es ist schade, dass; **dommages-intérêts** mpl Schaden(s)ersatz m

dompter ⟨1⟩ [dɔ̃(p)te] vt bändigen

don [dɔ̃] m (cadeau) Geschenk nt; (charité) Spende f; (aptitude) Gabe f, Talent nt

donation [donasjɔ̃] f Schenkung f

donc [dɔ̃k] conj deshalb, daher; (après une digression) also

donjon [dɔ̃ʒɔ̃] m Bergfried m

donné, e [done] **1.** adj **à un moment ~** zu einem bestimmten Zeitpunkt; **ce n'est pas ~** das ist nicht gerade billig; **étant ~ que** aufgrund der Tatsache, dass **2.** f (MATH) bekannte Größe; (d'un problème) Gegebenheit f; **~es** fpl (INFORM) Daten pl; **~es permanentes** Stammdaten pl

donner ⟨1⟩ [done] **1.** vt geben; (en cadeau) schenken; (nom) angeben; (film, spectacle) zeigen **2.** vi geben; **~ sur** blicken auf +akk **3.** vpr **se ~ à fond (à son travail)** sich (seiner Arbeit) vollständig widmen; **se ~ de la peine** sich dat Mühe geben; **s'en ~ (à cœur joie)** (fam) sich toll amüsieren

donneur, -euse [donœʀ, øz] m, f (MED) Spender(in) m(f); (de cartes) Geber(in) m(f)

dont [dɔ̃] pron (relatif) wovon; **la maison ~ je vois le toit** das Haus, dessen Dach ich sehe; **l'homme ~ je connais la sœur** der Mann, dessen Schwester ich kenne; **dix blessés ~ deux grièvement** zehn Verletzte, zwei davon schwer verletzt; **deux livres ~ l'un est gros** zwei Bücher, wovon eins dick ist; **il y avait plusieurs personnes, ~ Simon** es waren mehrere da, (unter anderem) auch Simon; **le fils/livre ~ il est si fier** der Sohn, auf den/das Buch, worauf er so stolz ist

dopage [dopaʒ] m Doping nt; **dopant** [dopɑ̃] m Dopingmittel nt; **doper** ⟨1⟩ [dope] vt dopen; **doping** [dopiŋ] m Doping nt

doré, e [dɔʀe] adj golden; (montre, bijou) vergoldet

dorénavant [dɔʀenavɑ̃] adv von nun an

dorer ⟨1⟩ [dɔʀe] vt (cadre) vergolden; **(faire) ~** (GASTR) (goldbraun) braten

dorloter ⟨1⟩ [dɔʀlɔte] vt verhätscheln

dormeur, -euse [dɔʀmœʀ, øz] m, f Schläfer(in) m(f)

dormir [dɔʀmiʀ] irr vi schlafen

dorsal, e (-aux) [dɔʀsal, o] adj Rücken-

dortoir [dɔʀtwaʀ] m Schlafsaal m

dorure [dɔʀyʀ] f Vergoldung f

doryphore [dɔʀifɔʀ] m Kartoffelkäfer m

dos [do] m Rücken m; **à ~ de mulet** auf einem Maulesel (reitend); **de ~** von hinten; **voir au ~** siehe Rückseite

DOS [dɔs] m acr de disk operating system DOS nt

dosage [dozaʒ] m Dosierung f

dose [doz] f (MED) Dosis f; (fig) Ration f

doser ⟨1⟩ [doze] vt dosieren

dosimètre [dozimɛtʀ(ə)] m Dosimeter nt, Strahlenmessgerät nt

dossier [dosje] m Akte f; (de chaise) Rückenlehne f; (classeur) (Akten)mappe f; (de presse) aktuelles Thema; (INFORM) Ordner m

dot [dɔt] f Mitgift f

doter ⟨1⟩ [dɔte] vt **~ qn/qch de** jdn/etw ausstatten mit

douane [dwan] f Zoll m; **douanier, -ière 1.** adj Zoll- **2.** m, f Zollbeamte(r) (-beamtin) m(f)

double [dubl(ə)] **1.** adj, adv doppelt; **~ ménage** Doppelhaushalt m **2.** m (autre exemplaire) Duplikat nt; (sosie) Doppelgänger(in) m(f); (TENNIS) Doppel nt; **le ~** (2 fois plus) doppelt so viel; **~ messieurs** Herrendoppel; **~ mixte** gemischtes Doppel; **double-cliquer** ⟨1⟩ vt, vi doppelklicken; **~ sur un dossier** einen Ordner doppelklicken; **doubler** ⟨1⟩ **1.** vt (multiplier par 2) verdoppeln; (vêtement) füttern; (dépasser) überholen; (film) synchronisieren; (acteur) doubeln; **~ (la classe)** (SCOL) sitzen bleiben **2.** vi sich verdoppeln; **doublure** [dublyʀ] f (vêtement) Futter nt; (CINE) Double nt

douce [dus] adj v. doux; **douceâtre** [dusɑtʀ(ə)] adj süßlich; **doucement** adv behutsam; (lentement) langsam; **doucereux, -euse** adj süßlich; **douceur** f (d'une personne) Sanftheit f; (d'une couleur) Zartheit f; (du climat) Milde f; **~s** fpl (friandises) Süßigkeiten pl

douche [duʃ] f Dusche f; **~s** fpl (salle) Duschraum m; **prendre une ~** (sich) duschen; **doucher** ⟨1⟩ vpr **se ~** (sich) duschen

doudoune [dudun] f Daunenjacke f

doué, e [dwe] adj begabt; **être ~ de qch** etw besitzen

douillet, te [duje, ɛt] adj (personne) emp-

findlich; (*lit, maison*) gemütlich, behaglich
douleur [dulœʀ] f Schmerz m; (*chagrin*) Leid nt, Kummer m; **douloureux, -euse** adj schmerzhaft; (*membre*) schmerzend; (*séparation, perte*) schmerzlich
doute [dut] m **le** ~ der Zweifel; **un** ~ ein Verdacht m; **sans nul** ~, **sans aucun** ~ zweifellos; **douter** ⟨1⟩ **1.** vi ~ **de** (*allié*) Zweifel haben an +dat; (*résultat*) anzweifeln +akk **2.** vpr se ~ **de qch/que** etw ahnen/ahnen, dass; **douteux, -euse** [dutø, øz] adj zweifelhaft; (*pej*) fragwürdig
doux, douce [du, dus] adj süß; (*personne*) sanft; (*couleur*) zart; (*climat, région*) mild
douzaine [duzɛn] f Dutzend nt
douze [duz] num zwölf
doyen, ne [dwajɛ̃, ɛn] m, f (*en âge*) Älteste(r) mf; (*de faculté*) Dekan m
Dr abr de **docteur** Dr.
dragée [dʀaʒe] f Mandel f mit Zuckerüberzug; (*MED*) Dragée nt
dragon [dʀagɔ̃] m Drache m
draguer ⟨1⟩ [dʀage] vt (*rivière*) ausbaggern; (*fam*) aufreißen, anbaggern; **dragueur** m ~ **de mines** Minensuchboot nt
drainage [dʀenaʒ] m Entwässerungssystem nt
drainer ⟨1⟩ [dʀene] vt entwässern
dramatique [dʀamatik] **1.** adj dramatisch; (*tragique*) tragisch **2.** f (*TV*) Fernsehdrama nt; **dramatiser** ⟨1⟩ [dʀamatize] vt dramatisieren; **dramaturge** [dʀamatyʀʒ(ə)] mf Dramatiker(in) m(f); **drame** [dʀam] m Drama nt
drap [dʀa] m (*de lit*) Laken nt; (*tissu*) (Woll)stoff m
drapeau (x) [dʀapo] m Fahne f; **être sous les** ~x Soldat sein
drap-housse (draps-housses) [dʀaus] m Spannbetttuch nt
Dresde [dʀɛzd] Dresden nt
dresser ⟨1⟩ [dʀese] **1.** vt aufstellen; (*animal*) dressieren; ~ **l'oreille** die Ohren spitzen; ~ **la table** den Tisch decken; ~ **qn contre qn** jdn gegen jdn aufbringen **2.** vpr se ~ (*église, falaise, obstacle*) emporragen
dressoir [dʀeswaʀ] m Anrichte f
driver [dʀajvœʀ] m (*Drucker*)treiber m
drogue [dʀɔg] f Droge f; ~ **design** Designerdroge; **drogué, e** m, f Drogensüchtige(r) mf; ~(**e**) **du travail** Workaholic m; **droguer** ⟨1⟩ [dʀɔge] **1.** vt betäuben; (*malade*) Betäubungsmittel geben +dat **2.** vpr se ~ Drogen nehmen
droguerie [dʀɔgʀi] f Drogerie f; **droguiste** [dʀɔgist(ə)] mf Drogist(in) m(f)

droit, e [dʀwa, at] **1.** adj (*non courbe*) gerade; (*vertical*) senkrecht; (*loyal, franc*) aufrecht; (*opposé à gauche*) rechte(r, s) **2.** adv gerade; **aller** ~ **au fait/cœur** (*fig*) gleich zu den Tatsachen kommen/zutiefst bewegen **3.** m Recht nt; **à qui de** ~ an die zuständige Person; **être en** ~ **de** berechtigt sein zu; ~ **civil/international/privé** Zivil-/Völker-/Privatrecht; ~ **de séjour** Bleiberecht; ~ **du travail** Arbeitsrecht; **les droits de l'homme** die Menschenrechte; ~**s d'auteur** Autorenhonorar nt; ~**s de douane** mpl Zollgebühren pl; ~**s d'inscription** Einschreibegebühr f; (*UNIV*) Immatrikulationsgebühr f; ~**s de succession** Erbschaftsteuer f; **exempt(e) de** ~**s** gebührenfrei **4.** f (*direction*) rechte Seite; **la** ~**e** (*POL*) die Rechte; **à** ~**e** rechts; **droitier, -ière** [dʀwatje, ɛʀ] m, f Rechtshänder(in) m(f)
droiture [dʀwatyʀ] f Aufrichtigkeit f
drôle [dʀol] adj komisch; **drôlement** adv komisch; **il fait** ~ **froid** es ist echt kalt
dromadaire [dʀɔmadɛʀ] m Dromedar nt
druide [dʀɥid] m Druide m
D.S.T. f abr de **Direction de la surveillance du territoire** ≈ Verfassungsschutz m
du [dy] prep v. **de**
dû, e [dy] **1.** pp de **devoir 2.** adj (*somme*) schuldig; (*venant à échéance*) fällig **3.** m (*somme*) Schuld f
dubitatif, -ive [dybitatif, iv] adj zweifelnd
duc [dyk] m Herzog m; **ducal, e** (-aux) adj herzoglich; **duchesse** [dyʃes] f Herzogin f
duel [dɥel] m Duell nt
dûment [dymɑ̃] adv ordnungsgemäß; (*fam*) ordentlich
dumping [dœmpiŋ] m ~ **salarial** Lohndumping nt
dune [dyn] f Düne f
Dunkerque [dœ̃kɛʀk] Dünkirchen nt
dupe [dyp] adj **être** ~ **de** hereinfallen auf +akk; **duper** ⟨1⟩ vt betrügen
duplex [dypleks] m (*appartement*) Maisonettewohnung f
duplicata [dyplikata] m Duplikat nt
duplicité [dyplisite] f Doppelspiel nt
dur, e [dyʀ] **1.** adj hart; (*difficile*) schwierig; (*climat*) rau; (*viande*) zäh; (*col*) steif; (*sévère*) streng; ~ **d'oreille** schwerhörig; **mener la vie** ~**e à qn** jdm das Leben schwer machen **2.** adv (*travailler*) schwer; (*taper*) hart
durable [dyʀabl(ə)] adj dauerhaft
durant [dyʀɑ̃] prep während +gen; ~ **des mois, des mois** ~ monatelang

durcir

102

durcir ⟨8⟩ [dyʀsiʀ] **1.** vt härten; (fig) verhärten **2.** vi (colle) hart werden **3.** vpr se ~ hart werden, sich verhärten; **durcissement** [dyʀsismā] m (Er)härten nt, Verhärtung f

durée [dyʀe] f Dauer f; **à ~ déterminée/indéterminée** befristet/unbefristet

durement [dyʀmā] adv hart; (sévèrement) streng

durer ⟨1⟩ [dyʀe] vi (se prolonger) dauern; (résister à l'usure) halten

dureté [dyʀte] f Härte f; (difficulté) Schwierigkeit f; (sévérité) Strenge f; (résistance) Zähigkeit f

durit® [dyʀit] m Kühlschlauch m

D.U.T. m abr de **Diplôme universitaire de technologie** Abschlussdiplom einer Fachhochschule

duvet [dyvɛ] m Daunen pl; (poils) Flaum

m

DVD m abr de **digital versatile disk** DVD f, digitale Videodisk; **lecteur ~** DVD-Laufwerk nt

DVD-ROM m DVD-ROM f

dynamique [dinamik] adj dynamisch

dynamisme [dinamism] m Dynamik f; (d'une personne) Tatkraft f

dynamite [dinamit] f Dynamit nt; **dynamiter** ⟨1⟩ vt sprengen

dynamo [dinamo] f (AUTO) Lichtmaschine f

dysenterie [disɑ̃tʀi] f Ruhr f

dyslexie [dislɛksi] f Legasthenie f; **dyslexique** [disleksik] adj legasthenisch

Dysneyland® [disnɛlɑ̃d] m Disneyland® nt

dyspepsie [dispɛpsi] f Verdauungsstörung f

E

E, e [ə] m E, e nt

eau (x) [o] f Wasser nt; **~x** fpl Gewässer pl; **se jeter à l'~** (fig) den Stier bei den Hörnern packen; **prendre l'~** undicht sein; **~ de Cologne** Kölnischwasser; **~ courante** fließendes Wasser; **~ gazeuse** kohlensäurehaltiges Wasser; **~ de Javel** chlorhaltiges Reinigungs- und Desinfektionsmittel; **~ minérale** Mineralwasser; **~ plate** stilles Wasser nt; **~x territoriales** (JUR) Hoheitsgewässer pl; **eaux usées** fpl Abwasser nt; **eau-de-vie** (eaux-de-vie) f Schnaps m

ébattre [ebatʀ] irr comme battre vpr **s'~** sich tummeln

ébauche [eboʃ] f Entwurf m; **ébaucher** ⟨1⟩ **1.** vt entwerfen; **~ un sourire** ein Lächeln andeuten **2.** vpr **s'~** sich andeuten

ébène [ebɛn] f Ebenholz nt; **ébéniste** [ebenist(ə)] mf Kunsttischler(in) m(f)

éberlué, e [ebɛʀlye] adj (fam) verblüfft

éblouir ⟨8⟩ [ebluiʀ] vt blenden

éboueur [ebwœʀ] m Müllmann m

ébouillanter ⟨1⟩ [ebujɑ̃te] vt (GASTR) abbrühen, überbrühen

éboulis [ebuli] mpl Geröll nt

ébouriffé, e [eburife] adj zerzaust

ébranler ⟨1⟩ [ebrɑ̃le] **1.** vt erschüttern; (fig) ins Wanken bringen **2.** vpr **s'~** (partir) sich in Bewegung setzen

ébrécher ⟨5⟩ [ebreʃe] vt anschlagen

ébriété [ebrijete] f **en état d'~** (ADMIN) in betrunkenem Zustand

ébrouer ⟨1⟩ [ebrue] vpr **s'~** sich schütteln; (souffler) schnauben

ébruiter ⟨1⟩ [ebruite] vt verbreiten

ébullition [ebylisjɔ̃] f **être en ~** sieden

écaille [ekaj] f (de poisson) Schuppe f; (de coquillage) Muschelschale f; (matière) Schildpatt nt; **écailler** ⟨1⟩ **1.** vt (poisson) abschuppen; (huître) aufmachen **2.** vpr **s'~** abblättern

écarlate [ekaʀlat] adj knallrot

écarquiller ⟨1⟩ [ekaʀkije] vt **~ les yeux** die Augen aufreißen

écart [ekaʀ] m Abstand m; (de prix, etc) Differenz f; (embardée) Schlenker m; (fig)

Verstoß m (de gegen); **à l'~ (de)** abseits (von); **faire un ~ à droite** nach rechts ausweichen

écarteler ⟨4⟩ [ekaʀtəle] vt vierteilen; (fig) hin- und herreißen

écartement [ekaʀtəmã] m Abstand m; (CHEMIN DE FER) Achsabstand m

écarter ⟨1⟩ [ekaʀte] **1.** vt (éloigner) fern halten; (séparer) trennen; (jambes) spreizen; (bras) aufhalten; (possibilité) verwerfen; (rideau) öffnen **2.** vpr **s'~** sich öffnen; **s'~ de** sich entfernen von

ecclésiastique [eklezjastik] adj kirchlich

écervelé, e [esɛʀvəle] adj leichtsinnig

échafaudage [eʃafodaʒ] m Gerüst nt

échafauder ⟨1⟩ [eʃafode] vt (plan) entwerfen

échalas [eʃala] m (pieu) Pfahl m; **un grand ~** (fam: personne) eine Bohnenstange

échalote [eʃalɔt] f Schalotte f

échancrure [eʃɑ̃kʀyʀ] f (de robe) Ausschnitt m; (de côte, d'arête rocheuse) Einbuchtung f

échange [eʃɑ̃ʒ] m Austausch m; **en ~** dafür; **en ~ de** für; **~ de lettres** Briefwechsel m; **échanger** ⟨2⟩ vt austauschen; **~ qch (contre qch)** etw (gegen etw) tauschen; **~ qch avec qn** (clin d'œil, lettres, etc) etw mit jdm wechseln; **échangeur** m (AUTO) Autobahnkreuz nt; **~ de chaleur** Wärmetauscher m; **échangisme** m Partnertausch m

échantillon [eʃɑ̃tijɔ̃] m Muster nt; (fig) Probe f

échappée [eʃape] f (vue) Ausblick m; (en cyclisme) Ausbruch m

échappement [eʃapmã] m **pot d'~** (AUTO) Auspuff m

échapper ⟨1⟩ [eʃape] **1.** vi **~ à** (gardien) entkommen +dat; (punition, péril) entgehen +dat; **~ à qn** (détail, sens) jdm entgehen; (objet qu'on tient) jdm entgleiten; (mot) jdm entfallen **2.** vpr **s'~** fliehen **3.** vt **l'~ belle** mit knapper Not davonkommen

écharpe [eʃaʀp(ə)] f Schal m; (de maire) Schärpe f

échauffer ⟨1⟩ [eʃofe] **1.** vt erwärmen; (plus chaud) erhitzen; (moteur) überhitzen **2.** vpr **s'~** (SPORT) sich warm laufen; (s'animer) sich erhitzen

échauffourée [eʃofuʀe] f Schlägerei f; (MIL) Scharmützel nt

échéance [eʃeɑ̃s] f (d'un paiement) Frist f, Fälligkeit f; **à brève/longue ~** auf kurze/lange Sicht

échéant [eʃeɑ̃] adv **le cas ~** gegebenenfalls

échec [eʃɛk] m Misserfolg m; **~s** mpl (jeu) Schach nt; **~ et mat/au roi** schachmatt/Schach dem König; **tenir en ~** in Schach halten; **~ politique** Politikversagen nt; **~ scolaire** schulisches Versagen

échelle [eʃɛl] f Leiter f; (de valeurs, sociale) Ordnung f; (d'une carte) Maßstab m; **~ de Richter** Richterskala f

échelon [eʃ(ə)lɔ̃] m (d'échelle) Sprosse f; (ADMIN, SPORT) Rang m; **échelonner** ⟨1⟩ [eʃ(ə)lɔne] vt staffeln

échevelé, e [eʃəv(ə)le] adj zerzaust

échine [eʃin] f Rückgrat nt

échiquier [eʃikje] m Schachbrett nt

écho [eko] m Echo nt; **échographie** f Ultraschallaufnahme f; (examen) Ultraschalluntersuchung f

échouer ⟨1⟩ [eʃwe] **1.** vi scheitern **2.** vpr **s'~** auf Grund laufen

échu, e [eʃy] adj (délais) abgelaufen

éclabousser ⟨1⟩ [eklabuse] vt bespritzen

éclair [eklɛʀ] m (d'orage) Blitz m; (gâteau) Eclair nt

éclairage [eklɛʀaʒ] m Beleuchtung f

éclaircie [eklɛʀsi] f Aufheiterung f

éclaircir ⟨8⟩ [eklɛʀsiʀ] **1.** vt (fig) erhellen, aufklären; (GASTR) verdünnen **2.** vpr **s'~** (ciel) sich aufklären; **s'~ la voix** sich räuspern; **éclaircissement** m Erklärung f

éclairer ⟨1⟩ [eklɛʀe] **1.** vt beleuchten; (fig) aufklären **2.** vi leuchten; **~ bien/mal** gutes/schlechtes Licht geben **3.** vpr **s'~ à l'électricité** elektrische Beleuchtung haben

éclat [ekla] m (de bombe, de verre) Splitter m; (du soleil, d'une couleur) Helligkeit f; (d'une cérémonie) Pracht f; **faire un ~** (scandale) Aufsehen erregen; **~ de rire** schallendes Gelächter; **~s** mpl **de voix** schallende Stimmen pl; **éclatant, e** adj hell; (fig) offensichtlich; **éclater** ⟨1⟩ [eklate] vi (zer)platzen; (se déclarer) ausbrechen; **~ de rire/en sanglots** laut auflachen/schluchzen

éclipse [eklips(ə)] f (ASTR) Finsternis f; **éclipser** ⟨1⟩ **1.** vt (fig) in den Schatten stellen **2.** vpr **s'~** (fam) verschwinden

écluse [eklyz] f Schleuse f

écœurant, e [ekœʀɑ̃, ɑ̃t] adj widerlich, ekelhaft; **écœurer** ⟨1⟩ vt anwidern

école [ekɔl] f Schule f; **aller à l'~** zur Schule gehen; **~ coranique** Koranschule; **~ maternelle** ≈ Vorschule; **~ normale** Pädagogische Hochschule; **~ primaire** Grundschule; **~ privée** Privatschule; **~ secondaire** weiterführende Schule; **~ de ski** Skischule; **écolier, -ière** m, f Schüler(in) *m(f)*

écolo [ekɔlo] *mf (fam)* Umweltschützer(in) *m(f)*; **écologie** *f* Ökologie *f*; *(protection de l'environnement)* Umweltschutz *m*; **écologique** *adj* ökologisch, Umwelt-; **écologiste** *mf* Umweltschützer(in) *m(f)*

éconduire [ekɔ̃dɥiʀ] *irr comme conduire vt* abweisen

économe [ekɔnɔm] **1.** *adj* sparsam **2.** *mf* Verwalter(in) *m(f)*

économie [ekɔnɔmi] *f (vertu)* Sparsamkeit *f*; *(gain)* Ersparnis *f*; *(science)* Wirtschaftswissenschaft *f*; *(situation économique)* Wirtschaft *f*; **~s** *fpl (pécule)* Ersparnisse *pl*; **~ de pénurie** Mangelwirtschaft; **économique** *adj* wirtschaftlich, Wirtschafts-; **~ d'énergie** sparsam im Energieverbrauch

économiser ⟨1⟩ [ekɔnɔmize] *vt, vi* sparen

économiseur [ekɔnɔmizœʀ] *m* **~ d'écran** Bildschirmschoner *m*

écoper ⟨1⟩ [ekɔpe] **1.** *vt (bateau)* ausschöpfen; **~ (de) qch** *(fam)* etw verabreicht bekommen **2.** *vi (fig)* bestraft werden

écoproduit [ekɔpʀɔdɥi] *m* Bioprodukt *nt*

écorce [ekɔʀs(ə)] *f (d'un arbre)* Rinde *f*; *(de fruit)* Schale *f*

écorcher ⟨1⟩ [ekɔʀʃe] *vt (animal)* häuten; *(égratigner)* aufschürfen

éco-recharge (éco-recharges) [ekɔʀəʃaʀʒ(ə)] *f* Nachfüllpackung *f*

écossais, e [ekɔsɛ, ɛz] *adj* schottisch; **Ecossais, e** *m, f* Schotte (Schottin) *m(f)*; **Écosse** *f* **l'~** Schottland *nt*

écosser ⟨1⟩ [ekɔse] *vt* enthülsen

écosystème [ekɔsistɛm] *m* Ökosystem *nt*

écotaxe [ekɔtaks] *f* Ökosteuer *f*

écouler ⟨1⟩ [ekule] **1.** *vt (marchandise)* absetzen **2.** *vpr* **s'~** *(eau)* (heraus)fließen; *(jours, temps)* vergehen

écourter ⟨1⟩ [ekuʀte] *vt* abkürzen

écouter ⟨1⟩ [ekute] *vt* hören; *(personne, conversation)* zuhören +*dat*; *(suivre les conseils de)* hören auf +*akk*; **écouteur** *m* (Telefon)hörer *m*

écoutille [ekutij] *f (NAUT)* Luke *f*

écran [ekʀɑ̃] *m* Bildschirm *m*; *(de cinéma)* Leinwand *f*; **le petit ~** das Fernsehen; **~ antibruit** Lärmschutzwall *m*; **~ d'eau** Wasserwand *f*; **~ graphique** Grafikbildschirm; **~ plat** Flachbildschirm; **~ tactile** Berührungsbildschirm, Touchscreen *m*

écrasant, e [ekʀazɑ̃, ɑ̃t] *adj* überwältigend

écraser ⟨1⟩ [ekʀaze] **1.** *vt* zerquetschen, zerdrücken; *(voiture, train, etc)* überfahren; *(ennemi, armée, équipe adverse)* vernichten;

~ qn d'impôts/de responsabilités jdn mit Steuern/Verantwortung über Gebühr belasten **2.** *vpr* **s'~ (au sol)** (am Boden) zerschellen; **s'~ contre/sur** knallen gegen/auf +*akk*

écrémer ⟨5⟩ [ekʀeme] *vt* entrahmen

écrevisse [ekʀavis] *f* Flusskrebs *m*

écrier ⟨1⟩ [ekʀije] *vpr* **s'~** ausrufen

écrire [ekʀiʀ] *irr* **1.** *vt* schreiben **2.** *vpr* **s'~** sich schreiben; **écrit** *m* Schriftstück *nt*; *(examen)* schriftliche Prüfung; **par ~** schriftlich

écriteau (x) [ekʀito] *m* Schild *nt*

écriture [ekʀityʀ] *f* Schrift *f*; *(COM)* Eintrag *m*; **~s** *fpl (COM)* Konten *pl*; **l'Écriture** die Heilige Schrift

écrivain [ekʀivɛ̃] *m* Schriftsteller(in) *m(f)*

écrou [ekʀu] *m (TECH)* Mutter *f*

écrouer ⟨1⟩ [ekʀue] *vt* inhaftieren

écrouler ⟨1⟩ [ekʀule] *vpr* **s'~ (mur)** einstürzen; *(personne, animal)* zusammenbrechen

écru, e [ekʀy] *adj* ungebleicht

ecstasy [ekstazi] *f* Ecstasy *nt*

écueil [ekœj] *m* Riff *nt*; *(fig)* Falle *f*, Fallstrick *m*

éculé, e [ekyle] *adj (chaussure)* abgelaufen; *(fig)* abgedroschen

écume [ekym] *f* Schaum *m*; **écumer** ⟨1⟩ **1.** *vt (GASTR)* abschöpfen; *(fig)* ausplündern **2.** *vi (mer, fig: personne)* schäumen

écureuil [ekyʀœj] *m* Eichhörnchen *nt*

écurie [ekyʀi] *f* Pferdestall *m*

écusson [ekysɔ̃] *m* Wappen *nt*

eczéma [egzema] *m* Ekzem *nt*

éd. *abr de* **édition** Verlag *m*

E.D.F. *f abr de* **Electricité de France** französische Elektrizitätsgesellschaft

édifice [edifis] *m* Gebäude *nt*

édifier ⟨1⟩ [edifje] *vt* erbauen; *(fig)* aufstellen

édit [edi] *m* Erlass *m*

éditer ⟨1⟩ [edite] *vt (publier)* herausbringen; *(INFORM)* editieren; **éditeur, -trice** **1.** *m, f* Verleger(in) *m(f)*, Herausgeber(in) *m(f)* **2.** *m (INFORM)* Editor *m*; **édition** *f* *(tirage)* Auflage *f*; *(version d'un texte)* Ausgabe *f*; *(industrie)* Verlagswesen *nt*; **~ spéciale** Sonderausgabe

éditorial (-aux) [editɔʀjal, o] *m* Leitartikel *m*

édredon [edʀədɔ̃] *m* Federbett *nt*

éducateur, -trice [edykatœʀ, tʀis] *m, f* Erzieher(in) *m(f)*; **~(-trice) de rue** Streetworker(in) *m(f)*

éducation [edykasjɔ̃] *f* Erziehung *f*; *(culture)* Bildung *f*; *(formation)* Ausbildung *f*;

(manières) Manieren pl; ~ **physique** Sport m; ~ **et information par le divertissement** Edutainment nt

éduquer ⟨1⟩ vt erziehen; *(instruire)* bilden; *(faculté)* schulen

E.E.E. m abr de **Espace économique européen** EWR m

effacé, e [efase] adj *(couleur)* verblasst; *(personne)* farblos, unscheinbar; *(comportement)* zurückhaltend; *(menton)* zurückweichend; *(poitrine)* flach; **effacement** m Ausradieren nt; *(INFORM)* Löschen nt; *(fig)* Auslöschen nt; **effacer** ⟨2⟩ 1. vt *(gommer)* ausradieren; *(fig)* auslöschen; *(INFORM)* löschen 2. vpr s'~ *(inscription, etc)* sich verlieren; *(pour laisser passer)* zurücktreten

effarer ⟨1⟩ [efare] vt erschrecken

effaroucher ⟨1⟩ [efaruʃe] vt in Schrecken versetzen

effectif, -ive [efɛktif, iv] 1. adj effektiv; **devenir** ~ in Kraft treten 2. m Bestand m; **effectivement** adv tatsächlich

effectuer ⟨1⟩ [efɛktɥe] vt ausführen

efféminé, e [efemine] adj weibisch

effervescent, e [efɛrvesɑ̃, ɑ̃t] adj *(cachet, boisson)* sprudelnd

effet [efɛ] m Wirkung f; **en** ~ tatsächlich; **faire de l'**~ wirken; **sous l'**~ **de** unter dem Einfluss von; ~**s secondaires** *(MED)* Nebenwirkungen pl; ~ **de serre** Treibhauseffekt m

efficace [efikas] adj wirksam; *(personne)* fähig; **efficacité** f Wirksamkeit f

effigie [efiʒi] f Bildnis nt

effilé, e [efile] adj dünn, zugespitzt

effiler ⟨1⟩ [efile] vpr s'~ *(tissu)* ausfransen

efflanqué, e [eflɑ̃ke] adj ausgezehrt

effleurer ⟨1⟩ [eflœre] vt streifen

effluves [eflyv] mpl Gerüche pl

effondrement [efɔ̃drəmɑ̃] m Einsturz m; ~ **du/des cours** Kurseinbruch m

effondrer ⟨1⟩ [efɔ̃dre] vpr s'~ einstürzen; *(prix)* verfallen; *(cours)* einbrechen; *(personne)* zusammenbrechen

efforcer ⟨2⟩ [efɔrse] vpr s'~ **de faire** sich bemühen zu tun

effort [efɔr] m Anstrengung f; **faire un** ~ sich anstrengen; ~**s en faveur de la paix** Friedensbemühungen pl

effrayant, e [efrɛjɑ̃, ɑ̃t] adj schrecklich

effrayer ⟨7⟩ [efrɛje] 1. vt erschrecken 2. vpr s'~ (sich) erschrecken

effréné, e [efrene] adj wild, zügellos

effriter ⟨1⟩ [efrite] vpr s'~ bröckeln

effroi [efrwa] m panische Angst

effronté, e [efrɔ̃te] adj unverschämt;

effronterie [efrɔ̃tri] f Unverschämtheit f

effroyable [efrwajabl(ə)] adj grauenvoll

effusion [efyzjɔ̃] f Gefühlsausbruch m; **sans** ~ **de sang** ohne Blutvergießen

égal, e (-aux) [egal, o] 1. adj gleich; *(surface)* eben; *(vitesse)* gleichmäßig; **être** ~ **à** gleich sein wie; **ça lui est** ~ das ist ihm egal 2. m, f Gleichgestellte(r) mf; **sans** ~ unvergleichlich; **également** adv gleichermaßen; *(aussi)* auch, ebenfalls; **égaler** ⟨1⟩ vt *(personne)* gleichkommen +dat; *(record)* einstellen; **égalisateur, -trice** [egalizatœr, tris] adj but ~ Ausgleichstor nt; **égalisation** [egalizasjɔ̃] f Ausgleich m; **égaliser** ⟨1⟩ 1. vt ausgleichen; *(sol)* ebnen 2. vi *(SPORT)* ausgleichen; **égalitaire** adj Gleichheits-; **égalité** f Gleichheit f; **être à** ~ **(de points)** (punkte)gleich sein; ~ **des chances** Chancengleichheit; ~ **de droits** Gleichberechtigung f; ~ **d'humeur** Ausgeglichenheit f

égard [egar] m ~**s** mpl Rücksicht f; **à cet** ~ in dieser Beziehung; **à certains/tous (les)** ~**s** in mancher/jeder Hinsicht; **à l'**~ **de** gegenüber +dat; **eu** ~ **à** angesichts +gen; **par** ~ **pour** aus Rücksicht auf +akk

égaré, e [egare] adj *(personne, animal)* verirrt; *(air, regard)* verwirrt

égarer ⟨1⟩ [egare] 1. vt *(objet)* verlegen; *(personne)* irreleiten 2. vpr s'~ sich verirren; *(dans une discussion)* (vom Thema) abkommen

égayer ⟨7⟩ [egeje] vt erheitern, belustigen; *(récit, endroit)* aufheitern

Égée [eʒe] f **la mer** ~ die Ägäis

églantier [eglɑ̃tje] m Heckenrose(nstrauch m) f; **églantine** [eglɑ̃tin] f Heckenrose f

églefin [egləfɛ̃] m Schellfisch m

église [egliz] f Kirche f

égocentrique [egosɑ̃trik] adj egozentrisch

égoïsme [egɔism(ə)] m Egoismus m; **égoïste** adj egoistisch

égorger ⟨2⟩ [egɔrʒe] vt die Kehle durchschneiden +dat

égosiller ⟨1⟩ [egozije] vpr s'~ sich heiser schreien

égout [egu] m Abwasserkanal m

égoutter ⟨1⟩ [egute] vt *(vaisselle)* abtropfen lassen

égratigner ⟨1⟩ [egratiɲe] 1. vt (zer)kratzen 2. vpr s'~ sich aufkratzen; **égratignure** f Kratzer m

égrener ⟨4⟩ [egrəne] vt entkörnen; *(raisin)* abzupfen; *(chapelet)* beten

Égypte [eʒipt] f l'~ Ägypten nt; **égyp-**

tien, ne [eʒipsjɛ̃, ɛn] adj ägyptisch

eh [e] interj he; ~ **bien!** na so was!; ~ **bien?** nun?, also?

éhonté, e [eɔ̃te] adj unverschämt

éjaculation [eʒakylasjɔ̃] f Ejakulation f, Samenerguss m

éjaculer ⟨1⟩ [eʒakyle] vi ejakulieren

éjectable [eʒɛktabl] adj **siège ~** Schleudersitz m

éjecter ⟨1⟩ [eʒɛkte] vt (TECH) ausstoßen; (fam) rausschmeißen

élaborer ⟨1⟩ [elabɔʀe] vt ausarbeiten

élan [elɑ̃] m (ZOOL) Elch m; (SPORT) Anlauf m; (mouvement, ardeur) Schwung m; (de tendresse, etc) Anwandlung f; **prendre son ~** Anlauf nehmen

élancé, e [elɑ̃se] adj schlank

élancement [elɑ̃smɑ̃] m stechender Schmerz

élancer ⟨2⟩ [elɑ̃se] vpr **s'~** sich stürzen (sur, vers qn auf jdn, zu jdm); (arbre, clocher) hochragen

élargir ⟨8⟩ [elaʀʒiʀ] **1.** vt verbreitern; (vêtement) weiter machen; (groupe) vergrößern; (débat) ausdehnen; (JUR) freilassen **2.** vpr **s'~** sich verbreitern; (vêtement) sich dehnen; **élargissement** m Verbreiterung f; (de groupe) Vergrößerung f; ~ **de l'UE** EU-Erweiterung f

élastique [elastik] **1.** adj elastisch **2.** m Gummiband nt

électeur, -trice [elɛktœʀ, tʀis] m, f Wähler(in) m(f); **élection** [elɛksjɔ̃] f Wahl f

---
Élections législative

*Élections législatives werden in Frankreich alle fünf Jahre abgehalten um „députés" (Abgeordnete) für die „Assemblée nationale" zu wählen. Der Präsident wird in der **élection présidentielle**, die alle sieben und ab 2002 alle fünf Jahre stattfindet, gewählt. Die Wahlen werden nach einem allgemeinen direkten Wahlrecht in zwei Durchgängen durchgeführt und finden an einem Sonntag statt.*

électoralisme [elɛktɔʀalism] m Wahlpropaganda f

électorat [elɛktɔʀa] m Wählerschaft f

électricien, ne [elɛktʀisjɛ̃, ɛn] m, f Elektriker(in) m(f)

électricité [elɛktʀisite] f Elektrizität f

électrifier ⟨1⟩ [elɛktʀifje] vt elektrifizieren

électrique [elɛktʀik] adj elektrisch

électro- [elɛktʀo] pref Elektro-; **électroaimant** m Elektromagnet m; **électrocardiogramme** m Elektrokardio-

gramm nt; **électrochoc** m Elektroschock(behandlung f) m; **électrocuter** ⟨1⟩ [elɛktʀɔkyte] vt durch einen Stromschlag töten; **électrocution** [elɛktʀɔkysjɔ̃] f Stromschlag m

électrode [elɛktʀɔd] f Elektrode f

électroencéphalogramme [elɛktʀoɑ̃sefalɔgʀam] m Elektroenzephalogramm nt; **électromagnétique** adj elektromagnetisch; **électroménager** adj **appareils ~s** elektrische Haushaltsgeräte pl

électron [elɛktʀɔ̃] m Elektron nt

électronicien, ne [elɛktʀɔnisjɛ̃, ɛn] m, f Elektroniker(in) m(f)

électronique [elɛktʀɔnik] **1.** adj elektronisch; (flash, microscope, calculateur) Elektronen- **2.** f Elektronik f; ~ **de commande** Steuerungselektronik; ~ **de divertissement** Unterhaltungselektronik

élégance [elegɑ̃s] f Eleganz f; **élégant, e** adj elegant

élément [elemɑ̃] m Element nt; (composante) Bestandteil m; ~**s** mpl (eau, air, etc) Elemente pl; (rudiments) Grundbegriffe pl; ~ **combustible** Brennelement m; **élémentaire** adj einfach, simpel

éléphant [elefɑ̃] m Elefant m

élevage [ɛl(ə)vaʒ] m Zucht f; **l'~** (activité) die Aufzucht

élévateur [elevatœʀ] m Fahrstuhl m

élévation [elevasjɔ̃] f Erhöhung f; (de niveau) Anstieg m; (ARCHIT) Aufriss m

élève [elɛv] mf Schüler(in) m(f)

élevé, e [ɛl(ə)ve] adj (prix, sommet) hoch; (fig) erhaben; **bien/mal ~** gut/schlecht erzogen

élever ⟨4⟩ [ɛl(ə)ve] **1.** vt (enfant) aufziehen; (animal) züchten; (immeuble, niveau) erhöhen; (âme, esprit) erbauen; ~ **la voix** die Stimme heben **2.** vpr **s'~** (avion, alpiniste) hochsteigen; (clocher, cri) sich erheben; (niveau, température) ansteigen; (difficultés) auftreten; **s'~ à** (frais, dégâts) sich belaufen auf +akk; **s'~ contre qch** sich gegen etw erheben; **éleveur, -euse** m, f Viehzüchter(in) m(f)

éligibilité [eliʒibilite] f Wählbarkeit f

éligible [eliʒibl(ə)] adj wählbar

élimé, e [elime] adj (partie d'un vêtement) abgewetzt, fadenscheinig

élimination [eliminasjɔ̃] f Ausscheiden nt; ~ **des déchets** (Abfall)entsorgung f

éliminatoire [eliminatwaʀ] f (SPORT) Ausscheidungskampf m

éliminer ⟨1⟩ [elimine] vt (ANAT) ausscheiden; (SPORT) ausscheiden lassen

élire [elir] *irr comme lire vt* wählen
élite [elit] *f* Elite *f*; **tireur/chercheur d'~** Scharfschütze *m*/Spitzenforscher *m*; **élitisme** *m* Elitedenken *nt*; **élitiste** [elitist] *adj* elitär
élixir [eliksir] *m* Elixier *nt*
elle [ɛl] *pron (sujet)* sie; *(pl)* sie; *(autrement: selon le genre du mot allemand)* er, es; *(pl)* sie; *(complément indirect)* ihr; *(pl)* ihnen; ihm; *(pl)* ihnen; **c'est ~ qui me l'a dit** sie war es, die es mir gesagt hat; **Marie est-elle grande?** ist Marie groß?
ellipse [elips(ə)] *f* Ellipse *f*
el Niño [ɛlniɲo] *m* El Niño *m*
élocution [elɔkysjɔ̃] *f* Vortragsweise *f*
éloge [elɔʒ] *m* Lob *nt*; **faire l'~ de qn/qch** jdn loben/etw preisen
éloigné, e [elwaɲe] *adj* entfernt; **éloignement** *m* Entfernung *f*
éloigner ⟨1⟩ [elwaɲe] **1.** *vt* entfernen; *(soupçons)* zerstreuen; *(danger)* abwenden **2.** *vpr* **s'~** *(personne)* sich entfernen; *(affectivement)* sich entfremden; *(véhicule, etc)* wegfahren; **s'~ de** sich entfernen von
élongation [elɔ̃gasjɔ̃] *f (MED)* Überdehnung *f*
éloquence [elɔkɑ̃s] *f* Wortgewandtheit *f*; **éloquent, e** *adj* wortgewandt; *(significatif)* viel sagend
élu, e [ely] **1.** *pp de* **élire 2.** *m, f (POL)* Abgeordnete(r) *mf*
élucider ⟨1⟩ [elyside] *vt* aufklären
élucubrations [elykybrasjɔ̃] *fpl* Hirngespinste *pl*
éluder ⟨1⟩ [elyde] *vt* ausweichen +*dat*
Élysée [elize] *m* Elysee-Palast *m (Sitz des französischen Staatspräsidenten in Paris)*

Le palais de l'Élysée

Le palais de l'Élysée, im Herzen von Paris nicht weit von den Champs-Élysées gelegen, ist der offizielle Wohnsitz des französischen Präsidenten. Der im 18. Jh. erbaute Palast dient seit 1876 diesem Zweck. Der Begriff l'Élysée wird oft für das Präsidentenamt verwendet.

émacié, e [emasje] *adj* ausgezehrt
e-mail [imɛl] *m* E-Mail *f*
émail (-aux) [emaj, o] *m* Email *nt*; *(des dents)* Zahnschmelz *m*; **émaillé, e** *adj* emailliert
émancipation [emɑ̃sipasjɔ̃] *f (de mineur)* Mündigsprechung *f*; *(de femme)* Emanzipation *f*
émanciper ⟨1⟩ [emɑ̃sipe] **1.** *vt* befreien; *(JUR)* mündig sprechen **2.** *vpr* **s'~** sich frei machen; *(du rôle social)* sich emanzipieren

émaner ⟨1⟩ [emane] *vt* **~ de** herrühren von; *(ADMIN)* stammen von
emballage [ɑ̃balaʒ] *m* Verpackung *f*; **~ d'origine** Originalverpackung; **~ sous vide** Vakuumverpackung; **d'~ minimal** verpackungsarm
emballer ⟨1⟩ [ɑ̃bale] **1.** *vt* einpacken, verpacken; *(fig fam)* begeistern **2.** *vpr* **s'~** *(cheval)* durchgehen; *(moteur)* hochdrehen
embarcadère [ɑ̃barkader] *m* Anlegestelle *f*
embarcation [ɑ̃barkasjɔ̃] *f* Boot *nt*
embardée [ɑ̃barde] *f* Schlenker *m*
embargo [ɑ̃bargo] *m* Embargo *nt*
embarquement [ɑ̃barkəmɑ̃] *m* Einsteigen *nt*; **vol AF 321: ~ immédiat, porte 30** Aufruf an alle Passagiere des Flugs AF 321, sich zum Flugsteig 30 zu begeben
embarquer ⟨1⟩ [ɑ̃barke] **1.** *vt* einschiffen; *(fam)* mitgehen lassen **2.** *vi (passager)* an Bord gehen **3.** *vpr* **s'~** an Bord gehen; **s'~ dans** *(affaire, aventure)* sich einlassen auf +*akk*
embarras [ɑ̃bara] *m* Hemmnis *nt*; *(confusion)* Verlegenheit *f*; **embarrassant, e** *adj* peinlich; **embarrassé, e** [ɑ̃barase] *adj (encombré)* behindert; *(gêné)* verlegen; *(explication)* peinlich; **embarrasser** ⟨1⟩ *vt (personne)* behindern; *(gêner)* in Verlegenheit bringen; *(lieu)* voll stopfen
embaucher ⟨1⟩ [ɑ̃boʃe] *vt* einstellen
embauchoir [ɑ̃boʃwar] *m* Schuhspanner *m*
embaumer ⟨1⟩ [ɑ̃bome] *vt (lieu)* mit Duft erfüllen
embellie [ɑ̃beli] *f (METEO)* Aufheiterung *f*
embellir ⟨8⟩ [ɑ̃belir] **1.** *vt* verschönern **2.** *vi* schöner werden
embêtant, e [ɑ̃bɛtɑ̃, ɑ̃t] *adj* ärgerlich
embêtement [ɑ̃bɛtmɑ̃] *m (fam)* Unannehmlichkeit *f*
embêter ⟨1⟩ [ɑ̃bete] **1.** *vt (fam: importuner)* ärgern **2.** *vpr* **s'~** *(fam)* sich langweilen
emblée [ɑ̃ble] *adv* **d'~** auf Anhieb
emboîter ⟨1⟩ [ɑ̃bwate] **1.** *vt* zusammenfügen; **~ le pas à qn** jdm auf den Fersen folgen **2.** *vpr* **s'~ dans** passen in +*akk*
embonpoint [ɑ̃bɔ̃pwɛ̃] *m* Korpulenz *f*, Fülligkeit *f*
embouchure [ɑ̃buʃyr] *f (GEO)* Mündung *f*; *(MUS)* Mundstück *nt*
embouteillage [ɑ̃butejaʒ] *m* Verkehrsstau *m*
embouteiller ⟨1⟩ [ɑ̃buteje] *vt (route)* verstopfen
emboutir ⟨8⟩ [ɑ̃butir] *vt (heurter)* kra-

chen gegen

embranchement [ɑ̃bʀɑ̃ʃmɑ̃] m (routier) Kreuzung f

embrasser ⟨1⟩ [ɑ̃bʀase] **1.** vt küssen; (sujet, période) umfassen; (carrière, métier) einschlagen, ergreifen **2.** vpr **s'~** sich küssen

embrasure [ɑ̃bʀazyʀ] f (Tür)öffnung f; (Fenster)öffnung f

embrayage [ɑ̃bʀeja3] m (mécanisme) Kupplung f

embrocher ⟨1⟩ [ɑ̃bʀoʃe] vt aufspießen

embrouiller ⟨1⟩ [ɑ̃bʀuje] **1.** vt durcheinander bringen; (personne) verwirren **2.** vpr **s'~** (personne) konfus werden

embryon [ɑ̃bʀijɔ̃] m Embryo m

embûches [ɑ̃byʃ] fpl Falle f

embué, e [ɑ̃bɥe] adj beschlagen

embuscade [ɑ̃byskad] f Hinterhalt m

éméché, e [emeʃe] adj (fam) beschwipst

émeraude [ɛm(ə)ʀod] f Smaragd m

émergence [emɛʀ3ɑ̃s] f (source) Quelle f; (fig: idée) Entstehung f; **émerger** ⟨2⟩ vi auftauchen

émeri [ɛm(ə)ʀi] m **toile ~, papier ~** Schmirgelpapier nt; **être bouché(e) à l'~** besonders engstirnig sein

émerveillement [emɛʀvɛjmɑ̃] m Staunen nt; (vision) wunderschöner Anblick

émerveiller ⟨1⟩ [emɛʀveje] vt in Bewunderung versetzen **2.** vpr **s'~ de qch** über etw akk staunen, von etw entzückt sein

émetteur [emetœʀ] m (poste) ~ Sender m

émettre [emɛtʀ(ə)] irr comme mettre **1.** vt (son, lumière) ausstrahlen; (RADIO) senden; (billet, emprunt) ausgeben; (hypothèse, avis) zum Ausdruck bringen **2.** vi ~ **sur ondes courtes** auf Kurzwelle senden

émeute [emøt] f Aufruhr m

émietter ⟨1⟩ [emjete] vt zerkrümeln

émigrant, e [emigʀɑ̃, ɑ̃t] m, f Emigrant(in) m(f)

émigration [emigʀasjɔ̃] f Emigration f

émigré, e [emigʀe] m, f Emigrant(in) m(f); **émigrer** ⟨1⟩ vi auswandern

éminence [eminɑ̃s] f (colline) Anhöhe f; **Son/Votre Éminence** Seine/Eure Eminenz; **éminent, e** adj ausgezeichnet

émir [emiʀ] m Emir m

émirat [emiʀa] m Emirat nt

émission [emisjɔ̃] f Ausstrahlen nt; (RADIO: action) Senden nt; (RADIO, TV) Sendung f; ~ **d'actions** Aktienemission f; ~ **de gaz carbonique** Kohlendioxidausstoß m; ~ **de rayons par l'ordinateur** Computerstrah-

lung f; ~**s polluantes** Schadstoffemission f

emmagasiner ⟨1⟩ [ɑ̃magazine] vt (marchandises) einlagern

emmanchure [ɑ̃mɑ̃ʃyʀ] f Armloch nt

emménager ⟨2⟩ [ɑ̃menaʒe] vi ~ **dans** einziehen in +akk

emmener ⟨4⟩ [ɑ̃m(ə)ne] vt mitnehmen

emmerder ⟨1⟩ [ɑ̃mɛʀde] vt (fam) nerven, auf den Geist gehen +dat

emmitoufler ⟨1⟩ [ɑ̃mitufle] vt (fam) warm einpacken

émoi [emwa] m Aufregung f

émoluments [emɔlymɑ̃] mpl Vergütung f

émotif, -ive [emɔtif, iv] adj emotional; (personne) gefühlsbetont

émotion [emosjɔ̃] f Gefühlsregung f, Emotion f; (attendrissement) Bewegtheit f;

émotionnel, le [emosjɔnɛl] adj emotional; **émotionner** ⟨1⟩ [emosjɔne] vt aufwühlen, aufregen

émousser ⟨1⟩ [emuse] vt stumpf machen; (fig) abstumpfen

émouvant, e [emuvɑ̃, ɑ̃t] adj rührend, bewegend

émouvoir [emuvwaʀ] irr comme mouvoir **1.** vt (troubler) aufwühlen, bewegen; (attendrir) rühren; (indigner) erregen **2.** vpr **s'~** aufgewühlt/gerührt/erregt sein

empailler ⟨1⟩ [ɑ̃paje] vt ausstopfen

empaler ⟨1⟩ [ɑ̃pale] vpr **s'~ sur** sich aufspießen auf +dat

empaquetage [ɑ̃pakta3] m Verpackung f

empaqueter ⟨3⟩ [ɑ̃pakte] vt verpacken

emparer ⟨1⟩ [ɑ̃paʀe] vpr **s'~ de** (objet) ergreifen; (MIL) einnehmen; (peur, doute) überkommen

empâter ⟨1⟩ [ɑ̃pate] vpr **s'~** dicker werden

empattement [ɑ̃patmɑ̃] m (AUTO) Radstand m

empêchement [ɑ̃pɛʃmɑ̃] m Verhinderung f

empêcher ⟨1⟩ [ɑ̃peʃe] vt verhindern; ~ **qn de faire qch** jdn (davon) abhalten, etw zu tun; **il n'empêche que** trotzdem; **ne pas pouvoir s'~ de** nicht anders können als

empereur [ɑ̃pʀœʀ] m Kaiser m

empeser ⟨4⟩ [ɑ̃pəze] vt (linge) stärken

empester ⟨1⟩ [ɑ̃peste] **1.** vt (lieu) verstänkern **2.** vi stinken

empêtrer ⟨1⟩ [ɑ̃petʀe] vpr **s'~ dans** sich verheddern in +dat; (fig) sich verstricken in +dat

emphase [ɑ̃faz] f Pathos m

empiéter ⟨5⟩ [ɑ̃pjete] vt ~ **sur** vordrin-

gen in +akk
empiffrer ⟨1⟩ [ɑ̃pifʀe] vpr **s'**~ sich voll
stopfen
empiler ⟨1⟩ [ɑ̃pile] vt aufstapeln
empire [ɑ̃piʀ] m Kaiserreich nt, Imperium
nt; (fig) Einfluss m
empirer ⟨1⟩ [ɑ̃piʀe] vi sich verschlechtern
empirique [ɑ̃piʀik] adj empirisch
emplacement [ɑ̃plasmɑ̃] m Platz m,
Stelle f
emplette [ɑ̃plɛt] f faire des ~s einkaufen
emplir ⟨8⟩ [ɑ̃pliʀ] **1.** vt füllen; (fig) erfüllen **2.** vpr **s'**~ (de) sich füllen (mit)
emploi [ɑ̃plwa] m (utilisation) Gebrauch
m; (poste) Stelle f; ~ à domicile Telear-
beitsplatz m; **d'**~ **facile** leicht zu benutzen, benutzerfreundlich; ~ jeune Arbeits-
beschaffungsprogramm nt für Jugendli-
che; ~ du temps Zeitplan m; (scol) Stundenplan m; **employé, e** m, f Angestell-
te(r) mf; **employer** ⟨6⟩ [ɑ̃plwaje] **1.** vt
verwenden, gebrauchen; (personne)
beschäftigen **2.** vpr **s'**~ à faire qch sich
bemühen, etw zu tun; **employeur,
-euse** m, f Arbeitgeber(in) m(f)
empocher ⟨1⟩ [ɑ̃pɔʃe] vt (argent) einstecken
empoignade [ɑ̃pwaɲad] f Rauferei f
empoigner ⟨1⟩ [ɑ̃pwaɲe] vt packen
empoisonner ⟨1⟩ [ɑ̃pwazɔne] vt vergiften; (empester) verpesten; (fam) verrückt
machen
emporter ⟨1⟩ [ɑ̃pɔʀte] **1.** vt mitnehmen;
(blessés, voyageurs) wegbringen; (entraîner) mitreißen; (arracher) fortreißen; (MIL:
position) einnehmen; (avantage) erzielen;
(décision, approbation) gewinnen; **l'**~ **(sur)**
die Oberhand gewinnen (über +akk);
(méthode, etc) sich durchsetzen (gegenüber) **2.** vpr **s'**~ (de colère) aufbrausen
empreint, e [ɑ̃pʀɛ̃, ɛ̃t] adj ~ de voll von
empreinte [ɑ̃pʀɛ̃t] f Abdruck m; (fig)
Spuren pl; ~s digitales Fingerabdrücke pl;
~ génétique genetischer Fingerabdruck
empressé, e [ɑ̃pʀese] adj aufmerksam,
beflissen
empressement [ɑ̃pʀesmɑ̃] m Eifer m;
(hâte) Eile f
empresser ⟨1⟩ [ɑ̃pʀese] vpr **s'**~ geschäftig hin und her eilen; **s'**~ auprès de qn
sich um jdn bemühen; **s'**~ de faire sich
beeilen zu tun
emprise [ɑ̃pʀiz] f Einfluss m
emprisonnement [ɑ̃pʀizɔnmɑ̃] m Haft f
emprisonner ⟨1⟩ [ɑ̃pʀizɔne] vt einsperren

emprunt [ɑ̃pʀœ̃] m Anleihe f; (FIN) Darlehen nt; (LING) Entlehnung f
emprunter ⟨1⟩ [ɑ̃pʀœ̃te] vt sich dat leihen, ausleihen; (itinéraire) einschlagen;
emprunteur, -euse [ɑ̃pʀœ̃tœʀ, øz] m, f
Kreditnehmer(in) m(f)
ému, e [emy] pp de **émouvoir**
émulation [emylasjɔ̃] f Wetteifer m
en [ɑ̃] **1.** prep in +dat; (avec direction) in
+akk; (pays) nach; ~ avion/taxi im Flug-
zeug/Taxi; ~ bois/verre aus Holz/Glas; ~
dormant beim Schlafen; ~ sortant, il a ...
als er hinausging, hat er ...; ~ travaillant
bei der Arbeit; le même ~ plus grand das
gleiche, aber größer **2.** pron j'~ ai/veux
ich habe/möchte davon; j'~ ai assez ich
habe genug; j'~ connais les dangers ich
kenne die Gefahren (dieser Sache); j'~
viens (provenance) ich komme von dort; il
~ est mort/perd le sommeil er ist daran
gestorben/kann deswegen nicht schlafen;
où ~ étais-je? wo war ich stehen geblieben?; ne pas s'~ faire sich dat nichts
daraus machen
E.N.A. [ena] f acr de **École nationale
d'administration** Schule für die Ausbildung
von Beamten im höheren Dienst; **énarque**
[enaʀk] mf Absolvent(in) m(f) der E.N.A.
encadrement [ɑ̃kadʀəmɑ̃] m Rahmen nt;
(de personnel) Einarbeitung f; (de porte)
Rahmen m
encadrer ⟨1⟩ [ɑ̃kadʀe] vt (tableau, image)
(ein)rahmen; (fig: entourer) umgeben;
(flanquer) begleiten; (personnel) einarbei-
ten; (soldats) drillen; **encadreur, -euse**
m, f (Bilder)rahmer(in) m(f)
encaisse [ɑ̃kɛs] f Kassenbestand m; ~
métallique Gold- und Silberreserve f;
encaisser ⟨1⟩ [ɑ̃kese] vt (chèque) einlösen; (argent) bekommen, einnehmen;
(fig: coup, défaite) einstecken
encanailler ⟨1⟩ [ɑ̃kanaje] vpr **s'**~ ins
Ordinäre abgleiten
encart [ɑ̃kaʀ] m Beilage f, Beiblatt nt
en-cas [ɑ̃ka] m inv Imbiss m
encastrer ⟨1⟩ [ɑ̃kastʀe] **1.** vt einpassen;
(dans le mur) einlassen **2.** vpr **s'**~ dans passen in +akk; (heurter) aufprallen auf +akk
encaustique [ɑ̃kostik] f Politur f, Wachs
nt; **encaustiquer** ⟨1⟩ vt einwachsen
enceinte [ɑ̃sɛ̃t] **1.** adj schwanger; ~ de 6
mois im 6. Monat schwanger **2.** f (mur)
Mauer f, Wall m; (espace) Raum m,
Bereich m; ~ (acoustique) Lautsprecherbox f; ~ de confinement Sicherheitsbehälter m
encens [ɑ̃sɑ̃] m Weihrauch m; **encenser**

⟨1⟩ vt beweihräuchern; (fig) in den Himmel loben; **encensoir** m Weihrauchgefäß nt

encéphalogramme [ãsefalɔgram] m Enzephalogramm nt

encercler ⟨1⟩ [ãsɛRkle] vt umzingeln

enchaîner ⟨1⟩ [ãʃene] **1.** vt fesseln; (mouvements, séquences) verbinden **2.** vi weitermachen

enchanté, e [ãʃãte] adj hocherfreut, entzückt; ~ **(de faire votre connaissance)** (sehr) angenehm!; **enchantement** m große Freude, Entzücken nt; (magie) Zauber m; **comme par** ~ wie durch Zauberei; **enchanter** ⟨1⟩ vt erfreuen; **enchanteur, -eresse** [ãʃãtœR, tRɛs] adj zauberhaft

enchère [ãʃɛR] f **vendre aux** ~s versteigern

enclencher ⟨1⟩ [ãklãʃe] vt auslösen

enclin, e [ãklɛ̃, in] adj **être** ~(e) **à qch/faire qch** zu etw neigen/dazu neigen, etw zu tun

enclos [ãklo] m eingezäuntes Grundstück

enclume [ãklym] f Amboss m

encoche [ãkɔʃ] f Kerbe f

encoder ⟨1⟩ [ãkɔde] vt verschlüsseln, kodieren; **encodeur** [ãkɔdœR] m Kodierer m

encolure [ãkɔlyR] f Hals m; (tour de cou) Kragenweite f

encombrant, e [ãkɔ̃bRã, ãt] adj behindernd, sperrig

encombre [ãkɔ̃bR(ə)] adv **sans** ~ ohne Zwischenfälle

encombrer ⟨1⟩ [ãkɔ̃bRe] **1.** vt behindern **2.** vpr **s'**~ de sich beladen mit

encontre [ãkɔ̃tR(ə)] prep **aller à l'**~ **de** zuwiderlaufen +dat

encorbellement [ãkɔRbɛlmã] m Mauervorsprung m; **en** ~ Erker-

encorder ⟨1⟩ [ãkɔRde] vpr **s'**~ sich anseilen

encore [ãkɔR] adv (continuation) noch; (de nouveau) wieder, aufs neue; (restriction) freilich, allerdings; **pas** ~ noch nicht; ~ **plus fort/mieux** noch lauter/besser; ~ **que** obwohl; ~ **une fois/deux jours** noch einmal/zwei Tage

encourageant, e [ãkuRaʒã, ãt] adj ermutigend

encouragement [ãkuRaʒmã] m Förderung f; ~ **à la construction** Wohnungsbauförderung

encourager ⟨2⟩ [ãkuRaʒe] vt ermutigen; (activité, tendance) fördern

encourir [ãkuRiR] irr comme courir vt sich

dat zuziehen

encre [ãkR(ə)] f Tinte f; ~ **de Chine** Tusche f; **encrier** m Tintenfass nt

encroûter ⟨1⟩ [ãkRute] vpr **s'**~ (fig) in einen Trott geraten

encyclopédie [ãsiklɔpedi] f Enzyklopädie f

endetté, e [ãdete] adj verschuldet; **endettement** [ãdɛtmã] m Verschuldung f, Schulden pl; **endetter** ⟨1⟩ [ãdete] vpr **s'**~ sich verschulden

endiablé, e [ãdjable] adj leidenschaftlich

endimancher ⟨1⟩ [ãdimãʃe] vpr **s'**~ sich herausputzen

endive [ãdiv] f Chicorée m o f

endoctriner ⟨1⟩ [ãdɔktRine] vt indoktrinieren

endommager ⟨2⟩ [ãdɔmaʒe] vt beschädigen

endormir [ãdɔRmiR] irr comme dormir **1.** vt (enfant) zum Schlafen bringen; (chaleur) schläfrig machen; (soupçons) einschläfern; (ennuyer) langweilen; (MED) betäuben **2.** vpr **s'**~ einschlafen

endoscope [ãdɔskɔp] m Endoskop nt; **endoscopie** [ãdɔskɔpi] f Endoskopie f

endosser ⟨1⟩ [ãdose] vt (responsabilité) übernehmen; (chèque) indossieren; (uniforme) anlegen

endroit [ãdRwa] m Platz m, Ort m; (emplacement) Stelle f; (opposé à l'envers) rechte Seite; **à l'**~ **de** gegenüber

enduire [ãdɥiR] irr comme conduire vt überziehen; ~ **qch de** etw einreiben mit; **enduit** m Überzug m

endurance [ãdyRãs] f Durchhaltevermögen nt; **endurant, e** [ãdyRã, ãt] adj ausdauernd

endurci, e [ãdyRsi] adj hart; (célibataire) eingefleischt; (joueur) leidenschaftlich; (buveur, fumeur) unverbesserlich

endurcir ⟨8⟩ [ãdyRsiR] **1.** vt abhärten **2.** vpr **s'**~ hart/zäh werden

endurer ⟨1⟩ [ãdyRe] vt ertragen

énergétique [enɛRʒetik] adj Energie-

énergie [enɛRʒi] f Energie f; ~ **nucléaire**, ~ **atomique** Kernkraft f, Atomkraft f; **énergique** adj energisch; **énergisant, e** [enɛRʒizã, ãt] adj Energie spendend

énergumène [enɛRɡymɛn] mf Spinner(in) m(f)

énervant, e [enɛRvã, ãt] adj nervtötend

énervé, e [enɛRve] adj verärgert; (agité) aufgeregt; (nerveux) nervös

énervement [enɛRvəmã] m Verärgerung f; (surexitation) Unruhe f; (nervosité) Nervosität f

énerver ⟨1⟩ [enɛʀve] **1.** *vt* aufregen **2.** *vpr*
s'~ sich aufregen
enfance [ɑ̃fɑ̃s] *f* Kindheit *f;* (*enfants*) Kinder *pl*
enfant [ɑ̃fɑ̃] *mf* Kind *nt;* **enfanter** ⟨1⟩ *vt,
vi* gebären; **enfantillage** *m* (*pej*) Kinderei *f;* **enfantin, e** *adj* kindlich, Kinder-;
(*pej*) kindisch; (*simple*) kinderleicht
enfer [ɑ̃fɛʀ] *m* Hölle *f*
enfermer ⟨1⟩ [ɑ̃fɛʀme] **1.** *vt* einschließen;
(*interner*) einsperren **2.** *vpr* **s'~** sich einschließen
enfiévré, e [ɑ̃fjevʀe] *adj* (*fig*) fiebrig, fieberhaft
enfiler ⟨1⟩ [ɑ̃file] *vt* (*perles, etc*) aufreihen;
(*aiguille*) einfädeln; (*vêtement*) (hinein)-
schlüpfen in +*akk;* (*rue, couloir*) einbiegen
in +*akk*
enfin [ɑ̃fɛ̃] *adv* endlich; (*pour conclure*)
schließlich; (*restriction, concession*) doch
enflammé, e [ɑ̃flame] *adj* (*MED*) entzündet; (*allumette*) brennend; (*nature*) feurig;
(*discours, déclaration*) flammend
enflammer ⟨1⟩ [ɑ̃flame] **1.** *vt* in Brand
setzen; (*MED*) entzünden **2.** *vpr* **s'~** Feuer
fangen; (*MED*) sich entzünden
enflé, e [ɑ̃fle] *adj* geschwollen
enfler ⟨1⟩ [ɑ̃fle] *vi* anschwellen
enfoncer ⟨2⟩ [ɑ̃fɔ̃se] **1.** *vt* einschlagen;
(*forcer*) einbrechen **2.** *vi* (*dans la vase, etc*)
einsinken; (*sol, surface porteuse*) nachgeben **3.** *vpr* **s'~** **dans** einsinken in +*akk;*
(*dans la forêt, ville*) verschwinden in +*dat;*
(*dans le mensonge, dans une erreur*) sich
verstricken in +*dat*
enfouir ⟨8⟩ [ɑ̃fwiʀ] **1.** *vt* (*dans le sol*) vergraben; (*dans un tiroir, etc*) wegstecken
2. *vpr* **s'~** **dans/sous** sich vergraben in
+*dat*/unter +*dat*
enfourcher ⟨1⟩ [ɑ̃fuʀʃe] *vt* (*cheval, vélo*)
besteigen
enfourner ⟨1⟩ [ɑ̃fuʀne] *vt* **~** **qch** etw in
den Ofen schieben
enfuir [ɑ̃fɥiʀ] *irr comme fuir vpr* **s'~** fliehen
enfumer ⟨1⟩ [ɑ̃fyme] *vt* einräuchern
engagé, e [ɑ̃ɡaʒe] *adj* (*littérature, etc*)
engagiert
engagement [ɑ̃ɡaʒmɑ̃] *m* (*promesse*) Versprechen *nt;* (*professionnel*) Verabredung *f;*
(*MIL: combat*) Gefecht *nt*
engager ⟨2⟩ [ɑ̃ɡaʒe] **1.** *vt* (*embaucher*)
anstellen, einstellen; (*commencer*) beginnen; (*impliquer, troupes*) verwickeln; (*investir*) investieren; **~** **qn à faire** (*inciter*) jdn
drängen zu tun; **~** **qch dans** (*faire pénétrer*) etw hineinstecken in +*akk* **2.** *vpr* **s'~**
(*s'embaucher*) eingestellt werden; (*MIL*)

sich verpflichten; **s'~** (**à faire**) (*promettre*)
sich verpflichten zu tun; **s'~** **dans** einbiegen in +*akk*
engelure [ɑ̃ʒ(ə)lyʀ] *f* Frostbeule *f*
engendrer ⟨1⟩ [ɑ̃ʒɑ̃dʀe] *vt* (*enfant*) zeugen; (*fig*) erzeugen
engin [ɑ̃ʒɛ̃] *m* Gerät *nt;* (*MIL*) Rakete *f;*
(*fam*) Ding *nt*
englober ⟨1⟩ [ɑ̃ɡlɔbe] *vt* umfassen
engloutir ⟨8⟩ [ɑ̃ɡlutiʀ] **1.** *vt* verschlingen
2. *vpr* **s'~** verschlungen werden
engorger ⟨2⟩ [ɑ̃ɡɔʀʒe] *vt* verstopfen
engouement [ɑ̃ɡumɑ̃] *m* Begeisterung *f,*
Schwärmerei *f*
engouffrer ⟨1⟩ [ɑ̃ɡufʀe] **1.** *vt* verschlingen **2.** *vpr* **s'~** **dans** (*vent, eau*) hineinströmen in +*akk;* (*personne*) sich stürzen in
+*akk*
engourdi, e [ɑ̃ɡuʀdi] *adj* gefühllos, taub
engourdir ⟨8⟩ [ɑ̃ɡuʀdiʀ] **1.** *vt* gefühllos
werden lassen **2.** *vpr* **s'~** gefühllos werden
engrais [ɑ̃ɡʀɛ] *m* Dünger *m*
engraisser ⟨1⟩ [ɑ̃ɡʀese] *vt* (*animal*) mästen
engrenage [ɑ̃ɡʀənaʒ] *m* Getriebe *nt*
engueuler ⟨1⟩ [ɑ̃ɡœle] *vt* (*fam*) ausschimpfen
énigmatique [enigmatik] *adj* rätselhaft
énigme [enigm(ə)] *f* Rätsel *nt*
enivrant, e [ɑ̃nivʀɑ̃, ɑ̃t] *adj* berauschend
enivrer ⟨1⟩ [ɑ̃nivʀe, enivʀe] **1.** *vt* betrunken machen; (*fig*) berauschen **2.** *vpr* **s'~**
sich betrinken
enjambée [ɑ̃ʒɑ̃be] *f* Schritt *m*
enjamber ⟨1⟩ [ɑ̃ʒɑ̃be] *vt* überschreiten;
(*pont, etc*) überspannen
enjeu (x) [ɑ̃ʒø] *m* (*fig*) Einsatz *m*
enjoliver ⟨1⟩ [ɑ̃ʒɔlive] *vt* ausschmücken;
enjoliveur *m* (*AUTO*) Radkappe *f*
enjoué, e [ɑ̃ʒwe] *adj* fröhlich
enlacer ⟨2⟩ [ɑ̃lase] *vt* (*étreindre*) umarmen
enlèvement [ɑ̃levmɑ̃] *m* (*rapt*) Entführung *f*
enlever ⟨4⟩ [ɑ̃l(ə)ve] *vt* (*vêtement*) ausziehen; (*lunettes*) abnehmen; (*faire disparaître*) entfernen; (*ordures*) mitnehmen; (*kidnapper*) entführen; (*prix, contrat*) erhalten;
~ **qch à qn** (*prendre*) jdm etw nehmen
enneigé, e [ɑ̃neʒe] *adj* verschneit
ennemi, e [en(ə)mi] **1.** *adj* feindlich **2.** *m, f*
Feind(in) *m(f)*
ennoblir ⟨8⟩ [ɑ̃nɔbliʀ] *vt* adeln
ennui [ɑ̃nɥi] *m* (*lassitude*) Langeweile *f;*
(*difficulté*) Schwierigkeit *f;* **ennuyer** ⟨6⟩
1. *vt* ärgern; (*lasser*) langweilen; **si cela ne
vous ennuie pas** wenn es Ihnen keine
Umstände macht **2.** *vpr* **s'~** sich langwei-

len; **ennuyeux, -euse** *adj* langweilig; *(fâcheux)* ärgerlich

énoncé [enɔse] *m* Wortlaut *m*; *(LING)* Aussage *f*

énoncer ⟨2⟩ [enɔse] *vt* ausdrücken

enorgueillir ⟨8⟩ [ɑ̃nɔʀɡœjiʀ] *vpr* **s'~ de** sich rühmen +*gen*

énorme [enɔʀm(ə)] *adj* gewaltig, enorm; **énormément** *adv* ~ **de neige/gens** ungeheuer viel Schnee/viele Menschen

enquérir [ɑ̃keʀiʀ] *irr comme* **acquérir** *vpr* **s'~ de** sich erkundigen nach

enquête [ɑ̃kɛt] *f* *(de police, judiciaire)* Untersuchung *f*, Ermittlung *f*; *(de journaliste)* Nachforschung *f*; *(sondage d'opinion)* Umfrage *f*; **enquêter** ⟨1⟩ *vi* untersuchen; ermitteln; **enquêteur, -euse** [ɑ̃ketœʀ, øz] *m, f* Ermittler(in) *m(f)*; *(de sondage)* Meinungsforscher(in) *m(f)*

enquiquiner ⟨1⟩ [ɑ̃kikine] *vt* *(fam)* nerven

enraciné, e [ɑ̃ʀasine] *adj* tief verwurzelt

enragé, e [ɑ̃ʀaʒe] **1.** *adj* (*MED*) tollwütig; *(fig)* fanatisch **2.** *m, f* Freak *m*

enrager ⟨2⟩ [ɑ̃ʀaʒe] *vi* rasend sein

enrayer ⟨7⟩ [ɑ̃ʀeje] **1.** *vt* aufhalten, stoppen **2.** *vpr* **s'~** klemmen

enregistrement [ɑ̃ʀ(ə)ʒistʀəmɑ̃] *m* Aufnahme *f*; *(ADMIN)* Eintragung *f*; Registrierung *f*; *(à l'hôtel, AVIAT)* Einchecken *nt*; *(INFORM)* (Ab)speichern *nt*; *(de bagages)* Aufgabe *f*; **guichet d'~, comptoir d'~** Abfertigungsschalter *m*

enregistrer ⟨1⟩ [ɑ̃ʀ(ə)ʒistʀe] *vt* *(à l'hôtel, AVIAT)* einchecken; *(INFORM)* (ab)speichern; *(MUS)* aufnehmen; *(constater)* vermerken; *(ADMIN)* eintragen, registrieren; *(mémoriser)* sich *dat* merken; *(bagages)* aufgeben

enrhumé, e [ɑ̃ʀyme] *adj* erkältet

enrhumer ⟨1⟩ [ɑ̃ʀyme] *vpr* **s'~** sich erkälten

enrichi, e [ɑ̃ʀiʃi] *adj* *(CHIM)* angereichert

enrichir ⟨8⟩ [ɑ̃ʀiʃiʀ] **1.** *vt* reich machen; *(moralement)* bereichern **2.** *vpr* **s'~** reich werden

enrober ⟨1⟩ [ɑ̃ʀɔbe] *vt* ~ **qch de** etw umhüllen mit

enrôler ⟨1⟩ [ɑ̃ʀole] **1.** *vt* aufnehmen **2.** *vpr* **s'~ (dans)** sich melden (zu)

enrouer ⟨1⟩ [ɑ̃ʀwe] *vpr* **s'~** heiser werden

enrouler ⟨1⟩ [ɑ̃ʀule] *vt* *(fil, corde)* aufwickeln; ~ **qch autour de** etw wickeln um; **enrouleur** *m* *(de tuyau)* Trommel *f*; *(de câble)* (Kabel)rolle *f*; **ceinture de sécurité à** ~ *(AUTO)* Automatikgurt *m*

ensanglanté, e [ɑ̃sɑ̃ɡlɑ̃te] *adj* blutbefleckt

enseignant, e [ɑ̃seɲɑ̃, ɑ̃t] *m, f* Lehrer(in) *m(f)*

enseigne [ɑ̃seɲ] *f* Geschäftsschild *nt*; **à telle ~ que** dergestalt, dass; **être logés à la même** ~ im gleichen Boot sitzen; ~ **lumineuse** Lichtreklame *f*

enseignement [ɑ̃seɲmɑ̃] *m* Unterrichten *nt*, Unterricht *m*; *(leçon, conclusion)* Lehre *f*; *(profession)* Lehrberuf *m*

enseigner ⟨1⟩ [ɑ̃seɲe] **1.** *vt* lehren, unterrichten; *(choses)* lehren, beibringen; ~ **qch à qn** jdm etw beibringen **2.** *vi* unterrichten

ensemble [ɑ̃sɑ̃bl(ə)] **1.** *adv* zusammen; **aller** ~ zusammenpassen **2.** *m* *(groupe, assemblage)* Komplex *m*; *(recueil)* Sammlung *f*; *(MATH)* Menge *f*; *(unité, harmonie)* Einheit *f*; **dans l'~** im Ganzen; **l'~ de** *(totalité)* der/die/das ganze; **impression d'~** Gesamteindruck *m*; **vue d'~** Überblick *m*

ensoleillé, e [ɑ̃sɔleje] *adj* sonnig

ensommeillé, e [ɑ̃sɔmeje] *adj* verschlafen, schläfrig

ensorceler ⟨3⟩ [ɑ̃sɔʀsəle] *vt* bezaubern

ensuite [ɑ̃sɥit] *adv* dann; *(plus tard)* später

ensuivre [ɑ̃sɥivʀ(ə)] *irr comme* **suivre** *vpr* **s'~** folgen; **il s'ensuit que** daraus folgt, dass

Ent. *abr de* **entreprise** Fa.

entailler ⟨1⟩ [ɑ̃taje] *vt* einkerben

entamer ⟨1⟩ [ɑ̃tame] *vt* *(pain)* anschneiden; *(bouteille)* anbrechen; *(hostilités, pourparlers)* eröffnen; *(altérer)* beeinträchtigen

entasser ⟨1⟩ [ɑ̃tase] **1.** *vt* *(empiler)* anhäufen, aufhäufen; *(tenir à l'étroit)* zusammenpferchen **2.** *vpr* **s'~** sich anhäufen

entendre ⟨14⟩ [ɑ̃tɑ̃dʀ(ə)] **1.** *vt* hören; *(JUR: accusé, témoin)* vernehmen; *(comprendre)* verstehen; *(vouloir dire)* meinen; ~ **que** *(vouloir)* wollen, dass **2.** *vpr* **s'~** *(sympathiser)* sich verstehen; *(se mettre d'accord)* übereinkommen; **entendu, e** [ɑ̃tɑ̃dy] **1.** *pp de* **entendre 2.** *adj* *(réglé)* abgemacht; *(air)* wissend; **bien** ~ selbstverständlich

entente [ɑ̃tɑ̃t] *f* Einvernehmen *nt*; *(traité)* Vertrag *m*; **à double** ~ doppeldeutig

entériner ⟨1⟩ [ɑ̃teʀine] *vt* bestätigen

enterrement [ɑ̃tɛʀmɑ̃] *m* *(cérémonie)* Begräbnis *nt*

enterrer ⟨1⟩ [ɑ̃teʀe] *vt* *(défunt)* begraben; *(trésor, etc)* vergraben

en-tête [ɑ̃tɛt] *m* **papier à** ~ (Brief)papier mit Briefkopf

entêter ⟨1⟩ [ɑ̃tete] *vpr* **s'~ (à faire)** sich

versteifen (zu tun)
enthousiasme [ãtuzjasm(ə)] *m* Begeisterung *f*, Enthusiasmus *m*; **enthousiasmer** ⟨1⟩ **1.** *vt* begeistern **2.** *vpr* **s'~ (pour qch)** sich (für etw) begeistern
entier, -ière [ãtje, ɛʀ] **1.** *adj* vollständig, ganz; *(caractère)* geradlinig; **lait ~** Vollmilch **f 2.** *m* *(MATH)* Ganze(s) *nt*; **en ~** vollständig; **entièrement** *adv* ganz
entité [ãtite] *f* Wesen *nt*
entonner ⟨1⟩ [ãtɔne] *vt* *(chanson)* anstimmen
entonnoir [ãtɔnwaʀ] *m* Trichter *m*
entorse [ãtɔʀs(ə)] *f* *(MED)* Verstauchung *f*; **~ au règlement** Regelverstoß *m*
entortiller ⟨1⟩ [ãtɔʀtije] *vt* *(envelopper)* einwickeln; **~ qch autour de** etw schlingen um
entourage [ãtuʀaʒ] *m* Umgebung *f*; *(ce qui enclôt)* Umrandung *f*
entourer ⟨1⟩ [ãtuʀe] *vt* umgeben; *(cerner)* umzingeln; **~ qn** jdn umsorgen
entourloupette [ãtuʀlupɛt] *f (fam)* böser Streich
entracte [ãtʀakt(ə)] *m* *(THEAT)* Pause *f*
entraide [ãtʀɛd] *f* gegenseitige Hilfe
entrailles [ãtʀaj] *fpl* Eingeweide *pl*; *(fig)* Innere(s) *nt*
entrain [ãtʀɛ̃] *m* Elan *m*
entraînement [ãtʀɛnmã] *m* Training *nt*; *(TECH)* Antrieb *m*
entraîner ⟨1⟩ [ãtʀene] **1.** *vt* *(tirer)* ziehen; *(emmener, charrier)* mitschleppen; *(TECH)* antreiben; *(SPORT)* trainieren; *(impliquer)* mit sich bringen; **~ qn à faire qch** jdn dazu bringen, etw zu tun **2.** *vpr* **s'~** trainieren; **s'~ à qch** sich in etw *dat* üben; **entraîneur, -euse 1.** *m* *(SPORT)* Trainer(in) *m(f)* **2.** *f (de bar)* Hostess *f*, Animierdame *f*
entraver ⟨1⟩ [ãtʀave] *vt* behindern
entre [ãtʀ(ə)] *prep* zwischen +*dat*; *(mouvement)* zwischen +*akk*; *(parmi)* unter +*dat*; **~ autres (choses)** unter anderem; **l'un d'~** eux/nous einer von ihnen/uns; **~ nous** unter uns gesagt
entrebâillé, e [ãtʀəbaje] *adj (porte, fenêtre)* angelehnt
entrechoquer ⟨1⟩ [ãtʀəʃɔke] *vpr* **s'~** aneinander stoßen
entrecôte *f* Entrecote *nt* *(Rippenstück vom Rind)*
entrée [ãtʀe] *f* Eintreten *nt*; *(accès: au cinéma, etc)* Eintritt *m*; *(billet)* Eintrittskarte *f*; *(lieu d'accès)* Eingang *m*; *(GASTR)* Vorspeise *f*; *(INFORM)* Eingabe *f*; **d'~** von Anfang an; **~ en matière** Einführung *f*

entrefilet [ãtʀəfilɛ] *m* (Zeitungs)notiz *f*
entrejambe [ãtʀəʒãb] *m inv* Schritt *m*
entrelacer ⟨2⟩ [ãtʀəlase] *vt* (ineinander) verschlingen
entrelarder ⟨1⟩ [ãtʀəlaʀde] *vt (viande)* spicken
entremêler ⟨1⟩ [ãtʀəmele] *vt* **~ qch de** etw vermischen mit
entremets [ãtʀəmɛ] *m* Nachspeise *f*
entremetteur, -euse [ãtʀəmɛtœʀ, øz] *m, f (pej)* Kuppler(in) *m(f)*; **entremettre** *irr comme mettre* *vpr* **s'~** intervenieren
entremise [ãtʀəmiz] *f* **par l'~ de** mittels +*gen*
entreposer ⟨1⟩ [ãtʀəpoze] *vt* lagern
entrepôt [ãtʀəpo] *m* Lager(haus) *nt*
entreprenant, e [ãtʀəpʀənã, ãt] *adj (actif)* unternehmungslustig; *(trop galant)* dreist
entreprendre ⟨13⟩ [ãtʀəpʀãdʀ(ə)] *vt* machen; *(commencer)* anfangen; *(personne)* angehen
entrepreneur, -euse [ãtʀəpʀənœʀ, øz] *m, f* **~ (en bâtiment)** Bauunternehmer(in) *m(f)*
entreprise [ãtʀəpʀiz] *f* Unternehmen *nt*; **petites et moyennes ~s** mittelständische Unternehmen
entrer ⟨1⟩ [ãtʀe] **1.** *vi ⟨avec être⟩* hereinkommen; *(véhicule)* hereinfahren; *(objet)* eindringen; *(être une composante de)* ein Teil sein von; **~ dans** eintreten in +*akk*; *(véhicule)* hineinfahren in +*akk*; *(dans un trou, espace, etc)* eindringen in +*akk*; *(dans une phase, période)* eintreten in +*akk*; **faire ~** *(visiteur)* hereinbitten **2.** *vt ⟨avec avoir⟩ (INFORM)* eingeben; **(faire) ~ qch dans** etw hineintun in +*akk*
entre-temps [ãtʀətã] *adv* in der Zwischenzeit
entretenir ⟨9⟩ [ãtʀətniʀ] **1.** *vt* unterhalten; *(feu, humidité, etc)* erhalten; *(amitié, relations)* aufrechterhalten **2.** *vpr* **s'~ (de)** sich unterhalten (über +*akk*); **entretien** [ãtʀətjɛ̃] *m* Unterhalt *m*; *(discussion)* Unterhaltung *f*; *(audience)* Unterredung *f*; *(pour un travail)* Vorstellungsgespräch *nt*
entrevoir [ãtʀəvwaʀ] *irr comme voir* *vt (à peine)* ausmachen; *(brièvement)* kurz sehen
entrevue [ãtʀəvy] *f* Gespräch *nt*; *(pour un travail)* Vorstellungsgespräch *nt*
entrouvert, e [ãtʀuvɛʀ, ɛʀt(ə)] *adj* halb geöffnet
énumérer ⟨5⟩ [enymeʀe] *vt* aufzählen
envahir ⟨8⟩ [ãvaiʀ] *vt* überfallen; *(foule)* besetzen; *(eaux, marchandises)* über-

schwemmen; (*inquiétude, peur*) überkommen; **envahissant, e** *adj* (*personne*) sich ständig einmischend

enveloppe [ãv(ə)lɔp] *f* Hülle *f;* (*de lettre*) Umschlag *m;* **envelopper** ⟨1⟩ **1.** *vt* einpacken; (*fig*) einhüllen **2.** *vpr* **s'~ dans qch** sich in etw *akk* hüllen

envergure [ãvɛʀgyʀ] *f* Spannweite *f;* (*fig*) Ausmaß *nt,* Umfang *m*

envers [ãvɛʀ] **1.** *prep* gegenüber +*dat* **2.** *m* (*d'une feuille*) Rückseite *f;* (*d'une étoffe, d'un vêtement*) linke Seite; **à l'~** verkehrt herum

enviable [ãvjabl] *adj* beneidenswert

envie [ãvi] *f* (*sentiment*) Neid *m;* (*souhait*) Verlangen *nt;* **avoir ~ de faire qch** Lust haben, etw zu tun; **avoir ~ de qch** Lust auf etw *akk* haben; **envier** ⟨1⟩ *vt* beneiden; **envieux, -euse** *adj* neidisch

environ [ãviʀɔ̃] *adv* **~ 3 h/2 km** ungefähr 3 Stunden/2 km

environnement [ãviʀɔnmã] *m* Umwelt *f;* **politique de l'~** Umweltpolitik *f*

environner ⟨1⟩ [ãviʀɔne] **1.** *vt* umgeben **2.** *vpr* **s'~ de** sich umgeben mit

environs *mpl* Umgebung *f*

envisageable [ãvizaʒabl] *adj* vorstellbar

envisager ⟨2⟩ [ãvizaʒe] *vt* (*considérer*) betrachten; (*avoir en vue*) beabsichtigen

envoi [ãvwa] *m* (*paquet*) Sendung *f*

envoler ⟨1⟩ [ãvɔle] *vpr* **s'~** wegfliegen; (*avion*) abfliegen

envoûter ⟨1⟩ [ãvute] *vt* verzaubern

envoyé, e [ãvwaje] *m, f* (*POL*) Gesandte(r) (Gesandtin) *m(f);* **~ spécial** Sonderberichterstatter *m*

envoyer ⟨6⟩ [ãvwaje] *vt* schicken; (*projectile, ballon*) werfen; (*fusée*) schießen; **~ des e-mails** mailen

enzyme [ãzim] *m o f* Enzym *nt*

éolien, ne [eɔljɛ̃, ɛn] *adj* Wind-

épagneul, e [epaɲœl] *m, f* Spaniel *m*

épais, se [epɛ, ɛs] *adj* dick; (*sauce, liquide*) dickflüssig; (*fumée, forêt, foule*) dicht; **épaisseur** *f* Dicke *f;* Dickflüssigkeit *f*

épancher ⟨1⟩ [epãʃe] *vpr* **s'~** sich aussprechen; (*liquide*) herausströmen

épanouir ⟨8⟩ [epanwiʀ] *vpr* **s'~** (*fleur*) sich öffnen; (*fig*) aufblühen

épargne [epaʀɲ(ə)] *f* Sparen *nt;* **l'épargne-logement** das Bausparen; **épargner** ⟨1⟩ [epaʀɲe] **1.** *vt* sparen; (*ne pas tuer ou endommager*) verschonen; **~ qch à qn** jdm etw ersparen **2.** *vi* sparen

éparpiller ⟨1⟩ [epaʀpije] **1.** *vt* verstreuen; (*pour répartir*) zerstreuen **2.** *vpr* **s'~** sich verzetteln

épars, e [epaʀ, aʀs(ə)] *adj* verstreut

épatant, e [epatã, ãt] *adj* (*fam*) super

épaté, e [epate] *adj* **nez ~** platte Nase

épater ⟨1⟩ [epate] *vt* (*fam*) beeindrucken

épaule [epol] *f* Schulter *f;* **épauler** ⟨1⟩ **1.** *vt* (*aider*) unterstützen; (*arme*) anlegen **2.** *vi* zielen

épave [epav] *f* Wrack *nt*

épée [epe] *f* Schwert *nt*

épeler ⟨3⟩ [ep(ə)le] *vt* buchstabieren

éperdu, e [epɛʀdy] *adj* verzweifelt; (*amour, gratitude*) überschwänglich; **éperdument** [epɛʀdymã] *adv* **~ amoureux(-euse)** unsterblich verliebt; **s'en ficher ~** (*fam*) sich einen Dreck darum scheren

épervier [epɛʀvje] *m* (*ZOOL*) Sperber *m;* (*pour la pêche*) Auswurfnetz *nt*

éphémère [efemɛʀ] *adj* kurz(lebig)

éphéméride [efemeʀid] *f* Abreißkalender *m*

épi [epi] *m* Ähre *f;* **~ de cheveux** (Haar-)wirbel *m;* **~ de maïs** Maiskolben *m*

épice [epis] *f* Gewürz *nt*

épicéa [episea] *m* Fichte *f*

épicentre [episãtʀ] *m* Epizentrum *nt*

épicer ⟨2⟩ [epise] *vt* würzen

épicerie [episʀi] *f* (*magasin*) Lebensmittelgeschäft *nt;* **~ fine** Feinkostgeschäft; **épicier, -ière** *m, f* Lebensmittelhändler(in) *m(f)*

épidémie [epidemi] *f* Epidemie *f;* **épidémiologie** [epidemjɔlɔʒi] *f* Epidemiologie *f;* **épidémiologique** *adj* epidemiologisch; **épidémiologiste** *mf* Epidemiologe(-login) *m(f)*

épiderme [epidɛʀm(ə)] *m* Haut *f*

épier ⟨1⟩ [epje] *vt* belauern; (*occasion*) Ausschau halten nach

épieu (x) [epjø] *m* Speer *m*

épilepsie [epilɛpsi] *f* Epilepsie *f*

épiler ⟨1⟩ [epile] **1.** *vt* enthaaren **2.** *vpr* **s'~ les jambes/sourcils** die Beine enthaaren/Augenbrauen zupfen

épilogue [epilɔg] *m* (*fig*) Ausgang *m;* **épiloguer** ⟨1⟩ *vi* **~ (sur)** sich auslassen über +*akk*

épinards [epinaʀ] *mpl* Spinat *m*

épine [epin] *f* (*de rose*) Dorne *f;* (*d'oursin*) Stachel *m;* **~ dorsale** Rückgrat *nt*

épingle [epɛ̃gl(ə)] *f* Nadel *f;* **tiré(e) à quatre ~s** wie aus dem Ei gepellt; **tirer son ~ du jeu** sich (rechtzeitig) aus der Affäre ziehen; **~ de nourrice, ~ de sûreté** Sicherheitsnadel; **épingler** ⟨1⟩ *vt* **~ qch sur** etw feststecken an/auf +*dat;* **se faire ~** (*fam*) sich erwischen lassen

Épiphanie [epifani] f Dreikönigsfest nt

épique [epik] adj episch

épiscopal, e (-aux) [episkɔpal, o] adj bischöflich

épisode [epizɔd] m Episode f; (de récit, film) Fortsetzung f

épistolaire [epistɔlɛʀ] adj Brief-

épithète [epitɛt] adj **adjectif ~** attributives Adjektiv

épluche-légumes [eplyʃlegym] m inv Kartoffelschäler m

éplucher ⟨1⟩ [eplyʃe] vt schälen; (fig) genau unter die Lupe nehmen; **épluchures** fpl Schalen pl

éponge [epɔ̃ʒ] f Schwamm m; **jeter l'~** das Handtuch werfen; **éponger** ⟨2⟩ 1. vt (liquide) aufsaugen; (surface) abwischen; (déficit) absorbieren 2. vpr **s'~ le front** sich dat die Stirn abwischen

épopée [epɔpe] f Epos nt

époque [epɔk] f (de l'histoire) Epoche f, Ära f; (de l'année, de la vie) Zeit f; **à l'~ où/de** zur Zeit als/von; **d'~** (meuble) Stil-

époumoner ⟨1⟩ [epumɔne] vpr **s'~** sich heiser schreien

épouse [epuz] f Ehefrau f; **épouser** ⟨1⟩ vt heiraten; (fig: idées) eintreten für; (forme) annehmen

épousseter ⟨3⟩ [epuste] vt abstauben

époustouflant, e [epustuflɑ̃, ɑ̃t] adj (fam) umwerfend

épouvantable [epuvɑ̃tabl(ə)] adj entsetzlich, schrecklich

épouvantail [epuvɑ̃taj] m Vogelscheuche f

épouvante [epuvɑ̃t] f **film/livre d'~** Horrorfilm m/-buch nt; **épouvanter** ⟨1⟩ vt entsetzen

époux [epu] 1. m Ehemann m 2. mpl Ehepaar nt

éprendre ⟨13⟩ [eprɑ̃dr(ə)] vpr **s'~ de** sich verlieben in +akk

épreuve [eprœv] f Prüfung f; (SPORT) Wettkampf m; (FOTO) Abzug m; (d'imprimerie) Fahne f; **à l'~ de** resistent gegenüber; **à toute ~** unfehlbar; **mettre qn/qch à l'~** jdn/etw einer Prüfung unterziehen

épris, e [epri, iz] pp de **éprendre**

éprouver ⟨1⟩ [epruve] vt (tester) testen; (difficultés, etc) begegnen +dat; (ressentir) spüren, empfinden; (mettre à l'épreuve) prüfen; **~ qn** (faire souffrir) jdm Leid zufügen

éprouvette [epruvɛt] f Reagenzglas nt

épuisant, e [epɥizɑ̃, ɑ̃t] adj erschöpfend; **épuisé, e** [epɥize] adj erschöpft; (livre) vergriffen; **épuisement** m Erschöpfung

f; **~ professionnel** Burn-out m; **jusqu'à ~ du stock** solange der Vorrat reicht

épuiser ⟨1⟩ [epɥize] 1. vt erschöpfen 2. vpr **s'~** müde werden; (stock) ausgehen, zu Ende gehen

épurer ⟨1⟩ [epyre] vt reinigen

équateur [ekwatœr] m Äquator m

Équateur [ekwatœr] m **l'~** Ecuador nt

équation [ekwasjɔ̃] f Gleichung f

équatorien, ne [ekwatɔrjɛ̃, ɛn] adj ecuadorianisch; **Équatorien, ne** m, f Ecuadorianer(in) m(f)

équerre [ekɛr] f (à dessin) Zeichendreieck nt; (de maçon) Winkel m; (pour fixer) Winkeleisen nt

équestre [ekɛstr(ə)] adj **statue ~** Reiterstandbild nt

équilibre [ekilibr(ə)] m Gleichgewicht nt; **équilibré, e** adj (fig) ausgeglichen; **équilibrer** ⟨1⟩ 1. vt ausgleichen 2. vpr **s'~** (poids) sich ausbalancieren; (fig) sich ausgleichen; **équilibriste** [ekilibrist] mf Seiltänzer(in) m(f)

équinoxe [ekinɔks(ə)] m Tagundnachtgleiche f

équipage [ekipaʒ] m Mannschaft f, Besatzung f

équipe [ekip] f (de joueurs) Mannschaft f; (de travailleurs) Team nt

équipement [ekipmɑ̃] m Ausrüstung f, Ausstattung f; **~s** mpl Anlagen pl

équiper ⟨1⟩ [ekipe] vt ausrüsten; (voiture, cuisine) ausstatten (de mit)

équitable [ekitabl(ə)] adj gerecht

équitation [ekitasjɔ̃] f Reiten nt, Reitsport m

équité [ekite] f Fairness f; **~ fiscale** Steuergerechtigkeit f

équivalence [ekivalɑ̃s] f Äquivalenz f; **équivalent, e** [ekivalɑ̃, ɑ̃t] 1. adj gleichwertig 2. m Gegenstück nt; **équivaloir** [ekivalwar] irr comme valoir vi **~ à** entsprechen +dat; (représenter) gleichkommen +dat

équivoque [ekivɔk] adj doppeldeutig; (louche) zweideutig

érable [erabl(ə)] m Ahorn m

érafler ⟨1⟩ [erafle] vpr **s'~ la main/les jambes** sich dat die Hand/Beine zerkratzen

éraillé, e [eraje] adj (voix) heiser

ère [er] f Ära f, Epoche f; **~ du solaire** Solarzeitalter nt; **~ numérique** Digitalzeitalter nt; **en l'an 1050 de notre ~** im Jahre 1050 unserer Zeitrechnung

érection [ereksjɔ̃] f (ANAT) Erektion f

éreinter ⟨1⟩ [erɛ̃te] vt erschöpfen

érémiste [eremist] *mf (bénéficiaire du R.M.I.)* Sozialhilfeempfänger(in) *m(f)*

ergonomie [ɛrgɔnɔmi] *f* Ergonomie *f*; **ergonomique** *adj* ergonomisch

ergot [ɛrgo] *m (de coq)* Sporn *m*

ergoter ⟨1⟩ [ɛrgɔte] *vi* Haare spalten

ergothérapeute [ɛrgoterapøt] *mf* Ergotherapeut(in) *m(f)*; **ergothérapeutique** *adj* ergotherapeutisch; **ergothérapie** *f* Ergotherapie *f*, Beschäftigungstherapie *f*

ériger ⟨2⟩ [eriʒe] **1.** *vt (monument)* errichten **2.** *vpr* **s'~ en juge** sich als Richter aufspielen

ermite [ɛrmit] *m* Einsiedler(in) *m(f)*

éroder ⟨1⟩ [erɔde] *vt* erodieren

érogène [erɔʒɛn] *adj* erogen

érotique [erɔtik] *adj* erotisch; **érotisme** *m* Erotik *f*

errer ⟨1⟩ [ɛre] *vi* umherirren; *(pensées)* schweifen

erreur [ɛrœr] *f (de calcul)* Fehler *m*; *(de jugement)* Irrtum *m*; **induire qn en ~** jdn irreführen; **par ~** fälschlicherweise; **~ disquette** Diskettenfehler; **~ médicale** *(MED)* Kunstfehler; **~ de système** *(INFORM)* Systemfehler

erroné, e [ɛrɔne] *adj* falsch, irrig

érudit, e [erydi, it] **1.** *adj* gelehrt, gebildet **2.** *m, f* Gelehrte(r) *mf*; **érudition** *f* Gelehrsamkeit *f*

éruption [erypsjɔ̃] *f* Ausbruch *m*

Érythrée [eritre] *f* l'~ Eritrea *nt*

ès [ɛs] *prep* **docteur ~ lettres** Dr. phil.

ESB *f abr de* **encéphalite spongiforme bovine** BSE *f*

escabeau (x) [ɛskabo] *m* Hocker *m*

escadre [ɛskadr(ə)] *f (NAUT)* Geschwader *nt*; *(AVIAT)* Staffel *f*

escadrille [ɛskadrij] *f (AVIAT)* Formation *f*

escadron [ɛskadrɔ̃] *m* Schwadron *f*

escalade [ɛskalad] *f* Bergsteigen *nt*; *(POL, fig)* Eskalation *f*; **escalader** ⟨1⟩ *vt* klettern auf *+akk*

escalator [ɛskalatɔr] *m* Rolltreppe *f*

escale [ɛskal] *f* Zwischenstation *f*; **faire ~ (à)** anlaufen *+akk*; *(AVIAT)* zwischenlanden (in *+dat*)

escalier [ɛskalje] *m* Treppe *f*; **dans l'~** [o **les ~s**] auf der Treppe; **~ mécanique** Rolltreppe

escalope [ɛskalɔp] *f* Schnitzel *nt*

escamoter ⟨1⟩ [ɛskamɔte] *vt (esquiver)* umgehen, ausweichen *+dat*; *(faire disparaître)* wegzaubern

escapade [ɛskapad] *f* **faire une ~** (aus dem Alltag) ausbrechen

escargot [ɛskargo] *m* Schnecke *f*

escarmouche [ɛskarmuʃ] *f* Gefecht *nt*, Plänkelei *f*

escarpé, e [ɛskarpe] *adj* steil

escarpin [ɛskarpɛ̃] *m (chaussure)* Pumps *m*

Escaut [ɛsko] *m* l'~ die Schelde

escient [esjã] *m* **à bon ~** überlegt

esclaffer ⟨1⟩ [ɛsklafe] *vpr* **s'~** schallend loslachen

esclandre [ɛsklãdr(ə)] *m* Skandal *m*

esclavage [ɛsklavaʒ] *m* Sklaverei *f*; **esclave** *mf* Sklave (Sklavin) *m(f)*

escompte [ɛskɔ̃t] *m (FIN)* Skonto *nt*; *(COM)* Rabatt *m*; **escompter** ⟨1⟩ *vt (FIN)* nachlassen; *(espérer)* erwarten

escorte [ɛskɔrt(ə)] *f* Eskorte *f*; **escorter** ⟨1⟩ *vt* eskortieren

escrime [ɛskrim] *f* Fechten *nt*

escrimer ⟨1⟩ [ɛskrime] *vpr* **s'~ à faire qch** sich *dat* große Mühe geben, etw zu tun

escroc [ɛskro] *m* Betrüger(in) *m(f)*; **escroquer** ⟨1⟩ [ɛskrɔke] *vt* **~ qn de qch** jdm etw abschwindeln; **escroquerie** *f* Schwindel *m*, Betrug *m*

ésotérique [ezɔterik] *adj* esoterisch

ésotérisme [ezɔterism(ə)] *m* Esoterik *f*

espace [ɛspas] *m* Raum *m*; *(écartement)* Abstand *m*; **Espace économique européen** Europäischer Wirtschaftsraum; **~ sur disque dur** *(INFORM)* Plattenspeicher *m*; **~ de stockage** *(INFORM)* Speicherbereich *m*; **espace-disque** *m (INFORM)* Speicherplatz *m*; **espacement** *m* Verteilung *f*, Aufteilung *f*; *(temporel)* Abstand *m*; **espacer** ⟨2⟩ **1.** *vt* in Abständen verteilen **2.** *vpr* **s'~** weniger häufig auftreten

espadon [ɛspadɔ̃] *m* Schwertfisch *m*

espadrille [ɛspadrij] *f* Espadrille *f*, Leinenschuh *m*

Espagne [ɛspaɲ] *f* l'~ Spanien *nt*; **espagnol, e** [ɛspaɲɔl] *adj* spanisch; **Espagnol, e** *m, f* Spanier(in) *m(f)*

espèce [ɛspɛs] *f* Art *f*; **~s** *fpl (COM)* Bargeld *nt*; **en ~s** (in) bar; **en l'~** im vorliegenden Fall; **une ~ de maison** eine Art Haus

espérance [ɛsperãs] *f* Hoffnung *f*; **~ de vie** Lebenserwartung *f*

espérer ⟨5⟩ [ɛspere] *vt* hoffen auf *+akk*, erwarten; **~ en l'avenir** auf die Zukunft vertrauen; **~ que/faire qch** hoffen, dass/ etw zu tun; **oui, j'espère bien** hoffentlich

espiègle [ɛspjɛgl(ə)] *adj* schelmisch

espion, ne [ɛspjɔ̃, ɔn] *m, f* Spion(in) *m(f)*; **espionnage** [ɛspjɔnaʒ] *f* Spionage *f*; **espionner** ⟨1⟩ [ɛspjɔne] *vt* ausspionieren

espoir [ɛspwar] *m* Hoffnung (*de* auf *+akk*)

esprit [ɛspʀi] m Geist m; (pensée, intellect) Geist m, Verstand m; **faire de l'~** witzig sein; **reprendre ses ~s** wieder zu sich kommen

esquimau, de (-aux) [ɛskimo, od] **1.** m, f Eskimo (Eskimofrau) m(f) **2.** m (®: glace) Eis nt mit Schokoladenglasur

esquinter ⟨1⟩ [ɛskẽte] vt (fam) kaputtmachen, ruinieren

esquisse [ɛskis] f Skizze f; (ébauche) Andeutung f; **esquisser** ⟨1⟩ vt entwerfen; andeuten

esquiver ⟨1⟩ [ɛskive] **1.** vt ausweichen +dat **2.** vpr **s'~** sich wegstehlen

essai [ese] m Probe f; (tentative, SPORT) Versuch m; (écrit) Essay m o nt; **à l'~** versuchsweise, auf Probe; **~ nucléaire** Atomversuch

essaim [esẽ] m (d'abeilles, fig) Schwarm m

essayage [esejaʒ] m Anprobe f

essayer ⟨7⟩ [eseje] vt (aus)probieren; (vêtement, chaussures) anprobieren; **~ de faire qch** versuchen, etw zu tun

essence [esɑ̃s] f (carburant) Benzin nt; (extrait de plante) Essenz f; (en philosophie, fig) Wesen nt; (d'arbre) Art f, Spezies f; **~ sans plomb** bleifreies Benzin

essentiel, le [esɑ̃sjɛl] adj (indispensable) erforderlich, notwendig; (de base, fondamental) wesentlich, essenziell; **c'est l'~** das ist die Hauptsache; **l'~ de** der Hauptteil von; **essentiellement** adv im Wesentlichen

essieu (x) [esjø] m Achse f

essor [esɔʀ] m (de l'économie, etc) Aufschwung m; **~ de la conjoncture économique** Konjunkturaufschwung

essorer ⟨1⟩ [esɔʀe] vt auswringen; (à la machine) schleudern; **essoreuse** f Schleuder f

essouffler ⟨1⟩ [esufle] **1.** vt außer Atem bringen **2.** vpr **s'~** außer Atem geraten; (fig) sich verausgaben

essuie-glace [esɥiɡlas] m inv Scheibenwischer m; **~ de la vitre arrière** Heckscheibenwischer; **essuie-mains** m inv Handtuch nt; **essui-tout** m inv Küchenrolle f

essuyer ⟨6⟩ [esɥije] **1.** vt abtrocknen; (épousseter) abwischen; (fig: subir) erleiden **2.** vpr **s'~** sich abtrocknen

est [ɛst] **1.** m **l'~** der Osten; **les pays de l'Est** Osteuropa nt; **à l'~ de** östlich von, im Osten von **2.** adj inv Ost-, östlich

estafette [ɛstafɛt] f Kurier m

estampe [ɛstɑ̃p] f (gravure) Stich m

est-ce que adv **~ c'est cher?** ist es teuer?; **~ c'était bon?** war es gut?; **quand est-ce qu'il part?** wann reist er ab?; **où est-ce qu'il va?** wohin geht er?; **qui est-ce qui a fait ça?** wer hat das gemacht?

esthéticien, ne [ɛstetisjẽ, ɛn] f Kosmetiker(in) m(f)

esthétique [ɛstetik] adj (beau) ästhetisch; (cosmétiques) Schönheits-

estimation [ɛstimasjɔ̃] f Schätzung f

estime [ɛstim] f Wertschätzung f

estimer ⟨1⟩ [ɛstime] **1.** vt schätzen; **~ que** (penser) meinen, dass **2.** vpr **s'~ heureux** sich glücklich schätzen

estival, e (-aux) [ɛstival, o] adj sommerlich

estivant, e [ɛstivɑ̃, ɑ̃t] m, f Sommerfrischler(in) m(f)

estomac [ɛstɔma] m Magen m; **avoir mal à l'~** Magenschmerzen haben

estomaqué, e [ɛstɔmake] adj (fam) platt, perplex

estomper ⟨1⟩ [ɛstɔ̃pe] **1.** vt (fig) trüben, verwischen **2.** vpr **s'~** undeutlich werden

Estonie [ɛstɔni] f **l'~** Estland nt

estrade [ɛstʀad] f Podium nt

estragon [ɛstʀagɔ̃] m Estragon m

estuaire [ɛstɥɛʀ] m Mündung f

estudiantin, e [ɛstydjɑ̃tẽ, in] adj studentisch

esturgeon [ɛstyʀʒɔ̃] m Stör m

et [e] conj und; **~ alors?, ~ puis après?** na und?; **~ puis** und dann

ETA [atea] m ETA f (baskische Befreiungsorganisation)

étable [etabl(ə)] f Kuhstall m

établi [etabli] m Werkbank f

établir ⟨8⟩ [etabliʀ] **1.** vt (papiers d'identité, facture) ausstellen; (liste, programme; gouvernement) aufstellen; (entreprise) gründen; (atelier) einrichten; (camp) errichten; (fait, culpabilité) beweisen **2.** vpr **s'~** sich einstellen; (à son compte) sich selbstständig machen; **s'~ quelque part** sich irgendwo niederlassen; **établissement** [etablismɑ̃] m Ausstellung f; Aufstellung f; (entreprise) Unternehmen nt; **~ de crédit** Kreditinstitut nt; **~ d'un protocole de transfert** Quittungsaustausch m, Handshake m; **~ scolaire** Schule f

étage [etaʒ] m (d'immeuble) Stockwerk nt; (de fusée; de culture) Stufe f; **de bas ~** niedrig; **étager** ⟨2⟩ vt (prix) staffeln; (cultures) stufenförmig anlegen

étagère [etaʒɛʀ] f (rayon) Brett nt; (meuble) Regal nt

étai [etɛ] m Stütze f

étain [etẽ] m Zinn nt

étal [etal] *m* Stand *m*

étalage [etalaʒ] *m* Auslage *f;* **faire ~ de** zur Schau stellen; **étalagiste** [etalaʒist] *mf* Dekorateur(in) *m(f)*

étaler ⟨1⟩ [etale] **1.** *vt* ausbreiten; *(peinture)* (ver)streichen; *(paiements, vacances)* staffeln, verteilen; *(marchandises)* ausstellen **2.** *vpr* **s'~** *(liquide)* sich ausbreiten; *(travaux, paiements)* sich verteilen; *(fam)* auf die Nase fallen

étalon [etalɔ̃] *m (mesure)* Eichmaß *nt;* *(cheval)* Zuchthengst *m;* **étalonnage** *m* Eichung *f*

étamine [etamin] *f (BOT)* Staubgefäß *nt*

étanche [etɑ̃ʃ] *adj* wasserdicht; **étancher** ⟨1⟩ *vt* aufsaugen; **~ la soif** den Durst löschen

étang [etɑ̃] *m* Teich *m*

étant [etɑ̃] *vb v.* **être, donné**

étape [etap] *f* Etappe *f;* *(lieu d'arrivée)* Rastplatz *m;* **faire ~ à** anhalten in *+dat*

état [eta] **1.** *m* **État** Staat *m;* **État membre** Mitglied(s)staat **2.** *m (liste)* Bestandsaufnahme *f;* *(condition, INFORM)* Zustand *m;* **en tout ~ de cause** auf alle Fälle; **être dans tous ses ~s** aufgeregt sein; **être en ~/ hors d'~ de faire qch** in der Lage/außerstande sein, etw zu tun; **faire ~ de** vorbringen; **hors d'~** *(machine, ascenseur, etc)* außer Betrieb; **~s** *mpl* **d'âme** Verfassung *f,* Stimmung *f;* *(pej)* Skrupel *m,* Sentimentalitäten *pl;* **~ d'âme** Gemütszustand; **~ civil** Personenstand *m;* **~ général** *(MED)* Allgemeinzustand; **~ des lieux** *(immeuble, etc)* Bestandsaufnahme *f* (des Erhaltungszustandes); **État de Palestine** Palästinenserstaat *m;* **~ permanent** Dauerzustand; **~ d'urgence** Notstand *m;* **étatiser** ⟨1⟩ *vt* verstaatlichen; **état-major** (états-majors) [etamaʒɔʀ] *m (MIL)* Stab *m;* **État-providence** *m* Wohlfahrtsstaat *m,* Sozialstaat *m;* *(pej)* Versorgerstaat *m;* **États-Unis** [etazyni] *mpl* **les ~** die Vereinigten Staaten *pl*

étayer ⟨7⟩ [eteje] *vt* abstützen; *(fig)* unterstützen

etc. *abr de* **et cetera** etc., usw.

et cetera [ɛtsetera] *adv* etc., und so weiter

été [ete] **1.** *pp de* **être 2.** *m* Sommer *m;* **en ~** im Sommer

éteignoir [etɛɲwaʀ] *m* Kerzenlöscher *m;* *(pej)* Spielverderber(in) *m(f)*

éteindre [etɛ̃dʀ(ə)] *irr comme* **peindre 1.** *vt* ausmachen; *(incendie, fig)* löschen **2.** *vpr* **s'~** ausgehen; *(mourir)* verscheiden;

éteint, e [etɛ̃, ɛ̃t] **1.** *pp de* **éteindre 2.** *adj*

(fig) matt, stumpf; *(volcan)* erloschen

étendre ⟨14⟩ [etɑ̃dʀ(ə)] **1.** *vt (pâte, liquide)* streichen; *(carte, etc)* ausbreiten; *(linge)* aufhängen; *(bras, jambes)* ausstrecken; *(blessé, malade)* hinlegen; *(diluer)* strecken **2.** *vpr* **s'~** sich ausdehnen; *(terrain, forêt)* sich erstrecken; *(s'allonger)* sich hinlegen; *(expliquer)* sich ausdehnen *(sur* auf *+akk)*; **étendue** [etɑ̃dy] *f* Ausmaß *nt;* *(surface)* Fläche *f*

éternel, le [etɛʀnɛl] *adj* ewig; **éterniser** ⟨1⟩ [etɛʀnize] *vpr* **s'~** ewig dauern; *(fam: demeurer)* ewig bleiben; **éternité** *f* Ewigkeit *f*

éternuer ⟨1⟩ [etɛʀnɥe] *vi* niesen

éther [etɛʀ] *m* Äther *m*

Éthiopie [etjɔpi] *f* **l'~** Äthiopien *nt*

ethnie [ɛtni] *f* ethnische Gruppe

ethnique [ɛtnik] *adj* ethnisch

ethnologie [ɛtnɔlɔʒi] *f* Ethnologie *f,* Völkerkunde *f*

éthologie [etɔlɔʒi] *f* Verhaltensforschung *f*

étinceler ⟨3⟩ [etɛ̃sle] *vi* funkeln; **étincelle** [etɛ̃sɛl] *f* Funke *m*

étiqueter ⟨3⟩ [etikte] *vt* beschriften; *(pej)* abstempeln; **étiquette** [etikɛt] *f (de paquet)* Aufschrift *f;* *(à coller)* Aufkleber *m;* *(dans un vêtement, fig)* Etikett *nt;* **l'~** *(protocole)* die Etikette

étirer ⟨1⟩ [etire] **1.** *vt* ausdehnen; *(bras, jambes)* ausstrecken **2.** *vpr* **s'~** *(personne)* sich strecken; **s'~ sur** *(convoi, route)* sich ausdehnen auf *+akk*

étoffe [etɔf] *f* Stoff *m*

étoffer ⟨1⟩ [etɔfe] **1.** *vt* anreichern **2.** *vpr* **s'~** füllig werden

étoile [etwal] **1.** *f* Stern *m;* *(vedette)* Star *m;* **dormir à la belle ~** unter freiem Himmel übernachten; **~ filante** Sternschnuppe *f;* **~ de mer** Seestern **2.** *adj* **danseuse ~** Primaballerina *f*

étonnant, e [etɔnɑ̃, ɑ̃t] *adj* erstaunlich

étonnement [etɔnmɑ̃] *m* Erstaunen *nt;* **à mon grand ~** zu meinem großen Erstaunen

étonner ⟨1⟩ [etɔne] **1.** *vt* erstaunen; **cela m'étonnerait (que)** es würde mich wundern (wenn) **2.** *vpr* **s'~ de** erstaunt sein über *+akk*

étouffant, e [etufɑ̃, ɑ̃t] *adj* erstickend, bedrückend

étouffée [etufe] *adv* **à l'~** *(GASTR)* gedämpft, gedünstet

étouffer ⟨1⟩ [etufe] **1.** *vt* ersticken; *(bruit)* dämpfen; *(scandale)* vertuschen **2.** *vi* ersticken **3.** *vpr* **s'~** *(en mangeant, etc)* sich verschlucken

étourderie [etuʀdəʀi] f Schussligkeit f;
étourdi, e adj schusslig; **étourdiment**
[etuʀdimã] adv unüberlegt

étourdir ⟨8⟩ [etuʀdiʀ] vt betäuben; (griser) schwindlig machen; **étourdissement** m Schwindelanfall m

étrange [etʀãʒ] adj seltsam, sonderbar;
(surprenant) eigenartig

étranger, -ère [etʀãʒe, ɛʀ] **1.** adj fremd;
(d'un autre pays) ausländisch **2.** m, f Frem-
de(r) mf, Ausländer(in) m(f) **3.** m à l'~ im
Ausland

étranglement [etʀãgləmã] m (d'une vallée, etc) Verengung f

étrangler ⟨1⟩ [etʀãgle] **1.** vt erwürgen;
(fig) ersticken **2.** vpr s'~ sich verschlucken

étrave [etʀav] f Vordersteven m

être [etʀ(ə)] **1.** m Wesen nt; ~ humain
Mensch m **2.** irr vi (avec attribut) sein; ~ à
qn jdm gehören; **c'est à faire** das muss
getan werden; **c'est à lui de le faire** es
liegt bei ihm, das zu tun; **il est 10 heures**
es ist 10 Uhr; **nous sommes le 10 janvier**
es ist der 10. Januar **3.** vb aux sein; (avec
verbes pronominaux) haben; v. a. est-ce que,
n'est-ce pas, c'est-à-dire, ce

étreindre [etʀɛ̃dʀ(ə)] irr comme peindre **1.** vt
festhalten, umklammern; (amoureusement,
amicalement) umarmen; (douleur, peur)
ergreifen **2.** vpr s'~ sich umarmen;
étreinte [etʀɛ̃t] f Griff m; (amicale)
Umarmung f

étrenner ⟨1⟩ [etʀene] vt zum ersten Mal
tragen

étrennes [etʀɛn] fpl Neujahrsgeschenke
pl

étrier [etʀije] m Steigbügel m

étriper ⟨1⟩ [etʀipe] vpr s'~ (fam) sich
gegenseitig abmurksen

étriqué, e [etʀike] adj (vêtement) knapp

étroit, e [etʀwa, at] adj eng; à l'~ beengt;
étroitesse f ~ d'esprit Engstirnigkeit f

éts. abr de **établissements** Fa.

étude [etyd] f Studium nt; (ouvrage) Studie f; (de notaire) Büro nt, Kanzlei f; (salle
de travail) Studierzimmer nt; **Hautes ~s
commerciales** ≈ Höhere Handelsschule;
~ **de l'impact sur l'environnement**
Umweltverträglichkeitsprüfung f; ~ **de
marché** Marktstudie f; **~s** fpl Studium nt;
faire des ~s de droit/médecine Jura/
Medizin studieren; **être à l'~** geprüft werden; **étudiant, e** [etydjã, ãt] m, f Stu-
dent(in) m(f); **étudié, e** adj (air) gespielt;
(démarche, système) wohldurchdacht;
(prix) scharf kalkuliert; **étudier** ⟨1⟩

[etydje] **1.** vt studieren; (élève) lernen;
(analyser) untersuchen **2.** vi studieren

étui [etɥi] m Etui nt

étuvée [etyve] adv à l'~ (GASTR) gedämpft

étymologie [etimɔlɔʒi] f Etymologie f

eu, e [y] pp de **avoir**

euphémisme [øfemism] m (expression)
beschönigender Ausdruck, Euphemismus
m

euphorie [øfɔʀi] f Euphorie f

euro [øʀo] m Euro m

eurobanque [øʀobãk] f Eurobank f;
eurochèque m Euroscheck m; **euro-
communisme** m Eurokommunismus
m; **eurocrate** [øʀokʀat] mf Eurokrat(in)
m(f); **eurodollar** m Eurodollar m; **Euroland** [øʀolãd] m Euroland nt, Eurozone f

Europe [øʀɔp] f l'~ Europa nt;
européanisation [øʀɔpeanizasjɔ̃] f (POL)
Europäisierung f

européen, ne [øʀɔpeɛ̃, ɛn] adj europäisch; **Européen, ne** m, f Europäer(in)
m(f)

Europol [øʀopɔl] m Europol f; **eurosceptique** [øʀoseptik] mf Euroskepti-
ker(in) m(f); **Eurovision** [øʀovizjɔ̃] f
Eurovision f

euthanasie [øtanazi] f Euthanasie f; (d'un
malade incurable) Sterbehilfe f

eux [ø] pron (sujet) sie; (objet) ihnen

évacuation [evakɥasjɔ̃] f Evakuierung f

évacuer ⟨1⟩ [evakɥe] vt räumen; (population, occupants) evakuieren; (déchets) leeren

évadé, e [evade] m, f entwichener Häftling

évader ⟨1⟩ [evade] vpr s'~ flüchten

évaluation [evalɥasjɔ̃] f Einschätzung f; ~
finale Endauswertung f

évaluer ⟨1⟩ [evalɥe] vt schätzen

Évangile [evãʒil] m Evangelium nt

évanouir ⟨8⟩ [evanwiʀ] vpr s'~ ohnmächtig werden; (fig) schwinden; **évanouissement** m Ohnmacht(sanfall m) f

évaporer ⟨1⟩ [evapɔʀe] vpr s'~ sich verflüchtigen

évasif, -ive [evazif, iv] adj ausweichend

évasion [evazjɔ̃] f Flucht f; ~ **fiscale** Steu-
erflucht

évêché [eveʃe] m Bistum nt; (édifice)
Bischofssitz m

éveil [evej] m Erwachen nt; **rester en** ~
wachsam bleiben; **éveillé, e** adj wach;
éveiller ⟨1⟩ **1.** vt wecken **2.** vpr s'~ (se
réveiller) aufwachen

événement, évènement [evenmã] m
Ereignis nt

éventail [evɑ̃taj] m Fächer m; (choix)
Spektrum nt; (d'opinions) Bandbreite f

éventer ⟨1⟩ [evɑ̃te] vt fächeln +dat;
(secret) aufdecken

éventrer ⟨1⟩ [evɑ̃tʀe] vt den Bauch auf-
schlitzen +dat; (fig) aufreißen

éventualité [evɑ̃tɥalite] f Eventualität f;
dans l'~ de im Falle +gen

éventuel, le [evɑ̃tɥɛl] adj möglich

évêque [evɛk] m Bischof m

évertuer ⟨1⟩ [evɛʀtɥe] vpr **s'~ à faire** sich
abmühen zu tun

éviction [eviksjɔ̃] f Ausschaltung f; (d'un
membre) Ausschluss m

évidemment [evidamɑ̃] adv (bien sûr)
natürlich; (de toute évidence) offensichtlich

évidence [evidɑ̃s] f Offensichtlichkeit f;
(fait) eindeutige Tatsache; **mettre en ~**
aufzeigen; **évident, e** adj offensichtlich

évider ⟨1⟩ [evide] vt aushöhlen

évier [evje] m Spülbecken nt

éviter ⟨1⟩ [evite] vt meiden; (problème,
question) vermeiden; (coup, projectile) ausweichen +dat; (catastrophe) verhüten; ~
de faire/que vermeiden zu tun/, dass; ~
qch à qn jdm etw ersparen

évocation [evɔkasjɔ̃] f Heraufbeschwö-
rung f

évolué, e [evɔlɥe] adj hochentwickelt

évoluer ⟨1⟩ [evɔlɥe] vi sich entwickeln;
(danseur) Schritte ausführen; (avion) kreisen; **évolution** f Entwicklung f

évoquer ⟨1⟩ [evɔke] vt heraufbeschwören

ex. abr de **exemple** Bsp.

ex- [ɛks] pref Ex-

exacerber ⟨1⟩ [ɛgzasɛʀbe] vt (douleur)
verschlimmern; (passion) anstacheln

exact, e [ɛgzakt(ə)] adj exakt; (précis)
genau; **l'heure ~e** die genaue Uhrzeit;
exactement adv genau; **exactitude**
[ɛgzaktityd] f (ponctualité) Pünktlichkeit f;
(précision) Genauigkeit f

ex aequo [ɛgzeko] adj gleichrangig

exagération [ɛgzaʒeʀasjɔ̃] f Übertreibung
f

exagérer ⟨5⟩ [ɛgzaʒeʀe] vt, vi übertreiben

exalter ⟨1⟩ [ɛgzalte] vt (enthousiasmer)
begeistern; (glorifier) preisen

examen [ɛgzamɛ̃] m Prüfung f; (investigation, MED) Untersuchung f; **à l'~** (COM) auf
Probe; **examinateur, -trice**
[ɛgzaminatœʀ, tʀis] m, f Prüfer(in) m(f);
examiner ⟨1⟩ [ɛgzamine] vt prüfen; (étudier, MED) untersuchen

exaspérant, e [ɛgzaspeʀɑ̃, ɑ̃t] adj überaus
ärgerlich

exaspération [ɛgzaspeʀasjɔ̃] f Ärger m

exaspérer ⟨5⟩ [ɛgzaspeʀe] vt zur Verzweiflung bringen

exaucer ⟨2⟩ [ɛgzose] vt (vœu) erfüllen; ~
qn jdn erhören

excavateur [ɛkskavatœʀ] m Bagger m

excavation [ɛkskavasjɔ̃] f Ausgrabung f

excédent [ɛksedɑ̃] m Überschuss m; ~ **de
bagages** Übergepäck nt

excéder ⟨5⟩ [ɛksede] vt (dépasser) überschreiten; (agacer) zur Verzweiflung bringen

excellence [ɛksɛlɑ̃s] f hervorragende
Qualität f; (titre) Exzellenz f; **excellent, e**
adj ausgezeichnet, hervorragend; **excel-
ler** ⟨1⟩ vi sich auszeichnen (en in +dat)

excentrique [ɛksɑ̃tʀik] adj exzentrisch;
(quartier) Außen-, umliegend

excepté, e [ɛksɛpte] **1.** adj **les élèves ~s**
die Schüler ausgenommen **2.** prep außer
+dat; ~ **si/quand** es sei denn, dass/außer,
wenn

excepter ⟨1⟩ [ɛksɛpte] vt ausnehmen

exception [ɛksɛpsjɔ̃] f Ausnahme f; **à l'~
de** mit Ausnahme von; **d'~** Ausnahme-;
sans ~ ausnahmslos; ~ **culturelle** kulturelle Sonderwünsche Frankreichs; **exceptionnel, le** [ɛksɛpsjɔnɛl] adj außergewöhnlich; **exceptionnellement**
[ɛksɛpsjɔnɛlmɑ̃] adv ausnahmsweise

excès [ɛksɛ] **1.** m Überschuss m; **à l'~**
übertrieben; ~ **de vitesse** Geschwindigkeitsüberschreitung f; ~ **de zèle** Übereifer
m **2.** mpl Ausschweifungen pl; **excessif,
-ive** adj übertrieben

excitant [ɛksitɑ̃] m Aufputschmittel nt

excitation [ɛksitasjɔ̃] f (état) Aufregung f

exciter ⟨1⟩ [ɛksite] **1.** vt erregen; (personne: agiter) aufregen; (café, etc) anregen; ~ **qn à** jdn anstacheln [o aufhetzen]
zu **2.** vpr **s'~** sich erregen; sich aufregen

exclamation [ɛksklamasjɔ̃] f Ausruf m;
exclamer ⟨1⟩ vpr **s'~** rufen

exclure [ɛksklyʀ] irr comme **conclure** vt aus-
schließen; (faire sortir) hinausweisen;
exclusif, -ive [ɛksklysif, iv] adj exklusiv;
(intérêt, mission) ausschließlich; **exclusion**
f **à l'~ de** mit Ausnahme von; ~ **sociale**
soziale Ausgrenzung; **exclusivement**
adv ausschließlich; **exclusivité** f (COM)
Alleinvertrieb m; **en ~** Exklusiv-

excommunier ⟨1⟩ [ɛkskɔmynje] vt
exkommunizieren

excréments [ɛkskʀemɑ̃] mpl Exkremente
pl

excroissance [ɛkskʀwasɑ̃s] f Wucherung
f

excursion [ɛkskyʀsjɔ̃] f Ausflug m;
excursionniste [ɛkskyʀsjɔnist] mf Ausflügler(in) m(f)

excusable [ɛkskyzabl] adj verzeihlich

excuse [ɛkskyz] f Entschuldigung f; (prétexte) Ausrede f; **excuser** ⟨1⟩ 1. vt entschuldigen; **excusez-moi** Entschuldigung 2. vpr **s'~** sich entschuldigen

exécrable [ɛgzekʀabl(ə)] adj scheußlich

exécrer ⟨1⟩ [ɛgzekʀe] vt verabscheuen

exécuter ⟨1⟩ [ɛgzekyte] 1. vt (prisonnier) hinrichten; (ordre, mission, INFORM) ausführen; (opération, mouvement) durchführen; (MUS: jouer) vortragen 2. vpr **s'~** einwilligen; **exécutif, -ive** 1. adj exekutiv 2. m Exekutive f; **exécution** f Hinrichtung f; Ausführung f; Durchführung f; **mettre à ~** ausführen

exemplaire [ɛgzɑ̃plɛʀ] 1. adj vorbildlich, beispielhaft; (châtiment) exemplarisch 2. m Exemplar nt; **en double/triple ~** in doppelter/dreifacher Ausfertigung

exemple [ɛgzɑ̃pl(ə)] m Beispiel nt; **à l'~ de** genau wie; **par ~** zum Beispiel; **montrer l'~** mit gutem Beispiel vorangehen; **prendre ~ sur** sich dat ein Beispiel nehmen an +dat

exempt, e [ɛgzɑ̃(pt), ɑ̃(p)t] adj **~ de** befreit von; (sans) frei von; **exempter** ⟨1⟩ [ɛgzɑ̃(p)te] vt **~ de** freistellen von

exercer ⟨2⟩ [ɛgzɛʀse] 1. vt ausüben; (faculté, partie du corps) üben, trainieren 2. vpr **s'~** (sportif, musicien) üben; (pression, etc) sich auswirken

exercice [ɛgzɛʀsis] m Übung f; (COM) Geschäftsjahr nt; (activité sportive, physique) Bewegung f; **en ~** im Amt

exhaler ⟨1⟩ [ɛgzale] vt ausströmen

exhaustif, -ive [ɛgzostif, iv] adj erschöpfend

exhiber ⟨1⟩ [ɛgzibe] 1. vt vorzeigen 2. vpr **s'~** sich zur Schau stellen

exhibitionnisme [ɛgzibisjɔnism] m Exhibitionismus m; **exhibitionniste** [ɛgzibisjɔnist] mf Exhibitionist(in) m(f)

exhortation [ɛgzɔʀtasjɔ̃] f Flehen nt

exhorter ⟨1⟩ [ɛgzɔʀte] vt eindringlich bitten

exhumer ⟨1⟩ [ɛgzyme] vt ausgraben

exigeant, e [ɛgziʒɑ̃, ɑ̃t] adj anspruchsvoll; **exigence** f Forderung f

exiger ⟨2⟩ [ɛgziʒe] vt fordern; (chose) erfordern, verlangen

exigible [ɛgziʒibl] adj fällig

exigu, ë [ɛgzigy] adj (lieu) eng

exil [ɛgzil] m Exil nt; **exiler** ⟨1⟩ 1. vt verbannen 2. vpr **s'~** ins Exil gehen

existence [ɛgzistɑ̃s] f Existenz f; (vie) Leben nt, Dasein nt

exister ⟨1⟩ [ɛgziste] vi (vivre) existieren, bestehen; **il existe** es gibt

exode [ɛgzɔd] m Exodus m; **~ rural** Landflucht f; **~ urbain** Stadtflucht f

exonérer ⟨5⟩ [ɛgzɔneʀe] vt **~ de** (d'impôts, etc) befreien von

exorbitant, e [ɛgzɔʀbitɑ̃, ɑ̃t] adj (somme) astronomisch

exorbité, e [ɛgzɔʀbite] adj **yeux ~s** hervorquellende Augen

exorciser ⟨1⟩ [ɛgzɔʀsize] vt exorzieren

exotique [ɛgzɔtik] adj exotisch

exp. abr de **expéditeur** Abs.

expansif, -ive [ɛkspɑ̃sif, iv] adj mitteilsam

expansion [ɛkspɑ̃sjɔ̃] f Expansion f; **~ économique** wirtschaftliche Expansion

expatrié, e [ɛkspatʀije] m, f im Ausland Lebende(r) mf

expatrier ⟨1⟩ [ɛkspatʀije] 1. vt (argent) ins Ausland überführen 2. vpr **s'~** auswandern

expectative [ɛkspɛktativ] f **être dans l'~** abwarten

expédient [ɛkspedjɑ̃] m **vivre d'~s** sich schlau durchs Leben schlagen

expédier ⟨1⟩ [ɛkspedje] vt abschicken; (troupes) entsenden; (pej: travail, etc) hinschludern; **expéditeur, -trice** m, f Absender(in) m(f)

expéditif, -ive [ɛkspeditif, iv] adj schnell, prompt

expédition [ɛkspedisjɔ̃] f Abschicken nt; (voyage) Expedition f

expérience [ɛkspeʀjɑ̃s] f Erfahrung f; (scientifique) Experiment nt

expérimenter ⟨1⟩ [ɛkspeʀimɑ̃te] vt erproben

expert, e [ɛkspɛʀ, ɛʀt(ə)] 1. adj **être ~ en** gut Bescheid wissen über +akk 2. m Experte (Expertin) m(f); **expert-comptable, experte-compatble** (experts-comptables) m, f Wirtschaftsprüfer(in) m(f); **expertise** f Gutachten nt; **expertiser** ⟨1⟩ vt (objet de valeur) schätzen; (voiture accidentée, etc) die Schadenshöhe +gen festsetzen

expirer ⟨1⟩ [ɛkspiʀe] vi (venir à échéance) ablaufen; (respirer) ausatmen; (mourir) verscheiden

explication [ɛksplikasjɔ̃] f Erklärung f; (justification) Rechtfertigung f; (discussion) Aussprache f; **~ de texte** (SCOL) Textanalyse f

explicite [ɛksplisit] adj ausdrücklich

expliquer ⟨1⟩ [ɛksplike] 1. vt erklären;

(justifier) rechtfertigen **2.** *vpr* **s'~** *(se comprendre)* verständlich sein; *(discuter)* sich aussprechen; *(fam: se disputer)* seine Streitigkeiten regeln

exploit [ɛksplwa] *m* große Tat, Leistung *f*

exploitation [ɛksplwatasjɔ̃] *f* Ausbeutung *f*; *(d'une ferme, etc)* Bewirtschaftung *f*; **~ agricole** landwirtschaftlicher Betrieb

exploiter ⟨1⟩ [ɛksplwate] *vt (mine, pej)* ausbeuten; *(entreprise, ferme)* bewirtschaften; *(dons, faiblesse)* ausnützen

explorateur, -trice [ɛksplɔratœr, tris] *m, f* Forscher(in) *m(f)*

exploration [ɛksplɔrasjɔ̃] *f* Erforschung *f*

explorer ⟨1⟩ [ɛksplɔre] *vt* erforschen

exploser ⟨1⟩ [ɛksploze] *vi* explodieren; *(joie, colère)* ausbrechen; **explosif, -ive 1.** *adj* explosiv **2.** *m* Sprengstoff *m*;

explosion [ɛksplozjɔ̃] *f* Explosion *f*; **~ de colère** Wutausbruch *m*; **~ démographique** Bevölkerungsexplosion

exportateur, -trice [ɛkspɔrtatœr, tris] **1.** *m, f* Exporteur(in) *m(f)* **2.** *adj* Export-

exportation [ɛkspɔrtasjɔ̃] *f* Export *m*

exporter ⟨1⟩ [ɛkspɔrte] *vt* exportieren

exposant [ɛkspozɑ̃] *m* Aussteller(in) *m(f)*; *(MATH)* Exponent *m*

exposé, e [ɛkspoze] **1.** *adj* **être ~ au sud** nach Süden gehen **2.** *m* Exposé *nt*

exposer ⟨1⟩ [ɛkspoze] *vt* ausstellen; *(décrire)* darlegen; *(FOTO)* belichten; **~ qn/ qch à qch** jdn/etw einer Sache *dat* aussetzen; **exposition** *f* Ausstellung *f*; *(FOTO)* Belichtung *f*

exprès [ɛksprɛ] *adv* absichtlich

exprès, -esse [ɛksprɛs] **1.** *adj* ausdrücklich **2.** *adj inv* **lettre/colis ~** Expressbrief *m*/-päckchen *nt* **3.** *adv* per Eilboten

express [ɛksprɛs] *adj* **(café) ~** Espresso *m*

expressément [ɛkspresemã] *adv* ausdrücklich

expressif, -ive [ɛkspresif, iv] *adj* ausdrucksvoll

expression [ɛkspresjɔ̃] *f* Ausdruck *m*

exprimer ⟨1⟩ [ɛksprime] **1.** *vt* ausdrücken **2.** *vpr* **s'~** sich ausdrücken

exproprier ⟨1⟩ [ɛksprɔprije] *vt* enteignen

expulser ⟨1⟩ [ɛkspylse] *vt* verweisen; *(locataire)* ausweisen; **expulsion** *f* Ausweisung *f*

exquis, e [ɛkski, iz] *adj (plat)* exquisit, köstlich; *(goût, manières, parfum)* erlesen; *(personne)* reizend

exsangue [ɛgsɑ̃g, ɛksɑ̃g] *adj* blutleer

extasier ⟨1⟩ [ɛkstazje] *vpr* **s'~ sur** in Extase geraten über +*akk*

extenseur [ɛkstɑ̃sœr] *m (SPORT)* Expander *m*

extensible [ɛkstɑ̃sibl(ə)] *adj* ausziehbar

extensif, -ive [ɛkstɑ̃sif, iv] *adj* extensiv

extension [ɛkstɑ̃sjɔ̃] *f* Strecken *nt*; *(fig)* Expansion *f*; **~ de mémoire** *(INFORM)* Speichererweiterung *f*; **~ de fichier** Dateierweiterung *f*, Dateiendung *f*, Extension *f*

exténuer ⟨1⟩ [ɛkstenɥe] *vt* erschöpfen

extérieur, e [ɛksterjœr] **1.** *adj* äußere(r, s); *(commerce, escalier)* Außen-; *(calme, gaieté, etc)* äußerlich **2.** *m (d'une maison, d'un récipient, etc)* Außenseite *f*; **l'~** *(d'un pays)* die Außenwelt; **à l'~** *(dehors)* außen; **extérioriser** ⟨1⟩ [ɛksterjɔrize] *vt* nach außen zeigen

exterminer ⟨1⟩ [ɛkstɛrmine] *vt* ausrotten

externat [ɛkstɛrna] *m* Tagesschule *f*

externe [ɛkstɛrn(ə)] *adj* extern

extincteur [ɛkstɛ̃ktœr] *m* Feuerlöscher *m*

extinction [ɛkstɛ̃ksjɔ̃] *f (d'une race)* Aussterben *nt*; **~ des feux** *(dortoir)* Lichtausmachen *nt*

extirper ⟨1⟩ [ɛkstirpe] *vt (tumeur)* entfernen; *(plante)* ausreißen

extorquer ⟨1⟩ [ɛkstɔrke] *vt* **~ qch à qn** etw von jdm erpressen

extra [ɛkstra] *adj inv (aliment)* von erster Güte; **c'est ~** *(fam)* das ist toll [o irre]

extraconjugal, e (-aux) [ɛkstrakɔ̃ʒygal, o] *adj* außerehelich; **relations ~es** außereheliche Beziehungen

extraction [ɛkstraksjɔ̃] *f* Gewinnung *f*; *(de dent)* Ziehen *nt*

extradition [ɛkstradisjɔ̃] *f* Auslieferung *f*

extraire [ɛkstrɛr] *irr comme* traire *vt (minerai)* gewinnen; *(dent, MATH: racine)* ziehen; **~ qch de** *(corps étranger, citation)* etw herausziehen aus

extrait [ɛkstrɛ] *m (de plante)* Extrakt *m*; *(de film, de livre)* Auszug *m*

extraordinaire [ɛkstraɔrdinɛr] *adj* außergewöhnlich; *(mission, assemblée)* Sonder-

extra-terrestre (extra-terrestres) [ɛkstraterɛstr(ə)] *mf* Außerirdische(r) *mf*

extravagance [ɛkstravagɑ̃s] *f* Extravaganz *f*; **extravagant, e** [ɛkstravagɑ̃] *adj* extravagant

extraverti, e [ɛkstraverti] *adj* extrovertiert

extrême [ɛkstrɛm] **1.** *adj (chaleur)* extrem; *(limite)* äußerste(r, s); *(solution, opinions)* maßlos **2.** *m* Extrem *nt*; **extrême-onction** (extrême-onctions) [ɛkstrɛm ɔ̃ksjɔ̃] *f* Letzte Ölung; **Extrême-Orient** [ɛkstrɛmɔrjɑ̃] *m* **l'~** der Ferne Osten; **extrémiste** *mf* Extremist(in) *m(f)*

extrémité [ɛkstremite] *f* äußerstes Ende; *(situation, geste désespéré)* äußerste Not;

der *m*

~**s** *fpl* (*pieds et mains*) Extremitäten *pl;*
dans cette ~ in dieser Notlage
exubérant, e [ɛgzybeʀã, ãt] *adj* überschwänglich

exulter ⟨1⟩ [ɛgzylte] *vi* frohlocken
ex-voto [ɛksvɔto] *m inv* Votivbild *nt*
eye-liner (eye-liners) [ailajnœʀ] *m* Eyeliner *m*

F

f, f [ɛf] *m* F, f *nt*
fa [fa] *m inv* (*MUS*) F *nt*
F.A.B. *adj inv abr de* **franco à bord** frei an
Bord
fable [fabl(ə)] *f* Fabel *f*
fabricant, e [fabʀikã, ãt] *m, f* Herstel-
ler(in) *m(f);* **fabrication** [fabʀikasjɔ̃] *f*
Herstellung *f*, Produktion *f*
fabrique [fabʀik] *f* Fabrik *f;* **fabriquer**
⟨1⟩ *vt* (*produire*) herstellen; (*fam*)
machen, treiben
fabuleux, -euse [fabylø, øz] *adj*
legendär; (*incroyable*) märchenhaft
fac [fak] *f* (*fam*) Uni *f*
façade [fasad] *f* Fassade *f*
face [fas] *f* (*visage*) Gesicht *nt;* (*d'un objet*)
Seite *f;* **de** ~ von vorn; **en** ~ **de** gegenüber +*dat;* (*fig*) vor +*dat;* ~ **à** gegenüber
+*dat;* (*fig*) angesichts +*gen;* ~ **à** ~ einander gegenüber; **faire** ~ **à** gegenüberstehen +*dat;* (*une obligation*) nachkommen
+*dat*
facette [faset] *f* Facette *f;* (*fig*) Seite *f*
fâché, e [fɑʃe] *adj* böse, verärgert; **être**
~(e) **contre qn** auf jdn böse sein; **être**
~(e) **avec qn** mit jdm zerstritten sein
fâcher ⟨1⟩ **1.** *vt* ärgern **2.** *vpr* **se** ~
sich ärgern; **se** ~ **avec qn** (*se brouiller*) sich
mit jdm überwerfen
fâcheux, -euse [fɑʃø, øz] *adj* ärgerlich;
(*regrettable*) bedauerlich
facial, e (-aux) [fasjal, o] *adj* Gesichts-
facile [fasil] *adj* leicht; (*littérature*) oberflächlich; (*effets*) billig; ~ **à faire** leicht zu
machen; **facilement** *adv* leicht; **facilité**
f (*aisance*) Leichtigkeit *f*, Gewandtheit *f;*
~**s** *fpl* **de crédit/paiement** günstige Kre-
dit-/Zahlungsbedingungen *pl;* **faciliter**
⟨1⟩ *vt* erleichtern

façon [fasɔ̃] *f* (*manière*) Art *f*, Weise *f;* (*d'un
vêtement: exécution*) Verarbeitung *f;* (*coupe*)
Schnitt *m;* ~**s** *fpl* (*pej*) Umstände *pl;* **à la** ~
de nach Art +*gen;* **de** ~ **agréable/agres-
sive** angenehm/aggressiv; **de** ~ **à faire**
qch/à ce que um etw zu tun/so dass; **de**
quelle ~ **l'a-t-il fait?** auf welche Art und
Weise hat er es getan?; **de telle** ~ **que** so,
dass; **de toute** ~ auf jeden Fall; **d'une**
autre ~ anders; ~ **de penser** Denkweise;
~ **de voir** Sichtweise
façonner ⟨1⟩ [fasɔne] *vt* (*fabriquer*) herstellen; (*travailler*) bearbeiten; (*fig*) formen
facteur, -trice [faktœʀ, tʀis] **1.** *m, f* (*pos-
tier*) Briefträger(in) *m(f)* **2.** *m* (*MATH, fig*)
Faktor *m;* ~ **cancérogène** (*MED*) Krebserre-
ger *m;* ~ **de pianos/d'orgues** Klavier-/
Orgelbauer *m;* ~ **de risque** Risikofaktor;
~ **de stress** Stressfaktor
factice [faktis] *adj* künstlich, nachge-
macht; (*situation, sourire*) gekünstelt,
unnatürlich
faction [faksjɔ̃] *f* (*groupe*) Splittergruppe *f;*
(*garde*) Wache *f*
facture [faktyʀ] *f* Rechnung *f;* (*d'un artisan, d'un artiste*) Stil *m;* ~ **d'électricité**
Stromrechnung; **facturer** ⟨1⟩ *vt*
berechnen
facultatif, -ive [fakyltatif, iv] *adj* fakulta-
tiv
faculté [fakylte] *f* (*possibilité*) Vermögen
nt; (~ *intellectuelle*) Fähigkeit *f;* (*SCOL*)
Fakultät *f;* **s'inscrire en** ~ sich an der Universität einschreiben
fade [fad] *adj* fad(e)
fading [fadiŋ] *m* (*RADIO*) Fading *nt*
fagot [fago] *m* (*de bois*) Reisigbündel *nt*
faible [fɛbl(ə)] **1.** *adj* schwach; (*sans
volonté*) willensschwach **2.** *m* **le** ~ **de qn/**

qch die schwache Stelle von jdm/etw;
avoir un ~ pour qn/qch eine Schwäche
für jdn/etw haben; **faiblesse** f Schwäche f; **faiblir** ⟨8⟩ vi (diminuer) schwächer
werden

faïence [fajɑ̃s] f Keramik f, Fayence f

faille [faj] f Bruch m; (dans un rocher)
Spalte f; (fig) Schwachstelle f

faillible [fajibl(ə)] adj fehlbar

faillir [fajiʀ] irr vi **j'ai failli tomber** ich bin
[o wäre] beinahe gefallen

faillite [fajit] f Bankrott m

faim [fɛ̃] f Hunger m; **la ~** die Hungersnot; **avoir ~** Hunger haben; **rester sur sa
~** (fig) unbefriedigt bleiben

fainéant, e [feneɑ̃, ɑ̃t] m, f Faulenzer(in)
m(f); **fainéantise** [feneɑ̃tiz] f Faulenzerei
f

faire [fɛʀ] irr **1.** vt machen; (fabriquer)
herstellen; (AGR: produire) erzeugen; (discours) halten; (former, constituer) darstellen, sein; **ne t'en fais pas** mach dir keine
Gedanken; **~ chauffer de l'eau** Wasser
aufsetzen; **~ démarrer un moteur** einen
Motor anlassen; **~ des dégâts** Schaden
anrichten; **~ du diabète** (fam) zuckerkrank sein, Diabetes haben; **~ du ski/
rugby** Ski laufen/Rugby spielen; **~ du
violon/piano** Geige/Klavier spielen; **~ la
cuisine** kochen; **~ le malade/l'ignorant**
den Kranken/Unwissenden spielen; **~
réparer/vérifier qch** etw richten/überprü-
fen lassen; **~ vieux/démodé** alt/altmo-
disch aussehen (lassen); **fait à la main**
Handarbeit; **cela ne me fait rien** das ist
mir egal; **cela ne fait rien** das macht
nichts; **je vous le fais 10 €** (fam) ich gebe
es Ihnen für 10€; **qu'allons-nous ~ dans
ce cas?** was sollen wir in diesem Fall tun?;
que ~? was tun?; **2 et 2 font 4** 2 und 2
sind 4; **9 divisé par 3 fait 3** 9 geteilt durch
3 ist 3; **n'avoir que ~ de qch** sich nicht
um etw sorgen; **faites!** bitte!, nur zu!; **il
ne fait que critiquer** er kritisiert immer
nur; **cela fait tomber la fièvre/dormir** das
bringt das Fieber zum Sinken/fördert den
Schlaf; **cela a fait tomber le tableau/trem-
bler les murs** das hat das Bild herunterfal-
len/die Mauern erzittern lassen; **il m'a fait
ouvrir la porte** er hat mich gezwungen,
die Tür zu öffnen; **il m'a fait traverser la
rue** er war mir beim Überqueren der
Straße behilflich; **je vais me ~ punir/gron-
der** ich werde bestraft/ausgeschimpft
werden; **il va se ~ tuer/renverser** er wird
noch umkommen/überfahren werden; **~
flasher** (fam) antörnen **2.** vb (substitut) ne

le casse pas comme je l'ai fait zerbrich e
nicht so wie ich **3.** vb impers **il fait jour/
froid** es ist Tag/kalt; **ça fait 2 ans/heures
que** es ist 2 Jahre/Stunden her, dass **4.** v
se (fromage, vin) reifen; **se ~ à qch**
(s'habituer) sich an etw akk gewöhnen; s
~ des amis Freunde gewinnen; **se ~ ~
une robe** sich dat ein Kleid anfertigen las
sen; **se ~ vieux(vielle)** (allmählich) alt
werden; **il se fait tard** es ist schon spät;
cela se fait beaucoup/ne se fait pas das
kommt häufig vor/macht man nicht;
comment se fait-il que wie kommt es,
dass

faire-part [fɛʀpaʀ] m inv **~ de mariage/
décès** Hochzeits-/Todesanzeige f

fair-play [fɛʀple] m inv Fairness f

faisabilité [fəzabilite] f Durchführbarkeit
f; **étude de ~** (COM) Machbarkeitsstudie f
Feasability-Studie f

faisable [fəzabl(ə)] adj machbar

faisan, e [fəzɑ̃, an] m, f Fasan m

faisandé, e [fəzɑ̃de] adj (viande) mit
einem Stich; (fig) verdorben

faisceau (x) [feso] m Bündel nt; **~ lumineux** Lichtkegel m

fait [fɛ] m Tatsache f; (événement) Ereign
nt; **aller droit au ~** sofort zur Sache kommen; **au ~** (ach,) übrigens; **de ce ~**
somit; **de ~** tatsächlich; **du ~ que/de**
weil/wegen +gen; **en ~** tatsächlich; **en ~
de repas, il n'a eu qu'un morceau de pai**
als Mahlzeit bekam er nur ein Stück Brot
être au ~ de Beischeid wissen über; **être
le ~ de** (typique de) typisch sein für; (caus
par) verursacht sein von; **prendre ~ et
cause pour qn** für jdn Partei ergreifen; **~
accompli** vollendete Tatsache; **~s** mpl
divers (dans un journal) Verschiedenes nt

fait, e [fɛ, fɛt] **1.** pp de **faire 2.** adj (personne)
reif; (fromage) durch; **être ~ pour** (wie)
geschaffen sein für; **c'en est ~ de lui/
notre tranquillité** um ihn/unsere Ruhe is
es geschehen; **c'est bien ~ pour lui** das
geschieht ihm recht

faitout, fait-tout [fɛtu] m inv großer
Kochtopf

falaise [falɛz] f Klippe f, Kliff nt

fallacieux, -euse [falasjø, øz] adj trügerisch

falloir [falwaʀ] irr **1.** vb impers **il va ~ l'opérer** man wird ihn operieren müssen; **il m
faut/faudrait 10 euros/de l'aide** ich brau
che/bräuchte 10 Euro/Hilfe; **il vous faut
tourner à gauche après l'église** nach der
Kirche müssen Sie links abbiegen; **nous
avons ce qu'il (nous) faut** wir haben, wa

wir brauchen; **il faut absolument le faire/ qu'il y aille** (*obligation*) das muss unbedingt gemacht werden/er muss unbedingt hingehen; **il a fallu que je parte** ich musste weggehen; **il faut qu'il ait oublié/ qu'il soit malade** (*hypothèse*) er muss es vergessen haben/krank sein; **il a fallu qu'il l'apprenne** (*fatalité*) er hat es erfahren müssen; **il faut toujours qu'il s'en mêle** er muss sich immer einmischen 2. *vpr* **il s'en faut/s'en est fallu de 5 minutes/10 euros (pour que)** es fehlen/fehlten 5 Minuten/ 10 Euro (damit …); **il s'en faut de beaucoup qu'elle soit riche** sie ist wahrhaftig nicht reich; **il s'en est fallu de peu que je devienne riche** beinahe wäre ich reich geworden; … **ou peut s'en faut** … oder beinahe

falsifier ⟨1⟩ [falsifje] *vt* (ver)fälschen

famé, e [fame] *adj* **être mal ~** einen schlechten Ruf haben

famélique [famelik] *adj* ausgehungert

fameux, -euse [famø, øz] *adj* berühmt; (*bon*) ausgezeichnet; (*valeur intensive*) außergewöhnlich

familial, e (-aux) [familjal, o] 1. *adj* Familien- 2. *f* (*AUTO*) Kombi(wagen) *m*

familiariser ⟨1⟩ [familjarize] 1. *vt* **~ qn avec** jdn vertraut machen mit 2. *vpr* **se ~ avec** sich vertraut machen mit; **familiarité** *f* Vertraulichkeit *f*; (*dénotant l'intimité*) Ungezwungenheit *f*; (*impertinence*) plumpe Vertraulichkeit; **~ avec** (*connaissance*) Vertrautheit *f* mit; **familier, -ière** [familje, ɛʀ] 1. *adj* (*connu*) vertraut; (*dénotant l'intimité*) vertraulich, ungezwungen; (*LING*) umgangssprachlich; (*impertinent*) plumpvertraulich 2. *m* Freund(in) *m(f)*, Vertraute(r) *mf*

famille [famij] *f* Familie *f*; **avoir de la ~** Verwandte haben; **j'ai une ~** ich habe Familie; **~ monoparentale** Einelternfamilie

famine [famin] *f* Hungersnot *f*

fana [fana] *mf* (*fam*) Fan *m*

fanatique [fanatik] 1. *adj* fanatisch 2. *mf* Fanatiker(in) *m(f)*; **~ du rugby/de la voile** Rugby-/Segelfan *m*; **fanatisme** [fanatism] *m* Fanatismus *m*

faner ⟨1⟩ [fane] *vpr* **se ~** (*fleur*) verwelken, verblühen; (*couleur, tissu*) verblassen

fanfare [fɑ̃faʀ] *f* (*orchestre*) Blaskapelle *f*; (*morceau*) Fanfare *f*

fanfaron, ne [fɑ̃faʀɔ̃, ɔn] *m, f* Angeber(in) *m(f)*

fanion [fanjɔ̃] *m* Wimpel *m*

fantaisie [fɑ̃tezi] *f* (*caprice*) Laune *f*; (*imagination*) Einfallsreichtum *m*; **elle est pleine de ~** sie ist sehr originell; **bijou ~** Modeschmuck *m*; **agir selon sa ~** tun, was einem gerade einfällt; **fantaisiste** 1. *adj* (*personne*) unkonventionell; (*information*) frei erfunden 2. *mf* Luftikus *m*; (*anticonformiste*) unkonventioneller Mensch

fantasme [fɑ̃tasm(ə)] *m* Hirngespinst *nt*; **fantasque** *adj* seltsam

fantastique [fɑ̃tastik] *adj* fantastisch

fantomatique [fɑ̃tɔmatik] *adj* gespensterhaft

fantôme [fɑ̃tom] *m* Gespenst *nt*

faon [fɑ̃] *m* Hirschkalb *nt*; Rehkitz *nt*

farce [faʀs(ə)] *f* (*hachis*) Füllung *f*; (*THEAT*) Possenspiel *nt*; (*blague*) Streich *m*; **farceur, -euse** *m, f* Spaßvogel *m*; **farcir** ⟨8⟩ 1. *vt* (*GASTR*) füllen; **~ qch de** (*fig*) etw spicken mit 2. *vpr* **je me suis farci la vaisselle** (*fam*) ich hatte das Vergnügen, das Geschirr spülen zu dürfen

fard [faʀ] *m* Schminke *f*

fardeau (x) [faʀdo] *m* Last *f*

farder ⟨1⟩ [faʀde] *vt* schminken

farfelu, e [faʀfaly] *adj* versponnen

farfouiller ⟨1⟩ [faʀfuje] *vi* (herum)wühlen

farine [faʀin] *f* Mehl *nt*; **farineux, -euse** 1. *adj* (*sauce, pomme*) mehlig 2. *mpl* (*catégorie d'aliments*) stärkehaltige Nahrungsmittel *pl*

farouche [faʀuʃ] *adj* (*timide*) scheu; (*brutal, indompté*) wild; (*volonté, haine, résistance*) stark, heftig

fart [faʀt] *m* Skiwachs *nt*; **farter** ⟨1⟩ [faʀte] *vt* wachsen

fascicule [fasikyl] *m* Heft *nt*, Lieferung *f*

fascinant, e [fasinɑ̃, ɑ̃t] *adj* faszinierend

fasciner ⟨1⟩ [fasine] *vt* faszinieren

fascisme [faʃism(ə)] *m* Faschismus *m*; **fasciste** 1. *adj* faschistisch 2. *mf* Faschist(in) *m(f)*

fast-food (fast-foods) [fastfud] *m* Fast Food *nt*; (*restaurant*) Schnellimbiss *m*

fastidieux, -euse [fastidjø, øz] *adj* nervtötend; (*travail*) mühsam; (*sans intérêt*) stumpfsinnig

fastueux, -euse [fastɥø, øz] *adj* prunkvoll, prachtvoll

fat [fa(t)] *adj* selbstgefällig

fatal, e [fatal] *adj* tödlich; (*erreur*) fatal; (*inévitable*) unvermeidbar; **fatalité** *f* Unglück *nt*, Verhängnis *nt*, Schicksal *nt*

fatigant, e [fatigɑ̃, ɑ̃t] *adj* ermüdend; **fatigue** [fatig] *f* Müdigkeit *f*; **~ du matériau** Materialermüdung *f*; **fatigué, e** *adj* müde; **fatiguer** ⟨1⟩ [fatiʒe] **1.** vt müde machen, ermüden; (*importuner*) belästigen **2.** vi (*moteur*) überbelastet sein **3.** vpr **se ~** (*personne*) ermüden, müde werden

fatras [fatʀa] m Durcheinander nt

fatuité [fatɥite] f Selbstgefälligkeit f; Einbildung f

faubourg [fobuʀ] m Vorstadt f

fauché, e [foʃe] adj (*fam*) abgebrannt, blank

faucher ⟨1⟩ [foʃe] vt (AGR) mähen; (*véhicule, etc*) niedermähen; (*fam*) klauen; **faucheur, -euse 1.** m, f Mäher(in) m(f), Schnitter(in) m(f) **2.** f (TECH) Mähmaschine f

faucille [fosij] f Sichel f

faucon [fokɔ̃] m (ZOOL) Falke m

faufiler ⟨1⟩ [fofile] **1.** vt heften **2.** vpr **se ~ dans/parmi/entre** sich einschleichen in +akk, hindurchschlüpfen durch

faune [fon] **1.** f Fauna f, Tierwelt f; (*fig*) buntes Völkchen nt **2.** m Faun m

faussaire [fosɛʀ] mf Fälscher(in) m(f); **faussement** adv fälschlich; **fausser** ⟨1⟩ vt (*serrure, objet*) verbiegen; (*résultat, données*) (ver)fälschen; **fausseté** [foste] f Falschheit f

faut [fo] v. **falloir**

faute [fot] f (*erreur*) Fehler m; (*manquement*) Verstoß m; **par sa ~, nous …** er ist schuld daran, dass wir …; **c'est (de) sa/ma ~** das ist seine/meine Schuld; **prendre qn en ~** jdn ertappen; **~ de temps/ d'argent** mangels [o aus Mangel an] Zeit/ Geld; **sans ~** ganz bestimmt; **~ de goût** Geschmacklosigkeit f; **~ professionnelle** berufliches Fehlverhalten

fauteuil [fotœj] m (*de salon*) Sessel m; **~ d'orchestre** Sperrsitz m; **~ roulant** Rollstuhl m

fauteur, -trice [fotœʀ, tʀis] m, f **~ de troubles** Unruhestifter(in) m(f)

fautif, -ive [fotif, iv] adj (*incorrect*) fehlerhaft; (*responsable*) schuldig

fauve [fov] **1.** m Raubkatze f **2.** adj (*couleur*) falb

fauvette [fovɛt] f Grasmücke f

faux [fo] f (AGR) Sense f

faux, fausse [fo, fos] **1.** adj falsch; (*falsifié*) gefälscht; **faire ~ bond à qn** jdn versetzen; **~ col** abnehmbarer Kragen; **~ frais** Nebenausgaben pl; **~ pas** Stolpern nt; (*fig*) Fauxpas m; **fausse clé** Dietrich m; **fausse couche** Fehlgeburt f **2.** adv **jouer/ chanter ~** falsch spielen/singen **3.** m (*copie*) Fälschung f; **le ~** (*opposé au vrai*) die Unwahrheit; **faux-filet** (faux-filets) m

(GASTR) Lendenstück nt; **faux-monnayeur** (faux-monnayeurs) [fomɔnɛjœʀ] m Falschmünzer(in) m(f)

faveur [favœʀ] f Gunst f; (*service*) Gefallen m; **avoir la ~ de qn** sich jds Gunst erfreuen; **demander une ~ (à qn)** (jdn) um einen Gefallen bitten; **en ~ de qn/qch** zugunsten jds/einer Sache; **régime/traitement de ~** Bevorzugung f

favorable [favɔʀabl(ə)] adj (*propice*) günstig; (*bien disposé*) wohlwollend; **être ~ à qch/qn** einer Sache/jdm geneigt sein

favori, te [favɔʀi, it] **1.** adj Lieblings- **2.** m (SPORT) Favorit(in) m(f); **~s** mpl (*barbe*) Koteletten pl; **favorisant** [favɔʀizɑ̃] adj fördernd; **~ la compétitivité** wettbewerbsfördernd; **favoriser** ⟨1⟩ [favɔʀize] vt (*personne*) bevorzugen; (*activité*) fördern; (*chance, événements*) begünstigen; **favoritisme** m Günstlingswirtschaft f

fax [faks] m Fax nt

fébrifuge [febʀifyʒ] adj fiebersenkend

fébrile [febʀil] adj (*activité*) fieberhaft; (*personne*) aufgeregt

fécond, e [fekɔ̃, ɔ̃d] adj fruchtbar; (*imagination, etc*) reich; (*auteur*) produktiv; **fécondation** f Befruchtung f; **~ in vitro** (MED) In-vitro-Fertilisation f, künstliche Befruchtung; **féconder** ⟨1⟩ vt befruchten; **fécondité** f Fruchtbarkeit f; (*d'un auteur*) Produktivität f

fécule [fekyl] f (GASTR) Stärke f

F.E.D. m abr de **Fonds européen de développement** europäischer Entwicklungsfonds

fédéral, e (-aux) [fedeʀal, o] adj Bundes-; **fédération** [fedeʀasjɔ̃] f Verband m; (POL) Staatenbund m

fée [fe] f Fee f; **féerique** [fe(e)ʀik] adj zauberhaft

feindre [fɛ̃dʀ(ə)] irr comme peindre **1.** vt (*simuler*) vortäuschen **2.** vi **~ de faire qch** vorgeben, [o vortäuschen] etw zu tun; **feint, e** [fɛ̃, fɛ̃t] **1.** pp de feindre **2.** f (*fam*) Finte f

fêler ⟨1⟩ [fele] vt (*verre, assiette*) einen Sprung machen in +akk

félicitations [felisitasjɔ̃] fpl Glückwünsche pl; **féliciter** ⟨1⟩ **1.** vt beglückwünschen, gratulieren +dat **2.** vpr **se ~ de qch/d'avoir fait qch** froh sein über etw akk/, etwas getan zu haben

félin, e [felɛ̃, in] **1.** adj Katzen-, katzenhaft **2.** m (ZOOL) Katze f, Raubkatze f

fêlure [felyʀ] f (*de vase, verre*) Sprung m

femelle [fəmɛl] **1.** f (*d'un animal*) Weibchen nt **2.** adj weiblich

féminin, e [feminɛ̃, in] **1.** adj weiblich; (équipe, vêtements, etc) Frauen- **2.** m (LING) Femininum nt

féminisme [feminism(ə)] m Feminismus m; **féministe 1.** mf Feminist(in) m(f) **2.** adj feministisch

féminité [feminite] f Weiblichkeit f

femme [fam] f Frau f; ~ **de chambre** Zimmermädchen nt; ~ **de ménage** Putzfrau

fémur [femyʀ] m Oberschenkelknochen m

F.E.N. [fɛn] f acr de **Fédération de l'éducation nationale** französische Lehrergewerkschaft, ≈ GEW f

fendre ⟨14⟩ [fɑ̃dʀ(ə)] **1.** vt spalten; (foule) sich dat einen Weg bahnen durch; (flots) durchpflügen **2.** vpr se ~ (objet) bersten, zerspringen; **fendu, e** [fɑ̃dy] **1.** pp de **fendre 2.** adj (sol, mur) rissig

fenêtre [f(ə)nɛtʀ(ə)] f (a. INFORM) Fenster nt; ~ **à croisillons** Sprossenfenster; ~ **de dialogue** (INFORM) Dialogfeld nt

Feng-shui [fɛ̃gfyi] m Feng-Shui nt

fenouil [fənuj] m Fenchel m

fente [fɑ̃t] f (fissure) Riss m, Sprung m, Spalt m; (ménagée intentionnellement) Schlitz m

féodal, e (-aux) [feɔdal, o] adj Lehens-

fer [fɛʀ] m Eisen nt; **de/en** ~ eisern; **en** ~ **à cheval** hufeisenförmig; ~ **à cheval** Hufeisen; ~ **(à repasser)** Bügeleisen; ~ **à vapeur** Dampfbügeleisen; ~ **à souder** Lötkolben m; ~ **forgé** Schmiedeeisen; **fer-blanc** (fers-blancs) m Blech nt; **ferblanterie** f Klempnerei f; **ferblantier** m Klempner m

férié, e [feʀje] adj jour ~ Feiertag m

ferme [fɛʀm(ə)] **1.** adj fest; (personne) standhaft; (catégorique) entschieden **2.** adv discuter/s'ennuyer ~ heftig diskutieren/ sich schrecklich langweilen; acheter/vendre ~ fest kaufen/verkaufen **3.** f Bauernhof m; (maison) Bauernhaus nt; ~ **éolienne** Windfarm f

fermé, e [fɛʀme] adj geschlossen; (personne, visage) verschlossen

fermement [fɛʀməmɑ̃] adv fest; bestimmt, entschieden

fermentation [fɛʀmɑ̃tasjɔ̃] f Gärung f

fermenter ⟨1⟩ [fɛʀmɑ̃te] vi gären

fermer ⟨1⟩ [fɛʀme] **1.** vt schließen, zumachen; (cesser d'exploitation) stilllegen; (eau, robinet) zudrehen; (électricité, radio) abschalten; (aéroport, route) sperren; ~ **les yeux sur qch** die Augen vor etw dat verschließen **2.** vi (porte, valise) zugehen;

(entreprise) schließen **3.** vpr se ~ sich schließen

fermeté [fɛʀməte] f Festigkeit f; (d'une personne) Entschiedenheit f

fermeture [fɛʀmətyʀ] f Schließen nt; (d'une mine, etc) Stilllegung f; (d'une entreprise) Schließung f; (serrure, bouton) Verschluss m; **heure de** ~ Geschäftsschluss m; ~ **annuelle** Betriebsferien pl; ~ **hebdomadaire** (d'un restaurant) Ruhetag m; ~ **éclair**®, ~ **à glissière** Reißverschluss; ~ **velcro**® Klettverschluss

fermier, -ière [fɛʀmje, ɛʀ] m, f (locataire) Pächter(in) m(f); (propriétaire) Bauer (Bäuerin) m(f), Landwirt(in) m(f)

fermoir [fɛʀmwaʀ] m Verschluss m, Schließe f

féroce [feʀɔs] adj (animal) wild; (guerrier) unbarmherzig, grausam; (appétit, désir) unbändig; **férocité** f Wildheit f; Grausamkeit f

ferraille [feʀaj] f Schrott m, Alteisen nt; (fam) Kleingeld nt; **mettre à la** ~ verschrotten

ferré, e [feʀe] adj (souliers) genagelt; (bout) mit Eisen beschlagen; ~ **en** (savant) beschlagen [o bewandert] in +dat

ferreux, -euse [feʀø, øz] adj eisenhaltig

ferronnerie [feʀɔnʀi] f (objets) Schmiedeeisen nt; ~ **d'art** Kunstschmiedearbeit f

ferroviaire [feʀɔvjɛʀ] adj Eisenbahn-

ferrugineux, -euse [feʀyʒinø, øz] adj eisenhaltig

ferrure [feʀyʀ] f (objet) Eisenbeschlag m

ferry-boat (ferry-boats) [feʀibot] m Eisenbahnfähre f

fertile [fɛʀtil] adj (terre) fruchtbar; ~ **en incidents** ereignisreich; **fertiliser** ⟨1⟩ vt (terre) düngen; **fertilité** f Fruchtbarkeit f

féru, e [feʀy] adj ~ **de** begeistert von

férule [feʀyl] f **être sous la** ~ **de qn** unter jds Fuchtel dat stehen

fervent, e [fɛʀvɑ̃, ɑ̃t] adj (prière) inbrünstig; (admirateur) glühend; **ferveur** f Inbrunst f; Glut f, Eifer m

fesse [fɛs] f Hinterbacke f; ~**s** fpl Po m; **fessée** f Schläge pl (auf den Hintern)

festin [fɛstɛ̃] m Festmahl nt

festival [fɛstival] m Festival nt; (classique) Festspiele pl; **festivalier** [fɛstivalje] m Festivalbesucher m

festivités [fɛstivite] fpl Festlichkeiten pl

festoyer ⟨6⟩ [fɛstwaje] vi schmausen

fêtard, e [fetaʀ, d(ə)] m, f Lebemann m, leichtlebige Person

fête [fɛt] f (publique) Feiertag m, Festtag m; (en famille) Feier f, Fest nt; (d'une per-

sonne) Namenstag *m;* **faire la** ~ es sich *dat* gut gehen lassen; **faire** ~ **à qn** jdn herzlich empfangen; **jour de** ~ Festtag, Feiertag; **les** ~**s** *(Noël et Nouvel An)* die Feiertage *pl;* **salle/comité des** ~**s** Festsaal *m/*-komitee *nt;* ~ **d'adieu(x)** Abschiedsfeier; ~ **foraine** Jahrmarkt *m,* Volksfest *nt;* ~ **mobile** beweglicher Feiertag; ~ **nationale** Nationalfeiertag

---

│ La fête nationale belge │

La fête nationale belge am 21. Juli ist in Belgien ein Feiertag zur Erinnerung an den 21. Juli 1831, an dem Leopold von Sachsen-Coburg Gotha König Leopold I wurde.

Fête-Dieu (Fêtes-Dieu) *f* Fronleichnam *nt;* **fêter** ⟨1⟩ *vt* feiern
fétichisme [fetiʃism] *m* Fetischismus *m*
fétide [fetid] *adj (odeur, haleine)* übel riechend
fétu [fety] *m* ~ **de paille** Strohhalm *m*
feu [fø] *adj inv* verstorben
feu (x) [fø] *m* Feuer *nt; (NAUT)* Leuchtfeuer *nt; (de voiture)* Scheinwerfer *m; (de circulation)* Ampel *f; (ardeur)* Begeisterung *f; (sensation de brûlure)* Brennen *nt;* ~**x** *mpl (éclat)* Licht *nt;* **à** ~ **doux/vif** *(GASTR)* bei schwacher/starker Hitze; **à petit** ~ *(GASTR)* auf kleiner Flamme; *(fig)* langsam; **au** ~! Feuer!, es brennt!; **s'arrêter au** ~ **rouge** an der (roten) Ampel anhalten; **griller un** ~ **rouge** bei Rot über die Ampel fahren; **faire** ~ *(avec arme)* feuern; **mettre le** ~ **à qch** etw in Brand stecken; **prendre** ~ Feuer fangen; **avez-vous du** ~? *(pour cigarette)* haben Sie Feuer?; ~ **arrière** *(AUTO)* Rücklicht *nt;* ~ **arrière de brouillard** Nebelschlussleuchte *f;* ~ **d'artifice** Feuerwerk *nt;* ~**x de croisement** *(AUTO)* Abblendlicht *nt;* ~**x de détresse** Warnblinkanlage *f;* ~ **de position** *(AUTO)* Standlicht *nt;* ~ **rouge/vert** rotes/grünes Licht; *(en trafic)* rote/grüne Ampel; ~ **de route** *(AUTO)* Fernlicht *nt;* **tous** ~**x éteints** *(NAUT, AUTO)* ohne Licht
feuillage [fœjaʒ] *m (feuilles)* Blätter *pl*
feuille [fœj] *f (d'arbre)* Blatt *nt;* ~ **d'impôts** Steuerbescheid *m;* ~ **d'or/de métal** Gold-/Metallblättchen *nt;* ~ **morte** welkes Blatt; ~ **de paye** Lohnzettel *m,* Gehaltszettel *m;* ~ **(de papier)** Blatt (Papier); ~ **de vigne** Weinblatt; *(sur statue)* Feigenblatt; ~ **volante** loses Blatt
feuillet [fœjɛ] *m (livre)* Blatt *nt,* Seite *f*
feuilleté, e [fœjte] *adj* **pâte** ~**e** Blätterteig *m*

feuilleter ⟨3⟩ [fœjte] *vt* durchblättern
feuilleton [fœjtɔ̃] *m (dans un journal)* Fortsetzungsroman *m; (RADIO, TV)* Sendefolge *f; (partie)* Fortsetzung *f;* ~ **télévisé** Fernsehserie *f*
feuillu, e [fœjy] *adj* belaubt; **arbres** ~**s** Laubbäume *pl*
feutre [føtʀ(ə)] *m (matière)* Filz *m; (chapeau)* Filzhut *m;* **(stylo-)**~ Filzstift *m,* Filzschreiber *m;* **feutré, e** *adj (tissu)* filzartig; *(après usure)* verfilzt; *(pas, voix, sons)* gedämpft; **feutrer** ⟨1⟩ **1.** *vt (revêtir de feutre)* mit Filz auslegen; *(bruits)* dämpfen **2.** *vpr* **se** ~ *(tissu)* verfilzen
fève [fɛv] *f (dicke)* Bohne *f*
février [fevʀije] *m* Februar *m;* **en** ~ im Februar; **le 14** ~ am 14. Februar; **le 14** ~ **1969** der 14. Februar 1969
fez [fɛz] *m* Fes *m*
F.F. *f abr de* **Fédération française ...** französische Vereinigung ...
F.F.F. *f abr de* **Fédération française de football** *französischer Fußballbund*
F.F.N. *f abr de* **Fédération française de natation** *französische Schwimmsportvereinigung*
F.F.T. *f abr de* **Fédération française de tennis** *französischer Tennisbund*
fi [fi] *adj* **faire** ~ **de qch** etw nicht beachten, etw in den Wind schlagen
fiabilité [fjabilite] *f* Zuverlässigkeit *f*
fiable [fjabl(ə)] *adj* zuverlässig
fiançailles [fjãsaj] *fpl* Verlobung *f; (période)* Verlobungszeit *f;* **fiancé, e** **1.** *m, f* Verlobte(r) *mf* **2.** *adj* **être** ~ **à** verlobt sein mit; **fiancer** ⟨2⟩ [fjãse] *vpr* **se** ~ sich verloben
fibre [fibʀ(ə)] *f* Faser *f;* **avoir la** ~ **paternelle** der geborene Vater sein; ~ **de bois** Holzwolle *f;* ~ **optique** *(TEL)* Glasfaser; ~ **végétale** Pflanzenfaser; ~ **de verre** Glasfaser; **fibreux, -euse** [fibʀø, øz] *adj* faserig
ficeler ⟨3⟩ [fis(ə)le] *vt (paquet)* verschnüren; **ficelle** [fisɛl] *f* Schnur *f,* Bindfaden *m*
fichage [fiʃaʒ] *m* Registrierung *f* (in einer Kartei)
fiche [fiʃ] *f (pour fichier)* Karteikarte *f;* ~ **(mâle)** *(ELEC)* Stecker *m;* ~ **horaires** Fahrplanauszug *m*
ficher (1, *pp* fichu) [fiʃe] *vt* **il ne fiche rien** *(fam: faire)* er macht [o tut] nichts; **cela me fiche la trouille** *(fam)* das macht mir Angst; **fiche-le dans un coin** *(fam)* schmeiß es in eine Ecke; **fiche le camp!** *(fam)* hau ab!; **fiche-moi la paix!** *(fam)* lass mich in Frieden!; **je m'en fiche** *(fam)*

das ist mir egal; **tu te fiches de moi** (fam) du machst dich über mich lustig

fichier [fiʃje] m Kartei f; (INFORM) Datei f; **nom de ~** Dateiname m; **~ cible** Zieldatei; **~ d'installation** Setup-Datei; **~ de programme** Programmdatei; **~ source** Quelldatei; **~ de témoins** Cookie nt; **~ de travail** Hilfsdatei

fichu [fiʃy] **1.** pp de **ficher 2.** adj (fam: fini, inutilisable) kaputt; **être mal ~** (fam: santé) sich miserabel fühlen; (objet) schlecht gemacht sein; **n'être pas ~ de faire qch** (fam) nicht imstande sein, etw zu tun; **~ temps/caractère** scheußliches Wetter/ schwieriger Charakter **3.** m (foulard) Halstuch nt

fictif, -ive [fiktif, iv] adj fiktiv, erfunden; **fiction** [fiksjɔ̃] f Fiktion f

fidèle [fidɛl] **1.** adj treu; (précis) zuverlässig, genau; **être ~ à** treu sein +dat; (à sa parole donnée, aux habitudes) festhalten an +dat **2.** mf (REL) Gläubige(r) mf; (fig) Getreue(r) mf; **fidéliser** ⟨4⟩ [fidelize] vt (COM) als Stammkunde gewinnen; **fidélité** [fidelite] f Treue f, Zuverlässigkeit f; Genauigkeit f

Fidji [fidʒi] fpl **les îles ~** die Fidschiinseln pl

fiduciaire [fidysjɛʀ] adj treuhänderisch

fief [fjɛf] m (HIST) Lehen nt; (fig) Spezialgebiet nt; (POL) Hochburg f

fiel [fjɛl] m Galle f; (fig) Bitterkeit f

fiente [fjɑ̃t] f Vogelmist m

fier ⟨1⟩ [fje] vpr **se ~ à** vertrauen [o sich verlassen] auf +akk

fier, fière [fjɛʀ] adj stolz (de auf +akk); **avoir fière allure** eine gute Figur machen; **fierté** [fjɛʀte] f Stolz m

fièvre [fjɛvʀ(ə)] f Fieber nt; **fiévreux, -euse** [fjevʀø, øz] adj fiebrig; (fig) fieberhaft

FIFA [fifa] f acr de **Fédération internationale de football association** FIFA f

figer ⟨2⟩ [fiʒe] vt (sang) gerinnen lassen; (sauce) dick werden lassen; (personne) erstarren lassen, lähmen

figue [fig] f (BOT) Feige f; **figuier** m Feigenbaum m

figurant, e [figyʀɑ̃, ɑ̃t] m, f Statist(in) m(f)

figuratif, -ive [figyʀatif, iv] adj (ART) gegenständlich

figure [figyʀ] f (visage) Gesicht nt; (MATH: forme) Figur f; (illustration, dessin) Abbildung f; (aspect) Aussehen nt; (personnage) Gestalt f; **se casser la ~** (fam: personne) hinfallen; (fam: objet) herunterfallen

figuré, e [figyʀe] adj (LING) übertragen

figurer ⟨1⟩ [figyʀe] **1.** vi (apparaître) erscheinen **2.** vt (représenter) darstellen **3.** vpr **se ~ qch/que** sich dat etw vorstellen/sich dat vorstellen, dass

fil [fil] m Faden m; (ELEC) Leitung f; (tranchant) Schneide f; **au ~ des heures/ années** im Laufe der Stunden/Jahre; **au ~ de l'eau** mit dem Strom; **donner/recevoir un coup de ~** anrufen/angerufen werden; **perdre le ~** den Faden verlieren; **~ à coudre** Garn nt, Nähfaden; **~ à pêche** Angelschnur f; **~ à plomb** Lot nt, Senkblei m; **~ de fer** (Eisen)draht m; **~ de fer barbelé** Stacheldraht m

filament [filamɑ̃] m (ELEC) Glühfaden m; (de liquide) Faden m

filandreux, -euse [filɑ̃dʀø, øz] adj (viande) faserig

filant, e [filɑ̃, ɑ̃t] adj **étoile ~e** Sternschnuppe f

filasse [filas] adj inv flachsblond, strohblond

filature [filatyʀ] f (fabrique) Spinnerei f; (d'un suspect) Beschattung f

file [fil] f Reihe f, Schlange f; **à la** [o en] **~ indienne** im Gänsemarsch; **à la ~** (d'affilée) hintereinander; **stationner en double ~** in zweiter Reihe parken; **~ d'attente** Warteschlange

filer ⟨1⟩ [file] **1.** vt (tissu, toile) spinnen; (NAUT) abwickeln, abrollen; (prendre en filature) beschatten; **~ qch à qn** (fam: donner) jdm etw geben; **il file un mauvais coton** es geht bergab mit ihm **2.** vi (aller vite) flitzen; (fam: partir) sich aus dem Staub machen; **~ doux** spuren, sich fügen; **une maille qui file** eine Laufmasche

filet [file] m Netz nt; (GASTR) Filet nt; (de liquide) Rinnsal nt; **~ de lumière** Lichtstreifen m; **~ (à provisions)** Einkaufsnetz

filial, e [filjal, o] **1.** adj Kindes- **2.** f Filiale f; **~e d'un consortium** Konzerntochter f; **filiation** f Abstammung f; (fig) Zusammenhänge pl

filière [filjɛʀ] f **passer par la ~** den Dienstweg gehen; **suivre la ~** von der Pike auf dienen

filiforme [filifɔʀm(ə)] adj fadenförmig, dünn

filigrane [filigʀan] m (dessin imprimé) Wasserzeichen nt; **en ~** (fig) zwischen den Zeilen

fille [fij] f (opposé à garçon) Mädchen nt; (opposé à fils) Tochter f; **vieille ~** (alte) Jungfer f; **jouer la ~ de l'air** (fam) sich verdrücken; **fillette** [fijɛt] f kleines Mädchen

filleul, e [fijœl] *m, f* Patenkind *nt*
film [film] *m* Film *m*; ~ **muet/parlant** Stumm-/Tonfilm; **filmer** ⟨1⟩ *vt* filmen
filou [filu] *m* Gauner *m*
fils [fis] *m* Sohn *m*; ~ **à papa** verzogenes Kind reicher Eltern; ~ **de famille** junger Mann aus gutem Hause
filtrage [filtraʒ] *m* Filtern *nt*; *(de visiteurs)* Überprüfung *f*
filtrant, e [filtrã, ãt] *adj* (huile solaire) mit Schutzfaktor
filtre [filtr(ə)] *m* Filter *m*; ~ **à huile** Ölfilter; **filtrer** ⟨1⟩ **1.** *vt* (candidats, visiteurs) sieben **2.** *vi* (lumière) durchschimmern, durchscheinen; (odeur) durchdringen; (liquide, bruit, information) durchsickern
fin [fɛ̃] *f* Ende *nt*; ~**s** *fpl* (objectif, but) Zweck *m*; **à cette** ~ zu diesem Zweck; **à la** ~ schließlich, am Ende; **à (la)** ~ **mai/juin** Ende Mai/Juni; **en** ~ **de journée/semaine** am Ende des Tages/der Woche; **mettre** ~ **à qch** etw beenden; **mettre** ~ **à ses jours** Hand an sich *akk* legen; **toucher à sa** ~ sich seinem Ende nähern; ~ **de non-recevoir** (JUR) Abweisung *f*; (ADMIN) abschlägiger Bescheid
fin, e [fɛ̃, fin] **1.** *adj* fein; (taille) schmal, zierlich; (visage) fein geschnitten; (pointe) dünn, spitz; (subtil) feinsinnig; **la** ~**e fleur de** die Creme *+gen*, der feinste Teil *+gen*; **le** ~ **fond de** der hinterste Winkel von; **le** ~ **mot de l'histoire** die Erklärung für das Ganze; **un** ~ **gourmet/tireur** ein großer Feinschmecker/ein Meisterschütze; **une** ~**e mouche** eine raffinierte Person; ~**es herbes** (feingehackte) Kräuter *pl*; **vin** ~ erlesener Wein **2.** *adv* fein; ~ **soûl** vollkommen betrunken **3.** *m* **vouloir jouer au plus** ~ **avec qn** jdn zu überlisten suchen **4.** *f* (alcool) erlesener Branntwein
final, e [final] **1.** *adj* letzte(r, s); Schluss-; End-; **cause** ~ Urgrund *m* **2.** *m* (MUS) Finale *nt* **3.** *f* (SPORT) Finale *nt*, Endspiel *nt*; **quart/huitième de** ~ Viertel-/Achtelfinale; **finalement** *adv* schließlich; **finaliste** [finalist] *mf* Endrundenteilnehmer(in) *m(f)*
finance [finãs] *f* **la** ~ die Finanzwelt; ~**s** *fpl* Finanzen *pl*; **moyennant** ~ gegen Zahlung [o Entgelt]; **financement** [finãsmã] *m* Finanzierung *f*; ~ **du prix de revient** Selbstkostendeckung *f*; **financer** ⟨2⟩ *vt* finanzieren; **financier, -ière** [finãsje, ɛʀ] **1.** *adj* Finanz-; finanziell **2.** *m* Finanzier *m*
finasser ⟨1⟩ [finase] *vi* Tricks anwenden

finaud, e [fino, od] *adj* listig, schlau
finement [finmã] *adv* fein; dünn
finesse [fines] *f* Feinheit *f*; (de taille) Zierlichkeit *f*; (subtilité) Feinsinnigkeit *f*
fini, e [fini] **1.** *adj* (terminé) fertig; (disparu) vorbei; (personne) erledigt; (machine) kaputt; (limité, MATH) endlich; **bien/mal** ~ (fait) gut/schlecht gemacht; **un égoïste/artiste** ~ ein ausgemachter Egoist/ein vollendeter Künstler **2.** *m* Vollendung *f*, (letzter) Schliff *m*; **finir** ⟨8⟩ **1.** *vt* beenden; (travail) fertig machen; (repas, paquet de bonbons) aufessen **2.** *vi* zu Ende gehen, enden, aufhören; ~ **de faire qch** (terminer) etw zu Ende machen, etw fertig machen; (cesser) aufhören, etw zu tun; ~ **en pointe/tragédie** spitz auslaufen/in einer Tragödie enden; ~ **par qch** mit etw enden; ~ **par faire qch** schließlich etw tun; **il finit par m'agacer** er geht mir allmählich auf die Nerven; **en** ~ **(avec qn/qch)** mit jdm/etw fertig werden; **il finit de manger** er ist noch am Essen; **il/cela va mal** ~ mit ihm wird es/das wird ein schlimmes Ende nehmen; **finissage** *m* Fertigstellung *f*, letzter Schliff; **finition** *f* Fertigstellung *f*
finlandais, e [fɛ̃lãdɛ, ɛz] *adj* finnisch; **Finlandais, e** *m, f* Finne (Finnin) *m(f)*; **Finlande** *f* **la** ~ Finnland *nt*; **finnois, e** [finwa, az] *adj* finnisch
fiole [fjɔl] *f* Fläschchen *nt*
firme [fiʀm(ə)] *f* Firma *f*
fisc [fisk] *m* **le** ~ der Fiskus, die Steuerbehörde; **fiscal, e** (-aux) [fiskal, o] *adj* Steuer-; **réforme** ~**e** Steuerreform *f*; **fiscaliser** ⟨1⟩ [fiskalize] *vt* besteuern; **fiscalité** *f* (système) Steuerwesen *nt*; (charges) Steuerlast *f*
fissible [fisibl] *adj* spaltbar
fission [fisjɔ̃] *f* Spaltung *f*
fissure [fisyʀ] *f* (craquelure) Sprung *m*; (crevasse) Riss *m*; **fissurer** ⟨1⟩ *vpr* **se** ~ Risse bekommen, rissig werden
fiston [fistɔ̃] *m* (fam) Sohnemann *m*
FIV *f abr de* **fécondation in vitro** In-vitro-Fertilisation *f*
fixateur [fiksatœʀ] *m* (FOTO) Fixiermittel *nt*; (pour cheveux) Festiger *m*; **fixation** [fiksasjɔ̃] *f* Befestigung *f*; (de ski) (Schi)bindung *f*; (PSYCH) Fixierung *f*; ~ **du cours** Kursfixierung; ~ **de sécurité** (SKI) Sicherheitsbindung *f*
fixe [fiks(ə)] **1.** *adj* fest; (regard) starr; **à date/heure** ~ zu einem bestimmten Datum/zur bestimmten Stunde; **menu à prix** ~ Menü *nt* zu festem Preis **2.** *m*

(salaire de base) Festgehalt *nt*, Grundgehalt *nt*

fixé, e [fikse] *adj* être ~ **(sur)** *(savoir à quoi s'en tenir)* genau Bescheid wissen (über +*akk*)

fixer ⟨1⟩ [fikse] **1.** *vt* befestigen, festmachen, anbringen *(à* an +*dat); (déterminer)* festsetzen, bestimmen; *(CHIM, FOTO)* fixieren; *(regarder)* fixieren, anstarren; ~ **son attention sur** seine Aufmerksamkeit richten auf +*akk;* ~ **son regard sur** seinen Blick heften auf +*akk* **2.** *vpr* se ~ **quelque part** *(s'établir)* sich irgendwo niederlassen; **se ~ sur** *(regard, attention)* verweilen bei

flacon [flakɔ̃] *m* Fläschchen *nt*

flagada [flagada] *adj (fam)* schlapp

flageller ⟨1⟩ [flaʒele] *vt* geißeln; peitschen

flageoler ⟨1⟩ [flaʒɔle] *vi* schlottern

flageolet [flaʒɔlɛ] *m (GASTR)* Zwergbohne *f*

flagrant, e [flagrɑ̃, ɑ̃t] *adj* offenkundig; **prendre qn en ~ délit** jdn auf frischer Tat ertappen

flair [flɛr] *m (du chien)* Geruchssinn *m; (fig)* Spürsinn *m;* **flairer** ⟨1⟩ *vt (chien, etc, fig)* wittern

flamand, e [flamɑ̃, ɑ̃d] **1.** *adj* flämisch **2.** *m (LING)* Flämisch *nt;* **Flamand, e** *m, f* Flame (Flamin) *m(f)*

flamant [flamɑ̃] *m* Flamingo *m*

flambant [flɑ̃bɑ̃] *adv* ~ **neuf** funkelnagelneu

flambé, e [flɑ̃be] **1.** *adj (GASTR)* flambiert **2.** *f (feu)* (hell auflodernde) Feuer; ~ **de violence/des prix** *(fig)* Aufflackern *nt* von Gewalt/Emporschießen *nt* der Preise

flambeau (x) [flɑ̃bo] *m* Fackel *f*

flamber ⟨1⟩ [flɑ̃be] **1.** *vi* aufflammen, auflodern **2.** *vt (poulet)* absengen; *(aiguille)* keimfrei machen

flamboyant, e [flɑ̃bwajɑ̃, ɑ̃t] *adj* **gothique ~** Spätgotik *f*

flamboyer ⟨6⟩ [flɑ̃bwaje] *vi (feu)* (auf)lodern

flamingant, e [flamɛ̃gɑ̃, ɑ̃t] *adj* Flämisch sprechend

flamme [flam] *f* Flamme *f; (fig)* Glut *f*, Leidenschaft *f*

flan [flɑ̃] *m (GASTR)* puddingartige Süßspeise

flanc [flɑ̃] *m (ANAT)* Seite *f; (d'une armée)* Flanke *f;* **à ~ de montagne/colline** am Abhang; **prêter le ~ à** sich aussetzen +*dat*

Flandre(s) [flɑ̃dr(ə)] *f(pl)* **la Flandre, les Flandres** Flandern *nt*

flanelle [flanɛl] *f* Flanell *m*

flâner ⟨1⟩ [flane] *vi* bummeln, umherschlendern

flanquer ⟨1⟩ [flɑ̃ke] *vt* flankieren; ~ **à la porte** *(fam)* hinauswerfen; ~ **la frousse à qn** *(fam)* jdm Angst einjagen; ~ **qch sur/ dans** *(fam)* etw schmeißen auf +*akk*/in +*akk*

flapi, e [flapi] *adj* hundemüde

flaque [flak] *f* Lache *f*, Pfütze *f*

flash (-es) [flaʃ] *m (FOTO)* Blitz *m*, Blitzlicht *nt;* ~ **d'information** Kurznachrichten *pl;* ~ **électronique** Elektronenblitz; **flash-back** (flashes-back) [flaʃbak] *m* Rückblende *f*

flasque [flask(ə)] *adj* schlaff

flatter ⟨1⟩ [flate] **1.** *vt (personne)* schmeicheln +*dat* **2.** *vpr* se ~ **de qch/de pouvoir faire qch** sich einer Sache *gen* rühmen/ sich rühmen, etw tun zu können; **flatterie** *f* Schmeichelei *f;* **flatteur, -euse** **1.** *adj* schmeichelhaft **2.** *m, f* Schmeichler(in) *m(f)*

flatulence [flatylɑ̃s] *f* Blähungen *pl*

fléau (x) [fleo] *m (calamité)* Geißel *f*, Plage *f; (AGR)* Dreschflegel *m*

fléchage [fleʃaʒ] *m* Ausschilderung *f*

flèche [flɛʃ] *f* Pfeil *m; (de clocher)* Turmspitze *f; (de grue)* Arm *m;* **monter en ~** blitzschnell ansteigen; **filer comme une ~** wie ein Pfeil dahinsausen

flécher ⟨5⟩ [fleʃe] *vt* ausschildern

fléchette *f* kleiner Pfeil, Wurfpfeil *m*

fléchir ⟨8⟩ [fleʃir] **1.** *vt* beugen; *(détermination de qn)* schwächen **2.** *vi (poutre)* sich durchbiegen; *(courage, enthousiasme)* nachlassen; *(personne)* schwach werden

flegmatique [flɛgmatik] *adj* phlegmatisch

flemmard, e [flemar, ard] **1.** *adj* stinkfaul **2.** *m, f* Faulpelz *m*

flemme [flɛm] *f* **avoir la ~** *(fam)* faulenzen, faul sein; **avoir la ~ de faire qch** *(fam)* keinen Bock haben, etw zu tun

flétan [fletɑ̃] *m* Heilbutt *m*

flétri, e [fletri] *adj (feuilles, fleur)* verwelkt; *(fruit, peau, visage)* runzlig

flétrir ⟨8⟩ [fletrir] **1.** *vt (fleur)* verwelken lassen; *(peau, visage)* runzlig werden lassen; *(stigmatiser)* brandmarken **2.** *vpr* se ~ verwelken

fleur [flœr] *f* Blume *f; (d'un arbre)* Blüte *f;* ~ **de lys** bourbonische Lilie; **être ~ bleue** sehr sentimental sein; **être en ~(s)** in Blüte stehen

fleurette [flœrɛt] *f* **conter ~ à qn** jdm den Hof machen

fleuri, e [flœri] *adj (jardin)* blühend, in voller Blüte; *(maison)* blumengeschmückt; *(style)* blumig; *(teint)* gerötet

fleurir ⟨8⟩ [flœʀiʀ] **1.** vi blühen; (fig) seine Blütezeit haben **2.** vt (tombe, chambre) mit Blumen schmücken

fleuriste [flœʀist(ə)] mf Florist(in) m(f)

fleuve [flœv] m Fluss m; ~ **de boue** Strom m von Schlamm

flexibilité [flɛksibilite] f Flexibilität f

flexible [flɛksibl(ə)] adj (objet) biegsam; (matériau) elastisch; (caractère) flexibel

flexion [flɛksjɔ̃] f (mouvement) Biegung f, Beugung f; (LING) Flexion f, Beugung f

flic [flik] m (fam) Polizist m, Bulle m

flingue [flɛ̃g] f (fam) Knarre f

flinguer ⟨1⟩ [flɛ̃ge] vt (fam) abknallen

flipper ⟨1⟩ [flipe] vi (fam) ausflippen

flipper [flipœʀ] m (billard électrique) Flipper(automat) m

flirter ⟨1⟩ [flœʀte] vi flirten

FLN m abr de **Front de libération nationale** nationale Befreiungsbewegung

flocon [flɔkɔ̃] m Flocke f; ~**s d'avoine** Haferflocken pl; **floconneux, -euse** [flɔkɔnø, øz] adj flockig

floraison [flɔʀɛzɔ̃] f Blüte f; (fig) Blütezeit f

floral, e (-aux) [flɔʀal, o] adj Blumen-

flore [flɔʀ] f Flora f

floriculture [flɔʀikyltyʀ] f Blumenzucht f

florissant, e [flɔʀisɑ̃, ɑ̃t] adj (entreprise, commerce) blühend

flot [flo] m (fig) Flut f; ~**s** mpl (de la mer) Wellen pl; **à** ~**s** in Strömen; (re)**mettre/être à** ~ (NAUT) flott machen/sein; (fig) (finanziell) unter die Arme greifen +dat/ (wieder) bei Kasse sein

flotte [flɔt] f (NAUT) Flotte f; (fam: eau) Wasser nt

flottement [flɔtmɑ̃] m (hésitation) Schwanken nt, Zögern nt; ~ **de monnaie** Floating nt

flotter ⟨1⟩ [flɔte] **1.** vi (bateau, bois) schwimmen; (odeur) schweben; (drapeau, cheveux) wehen, flattern; (vêtements) lose hängen, wallen; (monnaie) floaten **2.** vb impers (fam: pleuvoir) regnen, gießen **3.** vt flößen; **flotteur** m (d'hydravion, etc) Schwimmkörper m; (de canne à pêche) Schwimmer m

flou, e [flu] **1.** adj verschwommen; (photo) unscharf **2.** m Verschwommenheit f; ~ **juridique** (JUR) Rechtsunsicherheit f

fluctuation [flyktɥasjɔ̃] f (du marché) Schwankung f; (de l'opinion publique) Schwanken nt

fluet, te [flɥɛ, ɛt] adj zart, zerbrechlich

fluide [flɥid] **1.** adj flüssig **2.** m (PHYS) Flüssigkeit f

fluor [flyɔʀ] m Fluor m

fluorescent, e [flyɔʀesɑ̃, ɑ̃t] adj fluoreszierend; **tube** ~ Neonröhre f; **feutre** ~ Leuchtstift m, Textmarker m

flûte [flyt] f (MUS) Flöte f; (verre) Kelchglas nt; (pain) Stangenbrot nt; ~! verflixt!; ~ **à bec** Blockflöte; ~ **traversière** Querflöte

flûtiste [flytist] mf Flötist(in) m(f)

fluvial, e (-aux) [flyvjal, o] adj Fluss-

flux [fly] m (marée) Flut f; **le** ~ **et le reflux** Ebbe f und Flut f; (fig) das Auf und Ab; ~ **d'informations** Informationsfluss m

F.M. abr de **modulation de fréquence** FM, UKW

F.M.I. m abr de **Fonds monétaire international** IWF m

F.N. m abr de **Front national** rechtsextreme Partei

F.N.S.E.A. f abr de **Fédération nationale des syndicats d'exploitants agricoles** Nationalverband der Gewerkschaften von Landwirten

F.O. abr de **Force ouvrière** linksorientierte Gewerkschaft

fœtus [fetys] m Fötus m

foi [fwa] f (REL) Glaube m; **ajouter** ~ **à** Glauben schenken +dat; **avoir** ~ **en** glauben an +akk, vertrauen auf +akk; **digne de** ~ glaubwürdig; **être de bonne/mauvaise** ~ aufrichtig/unaufrichtig sein; **ma** ~! wahrhaftig!; **sur la** ~ **de** auf Grund +gen; **sous la** ~ **du serment** unter Eid

foie [fwa] m Leber f

foin [fwɛ̃] m Heu nt; **faire du** ~ (fam) Krach schlagen

foire [fwaʀ] f Markt m; (fête foraine) Jahrmarkt m; (exposition) Messe f; **faire la** ~ (fam) auf die Pauke hauen; ~ **aux questions** FAQs pl

fois [fwa] f Mal nt; **à la** ~ zugleich; **cette** ~ dieses Mal; **2** ~ **2** zwei mal zwei; **encore une** ~ noch einmal; **il était une** ~ es war einmal; **la** ~ **suivante** das nächste Mal, nächstes Mal; **non mais des** ~! (fam) was glauben Sie denn eigentlich!; **si des** ~ (fam) wenn (zufällig); **trois** ~ **plus grand (que)** dreimal so groß (wie); **une** ~ einmal; **une** ~ **pour toutes** ein für alle Mal; **une** ~ **que** nachdem; **vingt** ~ zwanzigmal

foison [fwazɔ̃] f **à** ~ in Hülle und Fülle; **une** ~ **de** eine Fülle von; **foisonner** ⟨1⟩ [fwazɔne] vi ~ **en** [o **de**] reich sein an +dat

folâtre [fɔlɑtʀ] adj ausgelassen

folichon, ne [fɔliʃɔ̃, ɔn] adj **ça n'a rien de** ~ das ist nicht gerade umwerfend

folie [fɔli] f Verrücktheit f; (état) Wahnsinn *m*; **la ~ des grandeurs** der Größenwahn(sinn); **faire des ~s** das Geld mit vollen Händen ausgeben

folklore [fɔlklɔʀ] *m* Volksgut *nt*, Folklore *f*; **folklorique** *adj* Volks-, volkstümlich; (*fig fam*) kurios

folle [fɔl] *adj v.* **fou**; **follement** *adv* (*très*) wahnsinnig

fomenter ⟨1⟩ [fɔmɑ̃te] *vt* schüren

foncé, e [fɔ̃se] *adj* dunkel; **bleu/rouge ~** dunkelblau/-rot

foncer ⟨2⟩ [fɔ̃se] *vi* (*tissu, teinte*) dunkler werden; (*fam: aller vite*) rasen; **~ sur** (*fam*) sich stürzen auf +*akk*

fonceur, -euse [fɔ̃sœʀ, øz] *m, f* Tatmensch *m*

foncier, -ière [fɔ̃sje, ɛʀ] *adj* grundlegend, fundamental; (*ÉCON*) Grund-

fonction [fɔ̃ksjɔ̃] *f* Funktion *f*; (*profession*) Beruf *m*, Tätigkeit *f*; (*poste*) Posten *m*; **~s** *fpl* (*activité, pouvoirs*) Aufgaben *pl*; (*corporelles, biologiques*) Funktionen *pl*; **entrer en/reprendre ses ~s** sein Amt antreten/ seine Tätigkeit wieder aufnehmen; **voiture/maison de ~** Dienstwagen *m*/-wohnung *f*; **en ~ de** entsprechend +*dat*; **être ~ de** abhängen von; **faire ~ de** (*personne*) fungieren als; (*objet*) dienen als; **la ~ publique** der öffentliche Dienst; **~ d'aide** (*INFORM*) Hilfefunktion; **~ de mémoire** (*INFORM*) Speicherfunktion; **~ veille** Standby-Betrieb *m*; **fonctionnaire** *mf* Beamte(r) (Beamtin) *m(f)*; **fonctionnel, le** *adj* Funktions-; (*pratique*) funktionell; **fonctionner** ⟨1⟩ [fɔ̃ksjɔne] *vi* funktionieren

fond [fɔ̃] *m* (*d'un récipient, d'un trou*) Boden *m*; (*d'une salle, d'un tableau*) Hintergrund *m*; (*opposé à la forme*) Inhalt *m*; **à ~** (*connaître*) gründlich; (*appuyer, etc*) kräftig, fest; **à ~** (*de train*) (*fam*) mit Höchstgeschwindigkeit; **aller au ~ des choses/du problème** den Dingen/dem Problem auf den Grund gehen; **au ~ de** (*salle*) im hinteren Teil +*gen*; **dans le ~, au ~** im Grunde; **de ~ en comble** ganz und gar; **le ~** (*SPORT*) der Langstreckenlauf; **sans ~** bodenlos; **un ~ de bouteille** (*petite quantité*) der letzte Rest in der Flasche; **~ de teint** Make-up *nt*; **~ sonore** Geräuschkulisse *f*

fondamental, e (-aux) [fɔ̃damɑ̃tal, o] *adj* grundlegend, fundamental; **fondamentalisme** *m* (*REL*) Fundamentalismus *m*

fondant, e [fɔ̃dɑ̃, ɑ̃t] *adj* schmelzend; (*au goût*) auf der Zunge zergehend

fondateur, -trice [fɔ̃datœʀ, tʀis] *m, f* Gründer(in) *m(f)*

fondation [fɔ̃dasjɔ̃] *f* Gründung *f*; (*établissement*) Stiftung *f*; **~s** *mpl* (*d'une maison*) Fundament *nt*

fondé, e [fɔ̃de] **1.** *adj* (*accusation*) begründet; (*récit*) fundiert; **être ~ à croire** Grund zur Annahme haben **2.** *m, f* **~(e) de pouvoir** Prokurist(in) *m(f)*

fondement [fɔ̃dmɑ̃] *m* (*fam: derrière*) Hintern *m*; **~s** *mpl* (*fig*) Grundlagen *pl*; **sans ~** unbegründet

fonder ⟨1⟩ [fɔ̃de] **1.** *vt* gründen; **~ qch sur** (*baser*) etw stützen auf +*akk* **2.** *vpr* **se ~ sur qch** sich stützen auf +*akk*

fonderie [fɔ̃dʀi] *f* (*usine*) Gießerei *f*

fondre ⟨14⟩ [fɔ̃dʀ(ə)] **1.** *vt* (*métal*) schmelzen; (*neige, etc*) schmelzen lassen; (*dans l'eau*) auflösen; (*mélanger: couleurs*) vermischen; (*fig*) verschmelzen **2.** *vi* schmelzen; (*dans l'eau*) sich auflösen; (*fig: argent*) zerrinnen; (*courage*) verfliegen; **faire ~** schmelzen, schmelzen lassen; auflösen; (*beurre*) zergehen lassen; **~ en larmes** in Tränen ausbrechen; **~ sur** (*se précipiter*) herfallen über +*akk*

fondrière [fɔ̃dʀijɛʀ] *f* Schlagloch *nt*

fonds [fɔ̃] **1.** *m* (*de bibliothèque, collectionneur*) Bestand *m*; **prêter à ~ perdu** (*fam*) auf Nimmerwiedersehen verleihen; **~** (*de commerce*) (*COM*) Geschäft *nt*; **Fonds monétaire international** Internationaler Währungsfonds; **~ social** Aktienfonds *m* **2.** *mpl* (*argent*) Kapital *nt*, Gelder *pl*; **~ publics** öffentliche Gelder

fondu, e [fɔ̃dy] **1.** *pp de* **fondre 2.** *adj* geschmolzen; (*couleurs*) abgestuft, ineinander übergehend **3.** *m* (*CINE*) **ouverture/ fermeture en ~** allmähliches Aufblenden/ Abblenden des Bildes **4.** *f* **~e** (*savoyarde*) (*GASTR*) (Käse)fondue *nt*; **~e bourguignonne** Fleischfondue *nt*

fongicide [fɔ̃ʒisid] *m* Pilzbekämpfungsmittel *nt*; (*MED*) Hautpilzmittel *nt*

fontaine [fɔ̃tɛn] *f* Quelle *f*; (*construction*) Brunnen *m*

fonte [fɔ̃t] *f* Schmelze *f*, Schmelzen *nt*; (*métal*) Gusseisen *nt*; **en ~ émaillée** gusseisern; **la ~ des neiges** die Schneeschmelze

fonts baptismaux [fɔ̃batismo] *mpl* Taufbecken *nt*

foot [fut] *m* (*fam*) Fußball *m*; **football** [futbol] *m* Fußball *m*; **footballeur, -euse** *m, f* Fußballspieler(in) *m(f)*

footing [futiŋ] *m* **faire du ~** joggen

for [fɔʀ] *m* **dans mon/son ~ intérieur** in meinem/seinem Innersten

forain, e [fɔʁɛ̃, ɛn] **1.** adj Jahrmarkt- **2.** m, f Schausteller(in) m(f)

forçat [fɔʁsa] m Sträfling m

force [fɔʁs(ə)] f Kraft f; (d'une armée, du vent, d'un coup, intellectuelle) Stärke f; ~s fpl (MIL) Streitkräfte pl; **les ~s de l'ordre** die Polizei; **à ~ de critiques/de le critiquer** durch wiederholte Kritik/wenn man ihn fortwährend kritisiert; **arriver en ~** (nombreux) in großer Zahl kommen; **de ~** mit Gewalt; **de première ~** erstklassig; **de toutes mes/ses ~s** aus Leibeskräften; **être de ~ à** imstande sein zu; **ménager ses/reprendre des ~s** mit seinen Kräften Haus halten/wieder zu Kräften kommen; **par la ~ des choses** zwangsläufig; **la ~ de l'habitude** die Macht der Gewohnheit; **~ de caractère** Charakterstärke; **~ de frappe** Schlagkraft f; **~ de frappe** [o **de dissuasion**] Atomstreitmacht f; **~ d'inertie** Beharrungsvermögen nt, Trägheit f; **~ majeure** höhere Gewalt; **~ d'occupation** (MIL) Besatzungstruppen pl; **Force d'urgence des Nations unies** schnelle Eingreiftruppe der Uno

forcé, e [fɔʁse] adj (rire, attitude) gezwungen, steif; **atterrissage ~** Notlandung f; **un bain ~** ein unfreiwilliges Bad; **c'est ~!** das musste ja so kommen!; **forcément** adv (obligatoirement) gezwungenermaßen, notgedrungen; (bien sûr) natürlich; **pas ~** nicht unbedingt

forcené, e [fɔʁsəne] m, f Wahnsinnige(r) mf

forceps [fɔʁsɛps] m Geburtszange f

forcer ⟨2⟩ [fɔʁse] **1.** vt (porte, serrure) aufbrechen; (moteur) überfordern; (contraindre) zwingen; **~ l'allure** schneller gehen/fahren; **~ la dose** (fam) übertreiben; **~ la main à qn** jdn zum Handeln zwingen **2.** vi (se donner à fond) sich verausgaben **3.** vpr **se ~ à qch/faire qch** sich zu etw zwingen/sich dazu zwingen, etw zu tun

forcing [fɔʁsiŋ] m Kraftakt m; **~ diplomatique** energisches diplomatisches Auftreten

forer ⟨1⟩ [fɔʁe] vt (objet, rocher) durchbohren; (trou, puits) bohren

forestier, -ière [fɔʁɛstje, ɛʁ] adj Forst-, Wald-; forstwirtschaftlich

foret [fɔʁɛ] m Bohrer m

forêt [fɔʁɛ] f Wald m; **la Forêt-Noire** der Schwarzwald; **~-noire** (GASTR) Schwarzwälder Kirschtorte

foreuse [fɔʁøz] f Bohrmaschine f

forfait [fɔʁfɛ] m (COM) Pauschale f; (crime) Verbrechen nt, Schandtat f; **~ vacances**

Pauschalreise f; **déclarer ~** zurücktreten, nicht antreten; **travailler à ~** für eine Pauschale arbeiten; **forfaitaire** adj Pauschal-

forge [fɔʁʒ(ə)] f Schmiede f; **forgé, e** adj **~ de toutes pièces** von A bis Z erfunden; **forger** ⟨2⟩ vt (métal, grille) schmieden; (personnalité, moral) formen; (prétexte, alibi) erfinden; **forgeron** [fɔʁʒəʁɔ̃] m Schmied(in) m(f)

formaldéhyde [fɔʁmaldeid] m Formaldehyd nt

formaliser ⟨1⟩ [fɔʁmalize] vpr **se ~** gekränkt sein; **se ~ de qch** an etw dat Anstoß nehmen

formalité [fɔʁmalite] f Formalität f

format [fɔʁma] m Format nt; **~ papier** Papierformat; **~ unicode** (INFORM) Unicode-Format; **formater** ⟨1⟩ vt (INFORM) formatieren

formation [fɔʁmasjɔ̃] f Bildung f; (éducation, apprentissage) Ausbildung f; (de caractère) Formung f; (développement) Entwicklung f; (groupe) Gruppe f; (GEO) Formation f; **la ~ professionnelle** die berufliche Ausbildung

forme [fɔʁm(ə)] f Form f; (condition physique, intellectuelle) Form f, Verfassung f; **les ~s** fpl (bonnes manières) die Umgangsformen pl; (d'une femme) die Kurven pl; **être en ~, avoir la ~** (fam) gut in Form sein; **en bonne et due ~** in gebührender Form; **prendre ~** Gestalt annehmen

formel, le [fɔʁmɛl] adj (catégorique) eindeutig, klar; (logique) formal; (extérieur) formal, Form-; **formellement** adv (absolument) ausdrücklich

former ⟨1⟩ [fɔʁme] **1.** vt bilden; (projet, idée) entwickeln; (travailler; sportif) ausbilden; (caractère) formen; (intelligence, goût) ausbilden, entwickeln; (donner une certaine forme) gestalten **2.** vpr **se ~** (apparaître) sich bilden, entstehen; (se développer) sich entwickeln

formica® [fɔʁmika] m Resopal® nt

formidable [fɔʁmidabl(ə)] adj gewaltig, ungeheuer; (fam: excellent) klasse, prima, toll

formulaire [fɔʁmylɛʁ] m Formular nt, Vordruck m

formule [fɔʁmyl] f (scientifique) Formel f; (système) System nt; **~ de politesse** Höflichkeitsfloskel f

formuler ⟨1⟩ [fɔʁmyle] vt ausdrücken, formulieren

forniquer ⟨1⟩ [fɔʁnike] vi Unzucht treiben

forsythia [fɔʁsisja] m Forsythie f

fort, e [fɔʀ, fɔʀt(ə)] **1.** adj stark; (doué)
begabt, fähig; (important) bedeutend,
beträchtlich; (sauce) scharf **2.** adv **sonner/**
frapper/serrer ~ kräftig [o fest] klingeln/
klopfen/drücken **3.** m (construction) Fort
nt; **au ~ de** mitten in +dat
forteresse [fɔʀtəʀɛs] f Festung f
fortifiant [fɔʀtifjɑ̃] m Stärkungsmittel nt
fortifications [fɔʀtifikasjɔ̃] fpl Befesti-
gungsanlagen pl
fortifier ⟨1⟩ [fɔʀtifje] vt stärken; (ville, château) befestigen
fortiori [fɔʀsjɔʀi] adv **à ~** umso mehr
fortuit, e [fɔʀtɥi, ɥit] adj zufällig, unvorhergesehen
fortune [fɔʀtyn] f (richesse) Vermögen nt;
la ~ (destin) das Schicksal; **faire ~** reich
werden; **de ~** improvisiert; **faire contre**
mauvaise ~ bon cœur gute Miene zum
bösen Spiel machen; **fortuné, e** adj
(riche) wohlhabend
forum [fɔʀɔm] m Forum nt; ~ **de discus-**
sion Diskussionsforum
fosse [fos] f (grand trou) Grube f; (GEO)
Graben m; (tombe) Gruft f, Grab nt; ~
commune Sammelgrab; ~ **(d'orchestre)**
Orchestergraben; ~ **septique** Klärgrube;
~**s** fpl **nasales** Nasenhöhlen pl
fossé [fose] m Graben m; (fig) Kluft f
fossile [fosil] **1.** m Fossil nt **2.** adj verstei-
nert; (fuel) fossil
fossoyeur [foswajœʀ] m Totengräber m
fou, folle [fu, fɔl] **1.** adj verrückt; (regard)
irr; (extrême) wahnsinnig; **être ~ de** (d'une
chose) verrückt sein auf +akk; (d'une personne) verrückt sein nach **2.** m, f Irre(r) mf,
Verrückte(r) mf; (d'un roi) (Hof)narr m;
(ECHECS) Läufer m
foudre [fudʀ(ə)] f **la ~** der Blitz; **il a eu le**
coup de ~ er hat sich Hals über Kopf
[o unsterblich] verliebt; **s'attirer les ~s de**
qn jds Zorn auf sich akk ziehen
foudroyant, e [fudʀwajɑ̃, ɑ̃t] adj (rapidité,
succès) überwältigend; (maladie, poison)
tödlich
foudroyer ⟨6⟩ [fudʀwaje] vt erschlagen;
~ **qn du regard** jdm einen vernichtenden
Blick zuwerfen
fouet [fwɛ] m Peitsche f; (GASTR) Schnee-
besen m; **de plein ~** (heurter) frontal;
fouetter ⟨1⟩ [fwete] vt peitschen; (personne) auspeitschen; (GASTR) schlagen
fougère [fuʒɛʀ] f Farn m
fouille [fuj] f (de police, de douane) Durchsuchung f; ~**s** fpl **(archéologiques)** Ausgrabungen pl; **fouiller** ⟨1⟩ **1.** vt (police)
durchsuchen; (animal) wühlen in +akk;

(archéologue) graben in +dat **2.** vi graben,
wühlen; (archéologue) Ausgrabungen
machen; ~ **dans/parmi** herumwühlen in/
zwischen +dat
fouillis [fuji] m Durcheinander nt
fouiner ⟨1⟩ [fwine] vi herumschnüffeln
foulard [fulaʀ] m (Hals)tuch nt, (Kopf)-
tuch nt
foule [ful] f **la ~** die Masse; das Volk; **une**
~ **de** eine Masse [o Menge] von; **une ~**
énorme/émue eine große/aufgebrachte
(Menschen)menge
fouler ⟨1⟩ [fule] **1.** vt pressen, kneten; ~
aux pieds mit Füßen treten **2.** vpr **se** ~ (la
cheville, le pied) sich dat verstauchen; **ne**
pas se ~ (fam) sich dat kein Bein ausreißen
foulure [fulyʀ] f Verstauchung f
four [fuʀ] m (Back)ofen m; (échec) Misserfolg m, Reinfall m; ~ **à micro-ondes**
Mikrowellenherd m
fourbe [fuʀb(ə)] adj (personne) betrügerisch; (regard) verschlagen
fourbi [fuʀbi] m (fam) Krempel m
fourbu, e [fuʀby] adj erschöpft
fourche [fuʀʃ(ə)] f (à foin) Heugabel f; (à
fumier) Mistgabel f; (de bicyclette) Gabel f;
(de cheveux) (Haar)spliss m; **fourchette** f
Gabel f; (ECON) Spanne f; (des salaires)
Bandbreite f; ~ **à dessert** Kuchengabel
fourgon [fuʀgɔ̃] m (AUTO) Lieferwagen m;
(camion) Lastwagen m; ~ **mortuaire** Leichenwagen m
fourgonnette [fuʀgɔnɛt] f Lieferwagen m
fourmi [fuʀmi] f Ameise f; **j'ai des ~s**
dans les jambes mir sind die Beine eingeschlafen; **fourmilière** [fuʀmiljɛʀ] f Amei-
senhaufen m; **fourmillement**
[fuʀmijmɑ̃] m (démangeaison) Kribbeln nt;
(grouillement) Wimmeln nt; **fourmiller**
⟨1⟩ [fuʀmije] vi wimmeln; **ce texte four-**
mille de fautes in diesem Text wimmelt
es von Fehlern
fournaise [fuʀnɛz] f Feuersbrunst f; (fig)
Treibhaus nt
fourneau (x) [fuʀno] m (de cuisine) Ofen
m, Herd m
fournée [fuʀne] f (de pain) Schub m; (de
gens) Schwung m
fourni, e [fuʀni] adj (barbe, cheveux) dicht;
bien/mal ~ en (magasin) gut/schlecht
ausgestattet mit
fournir ⟨8⟩ [fuʀniʀ] **1.** vt liefern; ~ **un**
effort sich anstrengen; ~ **un exemple** ein
Beispiel anführen; ~ **un renseignement**
eine Auskunft erteilen; ~ **en** (COM) beliefern mit **2.** vpr **se ~ chez** einkaufen bei;

fournisseur, -euse *m, f* Lieferant(in) *m(f);* ~ **d'accès** Netzbetreiber *m;* **fourniture** *f* Lieferung *f;* ~**s** *fpl (matériel, équipement)* Ausstattung *f*

fourrage [fuʀaʒ] *m* (Vieh)futter *nt;* **fourrager** ⟨2⟩ *vi* ~ **dans/parmi** herumwühlen in +*dat*/zwischen +*dat*

fourré, e [fuʀe] **1.** *adj (bonbon, chocolat)* gefüllt; *(manteau, botte)* gefüttert **2.** *m* Dickicht *nt*

fourreau (x) [fuʀo] *m (d'épée)* Scheide *f*

fourrer ⟨1⟩ [fuʀe] **1.** *vt* ~ **qch dans** *(fam: mettre)* etw hineinstecken in +*akk* **2.** *vpr* **se** ~ **dans/sous** sich verkriechen in +*akk*/ unter +*dat; (dans une mauvaise situation)* hineingeraten in +*akk;* **fourre-tout** *m inv (sac)* Reisetasche *f; (fam: endroit, meuble)* Rumpelkammer *f*

fourreur, -euse [fuʀœʀ, øz] *m, f* Kürschner(in) *m(f)*

fourrière [fuʀjɛʀ] *f (pour chiens)* städtischer Hundezwinger; *(pour voitures)* Abstellplatz *m* für abgeschleppte Fahrzeuge

fourrure [fuʀyʀ] *f (poil)* Fell *nt; (vêtement, etc)* Pelz *m;* **manteau/col de** ~ Pelzmantel *m*/-kragen *m*

fourvoyer ⟨6⟩ [fuʀvwaje] *vpr* **se** ~ sich irren, einen falschen Weg einschlagen

foutu, e [futy] *adj (vulg)* v. **fichu**

foyer [fwaje] *m (d'une cheminée, d'un four)* Feuerstelle *f; (point d'origine)* Herd *m; (famille, domicile, local)* Heim *nt; (THEAT)* Foyer *nt; (~ optique, FOTO)* Brennpunkt *m;* **lunettes à double** ~ Bifokalbrille *f;* ~ **de crise** *(fig)* Krisenherd

fracas [fʀaka] *m (bruit)* Krach *m,* Getöse *nt;* **fracasser** ⟨1⟩ [fʀakase] **1.** *vt* zertrümmern; *(verre)* zerschlagen **2.** *vpr* **se** ~ zerschellen *(sur* an +*dat)*

fraction [fʀaksjɔ̃] *f (MATH)* Bruch *m; (partie)* (Bruch)teil *m;* **une** ~ **de seconde** ein Sekundenbruchteil; **fractionner** ⟨1⟩ [fʀaksjɔne] **1.** *vt* aufteilen **2.** *vpr* **se** ~ sich spalten

fracture [fʀaktyʀ] *f (MED)* Bruch *m;* ~ **du crâne** Schädelbruch; ~ **sociale** Wohlstandsschere *f;* **fracturer** ⟨1⟩ **1.** *vt (coffre, serrure)* aufbrechen; *(os, membre)* brechen **2.** *vpr* **se** ~ **la jambe/le crâne** sich *dat* das Bein brechen/einen Schädelbruch erleiden

fragile [fʀaʒil] *adj (objet)* zerbrechlich; *(estomac)* empfindlich; *(santé)* schwach, zart; *(personne)* zart, zerbrechlich; *(équilibre, situation)* unsicher; **fragilisé, e** *adj (personne)* angegriffen; **fragilité** *f* Zer-

brechlichkeit *f;* Zartheit *f;* Unsicherheit *f*

fragment [fʀagmɑ̃] *m (d'un objet)* (Bruch)stück *nt,* Teil *m; (extrait)* Auszug *m;* **fragmentaire** *adj* bruchstückhaft, unvollständig; **fragmenter** ⟨1⟩ **1.** *vt* aufteilen; *(roches)* spalten **2.** *vpr* **se** ~ zerbrechen

fraîchement [fʀeʃmɑ̃] *adv (sans enthousiasme)* kühl, zurückhaltend; *(récemment)* neulich, vor kurzem

fraîcheur [fʀeʃœʀ] *f* Frische *f; (froideur)* Kühle *f*

fraîchir ⟨8⟩ [fʀeʃiʀ] *vi (temps)* abkühlen; *(vent)* auffrischen

frais, fraîche [fʀe, fʀeʃ] **1.** *adj* frisch; *(froid)* kühl; **le voilà** ~! *(fam: dans le pétrin)* jetzt sitzt er schön in der Patsche! **2.** *adv* **il fait** ~ es ist kühl; **boire/servir** ~ kalt trinken/ servieren **3.** *m* **mettre au** ~ kühl lagern; **prendre le** ~ frische Luft schöpfen

frais [fʀe] *mpl (dépenses)* Ausgaben *pl,* Kosten *pl;* **faire des** ~ Ausgaben haben, Geld ausgeben; **faire les** ~ **de** das Opfer sein von; ~ **de déplacement** Fahrtkosten *pl;* ~ **généraux** allgemeine Unkosten *pl*

fraise [fʀez] *f (BOT)* Erdbeere *f; (de dentiste, TECH)* Bohrer *m;* ~ **des bois** Walderdbeere

fraiser ⟨1⟩ [fʀeze] *vt* fräsen; **fraiseuse** *f* Fräsmaschine *f*

fraisier [fʀezje] *m* Erdbeerpflanze *f*

framboise [fʀɑ̃bwaz] *f (BOT)* Himbeere *f*

franc, franche [fʀɑ̃, fʀɑ̃ʃ] **1.** *adj (personne)* offen, aufrichtig; *(visage)* offen; *(refus, couleur)* klar; *(coupure)* sauber; ~ **de port** *(exempt)* portofrei, gebührenfrei; **port** ~/ **zone franche** Freihafen *m*/Freizone *f* **2.** *adv* **parler** ~ freimütig [o offen] sprechen **3.** *m (monnaie)* Franc *m;* **ancien/nouveau** ~ alter/neuer Franc *(bis/seit 1960);* ~ **français/belge** französischer/belgischer Franc; ~ **suisse** Schweizer Franken *m*

français, e [fʀɑ̃se, ɛz] **1.** *adj* französisch **2.** *m (LING)* Französisch *nt;* **apprendre le** ~ Französisch lernen; **parler** ~ Französisch sprechen; **traduire en** ~ ins Französische übersetzen; **Français, e** *m, f* Franzose (Französin) *m(f);* **France** [fʀɑ̃s] *f* **la** ~ Frankreich *nt;* **en** ~ in Frankreich; **aller en** ~ nach Frankreich fahren

franchement [fʀɑ̃ʃmɑ̃] *adv* ehrlich; *(tout à fait)* ausgesprochen

franchir ⟨8⟩ [fʀɑ̃ʃiʀ] *vt* überschreiten; *(obstacle)* überwinden

franchise [fʀɑ̃ʃiz] *f* Offenheit *f,* Aufrichtigkeit *f; (exemption)* (Gebühren)freiheit *f*

franciser ⟨1⟩ [fʀɑ̃size] *vt* französisieren

franc-jeu (francs-jeux) [fʀɑ̃ʒø] *m* **jouer** ~

fair sein

franc-maçon (francs-maçons) [fʀɑ̃masɔ̃] m Freimaurer m

franco [fʀɑ̃ko] adv (COM) franko, gebührenfrei; ~ **à bord** frei an Bord

franco- [fʀɑ̃ko] pref französisch-; **franco-canadien** [fʀɑ̃kokanadjɛ̃] m kanadisches Französisch; **francophile** [fʀɑ̃kɔfil] adj frankophil; **francophone** [fʀɑ̃kɔfɔn] adj Französisch sprechend; **francophonie** f Gesamtheit der Französisch sprechenden Bevölkerungsgruppen

franc-parler (francs-parlers) [fʀɑ̃paʀle] m Freimütigkeit f, Unverblümtheit f; **franc-tireur** (francs-tireurs) m Partisan(in) m(f); (fig) Einzelgänger(in) m(f)

frange [fʀɑ̃ʒ] f (de tissu) Franse f; (de cheveux) Pony m; (zone) Rand m

frangipane [fʀɑ̃ʒipan] f Mandelcreme f

franglais [fʀɑ̃glɛ] m (LING) mit englischen Ausdrücken durchsetztes Französisch

franquette [fʀɑ̃kɛt] adv **à la bonne** ~ ohne Umstände, ganz zwanglos

frappe [fʀap] f (d'une dactylo) Anschlag m; (en boxe) Schlag m; **frapper** ⟨1⟩ **1.** vt schlagen; (monnaie) prägen; (malheur) treffen; (impôt) betreffen; ~ **qn** jdm auffallen; (étonner) jdn beeindrucken **2.** vi schlagen; ~ **à la porte** an die Tür klopfen **3.** vpr **se** ~ (s'inquiéter) sich aufregen

frasques [fʀask(ə)] fpl Eskapaden pl

fraternel, le [fʀatɛʀnɛl] adj brüderlich; **amour** ~ Bruderliebe f

fraterniser ⟨1⟩ [fʀatɛʀnize] vi freundschaftlichen Umgang haben

fraternité [fʀatɛʀnite] f (solidarité) Brüderlichkeit f, Verbundenheit f

fraude [fʀod] f Betrug m; ~ **fiscale** Steuerhinterziehung f; **frauder** ⟨1⟩ vi betrügen; **frauduleux, -euse** adj betrügerisch; (concurrence) unlauter

frayer ⟨7⟩ [fʀeje] **1.** vt (passage) bahnen, schaffen; (voie) erschließen, auftun **2.** vi (poisson) laichen; ~ **avec** verkehren mit **3.** vpr **se** ~ **un passage/chemin dans** sich dat einen Weg bahnen durch

frayeur [fʀɛjœʀ] f Schrecken m

fredonner ⟨1⟩ [fʀədɔne] vt summen

free-lance [fʀilɑ̃s] **1.** adj freiberuflich (tätig); **journaliste** ~ freier Journalist, freie Journalistin **2.** m freiberufliche Tätigkeit f

freezer [fʀizœʀ] m Gefrierfach nt

frégate [fʀegat] f Fregatte f

frein [fʀɛ̃] m Bremse f; **mettre un** ~ **à** (fig) bremsen; **liquide de** ~ (AUTO) Bremsflüssigkeit f; ~ **à main** (AUTO) Handbremse; ~**s** mpl **à tambour/disques** Trommel-/

Scheibenbremsen pl; **freinage** [fʀɛnaʒ] m Bremsen nt; **distance de** ~ Bremsweg m; **freiner** ⟨1⟩ [fʀene] vi, vt bremsen

frelaté, e [fʀəlate] adj (vin) gepanscht; (produit) verfälscht

frêle [fʀɛl] adj zart, zerbrechlich

frelon [fʀəlɔ̃] m Hornisse f

frémir ⟨8⟩ [fʀemir] vi (personne) zittern; (eau) kochen, sieden

frêne [fʀɛn] m Esche f

frénétique [fʀenetik] adj (passion) rasend; (musique, applaudissements) frenetisch, rasend

fréquemment [fʀekamɑ̃] adv oft

fréquence [fʀekɑ̃s] f Häufigkeit f; (PHYS) Frequenz f; **haute/basse** ~ (RADIO) Hoch-/ Niederfrequenz; **fréquent, e** adj häufig; **fréquentation** f (d'un lieu) (häufiger) Besuch; **de bonnes** ~**s** gute Beziehungen pl; **une mauvaise** ~ ein schlechter Umgang; **fréquenté, e** adj (rue, plage) belebt; (établissement) gut besucht; **fréquenter** ⟨1⟩ [fʀekɑ̃te] vt oft [o häufig] besuchen

frère [fʀɛʀ] m Bruder m

fresque [fʀɛsk] f Fresko nt

fret [fʀɛ] m (cargaison) Fracht f

fréter ⟨5⟩ [fʀete] vt chartern

frétiller ⟨1⟩ [fʀetije] vi (poisson, etc) zappeln; (de joie) springen, hüpfen; ~ **de la queue** (mit dem Schwanz) wedeln

fretin [fʀətɛ̃] m menu ~ kleine Fische

friable [fʀijabl(ə)] adj bröckelig, brüchig

friand, e [fʀijɑ̃, ɑ̃d] **1.** adj être ~ **de qch** etw sehr gern mögen **2.** m (GASTR) Pastetchen nt; **friandise** [fʀijɑ̃diz] f Leckerei f

Fribourg [fʀibuʀ] (ville et canton) Freiburg nt

fric [fʀik] m (fam) Kohle f, Geld nt

fric-frac [fʀikfʀak] m inv (fam) Einbruch m

friche [fʀiʃ] adj, adv en ~ brach(liegend)

friction [fʀiksjɔ̃] f Reiben nt; (chez le coiffeur) Massage f; (TECH) Reibung f; (fig) Reiberei f; **frictionner** ⟨1⟩ [fʀiksjɔne] vt (ab)reiben; (avec serviette) frottieren, massieren

frigidaire® [fʀiʒidɛʀ] m Kühlschrank m

frigide [fʀiʒid] adj frigide

frigo [fʀigo] m (fam) Kühlschrank m; **frigorifier** ⟨1⟩ [fʀigɔʀifje] vt (produit) tiefkühlen; einfrieren; **frigorifié(e)** (fam: personne) durchgefroren; **frigorifique** adj Kühl-

frileux, -euse [fʀilø, øz] adj verfroren; (fig) zögerlich

frimas [fʀima] mpl Raureif m

frime [fʀim] f **c'est pour la** ~ (fam) das ist

alles nur Schau; **frimer** ⟨1⟩ *vi (fam)* eine Schau abziehen; **frimeur, -euse** [fʀimœʀ, øz] *m, f* Angeber(in) *m(f)*

frimousse [fʀimus] *f (fam)* Gesichtchen *nt*

fringale [fʀɛ̃gal] *f* **avoir la ~** einen Heißhunger haben

fringant, e [fʀɛ̃gɑ̃, ɑ̃t] *adj (personne)* munter, flott

fringues [fʀɛ̃g] *fpl (fam)* Klamotten *pl*

fripé, e [fʀipe] *adj* zerknittert

friperie [fʀipʀi] *f* Secondhandladen *m; (vêtements)* Kleider *pl* aus zweiter Hand

fripes [fʀip] *fpl* Klamotten *pl*

fripier, -ère [fʀipje, ɛʀ] *m, f* Trödler(in) *m(f)*

fripon, ne [fʀipɔ̃, ɔn] **1.** *adj* spitzbübisch, schelmisch **2.** *m, f* Schlingel *m*

fripouille [fʀipuj] *f (fam)* Schurke *m*

frire [fʀiʀ] *irr vt, vi* braten

Frisbee® [fʀizbi] *m* Frisbee® *nt; (disque)* Frisbeescheibe *f*

frise [fʀiz] *f (ARCHIT)* Fries *m*

frisé, e [fʀize] *adj* lockig; kraus; **frisée** *f* Endiviensalat *m*

friser ⟨1⟩ [fʀize] **1.** *vt (cheveux)* Locken machen in +*akk* **2.** *vi (cheveux)* sich locken; sich kräuseln

frisson [fʀisɔ̃] *m (de peur)* Schauder *m; (de froid)* Schauer *m; (de douleur)* Erbeben *nt;* **frissonner** ⟨1⟩ *vi (personne)* schaudern, schauern; *(trembler)* beben, zittern; *(eau, feuillage)* rauschen

frit, e [fʀi, fʀit] **1.** *pp de* **frire 2.** *f* **~s** *fpl* Pommes frites *pl;* **friterie** [fʀitʀi] *f* Pommes-frites-Bude *f;* **friteuse** [fʀitøz] *f* Fritteuse *f;* **friture** *f (huile)* Bratfett *nt; (RADIO)* Nebengeräusch *nt,* Rauschen *nt;* **~ (de poissons)** *(GASTR)* frittierte Fische

frivole [fʀivɔl] *adj* oberflächlich

froid, e [fʀwa, fʀwad] **1.** *adj* kalt; *(personne, accueil)* kühl **2.** *m* **le ~** die Kälte; **les grands ~s** die kalte Jahreszeit; **à ~** *(TECH)* kalt; *(fig)* ohne Vorbereitung; **être en ~ avec** ein unterkühltes Verhältnis haben zu; **jeter un ~** *(fig)* wie eine kalte Dusche wirken; **il fait ~** es ist kalt; **j'ai froid** mir ist kalt, ich friere; **froidement** *adv* kühl; *(lucidement)* mit kühlem Kopf; **froideur** [fʀwadœʀ] *f* Kälte *f*

froisser ⟨1⟩ [fʀwase] **1.** *vt* zerknittern; *(personne)* kränken **2.** *vpr* **se ~** knittern; *(personne)* gekränkt [o beleidigt] sein; **se ~ un muscle** sich *dat* einen Muskel quetschen

frôler ⟨1⟩ [fʀole] *vt* streifen, leicht berühren; *(catastrophe, échec)* nahe sein an +*dat*

fromage [fʀɔmaʒ] *m* Käse *m;* **~ blanc** ≈ Quark *m;* **faire de qch un ~** *(fam)* etw aufbauschen; **fromager, -ère** [fʀɔmaʒe, ɛʀ] *m, f (marchand)* Käsehändler(in) *m(f);* **fromagerie** [fʀɔmaʒʀi] *f* Käserei *f; (boutique)* Käseladen *m*

froment [fʀɔmɑ̃] *m* Weizen *m*

fronce [fʀɔ̃s] *f* (kleine, geraffte) Falte *f*

frondeur, -euse [fʀɔ̃dœʀ, øz] *adj* aufrührerisch

front [fʀɔ̃] *m (ANAT)* Stirn *f; (MIL, fig)* Front *f;* **avoir le ~ de faire qch** die Stirn haben, etw zu tun; **de ~** *(par devant)* frontal; *(rouler)* nebeneinander; *(simultanément)* gleichzeitig, zugleich; **~ froid** *(METEO)* Kaltfront; **Front de libération** Befreiungsfront; **~ de mer** Küstenstrich *m,* Küstenlinie *f*

frontal, e (-aux) [fʀɔ̃tal, o] *adj (ANAT)* Stirn-; *(choc, attaque)* frontal

frontalier, -ière [fʀɔ̃talje, ɛʀ] **1.** *adj* Grenz- **2.** *m, f (travailleur)* Grenzgänger(in) *m(f)*

frontière [fʀɔ̃tjɛʀ] *f* Grenze *f;* **à la ~** an der Grenze; **poste/ville ~** Grenzposten *m/-stadt f*

frontispice [fʀɔ̃tispis] *m (TYPO)* illustrierte Titelseite, Frontispiz *m*

fronton [fʀɔ̃tɔ̃] *m* Giebel *m*

frottement [fʀɔtmɑ̃] *m (friction)* Reiben *nt*

frotter ⟨1⟩ [fʀɔte] **1.** *vi* reiben **2.** *vt* abreiben; einreiben; *(sol: pour nettoyer)* scheuern; *(meuble)* polieren **3.** *vpr* **se ~ à qn/ qch** *(fig)* sich einlassen mit jdm/auf etw *akk*

frottis [fʀɔti] *m (MED)* Abstrich *m*

frousse [fʀus] *f (fam)* Muffe *f;* **avoir la ~** Muffensausen haben

fructifier ⟨1⟩ [fʀyktifje] *vi (arbre)* Früchte tragen; *(argent)* Zinsen abwerfen; *(propriété)* an Wert gewinnen; **faire ~** gut [o gewinnbringend] anlegen

fructueux, -euse [fʀyktɥø, øz] *adj* einträglich, gewinnbringend

frugal, e (-aux) [fʀygal, o] *adj (repas)* frugal, einfach; *(vie, personne)* genügsam, schlicht

fruit [fʀɥi] *m (BOT)* Frucht *f; (fig)* Früchte *pl;* **~s** *mpl* Obst *nt;* **~s de mer** *mpl* Meeresfrüchte *pl;* **~s secs** *mpl* Dörrobst *nt;* **fruité, e** [fʀɥite] *adj (vin)* fruchtig; **fruiterie** [fʀɥitʀi] *f* Obstgeschäft *nt;* **fruitier, -ière** [fʀɥitje, ɛʀ] **1.** *adj* **arbre ~** Obstbaum *m* **2.** *m, f (marchand)* Obsthändler(in) *m(f)*

fruste [fʀyst(ə)] *adj* ungeschliffen, roh

frustrant, e [fʀystʀɑ̃, ɑ̃t] *adj* frustrierend

frustration [frystrasjɔ̃] f Frustration f
frustré, e [frystre] adj enttäuscht, frustriert
frustrer ⟨1⟩ [frystre] vt (PSYCH) frustrieren; (espoirs, etc) enttäuschen; ~ **qn de qch** (priver) jdn um etw bringen
fuchsia [fyʃja] m Fuchsie f
fuel [fjul] m Heizöl nt
fugace [fygas] adj flüchtig
fugitif, -ive [fyʒitif, iv] **1.** adj flüchtig **2.** m, f Ausbrecher(in) m(f)
fugue [fyg] f (d'un enfant) Ausreißen nt; (MUS) Fuge f; **faire une** ~ ausreißen
fuir [fɥir] irr **1.** vt ~ **qch** vor etw dat fliehen [o flüchten]; (fam) sich einer Sache dat entziehen **2.** vi (personne) fliehen; (eau) auslaufen; (robinet) tropfen; (tuyau) lecken, undicht sein; **fuite** f Flucht f; (écoulement) Auslaufen nt; (divulgation) Durchsickern nt; **être en** ~ auf der Flucht sein; **mettre en** ~ in die Flucht schlagen; **prendre la** ~ die Flucht ergreifen; ~ **de gaz** undichte Stelle in der Gasleitung
fulgurant, e [fylgyrɑ̃, ɑ̃t] adj blitzschnell; **idée** ~**e** Geistesblitz m
fulminant, e [fylminɑ̃, ɑ̃t] adj (lettre) Protest-; (regard) drohend; ~ **de colère** wutschnaubend
fulminer ⟨1⟩ [fylmine] vi ~ (**contre**) wettern (gegen)
fumé, e [fyme] **1.** adj (GASTR) geräuchert; (verres) getönt **2.** f Rauch m
fume-cigarette [fymsigaret] m inv Zigarettenspitze f
fumer ⟨1⟩ [fyme] **1.** vi (personne) rauchen; (liquide) dampfen **2.** vt (cigarette, pipe) rauchen; (GASTR) räuchern; (terre, champ) düngen
fumet [fyme] m (GASTR) Aroma nt, Duft m
fumeur, -euse [fymœr, øz] m, f Raucher(in) m(f); **compartiment** ~**s/non** ~**s** Raucher-/Nichtraucherabteil nt; ~ **passif** Passivraucher
fumeux, -euse [fymø, øz] adj (pej) verschwommen, verworren
fumier [fymje] m (engrais) Dung m, Dünger m
fumigation [fymigasjɔ̃] f (MED) Dampfbad nt
fumiste [fymist(ə)] mf (pej) Taugenichts m; **fumisterie** f (pej) Schwindel m
fumoir [fymwar] m Rauchzimmer nt
funambule [fynɑ̃byl] mf Seiltänzer(in) m(f)
funèbre [fynɛbr(ə)] adj (relatif aux funérailles) Trauer-; (lugubre) düster, finster
funérailles [fyneraj] fpl Begräbnis nt,

Beerdigung f; ~ **nationales** Staatsbegräbnis; **funéraire** adj Bestattungs-
funeste [fynɛst(ə)] adj unheilvoll; (fatal) tödlich
funiculaire [fynikyler] m Seilbahn f
FUNU [fyny] f acr de **Force d'urgence des Nations unies** schnelle Eingreiftruppe der Uno
fur [fyr] adv **au** ~ **et à mesure** nach und nach; **au** ~ **et à mesure que/de** sobald, während
furax [fyraks] adj inv (fam) fuchsteufelswild
fureur [fyrœr] f (colère) Wut f; **faire** ~ (être à la mode) in sein, Furore machen
furibond, e [fyribɔ̃, ɔ̃d] adj wütend
furie [fyri] f (blinde) Wut f; (femme) Furie f; **en** ~ tobend
furieux, -euse [fyrjø, øz] adj (en colère) wütend; (combat) wild, erbittert; (vent) heftig
furoncle [fyrɔ̃kl] m Furunkel m
furtif, -ive [fyrtif, iv] adj verstohlen
fusain [fyzɛ̃] m Zeichenkohle f; (dessin) Kohlezeichnung f
fuseau (x) [fyzo] m (pantalon) Keilhose f; (pour filer) Spindel f; **en** ~ spindelförmig; ~ **horaire** Zeitzone f
fusée [fyze] f Rakete f; ~ **éclairante** Leuchtrakete; Leuchtkugel f
fuselage [fyz(ə)laʒ] m (Flugzeug)rumpf m
fuselé, e [fyz(ə)le] adj schlank, spindelförmig
fusible [fyzibl(ə)] m Schmelzdraht m; (fiche) Sicherung f
fusil [fyzi] m (arme) Gewehr nt; ~ **de chasse** Jagdflinte f, Büchse f; **fusillade** [fyzijad] f Gewehrfeuer nt; **fusiller** ⟨1⟩ [fyzije] vt (exécuter) erschießen; **fusil-mitrailleur** (fusils-mitrailleurs) [fyzimitrajœr] m (leichtes) Maschinengewehr nt
fusion [fyzjɔ̃] f (d'un métal) Schmelzen nt; (COM: de compagnies) Fusion f; **entrer en** ~ schmelzen, flüssig werden; **fusionner** ⟨1⟩ [fyzjɔne] vi sich zusammenschließen
fustiger ⟨2⟩ [fystiʒe] vt (critiquer) tadeln, schelten
fût [fy] m (tonneau) Fass nt; (de canon, de colonne, d'arbre) Schaft m, Stamm m
futaie [fytɛ] f Hochwald m
futé, e [fyte] adj schlau, gerissen
futile [fytil] adj (idée, activité) unbedeutend, unnütz; **futilité** [fytilite] f Nebensächlichkeit f; (de personne) Oberflächlichkeit f
futon [fytɔ̃] m Futon m

futur, e [fytyʀ] **1.** adj zukünftig **2.** m le ~ (LING) das Futur(um); (avenir) die Zukunft; **au** ~ (LING) im Futur; ~ **antérieur** vollendete Zukunft; **les temps** ~**s** die Zukunft; **futuriste** [fytyʀist] adj futuristisch; **futu-**

rologie [fytyʀɔlɔʒi] f Futurologie f, Zukunftsforschung f
fuyant, e [fɥijɑ̃, ɑ̃t] adj (regard) ausweichend; (personne) schwer fassbar; **front** ~ fliehende Stirn

G

G, g [ʒe] m G, g nt
gabegie [gabʒi] f (pej) Chaos nt
Gabon [gabɔ̃] m le ~ Gabun nt
gâcher ⟨1⟩ [gɑʃe] vt (plâtre) anrühren; (saboter) verderben; (gaspiller) verschwenden
gâchette [gɑʃɛt] f (d'arme) Abzug m
gâchis [gɑʃi] m (gaspillage) Verschwendung f
gadget [gadʒɛt] m Spielerei f
gadoue [gadu] f (boue) Schlamm m
gaffe [gaf] f (instrument) Bootshaken m; (fam: bévue) Schnitzer m; **faire** ~ (fam) aufpassen; **gaffer** ⟨1⟩ vi einen Schnitzer machen
gage [gaʒ] m Pfand nt; (assurance) Zeichen nt; ~**s** mpl (salaire) Lohn m; **mettre en** ~ verpfänden; **gager** ⟨2⟩ vt ~ **que** wetten, dass; **gageure** [gaʒyʀ] f Herausforderung f, Wagnis nt
gagnant, e [gaɲɑ̃, ɑ̃t] m, f Gewinner(in) m(f); **gagne-pain** m inv Broterwerb m
gagner ⟨1⟩ [gaɲe] **1.** vt gewinnen; (salaire) verdienen; (aller vers) erreichen; (s'emparer de) angreifen, ergreifen; (feu) übergreifen auf +akk; ~ **de la place** Platz sparen; ~ **du terrain** an Boden gewinnen; ~ **sa vie** seinen Lebensunterhalt verdienen **2.** vi gewinnen, siegen
gai, e [ge, gɛ] adj fröhlich, lustig; (un peu ivre) angeheitert; **gaieté** [gete] f Fröhlichkeit f; **de** ~ **de cœur** gerne
gaillard, e [gajaʀ, d(ə)] **1.** adj (robuste) kräftig; (grivois) derb **2.** m (fam: gars) Kerl m
gain [gɛ̃] m (pl: bénéfice) Gewinn m; (pl: revenu) Einkünfte pl; (au jeu) Gewinn m; **obtenir** ~ **de cause** etwas erreichen; ~

potentiel Gewinnpotenzial nt
gaine [gɛn] f (sous-vêtement) Hüfthalter m; (fourreau) Scheide f; **gaine-culotte** (gaines-culottes) f Miederhöschen nt
gala [gala] m Gala f
galant, e [galɑ̃, ɑ̃t] adj galant; **en** ~**e compagnie** in Damenbegleitung; **galanterie** [galɑ̃tʀi] f Höflichkeit f, Galanterie f
galantine [galɑ̃tin] f (GASTR) Sülze f
galbe [galb(ə)] m Rundung f; **galbé, e** adj (jambes) wohlproportioniert
gale [gal] f Krätze f; (du chien) Räude f
galère [galɛʀ] f Galere f; **c'est la** ~ (fam) das ist echt ätzend; **quelle** ~! so ein Mist!
galérer ⟨5⟩ [galeʀe] vi (fam) sich abmühen, sich abplagen
galerie [galʀi] f Galerie f; (THEAT) oberster Rang; (souterrain) Stollen m; (AUTO) (Dach)gepäckträger m
galet [galɛ] m Kieselstein m; (TECH) Rad nt
galette [galɛt] f Pfannkuchen m (aus Buchweizen oder Mais); (biscuit) (Butter)-keks m; ~ **des Rois** Blätterteigkuchen mit Marzipanfüllung zum Dreikönigsfest
galeux, -euse [galø, øz] adj **un chien** ~ ein räudiger Hund
galimatias [galimatja] m Kauderwelsch nt
galipette [galipɛt] f **faire des** ~**s** (fam) Purzelbäume schlagen
Galles [gal] **le Pays de** ~ Wales nt; **gallicisme** [ga(l)lisism] m idiomatische Redewendung; (dans une langue étrangère) Gallizismus m; **gallois, e** [galwa, az] adj walisisch; **Gallois, e** m, f Waliser(in) m(f)
galop [galo] m Galopp m; **au** ~ im Galopp; **galoper** ⟨1⟩ [galɔpe] vi galoppieren
galopin [galɔpɛ̃] m (fam) Lausejunge m

gambader ⟨1⟩ [gãbade] *vi* herumspringen

gamberger ⟨2⟩ [gãbɛrʒe] *vi, vt (fam)* überlegen

Gambie [gãbi] *f* **la** ~ Gambia *nt*

gamelle [gamɛl] *f* Blechnapf *m;* **ramasser une** ~ *(fam)* auf die Nase fallen

gamin, e [gamɛ̃, in] **1.** *m, f* Kind *nt* **2.** *adj* schelmisch; *(enfantin)* kindlich; **gaminerie** [gaminʀi] *f* Kinderei *f*

gamme [gam] *f* Skala *f;* (MUS) Tonleiter *f;* **haut de** ~ *(produit)* der Luxusklasse

gammé, e [game] *adj* **croix** ~**e** Hakenkreuz *nt*

G.A.N. [gan] *m acr de* **Groupement des assurances nationales** *nationaler Versicherungsverein*

Gange [gãʒ] *m* **le** ~ der Ganges

ganglion [gãglijɔ̃] *m* Lymphknoten *m;* **avoir des** ~**s** geschwollene Drüsen haben

gangrène [gãgʀɛn] *f* (MED) Brand *m*

gangstérisme [gãgsteʀism] *m* Gangsterunwesen *nt*

gant [gã] *m* Handschuh *m;* **prendre des** ~**s avec qn** jdn mit Samthandschuhen anfassen; ~ **de toilette** Waschlappen *m;* ~**s de caoutchouc** Gummihandschuhe *pl*

garage [gaʀaʒ] *m (abri)* Garage *f;* (*entreprise*) Werkstatt *f;* ~ **à vélos** Fahrradunterstand *m;* **garagiste** *mf (propriétaire)* Werkstattbesitzer(in) *m(f);* (*mécanicien*) (Auto)mechaniker(in) *m(f)*

garant, e [gaʀã, ãt] *m, f* Bürge (Bürgin) *m(f);* **se porter** ~ **de qch** für etw bürgen;

garantie [gaʀãti] *f* Garantie *f;* ~ **de qualité** Qualitätssicherung *f;* **garantir** ⟨8⟩ *vt* garantieren; (*COM*) eine Garantie geben für; (*attester*) versichern; ~ **de qch** (*protéger*) vor etw *dat* schützen

garce [gaʀs] *f (pej)* Schlampe *f;* **sale** ~ Miststück *nt*

garçon [gaʀsɔ̃] *m* Junge *m;* (*jeune homme*) junger Mann; (*serveur*) Kellner *m;* **vieux** ~ älterer Junggeselle; ~ **de courses** Laufbursche *m,* Bote *m;* **garçonnière** [gaʀsɔnjɛʀ] *f* Junggesellenbude *f*

garde [gaʀd(ə)] **1.** *mf* Aufseher(in) *m(f);* (*d'un prisonnier*) Wache *f;* (*MIL*) Wachtposten *m;* ~ **champêtre** Feldschütz *m;* ~ **du corps** Leibwächter *m;* ~ **forestier(-ière)** Förster(in) *m(f);* ~ **des Sceaux** Justizminister(in) *m(f)* **2.** *f* Bewachung *f;* (*MIL*) Wache *f;* (*position de défense*) Deckung *f;* ~ **à vue** Polizeigewahrsam *m;* ~ **des enfants** (*JUR*) Sorgerecht *nt;* ~ **d'honneur** Ehrengarde *f;* **de** ~ (*médecin, pharmacie*) im Dienst; **être sur ses** ~**s** auf

der Hut sein; **mettre en** ~ warnen; **monter la** ~ Wache stehen; **prendre** ~ vorsichtig sein; **page de** ~**, feuille de** ~ Vorsatzblatt *nt;* **garde-à-vous** *m* ~! stillgestanden!; **garde-barrière** (gardes-barrière(s)) *mf* Bahnwärter(in) *m(f);* **garde-boue** *m inv* Schutzblech *nt;* **garde-chasse** (gardes-chasse(s)) *m* Jagdaufseher(in) *m(f);* **garde-fou** (garde-fous) *m* Geländer *nt;* **garde-malade** (gardes-malade(s)) *mf* Krankenwache *f;* **garde-manger** *m inv* Speisekammer *f*

garden-party (garden-partys) [gaʀdɛnpaʀti] *f* Gartenfest *nt*

garder ⟨1⟩ [gaʀde] **1.** *vt* behalten; (*surveiller*) bewachen; (*enfant, animal*) hüten; (*séquestrer*) einsperren; (*réserver*) reservieren; ~ **le lit** das Bett hüten; **chasse gardée** privates Jagdgebiet; (*fig*) Revier *nt* **2.** *vpr* **se** ~ (*se conserver*) sich halten; **se** ~ **de faire qch** sich hüten, etw zu tun

garderie [gaʀdəʀi] *f (pour enfants)* (Kinder)krippe *f*

gardien, ne [gaʀdjɛ̃, ɛn] *m, f (garde)* Wächter(in) *m(f);* (*de prison*) Wärter(in) *m(f);* (*de musée*) Aufseher(in) *m(f);* (*fig*) Hüter(in) *m(f);* ~ **de but** Torwart(in) *m(f);* ~ (**d'immeuble**) Hausmeister(in) *m(f);* ~ **de nuit** Nachtwächter *m;* ~ **de la paix** Polizist(in) *m(f)*

gardon [gaʀdɔ̃] *m* Plötze *f*

gare [gaʀ] **1.** *f* Bahnhof *m;* ~ **routière** Busstation *f;* ~ **de triage** Rangierbahnhof **2.** *interj* ~ **à toi** Achtung

garer ⟨1⟩ [gaʀe] **1.** *vt (véhicule)* parken **2.** *vpr* **se** ~ parken; (*pour laisser passer*) ausweichen

gargariser ⟨1⟩ [gaʀgaʀize] *vpr* **se** ~ gurgeln; **se** ~ **de** (*fig*) seine helle Freude haben an +*dat;* **gargarisme** [gaʀgaʀism] *m* Gurgeln *nt;* (*produit*) Gurgelwasser *nt*

gargote [gaʀgɔt] *f* billige Kneipe

gargouille [gaʀguj] *f* (ARCHIT) Wasserspeier *m*

gargouiller ⟨1⟩ [gaʀguje] *vi (estomac)* knurren; (*eau*) plätschern

garnement [gaʀnəmã] *m* Schlingel *m*

garni, e [gaʀni] *adj (plat)* mit Beilage

garnir ⟨8⟩ [gaʀniʀ] **1.** *vt (orner)* schmücken; (*pourvoir*) ausstatten; (*renforcer*) versehen **2.** *vpr* **se** ~ (*salle*) sich füllen

garniture [gaʀnityʀ] *f* Verzierung *f;* (*GASTR*) Beilage *f;* (*farce*) Füllung *f;* (*protection*) Beschlag *m;* ~ **de frein** Bremsbelag *m*

Garonne [gaʀɔn] *f* **la** ~ die Garonne

garrot [gaʀo] *m* (MED) Aderpresse *f;* **faire**

un ~ à qn jdm den Arm abbinden; **gar-rotter** ⟨1⟩ vt fesseln

gars [ga] m Bursche m

Gascogne [gaskɔɲ] f le golfe de ~ der Golf von Biskaya

gaspillage [gaspijaʒ] m Verschwendung f

gaspiller ⟨1⟩ [gaspije] vt verschwenden; **gaspilleur, -euse** [gaspijœʀ, øz] adj verschwenderisch

gastrique [gastʀik] adj Magen-

gastro-entérite (gastro-entérites) [gastʀoãteʀit] f Gastroenteritis f, Magen-Darm-Entzündung f; **gastro-intestinal, e** (-aux) [gastʀoɛ̃testinal, o] adj Magen-Darm-

gastronomie [gastʀɔnɔmi] f Gastronomie f; **gastronomique** adj gastronomisch

gâteau (x) [gato] m Kuchen m; ~ sec Keks m

gâter ⟨1⟩ [gate] 1. vt verderben; (personne) verwöhnen 2. vpr se ~ (s'abîmer) schlecht werden; (temps, situation) schlechter werden; **gâterie** [gatʀi] f (objet) Aufmerksamkeit f

gâteux, -euse [gatø, øz] adj senil

gâtisme [gatism] f Senilität f

gauche [goʃ] 1. adj linke(r, s); (maladroit) unbeholfen 2. f la ~ (POL) die Linke; à ~ links; (mouvement) nach links; à ~ de links von

gaucher, -ère [goʃe, ɛʀ] 1. adj linkshändig 2. m, f Linkshänder(in) m(f)

gaucherie [goʃʀi] f Ungeschicklichkeit f

gauchir ⟨8⟩ [goʃiʀ] vt verbiegen; (fig) verdrehen

gauchiste [goʃist(ə)] mf Linke(r) mf

gaufre [gofʀ(ə)] f Waffel f

gaufrette [gofʀɛt] f Waffel f

gaufrier [gofʀije] m Waffeleisen nt

Gaule [gol] f la ~ (HIST) Gallien nt

gaullisme [golism] m Gaullismus m

gaulois, e [golwa, az] adj gallisch; (grivois) derb; **Gaulois, e** m, f Gallier(in) m(f)

gausser ⟨1⟩ [gose] vpr se ~ de sich lustig machen über +akk

gaver ⟨1⟩ [gave] 1. vt (animal) mästen; (fig) voll stopfen (de mit) 2. vpr se ~ de sich voll stopfen mit

gay [gɛ] adj inv schwul

gaz [gaz] m inv Gas nt; ~ carburant Treibgas; ~ C.S. CS-Gas; ~ d'échappement (AUTO) Autoabgas nt; ~ irritant Reizgas; ~ lacrymogène Tränengas; ~ naturel Erdgas; ~ de pétrole liquéfié Flüssiggas; ~ toxique Giftgas

gaze [gaz] f (étoffe) Gaze f; (pansement) Verbandsmull m

gazéifié, e [gazeifje] adj eau ~e Mineralwasser nt (mit Kohlensäure)

gazelle [gazɛl] f Gazelle f

gazer ⟨1⟩ [gaze] 1. vt vergasen 2. vi (fam) wie geschmiert laufen

gazeux, -euse [gazø, øz] adj gasförmig; eau/boisson gazeuse kohlensäurehaltiges Wasser/Getränk

gazoduc [gazɔdyk] m (Erd)gasleitung f

gazole [gazɔl] m Diesel(kraftstoff) m

gazomètre [gazɔmɛtʀ(ə)] m Gaszähler m

gazon [gazɔ̃] m (pelouse) Rasen m

gazouiller ⟨1⟩ [gazuje] vi (oiseau) zwitschern; (enfant) plappern

geai [ʒɛ] m Eichelhäher m

géant, e [ʒeã, ãt] 1. adj riesig; **c'est ~** (fam: extraordinaire) das ist geil, das ist super 2. m, f Riese (Riesin) m(f)

geindre [ʒɛ̃dʀ(ə)] irr comme peindre vi wimmern

gel [ʒɛl] m Frost m; (de l'eau) Gefrieren nt; (des salaires, des prix) Einfrieren nt; (substance cosmétique) Gel nt

gélatine [ʒelatin] f Gelatine f

gelé, e [ʒ(ə)le] adj (personne, doigt) erfroren

gelée [ʒ(ə)le] f (GASTR) Gelée nt; (MÉTÉO) Frost m; **viande en ~** Fleisch m in Aspik; ~ **blanche** (Rau)reif m

geler ⟨4⟩ [ʒ(ə)le] 1. vt gefrieren lassen; (prix, salaires) einfrieren 2. vi (sol, eau) gefrieren; (lac) zufrieren; (personne) frieren; **il gèle** es friert

gélule [ʒelyl] f (MÉD) Kapsel f

Gémeaux [ʒemo] mpl (ASTR) Zwillinge pl; **être (du signe des) ~** (ein) Zwilling sein

gémir ⟨8⟩ [ʒemiʀ] vi stöhnen

gênant, e [ʒɛnã, ãt] adj (meuble, objet) hinderlich; (histoire) peinlich

gencive [ʒãsiv] f Zahnfleisch nt

gendarme [ʒãdaʀm(ə)] mf Polizist(in) m(f); **gendarmerie** f Polizei in ländlichen Bezirken; ~ **nationale** französische Vollzugspolizei

gendre [ʒãdʀ(ə)] m Schwiegersohn m

gène [ʒɛn] m Gen nt

gêne [ʒɛn] f (physique) Schwierigkeit f; (dérangement) Störung f; (manque d'argent) Geldverlegenheit f; (embarras) Verlegenheit f; **gêné, e** [ʒene] adj (embarrassé) verlegen; **gêner** ⟨1⟩ [ʒene] 1. vt stören; (encombrer) behindern; ~ **qn** (embarrasser) jdn in Verlegenheit bringen 2. vpr se ~ sich dat Zwang antun

général, e (-aux) [ʒeneʀal, o] 1. adj allgemein; **en ~** im Allgemeinen; **assemblée/**

grève ~e Generalversammlung f/-streik m; **médecine** ~e Allgemeinmedizin f **2.** f (répétition) Generalprobe f **3.** m, f General(in) m(f); **généralement** adv im Allgemeinen

généralisation [ʒeneralizasjɔ̃] f Verallgemeinerung f

généraliser ⟨1⟩ [ʒeneralize] **1.** vt, vi verallgemeinern **2.** vpr **se** ~ sich verbreiten

généraliste [ʒeneralist(ə)] mf Arzt (Ärztin) m(f) für Allgemeinmedizin

générateur, -trice [ʒeneratœr, tris] **1.** adj **être** ~ **de qch** etw zur Folge haben **2.** f Generator m; ~ **de nombres aléatoires** Zufallsgenerator

génération [ʒenerasjɔ̃] f Generation f; ~ **je-m'en-foutiste** Null-Bock-Generation

généreux, -euse [ʒenerø, øz] adj großzügig

générique [ʒenerik] **1.** adj artmäßig **2.** m (CINE) Vor-/Nachspann m

générosité [ʒenerozite] f Großzügigkeit f

genèse [ʒənez] f Entstehung f

genêt [ʒ(ə)nɛ] m Ginster m; ~ **épineux** Stechginster

généticien, ne [ʒenetisjɛ̃, ɛn] m, f Genetiker(in) m(f); **génétique** [ʒenetik] adj genetisch; **génétiquement** adv genetisch

Genève [ʒ(ə)nɛv] (ville et canton) Genf m

genévrier [ʒənevrije] m Wacholder m

génial, e (-aux) [ʒenjal, o] adj genial; (fam) super

génie [ʒeni] m Genie nt; **de** ~ genial; ~ **automobile** Automobiltechnik f; **le** ~ (militaire) die Pioniere pl; ~ **civil** Hoch- und Tiefbau m, Bauingenieurwesen nt

genièvre [ʒənjevr(ə)] m Wacholder m; (boisson) Wacholderschnaps m

génital, e (-aux) [ʒenital, o] adj genital

génitif [ʒenitif] m Genitiv m

génocide [ʒenɔsid] m Völkermord m

génoise [ʒenwaz] f Biskuit m o nt

genou (x) [ʒ(ə)nu] m Knie nt; **à** ~**x** auf den Knien; **se mettre à** ~**x** sich niederknien; **sur les** ~**x** auf dem Schoß; **genouillère** f Knieschützer m

genre [ʒãr] m Art f; (ZOOL) Gattung f; (LING) Genus nt; (ART) Genre nt

gens [ʒã] mpl Menschen pl, Leute pl

gentiane [ʒãsjan] f Enzian m

gentil, le [ʒãti, ij] adj lieb, nett; **gentillesse** [ʒãtijes] f Liebenswürdigkeit f, Nettigkeit f; **gentiment** adv nett, lieb

géographe [ʒeɔgraf] mf Geograf(in) m(f); **géographie** [ʒeɔgrafi] f Geografie f, Erdkunde f; **géographique** [ʒeɔgrafik]

adj geografisch

géologie [ʒeɔlɔʒi] f Geologie f; **géologique** [ʒeɔlɔʒik] adj geologisch; **géologue** [ʒeɔlɔg] mf Geologe(-login) m(f)

géomètre [ʒeɔmetr(ə)] mf (arpenteur) Landvermesser(in) m(f)

géométrie [ʒeɔmetri] f Geometrie f; **géométrique** adj geometrisch

Géorgie [ʒeɔrʒi] f **la** ~ Georgien nt

géostationnaire [ʒeɔstasjɔnɛr] adj geostationär

géothermique [ʒeɔtermik] adj **énergie** ~ Erdwärme f

gérance [ʒerãs] f Verwaltung f; (d'une entreprise) Leitung f; **mettre en** ~ verwalten lassen; **prendre en** ~ verwalten

géranium [ʒeranjɔm] m Geranie f

gérant, e [ʒerã, ãt] m, f Verwalter(in) m(f); (de magasin) Geschäftsführer(in) m(f)

gerbe [ʒɛrb(ə)] f (de fleurs) Strauß m; (de blé) Garbe f

gercé, e [ʒɛrse] adj (mains, lèvres) aufgesprungen; **gerçure** [ʒɛrsyr] f Riss m

gérer ⟨5⟩ [ʒere] vt verwalten; (INFORM) steuern

gériatrie [ʒerjatri] f Altersheilkunde f; **gériatrique** [ʒerjatrik] adj geriatrisch

germanique [ʒɛrmanik] adj germanisch

germaniste [ʒɛrmanist] mf Germanist(in) m(f)

germanophone [ʒɛrmanɔfɔn] adj deutschsprachig

germe [ʒɛrm(ə)] m Keim m; **le** ~ **de la discorde** (fig) der Keim der Zwietracht; **germer** ⟨1⟩ vi keimen

gérondif [ʒerɔ̃dif] m Gerundium f

gérontologie [ʒerɔ̃tɔlɔʒi] f Gerontologie f, Altersforschung f; **gérontologue** [ʒerɔ̃tɔlɔg] mf Gerontologe(-login) m(f)

gestation [ʒɛstasjɔ̃] f (ZOOL) Trächtigkeit f; (fig) Reifungsprozess m

geste [ʒɛst(ə)] m Geste f; **un** ~ **de refus** eine ablehnende Geste; ~ **de la main** Handbewegung f; ~ **de réconciliation** Versöhnungsgeste; ~ **professionnel** professionelles Auftreten

gesticuler ⟨1⟩ [ʒɛstikyle] vi gestikulieren

gestion [ʒɛstjɔ̃] f Verwaltung f; (INFORM) Steuerung f; ~ **des coûts** Kostenmanagement nt; ~ **de données** Datenverwaltung f; **gestionnaire** mf Geschäftsführer(in) m(f); ~ **de fichiers** Dateienverwaltungsprogramm nt, Dateimanager m

geyser [ʒezer] m Geysir m

Ghana [gana] m **le** ~ Ghana nt

ghetto [geto] m Ghetto nt

gibelotte [ʒiblɔt] f Hasenpfeffer m (in

Weißwein)

gibet [ʒibɛ] m Galgen m

gibier [ʒibje] m (animaux) Wild nt; (fig) Beute f

giboulée [ʒibule] f Regenschauer m

Gibraltar [ʒibraltar] m **le** ~ Gibraltar nt; **le détroit de** ~ die Straße von Gibraltar

gicler ⟨1⟩ [ʒikle] vi (heraus)spritzen; **gicleur** m Düse f

gifle [ʒifl(ə)] f Ohrfeige f; **gifler** ⟨1⟩ vt ohrfeigen

gigantesque [ʒigɑ̃tɛsk(ə)] adj riesig; (fig) gewaltig

gigantisme [ʒigɑ̃tism] m Riesenwuchs m

G.I.G.N. m abr de **Groupe d'intervention de la gendarmerie nationale** Spezialzweig der Polizei zur Verbrechensbekämpfung

gigot [ʒigo] m (GASTR) Lammkeule f, Hammelkeule f

gigoter ⟨1⟩ [ʒigɔte] vi zappeln

gilet [ʒile] m (de costume) Weste f; (pull) Strickjacke f; (sous-vêtement) Unterhemd nt; ~ **pare-balles** kugelsichere Weste; ~ **de sauvetage** Schwimmweste

gingembre [ʒɛ̃ʒɑ̃br(ə)] m Ingwer m

gingivite [ʒɛ̃ʒivit] f Zahnfleischentzündung f

girafe [ʒiraf] f Giraffe f

giratoire [ʒiratwar] adj **sens** ~ Kreisverkehr m

girofle [ʒirɔfl(ə)] f **clou de** ~ (Gewürz)nelke f

giroflée [ʒirɔfle] f Goldlack m

girolle [ʒirɔl] f Pfifferling m

Gironde [ʒirɔ̃d] f **la** ~ die Gironde

girouette [ʒirwɛt] f Wetterhahn m

gisement [ʒizmɑ̃] m Ablagerung f

gitan, e [ʒitɑ̃, an] m, f Zigeuner(in) m(f)

gîte [ʒit] m (abri, logement) Unterkunft f; (du lièvre) Bau m; ~ **rural** Ferienunterkunft f auf dem Lande

givre [ʒivr(ə)] m Reif m

glabre [glabr(ə)] adj bartlos

glace [glas] f Eis nt; (miroir) Spiegel m; (de voiture) Fenster nt; **rompre la** ~ das Eis brechen; **glacé, e** adj (gelé) vereist; (boisson) eisgekühlt; (main) gefroren; (accueil) eisig; **glacer** ⟨2⟩ [glase] vt (main, visage) eiskalt werden lassen; (intimider) erstarren lassen; (gâteau) glasieren; (papier, tissu) appretieren; **glaciaire** [glasjɛr] adj Gletscher-; **l'ère** f ~ die Eiszeit; **glacial, e** [glasjal] adj eiskalt; **glacier** [glasje] m Gletscher m; (fabricant de glaces) Eiskonditor m; (marchant de glaces) Eisverkäufer(in) m(f); **glacière** [glasjɛr] f Kühlbox f; **glaçon** [glasɔ̃] m Eiszapfen m; (artificiel) Eiswürfel m

glaïeul [glajœl] m Gladiole f

glaire [glɛr] m (MED) Schleim m

glaise [glɛz] f Lehm m

gland [glɑ̃] m Eichel f; (décoration) Quaste f

glande [glɑ̃d] f Drüse f

glander ⟨1⟩ [glɑ̃de] vi (fam) herumhängen

glaner ⟨1⟩ [glane] **1.** vi nachlesen **2.** vt (fig) sammeln

glapir ⟨8⟩ [glapir] vi (chien) kläffen

Glaris [glaris] Glarus nt

glauque [glok] adj meergrün; (fam: atmosphère) düster, ungemütlich; **un endroit** ~ ein zwielichtiger Ort

glissant, e [glisɑ̃, ɑ̃t] adj rutschig; **glisse** f Rutschen nt; **sports de** ~ Gleitsportarten pl (z. B. Skifahren, Surfen, Rodeln); **glissement** [glismɑ̃] m ~ **de terrain** Erdrutsch m

glisser ⟨1⟩ [glise] **1.** vi (avancer) rutschen, gleiten; (déraper) ausrutschen; (être glissant) rutschig sein, glatt sein **2.** vt schieben (sous, dans unter, in +akk); (chuchoter) zuflüstern

glissière [glisjɛr] f Gleitschiene f; ~ **de sécurité** (AUTO) Leitplanke f

global, e (-aux) [glɔbal, o] adj global, Gesamt-; **globalement** [glɔbalmɑ̃] adv insgesamt

globe [glɔb] m (GEO) Globus m; ~ **oculaire** Augapfel m

globulaire [glɔbylɛr] adj **numération** ~ Blutbild nt

globule [glɔbyl] m (du sang) Blutkörperchen nt

globuleux, -euse [glɔbylø, øz] adj **yeux** ~ hervorstehende Augen pl

gloire [glwar] f Ruhm m; (mérite) Verdienst nt; (personne) Berühmtheit f

glorieux, -euse [glɔrjø, øz] adj glorreich, ruhmvoll

glorifier ⟨1⟩ [glɔrifje] vt rühmen

gloriole [glɔrjɔl] f Eitelkeit f

glossaire [glɔsɛr] m Glossar nt

glotte [glɔt] f Stimmritze f

glouglouter ⟨1⟩ [gluglute] vi gluckern

glousser ⟨1⟩ [gluse] vi gackern; (rire) kichern

glouton, ne [glutɔ̃, ɔn] adj gefräßig; **gloutonnerie** [glutɔnri] f Gefräßigkeit f

glu [gly] f Klebstoff m

gluant, e [glyɑ̃, ɑ̃t] adj klebrig

glucide [glysid] m Kohle(n)hydrat nt

glucose [glykoz] m Glukose f

glycérine [gliserin] f Glyzerin nt

glycine [glisin] f Glyzinie f

G.N. abr de **gendarmerie nationale** französische Vollzugspolizei

gnangnan [nãɲã] adj inv (fam) quengelig

gnome [gnom] m Gnom m

go [go] adv **tout de** ~ direkt, ohne Umschweife

G.O. abr de **grandes ondes** LW

goal [gol] m Torwart m

gobelet [gɔblɛ] m Becher m

gober ⟨1⟩ [gɔbe] vt roh essen; (fam: croire) schlucken

goberger ⟨2⟩ [gɔbɛʀʒe] vpr **se** ~ es sich dat gut gehen lassen

Gobi [gɔbi] **le désert de** ~ die Wüste Gobi

godasse [gɔdas] f (fam) Schuh m

godet [gɔde] m (récipient) Becher m

godiller ⟨1⟩ [gɔdije] vi (skieur) wedeln

goéland [gɔelã] m Seemöwe f

goémon [gɔemɔ̃] m Tang m

gogo [gɔgo] m **à** ~ (fam) in Hülle und Fülle; **champagne à** ~ Champagner bis zum Abwinken

goguenard, e [gɔgnaʀ, d(ə)] adj spöttisch

goguette [gɔget] f **en** ~ (fam) angesäuselt

goinfre [gwɛ̃fʀ(ə)] m Vielfraß m; **goinfrer** ⟨1⟩ [gwɛ̃fʀe] vpr **se** ~ sich voll fressen; **se** ~ **de** sich voll stopfen mit

goitre [gwatʀ(ə)] m Kropf m

golf [gɔlf] m Golf nt; (terrain) Golfplatz m

golfe [gɔlf] m (GEO) Golf m, Meerbusen m; **les États du Golfe** die Golfstaaten pl; **le** ~ **de Gascogne** der Golf von Biskaya; **le** ~ **du Lion** der Golf du Lion; **golfeur, -euse** [gɔlfœʀ, øz] m, f Golfspieler(in) m(f)

gommage [gɔmaʒ] m (de la peau) Peeling nt

gomme [gɔm] f (à effacer) Radiergummi m; **boule de** ~ Gummibonbon nt; **gommer** ⟨1⟩ vt (effacer) ausradieren

gond [gɔ̃] m (porte, fenêtre) Angel f; **sortir de ses** ~**s** (fig) in Rage geraten

gondole [gɔ̃dɔl] f Gondel f; (COM) Regal nt (in einem Supermarkt)

gondoler ⟨1⟩ [gɔ̃dɔle] 1. vi, vpr **se** ~ sich wellen, sich verziehen 2. vpr **se** ~ (fam) sich kaputtlachen

gonflable [gɔ̃flabl] adj (bateau) Gummi-; (matelas) Luft-

gonflage [gɔ̃flaʒ] m (de pneus) Aufpumpen nt

gonflé, e [gɔ̃fle] adj (yeux, visage) geschwollen; **il est vraiment** ~ (fam) der hat vielleicht Nerven

gonflement [gɔ̃fləmã] m Aufpumpen nt;

(de nombre) Vergrößerung f; (MED) Schwellung f

gonfler ⟨1⟩ [gɔ̃fle] 1. vt (pneu, ballon) aufpumpen; (exagérer) übertreiben; (fam: agacer) auf den Keks gehen +dat 2. vi (enfler) anschwellen; (pâte) aufgehen

gonfleur [gɔ̃flœʀ] m Luftpumpe f

gonzesse [gɔ̃zɛs] f (fam) Tussi f

goret [gɔʀɛ] m Ferkel nt

Goretex® [gɔʀtɛks] m Goretex® nt (wasserdichte Kunstfaser)

gorge [gɔʀʒ(ə)] f (ANAT) Kehle f; (poitrine) Brust f; (GEO) Schlucht f; (rainure) Rille f; **avoir la** ~ **serrée** einen Kloß im Hals haben; **rester en travers de la** ~ (fig) im Hals stecken bleiben; **gorgé, e 1.** adj ~ **de** gefüllt mit; (d'eau) durchtränkt mit 2. f Schluck m

gorille [gɔʀij] m Gorilla m

gosier [gozje] m Kehle f

gosse [gɔs] mf (fam) Kind nt

gothique [gɔtik] adj gotisch

goudron [gudʀɔ̃] m Teer m; **goudronner** ⟨1⟩ [gudʀɔne] vt asphaltieren

gouffre [gufʀ(ə)] m Abgrund m

goujat [guʒa] m Rüpel m

goulot [gulo] m Flaschenhals m; **boire au** ~ aus der Flasche trinken

goulu, e [guly] adj gierig

gourd, e [guʀ, d(ə)] adj (doigts) steif (gefroren), taub

gourde [guʀd(ə)] f (récipient) Feldflasche f

gourdin [guʀdɛ̃] m Knüppel m

gourmand, e [guʀmã, ãd(ə)] adj (de sucreries) naschhaft; **être** ~ ein Schlemmer sein; **gourmandise** f Schlemmerei f; (mets) Leckerbissen m

gourmet [guʀmɛ] m Feinschmecker(in) m(f)

gourmette [guʀmɛt] f Uhrkette f; (bracelet) Armkettchen nt

gourou [guʀu] m Guru m

gousse [gus] f ~ **d'ail** Knoblauchzehe f; ~ **de vanille** Vanilleschote f

goût [gu] m Geschmack m; **avoir du/manquer de** ~ Geschmack/keinen Geschmack haben; **de bon/mauvais** ~ geschmackvoll/-los; **prendre** ~ **à qch** an etw dat Gefallen finden; **goûter** ⟨1⟩ [gute] **1.** vt (essayer) versuchen; (savourer) genießen **2.** vi (prendre une collation) nachmittags vespern; ~ **à qch** etw versuchen, etw kosten **3.** m Vesper f o nt (kleine Zwischenmahlzeit am Nachmittag)

goutte [gut] f Tropfen m; (MED) Gicht f; ~ **à** ~ tropfenweise; **goutte-à-goutte** m inv Tropf m; **gouttière** [gutjɛʀ] f (du toit)

Dachrinne f; (MED) Schiene f
gouvernail [guvɛʀnaj] m Ruder nt, Steuer nt
gouverne [guvɛʀn] f **pour votre ~** zu Ihrer Orientierung
gouvernement [guvɛʀnəmã] m Regierung f; **gouvernemental, e** (-aux) adj Regierungs-
gouverner ⟨1⟩ [guvɛʀne] vt (pays, peuple) regieren; (diriger) lenken, steuern; (conduite de qn) beherrschen
goyave [gɔjav] f Guave f
GPL m abr de **gaz de pétrole liquéfié** Flüssiggas nt; (véhicule) Flüssiggasfahrzeug nt
GPS m abr de **global positionaing system** GPS nt
G.R. f abr de **Grande Randonnée** Wanderung f
grâce [gʀɑs] f (bienveillance) Gunst f; (bienfait) Gefallen m; (REL) Gnade f; (charme) Anmut f; (JUR) Begnadigung f; **~s** fpl (REL) Dankgebet nt; **~ à** dank +dat; **de bonne/ mauvaise ~** (bereit)willig/ungern; **demander ~** um Gnade bitten; **faire ~ à qn de qch** jdm etw erlassen; **rendre ~ à qn** jdm danken; **recours en ~** Gnadengesuch nt
gracier ⟨1⟩ [gʀasje] vt begnadigen
gracieux, -euse [gʀasjø, øz] adj graziös, anmutig; **à titre ~** kostenlos
gradation [gʀadasjɔ̃] f Abstufung f
grade [gʀad] m Rang m
gradé, e [gʀade] m, f Unteroffizier(in) m(f)
gradin [gʀadɛ̃] m Rang m; **en ~s** (terrain) terrassenförmig
graduel, le [gʀaduɛl] adj allmählich; **graduellement** [gʀaduɛlmã] adv allmählich
graduer ⟨1⟩ [gʀaduɛ] vt (augmenter graduellement) allmählich steigern; (règle, verre) gradieren, einteilen; **exercices gradués** nach Schwierigkeitsgrad gestaffelte Übungen
graffiti (graffiti(s)) [gʀafiti] m Wandschmiererei f, Graffiti nt
grain [gʀɛ̃] m Korn nt; (du bois) Maserung f; (NAUT) Bö f; **~ de beauté** Schönheitsfleck m; **~ de café** Kaffeebohne f; **~ de raisin** Traube f
graine [gʀɛn] f Samen m
graissage [gʀɛsaʒ] m Ölen nt; (AUTO) Abschmieren nt
graisse [gʀɛs] f Fett nt; (lubrifiant) Schmiermittel nt; **graisser** ⟨1⟩ [gʀese] vt (machine) schmieren, ölen; (AUTO) abschmieren; (tacher) fettig machen; **~ la patte à qn** jdn schmieren, jdn bestechen
grammaire [gʀamɛʀ] f Grammatik f;

grammatical, e (-aux) [gʀamatikal, o] adj grammatisch
gramme [gʀam] m Gramm nt
grand, e [gʀã, gʀãd] **1.** adj groß; (voyage) lang; **au ~ air** im Freien; **avoir ~ besoin de qch** etw dringend benötigen; **il est ~ temps** es ist höchste Zeit; **un ~ artiste** ein bedeutender Künstler; **un ~ blessé** ein Schwerverletzter; **un ~ buveur** ein starker Trinker; **~ ensemble** Siedlung f; **~ magasin** Kaufhaus nt; **~e personne** Erwachsene(r) mf; **~e randonnée** Wanderung f; **~e sentier de ~e randonnée** markierter französischer Wanderweg; **~e surface** Einkaufszentrum nt **2.** adv (ouvert) weit

---

Les grandes écoles

Les grandes écoles sind hoch angesehene französische Bildungsstätten, die Studenten auf bestimmte Karrieren vorbereiten. Studenten, die nach ihrem „baccalauréat" zwei Jahre lang die „classes préparatoires" absolviert haben, werden nach einem Auswahlverfahren aufgenommen. Studenten der grandes écoles haben ein starkes Zugehörigkeitsgefühl und bilden die intellektuelle und politische Elite des Landes.

---

grand-angle (grands-angles) [gʀãtãgl] m Weitwinkelobjektiv nt
grand-chose [gʀãʃoz] **pas ~** nicht viel
Grande-Bretagne [gʀãdbʀətaɲ] f **la ~** Großbritannien nt
grandement [gʀãdmã] adv (tout à fait) völlig; (largement) sehr; (généreusement) großzügig
grandeur [gʀãdœʀ] f Größe f; **~ nature** in Lebensgröße
grandiloquence [gʀãdilɔkãs] f geschwollene Ausdrucksweise; **grandiloquent, e** [gʀãdilɔkã, ãt] adj hochtrabend
grandiose [gʀãdjoz] adj grandios, großartig
grandir ⟨8⟩ [gʀãdiʀ] **1.** vi wachsen; (augmenter) zunehmen **2.** vt **~ qn** jdn größer erscheinen lassen
grand-mère (grands-mères) [gʀãmɛʀ] f Großmutter f; **grand-messe** (grand-messes) f Hochamt nt; **grand-peine** adv **à ~** mühsam; **grand-père** (grands-pères) m Großvater m; **grand-route** (grand-routes) f Hauptstraße f; **grand-rue** (grand-rues) f Hauptstraße f; **grands-parents** mpl Großeltern pl
grange [gʀãʒ] f Scheune f
granit [gʀanit] m Granit m

grapheur [gʁafœʁ] m (*INFORM*) Grafikprogramm nt

graphie [gʁafi] f Schreibung f

graphique [gʁafik] **1.** adj grafisch **2.** m Schaubild nt

graphiste [gʁafist] mf Grafiker(in) m(f)

graphite [gʁafit] m Graphit m

grappe [gʁap] f Traube f; (*multitude*) Ansammlung f; ~ **de raisin** Traube

grappin [gʁapɛ̃] m **mettre le ~ sur qn** jdn in die Finger bekommen

gras, se [gʁɑ, gʁɑs] **1.** adj fettig; (*personne*) fett; (*plaisanterie*) derb; **faire la grasse matinée** (sich) ausschlafen **2.** m (*GASTR*) Fett nt; **grassement** adv **payer ~** sehr gut bezahlen

grassouillet, te [gʁasujɛ, ɛt] adj rundlich, dicklich

gratifier ⟨1⟩ [gʁatifje] vt **~ qn de qch** jdm etw gewähren

gratin [gʁatɛ̃] m (*GASTR*) überbackenes Käsegericht; **au ~** mit Käse überbacken; **le ~** die besseren Kreise; **gratiné, e** [gʁatine] adj (*GASTR*) gratiniert

gratis [gʁatis] adv gratis, umsonst

gratitude [gʁatityd] f Dankbarkeit f

gratte-ciel [gʁatsjɛl] m inv Wolkenkratzer m; **gratte-papier** m inv Schreiberling m

gratter ⟨1⟩ [gʁate] **1.** vt kratzen; (*enlever*) abkratzen **2.** vpr **se** ~ sich kratzen

gratuit, e [gʁatɥi, ɥit] adj kostenlos; (*hypothèse, idée*) ungerechtfertigt; **gratuitement** [gʁatɥitmã] adv gratis, kostenlos; (*sans preuve, motif*) unbegründet

gravats [gʁava] mpl Trümmer pl

grave [gʁav] adj (*sérieux*) ernst; (*maladie, accident*) schwer; (*son, voix*) tief; **gravement** adv schwer

graver ⟨1⟩ [gʁave] vt (*plaque*) gravieren; (*nom*) eingravieren; **~ qch dans son esprit/sa mémoire** sich dat etw einprägen; **graveur** m **~ de CD/DVD** CD/DVD-Brenner m

gravier [gʁavje] m Kies m

gravillons [gʁavijɔ̃] mpl (Roll)splitt m

gravir ⟨8⟩ [gʁaviʁ] vt hinaufklettern, erklimmen

gravitation [gʁavitasjɔ̃] f Schwerkraft f

gravité [gʁavite] f Ernst m; (*de maladie, accident*) Schwere f; (*PHYS*) Schwerkraft f

graviter ⟨1⟩ [gʁavite] vi **~ autour de** umkreisen +akk

gravure [gʁavyʁ] f (*action*) Gravieren nt; (*inscription*) Gravur f; (*art*) Gravierkunst f; (*estampe*) Stich m

gré [gʁe] m **à son ~** nach seinem Geschmack; **au ~ de** mit; gemäß +gen;

bon ~ mal ~ notgedrungen; **contre le ~ de qn** gegen jds Willen; **de ~ ou de force** wohl oder übel; **de son (plein) ~** aus freiem Willen; **savoir ~ à qn de qch** jdm wegen etw dankbar sein

grec, grecque [gʁɛk] adj griechisch; **Grec, Grecque** m, f Grieche (Griechin) m(f); **Grèce** [gʁɛs] f **la ~** Griechenland nt

greffe [gʁɛf] f Pfropfreis nt; (*action*) Pfropfen nt; (*MED*) Transplantation f; (*organe*) Transplantat nt; **greffer** ⟨1⟩ [gʁefe] vt (*AGR*) pfropfen; (*MED*) transplantieren

greffier, -ière [gʁefje, ɛʁ] m, f Gerichtsschreiber(in) m(f)

greffon m Bypass m

grégaire [gʁegɛʁ] adj **instinct ~** Herdentrieb m

grêle [gʁɛl] **1.** adj (lang und) dünn; **intestin ~** Dünndarm m **2.** f Hagel m; **grêler** ⟨1⟩ vb impers **il grêle** es hagelt; **grêlon** [gʁɛlɔ̃] m Hagelkorn nt

grelotter ⟨1⟩ [gʁəlɔte] vi vor Kälte zittern

grenade [gʁənad] f (*explosif*) Granate f; (*BOT*) Granatapfel m

grenat [gʁəna] **1.** m Granat m **2.** adj inv (*couleur*) granatfarben

grenier [gʁənje] m Speicher m

grenouille [gʁənuj] f Frosch m

grès [gʁɛ] m (*GEO*) Sandstein m; (*poterie*) Steingut nt

grésillement [gʁezijmã] m (*GASTR*) Brutzeln nt; (*RADIO*) Rauschen nt

grésiller ⟨1⟩ [gʁezije] vi (*GASTR*) brutzeln; (*RADIO*) knacken, rauschen

grève [gʁɛv] f (*plage*) Ufer nt; (*arrêt de travail*) Streik m; **se mettre en/faire (la) ~** streiken; **~ de la faim** Hungerstreik; **~ sur le tas** Sitzstreik; **~ du zèle** Dienst m nach Vorschrift

grever ⟨4⟩ [gʁave] vt belasten

gréviste [gʁevist(ə)] mf Streikende(r) mf

gribouiller ⟨1⟩ [gʁibuje] vt, vi kritzeln

grief [gʁijɛf] m **faire ~ à qn de qch** jdm etw vorwerfen

grièvement [gʁijɛvmã] adv **~ blessé(e)** schwer verletzt

griffe [gʁif] f (*d'animal*) Kralle f; **griffer** ⟨1⟩ vt kratzen

griffonner ⟨1⟩ [gʁifɔne] vt hinkritzeln

grignoter ⟨1⟩ [gʁiɲɔte] vt herumnagen an +dat

gril [gʁil] m Grill m

grillade [gʁijad] f Grillgericht nt, Grillplatte f

grillage [gʁijaʒ] m Gitter nt

grille [gʁij] f Gitter nt, Rost m; (*porte*) Tor nt

grille-pain [gʀijpɛ̃] *m inv* Toaster *m*
griller ⟨1⟩ [gʀije] **1.** *vt (pain)* toasten; *(viande)* grillen; *(ampoule, résistance)* durchbrennen lassen **2.** *vi (brûler)* verbrennen
grillon [gʀijɔ̃] *m* Grille *f*
grimace [gʀimas] *f* Grimasse *f*; **faire des** ~**s** Grimassen schneiden
grimper ⟨1⟩ [gʀɛ̃pe] **1.** *vi (route, terrain)* ansteigen; *(prix, nombre)* steigen; ~ **à/sur** klettern auf *+akk* **2.** *vt* hinaufsteigen; **grimpeur, -euse** [gʀɛ̃pœʀ, øz] *m, f* Bergsteiger(in) *m(f)*; *(cycliste)* Bergspezialist(in) *m(f)*
grinçant, e [gʀɛ̃sɑ̃, ɑ̃t] *adj* beißend, ätzend
grincement [gʀɛ̃smɑ̃] *m (de porte)* Quietschen *nt*; *(de plancher)* Knarren *nt*; *(de dents)* Knirschen *nt*
grincer ⟨2⟩ [gʀɛ̃se] *vi* quietschen; *(plancher)* knarren; ~ **des dents** mit den Zähnen knirschen
grincheux, -euse [gʀɛ̃ʃø, øz] *adj* mürrisch
gringalet [gʀɛ̃galɛ] *adj (seulement m)* mickrig
griotte [gʀijɔt] *f* Sauerkirsche *f*
grippe [gʀip] *f* Grippe *f*; **grippé, e** *adj* **être** ~ die Grippe haben
grippe-sou (grippe-sous) [gʀipsu] *mf* Pfennigfuchser(in) *m(f)*
gris, e [gʀi, gʀiz] *adj* grau; *(ivre)* beschwipst; ~**-vert** graugrün
grisaille [gʀizaj] *f (monotonie)* Trübheit *f*
grisant, e [gʀizɑ̃, ɑ̃t] *adj* berauschend
grisâtre [gʀizatʀ] *adj (temps, ciel, jour)* trüb
griser ⟨1⟩ [gʀize] *vt (fig)* berauschen
griserie [gʀizʀi] *f* Rausch *m*
grisonner ⟨1⟩ [gʀizɔne] *vi* grau werden
Grisons [gʀizɔ̃] *mpl* **les** ~ Graubünden *nt*
grisou [gʀizu] *m* Grubengas *nt*
grive [gʀiv] *f* Drossel *f*
grivois, e [gʀivwa, az] *adj* derb; **grivoiserie** [gʀivwazʀi] *f* Zote *f*
Groenland [gʀɔenlɑ̃d(ə)] *m* **le** ~ Grönland *nt*
grogne [gʀɔɲ] *f* Unruhe *f*, Unzufriedenheit *f*
grogner ⟨1⟩ [gʀɔɲe] *vi (animal)* knurren; *(personne)* murren
grognon, ne [gʀɔɲɔ̃, ɔn] *adj* mürrisch
groin [gʀwɛ̃] *m* (Schweine)rüssel *m*
grommeler ⟨3⟩ [gʀɔm(ə)le] *vi* brummeln
grondement [gʀɔ̃dmɑ̃] *m (de tonnerre)* Grollen *nt*
gronder ⟨1⟩ [gʀɔ̃de] **1.** *vi (animal)* knurren; *(tonnerre)* grollen; *(révolte, mécontentement)* gären **2.** *vt* schimpfen mit
groover [gʀuve] *vi* grooven
gros, se [gʀo, gʀos] **1.** *adj* groß; *(personne, trait, fil)* dick; *(travaux)* umfangreich; *(orage, bruit)* gewaltig; **le** ~ **œuvre** der Rohbau; **par** ~ **temps/**~**se mer** bei rauem Wetter/stürmischem Meer; **prix de** ~ Großhandelspreis *m*; ~ **intestin** Dickdarm *m*; ~ **lot** Hauptgewinn *m*; ~ **mot** Schimpfwort *nt* **2.** *adv* **risquer/gagner** ~ viel riskieren/verdienen **3.** *m* **le** ~ (COM) der Großhandel; **en** ~ (COM) en gros; *(en substance)* grosso modo; **le** ~ **de** der Großteil von
groseille [gʀozɛj] *f* ~ **rouge/blanche** Rote/Weiße Johannisbeere; ~ **à maquereau** Stachelbeere *f*
grossesse [gʀosɛs] *f* Schwangerschaft *f*
grosseur [gʀosœʀ] *f (volume)* Größe *f*; *(corpulence)* Dicke *f*
grossier, -ière [gʀosje, ɛʀ] *adj (vulgaire)* derb; *(brut)* grob; *(erreur, faute)* krass; **grossièrement** *adv* derb; grob; *(à peu près)* ungefähr; **grossièreté** [gʀosjɛʀte] *f* Derbheit *f*; *(mot, propos)* Grobheit *f*
grossir ⟨8⟩ [gʀosiʀ] **1.** *vi* zunehmen; *(rivière)* steigen **2.** *vt (personne)* dicker erscheinen lassen; *(augmenter)* erhöhen; *(exagérer)* übertreiben; *(microscope, jumelles)* vergrößern
grossiste [gʀosist(ə)] *mf* Großhändler(in) *m(f)*
grosso modo [gʀosomɔdo] *adv* ungefähr
grotesque [gʀɔtɛsk] *adj* grotesk
grotte [gʀɔt] *f* Höhle *f*, Grotte *f*
groupe [gʀup] *m* Gruppe *f*; ~ **parlementaire** (POL) Parlamentsfraktion *f*; ~ **à risque(s)** Risikogruppe; ~ **(de) rock** Rockband *f*, Rockgruppe; ~ **sanguin** Blutgruppe; **groupement** *m (association)* Vereinigung *f*
grouper ⟨1⟩ [gʀupe] **1.** *vt* gruppieren **2.** *vpr* **se** ~ sich versammeln
grue [gʀy] *f (TECH)* Kran *m*; *(ZOOL)* Kranich *m*
grumeaux [gʀymo] *mpl (GASTR)* Klumpen *pl*
gruyère [gʀyjɛʀ] *m* Gruyère *m*, Greyerzerkäse *m*
Guadeloupe [gwadəlup] *f* **la** ~ Guadeloupe *nt*
Guatemala [gwatemala] *m* **le** ~ Guatemala *nt*; **guatémaltèque** [gwatemaltɛk] *adj* guatemaltekisch; **Guatémaltèque** *mf* Guatemalteke (Guatemaltekin) *m(f)*
gué [ge] *m* Furt *f*

guenilles [gənij] *fpl* Lumpen *pl*

guenon [gɑnɔ̃] *f* Äffin *f*

guépard [gepaʀ] *m* Gepard *m*

guêpe [gɛp] *f* Wespe *f*; **guêpier** [gepje] *m* (*a. fig*) Wespennest *nt*

guère [gɛʀ] *adv* **ne ~** nicht sehr; **ne ~ mieux** nicht viel besser; **il n'a ~ de courage** er ist nicht sehr mutig; **il n'y a ~ que lui qui ...** es gibt kaum jemand außer ihm, der ...

guérilla [geʀija] *f* Guerilla *f*

guérir ⟨8⟩ [geʀiʀ] **1.** *vt* heilen (*de* von) **2.** *vi* heilen; (*personne*) gesund werden; **guérison** [geʀizɔ̃] *f* Genesung *f*; **guérissable** [geʀisabl] *adj* heilbar; **guérisseur, -euse** [geʀisœʀ, øz] *m*, *f* Heiler(in) *m(f)*

Guernesey [gɛʀn(ə)zɛ] (**l'île *f* de**) ~ Guernsey *nt*

guerre [gɛʀ] *f* Krieg *m*; **en ~** im Krieg(szustand); **de ~ lasse** resigniert, kampfesmüde; **faire la ~ à** Krieg führen mit; **~ atomique/civile** Atom-/Bürgerkrieg; **~ bactériologique** Kriegsführung *f* mit bakteriologischen Waffen; **guerrier, -ière** [geʀje, ɛʀ] **1.** *adj* kriegerisch **2.** *m* Krieger(in) *m(f)*

guet [gɛ] *m* **faire le ~** auf der Lauer liegen, lauern; **guet-apens** [gɛtapɑ̃] *m inv* Hinterhalt *m*; **guetter** ⟨1⟩ [gete] *vt* lauern auf +*akk*

gueule [gœl] *f* (*d'animal*) Maul *nt*; (*ouverture*) Öffnung *f*; (*fam: bouche*) Klappe *f*; **gueule-de-loup** (gueules-de-loup) [gœldəlu] *f* Löwenmäulchen *nt*; **gueuler** ⟨1⟩ *vi* (*fam*) schreien; plärren

gueuleton [gœltɔ̃] *m* (*fam*) Fresserei *f*

gui [gi] *m* Mistel *f*

guichet [giʃɛ] *m* Schalter *m*; (*THEAT*) Kasse *f*; **jouer à ~s fermés** (*THEAT*) vor ausverkauftem Haus spielen; **~ automatique** Geldautomat *m*

guide [gid] *m* Führer(in) *m(f)*; **~s** *mpl* (*rênes*) Zügel *pl*; **~ de montagne** Bergführer(in); **guider** ⟨1⟩ **1.** *vt* (*personne*) führen; (*fig*) beraten **2.** *vpr* **se ~ sur** sich richten nach; **guidon** *m* (*de vélo*) Lenkstange *f*

guigne [giɲ] *f* **avoir la ~** (*fam*) Pech haben

guignol [giɲɔl] *m* (*marionnette, fig*) Kasper *m*; (*théâtre*) Kasperletheater *nt*

guillemets [gijmɛ] *mpl* **entre ~** in Anführungszeichen

guillotine [gijɔtin] *f* Guillotine *f*; **guillotiner** ⟨1⟩ [gijɔtine] *vt* mit der Guillotine hinrichten

guindé, e [gɛ̃de] *adj* gekünstelt

Guinée [gine] *f* **la ~** Guinea *nt*

Guinée-Bissau [ginebiso] *f* **la ~** Guinea-Bissau *nt*

guirlande [giʀlɑ̃d] *f* Girlande *f*

guise [giz] *f* **à sa ~** wie er/sie will; **en ~ de** (*comme*) als; (*à la place de*) statt

guitare [gitaʀ] *f* Gitarre *f*

Gulf Stream [gɔlfstʀim] *m* Golfstrom *m*

gustatif, -ive [gystatif, iv] *adj* Geschmacks-

Guyane [gɥian] *f* **la ~** Guyana *nt*

gymkhana [ʒimkana] *m* Sportfest *nt*; **~ motocycliste** Geschicklichkeitswettbewerb *m* für Motorradfahrer

gymnase [ʒimnɑz] *m* (*SPORT*) Turnhalle *f*

gymnaste [ʒimnast(ə)] *mf* Turner(in) *m(f)*

gymnastique [ʒimnastik] *f* Gymnastik *f*; Turnen *nt*

gynécologie [ʒinekɔlɔʒi] *f* Gynäkologie *f*; **gynécologique** [ʒinekɔlɔʒik] *adj* gynäkologisch; **gynécologue** [ʒinekɔlɔg] *mf* Gynäkologe(-login) *m(f)*

gypse [ʒips] *m* Gips *m*

gyrocompas [ʒiʀokɔ̃pa] *m* Kreiselkompass *m*

gyrophare [ʒiʀofaʀ] *m* (*de police, etc*) Blaulicht *nt*

H

H, h [aʃ] *m* H, h *nt*

h. *abr de* **heure(s)** Std.

habile [abil] *adj* geschickt; *(rusé)* gerissen; **habileté** [abilte] *f* Geschicklichkeit *f*; Gerissenheit *f*

habilité, e [abilite] *adj* ~ **à faire qch** ermächtigt, etw zu tun

habillé, e [abije] *adj* gekleidet; *(vêtement)* elegant; **habillement** *m* Kleidung *f*

habiller ⟨1⟩ [abije] **1.** *vt* anziehen, kleiden; *(fournir en vêtements)* einkleiden; *(objet)* verkleiden; *(vêtement: convenir)* chic aussehen in +*dat* **2.** *vpr* **s'**~ sich anziehen; *(élégamment)* sich elegant kleiden

habit [abi] *m* Frack *m*; ~**s** *mpl (vêtements)* Kleider *pl*; ~ **de deuil/de travail** Trauer-/Arbeitskleidung *f*

habitable [abitabl(ə)] *adj* bewohnbar

habitacle [abitakl(ə)] *m (AVIAT)* Cockpit *nt*; *(AUTO)* Fahrzeuginnenraum *m*

habitant, e [abitã, ãt] *m, f (d'un lieu)* Einwohner(in) *m(f)*; *(d'une maison)* Bewohner(in) *m(f)*

habitat [abita] *m (BOT, ZOOL)* Lebensraum *m*

habitation [abitasjɔ̃] *f (domicile)* Wohnsitz *m*; *(bâtiment)* Wohngebäude *nt*; ~ **à loyer modéré** Wohnblock *m* des sozialen Wohnungsbaus

habiter ⟨1⟩ [abite] **1.** *vt* bewohnen; *(fig)* innewohnen +*dat*; ~ **rue Montmartre** in der Rue Montmartre wohnen **2.** *vi* wohnen

habitude [abityd] *f* Gewohnheit *f*; *(expérience)* Vertrautheit *f*; **avoir l'**~ **de faire qch** etw gewöhnlich tun; *(par expérience)* es gewohnt sein, etw zu tun; **comme d'**~ wie gewöhnlich, wie immer; **d'**~ gewöhnlich, normalerweise

habitué, e [abitɥe] **1.** *adj* **être** ~ **à** etw gewöhnt sein **2.** *m, f (d'un café, etc)* Stammgast *m*

habituel, le [abitɥel] *adj* üblich

habituer ⟨1⟩ [abitɥe] **1.** *vt* ~ **qn à qch** jdn an etw *akk* gewöhnen **2.** *vpr* **s'**~ **à** sich gewöhnen an +*akk*

hâbleur, -euse [ˈɑblœʁ, øz] *adj* prahlerisch

hache [aʃ] *f* Axt *f*, Beil *nt*

haché, e [aʃe] *adj (GASTR)* gehackt; *(phrases, style)* abgehackt; **viande** ~**e** Hackfleisch *nt*

hache-légumes [aʃlegym] *m inv* Gemüsezerkleinerer *m*

hacher ⟨1⟩ [aʃe] *vt (GASTR)* (zer)hacken

hache-viande [aʃvjãd] *m inv* Fleischwolf *m*; *(couteau)* Hackmesser *nt*

hachis [aʃi] *m* ~ **de viande** feingehacktes Fleisch

hachisch [aʃiʃ] *m* Haschisch *nt*

hachoir [aʃwaʁ] *m (appareil)* Fleischwolf *m*; *(planche)* Hackbrett *nt*

hachurer ⟨1⟩ [aʃyʁe] *vt* schraffieren

hagard, e [agaʁ, d(ə)] *adj* verstört

haie [ɛ] *f* Hecke *f*; *(SPORT)* Hürde *f*; *(de personnes)* Reihe *f*, Spalier *nt*; **course de** ~**s** *(équitation)* Hindernisrennen *nt*; *(athlétisme)* Hürdenlauf *m*; ~ **d'honneur** (Ehren)spalier *nt*

haine [ɛn] *f* Hass *m*

haïr [aiʁ] *irr vt* hassen

Haïti [aiti] **(l'île *f* de)** ~ Haiti *nt*

hâlé, e [ɑle] *adj* gebräunt

haleine [alɛn] *f* Atem *m*; **de longue** ~ langwierig; **hors d'**~ außer Atem

hâler [ɑle] *vt* bräunen

haleter ⟨4⟩ [alte] *vi* keuchen

hall [ol] *m* (Eingangs-/Empfangs)halle *f*

halle [al] *f* Markthalle *f*; ~**s** *fpl* städtische Markthallen *pl*

hallucinant, e [alysinã, ãt] *adj* verblüffend

hallucination [alysinasjɔ̃] *f* Halluzination *f*, Sinnestäuschung *f*

halo [alo] *m (de lune)* Hof *m*

halogène [alɔʒɛn] *m* Halogen *nt*; **lampe (à)** ~ Halogenlampe *f*

halte [alt] **1.** *f* Rast *f*; *(de train)* Haltestelle *f*; **faire** ~ halten, Halt machen **2.** *interj* halt; **halte-garderie** (haltes-garderies) [altgaʁdəʁi] *f* Kinderkrippe *f*

haltère [altɛʁ] *m* Hantel *f*; **poids et** ~**s** Gewichtheben *nt*; **haltérophile** [alteʁɔfil] *m* Gewichtheber *m*; **haltérophilie** [alteʁɔfili] *f* Gewichtheben *nt*

hamac [amak] *m* Hängematte *f*

Hambourg [ɑ̃buʁ] Hamburg *nt*

hamburger [ɑ̃buʁgœʁ] *m* Hamburger *m*

hameau (x) [amo] *m* Weiler *m*

hameçon [amsɔ̃] *m* Angelhaken *m*

hamster [amstɛʁ] *m* Hamster *m*

hanche [ɑ̃ʃ] *f* Hüfte *f*

handball [ɑ̃dbal] *m* Handball *m*; **handballeur, -euse** [ɑ̃dbalœʁ, øz] *m, f* Handballer(in) *m(f)*

handicap [ɑ̃dikap] *m* Handikap *nt*; **han-**

dicapé, e ['ãdikape] **1.** *adj* behindert **2.** *m, f* Behinderte(r) *mf;* ~ **moteur** Spastiker *m;* ~ **physique/mental** Körperbehinderte(r)/ geistig Behinderte(r)
handicaper ⟨1⟩ ['ãdikape] *vt* behindern, benachteiligen
handisport ['ãdispɔʀ] *m* Behindertensport *m*
hangar ['ãgaʀ] *m* Schuppen *m;* (*AVIAT*) Hangar *m,* Flugzeughalle *f*
hanneton ['antɔ̃] *m* Maikäfer *m*
Hanovre ['anɔvʀ] Hannover *nt*
hanter ⟨1⟩ ['ãte] *vt* (*fantôme*) spuken [*o* umgehen] in +*dat;* (*poursuivre*) verfolgen, keine Ruhe lassen +*dat;* **hantise** ['ãtiz] *f* (*obsessive*) Angst
happer ⟨1⟩ ['ape] *vt* schnappen; **être happé(e) par un train** von einem Zug erfasst werden
happy end (happy ends) ['apiɛnd] *m o f* Happyend *nt*
haranguer ⟨1⟩ ['aʀãge] *vt* eine Rede halten +*dat*
haras ['aʀa] *m* Gestüt *nt*
harassant, e ['aʀasã, ãt] *adj* (*travail*) erschöpfend
harcèlement ['aʀsɛlmã] *m* Belästigung *f;* ~ **sexuel** sexuelle Belästigung; ~ **moral** Mobbing *nt;* **harceler** ⟨4⟩ ['aʀsəle] *vt* (*importuner*) belästigen; ~ **de questions** mit Fragen bestürmen
hardi, e ['aʀdi] *adj* (*courageux*) kühn, tapfer
harem ['aʀɛm] *m* Harem *m*
hareng ['aʀã] *m* Hering *m*
hargne ['aʀɲ(ə)] *f* Gereiztheit *f,* Aggressivität *f*
haricot ['aʀiko] *m* Bohne *f;* ~ **vert/blanc** grüne/dicke Bohne
harmonie [aʀmɔni] *f* Harmonie *f;* (*théorie*) Harmonielehre *f;* **harmonieux, -euse** [aʀmɔnjø, øz] *adj* harmonisch; **harmonisation** *f* Angleichung *f;* ~ **juridique** (*JUR*) Rechtsangleichung; **harmoniser** ⟨1⟩ *vt* aufeinander abstimmen; (*MUS, FIN*) harmonisieren
harmonium [aʀmɔnjɔm] *m* Harmonium *nt*
harnacher ⟨1⟩ ['aʀnaʃe] *vt* anschirren; **harnais** ['aʀnɛ] *m* Geschirr *nt*
harpe ['aʀp(ə)] *f* Harfe *f;* **harpiste** ['aʀpist] *mf* Harfenist(in) *m(f)*
harpon ['aʀpɔ̃] *m* Harpune *f;* **harponner** ⟨1⟩ ['aʀpɔne] *vt* harpunieren; (*fam*) aufhalten
hasard ['azaʀ] *m* Zufall *m;* **à tout** ~ auf gut Glück; **au** ~ auf gut Glück, aufs Gera

tewohl; **par** ~ zufällig; **hasarder** ⟨1⟩ ['azaʀde] **1.** *vt* riskieren **2.** *vpr* **se** ~ **à faire qch** es riskieren, etw zu tun; **hasardeux, -euse** ['azaʀdø, øz] *adj* riskant; (*hypothèse*) gewagt
haschisch ['aʃiʃ] *m* Haschisch *nt*
hâte ['at] *f* Eile *f;* **à la** ~ hastig; **en** ~ in aller Eile; **avoir** ~ **de faire qch** es eilig haben, etw zu tun; **hâter** ⟨1⟩ **1.** *vt* beschleunigen **2.** *vpr* **se** ~ sich beeilen; **hâtif, -ive** ['atif, iv] *adj* (*travail*) gepfuscht; (*décision*) übereilt, überstürzt; (*fruits, légumes*) Früh
hausse ['os] *f* (*de prix, de température*) Anstieg *m;* (*de salaires*) Erhöhung *f;* **en** ~ (*prix*) steigend; (*température*) ansteigend; **hausser** ⟨1⟩ **1.** *vt* erhöhen; (*voix*) erheben; ~ **les épaules** mit den Achseln zucken **2.** *vpr* **se** ~ **sur la pointe des pieds** sich auf die Zehenspitzen stellen
haut, e ['o, 'ot] **1.** *adj* hoch; (*voix*) laut; **à** ~**e voix, tout** ~ laut; **à** ~**e résolution** [*o* définition] hoch auflösend; **à** ~**s risques** (*job, etc*) risikoreich; **en** ~ **lieu** an höchster Stelle; **en** ~**e montagne** im Hochgebirge; ~ **de 2 m, 2 m de** ~ 2 m hoch; **le** ~ **allemand** (*LING*) das Hochdeutsche **2.** *adv* hoch; **de** ~ **en bas** von oben nach unten; (*regarder*) von oben bis unten; **en** ~ oben; (*avec mouvement*) nach oben; **en** ~ **de** auf +*akk;* **plus** ~ höher; (*position*) weiter oben; (*plus fort*) lauter; ~ **les mains!** Hände hoch! **3.** *m* (*partie supérieure*) oberer Teil, Oberteil *nt;* (*sommet*) Gipfel *m;* **du** ~ **de** ... von ... herab; **des** ~**s et des bas** Höhen und Tiefen *pl*
hautain, e ['otɛ̃, ɛn] *adj* hochmütig
hautbois ['obwa] *m* Oboe *f;* **hautboïste** ['obɔist] *mf* Oboist(in) *m(f)*
haut-de-forme (hauts-de-forme) ['odfɔʀm] *m* (*chapeau*) Zylinder *m*
hauteur ['otœʀ] *f* Höhe *f;* (*arrogance*) Hochmut *m,* Überheblichkeit *f;* **être à la** ~ den Dingen gewachsen sein; **haut fourneau** (x) ['ofuʀno] *m* Hochofen *m;* **haut-le-cœur** *m inv* Übelkeit *f;* **haut-parleur** (haut-parleurs) *m* Lautsprecher *m*
Hawaii [awaj] (**l'île f de**) ~ Hawaii *nt*
Haye ['ɛ] **La** ~ Den Haag
hayon ['ɛjɔ̃] *m* Hecktür *f*
hebdo [ɛbdo] *m* (*fam*) (Wochen)zeitschrift *f*
hebdomadaire [ɛbdɔmadɛʀ] **1.** *adj* wöchentlich **2.** *m* (wöchentlich erscheinende) Zeitschrift
hébergement [ebɛʀʒəmã] *m* Unterbringung *f*

héberger ⟨2⟩ [ebeʀʒe] vt bei sich aufnehmen; **hébergeur** [ebeʀʒœʀ] m *(Internet)* Host m

hébété, e [ebete] adj benommen, wie betäubt

hébraïque [ebʀaik] adj hebräisch

hébreu (x) [ebʀø] adj *(seulement masculin)* hebräisch; **Hébreu** m Hebräer m

H.E.C. abr de **Hautes études commerciales** ≈ Höhere Handelsschule

hécatombe [ekatɔ̃b] f Blutbad nt

hectare [ɛktaʀ] m Hektar nt

hectolitre [ɛktolitʀ(ə)] m Hektoliter m

hédoniste [edɔnist] adj hedonistisch

hégémonie [eʒemɔni] f Vorherrschaft f

hein ['ɛ̃] interj *(interrogation)* was; *(sollicitant approbation)* nicht wahr

hélas ['elas] **1.** adv leider **2.** interj ach

héler ⟨5⟩ ['ele] vt herbeirufen

hélice [elis] f Schraube f, Propeller m

hélicoptère [elikɔptɛʀ] m Hubschrauber m

héliport [elipɔʀ] m Hubschrauberlandeplatz m; **héliporté, e** [elipɔʀte] adj per Hubschrauber transportiert

hélium [eljɔm] m Helium nt

helvète [ɛlvɛt] adj helvetisch; **Helvétie** [ɛlvesi] f l'~ Helvetien nt; **helvétique** [ɛlvetik] adj helvetisch, schweizerisch

hématome [ematɔm] m Bluterguss m

hémicycle [emisikl(ə)] m Halbkreis m; l'~ *(POL)* das Parlament

hémiplégie [emipleʒi] f halbseitige Lähmung

hémisphère [emisfɛʀ] m ~ **nord/sud** nördliche/südliche Hemisphäre

hémoglobine [emɔglɔbin] f Hämoglobin nt

hémophile [emɔfil] adj bluterkrank; **il est ~** er ist Bluter; **hémophilie** [emɔfili] f Bluterkrankheit f

hémorragie [emɔʀaʒi] f starke Blutung; **~ cérébrale** Gehirnblutung f

hémorroïdes [emɔʀɔid] fpl Hämorriden pl

hémostatique [emɔstatik] adj blutstillend

henné [ene] m Henna f o nt

hennir ⟨8⟩ ['eniʀ] vi wiehern

hennissement ['enismɑ̃] m Wiehern nt

hépatique [epatik] adj Leber-; **hépatite** [epatit] f Hepatitis f

herbe [ɛʀb(ə)] f Gras nt; *(MED)* (Heil)kraut nt; *(GASTR)* (Gewürz)kraut nt; **herbicide** [ɛʀbisid] m Unkrautvernichtungsmittel nt; **herbier** [ɛʀbje] m Herbarium nt; **herbivore** [ɛʀbivɔʀ] adj Pflanzen fressend;

herboriste mf (Heil)kräuterhändler(in) m(f)

héréditaire [eʀeditɛʀ] adj erblich; **hérédité** [eʀedite] f *(BIO)* Vererbung f; *(BIO: caractères)* Erbgut nt

hérésie [eʀezi] f Ketzerei f; **hérétique** [eʀetik] **1.** mf Ketzer(in) m(f) **2.** adj ketzerisch

hérisser ⟨1⟩ ['eʀise] **1.** vt *(personne)* aufbringen **2.** vpr se ~ *(poils)* sich sträuben

hérisson ['eʀisɔ̃] m Igel m

héritage [eʀitaʒ] m Erbe nt, Erbschaft f

hériter ⟨1⟩ [eʀite] vt, vi erben; ~ **de qch** etw erben

héritier, -ière [eʀitje, ɛʀ] m, f Erbe (Erbin) m(f)

hermétique [ɛʀmetik] adj hermetisch; *(visage)* verschlossen, starr; **être ~ à qch** *(personne)* für etw nicht zugänglich sein

hermine [ɛʀmin] f Hermelin(pelz m) nt

hernie ['ɛʀni] f (Eingeweide)bruch m

héroïne [eʀɔin] f Heldin f; *(drogue)* Heroin nt; **héroïnomane** [eʀɔinɔman] mf Heroinsüchtige(r) mf

héroïque [eʀɔik] adj heroisch, heldenhaft

héron ['eʀɔ̃] m Reiher m

héros ['eʀo] m Held m

herpès [ɛʀpɛs] m Herpes m

hésitation [ezitasʒ5] f Zögern nt

hésiter ⟨1⟩ [ezite] vi zögern

hétéroclite [eteʀɔklit] adj *(ensemble)* eigenartig, heterogen; *(objets)* zusammengestückelt

hétérogène [eteʀɔʒɛn] adj heterogen

hétérosexuel, le [eteʀɔseksɥɛl] adj heterosexuell

hêtre ['ɛtʀ(ə)] m Buche f

heure ['œʀ] f Stunde f; *(point précis du jour)* Uhr f; **à l'~ actuelle** gegenwärtig; **à toute ~** jederzeit; **être à l'~** pünktlich ankommen; *(montre)* richtig gehen; **mettre à l'~** stellen; **quelle ~ est-il?** wie viel Uhr ist es?; **est-ce que vous avez l'~?** können Sie mir sagen, wie spät es ist?; **il est deux ~s et demie/moins le quart** es ist halb drei/Viertel vor zwei; **24 ~s sur 24** rund um die Uhr; **~ du départ** Abfahrtszeit f; *(en avion)* Abflugzeit f; **~ de diffusion** *(TV)* Sendezeit f; **~ locale/d'été** Orts-/Sommerzeit f; **~ de pointe** Stoßzeit f; **~s supplémentaires** Überstunden pl; **~s de visite** Besuchszeit f

heureusement [øʀøzmɑ̃] adv glücklicherweise

heureux, -euse [øʀø, øz] adj glücklich

heurt ['œʀ] m *(choc)* (Zusammen)stoß m; **~s** mpl *(fig)* Reibereien pl; **heurté, e** adj sprunghaft; **heurter** ⟨1⟩ ['œʀte] **1.** vt stoßen gegen; (*fig*) verletzen **2.** vpr se ~ zusammenstoßen; **se ~ à** zusammenstoßen mit; (*fig: obstacle*) treffen auf +*akk*

hexagonal, e (-aux) [ɛgzagɔnal, o] *adj* sechseckig; (*français*) französisch; **hexagone** [ɛgzagɔn] *m* Sechseck *nt;* **l'Hexagone** Frankreich *nt*

hibernation [ibɛʀnasjɔ̃] *f* Winterschlaf *m*

hiberner ⟨1⟩ [ibɛʀne] *vi* Winterschlaf halten

hibiscus [ibiskys] *m* Hibiskus *m*

hibou (x) ['ibu] *m* Eule *f*

hideux, -euse ['idø, øz] *adj* abscheulich

hier [jɛʀ] *adv* gestern

hiérarchie [jeʀaʀʃi] *f* Hierarchie *f*

hiéroglyphe ['jeʀɔglif] *m* Hieroglyphe *f*

hi-fi ['ifi] *f inv* Hi-Fi *nt*

high tech [ajtɛk] *m* Hightech *nt*

hilarité [ilaʀite] *f* Heiterkeit *f*

hindou, e [ɛ̃du] *adj* Hindu-; (*indien*) indisch; **Hindou, e** [ɛ̃du] *m, f* Hindu *m;* (*indien*) Inder(in) *m(f)*

hindouisme [ɛ̃duism] *m* Hinduismus *m*

hippique [ipik] *adj* Pferde-; **hippisme** *m* Pferdesport *m*

hippocampe [ipɔkãp] *m* Seepferdchen *nt;* **hippodrome** [ipodʀom] *m* (Pferde)rennbahn *f*

hippopotame [ipɔpɔtam] *m* Nilpferd *nt*

hirondelle [iʀɔ̃dɛl] *f* Schwalbe *f*

hirsute [iʀsyt] *adj* strubbelig, struppig

hisser ⟨1⟩ ['ise] **1.** vt hissen **2.** vpr **se ~ sur qch** sich auf etw *akk* hochziehen

histoire [istwaʀ] *f* Geschichte *f;* ~s *fpl* (*ennuis*) Ärger *m;* (*fam*) Scherereien *pl;* **l'~ sainte** die biblische Geschichte; **historien, ne** [istɔʀjɛ̃, ɛn] *m, f* Historiker(in) *m(f);* **historique** [istɔʀik] *adj* historisch

hit-parade (hit-parades) ['itpaʀad] *m* Hitparade *f*

HIV ['aʃive] *m abr de* **Human Immunodeficiency Virus** HIV *m*

hiver [ivɛʀ] *m* Winter *m;* **en ~** im Winter; **hivernal, e** (-aux) *adj* winterlich; **hiverner** ⟨1⟩ *vi* überwintern

hl *abr de* **hectolitre** hl

H.L.M. *m o f abr de* **habitation à loyer modéré** Wohnblock *m* des sozialen Wohnungsbaus

hobby (hobbies) ['ɔbi] *m* Hobby *nt*

hocher ⟨1⟩ ['ɔʃe] vt **~ la tête** den Kopf schütteln; (*accord*) mit dem Kopf nicken

hochet ['ɔʃe] *m* Rassel *f*

hockey ['ɔke] *m* ~ (**sur glace/gazon**) (Eis-/Feld)hockey *nt;* **hockeyeur, -euse** ['ɔkejœʀ, øz] *m, f* Hockeyspieler(in) *m(f);*

(*sur glace*) Eishockeyspieler(in) *m(f)*

holding ['ɔldiŋ] *m* Holdinggesellschaft *f*

hold-up ['ɔldœp] *m inv* (Raub)überfall *m*

hollandais, e ['ɔlɑ̃dɛ, ɛz] *adj* holländisch; **Hollandais, e** *m, f* Holländer(in) *m(f);* **Hollande** *f* la ~ Holland *nt*

holocauste [ɔlɔkost] *m* Holocaust *m*

hologramme [ɔlɔgʀam] *m* Hologramm *nt*

homard ['ɔmaʀ] *m* Hummer *m*

homélie [ɔmeli] *f* Predigt *f*

homéopathe [ɔmeɔpat] *mf* Homöopath(in) *m(f);* **homéopathie** [ɔmeɔpati] *f* Homöopathie *f;* **homéopathique** [ɔmeɔpatik] *adj* homöopathisch

homicide [ɔmisid] *m* (*acte*) Totschlag *m;* ~ **involontaire** fahrlässige Tötung

hommage [ɔmaʒ] *m* Huldigung *f;* **présenter ses ~s à qn** jdn grüßen; **rendre ~ à qn** jdm huldigen, jdn ehren

homme [ɔm] *m* (*humain*) Mensch *m;* (*masculin*) Mann *m;* ~ **au foyer** Hausmann; ~ **d'affaires** Geschäftsmann; ~ **des cavernes** Höhlenmensch; ~ **d'État** Staatsmann; ~ **de paille** Strohmann; **l'~ de la rue** der Mann auf der Straße; **homme-grenouille** (hommes-grenouilles) *m* Froschmann *m;* **homme-orchestre** (hommes-orchestres) [ɔmɔʀkɛstʀ] *m* Einmannband *f;* **homme-sandwich** (hommes-sandwiches) *m* Plakatträger *m*

homogène [ɔmɔʒɛn] *adj* homogen

homogénéisé, e [ɔmɔʒeneize] *adj* homogenisiert

homologue [ɔmɔlɔg] *m* Gegenstück *nt,* Pendant *nt;* (*politique étrangère*) Amtskollege(-kollegin) *m(f)*

homologué, e [ɔmɔlɔge] *adj* (*SPORT*) offiziell anerkannt; (*tarif*) genehmigt

homonyme [ɔmɔnim] *m* (*LING*) Homonym *nt*

homoparentalité [ɔmɔpaʀãtalite] *f* Erziehung *f* durch gleichgeschlechtliche Eltern

homosexualité [ɔmɔsɛksɥalite] *f* Homosexualität *f*

homosexuel, le [ɔmɔsɛksɥel] **1.** *adj* homosexuell **2.** *m, f* Homosexuelle(r) *mf*

Honduras ['ɔ̃dyʀas] *m* **le ~** Honduras *nt*

Hongrie ['ɔ̃gʀi] *f* **la ~** Ungarn *nt;* **hongrois, e** ['ɔ̃gʀwa, az] *adj* ungarisch; **Hongrois, e** *m, f* Ungar(in) *m(f)*

honnête [ɔnɛt] *adj* ehrlich, anständig; (*suffisant*) zufrieden stellend; **honnêtement** *adv* ehrlich; **honnêteté** *f* Ehrlichkeit *f*

honneur [ɔnœʀ] *m* Ehre *f;* **en l'~ de** zu Ehren von; **faire ~ à qch** (*engagements*) etw ehren; *(famille)* einer Sache *dat* Ehre machen; *(fam: repas)* kräftig zulangen

honorable [ɔnɔRabl(ə)] *adj* ehrenhaft; *(suffisant)* zufrieden stellend

honoraire [ɔnɔRɛR] *adj* ehrenamtlich; **membre ~** Ehrenmitglied *nt;* **honoraires** *mpl* Honorar *nt*

honorer ⟨1⟩ [ɔnɔRe] **1.** *vt* ehren; *(COM)* bezahlen; **~ qn de** jdn beehren mit **2.** *vpr* **s'~ de** sich einer Sache *gen* rühmen

honorifique [ɔnɔRifik] *adj* Ehren-

honte ['ɔ̃t] *f* Schande *f;* **avoir ~ de** sich schämen +*gen;* **faire ~ à qn** jdm Schande machen; **honteux, -euse** ['ɔ̃tø, øz] *adj* schändlich; *(personne)* beschämt; **être ~** *(personne)* sich schämen

hôpital (-aux) [ɔpital, o] *m* Krankenhaus *nt*

hoquet [ɔkɛ] *m* Schluckauf *m;* **avoir le ~** den Schluckauf haben; **hoqueter** ⟨3⟩ ['ɔk(ə)te] *vi* hicksen, den Schluckauf haben

horaire [ɔRɛR] **1.** *adj* stündlich **2.** *m* Programm *nt; (emploi du temps)* Zeitplan *m; (SCOL)* Stundenplan *m; (de transports)* Fahrplan *m; (AVIAT)* Flugplan *m; ~* **souple** gleitende Arbeitszeit, Gleitzeit *f; ~* **des trains** Fahrplan; *(dépliant)* Fahrplanauszug *m*

horizon [ɔRizɔ̃] *m* Horizont *m*

horizontal, e (-aux) [ɔRizɔ̃tal, o] *adj* horizontal; **horizontalement** *adv* horizontal

horloge [ɔRlɔʒ] *f* Uhr *f;* **l'~ parlante** die Zeitansage *f;* **horloger, -ère** [ɔRlɔʒe, ɛR] *m, f* Uhrmacher(in) *m(f);* **horlogerie** [ɔRlɔʒRi] *f* Uhrenindustrie *f;* **pièces d'~** Uhrteile *pl*

hormis ['ɔRmi] *prep* außer +*dat*

hormonal, e (-aux) [ɔRmɔnal, o] *adj* hormonell

hormone [ɔRmɔn] *f* Hormon *nt*

horodatage [ɔRɔdataʒ] *m* Zeitangabe *f*

horodateur [ɔRɔdatœR] *m* Parkscheinautomat *m*

horoscope [ɔRɔskɔp] *m* Horoskop *nt*

horreur [ɔRœR] *f* Abscheulichkeit *f,* Entsetzlichkeit *f; (épouvante)* Entsetzen *nt;* **avoir ~ de qch** etw verabscheuen; **faire ~ à qn** jdn anwidern; **quelle ~!** *(fam)* wie grässlich!

horrible [ɔRibl(ə)] *adj* fürchterlich, grauenhaft, schrecklich

horrifier ⟨1⟩ [ɔRifje] *vt* entsetzen

horrifique [ɔRifik] *adj* entsetzlich

horripilant, e [ɔRipilã, ãt] *adj* nervtötend

horripiler ⟨1⟩ [ɔRipile] *vt* zur Verzweiflung bringen

hors ['ɔR] *prep* außer +*dat; ~* **de** außer +*dat,* außerhalb +*gen; ~* **de propos** unpassend; **~ pair** außergewöhnlich; **être ~ de soi** außer sich sein; **~ d'usage** defekt; **hors-bord** *m inv* Außenbordmotor *m;* **hors-concours** *adj* außer Konkurrenz; **hors-d'œuvre** *m inv* Hors d'œuvre *nt,* Vorspeise *f;* **hors-jeu** *m inv* Abseits *nt;* **hors-la-loi** *m inv* Geächtete(r) *mf,* Verbrecher(in) *m(f);* **hors-piste(s)** ['ɔRpist] *m inv* Skilaufen *nt* außerhalb der Pisten; **hors taxe** *adj* zollfrei; **hors-texte** *m inv* Tafel *f*

hortensia [ɔRtãsja] *m* Hortensie *f*

horticulteur, -trice [ɔRtikyltœR, tRis] *m, f* Gärtner(in) *m(f);* **horticulture** *f* Gartenbau *m*

hospice [ɔspis] *m ~* **de vieillards** Altenheim *nt (für mittellose Personen)*

hospitalier, -ière [ɔspitalje, ɛR] *adj (accueillant)* gastfreundlich; *(MED)* Krankenhaus-

hospitalisation [ɔspitalizasjɔ̃] *f* Einweisung *f* ins Krankenhaus

hospitaliser ⟨1⟩ [ɔspitalize] *vt* ins Krankenhaus einweisen

hospitalité [ɔspitalite] *f* Gastfreundlichkeit *f*

hostie [ɔsti] *f* Hostie *f*

hostile [ɔstil] *adj* feindlich; **être ~ à qch** gegen etw sein; **hostilité** *f* Feindseligkeit *f;* **~s** *fpl* Feindseligkeiten *pl*

hot-dog (hot-dogs) ['ɔtdɔg] *m* Hotdog *m* o *nt*

hôte [ot] *m (maître de maison)* Gastgeber *m; (invité)* Gast *m; (INFORM)* Hostrechner *m*

hôtel [otɛl] *m* Hotel *nt; ~* **(particulier)** Villa *f; ~* **Matignon** Amtssitz des französischen Premierministers in Paris; **~ de ville** Rathaus *nt;* **hôtelier, -ière** [otalje, ɛR] **1.** *adj* Hotel- **2.** *m, f* Hotelbesitzer(in) *m(f);* **hôtellerie** [otɛlRi] *f (profession)* Hotelgewerbe *nt; (auberge)* Gasthaus *nt*

hôtesse [otɛs] *f (maîtresse de maison)* Gastgeberin *f; (~ d'accueil)* Hostess *f; ~* **de l'air** Stewardess *f*

hotline ['ɔtlajn] *f* Hotline *f*

hotte ['ɔt] *f (de cheminée, d'aération)* Abzugshaube *f*

houblon ['ubl ɔ̃] *m* Hopfen *m*

houille ['uj] *f* (Stein)kohle *f; ~* **blanche** Wasserkraft *f*

houlette [ulɛt] *f* **sous la ~ de** unter der Führung von

houleux, -euse ['ulø, øz] *adj (mer)* wogend, unruhig; *(fig)* erregt

houspiller ⟨1⟩ ['uspije] vt ausschimpfen
housse ['us] f (de protection) Bezug m
houx ['u] m Stechpalme f
H.R. abr de **heures repas** erreichbar während der Essenszeiten
H.S. abr de **hors service** außer Betrieb; **être ~** (fam) völlig geschafft sein
hublot ['yblo] m Bullauge nt
huées ['ɥe] fpl Buhrufe pl; **huer** ⟨1⟩ vt ausbuhen
huile [ɥil] f Öl nt; **~ d'arachide** Erdnussöl; **~ de foie de morue** Lebertran m; **~ multigrade** Mehrbereichsöl; **huiler** ⟨1⟩ vt ölen
huis [ɥi] m **à ~ clos** unter Ausschluss der Öffentlichkeit
huissier [ɥisje] m Amtsdiener m; (JUR) Gerichtsvollzieher(in) m(f)
huit ['ɥi(t)] num acht; **le ~ mai** der achte Mai; **~ fois** achtmal; achtfach; **~ cents** achthundert; **de ~ ans** achtjährig; **samedi en ~** Samstag in acht Tagen; **huitaine** ['ɥiten] f **une ~ de jours** ungefähr eine Woche; **huitante** ['ɥitãt] num (suisse) achtzig; **huitième** 1. adj achte(r, s) 2. m (fraction) Achtel nt 3. mf (personne) Achte(r) mf; **huitièmement** adv achtens
huître [ɥitr(ə)] f Auster f
hululement ['ylylmã] m Schreien nt
humain, e [ymɛ̃, ɛn] adj menschlich; **l'être ~** der Mensch; **humainement** [ymɛnmã] adv menschlich; **faire tout ce qui est ~ possible** alles Menschenmögliche tun
humaniser ⟨1⟩ [ymanize] vt menschlicher machen
humanitaire [ymanitɛʀ] adj humanitär
humanité [ymanite] f (sensibilité) Menschlichkeit f; **l'~** (genre humain) die Menschheit
humanoïde [ymanɔid] m menschenähnliches Wesen
humble [œ̃bl(ə)] adj bescheiden; (soumis) unterwürfig
humecter ⟨1⟩ [ymɛkte] vt befeuchten
humer ⟨1⟩ ['yme] vt einatmen
humérus [ymerys] m Oberarmknochen m
humeur [ymœʀ] f (momentanée) Stimmung f, Laune f; (tempérament) Wesen nt; (irritation) Wut f; **être de bonne/mauvaise ~** gut/schlecht gelaunt sein
humide [ymid] adj feucht; (route) nass; (saison) regnerisch; **humidificateur** [ymidifikatœʀ] m Verdunster m, Luftbefeuchter m; **humidifier** ⟨1⟩ [ymidifje] vt

befeuchten; **humidité** [ymidite] f Feuchtigkeit f
humiliant, e [ymiljã, ãt] adj demütigend
humiliation [ymiljasjɔ̃] f Demütigung f
humilier ⟨1⟩ [ymilje] vt demütigen
humilité [ymilite] f Bescheidenheit f, Demut f
humoriste [ymɔʀist] mf Humorist(in) m(f)
humoristique [ymɔʀistik] adj humoristisch, humorvoll
humour [ymuʀ] m Humor m
huppé, e ['ype] adj (fam) vornehm
hurlement ['yʀləmã] m Heulen nt; (humain) Geschrei nt, Schrei m; **hurler** ⟨1⟩ vi heulen; (personne) schreien; (brailler) brüllen
hurluberlu [yʀlybɛʀly] m Spinner(in) m(f)
hutte ['yt] f Hütte f
hydratant, e [idʀatã, ãt] adj Feuchtigkeits-
hydrate [idʀat] m **~s de carbone** Kohle(n)hydrate pl
hydrater ⟨1⟩ [idʀate] vt Feuchtigkeit verleihen +dat
hydraulique [idʀolik] adj hydraulisch
hydravion [idʀavjɔ̃] m Wasserflugzeug nt
hydrocarbure [idʀokaʀbyʀ] m Kohlenwasserstoff m
hydrogène [idʀɔʒɛn] m Wasserstoff m
hydroglisseur [idʀoglisœʀ] m Gleitboot nt
hydroptère [idʀɔptɛʀ] m Tragflächenboot nt
hydropulseur [idʀopylsœʀ] m Munddusche f
hyène [jɛn] f Hyäne f
hygiène [iʒjɛn] f Hygiene f; **~ corporelle/intime** Körper-/Intimpflege f; **hygiénique** [iʒjenik] adj hygienisch
hymne [imn] m Hymne f; **~ national** Nationalhymne
hypercorrect, e [ipɛʀkɔʀɛkt] adj hyperkorrekt; **hypercritique** adj hyperkritisch; **hypermarché** m (sehr großer) Supermarkt; **hypermédia** m Hypermedia pl; **hypermétrope** [ipɛʀmetʀɔp] adj weitsichtig; **hypernerveux, -euse** adj hypernervös; **hypersensible** adj hypersensibel; **hypertendu, e** [ipɛʀtãdy] adj mit zu hohem Blutdruck; **hypertension** f hoher Blutdruck; **hypertexte** m Hypertext m; **hypertrophié, e** [ipɛʀtʀɔfje] adj vergrößert
hypnose [ipnoz] f Hypnose f
hypnotique [ipnɔtik] adj hypnotisch
hypnotiser ⟨1⟩ [ipnɔtize] vt hypnotisieren

hypnotiseur [ipnɔtizœʀ] *m* Hypnotiseur *m*

hypo-allergénique [ipoalɛʀʒenik] *adj* frei von Allergenen

hypocondriaque [ipɔkɔ̃dʀijak] **1.** *adj* hypochondrisch **2.** *mf* Hypochonder(in) *m(f)*

hypocrisie [ipɔkʀizi] *f* Heuchelei *f*; **hypocrite 1.** *adj* heuchlerisch **2.** *mf* Heuchler(in) *m(f)*

hypotendu, e [ipɔtɑ̃dy] *adj* mit zu niedrigem Blutdruck

hypotension [ipɔtɑ̃sjɔ̃] *f* niedriger Blutdruck

hypoténuse [ipɔtenyz] *f* Hypotenuse *f*

hypothèque [ipɔtɛk] *f* Hypothek *f*; **hypothéquer** ⟨5⟩ [ipɔteke] *vt* mit einer Hypothek belasten

hypothermie [ipɔtɛʀmi] *f* Unterkühlung *f*

hypothèse [ipɔtɛz] *f* Hypothese *f*; **dans l'~ où …** gesetzt den Fall, dass …; **hypothétique** [ipɔtetik] *adj* hypothetisch; **hypothétiquement** *adv* hypothetisch

hystérectomie [isteʀɛktɔmi] *f* Totaloperation *f*

hystérie [isteʀi] *f* Hysterie *f*; **hystérique** [isteʀik] *adj* hysterisch

I

I, i [i] *m* I, i *nt*

ibère [ibɛʀ] *adj* iberisch; **ibérique** [ibeʀik] *adj* **la péninsule ~** die Iberische Halbinsel

iceberg [isbɛʀg] *m* Eisberg *m*

ici [isi] *adv* hier

icône [ikon] *f* Ikone *f*; *(INFORM)* Icon *nt*; **~ émotive** Emoticon *nt*, Smiley *m*

iconographie [ikɔnɔgʀafi] *f* *(ensemble d'images)* Illustrationen *pl*

id. *abr de* **idem** id.

idéal, e (-aux) [ideal, o] **1.** *adj* ideal **2.** *m* *(modèle)* Ideal *nt*

idéaliser ⟨1⟩ [idealize] *vt* idealisieren

idéalisme [idealism] *m* Idealismus *m*; **idéaliste** [idealist] **1.** *adj* idealistisch **2.** *mf* Idealist(in) *m(f)*

idée [ide] *f* Idee *f*; **~s** *fpl* *(opinions)* Denkweise *f*, Vorstellungen *pl*; **à l'~ que** wenn ich daran denke, dass; **avoir dans l'~ que** das Gefühl haben, dass; **cela ne me viendrait même pas à l'~** das käme mir überhaupt nicht in den Sinn; **~s noires** trübe Gedanken *pl*; **~s toutes faites** Denkschablonen *pl*

identifier ⟨1⟩ [idãtifje] **1.** *vt* *(reconnaître)* identifizieren; **~ qch avec** [*o* **à**] **qch** *(assimiler)* etw mit etw gleichsetzen **2.** *vpr* **s'~ avec** [*o* **à**] **qch/qn** sich mit etw/jdm identifizieren

identique [idãtik] *adj* **~ (à)** identisch (mit)

identité [idãtite] *f* *(de vues, de goûts)* Übereinstimmung *f*; *(d'une personne)* Identität *f*; **~ bancaire** Bankverbindung *f*

idéologie [ideɔlɔʒi] *f* Ideologie *f*; **idéologique** [ideɔlɔʒik] *adj* ideologisch

idiomatique [idjɔmatik] *adj* idiomatisch

idiot, e [idjo, idjɔt] **1.** *adj* idiotisch **2.** *m, f* Idiot(in) *m(f)*; **idiotie** [idjɔsi] *f* *(remarque)* Dummheit *f*

idolâtrer ⟨1⟩ [idɔlatʀe] *vt* vergöttern

idole [idɔl] *f* Götzenbild *nt*; *(vedette)* Idol *nt*

idylle [idil] *f* *(amourette)* Romanze *f*

idyllique [idilik] *adj* idyllisch

I.E.P. *m abr de* **Institut d'études politiques** französische Fachhochschule für Politologie

igloo [iglu] *m* Iglu *m o nt*

I.G.N. *m abr de* **Institut géographique national** staatliches geografisches Institut

ignare [iɲaʀ] *adj* ungebildet, unwissend

ignoble [iɲɔbl(ə)] *adj* niederträchtig

ignominie [iɲɔmini] *f* *(déshonneur)* Schmach *f*, Schande *f*; *(action)* Schandtat *f*

ignorance [iɲɔʀɑ̃s] *f* Unwissenheit *f*, Unkenntnis *f*; **tenir qn dans l'~ de qch**

jdn in Unkenntnis über etw *akk* lassen;
ignorant, e 1. *adj* unwissend **2.** *m, f*
Ignorant(in) *m(f)*; **ignorer** ⟨1⟩ *vt* nicht
kennen; (*bouder: personne*) ignorieren;
j'ignore comment/si ich weiß nicht, wie/
ob

iguane [igwan] *m* Leguan *m*

il [il] *pron* er, sie, es; (*pl*) sie; (*tournure
impers*) es; ~ **pleut** es regnet; **Pierre est-il
arrivé?** (*interrogation: non traduit*) ist Pierre
angekommen?

île [il] *f* Insel *f*; **les ~s Anglo-Normandes**
die Kanalinseln *pl*; **les ~s Britanniques**
die Britischen Inseln *pl*; **l'~ de Cuba** die
Insel Kuba; **l'~ d'Elbe** Elba *nt*; **les ~s Fidji**
die Fidjiinseln *pl*; **l'~ Maurice** Mauritius *nt*;
Île-de-France *f* Île-de-France *f* (*französische Region*)

illégal, e (-aux) [i(l)legal, o] *adj* illegal;
illégalité *f* Illegalität *f*

illégitime [i(l)leʒitim] *adj* (*enfant*) unehelich; (*pouvoir*) unrechtmäßig

illettré, e [i(l)letre] *m, f* (*analphabète*)
Analphabet(in) *m(f)*

illicite [i(l)lisit] *adj* verboten, illegal

illico [i(l)liko] *adv* (*fam*) auf der Stelle

illimité, e [i(l)limite] *adj* unbegrenzt

illisible [i(l)lizibl(ə)] *adj* (*indéchiffrable*)
unleserlich; (*roman*) nicht lesbar; **illisi-
blement** *adv* unleserlich

illogique [i(l)lɔʒik] *adj* unlogisch

illumination [i(l)lyminasjɔ̃] *f* Beleuchtung *f*; (*inspiration*) Erleuchtung *f*

illuminer ⟨1⟩ [i(l)lymine] **1.** *vt* beleuchten; (*ciel*) erhellen **2.** *vpr* **s'~** (*visage, ciel*)
sich erhellen

illusion [i(l)lyzjɔ̃] *f* Illusion *f*; (*d'un prestidigitateur*) Täuschung *f*; **faire ~** täuschen,
irreführen; **se faire des ~s** sich *dat* Illusio-
nen machen; ~ **d'optique** optische Täuschung; **illusionniste** [i(l)lyzjɔnist(ə)] *mf*
Zauberkünstler(in) *m(f)*

illusoire [i(l)lyzwar] *adj* illusorisch

illustratif, -ive [i(l)lystratif, iv] *adj* erläuternd

illustration [i(l)lystrasjɔ̃] *f* Illustration *f*;
(*explication*) Erläuterung *f*, Erklärung *f*

illustre [i(l)lystr(ə)] *adj* berühmt

illustré, e [i(l)lystre] **1.** *adj* illustriert **2.** *m*
Illustrierte *f*

illustrer ⟨1⟩ [i(l)lystre] *vt* illustrieren

îlot [ilo] *m* kleine Insel; (*bloc de maisons*)
(Häuser)block *m*

îlotier, -ière [ilotje, ɛr] *m, f* Kontaktbe-
reichspolizist(in) *m(f)* (*für einen bestimmten
Häuserblock zuständiger Polizist*)

image [imaʒ] *f* Bild *nt*; (*dans un miroir, dans*

l'eau) Spiegelbild *nt*; (*personne ressem-
blante*) Ebenbild *nt*; (*représentation*) Darstellung *f*; ~ (**de marque**) (*fig*) Image *nt*

imaginable [imaʒinabl] *adj* vorstellbar

imaginaire [imaʒinɛr] *adj* imaginär

imaginatif, -ive [imaʒinatif, iv] *adj* fantasievoll

imagination [imaʒinasjɔ̃] *f* Fantasie *f*;
(*idée*) Einbildung *f*

imaginer ⟨1⟩ [imaʒine] **1.** *vt* sich *dat* vorstellen; (*inventer*) sich *dat* ausdenken;
j'imagine qu'il a voulu plaisanter (*supposer*) ich nehme an, er wollte nur Spaß
machen **2.** *vpr* **s'~** (*se représenter*) sich *dat*
vorstellen; **s'~ que** (*croire*) meinen, dass

imbattable [ɛ̃batabl(ə)] *adj* unschlagbar

imbécile [ɛ̃besil] *adj* blödsinnig, dumm;
imbécillité [ɛ̃besilite] *f* Blödsinnigkeit *f*;
(*action, propos, film*) Idiotie *f*

imbiber ⟨1⟩ [ɛ̃bibe] **1.** *vt* ~ **qch de** etw
tränken mit **2.** *vpr* **s'~ de** sich voll saugen
mit

imitateur, -trice [imitatœr, tris] *m, f*
Nachahmer(in) *m(f)*; (*professionnel*) Imita-
tor(in) *m(f)*

imitation [imitasjɔ̃] *f* Imitation *f*, Nachahmung *f*; **un sac ~ cuir** eine Tasche aus
Lederimitation

imiter ⟨1⟩ [imite] *vt* imitieren, nachmachen; (*contrefaire*) fälschen; **il s'est levé et
je l'ai imité** er erhob sich, und ich folgte
seinem Beispiel

immaculé, e [imakyle] *adj* (*nappe*) tadellos; (*linge*) blütenweiß; (*neige*) jungfräulich

immatriculation [imatrikylasjɔ̃] *f* Ein-
schreibung *f*

immatriculer ⟨1⟩ [imatrikyle] *vt* (*étudiant*) einschreiben; (*voiture*) anmelden;
se faire ~ sich einschreiben; **voiture
immatriculée dans le Val-d'Oise** ein im
Departement Val-d'Oise registriertes Auto

immature [imatyr] *adj* unreif

immédiat, e [imedja, at] **1.** *adj* unmittelbar **2.** *m* **dans l'~** momentan; **immédiatement** *adv* (*aussitôt*) sofort; (*précéder,
suivre*) direkt, unmittelbar

immense [i(m)mãs] *adj* riesig; (*fig*) ungeheuer; **immensité** [i(m)mãsite] *f* unge-
heure Größe; (*de la mer*) Weite *f*

immergé, e [imɛrʒe] *adj* unter Wasser

immerger ⟨2⟩ [imɛrʒe] **1.** *vt* eintauchen;
(*déchets*) versenken **2.** *vpr* **s'~** (*sous-marin*)
tauchen

immeuble [imœbl(ə)] **1.** *m* (*bâtiment*)
Gebäude *nt*; ~ **à usage locatif** großes
Mietshaus **2.** *adj* (*jur*) unbeweglich

immigrant, e [imigʀɑ̃, ɑ̃t] *m, f* Einwanderer(-wand(r)erin) *m(f)*; **immigration** [imigʀasjɔ̃] *f* Einwanderung *f*; **immigré, e** *m, f* Immigrant(in) *m(f)*; **immigrer** ⟨1⟩ [imigʀe] *vi* einwandern

imminent, e [iminɑ̃, ɑ̃t] *adj* unmittelbar, nahe bevorstehend

immiscer ⟨2⟩ [imise] *vpr* **s'~ dans** sich einmischen in +*akk*

immobile [i(m)mɔbil] *adj* bewegungslos; **rester/se tenir ~** sich nicht bewegen

immobilier, -ière [imɔbilje, ɛʀ] **1.** *adj* (*JUR*) unbeweglich; (*COM*) Immobilien- **2.** *m* **l'~** der Immobilienhandel

immobiliser ⟨1⟩ [imɔbilize] **1.** *vt* bewegungsunfähig machen, lahm legen; (*stopper*) anhalten; (*immobilisé blessé*) ruhig stellen **2.** *vpr* **s'~** stehen bleiben

immodéré, e [imɔdeʀe] *adj* übermäßig, übertrieben

immonde [i(m)mɔ̃d] *adj* ekelhaft; (*personne*) hässlich, unmöglich

immondices [imɔ̃dis] *fpl* (*ordures*) Müll *m*, Abfall *m*

immoral, e (-aux) [i(m)mɔʀal, o] *adj* unmoralisch

immortaliser ⟨1⟩ [imɔʀtalize] *vt* verewigen

immortel, le [imɔʀtɛl] *adj* unsterblich

immuable [imɥabl(ə)] *adj* unveränderlich

immunisation [imynizasjɔ̃] *f* Immunisierung *f*

immuniser ⟨1⟩ [imynize] *vt* immunisieren

immunité [imynite] *f* (*a. POL*) Immunität *f*

impact [ɛ̃pakt] *m* (*effet*) (Aus)wirkung *f*, Einfluss *m*; (*INFORM*) Hit *m*; **point d'~** (*d'un projectile*) Einschlag(stelle *f*) *m*

impair, e [ɛ̃pɛʀ] *adj* (*MATH*) ungerade

impardonnable [ɛ̃paʀdɔnabl(ə)] *adj* unverzeihlich; **vous êtes ~ d'avoir fait cela** es ist unverzeihlich, dass Sie das getan haben

imparfait, e [ɛ̃paʀfɛ, ɛt] **1.** *adj* (*inachevé*) unvollkommen; (*défectueux*) mangelhaft **2.** *m* (*LING*) Imperfekt *nt*

impartial, e (-aux) [ɛ̃paʀsjal, o] *adj* unparteiisch, unvoreingenommen; **impartialité** [ɛ̃paʀsjalite] *f* Unparteilichkeit *f*

impartir ⟨8⟩ [ɛ̃paʀtiʀ] *vt* gewähren (*à qn* jdm)

impasse [ɛ̃pas] *f* (*a. fig*) Sackgasse *f*; **être dans une ~** (*négociations*) festgefahren sein

impassibilité [ɛ̃pasibilite] *f* Gelassenheit *f*; Unbeweglichkeit *f*; **impassible** [ɛ̃pasibl(ə)] *adj* gelassen; (*visage*) undurchdringlich; (*fermé, impénétrable*) unbeweglich

impatiemment [ɛ̃pasjamɑ̃] *adv* ungeduldig

impatience [ɛ̃pasjɑ̃s] *f* Ungeduld *f*; **impatient, e** *adj* ungeduldig; **impatienter** ⟨1⟩ *vpr* **s'~** ungeduldig werden

impeccable *adj* tadellos; **impeccablement** [ɛ̃pekabləmɑ̃] *adv* tadellos

impénétrable [ɛ̃penetʀabl(ə)] *adj* (*forêt*) undurchdringlich; (*secret*) unergründlich

impénitent, e [ɛ̃penitɑ̃, ɑ̃t] *adj* unverbesserlich

impensable [ɛ̃pɑ̃sabl(ə)] *adj* (*inconcevable*) undenkbar; (*incroyable*) unglaublich

imper [ɛ̃pɛʀ] *m* (*fam*) Regenmantel *m*

impératif, -ive [ɛ̃peʀatif, iv] **1.** *adj* unabdingbar, unerlässlich **2.** *m* (*prescription*) Voraussetzung *f*, Erfordernis *nt*; **l'~** (*LING*) der Imperativ

impératrice [ɛ̃peʀatʀis] *f* Kaiserin *f*

imperceptible [ɛ̃pɛʀsɛptibl(ə)] *adj* nicht wahrnehmbar; kaum wahrnehmbar

imperfection [ɛ̃pɛʀfɛksjɔ̃] *f* Unvollkommenheit *f*

impérial, e (-aux) [ɛ̃peʀjal, o] *adj* kaiserlich

impériale [ɛ̃peʀjal] *f* **autobus à ~** Doppeldeckerbus *m*

impérialisme [ɛ̃peʀjalism] *m* Imperialismus *m*

impérieux, -euse [ɛ̃peʀjø, øz] *adj* (*personne*) herrisch, gebieterisch; (*chose*) dringend

impérissable [ɛ̃peʀisabl(ə)] *adj* unvergänglich

imperméabiliser ⟨1⟩ [ɛ̃pɛʀmeabilize] *vt* imprägnieren

imperméable [ɛ̃pɛʀmeabl(ə)] **1.** *adj* (*GEO*) undurchlässig; (*toile, tissu*) wasserdicht **2.** *m* Regenmantel *m*

impersonnel, le [ɛ̃pɛʀsɔnel] *adj* unpersönlich

impertinence [ɛ̃pɛʀtinɑ̃s] *f* Unverschämtheit *f*; **impertinent, e** [ɛ̃pɛʀtinɑ̃, ɑ̃t] *adj* (*insolent*) unverschämt

imperturbable [ɛ̃pɛʀtyʀbabl(ə)] *adj* unerschütterlich

impétueux, -euse [ɛ̃petɥø, øz] *adj* (*fougueux*) feurig, ungestüm; **impétuosité** [ɛ̃petɥozite] *f* Ungestüm *nt*

impie [ɛ̃pi] *adj* gottlos

impitoyable [ɛ̃pitwajabl(ə)] *adj* erbarmungslos

implacable [ɛ̃plakabl] *adj* (*ennemi, juge*) unerbittlich; (*haine*) unversöhnlich

implantation [ɛ̃plɑ̃tasjɔ̃] f Ansiedlung f;
~ **industrielle** Industrieansiedlung f
implanter ⟨1⟩ [ɛ̃plɑ̃te] **1.** vt (usage, mode)
einführen; (idée, préjugé) einpflanzen
2. vpr **s'~** sich niederlassen
implicite [ɛ̃plisit] adj implizit
impliquer ⟨1⟩ [ɛ̃plike] vt (supposer) erfordern; ~ **qn dans** jdn verwickeln in +akk
implorer ⟨1⟩ [ɛ̃plɔʀe] vt (personne, dieu)
anflehen; (qch) bitten um
impoli, e [ɛ̃pɔli] adj unhöflich; **impolitesse** f Unhöflichkeit f
impopulaire [ɛ̃pɔpylɛʀ] adj unbeliebt;
(POL) unpopulär; **impopularité**
[ɛ̃pɔpylaʀite] f Unbeliebtheit f
importance [ɛ̃pɔʀtɑ̃s] f Wichtigkeit f,
Bedeutung f; (quantitative) Größe f; **sans
~** unbedeutend, unwichtig; **important,
e 1.** adj wichtig, bedeutend; (quantitative-
ment) beachtlich, beträchtlich; (pej) dünkelhaft, wichtigtuerisch **2.** m **l'~ est que**
das Wichtigste ist, dass
importateur, -trice [ɛ̃pɔʀtatœʀ, tʀis]
1. adj Import- **2.** m, f Importeur(in) m(f)
importation [ɛ̃pɔʀtasjɔ̃] f Einfuhr f,
Import m; **réglementation d'~** (COM) Ein-
fuhrbestimmungen pl
importer ⟨1⟩ [ɛ̃pɔʀte] **1.** vi (être important)
von Bedeutung sein; **~ à qn** für jdn wichtig sein; **il importe de** es ist wichtig zu;
n'importe lequel/laquelle d'entre nous
irgendeine(r) von uns; **n'importe quel/
quelle** irgendein(e); **n'importe qui/quoi**
irgendwer/irgendwas; (c'est) **n'importe
quoi!** so ein Quatsch!; **n'importe où/
quand** irgendwo(hin)/irgendwann **2.** vt
importieren
importun, e [ɛ̃pɔʀtœ̃, yn] **1.** adj (curiosité,
présence) aufdringlich; (arrivée, visite)
ungelegen **2.** m Eindringling m; **importuner** ⟨1⟩ [ɛ̃pɔʀtyne] vt belästigen
imposable [ɛ̃pozabl(ə)] adj steuerpflichtig
imposant, e [ɛ̃pozɑ̃, ɑ̃t] adj beeindruckend
imposer ⟨1⟩ [ɛ̃poze] **1.** vt (taxer) besteuern; **en ~ à qn** auf jdn Eindruck machen;
~ qch à qn jdm etw aufzwingen **2.** vpr
s'~ (ne pouvoir être rejeté) erforderlich
sein; (se faire reconnaître) sich hervorheben; (~ sa présence) sich aufdrängen
imposition [ɛ̃pozisjɔ̃] f (taxation) Besteue-
rung f
impossibilité [ɛ̃pɔsibilite] f **être dans l'~
de faire qch** nicht in der Lage sein, etw zu
tun; **impossible 1.** adj unmöglich; **il
m'est ~ de** es ist mir nicht möglich zu
2. m **faire l'~** sein Möglichstes tun

imposteur [ɛ̃pɔstœʀ] m Betrüger(in) m(f)
impôt [ɛ̃po] m Steuer f, Abgabe f; **payer
1.000 € d'~s** 1.000 € Steuern zahlen; **~
foncier** Grundsteuer; **~ sur le revenu (des
personnes physiques)** Einkommensteuer;
~ sur l'énergie Energiesteuer; **~ sur
l'environnement** Umweltsteuer; **~ sur les
capitaux des entreprises** Gewerbekapital-
steuer; **~ sur les produits (bénéfices) des
entreprises** Gewerbeertragssteuer
impotence [ɛ̃pɔtɑ̃s] f Behinderung f;
impotent, e [ɛ̃pɔtɑ̃, ɑ̃t] adj behindert
impraticable [ɛ̃pʀatikabl(ə)] adj (irréalisable) nicht machbar; (piste) unpassierbar;
(rue) nicht befahrbar
imprécis, e [ɛ̃pʀesi, iz] adj ungenau;
imprécision [ɛ̃pʀesizjɔ̃] f Ungenauigkeit
f
imprégner ⟨5⟩ [ɛ̃pʀeɲe] **1.** vt **~ (de)** (de
liquide) tränken (mit); (lieu) erfüllen (mit);
(paroles, écrit) durchziehen **2.** vpr **s'~ de
qch** (de liquide) sich mit etw voll saugen
imprésario [ɛ̃pʀesaʀjo] m Impresario m
impression [ɛ̃pʀesjɔ̃] f (sensation) Eindruck m; (action d'imprimer) Druck m; **avoir
l'~ que** das Gefühl [o den Eindruck]
haben, dass; **faire bonne/mauvaise ~**
einen guten/schlechten Eindruck
machen; **~ en offset** Offsetdruck m;
impressionnable [ɛ̃pʀesjɔnabl] adj
leicht zu beeindrucken; (FOTO) lichtempfindlich; **impressionnant, e** adj beeindruckend, eindrucksvoll; **impressionner** ⟨1⟩ vt (émouvoir) beeindrucken;
(FOTO) belichten
impressionnisme [ɛ̃pʀesjɔnism] m
Impressionismus m; **impressionniste**
mf Impressionist(in) m(f)
imprévisible [ɛ̃pʀevizibl(ə)] adj unvor-
hersehbar
imprévoyance [ɛ̃pʀevwajɑ̃s] f Sorglosigkeit f; **imprévoyant, e** [ɛ̃pʀevwajɑ̃, ɑ̃t]
adj sorglos
imprévu, e [ɛ̃pʀevy] **1.** adj unvorhergesehen, unerwartet **2.** m **un ~** ein unvorher-
gesehenes Ereignis; **en cas d'~** falls etwas
dazwischenkommt
imprimante [ɛ̃pʀimɑ̃t] f Drucker m; **~ à
aiguilles** Nadeldrucker; **~ à jet d'encre**
Tintenstrahldrucker; **~ (à) laser** Laserdrucker; **~ matricielle** Matrixdrucker; **~
rapide** Schnelldrucker; **~ thermique**
Thermodrucker
imprimé [ɛ̃pʀime] m (formulaire) Vordruck
m; (en postes) Drucksache f
imprimer ⟨1⟩ [ɛ̃pʀime] vt drucken;
(papier, tissu) bedrucken; (INFORM) (aus)-

drucken; *(empreinte)* hinterlassen; *(publier)* veröffentlichen; *(mouvement, impulsion)* übermitteln; **imprimerie** f *(technique)* Drucken nt, Druck m; *(établissement)* Druckerei f; **imprimeur** m Drucker m

improbable [ɛ̃pʀɔbabl] adj unwahrscheinlich

improductif, -ive [ɛ̃pʀɔdyktif, iv] adj *(capital)* nicht Gewinn bringend; *(travail, personne)* unproduktiv; *(terre)* unfruchtbar

impromptu, e [ɛ̃pʀɔ̃pty] **1.** adj improvisiert **2.** m *(MUS, THEAT)* Stegreifstück nt

imprononçable [ɛ̃pʀɔnɔ̃sabl] adj unaussprechlich

impropre [ɛ̃pʀɔpʀ(ə)] adj *(incorrect)* nicht zutreffend, ungenau; **~ à** ungeeignet für

improvisation [ɛ̃pʀɔvizasjɔ̃] f Improvisation f

improvisé, e [ɛ̃pʀɔvize] adj improvisiert

improviser ⟨1⟩ [ɛ̃pʀɔvize] vt, vi improvisieren; **on l'avait improvisé cuisinier** er fungierte als Koch

improviste [ɛ̃pʀɔvist(ə)] adv **à l'~** unerwartet, unversehens

imprudence [ɛ̃pʀydɑ̃s] f Leichtsinn m; **imprudent, e** [ɛ̃pʀydɑ̃, ɑ̃t] adj leichtsinnig; *(remarque)* unklug; *(projet)* tollkühn

impudence [ɛ̃pydɑ̃s] f Unverschämtheit f; **impudent, e** [ɛ̃pydɑ̃, ɑ̃t] adj unverschämt

impudeur [ɛ̃pydœʀ] f Schamlosigkeit f

impudique [ɛ̃pydik] adj schamlos

impuissance [ɛ̃pɥisɑ̃s] f Hilflosigkeit f; *(manque d'effet)* Wirkungslosigkeit f; *(sexuelle)* Impotenz f; **impuissant, e** [ɛ̃pɥisɑ̃, ɑ̃t] adj *(désarmé)* hilflos, schwach; *(sans effet)* ineffektiv; *(sexuellement)* impotent; **~ à faire qch** außer Stande, etw zu tun

impulsif, -ive [ɛ̃pylsif, iv] adj impulsiv

impulsion [ɛ̃pylsjɔ̃] f *(PHYS)* Antrieb m; **~ donnée aux affaires/au commerce** wirtschaftlicher Auftrieb

impunément [ɛ̃pynemɑ̃] adv ungestraft

impuni, e [ɛ̃pyni] adj unbestraft

impunité [ɛ̃pynite] f Straffreiheit f

impur, e [ɛ̃pyʀ] adj unrein, verunreinigt; **impureté** f *(saleté)* Unreinheit f

imputer ⟨1⟩ [ɛ̃pyte] vt **~ à** *(COM)* verrechnen mit

inabordable [inabɔʀdabl] adj *(lieu)* unerreichbar; *(cher)* unerschwinglich

inacceptable [inaksɛptabl] adj unannehmbar

inaccessible [inaksesibl(ə)] adj **~ (à)** *(endroit)* unerreichbar (für); **~ à** *(insensible)* unzugänglich für

inaccoutumé, e [inakutyme] adj ungewohnt

inachevé, e [inaʃ(ə)ve] adj unvollendet

inactif, -ive [inaktif, iv] adj *(sans activité)* untätig; *(inefficace)* wirkungslos; **inaction** [inaksjɔ̃] f Untätigkeit f; *(pej)* Trägheit f; **inactivité** [inaktivite] f **être en ~** im zeitweiligen Ruhestand sein; **se faire mettre en ~** sich in den zeitweiligen Ruhestand versetzen lassen

inadapté, e [inadapte] adj *(enfant)* verhaltensgestört; **~ à** nicht geeignet für

inadéquat, e [inadekwa(t), kwat] adj unangemessen

inadmissible [inadmisibl(ə)] adj unzulässig; *(attitude, conditions)* nicht tragbar

inadvertance [inadvɛʀtɑ̃s] f **par ~** versehentlich

inaliénable [inaljenabl] adj unveräußerlich

inaltérable [inalteʀabl(ə)] adj beständig; *(fig)* unveränderlich; **couleur ~ au lavage/à la lumière** waschechte/lichtechte Farbe

inanimé, e [inanime] adj leblos

inanition [inanisjɔ̃] f Erschöpfungszustand m

inaperçu, e [inapɛʀsy] adj **passer ~** unbemerkt bleiben

inapplicable [inaplikabl] adj nicht anwendbar

inappréciable [inapresjabl(ə)] adj *(précieux)* unschätzbar; *(difficilement décelable)* kaum merklich

inapproprié, e [inapʀɔpʀije] adj ungeeignet

inapte [inapt(ə)] adj *(MIL)* untauglich; **~ à qch/faire qch** unfähig zu etw/, etw zu tun; **inaptitude** [inaptityd] f Unfähigkeit f; *(MIL)* Untauglichkeit f

inassouvi, e [inasuvi] adj *(désir)* unbefriedigt

inattaquable [inatakabl(ə)] adj *(MIL: poste, position)* uneinnehmbar; *(argument, preuve)* unwiderlegbar, unbestreitbar

inattendu, e [inatɑ̃dy] adj *(imprévu)* unerwartet; *(surprenant)* unvorhergesehen; *(inespéré)* unverhofft

inattentif, -ive [inatɑ̃tif, iv] adj unaufmerksam; **~ à qch** ohne auf etw zu achten; **inattention** f **une minute d'~** eine Minute der Unaufmerksamkeit; **faute/erreur d'~** Flüchtigkeitsfehler m

inaudible [inodibl] adj unhörbar; *(murmure)* kaum hörbar

inaugural, e (-aux) [inɔɡyʀal, o] adj Eröffnungs-; **discours** ~ Antrittsrede f; **inauguration** f Einweihung f; Einführung f; **inaugurer** ⟨1⟩ vt einweihen; (nouvelle politique) einführen

inavouable [inavwabl(ə)] adj unerhört

inavoué, e [inavwe] adj uneingestanden

I.N.C. m abr de **Institut national de la consommation** französisches Institut für Verbraucherforschung

inca [ɛ̃ka] adj Inka-; **l'Empire** ~ das Reich der Inkas

incalculable [ɛ̃kalkylabl(ə)] adj unberechenbar; (conséquences) unabsehbar

incandescence [ɛ̃kãdesãs] f Weißglut f; **porter qch à** ~ etw bis zur Weißglut erhitzen

incapable [ɛ̃kapabl(ə)] adj unfähig; **être** ~ **de faire qch** unfähig [o nicht im Stande] sein, etw zu tun

incapacité [ɛ̃kapasite] f (incompétence) Unfähigkeit f; **être dans l'**~ **de faire qch** unfähig sein, etw zu tun; ~ **de travail** Arbeitsunfähigkeit

incarcérer ⟨5⟩ [ɛ̃karsere] vt inhaftieren

incarner ⟨1⟩ [ɛ̃karne] **1.** vt (représenter en soi) verkörpern; (THEAT) darstellen **2.** vpr **s'**~ **dans** (REL) sich inkarnieren in +dat

Incas mpl Inkas pl

incassable [ɛ̃kasabl(ə)] adj (verre) unzerbrechlich; (fil) nicht reißend

incendiaire [ɛ̃sãdjɛr] **1.** adj Brand-; (propos) aufwiegelnd **2.** mf Brandstifter(in) m(f); **incendie** m Feuer nt, Brand m; ~ **criminel** Brandstiftung f; **incendier** ⟨1⟩ vt (mettre le feu à) in Brand setzen; (détruire) abbrennen

incertain, e [ɛ̃sɛrtɛ̃, ɛn] adj (indéterminé) unbestimmt; (temps) unbeständig; (origine, date) ungewiss; (personne) unsicher, unschlüssig; **incertitude** f Ungewissheit f

incessamment [ɛ̃sesamã] adv (bientôt) in Kürze; **incessant, e** [ɛ̃sesã, ãt] adj unaufhörlich

inceste [ɛ̃sɛst(ə)] m Inzest m

inchangé, e [ɛ̃ʃãʒe] adj unverändert

incidence [ɛ̃sidãs] f Effekt m, Wirkung f; (PHYS) Einfall m

incident [ɛ̃sidã] m Zwischenfall m, Vorkommnis nt; (POL) Vorfall m

incinérateur [ɛ̃sineratœr] m Müllverbrennungsanlage f; **incinération** [ɛ̃sinerasjɔ̃] f (d'ordures) Verbrennung f; (crémation) Einäscherung f; **incinérer** ⟨5⟩ vt verbrennen

incisif, -ive [ɛ̃sizif, iv] adj (ironie, style, etc) scharf, beißend; **incision** f (d'un arbre)

Schnitt m; (MED) Einschnitt m; **incisive** f Schneidezahn m

inciter ⟨1⟩ [ɛ̃site] vt ~ **qn à qch** jdn zu etw veranlassen

incivil, e [ɛ̃sivil] adj unhöflich

inclassable [ɛ̃klasabl] adj nicht einzuordnen

inclinaison [ɛ̃klinezɔ̃] f (MATH) Neigung f

inclination [ɛ̃klinasjɔ̃] f (penchant) Neigung f; **montrer de l'**~ **pour les sciences** wissenschaftliche Neigungen haben; ~ **de (la) tête** Kopfnicken nt

incliner ⟨1⟩ [ɛ̃kline] **1.** vt neigen **2.** vi ~ **à** neigen zu **3.** vpr **s'**~ (se courber) sich beugen; **s'**~ **devant qn/qch** (rendre hommage) sich vor jdm/etw verbeugen; **s'**~ (**devant qch**) (céder) sich (einer Sache dat) beugen

inclure [ɛ̃klyr] irr comme conclure vt einschließen; (dans un envoi) beilegen; **inclus, e** [ɛ̃kly, yz] **1.** pp de **inclure 2.** adj (dans un envoi) beiliegend; (frais, dépense) inklusiv; **jusqu'au 10 mars** ~ bis einschließlich 10. März; **inclusivement** [ɛ̃klyzivmã] adv inklusive

incoercible [ɛ̃kɔɛrsibl(ə)] adj nicht zu unterdrücken

incognito [ɛ̃kɔɲito] adv inkognito

incohérence [ɛ̃kɔerãs] f Zusammenhanglosigkeit f; **incohérent, e** [ɛ̃kɔerã, ãt] adj (discours, ouvrage) unzusammenhängend; (comportement) inkonsequent

incollable [ɛ̃kɔlabl(ə)] adj (riz) nicht klebend; (fam: élève, candidat) unschlagbar

incolore [ɛ̃kɔlɔr] adj farblos

incomber ⟨1⟩ [ɛ̃kɔbe] vi ~ **à qn** jdm obliegen

incombustible [ɛ̃kɔbystibl(ə)] adj unbrennbar

incommensurable [ɛ̃kɔmãsyrabl(ə)] adj unermesslich

incommode [ɛ̃kɔmɔd] adj unpraktisch; (inconfortable) unbequem; **incommoder** ⟨1⟩ vt stören; **incommodité** [ɛ̃kɔmɔdite] f Unbequemlichkeit f

incomparable [ɛ̃kɔparabl(ə)] adj (inégalable) unvergleichlich

incompatibilité [ɛ̃kɔpatibilite] f Unvereinbarkeit f; (INFORM) Inkompatibilität f; **incompatible** adj (inconciliable) unvereinbar; (INFORM) inkompatibel

incompétence [ɛ̃kɔpetãs] f Inkompetenz f; (JUR) mangelnde Zuständigkeit; **incompétent, e** [ɛ̃kɔpetã, ãt] adj inkompetent

incomplet, -ète [ɛ̃kɔplɛ, ɛt] adj unvollkommen, unvollständig

incompréhensible [ɛ̃kɔpreãsibl(ə)] adj

(inintelligible) unverständlich; *(mystérieux)* unbegreiflich

incompréhensif, -ive [ɛ̃kpreɑ̃sif, iv] *adj* wenig verständnisvoll

incompréhension [ɛ̃kɔ̃preɑ̃sjɔ̃] *f* Stur-heit *f*

incompris, e [ɛ̃kpri, iz] *adj* unverstan-den; *(personne)* verkannt

inconcevable [ɛ̃kɔ̃svabl(ə)] *adj (incroyable)* unvorstellbar; *(comportement)* unfassbar

inconciliable [ɛ̃kɔ̃siljabl(ə)] *adj* unverein-bar

inconditionnel, le [ɛ̃kɔ̃disjɔnɛl] *adj* bedingungslos

inconduite [ɛ̃kɔ̃dɥit] *f* liederlicher Lebenswandel

inconfortable [ɛ̃kɔ̃fɔʀtabl(ə)] *adj* unbe-quem

incongru, e [ɛ̃kɔ̃gʀy] *adj* unschicklich

inconnu, e [ɛ̃kɔny] **1.** *adj* unbekannt **2.** *m, f (étranger)* Fremde(r) *mf* **3.** *m* **l'~** das Unbekannte **4.** *f (MATH)* Unbekannte *f*

inconscience [ɛ̃kɔ̃sjɑ̃s] *f (physique)* Bewusstlosigkeit *f; (morale)* Gedankenlo-sigkeit *f;* **inconscient, e 1.** *adj (évanoui)* bewusstlos; *(irréfléchi)* gedankenlos; *(qui échappe à la conscience)* unbewusst **2.** *m* **l'~** *(PSYCH)* das Unbewusste

inconséquent, e [ɛ̃kɔ̃sekɑ̃, ɑ̃t] *adj* inkon-sequent; *(irréfléchi)* gedankenlos

inconsidéré, e [ɛ̃kɔ̃sideʀe] *adj* unüber-legt, unbedacht

inconsistant, e [ɛ̃kɔ̃sistɑ̃, ɑ̃t] *adj (raisonne-ment)* nicht stimmig; *(crème, bouillie)* (zu) flüssig

inconsolable [ɛ̃kɔ̃sɔlabl] *adj* untröstlich

inconstance [ɛ̃kɔ̃stɑ̃s] *f* Unbeständigkeit *f;* **inconstant, e** [ɛ̃kɔ̃stɑ̃, ɑ̃t] *adj* unbe-ständig, wankelmütig

incontestable [ɛ̃kɔ̃tɛstabl(ə)] *adj* unbe-streitbar; **incontestablement** [ɛ̃kɔ̃tɛstabləmɑ̃] *adv* unbestreitbar

incontesté, e [ɛ̃kɔ̃tɛste] *adj* unbestritten, unangefochten

incontinent, e [ɛ̃kɔ̃tinɑ̃, ɑ̃t] *adj (enfant, vessie)* unfähig Harn zurückzuhalten

incontournable [ɛ̃kɔ̃tuʀnabl] *adj* unum-gänglich

incontrôlable [ɛ̃kɔ̃tʀolabl] *adj* nicht ver-ifizierbar

inconvenant, e [ɛ̃kɔ̃vnɑ̃, ɑ̃t] *adj* unschicklich, unpassend

inconvénient [ɛ̃kɔ̃venjɑ̃] *m* Nachteil *m;* **si vous n'y voyez pas d'~** wenn Sie dage-gen nichts einzuwenden haben

incorporer ⟨1⟩ [ɛ̃kɔʀpɔʀe] *vt* ~ **(à)** *(GASTR)* verrühren (mit); *(insérer, joindre)* eingie-

dern (in +*akk*); *(MIL)* einziehen (zu)

incorrect, e [ɛ̃kɔʀɛkt] *adj* falsch; *(inconve-nant)* unangebracht, unpassend

incorrigible [ɛ̃kɔʀiʒibl(ə)] *adj* unverbes-serlich

incorruptible [ɛ̃kɔʀyptibl(ə)] *adj* unbe-stechlich

incrédule [ɛ̃kʀedyl] *adj* skeptisch; *(REL)* ungläubig

incriminer ⟨1⟩ [ɛ̃kʀimine] *vt (personne)* belasten, beschuldigen

incrochetable [ɛ̃kʀɔʃ(ə)tabl] *adj* ein-bruchssicher

incroyable [ɛ̃kʀwajabl(ə)] *adj* unglaub-lich; **incroyablement** [ɛ̃kʀwajabləmɑ̃] *adv* unglaublich

incrustation [ɛ̃kʀystasjɔ̃] *f (ART)* Intarsie *f; (dépôt)* Belag *m; (tartre)* Kesselstein *m*

incruster ⟨1⟩ [ɛ̃kʀyste] **1.** *vt (ART)* einlegen **2.** *vpr* **s'~** *(invité)* sich einnisten

incubation [ɛ̃kybasjɔ̃] *f (MED)* Inkubation *f; (d'un œuf)* Ausbrüten *nt*

inculpation [ɛ̃kylpasjɔ̃] *f* Anschuldigung *f,* Anklage *f;* **inculpé, e** *m, f* Beschuldig-te(r) *mf,* Angeklagte(r) *mf;* **inculper** ⟨1⟩ *vt* beschuldigen +*gen*

inculquer ⟨1⟩ [ɛ̃kylke] *vt* ~ **qch à qn** jdm etw einprägen

incurable [ɛ̃kyʀabl(ə)] *adj* unheilbar

incursion [ɛ̃kyʀsjɔ̃] *f (MIL)* Einfall *m*

Inde [ɛ̃d] *f* **l'~** Indien *nt*

indécent, e [ɛ̃desɑ̃, ɑ̃t] *adj* unanständig, anstößig

indécis, e [ɛ̃desi, iz] *adj (qui n'est pas décidé)* nicht entschieden; *(imprécis)* angedeutet, vage; *(personne)* unent-schlossen; **indécision** *f* Unentschlossen-heit *f*

indéfini, e [ɛ̃defini] *adj (imprécis)* undefi-niert; *(illimité, LING)* unbestimmt; **indéfi-niment** *adv* unbegrenzt lange

indélicat, e [ɛ̃delika, at] *adj (grossier)* takt-los; *(malhonnête)* unredlich

indemne [ɛ̃dɛmn(ə)] *adj* unverletzt, unversehrt

indemnisation [ɛ̃demnizasjɔ̃] *f* Entschä-digung *f;* **indemniser** ⟨1⟩ *vt* ~ **qn de qch** jdn für etw entschädigen; **indem-nité** *f (dédommagement)* Entschädigung *f;* ~ **de licenciement** Abfindung *f;* ~ **de logement** Wohnungsgeld *nt*

indéniable [ɛ̃denjabl(ə)] *adj* unbestreitbar

indépendamment [ɛ̃depɑ̃damɑ̃] *adv* unabhängig; ~ **de qch** *(en plus)* über etw *akk* hinaus; **indépendance** *f* Unabhän-gigkeit *f,* Selbstständigkeit *f;* **indépen-dant, e** *adj* unabhängig; *(position, emploi,* *vie)* selbstständig; *(entrée)* separat

indescriptible [ɛ̃dɛskʀiptibl(ə)] *adj* unbeschreiblich

indésirable [ɛ̃deziʀabl(ə)] *adj* unerwünscht

indétermination [ɛ̃detɛʀminasjɔ̃] *f* Unentschlossenheit *f*

indéterminé, e [ɛ̃detɛʀmine] *adj (incertain)* ungewiss; *(imprécis)* unbestimmt

index [ɛ̃dɛks] *m (ANAT)* Zeigefinger *m*; *(d'un livre)* Index *m*; **indexation** [ɛ̃dɛksasjɔ̃] *f* Anpassung *f*; **indexer** ⟨1⟩ *vt* ~ **sur** *(ECON)* angleichen +*dat*

indicateur, -trice [ɛ̃dikatœʀ, tʀis] *m, f (de la police)* Informant(in) *m(f)*, Spitzel *m*; ~ **des chemins de fer** *(livre)* Kursbuch *nt*; ~ **de pression/de niveau** *(instrument)* Druckmesser *m*/Höhenmesser *m*; ~ **de transfert** *(INFORM)* Übertragungsanzeige *f*

indicatif, -ive [ɛ̃dikatif, iv] **1.** *m (LING)* Indikativ *m*; *(RADIO)* Erkennungsmelodie *f*; *(TEL)* Vorwahl *f* **2.** *adj* **à titre** ~ zur Information

indication [ɛ̃dikasjɔ̃] *f* Angabe *f*; *(indice)* Zeichen *nt*; *(directive, mode d'emploi)* Anweisung *f*; *(renseignement)* Auskunft *f*; *(MED)* Indikation *f*

indice [ɛ̃dis] *m (marque, signe)* Zeichen *nt*, Anzeichen *nt*; *(JUR)* Indiz *nt*; ~ **boursier** *(FIN)* Aktienindex *m*; ~ **d'octane** Oktanzahl *f*; ~ **des prix** Preisindex *m*; ~ **de protection** Lichtschutzfaktor *m*; ~ **de réponse** Rücklaufquote *f*

indicible [ɛ̃disibl(ə)] *adj* unsagbar

indien, ne [ɛ̃djɛ̃, ɛn] *adj (d'Amérique)* indianisch; *(de l'Inde)* indisch; **Indien, ne** *m, f* Indianer(in) *m(f)*; Inder(in) *m(f)*

indifféremment [ɛ̃difeʀamɑ̃] *adv* gleichermaßen; **indifférence** *f* Gleichgültigkeit *f*; **indifférent, e** *adj* gleichgültig; *(insensible)* ungerührt; **il est** ~ **à mes soucis/à l'argent** meine Sorgen sind/Geld ist ihm gleichgültig

indigence [ɛ̃diʒɑ̃s] *f (matérielle)* Armut *f*; *(intellectuelle)* geistige Armut

indigène [ɛ̃diʒɛn] **1.** *adj* einheimisch **2.** *mf* Einheimische(r) *mf*

indigeste [ɛ̃diʒɛst(ə)] *adj* unverdaulich; **indigestion** *f* Magenverstimmung *f*, Verdauungsstörung *f*

indignation [ɛ̃diɲasjɔ̃] *f* Entrüstung *f*

indigne [ɛ̃diɲ] *adj* unwürdig

indigner ⟨1⟩ *vt* aufbringen, entrüsten **2.** *vpr* **s'**~ **(de qch/contre qn)** sich (über etw/jdn) entrüsten

indiqué, e [ɛ̃dike] *adj (adéquat)* angemessen; **ce n'est pas** ~ das ist nicht ratsam

indiquer ⟨1⟩ *vt* zeigen; *(pendule)* anzeigen; *(recommander)* empfehlen; *(signaler)* mitteilen

indirect, e [ɛ̃diʀɛkt] *adj* indirekt

indiscipline [ɛ̃disiplin] *f* Disziplinlosigkeit *f*

indiscret, -ète [ɛ̃diskʀɛ, ɛt] *adj* indiskret; **indiscrétion** [ɛ̃diskʀesjɔ̃] *f* Indiskretion *f*

indiscutable [ɛ̃diskytabl(ə)] *adj* unbestreitbar

indispensable [ɛ̃dispɑ̃sabl(ə)] *adj (essentiel)* unerlässlich; *(de première nécessité)* unbedingt erforderlich

indisponible [ɛ̃dispɔnibl] *adj (local)* nicht frei; *(personne)* unabkömmlich; *(capitaux)* gebunden

indisposé, e [ɛ̃dispoze] *adj* unpässlich

indisposer ⟨1⟩ [ɛ̃dispoze] *vt* ~ **qn** *(rendre malade)* jdm nicht bekommen; *(désobliger)* jdn verärgern

indisposition [ɛ̃dispozisjɔ̃] *f* Unpässlichkeit *f*

indistinct, e [ɛ̃distɛ̃(kt), ɛ̃kt(ə)] *adj* verschwommen; *(bruit)* schwach; **indistinctement** *adv* undeutlich; *(sans distinction)* unterschiedslos

individu [ɛ̃dividy] *m* Individuum *nt*

individualiser ⟨1⟩ [ɛ̃dividɥalize] **1.** *vt* individualisieren; *(personnaliser)* individuell gestalten **2.** *vpr* **s'**~ sich individuell entwickeln

individualiste [ɛ̃dividɥalist] *mf* Individualist(in) *m(f)*

individualité [ɛ̃dividɥalite] *f* Individualität *f*

individuel, le [ɛ̃dividɥɛl] *adj (distinct, propre)* individuell; *(particulier, personnel)* persönlich; *(isolé)* einzeln

indivisible [ɛ̃divizibl] *adj* unteilbar

Indochine [ɛ̃dɔʃin] *f* **l'**~ Indochina *nt*; **indochinois, e** [ɛ̃dɔʃinwa, waz] *adj* indochinesisch

indocile [ɛ̃dɔsil] *adj* widerspenstig

indolent, e [ɛ̃dɔlɑ̃, ɑ̃t] *adj (apathique)* träge; *(nonchalant)* lässig

indomptable [ɛ̃dɔ̃(p)tabl(ə)] *adj* unzähmbar; *(fig)* unbezähmbar

Indonésie [ɛ̃dɔnezi] *f* **l'**~ Indonesien *nt*; **indonésien, ne** [ɛ̃dɔnezjɛ̃, ɛn] *adj* indonesisch; **Indonésien, ne** *m, f* Indonesier(in) *m(f)*

indu, e [ɛ̃dy] *adj* **à des heures** ~**es** zu einer unchristlichen Zeit

indubitable [ɛ̃dybitabl(ə)] *adj* unzweifelhaft; **indubitablement** [ɛ̃dybitabləmɑ̃] *adv* zweifellos

induire [ɛ̃dɥiʀ] *irr comme conduire vt* ~ **qn en erreur** jdn irreführen

indulgent, e [ɛ̃dylʒã, ãt] *adj* nachsichtig; *(juge, jury)* milde

indûment [ɛ̃dymã] *adv (à tort)* ungerechtfertigterweise

industrialisation [ɛ̃dystʀijalizasjɔ̃] *f* Industrialisierung *f*

industrialiser ⟨1⟩ [ɛ̃dystʀijalize] *vt* industrialisieren

industrie [ɛ̃dystʀi] *f* Industrie *f*; ~ **automobile/textile** Auto-/Textilindustrie; ~ **de communication** Kommunikationsindustrie; **petites et moyennes** ~**s** mittelständische Industrie

industriel, le [ɛ̃dystʀijɛl] **1.** *adj* industriell, Industrie- **2.** *m* Industrielle(r) *mf*

industrieux, -euse [ɛ̃dystʀijø, øz] *adj* fleißig

inébranlable [inebʀãlabl(ə)] *adj* solide, fest; *(stoïque)* unerschütterlich

inédit, e [inedi, it] *adj* unveröffentlicht; *(nouveau)* neuartig

ineffaçable [inefasabl(ə)] *adj* unauslöschlich

inefficace [inefikas] *adj* wirkungslos; *(personne)* wenig effizient; **inefficacité** [inefikasite] *f* Wirkungslosigkeit *f*; *(d'une machine, personne)* Ineffizienz *f*, mangelnde Leistungsfähigkeit

inégal, e (-aux) [inegal, o] *adj* ungleich, unterschiedlich; *(surface)* uneben; *(rythme)* unregelmäßig

inégalable [inegalabl(ə)] *adj* einzigartig

inégalité [inegalite] *f* Ungleichheit *f*, Unterschiedlichkeit *f*; *(de surface)* Unebenheit *f*; *(de rythme)* Unregelmäßigkeit *f*

inéligible [ineliʒibl] *adj* nicht wählbar

inéluctable [inelyktabl(ə)] *adj* unausweichlich

inepte [inɛpt(ə)] *adj (stupide)* unsinnig; *(personne)* dumm; **ineptie** [inɛpsi] *f* Dummheit *f*

inépuisable [inepɥizabl(ə)] *adj* unerschöpflich

inerte [inɛʀt(ə)] *adj* unbeweglich; *(apathique)* apathisch; *(PHYS)* träge

inestimable [inɛstimabl(ə)] *adj* unschätzbar; *(service, bienfait)* unbezahlbar

inévitable [inevitabl(ə)] *adj* unvermeidbar, zwangsläufig; **inévitablement** [inevitabləmã] *adv* zwangsläufig

inexact, e [inɛgza(kt), akt(ə)] *adj (peu exact)* ungenau; *(faux)* falsch; *(non ponctuel)* unpünktlich; **inexactement** [inɛgzaktəmã] *adv* ungenau; **inexacti-**

tude [inɛgzaktityd] *f* Ungenauigkeit *f*; *(d'un calcul)* Fehlerhaftigkeit *f*; *(manque de ponctualité)* Unpünktlichkeit *f*; *(erreur)* Fehler *m*

inexcusable [inɛkskyzabl(ə)] *adj* unverzeihlich

inexistant, e [inɛgzistã, ãt] *adj* nicht vorhanden; *(nul)* bedeutungslos; *(aide)* unnütz

inexorable [inɛgzɔʀabl(ə)] *adj* unerbittlich

inexpérience [inɛkspeʀjãs] *f* Unerfahrenheit *f*

inexpérimenté, e [inɛkspeʀimãte] *adj (personne)* unerfahren, ungeübt; *(objet)* unerprobt

inexplicable [inɛksplikabl(ə)] *adj* unerklärlich; **inexplicablement** *adv* auf unerklärliche Weise

inexpressif, -ive [inɛkspʀesif, iv] *adj (mot, style)* nichts sagend; *(regard, visage)* ausdruckslos

inexprimable [inɛkspʀimabl(ə)] *adj* unbeschreiblich

in extenso [inɛkstɛ̃so] *adv* ganz, vollständig

in extremis [inɛkstʀemis] *adj, adv (à l'article de la mort)* auf dem Sterbebett; *(fig)* in letzter Minute

inextricable [inɛkstʀikabl(ə)] *adj* unentwirrbar; *(fig)* verwickelt

infaillible [ɛ̃fajibl(ə)] *adj* unfehlbar

infaisable [ɛ̃fəzabl] *adj* unmöglich

infalsifiable [ɛ̃falsifjabl] *adj (carte d'identité)* fälschungssicher

infâme [ɛ̃fam] *adj* niederträchtig, gemein; *(odeur, logis)* übel; **infamie** [ɛ̃fami] *f* Gemeinheit *f*

infanterie [ɛ̃fãtʀi] *f* Infanterie *f*

infanticide [ɛ̃fãtisid] **1.** *mf* Kindesmörder(in) *m(f)* **2.** *m (meurtre)* Kindesmord *m*

infantile [ɛ̃fãtil] *adj* kindisch, infantil; **maladie** ~ Kinderkrankheit *f*

infarctus [ɛ̃faʀktys] *m* ~ **(du myocarde)** Herzinfarkt *m*

infatigable [ɛ̃fatigabl(ə)] *adj* unermüdlich

infatué, e [ɛ̃fatɥe] *adj* eingebildet; **être** ~ **de son importance** sehr von sich eingenommen sein

infécond, e [ɛ̃fekɔ̃, ɔ̃d] *adj* unfruchtbar

infect, e [ɛ̃fɛkt, ɛkt(ə)] *adj* übel, ekelhaft

infecter ⟨1⟩ [ɛ̃fɛkte] **1.** *vt (atmosphère, eau)* verunreinigen; *(MED)* infizieren **2.** *vpr* **s'**~ sich entzünden; **infectieux, -euse** [ɛ̃fɛksjø, øz] *adj* ansteckend, infektiös

infection [ɛ̃fɛksjɔ̃] *f* Infektion *f*, Entzündung *f*

inférieur, e [ɛ̃feʀjœʀ] *adj* Unter-, untere(r,

s); (*qualité*) minderwertig; (*nombre*) niedriger; (*intelligence, esprit*) geringer; ~ **à** kleiner als; (*moins bien que*) schlechter als; **infériorité** [ɛ̃ferjɔrite] f Minderwertigkeit f; ~ **en nombre** zahlenmäßige Unterlegenheit

infernal, e (-aux) [ɛ̃fɛrnal, o] adj höllisch; (*méchanceté, machination*) teuflisch

infester ⟨1⟩ [ɛ̃feste] vt (*envahir*) herfallen über +akk

infidèle [ɛ̃fidɛl] adj untreu; **infidélité** [ɛ̃fidelite] f Untreue f

infiltrer ⟨1⟩ [ɛ̃filtre] vpr s'~ (*liquide*) (hin)einsickern; (*personne, idées*) sich einschleichen

infime [ɛ̃fim] adj niedrigste(r, s); (*minuscule*) winzig

infini, e [ɛ̃fini] 1. adj unendlich; (*extrême*) grenzenlos 2. m Unendlichkeit f; **à l'~** (*MATH*) bis unendlich; (*discourir*) endlos; (*agrandir, varier*) unendlich; **infiniment** adv (*sans bornes*) grenzenlos; (*beaucoup*) ungeheuer; ~ **grand/petit** (*MATH*) unendlich groß/klein; **infinité** f **une ~ de** (*quantité infinie*) eine unendliche Anzahl von

infinitif [ɛ̃finitif] m (*LING*) Infinitiv m

infirme [ɛ̃firm(ə)] 1. adj behindert 2. mf Behinderte(r) mf; **infirmer** ⟨1⟩ vt entkräften; **infirmerie** f Krankenrevier nt; **infirmier, -ière** [ɛ̃firmje, ɛr] m, f Krankenpfleger (Krankenschwester) m(f); **infirmité** f Behinderung f

inflammable [ɛ̃flamabl(ə)] adj entzündbar

inflammation [ɛ̃flamasjɔ̃] f Entzündung f

inflation [ɛ̃flasjɔ̃] f Inflation f

inflexible [ɛ̃flɛksibl(ə)] adj unbeugsam, unerbittlich

inflexion [ɛ̃flɛksjɔ̃] f (*de la voix*) Tonfall m; ~ **de la tête** (*mouvement*) Kopfnicken nt

infliger ⟨2⟩ [ɛ̃fliʒe] vt verhängen, auferlegen

influençable [ɛ̃flyɑ̃sabl(ə)] adj beeinflussbar; **influence** f Einfluss m; **influencer** ⟨2⟩ vt beeinflussen

info [ɛ̃fo] f (*fam*) Nachricht f

infographie [ɛ̃fografi] f Computergrafik f; **infographiste** [ɛ̃fografist] mf Computergrafiker(in) m(f)

informaticien, ne [ɛ̃fɔrmatisjɛ̃, ɛn] m, f Informatiker(in) m(f)

information [ɛ̃fɔrmasjɔ̃] f Information f; (*renseignement*) Auskunft f; ~**s politiques/sportives** politische Nachrichten/Sportnachrichten pl; **agence d'~** Nachrichtenagentur f; ~**s sur le système** (*INFORM*) Sys-

teminformationen pl

informatique [ɛ̃fɔrmatik] f (*techniques*) Datenverarbeitung f; (*science*) Informatik f

informatisation [ɛ̃fɔrmatizasjɔ̃] f Umstellung f auf Computer

informatiser ⟨1⟩ [ɛ̃fɔrmatize] vt auf Computer umstellen

informe [ɛ̃fɔrm(ə)] adj formlos; (*ébauché*) grob; (*laid*) unförmig

informer ⟨1⟩ [ɛ̃fɔrme] 1. vt informieren (*de* über +akk) 2. vi ~ **contre qn/sur qch** (*JUR*) Ermittlungen einleiten gegen jdn/über etw akk 3. vpr s'~ sich informieren, sich erkundigen

info-route (*infos-route*) [ɛ̃forut] f (*fam*) Verkehrsfunk m

infortune [ɛ̃fɔrtyn] f Pech nt, Missgeschick nt

infraction [ɛ̃fraksjɔ̃] f ~ **Verstoß** m (*à* gegen); **être en** ~ gegen eine Verordnung verstoßen

infranchissable [ɛ̃frɑ̃ʃisabl(ə)] adj unüberwindlich

infrarouge [ɛ̃fraruʒ] adj infrarot

infrason [ɛ̃frasɔ̃] m Ultraschall m

infrastructure [ɛ̃frastryktyr] f (*fondation*) Unterbau m; (*AVIAT*) Bodenanlagen pl; (*ECON, MIL*) Infrastruktur f; ~ **de transport** Verkehrsinfrastruktur

infructueux, -euse [ɛ̃fryktɥø, øz] adj ergebnislos, erfolglos

infuser ⟨1⟩ [ɛ̃fyze] vt faire ~ (*tisane*) ziehen lassen

infusion [ɛ̃fyzjɔ̃] f (*tisane*) Kräutertee m

ingénier ⟨1⟩ [ɛ̃ʒenje] vpr s'~ **à faire qch** bemüht sein, etw zu tun

ingénierie [ɛ̃ʒeniri] f Technik f

ingénieur [ɛ̃ʒenjœr] m Ingenieur(in) m(f); ~ **agronome/chimiste** Agronom(in) m(f)/Chemiker(in) m(f); ~ **du son** Toningenieur(in)

ingénieux, -euse [ɛ̃ʒenjø, øz] adj genial; (*personne*) erfinderisch

ingénu, e [ɛ̃ʒeny] adj naiv

ingérence [ɛ̃ʒerɑ̃s] f Einmischung f

ingérer ⟨5⟩ [ɛ̃ʒere] vpr s'~ **dans** sich einmischen in +akk

ingrat, e [ɛ̃gra, at] adj undankbar; **ingratitude** [ɛ̃gratityd] f Undankbarkeit f

ingrédient [ɛ̃gredjɑ̃] m (*GASTR*) Zutat f; (*d'un médicament*) Bestandteil m

inguérissable [ɛ̃gerisabl] adj unheilbar

inhabitable [inabitabl(ə)] adj unbewohnbar

inhalation [inalasjɔ̃] f Inhalation f; **faire une ~/des ~s de qch** etw inhalieren

inhérent, e [inerɑ̃, ɑ̃t] adj ~ **à** innewohnend +*dat*, inhärent +*dat*

inhibition [inibisjɔ̃] *f* Hemmung *f*

inhumain, e [inymɛ̃, ɛn] *adj* unmenschlich

inhumer ⟨1⟩ [inyme] *vt* bestatten

inimaginable [inimaʒinabl] *adj* unvorstellbar

inimitable [inimitabl] *adj* unnachahmlich; (*qualité*) unnachahmbar

iniquité [inikite] *f* Ungerechtigkeit *f*

initial, e (-aux) [inisjal, o] *adj* anfänglich; (*qui commence un mot*) Anfangs-

initialiser ⟨1⟩ [inisjalize] *vt* (*INFORM*) initialisieren

initiateur, -trice [inisjatœʀ, tʀis] *m, f* Initiator(in) *m(f)*; **l'~ d'une mode/technique** jd, der eine Mode/Technik einführt

initiative [inisjativ] *f* Initiative *f*; **prendre l'~ de faire qch** die Initiative ergreifen, etw zu tun; **~ de défense stratégique** strategische Verteidigungsinitiative

initier ⟨1⟩ [inisje] **1.** *vt* (*REL*) feierlich aufnehmen; (*instruire*) einführen, einweihen (*à* in +*akk*) **2.** *vpr* **s'~ à qch** etw erlernen

injecté, e [ɛ̃ʒekte] *adj* **yeux ~s de sang** blutunterlaufene Augen

injecter ⟨1⟩ [ɛ̃ʒekte] *vt* einspritzen

injection [ɛ̃ʒɛksjɔ̃] *f* **~ intraveineuse/sous-cutanée** (*MED*) intravenöse/subkutane Injektion; **à ~** (*TECH*) Einspritz-; **~ de capitaux** Finanzspritze *f*

injonction [ɛ̃ʒɔ̃ksjɔ̃] *f* Anordnung *f*

injure [ɛ̃ʒyʀ] *f* (*insulte*) Schimpfwort *nt*; (*JUR*) Beleidigung *f*; **injurier** ⟨1⟩ [ɛ̃ʒyʀje] *vt* beschimpfen; **injurieux, -euse** *adj* beleidigend

injuste [ɛ̃ʒyst(ə)] *adj* ungerecht; **injustice** *f* Ungerechtigkeit *f*; (*acte injuste*) Unrecht *nt*

inlassable [ɛ̃lɑsabl(ə)] *adj* unermüdlich

inné, e [i(n)ne] *adj* angeboren

innocence [inɔsɑ̃s] *f* Unschuld *f*; **innocent, e** [inɔsɑ̃, ɑ̃t] **1.** *adj* unschuldig; **~ de qch** einer Sache *gen* nicht schuldig **2.** *m, f* Unschuldige(r) *mf*; **innocenter** ⟨1⟩ *vt* **~ qn** (*déclarer*) jdn für unschuldig erklären; (*par une preuve*) jds Unschuld beweisen

innovateur, -trice [inɔvatœʀ, tʀis] *adj* innovativ; **innovation** *f* Innovation *f*, Neuerung *f*; **innover** ⟨1⟩ *vi* Neuerungen einführen

inoccupé, e [inɔkype] *adj* (*logement*) unbewohnt, leer stehend; (*siège*) nicht besetzt; (*désœuvré*) untätig

inoculer ⟨1⟩ [inɔkyle] *vt* einimpfen

inodore [inɔdɔʀ] *adj* geruchlos

inoffensif, -ive [inɔfɑ̃sif, iv] *adj* harmlos

inondation [inɔ̃dasjɔ̃] *f* Überschwemmung *f*; (*fig*) Flut *f*; **inonder** ⟨1⟩ *vt* überschwemmen; (*envahir*) strömen in +*akk*

inopérable [inɔpeʀabl] *adj* inoperabel

inopérant, e [inɔpeʀɑ̃, ɑ̃t] *adj* wirkungslos

inopiné, e [inɔpine] *adj* unerwartet

inopportun, e [inɔpɔʀtœ̃, yn] *adj* ungelegen

inoubliable [inublijabl(ə)] *adj* unvergesslich

inouï, e [inwi] *adj* einmalig; (*incroyable*) unglaublich

inox [inɔks] *m* Nirosta® *nt*

inoxydable [inɔksidabl(ə)] *adj* rostfrei

inqualifiable [ɛ̃kalifjabl(ə)] *adj* unbeschreiblich, abscheulich

inquiet, -ète [ɛ̃kjɛ, ɛt] *adj* unruhig, besorgt

inquiétant, e [ɛ̃kjetɑ̃, ɑ̃t] *adj* beunruhigend; (*sinistre*) finster

inquiéter ⟨5⟩ [ɛ̃kjete] **1.** *vt* beunruhigen, Sorgen machen +*dat*; (*police*) schikanieren **2.** *vpr* **s'~ (de qch)** sich (um etw) Sorgen [o Gedanken] machen

inquiétude [ɛ̃kjetyd] *f* Besorgnis *f*; **avoir des ~s au sujet de** besorgt sein wegen

inquisition [ɛ̃kizisjɔ̃] *f* Untersuchung *f*; **l'Inquisition** (*REL*) die Inquisition

insaisissable [ɛ̃sezisabl(ə)] *adj* (*fugitif*) nicht zu fassen; (*nuance*) schwer fassbar

insalubre [ɛ̃salybʀ(ə)] *adj* (*climat*) ungesund

insanité [ɛ̃sanite] *f* Blödsinn *m*

insatiable [ɛ̃sasjabl(ə)] *adj* (*fig*) unersättlich

insatisfaction [ɛ̃satisfaksjɔ̃] *f* Unzufriedenheit *f*

insatisfait, e [ɛ̃satisfɛ, ɛt] *adj* unzufrieden; (*désir*) unbefriedigt

inscription [ɛ̃skʀipsjɔ̃] *f* Inschrift *f*; (*sur mur, écriteau*) Aufschrift *f*; (*immatriculation*) Immatrikulation *f*, Anmeldung *f*; **inscrire** [ɛ̃skʀiʀ] *irr comme* écrire **1.** *vt* (*noter*) aufschreiben; (*graver*) einmeißeln; (*personne*) eintragen; (*immatriculer*) einschreiben; (*à un examen, à un concours*) anmelden (*à* für) **2.** *vpr* **s'~** (*à un club, à un parti*) beitreten (*à dat*); (*à l'université*) sich immatrikulieren; (*à un examen, à un concours*) sich anmelden (*à* für); **s'~ en faux contre qch** etw anfechten, etw in Frage stellen

insecte [ɛ̃sɛkt(ə)] *m* Insekt *nt*; **insecticide** [ɛ̃sɛktisid] *m* Insektenbekämpfungsmittel *nt*

insécurité [ɛ̃sekyʀite] *f* Unsicherheit *f*

I.N.S.E.E. [inse] *m acr de* **Institut national de la statistique et des études économiques** ≈ statistisches Bundesamt

insémination [ɛseminasjɔ̃] *f* ~ **artificielle** künstliche Befruchtung

insensé, e [ɛ̃sɑ̃se] *adj* wahnsinnig, unsinnig

insensibiliser ⟨1⟩ [ɛ̃sɑ̃sibilize] *vt* betäuben

insensible [ɛ̃sɑ̃sibl(ə)] *adj* (*nerf, membre*) taub, empfindungslos; (*personne: dur*) gefühllos; (*imperceptible*) nicht/kaum wahrnehmbar; ~ **aux compliments/à la poésie** (*indifférent*) unempfänglich für Komplimente/ohne Sinn für Poesie; ~ **au froid/à la chaleur** gegen Kälte/Hitze unempfindlich

inséparable [ɛ̃separabl(ə)] *adj* (*personnes*) unzertrennlich

insérer ⟨5⟩ [ɛ̃seʀe] **1.** *vt* (*intercaler*) einlegen; (*dans un journal: texte, article*) bringen; (*annonce*) aufgeben **2.** *vpr* **s'~ dans qch** (*fig*) im Rahmen von etw geschehen

insertion [ɛ̃sɛʀsjɔ̃] *f* (*d'une personne*) Integration *f*

insidieux, -euse [ɛ̃sidjø, øz] *adj* heimtückisch

insigne [ɛ̃siɲ] **1.** *m* (*d'une dignité*) Merkmal *nt*; (*badge*) Abzeichen *nt* **2.** *adj* hervorragend

insignifiant, e [ɛ̃siɲifjɑ̃, ɑ̃t] *adj* unbedeutend; (*roman*) nichts sagend

insinuation [ɛ̃sinɥasjɔ̃] *f* Andeutung *f*

insinuer ⟨1⟩ [ɛ̃sinɥe] **1.** *vt* **que voulez-vous ~?** (*suggérer*) was wollen Sie damit andeuten? **2.** *vpr* **s'~ dans** sich einschleichen in +*akk*

insipide [ɛ̃sipid] *adj* fade; (*fig*) nichts sagend, geistlos

insistance [ɛ̃sistɑ̃s] *f* Bestehen *nt*, Beharren *nt*

insister ⟨1⟩ [ɛ̃siste] *vi* bestehen, beharren (*sur* auf +*dat*); ~ **sur qch** (*s'appesantir sur*) etw betonen

insolation [ɛ̃sɔlasjɔ̃] *f* (*MED*) Sonnenstich *m*

insolence [ɛ̃sɔlɑ̃s] *f* Unverschämtheit *f*; **insolent, e** *adj* unverschämt, frech

insolite [ɛ̃sɔlit] *adj* ungewöhnlich; (*bizarre*) ausgefallen

insoluble [ɛ̃sɔlybl(ə)] *adj* (*problème*) unlösbar; (*substance*) unlöslich

insolvable [ɛ̃sɔlvabl(ə)] *adj* zahlungsunfähig

insomniaque [ɛ̃sɔmnjak] *adj* an Schlaflosigkeit leidend; **être** ~ an Schlaflosigkeit leiden

insomnie [ɛ̃sɔmni] *f* Schlaflosigkeit *f*

insondable [ɛ̃sɔdabl] *adj* abgründig

insonorisation [ɛ̃sɔnɔrizasjɔ̃] *f* Schalldämmung *f*

insonoriser ⟨1⟩ [ɛ̃sɔnɔrize] *vt* schalldicht machen

insouciance [ɛ̃susjɑ̃s] *f* Sorglosigkeit *f*

insoumis, e [ɛ̃sumi, iz] *adj* (*caractère, enfant*) widerspenstig, rebellisch; (*contrée, tribu*) unbezwungen

insoupçonnable [ɛ̃supsɔnabl(ə)] *adj* über jeden Verdacht erhaben; **insoupçonné, e** *adj* ungeahnt, unvermutet

insoutenable [ɛ̃sut(ə)nabl(ə)] *adj* (*inadmissible*) unhaltbar; (*insupportable*) unerträglich

inspecter ⟨1⟩ [ɛ̃spɛkte] *vt* kontrollieren; **inspecteur, -trice** *m, f* Inspektor(in) *m(f)*, Aufsichtsbeamte(r)(-beamtin) *m(f)*; ~ **(de l'enseignement) primaire** Schulrat(-rätin) *m(f)*; ~ **des finances** Steuerprüfer(in) *m(f)*; ~ **(de police)** (Polizei)inspektor; **inspection** *f* (*examen*) Kontrolle *f*, Prüfung *f*

inspiration [ɛ̃spiʀasjɔ̃] *f* Inspiration *f*, Eingebung *f*; (*divine*) Erleuchtung *f*

inspirer ⟨1⟩ [ɛ̃spiʀe] **1.** *vt* (*prophète*) erleuchten; (*poète*) inspirieren; (*propos, acte*) beeinflussen **2.** *vi* (*aspirer*) einatmen

instable [ɛ̃stabl(ə)] *adj* unbeständig; (*meuble*) wackelig

installateur [ɛ̃stalatœʀ] *m* Installateur *m*

installation [ɛ̃stalasjɔ̃] *f* (*de l'électricité, du téléphone*) Anschließen *nt*; (*TECH*) Anlage *f*, Vorrichtung *f*; (*INFORM: logiciel*) Installation *f*; (*INFORM: matériel*) Anlage *f*; ~**s électriques/sanitaires** elektrische/sanitäre Anlagen *pl*; ~**s portuaires/industrielles** Hafenanlagen *pl*/Industrieanlage *f*

installer ⟨1⟩ [ɛ̃stale] **1.** *vt* (*loger*) unterbringen; (*asseoir*) setzen; (*coucher*) legen; (*chose*) stellen; (*rideaux, etc*) anbringen; (*gaz, électricité, téléphone*) anschließen; (*appartement*) einrichten; (*fonctionnaire*) einsetzen; (*INFORM*) installieren **2.** *vpr* **s'~** (*s'établir*) sich niederlassen; **s'~ chez qn** (*se loger*) bei jdm wohnen; (*fig*) sich bei jdm einnisten

instamment [ɛ̃stamɑ̃] *adv* eindringlich

instance [ɛ̃stɑ̃s] *f* (*JUR: procédure, procès*) Verfahren *nt*; (*autorité*) Instanz *f*; ~**s** *fpl* (*sollicitations*) inständiges Bitten; **être en** ~ **de divorce** in Scheidung leben

instant [ɛ̃stɑ̃] *m* Moment *m*, Augenblick *m*; **à chaque** ~, **à tout** ~ jederzeit; **à l'**~ **où** in dem Moment, als; **dans un** ~ gleich; **de tous les** ~**s** ständig, fortwährend; **pour l'**~ im Augenblick

instantané, e [ɛ̃stãtane] *adj (explosion, mort)* unmittelbar, sofortig

instar [ɛ̃staʀ] *prep* **à l'**~ **de** nach dem Beispiel von

instaurer ⟨1⟩ [ɛ̃stɔʀe] *vt* einführen

instigateur, -trice [ɛ̃stigatœʀ, tʀis] *m, f* Initiator(in) *m(f)*, Anstifter(in) *m(f)*; **instigation** [ɛ̃stigasjɔ̃] *f* **à l'**~ **de qn** auf jds Betreiben *akk* (hin)

instinct [ɛ̃stɛ̃] *m* Instinkt *m*; **d'**~ instinktiv; ~ **de conservation** Selbsterhaltungstrieb *m*; **instinctif, -ive** [ɛ̃stɛ̃ktif, iv] *adj* instinktiv

instituer ⟨1⟩ [ɛ̃stitɥe] *vt* einführen

institut [ɛ̃stity] *m* Institut *nt*; ~ **de beauté** Schönheitssalon *m*; ~ **de la consommation** Verbraucherzentrale *f*; **Institut universitaire de technologie** technische Fachhochschule

instituteur, -trice [ɛ̃stitytœʀ, tʀis] *m, f* (Grund- und Haupt)schullehrer(in) *m(f)*

institution [ɛ̃stitysjɔ̃] *f* (*personne, groupement*) Institution *f*, Einrichtung *f*; (*école privée*) Privatschule *f*; ~**s** *fpl* (*formes, structures sociales*) Institutionen *pl*

institutionnaliser ⟨1⟩ [ɛ̃stitysjɔnalize] *vt* institutionalisieren

instructeur [ɛ̃stʀyktœʀ] *m* Lehrer *m*; **juge** ~ Untersuchungsrichter *m*

instructif, -ive [ɛ̃stʀyktif, iv] *adj* instruktiv, aufschlussreich

instruction [ɛ̃stʀyksjɔ̃] *f* Ausbildung *f*; (*enseignement*) Unterricht *m*; (*connaissances*) Bildung *f*; (*JUR*) Ermittlungen *pl*; ~**s** *fpl* (*directives*) Anweisungen *pl*; (*mode d'emploi*) Gebrauchsanweisung *f*; ~ **civique/religieuse** Staatsbürgerkunde *f*/Religionsunterricht *m*

instruire [ɛ̃stʀɥiʀ] *irr comme* conduire **1.** *vt* (*enseigner*) unterrichten; (*JUR*) ermitteln in +*dat*; ~ **qn de qch** (*informer*) jdn über etw *akk* informieren **2.** *vpr* **s'**~ sich bilden

instruit, e [ɛ̃stʀɥi, it] *adj* gebildet

instrument [ɛ̃stʀymã] *m* Instrument *nt*; ~ **de mesure** Messinstrument; ~ **de musique** Musikinstrument; ~ **de navigation sur vidéo** Videobrowser *m*; ~ **de travail** Arbeitsmaterial *nt*; ~ **à vent/à percussion** Blas-/Schlaginstrument

insu [ɛ̃sy] *m* **à l'**~ **de qn** ohne jds Wissen

insubordination [ɛ̃sybɔʀdinasjɔ̃] *f* (*d'un élève*) Aufsässigkeit *f*; (*MIL*) Gehorsamsverweigerung *f*

insuffisamment [ɛ̃syfizamã] *adv* unzureichend

insuffisance [ɛ̃syfizãs] *f* Unzulänglichkeit

f; (*quantité*) unzureichende Menge; ~**s** *fpl* (*déficiences*) Unzulänglichkeiten *pl*, Mängel *pl*; ~ **cardiaque** Herzinsuffizienz *f*, Herzschwäche *f*; **insuffisant, e** *adj* (*en nombre*) ungenügend, nicht genügend; (*en qualité*) unzulänglich, mangelhaft

insuffler ⟨1⟩ [ɛ̃syfle] *vt* einblasen

insulaire [ɛ̃sylɛʀ] *adj* Insel-

insuline [ɛ̃sylin] *f* Insulin *nt*

insulte [ɛ̃sylt(ə)] *f* (*injure*) Beleidigung *f*; **insulter** ⟨1⟩ *vt* (*injurier*) beschimpfen

insupportable [ɛ̃sypɔʀtabl(ə)] *adj* unerträglich

insurgé, e [ɛ̃syʀʒe] *m, f* Aufständische(r) *mf*; **insurger** ⟨2⟩ *vpr* **s'**~ **contre** sich auflehnen gegen

insurmontable [ɛ̃syʀmɔ̃tabl(ə)] *adj* (*obstacle*) unüberwindbar; (*angoisse*) unüberwindlich

insurrection [ɛ̃syʀɛksjɔ̃] *f* Aufstand *m*

intact, e [ɛ̃takt] *adj* unversehrt, intakt

intangible [ɛ̃tãʒibl(ə)] *adj* (*impalpable*) nicht greifbar; (*inviolable*) unantastbar

intarissable [ɛ̃taʀisabl(ə)] *adj* unerschöpflich

intégral, e (-aux) [ɛ̃tegʀal, o] *adj* vollständig; **casque** ~ (*moto*) Integralhelm *m*

intégrant, e [ɛ̃tegʀã, ãt] *adj* **faire partie** ~**e de qch** ein fester Bestandteil von etw sein

intégration [ɛ̃tegʀasjɔ̃] *f* Integration *f*

intégrationniste [ɛ̃tegʀasjɔnist] *adj* (*manifestation*) für die Rassenintegration; (*politique*) (Rassen)integrations-

intègre [ɛ̃tegʀ(ə)] *adj* aufrecht, rechtschaffen

intégrer ⟨5⟩ [ɛ̃tegʀe] **1.** *vt* integrieren **2.** *vpr* **s'**~ **dans qch** sich in etw *akk* eingliedern

intégrisme [ɛ̃tegʀism(ə)] *m* (*REL, POL*) Fundamentalismus *m*; **intégriste 1.** *adj* fundamentalistisch **2.** *mf* Fundamentalist(in) *m(f)*

intellectuel, le [ɛ̃telɛktɥel] **1.** *adj* intellektuell **2.** *m, f* Intellektuelle(r) *mf*

intelligence [ɛ̃teliʒãs] *f* Intelligenz *f*; (*jugement*) Verstand *m*; ~ **artificielle** künstliche Intelligenz; **vivre en bonne** ~ **avec qn** (*accord*) in gutem Einvernehmen mit jdm leben; **intelligent, e** *adj* intelligent, gescheit

intelligible [ɛ̃teliʒibl(ə)] *adj* verständlich

intello [ɛ̃telo] **1.** *adj* (*fam*) schrecklich intellektuell **2.** *mf* (*fam*) Intelligenzbestie *f*

intempérant, e [ɛ̃tãpeʀã, ãt] *adj* (*excessif*) maßlos, unmäßig

intempéries [ɛ̃tãpeʀi] *fpl* schlechtes Wet-

ter; **indemnités d'~** Schlechtwettergeld
nt

intempestif, -ive [ɛ̃tɑ̃pestif, iv] *adj*
unpassend, ungelegen

intenable [ɛ̃tnabl(ə)] *adj (intolérable)*
unerträglich

intendant, e [ɛ̃tɑ̃dɑ̃, ɑ̃t] *m, f* Verwalter(in)
m(f)

intense [ɛ̃tɑ̃s] *adj* stark, intensiv; *(lumière)*
hell; *(froid, chaleur)* groß; **intensif, -ive**
adj intensiv; **intensité** *f (du son, de la
lumière)* Intensität *f*; *(ELEC)* Stärke *f*; *(véhé-
mence)* Heftigkeit *f*

intenter ⟨1⟩ [ɛ̃tɑ̃te] *vt* **~ un procès contre**
[o **à**] **qn** einen Prozess gegen jdn anstrengen

intention [ɛ̃tɑ̃sjɔ̃] *f* Absicht *f*; **à l'~ de** für;
à cette ~ zu diesem Zweck; **avoir l'~ de
faire qch** beabsichtigen, etw zu tun;
intentionné, e *adj* **bien/mal ~** wohlge-
sinnt/nicht wohlgesinnt; **intentionnel,
le** *adj* absichtlich; *(JUR)* vorsätzlich

inter [ɛ̃tɛr] *m (TEL)* v. **interurbain**

interactif, -ive [ɛ̃tɛraktif, iv] *adj* interaktiv

interaction [ɛ̃tɛraksjɔ̃] *f* Wechselwirkung
f

intercalaire [ɛ̃tɛrkalɛr] *m (feuille)* Einlege-
blatt *nt*

intercaler ⟨1⟩ [ɛ̃tɛrkale] *vt* einfügen

intercéder ⟨5⟩ [ɛ̃tɛrsede] *vi* **~ (pour qn)**
sich (für jdn) verwenden

intercepter ⟨1⟩ [ɛ̃tɛrsɛpte] *vt* abfangen;
intercepteur [ɛ̃tɛrsɛptœr] *m* Abfangjä-
ger *m*

interchangeable [ɛ̃tɛrʃɑ̃ʒabl(ə)] *adj* aus-
tauschbar

Intercité [ɛ̃tɛrsite] *m* Intercity(zug) *m*

interclasse [ɛ̃tɛrklɑs] *m (SCOL)* kleine
Pause

interconnecter ⟨1⟩ [ɛ̃tɛrkɔnekte] *vt*
(INFORM) miteinander verbinden

interconnexion [ɛ̃tɛrkɔneksjɔ̃] *f* Schalt-
stelle *f*; **~ en réseau des noeuds** Schalt-
stelle *f* im Netzwerk

interdépendance [ɛ̃tɛrdepɑ̃dɑ̃s] *f* wech-
selseitige Abhängigkeit

interdiction [ɛ̃tɛrdiksjɔ̃] *f* Verbot *nt*; **~ de
séjour** Aufenthaltsverbot

interdire [ɛ̃tɛrdir] *irr comme dire* **1.** *vt* verbieten; **~ à qn de faire qch** jdm verbieten,
etw zu tun; *(empêcher)* jdn daran hindern,
etw zu tun **2.** *vpr* **s'~ qch** sich *dat* etw versagen; **interdit, e** *adj (illicite)* verboten;
(étonné) erstaunt, verblüfft; **stationnement
~** Parken verboten

intéressant, e [ɛ̃teresɑ̃, ɑ̃t] *adj* interessant

intéressé, e [ɛ̃terese] *adj* interessiert;
(concerné) betroffen; *(cupide)* eigennützig

intéresser ⟨1⟩ [ɛ̃terese] **1.** *vt* interessieren; *(concerner)* betreffen; *(aux bénéfices)*
beteiligen **2.** *vpr* **s'~ à qn/qch** sich für
jdn/etw interessieren

intérêt [ɛ̃terɛ] *m* Interesse *nt*; *(FIN)* Zins
m; *(importance)* Bedeutung *f*; *(égoïsme)*
Eigennutz *m*; **~s composés** Zinseszins; **à
~ fixe** *(FIN)* festverzinslich; **~s à taux fixes**
Zinsfestschreibung *f*; **avoir ~ à faire qch**
besser daran tun, etw zu tun

interface [ɛ̃tɛrfas] *f (INFORM)* Schnittstelle
f, Interface *nt*

interférer ⟨5⟩ [ɛ̃tɛrfere] *vt* sich überschneiden; **~ avec qch** mit etw in Konflikt
geraten; **~ dans qch** in etw *akk* eingreifen; **~ sur qch** sich auf etw *akk* auswirken

interféron [ɛ̃tɛrferɔ̃] *m (MED)* Interferon
nt

intérieur, e [ɛ̃terjœr] **1.** *adj* innere(r, s);
(POL) Innen- **2.** *m (décor, mobilier)* Innen-
ausstattung *f*; **l'~** das Innere; **à l'~** innen;
(avec mouvement) nach innen; **à l'~ de** in
+*dat*; **en ~** *(CINE)* im Studio; **ministère de
l'~** Innenministerium *nt*

intérim [ɛ̃terim] *m* Zwischenzeit *f*; **assurer l'~ (de qn)** *(remplacement)* die Vertretung (für jdn) übernehmen; **par ~** *(provisoirement)* vorläufig; **intérimaire** *mf*
Zeitarbeiter(in) *m(f)*; *(remplaçant)* Vertretung *f*

intérioriser ⟨1⟩ [ɛ̃terjɔrize] *vt (PSYCH)* ver-
innerlichen

interjection [ɛ̃tɛrʒɛksjɔ̃] *f* Ausruf *m*

interligne [ɛ̃tɛrliɲ] *m* Zeilenabstand *m*

interlocuteur, -trice [ɛ̃tɛrlɔkytœr, tris]
m, f Gesprächspartner(in) *m(f)*

interloquer ⟨1⟩ [ɛ̃tɛrlɔke] *vt* sprachlos
machen

interlude [ɛ̃tɛrlyd] *m (TV)* Pausenfüller *m*

intermédiaire [ɛ̃tɛrmedjɛr] **1.** *adj* Zwi-
schen- **2.** *mf (médiateur)* Vermittler(in)
m(f); *(COM)* Mittelsmann *m* **3.** *m* **sans ~**
direkt; **par l'~ de** durch Vermittlung von,
durch

interminable [ɛ̃tɛrminabl(ə)] *adj* endlos

intermittence [ɛ̃tɛrmitɑ̃s] *f* **par ~** gelegentlich, zeitweilig

internat [ɛ̃tɛrna] *m (établissement)* Internat *nt*

international, e (-aux) [ɛ̃tɛrnasjɔnal, o]
1. *adj* international **2.** *m, f (SPORT)* Natio-
nalspieler(in) *m(f)*

internaute [ɛ̃tɛrnot] *mf* Internetsurfer(in)
m(f), Websurfer(in) *m(f)*

interne [ɛ̃tɛrn(ə)] **1.** *adj* innere(r, s) **2.** *mf*

(*élève*) Internatsschüler(in) *m(f)*; (*MED*) Arzt (Ärztin) *m(f)* im Praktikum
interner ⟨1⟩ [ɛ̃tɛʀne] *vt* (*POL*) internieren; (*MED*) in eine Anstalt einweisen
Internet, internet [ɛ̃tɛʀnɛt] *m* Internet *nt*
interpeller ⟨1⟩ [ɛ̃tɛʀpəle] *vt* (*appeler*) zurufen +*dat*, ansprechen; (*arrêter*) festnehmen; (*POL*) befragen
interphone® [ɛ̃tɛʀfɔn] *m* (Gegen)sprechanlage *f*
Interpol [ɛ̃tɛʀpɔl] *m* Interpol *f*
interposer ⟨1⟩ [ɛ̃tɛʀpoze] **1.** *vt* dazwischentun; **par personnes interposées** durch Mittelsmänner **2.** *vpr* **s'~** dazwischentreten
interprétation [ɛ̃tɛʀpʀetasjɔ̃] *f* Interpretation *f*; **interprète** [ɛ̃tɛʀpʀɛt] *mf* Interpret(in) *m(f)*; (*traducteur*) Dolmetscher(in) *m(f)*; (*porte-parole*) (Für)sprecher(in) *m(f)*; **interpréter** ⟨5⟩ *vt* interpretieren; (*traduire*) übersetzen; (*rêves*) deuten
interrogateur, -trice [ɛ̃tɛʀɔgatœʀ, tʀis] *adj* fragend; **interrogatif, -ive** *adj* fragend; (*LING*) Frage-, Interrogativ-; **interrogation** [ɛ̃tɛʀɔgasjɔ̃] *f* (*action*) Befragen *nt*; (*question*) Frage *f*; ~ **écrite/orale** (*SCOL*) schriftliche/mündliche Prüfung; ~ **à distance** (*répondeur*) Fernabfrage *f*; **interrogatoire** [ɛ̃tɛʀɔgatwaʀ] *m* (*de police*) Verhör *nt*; (*au tribunal*) Vernehmung *f*; **interroger** ⟨2⟩ [ɛ̃tɛʀɔʒe] *vt* befragen; (*inculpé*) verhören, vernehmen; (*INFORM: système*) abfragen; ~ **à distance un répondeur** einen Anrufbeantworter abfragen
interrompre ⟨14⟩ [ɛ̃tɛʀɔ̃pʀ(ə)] **1.** *vt* unterbrechen **2.** *vpr* **s'~** (*personne*) aufhören; **interrupteur** [ɛ̃tɛʀyptœʀ] *m* Schalter *m*; **interruption** *f* Unterbrechung *f*; ~ **volontaire de grossesse** Schwangerschaftsabbruch *m*
intersection [ɛ̃tɛʀsɛksjɔ̃] *f* Schnittpunkt *m*; (*croisement*) Kreuzung *f*
interstice [ɛ̃tɛʀstis] *m* Zwischenraum *m*
intersyndicale [ɛ̃tɛʀsɛ̃dikal] *f* Gewerkschaftsbund *m*
interurbain, e [ɛ̃tɛʀyʀbɛ̃, ɛn] *adj* **communication ~e** Ferngespräch *nt*
intervalle [ɛ̃tɛʀval] *m* Zwischenraum *m*; **à deux mois d'~** im Abstand von zwei Monaten; **dans l'~** in der Zwischenzeit
intervenir ⟨9⟩ [ɛ̃tɛʀvəniʀ] *vi* ⟨avec être⟩ eingreifen, intervenieren (*dans* in +*akk*); (*se produire*) sich ereignen; ~ **auprès de qn/en faveur de qn** (*intercéder*) sich bei jdm/für jdn verwenden; **intervention** [ɛ̃tɛʀvɑ̃sjɔ̃] *f* Eingreifen *nt*; Intervention *f*;

(*discussion*) Wortmeldung *f*; (*MED*) Eingriff *m*; **interventionnisme** [ɛ̃tɛʀvɑ̃sjɔnism] *m* (*POL*) Interventionismus *m*
intervertir ⟨8⟩ [ɛ̃tɛʀvɛʀtiʀ] *vt* umkehren
interview [ɛ̃tɛʀvju] *f* Interview *nt*; **interviewer** ⟨1⟩ [ɛ̃tɛʀvjuve] *vt* interviewen
intestin, e [ɛ̃tɛstɛ̃, in] **1.** *adj* **querelles/luttes ~es** innere Kämpfe *pl* **2.** *m* Darm *m*; **intestinal, e** (-aux) *adj* Darm-
intime [ɛ̃tim] **1.** *adj* intim **2.** *mf* enger Freund, enge Freundin, Vertraute(r) *mf*
intimer ⟨1⟩ [ɛ̃time] *vt* (*citer*) vorladen; ~ **un ordre à qn** jdm einen Befehl zukommen lassen
intimidation [ɛ̃timidasjɔ̃] *f* Einschüchterung *f*
intimider ⟨1⟩ [ɛ̃timide] *vt* einschüchtern
intimité [ɛ̃timite] *f* **dans la plus stricte ~** im privaten Kreis, im engsten Familienkreis
intituler ⟨1⟩ [ɛ̃tityle] **1.** *vt* betiteln **2.** *vpr* **s'~** (*ouvrage*) den Titel tragen
intolérable [ɛ̃tɔleʀabl(ə)] *adj* unerträglich
intolérance [ɛ̃tɔleʀɑ̃s] *f* Intoleranz *f*; **intolérant, e** *adj* unduldsam, intolerant
intoxication [ɛ̃tɔksikasjɔ̃] *f* Vergiftung *f*; (*POL*) Indoktrination *f*; ~ **alimentaire** Lebensmittelvergiftung; **intoxiqué, e** [ɛ̃tɔksike] **1.** *adj* süchtig **2.** *m, f* Süchtige(r) *mf*; **intoxiquer** ⟨1⟩ *vt* vergiften; (*POL*) indoktrinieren
intraduisible [ɛ̃tʀadɥizibl(ə)] *adj* unübersetzbar
intraitable [ɛ̃tʀetabl(ə)] *adj* unnachgiebig (*sur* in Bezug auf +*akk*); **demeurer ~** nicht nachgeben
intranet [ɛ̃tʀanet] *m* Intranet *nt*
intransigeant, e [ɛ̃tʀɑ̃ziʒɑ̃, ɑ̃t] *adj* unnachgiebig, stur; (*morale, passion*) kompromisslos
intransitif, -ive [ɛ̃tʀɑ̃zitif, iv] *adj* (*LING*) intransitiv
intraveineux, -euse [ɛ̃tʀavenø, øz] *adj* intravenös
intrépide [ɛ̃tʀepid] *adj* (*courageux*) mutig, beherzt
intrigue [ɛ̃tʀig] *f* (*manœuvre*) Intrige *f*; (*scénario*) Handlung *f*; **intriguer** ⟨1⟩ **1.** *vi* intrigieren **2.** *vt* neugierig machen
introduction [ɛ̃tʀɔdyksjɔ̃] *f* Einführung *f*; (*d'un visiteur*) Hereinführen *nt*; (*de marchandises*) Einfuhr *f*; (*d'un ouvrage*) Einleitung *f*; **introduire** [ɛ̃tʀɔdɥiʀ] *irr conduire* **1.** *vt* einführen; (*visiteur*) hereinführen; ~ **dans** (*objet*) stecken in +*akk* **2.** *vpr* **s'~ dans** (*se glisser*) eindringen in +*akk*; (*se faire admettre*) sich *dat* Zutritt

verschaffen zu

introspection [ɛ̃trɔspɛksjɔ̃] f Selbstbeob-
achtung f

introuvable [ɛ̃truvabl(ə)] adj unauffindbar; (très rare) nicht erhältlich

introverti, e [ɛ̃trɔvɛrti] m, f Introver-
tierte(r) mf

intrus, e [ɛ̃try, yz] m, f Eindringling m

intrusion [ɛ̃tryzjɔ̃] f Eindringen nt; (ingérence) Einmischung f

intuitif, -ive [ɛ̃tɥitif, iv] adj intuitiv;
intuition [ɛ̃tɥisjɔ̃] f Intuition f; (pressentiment) Vorgefühl nt; **avoir une ~** eine
Ahnung haben

inusable [inyzabl(ə)] adj unverwüstlich

inusité, e [inyzite] adj (LING) ungebräuchlich

inutile [inytil] adj (qui ne sert pas) nutzlos;
(superflu) unnötig

inutilisable [inytilizabl(ə)] adj unbrauchbar

invalide [ɛ̃valid] 1. adj körperbehindert;
(vieillard) gebrechlich 2. mf (MIL) Invalide
(Invalidin) m(f); **~ du travail** Arbeitsunfähi-
ge(r) mf

invalider ⟨1⟩ [ɛ̃valide] vt (annuler) ungültig machen

invariable [ɛ̃varjabl(ə)] adj unveränderlich

invasion [ɛ̃vazjɔ̃] f Invasion f

invectiver ⟨1⟩ [ɛ̃vɛktive] vt beschimpfen

invendable [ɛ̃vɑ̃dabl(ə)] adj unverkäuflich

invendu, e [ɛ̃vɑ̃dy] adj unverkauft

inventaire [ɛ̃vɑ̃tɛr] m Inventar nt; (COM:
liste) Warenliste f; (opération) Inventur f;
(fig) Bestandsaufnahme f

inventer ⟨1⟩ [ɛ̃vɑ̃te] vt erfinden; **inven-
teur, -trice** m, f Erfinder(in) m(f); **inventif, -ive** adj schöpferisch; (ingénieux) einfallsreich; **invention** [ɛ̃vɑ̃sjɔ̃] f Erfindung
f; (découverte) Entdeckung f

inventorier ⟨1⟩ [ɛ̃vɑ̃tɔrje] vt eine Aufstellung machen von

inverse [ɛ̃vɛrs(ə)] 1. adj umgekehrt; (mouvement) entgegengesetzt 2. m **l'~** das
Gegenteil; **inverser** ⟨1⟩ vt umkehren;
inversion [ɛ̃vɛrsjɔ̃] f Umkehrung f; (d'un
groupe de mots) Inversion f

invertébré, e [ɛ̃vɛrtebre] 1. adj wirbellos
2. m wirbelloses Tier

investigation [ɛ̃vɛstigasjɔ̃] f Untersuchung f

investir ⟨8⟩ [ɛ̃vɛstir] 1. vt (argent) anlegen (dans in +akk); (FIN) investieren;
(police) umstellen; **~ qn de qch** jdm etw
verleihen; (d'une fonction) jdn in etw akk
einsetzen 2. vpr **s'~** (fam) sich einbringen;

investissement [ɛ̃vɛstismɑ̃] m Anlage f,
Investition f; **conseiller en ~** (FIN) Steuer-
berater(in) m(f); **investiture** [ɛ̃vɛstityr] f
Einsetzung f; (d'un candidat) Nominie-
rung f

invincible [ɛ̃vɛ̃sibl(ə)] adj unbesiegbar,
unschlagbar; (charme) unwiderstehlich

inviolable [ɛ̃vjɔlabl(ə)] adj unverletzbar,
unantastbar

invisible [ɛ̃vizibl(ə)] adj unsichtbar

invitation [ɛ̃vitasjɔ̃] f Einladung f; **à/sur
l'~ de qn** (exhortation) auf jds Aufforderung akk hin; **invité, e** m, f Gast m; **inviter** ⟨1⟩ [ɛ̃vite] vt einladen (à zu); **~ qn à
faire qch** (exhorter) jdn auffordern, etw zu
tun

involontaire [ɛ̃vɔlɔ̃tɛr] adj unabsichtlich;
(réaction) unwillkürlich; (témoin, complice)
unfreiwillig

invoquer ⟨1⟩ [ɛ̃vɔke] vt (prier) anrufen;
(excuse, argument) anbringen; (loi, texte)
sich berufen auf +akk

invraisemblable [ɛ̃vrɛsɑ̃blabl(ə)] adj
unwahrscheinlich; (étonnant) unglaublich

invulnérable [ɛ̃vylnerabl(ə)] adj unverletzbar; (position) unangreifbar

iode [jɔd] m Jod nt

iodler ⟨1⟩ [jɔdle] vi jodeln

ion [jɔ̃] m Ion nt

ionique [jɔnik] adj (ARCHIT) ionisch; (PHYS)
Ionen-

Irak [irak] m **l'~** (der) Irak; **irakien, ne**
[irakjɛ̃, ɛn] adj irakisch; **Irakien, ne** m, f
Iraker(in) m(f)

Iran [irɑ̃] m **l'~** (der) Iran; **iranien, ne**
[iranjɛ̃, ɛn] adj iranisch; **Iranien, ne** m, f
Iraner(in) m(f)

Iraq m v. **Irak; iraquien, ne** [irakjɛ̃, ɛn]
adj v. **irakien**

irascible [irasibl(ə)] adj jähzornig

iris [iris] m Iris f

irisé, e [irize] adj regenbogenfarben, iri-
sierend

irlandais, e [irlɑ̃dɛ, ɛz] adj irisch; **Irlandais, e** m, f Ire (Irin) m(f); **Irlande** f **l'~**
Irland nt; **l'~ du Nord** Nordirland

ironie [irɔni] f Ironie f; **ironique** adj ironisch, spöttisch; **ironiser** ⟨1⟩ [irɔnize] vi
spotten

IRPP m abr de **impôt sur le revenu des personnes physiques** Einkommensteuer f

irradiation [iradjasjɔ̃] f Bestrahlung f

irradier ⟨1⟩ [iradje] 1. vi (lumière) ausstrahlen 2. vt (contaminer) verstrahlen;
irradié(e) strahlenverseucht, verstrahlt

irraisonné, e [irɛzɔne] adj (geste, acte)
unüberlegt; (crainte) unsinnig

irréalisable [iʀealizabl(ə)] *adj* unerfüllbar; (*projet*) nicht machbar

irrecevable [iʀəs(ə)vabl(ə)] *adj* unannehmbar

irréconciliable [iʀekɔ̃siljabl(ə)] *adj* unversöhnlich

irrécupérable [iʀekypeʀabl(ə)] *adj* nicht wieder verwertbar; (*personne*) nicht mehr zu retten; **un menteur** ~ ein unverbesserlicher Lügner

irrécusable [iʀekyzabl(ə)] *adj* (*témoin*) glaubwürdig; (*témoignage, preuve*) unanfechtbar

irréductible [iʀedyktibl(ə)] *adj* (*obstacle*) unbezwingbar; (*ennemi*) unversöhnlich

irréel, le [iʀeel] *adj* unwirklich

irréfléchi, e [iʀefleʃi] *adj* unüberlegt, gedankenlos

irréfutable [iʀefytabl(ə)] *adj* unwiderlegbar

irrégularité [iʀegylaʀite] *f* Unregelmäßigkeit *f*; (*de surface*) Unebenheit *f*; (*inconstance*) Unbeständigkeit *f*; (*illégalité*) Ungesetzlichkeit *f*; **irrégulier, -ière** [iʀegylje, ɛʀ] *adj* unregelmäßig; (*surface, terrain*) uneben; (*travailleur, travail*) unbeständig, wechselhaft; (*illégal*) rechtswidrig, ungesetzlich; (*peu honnête*) zwielichtig

irrémédiable [iʀemedjabl(ə)] *adj* nicht wieder gutzumachen

irremplaçable [iʀãplasabl(ə)] *adj* unersetzlich

irrépressible [iʀepʀesibl(ə)] *adj* unbezähmbar

irréprochable [iʀepʀɔʃabl(ə)] *adj* einwandfrei, tadellos

irrésistible [iʀezistibl(ə)] *adj* unwiderstehlich; (*preuve, logique*) zwingend

irrésolu, e [iʀezɔly] *adj* unentschlossen

irrespectueux, -euse [iʀɛspɛktɥø, øz] *adj* respektlos

irresponsable [iʀɛspɔ̃sabl(ə)] *adj* unverantwortlich; (*JUR*) unmündig; (*politique, morale*) verantwortungslos

irrévérencieux, -euse [iʀeveʀãsjø, øz] *adj* respektlos

irréversible [iʀevɛʀsibl(ə)] *adj* nicht rückgängig zu machen, nicht umkehrbar

irrévocable [iʀevɔkabl(ə)] *adj* unwiderruflich

irrigation [iʀigasjɔ̃] *f* Bewässerung *f*

irriguer ⟨1⟩ [iʀige] *vt* bewässern

irritabilité [iʀitabilite] *f* Reizbarkeit *f*; **irritable** [iʀitabl] *adj* reizbar

irritant, e [iʀitã, ãt] *adj* irritierend; (*MED*) Reiz-

irritation [iʀitasjɔ̃] *f* (*exaspération*) Gereizt-

heit *f*; (*inflammation*) Reizung *f*

irriter ⟨1⟩ [iʀite] *vt* reizen

irruption [iʀypsjɔ̃] *f* Eindringen *nt*, Hereinstürzen *nt*; **faire** ~ **chez qn** plötzlich bei jdm erscheinen

Islam [islam] *m* Islam *m*; **islamique** *adj* islamisch; **islamisation** *f* Islamisierung *f*; **islamiste** *mf* Islamist(in) *m(f)*, islamischer Fundamentalist

islandais, e [islɑ̃dɛ, ɛz] *adj* isländisch; **Islandais, e** *m, f* Isländer(in) *m(f)*; **Islande** *f* l'~ Island *nt*

isocèle [izɔsɛl] *adj* gleichseitig

isolant, e [izɔlã, ãt] **1.** *adj* isolierend **2.** *m* Isolator *m*

isolation [izɔlasjɔ̃] *f* ~ **acoustique/thermique** Schall-/Wärmedämmung *f*; ~ **électrique** Isolierung *f*

isolé, e [izɔle] *adj* isoliert; (*maison*) einzeln; (*cas, fait*) vereinzelt

isoler ⟨1⟩ [izɔle] *vt* isolieren

isoloir [izɔlwaʀ] *m* Wahlkabine *f*

isorel® [izɔʀɛl] *m* Pressspanplatte *f*

isotope [izɔtɔp] *m* Isotop *nt*

Israël [isʀaɛl] *m* Israel *nt*; **israélien, ne** [isʀaeljɛ̃, ɛn] *adj* israelisch; **Israélien, ne** *m, f* Israeli *mf*; **israélite** [isʀaelit] *adj* jüdisch; **Israélite** *mf* Jude (Jüdin) *m(f)*

issu, e [isy] *adj* être ~ **de** abstammen von; (*fig*) entstanden sein aus

issue [isy] *f* Ausgang *m*; (*résultat*) Ergebnis *nt*; **à l'~e de** am Ende von; **rue sans** ~**e** Sackgasse *f*

isthme [ism] *m* Landenge *f*

Italie [itali] *f* l'~ Italien *nt*; **italien, ne** [italjɛ̃, ɛn] *adj* italienisch; **Italien, ne** *m, f* Italiener(in) *m(f)*

italique [italik] *m* **en** ~ kursiv

item [item] *adv* dito

itinéraire [itineʀɛʀ] *m* Route *f*; ~ **de délestage** Umleitung *f*

itinérant, e [itineʀã, ãt] *adj* Wander-, wandernd

IUFM *m abr de* **Institut universitaire de formation des maîtres** ≈ pädagogische Hochschule

I.U.T. *m abr de* **Institut universitaire de technologie** technische Fachhochschule

I.V.G. *f abr de* **interruption volontaire de grossesse** Schwangerschaftsabbruch *m*

ivoire [ivwaʀ] *m* Elfenbein *nt*

ivoirien, ne [ivwaʀjɛ̃, ɛn] *adj* der Elfenbeinküste; **Ivoirien, ne** *m, f* Bewohner(in) *m(f)* der Elfenbeinküste

ivraie [ivʀɛ] *f* séparer l'~ **du bon grain** die Spreu vom Weizen trennen

ivre [ivʀ(ə)] *adj* betrunken; ~ **de colère/**

de bonheur außer sich vor Wut/Glück; **ivresse** [ivʀɛs] f Betrunkenheit f; (a. fig)

Rausch m; **ivrogne** [ivʀɔɲ] mf Trinker(in) m(f)

J

J, j [ʒi] m J, j nt
jacasser ⟨1⟩ [ʒakase] vi schwatzen
jachère [ʒaʃɛʀ] f (être) en ~ brach(liegen)
jacinthe [ʒasɛ̃t] f Hyazinthe f
jacuzzi® [ʒakuzi] m Whirlpool® m
jadis [ʒadis] adv einst(mals)
jaillir ⟨8⟩ [ʒajiʀ] vi herausspritzen, hervorsprudeln; (cri) ertönen
jalon [ʒalɔ̃] m Markierungspfosten m
jalousie [ʒaluzi] f Eifersucht f; (store) Jalousie f; **jaloux, -ouse** adj eifersüchtig
Jamaïque [ʒamaik] f **la ~** Jamaika nt
jamais [ʒamɛ] adv nie, niemals; (non négatif) je(mals); **ne ... ~** nie, niemals
jambe [ʒɑ̃b] f Bein nt
jambon [ʒɑ̃bɔ̃] m Schinken m
jambonneau (x) [ʒɑ̃bɔno] m (gekochtes) Eisbein
jante [ʒɑ̃t] f Felge f
janvier [ʒɑ̃vje] m Januar m; **en ~** im Januar; **le 17 ~** am 17. Januar; **le 17 ~ 2015** der 17. Januar 2015
Japon [ʒapɔ̃] m **le ~** Japan nt; **japonais, e** [ʒapɔnɛ, ɛz] adj japanisch; **Japonais, e** m, f Japaner(in) m(f)
jaquette [ʒakɛt] f (de livre) Schutzumschlag m
jardin [ʒaʀdɛ̃] m Garten m; ~ **d'enfants** Kindergarten; **jardinage** [ʒaʀdinaʒ] m Gartenarbeit f; (professionnel) Gartenbau m; **jardiner** ⟨1⟩ [ʒaʀdine] vi gärtnern; **jardinier, -ière** [ʒaʀdinje, ɛʀ] 1. m, f Gärtner(in) m(f); ~ **d'enfants** Kindergärtner 2. f (caisse) Blumenkasten m; **jardinière de légumes** gemischtes Gemüse, Leipziger Allerlei nt
jarret [ʒaʀɛ] m (ANAT) Kniekehle f; (GASTR) Hachse f, Haxe f
jarretelle [ʒaʀtɛl] f Strumpfhalter m
jarretière [ʒaʀtjɛʀ] f Strumpfband nt
jaser ⟨1⟩ [ʒaze] vi schwatzen; (indiscrète-

ment) tratschen
jasmin [ʒasmɛ̃] m Jasmin m
jatte [ʒat] f Napf m, Schale f
jauger ⟨2⟩ [ʒoʒe] vt (mesurer) messen; (juger) abschätzen, beurteilen
jaune [ʒon] 1. adj gelb; **rire ~** gezwungen lachen 2. m Gelb nt; ~ **d'œuf** Eigelb, Dotter m
java [ʒava] f **faire la ~** (fam) einen draufmachen
javel [ʒavɛl] f **eau f de ~** chlorhaltiges Bleichund Reinigungsmittel
javelot [ʒavlo] m Speer m
jazz [dʒaz] m Jazz m
J.-C. m abr de **Jésus-Christ** Chr.
je [ʒ(ə)] pron ich
jean [dʒin] m Jeans f o pl
jeep® [(d)ʒip] f Jeep® m
je-ne-sais-quoi [ʒən(ə)sɛkwa] m inv **un ~** ein gewisses Etwas
jérémiades [ʒeʀemjad] fpl Gejammer nt
jerrycan [dʒeʀikan] m (Benzin)kanister m
jersey [ʒɛʀzɛ] m (tissu) Jersey m
Jersey [ʒɛʀzɛ] (**l'île f de**) ~ Jersey nt
jésuite [ʒezɥit] m Jesuit m; (pej) Heuchler m
Jésus-Christ [ʒezykʀi(st)] m Jesus Christus m; **800 avant/après** ~ 800 vor/nach Christus
jet 1. [ʒɛ] m (lancer) Wurf m; (action) Werfen nt; (jaillissement) Strahl m; (tuyau) Düse f; **du premier** ~ auf Anhieb; ~ **d'eau** Wasserstrahl 2. [dʒɛt] m (avion) Jet m
jetable [ʒətabl(ə)] adj Wegwerf-
jetée [ʒ(ə)te] f Mole f
jeter ⟨3⟩ [ʒ(ə)te] vt werfen; (agressivement) schleudern; (se défaire de) wegwerfen; (cri, insultes) ausstoßen
jeton [ʒ(ə)tɔ̃] m (au jeu) Spielmarke f; (de téléphone) Telefonmarke f; **avoir les ~s** (vulg) Muffe haben

jeu (x) [ʒø] m Spiel nt; (fonctionnement) Funktionieren nt; (fig) Zusammenspiel nt; **entrer dans le ~** (fig) mitspielen; **être en ~** (fig) auf dem Spiel stehen; **mettre en ~** aufs Spiel setzen; **remettre en ~** (FOOT) einwerfen; **les ~x de hasard** die Glücksspiele pl; **un ~ de clés/d'aiguilles** ein Satz m Schlüssel/ein Spiel Nadeln; **~x olympiques** Olympische Spiele; **~ vidéo** Videospiel; **jeu-concours** (jeux-concours) [ʒøkɔ̃kur] m Preisausschreiben nt

jeudi [ʒødi] m Donnerstag m; **le ~, tous les ~s** donnerstags

jeun [ʒœ̃] adv **à ~** nüchtern, mit nüchternem Magen

jeune [ʒœn] **1.** adj jung; **les ~s** die jungen Leute pl, die Jugend f; **~ fille** (junges) Mädchen; **~ homme** junger Mann **2.** adv **faire ~** jugendlich aussehen, jung aussehen

jeûne [ʒøn] m Fasten nt; **jeûner** ⟨1⟩ [ʒøne] vi fasten

jeunesse [ʒœnɛs] f Jugend f; (apparence) Jugendlichkeit f

J.O. 1. mpl v. **jeux olympiques** Olympische Spiele pl **2.** m v. **journal officiel** Amtsblatt nt

joaillerie [ʒɔajri] f (COM) Juweliergeschäft nt; (articles) Schmuck m; **joaillier, -ière** [ʒɔaje, ɛr] m, f Juwelier(in) m(f)

job [dʒɔb] m (fam) Job m, Gelegenheitsarbeit f

jockey [ʒɔkɛ] m Jockei m

jogging [dʒɔgin] m Jogging nt; (vêtement) Jogginganzug m; **faire du ~** joggen

joie [ʒwa] f Freude f

joindre [ʒwɛ̃dr(ə)] irr **1.** vt (relier) verbinden (à mit); (ajouter) beifügen, hinzufügen (à zu); (contacter) erreichen; **~ les deux bouts** gerade (mit seinem Geld) auskommen; **~ les mains** die Hände falten **2.** vpr **se ~ à qn** sich jdm anschließen

joint [ʒwɛ̃] m (de suture, de soudage) Naht f; (de robinet) Dichtung f; **~ de culasse** Zylinderkopfdichtung f

joker [(d)ʒɔker] m Joker m

joli, e [ʒɔli] adj hübsch; **c'est du ~!** (pej) das ist ja reizend!; **un ~ gâchis** ein schöner Schlamassel

jonc [ʒɔ̃] m Binse f

joncher ⟨1⟩ [ʒɔ̃ʃe] vt verstreut liegen auf +dat, bedecken; **jonché(e) de** übersät mit

jonction [ʒɔ̃ksjɔ̃] f (action) Verbindung f; (de routes) Kreuzung f; (de fleuves) Zusammenfluss m; (INFORM, fig) Schnittstelle f

jongleur, -euse [ʒɔ̃glœr, øz] m, f Jongleur(in) m(f)

jonquille [ʒɔ̃kij] f Osterglocke f, Narzisse f

Jordanie [ʒɔrdani] f **la ~** Jordanien nt; **jordanien, ne** [ʒɔrdanjɛ̃, ɛn] adj jordanisch

joue [ʒu] f Backe f, Wange f

jouer ⟨1⟩ [ʒwe] **1.** vt spielen; (argent) setzen, spielen um; (réputation) aufs Spiel setzen; (simuler) vorspielen, vortäuschen; **~ un tour à qn** jdm einen Streich spielen **2.** vi spielen; (bois) sich verziehen, arbeiten; **~ à qch** etw spielen; **~ avec sa santé** seine Gesundheit aufs Spiel setzen; **~ des coudes** die Ellbogen gebrauchen; **~ de malchance** vom Pech verfolgt sein **3.** vpr **se ~ des obstacles** spielend mit Hindernissen fertig werden; **se ~ de qn** jdn zum Narren halten; **jouet** [ʒwe] m Spielzeug nt; **être le ~ de** das Opfer +gen sein; **joueur, -euse** m, f Spieler(in) m(f)

joufflu, e [ʒufly] adj pausbäckig

jouir ⟨8⟩ [ʒwir] vi **~ de qch** (savourer) etw genießen, sich einer Sache gen erfreuen; (avoir) etw haben

jouissance [ʒwisɑ̃s] f (plaisir) Freude f, Vergnügen nt; (volupté) Wollust f; **la ~ de qch** (usage) die Nutznießung einer Sache gen

jour [ʒur] m Tag m; (aspect) Licht nt; (ouverture) Öffnung f, Durchbruch m; **au grand ~** offen, in aller Öffentlichkeit; **au ~ le ~** von einem Tag auf den anderen; **du ~ au lendemain** von heute auf morgen, von einem Moment auf den anderen; **il fait ~** es ist Tag, es ist hell; **mettre à ~** auf den neuesten Stand bringen; **sous un ~ favorable/nouveau** in einem günstigen/neuen Licht; **tenir à ~** (INFORM) pflegen; **~ férié** Feiertag; **~ ouvrable** Arbeitstag m

Jourdain [ʒurdɛ̃] m **le ~** der Jordan

journal (-aux) [ʒurnal, o] m Zeitung f; (intime) Tagebuch nt; **~ officiel** Amtsblatt nt; **~ télévisé** (Fernseh)nachrichten pl; **journalisme** m Journalismus m; **journaliste** mf Journalist(in) m(f); **journalistique** [ʒurnalistik] adj journalistisch

journée [ʒurne] f Tag m; **la ~ continue** durchgehende Arbeitszeit (ohne Mittagspause); **~ porte ouverte** Tag m der offenen Tür

jovial, e (-aux) [ʒɔvjal, o] adj jovial

joyau (x) [ʒwajo] m Juwel nt

joyeux, -euse [ʒwajø, øz] adj fröhlich, vergnügt; (qui apporte la joie) freudig

JT m abr de **journal télévisé** (Fernseh)-nachrichten pl, Tagesschau f

jubilé [ʒybile] *m* Jubiläum *nt*

jubiler ⟨1⟩ [ʒybile] *vi* jubeln, jauchzen

jucher ⟨1⟩ [ʒyʃe] **1.** *vt* ~ **qch sur** etw (hoch) (hinauf)legen/stellen/setzen auf +*akk* **2.** *vi* (*oiseaux*) hocken, sitzen

judaïque [ʒydaik] *adj* jüdisch

judaïsme [ʒydaism] *m* Judentum *nt*

judas [ʒyda] *m* (*trou*) Guckloch *nt*

judiciaire [ʒydisjɛʀ] *adj* gerichtlich; justiz-; richterlich

judicieux, -euse [ʒydisjø, øz] *adj* klug, gescheit

judo [ʒydo] *m* Judo *nt;* **judoka** [ʒydɔka] *mf* Judokämpfer(in) *m(f)*

juge [ʒyʒ] *mf* (*magistrat*) Richter(in) *m(f);* (*de concours*) Preisrichter(in) *m(f);* (*de combat*) Kampfrichter(in) *m(f);* ~ **d'instruction** Untersuchungsrichter

jugement [ʒyʒmɑ̃] *m* Urteil *nt;* (*perspicacité*) Urteilsvermögen *nt;* ~ **de valeur** Werturteil

jugeote [ʒyʒɔt] *f* (*fam*) Grips *m*

juger ⟨2⟩ [ʒyʒe] *vt* entscheiden über +*akk;* (*évaluer*) beurteilen; ~ **bon de faire qch** es für gut halten, etw zu tun; ~ **qn/qch satisfaisant(e)** jdn/etw für zufrieden stellend halten; ~ **que** meinen dass, der Ansicht sein, dass

jugulaire [ʒygylɛʀ] *f* Halsschlagader *f*

juguler ⟨1⟩ [ʒygyle] *vt* (*maladie*) zum Stillstand bringen; (*envie, désirs, personne*) unterdrücken; (*inflation*) bekämpfen

juif, -ive [ʒɥif, iv] **1.** *adj* jüdisch **2.** *m, f* Jude (Jüdin) *m(f)*

juillet [ʒɥijɛ] *m* Juli *m;* **en** ~ im Juli; **le 31** ~ am 31. Juli; **le 31** ~ **2004** der 31. Juli 2004

Le 14 juillet

Le 14 juillet ist der französische Nationalfeiertag zum Gedenken an den Sturm auf die Bastille während der französischen Revolution. Im ganzen Land gibt es Feste, Paraden, Musik- und Tanzaufführungen und Feuerwerk. In Paris findet entlang der Champs-Élysée eine Militärparade, der der Präsident beiwohnt, statt.

---

juin [ʒɥɛ̃] *m* Juni *m;* **en** ~ im Juni; **le 17** ~ am 17. Juni; **le 17** ~ **2010** der 17. Juni 2010

juke-box [dʒukbɔks] *m inv* Musikbox *f*

jumeau, jumelle (x) [ʒymo, ʒymɛl] **1.** *adj* Doppel- **2.** *m, f* Zwilling *m;* (*frère*) Zwillingsbruder *m;* (*sœur*) Zwillingsschwester *f*

jumelage [ʒym(ə)laʒ] *m* Städtepartnerschaft *f;* **jumeler** ⟨3⟩ *vt* (*TECH*) koppeln,

miteinander verbinden; (*villes*) zu Partnerstädten machen

jumelle [ʒymɛl] *f v.* jumeau

jumelles *fpl* Fernglas *nt,* Feldstecher *m*

jument [ʒymɑ̃] *f* Stute *f*

jungle [ʒœ̃gl(ə)] *f* Dschungel *m*

junkie [dʒœŋki] *mf* (*fam*) Junkie *m*

junte [ʒœ̃t] *f* Junta *f*

jupe [ʒyp] *f* Rock *m;* **jupe-culotte** (jupes-culottes) [ʒypkylɔt] *f* Hosenrock *m*

jupon [ʒypɔ̃] *m* Unterrock *m*

Jura [ʒyʀa] *m* (*canton, GEO*) Jura *m;* **jurassien, ne** [ʒyʀasjɛ̃, ɛn] *adj* aus dem Jura

juré, e [ʒyʀe] *m, f* Geschworene(r) *mf*

jurer ⟨1⟩ [ʒyʀe] **1.** *vt* schwören, geloben; **il a juré de faire qch** (*s'engager*) er schwor, etw zu tun; ~ **que** (*affirmer*) schwören [*o* versichern], dass **2.** *vi* (*dire des jurons*) fluchen; ~ **avec** (*couleurs*) sich beißen

juridique [ʒyʀidik] *adj* juristisch; rechtlich; Rechts-

juron [ʒyʀɔ̃] *m* Fluch *m*

jury [ʒyʀi] *m* Geschworene *pl;* (*SCOL*) Prüfungsausschuss *m*

jus [ʒy] *m* Saft *m;* (*de viande*) Bratensaft *m;* ~ **de pommes** Apfelsaft

jusqu'au-boutiste [ʒyskobutist] **1.** *adj* extremistisch; **politique** ~ Durchhaltepolitik *f* **2.** *mf* Vertreter(in) *m(f)* der harten Linie

jusque [ʒysk(ə)] *prep* **jusqu'à** (*endroit*) bis; bis an +*akk,* bis nach +*dat;* (*moment*) bis; bis zu +*dat;* (*quantité, limite*) bis zu +*dat;* **jusqu'à ce que** bis; **jusqu'à présent** bis jetzt; ~**-là** (*temps*) bis dahin; ~ **sur/dans/vers** bis (hinauf) zu/bis in/bis (hin) zu

justaucorps [ʒystokɔʀ] *m* Trikot *m*

juste [ʒyst(ə)] **1.** *adj* (*équitable*) gerecht; (*légitime*) gerechtfertigt, berechtigt; (*précis*) genau; (*correct*) richtig; (*étroit, insuffisant*) knapp; **à** ~ **titre** mit vollem [*o* gutem] Recht **2.** *adv* (*exactement*) genau, richtig; (*seulement*) nur, bloß; ~ **assez/au-dessus** gerade genug/gerade [*o* genau] darüber; **au** ~ genau; **juste-ment** *adv* (*avec raison*) zu Recht, mit Recht; **c'est** ~ **ce qu'il fallait éviter** (*précisément*) genau [*o* gerade] das hätte vermieden werden sollen; **justesse** [ʒystɛs] *f* (*exactitude*) Richtigkeit *f;* (*précision*) Genauigkeit *f;* **de** ~ mit knapper Not, gerade noch

justice [ʒystis] *f* (*équité*) Gerechtigkeit *f;* (*ADMIN*) Justiz *f;* **obtenir** ~ sein Recht bekommen; **rendre la** ~ Recht sprechen; **rendre** ~ **à qn** jdm Recht [*o* Gerechtigkeit] widerfahren lassen

justiciable [ʒystisjabl] *adj* **être ~ des tribunaux français** der französischen Gerichtsbarkeit unterliegen; **être ~ de** *(fig)* sich verantworten müssen vor +*dat*

justifiable [ʒystifjabl(ə)] *adj* zu rechtfertigen, vertretbar

justificatif [ʒystifikatif] *m* Beleg *m*

justification [ʒystifikasjɔ̃] *f* Rechtfertigung *f*

justifier ⟨1⟩ [ʒystifje] *vt* (*expliquer*) rechtfertigen

jute [ʒyt] *m* Jute *f*

juteux, -euse [ʒytø, øz] *adj* saftig

juvénile [ʒyvenil] *adj* jugendlich

juxtaposer ⟨1⟩ [ʒykstapoze] *vt* nebeneinander stellen

K

K, k [ka] *m* K, k *nt*

kaki [kaki] **1.** *adj inv* khaki(farben) **2.** *m* (*fruit*) Kaki(pflaume) *f*

kaléidoscope [kaleidɔskɔp] *m* Kaleidoskop *nt*

kangourou [kãguʀu] *m* Känguru *nt*

karaoké [kaʀaoke] *m* Karaoke *nt*

karaté [kaʀate] *m* Karate *nt*

kart [kaʀt] *m* Gokart *m;* **karting** [kaʀtiŋ] *m* **faire du ~** Gokart fahren

kascher [kaʃɛʀ] *adj* koscher

kayak [kajak] *m* Kajak *m o nt*

Kazakhstan [kazakstã] *m* **le ~** Kasachstan *nt*

kcal. *abr de* **kilocalorie(s)** kcal

kebab [kebab] *m* Kebab *m*

Kenya [kenja] *m* **le ~** Kenia *nt*

képi [kepi] *m* Käppi *nt*

kermesse [kɛʀmɛs] *f* (*de bienfaisance*) Wohltätigkeitsbasar *m;* (*foire*) Kirmes *f*

kérosène [keʀozɛn] *m* Kerosin *nt*

keuf *m* (*fam*) Bulle *m*

kg *abr de* **kilogramme** kg

khmer, -ère [kmɛʀ] *adj* Khmer-; **Khmer, -ère** *m, f* Khmer *mf*

khôl [kol] *m* Kajalstift *m*

kidnapper ⟨1⟩ [kidnape] *vt* kidnappen; **kidnappeur, -euse** [kidnapœʀ, øz] *m, f* Kidnapper(in) *m(f);* **kidnapping** [kidnapiŋ] *m* Kindesentführung *f*

kilo [kilo] *m* Kilo *nt;* **kilocalorie** *f* Kilokalorie *f;* **kilofranc** *m* 1000 Franc; **kilogramme** *m* Kilogramm *nt;* **kilojoule** [kiloʒul] *m* Kilojoule *nt*

kilométrage [kilɔmetʀaʒ] *m* (*au compteur*) Kilometerstand *m;* **kilomètre** [kilɔmɛtʀ(ə)] *m* Kilometer *m;* **kilomètre-heure** (kilomètres-heures) *m* Stundenkilometer *m;* **kilométrique** *adj* (*borne, compteur*) Kilometer-; (*distance*) in Kilometern

kilooctet [kilooktɛ] *m* Kilobyte *nt;* **kilowatt** [kilowat] *m* Kilowatt *nt; ~* **heure** Kilowattstunde *f*

kimono [kimɔno] *m* Kimono *m*

kinésithérapeute [kineziteʀapøt] *mf* Krankengymnast(in) *m(f);* **kinésithérapie** *f* Krankengymnastik *f*

kiosque [kjɔsk(ə)] *m* Kiosk *m,* Stand *m;* (*dans un jardin public*) Musikpavillon *m*

Kirghizistan [kiʀgizistã] *m* **le ~** Kirgistan *nt,* Kirgisien *nt,* Kirgisistan *nt*

Kiribati [kiʀibas] *m* **le ~** Kiribati *nt*

kirsch [kiʀʃ] *m* Kirsch(wasser *nt*) *m*

kit [kit] *m* Bastelsatz *m;* (*pour entretien*) Set *nt; ~* **mains libres** Freisprechanlage *f*

kitchenette [kitʃ(ə)nɛt] *f* Kochnische *f*

kiwi [kiwi] *m* (*oiseau*) Kiwi *m;* (*fruit*) Kiwi *f*

klaxon [klaksɔn] *m* Hupe *f;* **klaxonner** ⟨1⟩ [klaksɔne] **1.** *vi* hupen **2.** *vt* (*fam*) anhupen

kleenex® [klinɛks] *m* Papiertaschentuch *nt*

kleptomane [klɛptɔman] *mf* Kleptomane (Kleptomanin) *m(f)*

km *abr de* **kilomètre** km

km/h *abr de* **kilomètre-heure** km/h

knock-out [nɔkaut] *m inv* Knock-out *m*

Ko *m abr de* **kilooctet** KB *nt*

K.-O. [kao] *adj inv* k. o.

koala [kɔala] *m* Koala *m*
kohol [kɔɔl] *m* Kajalstift *m*
kosovar [kɔsɔvaʀ] *adj* kosovarisch; **Kosovar** *mf* Kosovare (Kosovarin) *m(f)*; **Kosovo** [kɔsɔvo] *m* **le** ~ der Kosovo
Koweit [kɔwɛt] *m* **le** ~ Kuwait *nt*
krach [kʀak] *m* Börsenkrach *m*
kraft [kʀaft] *m* **papier** ~ Packpapier *nt*

Kremlin [kʀɛmlɛ̃] *m* Kreml *m*
kurde [kyʀd] *adj* kurdisch; **Kurde** *mf* Kurde (Kurdin) *m(f)*
kW *m abr de* **kilowatt** kW *nt*
K-way [kawɛ] *m* Windhemd *nt*
kW/h *m abr de* **kilowatt heure** kWh *nt*
kyrielle [kiʀjɛl] *f* **une** ~ **de** ein Strom von
kyste [kist(ə)] *m* Zyste *f*

L

L, l [ɛl] *m* L, l *nt*
l *abr de* **litre** l
l' *art v.* **le**
la [la] *art v.* **le**
là [la] *adv* dort; (*ici*) da, hier; (*dans le temps*) dann; **c'est** ~ **que** das ist, wo; **elle n'est pas** ~ sie ist nicht da; **de** ~ (*fig*) daher; **par** ~ (*fig*) dadurch; **là-bas** [labɑ] *adv* dort
label [label] *m* (*marque*) Marke *f*; ~ **de qualité** Gütezeichen *nt*
labeur [labœʀ] *m* Mühe *f*, Arbeit *f*
labo [labo] *m v.* **laboratoire**
laborantin, e [labɔʀɑ̃tɛ̃, in] *m, f* Laborant(in) *m(f)*
laboratoire [labɔʀatwaʀ] *m* Labor(atorium) *nt*, Forschungslabor *nt*; ~ **de langues/d'analyses** Sprach-/Untersuchungslabor; ~ **spatial** Raumlabor
laborieux, -euse [labɔʀjø, øz] *adj* (*difficile: tâche*) mühsam, mühselig; (*personne*) fleißig
labour [labuʀ] *m* Pflügen *nt;* **cheval/bœuf de** ~ Arbeitspferd *nt/*-ochse *m;* **labourer** ⟨1⟩ *vt* pflügen; (*fig: visage*) zerfurchen; **laboureur** *m* Bauer *m*
labrador [labʀadɔʀ] *m* (*chien*) Labrador *m*
labyrinthe [labiʀɛ̃t] *m* Labyrinth *nt*
lac [lak] *m* See *m*
lacer ⟨2⟩ [lase] *vt* (*chaussures*) zubinden, zuschnüren
lacérer ⟨5⟩ [laseʀe] *vt* zerreißen, zerfetzen
lacet [lasɛ] *m* (*de chaussure*) Schnürsenkel *m;* (*de route*) scharfe Kurve; (*piège*)

Schlinge *f*
lâche [lɑʃ] **1.** *adj* locker; (*personne*) feige **2.** *m* Feigling *m*
lâcher ⟨1⟩ [lɑʃe] **1.** *vt* (*volant, poignée*) loslassen; (*libérer*) freilassen; (*chien*) loslassen; (*mot, remarque*) fallen lassen; (*SPORT: distancer*) hinter sich *dat* lassen; (*abandonner*) im Stich lassen; ~ **les amarres** (*NAUT*) losmachen **2.** *vi* (*fil, amarres*) reißen; (*freins*) versagen
lâcheté [lɑʃte] *f* Feigheit *f*
lacrymal, e (-aux) [lakʀimal, o] *adj* Tränen-
lacrymogène [lakʀimɔʒɛn] *adj* (*bombe*) Tränengas-
lacté, e [lakte] *adj* (*produit, régime*) Milch-
lactose [laktoz] *m* Milchzucker *m*
lacune [lakyn] *f* (*de texte, de mémoire*) Lücke *f*
là-dedans [lad(ə)dɑ̃] *adv* drinnen; **là-derrière** [ladɛʀjɛʀ] *adv* dahinter; **là-dessous** [lad(ə)su] *adv* (*sous un objet, fig*) dahinter; **là-dessus** *adv* (*sur un objet, fig*) darüber, darauf; **là-devant** [ladvɑ̃] *adv* davor
lagon [lagɔ̃] *m* Lagune *f* (*hinter einem Korallenriff*)
lagune [lagyn] *f* Lagune *f*
là-haut *adv* da oben
laid, e [lɛ, lɛd] *adj* hässlich; **laideron** [lɛdʀɔ̃] *m* hässliches Mädchen; **laideur** [lɛdœʀ] *f* Hässlichkeit *f;* (*fig: bassesse*) Gemeinheit *f*
lainage [lɛnaʒ] *m* (*vêtement*) Wolljacke *f;* (*pullover*) Wollpullover *m;* (*linge*) Wollwäsche *f*

laine [lɛn] f Wolle f; ~ **de verre** Glaswolle
laineux, -euse [lɛnø, øz] adj (étoffe) Woll-
laïque [laik] **1.** adj Laien-; (école, enseignement) staatlich **2.** mf (REL) Laie m
laisse [lɛs] f Leine f; **tenir en** ~ an der
Leine führen
laisser ⟨1⟩ [lese] **1.** vt lassen **2.** vb aux ~
qn faire jdn tun lassen **3.** vpr se ~ **aller**
sich gehen lassen; **laisser-aller** m inv
Nachlässigkeit f, Unbekümmertheit f;
laissez-passer m inv Passierschein m
lait [lɛ] m Milch f; ~ **démaquillant/de
beauté** Reinigungs-/Schönheitsmilch; ~
écrémé/concentré Mager-/Kondens-
milch; **laitage** [lɛtaʒ] m Milchprodukt nt;
laiterie [lɛtʀi] f (usine) Molkerei f; **lai-
tier, -ière** [lɛtje, ɛʀ] **1.** adj (produit, vache)
Milch- **2.** m, f Milchmann(-frau) m(f)
laiton [lɛtɔ̃] m Messing nt
laitue [lety] f Lattich m; (salade) (grüner)
Salat
laïus [lajys] m (pej) Sermon m
lama [lama] m Lama nt
lambda [lãbda] adj **le lecteur** ~ (fam) der
Durchschnittsleser
lambeau (x) [lãbo] m (de tissu, de chair)
Fetzen m; **en** ~**x** in Fetzen
lambiner ⟨1⟩ [lãbine] vi trödeln
lame [lam] f Klinge f; (vague) Welle f; ~
de rasoir Rasierklinge
lamelle [lamɛl] f Lamelle f; (en métal, en
plastique) kleiner Streifen, Blättchen nt
lamentable [lamãtabl(ə)] adj traurig,
erbärmlich; **lamentablement**
[lamãtabləmã] adv erbärmlich; **lamenta-
tion** [lamãtasjɔ̃] f (gémissement) Klagen nt,
Jammern nt; **lamenter** ⟨1⟩ vpr se ~
(sur) klagen (über +akk)
lamifié [lamifje] m Laminat nt
laminer ⟨1⟩ [lamine] vt walzen; (fig) nie-
derwalzen
laminoir [laminwaʀ] m Walzmaschine f
lampadaire [lãpadɛʀ] m (de salon) Steh-
lampe f; (dans la rue) Straßenlaterne f
lampe [lãp(ə)] f Lampe f; ~ **(à) halogène**
Halogenlampe; ~ **de poche** Taschenlampe
lampée [lãpe] f (fam) Schluck m
lampe-tempête (lampes-tempêtes)
[lãptãpɛt] f Sturmlampe f
lampion [lãpjɔ̃] m Lampion m
lamproie [lãpʀwa] f Neunauge nt
lance [lãs] f (arme) Speer m, Lanze f; ~
d'incendie Feuerwehrschlauch m
lance-flammes m inv Flammenwerfer m;
lance-fusées [lãsfyze] m inv Raketen-
werfer m

lancement [lãsmã] m (COM) Einführung f;
(d'un bateau) Stapellauf m; (d'une fusée)
Abschuss m
lance-missiles [lãsmisil] m inv Raketen-
werfer m; **lance-pierres** [lãspjɛʀ] m inv
Steinschleuder f
lancer ⟨2⟩ [lãse] **1.** vt (ballon, pierre) werfen; (flamme, éclair) aussenden; (bateau)
vom Stapel lassen; (fusée) abschießen;
(INFORM) starten; (produit, voiture) auf den
Markt bringen; (artiste) herausbringen,
lancieren; (mot, injure) schleudern; ~ **qch
à qn** jdm etw zuwerfen; (avec agression)
jdm etw entgegenschleudern **2.** vpr se ~
(prendre de l'élan) losstürmen **3.** m (SPORT)
Wurf m; (pêche) Angeln nt; se ~ **sur/con-
tre** (se précipiter) losstürzen auf +akk
lance-roquettes [lãsʀɔkɛt] m inv Rake-
tenwerfer m; **lance-torpilles** [lãstɔʀpij]
m inv Torpedorohr nt
lanceur [lãsœʀ] m Trägerrakete f
lancinant, e [lãsinã, ãt] adj (regrets) quä-
lend; (douleur) stechend
lanciner ⟨1⟩ [lãsine] vi (douleur) stechen;
(fig) quälen
landau [lãdo] m (pour bébé) Kinderwagen
m
lande [lãd] f Heide f
langage [lãgaʒ] m Sprache f; (usage)
Redeweise f; ~ **de programmation** Programmiersprache f
lange [lãʒ] m Windel f; **langer** ⟨2⟩ vt die
Windeln wechseln +dat
langoureux, -euse [lãguʀø, øz] adj
(regard, ton, air) schmachtend; (propos)
verliebt; **un tango** ~ ein wehmütiger
Tango
langouste [lãgust(ə)] f Languste f
langoustine [lãgustin] f Kaisergranat m
langue [lãg] f (ANAT, GASTR) Zunge f; (LING)
Sprache f; ~**s étrangères appliquées**
angewandte Fremdsprachen pl; **de** ~
française Französisch sprechend; **la** ~
d'oc das Okzitanische; **tirer la** ~ (à) die
Zunge herausstrecken +dat; ~ **maternelle**
Muttersprache; ~ **officielle** Amtssprache;
~ **de terre** Landzunge; ~ **verte** Argot m;
~ **vivante** lebende Sprache; **langue-
de-chat** (langues-de-chat) f Katzen-
zunge f
Languedoc [lãgdɔk] m **le** ~ Languedoc
nt
languette [lãgɛt] f (de chaussure) Zunge f,
Lasche f
langueur [lãgœʀ] f (mélancolie) Wehmut f
languir ⟨8⟩ [lãgiʀ] vi (être oisif) apathisch
sein, verkümmern; (d'amour) schmach-

ten; *(émission, conversation)* erlahmen

lanière [lanjɛʀ] f Riemen m

la Niña [laniɲa] f La Niña f

lanterne [lɑ̃tɛʀn(ə)] f Laterne f

Laos [laɔs] m **le ~** Laos nt; **laotien, ne** [laɔsjɛ̃, ɛn] adj laotisch

lapalissade [lapalisad] f Binsenweisheit f

lapidaire [lapidɛʀ] adj *(fig)* knapp

lapider ⟨1⟩ [lapide] vt *(attaquer)* mit Steinen bewerfen; *(tuer)* steinigen

lapin [lapɛ̃] m Kaninchen nt

lapis(-lazuli) [lapis(lazyli)] m inv Lapislazuli m

lapon, ne [lapɔ̃, ɔn] adj lappländisch; **Lapon, ne** m, f Lappe (Lappin) m(f); **Laponie** [lapɔni] f **la ~** Lappland nt

laps [laps] m **~ de temps** Zeitraum m

lapsus [lapsys] m Versprecher m; *(écrit)* Lapsus m

laquais [lakɛ] m Lakai m

laque [lak] f *(peinture)* Lack m; *(pour cheveux)* Haarspray m o nt

laquelle [lakɛl] pron v. **lequel**

larcin [laʀsɛ̃] m *(kleiner)* Diebstahl m

lard [laʀ] m Speck m; **larder** ⟨1⟩ [laʀde] vt *(GASTR)* spicken

lardon [laʀdɔ̃] m *(GASTR)* Speckstreifen m; *(fam: enfant)* kleines Kind

large [laʀʒ(ə)] **1.** adj breit; *(fig: généreux)* großzügig; **~ d'esprit** weitherzig, liberal **2.** m **5 m de ~** *(largeur)* 5 m breit; **le ~** *(mer)* das offene Meer; **au ~ de** in Höhe von, im Umkreis von; **largement** adv weit; *(généreusement)* großzügig; **il a ~ le temps** er hat reichlich Zeit; **il a ~ de quoi vivre** er hat sein gutes Auskommen

largesse [laʀʒɛs] f *(générosité)* Großzügigkeit f

largeur [laʀʒœʀ] f Breite f, Weite f; *(fig)* Liberalität f; **~ de bande** *(RADIO)* Bandbreite

larguer ⟨1⟩ [laʀge] vt abwerfen

larme [laʀm(ə)] f Träne f; **une ~ de** *(fig)* ein Tropfen ...; **en ~s** in Tränen aufgelöst

larmoyant, e [laʀmwajɑ̃, ɑ̃t] adj weinerlich

larmoyer ⟨6⟩ [laʀmwaje] vi *(yeux)* tränen; *(se plaindre)* klagen

larron [laʀɔ̃] m Spitzbube m

larve [laʀv] f Larve f

laryngite [laʀɛ̃ʒit] f Kehlkopfentzündung f

larynx [laʀɛ̃ks] m Kehlkopf m

las, se [lɑ, lɑs] adj müde, matt

lasagne [lazaɲ] f Lasagne f

lascif, -ive [lasif, iv] adj lasziv, sinnlich

laser [lazɛʀ] **1.** m Laser m **2.** adj inv Laser-;

rayon ~ Laserstrahl m

lasser ⟨1⟩ [lɑse] **1.** vt erschöpfen **2.** vpr **se ~ de qch** etw leid werden

lassitude [lɑsityd] f Müdigkeit f; *(fig)* Überdruss m

lasso [laso] m Lasso nt

latent, e [latɑ̃, ɑ̃t] adj latent

latéral, e (-aux) [lateʀal, o] adj seitlich; **latéralement** [lateʀalmɑ̃] adv seitlich; *(arriver)* von der Seite

latex [latɛks] m inv Latex m

latin, e [latɛ̃, in] adj lateinisch

latino-américain, e (latino-américains) [latinoameʀikɛ̃, ɛn] adj lateinamerikanisch

latitude [latityd] f *(GEO)* Breite f; **avoir la ~ de faire qch** *(fig)* völlig freie Hand haben, etw zu tun; **à 48° de ~ nord** 48° nördlicher Breite

latte [lat] f Latte f; *(de plancher)* Leiste f

lauréat, e [lɔʀea, at] m, f Preisträger(in) m(f)

laurier [lɔʀje] m Lorbeer m; *(GASTR)* Lorbeerblatt nt; **laurier-rose** (lauriers-roses) [lɔʀjeʀoz] m Oleander m

lavabo [lavabo] m *(de salle de bains)* Waschbecken nt; **~s** mpl *(toilettes)* Toilette f

lavage [lavaʒ] m Waschen nt; **~ de cerveau** Gehirnwäsche f; **~ d'estomac/ d'intestin** Magen-/Darmspülung f

lavande [lavɑ̃d] f Lavendel m

lave [lav] f Lava f

lave-glace (lave-glaces) [lavglas] m *(AUTO)* Scheibenwaschanlage f; **lave-linge** [lavlɛ̃ʒ] m inv Waschmaschine f

laver ⟨1⟩ [lave] **1.** vt waschen; *(tache)* abwaschen; *(baigner: enfant)* baden **2.** vpr **se ~** sich waschen; **se ~ les mains** sich dat die Hände waschen; **se ~ les dents** sich dat die Zähne putzen; **laverie** [lavʀi] f **~ (automatique)** Waschsalon m; **lavette** [lavɛt] f *(chiffon)* Abwaschlappen m; *(brosse)* Spülbürste f; *(pej)* Waschlappen m; **laveur, -euse** m, f *(de carreaux)* Fensterputzer(in) m(f); *(de voitures)* Wagenwäscher(in) m(f); **lave-vaisselle** m inv Geschirrspülmaschine f; **lavoir** [lavwaʀ] m *(bac)* Spülbecken nt; *(édifice)* Waschhaus nt

laxatif, -ive [laksatif, iv] **1.** adj abführend **2.** m Abführmittel nt

laxisme [laksism] m *(travail)* Nachlässigkeit f; **laxiste** [laksist] adj lax

layette [lɛjɛt] f Babyausstattung f

le (l'), **la** (les; à + le = au, à + les = aux; de + le = du, de + les = des) [l(ə), la, le] **1.** art der, die, das; *(pl)* die; **le jeudi** *(d'habitude)* donnerstags; (ce jeudi-là) am Donnerstag; **le matin/soir** am Morgen/Abend; **le tiers/quart** ein Drittel/Viertel; **10 euros le mètre/kilo** 10 Euro pro Meter/Kilo 2. *pron* (objet direct) ihn, sie, es; (objet indirect) ihm, sie, ihm; (remplaçant une phrase) es, das

L.E. *f v.* **licence d'exportation** Ausfuhrlizenz *f*

L.E.A. *abr de* **langues étrangères appliquées** angewandte Fremdsprachen *pl*

leader [lidœʀ] *m* Marktführer *m*; ~ **de marché mondial** Weltmarktführer *m*

leasing [liziŋ] *m* Leasing *nt*; **acheter en ~** leasen

lèche-bottes [lɛʃbɔt] *mf inv* Speichellecker *m*; **lèche-cul** (lèche-culs) *mf* Arschkriecher(in) *m(f)*

lécher ⟨5⟩ [leʃe] *vt* lecken; ~ **les vitrines** einen Schaufensterbummel machen

lèche-vitrines [lɛʃvitʀin] *m inv* **faire du ~** einen Schaufensterbummel machen

leçon [l(ə)sɔ̃] *f* (SCOL: heure de classe) Stunde *f*; (devoir) Lektion *f*; (fig: avertissement) Lehre *f*; **donneur de ~s** (pej) Besserwisser *m*; **faire la ~ à qn** (fig) jdm einen langen Vortrag halten; ~s **de conduite** Fahrstunden *pl*; ~s **particulières** Privatstunden *pl*, Nachhilfestunden *pl*

lecteur, -trice [lɛktœʀ, tʀis] **1.** *m, f* (de journal, de livre) Leser(in) *m(f)*; (d'université) Lektor(in) *m(f)* **2.** *m* (INFORM) Laufwerk *nt*; ~ **de cassettes audio** Rekorder *m*; ~ **cible** (INFORM) Ziellaufwerk *nt*; ~ **de CD-ROM** CD-ROM Laufwerk; ~ **de disques compacts** CD-Player *m*; ~ **de CD portable** tragbarer CD-Player; ~ **MP3** MP3-Player *m*; ~ **source** (INFORM) Quelllaufwerk; ~ **Zip®** ZIP-Laufwerk®

lecture [lɛktyʀ] *f* Lesen *nt*, Lektüre *f*

légal, e (-aux) [legal, o] *adj* (JUR: âge, formalité) gesetzlich; **légalisation** [legalizasjɔ̃] *f* Legalisierung *f*; **légaliser** ⟨1⟩ [legalize] *vt* (situation, fait, papier) legalisieren; **légalité** *f* Legalität *f*

légataire [legatɛʀ] *mf* ~ **universel(le)** Alleinerbe(-erbin) *m(f)*

légendaire [leʒãdɛʀ] *adj* (héros, histoire) legendär; (fig) berühmt

légende [leʒãd] *f* Legende *f*

léger, -ère [leʒe, ɛʀ] *adj* (poids, vent) leicht; (erreur, retard) klein, geringfügig; (superficiel) leichtfertig; (volage) locker, lose; **à la légère** (parler, agir) unbesonnen, gedankenlos; **légèrement** *adv* leicht, locker; (parler, agir) unbesonnen; ~ **plus**

grand/en retard etwas größer/leicht verspätet; **légèreté** [leʒɛʀte] *f* Leichtigkeit *f*; (d'étoffe) Duftigkeit *f*; (pej) Leichtfertigkeit *f*

légion [leʒjɔ̃] *f* Legion *f*; ~ **étrangère** Fremdenlegion

La Légion d'honneur

La Légion d'honneur, die 1802 von Napoleon geschaffen wurde, ist ein hoch angesehener französischer Orden. Der Präsident der Republik, der „Grand Maître", ist das Oberhaupt dieses Ordens. Mitglieder erhalten jedes Jahr eine nominelle steuerfreie Bezahlung.

légionnaire [leʒjɔnɛʀ] *m* Legionär *m*

législateur [leʒislatœʀ] *m* Gesetzgeber *m*

législatif, -ive [leʒislatif, iv] *adj* gesetzgebend

législation [leʒislasjɔ̃] *f* Gesetzgebung *f*

législatives [leʒislativ] *fpl* (allgemeine) Parlamentswahlen *pl*

législature [leʒislatyʀ] *f* Legislative *f*

légitime [leʒitim] *adj* (JUR: droit) legitim; (parent) gesetzmäßig; (enfant) ehelich; (fig) berechtigt; ~ **défense** Notwehr *f*

legs [lɛg] *m* Erbschaft *f*

léguer ⟨5⟩ [lege] *vt* ~ **qch à qn** (JUR) jdm etw vermachen; (fig) jdm etw vererben

légume [legym] **1.** *m* Gemüse *nt* **2.** *f* **grosse** ~ (fam) Oberboss *m*; **légumier** [legymje] *m* (plat) Gemüseschüssel *f*

légumineuses [legyminøz] *fpl* Hülsenfrüchte *pl*

Léman [lemã] *m* **le lac** ~ der Genfer See

lendemain [lãdmɛ̃] *m* **le** ~ der nächste Tag; **le** ~ **matin/soir** am nächsten Morgen/Abend; **le** ~ **de** am Tag nach; **au** ~ **de** (fig) nach; **sans** ~ kurzlebig, ohne Zukunft; **remettre au** ~ (immer wieder) verschieben; **la pilule du** ~ die Pille danach

léninisme [leninism] *m* Leninismus *m*

lent, e [lã, lãt] *adj* langsam; **lentement** *adv* langsam; **lenteur** [lãtœʀ] *f* Langsamkeit *f*; ~**s** Schwerfälligkeit *f*

lentille [lãtij] *f* Linse *f*; ~ **de contact** Kontaktlinse

léopard [leɔpaʀ] *m* Leopard *m*

lèpre [lɛpʀ] *f* Lepra *f*

lépreux, -euse [lepʀø, øz] **1.** *m, f* Leprakranke(r) *mf* **2.** *adj* (mur) abbröckelnd

lequel, laquelle (lesquels, lesquelles; à + lequel = auquel, à laquelle, à + lesquels = auxquels, à + lesquelles = auxquelles; de + lequel = duquel, de laquelle, de + lesquels = desquels, de + lesquelles = des-

quelles) [ləkɛl, lakɛl, lekɛl] **1.** *pron* (*interrogatif*) welche(r, s); (*pl*) welche; (*relatif*) welche(r, s); (*pl*) welche; der, die, das; (*pl*) die **2.** *adj* **auquel cas** in diesem Fall
les [le] *art* v. **le**
lesbienne [lɛsbjɛn] *f* Lesbierin *f*
lésiner ⟨1⟩ [lezine] *vi* → (**sur**) sparen (an +*dat*)
lésion [lezjɔ̃] *f* Verletzung *f*; ~s **cérébrales** Gehirnschädigung *f*
Lesotho [lezɔto] *m* **le** ~ Lesotho *nt*
lesquels, lesquelles *pron* v. **lequel**
lessive [lesiv] *f* Waschpulver *nt*; (*linge*) Wäsche *f*; **faire la** ~ waschen; **lessiver** ⟨1⟩ *vt* (*sol*) aufwischen; (*mur*) abwaschen
leste [lɛst(ə)] *adj* flink, behende
lester ⟨1⟩ [lɛste] *vt* mit Ballast beladen
léthargie [letaʀʒi] *f* Lethargie *f*; **léthargique** [letaʀʒik] *adj* lethargisch
letton, ne *adj* lettisch; **Letton, ne** [letɔ̃, ɔn] *m, f* Lette (Lettin) *m(f)*; **Lettonie** [letɔni] *f* **la** ~ Lettland *nt*
lettre [letʀ(ə)] *f* Brief *m*; (*de l'alphabet*) Buchstabe *m*; ~s *fpl* (*littérature*) Literatur *f*; **à la** ~ (*fig: prendre*) wörtlich; (*obéir*) aufs Wort; **en toutes** ~s ausgeschrieben; ~ **d'adieu** Abschiedsbrief; ~ **de change** Wechsel *m*; ~ **de démission** (*travail*) Kündigungsschreiben *nt*; ~ **piégée** Briefbombe *f*; ~ **recommandée** Einschreibebrief; **lettré, e** [letʀe] *adj* gebildet, belesen
leucémie [løsemi] *f* Leukämie *f*; **leucémique** [løsemik] *adj* leukämisch
leur [lœʀ] **1.** *adj* ihr, ihre, ihr; **à** ~ **approche** als sie näher kamen; **à** ~ **vue** bei ihrem Anblick **2.** *pron* ihnen; **le** (**la**) ~, **les** ~s ihre(r, s); (*pl*) ihre
leurre [lœʀ] *m* (*appât*) Köder *m*; (*fig*) Blendwerk *nt*; **leurrer** ⟨1⟩ *vt* irreführen, ködern
levain [ləvɛ̃] *m* (*de boulanger*) Sauerteig *m*
levant [ləvɑ̃] *adj* **soleil** ~ aufgehende Sonne
levé, e [l(ə)ve] *adj* **être** ~ auf sein
levée [l(ə)ve] *f* (*de poste*) Leerung *f*; (*CARTES*) Stich *m*; ~ **de boucliers** (*fig*) Welle *f* des Protestes; ~ **de troupes** Truppenaushebung *f*
lever ⟨4⟩ [l(ə)ve] **1.** *vt* aufheben; (*bras, poids*) hochheben; (*tête, yeux*) erheben; (*difficulté*) beseitigen; (*impôts*) erheben; (*armée*) ausheben; (*en chasse*) aufjagen **2.** *vi* (*GASTR*) aufgehen **3.** *vpr* **se** ~ aufstehen; (*soleil*) aufgehen; (*jour*) anbrechen; (*temps*) sich aufklären **4.** *m* **au** ~ beim Aufstehen; ~ **du jour** Tagesanbruch *m*; ~ **du**

rideau Beginn *m* der Vorstellung; ~ **du soleil** Sonnenaufgang *m*
lève-tard [lɛvtaʀ] *mf inv* (*fam: personne*) Langschläfer(in) *m(f)*; **lève-tôt** *mf inv* (*fam: personne*) Frühaufsteher(in) *m(f)*
levier [ləvje] *m* Hebel *m*; ~ (**de changement**) **de vitesse** (*AUTO*) Schalthebel *m*
lèvre [lɛvʀ(ə)] *f* Lippe *f*
lévrier [levʀije] *m* Windhund *m*
levure [l(ə)vyʀ] *f* Hefe *f*; ~ **chimique** Backpulver *nt*
lexique [lɛksik] *m* Wortschatz *m*; (*index*) Glossar *m*
lézard [lezaʀ] *m* Eidechse *f*
lézarder ⟨1⟩ [lezaʀde] *vi* (*fam*) (in der Sonne) faulenzen
liaison [ljezɔ̃] *f* (*CHEMIN DE FER, AVIAT*) Verbindung *f*; (*INFORM*) Verknüpfung *f*; (*amoureuse*) Liaison *f*; (*en phonétique*) Bindung *f*; **entrer/être en** ~ **avec** in Kontakt treten/ sein mit
liane [ljan] *f* Liane *f*
liasse [ljas] *f* (*de billets, de lettres*) Stoß *m*, Bündel *nt*
Liban [libɑ̃] *m* **le** ~ der Libanon; **libanais, e** [libanɛ, ɛz] *adj* libanesisch; **Libanais, e** *m, f* Libanese (Libanesin) *m(f)*
libeller ⟨1⟩ [libele] *vt* (*lettre, rapport*) formulieren; ~ (**au nom de qn**) (*chèque, mandat*) (auf jdn) ausstellen
libellule [libelyl] *f* Libelle *f*
libéral, e (-aux) [libeʀal, o] *adj* (*généreux*) großzügig; (*économie, politique*) liberal
libéraliser ⟨1⟩ [libeʀalize] *vt* liberalisieren
libéralisme [libeʀalism] *m* Liberalismus *m*; (*tolérance*) Großzügigkeit *f*
libéralité [libeʀalite] *f* Großzügigkeit *f*
libérateur, -trice [libeʀatœʀ, tʀis] *m, f* Befreier(in) *m(f)*
libération [libeʀasjɔ̃] *f* Befreiung *f*; **la Libération** *die Befreiung Frankreichs durch die Alliierten 1944*
libéré, e [libeʀe] *adj* emanzipiert
libérer ⟨5⟩ [libeʀe] **1.** *vt* befreien; (*relâcher*) freilassen; (*dégager: gaz*) freisetzen **2.** *vpr* **se** ~ (*de rendez-vous*) sich freimachen
Libéria [libeʀja] *m* **le** ~ Liberia *nt*
liberté [libɛʀte] *f* Freiheit *f*; ~s *fpl* (*privautés*) Freiheiten *pl*; **en** ~ **provisoire/surveillée/conditionnelle** auf Kaution/mit Meldeverpflichtung/auf Bewährung freigelassen; **mettre/être en** ~ freilassen/frei sein; ~ **d'établissement** Niederlassungsfreiheit; ~ **de la presse/d'opinion** Presse-/ Meinungsfreiheit
libertin, e [libɛʀtɛ̃, in] *adj* ein ausschwei-

fendes Leben führend
libidineux, -euse [libidinø, øz] adj lüstern
libido [libido] f Libido f
libraire [libʀɛʀ] mf Buchhändler(in) m(f);
librairie f Buchhandlung f
libre [libʀ(ə)] adj frei; (SCOL) Privat-; ~ **de**
frei von; ~ **de faire qch** frei, etw zun tun;
être ~ verfügbar sein, keine (sonstige)
Verabredung haben; ~ **arbitre** freier
Wille; **libre-échange** (libres-échanges)
m Freihandel m; **libre-service** (libres-
services) m Selbstbedienung f; (magasin)
Selbstbedienungsladen m
librettiste [libʀetist] mf Librettist(in) m(f)
Libye [libi] f **la** ~ Libyen nt; **libyen, ne**
[libjɛ̃, ɛn] adj libysch; **Libyen, ne** m, f
Libyer(in) m(f)
licence [lisɑ̃s] f (permis) Befugnis f,
Erlaubnis f; (diplôme) Lizenz f, Diplom nt;
(UNIV) Licence f, ≈ universitäre Zwischen-
prüfung f; (liberté des mœurs) Zügellosigkeit f; ~ **d'exportation** Ausfuhrlizenz

---

La licence

*La licence ist ein Hochschulabschluss, den
französische Studenten nach drei Jahren Studium machen.*

---

licencié, e [lisɑ̃sje] m, f (SPORT) Teilnahme-
berechtigte(r) mf; ~ **ès lettres** (SCOL) Lizen-
tiat m der philosophischen Fakultät
licenciement [lisɑ̃simɑ̃] m Entlassung f
licencier ⟨1⟩ [lisɑ̃sje] vt (renvoyer) entlassen; (débaucher) entlassen, kündigen +dat
lichen [likɛn] m Flechte f
licorne [likɔʀn] f Einhorn nt
licou [liku] m Halfter nt o m
lie [li] f (du vin, du cidre) Bodensatz m
lié, e [lje] adj **être** ~ **par** verpflichtet sein
durch; **être très** ~ **avec qn** (fig) mit jdm
sehr eng befreundet sein
Liechtenstein [liʃtənʃtain] m **le** ~ Liechtenstein nt
liège [ljɛʒ] m Kork m
Liège [ljɛʒ] Lüttich nt
lien [ljɛ̃] m (corde, fig: analogie) Band nt;
(rapport affectif, culturel) Bande pl, Verbindung f; ~**s hypertextes** Hyperlinks pl; ~
de parenté/famille Familienbande pl
lier ⟨1⟩ [lje] **1.** vt (cheveux, fleurs, etc)
zusammenbinden; (paquet) zubinden;
(prisonnier, mains) binden, fesseln; (fig: unir)
verbinden; (conversation, connaissance)
anknüpfen; (GASTR) binden; ~ **qch à** etw
verbinden mit; (attacher) etw binden an/
auf +akk **2.** vpr **se** ~ **avec qn** mit jdm

Freundschaft schließen
lierre [ljɛʀ] m Efeu m
lieu (x) [ljø] m Ort m, Platz m; **au** ~ **de** an
Stelle von, statt +gen; **avoir** ~ stattfinden;
avoir ~ **de** (se demander, s'inquiéter) Grund
haben zu; **arriver/être sur les** ~**x** (d'un
accident, de manifestation) am Schauplatz
ankommen/sein, vor Ort sein; **donner** ~ **à**
Veranlassung geben zu; **en haut** ~ an
maßgeblicher Stelle; **en premier/dernier**
~ erstens/letztens; **tenir** ~ **de qch** als etw
fungieren, zu etw dienen; **vider/quitter**
les ~**x** eine Wohnung räumen/verlassen;
lieu-dit (lieux-dits) m Ort m, Örtlichkeit
f
lieutenant [ljøt(ə)nɑ̃] m Oberleutnant m
lièvre [ljɛvʀ(ə)] m (Feld)hase m
liftier [liftje] m Liftboy m
lifting [liftiŋ] m (Face)lift m; **se faire faire
un** ~ sich liften lassen
ligament [ligamɑ̃] m (ANAT) Band nt
ligaturer ⟨1⟩ [ligatyʀe] vt abbinden
ligne [liɲ] f Linie f; (liaison) Verbindung f;
(trajet) Strecke f, Linie f; **à la** ~ neue
Zeile; **entrer en** ~ **de compte** in Betracht
gezogen werden; **garder la** ~ die Figur
halten; **en/hors** ~ (INFORM) on-/offline; ~
de but/médiane Tor-/Mittellinie
lignée [liɲe] f (postérité) Linie f
ligneur [liɲœʀ] m Eyeliner m
lignite [liɲit] m Braunkohle f
ligoter ⟨1⟩ [ligɔte] vt binden, fesseln
ligue [lig] f (association) Bund m, Liga f; ~
des champions Champions League f;
liguer ⟨1⟩ [lige] vpr **se** ~ **contre** sich verbünden gegen
lilas [lila] m Flieder m
limace [limas] f Nacktschnecke f
limaille [limaj] f ~ **de fer** Eisenspäne pl
limande [limɑ̃d] f Kliesche f (Schollenart)
lime [lim] f (TECH) Feile f; ~ **à ongles**
Nagelfeile; **limer** ⟨1⟩ vt feilen
limier [limje] m Spürhund m
limitation [limitasjɔ̃] f Begrenzung f,
Beschränkung f; ~ **de vitesse** Geschwindigkeitsbegrenzung f; (générale) Tempolimit nt
limite [limit] f Grenze f; (TECH) Grenzwert
m; **sans** ~**s** grenzenlos; **être** ~ (fam)
gerade so an der Grenze sein; **c'est** ~
(fam) das ist gerade so an der Grenze; **cas**
~ Grenzfall m; **date** ~ letzter Termin;
vitesse/charge ~ Höchstgeschwindigkeit
f/-ladung f, -last f; **limiter** ⟨1⟩ vt (délimiter) begrenzen; ~ **qch (à)** (restreindre) etw
beschränken (auf +akk)
limitrophe [limitʀɔf] adj angrenzend,

Nachbar-

limoger ⟨2⟩ [limɔʒe] vt (POL) kaltstellen

limon [limɔ̃] m Schlick m

limonade [limɔnad] f Limonade f

limpide [lɛ̃pid] adj klar

lin [lɛ̃] m Lein m, Flachs m; (tissu) Leinen nt

linceul [lɛ̃sœl] m Leichentuch nt

linge [lɛ̃ʒ] m Wäsche f; (pièce de tissu) Tuch nt; ~ **de corps** Unterwäsche; ~ **sale** schmutzige Wäsche; ~ **de toilette** Handtücher pl; **lingerie** [lɛ̃ʒʀi] f (vêtements) Damenwäsche f

lingot [lɛ̃go] m Barren m

linguiste [lɛ̃ɡɥist(ə)] mf Linguist(in) m(f); **linguistique** f Linguistik f

linoléum [linɔleɔm] m Linoleum nt

linotte [linɔt] f **tête de** ~ Trottel m

Linux® [linyks] m (INFORM) Linux® nt

lion, ne [ljɔ̃, ljɔn] m, f Löwe (Löwin) m(f); **Lion** (ASTR) Löwe m

liquéfier ⟨1⟩ [likefje] vt verflüssigen

liqueur [likœʀ] f (digestif) Likör m

liquidation [likidasjɔ̃] f (vente) Verkauf m; (règlement) Regelung f, Erledigung f; (COM) Ausverkauf m; (fam: meurtre) Beseitigung f

liquide [likid] 1. adj flüssig 2. m Flüssigkeit f; **en** ~ (COM) in bar

liquider ⟨1⟩ [likide] vt (société, biens) verkaufen; (compte, dettes) regeln, bezahlen; (COM: stock, articles) ausverkaufen; (fam: affaire, travail, problème) erledigen; (fam: témoin gênant) beseitigen, liquidieren

lire [liʀ] irr vi, vt lesen

lis [lis] m Lilie f

Lisbonne [lisbɔn] Lissabon nt

lisible [lizibl(ə)] adj lesbar; **lisiblement** [lizibləmɑ̃] adv leserlich

lisière [lizjɛʀ] f (de forêt) Rand m; (de tissu) Kante f, Saum m

lisse [lis] adj glatt; **lisser** ⟨1⟩ vt glätten

listage [listaʒ] m Auflistung f; (INFORM) Ausdruck m

liste [list(ə)] f Liste f; **être sur (la)** ~ **rouge** eine Geheimnummer haben; **faire la** ~ **de** eine Liste machen von; ~ **électorale** Wählerliste

lister ⟨1⟩ [liste] vt auflisten

listing [listiŋ] m Ausdruck m; **un** ~ **des abonnés** eine Abonnentenliste

lit [li] m Bett nt; **aller au** ~, **se mettre au** ~ ins Bett gehen; **faire son** ~ das Bett machen; ~ **de camp** Feldbett

litanie [litani] f Litanei f

litchi [litʃi] m Litschi f

literie [litʀi] f Bettzeug nt

litière [litjɛʀ] f Streu f

litige [litiʒ] m Rechtsstreit m; **litigieux, -euse** [litiʒjø, øz] adj (sujet) umstritten, strittig

litote [litɔt] f Untertreibung f, Litotes f

litre [litʀ(ə)] m Liter m o nt; **un** ~ **de vin/bière** ein Liter Wein/Bier

litschi [litʃi] m Litschi f

littéraire [liteʀɛʀ] adj literarisch

littéral, e (-aux) [liteʀal, o] adj wörtlich; **littéralement** adv (textuellement) wörtlich; (au sens propre) buchstäblich

littérature [liteʀatyʀ] f Literatur f

littoral (-aux) [litɔʀal, o] m Küste f

Lituanie [litɥani] f **la** ~ Litauen nt; **lituanien, ne** [litɥanjɛ̃, ɛn] adj litauisch; **Lituanien, ne** m, f Litauer(in) m(f)

liturgie [lityʀʒi] f Liturgie f

livide [livid] adj blass, bleich

living [liviŋ] m Wohnzimmer nt

livrable [livʀabl] adj lieferbar

livraison [livʀɛzɔ̃] f Lieferung f; **date de** ~ Liefertermin m; **délai de** ~ Lieferfrist f

livre [livʀ(ə)] 1. m Buch nt; ~ **de bord** Logbuch; ~ **électronique** elektronisches Buch; ~ **de poche** Taschenbuch 2. f (poids, monnaie) Pfund nt

livré, e [livʀe] 1. adj ~(e) **à soi-même** sich dat selbst überlassen 2. f Livree f

livre-cassette (livres-cassettes) [livʀəkaset] m Hörbuch nt

livrer ⟨1⟩ [livʀe] 1. vt (COM) liefern; (fig: otage, coupable) ausliefern; (secret, information) verraten, preisgeben 2. vpr **se** ~ **à** (se confier à) sich anvertrauen +dat; (se rendre) sich stellen +dat; (faire) sich widmen +dat

livret [livʀe] m (petit livre) Broschüre f; (d'opéra) Libretto nt; ~ **de caisse d'épargne** Sparbuch nt; ~ **de famille** Stammbuch nt; ~ **scolaire** Zeugnisheft nt

livreur, -euse [livʀœʀ, øz] m, f Lieferant(in) m(f)

lob [lɔb] m (TENNIS) Lob m

lobe [lɔb] m ~ **de l'oreille** Ohrläppchen nt

lober ⟨1⟩ [lɔbe] vt (FOOT) steil anspielen; (TENNIS) im Lob spielen

local, e (-aux) [lɔkal, o] 1. adj lokal, örtlich 2. m (salle) Raum m 3. mpl Räumlichkeiten pl

localiser ⟨1⟩ [lɔkalize] vt lokalisieren; (dans le temps) datieren; (limiter) einschränken

localité [lɔkalite] f (ADMIN) Örtlichkeit f, Ortschaft f

locataire [lɔkatɛʀ] mf Pächter(in) m(f), Mieter(in) m(f)

location [lɔkasjɔ̃] f (par le locataire) Miete

f, Mieten nt; (par l'usager) Mieten nt; (par le propriétaire) Vermieten nt; ~ **de voitures** Autoverleih m; **location-vente** (locations-ventes) [lɔkasjɔ̃vãt] f Leasing nt

lock-out [lɔkaut] m inv Aussperrung f; **lock-outer** ⟨1⟩ vt aussperren

locomotion [lɔkɔmosjɔ̃] f Fortbewegung f

locomotive [lɔkɔmɔtiv] f Lokomotive f; (fig) Schrittmacher m

locuteur, -trice [lɔkytœr, tris] m, f Sprecher(in) m(f); ~ **natif** Muttersprachler m

locution [lɔkysjɔ̃] f Ausdruck m, (Rede)wendung f

logarithme [lɔgaritm] m Logarithmus m

loge [lɔʒ] f Loge f

logement [lɔʒmã] m Unterkunft f; (appartement) Wohnung f; (INFORM) Speicherplatz m; ~ **de fonction** Dienstwohnung f

loger ⟨2⟩ [lɔʒe] 1. vt unterbringen, beherbergen 2. vi (habiter) wohnen 3. vpr **se ~ dans** (balle, flèche) stecken bleiben in +dat; **trouver à se ~** Unterkunft finden; **logeur, -euse** m, f Vermieter(in) m(f)

logiciel [lɔʒisjɛl] m Software f; ~ **de dessin** Zeichenprogramm nt

logique [lɔʒik] 1. adj logisch 2. f Logik f; **logiquement** adv logischerweise; (de façon cohérente) logisch; (normalement) eigentlich

logis [lɔʒi] m Wohnung f

logistique [lɔʒistik] f Logistik f

logo [lɔgo] m Logo nt

loi [lwa] f Gesetz nt; **faire la ~** bestimmen, das Sagen haben

loin [lwɛ̃] adv (dans l'espace) weit; (dans le temps: passé) weit zurück; (futur) fern; ~ **de** weit von; **au ~** in der Ferne; **de ~** von weitem; (fig: de beaucoup) bei weitem; **moins ~ (que)** nicht so weit (wie); **plus ~** weiter

lointain, e [lwɛ̃tɛ̃, ɛn] adj entfernt; (dans le passé) weit zurückliegend; (dans le futur) entfernt; (fig: cause, parent) entfernt

Loire [lwar] f **la ~** die Loire

loisir [lwazir] m **heures de ~** Mußestunden pl; **~s** mpl (temps libre) Freizeit f; (activités) Freizeitgestaltung f; **prendre/avoir le ~ de faire qch** sich dat die Zeit nehmen/Zeit haben, etw zu tun

lollo rosso [lɔlɔrɔso] f Lollo rosso m

Londres [lɔ̃dr(ə)] London nt

long, longue [lɔ̃, lɔ̃g] 1. adj lang; **se connaître de longue date** sich schon (sehr) lange kennen; **de ~ en large** (marcher) hin und her; **en ~** längs; **être ~(ue) à faire qch** lange zu etw brauchen; **(tout) le ~**

de entlang +dat 2. m **un lit de 2 m de ~** ein 2 m langes Bett 3. f **à la longue** auf die Dauer; **long-courrier** (long-courriers) [lɔ̃kurje] m Langstreckenflugzeug nt

longe [lɔ̃ʒ] f (corde) Strick m, Longe f; (GASTR) Lende f

longer ⟨2⟩ [lɔ̃ʒe] vt entlanggehen; (en voiture) entlangfahren; (mur, route) entlangführen

longévité [lɔ̃ʒevite] f Langlebigkeit f

longitude [lɔ̃ʒityd] f (GEO) Länge f; **45° de ~ nord/ouest** 45° nördlicher/westlicher Länge; **longitudinal, e** (-aux) [lɔ̃ʒitydinal, o] adj Längen-

longtemps [lɔ̃tã] adv lange; **avant ~** bald; **pour/pendant ~** lange; **il y a ~ que je travaille/l'ai connu** ich arbeite/kenne ihn schon lange; **il y a ~ que je n'ai pas dansé** ich habe schon lange nicht mehr getanzt

longuement [lɔ̃gmã] adv lange

longueur [lɔ̃gœr] f Länge f; **~s** fpl (fig: d'un film, d'un livre) Längen pl; **en ~** (être) in der Länge; (mettre) der Länge nach; **sur une ~ de 10 km** auf einer Länge von 10 km

longue-vue (longues-vues) [lɔ̃gvy] f Fernrohr nt

lopin [lɔpɛ̃] m ~ **de terre** Stück nt Land

loquace [lɔkas] adj redselig; **loquacité** f Gesprächigkeit f, Redseligkeit f

loquet [lɔkɛ] m (de porte) Riegel m

lorgner ⟨1⟩ [lɔrɲe] vt (regarder) schielen nach; (convoiter) liebäugeln mit

lorrain, e [lɔrɛ̃, ɛn] adj lothringisch; **quiche ~e** Quiche lorraine f; **Lorrain, e** m, f Lothringer(in) m(f); **Lorraine** [lɔrɛn] f **la ~** Lothringen f

lors [lɔr] prep ~ **de** während +gen, anlässlich +gen

lorsque [lɔrsk(ə)] conj als, wenn

losange [lɔzãʒ] m Raute f

lot [lo] m (en loterie, fig) Los nt; (portion) (An)teil m; (COM) Posten m; (INFORM) Batch m, Job m; **gagner le gros ~** (loterie) den Hauptgewinn machen; **tirer le gros ~** (fig) das große Los ziehen

loterie [lɔtri] f Lotterie f

loti, e [lɔti] adj **être bien/mal ~** es gut/schlecht getroffen haben

lotion [losjɔ̃] f Lotion f

lotir ⟨8⟩ [lɔtir] vt (diviser) parzellieren; (vendre) parzellenweise verkaufen

lotissement [lɔtismã] m Siedlung f; (parcelle) Parzelle f

loto [lɔto] m Lotto nt

lotte [lɔt] f ~ **de mer** Seeteufel m

ouage [lwaʒ] m **voiture de** ~ Mietwagen m

ouanges [lwãʒ] fpl Lob nt

oubard, e [lubaʀ, aʀd] m, f Rowdy m, Halbstarke(r) mf

ouche [luʃ] **1.** adj zwielichtig, dubios **2.** f Schöpflöffel m

oucher ⟨1⟩ [luʃe] vi schielen

ouer ⟨1⟩ [lwe] vt (propriétaire) vermieten; (locataire) mieten; (réserver) buchen; (faire l'éloge de) loben; **à** ~ zu vermieten

oufoque [lufɔk] adj (fam) verrückt

oup [lu] m (ZOOL) Wolf m

oupe [lup] f Lupe f

ouper ⟨1⟩ [lupe] vt (fam: manquer) verfehlen

ourd, e [luʀ, luʀd(ə)] adj schwer; (démarche, gestes) schwerfällig; (MÉTÉO) drückend; ~ **de conséquences** folgenschwer

ourdaud, e [luʀdo, od] adj (pej: au physique) schwerfällig; (au moral) flegelhaft

ourdeur [luʀdœʀ] f Schwere f; (de gestes) Schwerfälligkeit f; ~ **d'estomac** Magendrücken nt

outre [lutʀ(ə)] f Otter m

ouve [luv] f (ZOOL) Wölfin f

ouvoyer ⟨6⟩ [luvwaje] vi (NAUT) kreuzen; (fig) geschickt taktieren, lavieren

oyal, e (-aux) [lwajal, o] adj (fidèle) loyal, treu; (fair-play) fair; **loyauté** [lwajote] f Loyalität f, Treue f; Fairness f

oyer [lwaje] m Miete f

LR abr de **lettre recommandée** Einschreibebrief m

u, e [ly] pp de **lire**

ubie [lybi] f Marotte f

ubrifiant [lybʀifjɑ̃] m Schmiermittel nt; **lubrifier** ⟨1⟩ vt (TECH) schmieren

ucarne [lykaʀn(ə)] f (de toit) Dachluke f

Lucerne [lysɛʀn] (ville et canton) Luzern nt

ucide [lysid] adj (esprit) klar; (personne) bei klarem Verstand, scharfsichtig

uciole [lysjɔl] f Glühwürmchen nt

ucratif, -ive [lykʀatif, iv] adj lukrativ; **à but non** ~ nicht auf Gewinn ausgerichtet

udique [lydik] adj Spiel-

udothèque [lydɔtɛk] f Spieleverleih m

ueur [lɥœʀ] f (Licht)schein m

uge [lyʒ] f Schlitten m; **faire de la** ~ Schlitten fahren

ugubre [lygybʀ(ə)] adj (voix, musique) düster; (air, personne) gedrückt, trübsinnig; (maison, endroit) finster

ui [lɥi] pron (objet indirect: féminin) ihr; (masculin) ihm; (chose) ihm, ihr, ihm; (avec préposition) ihn, sie, es; ihm, ihr, ihm; (zur Hervorhebung) er; ~, **il n'a pas ouvert la bouche de la soirée** er hat den ganzen Abend den Mund nicht aufgemacht

luire [lɥiʀ] irr vi scheinen, glänzen; (étoiles, lune, yeux) leuchten

lumbago [lœbago] m Hexenschuss m

lumière [lymjɛʀ] f Licht nt; ~**s** fpl (18e siècle) Aufklärung f; **à la** ~ **de** (fig) angesichts +gen; **à la** ~ **du jour** bei Tageslicht; **faire de la** ~ Licht geben; **faire (toute) la** ~ **sur** (fig) gänzlich aufklären +akk; ~ **halogène** Halogenlicht

luminaire [lyminɛʀ] m (appareil) Leuchtkörper m

luminescent, e [lyminesɑ̃, ɑ̃t] adj (tube) Leuchtstoff-

lumineux, -euse [lyminø, øz] adj (émettant de la lumière) leuchtend; (éclairé) erhellt; (ciel, journée, couleur) hell; (relatif à la lumière: rayon, etc) Licht-

luminosité [lyminozite] f (TECH) Lichtstärke f

lunaire [lynɛʀ] adj Mond-

lunatique [lynatik] adj launisch, wunderlich, schrullig

lundi [lœdi] m Montag m; **le** ~, **tous les** ~**s** montags; **le** ~ **20 août** Montag, den 20. August; ~ **de Pâques** Ostermontag

lune [lyn] f Mond m; ~ **de miel** Flitterwochen pl

luné, e [lyne] adj **bien/mal** ~ gut/schlecht gelaunt

lunette [lynɛt] f ~**s** fpl Brille f; ~ **d'approche** Teleskop nt; ~ **arrière** (AUTO) Heckscheibe f; ~**s protectrices** Schutzbrille f; ~**s de ski** Skibrille f; ~**s de soleil** Sonnenbrille f

lupin [lypɛ̃] m Lupine f

lustre [lystʀ(ə)] m (lampe) Kronleuchter m; (fig: éclat) Glanz m

lustrer ⟨1⟩ [lystʀe] vt (blank) polieren, wienern; (poil d'un animal) zum Glänzen bringen

luth [lyt] m Laute f

luthier, -ière [lytje, ɛʀ] m, f Saiteninstrumentenbauer(in) m(f)

lutin [lytɛ̃] m Kobold m

lutte [lyt] f Kampf m; (sport) Ringen nt; **lutter** ⟨1⟩ vi kämpfen; (SPORT) ringen

luxation [lyksasjɔ̃] f Ausrenken nt

luxe [lyks(ə)] m Luxus m; **de** ~ Luxus-

Luxembourg [lyksɑ̃buʀ] m **le** ~ Luxemburg nt; **luxembourgeois, e** [lyksɑ̃buʀʒwa, az] adj luxemburgisch

luxer ⟨1⟩ [lykse] vpr **se** ~ **l'épaule/le genou** sich dat die Schulter/das Knie ausrenken

luxueux, -euse [lyksɥø, øz] *adj* luxuriös
luzerne [lyzɛʀn] *f* Luzerne *f*
lycée [lise] *m* Gymnasium *nt*

Le lycée

Le lycée ist eine Art Oberstufengymnasium, an dem französische Schüler die letzten drei Jahre vor ihrem „baccalauréat" verbringen. Es gibt verschiedene Arten von lycée, wie z. B. die lycées d'enseignement technologique, die technische Kurse anbieten, und die lycées d'enseignement professionnel, die berufsbildende Kurse anbieten.

---

lycéen, ne [liseɛ̃, ɛn] *m, f* Gymnasiast(in) *m(f)*
lymphatique [lɛ̃fatik] *adj* apathisch
lymphe [lɛ̃f] *f* Lymphe *f*
lyncher ⟨1⟩ [lɛ̃ʃe] *vt* lynchen
lynx [lɛ̃ks] *m* Luchs *m*
lyophilisé, e ⟨1⟩ [ljɔfilize] *adj* gefriergetrocknet; **lyophiliser** [ljɔfilize] *vt* gefriertrocknen
lyre [liʀ] *f* Leier *f*
lyrique [liʀik] *adj* lyrisch; **comédie** ~ komische Oper; **soirée** ~ Liederabend *m*; **théâtre** ~ Opernhaus *nt*
lys [lis] *m v.* **lis**

M

M, m [ɛm] *m* M, m *nt*
m *abr de* **mètre** m
m' *pron v.* **me**
M. *abr de* **Monsieur** Hr.
m² *abr de* **mètre carré** m²
m³ *abr de* **mètre cube** m³
ma [ma] *adj v.* **mon**
M.A. *m abr de* **Moyen-Âge** MA.
macaron [makaʀɔ̃] *m (gâteau)* Makrone *f*; *(fam: insigne)* Plakette *f*
macaroni [makaʀɔni] *m* Makkaroni *pl*; ~**s au fromage** Käsemakkaroni *pl*; ~**s au gratin** Makkaroniauflauf *m*
macédoine [masedwan] *f* ~ **de fruits** Obstsalat *m*; ~ **de légumes** gemischtes Gemüse
Macédoine [masedwan] *f* **la** ~ Mazedonien *nt*; **macédonien, ne** [masedɔnjɛ̃, ɛn] *adj* mazedonisch; **Macédonien, ne** *m* Mazedonier(in) *m(f)*
macérer ⟨5⟩ [maseʀe] *vi* **faire** ~ *(GASTR)* einlegen
mâché, e [maʃe] *adj* **papier** ~ Pappmaschee *m*, Papiermaschee *nt*
mâcher ⟨1⟩ [maʃe] *vt* kauen; ~ **le travail à qn** jdm die Arbeit vorkauen; **ne pas** ~ **ses mots** kein Blatt vor den Mund nehmen
machin [maʃɛ̃] *m (fam)* Ding(s) *nt*, Dingsda *nt*
machinal, e (-aux) [maʃinal, o] *adj (geste, etc)* mechanisch
machination [maʃinasjɔ̃] *f* Intrige *f*; ~**s** Machenschaften *pl*
machine [maʃin] *f* Maschine *f*; *(d'un navire, etc)* Motor *m*; **la** ~ **administrative/économique** der Verwaltungs-/Wirtschaftsapparat; ~ **à écrire** Schreibmaschine; ~ **à écrire à marguerite** Typenradschreibmaschine; ~ **à écrire à mémoire** Speicherschreibmaschine; ~ **à laver/coudre** Wasch-/Nähmaschine; **machine-outil** (machines-outils) [maʃinuti] *f* Werkzeugmaschine *f*
machinerie [maʃinʀi] *f (d'une usine)* Maschinen *pl*; *(d'un navire)* Maschinenraum *m*
machinisme [maʃinism(ə)] *m* **le** ~ die Mechanisierung
machiniste [maʃinist(ə)] *mf (THEAT)* Bühnenarbeiter(in) *m(f)*; *(conducteur, mécanicien)* Maschinist(in) *m(f)*
machisme [matʃism(ə)] *m* männlicher Chauvinismus
macho [matʃo] **1.** *m (fam)* Macho *m* **2.** *adj* Macho-
mâchoire [maʃwaʀ] *f (ANAT)* Kiefer *m*; *(TECH: d'un étau, d'une clé)* Backen *pl*; ~ **de**

frein Bremsbacken *pl*
maçon [masɔ̃] *m* Maurer(in) *m(f)*;
  maçonnerie [masɔnʀi] *f (partie des travaux de construction)* Maurerarbeit *f;* **~ de briques/de béton** *(construction)* Backstein-/Betonmauerwerk *nt*
macramé [makʀame] *m* Makramee *nt*
macro [makʀo] *f (INFORM)* Makro *nt*
macrobiotique [makʀɔbjɔtik] *adj* makrobiotisch
macroéconomique [makʀɔekɔnɔmik] *adj* gesamtwirtschaftlich
maculer ⟨1⟩ [makyle] *vt* beschmutzen; *(TYPO)* verschmieren
Madagascar [madagaskaʀ] **(l'île f de) ~** Madagaskar *m*
Madame (Mesdames) [madam, medam] *f* **~ X** Frau X; **occupez-vous de ~/Mademoiselle/Monsieur** würden Sie bitte die Dame/den Herrn bedienen; **bonjour ~/Mademoiselle/Monsieur** guten Tag; *(si le nom est connu)* guten Tag Frau/Fräulein/Herr X; **~/Mademoiselle/Monsieur!** *(pour appeler)* hallo!, Entschuldigung!; **~/Mademoiselle/Monsieur** *(sur lettre)* sehr geehrte Dame/sehr geehrter Herr; **chère ~/Mademoiselle/cher Monsieur X** sehr geehrte Frau/sehr geehrter Herr X; *(plus familier)* liebe Frau/liebes Fräulein/lieber Herr X; **Mesdames** meine Damen; **~ la Directrice** Frau Direktor(in)
madeleine [madlɛn] *f (gâteau)* kleines, ovales Gebäck aus Biskuitteig
mademoiselle (mesdemoiselles) [madmwazɛl, medmwazɛl] *f* Fräulein *nt; v. a.* Madame
madère [madɛʀ] *m (vin)* Madeira *m*
madone [madɔn] *f* Madonna *f*
madré, e [mɑdʀe] *adj* schlau
Maf(f)ia [mafja] *f* Mafia *f*
maf(f)ioso (-i) [mafjozo, i] *m* Mafioso *m*
magasin [magazɛ̃] *m (boutique)* Geschäft *nt,* Laden *m; (entrepôt)* Lager *nt; (d'une arme)* Magazin *nt;* **grand ~** Kaufhaus *nt;* **~ de chaussures** Schuhgeschäft
magasinage [magazinaʒ] *m* Lagern *nt*
magazine [magazin] *m* Zeitschrift *f*
mage [maʒ] *m* **les Rois ~s** die Heiligen Drei Könige
Maghreb [magʀɛb] *m* **le ~** der Maghreb; **maghrébin, e** [magʀebɛ̃, in] *adj* maghrebinisch
magicien, ne [maʒisjɛ̃, ɛn] *m, f* Zauberer (Zaub(r)erin) *m(f)*
magie [maʒi] *f (sorcellerie)* Magie *f; (charme, séduction)* Zauber *m*
magique [maʒik] *adj (occulte)* magisch;

(étonnant) erstaunlich; **baguette ~** Zauberstab *m*
magistral, e (-aux) [maʒistʀal, o] *adj (œuvre, adresse)* meisterhaft; *(ton)* herrisch; **cours ~** Vorlesung *f*
magistrat [maʒistʀa] *m (JUR)* Magistrat *m;* **magistrature** [maʒistʀatyʀ] *f (charge)* Richteramt *nt; (corps)* Gerichtswesen *nt*
magma [magma] *m* Magma *nt; (fig)* Durcheinander *nt*
magnanime [maɲanim] *adj* großmütig
magnat [magna] *m* Magnat *m;* **~ de la presse** Pressezar *m*
magnésium [maɲezjɔm] *m* Magnesium *nt*
magnétique [maɲetik] *adj* magnetisch; *(champ, ruban)* Magnet-; **magnétiser** ⟨1⟩ [maɲetize] *vt* magnetisieren; *(fig)* faszinieren, fesseln; **magnétisme** [maɲetism(ə)] *m (PHYS)* Magnetismus *m*
magnétocassette [maɲetokaset] *m* Kassettenrekorder *m*
magnétophone [maɲetɔfɔn] *m* Kassettenrekorder *m;* **magnétoscope** *m* Videogerät *nt,* Videorekorder *m*
magnifier ⟨1⟩ [maɲifje] *vt* verherrlichen
magnifique [maɲifik] *adj* großartig; *(paysage, temps)* herrlich
magnolia [maɲɔlja] *m* Magnolie *f*
magnum [magnɔm] *m* große Flasche, Magnumflasche *f*
magot [mago] *m (fam: argent)* Knete *f; (économies)* Ersparnisse *pl; (butin)* Beute *f*
magouille [maguj] *f (fam)* Intrigen *pl,* Manipulation *f*
mai [mɛ] *m* Mai *m;* **en ~** im Mai; **le 6 ~** am 6. Mai; **le 6 ~ 1979** der 6. Mai 1979

Le premier mai
Le premier mai ist ein gesetzlicher Feiertag in Frankreich, an dem an die Demonstrationen der Gewerkschaften für einen Achtstundentag in den USA im Jahre 1886 erinnert wird. Es ist Tradition an diesem Tag Maiglöckchen auszutauschen. Le 8 mai ist ebenfalls ein gesetzlicher Feiertag in Frankreich, zur Erinnerung an das Ende des Zweiten Weltkriegs im Mai 1945.

maigre [mɛgʀ(ə)] **1.** *adj (après nom: personne, animal)* mager, dürr; *(viande, fromage)* mager; *(avant nom)* dürftig, spärlich; **jours ~s** Fastentage *pl* **2.** *adv* **faire ~** fasten; **maigreur** *f* Magerkeit *f,* Magerheit *f;* Spärlichkeit *f,* Dürftigkeit *f;* **maigrir** ⟨8⟩ *vi* abnehmen
mail [mɛl] *m* E-Mail *f*

mailing [meliŋ] *m* Postwurfsendung *f*, Mailing *nt*

maille [maj] *f* Masche *f*; **monter des ~s** Maschen aufnehmen; **~ à l'endroit/à l'envers** rechte/linke Masche

maillon [majɔ̃] *m* (*d'une chaîne*) Glied *nt*

maillot [majo] *m* Trikot *nt*; **~ de bain** Badeanzug *m*; **~ de corps** Unterhemd *nt*

main [mɛ̃] *f* Hand *f*; **à deux ~s/d'une ~** zwei-/einhändig; **à ~ droite/gauche** rechts/links; **avoir qch sous la ~** etw zur Hand haben; **battre des ~s** klatschen; **donner un coup de ~ à qn** jdm helfen; **en ~(s) propre(s)** persönlich; **fait à la ~** von Hand gemacht, handgearbeitet; **forcer la ~ à qn** jdn zwingen; **haut les ~s!** Hände hoch!; **la ~ dans la ~** Hand in Hand; **prendre qch en ~** (*fig*) etw in die Hand nehmen; **tenir qch à la ~** etw in der Hand halten; **attaque à ~ armée** bewaffneter Überfall; **kit** *m* [o **pack** *m*] **~s libres** Freisprechanlage *f*; **coup de ~** (*fig: attaque*) Schlag *m*; **voiture de première/seconde ~** Auto aus erster/zweiter Hand; **main-d'œuvre** (mains-d'œuvre) [mɛ̃dœvʀ] *f* Arbeit *f*; (*ouvriers*) Arbeitskräfte *pl*; **~ bon marché** Billigarbeiter *m*;

main-forte *f* **donner/prêter ~ à qn** jdm beistehen

maint, e [mɛ̃, ɛ̃t] *adj* **à ~es reprises** wiederholte Male; **~es fois** oft; **~es et ~es fois** immer wieder

maintenance [mɛ̃t(ə)nɑ̃s] *f* Wartung *f*

maintenant [mɛ̃t(ə)nɑ̃] *adv* jetzt; **~ que** jetzt da, jetzt wo

maintenir ⟨9⟩ [mɛ̃t(ə)niʀ] **1.** *vt* (*soutenir*) (fest)halten; (*conserver*) aufrechterhalten; (*affirmer*) (weiterhin) behaupten **2.** *vpr* **se ~** (*paix*) anhalten, andauern; (*santé*) gleich bleiben; (*temps*) sich halten

maintien [mɛ̃tjɛ̃] *m* Aufrechterhaltung *f*; (*allure*) Haltung *f*

maire [mɛʀ] *m* Bürgermeister(in) *m(f)*;

mairie [meʀi] *f* Rathaus *nt*; (*administration*) Stadtverwaltung *f*

mais [me] *conj* aber

maïs [mais] *m* Mais *m*

maison [mezɔ̃] **1.** *f* Haus *nt*; (*chez-soi*) Zuhause *nt*; (*COM*) Firma *f*; **à la ~** zu/nach Hause; **~ de campagne** Landhaus; **~ close, ~ de passe** Bordell *nt*; **~ de correction** Besserungsanstalt *f*; **~ de détail/de gros** Einzel-/Großhandelfirma; **~ des jeunes et de la culture** Jugend- und Kulturzentrum *nt*; **~ mère** Stammhaus; **~ de repos** Erholungsheim *nt*; **~ de retraite** Altersheim *nt*; **~ de santé** Heilanstalt *f*

2. *adj inv* **pâté/tarte ~** Pastete *f*/Torte *f* nach Art des Hauses

---

Les maisons des jeunes et de la culture

Les maisons des jeunes et de la culture sind Jugendzentren, die gleichzeitig als Kunstzentren dienen. Es werden dort eine Vielzahl von Sport- und Kulturveranstaltungen, wie Theater, Konzerte und Ausstellungen, organisiert. Die Zentren werden zum Teil staatlich finanziert.

---

maître, -esse [metʀ(ə), metʀɛs] **1.** *m, f* Herr(in) *m(f)*; (*chef*) Chef(in) *m(f)*; (*propriétaire*) Eigentümer(in) *m(f)*; (*d'un chien*) Herrchen *nt*, Frauchen *nt*; (*instituteur, professeur*) Lehrer(in) *m(f)*; **~ de conférences** ≈ Dozent *m*; **~ d'école** Lehrer *m*; **~ d'hôtel** Oberkellner *m*; **~ de maison** Hausherr *m* **2.** *m* (*peintre, sculpteur, écrivain*) Meister *m*; **Maître** (*titre*) Meister; Herr/Frau Rechtsanwalt/-anwältin; **passer ~ dans l'art de qch** etw meisterhaft beherrschen; **rester ~ de la situation** Herr der Lage bleiben; **maison de ~** Herrenhaus *nt*; **tableau de ~** Meisterwerk *nt*

maîtrise [metʀiz] *f* (*calme*) Selbstbeherrschung *f*; (*habileté*) Können *nt*; (*langue*) Beherrschung *f*; (*domination*) Herrschaft *f* (*de* über +*akk*); (*diplôme*) Magister(abschluss) *m*

La maîtrise

La maîtrise ist ein französischer Universitätsabschluss nach einem erfolgreichen zweijährigen Studium und dem „*D.E.U.G.*". Studenten, die eine Doktorarbeit schreiben wollen, brauchen dazu einen *maîtrise*.

---

maîtriser ⟨1⟩ **1.** *vt* (*cheval*) zähmen, bändigen; (*incendie*) unter Kontrolle bringen; (*émotion, langue*) beherrschen **2.** *vpr* **se ~** sich beherrschen

majesté [maʒeste] *f* Majestät *f*; **Sa/Votre Majesté** Seine/Eure Majestät

majestueux, -euse [maʒestɥø, øz] *adj* majestätisch

majeur, e [maʒœʀ] *adj* (*important*) wichtig; (*JUR*) volljährig; **en ~e partie** größtenteils; **la ~e partie** der größte Teil

major [maʒɔʀ] *mf* Jahrgangsbeste(r) einer französischen Elitehochschule

majoration [maʒɔʀasjɔ̃] *f* Erhöhung *f*

majorer ⟨1⟩ [maʒɔʀe] *vt* erhöhen

majoritaire [maʒɔʀitɛʀ] *adj* Mehrheits-; **système/scrutin ~** Mehrheitssystem *nt*/-beschluss *m*

majorité [maʒɔʀite] f Mehrheit f; (JUR) Volljährigkeit f; ~ **absolue/relative** absolute/relative Mehrheit; ~ **civile**, ~ **électorale** Wahlalter nt; **la** ~ **silencieuse** die schweigende Mehrheit

Majorque [maʒɔʀk] Mallorca nt

majuscule [maʒyskyl] **1.** f Großbuchstabe m **2.** adj **un A** ~ ein großes A

mal (maux) [mal, mo] **1.** m Böse(s) nt; (malheur) Übel nt; (douleur physique) Schmerz m; (maladie) Krankheit f; (difficulté) Schwierigkeit f, Mühe f; (souffrance morale) Leiden nt; ~ **diplomatique** vorgeschobene Krankheit; ~ **héréditaire** Erbkrankheit f; **le** ~ (péché) das Böse; **avoir du** ~ **à faire qch** Mühe haben, etw zu tun; **avoir le** ~ **du pays** Heimweh haben; **j'ai** ~ **au cœur** mir ist (es) schlecht; **avoir** ~ **à la gorge** Halsschmerzen haben; **dire du** ~ **des autres** schlecht von anderen reden; **faire du** ~ **à qn** jdm wehtun; (nuire) jdm schaden; **penser du** ~ **de qn** über jdn schlecht denken; **ne voir aucun** ~ **à** nichts finden bei; **ne vouloir de** ~ **à personne** niemandem übel wollen **2.** adv schlecht; **faire** ~ wehtun; **se faire** ~ sich verletzen; **pas** ~ nicht schlecht; **pas** ~ **de** (beaucoup de) viel(e); **se sentir** ~, **se trouver** ~ sich elend fühlen; **tourner** ~ sich zum Schlechten wenden **3.** adj schlecht, übel, schlimm; **être** ~ sich nicht wohl fühlen; **être au plus** ~ (brouillé) sich schlecht verstehen; **il est au plus** ~ (malade) es geht ihm sehr schlecht

malabar [malabaʀ] m (fam) Muskelprotz m

malade [malad] **1.** adj krank; **être** ~ **du cœur** herzleidend sein; **tomber** ~ krank werden; **j'en suis** ~ das macht mich ganz krank **2.** mf Kranke(r) mf; ~ **mental** Geisteskranke(r) m; **grand(e)** ~ Schwerkranke(r) mf; **maladie** f Krankheit f; ~ **diplomatique** vorgeschobene Krankheit; ~ **d'Alzheimer** Alzheimerkrankheit; ~ **héréditaire** (MED) Erbkrankheit f; ~ **professionnelle** Berufskrankheit; ~ **sexuellement transmissible** Geschlechtskrankheit; **maladif, -ive** adj (personne) kränkelnd; (pâleur) kränklich; (curiosité, etc) krankhaft

maladresse [maladʀɛs] f Ungeschicklichkeit f; **maladroit, e** [maladʀwa, at] adj ungeschickt

mal-aimé, e [maleme] **1.** adj ungeliebt **2.** m, f ungeliebter Mensch

malaise [malɛz] m Unbehagen nt; (MED) Unwohlsein nt

Malaisie [malɛzi] f **la** ~ Malaysia nt

malaria [malaʀja] f Malaria f

malavisé, e [malavize] adj unbedacht

Malawi [malawi] m **le** ~ Malawi nt

malbouffe [malbuf] f verseuchte Nahrungsmittel pl (aus Agrofabriken)

malchance [malʃɑ̃s] f Pech nt; **par** ~ unglücklicherweise; **série de** ~**s** Pechsträhne f

malcommode [malkɔmɔd] adj unpraktisch

Maldives [maldiv] fpl **les** ~ die Malediven

mâle [mɑl] **1.** m (animal) Männchen nt; (fam) männliches Wesen **2.** adj männlich; **prise** ~ (ELEC) Stecker m

malédiction [malediksjɔ̃] f Fluch m

malentendant, e [malɑ̃tɑ̃dɑ̃, ɑ̃t] **1.** adj schwerhörig **2.** m, f Schwerhörige(r) mf

malentendu [malɑ̃tɑ̃dy] m Missverständnis nt

malfaisant, e [malfəzɑ̃, ɑ̃t] adj böse; (idées) schädlich

malfaiteur, -trice [malfetœʀ, tʀis] m Übeltäter(in) m(f)

malfamé, e [malfame] adj verrufen

malformation [malfɔʀmasjɔ̃] f (angeborene) Missbildung

malfrat [malfʀa] m (fam) Gauner m

malgache [malgaʃ] adj madagassisch; **Malgache** mf Madagasse (Madagassin) m(f)

malgré [malgʀe] prep trotz +gen; ~ **soi/lui** gegen seinen Willen; unwillkürlich; ~ **tout** trotz allem

malheur [malœʀ] m Unglück nt; (inconvénient) Missgeschick nt; **malheureusement** [maløʀøzmɑ̃] adv leider; **malheureux, -euse 1.** adj unglücklich; (triste) traurig; **une malheureuse petite erreur** ein bedauerlicher kleiner Irrtum; **la malheureuse femme** die arme Frau **2.** m, f Arme(r) mf

malhonnête [malɔnɛt] adj unehrlich; **malhonnêteté** f Unehrlichkeit f

Mali [mali] m **le** ~ Mali nt

malice [malis] f Schalkhaftigkeit f; **sans** ~ arglos; **malicieux, -euse** adj schelmisch

malien, ne [maljɛ̃, ɛn] adj aus Mali; **Malien, ne** m, f Einwohner(in) m(f) Malis

malin, -igne [malɛ̃, iɲ] adj (personne) clever, schlau; (influence) böse; (tumeur) bösartig

malle [mal] f Überseekoffer m

malléable [maleabl(ə)] adj formbar

mallette [malɛt] f (valise) Köfferchen nt

malmener ⟨4⟩ [malməne] vt grob behandeln; (fig) hart angreifen

malnutrition [malnytrisjɔ̃] f (fausse alimentation) schlechte Ernährung; (mauvaise alimentation) Unterernährung f

malodorant, e [malɔdɔrɑ̃, ɑ̃t] adj übel riechend

malotru, e [malɔtry] m, f Lümmel m, Flegel m

malpoli, e [malpɔli] adj unhöflich, grob

malpropre [malprɔpr] adj schmutzig; (travail) gepfuscht; (malhonnête) unanständig

malsain, e [malsɛ̃, ɛn] adj ungesund; (esprit) krankhaft

malséant, e [malseɑ̃, ɑ̃t] adj unschicklich

malt [malt] m Malz nt

maltais, e [maltɛ, ɛz] adj maltesisch

Malte [malt] (l'île f de) ~ Malta nt

maltraiter ⟨1⟩ [maltrete] vt misshandeln; (fig) hart angreifen

malus [malys] m Erhöhung der Autoversicherung nach Unfall

malveillance [malvejɑ̃s] f (hostilité) Feindseligkeit f; (intention de nuire) Böswilligkeit f; **malveillant, e** [malvejɑ̃, ɑ̃t] adj feindselig

malvenu, e [malvəny] adj être ~ de/à faire qch nicht das Recht haben, etw zu tun

maman [mamɑ̃] f Mama f

mamelle [mamɛl] f Zitze f

mamelon [mam(ə)lɔ̃] m (ANAT) Brustwarze f; (petite colline) Hügel m

mamie [mami] f Oma f, Omi f

mammifère [mamifɛr] m Säugetier nt

mammouth [mamut] m Mammut nt

management [manadʒmɑ̃] m Management nt; ~ **de la qualité** Qualitätsmanagement

manche [mɑ̃ʃ] 1. f Ärmel m; (d'un jeu) Runde f; **la Manche** der Ärmelkanal; ~ **à air** Windsack m 2. m Griff m; (de violon, etc) Hals; ~ (**à balai**) (avion) Steuerknüppel m; (INFORM) Joystick m

manchette [mɑ̃ʃɛt] f Manschette f; (titre large) Schlagzeile f; **boutons de** ~ Manschettenknöpfe pl

manchon [mɑ̃ʃɔ̃] m (de fourrure) Muff m; ~ **à incandescence** Glühstrumpf m

manchot, e [mɑ̃ʃo, ɔt] 1. adj einarmig 2. m (ZOOL) Pinguin m

mandarine [mɑ̃darin] f Mandarine f

mandat [mɑ̃da] m (procuration) Vollmacht f; (d'un député, etc) Mandat nt; (de poste) Postanweisung f; **toucher un** ~ eine Postanweisung erhalten; ~ **d'amener** Vorladung f; ~ **d'arrêt** Haftbefehl m; ~ **de perquisition** Durchsuchungsbefehl m; ~ **de virement** Überweisungsauftrag m

mandataire [mɑ̃datɛr] mf Bevollmächtigte(r) mf

mandat-carte (mandats-cartes) [mɑ̃dakart] m Anweisung f als Postkarte

mandater ⟨1⟩ [mɑ̃date] vt bevollmächtigen; (député) ein Mandat geben +dat

mandat-lettre (mandats-lettres) Anweisung f als Brief

manège [manɛʒ] m Manege f; (attraction foraine) Karussell nt; (fig) Schliche pl; **faire un tour de** ~ Karussell fahren; ~ **de chevaux de bois** (Pferde)karussell

manette [manɛt] f Hebel m; ~ (**de jeu**) (INFORM) Joystick m

mangeable [mɑ̃ʒabl(ə)] adj essbar

mangeoire [mɑ̃ʒwar] f Futtertrog m, Krippe f

manger ⟨2⟩ [mɑ̃ʒe] 1. vt essen; (animal) fressen; (ronger, attaquer) zerfressen 2. vi essen; **mange-tout** [mɑ̃ʒtu] m inv **pois** ~ Zuckererbse f; **haricot** ~ Gartenbohne f

mangue [mɑ̃g] f Mango f

maniable [manjabl(ə)] adj handlich; (voiture, voilier) wendig; (personne) lenksam, gefügig

maniaque [manjak] 1. adj pingelig; (fou) wahnsinnig 2. mf Verrückte(r) mf, Besessene(r) mf; ~ **sexuel** (JUR) Triebtäter m

manie [mani] f Manie f; (MED) Wahn m

maniement [manimɑ̃] m Umgang m (de mit), Umgehen nt (de mit); (d'un appareil) Handhabung f; (d'affaires) Verwaltung f; ~ **d'armes** Waffenübung f

manier ⟨1⟩ [manje] vt umgehen mit; (art, langue) (gut) beherrschen

manière [manjɛr] f Art f, Weise f; (style) Stil m; ~**s** fpl (attitude) Benehmen nt; (chichis) Theater nt; **de** ~ **à** so dass, damit; **de cette** ~ auf diese Art und Weise; **de telle** ~ **que** so dass; **de toute** ~ auf alle Fälle; **d'une** ~ **générale** ganz allgemein; **d'une certaine** ~ in gewisser Hinsicht; **faire des** ~**s** sich affektiert benehmen, Theater machen; **manquer de** ~**s** kein Benehmen haben; **sans** ~**s** zwanglos; **complément/adverbe de** ~ Umstandsbestimmung f

maniéré, e [manjere] adj geziert, affektiert

manif [manif] f (fam) Demo f

manifestant, e [manifɛstɑ̃, ɑ̃t] m, f Demonstrant(in) m(f)

manifestation [manifɛstasjɔ̃] f Manifestation f; (de joie, etc) Ausdruck m, Äußerung f; (rassemblement) Demonstration f

manifeste [manifɛst(ə)] **1.** adj offenbar **2.** m (déclaration) Manifest nt; **manifester** ⟨1⟩ **1.** vt (volonté, intentions) kundtun; (inquiétude, étonnement) zeigen **2.** vi demonstrieren **3.** vpr se ~ sich zeigen; (difficultés) auftauchen; (témoin, etc) sich melden

manipulateur, -trice [manipylatœʀ, tʀis] m, f (technicien) Techniker(in) m(f); (prestidigitateur) Zauberkünstler(in) m(f); (pej) Manipulator(in) m(f)

manipulation [manipylasjɔ̃] f (TECH) Handhabung f; (PHYS, CHIM) Versuch m; (fig) Manipulation f; ~ **génétique** (BIO) Genmanipulation; **manipuler** ⟨1⟩ vt (TECH) handhaben; (colis) transportieren; (transformer, fig) manipulieren

manivelle [manivɛl] f Kurbel f

mannequin [mankɛ̃] m (de couture) Schneiderpuppe f; (en vitrine) Schaufensterpuppe f; (femme) Modell nt, Mannequin nt

manœuvre [manœvʀ(ə)] **1.** f Steuerung f; (action) Führen nt, Bedienung f; (MIL, fig) Manöver nt **2.** m (ouvrier) Hilfsarbeiter(in) m(f); **manœuvrer** ⟨1⟩ **1.** vt (bateau, voiture) steuern; (cordage) führen; (levier, machine) bedienen; (personne) manipulieren **2.** vi manövrieren

manoir [manwaʀ] m Landsitz m

manque [mɑ̃k] m (insuffisance) Mangel m; ~**s** mpl Mängel pl; **être en** ~ (fam) Entzugserscheinungen haben; **par** ~ **de** aus Mangel an +dat

manqué, e [mɑ̃ke] adj **elle est un vrai garçon** ~ an ihr ist ein Junge verloren gegangen

manquement [mɑ̃kmɑ̃] m ~ **à** Verstoß m gegen

manquer ⟨1⟩ [mɑ̃ke] **1.** vi fehlen; ~ **à qn** jdm fehlen; ~ **à qch** (être en moins) zu [o bei] etw fehlen; (ne pas se conformer à) verstoßen gegen; **elle a manqué (de) se faire écraser** sie wäre fast überfahren worden; **elle manque d'argent/de patience** es fehlt ihr das Geld/die Geduld **2.** vt verfehlen, verpassen; (ne pas réussir) verderben **3.** vb impers **il manque des pages** es fehlen Seiten

mansarde [mɑ̃saʀd(ə)] f Mansarde f

manteau (x) [mɑ̃to] m Mantel m; **sous le** ~ in aller Heimlichkeit

manucure [manykyʀ] f Maniküre f

manuel, le [manɥɛl] **1.** adj manuell; (commande) Hand-; **travailleur** ~ Arbeiter m

2. m Handbuch nt; **manuellement** [manɥɛlmɑ̃] adv von Hand

manufacture [manyfaktyʀ] f Manufakturbetrieb m; **manufacturé, e** [manyfaktyʀe] adj **produit/article** ~ Fertigerzeugnis nt

manuscrit, e [manyskʀi, it] **1.** adj handschriftlich **2.** m Manuskript nt

manutention [manytɑ̃sjɔ̃] f (marchandises) Verladen nt; (local) Umschlagplatz m

mappemonde [mapmɔ̃d] f (carte plane) Erdkarte f; (sphère) Globus m

maquereau, -elle (x) [makʀo, ɛl] **1.** m, f (fam: souteneur) Zuhälter m; (femme) Puffmutter f **2.** m (ZOOL) Makrele f

maquette [makɛt] f Skizze f; (à trois dimensions) Modell nt; (TYPO) Umbruch m

maquillage [makijaʒ] m Schminke f, Make-up nt; (d'un objet volé) Unkenntlichmachung f, Tarnung f

maquiller ⟨1⟩ [makije] **1.** vt (visage) schminken; (falsifier) fälschen; (dénaturer, fausser) frisieren, verfälschen **2.** vpr se ~ sich schminken

maquis [maki] m Dickicht nt; (résistance) Widerstandsbewegung f

maquisard, e [makizaʀ, aʀd] m, f französischer Widerstandskämpfer, französische Widerstandskämpferin

marabout [maʀabu] m Marabu m

maraîcher, -ère [maʀeʃe, ɛʀ] **1.** adj (culture) Gemüse- **2.** m, f Gemüsegärtner(in) m(f)

marais [maʀɛ] m (marécage) Sumpf m, Moor nt

marasme [maʀasm(ə)] m (ECON) Stagnation f

marathon [maʀatɔ̃] m Marathon(lauf) m

maraudeur, -euse [maʀodœʀ, øz] m, f Strauchdieb(in) m(f)

marbre [maʀbʀ(ə)] m Marmor m; **marbrer** ⟨1⟩ vt (surface) marmorieren

marc [maʀ] m (de raisin, de pommes) Treber pl; ~ **de café** Kaffeesatz m

marchand, e [maʀʃɑ̃, ɑ̃d] **1.** m, f Händler(in) m(f); ~(**e) de couleurs** Drogist(in) m(f); ~(**e) en gros/au détail** Groß-/Einzelhändler(in); ~(**e) de(s) quatre-saisons** Obst- und Gemüsehändler(in) m(f) **2.** adj **prix** ~/**valeur** ~**e** Handelspreis m/-wert m; **marchandage** [maʀʃɑ̃daʒ] m Handeln nt, Feilschen nt; **marchander** ⟨1⟩ **1.** vt (article) handeln um, feilschen um **2.** vi handeln, feilschen; **marchandise** [maʀʃɑ̃diz] f (COM) Ware f

marche [maʀʃ(ə)] f (promenade) Spaziergang m; (activité) Gehen nt; (démarche)

Gang m; (d'un train, d'un navire) Fahrt f; (d'une horloge) Gang m; (du temps, du progrès, d'une affaire) Lauf m; (d'un service) Verlauf m; (MUS, MIL) Marsch m; (d'un escalier) Stufe f; **à une heure de** ~ zu Fuß eine Stunde entfernt; **faire** ~ **arrière** rückwärts fahren/gehen; **mettre en** ~ in Gang setzen; **monter/prendre en** ~ aufspringen; ~ **à suivre** Vorgehen nt

marché [marʃe] m Markt m; (affaire) Geschäft nt; **(à) bon** ~ billig; **par dessus le** ~ obendrein, noch dazu; **pénétrer de nouveaux** ~**s** (COM) neue Märkte erschließen; **évolution du** ~ Marktentwicklung f; **part de** ~ Marktanteil m; **perspectives du** ~ **du travail** Arbeitsmarktprognose f; ~ **noir** Schwarzmarkt; ~ **aux puces** Flohmarkt; ~ **de la télécommunication** Telekommunikationsmarkt; ~ **des changes** Devisenhandel m; **marché en croissance** Wachstumsmarkt; ~ **du travail** Arbeitsmarkt

marchepied [marʃəpje] m Trittbrett nt; **servir de** ~ **à qn** jdm als Sprungbrett dienen

marcher ⟨1⟩ [marʃe] vi (personne) gehen, laufen; (MIL) marschieren; (rouler) fahren; (fonctionnner, réussir) laufen, gehen; (fam: consentir) mitmachen; (fam: croire naïvement) darauf hereinfallen; ~ **dans** (l'herbe, etc) gehen auf +dat; (une flaque) treten in +akk; ~ **sur** gehen auf +dat; (mettre le pied sur) treten auf +akk; (MIL) zumarschieren auf +akk; **faire** ~ **qn** jdn auf den Arm nehmen; **marcheur, -euse** m, f Wanderer (Wand(r)erin) m(f)

mardi [mardi] m Dienstag m; **le** ~, **tous les** ~**s** dienstags; **Mardi gras** Fastnachtsdienstag

mare [mar] f Tümpel m; ~ **de sang** Blutlache f

marécage [marekaʒ] m Sumpf m, Moor nt; **marécageux, -euse** [marekaʒø, øz] adj sumpfig

maréchal (-aux) [mareʃal, o] m Marschall(in) m(f)

marée [mare] f Gezeiten pl; (poissons) frische Seefische pl; ~ **haute/basse** Hoch-/Niedrigwasser nt, Flut f/Ebbe f; ~ **noire** Ölpest f

marelle [marel] f **jouer à la** ~ Himmel und Hölle spielen

marémotrice [maremɔtris] adj **usine/énergie** ~ Gezeitenkraftwerk nt/-energie f

margarine [margarin] f Margarine f

marge [marʒ(ə)] f Rand m; (fig) Spielraum m; (de salaires, de prix) Bandbreite f;

en ~ **(de)** am Rande (von); ~ **bénéficiaire** Gewinnspanne f; **marginal, e** (-aux) [marʒinal, o] **1.** adj am Rande befindlich, Rand-; (secondaire) nebensächlich **2.** m, f Aussteiger(in) m(f); **les marginaux** die Randgruppen (der Gesellschaft)

marguerite [margərit] f Margerite f; (de la machine à écrire) Typenrad nt

mari [mari] m (Ehe)mann m

mariage [marjaʒ] m Heirat f; (noce) Hochzeit f; (état) Ehe f; (fig) Verbindung f; ~ **blanc** Scheinehe; ~ **civil/religieux** standesamtliche/kirchliche Trauung

marié, e [marje] **1.** adj verheiratet **2.** m, f Bräutigam (Braut) m(f); **jeunes** ~**s** Frischvermählte pl

marier ⟨1⟩ [marje] **1.** vt (prêtre, maire) trauen; (parents) verheiraten; (fig) verbinden, vereinigen **2.** vpr **se** ~ heiraten; **se** ~ **avec qn** jdn heiraten

marijuana [mariɣwana] f Marihuana nt

marin, e [marɛ̃, in] **1.** adj See-, Meeres- **2.** m (navigateur) Seemann m; (matelot) Matrose m **3.** f Marine f; ~**e de guerre/marchande** Kriegs-/Handelsmarine **4.** adj **(bleu)** ~ marineblau; **avoir le pied** ~ seefest sein

marina [marina] f Jachthafen m

marinade [marinad] f Marinade f

mariner ⟨1⟩ [marine] vt **faire** ~ (GASTR) marinieren

marionnette [marjɔnet] f ~ **(à fils)** Marionette f; ~ **(à gaine)** Handpuppe f

maritime [maritim] adj See-

marjolaine [marʒɔlen] f Majoran m

mark [mark] m inv Mark f

marketing [marketiŋ] m Marketing nt

marmelade [marməlad] f (confiture) Marmelade f; (compote) Kompott nt

marmite [marmit] f (Koch)topf m

marmonner ⟨1⟩ [marmɔne] vt murmeln

marmot [marmo] m (fam) Kind nt

marmotte [marmɔt] f Murmeltier nt

Maroc [marɔk] m **le** ~ Marokko nt; **marocain, e** [marɔkɛ̃, ɛn] adj marokkanisch; **Marocain, e** m, f Marokkaner(in) m(f)

maroquinerie [marɔkinri] f (industrie) Lederverarbeitung f; (commerce) Lederwarenhandel m; (articles) Lederwaren pl

marotte [marɔt] f Marotte f

marquant, e [markɑ̃, ɑ̃t] adj markant

marque [mark(ə)] f Zeichen nt; (trace) Abdruck m; (décompte des points) (Spiel)stand m; (COM: cachet, contrôle) Warenzeichen nt; (produit) Marke f; **à vos** ~**s!** auf die Plätze!; **de** ~ (COM) Marken-; (fig) bedeutend; ~ **déposée** eingetragenes Warenzeichen; ~ **euro** Eurozeichen; ~ **de fabrique** Marken-/Firmenzeichen; ~ **du pluriel** (*LING*) Pluralzeichen; ~ **de voiture** Automarke

marqué, e [maʀke] *adj* (*linge, drap*) ausgezeichnet, markiert; (*visage*) gezeichnet; (*taille*) betont; (*fig: différence, etc*) deutlich

marquer ⟨1⟩ [maʀke] **1.** *vt* (*inscrire, noter*) aufschreiben; (*frontières*) einzeichnen; (*fautes, place*) anzeichnen, anstreichen; (*linge, drap*) zeichnen; (*bétail*) brandmarken; (*indiquer*) anzeigen; (*célébrer*) feiern; (*laisser une trace sur*) zeichnen; (*endommager*) beschädigen; (*points*) machen; (*SPORT: but, etc*) schießen; (*joueur*) decken; (*accentuer: taille, etc*) hervorheben, betonen; (*temps d'arrêt*) angeben; (*différences, etc*) aufzeigen; (*manifester: refus, etc*) ausdrücken, zeigen; ~ **la mesure** den Takt schlagen **2.** *vi* (*coup*) sitzen; (*tampon*) stempeln; (*événement, personnalité*) von Bedeutung sein; (*SPORT*) ein Tor schießen

marqueterie [maʀkətʀi] *f* Einlegearbeit *f*, Intarsien *pl*

marqueur [maʀkœʀ] *m* dicker Filzstift

marquis, e [maʀki, iz] **1.** *m, f* Marquis(e) *m(f)* **2.** *f* (*auvent*) Markise *f*

marraine [maʀɛn] *f* Patentante *f*

marrant, e [maʀɑ̃, ɑ̃t] *adj* (*fam*) lustig

marre [maʀ] *adv* **en avoir** ~ (*fam*) die Nase voll haben

marrer ⟨1⟩ [maʀe] *vpr* **se** ~ (*fam*) sich amüsieren

marron [maʀɔ̃] **1.** *m* Esskastanie *f* **2.** *adj inv* (*kastanien*)braun; **marronnier** [maʀɔnje] *m* Esskastanienbaum *m*

mars [maʀs] *m* März *m*; **en** ~ im März; **le 16** ~ am 16. März; **le 16** ~ **2013** der 16. März 2013

Mars [maʀs] *m o f* Mars *m*

Marseillaise [maʀsɛjez] *f* **la** ~ die Marseillaise

La Marseillaise

La Marseillaise ist seit 1879 die Nationalhymne Frankreichs. Der Text des „Chant de guerre de l'armée du Rhin", wie das Lied ursprünglich hieß, wurde zu einer anonymen Melodie von dem Hauptmann Rouget de Lisle 1792 geschrieben. Es wurde von dem Bataillon von Marseille als Marschlied benutzt und wurde schließlich als die Marseillaise bekannt.

---

marsupiaux [maʀsypjo] *mpl* Beuteltiere *pl*

marteau (x) [maʀto] *m* Hammer *m*; (*de porte*) Klopfer *m*; **marteau-piqueur** (marteaux-piqueurs) *m* Presslufthammer *m*

marteler ⟨4⟩ [maʀtəle] *vt* hämmern

martial, e (-aux) [maʀsjal, o] *adj* kriegerisch; **cour** ~**e** Kriegsgericht *nt*; **loi** ~**e** Kriegsgesetz *nt*

martien, ne [maʀsjɛ̃, ɛn] **1.** *adj* Mars-**2.** *m, f* Marsmensch *m*

martinet [maʀtinɛ] *m* (*marteau*) Schmiedehammer *m*; (*ZOOL*) Mauersegler *m*

Martinique [maʀtinik] *f* **la** ~ Martinique *nt*

martin-pêcheur (martins-pêcheurs) [maʀtɛ̃peʃœʀ] *m* Eisvogel *m*

martre [maʀtʀ] *f* Marder *m*

martyr [maʀtiʀ] *m* Martyrium *nt*; **souffrir le** ~ Höllenqualen erleiden; **martyr, e** [maʀtiʀ] *m, f* Märtyrer(in) *m(f)*; **martyriser** ⟨1⟩ [maʀtiʀize] *vt* martern; (*fig*) peinigen

marxisme [maʀksism(ə)] *m* Marxismus *m*; **marxiste** [maʀksist] **1.** *adj* marxistisch **2.** *mf* Marxist(in) *m(f)*

mascara [maskaʀa] *m* Wimperntusche *f*

mascarade [maskaʀad] *f* Maskerade *f*; (*hypocrisie*) Heuchelei *f*, Theater *nt*

mascotte [maskɔt] *f* Maskottchen *nt*

masculin, e [maskylɛ̃, in] **1.** *adj* männlich; (*métier, vêtements, équipe*) Männer- **2.** *m* (*LING*) Maskulinum *nt*

masochisme [mazɔʃism(ə)] *m* Masochismus *m*; **masochiste** [mazɔʃist] **1.** *adj* masochistisch **2.** *mf* Masochist(in) *m(f)*

masque [mask(ə)] *m* (*a. INFORM*) Maske *f*; ~ **à gaz** Gasmaske; **masquer** ⟨1⟩ *vt* (*paysage, soleil*) verdecken; (*vérité, projet*) verschleiern; (*goût, odeur*) verhüllen; **bal masqué** Maskenball *m*

massacre [masakʀ(ə)] *m* Massaker *nt*; **jeu de** ~ Ballwurfspiel *nt*; **massacrer** ⟨1⟩ *vt* massakrieren; (*fig*) verschandeln

massage [masaʒ] *m* Massage *f*

masse [mas] *f* Masse *f*; (*quantité*) Menge *f*; **en** ~ (*en bloc, en foule*) en masse; **la** ~ die Masse; **la grande** ~ **des** die Masse +*gen*; **une** ~ **de** jede Menge

massepain [maspɛ̃] *m* Marzipan *nt*

masser ⟨1⟩ [mase] **1.** *vt* (*assembler*) versammeln; (*personne, jambe*) massieren **2.** *vpr* **se** ~ sich versammeln; sich massieren

masseur, -euse [masœʀ, øz] *m, f* Masseur(in) *m(f)*

massif, -ive [masif, iv] **1.** *adj* massiv; (*silhouette*) massig **2.** *m* (*GEO*) Massiv *nt*; (*de fleurs*) Blumenbeet *nt*, Rondell *nt*; **le Mas-**

sif central das Zentralmassiv

mass média [masmedja] *mpl* Massenmedien *pl*

massue [masy] *f* Keule *f*; **argument ~** schlagendes Argument

mastic [mastik] *m* (*pour vitres*) Kitt *m*; (*pour fentes*) Spachtelmasse *f*

mastiquer ⟨1⟩ [mastike] *vt* (*aliment*) kauen; (*vitre*) verkitten

mastoc [mastɔk] *adj* (*fam*) feist

mastodonte [mastɔdɔ̃t] *m* (*personne*) Koloss *m*; (*machine, véhicule*) Monstrum *nt*

masturbation [mastyʀbasjɔ̃] *f* Masturbation *f*

masturber ⟨1⟩ [mastyʀbe] *vpr* **se ~** masturbieren, sich selbst befriedigen

m'as-tu-vu [matyvy] *mf inv* Wichtigtuer(in) *m(f)*

masure [mazyʀ] *f* Bruchbude *f*

mat, e [mat] **1.** *adj* matt; (*son*) dumpf **2.** *adj inv* (ÉCHECS) (schach)matt

mât [mɑ] *m* Mast *m*

match [matʃ] *m* Spiel *nt*; **faire ~ nul** 0 : 0 spielen, unentschieden spielen; **~ aller/ retour** Hin-/Rückspiel; **~ à l'extérieur** Auswärtsspiel

matelas [matla] *m* Matratze *f*; **~ d'air** Luftkissen *nt*; **~ pneumatique** Luftmatraze

matelot [mat(ə)lo] *m* (*marin*) Matrose *m*

mater ⟨1⟩ [mate] *vt* (*personne*) bändigen; (*révolte, etc*) unter Kontrolle bringen

matérialisme *m* Materialismus *m*; **matérialiste** [mateʀjalist(ə)] **1.** *adj* materialistisch **2.** *mf* Materialist(in) *m(f)*

matériau (x) [mateʀjo] *m* (TECH) Material *nt*; **~x** *mpl* (*de construction*) Baumaterial; **~ de fission** Spaltmaterial

matériel, le [mateʀjɛl] **1.** *adj* materiell; (*impossibilité*) praktisch; (*preuve*) greifbar **2.** *m* (*équipement*) Material *nt*; (INFORM) Hardware *f*; (*de camping, pêche*) Ausrüstung *f*

maternel, le [matɛʀnɛl] *adj* mütterlich; (*grand-père, oncle*) mütterlicherseits; (*qualité, protection*) Mutter-; (*école*) **~le** Vorschule *f*; **langue ~le** Muttersprache *f*

maternité [matɛʀnite] *f* (*grossesse*) Schwangerschaft *f*; (*établissement*) Entbindungsklinik *f*, -station *f*; **la ~** (*état*) die Mutterschaft

mathématicien, ne [matematisjɛ̃, ɛn] *m*, *f* Mathematiker(in) *m(f)*; **mathématique** [matematik] **1.** *adj* mathematisch **2.** *fpl* Mathematik *f*

matière [matjɛʀ] *f* Stoff *m*, Materie *f*

Matignon [matiɲɔ̃] *m* Amtssitz des franzö-

sischen Premierministers

matin [matɛ̃] *m* Morgen *m*, Vormittag *m*; **de grand/bon ~** am frühen Morgen; **dimanche ~** Sonntagvormittag; **du ~ au soir** von morgens bis abends; **hier ~** gestern Morgen; **jusqu'au ~** bis frühmorgens; **le ~** (*chaque ~*) morgens; **le lendemain ~** am nächsten Morgen; **~ et soir** morgens und abends; **par un ~ de décembre** an einem Dezembermorgen; **tous les ~s** jeden Morgen; **un beau ~** ein schöner Morgen; eines schönen Morgens; **une heure du ~** ein Uhr nachts; **matinal, e** (-aux) [matinal, o] *adj* morgendlich; **être ~** (*personne*) ein Morgenmensch sein; **matinée** [matine] *f* Morgen *m*, Vormittag *m*; (*spectacle*) Matinee *f*, Frühvorstellung *f*; **faire la grasse ~** (sich) ausschlafen

matois, e [matwa, waz] *adj* schlau

matou [matu] *m* Kater *m*

matraquage [matrakaʒ] *m* Schlagstockeinsatz *m*; **~ publicitaire** Werberummel *m*; **matraque** [matrak] *f* Knüppel *m*; **matraquer** ⟨1⟩ [matrake] *vt* niederknüppeln; (*touristes*) ausnehmen; (*disque*) immer wieder spielen

matricule [matrikyl] **1.** *f* (*registre, liste*) Matrikel *f* **2.** *adj* **registre/numéro/livret ~** Stammregister *m*/-nummer *f*/-buch *nt*

matrimonial, e (-aux) [matrimɔnjal, o] *adj* **agence ~e** Heiratsvermittlung *f*; **régime ~** (ehelicher) Güterstand *m*

matrone [matrɔn] *f* Matrone *f*

mature [matyr] *adj* reif; **maturité** [matyrite] *f* Reife *f*

maudire ⟨8⟩ [modir] *vt* verfluchen, verwünschen; **maudit, e** [modi, it] *adj* verflucht

mauresque [mɔresk] *adj* maurisch

Maurice [mɔris] *f* **l'île ~** Mauritius *nt*; **mauricien, ne** [mɔrisjɛ̃, ɛn] *adj* mauritisch

Mauritanie [mɔritani] *f* **la ~** Mauretanien *nt*

mausolée [mozɔle] *m* Mausoleum *nt*

maussade [mosad] *adj* mürrisch; (*ciel, temps*) unfreundlich

mauvais, e [mɔvɛ, ɛz] **1.** *adj* schlecht; (*faux*) falsch; (*malveillant*) böse; **un ~**

rhume ein starker Schnupfen; **la mer est
~e** das Meer ist stürmisch **2.** *adv* **il fait ~**
es ist schlechtes Wetter
mauve [mov] **1.** *m* (*BOT*) Malve *f* **2.** *adj*
malvenfarbig, mauve
maximal, e (-aux) [maksimal, o] *adj*
maximal, Höchst-
maxime [maksim] *f* Maxime *f*
maximiser ⟨1⟩ [maksimize] *vt* (*COM,
INFORM*) maximieren
maximum [maksimɔm] **1.** *adj* Höchst-
2. *m* (*de vitesse, de force*) Maximum *nt;*
atteindre un/son ~ ein/sein Höchstmaß
erreichen; **au ~** (*pousser, utiliser*) bis zum
Äußersten; (*tout au plus*) höchstens, maximal
Mayence [majɑ̃s] Mainz *nt*
mayonnaise [majɔnɛz] *f* Mayonnaise *f,*
Majonäse *f*
mazout [mazut] *m* Heizöl *nt;* **mazouté,
e** [mazute] *adj* ölverschmiert
me, m' [m(ə)] *pron* mich; (*dat*) mir
Me *abr de* **Maître** Titel eines Rechtsanwalts o
Notars
mec [mɛk] *m* (*fam*) Typ *m*
mécanicien, ne [mekanisjɛ̃, ɛn] *m, f*
Mechaniker(in) *m(f)*
mécanique [mekanik] **1.** *adj* mechanisch;
ennui ~ Motorschaden *m* **2.** *f* Mechanik
f; ~ **de précision** (*TECH*) Feinmechanik
mécanisation [mekanizasjɔ̃] *f* Mechanisierung *f;* **mécaniser** ⟨1⟩ *vt* mechanisie-
ren
mécanisme [mekanism(ə)] *m* Mechanismus *m*
mécanographie [mekanɔgrafi] *f* maschi-
nelle Datenverarbeitung; **mécanogra-
phique** [mekanɔgrafik] *adj* (*fiche*)
Buchungs-
mécène [mesɛn] *m* Mäzen *m*
méchamment [meʃamã] *adv* böse; (*fam*)
unheimlich; **tu es ~ en retard** du bist
aber ganz schön spät dran
méchanceté [meʃãste] *f* (*d'une personne,
d'une parole*) Boshaftigkeit *f;* (*parole,
action*) Gemeinheit *f;* **méchant, e** *adj*
boshaft, gemein; (*enfant: turbulent*) böse,
unartig; (*animal*) bissig; (*avant le nom:
désagréable*) übel
mèche [mɛʃ] *f* (*d'une lampe, d'une bougie*)
Docht *m;* (*d'un explosif*) Zündschnur *f;*
(*d'une perceuse, de dentiste*) Bohrer *m;* (*de
cheveux coupés*) Locke *f;* (*d'une autre couleur*) Strähne *f*
**Mecklembourg-Poméranie (occi-
dentale)** [meklãburpɔmerani(ɔksidãtal)] *m*
le ~ Mecklenburg-Vorpommern *nt*

méconnaissable [mekɔnɛsabl(ə)] *adj*
unkenntlich
méconnaître [mekɔnɛtr(ə)] *irr comme connaître vt* verkennen
mécontent, e [mekɔ̃tã, ãt] *adj* unzufrieden
Mecque [mɛk] *f* **la ~** Mekka *nt*
médaille [medaj] *f* Medaille *f*
médaillon [medajɔ̃] *m* Medaillon *nt*
médecin [medsɛ̃] *m* Arzt (Ärztin) *m(f); ~*
de famille Hausarzt (-ärztin); **~ généraliste** praktischer Arzt, praktische Ärztin; **~
traitant** behandelnder Arzt, behandelnde
Ärztin
médecine [medsin] *f* Medizin *f; ~* **douce**
Naturheilkunde *f; ~* **intensive** Intensivmedizin *f*
Medef *m acr de* **mouvement des entreprises de France** *französischer Arbeitgeberverband*
médias [medja] *mpl* Massenmedien *pl*
médiateur, -trice [medjatœr, tris] *m, f*
Vermittler(in) *m(f)*
médiathèque [medjatɛk] *f* Mediothek *f*
médiation [medjasjɔ̃] *f* Schlichtung *f*
médiatique [medjatik] *adj* Medien-; (*efficace*) medienwirksam; **médiatisation** *f*
Vermarktung *f* durch die Medien;
médiatiser ⟨1⟩ *vt* in den Medien ver-
markten
médical, e (-aux) [medikal, o] *adj* ärztlich
médicament [medikamã] *m* Medikament *nt*
médication [medikasjɔ̃] *f* medikamentöse
Behandlung
médicinal, e (-aux) [medisinal, o] *adj*
Heil-
médico-légal, e (médico-légaux)
[medikɔlegal, o] *adj* gerichtsmedizinisch
médiéval, e (-aux) [medjeval, o] *adj* mittelalterlich
médiocre [medjɔkr(ə)] *adj* mittelmäßig;
médiocrité *f* Mittelmäßigkeit *f*
médire [medir] *irr comme dire vi ~* **de**
schlecht reden von; **médisance**
[medizãs] *f* üble Nachrede, Klatsch *m*
méditatif, -ive [meditatif, iv] *adj* nachdenklich
méditation [meditasjɔ̃] *f* Nachdenken *nt*
méditer ⟨1⟩ [medite] **1.** *vt* nachdenken
über +*akk;* (*combiner*) planen **2.** *vi* nachdenken; (*REL*) meditieren
Méditerranée [mediterane] *f* **la ~** das
Mittelmeer; **méditerranéen, ne**
[mediteraneɛ̃, ɛn] *adj* Mittelmeer-
médium [medjɔm] *m* (*spirite*) Medium *nt*
méduse [medyz] *f* Qualle *f*

méduser ⟨1⟩ [medyze] vt sprachlos machen

meeting [mitiŋ] m Treffen nt, Veranstaltung f

méfait [mefɛ] m (faute) Missetat f; ~s mpl (résultats désastreux) Schäden pl, Auswirkungen pl

méfiance [mefjɑ̃s] f Misstrauen nt; **méfiant, e** adj misstrauisch; **méfier** ⟨1⟩ [mefje] vpr se ~ sich in Acht nehmen; se ~ de misstrauen +dat

mégahertz [megaɛʀts] m Megahertz nt

mégalomane [megalɔman] adj größenwahnsinnig; **mégalomanie** [megalɔmani] f Größenwahn m

mégalopole [megalɔpɔl] f Riesenstadt f

méga-octet (méga-octets) [megaɔktɛ] m Megabyte nt

mégarde [megaʀd(ə)] f par ~ aus Versehen

mégatonne [megatɔn] f Megatonne f

mégot [mego] m (fam) Kippe f

mégoter ⟨1⟩ [megɔte] vi kleinlich sein

meilleur, e [mejœʀ] 1. adj, adv comp, superl de **bon** besser; **le** ~ **de** (superlatif) der/die/ das beste; ~ **marché** billiger 2. m **le** ~ (personne) der Beste; (chose) das Beste

méjuger ⟨2⟩ [meʒyʒe] vt falsch beurteilen

mél [mejl] m E-Mail

mélancolie [melɑ̃kɔli] f Melancholie f; **mélancolique** adj melancholisch

Mélanésie [melanezi] f **la** ~ Melanesien nt

mélange [melɑ̃ʒ] m Mischung f; **mélanger** ⟨2⟩ vt (substances) mischen; (mettre en désordre) durcheinander bringen; **vous mélangez tout!** (confondre) Sie bringen alles durcheinander!

mélasse [melas] f Melasse f

mêlée [mele] f (bataille) Kampf m; (en rugby) offenes Gedränge

mêler ⟨1⟩ [mele] 1. vt (ver)mischen; (embrouiller) verwirren; ~ **à** mischen zu; ~ **avec/de** vermischen mit; ~ **qn à une affaire** jdn in eine Sache verwickeln 2. vpr se ~ sich vermischen; se ~ **à/avec/de** (chose) sich vermischen mit; se ~ **à** (personne) sich mischen unter +akk; se ~ **de** (personne) sich mischen in +akk; **de quoi tu te mêles?** was geht dich das an?

mélo [melo] adj (fam) theatralisch

mélodie [melɔdi] f Melodie f; (composition vocale) Lied nt; **mélodieux, -euse** [melɔdjø, øz] adj melodisch

mélodramatique [melɔdramatik] adj melodramatisch; **mélodrame** [melɔdram] m Melodrama nt

melon [m(ə)lɔ̃] m (Honig)melone f; (chapeau) ~ Melone f

membrane [mɑ̃bran] f Membran f

membre [mɑ̃bʀ(ə)] 1. m (ANAT) Glied nt; (personne, pays) Mitglied nt; ~ **à part entière** Vollmitglied; ~ **de phrase** (LING) Satzteil m 2. adj Mitglieds-

mémé [meme] f (fam) Oma f

même [mɛm] 1. adj gleich; de lui-même von selbst; en ~ **temps** zur gleichen Zeit, gleichzeitig; **il est la loyauté** ~ er ist die Treue selbst; **ils ont les** ~s **goûts** sie haben den gleichen [o denselben] Geschmack; ~ **lui a … selbst** er hat …; **nous-mêmes/moi-même** wir selbst/ich selbst 2. adv selbst, selber; **ici** ~ genau hier; **cela revient au** ~ das kommt auf dasselbe [o das gleiche] heraus; **de** ~ ebenso; **de** ~ **que** wie; **je ne me rappelle** ~ **plus** ich erinnere mich nicht einmal mehr; ~ **pas** nicht einmal; **réservé** ~ **timide** reserviert, ja sogar schüchtern

mémento [memɛ̃to] m (note) Notiz f

mémoire [memwaʀ] 1. f Gedächtnis nt; (d'ordinateur) Speicher m; (souvenir) Erinnerung f; **à la** ~ **de** im Gedenken an +akk; **avoir de la** ~ ein gutes Gedächtnis haben; **avoir la** ~ **des visages/chiffres** ein gutes Personen-/Zahlengedächtnis haben; **de** ~ auswendig; **pour** ~ zur Erinnerung; ~ **centrale,** ~ **principale** (INFORM) Hauptspeicher, Zentralspeicher; ~ **disponible** Speicherplatz m; ~ **f morte/vive** Lesespeicher , ROM nt/Direktzugriffsspeicher, RAM nt; ~ **tampon** Puffer m; ~ **à tores** Kernspeicher; ~ **de travail** Arbeitsspeicher m 2. m (exposé) Memorandum nt; ~ **de maîtrise** (SCOL) ~ Magisterarbeit f; ~s mpl (écrit) Memoiren pl

mémorable [memɔʀabl(ə)] adj denkwürdig

mémorandum [memɔʀɑ̃dɔm] m Memorandum nt

mémorial (-aux) [memɔʀjal, o] m Denkmal nt, Ehrenmal nt

mémoriser ⟨1⟩ [memɔʀize] vt sich dat einprägen; (INFORM) (ab)speichern

menaçant, e [mənasɑ̃, ɑ̃t] adj drohend; (temps) bedrohlich

menace [mənas] f Drohung f; (danger) Bedrohung f; **menacer** ⟨2⟩ vt drohen +dat

ménage [menaʒ] m (entretien) Haushalt m; (couple) Paar nt; (famille, ADMIN) Haushalt m; **faire le** ~ den Haushalt machen

ménagement [menaʒmɑ̃] m (respect) Rücksicht f; ~s mpl (égards) Umsicht f

ménager ⟨2⟩ [menaʒe] vt (personne) schonend behandeln; (traiter avec mesure) schonen; (économiser: vêtements, santé) schonen; (temps, argent) sparen; (arranger) sorgen für; (installer) anbringen

ménager, -ère [menaʒe, ɛʀ] **1.** adj Haushalts- **2.** f Hausfrau f

ménagerie [menaʒʀi] f (lieu) Tierpark m; (animaux) Menagerie f

mendiant, e [mãdjã, ãt] m, f Bettler(in) m(f); **mendicité** [mãdisite] f Bettelei f; **mendier** ⟨1⟩ **1.** vi betteln **2.** vt betteln um

mener ⟨4⟩ [məne] **1.** vt führen; (enquête) durchführen; (affaires) leiten; ~ **promener** spazieren führen; ~ **qn à/dans** (personne, métier) jdn führen nach, jdn führen zu/in +akk; (train, etc) jdn bringen nach/in +akk **2.** vi (gagner) führen; ~ **à rien/à tout** zu nichts/allem führen; **meneur, -euse** m, f Führer(in) m(f); (pej: agitateur) Drahtzieher(in) m(f); ~ **de jeu** Showmaster m

menhir [menir] m Hinkelstein m, Menhir m

méningite [menɛ̃ʒit] f Hirnhautentzündung f

ménisque [menisk] m Meniskus m

ménopause [menopoz] f Wechseljahre pl

menotte [mənɔt] f (main) Händchen nt; **menottes** [mənɔt] fpl Handschellen pl

mensonge [mãsɔ̃ʒ] m Lüge f; **mensonger, -ère** [mãsɔ̃ʒe, ɛʀ] adj verlogen

menstruation [mãstʀyasjɔ̃] f Menstruation f, Monatsblutung f

mensualiser ⟨1⟩ [mãsɥalize] vt (salaire) monatlich zahlen; (personne) monatlich bezahlen

mensualité [mãsɥalite] f Monatsrate f; (d'ouvrier) Monatslohn m; (de salarié) Monatsgehalt nt

mensuel, le [mãsɥel] **1.** adj monatlich **2.** m Monatszeitschrift f; **mensuellement** adv monatlich

mental, e (-aux) [mãtal, o] adj (maladie) Geistes-; (âge) geistig; (restriction) innerlich; **calcul** ~ Kopfrechnen nt; **mentalement** adv (réciter) auswendig; (compter) im Kopf

mentalité [mãtalite] f (manière de penser) Denkweise f; (état d'esprit) Mentalität f; (comportement moral) Moral f

menteur, -euse [mãtœʀ, øz] m, f Lügner(in) m(f)

menthe [mãt] f (BOT) Minze f

mention [mãsjɔ̃] f (note) Vermerk m; (SCOL) Note f; ~ **passable/bien/très bien** ausreichend/gut/sehr gut; **rayer les ~s**

inutiles Nichtzutreffendes streichen;

mentionner ⟨1⟩ [mãsjɔne] vt erwähnen

mentir ⟨10⟩ [mãtiʀ] vi lügen; ~ **à qn** jdn belügen

menton [mãtɔ̃] m Kinn nt; **double** ~ Doppelkinn

menu, e [məny] **1.** adj dünn, winzig; (peu important) gering; **la** ~**e monnaie** das Kleingeld **2.** adv **hacher** ~ fein hacken **3.** m (mets, INFORM) Menü nt; (liste) Speisekarte f; ~ **déroulant** Pull-down-Menü; ~ **enfant** Kinderteller m; ~ **de démarrage** Startmenü

menuiserie [mənɥizʀi] f (travail) Schreinerei f; **plafond en** ~ (ouvrage) Holzdecke f; **menuisier** [mənɥizje] m Schreiner m

méprendre ⟨13⟩ [mepʀãdʀ(ə)] vpr se ~ sich täuschen (sur in +dat)

mépris [mepʀi] m Verachtung f; **au** ~ **de** ohne Rücksicht auf +akk; **méprisable** [mepʀizabl(ə)] adj (honteux) schändlich, verachtenswert

méprise [mepʀiz] f Irrtum m, Verwechslung f

mépriser ⟨1⟩ [mepʀize] vt missachten; (personne) verachten

mer [mɛʀ] f Meer nt; **la** ~ **du Nord** die Nordsee; **en haute/pleine** ~ auf hoher See/mitten auf See; **la** ~ **est haute/basse** es ist Flut/Ebbe; **mal de** ~ Seekrankheit f; ~ **fermée** Binnenmeer; ~ **intercontinentale** Ozean m; ~ **de sable/feu** (fig) Sand-/Flammenmeer

mercantilisme [mɛʀkãtilism] m Gewinnsucht f

mercatique [mɛʀkatik] f Marketing nt

mercenaire [mɛʀsənɛʀ] m Söldner m

mercerie [mɛʀsəʀi] f (boutique) Kurzwarengeschäft nt; **articles de** ~ Kurzwaren pl

merci [mɛʀsi] **1.** interj danke; ~ **de, ~ pour** vielen Dank für **2.** f **à la** ~ **de qn/qch** jdm/einer Sache ausgeliefert

mercredi [mɛʀkʀədi] m Mittwoch m; **le** ~, **tous les** ~**s** mittwochs

mercure [mɛʀkyʀ] m Quecksilber nt

merde [mɛʀd(ə)] **1.** f (vulg) Scheiße f **2.** interj (vulg) Scheiße; **merder** ⟨1⟩ vi (vulg) in die Hose gehen; **merdeux, -euse** [mɛʀdø, øz] m, f (fam) kleiner Scheißer

mère [mɛʀ] f Mutter f; **maison** ~ (COM) Stammhaus nt; ~ **adoptive** Adoptivmutter; ~ **célibataire** ledige Mutter; ~ **porteuse** Leihmutter

merguez [mɛʀgez] f pikante nordafrikanische Wurst

méridional, e (-aux) [meʀidjɔnal, o] adj

südlich; (*français*) südfranzösisch; **Méridional, e** *m, f* Südländer(in) *m(f)*; (*Français*) Südfranzose(-französin) *m(f)*
meringue [mərɛ̃g] *f* Baiser *nt*
mérinos [merinos] *m* (*animal*) Merinoschaf *nt*; (*laine*) Merinowolle *f*
mérite [merit] *m* Verdienst *nt*; **mériter** ⟨1⟩ *vt* verdienen; ~ **de/que** es verdienen zu/, dass
méritocratie [meritɔkrasi] *f* Leistungsgesellschaft *f*
merlan [mɛʁlɑ̃] *m* (*ZOOL*) Merlan *m*
merle [mɛʁl(ə)] *m* Amsel *f*
merluche [mɛʁlyʃ] *f* Meerhecht *m*
mérou [meru] *m* Riesenbarsch *m*
merveille [mɛʁvɛj] *f* Wunder *nt*; **faire ~/ des ~s** Wunder vollbringen; **les Sept Merveilles du monde** die sieben Weltwunder
merveilleux, -euse [mɛʁvɛjø, øz] *adj* herrlich, wunderbar
mes [me] *adj v.* **mon**
mésange [mezɑ̃ʒ] *f* Meise *f*
mésaventure [mezavɑ̃tyʁ] *f* Missgeschick *nt*
mesdames *fpl v.* **madame**
mesdemoiselles *fpl v.* **mademoiselle**
mésentente [mezɑ̃tɑ̃t] *f* Unstimmigkeit *f*
mesquin, e [mɛskɛ̃, in] *adj* kleinlich; **esprit ~/personne ~e** Kleingeist *m*; **mesquinerie** [mɛskinʁi] *f* Kleinlichkeit *f*
mess [mɛs] *m* Offizierskasino *nt*
message [mesaʒ] *m* (*communication*) Nachricht *f*; (*d'un écrivain, d'un livre*) Botschaft *f*; ~ **d'avertissement** (*INFORM*) Warnmeldung *f*; ~ **électronique** E-Mail; ~ **publicitaire** Werbespot *m*
messager, -ère [mesaʒe, ɛʁ] *m, f* Bote (Botin) *m(f)*
messagerie [mesaʒʁi] *f* (*INFORM*) Mailsystem *nt*; (*sur Internet*) Bulletinboard *nt*; **service de ~** Paketdienst *m*; ~ **électronique** elektronische Post; ~ **rose** *elektronischer Briefkasten für Kontaktanzeigen*; ~ **vocale** Voicemail *f*
messe [mɛs] *f* (*REL*) Messe *f*; ~ **de minuit** Mitternachtsmesse *f*; ~ **noire** schwarze Messe
Messie [mesi] *m* **le ~** der Messias
messieurs *mpl v.* **monsieur**
mesure [m(ə)zyʁ] *f* Maß *nt*; (*évaluation*) Messen *nt*; (*MUS*) Takt *m*; (*disposition, acte*) Maßnahme *f*; **à la ~ de qn** jdm entsprechend; **à ~ qu'ils avançaient, ...** je weiter sie kamen ...; **dans la ~ de/où** soweit; **être en ~ de** imstande sein zu; **il n'y a pas de commune ~ entre eux** man kann sie

nicht vergleichen; **sur ~** nach Maß; **unité/système de ~** Maßeinheit *f*/-system *nt*; ~ **d'austérité** (*ECON*) Sparmaßnahme; ~ **pour l'emploi** Beschäftigungsmaßnahme; ~ **de longueur/capacité** (*étalon*) Längen-/Hohlmaß; ~ **de sécurité** Sicherheitsmaßnahme; **mesuré, e** *adj* (*ton*) gleichmäßig; (*effort*) mäßig; (*personne*) gemäßigt; **mesurer** ⟨1⟩ **1.** *vt* messen; (*risque, portée d'un acte*) ermessen, einschätzen; (*limiter*) bemessen **2.** *vpr* **se ~ avec** [*o* à] **qn** sich mit jdm messen
métabolisme [metabɔlism] *m* (*BIO, MED*) Stoffwechsel *m*
métal (-aux) [metal, o] *m* Metall *nt*; **métallique** *adj* Metall-, metallen; (*éclat, son*) metallisch; **métallisé, e** *adj* **peinture ~e** Metalliclackierung *f*; **métallurgiste** [metalyʁʒist(ə)] *mf* Metallarbeiter(in) *m(f)*
métamorphose [metamɔʁfoz] *f* Metamorphose *f*; (*fig*) Verwandlung *f*
métaphore [metafɔʁ] *f* Metapher *f*; **métaphorique** [metafɔʁik] *adj* metaphorisch, bildlich
métaphysique [metafizik] *f* Metaphysik *f*
métastase [metastɑz] *f* (*MED*) Metastase *f*
métempsycose [metɑ̃psikoz] *f* Seelenwanderung *f*
météo [meteo] *f* Wetterbericht *m*
météore [meteɔʁ] *m* Meteor *m*
météorite [meteɔʁit] *m o f* Meteorit *m*
météorologie [meteɔʁɔlɔʒi] *f* (*étude*) Wetterkunde *f*, Meteorologie *f*; (*service*) Wetterdienst *m*; **météorologique** *adj* meteorologisch, Wetter-; **météorologiste** [meteɔʁɔlɔʒist], **météorologue** [meteɔʁɔlɔg] *mf* Meteorologe(-login) *m(f)*
métèque [metɛk] *m* (*pej*) Kanake *m*
méthadone [metadɔn] *f* Methadon *nt*
méthane [metan] *m* Methan *nt*
méthode [metɔd] *f* Methode *f*; (*livre*) Lehrbuch *nt*; ~ **de tri** (*des déchets*) Sortiermethode; **méthodique** *adj* methodisch; **méthodiquement** [metɔdikmɑ̃] *adv* methodisch
méthodiste [metɔdist] *mf* Methodist(in) *m(f)*
méticuleux, -euse [metikylø, øz] *adj* gewissenhaft
métier [metje] *m* (*profession*) Beruf *m*; (*expérience*) Erfahrung *f*; (*machine*) Webstuhl *m*; **du ~** fachkundig
métis, se [metis] **1.** *adj* (*enfant*) Mischlings- **2.** *m, f* Mischling *m*; **métisser** ⟨1⟩ *vt* (*animaux, plantes*) kreuzen
métrage [metʁaʒ] *m* (*mesurer*) Vermessen

nt; (longueur de tissu, de film) Länge f; **long ~** (CINE) Spielfilm m; **moyen ~** Film m mittlerer Länge; **court ~** Kurzfilm m

mètre [mɛtr(ə)] m (unité) Meter m o nt; (règle) Metermaß nt; **~ carré/cube** Quadratmeter/Kubikmeter; **un cent/huit cents ~s** (SPORT) ein Hundert-/Achthundertmeterlauf m

métrer ⟨5⟩ [metre] vt vermessen

métrique [metrik] adj **système ~** metrisches System

métro [metro] m U-Bahn f; (à Paris) Metro f

métronome [metrɔnɔm] m Metronom nt

métropole [metrɔpɔl] f (capitale) Hauptstadt f; (pays) Mutterland nt; **métropolitain, e** [metrɔpɔlitɛ̃, ɛn] adj (territoire, troupe) französisch

mets [mɛ] m Gericht nt

metteur, -euse [metœr, øz] m, f **~ en scène/en ondes** Regisseur(in) m(f)

mettre [mɛtr(ə)] irr **1.** vt (placer) legen, stellen, setzen; (ajouter: sucre, etc) tun; (vêtement) anziehen; (consacrer) brauchen (à für); (énergie) aufwenden; (espoirs) setzen (dans in +akk); (chauffage, radio, etc) anmachen; (réveil) stellen (à auf +akk); (installer: gaz, électricité) anschließen; (écrire) schreiben; (dépenser) zahlen; (pari) setzen; (dans une affaire) stecken (dans in +akk); **~ au point** klarstellen; **~ en bouteille/en sac** in Flaschen/Säcke füllen; **~ le désordre** Unordnung machen; **~ le feu à qch** etw anzünden; **~ fin à qch** etw beenden; **~ sur pied** (affaire) auf die Beine stellen; **~ à la poste** zur Post bringen; **y ~ du sien** das Seine tun; **~ du temps à faire qch** lange brauchen, um etw zu tun; **mettons que** angenommen, dass **2.** vpr **se ~** (se placer) sich setzen; (debout) sich hinstellen; (dans une situation) sich bringen; **se ~ à faire qch** anfangen, etw zu tun; **se ~ à genoux** sich hinknien; **se ~ avec qn** sich mit jdm zusammentun; **se ~ au travail** sich an die Arbeit machen; **se ~ bien avec qn** sich gut mit jdm stellen

meuble [mœbl(ə)] **1.** m Möbelstück nt; **~s** mpl Möbel pl **2.** adj (terre) locker; (JUR) beweglich; **meublé, e** adj **chambre ~e** möbliertes Zimmer; **meubler** ⟨1⟩ vt möblieren; (fig) gestalten

meuf [mœf] f (fam) Tussi f

meunier, -ière [mønje, ɛr] m, f Müller(in) m(f); **truite meunière** (GASTR) Forelle (nach) Müllerinart

meurtre [mœrtr(ə)] m Mord m; **meur-** trier, **-ière** [mœrtrije, ɛr] **1.** m, f Mörder(in) m(f) **2.** f (ouverture) Schießscharte f **3.** adj mörderisch; (arme) Mord-

meurtrir ⟨8⟩ [mœrtrir] vt quetschen; (fig) verletzen; **meurtrissure** [mœrtrisyr] f blauer Fleck; (tache: d'un fruit, d'un légume) Druckstelle f

Meuse [mœz] f **la ~** die Maas

meute [møt] f Meute f

mexicain, e [mɛksikɛ̃, ɛn] adj mexikanisch; **Mexicain, e** m, f Mexikaner(in) m(f); **Mexique** [mɛksik] m **le ~** Mexiko nt

mi [mi] m (MUS) E nt

mi- [mi] pref halb-; **à ~-hauteur** auf halber Höhe; **à la ~-janvier** Mitte Januar

miauler ⟨1⟩ [mjole] vi miauen

miche [miʃ] f Laib m

mi-chemin [miʃəmɛ̃] adv **à ~** auf halbem Wege; **mi-clos, e** adj halb geschlossen

micmac [mikmak] m (fam) Tricks pl

micro [mikro] m (fam: microphone) Mikro nt

microbe [mikrɔb] m Mikrobe f

microbiologie [mikrobjɔlɔʒi] f Mikrobiologie f; **microchirurgie** [mikroʃiryrʒi] f (MED) Mikrochirurgie f; **microcosme** [mikrɔkɔsm] m Mikrokosmos m; **micro-édition** [mikroedisjɔ̃] f Desktoppublishing nt; **microélectronique** f Mikroelektronik f; **microfibre** [mikrɔfibrə] f Mikrofaser f; **microfiche** [mikrɔfiʃ] f Mikrofiche m o nt; **microfilm** m Mikrofilm m

Micronésie [mikronezi] f **la ~** Mikronesien nt

micro-onde (micro-ondes) [mikroɔ̃d] f Mikrowelle f; **four à ~s** Mikrowellenherd m; **micro-organisme** (micro-organismes) [mikroɔrganism] m Mikroorganismus m; **microphone** [mikrɔfɔn] m Mikrofon nt; **microplaquette** [mikrɔplakɛt] f Mikrochip m; **microprocesseur** [mikroprɔsesœr] m Mikroprozessor m

microscope [mikrɔskɔp] m Mikroskop nt; **examiner au ~** mikroskopisch untersuchen; **~ électronique** Elektronenmikroskop

microsillon [mikrɔsijɔ̃] m Langspielplatte f

midi [midi] m (milieu du jour) Mittag m; (heure) 12 Uhr; (sud) Süden m; **le Midi** (de la France) Südfrankreich nt; **tous les ~s** jeden Mittag; **chercher ~ à quatorze heures** die Dinge unnötig verkomplizieren

midinette [midinɛt] f dummes Gänschen

mie [mi] f Krume f

miel [mjɛl] m Honig m; **mielleux, -euse** [mjɛlø, øz] adj (pej) zuckersüß

mien, ne [mjɛ̃, ɛn] 1. adj mein, meine, mein 2. pron **le/la** ~**(ne)** meine(r, s)

miette [mjɛt] f Krümel m

mieux [mjø] 1. adj, adv comp, superl de **bien** besser; **aimer** ~ lieber mögen; **aller** ~ besser gehen; **au** ~ **de** bestenfalls; **de** ~ **en** ~ immer besser; **faire** ~ **de** besser (daran) tun zu; **faute de** ~ in Ermangelung eines Besseren; **qui dit** ~**?** (aux enchères) wer bietet mehr?; **valoir** ~ besser sein 2. mf **le/la** ~ (superlatif) der/die/das Beste 3. m (amélioration, progrès) Verbesserung f; **pour le** ~ zum Besten; **faire de son** ~ sein Bestes tun; **mieux-être** [mjøzɛtʀ] m inv höherer Lebensstandard

mièvre [mjɛvʀ] adj geziert

mignon, ne [miɲɔ̃, ɔn] adj (joli) niedlich, süß; (gentil) nett

migraine [migʀɛn] f Migräne f

migrant, e [migʀɑ̃, ɑ̃t] m, f Wanderarbeiter(in) m(f)

migration [migʀasjɔ̃] f (du peuple) (Völker)wanderung f; (d'oiseaux, etc) Zug m

mijoter ⟨1⟩ [miʒɔte] 1. vt (plat) schmoren; (préparer avec soin) liebevoll zubereiten; (fam) aushecken 2. vi schmoren

milieu (x) [miljø] m (centre) Mitte f; (environnement biologique) Lebensraum m; (environnement social) Milieu nt; (la die Unterwelt; **au** ~ **de** mitten in +dat; (table, etc) mitten auf +dat; **au beau** ~, **en plein** ~ **(de)** mitten unter +dat; **il y a un** ~ **entre** (fig) es gibt ein Mittelding zwischen +dat; **le juste** ~ der goldene Mittelweg

militaire [militɛʀ] 1. adj Militär-; **aviation** ~ Luftwaffe f; **marine** ~ Marine f; **service** ~ Militärdienst m 2. m (Berufs)soldat(in) m(f)

militant, e [militɑ̃, ɑ̃t] adj militant

militariser ⟨1⟩ [militaʀize] vt militarisieren

militarisme [militaʀism] m Militarismus m

militariste [militaʀist] adj militaristisch

militer ⟨1⟩ [milite] vi kämpfen; ~ **pour/contre** sich einsetzen für/gegen

milk-shake (milk-shakes) [milkʃɛk] m Milchshake m

mille [mil] 1. num (ein)tausend 2. m (nombre) Tausend f; **mettre dans le** ~ ins Schwarze treffen; ~ **marin** (mesure de longueur) Seemeile f

millefeuille [milfœj] m (GASTR) Cremeschnitte aus Blätterteig

millénaire [milenɛʀ] 1. m Jahrtausend nt 2. adj tausendjährig

mille-pattes [milpat] m inv Tausendfüßler m

millésime [milezim] m (d'une médaille) Jahreszahl f; (d'un vin) Jahrgang m

millet [mijɛ] m Hirse f

milliard [miljaʀ] m Milliarde f; **milliardaire** mf Milliardär(in) m(f)

millier [milje] m Tausend nt; **par** ~**s** zu Tausenden

milligramme [miligʀam] m Milligramm nt; **millilitre** m Milliliter m; **millimètre** m Millimeter m o nt; **millimétré, e** [milimetʀe] adj **papier** ~ Millimeterpapier nt

million [miljɔ̃] m Million f; **millionnaire** mf Millionär(in) m(f)

mime [mim] m (acteur) Pantomime(-mimin) m(f); (art) Pantomime f; **mimer** ⟨1⟩ vt pantomimisch darstellen; (imiter) nachmachen

mimique [mimik] f Mimik f

mimosa [mimoza] m Mimose f

minable [minabl(ə)] adj miserabel, jämmerlich

minaret [minaʀɛ] m Minarett nt

minauder ⟨1⟩ [minode] vi sich geziert benehmen; **minauderies** [minodʀi] fpl Getue nt

mince [mɛ̃s] adj dünn; (personne, taille) schlank; (profit, connaissances) gering; (prétexte) fadenscheinig; ~**!** (fam) verflixt!; **minceur** f Dünne f, Schlankheit f

mincir ⟨8⟩ [mɛ̃siʀ] vi abnehmen

mine [min] f (physionomie) Miene f; (extérieur) Aussehen nt; (d'un crayon, d'un explosif, d'un gisement) Mine f; (cavité) Bergwerk nt, Stollen m; ~ **antipersonnel** Landmine; **avoir bonne/mauvaise** ~ gut/schlecht aussehen; **faire** ~ **de** so tun, als ob; **une** ~ **de** (fig) eine Fundgrube an +dat; ~ **de rien** (fam) mit Unschuldsmiene, unauffällig

miner ⟨1⟩ [mine] vt (saper, ronger) aushöhlen; (MIL) verminen; (fig) unterminieren

minerai [minʀɛ] m Erz nt

minéral, e (-aux) [mineʀal, o] 1. adj Mineral-; **eau** ~**e** Mineralwasser nt 2. m Mineral nt

minéralogique [mineʀalɔʒik] adj **plaque** ~ **numéro** ~ Nummernschild nt/Kennzeichen nt

minet, te [minɛ, ɛt] m, f (chat) Kätzchen nt; (pej) Püppchen nt

mineur, e [minœʀ] 1. adj zweitrangig

2. *m, f (JUR)* Minderjährige(r) *mf* 3. *m*
(ouvrier) Bergmann *m*
miniature [minjatyʀ] *f (tableau)* Miniatur
f; **en ~** *(fig)* im Kleinformat
minibus [minibys] *m* Minibus *m;* **mini-**
cassette *f* Minikassette *f (für Diktierge-*
rät); **minichaîne** *f* Kompaktanlage *f*
minier, -ière [minje, ɛʀ] *adj* Bergwerks-,
Bergbau-; *(bassin, pays)* Gruben-
minijupe [miniʒyp] *f* Minirock *m*
minimal, e (-aux) [minimal, o] *adj* minimal, Mindest-, Tiefst-
minime [minim] 1. *adj* sehr klein 2. *mf*
(SPORT) Junior(in) *m(f)*
minimessage [minimesaʒ] *m* Textnachricht *f*
minimiser ⟨1⟩ [minimize] *vt* bagatellisie-
ren; *(INFORM)* minimieren
minimum [minimɔm] 1. *adj* Mindest- 2. *m*
Minimum *nt;* **au ~** *(au moins)* mindestens;
un ~ de ein Minimum an +*dat;* **~ vital**
Existenzminimum
ministère [ministɛʀ] *m* Ministerium *nt;*
(gouvernement) Regierung *f;* *(portefeuille)*
Ministeramt *nt;* *(REL)* Priesteramt *nt;* **~ des**
Affaires étrangères Außenministerium; **~**
public Staatsanwaltschaft *f*
ministériel, le [ministeʀjel] *adj* Regie-
rungs-, Minister-
ministre [ministʀ(ə)] *mf* Minister(in) *m(f);*
(REL) Pfarrer(in) *m(f);* **~ d'État** Staatsmi-
nister(in)
Minitel® [minitel] *m* ≈ Bildschirmtext *m;*
(appareil) ≈ Btx-Gerät *nt*

Minitel

*Minitel ist ein PC, den die „France-Télécom"
ihren Telefonkunden zur Verfügung stellt. Er
dient als ein elektronisches Telefonbuch und
bietet auch eine Vielzahl von Dienstleistungen
an, wie Informationen zum Zugfahrplan, über
die Börse und über Stellenangebote. Zugang
zu diesen Angeboten erhält man über das
Telefon, indem man die entsprechende Nummer wählt. Die Kosten für diese Dienstleistungen werden über die Telefonrechnung abge-
rechnet.*

minoritaire [minɔʀitɛʀ] *adj* Minderheits-;
(en sociologie) Minderheiten-
minorité [minɔʀite] *f* Minderheit *f;* *(âge)*
Minderjährigkeit *f;* **dans la ~ des cas** in
den seltensten Fällen; **être en ~** in der
Minderheit sein
Minorque [minɔʀk] **(l'île *f* de) ~**
Menorca *nt*
minuit [minɥi] *m* Mitternacht *f*

minuscule [minyskyl] 1. *adj* winzig, sehr
klein; **un a ~** ein kleines a 2. *f (lettre)* ~
Kleinbuchstabe *m*
minute [minyt] *f* Minute *f;* *(JUR)* Urschrift
f; **à la ~** auf die Minute; **d'une ~ à l'autre**
jede Minute; **entrecôte/steak ~** Minu-
tensteak *nt;* **minuter** ⟨1⟩ *vt* timen
minuterie [minytʀi] *f* Schaltuhr *f;* *(éclai-*
rage) Minutenlicht *nt*
minutie [minysi] *f* Gewissenhaftigkeit *f*
minutieusement [minysjøzmã] *adv*
peinlichst genau
minutieux, -euse [minysjø, øz] *adj*
gewissenhaft, äußerst genau
mirabelle [miʀabel] *f (fruit)* Mirabelle *f*
miracle [miʀakl(ə)] *m* Wunder *nt;* **~ éco-**
nomique Wirtschaftswunder; **miracu-**
leux, -euse [miʀakylø, øz] *adj* wunderbar
mirage [miʀaʒ] *m* Fata Morgana *f*
mire [miʀ] *f (TV: de réglage)* Testbild *nt;*
être le point de ~ *(fig)* der Mittelpunkt
sein
miroir [miʀwaʀ] *m* Spiegel *m;* **miroiter**
⟨1⟩ [miʀwate] *vi* spiegeln; **faire ~ qch à**
qn jdm etw in glänzenden Farben schildern; **miroiterie** [miʀwatʀi] *f* Glaserei *f*
mis, e [mi, miz] 1. *pp de* **mettre** 2. *adj*
(table) gedeckt; **bien/mal ~(e)** *(personne)*
gut/schlecht angezogen
misanthrope [mizãtʀɔp] *mf* Menschen-
feind(in) *m(f)*
mise [miz] *f (argent)* Einsatz *m;* *(habille-*
ment) Kleidung *f;* **~ en bouteilles** Fla-
schenabfüllung *f;* **~ de fonds** Investition *f;*
~ en plis *(coiffeur)* Wasserwelle *f;* **~ en**
scène Inszenierung *f*
miser ⟨1⟩ [mize] *vt (argent)* setzen; **~ sur**
setzen auf +*akk; (fig)* rechnen mit
misérable [mizeʀabl(ə)] 1. *adj* kläglich,
elend; *(personne)* bedauernswert; *(mes-*
quin: acte, argumentation) miserabel; *(avant*
le nom: insignifiant) kümmerlich; *(querelle)*
nichtig 2. *mf* Elende(r) *mf*
misère [mizeʀ] *f* **la ~** *(pauvreté)* die
Armut; **~s** *fpl (malheurs)* Kummer *m;* **faire**
des ~s à qn jdn quälen, jdn schikanieren;
salaire de ~ Hungerlohn *m*
miséricorde [mizeʀikɔʀd(ə)] *f* Barmherzigkeit *f*
misogyne [mizɔʒin] *m* Frauenfeind *m*
missel [misel] *m* Messbuch *nt*
missile [misil] *m* Rakete *f;* **~ à courte por-**
tée Kurzstreckenrakete; **~ de croisière**
Marschflugkörper *m;* **~ de portée inter-**
médiaire Mittelstreckenrakete; **~ télé-**
guidé Lenkflugkörper *m*
mission [misjõ] *f* Mission *f;* **~ de recon-**

naissance Aufklärungsmission
missionnaire [misjɔnɛʀ] *m* Missionar(in) *m(f)*
missive [misiv] *f* Schreiben *nt*
mistral [mistʀal] *m* Mistral *m*
mite [mit] *f* Motte *f*
mité, e [mite] *adj* mottenzerfressen
mi-temps [mitɑ̃] 1. *f inv* (SPORT) Halbzeit *f* 2. *m inv* Halbtagsarbeit *f;* **travailler à** ~ halbtags arbeiten
mitigation [mitigasjɔ̃] *f* ~ **des peines** Strafmilderung *f*
mitraille [mitʀaj] *f* (*décharge d'obus, etc*) Geschützfeuer *nt;* **mitrailler** ⟨1⟩ *vt* mit MG-Feuer beschießen; (*fig*) bombardieren; (*fam: photographier*) knipsen; **mitraillette** *f* Maschinenpistole *f;* **mitrailleur** *m* MG-Schütze *m;* **mitrailleuse** *f* Maschinengewehr *nt*
mi-voix [mivwa] *adv* **à** ~ halblaut
mixage [miksaʒ] *m* Tonmischung *f*
mixeur [miksœʀ] *m* (*appareil*) Mixer *m*
mixte [mikst(ə)] *adj* gemischt; **double** ~ gemischtes Doppel; **mariage** ~ Mischehe *f*
mixture [mikstyʀ] *f* (CHIM) Mixtur *f;* (*boisson*) Gebräu *nt*
M.J.C. *f abr de* **Maison des jeunes et de la culture** Jugend- und Kulturzentrum
ml *abr de* **millilitre** ml
M.L.F. *f abr de* **Mouvement de libération de la femme/des femmes** Frauenbewegung *f*
Mlle (Mlles) *f abr de* **Mademoiselle/Mesdemoiselles** Frl.
mm *abr de* **millimètre** mm
MM *abr de* **Messieurs** Herren
Mme (Mmes) *abr de* **Madame/Mesdames** Fr.
mn *abr de* **minute** Min.
Mo *abr de* **méga-octet** MB
mobile [mɔbil] 1. *adj* beweglich; (*nomade*) wandernd, Wander-, mobil 2. *m* (*motif*) Beweggrund *m*
mobilier, -ière [mɔbilje, ɛʀ] 1. *adj* (*propriété*) beweglich; **effets** ~**s/valeurs mobilières** übertragbare Effekten/Werte *pl;* **vente/saisie mobilière** Eigentumsverkauf *m/*-pfändung *f* 2. *m* (*meubles*) Mobiliar *m*
mobilisation [mɔbilizasjɔ̃] *f* Mobilisieren *nt;* ~ **générale** allgemeine Mobilmachung
mobiliser ⟨1⟩ [mɔbilize] *vt* mobilisieren; (*fig: enthousiasme, courage*) wecken
mobilité [mɔbilite] *f* Beweglichkeit *f,* Mobilität *f*
mobylette [mɔbilɛt] *f* Mofa *nt*

mocassin [mɔkasɛ̃] *m* Mokassin *m*
moche [mɔʃ] *adj* (*fam*) hässlich
modalité [mɔdalite] *f* Modalität *f;* **adverbe de** ~ Modaladverb *nt*
mode [mɔd] 1. *f* Mode *f;* **à la** ~ modisch 2. *m* Art *f,* Weise *f;* (LING, INFORM) Modus *m;* ~ **autonome** (INFORM) Offline-Betrieb *m;* ~ **connecté** (INFORM) Online-Betrieb *m;* ~ **d'emploi** Gebrauchsanweisung *f;* ~ **de paiement** Zahlungsweise *f*
modèle [mɔdɛl] 1. *m* Modell *nt;* (*exemple*) Beispiel *nt;* (INFORM) Formatvorlage *f;* **les divers** ~**s d'entreprises** die verschiedenen Unternehmensformen; ~ **déposé** (COM) Gebrauchsmuster *nt;* (**avion/voiture**) ~ **réduit** Modellflugzeug *nt*/Modellauto *nt* 2. *adj* mustergültig, Muster-
modeler ⟨4⟩ [mɔd(ə)le] *vt* modellieren; ~ **sa conduite sur celle de qn (d'autre)** sich *dat* an jds Verhalten *dat* ein Beispiel nehmen
modem [mɔdɛm] *m* Modem *nt* o *m*
modérateur, -trice [mɔdeʀatœʀ, tʀis] *m, f* Schlichter(in) *m(f)*
modération [mɔdeʀasjɔ̃] *f* (*qualité*) Mäßigung *f,* Einschränkung *f;* (*action*) Drosselung *f;* **modéré, e** 1. *adj* (*mesuré*) maßvoll, gemäßigt; (*faible*) mäßig 2. *m, f* Gemäßigte(r) *mf;* **modérément** [mɔdeʀemɑ̃] *adv* in Maßen; **modérer** ⟨5⟩ [mɔdeʀe] 1. *vt* mäßigen; (*dépenses*) einschränken; (*vitesse*) drosseln 2. *vpr* **se** ~ sich mäßigen
moderne [mɔdɛʀn(ə)] *adj* modern; (*vie*) heutig; (*langues, histoire*) neuere(r, s); **modernisation** [mɔdɛʀnizasjɔ̃] *f* Modernisierung *f;* **moderniser** ⟨1⟩ [mɔdɛʀnize] *vt* modernisieren
modeste [mɔdɛst(ə)] *adj* bescheiden; (*petit: employé, commerçant*) klein; **modestement** [mɔdɛstəmɑ̃] *adv* bescheiden; **modestie** *f* Bescheidenheit *f*
modification [mɔdifikasjɔ̃] *f* Änderung *f,* Modifikation *f;* ~ **climatique** Klimaveränderung *f*
modifier ⟨1⟩ [mɔdifje] 1. *vt* ändern, modifizieren 2. *vpr* **se** ~ sich ändern, sich wandeln
modique [mɔdik] *adj* (*somme d'argent*) gering
modulation [mɔdylasjɔ̃] *f* ~ **de fréquence** Ultrakurzwelle *f*
module [mɔdyl] *m* Modul *nt;* ~ **de commande** Kommandokapsel *f;* ~ **lunaire** Mondfähre *f*
moduler ⟨1⟩ [mɔdyle] *vt* modulieren
moelle [mwal] *f* Mark *nt*

moelleux, -euse [mwalø, øz] *adj* weich; (*chocolat*) kremig

mœurs [mœr(s)] *fpl* (*morale*) Sitten *pl*; (*coutumes*) Bräuche *pl*; **des ~ simples** (*mode de vie*) ein einfaches Leben; **contraire aux bonnes ~** wider die guten Sitten; **police des ~** Sittenpolizei *f*

moi [mwa] *pron* ich; (*objet*) mich; mir; **c'est ~** ich bin's

moignon [mwaɲɔ̃] *m* Stumpf *m*

moindre [mwɛ̃dʀ(ə)] *adj* geringere(r, s); **le/la ~** der/die/das kleinste

moine [mwan] *m* Mönch *m*

moineau (x) [mwano] *m* Spatz *m*

moins [mwɛ̃] **1.** *adv* weniger; **du ~** wenigstens; **le/la ~ doué(e)** der/die Unbegabteste; **le/la ~ riche** der/die am wenigsten Reiche; **~ d'eau/de fautes** weniger Wasser/Fehler; **~ grand/riche que** kleiner/weniger reich als; **trois jours de ~** drei Tage weniger; **2 livres en ~** 2 Pfund weniger/zu wenig; **il est ~ cinq** es ist fünf vor; **il fait ~ cinq** es ist minus fünf (Grad); **~ je le vois, mieux je me porte** je weniger ich ihn sehe, desto besser geht es mir **2.** *m* das Wenigste, das Geringste; **pour le ~** wenigstens **3.** *prep* (*calcul*) weniger, minus; (*heure*) vor; **à ~ de** außer dass, außer wenn; **à ~ que** es sei denn, dass/wenn

mois [mwa] *m* Monat *m*; (*salaire*) Monatsgehalt *nt*

moisi, e [mwazi] **1.** *adj* schimm(e)lig **2.** *m* Schimmel *m*; **moisir** (8) *vi* schimmeln; (*fig*) gammeln; **moisissure** [mwazisyʀ] *f* Schimmel *m*

moisson [mwasɔ̃] *f* (Getreide)ernte *f*; **moissonner** (1) *vt* (*céréales*) ernten; (*champ*) abernten; **moissonneur, -euse** **1.** *m, f* Schnitter(in) *m(f)* **2.** *f* (*machine*) Mähmaschine *f*

moite [mwat] *adj* feucht

moitié [mwatje] *f* Hälfte *f*; (*fam: épouse*) bessere Hälfte

molaire [mɔlɛʀ] *f* Backenzahn *m*

Moldavie [mɔldavi] *f* **la ~** Moldawien *nt*

môle [mol] *m* Mole *f*

moléculaire [mɔlekylɛʀ] *adj* molekular

molécule [mɔlekyl] *f* Molekül *nt*

molester (1) [mɔleste] *vt* misshandeln

molle [mɔl] *adj v.* **mou**

mollement [mɔlmɑ̃] *adv* (*faiblement*) schwach; (*nonchalamment*) lässig

mollet, te [mɔlɛ, ɛt] **1.** *m* Wade *f* **2.** *adj* **œuf ~** weich gekochtes Ei

molleton [mɔltɔ̃] *m* Molton *m*; **molletonné, e** [mɔltɔne] *adj* **gants ~s** gefütterte Handschuhe *pl*

mollir (8) [mɔliʀ] *vi* weich werden; (*vent*) abflauen; (*fig: résolution*) nachlassen; (*personne*) weich werden

mollusque [mɔlysk(ə)] *m* Weichtier *nt*

môme [mom] *mf* (*fam: enfant*) Gör *nt*

moment [mɔmɑ̃] *m* (*instant*) Moment *m*, Augenblick *m*; **au ~ de** zu der Zeit, als; **au ~ où** in dem Moment, als; **à tout ~** jederzeit; **à un ~ donné** zu einem bestimmten Zeitpunkt; (*soudain*) plötzlich; **du ~ où, du ~ que** da; **d'un ~ à l'autre** jeden Augenblick; **en ce ~** in diesem Moment, gerade jetzt; **les grands ~s de l'histoire** die großen Momente in der Geschichte; **~ de gêne/bonheur** peinlicher/glücklicher Moment; **pour le ~** im Moment; **par ~s** ab und zu; **pour un bon ~** eine ganze Zeit lang; **profiter du ~** die Gelegenheit beim Schopf ergreifen; **sur le ~** im ersten Augenblick; **ce n'est pas le ~** das ist nicht der richtige Zeitpunkt; **momentané, e** [mɔmɑ̃tane] *adj* momentan, augenblicklich

momie [mɔmi] *f* Mumie *f*

mon, ma (mes) [mɔ̃, ma, me] *adj* mein, meine, mein; (*pl*) meine

Monaco [mɔnako] **la principauté de ~** (das Fürstentum) Monaco *nt*

monarchie [mɔnaʀʃi] *f* Monarchie *f*

monarque [mɔnaʀk(ə)] *m* Monarch(in) *m(f)*

monastère [mɔnastɛʀ] *m* Kloster *nt*

monceau (x) [mɔ̃so] *m* Haufen *m*

mondain, e [mɔ̃dɛ̃, ɛn] *adj* gesellschaftlich; (*peintre, soirée*) Gesellschafts-; (*personne*) mondän, der besseren Gesellschaft; **carnet ~** Klatschblatt *nt*

monde [mɔ̃d] *m* Welt *f*; (*cosmos*) Weltall *nt*; (*personnes mondaines*) Gesellschaft *f*, Highsociety *f*; **l'autre ~** das Jenseits; **homme/femme du ~** Mann/Frau von Welt; **le ~ capitaliste/végétal/du spectacle** die kapitalistische Welt/die Pflanzenwelt/die Welt des Theaters; **il y a du ~** es sind viele Leute da; **le meilleur homme du ~** der beste Mensch der Welt; **pas le moins du ~** nicht im Geringsten; **tout le ~** alle, jedermann; **tour du ~** Reise *f* um die Welt; **mondial, e** (-aux) [mɔ̃djal, o] *adj* Welt-; **à l'échelon ~** weltweit; **mondialement** *adv* weltweit; **mondialisation** *f* Globalisierung *f*

mondovision [mɔ̃dɔvizjɔ̃] *f* Satellitenfernsehen *nt*; **qch est retransmis(e) en ~** etw wird weltweit ausgestrahlt

monégasque [mɔnegask(ə)] *adj* monegassisch

monétaire [mɔnetɛʀ] *adj* (*unité*) Währungs-; (*circulation*) Geld-

monétique [mɔnetik] *f* Plastikgeld *nt*

mongol, e *adj* mongolisch; **Mongol, e** [mɔ̃gɔl] *mf* Mongole (Mongolin) *m(f)*; **Mongolie** [mɔ̃gɔli] *f* la ~ die Mongolei

mongolien, ne [mɔ̃gɔljɛ̃, ɛn] **1.** *adj* mongoloid **2.** *m, f* Mongoloide (Mongoloidin) *m(f)*

moniteur, -trice [mɔnitœʀ, tʀis] **1.** *m, f* (*SPORT: de ski*) Skilehrer(in) *m(f)*; (*d'éducation physique*) Sportlehrer(in) *m(f)*; (*de colonie de vacances*) Animateur(in) *m(f)* **2.** *m* (*INFORM*) Monitor *m*, Bildschirm *m*

monnaie [mɔnɛ] *f* (*pièce*) Münze *f*; (*ECON: moyen d'échange*) Währung *f*; **avoir de la ~** (*petites pièces*) Kleingeld *nt* haben; **faire de la ~ à qn** jdm einen (Geld)schein klein machen; **rendre à qn la ~** (*sur 20 euros*) jdm (auf 20 Euro) herausgeben; **~ électronique** Cybergeld *nt*, elektronisches Geld; **~ étrangère** Fremdwährung

monnayeur *m* Geldwechselautomat *m*

monochrome [mɔnokʀɔm] *adj* einfarbig; (*écran*) monochrom

monocle [mɔnɔkl(ə)] *m* Monokel *nt*

monocorde [mɔnɔkɔʀd(ə)] *adj* monoton

monoculture [mɔnɔkyltyʀ] *f* Monokultur *f*

monogamie [mɔnɔgami] *f* Monogamie *f*

monogramme [mɔnɔgʀam] *m* Monogramm *nt*

monolingue [mɔnɔlɛ̃g] *adj* einsprachig

monologue [mɔnɔlɔg] *m* Monolog *m*, Selbstgespräch *nt*; **monologuer** ⟨1⟩ *vi* Selbstgespräche führen

monoparental, e (-aux) [mɔnopaʀɑ̃tal, o] *adj* mit nur einem Elternteil

monoplace [mɔnɔplas] **1.** *adj* (*avion, etc*) einsitzig **2.** *m* (*avion, etc*) Einsitzer *m*

monopole [mɔnɔpɔl] *m* Monopol *nt*; **monopoliser** ⟨1⟩ *vt* monopolisieren; (*fig*) für sich allein beanspruchen

monoski [mɔnɔski] *m* Monoski *m*

monospace [mɔnɔspas] *m* Van *m*

monosyllabe [mɔnɔsilab] **1.** *adj* einsilbig **2.** *m* einsilbiges Wort

monotone [mɔnɔtɔn] *adj* monoton; **monotonie** [mɔnɔtɔni] *f* Monotonie *f*, Eintönigkeit *f*

monseigneur [mɔ̃sɛɲœʀ] *m* Seine Exzellenz

monsieur (messieurs) [məsjø, mesjø] *m* Herr *m*; *v. a.* Madame

monstre [mɔ̃stʀ(ə)] **1.** *m* Monstrum *nt*; (*en mythologie*) Ungeheuer *nt*; **les ~s**

sacrés (*THEAT*) die Großen der Bühne **2.** *adj* kolossal; **monstrueux, -euse** *adj* (*difforme*) missgebildet; (*colossal*) Riesen-; (*abominable*) ungeheuerlich, grauenhaft; **monstruosité** [mɔ̃stʀyozite] *f* Ungeheuerlichkeit *f*, Grausamkeit *f*; (*MED*) Missbildung *f*; (*atrocité*) Gräuel *m*

mont [mɔ̃] *m* Berg *m*; **par ~s et par vaux** durchs ganze Land

montage [mɔ̃taʒ] *m* Aufbau *m*, Errichtung *f*; (*d'un bijou*) Fassen *nt*; (*d'une tente*) Aufbauen *nt*; (*assemblage, CINE*) Montage *f*; (*photomontage*) Fotomontage *f*

montagnard, e [mɔ̃taɲaʀ, d(ə)] **1.** *adj* Berg-, Gebirgs- **2.** *m, f* Gebirgsbewohner(in) *m(f)*

montagne [mɔ̃taɲ] *f* Berg *m*; **la ~** (*région*) das Gebirge, die Berge *pl*; **la haute/moyenne ~** das Hoch-/Mittelgebirge; **route/station de ~** Bergstraße *f*/-station *f*; **~s russes** Achterbahn *f*; **montagneux, -euse** *adj* bergig, gebirgig

montant, e [mɔ̃tɑ̃, ɑ̃t] **1.** *adj* (*mouvement*) aufwärts; (*marée*) auflaufend, steigend; (*chemin*) ansteigend; (*robe, col*) hochgeschlossen **2.** *m* (*d'une fenêtre, d'un lit*) Pfosten *m*; (*d'une échelle*) Holm *m*; (*fig: somme*) Betrag *m*; **~ des fonds** (*monétaires*) Fondsvolumen *nt*; **~ net** Nettobetrag *m*

mont-de-piété (monts-de-piété) [mɔ̃dpjete] *m* Pfandleihanstalt *f*

monte-charge (monte-charges) [mɔ̃tʃaʀʒ(ə)] *m* Lastenaufzug *m*

montée [mɔ̃te] *f* (*action de monter*) Aufstieg *m*; (*en voiture*) Auffahrt *f*; (*pente*) Ansteigen *nt*

monte-plats [mɔ̃tpla] *m inv* Speisenaufzug *m*

monter ⟨1⟩ [mɔ̃te] **1.** *vi* ⟨*avec être*⟩ steigen; (*avion*) aufsteigen; (*voiture*) hochfahren; (*route*) ansteigen; (*température, voix, prix*) ansteigen; (*bruit*) anschwellen; **~ à bicyclette** Fahrrad fahren; **~ (à cheval)** reiten; **~ à bord** an Bord gehen; **~ dans** (*passager*) einsteigen in +*akk*; **~ sur** [o **à**] **un arbre/une échelle** auf einen Baum/eine Leiter steigen **2.** *vt* ⟨*avec avoir*⟩ (*escalier, côte*) hinaufgehen, hinauffahren; (*jument*) decken; (*valise, courrier*) hinauftragen; (*tente*) aufschlagen; (*bijou*) fassen; (*échafaudage, étagère*) aufstellen; (*coudre*) annähen; (*film*) schneiden; (*fig: pièce de théâtre*) inszenieren; (*entreprise*) auf die Beine stellen **3.** *vpr* **se ~ à** (*frais*) sich belaufen auf +*akk*

monteur, -euse [mɔ̃tœʀ, øz] *m, f* (*TECH*) Monteur(in) *m(f)*; (*CINE*) Cutter(in) *m(f)*

monticule [mɔ̃tikyl] *m* Hügel *m*; *(tas)* Haufen *m*

montre [mɔ̃tʀ(ə)] *f* Uhr *f*; **faire ~ de qch** *(exhiber)* etw zur Schau tragen; *(faire preuve de)* etw unter Beweis stellen; **montre-bracelet** (montres-bracelets) *f* Armbanduhr *f*

montrer ⟨1⟩ [mɔ̃tʀe] **1.** *vt* zeigen; **~ qch à qn** jdm etw zeigen **2.** *vpr* **se ~** *(paraître)* erscheinen; **se ~ habile/à la hauteur de** sich geschickt/gewachsen +*dat* zeigen

montreur, -euse [mɔ̃tʀœʀ, øz] *m*, *f* **~ de marionnettes** Marionettenspieler(in) *m(f)*

monture [mɔ̃tyʀ] *f* *(animal)* Reittier *nt*; *(d'une bague)* Fassung *f*; *(de lunettes)* Gestell *nt*

monument [mɔnymã] *m* Monument *nt*; *(pour commémorer)* Denkmal *nt*; **protection des ~s** Denkmalschutz *m*; **~ aux morts** Kriegerdenkmal

monumental, e (-aux) [mɔnymãtal, o] *adj* monumental; *(énorme)* gewaltig

moquer ⟨1⟩ [mɔke] *vpr* **se ~ de** *(railler)* sich lustig machen über +*akk*; *(se désintéresser de)* sich nicht kümmern um; *(tromper)* auf den Arm nehmen +*akk*; **moquerie** [mɔkʀi] *f* Spott *m*

moquette [mɔket] *f* Teppichboden *m*

moqueur, -euse [mɔkœʀ, øz] *adj* spöttisch

moraine [mɔʀɛn] *f* Moräne *f*

moral, e (-aux) [mɔʀal, o] **1.** *adj* moralisch; *(force, douleur)* seelisch **2.** *m* *(état d'esprit)* Stimmung *f*; **avoir le ~ à zéro** überhaupt nicht in Stimmung sein; **au ~** seelisch **3.** *f* Moral *f*; **faire la ~e à qn** jdm eine Strafpredigt halten

moraliser ⟨1⟩ [mɔʀalize] *vi* Moralpredigten halten

moraliste [mɔʀalist(ə)] *mf* *(auteur)* Moralist(in) *m(f)*; *(moralisateur)* Moralprediger(in) *m(f)*

moralité [mɔʀalite] *f* Moral *f*

moratoire [mɔʀatwaʀ] *adj* **intérêts ~s** Verzugszinsen *pl*

morceau (x) [mɔʀso] *m* Stück *nt*; **recoller les ~x** *(fig)* kitten

mordant, e [mɔʀdã, ãt] *adj* *(article, écrivain, ironie)* ätzend; *(froid)* beißend

mordicus [mɔʀdikys] *adv* *(fam)* steif und fest

mordiller ⟨1⟩ [mɔʀdije] *vt* knabbern an +*dat*

mordre ⟨14⟩ [mɔʀdʀ(ə)] **1.** *vt* beißen; *(insecte)* stechen; *(lime, ancre, vis)* fassen; *(froid)* beißen **2.** *vi* *(poisson)* anbeißen; **~ à** *(appât)* anbeißen an +*dat*; *(fig)*

Geschmack finden an +*dat*; **~ dans** *(gâteau)* beißen in +*akk*; **~ sur** *(marge)* übertreten

mordu, e [mɔʀdy] *m*, *f* **un ~ de** *(fam)* ein Fan *m* von

morfondre ⟨14⟩ [mɔʀfɔ̃dʀ(ə)] *vpr* **se ~** sich zu Tode langweilen; *(de soucis)* bedrückt sein

morgue [mɔʀg(ə)] *f* Leichenschauhaus *nt*

morille [mɔʀij] *f* Morchel *f*

mormon, e [mɔʀmɔ̃, ɔn] *m*, *f* Mormone (Mormonin) *m(f)*

morne [mɔʀn(ə)] *adj* trübsinnig

morose [mɔʀoz] *adj* mürrisch; *(bourse)* lustlos

morphine [mɔʀfin] *f* Morphium *nt*

morse [mɔʀs(ə)] *m* *(ZOOL)* Walross *nt*; *(TEL)* Morsealphabet *nt*; *(action)* Morsen *nt*

morsure [mɔʀsyʀ] *f* Biss *m*; *(d'insecte)* Stich *m*

mort, e [mɔʀ, mɔʀt(ə)] **1.** *adj* tot; **à ~** *(fam)* total; **être ~ de peur** sich zu Tode ängstigen; **~ de fatigue** todmüde; **~ ou vif** tot oder lebendig **2.** *m*, *f* Tote(r) *mf*; **faire le ~** sich tot stellen; **la place du ~** *(fam)* Beifahrersitz *m* **3.** *f* Tod *m*; *(fig: fin)* Untergang *m*; **à la ~ de qn** bei jds Tod; **à la vie, à la ~** für ewig; **~ apparente** Scheintod; **~ clinique** klinischer Tod

mortalité [mɔʀtalite] *f* Sterblichkeit *f*; *(chiffre)* Sterblichkeitsziffer *f*

mort-aux-rats [mɔʀ(t)oʀa] *f inv* Rattengift *nt*

mortel, le [mɔʀtɛl] *adj* tödlich; *(personne)* sterblich; **mortellement** *adv* *(blessé)* tödlich; *(pâle)* leichen-; *(ennuyeux)* sterbens-

morte-saison (mortes-saisons) [mɔʀtəsɛzɔ̃] *f* Sauregurkenzeit *f*

mortier [mɔʀtje] *m* *(mélange)* Mörtel *m*; *(récipient, canon)* Mörser *m*

mortifier ⟨1⟩ [mɔʀtifje] *vt* zutiefst treffen

mort-né, e (mort-nés) [mɔʀne] *adj* tot geboren

mortuaire [mɔʀtɥɛʀ] *adj* Toten-; **cérémonie ~** Totenfeier *f*; **drap ~** Leichentuch *nt*

morue [mɔʀy] *f* Kabeljau *m*

morveux, -euse [mɔʀvø, øz] *adj* *(fam)* rotznäsig

mosaïque [mɔzaik] *f* Mosaik *nt*

Moscou [mɔsku] Moskau *nt*

mosquée [mɔske] *f* Moschee *f*

mot [mo] *m* Wort *nt*; **avoir le dernier ~** das letzte Wort haben; **~ pour ~** wortgetreu; **(au) ~ à ~** *(traduire)* wortwörtlich; **au bas ~** mindestens; **bon ~** geistreiches Wort; **en un ~** mit einem Wort; **écrire/**

recevoir un ~ ein paar Zeilen schreiben/erhalten; **sur/à ces** ~s mit/bei diesen Worten; **prendre qn au** ~ jdn beim Wort nehmen; ~s **croisés** Kreuzworträtsel nt; ~ **de la fin** Schlusswort; ~ **de passe** Kennwort, Passwort

motard, e [mɔtaʀ, aʀd] m, f (fam: motocycliste) Motorradfahrer(in) m(f); (policier) Motorradpolizist(in) m(f)

motel [mɔtɛl] m Motel nt

moteur, -trice [mɔtœʀ, tʀis] **1.** adj (force, roue) treibend; (nerf) motorisch **2.** m Motor m; **à** ~ Motor-; ~ **à deux/quatre temps** Zweitakt-/Viertaktmotor; ~ **à explosion** Verbrennungsmotor; ~ **hors-bord** Außenbordmotor; ~ **à injection** Einspritzmotor; ~ **de rechange** Austauschmotor

motif [mɔtif] m (Beweg)grund m; ~s mpl (JUR) (Urteils)begründung f; **sans** ~ grundlos

motion [mosjɔ̃] f Antrag m; ~ **de censure** Misstrauensantrag

motivation [mɔtivasjɔ̃] f Begründung f; (PSYCH) Motivation f

motivé, e [mɔtive] adj (personne) motiviert

motiver ⟨1⟩ [mɔtive] vt (personne) motivieren; (chose) veranlassen

moto [mɔto] f Motorrad nt

moto-cross [mɔtɔkʀɔs] m inv Motocross nt

motocyclette [mɔtɔsiklɛt] f Motorrad nt; **motocyclisme** [mɔtɔsiklism] m Motorradsport m; **motocycliste** [mɔtɔsiklist(ə)] mf Motorradfahrer(in) m(f)

motoneige [mɔtɔnɛʒ] f Motorbob m

motorisé, e [mɔtɔʀize] adj motorisiert

motoriser ⟨1⟩ [mɔtɔʀize] vt motorisieren

motus [mɔtys] interj ~ **et bouche cousue** nur nichts verraten

mou (mol), molle [mu, mɔl] **1.** adj weich; (bruit) schwach; (fig: geste, personne) lässig, schlaff; (pej: résistance) schwach; **avoir les jambes molles** weiche Knie haben; **chapeau** ~ Schlapphut m **2.** m (fam: homme faible) Schwächling m, Weichling m; (abats) Lunge f

mouchard, e [muʃaʀ, aʀd] m, f Spion(in) m(f); (SCOL) Petze f; (de police) Spitzel m

mouche [muʃ] f (ZOOL) Fliege f; (en cosmétique) Schönheitspflästerchen nt

moucher ⟨1⟩ [muʃe] **1.** vt (nez, personne) schnäuzen; (chandelle) putzen **2.** vi schniefen **3.** vpr **se** ~ sich dat die Nase putzen, sich schneuzen

moucheron [muʃʀɔ̃] m Mücke f

moucheté, e [muʃ(ə)te] adj gesprenkelt, gescheckt

mouchoir [muʃwaʀ] m Taschentuch nt; ~ **en papier** Papiertaschentuch; (pour démaquillage) Kosmetiktuch nt

moudre [mudʀ(ə)] irr vt mahlen

moue [mu] f **faire la** ~ einen Flunsch ziehen

mouette [mwɛt] f Möwe f

moufle [mufl(ə)] f (gant) Fausthandschuh m

mouillage [mujaʒ] m (NAUT) Liegeplatz m

mouillé, e [muje] adj feucht

mouiller ⟨1⟩ [muje] **1.** vt nass machen, anfeuchten; (GASTR: ragoût) verdünnen, Wasser/Wein zugeben zu; (couper) verdünnen; (NAUT: mine) legen; (ancre) auswerfen **2.** vi ankern

moule [mul] **1.** f (Mies)muschel f **2.** m (Back)form f

mouler ⟨1⟩ [mule] vt formen; ~ **qch sur qch** (fig) etw nach dem Vorbild von etw machen

moulin [mulɛ̃] m Mühle f; ~ **à café/à poivre** Kaffee-/Pfeffermühle; ~ **à légumes** Küchenmaschine f; ~ **à vent** Windmühle

moulinet [mulinɛ] m **faire des** ~s **avec qch** (mouvement) etw herumwirbeln

moulinette® [mulinɛt] f Küchenmaschine f

moulu, e [muly] pp de **moudre**

moulure [mulyʀ] f Stuckverzierung f

mourant, e [muʀɑ̃, ɑ̃t] adj sterbend; (son) ersterbend

mourir [muʀiʀ] irr vi ⟨avec être⟩ sterben; (civilisation) untergehen; (flamme) erlöschen; ~ **d'ennui** sich zu Tode langweilen; ~ **d'envie de faire qch** darauf brennen, etw zu tun; ~ **de faim** verhungern; (fig) fast verhungern; ~ **de froid** erfrieren

mousquetaire [muskətɛʀ] m Musketier m

moussant, e [musɑ̃, ɑ̃t] adj **bain** ~ Schaumbad nt

mousse [mus] **1.** f Schaum m; (BOT) Moos nt; (dessert) Creme f; **une** ~ (fam) ein Bier; ~ **carbonique** Feuerlöschschaum; ~ **de coiffage** [o **coiffante**] Schaumfestiger m; ~ **de foie gras** Mousse nt von Geflügelstopfleber; ~ **à raser** Rasierschaum **2.** m Schiffsjunge m

mousseline [muslin] f Musselin m; (pommes) ~ Kartoffelpüree nt

mousser ⟨1⟩ [muse] vi schäumen; **mousseux, -euse** [musø, øz] **1.** adj schaumig **2.** m Schaumwein m

mousson [musɔ̃] f Monsun m

moustache [mustaʃ] f Schnurrbart m
moustiquaire [mustikɛʀ] f (*rideau*) Moskitonetz nt; (*châssis*) Fliegenfenster nt/ -gitter nt
moustique [mustik] m Stechmücke f; Moskito m
moutarde [mutaʀd] f Senf m; **moutardier** [mutaʀdje] m Senftopf m
mouton [mut5] m Schaf nt; (*cuir*) Schafsleder nt; (*fourrure*) Schaffell nt; (*viande*) Schaf-/Hammelfleisch nt; (*poussière*) Staubflocke f; (*sur un pull*) Fussel f
mouvement [muvmã] m (*déplacement, activité*) Bewegung f; (*trafic*) Betrieb m; (*d'une phrase, d'un récit*) Lebendigkeit f; (*variation*) Schwankung f, Bewegung f; (*MUS: rythme*) Tempo nt; (*MUS: partie*) Satz m; (*d'un terrain, du sol*) Unebenheit f; (*mécanisme*) Mechanismus m; (*de montre*) Uhrwerk nt; **en ~** in Bewegung; **~ pour la paix** Friedensbewegung
mouvementé, e [muvmãte] adj (*terrain*) uneben; (*récit*) lebhaft; (*agité*) turbulent
mouvoir [muvwaʀ] irr **1.** vt bewegen; (*fig: personne*) antreiben, animieren **2.** vpr **se ~** sich bewegen
moyen, ne [mwajɛ̃, ɛn] **1.** adj (*taille, température, classe*) mittlere(r, s); (*lecteur, spectateur*) Durchschnitts-; (*passable*) durchschnittlich **2.** m (*procédé, façon*) Mittel nt; **~s** mpl (*intellectuels, physiques*) Fähigkeiten pl; (*pécuniaires*) Mittel pl; **au ~ de** mit Hilfe von; **employer les grands ~s** (*fig*) schwere Geschütze auffahren; **par ses propres ~s** allein, selbst; **par tous les ~s** auf Biegen und Brechen; **vivre au-dessus de ses ~s** über seine Verhältnisse leben; **~ de transport** Transportmittel **3.** f Durchschnitt m; **en ~ne** durchschnittlich; **faire la ~ne** den Durchschnitt errechnen; **~ne d'âge** Durchschnittsalter nt;
Moyen(-)Âge m Mittelalter nt; **moyen-âgeux, -euse** [mwajɛnɑʒø, øz] adj mittelalterlich; **moyen-courrier** (moyens-courriers) m Mittelstreckenflugzeug nt
moyennant [mwajɛnã] prep (*prix*) für; (*travail, effort*) durch
Moyen-Orient [mwajɛ̃ɔʀjã] m **le ~** der Mittlere Osten
Mozambique [mɔzãbik] m **le ~** Mosambik nt
MP3 m MP3 nt
M.S.T. f abr de **maladie sexuellement transmissible** Geschlechtskrankheit f
mû, e [my] pp de **mouvoir**
mucosité [mykozite] f Schleim m
mucus [mykys] m Schleim m

muer ⟨1⟩ [mɥe] **1.** vi (*serpent*) sich häuten; (*oiseau*) sich mausern; (*voix, garçon*) im Stimmbruch sein **2.** vpr **se ~ en** sich verwandeln in +akk
muet, te [mɥe, ɛt] **1.** adj stumm **2.** m, f Stumme(r) mf **3.** m **le ~** (*CINE*) der Stummfilm
mufle [myfl(ə)] m Maul nt; (*fam: goujat*) Flegel m
mugir ⟨8⟩ [myʒiʀ] vi brüllen; (*fig: vent, sirène*) heulen
muguet [mygɛ] m (*BOT*) Maiglöckchen nt
mulâtre, -esse [mylatʀ(ə), ɛs] m, f Mulatte (Mulattin) m(f)
mule [myl] f (*ZOOL*) Mauleselin f; (*pantoufle*) Pantoffel m
mulet [mylɛ] m Maulesel m; (*poisson*) Meerbarbe f
multicolore [myltikɔlɔʀ] adj bunt
multiculturel, le [myltikyltyʀɛl] adj multikulturell
multidisciplinaire [myltidisipliнɛʀ] adj **enseignement ~** fachübergreifender Unterricht
multifenêtrage [myltifənɛtʀaʒ] m **technique de ~** (*INFORM*) Fenstertechnik f
multifenêtre [myltif(ə)nɛtʀ] adj mit mehreren Bildschirmfenstern
multifonctionnel, le [myltifɔ̃ksjɔnɛl] adj multifunktional
multilatéral, e (-aux) [myltilateʀal, o] adj multilateral, mehrseitig
multimédia [myltimedja] adj Multimedia-, multimedial
multimillionnaire [myltimiljɔnɛʀ] mf Multimillionär(in) m(f)
multinational, e (-aux) [myltinasjɔnal, o] adj multinational
multiple [myltipl(ə)] **1.** adj vielfältig; (*nombre*) vielfach, mehrfach **2.** m Vielfache(s) nt
multiplex [myltiplɛks] m (*TEL*) Konferenzschaltung f
multiplexe [myltiplɛks] m (*cinéma*) Multiplexkino nt
multiplicateur [myltiplikatœʀ] m Multiplikator m
multiplication [myltiplikasj5] f (*augmentation*) Zunahme f, Vermehrung f; (*MATH*) Multiplikation f
multiplicité [myltiplisite] f Vielfalt f
multiplier ⟨1⟩ [myltiplije] **1.** vt vermehren; (*exemplaires*) vervielfältigen; (*MATH*) multiplizieren **2.** vpr **se ~** (*ouvrages, accidents*) zunehmen; (*êtres vivants, partis*) sich vermehren
multiprogrammation

[myltiprɔgramasjɔ̃] f (INFORM) Multitasking nt

multipropriété [myltiprɔprijete] f Timesharing nt

multitraitement [myltitʀetmɑ̃] m (INFORM) Parallelverarbeitung f

multitude [myltityd] f Menge f

Munich [munik] München nt

municipal, e (-aux) [mynisipal, o] adj Stadt-, Gemeinde-; **municipalité** f (corps municipal) Gemeinderat m; (commune) Gemeinde f

munir ⟨8⟩ [myniʀ] vt ~ **qn/qch de** jdn/ etw ausstatten [o versehen] mit

munitions [mynisjɔ̃] fpl Munition f

muqueuse [mykøz] f Schleimhaut f

mur [myʀ] m Mauer f; (à l'intérieur) Wand f; **le ~ de Berlin** die Berliner Mauer; ~ **d'escalade** Kletterwand; ~ **par-feu** (INFORM) Firewall f; ~ **du son** Schallmauer

mûr, e [myʀ] **1.** adj reif **2.** f (du mûrier) Maulbeere f; (de la ronce) Brombeere f

muraille [myʀaj] f Mauerwerk nt; (fortification) Festungsmauer f; **la Grande Muraille (de Chine)** die Chinesische Mauer

mural, e (-aux) [myʀal, o] adj Mauer-, Wand-

mûre [myʀ] f (de la ronce) Brombeere f; (du mûrier) Maulbeere f

mûrement [myʀmɑ̃] adv **ayant ~ réfléchi** nach reiflicher Überlegung

murène [myʀɛn] f Muräne f

murer ⟨1⟩ [myʀe] vt (enclos) ummauern; (issue) zumauern; (personne) einmauern

muret [myʀɛ] m Mäuerchen nt

mûrier [myʀje] m Maulbeerbaum m; (ronce) Brombeerstrauch m

mûrir ⟨8⟩ [myʀiʀ] **1.** vi reifen **2.** vt reifen (lassen)

murmure [myʀmyʀ] m (d'un ruisseau) Plätschern nt; ~**s** mpl Murren nt; **sans** ~ ohne Murren; ~ **d'approbation**/**d'admiration** beifälliges/bewunderndes Murmeln; ~ **de protestation** Protestgemurmel nt; **murmurer** ⟨1⟩ vi (chuchoter) murmeln; (se plaindre) murren; (ruisseau, arbre) plätschern

musaraigne [myzaʀɛɲ] f Spitzmaus f

musarder ⟨1⟩ [myzaʀde] vi die Zeit vertrödeln; (en marchant) herumtrödeln

musc [mysk] m Moschus m

muscade [myskad] f Muskat m; (**noix** f **de**) ~ Muskatnuss f

muscat [myska] m (raisin) Muskatellertraube f; (vin) Muskateller(wein) m

muscle [myskl(ə)] m Muskel m; **musclé,**

e [myskle] adj muskulös; (fig: discussion) scharf

musculaire [myskylɛʀ] adj Muskel-

musculation [myskylasjɔ̃] f Bodybuilding nt

musculature [myskylatyʀ] f Muskulatur f

muse [myz] f Muse f

museau (x) [myzo] m (d'un animal) Schnauze f

musée [myze] m Museum nt

museler ⟨4⟩ [myz(ə)le] vt einen Maulkorb anlegen +dat

muselière [myzəljɛʀ] f Maulkorb m

musette [myzɛt] **1.** f (sac) Proviantbeutel m **2.** adj inv (orchestre, etc) Akkordeon-

musical, e (-aux) [myzikal, o] adj musikalisch, Musik-; (voix) klangvoll

music-hall (music-halls) [myzikol] m Varieté nt

musicien, ne [myzisjɛ̃, ɛn] **1.** m, f Musiker(in) m(f) **2.** adj musikalisch

musique [myzik] f Musik f; (notation écrite) Noten pl; (d'une phrase) Melodie f; ~ **de chambre** Kammermusik; ~ **de film**/**militaire** Film-/Militärmusik

---

La fête de la musique

La fête de la musique ist ein Musikfestival, das seit dem 21. Juni 1981 alljährlich stattfindet. In ganz Frankreich veranstalten Musiker kostenlose Konzerte in Parks und auf Straßen und Plätzen.

---

must [mœst] m (fam) Muss nt

musulman, e [myzylmɑ̃, an] **1.** adj moslemisch **2.** m, f Moslem (Moslime) m(f)

mutation [mytasjɔ̃] f (d'un fonctionnaire) Versetzung f; (BIO) Mutation f; ~ **génétique** Genmutation; **muter** ⟨1⟩ vt (emploi) versetzen; ~ **qn par mesure disciplinaire** (fonctionnaire) jdn strafversetzen

mutilation [mytilasjɔ̃] f Verstümmelung f

mutilé, e [mytile] **1.** adj verstümmelt **2.** m, f Krüppel m; ~ **de guerre**/**du travail** Kriegs-/Berufsbeschädigte(r) mf

mutiler ⟨1⟩ [mytile] vt verstümmeln

mutin, e [mytɛ̃, in] **1.** adj verschmitzt **2.** m, f Meuterer (Meuterin) m(f); **mutiner** ⟨1⟩ [mytine] vpr **se** ~ meutern; **mutinerie** [mytinʀi] f Meuterei f

mutisme [mytism] m Stummheit f

mutuel, le [mytɥɛl] **1.** adj gegenseitig **2.** f Versicherungsverein m auf Gegenseitigkeit

Myanmar [mianmaʀ] m **le** ~ Myanmar nt

myope [mjɔp] **1.** adj kurzsichtig **2.** mf Kurzsichtige(r) mf; **myopie** f Kurzsich-

tigkeit f
myosotis [mjɔzɔtis] m Vergissmeinnicht nt
myriade [miʀjad] f Unzahl f
myrtille [miʀtij] f Heidelbeere f
mystère [mistɛʀ] m Geheimnis nt; (énigme) Rätsel nt; **mystérieusement** [misteʀjøzmã] adv auf geheimnisvolle Weise; **mystérieux, -euse** [misteʀjø, øz] adj geheimnisvoll; (inexplicable) rätselhaft; (secret) geheim
mysticisme [mistisism(ə)] m Mystik f
mystificateur, -trice [mistifikatœʀ, tʀis]

m, f Schwindler(in) m(f)
mystification [mistifikasjɔ̃] f (tromperie) Täuschung f; (mythe) Mythos m
mystifier ⟨1⟩ [mistifje] vt täuschen, narren, irreführen
mystique [mistik] **1.** adj mystisch **2.** mf Mystiker(in) m(f)
mythe [mit] m Mythos m; (légende) Sage f; **mythique** adj mythisch
mythologie [mitɔlɔʒi] f Mythologie f; **mythologique** adj mythologisch
mythomane [mitɔman] mf krankhafter Lügner, krankhafte Lügnerin

N

N, n [ɛn] m N, n nt
n' adv v. **ne**
nabot [nabo] m (pej: personne) Knirps m, Zwerg m
nacelle [nasɛl] f (de ballon) Korb m
nacre [nakʀ(ə)] f Perlmutt nt; **nacré, e** adj perlmutterfarben, schimmernd
nage [naʒ] f (action) Schwimmen nt; (style) Schwimmstil m; **en ~** schweißgebadet; **s'éloigner à la ~** wegschwimmen; **traverser à la ~** durchschwimmen; **~ libre/papillon** Frei-/Schmetterlingsstil m
nageoire [naʒwaʀ] f Flosse f
nager ⟨2⟩ [naʒe] vi schwimmen; **nageur, -euse** m, f Schwimmer(in) m(f)
naguère [nagɛʀ] adv unlängst
naïf, -ive [naif, iv] adj naiv
nain, e [nɛ̃, nɛn] m, f Zwerg(in) m(f)
naissance [nɛsãs] f Geburt f; (fig) Entstehung f; **donner ~ à** gebären; (fig) entstehen lassen
naître [nɛtʀ(ə)] irr vi ⟨avec être⟩ geboren werden; (fig) entstehen; **~ de** geboren werden von; entstehen aus; **faire ~** erwecken; **elle est née en 1961** er ist 1961 geboren
naïveté [naivte] f Naivität f
Namibie [namibi] f **la ~** Namibia nt
nana [nana] f (fam: fille) Tussi f
nanotechnologie [nanoteknolɔʒi] f

Nanotechnologie f
napalm [napalm] m Napalm nt
naphtaline [naftalin] f **boules de ~** Mottenkugeln pl
Naples [napl] f Neapel nt
nappe [nap] f Tischdecke f; **~ d'eau** große Wasserfläche; **~ phréatique** Grundwasser nt
napperon [napʀɔ̃] m Deckchen nt
narcisse [naʀsis] m Narzisse f
narcissisme [naʀsisism(ə)] m Narzissmus m
narcodollars [naʀkɔdɔlaʀ] mpl Drogendollars pl
narcotique [naʀkɔtik] m Betäubungsmittel nt; **narcotrafic** m Rauschgifthandel m
narguer ⟨1⟩ [naʀge] vt verspotten
narine [naʀin] f Nasenloch nt
narquois, e [naʀkwa, az] adj spöttisch
narrateur, -trice [naʀatœʀ, tʀis] m, f Erzähler(in) m(f)
narration [naʀasjɔ̃] f Erzählung f
nasal, e (-aux) [nazal, o] adj (ANAT) Nasen-; (LING) nasal
naseau (x) [nazo] m Nüster f
natal, e [natal] adj Geburts-, Heimat-; **natalité** f Geburtsrate f
natation [natasjɔ̃] f Schwimmen nt; **faire de la ~** Schwimmsport m betreiben

natif, -ive [natif, iv] adj ~ **de Paris** (*originaire*) gebürtiger Pariser

nation [nasjɔ̃] f Nation f, Volk nt; **les Nations Unies** (*POL*) die Vereinten Nationen; **national, e** (-aux) [nasjɔnal, o] **1.** adj national **2.** f (*route*) ~e ≈ Bundesstraße f

nationalisation [nasjɔnalizasjɔ̃] f Verstaatlichung f; **nationaliser** ⟨1⟩ vt verstaatlichen

nationalisme [nasjɔnalism(ə)] m Nationalismus m; **nationaliste 1.** adj nationalistisch **2.** mf Nationalist(in) m(f)

nationalité [nasjɔnalite] f Nationalität f, Staatsbürgerschaft f; **il est de ~ française** er ist französischer Staatsbürger

natte [nat] f (*tapis*) Matte f; (*cheveux*) Zopf m; **natter** ⟨1⟩ [nate] vt flechten

naturalisation [natyralizasjɔ̃] f (*de personne*) Einbürgerung f

naturaliser ⟨1⟩ [natyralize] vt naturalisieren, einbürgern

naturaliste [natyralist(ə)] mf Naturkundler(in) m(f)

nature [natyʀ] **1.** f Natur f; (*d'un terrain*) Beschaffenheit f; **payer en ~** in Naturalien zahlen; ~ **morte** Stillleben nt **2.** adj, adv (*GASTR*) natur

naturel, le [natyʀɛl] **1.** adj natürlich; (*phénomène, sciences*) Natur-; (*inné*) angeboren **2.** m (*caractère*) Art f; (*aisance*) Natürlichkeit f; **naturellement** adv natürlich

naturisme [natyʀism] m Freikörperkultur f, FKK nt; **naturiste** [natyʀist(ə)] mf FKK-Anhänger(in) m(f)

naufrage [nofʀaʒ] m Schiffbruch m; **faire ~** Schiffbruch erleiden; **naufragé, e 1.** adj schiffbrüchig **2.** m, f Schiffbrüchige(r) mf

nauséabond, e [nozeabɔ̃, ɔ̃d] adj widerlich

nausée [noze] f Übelkeit f; (*fig*) Ekel m

nautique [notik] adj nautisch

nautisme [notism(ə)] m Wassersport m

navet [navɛ] m (*BOT*) (Steck)rübe f; (*fam*) sehr schwacher Film

navette [navɛt] f (*objet*) (Weber)schiffchen nt; (*transport*) Pendelverkehr m; **faire la ~** pendeln; ~ **spatiale** Raumfähre f; **navetteur, -euse** m (*en Belgique*) Pendler(in) m(f)

navigable [navigabl(ə)] adj schiffbar

navigateur [navigatœʀ] m (*AVIAT*) Navigator(in) m(f); (*NAUT*) Seefahrer(in) m(f)

navigation [navigasjɔ̃] f Schifffahrt f; ~ **par satellite** Satellitennavigation f

naviguer ⟨1⟩ [navige] vi (*bateau*) fahren; ~ **sur Internet** [o **sur le Net**] im Internet surfen

navire [naviʀ] m Schiff nt; **navire-citerne** (navires-citernes) [naviʀsitɛʀn] m Tanker m

navrant, e [navʀɑ̃, ɑ̃t] adj (*affligeant*) betrüblich; (*consternant*) bestürzend

navrer ⟨1⟩ [navʀe] vt betrüben; **je suis navré(e)** es tut mir Leid; **c'est navrant** es ist bedauerlich

N.B. abr de **nota bene** NB

ne (n') [n(ə)] adv nicht; (*explétif*) wird nicht übersetzt

né, e [ne] adj ~**e Durant** geborene Durant; ~**(e) en 1961** 1961 geboren; **un comédien ~** der geborene Komiker

néanmoins [neɑ̃mwɛ̃] adv trotzdem, dennoch

néant [neɑ̃] m Nichts nt; **réduire à ~** zerstören

nébuleux, -euse [nebylø, øz] adj neblig

nébuliseur [nebylizœʀ] m Zerstäuber m

nécessaire [nesesɛʀ] **1.** adj notwendig; (*indispensable*) unersetzlich; (*effet*) unvermeidlich **2.** m ~ **de couture** Nähtäschchen nt; ~ **de toilette** Kulturbeutel m; **faire le ~** das Notwendige tun; **n'emporter que le strict ~** nur das Notwendigste mitnehmen; **nécessairement** [nesesɛʀmɑ̃] adv zwangsläufig; **pas ~** nicht unbedingt; **nécessité** [nesesite] f Notwendigkeit f; (*besoin*) Bedürfnis nt; **par ~** notgedrungen; **se trouver dans la ~ de faire qch** sich gezwungen sehen, etw zu tun; **nécessiter** ⟨1⟩ vt erfordern; **nécessiteux, -euse** [nesesitø, øz] adj bedürftig

nectar [nɛktaʀ] m Nektar m

nectarine [nɛktaʀin] f Nektarine f

néerlandais, e [neɛʀlɑ̃dɛ, ɛz] adj niederländisch

nef [nɛf] f Kirchenschiff nt

néfaste [nefast] adj (*influence*) schlecht; (*jour*) unglückselig

négatif, -ive [negatif, iv] **1.** adj negativ **2.** m (*FOTO*) Negativ nt **3.** f **répondre par la négative** mit Nein antworten

négation [negasjɔ̃] f Negieren nt; (*LING*) Verneinung f

négligé, e [negliʒe] **1.** adj (*en désordre*) schlampig **2.** m (*déshabillé*) Negligé nt

négligeable [negliʒabl(ə)] adj minimal, bedeutungslos

négligence [negliʒɑ̃s] f Nachlässigkeit f; (*faute, erreur*) Versehen nt

négligent, e [negliʒɑ̃, ɑ̃t] adj nachlässig

négliger ⟨2⟩ [negliʒe] vt vernachlässigen; (*ne pas tenir compte*) nicht beachten; ~ **de**

faire qch versäumen, etw zu tun

négoce [negɔs] *m* Handel *m;* **négociable** [negɔsjabl(ə)] *adj* übertragbar; **négociant, e** *m* Händler(in) *m(f);* **négociateur, -trice** *m, f* Unterhändler(in) *m(f);* **négociation** [negɔsjasjɔ̃] *f* Verhandlung *f;* **négocier** ⟨1⟩ 1. *vt* aushandeln; *(virage)* nehmen 2. *vi (POL)* verhandeln

nègre [negʀ(ə)] *m (pej)* Neger *m; (écrivain)* Ghostwriter *m;* **négresse** [negʀɛs] *f (pej)* Negerin *f*

neige [nɛʒ] *f* Schnee *m;* **battre les œufs en ~** Eiweiß zu Schnee schlagen; **~ carbonique** Trockenschnee; **neiger** ⟨2⟩ [neʒe] *vb impers* **il neige** es schneit

nem [nɛm] *m* kleine Frühlingsrolle

nénuphar [nenyfaʀ] *m* Seerose *f*

néologisme [neɔlɔʒism] *m* Neologismus *m*

néon [neɔ̃] *m* Neon *nt*

néonazi [neɔnazi] 1. *adj* neonazistisch 2. *mf* Neonazi *m*

néophyte [neɔfit] *mf* Neuling *m*

néo-zélandais, e [neɔzelɑ̃dɛ, ɛz] *adj* neuseeländisch; **Néo-Zélandais, e** *m, f* Neuseeländer(in) *m(f)*

Népal [nepal] *m* **le ~** Nepal *nt;* **népalais, e** [nepalɛ, ɛz] *adj* nepalesisch; **Népalais, e** *m, f* Nepalese (Nepalesin) *m(f)*

néphrétique [nefʀetik] *adj (colique)* Nieren-

néphrite [nefʀit] *f* Nierenentzündung *f*

népotisme [nepɔtism] *m* Vetternwirtschaft *f*

nerf [nɛʀ] *m* Nerv *m; (vigueur)* Elan *m,* Schwung *m;* **le ~ de la guerre** das Geld (, das alles möglich macht)

nerveux, -euse [nɛʀvø, øz] *adj* nervös; *(MED)* Nerven-; *(cheval)* unruhig; *(voiture)* spritzig; *(viande)* sehnig

nervosité [nɛʀvozite] *f* Nervosität *f*

n'est-ce pas [nɛspa] *adv* nicht wahr

net, te [nɛt] 1. *adj* deutlich; *(propre)* sauber, rein; *(sans équivoque)* eindeutig; *(COM)* Netto-; **je veux en avoir le cœur ~** ich möchte mir Klarheit verschaffen 2. *adv (refuser)* glatt; *(s'arrêter)* plötzlich, sofort 3. *m* **mettre au ~** ins Reine schreiben

Net [nɛt] *m* Internet *nt;* **surfer sur le ~** im Internet surfen

nettement [nɛtmɑ̃] *adv* klar; *(distinctement)* deutlich; **~ mieux/meilleur(e)** deutlich besser; **~ plus grand(e)** deutlich größer

netteté [nɛtte] *f* Klarheit *f*

nettoyage [nɛtwajaʒ] *m* Reinigung *f,* Säuberung *f;* **~ à sec** chemische Reinigung

nettoyer ⟨6⟩ [nɛtwaje] *vt* reinigen, säubern

Neuchâtel [nøʃatɛl] *(ville et canton)* Neuenburg *nt*

neuf [nœf] *num* neun; **le ~ juin** der neunte Juni; **~ fois** neunmal; neunfach; **~ cents** neunhundert; **de ~ ans** neunjährig

neuf, neuve [nœf, nœv] 1. *adj* neu; *(original)* neuartig 2. *m* **faire du ~ avec du vieux** *(fam)* aus Altem Neues machen; **remettre à ~** renovieren; **repeindre à ~** neu streichen; **quoi de ~?** was gibt's Neues?

neurologique [nøʀɔlɔʒik] *adj* neurologisch

neurologue [nøʀɔlɔg] *mf* Neurologe(-login) *m(f)*

neutraliser ⟨1⟩ [nøtʀalize] *vt (adversaire)* lähmen; *(CHIM)* neutralisieren

neutralité [nøtʀalite] *f* Neutralität *f*

neutre [nøtʀ(ə)] 1. *adj* neutral; *(LING)* sächlich 2. *m (LING)* Neutrum *nt*

neutron [nøtʀɔ̃] *m* Neutron *nt*

neuvième [nœvjɛm] 1. *adj* neunte(r, s) 2. *m (fraction)* Neuntel *nt* 3. *mf (personne)* Neunte(r) *mf;* **neuvièmement** *adv* neuntens

neveu (x) [n(ə)vø] *m* Neffe *m*

névralgie [nevʀalʒi] *f* Neuralgie *f;* **névralgique** [nevʀalʒik] *adj* neuralgisch; **centre ~** Nervenzentrum *nt*

névrite [nevʀit] *f* Nervenentzündung *f*

névrose [nevʀoz] *f* Neurose *f;* **névrosé, e** *adj* neurotisch; **névrotique** [nevʀɔtik] *adj* neurotisch

nez [ne] *m* Nase *f;* **~ à ~ avec** gegenüber +*dat;* **rire au ~ de qn** jdm ins Gesicht lachen

NF *abr de* **Norme française** französische Industrienorm; ≈ DIN

ni [ni] *adj* **~ l'un ~ l'autre ne sont …** weder der eine noch der andere ist …; **il n'a rien dit ~ fait** er hat weder etwas gesagt, noch etwas getan

niais, e [njɛ, ɛz] *adj* dümmlich; **niaiserie** [njɛzʀi] *f* Einfältigkeit *f; (action, parole)* Dummheit *f; (futilité)* Albernheit *f*

Nicaragua [nikaʀagwa] *m* **le ~** Nicaragua *nt*

Nice [nis] Nizza *nt*

niche [niʃ] *f (de chien)* (Hunde)hütte *f; (dans un mur)* Nische *f*

nicher ⟨1⟩ [niʃe] 1. *vi* brüten 2. *vpr* **se ~ dans** ein Nest bauen in +*dat; (se blottir)* sich kuscheln in +*akk; (se cacher)* sich ver-

stecken in +dat
nichon [niʃɔ̃] m (fam) Brust f
nickel [nikɛl] m Nickel nt
niçois, e [niswa, waz] adj aus Nizza
nicotine [nikɔtin] f Nikotin nt
nid [ni] m Nest nt; **nid-de-poule** (nids-de-poule) m Schlagloch nt
Nidwald [nidwald] Nidwalden nt
nièce [njɛs] f Nichte f
nième [ɛnjɛm] adj la ~ fois das x-te Mal
nier ⟨1⟩ [nje] vt leugnen
Niger [niʒɛr] m le ~ Niger nt; (fleuve) der Niger
Nigéria [niʒerja] m le ~ Nigeria nt; **nigérian, e** [niʒerjɑ̃, an] adj nigerianisch
nigérien, ne [niʒerjɛ̃, ɛn] adj aus Niger, nigrisch
night-club (night-clubs) [najtklœb] m Nachtklub m
nihilisme [niilism] m Nihilismus m; **nihiliste** [niilist] 1. adj nihilistisch 2. mf Nihilist(in) m(f)
Nil [nil] m le ~ der Nil
n'importe [nɛ̃pɔrt(ə)] adj irgend-; ~ **qui** irgendwer; ~ **quoi** irgendetwas
nippes [nip] fpl Klamotten pl
nippon, (n)e [nipɔ̃, ɔn] adj japanisch
nique [nik] f faire la ~ à auslachen
nitouche [nituʃ] f qn fait la sainte ~ jd tut scheinheilig
nitrate [nitrat] m Nitrat nt
nitroglycérine [nitrɔɡliserin] f Nitroglyzerin nt
niveau (x) [nivo] m Niveau nt; (hauteur) Höhe f; **atteindre le ~ le plus bas** (fleuve) den Tiefststand erreichen; **au ~ de** auf gleicher Höhe mit; **de ~** (avec) gleich hoch (wie); ~ **d'eau** Wasserwaage f; **le ~ de la mer** die Meereshöhe; ~ **de rendement** Ertragslage f; ~ **de vie** Lebensstandard m
niveler ⟨3⟩ [niv(ə)le] vt einebnen; (fig) angleichen
no, n° abr de **numéro** Nr.
noble [nɔbl(ə)] 1. adj edel, nobel 2. mf Adlige(r) mf; **noblesse** [nɔblɛs] f Adel m; (d'une action) Großmut f
noce [nɔs] f les ~s die Hochzeit; **en secondes ~s** in zweiter Ehe; **faire la ~** (fam) (wild) feiern; ~s **d'or/d'argent** goldene Hochzeit/Silberhochzeit
nocif, -ive [nɔsif, iv] adj schädlich; **nocivité** [nɔsivite] f Schädlichkeit f
nocturne [nɔktyrn(ə)] adj nächtlich
Noël [nɔɛl] m Weihnachten nt
nœud [nø] m Knoten m; (ruban) Schleife f; (d'une question) Kernpunkt m; ~**-papil-**

lon (cravate) Fliege f
noir, e [nwar] 1. adj schwarz; (sombre) dunkel; (fam: ivre) besoffen; **être ~(e) de monde** (endroit) schwarz vor Menschen, voller Menschen sein 2. f (MUS) Viertelnote f 3. mf **Noir, e** Schwarze(r) mf 4. m **dans le ~** im Dunkeln; **travail au ~** Schwarzarbeit f; **noirceur** [nwarsœr] f Dunkelheit f, Schwärze f; **noircir** ⟨8⟩ vt schwärzen
noisetier [nwaz(ə)tje] m Haselnussstrauch m
noisette [nwazɛt] 1. f Haselnuss f 2. adj inv (yeux) nussbraun
noix [nwa] f Walnuss f; **à la ~** (fam) wertlos; **une ~ de beurre** ein kleines Stück Butter; ~ **de cajou** Cashewnuss f; ~ **de coco** Kokosnuss f; ~ **de muscade** Muskatnuss f; ~ **de veau** Kalbsnuss f
nom [nɔ̃] m Name m; (LING) Substantiv nt; **au ~ de** im Namen von; ~ **d'un chien** (fam) verflucht!, Mensch!; ~ **de domaine** Domain-Name; ~ **de famille** Familienname; ~ **de jeune fille** Mädchenname
nomade [nɔmad] 1. adj nomadisch 2. mf Nomade (Nomadin) m(f)
nombre [nɔ̃br(ə)] m Zahl f; (LING) Numerus m; **au ~ de mes amis** unter meinen Freunden; ~ **d'années/de gens** viele Jahre/Leute; **le ~ considérable de gens qui ...** die beträchtliche Anzahl von Menschen, die ...; **ils sont au ~ de 3** sie sind zu dritt; **sans ~** zahllos; **nombreux, -euse** adj (avec pl) viele; (avec sing) groß, riesig; **peu ~** wenig(e)
nombril [nɔ̃bri(l)] m Nabel m
nominal, e (-aux) [nɔminal, o] adj (autorité, valeur) nominal; (appel, liste) namentlich; (LING) Nominal-
nominatif [nɔminatif] m Nominativ m
nomination [nɔminasjɔ̃] f Ernennung f
nommer ⟨1⟩ [nɔme] vt nennen, benennen; (qualifier) bezeichnen; (élire) ernennen
non [nɔ̃] 1. adv nicht; (réponse) nein; **moi ~ plus** ich auch nicht 2. m Nein nt 3. pref nicht
nonagénaire [nɔnaʒenɛr] mf Neunzigjährige(r) mf
non-agression (non-agressions) [nɔnaɡresjɔ̃] f **pacte de ~** Nichtangriffspakt m
non alcoolisé, e [nɔnalkɔlize] adj alkoholfrei
non aligné, e [nɔnaliɲe] adj blockfrei; **non-alignement** (non-alignements)

[nɔnalinmã] m Blockfreiheit f
nonante [nɔ̃nãt] num (belge, suisse) neunzig
non-assistance (non-assistances)
[nɔnasistãs] f ~ **à personne en danger**
unterlassene Hilfeleistung
nonchalance [nɔ̃ʃalãs] f Lässigkeit f;
nonchalant, e [nɔ̃ʃalã, ãt] adj lässig
non-conformisme (non-conformismes)
[nɔ̃kɔ̃fɔrmism(ə)] m Nonkonformismus m
non-conformité (non-conformités)
[nɔ̃kɔ̃fɔrmite] f mangelnde Übereinstimmung
non-croyant, e (non-croyants)
[nɔ̃krwajã, ãt] m, f Ungläubige(r) mf
non-européen, ne (non-européens)
[nɔnørɔpeɛ̃, ɛn] m Nichteuropäer(in) m(f)
non-fumeur, -euse (non-fumeurs)
[nɔ̃fymœr, øz] m, f Nichtraucher(in) m(f)
non-ingérence (non-ingérences)
[nɔnɛ̃ʒerãs] f (POL, MIL) Nichteinmischung f
non-initié, e (non-initiés) [nɔninisje]
1. adj laienhaft **2.** m, f Uneingeweihte(r)
mf
non-inscrit, e (non-inscrits) [nɔnɛ̃skri, it]
m, f (POL) Unabhängige(r) mf
non-intervention (non-interventions)
[nɔnɛ̃tɛrvãsjɔ̃] f Nichteinmischung f
non-lieu (x) [nɔ̃ljø] m (JUR) Einstellung f; **il
y a eu** ~ das Verfahren ist eingestellt worden
nonne [nɔn] f Nonne f
nonobstant [nɔnɔpstã] **1.** prep trotz
2. adv trotzdem
non-paiement (non-paiements)
[nɔ̃pɛmã] m Nichtzahlung f
non-prolifération (non-proliférations)
[nɔ̃prɔliferasjɔ̃] f Nichtweitergabe f von
Atomwaffen; **traité de ~ nucléaire** Atomsperrvertrag m
non-résident, e (non-résidents)
[nɔ̃residã] m, f Nichtansässige(r) mf
non-retour [nɔ̃rətur] m **atteindre le point
de ~** den Punkt erreichen, an dem es
kein Zurück gibt
non-sens [nɔ̃sãs] m Unsinn m
non-spécialiste (non-spécialistes)
[nɔ̃spesjalist] mf Laie m
non-stop [nɔnstɔp] adj inv nonstop
non-syndiqué, e (non-syndiqués)
[nɔ̃sɛ̃dike] m, f nicht gewerkschaftlich
organisierter Arbeitnehmer (organisierte
Arbeitnehmerin)
non-violence (non-violences) [nɔ̃vjɔlãs] f
Gewaltlosigkeit f; **non-violent, e** adj
gewaltfrei
non-voyant, e (non-voyants) [nɔ̃vwajã,

ãt] adj blind
nord [nɔr] **1.** m **le ~** der Norden m; **au ~ de**
nördlich von, im Norden von **2.** adj inv
Nord-, nördlich; **nord-africain, e**
(nord-africains) adj nordafrikanisch;
Nord-Africain, e, m, f Nordafrikaner(in)
m(f); **nord-américain, e** (nord-améri-
cains) adj nordamerikanisch; **nord-co-
réen, ne** (nord-coréens) adj nordkorea-
nisch; **nord-est** [nɔrɛst] m Nordosten m
nordique [nɔrdik] adj nordisch
nord-ouest [nɔrwɛst] m Nordwesten m
normal, e (-aux) [nɔrmal, o] adj normal **2.** f **la ~e** die Norm, der Durchschnitt; **normalement** adv normalerweise; **normaliser** ⟨1⟩ [nɔrmalize] vt
normen; (POL) normalisieren
normand, e [nɔrmã, ãd] adj aus der Normandie; **Normand, e** m, f Bewoh-
ner(in) m(f) der Normandie; **une réponse
de ~** eine unklare Antwort
Normandie [nɔrmãdi] f **la ~** die Normandie
norme [nɔrm(ə)] f Norm f; **Norme française** französische Industrienorm; ~ **de
pureté** Reinheitsgebot nt
Norvège [nɔrvɛʒ] f **la ~** Norwegen nt;
norvégien, ne [nɔrveʒjɛ̃, ɛn] adj norwe-
gisch; **Norvégien, ne** m, f Norwe-
ger(in) m(f)
nos [no] adj v. **notre**
nostalgie [nɔstalʒi] f Nostalgie f; **nostalgique** [nɔstalʒik] adj nostalgisch
notable [nɔtabl(ə)] **1.** adj bedeutend; (sensible) beachtlich **2.** mf angesehene Persönlichkeit; (pl) Honoratioren pl
notaire [nɔtɛr] m Notar(in) m(f)
notamment [nɔtamã] adv besonders
notariat [nɔtarja] m Notariat nt
notarié, e [nɔtarje] adj **acte ~** notariell
beglaubigte Urkunde
notation [nɔtasjɔ̃] f Zeichen pl; (note)
Notiz f; (SCOL) Zensierung f
note [nɔt] f Note f; (facture) Rechnung f;
(billet) Zettel m, Notiz f; (annotation)
Erläuterung f; ~ **de bas de page** Fußnote;
prendre ~ de qch sich dat etw merken;
prendre des ~s (SCOL) mitschreiben, sich
dat Notizen machen
noté, e [nɔte] adj **être bien/mal ~** gut/
schlecht bewertet werden
notebook [nɔtbuk] m Notebook nt
noter ⟨1⟩ [nɔte] vt notieren; (remarquer)
bemerken; (évaluer) bewerten; **notez
(bien) que** beachten Sie bitte, dass
notice [nɔtis] f Notiz f; ~ **explicative**
Erläuterung f

notification [nɔtifikasjɔ̃] f Benachrichtigung f; (acte) Bekanntgabe f

notifier ⟨1⟩ [nɔtifje] vt ~ **qch à qn** jdn von etw benachrichtigen

notion [nosjɔ̃] f Vorstellung f, Idee f; **~s** fpl (rudiments) Grundkenntnisse pl

notoire [nɔtwaʀ] adj bekannt; (en mal) notorisch; **notoirement** adv bekanntlich; **notoriété** [nɔtɔʀjete] f allgemeine Bekanntheit; **c'est de ~ publique** das ist ja allgemein bekannt

notre (nos) [nɔtʀ(ə), no] adj unser, unsere, unser; (pl) unsere

nôtre [notʀ(ə)] pron **le/la ~** der/die/das unsere; **les ~s** (famille) die Unsrigen pl; **soyez des ~s!** schließen Sie sich uns an!

nouba [nuba] f **faire la ~** einen draufmachen

nouer ⟨1⟩ [nwe] vt binden, schnüren; (alliance, amitié) schließen

nougat [nuga] m ≈ türkischer Honig

nougatine [nugatin] f Krokant m

nouille [nuj] f Nudel f; (fam) Blödmann m

nounours [nunuʀs] m (fam) Teddybär m

nourrice [nuʀis] f Amme f; (sens moderne) Tagesmutter f

nourrir ⟨8⟩ [nuʀiʀ] 1. vt (alimenter) füttern; (entretenir) ernähren; (espoir, haine) nähren; ~ **au sein** stillen; **logé, nourri** mit Übernachtung und Verpflegung; **bien/mal nourri(e)** gut genährt/schlecht ernährt 2. vpr **se ~ de légumes** nichts als Gemüse essen; **nourrissant, e** [nuʀisɑ̃, ɑ̃t] adj nahrhaft

nourrisson [nuʀisɔ̃] m Säugling m

nourriture [nuʀityʀ] f Nahrung f

nous [nu] pron (sujet) wir; (objet) uns

nouveau (nouvel), -elle (-aux) [nuvo, ɛl] 1. adj neu; **de ~, à ~** aufs Neue, wieder; **le nouvel an** Neujahr nt; ~ **riche** neureich; ~ **venu, nouvelle venue** Neuankömmling m 2. m, f (personne) Neue(r) mf 3. m **il y a du ~** es gibt Neues 4. f Nachricht f; (récit) Novelle f; **je suis sans nouvelles de lui** ich habe nichts von ihm gehört; **nouveau-né, e** (nouveau-nés) 1. adj neugeboren 2. m, f Neugeborene(s) nt; **nouveauté** f Neuheit f

Nouvelle-Calédonie [nuvɛlkaledɔni] f **la ~** Neukaledonien nt; **Nouvelle-Guinée** [nuvɛlgine] f **la ~** Neuguinea nt; **Nouvelle-Zélande** [nuvɛlzelɑ̃d] f **la ~** Neuseeland nt

novembre [nɔvɑ̃bʀ(ə)] m November m; **en ~** im November; **le 16 ~** am 16. November; **le 9 ~ 1968** der

9. November 1968

Le 11 novembre

Le 11 novembre ist ein gesetzlicher Feiertag in Frankreich, an dem an die Unterzeichnung des Waffenstillstands bei Compiègne am Ende des Ersten Weltkriegs gedacht wird.

---

novice [nɔvis] 1. adj unerfahren 2. mf Neuling m

noyau (x) [nwajo] m Kern m; **noyauter** ⟨1⟩ vt (POL) unterwandern

noyer ⟨6⟩ [nwaje] 1. vt ertränken, ersäufen; (submerger) überschwemmen; ~ **son moteur** den Motor absaufen lassen 2. vpr **se ~** ertrinken; (se suicider) sich ertränken 3. m Walnussbaum m

N/Réf. abr de **notre référence** unser Zeichen

nu, e [ny] 1. adj nackt; (fig) leer; **à mains ~es** mit bloßen Händen; **à l'œil ~** mit bloßem Auge; **~-pieds, (les) pieds ~s** barfuß; **mettre à ~** entblößen; **se mettre ~** sich ausziehen 2. m Akt m

nuage [nɥaʒ] m Wolke f; **nuageux, -euse** adj wolkig, bewölkt

nuance [nɥɑ̃s] f Nuance f; **il y a une ~ (entre)** es gibt einen feinen Unterschied (zwischen +dat); **nuancer** ⟨2⟩ vt nuancieren

nubuck [nybyk] m Nubukleder nt

nucléaire [nykleɛʀ] adj nuklear, Kern-

nudisme [nydism] m Freikörperkultur f; **nudiste** [nydist(ə)] mf Nudist(in) m(f)

nudité [nydite] f Nacktheit f, Blöße f

nuée [nɥe] f **une ~ de** eine Wolke/ein Schwarm von

nues [ny] fpl **porter qn aux ~** jdn in den Himmel heben; **tomber des ~** aus allen Wolken fallen

nuire [nɥiʀ] irr comme luire vi schädlich sein; ~ **à qn/qch** jdm/einer Sache schaden

nuisible [nɥizibl(ə)] adj schädlich

nuit [nɥi] f Nacht f; **cette ~** heute Nacht; **il fait ~** es ist Nacht; ~ **blanche** schlaflose Nacht; ~ **bleue** Nacht, in der gleichzeitig mehrere Attentate verübt werden; ~ **de noces** Hochzeitsnacht; **service/vol de ~** Nachtdienst m/-flug m

nul, le [nyl] 1. adj kein; (non valable) ungültig; **c'est ~** (fam) das bringt's nicht, das ist geschenkt; **il est ~** er ist eine Niete; **~le part** nirgendwo; **match ~** (football, etc) unentschieden 2. pron niemand, keiner; **nullement** adv keineswegs

nullité [nylite] f (de document) Ungültig-keit f; (pej: personne) Null f
numéraire [nymerɛr] m Bargeld nt
numérateur [nymeratœr] m Zähler m
numération [nymerasjɔ̃] f ~ **décimale/binaire** Dezimal-/Binärsystem nt
numérique [nymerik] adj numerisch; **montre** ~ Digitaluhr f; **numérique-ment** adv zahlenmäßig
numérisation [nymerizasjɔ̃] f Digitalisie-rung f
numériser ⟨1⟩ [nymerize] vt digitalisie-ren
numéro [nymero] m Nummer f; ~

d'identification fiscale Steuernummer
numéroter ⟨1⟩ [nymerɔte] vt nummerie-ren
nuque [nyk] f Nacken m, Genick nt
nutritif, -ive [nytritif, iv] adj nahrhaft; (fonction) Nähr-; **nutrition** [nytrisjɔ̃] f Ernährung f; **nutritionniste** [nytrisjɔnist] mf Ernährungswissenschaft-ler(in) m(f); (conseiller) Ernährungsbera-ter(in) m(f)
nylon® [nilɔ̃] m Nylon® nt
nymphe [nɛ̃f] f Nymphe f
nymphomane [nɛ̃fɔman] f Nymphoma-nin f

O

O, o [o] m O, o nt
oasis [ɔazis] f Oase f
obéir ⟨8⟩ [ɔbeir] vi ~ (à qn) (jdm) gehor-chen; ~ **à qch** (ordre, loi) etw befolgen; (à une impulsion, a la loi naturelle) einer Sache dat folgen; (à la force) einer Sache dat nachgeben; **obéissance** [ɔbeisɑ̃s] f Gehorsam m; **obéissant, e** [ɔbeisɑ̃, ɑ̃t] adj gehorsam
obélisque [ɔbelisk] m Obelisk m
obèse [ɔbez] adj fett(leibig); **obésité** [ɔbezite] f Fettleibigkeit f
objecter ⟨1⟩ [ɔbʒɛkte] vt (prétexter: fatigue) vorgeben; ~ **qch à** (argument) etw ein-wenden gegen; (personne) etw entgegen-halten +dat; **objecteur** m ~ **de cons-cience** Wehrdienstverweigerer m, Kriegs-dienstverweigerer m
objection [ɔbʒɛksjɔ̃] f Einwand m, Wider-spruch m
objectivement [ɔbʒɛktivmɑ̃] adv objektiv
objectivité [ɔbʒɛktivite] f Objektivität f
objet [ɔbʒɛ] m (chose) Gegenstand m; (sujet, but) Objekt nt; **être** [o faire] **l'**~ **de qch** Gegenstand einer Sache gen sein;

sans ~ nichtig, gegenstandslos; ~ **d'art** Kunstgegenstand; (bureau des) ~**s trou-vés** Fundbüro nt; ~**s personnels** persönli-che Dinge pl; ~**s de toilette** Toilettenarti-kel pl; ~ **volant non identifié** unbekanntes Flugobjekt
obligation [ɔbligasjɔ̃] f Pflicht f; (FIN) Obligation f; **être dans l'**~ **de faire qch, avoir l'**~ **de faire qch** verpflichtet sein, etw zu tun; **sans** ~ **d'achat/de votre part** unverbindlich
obligatoire [ɔbligatwar] adj obligato-risch; **obligatoirement** [ɔbligatwarmɑ̃] adj (nécessairement) unbedingt; (fatale-ment) zwangsläufig
obligé, e [ɔbliʒe] adj verpflichtet; (recon-naissant) dankbar
obliger ⟨2⟩ [ɔbliʒe] vt ~ **qn** (rendre service à) jdm einen Gefallen tun; ~ **qn à faire qch** jdn zwingen, etw zu tun; (JUR: enga-ger) jdn verpflichten, etw zu tun; ~ **qn à qch** (contraindre) jdn zu etw zwingen
oblique [ɔblik] adj schief, schräg; **en** ~ diagonal
oblitération [ɔbliterasjɔ̃] f (de timbre) Ent-werten nt; **oblitérer** ⟨5⟩ [ɔblitere] vt stempeln; (MED) verschließen
oblong, -gue [ɔblɔ̃, ɔ̃g] adj länglich
obscène [ɔpsɛn] adj obszön; **obscénité**

[ɔpsenite] f Obszönität f
obscur, e [ɔpskyʀ] adj (sombre) finster, dunkel; (raisons, exposé) obskur; (sentiment) dunkel; (médiocre) unscheinbar; (inconnu) unbekannt, obskur; **obscurcir** ⟨8⟩ [ɔpskyʀsiʀ] **1.** vt (assombrir) verdunkeln; (fig) unklar machen **2.** vpr **s'~** (temps) dunkel werden; **obscurité** f Dunkelheit f; **dans l'~** im Dunkeln
obsédé, e [ɔpsede] m, f ~(e) **sexuel(le)** Sexbesessene(r) mf
obséder ⟨5⟩ [ɔpsede] vt verfolgen; **être obsédé(e) par** besessen sein von
obsèques [ɔpsɛk] fpl Begräbnis nt; ~ **nationales** Staatsbegräbnis
observateur, -trice [ɔpsɛʀvatœʀ, tʀis] **1.** adj aufmerksam **2.** m, f Beobachter(in) m(f); (scientifique) Forscher(in) m(f)
observation [ɔpsɛʀvasjɔ̃] f Beobachtung f; (commentaire, reproche) Bemerkung f; (scientifique) Forschung f
observatoire [ɔpsɛʀvatwaʀ] m Observatorium nt; (lieu élevé) Beobachtungsstand m
observer ⟨1⟩ [ɔpsɛʀve] vt beobachten; (scientifiquement) untersuchen; (remarquer, noter) bemerken; (se conformer à) befolgen; **faire ~ qch à qn** (le lui dire) jdn auf etw akk aufmerksam machen
obsession [ɔpsesjɔ̃] f Besessenheit f, fixe Idee
obsolète [ɔpsɔlɛt] adj veraltet
obstacle [ɔpstakl(ə)] m Hindernis nt; (SPORT) Hindernis nt, Hürde f; **faire ~ à qch** sich einer Sache dat entgegenstellen
obstétricien, ne [ɔpstetʀisjɛ̃, ɛn] m, f Geburtshelfer(in) m(f); **obstétrique** [ɔpstetʀik] f Geburtshilfe f
obstination [ɔpstinasjɔ̃] f Eigensinn m; **obstiné, e** adj eigensinnig; (effort, résistance) stur; **obstiner** ⟨1⟩ vpr **s'~** nicht nachgeben, stur bleiben; **s'~ à faire qch** (hartnäckig) darauf bestehen, etw zu tun; **s'~ dans qch** sich auf etw akk versteifen
obstruction [ɔpstʀyksjɔ̃] f (SPORT) Behindern nt; (MED) Verschluss m; (POL) Obstruktion f; **faire de l'~** (fig) sich querstellen; **obstructionnisme** [ɔpstʀyksjɔnism] m Obstruktionspolitik f, Verzögerungstaktik f
obstruer ⟨1⟩ [ɔpstʀye] vt verstopfen
obtenir ⟨9⟩ [ɔptəniʀ] vt bekommen, erhalten; (but, résultat) erreichen; ~ **de qn que** von jdm erreichen, dass; ~ **satisfaction** Genugtuung erhalten
obturateur [ɔptyʀatœʀ] m (FOTO) Verschluss m

obturation [ɔptyʀasjɔ̃] f Verschließen nt; ~ **dentaire** Zahnfüllung f
obturer ⟨1⟩ [ɔptyʀe] vt zustopfen; (dent) plombieren
obtus, e [ɔpty, yz] adj (angle) stumpf; (fig) abgestumpft
obus [ɔby] m Granate f
Obwald [ɔbwald] Obwalden nt
occasion [ɔkazjɔ̃] f Gelegenheit f; (acquisition avantageuse) Schnäppchen nt; **à l'~** gelegentlich; **à l'~ de son anniversaire** zu seinem Geburtstag; **à cette/la première ~** bei dieser/bei der ersten Gelegenheit; **à plusieurs ~s** bei/zu mehreren Gelegenheiten; **d'~** gebraucht; **être l'~ de qch** der Anlass für etw sein; **occasionnel, le** [ɔkazjɔnɛl] adj (fortuit) zufällig; (non régulier) gelegentlich; **occasionnellement** adv gelegentlich; **occasionner** ⟨1⟩ [ɔkazjɔne] vt verursachen; ~ **des frais/du dérangement à qn** jdm Kosten/Unannehmlichkeiten verursachen
occident [ɔksidɑ̃] m **l'~** der Westen; **l'Occident** (POL) die Westmächte pl; **occidental, e** (-aux) adj westlich, West-
occiput [ɔksipyt] m Hinterkopf m
occlusion [ɔklyzjɔ̃] f ~ **intestinale** Darmverschluss m
occulte [ɔkylt(ə)] adj okkult; **occulter** ⟨1⟩ vt vernebeln, verschleiern; **occultisme** [ɔkyltism] m Okkultismus m
occupant, e [ɔkypɑ̃, ɑ̃t] **1.** adj (armée, autorité) Besatzungs- **2.** m, f (d'un appartement) Bewohner(in) m(f)
occupation [ɔkypasjɔ̃] f (MIL) Besetzung f; (d'un logement) Bewohnen nt; (passetemps, emploi) Beschäftigung f; **l'Occupation** (1941-1944) die Besatzung Frankreichs durch Deutschland; ~ **des caractères** (INFORM) Zeichenbelegung f
occupé, e [ɔkype] adj besetzt; (personne) beschäftigt; (esprit: absorbé) total in Anspruch genommen
occuper ⟨1⟩ [ɔkype] **1.** vt (appartement) bewohnen; (chose: place) einnehmen, brauchen; (personne: place, MIL POL) besetzen; (remplir, couvrir: surface, période) ausfüllen; (heure, loisirs) in Anspruch nehmen; (fonction) innehaben; (main d'œuvre, personnel) beschäftigen **2.** vpr **s'~** sich beschäftigen; **s'~ de** sich kümmern um; (s'intéresser à, pratiquer) sich beschäftigen mit
O.C.D.E. f abr de **Organisation de coopération et de développement économique** OECD f
océan [ɔseɑ̃] m Ozean m

Océanie [ɔseani] f l'~ Ozeanien nt
océanique [ɔseanik] adj Meeres-; (climat) See-
océanographe [ɔseanɔgraf] mf Meeresforscher(in) m(f);
océanographie [ɔseanɔgrafi] f Meeresforschung f; **océanographique** [ɔseanɔgrafik] adj meereskundlich
ocelot [ɔs(ə)lo] m Ozelot m
ocre [ɔkr(ə)] adj inv ocker(farben)
octane [ɔktan] m Oktan nt
octante [ɔktãt] num (suisse) achtzig
octave [ɔktav] f (MUS) Oktave f
octet [ɔkte] m (INFORM) Byte nt
octobre [ɔktɔbr(ə)] m Oktober m; **en** ~ im Oktober; **le 3** ~ am 3. Oktober; **le 3** ~ **2001** der 3. Oktober 2001
octogénaire [ɔktɔʒenɛr] 1. adj achtzigjährig 2. mf Achtzigjährige(r) mf
octogone [ɔktɔgɔn] m Achteck nt
oculaire [ɔkylɛr] 1. adj Augen- 2. m Okular nt
oculiste [ɔkylist(ə)] mf Augenarzt(-ärztin) m(f)
odeur [ɔdœr] f Geruch m; **mauvaise** ~ Gestank m
odieux, -euse [ɔdjø, øz] adj (personne, crime) widerlich, ekelhaft; (enfant: insupportable) unerträglich
odontologie [ɔdɔ̃tɔlɔʒi] f Zahnheilkunde f
odorant, e [ɔdɔrã, ãt] adj duftend
odorat [ɔdɔra] m Geruchssinn m; **avoir l'~ fin** eine feine Nase haben
œcuménique [ekymenik] adj ökumenisch
œil (yeux) [œj, jø] m (ANAT) Auge nt; (d'une aiguille) Öse f; **à l'~** (fam: gratuitement) umsonst; **avoir l'~ (à)** (être vigilant) aufpassen (auf +akk); **avoir un** ~ **au beurre noir** ein blaues Auge haben; **fermer les yeux (sur qch)** (bei etw) ein Auge zudrücken; **tenir qn à l'~** jdn im Auge behalten; **voir qch d'un bon/mauvais** ~ etw gut finden/etw nicht gern sehen; **à mes/ses yeux** in meinen/seinen Augen; **de ses propres yeux** mit eigenen Augen; **œillade** [œjad] f **faire des** ~**s à qn** jdm schöne Augen machen; **lancer une** ~ **à qn** jdm zublinzeln; **œillères** [œjɛr] fpl Scheuklappen pl
œillet [œje] m Nelke f; (trou) Öse f
œstrogène [estrɔʒɛn] adj **hormone** ~ Östrogen nt
œuf (-s) [œf, ø] m Ei nt; ~**s brouillés** Rührei; ~ **à la coque/dur/mollet** weiches/hart gekochtes/wachsweiches Ei; ~**s à la neige** Eischnee m; ~ **de Pâques** Osterei; ~ **au plat** Spiegelei; ~ **poché** pochiertes Ei
œuvre [œvr(ə)] 1. f Werk nt; (organisation charitable) Stiftung f; ~**s** (REL: actions, actes) Werke pl; **bonnes** ~**s**, ~**s de bienfaisance** gute Werke pl; **être/se mettre à l'**~ arbeiten/sich an die Arbeit machen; **mettre en** ~ (moyens) einsetzen, Gebrauch machen von; ~ **d'art** Kunstwerk 2. m (d'un artiste) Werk m; **le gros** ~ (ARCHIT) der Rohbau; **œuvrer** ⟨1⟩ vi arbeiten; ~ **dans ce sens** in diese Richtung hinarbeiten
O.F.A.J. [ɔfaʒ] m acr de Office franco-allemand pour la jeunesse DFJW nt (deutschfranzösisches Jugendwerk)
offense [ɔfãs] f (affront) Beleidigung f; (péché) Sünde f; **offenser** ⟨1⟩ 1. vt (personne) beleidigen; (bon goût, principes) verletzen; (Dieu) sündigen gegen 2. vpr **s'**~ **de qch** an etw dat Anstoß nehmen
offensif, -ive [ɔfãsif, iv] 1. adj Offensiv- 2. f Offensive f; **offensive de grande envergure** Großoffensive
office [ɔfis] 1. m (charge) Amt nt; (agence) Büro nt; (messe) Gottesdienst m; **d'**~ automatisch; **faire** ~ **de** fungieren als; **bons** ~**s** Vermittlung f; ~ **du tourisme** Fremdenverkehrsamt 2. m o f (pièce) Vorratskammer f
officiel, le [ɔfisjɛl] 1. adj offiziell 2. m, f (SPORT) Funktionär(in) m(f)
officier ⟨1⟩ [ɔfisje] vi den Gottesdienst abhalten
officier, -ière [ɔfisje, ɛr] m, f Offizier(in) m(f)
officieux, -euse [ɔfisjø, øz] adj offiziös, halbamtlich
officinal, e (-aux) [ɔfisinal, o] adj **plantes** ~**es** Heilpflanzen pl
offrande [ɔfrãd] f (don) Gabe f; (REL) Opfergabe f
offre [ɔfr(ə)] f Angebot nt; (aux enchères) Gebot nt; ~ **d'emploi** Stellenangebot; ~**s d'emploi** Stellenmarkt m; ~ **publique d'achat** Übernahmeangebot
offrir ⟨11⟩ [ɔfrir] 1. vt schenken; (choix, avantage, etc) bieten; (aspect, spectacle) darbieten; ~ **à boire à qn** jdm etwas zu trinken anbieten; ~ (à qn) **de faire qch** (jdm) anbieten, etw zu tun 2. vpr **s'**~ (se payer) sich dat leisten, sich dat genehmigen; **s'**~ **à faire qch** sich anbieten, etw zu tun; **s'**~ **comme guide/en otage** sich als Führer/Geisel anbieten
offset [ɔfset] m Offsetdruck m
ogive [ɔʒiv] f (MIL) Gefechtskopf m, Sprengkopf m; (ARCHIT) Spitzbogen m

O.G.M. *m abr de* **organisme génétique-ment modifié** genmanipulierter Organismus

ogre, -esse [ɔgʀ, ɔgʀɛs] *m, f* Menschenfresser(in) *m(f)*

oie [wa] *f* Gans *f*

oignon [ɔɲɔ̃] *m* Zwiebel *f*

oiseau (x) [wazo] *m* Vogel *m*; ~ **de nuit** Nachtvogel; ~ **de paradis** Paradiesvogel; ~ **de proie** Raubvogel; **oiseau-mouche** (oiseaux-mouches) [wazomuʃ] *m* Kolibri *m*

oisif, -ive [wazif, iv] **1.** *adj* müßig, untätig **2.** *m, f* (*pej*) Müßiggänger(in) *m(f)*; **oisiveté** [wazivte] *f* Müßiggang *m*

ola [ɔla] *f* (*SPORT*) La-Ola-Welle *f*

oléiculture [ɔleikyltyʀ] *f* Olivenanbau *m*

oléoduc [ɔleɔdyk] *m* Pipeline *f*

oligoélément [ɔligoelemã] *m* (*CHIM*) Spurenelement *nt*

olive [ɔliv] **1.** *f* Olive *f* **2.** *adj inv* olivgrün; **oliveraie** [ɔlivʀɛ] *f* Olivenhain *m*; **olivier** [ɔlivje] *m* (*arbre*) Olivenbaum *m*; (*bois*) Olivenholz *nt*

O.L.P. *f abr de* **Organisation de libération de la Palestine** PLO *f*

olympique [ɔlɛ̃pik] *adj* olympisch

Oman [ɔman] **le sultanat d'~** das Sultanat Oman

ombilical, e (-aux) [ɔbilikal, o] *adj* Nabel-

ombrage [ɔbʀaʒ] *m* (*ombre*) Schatten *m*; ~**s** *mpl* (*feuillage*) schattiges Laubwerk; **ombragé, e** *adj* schattig; **ombrageux, -euse** *adj* (*cheval, etc*) schreckhaft; (*caractère, personne*) empfindlich

ombre [ɔbʀ(ə)] *f* Schatten *m*; à l'~ im Schatten; à l'~ de im Schatten +*gen*; (*fig*) beschützt von; **dans l'~** im Dunkeln; **donner/faire de l'~** Schatten geben/werfen; ~ **à paupières** Lidschatten

ombrelle [ɔbʀɛl] *f* kleiner Sonnenschirm

O.M.C. *f abr de* **Organisation mondiale du commerce** Welthandelsorganisation *f*

omelette [ɔmlɛt] *f* Omelett *nt*; ~ **aux herbes/au fromage/au jambon** Kräuter-/Käse-/Schinkenomelett

omettre [ɔmɛtʀ(ə)] *irr comme mettre vt* unterlassen; (*oublier*) vergessen; (*de liste*) auslassen; ~ **de faire qch** etw nicht tun; **omission** [ɔmisjɔ̃] *f* Unterlassen *nt*; Vergessen *nt*; Auslassen *nt*; Unterlassung *f*

omnibus [ɔmnibys] *m* (**train**) ~ Personenzug *m*

omnipotent, e [ɔmnipɔtã, ãt] *adj* allmächtig

omnipraticien, ne [ɔmnipʀatisjɛ̃, ɛn] *m, f* Allgemeinmediziner(in) *m(f)*

omniprésent, e [ɔmnipʀezã, ãt] *adj* allgegenwärtig

omniscient, e [ɔmnisjã, ãt] *adj* allwissend

omnisports [ɔmnispɔʀ] *adj inv* Sport-

omnivore [ɔmnivɔʀ] *adj* allesfressend

omoplate [ɔmɔplat] *f* Schulterblatt *nt*

O.M.S. *f abr de* **Organisation mondiale de la santé** WHO *f* (*Weltgesundheitsorganisation*)

on [ɔ̃] *pron* ~ **peut le faire ainsi** (*indéterminé*) man kann es so machen; ~ **frappe à la porte** (*quelqu'un*) es klopft an der Tür; ~ **va y aller demain** (*nous*) wir gehen morgen hin; **autrefois** ~ **croyait aux fantômes** früher glaubte man an Geister; **avec Jean** ~ **y est allé** (*fam: moi*) Jean und ich sind hingegangen, ich bin mit Jean hingegangen; ~ **ne peut plus stupide/heureux** so dumm/glücklich wie sonst was; ~ **vous demande au téléphone** Sie werden am Telefon verlangt

oncle [ɔ̃kl(ə)] *m* Onkel *m*

onction [ɔ̃ksjɔ̃] *f v.* **extrême-onction**

onctueux, -euse [ɔ̃ktɥø, øz] *adj* cremig; (*fig: manières*) salbungsvoll

onde [ɔ̃d] *f* Welle *f*; **mettre en** ~**s** (*texte, etc*) für den Rundfunk bearbeiten; **sur les** ~**s** (*RADIO*) über den Äther; ~**s courtes/moyennes** Kurz-/Mittelwelle *f*; **grandes** ~**s** Langwelle

ondée [ɔ̃de] *f* Regenguss *m*

on-dit [ɔ̃di] *m inv* Gerücht *nt*

ondulation [ɔ̃dylasjɔ̃] *f* (*de cheveux*) Welle *f*; ~ **du sol/terrain** Boden-/Erdwelle *f*

ondulé, e [ɔ̃dyle] *adj* wellig

onduler ⟨1⟩ [ɔ̃dyle] *vi* (*vagues, blés*) wogen; (*route, cheveux*) sich wellen

onéreux, -euse [ɔneʀø, øz] *adj* kostspielig; **à titre** ~ gegen Entgelt

ongle [ɔ̃gl(ə)] *m* Nagel *m*; **faire ses** [o **se faire les**] ~**s** seine Nägel maniküren; **manger** [o **ronger**] **ses** ~**s** an den Nägeln kauen

onguent [ɔ̃gã] *m* Salbe *f*

O.N.I.S.E.P. [ɔnisɛp] *m acr de* **Office national d'information sur les enseignements et les professions** Informationsstelle über Berufe und Berufsausbildung

on line [ɔnlajn] *adj* Online-

O.N.U. [ɔny] *f acr de* **Organisation des Nations Unies** UNO *f*

onyx [ɔniks] *m* Onyx *m*

onze [ɔ̃z] *num* elf; **onzième** [ɔ̃zjɛm] **1.** *adj* elfte(r, s) **2.** *m* (*fraction*) Elftel *nt* **3.** *mf* Elfte(r) *mf*

O.P.A. *f abr de* **offre publique d'achat** Übernahmeangebot *nt*

opale [ɔpal] f Opal m

opaque [ɔpak] adj undurchsichtig

O.P.E.P. [ɔpep] f acr de **Organisation des pays exportateurs de pétrole** OPEC f (*Organisation der Erdöl exportierenden Länder*)

opéra [ɔpera] m Oper f; **opéra-comique** (opéras-comiques) m komische Oper, Opera f buffa

opérateur, -trice [ɔperatœr, tris] m, f (*manipulateur*) Operator(in) m(f), Bediener(in) m(f); ~ **(de prise de vues)** Kameramann(-frau) m(f)

opération [ɔperasjɔ̃] f Operation f; (*processus*) Vorgang m; **~s bancaires par téléphone** Telefonbanking nt; **~s de bourse** Börsengeschäfte pl; ~ **immobilière** Immobiliengeschäft nt; ~ **porte ouverte** Tag m der offenen Tür; ~ **de sauvetage** Rettungsaktion f

opérationnel, le [ɔperasjɔnɛl] adj (*organisation, usine*) funktionsfähig; (MIL) einsatzfähig

opératoire [ɔperatwar] adj operativ; **bloc** ~ Operationsstation f

opérer ⟨5⟩ [ɔpere] **1.** vt (MED) operieren; (*faire, exécuter*) durchführen; (*choix*) treffen; ~ **qn des amygdales/du cœur** jdn an den Mandeln/am Herzen operieren; **se faire** ~ **(de qch)** sich (an etw dat) operieren lassen, (an etw dat) operiert werden **2.** vi (*faire effet*) wirken; (*procéder*) vorgehen **3.** vpr **s'**~ (*avoir lieu*) stattfinden, sich ereignen

opérette [ɔperɛt] f Operette f

ophtalmique [ɔftalmik] adj (*nerf*) Seh-; (*migraine*) Augen-

ophtalmologie [ɔftalmɔlɔʒi] f Augenheilkunde f; **ophtalmologue** [ɔftalmɔlɔg] mf Augenarzt(-ärztin) m(f)

opiner ⟨1⟩ [ɔpine] vi ~ **de la tête** zustimmend mit dem Kopf nicken

opiniâtre [ɔpinjɑtr(ə)] adj hartnäckig

opinion [ɔpinjɔ̃] f Meinung f; **~s** fpl (*philosophiques, etc*) Anschauungen pl; **avoir bonne/mauvaise** ~ **de** eine gute/schlechte Meinung haben von; **l'**~ **publique** die öffentliche Meinung

opium [ɔpjɔm] m Opium nt

opportun, e [ɔpɔrtœ̃, yn] adj günstig

opportunisme [ɔpɔrtynism] m Opportunismus m; **opportuniste** [ɔpɔrtynist(ə)] **1.** mf Opportunist(in) m(f) **2.** adj opportunistisch

opposant, e [ɔpozɑ̃, ɑ̃t] **1.** adj (*parti, minorité*) oppositionell **2.** m, f Gegner(in) m(f); **~s** mpl (*à un régime, à un projet*) Gegner pl; (*membres de l'opposition*) Opposition f; ~ **à l'avortement** Abtreibungsgegner

opposé, e [ɔpoze] **1.** adj (*situation*) gegenüberliegend; (*couleurs*) kontrastierend; (*goûts, opinions*) entgegengesetzt; (*personne, faction*) gegnerisch; **être** ~**(e) à qch** (*personne*) gegen etw sein **2.** m (*côté, sens opposé*) entgegengesetzte Richtung; (*contraire*) Gegenteil nt; **à l'**~ dagegen, andererseits; **à l'**~ **de** (*du côté opposé à*) gegenüber von; (*en contradiction avec*) im Gegensatz zu; **il est tout l'**~ **de son frère** er ist genau das Gegenteil von seinem Bruder

opposer ⟨1⟩ [ɔpoze] **1.** vt einander gegenüberstellen; ~ **qch à qch** (*comparer*) etw einer Sache dat gegenüberstellen; ~ **qch à qn** (*comme obstacle*) jdm etw entgegensetzen; (*arguments*) jdm etw entgegenhalten; (*objecter*) etw einwenden **2.** vpr **s'**~ entgegengesetzt sein; (*couleurs*) kontrastieren; **s'**~ **à ce que** dagegen sein, dass; **s'**~ **à qch/qn** (*personne*) sich einer Sache/jdm widersetzen; (*préjugés, etc*) gegen etw/jdn sein; (*tenir tête à*) sich gegen jdn stellen [o auflehnen]

opposition [ɔpozisjɔ̃] f Opposition f; (*contraste*) Gegensatz m; (*d'intérêts*) Konflikt m; (*objection*) Widerspruch m; **entrer en** ~ **avec qn** mit jdm in Konflikt kommen; **être en** ~ **avec** (*parents, directeur*) sich widersetzen +dat; (*idées, conduite*) im Widerspruch stehen zu; **faire de l'**~ dagegen sein; **faire** ~ **à un chèque** einen Scheck sperren (lassen); **par** ~ **à** im Gegensatz zu

oppressant, e [ɔpresɑ̃, ɑ̃t] adj (*chaleur*) drückend; (*atmosphère*) bedrückend

oppresser ⟨1⟩ [ɔprese] vt (*vêtement*) beengen; (*chaleur, angoisse*) bedrücken; **se sentir oppressé(e)** sich beklommen fühlen

oppressif, -ive [ɔpresif, iv] adj drückend

oppression [ɔpresjɔ̃] f (*malaise*) Beklemmung f; **l'**~ (*asservissement, sujétion*) die Unterdrückung

opprimer ⟨1⟩ [ɔprime] vt unterdrücken

opprobre [ɔprɔbr] m Schande f; **vivre dans l'**~ in Schande leben

opter ⟨1⟩ [ɔpte] vi ~ **pour** sich entscheiden für

opticien, ne [ɔptisjɛ̃, ɛn] m, f Optiker(in) m(f)

optimal, e (-aux) [ɔptimal, o] adj optimal

optimisation [ɔptimizasjɔ̃] f Optimierung f

optimiser ⟨1⟩ [ɔptimize] vt optimieren; (*ressource*) optimal nutzen

optimisme [ɔptimism] m Optimismus m;

optimiste [ɔptimist(ə)] *mf* Optimist(in) *m(f)*

optimum [ɔptimɔm] **1.** *m* Optimum *nt* **2.** *adj* beste(r, s), optimal

option [ɔpsjɔ̃] *f* Wahl *f*; (*SCOL*) Wahlfach *nt*; (*JUR*) Option *f*; **à ~** wahlweise

optionnel, le [ɔpsjɔnɛl] *adj* (*matière*) Wahl-; (*accessoire*) zusätzlich

optique [ɔptik] **1.** *adj* optisch **2.** *f* Optik *f*; (*fig*) Blickwinkel *m*

opulence [ɔpylɑ̃s] *f* Reichtum *m*; **vivre dans l'~** im Überfluss leben; **opulent, e** [ɔpylɑ̃, ɑ̃t] *adj* üppig; (*riche*) reich, wohlhabend

or [ɔʀ] **1.** *m* Gold *nt*; **en ~** aus Gold, golden; (*fam*) Gold wert; **plaqué ~** vergoldet; **~ jaune/blanc** Gelb-/Weißgold; **~ noir** (*pétrole*) flüssiges Gold **2.** *conj* nun, aber

oracle [ɔʀakl(ə)] *m* Orakel *nt*

orage [ɔʀaʒ] *m* Gewitter *nt*; (*durant plus longtemps*) Unwetter *nt*; (*fig*) Sturm *m*; **orageux, -euse** *adj* gewittrig, Gewitter-; (*fig*) stürmisch

oraison [ɔʀɛzɔ̃] *f* Gebet *nt*

oral, e (-aux) [ɔʀal, o] **1.** *adj* mündlich; (*LING*) oral; **par voie ~e** (*MED*) oral **2.** *m* (*SCOL*) mündliche Prüfung; **l'~** (*LING*) die gesprochene Sprache; **oralement** *adv* mündlich

orange [ɔʀɑ̃ʒ] **1.** *f* Orange *f*, Apfelsine *f*; **~ navel** Navelorange; **~ pressée** frisch gepresster Orangensaft; **~ sanguine** Blutorange **2.** *adj inv* orange **3.** *m* Orange *nt*; **orangé, e** *adj* mit einem Stich ins Orange(farbene); **orangeade** [ɔʀɑ̃ʒad] *f* Orangeade *f*; **oranger** [ɔʀɑ̃ʒe] *m* Orangenbaum *m*; **orangeraie** [ɔʀɑ̃ʒʀɛ] *f* Orangenhain *m*; **orangerie** [ɔʀɑ̃ʒʀi] *f* Orangerie *f*

orang-outan(g) (orangs-outan(g)s) [ɔʀɑ̃utɑ̃] *m* Orang-Utan *m*

orateur, -trice [ɔʀatœʀ, tʀis] *m, f* Redner(in) *m(f)*

orbital, e (-aux) [ɔʀbital, o] *adj* **station ~e** Raum(fahrt)station *f*

orbite [ɔʀbit] *f* (*ANAT*) Augenhöhle *f*; (*ASTR*) Umlaufbahn *f*; **placer/mettre un satellite sur son/en ~** einen Satelliten in seine/die Umlaufbahn bringen; **~ terrestre** Erdumlaufbahn

orchestre [ɔʀkɛstʀ(ə)] *m* (*MUS*) Orchester *nt*; (*THEAT*) Parkett *nt*; **orchestrer** ⟨1⟩ *vt* (*MUS*) instrumentieren; (*fig*) inszenieren

orchidée [ɔʀkide] *f* Orchidee *f*

ordi [ɔʀdi] *m* (*fam*) Computer *m*, Kiste *f*

ordinaire [ɔʀdinɛʀ] **1.** *adj* (*habituel*) gewöhnlich; (*banal*) einfach **2.** *m* (*essence*) Normalbenzin *nt*; **d'~, à l'~** gewöhnlich; **intelligence au-dessus de l'~** überdurchschnittliche Intelligenz

ordinal, e (-aux) [ɔʀdinal, o] *adj* **adjectif/ nombre ~** Ordinalzahl *f*

ordinateur [ɔʀdinatœʀ] *m* Computer *m*; **travailler sur ~** am [o mit dem] Computer arbeiten; **~ de poche** Handheld-PC *m*; **~ de poche Palm** Palm-PC *m*, Palmtop *m*

ordonnance [ɔʀdɔnɑ̃s] *f* (*MIL*) Ordonnanz *f*; (*MED*) Rezept *nt*; **l'~ d'un appartement** (*ARCHIT*) die Gestaltung einer Wohnung

ordonné, e [ɔʀdɔne] *adj* geordnet; (*personne*) ordentlich

ordonner ⟨1⟩ [ɔʀdɔne] *vt* (*arranger, agencer*) (an)ordnen; (*REL*) weihen; (*MED*) verschreiben; **~ qch à qn** (*donner un ordre*) jdm etw befehlen

ordre [ɔʀdʀ(ə)] *m* Ordnung *f*; (*disposition*) Anordnung *f*, Reihenfolge *f*; (*directive*) Befehl *m*; (*association*) Verband *m*; (*REL*) Orden *m*; (*ARCHIT*) Ordnung *f*; **à l'~ du jour** (*fig*) auf der Tagesordnung; **dans l'~** in der richtigen Reihenfolge; **de l'~ de** in der Größenordnung von; **de premier/ second ~** erst-/zweitklassig; **donner l'~ de** Befehl geben zu; **en ~** in Ordnung; **être aux ~s de qn** jdm unterstellt sein; **être/entrer dans les ~s** ordiniert sein/ werden; **jusqu'à nouvel ~** bis auf weiteres; **mettre en ~** in Ordnung bringen; **par ~** (*COM*) im Auftrag; **par ~ d'entrée en scène** in der Reihenfolge des Auftritts; **libeller à l'~ de** (*chèque*) ausstellen auf +*akk*; **procéder par ~** systematisch vorgehen; **rappeler qn à l'~** jdn zur Ordnung rufen; **rentrer dans l'~** sich normalisieren; **~ de grandeur** Größenordnung; **~ du jour** Tagesordnung; (*MIL*) Tagesbefehl

ordure [ɔʀdyʀ] *f* Unrat *m*; (*excrément d'animal*) Kot *m*; **~s** *fpl* (*déchets*) Abfall *m*; **~s ménagères** Müll *m*; **ordurier, -ière** [ɔʀdyʀje, ɛʀ] *adj* unflätig

oreille [ɔʀɛj] *f* (*ANAT*) Ohr *nt*; (*TECH*) Öhr *nt*; (*d'une marmite, d'une tasse*) Henkel *m*; **avoir de l'~** ein gutes Gehör haben; **parler/dire qch à l'~ de qn** jdm etw ins Ohr sagen

oreiller [ɔʀeje] *m* Kopfkissen *nt*

oreillons [ɔʀejɔ̃] *mpl* Ziegenpeter *m*, Mumps *m*

orfèvre [ɔʀfɛvʀ] *mf* Goldschmied(in) *m(f)*; **orfèvrerie** [ɔʀfɛvʀəʀi] *f* Goldschmiedekunst *f*

organe [ɔʀgan] *m* Organ *nt*; (*fig*) Sprachrohr *nt*

organigramme [ɔʀɡaniɡʀam] m Organigramm nt; (INFORM) Flussdiagramm nt

organique [ɔʀɡanik] adj organisch

organisateur, -trice [ɔʀɡanizatœʀ, tʀis] m, f Organisator(in) m(f)

organisation [ɔʀɡanizasjɔ̃] f Organisation f; **Organisation mondiale du commerce** Welthandelsorganisation; **Organisation mondiale de la santé** Weltgesundheitsorganisation; **l'Organisation des Nations Unies** die Vereinten Nationen pl; ~ **syndicale** Gewerkschaft f; **Organisation du traité de l'Atlantique Nord** NATO f, Nordatlantisches Verteidigungsbündnis

organiser ⟨1⟩ [ɔʀɡanize] vt organisieren; (mettre sur pied) veranstalten

organisme [ɔʀɡanism(ə)] m Organismus m; (ensemble organisé) Organ nt; (association) Vereinigung f; ~ **génétiquement modifié** genmanipulierter Organismus

organiste [ɔʀɡanist(ə)] mf Organist(in) m(f)

orgasme [ɔʀɡasm(ə)] m Orgasmus m

orge [ɔʀʒ(ə)] 1. f (plante) Gerste f 2. m (grain) Gerste f

orgeat [ɔʀʒa] m sirop d'~ Mandelmilch f

orgelet [ɔʀʒəlɛ] m (MED) Gerstenkorn nt

orgie [ɔʀʒi] f Orgie f

orgue [ɔʀɡ(ə)] m Orgel f; ~ **de Barbarie** Leierkasten m; ~ **électrique/électronique** elektrische/elektronische Orgel, Keyboard nt

orgueil [ɔʀɡœj] m Stolz m; (arrogance) Hochmut m; **orgueilleux, -euse** adj stolz; hochmütig, überheblich

oriel [ɔʀjɛl] m Erkerfenster nt

Orient [ɔʀjɑ̃] m l'~ der Orient; **le Proche-/le Moyen-/l'Extrême-Orient** der Nahe/Mittlere/Ferne Osten; **oriental, e** (-aux) [ɔʀjɑ̃tal, o] adj orientalisch; **Oriental, e** m, f Orientale (Orientalin) m(f)

orientation [ɔʀjɑ̃tasjɔ̃] f Orientierung f; (tendance) Kurs m; (fig: étudiant) Beratung f; **avoir le sens de l'~** einen guten Orientierungssinn haben; ~ **professionnelle** Berufsberatung

orienté, e [ɔʀjɑ̃te] adj (POL) gefärbt, tendenziös; **appartement bien/mal** ~ Wohnung in guter/schlechter Lage; **la chambre est** ~**e à l'est** das Zimmer liegt nach Osten

orienter ⟨1⟩ [ɔʀjɑ̃te] 1. vt (diriger) stellen; (maison) legen; (carte, plan) ausrichten (vers nach); (touriste) die Richtung weisen +dat; (fig: élève) beraten; ~ **vers** (recherches) richten (auf +akk) 2. vpr **s'**~ (se repérer) sich orientieren; **s'**~ **vers** (fig: recher-

ches, études) sich (aus)richten auf +akk, sich orientieren nach

orifice [ɔʀifis] m Öffnung f

origan [ɔʀiɡɑ̃] m wilder Majoran, Oregano m

originaire [ɔʀiʒinɛʀ] adj **être** ~ **d'un pays/lieu** aus einem Land/von einem Ort stammen

original, e (-aux) [ɔʀiʒinal, o] 1. adj (pièce, document) original, echt; (idée) ursprünglich; (bizarre) originell 2. m, f (fantaisiste) Sonderling m; (fam) Original nt 3. m (d'une reproduction) Original nt; **originalité** f Originalität f; (d'un nouveau modèle) Besonderheit f; Neuheit f

origine [ɔʀiʒin] f (d'une personne) Herkunft f; (d'un animal) Abstammung f; (du monde, des temps) Entstehung f, Anfang m; (d'un mot) Ursprung m; (d'un message, d'un vin) Herkunft f; **à l'**~ am Anfang, anfänglich; **avoir son** ~ **dans qch** seinen Ursprung in etw dat haben; **dès l'**~ von Anfang an; **être à l'**~ **de qch** die Ursache von etw sein; **pays d'**~ Herkunftsland nt

originel, le [ɔʀiʒinɛl] adj ursprünglich; **péché** ~ Erbsünde f

O.R.L. mf abr de oto-rhino-laryngologiste HNO-Arzt(-Ärztin) m(f)

orme [ɔʀm(ə)] m Ulme f

ornement [ɔʀnəmɑ̃] m Verzierung f; ~**s sacerdotaux** Priestergewänder pl; **ornementer** ⟨1⟩ [ɔʀnəmɑ̃te] vt verzieren

orner ⟨1⟩ [ɔʀne] vt schmücken

ornithologie [ɔʀnitɔlɔʒi] f Vogelkunde f; **ornithologique** [ɔʀnitɔlɔʒik] adj vogelkundlich; **ornithologue** [ɔʀnitɔlɔɡ] mf Vogelkundler(in) m(f)

orphelin, e [ɔʀfalɛ̃, in] 1. adj verwaist 2. m, f Waisenkind nt; ~(**e**) **de père/mère** Halbwaise f; **orphelinat** [ɔʀfalina] m Waisenhaus nt

ORSEC [ɔʀsɛk] acr de Organisation des secours: plan m ~ Katastrophenschutz m

orteil [ɔʀtɛj] m Zehe f; **gros** ~ große Zehe

orthodontiste [ɔʀtodɔ̃tist] mf Kieferorthopäde(-orthopädin) m(f)

orthodoxe [ɔʀtɔdɔks(ə)] adj orthodox

orthographe [ɔʀtɔɡʀaf] f Rechtschreibung f, Orthografie f; **orthographier** ⟨1⟩ [ɔʀtɔɡʀafje] vt (richtig) schreiben; **orthographique** adj orthografisch

orthopédie [ɔʀtɔpedi] f Orthopädie f; **orthopédique** [ɔʀtɔpedik] adj orthopädisch; **orthopédiste** [ɔʀtɔpedist] mf Orthopäde(-pädin) m(f)

orthophonie [ɔʀtɔfɔni] f Logopädie f;

orthophoniste [ɔʀtɔfɔnist] *mf* (*MED*) Logopäde(-pädin) *m(f)*

ortie [ɔʀti] *f* Brennnessel *f*

os [ɔs] *m* Knochen *m*

O.S. *f abr de* **ouvrier spécialisé** Hilfsarbeiter *m*

oscar [ɔskaʀ] *m* Oscar *m*; ~ **de la publicité** Preis *m* für Werbung

OSCE *f abr de* **Organisation de sécurité et de coopération européenne** OSZE *f*

osciller ⟨1⟩ [ɔsile] *vi* (*mât*) schwingen; (*aiguille*) ausschlagen; ~ **entre** (*fig*) schwanken zwischen +*dat*

osé, e [oze] *adj* gewagt

oseille [ozɛj] *f* (*BOT*) Sauerampfer *m*

oser ⟨1⟩ [oze] **1.** *vt* ~ **faire qch** es wagen, etw zu tun **2.** *vi* es wagen; **je n'ose pas** ich (ge)traue mich nicht

osier [ozje] *m* Korbweide *f*; **d'~, en** ~ aus Korb

osmose [ɔsmoz] *f* Osmose *f*

ossature [ɔsatyʀ] *f* Skelett *nt*; (*ARCHIT*) Gerippe *nt*; (*fig*) Struktur *f*

osseux, -euse [ɔsø, øz] *adj* knochig; (*tissu, maladie, greffe*) Knochen-

ostensible [ɔstãsibl(ə)] *adj* ostentativ

ostentation [ɔstãtasjɔ̃] *f* Zurschaustellung *f*

ostraciser ⟨1⟩ [ɔstʀasize] *vt* ächten; **ostracisme** [ɔstʀasism(ə)] *m* Ausschluss *m* (aus einer Gruppe)

ostréicole [ɔstʀeikɔl] *adj* Austern-; **ostréiculteur, -trice** [ɔstʀeikyltœʀ, tʀis] *m, f* Austernzüchter(in) *m(f)*; **ostréiculture** [ɔstʀeikyltyʀ] *f* Austernzucht *f*

otage [ɔtaʒ] *m* Geisel *f*

O.T.A.N. [ɔtã] *f acr de* **Organisation du traité de l'Atlantique Nord** NATO *f*, Nato *f*

otarie [ɔtaʀi] *f* Seelöwe *m*

ôter ⟨1⟩ [ote] *vt* (*vêtement*) ausziehen; (*tache, noyau*) herausmachen; (*arête*) herausziehen; ~ **qch** etw wegnehmen von; ~ **qch à qn** jdm etw nehmen; ~ **une somme/un nombre de** eine Summe/Zahl abziehen von; **6 ôté de 10 égal 4** 10 weniger 6 gleich 4

otite [ɔtit] *f* Mittelohrentzündung *f*

oto-rhino [ɔtɔʀino] (*fam*), **oto-rhino-laryngologiste** [ɔtɔʀinolaʀɛ̃gɔlɔʒist] *mf* Hals-Nasen-Ohren-Arzt(-Ärztin) *m(f)*

ou [u] *conj* oder; ~ ... ~ entweder ..., oder; ~ **bien** oder aber

où [u] **1.** *adv* wo; (*direction*) wohin; **d'~ vient que ...?** wie kommt es, dass ...; **par** ~ **passer?** wo entlang? **2.** *pron* wo; wohin; (*dans lequel*) worin; (*hors duquel, duquel*) woraus; (*sur lequel*) worauf; **la**

chambre ~ **il était** das Zimmer, in dem e war; **le jour** ~ **il est parti** am Tag, als er abgereist ist; **au train** ~ **ça va** bei dem Tempo; **le village d'**~ **je viens** das Dorf, aus dem ich komme; **les villes par** ~ **il es passé** die Städte, durch die er gefahren ist

ouate [wat] *f* Watte *f*; **tampon d'**~ Wattebausch *m*; ~ **de verre** Glaswolle *f*

oubli [ubli] *m* Vergesslichkeit *f*; **l'**~ (*absence de souvenirs*) das Vergessen; **tomber dans l'**~ in Vergessenheit geraten

oublier ⟨1⟩ [ublije] **1.** *vt* vergessen; ~ **l'heure** die Zeit vergessen **2.** *vpr* **s'**~ sich vergessen

oubliettes [ublijet] *fpl* Verlies *nt*

ouest [wɛst] **1.** *m* **l'**~ der Westen; **l'Ouest** (*région de France*) Westfrankreich *nt*; (*POL: l'Occident*) der Westen; **à l'**~ **de** im Westen von **2.** *adj inv* West-, westlich

Ouganda [ugãda] *m* **l'**~ Uganda *nt*; **ougandais, e** [ugãdɛ, ɛz] *adj* ugandisch **Ougandais, e** *m, f* Ugander(in) *m(f)*

oui [wi] *adv* ja; **répondre (par)** ~ mit Ja antworten

ouï-dire [widiʀ] *m inv* **par** ~ vom Hörensagen

ouïe [wi] *f* Gehör(sinn *m*) *nt*; ~**s** *fpl* (*de poisson*) Kiemen *pl*; **je suis tout** ~ ich bin ganz Ohr

ouragan [uʀagã] *m* Orkan *m*

ourler ⟨1⟩ [uʀle] *vt* säumen

ourlet [uʀlɛ] *m* Saum *m*

ours, e [uʀs] *m,f* (*ZOOL*) Bär(in) *m(f)*; ~ (**e peluche** (*jouet*) Teddybär; ~ **brun/blanc** Braun-/Eisbär

oursin [uʀsɛ̃] *m* Seeigel *m*

ourson [uʀsɔ̃] *m* Bärenjunge(s) *nt*

ouste [ust(ə)] *interj* raus

outil [uti] *m* Werkzeug *nt*; ~ **de recherch** (*INFORM*) Suchhilfe *f*; ~ **de travail** Arbeitsgerät *nt*; **outillage** [utijaʒ] *m* Ausrüstung *m*; **outiller** ⟨1⟩ [utije] *vt* ausrüsten

outrage [utʀaʒ] *m* Beleidigung *f*; ~ **par paroles/écrits** mündliche/schriftliche Beleidigung; **outragé, e** [utʀaʒe] *adj* empört; **outrager** ⟨2⟩ *vt* beleidigen, zutiefst kränken; **outrageusement** [utʀaʒøzmã] *adv* (*excessivement*) übertrieben

outrance [utʀãs] *f* **à** ~ bis zum Exzess

outre [utʀ(ə)] **1.** *f* (Leder)schlauch *m* **2.** *prep* außer +*dat* **3.** *adv* **passer** ~ weitergehen; **passer** ~ **à** hinweggehen über +*akk*; **en** ~ außerdem; **en** ~ **de** über +*akk* hinaus; ~ **mesure** über die Maßen; ~ **que** außer, dass

outré, e [utʀe] *adj* (*excessif*) übertrieben; (*indigné*) empört

outremer [utʀəmɛʀ] *adj* ultramarin(blau); **outre-mer** *adv* d'~ überseeisch; **départements d'outre-mer** Überseedepartements *pl*; **outrepasser** ⟨1⟩ *vt* überschreiten

outrer ⟨1⟩ [utʀe] *vt* übertreiben; (*indigner*) empören

outre-Rhin [utʀəʀɛ̃] *adv* in Deutschland (*von Frankreich aus gesehen*)

ouvert, e [uvɛʀ, t(ə)] **1.** *pp de* ouvrir **2.** *adj* offen; (*robinet, gaz*) aufgedreht; **à ciel ~** im Freien; **à cœur ~** (*MED*) am offenen Herzen; **lettre ~e** (*journal*) offener Brief; **ouvertement** *adv* frei heraus, offen

ouverture [uvɛʀtyʀ] *f* (*action*) Öffnen *nt*; (*fondation*) Eröffnung *f*; (*orifice*) Öffnung *f*; (*FOTO*) Blende *f*; (*MUS*) Ouvertüre *f*

ouvrable [uvʀabl(ə)] *adj* **jour ~** Werktag *m*

ouvrage [uvʀaʒ] *m* Arbeit *f*; (*livre*) Werk *nt*; **panier** [o **corbeille**] **à ~** Handarbeitskorb *m*; **~ au crochet** Häkelarbeit *f*

ouvragé, e [uvʀaʒe] *adj* verziert

ouvrant, e [uvʀɑ̃, ɑ̃t] *adj* **toit ~** (*AUTO*) Schiebedach *nt*

ouvre-boîte (ouvre-boîtes) [uvʀəbwat] *m* Büchsenöffner *m*; **ouvre-bouteille** (ouvre-bouteilles) *m* Flaschenöffner *m*

ouvrier, -ière [uvʀije, ɛʀ] **1.** *m, f* Arbeiter(in) *m(f)*; **~ spécialisé** Hilfsarbeiter **2.** *adj* Arbeiter-

ouvrir ⟨11⟩ [uvʀiʀ] **1.** *vt* öffnen, aufmachen; (*compte*) eröffnen; (*robinet*) aufdrehen; (*chauffage, etc*) anmachen; (*exposition, débat*) eröffnen; **~ le bal/la marche** den Ball eröffnen/den Marsch anführen; **~ des horizons/perspectives** Horizonte/Perspektiven (er)öffnen; **~ l'œil** (*fig*) die Augen aufmachen **2.** *vi* (*magasin, théâtre*) aufmachen, öffnen; **~ à cœur/trèfle** (*CARTES*) mit Herz/Kreuz herauskommen; **~ à qn** (*rendre accessible à*) jdm öffnen **3.** *vpr* **s'~** aufgehen, sich öffnen; (*procès*) anfangen; **s'~ à qn** sich jdm eröffnen; **s'~ sur** sich öffnen nach

Ouzbékistan [uzbekistɑ̃] *m* l'~ Usbekistan *nt*

ovaire [ɔvɛʀ] *m* Eierstock *m*

ovale [ɔval] *adj* oval

ovation [ɔvasjɔ̃] *f* Ovation *f*; **ovationner** ⟨1⟩ [ɔvasjɔne] *vt* zujubeln +*dat*

overdose [ɔvœʀdoz] *f* Überdosis *f*

ovni [ɔvni] *m acr de* **objet volant non identifié** UFO *nt*, Ufo *nt*

ovulation [ɔvylasjɔ̃] *f* Eisprung *m*

ovule [ɔvyl] *m* Ei *nt*; Eizelle *f*; (*MED*) Zäpfchen *nt*

oxyde [ɔksid] *m* Oxid *nt*; **~ de carbone** Kohlenmonoxid

oxyder ⟨1⟩ [ɔkside] *vpr* **s'~** oxydieren

oxygène [ɔksiʒɛn] *m* Sauerstoff *m*; **cure d'~** (*air pur*) Frischluftkur *f*; **oxygéné, e** [ɔksiʒene] *adj* sauerstoffhaltig

ozone [ɔzon] *m* Ozon *nt*; **couche d'~** Ozonschicht *f*; **trou (dans la couche) d'~** Ozonloch *nt*

P

P, p [pe] *m* P, p *nt*

p. *abr de* **page** S.

pacemaker [pesmɛkœʀ] *m* (Herz)schrittmacher *m*

pachyderme [paʃidɛʀm] *m* Dickhäuter *m*

pacifier ⟨1⟩ [pasifje] *vt* (*pays*) Ruhe und Frieden herstellen in +*dat*; (*fig*) beruhigen

pacifique [pasifik] **1.** *adj* friedlich; (*personne*) friedfertig **2.** *m* **le Pacifique** der Pazifische Ozean

pacifisme [pasifism] *m* Pazifismus *m*; **pacifiste** [pasifist] **1.** *adj* konfliktverhütend; (*POL*) pazifistisch **2.** *mf* Pazifist(in) *m(f)*

pacotille [pakɔtij] *f* Billigware *f*

Pacs [paks] *m acr de* **Pacte civil de solidarité** (standesamtlich) eingetragene Lebensgemeinschaft; **pacsé, e** [pakse] *m,* f Partner(in) *m(f)* einer eingetragenen Lebensgemeinschaft; **pacser** ⟨1⟩ [pakse] *vpr* **se ~** eine eingetragene Lebensgemeinschaft eingehen

pacte [pakt(ə)] *m* Pakt *m*; **~ d'alliance** Bündnis *nt*; **Pacte civil de solidarité** (standesamtlich) eingetragene Lebensgemeinschaft; **~ de non-agression** Nichtangriffspakt; **pactiser** ⟨1⟩ [paktize] *vi* **~ avec** (*accord*) sich einigen mit

P.A.E. *m abr de* **projet d'action éducative** fachübergreifendes Projekt

P.A.F. [paf] *m acr de* **paysage audiovisuel français** *Medienlandschaft in Frankreich*

pagaie [pagɛ] *f* Paddel *nt*

pagaille [pagaj] *f* (*fam: désordre*) Durcheinander *nt*, Unordnung *f*

paganisme [paganism] *m* Heidentum *nt*

pagayer ⟨7⟩ [pageje] *vi* paddeln

page [paʒ] **1.** *f* Seite *f*; **être à la ~** auf dem Laufenden sein; **~ d'annonces** Anzeigenseite; **~ de démarrage** (*INFORM*) Startseite; **~ Web** Internetseite *f*, Webseite *f* **2.** *m* Page *m*; **page-écran** (pages-écrans) *f* Bildschirmseite *f*

pagination [paʒinasjɔ̃] *f* (*a. INFORM*) Paginierung *f*

pagode [pagɔd] *f* Pagode *f*

paie [pɛ] *f v.* **paye**

paiement [pɛmɑ̃] *m* Bezahlung *f*; (*somme*) Zahlung *f*

païen, ne [pajɛ̃, ɛn] **1.** *adj* heidnisch **2.** *m, f* Heide (Heidin) *m(f)*

paillard, e [pajar, d(ə)] *adj* derb, deftig

paillasse [pajas] *f* (*matelas*) Strohsack *m*

paillasson [pajasɔ̃] *m* (*tapis-brosse*) Fußmatte *f*

paille [paj] *f* Stroh *nt*; (*pour boire*) Strohhalm *m*; (*d'un métal, du verre*) Fehler *m*; **~ de fer** Stahlwolle *f*

paillette [pajɛt] *f* Paillette *f*; **lessive en ~s** Seifenflocken *pl*

pain [pɛ̃] *m* Brot *nt*; **~ au chocolat** mit Schokolade gefülltes Gebäckstück; **~ bis** Mischbrot; **~ de cire** Stück *nt* Wachs; **~ complet** Vollkornbrot; **~ d'épice(s)** Lebkuchen *m*; **~ grillé** getoastetes Brot; **~ de mie** (ungetoastetes) Toastbrot; **~ de seigle** Roggenbrot; **~ de sucre** (*morceau*) Zuckerhut *m*; **je ne mange pas de ce ~-là** (*fig*) da mache ich nicht mit, das ist nicht meine Art

pair, e [pɛr] *adj* gerade; **aller de ~** (*fig*) Hand in Hand gehen; **au ~** (*FIN: valeurs*) zum Nennwert; **hors (de) ~** ohnegleichen; **jeune fille au ~** Aupairmädchen *nt*

paire [pɛr] *f* (*deux objets assortis*) Paar *nt*;

une ~ de lunettes/tenailles eine Brille/ Beißzange

paisible [pezibl(ə)] *adj* ruhig; (*personne*) friedlich; **paisiblement** [pezibləmɑ̃] *adv* friedlich

paître [pɛtr(ə)] *irr vi* weiden, grasen

paix [pɛ] *f* Frieden *m*; (*tranquillité*) Ruhe *f*; **avoir la ~** Ruhe haben; **faire la ~ avec** sich versöhnen mit

Pakistan [pakistɑ̃] *m* **le ~** Pakistan *nt*; **pakistanais, e** [pakistanɛ, ɛz] *adj* pakistanisch; **Pakistanais, e** *m, f* Pakistaner(in) *m(f)*, Pakistani *mf*

palabrer ⟨1⟩ [palabre] *vi* (*fam*) palavern

palace [palas] *m* (*hôtel*) Luxushotel *nt*

palais [palɛ] *m* Palast *m*; (*ANAT*) Gaumen *m*; **le ~ de l'Élysée** der Elyseepalast (*Sitz des französischen Staatspräsidenten in Paris*); **le Palais de Justice** der Gerichtshof

palan [palɑ̃] *m* Flaschenzug *m*

Palatinat [palatina] *m* **le ~** die Pfalz

pâle [pɑl] *adj* blass; (*personne, teint*) blass, bleich; **bleu/vert ~** blassblau/-grün

Palestine [palɛstin] *f* **la ~** Palästina *nt*; **palestinien, ne** [palɛstinjɛ̃, ɛn] *adj* palästinensisch; **Palestinien, ne** *m, f* Palästinenser(in) *m(f)*

palet [palɛ] *m* Scheibe *f*; (*en hockey*) Puck *m*

paletot [palto] *m* (*kurzer*) Mantel *m*

palette [palɛt] *f* (*de peintre*) Palette *f*; **~ de produits** Produktpalette

pâleur [pɑlœr] *f* Blässe *f*

palier [palje] *m* (*plate-forme*) Treppenabsatz *m*; (*TECH*) Lager *nt*; **par ~s** in Stufen, in Etappen; **les prix ont atteint un nouveau ~** die Preise haben sich (auf einem Niveau) eingependelt

pâlir ⟨8⟩ [pɑlir] *vi* (*personne*) blass werden; (*couleur*) verblassen; **~ de colère** vor Wut bleich werden

palissade [palisad] *f* Zaun *m*

palissandre [palisɑ̃dr(ə)] *m* Palisander *m*

palliatif, -ive [paljatif, iv] **1.** *adj* lindernd **2.** *m* Überbrückungsmaßnahme *f*

pallier ⟨1⟩ [palje] *vt* (*atténuer*) ausgleichen

palmarès [palmarɛs] *m* Preisträgerliste *f*

palme [palm(ə)] *f* (*BOT*) Palmzweig *m*; (*symbole de la victoire*) Siegespalme *f*; (*nageoire en caoutchouc*) Schwimmflosse *f*; **remporter la ~** (*fig*) den Sieg davontragen; **palmeraie** [palmərɛ] *f* Palmenhain *m*

palmier [palmje] *m* Palme *f*

palmipède [palmiped] *m* (*oiseau*) Schwimmvogel *m*

palombe [palɔ̃b] f Ringeltaube f
pâlot, te [palo, ɔt] adj blass, blässlich
palourde [paluʀd] f Venusmuschel f
palper ⟨1⟩ [palpe] vt befühlen, (ab)tasten
palpitant, e [palpitɑ̃, ɑ̃t] adj (saisissant) spannend, aufregend
palpitation [palpitasjɔ̃] f avoir des ~s Herzklopfen haben
palpiter ⟨1⟩ [palpite] vi (cœur) schlagen; (paupières) zucken; ~ de peur/convoitise vor Angst/Lust zittern
paludisme [palydism(ə)] m Malaria f
pâmer ⟨1⟩ [pame] vpr se ~ d'amour/d'admiration vor Liebe/Bewunderung ganz hingerissen sein
pampa [pɑ̃pa] f Pampa f
pamphlet [pɑ̃flɛ] m Spott-/Schmähschrift f
pamplemousse [pɑ̃pləmus] m Grapefruit f, Pampelmuse f
pan [pɑ̃] **1.** m (de vêtement) Schoß m **2.** interj peng
panacée [panase] f Allheilmittel nt
panache [panaʃ] m (de plumes) Federbusch m; avoir du ~ sich bravourös verhalten, mit Grandezza auftreten; ~ de fumée Rauchwolke f
panaché, e [panaʃe] **1.** adj glace ~e gemischtes Eis **2.** m (mélange de bière et de limonade) Radler nt, Alsterwasser nt
Panama [panama] m le ~ Panama nt; **panaméen, ne** [panameɛ̃, ɛn] adj panamaisch
panaris [panaʀi] m Nagelbettentzündung f
pancarte [pɑ̃kaʀt(ə)] f (écriteau) Schild nt; (dans un défilé) Transparent nt
pancréas [pɑ̃kʀeas] m Bauchspeicheldrüse f
panda [pɑ̃da] m Panda m
pané, e [pane] adj paniert
panier [panje] m Korb m; mettre au ~ wegwerfen; ~ de crabes (fig) Wespennest nt; ~ à linge Wäschekorb m; ~ à provisions Einkaufskorb; **panier-repas** (paniers-repas) [panjeʀ(ə)pa] m Lunchpaket nt
panique [panik] **1.** f Panik f **2.** adj panisch; **paniquer** ⟨1⟩ vt in Panik geraten
panne [pan] f Panne f; être/tomber en ~ eine Panne haben; être en ~ d'essence [o sèche] kein Benzin mehr haben; ~ d'électricité [o de courant] Stromausfall m
panneau (x) [pano] m (de boiserie, de tapisserie) Tafel f; (ARCHIT) Platte f; (écriteau) Tafel f, Schild nt; ~ de configuration Systemsteuerung f; ~ publicitaire Werbe-

tafel, -schild; ~ de signalisation Straßenschild nt
panonceau (x) [panɔ̃so] m (panneau) Schild nt
panoplie [panɔpli] f (d'armes) Waffensammlung f; (fig: d'arguments, etc) Reihe f; ~ de pompier/d'infirmière (jouet) Feuerwehrmann-/Krankenschwesterkostüm nt
panorama [panɔʀama] m (vue) Panorama nt; (fig: étude complète) Übersicht f; **panoramique** adj Panorama-
pansement [pɑ̃smɑ̃] m (action) Verbinden nt; (bandage) Verband m
panser ⟨1⟩ [pɑ̃se] vt (cheval) striegeln; (plaie, blessé) verbinden
pantalon [pɑ̃talɔ̃] m Hose f; ~ à pinces Bundfaltenhose; ~ de pyjama Schlafanzughose; ~ de ski/de golf Ski-/Golfhose
pantelant, e [pɑ̃t(ə)lɑ̃, ɑ̃t] adj (haletant) keuchend
panthère [pɑ̃tɛʀ] f Panther m
pantin [pɑ̃tɛ̃] m Hampelmann m
pantois, e [pɑ̃twa, az] adj rester/demeurer ~ verblüfft sein
pantomime [pɑ̃tɔmim] f Pantomime f
pantouflard, e [pɑ̃tuflaʀ, aʀd] adj stubenhockerisch
pantoufle [pɑ̃tufl(ə)] f Pantoffel m
panure [panyʀ] f Paniermehl nt
P.A.O. f abr de publication assistée par ordinateur DTP nt
paon [pɑ̃] m Pfau m
papa [papa] m Papa m
papamobile [papamɔbil] f Papstmobil nt
paparazzi [papaʀadzi] mpl Paparazzi pl
papauté [papote] f Papsttum nt
papaye [papaj] f Papaya f
pape [pap] m le ~ der Papst
paperasse [papʀas] f (fig) Papierkram m; **paperasserie** [papʀasʀi] f Papierwust m; **paperasses** fpl Papierkram m
papeterie [papetʀi] f (magasin) Schreibwarenladen m; **papetier, -ière** [pap(ə)tje, ɛʀ] m, f ~-libraire Schreibwaren- und Buchhändler(in) m(f)
papi, papy [papi] m (fam) Opa m
papier [papje] m Papier nt; (feuille) Blatt nt; (article) Artikel m; ~s mpl (documents, notes) Dokumente pl, Papiere pl; ~s (d'identité) Ausweis m; sur le ~ auf dem Papier; ~ buvard Löschblatt; ~ carbone Kohlepapier; ~ collant Klebstreifen m; ~ en continu (INFORM) Endlospapier; ~ d'emballage, ~ kraft Packpapier; ~ émeri Schmirgelpapier; ~ hygiénique Toilettenpapier; ~ journal Zeitungspapier; ~ à lettres Briefpapier; ~ peint Tapete f; ~

recyclé Recyclingpapier; ~ **de verre** Sandpapier; **papier-filtre** (papiers-filtres) [papjefiltʀ] m Filterpapier nt;
papier-monnaie (papiers-monnaies) [papjemɔnɛ] m Papiergeld nt
papillon [papijɔ̃] m (ZOOL) Schmetterling m; (contravention) Strafzettel m; (écrou) Flügelmutter f
papilloter ⟨1⟩ [papijɔte] vi (yeux) blinzeln; (lumière, soleil) funkeln
papoter ⟨1⟩ [papɔte] vi schwatzen
Papouasie-Nouvelle-Guinée [papwazinuvɛlgine] f **la** ~ Papua-Neuguinea nt
paprika [papʀika] m (edelsüßer) Paprika
papyrus [papiʀys] m Papyrus m
paquebot [pakbo] m Passagierschiff nt
pâquerette [pakʀɛt] f Gänseblümchen nt
Pâques [pak] fpl Ostern nt
paquet [pakɛ] m Paket nt; (de sucre, de cigarettes, etc) Päckchen nt; **mettre le** ~ (fam) das Letzte hergeben; **paquet-cadeau** (paquets-cadeaux) [pakekado] m **pourriez-vous me faire un** ~? könnten Sie es mir als Geschenk verpacken?
par [paʀ] prep durch; ~ **amour** aus Liebe; **finir/commencer** ~ **dire** schließlich/anfangs sagen; **passer** ~ **Lyon/la côte** über Lyon/an der Küste entlang fahren; **3** ~ **jour/personne** 3 pro Tag/Person; **2** ~ **2** zu zweit; jeweils zwei; ~**-ci**, ~**-là** hier und da; ~ **ici** hier; hierher; ~ **où?** wo?
parabole [paʀabɔl] f (REL) Gleichnis nt; (MATH) Parabel f
parabolique [paʀabɔlik] adj (PHYS) Parabol-; **antenne** ~ Parabolantenne f
parachever ⟨4⟩ [paʀaʃ(ə)ve] vt vollenden, fertig stellen
parachutage [paʀaʃytaʒ] m Fallschirmabsprung m
parachute [paʀaʃyt] m Fallschirm m
parachuter ⟨1⟩ [paʀaʃyte] vt mit dem Fallschirm absetzen; (fam) hineinkatapultieren
parachutisme [paʀaʃytism] m Fallschirmspringen nt
parachutiste [paʀaʃytist] mf Fallschirmspringer(in) m(f)
parade [paʀad] f Parade f; (de boxeur) Abwehr f
parader ⟨1⟩ [paʀade] vi herumstolzieren
paradis [paʀadi] m Paradies nt; ~ **fiscal** Steuerparadies; **vous ne l'emporterez pas au** ~! das werden Sie mir büßen!; **paradisiaque** [paʀadizjak] adj paradiesisch
paradoxal, e (-aux) [paʀadɔksal, o] adj paradox

paradoxe [paʀadɔks] m Paradox nt
parafer ⟨1⟩ [paʀafe] vt v. **parapher**
paraffine [paʀafin] f Paraffin nt
parages [paʀaʒ] mpl (NAUT) Gewässer nt; **dans les** ~ **(de)** in der Nähe (von)
paragraphe [paʀagʀaf] m Absatz m, Abschnitt m
Paraguay [paʀagwɛ] m **le** ~ Paraguay nt
paraître [paʀɛtʀ(ə)] irr comme connaître **1.** vi (avec attribut) scheinen; **il paraît préférable/absurde de** es (er)scheint besser zu sein/absurd zu; **il ne paraît pas son âge** man sieht ihm sein Alter nicht an **2.** vi (apparaître, se montrer) scheinen; (soleil) herauskommen; (publication) erscheinen; **aimer** ~, **vouloir** ~ Aufmerksamkeit erregen wollen; **laisser** ~ zeigen; ~ **en public/justice** in der Öffentlichkeit/vor Gericht erscheinen; **il (me) paraît/paraîtrait que** es scheint (mir), dass
parallèle [paʀalɛl] **1.** adj (MATH) parallel; (fig: difficultés, expériences) vergleichbar **2.** f **faire un** ~ **entre** (comparaison) eine Parallele ziehen zwischen +dat **3.** f Parallele f; ~ **de latitude** (GEO) Breitengrad m
parallélogramme [paʀalelɔgʀam] m Parallelogramm nt
paralyser ⟨1⟩ [paʀalize] vt lähmen; (grève) lahmlegen; **paralysie** f Lähmung f
paramédical, e (-aux) [paʀamedikal, o] adj **personnel** ~ nichtmedizinisches Personal
paramètre [paʀametʀ(ə)] m Parameter m
paramilitaire [paʀamilitɛʀ] adj paramilitärisch
paranoïa [paʀanɔja] f Verfolgungswahn m; **paranoïaque** [paʀanɔjak] mf Paranoiker(in) m(f)
parapente [paʀapãt] m Gleitschirm m; (sport) Gleitschirmfliegen nt
parapet [paʀapɛ] m (garde-fou) Brüstung f
parapher ⟨1⟩ [paʀafe] vt unterzeichnen, signieren
paraphrase [paʀafʀaz] f Umschreibung f, Paraphrasierung f; **paraphraser** ⟨1⟩ vt paraphrasieren, umschreiben
paraplégie [paʀapleʒi] f doppelseitige Lähmung
parapluie [paʀaplɥi] m Regenschirm m
parapsychique [paʀapsiʃik] adj parapsychologisch; **parapsychologie** [paʀapsikɔlɔʒi] f Parapsychologie f
parascolaire [paʀaskɔlɛʀ] adj außerschulisch
parasite [paʀazit] m Parasit m, Schmarotzer m; (RADIO) Störung f

parasol [paʀasɔl] m Sonnenschirm m; ~ **de plage** Strandschirm m

paratonnerre [paʀatɔnɛʀ] m Blitzableiter m

paravent [paʀavɑ̃] m (meuble) spanische Wand

parc [paʀk] m (d'une demeure) Park m; (enclos pour le bétail) Pferch m; (d'enfant) Laufstall m; ~ **d'aérogénérateurs** Windpark; ~ **d'artillerie/de munitions** (MIL) Artillerie-/Munitionsdepot nt; ~ **d'attractions** Vergnügungspark; ~ **des expositions** Messegelände nt; ~ **à huîtres** Austernbank f; ~ **de loisirs** Freizeitpark; ~ **national** Nationalpark; ~ **zoologique** zoologischer Garten

parcelle [paʀsɛl] f Bruchstück nt, Stückchen nt; (de terrain) Parzelle f

parce que [paʀskə] conj weil

parchemin [paʀʃəmɛ̃] m Pergament nt

parcimonie [paʀsimɔni] f Sparsamkeit f; **parcimonieux, -euse** [paʀsimɔnjø, øz] adj äußerst sparsam

parcmètre [paʀkmɛtʀ(ə)] m Parkuhr f

parcourir [paʀkuʀiʀ] irr comme courir vt gehen durch; (trajet déterminé) zurücklegen; (journal, livre) überfliegen

parcours [paʀkuʀ] m (trajet) Strecke f, Route f; (SPORT) Parcours m; (tour) Runde f; ~ **de santé** Trimm-dich-Pfad m

par-dessous [paʀd(ə)su] 1. prep unter +dat; (avec mouvement) unter +akk 2. adv darunter; **pardessus** [paʀdəsy] m (Herren)wollmantel m; **par-dessus** 1. prep über +dat; (avec mouvement) über +akk 2. adv darüber; **par-devant** 1. prep vor +dat; (avec mouvement) vor +akk 2. adv vorne

pardon [paʀdɔ̃] 1. m Verzeihung f; **demander** ~ **à qn** (de qch/d'avoir fait qch) jdn um Verzeihung bitten (wegen etw/, etw getan zu haben); **je vous demande** ~ verzeihen Sie 2. interj (politesse) Verzeihung, Entschuldigung; (contradiction) verzeihen Sie, aber ...; **pardonnable** [paʀdɔnabl] adj verzeihlich; **pardonner** ⟨1⟩ vt verzeihen, vergeben +dat

pare-balles [paʀbal] adj inv (gilet) kugelsicher

pare-brise [paʀbʀiz] m inv Windschutzscheibe f

pare-chocs [paʀʃɔk] m inv Stoßstange f

pare-étincelles [paʀetɛ̃sɛl] m inv Schutzgitter nt

pare-feu [paʀfø] m inv Feuerschneise f

pareil, le [paʀɛj] 1. adj (similaire) gleich; ~ **à** gleich, ähnlich +dat; **en** ~ **cas** in einem solchen Fall 2. adv **habillé(e)s** ~ gleich angezogen 3. m, f **le/la** ~**(le)** (chose) der/die/das Gleiche; **vos** ~**s** (personne) euresgleichen; **sans** ~**(le)** ohnegleichen; **c'est du** ~ **au même** (fam) das ist Jacke wie Hose; **pareillement** adv ebenso

parent, e [paʀɑ̃, ɑ̃t] 1. m, f Verwandte(r) mf 2. adj verwandt (de mit); **nous sommes** ~**(e)s** wir sind (miteinander) verwandt; **parental, e** (-aux) [paʀɑ̃tal, o] adj elterlich; **parenté** f Verwandtschaft f

parenthèse [paʀɑ̃tɛz] f (ponctuation) Klammer f; (fig) Einschub m; **entre** ~**s** in Klammern

parents mpl (père et mère) Eltern pl

parer ⟨1⟩ [paʀe] vt schmücken, zieren; (GASTR) (für die Weiterverarbeitung) vorbereiten; (coup, manœuvre) abwehren; ~ **à** abwenden

pare-soleil [paʀsɔlɛj] m inv Sonnenblende f

paresse [paʀɛs] f Faulheit f; **paresser** ⟨1⟩ [paʀese] vi faulenzen; **paresseux, -euse** 1. adj (personne) faul; (lourdaud) träge; (attitude) schwerfällig 2. m (ZOOL) Faultier nt

parfaire [paʀfɛʀ] irr comme faire vt vervollkommnen

parfait, e [paʀfɛ, ɛt] 1. adj (exemplaire) perfekt, vollkommen; (accompli, achevé) völlig, total 2. m (LING) Perfekt nt; (glace) Parfait nt 3. interj fein, toll; **parfaitement** 1. adv (très bien) perfekt, ausgezeichnet; (complètement) völlig, vollkommen 2. interj genau

parfois [paʀfwa] adv manchmal

parfum [paʀfœ̃] m (de fleur, d'un tabac, d'un vin) Duft m, Aroma nt; (essence) Parfüm nt; (d'une glace) Geschmack(srichtung f) m; **parfumé, e** adj (fleur, fruit) duftend, wohlriechend; (femme) parfümiert; **glace** ~**e au café** Eis mit Kaffeegeschmack; **parfumer** ⟨1⟩ [paʀfyme] 1. vt parfümieren; (aromatiser) Geschmack verleihen +dat 2. vpr **se** ~ sich parfümieren; **parfumerie** [paʀfymʀi] f (produits) Toilettenartikel pl; (boutique) Parfümerie f

pari [paʀi] m Wette f; ~ **mutuel urbain** Wettannahmestelle f; **parier** ⟨1⟩ [paʀje] vt, vi wetten

Paris [paʀi] m Paris nt; **parisien, ne** [paʀizjɛ̃, ɛn] adj Pariser; **Parisien, ne** m, f Pariser(in) m(f)

paritaire [paʀitɛʀ] adj **commission** ~ paritätischer Ausschuss

parité [paʀite] f Gleichheit f; (INFORM) Parität f; ~ **de change** Wechselkursparität

parjure [paʀʒyʀ] *m* Meineid *m;* **parjurer**
⟨1⟩ *vpr* **se** ~ einen Meineid leisten

parka [paʀka] *m o f* Parka *m*

parking [paʀkiŋ] *m* Parkplatz *m; (édifice)*
Park(hoch)haus *nt; (souterrain)* Tiefgarage
f

parlant, e [paʀlɑ̃, ɑ̃t] **1.** *adj (expressif)* ausdrucksvoll; *(fig: comparaison, preuve)*
beredt, eindeutig; *(chiffres, résultats)* viel
sagend; *(bavard)* gesprächig; **cinéma/film**
~ Tonfilm *m* **2.** *adv* **généralement** ~ allgemein gesprochen; **humainement** ~
vom menschlichen Standpunkt aus
(betrachtet)

parlé, e [paʀle] *adj* **langue** ~**e** gesprochene Sprache

parlement [paʀləmɑ̃] *m* Parlament *nt;*
parlementaire [paʀləmɑ̃tɛʀ] *adj* parlamentarisch

parlementer ⟨1⟩ [paʀləmɑ̃te] *vi* verhandeln

parler ⟨1⟩ [paʀle] *vi* sprechen, reden; ~
(malfaiteur, complice) aussagen, reden; ~
affaires/politique über Geschäfte/Politik
reden; ~ **à qn (de qch/qn)** mit jdm (über
etw/jdn) sprechen; ~ **de faire qch** davon
reden, etw zu tun; ~ **de qn/qch** von jdm/
etw sprechen; ~ **en dormant** im Schlaf
sprechen; ~ **le/en français** Französisch/
französisch sprechen; ~ **par gestes**
(s'exprimer) mit Gesten reden; **les faits**
parlent d'eux-mêmes die Fakten sprechen für sich; **sans** ~ **de** abgesehen von;
tu parles! *(fam)* von wegen!

parloir [paʀlwaʀ] *m (d'une école, d'une prison, etc)* Sprechzimmer *nt*

parmesan [paʀməzɑ̃] *m* Parmesan *m*

parmi [paʀmi] *prep* (mitten) unter +*dat,*
bei +*dat*

parodie [paʀɔdi] *f* Parodie *f;* **parodier**
⟨1⟩ [paʀɔdje] *vt* parodieren

paroi [paʀwa] *f* Wand *f; (cloison)* Trennwand *f;* ~ **rocheuse** Felswand

paroisse [paʀwas] *f* Pfarrei *f*

parole [paʀɔl] *f (débit de voix)* Stimme *f,*
Tonfall *m; (engagement formel)* Wort *nt;* **la**
~ *(faculté de parler)* die Sprache; ~**s** *fpl*
(promesses) Versprechungen *pl; (MUS: d'une
chanson)* Text *m;* **croire qn sur** ~ jdm aufs
Wort glauben; **demander/obtenir la** ~
(droit de parler) ums Wort bitten/das Wort
erhalten

parquer ⟨1⟩ [paʀke] *vt (voiture)* (ein)par-
ken; *(animaux)* einsperren, einpferchen;
(pej: personnes) zusammenpferchen

parquet [paʀkɛ] *m (plancher)* Parkett *nt;* **le**
~ *(magistrats)* die Staatsanwaltschaft

parrain [paʀɛ̃] *m* Pate *m; (d'un nouvel
adhérent)* Bürge (Bürgin) *m(f); (sponsor)*
Sponsor(in) *m(f);* **parrainage** [paʀɛnaʒ]
m (d'un enfant) Patenschaft *f; (patronage)*
Schirmherrschaft *f; (financier)* Förderung *f,*
Sponsering *nt;* **parrainer** ⟨1⟩ [paʀɛne] *vt*
sponsern

parsemer ⟨4⟩ [paʀsəme] *vt* verstreuen sein
über +*dat;* ~ **qch de** etw bestreuen mit

part [paʀ] *f* Teil *m; (d'efforts, de peines)*
Anteil *m;* **à** ~ beiseite; **à** ~ **cela** abgesehen davon; **(c'est) de la** ~ **de qui?** *(TEL)*
mit wem spreche ich?; **de** ~ **et d'autre**
auf beiden Seiten; **de** ~ **en** ~ durch und
durch; **de toute(s)** ~(**s**) von allen Seiten;
d'une ~ … **d'autre** ~ einerseits … andererseits; **faire** ~ **de qch à qn** jdm etw mitteilen; **faire la** ~ **des choses** die
Umstände berücksichtigen; **mettre à** ~
beiseite legen; **nulle/autre/quelque** ~
nirgends/anderswo/irgendwo; **pour ma**
~ was mich betrifft; **prendre** ~ **à qch** an
etw *dat* teilnehmen; **prendre qn à** ~ jdn
beiseite nehmen

part. *abr de* **particulier** priv.

partage [paʀtaʒ] *m* Aufteilung *f;* **recevoir
en** ~ anteilmäßig erhalten; **partager**
⟨2⟩ **1.** *vt* teilen **2.** *vpr* **se** ~ sich aufteilen

partance [paʀtɑ̃s] *adv* **le train en** ~ **pour
Poitiers** der Zug nach Poitiers

partant, e [paʀtɑ̃, ɑ̃t] *m, f (d'une course)*
Teilnehmer(in) *m(f); (cheval)* Pferd *nt* am
Start; **être** ~(**e**) **pour** *(fam)* bereit sein
mitzumachen bei

partenaire [paʀtənɛʀ] *m, f* Partner(in)
m(f); ~ **commercial** Handelspartner; ~**s
sociaux** Sozialpartner *pl*

parterre [paʀtɛʀ] *m (de fleurs)* Blumenbeet *nt; (THEAT)* Parkett *nt*

parti [paʀti] *m* Partei *f;* **prendre le** ~ **(de
faire qch/de qn)** sich entschließen (etw
zu tun/für jdn); **prendre** ~ **(pour/contre
qn)** Partei ergreifen (für/gegen jdn);
prendre son ~ **(de qch)** sich (mit etw)
abfinden; **tirer** ~ **de** Nutzen ziehen aus;
un beau/riche ~ *(personne à marier)* eine
schöne/reiche Partie; ~ **pris** Voreingenommenheit *f;* ~ **unique** *(POL)* Einheits-
partei

partial, e (-aux) [paʀsjal, o] *adj* voreingenommen, parteiisch; **partialité**
[paʀsjalite] *f* Voreingenommenheit *f*

participant, e [paʀtisipɑ̃, ɑ̃t] *m, f* Teilneh-
mer(in) *m(f)*

participation [paʀtisipasjɔ̃] *f* Teilnahme *f,*
Beteiligung *f; (collaboration)* Mitarbeit *f;*
~ **électorale** *(POL)* Wahlbeteiligung; ~

aux frais/bénéfices Kosten-/Gewinnbeteiligung; ~ **ouvrière** Mitbestimmung f
participe [paʀtisip] m Partizip nt
participer ⟨1⟩ [paʀtisipe] vi ~ **à** (à un jeu, à une réunion) teilnehmen an +dat; (aux frais, bénéfices) sich beteiligen an +dat; (élève) sich beteiligen, mitarbeiten
particularité [paʀtikylaʀite] f Besonderheit f, Eigenheit f
particule [paʀtikyl] f Teilchen nt; (LING) Partikel f
particulier, -ière [paʀtikylje, ɛʀ] **1.** adj besondere(r, s); (personnel, privé) privat, Privat-; (cas) Sonder-; (intérêt, raison) eigen; **en** ~ (à part) getrennt, gesondert; (en privé) vertraulich; (parler) unter vier Augen; (surtout) besonders, vor allem; **être** ~ **à qch** eine Besonderheit von etw sein; **être** ~ **à qn** jdm eigen sein **2.** m, f un ~ (citoyen) ein Privatmann m; **particulièrement** adv besonders
partie [paʀti] f Teil m; (profession, spécialité) Gebiet nt; (MUS) Partie f; (JUR: adversaire) Partei f; (de cartes, de tennis) Spiel nt, Partie f; (lutte, combat) Kampf m; **en** ~ teilweise; **en grande/majeure** ~ zu einem großen Teil/hauptsächlich; **faire** ~ **de qch** zu etw gehören; **prendre qn à** ~ jdn ins Gebet nehmen; **ce n'est pas une** ~ **de plaisir** das ist kein Honiglecken; ~ **de campagne/de pêche** (divertissement) Landpartie f/Angeltour f; ~ **civile** Privatkläger(in) m(f), Nebenkläger(in) m(f); ~ **publique** Staatsanwalt(-anwältin) m(f)
partiel, le [paʀsjɛl] **1.** adj Teil-, teilweise, partiell **2.** m (SCOL) (Teil)klausur f
partir ⟨10⟩ [paʀtiʀ] vi ⟨avec être⟩ (personne) gehen, weggehen; (en voiture, train, etc) wegfahren; (avion) abfliegen; (train, bus, voiture) abfahren; (lettre) abgehen; (pétard, fusil) losgehen; (tache) herausgehen; (moteur) anspringen; (se détacher: bouton) abgehen; **à** ~ **de** von … an; ~ **de** (commencer: personne) anfangen mit; (route) anfangen in +dat, ausgehen von; (abonnement) anfangen in +dat/am; (proposition) ausgehen von; ~ **d'un endroit/ de chez soi** von einem Ort aus/von zu Hause losgehen [o losfahren]; ~ **en voyage** verreisen
partisan, e [paʀtizɑ̃, an] **1.** m, f Anhänger(in) m(f); (MIL) Partisan(in) m(f); ~ **de l'avortement** Abtreibungsbefürworter m **2.** adj **être** ~ **de qch/faire qch** für etw sein/dafür sein, etw zu tun; ~ **du moindre effort** Faulpelz m
partitif, -ive [paʀtitif, iv] adj **article** ~ Tei-

lungsartikel m
partition [paʀtisjɔ̃] f (MUS) Noten pl; Partitur f
partout [paʀtu] adv überall; **de** ~ von überall; **trente** ~ (TENNIS) dreißig beide
paru, e [paʀy] pp de **paraître**
parure [paʀyʀ] f (vêtements, ornements, bijoux) Staat m, Aufmachung f; (de table, de sous-vêtements) Wäsche f; ~ **de diamants** (bijoux assortis) Diamantschmuck m
parution [paʀysjɔ̃] f Erscheinen nt, Veröffentlichung f
parvenir ⟨9⟩ [paʀvəniʀ] vi ⟨avec être⟩ ~ **à** (jdn/einen Ort) erreichen; ~ **à un âge avancé** ein fortgeschrittenes Alter erreichen; ~ **à faire qch** es schaffen, etw zu tun; ~ **à la fortune** zu Reichtum kommen; ~ **à ses fins** (arriver) zu seinem Ziel gelangen
parvenu, e [paʀvəny] m, f (péj) Emporkömmling m
parvis [paʀvi] m Vorplatz m
pas [pa] adv **ne … ~** (avec verbe) nicht; ~ **de** (avec nom) kein, keine, kein; ~ **de sitôt** so schnell nicht; ~ **du tout** überhaupt nicht; ~ **encore** noch nicht; ~ **plus tard qu'hier** erst gestern; **ce n'est** ~ **sans peine/hésitation que je** … nicht ohne Mühe/Zögern … ich; **elle travaille, (mais) lui** ~ sie arbeitet, er (aber) nicht; **ils ont** ~ **mal d'argent/d'enfants** sie haben nicht (gerade) wenig Geld/wenige Kinder; **je ne mange** ~ **de pain** ich esse kein Brot; **je ne vais** ~ **à l'école** ich gehe nicht zur Schule; **je n'en sais** ~ **plus** ich weiß nicht mehr; ~ **cool** (fam) uncool
pas [pa] m Schritt m; (trace) Tritt m, Spur f; (fig: étape) Etappe f; (d'un cheval) Gang m; (TECH: de vis, d'écrou, d'hélice) Gewinde nt; **au** ~ im Schritttempo; **à** ~ **de loup** auf leisen Sohlen; ~ **à** ~ Schritt für Schritt; **un** ~ **de tango/de deux** ein Tangoschritt/Pas de deux m; ~ **de la porte** Türschwelle f
Pas-de-Calais [pad(ə)kalɛ] m **le** ~ Pas-de-Calais nt (französisches Departement)
passablement [pasabləmɑ̃] adv (pas trop mal) ganz passabel; ~ **de** ziemlich viele
passage [pasaʒ] m (petite rue couverte) Passage f; (NAUT: traversée) Überfahrt f; (lieu: trouée, col) Übergang m; (d'un livre, d'une symphonie) Passage f; (itinéraire) Weg m; **laissez/n'obstruez pas le** ~ (chemin) lassen Sie Platz/behindern Sie nicht den Durchgang; ~ **interdit** Durchfahrt verboten; ~ **à niveau** (ebenerdiger) Bahnübergang m; ~ **protégé** vorfahrtsbe-

rechtigte Straße; ~ **de tri** (*INFORM*) Sortierlauf *m*

passager, -ère [pɑsaʒe, ɛʀ] **1.** *adj* vorübergehend **2.** *m, f* Passagier *m;* ~ **clandestin** blinder Passagier

passant, e [pɑsɑ̃, ɑ̃t] **1.** *adj* (*rue*) belebt;
remarquer qch en ~ etw beiläufig [o en
passant] bemerken **2.** *m, f* Passant(in) *m(f)*

passe [pɑs] **1.** *f* (*SPORT*) Pass *m* **2.** *m* (*fam:
passe-partout*) Hauptschlüssel *m*

passé, e 1. *adj* vergangen; (*fané*) verblasst; **midi** ~ nach Mittag; ~ **10 heures**
nach 10 Uhr **2.** *m* Vergangenheit *f;* ~
simple/composé Passé simple *nt*/Passé
composé *nt*

passe-montagne (passe-montagnes)
[pɑsmɔ̃taɲ] *m* Kapuzenmütze *f*

passe-partout [pɑspaʀtu] **1.** *m inv* (*clé*)
Hauptschlüssel *m;* (*carton*) Passepartout *nt*
2. *adj inv* Allzweck-

passe-passe [pɑspas] *m inv* **tour de** ~
Taschenspielertrick *m;* (*fig*) Trick *m*

passe-plat (passe-plats) [pɑspla] *m*
Durchreiche *f*

passeport [pɑspɔʀ] *m* Reisepass *m;* ~
diplomatique Diplomatenpass *m*

passer ⟨1⟩ [pɑse] **1.** *vi* ⟨*avec être*⟩ vorbeigehen; (*véhicule*) vorbeifahren; (*faire une
halte rapide: livreur*) vorbeikommen; (*courant électrique, air, lumière*) durchkommen;
(*franchir un obstacle*) durchkommen;
(*temps, jours*) vorbeigehen; (*liquide*) durch-
laufen; (*projet de loi*) durchkommen; (*film*)
laufen; (*émission*) kommen; (*pièce de théâtre*) gegeben werden, spielen; (*couleur,
papier*) verblassen; (*mode*) vorbeigehen;
(*douleur, maladie*) vergehen; (*CARTES*) passen; ~ (**chez qn**) (*pour rendre visite*) vorbeikommen, (bei jdm) hereinschauen; ~
d'un pays dans un autre von einem Land
ins andere gehen; ~ **à la radio/télévision**
im Radio/Fernsehen kommen; ~ **par**
gehen durch/über +*akk;* (*voiture*) fahren
durch/über +*akk;* (*intermédiaire*) gehen
über +*akk;* (*organisme*) gehen durch;
(*expérience*) durchmachen; ~ **sur** übergehen; ~ **au travers d'une corvée/punition**
von einer lästigen Pflicht/einer Strafe
befreit werden; ~ **avant qch/qn** (*être plus
important que*) vor etw/jdm kommen; ~
devant/derrière qn/qch vor/hinter jdm/
etw vorbeigehen; **laisser** ~ (*lumière, personne*) durchlassen; (*affaire, erreur*) durchgehen lassen; ~ **dans la classe supérieure**
in die nächste Klasse kommen; ~ **à la
radio** (*fam*) geröntgt werden; ~ **à la visite
médicale** medizinisch untersucht werden;

~ **inaperçu(e)** unerkannt bleiben; **j'en
passe et des meilleures** und so weiter
und so fort; ~ **pour riche/un imbécile** für
reich/einen Dummkopf gehalten werden;
~ **à table/au salon/à côté** zu Tisch/ins
Wohnzimmer/nach nebenan gehen; ~ **à
l'étranger/à l'opposition** ins Ausland/in
die Opposition gehen **2.** *vt* ⟨*avec avoir*⟩
(*franchir*) überqueren; (*examen*) ablegen;
(*journée, temps*) verbringen; (*enfiler*) anziehen; (*dépasser: gare, maison*) vorbeigehen/
-fahren an +*dat;* (*café, thé, soupe*) durch-
seihen, filtern; (*film, pièce*) geben; (*disque*)
spielen; (*effacer*) ausbleichen; ~ **qch (à
qn)** (*permettre*) (jdm) etw durchlassen; ~
qch à qn (*objet*) jdm etw geben; (*message*)
jdm etw übermitteln; (*maladie*) jdn (mit
etw) anstecken; ~ **la seconde/ troisième**
(*AUTO*) in den zweiten/dritten Gang schalten; ~ **l'oral** eine/die mündliche Prüfung
ablegen; ~ **qch en fraude** etw schmuggeln; ~ **la tête/la main par la portière**
den Kopf/die Hand durch die Tür strecken; ~ **le balai/l'aspirateur** fegen/staub-
saugen; **je vous passe M. X** (*au téléphone*)
ich gebe Ihnen Herrn X; ~ **un marché/
accord** einen Vertrag/ein Abkommen
schließen **3.** *vpr* **se** ~ (*avoir lieu*) sich
abspielen, stattfinden; **se** ~ **de qch** auf
etw *akk* verzichten; **se** ~ **les mains sous
l'eau** sich *dat* die Hände waschen; **que
s'est-il passé?** was ist passiert?; **ça ne se
passera pas comme ça** (*fam*) so nicht, so
haben wir nicht gewettet

passereau (x) [pɑsʀo] *m* Spatz *m*

passerelle [pɑsʀɛl] *f* (*pont étroit*) Fußgän-
gerüberführung *f;* (*d'un navire, d'un avion*)
Gangway *f*

passe-temps [pɑstɑ̃] *m inv* Zeitvertreib *m*

passette [pɑsɛt] *f* Teesieb *nt*

passeur, -euse [pɑsœʀ, øz] *m, f* Fähr-
mann *m;* (*fig*) Fluchthelfer(in) *m(f)*

passif, -ive [pɑsif, iv] **1.** *adj* passiv **2.** *m*
(*LING*) Passiv *nt;* (*COM*) Passiva *pl,* Schulden *pl*

passion [pɑsjɔ̃] *f* Leidenschaft *f;* **la** ~ **du
jeu/de l'argent** die Spielleidenschaft/die
Faszination des Geldes; **passionnant, e**
[pɑsjɔnɑ̃, ɑ̃t] *adj* spannend; **passionné,
e** *adj* leidenschaftlich; **passionnément**
[pɑsjɔnemɑ̃] *adv* leidenschaftlich; **pas-
sionner** ⟨1⟩ [pɑsjɔne] **1.** *vt* faszinieren,
fesseln; (*débat, discussion*) begeistern **2.** *vpr*
se ~ **pour qch** sich leidenschaftlich für
etw interessieren

passivement [pɑsivmɑ̃] *adv* passiv

passivité [pɑsivite] *f* Passivität *f*

passoire [paswaʀ] f Sieb nt
pastèque [pastɛk] f Wassermelone f
pasteur [pastœʀ] mf Pfarrer(in) m(f)
pasteuriser ⟨1⟩ [pastœʀize] vt pasteurisieren
pastiche [pastiʃ] m Persiflage f
pastille [pastij] f Pastille f
pastis [pastis] m Pastis m (Anisaperitif)
patate [patat] f (fam) Kartoffel f
patauger ⟨2⟩ [patoʒe] vi plantschen; (fig) ins Schwimmen geraten; ~ **dans** (en marchant) waten durch
pâte [pɑt] f Teig m; (d'un fromage) Masse f; (substance molle) Brei m, Paste f; ~**s** fpl (macaroni, etc) Teigwaren pl; ~ **d'amandes** Marzipan nt; ~ **brisée/feuilletée** Mürb-/Blätterteig; ~ **de fruits** Fruchtgelee nt; ~ **à modeler** Plastilin nt, Knetmasse f; ~ **à papier** Papierbrei m
pâté [pate] m (charcuterie) Pastete f; (tache d'encre) Tintenfleck m; ~ **en croûte** Fleischpastete; ~ **de foie/de lapin** Leber-/Kaninchenpastete; ~ **impérial** (GASTR) Frühlingsrolle f
pâtée [pate] f (pour chien, chat) Futter nt
paternel, le [patɛʀnɛl] adj väterlich
paternité [patɛʀnite] f Vaterschaft f
pâteux, -euse [patø, øz] adj zähflüssig
pathétique [patetik] adj ergreifend
pathologie [patɔlɔʒi] f Pathologie f; **pathologique** [patɔlɔʒik] adj pathologisch
patiemment [pasjamã] adv geduldig
patience [pasjãs] f Geduld f; **perdre** ~ die Geduld verlieren; **patient, e** 1. adj geduldig 2. m, f Patient(in) m(f); **patienter** ⟨1⟩ [pasjãte] vi sich gedulden, warten
patin [patɛ̃] m ~**s** (à glace) Schlittschuhe pl; ~**s en ligne** Inlineskates pl; ~**s à roulettes** Rollschuhe pl; **patinage** [patinaʒ] m Schlittschuhlaufen nt; ~ **artistique/de vitesse** (Eis)kunstlaufen nt/Eisschnelllaufen nt
patine [patin] f Patina f
patiner ⟨1⟩ [patine] vi (personne) Schlittschuh laufen; (embrayage) schleifen; (roue) durchdrehen; **patineur, -euse** m, f Schlittschuhläufer(in) m(f); **patinoire** [patinwaʀ] f Eisbahn f
pâtisserie [patisʀi] f (boutique) Konditorei f; **la** ~ das Gebäck, das Backwerk; ~**s** fpl (gâteaux) feine Kuchen, Backwaren pl; **pâtissier, -ière** [patisje, ɛʀ] m, f Konditor(in) m(f)
patois [patwa] m Mundart f
patriarche [patʀijaʀʃ(ə)] m (REL) Patriarch m

patrie [patʀi] f Vaterland nt, Heimat f
patrimoine [patʀimwan] m Erbe nt; (culturel) Kulturgut nt; ~ **héréditaire** Erbgut nt
patriote [patʀijɔt] 1. adj patriotisch 2. mf Patriot(in) m(f); **patriotique** adj patriotisch; **patriotisme** [patʀijɔtism] m Patriotismus m
patron, ne [patʀɔ̃, ɔn] 1. m, f (saint) Patron(in) m(f); (d'un café, d'un hôtel, d'une usine) Chef(in) m(f); Besitzer(in) m(f); ~**s et employés** Arbeitgeber und Arbeitnehmer pl 2. m (en couture) (Schnitt)muster nt; **patronage** [patʀɔnaʒ] m Schirmherrschaft f; (club) Jugendklub m; **patronal, e** (-aux) [patʀɔnal, o] adj (syndicat, intérêts) Arbeitgeber-; **patronat** [patʀɔna] m Arbeitgeber pl; **patronner** ⟨1⟩ [patʀɔne] vt (protéger) protegieren, sponsern
patronyme [patʀɔnim] m Familienname m
patrouille [patʀuj] f Patrouille f, Streife f; **patrouiller** ⟨1⟩ vi patrouillieren
patte [pat] f (d'un animal) Bein nt, Pfote f; (fam: jambe d'une personne) Bein nt; (fam: main d'une personne) Pfote f, Flosse f
pâturage [patyʀaʒ] m Weide f
paume [pom] f (ANAT) Handfläche f, Handteller m; **paumé, e** adj **être** ~**(e)** (fam) nicht durchblicken, es nicht blicken; (désorienté) sich verirrt haben; **habiter dans un coin complètement** ~ (fam) am Ende der Welt wohnen; **paumer** ⟨1⟩ vt (fam: perdre) verlieren
paupière [popjɛʀ] f Lid nt
paupiette [popjɛt] f ~ **de veau** Kalbsroulade f
pause [poz] f Pause f; **pause-café** (pauses-café) [pozkafe] f Kaffeepause f
pauvre [povʀ(ə)] adj arm; **pauvrement** adv ärmlich; **pauvreté** [povʀəte] f Armut f
pavaner ⟨1⟩ [pavane] vpr **se** ~ herumstolzieren
pavé, e [pave] 1. adj gepflastert 2. m (bloc de pierre) Pflasterstein m; (fam: livre épais) Schinken m; **paver** ⟨1⟩ [pave] vt pflastern
pavillon [pavijɔ̃] m Pavillon m; (maisonnette, villa) Häuschen nt; (NAUT) Flagge f
pavot [pavo] m Mohn m
payable [pejabl] adj zahlbar
payant, e [pejã, ãt] adj (hôte, spectateur) zahlend; (parking) gebührenpflichtig; (entreprise, coup) Gewinn bringend, rentabel; **l'entrée est** ~**e** der Eintritt ist nicht frei

paye 232 pèlerin

paye [pɛj] *f (d'un employé)* Lohn *m*
payement [pɛjmã] *m v.* **paiement**
payer ⟨7⟩ [peje] **1.** *vt* bezahlen, zahlen; *(fig: faute, crime)* bezahlen für; ~ **comptant** [o **en espèces**]/**par chèque** bar/mit Scheck bezahlen; ~ **qch à qn** jdm etw zahlen; ~ **qn de** jdn bezahlen für **2.** *vi* sich auszahlen, sich lohnen
pays [pei] *m* Land *nt;* ~ **d'accueil** Gastland; **le Pays basque** das Baskenland; ~ **exportateur** Exportland; ~ **exportateur**/**producteur de pétrole** Erdöl exportierendes Land/Ölförderland; **le** ~ **de Galles** Wales *nt;* ~ **en voie de développement** Entwicklungsland
paysage [peizaʒ] *m* Landschaft *f;* **paysagiste** *mf (peintre)* Landschaftsmaler(in) *m(f);* (*jardinier*) Landschaftsgärtner(in) *m(f)*
paysan, ne [peizã, an] **1.** *m, f* Bauer (Bäuerin) *m(f)* **2.** *adj (mœurs, revendications)* Bauern-, bäuerlich; *(air)* Land-
Pays-Bas [peiba] *mpl* **les** ~ die Niederlande *pl*
PC *m abr de* **personal computer** PC *m*
p.c.c. *abr de* **pour copie conforme** beglaubigte Kopie
P.C.F. *m abr de* **Parti communiste français** kommunistische Partei Frankreichs
P.C.V. *m abr de* **PerCeVoir** R-Gespräch *nt*
P.-D.G. *m abr de* **Président-directeur général** Generaldirektor(in) *m(f),* Geschäftsführer(in) *m(f)*
péage [peaʒ] *m (sur autoroute)* Autobahngebühr *f;* (*sur pont*) Brückengebühr *f;* (*endroit*) Maut(stelle) *f;* **autoroute**/**pont à** ~ gebührenpflichtige Straße/Brücke
peau (x) [po] *f* Haut *f;* ~ **de banane** Bananenschale *f;* ~ **de chamois** *(chiffon)* Fensterleder *nt;* ~ **du saucisson** (Wurst)pelle *f*
peccadille [pekadij] *f* kleine Sünde
pêche [pɛʃ] *f (poissons pêchés)* Fang *m;* (*fruit*) Pfirsich *m;* **avoir la** ~ *(fam)* voller Energie stecken; **la** ~ das Fischen; (*à la ligne*) das Angeln; ~ **au filet dérivant** Treibnetzfischerei *f*
péché [peʃe] *m* Sünde *f;* **pécher** ⟨5⟩ *vi* (*REL*) sündigen
pêcher ⟨1⟩ [peʃe] **1.** *vt* fischen; angeln; ~ **au filet** mit dem Netz fischen; ~ **à la ligne** angeln **2.** *m* Pfirsichbaum *m*
pécheur, -eresse [peʃœr, peʃrɛs] *m, f* Sünder(in) *m(f)*
pêcheur, -euse [peʃœr, øz] *m, f* Fischer(in) *m(f);* Angler(in) *m(f)*
pécule [pekyl] *m* Ersparnisse *pl*
pécuniaire [pekynjɛr] *adj* finanziell

pédagogie [pedagoʒi] *f* Pädagogik *f;* **pédagogique** *adj* pädagogisch; **pédagogue** [pedagog] *mf* Pädagoge(-gogin) *m(f)*
pédale [pedal] *f* Pedal *nt;* **pédaler** ⟨1⟩ *vi* (in die Pedale) treten; ~ **dans la semoule** *(fam)* sich abstrampeln
pédalo [pedalo] *m* Tretboot *nt*
pédant, e [pedã, ãt] *adj* besserwisserisch
pédé [pede] *m (fam)* Schwule(r) *m*
pédéraste [pederast(ə)] *m* Päderast *m*
pédestre [pedɛstr(ə)] *adj* **randonnée** ~ Wanderung *f*
pédiatre [pedjatr(ə)] *mf* Kinderarzt(-ärztin) *m(f);* **pédiatrie** *f* Kinderheilkunde *f*
pédicure [pedikyr] *mf* Fußpfleger(in) *m(f)*
pédophile [pedofil] **1.** *adj* pädophil **2.** *mf* Pädophile(r) *mf*
peeling [piliŋ] *m* Peeling *nt*
pègre [pɛgr(ə)] *f* Unterwelt *f*
peigne [pɛɲ] *m* Kamm *m;* **peigner** ⟨1⟩ [peɲe] **1.** *vt* kämmen **2.** *vpr* **se** ~ sich kämmen; **peignoir** [pɛɲwar] *m (de sportif, sortie de bain)* Bademantel *m;* (*déshabillé*) Morgenmantel *m*
peinard, e [penar, ard] *adj* gemütlich, geruhsam; **on est** ~ **ici** hier geht es gemütlich zu
peindre [pɛ̃dr(ə)] *irr vt* malen; (*mur, carrosserie*) streichen
peine [pɛn] *f (affliction, chagrin)* Kummer *m;* (*mal, effort, difficulté*) Mühe *f;* (*punition, JUR*) Strafe *f;* **à** ~ *(presque, très peu)* kaum; **faire de la** ~ **à qn** jdm wehtun; **prendre la** ~ **de** sich *dat* die Mühe machen zu; **se donner de la** ~ sich bemühen; **ce n'est pas la** ~ das ist nicht nötig; **ça ne vaut pas la** ~ es lohnt sich nicht; **il y a à** ~ **huit jours** es ist kaum acht Tage her; **sous** ~ **d'amende** bei Strafe; ~ **de mort**/**capitale** Todesstrafe; **peiner** ⟨1⟩ [pene] **1.** *vi* (*se fatiguer*) sich abmühen **2.** *vt* betrüben
peintre [pɛ̃tr(ə)] *mf* Maler(in) *m(f);* ~ **en bâtiment** Anstreicher(in) *m(f)*
peinture [pɛ̃tyr] *f* Malen *nt;* (An)streichen *nt;* (*tableau*) Bild *nt;* (*couleur*) Farbe *f;* **la** ~ (*ART*) die Malerei; ~ **fraîche!** frisch gestrichen!; ~ **mate**/**brillante** Matt-/Glanzlack *m*
péjoratif, -ive [peʒɔratif, iv] *adj* pejorativ, abwertend
Pékin [pekɛ̃] Peking *nt*
pelage [pəlaʒ] *m* Fell *nt*
pêle-mêle [pɛlmɛl] *adv* durcheinander
peler ⟨4⟩ [pəle] **1.** *vt* schälen **2.** *vi* sich schälen
pèlerin [pɛlrɛ̃] *m (REL)* Pilger(in) *m(f);*

pèlerinage [pɛlʀinaʒ] *m* Wallfahrt *f*

pélican [pelikã] *m* Pelikan *m*

pelle [pɛl] *f* Schaufel *f*; ~ **mécanique** (Löffel)bagger *m*; ~ **à tarte**, ~ **à gâteau** Tortenheber *m*

pellicule [pelikyl] *f* (*couche fine*) Häutchen *nt*; (*FOTO*) Film *m*; ~**s** *fpl* Schuppen *pl*

pelote [p(ə)lɔt] *f* (*de fil, de laine*) Knäuel *m* o *nt*; (*d'épingles, d'aiguilles*) Nadelkissen *nt*; ~ (**basque**) (*jeu*) Pelota *f* (*baskisches Ballspiel*)

peloter ⟨1⟩ [p(ə)lɔte] **1.** *vt* (*fam*) begrapschen **2.** *vpr* **se** ~ Petting machen, fummeln

peloton [p(ə)lɔtɔ̃] *m* (*SPORT*) (Haupt)feld *nt*; ~ **d'exécution** Hinrichtungskommando *nt*

pelotonner ⟨1⟩ [p(ə)lɔtɔne] *vpr* **se** ~ sich zusammenrollen

pelouse [p(ə)luz] *f* Rasen *m*

peluche [p(ə)lyʃ] *f* **animal en** ~ Stofftier *nt*

pelure [p(ə)lyʀ] *f* (*épluchure*) Schale *f*

pénal, e (-aux) [penal, o] *adj* Straf-

pénalisation [penalizasjɔ̃] *f* (*SPORT*) Bestrafung *f*

pénaliser ⟨1⟩ [penalize] *vt* bestrafen

pénalité [penalite] *f* (*sanction*) Strafe *f*; (*SPORT*) Strafstoß *m*

penalty (penalties) [penalti] *m* Elfmeter *m*

penchant [pãʃã] *m* Neigung *f*, Vorliebe *f*; **avoir un** ~ **pour qch** eine Vorliebe für etw haben

pencher ⟨1⟩ [pãʃe] **1.** *vi* sich neigen; ~ **pour** neigen zu **2.** *vt* neigen **3.** *vpr* **se** ~ sich vorbeugen; **se** ~ **sur** sich beugen über +*akk*; (*fig*) sich vertiefen in +*akk*

pendant [pãdã] *prep* während +*gen*

pendant, e [pãdã, ãt] *adj* (*JUR, ADMIN*) schwebend

pendentif [pãdãtif] *m* (*bijou*) Anhänger *m*

penderie [pãdʀi] *f* (*placard*) Kleiderschrank *m*

pendre ⟨14⟩ [pãdʀ(ə)] **1.** *vt* aufhängen; (*personne*) hängen **2.** *vi* hängen **3.** *vpr* **se** ~ sich aufhängen; **se** ~ **à qch** hängen an +*dat*; **pendu, e** [pãdy] **1.** *pp de* pendre **2.** *m, f* Gehängte(r) *mf*

pendule [pãdyl] **1.** *f* (*horloge*) (Wand)uhr *f* **2.** *m* Pendel *m*

pénétrer ⟨5⟩ [penetʀe] **1.** *vi* ~ **dans/à l'intérieur de** herein-/hineinkommen in +*akk*; (*de force*) eindringen in +*akk*; (*en voiture, etc*) herein-/hineinfahren in +*akk* **2.** *vt* eindringen in +*akk*; (*mystère, secret*) herausfinden; (*pluie*) durchdringen

pénible [penibl(ə)] *adj* (*astreignant, difficile*)

mühsam, schwierig; (*douloureux, affligeant*) schmerzhaft; (*personne, caractère*) lästig; **péniblement** *adv* mit Schwierigkeit; schmerzlich

péniche [peniʃ] *f* Lastkahn *m*, Frachtkahn *m*

pénicilline [penisilin] *f* Penizillin *nt*

péninsule [penɛ̃syl] *f* Halbinsel *f*

pénis [penis] *m* Penis *m*

pénitence [penitãs] *f* (*repentir*) Reue *f*; (*REL*) Buße *f*; (*punition*) Strafe *f*; **pénitencier** [penitãsje] *m* (*prison*) Zuchthaus *nt*

pénombre [penɔ̃bʀ(ə)] *f* Halbdunkel *nt*

pense-bête (pense-bêtes) [pãsbɛt] *m* Gedächtnisstütze *f*; (*feuille*) Notizzettel *m*; (*signe*) Merkzeichen *nt*

pensée [pãse] *f* Gedanke *m*; (*doctrine*) Lehre *f*; (*BOT*) Stiefmütterchen *nt*; **la** ~ (*faculté, fait de penser*) das Denken; **en** ~ im Geist

penser ⟨1⟩ [pãse] **1.** *vi* denken; ~ **à** denken an +*akk*; (*réfléchir à*) nachdenken über +*akk* **2.** *vt* denken; (*imaginer, concevoir*) sich *dat* denken; ~ **faire qch** vorhaben, etw zu tun; ~ **du bien/du mal de qn/qch** gut/schlecht über jdn/etw denken; **penseur, -euse** *m* Denker(in) *m(f)*; **pensif, -ive** *adj* nachdenklich

pension [pãsjɔ̃] *f* (*allocation*) Rente *f*; (*somme, prix payé*) Pension *f*; (*hôtel, maison particulière*) Pension *f*; (*SCOL*) Internat *nt*; **chambre sans/avec** ~ (**complète**) Zimmer mit/ohne Vollpension; **envoyer un enfant en** ~ ein Kind in ein Internat geben; **prendre** ~ **chez qn/dans un hôtel** bei jdm/in einem Hotel in Pension sein; **prendre qn chez soi en** ~ jdn beköstigen, jdm (gegen Bezahlung) Kost und Logis bieten; ~ **alimentaire** Unterhaltszahlung *f*; ~ **de famille** Pension; **pensionnaire** [pãsjɔnɛʀ] *mf* Pensionsgast *m*; Internatsschüler(in) *m(f)*; **pensionnat** [pãsjɔna] *m* Internat *nt*

pensum [pɛ̃sɔm] *m* (*SCOL*) Strafarbeit *f*; (*fig*) lästige Arbeit

pentagone [pɛ̃tagɔn] *m* Fünfeck *nt*; **le Pentagone** das Pentagon

pentathlon [pɛ̃tatlɔ̃] *m* Fünfkampf *m*

pente [pãt] *f* (*d'un terrain, d'une surface*) Gefälle *nt*; **une** ~ (*surface oblique*) ein Abhang *m*; **en** ~ schräg, abfallend

Pentecôte [pãtkot] *f* **la** ~ das Pfingstfest, Pfingsten *nt*

pénurie [penyʀi] *f* Mangel *m*

pépé [pepe] *m* (*fam*) Opa *m*

pépier ⟨1⟩ [pepje] *vi* zwitschern

pépin [pepɛ̃] *m* (*BOT*) Kern *m*; (*fam*) Haken

m, Schwierigkeit *f*
pépinière [pepinjɛʀ] *f* Baumschule *f*
perçant, e [pɛʀsɑ̃, ɑ̃t] *adj (vue)* scharf; *(voix)* durchdringend
percée [pɛʀse] *f (chemin, trouée)* Öffnung *f; (SPORT)* Durchbruch *m*
perce-neige [pɛʀsənɛʒ] *m* o *f inv* Schneeglöckchen *nt*
percepteur [pɛʀsɛptœʀ] *m* Steuereinnehmer(in) *m(f)*
perceptible [pɛʀsɛptibl] *adj* wahrnehmbar
perception [pɛʀsɛpsjɔ̃] *f* Wahrnehmung *f; (bureau)* Finanzamt *nt*
percer ⟨2⟩ [pɛʀse] **1.** *vt* ein Loch machen in +*akk; (oreilles)* durchstechen; *(parts du corps)* piercen; *(abcès)* aufschneiden; *(trou, tunnel)* bohren; *(fenêtre)* ausbrechen; *(avenue)* anlegen; *(lumière, soleil, bruit)* durchdringen; *(mystère, énigme)* auflösen; ~ **une dent** *(bébé)* zahnen **2.** *vi* durchkommen; *(aube)* anbrechen; *(réussir: artiste)* den Durchbruch schaffen; **perceuse** *f (outil)* Bohrer *m;* ~ **à percussion** Schlagbohrmaschine *f*
percevable [pɛʀsəvabl] *adj* zu zahlen, zahlbar
percevoir ⟨12⟩ [pɛʀsəvwaʀ] *vt (discerner)* wahrnehmen, erkennen; *(somme d'argent)* einnehmen
perche [pɛʀʃ(ə)] *f (ZOOL)* (Fluss)barsch *m; (pièce de bois, métal)* Stange *f;* **percher** ⟨1⟩ *vpr* **se** ~ *(oiseau)* hocken, sitzen; **perchiste** [pɛʀʃist] *mf* Stabhochspringer(in) *m(f); (TV, CINE)* Tontechniker(in) *m(f);* **perchoir** [pɛʀʃwaʀ] *m* (Vogel)stange *f*
percolateur [pɛʀkɔlatœʀ] *m* Kaffeemaschine *f*
percussion [pɛʀkysjɔ̃] *f* **instrument à** ~ Schlaginstrument *nt;* **percussionniste** [pɛʀkysjɔnist] *mf* Schlagzeuger(in) *m(f)*
percuter ⟨1⟩ [pɛʀkyte] **1.** *vt* stoßen, schlagen **2.** *vi* ~ **contre** knallen gegen
perdant, e [pɛʀdɑ̃, ɑ̃t] *m, f (jeu, compétition)* Verlierer(in) *m(f); (fig)* ewiger Verlierer, ewige Verliererin
perdre ⟨14⟩ [pɛʀdʀ(ə)] **1.** *vt* verlieren; *(gaspiller)* verschwenden, vergeuden; *(occasion)* verpassen; *(moralement)* ruinieren; ~ **son chemin** sich verirren; ~ **connaissance/l'équilibre** das Bewusstsein/Gleichgewicht verlieren; ~ **pied** *(im Wasser)* den Boden unter den Füßen verlieren; *(fig)* den Halt verlieren; ~ **qch/qn de vue** etw/jdn aus den Augen verlieren; ~ **la raison/la parole/la vue** den Verstand/die Sprache/das Augenlicht verlieren **2.** *vi*

(personne) verlieren; *(récipient)* undicht sein, lecken **3.** *vpr* **se** ~ *(personne)* sich verirren; *(rester inutilisé: chose)* verkümmern, brachliegen; *(disparaître)* sich verlieren
perdreau (x) [pɛʀdʀo] *m* Rebhuhnjunge(s) *nt*
perdrix [pɛʀdʀi] *f* Rebhuhn *nt*
perdu, e [pɛʀdy] **1.** *pp de* **perdre 2.** *adj (objet)* verloren; *(égaré)* verlaufen; *(balle)* verirrt; *(isolé)* abgelegen, gottverlassen; *(emballage, verre)* Einweg-; *(occasion)* vertan; *(malade, blessé)* unheilbar
père [pɛʀ] *m* Vater *m; de* ~ **en fils** vom Vater zum Sohn; **nos/vos** ~**s** *(ancêtres)* unsere/Ihre Vorfahren; ~ **de famille** Familienvater; **le** ~ **Noël** der Weihnachtsmann
péremption [peʀɑ̃psjɔ̃] *f* **date de** ~ Verfallsdatum *nt*
péremptoire [peʀɑ̃ptwaʀ] *adj* kategorisch
perfection [pɛʀfɛksjɔ̃] *f* Vollkommenheit *f; à la* ~ tadellos; **perfectionner** ⟨1⟩ [pɛʀfɛksjɔne] **1.** *vt* vervollkommnen **2.** *vpr* **se** ~ **en anglais/allemand** sein Englisch/Deutsch verbessern; **perfectionniste** [pɛʀfɛksjɔnist] *mf* Perfektionist(in) *m(f)*
perfide [pɛʀfid] *adj* heimtückisch
perforatrice [pɛʀfɔʀatʀis] *f (outil: pour cartes)* Locher *m; (pour tickets)* Lochzange *f;* **perforer** ⟨1⟩ [pɛʀfɔʀe] *vt (ticket)* lochen; *(TECH)* perforieren; **perforeuse** *f* Bohrer *m*
performance [pɛʀfɔʀmɑ̃s] *f* Leistung *f;* **performant, e** *adj* leistungsstark, effektiv
perfusion [pɛʀfyzjɔ̃] *f* Infusion *f*
péridurale [peʀidyʀal] *f* Epiduralanästhesie *f*
périf [peʀif] *m (fam)* v. **périphérique**
péri-informatique (péri-informatiques) [peʀiɛ̃fɔʀmatik] *f* Peripheriegerät *nt*
péril [peʀil] *m* Gefahr *f; à ses risques et* ~**s** auf eigenes Risiko; **périlleux, -euse** [peʀijø, øz] *adj* gefährlich
périmé, e [peʀime] *adj (conception)* überholt; *(passeport, etc)* abgelaufen
périmètre [peʀimɛtʀ(ə)] *m (MATH)* Umfang *m; (ligne)* Grenze *f; (zone)* Umkreis *m*
période [peʀjɔd] *f (époque)* Zeit *f; (durée)* Zeitraum *m,* Zeit *f;* ~ **d'essai** *(d'un emploi)* Probezeit; ~ **radioactive** Halbwertzeit; ~ **de transition** Übergangsphase *f;* **périodique 1.** *adj* periodisch, regelmäßig **2.** *m (magazine, revue)* Zeitschrift *f*

péripéties [peripesi] *fpl* Ereignisse *pl*, Vorfälle *pl*

périphérie [periferi] *f* Peripherie *f*; (*d'une ville*) Stadtrand *m*

périphérique [periferik] **1.** *m* Ringstraße *f*; (*INFORM*) Peripheriegerät *nt* **2.** *adj* **le boulevard** ~ die Ringstraße um Paris

périphrase [perifraz] *f* Umschreibung *f*

périple [peripl(ə)] *m* (Rund)reise *f*

périr ⟨8⟩ [perir] *vi* (*personne*) umkommen, sterben; (*navire*) untergehen

périscolaire [periskɔlɛr] *adj* außerschulisch

périscope [periskɔp] *m* Periskop *nt*

périssable [perisabl(ə)] *adj* (*denrée*) verderblich

perle [pɛrl(ə)] *f* Perle *f*; (*de sang, rosée*) Tropfen *m*; **perler** ⟨1⟩ *vi* (*sueur*) abperlen, abtropfen

permanence [pɛrmanãs] *f* Dauerhaftigkeit *f*; (*ADMIN, MED*) Bereitschaftsdienst *m*; (*lieu*) Bereitschaftszentrale *f*; **en** ~ permanent, ständig; **permanent, e 1.** *adj* ständig; (*constant, stable*) beständig, dauerhaft **2.** *f* Dauerwelle *f*

perméable [pɛrmeabl(ə)] *adj* (*roche, terrain*) durchlässig; ~ **à** (*fig*) offen für

permettre [pɛrmɛtr(ə)] *irr comme mettre* **1.** *vt* erlauben; ~ **qch à qn** jdm etw erlauben **2.** *vpr* **se** ~ **de faire qch** sich *dat* erlauben, etw zu tun

permis [pɛrmi] *m* Genehmigung *f*; ~ **de chasse/pêche** Jagd-/Angelschein *m*; ~ **de conduire** Führerschein *m*; ~ **de construire** Baugenehmigung *f*; ~ **d'inhumer** Totenschein *m*; ~ **poids lourds** LKW-Führerschein *m*; ~ **de séjour** Aufenthaltserlaubnis *f*

permissif, -ive [pɛrmisif, iv] *adj* freizügig

permission [pɛrmisjɔ̃] *f* Erlaubnis *f*; (*MIL*) Urlaub *m*; **avoir la** ~ **de faire qch** die Erlaubnis haben, etw zu tun

permissivité [pɛrmisivite] *f* Permissivität *f*, sexuelle Freizügigkeit

permuter ⟨1⟩ [pɛrmyte] **1.** *vt* umstellen **2.** *vi* (*personnes*) die Stelle tauschen

pernicieux, -euse [pɛrnisjø, øz] *adj* (*MED*) bösartig; (*fig*) gefährlich

Pérou [peru] *m* **le** ~ Peru *nt*; **ce n'est pas le** ~ (*fam: salaire, etc*) das ist (zwar) nicht die Welt …

perpendiculaire [pɛrpãdikylɛr] **1.** *adj* senkrecht; ~ **à** senkrecht zu **2.** *f* Senkrechte *f*

perpète [pɛrpɛt] *f* **à** ~ (*fam*) ewig weit weg; (*longtemps*) ewig; **être condamné(e) à** ~ lebenslänglich bekommen

perpétrer ⟨5⟩ [pɛrpetre] *vt* (*crime*) begehen, verüben

perpétuel, le [pɛrpetɥɛl] *adj* (*continuel*) ständig, fortwährend; (*fonction*) dauerhaft, lebenslang; **perpétuellement** *adv* ständig

perpétuité [pɛrpetɥite] *f* **à** ~ für immer, auf unbegrenzte Dauer; **être condamné(e) à** ~ zu lebenslänglicher Strafe verurteilt sein

perplexe [pɛrplɛks(ə)] *adj* verblüfft, perplex; **perplexité** [pɛrplɛksite] *f* Ratlosigkeit *f*

perquisition [pɛrkizisjɔ̃] *f* Haussuchung *f*; **perquisitionner** ⟨1⟩ [pɛrkizisjɔne] *vi* eine Haussuchung vornehmen

perron [pɛrɔ̃] *m* Freitreppe *f*

perroquet [pɛrɔkɛ] *m* Papagei *m*

perruche [peryʃ] *f* Wellensittich *m*

perruque [peryk] *f* Perücke *f*

persan, e [pɛrsɑ̃, an] *adj* Perser-; persisch; **Perse** [pɛrs] *f* **la** ~ Persien *nt*

persécuter ⟨1⟩ [pɛrsekyte] *vt* verfolgen

persécution [pɛrsekysjɔ̃] *f* Verfolgung *f*

persévérance [pɛrseverãs] *f* Ausdauer *f*; **persévérant, e** [pɛrseverã, ãt] *adj* ausdauernd, beharrlich

persévérer ⟨5⟩ [pɛrsevere] *vi* nicht aufgeben; ~ **dans qch** etw nicht aufgeben; (*dans une erreur*) in etw *dat* verharren

persiennes [pɛrsjɛn] *fpl* Fensterläden *pl*

persiflage [pɛrsiflaʒ] *m* Spott *m*

persil [pɛrsi(l)] *m* Petersilie *f*

persistant, e [pɛrsistã, ãt] *adj* anhaltend; (*feuillage*) immergrün; **arbre à feuillage** ~ immergrüner Baum

persister ⟨1⟩ [pɛrsiste] *vi* fortdauern; (*personne*) nicht aufhören; ~ **à faire qch** etw weiterhin tun; ~ **dans qch** auf etw *akk* beharren

personnage [pɛrsɔnaʒ] *m* Person *f*; (*de roman, théâtre*) Figur *f*; (*notable*) Persönlichkeit *f*

personnaliser ⟨1⟩ [pɛrsɔnalize] *vt* (*voiture, appartement*) eine persönliche Note geben +*dat*; (*impôt, assurance*) auf den Einzelnen abstimmen

personnalité [pɛrsɔnalite] *f* Persönlichkeit *f*

personne [pɛrsɔn] **1.** *pron* niemand; (*quelqu'un*) (irgend)jemand **2.** *f* (*être humain, individu*) Person *f*, Mensch *m*; **en** ~ persönlich; **dix euros par** ~ 10 Euro pro Person; **première/troisième** ~ (*LING*) erste/dritte Person; ~ **âgée** älterer Mensch; **grande** ~ Erwachsene(r) *mf*; ~ **à charge** (*JUR*) Unterhaltsberechtigte(r) *mf*;

~ **morale/physique** (*JUR*) juristische/ natürliche Person
personnel, le [pɛʀsɔnɛl] **1.** *adj* persönlich; Privat- **2.** *m* (*employés*) Personal *nt*; ~ **de service** Servicepersonal; **personnellement** *adv* persönlich
personnification [pɛʀsɔnifikasjɔ̃] *f* Verkörperung *f*
personnifier ⟨1⟩ [pɛʀsɔnifje] *vt* personifizieren
perspective [pɛʀspɛktiv] *f* (*ART, fig*) Perspektive *f*; (*vue, coup d'œil*) Ausblick *m*; (*angle, optique*) Blickwinkel *m*; ~**s** *fpl* (*horizons*) Aussichten *pl*; **en** ~ in Aussicht; ~ **d'avenir** Zukunftsaussichten *pl*
perspicace [pɛʀspikas] *adj* scharfsichtig; **perspicacité** [pɛʀspikasite] *f* Scharfsinn *m*
persuader ⟨1⟩ [pɛʀsɥade] *vt* überzeugen; ~ **qn de faire qch** jdn überreden, etw zu tun; ~ **qn de qch** jdn von etw überzeugen; **persuasif, -ive** [pɛʀsɥazif, iv] *adj* überzeugend; **persuasion** [pɛʀsɥazjɔ̃] *f* Überzeugung *f*
perte [pɛʀt(ə)] *f* Verlust *m*; (*fig*) Ruin *m*; **à** ~ mit Verlust; ~ **de l'emploi** Jobverlust; **à** ~ **de vue** so weit das Auge reicht; (*fig*) endlos; ~**s blanches** (*MED*) Ausfluss *m*; ~ **de confiance** Vertrauensverlust; ~ **sèche** Verlustgeschäft *nt*
pertinemment [pɛʀtinamɑ̃] *adv* treffend; (*savoir*) genau; **pertinence** [pɛʀtinɑ̃s] *f* Genauigkeit *f*; **pertinent, e** [pɛʀtinɑ̃, ɑ̃t] *adj* (*remarque, analyse*) treffend
perturbation [pɛʀtyʀbasjɔ̃] *f* (*agitation, trouble*) Unruhe *f*; ~ **atmosphérique** atmosphärische Störungen *pl*
perturber ⟨1⟩ [pɛʀtyʀbe] *vt* stören; (*personne*) beunruhigen
péruvien, ne [peʀyvjɛ̃, ɛn] *adj* peruanisch; **Péruvien, ne** *m, f* Peruaner(in) *m(f)*
pervers, e [pɛʀvɛʀ, s(ə)] **1.** *adj* (*vicieux, dépravé*) pervers; (*machination, conseil*) teuflisch **2.** *m, f* perverser Mensch; **perversion** [pɛʀvɛʀsjɔ̃] *f* Perversion *f*; **perversité** [pɛʀvɛʀsite] *f* Perversität *f*; **perverti, e** [pɛʀvɛʀti] *m, f* perverser Mensch
pervertir ⟨8⟩ [pɛʀvɛʀtiʀ] *vt* verderben
pesage [pəzaʒ] *m* Wiegen *nt*; (*à l'hippodrome*) Wiegeplatz *m*, Waage *f*
pesamment [pəzamɑ̃] *adv* schwerfällig
pesant, e [pəzɑ̃, ɑ̃t] *adj* schwer; (*présence*) lästig; (*sommeil*) tief; (*architecture, marche*) schwerfällig
pesanteur [pəzɑ̃tœʀ] *f* **la** ~ (*PHYS*) die Schwerkraft

pèse-bébé (pèse-bébés) [pɛzbebe] *m* Säuglingswaage *f*; **pèse-lettre** (pèse-lettres) *m* Briefwaage *f*; **pèse-personne** (pèse-personne(s)) *m* Personenwaage *f*
peser ⟨4⟩ [pəze] **1.** *vt* wiegen; (*considérer, comparer*) abwägen; ~ **cent kilos/peu** 100 Kilo/wenig wiegen **2.** *vi* (*avoir un certain poids*) schwer wiegen; ~ **sur** lasten auf +*dat*; (*influencer*) beeinflussen
pessimisme [pesimism] *m* Pessimismus *m*; **pessimiste** [pesimist(ə)] **1.** *adj* pessimistisch **2.** *mf* Pessimist(in) *m(f)*
peste [pɛst(ə)] *f* Pest *f*
pester ⟨1⟩ [pɛste] *vi* ~ **contre** schimpfen auf +*akk*
pesticide [pɛstisid] *m* Schädlingsbekämpfungsmittel *nt*, Pestizid *nt*
pet [pɛ] *m* (*fam*) Furz *m*
pétale [petal] *f* (*BOT*) Blütenblatt *nt*
pétanque [petɑ̃k] *f* in Südfrankreich *gespielte Variante des Boulespiels*
pétarade [petaʀad] *f* Fehlzündungen *pl*; **pétarader** ⟨1⟩ [petaʀade] *vi* Fehlzündungen haben
pétard [petaʀ] *m* Knallkörper *m*; (*fam: drogue*) Joint *m*
péter ⟨5⟩ [pete] *vi* (*fam*) furzen
pétiller ⟨1⟩ [petije] *vi* (*feu*) knistern; (*mousse, champagne*) perlen; (*yeux*) funkeln
petit, e [p(ə)ti, it] **1.** *adj* klein; (*pluie*) fein; (*promenade, voyage*) kurz; (*bruit, cri*) schwach; **les** ~**s** *mpl* (*dans une collectivité, école*) die Kleinen *pl*; (*d'un animal*) die Jungen *pl*; **les tout-petits** die ganz Kleinen *pl*; ~(**e**) **ami(e)** Freund(in) *m(f)*; ~ **pois** Erbse *f* **2.** *adv* ~ **à** ~ nach und nach; **petit-bourgeois, petite-bourgeoise** (petits-bourgeois) **1.** *adj* kleinbürgerlich, spießig **2.** *m, f* Kleinbürger(in) *m(f)*, Spießer(in) *m(f)*; **petit-déjeuner** (petits-déjeuners) *m* Frühstück *nt*; **petite-fille** (petites-filles) [p(ə)titfij] *f* Enkelin *f*; **petitesse** *f* Kleinheit *f*; (*d'un salaire*) Geringfügigkeit *f*; (*d'une existence*) Bescheidenheit *f*; (*de procédés*) Kleinlichkeit *f*; **petit-fils** (petits-fils) [p(ə)tifis] *m* Enkel *m*
pétition [petisjɔ̃] *f* Petition *f*; **pétitionnaire** [petisjɔnɛʀ] *mf* Bittsteller(in) *m(f)*
petit-lait (petits-laits) [p(ə)tilɛ] *m* Molke *f*; **boire du** ~ (*fig*) Genugtuung empfinden; **petit-nègre** [p(ə)tinɛgʀ] *m* (*pej*) Kauderwelsch *nt*; **petits-enfants** [p(ə)tizɑ̃fɑ̃] *mpl* Enkel *pl*; **petit-suisse** (petits-suisses) [p(ə)tisɥis] *m* Frischkäse in Portionstöpfchen
pétoche [petɔʃ] *f* **avoir la** ~ (*fam*) Muffensausen haben
pétrifier ⟨1⟩ [petʀifje] *vt* versteinern

pétrin [petʀɛ̃] m Backtrog m; **être dans le ~** (fam) in der Klemme stecken
pétrir ⟨8⟩ [petʀiʀ] vt kneten
pétrochimie [petʀoʃimi] f Petrochemie f
pétrodollar [petʀodɔlaʀ] m Petrodollar m
pétrole [petʀɔl] m Erdöl nt; (de lampe) Petroleum nt; **pétrolier, -ière** [petʀɔlje, ɛʀ] **1.** adj Öl- **2.** m (navire) Öltanker m
pétrolifère [petʀɔlifɛʀ] adj ölhaltig, Öl führend
pétulant, e [petylɑ̃, ɑ̃t] adj ausgelassen
pétunia [petynja] m Petunie f
peu [pø] **1.** adv wenig; (avec adjectif, adverbe) nicht sehr; **~ à ~** nach und nach; **~ avant/après** kurz davor/bald danach; **~ de** wenig; **à ~ près** ungefähr; **sous ~, avant ~** bald; **de ~** knapp; **depuis ~** seit kurzem; **c'est ~ de chose** das ist eine Kleinigkeit **2.** pron mpl wenige pl **3.** m **le ~ de courage qui nous restait** das bisschen Mut, das wir noch hatten; **un (petit) ~ (de)** etwas, ein wenig, ein bisschen
peuple [pœpl] m Volk nt; **peupler** ⟨1⟩ vt (pourvoir d'une population) bevölkern; (habiter) bewohnen +akk; (hanter, remplir) erfüllen
peuplier [pøplije] m Pappel f
peur [pœʀ] f Angst f; **avoir ~ (de qn/qch/ faire qch)** Angst haben (vor jdm/etw/, etw zu tun); **avoir ~ que** befürchten, dass; **de ~ de/que** aus Angst, dass; **faire ~ à qn** jdm Angst machen; **~ bleue** Heidenangst; **peureux, -euse** [pøʀø, øz] adj ängstlich
peut-être [pøtɛtʀ(ə)] adv vielleicht; **~ bien** es kann gut sein; **~ que** vielleicht
p. ex. abr de **par exemple** z. B.
pH m abr de **potentiel d'hydrogène** pH-Wert m
phalange [falɑ̃ʒ] f (des doigts) Fingerglied nt; (des orteils) Zehenglied nt; (POL) Phalanx f
phallique [falik] adj phallisch
phallocrate [falɔkʀat] m Macho m; **phallocratie** [falɔkʀasi] f Phallokratie f
phallus [falys] m (ANAT) Phallus m
phare [faʀ] m (tour) Leuchtturm m; (d'un aéroport) Leuchtfeuer nt; (AUTO) Scheinwerfer m; **se mettre en ~s** das Fernlicht einschalten; **~ antibrouillard** (AUTO) Nebelscheinwerfer
pharmaceutique [faʀmasøtik] adj pharmazeutisch
pharmacie [faʀmasi] f (science) Pharmazie f; (local) Apotheke f; (produits) Arzneimittel nt o pl

pharmacien, ne [faʀmasjɛ̃, ɛn] m, f Apotheker(in) m(f)
pharmacologie [faʀmakɔlɔʒi] f Arzneimittelkunde f
pharyngite [faʀɛ̃ʒit] f Rachenkatarr(h) m
pharynx [faʀɛ̃ks] m Rachen m
phase [faz] f Phase f; **être en ~ avec qn** mit jdm auf gleicher Wellenlinie liegen; **~ finale** (expérience) Endphase; (d'une maladie) Endstadium nt
phénoménal, e (-aux) [fenɔmenal, o] adj phänomenal
phénomène [fenɔmɛn] m Phänomen nt; (excentrique, original) Kauz m
philanthrope [filɑ̃tʀɔp] mf Menschenfreund(in) m(f); **philanthropie** [filɑ̃tʀɔpi] f Menschenfreundlichkeit f
philatélie [filateli] f Briefmarkensammeln nt
philharmonique [filaʀmɔnik] adj philharmonisch
philippin, e [filipɛ̃, in] adj philippinisch; **Philippin, e** m, f Filipino (Filipina) m(f)
Philippines [filipin] fpl **les ~** die Philippinen pl
philistin [filistɛ̃] m Banause m
philosophe [filozɔf] **1.** mf Philosoph(in) m(f) **2.** adj philosophisch; **philosophie** f Philosophie f; (calme, résignation) Gelassenheit f; **philosophique** adj philosophisch
phlébite [flebit] f Venenentzündung f
phobie [fɔbi] f Phobie f; (horreur) Abscheu m
phonétique [fɔnetik] **1.** adj phonetisch **2.** f **la ~** die Phonetik
phoque [fɔk] m Seehund m; (fourrure) Seal m
phosphate [fɔsfat] m Phosphat nt; **sans ~s** phosphatfrei
phosphore [fɔsfɔʀ] m Phosphor m; **phosphorer** ⟨1⟩ vi (fam) mit dem Kopf arbeiten
photo [fɔto] f Foto nt; **faire de la ~** fotografieren, Fotos machen; **prendre qn/qch en ~** von jdm/etw ein Foto machen; **tu veux ma ~?** (fam) was starrst du mich so an?; **~ d'identité** Passfoto; **~ satellite** Satellitenfoto
photocopie [fɔtɔkɔpi] f Fotokopie f; **photocopier** ⟨1⟩ [fɔtɔkɔpje] vt fotokopieren; **photocopieur** m, **photocopieuse** f Fotokopierer m, Kopiergerät nt; **~ couleur** Farbkopierer
photo-finish (photos-finish) [fɔtofiniʃ] f (appareil) Zielkamera f; (photo) Zielfoto nt
photogénique [fɔtɔʒenik] adj fotogen

photographe [fɔtɔgʀaf] mf Fotograf(in) m(f); **photographie** f Fotografie f; **photographier** ⟨1⟩ [fɔtɔgʀafje] vt fotografieren; **photographique** adj fotografisch

photomontage [fɔtomɔ̃taʒ] m Fotomontage f

photo-robot (photos-robots) [fɔtɔʀɔbo] f Phantombild nt

photosensible [fɔtosɑ̃sibl] adj lichtempfindlich

photostat [fɔtɔsta] m Fotokopie f

photostyle m (INFORM) Lichtgriffel m

phrase [fʀɑz] f Satz m

phraseur, -euse [fʀɑzœʀ, øz] m, f Schwätzer(in) m(f)

physicien, ne [fizisjɛ̃, ɛn] m, f Physiker(in) m(f)

physiologique [fizjɔlɔʒik] adj physiologisch

physionomie [fizjɔnɔmi] f Gesichtsausdruck m; (fig) Gepräge nt

physiothérapie [fizjoteʀapi] f Physiotherapie f

physique [fizik] **1.** adj (de la nature) physisch; (du corps) physisch, körperlich; (PHYS) physikalisch **2.** m (d'une personne) äußere Erscheinung; **au ~** körperlich **3.** f **la ~** die Physik; **physiquement** adv körperlich, physisch

phytothérapie [fitoteʀapi] f Pflanzenheilkunde f

piailler ⟨1⟩ [pjaje] vi (oiseau) piepsen

pianiste [pjanist(ə)] mf Pianist(in) m(f)

piano [pjano] m Klavier nt

pianoter ⟨1⟩ [pjanɔte] vi (jouer du piano) auf dem Klavier klimpern; ~ **sur une table/vitre** (tapoter) mit den Fingern auf den Tisch/aus Fenster trommeln

P.I.B. m abr de produit intérieur brut Bruttoinlandsprodukt nt

pic [pik] m (instrument) Spitzhacke f; (montagne, cime) Gipfel m; **à ~** (verticalement) senkrecht; **arriver à ~** (fam) wie gerufen kommen; **ça tombe à ~** (fam) das trifft sich gut

Picardie [pikaʀdi] f **la ~** die Picardie

pichet [piʃɛ] m kleiner Krug

pickpocket [pikpɔkɛt] m Taschendieb(in) m(f)

picorer ⟨1⟩ [pikɔʀe] vt picken

picoter ⟨1⟩ [pikɔte] vt (oiseau, poule) picken; (piquer, irriter) stechen, prickeln

pictogramme [piktɔgʀam] m Piktogramm nt

pie [pi] f Elster f

pièce [pjɛs] f (d'un logement) Zimmer nt; (THEAT: morceau) Stück nt; (d'un mécanisme)

Teil nt; (de monnaie) Münze f; (en couture) Teil nt, Einsatz m; (d'un jeu d'échecs) Figur f; (d'une collection) Einzelteil nt; **payer à la ~** Stücklohn zahlen; **travailler à la ~** Akkord arbeiten; **un trois-pièces** eine Dreizimmerwohnung; **vendre à la ~** einzeln [o stückweise] verkaufen; ~**s détachées** Ersatzteile pl; ~ **d'eau** (dans un parc) Bassin nt, (künstlicher) Teich; ~ **d'identité** (document) Ausweis m; ~ **jointe** Anlage f; (INFORM) Attachment nt; ~ **justificative** Nachweis m; ~ **montée** mehrstöckige (Hochzeits)torte; ~ **de rechange** Ersatzteil

pied [pje] m Fuß m; (d'un meuble) Bein nt; (d'un verre) Stiel m; (en poésie) Versfuß m; **à ~** zu Fuß; **au ~ de la lettre** buchstabengetreu; **avoir ~** Boden unter den Füßen haben; **avoir bon ~ bon œil** (fig) rüstig sein; **avoir le ~ marin** seefest sein; **avoir un ~ dans la tombe** (fig) mit einem Bein im Grab stehen; **de ~ en cap** von Kopf bis Fuß; **être ~s nus** barfuß sein/gehen; **être à ~ d'œuvre** (fig) am Werk sein; **être sur ~** auf den Beinen sein; **être sur le ~ de guerre** (fig) auf (dem) Kriegsfuß stehen; **s'être levé(e) du ~ gauche** mit dem linken Fuß zuerst aufgestanden sein; **faire le ~ de grue** (fig) sich dat die Beine in den Bauch stehen; **mettre qn au ~ du mur** jdn in die Enge treiben; **mettre sur ~** auf die Beine stellen; ~ **de salade** Salatkopf m; ~ **de vigne** Weinrebe f;

pied-à-terre [pjetatɛʀ] m inv Zweitwohnung f; **pied-de-biche** (pieds-de-biche) [pjed(ə)biʃ] m Steppfuß m

piédestal (-aux) [pjedestal, o] m Sockel m

pied-noir (pieds-noirs) [pjenwaʀ] mf Franzose, der/Französin, die in Algerien geboren wurde

piège [pjɛʒ] m Falle f; **prendre au ~** mit einer Falle fangen; **tomber dans le ~** in die Falle gehen

piéger ⟨2, 5⟩ [pjeʒe] vt (avec une mine) verminen; **se faire ~** (fam) reinfallen; **lettre piégée** Briefbombe f; **voiture piégée** Autobombe f

piercing [piʀsiŋ] m Piercing nt

pierrade [pjeʀad] f Tischgrill m

pierre [pjɛʀ] f Stein m; ~ **à bâtir** Baustein; ~ **à briquet** Feuerstein; ~ **ponce** Bimsstein; ~ **précieuse** Edelstein; **première ~** (d'un édifice) Grundstein; ~ **de taille** Quaderstein; ~ **tombale** Grabplatte

pierreries [pjeʀʀi] fpl (ornement) Edelsteine pl

piété [pjete] f Frömmigkeit f

piétiner ⟨1⟩ [pjetine] **1.** vi auf der Stelle

treten; *(fig)* stocken **2.** *vt* herumtreten auf +*dat*; *(fig)* mit Füßen treten

piéton, ne [pjetɔ̃, ɔn] *m, f* Fußgänger(in) *m(f)*; **piétonnier, -ière** [pjetɔnje, ɛʀ] *adj* **rue/zone piétonnière** Fußgängerstraße *f/* -zone *f*

pieu (x) [pjø] *m (piquet)* Pfahl *m*

pieuvre [pjœvʀ(ə)] *f* Tintenfisch *m*, Krake *m*

pieux, -euse [pjø, øz] *adj* fromm

pif [pif] *m (fam)* Riecher *m*; **au ~** nach (dem) Gefühl

piffer ⟨1⟩ [pife] *vt* **je ne peux pas la ~** *(fam)* ich kann sie nicht riechen

pifomètre [pifɔmetʀ] *m (fam)* Gefühl *nt*; **au ~** nach (dem) Gefühl

pigeon [piʒɔ̃] *m* Taube *f*; **pigeonnier** [piʒɔnje] *m* Taubenschlag *m*

piger ⟨2⟩ [piʒe] *vt (fam)* kapieren

pigiste [piʒist(ə)] *mf* Schriftsetzer(in) *m(f)*; *(journaliste)* freier Journalist, freie Journalistin

pigment [pigmã] *m* Pigment *nt*

pignon [piɲɔ̃] *m (d'un toit)* Giebel *m*; *(d'un engrenage)* Zahnrad *nt*; **avoir ~ sur rue** *(attitude, opinion)* im Schwange sein

pile [pil] **1.** *f (tas)* Stapel *m*, Stoß *m*; *(ELEC)* Batterie *f*; **jouer à ~ ou face** knobeln; **~ atomique** Kernreaktor *m*; **~ à combustible** Brennstoffzelle *f*; **~ solaire** Solarzelle *f* **2.** *adv (brusquement)* plötzlich, abrupt; **9 heures ~** Punkt 9 Uhr; **piler** ⟨1⟩ *vt (pilon)* zerdrücken

pileux, -euse [pilø, øz] *adj* **système ~** (Körper)haare *pl*

pilier [pilje] *m* Pfeiler *m*; *(personne)* Stütze *f*

piller ⟨1⟩ [pije] *vt* plündern

pilon [pilɔ̃] *m (instrument)* Stößel *m*

pilori [pilɔʀi] *m* **mettre qn au ~** jdn an den Pranger stellen

pilotage [pilɔtaʒ] *m (AVIAT)* Steuerung *f*

pilote [pilɔt] **1.** *m (NAUT)* Lotse *m*; **~ automatique** *(AVIAT)* Autopilot *m* **2.** *mf (AVIAT)* Pilot(in) *m(f)*; *(d'une voiture de course)* Fahrer(in) *m(f)*; **~ de ligne/d'essai/de chasse** Linien-/Test-/Jagdpilot(in) *m(f)*; **piloter** ⟨1⟩ *vt (avion)* fliegen; *(navire)* lotsen; *(automobile)* fahren

pilule [pilyl] *f* Pille *f*; **la ~ (anticonceptionnelle)** die (Antibaby)pille; **~ contragestive** Abtreibungspille

pimbêche [pɛ̃bɛʃ] *f (fam)* Ziege *f*, Pute *f*

piment [pimã] *m* Peperoni *pl*; *(fig)* Würze *f*

pin [pɛ̃] *m* Kiefer *f*; *(bois)* Kiefernholz *nt*; **~ nain** Latsche *f*

pinard [pinaʀ] *m (fam)* billiger Wein

pince [pɛ̃s] *f (outil)* Zange *f*; *(d'un homard, d'un crabe)* Schere *f*; *(pli)* Abnäher *m*; **~s de cycliste** Fahrradklammern *pl*; **~ à épiler** Pinzette *f*; **~ à linge** Wäscheklammer *f*; **~ à sucre/glace** Zucker-/Eiszange *f*

pincé, e [pɛ̃se] **1.** *adj (air, sourire)* gezwungen **2.** *f* **une ~e de sel** eine Prise Salz

pinceau (x) [pɛ̃so] *m (instrument)* Pinsel *m*

pince-monseigneur (pinces-monseigneur) [pɛ̃smɔ̃sɛɲœʀ] *f* Brechstange *f*

pincer ⟨2⟩ [pɛ̃se] **1.** *vt* kneifen; *(MUS)* zupfen; *(coincer)* (ein)klemmen; *(vêtement)* abnähen; *(fam: malfaiteur)* schnappen **2.** *vpr* **se ~ le nez** sich *dat* die Nase zuhalten

pince-sans-rire [pɛ̃ssɑ̃ʀiʀ] *mf* Mensch *m* mit trockenem Humor

pincettes [pɛ̃set] *fpl* Pinzette *f*; *(pour le feu)* Feuerzange *f*; **il n'est pas à prendre avec des ~** er ist (heute) ungenießbar

pingouin [pɛ̃gwɛ̃] *m* Pinguin *m*

ping-pong [piŋpɔ̃g] *m* Tischtennis *nt*

pingre [pɛ̃gʀ(ə)] *adj* knauserig

pin's [pins] *m* Pin *m*, Anstecker *m*

pinson [pɛ̃sɔ̃] *m* Buchfink *m*

pintade [pɛ̃tad] *f* Perlhuhn *nt*

pin up [pinœp] *f inv* Pin-up-Girl *nt*

pioche [pjɔʃ] *f (outil)* Spitzhacke *f*; **piocher** ⟨1⟩ *vt (terre, sol)* aufhacken; *(fam)* büffeln

pion, ne [pjɔ̃, ɔn] **1.** *m, f (SCOL fam)* Aufsicht *f* **2.** *m (de jeu)* Stein *m*; *(ECHECS)* Bauer *m*

pionnier, -ière [pjɔnje, ɛʀ] *m, f (défricheur)* Pionier(in) *m(f)*; *(fig)* Wegbereiter(in) *m(f)*

pipe [pip] *f* Pfeife *f*; **fumer la/une ~** Pfeife/eine Pfeife rauchen; **casser sa ~** *(fig)* sterben

pipeau (x) [pipo] *m (flûte)* Lockflöte *f*; **c'est du ~** *(fam)* das ist der reinste Schwindel

pipeline [piplin, pajplajn] *m* Pipeline *f*

piper ⟨1⟩ [pipe] *vt, vi* **ne pas ~ (mot)** kein Sterbenswörtchen sagen; **le dés sont pipés** man spielt mit gezinkten Karten

pipérade [pipeʀad] *f* Omelett *nt* mit Tomaten und Paprika

pipette [pipet] *f* Pipette *f*

pipi [pipi] *m* **faire ~** *(fam)* Pipi machen

piquant, e [pikɑ̃, ɑ̃t] **1.** *adj (barbe)* kratzig; *(plante)* stachelig; *(saveur, fig)* scharf **2.** *m (épine)* Dorn *m*; *(fig)* Würze *f*

pique [pik] **1.** *f* Pike *f*, Spieß *m*; **envoyer** [*o* **lancer**] **des ~s à qn** *(fig)* Spitzen gegen jdn verteilen **2.** *m* Pik *nt*

piqué, e [pike] *adj (tissu)* gesteppt; *(livre,*

glace) fleckig; *(vin)* sauer
pique-assiette [pikasjɛt] *mf inv (pej)*
Schmarotzer(in) *m(f)*
pique-fleurs [pikflœʀ] *m inv* Blumenigel
m
pique-nique (pique-niques) [piknik] *m*
Picknick *nt;* **pique-niquer** ⟨1⟩ *vi* ein
Picknick machen
pique-olives [pikɔliv] *m inv* Partyspieß-
chen *nt*
piquer ⟨1⟩ [pike] **1.** *vt (percer de trous)* stechen; *(MED)* spritzen; *(insecte)* stechen;
(fourmi, serpent, fumée, froid) beißen; *(barbe)*
kratzen; *(poivre, ortie)* brennen; *(en couture)* steppen; *(fam: voler)* klauen; *(fam:
arrêter)* schnappen; **n'être pas piqué(e)
des hannetons** [o **vers**] *(fam)* es in sich
haben; **~ une aiguille/fourchette dans
qch** eine Nadel/Gabel in etw *akk* stechen;
faire ~ *(un animal)* einschläfern lassen; **~
sa crise** *(fam)* einen Wutanfall kriegen; **~
un galop/un cent mètres** *(fam)* losgalop-
pieren/lossprinten **2.** *vi (oiseau, avion)*
einen Sturzflug machen **3.** *vpr* **se ~** *(avec
une aiguille)* sich stechen; *(se faire une
piqûre)* sich spritzen; *(à l'héroïne)* fixen; **se
~ de qch** sich *dat* etwas auf etw *akk* einbilden
piquet [pikɛ] *m (pieu)* Pflock *m;* **mettre un
élève au ~** einen Schüler in die Ecke stellen; **~ de grève** Streikposten *m*
piquette [pikɛt] *f (vin)* (billiger) Wein;
(fam: défaite) Schlappe *f*
piqûre [pikyʀ] *f (d'épingle, de moustique)*
Stich *m;* *(d'ortie)* Brennen *nt;* *(en couture)*
Stich *m;* *(succession de points)* Naht *f;* **faire
une ~ à qn** jdm eine Spritze geben
piranha [piʀana] *m* Piranha *m*
piratage [piʀataʒ] *m* **~ informatique**
Hacken *nt*
pirate [piʀat] **1.** *mf* Pirat(in) *m(f);* **~ de l'air**
Luftpirat(in); **~ (de l'informatique)**
Hacker(in) *m(f);* *(sur Internet)* Netzpirat(in)
2. *adj* **édition ~** Raubdruck *m;* **émetteur
~, station ~** *(clandestin)* Piratensender *m;*
pirater ⟨1⟩ [piʀate] *vt* eine Raubkopie
machen von
pire [piʀ] **1.** *adj comp, superl de* **mauvais**
(comparatif) schlimmer, schlechter; *(superlatif)* schlechteste(r, s), schlimmste(r, s)
2. *m* **le ~** das Schlimmste
pirogue [piʀɔg] *f* Einbaum *m*
pirouette [piʀwɛt] *f* Pirouette *f;* **répondre
par une ~** geschickt ausweichen
pis [pi] **1.** *adv comp, superl de* **mal, mauvais:**
aller de mal en ~ immer schlechter wer-
den; **au ~** schlimmstenfalls **2.** *m* **le ~** das

Euter; **pis-aller** [pizale] *m inv* Notlösung
f, Notbehelf *m*
pisciculteur, -trice [pisikyltœʀ, tʀis] *m*
Fischzüchter(in) *m(f);* **pisciculture**
[pisikyltyʀ] *f* Fischzucht *f*
piscine [pisin] *f* Schwimmbad *nt;* **~ en
plein air/couverte** Frei-/Hallenbad *nt*
pissenlit [pisɑ̃li] *m* Löwenzahn *m;* **manger les ~s par la racine** *(fam)* sich *dat* die
Radieschen von unten ansehen
pisser ⟨1⟩ [pise] *vi (fam)* pinkeln; **laisser
~ les mérinos** *(fam)* in Ruhe abwarten
pistache [pistaʃ] *f* Pistazie *f*
piste [pist(ə)] *f (d'un animal, fig)* Spur *f,*
Fährte *f;* *(SPORT)* Bahn *f;* *(de cirque)* Ring
m; *(de danse)* Tanzfläche *f;* *(AVIAT)* Start-
und-Lande-Bahn *f;* *(d'un magnétophone)*
Spur *f;* **être sur la ~ de qn** jdm auf der
Spur sein; **~ cyclable** Radweg *m;* **~
d'essai** *(AUTO)* Teststrecke *f;* **~ de ski** Skipiste *f;* **~ de ski de fond** (Langlauf)loipe *f*
pistolet [pistɔlɛ] *m* Pistole *f;* *(de peinture,
de vernis)* Spritzpistole *f;* **~ à air comprimé**
Luftgewehr *nt;* **pistolet-mitrailleur**
(pistolets-mitrailleurs) [pistɔlɛmitʀajœʀ] *m*
Maschinenpistole *f*
piston [pistɔ̃] *m (TECH)* Kolben *m*
pistonner ⟨1⟩ [pistɔne] *vt* protegieren
piteux, -euse [pitø, øz] *adj* jämmerlich
pitié [pitje] *f* Mitleid *nt;* **avoir ~ de qn** mit
jdm Mitleid haben; **faire ~** Mitleid erregen
piton [pitɔ̃] *m (en alpinisme)* Haken *m*
pitoyable [pitwajabl(ə)] *adj* erbärmlich
pitre [pitʀ(ə)] *m (fig)* Kasper *m*
pitrerie [pitʀəʀi] *f* Unsinn *m*
pittoresque [pitɔʀɛsk(ə)] *adj (quartier)*
malerisch, pittoresk; *(expression, détail)*
anschaulich, bildhaft
pivert [pivɛʀ] *m* Specht *m*
pivoine [pivwan] *f* Pfingstrose *f*
pivot [pivo] *m (axe)* Lagerzapfen *m,*
Drehzapfen *m;* *(fig)* Dreh- und Angel-
punkt *m;* **pivoter** ⟨1⟩ [pivɔte] *vi* sich (um
eine Achse) drehen
pixel [piksɛl] *m (INFORM)* Pixel *m,* Bildpunkt *m*
pizza [pidza] *f* Pizza *f*
P.J. 1. *f abr de* **police judicière** Kripo *f,* Kriminalpolizei *f* **2.** *abr de* **Pièce(s) jointe(s)**
Anl.
PKK *m* PKK *f*
pl. *abr de* **place** Platz *m*
placard [plakaʀ] *m (armoire)* (Wand)-
schrank *m;* *(affiche)* Plakat *nt;* **~ publicitaire** Großanzeige *f*
place [plas] *f* Platz *m;* *(emplacement, lieu)*

Ort m, Platz m; (situation) Lage f; (emploi) Stelle f; **à la ~ de** anstelle von +dat; **en ~** am vorgesehenen Platz; **faire ~ à qch** einer Sache dat weichen; **sur ~** an Ort und Stelle; **sur la ~ publique** (fig) in aller Öffentlichkeit; **~ assise/debout** Sitz-/Stehplatz; **~ d'honneur** Ehrenplatz

placé, e [plase] adj **personnage haut ~** Persönlichkeit f von hohem Rang; **être bien ~(e) pour le savoir** es wissen müssen

placebo [plasebo] m Placebo nt

placement [plasmã] m (investissement) Anlage f

placenta [plasɛ̃ta] m Plazenta f

placer ⟨2⟩ [plase] vt setzen, stellen, legen; (convive, spectateur) setzen; (procurer un emploi, un logement à) unterbringen; (COM) absetzen, verkaufen; (capital) anlegen, investieren; (mot, histoire) anbringen; (localiser, situer) legen

placide [plasid] adj ruhig, gelassen

plafond [plafɔ̃] m (d'une pièce) Decke f; (AVIAT) Steig-/Gipfelhöhe f; **~ de nuages** (METEO) Wolkendecke; **plafonner** ⟨1⟩ [plafɔne] vi (AVIAT) die Gipfelhöhe erreichen; (fig: industrie, salaire) die obere Grenze erreichen

plage [plaʒ] f Strand m; (d'un lac, d'un fleuve) Ufer nt; **~ arrière** (AUTO) Ablage f; **~ fixe** (de l'horaire souple) Kern(arbeits)zeit f; **~ musicale** (RADIO) Zwischenmusik f

plagier ⟨1⟩ [plaʒje] vt plagiieren

plaider ⟨1⟩ [plede] **1.** vi das Plädoyer halten; **~ pour qn, ~ en faveur de qn** (fig) für jdn sprechen **2.** vt (cause) verteidigen, vertreten; **~ coupable/non coupable** schuldig/unschuldig plädieren

plaie [plɛ] f Wunde f

plaignant, e [plɛɲã, ãt] **1.** adj klagend **2.** m, f Kläger(in) m(f)

plaindre [plɛ̃dʀ(ə)] irr comme craindre **1.** vt (personne) bedauern **2.** vpr **se ~ à qn** sich bei jdm beklagen; **se ~ (de qn/qch)** sich (über jdn/etw) beklagen; **se ~ que** sich beklagen, dass

plaine [plɛn] f Ebene f

plain-pied [plɛ̃pje] adv **de ~** (au même niveau) auf gleicher Höhe

plainte [plɛ̃t] f Klage f; **porter ~** (JUR) klagen

plaire [plɛʀ] irr vi gefallen, Anklang finden; **~ à** gefallen +dat; **il se plaît ici** ihm gefällt es hier; **tant qu'il vous plaira** so viel Sie wollen; **s'il vous plaît** bitte

plaisance [plɛzãs] f **(navigation de) ~** Bootfahren nt, Segeln nt

plaisant, e [plɛzã, ãt] adj (maison, décor, site) schön; (personne) angenehm; (histoire, anecdote) amüsant, unterhaltsam;

plaisanter ⟨1⟩ vi Spaß machen, scherzen; **plaisanterie** [plɛzãtʀi] f Scherz m, Spaß m; **une ~ de mauvais goût** ein schlechter Scherz

plaisir [plɛziʀ] m Vergnügen nt; (joie) Freude f; **~s** mpl Freuden pl; **à ~** nach Lust und Laune; **boire/manger avec ~** mit Genuss trinken/essen; **faire ~ à qn** jdm (eine) Freude machen; **prendre ~ à qch/faire qch** an etw dat Gefallen finden/Gefallen daran finden, etw zu tun; **j'ai le ~ de ...** es ist mir eine Freude zu ...; **M. et Mme X ont le ~ de vous faire part de ...** Herr und Frau X geben sich die Ehre Ihnen ... mitzuteilen; **se faire un ~ de faire qch** etw sehr gern(e) [o mit Vergnügen] tun; **pour le ~, par ~, pour son ~** zum reinen Vergnügen

plan, e [plã, plan] **1.** adj eben **2.** m Plan m; (MATH) Ebene f; **au premier ~** im Vordergrund; **de premier/second ~** (personnage, personnalité) erst-/zweitrangig; **mettre qch au premier ~** einer Sache dat den Vorrang geben; **sur le ~ sexuel** was das Sexuelle betrifft; **sur tous les ~s** in jeder Hinsicht; **~ d'action** Aktionsplan; **~ d'eau** Wasserfläche f; **~ d'occupation des sols** Flächennutzungsplan; **~ de vol** Flugplan

planche [plãʃ] f (pièce de bois) Brett nt; (d'illustrations) Abbildung f; (dans jardin) Beet nt; **~ à dessin** Reißbrett nt; **~ à repasser** Bügelbrett nt; **~ à roulettes** Skateboard nt; **~ de salut** (fig) Rettungsanker m; **~ à voile** (Wind)surfbrett; (sport) (Wind)surfen nt; **faire de la ~ à voile** (wind)surfen

plancher [plãʃe] m (Fuß)boden m

planchiste [plãʃist(ə)] mf Surfer(in) m(f)

plancton [plãktɔ̃] m Plankton nt

planer ⟨1⟩ [plane] vi (oiseau, avion) gleiten; (danger, mystère, deuil) bestehen; (fam) über den Wolken schweben

planétaire [planetɛʀ] adj Planeten-

planétarium [planetarjɔm] m Planetarium nt

planète [planɛt] f Planet m

planeur [planœʀ] m (AVIAT) Segelflugzeug nt

planification [planifikasjɔ̃] f Planung f

planifier ⟨1⟩ [planifje] vt planen

planning [planiŋ] m (plan de travail) Planung f; **~ familial** Familienplanung

planque [plãk] f (fam: combine) ruhiger Posten; (fam: cachette) Versteck nt

plantage [plɑ̃taʒ] m (INFORM) Systemabsturz m

plantation [plɑ̃tasjɔ̃] f Pflanzung f, Plantage f

plante [plɑ̃t] f Pflanze f; ~ des pieds (ANAT) Fußsohle f; **planter** ⟨1⟩ 1. vt pflanzen; (clou, etc) einschlagen; (tente) aufstellen; ~ de [o en] vignes/arbres (lieu) mit Weinreben/Bäumen bepflanzen 2. vpr se ~ (fam) sich irren; (ordinateur) abstürzen; **planteur, -euse** m Pflanzer(in) m(f)

plantureux, -euse [plɑ̃tyrø, øz] adj (repas) reichlich; (femme, poitrine) üppig

plaque [plak] f (d'ardoise, de verre, de revêtement) Platte f; (avec inscription) Schild nt; avoir des ~s rouges sur le visage rote Flecken im Gesicht haben; ~ de chocolat Schokoladentafel f; ~ électrique Kochplatte f; ~ d'identité Erkennungsmarke f; ~ d'immatriculation [o minéralogique] (AUTO) Nummernschild

plaquer ⟨1⟩ [plake] vt (bijou) vergolden; versilbern; (fam: femme, mari) sitzen lassen

plasma [plasma] m Plasma nt

plastic [plastik] m Plastiksprengstoff m

plastifié, e [plastifje] adj plastiküberzogen

plastique [plastik] 1. adj (arts, qualité, beauté) plastisch 2. m (matière synthétique) Plastik nt; objet/bouteille en ~ Plastikgegenstand m/-flasche f

plastiquer ⟨1⟩ [plastike] vt (in die Luft) sprengen

plat, e [pla, plat] 1. adj flach; (cheveux) glatt; (livre) langweilig; à ~ (horizontalement) horizontal; à ~ ventre bäuchlings; batterie à ~ leere Batterie; pneu à ~ Plattfuß m 2. m (récipient) Schale f, Schüssel f; (contenu) Gericht nt; le premier/deuxième ~ (mets d'un repas) der erste/zweite Gang; le ~ de la main die Handfläche; ~ cuisiné warmes Gericht; ~ du jour Tagesgericht; ~ de résistance Hauptgericht

platane [platan] m Platane f

plateau (x) [plato] m (à fromages, de bois, d'une table) Platte f; (d'une balance) Waagschale f; (GEO) Plateau nt; (RADIO, TV) Studiobühne f

plate-bande (plates-bandes) [platbɑ̃d] f (de terre) Rabatte f, Beet nt; **plateforme** (plates-formes) f Plattform f; ~ de forage/pétrolière Bohr-/Ölinsel f

platine [platin] 1. m (métal) Platin nt 2. f Plattenspieler m; (d'un tourne-disque) Plattenteller m; ~ à cassettes Kassettendeck nt; ~ de disques compacts CD-Player m

platonique [platɔnik] adj platonisch

plâtre [plɑtr(ə)] m (matériau) Gips m; (statue) Gipsstatue f; (motif décoratif) Stuck m; (MED) Gips(verband) m; avoir la jambe dans le ~ das Bein in Gips haben; essuyer les ~s als Erster den Kopf hinhalten; **plâtrer** ⟨1⟩ vt gipsen

plausibilité [plozibilite] f Plausibilität f; **plausible** [plozibl] adj plausibel

play-back [plɛbak] m inv Playback nt

play-boy (play-boys) [plɛbɔj] m Playboy m

plébiscite [plebisit] m Volksentscheid m

plein, e [plɛ̃, plɛn] 1. adj voll; (porte, roue) massiv; (joues, visage, formes) voll, rund; (chienne, jument) trächtig; à ~ régime mit Vollgas; à ~ temps, à temps ~ (travailler) ganztags; ~ de voll von; en ~ air im Freien; en ~ jour am helllichten Tag; en ~e mer auf hoher See; en ~ milieu genau in der Mitte; en ~e nuit mitten in der Nacht; en ~e rue mitten auf der Straße; en ~ sur (juste, exactement sur) genau auf +dat; la ~e lune der Vollmond; le ~ air (l'extérieur) draußen; ~s pouvoirs Vollmacht f 2. prep avoir de l'argent ~ les poches viel Geld haben 3. m faire le ~ (d'eau) voll machen; (d'essence) voll tanken; **plein-emploi** [plɛ̃ɑ̃plwa] m Vollbeschäftigung f

plénière [plenjɛr] adj assemblée ~ Plenum nt

plénitude [plenityd] f (d'un son, des formes) Fülle f

pleurer ⟨1⟩ [plœre] 1. vi weinen; (yeux) tränen; ~ de rire vor Lachen weinen; ~ sur qch etw beklagen 2. vt (regretter) nachtrauern +dat

pleurésie [plœrezi] f Rippenfellentzündung f

pleurnicher ⟨1⟩ [plœrniʃe] vi flennen

pleuvoir [pløvwar] irr 1. vb impers il pleut es regnet; il pleut des cordes [o à verse] es regnet in Strömen, es gießt 2. vi les coups/critiques pleuvaient es hagelte Schläge/Kritik; les lettres/invitations pleuvaient es kam eine Flut von Briefen/Einladungen

pli [pli] m Falte f; (dans un papier) Kniff m; (du cou, du menton) Runzel f; (enveloppe) Umschlag m; (ADMIN: lettre) Schreiben nt; (CARTES) Stich m; faux ~ (Knitter)falte

pliable [plijabl(ə)] adj faltbar

pliant, e [plijɑ̃, ɑ̃t] 1. adj (table, lit, vélo) Klapp-; (mètre) zusammenklappbar 2. m Klappstuhl m

plier ⟨1⟩ [plije] 1. vt (zusammen)falten;

(genou, bras) beugen, biegen; (table pliante) zusammenklappen; ~ **qn à une discipline/un exercice** jdn einer Disziplin/ Übung unterwerfen **2.** vi (branche, arbre) sich biegen **3.** vpr **se ~ à** (se soumettre à) sich beugen +dat

plissé, e [plise] **1.** adj (GEO) mit Bodenfalten **2.** m (d'une jupe, d'une robe) Plissee nt

plisser ⟨1⟩ [plise] **1.** vt (papier, jupe) fälteln; (front) runzeln; (bouche) verziehen **2.** vpr **se ~** (se froisser) Falten bekommen

plomb [plɔ̃] m (d'une cartouche) Schrot m o nt; (en pêche) Senker m; (sceau) Plombe f; (ELEC) Sicherung f; **à ~** senkrecht; **le ~** (métal) das Blei; **sans ~** (essence) bleifrei, unverbleit

plomber ⟨1⟩ [plɔ̃be] vt (en pêche) mit Blei beschweren; (sceller) verplomben; (mur) loten; (dent) plombieren

plomberie [plɔ̃bʀi] f (canalisations) Rohre und Leitungen pl

plombier [plɔ̃bje] m Installateur(in) m(f), Klempner(in) m(f)

plombifère [plɔ̃bifɛʀ] adj bleihaltig

plonge [plɔ̃ʒ] f **faire la ~** das Geschirr spülen

plongeant, e [plɔ̃ʒɑ̃, ɑ̃t] adj (décolleté) tief ausgeschnitten; (vue, tir) von oben

plongée [plɔ̃ʒe] f (prise de vue) Aufnahme f nach unten; **sous-marin en ~** U-Boot auf Tauchstation; **la ~** (sous-marine) (SPORT) das Tauchen

plongeoir [plɔ̃ʒwaʀ] m Sprungbrett nt

plongeon [plɔ̃ʒɔ̃] m Kopfsprung m

plonger ⟨2⟩ [plɔ̃ʒe] **1.** vi (personne, sous-marin) tauchen; (avion, oiseau) einen Sturzflug machen; (gardien de but) hechten **2.** vt (immerger) (hinein)tauchen; ~ **qn dans l'embarras** jdn in Verlegenheit bringen **3.** vpr **se ~ dans un livre** sich in ein Buch vertiefen

plongeur, -euse [plɔ̃ʒœʀ, øz] m, f Taucher(in) m(f); (de restaurant) Tellerwäscher(in) m(f)

plouc [pluk] **1.** adj (fam) prollig **2.** m (fam) Proll m

ployer ⟨6⟩ [plwaje] vi sich biegen, nachgeben

plu [ply] pp de **plaire, pleuvoir**

pluie [plɥi] f Regen m; (de pierres, de coups) Hagel m; (de cadeaux, de baisers) Flut f; **tomber en ~** niederprasseln; **~ de balles** Kugelhagel; **une ~ de cendres/ d'étincelles** ein Aschen-/Funkenregen; **~s acides** saurer Regen

plumage [plyma3] m Gefieder nt

plume [plym] f Feder f

plumeau (x) [plymo] m Staubwedel m

plumer ⟨1⟩ vt (oiseau) rupfen

plupart [plypaʀ] pron **la ~** die Mehrheit, die meisten; **dans la ~ des cas** in den meisten Fällen; **la ~ d'entre-nous** die meisten von uns; **la ~ des hommes** die meisten Menschen; **la ~ du temps** meistens; **pour la ~** meistens

pluralisme [plyʀalism] m Pluralismus m

pluriel [plyʀjɛl] m Plural m

plus [ply(s)] adv **3 ~ 4** (calcul) 3 und 4; **~ de 3 heures/4 kilos** mehr als 3 Stunden/4 Kilo; **~ intelligent/grand (que)** (comparaison) intelligenter/größer (als); **~ ou moins** mehr oder weniger; **d'autant ~ que** umso mehr als; **de ~ en ~** immer mehr; **en ~** dazu, zusätzlich; **le ~ intelligent/grand** (superlatif) der Intelligenteste/ Größte; **3 heures/4 kilos de ~ que** 3 Stunden/4 Kilo mehr als; **manger/en faire ~ que** mehr essen/tun als; **(tout) au ~** höchstens

plusieurs [plyzjœʀ] **1.** pron mpl mehrere, einige **2.** adj inv mehrere, einige

plus-que-parfait (plus-que-parfaits) [plyskəparfɛ] m Plusquamperfekt nt

plus-value (plus-values) [plyvaly] f (ECON) Mehrwert m; (FIN) Gewinn m

plutonium [plytɔnjɔm] m Plutonium nt

plutôt [plyto] adv eher, vielmehr; **faire ~ qch** lieber etw tun; **~ grand(e)/rouge** eher groß/rot; **~ que (de) faire qch** statt etw zu tun

pluvieux, -euse [plyvjø, øz] adj regnerisch

P.M.E. fpl abr de **petites et moyennes entreprises** mittelständische Unternehmen pl

P.M.I. fpl abr de **petites et moyennes industries** mittelständische Industrie

P.M.U. m abr de **pari mutuel urbain** Wettannahmestelle f

P.N.B. m abr de **produit national brut** Bruttosozialprodukt nt

pneu [pnø] m Reifen m; **~s neige** Winterreifen pl

pneumonie [pnømɔni] f Lungenentzündung f

p.o. abr de **par ordre** i. A.

P.O. abr de **petites ondes, ondes courtes** KW

poche [pɔʃ] f Tasche f; **faire une ~/des ~s** (déformation d'un vêtement) sich ausbeulen; **connaître qch comme sa ~** etw wie seine Westentasche kennen; **couteau/ lampe/livre de ~** Taschenmesser nt/ -lampe f/-buch nt; **paru en ~** (fam) als

poché 244 point-virgule

Taschenbuch erschienen
poché, e [pɔʃe] *adj* **œil ~** blaues Auge
pocher ⟨1⟩ [pɔʃe] *vt* (GASTR) pochieren
poche-revolver (poches-revolver)
[pɔʃʀevɔlvɛʀ] *f* Gesäßtasche *f*
pochette [pɔʃɛt] *f* (*enveloppe*) kleiner
Umschlag; (*mouchoir*) Ziertaschentuch *nt*;
~ d'allumettes Streichholzheftchen *nt*; **~
de disque** Plattenhülle *f*
podium [pɔdjɔm] *m* (*estrade*) Podium *nt*;
(*en compétition*) (Sieger)podest *nt*; **monter
sur le ~** (SPORT) eine Medaille gewonnen
haben
poêle [pwal] **1.** *m* (*appareil de chauffage*)
Ofen *m*; **~ à accumulation** Speicherofen
2. *f* (*ustensile*) Pfanne *f*; **~ à frire** Brat-
pfanne
poêlon [pwalɔ̃] *m* Schmortopf *m*
poème [pɔɛm] *m* Gedicht *nt*
poésie [pɔezi] *f* Gedicht *nt*; **la ~** (*art*) die
Dichtung
poète [pɔɛt] *mf* Dichter(in) *m(f)*
poétique [pɔetik] *adj* poetisch; (*œuvres,
talent, licence*) dichterisch
pognon [pɔɲɔ̃] *m* (*fam: argent*) Kohle *f*,
Kies *m*
poids [pwa] *m* Gewicht *nt*; (*fardeau,
charge*) Last *f*; (*fig*) Belastung *f*; (*importance, valeur*) Bedeutung *f*; (*objet pour
peser*) Gewicht *nt*; **prendre/perdre du ~**
zu-/abnehmen; **vendre qch au ~** etw
nach Gewicht verkaufen; **~ et haltères**
Gewichtheben *nt*; **lancer du ~** Kugelstoßen *nt*; **~ lourd** (*camion*) Lastkraftwagen
m; **~ mort** Leergewicht *nt*; **~ net** Nettogewicht
poignant, e [pwaɲɑ̃, ɑ̃t] *adj* (*émotion, souvenir*) schmerzlich; (*lecture*) ergreifend
poignard [pwaɲaʀ] *m* Dolch *m*; **poignarder** ⟨1⟩ [pwaɲaʀde] *vt* erdolchen
poignée [pwaɲe] *f* (*quantité*) Hand *f* voll;
(*pour tenir*) Griff *m*; **~ de main** Händedruck *m*
poignet [pwaɲɛ] *m* Handgelenk *nt*; (*d'une
chemise*) Manschette *f*
poil [pwal] *m* (Körper)haar *nt*; (*d'un tissu,
d'un tapis*) Flor *m*; (*d'un animal*) Fell *nt*;
(*ensemble des poils*) Haare *pl*; **poilu, e**
[pwaly] *adj* behaart
poinçon [pwɛ̃sɔ̃] *m* (*outil*) Ahle *f*; (*marque
de contrôle*) Stempel *m*; **poinçonner** ⟨1⟩
[pwɛ̃sɔne] *vt* (*marchandise, bijou*) stempeln;
(*billet, ticket*) knipsen
poing [pwɛ̃] *m* Faust *f*; **taper du ~ sur la
table** (*fig*) mit der Faust auf den Tisch
hauen
point [pwɛ̃] *m* Punkt *m*; (*endroit, lieu*)

Stelle *f*, Ort *m*; (*moment, stade*) Zeitpunkt
m; (*en couture*) Stich *m*; (*en tricot*) Masche
f; **à ~ nommé** zur rechten Zeit; **au ~ de
vue scientifique** wissenschaftlich gesehen; **au ~ que, à tel ~ que** so sehr, dass;
du ~ de vue de qch was etw anbelangt;
au ~ mort im Leerlauf; **en tous ~s** in
jeder Hinsicht; **être sur le ~ de faire qch**
im Begriff sein, etw zu tun; **faire le ~**
(NAUT) die Position bestimmen; (*fig*) die
Lage klären; **mettre au ~** (*mécanisme, procédé*) entwickeln; (FOTO) scharf einstellen;
(*fig*) auf den Punkt bringen; **mettre les
~s sur les i** (*fig*) alles klarmachen; **ne …
~** (*négation*) nicht; **les ~s cardinaux** die
vier Himmelsrichtungen; **~ chaud** (POL)
Krisenherd *m*; **~ de chute** (*fig*) Bleibe *f*; **~
de côté** Seitenstechen *nt*; **~ culminant**
Scheitelpunkt; (*fig*) Höhepunkt *m*; **~ de
croix** Kreuzstich; **~ d'eau** Wasserstelle; **~
faible** Schwachstelle; **~ d'intersection**
Schnittpunkt; **~ d'interrogation/d'exclamation** Frage-/Ausrufezeichen *nt*; **~ de
jonction** (TECH) Verbindungsstelle; **~ noir**
(*sur le visage*) Mitesser *m*; (*circulation*) neu-
ralgischer Punkt, Stauschwerpunkt; **~ de
repère** Orientierungspunkt; **~ de suspen-
sion/final** Auslassungs-/Schlusspunkt; **~
de vue** (*paysage*) Aussicht(spunkt *m*) *f*;
(*conception*) Meinung *f*, Gesichtspunkt
pointe [pwɛ̃t] *f* Spitze *f*; **en ~** spitz; **être à
la ~ de qch** (*personne*) an der Spitze von
etw sein; **faire [o pousser] une ~
jusqu'à …** (noch) weiter vordringen
bis …; **une ~ d'ail/d'ironie** (*petite quantité*)
eine Spur Knoblauch/Ironie; **sur la ~ des
pieds** auf Zehenspitzen; (*fig*) behutsam
und vorsichtig; **industries de ~** Spitzenin-
dustrien *pl*; **~s fourchues** (Haar)spliss *m*
pointer ⟨1⟩ [pwɛ̃te] **1.** *vt* (*cocher*) abhaken; (*employés, ouvriers*) kontrollieren; (*diriger: canon, longue-vue*) richten (*vers* auf
+*akk*); **~ le doigt vers qch** mit dem Finger
auf etw *akk* zeigen; **~ les oreilles** die
Ohren spitzen **2.** *vi* (*ouvriers, employés*)
stempeln; **pointeur, -euse** [pwɛ̃tœʀ, øz]
1. *m, f* (*personne*) Aufsicht *f*; (SPORT) Zeit-
nehmer(in) *m(f)* **2.** *f* Stechuhr *f*
pointillé [pwɛ̃tije] *m* (*trait discontinu*)
punktierte Linie
pointilleux, -euse [pwɛ̃tijø, øz] *adj* pingelig
pointu, e [pwɛ̃ty] *adj* spitz; (*objet, question*) hoch spezialisiert
pointure [pwɛ̃tyʀ] *f* Größe *f*
point-virgule (points-virgules)
[pwɛ̃viʀgyl] *m* Strichpunkt *m*

poire [pwaʀ] f (BOT) Birne f
poireau (x) [pwaʀo] m Lauch m
poirier [pwaʀje] m (BOT) Birnbaum m
pois [pwa] m **à ~** (étoffe) gepunktet; **petit ~** Erbse f; **~ chiche** Kichererbse f
poison [pwazɔ̃] m Gift nt
poisse [pwas] f (fam) Pech nt
poisson [pwasɔ̃] m Fisch m; **Poissons** mpl (ASTR) Fische pl; **il est Poissons** er ist (ein) Fisch; **pêcher** [o **prendre**] **des ~s** Fische fangen; **~ d'avril!** April, April!; (blague) Aprilscherz m; **poisson-chat** (poissons-chats) [pwasɔ̃ʃa] m Wels m; **poisson-épée** (poissons-épées) m Schwertfisch m; **poissonnerie** [pwasɔnʀi] f Fischladen m; **poisson-scie** (poissons-scies) [pwasɔ̃si] m Sägefisch m
poitrine [pwatʀin] f (ANAT) Brustkorb m; (de veau, de mouton) Brust f; (d'une femme) Busen m
poivre [pwavʀ(ə)] m Pfeffer m; **~ et sel** (cheveux) grau meliert; **~ de cayenne** Cayennepfeffer; **~ en grains** Pfefferkörner pl; **~ noir/blanc/vert** schwarzer/weißer/grüner Pfeffer; **~ moulu** gemahlener Pfeffer; **poivré, e** adj gepfeffert; **poivrer** ⟨1⟩ [pwavʀe] vt pfeffern; **poivrier** [pwavʀije] m (ustensile) Pfefferstreuer m; **poivrière** [pwavʀijeʀ] f Pfefferstreuer m
poivron [pwavʀɔ̃] m (BOT) Paprika(schote) f
poix [pwa] f Pech nt
polaire [pɔlɛʀ] adj Polar-; (froid) Eises-
polar [pɔlaʀ] m (fam) Krimi m
polariser ⟨1⟩ [pɔlaʀize] vt (ELEC) polarisieren
pôle [pol] m (GEO) Pol m; (chose en opposition) entgegengesetzte Seite; **~ positif/négatif** (ELEC) Plus-/Minuspol; **le ~ Nord/Sud** der Nord-/Südpol; **~ d'attraction** Anziehungspunkt m
polémique [pɔlemik] **1.** adj polemisch **2.** f (controverse) Streit m
poli, e [pɔli] adj (civil) höflich; (caillou, surface) glatt, poliert
police [pɔlis] f Polizei f; **être dans la ~** bei der Polizei sein; **~ d'assurance** Versicherungspolice f; **~ judiciaire** Kriminalpolizei; **~ de proximité** Kontaktbereichspolizei; **~ secours** Notdienst m; **~ secrète** Geheimpolizei
polichinelle [pɔliʃinɛl] m (marionnette) Kasper m
policier, -ière [pɔlisje, ɛʀ] **1.** adj Polizei-; (mesures) polizeilich **2.** m, f Polizist(in) m(f) **3.** m (roman, film) Krimi m
policlinique [pɔliklinik] f Poliklinik f

poliment [pɔlimɑ̃] adv höflich
polio(myélite) [pɔljɔ(mjelit)] f Kinderlähmung f, Polio f
polir ⟨8⟩ [pɔliʀ] vt polieren
polisson, ne [pɔlisɔ̃, ɔn] adj (enfant) frech; (regard) anzüglich
politesse [pɔlites] f Höflichkeit f
politicien, ne [pɔlitisjɛ̃, ɛn] m, f Politiker(in) m(f)
politique [pɔlitik] **1.** adj politisch; **homme/femme ~** Politiker(in) m(f) **2.** f Politik f **3.** m Politiker m
politiser ⟨1⟩ [pɔlitize] vt politisieren
pollen [pɔlɛn] m Blütenstaub m
polluant [pɔlɥɑ̃] **1.** adj umweltbelastend; **le/la moins ~** umweltschonend **2.** m Schadstoff m; **~s atmosphériques** Luftschadstoffe pl; **polluer** ⟨1⟩ [pɔlɥe] vt verschmutzen; **pollueur, -euse** [pɔlɥœʀ, øz] m, f Umweltverschmutzer(in) m(f)
pollution [pɔlysjɔ̃] f (Umwelt)verschmutzung f; **~ atmosphérique** Luftverschmutzung; **~ atmosphérique en été** Sommersmog m; **~ sonore** Lärmbelastung f
polo [pɔlo] m (sport) Polo nt; (tricot) Polohemd nt
Pologne [pɔlɔɲ] f **la ~** Polen nt; **polonais, e** [pɔlɔnɛ, ez] adj polnisch; **Polonais, e** m, f Pole (Polin) m(f)
poltron, ne [pɔltʀɔ̃, ɔn] adj feige
polyamide [pɔljamid] f Polyamid nt
polyclinique [pɔliklinik] f Poliklinik f
polycopié, e [pɔlikɔpje] m Hand-out nt; (UNIV) Vorlesungsskript nt; **polycopier** ⟨1⟩ [pɔlikɔpje] vt vervielfältigen
polyester [pɔliɛstɛʀ] m Polyester m
polygamie [pɔligami] f Polygamie f
polyglotte [pɔliglɔt] adj vielsprachig
Polynésie [pɔlinezi] f **la ~** Polynesien nt; **polynésien, ne** [pɔlinezjɛ̃, ɛn] adj polynesisch
polype [pɔlip] m (ZOOL) Polyp m; (MED) Polypen pl
polystyrène [pɔlistiʀɛn] m Styropor® nt
polyvalent, e [pɔlivalɑ̃, ɑ̃t] adj (MED) Breitband-; (CHIM) mehrwertig; (INFORM) multifunktional; **salle ~e** Mehrzweckhalle f
poméло [pɔmelo] m Pomelo m
Poméranie [pɔmeʀani] f **la ~** Pommern nt
pommade [pɔmad] f Salbe f
pomme [pɔm] f (fruit) Apfel m; **~ d'Adam** Adamsapfel; **~ de pin** Tannenzapfen m; **~ de terre** Kartoffel f; **~ de terre au four** Ofenkartoffel f
pommeau (x) [pɔmo] m (d'une canne)

Knauf *m; (de douche)* Brausekopf *m*
pommette [pɔmɛt] *f* (*ANAT*) Backenkno-
chen *m*
pommier [pɔmje] *m* Apfelbaum *m*
pompe [pɔp] *f (appareil)* Pumpe *f; (faste)*
Pomp *m;* **avoir le coup de ~** *(fam)* einen
Durchhänger haben; **~ de bicyclette**
Fahrradpumpe; **~ à chaleur** Wärme-
pumpe; **~ (à essence)** Zapfsäule *f;* **~s**
funèbres Beerdigungsinstitut *nt;* **~ à**
huile/eau Öl-/Wasserpumpe; **~ à incen-**
die Feuerspritze *f;* **pomper** ⟨1⟩ *vt* pumpen
pompeux, -euse [pɔpø, øz] *adj* bombas-
tisch, schwülstig
pompier [pɔpje] *m* Feuerwehrmann *m*
pompiste [pɔpist(ə)] *mf* Tankwart(in) *m(f)*
ponce [pɔs] *f* **pierre ~** Bimsstein *m;* **pon-**
cer ⟨2⟩ [pɔse] *vt* schleifen; **ponceuse**
[pɔsøz] *f* Schleifmaschine *f*
ponctionner ⟨1⟩ [pɔksjɔne] *vt* (*MED*)
punktieren
ponctualité [pɔktɥalite] *f* Pünktlichkeit *f*
ponctuation [pɔktɥasjɔ] *f* Interpunktion *f*
ponctuel, le [pɔktɥɛl] *adj* pünktlich;
(assidu) gewissenhaft; *(image, source lumi-*
neuse) punktförmig; **ponctuellement**
[pɔktɥɛlmɑ] *adv* pünktlich
ponctuer ⟨1⟩ [pɔktɥe] *vt (texte, lettre)* mit
Satzzeichen versehen
pondéré, e [pɔdere] *adj (personne)* ausgeglichen
pondre <14> [pɔdʀ(ə)] *vt (œufs)* legen
poney [pɔnɛ] *m* Pony *nt*
pongiste [pɔʒist] *mf* Tischtennisspieler(in)
m(f)
pont [pɔ] *m* Brücke *f;* (*NAUT*) Deck *nt;* **faire**
le ~ *(entre deux jours fériés)* einen Brücken-
tag nehmen; **faire un ~ d'or à qn** jdm ein
lukratives Gehalt anbieten (um ihn für
einen Posten zu gewinnen); **~ arrière/**
avant (*AUTO*) Hinter-/Vorderachse *f;* **Ponts**
et Chaussées Verwaltung *f* für Brücken-
und Wegebau; **pontage** [pɔtaʒ] *m*
Bypassoperation *f*
pontifier ⟨1⟩ [pɔtifje] *vi* dozieren
pont-levis (ponts-levis) [pɔl(ə)vi] *m* Zugbrücke *f*
ponton [pɔtɔ] *m* Ponton *m*
pop [pɔp] **1.** *adj inv* Pop- **2.** *m* Popmusik *f*
pop-corn [pɔpkɔrn] *m inv* Popcorn *nt*
populace [pɔpylas] *f (pej)* Pöbel *m*
populaire [pɔpylɛʀ] *adj* Volks-; *(croyances,*
traditions, bon sens) volkstümlich; (*LING*)
umgangssprachlich; *(milieux, classes)*
Arbeiter-; *(mesure, écrivain)* populär
populariser ⟨1⟩ [pɔpylaʀize] *vt* populär

machen
popularité [pɔpylaʀite] *f* Beliebtheit *f,*
Popularität *f*
population [pɔpylasjɔ] *f (du globe, de la*
France) Bevölkerung *f; (d'une ville)* Ein-
wohner *pl;* (*BIO*) Population *f;* **~ civile**
Zivilbevölkerung; **~ ouvrière** Arbeiterschaft *f*
populeux, -euse [pɔpylø, øz] *adj* dicht
bevölkert
porc [pɔʀ] *m* (*ZOOL*) Schwein *nt; (viande)*
Schweinefleisch *nt*
porcelaine [pɔʀsalɛn] *f* Porzellan *nt*
porcelet [pɔʀsalɛ] *m* Ferkel *nt*
porc-épic (porcs-épics) [pɔʀkepik] *m* Stachelschwein *nt*
porche [pɔʀʃ(ə)] *m* Vorhalle *f*
porcherie [pɔʀʃəʀi] *f* Schweinestall *m*
pore [pɔʀ] *m* Pore *f*
poreux, -euse [pɔʀø, øz] *adj* porös
porno [pɔʀno] *adj (fam)* Porno-
pornographie [pɔʀnɔgʀafi] *f* Pornografie
f
pornographique [pɔʀnɔgʀafik] *adj* porno-
grafisch
port [pɔʀ] *m* Hafen *m; (ville)* Hafenstadt *f;*
(prix du transport) Porto *nt;* **~ dû/payé**
(*COM*) unfrei/portofrei; **~ de commerce/**
pétrolier/de pêche Handels-/Öl-/Fische-
reihafen; **~ franc** Freihafen; **~ de plai-**
sance Jachthafen
portable [pɔʀtabl] **1.** *adj* ordinateur **~**
Laptop *m* **2.** *m (téléphone)* Handy *nt; (ordi-*
nateur) Laptop *m;* **~ Wap** WAP-Handy
portail [pɔʀtaj] *m* Portal *nt*
portant, e [pɔʀtɑ, ɑt] *adj* tragend; **être**
bien/mal ~ gesund/krank sein
portatif, -ive [pɔʀtatif, iv] *adj* tragbar
porte [pɔʀt] *f* Tür *f; (d'une ville, SKI)* Tor *nt;*
entre deux ~s zwischen Tür und Angel;
mettre qn à la ~ jdn hinauswerfen; **jour-**
née ~s ouvertes Tag *m* der offenen Tür;
~ d'entrée Eingangstür
porte-avions [pɔʀtavjɔ] *m inv* Flugzeugträger *m;* **porte-bagages** *m inv (d'un*
vélo, d'une moto) Gepäckträger *m; (filet)*
Gepäcknetz *nt;* **porte-bébé** (porte-bé-
bés) *m* Babytragetasche *f;* **porte-bon-**
heur *m inv* Glücksbringer *m;* **porte-**
bouteilles *m inv (à anse)* Flaschenkorb
m; (à casiers) Flaschenregal *nt;* **porte-ci-**
garettes *m inv* Zigarettenetui *nt;* **por-**
te-clés *m inv* Schlüsselanhänger *m;* **por-**
te-conteneurs *m inv* Containerschiff *nt;*
porte-documents *m inv* Akten-/Kol-
legmappe *f*
portée [pɔʀte] *f (d'une arme, d'une voix)*

Reichweite f; (fig: importance) Tragweite f; (d'un animal) Wurf m; (MUS) Notenlinien pl; **à ~ de la main** in Reichweite; **à la ~ (de qn)** in (jds) Reichweite dat; (fig) auf jds Niveau dat; **à la ~ de toutes les bourses** für jeden erschwinglich; **hors de ~ (de qn)** außer (jds) Reichweite

porte-fenêtre (portes-fenêtres) [pɔʀtfənɛtʀ] f Verandatür f; **portefeuille** m Brieftasche f; (d'un ministre) Ministerposten m, Portefeuille nt; **portemanteau** (x) m Kleiderhaken m; Garderobenständer m; **portemine** m Druckbleistift m; **porte-monnaie** m inv Geldbeutel m; **porte-parapluies** m inv Schirmständer m; **porte-parole** m inv Wortführer(in) m(f); **porte-plume** m inv Federhalter m

porter ⟨1⟩ [pɔʀte] **1.** vt tragen; (apporter) bringen; **~ son attention/regard sur** die Aufmerksamkeit/den Blick richten auf +akk; **~ bonheur à qn** jdm Glück bringen; **ne pas ~ qn dans son cœur** (fig) jdn nicht leiden können; **~ un fait à la connaissance de qn** jdn von etw in Kenntnis setzen; **~ sa croix** (fig) seine Last tragen; **~ la culotte** (fig: femme) die Hosen anhaben; **~ qn disparu(e)** jdn als vermisst melden; **~ un jugement sur qn/qch** über jdn/etw ein Urteil fällen; **~ plainte (contre qn)** Strafanzeige (gegen jdn) erstatten; **~ secours à qn** jdm zu Hilfe kommen; **~ un toast à** einen Toast ausbringen auf +akk; **~ un verre à ses lèvres** ein Glas ansetzen; **la nuit porte conseil** (proverbe) kommt Zeit, kommt Rat **2.** vi reichen; (~ juste) treffen; (voix) tragen; (fig) seine Wirkung erzielen; **~ sur qch** (édifice) getragen werden von; (accent) liegen auf +dat; (fig: avoir pour objet) sich drehen um **3.** vpr **se ~ bien/mal** (se sentir) sich gut/schlecht fühlen

porte-savon (porte-savons) [pɔʀt(ə)savɔ̃] m Seifenschale f; **porte-serviettes** m inv Handtuchhalter m; **porte-skis** m inv (AUTO) Skiträger m

porteur, -euse [pɔʀtœʀ, øz] **1.** m, f (de message) Überbringer(in) m(f); (FIN) Inhaber(in) m(f) **2.** m (de bagages) Gepäckträger m **3.** adj zukunftsträchtig; **créneau ~** (COM) Marktlücke f

porte-vélos [pɔʀtvelo] m inv Fahrradträger m; **porte-voix** [pɔʀtavwa] m inv Megafon nt

portier [pɔʀtje] m Portier m

portière [pɔʀtjɛʀ] f (Auto)tür f

portillon [pɔʀtijɔ̃] m Schwingtür f; (du métro) Sperre f

portion [pɔʀsjɔ̃] f Teil m; (de nourriture) Portion f; (d'héritage) Anteil m

portique [pɔʀtik] m (ARCHIT) Säulenhalle f; (TECH) brückenförmiges Gerüst

porto [pɔʀto] m Portwein m

portoricain, e [pɔʀtɔʀikɛ̃, ɛn] adj puertoricanisch

Porto Rico [pɔʀtɔʀiko] Puerto Rico nt

portrait [pɔʀtʀɛ] m Porträt nt; **portrait-robot** (potraits-robots) m Phantombild nt

portuaire [pɔʀtɥɛʀ] adj **installation ~** Hafenanlage f

portugais, e [pɔʀtygɛ, ɛz] adj portugiesisch; **Portugais, e** m, f Portugiese (Portugiesin) m(f); **Portugal** [pɔʀtygal] m **le ~** Portugal nt

P.O.S. m abr de **plan d'occupation des sols** Flächennutzungsplan m

pose [poz] f Legen nt; Anbringen nt; (attitude) Haltung f, Pose f; **(temps de) ~** (FOTO) Belichtung(szeit) f

posé, e [poze] adj (réfléchi) gesetzt

posemètre [pozmɛtʀ] m Belichtungsmesser m

poser ⟨1⟩ [poze] **1.** vt legen; (debout) stellen; (qn) absetzen; (rideaux, serrure) anbringen; (principe, définition) aufstellen; (formuler) formulieren; **~ son regard sur qn/qch** den Blick auf jdm/etw ruhen lassen; **~ une question à qn** jdm eine Frage stellen; **~ sa candidature** sich bewerben; (POL) kandidieren; **posons que** nehmen wir (einmal) an, dass **2.** vi (prendre une pose) posieren **3.** vpr **se ~** (oiseau, avion) landen; (question, problème) sich stellen; **se ~ en artiste** sich als Künstler aufspielen

poseur, -euse [pozœʀ, øz] m, f (pédant) Angeber(in) m(f)

positif, -ive [pozitif, iv] adj positiv; (incontestable, réel) sicher, bestimmt; (pratique) nüchtern; (ELEC) Plus-

position [pozisjɔ̃] f Stellung f; (horizontale, couchée) Lage f; (attitude réglementaire) Haltung f; (emplacement, localisation) Anordnung f; Stelle f; (d'un navire, d'un avion) Position f; (d'un concurrent, d'un coureur) Platz m; (point de vue, attitude) Meinung f, Haltung f; (d'un compte en banque) Stand m; **être dans une ~ difficile/délicate** in einer schwierigen/delikaten Lage sein; **prendre ~** (fig) Stellung beziehen, Stellung nehmen; **positionnement** m (INFORM) Positionierung f; **positionner** ⟨1⟩ vt (navire, etc) lokalisieren; (INFORM) positionieren

posséder ⟨5⟩ [pɔsede] vt besitzen; (connaître, dominer) beherrschen
possessif, -ive [pɔsesif, iv] 1. adj (LING)
possessiv; (personne: abusif) besitzergrei-
fend 2. m (LING) Possessiv nt
possession [pɔsesjɔ̃] f Besitz m, Eigentum nt; **être en ~ de qch** im Besitz von
etw sein
possibilité [pɔsibilite] f Möglichkeit f
possible [pɔsibl(ə)] 1. adj möglich; (projet,
entreprise) durchführbar; **au ~** (gentil,
brave) äußerst; **aussitôt/dès que ~**
sobald wie möglich; **autant que ~** so viel
wie möglich; **le plus/moins (de) ... ~** so
viel/so wenig ... wie möglich; **(ne) ... pas
~** (fam: supportable) unmöglich 2. m **faire
(tout) son ~** sein Möglichstes tun
postal, e (-aux) [pɔstal, o] adj Post-
postdater ⟨1⟩ [pɔstdate] vt (zu)rückdatie-
ren
poste [pɔst(ə)] 1. f Post f; (bureau) Post f,
Postamt nt; **mettre à la ~** aufgeben;
agent [o **employé(e)**] **des ~s** Postbeam-
te(r) (-beamtin); **~ restante** postlagernd
m 2. m (MIL: charge) Posten m; **~ émetteur**
Sender m; **~ à essence** Tankstelle f; **~
d'incendie** Feuerlöschstelle f; **~ de pilotage** Cockpit nt; **~ (de police)** (Polizei)
station f; **~ (de radio/télévision)** (Radio-/
Fernseh)apparat m; **~ de secours** Erste-
Hilfe-Station f; **~ de travail informatique**
Computerarbeitsplatz m; **poste-éclair**
adj **service ~** Eilzustelldienst m
poster ⟨1⟩ [pɔste] vt (lettre, colis) aufgeben; (personne) postieren
poster [pɔstɛʀ] m Poster nt
postérieur, e [pɔsteʀjœʀ] 1. adj (date,
document) spätere(r, s); (partie) hintere(r,
s) 2. m (fam) Hintern m
postérité [pɔsteʀite] f (générations futures)
Nachkommenschaft f; (avenir) Nachwelt f
posthume [pɔstym] adj (œuvre, gloire)
posthum
postiche [pɔstiʃ] m Haarteil nt
postmoderne [pɔstmɔdɛʀn(ə)] adj postmodern
post-natal, e (post-natals) [pɔstnatal] adj
postnatal
post-scriptum [pɔstskʀiptɔm] m inv Post-
skriptum nt
postulant, e [pɔstylɑ̃, ɑ̃t] m, f (candidat)
Bewerber(in) m(f)
postuler ⟨1⟩ [pɔstyle] vt (emploi) sich
bewerben um
posture [pɔstyʀ] f (attitude) Haltung f;
être en bonne/mauvaise ~ in einer
guten/schlechten Position sein

pot [po] m (récipient) Topf m; (pour liquide)
Kanne f, Krug m; **avoir du/un coup de ~**
(fam: chance) Schwein haben, Glück
haben; **boire** [o **prendre**] **un ~** einen trinken; **plein ~** (fam) volle Pulle; **~ catalytique** Katalysator m; **~ d'échappement**
Auspufftopf; **~ de fleurs** Blumentopf
potable [pɔtabl(ə)] adj (eau) trinkbar
potage [pɔtaʒ] m Suppe f
potager, -ère [pɔtaʒe, ɛʀ] 1. adj Gemüse-
2. m (jardin) Gemüsegarten m
potasser ⟨1⟩ [pɔtase] vt (fam: examen)
büffeln für
potassium [pɔtasjɔm] m Kalium nt
pot-au-feu [pɔtofø] m inv Eintopfgericht aus
Rindfleisch und Gemüse; **pot-de-vin** (pots-
de-vin) [pod(ə)vɛ̃] m Schmiergeld nt, Be-
stechungsgeld nt
pote [pɔt] m (fam) Kumpel m
poteau (x) [pɔto] m Pfosten m, Pfahl m;
~ indicateur Wegweiser m; **~ télégraphique** Telegrafenmast m
potelé, e [pɔt(ə)le] adj rundlich, mollig
potentiel, le [pɔtɑ̃sjɛl] 1. adj potentiell
2. m Potenzial nt; **~ électoral** Wählerpotenzial
poterie [pɔtʀi] f (fabrication) Töpferei f;
(objet) Töpferware f
potiche [pɔtiʃ] f große Porzellanvase
potier, -ière [pɔtje, ɛʀ] m, f Töpfer(in)
m(f)
potion [posjɔ̃] f **~ magique** Zaubertrank
m; (fig) Wundermittel nt
potiron [pɔtiʀɔ̃] m Kürbis m
pot-pourri (pots-pourris) [popuʀi] m
(pétales, MUS) Potpourri nt
pou (x) [pu] m Laus f
poubelle [pubɛl] f Mülleimer m; **les ~s**
(fam) der Müllwagen
pouce [pus] m Daumen m
poudre [pudʀ(ə)] f Pulver nt; (fard) Puder
m; (explosif) Schießpulver nt; **café en ~**
Pulverkaffee m; **savon/lait en ~** Seifen-/
Milchpulver; **poudrer** ⟨1⟩ vt pudern;
poudreux, -euse [pudʀø, øz] adj (neige)
pulvrig; **poudrier** [pudʀije] m Puderdose f
pouffer ⟨1⟩ [pufe] vi **~ (de rire)** losprus-
ten
pouilleux, -euse [pujø, øz] adj (personne)
verlaust; (endroit) verkommen, schmutzig
poulailler [pulaje] m Hühnerstall m;
(THEAT fam) Galerie f
poulain [pulɛ̃] m Fohlen nt
poularde [pulaʀd(ə)] f Poularde f
poule [pul] f (ZOOL) Henne f; (GASTR)
Huhn nt; **quand les ~s auront des dents**

am Sankt-Nimmerleins-Tag; ~ **pondeuse**
Legehenne

poulet [pulɛ] m (GASTR) Hühnchen nt;
(fam: policier) Bulle m

poulie [puli] f Flaschenzug m

poulpe [pulp] m Tintenfisch m

pouls [pu] m Puls m; **prendre le ~ de qn**
jdm den Puls fühlen

poumon [pumɔ̃] m Lunge f; ~ **d'acier**
eiserne Lunge

poupe [pup] f (navire) Heck nt

poupée [pupe] f Puppe f; **maison de ~**
Puppenhaus nt

poupin, e [pupɛ̃, in] adj pummelig

pour [puʀ] **1.** prep für +akk; (destination)
nach +dat; (comme) als; (quant à) was …
betrifft; (avec infinitif) um zu; **c'est ~ cela
que** deshalb; **ce n'est pas ~ dire, mais …**
(fam) ich will ja nichts sagen, aber …; ~
de bon wirklich; **être ~ beaucoup dans
qch** wesentlich zu etw beitragen; **fer-
mé(e) ~ (cause de) travaux** wegen
Umbau geschlossen; **il a parlé ~ moi** (à la
place de) er hat für mich gesprochen; **je
n'y suis ~ rien** es ist nicht meine Schuld;
jour ~ jour auf den Tag; **mot ~ mot** Wort
für Wort; ~ **le plaisir/ton anniversaire**
zum Spaß/zu deinem Geburtstag; ~ **que**
+subj damit, so dass; ~ **quoi faire?** wozu?
2. m **le ~ et le contre** das Für und Wider

pourboire [puʀbwaʀ] m Trinkgeld nt

pourcentage [puʀsɑ̃taʒ] m Prozentsatz m

pourlécher ⟨5⟩ [puʀleʃe] vpr **se ~** sich
dat die Lippen lecken

pourparlers [puʀpaʀle] mpl Verhandlungen pl

pourpre [puʀpʀ(ə)] adj purpurrot

pourquoi [puʀkwa] **1.** adv warum; **c'est
~…** darum … **2.** m inv **le ~ (de)** (motif)
der Grund (für)

pourri, e [puʀi] adj faul, verfault; (arbre,
bois) morsch; (été) verregnet; (fig: cor-
rompu) verdorben; (vénal) bestechlich

pourrir ⟨8⟩ [puʀiʀ] vi (fruit, cadavre) verfaulen; (arbre) morsch werden

poursuite [puʀsɥit] f Verfolgung f; ~**s** fpl
(JUR) Strafverfahren nt

poursuivant, e [puʀsɥivɑ̃, ɑ̃t] m, f Verfol-
ger(in) m(f)

poursuivre [puʀsɥivʀə] irr comme suivre
1. vt verfolgen; (presser, relancer) zusetzen
+dat; (hanter, obséder) quälen, verfolgen;
(briguer, rechercher) nachjagen +dat; (but)
verfolgen; (continuer) fortsetzen; ~ **qn en
justice** jdn gerichtlich verfolgen **2.** vpr **se
~** (continuer) weitergehen

pourtant [puʀtɑ̃] adv trotzdem; **et ~**

aber trotzdem

pourvoi [puʀvwa] m (JUR) Gesuch nt,
Antrag m

pourvoir [puʀvwaʀ] irr **1.** vt ~ **à qch** für
etw sorgen; ~ **qn/qch de** jdn/etw versehen mit; ~ **à un emploi** eine Stelle besetzen **2.** vpr **se ~ de qch** sich mit etw versorgen; **se ~ en cassation** Revision einlegen

pourvoyeur, -euse [puʀvwajœʀ, øz] m, f
Lieferant(in) m(f); (de drogue) Dealer(in)
m(f)

pourvu, e [puʀvy] **1.** adj ~ **de** versehen
mit **2.** conj **pourvu que** +subj vorausgesetzt, dass; (espérons que) hoffentlich

pousse [pus] f Wachsen nt; (bourgeon)
Trieb m, Spross m

poussée [puse] f (pression) Druck m; (attaque) Ansturm m; (MED) Ausbruch m

pousse-pousse [puspus] m inv Rikscha f

pousser ⟨1⟩ [puse] **1.** vt stoßen; (porte)
aufdrücken; (faire avancer) drängeln; (cri)
ausstoßen; (pendant l'accouchement) pressen; (moteur) auf vollen Touren laufen
lassen; ~ **qn à qch/à faire qch** (exhorter)
jdn zu etw drängen/jdn drängen, etw zu
tun; **faut pas ~!** (fam) nun mach mal
halblang! **2.** vi wachsen; ~ **à qch** zu etw
(an)treiben; ~ **jusqu'à un endroit/plus loin**
bis zu einem Ort/weiter vorstoßen

poussette [pusɛt] f (pour enfant) Sportwagen m; **poussette-canne** (poussettes-
cannes) [pusetkan] f Buggy m

poussière [pusjɛʀ] f Staub m; **une ~** ein
Staubkorn nt; **200 euros et des ~s** (fam)
200 Euro und ein paar Zerquetschte;

poussiéreux, -euse [pusjeʀø, øz] adj
staubig

poussin [pusɛ̃] m Küken nt

poutre [putʀ(ə)] f (en bois) Balken m; (en
fer, en ciment armé) Träger m; (SPORT)
Schwebebalken m

pouvoir [puvwaʀ] irr **1.** vt können; **on ne
peut plus** höchst; **je n'en peux plus** ich
kann nicht mehr **2.** vb impers **il peut arriver
que** es kann passieren, dass; **il se peut
que** es kann sein, dass **3.** m Macht f;
(capacité) Fähigkeit f; (législatif, exécutif)
Gewalt f; (JUR: d'un tuteur, mandataire)
Befugnis f; **le ~** (POL: des dirigeants) die
Regierung; ~**s** mpl (attributions) Befugnisse pl; (surnaturel) Kräfte pl; ~ **d'achat**
Kaufkraft f; ~ **législatif/exécutif/judiciaire**
Legislative f/Exekutive f/Judikative f;
pleins ~**s** Vollmacht f; **les** ~**s publics** die
öffentliche Hand

pp. abr de **pages** S(S).

P.R. *m abr de* **parti républicain** *republikanische Partei*

pragmatique [pʀagmatik] *adj* pragmatisch

Prague [pʀag] Prag *nt*

prairie [pʀeʀi] *f* Wiese *f*

praline [pʀalin] *f* gebrannte Mandel

praliné, e [pʀaline] *adj* **du (chocolat) ~** Nougat *m o nt*

praticable [pʀatikabl(ə)] *adj* (*route*) befahrbar

praticien, ne [pʀatisjɛ̃, ɛn] *m, f* (*médecin*) praktischer Arzt, praktische Ärztin

pratiquant, e [pʀatikɑ̃, ɑ̃t] *adj* (*REL*) praktizierend

pratique [pʀatik] **1.** *f* Ausübung *f;* (*d'un sport, métier*) Betreiben *nt;* (*de football, golf*) Spielen *nt;* (*d'une religion*) Praktizieren *nt;* (*d'une méthode, d'un système*) Anwendung *f;* (*coutume*) Brauch *m;* (*opposé à théorie*) Praxis *f;* **mettre en ~** in die Praxis umsetzen **2.** *adj* praktisch

pratiquement [pʀatikmɑ̃] *adv* (*dans la pratique*) in der Praxis; (*à peu près, pour ainsi dire*) praktisch

pratiquer ⟨1⟩ [pʀatike] **1.** *vt* (*métier, art*) ausüben; (*sport, métier*) betreiben; (*football, golf, etc*) spielen; (*religion*) praktizieren; (*intervention, opération*) durchführen; (*méthode, système*) anwenden; (*charité*) üben; (*chantage, bluff*) anwenden; (*genre de vie*) leben, führen; (*ouverture, abri*) machen; **~ le bien** Gutes tun; **~ la photo/l'escrime** fotografieren/fechten **2.** *vi* (*REL*) praktizieren

pré [pʀe] *m* Wiese *f*

préado [pʀeado] **1.** *adj* heranwachsend **2.** *mf* Heranwachsende(r) *mf* (*vor der Pubertät*), Kid *nt*

préalable [pʀealabl(ə)] **1.** *adj* vorhergehend, Vor-; **sans avis ~** ohne Vorwarnung **2.** *m* (*conditions*) Voraussetzung *f;* **au ~** zunächst, zu(aller)erst; **préalablement** [pʀealabləmɑ̃] *adv* vorerst

Préalpes [pʀealp] *fpl* **les ~** das Alpenvorland

préambule [pʀeɑ̃byl] *m* Einleitung *f;* (*d'un texte de loi*) Präambel *f*

préau (x) [pʀeo] *m* Schulhof *m*

préavis [pʀeavi] *m* (*avertissement*) Kündigung *f;* (*délai*) Kündigungsfrist *f;* **sans ~** fristlos

précaution [pʀekosjɔ̃] *f* Vorsichtsmaßnahme *f;* **avec ~** vorsichtig; **prendre des ~s** (Sicherheits)vorkehrungen treffen; (*fam: rapports sexuels*) verhüten

précédemment [pʀesedamɑ̃] *adv* vorher, früher

précédent, e [pʀesedɑ̃, ɑ̃t] **1.** *adj* vorhergehend; **le jour ~** am Tag zuvor **2.** *m* Präzedenzfall *m;* **sans ~** erstmalig, einmalig

précéder ⟨5⟩ [pʀesede] *vt* vorangehen +*dat;* (*dans un véhicule*) vorausfahren +*dat;* (*selon l'ordre logique*) kommen vor +*dat*

précepte [pʀesɛpt(ə)] *m* Grundsatz *m*

précepteur, -trice [pʀesɛptœʀ, tʀis] *m, f* Hauslehrer(in) *m(f)*

préchauffer ⟨1⟩ [pʀeʃofe] *vt* (*AUTO: diesel*) vorglühen

prêcher ⟨1⟩ [pʀeʃe] *vt* predigen

précieux, -euse [pʀesjø, øz] *adj* wertvoll, kostbar; (*style*) preziös

précipice [pʀesipis] *m* Abgrund *m*

précipitamment [pʀesipitamɑ̃] *adv* überstürzt

précipitation [pʀesipitasjɔ̃] *f* Hast *f,* Überstürzung *f;* (*CHIM*) Niederschlag *m;* **~s (atmosphériques)** (*MÉTÉO*) Niederschläge *pl*

précipité, e [pʀesipite] *adj* (*respiration, pas*) schnell; (*départ, entreprise*) überstürzt

précipiter ⟨1⟩ [pʀesipite] **1.** *vt* (*hâter, accélérer*) beschleunigen; **~ qn/qch du haut de qch** (*faire tomber*) jdn/etw von etw hinabstürzen **2.** *vpr* **se ~** (*battements du cœur, respiration*) schneller werden; (*événements*) sich überstürzen; **se ~ au devant de qn** jdm entgegenstürzen; **se ~ sur qn/qch** sich auf jdn/etw stürzen

précis, e [pʀesi, iz] *adj* genau; (*bruit, contours, point*) deutlich; **précisément** [pʀesizemɑ̃] *adv* genau; **préciser** ⟨1⟩ [pʀesize] **1.** *vt* präzisieren **2.** *vpr* **se ~** konkreter werden; **précision** [pʀesizjɔ̃] *f* Genauigkeit *f*

précoce [pʀekɔs] *adj* (*végétal*) früh; (*enfant, jeune fille*) frühreif

préconiser ⟨1⟩ [pʀekɔnize] *vt* (*recommander*) empfehlen, befürworten

précurseur [pʀekyʀsœʀ] *m* Vorläufer(in) *m(f)*

prédateur [pʀedatœʀ] *m* Raubtier *nt*

prédécesseur [pʀedesesœʀ] *m* Vorgänger(in) *m(f)*

prédestiner ⟨1⟩ [pʀedɛstine] *vt* **~ qn à faire qch** jdn prädestinieren, etw zu tun; **~ qn à qch** jdn zu etw vorbestimmen

prédiction [pʀediksjɔ̃] *f* Prophezeiung *f*

prédilection [pʀedilɛksjɔ̃] *f* **avoir une ~ pour qn/qch** eine Vorliebe für jdn/etw haben; **de ~** Lieblings-

prédire [pʀediʀ] *irr comme* **dire** *vt* vorhersagen, voraussagen

prédisposition [pʀedispozisjɔ̃] *f* Veranla-

gung f
prédominance [pʀedɔminɑ̃s] f Vorherrschaft f; **prédominant, e** [pʀedɔminɑ̃, ɑ̃t] adj vorherrschend
prédominer ⟨1⟩ [pʀedɔmine] vi vorherrschen
préfabriqué, e [pʀefabʀike] adj **élément ~** Fertigteil nt; **maison ~e** Fertighaus nt
préface [pʀefas] f Vorwort nt
préfecture [pʀefektyʀ] f Präfektur f; **~ de police** Polizeipräfektur

La préfecture

La préfecture ist das Verwaltungszentrum eines „département". *Le préfet* ist ein hoher von der Regierung ernannter Beamter, der dafür verantwortlich ist, dass Regierungserlasse ausgeführt werden. Die 22 Regionen Frankreichs mit jeweils mehreren „départements" haben ebenfalls einen „préfet": *le préfet de région*.

préférable [pʀefeʀabl(ə)] adj **cette solution est ~ à l'autre** diese Lösung ist der anderen vorzuziehen
préféré, e [pʀefeʀe] adj Lieblings-
préférence [pʀefeʀɑ̃s] f Vorliebe f; **de ~** am liebsten; **donner la ~ à qn** jdm den Vorzug geben
préférentiel, le [pʀefeʀɑ̃sjɛl] adj Vorzugs-
préférer ⟨5⟩ [pʀefeʀe] vt vorziehen, lieber mögen; **~ faire qch** etw lieber tun; **~ qn/qch à qn/qch** jdn/etw jdm/einer Sache vorziehen, jdn/etw lieber mögen als jdn/etw
préfet, -ète [pʀefɛ, ɛt] m, f Präfekt(in) m(f)
préfixe [pʀefiks] m Präfix nt, Vorsilbe f
préhistoire [pʀeistwaʀ] f la **~** die Urgeschichte; **préhistorique** [pʀeistɔʀik] adj prähistorisch
préjudice [pʀeʒydis] m Nachteil m, Schaden m
préjugé [pʀeʒyʒe] m Vorurteil nt
prélavage [pʀelavaʒ] m Vorwäsche f
prélèvement [pʀelɛvmɑ̃] m (d'un échantillon, de sang) Entnahme f; **~ automatique** (FIN) automatischer Bankeinzug, Dauerauftrag m; **~ à la source** (FIN) Quellensteuer f
prélever ⟨4⟩ [pʀel(ə)ve] vt (argent) (vom Konto) abheben; (MED: tissu, organe) entnehmen
préliminaire [pʀeliminɛʀ] 1. adj Vor-, vorbereitend 2. mpl vorbereitende Maßnahmen pl; (amoureux) Vorspiel nt
prématuré, e [pʀematyʀe] 1. adj vorzeitig, verfrüht; (enfant) frühgeboren 2. m

Frühgeburt f
préméditation [pʀemeditasjɔ̃] f **avec ~** vorsätzlich
préméditer ⟨1⟩ [pʀemedite] vt vorsätzlich planen
premier, -ière [pʀəmje, ɛʀ] 1. adj erste(r, s); (le plus bas) unterste(r, s); (après le nom: fondamental) grundlegend; **à la première occasion** bei der erstbesten Gelegenheit; **au ~ abord** auf den ersten Blick; **au [o du] ~ coup** gleich, auf Anhieb; **de ~ ordre** erstklassig; **de ~ choix** erstklassig; **première nouvelle!** das ist mir ganz neu!; **de première qualité** von bester Qualität; **en ~ lieu** in erster Linie; **le ~ mai, le 1er mai** der 1. Mai; **le ~ venu** der erstbeste; **première communion** Erstkommunion f 2. m, f (personne) Erste(r) mf 3. f (AUTO) erster Gang; (première classe) erste Klasse; (THEAT) Premiere f; **premièrement** adv erstens; (d'abord) zunächst; (énumération) erstens; (introduisant une objection) zunächst einmal
prémonition [pʀemɔnisjɔ̃] f Vorahnung f; **prémonitoire** [pʀemɔnitwaʀ] adj **signe ~** warnendes Zeichen
prénatal, e [pʀenatal] adj vorgeburtlich, pränatal
prendre ⟨13⟩ [pʀɑ̃dʀ(ə)] 1. vt nehmen; (aller chercher) holen; (emporter, emmener avec soi) mitnehmen; (attraper) fangen; (surprendre) erwischen; (aliment, boisson) zu sich nehmen; (médicament) einnehmen; (engagement, risques) eingehen; (mesures) ergreifen; (ton, attitude) annehmen; (dispositions, mesures, précautions) treffen; (nécessiter du temps) brauchen; (accrocher, coincer) einklemmen; **~ l'air** (fig) frische Luft schnappen, spazieren gehen; **~ de l'altitude** (AVIAT) steigen; **~ congé de qn** sich von jdm verabschieden; **~ la défense de qn** jdn verteidigen; **~ feu** Feuer fangen; **~ du plaisir/de l'intérêt à qch** an etw dat Gefallen/Interesse finden; **~ qch au sérieux** (considérer) etw ernst nehmen; **~ qch à qn** jdm etw wegnehmen; **~ qn comme** [o **pour**] **amant/associé** sich dat jdn zum Liebhaber/Partner nehmen; **~ qn par la main/dans ses bras** jdn bei der Hand/in die Arme nehmen; **~ qn pour qch/qn** jdn für etw/jdn halten; **~ sa retraite** in den Ruhestand gehen; **~ son temps** sich dat Zeit lassen; **à tout ~** insgesamt; **cette place est prise** dieser Platz ist besetzt 2. vi (liquide) fest werden; (bouture, greffe) anwachsen; (feu, allumette) brennen; **je prends!** (en bourse) ich kaufe!;

~ à gauche (nach) links abbiegen; **s'en ~ à** angreifen; (passer sa colère sur) sich abreagieren an +dat; **il faudra s'y ~ à l'avance** man muss früh damit anfangen; **ça ne prend pas** das zieht nicht; **la mayonnaise prend** (fam) da könnte was draus werden

preneur, -euse [prənœr, øz] m, f (acheteur) Käufer(in) m(f), Abnehmer(in) m(f)

prénom [prenɔ̃] m Vorname m

préoccupation [preɔkypasjɔ̃] f Sorge f

préoccuper ⟨1⟩ [preɔkype] vt (personne) Sorgen machen +dat; (esprit, attention) stark beschäftigen

préparatifs [preparatif] mpl Vorbereitungen pl

préparation [preparasjɔ̃] f Vorbereitung f; (GASTR) Zubereitung f; (CHIM) Präparat nt; **~ latine/française** (devoir) lateinische/ französische Hausaufgabe

préparatoire [preparatwar] adj vorbereitend

Classes préparatoires

Classes préparatoires sind zweijährige Kurse, in denen intensiv gelernt wird, um die Aufnahmeprüfungen für die „grandes écoles" zu bestehen. Es handelt sich dabei um äußerst anstrengende Kurse, die man nach dem bestandenen „baccalauréat", im „lycée" belegt. Schulen, die solche Kurse anbieten, sind besonders hoch angesehen.

---

préparer ⟨1⟩ [prepare] 1. vt vorbereiten; (mets) zubereiten 2. vpr se ~ (orage, tragédie) sich anbahnen; **se ~ à qch/faire qch** sich auf etw akk vorbereiten/sich darauf vorbereiten, etw zu tun

préposition [prepozisjɔ̃] f Präposition f

préretraite [prerə(ə)trɛt] f Vorruhestand m

prérogative [prerɔgativ] f Vorrecht nt

près [prɛ] adv nahe, in der Nähe; **~ de** bei +dat; (environ) fast; **de ~** genau; **à cela ~ que** abgesehen davon, dass; **à 5 mm ~** auf 5 mm genau

présage [prezaʒ] m Vorzeichen nt, Omen nt; **présager** ⟨2⟩ vt (prévoir) voraussehen; **cela ne présage rien de bon** das verspricht nichts Gutes

presbyte [prɛsbit] adj weitsichtig

presbytère [prɛsbitɛr] m Pfarrhaus nt

prescription [prɛskripsjɔ̃] f Vorschrift f; (MED) Rezept nt

prescrire [prɛskrir] irr comme écrire vt vorschreiben; (MED) verschreiben

présence [prezɑ̃s] f Gegenwart f, Anwesenheit f; (d'un acteur, d'un écrivain) Ausstrahlung f; **en ~ de qn** in jds Gegenwart dat; **~ d'esprit** Geistesgegenwart; **~ policière** Polizeipräsenz f; **présent, e 1.** adj anwesend; (dans le temps) gegenwärtig; **~!** (à un contrôle) hier!; **à ~** jetzt; **à ~ que** jetzt, wo; **dès à ~** von nun an; **jusqu'à ~** bis jetzt **2.** m Gegenwart f; (LING) Präsens nt; **les ~s** die Anwesenden pl **3.** m (cadeau) Geschenk nt **4. la** (lettre) **~e** (COM) das vorliegende Schreiben

présentateur, -trice [prezɑ̃tatœr, tris] m, f (RADIO, TV) Moderator(in) m(f), (Nachrichten)sprecher(in) m(f)

présentation [prezɑ̃tasjɔ̃] f (d'une personne) Vorstellung f; (d'un spectacle) Darbietung f; (annonce) Ankündigung f; (d'un candidat) Anmeldung f; (d'une thèse) Vorlegung f; **faire les ~s** jdn jdm vorstellen

présenter ⟨1⟩ [prezɑ̃te] 1. vt (personne) vorstellen; (offrir) anbieten; (spectacle, vue) (dar)bieten; (introduire) ansagen, ankündigen; (disposer) ausstellen; (candidat) anmelden; (thèse, devis, projet) vorlegen; (exprimer) aussprechen; (défense, théorie) darlegen; (symptômes, avantages) haben, aufweisen 2. vi ~ **mal/bien** (personne) einen schlechten/guten Eindruck machen **3.** vpr se ~ (se proposer) sich bewerben; (se faire connaître) sich vorstellen; (solution, occasion) sich bieten; (difficultés) auftauchen; **se ~ bien/mal** gut/schlecht aussehen

préservatif [prezɛrvatif] m Präservativ nt

préservation [prezɛrvasjɔ̃] f Erhaltung f

préserver ⟨1⟩ [prezɛrve] vt ~ **qn/qch de** jdn/etw schützen vor +dat

président, e [prezidɑ̃, ɑ̃t] m, f Vorsitzende(r) mf; (POL) Präsident(in) m(f); **premier ~ de la cour d'appel** (JUR) erster Vorsitzender des Berufsgerichtes; **~-directeur général, présidente-directrice générale** Generaldirektor(in) m(f); **le ~ de la République française** der französische Staatspräsident; **présidentiel, le** [prezidɑ̃sjɛl] adj (élection, système) Präsidentschafts-; **régime ~** Präsidialsystem nt

présider ⟨1⟩ [prezide] vt leiten, den Vorsitz führen von; (dîner) Ehrengast sein bei

présomption [prezɔ̃psjɔ̃] f (supposition) Vermutung f, Annahme f; (attitude) übersteigertes Selbstbewusstsein

présomptueux, -euse [prezɔ̃ptɥø, øz] adj anmaßend

presque [prɛsk(ə)] adv fast, beinahe

presqu'île [prɛskil] f Halbinsel f

pressant, e [prɛsɑ̃, ɑ̃t] adj dringend

presse [pʀɛs] f Presse f; **sous** ~ (livre) im Druck

pressé, e [pʀese] **1.** adj eilig; **orange** ~**e** frisch gepresster Orangensaft **2.** m **aller au plus** ~ das Wichtigste zuerst erledigen

presse-citron (presse-citrons) [pʀɛssitʀɔ̃] m Zitruspresse f; **presse-fruits** [pʀɛsfʀɥi] m inv Saftpresse f

pressentiment [pʀesɑ̃timɑ̃] m Vorgefühl nt, Vorahnung f

pressentir ⟨10⟩ [pʀesɑ̃tiʀ] vt ahnen

presse-papier [pʀɛspapje] m (INFORM) Zwischenablage f; **presse-papiers** m inv Briefbeschwerer m

presser ⟨1⟩ [pʀese] **1.** vt (fruit) auspressen; (bouton) drücken auf +akk; ~ **le pas/l'allure** den Schritt/Gang beschleunigen; ~ **qn entre** [o **dans**] **ses bras** jdn in den Arm nehmen; ~ **qn de questions/ses débiteurs** (harceler) jdn mit Fragen bedrängen/seine Schuldner drängen **2.** vi **le temps presse** es eilt; **rien ne presse** nur keine Hektik! **3.** vpr se ~ (se hâter) sich beeilen; **se** ~ **contre qn** sich an jdn pressen

pressing [pʀesiŋ] m Dampfbügeln nt; (magasin) Schnellreinigung f

pression [pʀesjɔ̃] f Druck m; (bouton) Druckknopf m; **faire** ~ **sur qn/qch** Druck auf jdn/etw ausüben; ~ **artérielle** Blutdruck; ~ **atmosphérique** Luftdruck

pressoir [pʀeswaʀ] m (machine) Presse f

prestataire [pʀestatɛʀ] mf Leistungsempfänger(in) m(f), Unterstützungsempfänger(in) m(f)

prestation [pʀestasjɔ̃] f Leistung f; ~**s familiales** Familienbeihilfe f; ~**s sociales** Sozialhilfeleistungen pl; ~**s de vieillesse** Altersversorgung f

prestidigitateur, -trice [pʀestidiʒitatœʀ, tʀis] m, f Zauberkünstler(in) m(f)

prestige [pʀestiʒ] m Prestige nt

prestigieux, -euse [pʀestiʒjø, øz] adj (personne) hoch angesehen; (métier) prestigeträchtig

présumer ⟨1⟩ [pʀezyme] vt (supposer) annehmen, vermuten; ~ **de qn/qch** jdn/etw zu hoch einschätzen; ~ **qn coupable/innocent** jdn für schuldig/unschuldig halten

présupposer ⟨1⟩ [pʀesypoze] vt voraussetzen

prêt, e [pʀɛ, ɛt] **1.** adj fertig, bereit; ~**(e) à faire qch** bereit, etw zu tun; ~ **à assumer un risque éventuel** risikobereit; ~**(e) à tout** zu allem bereit; ~**(e) à toute éventualité** auf alles vorbereitet **2.** m (Ver)lei-

hen nt; (somme) Anleihe f; (avance) Vorschuss m; ~ **sur gages** Pfandleihe f; **prêt-à-porter** (prêts-à-porter) [pʀɛtapɔʀte] m Konfektion f

prétendant, e [pʀetɑ̃dɑ̃, ɑ̃t] m (à un trône) Prätendent(in) m(f); (à la main d'une femme) Freier m

prétendre ⟨14⟩ [pʀetɑ̃dʀ(ə)] vt (soutenir) behaupten; ~ **à** Anspruch erheben auf +akk; ~ **faire qch** (vouloir) beabsichtigen, etw zu tun

prétendu, e [pʀetɑ̃dy] adj (supposé: avant le nom) angeblich

prête-nom [pʀɛtnɔ̃] m inv Strohmann m

prétentieux, -euse [pʀetɑ̃sjø, øz] adj anmaßend; (maison) protzig

prétention [pʀetɑ̃sjɔ̃] f (exigence) Anspruch m; (ambition, visée) Ambition f; (arrogance) Überheblichkeit f; **sans** ~ bescheiden

prêter ⟨1⟩ [pʀete] **1.** vt (livres, argent) (ver)leihen; ~ **son assistance/appui à qn** jdm helfen/jdn unterstützen; ~ **attention** Aufmerksamkeit schenken; ~ **aux commentaires/à équivoque** Anlass zu Kommentaren/zu Missverständnissen geben; ~ **serment** einen Eid leisten; ~ **à qn des propos/intentions** (attribuer) jdm Äußerungen/Absichten unterstellen **2.** vpr se ~ **à qch** (personne) bei etw mitmachen; (chose) sich für etw eignen

prétexte [pʀetɛkst(ə)] m Vorwand m; **donner qch pour** ~ etw als Vorwand nehmen; **sous aucun** ~ keinesfalls

prêtre, -esse [pʀɛtʀ(ə), ɛs] m, f Priester(in) m(f)

preuve [pʀœv] f Beweis m; **faire** ~ **de** zeigen, beweisen; **faire ses** ~**s** seine Fähigkeiten unter Beweis stellen; **jusqu'à** ~ **du contraire** bis nicht das Gegenteil bewiesen ist

prévaloir [pʀevalwaʀ] irr comme valoir **1.** vi siegen, sich durchsetzen **2.** vpr se ~ **de qch** (tirer vanité de) sich dat etwas einbilden auf +akk

prévenant, e [pʀev(ə)nɑ̃, ɑ̃t] adj aufmerksam

prévenir ⟨9⟩ [pʀev(ə)niʀ] vt (empêcher) verhindern; ~ **qn (de qch)** (informer) jdn (von etw) benachrichtigen; ~ **qn contre qch/qn** jdn gegen etw/jdn einnehmen; ~ **les besoins/désirs de qn** jds Bedürfnissen/Wünschen dat zuvorkommen

préventif, -ive [pʀevɑ̃tif, iv] adj vorbeugend; **détention préventive** Untersuchungshaft f

prévention [pʀevɑ̃sjɔ̃] f Verhütung f;

(incarcération) Untersuchungshaft f

prévenu, e [prev(ə)ny] m, f Angeklagte(r) mf

prévisible [previzibl] adj vorhersehbar

prévision [previzjɔ̃] f en ~ de qch in Erwartung einer Sache gen; ~s Vorhersage(n) f(pl); ~s météorologiques Wettervorhersage f

prévoir [prevwar] irr comme voir vt vorhersehen

prévoyance [prevwajɑ̃s] f société/caisse de ~ Rentenversicherung f/-fonds m

prévoyant, e [prevwajɑ̃, ɑ̃t] adj vorsorgend, vorausschauend

prier ⟨1⟩ [prije] 1. vi beten 2. vt (Dieu) beten zu; (personne) (inständig) bitten; (terme de politesse) ersuchen, bitten; ~ qn de ne pas fumer jdn bitten, nicht zu rauchen; je vous en prie bitte(schön)

prière [prijɛr] f (REL) Gebet nt; (demande instante) Bitte f; dire une/sa ~ beten; ~ de ne pas fumer bitte nicht rauchen

primaire [primɛr] 1. adj (SCOL) Grundschul-; (simpliste) simpel; secteur ~ (ECON) Primärsektor m 2. m le ~ (enseignement) die Grundschulausbildung

primauté [primote] f Vorrang m

prime [prim] 1. f Prämie f; (objet gratuit) Werbegeschenk nt; ~ de risque Gefahrenzulage f 2. adj de ~ abord auf den ersten Blick

primer ⟨1⟩ [prime] 1. vt (récompenser) prämieren 2. vi überwiegen; ~ sur qch (l'emporter) wichtiger sein als etw (anderes)

primeur [primœr] f avoir la ~ de qch der/die Erste sein, der/die etw erfährt; ~s (fruits) Frühobst nt; (légumes) Frühgemüse nt; marchand de ~s Obst- und Gemüsehändler m

primevère [primvɛr] f Schlüsselblume f

primitif, -ive [primitif, iv] adj Ur-, ursprünglich; (société; rudimentaire) primitiv; couleurs primitives Grundfarben pl

primo [primo] adv erstens

primordial, e (-aux) [primɔrdjal, o] adj wesentlich, bedeutend

prince, -esse [prɛ̃s, ɛs] m, f Prinz (Prinzessin) m(f); (souverain) Fürst(in) m(f)

principal, e (-aux) [prɛ̃sipal, o] 1. adj Haupt- 2. m, f (d'un collège) Rektor(in) m(f) 3. m le ~ (essentiel) das Wesentliche; **principalement** adv hauptsächlich, vor allem

principauté [prɛ̃sipote] f Fürstentum nt

principe [prɛ̃sip] m Prinzip nt; (d'une discipline, d'une science) Grundsatz m; de ~ prinzipiell; en ~ im Prinzip; partir du ~ que davon ausgehen, dass; pour le/par ~ aus Prinzip

printemps [prɛ̃tɑ̃] m Frühling m, Frühjahr nt; au ~ im Frühling

prioritaire [prijɔritɛr] adj (personne, industrie) bevorrechtigt; (véhicule) mit Vorfahrt; (INFORM) mit Vorrang; (suisse: lettre) erster Klasse

priorité [prijɔrite] f avoir la ~ (AUTO) Vorfahrt haben; ~ à droite rechts vor links; en ~ vorrangig, zuerst

pris, e [pri, iz] 1. pp de prendre 2. adj (place) besetzt; (journée, mains) voll; (personne) beschäftigt; avoir la gorge ~e (MED) einen entzündeten Hals haben; c'est toujours ça de ~ (fam) das ist immerhin etwas 3. f (d'une ville) Einnahme f; (en pêche) Fang m; (SPORT) Griff m; ~ (de courant) (ELEC) Steckdose f; être aux ~e avec qn sich in den Haaren liegen; lâcher ~e loslassen; ~e en charge (par la sécurité sociale) Kostenübernahme f; ~e multiple Mehrfachsteckdose f; ~e de sang Blutabnahme f; ~e de son Tonaufnahme f; ~e de terre (ELEC) Erdung f; ~e de vue (FOTO) Aufnahme f

priser ⟨1⟩ [prize] vt (tabac) schnupfen

prisme [prism] m Prisma nt

prison [prizɔ̃] f Gefängnis nt; **prisonnier, -ière** [prizɔnje, ɛr] 1. m, f (détenu) Häftling m; (soldat) Gefangene(r) mf 2. adj gefangen; faire ~ gefangen nehmen

privations [privasjɔ̃] fpl Entbehrungen pl

privatisation [privatizasjɔ̃] f (ECON) Privatisierung f

privatiser ⟨1⟩ [privatize] vt privatisieren

privautés [privote] fpl Freiheiten pl

privé, e [prive] adj privat, Privat-; (personnel, intime) persönlich; en ~ privat

priver ⟨1⟩ [prive] 1. vt ~ qn de qch jdm etw entziehen 2. vpr se ~ de qch/faire qch sich dat etw versagen/sich dat versagen, etw zu tun

privilège [privilɛʒ] m Privileg nt; **privilégié, e** [privileʒje] adj privilegiert; (favorisé) begünstigt; **privilégier** ⟨1⟩ [privileʒje] vt (personne) bevorzugen; (méthode, chose) den Vorzug geben +dat

prix [pri] m Preis m; à aucun/tout ~ um keinen/jeden Preis; au ~ fort zum Höchstpreis; hors de ~ sehr teuer; ~ de revient Selbstkostenpreis

pro [pro] mf (fam) Profi m

probabilité [prɔbabilite] f Wahrscheinlichkeit f; **probable** adj wahrscheinlich; **probablement** adv wahrscheinlich

probant, e [prɔbɑ̃, ɑ̃t] adj beweiskräftig, überzeugend

probité [prɔbite] f Redlichkeit f

problématique [prɔblematik] **1.** adj problematisch **2.** f Problematik f

problème [prɔblɛm] m Problem nt; (SCOL) Rechenaufgabe f

procédé [prɔsede] m (méthode) Verfahren nt, Prozess m

procéder ⟨5⟩ [prɔsede] vi (agir) vorgehen; **~ à qch** etw durchführen

procédure [prɔsedyʀ] f Verfahrensweise f; **le code de ~ civile/pénale** die Zivil-/Strafprozessordnung

procès [prɔsɛ] m Prozess m; **être en ~ avec qn** mit jdm prozessieren; **~ d'intention** Unterstellung f

processeur [prɔsesœʀ] m (INFORM) Prozessor m

processus [prɔsesys] m (évolution) Prozess m

procès-verbal (procès-verbaux) [prɔsevɛʀbal, o] m Protokoll nt; (de contravention) Strafmandat nt

prochain, e [prɔʃɛ̃, ɛn] adj nächste(r, s); **à la ~e fois!** bis zum nächsten Mal!; **la semaine ~e** (date) (die) nächste Woche; **prochainement** adv demnächst

proche [prɔʃ] **1.** adj nahe (de bei); **de en ~** schrittweise **2.** mpl (parents) nächste Verwandte pl; **Proche-Orient** [prɔʃɔʀjɑ̃] m **le ~** der Nahe Osten

proclamation [prɔklamasjɔ̃] f Bekanntgabe f

proclamer ⟨1⟩ [prɔklame] vt (la république, un roi) ausrufen, proklamieren; (résultat d'un examen) bekannt geben; (son innocence, etc) erklären, beteuern

procréer ⟨1⟩ [prɔkree] vt zeugen, hervorbringen

procuration [prɔkyʀasjɔ̃] f Vollmacht f

procurer ⟨1⟩ [prɔkyʀe] **1.** vt **~ qch à qn** (fournir) jdm etw verschaffen; (plaisir, joie) jdm etw machen, jdm etw bereiten **2.** vpr **se ~** sich dat verschaffen

procureur, -ratrice [prɔkyʀœʀ, ʀatʀis] m, f ~(-ratrice) (de la République) Staatsanwalt(-anwältin) m(f); ~(-ratrice) **général(e)** Generalstaatsanwalt(-anwältin) m(f)

prodige [prɔdiʒ] m Wunder nt; **enfant ~** Wunderkind nt; **prodigieux, -euse** [prɔdiʒjø, øz] adj erstaunlich, phantastisch

prodigue [prɔdig] adj verschwenderisch; **l'enfant ~** der verlorene Sohn; **prodiguer** ⟨1⟩ vt (dilapider) vergeuden; **~ qch à qn** jdn mit etw überhäufen

producteur, -trice [prɔdyktœʀ, tʀis] **1.** adj

pays ~ de blé/pétrole Weizen/Erdöl erzeugendes Land **2.** m, f (de biens) Hersteller(in) m(f); (CINE) Produzent(in) m(f)

productif, -ive [prɔdyktif, iv] adj fruchtbar, ertragreich; (capital, personnel) produktiv

production [prɔdyksjɔ̃] f Erzeugung f; Produktion f, Herstellung f; **~ maigre** Leanproduction f

productivité [prɔdyktivite] f Produktivität f

produire [prɔdɥiʀ] irr comme conduire **1.** vt erzeugen; (entreprise) herstellen, produzieren; (résultat, changement) bewirken; (CINE, TV) produzieren; (documents, témoins) liefern, beibringen **2.** vi (rapporter) produzieren; (investissement, argent) Gewinn abwerfen, arbeiten **3.** vpr **se ~** (acteur) sich produzieren; (changement, événement) sich ereignen

produit [prɔdɥi] m Produkt nt; (d'un investissement) Rendite f; **~ brut** Roherzeugnis nt; **~ fini** Fertigprodukt nt; **~ intérieur brut** Bruttoinlandsprodukt; **~ national brut** Bruttosozialprodukt; **~ d'entretien** Putzmittel nt; **~ sans nom** No-Name(-Produkt) nt; **~ de protection solaire** Sonnenschutzmittel nt

prof [prɔf] mf (fam) Lehrer(in) m(f)

profane [prɔfan] adj (REL) weltlich; (ignorant, non initié) laienhaft

professer ⟨1⟩ [prɔfese] vt (déclarer hautement) bekunden; (enseigner) unterrichten

professeur [prɔfesœʀ] mf Lehrer(in) m(f); **~ d'université** (Universitäts)professor(in) m(f)

profession [prɔfesjɔ̃] f Beruf m; **de ~** von Beruf; **professionnel, le** [prɔfesjɔnɛl] **1.** adj Berufs-, beruflich **2.** m, f (sportif, cambrioleur) Profi m; (ouvrier) Facharbeiter(in) m(f)

professorat [prɔfesɔʀa] m **le ~** der Lehrberuf

profil [prɔfil] m (du visage) Profil nt; (section, coupe) Längsschnitt m; **de ~** im Profil; **profiler** ⟨1⟩ **1.** vt (TECH) Stromlinienform geben +dat **2.** vpr **se ~** sich abheben

profit [prɔfi] m (avantage) Nutzen m, Vorteil m; (COM, FIN) Gewinn m, Profit m; **au ~ de qn** zugunsten von jdm; **tirer ~ de qch** Gewinn aus etw ziehen; **profitable** adj Gewinn bringend, nützlich; **profiter** ⟨1⟩ [prɔfite] vi **~ de** ausnutzen; **~ à qn/qch** jdm/einer Sache nützlich sein

profond, e [prɔfɔ̃, ɔ̃d] adj tief; (esprit, écrivain) tiefsinnig; (silence, indifférence) vollkommen; (erreur) schwer; **profondé-**

ment [pʀɔfɔ̃demɑ̃] adv (creuser, pénétrer) tief; (choqué, convaincu) vollkommen, zutiefst; ~ **endormi(e)** fest eingeschlafen; **profondeur** f Tiefe f

profusément [pʀɔfyzemɑ̃] adv stark

profusion [pʀɔfyzjɔ̃] f Fülle f; (fig) Überfülle f; **à** ~ in Hülle und Fülle

progéniture [pʀɔʒenityʀ] f Nachwuchs m

progiciel [pʀɔʒisjɛl] m Softwarepaket nt

programmable [pʀɔgʀamabl] adj programmierbar

programmateur, -trice [pʀɔgʀamatœʀ, tʀis] **1.** m, f (CINE, TV) Programmdirektor(in) m(f) **2.** m (de machine à laver) Programmschalter m

programmation [pʀɔgʀamasjɔ̃] f (CINE, TV) Programm nt; (INFORM) Programmieren nt

programme [pʀɔgʀam] m (a. INFORM) Programm nt; (SCOL) Lehrplan m; ~ **d'application,** ~ **utilisateur** Anwendungsprogramm; ~ **de causeries en ligne directe** Chatprogramm; ~ **de compression de données** Kompressionsprogramm; ~ **d'exploitation d'un système** Systemprogramm; ~ **d'information** Infotainment nt; ~ **télé** Fernsehzeitschrift f; **programmer** ⟨1⟩ vt (émission) ins Programm nehmen; (ordinateur) programmieren; **programmeur, -euse** [pʀɔgʀamœʀ, øz] m, f Programmierer(in) m(f)

progrès [pʀɔgʀɛ] m Fortschritt m; (d'un incendie, d'une épidémie) Fortschreiten nt; **progresser** ⟨1⟩ [pʀɔgʀese] vi vorrücken, vordringen; (élève) Fortschritte machen; **progressif, -ive** adj (impôt, taux) progressiv; (développement) fortschreitend; (difficulté) zunehmend; **progression** f Entwicklung f; (d'une armée) Vorrücken nt; (MATH) Reihe f

prohiber ⟨1⟩ [pʀɔibe] vt verbieten

prohibitif, -ive [pʀɔibitif, iv] adj (prix) unerschwinglich

proie [pʀwa] f Beute f; **être en** ~ **à** leiden unter +dat

projecteur [pʀɔʒɛktœʀ] m Projektor m; (spot) Scheinwerfer m

projectile [pʀɔʒɛktil] m Geschoss nt

projection [pʀɔʒɛksjɔ̃] f (d'un film) Vorführen nt, Projektion f; **conférence avec** ~ Diavortrag m; **projectionniste** [pʀɔʒɛksjɔnist] mf (Film)vorführer(in) m(f)

projet [pʀɔʒɛ] m Plan m; (ébauche) Entwurf m; ~ **de loi** Gesetzentwurf; ~ **de loi de finances** (POL) Haushaltsentwurf; ~ **de recherches** Forschungsvorhaben nt; **projeter** ⟨3⟩ [pʀɔʒ(ə)te] vt schleudern; (envisager) planen, beabsichtigen; (film, diapo-

sitives) vorführen, projizieren

prolétaire [pʀɔletɛʀ] mf Proletarier(in) m(f)

prolétariat [pʀɔletaʀja] m Proletariat nt

prolétarien, ne [pʀɔletaʀjɛ̃, ɛn] adj proletarisch

prolifération [pʀɔlifeʀasjɔ̃] f (de plantes, d'animaux) Vermehrung f; (de crimes, de magasin) Ausbreitung f; (MED) Wucherung f

proliférer ⟨5⟩ [pʀɔlifeʀe] vi sich stark vermehren

prolifique [pʀɔlifik] adj fruchtbar

prolo [pʀɔlo] mf (fam) Prolo m

prolongation [pʀɔlɔ̃gasjɔ̃] f Verlängerung f; **jouer les** ~**s** (SPORT) in die Verlängerung gehen; (fig) ausdehnen

prolongement [pʀɔlɔ̃ʒmɑ̃] m Verlängerung f; ~**s** mpl (conséquences) Auswirkungen pl, Folgen pl; **dans le** ~ **de** weiterführend von

prolonger ⟨2⟩ [pʀɔlɔ̃ʒe] **1.** vt verlängern; (chose) eine Verlängerung sein von **2.** vpr **se** ~ (leçon, repas) andauern; (route, chemin) weitergehen

promenade [pʀɔm(ə)nad] f Spaziergang m; ~ **à vélo** Fahrradtour f; ~ **en voiture** Spazierfahrt f

promener ⟨4⟩ [pʀɔm(ə)ne] **1.** vt (personne, chien) spazieren führen; (doigts, main, regards) gleiten lassen **2.** vpr **se** ~ spazieren gehen; (en voiture) spazieren fahren

promeneur, -euse [pʀɔm(ə)nœʀ, øz] m, f Spaziergänger(in) m(f)

promesse [pʀɔmɛs] f Versprechen nt; **tenir sa** ~ sein Versprechen halten

promettre [pʀɔmɛtʀ(ə)] irr comme mettre **1.** vt versprechen; (annoncer) hindeuten auf +akk **2.** vi (récolte, arbre) eine gute Ernte versprechen; (enfant, musicien) viel versprechend sein; **ça promet!** (fam) das kann ja heiter werden! **3.** vpr **se** ~ **qch** sich dat etw versprechen

promiscuité [pʀɔmiskɥite] f drangvolle Enge

promo [pʀɔmo] f (SCOL fam) Jahrgang m

promoteur, -trice [pʀɔmɔtœʀ, tʀis] m, f (instigateur) Initiator(in) m(f); ~ **de construction** Bauträger m

promotion [pʀɔmɔsjɔ̃] f (professionnelle) Beförderung f; ~ **de la femme** Frauenförderung f; ~ **des ventes** (COM) Absatzförderung f; **être en** ~ im Sonderangebot sein; **promotionnel, le** [pʀɔmɔsjɔnɛl] adj Werbe-

promouvoir [pʀɔmuvwaʀ] irr comme mouvoir vt (personne) befördern; (encourager)

fördern, sich einsetzen für
prompt, e [pʀɔ̃, pʀɔ̃t] *adj* schnell
prompteur [pʀɔ̃ptœʀ] *m* Teleprompter *m*
promulguer ⟨1⟩ [pʀɔmylge] *vt* erlassen
pronom [pʀɔnɔ̃] *m* Pronomen *nt;* **pronominal, e** (-aux) [pʀɔnɔminal, o] *adj* **verbe** ~ (LING) Pronominalverb *nt*
prononcé, e [pʀɔnɔ̃se] *adj* ausgeprägt
prononcer ⟨2⟩ [pʀɔnɔ̃se] **1.** *vt* aussprechen; *(proférer)* hervorbringen; *(jugement, sentence)* verkünden **2.** *vi* ~ **bien/mal** eine gute/schlechte Aussprache haben **3.** *vpr* **se** ~ sich entscheiden; **se** ~ **en faveur de/contre qch/qn** sich für/gegen etw/jdn aussprechen; **se** ~ **sur qch** seine Meinung über etw *akk* äußern
prononciation [pʀɔnɔ̃sjasjɔ̃] *f* Aussprache *f*
pronostic [pʀɔnɔstik] *m* Prognose *f*, Vorhersage *f*
pronostiquer ⟨1⟩ [pʀɔnɔstike] *vt* (MED) prognostizieren; *(annoncer)* voraussagen
propagande [pʀɔpagɑ̃d] *f* Propaganda *f*
propager ⟨2⟩ [pʀɔpaʒe] **1.** *vt (répandre)* verbreiten **2.** *vpr* **se** ~ sich ausbreiten
propane [pʀɔpan] *m* Propan *nt*
prophète, prophétesse [pʀɔfɛt, pʀɔfetɛs] *m, f* Prophet(in) *m(f)*
prophétie [pʀɔfesi] *f* Prophezeiung *f*
prophétiser ⟨1⟩ [pʀɔfetize] *vt* prophezeien
prophylactique [pʀɔfilaktik] *adj* prophylaktisch, vorbeugend
prophylaxie [pʀɔfilaksi] *f* Prophylaxe *f*
propice [pʀɔpis] *adj* günstig
proportion [pʀɔpɔʀsjɔ̃] *f (équilibre, harmonie)* Proportionen *pl; (relation)* Verhältnis *nt; (pourcentage)* Prozentsatz *m;* ~s *fpl* Proportionen *pl; (taille, importance)* Ausmaß *nt;* **en** ~ **de** im Verhältnis zu; **être sans** ~ **avec** in keinem Verhältnis stehen zu; **toute(s)** ~(s) **gardée(s)** im Verhältnis, verhältnismäßig
proportionnel, le [pʀɔpɔʀsjɔnɛl] *adj* proportional, anteilmäßig; ~ **à** proportional zu; **représentation** ~**e** Verhältniswahlrecht *nt*
proportionner ⟨1⟩ [pʀɔpɔʀsjɔne] *vt* ~ **qch à qch** etw auf etw *akk* abstimmen
propos [pʀɔpo] *m (paroles)* Worte *pl; (intention)* Absicht *f;* **à** ~! übrigens!; **à** ~ im rechten Augenblick; **à** ~ **de** bezüglich +*gen;* **à quel** ~? *(sujet)* aus welchem Anlass?; **à tout** ~ ständig, bei jeder Gelegenheit
proposer ⟨1⟩ [pʀɔpoze] **1.** *vt* vorschlagen; *(offrir)* anbieten; *(loi, motion)* einbringen;

~ **de faire qch** *(suggérer)* vorschlagen, etw zu tun; *(offrir)* anbieten, etw zu tun **2.** *vpr* **se** ~ sich anbieten; **se** ~ **de faire qch** sich *dat* vornehmen, etw zu tun
proposition [pʀɔpozisjɔ̃] *f (suggestion)* Vorschlag *m; (POL)* Antrag *m; (offre)* Angebot *nt; (LING)* Satz *m;* ~ **de loi** Gesetzentwurf *m;* ~ **principale/subordonnée** Haupt-/Nebensatz
propre [pʀɔpʀ(ə)] **1.** *adj* sauber; *(personne, vêtement)* ordentlich, gepflegt; *(intensif possessif)* eigen; ~ **à** *(spécifique)* typisch für, eigen +*dat;* ~ **à faire qch** *(de nature à)* geeignet, etw zu tun **2.** *m* **mettre** [o **recopier**] **au** ~ ins Reine schreiben; **le** ~ **de** *(particularité)* eine Eigenschaft +*gen;* **au** ~ *(au sens* ~*)* eigentlich; **proprement** *adv* sauber, ordentlich; **à** ~ **parler** streng genommen, eigentlich; **propreté** *f* Sauberkeit *f*
propriétaire [pʀɔpʀijetɛʀ] *mf* Besitzer(in) *m(f)*, Eigentümer(in) *m(f); (de terres, d'immeubles)* Besitzer(in) *m(f); (qui loue)* Hausbesitzer(in) *m(f)*, Vermieter(in) *m(f)*
propriété [pʀɔpʀijete] *f (JUR)* Besitz *m; (possession)* Eigentum *nt; (immeuble, maison)* Grundbesitz *m*, Hausbesitz *m; (qualité)* Eigenschaft *f; (d'un mot)* Angemessenheit *f*
propulser ⟨1⟩ [pʀɔpylse] *vt (missile, engin)* antreiben; *(projeter)* schleudern; **propulsion** [pʀɔpylsjɔ̃] *f* Antrieb *m*
prorata [pʀɔʀata] *m inv* **au** ~ **de** im Verhältnis zu
proroger ⟨2⟩ [pʀɔʀɔʒe] *vt (renvoyer)* aufschieben; *(prolonger)* verlängern; *(POL)* vertagen
proscrire [pʀɔskʀiʀ] *irr comme écrire vt (bannir)* verbannen; *(interdire)* verbieten
prose [pʀoz] *f* Prosa *f*
prospecter ⟨1⟩ [pʀɔspɛkte] *vt (terrain)* nach Bodenschätzen suchen in +*dat; (COM)* sondieren; **prospecteur-placier** (prospecteurs-placiers) [pʀɔspɛktœʀplasje] *m* Arbeitsvermittler *m*
prospectus [pʀɔspɛktys] *m* Prospekt *m*
prospère [pʀɔspɛʀ] *adj (période)* ertragreich; *(finances, entreprise)* florierend, gut gehend
prospérer ⟨5⟩ [pʀɔspere] *vi* gut gedeihen; *(entreprise, ville, science)* blühen, florieren
prospérité [pʀɔspeʀite] *f* Wohlstand *m*
prostate [pʀɔstat] *f* Prostata *f*
prostitué, e [pʀɔstitɥe] *m, f* Prostituierte(r) *mf*
prostitution [pʀɔstitysjɔ̃] *f* Prostitution *f*

protagoniste [prɔtagɔnist] mf Protagonist(in) m(f); (acteur) Hauptdarsteller(in) m(f)

protecteur, -trice [prɔtektœr, tris] **1.** adj beschützend; (régime, système) Schutz-**2.** m, f (défenseur) Beschützer(in) m(f)

protection [prɔteksjɔ̃] f Schutz m; (patronage, ÉCON) Protektion f; ~ **du climat** Klimaschutz; ~ **de l'environnement** Umweltschutz; ~ **contre l'incendie** Brandschutz; ~ **du littoral** Küstenschutz; ~ **des paysages naturels** Landschaftsschutz

protégé, e [prɔteʒe] m, f Protegé m, Schützling m

protège-cahier (protège-cahiers) [prɔtɛʒkaje] m Schutzhülle f

protéger ⟨2, 5⟩ [prɔteʒe] **1.** vt schützen; (physiquement) beschützen; (intérêt, liberté, institution) wahren; (INFORM) sichern **2.** vpr **se ~ de qch/contre qch** sich vor etw dat/gegen etw schützen; **protège-slip** (protège-slips) m Slipeinlage f

protéine [prɔtein] f Protein nt

protestant, e [prɔtɛstɑ̃, ɑ̃t] **1.** adj protestantisch **2.** m, f Protestant(in) m(f)

protestation [prɔtɛstasjɔ̃] f (plainte) Protest m; (déclaration) Beteuerung f

protester ⟨1⟩ [prɔtɛste] vi ~ **(contre qch)** (gegen etw) protestieren; ~ **de son innocence** seine Unschuld beteuern

prothèse [prɔtɛz] f (appareil) Prothese f; ~ **dentaire** Zahnprothese, Gebiss nt

protocole [prɔtɔkɔl] m (étiquette) Protokoll nt; ~ **d'accord** Vereinbarungsprotokoll; ~ **de transfert** (INFORM) Übertragungsprotokoll; ~ **de transfert de fichier** FTP nt

prototype [prɔtɔtip] m Prototyp m

protubérance [prɔtyberɑ̃s] f (saillie) Beule f; **protubérant, e** adj vorstehend

proue [pru] f Bug m

prouesse [pruɛs] f (acte de courage) Heldentat f; (exploit) Kunststück nt, Meisterleistung f

prouver ⟨1⟩ [pruve] vt beweisen

provenance [prɔv(ə)nɑ̃s] f Herkunft f, Ursprung m; **avion/train en ~ de** Flugzeug/Zug aus

provençal, e (-aux) [prɔvɑ̃sal, o] adj provenzalisch; **Provence** [prɔvɑ̃s] f **la ~** die Provence

provenir ⟨9⟩ [prɔv(ə)nir] vi ⟨avec être⟩ ~ **de** (venir de) (her)kommen aus; (tirer son origine de) stammen von; (résulter de) kommen von

proverbe [prɔvɛrb(ə)] m Sprichwort nt;

proverbial, e (-aux) [prɔvɛrbjal, o] adj sprichwörtlich

providence [prɔvidɑ̃s] f Vorsehung f

providentiel, le [prɔvidɑ̃sjɛl] adj (opportun) unerwartet, glücklich

province [prɔvɛ̃s] f (région) Provinz f; **la Belle Province** Quebec nt; **provincial, e** (-aux) [prɔvɛ̃sjal, o] adj Provinz-; (pej) provinzlerisch

proviseur [prɔvizœr] mf (de lycée) Direktor(in) m(f)

provision [prɔvizjɔ̃] f Vorrat m; (acompte, avance) Anzahlung f, Vorschuss m; (COM) Deckung f; ~**s** fpl (ravitaillement) Vorräte pl; **faire ~ de qch** einen Vorrat an etw dat anlegen

provisoire [prɔvizwar] adj vorläufig; **mise en liberté ~** vorläufige Haftentlassung; **provisoirement** adv einstweilig

provocant, e [prɔvɔkɑ̃, ɑ̃t] adj herausfordernd, provozierend

provocation [prɔvɔkasjɔ̃] f Provokation f

provoquer ⟨1⟩ [prɔvɔke] vt (défier) herausfordern; (causer: choses) hervorrufen; (colère, curiosité) verursachen; (gaieté, rires) hervorrufen; (aveux, explications) hervorlocken; ~ **qn à** (inciter à) jdn provozieren zu

proximité [prɔksimite] f Nähe f; **à ~** in der Nähe

prude [pryd] adj prüde

prudence [prydɑ̃s] f Umsicht f; Überlegtheit f; Vorsicht f; **avec ~** umsichtig; **par (mesure de) ~** als Vorsichtsmaßnahme

prudent, e adj (circonspect) umsichtig; (sage) klug, überlegt; (réservé) vorsichtig

prune [pryn] f Pflaume f; **pour des ~s** (fam: inutilement) für nichts und wieder nichts; (fam: aucunement) nicht die Bohne

pruneau (x) [pryno] m Backpflaume f

prunelle [prynɛl] f (ANAT) Pupille f; **comme la ~ de ses yeux** wie seinen Augapfel

prunier [prynje] m Pflaumenbaum m

Prusse [prys] f **la ~** Preußen nt

P.S. m abr de **parti socialiste** sozialistische Partei

P.-S. m abr de **post-scriptum** PS nt

psaume [psom] m Psalm m

pseudonyme [psødɔnim] m Pseudonym nt

psychanalyse [psikanaliz] f Psychoanalyse f; **psychanalyser** ⟨1⟩ [psikanalize] vt einer Psychoanalyse unterziehen; **psychanalyste** [psikanalist] mf Psychoanalytiker(in) m(f); **psychanalytique** [psikanalitik] adj psychoanalytisch

psychédélique [psikedelik] adj psyche-delisch

psychiatre [psikjatʀ(ə)] mf Psychiater(in) m(f)

psychiatrie [psikjatʀi] f Psychiatrie f

psychiatrique [psikjatʀik] adj hôpital ~ psychiatrisches Krankenhaus

psychique [psiʃik] adj psychisch

psychologie [psikɔlɔʒi] f (science) Psycho-logie f; (intuition) Menschenkenntnis f; **psychologique** adj psychologisch; (psychique) psychisch; **psychologue** [psikɔlɔg] mf Psychologe(-login) m(f)

psychopathe [psikɔpat] mf Psycho-path(in) m(f)

psychose [psikoz] f Psychose f

psychosomatique [psikɔsɔmatik] adj psychosomatisch

psychothérapie f Psychotherapie f

psychotique [psikɔtik] adj psychotisch

puanteur [pɥɑ̃tœʀ] f Gestank m

pub [pyb] f (fam: publicité) Werbung f

puberté [pybɛʀte] f Pubertät f

pubis [pybis] m Schambein nt

public, -ique [pyblik] **1.** adj öffentlich; **en ~** öffentlich **2.** m (population) Öffentlich-keit f; (audience, lecteurs) Publikum nt; **le grand ~** die breite Öffentlichkeit; **interdit au ~** der Öffentlichkeit nicht zugänglich

publication [pyblikasjɔ̃] f Veröffentli-chung f; **~ assistée par ordinateur** Desk-toppublishing nt

publicitaire [pyblisitɛʀ] adj Werbe-

publicité [pyblisite] f (COM) Werbung f; (annonce) (Werbe)anzeige f

publier ⟨1⟩ [pyblije] vt (auteur) veröffent-lichen; (éditeur) herausbringen; (bans, décret, loi) verkünden; (nouvelle) verbrei-ten

publiphone® [pyblifɔn] m Kartentelefon nt

publipostage [pyblipɔstaʒ] m Postwurf-sendung f

puce [pys] f (ZOOL) Floh m; (INFORM) Chip m; **~ à haute performance** Hochleistungs-chip; **les ~s, le marché aux ~s** der Floh-markt; **mettre la ~ à l'oreille** hellhörig werden lassen

pucelle [pysɛl] f (fam) Jungfrau f

pudeur [pydœʀ] f Schamhaftigkeit f; **pudique** adj (chaste) schamhaft, sittsam; (discret) dezent, diskret

puer ⟨1⟩ [pɥe] vi stinken

puériculteur, -trice [pɥeʀikyltœʀ, tʀis] m, f Betreuer(in) m(f) von Kleinkindern, Säuglingsschwester f; **puériculture** [pɥeʀikyltyʀ] f Säuglingspflege f

puéril, e [pɥeʀil] adj kindisch

puis [pɥi] adv dann

puiser ⟨1⟩ [pɥize] vt (eau) schöpfen; **~ qch dans qch** (fig: exemple, renseignement) etw einer Sache dat entnehmen

puisque [pɥisk(ə)] conj da; **~ je te le dis!** (valeur intensive) und wenn ich es dir sage!

puissance [pɥisɑ̃s] f Stärke f; (État) Macht f; **deux (à la) ~ cinq** (MATH) 2 hoch 5; **~ nucléaire** Atommacht; **les ~s occul-tes** die übernatürlichen Mächte pl; **puis-sant, e** adj stark; (influent) mächtig, ein-flussreich; (exemple, raisonnement) über-zeugend

puits [pɥi] m (d'eau) Brunnen m; (de pétrole) Bohrloch nt

pull [pyl] m Pulli m; **pull-over** (pull-overs) [pylɔvɛʀ] m Pullover m

pulluler ⟨1⟩ [pylyle] vi (grouiller) wim-meln

pulmonaire [pylmɔnɛʀ] adj Lungen-

pulpe [pylp(ə)] f (Frucht)fleisch nt

pulvérisateur [pylveʀizatœʀ] m Zerstäu-ber m

pulvériser ⟨1⟩ [pylveʀize] vt (solide) pul-verisieren; (liquide) sprühen, spritzen; (argument) zerpflücken; (record) brechen

puma [pyma] m Puma m

punaise [pynɛz] f (ZOOL) Wanze f; (clou) Reißzwecke f

punch [pœ̃ʃ] m (d'un boxeur) Schlagkraft f; (efficacité, dynamisme) Pfeffer m

punir ⟨8⟩ [pyniʀ] vt bestrafen; **~ qn de qch** jdn für etw bestrafen; **punition** [pynisjɔ̃] f Bestrafung f

pupille [pypij] f (ANAT) Pupille f; (enfant) Mündel nt; **~ de l'État** Fürsorgekind nt

pupitre [pypitʀ(ə)] m Pult nt; (REL) Kanzel f; (de chef d'orchestre) Dirigentenpult nt

pupitreur, -euse [pypitʀœʀ, øz] m, f (INFORM) Operator(in) m(f)

pur, e [pyʀ] adj rein; (vin) unverdünnt; (whisky, gin) pur; (air, ciel) klar; (intentions) selbstlos; **~ et simple** ganz einfach; **en ~e perte** vergeblich

purée [pyʀe] f **~ de marrons** Maronenpü-ree nt; **~ de pois** (fam: brouillard) Wasch-küche f; **~ (de pommes de terre)** Kartof-felbrei m

pureté [pyʀte] f Reinheit f; (de l'air, du ciel) Klarheit f; (des intentions) Selbstlosigkeit f

purgatif [pyʀgatif] m Abführmittel nt

purgatoire [pyʀgatwaʀ] m Fegefeuer nt

purge [pyʀʒ(ə)] f (POL) Säuberungsaktion f; (MED) (starkes) Abführmittel nt

purger ⟨2⟩ [pyʀʒe] vt (radiateur, circuit hydraulique, freins) entlüften; (MED) entschlacken; (*JUR: peine*) verbüßen; (*POL*) säubern

purification [pyʀifikasjɔ̃] f Reinigung f; ~ **ethnique** ethnische Säuberung

purifier ⟨1⟩ [pyʀifje] vt reinigen

puriste [pyʀist(ə)] mf Purist(in) m(f)

pur-sang [pyʀsɑ̃] m inv Vollblut nt

purulent, e [pyʀylɑ̃, ɑ̃t] adj eitrig

pus [py] m Eiter m

pusillanime [pyzilanim] adj zaghaft, ängstlich

pustule [pystyl] f Pustel f

putain [pytɛ̃] f (fam) Hure f

putois [pytwa] m Iltis m

putréfier ⟨1⟩ [pytʀefje] **1.** vt verwesen

lassen; (*fruit*) faulen lassen **2.** vpr se ~ verwesen; faulen

putsch [putʃ] m Putsch m

puzzle [pœzl(ə)] m Puzzle nt

p.-v. m abr de **procès-verbal** Strafzettel m

pyjama [piʒama] m Schlafanzug m

pylône [pilon] m (d'un pont) Pfeiler m; (mât, poteau) Mast m

pyramide [piʀamid] f Pyramide f

Pyrénées [piʀene] fpl Pyrenäen pl

pyrex® [piʀɛks] m Jenaer Glas®

pyrolyse [piʀɔliz] f Pyrolyse f

pyromane [piʀɔman] mf Pyromane (Pyromanin) m(f)

python [pitɔ̃] m Pythonschlange f

Q

Q, q [ky] m Q, q nt

Qatar [kataʀ] m le ~ Katar nt

QCM m abr de **questionnaire à choix multiple** Multiple-Choice-Fragebogen m

Q.G. abr de **quartier général** Hauptquartier nt

Q.H.S. m abr de **quartier de haute sécurité** Hochsicherheitstrakt m

Q.I. abr de **quotient intellectuel** IQ m

quadragénaire [k(w)adʀaʒenɛʀ] adj vierzigjährig; zwischen vierzig und fünfzig

quadrangulaire [k(w)adʀɑ̃gylɛʀ] adj viereckig

quadrichromie [k(w)adʀikʀɔmi] f Vierfarbendruck m

quadrilatère [k(w)adʀilatɛʀ] m Viereck nt

quadrillage [kadʀijaʒ] m Aufteilung f in Quadrate; (de la police, MIL) Bewachung f; (dessin) Karomuster nt

quadripartite [kwadʀipaʀtit] adj (entre pays) Viermächte-; (entre partis) Viererquadriphonie [k(w)adʀifɔni] f Quadrophonie f

quadriréacteur [k(w)adʀiʀeaktœʀ] m viermotoriger Jet

quadrupède [k(w)adʀypɛd] **1.** m Vierfüßer m **2.** adj vierfüßig

quadruple [k(w)adʀypl(ə)] adj vierfach;

quadrupler ⟨1⟩ **1.** vt vervierfachen **2.** vi sich vervierfachen

quadruplés, -ées [k(w)adʀyple] mpl, fpl Vierlinge pl

quai [ke] m (d'un port) Kai m; (d'une gare) Bahnsteig m; (voie publique) Uferstraße f, Quai m; être à ~ im Hafen liegen; **Quai d'Orsay** Sitz des französischen Außenministeriums in Paris

qualificatif, -ive [kalifikatif, iv] **1.** adj (*LING*) erläuternd **2.** m (terme) Bezeichnung f

qualification [kalifikasjɔ̃] f nähere Bestimmung f; (aptitude) Qualifikation f, Befähigung f; ~ **professionnelle** berufliche Qualifikation

qualifier ⟨1⟩ [kalifje] **1.** vt näher bestimmen; (donner qualité à) berechtigen, qualifizieren; (*SPORT*) qualifizieren; ~ **qch/qn de** (appeler) etw/jdn bezeichnen als **2.** vpr se ~ (*SPORT*) sich qualifizieren

qualitatif, -ive [kalitatif, iv] adj qualitativ

qualité [kalite] f Qualität f; (d'une personne) (gute) Eigenschaft f; (titre, fonction) Funktion f; **en ~ de** in der Eigenschaft von [o als]

quand [kɑ̃] **1.** conj wenn; ~ **même** (cependant, pourtant) trotzdem; ~ **même! tu**

exagères da übertreibst du aber 2. *adv* ~ **pars-tu?** wann reist du ab?

quant [kā(t)] *prep* ~ **à** ... (*pour ce qui est de*) was ... betrifft; **il ne m'a rien dit** ~ **à ses projets** (*au sujet de*) er hat mir über seine Pläne nichts gesagt; **quant-à-soi** *m inv* **rester sur son** ~ reserviert bleiben

quantitatif, -ive [kātitatif, iv] *adj* quantitativ

quantité [kātite] *f* (*somme, nombre*) Menge *f*, Quantität *f*; ~ **de** viele; **en grande/petite** ~ in großen/kleinen Mengen; **une** ~/**des** ~**s de** (*grand nombre*) eine Unmenge/Unmengen von; **une** ~ **négligeable** eine zu vernachlässigende Größe

quarantaine [karātɛn] *f* (*isolement*) Quarantäne *f*; **une** ~ (**de**) (*nombre*) ungefähr vierzig; **approcher de la** ~ auf die Vierzig zugehen; **avoir une** ~ **d'années** um die Vierzig sein; **mettre en** ~ unter Quarantäne stellen; (*fig*) schneiden

quarante [karāt] *num* vierzig; **quarante-cinq-tours** [karātsɛ̃katuʀ] *m inv* (*disque*) Single *f*

quart [kaʀ] *m* Viertel *nt*; (*NAUT*) Wache *f*; **un** ~ **de beurre** (*d'un kilo*) ein halbes Pfund Butter; **un** ~ **de litre** ein Viertelliter; **un** ~ **de vin** ein Viertel *nt*; **trois heures moins le** ~/**et** ~ Viertel vor/nach drei; **4 h et** [o **un**] ~ Viertel nach 4; **1 h moins le** ~ Viertel vor 1; **les trois** ~**s du temps** meistens; **être de/prendre le** ~ die Wache schieben/übernehmen; ~**s de finale** Viertelfinale *nt*; ~ **d'heure** Viertelstunde *f*

quartier [kaʀtje] *m* Viertel *nt*; ~**s** *mpl* (*MIL*) Quartier *nt*; **avoir** ~ **libre** Ausgang haben; ~ **général** Hauptquartier; ~ **de haute sécurité** Hochsicherheitstrakt *m*; ~ **d'orange** Orangenspalte *f*

quartz [kwaʀts] *m* Quarz *m*; **à** ~ (*montre, pendule*) Quarz-

quasi [kazi] 1. *adv* quasi- 2. *pref* la ~-totalité fast alle; **quasiment** *adv* fast

quatorze [katɔʀz(ə)] *num* vierzehn

quatre [katʀ(ə)] *num* vier; **le** ~ **octobre** der vierte Oktober; ~ **fois** viermal; ~ **cents** vierhundert; **de** ~ **ans** vierjährig; **à** ~ **pattes** auf allen vieren; **se mettre en** ~ **pour qn** sich *dat* für jdn ein Bein ausreißen; ~ **roues motrices** Allradantrieb *m*; **quatre-vingt(s)** *num* achtzig; **quatre-vingt-dix** *num* neunzig; **quatrième** [katʀijɛm] 1. *adj* vierte(r, s) 2. *mf* (*personne*) Vierte(r) *mf*; **quatrièmement** *adv* viertens

quatuor [kwatyɔʀ] *m* Quartett *nt*

que [kə] 1. *conj* (*introduisant complétive*) dass; (*remplaçant: si, quand*) wenn; (*comme*) da; (*hypothèse*) ob; (*but*) damit, dass; (*après comparatif*) als; **c'est une erreur** ~ **de croire** ... es ist ein Fehler zu glauben ...; **elle venait à peine de sortir qu'il se mit à pleuvoir** sie war kaum aus dem Haus, da fing es an zu regnen; **il y a 2 ans qu'il est parti** er ist schon 2 Jahre weg; **qu'il fasse ce qu'il voudra** (*subjonctif*) er soll tun, was er will 2. *adj* (**qu'est-ce**) **qu'il est bête!** so was von blöd!; ~ **de difficultés!** was für Schwierigkeiten!; **je n'ai qu'un livre** (*seulement*) ich habe nur ein Buch 3. *pron* (*relatif: personne*) den, die, das; (*temps*) als; (*interrogatif*) was; **qu'est-ce que tu fais?** was machst du?

Québec [kebɛk] *m* **le** ~ Quebec *nt*; **québécois, e** [kebekwa, az] *adj* aus Quebec

quel, le [kɛl] 1. *adj* welche(r, s); ~**le surprise!** was für eine Überraschung!; ~ **dommage qu'il soit parti!** wie schade, dass er schon weg ist!; ~ **que soit le coupable** wer auch immer der Schuldige ist, egal wer der Schuldige ist; ~ **que soit votre avis** (*egal*) welcher Meinung Sie (auch) sind 2. *pron* (*interrogatif*) welche(r, s)

quelconque [kɛlkɔ̃k] *adj* irgendeine(r, s); (*moindre*) geringste(r, s); (*médiocre*) mittelmäßig; (*sans attrait*) gewöhnlich

quelque [kɛlk(ə)] 1. *adj* (*sans pl*) einige(r, s); (*pl*) ein paar; ~ **chose** etwas; ~ **chose d'autre** etwas anderes; **puis-je faire** ~ **chose pour vous?** kann ich etwas für Sie tun?; **les** ~**s enfants/livres qui** ... (*pl avec article*) die paar [o wenigen] Kinder/ Bücher, die ...; **200 euros et** ~(**s**) etwas über 200 Euro; ~ **part** irgendwo; ~ **peu** ziemlich; **en** ~ **sorte** gewissermaßen, beinahe; ~ **temps qu'il fasse** egal, wie das Wetter ist 2. *adv* ~ **100 mètres** (*environ*) etwa [o ungefähr] 100 Meter; **quelquefois** [kɛlkəfwa] *adv* manchmal; **quelques-uns, -unes** [kɛlkəzœ̃, yn] *pron mpl, fpl* einige, manche; ~ **des lecteurs** einige Leser, manche Leser

quelqu'un, quelqu'une [kɛlkœ̃, yn] *pron* jemand; ~ **d'autre** jemand anders

quémander ⟨1⟩ [kemãde] *vt* betteln um

quenelle [kənɛl] *f* Kloß *m*

querelle [kəʀɛl] *f* Streit *m*; **quereller** ⟨1⟩ *vpr* **se** ~ streiten; **querelleur, -euse** *adj* streitsüchtig

qu'est-ce que [kɛskə] *adv, pron v.* **que**

question [kɛstjɔ̃] *f* Frage *f*; **en** ~ fraglich;

c'est une ~ **de temps/d'habitude** das ist eine Zeitfrage/eine Sache der Gewohnheit; **de quoi est-il ~?** um was geht es?; **hors de ~** (das) kommt nicht in Frage; **il a été ~ de** es ging um; **il n'en est pas ~** das steht außer Frage; **(re)mettre en ~** in Frage stellen; **questionnaire** [kɛstjɔnɛʀ] *m* Fragebogen *m*; ~ **à choix multiple** Multiple-Choice-Fragebogen; **questionner** ⟨1⟩ [kɛstjɔne] *vt* (*interroger*) befragen, Fragen stellen +*dat* (*sur* über +*akk*)

quête [kɛt] *f* (*collecte*) (Geld)sammlung *f*; (*en église*) Kollekte *f*; **en ~ de** (*fig*) auf der Suche nach; **faire la ~** sammeln; **quêter** ⟨1⟩ **1.** *vi* sammeln **2.** *vt* (*argent*) erbitten, bitten um; (*fig*) erflehen

quetsche [kwɛtʃ] *f* Zwetschge *f*

queue [kø] *f* Schwanz *m*; (*fin*) Ende *nt*; (*d'une casserole, d'un fruit*) Stiel *m*; (*file de personnes*) Schlange *f*; **faire la ~** Schlange stehen; **histoire sans ~ ni tête** hirnrissige Geschichte; ~ **de cheval** (*coiffure*) Pferdeschwanz

qui [ki] *pron* (*relatif: sujet*) der, die, das; ~ **(est-ce ~)** (*interrogatif: sujet*) wer; ~ **(est-ce que)** (*interrogatif: objet*) wen; **à ~ est ce sac?** wem gehört die Tasche?; **l'ami de ~ je vous ai parlé** der Freund, von dem ich Ihnen erzählt habe; **amenez ~ vous voulez** bringen Sie mit, wen Sie wollen; ~ **que ce soit** egal wer

quiche [kiʃ] *f* ~ **lorraine** Quiche lorraine *f*

quiconque [kikɔ̃k] *pron* (*relatif*) der, der [o welcher]; (*indéfini*) irgendwer

quiétude [kjetyd] *f* Ruhe *f*; **en toute ~** in aller Ruhe

quille [kij] *f* Kegel *m*; (**jeu de**) ~**s** Kegeln *nt*

quincaillerie [kɛ̃kajʀi] *f* Eisenwaren *pl*; (*magasin*) Eisenwarenhandlung *f*

quinine [kinin] *f* Chinin *nt*

quinquagénaire [kɛ̃kaʒenɛʀ] *adj* fünfzigjährig; über fünfzig, in den Fünfzigern

quinquennat [kɛ̃kɛna] *m* fünfjährige Amtszeit des „Président de la République"

quintette [k(ɥ)ɛ̃tɛt] *m* Quintett *nt*

quintuple [kɛ̃typl(ə)] *adj* fünffach

quintuplés, -ées [kɛ̃typle] *mpl, fpl* Fünflinge *pl*

quinzaine [kɛ̃zɛn] *f* **une ~ (de)** etwa fünfzehn; **une ~ (de jours)** zwei Wochen

quinze [kɛ̃z] *num* fünfzehn; **dans ~ jours** in vierzehn Tagen; **demain/lundi en ~** morgen/Montag in vierzehn Tagen; **le ~ de France** die französische Rugbymannschaft

quiproquo [kipʀɔko] *m* Missverständnis *nt*

quittance [kitɑ̃s] *f* Quittung *f*

quitte [kit] *adj* **être ~ envers qn** mit jdm quitt sein; **être ~ de qch** etw los sein; ~ **à faire qch** selbst wenn das bedeutet, dass man etwas tun muss

quitter ⟨1⟩ [kite] **1.** *vt* verlassen; (*renoncer à*) aufgeben; (*vêtement*) ausziehen; **ne quittez pas** (*TEL*) bleiben Sie am Apparat **2.** *vpr* **se ~** auseinander gehen

quitus [kitys] *m* **donner ~ à** entlasten

qui-vive [kiviv] *m inv* **être sur le ~** auf der Hut sein

quoi [kwa] *pron* (*interrogatif*) was; **as-tu de ~ écrire?** hast du etwas zum Schreiben?; ~ **qu'il arrive** was auch geschieht, egal was geschieht; ~ **qu'il en soit** wie dem auch sei; ~ **que ce soit** egal was; **il n'y a pas de ~!** bitte!; ~ **de neuf** [o **de nouveau**]? was gibt's Neues?; **à ~ bon?** wozu auch?

quoique [kwak(ə)] *conj* +*subj* obwohl

quolibet [kɔlibɛ] *m* Spöttelei *f*

quorum [k(w)ɔʀɔm] *m* beschlussfähige Anzahl, Quorum *nt*

quota [kɔta] *m* Quote *f*

quote-part (quotes-parts) [kɔtpaʀ] *f* Anteil *m*

quotidien, ne [kɔtidjɛ̃, ɛn] **1.** *adj* täglich; (*banal*) alltäglich **2.** *m* (*journal*) Tageszeitung *f*

quotient [kɔsjɑ̃] *m* Quotient *m*; ~ **intellectuel** Intelligenzquotient

R

R, r [ɛʀ] *m* R, r *nt*
rab [ʀab] *m* (*fam*) Extraportion *f*, Nachschlag *m*; **faire du ~** Mehrarbeit leisten
rabâcher ⟨1⟩ [ʀabɑʃe] *vt* dauernd wiederholen
rabais [ʀabɛ] *m* Rabatt *m*; **au ~** reduziert; mit Rabatt
rabaisser ⟨1⟩ [ʀabese] *vt* (*fig*) herabsetzen, schmälern
rabat-joie [ʀabaʒwa] *mf inv* Miesmacher(in) *m(f)*
rabattre [ʀabatʀ(ə)] *irr comme battre* **1.** *vt* (*couvercle, siège, col*) herunterklappen; (*gibier*) treiben; **~ le caquet à qn** jdm über den Mund fahren **2.** *vpr* **se ~** (*couvercle*) zugehen; (*véhicule, coureur*) plötzlich einscheren; **se ~ sur qch/qn** mit etw/jdm vorlieb nehmen
rabbin [ʀabɛ̃] *m* Rabbiner *m*
rabiot [ʀabjo] *m* (*fam*) Extraportion *f*, Nachschlag *m*
râble [ʀɑbl] *m* (*GASTR: du lapin, du lièvre*) Rücken *m*
râblé, e [ʀɑble] *adj* stämmig
rabot [ʀabo] *m* Hobel *m*; **raboter** ⟨1⟩ [ʀabɔte] *vt* hobeln
raboteux, -euse [ʀabɔtø, øz] *adj* holprig
rabougri, e [ʀabugʀi] *adj* (*plante*) verkümmert; (*personne*) mickrig
racaille [ʀakɑj] *f* Gesindel *nt*
raccommodage [ʀakɔmɔdaʒ] *m* Flicken *nt*, Stopfen *nt*
raccommoder ⟨1⟩ [ʀakɔmɔde] *vt* flicken, stopfen; (*fam: réconcilier*) versöhnen
raccompagner ⟨1⟩ [ʀakɔ̃paɲe] *vt* zurückbegleiten
raccord [ʀakɔʀ] *m* (*pièce*) Verbindungsstück *nt*; (*CINE*) Übergang *m*
raccordement [ʀakɔʀdəmɑ̃] *m* Verbindung *f*
raccorder ⟨1⟩ [ʀakɔʀde] *vt* (miteinander) verbinden
raccourci [ʀakuʀsi] *m* Abkürzung *f*; **~ clavier** (*INFORM*) Tastenkombination *f*; **raccourcir** ⟨8⟩ **1.** *vt* (ver)kürzen, (ab)kürzen **2.** *vi* (*vêtement*) einlaufen; (*jours*) kürzer werden
raccrocher ⟨1⟩ [ʀakʀɔʃe] **1.** *vt* wieder aufhängen; (*TEL*) auflegen **2.** *vi* (*TEL*) auflegen **3.** *vpr* **se ~ à** sich klammern an +*akk*
race [ʀas] *f* Rasse *f*; (*ascendance*) Geschlecht *nt*; (*fig: espèce*) Gruppe *f*; **de ~** Rasse-

rachat [ʀaʃa] *m* Rückkauf *m*; (*fig*) Sühne *f*
racheter ⟨4⟩ [ʀaʃ(ə)te] **1.** *vt* (*de nouveau*) wieder kaufen, noch einmal kaufen; (*davantage*) nachkaufen; (*après avoir vendu*) zurückkaufen; (*d'occasion*) gebraucht kaufen; (*pension, rente*) ablösen; (*sauver*) erlösen; (*expier*) sühnen; (*réparer*) wieder gutmachen; (*compenser*) ausgleichen **2.** *vpr* **se ~** es wieder gutmachen
rachitisme [ʀaʃitism] *m* Rachitis *f*
racial, e (-aux) [ʀasjal, o] *adj* Rassen-
racine [ʀasin] *f* Wurzel *f*; **prendre ~** (*fig*) Wurzeln schlagen; **~ carrée/cubique** Quadrat-/Kubikwurzel
racisme [ʀasism] *m* Rassismus *m*; **raciste** [ʀasist(ə)] **1.** *adj* rassistisch **2.** *mf* Rassist(in) *m(f)*
racket [ʀakɛt] *m* Schutzgelderpressung *f*; **racketteur, -euse** [ʀaketœʀ, øz] *m* Erpresser(in) *m(f)*
racler ⟨1⟩ [ʀɑkle] *vt* (*casserole, plat*) auskratzen, ausschaben; (*tache, boue*) abkratzen; (*frotter contre*) reiben an +*dat*; (*MUS, fig*) kratzen; **~ les (fonds de) tiroirs** (*fam*) das letzte Geld zusammenkratzen
racoler ⟨1⟩ [ʀakɔle] *vt* (*prostituée*) anlocken, ansprechen; (*fig*) (an)werben, anlocken
racontars [ʀakɔ̃taʀ] *mpl* Geschichten *pl*, Klatsch *m*
raconter ⟨1⟩ [ʀakɔ̃te] *vt* (*fait vrai*) berichten; (*histoire*) erzählen; **se ~ des histoires** (*fam*) sich *dat* etwas vorgaukeln
radar [ʀadaʀ] *m* Radar *m*
rade [ʀad] *f* (*bassin*) Reede *f*; **en ~** auf der Reede, im Hafen; **laisser/rester en ~** (*fam*) im Stich lassen/festsitzen
radeau (x) [ʀado] *m* Floß *nt*; **~ de sauvetage** Rettungsinsel *f*
radial, e (-aux) [ʀadjal, o] *adj* **pneu à carcasse ~e** Gürtelreifen *m*
radiateur [ʀadjatœʀ] *m* Heizkörper *m*; (*AUTO*) Kühler *m*; **~ électrique/à gaz** elektrischer Ofen/Gasofen *m*
radiation [ʀadjasjɔ̃] *f* (*PHYS*) Strahlung *f*
radical, e (-aux) [ʀadikal, o] **1.** *adj* radikal **2.** *m* (*LING*) Stamm *m*; (*MATH*) Wurzelzeichen *nt*; **radicalisation** *f* (*POL*) Radikalisierung *f*; **radicaliser** ⟨1⟩ [ʀadikalize] **1.** *vt* radikalisieren **2.** *vpr* **se ~** radikaler werden
radiesthésie [ʀadjɛstezi] *f* Radiästhesie *f*
radieux, -euse [ʀadjø, øz] *adj* strahlend

radin, e [Radɛ̃, in] *adj* knauserig
radio [Radjo] **1.** *f (appareil)* Radio(apparat *m) nt; (radiographie)* Röntgenaufnahme *f;* **la ~** der Rundfunk; **à la ~** im Radio; **passer à la ~** im Rundfunk kommen; *(MED)* geröntgt werden; **~ pirate** Piratensender *m* **2.** *m (radiotélégraphiste)* Bordfunker(in) *m(f);* **~-téléphone portatif** Mobilfunk *m*
radioactif, -ive [Radjoaktif, iv] *adj* radioaktiv; **radioactivité** [Radjoaktivite] *f* Radioaktivität *f*
radioamateur [Radjoamatœʀ] *m* Amateurfunker(in) *m(f);* **radiobalise** [Radjobaliz] *f* Funkfeuer *nt;* **radiocassette** *f* Radiorekorder *m;* **radiodiffuser** ⟨1⟩ *vt* senden, übertragen; **radiodiffusion** *f* Rundfunk *m*
radiographie [Radjografi] *f (procédé)* Röntgenaufnahme *f; (document)* Röntgenbild *nt;* **radiographier** ⟨1⟩ *vt* röntgen
radioguidage [Radjogidaʒ] *m* Funksteuerung *f; (diffusion d'information)* Verkehrsfunk *m*
radiologie [Radjoloʒi] *f* Radiologie *f;* **radiologique** [Radjoloʒik] *adj* radiologisch; **radiologue** [Radjolog] *mf* Radiologe(-login) *m(f)*
radiophare [Radjofaʀ] *m* Funkfeuer *nt;* **radiophonique** [Radjofɔnik] *adj* **programme/émission/jeu ~** Radioprogramm *nt/-sendung f/*Ratesendung *f* im Rundfunk; **radioreportage** [Radjoʀ(ə)pɔʀtaʒ] *m* Rundfunkreportage *f;* **radio-réveil** (radios-réveils) *m* Radiowecker *m*
radioscopie [Radjoskɔpi] *f (MED)* Durchleuchtung *f*
radio-taxi (radios-taxis) [Radjotaksi] *m* Funktaxi *nt;* **radiotéléphone** *m* Funktelefon *nt;* **radiotélévisé, e** *adj* in Funk und Fernsehen gesendet
radiothérapie [Radjoteʀapi] *f* Radiotherapie *f,* Röntgentherapie *f*
radis [Radi] *m* Rettich *m; (petit et rouge)* Radieschen *nt*
radium [Radjɔm] *m* Radium *nt*
radoter ⟨1⟩ [Radɔte] *vi* faseln; schwätzen
radoucir ⟨8⟩ [Radusiʀ] *vpr* **se ~** *(se réchauffer)* wärmer werden; *(se calmer)* sich beruhigen
rafale [Rafal] *f (de vent)* Windstoß *m,* Bö *f; (tir)* Salve *f*
raffermir ⟨8⟩ [Rafɛʀmiʀ] *vt* stärken, kräftigen; *(fig)* (ver)stärken
raffiné, e [Rafine] *adj* erlesen; *(personne)* kultiviert; *(sucre, pétrole)* raffiniert; **raffinement** [Rafinmã] *m* Erlesenheit *f,* Vornehmheit *f*
raffiner ⟨1⟩ [Rafine] *vt (sucre, pétrole)* raffinieren; **raffinerie** [Rafinʀi] *f* Raffinerie *f*
raffoler ⟨1⟩ [Rafɔle] *vi* **~ de** versessen sein auf **+akk**
raffut [Rafy] *m (fam)* Radau *m*
rafle [Rafl(ə)] *f (de police)* Razzia *f*
rafler ⟨1⟩ [Rafle] *vt (fam)* an sich *akk* raffen
rafraîchir ⟨8⟩ [Rafʀeʃiʀ] **1.** *vt (température)* abkühlen; *(boisson, dessert)* kühlen; *(visage, main, personne)* erfrischen; *(chapeau, peinture, tableau)* auffrischen **2.** *vi* **mettre du vin/une boisson à ~** Wein/ein Getränk kalt stellen **3.** *vpr* **se ~** *(temps, température)* sich abkühlen; **rafraîchissant, e** *adj* erfrischend; **rafraîchissement** [Rafʀeʃism5] *m (de la température)* Abkühlung *f; (boisson)* Erfrischung *f*
rafting [Raftiŋ] *m* Rafting *nt*
rage [Raʒ] *f (MED)* Tollwut *f; (fureur)* Wut *f;* **faire ~** wüten; **~ de dents** rasende Zahnschmerzen *pl;* **rageur, -euse** [Raʒœʀ, øz] *adj (enfant)* jähzornig; *(ton)* wütend
ragots [Rago] *mpl* Klatsch *m*
ragoût [Ragu] *m* Ragout *nt*
raid [Red] *m (MIL)* Überfall *m; (aérien)* Luftangriff *m,* Bombenangriff *m*
raide [Red] **1.** *adj* steif; *(cheveux)* glatt; *(tendu)* straff; *(escarpé)* steil; *(fam: surprenant)* kaum zu glauben; *(osé)* gewagt **2.** *adv* **tomber ~ mort** (auf der Stelle) tot umfallen
raidir ⟨8⟩ [Rediʀ] **1.** *vt (muscles, membres)* anspannen; *(câble, fil de fer)* straff anziehen **2.** *vpr* **se ~** sich anspannen; *(personne)* sich sträuben
raie [Re] *f (ZOOL)* Rochen *m; (rayure)* Streifen *m; (des cheveux)* Scheitel *m*
raifort [RefɔR] *m* Meerrettich *m*
rail [Raj] *m* Schiene *f;* **le ~** *(CHEMIN DE FER)* die Eisenbahn
railler ⟨1⟩ [Raje] *vt* verspotten; **raillerie** *f* Spott *m*
rail-route [Rajʀut] *adj inv* **transport ~** Schienen- und Straßenverkehr *m*
rainure [RenyR] *f* Rille *f*
raisin [Rezɛ̃] *m* Traube *f;* **~s blancs/noirs** weiße/blaue Trauben *pl;* **~s secs** Rosinen *pl*
raison [Rez5] *f* Grund *m; (faculté)* Vernunft *f,* Verstand *m;* **avoir ~** Recht haben; **à ~ de** *(au taux de)* in Höhe von; *(à proportion de)* entsprechend **+dat;** **donner ~ à qn** jdm Recht geben; **en ~ de** wegen; **se faire une ~** sich damit abfinden; **à plus forte ~** umso mehr; **perdre la ~** den Ver-

stand verlieren; **ramener qn à la** ~ jdn zur Vernunft bringen; **sans** ~ grundlos; ~ **d'État** Staatsräson f; ~ **d'être** Lebenssinn m; ~ **sociale** Firmenname m

raisonnable [ʀɛzɔnabl(ə)] adj vernünftig

raisonnement [ʀɛzɔnmɑ̃] m Überlegung f; (argumentation) Argumentation f

raisonner ⟨1⟩ [ʀɛzɔne] **1.** vi (penser) überlegen, nachdenken; (argumenter) argumentieren; (répliquer, discuter) Einwände machen **2.** vt ~ **qn** jdm gut zureden

rajeunir ⟨8⟩ [ʀaʒœniʀ] **1.** vt verjüngen; jünger machen; (rafraîchir) aufmöbeln; (moderniser) modernisieren **2.** vi (personne) jünger werden/aussehen

rajouter ⟨1⟩ [ʀaʒute] vt hinzufügen; **en** ~ (fam) übertreiben

rajustement [ʀaʒystəmɑ̃] m Angleichung f

rajuster ⟨1⟩ [ʀaʒyste] vt (coiffure) wieder in Ordnung bringen; (cravate) zurechtrücken; (salaires, prix) anpassen; (machine) neu einstellen

ralenti [ʀalɑ̃ti] m (CINE) Zeitlupe f; **tourner au** ~ (AUTO) im Leerlauf sein; **ralentir** ⟨8⟩ **1.** vt (marche, allure) verlangsamen; (production, expansion) drosseln **2.** vpr **se** ~ langsamer werden; **ralentissement** m Verlangsamung f, Nachlassen nt; ~ **conjoncturel** (ECON) Konjunkturrückgang m

râler ⟨1⟩ [ʀɑle] vi röcheln; (fam: protester) schimpfen

ralliement [ʀalimɑ̃] m (rassemblement) Versammlung f; (adhésion) Anschluss m (à an +akk)

rallier ⟨1⟩ [ʀalje] **1.** vt (rassembler) versammeln; (rejoindre) sich wieder anschließen +dat; (gagner) für sich gewinnen **2.** vpr **se** ~ **à qn/une organisation** sich jdm/einer Organisation anschließen

rallonge [ʀalɔ̃ʒ] f (de table) Ausziehplatte f; (ELEC) Verlängerungskabel nt; **rallonger** ⟨2⟩ vt verlängern

rallye [ʀali] m Rallye f

ramadan [ʀamadɑ̃] m (REL) Ramadan m

ramassage [ʀamasaʒ] m **car de** ~ (**scolaire**) Schulbus m

ramassé, e [ʀamase] adj (trapu) stämmig, gedrungen

ramasser ⟨1⟩ [ʀamase] **1.** vt aufheben; (recueillir) einsammeln; (récolter) sammeln; (pommes de terre) ernten **2.** vpr **se** ~ (sur soi-même) sich zusammenkauern;

ramasseur, -euse [ʀamasœʀ, øz] m, f ~ **de balles** Balljunge m; **ramasseuse de balles** Ballmädchen nt

rambarde [ʀɑ̃baʀd(ə)] f Geländer nt

rame [ʀam] f (AVIAT) Ruder nt; (de métro) Zug m; (de papier) Ries nt

rameau (x) [ʀamo] m Zweig m; **les Rameaux** Palmsonntag m

ramener ⟨4⟩ [ʀamne] **1.** vt zurückbringen; (rabattre) herunterziehen; (rétablir) wiederherstellen; ~ **qch à** (réduire) etw reduzieren auf +akk **2.** vpr **se** ~ **à** (se réduire) hinauslaufen auf +akk

ramer ⟨1⟩ [ʀame] vi rudern; (fam) schuften; **rameur, -euse** [ʀamœʀ, øz] **1.** m, f Ruderer (Ruderin) m(f) **2.** m (appareil) Rudergerät nt

ramification [ʀamifikasjɔ̃] f Verzweigung f

ramollir ⟨8⟩ [ʀamɔliʀ] **1.** vt weich machen **2.** vpr **se** ~ weich werden; (os, tissus) sich erweichen

ramoneur, -euse [ʀamɔnœʀ, øz] m, f Schornsteinfeger(in) m(f)

rampe [ʀɑ̃p] f (d'escalier) Treppengeländer nt; (dans un garage) Auffahrt f, Rampe f; ~ **de lancement** Abschussrampe f

ramper ⟨1⟩ [ʀɑ̃pe] vi kriechen

rancard [ʀɑ̃kaʀ] m (fam: rendez-vous) Rendezvous nt, Treffen nt

rancart [ʀɑ̃kaʀ] m **mettre au** ~ (fam) ausrangieren

rance [ʀɑ̃s] adj ranzig

rancœur [ʀɑ̃kœʀ] f Groll m

rançon [ʀɑ̃sɔ̃] f Lösegeld nt

rancune [ʀɑ̃kyn] f Groll m; **garder** ~ **à qn (de qch)** jdm (wegen etw) grollen; **sans** ~! nichts für ungut!

randonnée [ʀɑ̃dɔne] f Ausflug m, Wanderung f; **sentier de grande** ~ markierter französischer Wanderweg; **randonneur, -euse** [ʀɑ̃dɔnœʀ, øz] m, f Wanderer (Wanderin) m(f)

rang [ʀɑ̃] m (rangée) Reihe f; (grade, classement) Rang m; (condition sociale) Schicht f, Stand m; **se mettre en** ~s sich in einer Reihe aufstellen; **se mettre sur les** ~s (fig) sich bewerben; **au premier/dernier** ~ (rangée de sièges) in der ersten/letzten Reihe

rangé, e [ʀɑ̃ʒe] adj (sérieux) solide, ordentlich

rangée [ʀɑ̃ʒe] f Reihe f

rangement [ʀɑ̃ʒmɑ̃] m Aufräumen nt; (classement) Ordnen nt; **faire du** ~ aufräumen

ranger ⟨2⟩ [ʀɑ̃ʒe] **1.** vt (classer) ordnen; (mettre à sa place) wegräumen; (voiture) parken; (mettre de l'ordre dans) aufräumen; (disposer) aufstellen; (fig: au nombre de) einordnen, zuordnen **2.** vpr **se** ~ (s'écarter) ausweichen; (se garer) einparken; (fam: s'assagir) ruhiger werden

rangers [rãdʒœRs] mpl Springerstiefel pl

ranimer ⟨1⟩ [Ranime] vt wiederbeleben; (feu) schüren; (fig) wieder aufleben lassen

rap [Rap] m (MUS) Rap m

rapace [Rapas] 1. m Raubvogel m 2. adj (pej) raffgierig, habsüchtig

râpe [Rɑp] f (GASTR) Reibe f, Raspel f; **râpé, e** adj (élimé) abgetragen; (GASTR) gerieben; **râper** ⟨1⟩ vt (GASTR) reiben, raspeln

rapetisser ⟨1⟩ [Rap(ə)tise] vt (raccourcir) verkürzen; (faire paraître plus petit) kleiner wirken lassen

raphia [Rafja] m Bast m

rapide [Rapid] 1. adj schnell 2. m (train) Schnellzug m; (eau) Stromschnelle f; **rapidement** [Rapidmã] adv schnell; **rapidité** f Schnelligkeit f

rapiécer ⟨2, 5⟩ [Rapjese] vt flicken

rappel [Rapɛl] m (d'un exilé, d'un ambassadeur) Zurückberufung f; (THEAT: applaudissements) Vorhang m; (MIL) Einberufung f; (de vaccin) Wiederholungsimpfung f; (évocation) Erinnerung f; (sur écriteau) Wiederholung f; **rappeler** ⟨3⟩ [Rap(ə)le] 1. vt zurückrufen; ~ **qch (à qn)** (jdn) an etw akk erinnern 2. vpr se ~ sich erinnern an +akk; **se ~ que** sich (daran) erinnern, dass

rapper ⟨1⟩ [Rape] vi (MUS) rappen

rapport [RapɔR] m (compte rendu) Bericht m; (d'expert) Gutachten nt; (profit) Ertrag m; (sur investissements) Rendite f; (lien) Zusammenhang m; (proportion) Verhältnis nt; ~**s** mpl (relations) Beziehungen pl; ~**s** (sexuels) (Geschlechts)verkehr m; ~ **annuel** (comptabilité) Jahresbericht; ~ **qualité-prix** (COM) Preis-Leistungs-Verhältnis nt; **être en ~ avec** (lien logique) im Zusammenhang stehen mit; **être/se mettre en ~ avec qn** mit jdm in Verbindung stehen/sich mit jdm in Verbindung setzen; **par ~ à** im Vergleich zu; **sous le ~ de** hinsichtlich +gen; **rapporter** ⟨1⟩ [RapɔRte] 1. vt (rendre) zurückbringen; (apporter davantage) noch einmal bringen; (revenir avec) mitbringen; (en couture) annähen, aufnähen; (produire) abwerfen, einbringen; (relater) berichten; ~ **qch à qn** (rendre) jdm etw zurückgeben; (relater) jdm etw berichten; (attribuer) jdm etw zuschreiben 2. vi (investissement, propriété) Gewinn abwerfen; (SCOL: moucharder) petzen 3. vpr se ~ **à** (correspondre à) sich beziehen auf +akk; **rapporteur, -euse** 1. m, f (SCOL) Petze f 2. m (d'un procès, d'une commission) Berichterstatter(in) m(f); (MATH) Winkelmesser m

rapprochement [RapRɔʃmã] m (réconciliation) Versöhnung f; (entre deux pays) Annäherung f; (analogie) Vergleich m; **je n'ai pas fait le ~ entre ... et ...** ich hatte ... und ... nicht miteinander in Verbindung gebracht

rapprocher ⟨1⟩ [RapRɔʃe] 1. vt (chaise) heranrücken; (deux objets) zusammenrücken; (personnes) versöhnen; (comparer) gegenüberstellen, vergleichen 2. vpr se ~ sich nähern; (familles, pays) sich annähern, sich verständigen; **se ~ de** näher herankommen an +akk; (présenter une analogie avec) vergleichbar sein mit

rapt [Rapt] m Entführung f

raquette [Rakɛt] f (de tennis, de ping-pong) Schläger m; (à neige) Schneeschuh m; ~ **de squash** Squashschläger

rare [RaR] adj selten; (peu dense) dünn; **il est ~ que** es kommt selten vor, dass;

rarement [RaRmã] adv selten

ras, e [Ra, Raz] 1. adj kurz geschoren; (herbe) kurz 2. prep **au ~ de** (couper) auf gleicher Höhe mit 3. m ~ **du cou** (vêtement) mit rundem Halsausschnitt

R.A.S. abr de rien à signaler (fam) keine besonderen Vorkommnisse

raser ⟨1⟩ [Raze] 1. vt (barbe, cheveux) abrasieren; (menton, personne) rasieren; (fam: ennuyer) langweilen; (quartier) dem Erdboden gleichmachen; (frôler) streifen 2. vpr se ~ sich rasieren; (fam: s'ennuyer) sich langweilen

ras-le-bol [Rɑlbɔl] m en avoir ~ **(de qch)** (fam) (von etw) die Nase voll haben

rasoir [RazwaR] m ~ **électrique/mécanique** Rasierapparat m/-messer nt

rassasié, e [Rasazje] adj satt; (fig) überdrüssig

rassemblement [Rasãbləmã] m Versammlung f; (MIL) Sammeln nt

rassembler ⟨1⟩ [Rasãble] 1. vt (réunir) versammeln; (troupes) zusammenziehen; (moutons, objets épars) sammeln; (accumuler) ansammeln 2. vpr se ~ (s'assembler) sich versammeln

rassis, e [Rasi, iz] adj pain ~ altbackenes Brot

rassurant, e [RasyRã, ãt] adj beruhigend

rassurer ⟨1⟩ [RasyRe] 1. vt (tranquilliser) beruhigen 2. vpr se ~ sich beruhigen; **rassure-toi** beruhige dich

rat [Ra] m Ratte f

ratatiné, e [Ratatine] adj runzelig

rate [Rat] f (ANAT) Milz f

raté, e [ʀate] **1.** m, f (personne) Versager(in) m(f) **2.** m (AUTO) Fehlzündung f **3.** adj (tentative) fehlgeschlagen, missglückt; (gâteau) missraten

râteau (x) [ʀɑto] m (de jardinage) Rechen m

rater ⟨1⟩ [ʀate] **1.** vi (échouer) fehlschlagen, schief gehen **2.** vt (cible) verfehlen; (train, occasion) verpassen; (devoir) verpfuschen; (examen) durchfallen durch; **il n'en rate pas une** (fam) er macht aber auch alles falsch

raticide [ʀatisid] m Rattengift nt

ratification [ʀatifikasjɔ̃] f Ratifizierung f

ratifier ⟨1⟩ [ʀatifje] vt ratifizieren

ratio [ʀasjo] m Verhältnis nt

ration [ʀasjɔ̃] f Ration f; (fig) Teil m o nt

rationalisation [ʀasjɔnalizasjɔ̃] f Rationalisierung f; **mesures de ~** (entreprise) Rationalisierungsmaßnahmen pl; **rationaliser** ⟨1⟩ [ʀasjɔnalize] vt rationalisieren

rationnel, le [ʀasjɔnɛl] adj rational; (procédé, méthode) rationell

rationnement [ʀasjɔnmã] m Rationierung f

rationner ⟨1⟩ [ʀasjɔne] **1.** vt (vivres) rationieren; (personne) auf feste Rationen setzen **2.** vpr se ~ sich einteilen

raton [ʀatɔ̃] m ~ **laveur** Waschbär m

R.A.T.P. f abr de **Régie autonome des transports parisiens** Pariser Verkehrsbetrieb

rattacher ⟨1⟩ [ʀataʃe] **1.** vt (attacher de nouveau: animal) wieder anbinden; (cheveux) wieder zusammenbinden; (incorporer) angliedern; (fig: relier) verknüpfen (à mit); (lier) binden (à an +akk) **2.** vpr se ~ **à** (avoir un lien avec) verbunden sein mit

rattraper ⟨1⟩ [ʀatʀape] **1.** vt (reprendre) wieder einfangen; (empêcher de tomber) auffangen; (rejoindre) einholen; (réparer) wieder gutmachen; ~ **son retard/le temps perdu** die Verspätung/die verlorene Zeit aufholen **2.** vpr se ~ (compenser une perte de temps) aufholen

rature [ʀatyʀ] f Korrektur f; **raturer** ⟨1⟩ [ʀatyʀe] vt ausstreichen

rauque [ʀok] adj heiser, rau

ravager ⟨2⟩ [ʀavaʒe] vt verwüsten; (tormenter) quälen; **ravages** [ʀavaʒ] mpl Verwüstung f; (de la guerre) Verheerungen pl

ravaler ⟨1⟩ [ʀavale] vt (façade) renovieren; (déprécier) erniedrigen; (avaler de nouveau) (wieder) hinunterschlucken

rave [ʀav] f Rübe f

rave [ʀeiv] f, **rave-party** f Rave m

ravi, e [ʀavi] adj begeistert; **être ~ de/que** hocherfreut sein über +akk/dass

ravin [ʀavɛ̃] m Schlucht f

raviolis [ʀavjɔli] mpl Ravioli pl

ravir ⟨8⟩ [ʀaviʀ] vt (enchanter) hinreißen; (enlever) rauben; entführen

raviser ⟨1⟩ [ʀavize] vpr se ~ seine Meinung ändern

ravissant, e [ʀavisã, ãt] adj entzückend, hinreißend; **ravissement** [ʀavismã] m Entzücken nt

ravisseur, -euse [ʀavisœʀ, øz] m, f Entführer(in) m(f)

ravitaillement [ʀavitajmã] m Versorgung f; (provisions) Vorräte pl

ravitailler ⟨1⟩ [ʀavitaje] **1.** vt versorgen; (AVIAT) auftanken **2.** vpr se ~ (s'approvisionner) sich versorgen

raviver ⟨1⟩ [ʀavive] vt (feu) neu beleben; (couleurs) auffrischen

rayé, e [ʀeje] adj gestreift; (éraflé) zerkratzt

rayer ⟨7⟩ [ʀeje] vt streichen; (érafler) zerkratzen

rayon [ʀejɔ̃] m Strahl m; (d'un cercle) Radius m; (d'une roue) Speiche f; (étagère) Regal nt; (de grand magasin) Abteilung f; (d'une ruche) Wabe f; **dans un ~ de** (périmètre) in einem Umkreis m von; ~ **de braquage** Wendekreis m; ~ **de soleil** Sonnenstrahl; ~**s X** (MED) Röntgenstrahlen pl

rayonnage [ʀejɔnaʒ] m Regal nt

rayonnement [ʀejɔnmã] m Strahlung f; (fig) Einfluss m, Wirkung f

rayonner ⟨1⟩ [ʀejɔne] vi (chaleur, énergie) ausgestrahlt werden; (être radieux) strahlen; (excursionner) Ausflüge machen

rayure [ʀejyʀ] f (motif) Streifen m; (éraflure) Schramme f, Kratzer m; (rainure) Rille f; **à ~s** gestreift

raz-de-marée [ʀɑdmaʀe] m inv Flutwelle f; (fig) Flut f

razzia [ʀa(d)zja] f Raubüberfall m

R.D.A. f abr de **République démocratique allemande** (HIST) DDR f

RDS m abr de **Radio Data System** RDS nt (Autoradiosystem mit automatischen Suchfunktionen)

ré [ʀe] m (MUS) D nt

réacteur [ʀeaktœʀ] m Reaktor m; (AVIAT) Düsentriebwerk nt; ~ **à eau légère** [o **ordinaire**] Leichtwasserreaktor

réaction [ʀeaksjɔ̃] f Reaktion f; **avion/ moteur à** ~ Düsenflugzeug nt/-triebwerk nt; ~ **en chaîne** Kettenreaktion

réactionnaire [ʀeaksjɔnɛʀ] adj reaktionär

réadapter ⟨1⟩ [ʀeadapte] vt (wieder) anpassen; (MED) rehabilitieren

réagir ⟨8⟩ [ʀeaʒiʀ] vi reagieren; ~ **à/con-**

tre reagieren auf +*akk*; ~ **sur** (*se répercuter*) sich auswirken auf +*akk*

réalisateur, -trice [realizatœr, tris] *m, f* Regisseur(in) *m(f)*

réalisation [realizasjɔ̃] *f* Verwirklichung *f*, Erfüllung *f*; (COM) Verkauf *m*; (œuvre) Werk *nt*

réaliser ⟨1⟩ [realize] **1.** *vt* (*projet*) verwirklichen; (*rêve, souhait*) wahr machen, erfüllen; (*exploit*) vollbringen; (*achat, vente*) tätigen; (*film*) machen, produzieren; (*bien, capital*) zu Geld machen; (*se rendre compte*) begreifen **2.** *vpr* **se** ~ (*prévision*) in Erfüllung gehen; (*projet*) verwirklicht werden

réalisme [realism] *m* Realismus *m*; **réaliste** [realist] **1.** *adj* realistisch **2.** *mf* Realist(in) *m(f)*

réalité [realite] *f* (*d'un fait*) Realität *f*; **en** ~ in Wirklichkeit; **la ~, les ~s** (*le réel*) die Wirklichkeit

réanimation [reanimasjɔ̃] *f* Wiederbelebung *f*; **service de** ~ Intensivstation *f*

réanimer ⟨1⟩ [reanime] *vt* wiederbeleben

réarmement [rearməmã] *m* Aufrüstung *f*

rébarbatif, -ive [rebarbatif, iv] *adj* abstoßend; (*sujet*) trocken

rebattu, e [r(ə)baty] *adj* abgedroschen

rebelle [rəbɛl] **1.** *mf* Rebell(in) *m(f)* **2.** *adj* rebellisch; (*cheveux, etc*) widerspenstig; ~ **à** rebellisch [*o* aufrührerisch] gegen; (*à un art, un sujet*) nicht empfänglich für

rebeller ⟨1⟩ [r(ə)bele] *vpr* **se** ~ rebellieren

rébellion [rebeljɔ̃] *f* (*révolte*) Aufruhr *f*; (*insoumission*) Rebellion *f*

rebiffer ⟨1⟩ [r(ə)bife] *vpr* **se** ~ (*fam*) sich sträuben

reboisement [r(ə)bwazmã] *m* Wiederaufforstung *f*

reboiser ⟨1⟩ [r(ə)bwaze] *vt* aufforsten

rebord [r(ə)bɔr] *m* Rand *m*

rebours [r(ə)bur] *m* **à** ~ (*fig*) verkehrt (herum); **caresser un animal à** ~ ein Tier gegen den Strich streicheln; **compte à** ~ Count-down *m*

rebrousser ⟨1⟩ [r(ə)bruse] *vt* ~ **chemin** kehrtmachen, umkehren

rebuter ⟨1⟩ [r(ə)byte] *vt* (*travail, matière*) abschrecken; (*attitude, manières*) abstoßen

récalcitrant, e [rekalsitrã, ãt] *adj* störrisch

recaler ⟨1⟩ [r(ə)kale] *vt* (SCOL) durchfallen lassen

récapituler ⟨1⟩ [rekapityle] *vt* rekapitulieren; (*résumer*) zusammenfassen

receleur, -euse [r(ə)səlœr, øz] *m, f* Hehler(in) *m(f)*

récemment [resamã] *adv* kürzlich

recensement [rəsãsmã] *m* Volkszählung *f*; (MED) Registrierung *f* der Krankheitsfälle

recenser ⟨1⟩ [r(ə)sãse] *vt* (*population*) zählen; (*inventorier: ressources, possibilités*) eine Liste machen von

récent, e [resã, ãt] *adj* neu

récépissé [resepise] *m* Empfangsbescheinigung *f*

récepteur [reseptœr] *m* ~ (**de radio**) Empfänger *m*, (Radio)apparat *m*

réception [resepsjɔ̃] *f* Empfang *m*; **la** ~ (*d'un bureau, d'un hôtel*) die Rezeption; **accuser** ~ **de qch** den Empfang einer Sache bestätigen; **heures de** ~ (MED) Sprechstunden *pl*; **réceptionniste** [resepsjɔnist] *mf* Empfangschef(-dame) *m(f)*

récession [resesjɔ̃] *f* Rezession *f*

recette [r(ə)sɛt] *f* (GASTR, fig) Rezept *nt*; (*bureau*) Finanzkasse *f*; (COM) Ertrag *m*, Einnahme *f*

receveur, -euse [r(ə)səvœr, øz] *m, f* (*des postes*) Vorsteher(in) *m(f)*; (*d'autobus*) Schaffner(in) *m(f)*; (*des contibutions*) Finanzbeamte(r)(-beamtin) *m(f)*

recevoir ⟨12⟩ [r(ə)səvwar] **1.** *vt* erhalten, bekommen; (*personne*) empfangen; (*candidat*) durchkommen lassen **2.** *vi* (*inviter*) Gäste empfangen

rechange [r(ə)fãʒ] *m* **de** ~ Reserve-; (*politique, plan*) Ausweich-, alternativ

rechaper ⟨1⟩ [r(ə)fape] *vt* runderneuern

recharge [r(ə)farʒ(ə)] *f* (*de stylo*) (Tinten)patrone *f*; (*d'un produit*) Nachfüllpackung *f*

recharger ⟨2⟩ [r(ə)farʒe] *vt* (*camion*) wieder beladen; (*fusil*) wieder laden; (*appareil de photo*) laden; (*briquet, stylo*) nachfüllen; (*batterie*) wieder aufladen

réchaud [refo] *m* Rechaud *m*, Stövchen *nt*; ~ **de camping** Campingkocher *m*

réchauffer ⟨1⟩ [refofe] *vt* **1.** *vt* aufwärmen; (*courage, zèle*) anfeuern **2.** *vpr* **se** ~ (*personne, pieds*) sich aufwärmen; (*température*) wieder wärmer werden

recherche [r(ə)fɛrf(ə)] *f* (*a.* INFORM) Suche *f*; (*raffinement*) Eleganz *f*; (*scientifiques*) Forschung *f*; ~**s** *fpl* (*de la police*) Nachforschungen *pl*, Ermittlungen *pl*; **être/se mettre à la** ~ **de** auf der Suche sein nach/ sich auf die Suche machen nach; **opération de** ~ (INFORM) Suchlauf *m*

recherché, e [r(ə)ferfe] *adj* begehrt, gesucht; (*raffiné*) erlesen; (*pej*) affektiert

echercher ⟨1⟩ [ʀ(ə)ʃɛʀʃe] vt (a. INFORM) suchen; (objet égaré) suchen nach

echute [ʀ(ə)ʃyt] f Rückfall m

écidive [ʀesidiv] f Rückfall m; **récidiver** ⟨1⟩ [ʀesidive] vi (MED) einen Rückfall erleiden; (criminel) rückfällig werden

écidiviste [ʀesidivist(ə)] mf Rückfällige(r) mf

écif [ʀesif] m Riff nt

écipient [ʀesipjã] m Behälter m

éciproque [ʀesipʀɔk] adj gegenseitig; (verbe) reflexiv-reziprok

écit [ʀesi] m Erzählung f

écital [ʀesital] m (Solo)konzert nt, Recital nt

écitation [ʀesitasjɔ̃] f Aufsagen nt, Rezitieren nt

éciter ⟨1⟩ [ʀesite] vt aufsagen; (pej) deklamieren

éclamation [ʀeklamasjɔ̃] f Reklamation f; service des ~s Beschwerdeabteilung f

éclame [ʀeklam] f article en ~ Sonderangebot nt

éclamer ⟨1⟩ [ʀeklame] 1. vt verlangen; (nécessiter) erfordern 2. vi (protester) reklamieren, sich beschweren

éclusion [ʀeklyzjɔ̃] f (JUR) Freiheitsstrafe f

ecoin [ʀəkwɛ̃] m verborgener Winkel; (fig) geheimer Winkel

écolte [ʀekɔlt(ə)] f Ernte f; **récolter** ⟨1⟩ vt ernten

ecommandation [ʀ(ə)kɔmãdasjɔ̃] f Empfehlung f; lettre de ~ Empfehlungsschreiben nt

ecommandé, e [ʀ(ə)kɔmãde] 1. adj empfohlen 2. m Einschreiben nt; (en) ~ eingeschrieben

ecommander ⟨1⟩ [ʀ(ə)kɔmãde] 1. vt empfehlen; (lettre) einschreiben lassen; ~ qn auprès de qn/à qn jdn jdm empfehlen 2. vpr se ~ par sich auszeichnen durch

ecommencer ⟨2⟩ [ʀ(ə)kɔmãse] 1. vt (reprendre) wieder aufnehmen; (refaire) noch einmal anfangen 2. vi wieder anfangen

écompense [ʀekɔ̃pãs] f Belohnung f; **récompenser** ⟨1⟩ vt belohnen

ecomposé, e [ʀəkɔ̃poze] adj famille ~e neue Familienkonstellation mit Scheidungskindern

éconciliation [ʀekɔ̃siljasjɔ̃] f Versöhnung f

éconcilier ⟨1⟩ [ʀekɔ̃silje] 1. vt (personnes) versöhnen, aussöhnen; (opinions, doctrines) in Einklang bringen 2. vpr se ~ sich versöhnen

econduire [ʀ(ə)kɔ̃dɥiʀ] irr comme conduire vt (raccompagner) zurückbegleiten; (renouveler) verlängern

réconfort [ʀekɔ̃fɔʀ] m Trost m; **réconfortant, e** [ʀekɔ̃fɔʀtã, ãt] adj tröstlich; **réconforter** ⟨1⟩ [ʀekɔ̃fɔʀte] vt (consoler) trösten

reconnaissance [ʀ(ə)kɔnɛsãs] f Anerkennung f; (gratitude) Dankbarkeit f; (MIL) Aufklärung f; **reconnaissant, e** adj dankbar; je vous serais ~(e) de bien vouloir … ich wäre Ihnen dankbar, wenn Sie …

reconnaître [ʀ(ə)kɔnɛtʀ(ə)] irr comme connaître vt anerkennen; (se rappeler de) (wieder)erkennen; (identifier) erkennen; (distinguer) auseinander halten; (terrain, positions) auskundschaften

reconnu, e [ʀ(ə)kɔny] 1. pp de reconnaître 2. adj anerkannt

reconsidérer ⟨5⟩ [ʀ(ə)kɔ̃sideʀe] vt noch einmal überdenken

reconstituer ⟨1⟩ [ʀ(ə)kɔ̃stitɥe] vt (monument) restaurieren; (événement, accident) rekonstruieren; (fortune, patrimoine) wiederherstellen; (régénérer) erneuern

recontacter ⟨1⟩ [ʀ(ə)kɔ̃takte] vt sich wieder in Verbindung setzen mit

record [ʀ(ə)kɔʀ] 1. m Rekord m; battre tous les ~s (fig) alle Rekorde schlagen; ~ du monde Weltrekord 2. adj inv Rekord-

recouper ⟨1⟩ [ʀ(ə)kupe] vpr se ~ (informations) übereinstimmen

recourbé, e [ʀ(ə)kuʀbe] adj gebogen, krumm

recourir [ʀ(ə)kuʀiʀ] irr comme courir vi ~ à (ami, agence) sich wenden an +akk; (employer) zurückgreifen auf +akk

recours [ʀ(ə)kuʀ] m avoir ~ à qn/qch sich an jdn wenden/auf etw akk zurückgreifen; en dernier ~ als letzter Ausweg; le ~ à la ruse/violence List/Gewalt als letzter Ausweg

recouvrer ⟨1⟩ [ʀ(ə)kuvʀe] vt (retrouver) wiedererlangen; (impôts, créance) eintreiben, einziehen

recouvrir ⟨11⟩ [ʀ(ə)kuvʀiʀ] 1. vt (couvrir à nouveau) wieder zudecken; (couvrir entièrement) zudecken; (cacher) verbergen; (embrasser) umfassen 2. vpr se ~ (se superposer) sich decken

récréatif, -ive [ʀekʀeatif, iv] adj unterhaltsam

récréation [ʀekʀeasjɔ̃] f (détente) Erholung f; (SCOL) Pause f

récrier ⟨1⟩ [ʀekʀije] vpr se ~ (protester) protestieren

récrimination [ʀekʀiminasjɔ̃] f Vorwurf m

recroqueviller ⟨1⟩ [ʀəkʀɔk(ə)vije] *vpr se* ~ (*plantes, papier*) sich zusammenrollen; (*personne*) sich zusammenkauern

recruter ⟨1⟩ [ʀ(ə)kʀyte] *vt* (*MIL*) ausheben; (*personnel*) einstellen; (*clients, adeptes*) anwerben

rectal, e (-aux) [ʀɛktal, o] *adj* **par voie ~e** rektal

rectangle [ʀɛktãgl(ə)] *m* Rechteck *nt*; **rectangulaire** [ʀɛktãgylɛʀ] *adj* rechteckig

rectifier ⟨1⟩ [ʀɛktifje] *vt* (*rendre droit*) begradigen; (*corriger*) berichtigen; (*erreur, faute*) richtigstellen

rectiligne [ʀɛktiliɲ] *adj* gerade verlaufend; (*MATH*) geradlinig

reçu, e [ʀ(ə)sy] **1.** *pp de* **recevoir 2.** *adj* (*consacré*) vorgefertigt, feststehend **3.** *m* Quittung *f*

recueil [ʀəkœj] *m* (*livre*) Sammlung *f*; **recueillir** [ʀ(ə)kœjiʀ] *irr comme* **cueillir 1.** *vt* sammeln; (*accueillir*) aufnehmen **2.** *vpr se* ~ sich sammeln

recul [ʀ(ə)kyl] *m* Rückzug *m*; (*d'une arme*) Rückschlag *m*; **avoir un mouvement de** ~ zurückschrecken; **prendre du** ~ (*fig*) Abstand nehmen

reculade [ʀ(ə)kylad] *f* Rückzieher *m*; **reculé, e** *adj* (*isolé*) zurückgezogen; (*lointain*) entfernt; **reculer** ⟨1⟩ **1.** *vi* sich rückwärts bewegen; (*perdre du terrain*) zurückgehen; (*se dérober*) sich zurückziehen; ~ **devant** zurückschrecken vor +*dat* **2.** *vt* (*meuble*) zurückschieben; (*véhicule*) zurücksetzen; (*mur, limites, date, décision*) verschieben; **reculons** *adv* **à** ~ rückwärts

récupérer ⟨5⟩ [ʀekypeʀe] **1.** *vt* wiederbekommen; (*forces*) wiedererlangen; (*vieux matériel, ferraille*) wieder verwerten; (*heures de travail*) aufholen; (*POL*) für seine Ziele einspannen **2.** *vi* (*ses forces*) sich erholen

récurer ⟨1⟩ [ʀekyʀe] *vt* (*nettoyer*) scheuern

récuser ⟨1⟩ [ʀekyze] **1.** *vt* (*témoin, juré*) ablehnen; (*argument, témoignage*) zurückweisen **2.** *vpr se* ~ sich für nicht zuständig erklären

recyclable [ʀ(ə)siklabl] *adj* recyclebar; **recyclage** *m* Umschulung *f*; (*TECH*) Recycling *nt*, Wiedernutzbarmachung *f*; **cours de** ~ Weiterbildungs-/Umschulungskurs *m*; **recyclé, e** *adj* Recycling-; **papier** ~ Umwelt(schutz)papier *nt*, Recyclingpapier *nt*; **recycler** ⟨1⟩ *vt* wieder verwerten, recyceln

rédacteur, -trice [ʀedaktœʀ, tʀis] *m, f*

Redakteur(in) *m(f)*; ~ **en chef** Chefredakteur; ~ **publicitaire** Werbetexter *m*

rédaction [ʀedaksjɔ̃] *f* Abfassen *nt*; (*d'un journal*) Redaktion *f*; (*SCOL: devoir*) Aufsatz *m*

redémarrage [ʀ(ə)demaʀaʒ] *m* (*INFORM*) Neustart *m*; ~ **à chaud** Warmstart

redémarrer ⟨1⟩ [ʀ(ə)demaʀe] *vt* (*voiture*) wieder anfahren; (*ordinateur*) neu starten; (*fig*) wieder in Schwung kommen

rédemption [ʀedãpsjɔ̃] *f* (*REL*) Erlösung *f*

redessiner ⟨1⟩ [ʀ(ə)desine] *vt* (*paysage, jardin*) neu gestalten; (*frontière*) neu ziehen

redevable [ʀ(ə)dəvabl(ə)] *adj* **être** ~ **de** (*somme*) noch schuldig sein; **être** ~ **de qch à qn** (*fig*) jdm etw verdanken

redevance [ʀ(ə)dəvãs] *f* (*TEL, TV*) Gebühr *f*; (*taxe*) Abgabe *f*

rédiger ⟨2⟩ [ʀediʒe] *vt* abfassen; **apprendre à** ~ schreiben lernen

redire [ʀ(ə)diʀ] *irr comme* **dire** *vt* (*ständig*) wiederholen; **avoir** [*o* **trouver**] **à** ~ **à qch** etwas an etw *dat* auszusetzen haben

redoubler ⟨1⟩ [ʀ(ə)duble] **1.** *vt* verdoppeln; (*fig*) verstärken; (*SCOL*) wiederholen **2.** *vi* sich verstärken; (*SCOL*) sitzen bleiben

redoutable [ʀ(ə)dutabl(ə)] *adj* (*adversaire*) gefährlich

redouter ⟨1⟩ [ʀ(ə)dute] *vt* fürchten

redressement [ʀ(ə)dʀesmã] *m* (*ECON*) Aufschwung *m*; ~ **économique** (*ECON*) Wirtschaftsaufschwung; **redresser** ⟨1⟩ **1.** *vt* (*arbre, mât*) wieder aufrichten; (*pièce tordue*) wieder gerade richten; (*situation, économie*) wiederherstellen, sanieren **2.** *vpr se* ~ (*se remettre droit*) sich wieder aufrichten; (*se tenir très droit*) sich gerade aufrichten

réduction [ʀedyksjɔ̃] *f* Reduzierung *f*, Verkleinerung *f*; (*rabais*) Rabatt *m*; ~ **des émissions nocives** (*environnement*) Schadstoffreduzierung; ~ **du personnel** Personalabbau *m*; ~ **du temps de travail** Arbeitszeitverkürzung *f*

réduire [ʀedɥiʀ] *irr comme* **conduire 1.** *vt* reduzieren; (*photographie*) verkleinern; (*texte*) kürzen; (*GASTR*) einkochen; (*MATH*) kürzen; ~ **qch à** (*ramener*) etw zurückführen auf +*akk*; ~ **qch en** etw verwandeln in +*akk*; ~ **qn au silence/à l'inaction** jdn zum Schweigen bringen/jdn lähmen **2.** *vpr se* ~ **à** sich reduzieren auf +*akk*; **se** ~ **en** sich umwandeln in +*akk*; **réduit, e 1.** *adj* (*prix, tarif*) reduziert; (*échelle, mécanisme*) verkleinert; (*vitesse*) gedrosselt **2.** *m* (*local*) Kammer *f*, Kabuff *nt*

redynamiser ⟨1⟩ [ʀ(ə)dinamize] vt (économie, secteur, tourisme) neu beleben,
neuen Aufschwung geben +dat
rééducation [ʀeedykasjɔ̃] f (de la parole)
Sprechtherapie f, Logopädie f; (d'un membre, d'un blessé) Heiltherapie f; (de délin-
quants) Resozialisierung f
rééduquer ⟨1⟩ [ʀeedyke] vt (malade)
physiotherapeutisch behandeln; (délin-
quent) rehabilitieren
réel, le [ʀeɛl] adj real, tatsächlich; (intensif:
avant le nom) wirklich
réélection [ʀeelɛksjɔ̃] f Wiederwahl f
réélire [ʀeeliʀ] irr comme lire vt wieder
wählen
réellement [ʀeɛlmɑ̃] adv wirklich
réévaluer ⟨1⟩ [ʀeevalɥe] vt aufwerten
réexpédier ⟨1⟩ [ʀeɛkspedje] vt zurücksenden; (faire suivre) nachsenden
réf. abr de **référence** (numéro) Best.-Nr.
refaire [ʀ(ə)fɛʀ] irr comme faire **1.** vt noch
einmal machen, wiederholen; (autrement)
umarbeiten, ändern; (réparer, restaurer)
reparieren, restaurieren; (santé, force) wiederherstellen **2.** vpr **se** ~ sich erholen; **on
ne se refait pas!** so bin ich nun mal!
réfectoire [ʀefɛktwaʀ] m Speisesaal m; (au
couvent) Refektorium nt
référence [ʀefeʀɑ̃s] f (renvoi) Verweis m;
(COM) Bezugnahme f; ~**s** fpl (recommandation) Referenzen pl; **faire** ~ **à** Bezug nehmen auf +akk; **ouvrage de** ~ Nachschla-
gewerk nt; **notre/votre** ~ (COM: lettre)
unser/Ihr Zeichen nt
référendum [ʀefeʀɛ̃dɔm, ʀefeʀɑ̃dɔm] m
(POL) Volksabstimmung f, Referendum nt
référer ⟨5⟩ [ʀefeʀe] **1.** vpr **se** ~ **à** sich
beziehen auf +akk **2.** vi **en** ~ **à qn** jdm die
Entscheidung überlassen
réfléchi, e [ʀefleʃi] adj (personne) besonnen, umsichtig; (action, décision) überlegt;
(LING) reflexiv
réfléchir ⟨8⟩ [ʀefleʃiʀ] **1.** vt reflektieren
2. vi überlegen, nachdenken; ~ **à** nachdenken über +akk
reflet [ʀ(ə)flɛ] m (image réfléchie) Wider-
schein m; (fig) Wiedergabe f, Ausdruck m;
(éclat) Schimmern nt; ~**s** mpl (du soleil, de
la lumière) Reflektionen pl
refléter ⟨5⟩ [ʀ(ə)flete] **1.** vt reflektieren;
(exprimer) erkennen lassen **2.** vpr **se** ~
reflektiert werden
reflex [ʀeflɛks] m Spiegelreflexkamera f
réflexe [ʀeflɛks(ə)] **1.** m Reflex m; ~ **conditionné** bedingter Reflex; **avoir de bons** ~**s**
reaktionsschnell sein **2.** adj **acte/mouve-
ment** ~ Reflexhandlung f/-bewegung f

réflexion [ʀeflɛksjɔ̃] f (de lumière, d'un son)
Reflexion f; (fait de penser) Überlegen nt,
(Nach)denken nt; (pensée) Gedanke m;
(remarque) Bemerkung f; ~**s** fpl (médita-
tions) Gedanken pl
refluer ⟨1⟩ [ʀ(ə)flye] vi zurückfließen;
(fig) zurückströmen
reflux [ʀəfly] m (de la mer) Ebbe f
refondre ⟨14⟩ [ʀ(ə)fɔ̃dʀ(ə)] vt (texte)
umarbeiten, neu bearbeiten
réformateur, -trice [ʀefɔʀmatœʀ, tʀis]
1. m, f Reformer(in) m(f); (REL) Reformator
m **2.** adj reformierend, Reform-
réforme [ʀefɔʀm(ə)] f Reform f; (MIL) Aus-
musterung f; **la Réforme** (REL) die Reformation
réformé, e [ʀefɔʀme] **1.** adj (objet) ausge-
mustert; (personne) (wehrdienst)untaug-
lich; (REL) reformiert **2.** m, f Untaugliche(r)
mf; Reformierte(r) mf
réformer ⟨1⟩ [ʀefɔʀme] vt reformieren;
(objet) ausmustern
refoulé, e [ʀ(ə)fule] adj (fam) verklemmt
refoulement [ʀ(ə)fulmɑ̃] m (d'envahisseurs) Zurückdrängen nt; (de liquide, PSYCH)
Verdrängung f
refouler ⟨1⟩ [ʀ(ə)fule] vt (envahisseurs)
zurückdrängen; (fig) unterdrücken;
(PSYCH) verdrängen
réfractaire [ʀefʀaktɛʀ] adj (rebelle) aufsässig; (minerai, brique) hitzebeständig; **être**
~ **à** sich auflehnen gegen
refrain [ʀ(ə)fʀɛ̃] m Refrain m; **c'est toujours le même** ~ (fig) es ist immer das
gleiche Lied
réfréner ⟨5⟩ [ʀefʀene] vt (fig) zügeln
réfrigérateur [ʀefʀiʒeʀatœʀ] m Kühlschrank m
réfrigération [ʀefʀiʒeʀasjɔ̃] f Kühlung f
réfrigérer ⟨5⟩ [ʀefʀiʒeʀe] vt kühlen; (fam:
geler) unterkühlen; (fig) abkühlen
refroidir ⟨8⟩ [ʀ(ə)fʀwadiʀ] **1.** vt abkühlen
lassen; (sl) abtörnen **2.** vi abkühlen **3.** vpr
se ~ abkühlen; (prendre froid) sich erkälten; **refroidissement** m (MED) Erkältung f
refuge [ʀ(ə)fyʒ] m (abri) Zuflucht f; (de
montagne) Hütte f; (pour piétons) Verkehrsinsel f; **réfugié, e 1.** adj geflüchtet **2.** m, f
Flüchtling m; ~ **de guerre** Kriegsflüchtling; ~ **économique** Wirtschaftsflüchtling
m; **réfugier** ⟨1⟩ [ʀefyʒje] vpr **se** ~
(s'enfuir) flüchten; (s'abriter) sich flüchten
refus [ʀ(ə)fy] m Ablehnung f; **ce n'est pas
de** ~ (fam) ich sage nicht nein; **refuser**
⟨1⟩ [ʀ(ə)fyze] **1.** vt ablehnen; (SCOL: candidat) durchfallen lassen; ~ **qch à qn**

(*dénier*) jdm etw verweigern **2.** *vpr* **se ~ à qch/faire qch** etw verweigern/sich weigern, etw zu tun; **se ~ à qn** (*sexuellement*) sich jdm verweigern; **ne rien se ~** sich *dat* nichts versagen

réfuter ⟨1⟩ [ʀefyte] *vt* widerlegen

regagner ⟨1⟩ [ʀ(ə)gaɲe] *vt* zurückgewinnen; (*lieu*) zurückkommen nach; **~ le temps perdu** verlorene Zeit aufholen; **~ du terrain** wieder an Boden gewinnen

regain [ʀəgɛ̃] *m* **~ d'espoir** wiederkehrende Hoffnung; **~ d'intérêt** neues Interesse; **~ de jeunesse** zweite Jugend

régal [ʀegal] *m* **c'est un (vrai) ~** das ist lecker; **un ~ pour les yeux** (*fig*) eine Augenweide

régaler ⟨1⟩ [ʀegale] **1.** *vt* **~ qn (de)** jdn (fürstlich) bewirten (mit) **2.** *vpr* **se ~** (*faire un bon repas*) schlemmen; (*fig*) genießen

regard [ʀ(ə)gaʀ] *m* Blick *m*; **au ~ de** vom Standpunkt +*gen*; **menacer du ~** drohend ansehen; **regardant, e** *adj* (*pej*) geizig;

regarder ⟨1⟩ [ʀ(ə)gaʀde] *vt* ansehen, betrachten; (*concerner*) angehen; (*film, match*) sich *dat* ansehen; (*situation, avenir*) betrachten, sehen; (*son intérêt, etc*) im Auge haben, bedacht sein auf +*akk*; **~ à** (*tenir compte de*) achten auf +*akk*; **~ dans le dictionnaire** im Wörterbuch nachschlagen; **dépenser sans ~** nicht auf den Pfennig sehen; **~ par la fenêtre** aus dem Fenster sehen; **~ qn/qch comme** jdn/etw halten für; **~ (vers)** (*être orienté(e) (vers)*) gehen (nach); **~ la télévision** fernsehen; **cela ne me regarde pas** das geht mich nichts an

régénérant, e [ʀeʒenerɑ̃, ɑ̃t] *adj* (*lait, crème*) revitalisierend

régie [ʀeʒi] *f* (*ADMIN*) staatlicher Betrieb; (*THEAT, CINE*) Regie *f*

regimber ⟨1⟩ [ʀ(ə)ʒɛ̃be] *vi* sich sträuben

régime [ʀeʒim] *m* (*POL*) Regime *nt*; (*des prisons, fiscal, etc*) System *nt*; (*MED*) Diät *f*; (*d'un moteur*) Drehzahl *f*; (*de bananes, de dattes*) Büschel *nt*; **à plein ~** auf vollen Touren; **suivre un ~** eine Diät befolgen; (*pour maigrir*) eine Abmagerungskur machen; **~ fantoche** Marionettenregime

régiment [ʀeʒimɑ̃] *m* (*unité*) Regiment *nt*; (*quantité*) Heer *nt*; **le ~** (*l'armée*) das Heer

région [ʀeʒjɔ̃] *f* Gegend *f*; **~ frontalière** Grenzgebiet *nt*; **~ pubienne** Schamgegend; **régional, e** (-aux) [ʀeʒjɔnal, o] *adj* regional

régir ⟨8⟩ [ʀeʒiʀ] *vt* bestimmen; (*LING*) regieren

régisseur [ʀeʒisœʀ] *m* (*d'un domaine*) Verwalter(in) *m(f)*; (*CINE, THEAT*) Regieassistent(in) *m(f)*

registre [ʀaʒistʀ(ə)] *m* Register *nt*, Verzeichnis *nt*; (*INFORM*) Kurzzeitspeicher *m*; (*MUS*) (Stimm)lage *f*; (*d'orgue*) Register *nt*; (*LING*) Stilebene *f*

réglage [ʀeglaʒ] *m* (*TECH*) Einstellung *f*; (*de papier*) Linierung *f*; **~ de contraste** Kontrastregler *m*

règle [ʀɛgl(ə)] *f* Regel *f*; (*instrument*) Lineal *nt*; **~s** *fpl* (*MED*) Periode *f*; **dans** [*o* **selon**] **les ~s** den Regeln entsprechend; **en ~** (*papiers*) in Ordnung, ordnungsgemäß; **~s de respect de l'environnement** Umweltauflagen *pl*; **en ~ générale** generell

réglé, e [ʀegle] *adj* (*vie*) geregelt; (*papier*) liniiert

règlement [ʀɛgləmɑ̃] *m* Regelung *f*; (*paiement*) Bezahlung *f*; (*arrêté*) Verordnung *f*; (*règles*) Bestimmungen *pl*

réglementaire [ʀɛgləmɑ̃tɛʀ] *adj* vorschriftsmäßig

réglementation [ʀɛgləmɑ̃tasjɔ̃] *f* Beschränkung *f*

réglementer ⟨1⟩ [ʀɛgləmɑ̃te] *vt* (*production, commerce*) regeln

régler ⟨5⟩ [ʀegle] *vt* regeln; (*mécanisme*) regulieren, einstellen; (*addition*) bezahlen

réglisse [ʀeglis] *f* Lakritze *f*

règne [ʀɛɲ] *m* Herrschaft *f*; **le ~ végétal/animal** das Pflanzen-/Tierreich; **régner** ⟨5⟩ [ʀeɲe] *vi* herrschen

régression [ʀegʀesjɔ̃] *f* Rückgang *m*; **être en ~** zurückgehen

regret [ʀ(ə)gʀɛ] *m* (*nostalgie*) Sehnsucht *f* (*de* nach); (*repentir*) Reue *f*; (*d'un projet non réalisé*) Bedauern *nt*; **à ~** ungern; **à mon grand ~** zu meinem großen Bedauern; **avec ~** mit Bedauern; **j'ai le ~ de ...**, **c'est avec ~ que je ...** bedauerlicherweise muss ich ...; **regrettable** *adj* bedauerlich; **regretter** ⟨1⟩ [ʀ(ə)gʀete] *vt* bedauern; (*action commise*) bereuen; (*époque passée*) nachtrauern +*dat*; (*personne*) vermissen; **je regrette** es tut mir Leid

regroupement [ʀ(ə)gʀupmɑ̃] *m* Zusammenfassung *f*; (*groupe*) Gruppe *f*

regrouper ⟨1⟩ [ʀ(ə)gʀupe] *vt* (*grouper*) zusammenfassen; (*réunir*) vereinigen

régularité [ʀegylaʀite] *f* Regelmäßigkeit *f*; (*de pression, etc*) Gleichmäßigkeit *f*; (*constance*) gleich bleibende Leistung; (*caractère légal*) Legalität *f*; (*honnêteté*) Anständigkeit *f*

régulation [ʀegylasjɔ̃] *f* Regelung *f*; **~ des naissances** Geburtenregelung

régulier, -ière [ʀegylje, ɛʀ] *adj* regelmäßig; *(répartition, pression)* gleichmäßig; *(ponctuel)* pünktlich; *(constant)* gleich bleibend; *(réglementaire)* ordentlich, ordnungsgemäß; *(fam: correct)* in Ordnung, anständig; *(MIL)* regulär

rehausser ⟨1⟩ [ʀaose] vt erhöhen; *(fig)* unterstreichen, hervorheben

rein [ʀɛ̃] m Niere f; **~s** mpl *(dos)* Kreuz nt; **avoir mal aux ~s** Kreuzschmerzen haben

reine [ʀɛn] f Königin f; *(ECHECS)* Dame f

reine-claude (reines-claudes) [ʀɛnklod] f Reneklode f

reinette [ʀɛnɛt] f Renette f

réinitialisation [ʀeinisjalizasjɔ̃] f Neustart m

réinscription [ʀeɛ̃skʀipsjɔ̃] f *(SCOL)* Rückmeldung f

réinsérer ⟨5⟩ [ʀeɛ̃seʀe] vt rehabilitieren

réinsertion [ʀeɛ̃sɛʀsjɔ̃] f Wiedereingliederung f

réintégrer ⟨5⟩ [ʀeɛ̃tegʀe] vt *(lieu)* zurückkehren nach/in/zu; *(fonctionnaire)* wieder einsetzen

réitérer ⟨5⟩ [ʀeiteʀe] vt wiederholen

rejet [ʀəʒɛ] m Ablehnung f; **rejeter** ⟨3⟩ [ʀə(ə)ʒəte] vt *(renvoyer)* zurückwerfen; *(refuser)* ablehnen; **~ la responsabilité de qch sur qn** die Verantwortung für etw auf jdn abwälzen; **~ la tête en arrière** den Kopf zurückwerfen

rejeton [ʀəʒ(ə)tɔ̃] m *(fam)* Sprössling m

rejoindre [ʀə(ə)ʒwɛ̃dʀ(ə)] *irr comme joindre* **1.** vt zurückkehren zu; *(rattraper)* einholen; *(route)* münden in +akk; *(personne)* treffen **2.** vpr se **~** *(personnes)* sich treffen; *(routes)* zusammenlaufen; *(coïncider)* übereinstimmen

réjouir ⟨8⟩ [ʀeʒwiʀ] **1.** vt erfreuen **2.** vpr se **~** sich freuen; **se ~ de qch** sich über etw akk freuen; **réjouissance** [ʀeʒwisɑ̃s] f *(joie collective)* Freude f; **~s** fpl Freudenfest nt

relâche [ʀəlɑʃ] f **jour de ~** *(THEAT)* spielfreier Tag; **sans ~** ohne Pause, ohne Unterbrechung; **relâchement** m Lockerung f; Nachlassen nt; **relâcher** ⟨1⟩ **1.** vt *(desserrer)* lockern; *(libérer)* freilassen **2.** vpr se **~** locker werden; *(élève, ouvrier)* nachlassen

relais [ʀə(ə)lɛ] m *(ELEC)* Relais nt; *(retransmission)* Übertragung f; **prendre le ~ de qn** jdn ablösen; **(course de) ~** Staffel(lauf m) f; **équipes de ~** Schichten pl; *(SPORT)* Staffelmannschaften pl; **~ routier** Fernfahrerlokal nt; **travail par ~** Schichtarbeit f

relance [ʀəlɑ̃s] f Aufschwung m; **relancer** ⟨2⟩ vt *(balle)* zurückwerfen; *(moteur)*

wieder anlassen; *(INFORM)* neu starten; *(économie, projet)* ankurbeln; *(personne)* hartnäckig verfolgen

relater ⟨1⟩ [ʀ(ə)late] vt erzählen

relatif, -ive [ʀ(ə)latif, iv] adj relativ; *(positions, situations)* gegenseitig; *(LING)* Relativ-; **~ à qch** etw betreffend

relation [ʀ(ə)lasjɔ̃] f *(récit)* Erzählung f; *(rapport)* Beziehung f; **~s** fpl Beziehungen pl; **entrer en ~(s) avec qn** mit jdm in Verbindung [o Kontakt] treten; **avoir** [o **entretenir**] **des ~s avec** Beziehungen unterhalten zu; **~s publiques** Public Relations pl

relationnel, le [ʀ(ə)lasjɔnɛl] adj *(INFORM)* relational; *(PSYCH: problèmes)* Beziehungs-

relativement [ʀ(ə)lativmɑ̃] adv relativ; **~ à** verglichen mit

relativité [ʀ(ə)lativite] f Relativität f

relax [ʀəlaks] adj inv *(personne)* gelassen; **fauteuil ~** Ruhesessel m

relaxant, e [ʀ(ə)laksɑ̃, ɑ̃t] adj entspannend

relaxation [ʀ(ə)laksasjɔ̃] f Entspannung f

relaxer ⟨1⟩ [ʀ(ə)lakse] **1.** vt *(détenu)* freilassen, entlassen; *(détendre)* entspannen, relaxen **2.** vpr se **~** sich entspannen

relayer ⟨7⟩ [ʀ(ə)leje] vt ablösen; *(RADIO, TV)* übertragen

reléguer ⟨5⟩ [ʀ(ə)lege] vt *(confiner)* verbannen; *(SPORT)* absteigen lassen; **~ au second plan** auf den zweiten Platz verweisen

relève [ʀ(ə)lɛv] f Ablösung f; *(équipe)* Ablösungsmannschaft f; **prendre la ~** ablösen

relevé, e [ʀəl(ə)ve] **1.** adj *(retroussé)* hochgekrempelt; *(virage)* überhöht; *(conversation, style)* gehoben; *(GASTR)* scharf, pikant **2.** m *(écrit)* Aufstellung f; *(d'un compteur)* Stand m; *(topographie)* Aufnahme f; **~ de compte** Kontoauszug m; **~ d'identité bancaire** Nachweis m der Bankverbindung; **~ d'identité postale** Nachweis m der Bankverbindung beim Postgiroamt

relever ⟨4⟩ [ʀəl(ə)ve] **1.** vt *(redresser)* aufheben; *(mur, colonne)* wieder aufrichten, wieder aufstellen; *(vitre)* hochdrehen; *(store)* hochziehen; *(plafond)* erhöhen; *(col)* hochschlagen; *(pays, économie)* einen Aufschwung geben +dat; *(niveau de vie, salaire)* erhöhen; *(GASTR)* würzen; *(relayer)* ablösen; *(souligner)* betonen, hervorheben; *(constater)* bemerken; *(répliquer)* erwidern auf +akk; *(défi)* annehmen; *(copies, cahiers)* einsammeln; *(noter)* aufschreiben; *(compteur)* ablesen; *(ramasser)* einsammeln; ~ **la tête** den Kopf heben; ~ **qn de qch** jdn von einer Sache entbinden **2.** *vi* ~ **de** *(appartenir à)* gehören zu; *(être du ressort de)* eine Angelegenheit +*gen* sein **3.** *vpr* **se** ~ aufstehen

relief [Rəljef] *m* (GEO, ART) Relief *nt*; *(d'un pneu)* Profil *nt*; ~**s** *mpl (restes)* (Essens)reste *pl*; **en** ~ erhaben; *(photographie)* dreidimensional; **mettre en** ~ *(fig)* hervorheben

relier ⟨1⟩ [Rəlje] *vt* verbinden; *(livre)* binden; ~ **qch à** etw verbinden mit; **livre relié/relié cuir** gebundenes/ledergebundenes Buch; **relieur, -euse** [Rəljœʀ, øz] *m, f* Buchbinder(in) *m(f)*

religieusement [R(ə)liʒjøzmã] *adv (vivre)* fromm; *(enterrer)* kirchlich; *(scrupuleusement)* gewissenhaft; *(écouter)* ganz genau

religieux, -euse [R(ə)liʒjø, øz] **1.** *adj* religiös; *(respect, silence)* andächtig **2.** *m* Mönch *m* **3.** *f* Nonne *f*; *(gâteau)* cremegefüllter Windbeutel

religion [R(ə)liʒjɔ̃] *f* Religion *f*; *(piété, dévotion)* Glaube *m*

relire [R(ə)liʀ] *irr comme lire vt (une nouvelle fois)* noch einmal lesen; *(vérifier)* durchlesen, überprüfen

reliure [Rəljyʀ] *f (type de ~)* Bindung *f*; *(couverture)* Einband *m*; **la** ~ *(art, métier)* das Buchbinden

relooker ⟨1⟩ [Rəluke] *vt* neu stylen, neu gestalten

reluire [R(ə)lɥiʀ] *irr comme luire vi* glänzen, schimmern

remailing [Rimejliŋ] *m* Remailing *nt*

remaniement [R(ə)manimã] *m* ~ **ministériel** Kabinettsumbildung *f*

remanier ⟨1⟩ [R(ə)manje] *vt* umarbeiten; *(ministère)* umbilden

remarier ⟨1⟩ [R(ə)maʀje] *vpr* **se** ~ wieder heiraten

remarquable [R(ə)maʀkabl(ə)] *adj* bemerkenswert; **remarquablement** *adv* außerordentlich

remarque [R(ə)maʀk] *f* Bemerkung *f*

remarquer ⟨1⟩ [R(ə)maʀke] **1.** *vt* bemerken; **se faire** ~ auffallen; **faire** ~ **(à qn) que** (jdn) darauf hinweisen, dass; **faire** ~ **qch (à qn)** (jdn) auf etw *akk* hinweisen; **remarquez que** beachten Sie, dass **2.** *vpr* **se** ~ *(être apparent)* auffallen

remblai [Rãblɛ] *m* Böschung *f*, Damm *m*; **travaux de** ~ Aufschüttungsarbeiten *pl*

rembourrer ⟨1⟩ [Rãbuʀe] *vt* polstern

remboursable [Rãbuʀsabl] *adj* zurückzahlbar

remboursement [Rãbuʀsəmã] *m* Rück-

zahlung *f*; **envoi contre** ~ Nachnahme(sendung) *f*

rembourser ⟨1⟩ [Rãbuʀse] *vt* zurückzahlen; *(personne)* bezahlen

remède [R(ə)mɛd] *m* Heilmittel *nt*, Arzneimittel *nt*; *(fig)* Mittel *nt*

remémorer ⟨1⟩ [R(ə)memɔʀe] *vpr* **se** ~ sich *dat* ins Gedächtnis zurückrufen

remerciements [R(ə)mɛʀsimã] *mpl* Dank *m*; **recevez mes** ~ herzlichen Dank; **(avec) tous mes** ~ mit bestem Dank

remercier ⟨1⟩ [R(ə)mɛʀsje] *vt* danken +*dat*; *(congédier)* entlassen; ~ **qn de qch** jdm für etw danken; ~ **qn d'avoir fait qch** jdm dafür danken, dass er/sie etw gemacht hat

remettre [R(ə)mɛtʀ(ə)] *irr comme mettre* **1.** *vt* zurücktun; *(vêtement)* wieder anziehen; *(ajouter)* zufügen, dazugeben; *(rendre)* (zurück)geben; *(donner)* übergeben; *(ajourner)* verschieben *(à auf +akk)*; ~ **sa démission** kündigen; ~ **à neuf** wieder wie neu machen, renovieren; ~ **les compteurs à zéro** neu anfangen, wieder bei Null beginnen; ~ **qch en place** etw zurücktun, etw zurückstellen; ~ **les pendules à l'heure** *(fig)* eine definitive Linie vorgeben **2.** *vpr* **se** ~ *(personne malade)* sich erholen; *(temps)* sich bessern; **se** ~ **de** sich erholen von; **s'en** ~ **à** sich richten nach

réminiscence [Reminisãs] *f (vage)* Erinnerung

remise [R(ə)miz] *f (d'un colis)* Übergabe *f*; *(d'un prix)* Überreichung *f*; *(rabais)* Rabatt *m*; *(local)* Schuppen *m*; ~ **en jeu** Einwurf *m*; ~ **à jour** Aktualisierung *f*; ~ **à jour des données** Datenbereinigung *f*; ~ **des oscars** Oscarverleihung *f*; ~ **de peine** Strafnachlass *m*

rémission [Remisjɔ̃] *f* **sans** ~ unerbittlich

remontant [R(ə)mɔ̃tã] *m* Stärkungsmittel *nt*

remonte-pente (remonte-pentes) [R(ə)mɔ̃tpãt] *m* Skilift *m*, Schlepplift *m*

remonter ⟨1⟩ [R(ə)mɔ̃te] **1.** *vi* ⟨*avec être*⟩ *(sur un cheval)* wieder aufsitzen; *(dans une voiture)* wieder einsteigen; *(au deuxième étage)* wieder hinaufgehen; *(jupe)* hochrutschen; *(s'élever)* steigen; ~ **à** zurückgehen auf +*akk* **2.** *vt* ⟨*avec avoir*⟩ *(escalier, côte)* hinaufgehen; *(fleuve)* hinaufsegeln/-schwimmen; *(pantalon)* hochkrempeln; *(col)* hochklappen; *(hausser)* erhöhen; *(réconforter)* aufmuntern; *(objet démonté)* (wieder) zusammensetzen; *(garde-robe)* erneuern; *(montre, mécanisme)* aufziehen

emontrer ⟨1⟩ [ʀ(ə)mɔ̃tʀe] vt ~ **qch** (à **qn**) (montrer de nouveau) (jdm) etw wieder zeigen; **en** ~ **à qn** (fig) sich jdm gegenüber beweisen, jdn belehren wollen

emords [ʀ(ə)mɔʀ] m schlechtes Gewissen; **avoir des** ~ Gewissensbisse haben

emorque [ʀ(ə)mɔʀk(ə)] f (AUTO) Anhänger m; **prendre en** ~ abschleppen; **remorquer** ⟨1⟩ vt (bateau) schleppen; (véhicule) abschleppen

émoulade [ʀemulad] f Remoulade f

émouleur [ʀemulœʀ] m Scherenschleifer m

empart [ʀɑ̃paʀ] m Wall m; (ville) Stadtmauer f; (fig) Schutz m

emplaçant, e [ʀɑ̃plasɑ̃, ɑ̃t] m, f Ersatz m; (temporaire) Vertretung f; **remplacement** m (suppléance) Vertretung f; **remplacer** ⟨2⟩ [ʀɑ̃plase] vt ersetzen; (prendre la place de) vertreten; (changer) auswechseln; ~ **qch par qch d'autre/qn par qn d'autre** etw durch etw/jdn durch jdn ersetzen

emplir ⟨8⟩ [ʀɑ̃pliʀ] 1. vt füllen; (temps, document) ausfüllen; (satisfaire à) erfüllen; (fonction, rôle) ausüben; ~ **qch de** etw füllen mit; ~ **qn de** (joie, admiration) jdn erfüllen mit 2. vpr se ~ sich füllen

emporter ⟨1⟩ [ʀɑ̃pɔʀte] vt (wieder) mitnehmen, zurücknehmen; (victoire) davontragen; (succès) haben

emuant, e [ʀəmɥɑ̃, ɑ̃t] adj (enfant) lebhaft

emue-ménage [ʀ(ə)mymenaʒ] m inv Durcheinander nt, Spektakel m; **remue-méninges** [ʀ(ə)mymenɛ̃ʒ] m inv (fam) Brainstorming nt

emuer ⟨1⟩ [ʀəmɥe] 1. vt (meuble, objet) verschieben, verstellen; (partie du corps) bewegen; (café, sauce) umrühren; (salade) mischen, anmachen; (émouvoir) bewegen, rühren 2. vi sich bewegen; (opposants) sich bemerkbar machen 3. vpr se ~ sich bewegen

émunération [ʀemyneʀasjɔ̃] f Entlohnung f, Bezahlung f

émunérer ⟨5⟩ [ʀemyneʀe] vt entlohnen, bezahlen

enaître [ʀ(ə)nɛtʀ(ə)] irr comme naître vi wieder aufleben

enard [ʀ(ə)naʀ] m Fuchs m

enchérir ⟨8⟩ [ʀɑ̃ʃeʀiʀ] vi sich verteuern, teurer werden; ~ (**sur qch**) (etw) übertreffen; **renchérissement** [ʀɑ̃ʃeʀismɑ̃] m Verteuerung f

encontre [ʀɑ̃kɔ̃tʀ(ə)] f Begegnung f; (de cours d'eau) Zusammenfluss m; (congrès)

Treffen nt, Versammlung f; **aller à la** ~ **de qn** jdm entgegengehen; **faire la** ~ **de qn** jds Bekanntschaft machen; **rencontrer** ⟨1⟩ 1. vt (difficultés, opposition) stoßen auf +akk 2. vpr **se** ~ sich treffen; (fleuves) zusammenfließen

rendement [ʀɑ̃dmɑ̃] m (produit) Ertrag m; (efficacité) Leistung f; **à plein** ~ auf vollen Touren

rendez-vous [ʀɑ̃devu] m inv (rencontre) Verabredung f; (lieu) Treffpunkt m; **avoir** ~ (**avec qn**) (mit jdm) verabredet sein; **prendre** ~ **avec qn, donner** ~ **à qn** sich mit jdm verabreden, mit jdm einen Termin vereinbaren

rendormir [ʀɑ̃dɔʀmiʀ] irr comme dormir vpr **se** ~ wieder einschlafen

rendre ⟨14⟩ [ʀɑ̃dʀ] 1. vt zurückgeben; (la monnaie) herausgeben; (salut, visite) erwidern; (honneurs) erweisen; (vomir) erbrechen; (sons) hervorbringen; (exprimer) ausdrücken; (jugement) erlassen; ~ **qn célèbre/qch possible** jdn berühmt/etw möglich machen; ~ **visite à qn** jdn besuchen 2. vpr **se** ~ (capituler) sich ergeben; (fig) aufgeben; **se** ~ **malade** sich krank machen; **se** ~ **quelquepart** irgendwohin gehen

rênes [ʀɛn] fpl Zügel pl

renfermé, e [ʀɑ̃fɛʀme] 1. adj (personne) verschlossen 2. m **sentir le** ~ muffig riechen

renfermer ⟨1⟩ [ʀɑ̃fɛʀme] 1. vt (contenir) enthalten 2. vpr **se** ~ sich verschließen

renfoncement [ʀɑ̃fɔ̃smɑ̃] m Vertiefung f; (dans le mur) Nische f

renforcer ⟨2⟩ [ʀɑ̃fɔʀse] vt verstärken; (expression, argument) bekräftigen; ~ **qn dans ses opinions** jdn in seiner Meinung bestärken

renfort [ʀɑ̃fɔʀ] m ~**s** mpl Verstärkung f; **à grand** ~ **de ...** mit einem großen Aufwand an +dat, mit vielen ...

rengaine [ʀɑ̃gɛn] f (fam) altes Lied

rengorger ⟨2⟩ [ʀɑ̃gɔʀʒe] vpr **se** ~ (a. fig) sich aufplustern

renier ⟨1⟩ [ʀənje] vt verleugnen; (engagements) nicht anerkennen

renifler ⟨1⟩ [ʀ(ə)nifle] 1. vi schnüffeln 2. vt (odeur) riechen, schnuppern

renne [ʀɛn] m Ren(tier) nt

renom [ʀ(ə)nɔ̃] m Ruf m; **renommé, e** [ʀ(ə)nɔme] 1. adj berühmt, renommiert 2. f Ruhm m

renoncement [ʀ(ə)nɔ̃smɑ̃] m Verzicht m (à auf +akk)

renoncer ⟨2⟩ [ʀ(ə)nɔ̃se] vi ~ **à** aufgeben;

(*droit, succession*) verzichten auf +*akk*; ~ **à faire qch** darauf verzichten, etw zu tun
renouer ⟨1⟩ [ʀənwe] *vt* neu binden; (*conversation, liaison*) wieder anknüpfen, wieder aufnehmen; ~ **avec** (*avec ami*) sich wieder anfreunden mit; (*avec tradition*) wieder aufnehmen
renouvelable [ʀ(ə)nuv(ə)labl] *adj* (*prolongeable*) verlängerbar; (*rééligible*) wieder wählbar; (*expérience, observation*) wiederholbar; (*énergie*) erneuerbar
renouveler ⟨3⟩ [ʀ(ə)nuv(ə)le] **1.** *vt* erneuern; (*personnel, membres d'un comité*) austauschen, ersetzen; (*proroger*) verlängern; (*usage, mode*) wieder beleben; (*refaire*) wiederholen **2.** *vpr* **se** ~ (*incident*) sich wiederholen; **renouvellement** [ʀ(ə)nuvɛlmɑ̃] *m* Erneuerung *f*; Austausch *m*; Verlängerung *f*; Wiederbelebung *f*; Wiederholung *f*
rénovation [ʀenɔvasjɔ̃] *f* Renovierung *f*
rénover ⟨1⟩ [ʀenɔve] *vt* renovieren; (*quartier*) sanieren
renseignement [ʀɑ̃sɛɲmɑ̃] *m* Auskunft *f*; **prendre des** ~**s sur** sich erkundigen über +*akk*
renseigner ⟨1⟩ [ʀɑ̃sɛɲe] **1.** *vt* ~ **qn** (**sur**) jdn informieren (über +*akk*); (*expérience, document*) jdm Aufschluss geben (über +*akk*) **2.** *vpr* **se** ~ sich erkundigen
rentabiliser ⟨1⟩ [ʀɑ̃tabilize] *vt* rentabel machen
rentabilité [ʀɑ̃tabilite] *f* Rentabilität *f*; (*ECON*) Wirtschaftlichkeit *f*; **rentable** [ʀɑ̃tabl(ə)] *adj* rentabel; (*exercice*) lohnenswert; **être** ~ sich rentieren; (*projet*) sich rechnen
rente [ʀɑ̃t] *f* (*revenu*) Einkommen *nt*; (*retraite*) Rente *f*; (*emprunt de l'État*) Staatsanleihe *f*; ~ **viagère** Leibrente; **rentier, -ière** [ʀɑ̃tje, ɛʀ] *m, f* Rentner(in) *m(f)*
rentrée [ʀɑ̃tʀe] *f* (*retour*) Rückkehr *f*; (*d'argent*) Einnahmen *pl*; **la** ~ (**des classes**) der Schuljahresbeginn; ~ **parlementaire** (*POL*) Wiederaufnahme *f* der Parlamentssitzungen (nach den Ferien)

La rentrée

La rentrée (*des classes*) *jedes Jahr im September bedeutet mehr als nur der Schulbeginn für Schüler und Lehrer. Es ist auch die Zeit nach den langen Sommerferien, wenn das politische und soziale Leben wieder beginnt.*

---

rentrer ⟨1⟩ [ʀɑ̃tʀe] **1.** *vi* (*avec être*) (*de nouveau: aller/venir*) wieder hereinkommen/hineingehen; (*fam: entrer*) herein-

kommen/hineingehen; (*revenir chez soi*) nach Hause kommen/gehen; (*pénétrer*) eindringen; (*revenu, argent*) hereinkommen; ~ **dans** (*heurter*) prallen gegen; (*appartenir à*) gehören zu; ~ **dans son argent** [o **ses frais**] seine Ausgaben hereinbekommen; ~ **dans sa famille/son pays** zu seiner Familie/in sein Land zurückkehren **2.** *vt* (*avec avoir*) hinein-/hereinbringen; (*véhicule*) in die Garage fahren; (*foins*) einbringen; (*griffes*) einziehen; (*train d'atterrissage*) einfahren; (*larmes, colère*) unterdrücken, hinunterschlucken; ~ **le ventre** den Bauch einziehen
renverse [ʀɑ̃vɛʀs(ə)] *f* **tomber à la** ~ nach hinten umfallen; (*fam: étonnement*) sich auf den Hintern setzen
renversé, e [ʀɑ̃vɛʀse] *adj* (*image*) umgekehrt; (*écriture*) nach links geneigt
renversement [ʀɑ̃vɛʀsəmɑ̃] *m* (*d'un régime*) (Um)sturz *m*; (*de traditions*) Aufgabe *f*; ~ **de la situation** Umkehrung *f* der Lage
renverser ⟨1⟩ [ʀɑ̃vɛʀse] **1.** *vt* (*retourner*) umwerfen, umkippen, umstoßen; (*piéton*) anfahren; (*tuer*) überfahren; (*contenu*) verschütten; (*volontairement*) ausschütten; (*intervertir*) umkehren; (*tradition, ordre établi*) umstoßen; (*POL, fig*) stürzen; (*stupéfier*) umwerfen **2.** *vpr* **se** ~ umfallen; (*véhicule*) umkippen; (*liquide*) verschüttet werden
renvoi [ʀɑ̃vwa] *m* (*référence*) Verweis *m*; (*éructation*) Rülpser *m*
renvoyer ⟨6⟩ [ʀɑ̃vwaje] *vt* zurückschicken; (*congédier*) entlassen; (*balle*) zurückwerfen; (*TENNIS*) zurückschlagen; (*lumière, son*) reflektieren; (*ajourner*) verschieben (*o* auf +*akk*); ~ **qn à qn/qch** jdn an jdn/auf etw *akk* verweisen; ~ **l'ascenseur** (*fig fam*) sich für eine Gefälligkeit revanchieren
réorganiser ⟨1⟩ [ʀeɔʀganize] *vt* umorganisieren
repaire [ʀ(ə)pɛʀ] *m* (*des animaux*) Bau *m*, Höhle *f*; (*d'une personne*) Unterschlupf *m*
répandre ⟨14⟩ [ʀepɑ̃dʀ(ə)] **1.** *vt* verbreiten; (*liquide*) verschütten; (*gravillons, sable*) streuen **2.** *vpr* **se** ~ sich verbreiten; **se** ~ **en** sich ergehen in +*dat*
réparation [ʀepaʀasjɔ̃] *f* Reparatur *f*; (*compensation*) Wiedergutmachung *f*; ~**s** *fpl* (*travaux*) Reparaturarbeiten *pl*; **demander à qn** ~ **de** (*offense*) von jdm Wiedergutmachung verlangen; **réparer** ⟨1⟩ *vt* reparieren; wieder gutmachen
repartie [ʀəpaʀti], **répartie** [ʀepaʀti] *f* (schlagfertige) Antwort; **avoir de la** ~ schlagfertig sein

repartir ⟨10⟩ [ʀ(ə)paʀtiʀ] vi ⟨avec être⟩ (partir de nouveau) wieder aufbrechen; (s'en retourner) zurückgehen, zurückkehren; (fig: affaire) sich wieder erholen; ~ **à zéro** noch einmal von vorne anfangen

répartir ⟨8⟩ [ʀepaʀtiʀ] **1.** vt verteilen, aufteilen **2.** vpr se ~ (travail) sich teilen; (rôles) aufteilen; **répartition** [ʀepaʀtisjɔ̃] f Verteilung f; Aufteilung f; ~ **des rôles** Rollenverteilung

repas [ʀ(ə)pa] m Mahlzeit f; **à l'heure des** ~ zur Essenszeit

repassage [ʀ(ə)pasaʒ] m Bügeln nt

repasser ⟨1⟩ [ʀ(ə)pase] **1.** vi ⟨avec être⟩ wieder vorbeikommen **2.** vt ⟨avec avoir⟩ (vêtement) bügeln; (examen, leçon) wiederholen; (film) noch einmal zeigen

repenser ⟨1⟩ [ʀ(ə)pɑ̃se] vi ~ **à qch** (par hasard) sich an etw akk erinnern; (considérer à nouveau) etw überdenken

repenti, e [ʀ(ə)pɑ̃ti] m, f (ancien terroriste) Aussteiger(in) m(f)

repentir ⟨10⟩ [ʀ(ə)pɑ̃tiʀ] **1.** vpr se ~ Reue empfinden; **se** ~ **de qch/d'avoir fait qch** etw bereuen/es bereuen, etw getan zu haben **2.** m Reue f

répercussion [ʀepeʀkysjɔ̃] f Auswirkung f, Folge f

répercuter ⟨1⟩ [ʀepeʀkyte] vpr se ~ (bruit) widerhallen; **se** ~ **sur** (fig) sich auswirken auf +akk

repère [ʀ(ə)pɛʀ] m Zeichen nt, Markierung f; **point de** ~ Anhaltspunkt m

repérer ⟨5⟩ [ʀ(ə)peʀe] **1.** vt (apercevoir) entdecken; (MIL) auskundschaften; **se faire** ~ (fam) entdeckt werden **2.** vpr se ~ (s'orienter) sich zurechtfinden

répertoire [ʀepeʀtwaʀ] m (inventaire, INFORM) Verzeichnis nt; (d'un théâtre, d'un artiste) Repertoire nt; ~ **de caractères** (INFORM) Zeichenvorrat m; ~ **de commandes** (INFORM) Befehlsvorrat m; ~ **racine** (INFORM) Hauptverzeichnis nt

répéter ⟨5⟩ [ʀepete] **1.** vt wiederholen; (nouvelle, secret) weitersagen **2.** vi (THEAT) proben **3.** vpr se ~ sich wiederholen; **répétition** [ʀepetisjɔ̃] f Wiederholung f; (THEAT) Probe f

répit [ʀepi] m Ruhe(pause) f; **sans** ~ ununterbrochen, unablässig

repli [ʀapli] m (d'une étoffe) Falte f; (retraite) Rückzug m

replier ⟨1⟩ [ʀ(ə)plije] **1.** vt (wieder) zusammenfalten **2.** vpr se ~ (reculer) sich zurückziehen, zurückweichen

réplique [ʀeplik] f Antwort f, Erwiderung f; (objection) Widerrede f; (THEAT) Replik f; (copie) Nachahmung f; **sans** ~ (ton) keine Widerrede duldend; (argument) nicht zu widerlegen; **répliquer** ⟨1⟩ vi erwidern

répondeur [ʀepɔ̃dœʀ] m ~ (**téléphonique**) Anrufbeantworter m

répondre ⟨14⟩ [ʀepɔ̃dʀ(ə)] vi antworten; (personne) antworten +dat; (freins, mécanisme) ansprechen; ~ **à** (à une question, à un argument, etc) antworten auf +akk; (avec impertinence) Widerworte geben +dat; (à une invitation,à un salut, sourire) erwidern; (à une convocation) Folge leisten +dat; (à une provocation) reagieren auf +akk; (véhicule, mécanisme) ansprechen auf +akk; (correspondre à) entsprechen +dat; ~ **de** bürgen für; **répondez s'il vous plaît** um Antwort wird gebeten

réponse [ʀepɔ̃s] f Antwort f; (solution) Lösung f; (réaction) Reaktion f; **en** ~ **à** in Antwort auf +akk

reportage [ʀ(ə)pɔʀtaʒ] m Reportage f

reporter [ʀ(ə)pɔʀtɛʀ] mf Reporter(in) m(f)

reporter ⟨1⟩ [ʀ(ə)pɔʀte] **1.** vt ~ **qch (à)** (total) etw übertragen auf +akk; (notes) etw aufführen an +dat; ~ **qch (à)** (ajourner) etw verschieben (auf +akk); ~ **qch sur** (transférer) etw übertragen auf +akk **2.** vpr se ~ **à** (époque) sich zurückversetzen in +akk; (se référer) sich berufen auf +akk

repos [ʀ(ə)po] m Ruhe f; **reposant, e** adj gemütlich, erholsam; **reposé, e** adj ausgeruht, frisch; **à tête** ~**e** in Ruhe; **reposer** ⟨1⟩ [ʀ(ə)poze] **1.** vt (verre) wieder absetzen; (livre) wieder hinlegen; (rideaux, carreaux) wieder anbringen; (question) erneut stellen; (délasser) entspannen, ausruhen lassen **2.** vi **laisser** ~ (liquide, pâte) ruhen lassen; **ici repose** ... (tombe) hier ruht ...; ~ **sur** ruhen auf +dat **3.** vpr se ~ (se délasser) sich ausruhen; **se** ~ **sur qn** sich auf jdn verlassen

repousser ⟨1⟩ [ʀ(ə)puse] **1.** vi (feuille, cheveux) nachwachsen **2.** vt (refouler) abwehren; (refuser) ablehnen; (différer) aufschieben; (dégoûter) abstoßen; (tiroir, table) zurückschieben

répréhensible [ʀepʀeɑ̃sibl] adj tadelnswert

reprendre ⟨13⟩ [ʀ(ə)pʀɑ̃dʀ(ə)] **1.** vt (prisonnier) wieder ergreifen; (ville) zurückerobern; (prendre davantage) noch einmal nehmen; (prendre à nouveau) wieder nehmen; (récupérer) zurücknehmen, abholen; (racheter) zurücknehmen; (entreprise) übernehmen; (travail, études) wieder aufnehmen; (*argument, prétexte*) wieder benutzen; (*article*) bearbeiten; (*jupe, pantalon*) ändern; (*réprimander*) tadeln; (*corriger*) verbessern; ~ **connaissance** wieder zu Bewusstsein kommen; ~ **des forces/courage** neue Kraft/neuen Mut schöpfen; ~ **haleine** [o **son souffle**] verschnaufen; ~ **la route** sich wieder auf den Weg machen **2.** vi (*recommencer*) wieder anfangen, wieder beginnen; (*froid, pluie*) wieder einsetzen; (*affaires, industrie*) sich erholen **3.** vpr **se ~** (*se corriger*) sich verbessern; (*se ressaisir*) sich fassen; **s'y ~** einen zweiten Versuch machen

repreneur [R(ə)pRənœR] m Sanierer m (*der marode Unternehmen aufkauft*)

représailles [R(ə)pRezaj] fpl Repressalien pl; (MIL) Vergeltungsschlag m

représentant, e [R(ə)pRezɑ̃tɑ̃, ɑ̃t] m, f Vertreter(in) m(f); ~ **de direction** Spitzenvertreter m

représentatif, -ive [R(ə)pRezɑ̃tatif, iv] adj repräsentativ

représentation [R(ə)pRezɑ̃tasjɔ̃] f (*image*) Darstellung f; (*spectacle*) Vorstellung f, Aufführung f; (COM) Vertretung f; **frais de** ~ Aufwandsentschädigung f

représenter ⟨1⟩ [R(ə)pRezɑ̃te] **1.** vt darstellen; (*jouer*) aufführen; (*pays, commerce, etc*) vertreten **2.** vpr **se ~** (*occasion*) sich wieder ergeben; (*s'imaginer*) sich dat vorstellen; **se ~ à** (*examen*) sich noch einmal melden zu; (*élection*) sich wieder aufstellen lassen für

répression [RepResjɔ̃] f Unterdrückung f; (*d'une révolte*) Niederschlagung f; (*punition*) Bestrafung f

réprimande [RepRimɑ̃d] f Tadel m, Verweis m

réprimer ⟨1⟩ [RepRime] vt (*désirs, passions*) unterdrücken; (*révolte*) niederschlagen; (*abus, désordres*) bestrafen, vorgehen gegen

reprise [R(ə)pRiz] f (*d'une ville*) Zurückeroberung f; (*recommencement*) Wiederbeginn m; (ECON) Aufschwung m; (TV, THEAT) Wiederholung f; (*d'un moteur*) Beschleunigung f; (*d'un article usagé*) Inzahlungnahme f; (*raccomodage*) (Kunst)stopfen nt; **à plusieurs ~s** mehrmals

repriser ⟨1⟩ [R(ə)pRize] vt (*raccommoder*) stopfen; flicken

réprobation [RepRɔbasjɔ̃] f Missbilligung f

reproche [R(ə)pRɔʃ] m Vorwurf m; **sans** ~(s) tadellos; **sans peur et sans** ~ ohne Furcht und Tadel; **reprocher** ⟨1⟩ **1.** vt ~

qch à qn jdm etw vorwerfen; ~ **qch à qch** an etw dat etw auszusetzen haben **2.** vpr **se ~ qch** sich dat etw vorwerfen

reproduction [R(ə)pRɔdyksjɔ̃] f (*imitation*) Nachahmung f; (*d'un texte*) Nachdruck m, Vervielfältigung f; Kopie f; (*d'un son*) Wiedergabe f; (BIO) Vermehrung f; (*répétition*) Wiederholung f; (*dessin*) Reproduktion f, Kopie f

reproduire [R(ə)pRɔduiR] irr comme **conduire 1.** vt (*imiter*) nachahmen; (*dessin*) reproduzieren; (*texte*) nachdrucken; vervielfältigen; (*son*) wiedergeben **2.** vpr **se ~** (BIO) sich vermehren; (*recommencer*) sich wiederholen

réprouver ⟨1⟩ [RepRuve] vt missbilligen

reptile [Reptil] m Reptil nt

repu, e [Rəpy] adj satt

république [Repyblik] f Republik f; ~ **bananière** Bananenrepublik; **République centrafricaine** Zentralafrikanische Republik; **République dominicaine** Dominikanische Republik; **la République fédérale d'Allemagne** die Bundesrepublik Deutschland; **la République française** (die Republik) Frankreich

répudier ⟨1⟩ [Repydje] vt (*femme*) verstoßen; (*doctrine*) verwerfen

répugnance [Repynɑ̃s] f Ekel m; Abscheu m (*pour* vor +dat); **répugner** ⟨1⟩ vi ~ **à qn** (*nourriture*) jdn anekeln; (*comportement, activité*) jdn anwidern; ~ **à faire qch** etw sehr ungern tun

répulsion [Repylsjɔ̃] f Abscheu m (*pour* vor +dat)

réputation [Repytasjɔ̃] f (*renom*) Ruf m

réputé, e [Repyte] adj berühmt

requérir [RəkeRiR] irr comme **acquérir** vt erfordern; (*au nom de la loi*) anfordern

requête [Rəket] f Bitte f, Ersuchen nt; (JUR) Antrag m

requin [Rəkɛ̃] m Hai(fisch) m

requinquer ⟨1⟩ [R(ə)kɛ̃ke] vt (*fam*) aufmöbeln

requis, e [Rəki, iz] adj erforderlich

réquisitionner ⟨1⟩ [Rekizisjɔne] vt (*choses*) requirieren; (*personnes*) dienstverpflichten

R.E.R. m abr de **Réseau express régional** Pariser S-Bahn

rescapé, e [Reskape] m, f (*d'un accident, d'un sinistre*) Überlebende(r) mf

réseau (x) [Rezo] m Netz nt; (INFORM) Netz(werk) nt; ~ **informatique** Computernetz; ~ **local** LAN nt; ~ **de télecommunication** Telekommunikationsnetz; ~ **de téléphonie mobile** Mobilfunknetz

réservation [ʀezɛʀvasjɔ̃] f Reservierung f, Reservation f

réserve [ʀezɛʀv(ə)] f Reserve f; (entrepôt) Lager nt; (territoire protégé) Reservat nt, Schutzgebiet nt; (de pêche, de chasse) Revier nt; **les ~s** (MIL) die Reservetruppen pl; **faire des ~s** (restriction) Einschränkungen pl machen; **de ~** Reserve-; **en ~** in Reserve; **sans ~** vorbehaltlos; **sous ~ de** unter Vorbehalt +gen; **sous toutes ~s** mit allen Vorbehalten; **officier(-ière) de ~** Reserveoffizier(in) m(f)

réservé, e [ʀezɛʀve] adj reserviert; (chasse, pêche) privat; ~ **à/pour** reserviert für

réserver ⟨1⟩ [ʀezɛʀve] **1.** vt reservieren, vorbestellen; (réponse, diagnostic) sich auf vorbehalten; ~ **qch à** (destiner: usage) etw vorsehen für; ~ **qch à qn** jdm etw reservieren; (surprise, accueil, etc) jdm etw bereiten **2.** vpr **se ~ le droit de** sich dat das Recht vorbehalten zu

réservoir [ʀezɛʀvwaʀ] m Reservoir nt; (d'essence) Tank m

résidence [ʀezidɑ̃s] f (ADMIN) Wohnsitz m; (habitation luxueuse) Residenz f; ~ **secondaire** Ferienwohnung f, Wochenendhaus nt; ~ **universitaire** (pour étudiants) Studentenwohnheim nt

résident, e [ʀezidɑ̃, ɑ̃t] m, f ~(e) **étranger(-ère)** ausländischer Mitbürger, ausländische Mitbürgerin

résidentiel, le [ʀezidɑ̃sjɛl] adj Wohn-; **quartier ~** gutes Wohnviertel

résider ⟨1⟩ [ʀeside] vi ~ **à/dans/en** wohnen in +dat; ~ **dans** (consister en) bestehen in +dat

résidu [ʀezidy] m Überbleibsel nt; (CHIM) Rückstand m

résignation [ʀeziɲasjɔ̃] f Resignation f

résigner ⟨1⟩ [ʀeziɲe] **1.** vt zurücktreten von **2.** vpr **se ~ à qch/faire qch** sich mit etw abfinden/sich damit abfinden, etw zu tun

résilier ⟨1⟩ [ʀezilje] vt (contrat) auflösen

résine [ʀezin] f Harz nt

résistance [ʀezistɑ̃s] f Widerstand m; (endurance) Widerstandsfähigkeit f; (ELEC) Heizelement nt; **la Résistance** (POL) die französische Widerstandsbewegung (während des Zweiten Weltkriegs)

résister ⟨1⟩ [ʀeziste] **1.** vi standhalten; standhaft bleiben **2.** vt standhalten +dat; (effort, souffrance) aushalten; (personne) sich widersetzen +dat; (tentation, péché) widerstehen +dat

résolu, e [ʀezɔly] **1.** v. résoudre **2.** adj entschlossen (à zu)

résolution [ʀezɔlysjɔ̃] f (solution) Lösung f; (fermeté) Entschlossenheit f; (décision) Beschluss m, Entschluss m; **prendre la ~ de** den Entschluss fassen, zu

résonance [ʀezɔnɑ̃s] f (d'une cloche) Klang m; (d'une salle) Akustik f

résonner ⟨1⟩ [ʀezɔne] vi (cloche) klingen; (pas, voix) hallen, schallen; (salle, rue) widerhallen

résorber ⟨1⟩ [ʀezɔʀbe] vpr **se ~** (tumeur, abcès) sich zurückbilden; (déficit, chômage) abgebaut werden

résoudre [ʀezudʀ(ə)] irr comme dissoudre **1.** vt lösen **2.** vpr **se ~ à qch/faire qch** sich zu etw entschließen/sich dazu entschließen, etw zu tun

respect [ʀɛspɛ] m Respekt m (de vor +dat); (de Dieu, pour les morts) Ehrfurcht f (de, pour vor +dat); **tenir qn en ~** jdn in Schach halten

respectable [ʀɛspɛktabl(ə)] adj (personne) achtbar, anständig; (scrupules) ehrenhaft; (quantité) ansehnlich, beachtlich

respecter ⟨1⟩ [ʀɛspɛkte] vt achten, respektieren; (ne pas porter atteinte à) Rücksicht nehmen auf +akk

respectif, -ive [ʀɛspɛktif, iv] adj jeweilig; **respectivement** adv beziehungsweise

respectueux, -euse [ʀɛspɛktɥø, øz] adj respektvoll; **être ~ de qch** etw achten

respiration [ʀɛspiʀasjɔ̃] f Atmen nt; (fonction) Atmung f; **retenir sa ~** den Atem anhalten; ~ **artificielle** künstliche Beatmung

respirer ⟨1⟩ [ʀɛspiʀe] **1.** vi atmen; (avec soulagement) aufatmen **2.** vt (aspirer) einatmen; (manifester) ausstrahlen

responsabilité [ʀɛspɔ̃sabilite] f Verantwortung f; (légale) Haftung f; ~ **civile** Haftpflicht f; **responsable 1.** adj ~ (**de**) verantwortlich (für); haftbar (für) **2.** mf Verantwortliche(r) mf; (d'un parti, d'un syndicat) Vertreter(in) m(f)

resquilleur, -euse [ʀɛskijœʀ, øz] m, f Schwarzfahrer(in) m(f)

ressaisir ⟨8⟩ [ʀ(ə)sezir] vpr **se ~** (se calmer) sich fassen; (se reprendre) sich fangen

ressemblance [ʀ(ə)sɑ̃blɑ̃s] f Ähnlichkeit f; **ressemblant, e** adj ähnlich; **ressembler** ⟨1⟩ [ʀ(ə)sɑ̃ble] **1.** vi ~ **à** ähnlich sein +dat; ~ **à qn/qch comme deux gouttes d'eau** jdm aufs Haar gleichen/ genauso aussehen wie etw **2.** vpr **se ~** sich ähneln, einander ähnlich sein

ressemeler ⟨3⟩ [ʀ(ə)səm(ə)le] vt neu besohlen

ressentiment [ʀ(ə)sãtimã] m Groll m, Ressentiment nt

ressentir ⟨10⟩ [ʀ(ə)sãtiʀ] **1.** vt (éprouver) empfinden; (injure, privation) spüren **2.** vpr **se ~ de qch** die Folgen einer Sache gen spüren

resserrer ⟨1⟩ [ʀ(ə)seʀe] **1.** vt (pores) schließen; (nœud, boulon) anziehen; (liens d'amitié) stärken **2.** vpr **se ~** (route, vallée) sich verengen

resservir ⟨10⟩ [ʀ(ə)seʀviʀ] **1.** vt **~ qn** (d'un plat) jdm (von einem Gericht) noch einmal geben **2.** vi noch einmal gebraucht werden

ressort [ʀ(ə)sɔʀ] m (pièce) Feder f; (énergie) innere Kraft; **en dernier ~** in letzter Instanz, letztendlich; **être du ~ de qn** (compétence) in jds Ressort [o Bereich] fallen

ressortir ⟨10⟩ [ʀ(ə)sɔʀtiʀ] vi ⟨avec être⟩ wieder herauskommen/hinausgehen; (contraster) sich abheben; **~ de** (résulter de) sich zeigen anhand von

ressortissant, e [ʀ(ə)sɔʀtisã, ãt] m, f im Ausland lebende(r) Staatsangehörige(r)

ressource [ʀ(ə)suʀs(ə)] f (recours) Hilfe f; **~s** fpl Mittel pl; **~s d'énergie** Energiequellen pl

ressusciter ⟨1⟩ [ʀesysite] **1.** vt wieder beleben **2.** vi (Christ) auferstehen

restant, e [ʀɛstã, ãt] **1.** adj restlich, übrig **2.** m Rest m

restaurant [ʀɛstɔʀã] m Restaurant nt; **~ du cœur** Kantine, in der kostenloses Essen an Bedürftige abgegeben wird; **~ universitaire** Mensa f

restaurateur, -trice [ʀɛstɔʀatœʀ, tʀis] m, f (aubergiste) Gastronom(in) m(f); (ART) Restaurator(in) m(f)

restauration [ʀɛstɔʀasjɔ̃] f (ART) Restauration f; **la ~** (hôtellerie) das Gastronomiegewerbe; **~ rapide** Fastfood nt, Schnellimbissrestaurants pl

restaurer ⟨1⟩ [ʀɛstɔʀe] **1.** vt (rétablir, INFORM) wiederherstellen; (ART) restaurieren **2.** vpr **se ~** (manger) sich stärken

reste [ʀɛst(ə)] m Rest m; **~s** mpl Überreste pl; **du ~, au ~** außerdem; **et tout le ~** und so weiter; **le ~ du temps/des gens** die übrige Zeit/die übrigen Leute; **utiliser un ~ de poulet/tissu** Hähnchen-/Stoffreste verwerten; **j'ai perdu le ~ de l'argent** ich habe das restliche Geld verloren; **faites ceci, je me charge du ~** machen Sie das, ich kümmere mich um den Rest [o das Übrige]; **avoir de beaux ~s** (personne) für sein Alter noch ganz passabel aussehen

rester ⟨1⟩ [ʀɛste] **1.** vi ⟨avec être⟩ bleiben; (subsister) übrig bleiben; **voilà tout ce qui (me) reste** das ist alles, was ich noch (übrig) habe; **ce qui reste à faire** was noch zu tun ist; **restons-en là** lassen wir's dabei; **~ immobile** sich nicht bewegen; **~ assis** sitzen bleiben **2.** vb impers **il reste du pain/du temps/2 œufs** es ist noch Brot/Zeit/es sind noch 2 Eier übrig; **il me reste du pain/2 œufs** ich habe noch Brot/2 Eier (übrig); **il me reste assez de temps** ich habe noch genügend Zeit; **(il) reste à savoir si …** jetzt fragt es sich nur …

restituer ⟨1⟩ [ʀɛstitɥe] vt (reconstituer) wiederherstellen; (énergie) wieder abgeben; **~ qch (à qn)** (jdm) etw zurückgeben; **restitution** [ʀɛstitysjɔ̃] f Rückgabe f

resto, restau [ʀɛsto] m (fam) Restaurant nt; **~ U** (fam: restaurant universitaire) Mensa f

restoroute [ʀɛstɔʀut] m Rasthof m

restreindre [ʀɛstʀɛ̃dʀ(ə)] irr comme peindre vt einschränken

restriction [ʀɛstʀiksjɔ̃] f Einschränkung f, Beschränkung f; **~s** fpl (rationnement) Beschränkungen pl, Rationierung f; **faire des ~s** (mentales) Vorbehalte pl haben; **sans ~** uneingeschränkt

restructurer ⟨1⟩ [ʀəstʀyktyʀe] vt neu gestalten, umbauen

résultat [ʀezylta] m Ergebnis nt, Resultat nt; **~ de recherche** (INFORM) Suchergebnis

résulter ⟨1⟩ [ʀezylte] vi **~ de** herrühren von; **il résulte de ceci que** daraus folgt, dass

résumé [ʀezyme] m Zusammenfassung f; (ouvrage) Übersicht f; **en ~** zusammenfassend

résumer ⟨1⟩ [ʀezyme] **1.** vt zusammenfassen; (récapituler) rekapitulieren **2.** vpr **se ~** (personne) zusammenfassen

rétablir ⟨8⟩ [ʀetabliʀ] **1.** vt wiederherstellen; (faits, vérité) richtig stellen; (monarchie) wieder einführen; (MED) gesund werden lassen; **~ qn dans son emploi/ses droits** jdn wieder einstellen/jdn wieder in den Genuss seiner Rechte kommen lassen **2.** vpr **se ~** (guérir) gesund werden, genesen; (silence, calme) wieder eintreten; **rétablissement** [ʀetablismã] m Wiederherstellung f; (guérison) Genesung f, Besserung f; (SPORT) Klimmzug m

retaper ⟨1⟩ [ʀ(ə)tape] vt herrichten; (fam: revigorer) wieder auf die Beine bringen; (redactylographier) noch einmal tippen

retard [ʀ(ə)taʀ] m Verspätung f; (dans un

paiement) Rückstand m; (scolaire, mental)
Zurückgebliebensein nt; (industriel) Rück-
ständigkeit f; **être en** ~ (personne) zu spät
kommen; (train) Verspätung haben; (dans
paiement, travail) im Rückstand sein; (pays)
rückständig sein; **être en** ~ **de 2h** 2 Stunden zu spät kommen; 2 Stunden Verspätung haben; **avoir du/une heure de** ~
Verspätung/eine Stunde Verspätung
haben; **prendre du** ~ (train, avion) sich
verspäten; **sans** ~ unverzüglich; **retardement** [ʀ(ə)taʀdəmɑ̃] m à ~ Zeit-, mit
Zeitauslöser; **retarder** ⟨1⟩ [ʀ(ə)taʀde]
1. vt aufhalten; (différer) verzögern; (travail, études) in Rückstand bringen; (montre) zurückstellen; (départ) aufschieben;
(date) verschieben; **ça m'a retardé d'une
heure** deshalb war ich eine Stunde zu
spät dran **2.** vi (montre) nachgehen; **je
retarde de dix minutes** meine Uhr geht
zehn Minuten nach

retenir ⟨9⟩ [ʀat(ə)niʀ] **1.** vt (immobiliser)
zurückhalten; (garder) dabehalten; (saisir)
halten; (réprimer) unterdrücken; (souffle)
anhalten; (odeur, chaleur) (be)halten; (se
souvenir de) behalten; (accepter) annehmen; (réserver) reservieren; (prélever)
zurückbehalten (sur von); ~ **qn de faire
qch** jdn daran hindern, etw zu tun **2.** vpr
se ~ (euphémisme) es aushalten, sich
dat verkneifen; **se** ~ (**à**) (se raccrocher)
sich halten (an +akk); **se** ~ (**de faire qch**)
(se contenir) sich zurückhalten(, etw zu
tun)

rétention [ʀetɑ̃sjɔ̃] f ~ **d'urine** Harnver-
haltung f

retentir ⟨8⟩ [ʀ(ə)tɑ̃tiʀ] vi (bruit, paroles)
hallen; ~ **de** (salle) widerhallen von; ~
sur sich auswirken auf +akk; **retentis-
sant, e** adj (voix) schallend; (succès, etc)
Aufsehen erregend; **retentissement** m
(répercussion) Auswirkung f; (éclat) Wirkung f, Erfolg m

retenue [ʀ(ə)təny] f (somme) Abzug m;
(MATH) behaltene Zahl; (SCOL: consigne)
Arrest m; (réserve) Zurückhaltung f

réticence [ʀetisɑ̃s] f (hésitation) Zögern
nt, Bedenken nt; **sans** ~ bedenkenlos;
réticent, e [ʀetisɑ̃, ɑ̃t] adj zögernd

rétine [ʀetin] f Netzhaut f

retiré, e [ʀ(ə)tiʀe] adj (personne, vie)
zurückgezogen; (quartier) abgelegen

retirer ⟨1⟩ [ʀ(ə)tiʀe] **1.** vt (candidature,
plainte) zurückziehen; (vêtement) ausziehen; (lunettes) abnehmen; (bagages, billet
réservé) abholen; (argent) abheben; ~
qch à qn (enlever) jdm etw (weg)nehmen;

~ **qch de** (extraire) etw (heraus)nehmen
aus; ~ **des avantages de** einen Vorteil
haben von **2.** vpr **se** ~ (partir) sich zurückziehen, weggehen; (de compétition, POL)
zurücktreten; (reculer) zurückweichen

retombées [ʀ(ə)tɔ̃be] fpl (radioactives)
Niederschlag m, Fall-out m; (fig: d'un événement) Nebenwirkung f

retomber ⟨1⟩ [ʀ(ə)tɔ̃be] vi ⟨avec être⟩
noch einmal fallen; (sauteur, cheval) aufkommen; (fusée, ballon) herunterkommen; (cheveux, rideaux) (herunter)fallen; ~
sur qn (fig) auf jdn fallen

rétorquer ⟨1⟩ [ʀetɔʀke] vt erwidern

rétorsion [ʀetɔʀsjɔ̃] f **mesures de** ~ Ver-
geltungsmaßnahmen pl

retouche [ʀ(ə)tuʃ] f (d'une peinture, d'une
photo) Retusche f; (à un vêtement) Änderung f; **retoucher** ⟨1⟩ vt (tableau, photo,
texte) retuschieren; (vêtement) ändern

retour [ʀ(ə)tuʀ] m Rückkehr f (à zu);
(voyage) Rückreise f, Heimreise f; (COM)
Rückgabe f; (par la poste) Rücksenden
nt; **à mon** ~ bei meiner Rückkehr; **de** ~
à/chez wieder in +dat/bei; **de** ~ **dans 10
minutes** in 10 Minuten zurück; ~ **à
l'envoyeur** zurück an (den) Absender; **en**
~ dafür; **être de** ~ (**de**) zurück sein
(von); **par** ~ **du courrier** postwendend; ~
en arrière (flash-back) Rückblende f;
match ~ Rückspiel nt

retourner ⟨1⟩ [ʀ(ə)tuʀne] **1.** vt ⟨avec
avoir⟩ (dans l'autre sens) umdrehen; (terre,
sol) umgraben; (foin) wenden; (émouvoir)
erschüttern; (lettre) zurücksenden; (marchandise) zurückgeben, umtauschen; ~
qch à qn (restituer) jdm etw zurückgeben
2. vi ⟨avec être⟩ ~ **quelque part/vers/chez**
(aller de nouveau) wieder irgendwohin/
nach/zu ... gehen; ~ **chez soi/à l'école**
(revenir) heimgehen/wieder in die Schule
gehen; ~ **à** (état initial, activité) zurückkehren zu; ~ **en arrière** [o **sur ses pas**]
umkehren **3.** vpr **se** ~ (personne) sich
umdrehen; (voiture) sich überschlagen

rétracter ⟨1⟩ [ʀetʀakte] **1.** vt (désavouer)
zurücknehmen; (antenne) einziehen **2.** vpr
se ~ (nier) das Gesagte zurücknehmen

retrait [ʀ(ə)tʀɛ] m Zurückziehen nt; (enlèvement) Wegnahme f; (de bagages, de billets) Abholen nt; (d'argent) Abheben nt;
(de compétition, POL) Rücktritt m; (fait de
reculer) Zurückweichen nt; (rétrécissement)
Eingehen nt; **en** ~ zurückgesetzt, weiter
hinten (stehend); ~ **du permis de conduire** Führerscheinentzug m

retraite [ʀ(ə)tʀɛt] f (MIL) Rückzug m; (d'un

employé: date, période) Ruhestand *m; (pension)* Rente *f; (refuge)* Zufluchtsort *m;* **battre en ~** den Rückzug antreten; **être/mettre à la ~** im Ruhestand sein/in den Ruhestand versetzen; **prendre sa ~** in den Ruhestand gehen, sich pensionieren lassen; **~ anticipée** Vorruhestand, Frühverrentung *f;* **retraité, e** [ʀ(ə)tʀete] **1.** *adj* pensioniert **2.** *m, f* Rentner(in) *m(f)*

retraitement [ʀ(ə)tʀetmã] *m* Wiederaufbereitung *f;* **~ des combustibles** Wiederaufbereitung der Brennelemente

retraiter ⟨1⟩ [ʀ(ə)tʀete] *vt* wieder aufbereiten

retrancher ⟨1⟩ [ʀ(ə)tʀãʃe] *vt (éliminer, couper)* entfernen; **~ qch de** *(nombre)* etw abziehen von

retransmettre [ʀ(ə)tʀãsmɛtʀ] *irr comme mettre vt* übertragen

retransmission [ʀ(ə)tʀãsmisjɔ̃] *f (TV)* Übertragung *f*

rétrécir ⟨8⟩ [ʀetʀesiʀ] **1.** *vt* enger machen **2.** *vi (vêtement)* eingehen **3.** *vpr* **se ~** sich verengen

rétribution [ʀetʀibysjɔ̃] *f* Bezahlung *f*

rétro [ʀetʀo] *adj inv* **mode/style ~** Nostalgiemode *f*/-stil *m*

rétroactif, -ive [ʀetʀoaktif, iv] *adj* rückwirkend

rétrograde [ʀetʀoɡʀad] *adj* rückschrittlich; **rétrograder** ⟨1⟩ *vi (régresser)* zurückfallen; *(AUTO)* herunterschalten

rétroprojecteur [ʀetʀopʀɔʒɛktœʀ] *m* Tageslichtprojektor *m*, Overheadprojektor *m*

rétrospective [ʀetʀɔspektiv] *f* Rückschau *f*, Retrospektive *f;* **rétrospectivement** *adv* rückblickend

retrousser ⟨1⟩ [ʀ(ə)tʀuse] *vt (pantalon, manches)* hochkrempeln; *(jupe)* raffen

retrouver ⟨1⟩ [ʀ(ə)tʀuve] **1.** *vt* finden, wiederfinden; *(reconnaître)* wiedererkennen; *(revoir)* wiedersehen; *(rejoindre)* wieder treffen **2.** *vpr* **se ~** *(s'orienter)* sich zurechtfinden; **se ~ dans** sich zurechtfinden in +*dat;* **se ~ seul/sans argent** *(subitement)* plötzlich allein/ohne Geld dastehen; **s'y ~** *(fam: rentrer dans ses frais)* seine Kosten hereinhaben

rétrovirus [ʀetʀoviʀys] *m* Retrovirus *nt*

rétroviseur [ʀetʀovizœʀ] *m* Rückspiegel *m;* **~ panoramique** Panoramaspiegel *m*

réunification [ʀeynifikasjɔ̃] *f (POL)* Wiedervereinigung *f*

réunion [ʀeynjɔ̃] *f* Sammlung *f; (de personnes, confédération)* Vereinigung *f; (rencontre)* Treffen *nt; (de province)* Anschluss

m; (meeting, congrès) Versammlung *f;* **(l'île de) la Réunion** Réunion *nt;* **~ d'urgence** Dringlichkeitssitzung *f*

réunir ⟨8⟩ [ʀeyniʀ] **1.** *vt* sammeln; *(personnes)* versammeln; *(cumuler)* vereinigen; *(étrangers, antagonistes)* zusammenbringen; *(rattacher)* verbinden; *(États)* vereinigen; *(province)* anschließen *(à an +akk);* **~ qch à** etw verbinden mit **2.** *vpr* **se ~** zusammenkommen, sich treffen; *(États)* sich vereinigen; *(chemins, cours d'eau)* ineinander münden

réussi, e [ʀeysi] *adj* gelungen

réussir ⟨8⟩ [ʀeysiʀ] **1.** *vi* gelingen; *(personne)* Erfolg haben; *(plante, culture)* gedeihen; **~ à un examen** eine Prüfung bestehen; **il a réussi à faire qch** es ist ihm gelungen, etw zu tun; **le mariage lui réussit** die Ehe bekommt ihm gut **2.** *vt* **qn réussit qch** jdm gelingt etw; **réussite** [ʀeysit] *f* Erfolg *m*

revaloriser ⟨1⟩ [ʀ(ə)valɔʀize] *vt (monnaie)* aufwerten; *(salaire)* erhöhen, anpassen; *(fig)* wieder aufwerten

revanche [ʀ(ə)vãʃ] *f (vengeance)* Rache *f; (SPORT)* Revanche *f;* **prendre sa ~ (sur)** sich rächen (an +*dat);* **en ~** andererseits

rêve [ʀɛv] *m* Traum *m; (activité psychique)* Träumen *nt;* **de ~** traumhaft; **la voiture de ses ~s** das Auto seiner/ihrer Träume; **fais de beaux ~s!** träume süß!

revêche [ʀavɛʃ] *adj* mürrisch

réveil [ʀevɛj] *m (instrument)* Wecker *m; (action)* Aufwachen *nt; (de la nature)* Erwachen *nt; (d'un volcan)* Aktivwerden *nt;* **au ~** beim Aufwachen; **sonner le ~** zum Wecken blasen; **réveiller** ⟨1⟩ [ʀeveje] **1.** *vt (personne)* aufwecken; *(fig)* wecken **2.** *vpr* **se ~** aufwachen; *(fig)* wieder erwachen; *(volcan)* aktiv werden

réveillon [ʀevɛjɔ̃] *m* Fest(essen) *nt* in der Weihnachtsnacht; mitternächtliches Silvesterfest(essen); **réveillonner** ⟨1⟩ [ʀevɛjɔne] *vi* den Heiligen Abend/Silvester (mit einem Festessen) feiern

révélateur, -trice [ʀevelatœʀ, tʀis] **1.** *adj* bezeichnend, aufschlussreich **2.** *m (FOTO)* Entwickler *m*

révélation [ʀevelasjɔ̃] *f* Bekanntgabe *f; (information)* Enthüllung *f; (prise de conscience)* Erkenntnis *f; (artiste)* Sensation *f*

révéler ⟨5⟩ [ʀevele] **1.** *vt (dévoiler)* bekannt geben, enthüllen; *(témoigner de)* zeigen; *(œuvre, artiste)* bekannt machen; *(REL)* offenbaren **2.** *vpr* **se ~** *(se manifester)* sich zeigen; **se ~ facile/faux(fausse)** sich als einfach/falsch herausstellen

revenant, e [ʀ(ə)vənã, ãt] **1.** m Gespenst nt, Geist m **2.** m, f **tiens, un ~/une ~e!** *(fam: après une longue absence)* ja, wen haben wir denn da mal wieder!

revendeur, -euse [ʀ(ə)vãdœʀ, øz] m, f *(détaillant)* Einzelhändler(in) m(f); *(brocanteur)* Gebrauchtwarenhändler(in) m(f)

revendication [ʀ(ə)vãdikasjɔ̃] f Forderung f; **journée de ~** Aktionstag m; **~ salariale** Gehaltsforderung

revendiquer ⟨1⟩ [ʀ(ə)vãdike] vt fordern; *(responsabilité)* übernehmen; *(attentat)* sich bekennen zu

revendre ⟨14⟩ [ʀ(ə)vãdʀ(ə)] vt *(d'occasion)* weiterverkaufen; *(détailler)* (im Einzelhandel) weiterverkaufen; **avoir de l'énergie à ~** vor Energie [o Tatendrang] strotzen

revenir ⟨9⟩ [ʀ(ə)vəniʀ] vi ⟨avec être⟩ zurückkommen; *(réapparaître)* wiederkommen; *(calme)* wieder eintreten; **~ à** *(aux études, à la conversation)* wieder anfangen, wieder aufnehmen; *(équivaloir à)* hinauslaufen auf +akk; **~ à qn** *(part, honneur)* jdm zustehen; *(souvenir, nom)* jdm einfallen; **~ à soi** wieder zu Bewusstsein kommen; **~ de** *(fig)* sich erholen von; **faire ~** *(GASTR)* anbräunen; **cela (nous) revient cher/à 100 euros** das ist teuer/das kostet uns 100 Euro; **~ sur** *(sujet)* zurückkommen auf +akk; *(sur une promesse)* zurücknehmen; **~ sur ses pas** umkehren; **s'en ~** zurückkommen; **je n'en reviens pas** ich kann es nicht fassen; **cela revient au même/à dire que** das läuft aufs Gleiche raus/das heißt so viel wie, dass

revente [ʀ(ə)vãt] f Weiterverkauf m, Wiederverkauf m

revenu [ʀ(ə)vəny] m *(d'un individu)* Einkommen nt; *(de l'État, d'un magasin)* Einnahmen pl; *(d'une terre)* Ertrag m; *(d'un capital)* Rendite f; **~ minimum d'insertion** ≈ Sozialhilfe f; **~ par tête d'habitant** *(ECON)* Pro-Kopf-Einkommen

rêver ⟨1⟩ [ʀeve] vi, vt träumen; **~ de/à** träumen von; **il en rêve la nuit** *(fig)* das verfolgt ihn

réverbère [ʀevɛʀbɛʀ] m Straßenlaterne f

révérence [ʀeveʀãs] f *(salut)* Verbeugung f; *(de femmes)* Knicks m; **tirer sa ~** weggehen

rêverie [ʀɛvʀi] f Träumerei f

revers [ʀ(ə)vɛʀ] m Rückseite f; *(d'étoffe)* linke Seite; *(de vêtement)* Aufschlag m; *(TENNIS)* Rückhand f; *(échec)* Rückschlag m; **le ~ de la médaille** *(fig)* die Kehrseite der Medaille

revêtement [ʀ(ə)vɛtmã] m *(Straßen)*belag m; *(d'une paroi)* Verkleidung f; *(enduit)* Überzug m

revêtir [ʀ(ə)vetiʀ] irr comme vêtir vt *(vêtement)* anziehen; *(forme, caractère)* annehmen; **~ qch de** *(de boiserie)* etw verkleiden mit; *(de carreaux)* etw auslegen mit; *(d'enduit)* etw überziehen mit; **~ qn de qch** *(autorité)* jdm etw verleihen

rêveur, -euse [ʀɛvœʀ, øz] **1.** adj verträumt **2.** m, f Träumer(in) m(f); **cela me laisse ~** das gibt mir zu denken

revigorer ⟨1⟩ [ʀ(ə)vigɔʀe] vt beleben

revirement [ʀ(ə)viʀmã] m *(changement d'avis)* Meinungsumschwung m

réviser ⟨1⟩ [ʀevize] vt *(texte)* durchlesen, überprüfen; *(comptes)* prüfen; *(leçon)* wiederholen; *(machine)* überholen; *(procès)* wieder aufnehmen; **révision** [ʀevizjɔ̃] f *(d'un texte)* Überprüfung f; *(de comptes)* Prüfung f; *(d'une leçon)* Wiederholung f; *(de machines)* Überholen nt; *(d'un procès)* Wiederaufnahme f; *(d'une voiture)* Inspektion f; **faire des ~s** den Stoff wiederholen; **révisionnisme** m Revisionismus m; *(Holocauste)* Bewegung, die die Vernichtung der Juden durch die Nazis leugnet

revitaliser ⟨1⟩ [ʀ(ə)vitalize] vt neu beleben

revivre [ʀəvivʀ(ə)] irr comme vivre **1.** vi wieder aufleben **2.** vt im Geiste noch einmal erleben

revoir [ʀ(ə)vwaʀ] irr comme voir **1.** vt *(voir de nouveau)* wiedersehen; *(ami, lieu natal)* wieder sehen; *(région, film, tableau)* noch einmal sehen; *(revivre)* noch einmal erleben; *(en imagination)* vor sich dat sehen, sehen; *(corriger)* durchsehen, korrigieren; *(SCOL)* wiederholen **2.** vpr se **~** sich wiedersehen **3.** m au **~** Auf Wiedersehen; **dire au ~ à qn** sich von jdm verabschieden

révolte [ʀevɔlt(ə)] f Aufstand m; **révolter** ⟨1⟩ **1.** vt entrüsten, empören **2.** vpr se **~** rebellieren *(contre gegen)*; *(s'indigner)* sich entrüsten *(contre über +akk)*

révolution [ʀevɔlysjɔ̃] f *(rotation)* Umdrehung f; *(POL)* Revolution f; **la ~ culturelle** *(en Chine)* die Kulturrevolution; **la Révolution (française)** *(HIST)* die Französische Revolution; **la ~ industrielle** *(HIST)* die industrielle Revolution; **révolutionnaire** [ʀevɔlysjɔnɛʀ] adj Revolutions-; *(opinions, méthodes)* revolutionär

revolver [ʀevɔlvɛʀ] m Revolver m

révoquer ⟨1⟩ [ʀevɔke] vt *(fonctionnaire)* des Amtes entheben; *(arrêt, contrat)* annullieren, aufheben; (*donation*) rückgängig machen

revue [ʀ(ə)vy] f (*périodique*) Zeitschrift f; (*pièce satirique*) Kabarett nt; (*spectacle de music-hall*) Revue f; (MIL) Parade f; **passer en ~** (*problèmes, possibilités*) durchgehen; **~ spécialisée** Fachzeitschrift

rez-de-chaussée [ʀed(ə)ʃose] m inv Erdgeschoss nt

R.F. f abr de **République française** französische Republik

R.F.A. f abr de **République fédérale d'Allemagne** BRD f

Rhénanie [ʀenani] f **la ~** das Rheinland; **la ~-Palatinat** Rheinland-Pfalz nt; **la ~-(du-Nord-)Westphalie** Nordrhein-Westfalen nt

rhésus [ʀezys] **1.** adj Rhesus- **2.** m Rhesusfaktor m

Rhin [ʀɛ̃] m **le ~** der Rhein

rhinite [ʀinit] f Nasenkatarr(h) m

rhinocéros [ʀinɔseʀɔs] m Nashorn nt, Rhinozeros nt

rhododendron [ʀɔdɔdɛ̃dʀɔ̃] m Rhododendron m

Rhône [ʀon] m **le ~** die Rhône

rhubarbe [ʀybaʀb(ə)] f Rhabarber m

rhum [ʀɔm] m Rum m

rhumatisant, e [ʀymatizɑ̃, ɑ̃t] **1.** adj rheumakrank **2.** m, f Rheumatiker(in) m(f)

rhumatisme [ʀymatism(ə)] m Rheuma nt, Rheumatismus m

rhumatologie [ʀymatɔlɔʒi] f Rheumatologie f

rhume [ʀym] m Erkältung f; **~ de cerveau** Schnupfen m; **~ des foins** Heuschnupfen m

ri [ʀi] pp de **rire**

riant, e [ʀ(i)jɑ̃, ɑ̃t] adj lachend; (*campagne, paysage*) strahlend

R.I.B. m abr de **relevé d'identité bancaire** Nachweis m der Bankverbindung

ricain, e [ʀikɛ̃, ɛn] adj (*pej*) amerikanisch

ricanement [ʀikanmɑ̃] m (*méchant*) boshaftes Gelächter; (*bête*) Kichern nt

ricaner ⟨1⟩ [ʀikane] vi boshaft lachen; (*bêtement, avec gêne*) kichern

riche [ʀiʃ] **1.** adj reich; (*somptueux*) teuer, prächtig; (*fertile*) fruchtbar; (*sujet, matière*) ergiebig; (*documentation, vocabulaire*) umfangreich; (*aliment*) nahrhaft, reichhaltig; **~ de poissons** voller Fische; **~ en** reich an +dat **2.** mpl **les ~s** die Reichen pl; **richesse** [ʀiʃɛs] f Reichtum m; **~s** fpl (*argent*) Vermögen nt; (*possessions*) Besitz m, Reichtümer pl; (*d'un musée, d'une région*) Reichtümer pl; **la ~ en vitamines**

d'un aliment der hohe Vitamingehalt eines Nahrungsmittels

ricocher ⟨1⟩ [ʀikɔʃe] vi (*pierre sur l'eau*) hüpfen; (*projectile*) abprallen; **~ sur** abprallen an +dat; **ricochet** [ʀikɔʃɛ] m **faire des ~s** Steine übers Wasser hüpfen lassen; **faire ~** hüpfen; abprallen; (*fig*) indirekte Auswirkungen haben; **par ~** (*fig*) indirekt

rictus [ʀiktys] m Grinsen nt

ride [ʀid] f Falte f, Runzel f; **ne pas avoir pris une ~** (*film, livre*) immer noch von großer Aktualität sein; **ridé, e** [ʀide] adj faltig, runzlig

rideau (x) [ʀido] m Vorhang m

rider ⟨1⟩ [ʀide] **1.** vt runzeln; (*fig*) kräuseln **2.** vpr **se ~** (*avec l'âge*) Falten bekommen

ridicule [ʀidikyl] **1.** adj lächerlich **2.** m Lächerlichkeit f; (*travers*) lächerliche Seite; **ridiculiser** ⟨1⟩ [ʀidikylize] **1.** vt lächerlich machen **2.** vpr **se ~** sich lächerlich machen

rien [ʀjɛ̃] **1.** pron nichts; **il n'a ~ dit/fait** er hat nichts gesagt/getan; **a-t-il jamais ~ fait pour nous?** hat er jemals etwas für uns getan?; **~ d'autre/d'intéressant** nichts anderes/nichts Interessantes; **~ que cela/qu'à faire cela** nur das/allein schon das zu tun; **~ que pour eux/faire cela** nur für sie [o wegen ihnen]/nur um das zu tun; **ça ne fait ~** das macht nichts; **~ à faire!** nichts zu machen!; **~ à signaler** keine besonderen Vorkommnisse; **de ~** (*formule*) bitte; **~ ne va plus** nichts geht mehr **2.** m des **~s** Nichtigkeiten pl; **avoir peur d'un ~** vor jeder Kleinigkeit Angst haben

rieur, -euse [ʀ(i)jœʀ, øz] adj fröhlich

rigide [ʀiʒid] adj steif; (*fig*) streng

rigolade [ʀigɔlad] f **la ~** (*fam: amusement*) Spaß m; **c'est de la ~** (*fam*) das ist ja lächerlich

rigoler ⟨1⟩ [ʀigɔle] vi (*fam: rire*) lachen; (*s'amuser*) sich amüsieren; (*plaisanter*) Spaß machen

rigolo, te [ʀigɔlo, ɔt] **1.** adj (*fam*) komisch **2.** m, f (*fam*) Witzbold m

rigoureusement [ʀiguʀøzmɑ̃] adv ganz genau; **~ vrai/interdit** genau der Wahrheit entsprechend/strengstens verboten

rigoureux, -euse [ʀiguʀø, øz] adj streng; (*climat*) hart, rau; (*exact*) genau

rigueur [ʀigœʀ] f Strenge f; (*du climat*) Härte f; (*exactitude*) Genauigkeit f; **à la ~** zur Not; **de ~** (*tenue*) vorgeschrieben, Pflicht-

rillettes [ʀijɛt] *fpl* ≈ Schmalzfleisch *nt*

rime [ʀim] *f* Reim *m*; **rimer** ⟨1⟩ *vi* sich reimen; **cela ne rime à rien** das macht keinen Sinn

rimmel® [ʀimɛl] *m* Wimperntusche *f*

rinçage [ʀɛ̃saʒ] *m* Spülen *nt*

rince-doigts [ʀɛ̃sdwa] *m inv* Fingerschale *f*

rincer ⟨2⟩ [ʀɛ̃se] **1.** *vt* (*vaisselle*) abspülen; (*verre, dent*) ausspülen; (*linge*) spülen **2.** *vpr* **se ~ la bouche** den Mund ausspülen

ring [ʀiŋ] *m* Boxring *m*; **monter sur le ~** in den Ring steigen

ringard, e [ʀɛ̃gaʀ, d(ə)] **1.** *adj* von gestern, völlig überholt **2.** *m, f* **c'est un ~** er lebt hinter dem Mond

R.I.P. *m abr de* **relevé d'identité postale** Nachweis *m* der Bankverbindung beim Postgiroamt

ripaille [ʀipaj] *f* **faire ~** schmausen

riposte [ʀipɔst(ə)] *f* (schlagfertige) Antwort; (*contre-attaque*) Gegenschlag *m*; **riposter** ⟨1⟩ **1.** *vi* zurückschlagen; **~ à qch** auf etw *akk* erwidern **2.** *vt* **~ que** erwidern, dass

ripou [ʀipu] **1.** *m* korrupter Beamter **2.** *adj* korrupt

rire [ʀiʀ] *irr* **1.** *vi* lachen; (*se divertir*) Spaß haben; (*plaisanter*) Spaß machen; **~ de** lachen über +*akk*; **~ aux éclats/aux larmes** schallend/Tränen lachen; **pour ~** zum Spaß **2.** *vpr* **se ~ de qch** etw nicht ernst nehmen **3.** *m* Lachen *nt*

ris [ʀi] *m* **~ de veau** Kalbsbries *nt*

risible [ʀizibl(ə)] *adj* lächerlich

risque [ʀisk] *m* Risiko *nt*; **prendre un ~/ des ~s** ein Risiko eingehen; **à ses ~s et périls** auf eigene Gefahr; **au ~ de** auf die Gefahr +*gen* hin; **~ de change** Wechselkursrisiko; **~ d'incendie** Feuergefahr *f*; **risqué, e** *adj* riskant, gewagt; **risquer** ⟨1⟩ [ʀiske] **1.** *vt* riskieren; (*vie*) aufs Spiel setzen; (*oser dire*) wagen; **ça ne risque rien** da kann nichts passieren **2.** *vpr* **se ~** sich wagen; **se ~ à faire qch** es wagen, etw zu tun **3.** *vi* **il risque de se tuer** er kann dabei umkommen; **il a risqué de se tuer** er wäre beinahe umgekommen; **ce qui risque de se produire** was passieren könnte; **risque-tout** [ʀiskatu] *mf inv* Draufgänger(in) *m(f)*

rissoler ⟨1⟩ [ʀisɔle] *vi, vt* (*faire*) **~** (*GASTR*) anbräunen

ristourne [ʀistuʀn(ə)] *f* Rabatt *m*

rite [ʀit] *m* Ritual *nt*; (*REL*) Ritus *m*

ritournelle [ʀituʀnɛl] *f* **c'est toujours la même ~** (*fam*) es ist immer das gleiche Lied

rituel, le [ʀitɥɛl] **1.** *adj* rituell, (*fig*) üblich, nicht wegzudenkend **2.** *m* (*habitudes*) Ritual *nt*

rivage [ʀivaʒ] *m* (*mer*) Ufer

rival, e (-aux) [ʀival, o] **1.** *adj* gegnerisch **2.** *m, f* (*adversaire*) Gegner(in) *m(f)*, Rivale (Rivalin) *m(f)*; **sans ~** unerreicht; **rivaliser** ⟨1⟩ [ʀivalize] *vi* **~ avec** (*personne*) sich messen mit, rivalisieren mit; (*choses*) sich messen können mit; **rivalité** [ʀivalite] *f* Rivalität *f*

rive [ʀiv] *f* Ufer *nt*

river ⟨1⟩ [ʀive] *vt* nieten

riverain, e [ʀiv(ə)ʀɛ̃, ɛn] *m, f* (*d'un fleuve, d'un lac*) Uferbewohner(in) *m(f)*; (*d'une route, d'une rue*) Anlieger(in) *m(f)*

rivet [ʀivɛ] *m* Niete *f*; **riveter** ⟨3⟩ [ʀiv(ə)te] *vt* nieten

rivière [ʀivjɛʀ] *f* Fluss *m*; **~ de diamants** Diamantenkollier *nt*

rixe [ʀiks] *f* Rauferei *f*

riz [ʀi] *m* Reis *m*

R.M.C. *abr de* **Radio Monte-Carlo** Radio Monte Carlo

R.M.I. *m abr de* **revenu minimum d'insertion** ≈ Sozialhilfe *f*

R.N. *abr de* **route nationale** ≈ B

RNIS *m abr de* **réseau numérique à intégration de service** ISDN *nt*

robe [ʀɔb] *f* (*vêtement féminin*) Kleid *nt*; (*de juge, d'avocat*) Robe *f*, Talar *m*; (*d'ecclésiastique*) Gewand *nt*; (*d'un animal*) Fell *nt*; **~ de chambre** Morgenrock *m*; **~ de grossesse** Umstandskleid; **~ de soirée/de mariée** Abend-/Brautkleid; **~ en jean** Jeanskleid

robinet [ʀɔbinɛ] *m* (*TECH*) Hahn *m*; **~ du gaz** Gashahn; **~ mélangeur** Mischbatterie *f*

robot [ʀɔbo] *m* Roboter *m*; **avion ~** ferngesteuertes Flugzeug; **~ ménager**, **~ de cuisine** Küchenmaschine *f*; **robotique** [ʀɔbɔtik] *f* Robotik *f*

robuste [ʀɔbyst] *adj* robust

roc [ʀɔk] *m* Fels *m*

rocade [ʀɔkad] *f* Umgehungsstraße *f*

rocaille [ʀɔkaj] **1.** *f* (*pierraille*) Geröll *nt*; (*terrain*) steiniges Gelände; (*jardin*) Steingarten *m* **2.** *adj* **style ~** Rokokostil *m*; **rocailleux, -euse** [ʀɔkajø, øz] *adj* steinig; (*style, voix*) hart

roche [ʀɔʃ] *f* Fels *m*; **~s éruptives/calcaires** Eruptiv-/Kalkgestein *nt*

rocher [ʀɔʃe] *m* (*bloc*) Felsen *m*; (*dans la mer*) Klippe *f*; (*matière*) Fels *m*

rocheux, -euse [ʀɔʃø, øz] *adj* felsig

rodage [ʀɔdaʒ] m (AUTO) Einfahren nt; (fig) Erprobungsphase f; **en ~ wird eingefahren**

roder ⟨1⟩ [ʀɔde] vt (AUTO) einfahren; (spectacle) perfektionieren

rôder ⟨1⟩ [ʀode] vi herumziehen; (de façon suspecte) herumlungern

rogne [ʀɔɲ] f **être en ~** (fam) gereizt [o wütend] sein; **se mettre en ~** (fam) wütend werden, gereizt werden

rogner ⟨1⟩ [ʀɔɲe] vt (pages d'un livre) beschneiden; (ailes) stutzen; **~ sur qch** etw kürzen

rognons [ʀɔɲɔ̃] mpl (GASTR) Nieren pl

rognures [ʀɔɲyʀ] fpl Abfälle pl, Schnitzel pl

roi [ʀwa] m König m; **les Rois mages** die Heiligen Drei Könige; **le jour** [o **la fête**] **des Rois, les Rois** das Dreikönigsfest

---
La fête des Rois

La fête des Rois ist das Dreikönigsfest am 6. Januar. Man isst „la galette des Rois" einen einfachen, flachen Kuchen, in dem ein Porzellantalisman (la fève) versteckt ist. Wer den Talisman findet, ist König bzw. Königin für den Tag und wählt sich einen Partner aus.

---

roitelet [ʀwat(ə)lɛ] m Zaunkönig m

rôle [ʀol] m Rolle f; **jouer un ~ important dans** eine wichtige Rolle spielen bei

romain, e [ʀɔmɛ̃, ɛn] 1. adj römisch; **en ~** (TYPO) in der Grundschrift 2. m, f Römer(in) m(f) 3. f Romagnasalat m

roman, e [ʀɔmã, an] 1. adj romanisch 2. m Roman m; **~ policier/d'espionnage** Kriminal-/Spionageroman

romance [ʀɔmãs] f sentimentales Lied

romancer ⟨2⟩ [ʀɔmãse] vt zu einem Roman verarbeiten

romanche [ʀɔmãʃ] adj rätoromanisch

romancier, -ière [ʀɔmãsje, ɛʀ] m, f Romanschriftsteller(in) m(f)

romand, e [ʀɔmã, ãd] 1. adj aus der französischen Schweiz, französischschweizerisch 2. m, f Französischschweizer(in) m(f)

romanesque [ʀɔmanɛsk(ə)] adj (incroyable) wie im Roman, sagenhaft; (sentimental) romantisch, sentimental

roman-feuilleton (romans-feuilletons) [ʀɔmãfœjtɔ̃] m Fortsetzungsroman m

romanichel, le [ʀɔmaniʃɛl] m, f (pej) Zigeuner(in) m(f)

roman-photo (romans-photos) [ʀɔmãfoto] m Fotoroman m

romantique [ʀɔmãtik] adj romantisch

romantisme [ʀɔmãtism(ə)] m Romantik f

romarin [ʀɔmaʀɛ̃] m Rosmarin m

rombière [ʀɔ̃bjɛʀ] f (pej) alte Schachtel

Rome [ʀɔm] Rom nt

rompre ⟨14⟩ [ʀɔ̃pʀ(ə)] 1. vt brechen; (digue) sprengen; (silence, monotonie) unterbrechen; (entretien, relations) abbrechen; (fiançailles) lösen; (équilibre) stören 2. vi (couple) sich trennen; **~ avec** (personne) brechen mit; (habitude) aufgeben 3. vpr **se ~** (branche, digue) brechen; (corde, chaîne) reißen; **rompu, e** [ʀɔ̃py] 1. pp de rompre 2. adj (fourbu) erschöpft, todmüde; **~ à** (art, métier) beschlagen in +dat

romsteck [ʀɔmstɛk] m Rumpsteak nt

ronce [ʀɔ̃s] f (BOT) Brombeere f, Brombeerstrauch m; **~s** Dornen pl

ronchonner ⟨1⟩ [ʀɔ̃ʃɔne] vi (fam) meckern

rond, e [ʀɔ̃, ɔ̃d] 1. adj (kreis)rund; (fam) besoffen; **~(e) comme une queue de pelle** (fam) stockbesoffen 2. m Kreis m; **en ~** im Kreis; **ne pas avoir un ~** (fam) völlig blank sein; **~ de serviette** Serviettenring m

rond-de-cuir (ronds-de-cuir) [ʀɔ̃dkɥiʀ] m (pej) Bürohengst m

ronde [ʀɔ̃d] f (MIL) Runde f, Rundgang m; (danse) Reigen m; (MUS) ganze Note f; **à 10 km à la ~e** im Umkreis von 10 km

rondelet, te [ʀɔ̃dlɛ, ɛt] adj rundlich; (somme) nett, hübsch

rondelle [ʀɔ̃dɛl] f (TECH) Unterlegscheibe f; (tranche) Scheibe f

rondement [ʀɔ̃dmã] adv (promptement) zügig, prompt; (carrément) ohne Umschweife

rondin [ʀɔ̃dɛ̃] m Klotz m

rond-point (ronds-points) [ʀɔ̃pwɛ̃] m runder Platz (, auf den sternförmig Straßen zulaufen); (croisement) Kreisverkehr m

ronfler ⟨1⟩ [ʀɔ̃fle] vi (personne) schnarchen; (moteur) brummen; (poêle) bullern

ronger ⟨2⟩ [ʀɔ̃ʒe] 1. vt annagen, nagen an +dat; (fig) quälen 2. vpr **se ~ d'inquiétude** sich vor Sorgen verzehren; **se ~ les ongles** an den (Finger)nägeln kauen; **se ~ les sangs** vor Sorgen fast umkommen; **rongeur** m Nagetier nt

ronronner ⟨1⟩ [ʀɔ̃ʀɔne] vi schnurren

roquette [ʀɔkɛt] f (arme) Rakete f; (salade) Salatrauke f, Rucola f

rosace [ʀozas] f Rosette f

rosaire [ʀozɛʀ] m Rosenkranz m

rosbif [ʀɔsbif] m Roastbeef nt

rose [ʀoz] 1. adj rosarot, rosa(farben) 2. f Rose f; **~ des vents** Windrose 3. m (cou-

leur) Rosa(rot) *nt*
rosé, e [Rozε] **1.** *adj* zartrosa, rosé **2.** *m*
(**vin**) ~ Rosé(wein) *m*
roseau (x) [Rozo] *m* Schilfrohr *nt*
rosée [Roze] *f* Tau *m*
roseraie [RozRε] *f* Rosengarten *m*
rosier [Rozje] *m* Rosenstock *m*
rosse [Rɔs] *adj* scharf(züngig), gemein
rosser ⟨1⟩ [Rɔse] *vt* (*fam*) verprügeln
rossignol [Rɔsiɲɔl] *m* Nachtigall *f;* (*crochet*) Dietrich *m*
rot [Ro] *m* Rülpser *m;* (*de bébé*) Bäuerchen
nt
rotation [Rɔtasjɔ̃] *f* Umdrehung *f,* Rotation *f;* (*de personnel*) abwechselnder
Dienst; (*POL*) Rotation *f;* ~ **des cultures**
Fruchtwechsel *m;* ~ **du stock** (*COM*)
Umsatz *m*
rôti [Roti] *m* Braten *m;* ~ **de bœuf/porc**
Rinder-/Schweinebraten
rotin [Rɔtɛ̃] *m* Rattan *nt,* Peddigrohr *nt*
rôtir ⟨8⟩ [RotiR] *vt, vi* (**faire**) ~ braten;
rôtisserie [RotisRi] *f* ≈ Steakhaus *nt;*
rôtissoire [RotiswaR] *f* Grill *m* (mit Dreh-
spießen)
rotonde [Rɔtɔ̃d] *f* (*ARCHIT*) Rundbau *m*
rotule [Rɔtyl] *f* Kniescheibe *f;* **être sur les**
~**s** (*fam*) auf dem Zahnfleisch gehen
rouage [Rwaʒ] *m* (*d'un mécanisme*) Zahnrad *nt;* (*fig*) Rad *nt* im Getriebe
roublard, e [RublaR, aRd] *adj* (*pej*) durchtrieben
rouble [Rubl] *m* Rubel *m*
roucouler ⟨1⟩ [Rukule] *vi* gurren; (*amoureux*) turteln
roue [Ru] *f* Rad *nt;* **faire la** ~ ein Rad
schlagen; **descendre en** ~ **libre** im Leerlauf hinunterfahren; ~**s avant/arrière** Vor-
der-/Hinterräder *pl;* ~ **dentée** Zahnrad;
grande ~ Riesenrad; ~ **de secours** Reserverad
roué, e [Rwe] *adj* gerissen
rouer ⟨1⟩ [Rwe] *vt* ~ **qn de coups** jdn verprügeln
rouet [Rwε] *m* Spinnrad *nt*
rouge [Ruʒ] **1.** *adj* rot; ~ **comme une écrevisse** (*fig*) krebsrot; **vin** ~ Rotwein *m* **2.** *m*
(*couleur*) Rot *nt;* (*fard*) Rouge *nt;* **passer
au** ~ (*feu*) auf Rot schalten; **porter au** ~
(*métal*) rot glühend werden lassen; ~ (**à
lèvres**) Lippenstift *m;* **rougeâtre**
[RuʒɑtR(ə)] *adj* rötlich; **rouge-gorge**
(rouges-gorges) [RuʒɡɔRʒ] *m* Rotkehlchen
nt
rougeole [Ruʒɔl] *f* Masern *pl*
rouget [Ruʒε] *m* Rotbarbe *f*
rougeur [RuʒœR] *f* Röte *f*

rougir ⟨8⟩ [RuʒiR] *vi* rot werden; (*d'émotion*) erröten
rouille [Ruj] **1.** *f* Rost *m* **2.** *adj inv* (*couleur*)
rostfarben, rostrot; **rouillé, e** *adj* verros-
tet, rostig; **rouiller** ⟨1⟩ [Ruje] **1.** *vt* rosten
lassen; (*fig*) einrosten lassen **2.** *vi* rosten
3. *vpr* **se** ~ rosten; (*fig*) einrosten
roulade [Rulad] *f* (*GASTR*) Roulade *f;* (*MUS*)
Koloratur *f;* (*SPORT*) Rolle *f*
roulage [Rulaʒ] *m* Straßentransport *m*
roulant, e [Rulɑ̃, ɑ̃t] *adj* **fauteuil** ~, **chaise**
~**e** Rollstuhl *m;* **trottoir/**[**o tapis**] ~ Rollsteg *m*
rouleau (x) [Rulo] *m* Rolle *f;* (*de machine à
écrire*) Walze *f;* (*à peinture*) Roller *m,* Rolle
f; (*vague*) Roller *m;* **être au bout du** ~ am
Ende sein; ~ **compresseur** Dampfwalze;
~ **à pâtisserie** Nudelholz *nt;* ~ **de printemps** (*GASTR*) Frühlingsrolle
roulement [Rulmɑ̃] *m* (*d'équipes*) Wechsel
m; (*d'ouvriers*) Schicht(wechsel *m*) *f;* ~ (**à
billes**) Kugellager *nt*
rouler ⟨1⟩ [Rule] **1.** *vt* rollen; (*tissu, papier,
tapis*) aufrollen; (*cigarette*) drehen; (*yeux*)
verdrehen, rollen mit; (*pâte*) auswalzen;
(*fam: tromper*) reinlegen **2.** *vi* rollen; (*véhicule, conducteur*) fahren; (*bateau*) rollen,
schlingern **3.** *vpr* **se** ~ **dans** (*dans la boue*)
sich wälzen in +*dat;* (*dans une couverture*)
sich einrollen in +*akk*
roulette [Rulεt] *f* (*d'une table, d'un fauteuil*)
Rolle *f;* (*de pâtissier*) Teigrädchen *nt;* **la** ~
(*jeu*) Roulett *m*
roulotte [Rulɔt] *f* (Plan)wagen *m*
roumain, e [Rumɛ̃, εn] *adj* rumänisch;
Roumain, e *m, f* Rumäne (Rumänin)
m(f); **Roumanie** [Rumani] *f* **la** ~ Rumänien *nt*
roupiller ⟨1⟩ [Rupije] *vi* (*fam*) pennen
rouquin, e [Rukɛ̃, in] *m, f* Rotschopf *m*
rouspéter ⟨5⟩ [Ruspete] *vi* (*fam*) schimpfen
rousse [Rus] *adj v.* **roux**
rousseur [RusœR] *f* **tache de** ~ Sommer-
sprosse *f*
roussi [Rusi] *m* **ça sent le** ~ es riecht
angebrannt; (*fig*) da ist etwas faul
roussir ⟨8⟩ [RusiR] **1.** *vt* (*linge*) ansengen
2. *vi* (*feuilles*) sich rot färben; **faire** ~
(*GASTR*) (an)bräunen
routard, e [RutaR, aRd] *m, f* Tramper(in)
m(f)
route [Rut] *f* Straße *f;* (*parcours, fig*) Weg
m, Route *f;* **par** (**la**) ~ auf dem Landweg,
zu Lande; **en** ~ unterwegs; **en cours de** ~
(*fig*) auf halbem Weg; **en** ~! los geht's!;
bonne ~! gute Fahrt!; **faire fausse** ~ (*fig*)

sich irren, völlig danebenliegen; **il y a 3 h de** ~ es ist eine Strecke von 3 Stunden; **se mettre en** ~ sich auf den Weg machen; **ne pas tenir la** ~ (*projet*) abwegig sein; ~ **de contournement** Umgehungsstraße; ~ **nationale** ≈ Bundesstraße; **les accidents de la** ~ die Verkehrsunfälle

router ⟨1⟩ [Rute] *vt* nach Versandgebieten sortieren

routier, -ière [Rutje, ɛR] **1.** *adj* Straßen- **2.** *m* (*camionneur*) Lastwagenfahrer(in) *m(f)*

routine [Rutin] *f* Routine *f*; **routinier, -ière** [Rutinje, ɛR] *adj* (*personne*) starr; (*procédé*) routinemäßig, eingefahren

rouvrir ⟨11⟩ [RuvRiR] **1.** *vt, vi* wieder öffnen; (*débat*) wieder eröffnen **2.** *vpr* **se** ~ (*porte*) sich wieder öffnen; (*blessure*) wieder aufgehen

roux, rousse [Ru, Rus] **1.** *adj* (*cheveux*) rot; (*personne*) rothaarig **2.** *m, f* Rothaarige(r) *mf* **3.** *m* (GASTR) Mehlschwitze *f*

royal, e (-aux) [Rwajal, o] *adj* königlich; (*festin, cadeau*) fürstlich, prachtvoll; (*indifférence, paix*) göttlich

royaume [Rwajom] *m* Königreich *nt*; (*fig*) Reich *nt*; **le Royaume-Uni** das Vereinigte Königreich

royauté [Rwajote] *f* (*dignité*) Königswürde *f*; (*régime*) Monarchie *f*

R.P.R. *m abr de* **Rassemblement pour la République** *konservative Partei Frankreichs*

RSVP *abr de* **répondez s'il vous plaît** u. A. w. g.

rtf *m abr de* **rich text format** RTF *nt*

R.T.L. *abr de* **Radio-Télévision Luxembourg** RTL *nt*

RTT *f abr de* **réduction du temps de travail** Arbeitszeitverkürzung *f*

ruban [Rybã] *m* Band *nt*; (*de téléscripteur, etc*) Streifen *m*; (*de machine à écrire*) Farbband *nt*; ~ **adhésif** Klebestreifen; ~ **correcteur** Korrekturband

rubéole [Rybeɔl] *f* Röteln *pl*

rubis [Rybi] *m* Rubin *m*

rubrique [RybRik] *f* Rubrik *f*; (*dans journal*) Spalte *f*

ruche [Ryʃ] *f* Bienenstock *m*

rude [Ryd] *adj* hart, rau; **un hiver très** ~ ein strenger Winter; **une** ~ **journée** ein harter Tag; **il a été à** ~ **école** er hat eine harte Schule durchgemacht; **rudement** [Rydmã] *adv* hart

rudimentaire [RydimãtɛR] *adj* Grund-; (*insuffisant*) unzureichend; **connaissances** ~**s** minimale Kenntnisse

rudiments [Rydimã] *mpl* Grundlagen *pl*

rudoyer ⟨7⟩ [Rydwaje] *vt* grob behandeln

rue [Ry] *f* Straße *f*

ruée [Rɥe] *f* Gedränge *nt*; (*fig*) Run *m* (*sur* auf +*akk*); **la** ~ **vers l'or** der Goldrausch

ruelle [Rɥel] *f* Gässchen *nt*, Sträßchen *nt*

ruer ⟨1⟩ [Rɥe] **1.** *vi* (*cheval*) ausschlagen; ~ **dans les brancards** (*fig*) bocken **2.** *vpr* **se** ~ **sur/vers** sich stürzen auf +*akk*; **se** ~ **dans/hors** sich stürzen in +*akk*/hinausstürzen aus

rugby [Rygbi] *m* Rugby *nt*

rugir ⟨8⟩ [RyʒiR] **1.** *vi* brüllen; (*moteur*) dröhnen, heulen **2.** *vt* brüllen

rugueux, -euse [Rygø, øz] *adj* rau

ruine [Rɥin] *f* (*d'un édifice*) Ruine *f*; (*fig*) Ruin *m*; **tomber en** ~ zerfallen; **ruiner** ⟨1⟩ **1.** *vt* ruinieren **2.** *vpr* **se** ~ sich ruinieren; **ruineux, -euse** [Rɥinø, øz] *adj* sündhaft teuer

ruisseau (x) [Rɥiso] *m* Bach *m*; (*caniveau*) Gosse *f*

ruisseler ⟨3⟩ [Rɥis(ə)le] *vi* (*eau, larmes*) strömen; (*pluie*) in Strömen fließen; (*mur, arbre*) tropfen; ~ **de larmes/sueur** tränenüberströmt/schweißgebadet sein

rumeur [RymœR] *f* (*nouvelle*) Gerücht *nt*; (*bruit confus*) Lärm *m*; (*de voix*) Gemurmel *nt*

ruminer ⟨1⟩ [Rymine] **1.** *vt* wiederkäuen; (*fig*) mit sich herumtragen **2.** *vi* (*vache*) wiederkäuen

rumsteck [Rɔmstɛk] *m* Rumpsteak *nt*

rune [Ryn] *f* Rune *f*

rupture [RyptyR] *f* (*d'un câble*) Zerreißen *nt*; (*d'une digue*) Bruch *m*; (*d'un tendon*) Riss *m*; (*des négociations*) Abbruch *m*; (*séparation*) Trennung *f*; ~ **des relations diplomatiques** (POL) Abbruch *m* der diplomatischen Beziehungen

rural, e (-aux) [RyRal, o] *adj* ländlich

ruse [Ryz] *f* List *f*; **par** ~ durch eine List; **rusé, e** *adj* gewitzt, listig

russe [Rys] *adj* russisch; **Russe** *mf* Russe (Russin) *m(f)*; **Russie** [Rysi] *f* **la** ~ Russland *nt*

rustique [Rystik] *adj* (*mobilier*) rustikal; (*vie*) ländlich; (*plante*) widerstandsfähig

rustre [RystR(ə)] *m* Flegel *m*, Bauer *m*

rutabaga [Rytabaga] *m* Kohlrübe *f*, Steckrübe *f*

R.V. *abr de* **rendez-vous** Termin *m*

Rwanda [Rwãda] *m* **le** ~ Ruanda *nt*

rythme [Ritm(ə)] *m* Rhythmus *m*; (*de la vie*) Tempo *nt*; **rythmé, e** *adj* rhythmisch; **rythmique** [Ritmik] **1.** *adj* rhythmisch **2.** *f* **la** ~ die Rhythmik

S

S, s [ɛs] m S, s nt

s. abr de **siècle** Jh.

sa [sa] adj v. **son**

S.A. abr de **Société anonyme** AG f

sable [sabl(ə)] m Sand m; **~s mouvants** Treibsand

sablé [sable] m Butterkeks m

sabler ⟨1⟩ [sable] vt mit Sand bestreuen; (route verglacée) streuen; (pour nettoyer) sandstrahlen; **~ le champagne** (aus einem feierlichen Anlass) Champagner trinken

sablier [sablije] m Sanduhr f; (de cuisine) Eieruhr f

sablière [sablijɛʀ] f (carrière) Sandgrube f

sablonneux, -euse [sablɔnø, øz] adj sandig

sabot [sabo] m Holzschuh m; (ZOOL) Huf m; **~ de Denver** (AUTO) (Park)kralle f

sabotage [sabɔtaʒ] m Sabotage f

saboter ⟨1⟩ [sabɔte] vt sabotieren

sabre [sabʀ(ə)] m Säbel m

sac [sak] m Tasche f; (à charbon, à pommes de terre, etc) Sack m; (en papier) Tüte f; (pillage) Plünderung f; **mettre à ~** plündern; **~ de couchage** Schlafsack; **~ à dos** Rucksack; **~ à main** Handtasche; **~ en plastique** Plastiktüte; **~ poubelle** Müllsack; **~ à provisions** Einkaufstasche

saccade [sakad] f Ruck m; **par ~s** ruckweise

saccager ⟨2⟩ [sakaʒe] vt plündern; (fig) verwüsten

saccharine [sakaʀin] f Süßstoff m

S.A.C.E.M. [sasɛm] f acr de **Société des auteurs, compositeurs, éditeurs de musique** ≈ GEMA f

sachet [saʃɛ] m (kleine) Tüte, Beutel m; **~ de thé** Teebeutel; **potage en ~** Tütensuppe f

sacoche [sakɔʃ] f Tasche f; (de vélo, de moto) Satteltasche f

sacré, e [sakʀe] adj heilig; (fam) verdammt

sacrement [sakʀəmã] m Sakrament nt

sacrifice [sakʀifis] m Opfer nt; **faire des ~s** Opfer bringen

sacrifier ⟨1⟩ [sakʀifje] 1. vt opfern 2. vpr **se ~** sich (auf)opfern 3. vi **~ à** (obéir à) sich unterordnen +dat

sacrilège [sakʀilɛʒ] 1. m Sakrileg nt; (fig) Frevel m 2. adj frevelhaft

sacristain [sakʀistɛ̃] m Küster m

sacristie [sakʀisti] f Sakristei f

sacro-saint, e (sacro-saints) [sakʀosɛ̃, ɛt] adj hochheilig

sadique [sadik] 1. adj sadistisch 2. mf Sadist(in) m(f); **sadisme** [sadism(ə)] m Sadismus m

sadomasochisme [sadomazoʃism] m Sadomasochismus m; **sadomasochiste** [sadomazoʃist] 1. adj sadomasochistisch 2. mf Sadomasochist(in) m(f)

safari [safaʀi] m Safari f

safran [safʀã] m Safran m

sagace [sagas] adj scharfsinnig

sage [saʒ] 1. adj klug, weise; (enfant) artig, brav 2. m Weise(r) m; **sage-femme** (sages-femmes) f Hebamme f; **sagement** adv (raisonnablement) klug; (tranquillement) artig; **sagesse** [saʒes] f Klugheit f, Weisheit f

Sagittaire [saʒitɛʀ] m (ASTR) Schütze m

Sahara [saaʀa] m Sahara f

Sahel [sael] m Sahel m

saignant, e [sɛɲã, ãt] adj (viande) blutig, englisch; (blessure, plaie) blutend

saignée [sɛɲe] f (MED) Aderlass m; (fig) schwerer Verlust; **la ~ du bras** (ANAT) die Armbeuge

saignement [sɛɲmã] m Blutung f; **~ de nez** Nasenbluten nt

saigner ⟨1⟩ [sɛɲe] 1. vi bluten 2. vt (MED) Blut entnehmen +dat; (animal) abschlachten; (fig) ausbluten

saillie [saji] f (d'une construction) Vorsprung m

saillir [sajiʀ] irr comme assaillir vi (faire saillie) vorstehen

sain, e [sɛ̃, sɛn] adj gesund; **~(e) et sauf(sauve)** unversehrt

saindoux [sɛ̃du] m Schweineschmalz nt

saint, e [sɛ̃, sɛ̃t] 1. adj heilig; **~ Pierre** der heilige Petrus; (église) Sankt Peter; **une ~e nitouche** eine Scheinheilige 2. m, f Heilige(r) mf 3. m (statue) Heiligenstatue f; **saint-bernard** [sɛ̃bɛʀnaʀ] m inv (chien) Bernhardiner m; **Saint-Esprit** [sɛ̃tɛspʀi] m **le ~** der Heilige Geist; **sainteté** [sɛ̃te] f Heiligkeit f

Saint-Laurent [sɛ̃loʀã] m **le ~** der Sankt-Lorenz-Strom

Saint-Marin [sɛ̃maʀɛ̃] San Marino nt

Saint-Siège [sɛ̃sjɛʒ] m **le ~** der Heilige Stuhl; **Saint-Sylvestre** [sɛ̃silvɛstʀ] f **la ~** Silvester m o nt

saisie [sezi] f (JUR) Beschlagnahme f; Pfändung f; (INFORM: de données) Erfassung f; **saisir** ⟨8⟩ vt nehmen, ergreifen; (comprendre) erfassen; (GASTR) kurz (an)braten; (INFORM) erfassen; (JUR) beschlagnahmen; (pour dettes) pfänden; ~ **un tribunal d'une affaire** ein Gericht wegen einer Sache anrufen; **saisissant, e** [sezizã, ãt] adj ergreifend; **saisissement** m muet(te)/figé(e) **de** ~ überwältigt/wie gelähmt

saison [sezɔ̃] f Jahreszeit f; (époque) Zeit f; (touristique) Saison f; **en/hors** ~ während/außerhalb der Saison; **pleine** ~ (tourisme) Hochsaison; **saisonnier, -ière** [sezɔnje, ɛʀ] **1.** adj (produits) der entsprechenden Jahreszeit **2.** m, f (travailleur) Saisonarbeiter(in) m(f)

salace [salas] adj schlüpfrig

salade [salad] f Salat m; (BOT) Salatpflanze f; **raconter des** ~s (fam) Märchen erzählen; ~ **composée** gemischter Salat; ~ **de fruits** Fruchtsalat; **saladier** [saladje] m (Salat)schüssel f

salaire [salɛʀ] m Lohn m; (d'un employé) Gehalt nt; ~ **de base** Grundgehalt /-lohn; ~ **minimum interprofessionnel de croissance** staatlich festgesetzter Mindestlohn

salaison [salɛzɔ̃] f (opération) Einsalzen nt; ~s fpl (produits) Pökelfleisch nt /-fisch m, Gepökelte(s) nt

salamandre [salamɑ̃dʀ] f Salamander m

salami [salami] m Salami f

salariat [salaʀja] m Lohn-/Gehaltsempfänger pl

salarié, e [salaʀje] m, f Lohn-/Gehaltsempfänger(in) m(f)

salaud [salo] m (vulg) Scheißkerl m

sale [sal] adj schmutzig; (fam: avant le nom) Drecks-

salé, e [sale] adj salzig; (GASTR) gesalzen; (histoire, plaisanterie) schlüpfrig, pikant; (fam: addition) gesalzen; **salement** [salmã] adv (manger) wie ein Schwein

saler ⟨1⟩ [sale] vt (plat) salzen; (pour conserver) pökeln

saleté [salte] f Schmutz m; (chose sans valeur) Mist m; ~s (obscénités) Schweinereien pl

salière [saljɛʀ] f (récipient) Salznäpfchen nt

saligaud [saligo] m (fam) Schweinehund m

salin, e [salɛ̃, in] **1.** adj salzig **2.** f Saline f

salir ⟨8⟩ [saliʀ] vt beschmutzen, schmutzig machen; (personne, réputation) besudeln, beschmutzen

salissant, e [salisã, ãt] adj leicht schmutzend, heikel; (métier) schmutzig

salive [saliv] f Speichel m; **saliver** ⟨1⟩ vi sabbern

salle [sal] f Zimmer nt, großer Raum; (de musée) Saal m; (public) Zuschauer pl; **faire** ~ **comble** ein volles Haus haben; **sortir dans les** ~s (film) in die Kinos kommen, anlaufen; ~ **d'attente** (d'une gare) Wartesaal; (d'un médecin) Wartezimmer; ~ **de bain(s)** Badezimmer; ~ **de conversation** (INFORM) Chatroom m; ~ **à manger** Esszimmer; ~ **de séjour** Wohnzimmer

salmonellose [salmɔneloz] f Salmonellenvergiftung f

salon [salɔ̃] m Salon m; (pièce) Wohnzimmer nt; (mobilier) Polstergarnitur f; ~ **de coiffure** Friseursalon; ~ **de thé** Café nt

salopard [salopaʀ] m (vulg) Scheißkerl m

salope [salɔp] f (fam) Miststück nt

saloper ⟨1⟩ [salɔpe] vt (fam) versauen

saloperie [salɔpʀi] f (vulg) Schweinerei f, Sauerei f

salopette [salɔpet] f Latzhose f; (de travail) Overall m

salpêtre [salpetʀ] m Salpeter m

salsa [salsa] f Salsamusik f

salsifis [salsifi] m Schwarzwurzel f

saltimbanque [saltɛ̃bɑ̃k] mf Schausteller(in) m(f)

salubre [salybʀ(ə)] adj (climat, etc) gesund

saluer ⟨1⟩ [salɥe] vt grüßen; (pour dire au revoir) sich verabschieden von; (MIL) salutieren

salut [saly] **1.** m (sauvegarde) Wohl nt, Sicherheit f; (REL) Erlösung f, Heil nt; (geste, parole) Gruß m; (MIL) Salut m **2.** interj (fam) hallo; (au revoir) tschüss

salutaire [salytɛʀ] adj heilsam, nützlich

salutations [salytasjɔ̃] fpl **recevez mes** ~ **distinguées** ≈ mit freundlichen Grüßen

Salvador [salvadɔʀ] m **le** ~ El Salvador nt; **salvadorien, ne** [salvadɔʀjɛ̃, ɛn] adj salvadorianisch; **Salvadorien, ne** m, f Salvadorianer(in) m(f)

samedi [samdi] m Samstag m, Sonnabend m; **le** ~, **tous les** ~s samstags, sonnabends

S.A.M.U. [samy] m acr de **service d'aide médicale d'urgence** Notarztdienst m

sanatorium [sanatɔʀjɔm] m Sanatorium nt

sanctifier ⟨1⟩ [sɑ̃ktifje] vt heiligen

sanction [sɑ̃ksjɔ̃] f Sanktion f; ~s **économiques** Wirtschaftssanktionen pl

sanctuaire [sɑ̃ktɥɛʀ] m heiliger Ort; (d'une église) Altarraum m

sandale [sɑ̃dal] f Sandale f

sandwich (-(e)s) [sɑ̃dwitʃ] m Sandwich

nt, belegtes Brot; **pris(e) en ~ (entre)** (*fam*) eingeklemmt (zwischen +*dat*)

sang [sɑ̃] *m* Blut *nt;* **se faire du mauvais ~** sich *dat* Sorgen machen; **sang-froid** *m* Kaltblütigkeit *f;* **garder son ~** ruhig Blut bewahren; **perdre son ~** die Fassung verlieren

sanglant, e [sɑ̃glɑ̃, ɑ̃t] *adj* blutig; (*reproche, affront*) tief verletzend

sangle [sɑ̃gl(ə)] *f* Gurt *m*

sanglier [sɑ̃glije] *m* Wildschwein *nt*

sangloter ⟨1⟩ [sɑ̃glɔte] *vi* schluchzen

sangria [sɑ̃grija] *f* Sangria *f*

sangsue [sɑ̃sy] *f* Blutegel *m*

sanguin, e [sɑ̃gɛ̃, in] **1.** *adj* Blut-; (*tempérament*) hitzig **2.** *f* (*orange*) Blutorange *f;* (*ART*) Rötelzeichnung *f*

sanguinaire [sɑ̃ginɛʀ] *adj* blutrünstig

sanisette® [sanizɛt] *f* öffentliche Toilette (*mit besonderem Komfort ausgestattet*)

sanitaire [sanitɛʀ] *adj* sanitär, Gesundheits-; **installations ~s** Sanitäreinrichtungen *pl*

sans [sɑ̃] *prep* ohne +*akk;* **~ qu'il s'en aperçoive** ohne dass er es merkt; **sans-abri** [sɑ̃zabri] *mf inv* Obdachlose(r) *mf*, Wohnsitzlose(r) *mf;* **sans-emploi** [sɑ̃zɑ̃plwa] *mf inv* Arbeitslose(r) *mf;* **sans-façon** *m inv* Ungezwungenheit *f;* **sans-faute** *m inv* (*SPORT*) fehlerfreier Lauf; (*fig*) Glanzleistung *f;* **sans-gêne 1.** *adj inv* ungeniert **2.** *m inv* Ungeniertheit *f;* **sans-logis** *mf inv* Obdachlose(r) *mf;* **sans-papiers** [sɑ̃papje] *mf* illegaler Einwanderer, illegale Einwanderin; **sans-souci** *adj inv* sorglos

santal [sɑ̃tal] *m* Sandelholz *nt*

santé [sɑ̃te] *f* Gesundheit *f;* **boire à la ~ de qn** auf jds Wohl *akk* trinken; **être en bonne ~** gesund sein; **(à ta) ~!** prost!

santon [sɑ̃tɔ̃] *m* Krippenfigur *f*

saoudien, ne [saudjɛ̃, ɛn] *adj* saudiarabisch; **Saoudien, ne** *m*, *f* Saudi *mf*

saoul, e [su, sul] *adj v.* **soûl**

saper ⟨1⟩ [sape] *vt* untergraben; (*fig*) unterminieren; **sapeur** *m* (*MIL*) Pionier(in) *m(f);* **sapeur-pompier** (sapeurs-pompiers) *m* Feuerwehrmann *m*

saphir [safiʀ] *m* Saphir *m*

sapin [sapɛ̃] *m* Tanne *f*, Tannenbaum *m;* **~ de Noël** Weihnachtsbaum *m*

sarbacane [saʀbakan] *f* Blasrohr *nt;* (*jouet*) Pusterohr *nt*

sarcasme [saʀkasm] *m* Sarkasmus *m;* **sarcastique** [saʀkastik] *adj* sarkastisch

sarcler ⟨1⟩ [saʀkle] *vt* jäten

sarcome [saʀkom] *m* Sarkom *nt*, bösar-

tige Geschwulst; **~ de Kaposi** Kaposisarkom

sarcophage [saʀkɔfaʒ] *m* Sarkophag *m*

Sardaigne [saʀdɛɲ] *f* la **~** Sardinien *nt;* **sarde** [saʀd(ə)] *adj* sardisch

sardine [saʀdin] *f* Sardine *f*

sari [saʀi] *m* Sari *m*

S.A.R.L. *f abr de* **Société à responsabilité limitée** GmbH *f*

sarment [saʀmɑ̃] *m* **~ (de vigne)** Weinranke *f*

sarrau [saʀo] *m* Kittel *m*

Sarre [saʀ] *f* la **~** das Saarland; (*rivière*) die Saar; **Sarrebruck** [saʀbʀyk] Saarbrücken *nt*

sarriette [saʀjɛt] *f* Bohnenkraut *nt*

sas [sɑs] *m* (*pièce étanche*) Luftschleuse *f;* Verbindungsschleuse *f;* (*d'une écluse*) Schleusenkammer *f*

satané, e [satane] *adj* (*devant le nom*) verflucht

satanique [satanik] *adj* teuflisch

satelliser ⟨1⟩ [satelize] *vt* in die Umlaufbahn schießen; (*pays*) zu seinem Satelliten machen

satellite [satelit] *m* Satellit *m;* **~ d'observation** Forschungssatellit; **~ de télévision** Fernsehsatellit; **satellite-espion** (satellites-espions) [satelitɛspjɔ̃] *m* Spionagesatellit *m;* **satellite-observatoire** (satellites-observatoires) [satelitɔpsɛʀvatwaʀ] *m* Beobachtungssatellit *m;* **satellite-relais** (satellites-relais) [satelitʀəlɛ] *m* Übertragungssatellit *m*

satiété [sasjete] *f* **manger/boire à ~** sich satt essen/seinen Durst löschen; **répéter à ~** bis zum Überdruss wiederholen

satin [satɛ̃] *m* Satin *m;* **satiné, e** [satine] *adj* satiniert; (*peau*) seidig

satirique [satiʀik] *adj* satirisch

satisfaction [satisfaksjɔ̃] *f* (*action*) Befriedigung *f;* (*état*) Zufriedenheit *f;* **donner ~ (à qn)** (jdn) zufrieden stellen; **obtenir ~** Genugtuung erlangen

satisfaire [satisfɛʀ] *irr comme* **faire** *vt* befriedigen; **~ à** erfüllen +*akk;* **satisfaisant, e** [satisfəzɑ̃, ɑ̃t] *adj* befriedigend; **satisfait, e** [satisfɛ, ɛt] *adj* zufrieden (*de* mit)

saturation [satyʀasjɔ̃] *f* (*PHYS*) Sättigung *f;* (*de l'emploi, du marché*) Übersättigung *f*

saturer ⟨1⟩ [satyʀe] *vt* übersättigen

sauce [sos] *f* Soße *f;* **en ~** im Saft; **~ tomate** Tomatensoße; **saucière** [sosjɛʀ] *f* Sauciere *f*, Soßenschüssel *f*

saucisse [sosis] *f* Bratwurst *f;* Würstchen *nt*

saucisson [sosisɔ̃] *m* Wurst *f*; ~ **sec/à l'ail** Hart-/Knoblauchwurst; **saucissonner** ⟨1⟩ [sosisɔne] *vt (fam)* picknicken

sauf [sof] *prep* außer +*dat*; ~ **si** außer, wenn; ~ **empêchement** wenn nichts dazwischenkommt; ~ **erreur** wenn ich mich nicht irre; ~ **avis contraire** sofern nichts Gegenteiliges zu hören ist

sauf, sauve [sof, sov] *adj* unbeschadet; **laisser la vie sauve à qn** jds Leben verschonen; **sauf-conduit** (sauf-conduits) *m (lettre)* Geleitbrief *m*

sauge [soʒ] *f* Salbei *m*

saugrenu, e [sogʀəny] *adj* absurd

saule [sol] *m* Weide *f*; ~ **pleureur** Trauerweide

saumon [somɔ̃] *m* Lachs *m*

saumure [somyʀ] *f* Salzlake *f*

sauna [sona] *m* Sauna *f*; **faire du** ~ saunieren

saupoudrer ⟨1⟩ [sopudʀe] *vt* bestreuen

saur [sɔʀ] *adj* hareng ~ Bückling *m*

saut [so] *m* Sprung *m*; **au** ~ **du lit** beim Aufstehen; **faire un** ~ **chez qn** auf einen Sprung bei jdm vorbeischauen; ~ **en hauteur/longueur** Hoch-/Weitsprung *m*; ~ **à l'élastique** Bungeejumping *nt*; ~ **d'obstacles** Springreiten *nt*; ~ **en parachute** Fallschirmspringen *nt*; ~ **à la perche** Stabhochsprung *m*; ~ **périlleux** Salto mortale *m*

saute [sot] *f* ~ **de vent** Windumsprung *m*; **avoir des** ~**s d'humeur** wechselhaft sein; ~ **de température** Temperaturschwung *m*

sauté, e [sote] **1.** *adj (GASTR)* gebraten **2.** *m* ~ **de veau** Kalbsbraten *m*

saute-mouton [sotmutɔ̃] *m inv* **jouer à** ~ Bockspringen machen

sauter ⟨1⟩ [sote] **1.** *vi (bondir)* springen; *(exploser)* in die Luft fliegen; *(fusibles)* durchbrennen; *(se rompre)* reißen; **faire** ~ *(avec des explosifs)* sprengen; *(GASTR)* braten; ~ **à la corde** seilspringen; ~ **au cou de qn** jdm um den Hals fallen; ~ **de joie** vor Freude hüpfen; ~ **à pieds joints** aus dem Stand springen; ~ **en parachute** mit dem Fallschirm abspringen **2.** *vt (obstacle)* überspringen; *(omettre)* überspringen, auslassen

sauterelle [sotʀɛl] *f* Heuschrecke *f*

sautiller ⟨1⟩ [sotije] *vi* hopsen, hüpfen

sauvage [sovaʒ] **1.** *adj* wild; *(insociable)* ungesellig, scheu **2.** *mf* Wilde(r) *mf*; *(brute)* Barbar(in) *m(f)*

sauve [sov] *adj v.* **sauf**

sauvegarde [sovgaʀd(ə)] *f* Schutz *m*; *(INFORM)* Sicherungskopie *f*; **clause de** ~ *(JUR)* Vorbehaltsklausel *f*; **sauvegarder** ⟨1⟩ *vt* schützen; *(INFORM)* speichern, sichern

sauve-qui-peut [sovkipø] **1.** *m inv* Panik *f* **2.** *interj* rette sich wer kann

sauver ⟨1⟩ [sove] **1.** *vt* retten; ~ **qn de** jdn retten aus **2.** *vpr* **se** ~ *(fam: partir)* abhauen

sauvetage [sov(ə)taʒ] *m* Rettung *f*

sauveteur [sov(ə)tœʀ] *m* Retter(in) *m(f)*

sauvette [sovɛt] *adv* **à la** ~ *(se marier, etc)* überstürzt; **vendeur à la** ~ illegaler (fliegender) Händler

sauveur [sovœʀ] *m* Retter(in) *m(f)*; **le Sauveur** *(REL)* der Erlöser

S.A.V. *m abr de* **service après-vente** Kundendienst *m*

savamment [savamɑ̃] *adv (avec érudition)* gelehrt; *(habilement)* geschickt

savane [savan] *f* Savanne *f*

savant, e [savɑ̃, ɑ̃t] **1.** *adj (instruit)* gelehrt; *(édition, travaux)* wissenschaftlich; *(fig)* bewandert; *(démonstration, combinaison)* geschickt; **chien** ~ Hund *m*, der Kunststückchen vorführen kann **2.** *m, f* Gelehrte(r) *mf*

saveur [savœʀ] *f (goût)* Geschmack *m*; *(fig)* Reiz *m*

Savoie [savwa] *f* **la** ~ Savoyen *nt*

savoir ⟨12⟩ [savwaʀ] **1.** *vt* wissen; *(connaître)* können; **à** ~ nämlich; **faire** ~ **qch à qn** jdn etw wissen lassen; ~ **nager** *(être capable de)* schwimmen können; **sans le** ~ unbewusst, automatisch **2.** *m (culture, érudition)* Wissen *nt*; ~ **transférable** übertragbares Wissen; ~ **transversal** Querdenken *nt*; **savoir-faire** *m inv* **le** ~ das Know-how; **savoir-vivre** *m inv* gute Manieren *pl*

savon [savɔ̃] *m* Seife *f*; **passer un** ~ **à qn** *(fam)* jdm den Kopf waschen; **savonner** ⟨1⟩ [savɔne] *vt* einseifen; **savonnette** *f* Toilettenseife *f*; **savonneux, -euse** *adj* seifig

savourer ⟨1⟩ [savuʀe] *vt* genießen; **savoureux, -euse** *adj* köstlich

Saxe [saks] *f* **la** ~ Sachsen *nt*; **la** ~**-Anhalt** Sachsen-Anhalt *nt*

saxophone [saksɔfɔn] *m* Saxophon *nt*, Saxofon *nt*

scalpel [skalpɛl] *m* Skalpell *nt*

scalper ⟨1⟩ [skalpe] *vt* skalpieren

scampi [skãpi] *mpl* Scampi *pl*

scandale [skɑ̃dal] *m* Skandal *m*; **faire** ~ Anstoß erregen; **faire du** ~ *(tapage)* einen Spektakel machen; **scandaleux, -euse**

adj skandalös; *(prix)* empörend; **scandaliser** ⟨1⟩ *vt* entrüsten

scandinave [skãdinav] *adj* skandinavisch; **Scandinave** *mf* Skandinavier(in) *m(f)*; **Scandinavie** [skãdinavi] *f* **la ~** Skandinavien *nt*

scanner 1. [skanɛʀ] *m* (*INFORM*) Scanner *m* **2.** ⟨1⟩ [skane] *vt* scannen

scaphandre [skafãdʀ(ə)] *m* (*de plongeur*) Taucheranzug *m*; **scaphandrier** [skafãdʀije] *m* Taucher *m*

scarabée [skaʀabe] *m* Mistkäfer *m*

scarlatine [skaʀlatin] *f* Scharlach *nt*

sceau (x) [so] *m* (*cachet*) Siegel *nt*; *(fig)* Stempel *m*

scélérat, e [selera, at] *m, f* Schurke (Schurkin) *m(f)*

sceller ⟨1⟩ [sele] *vt* besiegeln; *(lettre, ouverture)* versiegeln

scénario [senaʀjo] *m* Szenario *nt*

scène [sɛn] *f* Szene *f*; *(lieu de l'action)* Schauplatz *m*; **la ~** (*THEAT*) die Bühne; **entrer en ~** auftreten; **mettre en ~** inszenieren; **~ de ménage** Ehekrach *m*

sceptique [sɛptik] *adj* skeptisch

sceptre [sɛptʀ(ə)] *m* Zepter *nt*

Schaffhouse [ʃafuz] (*ville et canton*) Schaffhausen *nt*

schéma [ʃema] *m* Schema *nt*; **schématique** *adj* schematisch

schisme [ʃism(ə)] *m* Spaltung *f*

schizophrène [skizɔfʀɛn] *mf* Schizophrene(r) *mf*; **schizophrénie** [skizɔfʀeni] *f* Schizophrenie *f*

Schleswig-Holstein [ʃlɛsvikɔlʃtajn] *m* **le ~** Schleswig-Holstein *nt*

Schwytz [ʃvits] Schwyz *nt*

sciatique [sjatik] *f* Ischias *m*

scie [si] *f* Säge *f*; **~ à bois/métaux** Holz-/ Metallsäge; **~ circulaire** Kreissäge; **~ à guichet** Stichsäge; **~ à ruban** Bandsäge

sciemment [sjamã] *adv* wissentlich

science [sjãs] *f* Wissenschaft *f*; *(connaissance)* Wissen *nt*; **les ~s** (*SCOL*) die Naturwissenschaften *pl*; **~s politiques** Politologie *f*, Politikwissenschaft *f*; **science-fiction** [sjãsfiksjõ] *f* Sciencefiction *f*; **scientifique** [sjãtifik] **1.** *adj* wissenschaftlich **2.** *mf* Wissenschaftler(in) *m(f)*

scier ⟨1⟩ [sje] *vt* sägen; **scierie** [siʀi] *f* Sägewerk *nt*

scinder ⟨1⟩ [sɛde] **1.** *vt* aufspalten **2.** *vpr* **se ~** *(parti)* sich aufspalten

scintiller ⟨1⟩ [sɛtije] *vi* funkeln

sciure [sjyʀ] *f* **~ (de bois)** Sägemehl *nt*

sclérose [skleʀoz] *f* Sklerose *f*; *(fig)* Verknöcherung *f*; **~ artérielle** Arterienverkal-

kung *f*; **~ en plaques** multiple Sklerose; **scléroser** ⟨1⟩ [skleʀoze] *vpr* **se ~** sklerotisch werden; *(fig)* verknöchern

scolaire [skɔlɛʀ] *adj* Schul-, schulisch; **en âge ~** im Schulalter; **l'année ~** das Schuljahr

scolarisation [skɔlaʀizasjõ] *f* Versorgung *f* mit Schulen; *(d'un enfant)* Einschulung *f*

scolariser ⟨1⟩ [skɔlaʀize] *vt* mit Schulen versorgen; *(enfants)* einschulen

scolarité [skɔlaʀite] *f* Schulbesuch *m*; Schulzeit *f*; **frais de ~** Schulgeld *nt*; **la ~ obligatoire** die Schulpflicht

scoop [skup] *m* Knüller *m*

scooter [skutœʀ] *m* Motorroller *m*

score [skɔʀ] *m* Punktstand *m*

scorpion [skɔʀpjõ] *m* (*ZOOL*) Skorpion *m*; **Scorpion** (*ASTR*) Skorpion *m*

scotch® [skɔtʃ] *m* Tesafilm® *m*

scout, e [skut] *m, f* Pfadfinder(in) *m(f)*; **scoutisme** [skutism(ə)] *m* Pfadfinderbewegung *f*

scribe [skʀib] *m* Schreiber(in) *m(f)*; *(pej)* Schreiberling *m*

script [skʀipt] **1.** *adj* (*écriture*) **~** Druckschrift *f* **2.** *m* (*CINE*) Drehbuch *nt*

scrupule [skʀypyl] *m* Skrupel *m*; **scrupuleusement** [skʀypyløzmã] *adv* äußerst gewissenhaft; **scrupuleux, -euse** *adj* gewissenhaft

scrutateur, -trice [skʀytatœʀ, tʀis] *adj* *(regard)* forschend

scruter ⟨1⟩ [skʀyte] *vt* erforschen; *(motifs, comportement)* ergründen

scrutin [skʀytɛ] *m* Wahl *f*; **~ à deux tours** Wahl mit zwei Durchgängen; **~ majoritaire** (*POL*) Mehrheitswahlrecht *nt*

sculpter ⟨1⟩ [skylte] *vt* in Stein hauen; *(pierre)* meißeln; *(bois)* schnitzen; **sculpteur** *m* Bildhauer(in) *m(f)*; **sculpture** [skyltyʀ] *f* Skulptur *f*

S.D.F. *mf* *abr de* *sans domicile fixe* Obdachlose(r) *mf*

se [s(ə)] *pron* sich; **~ casser la jambe/laver les mains** sich *dat* das Bein brechen/die Hände waschen

séance [seãs] *f* Sitzung *f*; *(récréative, musicale)* Veranstaltung *f*; *(CINE, THEAT)* Vorstellung *f*; **~ tenante** unverzüglich

séant, e [seã, ãt] **1.** *adj* anständig **2.** *m* *(fam)* Gesäß *nt*, Hintern *m*

seau (x) [so] *m* Eimer *m*; **~ à glace** Eiskühler *m*

sébum [sebɔm] *m* Talg *m*

sec, sèche [sɛk, sɛʃ] **1.** *adj* trocken; *(fruits)* getrocknet; *(bruit)* kurz; *(insensible)* hart; *(réponse, ton)* schroff **2.** *m* **tenir au ~** trocken aufbewahren **3.** adv (démarrer) hart

sécateur [sekatœʀ] m Gartenschere f

sécession [sesesjɔ̃] f **faire** ~ sich abspalten

sèche [sɛʃ] adj v. **sec; sèche-cheveux** m inv Föhn m; **sèche-linge** m inv Wäschetrockner m; **sèche-mains** m inv Händetrockner m

sécher ⟨5⟩ [seʃe] **1.** vt trocknen; (peau) austrocknen; (scol fam) schwänzen **2.** vi trocknen; (fam: candidat) keine Antwort wissen

sécheresse [seʃʀɛs] f Trockenheit f; (fig: du ton) Schroffheit f

séchoir [seʃwaʀ] m (à linge) Wäschetrockner m; (à cheveux) Föhn m

second, e [s(ə)gɔ̃, ɔ̃d] **1.** adj zweite(r, s) **2.** m, f (personne) Zweite(r) mf **3.** m (adjoint) zweiter Mann; (étage) zweiter Stock; (naut) Unteroffizier m, Maat m **4.** f (partie d'une minute) Sekunde f; (scol) Obersekunda f, elfte Klasse; **voyager en** ~**e** zweiter Klasse reisen; **secondaire** [s(ə)gɔ̃dɛʀ] adj (accessoire) sekundär, nebensächlich; (scol) höher, weiterführend; **secondement** adv zweitens

seconder ⟨1⟩ [s(ə)gɔ̃de] vt unterstützen, helfen +dat

secouer ⟨1⟩ [s(ə)kwe] vt schütteln; (tapis) ausschütteln; (passagers) durchschütteln; (séisme) erschüttern; **être secoué(e)** (fam) nicht (ganz) richtig ticken

secourir [s(ə)kuʀiʀ] irr comme courir vt helfen +dat

secourisme [s(ə)kuʀism(ə)] m erste Hilfe; **secouriste** mf Sanitäter(in) m(f)

secours [s(ə)kuʀ] m Hilfe f; ~ mpl (soins, équipes de secours) Hilfe f; (aide matérielle) Unterstützung f; **les premiers** ~ die erste Hilfe; **appeler au** ~ um Hilfe rufen; **aller au** ~ **de qn** jdm zu Hilfe kommen

secousse [s(ə)kus] f Erschütterung f; Stoß m; (électrique) Schlag m; ~ **sismique** [o **tellurique**] Erdstoß

secret, -ète [səkʀɛ, ɛt] **1.** adj geheim; (renfermé) reserviert **2.** m Geheimnis nt; (discrétion) Verschwiegenheit f; **en** ~ insgeheim; ~ **médical** (med) ärztliche Schweigepflicht

secrétaire [s(ə)kʀetɛʀ] **1.** mf Sekretär(in) m(f); ~ **de direction** Chefsekretär(in); ~ **d'État** (pol) Staatssekretär(in); ~ **général(e)** Generalsekretär(in) **2.** m (meuble) Sekretär m

secrétariat [s(ə)kʀetaʀja] m (profession) Beruf m eines Sekretärs/einer Sekretärin; (bureau) Sekretariat nt; (fonction) Amt nt des Schriftführers

sécréter ⟨5⟩ [sekʀete] vt absondern

sectaire [sɛktɛʀ] adj sektiererisch

secte [sɛkt(ə)] f Sekte f

secteur [sɛktœʀ] m Sektor m, Bereich m; **branché(e) sur le** ~ (élec) ans (Strom)netz angeschlossen; ~ **de boot** [o **de démarrage**] (inform) Bootsektor; ~ **privé/public** (écon) Privatwirtschaft f/Staatsunternehmen pl

section [sɛksjɔ̃] f Schnitt m; (tronçon) Abschnitt m; (de parcours) Teilstrecke f; (d'une entreprise, d'une université) Abteilung f; (scol) Zug m; **tube de 6,5 mm de** ~ Rohr mit 6,5 mm Durchmesser; **sectionner** ⟨1⟩ [sɛksjɔne] vt durchschneiden; (membre) abtrennen

sécu [seky] f (fam: Sécurité sociale) ≈ Sozial- und Krankenversicherung f

séculaire [sekylɛʀ] adj hundertjährig; (fête, cérémonie) Hundertjahres-

séculier, -ière [sekylje, ɛʀ] adj weltlich

secundo [s(ə)gɔ̃do] adv zweitens

sécuriser ⟨1⟩ [sekyʀize] vt ein Gefühl der Sicherheit geben +dat

sécurité [sekyʀite] f Sicherheit f; **Conseil de** ~ UN-Sicherheitsrat m; **zone de** ~ UN-Sicherheitszone f; ~ **de l'emploi** Arbeitsplatzsicherheit; ~ **routière** Verkehrssicherheit; **la Sécurité sociale** die Sozial- und Krankenversicherung

sédatif [sedatif] m Beruhigungsmittel nt

sédentaire [sedɑ̃tɛʀ] adj sesshaft; (profession) sitzend; (casanier) häuslich

sédiment [sedimɑ̃] m (au fond d'une bouteille) Bodensatz m; ~**s** mpl (geo) Ablagerungen pl

séducteur, -trice [sedyktœʀ, tʀis] m, f Verführer(in) m(f)

séduction [sedyksjɔ̃] f (action) Verführung f; (attrait) Reiz m

séduire [sedɥiʀ] irr comme conduire vt (conquérir) für sich gewinnen, erobern; (femme, homme) verführen; (captiver) bezaubern

séduisant, e [sedɥizɑ̃, ɑ̃t] adj bezaubernd; (offre, promesse) verführerisch

segment [sɛgmɑ̃] m (math) Segment nt, Abschnitt m; ~ (**de piston**) (auto) Kolbenring m; **segmenter** ⟨1⟩ vt teilen

ségrégation [segʀegasjɔ̃] f ~ **raciale** Rassentrennung f

seigle [sɛgl(ə)] m Roggen m

seigneur [sɛɲœʀ] m (féodal) Herr m, Gutsherr m; **le Seigneur** (rel) der Herr

sein [sɛ̃] m Brust f; **au** ~ **de** inmitten +gen; **nourrir au** ~ stillen

Seine [sɛn] f la ~ die Seine

séisme [seism(ə)] m Erdbeben nt

seize [sɛz] num sechzehn

séjour [seʒuʀ] m Aufenthalt m; (pièce) Wohnzimmer nt; ~ linguistique Sprachkurs m im Ausland; **séjourner** ⟨1⟩ vi sich aufhalten

sel [sɛl] m Salz nt; (fig: piquant) Würze f

sélection [seleksjɔ̃] f Auswahl f; **sélectionner** ⟨1⟩ [seleksjɔne] vt auswählen

sélectivité [selɛktivite] f (RADIO) Trennschärfe f

self [sɛlf] m Selbstbedienungsrestaurant nt

self-service (self-services) [sɛlfsɛʀvis] m Selbstbedienungsgeschäft nt/-restaurant nt

selle [sɛl] f Sattel m; (GASTR) Rücken m; ~s fpl (MED) Stuhlgang m; se mettre en ~ aufsitzen; **seller** ⟨1⟩ vt satteln

sellier, -ière [selje, ɛʀ] m, f Sattler(in) m(f)

selon [s(ə)lɔ̃] prep gemäß +dat; ~ moi meiner Meinung nach; ~ les circonstances den Umständen entsprechend; ~ que je nachdem ob; c'est ~ (fam) das hängt ganz davon ab

semailles [s(ə)maj] fpl Saat f

semaine [s(ə)mɛn] f Woche f; en ~ (jours ouvrables) werktags; la ~ sainte die Karwoche

semblable [sɑ̃blabl(ə)] 1. adj ähnlich; ~ à so wie, ähnlich wie; de ~s mésaventures/calomnies ein derartiges Missgeschick/derartige Verleumdungen 2. m (prochain) Mitmensch m

semblant [sɑ̃blɑ̃] m Anschein m; faire ~ nur so tun; faire ~ de faire qch so tun, als ob man etw täte

sembler ⟨1⟩ [sɑ̃ble] 1. vi (avec attribut) scheinen; comme/quand bon lui semble nach seinem Gutdünken; cela leur semblait cher/pratique das kam ihnen teuer/praktisch vor 2. vb impers il semble inutile/bon de es scheint unnötig/ratsam zu; il semble que es hat den Anschein, dass; il me semble que mir scheint, dass

semelle [s(ə)mɛl] f Sohle f; c'est de la ~ (fam: viande) das ist zäh wie Leder

semence [s(ə)mɑ̃s] f (graine) Samen m

semer ⟨4⟩ [s(ə)me] vt (aus)säen; (fig) (aus)streuen; (poursuivants) abhängen; ~ la consternation Bestürzung hervorrufen; ~ la discorde/terreur parmi Streit/Schrecken verbreiten unter +dat; qui sème le vent récolte la tempête (proverbe) wer Wind sät, wird Sturm ernten

semestre [s(ə)mɛstʀ(ə)] m Halbjahr nt; (à

l'université) Semester nt

semi- [səmi] pref halb-; **semi-conducteur** (semi-conducteurs) m Halbleiter m

séminaire [seminɛʀ] m Seminar nt

semi-remorque (semi-remorques) [səmiʀ(ə)mɔʀk] m (camion) Sattelschlepper m

sémite [semit] adj semitisch

semonce [səmɔ̃s] f (réprimande) Verweis m

semoule [s(ə)mul] f Grieß m

sénat [sena] m Senat m

┌─────────────┐
│ **Le Sénat** │
└─────────────┘

Le Sénat ist das Oberhaus des französischen Parlaments, das im Palais du Luxembourg in Paris zusammenkommt. Ein Drittel der sénateurs werden für eine neunjährige Legislaturperiode alle drei Jahre von einem aus „députés" und anderen gewählten Volksvertretern bestehenden Wahlausschuss gewählt. Der Sénat besitzt weit reichende Befugnisse; bei Unstimmigkeiten kann sich aber die „Assemblée nationale" über ihn hinwegsetzen.

sénateur [senatœʀ] m Senator(in) m(f)

Sénégal [senegal] m le ~ Senegal nt; **sénégalais, e** [senegalɛ, ɛz] adj senegalesisch; **Sénégalais, e** m, f Senegalese (Senegalesin) m(f)

sénescence [senesɑ̃s] f Alterung f

sénile [senil] adj senil; Alters-; **sénilité** [senilite] f Senilität f

senior [senjɔʀ] 1. adj (SPORT) Senioren- 2. mpl Senioren pl

sens [sɑ̃s] m Sinn m; (signification) Sinn m, Bedeutung f; (direction) Richtung f; avoir le ~ des affaires/de la mesure Geschäftssinn/einen Sinn für das richtige Maß haben; bon ~, ~ commun gesunder Menschenverstand; dans le ~ de la longueur der Länge nach; dans le mauvais ~ verkehrt herum; ~ dessus dessous völlig durcheinander; ~ figuré/propre übertragene/wörtliche Bedeutung; ~ interdit/giratoire/unique Durchfahrt f verboten/Kreisverkehr m/Einbahnstraße f; ~ de la marche (train, voiture) Fahrtrichtung f; reprendre ses ~ das Bewusstsein wiedererlangen

sensas(s) [sɑ̃sas] adj inv (fam) toll, Klasse, Spitze

sensation [sɑ̃sasjɔ̃] f Gefühl nt; (effet de surprise) Sensation f; faire ~ Aufsehen nt erregen; **sensationnel, le** adj sensationell

sensé, e [sɑ̃se] adj vernünftig

sensibiliser ⟨1⟩ [sɑ̃sibilize] *vt* ~ qn (à) jdn sensibilisieren (für)
sensibilité [sɑ̃sibilite] *f* Empfindlichkeit *f*; (*émotivité*) Sensibilität *f*
sensible [sɑ̃sibl(ə)] *adj* (*personne*) sensibel; (*gorge, instrument*) empfindlich; (*perceptible*) wahrnehmbar; (*appréciable*) merklich; (*FOTO*) hoch empfindlich; ~ à (*à la flatterie, musique*) empfänglich für; (*à la chaleur, aux radiations*) empfindlich gegen; **sensiblement** *adv* (*notablement*) merklich; (*à peu près*) so etwa
sensitif, -ive [sɑ̃sitif, iv] *adj* (*nerf*) sensorisch; **touche sensitive** Sensortaste *f*
sensualité [sɑ̃sɥalite] *f* Sinnlichkeit *f*
sensuel, le [sɑ̃sɥɛl] *adj* sinnlich
sentence [sɑ̃tɑ̃s] *f* (*jugement*) Urteil(sspruch *m*) *nt*; (*maxime*) Maxime *f*; **sentencieux, -euse** [sɑ̃tɑ̃sjø, øz] *adj* dozierend
sentier [sɑ̃tje] *m* Weg *m*, Pfad *m*; ~ pédestre Wanderweg
sentiment [sɑ̃timɑ̃] *m* Gefühl *nt*; **faire du** ~ auf die Tränendrüse drücken; **recevez mes ~s respectueux** [o **dévoués**] ≈ mit freundlichen Grüßen
sentimental, e (-aux) [sɑ̃timɑ̃tal, o] *adj* sentimental; (*vie, aventure*) Liebes-; **sentimentalité** [sɑ̃timɑ̃talite] *f* Sentimentalität *f*
sentinelle [sɑ̃tinɛl] *f* Wachposten *m*
sentir ⟨10⟩ [sɑ̃tir] 1. *vt* fühlen, spüren; (*percevoir ou répandre une odeur*) riechen; (*avoir le goût de*) schmecken/riechen nach 2. *vi* (*exhaler une mauvaise odeur*) stinken; ~ **bon/mauvais** gut/schlecht riechen 3. *vpr* se ~ **bien/mal à l'aise** sich wohl/nicht wohl fühlen; **se** ~ **mal** sich krank [o unwohl] fühlen; **se** ~ **le courage/la force de faire qch** den Mut/die Kraft verspüren, etw zu tun; **ne plus se** ~ **de joie** außer sich sein vor Freude
SEP *f abr de* **sclérose en plaques** MS *f*
séparation [separasjɔ̃] *f* Trennung *f*; (*mur, cloison*) Trennwand *f*; ~ **des biens** (*JUR*) Gütertrennung; ~ **de corps** (*JUR*) gesetzliche Trennung
séparatisme [separatism] *m* Separatismus *m*
séparé, e [separe] *adj* getrennt; (*appartements*) separat, einzeln; ~ **de** getrennt von; **séparément** [separemɑ̃] *adv* getrennt
séparer ⟨1⟩ [separe] 1. *vt* trennen; ~ **un jardin en deux** einen Garten in zwei Teile aufteilen; ~ **qch de qch** (*détacher*) etw von etw abtrennen; ~ **qch par**, ~ **qch au**

moyen de etw teilen durch 2. *vpr* se ~ sich trennen (*de* von); (*se diviser*) sich teilen
sépia [sepja] *f* (*colorant*) Sepia *f*; (*dessin*) Sepiazeichnung *f*
sept [sɛt] *num* sieben; **le** ~ **juin** der 7. Juni; ~ **fois** siebenmal; ~ **cents** siebenhundert; **de** ~ **ans** siebenjährig
septante [sɛptɑ̃t] *num* (*belge, suisse*) siebzig
septembre [sɛptɑ̃bʀ(ə)] *m* September *m*; **en** ~ im September; **le 11** ~ am 11. September; **le 11** ~ **1948** der 11. September 1948
septennat [sɛptena] *m* siebenjährige Amtszeit (*des französischen Staatspräsidenten bis 2001*)
septentrional, e (-aux) [sɛptɑ̃tʀijɔnal, o] *adj* nördlich
septicémie [sɛptisemi] *f* Blutvergiftung *f*
septième [sɛtjɛm] 1. *adj* siebte(r, s) 2. *m* (*fraction*) Siebtel *nt* 3. *mf* (*personne*) Siebte(r) *mf*; **septièmement** *adv* siebtens
septique [sɛptik] *adj* **fosse** ~ Klärgrube *f*
septuagénaire [sɛptɥazenɛʀ] 1. *adj* siebzigjährig, zwischen siebzig und achtzig 2. *mf* Siebzigjährige(r) *mf*
sépulture [sepyltyʀ] *f* Grabstätte *f*
séquelles [sekɛl] *fpl* (*maladie*) Folgen *pl*
séquence [sekɑ̃s] *f* (*CINE*) Sequenz *f*; **séquenceur** [sekɑ̃sœʀ] *m* (*INFORM*) Sequenzer *m*; **séquentiel, le** [sekɑ̃sjɛl] *adj* (*INFORM*) sequenziell
séquestre [sekɛstʀ(ə)] *m* Beschlagnahme *f*; **séquestrer** ⟨1⟩ [sekɛstʀe] *vt* (*personne*) der Freiheit berauben, einsperren; (*biens*) beschlagnahmen
serbe [sɛʀb] *adj* serbisch; **Serbe** *mf* Serbe (Serbin) *m(f)*; **Serbie** [sɛʀbi] *f* **la** ~ Serbien *nt*; **serbo-croate** [sɛʀbokʀɔat] *nt* Serbokroatisch *nt*
serein, e [sɑʀɛ̃, ɛn] *adj* (*nuit*) wolkenlos; (*visage, personne*) ruhig, gelassen
sérénade [seʀenad] *f* Serenade *f*; (*fam*) Radau *m*
sérénité [seʀenite] *f* (*d'une personne*) Gelassenheit *f*
sergent [sɛʀʒɑ̃] *m* Unteroffizier(in) *m(f)*
sériciculture [seʀisikyltyʀ] *f* Seidenraupenzucht *f*
série [seʀi] *f* Reihe *f*, Serie *f*; (*catégorie*) Klasse *f*, Rang *m*; **en** ~ serienweise; **hors** ~ (*COM*) spezialgefertigt; (*fig*) außergewöhnlich; **fabrication en** ~ Serienproduktion *f*; ~ **noire** Serie *f* von Unglücksfällen
sériel, le [seʀjɛl] *adj* (*INFORM*) seriell

sérieusement [serjøzmã] *adv* ernst; ~?
im Ernst?
sérieux, -euse [serjø, øz] **1.** *adj* ernst;
(consciencieux) gewissenhaft; *(maison)*
seriös; *(renseignement, personne)* zuverlässig; *(moral)* anständig; *(important)* bedeutend, wichtig; **terriblement** ~ todernst
2. *m (consciencieux)* Gewissenhaftigkeit *f; (d'une maison)* Seriosität *f; (d'une
personne)* Zuverlässigkeit *f; (moral)*
Anständigkeit *f;* **garder son** ~ ernst bleiben; **prendre qch/qn au** ~ etw/jdn ernst
nehmen
sérigraphie [serigrafi] *f* Siebdruck *m*
serin [s(ə)rɛ̃] *m* Zeisig *m*
seringue [s(ə)rɛ̃g] *f* Spritze *f*
serment [sermã] *m* Eid *m*, Schwur *m;*
prêter ~ schwören; **témoigner sous** ~
unter Eid aussagen; ~ **d'ivrogne** leeres
Versprechen
sermon [sermɔ̃] *m* Predigt *f*
séronégatif, -ive [seronegatif, iv] *adj*
HIV-negativ; **séropositif, -ive**
[seropozitif, iv] *adj* HIV-positiv
sérotonine [serotonin] *f* Serotonin *nt*
serpe [serp(ə)] *f* Sichel *f*
serpent [serpã] *m* Schlange *f;* **serpenter** ⟨1⟩ [serpãte] *vi* sich schlängeln, sich
winden
serpentin [serpãtɛ̃] *m (tube)* Kühl-
schlange *f,* Heizschlange *f; (ruban)*
Papierschlange *f,* Luftschlange *f*
serpillière [serpijer] *f* Scheuerlappen *m*
serre [ser] *f (construction)* Gewächshaus
nt; ~**s** *fpl (d'un rapace)* Krallen *pl;* ~
chaude/froide Treib-/Kühlhaus *nt;* **effet de**
~ *(meteo)* Treibhauseffekt *m*
serré, e [sere] **1.** *adj* eng; *(vêtement)* eng
anliegend; *(lutte, match)* knapp; *(entassé)*
gedrängt; *(café)* stark; **avoir le cœur** ~/la
gorge ~**e** bedrückt sein/eine zuge-
schnürte Kehle haben **2.** *adv* **jouer** ~ vorsichtig spielen
serre-livres [serlivr] *m inv* Buchstütze *f*
serrer ⟨1⟩ [sere] **1.** *vt (tenir)* festhalten;
(comprimer) drücken, pressen; *(mâchoires)*
zusammenbeißen; *(poings)* ballen; *(vêtement)* eng anliegen an +*dat; (trop)* beengen; *(rapprocher)* zusammenrücken; *(frein,
vis)* anziehen; *(ceinture, nœud)* zuziehen;
(robinet) fest zudrehen; ~ **la main à qn**
jdm die Hand schütteln; ~ **qn dans ses
bras** jdn in die Arme nehmen; ~ **qn de
près** dicht hinter jdm sein **2.** *vi* ~ **à
droite/gauche** sich rechts/links halten
3. *vpr* **se** ~ *(personnes)* zusammenrücken;
se ~ **contre qn** sich an jdn schmiegen; **se**

~ **les coudes** zusammenhalten; **serre-
tête** [sertet] *m inv* Stirnband *nt*
serrure [seryr] *f* Schloss *nt;* **serrurerie**
[seryrri] *f* Schlosserei *f;* ~ **d'art** Kunstschmiedearbeit *f;* **serrurier** [seryrje] *m*
Schlosser(in) *m(f)*
sertir ⟨8⟩ [sertir] *vt (pierre précieuse)* fassen
sérum [serɔm] *m* ~ **antitétanique** Teta-
nusserum *nt;* ~ **sanguin** Blutserum *nt*
servante [servãt] *f* Dienstmädchen *nt*
serveur, -euse [servœr, øz] **1.** *m, f (de
restaurant)* Kellner(in) *m(f)* **2.** *m* Server *m;*
serveur (de données) *(inform)* ≈ Btx-An-
bieter *m;* ~ **Internet** Web-Server *m*
serviable [servjabl(ə)] *adj* gefällig, hilfsbereit
service [servis] *m (des convives, des clients)*
Bedienung *f; (série de repas)* Essenszeit *f;*
(assortiment de vaisselle) Service *nt; (faveur)*
Gefallen *m; (travail, fonction d'intérêt public)*
Dienst *m; (département)* Abteilung *f; (fonctionnement)* Betrieb *m; (transport)* Ver-
kehrsverbindung *f; (rel)* Gottesdienst *m;*
(tennis) Aufschlag *m;* ~**s** *mpl (travail)*
Dienst *m; (econ)* Dienstleistungsbetriebe
pl; ~**s secrets** Geheimdienst; ~**s sociaux**
Sozialleistungen *pl;* ~ **compris** inklusive
Bedienung; **être au** ~ **de qn** *(employé)* bei
jdm angestellt sein; **en** ~ *(objet)* in
Gebrauch; *(machine)* in Betrieb; **être/met-
tre en** ~ in Betrieb sein/nehmen; **faire le**
~ bedienen; **hors** ~ außer Betrieb; **rendre** ~ **(à qn)** (jdm) helfen; **rendre un** ~ **à
qn** jdm einen Gefallen tun; ~ **d'ordre** *(personnes)* Ordner *pl;* ~ **du personnel** Personalabteilung *f;* ~ **public** öffentlicher
Dienst; ~ **de réanimation** Intensivstation
f; ~ **après-vente** Kundendienst *m;* ~ **militaire** Militärdienst; ~ **de secours** héliporté
Luftrettungsdienst, Flugrettungsdienst; ~
sociaux Sozialdienste *pl*

Le service militaire

*Le service militaire dauert zehn Monate und
gilt für alle wehrdiensttauglichen Franzosen
über 18 Jahre. Wehrdienstverweigerer müssen
einen zweijährigen Ersatzdienst leisten. Seit
1970 können auch Frauen diesen Wehrdienst
leisten; es sind jedoch nur wenige, die das tun.*

---

serviette [servjet] *f (de table)* Serviette *f;*
(de toilette) Handtuch *nt; (porte-documents)*
Aktentasche *f;* ~ **hygiénique** Monats-
binde *f*
servile [servil] *adj* unterwürfig
servir ⟨10⟩ [servir] **1.** *vt* dienen +*dat;*

(*domestique*) arbeiten für; (*dans restaurant, magasin*) bedienen; (*aider*) helfen +dat; ~ **qch (à qn)** (*plat, boisson*) jdm etw servieren; **vous êtes servi(e)?** werden Sie schon bedient? **2.** *vi* (*TENNIS*) aufschlagen; (*CARTES*) geben; (*objet*) gute Dienste leisten; ~ **à qch/faire qch** zu etw dienen; ~ **à qn** jdm nützlich sein; **cela ne sert à rien** das nutzt nichts; ~ **(à qn) de ...** (von jdm) als ... benutzt werden; ~ **(à qn) de secrétaire** als (jds) Sekretär fungieren **3.** *vb impers* **à quoi cela sert-il?** wozu soll das gut sein?; **à quoi cela sert-il de faire ...?** was nützt es ... zu tun? **4.** *vpr* **se ~** (*d'un plat*) sich bedienen; **se ~ de qch** (*d'un plat*) sich *dat* etw nehmen; (*utiliser*) etw benutzen

servitude [sɛʀvityd] *f* Knechtschaft *f*; (*fig*) Zwang *m*

servocommande [sɛʀvokɔmɑ̃d] *f* Servolenkung *f*

servofrein [sɛʀvofʀɛ̃] *m* Servobremse *f*

ses [se] *adj v.* **son**

sésame [sezam] *m* Sesam *m*

session [sesjɔ̃] *f* Sitzung *f*

set [sɛt] *m* (*TENNIS*) Satz *m*

seuil [sœj] *m* Schwelle *f*

seul, e [sœl] **1.** *adj* allein; (*isolé*) einsam; (*unique*) einzig; **lui ~ peut** nur er allein kann; **à lui (tout)** ~ ganz allein; **d'un ~ coup** auf einmal; **parler tout(e) ~(e)** Selbstgespräche führen **2.** *adv* allein **3.** *m* **j'en veux un** ~ ich will nur eine(n, s) (davon); **il en reste un** ~ es ist nur ein(e) Einzige(r, s) übrig; **seulement** *adv* nur, bloß; ~ **hier** (*pas avant*) erst gestern

sève [sɛv] *f* (*d'une plante*) Saft *m*; (*énergie*) Lebenskraft *f*

sévère [sevɛʀ] *adj* streng; (*climat*) hart; (*pertes, défaite*) schwer; **sévérité** [sevɛʀite] *f* Strenge *f*; (*du climat*) Härte *f*; (*des pertes, d'une défaite*) Schwere *f*

sévices [sevis] *mpl* Misshandlung *f*

sexagénaire [sɛksaʒenɛʀ] **1.** *adj* sechzigjährig, zwischen sechzig und siebzig **2.** *mf* Sechzigjährige(r) *mf*

sexe [sɛks(ə)] *m* Geschlecht *nt*; (*sexualité*) Sex *m*; (*organe*) Geschlechtsorgane *pl*

sexisme [sɛksism(ə)] *m* Sexismus *m*; **sexiste 1.** *adj* sexistisch **2.** *mf* Sexist(in) *m(f)*

sextuple [sɛkstypl(ə)] *adj* sechsfach

sexualité [sɛksɥalite] *f* Sexualität *f*

sexuel, le [sɛksɥɛl] *adj* sexuell

seyant, e [sejɑ̃, ɑ̃t] *adj* kleidsam

Seychelles [seʃɛl] *fpl* **les ~** die Seychellen *pl*

SGML *m abr de* **standardized generalized mark-up language** SGML *nt*

shampooiner ⟨1⟩ [ʃɑ̃pwine] *vt* shampoonieren

shampooing [ʃɑ̃pwɛ̃] *m* (*lavage*) Haarwäsche *f*; (*produit*) Shampoo *nt*, Haarwaschmittel *nt*

shooter ⟨1⟩ [ʃute] *vpr* **se ~** (*sl*) drücken

shopping [ʃɔpiŋ] *m* Shopping *nt*; **faire du ~** shoppen gehen

short [ʃɔʀt] *m* Shorts *pl*

si [si] **1.** *m* (*MUS*) H *nt* **2.** *adv* (*affirmatif*) doch, ja; **je me demande** ~ ich frage mich, ob; ~ **gentil/rapidement** (*tellement*) so nett/schnell; ~ **rapide qu'il soit** so schnell er auch sein mag **3.** *conj* wenn; (*tant et*) ~ **bien que** so (sehr) dass

siamois, e [sjamwa, waz] *adj* siamesisch

Sibérie [siberi] *f* **la ~** Sibirien *nt*; **sibérien, ne** [siberjɛ̃, ɛn] *adj* sibirisch

SICAV [sikav] *f inv acr de* **société d'investissement à capital variable** (*COM*) Investmentgesellschaft *f*

Sicile [sisil] *f* **la ~** Sizilien *nt*; **sicilien, ne** [sisiljɛ̃, ɛn] *adj* sizilianisch

sida [sida] *m acr de* **syndrome d'immunodéficience acquise** Aids *nt*, Immunschwächekrankheit *f*; **sidaïque** [sidaik], **sidatique** [sidatik] **1.** *adj* aidskrank **2.** *mf* Aidskranke(r) *mf*; **sidatorium** [sidatɔʀjɔm] *m* Aidsklinik *f*

side-car (side-cars) [sidkaʀ] *m* Beiwagen *m*

sidéen, ne [sideɛ̃, ɛn] **1.** *adj* aidskrank **2.** *m, f* Aidskranke(r) *mf*

sidéré, e [sidere] *adj* verblüfft

sidérurgie [sideʀyʀʒi] *f* **la ~** die Eisenindustrie

sidologue [sidɔlɔg] *mf* Aidsspezialist(in) *m(f)*

siècle [sjɛkl(ə)] *m* Jahrhundert *nt*; (*époque*) Zeitalter *nt*

siège [sjɛʒ] *m* Sitz *m*; (*d'une douleur, d'une maladie*) Herd *m*; (*MIL*) Belagerung *f*; ~ **avant/arrière** Vorder-/Rücksitz; ~ **éjectable** (*AVIAT*) Schleudersitz; ~ **social** (*COM*) Firmensitz

siéger ⟨2, 5⟩ [sjeʒe] *vi* tagen; (*député*) einen Sitz haben (*à* in +*dat*)

sien, ne [sjɛ̃, sjɛn] *pron* **le ~, la ~ne** der/die/das seine/ihre; seine(r/s)/ihre(r/s); **les ~s, les ~nes** seine/ihre *pl*; **y mettre du ~** das Seine (dazu)tun; **faire des ~nes** (*fam*) seine üblichen Dummheiten machen

Sierra Leone [sjeʀa leɔn(e)] *f* **la ~** Sierra Leone *nt*

sieste [sjɛst(ə)] *f* Mittagsschlaf *m*; **faire la**

~ Mittagsschlaf halten
sifflement [siflamɑ̃] *m* Pfeifen *nt*
siffler ⟨1⟩ [sifle] **1.** *vi* pfeifen; (*merle*) singen, flöten; (*serpent*) zischen **2.** *vt* pfeifen; (*huer*) auspfeifen; (*signaler en sifflant*) abpfeifen; (*fam: avaler*) kippen
sifflet [sifle] *m* (*instrument*) Pfeife *f*; (*sifflement*) Pfiff *m*; **coup de ~** Pfiff *m*
siffloter ⟨1⟩ [siflɔte] *vi, vt* vor sich *akk* hin pfeifen
sigle [siɡl(ə)] *m* Abkürzung *f*
signal (-aux) [siɲal, o] *m* Zeichen *nt*; (*indice, annonce*) (An)zeichen *nt*; (*écriteau*) Schild *nt*; (*appareil*) Signal *nt*; **donner le ~ de** das Signal geben zu; **~ d'alarme** Alarmsignal; **~ d'annonce** (*TEL*) Anklopfen *nt*; **~ de commande** (*INFORM*) Steuersignal; **~ de détresse** Notruf *m*; **~ occupé** (*TEL*) Belegtzeichen; **~ sonore/optique** Ton-/Lichtsignal
signalement [siɲalmɑ̃] *m* Personenbeschreibung *f*
signaler ⟨1⟩ [siɲale] **1.** *vt* (*annoncer*) ankündigen; (*par un signal*) signalisieren; (*dénoncer*) melden, anzeigen; **~ qch à qn/ (à qn) que** (*montrer*) jdn auf etw *akk* hinweisen/(jdn) darauf hinweisen, dass **2.** *vpr* **se ~** (*par*) sich hervortun (durch)
signalétique [siɲaletik] *adj* **fiche ~** Personalbogen *m*
signalisation [siɲalizasjɔ̃] *f* (*ensemble des signaux*) Verkehrszeichen *pl*; **panneau de ~** Verkehrsschild *nt*; **signaliser** ⟨1⟩ [siɲalize] *vt* beschildern
signataire [siɲatɛʀ] *mf* Unterzeichner(in) *m(f)*
signature [siɲatyʀ] *f* Unterzeichnung *f*; (*inscription*) Unterschrift *f*
signe [siɲ] *m* Zeichen *nt*; **c'est bon/mauvais ~** das ist ein gutes/schlechtes Zeichen; **faire ~ à qn** jdm Bescheid geben; **faire un ~ de la tête/main** mit dem Kopf/ der Hand ein Zeichen geben; **le ~ de la croix** das Kreuzzeichen; **~ de ponctuation** Satzzeichen; **~ du zodiaque** Sternzeichen
signer ⟨1⟩ [siɲe] **1.** *vt* unterschreiben; (*œuvre*) signieren **2.** *vpr* **se ~** sich bekreuzigen
signet [siɲe] *m* (*a. INFORM*) Lesezeichen *nt*
significatif, -ive [siɲifikatif, iv] *adj* bezeichnend, viel sagend
signification [siɲifikasjɔ̃] *f* Bedeutung *f*
signifier ⟨1⟩ [siɲifje] *vt* (*vouloir dire*) bedeuten; **~ qch (à qn)** (*faire connaître*) (jdm) etw zu verstehen geben; **~ qch à qn** (*JUR*) jdm etw zustellen
silence [silɑ̃s] *m* (*mutisme*) Schweigen *nt*; (*absence de bruit*) Stille *f*, Ruhe *f*; (*moment, MUS*) Pause *f*; **garder le ~** ruhig sein, still sein; **garder le ~ sur qch** über etw *akk* Stillschweigen bewahren; **silencieux, -euse** [silɑ̃sjø, øz] **1.** *adj* (*personne*) schweigsam; (*appareil, pas*) leise; (*endroit*) ruhig **2.** *m* (*AUTO*) Auspufftopf *m*; (*d'une arme*) Schalldämpfer *m*
silex [silɛks] *m* Feuerstein *m*
silhouette [silwɛt] *f* Silhouette *f*; (*contour*) Umriss *m*; (*figure*) Figur *f*
silicium [silisjɔm] *m* Silizium *nt*
silicone [silikɔn] *f* Silikon *nt*
sillage [sijaʒ] *m* (*d'un bateau*) Kielwasser *nt*; **être dans le ~ de qn** (*fig*) in jds Fahrwasser *dat* segeln
sillon [sijɔ̃] *m* (*d'un champ*) Furche *f*; (*d'un disque*) Rille *f*; **sillonner** ⟨1⟩ [sijɔne] *vt* (*rides*) furchen; (*parcourir*) durchstreifen
silo [silo] *m* Silo *nt*
simagrées [simaɡʀe] *fpl* Getue *nt*
similaire [similɛʀ] *adj* ähnlich
similarité [similaʀite] *f* Ähnlichkeit *f*
similicuir [similikɥiʀ] *m* Kunstleder *nt*
similitude [similityd] *f* Ähnlichkeit *f*
simple [sɛ̃pl(ə)] **1.** *adj* einfach; (*pej: naïf*) einfältig; **~ d'esprit** einfältig; **une ~ formalité** reine Formsache; **un aller ~** (*train*) eine einfache Fahrkarte; **c'est ~ comme bonjour** das ist kinderleicht **2.** *m* (*TENNIS*) Einzel *nt*; **~ messieurs** Herreneinzel;
simplement [sɛ̃pləmɑ̃] *adv* einfach;
simplicité [sɛ̃plisite] *f* Einfachheit *f*; (*candeur*) Naivität *f*; **simplification** [sɛ̃plifikasjɔ̃] *f* Vereinfachung *f*; **simplifier** ⟨1⟩ [sɛ̃plifje] *vt* vereinfachen; (*MATH*) kürzen; **simplissime** [sɛ̃plisim] *adj* kinderleicht; **simpliste** [sɛ̃plist(ə)] *adj* allzu einfach, simpel
simulacre [simylakʀ(ə)] *m* **~ de combat/ gouvernement** Scheingefecht *nt*/-regierung *f*
simulateur [simylatœʀ] *m* Simulator *m*; **~ de vol** Flugsimulator
simulation [simylasjɔ̃] *f* Vortäuschung *f*
simuler ⟨1⟩ [simyle] *vt* simulieren; (*émotion*) heucheln; (*imiter*) nachahmen
simultané, e [simyltane] *adj* simultan, gleichzeitig; **simultanément** *adv* gleichzeitig
sincère [sɛ̃sɛʀ] *adj* ehrlich, aufrichtig; **mes ~s condoléances** mein aufrichtiges Beileid; **sincèrement** *adv* aufrichtig, ehrlich; **sincérité** [sɛ̃seʀite] *f* Ehrlichkeit *f*, Aufrichtigkeit *f*; **en toute ~** ganz offen
sine qua non [sinekwanɔn] *adj* **condition ~** unbedingt notwendige Voraussetzung

Singapour [sɛ̃gapuʀ] (l'île f de) ~ Singapur nt

singe [sɛ̃ʒ] m Affe m; **singer** ⟨2⟩ vt nachäffen; **singeries** [sɛ̃ʒʀi] fpl Faxen pl

singulariser ⟨1⟩ [sɛ̃gylaʀize] **1.** vt auszeichnen **2.** vpr **se** ~ auffallen

singularité [sɛ̃gylaʀite] f Eigenart f; (bizarrerie) Seltsamkeit f

singulier, -ière [sɛ̃gylje, ɛʀ] **1.** adj eigenartig **2.** m (LING) Singular m, Einzahl f

sinistre [sinistʀ(ə)] **1.** adj unheimlich; (inquiétant) Unheil verkündend **2.** m Katastrophe f; (en assurances) Schadensfall m; **sinistré, e 1.** adj (région) von einer Katastrophe heimgesucht **2.** m, f Katastrophenopfer nt

sinon [sinɔ̃] **1.** adv andernfalls, sonst **2.** conj (sauf) außer; (si ce n'est) wenn nicht

sinueux, -euse [sinɥø, øz] adj gewunden; (fig) verwickelt; **sinuosité** [sinɥozite] f Gewundenheit f; ~s fpl Kurven und Windungen pl

sinus [sinys] m (ANAT) Stirnhöhle f; (MATH) Sinus m; **sinusite** [sinyzit] f Stirnhöhlenentzündung f

sionisme [sjɔnism] m Zionismus m

siphon [sifɔ̃] m Siphon m; (tube) Saugheber m

sirène [siʀɛn] f Sirene f

sirop [siʀo] m Sirup m; ~ **contre la toux** Hustensaft m

siroter ⟨1⟩ [siʀɔte] vt schlürfen

sismique [sismik] adj seismisch

sismographe [sismɔgʀaf] m Seismograf m

sismologie [sismɔlɔʒi] f Seismologie f

sitcom [sitkom] m Situationskomödie f

site [sit] m (environnement) Umgebung f; (emplacement) Lage f; ~ (**web** [o **Web**]) Homepage f; ~ **industriel** Industriestandort m; ~ (pittoresque) landschaftlich schöne Gegend; ~ **de stockage des déchets nucléaires** Atommülldeponie f; ~ **touristique** Sehenswürdigkeit f

sit-in [sitin] m inv Sit-in nt, Sitzstreik m; **manifestation** ~ Sitzblockade f

sitôt [sito] adv sogleich; ~ **après** gleich danach; ~ **parti, il ...** kaum war er gegangen, da ...; **pas de** ~ nicht so bald; ~ **que** sobald

situation [sitɥasjɔ̃] f Lage f; (emploi) Stellung f; (circonstances) Situation f; ~ **de famille** Familienstand m

situé, e [sitɥe] adj gelegen

situer ⟨1⟩ [sitɥe] **1.** vt (en pensée) einordnen **2.** vpr **se** ~ (être) liegen, sich befinden

six [sis] num sechs; **le** ~ **mai** der sechste Mai; ~ **fois** sechsmal; ~ **cents** sechshundert; **de** ~ **ans** sechsjährig; **sixième** [sizjɛm] **1.** adj sechste(r, s) **2.** m (fraction) Sechstel nt **3.** mf (personne) Sechste(r) mf; **sixièmement** adv sechstens

skate(board) [sket(bɔʀd)] m (planche) Skateboard nt; (sport) Skateboardfahren nt

ski [ski] m Ski m; **faire du** ~ Ski laufen; ~ **de fond** (sport) Langlauf m; (ski) Langlaufski m; ~ **nautique** Wasserski; ~ **de piste** Abfahrtslauf m; ~ **en profonde** Tiefschneefahren nt; ~ **de randonnée** Skiwandern nt; **ski-bob** (ski-bobs) [skibɔb] m Skibob m; **skier** ⟨1⟩ [skje] vi Ski laufen; **skieur, -euse** m, f Skiläufer(in) m(f)

skin(head) [skin(ɛd)] m Skinhead m

slalom [slalɔm] m (SKI) Slalom m; **faire du** ~ **entre** (fig) sich durchschlängeln zwischen +dat; ~ **géant** Riesenslalom; **slalomer** ⟨1⟩ [slalɔme] vi Slalom fahren; **slalomeur, -euse** [slalɔmœʀ, øz] m, f Slalomfahrer(in) m(f)

slave [slav] adj slawisch

slip [slip] m Unterhose f; (de bain) Badehose f; (d'un deux-pièces) Slip m, Unterteil nt

slogan [slɔgã] m Slogan m

slovaque [slɔvak] adj slowakisch; **la République** ~ die Slowakische Republik; **Slovaque** m, f Slowake (Slowakin) m(f); **Slovaquie** [slɔvaki] f **la** ~ die Slowakei

slovène [slɔvɛn] adj slowenisch; **Slovène** m, f Slowene (Slowenin) m(f); **Slovénie** [slɔveni] f **la** ~ Slowenien nt

slow [slo] m Slowfox m

smalltalk [smɔltɔk] m Smalltalk m

smash [smaʃ] m (TENNIS) Schmetterball m; **smasher** ⟨1⟩ [sma(t)ʃe] vt, vi (TENNIS) schmettern

S.M.E. m abr de **Système monétaire européen** EWS nt

S.M.I. m abr de **Système monétaire international** internationales Währungssystem

S.M.I.C. [smik] m acr de **salaire minimum interprofessionnel de croissance** staatlich festgesetzter Mindestlohn

---

Le S.M.I.C.

Le S.M.I.C. ist ein Mindeststundenlohn für Arbeitnehmer über 18 Jahren. Der S.M.I.C. wird immer, wenn die Lebenshaltungskosten um zwei Prozent steigen, angehoben.

---

smicard, e [smikaʀ, d(ə)] m, f Mindestlohnempfänger(in) m(f)

smiley [smaile] m Smiley m

smog [smɔg] m Smog m; ~ **électroma-gnétique** Elektrosmog

smoking [smɔkiŋ] m Smoking m

SMS m abr de **short message service** SMS f

S.M.U.R. [smyʀ] m acr de **service médical d'urgence et de réanimation** Notfalldienst m

snack [snak] m Snack m; **snack(-bar)** (snack-bars) [snakbaʀ] m Imbissstube f, Schnellgaststätte f

S.N.C.F. f abr de **Société nationale des chemins de fer français** französische Eisen-bahn

sniffer ⟨1⟩ [snife] vt (drogue) schnupfen; (colle) schnüffeln

snob [snɔb] 1. adj versnobt 2. mf Snob m; **snobisme** [snɔbism] m Snobismus m

snowboard [snobɔʀd] m Snowboardfah-ren nt; **snowboardeur, -euse** [snobɔʀdœʀ, øz] m, f Snowboardfahrer(in) m(f)

sobre [sɔbʀ(ə)] adj (personne) mäßig; (élé-gance, style) schlicht; **sobriété** [sɔbʀijete] f Enthaltsamkeit f; Schlichtheit f

sobriquet [sɔbʀike] m Spitzname m

sociable [sɔsjabl(ə)] adj gesellig

social, e (-aux) [sɔsjal, o] adj gesellschaft-lich; (POL, ADMIN) sozial

socialiser ⟨1⟩ [sɔsjalize] vt sozialisieren; (POL) vergesellschaften

socialisme [sɔsjalism(ə)] m Sozialismus m; **socialiste** [sɔsjalist] mf Sozialist(in) m(f)

société [sɔsjete] f Gesellschaft f; ~ **d'abondance** Überflussgesellschaft, Wohlstandsgesellschaft; ~ **anonyme** Akti-engesellschaft; ~ **de consommation** Kon-sumgesellschaft; ~ **d'édition de program-mes** Softwarehaus nt; ~ **de gaspillage** Wegwerfgesellschaft; ~ **d'investissement à capital variable** Investmentgesellschaft; ~ **médiatique** Mediengesellschaft; ~ **pro-tectrice des animaux** Tierschutzverein m; ~ **à responsabilité limitée** Gesellschaft mit beschränkter Haftung

socioculturel, le [sɔsjokyltyʀel] adj sozio-kulturell

socio-éducatif, -ive (socio-éducatifs) [sɔsjoedykatif, iv] adj sozialpädagogisch

sociolinguistique [sɔsjolɛ̃gɥistik] 1. adj (LING) soziolinguistisch 2. f Soziolinguistik f

sociologie [sɔsjɔlɔʒi] f Soziologie f; **sociologique** adj soziologisch; **socio-logue** [sɔsjɔlɔg] mf Soziologe(-login) m(f)

socioprofessionnel, le [sɔsjopʀɔfesjɔnel] adj **catégorie ~le** Berufsgruppe f

socle [sɔkl(ə)] m Sockel m

socquette [sɔket] f Söckchen nt

soda [sɔda] m Limo f

sodium [sɔdjɔm] m Natrium nt

sodomie [sɔdɔmi] f Sodomie f; **sodomi-ser** ⟨1⟩ [sɔdɔmize] vt Sodomie treiben mit

sœur [sœʀ] f Schwester f; (religieuse) Ordensschwester f, Nonne f; ~ **aînée/cadette** ältere/jüngere Schwester

sofa [sɔfa] m Sofa nt

S.O.F.R.E.S., Sofres [sɔfʀes] f acr de **Société française d'enquêtes par sondage** französisches Meinungsforschungsinstitut

soi [swa] pron sich; **cela va de** ~ das ver-steht sich von selbst

soi-disant [swadizɑ̃] 1. adj inv so genannt 2. adv angeblich

soie [swa] f Seide f; (poil) Borste f; **soie-rie** [swaʀi] f Seidenindustrie f; (tissu) Sei-dengewebe nt

soif [swaf] f Durst m; (fig) Gier f; **avoir** ~ Durst haben; **donner** ~ **(à qn)** (jdn) durs-tig machen

soigné, e [swaɲe] adj gepflegt; (travail) sorgfältig

soigner ⟨1⟩ [swaɲe] vt behandeln; (faire avec soin) sorgfältig bearbeiten [o ausar-beiten]; (jardin, chevelure) pflegen; (choyer) betreuen, gut behandeln

soigneusement [swaɲøzmɑ̃] adv gewis-senhaft, sorgfältig

soigneux, -euse [swaɲø, øz] adj gewis-senhaft; ~ **de** bedacht auf +akk

soi-même [swamem] pron (sich) selbst

soin [swɛ̃] m (application) Sorgfalt f; (res-ponsabilité) Verantwortung f (de für); ~**s** mpl Pflege f; (attention) Fürsorge f, Obhut f; ~**s de beauté/du corps** Schönheits-/Körperpflege f; **aux bons** ~**s de** zu (treuen) Händen von (bei Übermittlung eines Briefes durch einen Dritten); **confier qn aux** ~**s de qn** jdm jdn anvertrauen; **être aux petits** ~**s pour qn** jdn liebevoll umsor-gen; **prendre** ~ **de faire qch** darauf ach-ten, etw zu tun; **prendre** ~ **de qch/qn** sich um etw/jdn kümmern

soir [swaʀ] m Abend m; **à ce** ~! bis heute Abend!; **ce/hier/dimanche** ~ heute/gestern Abend/Sonntagabend; **le** ~ abends; **sept heures du** ~ sieben Uhr abends; **le repas/journal du** ~ das Abendessen/die Abendzeitung; **la veille au** ~ am Vorabend

soirée [swaʀe] f (soir) Abend m; (réception)

(Abend)gesellschaft f

soit 1. [swa] *conj (à savoir)* das heißt; ~ ..., ~ ... *(ou)* entweder ... oder ...; ~ **que** ..., ~ **que** ... sei es, dass ... oder, dass ... **2.** [swat] *adv* sei's drum

soixantaine [swasɑ̃tɛn] *f* **une** ~ etwa sechzig

soixante [swasɑ̃t] *num* sechzig; **soixante-dix** *num* siebzig; **soixante-huitard, e** *m, f* Achtundsechziger(in) *m(f)*

soja [sɔʒa] *m* Soja *nt*

sol [sɔl] *m* Boden *m; (MUS)* G *nt*

solaire [sɔlɛʀ] *adj* Sonnen-

solarium [sɔlaʀjɔm] *m* Solarium *nt*

soldat [sɔlda] *m* Soldat(in) *m(f);* ~ **de plomb** Zinnsoldat

solde [sɔld(ə)] **1.** *f* Sold *m;* **être à la** ~ **de qn** in jds Sold *dat* stehen **2.** *m (FIN)* Saldo *m;* ~**s** *mpl (COM)* Ausverkauf *m;* **en** ~ zu herabgesetzem Preis; ~ **créditeur/débiteur** *(FIN)* Aktiv-/Passivsaldo; **solder** ⟨1⟩ **1.** *vt (compte)* saldieren; *(marchandise)* ausverkaufen; **article soldé (à) 10 euros** auf 10 Euro reduzierter Artikel **2.** *vpr* **se** ~ **par** enden mit

sole [sɔl] *f* Seezunge *f*

soleil [sɔlɛj] *m* Sonne *f;* **au** ~ in der Sonne; **en plein** ~ in der prallen Sonne; **il fait (du)** ~ die Sonne scheint; **le** ~ **levant/couchant** die aufgehende/untergehende Sonne

solennel, le [sɔlanɛl] *adj* feierlich; **solennité** [sɔlanite] *f* Feierlichkeit *f*

Soleure [sɔlœʀ] *(ville et canton)* Solothurn *nt*

solidaire [sɔlidɛʀ] *adj (personnes)* solidarisch *(de* mit); *(choses, pièces mécaniques)* miteinander verbunden; **solidariser** ⟨1⟩ [sɔlidaʀize] *vpr* **se** ~ **avec qn** sich mit jdm solidarisch erklären; **solidarité** [sɔlidaʀite] *f* Solidarität *f;* Verbindung *f*

solide [sɔlid] **1.** *adj (mur, maison, meuble)* stabil; *(non liquide)* fest; *(amitié, institutions)* dauerhaft; *(partisan)* treu, zuverlässig; *(connaissances, argument)* solid, handfest; *(vigoureux, résistant)* kräftig, robust; **être** ~ **comme un roc** von unverwüstlicher Natur sein **2.** *m* Festkörper *m*

solidifier ⟨1⟩ [sɔlidifje] **1.** *vt (substance)* fest werden lassen **2.** *vpr* **se** ~ erstarren **solidité** [sɔlidite] *f* Stabilität *f; (d'amitié, etc)* Dauerhaftigkeit *f*

soliste [sɔlist] *mf* Solist(in) *m(f)*

solitaire [sɔlitɛʀ] **1.** *adj* einsam; *(isolé)* einzeln stehend **2.** *mf* Einsiedler(in) *m(f)* **3.** *m (diamant)* Solitär *m*

solitude [sɔlityd] *f* Einsamkeit *f*

sollicitations [sɔlisitasjɔ̃] *fpl* dringende Bitte

solliciter ⟨1⟩ [sɔlisite] *vt (personne)* dringend bitten, anflehen; *(emploi)* sich bewerben um; *(faveur, audience)* bitten um; *(exciter)* reizen

sollicitude [sɔlisityd] *f* Fürsorge *f*

solo [sɔlo] *m* Solo *nt*

solstice [sɔlstis] *m* Sonnenwende *f*

soluble [sɔlybl(ə)] *adj* löslich

solution [sɔlysjɔ̃] *f* Lösung *f;* ~ **de continuité** Unterbrechung *f;* ~ **de facilité** bequeme Lösung; **solutionner** ⟨1⟩ [sɔlysjɔne] *vt* lösen

solvable [sɔlvabl(ə)] *adj* zahlungsfähig

solvant [sɔlvɑ̃] *m* Lösungsmittel *nt*

Somalie [sɔmali] *f* **la** ~ Somalia *nt;* **somalien, ne** [sɔmaljɛ̃, ɛn] *adj* somalisch

sombre [sɔ̃bʀ(ə)] *adj* dunkel; *(visage, avenir)* düster; *(personne)* finster; *(humeur)* schwarz

sombrer ⟨1⟩ [sɔ̃bʀe] *vi (bateau)* untergehen, sinken; ~ **dans la misère/le désespoir** ins Elend/in Verzweiflung verfallen

sommaire [sɔmɛʀ] **1.** *adj (bref)* kurz; *(repas)* einfach; *(examen)* oberflächlich; **exécution** ~ Standgericht *nt* **2.** *m* Zusammenfassung *f*

sommation [sɔmasjɔ̃] *f* Aufforderung *f;* **tirer sans** ~ ohne Vorwarnung schießen

somme [sɔm] **1.** *f* Summe *f;* **en** ~ insgesamt; ~ **toute** letzten Endes **2.** *m* **faire un** ~ ein Nickerchen machen

sommeil [sɔmɛj] *m* Schlaf *m;* **avoir** ~ müde sein, schläfrig sein; **sommeiller** ⟨1⟩ *vi* schlummern

sommelier, -ière [sɔmǝlje, ɛʀ] *m, f* Getränkekellner(in) *m(f)*

sommer ⟨1⟩ [sɔme] *vt* ~ **qn de faire qch** jdn auffordern, etw zu tun

sommet [sɔme] *m* Gipfel *m; (d'une tour)* Spitze *f; (d'un arbre)* Wipfel *m; (MATH)* Scheitelpunkt *m; (fig)* Gipfeltreffen *nt*

sommier [sɔmje] *m* Bettrost *m;* ~ **à lattes** Lattenrost *m;* ~ **métallique** Metallrost *m;* ~ **à ressorts** Sprungfederrost *m*

somnambule [sɔmnɑ̃byl] *mf* Schlafwandler(in) *m(f)*

somnifère [sɔmnifɛʀ] *m* Schlafmittel *nt*

somnoler ⟨1⟩ [sɔmnɔle] *vi* dösen

somptueux, -euse [sɔ̃ptɥø, øz] *adj* prunkvoll, prächtig

son, sa (ses) [sɔ̃, sa, se] *adj* sein, seine, sein, ihr, ihre, ihr

son [sɔ̃] *m* Ton *m; (bruit)* Laut *m; (sonorité)* Klang *m; (PHYS)* Schall *m; (céréales)* Kleie *f*

sonar [sɔnaʀ] *m* Echolot *nt*

sonate [sɔnat] f Sonate f

sondage [sɔ̃daʒ] m (de terrain) Bohrung f; (enquête) Umfrage f; ~ **d'opinion** Meinungsumfrage f

sonde [sɔ̃d] f Sonde f; ~ **laser** Lasersonde; ~ **lunaire** Mondsonde; ~ **spatiale** Raumsonde

sonder [sɔ̃de] vt untersuchen; (terrain) bohren in +dat; (fig) erforschen, ergründen; (personne) ausfragen

songer ⟨2⟩ [sɔ̃ʒe] vi ~ **à** (penser à) denken an +akk; (envisager) daran denken ...; ~ **que** (be)denken, dass; **songeur, -euse** adj nachdenklich

sonnant, e [sɔnɑ̃, ɑ̃t] adj **à huit heures** ~**es** Schlag acht Uhr

sonné, e [sɔne] adj (fam: fou) bekloppt; **il a quarante ans bien** ~**s** (fam: révolu) er ist gut über Vierzig

sonner ⟨1⟩ [sɔne] **1.** vi (cloche) läuten; (téléphone, réveil, à la porte) klingeln; (son métallique) klingen, tönen; ~ **du clairon** ins Jagdhorn blasen; ~ **faux** falsch klingen **2.** vt läuten; (personne) herbeiklingeln; (messe) läuten zu; (assommer) umwerfen; ~ **les heures** die Stunden schlagen; **on ne t'a pas sonné** (fam) du halt dich da raus

sonnerie [sɔnʀi] f (son) Klingeln nt; (d'horloge) Schlagen nt; (mécanisme) Läutwerk nt; Schlagwerk nt; (sonnette) Klingel f; ~ **d'alarme** Alarm m; ~ **de clairon** Hornsignal nt

sonnet [sɔnɛ] m Sonett nt

sonnette [sɔnɛt] f Klingel f; ~ **d'alarme** Alarmglocke f; ~ **de nuit** Nachtglocke f

sono [sɔno] f (fam) v. **sonorisation**

sonore [sɔnɔʀ] adj (métal) klingend; (voix) laut; (salle) mit einer guten Akustik; (pièce) hellhörig; (LING) stimmhaft; **effets** ~**s** Klangeffekte pl; **ondes** ~**s** Schallwellen pl

sonorisation [sɔnɔʀizasjɔ̃] f (appareils) Lautsprecheranlage f

sonoriser ⟨1⟩ [sɔnɔʀize] vt (salle) mit einer Lautsprecheranlage versehen

sonorité [sɔnɔʀite] f Klang m; (d'un lieu) Akustik f; ~**s** fpl Töne pl

sonothèque [sɔnɔtɛk] f Tonarchiv nt

sophistication [sɔfistikasjɔ̃] f (d'une personne) Kultiviertheit f

sophistiqué, e [sɔfistike] adj (péj) gekünstelt; (TECH) ausgeklügelt

soporifique [sɔpɔʀifik] adj einschläfernd; (fam) langweilig

soprano (soprani) [sɔpʀano] **1.** m (voix) Sopran m **2.** f (personne) Sopran m, Sopra-

nistin f

sorbetière [sɔʀbətjɛʀ] f Eismaschine f

sorbier [sɔʀbje] m Eberesche f

sorcellerie [sɔʀsɛlʀi] f Hexerei f

sorcier, -ière [sɔʀsje, ɛʀ] **1.** m, f Zauberer (Zaub(r)erin) m(f), Hexe f **2.** adj **ce n'est pas** ~ (fam) das ist keine Hexerei f

sordide [sɔʀdid] adj (sale) verdreckt, verkommen; (mesquin) gemein

sornettes [sɔʀnɛt] fpl (péj) Gefasel nt

sort [sɔʀ] m Schicksal nt; (condition) Los nt; **jeter un** ~ **sur qn** (magique) jdn verhexen; **le** ~ **en est jeté** die Würfel sind gefallen; **tirer au** ~ losen

sorte [sɔʀt(ə)] f Art f, Sorte f; **de la** ~ so; **de (telle)** ~ **que, en** ~ **que** +subj so, dass; **en quelque** ~ gewissermaßen; **une** ~ **de** eine Art von

sortie [sɔʀti] f Ausgang m; (action de sortir) Hinausgehen nt; (promenade) Spaziergang m; (MIL) Ausfall m; (parole incongrue) Ausfall m, Beleidigung f; (écoulement) Austritt m; (de produits, de capitaux) Export m; (parution) Erscheinen nt; (somme dépensée, INFORM) Ausgabe f; (INFORM: sur papier) Ausdruck m; **à sa** ~ als er/sie ging; ~ **de secours** Notausgang

sortilège [sɔʀtilɛʒ] m Zauber m

sortir ⟨10⟩ [sɔʀtiʀ] **1.** vi ⟨avec être⟩ hinausgehen; (venir) herauskommen; (le soir) ausgehen; (partir) (weg)gehen; ~ **avec qn** (fam: avoir un petit ami/une petite amie) mit jdm gehen; ~ **de** kommen aus; (d'un pays) verlassen; (d'un rôle, cadre) hinausgehen über +akk **2.** vt ⟨avec avoir⟩ (mener dehors, au spectacle) ausführen; (chose) herausnehmen (de aus); (publier, mettre en vente) herausbringen; (INFORM) ausgeben; (sur papier) ausdrucken; (fam: expulser) hinauswerfen **3.** vpr **se** ~ **de** sich ziehen aus; **s'en** ~ durchkommen

sosie [sɔzi] mf Doppelgänger(in) m(f)

sot, te [so, sɔt] **1.** adj dumm **2.** m, f Dummkopf m; **sottise** [sɔtiz] f Dummheit f

sou [su] m **les** ~**s** (fam: argent) das Geld, die Kohle; **être près de ses** ~**s** (fam) knickerig sein; **être sans le** ~ (fam) völlig abgebrannt sein

souahéli [swaeli] m Kisuaheli nt

souche [suʃ] f (d'un arbre) Stumpf m; (fig) Stamm m; (d'un registre, d'un carnet) Abschnitt m; **de vieille** ~ aus altem Geschlecht

souci [susi] m Sorge f; (BOT) Ringelblume f; **se faire du** ~ sich dat Sorgen machen; **soucier** ⟨1⟩ [susje] vpr **se** ~ **de** sich kümmern um; **soucieux, -euse** [susjø, øz] *adj* bekümmert; **être ~ de son apparence** auf sein Äußeres Wert legen; **être ~ que** darauf Wert legen, dass; **peu ~ de/que** sich wenig kümmernd um/dass

soucoupe [sukup] *f* Untertasse *f;* **~ volante** fliegende Untertasse, UFO *nt*

soudain, e [sudɛ̃, ɛn] *adj, adv* plötzlich

Soudan [sudɑ̃] *m* **le ~** der Sudan; **soudanais, e** [sudanɛ, ɛz] *adj* sudanesisch; **Soudanais, e** *m, f* Sudaner(in) *m(f)*

soude [sud] *f* Natron *nt;* Soda *nt*

souder [sude] *vt (avec fil à souder)* löten; *(par soudure autogène)* schweißen; *(fig)* zusammenschweißen

soudure [sudyʀ] *f* Löten *nt;* Schweißen *nt; (joint)* Lötstelle *f;* Schweißnaht *f*

souffle [sufl(ə)] *m* Atemzug *m; (respiration)* Atem *m; (d'une explosion)* Druckwelle *f; (du vent)* Wehen *nt; (très léger)* Hauch *m;* **avoir le ~ court** kurzatmig sein; **être à bout de ~** außer Atem sein, völlig erschöpft sein; **retenir son ~** den Atem anhalten; **~ de vie** Lebensfunke *m*

soufflé, e [sufle] **1.** *adj (fam: ahuri)* baff **2.** *m (GASTR)* Soufflé *nt*

souffler 〈1〉 [sufle] **1.** *vi (vent)* wehen, blasen; *(haleter)* schnaufen; **~ sur** *(pour éteindre)* blasen auf +*akk* **2.** *vt (éteindre)* ausblasen; *(poussière, fumée)* wegpusten, wegblasen; *(explosion)* in die Luft sprengen; *(leçon, rôle)* eingeben, soufflieren; *(verre)* blasen; *(fam: voler)* klauen

soufflet [suflɛ] *m (instrument)* Blasebalg *m; (entre wagons)* Verbindungsgang *m*

souffrance [sufʀɑ̃s] *f* Leiden *nt;* **en ~** unerledigt; **souffrant, e** *adj (personne)* unwohl; *(air)* leidend

souffrir 〈11〉 [sufʀiʀ] **1.** *vi* leiden; **~ de qch** an etw *dat* leiden; *(du froid)* unter etw *dat* leiden **2.** *vt* (er)leiden; *(supporter)* ertragen, aushalten; *(admettre: exception, retard)* dulden; **ne pas pouvoir ~ qn/qch** jdn/etw nicht ausstehen können

soufre [sufʀ(ə)] *m* Schwefel *m*

souhait [swɛ] *m* Wunsch *m;* **~s de bonne année** Neujahrswünsche *pl;* **à vos ~s!** *(à une personne qui éternue)* Gesundheit!; **à ~** nach Wunsch

souhaitable [swɛtabl(ə)] *adj* wünschenswert

souhaiter 〈1〉 [swete] *vt* wünschen

souiller 〈1〉 [suje] *vt* schmutzig machen; *(fig)* besudeln

soûl, e [su, sul] **1.** *adj* betrunken **2.** *m* **boire/manger tout son ~** nach Herzenslust trinken/essen

soulagement [sulaʒmɑ̃] *m* Erleichterung *f*

soulager 〈2〉 [sulaʒe] **1.** *vt (personne)* erleichtern; *(douleur, peine)* lindern; **~ qn de qch** *(fardeau)* jdm etw abnehmen **2.** *vpr* **se ~** *(fam)* sich erleichtern

soûler 〈1〉 [sule] **1.** *vt* betrunken machen; *(fig)* benebeln, berauschen **2.** *vpr* **se ~** sich betrinken

soulèvement [sulɛvmɑ̃] *m (POL)* Aufstand *m*

soulever 〈4〉 [sulve] **1.** *vt* hochheben; *(poussière)* aufwirbeln; *(vagues)* erzeugen; *(pousser à se révolter)* aufhetzen; *(indigner)* empören; *(provoquer)* auslösen; *(question, débat)* aufwerfen **2.** *vpr* **se ~** *(se révolter)* sich auflehnen; *(se dresser)* sich aufrichten

soulier [sulje] *m* Schuh *m;* **~s plats/à talons hauts** flache/hochhackige Schuhe *pl*

souligner 〈1〉 [suliɲe] *vt* unterstreichen

soumettre [sumɛtʀ(ə)] *irr comme* **mettre** **1.** *vt (subjuguer)* unterwerfen; **~ qch à qn** jdm etw vorlegen; **~ qn à qch** jdn einer Sache *dat* unterziehen **2.** *vpr* **se ~ (à)** sich unterwerfen +*dat*

soumis, e [sumi, iz] **1.** *pp de* **soumettre** **2.** *adj (personne, air)* unterwürfig; *(peuples)* unterworfen

soumission [sumisjɔ̃] *f* Unterwerfung *f; (docilité)* Unterwürfigkeit *f,* Gefügigkeit *f; (JUR)* Angebot *nt*

soupape [supap] *f* Ventil *nt;* **~ de sûreté** Sicherheitsventil

soupçon [supsɔ̃] *m* Verdacht *m;* **un ~ de** *(petite quantité)* eine Spur; **soupçonner** 〈1〉 [supsɔne] *vt (personne)* verdächtigen; *(piège, manœuvre)* vermuten; **soupçonneux, -euse** [supsɔnø, øz] *adj* misstrauisch

soupe [sup] *f* Suppe *f;* **~ populaire** Volksküche *f;* **~ au lait** jähzornig, aufbrausend; **~ à l'oignon/de poisson** Zwiebel-/Fischsuppe

souper 〈1〉 [supe] **1.** *vi* zu später Stunde essen (gehen); **avoir soupé de qch** *(fam)* von etw die Nase voll haben **2.** *m* Mahlzeit *f* zu später Stunde

soupière [supjɛʀ] *f* Suppenschüssel *f*

soupir [supiʀ] *m* Seufzer *m; (MUS)* Viertelpause *f*

soupirant [supiʀɑ̃] *m* Verehrer *m*

soupirer 〈1〉 [supiʀe] *vi* seufzen

souple [supl(ə)] *adj (branche)* biegsam; *(col, cuir)* weich; *(personne, membres)* gelenkig, geschmeidig; *(caractère; règlement)* flexibel; *(gracieux)* anmutig; **sou-**

plesse [suplɛs] f (de branches) Biegsamkeit f; (d'un col, de cuir) Weichheit f; (d'une personne) Gelenkigkeit f; (intellectuelle, élasticité) Flexibilität f; (adresse) Anmut f

source [suʀs(ə)] f Quelle f; **prendre sa ~ à/dans** entspringen in +dat; **tenir qch de bonne ~** etw aus sicherer Quelle haben; **~ de chaleur/lumineuse** Wärme-/Lichtquelle; **~ d'eau minérale** Mineralquelle; **~s de revenus** Erwerbsgrundlage f

sourcil [suʀsi] m Augenbraue f; **froncer les ~s** die Stirn runzeln

sourciller ⟨1⟩ [suʀsije] vi **ne pas ~** keine Miene verziehen; **sans ~** ohne mit der Wimper zu zucken

sourcilleux, -euse [suʀsijø, øz] adj (pointilleux) kleinlich, pingelig

sourd, e [suʀ, suʀd(ə)] **1.** adj (personne) taub; (peu sonore) leise; (douleur) dumpf; (lutte) stumm; (LING) stimmlos; **être ~ à** sich taub stellen gegenüber; **être ~ comme un pot** stocktaub sein **2.** m, f Taube(r) mf

sourd-muet, sourde-muette (sourds-muets) [suʀmɥɛ, suʀd(ə)mɥɛt] **1.** adj taubstumm **2.** m, f Taubstumme(r) mf

sourdre ⟨14⟩ [suʀdʀ(ə)] vi (meist nur Infinitiv) sprudeln; (fig) aufsteigen

souricière [suʀisjɛʀ] f Mausefalle f; (fig) Falle f

sourire [suʀiʀ] irr comme rire **1.** vi lächeln; **~ à qn** jdm zulächeln **2.** m Lächeln nt; **garder le ~** sich nicht unterkriegen lassen

souris [suʀi] f (a. INFORM) Maus f

sournois, e [suʀnwa, waz] adj (personne) hinterhältig; (chose) heimtückisch

sous [su] prep unter +dat; (avec mouvement) unter +akk; **~ peu** in Kürze, bald; **~ la pluie** im Regen; **~ terre** unterirdisch; **~ mes yeux** vor meinen Augen

sous- pref Unter-, unter-; **~-alimenté(e)/-peuplé(e)** unterernährt/-bevölkert; **sous-alimentation** (sous-alimentations) [suzalimãtasjɔ̃] f Unterernährung f

sous-bois [subwa] m inv Unterholz nt

sous-catégorie (sous-catégories) [sukategɔʀi] f Unterabteilung f; **sous-chef** (sous-chefs) mf stellvertretender Vorsteher, stellvertretende Vorsteherin; **sous-continent** (sous-continents) m Subkontinent m

souscription [suskʀipsjɔ̃] f Subskription f

souscrire [suskʀiʀ] irr comme écrire vt **~ à qch** (à un emprunt) etw zeichnen; (à une publication) etw subskribieren; (approuver) etw gutheißen

sous-développé, e (sous-développés)

[sudev(ə)lɔpe] adj unterentwickelt; **sous-directeur, -trice** (sous-directeurs) m, f stellvertretender Direktor, stellvertretende Direktorin; **sous-emploi** [suzãplwa] m Unterbeschäftigung f;

sous-entendre ⟨14⟩ [suzãtãdʀ] vt andeuten; **sous-entendu, e** [suzãtãdy] **1.** adj unausgesprochen; (LING) zu ergänzen **2.** m Andeutung f; **sous-estimer** ⟨1⟩ [suzɛstime] vt unterschätzen; **sous-exposer** ⟨1⟩ [suzɛkspoze] vt (FOTO) unterbelichten; **sous-jacent, e** (sous-jacents) [suʒasã, ãt] adj (fig) latent, verborgen;

sous-location (sous-locations) f Untermiete f; **en ~** zur Untermiete; **sous-louer** ⟨1⟩ vt (donner à louer) untervermieten; (prendre à louer) als Untermieter mieten

sous-main [sumɛ̃] m inv Schreibunterlage f; **en ~** unter der Hand

sous-marin, e (sous-marins) [sumaʀɛ̃, in] **1.** adj (flore) Meeres-; (navigation, pêche) Unterwasser- **2.** m U-Boot nt

sous-payé, e (sous-payés) [supeje] adj unterbezahlt; **sous-préfecture** (sous-préfectures) f Unterpräfektur f; **sous-produit** (sous-produits) m Nebenprodukt nt; (pej) Abklatsch m; **sous-pull** (sous-pulls) m Unterziehpulli m; **sous-répertoire** (sous-répertoires) m (INFORM) Unterverzeichnis nt

soussigné, e (sous-signés) [susiɲe] adj **je ~** ich, der Unterzeichnete; **le ~/les ~s** der Unterzeichnete/die Unterzeichneten

sous-sol (sous-sols) [susɔl] m (sablonneux, calcaire) Untergrund m; (d'une construction) Untergeschoss nt; **en ~** im Keller; **sous-titre** (sous-titres) m Untertitel m; **sous-titré, e** (sous-titrés) adj mit Untertiteln

soustraction [sustʀaksjɔ̃] f Subtraktion f

soustraire [sustʀɛʀ] irr comme traire **1.** vt (nombre) subtrahieren, abziehen; (dérober) entziehen; **~ qn à qch** jdn vor etw dat schützen **2.** vpr **se ~ à** sich entziehen +dat

sous-traitance (sous-traitances) [sutʀɛtãs] f (COM) vertragliche Weitervergabe von Arbeit, Outsourcing nt; **sous-traitant** (sous-traitants) m Zulieferbetrieb m, Unterkontrahent m; **sous-verre** m inv Bilderrahmen m; **sous-vêtement** (sous-vêtements) m Stück nt Unterwäsche; **~s** Unterwäsche f

soutenable [sut(ə)nabl(ə)] adj vertretbar

soutenance [sut(ə)nãs] f **~ de thèse** ≈ Rigorosum nt

soutènement [sutɛnmã] m **mur de ~**

Stützmauer f
souteneur [sut(ə)nœʀ] m Zuhälter m
soutenir ⟨9⟩ [sut(ə)niʀ] vt tragen; (personne) halten; (consolider; empêcher de tomber) stützen; (réconforter, aider) helfen
+dat; (financièrement) unterstützen; (résister à) aushalten; (faire durer) aufrechterhalten; (affirmer) verfechten, verteidigen;
~ **que** behaupten, dass
soutenu, e [sut(ə)ny] 1. pp de soutenir
2. adj (régulier) anhaltend; (style) gehoben
souterrain, e [suteʀɛ̃, ɛn] 1. adj unterirdisch 2. m unterirdischer Gang
soutien [sutjɛ̃] m Stütze f; **apporter son ~**
à qn jdn unterstützen; ~ **de famille**
(ADMIN) Ernährer(in) m(f); **soutien-**
gorge (soutiens-gorge) m Büstenhalter
m, BH m; ~ **à armatures** Bügel-BH
soutirer ⟨1⟩ [sutiʀe] vt ablocken
souvenir ⟨9⟩ [suv(ə)niʀ] 1. vpr se ~ **de/**
que sich erinnern an +akk/dass 2. m (réminiscence) Erinnerung f; (objet) Andenken
nt; **en ~ de** zur Erinnerung an +akk; **avec**
mes affectueux/meilleurs ~s mit herzlichen Grüßen
souvent [suvã] adv oft; **peu ~** selten
souverain, e [suv(ə)ʀɛ̃, ɛn] 1. adj (État)
souverän, unabhängig; (juge, cour) oberst-
te(r, s); (mépris) höchste(r, s); **le ~ pontife**
der Papst 2. m, f Herrscher(in) m(f),
Staatsoberhaupt nt
soviétique [sɔvjetik] adj sowjetisch;
Soviétique mf Sowjetbürger(in) m(f)
soyeux, -euse [swajø, øz] adj seidig
S.P.A. f abr de **Société protectrice des ani-**
maux Tierschutzverein m
spacieux, -euse [spasjø, øz] adj geräumig
spaghettis [spageti] mpl Spag(h)etti pl
sparadrap [spaʀadʀa] m Heftpflaster nt
spasme [spasm(ə)] m Krampf m
spatial, e (-aux) [spasjal, o] adj räumlich;
(de l'espace) (Welt)raum-
spatule [spatyl] f Spachtel m
spécial, e (-aux) [spesjal, o] adj speziell,
besondere(r, s); (droits, cas) Sonder-; (fam:
bizarre) eigenartig; **spécialement** adv
besonders, speziell
spécialiser ⟨1⟩ [spesjalize] vpr se ~ sich
spezialisieren (dans auf +akk)
spécialiste [spesjalist(ə)] mf Spezialist(in)
m(f); (MÉD) Facharzt(-ärztin) m(f)
spécialité [spesjalite] f (branche) Spezialgebiet nt; (GASTR) Spezialität f
spécification [spesifikasjɔ̃] f genauere
Angabe, Spezifikation f
spécifier ⟨1⟩ [spesifje] vt spezifizieren; ~

que betonen, dass
spécifique [spesifik] adj spezifisch; **spé-**
cifiquement adv spezifisch; (tout exprès)
eigens, speziell
spécimen [spesimɛn] m Probe(exemplar
nt) f
spectacle [spɛktakl(ə)] m (aspect) Anblick
m; (représentation) Aufführung f, Vorstellung f; **se donner en ~** (pej) sich zur
Schau stellen; **l'industrie du ~** die Unterhaltungsindustrie
spectaculaire [spɛktakylɛʀ] adj spektaku-
lär
spectateur, -trice [spɛktatœʀ, tʀis] m, f
Zuschauer(in) m(f)
spectre [spɛktʀ(ə)] m Gespenst nt; (PHYS)
Spektrum nt
spéculateur, -trice [spekylatœʀ, tʀis] m, f
Spekulant(in) m(f)
spéculation [spekylasjɔ̃] f Spekulation f
spéculer ⟨1⟩ [spekyle] vi (méditer) nachdenken (sur über +akk); (FIN) spekulieren
(sur mit); (compter sur) rechnen (sur mit)
speed [spid] m (fam) Speed nt, Schnell-
macher m; **speedé, e** adj (fam) high, auf
Speed; **être ~** (fig) unter Strom stehen
spéléologie [speleɔlɔʒi] f Höhlenfor-
schung f
spermatozoïde [spɛʀmatɔzɔid] m Samen
m, Spermium nt
sperme [spɛʀm(ə)] m Samenflüssigkeit f,
Sperma nt
spermicide [spɛʀmisid] m Spermizid nt
sphère [sfɛʀ] f Kugel f; (domaine) Sphäre
f, Bereich m; ~ **d'activité/d'influence** Wir-
kungs-/Einflussbereich
sphérique [sfeʀik] adj rund
sphinx [sfɛ̃ks] m Sphinx f
spirale [spiʀal] f Spirale f
spiritisme [spiʀitism] m Spiritismus m
spirituel, le [spiʀitɥɛl] adj (immatériel)
geistlich; (intellectuel) geistig; (plein
d'esprit) geistreich
spiritueux [spiʀitɥø] mpl Spirituosen pl
splendeur [splãdœʀ] f Herrlichkeit f,
Pracht f
splendide [splãdid] adj herrlich
spongieux, -euse [spɔ̃ʒjø, øz] adj
schwamm(art)ig
sponsor [spɔ̃sɔʀ] m Sponsor(in) m(f);
sponsoriser ⟨1⟩ vt sponsern
spontané, e [spɔ̃tane] adj spontan;
spontanéité [spɔ̃taneite] f Spontaneität
f; **spontanément** [spɔ̃tanemã] adv
spontan
sport [spɔʀ] m Sport m; **faire du ~** Sport
treiben; ~ **de compétition** Leistungssport;

~s d'hiver Wintersport; **sportif, -ive** [spɔʀtif, iv] **1.** *adj* sportlich; *(association, épreuve)* Sport- **2.** *m,f* Sportler(in) *m(f)*; **~ de haut niveau** Leistungssportler; **sportivité** [spɔʀtivite] *f* Sportlichkeit *f*

spot [spɔt] *m (lampe)* Scheinwerfer *m*; **~ (publicitaire)** Werbespot *m*

spray [spʀɛ] *m* Spray *m o nt*

sprint [spʀint] *m* Sprint *m*, Endspurt *m*; **piquer un ~** *(fam)* einen kurzen Sprint einlegen

square [skwaʀ] *m* Grünanlage *f*

squash [skwaʃ] *nt* Squash *nt*

squat [skwat] *m* Hausbesetzung *f*; **squatter** ⟨1⟩ [skwate] *vt (appartement vide)* besetzen; **squatteur** [skwatœʀ] *m* Hausbesetzer(in) *m(f)*

squelette [skəlɛt] *m* Skelett *nt*; **squelettique** [skəletik] *adj* (spindel)dürr; *(exposé, effectifs)* dürftig, kümmerlich

Sri Lanka [sʀilɑ̃ka] *m* **le ~** Sri Lanka *nt*

St, Ste *abr de* **saint, sainte** hl.

stabiliser ⟨1⟩ [stabilize] *vt* stabilisieren; *(terrain)* befestigen

stabilité [stabilite] *f* Stabilität *f*

stable [stabl(ə)] *adj* stabil

stade [stad] *m (sport)* Stadion *nt*; *(phase)* Stadium *nt*

stage [staʒ] *m* Praktikum *nt*; *(de perfectionnement)* Fortbildungskurs *m*; *(d'avocat, d'enseignant)* Referendarzeit *f*; **stagiaire** [staʒjɛʀ] *m* Praktikant(in) *m(f)*; Lehrgangs-/Kursteilnehmer(in) *m(f)*

stagnant, e [staɲɑ̃, ɑ̃t] *adj* stehend; *(fig)* stagnierend

stalactite [stalaktit] *f* Stalaktit *m*

stalagmite [stalagmit] *f* Stalagmit *m*

stand [stɑ̃d] *m (d'exposition)* Stand *m*; **~ de ravitaillement** *(dans une course automobile)* Box *f*; **~ de tir** Schießstand

standard [stɑ̃daʀ] **1.** *adj inv* genormt, Standard- **2.** *m (tel)* Telefonzentrale *f*, Vermittlung *f*; **~ minimum** Mindeststandard *m*; **standardiser** ⟨1⟩ [stɑ̃daʀdize] *vt* normen, standardisieren

standardiste [stɑ̃daʀdist(ə)] *mf* Telefonist(in) *m(f)*

standing [stɑ̃diŋ] *m (rang)* Status *m*; *(niveau de vie)* (finanzielle) Verhältnisse *pl*; **immeuble de grand ~** exklusives Apartmenthaus

star [staʀ] *f* **~ (de cinéma)** Filmstar *m*

starter [staʀtɛʀ] *m (auto)* Choke *m*

station [stasjɔ̃] *f (de métro)* Haltestelle *f*; *(radio, tv)* Sender *m*; *(d'observation, de la croix)* Station *f*; *(de villégiature)* Ferienort *m*, Kurort *m*; **la ~ debout** *(posture)* die

aufrechte Haltung, das Stehen; **~ balnéaire/de sports d'hiver** Badeort *m*/Wintersportort *m*; **~ d'épuration** Kläranlage *f*; **~ (d')essence** Tankstelle *f*; **~ météorologique** Wetterwarte *f*; **~ orbitale, ~ spatiale** Raumstation *f*; **~ de taxis** Taxistand *m*; **~ thermale** Thermalkurort *m*; **~ de travail** *(inform)* Workstation *f*

stationnaire [stasjɔnɛʀ] *adj (état)* gleich bleibend

stationnement [stasjɔnmɑ̃] *m (auto)* Parken *nt*

stationner ⟨1⟩ [stasjɔne] *vi* parken

station-service (stations-services) [stasjɔ̃sɛʀvis] *f* Tankstelle *f*

statique [statik] *adj (elec)* statisch; *(fig)* unbewegt, starr

statistique [statistik] *f* Statistik *f*

statue [staty] *f* Statue *f*

stature [statyʀ] *f* Gestalt *f*; *(taille)* Größe *f*; *(fig: importance)* Bedeutung *f*

statut [staty] *m* Status *m*; **~s** *mpl (règlement)* Satzung *f*; **statutaire** [statytɛʀ] *adj* satzungsgemäß

Sté *abr de* **société** Ges.

steak [stɛk] *m* Steak *nt*

sténo(dactylo) [steno(daktilo)] *mf* Stenotypist(in) *m(f)*

sténo(graphie) [stenɔ(gʀafi)] *f* Stenografie *f*; **prendre qch en sténo** etw stenografieren

stéréo(phonie) [steʀeɔ(fɔni)] *f* Stereophonie *f*; **émission en ~** Stereosendung *f*; **stéréo(phonique)** *adj* Stereo-

stéréotype [steʀeɔtip] *m* Klischee *nt*

stérile [steʀil] *adj* unfruchtbar; *(esprit)* steril

stérilet [steʀilɛ] *m (med)* Spirale *f*

stériliser ⟨1⟩ [steʀilize] *vt* sterilisieren

stérilité [steʀilite] *f* Sterilität *f*, Unfruchtbarkeit *f*

sternum [stɛʀnɔm] *m* Brustbein *nt*

stick [stik] *m (de colle)* Stift *m*; *(déodorant)* Deostift *m*

stigmate [stigmat] *m* Stigma *nt*; **stigmatiser** ⟨1⟩ [stigmatize] *vt* brandmarken

stimulant, e [stimylɑ̃, ɑ̃t] **1.** *adj (encourageant)* aufmunternd; *(excitant)* anregend **2.** *m (fig)* Ansporn *m*

stimulateur [stimylatœʀ] *m* **~ cardiaque** (Herz)schrittmacher *m*

stimuler ⟨1⟩ [stimyle] *vt (personne)* stimulieren, anregen; *(appétit)* anregen; *(exportations)* beleben

stipulation [stipylasjɔ̃] *f (contrat)* Bedingung *f*

stipuler ⟨1⟩ [stipyle] *vt (énoncer)* vor-

schreiben; *(préciser)* (eindeutig) angeben
stock [stɔk] *m (de marchandises)* Lagerbestand *m; (réserve)* Reserve *f; (fig)* Vorrat *m (de* an *+dat)*
stockage [stɔkaʒ] *m* Lagerung *f; ~ d'informations (INFORM)* Datenspeicherung *f*
stocker ⟨1⟩ [stɔke] *vt (marchandises)* (ein)lagern; *(INFORM)* speichern
stoïque [stɔik] *adj* stoisch
stomacal, e (-aux) [stɔmakal, o] *adj* Magen-
stomatite *f (MED)* Mundfäule *f*
stop [stɔp] **1.** *m (signal routier)* Stoppschild *nt; (feu arrière)* Bremsleuchte *f; (dans un télégramme)* stop; **faire du ~** *(fam)* per Anhalter fahren **2.** *interj* stop, halt
stoppage [stɔpaʒ] *m* Stopfen *nt*
stopper ⟨1⟩ [stɔpe] **1.** *vt* anhalten; *(machine)* abstellen; *(attaque)* aufhalten; *(en couture)* stopfen **2.** *vi* (an)halten
store [stɔʀ] *m* Rollo *nt*, Rollladen *m*
strabisme [stʀabism] *m* Schielen *nt*
strapontin [stʀapɔ̃tɛ̃] *m (de cinéma, théâtre)* Klappsitz *m*
stratagème [stʀataʒɛm] *m* List *f*
stratégie [stʀateʒi] *f* Strategie *f;* **stratégique** *adj* strategisch
stratifié, e [stʀatifje] *adj (GEO)* geschichtet; *(TECH)* beschichtet
stratosphère [stʀatɔsfɛʀ] *f* Stratosphäre *f*
streamer [stʀimœʀ] *m (INFORM)* Streamer *m*
streetball [stʀitbol] *m* Streetball *m*
stress [stʀɛs] *m* Stress *m;* **stressant, e** [stʀɛsɑ̃, ɑ̃t] *adj* stressig; **stressé, e** *adj* gestresst; **stresser** ⟨1⟩ [stʀese] *vt* stressen
strict, e [stʀikt(ə)] *adj* streng; *(obligation)* strikt; *(sans ornements)* schlicht, schmucklos; **c'est son droit le plus ~** das ist sein gutes Recht; **dans la plus ~e intimité** im engsten Familienkreis; **au sens ~ du mot** im wahrsten Sinne des Wortes; **le ~ nécessaire** [o **minimum**] das (Aller)notwendigste; **strictement** *adv (rigoureusement)* absolut; *(uniquement)* ausschließlich; *(sévèrement)* streng
strident, e [stʀidɑ̃, ɑ̃t] *adj* schrill, kreischend
strie [stʀi] *f* Streifen *m;* **strié, e** [stʀije] *adj* gerillt
strip-tease (strip-teases) [stʀiptiz] *m* Striptease *m;* **strip-teaseur, -euse** [stʀiptizœʀ, øz] *m, f* Stripteasetänzer(in) *m(f)*, Stripper(in) *m(f)*
strophe [stʀɔf] *f* Strophe *f*

structuration [stʀyktyʀasjɔ̃] *f (a. INFORM)* Strukturierung *f*
structure [stʀyktyʀ] *f* Struktur *f*
stuc [styk] *m* Stuck *m*
studieux, -euse [stydjø, øz] *adj* fleißig; *(vacances, retraite)* den Studien gewidmet, Studien-
studio [stydjo] *m (logement)* Einzimmerwohnung *f; (atelier)* Atelier *nt; (CINE, TV)* Studio *nt*
stupéfaction [stypefaksjɔ̃] *f* Verblüffung *f*
stupéfait, e [stypefɛ, ɛt] *adj* verblüfft
stupéfiant, e [stypefjɑ̃, ɑ̃t] **1.** *adj (étonnant)* verblüffend **2.** *m (drogue)* Rauschgift *nt*
stupeur [stypœʀ] *f (inertie)* Abgestumpftheit *f; (étonnement)* Verblüffung *f*
stupide [stypid] *adj* dumm; **stupidité** [stypidite] *f* Dummheit *f*
style [stil] *m* Stil *m;* ein **~ télégraphique** im Telegrammstil; **meuble de ~** Stilmöbel *nt; ~ de vie** Lebensstil, Lifestyle *m*
stylé, e [stile] *adj (domestique)* geschult; *(tenue)* gestylt
stylisé, e [stilize] *adj* stilisiert
stylo [stilo] *m ~* **(à) bille** Kugelschreiber *m; ~* **(à plume)** Füller *m;* **stylo-feutre** (stylos-feutres) *m* Filzstift *m*
su, e [sy] **1.** *pp de* **savoir 2.** *m* **au vu et au ~ de tout le monde** in aller Öffentlichkeit
suave [sɥav] *adj (odeur)* süß, angenehm; *(voix)* sanft, weich
subalterne [sybaltɛʀn(ə)] **1.** *adj* subaltern, untergeordnet **2.** *mf* Untergebene(r) *mf*
subconscient, e [sypkɔ̃sjɑ̃, ɑ̃t] **1.** *adj* unterbewusst **2.** *m* **le ~** das Unterbewusstsein
subdiviser ⟨1⟩ [sybdivize] *vt* unterteilen
subir ⟨8⟩ [sybiʀ] *vt* erleiden; *(conséquences)* tragen; *(influence, charme)* erliegen *+dat; (traitement)* sich unterziehen *+dat; (fam: supporter)* ertragen
subit, e [sybi, it] *adj* plötzlich; **subitement** *adv* plötzlich
subjectif, -ive [sybʒɛktif, iv] *adj* subjektiv
subjonctif [sybʒɔ̃ktif] *m* Subjonctif *m* *(Möglichkeitsform)*
subjuguer ⟨1⟩ [sybʒyge] *vt* erobern, in seinen Bann ziehen
sublime [syblim] *adj* überragend; *(très beau)* wunderbar
submerger ⟨2⟩ [sybmɛʀʒe] *vt* überschwemmen; *(fig)* überwältigen
submersible [sybmɛʀsibl] *m* U-Boot *nt*
subordonné, e [sybɔʀdɔne] **1.** *adj* untergeordnet **2.** *m, f* Untergebene(r) *mf* **3.** *f* Nebensatz *m*

subside [sybsid] *m* Zuschuss *m*, Beihilfe *f*
subsidiaire [sybsidjɛʀ] *adj* **question ~** Stichfrage *f*
subsistance [sybzistɑ̃s] *f* Unterhalt *m*; **pourvoir à la ~ de qn** für jds Unterhalt sorgen
subsister ⟨1⟩ [sybziste] *vi* (*rester*) (weiter) bestehen; (*vivre*) sein Auskommen finden
substance [sypstɑ̃s] *f* (*matière*) Substanz *f*, Stoff *m*; (*essentiel*) Wesentliche(s) *nt*; **en ~** im Wesentlichen; **~ nocive** (*environnement*) Schadstoff
substantiel, le [sypstɑ̃sjɛl] *adj* (*nourrissant*) nahrhaft; (*avantage, bénéfice*) wesentlich, bedeutend
substantif [sypstɑ̃tif] *m* Substantiv *nt*
substituer ⟨1⟩ [sypstitɥe] **1.** *vt* **~ qn/qch à** jdn/etw ersetzen durch **2.** *vpr* **se ~ à qn** jdn ersetzen; **substitut** *mf* (*d'un magistrat*) Vertreter(in) *m(f)*; (*succédané*) Ersatz *m*; **substitution** [sypstitysjɔ̃] *f* Ersetzen *nt*
subterfuge [syptɛʀfyʒ] *m* List *f*; (*échappatoire*) Ausrede *f*
subtil, e [syptil] *adj* subtil; (*personne*) feinsinnig
subtilité [syptilite] *f* Subtilität *f*; Feinsinnigkeit *f*
subtropical, e (-aux) [sybtʀɔpikal, o] *adj* subtropisch
subvenir ⟨9⟩ [sybvəniʀ] *vi* **~ à** aufkommen für
subvention [sybvɑ̃sjɔ̃] *f* Subvention *f*, Zuschuss *m*; **subventionner** ⟨1⟩ [sybvɑ̃sjɔne] *vt* subventionieren
suc [syk] *m* Saft *m*; **~s gastriques** Magensaft
succédané [syksedane] *m* Ersatz *m*
succéder ⟨5⟩ [syksede] **1.** *vi* **~ à** (*successeur*) nachfolgen +*dat*; (*chose*) folgen auf +*akk*, kommen nach **2.** *vpr* **se ~** aufeinander folgen
succès [syksɛ] *m* Erfolg *m*; **à ~** Erfolgs-; **avec ~** erfolgreich; **sans ~** erfolglos, ohne Erfolg; **~ commercial** Markterfolg
successeur [syksesœʀ] *m* Nachfolger(in) *m(f)*; (*héritier*) Erbe (Erbin) *m(f)*
successif, -ive [syksesif, iv] *adj* aufeinander folgend
succession [syksesjɔ̃] *f* (*patrimoine*) Erbe *nt*; (*transmission de pouvoir royal*) Thronfolge *f*
successivement [syksesivmɑ̃] *adv* nacheinander
succinct, e [syksɛ̃, ɛ̃t] *adj* knapp, kurz und bündig
succomber ⟨1⟩ [sykɔ̃be] *vi* (*mourir*)

umkommen; **~ à** (*céder*) einer Sache *dat* unterliegen [o erliegen]
succulent, e [sykylɑ̃, ɑ̃t] *adj* köstlich
succursale [sykyʀsal] *f* Filiale *f*; **magasin à ~s multiples** Ladenkette *f*
sucer ⟨2⟩ [syse] *vt* (*citron, orange*) (aus)saugen; (*pastille, bonbon*) lutschen; **~ son pouce** am Daumen lutschen
sucette [sysɛt] *f* (*bonbon*) Lutscher *m*; (*de bébé*) Schnuller *m*
sucre [sykʀ(ə)] *m* Zucker *m*; **~ de canne/betterave** Rohr-/Rübenzucker; **~ en morceaux/cristallisé/en poudre/glace** Würfel-/Kristall-/Fein-/Puderzucker; **sucré, e** *adj* (*produit alimentaire*) gesüßt; (*au goût*) süß; (*tasse de thé, etc*) gezuckert; (*ton, voix*) (honig)süß; **sucrer** ⟨1⟩ [sykʀe] **1.** *vt* (*thé, café*) süßen **2.** *vpr* **se ~** (*prendre du sucre*) Zucker nehmen; (*fam: faire des bénéfices*) absahnen; **sucrerie** [sykʀəʀi] *f* (*usine*) Zuckerraffinerie *f*; **~s** *fpl* (*bonbons*) Süßigkeiten *pl*; **sucrette** [sykʀɛt] *f* Süßstofftablette *f*; **sucrier, -ière** [sykʀije, ɛʀ] **1.** *adj* Zucker- **2.** *m* (*récipient*) Zuckerdose *f*
sud [syd] **1.** *m* Süden *m*; **au ~ de** südlich von, im Süden von **2.** *adj inv* Süd-, südlich; **sud-américain, e** (sud-américains) *adj* südamerikanisch
sudation [sydasjɔ̃] *f* Schwitzen *nt*
sud-coréen, ne (sud-coréens) [sydkɔʀeɛ̃, ɛn] *adj* südkoreanisch; **sud-est** [sydɛst] *m* Südosten *m*; **sud-ouest** [sydwɛst] *m* Südwesten *m*
Suède [sɥɛd] *f* **la ~** Schweden *nt*; **suédois, e** [sɥedwa, az] *adj* schwedisch; **Suédois, e** *m, f* Schwede (Schwedin) *m(f)*
suer ⟨1⟩ [sɥe] **1.** *vi* schwitzen; (*fam: se fatiguer*) sich abquälen **2.** *vt* (*fig: exhaler*) ausstrahlen; (*bêtise*) strotzen vor +*dat*
sueur [sɥœʀ] *f* Schweiß *m*; **en ~** schweißgebadet; **j'en ai des ~s froides** (*fig*) das jagt mir kalte Schauer über den Rücken
suffire [syfiʀ] *irr* **1.** *vi* genügen, reichen; **il suffit de ...** (**pour que** +*subj* **...**) man braucht nur ... (**, damit ...**); **ça suffit!** jetzt reicht's! **2.** *vpr* **se ~** unabhängig sein
suffisamment [syfizamɑ̃] *adv* genügend, ausreichend; **~ de** genügend, genug
suffisance [syfizɑ̃s] *f* (*vanité*) Selbstgefälligkeit *f*; **suffisant, e** *adj* genügend, ausreichend; (*vaniteux*) selbstgefällig
suffocation [syfɔkasjɔ̃] *f* Ersticken *nt*
suffoquer ⟨1⟩ [syfɔke] **1.** *vt* ersticken; (*chaleur*) erdrücken; (*fig*) überwältigen **2.** *vi* (*personne*) ersticken
suffrage [syfʀaʒ] *m* (*vote*) Stimme *f*; **~**

universel/direct/indirect allgemeines
Wahlrecht/direkte/indirekte Wahl
suggérer ⟨5⟩ [syɡʒeʀe] vt (conseiller) vorschlagen; (évoquer) erinnern an +akk; ~
(à qn) que (insinuer) (jdm) zu verstehen
geben, dass
suggestif, -ive [syɡʒestif, iv] adj ausdrucksvoll, stimmungsvoll; (érotique) aufreizend
suggestion [syɡʒestjɔ̃] f (conseil) Vorschlag m; (PSYCH) Suggestion f
suicidaire [sɥisidɛʀ] adj selbstmörderisch;
suicide [sɥisid] m Selbstmord m; **suicider** ⟨1⟩ vpr se ~ sich umbringen
suif [sɥif] m Talg m
suisse [sɥis] adj schweizerisch; ~
romand(e) welschschweizerisch; ~ alle-
mand(e) deutschschweizerisch; **Suisse**
1. mf Schweizer(in) m(f) 2. f la ~ die
Schweiz; la ~ romande die französische
[o welsche] Schweiz; la ~ allemande [o
alémanique] die deutsche Schweiz
suite [sɥit] f Folge f; (liaison logique)
Zusammenhang m; (appartement, MUS)
Suite f; (escorte) Gefolgschaft f; ~s fpl
(conséquences) Folgen pl; à la ~ de hinter
+dat; (à cause de) aufgrund von; avoir de
la ~ dans les idées hartnäckig sein; de ~
nacheinander; (immédiatement) sofort;
donner ~ à weiterverfolgen; faire ~ à
sich anschließen an +akk; (faisant) ~ à
votre lettre du mit Bezug auf Ihr Schreiben vom; par la ~ später; prendre la ~
de qn jds Nachfolge antreten; une ~ de
(série) eine Reihe von
suivant, e [sɥivɑ̃, ɑ̃t] 1. adj folgend; au
~! der nächste bitte!; le client ~ der
nächste Kunde; le jour ~ am Tag danach
2. prep (selon) gemäß +dat; je nach
suivi, e [sɥivi] 1. pp de suivre 2. adj (régulier) regelmäßig; (cohérent) logisch; (politique) konsequent; très ~ (cours) gut
besucht; (mode) der/die viel Anklang findet
suivre [sɥivʀ(ə)] irr 1. vt folgen +dat;
(poursuivre; regarder) verfolgen; (accompagner) begleiten; (bagages) (nach)folgen
+dat; (venir après) folgen auf +akk; (traitement) befolgen; (cours) teilnehmen an
+dat; (être attentif à) aufpassen bei; (contrôler l'évolution de) beobachten; (COM: article) weiter führen; à ~ Fortsetzung folgt;
~ son cours seinen Lauf nehmen; ~ des
yeux mit den Augen verfolgen 2. vi folgen; (écouter attentivement) aufpassen;
faire ~ (lettre) nachsenden 3. vpr se ~
aufeinander folgen, nacheinander

kommen
sujet, te [syʒɛ, ɛt] 1. adj être ~ à neigen
zu; (au vertige, etc) leiden an +dat 2. m, f
(d'un roi, etc) Untertan(in) m(f) 3. m
(matière) Gegenstand m; (thème) Thema
nt; (raison) Anlass m, Grund m; (LING)
Subjekt nt; brillant ~ (élève) glänzender
Schüler, glänzende Schülerin; au ~ de
über +akk; avoir ~ de se plaindre Grund
zum Klagen haben; c'est ~ à caution das
ist mit Vorsicht zu genießen; ~ de conversation Gesprächsthema; ~ d'examen
(SCOL) Prüfungsstoff m/-frage f; ~ d'expérience Versuchsperson f/Versuchstier nt
sulfamide [sylfamid] m (MED) Sulfonamid
nt
sulfureux, -euse [sylfyʀø, øz] adj Schwe-
fel-, schwefelig
sulfurique [sylfyʀik] adj acide ~ Schwefelsäure f
Sumatra [symatʀa] (l'île f de) ~ Sumatra
nt
summum [sɔmɔm] m le ~ de der Gipfel
+gen; ~ de la journée Tageshoch nt
super [sypɛʀ] adj inv (fam) super; v. a.
supercarburant
superbe [sypɛʀb(ə)] adj (très beau) wundervoll, herrlich; (remarquable) phantastisch; **superbement** [sypɛʀbəmɑ̃] adv
herrlich
supercarburant [sypɛʀ(kaʀbyʀɑ̃)] m
Super(benzin) nt
supercherie [sypɛʀʃəʀi] f Betrug m
superficie [sypɛʀfisi] f (d'un terrain, d'un
appartement) (Grund)fläche f; (aspect extérieur) Oberfläche f; **superficiel, le**
[sypɛʀfisjɛl] adj oberflächlich; (plaie) leicht
superflu, e [sypɛʀfly] 1. adj überflüssig
2. m le ~ das Überflüssige
super-huit [sypɛʀɥit] adj inv caméra/film
~ Super-8-Kamera f/-film m
supérieur, e [sypɛʀjœʀ] 1. adj (du haut)
obere(s, r), Ober-; (excellent; arrogant)
überlegen; ~ (à) (plus élevé) höher (als);
(meilleur) besser (als); ~ en nombre zahlenmäßig überlegen 2. m, f (hiérarchique)
Vorgesetzte(r) mf; (REL) Superior(in) m(f),
Oberin f
supériorité [sypɛʀjɔʀite] f Überlegenheit
f
superlatif [sypɛʀlatif] m Superlativ m
supermarché [sypɛʀmaʀʃe] m Supermarkt m
superposer ⟨1⟩ [sypɛʀpoze] 1. vt aufeinander legen/stellen, stapeln; lits superposés Etagenbett nt 2. vpr se ~ (images,
souvenirs) zusammentreffen

superproduction [sypɛRpRɔdyksjɔ̃] f
(CINE) Monumentalfilm m
superpuissance [sypɛRpɥisɑ̃s] f (POL)
Supermacht f
supersonique [sypɛRsɔnik] adj (avion,
vitesse) Überschall-
superstar [sypɛRstaR] f Megastar m
superstitieux, -euse [sypɛRstisjø, øz] adj
abergläubisch
superstition [sypɛRstisjɔ̃] f Aberglaube m
superstructure [sypɛRstRyktyR] f Über-
bau m; (NAUT) Aufbauten pl
superviser ⟨1⟩ [sypɛRvize] vt beaufsichtigen; **superviseur** m (INFORM) Überwa-
chungsprogramm nt; **supervision**
[sypɛRvizjɔ̃] f Aufsicht f
suppléance [sypleɑ̃s] f Vertretung f;
suppléant, e 1. adj stellvertretend **2.** m, f
Stellvertreter(in) m(f)
suppléer ⟨1⟩ [syplee] vt (mot manquant)
ergänzen; (lacune) ausfüllen; (défaut) ausgleichen; (remplacer) vertreten; ~ **à qch**
(remédier à) etw ausgleichen; (remplacer)
etw ersetzen (par durch)
supplément [syplemɑ̃] m Ergänzung f;
(au restaurant) Extraportion f; (d'un livre,
d'un dictionnaire) Ergänzungsband m;
(d'un journal) Beilage f; (à payer) Zuschlag
m; (en train) Zuschlagkarte f; **un ~ d'information** zusätzliche Informationen pl;
supplémentaire [syplemɑ̃tɛR] adj
zusätzlich
supplication [syplikasjɔ̃] f Bitte f; ~**s** fpl
(adjurations) Flehen nt
supplice [syplis] m (peine corporelle) Folter
f; (fig) Qual f; **être au ~** (fig) Folterqualen
leiden
supplier ⟨1⟩ [syplije] vt anflehen
support [sypɔR] m Stütze f; (pour outils)
Ständer m; (INFORM) Support m; ~ **audio-
visuel** audiovisuelles Hilfsmittel; ~ **de
données** Datenträger m; ~ **publicitaire**
Werbemittel nt
supportable [sypɔRtabl(ə)] adj erträglich
supporter [sypɔRtɛR] m Fan m
supporter ⟨1⟩ [sypɔRte] vt (porter) tragen; (mur) stützen; (tolérer) aushalten;
dulden, ertragen; (chaleur, vin) vertragen;
~ **que** ertragen, dass
supposé, e [sypoze] adj mutmaßlich
supposer ⟨1⟩ [sypoze] vt annehmen;
(impliquer) voraussetzen; **en supposant, à
~ que** vorausgesetzt, dass
supposition [sypozisjɔ̃] f (conjecture) Vermutung f, Annahme f
suppositoire [sypozitwaR] m Zäpfchen nt
suppression [sypResjɔ̃] f Aufhebung f,

Abschaffung f
supprimer ⟨1⟩ [sypRime] vt abschaffen;
(mot, clause) weglassen; (obstacle) beseitigen, entfernen; (douleur) nehmen; (censurer) nicht erscheinen lassen; ~ **qn** jdn
beseitigen; ~ **qch à qn** jdm etw entziehen
suppurer ⟨1⟩ [sypyRe] vi eitern
supranational, e (-aux) [sypRanasjɔnal,
o] adj übernational
suprématie [sypRemasi] f Überlegenheit
f; (POL) Vormachtstellung f
suprême [sypRɛm] adj oberste(r, s); (bonheur, habileté) höchste(r, s); **un ~ espoir/
effort** (ultime) eine äußerste Hoffnung/
Anstrengung
sur [syR] prep auf +dat; (au-dessus de) über
+dat; (direction) auf +akk; (par-dessus) über
+akk; (à propos de) über +akk; **avoir une
influence ~** Einfluss haben auf +akk; **faire
bêtise ~ bêtise** eine Dummheit nach der
anderen machen; ~ **ce** daraufhin; ~ **sa
recommandation** auf seine Empfehlung
hin; **je n'ai pas d'argent ~ moi** ich habe
kein Geld bei mir; **un ~ 10** (SCOL) eine
Sechs; **2 ~ 20 sont venus** von 20 sind 2
gekommen; **4 m ~ 2** 4 m auf 2 m
sur, e [syR] adj sauer (geworden), herb
sûr, e [syR] adj sicher; (digne de confiance,
fiable) zuverlässig; **être ~(e) de qn** sich
dat jds sicher sein; ~ **de soi** selbstsicher;
le plus ~ est de ... das Sicherste ist, ...
surabondance [syRabɔ̃dɑ̃s] f (de produits,
de richesses) Überfluss m (de an +dat); (de
couleurs, de détails) Überfülle f (de von)
suraigu, ë [syRegy] adj schrill
surajouter ⟨1⟩ [syRaʒute] vt ~ **qch à**
noch etw hinzufügen zu
suranné, e [syRane] adj veraltet, rückständig
surbooké, e [syRbuke] adj überbucht
surcharge [syRʃaRʒ(ə)] f (de passagers)
Überlastung f; (de marchandises) Überbe-
lastung f; **surchargé, e** adj überladen
surcharger ⟨2⟩ vt (véhicule, fig) überladen
surchoix [syRʃwa] adj inv **un produit ~** ein
Erzeugnis von bester Qualität
surclasser ⟨1⟩ [syRklɑse] vt übertreffen
surcouper ⟨1⟩ [syRkupe] vt (CARTES) übertrumpfen
surcroît [syRkRwa] m **un ~ de travail**
zusätzliche Arbeit; **par ~** obendrein
surdité [syRdite] f Taubheit f
surdose [syRdoz] f Überdosis f
surdoué, e [syRdwe] adj (élève) hoch
begabt

sureau (x) [syʀo] *m* Holunder *m*

surélever ⟨4⟩ [syʀelve] *vt (maison)* aufstocken; *(objet)* höher machen

sûrement [syʀmɑ̃] *adv* sicher

suremploi [syʀɑ̃plwa] *m* Überbeschäftigung *f*

surenchère [syʀɑ̃ʃɛʀ] *f* höheres Gebot; **la ~ électorale** das gegenseitige Übertrumpfen im Wahlkampf; **surenchérir** ⟨8⟩ [syʀɑ̃ʃeʀiʀ] *vi* höher bieten

surestimer ⟨1⟩ [syʀɛstime] *vt (objet)* überbewerten; *(possibilité, personne)* überschätzen

sûreté [syʀte] *f* Sicherheit *f*; **être/mettre en ~** in Sicherheit sein/bringen; **pour plus de ~** zur Sicherheit; **la Sûreté (nationale)** der Sicherheitsdienst

surexciter ⟨1⟩ [syʀɛksite] *vt* überreizen

surexposer ⟨1⟩ [syʀɛkspoze] *vt (FOTO)* überbelichten; **surexposition** *f (FOTO)* Überbelichtung *f*

surf [sœʀf] *m (sur mer)* Surfbrett *nt; (sur neige)* Snowboard *nt;* **faire du ~** surfen; Snowboard fahren

surface [syʀfas] *f* Oberfläche *f; (MATH)* Fläche *f;* **faire ~** auftauchen; **refaire ~** *(fam)* allmählich wieder in besserer Form sein; **100 m² de ~** 100 m² Fläche; **grande ~** Einkaufszentrum *nt; ~* **de réparation** *(FOOT)* Strafraum *m*

surfait, e [syʀfɛ, ɛt] *adj* überbewertet

surfer ⟨1⟩ [sœʀfe] *vi (INFORM)* (im Internet) surfen; **surfeur, -euse** [sœʀfœʀ, øz] *m, f* Surfer(in) *m(f)*

surfin, e [syʀfɛ̃, in] *adj* hochfein

surgelé, e [syʀʒale] *adj* tiefgekühlt

surgénérateur [syʀʒeneʀatœʀ] *m* schneller Brüter, Hochtemperaturreaktor *m*

surgir ⟨8⟩ [syʀʒiʀ] *vi (jaillir)* hervorbrechen; *(personne, véhicule)* (plötzlich) auftauchen

surhumain, e [syʀymɛ̃, ɛn] *adj* übermenschlich

surimpression [syʀɛ̃pʀesjɔ̃] *f (FOTO)* Doppelbelichtung *f*

Surinam [syʀinam] *m* **le ~** Surinam *nt*

sur-le-champ [syʀləʃɑ̃] *adv* sofort, auf der Stelle

surlendemain [syʀlɑ̃dmɛ̃] *m* **le ~** der übernächste Tag; **am übernächsten Tag; le ~ de** zwei Tage nach

surligneur [syʀliɲœʀ] *m* Leuchtstift *m*

surmédiatisation [syʀmediatizasjɔ̃] *f* Medienrummel *m;* **surmédiatiser** ⟨1⟩ *vt* in den Medien aufbauschen

surmenage [syʀmənaʒ] *m* Überanstrengung *f,* Stress *m*

surmené, e [syʀməne] *adj* überanstrengt

surmener ⟨4⟩ [syʀməne] **1.** *vt* überanstrengen, überfordern; stressen **2.** *vpr* **se ~** sich überanstrengen

surmonter ⟨1⟩ [syʀmɔ̃te] *vt (être au dessus de)* angebracht sein über +*dat; (obstacle, peur)* überwinden

surmultiplié, e [syʀmyltiplije] *adj* **vitesse ~e** Overdrive *m*

surnaturel, le [syʀnatyʀɛl] *adj* übernatürlich; *(extraordinaire)* außergewöhnlich

surnom [syʀnɔ̃] *m* Spitzname *m*

surnombre [syʀnɔ̃bʀ(ə)] *m* **en ~** überzählig

surnommer ⟨1⟩ [syʀnɔme] *vt* **être surnommé(e)** genannt werden

surpasser ⟨1⟩ [syʀpɑse] **1.** *vt* übertreffen **2.** *vpr* **se ~** sich selbst übertreffen

surpeuplé, e [syʀpœple] *adj (région)* übervölkert; *(maison)* überfüllt

sur-place [syʀplas] *m* **faire du ~** *(dans un embouteillage)* nicht vorwärtskommen

surplomb [syʀplɔ̃] *m* Überhang *m;* **surplomber** ⟨1⟩ [syʀplɔ̃be] **1.** *vi (mur)* überragen **2.** *vt* überragen

surplus [syʀply] *m (COM)* Überschuss *m*

surprenant, e [syʀpʀənɑ̃, ɑ̃t] *adj* überraschend, erstaunlich

surprendre ⟨13⟩ [syʀpʀɑ̃dʀ(ə)] **1.** *vt* überraschen; *(secret)* herausfinden; *(conversation)* mithören; *(clin d'œil)* mitbekommen; *(ennemi)* überrumpeln **2.** *vpr* **se ~ à faire qch** sich bei etw erwischen [*o* ertappen]

surprime [syʀpʀim] *f* Zuschlagsprämie *f*

surpris, e [syʀpʀi, iz] **1.** *pp de* **surprendre** **2.** *adj* überrascht; **surprise** *f* Überraschung *f;* **faire une ~ à qn** jdn überraschen; **par ~** überraschend; **surprise-partie** (surprises-parties) [syʀpʀizparti] *f* Party *f*

surproduction [syʀpʀɔdyksjɔ̃] *f* Überproduktion *f*

surréaliste [syʀʀealist(ə)] *adj* surrealistisch; *(fam)* bizarr

surrégénérateur [syʀʀeʒeneʀatœʀ] *m* schneller Brüter, Hochtemperaturreaktor *m*

sursaut [syʀso] *m* Zusammenzucken *nt;* **se réveiller en ~** aus dem Schlaf auffahren; **~ d'énergie/d'indignation** Energieanwandlung *f*/plötzlicher Ausbruch der Entrüstung *m;* **sursauter** ⟨1⟩ [syʀsote] *vi* zusammenfahren

sursis [syʀsi] *m* Aufschub *m; (MIL)* Zurückstellung *f; (JUR)* Bewährungsfrist *f;* **avec ~** auf Bewährung

surtaxe [syʀtaks(ə)] f (supplément) Zuschlag m; (amende) Nachporto nt
surtout [syʀtu] adv besonders; ~ **que** umso mehr, als; **cet été, il est ~ allé à la pêche** in diesem Sommer hat er hauptsächlich geangelt; ~ **ne dites rien!** sagen Sie bloß nichts!; ~ **pas!** bestimmt nicht!
surveillance [syʀvɛjãs] f Überwachung f; (d'un gardien) Aufsicht f; **être sous la ~ de qn** unter jds Aufsicht dat stehen; **sous ~ médicale** unter ärztlicher Beobachtung; **conseil de ~** Aufsichtsrat m; **Direction de la ~ du territoire** Geheimdienst m; **surveillant, e** m, f Aufseher(in) m(f)
surveiller ⟨1⟩ [syʀveje] **1.** vt überwachen; (SCOL) beaufsichtigen; ~ **son langage/sa ligne** auf seine Sprache/Linie achten **2.** vpr **se ~** sich beherrschen
survenir ⟨9⟩ [syʀvəniʀ] vi (avec être) eintreten, vorkommen; (personne) auftauchen
survêtement [syʀvɛtmã] m Trainingsanzug m
survie [syʀvi] f Überleben nt; (REL) (Fort)leben nt nach dem Tode
survivant, e [syʀvivã, ãt] m, f Überlebende(r) mf; (d'une personne) Hinterbliebene(r) mf
survivre [syʀvivʀ(ə)] irr comme vivre vi überleben
survoler ⟨1⟩ [syʀvɔle] vt überfliegen
survolté, e [syʀvɔlte] adj (ELEC) hinauftransformiert; (personne, ambiance) überreizt
sus [sy(s)] prep **en** ~ zusätzlich; **en ~ de** zusätzlich zu
susceptible [syseptibl(ə)] adj (trop sensible) empfindlich; **être ~ de faire qch** etw tun können; **être ~ de modification** (bei Bedarf) geändert werden können
susciter ⟨1⟩ [sysite] vt hervorrufen
suspect, e [syspɛ(kt), ɛkt(ə)] **1.** adj (personne, attitude) verdächtig; (témoignage, opinion) zweifelhaft; **être ~(e) de qch** einer Sache gen verdächtigt werden **2.** m, f (JUR) Verdächtige(r) mf; **suspecter** ⟨1⟩ [syspɛkte] vt (personne) verdächtigen; (honnêteté de qn) anzweifeln; ~ **qn de qch/faire qch** jdn einer Sache gen verdächtigen/jdn verdächtigen, etw zu tun
suspendre ⟨14⟩ [syspãdʀ(ə)] **1.** vt (accrocher) aufhängen; (interrompre) einstellen; (séance, jugement) aufheben; (interdire) verbieten; (démettre) suspendieren **2.** vpr **se ~ à** sich hängen an +akk; **suspendu, e** [syspãdy] **1.** pp de **suspendre 2.** adj **être ~ à** (accroché) hängen an +dat; ~ **au-des-**

sus de (perché) schwebend über +dat; **être ~ aux lèvres de qn** an jds Lippen dat hängen; **voiture bien/mal ~e** gut/schlecht gefedertes Auto
suspens [syspã] m **en** ~ in der Schwebe; nicht entschieden
suspense [syspɛns] m Spannung f
suspension [syspãsjɔ̃] f Einstellung f; (de séance, de jugement) Aufhebung f; (interdiction) Verbot nt; (démission) Suspendierung f; (AUTO) Federung f; (lampe) Hängelampe f; **en** ~ schwebend; ~ **d'audience** Vertagung f
suspensoir [syspãswaʀ] m Suspensorium nt
suspicion [syspisjɔ̃] f Misstrauen nt
susurrer ⟨1⟩ [sysyʀe] vt flüstern
suture [sytyʀ] f **point de ~** (MED) Stich m; **suturer** ⟨1⟩ vt (MED) nähen
svelte [svɛlt(ə)] adj schlank
S.V.P. abr de **s'il vous plaît** bitte
Swaziland [swazilãd] m **le ~** Swasiland nt
sweat-shirt (sweat-shirts) [switʃœʀt] m Sweatshirt nt
syllabe [silab] f Silbe f
sylviculture [sylvikyltyʀ] f Forstwirtschaft f
symbole [sɛ̃bɔl] m Symbol nt; **symbolique** adj symbolisch; **symboliser** ⟨1⟩ [sɛ̃bɔlize] vt symbolisieren
symétrie [simetʀi] f Symmetrie f; **symétrique** adj symmetrisch
sympa [sɛ̃pa] adj (fam: personne) sympathisch; (fam: chose) nett, angenehm
sympathie [sɛ̃pati] f (affinité) Sympathie f; (participation à douleur) Mitgefühl nt; **accueillir un projet avec ~** einem Vorhaben wohlwollend gegenüberstehen; **croyez à toute ma ~** mein aufrichtiges Beileid; **témoignages de ~** (lors d'un deuil) Beileidsbekundungen pl; **sympathique** adj sympathisch; (repas, réunion, endroit) nett
sympathisant, e [sɛ̃patizã, ãt] m, f (POL) Sympathisant(in) m(f); **sympathiser** ⟨1⟩ vi (s'entendre) sich gut verstehen
symphonie [sɛ̃fɔni] f Sinfonie f; **symphonique** adj musique ~ sinfonische Musik; orchestre/concert ~ Sinfonieorchester nt/-konzert nt
symptôme [sɛ̃ptom] m (MED) Symptom nt; (fig) Anzeichen nt
synagogue [sinagɔg] f Synagoge f
synchronisation [sɛ̃kʀɔnizasjɔ̃] f Synchronisierung f
synchroniser ⟨1⟩ [sɛ̃kʀɔnize] vt synchronisieren

syncope [sɛ̃kɔp] f Ohnmacht f; (MUS) Synkope f; **tomber en** ~ ohnmächtig werden

syndic [sɛ̃dik] m (d'un immeuble) Verwalter(in) m(f)

syndical, e (-aux) [sɛ̃dikal, o] adj gewerkschaftlich; **centrale** ~**e** Gewerkschaftsbund m

syndicaliste [sɛ̃dikalist] mf Gewerkschaft(l)er(in) m(f)

syndicat [sɛ̃dika] m Gewerkschaft f; (association d'intérêts) Verband m; ~ **d'initiative** Fremdenverkehrsverein m; ~ **patronal** Arbeitgeberverband; ~ **de propriétaires** Eigentümerverband

syndiqué, e [sɛ̃dike] adj gewerkschaftlich organisiert; (personne) einer Gewerkschaft angeschlossen

syndiquer ⟨1⟩ [sɛ̃dike] vpr **se** ~ sich gewerkschaftlich organisieren; (adhérer) in die Gewerkschaft eintreten

syndrome [sɛ̃dʀom] m Syndrom nt, Krankheitsbild nt; (fig) Syndrom nt; ~ **de fatigue chronique** chronisches Erschöpfungssyndrom; ~ **d'immunodéficience acquise** Immunschwächekrankheit f

synergie [sinɛʀʒi] f Synergie f

synonyme [sinɔnim] **1.** adj synonym (de mit) **2.** m Synonym nt

synoptique [sinɔptik] adj **tableau** ~ Übersichtstabelle f

syntaxe [sɛ̃taks(ə)] f (LING) Syntax f

synthèse [sɛ̃tɛz] f Synthese f

synthétique [sɛ̃tetik] adj synthetisch

synthétiseur [sɛ̃tetizœʀ] m ~ **(de son)** Synthesizer m

syphilis [sifilis] f Syphilis f

Syrie [siʀi] f **la** ~ Syrien nt; **syrien, ne** [siʀjɛ̃, ɛn] adj syrisch; **Syrien, ne** m, f Syrier(in) m(f)

systématique [sistematik] adj systematisch

systématiser ⟨1⟩ [sistematize] vt systematisieren

système [sistɛm] m System nt; ~ **aérien** Luftfahrtsystem; ~ **de banque en ligne** Onlinebanking nt; **le** ~ **débrouille** [o **D**] Selbsthilfe f; **le** ~ **décimal** das Dezimalsystem; ~ **directeur de circulation** Verkehrsleitsystem; ~ **expert** Expertensystem; ~ **d'exploitation** (INFORM) Betriebssystem; ~ **immunitaire** Immunsystem; **le** ~ **métrique** das metrische System; **Système monétaire européen/international** Europäisches/Internationales Währungssystem; ~ **de navigation** Navigationssystem; ~ **de navigation par satellite** Satellitennavigationssystem; **le** ~ **nerveux** das Nervensystem; ~ **réticulé** Vernetzungssystem; **connaître le** ~ Bescheid wissen; **taper sur le** ~ **à qn** (fam) jdm auf den Keks [o Wecker] gehen

T

T, t [te] m T, t nt

t abr de **tonne** t

t. abr de **tome** Bd.

t' [t(ə)] pron v. **te**

ta [ta] adj v. **ton**

tabac [taba] m Tabak m; (magasin) Tabakwarengeschäft nt; **faire un** ~ enormen Erfolg haben, ein Riesenerfolg sein; ~ **blond/brun** heller/dunkler Tabak; ~ **à priser** Schnupftabak

tabagisme [tabaʒism(ə)] m Nikotinsucht f; ~ **passif** Passivrauchen nt

tabernacle [tabɛʀnakl] m Tabernakel m

table [tabl(ə)] f Tisch m; (liste) Verzeichnis nt; (numérique) Tabelle f; **à** ~ zu Tisch!, das Essen ist fertig!; **faire** ~ **rase de** Tabula rasa machen mit; **se mettre à** ~ sich zu Tisch setzen; (fam) reden, auspacken; ~ **de caractères** (INFORM) Zeichentabelle; ~ **des matières** Inhaltsverzeichnis; ~ **de multiplication** kleines Einmaleins; ~ **de nuit** [o **de chevet**] Nachttisch(chen nt); ~ **ronde** (fig) runder Tisch

tableau (x) [tablo] m (ART) Gemälde nt,

Bild nt; (fig) Schilderung f; (répertoire) Tafel f; (schéma) Tabelle f; ~ **d'affichage** Anschlagbrett nt, schwarzes Brett; ~ **blanc mural** Weißwandtafel; ~ **de bord** Armaturenbrett nt; ~ **noir** (scol) Tafel

tablette [tablɛt] f (planche) (Regal)brett nt; ~ **de chocolat** Tafel f Schokolade

tableur [tablœʀ] m (INFORM) Tabellenkalkulation(sprogramm nt) f

tablier [tablije] m Schürze f

tabou, e [tabu] adj tabu; **tabou** ~ m Tabu nt

tabouret [tabuʀɛ] m Schemel m, Hocker m

tabulateur [tabylatœʀ] m Tabulator m

tac [tak] m **répondre du** ~ **au** ~ schlagfertig antworten, Paroli bieten

tache [taʃ] f Fleck m; ~**s de rousseur** Sommersprossen pl

tâche [tɑʃ] f Aufgabe f; **travailler à la** ~ im Akkord arbeiten

tacher ⟨1⟩ [taʃe] **1.** vt fleckig machen, schmutzig machen; (fig) beflecken **2.** vpr **se** ~ (fruits) fleckig werden

tâcher ⟨1⟩ [tɑʃe] vi ~ **de faire** versuchen zu machen

tacite [tasit] adj stillschweigend

taciturne [tasityʀn(ə)] adj schweigsam

tacot [tako] m (fam) altes Auto, Karre f

tact [takt] m Takt m, Feingefühl nt; **avoir du** ~ Takt haben

tactile [taktil] adj berührungssensitiv

tactique [taktik] **1.** adj taktisch **2.** f Taktik f

tag [tag] m Graffito m o nt; **tagueur, -euse** [tagœʀ, øz] m, f Graffiti-Sprüher(in) m(f)

Tahiti [taiti] (**l'île** f **de**) ~ Tahiti nt

taï chi [tajtʃi] m Tai Chi nt

taie [tɛ] f ~ **d'oreiller** Kopfkissenbezug m

taille [taj] f (milieu du corps) Taille f; (grandeur) Größe f; (fig) Format nt; (action: de pierres) Behauen nt; (de diamants) Schliff m; (d'arbres) Beschneiden nt; (de vêtements) Schnitt m; **de** ~ (fam: important) gewaltig; **être de** ~ **à faire** im Stande [o fähig] sein zu tun; **taille-crayon** (taille-crayons) m Bleistiftspitzer m; **tailler** ⟨1⟩ **1.** vt (pierre) behauen; (diamant) schleifen; (arbre, plante) beschneiden; (vêtement) zuschneiden; (crayon) spitzen **2.** vi ~ **dans le vif** (fig) einschneidende Maßnahmen ergreifen **3.** vpr **se** ~ **la barbe** sich dat den Bart stutzen; **tailleur** [tajœʀ] m (couturier) Schneider(in) m(f); (vêtement) Kostüm nt; **en** ~ (assis) im Schneidersitz; **tailleur-pantalon** (tailleurs-pantalons) m Hosen-

anzug m

taillis [taji] m Dickicht nt

taire [tɛʀ] irr **1.** vt verschweigen **2.** vi **faire** ~ **qn** jdn zum Schweigen bringen **3.** vpr **se** ~ schweigen; (s'arrêter de parler) verstummen; **tais-toi!**/**taisez-vous!** sei/seid still!

Taiwan [tajwan] (**l'île** f **de**) ~ Taiwan nt

talc [talk] m Talk m

talent [talɑ̃] m Talent nt

talisman [talismɑ̃] m Talisman m

talkie-walkie (talkies-walkies) [tokiwoki] m Walkie-Talkie nt

talon [talɔ̃] m Ferse f; (de chaussure) Absatz m; (jeu de cartes) Talon m; (de chèque, de billet) Abschnitt m; ~**s aiguilles** Stöckelabsätze pl

talonner ⟨1⟩ [talɔne] vt dicht folgen +dat; (harceler) hart verfolgen; (au rugby) hetzen

talus [taly] m Böschung f

tambour [tɑ̃buʀ] m Trommel f; (musicien) Trommler(in) m(f); (porte) Drehtür f

tambourin [tɑ̃buʀɛ̃] m Tamburin nt

tamis [tami] m Sieb nt

Tamise [tamiz] f **la** ~ die Themse

tamisé, e [tamize] adj (lumière, ambiance) gedämpft

tamiser ⟨1⟩ [tamize] vt sieben

tampon [tɑ̃pɔ̃] m (d'ouate) (Watte)bausch m, Tupfer m; (amortisseur) Puffer m; (bouchon) Stöpsel m; (timbre) Stempel m; ~ **(hygiénique)** Tampon m; **(mémoire)** ~ (INFORM) Puffer; **tamponner** ⟨1⟩ [tɑ̃pɔne] **1.** vt (timbres) stempeln; (heurter) zusammenstoßen mit; (essuyer) abtupfen **2.** vpr **se** ~ (voitures) aufeinander fahren; **tamponneur, -euse** adj **autos tamponneuses** (Auto)scooter pl

tandem [tɑ̃dɛm] m Tandem nt

tandis [tɑ̃di] conj ~ **que** während

tangent, e [tɑ̃ʒɑ̃, ɑ̃t] **1.** adj (fam: de justesse) knapp; ~ **à** (MATH) tangential zu **2.** f (MATH) Tangente f

tangible [tɑ̃ʒibl(ə)] adj greifbar

tango [tɑ̃go] m Tango m

tank [tɑ̃k] m (char) Panzer m; (citerne) Tank m

tanker [tɑ̃kœʀ] m Tanker m

tanné, e [tane] adj (cuir) gegerbt; (peau) wettergegerbt

tanner ⟨1⟩ [tane] vt (cuir) gerben; **tannerie** [tanʀi] f Gerberei f

tanneur, -euse [tanœʀ, øz] m, f Gerber(in) m(f)

tant [tɑ̃] adv so, so viel, so sehr; ~ **de** (quantité) so viel; (nombre) so viele; ~

mieux umso besser; ~ **pis** macht nichts; ~ **pis pour lui** sein Pech; ~ **que** so, dass; (*aussi longtemps que*) solange ...; (*comparatif*) so (viel) wie; ~ **soit peu** ein bisschen

tante [tɑ̃t] *f* Tante *f*

tantôt [tɑ̃to] *adv* (*cet après-midi*) heute Nachmittag; ~ ... ~ ... bald ... bald ...

Tanzanie [tɑ̃zani] *f* **la** ~ Tansania *nt*

taon [tɑ̃] *m* (*mouche*) Bremse *f*

tapage [tapaʒ] *m* (*bruit*) Lärm *m*; ~ **nocturne** nächtliche Ruhestörung; **tapageur, -euse** *adj* (*bruyant*) lärmend, laut; (*voyant*) auffallend

tape-à-l'œil [tapalœj] *adj inv* protzig

tapenade [tapnad] *f* Paste aus Kapern, schwarzen Oliven und Sardellen

taper ⟨1⟩ [tape] **1.** *vt* schlagen; (*dactylographier*) tippen, schreiben; (*INFORM*) eingeben; ~ **qn de 10 euros** (*fam: emprunter*) jdn um 10 Euro anpumpen **2.** *vi* (*soleil*) stechen; ~ **dans** (*se servir*) kräftig zugreifen bei; ~ (**à la machine**) tippen; ~ **des mains/pieds** in die Hände klatschen/mit den Füßen stampfen; ~ **à la porte** an die Tür klopfen; ~ **sur qch** auf etw *akk* schlagen; ~ **sur qn** jdn verhauen; (*fig fam*) jdn schlecht machen **3.** *vpr* **se** ~ **un travail** (*fam*) eine Arbeit aufgehalst bekommen; **se** ~ **une femme** (*fam*) eine Frau aufreißen

tapi, e [tapi] *adj* ~ **dans/derrière** hockend [o kauernd] in/hinter +*dat*; (*caché*) versteckt in/hinter +*dat*

tapis [tapi] *m* Teppich *m*; **aller au** ~ zu Boden gehen; **mettre sur le** ~ (*fig*) aufs Tapet bringen; ~ **de prière** (*REL*) Gebetsteppich; ~ **roulant** Rollsteg *m*; (*de montage*) Fließband *nt*; ~ **de sol** Bodenplane *f*; ~ **souris** Mausmatte *f*, Mauspad *nt*; **tapis-brosse** (tapis-brosses) *m* Schuhabstreifer *m*

tapisser ⟨1⟩ [tapise] *vt* tapezieren; (*fig*) beziehen (*de* mit)

tapisserie [tapisri] *f* (*tenture*) Wandteppich *m*; (*broderie*) Gobelin *m*; (*travail*) Gobelinarbeit *f*, Sticken *nt*; (*papier peint*) Tapete *f*

tapissier, -ière [tapisje, ɛʁ] *m, f* ~(-**décorateur**), **tappissière** (**-décoratrice**) Tapezierer(in) *m(f)*

tapoter ⟨1⟩ [tapɔte] *vt* sanft klopfen auf +*akk*

taquet [takɛ] *m* ~ **de tabulation** (*INFORM*) Tabstopp *m*

taquiner ⟨1⟩ [takine] *vt* necken; **taquinerie** [takinʁi] *f* Neckerei *f*

tarabiscoté, e [taʁabiskɔte] *adj* überla-

den

tarama [taʁama] *m* Taramas *m* (*griechische Fischeierpaste*)

tard [taʁ] *adv* spät; **plus** ~ später; **au plus** ~ spätestens; **sur le** ~ spät, in vorgerücktem Alter

tarder ⟨1⟩ [taʁde] *vi* (*chose*) lange brauchen; ~ **à faire qch** (*personne*) etw hinausschieben; **il me tarde d'arriver** ich wäre am liebsten schon da; **sans (plus)** ~ ohne (weitere) Verzögerung

tardif, -ive [taʁdif, iv] *adj* spät; **tardivement** *adv* spät

tare [taʁ] *f* (*poids*) Tara *f*; (*défaut*) Schaden *m*

targuer ⟨1⟩ [taʁge] *vpr* **se** ~ **de** sich brüsten mit

tarif [taʁif] *m* Tarif *m*; (*liste*) Preisliste *f*; **tarifer** ⟨1⟩ *vt* einen Tarif festsetzen für

tarir ⟨8⟩ [taʁiʁ] **1.** *vi* versiegen **2.** *vt* erschöpfen

tartare [taʁtaʁ] *adj* **sauce** ~ Remouladensoße *f*; **steak** ~ Steak Tartare *nt*

tarte [taʁt(ə)] *f* Kuchen *m*; ~ **à l'oignon** Zwiebelkuchen; ~ **au citron** Zitronenkuchen in Törtchenform

tartelette [taʁtəlɛt] *f* Törtchen *nt*

tartine [taʁtin] *f* Schnitte *f*; **tartiner** ⟨1⟩ *vt* (be)streichen; **fromage à** ~ Streichkäse *m*

tartre [taʁtʁ(ə)] *m* (*des dents*) Zahnstein *m*; (*de chaudière*) Kesselstein *m*

tas [ta] *m* Haufen *m*; **formé(e) sur le** ~ am Arbeitsplatz ausgebildet; **un** ~ **de** (*fig*) eine Menge ...

tasse [tɑs] *f* Tasse *f*; **ce n'est pas ma** ~ **de thé** (*fam*) das liegt mir nicht

tasser ⟨1⟩ [tɑse] **1.** *vt* (*terre, neige*) festtreten, feststampfen; ~ **qch dans** (*entasser*) etw stopfen in +*akk* **2.** *vpr* **se** ~ sich senken; **ça se tassera** (*fam*) das wird sich geben

tâter ⟨1⟩ [tɑte] **1.** *vt* abtasten **2.** *vi* ~ **de qch** etw ausprobieren **3.** *vpr* **se** ~ (*hésiter*) unschlüssig sein

tâtonnement [tɑtɔnmɑ̃] *m* tastender Versuch

tâtonner ⟨1⟩ [tɑtɔne] *vi* herumtappen; (*fig*) im Dunkeln tappen

tâtons [tɑtɔ̃] *adv* **avancer à** ~ sich vorantasten; **chercher à** ~ tastend suchen

tatouage [tatwaʒ] *m* Tätowierung *f*; (*action*) Tätowieren *nt*

tatouer ⟨1⟩ [tatwe] *vt* tätowieren

taudis [todi] *m* Bruchbude *f*

taule [tol] *f* (*fam*) Zimmer *nt*; (*prison*) Kittchen *nt*

aupe [top] f (a. fig) Maulwurf m

aupinière [topinjɛʀ] f Maulwurfshügel m

aureau (x) [tɔʀo] m Stier m; **Taureau**
(ASTR) Stier m

auromachie [tɔʀɔmaʃi] f Stierkampf m

aux [to] m Rate f; (d'alcool, de cholestérol)
Spiegel m; ~ **d'accroissement** (ECON)
Zuwachsrate; ~ **de la cotisation** Beitragssatz m; ~ **d'erreur** Fehlerquote; ~ **d'inflation** Inflationsrate; ~ **d'intérêt** Zinsfuß m,
Zinssatz m; ~ **de mortalité** Sterblichkeitsziffer f

axe [taks(ə)] f (impôt) Steuer f; (douanière)
Zoll m; ~ **de séjour** Kurtaxe f; ~ **à** [o **sur**]
la valeur ajoutée Mehrwertsteuer; **toutes
~s comprises** alles inklusive; **taxer** ⟨1⟩
vt besteuern; ~ **qn de qch** (fig) jdn etw
nennen; (accuser) jdn einer Sache gen
beschuldigen

axi [taksi] m Taxi nt

axidermiste [taksidɛʀmist] mf (Tier)prä-
parator(in) m(f)

aximètre [taksimɛtʀ(ə)] m Taxameter nt

.B. abr de **très bien** sehr gut

.C.F. m abr de **Touring Club de France** ≈
ADAC m

chad [tʃad] m **le** ~ der Tschad

chao [tʃao] interj (fam) tschüss

chatche [tʃatʃ] f (fam) Geplapper nt;
avoir de la ~ (fam) ein ziemlich flinkes
Mundwerk haben; **tchatcher** ⟨1⟩ vt
(fam) rappen; (fig) quatschen

chécoslovaquie [tʃekɔslɔvaki] f **la** ~
(HIST) die Tschechoslowakei

chèque [tʃɛk] adj tschechisch; **la Répu-
blique** ~ die tschechische Republik,
Tschechien nt; **Tchèque** mf Tscheche
(Tschechin) m(f)

chétchénie [tʃetʃeni] f **la** ~ Tschetschenien nt

.D. mpl abr de **travaux dirigés** Seminar nt

e, t' [t(ə)] pron (direct) dich; (indirect) dir

echnicien, ne [tɛknisjɛ̃, ɛn] m, f Techni-
ker(in) m(f)

echnico-commercial, e (technico-
commerciaux) [tɛknikokɔmɛʀsjal] adj kauf-
männisch-technisch

echnique [tɛknik] **1.** adj technisch **2.** f
Technik f; ~ **d'automatisation** Automati-
sierungstechnik; ~ **de communication**
Kommunikationstechnik; ~ **de l'information** Informationstechnik; ~**s antinuisances** Umweltschutztechnik

echniquement [tɛknikmɑ̃] adv technisch

echno [tɛknɔ] f (fam) Techno m

echnocrate [tɛknɔkʀat] mf Techno-

krat(in) m(f)

technologie [tɛknɔlɔʒi] f Technologie f;
~ **d'avenir** Zukunftstechnologie; ~ **Wap**
WAP-Technologie; **technologique** adj
technologisch

technopole [tɛknɔpɔl] m Stadtteil, in dem
ausschließlich Forschungs- und Hochtechnolo-
gieunternehmen sitzen

teck [tɛk] m Teak(holz) nt

teckel [tɛkɛl] m Dackel m

TED [tɛd] m acr de **traitement électronique
des données** EDV f

tee-shirt (tee-shirts) [tiʃœʀt] m T-Shirt nt

teindre [tɛ̃dʀ(ə)] irr comme peindre **1.** vt färben **2.** vpr se ~ **les cheveux** sich dat die
Haare färben

teint, e [tɛ̃, tɛ̃t] **1.** pp de teindre **2.** adj
gefärbt **3.** m (du visage) Teint m; **grand** ~
farbecht **4.** f Farbton m

teinté, e [tɛ̃te] adj (verre, lunettes) getönt

teinter ⟨1⟩ [tɛ̃te] vt (ein)färben

teinture [tɛ̃tyʀ] f (action) Färben nt; (substance) Färbemittel nt; ~ **d'iode/d'arnica**
Jod-/Arnikatinktur f

teinturerie [tɛ̃tyʀʀi] f Reinigung f

tel, le [tɛl] adj un ~/une telle so ein/so
eine, solch ein(e); **de** ~**s/de telles** solche;
~ **(et** ~**)** (indéfini) der und der, die und
die, das und das; **rien de** ~ nichts dergleichen; **rien de** ~ **que** ... nichts geht
über ...; ~ **que/telle que** so, wie; ~ **quel/
telle quelle** so wie er/sie/es ist [o war];
on n'a jamais rien vu de ~ so etwas hat
man noch nie gesehen; ~ **père,** ~ **fils** wie
der Vater, so der Sohn; ~ **doit être son
but** das sollte sein Ziel sein; **telle est mon
opinion** das ist meine Meinung

tél. abr de **téléphone** Tel.

télé [tele] f (fam) Fernsehen nt; (téléviseur)
Fernseher m

téléachat [teleaʃa] m Teleshopping nt

télébanking [telebɑ̃kiŋ] m elektronisches
Banking

télébenne [telebɛn] f Kabinenbahn f

téléboutique [telebutik] f (TV) Teleshop
m

télécabine [telekabin] f Kabinenbahn f

télécarte [telekaʀt] f Telefonkarte f

téléchargement [teleʃaʀʒmɑ̃] m (INFORM)
Download m

télécharger ⟨2⟩ [teleʃaʀʒe] vt (INFORM)
hochladen; (de l'internet) herunterladen,
downloaden

télécommande [telekɔmɑ̃d] f Fernsteuerung f; (TV) Fernbedienung f; **télécom-
mander** ⟨1⟩ vt fernsteuern

télécommunications [telekɔmynikasjɔ̃]

fpl Fernmeldewesen *nt,* Nachrichtentechnik *f*
téléconférence [telekɔ̃feʀɑ̃s] *f* Telekonferenz *f*
télécopie [telekɔpi] *f* Fernkopie *f,* Telefax *nt;* **télécopier** ⟨1⟩ *vt* fernkopieren, (tele)faxen; **télécopieur** *m* Telefaxgerät *nt,* Fernkopierer *m*
télédiffuser ⟨1⟩ [teledifyze] *vt* übertragen, ausstrahlen
télédistribution [teledistʀibysjɔ̃] *f* Kabelfernsehen *nt*
téléenseignement [teleɑ̃sɛɲmɑ̃] *m* Fern(lehr)kurs *m;* ~ **en ligne** Onlinelearning *nt*
téléfax [telefaks] *m inv* Telefax *nt*
téléférique [telefeʀik] *m v.* **téléphérique**
téléfilm [telefilm] *m* Fernsehfilm *m*
télégramme [telegʀam] *m* Telegramm *nt*
télégraphe [telegʀaf] *m* Telegraf *m;* **télégraphier** ⟨1⟩ [telegʀafje] *vt, vi* telegrafieren; **télégraphique** [telegʀafik] *adj* telegrafisch; **style** ~ Telegrammstil *m*
téléguider ⟨1⟩ [telegide] *vt* fernlenken
télématique [telematik] *f* Telematik *f*
télémécanicien, ne [telemekanisjɛ̃, ɛn] *m, f* Fernmeldetechniker(in) *m(f)*
téléobjectif [teleɔbʒɛktif] *m* Teleobjektiv *nt*
télépathie [telepati] *f* Telepathie *f;* **télépathique** *adj* telepathisch
téléphérique [teleferik] *m* (Draht)seilbahn *f*
téléphone [telefɔn] *m* Telefon *nt;* **au** ~ am Telefon; **avoir le** ~ (ein) Telefon haben; **coup de** ~ Anruf *m;* ~ **arabe** (fam) Buschtrommel *f;* ~ **codé** Chiffretelefon; ~ **portable** Handy *nt;* ~ **sans fil** schnurloses Telefon; ~ **sur Internet** Internettelefon; ~ **à touches** Tastentelefon; ~ **visuel** Bildtelefon; ~ **de voiture** Autotelefon; **téléphoner** ⟨1⟩ **1.** *vt* telefonisch mitteilen **2.** *vi* telefonieren; ~ **à qn** jdn anrufen
téléphonie [telefɔni] *f* Telefonie *f;* ~ **mobile** Mobilfunk *m*
téléphonique *adj* telefonisch; **cabine/appareil** ~ Telefonzelle *f/*-apparat *m;* **téléphoniste** *mf* Telefonist(in) *m(f)*
téléprospection [teleprɔspɛksjɔ̃] *f* Telefonmarketing *nt*
téléréalité [teleʀealite] *f* Reality-TV *nt*
télescopage [teleskɔpaʒ] *m* Kollision *f,* Auffahrunfall *m*
télescope [teleskɔp] *m* Teleskop *nt*
télescoper ⟨1⟩ [teleskɔpe] *vt* auffahren auf +*akk*

télescopique *adj (qui s'emboîte)* ausziehbar
téléscripteur [teleskʀiptœʀ] *m* Fernschreiber *m*
télésiège [telesjɛʒ] *m* Sessellift *m*
téléski [teleski] *m* Skilift *m,* Schlepplift *m*
téléspectateur, -trice [telespɛktatœʀ, tʀis] *m, f* Fernsehzuschauer(in) *m(f)*
télétraitement [teletʀɛtmɑ̃] *m (INFORM)* Datenverarbeitung *f*
télétransmission [teletʀɑ̃smisjɔ̃] *f* (*INFORM*) Datenfernübertragung *f,* DFÜ *f*
télétravail [teletʀavaj] *m* Telearbeit *f;* **télétravailleur, -euse** *m* Telearbeiter(in) *m(f)*
téléviser ⟨1⟩ [televize] *vt* im Fernsehen übertragen [o senden]
téléviseur [televizœʀ] *m* Fernsehapparat *m,* Fernsehgerät *nt*
télévision [televizjɔ̃] *f* (*système*) Fernsehen *nt;* **à la** ~ im Fernsehen; **avoir la** ~ einen Fernseher haben; ~ **câblée,** ~ **par câble** Kabelfernsehen; **(poste de)** ~ Fernsehgerät *nt;* ~ **à la demande** Video-on-Demand *nt;* ~ **numérique** Digitalfernsehen, digitales Fernsehen; ~ **payante** Pay-TV *nt;* ~ **privée** Privatfernsehen
télex [teleks] *m* Telex *nt*
tellement [tɛlmɑ̃] *adv (tant)* so sehr, so viel, derartig; (*si*) so; ~ **de** (*quantité*) so viel; (*nombre*) so viele; **pas** ~ (fam) nicht besonders; ~ **plus grand/cher (que)** so viel größer/teurer (als); **il était** ~ **fatigué qu'il … er war so müde, dass er …**
téméraire [temeʀɛʀ] *adj* tollkühn; **témérité** [temeʀite] *f* Tollkühnheit *f*
témoignage [temwaɲaʒ] *m* Zeugnis *nt;* (*JUR*) Zeugenaussage *f;* **faux** ~ Falschaussage *f*
témoigner ⟨1⟩ [temwaɲe] **1.** *vt (manifester)* zeigen, beweisen; ~ **que** bezeugen, dass **2.** *vi (JUR)* (als Zeuge) aussagen; ~ **de qch** etw bezeugen, etw beweisen; (*choses*) von etw zeugen
témoin [temwɛ̃] **1.** *m (personne)* Zeuge (Zeugin) *m(f);* (*preuve*) Beweis *m;* (*SPORT*) Staffelstab *m;* **être** ~ **de** Zeuge sein von; ~ **lumineux** Leuchtanzeige *f;* ~ **oculaire** Augenzeuge (-zeugin) **2.** *adj inv* Kontroll-Test-; **appartement** ~ Musterwohnung *f*
tempe [tɑ̃p] *f* Schläfe *f*
tempérament [tɑ̃peʀamɑ̃] *m* Temperament *nt;* (*caractère*) Wesen *nt;* **achat à** ~ Ratenkauf *m;* **vente à** ~ Teilzahlungsverkauf *m*
température [tɑ̃peʀatyʀ] *f* Temperatur *f* (*MED*) Fieber *nt;* **avoir** [o **faire**] **de la** ~ Fie-

ber haben; **prendre la ~ de** Temperatur messen bei; (*fig*) die Stimmung +*gen* sondieren; **~ ambiante** Zimmertemperatur; **~ extérieure** Außentemperatur; **~ moyenne** Durchschnittstemperatur

tempérer ⟨5⟩ [tɑ̃peʀe] *vt* mildern

tempête [tɑ̃pɛt] *f* Unwetter *nt*; **~ de sable/neige** Sand-/Schneesturm *m*

temple [tɑ̃pl(ə)] *m* Tempel *m*; (*protestant*) Kirche *f*

temporaire [tɑ̃pɔʀɛʀ] *adj* vorübergehend

temporiser ⟨1⟩ [tɑ̃pɔʀize] *vi* abwarten, Zeit gewinnen wollen

temps [tɑ̃] *m* Zeit *f*; (*atmosphérique*) Wetter *nt*; (*MUS*) Takt *m*; (*TECH: phase*) Hub *m*; **à ~** rechtzeitig; **avoir le ~/juste le ~** Zeit/gerade genug Zeit haben; **avoir fait son ~** ausgedient haben; **dans le ~** früher; **de ~ en ~, de ~ à autre** von Zeit zu Zeit, dann und wann; **en même ~** zur gleichen Zeit; **en ~ de paix/guerre** in Friedens-/Kriegszeiten; **en ~ utile** [o **voulu**] zu gegebener Zeit; **entre ~** inzwischen; **être en avance sur son ~** seiner Zeit voraus sein; **il fait beau/mauvais ~** es ist schönes/schlechtes Wetter; **les ~ changent/sont durs** die Zeiten ändern sich/sind hart; **~ d'accès** (*INFORM*) Zugriffszeit; **~ d'arrêt** Pause *f*; **~ d'immobilisation** (*INFORM*) Ausfallzeit; **~ réel** (*INFORM*) Echtzeit; **~ de réflexion** Bedenkzeit

tenable [t(ə)nabl(ə)] *adj* **ce n'est pas ~** das ist nicht auszuhalten

tenace [tənas] *adj* beharrlich, hartnäckig; **ténacité** [tenasite] *f* Beharrlichkeit *f*

tenailles [tənaj] *fpl* Kneifzange *f*

tenancier, -ière [tənɑ̃sje, ɛʀ] *m, f* Inhaber(in) *m(f)*

tendance [tɑ̃dɑ̃s] *f* Tendenz *f*, Richtung *f*; (*inclination*) Hang *m*; **avoir ~ à grossir/ exagérer** zum Dickwerden/Übertreiben neigen; **~ à la hausse/baisse** Aufwärts-/ Abwärtstrend *m*; **~ du marché** Markttrend *m*; **tendancieux, -euse** [tɑ̃dɑ̃sjø, øz] *adj* tendenziös

tendinite [tɑ̃dinit] *f* Sehnenscheidenentzündung *f*

tendon [tɑ̃dɔ̃] *m* Sehne *f*

tendre [tɑ̃dʀ(ə)] *adj* zart; (*bois, roche*) mürbe, brüchig, morsch; (*affectueux*) zärtlich

tendre ⟨14⟩ [tɑ̃dʀ(ə)] **1.** *vt* (*allonger*) spannen; (*muscle, arc*) anspannen; (*piège*) stellen; **~ la main** die Hand reichen [o geben]; **~ qch à qn** (*donner*) jdm etw geben [o reichen] **2.** *vpr* **se ~** (*relations,*

atmosphère) (an)gespannt werden **3.** *vi* **~ à qch/à faire qch** etw anstreben/danach streben, etw zu tun

tendrement [tɑ̃dʀəmɑ̃] *adv* zart, zärtlich

tendresse [tɑ̃dʀɛs] *f* Zärtlichkeit *f*

tendu, e [tɑ̃dy] **1.** *pp de* tendre **2.** *adj* angespannt; (*personne*) gereizt

ténébreux, -euse [tenebʀø, øz] *adj* finster; (*personne*) melancholisch

teneur [tənœʀ] *f* Inhalt *m*; (*d'une lettre*) Wortlaut *m*; (*concentration*) Gehalt *m*

ténia [tenja] *m* Bandwurm *m*

tenir ⟨9⟩ [t(ə)niʀ] **1.** *vt* halten; (*réunion*) (ab)halten; (*magasin, hôtel*) haben, führen; (*caisse, comptes*) führen; **~ l'alcool** Alkohol vertragen; **~ au chaud** (*repas*) warm halten; **~ chaud** (*vêtement*) warm geben [o halten]; **~ le coup** durchhalten, es aushalten; **~ qch de qn** etw von jdm haben; **~ qn pour** jdn halten für; **~ un rôle** eine Rolle spielen **2.** *vi* (*être fixé*) halten; (*durer*) andauern; **~ à** Wert legen auf +*akk*; (*être attaché à*) hängen an +*dat*; (*avoir pour cause*) kommen von; **~ de qn** jdm ähneln; **tiens/tenez, voilà le stylo!** da ist der Füller ja!; **tiens! Pierre** sieh da, Pierre!; **tiens?** wirklich? **3.** *vpr* **se ~** (*avoir lieu*) stattfinden; **se ~ debout** sich aufrecht halten; **bien/mal se ~** (*se conduire*) sich gut/schlecht benehmen; **s'en ~ à qch** sich an etw *akk* halten

tennis [tenis] *m* Tennis *nt*; (*court*) Tennisplatz *m*; **des (chaussures de) ~** Tennisschuhe *pl*; **~ de table** Tischtennis

tennisman [tenisman] *m* Tennisspieler *m*

ténor [tenɔʀ] *m* Tenor *m*

tension [tɑ̃sjɔ̃] *f* Spannung *f*; (*concentration, effort*) Anspannung *f*; (*MED*) Blutdruck *m*; **faire** [o **avoir**] **de la ~** hohen Blutdruck haben; **chute de ~** (*ELEC*) Spannungsabfall *m*; (*MED*) Blutdruckabfall *m*

tentacule [tɑ̃takyl] *m* (*de pieuvre*) Tentakel *nt o m*, Fangarm *m*

tentant, e [tɑ̃tɑ̃, ɑ̃t] *adj* verführerisch

tentation [tɑ̃tasjɔ̃] *f* Versuchung *f*

tentative [tɑ̃tativ] *f* Versuch *m*; **~ de fuite** (*délinquant*) Fluchtversuch

tente [tɑ̃t] *f* Zelt *nt*; **~ à oxygène** Sauerstoffzelt

tenter ⟨1⟩ [tɑ̃te] *vt* (*éprouver*) in Versuchung führen; (*séduire*) verführen, verlocken; (*essayer*) versuchen

tenture [tɑ̃tyʀ] *f* Wandbehang *m*

tenu, e [t(ə)ny] **1.** *pp de* tenir **2.** *adj* **bien/ mal ~(e)** gut/schlecht geführt; **être ~(e) de faire qch** gehalten sein, etw zu tun

tenue [t(ə)ny] *f* (*action*) Halten *nt*; Führen

nt; (*vêtements*) Kleidung f; (*pej*) Aufzug m; (*comportement*) Benehmen nt; **avoir de la ~** (*personne*) sich gut benehmen; (*journal*) Niveau haben; **être en petite ~** sehr wenig anhaben; **en ~ d'Adam/d'Ève** im Adams-/Evaskostüm; **~ de combat** Kampfanzug m; **~ de route** (*véhicule*) Straßenlage f; **~ de voyage/sport/soirée** Reise-/Sport-/Abendkleidung

ter [tɛʀ] *adj* **le 16 ~ de la rue Montmartre** Nr. 16b in der Rue Montmartre

térébenthine [teʀebɑ̃tin] f (**essence de) ~** Terpentin nt

tergiversations [tɛʀʒiveʀsasjɔ̃] fpl Ausflüchte pl

terme [tɛʀm(ə)] m (*LING*) Ausdruck m; (*élément*) Glied nt; (*fin*) Ende nt; (*FIN*) Frist f, Termin m; (*loyer*) (vierteljährliche) Miete; **au ~ de** am Ende von; **à court/moyen/long ~** kurz-/mittel-/langfristig; **mettre un ~ à qch** einer Sache dat ein Ende machen; **achat à ~** Kreditkauf m; **naissance avant ~** Frühgeburt f

terminaison [tɛʀminɛzɔ̃] f Endung f

terminal, e (-aux) [tɛʀminal, o] **1.** *adj* End-, letzte(r, s) **2.** m (*INFORM*) Terminal nt **3.** f (*SCOL*) Oberprima f, dreizehnte Klasse

terminer ⟨1⟩ [tɛʀmine] **1.** vt beenden; (*nourriture*) aufessen; (*venir à la fin de*) am Schluss kommen von **2.** vpr **se ~** zu Ende sein; **se ~ par/en** aufhören mit

terminus [tɛʀminys] m Endstation f

termite [tɛʀmit] m Termite f

terne [tɛʀn(ə)] *adj* trüb, matt, glanzlos; (*regard, œil*) stumpf; **ternir** ⟨8⟩ **1.** vt matt [o glanzlos] machen; (*honneur, réputation*) beflecken **2.** vpr **se ~** matt [o glanzlos] werden

terrain [tɛʀɛ̃] m Boden m; (*COM*) Grundstück nt; (*sujet, domaine*) Gebiet nt, Bereich m; **gagner du ~** (*fig*) an Boden gewinnen; **~ d'aviation** Flugplatz m; **~ à bâtir** Baugrund m; **~ de camping** Zeltplatz m; **~ de football/rugby** Fußball-/Rugbyplatz m; **~ de jeu** Spielplatz m; **~ vague** unbebautes Grundstück

terrasse [tɛʀas] f Terrasse f; **culture en ~s** Terrassenkultur f

terrassement [tɛʀasmɑ̃] m (*action*) Erdarbeiten pl; (*terre*) (Erd)aufschüttung f

terrasser ⟨1⟩ [tɛʀase] vt (*adversaire*) niederschlagen; (*maladie, malheur*) niederstrecken

terrassier [tɛʀasje] m Straßenarbeiter(in) m(f)

terre [tɛʀ] f Erde f; (*opposé à mer*) Land nt; **~s** fpl (*propriété*) Landbesitz m; **par ~** auf dem Boden; (*avec mouvement*) auf den Boden; **en ~** (*pipe, poterie*) tönern; **mettre en ~** (*plante*) einpflanzen; (*enterrer*) begraben; **~ calcaire** kalkhaltiger Boden; **~ cuite** Terrakotta f; **~ d'élection/d'exil** Wahl-/Exilland nt; **la ~ ferme** das Festland; **~ glaise** Ton m; **la Terre promise** das Gelobte Land; **la Terre sainte** das Heilige Land; **travail de la ~** Landarbeit f

terre-à-terre [tɛʀatɛʀ] *adj* nüchtern, prosaisch

terreau [tɛʀo] m Kompost(erde f) m

Terre-Neuve [tɛʀnœv] (**l'île f de) ~** Neufundland nt

terre-plein (terre-pleins) [tɛʀplɛ̃] m **~ central** Mittelstreifen m

terrer ⟨1⟩ [tɛʀe] vpr **se ~** sich verkriechen

terrestre [tɛʀɛstʀ(ə)] *adj* (*surface, croûte*) Erd-, der Erde; (*plante, animal, transport*) Land-; (*choses, problèmes*) irdisch, weltlich

terreur [tɛʀœʀ] f Schrecken m; **régime/politique de ~** Terrorregime nt/-politik f

terrible [tɛʀibl(ə)] *adj* furchtbar; (*violent*) fürchterlich; (*fam*) großartig; **pas ~** (*fam*) nicht besonders (gut); **terriblement** *adv* (*très*) fürchterlich

terrien, ne [tɛʀjɛ̃, ɛn] m, f (*habitant de la terre*) Erdbewohner(in) m(f)

terrier [tɛʀje] m (*de lapin*) Bau m; (*chien*) Terrier m

terrifier ⟨1⟩ [tɛʀifje] vt in Schrecken versetzen

terrine [tɛʀin] f (*récipient; pâté*) Terrine f

territoire [tɛʀitwaʀ] m Territorium nt; (*POL*) (Hoheits)gebiet nt; **~ d'outre-mer** überseeisches Gebiet; **territorial, e** (-aux) [tɛʀitɔʀjal, o] *adj* territorial, Hoheits-

terroir [tɛʀwaʀ] m (Acker)boden m; (*vin*) (gute) Weinlage

terroriser ⟨1⟩ [tɛʀɔʀize] vt terrorisieren

terrorisme [tɛʀɔʀism(ə)] m Terrorismus m; **~ à la bombe** Atomterrorismus; **terroriste** mf Terrorist(in) m(f)

tertiaire [tɛʀsjɛʀ] **1.** *adj* (*GEO*) tertiär; (*ECON*) Dienstleistungs- **2.** m (*ECON*) Dienstleistungssektor m

tertio [tɛʀsjo] *adv* drittens

tertre [tɛʀtʀ(ə)] m Anhöhe f, Hügel m

tes [te] *adj* v. **ton**

Tessin [tɛsɛ̃] m **le ~** das Tessin

test [tɛst] m Test m; **~ d'évaluation** (*SCOL*) Einstufungstest; **~ de grossesse** (*MED*) Schwangerschaftstest

testament [tɛstamɑ̃] m Testament nt

testicule [tɛstikyl] m Hoden m

tétanie [tetani] f Muskelkrampf m

tétanos [tetanos] *m* Tetanus *m*

têtard [tetaʀ] *m* Kaulquappe *f*

tête [tɛt] *f* Kopf *m*; *(d'un cortège, d'une armée)* Spitze *f*; *(FOOT)* Kopfball *m*; **arriver en ~** als Erste(r, s) ankommen; **avoir la ~ dure** einen Dickkopf haben; **de ~** *(antérieur)* führend; *(calculer)* im Kopf; **de la ~ aux pieds** von Kopf bis Fuß; **en ~ à ~** unter vier Augen; **faire la ~** schmollen; **il a une ~ sympathique** er sieht sympathisch aus; **perdre la ~** *(s'affoler)* den Kopf verlieren; *(devenir fou)* verrückt werden; **se mettre en ~ que** sich *dat* in den Kopf setzen, dass; **la ~ la première** kopfüber; **tenir ~ à qn** jdm die Stirn bieten; **~ d'affiche** Hauptdarsteller(in) *m(f)*; **~ chercheuse** *(MIL: de fusée)* Suchkopf; **~ d'enregistrement/de lecture** Ton-/Lesekopf *m*; **~ de liste** *(POL)* Spitzenkandidat(in) *m(f)*; **~ de mort** Totenkopf; **tête-à-queue** *m inv* faire un ~ sich um die eigene Achse drehen; **tête-à-tête** *m inv* Tête-à-tête *nt*; *(POL)* Vieraugengespräch *nt*

téter ⟨5⟩ [tete] *vt* an der Brust der Mutter saugen, gestillt werden

tétine [tetin] *f (de vache)* Euter *nt*; *(en caoutchouc)* Schnuller *m*

téton [tetɔ̃] *m (fam)* Brust *f*

têtu, e [tety] *adj* störrisch

teuf [tœf] *f (fam)* Party *f*; **faire la ~** eine Party machen

texte [tɛkst(ə)] *m* Text *m*; **apprendre son ~** seine Rolle lernen

textile [tɛkstil] **1.** *adj* Textil- **2.** *m* Stoff *m*; **le ~** *(industrie)* die Textilindustrie

Texto® [tɛksto] *m* Textnachricht *f*

textuel, le [tɛkstɥɛl] *adj* wörtlich

texture [tɛkstyʀ] *f* Struktur *f*

T.G.V. *m abr de* **train à grande vitesse** Hochgeschwindigkeitszug *m*

thaï, e [taj] *adj* thailändisch; **thaïlandais, e** [tajlɑ̃dɛ, ɛz] *adj* thailändisch; **Thaïlandais, e** *m, f* Thailänder(in) *m(f)*; **Thaïlande** [tajlɑ̃d] *f* **la ~** Thailand *nt*

thalassothérapie [talasoteʀapi] *f* Meerwassertherapie *f*

thé [te] *m* Tee *m*; **faire du ~** Tee kochen; **prendre le ~** Tee trinken; **~ au lait/citron** Tee mit Milch/Zitrone

théâtral, e (-aux) [teatʀal, o] *adj* dramatisch; *(pej)* theatralisch

théâtre [teatʀ(ə)] *m* Theater *nt*; *(genre)* Drama *nt*; *(œuvres)* Dramen *pl*, Theaterstücke *pl*; *(fig)* Schauplatz *m*; **faire du ~** Theater spielen

théière [tejɛʀ] *f* Teekanne *f*

thème [tɛm] *m* Thema *nt*; *(SCOL: traduction)* (Hin)übersetzung *f*

théologie [teɔlɔʒi] *f* Theologie *f*; **théologique** *adj* theologisch

théorème [teɔʀɛm] *m* Lehrsatz *m*

théoricien, ne [teɔʀisjɛ̃, ɛn] *m, f* Theoretiker(in) *m(f)*

théorie [teɔʀi] *f* Theorie *f*; **en ~** in der Theorie; **~ du chaos** Chaostheorie; **théorique** *adj* theoretisch

théoriser ⟨1⟩ [teɔʀize] *vi* theoretisieren

thérapeute [teʀapøt] *mf* Therapeut(in) *m(f)*

thérapeutique [teʀapøtik] **1.** *adj* therapeutisch **2.** *f* Therapie *f*

thérapie [teʀapi] *f* Therapie *f*

thermal, e (-aux) [tɛʀmal, o] *adj* Thermal-; **station ~e** Kurort *m*

thermes [tɛʀm(ə)] *mpl (établissement)* Thermalbad *nt*; *(romains)* Thermen *pl*

thermique [tɛʀmik] *adj* thermisch; **imprimante ~** Thermodrucker *m*; **moteur ~** Verbrennungsmotor *m*

thermoélectrique [tɛʀmoelektʀik] *adj* thermoelektrisch

thermomètre [tɛʀmɔmetʀ(ə)] *m* Thermometer *nt*; *(fig)* Barometer *nt*

thermonucléaire [tɛʀmonykleɛʀ] *adj* thermonuklear

thermoplongeur [tɛʀmoplɔ̃ʒœʀ] *m* Tauchsieder *m*

thermos® [tɛʀmos] *m o f* Thermosflasche *f*; *(cafetière)* Isolierkanne *f*

thermostat [tɛʀmɔsta] *m* Thermostat *m*

thésauriser ⟨1⟩ [tezɔʀize] *vt* horten

thèse [tɛz] *f* These *f*; *(UNIV)* Dissertation *f*

thon [tɔ̃] *m* T(h)unfisch *m*

thoracique [tɔʀasik] *adj* **cage ~** Brustkorb *m*

thorax [tɔʀaks] *m* Brustkorb *m*

thrombose [tʀɔ̃boz] *f* Thrombose *f*

Thurgovie [tyʀgovi] *f* **la ~** der Thurgau

Thuringe [tyʀɛ̃ʒ] *f* **la ~** Thüringen *nt*

thym [tɛ̃] *m* Thymian *m*

thyroïde [tiʀɔid] *f* Schilddrüse *f*

tiare [tjaʀ] *f* Tiara *f*

Tibet [tibɛ] *m* **le ~** Tibet *nt*; **tibétain, e** [tibetɛ̃, ɛn] *adj* tibet(an)isch; **Tibétain, e** *m, f* Tibet(an)er(in) *m(f)*

tibia [tibja] *m* Schienbein *nt*

Tibre [tibʀ] *m* **le ~** der Tiber

tic [tik] *m (nerveux)* Tic *m*; *(habitude)* Eigenheit *f*, Tick *m*

ticket [tikɛ] *m* Fahrschein *m*; **ticket-restaurant** (tickets-restaurants) *m* Essensbon *m*

tiède [tjɛd] *adj* lauwarm; *(vent, air)* lau; **tiédir** ⟨8⟩ [tjediʀ] *vi (refroidir)* abkühlen

tien, ne [tjɛ̃, ɛn] *pron* **le ~ (la tienne), les ~s (tiennes)** deine(r, s), deine; **à la tienne!** auf dein Wohl!

tiens [tjɛ̃] *interj v.* **tenir**

tierce [tjɛʀs(ə)] *adj v.* **tiers**

tiercé [tjɛʀse] *m (pari)* Dreierwette *f*

tiers, tierce [tjɛʀ, tjɛʀs] **1.** *adj* **le ~ monde** die Dritte Welt; **une tierce personne** ein Dritter, eine Dritte **2.** *m (fraction)* Drittel *nt; (JUR)* Dritte(r) *mf;* **assurance au ~** Haftpflichtversicherung *f* **3.** *f (MUS)* Dritteltakt *m; (CARTES)* Dreierreihe *f*

tige [tiʒ] *f* Stängel *m*, Stiel *m; (baguette)* Stab *m*

tigre, -esse [tigʀ(ə), ɛs] *m, f* Tiger(in) *m(f);* **tigré, e** [tigʀe] *adj (tacheté)* gefleckt; *(rayé)* getigert

tilleul [tijœl] *m* Linde *f; (boisson)* Lindenblütentee *m*

timbre [tɛ̃bʀ(ə)] *m (tampon)* Stempel *m; (timbre-poste)* Briefmarke *f; (sonnette)* Glocke *f*, Klingel *f; (son)* Klangfarbe *f*, Timbre *nt;* **timbre-poste** (timbres-poste) [tɛ̃bʀpɔst(ə)] *m* Briefmarke *f;* **timbrer** ⟨1⟩ *vt* stempeln

timide [timid] *adj* schüchtern; *(timoré)* ängstlich; *(fig)* zögernd; **timidement** *adv* schüchtern; **timidité** [timidite] *f* Schüchternheit *f*

tinter ⟨1⟩ [tɛ̃te] *vi* klingeln

Tipp-Ex® [tipɛks] *m* Tipp-Ex® *nt*

tique [tik] *f* Zecke *f*

tir [tiʀ] *m* Schuss *m; (action)* Schießen *nt; (stand)* Schießbude *f;* **~ à l'arc/au fusil** Bogen-/Gewehrschießen; **~ de barrage** Sperrfeuer *nt;* **~ d'obus/de mitraillette** *(rafale)* Granaten-/MG-Beschuss *m;* **~ au pigeon** Tontaubenschießen

tirade [tiʀad] *f* Redeschwall *m*

tirage [tiʀaʒ] *m (TYPO)* Drucken *nt; (FOTO)* Abzug *m; (d'un journal, d'un livre)* Auflage *f; (édition)* Ausgabe *f; (d'une cheminée)* Zug *m; (de loterie)* Ziehung *f; (désaccord)* Missstimmigkeiten *pl;* **~ au sort** Auslosung *f*

tirailler ⟨1⟩ [tiʀaje] **1.** *vt* zupfen an +*dat; (fig)* quälen **2.** *vi (au hasard)* drauflosschießen

tiré [tiʀe] *m (COM)* Bezogene(r) *mf*, Trassat *m;* **~ à part** Sonderdruck *m*

tire-au-flanc [tiʀoflɑ̃] *m inv* Drückeberger(in) *m(f);* **tire-bouchon** (tire-bouchons) *m* Korkenzieher *m;* **tire-fesses** *m inv (fam)* Schlepplift *m*

tirelire [tiʀliʀ] *f* Sparbüchse *f*

tirer ⟨1⟩ [tiʀe] **1.** *vt* ziehen; *(fermer)* zuziehen; *(rideau, panneau)* vorziehen; *(en faisant feu)* abschießen; *(imprimer)* drucken; *(FOTO)* abziehen; *(balle, boule)* schießen; **~ avantage/parti de qch** Vorteil aus etw ziehen/etw nutzen; **~ les cartes** die Karten legen; **~ la langue** die Zunge herausstrecken; **~ en longueur** in die Länge ziehen; **~ qch de** *(extraire)* etw (heraus)ziehen aus; *(substance d'une matière première)* etw entziehen +*dat;* **~ qn de** jdm (heraus)helfen aus **2.** *vi* schießen; *(cheminée)* ziehen; **~ à l'arc** mit Pfeil und Bogen schießen; **~ sur** ziehen an +*dat; (faire feu sur)* schießen auf +*akk; (approcher de)* grenzen an +*akk* **3.** *vpr* **se ~** *(fam: partir)* sich verziehen, abziehen; **s'en ~** davonkommen

tiret [tiʀɛ] *m* Gedankenstrich *m*

tireur, -euse [tiʀœʀ, øz] *m, f* Schütze (Schützin) *m(f); (FIN)* Trassant(in) *m(f)*

tiroir [tiʀwaʀ] *m* Schublade *f;* **tiroir-caisse** (tiroirs-caisses) *m* (Registrier)kasse *f*

tisane [tizan] *f* Kräutertee *m*

tisser ⟨1⟩ [tise] *vt* weben; *(fig)* spinnen; **tisserand, e** [tisʀɑ̃, ɑ̃d] *m, f* Weber(in) *m(f)*

tissu [tisy] *m* Stoff *m; (MED)* Gewebe *nt;* **~ éponge** Frottee *nt o m;* **~ de mensonges** Lügengespinst *nt*

tissu, e [tisy] *adj* **~(e) de** durchschossen [o durchwoben] mit

titre [titʀ(ə)] *m* Titel *m; (de journal)* Schlagzeile *f; (diplôme)* Diplom *nt*, Qualifikation *f; (document)* Urkunde *f; (CHIM)* Titer *m*, Gehalt *m;* **à ~ gracieux** unentgeltlich; **à juste ~** mit vollem Recht; **au même ~ (que)** genauso (wie); **à quel ~?** mit welchem Recht?; **à ~ exceptionnel** ausnahmsweise; **à ~ d'information** zur Kenntnisnahme, zur Information; **à ~ privé/consultatif** in privater/beratender Eigenschaft; **à ~ provisoire/d'essai** provisorisch/versuchsweise; **en ~** offiziell; **~ de propriété** Eigentumsurkunde

tituber ⟨1⟩ [titybe] *vi* taumeln, schwanken

titulaire [titylɛʀ] **1.** *adj* **professeur ~** ordentlicher Professor; **être ~ de** *(d'un poste)* innehaben; *(d'un permis)* besitzen **2.** *mf* Inhaber(in) *m(f)* (eines Amtes); **~ du compte** Kontoinhaber(in)

toast [tost] *m (pain grillé)* Toast *m; (de bienvenue)* Trinkspruch *m;* **porter un ~ à qn** auf jds Wohl *akk* trinken; **toasteur** [tostœʀ] *m* Toaster *m*

toboggan [tɔbɔgɑ̃] *m (pour jouer)* Rutschbahn *f;* **~ de secours** *(AVIAT)* Notrutsche *f*

tocsin [tɔksɛ̃] m Alarmglocke f

tofu [tɔfu] m Tofu m

Togo [tɔgo] m **le ~** Togo nt; **togolais, e** [tɔgɔlɛ, ɛz] adj togolesisch

toi [twa] pron du; (objet) dich; dir

toile [twal] f (matériau, tissu) Stoff m; (de lin) Leinen nt; (coton) Baumwollstoff m; (ART) Leinwand f; (tableau) Gemälde nt; **~s** fpl (fam) Bettlaken pl; **se faire une ~** (fam) ins Kino gehen; **tisser sa ~** sein Netz spinnen; **~ d'araignée** Spinnennetz nt; **~ cirée** Wachstuch nt; **~ de fond** (fig) Hintergrund m; **~ de tente** Zeltplane f

toilette [twalɛt] f (vêtements) Garderobe f; **~s** fpl (W.-C.) Toilette f; **elle a changé quatre fois de ~** sie hat sich viermal umgezogen; **faire sa ~** sich waschen; **produits de ~** Toilettenartikel pl

toi-même [twamɛm] pron du (selbst); dich (selbst)

toiser [twaze] vt (personne) von oben bis unten mustern

toison [twazɔ̃] f (de mouton) Vlies nt

toit [twa] m Dach nt; (de véhicule) Verdeck nt; **~ ouvrant** (AUTO) Schiebedach

toiture [twatyʀ] f Bedachung f, Dach nt

tôle [tol] f Blech nt; **~ d'acier** Stahlblech; **~ ondulée** Wellblech

tolérable [tɔleʀabl(ə)] adj erträglich

tolérance [tɔleʀɑ̃s] f Toleranz f, Duldsamkeit f

tolérer ⟨5⟩ [tɔleʀe] vt (comprendre) ertragen, tolerieren; (MED) vertragen; (TECH: erreur) zulassen

T.O.M. [tɔm] m acr de **territoire d'outre-mer** überseeisches Gebiet

tomate [tɔmat] f Tomate f; **~ en grappes** Strauchtomate

tombant, e [tɔ̃bɑ̃, ɑ̃t] adj hängend

tombe [tɔ̃b] f Grab nt

tombeau (x) [tɔ̃bo] m Grabmal nt

tombée [tɔ̃be] f **à la ~ de la nuit** bei Einbruch der Nacht

tomber ⟨1⟩ [tɔ̃be] vi (avec être) fallen; (fruit, feuille) (he)runterfallen, abfallen; **laisser ~** fallen lassen; (fam) aufgeben; **~ de fatigue/de sommeil** vor Erschöpfung/Müdigkeit fast umfallen; **~ en panne** eine Panne haben; **~ sur** (rencontrer) zufällig treffen; (attaquer) herfallen über +akk; **ça tombe bien/mal** das trifft sich gut/schlecht; **il est bien/mal tombé** er hat Glück/Pech gehabt

tombeur [tɔ̃bœʀ] m (fam) Frauenheld m

tombola [tɔ̃bɔla] f Tombola f

tome [tɔm] m (d'un livre) Band m

tomographie [tɔmɔgʀafi] f (Computer)-tomografie f

ton, ta (tes) [tɔ̃, ta, te] adj dein, deine, dein

ton [tɔ̃] m Ton m; (d'un morceau) Tonart f; (style) Stil m; **de bon ~** von gutem Geschmack; **~ sur ~** Ton in Ton

tonalité [tɔnalite] f (au téléphone) Rufzeichen nt/Freizeichen nt; (MUS) Tonart f; (de couleur) dominierender Farbton; **~ occupée** Besetztzeichen nt

tondeuse [tɔ̃døz] f (à gazon) Rasenmäher m; (du coiffeur) Haarschneider m

tondre ⟨14⟩ [tɔ̃dʀ(ə)] vt (gazon) mähen; (haie) schneiden; (mouton) scheren; **~ qn** (fam) jdn ausnehmen

toner [tɔnɛʀ] m Toner m

tonifier ⟨1⟩ [tɔnifje] vt stärken

tonique [tɔnik] 1. adj stärkend 2. m Tonikum nt

tonne [tɔn] f (poids) Tonne f

tonneau (x) [tɔno] m Fass nt; (NAUT) Bruttoregistertonne f; **faire un ~** (voiture) sich überschlagen

tonnelier [tɔnəlje] m Böttcher(in) m(f), Küfer(in) m(f)

tonnelle [tɔnɛl] f Gartenlaube f

tonner ⟨1⟩ [tɔne] 1. vi donnern 2. vb impers **il tonne** es donnert

tonnerre [tɔnɛʀ] m Donner m

tonus [tɔnys] m Energie f; (~ musculaire) Tonus m

top [tɔp] m **au 3ème ~** beim 3. Ton

topaze [tɔpaz] f Topas m

toper ⟨1⟩ [tɔpe] vi **tope là!/topez là!** topp!, abgemacht!

topinambour [tɔpinɑ̃buʀ] m Topinambur m

top-manager (top-managers) [tɔpmanadʒɛʀ] mf Spitzenmanager(in) m(f)

topographique [tɔpɔgʀafik] adj topografisch

toque [tɔk] f (de cuisinier) Kochmütze f; (de jockey) Kappe f; (de juge) Barett nt

torche [tɔʀʃ(ə)] f Fackel f; (électrique) Taschenlampe f

torchon [tɔʀʃɔ̃] m Lappen m; (pour épousseter) Staublappen m; (à vaisselle) Geschirrtuch nt

tordre ⟨14⟩ [tɔʀdʀ(ə)] 1. vt (vêtement, chiffon) auswringen; (barre, métal) verbiegen; (bras, pied) verrenken; (visage) verziehen 2. vpr **se ~** (barre) sich biegen; (roue) sich verbiegen; (ver, serpent) sich winden; **se ~** (de rire) sich schieflachen; **se ~ le pied/bras** sich dat den Fuß/Arm verrenken;

tordu, e [tɔʀdy] 1. pp de **tordre** 2. adj (fig) verdreht

tornade [tɔʀnad] f Tornado m

torpeur [tɔʀpœʀ] f Betäubung f, Benommenheit f

torpille [tɔʀpij] f Torpedo m; **torpiller** ⟨1⟩ vt torpedieren

torréfier ⟨1⟩ [tɔʀefje] vt (café) rösten

torrent [tɔʀã] m Gebirgs-/Sturzbach m; **il pleut à ~s** es gießt in Strömen; **torrentiel, le** [tɔʀãsjɛl] adj **pluie torrentielle** strömender Regen

torride [tɔʀid] adj (glühend) heiß

torse [tɔʀs(ə)] m Oberkörper m; (ART) Torso m

torsion [tɔʀsjõ] f (action) Verbiegen nt; (de bras, de jambe) Verrenkung f; (du visage) Verziehen nt; (PHYS, TECH) Torsion f

tort [tɔʀ] m (défaut) Fehler m; (préjudice) Unrecht nt; ~s mpl (JUR) Schuld f; **à ~** zu Unrecht; **à ~ et à travers** aufs Geratewohl, wild drauflos; **avoir ~** Unrecht haben; **causer du ~ à** schaden +dat; **donner ~ à qn** jdm Unrecht geben; **en ~** im Unrecht; **être dans son ~** im Unrecht sein

tortellini [tɔʀtelini] mpl Tortellini pl

torticolis [tɔʀtikɔli] m steifer Hals

tortiller ⟨1⟩ [tɔʀtije] **1.** vt (corde, mouchoir) zwirbeln; (cheveux, cravate) zwirbeln an +dat; (doigts) spielen mit **2.** vpr **se ~** sich winden

tortue [tɔʀty] f Schildkröte f

tortueux, -euse [tɔʀtyø, øz] adj gewunden, sich schlängelnd; (fig) nicht geradlinig, kompliziert

torture [tɔʀtyʀ] f Folter f; **torturer** ⟨1⟩ vt foltern; (fig) quälen

Toscane [tɔskan] f **la ~** die Toskana

tôt [to] adv früh; **au plus ~** frühestens; **~ ou tard** früher oder später; **pas de si ~** nicht so bald

total, e (-aux) [tɔtal, o] **1.** adj völlig; (hauteur, somme) gesamt **2.** m (somme) Summe f, Gesamtbetrag m; **au ~** (en tout) im Ganzen; (somme toute) schließlich; **faire le ~** zusammenzählen, zusammenrechnen **3.** f **c'est la totale!** (fam) das ist die Härte!; **totalement** adv völlig, total

totalisateur [tɔtalizatœʀ] m Addiermaschine f

totaliser ⟨1⟩ [tɔtalize] vt (points) (insgesamt) erreichen

totalitaire [tɔtalitɛʀ] adj totalitär

totalité [tɔtalite] f **la ~ de mes biens** mein ganzes Vermögen; **la ~ des élèves** alle Schüler zusammen

toubib [tubib] m (fam) Arzt m

touchant, e [tuʃã, ãt] adj rührend

touche [tuʃ] f (de piano, machine à écrire) Taste f; (ART) Pinselführung f, Pinselstrich m; (fig) Hauch m, Anflug m; **(ligne de)** ~ (FOOT) Seitenlinie f; (en escrime) Treffer m, **(remise en)** ~ (FOOT) Einwurf m; ~ **d'accès direct** (TEL) Kurzwahltaste; ~ **Contrôle** Control-Taste, Steuerungstaste; ~ **de correction** Korrekturtaste; ~ **de curseur** Cursortaste; ~ **dièse** Doppelkreuztaste; ~ **fléchée** Pfeiltaste; ~ **Origine** POS1-Taste; ~ **Pause** Unterbrechungstaste; ~ **de suppression** Löschtaste

toucher ⟨1⟩ [tuʃe] **1.** vt berühren; (manger, boire) anrühren; (atteindre, affecter) treffen; (émouvoir) ergreifen, bewegen; (concerner) betreffen, angehen; (contacter) erreichen; (recevoir) bekommen; **je vais lu en ~ un mot** ich werde mit ihm ein Wörtchen darüber reden **2.** vpr **se ~** sich berühren **3.** vi ~ **à qch** (frôler) etw berühren; (modifier) etw ändern; (traiter de) etw betreffen; ~ **à qn** (attaquer) jdn anrühren **ne touche pas à mon pote** mach meinen Kumpel nicht an **4.** m (sens) Tastsinn m; (MUS) Anschlag m; **être doux au ~** sich weich anfühlen

touffe [tuf] f Büschel nt; **touffu, e** [tufy] adj (haie, forêt) dicht; (cheveux) buschig

toujours [tuʒuʀ] adv immer; (encore) immer noch; (constamment) immer wieder; **depuis ~** seit jeher; **pour ~** für immer; ~ **est-il que** die Tatsache bleibt bestehen, dass; **cause ~!** (fam) red du nur!; **essaie ~** du kannst es ja mal versuchen

toupet [tupɛ] m Toupet nt; (fam) Frechheit f

toupie [tupi] f (jouet) Kreisel m

tour [tuʀ] f Turm m; (immeuble) Hochhaus nt; ~ **de contrôle** Kontrollturm **2.** m (excursion) Ausflug m; (de piste, circuit) Runde f; (tournure) Wende f; (rotation) Umdrehung f; (POL) Wahlgang m; (ruse) Trick m; (d'adresse) Kunststück nt; (de potier) Töpferscheibe f; (à bois, métaux) Drehscheibe f; **c'est mon/son ~** ich bin/er [o sie] ist dran; **c'est au ~ de Philippe** Philippe ist an der Reihe; **faire le ~ de qch** um etw herumgehen; (en voiture) um etw herumfahren; (fig) etw durchspielen; **faire un ~ en ville** einen Stadtbummel machen; **fermer à double ~** zweimal abschließen; **à ~ de rôle, ~ à ~** abwechselnd; ~ **de chant** Tournee f; **le Tour (de France)** die Tour de France; ~ **de garde** Wachdienst m; ~ **d'horizon** (fig) Überblick m; ~ **de poitrine/taille** Brust-/Taillenweite f; ~ **de tête** Kopfumfang m

tourbière [turbjɛr] f Torfmoor nt
tourbillon [turbijɔ̃] m (de vent) Wirbelwind m; (de poussière) Gestöber nt; (d'eau) Strudel m; (fig) Wirbel m; **tourbillonner** ⟨1⟩ [turbijɔne] vi herumwirbeln; (eau) strudeln
tourelle [turɛl] f Türmchen nt; (de véhicule blindé) Turm m
tourisme [turism(ə)] m Tourismus m; **faire du ~** auf Besichtigungstour gehen; **office/agence de ~** Verkehrs-/Reisebüro nt; **touriste** mf Tourist(in) m(f); **touristique** adj (voyage) Touristen-; (région) touristisch; **prix/menu ~** Touristenpreis m/-menü nt
tourment [turmã] m Plage f, Qual f; **tourmenter** ⟨1⟩ [turmãte] 1. vt quälen 2. vpr se ~ sich dat Sorgen machen
tournage [turnaʒ] m (d'un film) Dreharbeiten pl
tournant [turnã] m (d'une route) Kurve f; (fig) Wende(punkt m) f
tourne-disque (tourne-disques) [turnədisk(ə)] m Plattenspieler m
tournedos [turnedo] m Tournedos nt (runde Lendenschnitte)
tournée [turne] f (du facteur, etc) Runde f; (d'artiste) Tournee f; **payer une ~** (au café) eine Runde zahlen; ~ **électorale** Wahlkampfreise f
tourner ⟨1⟩ [turne] 1. vt drehen; (sauce, mélange) umrühren; (obstacle, difficulté) umgehen; (cap) umsegeln; ~ **le dos à** den Rücken kehren +dat; **tournez s'il vous plaît** bitte wenden 2. vi sich drehen; (changer de direction) drehen; (personne) sich umdrehen; (fonctionner) laufen; (lait) sauer werden; (chance) sich wenden; ~ **à/en** sich verwandeln in +akk; ~ **à la pluie** regnerisch werden; ~ **autour de** herumlaufen/-fahren um; (soleil) sich drehen um; (importuner) herumhängen um; **bien/mal ~** (personne) sich gut/zu seinem Nachteil entwickeln; (chose) gut/schlecht (ab)laufen; ~ **de l'œil** ohnmächtig werden, umkippen; **il a la tête qui tourne** ihm ist schwindlig 3. vpr se ~ sich umdrehen; se ~ **vers** sich zuwenden +dat; (pour demander aide) sich wenden an +akk
tournesol [turnəsɔl] m Sonnenblume f
tournevis [turnəvis] m Schraubenzieher m; ~ **cruciforme** Kreuzschlitzschraubenzieher; ~ **testeur** Spannungsprüfer m
tourniquet [turnike] m (pour arroser) Sprenger m; (portillon) Drehkreuz nt; (présentoir) Drehständer m

tournoi [turnwa] m Turnier nt
tournoyer ⟨6⟩ [turnwaje] vi (oiseau) kreisen; (fumée) herumwirbeln
tournure [turnyr] f (LING) Ausdruck m
tour-opérateur (tour-opérateurs) [turɔperatœr] m Reiseveranstalter m
tourte [turt(ə)] f (GASTR) Pastete f
tourterelle [turtərɛl] f Turteltaube f
tous [tu] adj, **tous** [tus] pron v. **tout**
Toussaint [tusɛ̃] f **la ~** Allerheiligen nt

La Toussaint

La Toussaint, Allerheiligen am 1. November, ist ein gesetzlicher Feiertag in Frankreich. Man besucht die Gräber von Freunden und Verwandten und schmückt sie mit Chrysanthemen.

tousser ⟨1⟩ [tuse] vi husten
toussoter ⟨1⟩ [tusɔte] vi hüsteln
tout, e (tous, toutes) [tu, tut, tus] 1. adj alles, alle; **toute la journée** den ganzen Tag; **tous les jours** jeden Tag; ~ **le, toute la** (la totalité) der/die/das ganze ...; ~ **un livre/pain** ein ganzes Buch/Brot; **tous les livres/enfants** alle Bücher/Kinder; **toutes les nuits** (chaque) jede Nacht; **à toute heure/à ~ âge** zu jeder Stunde/in jedem Alter; **toutes les fois** jedesmal; **toutes les fois que** jedesmal, wenn; **toutes les 3 semaines** alle 3 Wochen; **tous/toutes les deux** alle beide; ~ **le temps** immer; (sans cesse) dauernd; ~ **le contraire** genau das Gegenteil; **à toute vitesse** mit Höchstgeschwindigkeit; **de tous côtés, de toutes parts** von/nach allen Seiten; **à ~ hasard** auf gut Glück; **contre toute attente** wider Erwarten; **le ~ premier** der allererste; ~ **le monde** alle 2. pron alles; (pl) alle; **je les vois tous/toutes** ich sehe sie alle; **c'est ~** das ist alles; **en ~** insgesamt 3. adv ganz; **elle était ~ émue/tout petite** sie war ganz gerührt/klein; ~ **près, ~ à côté** ganz in der Nähe; **le livre ~ entier** das ganze Buch; ~ **droit** geradeaus; ~ **en travaillant/mangeant** während er/sie arbeitete/aß; ~ **ou rien** alles oder nichts; ~ **d'abord** zuallererst; ~ **à coup** plötzlich; ~ **à fait** ganz und gar; (exactement) genau; **toute à l'heure** (passé) soeben, gerade; (futur) gleich; **à toute à l'heure!** bis später!; ~ **de même** trotzdem; ~ **de suite** sofort; **à ~ de suite!** bis gleich! 4. m **le ~** das Ganze
toutefois [tutfwa] adv jedoch, dennoch
tout-terrain [tuterɛ̃] adj **voiture** f ~ Geländewagen m; **vélo** m ~ Mountainbike nt

toux [tu] f Husten m

toxémie [tɔksemi] f Blutvergiftung f

toxicité [tɔksisite] f Giftigkeit f

toxicologie [tɔksikɔlɔʒi] f Toxikologie f

toxicologique [tɔksikɔlɔʒik] adj toxikologisch

toxicomane [tɔksikɔman] mf (Rauschgift)süchtige(r) mf; **toxicomanie** [tɔksikɔmani] f Drogensucht f

toxine [tɔksin] f Giftstoff m

toxique [tɔksik] adj (champignon) giftig; (gaz) Gift-

toxoplasmose [tɔksɔplasmoz] f Toxoplasmose f

T.P. mpl abr de **travaux pratiques** Übungsseminar nt

trac [tʀak] m (fam) Bammel m; (THEAT) Lampenfieber nt

traçabilité [tʀasabilite] f Rückverfolgbarkeit f der Herkunft

tracas [tʀaka] m Schererei f, Sorgen pl; **tracasser** ⟨1⟩ [tʀakase] 1. vt plagen, quälen 2. vpr se ~ sich dat Sorgen machen; **tracasserie** [tʀakasʀi] f Schikane f

trace [tʀas] f Spur f; ~**s de pneus/de freinage** Reifen-/Bremsspuren pl

tracer ⟨2⟩ [tʀase] vt zeichnen; (frayer) eröffnen; (fig: chemin, voie) weisen (à qn jdm)

traceur [tʀasœʀ] m (INFORM) Plotter m

tract [tʀakt] m Flugblatt nt

tractations [tʀaktasjɔ̃] fpl Handeln nt, Feilschen nt

tracteur [tʀaktœʀ] m Traktor m

traction [tʀaksjɔ̃] f (action) Ziehen nt; (AUTO) Antrieb m; ~ **avant/arrière** Front-/Heckantrieb m; ~ **mécanique/électrique** mechanischer/elektrischer Antrieb

tradition [tʀadisjɔ̃] f Tradition f; **traditionalisme** [tʀadisjɔnalism] m Traditionsbewusstsein nt; **traditionnel, le** [tʀadisjɔnɛl] adj traditionell

traducteur, -trice [tʀadyktœʀ, tʀis] m, f Übersetzer(in) m(f); ~ **de poche** Sprachcomputer m

traduction [tʀadyksjɔ̃] f (écrit) Übersetzung f; (oral) Dolmetschen nt; ~ **assistée par ordinateur** computergestützte Übersetzung; ~ **consécutive** Konsekutivdolmetschen nt; ~ **simultanée** Simultandolmetschen nt

traduire [tʀadɥiʀ] irr comme conduire 1. vt übersetzen; (exprimer) ausdrücken; ~ **en français** ins Französische übersetzen 2. vpr se ~ **par** sich ausdrücken durch; **traduisible** [tʀadɥizibl] adj übersetzbar

trafic [tʀafik] m (illicite) (Schwarz)handel m; ~ **d'armes** Waffenschieberei f; ~ **routier/aérien** (circulation) Straßen-/Flugverkehr m

trafiquant, e [tʀafikɑ̃, ɑ̃t] m, f Schwarzhändler(in) m(f), Schieber(in) m(f); ~ **de drogue** Dealer(in) m(f)

trafiquer ⟨1⟩ [tʀafike] vt (fam: transformer) sich dat zu schaffen machen an +dat

tragédie [tʀaʒedi] f Tragödie f

tragique [tʀaʒik] adj tragisch; **tragiquement** [tʀaʒikmɑ̃] adv tagisch

trahir ⟨8⟩ [tʀaiʀ] 1. vt verraten 2. vpr se ~ sich verraten; **trahison** [tʀaizɔ̃] f Verrat m

train [tʀɛ̃] m (CHEMIN DE FER) Zug m; (allure) Tempo nt; **aller à fond de** ~ mit Höchstgeschwindigkeit fahren; **être en** ~ **de faire qch** gerade etw tun; ~ **d'atterrissage** (AVIAT) Fahrgestell nt; ~ **auto-couchettes** Autoreisezug; ~ **avant/arrière** Vorder-/Hinterachse f; ~ **électrique** (jouet) Modelleisenbahn f; ~ **à grande vitesse** Hochgeschwindigkeitszug; ~ **de pneus** Reifensatz m; ~ **spécial** Sonderzug; ~ **de vie** Lebensstil m; **du** [o **au**] ~ **où vont les choses** wenn das so weitergeht

traîneau (x) [tʀeno] m Schlitten m

traîner ⟨1⟩ [tʀene] 1. vt schleppen, ziehen; (enfant, chien) hinter sich dat herziehen; ~ **les pieds** schlurfen; (fig) sich bitten lassen 2. vi (être en désordre) herumliegen; (agir lentement) bummeln, trödeln; (durer) sich schleppen; (vagabonder) sich herumtreiben; ~ **en longueur** sich in die Länge ziehen; ~ **par terre** auf dem Boden schleifen 3. vpr se ~ (personne, voiture) kriechen; (durer) sich in die Länge ziehen; **se** ~ **par terre** am Boden kriechen

train-train [tʀɛ̃tʀɛ̃] m tägliches Einerlei, Trott m

traire [tʀeʀ] irr vt melken

trait [tʀe] m Strich m; (caractéristique) Zug m; ~**s** mpl (du visage) Gesichtszüge pl; **avoir** ~ **à** sich beziehen auf +akk; **d'un** ~ auf einen Zug; **animal de** ~ Zugtier nt; ~ **de caractère** Charakterzug m; ~ **d'esprit** Geistesblitz m; ~ **d'union** Bindestrich m; (fig) Verbindung f

traitant, e [tʀetɑ̃, ɑ̃t] adj **votre médecin** ~ Ihr behandelnder Arzt; **shampooing** ~ Pflegeshampoo nt

traite [tʀet] f (FIN) Tratte f; (AGR) Melken nt; **d'une (seule)** ~ ohne Unterbrechung; **la** ~ **des noirs/blanches** der Sklaven-/Mädchenhandel

traité [tʀete] m Vertrag m; (ouvrage)

Abhandlung f; ~ **de non proliération** Atomsperrvertrag

traitement [tʀɛtmã] m Behandlung f; (de matériaux) Bearbeitung f, Verarbeitung f; (salaire) Gehalt nt, Besoldung f; ~ **des déchets radioactifs** Wiederaufbereitung f radioaktiver Stoffe; ~ **(électronique) de données** (électronische) Datenverarbeitung; ~ **d'images** (INFORM) Bildverarbeitung; ~ **en lots** (INFORM) Batchbetrieb m; ~ **des ordures** Abfallbeseitigung f; ~ **de surface** (carrosserie) Oberflächenbehandlung; ~ **de texte** Textverarbeitung

traiter ⟨1⟩ [tʀete] **1.** vt behandeln; (matériaux, INFORM) verarbeiten, bearbeiten; **bien/mal** ~ gut/schlecht behandeln; ~ **qn d'idiot/de tous les noms** (qualifier) jdn einen Idioten/alles Mögliche heißen **2.** vi (négocier) verhandeln; ~ **de qch** etw behandeln

traiteur [tʀetœʀ] m Partyservice m

traître, -esse [tʀetʀ(ə), ɛs] **1.** adj (heim)tückisch **2.** m, f Verräter(in) m(f); **traîtrise** [tʀetʀiz] f Verrat m, Hinterlist f

trajectoire [tʀaʒɛktwaʀ] f Flugbahn f

trajet [tʀaʒɛ] m Strecke f; (parcours) Fahrt f; (fig) Verlauf m

tram [tʀam] m v. **tramway**

trame [tʀam] f (d'un tissu) Schuss m; (d'un roman) Handlungsgerüst nt; (TYPO) Raster m

trampoline [tʀãpolin] m Trampolin nt; (sport) Trampolinspringen nt

tramway [tʀamwɛ] m Straßenbahn f

tranchant, e [tʀãʃã, ãt] **1.** adj scharf; (remarque, ton) kategorisch **2.** m (d'un couteau) Schneide f; **à double** ~ (fig) zweischneidig

tranche [tʀãʃ] f (morceau) Scheibe f; (bord) Kante f; (d'un livre) Schnitt m; (partie) Abschnitt m, Teil m; (d'actions, de bons) Tranche f; (de revenus) Spanne f; ~ **d'âge/de salaires** Alters-/Gehaltsstufe f; ~ **de centrale nucléaire** Reaktorblock m

tranché, e [tʀãʃe] **1.** adj (couleurs) grell; (opinions) scharf abgegrenzt **2.** f Graben m

trancher ⟨1⟩ [tʀãʃe] **1.** vt schneiden; (résoudre) entscheiden **2.** vi (résoudre) entscheiden; ~ **avec** (contraster) sich scharf abheben [o unterscheiden] von

tranchoir [tʀãʃwaʀ] m (planche) Hack-/Wiegebrett nt

tranquille [tʀãkil] adj ruhig; **avoir la conscience** ~ ein gutes Gewissen haben; **se tenir** ~ sich ruhig verhalten; **laisse-moi** ~! lass mich in Ruhe!; **soyez** ~ seien Sie unbesorgt; **tranquillement** adv ruhig

tranquillisant [tʀãkilizã] m Beruhigungsmittel nt

tranquillité [tʀãkilite] f Ruhe f; ~ **d'esprit** Gemütsruhe

transaction [tʀãzaksjõ] f Geschäft nt, Transaktion f

transat [tʀãzat] m Liegestuhl m

transatlantique [tʀãzatlãtik] **1.** adj überseeisch **2.** m (bateau) Überseedampfer m

transbordement [tʀãsbɔʀdəmã] m Umladen nt

transborder ⟨1⟩ [tʀãsbɔʀde] vt umladen

transcodeur [tʀãskɔdœʀ] m (INFORM) Compiler m

transcription [tʀãskʀipsjõ] f (copie) Abschrift f; (alphabet) Transkription f

transférer ⟨5⟩ [tʀãsfeʀe] vt (prisonnier) überführen; (bureau) verlegen; (argent, PSYCH) übertragen; (par virement) überweisen; (fonctionnaire) versetzen; **transfert** [tʀãsfɛʀ] m (d'un prisonnier) Überführung f; (du bureau) Verlegung f; (d'argent, PSYCH) Übertragung f; (virement) Überweisung f; (de fonctionnaires) Versetzung f; ~ **d'appels** Rufumleitung f; ~ **de capital** Kapitaltransfer m

transformateur [tʀãsfɔʀmatœʀ] m Transformator m

transformation [tʀãsfɔʀmasjõ] f Verwandlung f; (d'une maison) Umbau m; (d'un vêtement) Umarbeitung f; (changement) Veränderung f

transformer ⟨1⟩ [tʀãsfɔʀme] **1.** vt verwandeln; (maison, magasin) umbauen; (vêtement) umarbeiten; ~ **en qch** in etw akk umwandeln **2.** vpr **se** ~ sich verändern

transfrontalier, -ière [tʀãsfʀõtalje, ɛʀ] adj grenzüberschreitend

transfuge [tʀãsfyʒ] mf Überläufer(in) m(f)

transfusion [tʀãsfyzjõ] f ~ **sanguine** Bluttransfusion f

transgénique [tʀãsʒenik] adj transgen, genmanipuliert; **maïs** ~ Genmais m

transgresser ⟨1⟩ [tʀãsɡʀese] vt (loi, ordre) übertreten

transistor [tʀãzistɔʀ] m Transistor m

transit [tʀãzit] m Transit(verkehr) m

transitif, -ive [tʀãzitif, iv] adj transitiv

transition [tʀãzisjõ] f Übergang m; **de** ~ vorübergehend

transitoire [tʀãzitwaʀ] adj vorübergehend, vorläufig; (fugitif) kurzlebig

translucide [tʀãslysid] adj durchscheinend

transmetteur [tʀãsmetœʀ] m Sender m

transmettre [trãsmɛtr(ə)] *irr comme mettre vt* übertragen; ~ **qch à qn** jdm etw übermitteln; (*biens, droits*) etw auf jdn übertragen, jdm etw übertragen; (*secret, recette*) jdm etw mitteilen

transmissible [trãsmisibl] *adj* übertragbar; **maladie sexuellement** ~ Geschlechtskrankheit *f*

transmission [trãsmisjɔ̃] *f* Übertragung *f*; (*d'un message*) Übermittlung *f*; ~ **de pensée** Gedankenübertragung *f*; ~ **par satellite** Satellitenübertragung

transparaître [trãsparɛtr(ə)] *irr comme connaître vi* durchscheinen

transparence [trãsparãs] *f* Transparenz *f*; **regarder qch par** ~ etw gegen das Licht halten; **transparent, e** [trãsparã, ãt] *adj* durchsichtig

transpercer ⟨2⟩ [trãspɛrse] *vt* durchbohren; (*fig*) durchdringen; ~ **un vêtement** (*pluie*) durch ein Kleidungsstück durchgehen

transpiration [trãspirasjɔ̃] *f* (*sueur*) Schweiß *m*

transpirer ⟨1⟩ [trãspire] *vi* schwitzen

transplanter ⟨1⟩ [trãsplãte] *vt* verpflanzen

transport [trãspɔr] *m* Transport *m*, Beförderung *f*; ~ **aérien/routier** Transport per Flugzeug/auf der Straße; **avion de** ~ Transportflugzeug *nt*; ~ **de marchandises** Gütertransport; ~ **de voyageurs** Beförderung von Reisenden; **les ~s en commun** die öffentlichen Verkehrsmittel; **transporter** ⟨1⟩ [trãspɔrte] *vt* befördern, transportieren; (*énergie, son*) übertragen; (*fig*) hinreißen; **transporteur** *m* (*entrepreneur*) Spediteur(in) *m(f)*

transposer ⟨1⟩ [trãspoze] *vt* (*idée, fait*) umwandeln; (*MUS*) transponieren

transsexuel, le [trã(s)sɛksɥɛl] *mf* Transsexuelle(r) *mf*

transsibérien, ne [trã(s)siberjɛ̃, ɛn] *adj* transsibirisch

transversal, e (-aux) [trãsvɛrsal, o] *adj* Quer-

trapèze [trapɛz] *m* Trapez *nt*

trappe [trap] *f* (*ouverture*) Falltür *f*; (*piège*) Falle *f*; **passer à la** ~ (*fig*) in der Versenkung verschwinden

trappeur [trapœr] *m* Trapper *m*

trapu, e [trapy] *adj* untersetzt, stämmig

traumatiser ⟨1⟩ [tromatize] *vt* einen Schock versetzen +*dat*; (*fig*) mitnehmen, schaffen; **traumatisme** [tromatism(ə)] *m* (*MED*) Trauma *nt*; (*PSYCH*) Schock *m*; ~ **crânien** Gehirntrauma

travail (-aux) [travaj, o] *m* Arbeit *f*; (*accouchement*) Wehen *pl*; **travaux dirigés** (*UNIV*) Seminar *nt*; ~ **en équipe** Teamarbeit; **travaux forcés** Zwangsarbeit *f*; ~ **intérimaire**, ~ **temporaire** Zeitarbeit; **travaux manuels** (*SCOL*) Handarbeit; **travaux ménagers** Haushalt *m*; ~ **(au) noir** Schwarzarbeit; **travaux pratiques** (*SCOL*) Übungsseminar *nt*; **travaux publics** staatliche Bauvorhaben *pl*; ~ **en réseau** vernetztes Arbeiten; ~ **à temps partiel** Teilzeitarbeit; ~ **d'utilité collective** Arbeitsbeschaffungsmaßnahme *f*

travaillé, e [travaje] *adj* aufpoliert

travailler ⟨1⟩ [travaje] **1.** *vi* arbeiten; (*bois*) sich werfen; ~ **à** arbeiten an +*dat*; (*contribuer à*) hinarbeiten auf +*akk* **2.** *vt* arbeiten an +*dat*; (*bois, métal; influencer*) bearbeiten; ~ **son piano** Klavier üben; ~ **la terre** das Feld bestellen; **cela le travaille** das geht in seinem Kopf herum

travailleur, -euse [travajœr, øz] **1.** *adj* **être** ~ fleißig sein **2.** *m, f* Arbeiter(in) *m(f)*

travée [trave] *f* (*rangée*) Reihe *f*

travelling [travliŋ] *m* Kamerafahrt *f*; ~ **optique** Zoomaufnahmen *pl*

travelo [travlo] *m* (*fam*) Transvestit *m*

travers [travɛr] *m* (*défaut*) Schwäche *f*; **à** ~ quer durch; **au** ~ **(de)** quer (durch); **de** ~ schief, verkehrt; **regarder de** ~ (*fig*) schief ansehen; **en** ~ **(de)** quer (zu)

traverse [travɛrs(ə)] *f* (*CHEMIN DE FER*) Schwelle *f*; **chemin de** ~ Abkürzung *f*

traversée [travɛrse] *f* Durchquerung *f*; (*en mer*) Überfahrt *f*

traverser ⟨1⟩ [travɛrse] *vt* (*rue, mer, frontière*) überqueren; (*salle, forêt*) gehen durch; (*ville, tunnel*) durchqueren; (*percer*) durchgehen durch; (*difficultés, temps*) durchmachen; (*ligne, trait*) durchqueren

traversin [travɛrsɛ̃] *m* Kopfkissenrolle *f*

travesti [travɛsti] *m* Transvestit *m*

travestir ⟨8⟩ [travɛstir] **1.** *vt* verzerren **2.** *vpr* **se** ~ sich verkleiden

trébucher ⟨1⟩ [trebyʃe] *vi* ~ **(sur)** (*a. fig*) stolpern (über +*akk*)

trèfle [trɛfl(ə)] *m* Klee *m*; (*CARTES*) Kreuz *nt*; ~ **à quatre feuilles** vierblättriges Kleeblatt

treille [trɛj] *f* Weinlaube *f*

treillis [treji] *m* (*métallique*) Gitter *nt*

treize [trɛz] *num* dreizehn; **treizième** *adj* dreizehnte(r, s)

trekking [trekiŋ] *m* Trekking *nt*; ~ **à poney** Pony-Trekking

tréma [trema] *m* Trema *nt*

tremblant, e [trãblã, ãt] *adj* zitternd

tremblement [trɑ̃bləmɑ̃] *m* Zittern *nt*, Beben *nt*; ~ **de terre** Erdbeben

trembler ⟨1⟩ [trɑ̃ble] *vi* zittern; *(flamme)* flackern; *(terre)* beben; ~ **de froid/fièvre/ peur** vor Kälte/Fieber/Angst zittern

trémousser ⟨1⟩ [tremuse] *vpr se* ~ herumzappeln

trempe [trɑ̃p] *f* **de cette/sa** ~ *(caractère)* von diesem/seinem Schlag

trempé, e [trɑ̃pe] *adj* klatschnass; *(TECH)* gehärtet

tremper ⟨1⟩ [trɑ̃pe] **1.** *vt* nass machen **2.** *vi* eingeweicht sein, in einer Flüssigkeit liegen; ~ **dans** *(plonger)* eintauchen in +*akk*; *(fig)* verwickelt sein in +*akk*; **faire** ~, **mettre à** ~ einweichen **3.** *vpr se* ~ *(dans mer, piscine)* kurz hineingehen

tremplin [trɑ̃plɛ̃] *m* Sprungbrett *nt*; *(SKI)* Sprungschanze *f*

trentaine [trɑ̃tɛn] *f* **une** ~ **(de)** etwa dreißig

trente [trɑ̃t] *num* dreißig; **trentenaire** [trɑ̃tənɛr] *adj* dreißigjährig; zwischen dreißig und vierzig; **trente-trois-tours** [trɑ̃ttrwatyr] *m inv* *(disque)* Langspielplatte *f*, LP *f*

trépied [trepje] *m* *(d'appareil)* Stativ *nt*; *(meuble)* Dreifuß *m*

trépigner ⟨1⟩ [trepiɲe] *vi* stampfen, trampeln

très [trɛ] *adv* sehr; ~ **critiqué(e)** viel kritisiert; **j'ai** ~ **envie de** ich habe große Lust auf +*akk*/zu

trésor [trezɔr] *m* Schatz *m*; **le Trésor (public)** die Finanzbehörde; **trésorerie** [trezɔrri] *f* *(gestion)* Finanzverwaltung *f*; *(bureaux)* Finanzabteilung *f*; **trésorier, -ière** [trezɔrje, ɛr] *m, f* *(d'une société)* Kassenverwalter(in) *m(f)*, Schatzmeister(in) *m(f)*

tressaillir [tresajir] *irr comme défaillir vi* erbeben

tresse [trɛs] *f* *(cheveux)* Zopf *m*; **tresser** ⟨1⟩ [trese] *vt* flechten; *(corde)* drehen

trêve [trɛv] *f* Waffenruhe *f*; *(fig)* Ruhe *f*; ~ **de** Schluss mit; ~ **de plaisanterie!** Spaß beiseite!; **sans** ~ unaufhörlich

Trêves [trɛv] Trier *nt*

tri [tri] *m* Sortieren *nt*; *(choix)* (Vor)auswahl *f*

triage [trijaʒ] *m* **gare de** ~ Rangierbahnhof *m*, Verschiebebahnhof *m*

triangle [trijɑ̃gl(ə)] *m* Dreieck *nt*; *(MUS)* Triangel *m*; ~ **de présignalisation** Warndreieck

tribord [tribɔr] *m* **à** ~ nach Steuerbord

tribu [triby] *f* Stamm *m*

tribunal (-aux) [tribynal, o] *m* Gericht *nt*; ~ **de commerce/de police** Handels-/Polizeigericht; ~ **pour enfants** Jugendgericht; ~ **de grande instance** oberster Gerichtshof

tribune [tribyn] *f* Tribüne *f*; *(d'église)* Empore *f*; *(de tribunal)* Galerie *f*; *(débat)* Diskussion *f*

tribut [triby] *m* *(argent)* Abgabe *f*

tributaire [tribytɛr] *adj* **être** ~ **de** abhängig sein von; *(fleuve)* einmünden in +*akk*

tricher ⟨1⟩ [triʃe] *vi* schummeln; **tricherie** [triʃri] *f* Betrug *m*; **tricheur, -euse** [triʃœr, øz] *m, f* Betrüger(in) *m(f)*

tricolore [trikɔlɔr] *adj* dreifarbig; *(français)* rot-weiß-blau; **le drapeau** ~ die Trikolore

tricot [triko] *m* *(action)* Stricken *nt*; *(ouvrage)* Strickarbeit *f*, Strickzeug *nt*; *(tissu)* Strickware *f*; Trikot *m*; *(vêtement)* Pullover *m*; **tricoter** ⟨1⟩ [trikɔte] *vt* stricken; **machine/aiguille à** ~ Strickmaschine *f*/-nadel *f*

tricycle [trisikl(ə)] *m* Dreirad *nt*

triennal, e (-aux) [trienal, o] *adj* dreijährlich; *(mandat)* dreijährig

trier ⟨1⟩ [trije] *vt* *(a. INFORM)* sortieren; *(fruits)* aussortieren; *(selectionner)* (vor)auswählen

trimaran [trimarɑ̃] *m* Trimaran *m*

trimestre [trimɛstr(ə)] *m* *(SCOL)* Trimester *nt*; *(COM)* Quartal *nt*, Vierteljahr *nt*; **trimestriel, le** [trimɛstrijɛl] *adj* vierteljährlich

tringle [trɛ̃gl(ə)] *f* Stange *f*; ~ **à rideaux** Gardinenstange

Trinité [trinite] *f* **la** ~ die Dreifaltigkeit

trinquer ⟨1⟩ [trɛ̃ke] *vi* anstoßen, sich zuprosten; *(fam)* Unannehmlichkeiten bekommen, büßen müssen; ~ **à qch/à la santé de qn** auf etw *akk* /jds Wohl anstoßen

trio [trijo] *m* Terzett *nt*

triomphe [trijɔ̃f] *m* Triumph *m*; **triompher** ⟨1⟩ [trijɔ̃fe] *vi* siegen; *(idée, cause)* triumphieren; ~ **de qch** über etw *akk* triumphieren

tripes [trip] *fpl* *(GASTR)* Kutteln *pl*, Kaldaunen *pl*; **prendre aux** ~ an die Nieren gehen

triple [tripl(ə)] **1.** *adj* dreifach; *(trois fois plus grand)* dreimal (so groß); **en** ~ **exemplaire** in dreifacher Ausfertigung **2.** *m* **le** ~ **(de)** das Dreifache (von); **triplé** [triple] *m* *(SPORT)* Hattrick *m*; *(turf)* Dreierwette *f*; ~**s**, ~**es** *mpl, fpl* Drillinge *pl*; **tripler** ⟨1⟩ **1.** *vi* sich verdreifachen **2.** *vt* verdreifachen

tripoter ⟨1⟩ [tʀipɔte] vt herumfummeln mit; (*femme*) herumfummeln an +*dat*

trique [tʀik] f Knüppel m

trisomie [tʀizɔmi] f ~ **21** (*MED*) Downsyndrom nt, Down-Syndrom nt

triste [tʀist(ə)] adj traurig; **tristesse** [tʀistɛs] f Traurigkeit f

trivial, e (-aux) [tʀivjal, o] adj derb, vulgär; (*commun*) trivial, alltäglich

troc [tʀɔk] m Tauschhandel m

troglodyte [tʀɔglɔdit] mf Höhlenbewohner(in) m(f)

trognon [tʀɔɲɔ̃] **1.** m (*de fruit*) Kerngehäuse nt; (*de légume*) Strunk m **2.** adj (*fam: enfant*) niedlich, süß

trois [tʀwɑ] num drei; **le** ~ **avril** der dritte April; ~ **fois** dreimal; ~ **cents** dreihundert; **de** ~ **ans** dreijährig; **les** ~ **quarts de** dreiviertel +*gen*; **troisième** [tʀwazjɛm] **1.** adj dritte(r, s); ~ **âge** Seniorenalter nt **2.** nf (*personne*) Dritte(r) mf; **troisièmement** adv drittens

trolleybus [tʀɔlebys] m Obus m

trombe [tʀɔ̃b] f **des** ~**s d'eau** ein Regenguss m; **en** ~ (*arriver, passer*) wie ein Wirbelwind

trombone [tʀɔ̃bɔn] m (*MUS*) Posaune f; (*de bureau*) Büroklammer f

trompe [tʀɔ̃p] f (*d'éléphant*) Rüssel m; (*MUS*) Horn nt

tromper ⟨1⟩ [tʀɔ̃pe] **1.** vt (*personne*) betrügen; (*espoir, attente*) enttäuschen; (*vigilance, poursuivants*) irreführen; (*distance, objet, ressemblance*) täuschen **2.** vpr **se** ~ sich irren; **se** ~ **de jour** sich im Tag täuschen; **se** ~ **de 3 cm/20 euros** sich um 3 cm/20 Euro vertun; **tromperie** [tʀɔ̃pʀi] f Betrug m

trompette [tʀɔ̃pɛt] f (*MUS*) Trompete f; **trompettiste** [tʀɔ̃petist(ə)] mf Trompeter(in) m(f)

trompeur, -euse [tʀɔ̃pœʀ, øz] adj trügerisch; **les apparences sont trompeuses** der Schein trügt

tronc [tʀɔ̃] m (*d'arbre*) Stamm m; (*d'église*) Opferstock m; (*ANAT*) Rumpf m; ~ **d'arbre** Baumstamm/-stumpf m; ~ **commun** Kern(arbeits)zeit f; (*SCOL*) gemeinsamer Bildungsweg

tronçon [tʀɔ̃sɔ̃] m Teilstrecke f; **tronçonner** ⟨1⟩ [tʀɔ̃sɔne] vt zersägen; **tronçonneuse** f Kettensäge f

trône [tʀon] m Thron m; **monter sur le** ~ den Thron besteigen

trop [tʀo] adv (*avec verbe*) zu viel; (*devant adverbe*) zu; (*devant adjectif*) (viel) zu; ~ **de** (*nombre*) zu viele; (*quantité*) zu viel; ~

nombreux zu viele; zu zahlreich; ~ (**longtemps**) zu lange; ~ **peu nombreux(-euse)** zu wenige; ~ **souvent** zu oft; **des livres en** ~/**3 euros de** ~ einige Bücher/3 Euro zu viel; **du lait en** ~ überschüssige Milch; **c'est** ~! was zu viel ist, ist zu viel!

trophée [tʀɔfe] m Trophäe f

tropical, e (-aux) [tʀɔpikal, o] adj tropisch, Tropen-

tropique [tʀɔpik] m Wendekreis m; ~**s** mpl (*région*) Tropen pl; ~ **du Cancer**/**Capricorne** Wendekreis des Krebses/Steinbocks

trop-plein (trop-pleins) [tʀɔplɛ̃] m Überlauf m

troquer ⟨1⟩ [tʀɔke] vt ~ **qch contre qch** etw gegen etw eintauschen

trot [tʀo] m **le** ~ der Trab; **aller au** ~ Trab reiten; **trotter** ⟨1⟩ [tʀɔte] vi traben; (*souris, enfant*) (herum)huschen; **trotteuse** [tʀɔtøz] f (*de montre*) Sekundenzeiger m

trottiner ⟨1⟩ [tʀɔtine] vi trippeln

trottinette [tʀɔtinɛt] f Roller m; (*jouet moderne*) Mikroroller m, Kickboard® nt

trottoir [tʀɔtwaʀ] m Gehweg m; **faire le** ~ auf den Strich gehen; ~ **roulant** Rollsteg m

trou [tʀu] m Loch nt; ~ **d'air** Luftloch; ~ **de mémoire** Gedächtnislücke f; ~ **perdu** (*fam*) gottverlassenes Nest; ~ **de la serrure** Schlüsselloch

trouble [tʀubl(ə)] **1.** adj trüb; (*affaire, histoire*) zwielichtig **2.** m (*désarroi*) Verwirrung f; (*émoi*) Erregung f; (*zizanie*) Unruhe f; ~**s** mpl (*POL*) Aufruhr m, Unruhen pl; (*MED*) Störung f, Beschwerden pl; ~**s respiratoires** Atembeschwerden pl; **trouble-fête** [tʀublafɛt] mf inv Spielverderber(in) m(f)

troubler ⟨1⟩ [tʀuble] **1.** vt verwirren; (*émouvoir*) bewegen; (*inquiéter*) beunruhigen; (*liquide*) trüben; (*perturber, déranger*) stören **2.** vpr **se** ~ (*personne*) verlegen werden

troué, e [tʀue] **1.** adj durchlöchert **2.** f (*dans un mur, dans une haie*) Lücke f; (*GEO*) Spalte f

trouer ⟨1⟩ [tʀue] vt durchlöchern; (*mur*) durchbohren; (*silence, air, nuit*) durchbrechen

trouille [tʀuj] f **avoir la** ~ (*fam*) eine Höllenangst haben

troupe [tʀup] f (*MIL*) Truppe f; (*groupe*) Schar f, Gruppe f; ~ (**de théâtre**) (Theater)truppe

troupeau (x) [tʀupo] m Herde f

trousse [tʀus] f (*étui*) Etui nt; (*d'écolier*)

(Feder)mäppchen nt; (de docteur) Arztkoffer m; **aux ~s** de auf den Fersen von; **~ à outils** Werkzeugtasche f; **~ de toilette** Kulturbeutel m

trousseau (x) [tʁuso] m (de mariée) Aussteuer f; **~ de clefs** Schlüsselbund nt o m

trouvaille [tʁuvaj] f Entdeckung f

trouver ⟨1⟩ [tʁuve] **1.** vt finden; **aller ~ qn** (rendre visite) jdn besuchen; **~ à boire/critiquer** etwas zu trinken/kritisieren finden; **je trouve que** ich finde, dass **2.** vpr se **~** (être) sein, sich befinden; (être soudain) sich finden; **se ~ être/avoir …** zufällig … sein/haben; **se ~ mal** bewusstlos werden; **il se trouve que** zufälligerweise

truand, e [tʁyɑ̃, ɑ̃d] m Gangster m; **truander** ⟨1⟩ [tʁyɑ̃de] vt (fam) übers Ohr hauen

truc [tʁyk] m (astuce) Dreh m; (de cinéma, de prestidigitateur) Trick m; (fam: chose) Ding nt

truffe [tʁyf] f (champignon, en chocolat) Trüffel f; (d'un chien) Nase f

truffé, e [tʁyfe] adj **~ de** gespickt mit

truie [tʁɥi] f Sau f

truite [tʁɥit] f Forelle f

truquer ⟨1⟩ [tʁyke] vt fälschen; (élections) manipulieren; (CINE) Trickaufnahmen anwenden bei

tsé-tsé [tsetse] f inv (mouche) **~** Tsetsefliege f

t-shirt (t-shirts) [tiʃœʁt] m T-Shirt nt

tsigane [tsigan] f v. **tzigane**

T.S.V.P. abr de **tournez s'il-vous-plaît** b. w.

T.T.C. abr de **toutes taxes comprises** alles inkl.

tu [ty] pron du

tu, e [ty] pp de **taire**

tuant, e [tɥɑ̃, tɥɑ̃t] adj (fatigant) erschöpfend; (énervant) unausstehlich

tuba [tyba] m (MUS) Tuba f; (SPORT) Schnorchel m

tube [tyb] m Röhre f; (de canalisation) Rohr nt; (d'aspirine, etc) Röhrchen nt; (de dentifrice, etc) Tube f; (disque) Hit m; **~ à essai** Reagenzglas nt; **~ au néon** Neonröhre; **à plein(s) ~(s)** (fam) volles Rohr; **~ cathodique** Bildröhre; **~ digestif** Verdauungskanal m

tuberculose [tybɛʁkyloz] f Tuberkulose f

tubulaire [tybylɛʁ] adj Stahlrohr-

T.U.C. [tyk] m acr de **travail d'utilité collective** ABM f

tuciste [tysist] mf ABM-Kraft f

tue-mouche [tymuʃ] adj **papier ~** Fliegenfänger m

tuer ⟨1⟩ [tɥe] **1.** vt töten; (commerce) ruinieren **2.** vpr se **~** (se suicider) sich dat das Leben nehmen; (dans un accident) umkommen

tue-tête [tytɛt] adv **à ~** aus Leibeskräften

tueur, -euse [tɥœʁ, øz] m, f Mörder(in) m(f); **~ fou** Amokschütze m; **~ à gages** bezahlter Killer

tuile [tɥil] f (de toit) Dachziegel m; (fam: ennui) Missgeschick nt

tulipe [tylip] f Tulpe f

tulle [tyl] m Tüll m

tumeur [tymœʁ] f Tumor m

tumultueux, -euse [tymyltɥø, øz] adj tobend, lärmend

tuner [tynɛʁ] m Tuner m

tunique [tynik] f Tunika f

Tunisie [tynizi] f **la ~** Tunesien nt; **tunisien, ne** [tynizjɛ̃, ɛn] adj tunesisch; **Tunisien, ne** m, f Tunesier(in) m(f)

tunnel [tynɛl] m Tunnel m

turban [tyʁbɑ̃] m Turban m

turbine [tyʁbin] f Turbine f

turbo [tyʁbo] m Turbolader m; **un moteur ~** ein Turbomotor m; **turbocompresseur** [tyʁbɔkɔ̃pʁesœʁ] m Turbolader m; **turbomoteur** m Turbomotor m; **turbopropulseur** [tyʁbopʁɔpylsœʁ] m Turboantrieb m; **turboréacteur** m Turbotriebwerk nt

turbot [tyʁbo] m Steinbutt m

turbulent, e [tyʁbylɑ̃, ɑ̃t] adj (enfant) wild, ausgelassen

turc, turque [tyʁk(ə)] adj türkisch; **Turc, Turque** m, f Türke (Türkin) m(f); **à la turque** (assis) mit gekreuzten Beinen; **cabinet à la turque** Stehklosett nt

turf [tyʁf, tœʁf] m Pferderennsport m

Turkménistan [tyʁkmenistɑ̃] m **le ~** Turkmenistan nt

turque [tyʁk] adj v. **turc**

Turquie [tyʁki] f **la ~** die Türkei

turquoise [tyʁkwaz] **1.** adj inv türkis **2.** f Türkis m

tutelle [tytɛl] f (JUR) Vormundschaft f; (de l'État, d'une société) Aufsicht f; **être/mettre sous la ~ de** (fig) jds Aufsicht dat unterstehen/unterstellen; (protégé) unter jds Schutz stehen/stellen

tuteur, -trice [tytœʁ, tʁis] **1.** m, f (JUR) Vormund m **2.** m (de plante) Stütze f, Stützstange f

tutoyer ⟨6⟩ [tytwaje] vt duzen

tutu [tyty] m Balletröckchen nt

tuyau (x) [tɥijo] m Rohr nt, Röhre f; (flexible) Schlauch m; (fam: conseil) Wink m, Tipp m; **~ d'arrosage** Gartenschlauch; **~ d'échappement** Auspuffrohr; **tuyauterie**

[tɥijɔtʀi] f Rohrleitungsnetz nt
tuyère [tɥjɛʀ] f Düse f
TV abr de **télévision** TV
T.V.A. f abr de **taxe à la valeur ajoutée** MWSt.
tympan [tɛ̃pɑ̃] m (ANAT) Trommelfell nt
type [tip] **1.** m (a. fam) Typ m; **avoir le ~ nordique** ein nordischer Typ sein; **le ~ standard** die Standardausführung **2.** adj inv typisch
typé, e [tipe] adj ausgeprägt
typhoïde [tifɔid] f Typhus m
typhon [tifɔ̃] m Taifun m

typhus [tifys] m Flecktyphus m
typique [tipik] adj typisch
typographie [tipɔɡʀafi] f Typografie f; **typographique** [tipɔɡʀafik] adj typografisch
tyran [tiʀɑ̃] m Tyrann(in) m(f); **tyrannie** [tiʀani] f Tyrannei f; **tyrannique** adj tyrannisch; **tyranniser** ⟨1⟩ [tiʀanize] vt tyrannisieren
Tyrol [tiʀɔl] m **le ~** Tirol nt; **tyrolien, ne** [tiʀɔljɛ̃, ɛn] adj Tiroler-
tzigane [dzigan] **1.** adj Zigeuner- **2.** mf Zigeuner(in) m(f)

U

U, u [y] m U, u nt
U.D.F. f abr de **Union pour la démocratie française** konservative demokratische Partei
U.E., UE f abr de **Union européenne** EU f
U.E.R. m o f abr de **unité d'enseignement et de recherche** (SCOL) Fachbereich m
Ukraine [ykʀɛn] f **l'~** die Ukraine; **ukrainien, ne** [ykʀɛnjɛ̃, ɛn] adj ukrainisch
ulcère [ylsɛʀ] m Geschwür nt
ulcérer ⟨5⟩ [ylseʀe] vt (fig) zutiefst verärgern
ultérieur, e [ylteʀjœʀ] adj später; **remis à une date ~e** auf später verschoben; **ultérieurement** adv später
ultimatum [yltimatɔm] m Ultimatum nt
ultime [yltim] adj letzte(r, s)
ultra- [yltʀa] pref ultra-; **ultrasensible** adj hoch empfindlich; **ultrasons** mpl Überschall m; (TECH, MED) Ultraschall m; **ultraviolet, te** adj ultraviolett
ululer ⟨1⟩ [ylyle] vi schreien
UMTS m abr de **universal mobile telecommunications system** UMTS nt
un, une [œ̃, yn] **1.** art ein, eine, ein; **une fois** einmal **2.** pron eine(r, s); **l'~(e) l'autre, les ~(e)s les autres** einander; **l'~ ..., l'autre ...** der/die/das eine; **der/die/das andere ...;** **l'~ et l'autre** beide(s); **l'~(e) des meilleurs** eine(r, s) der besten **3.** num eins; **d'~ an** einjährig

unanime [ynanim] adj einstimmig; **unanimité** f Einstimmigkeit f; **à l'~** einstimmig
Unesco [ynɛsko] f acr de **Organisation des Nations Unies pour l'éducation, la science et la culture** UNESCO f
uni, e [yni] adj (tissu) einfarbig, uni; (surface) eben; (famille) eng verbunden; (pays) vereinigt
UNICEF [ynisɛf] m acr de **Fonds des Nations Unies pour l'enfance** UNICEF f
unification [ynifikasjɔ̃] f Vereinigung f
unifier ⟨1⟩ [ynifje] vt vereinen, vereinigen; (systèmes) vereinheitlichen
uniforme [ynifɔʀm(ə)] **1.** adj gleichmäßig; (surface) eben; (objets, maisons) gleichartig; (pej) einförmig **2.** m Uniform f; **uniformiser** ⟨1⟩ vt vereinheitlichen; **uniformité** f Gleichmäßigkeit f; (de surface) Ebenheit f; (d'objets) Gleichartigkeit f; (pej) Einförmigkeit f
unilatéral, e (-aux) [ynilateʀal, o] adj einseitig, unilateral; **stationnement ~** Parken nt nur auf einer Straßenseite
union [ynjɔ̃] f Vereinigung f; (douanière, POL) Union f; (mariage) Verbindung f; **Union européenne** Europäische Union; **~ libre** (concubinage) eheähnliche Gemeinschaft; **l'Union soviétique** (HIST) die Sowjetunion

unique [ynik] *adj* (*seul*) einzig; (*exceptionnel*) einzigartig; **enfant/fils/fille** ~ Einzelkind *nt*; **prix/système** ~ (*le même*) Einheitspreis *m*/-system *nt*; **route à sens** ~ Einbahnstraße *f*; **uniquement** *adv* nur, bloß

unir ⟨8⟩ [ynir] **1.** *vt* vereinen, vereinigen; (*éléments, couleurs*) verbinden; ~ **qch à** etw vereinigen/verbinden mit **2.** *vpr* **s'~** sich vereinigen

unisexe [yniseks] *adj* Einheits-; (*coiffure*) für Damen und Herren

unisson [ynisɔ̃] *adv* **à l'~** einstimmig

unitaire [yniter] *adj* vereinigend; **prix** ~ Einzelpreis *m*

unité [ynite] *f* Einheit *f*; (*accord*) Einigkeit *f*; ~ **centrale** (*INFORM*) Zentraleinheit; ~ **de commande** (*INFORM*) Steuerwerk *nt*, Steuereinheit; ~ **de contrôle** (*INFORM*) Steuergerät *nt*; ~ **d'enseignement et de recherche** (*SCOL*) Fachbereich *m*; ~ **de longueur** Längeneinheit; ~ **de lumière** (*PHYS*) Lichteinheit; ~ **de mesure** Maßeinheit; ~ **monétaire** Währungseinheit; ~ **de surface** Flächeneinheit; ~ **de temps** Zeiteinheit

univers [yniver] *m* Universum *nt*; (*fig*) Welt *f*

universel, le [yniversel] *adj* allgemein; (*esprit*) vielseitig; **remède** ~ Allheilmittel *nt*

universitaire [yniversiter] **1.** *adj* Universitäts- **2.** *mf* Lehrkraft *f* an der Universität

université [yniversite] *f* Universität *f*

Untel [œ̃tɛl] *m* **Monsieur** ~ Herr Soundso; **Madame** ~ Frau Soundso

uranium [yranjɔm] *m* Uran *nt*

urbain, e [yrbɛ̃, ɛn] *adj* städtisch

urbanisme [yrbanism(ə)] *m* Städtebau *m*; **urbaniste** *mf* Städteplaner(in) *m(f)*

urbanité [yrbanite] *f* Weltgewandtheit *f*

urgence [yrʒɑ̃s] *f* Dringlichkeit *f*; (*accidenté*) dringender Fall; **d'~** dringend; **en cas d'~** im Notfall; **service des ~s** Unfallstation *f*; **urgent, e** *adj* dringend

Uri [yri] *m* **l'~** Uri *nt*

urine [yrin] *f* Urin *m*; **urinoir** *m* Pissoir *nt*

urne [yrn(ə)] *f* Urne *f*; **aller aux ~s** zur Wahl gehen; ~ **funéraire** Urne

urologie [yrɔlɔʒi] *f* Urologie *f*

U.R.S.S. *f abr de* **Union des républiques socialistes soviétiques** (*HIST*) UdSSR *f*

urticaire [yrtiker] *f* Nesselsucht *f*

Uruguay [yrygwe] *m* **l'~** Uruguay *nt*; **uruguayen, ne** [yrygwajɛ̃, ɛn] *adj* uruguayisch

us [ys] *mpl* ~ **et coutumes** Sitten und Gebräuche *pl*

U.S.A. *mpl abr de* **États-Unis d'Amérique** USA *pl*

usage [yzaʒ] *m* Benutzung *f*, Gebrauch *m*; (*coutume*) Sitte *f*; (*bonnes manières*) Sitten *pl*; (*LING*) Gebrauch *m*; **à l'~ de** zum Gebrauch von, für; **à** ~ **interne/externe** zur inneren/äußeren Anwendung; **avoir l'~ de qch** etw benutzen können; **c'est l'~** das ist Brauch; **en** ~ in Gebrauch; **faire** ~ **de** Gebrauch machen von; **hors d'~** nicht mehr brauchbar

usagé, e [yzaʒe] *adj* gebraucht; (*usé*) abgenutzt

usager, -ère [yzaʒe, ɛr] *m, f* Benutzer(in) *m(f)*

usé, e [yze] *adj* abgenutzt; (*santé, personne*) verbraucht; (*banal, rebattu*) abgedroschen

user ⟨1⟩ [yze] **1.** *vt* abnützen; (*consommer*) verbrauchen; (*santé, personne*) mitnehmen, verschleißen **2.** *vi* ~ **de** gebrauchen **3.** *vpr* **s'~** sich abnutzen; (*facultés, santé*) nachlassen; **s'~ à la tâche** [o **au travail**] sich bei der Arbeit aufreiben

usine [yzin] *f* Fabrik *f*, Werk *nt*; ~ **de compostage** Kompostieranlage *f*; ~ **à gaz** Gaswerk; ~ **d'incinération des déchets** Müllverbrennungsanlage *f*; **usiner** ⟨1⟩ *vt* verarbeiten, maschinell bearbeiten

usité, e [yzite] *adj* gebräuchlich

ustensile [ystɑ̃sil] *m* Gerät *nt*; ~**s de cuisine** Küchengeräte *pl*

usuel, le [yzɥɛl] *adj* üblich

usurier, -ière [yzyrje, ɛr] *m, f* Wucherer (Wucherin) *m(f)*

ut [yt] *m* (*MUS*) C *nt*

utérus [yterys] *m* Uterus *m*, Gebärmutter *f*

utile [ytil] *adj* nützlich; **en temps** ~ zu gegebener Zeit

utilisateur, -trice [ytilizatœr, tris] *m, f* Benutzer(in) *m(f)*; (*de logiciel*) Anwender(in) *m(f)*

utilisation [ytilizasjɔ̃] *f* Benutzung *f*; (*d'énergie*) Nutzung *f*; (*d'argent*) Verwendung *f*; (*de restes*) Verwertung *f*

utiliser ⟨1⟩ [ytilize] *vt* benutzen; (*force, moyen*) anwenden; (*GASTR: restes*) verwenden, verwerten; (*pej*) ausnutzen

utilitaire [ytiliter] *adj* Gebrauchs-; (*préoccupations, but*) auf unmittelbaren Nutzen gerichtet; **véhicules** ~**s** Nutzfahrzeuge *pl*

utilité [ytilite] *f* Nützlichkeit *f*; (*avantage*) Nutzen *m*; ~**s** *fpl* (*THEAT, fig*) Nebenrollen *pl*; ~ **publique** Gemeinnützigkeit *f*; **reconnu(e) d'~ publique** (*association*) als gemeinnützig anerkannt

utopie [ytɔpi] *f* Utopie *f*

V

V, v [ve] *m* pl, v *nt*
V *abr de* **volt** V
va [va] *vb v.* **aller**
vacance [vakãs] *f* (*d'un poste*) freie Stelle;
~**s** *fpl* Ferien *pl*, Urlaub *m*; **les grandes** ~**s**
die großen Ferien; ~**s de neige** Skiurlaub
m; **les** ~**s de Pâques/de Noël** die Oster-/
Weihnachtsferien; **aller en** ~**s** in die
Ferien fahren; **prendre des/ses** ~**s** Ferien
machen; **vacancier, -ière** *m, f* Urlau-
ber(in) *m(f)*
vacant, e [vakã, ãt] *adj* (*poste, chaire*) frei;
(*appartement*) leer stehend, frei
vacarme [vakaʀm(ə)] *m* Lärm *m*, Getöse
nt
vacataire [vakatɛʀ] *mf* Aushilfe *f*
vaccin [vaksɛ̃] *m* Impfstoff *m*; ~ **antigrippal** Grippeschutzimpfung *f*; **vaccination** [vaksinasjɔ̃] *f* Impfung *f*; **vacciner**
⟨1⟩ [vaksine] *vt* impfen
vache [vaʃ] **1.** *f* Kuh *f*; (*cuir*) Rindsleder *nt*;
~ **laitière** (*AGR*) Milchkuh **2.** *adj* (*fam:
sévère*) gemein
vachement [vaʃmã] *adv* (*fam: très*)
unheimlich
vacherin [vaʃʀɛ̃] *m* (*fromage*) Weichkäse
aus der Juragegend; ~ **glacé** (*gâteau*) Eisme-
ringue *f*
vachette [vaʃɛt] *f* Kalbsleder *nt*
vaciller ⟨1⟩ [vasije] *vi* schwanken;
(*flamme, lumière*) flackern; (*mémoire*) unzuverlässig sein
VAD *f abr de* **vente à distance** Versandhandel *m*
vadrouille [vadʀuj] *f* **être en** ~ (*fam*)
nicht zu Hause sein, ausgeflogen sein
va-et-vient [vaevjɛ̃] *m inv* Kommen und
Gehen *nt*; (*ÉLEC*) Wechselschalter *m*
vagabond, e [vagabɔ̃, ɔ̃d] **1.** *adj* (*chien*)
streunend; (*vie*) unstet, Zigeuner-; (*peuple*) umherziehend, nomadenhaft; (*imagination, pensées*) umherschweifend **2.** *m, f*
Vagabund(in) *m(f)*, Landstreicher(in)
m(f); **vagabonder** ⟨1⟩ [vagabɔ̃de] *vi*
(*errer*) umherziehen; (*fig: pensées*) schweifen
vagin [vaʒɛ̃] *m* Scheide *f*, Vagina *f*; **vaginal, e** (-aux) *adj* vaginal, Scheiden-
vague [vag] **1.** *f* Welle *f*; ~ **de fond** Flutwelle; (*POL*) Erdrutsch *m* **2.** *adj* (*confus*)
unklar, unbestimmt, vage; (*flou*) verschwommen; (*indéfinissable*) unbestimmt,
unerklärlich; (*peu ajusté*) weit, lose; ~

souvenir/notion vage Erinnerung/vager
Begriff; **un** ~ **bureau/cousin** irgendein
Büro/Cousin **3.** *m* **rester/être dans le** ~
im Unklaren bleiben/sein; **vaguement**
adv vage
vaillant, e [vajã, ãt] *adj* (*courageux*)
mutig, tapfer; (*en bonne santé*) gesund
vain, e [vɛ̃, vɛn] *adj* (*illusoire, stérile*) vergeblich; (*fat*) eitel, eingebildet; **en** ~ vergeblich, umsonst
vaincre [vɛ̃kʀ(ə)] *irr vt* besiegen; (*fig*)
überwinden; **vaincu, e** [vɛ̃ky] **1.** *pp de*
vaincre 2. *m, f* Besiegte(r) *mf*
vainement [vɛnmã] *adv* vergeblich
vainqueur [vɛ̃kœʀ] *m* Sieger(in) *m(f)*
vaisseau (x) [veso] *m* (*ANAT*) Gefäß *nt*; ~**x**
sanguins (*ANAT*) Blutgefäße *pl*; ~ **spatial**
Raumschiff *nt*
vaisselle [vesɛl] *f* Geschirr *nt*; (*lavage*)
Abwasch *m*; **faire la** ~ das Geschirr spülen, abwaschen; ~ **jetable** Einweggeschirr; ~ **réutilisable** Mehrweggeschirr
val (vaux, vals) [val, vo] *m* **par monts et
par vaux** über Berg und Tal
valable [valabl(ə)] *adj* gültig; (*motif, solution*) annehmbar; (*interlocuteur, écrivain*)
fähig
Valais [valɛ] *m* **le** ~ das Wallis
valet [valɛ] *m* Diener *m*; (*CARTES*) Bube *m*;
~ **de chambre** Kammerdiener
valeur [valœʀ] *f* Wert *m*; (*boursière*) Kurs-
(wert) *m*; (*d'une personne*) Verdienst *nt*; ~**s**
fpl (*morales*) (sittliche) Werte *pl*; ~**s mobilières** bewegliche Habe; **avoir de la** ~
wertvoll sein; **mettre en** ~ nutzbar
machen; (*fig*) zur Geltung bringen; **prendre de la** ~ im Wert steigen; **sans** ~
wertlos; ~ **absolue** Grundwert; ~
d'échange Tauschwert
valide [valid] *adj* (*en bonne santé*) gesund;
(*valable*) gültig; **valider** ⟨1⟩ *vt* für gültig
erklären; (*billet*) entwerten; **validité** *f*
Gültigkeit *f*
valise [valiz] *f* Koffer *m*; ~ **diplomatique**
Diplomatengepäck *nt*
vallée [vale] *f* Tal *nt*
valoir [valwaʀ] *irr* **1.** *vb* (*avec attribut, un
certain prix*) wert sein, kosten **2.** *vi* (*être
valable*) taugen; ~ **cher** teuer sein; **faire**
~ (*défendre*) geltend machen; (*mettre en
valeur*) nutzbar machen; ~ **mieux** besser
sein **3.** *vt* (*équivaloir à*) entsprechen +*dat*;
~ **qch à qn** (*procurer*) jdm etw bringen;

(négatif) jdn etw kosten; ~ **la peine** sich
lohnen; **ça ne vaut rien** das taugt nichts;
ça vaut le détour *(fam)* das muss man
gesehen haben **4.** *vpr* **se** ~ *(choses)*
gleichwertig sein; *(personnes)* sich ebenbürtig sein
valoriser ⟨1⟩ [valɔʀize] *vt* aufwerten
valse [vals(ə)] *f* Walzer *m*; *(fig fam)* häu-
fige Änderung, häufiger Wechsel
valve [valv(ə)] *f* *(ZOOL)* Muschelschale *f*;
(TECH) Ventil *nt*
vampire [vɑ̃piʀ] *m* Vampir *m*
vandale [vɑ̃dal] *mf* Vandale (Vandalin)
m(f); **vandalisme** *m* Vandalismus *m*
vanille [vanij] *f* Vanille *f*; **glace/crème à la**
~ Vanilleeis *nt*/-creme *f*
vanité [vanite] *f* *(inutilité)* Vergeblichkeit *f*;
Nutzlosigkeit *f*; *(fatuité)* Eitelkeit *f*, Einbildung *f*; **vaniteux, -euse** *adj* eitel, eingebildet
vanity-case (vanity-cases) [vanitikɛz] *m*
Kosmetikkoffer *m*
vannerie [vanʀi] *f* *(art)* Korbmacherei *f*;
(objets) Korbwaren *pl*
vantard, e [vɑ̃taʀ, d(ə)] *adj* angeberisch,
großsprecherisch; **vantardise** [vɑ̃taʀdiz]
f Aufschneiderei *f*
vanter ⟨1⟩ [vɑ̃te] **1.** *vt* preisen; ~ **qch à qn**
jdm etw anpreisen **2.** *vpr* **se** ~ sich rühmen; *(pej)* prahlen; **se** ~ **de qch** sich
einer Sache *gen* rühmen; *(pej)* mit etw
angeben
vapeur [vapœʀ] *f* Dampf *m*; *(brouillard)*
Dunst *m*; ~**s** *fpl* *(MED)* Wallungen *pl*; **cuit à**
la ~ dampfgekocht; **machine/locomotive**
à ~ Dampfmaschine/-lokomotive *f*; **ren-**
verser la ~ *(fig)* eine Kehrtwendung
machen(, um Schlimmeres zu vermeiden)
vaporeux, -euse [vapɔʀø, øz] *adj* *(flou)*
dunstig; *(léger)* duftig
vaporisateur [vapɔʀizatœʀ] *m* Zerstäuber
m
vaporiser ⟨1⟩ [vapɔʀize] *vt* *(CHIM)* verdampfen; verdunsten lassen; *(parfum, etc)*
zerstäuben
varappe [vaʀap] *f* *(en montagne)* Klettern
nt
varech [vaʀɛk] *m* (an den Strand gespül-
ter) Seetang
vareuse [vaʀøz] *f* *(d'intérieur)* Hausjacke *f*;
(de marin) Matrosenbluse *f*; *(d'uniforme)*
Uniformjacke *f*
variable [vaʀjabl(ə)] **1.** *adj* veränderlich;
(TECH) verstellbar; *(divers)* verschieden **2.** *f*
(MATH) Variable *f*, Veränderliche *f*
variante [vaʀjɑ̃t] *f* *(d'un texte)* Lesart *f*
variateur [vaʀjatœʀ] *m* ~ **de lumière** *(ELEC)*

Dimmer *m*
variation [vaʀjasjɔ̃] *f* Variation *f*; ~**s** *fpl*
(changements) Veränderungen *pl*; *(écarts)*
Schwankungen *pl*; *(différences)* Unter-
schiede *pl*; ~**s monétaires** Währungs-
schwankungen
varice [vaʀis] *f* Krampfader *f*
varicelle [vaʀisɛl] *f* Windpocken *pl*
varié, e [vaʀje] *adj* *(qui change)* verschiedenartig; *(qui présente un choix)* abwechslungsreich; *(divers)* unterschiedlich
varier ⟨1⟩ [vaʀje] **1.** *vi* *(changer)* sich
ändern; *(TECH, MATH)* variieren; *(différer)*
unterschiedlich sein; *(changer d'avis)* die
Meinung ändern; *(différer d'opinion)* ver-
schiedener Meinung sein **2.** *vt* *(diversifier)*
variieren; *(faire alterner)* abwechseln
variété [vaʀjete] *f* Verschiedenartigkeit *f*;
(BOT, ZOOL) Spielart *f*; ~**s** *fpl* Variété *nt*; **une**
(grande) ~ **de** *(choix)* eine große Auswahl
an +*dat*
variole [vaʀjɔl] *f* Pocken *pl*
vase [vɑz] **1.** *m* Vase *f*; ~**s** *mpl* **communi-**
cants *(PHYS)* kommunizierende Röhren; ~
de nuit Nachttopf *m* **2.** *f* Schlamm *m*,
Morast *m*
vasectomie [vazɛktɔmi] *f* Vasektomie *f*
vaseline [vaz(ə)lin] *f* Vaseline *f*
vaseux, -euse [vazø, øz] *adj* schlammig;
(confus) schwammig; *(fatigué)* schlapp
vasistas [vazistas] *m* Oberlicht *nt*
vaste [vast(ə)] *adj* weit; *(fig)* umfangreich,
groß
Vatican [vatikɑ̃] *m* **le** ~ der Vatikan
va-tout [vatu] *m inv* **jouer son** ~ seinen
letzten Trumpf ausspielen
Vaud [vod] Waadt *f*
vaudeville [vod(ə)vil] *m* Lustspiel *nt*
vaurien, ne [voʀjɛ̃, ɛn] *m, f* Nichtsnutz *m*
vaut *vb v.* **valoir**
vautour [votuʀ] *m* Geier *m*
vautrer ⟨1⟩ [votʀe] *vpr* **se** ~ sich wälzen;
(fig) sich suhlen
V.D.Q.S. *abr de* **vin délimité de qualité**
supérieure Qualitätswein *m*

V.D.Q.S.

V.D.Q.S. auf einer Flasche französischen Weins
bedeutet, dass es sich um einen Wein von
hoher Qualität von einem empfohlenen Wein-
gut handelt. Es ist die zweithöchste Weinklas-
sifikation nach der „A.O.C." und wird von der
„vin de pays" gefolgt.

---

vds *abr de* **vends** verkaufe
veau (x) [vo] *m* *(ZOOL)* Kalb *nt*; *(GASTR)*
Kalb(fleisch) *nt*; *(peau)* Kalbsleder *nt*

vécu, e [veky] *pp de* **vivre**

vedette [vədɛt] *f* Star *m*; (*canot*) Motorboot *nt*; **avoir la ~** im Mittelpunkt stehen; **mettre en ~** herausstreichen; (*personne*) groß herausbringen

végétal, e (-aux) [veʒetal, o] **1.** *adj* Pflanzen-; (*graisse, teinture*) pflanzlich **2.** *m* Pflanze *f*

végétalien, ne [veʒetaljɛ̃, ɛn] *m, f* Veganer(in) *m(f)*

végétalisme [veʒetalism] *m* Veganertum *nt*

végétarien, ne [veʒetarjɛ̃, ɛn] **1.** *adj* vegetarisch **2.** *m, f* Vegetarier(in) *m(f)*

végétarisme [veʒetarism] *m* Vegetarismus *m*

végétation [veʒetasjɔ̃] *f* Vegetation *f*; **~s** *fpl* Polypen *pl*

véhément, e [veemɑ̃, ɑ̃t] *adj* heftig

véhicule [veikyl] *m* Fahrzeug *nt*; (*fig*) Mittel *nt*, Medium *nt*; **~ utilitaire** (*AUTO*) Nutzfahrzeug

veille [vɛj] *f* **l'état de ~** der Wachzustand; **à la ~ de** (*fig*) am Vorabend +*gen*; **la ~** am Tag zuvor; **la ~ de** der Tag vor +*dat*; **l'avant-~** vorgestern

veillée [veje] *f* **~ funèbre** Totenwache *f*

veiller ⟨1⟩ [veje] **1.** *vi* wachen; **~ à** (*s'occuper de*) sich kümmern um; (*faire attention à*) aufpassen auf +*akk*; **~ à faire/à ce que** aufpassen, dass man etw tut/dass; **~ sur** aufpassen auf +*akk* **2.** *vt* wachen bei

veilleur [vɛjœʀ] *m* **~ de nuit** Nachtwächter *m*

veilleuse [vɛjøz] *f* (*lampe*) Nachtlicht *nt*; **en ~** (*fig*) auf Sparflamme

veinard, e [venaʀ, aʀd] *m, f* Glückspilz *m*

veine [vɛn] *f* (*ANAT*) Ader *f*; Vene *f*; (*filon minéral*) Ader *f*; (*du bois, du marbre, etc*) Maserung *f*; (*fam: chance*) Glück *nt*

Velcro® [vɛlkʀo] *m* **fermeture ~** Klettverschluss *m*

vélin [velɛ̃] *m* (*papier*) **~** Pergament *nt*

véliplanchiste [veliplɑ̃ʃist(ə)] *mf* (Wind)surfer(in) *m(f)*

vélo [velo] *m* Fahrrad *nt*; **faire du ~** Rad fahren; **~ de course** Rennrad; **~ tout terrain** Mountainbike *nt*

vélocité [velosite] *f* Geschwindigkeit *f*

vélodrome [velodrom] *m* Radrennbahn *f*

vélomoteur [velɔmɔtœʀ] *m* Mofa *nt*

véloski [veloski] *m* Skibob *m*

velours [v(ə)luʀ] *m* Samt *m*; **~ côtelé** Kordsamt

velouté, e [vəlute] **1.** *adj* (*au toucher*) samtartig; (*à la vue*) samtig; (*au goût: vin*) lieblich; (*crème*) sämig **2.** *m* **~ d'asperges**

(*GASTR*) Spargelcremesuppe *f*

velu, e [vəly] *adj* haarig

vénal, e (-aux) [venal, o] *adj* käuflich, bestechlich

venant [v(ə)nɑ̃] *adv* **à tout ~** dem ersten Besten; **le tout-venant** der Erstbeste

vendange [vɑ̃dɑ̃ʒ] *f* Weinlese *f*; **vendanger** ⟨2⟩ **1.** *vi* Wein lesen **2.** *vt* lesen

vendeur, -euse [vɑ̃dœʀ, øz] *m, f* Verkäufer(in) *m(f)*

vendre ⟨14⟩ [vɑ̃dʀ(ə)] *vt* verkaufen; (*trahir*) verraten

vendredi [vɑ̃dʀədi] *m* Freitag *m*; **le ~, tous les ~s** freitags; **Vendredi saint** Karfreitag

vendu, e [vɑ̃dy] **1.** *pp de* **vendre 2.** *adj* (*pej*) gekauft

vénéneux, -euse [venenø, øz] *adj* (*plantes*) giftig

vénérable [venerabl(ə)] *adj* ehrwürdig

vénérer ⟨5⟩ [venere] *vt* ehren; (*REL*) verehren

Venezuela [venezɥela] *m* **le ~** Venezuela *nt*; **vénézuélien, ne** [venezɥeljɛ̃, ɛn] *adj* venezolanisch

vengeance [vɑ̃ʒɑ̃s] *f* Rache *f*

venger ⟨2⟩ [vɑ̃ʒe] **1.** *vt* (*affront*) sich rächen für; (*honneur*) retten; (*personne, famille*) rächen **2.** *vpr* **se ~** (**de qch**) sich (für etw) rächen; **se ~ sur qn** sich an jdm rächen

vengeur, -geresse [vɑ̃ʒœʀ, ʒ(ə)ʀɛs] **1.** *m, f* Rächer(in) *m(f)* **2.** *adj* rächend

venimeux, -euse [vənimø, øz] *adj* (*serpent*) giftig

venin [vənɛ̃] *m* Gift *nt*; (*fig*) Bosheit *f*

venir ⟨9⟩ [v(ə)niʀ] *vi* ⟨*avec être*⟩ kommen; **~ de** kommen von; **~ jusqu'à** gehen bis; **je viens d'y aller/de le voir** ich bin gerade dorthin gegangen/ich habe ihn gerade gesehen; **s'il vient à pleuvoir** wenn es regnen sollte; **j'en viens à croire que** ich glaube langsam, dass; **il en est venu à mendier** es ist so weit gekommen, dass er bettelte; **les années/générations à ~** die kommenden Jahre/Generationen; **il me vient une idée** ich habe eine Idee; **faire ~** (*docteur, plombier*) kommen lassen; **laisser ~** (*fig*) auf sich *akk* zukommen lassen; **voir ~** (*fig*) abwarten

Venise [vəniz] Venedig *nt*

vent [vɑ̃] *m* Wind *m*; **il y a du ~, il fait du ~** es ist windig; **avoir le ~ en poupe** (*fig*) eine Glückssträhne haben; **faire du ~** (*fam*) viel Wind machen; **quel bon ~ vous amène?** was führt Sie hierher?; **~ latéral** Seitenwind

vente [vãt] f Verkauf m; ~ **de charité** Wohltätigkeitsbasar m; ~ **par correspondance** [o **à distance**] (COM) Versandhandel m; ~ **sortie d'usine** Fabrikverkauf

venteux, -euse [vãtø, øz] adj windig

ventilateur [vãtilatœr] m Ventilator m

ventilation [vãtilasjɔ̃] f Ventilation f, Belüftung f; (installation) Lüftung f; (COM) Aufschlüsselung f

ventiler ⟨1⟩ [vãtile] vt (local) belüften; (COM: répartir) aufgliedern

ventouse [vãtuz] f (de verre) Schröpfkopf m; (de caoutchouc) Saugglocke f; (ZOOL) Saugnapf m

ventre [vãtr(ə)] m Bauch m; **taper sur le** ~ **à qn** mit jdm zu vertraulich umgehen; ~ **bien rempli** Wohlstandsbauch

ventriloque [vãtrilɔk] mf Bauchredner(in) m(f)

ventru, e [vãtry] adj dickbäuchig

venu, e [v(ə)ny] **1.** pp de **venir 2.** adj **c'est mal** ~ **de faire cela** es ist eine Unverschämtheit, das zu tun; **mal/bien** ~(e) (plante, etc) missraten/gelungen **3.** f (arrivée) Ankunft f

ver [vɛr] m Wurm m; ~ **blanc** Made f; ~ **luisant** Glühwürmchen nt; ~ **à soie** Seidenraupe f; ~ **solitaire** Bandwurm; ~ **de terre** Regenwurm

véracité [verasite] f Wahrhaftigkeit f

verbal, e (-aux) [vɛrbal, o] adj (oral) mündlich; (LING) verbal, Verb-

verbe [vɛrb(ə)] m (LING) Verb nt; **avoir le** ~ **haut/sonore** (voix) laut reden

verdâtre [vɛrdɑtr(ə)] adj grünlich

verdeur [vɛrdœr] f (vigueur) Vitalität f; (crudité) Schärfe f; (défaut de maturité) Unreife f

verdict [vɛrdik(t)] m Urteil nt

verdir ⟨8⟩ [vɛrdir] **1.** vi grün werden **2.** vt grün werden lassen

verdure [vɛrdyr] f Grün nt, Vegetation f

verge [vɛrʒ(ə)] f (ANAT) Penis m, Glied nt

verger [vɛrʒe] m Obstgarten m

vergeture [vɛrʒətyr] f Striemen pl, Schwangerschaftsstreifen pl

verglacé, e [vɛrglase] adj vereist

verglas [vɛrglɑ] m Glatteis nt

vergogne [vɛrgɔɲ] f **sans** ~ schamlos

véridique [veridik] adj (témoin) wahrhaftig; (récit) wahrheitsgemäß

vérification [verifikasjɔ̃] f Überprüfung f

vérifier ⟨1⟩ [verifje] **1.** vt überprüfen, kontrollieren; (hypothèse) verifizieren; (prouver) beweisen **2.** vpr **se** ~ sich bestätigen

véritable [veritabl(ə)] adj wahr; (ami, or)

echt; **un** ~ **miracle** ein wahres Wunder

vérité [verite] f Wahrheit f; (d'un portrait) Naturgetreuheit f; (sincérité) Aufrichtigkeit f; **en** ~, **à la** ~ in Wirklichkeit; ~ **de La Palice** (fig) Binsenweisheit f

vermeil, le [vɛrmɛj] adj karminrot

vermicelles [vɛrmisɛl] mpl Fadennudeln pl

vermifuge [vɛrmifyʒ] m Wurmmittel nt

vermillon [vɛrmijɔ̃] adj inv zinnoberrot

vermine [vɛrmin] f Ungeziefer nt; (fig) Pack nt, Gesindel nt

vermoulu, e [vɛrmuly] adj wurmstichig

vermout(h) [vɛrmut] m Wermut m

verni, e [vɛrni] adj lackiert; **cuir** ~ Lackleder nt

vernir ⟨8⟩ [vɛrnir] vt lackieren

vernis [vɛrni] m (enduit) Lack m; (fig) Schliff m; ~ **à ongles** Nagellack

vernissage [vɛrnisaʒ] m Lackierung f; (d'une exposition) Vernissage f

vérole [verɔl] f **petite** ~ Pocken pl

verre [vɛr] m Glas nt; **boire un** ~, **prendre un** ~ ein Glas trinken; ~**s de contact** Kontaktlinsen pl; ~ **à dents** Zahnputzbecher m; **verrerie** [vɛrri] f (fabrique) Glashütte f; (fabrication) Glasbläserei f; (objets) Glaswaren pl; **verrière** [vɛrjɛr] f (vitrail) großes Fenster; (toit vitré) Glasdach nt

verrou (x) [vɛru] m Riegel m; (obstacle) Sperre f; ~ **de sécurité enfants** Kindersicherung f; **verrouillage** [vɛrujaʒ] m Versperren nt; (dispositif) Sperrvorrichtung f; ~ **central** [o **centralisé (des portes)**] (AUTO) Zentralverriegelung f; **verrouiller** ⟨1⟩ [vɛruje] vt (porte) verriegeln, zuriegeln; (rue, région) abriegeln

verrue [vɛry] f Warze f

vers [vɛr] **1.** m Vers m, Zeile f **2.** mpl Gedichte pl **3.** prep (en direction de) gegen +akk, in Richtung auf +akk; (dans les environs de) um +akk; (temporel) gegen +akk, etwa um +akk

versant [vɛrsã] m (une des deux pentes d'une montagne) Hang m; **les deux** ~**s de qch** (fig) die beiden Seiten von etw

versatile [vɛrsatil] adj unbeständig, wankelmütig

verse [vɛrs(ə)] adv **pleuvoir à** ~ in Strömen gießen

Verseau [vɛrso] m (ASTR) Wassermann m

versement [vɛrsəmã] m (Ein)zahlung f

verser ⟨1⟩ [vɛrse] **1.** vt (liquide, grains) schütten; (dans une tasse, etc) gießen; (larmes, sang) vergießen; (argent) zahlen; (sur un compte) einzahlen **2.** vi (basculer) umstürzen; ~ **dans** (fig) neigen zu

verset [vɛʀse] m (de la Bible, etc) Vers m
version [vɛʀsjɔ̃] f (a. INFORM) Version f; (SCOL: traduction) (Her)übersetzung f; ~ **complète** (INFORM) Vollversion; **film en ~ originale (sous-titrée)** Film in Originalfassung f (mit Untertiteln)
verso [vɛʀso] m Rückseite f; **voir au ~** siehe Rückseite
vert, e [vɛʀ, t(ə)] **1.** adj grün; (vigoureux) rüstig; (langage, propos) derb **2.** m (couleur) Grün nt; **en voir des ~es et des pas mûres** (fig) Unglaubliches zu sehen bekommen
vert-de-gris [vɛʀdəgʀi] m inv Grünspan m
vertébral, e (-aux) [vɛʀtebʀal, o] adj Rücken-; **colonne ~e** Wirbelsäule f
vertèbre [vɛʀtebʀ(ə)] f (Rücken)wirbel m
vertébrés [vɛʀtebʀe] mpl Wirbeltiere pl
vertement [vɛʀtəmɑ̃] adv scharf, grob
vertical, e (-aux) [vɛʀtikal, o] **1.** adj vertikal, senkrecht **2.** f **la ~e** die Senkrechte; **verticalement** adv senkrecht
vertige [vɛʀtiʒ] m Schwindel m; **j'ai le ~** mir ist schwindlig; **ça me donne le ~** das macht mich schwindlig; **vertigineux, -euse** [vɛʀtiʒinø, øz] adj Schwindel erregend
vertu [vɛʀty] f (propriété) Eigenschaft f; **avoir la ~ de** (avoir pour effet) die Wirkung +gen haben; **en ~ de** aufgrund von; **vertueux, -euse** [vɛʀtɥø, øz] adj tugendhaft; (action) ehrenhaft
verveine [vɛʀvɛn] f (plante) Eisenkraut nt; (infusion) Eisenkrauttee m
vésicule [vezikyl] f (MED) Bläschen nt; ~ **(biliaire)** Gallenblase f
vessie [vesi] f (ANAT) (Harn)blase f
veste [vɛst(ə)] f Jacke f; Jackett nt; ~ **droite/croisée** Ein-/Zweireiher m; ~ **en jean** Jeansweste f; **prendre une ~** (fam) eine Schlappe einstecken; **retourner sa ~** (fig) umschwenken
vestiaire [vɛstjɛʀ] m (de théâtre) Garderobe f; (de stade) Umkleideraum m
vestibule [vɛstibyl] m Diele f, Flur m; (d'hôtel, de temple, etc) Vorhalle f
vestige [vɛstiʒ] m (ruine, trace) Spur f; (reste) Überrest m, Überbleibsel nt
veston [vɛstɔ̃] m Jacke f, Jackett nt
vêtement [vɛtmɑ̃] m Kleidungsstück nt, Kleidung f; **~s** mpl Kleider pl
vétérinaire [veteʀinɛʀ] mf Tierarzt(-ärztin) m(f)
vêtir [vetiʀ] irr **1.** vt anziehen **2.** vpr **se ~** sich anziehen
véto [veto] m Veto nt; **droit de ~** Vetorecht nt
vêtu, e [vety] pp de **vêtir**

veuf, veuve [vœf, vœv] **1.** adj verwitwet **2.** m, f Witwer (Witwe) m(f)
vexation [vɛksasjɔ̃] f Demütigung f, Erniedrigung f
vexer [vɛkse] **1.** vt beleidigen **2.** vpr **se ~** sich ärgern
V.F. abr de **version française** (CINE) französische Fassung
viabiliser ⟨1⟩ [vjabilize] vt erschließen
viabilité [vjabilite] f Lebensfähigkeit f; (d'une route) Befahrbarkeit f
viable [vjabl(ə)] adj (enfant) lebensfähig; (réforme) durchführbar; (entreprise) rentabel
viaduc [vjadyk] m Viadukt m
viager, -ère [vjaʒe, ɛʀ] **1.** adj **rente viagère** Rente f auf Lebenszeit **2.** m Leibrente f
viagra® [vjagʀa] m Viagra® nt
viande [vjɑ̃d] f Fleisch nt
vibrant, e [vibʀɑ̃, ɑ̃t] adj vibrierend; (fig: de colère) bebend
vibraphone [vibʀafɔn] m Vibraphon nt
vibration [vibʀasjɔ̃] f Schwingung f, Vibration f
vibrer ⟨1⟩ [vibʀe] **1.** vi schwingen, vibrieren; (fig) hingerissen sein; **faire ~** mitreißen, fesseln **2.** vt (TECH: béton, etc) schütteln
vibromasseur [vibʀomasœʀ] m Vibrator m
vice [vis] m (immoralité) Laster nt; ~ **de fabrication** (défaut) Fabrikationsfehler m; ~ **de forme** (JUR) Formfehler m
vice- [vis] pref Vize-; **vice-président, e** m, f Vizepräsident(in) m(f)
vice-versa [visevɛʀsa] adv **et ~** und umgekehrt
vicieux, -euse [visjø, øz] adj pervers, lüstern; (fautif) inkorrekt, falsch; **cercle ~** Teufelskreis m
vicinal, e (-aux) [visinal, o] adj **chemin ~** Gemeindeweg m, Gemeindestraße f
victime [viktim] f Opfer nt; **être ~ de qch** ein Opfer von etw sein, einer Sache dat zum Opfer fallen
victoire [viktwaʀ] f Sieg m
victorieux, -euse [viktɔʀjø, øz] adj (personne, groupe) siegreich; (attitude) triumphierend
vidange [vidɑ̃ʒ] f (d'un fossé, d'un réservoir) Entleerung f; (AUTO) Ölwechsel m; **~s** fpl (matières) Abwasser nt; **vidanger** ⟨2⟩ vt (fosse) entleeren; ~ **l'huile** (AUTO) einen Ölwechsel machen
vide [vid] **1.** adj leer; (existence) unausgefüllt; **à ~** leer; **tourner à ~** (moteur) leer laufen; ~ **de** (dépourvu de) ohne **2.** m

(*PHYS*) luftleerer Raum, Vakuum *nt*; (*solution de continuité*) Lücke *f*; (*sous soi*) Abgrund *m*; (*futilité, néant*) Leere *f*; **avoir peur du ~** nicht schwindelfrei sein; **regarder dans le ~** ins Leere starren; **emballage sous ~** Vakuumverpackung *f*

vidéo [video] **1.** *adj* Video- **2.** *f* Video *nt*; **vidéocassette** *f* Videokassette *f*; **vidéoclip** *m* Videoclip *m*; **vidéoclub** *m* Videothek *f*; **vidéoconférence** *f* Videokonferenz *f*; **vidéodisque** *m* Bildplatte *f*; **vidéophone** *m* Bildtelefon *nt*

vide-ordures [vidɔʀdyʀ] *m inv* Müllschlucker *m*

vidéosurveillance [videosyʀvejãs] *f* Videoüberwachung *f*; **vidéotex** [videoteks] *m* Bildschirmtext *m*; **vidéothèque** *f* Videothek *f*

vide-poches [vidpɔʃ] *m inv* Ablagefach *nt* (in der Autotür)

vider ⟨1⟩ [vide] **1.** *vt* leeren, ausleeren; (*salle, lieu*) räumen; (*GASTR*) ausnehmen; (*querelle*) beilegen **2.** *vpr* **se ~** (*contenant, récipient*) sich leeren

videur, -euse [vidœʀ, øz] *m, f* (*de boîte de nuit*) Rausschmeißer(in) *m(f)*

vie [vi] *f* Leben *nt*; (*biographie*) Biografie *f*; **élu(e) à ~** auf Lebenszeit gewählt; **sans ~** leblos, ohne Leben

vieillard [vjejaʀ] *m* alter Mann, Greis(in) *m(f)*; **les ~s** die alten Leute *pl*, die älteren Menschen *pl*

vieilleries [vjejʀi] *fpl* (*objets*) alte Sachen *pl*; (*fig*) alter Kram

vieillesse [vjejɛs] *f* Alter *nt*; (*ensemble des vieillards*) alte Leute *pl*

vieillir ⟨8⟩ [vjejiʀ] **1.** *vi* alt werden; (*se flétrir*) altern; (*institutions, idées*) veralten; (*vin*) reifen **2.** *vt* alt machen

vieillissement [vjejismã] *m* Altwerden *nt*, Altern *nt*

Vienne [vjɛn] Wien *nt*; **viennois, e** [vjɛnwa, waz] *adj* Wiener, wienerisch

vierge [vjɛʀʒ(ə)] **1.** *adj* (*personne*) jungfräulich; (*film*) unbelichtet; (*feuille*) unbeschrieben, weiß; (*terres, neige*) unberührt; (*casier judiciaire*) ohne Vorstrafen; **~ de** ohne **2.** *f* Jungfrau *f*; **Vierge** (*ASTR*) Jungfrau

Viêt-nam, Vietnam [vjɛtnam] *m* **le ~** Vietnam *nt*; **vietnamien, ne** [vjɛtnamjɛ̃, ɛn] *adj* vietnamesisch; **Vietnamien, ne** *m, f* Vietnamese (Vietnamesin) *m(f)*

vieux (vieil), vieille [vjø, vjɛj] **1.** *adj* alt; **~ jeu** altmodisch; **~ rose** altrosa; **vieille fille** alte Jungfer; **~ garçon** älterer Junggeselle **2.** *m, f* (*pej*) Alte(r) *mf*; **les ~** *mpl*

(*pej*) die alten Menschen *pl*; **mon vieux/ma vieille** (*fam*) mein Lieber/meine Liebe; **prendre un coup de ~** (plötzlich) altern

vif, vive [vif, viv] *adj* (*animé: personne, mélodie*) lebhaft; (*alerte*) rege, wach; (*brusque, emporté*) aufbrausend; (*aigu*) scharf; (*lumière, couleur*) grell; (*air*) frisch; (*froid*) schneidend; (*vent*) scharf; (*fort: douleur, intérêt*) stark; **à ~** (*plaie*) offen; (*nerfs*) aufs Äußerste gespannt; **brûlé(e) ~** (*vivant*) lebendig verbrannt; **sur le ~** (*ART*) nach der Natur

vigilant, e [viʒilã, ãt] *adj* wachsam

vigne [viɲ] *f* (*arbrisseau*) Weinrebe *f*; (*plantation*) Weinberg *m*; **~ vierge** wilder Wein

vigneron, ne [viɲ(ə)ʀɔ̃, ɔn] *m, f* Winzer(in) *m(f)*

vignette [viɲɛt] *f* Vignette *f*; (*d'une marque de fabrique*) Markenzeichen *nt*; (*petite illustration*) Skizze *f*; (*de l'impôt sur les automobiles*) Autosteuerplakette *f*; (*en Suisse*) Vignette *f*; (*de la Sécurité sociale*) Gebührenmarke *f*

vignoble [viɲɔbl(ə)] *m* (*plantation*) Weinberg *m*; (*vignes d'une région*) Weingegend *f*

vigoureux, -euse [viguʀø, øz] *adj* kräftig; (*fig*) kraftvoll

vigueur [vigœʀ] *f* Kraft *f*, Stärke *f*; (*fig*) Ausdruckskraft *f*; **en ~** geltend; **être/entrer en ~** (*loi, etc*) in Kraft sein/treten

vil, e [vil] *adj* abscheulich, gemein; **à ~ prix** spottbillig

vilain, e [vilɛ̃, ɛn] *adj* (*laid*) hässlich; (*mauvais: temps, affaire*) scheußlich, ekelhaft; (*pas sage: enfant*) ungezogen; **~ mot** Grobheit *f*

villa [villa] *f* Villa *f*

village [vilaʒ] *m* Dorf *nt*; **villageois, e** [vilaʒwa, az] **1.** *adj* ländlich **2.** *m, f* Dorfbewohner(in) *m(f)*; **village-vacances** (villages-vacances) *m* Feriendorf *nt*

ville [vil] *f* Stadt *f*; **habiter en ~** in der Stadt wohnen; **~ culturelle** Kultur-(haupt)stadt; **~ d'eaux** Kurort *m*; **~ jumelée** Partnerstadt; **~ portuaire** Hafenstadt; **~ universitaire** Universitätsstadt; **ville-dortoir** (villes-dortoirs) *f* Schlafstadt *f*

villégiature [vi(l)leʒjatyʀ] *f* Urlaub *m*

ville-satellite (villes-satellites) *f* Satellitenstadt *f*, Trabantenstadt *f*

vin [vɛ̃] *m* Wein *m*; **avoir le ~ gai/triste** nach ein paar Gläschen lustig/traurig werden; **~ blanc/rouge** Weiß-/Rotwein; **coq au ~** Hähnchen *nt* in Weinsoße; **~ d'honneur** kleiner Empfang; **~ de messe** Messwein; **~ ordinaire** [o **de table**]

Tischwein, Tafelwein; ~ **de pays** Land-
wein; ~ **rosé** Rosé m
vinaigre [vinɛgʀ(ə)] m Essig m; **vinaigrette** [vinɛgʀɛt] f Vinaigrette f; **vinai-
grier** [vinɛgʀije] m (personne) Essigher-
steller(in) m(f); (flacon) Essigflasche f
vindicatif, -ive [vɛ̃dikatif, iv] adj rachsüchtig
vingt [vɛ̃] num zwanzig; ~**-quatre heures
sur** ~**-quatre** rund um die Uhr; **vingt et
un** einundzwanzig; **vingtaine** [vɛ̃tɛn] f
une ~ **(de)** etwa zwanzig; **vingt-deux**
num zweiundzwanzig
vinicole [vinikɔl] adj Weinbau-
vinyle [vinil] m Vinyl nt; (disque noir)
(Schall)platte f
viol [vjɔl] m (d'une femme) Vergewaltigung
f; (d'un lieu sacré) Entweihung f, Schändung f
violation [vjɔlasjɔ̃] f (d'un lieu) Entweihung f, Schändung f; (d'un traité, d'une loi)
Verstoß m (de gegen)
violemment [vjɔlamɑ̃] adv brutal, wild;
heftig
violence [vjɔlɑ̃s] f Gewalttätigkeit f; Brutalität f; (fig) Heftigkeit f; **la** ~ die Gewalt
violent, e [vjɔlɑ̃, ɑ̃t] adj (personne, instincts)
gewalttätig; (langage) grob, brutal; (effort,
bruit) stark; (fig) heftig, stark
violenter ⟨1⟩ [vjɔlɑ̃te] vt vergewaltigen
violer ⟨1⟩ [vjɔle] vt (secret, loi) brechen,
verletzen; (femme) vergewaltigen; (lieu,
sépulture) schänden
violet, te [vjɔlɛ, ɛt] **1.** adj violett **2.** m Violett nt **3.** f Veilchen nt
violeur [vjɔlœʀ] m Vergewaltiger m
violon [vjɔlɔ̃] m (instrument) Geige f, Violine f; (musicien) Geiger(in) m(f); ~
d'Ingres Steckenpferd nt
violoncelle [vjɔlɔ̃sɛl] m Cello nt; **violoncelliste** [vjɔlɔ̃selist] mf Cellospieler(in)
m(f), Cellist(in) m(f)
violoniste [vjɔlɔnist(ə)] mf Geiger(in) m(f)
vipère [vipɛʀ] f Viper f
virage [viʀaʒ] m (d'une route) Kurve f;
(CHIM) Farbänderung f; (FOTO) Tonung f;
prendre un ~ eine Kurve nehmen [o fah-
ren]
virago [viʀago] f (pej) Mannweib nt
viral, e (-aux) [viʀal, o] adj Virus-
virée [viʀe] f Bummel m; (en voiture)
Spritztour f
virement [viʀmɑ̃] m (COM) Überweisung
f; ~ **bancaire/postal** Bank-/Postüberwei-
sung
virer ⟨1⟩ [viʀe] **1.** vt (somme) überweisen;
(FOTO) tönen; (fam: renvoyer) rausschmei-

ßen **2.** vi (changer de direction) (sich) wenden, drehen; (CHIM, FOTO) die Farbe
ändern; (MED: cutiréaction) positiv ausfallen
virevolte [viʀvɔlt(ə)] f (d'une danseuse)
schnelle Drehung; (fig) plötzliche Änderung
virginité [viʀʒinite] f Jungfräulichkeit f;
(fig) Reinheit f
virgule [viʀgyl] f Komma nt; ~ **flottante**
Fließkomma
viril, e [viʀil] adj männlich; (courageux)
mannhaft; **virilité** [viʀilite] f Männlich-
keit f; (vigueur sexuelle) Potenz f, Mannes-
kraft f; (fermeté, courage) Entschlossenheit
f
virologie [viʀɔlɔʒi] f Virusforschung f,
Virologie f; **virologiste** [viʀɔlɔʒist] mf
Virologe(-login) m(f)
virtualité [viʀtɥalite] f Möglichkeit f
virtuel, le [viʀtɥɛl] adj potentiell; (INFORM)
virtuell; **virtuellement** [viʀtɥɛlmɑ̃] adv
(presque) praktisch
virtuose [viʀtɥoz] mf (musicien) Virtuose
(Virtuosin) m(f); (fig) Meister(in) m(f)
virtuosité [viʀtɥozite] f Virtuosität f
virulent, e [viʀylɑ̃, ɑ̃t] adj (microbe) bösartig; (poison) stark, tödlich; (critique)
geharnischt, scharf
virus [viʀys] m Virus m; ~ **informatique**
(Computer)virus
vis [vis] f Schraube f
visa [viza] m (sceau) Stempel m; (validation
de passeport) Visum nt; ~ **de censure** Zen-
survermerk m
visage [vizaʒ] m Gesicht nt; **à** ~ **humain**
(chose) menschlich, human; **visagiste**
[vizaʒist] mf Kosmetiker(in) m(f)
vis-à-vis [vizavi] **1.** adv gegenüber; ~ **de**
gegenüber von +dat; (en comparaison de)
im Vergleich zu **2.** m Gegenüber nt; **en** ~
gegenüberliegend
viscéral, e (-aux) [viseʀal, o] adj Einge-
weide-; (fig) tief wurzelnd
viscères [visɛʀ] mpl Eingeweide pl
viscose [viskoz] f Viskose f
visée [vize] f (avec une arme) Zielen nt; (en
arpentage) Anpeilen nt; ~**s** fpl (intentions)
Absichten pl
viser ⟨1⟩ [vize] **1.** vi zielen; ~ **à** (avoir pour
but) abzielen auf +akk **2.** vt (cible) zielen
auf +akk; (ambitionner: poste, etc) anstreben; (concerner) betreffen; (apposer un visa
sur) mit einem Sichtvermerk versehen
viseur [vizœʀ] m (d'arme) Kimme f; (FOTO)
Sucher m
visibilité [vizibilite] f Sicht f; **pilotage
sans** ~ Blindflug m

visible [vizibl(ə)] *adj* sichtbar; *(concret)* wahrnehmbar; *(évident)* sichtlich; *(personne: disponible)* zu sprechen; **visiblement** [vizibləmã] *adv* *(ostensiblement)* sichtlich, sichtbar; *(manifestement)* offensichtlich

visière [vizjɛʀ] *f* Schirm *m*, Schild *nt*

vision [vizjɔ̃] *f* *(sens)* Sehvermögen *nt*; *(image mentale, conception)* Vorstellung *f*, Bild *nt*; *(apparition)* Halluzination *f*

visite [vizit] *f* Besuch *m*; *(touristique)* Besichtigung *f*; *(MIL)* Musterung *f*; *(MED: consultation)* Untersuchung *f*; *(à l'hôpital)* Visite *f*; **être en ~** *(chez qn)* (bei jdm) zu Besuch sein; **faire une/rendre ~ à qn** jdn besuchen; **visiter** ⟨1⟩ *vt* besuchen, besichtigen; **visiteur, -euse** *m, f* Besucher(in) *m(f)*

visqueux, -euse [viskø, øz] *adj* *(fluide)* zähflüssig; *(peau, surface)* glitschig

visser ⟨1⟩ [vise] *vt* festschrauben

visualisation [vizɥalizasjɔ̃] *f* *(INFORM)* Bildschirmdarstellung *f*; **~ de la page** *(INFORM)* Seitenansicht *f*

visualiser ⟨1⟩ [vizɥalize] *vt* *(INFORM)* (auf dem Bildschirm) anzeigen

visuel, le [vizɥɛl] **1.** *adj* visuell; **champ ~** Gesichtsfeld *nt* **2.** *m* *(INFORM)* Display *nt*; **visuellement** [vizɥɛlmã] *adv* visuell

vital, e (-aux) [vital, o] *adj* Lebens-; *(indispensable)* lebensnotwendig; **vitalité** *f* Vitalität *f*; *(d'une entreprise, d'une région)* Dynamik *f*

vitamine [vitamin] *f* Vitamin *nt*

vite [vit] *adv* schnell

vitesse [vites] *f* Schnelligkeit *f*; *(mesurée)* Geschwindigkeit *f*; **les ~s** *(AUTO: dispositif)* die Gänge *pl*; **à toute ~** mit Volldampf; **passer les ~s** *(AUTO)* schalten; **en première/seconde** (~) im ersten/zweiten Gang; **prendre qn de ~** jdm zuvorkommen; **excès de ~** Geschwindigkeitsüberschreitung *f*; **limitation de ~** Geschwindigkeitsbegrenzung *f*; **~ d'horloge** *(INFORM)* Taktfrequenz *f*; **~ d'impression** *(imprimante)* Druckgeschwindigkeit; **~ maximale/moyenne** Höchst-/Durchschnittsgeschwindigkeit; **~ de transfert** *(INFORM)* Übertragungsgeschwindigkeit

viticole [vitikɔl] *adj* Weinbau-

viticulteur [vitikyltœʀ] *m* Weinbauer(in) *m(f)*; **viticulture** [vitikyltyʀ] *f* Weinbau *m*

vitrage [vitraʒ] *m* *(action)* Verglasen *nt*; *(cloison)* Glaswand *f*; *(toit)* Glasdach *nt*

vitrail (-aux) [vitʀaj, o] *m* buntes Kirchenfenster; *(technique)* Glasmalerei *f*

vitre [vitʀ(ə)] *f* Fensterscheibe *f*; **baisser la ~** *(AUTO)* die Scheibe herunterkurbeln

vitrer ⟨1⟩ [vitʀe] *vt* verglasen

vitreux, -euse [vitʀø, øz] *adj* *(roche)* Glas-; *(œil, regard)* glasig

vitrier, -ière [vitʀije, ɛʀ] *m, f* Glaser(in) *m(f)*

vitrifier ⟨1⟩ [vitʀifje] *vt* zu Glas schmelzen; *(parquet)* versiegeln

vitrine [vitʀin] *f* *(devanture)* Schaufenster *nt*; *(étalage)* Auslage *f*; *(petite armoire)* Vitrine *f*; *(fig)* Renommierstück *nt*; **~ publicitaire** Schaukasten *m*

vitupérations [vitypeʀasjɔ̃] *fpl* Geschimpfe *nt*

vivable [vivabl] *adj* *(personne)* verträglich; *(endroit)* bewohnbar

vivace [vivas] *adj* widerstandsfähig; *(fig)* tief verwurzelt; **plante ~** mehrjährige Pflanze

vivacité [vivasite] *f* Lebhaftigkeit *f*, Lebendigkeit *f*

vivant, e [vivã, ãt] **1.** *adj* *(qui vit)* lebendig, lebend; *(animé)* lebhaft; *(preuve, exemple, témoignage)* lebend **2.** *m* **du ~ de qn** zu jds Lebzeiten

vivarium [vivaʀjɔm] *m* Terrarium *nt*

vivats [viva] *mpl* Hochrufe *pl*

vive [viv] *interj* **~ le roi!** es lebe der König!; **~ la liberté!** ein Hoch auf die Freiheit!

vivement [vivmã] *adv* lebhaft; **~ qu'il s'en aille** wenn er doch nur ginge!

viveur [vivœʀ] *m* Lebemann *m*

vivier [vivje] *m* Fischteich *m*; *(au restaurant)* Fischbehälter *m*

vivifiant, e [vivifjã, ãt] *adj* belebend, erfrischend; *(fig)* anregend, stimulierend

vivisection [viviseksjɔ̃] *f* Vivisektion *f*

vivre [vivʀ(ə)] *irr* **1.** *vi* leben; *(demeurer)* weiterbestehen; **faire ~ qn** *(pourvoir à sa subsistance)* jdn ernähren; **se laisser ~** das Leben nehmen, wie es kommt; **cette mode/ce régime a vécu** *(va disparaître)* diese Mode/dieses Regime hat ihre/seine besten Tage gesehen; **il est facile à ~** mit ihm kann man gut auskommen **2.** *vt* erleben; *(une certaine vie)* führen; **vivres** *mpl* Verpflegung *f*

vlan [vlã] *interj* peng

V.O. *abr de* **version originale** OF *(Originalfassung)*

vocabulaire [vɔkabylɛʀ] *m* Wortschatz *m*; *(livre)* Wörterverzeichnis *nt*

vocal, e (-aux) [vɔkal, o] *adj* Stimm-

vocation [vɔkasjɔ̃] *f* Berufung *f*; **avoir la ~ du théâtre** für das Theater geschaffen sein

vociférations [vɔsiferasjɔ̃] fpl Geschrei nt
vociférer ⟨5⟩ [vɔsifere] vi, vt schreien,
brüllen
vodka [vɔdka] f Wodka m
vœu (x) [vø] m (à Dieu) Gelübde nt; (souhait) Wunsch m; **faire ~ de qch** etw geloben; **~x de bonheur** Glückwünsche pl;
~x de bonne année Glückwunsch m zum
neuen Jahr
vogue [vɔg] f **en ~** in Mode, in, trendy
voici [vwasi] prep hier ist/sind; **~ que**
jetzt; **~ deux ans** vor zwei Jahren; **~
deux ans que** es ist zwei Jahre (her), dass;
en ~ un hier ist eine(r, s); **~!** bitte!
voie [vwa] f Weg m; (de chemin de fer)
Gleis nt; (AUTO) Spurweite f; **à ~ unique**
eingleisig; **être en bonne ~** sich gut entwickeln; **en ~ de disparition** vom Aussterben bedroht; **mettre qn sur la ~** jdm auf
die Sprünge helfen; **par ~ buccale/rectale**
oral/rektal; **pays en ~ de développement**
Entwicklungsland nt; **route à trois ~s**
dreispurige Straße; **~ d'eau** Leck nt; **~
ferrée** Schienenweg; **~ de garage**
Abstellgleis; **~ lactée** Milchstraße f; **~s
respiratoires** (ANAT) Atemwege pl
voilà [vwala] prep (en désignant) da ist/
sind; **les ~** da sind sie; **en ~ un** hier ist
eine(r, s); **~ deux ans que** nun sind es
zwei Jahre, dass; **~ tout** das ist alles; **~!**
(en apportant qch) bitte!; **et ~!** na also!
voile [vwal] 1. m Schleier m; (tissu) Tüll m;
(FOTO) dunkler Schleier 2. f (de bateau)
Segel nt; **la ~** (sport) das Segeln; **mettre
les ~s** (fam) abhauen; **voiler** ⟨1⟩ 1. vt
verschleiern; (fig) verbergen, verhüllen;
(TECH: fausser, gauchir) verbiegen, verbeulen
2. vpr **se ~** (lune) sich verschleiern;
(regard) sich trüben; (voix) heiser werden;
(TECH) sich verbiegen
voilier [vwalje] m Segelschiff nt; (plus petit)
Segelboot nt
voir [vwaʀ] irr 1. vi sehen; **~ loin** voraus-
schauen; **je vois** (comprendre) ich ver-
stehe, aha; **montrez ~!** zeigen Sie mal!;
voyons! na! 2. vt sehen; (film, match) sich
dat ansehen; (guerre, révolution) miterle-
ben; (fréquenter) verkehren mit; (considérer, examiner) sich dat ansehen; **aller ~ le
médecin** zum Arzt gehen; **avoir quelque
chose à ~ avec** etwas zu tun haben mit;
faire ~ zeigen; **en faire ~ à qn** jdm die
Hölle heiß machen; **ne pas pouvoir ~ qn**
(fig) jdn nicht riechen [o ausstehen] können; **~ que** (constater) feststellen, dass
3. vpr **se ~ critiquer/transformer** kritisiert/
verändert werden; **cela se voit** (cela arrive)

das kommt (gelegentlich) vor; (c'est évident) das sieht man
voire [vwaʀ] adv ja sogar
voisin, e [vwazɛ̃, in] 1. adj (contigu)
benachbart; (ressemblant) nah verwandt
2. m, f Nachbar(in) m(f); **voisinage**
[vwazinaʒ] m Nachbarschaft f; (proximité)
Nähe f; **relations de bon ~** gutnachbarli-
che Beziehungen pl; **voisiner** ⟨1⟩
[vwazine] vi (être proche) danebenstehen,
daneben sein
voiture [vwatyʀ] f (automobile) Wagen m,
Auto nt; (wagon) Wagen m; **en ~!** alle(s)
einsteigen!; **~ banalisée** als Zivilfahrzeug
getarntes Polizeiauto; **~ de course** Rennwagen; **~ électrique** Elektroauto; **~
d'enfant** Kinderwagen; **~ de fonction**
Dienstwagen; **~ de location** Mietwagen;
~ d'occasion Gebrauchtwagen; **~ radio**
(police) Funkstreifenwagen; **~ de tourisme** Personen(kraft)wagen; **voiture-lit**
(voitures-lits) [vwatyʀli] f Schlafwagen m;
voiture-restaurant (voitures-restau-
rants) [vwatyʀʀɛstɔʀɑ̃] f Speisewagen m
voix [vwa] f Stimme f; **parler à ~ haute/
basse** laut/leise reden; **à 2/4 ~** (MUS)
zwei-/vierstimmig
vol [vɔl] m Flug m; (mode de locomotion)
Fliegen nt; (mode d'appropriation) Diebstahl m; **20 km à ~ d'oiseau** 20 km Luftlinie; **attraper un objet au ~** etw auffangen; **de haut ~** (fig) von Format; **en ~** im
Flug; **un ~ de sauterelles** ein Schwarm m
Heuschrecken; **~ aller/retour** Hin-/Rück-
flug; **~ charter** Charterflug; **~ direct**
Direktflug; **~ de données** Datenklau m; **~
long courrier** Fernflug; **~ à main armée**
bewaffneter Raubüberfall; **~ non-fumeur** Nichtraucherflug; **~ de nuit** Nachtflug; **~ à voile**
Segelflug nt/-fliegen
vol. abr de **volume** Bd.
volaille [vɔlaj] f Geflügel nt; **volailler**
[vɔlaje] m Geflügelhändler m
volant [vɔlɑ̃] m (d'automobile) Lenkrad nt;
(de commande) Steuer(rad) nt; (lancé avec
une raquette) Federball m; (jeu) Feder-
ball(spiel) nt; (bande de tissu) Volant m
volatil, e [vɔlatil] adj flüchtig
volatiliser ⟨1⟩ [vɔlatilize] vpr **se ~** (CHIM)
sich verflüchtigen; (fig) sich in Luft auflösen
vol-au-vent [vɔlovɑ̃] m inv Königinpaste-
chen nt
volcan [vɔlkɑ̃] m Vulkan m; **volcanique**
[vɔlkanik] adj vulkanisch; (fig) aufbrausend; **volcanologie** [vɔlkanɔlɔʒi] f Vul-

kanforschung f
volée [vɔle] f (groupe d'oiseaux) Schwarm m; (SPORT) Flugball m; **à toute ~** kräftig; **rattraper qch à la ~** etw im Flug erwischen; **~ de coups** Hagel m von Schlägen; **~ de flèches/d'obus** Pfeil-/Granathagel m

voler ⟨1⟩ [vɔle] 1. vi fliegen; (fig) eilen; (commettre un vol, des vols) stehlen 2. vt (dérober) stehlen; (dévaliser: personne) bestehlen; (client) übervorteilen; **~ qch à qn** jdm etw stehlen

volet [vɔle] m (de fenêtre) Fensterladen m; (AVIAT: sur l'aile) (Lande)klappe f; (fig: plan, projet) Teil m

voleter ⟨4⟩ [vɔl(ə)te] vi flattern

voleur, -euse [vɔlœʀ, øz] 1. m, f Dieb(in) m(f); **à la tire** Taschendieb m 2. adj diebisch

volière [vɔljɛʀ] f Voliere f

volley(-ball) (volley(-ball)s) [vɔle(bɔl)] m Volleyball m; **volleyeur, -euse** [vɔlejœʀ, øz] m, f Volleyballspieler(in) m(f)

volontaire [vɔlɔ̃tɛʀ] 1. adj (délibéré) freiwillig; (décidé) entschlossen 2. mf Freiwillige(r) mf; **volontairement** [vɔlɔ̃tɛʀmɑ̃] adv freiwillig; (exprès) absichtlich

volonté [vɔlɔ̃te] f (faculté de vouloir) Wille m; (fermeté) Willenskraft f; (souhait) Wunsch m; **à ~** nach Belieben; **bonne ~** guter Wille; **mauvaise ~** Mangel m an gutem Willen

volontiers [vɔlɔ̃tje] adv gern

volt [vɔlt] m Volt nt

voltage [vɔltaʒ] m (différence de potentiel) Spannung f; (nombre de volts) Voltzahl f

volte-face [vɔltafas] f inv Kehrtwendung f

voltige [vɔltiʒ] f (au trapèze) Akrobatik f; (en équitation) Voltigieren nt; (AVIAT) Luftakrobatik f

voltiger ⟨2⟩ [vɔltiʒe] vi flattern

voltigeur, -euse [vɔltiʒœʀ, øz] m, f (acrobate) Trapezkünstler(in) m(f)

voltmètre [vɔltmɛtʀ(ə)] m Voltmeter nt

volume [vɔlym] m Volumen nt; (MATH: solide) Körper m; (quantité globale; de la voix) Umfang m; (d'une radio) Lautstärke f; (livre) Band m; **~ brut** Gesamtvolumen; **volumineux, -euse** [vɔlyminø, øz] adj (sehr) groß; (courrier, etc) umfangreich

volupté [vɔlypte] f (des sens) Lust f; (esthétique, etc) Genuss m; **voluptueux, -euse** [vɔlyptɥø, øz] adj sinnlich, wollüstig

vomir ⟨8⟩ [vɔmiʀ] 1. vi (er)brechen 2. vt spucken, speien; (fig) ausstoßen, ausspeien; (exécrer) verabscheuen; **vomis-**

sement [vɔmismɑ̃] m Erbrechen nt;
vomitif [vɔmitif] m Brechmittel nt

vorace [vɔʀas] adj gefräßig; (fig) unersättlich; **voracité** [vɔʀasite] f Gefräßigkeit f; (fig) Unersättlichkeit f

vos [vo] adj v. **votre**

Vosges [voʒ] fpl **les ~** die Vogesen pl

votant, e [vɔtɑ̃, ɑ̃t] m, f Wähler(in) m(f)

vote [vɔt] m (voix) Stimme f; (consultation) Abstimmung f; (élection) Wahl f; **~ par correspondance** Briefwahl

voter ⟨1⟩ [vɔte] 1. vi abstimmen; (pour les élections) wählen; **~ pour qn** für jdn stimmen 2. vt (loi) verabschieden; (décision) abstimmen über +akk

votre (vos) [vɔtʀ(ə), vo] adj euer, eure, euer; (forme de politesse) Ihr, Ihre, Ihr; (pl) eure; (forme de politesse) Ihre

vôtre [votʀ(ə)] pron **le/la ~** eure(r, s); (forme de politesse) Ihre(r, s); **les ~s** eure; (forme de politesse) Ihre; (vos parents: forme de politesse) die Ihren; **à la ~!** (toast) auf euer/Ihr Wohl!

voué, e [vwe] adj **~(e) à l'échec** zum Scheitern verurteilt

vouer ⟨1⟩ [vwe] vpr **se ~ à qch** sich einer Sache dat verschreiben

vouloir [vulwaʀ] irr 1. vt, vi wollen; **~ dire** (signifier) bedeuten, heißen sollen; **~ faire** tun wollen; **~ qch à qn** jdm etw wünschen; **~ de qch/qn** (accepter) etw/jdn wollen; **~ que** wollen, dass; **en ~ à qn/qch** (rancune) jdm/einer Sache böse sein; **s'en ~ d'avoir fait qch** sich ärgern, etw getan zu haben; **sans le ~** (involontairement) unabsichtlich; **je voudrais ceci/que** (souhait) ich möchte das/möchte gerne, dass; **la tradition veut que** die Tradition verlangt, dass; **veuillez attendre** bitte warten Sie; **je veux bien** (bonne volonté) gern(e); (concession) schon ...; **si on veut** (en quelque sorte) wenn man so will; **que me veut-il?** was will er von mir? 2. m **le bon ~ de qn** jds guter Wille

voulu, e [vuly] 1. pp de **vouloir** 2. adj (requis) erforderlich; (délibéré) absichtlich

vous [vu] pron (sujet: pl) ihr; (forme de politesse) Sie; (objet direct) euch; Sie; (objet indirect) euch; Ihnen; (réfléchi) euch; sich

voûte [vut] f Gewölbe nt; **voûté, e** adj gewölbt; (dos) gekrümmt; (personne) gebeugt; **voûter** ⟨1⟩ [vute] 1. vt (ARCHIT) wölben; (dos) krümmen; (personne) beugen 2. vpr **se ~** gebeugt werden

vouvoyer ⟨6⟩ [vuvwaje] vt siezen

voyage [vwajaʒ] m Reise f; (course de chauffeur) Fahrt f; (de porteur) Weg m; **le ~**

(*fait de voyager*) das Reisen; **être en** ~ auf Reisen sein; **partir en** ~ verreisen; **les gens du** ~ das fahrende Volk; ~ **d'affaires** Geschäftsreise; ~ **d'agrément** Vergnügungsreise; ~ **de noces** Hochzeitsreise; ~ **organisé** Gesellschaftsreise; **voyager** ⟨2⟩ *vi* (*faire des voyages*) reisen; (*faire des déplacements*) unterwegs sein; (*marchandises: être transporté*) transportiert werden; **voyageur, -euse** [vwajaʒœʀ, øz] **1.** *m, f* Reisende(r) *mf*; (*aventurier, explorateur*) Abenteurer (Abenteuerin) *m(f)*; ~ (**de commerce**) Handelsreisende(r); ~ **représentant placier** Handelsvertreter *m* **2.** *adj* **pigeon** ~ Brieftaube *f*; **voyagiste** [vwajaʒist] *m* Reiseveranstalter *m*

voyance [vwajãs] *f* Hellsehen *nt*

voyant, e [vwajã, ãt] **1.** *adj* grell, schreiend **2.** *m* (*signal lumineux*) Warnlicht *nt* **3.** *m,f* (*cartomancien*) Hellseher(in) *m(f)*

voyelle [vwajɛl] *f* Vokal *m*

voyou [vwaju] *m* kleiner Ganove, Schlitzohr *nt*

V.P.C. *f abr de* **vente par correspondance** Versandhandel *m*

vrac [vʀak] *adj, adv* **en** ~ (*pêle-mêle*) durcheinander; (COM) lose

vrai, e [vʀɛ] **1.** *adj* wahr; (*non factice*) echt; **à dire** ~, **à** ~ **dire** offen gestanden; **son** ~ **nom** sein wirklicher Name; **un** ~ **comédien/sportif** ein echter Schauspieler/ Sportler **2.** *m* **le** ~ das Wahre; **vraiment** *adv* wirklich

vraisemblable [vʀɛsãblabl(ə)] *adj* (*plausible*) einleuchtend; (*probable*) wahrscheinlich; **vraisemblance** [vʀɛsãblãs] *f* Wahrscheinlichkeit *f*; **selon toute** ~ aller Wahrscheinlichkeit nach

V/Réf. *abr de* **votre référence** Ihr Zeichen

vrombir ⟨8⟩ [vʀɔ̃biʀ] *vi* (*insecte*) summen; (*moteur, etc*) dröhnen, brummen

V.R.P. *m abr de* **voyageur représentant placier** Handelsvertreter *m*

V.T.T. *m abr de* **vélo tout terrain** Mountainbike *nt*

vu [vy] *prep* (*en raison de*) wegen +*gen*, angesichts +*gen*

vu, e [vy] **1.** *pp de* **voir 2.** *adj* **cela/il est bien/mal vu** davon/von ihm hält man viel/nicht viel

vue [vy] *f* (*sens, faculté*) Sehen *nt*, Sehvermögen *nt*; (*fait de voir*) Anblick *m*; (*panorama*) Aussicht *f*; (*image*) Ansicht *f*; ~**s** *fpl* (*idées*) Ansichten *pl*; (*dessein*) Absichten *pl*; **à** ~ (COM) bei Sicht; **à** ~ **d'œil** sichtbar; **à la** ~ **de tous** vor aller Augen; **avoir qch en** ~ etw anvisieren; **connaître qn de** ~ jdn vom Sehen kennen; **en** ~ (*aisément visible*) in Sicht; **en** ~ **de faire qch** mit der Absicht, etw zu tun; **hors de** ~ außer Sicht; **perdre de** ~ aus den Augen verlieren; (*principes, objectifs*) abkommen von; **perdre la** ~ erblinden; **à première** ~ auf den ersten Blick; **tirer à** ~ (*sans sommation*) sofort schießen

vulcanologue [vylkanɔlɔg] *mf* Vulkanologe(-login) *m(f)*

vulgaire [vylgɛʀ] *adj* (*grossier*) ordinär, vulgär; (*bassement matériel*) banal; **de** ~**s chaises de cuisine** (*pej: quelconque*) ganz ordinäre Küchenstühle; **langue** ~ Vulgärsprache *f*; **nom** ~ (BOT, ZOOL) gewöhnlicher Name

vulgariser ⟨1⟩ [vylgaʀize] *vt* (*répandre des connaissances*) für die breite Masse verständlich machen; (*rendre vulgaire*) derber machen

vulgarité [vylgaʀite] *f* Vulgarität *f*

vulnérable [vylneʀabl(ə)] *adj* (*physiquement*) verwundbar; (*moralement*) verletzbar; (*stratégiquement*) ungeschützt

vulve [vylv(ə)] *f* Vulva *f*

W

W, w [dubləve] *m* W, w *nt*
wagon [vagɔ̃] *m* Wagen *m;* (*de marchandises*) Wag(g)on *m;* ~ **de marchandises** Güterwagen, Güterwag(g)on *m;* **wagon-citerne** (wagons-citernes) *m* Tankwagen *m;* **wagon-lit** (wagons-lits) *m* Schlafwagen *m;* **wagon-restaurant** (wagons-restaurants) *m* Speisewagen *m;* **wagon-salle** *m* Großraumwagen *m*
walkman® [wɔ(l)kman] *m* Walkman® *m*
walkyrie [valkiri] *f* Walküre *f*
wallon, ne [walɔ̃, ɔn] *adj* wallonisch; **Wallon, ne** *m, f* Wallone (Wallonin) *m(f);* **Wallonie** [valɔni] *f* **la** ~ Wallonien *nt*
water-polo (water-polos) [watɛʀpɔlo] *m* Wasserball *m*
waters [watɛʀ] *mpl* Toilette *f*
watt [wat] *m* Watt *nt*
W.-C. [vese] *mpl* WC *nt*
Web, web [wɛb] *m* **le** ~ das (World Wide) Web
webcam [wɛbkam] *f* Webcam *f,* Webkamera *f*
week-end (week-ends) [wikɛnd] *m* Wochenende *nt;* **bon** ~! schönes Wochenende!
western [wɛstɛʀn] *m* Western *m*
whisky (whiskies) [wiski] *m* Whisky *m*
white-spirit [wajtspiʀit] *m* Terpentinersatz *m*

X

X, x [iks] *m* X, x *nt;* **film classé** ~ nicht jugendfreier Film
xénophobe [gzenɔfɔb] *adj* ausländerfeindlich, fremdenfeindlich; **xénophobie** *f* Ausländerfeindlichkeit *f*
xérès [gzeʀɛs] *m* Sherry *m*
xylographie [gzilɔgʀafi] *f* Holzschnitt *m*
xylophone [gzilɔfɔn] *m* Xylophon *nt*

Y

Y, y [igʀɛk] *m* Y, y *nt*
y [i] **1.** *adv* (*à cet endroit*) da, dort; (*mouvement*) dorthin; (*dessus*) darauf; (*dedans*) darin; (*mouvement*) hinein **2.** *pron* daran; damit; davon; **j'y pense** ich denke daran
yacht [jɔt] *m* Jacht *f*
yaourt [jauʀt] *m* Jog(h)urt *m* o *nt;* **yaourtière** *f* Jog(h)urtmaschine *f*
Yémen [jemen] *m* **le** ~ Yemen *m;* **yéménite** [jemenit] *adj* yemenitisch
yeux [jø] *mpl v.* **œil**
Yoga [jɔga] *m* Yoga *nt,* Joga *nt*

yogourt ['jɔguʀt] *m v.* **yaourt**
yole ['jɔl] *f* Jolle *f*
yougoslave ['jugɔslav] *adj* jugoslawisch;
Yougoslave *mf* Jugoslawe(-slawin) *m(f);*

Yougoslavie ['jugɔslavi] *f* **l'ex-~** das ehemalige Jugoslawien
yo(-)yo (yoyos, yo-yo) ['jojo] *m inv* Jo-Jo *nt*
yucca ['juka] *m* Yucca *f*

Z

Z, z [zɛd] *m* Z, z *nt*
Z.A. *abr de* **zone artisanale** Handwerksgebiet *nt*
Z.A.C. [zak] *f acr de* **zone d'aménagement concerté** städtebauliches Erschließungsgebiet
Zaïre [zaiʀ] *m* **le ~** Zaire *nt;* **zaïrois, e** [zaiʀwa, waz] *adj* zairisch
Zambie [zãbi] *f* **la ~** Sambia *nt*
zapper ⟨1⟩ [zape] *vi* zappen; **zapping** [zapiŋ] *m* Zappen *nt*
zèbre [zɛbʀ(ə)] *m* Zebra *nt;* **zébré, e** [zebʀe] *adj* gestreift; **zébrure** [zebʀyʀ] *f* Streifen *m*
zèle [zɛl] *m* Eifer *m;* **faire du ~** übereifrig sein; **zélé, e** *adj* eifrig
zénith [zenit] *m* Zenit *m*
ZEP [zɛp] *f acr de* **zone d'éducation prioritaire** ≈ schulisches Notstandsgebiet
zéro [zeʀo] *m* Null *f;* (SCOL) Sechs *f*
zeste [zɛst(ə)] *m* (*d'agrumes*) Schale *f*
zézayer ⟨7⟩ [zezeje] *vi* lispeln
Z.I. *abr de* **zone industrielle** Industriegebiet *nt*
zigouiller ⟨1⟩ [ziguje] *vt* (*fam*) umlegen, umnieten
zigzag [zigzag] *m* Zickzack *m;* (*point*) Zickzackstich *m*
Zimbabwe [zimbabwe] *m* **le ~** Zimbabwe *nt,* Simbabwe *nt;* **zimbabwéen, ne** [zimbabweɛ̃, ɛn] *adj* zimbabwisch
zinc [zɛ̃g] *m* Zink *nt;* (*comptoir*) Theke *f,* Tresen *m*
zipper ⟨1⟩ [zipeʀ] *vt* (INFORM) zippen
zizi [zizi] *m* (*fam*) Pimmel *m*
zodiaque [zɔdjak] *m* Tierkreis *m*
zona [zona] *m* (MED) Gürtelrose *f*

zonard [zonaʀ] *m* (*fam*) Rowdy *m*
zone [zon] *f* Zone *f,* Gebiet *nt;* **~ d'aménagement concerté** städtebauliches Erschließungsgebiet; **~ d'aménagement différé** Bauerwartungsland *nt;* **~ artisanale** Handwerksgebiet *nt;* **~ bleue, ~ de stationnement à temps limité** Kurzparkzone; **~ commerciale** Wirtschaftszone; **~ démilitarisée** entmilitarisierte Zone; **~ d'éducation prioritaire** ≈ schulisches Notstandsgebiet; **~ euro** Euroland *nt;* **~ d'habitation** Wohngebiet; **~ industrielle** Industriegebiet; **~ d'influence** Einflussbereich *m;* **~ interdite** Sperrgebiet; **~ monétaire** Währungsraum *m;* **~ non-fumeurs** Nichtraucherbereich *m;* **~ piétonne, ~ piétonnière** Fußgängerzone; **~s de repos** Ruhezonen *pl;* **~ à urbaniser en priorité** Gebiet für städtebauliche Sanierungs- und Entwicklungsmaßnahmen; **zoner** ⟨1⟩ *vt* (*fam*) herumgammeln
zoo [zoo] *m* Zoo *m*
zoologie [zɔɔlɔʒi] *f* Zoologie *f;* **zoologique** *adj* zoologisch; **zoologiste** [zɔɔlɔʒist] *mf* Zoologe(-login) *m(f)*
zoom [zum] *m* Zoom *m,* Zoomobjektiv *nt*
zootechnicien, ne [zootɛknisjɛ̃, ɛn] *m, f* Tierzüchter(in) *m(f)*
zootechnique [zootɛknik] *f* Tierzucht *f*
Zoug [zug] (*ville et canton*) Zug *nt*
zozo [zozo] *m* (*fam*) Doofi *m*
Z.U.P. [zyp] *f acr de* **zone à urbaniser en priorité** Gebiet *nt* für städtebauliche Sanierungs- und Entwicklungsmaßnahmen
Zurich [zyʀik] (*ville et canton*) Zürich *nt*
zut [syt] *interj* (*fam*) Mist

DEUTSCH – FRANZÖSISCH
ALLEMAND – FRANÇAIS

A

A, a nt (-, -) A, a m; (MUS) la m
Aachen nt (-s) Aix-la-Chapelle
Aal m (-(e)s, -e) anguille f
Aargau m (-s) l'Argovie f
Aas nt (-es, -e o Äser) charogne f; **Aas-
geier** m vautour m
ab 1. prep +dat (örtlich) de; (zeitlich, nicht
unter) à partir de **2.** adv (weg) parti(e); ~
und zu [o **an**] de temps en temps; **von
heute** ~ à partir d'aujourd'hui; **weit** ~
très loin
ab|ändern sep vt modifier; (Gesetzentwurf)
amender; (Strafe) commuer; (Urteil) réviser; **Abänderung** f modification f; (von
Kleid) retouche f; (von Programm) changement m
Abart f variété f, variante f
abartig adj anormal(e)
Abbau m (Zerlegung) démontage m,
démantèlement m; (Verminderung) réduction f, diminution f; (Verfall) déclin m; (im
Bergbau) exploitation f; (CHEM) décomposition f; **abbaubar** adj (CHEM) décompo-
sable; **biologisch** ~ biodégradable;
ab|bauen sep vt (zerlegen) démonter,
démanteler; (verringern) réduire, diminuer; (im Bergbau) exploiter; (CHEM)
décomposer
ab|beißen sep irr vt **ein Stück von etw** ~
mordre un bout de qch; **vom Butterbrot**
~ mordre dans une tartine
ab|bekommen (pp abbekommen) sep irr
vt **etw** ~ (erhalten) recevoir; (entfernen
können: Aufkleber, Farbe) réussir à enlever
qch; **etwas** ~ (beschädigt werden) être
abîmé(e); (verletzt werden) être blessé(e)
ab|berufen (pp abberufen) sep irr vt rap-
peler
ab|bestellen (pp abbestellt) sep vt résilier
l'abonnement de
ab|bezahlen (pp abbezahlt) sep vt finir
de payer
ab|biegen sep irr vi ⟨sein⟩ tourner;
Abbiegespur f voie f réservée aux véhicules qui obliquent
Abbild nt portrait m; **ab|bilden** sep vt

représenter; **Abbildung** f illustration f
ab|binden sep irr vt délier, détacher;
(MED) ligaturer
Abbitte f ~ **leisten** [o **tun**] demander
pardon (jdm à qn)
ab|blasen sep irr vt (Staub) enlever en
soufflant; (fig: absagen) annuler
ab|blenden sep vt (Fenster) voiler; (Licht)
tamiser; **Abblendlicht** nt code(s) m(pl),
feux mpl de croisement
ab|brechen sep irr **1.** vt (Ast, Henkel) cas-
ser, briser; (Verhandlungen, Beziehungen)
rompre; (Spiel) arrêter; (INFORM) annuler;
(Gebäude, Brücke) démolir; (Zelt, Lager)
démonter **2.** vi ⟨sein⟩ (brechen) casser;
(aufhören) s'arrêter; (Musik, Vorstellung)
s'interrompre
ab|brennen sep irr **1.** vt brûler; (Feuerwerk)
tirer **2.** vi ⟨sein⟩ (Haus) brûler
ab|bringen sep irr vt jdn von etw ~ dis-
suader qn de qch
ab|bröckeln sep vi ⟨sein⟩ s'effriter
Abbruch m rupture f; (von Gebäude)
démolition f; (INFORM) abandon m; **jdm/
einer Sache** ~ **tun** porter préjudice à qn/
à qch; **abbruchreif** adj (Haus) déla-
bré(e)
ab|brühen sep vt blanchir; s. a. abgebrüht
ab|buchen sep vt prélever
ab|bürsten sep vt brosser
ab|danken sep vi démissionner; (König)
abdiquer
ab|decken sep vt (Haus) emporter le toit
de; (Tisch) desservir; (zudecken: Loch) couvrir, boucher
ab|dichten sep vt obturer, boucher;
(NAUT) calfater
ab|drängen sep vt pousser de côté,
repousser
ab|drehen sep **1.** vt (abstellen) fermer;
(Licht) éteindre; (Film) tourner **2.** vi ⟨sein o
haben⟩ (Schiff, Flugzeug) changer de cap [o
de route]
ab|drosseln sep vt (AUTO) faire tourner au
ralenti
Abdruck 1. m (-drucke pl) impression f

2. *m* (-drücke *pl*) (*Gips~, Wachs~*) moulage *m*; (*Finger~*) empreinte *f*; **ab|drucken** *sep vt* publier

ab|drücken *sep* **1.** *vt* (*Waffe*) faire partir; (*Ader*) comprimer; (*fam: jdn*) serrer dans ses bras **2.** *vi* (*beim Schießen*) tirer **3.** *vr* sich ~ s'imprimer

ab|ebben *sep vi* ⟨*sein*⟩ (*Wasser*) reculer; (*fig*) baisser, décliner

Abend *m* (-s, -e) soir *m*; (*im ganzen Verlauf betrachtet*) soirée *f*; **jeden** ~ tous les soirs; **zu** ~ **essen** dîner, souper; **heute/morgen** ~ ce/demain soir; **Abendbrot** *nt* repas *m* du soir; **Abendessen** *nt* dîner *m*; (*nach einer Vorstellung*) souper *m*; **abendfüllend** *adj* qui dure toute la soirée; **Abendkleid** *nt* robe *f* de soirée; **Abendkurs** *m* cours *m* du soir; **Abendland** *nt* Occident *m*; **abendlich** *adj* du soir; **Abendmahl** *nt* (*REL*) communion *f*; **Abendrot** *nt* ciel rose du coucher de soleil; **abends** *adv* le soir

Abenteuer *nt* (-s, -) aventure *f*; **abenteuerlich** *adj* (*gefährlich*) aventureux(-euse); (*seltsam*) bizarre; **Abenteuerspielplatz** *m* terrain *m* d'aventures; **Abenteurer(in)** *m(f)* (-s, -) aventurier(-ière)

aber *konj* mais; **das ist** ~ **schön!** c'est vraiment beau!; **nun ist** ~ **Schluss!** ça suffit maintenant!; **Aber** *nt* (-s, -) mais *m*

Aberglaube *m* superstition *f*; **abergläubisch** *adj* superstitieux(-euse)

ab|erkennen (*pp* aberkannt) *sep irr vt* **jdm etw** ~ contester qch à qn

abermalig *adj* nouveau(-velle); **abermals** *adv* une nouvelle fois

aberwitzig *adj* insensé(e), absurde

ab|fackeln *sep vt* (*Gas*) brûler

ab|fahren *sep irr* **1.** *vi* ⟨*sein*⟩ partir; (*Skiläufer*) descendre; **auf jdn/etw** ~ (*fam*) craquer pour qn/qch **2.** *vt* (*Schutt*) transporter, charrier; (*Arm, Bein*) écraser; (*Reifen*) user; (*Fahrkarte*) utiliser **3.** *vi* ⟨*sein o haben*⟩ (*Strecke*) faire, parcourir; **Abfahrt** *f* départ *m*; (*SKI*) descente *f*; (*von Autobahn*) sortie *f*; **Abfahrtslauf** *m* descente *f*; **Abfahrtstag** *m* jour *m* du départ; **Abfahrtszeit** *f* heure *f* de départ

Abfall *m* déchets *mpl*; (*~produkt*) résidus *mpl*; (*von Leistung*) perte *f*; (*von Temperatur etc*) baisse *f*; **Abfallbeseitigung** *f* traitement *m* des déchets; **Abfalleimer** *m* poubelle *f*

ab|fallen *sep irr vi* ⟨*sein*⟩ tomber; (*sich neigen*) s'incliner; (*zurückgehen*) diminuer, décliner; (*übrig bleiben*) rester, être de reste; **gegen jdn/etw** ~ être inférieur(e) à qn/à qch

abfällig *adj* dédaigneux(-euse)

Abfallprodukt *nt* (*Rest*) rebut *m*, déchet *m*; (*Nebenprodukt*) sous-produit *m*; (*aus Abfällen hergestelltes Produkt*) produit *m* de récupération; **Abfallvermeidung** *f* réduction *f* de déchets

ab|fangen *sep irr vt* intercepter; (*Flugzeug*) redresser; (*Stoß*) amortir

ab|färben *sep vi* déteindre

ab|fassen *sep vt* rédiger

ab|fertigen *sep vt* (*Flugzeug, Schiff*) préparer au départ; (*Gepäck*) enregistrer; (*Postsendung*) expédier; (*an der Grenze*) dédouaner; (*Kundschaft, Antragsteller*) servir; **jdn kurz** ~ expédier qn; **Abfertigung** *f* (*Kontrolle*) contrôle *m* (de douane); (*Versand*) expédition *f*; (*von Kunden*) service *m*; (*von Antragstellern*) fait de s'occuper de; **Abfertigungsschalter** *m* guichet *m* d'enregistrement

ab|feuern *sep vt* tirer

ab|finden *sep irr* **1.** *vt* dédommager **2.** *vr* **sich mit etw** ~ prendre son parti de qch; **sich mit etw nicht** ~ ne pas accepter qch; **Abfindung** *f* (*von Gläubigern*) dédommagement *m*; (*Betrag*) indemnité *f*

ab|flachen *sep* **1.** *vt* aplatir **2.** *vi* ⟨*sein*⟩ (*fig*) être en baisse

ab|flauen *sep vi* ⟨*sein*⟩ (*Wind, Erregung*) tomber; (*Nachfrage*) baisser; (*Geschäft*) aller moins bien

ab|fliegen *sep irr* **1.** *vi* ⟨*sein*⟩ (*Flugzeug*) décoller; (*Passagier*) partir **2.** *vt* (*Gebiet*) survoler

ab|fließen *sep irr vi* ⟨*sein*⟩ couler; (*Verkehr*) passer; **ins Ausland** ~ (*Geld*) sortir du pays

Abflug *m* décollage *m*, départ *m*; **Abflughalle** *f* salle *f* d'embarquement; **Abflugzeit** *f* heure *f* du départ

Abfluss *m* (*Vorgang*) écoulement *m*; (*Öffnung*) voie *f* d'écoulement

Abfolge *f* succession *f*

ab|fragen *sep vt*, *vi* (*a. INFORM*) interroger

Abfuhr *f* **jdm eine** ~ **erteilen** envoyer promener qn

ab|führen *sep* **1.** *vt* (*Verbrecher*) emmener; (*Abfall*) éliminer; (*Gelder, Steuern*) payer, verser **2.** *vi* (*von Thema*) écarter; (*MED*) être laxatif(-ive); **Abführmittel** *nt* laxatif *m*

ab|füllen *sep vt* (*Flasche*) remplir; (*Flüssigkeit*) mettre en bouteille

Abgabe *f* (*von Mantel*) dépôt *m*; (*von Wärme*) dégagement *m*, émission *f*; (*von Waren*) vente *f*; (*von Prüfungsarbeit, Stimm-*

zettel) remise f; (*von Stimme*) vote m; (*von Ball*) passe f; (*Steuer*) impôts mpl; (*eines Amtes*) démission f; **abgabenfrei** *adj* non imposable; **abgabenpflichtig** *adj* imposable

Abgang m (*von Schule*) fin des études; (*von Amt*) départ m; (THEAT) sortie f; (MED: *Ausscheiden*) écoulement m; (MED: *Fehlgeburt*) fausse couche f; (*von Post, Ware*) expédition f

abgängig *adj* (A) porté(e) disparu(e); **etw ist ~** qch manque

Abgas *nt* gaz m d'échappement; **abgasarm** *adj* à gaz d'échappement réduits; **abgasfrei** *adj* ~ **verbrennen** ne pas produire de gaz toxique à la combustion; **Abgas(sonder)untersuchung** f contrôle m antipollution

ab|geben *sep irr* **1.** *vt* (*Gegenstand*) remettre, donner; (*an Garderobe*) déposer; (*Ball*) passer; (*Wärme*) dégager; (*Waren*) expédier; (*Prüfungsarbeit*) rendre, remettre; (*Stimmzettel, Stimme*) donner; (*Amt*) démissionner de; (*Schuss*) tirer; (*Erklärung, Urteil*) donner; (*darstellen, sein*) être; **jdm etw ~** (*überlassen*) remettre [o céder] qch à qn **2.** *vr* **sich mit jdm/etw ~** s'occuper de qn/qch

abgebrüht *adj* (fam) pourri(e); (*frech*) culotté(e)

abgedroschen *adj* (*Redensart*) usé(e), rebattu(e)

abgefeimt *adj* perfide

abgegriffen *adj* usé(e)

ab|gehen *sep irr vi* ⟨sein⟩ (*sich entfernen*) s'en aller; (THEAT) sortir de scène; (*von der Schule*) quitter l'école; (*Post, Knopf*) partir; (*abgezogen werden*) être déduit(e) (*von* de); (*abzweigen*) bifurquer; **jdm geht etw ab** (*fehlt*) qch manque à qn

abgelegen *adj* éloigné(e), isolé(e)

abgemacht *interj* d'accord

abgeneigt *adj* **jdm/einer Sache nicht ~ sein** ne pas voir qn/qch d'un mauvais œil

Abgeordnete(r) *mf* député(e)

Abgesandte(r) *mf* délégué(e)

abgeschmackt *adj* de mauvais goût; **Abgeschmacktheit** f mauvais goût m; (*Bemerkung*) incongruité f

abgesehen *adj* **es auf jdn/etw ~ haben** en vouloir à qn/qch; **~ davon, dass …** sans compter que …

abgespannt *adj* fatigué(e), abattu(e)

abgestanden *adj* éventé(e)

abgestorben *adj* engourdi(e); (BIO, MED) mort(e)

abgetragen *adj* (*Kleidung, Schuhe*) usé(e)

ab|gewinnen (*pp* abgewonnen) *sep irr vt* **jdm Geld ~** (*beim Kartenspiel*) gagner de l'argent sur qn; **einer Sache** *dat* **Geschmack ~** trouver goût à qch; **einer Sache** *dat* **nichts ~** ne rien trouver à qch

abgewogen *pp von* **abwägen**

ab|gewöhnen (*pp* abgewöhnt) *sep vt* **jdm/sich etw ~** faire perdre l'habitude de qch à qn/se déshabituer de qch

ab|gießen *sep irr vt* (*Flüssigkeit*) jeter; (*Kartoffeln, Gemüse*) jeter l'eau de

ab|gleiten *sep irr vi* ⟨sein⟩ (*abrutschen*) glisser; (fig: *Niveau*) déraper

Abgott m idole f

abgöttisch *adv* **jdn ~ lieben** adorer qn, idolâtrer qn

ab|grenzen *sep* **1.** *vt* séparer; (*Pflichten*) déterminer; (*Bereich*) délimiter; (*Begriffe*) définir **2.** *vr* **sich ~** prendre ses distances

Abgrund m gouffre m, abîme m; **abgründig** *adj* insondable

Abguss m (*Form*) copie f; (*Vorgang*) fonte f

ab|hacken *sep vt* couper

ab|haken *sep vt* (*auf Papier*) cocher; (fig: *als erledigt betrachten*) tirer un trait sur

ab|halten *sep irr vt* (*Versammlung, Besprechung*) tenir; (*Gottesdienst*) célébrer; **jdn von etw ~** (*hindern*) empêcher qn de faire qch

ab|handeln *sep vt* (*Thema*) traiter; **jdm etw ~** marchander qch qn

abhanden *adv* (jdm) **~ kommen** disparaître; **etw ist jdm ~ gekommen** qn a perdu qch

Abhandlung f traité m

Abhang m pente f; (*Berg~*) versant m

ab|hängen 1. *sep vt* décrocher; (*Verfolger*) semer **2.** *irr vi* **von jdm/etw ~** dépendre de qn/qch

abhängig *adj* dépendant(e); **Abhängigkeit** f dépendance f

ab|härten *sep* **1.** *vt* (*Körper, Kind*) endurcir **2.** *vr* **sich ~** s'endurcir; **sich gegen etw ~** devenir insensible à qch

ab|hauen *sep irr* **1.** *vt* (*Ast, Kopf*) couper **2.** *vi* ⟨sein⟩ (fam) filer; **hau ab!** fiche le camp!

ab|heben *sep irr* **1.** *vt* (*Dach, Schicht*) enlever; (*Deckel*) soulever; (*Hörer*) décrocher; (*Karten*) couper; (*Masche*) diminuer de; (*Geld*) retirer **2.** *vi* (*Flugzeug*) décoller; (*beim Kartenspiel*) couper **3.** *vr* **sich von etw ~** se détacher de qch

ab|helfen *sep irr vi* +*dat* (*beseitigen*) remédier à; (*Fehler*) réparer

ab|hetzen *sep vr* **sich ~** se presser

Abhilfe f remède m
ab|holen sep vt aller chercher; **Abhol-markt** m grande surface f cash and carry
ab|holzen sep vt déboiser
ab|horchen sep vt (MED) ausculter
ab|hören sep vt (Vokabeln) faire réciter; (Tonband, Telefongespräch) écouter; **Abhörgerät** nt appareil m d'écoute
Abitur nt (-s, -e) baccalauréat m

Abitur

L'*Abitur* est un diplôme sanctionnant la fin des études secondaires en Allemagne. Les élèves du **Gymnasium** passent cet examen à l'âge de 18 ou 19 ans. 'L'Abitur' consiste en quatre matières et son obtention est indispensable pour l'entrée à l'université.

Abiturient(in) m(f) candidat(e) au baccalauréat; (nach bestandener Prüfung) bachelier(-ière)
Abk. f abk von **Abkürzung** abr
ab|kämmen sep vt (Gegend) passer au peigne fin
ab|kanzeln sep vt (fam) engueuler
ab|kapseln sep vr sich ~ (fig) se renfermer, s'isoler
ab|kaufen sep vt jdm etw ~ acheter qch à qn; (fam: glauben) croire qch
ab|kehren sep vt (Blick) détourner 2. vr sich ~ se détourner
ab|klären sep vt clarifier
Abklatsch m (-es, -e) (fig) imitation f
ab|klingen sep vi ⟨sein⟩ s'atténuer
ab|knöpfen sep vt (Kragen, Bezug) déboutonner; jdm etw ~ (fam) prendre qch à qn
ab|kochen sep vt faire bouillir
ab|kommen sep vi ⟨sein⟩ (SPORT) partir; **vom Weg** ~ s'égarer; **von einem Plan** ~ renoncer à un projet; **vom Thema** ~ s'écarter du sujet
Abkommen nt (-s, -) accord m
abkömmlich adj disponible
ab|kratzen sep 1. vt (Schmutz, Lack) gratter 2. vi ⟨sein⟩ (fam) crever
ab|kriegen sep vt (fam) s. **abbekommen**
ab|kühlen sep 1. vt faire [o laisser] refroidir 2. vr sich ~ se rafraîchir; (Zuneigung, Beziehung) se refroidir
ab|kupfern sep vt (fam) copier, s'inspirer de
ab|kürzen sep vt abréger; (Strecke, Verfahren) raccourcir; (Aufenthalt) écourter; **Abkürzung** f (Wort) abréviation f; (Weg) raccourci m

ab|laden sep irr vt décharger
Ablage f (für Akten) classement m; (für Kleider) vestiaire m
ab|lagern sep 1. vt (Sand, Geröll) déposer 2. vi ⟨sein o haben⟩ (Wein) se faire; (Holz) sécher 3. vr sich ~ se déposer; **Ablagerung** f dépôt m; (Sediment) sédiment m
ab|lassen sep irr vt (Wasser) faire couler; (Dampf, Luft) faire partir [o sortir]; (vom Preis) rabattre, déduire
Ablauf m (Abfluss) écoulement m; (von Ereignissen) déroulement m; (einer Frist) expiration f; **ab|laufen** sep irr vi ⟨sein⟩ (abfließen) s'écouler; (Ereignisse) se dérouler; (Frist, Pass) expirer 2. vt (Sohlen) user; **jdm den Rang** ~ l'emporter sur qn
ab|legen sep vt (Gegenstand) déposer; (Kleider) enlever, ôter; (Gewohnheit) abandonner; (Prüfung) passer
Ableger m (-s, -) (BOT) bouture f
ab|lehnen sep vt refuser; (Einladung) décliner; (Vorschlag) repousser; **ablehnend** adj défavorable; (Haltung, Geste) de refus; **Ablehnung** f rejet m; (von Bewerber) refus m; (von Idee, Haltung) réprobation f
ab|leiten sep vt (Wasser, Rauch, Blitz) détourner; (herleiten) tirer; (MATH, LING) dériver; **Ableitung** f détournement m; (Wort) dérivé m
ab|lenken sep 1. vt (Strahlen etc) dévier; (Verdacht) écarter; (Konzentration, Interesse) détourner; (zerstreuen) distraire 2. vi changer de sujet; **Ablenkung** f distraction f; **Ablenkungsmanöver** nt diversion f
ab|lesen sep irr vt (Text, Rede) lire; (Messgeräte) relever
ab|leugnen sep vt nier
ab|liefern sep vt (Ware) livrer; (jdn) conduire; (abgeben) remettre; **Ablieferung** f remise f; (von Ware) livraison f
ab|liegen sep irr vt (entfernt sein) être éloigné(e)
ab|lösen sep 1. vt (abtrennen) détacher; (im Amt) remplacer; (Pflaster) enlever; (Wache, Schichtarbeiter) relever 2. vr sich ~ se suivre; (sich abwechseln) se relever, se relayer; **Ablösung** f relève f
ABM f (-, -s) abk von **Arbeitsbeschaffungsmaßnahme**
ab|machen sep vt (Gegenstand) enlever (von de); (vereinbaren) convenir de; (in Ordnung bringen) régler; **Abmachung** f (Vereinbarung) accord m
ab|magern sep vi ⟨sein⟩ maigrir; **Abmagerungskur** f régime m; **eine** ~ **machen**

suivre un régime

Abmarsch m (von Soldaten) départ m; **abmarschbereit** adj prêt(e) (à partir); **ab|marschieren** (pp abmarschiert) sep vi ⟨sein⟩ se mettre en route

ab|melden sep 1. vt (Telefon) résilier; **seinen Wagen ~** faire une déclaration de non-utilisation de sa voiture 2. vr sich ~ annoncer son départ; (beim Amt) faire une déclaration de changement de domicile [o résidence]; (bei Verein) retirer son adhésion; (INFORM) se déconnecter

ab|messen sep irr vt mesurer; **Abmessung** f dimension f

ab|montieren (pp abmontiert) sep vt démonter

ab|mühen sep vr sich ~ se donner beaucoup de peine

ab|nabeln sep vr sich ~ se détacher, s'émanciper

Abnäher m (-s, -) pince f

Abnahme f (-, -n) enlèvement m; (COM) achat m; (Verringerung) diminution f, réduction f

ab|nehmen sep irr 1. vt enlever; (Bild, Hörer) décrocher; (entgegennehmen, übernehmen) prendre; (kaufen) acheter; (Führerschein) retirer; (Prüfung) faire passer; (prüfen: Neubau) réceptionner; (Fahrzeug) contrôler; (Maschen) diminuer; **jdm etw ~** (für ihn machen) faire qch pour qn; (fam: glauben) croire qch 2. vi diminuer; (schlanker werden) maigrir

Abnehmer(in) m(f) (-s, -) (COM) acheteur(-euse)

Abneigung f aversion f, antipathie f (gegen pour)

abnorm adj anormal(e)

ab|nutzen sep vt user; **Abnutzung** f usure f

Abo nt (-s, -s) abk von **Abonnement** abonnement m

Abonnement nt (-s, -s) abonnement m; **Abonnent(in)** m(f) abonné(e)

abonnieren (pp abonniert) vt abonner, s'abonner à

ab|ordnen sep vt déléguer; **jdn nach Genf ~** envoyer qn à Genève

Abort m (-(e)s, -e) cabinets mpl

ab|packen sep vt empaqueter

ab|passen sep vt attendre; (auflauern) guetter; **etw gut ~** bien choisir son moment pour qch

ab|pfeifen sep irr vt, vi (das Spiel) ~ (SPORT) siffler (la fin du match); **Abpfiff** m coup m de sifflet final

ab|plagen sep vr sich ~ peiner

Abprall m rebond m; (von Geschoss) ricochet m; **ab|prallen** sep vi ⟨sein⟩ (Ball) rebondir; (Kugel) ricocher; **an jdm ~** (fig) ne pas toucher qn

ab|putzen sep vt nettoyer

ab|quälen sep vr sich ~ peiner; (Patient) souffrir; **sich mit etw ~** s'échiner à qc

ab|rackern sep vr sich ~ se crever

ab|raten sep irr vi déconseiller (jdm von etw qch à qn)

ab|räumen sep vt (Tisch) débarrasser; (Geschirr) enlever

ab|reagieren (pp abreagiert) sep 1. vt (Zorn) passer 2. vr sich ~ se défouler (an +dat sur)

ab|rechnen sep 1. vt (abziehen) décompter, déduire; (Rechnung aufstellen für) faire le compte de 2. vi (Rechnung begleichen) régler; (Rechnung aufstellen) faire la/une facture; **mit jdm ~** régler ses comptes avec qn; **Abrechnung** f (Schlussrechnung) (dé)compte m final; (Vergeltung) règlement m de comptes

ab|regen sep vr sich ~ (fam) se calmer

ab|reiben sep irr vt (Schmutz) frotter; (Rost) gratter; (Hände) s'essuyer; (trocken reiben) essuyer; **jdn mit einem Handtuch ~** frotter qn avec une serviette

Abreise f départ m; **ab|reisen** sep vi ⟨sein⟩ partir

ab|reißen sep irr 1. vt arracher; (Haus, Brücke) démolir 2. vi ⟨sein⟩ (Faden) se casser; (Gespräch) s'interrompre

ab|richten sep vt dresser

ab|riegeln sep vt (Tür) verrouiller; (Straße, Gebiet) interdire l'accès à

Abriss m (Übersicht) esquisse f, grandes lignes fpl

Abruf m **auf ~** sur appel, à l'appel; (COM) sur commande; **ab|rufen** sep irr vt (INFORM) appeler

ab|runden sep vt arrondir; (Eindruck) préciser; (Geschmack) affiner

ab|rüsten sep vi (MIL) désarmer; **Abrüstung** f désarmement m

ab|rutschen sep vi ⟨sein⟩ glisser; (Leistung) baisser

Abs. abk von **Absender** exp.

ABS nt (-) abk von **Antiblockiersystem** système m A.B.S.

Absage f refus m; **ab|sagen** sep 1. vt annuler; (Einladung) décommander 2. vi refuser

ab|sägen sep vt scier

ab|sahnen sep vt (Milch) écrémer; **das Beste für sich ~** se sucrer

Absatz m (COM) vente f; (Abschnitt) para-

graphe *m;* (*Treppen~*) palier *m;* (*Schuh~*)
talon *m;* **Absatzflaute** *f* (*COM*) forte
baisse *f* des ventes; **Absatzgebiet** *nt*
(*COM*) débouché *m*, marché *m;* **Absatzplus** *nt* augmentation *f* des ventes

ab|schaben *sep vt* racler

ab|schaffen *sep vt* (*Todesstrafe*) abolir;
(*Gesetz*) abroger; (*Auto*) se débarrasser de;
Abschaffung *f* abolition *f*

ab|schalten *sep* **1.** *vt* (*Radio*) éteindre;
(*Motor, Strom*) couper **2.** *vi* (*fig fam*) décrocher

ab|schätzen *sep vt* estimer, évaluer; (*jdn*)
juger

abschätzig *adj* (*Blick*) méprisant(e);
(*Bemerkung*) désobligeant(e)

ab|schauen *sep vi* (*A*) **bei jdm ~** copier
sur qn

Abschaum *m* (*pej*) rebut *m*

Abscheu *m* (-(e)s) dégoût *m*, répugnance *f;* **~ erregend** repoussant(e);
(*Lebenswandel*) détestable; **abscheulich**
adj horrible, affreux(-euse)

ab|schicken *sep vt* envoyer

ab|schieben *sep irr vt* (*Verantwortung*)
rejeter; (*jdn*) expulser

Abschied *m* (-(e)s, -e) adieux *mpl;* (*von
Armee*) congé *m;* **~ nehmen** prendre
congé; **zum ~** en guise d'adieux;
Abschiedsbrief *m* lettre *f* d'adieu(x);
Abschiedsfeier *f* fête *f* d'adieu(x)

ab|schießen *sep irr vt* abattre; (*Geschoss*)
tirer; (*Gewehr*) décharger; (*fam: Minister*)
liquider

ab|schirmen *sep vt* protéger (*gegen* con-
tre)

ab|schlagen *sep irr vt* (*wegschlagen*) cou-
per; (*ablehnen*) refuser

abschlägig *adj* négatif(-ive)

Abschlagszahlung *f* acompte *m*

ab|schleifen *sep irr vt* raboter; (*Rost*)
gratter; (*Parkett*) poncer

Abschleppdienst *m* service *m* de
dépannage; **ab|schleppen** *sep vt*
remorquer; **Abschleppseil** *nt* câble *m*
de remorque

ab|schließen *sep irr vt* fermer à clé; (*iso-
lieren*) séparer, isoler; (*beenden*) achever,
finir; (*Vertrag, Handel*) conclure;
abschließend **1.** *adj* final(e) **2.** *adv* en
conclusion

Abschluss *m* (*Beendigung*) clôture *f;*
(*Bilanz*) bilan *m;* (*Geschäfts~, von Vertrag*)
conclusion *f;* **Abschlussfeier** *f* cérémonie *f* de remise des diplômes;
Abschlussrechnung *f* décompte *m*
final

ab|schmieren *sep vt* (*AUTO*) faire un
graissage de

ab|schminken *sep vt* démaquiller; **das
kannst du dir ~!** (*fam*) tu peux faire une
croix dessus!

ab|schnallen *sep* **1.** *vt* détacher **2.** *vi* (*fam:
nicht mehr folgen können*) décrocher; (*fassungslos sein*) ne pas en revenir

ab|schneiden *sep irr vt* couper; (*kürzer
machen*) raccourcir; (*Rede, Fluchtweg*) couper; (*Zugang*) fermer, barrer; (*Truppen,
Stadtteil*) isoler; **gut/schlecht ~** avoir [o
obtenir] un bon/mauvais résultat

Abschnitt *m* (*Teilstück*) section *f;* (*von
Buch*) passage *m;* (*Kontroll~*) talon *m;*
(*Zeit~*) période *f*

ab|schöpfen *sep vt* enlever

ab|schotten *sep vt* (*Land etc*) barricader;
sich ~ (*sich isolieren*) s'isoler

ab|schrauben *sep vt* dévisser

ab|schrecken *sep vt* (*Menschen*) rebuter,
décourager; (*Ei*) passer sous l'eau froide;
abschreckend *adj* (*Anblick*) effroyable;
~es Beispiel exemple *m* à ne pas suivre;
eine ~e Wirkung haben avoir un effet de
dissuasion; **Abschreckung** *f* (*MIL*) dissuasion *f*

ab|schreiben *sep irr vt* (*Text*) (re)copier;
(*SCH*) copier (*von* sur); (*verloren geben*) faire
une croix sur; (*COM*) déduire; **Abschrei-
bung** *f* déduction *f*

Abschrift *f* copie *f*

Abschuss *m* (*von Geschütz*) tir *m;* (*von
Waffe*) décharge *f;* (*von Flugzeug*) destruction *f*

abschüssig *adj* en pente, raide

ab|schütteln *sep vt* (*Staub, Tuch*) secouer;
(*Verfolger*) semer; (*Müdigkeit, Erinnerung*)
oublier

ab|schwächen *sep* **1.** *vt* (*Eindruck, Wir-
kung*) atténuer; (*Behauptung, Kritik*) modérer **2.** *vr* **sich ~** s'affaiblir; (*Interesse, Lärm,
Wärme*) diminuer

ab|schweifen *sep vi* ⟨*sein*⟩ (*Redner*)
digresser, s'écarter (*von* de); (*Gedanken*)
divaguer; **Abschweifung** *f* digression *f*

ab|schwellen *sep irr vi* ⟨*sein*⟩ désenfler,
dégonfler; (*Sturm*) se calmer; (*Lärm*)
diminuer

ab|schwören *sep irr vi* +*dat* renoncer à;
(*dem Glauben*) renier

absehbar *adj* (*Folgen*) prévisible; **in ~er
Zeit** dans un proche avenir

ab|sehen *sep irr* **1.** *vt* (*Ende, Folgen, Entwick-
lung*) prévoir; **es auf jdn/etw abgesehen
haben** en vouloir à qn/qch **2.** *vi* **von etw
~** renoncer à qch; (*nicht berücksichtigen*)

faire abstraction de qch

abseits *adv* à l'écart; ~ **von** loin de; **Abseits** *nt* (-, -) (*SPORT*) hors-jeu *m*

ab|senden *sep irr vt* envoyer; **Absender(in)** *m(f)* expéditeur(-trice)

absetzbar *adj* (*Beamter*) qui peut être licencié(e); (*Waren*) vendable; (*von Steuer*) déductible

ab|setzen *sep* **1.** *vt* déposer; (*Feder, Glas, Gewehr*) poser; (*Hut, Brille*) ôter, enlever; (*verkaufen*) écouler, vendre; (*abziehen*) défalquer; (*entlassen*) destituer, suspendre; (*König*) détrôner; (*hervorheben*) faire ressortir (*gegen* de) **2.** *vr* **sich** ~ (*sich entfernen*) partir, filer; (*sich ablagern*) se déposer

ab|sichern *sep* **1.** *vt* assurer; (*Aussage, Position*) affirmer **2.** *vr* **sich** ~ (*Mensch*) s'assurer (contre toute éventualité)

Absicht *f* (*Vorsatz*) intention *f*; (*Wille*) volonté *f*; **mit** ~ intentionnellement; **absichtlich** **1.** *adj* délibéré(e), intentionnel(le) **2.** *adv* exprès, volontairement; **Absichtserklärung** *f* déclaration *f* d'intention

ab|sinken *sep irr vi* ⟨sein⟩ (*Wasserspiegel, Temperatur, Leistungen*) baisser; (*Geschwindigkeit, Interesse*) diminuer; (*Boden*) s'affaisser

ab|sitzen *sep irr* **1.** *vi* ⟨sein⟩ descendre **2.** *vt* (*Strafe*) purger

absolut **1.** *adj* absolu(e) **2.** *adv* absolument

Absolutismus *m* absolutisme *m*

absolvieren (*pp absolviert*) *vt* (*Pensum*) achever, venir à bout de

absonderlich *adj* bizarre, singulier(-ière)

ab|sondern *sep* **1.** *vt* isoler, séparer; (*ausscheiden*) sécréter **2.** *vr* **sich** ~ s'isoler

ab|sparen *sep vt* **sich** *dat* **etw** ~ acheter qch avec ses économies

ab|specken *sep* **1.** *vi* (*fam: abnehmen*) perdre du lard **2.** *vt* (*fig fam*) alléger; **abgespeckte Version** version *f* allégée

ab|speichern *sep vt* (*INFORM*) sauvegarder, mémoriser

ab|speisen *sep vt* **jdn mit Redensarten** ~ (*fig*) payer qn de belles paroles

abspenstig *adj* **jdn** ~ **machen** détourner qn (*jdm* de qn)

ab|sperren *sep vt* (*Gebiet*) fermer; (*Tür*) fermer à clé; **Absperrung** *f* (*Vorgang*) blocage *m*; (*Sperre*) barrage *m*, barricade *f*

ab|spielen *sep* **1.** *vt* (*Platte*) passer **2.** *vr* **sich** ~ se dérouler, se passer

Absprache *f* accord *m*, arrangement *m*

ab|sprechen *sep irr vt* (*vereinbaren*) convenir de; **jdm etw** ~ dénier qch à qn; (*aberkennen*) contester qch à qn

ab|springen *sep irr vi* ⟨sein⟩ sauter (*von* de); (*Farbe, Lack*) s'écailler; (*sich distanzieren*) prendre ses distances

Absprung *m* saut *m*; **den** ~ **schaffen** (*fam*) arriver à rompre avec le passé

ab|spülen *sep vt* faire partir; (*Geschirr*) rincer

ab|stammen *sep vi* descendre (*von* de); (*Wort*) dériver, venir (*von* de); **Abstammung** *f* descendance *f*, origine *f*

Abstand *m* distance *f*, écart *m*; (*zeitlich*) espace *m*; **von etw** ~ **nehmen** s'abstenir de qch; **mit** ~ **der Beste** de loin le meilleur; **Abstandssumme** *f* indemnité *f*

ab|statten *sep vt* (*Dank*) présenter; (*Besuch*) rendre

ab|stauben *sep vt* épousseter; (*fam: stehlen*) piquer

Abstecher *m* (-s, -) crochet *m*

ab|stecken *sep vt* (*Saum*) épingler; (*Fläche*) délimiter

ab|stehen *sep irr vi* (*Ohren*) être décollé(e); (*Haare*) se dresser sur la tête

ab|steigen *sep irr vi* ⟨sein⟩ descendre; (*SPORT*) rétrograder

ab|stellen *sep vt* déposer; (*Auto, Fahrrad*) garer; (*Maschine*) arrêter; (*Strom, Wasser*) fermer, couper; (*Missstand, Unsitte*) supprimer; **etw auf etw** *akk* ~ (*ausrichten*) adapter qch à qch; **Abstellgleis** *nt* voie *f* de garage

ab|stempeln *sep vt* (*Briefmarke*) oblitérer; (*fig: Menschen*) étiqueter

ab|sterben *sep irr vi* ⟨sein⟩ mourir; (*Körperteil*) s'engourdir

Abstieg *m* (-(e)s, -e) descente *f*; (*SPORT*) relégation *f*; (*fig*) déclin *m*

ab|stimmen *sep* **1.** *vi* voter **2.** *vt* (*Farben*) assortir; (*Interessen*) accorder; (*Termine, Ziele*) fixer **3.** *vr* **sich** ~ se mettre d'accord, s'accorder; **Abstimmung** *f* (*Stimmenabgabe*) vote *m*

abstinent *adj* abstinent(e); **Abstinenz** *f* abstinence *f*; (*von Alkohol*) sobriété *f*; **Abstinenzler(in)** *m(f)* (-s, -) buveur(-euse) d'eau, abstinent(e)

ab|stoßen *sep irr vt* (*fortbewegen*) repousser; (*beschädigen*) endommager; (*verkaufen*) liquider; (*anekeln*) dégoûter, écœurer; **abstoßend** *adj* dégoûtant(e), repoussant(e)

abstrakt **1.** *adj* abstrait(e) **2.** *adv* abstraitement; **Abstraktion** *f* abstraction *f*

ab|streifen *sep vt* (*Asche*) faire tomber;

(*Schuhe, Füße*) essuyer; (*Schmuck, Kleidung*) enlever; (*Gegend*) passer au peigne fin
ab|streiten *sep irr vt* contester, nier
Abstrich *m* (MED) prélèvement *m*; ~**e machen** (*fig*) se contenter de moins
ab|stufen *sep vt* (*Hang*) arranger en terrasses; (*Farben*) arranger en dégradés; (*Gehälter*) échelonner
ab|stumpfen *sep* 1. *vt* émousser; (*fig: jdn*) abrutir 2. *vi* ⟨*sein*⟩ s'émousser; (*fig*) s'abrutir; (*Gefühle*) perdre de l'intensité
Absturz *m* chute *f*; **ab|stürzen** *sep vi* ⟨*sein*⟩ faire une chute; (AVIAT) s'abattre
ab|suchen *sep vt* fouiller
absurd *adj* absurde
Abszess *m* (-es, -e) abcès *m*
Abt *m* (-(e)s, Äbte) abbé *m*
ab|tasten *sep vt* tâter; (MED) palper
ab|tauen *sep* 1. *vi* ⟨*sein*⟩ (*Schnee, Eis*) fondre; (*Straße*) dégeler 2. *vt* dégivrer
Abtei *f* abbaye *f*
Abteil *nt* (-(e)s, -e) compartiment *m*
ab|teilen *sep vt* diviser, partager; (*abtrennen*) séparer
Abteilung *f* (*in Firma, Krankenhaus*) service *m*; (*in Kaufhaus*) rayon *m*; (MIL) bataillon *m*, unité *f*; **Abteilungsleiter(in)** *m(f)* chef *m* de service/de rayon
Äbtissin *f* abbesse *f*
ab|törnen *vt* (*sl*) refroidir, faire flipper
ab|tragen *sep irr vt* (*Hügel, Erde*) déblayer; (*Essen*) desservir; (*Kleider*) user; (*Schulden*) acquitter; *s. a. abgetragen*
abträglich *adj* nuisible, préjudiciable
ab|treiben *sep irr* 1. *vt* (*Boot, Flugzeug*) déporter; (*Kind*) avorter 2. *vi* ⟨*sein*⟩ (*Schiff, Schwimmer*) dériver 3. *vi* (*Schwangerschaft abbrechen*) avorter; **Abtreibung** *f* avortement *m*; **Abtreibungsbefürworter(in)** *m(f)* partisan(e) de l'avortement; **Abtreibungsgegner(in)** *m(f)* opposant(e) à l'avortement; **Abtreibungspille** *f* pilule *f* contragestive; **Abtreibungsversuch** *m* tentative *f* d'avortement
ab|trennen *sep vt* (*lostrennen*) détacher; (*entfernen*) enlever; (*abteilen*) séparer
ab|treten *sep irr* 1. *vt* (*überlassen*) céder (*jdm etw* qch à qn) 2. *vi* ⟨*sein*⟩ (*Wache*) se retirer; (THEAT) sortir de scène; (*zurücktreten: Minister*) se retirer (de la scène politique)
ab|trocknen *sep* 1. *vt* essuyer 2. *vi* ⟨*sein*⟩ sécher
abtrünnig *adj* renégat(e)
ab|tun *sep irr vt* (*fam: ablegen*) enlever; (*beiseite schieben*) rejeter

ab|urteilen *sep vt* juger
ab|wägen (wog *o* wägte, abgewogen) *sep vt* soupeser, examiner
ab|wählen *sep vt* (*jdn*) ne pas réélire; (SCH: *Fach*) ne pas reprendre, ne pas choisir
ab|wandeln *sep vt* changer, modifier
ab|wandern *sep vi* ⟨*sein*⟩ émigrer; (METEO) se déplacer
Abwärme *f* chaleur *f* perdue, chaleur *f* d'échappement
Abwart(in) *m(f)* (-s, -e) (CH) s. **Hausmeister**
ab|warten *sep* 1. *vt* attendre 2. *vi* voir venir, attendre
abwärts *adv* vers le bas, en bas
Abwasch *m* (-(e)s) vaisselle *f*; **abwaschbar** *adj* lavable; **ab|waschen** *sep irr vt* (*Schmutz*) laver; **das Geschirr** ~ faire la vaisselle; **Abwaschmaschine** *f* (CH) lave-vaisselle *m*
Abwasser *nt* (-s, Abwässer) eaux *fpl* usées
ab|wechseln *sep vi, vr sich* ~ alterner; (*Menschen*) se relayer; **abwechselnd** *adj* alternativement, en alternant
Abwechslung *f* changement *m*; (*Zerstreuung*) distraction *f*; **abwechslungsreich** *adj* (très) varié(e)
Abweg *m auf* ~**e geraten/führen** s'écarter/détourner du droit chemin; **abwegig** *adj* aberrant(e)
Abwehr *f* (-) (*Ablehnung*) résistance *f*; (*Verteidigung*, SPORT) défense *f*; (MIL: *Geheimdienst*) contre-espionnage *m*; (*Schutz*) protection *f*; **ab|wehren** *sep vt* (*Feind, Angriff*) repousser; (*Neugierige*) renvoyer; (*Gefahr*) éviter; (*Ball*) dégager; (*Verdacht*) écarter; (*Vorwurf*) répondre à; ~**de Geste** geste *m* de refus
ab|weichen *sep irr vi* ⟨*sein*⟩ (*Werte*) différer; (*Fahrzeug*) dévier; (*Meinung*) diverger; **abweichend** *adj* divergent(e)
ab|weisen *sep irr vt* (*Besucher*) renvoyer; (*Klage*) rejeter; (*Antrag, Hilfe*) refuser; **abweisend** *adj* (*Haltung*) froid(e)
ab|wenden *sep irr* 1. *vt* (*Blick, Kopf*) détourner; (*verhindern*) écarter 2. *vr sich* ~ se détourner
ab|werben *sep irr vt* **einer Firma einen Mitarbeiter** ~ débaucher un cadre d'une autre entreprise
ab|werfen *sep irr vt* (*Kleidungsstück*) se débarrasser de; (*Reiter*) désarçonner; (*Profit*) rapporter; (*Flugblätter*) lancer
ab|werten *sep vt* (FIN) dévaluer
abwesend *adj* absent(e); **Abwesenheit** *f* absence *f*

ab|wickeln sep vt (Garn, Verband) dérouler; (Geschäft) liquider

ab|wiegen sep irr vt peser

ab|wimmeln sep vt (fam: jdn) envoyer promener; (Auftrag) rejeter, refuser

ab|winken sep vi refuser; **bis zum Abwinken** à gogo

ab|wischen sep vt (Staub) enlever; (Schweiß, Hände) essuyer; (Tisch) donner un coup d'éponge à

Abwurf m lancement m; (von Bomben etc) largage m; (SPORT) remise f en jeu

ab|würgen sep vt (fam: Gespräch) étouffer; (Motor) caler

ab|zählen sep vt compter; **abgezähltes Fahrgeld** appoint m du prix du billet

ab|zahlen sep vt (Schulden) régler, payer; (in Raten) payer à tempérament; **Abzahlung** f auf ~ kaufen acheter à tempérament

ab|zäunen sep vt clôturer

Abzeichen nt insigne m, emblème m; (Orden) décoration f

ab|zeichnen sep 1. vt copier, dessiner; (Dokument) parapher, signer 2. vr sich ~ se profiler; (fig: bevorstehen) se dessiner

Abziehbild nt décalcomanie f

ab|ziehen sep irr 1. vt (entfernen) retirer; (Tier) dépouiller; (Truppen) retirer; (subtrahieren) soustraire; **das Bett** ~ enlever les draps; **eine Schau** ~ (fam) faire du cinéma 2. vi ⟨sein⟩ (Rauch) sortir; (Truppen) se retirer; (fam: weggehen) décamper, filer

ab|zocken sep vt (sl) arnaquer

Abzug m retrait m; (Kopie) tirage m; (FOTO) épreuve f; (Subtraktion) soustraction f; (Betrag) retrait m; (Rauch~) sortie f; (von Waffen) gâchette f

abzüglich prep +gen après déduction de

ab|zweigen sep 1. vt mettre de côté 2. vi ⟨sein⟩ bifurquer; **Abzweigung** f embranchement m

Accessoires pl accessoires mpl

ach interj ah; (enttäuscht, verärgert) oh; ~ **ja** mais oui; **mit Ach und Krach** tant bien que mal

Achse f (-, -n) axe m; (AUTO) essieu m; **auf** ~ **sein** être en vadrouille

Achsel f (-, -n) aisselle f; **Achselhöhle** f aisselle f; **Achselzucken** nt (-s) haussement m d'épaules

acht num huit; ~ **Tage** huit jours, une huitaine; **Acht** f (-, -en) huit m

Acht 1. f (-) (HIST) ban m, proscription f 2. f (-) **sich in** ~ **nehmen** prendre garde; **etw außer** ~ **lassen** négliger qch; ~

geben faire attention (auf +akk à)

achtbar adj (Erfolg, Leistung) remarquable; (Mensch) honorable

achte(r, s) adj huitième; **der** ~ **September** le huit septembre; **Stuttgart, den 8. September** Stuttgart, le 8 septembre; **Achte(r)** mf huitième mf

Achtel nt (-s, -) huitième m

achten 1. vt respecter 2. vi **auf etw** akk ~ faire attention à qch; **darauf** ~, **dass** … faire attention que …

ächten vt bannir

achtens adv huitièmement

Achterbahn f montagnes fpl russes; **Achterdeck** nt pont m arrière

achtfach adj huit fois

acht|geben sep vi s. **Acht**

achthundert num huit cent(s); **achtjährig** adj de huit ans

achtlos adj négligent(e)

achtmal adv huit fois

achtsam adj attentif(-ive)

Achtung 1. f respect m, estime f (vor +dat pour) 2. interj attention; ~ **Lebensgefahr!** Attention, danger de mort!; ~ **Stufe!** Attention à la marche!

achtzehn num dix-huit

achtzig num quatre-vingt(s)

ächzen vi (Mensch) gémir; (Holz, Balken) grincer

Acker m (-s, Äcker) champ m; **Ackerbau** m agriculture f; **ackern** vi (fam) bosser

Acryl nt (-s) acrylique m, fibre f acrylique

Action f (-, -s) (fam) action f; **Actionfilm** m film m d'action

ADAC m (-s) abk von **Allgemeiner Deutscher Automobilclub** ≈ Touring Club de France

Adapter m (-s, -) adaptateur m

addieren (pp addiert) vt additionner; **Addition** f addition f

ade interj adieu, salut

Adel m (-s) noblesse f; (Familie) nobles mpl; **adelig** adj noble

Ader f (-, -n) (Vene) veine f; (Schlag~) artère f; (BOT) nervure f; (Erz~) filon m; **eine** ~ **für etw haben** être doué(e) pour qch

Adjektiv nt adjectif m

Adler m (-s, -) aigle m

adlig adj s. **adelig**

Admiral(in) m(f) (-s, -e) amiral m

adoptieren (pp adoptiert) vt adopter; **Adoption** f adoption f; **Adoptiveltern** pl parents mpl adoptifs; **Adoptivkind** nt enfant m adoptif

Adrenalin nt (-s) adrénaline f

Adressat(in) *m(f)* (-en, -en) destinataire *mf*

Adresse *f* (-, -n) (*a.* INFORM) adresse *f*

adressieren (*pp* adressiert) *vt* adresser

Adria *f* (-) **die ~, das Adriatische Meer** l'Adriatique *f*, la mer Adriatique

Advent *m* (-(e)s, -e) avent *m*; **Adventskalender** *m* calendrier *m* de l'avent; **Adventskranz** *m* couronne *f* de l'avent

Adverb *nt* adverbe *m*; **adverbial** *adj* adverbial(e)

Advokat(in) *m(f)* (-en, -en) (CH) avocat(e)

Aerobic *nt* (-s) aérobic *f*

aerodynamisch *adj* aérodynamique

Affäre *f* (-, -n) (*Angelegenheit*) affaire *f*; (*Verhältnis*) liaison *f*

Affe *m* (-n, -n) singe *m*

affektiert *adj* affecté(e), maniéré(e)

affenartig *adj* **mit ~er Geschwindigkeit** (*fam*) à une vitesse dingue; **affengeil** *adj* (*sl*) génial(e); **Affenhitze** *f* (*fam*) chaleur *f* tropicale; **Affenschande** *f* (*fam*) scandale *m*; **Affentempo** *nt* **in einem ~** (*fam*) à fond la caisse; (*laufen*) à toute allure

affig *adj* (*Benehmen*) affecté(e); (*Mädchen*) maniéré(e)

Afghane *m* (-n, -n), **Afghanin** *f* Afghan(e); **afghanisch** *adj* afghan(e)

Afghanistan *nt* (-s) l'Afghanistan *m*

Afrika *nt* (-s) l'Afrique *f*; **Afrikaner(in)** *m(f)* (-s, -) Africain(e); **afrikanisch** *adj* africain(e)

After *m* (-s, -) anus *m*

Aftershave *nt* (-(s), -s) après-rasage *m*

AG *f* (-, -s) *abk von* **Aktiengesellschaft** S.A.

Ägäis *f* (-) **die ~, das Ägäische Meer** la mer Égée

Agent(in) *m(f)* (*Spion*) agent(e); (*Vertreter*) représentant(e); (*Vermittler*) agent *m*; **Agentur** *f* (*Geschäftsstelle*) bureau *m*; (*Vermittlungsstelle*) agence *f*

Aggregat *nt* agrégat *m*; (TECH) groupe *m*, unité *f*; **Aggregatzustand** *m* (PHYS) état *m* de la matière

Aggression *f* agression *f*; **seine ~en an jdm abreagieren** passer son agressivité sur qn; **aggressiv** *adj* agressif(-ive); **Aggressivität** *f* agressivité *f*

Agitation *f* agitation *f*

Agrarpolitik *f* politique *f* agraire; **Agrarstaat** *m* pays *m* agricole

Ägypten *nt* (-s) l'Égypte *f*; **Ägypter(in)** *m(f)* (-s, -) Égyptien(ne); **ägyptisch** *adj* égyptien(ne)

aha *interj* ah; **Ahaerlebnis** *nt* **ein ~ sein** faire tilt

Ahn *m* (-en, -en) ancêtre *m*

ähneln *vi* **jdm/einer Sache ~** ressembler à qn/qch; **sich ~** se ressembler

ahnen *vt* (*vermuten*) se douter de; (*Tod, Gefahr*) pressentir

ähnlich *adj* semblable, pareil(le); **das sieht ihm ~** ça lui ressemble bien; **Ähnlichkeit** *f* ressemblance *f*

Ahnung *f* (*Vorgefühl*) pressentiment *m*; (*Vermutung*) idée *f*; **keine ~!** aucune idée!; **ahnungslos** *adv* sans se douter de rien

Ahorn *m* (-s, -e) érable *m*

Ähre *f* (-, -n) épi *m*

Aids *nt* (-) sida *m*; **Aidshilfe** *f* centre *m* d'assistance contre le sida; **aidsinfiziert** *adj* séropositif(-ive); **aidskrank** *adj* atteint(e) du sida; **aidspositiv** *adj* séropositif(-ive); **Aidstest** *m* test *m* de dépistage du sida

Airbag *m* (-s, -s) airbag *m*, coussin *m* gonflable de sécurité

Airbus *m* Airbus *m*

Akademie *f* établissement d'enseignement supérieur; (*Kunst~*) école *f* des beaux-arts

Akademiker(in) *m(f)* (-s, -) diplômé(e) de l'enseignement supérieur; **akademisch** *adj* universitaire; **Akademischer Auslandsdienst** service *m* des relations internationales de l'Université

akklimatisieren (*pp* akklimatisiert) *vr* **sich ~** s'acclimater

Akkord *m* (-(e)s, -e) (*Stücklohn*) salaire *m* aux pièces; (MUS) accord *m*; **im ~ arbeiten** travailler aux pièces; **Akkordarbeit** *f* travail *m* aux pièces [*o* à la tâche]

Akkordeon *nt* (-s, -s) accordéon *m*

Akkusativ *m* accusatif *m*

Akne *f* (-, -n) acné *f*

Akrobat(in) *m(f)* (-en, -en) acrobate *mf*

Akt *m* (-(e)s, -e) (*Handlung*) acte *m*, action *f*; (*Zeremonie*) cérémonie *f*; (THEAT) acte *m*; (*in der Kunst*) nu *m*; (*Sexual~*) acte *m* sexuel

Akte *f* (-, -n) dossier *m*, document *m*; **etw zu den ~n legen** (*fig*) considérer qch comme classé(e); **Aktenkoffer** *m* attaché-case *m*; **aktenkundig** *adj* enregistré(e); **das ist ~ geworden** c'est dans les dossiers; **Aktenschrank** *m* casier *m*, classeur *m*; **Aktentasche** *f* porte-documents *m*

Aktie *f* action *f*; **Aktienemission** *f* émission *f* d'actions; **Aktienfonds** *m* fonds *m* social; **Aktiengesellschaft** *f* société *f* anonyme; **Aktienkurs** *m* cours *m* des actions

Aktion f action f, campagne f; (Polizei~, Such~) opération f; (Sonderangebot) promotion f; **in** ~ en action
Aktionär(in) m(f) actionnaire mf
aktiv adj actif(-ive); **Aktiv** nt (-s) (LING) voix f active; **Aktiva** pl actif m
aktivieren (pp aktiviert) vt activer
Aktivität f activité f
Aktivurlaub m vacances fpl actives
aktualisieren (pp aktualisiert) vt (a. INFORM) mettre à jour
Aktualität f actualité f
aktuell adj actuel(le), d'actualité
Akupressur f massage m par pression
Akupunktur f acupuncture f, acuponcture f
Akustik f acoustique f
akut adj grave, urgent(e); (MED: Entzündung) aigu(ë)
AKW nt (-s, -s) abk von **Atomkraftwerk** centrale f nucléaire
Akzent m (-(e)s, -e) accent m
akzeptabel adj acceptable; (Bezahlung, Umstände) convenable
Akzeptanz f acceptation f
akzeptieren (pp akzeptiert) vt accepter
Alarm m (-(e)s, -e) alarme f; **Alarmanlage** f système m d'alarme, alarme f; **alarmbereit** adj en état d'alerte; **Alarmbereitschaft** f état m d'alerte; **in** ~ **sein** être prêt(e) à intervenir; **alarmieren** (pp alarmiert) vt alerter; (beunruhigen) alarmer
Alaska nt (-s) l'Alaska m
Alb f **die Schwäbische** ~ le Jura souabe
Albaner(in) m(f) (-s, -) Albanais(e)
Albanien nt (-s) l'Albanie f; **albanisch** adj albanais(e)
albern adj stupide, puéril(e)
Albtraum m cauchemar m
Album nt (-s, Alben) album m
Alge f (-, -n) algue f
Algebra f (-) algèbre f
Algenblüte f floraison f des algues
Algerien nt (-s) l'Algérie f; **Algerier(in)** m(f) (-s, -) Algérien(ne); **algerisch** adj algérien(ne)
algorithmisch adj algorithmique; **Algorithmus** m algorithme m
Alibi nt (-s, -s) alibi m; **Alibifunktion** f rôle m d'alibi
Alimente pl pension f alimentaire
alkalisch adj (CHEM) alcalin(e)
Alkohol m (-s, -e) alcool m; **alkoholfrei** adj non-alcoolisé(e); **Alkoholiker(in)** m(f) (-s, -) alcoolique mf; **alkoholisch** adj (Getränk) alcoolisé(e); **Alkoholis-**

mus m alcoolisme m; **Alkoholverbot** nt interdiction f de boire de l'acool
All nt (-s) univers m
allabendlich adj de tous les soirs
alle 1. adj (mit pl) tous les; toutes les; ~ **beide** tous (toutes) les deux; ~ **vier Jahre** tous les quatre ans; **ein für** ~ **Mal** une fois pour toutes **2.** pron tous; toutes; **sie sind** ~ **gekommen** ils sont tous venus; **wir** ~ nous tous; ~ **sein** être fini(e); s. a. **alles**
Allee f (-, -n) allée f
allein adj seul(e); **nicht** ~ (nicht nur) non seulement; ~ **erziehend** élevant son enfant/ses enfants seul(e); ~ **stehend** seul(e), célibataire; **Alleinerziehende(r)** mf parent m unique; **Alleingang** m **im** ~ en solitaire; **Alleinherrscher(in)** m(f) souverain(e) absolu(e); **alleinig** adj unique, exclusif(-ive); (Erbe) universel(le); **alleinstehend** adj s. **allein**; **Alleinstehende(r)** mf personne f (qui vit) seule
allemal adv (ohne weiteres) facilement; **allenfalls** adv (möglicherweise) à la rigueur, éventuellement; (höchstens) tout au plus; **allerbeste(r, s)** adj le (la) meilleur(e); **allerdings** adv (zwar) pourtant, à la vérité; (gewiss) assurément, bien sûr
Allergie f allergie f; **Allergietest** m test m d'allergie; **Allergiker(in)** m(f) (-s, -) **er ist** ~ il est allergique; **allergisch** adj allergique; **gegen etw** ~ **sein** être allergique à qch
allerhand adj inv beaucoup de, un tas de; (substantivisch) toutes sortes de choses; **das ist doch** ~! (entrüstet) c'est incroyable!, c'est du propre!; ~! (lobend) il faut le faire!
Allerheiligen nt (-) la Toussaint

Allerheiligen

Allerheiligen est l'équivalent de la Toussaint française. C'est un jour chômé aussi bien en Allemagne qu'en Autriche. *Allerseelen* ou *jour des Morts*, est une fête catholique célébrée le 2 novembre. Il est d'usage de se rendre au cimetière et de déposer des bougies allumées sur les tombes des parents et des amis.

---

allerhöchste(r, s) adj le (la) plus haut(e); **es ist** ~ **Zeit** il est grand temps; **allerhöchstens** adv tout au plus
allerlei adj inv toute(s) sorte(s) de; (substantivisch) toute(s) sorte(s) de choses
allerletzte(r, s) adj le (la) dernier(-ière) de tous (toutes)

Allerseelen nt (-) le jour des Morts
allerseits adv **guten Morgen** ~ bonjour à tous
allerwenigste(r, s) adj le minimum de
alles pron tout; ~ **Brot/Mehl** tout le pain/toute la farine; ~ **Übrige** tout le reste; ~ **in allem** somme toute; **vor allem** avant tout, surtout; **er hat** ~ **versucht** il a tout essayé; **das** ~ tout cela; s. a. **alle**; **Allesfresser** m (-s, -) omnivore mf; **Alleskleber** m (-s, -) colle f universelle; **Alleswisser(in)** m(f) (-s, -) monsieur(madame) je-sais-tout
allfällig adj (CH) éventuel(le)
allgegenwärtig adj omniprésent(e)
allgemein 1. adj général(e); (Wahlrecht, Bestimmung) universel(le); **im Allgemeinen** en général, généralement **2.** adv (überall) partout; ~ **gültig** universellement reconnu(e); **Allgemeinbildung** f culture f générale; **allgemeingültig** adj s. **allgemein**; **Allgemeinheit** f (Menschen) communauté f; **Allgemeinmedizin** f médecine f générale; **Allgemeinplätze** pl généralités fpl
Alliierte(r) mf allié(e)
alljährlich adj annuel(le); **allmählich 1.** adj graduel(le) **2.** adv peu à peu, petit à petit; **Allradantrieb** m (AUTO) quatre roues fpl motrices; **allseits** adv **sie war** ~ **beliebt** elle était aimée de tous
Alltag m vie f quotidienne; **alltäglich** adj quotidien(ne); **alltags** adv en semaine
allwissend adj omniscient(e)
allzu adv (beaucoup) trop; ~ **oft** (beaucoup) trop souvent; ~ **viel** (beaucoup) trop
Alm f (-, -en) alpage m
Almosen nt (-s, -) aumône f
Alpen pl Alpes fpl; **Alpenblume** f fleur f des Alpes; **Alpenvorland** nt Préalpes fpl
Alphabet nt (-(e)s, -e) alphabet m; **alphabetisch** adj alphabétique
alphanumerisch adj alphanumérique
alpin adj alpin(e)
Alptraum m cauchemar m
als konj (zeitlich) quand, lorsque; (mit Komparativ) que; (wie) que; (Angabe von Eigenschaft) en tant que, comme; **nichts** ~ rien (d'autre) que; ~ **ob** comme si
also adv donc; (abschließend, zusammenfassend) donc, alors; (auffordernd) alors; ~ **gut** [o **schön**] très bien; ~ **so was!** eh bien ça alors!; **na** ~! tu vois!
alt adj (älter, am ältesten) vieux (vieille); (antik, klassisch, lange bestehend, ehemalig)

ancien(ne); (überholt: Witz) dépassé(e); **sie ist drei Jahre** ~ elle a trois ans; **alles beim Alten lassen** laisser comme c'était; **wie in** ~**en Zeiten** comme au bon vieux temps; ~ **aussehen** (fam) avoir l'air idiot
Alt m (-s, -e) (MUS) contralto m
Altar m (-(e)s, Altäre) autel m
Altbau m (-bauten pl) construction f ancienne; **altbekannt** adj bien connu(e); **Altbier** nt bière maltée assez forte; **Alteisen** nt ferraille f
Alter nt (-s, -) (Lebensjahre) âge m; (hohes ~) âge m avancé, vieillesse f; **im** ~ **von** à l'âge de
altern vi ⟨sein⟩ vieillir
alternativ adj (Weg, Methode) alternatif(-ive); (POL) alternatif(-ive), autonome; (umweltbewusst) en écolo(giste); (Lebensweise) écolo; (Energiegewinnung) alternatif(-ive)
Alternativ- in Zusammensetzungen du mouvement alternatif; (Bäckerei, Landwirtschaft) bio(logique)
Alternative f alternative f
Alternative(r) mf membre m du mouvement alternatif
Alternativmedizin f médecine f douce
altersbedingt adj dû (due) à l'âge; **Alterserscheinung** f signe m de vieillesse; **Altersgrenze** f limite f d'âge; **Altersheim** nt maison f de retraite; **Altersrente** f retraite f; **altersschwach** adj (Mensch) sénile; (Gebäude) délabré(e); **Altersversicherung** f assurance f vieillesse; **Altersversorgung** f (Rente) prestations fpl vieillesse; (Vorsorge) retraite f complémentaire
Altertum nt (-s) (älteste Epoche) antiquité f; (Antike) Antiquité f; **Altertümer** pl (Gegenstände) antiquités fpl
Altglas nt verre m; **Altglascontainer** m conteneur m à verre usagé; **altklug** adj précoce; **Altlasten** pl déchets mpl toxiques; **Altlastsanierung** f décontamination f d'un terrain; **Altmaterial** nt déchets mpl; **altmodisch** adj démodé(e); **Altöl** nt (AUTO) huile f de vidange; **Altpapier** nt papier m à recycler; **Altstadt** f vieille ville f; **Altweibersommer** m été m de la Saint-Martin
Alufolie f papier m (d')alu
Aluminium nt (-s) aluminium m
Alzheimerkrankheit f maladie f d'Alzheimer
am = **an dem: er ist** ~ **Kochen** il est en train de faire à manger; ~ **15. März** le 15 mars; ~ **besten** le mieux

Amalgam nt (-s, -e) amalgame m
Amateur(in) m(f) amateur m
Amazonas m (-) Amazone f
Amboss m (-es, -e) enclume f
ambulant adj (MED) en consultation externe
Ameise f (-, -n) fourmi f
Amerika nt (-s) l'Amérique f; **Amerikaner(in)** m(f) (-s, -) Américain(e); **amerikanisch** adj américain(e)
Ammann m (-s, Ammänner) (CH: Land~) président m du canton; (Gemeinde~) maire m; (JUR) huissier m
Amnestie f amnistie f
Ampel f (-, -n) (Verkehrs~) feu m
amputieren (pp amputiert) vt amputer
Amsel f (-, -n) merle m
Amt nt (-(e)s, Ämter) (Posten) office m; (Aufgabe) fonction f, charge f; (Behörde) service m, bureau m; (REL) office m
amtieren (pp amtiert) vi être en fonction(s)
amtlich adj officiel(le)
Amtsperson f officiel m; **Amtsrichter(in)** m(f) juge m d'instance; **Amtszeichen** nt (TEL) tonalité f; **Amtszeit** f péridode f d'activité
amüsant adj amusant(e)
Amüsement nt (-s, -s) divertissement m
amüsieren (pp amüsiert) 1. vt amuser 2. vr sich ~ s'amuser; **Amüsierviertel** nt quartier m des boîtes (de nuit)
an 1. prep +dat (räumlich) à; (auf, bei) sur, près de; (nahe bei) contre; (zeitlich) à; ~ **Ostern** à Pâques; ~ **diesem Ort** à cet endroit; ~ **diesem Tag** ce jour-là; **am Anfang** au début 2. prep +akk (räumlich) à, contre; ~ **die 5 Euro** environ 5 euros 3. adv **von … ~** à partir de …; ~: **18.30 Uhr** arrivée: 18 heures 30; ~ **und für sich** au fond; **es ist** ~ **jdm, etw zu tun** c'est à qn de faire qch; **das Licht ist** ~ la lumière est allumée
Anabolikum nt (-s, Anabolika) anabolisant m
analog adj analogue; (INFORM) analogique; **Analogie** f analogie f; **Analogrechner** m ordinateur m analogique
Analverkehr m coït m anal
Analyse f (-, -n) analyse f; **analysieren** (pp analysiert) vt analyser
Ananas f (-, - o -se) ananas m
Anarchie f anarchie f; **Anarchist(in)** m(f) anarchiste mf
Anarcho m (-s, -s) anar mf
Anatomie f anatomie f
an|baggern sep vt (sl) draguer

an|bahnen sep vr sich ~ se dessiner
an|bändeln sep vi **mit jdm** ~ (fam) flirter avec qn
Anbau 1. m (landwirtschaftlich) culture f 2. m (-bauten pl) (Gebäude) annexe f; **an|bauen** sep vt (landwirtschaftlich) cultiver; (Gebäudeteil) construire
an|behalten (pp anbehalten) sep irr vt garder
anbei adv ci-joint
an|beißen sep irr vi (Fisch) mordre (à l'hameçon)
an|belangen (pp anbelangt) sep vt concerner, regarder; **was mich anbelangt** en ce qui me concerne
an|beraumen (pp anberaumt) sep vt arranger
an|beten sep vt adorer
Anbetracht m **in** ~ +gen en considération de
an|biedern sep vr sich ~ se mettre dans les bonnes grâces (bei jdm de qn)
an|bieten sep irr 1. vt offrir; (Vertrag) proposer; (Waren) mettre en vente 2. vr sich ~ (Mensch) se proposer; (Gelegenheit) s'offrir
an|binden sep irr vt lier, attacher; **kurz angebunden** (fig) peu aimable, rébarbatif(-ive)
Anblick m vue f; **an|blicken** sep vt regarder
an|braten sep irr vt (Fleisch) faire rissoler
an|brechen sep irr 1. vt (Flasche etc) entamer 2. vi (sein) (Zeitalter) commencer; (Tag) se lever; (Nacht) tomber
an|brennen sep irr vi (sein) prendre feu; (GASTR) (commencer à) brûler
an|bringen sep irr vt (herbeibringen) apporter; (Bitte) présenter; (Wissen) placer; (Ware) écouler, vendre; (festmachen) apposer, fixer
Anbruch m commencement m; ~ **des Tages** lever m du jour; ~ **der Nacht** tombée f de la nuit
an|brüllen sep vt jdn ~ engueuler qn
Andacht f (-, -en) recueillement m; (Gottesdienst) office m bref; **andächtig** adj (Beter) recueilli(e); (Zuhörer) très absorbé(e), très attentif(-ive); (Stille) solennel(le)
an|dauern sep vi durer, persister; **andauernd** 1. adj continuel(le), persistant(e) 2. adv continuellement
Anden pl **die** ~ les Andes fpl
an|denken sep vt (fam) **etw** ~ se mettre à penser à qch
Andenken nt (-s, -) souvenir m

andere(r, s) pron autre; **am ~n Tag** le jour suivant, le lendemain; **ein ~s Mal** une autre fois; **kein ~r** personne d'autre; **von etwas ~m sprechen** parler d'autre chose; **unter ~m** entre autres; **andererteils, andererseits** adv d'autre part; **andermal** adv **ein ~** une autre fois
ändern 1. vt (a. INFORM) changer, modifier **2.** vr **sich ~** changer
andernfalls adv sinon, autrement
anders adv autrement; **wer ~?** qui d'autre?; **jemand ~** quelqu'un d'autre; **irgendwo ~** ailleurs, autre part; **andersartig** adj différent(e); **andersgläubig** adj hétérodoxe; **andersherum** adv dans l'autre sens; **anderswo** adv ailleurs; **anderswoher** adv d'ailleurs; **anderswohin** adv ailleurs, autre part
anderthalb num un(e) et demi(e)
Änderung f changement m, modification f; **~en speichern** (INFORM) sauvegarder les modifications
anderweitig 1. adj autre **2.** adv autrement
an|deuten sep vt indiquer; **Andeutung** f (Hinweis) indication f, allusion f; (Spur) trace f; **andeutungsweise** adv (als Anspielung) par allusion; (undeutlich) indistictement; (als Hinweis) en passant
an|diskutieren (pp andiskutiert) sep vt (fam) **etw ~** aborder un sujet
Andorra nt (-s) l'Andorre f
Andrang m affluence f, foule f
an|drehen sep vt (Licht etc) allumer; **jdm etw ~** (fam) refiler qch à qn
an|drohen sep vt **jdm etw ~** menacer qn de qch
Androide m (-n, -n) humanoïde m
an|eignen sep vt **sich** dat **etw ~** s'approprier qch; (widerrechtlich) usurper qch
aneinander adv (denken) l'un(e) à l'autre; **~ fügen** joindre; **~ geraten** se disputer; **~ legen** mettre l'un(e) à côté de l'autre, juxtaposer; **sie fuhren ~ vorbei** (in gleicher Richtung) ils roulaient côte à côte; (in entgegengesetzter Richtung) ils se sont croisés
an|ekeln sep vt dégoûter, écœurer
Anemone f (-, -n) anémone f
anerkannt adj reconnu(e), admis(e)
an|erkennen (pp anerkannt) sep irr vt reconnaître; (würdigen) apprécier; **anerkennend** adj élogieux(-euse); **anerkennenswert** adj louable, appréciable; **Anerkennung** f (eines Staates) reconnaissance f; (Würdigung) appréciation f
an|fahren sep irr vt **1.** vt (herbeibringen)

apporter, charrier; (fahren gegen) heurter, accrocher; (Hafen, Ort) se diriger vers; (Kurve) s'engager dans; (zurechtweisen) rudoyer, rabrouer **2.** vi ⟨sein⟩ (losfahren) démarrer; (ankommen) arriver
Anfall m (MED) attaque f; (fig) accès m
an|fallen sep irr **1.** vt (angreifen) assaillir, attaquer **2.** vi ⟨sein⟩ **es fällt viel Arbeit an** il y a beaucoup de travail
anfällig adj **für etw ~ sein** être sujet(te) à qch
Anfang m (-(e)s, Anfänge) commencement m, début m; **von ~ an** dès le début; **am [o zu] ~** au début; **für den ~** pour le début, pour commencer; **~ Mai/des Monats** début mai/au début du mois;
an|fangen sep irr vt **1.** vt commencer; (machen) faire, s'y prendre; **Anfänger(in)** m(f) (-s, -) débutant(e); **anfänglich** adj premier(-ière), initial(e);
anfangs adv au début, d'abord;
Anfangsbuchstabe m initiale f;
Anfangsstadium nt première phase f
an|fassen sep **1.** vt (ergreifen) prendre, saisir; (berühren) toucher; (Angelegenheit) traiter; **zum Anfassen** (Mensch) facilement abordable; (Sache) à la portée de tous **2.** vi **mit ~** (helfen) donner un coup de main
an|fechten sep irr vt attaquer, contester; (beunruhigen) inquiéter
an|fertigen sep vt faire, fabriquer
an|feuern sep vt (fig) encourager, stimuler
an|flehen sep vt supplier, implorer
an|fliegen sep irr **1.** vt (Land, Stadt) desservir **2.** vi ⟨sein⟩ (Vogel) s'approcher
Anflug m (AVIAT) (vol m d')approche f; (Spur) trace f, soupçon m
an|fordern sep vt demander, réclamer; **Anforderung** f demande f; (Beanspruchung) exigence f
Anfrage f demande f; (INFORM) consultation f; (POL) interpellation f; **an|fragen** sep vi s'enquérir
an|freunden sep vr **sich mit jdm ~** se lier d'amitié avec qn; **sich mit etw ~** s'habituer à qch
an|fügen sep vt ajouter
an|fühlen sep vr **sich hart/weich ~** être dur(e)/mou (molle) au toucher
an|führen sep vt (leiten) guider, conduire; (Beispiel, Zeugen) citer; **Anführer(in)** m(f) chef mf, dirigeant(e); **Anführungsstriche** pl, **Anführungszeichen** pl guillemets mpl
Angabe f (Auskunft) information f; (das

Angeben) indication f; (*TECH*) donnée f; (*fam: Prahlerei*) vantardise f
an|geben *sep irr* **1.** *vt* donner; (*Zeugen*) citer **2.** *vi* (*fam*) se vanter
Angeber(in) *m(f)* (-s, -) (*fam*) vantard(e), crâneur(-euse); **Angeberei** *f* (*fam*) vantardise f
angeblich 1. *adj* prétendu(e) **2.** *adv* soi-disant
angeboren *adj* inné(e); (*ererbt*) congénital(e)
Angebot *nt* offre f; (*Auswahl*) choix m
angebracht *adj* opportun(e)
angegriffen *adj* (*Gesundheit*) altéré(e)
angeheitert *adj* éméché(e)
an|gehen *sep irr* **1.** *vt* (*betreffen*) regarder, concerner; (*angreifen*) attaquer; (*bitten*) demander (*um etw* qch) **2.** *vi* ⟨*sein*⟩ (*Feuer*) prendre; (*Licht*) s'allumer; (*ankämpfen*) lutter (*gegen etw* contre qch); (*fam: beginnen*) commencer; (*erträglich sein*) être supportable; **angehend** *adj* (*Lehrer*) débutant(e), futur(e)
an|gehören (*pp* angehört) *sep vi* +*dat* appartenir à
Angehörige(r) *mf* parent(e)
Angeklagte(r) *mf* accusé(e)
Angel *f* (-, -n) (*Gerät*) canne f à pêche; (*Tür~, Fenster~*) gond m, pivot m
Angelegenheit *f* affaire f
Angelhaken *m* hameçon m
angeln 1. *vt* pêcher **2.** *vi* pêcher à la ligne; **Angeln** *nt* (-s) pêche f à la ligne
an|geloben (*pp* angelobt) *sep vt* (*A*) assermenter; **Angelobung** *f* (*A*) prestation f de serment
Angelrute *f* canne f à pêche
angemessen *adj* convenable, approprié(e)
angenehm *adj* agréable; ~! (*bei Vorstellung*) enchanté(e)!; **jdm** ~ **sein** plaire à qn, faire plaisir à qn
angenommen *adj* supposé(e)
angepasst *adj* conformiste
angeschrieben *adj* **bei jdm gut/schlecht** ~ **sein** être bien/mal vu(e) de qn
angesehen *adj* considéré(e), estimé(e)
angesichts *prep* +*gen* face à
angespannt *adj* (*Aufmerksamkeit*) intense; (*Arbeiten*) assidu(e); (*kritisch: Lage*) tendu(e), critique
Angestellte(r) *mf* employé(e)
angestrengt *adv* (*Nachdenken*) intense; (*Arbeiten*) assidu(e)
angetan *adj* **von jdm/etw** ~ **sein** être enchanté(e) de qn/de qch; **es jdm** ~ **haben** (*Mensch*) avoir la cote auprès

de qn
angewiesen *adj* **auf jdn/etw** ~ **sein** dépendre de qn/de qch
an|gewöhnen (*pp* angewöhnt) *sep vt* **sich** *dat* **etw** ~ s'habituer à qch; **Angewohnheit** *f* habitude f
Angler(in) *m(f)* (-s, -) pêcheur(-euse) à la ligne
Angola *nt* (-s) l'Angola m
an|greifen *sep irr vt* attaquer; (*anfassen*) toucher; (*Gesundheit*) nuire à; **Angreifer(in)** *m(f)* (-s, -) attaquant(e); **Angriff** *m* attaque f; **etw in** ~ **nehmen** attaquer qch; **angriffslustig** *adj* agressif(-ive)
angst *adj* **jdm ist/wird** ~ qn prend peur; **Angst** *f* (-, Ängste) (*Furcht*) peur f (*vor* +*dat* de); (*Sorge*) peur f (*um* pour); **jdm** ~ **machen** faire peur à qn; **Angsthase** *m* (*fam*) froussard(e)
ängstigen 1. *vt* effrayer **2.** *vr* **sich** ~ avoir peur, s'inquiéter
ängstlich *adj* (*furchtsam*) peureux(-euse); (*besorgt*) inquiet(-ète), anxieux(-euse); **Ängstlichkeit** *f* peur f; (*Besorgtheit*) inquiétude f
an|haben *sep irr vt* (*Kleidung*) porter; **er kann mir nichts** ~ il ne peut rien me faire
an|halten *sep irr* **1.** *vt* (*Fahrzeug*) arrêter; (*Atem*) retenir; **jdn zu etw** ~ inciter qn à qch **2.** *vi* s'arrêter; (*andauern*) durer; **um jds Hand** ~ demander la main de qn; **anhaltend** *adj* ininterrompu(e), persistant(e)
Anhalter(in) *m(f)* (-s, -) auto-stoppeur(-euse); **per** ~ **fahren** faire de l'auto-stop
Anhaltspunkt *m* point m de repère, indication f
anhand *prep* +*gen* à l'aide de
Anhang *m* (*von Buch etc*) appendice m; (*von E-Mail*) annexe f; (*Anhänger*) partisans *mpl*; (*fam: Kinder*) progéniture f; **mit seinem** ~ (*Frau und Kinder*) avec femme et enfants
an|hängen *sep vt* accrocher; (*Zusatz*) ajouter; (*an E-Mail*) attacher; **jdm etw** ~ imputer qch à qn
Anhänger *m* (-s, -) (*AUTO*) remorque f; (*am Koffer*) étiquette f; (*Schmuck*) pendentif m
Anhänger(in) *m(f)* (-s, -) (*Parteigänger*) partisan(e), adepte *mf*; (*Fußball~*) supporter(-trice); **Anhängerkupplung** *f* crochet m d'attelage pour remorque; **Anhängerschaft** *f* partisans *mpl*
anhängig *adj* (*JUR*) devant les tribunaux; ~ **machen** intenter
anhänglich *adj* dévoué(e), fidèle;

Anhänglichkeit f dévouement m, fidélité f

Anhängsel nt (-s, -) appendice m; (lästiger Mensch) fardeau m

Anhäufung f accumulation f

an|heben sep irr vt (Gegenstand) soulever; (Preise) relever

anheim adv jdm etw ~ stellen laisser à qn libre choix de qch

anheimelnd adj familier(-ière)

an|heuern sep vt engager

Anhieb m auf ~ d'emblée

Anhöhe f hauteur f, colline f

an|hören sep 1. vt écouter; (anmerken) remarquer; sich dat etw ~ écouter qch 2. vr sich ~ sonner

Animateur(in) m(f) animateur(-trice)

animieren (pp animiert) vt inciter, entraîner

Anis m (-es, -e) anis m

Ank. abk von **Ankunft** arrivée f

Ankauf m achat m; **an|kaufen** sep vt acheter

Anker m (-s, -) ancre f; **vor** ~ **gehen** jeter l'ancre; **ankern** vi mouiller; **Ankerplatz** m mouillage m

Anklage f accusation f; (JUR) inculpation f; **Anklagebank** f (-bänke pl) banc m des accusés; **an|klagen** sep vt accuser

Anklang m **bei jdm** ~ **finden** avoir du succès auprès de qn

Ankleidekabine f (im Schwimmbad) cabine f de bain; (im Kaufhaus) cabine f d'essayage

an|klicken sep vt (INFORM) cliquer

an|klopfen sep vi frapper à la porte; **Anklopfen** nt (TEL) appel m en instance, signal m d'annonce

an|knüpfen sep 1. vt attacher, lier; (fig) commencer; **Beziehungen mit jdm** ~ entrer en relations avec qn 2. vi **an etw** akk ~ partir de qch

an|kommen sep irr vi (sein) arriver; (Anklang finden) avoir du succès (bei auprès de); **es kommt darauf an** cela dépend; (wichtig sein) c'est ce qui importe; **gegen jdn/etw** ~ l'emporter sur qn/qch

an|kreuzen sep vt cocher

an|kündigen sep vt annoncer

Ankunft f (-) arrivée f; **Ankunftszeit** f heure f d'arrivée

an|kurbeln sep vt (fig: Wirtschaft etc) stimuler, relancer

Anlage f (Veranlagung) disposition f (zu pour, à); (Begabung) talent m, don m; (Park) parc m, espace m vert; (Gebäude-

komplex) édifices mpl; (Beilage, zu E-Mail) annexe f; (EDV-~) installation f, système m; (TECH) installation f; (FIN) investissement m; (das Anlegen: von Garten, Stausee etc) aménagement m

Anlass m (-es, Anlässe) (Ursache) cause f; (Gelegenheit) occasion f; **aus** ~ +gen à l'occasion de; ~ **zu etw geben** donner lieu à qch; **etw zum** ~ **nehmen** profiter de qch

an|lassen sep irr 1. vt (Motor, Auto) démarrer; (Mantel) garder; (Licht, Radio) laisser allumé(e) 2. vr sich gut ~ bien s'annoncer

Anlasser m (-s, -) (AUTO) démarreur m

anlässlich prep +gen à l'occasion de

an|lasten sep vt jdm etw ~ imputer qch à qn

Anlauf m (Beginn) commencement m; (SPORT) élan m; (Versuch) essai m

an|laufen sep irr 1. vi (sein) démarrer; (Fahndung, Film) commencer; (Metall) changer de couleur; (Glas) s'embuer; **angelaufen kommen** arriver en courant 2. vt (Hafen) faire escale à

Anlaufstelle f permanence f

an|läuten sep vt s. **anrufen**

an|legen sep 1. vt (Leiter) poser, appuyer; (Lineal, Maßstab) appliquer, mettre; (anziehen) mettre; (Park, Garten) aménager; (Liste) dresser; (Akte) ouvrir; (Geld: investieren) investir; (Geld: ausgeben) dépenser; (Gewehr) épauler; **es auf etw** akk ~ viser qch; **sich mit jdm** ~ (fam) se quereller avec qn 2. vi (NAUT) aborder, accoster

Anlegeplatz m, **Anlegestelle** f embarcadère m

an|lehnen sep 1. vt (Leiter, Fahrrad) appuyer; (Tür, Fenster) laisser entrouvert(e) 2. vr sich ~ s'appuyer; **sich an etw** akk ~ (an Vorbild) suivre l'exemple de qch

an|leiern sep vt (fam) mettre en route

an|leiten sep vt jdn zu etw ~ encourager qn à qch; **jdn bei der Arbeit** ~ montrer un travail à qn

Anleitung f directives fpl, instructions fpl

an|liegen sep irr vi (auf Programm stehen) être à faire, être au programme; (Kleidung) être ajusté(e)

Anliegen nt (-s, -) demande f, prière f; (Wunsch) désir m

Anlieger(in) m(f) (-s, -) riverain(e)

an|lügen sep irr vt mentir à

an|machen sep vt (befestigen) attacher; (Licht, elektrisches Gerät) allumer; (Salat) assaisonner; (fam: aufreizen) aguicher; (fam: ansprechen) aborder, accoster

an|maßen sep vt sich dat etw ~ s'attri-

buer qch, se permettre qch; **anmaßend** *adj* prétentieux(-euse), arrogant(e); **Anmaßung** *f* prétention *f*, arrogance *f*
Anmeldebestätigung *f* certificat *m* de domicile; **Anmeldeformular** *nt* formulaire *m* d'inscription; **an|melden** *sep* 1. *vt* (*Besuch*) annoncer; (*Radio, Auto*) déclarer 2. *vr* **sich ~** s'annoncer; (*für Kurs*) s'inscrire (*für, zu* à); (*polizeilich*) faire une déclaration de séjour; **Anmeldeschluss** *m* clôture *f* des inscriptions; **Anmeldung** *f* inscription *f*; déclaration *f*
an|merken *sep vt* (*hinzufügen*) ajouter; (*anstreichen*) marquer; **jdm etw ~** lire [o remarquer] qch sur le visage de qn; **sich** *dat* **nichts ~ lassen** faire semblant de rien; **Anmerkung** *f* annotation *f*, remarque *f*
Anmut *f* (-) grâce *f*, élégance *f*; **anmutig** *adj* gracieux(-euse); (*Lächeln*) charmant(e)
an|nähen *sep vt* (re)coudre
annähernd *adj* (*Wert, Betrag*) approximatif(-ive)
Annäherung *f* approche *f*, rapprochement *m*; **Annäherungsversuch** *m* avance *f*
Annahme *f* (-, -n) réception *f*; (*von Vorschlag, Gesetz*) adoption *f*; (*Vermutung*) supposition *f*, hypothèse *f*
annehmbar *adj* acceptable; (*Wetter*) passable
an|nehmen *sep irr vt* prendre; (*Einladung*) accepter; (*vermuten*) supposer; **sich jds/ einer Sache ~** prendre soin de qn/de qch; **angenommen, das ist so** admettons qu'il en soit ainsi
Annehmlichkeit *f* côté *m* agréable, agrément *m*
annektieren (*pp* annektiert) *vt* annexer
Annonce *f* (-, -n) annonce *f*
annoncieren (*pp* annonciert) 1. *vi* passer [o mettre] une annonce 2. *vt* passer [o mettre] une annonce pour
annullieren (*pp* annulliert) *vt* annuler
Anode *f* (-, -n) anode *f*
an|öden *sep vt* (*fam*) barber, raser
anonym *adj* anonyme; **Anonymität** *f* anonymat *m*
Anorak *m* (-s, -s) anorak *m*
an|ordnen *sep vt* ranger, disposer; (*INFORM*) réorganiser; (*befehlen*) ordonner; **Anordnung** *f* disposition *f*
anorganisch *adj* inorganique
an|packen *sep vt* (*anfassen*) empoigner, saisir; (*behandeln: Menschen*) traiter; (*in Angriff nehmen: Arbeit*) attaquer, aborder;

mit ~ (*helfen*) mettre la main à la pâte
an|passen *sep* 1. *vt* (*angleichen*) adapter (*dat* à) 2. *vr* **sich ~** s'adapter (*an +akk* à); **Anpassung** *f* adaptation *f*; **anpassungsfähig** *adj* adaptable
Anpfiff *m* (*SPORT*) coup *m* d'envoi; (*fam: Tadel*) savon *m*, engueulade *f*
an|pöbeln *sep vt* (*fam*) apostropher
an|prangern *sep vt* clouer [o mettre] au pilori
an|preisen *sep irr vt* recommander, vanter (*jdm* à qn)
Anprobe *f* essayage *m*; **an|probieren** (*pp* anprobiert) *sep vt* essayer
an|rechnen *sep vt* compter; (*altes Gerät*) défalquer; **jdm etw hoch ~** savoir gré de qch à qn
Anrecht *nt* droit *m* (*auf +akk* à, sur)
Anrede *f* apostrophe *f*; (*Titel*) titre *m*; **an|reden** *sep vt* (*ansprechen*) adresser la parole à, aborder; (*belästigen*) accoster; **jdn mit Herr Dr./Frau ~** appeler qn docteur/madame; **jdn mit Sie ~** vouvoyer qn
an|regen *sep vt* (*stimulieren*) inciter, stimuler; (*vorschlagen*) proposer, suggérer; **angeregte Unterhaltung** discussion animée; **anregend** *adj* (*Mittel*) excitant(e); (*Luft*) qui réveille; (*Gespräch*) stimulant(e); **Anregung** *f* suggestion *f*; (*das Stimulieren*) stimulation *f*
an|reichern *sep vt* (*CHEM*) enrichir; (*GASTR*) rendre plus riche
Anreise *f* arrivée *f*; **an|reisen** *sep vi* ⟨sein⟩ arriver
Anreiz *m* stimulant *m*, attrait *m*
Anrichte *f* (-, -n) desserte *f*, buffet *m*
an|richten *sep vt* (*Essen*) préparer, servir; (*Verwirrung, Schaden*) provoquer, causer
anrüchig *adj* louche, suspect(e)
an|rücken *sep vi* ⟨sein⟩ (*ankommen*) avancer, approcher
Anruf *m* appel *m*; **Anrufbeantworter** *m* (-s, -) répondeur *m* (automatique); **an|rufen** *sep irr vt* (*TEL*) appeler
an|rühren *sep vt* (*anfassen*) toucher; (*essen*) toucher à; (*mischen*) mélanger
ans = **an das**
Ansage *f* annonce *f*; **an|sagen** *sep* 1. *vt* (*Zeit, Programm*) annoncer; **angesagt sein** (*fam*) être annoncé(e); (*fam: modisch*) être à la mode; **Spaß ist angesagt** (*fam*) l'amusement est maintenant au programme 2. *vr* **sich ~** s'annoncer; **Ansager(in)** *m(f)* (-s, -) présentateur(-trice) *m*
an|sammeln *sep vr* **sich ~** s'accumuler; (*Menschen*) se rassembler; **Ansammlung** *f* accumulation *f*, amas *m*; (*Leute*) rassem-

blement m

ansässig adj établi(e)

Ansatz m (Beginn) début m; (Versuch) essai m; (Haar~) racine f; (Rost~, Kalk~) dépôt m; (Verlängerungsstück) rallonge f; **Ansatzpunkt** m point m de départ

an|schaffen sep vt acquérir, acheter; **Anschaffung** f acquisition f

an|schalten sep vt allumer

an|schauen sep vt regarder

anschaulich adj expressif(-ive)

Anschauung f (Meinung) opinion f; aus eigener ~ par expérience; **Anschauungsmaterial** nt matériel m documentaire

Anschein m apparence f; allem ~ nach selon toute apparence; den ~ haben sembler, paraître; **anscheinend** adv apparemment

Anschlag m (Bekanntmachung) affiche f; (Attentat) attentat m; (TECH) arrêt m; (auf Klavier) toucher m; (auf Schreibmaschine) frappe f; **an|schlagen** sep irr vt (Zettel) afficher; (Kopf) cogner, heurter; (beschädigen: Tasse) ébrécher; (Akkord) frapper

an|schließen sep irr **1.** vt (Gerät) brancher; (Sender) relayer; (Frage) enchaîner **2.** vi, vr (sich) an etw akk ~ (räumlich) être contigu(ë) à qch; (zeitlich) suivre qch **3.** vr sich ~ (an Menschen) se joindre (jdm à qn); (beipflichten) se ranger à l'avis (jdm de qn); **anschließend 1.** adj (räumlich) contigu(ë); (zeitlich) successif(-ive) **2.** adv ensuite, après

Anschluss m (ELEC) branchement m; (INFORM) connexion f; (EISENBAHN) correspondance f; (TEL: Verbindung) communication f; (TEL: Apparat) raccord m; (Kontakt zu jdm) contact m; (Wasser~ etc) distribution f; im ~ an +akk faisant suite à; ~ finden avoir des contacts; **Anschlussflug** m correspondance f

anschmiegsam adj (Mensch) câlin(e); (Stoff) souple

an|schnallen sep vr sich ~ (AUTO, AVIAT) attacher sa ceinture; **Anschnallpflicht** f port m obligatoire de la ceinture

an|schneiden sep irr vt entamer

an|schreiben sep irr vt écrire; (jdn) écrire à; (auf Kredit geben) mettre sur le compte; s. a. angeschrieben

an|schreien sep irr vt engueuler

Anschrift f adresse f

an|schwellen sep irr vi ⟨sein⟩ (Körperteil) gonfler, enfler; (Fluss) monter; (Lärm) s'enfler

an|schwemmen sep vt charrier

an|schwindeln sep vt raconter des bobards à

an|sehen sep irr vt regarder; (betrachen) contempler; **jdm etw** ~ lire qch sur le visage de qn; **jdn/etw als etw** ~ considérer qn/qch comme qch; ~ **für** estimer; **Ansehen** nt (-s) (Ruf) réputation f

ansehnlich adj (Mensch) de belle apparence [o stature]; (beträchtlich) considérable

an sein irr vi ⟨sein⟩ être allumé(e); (Gas) être ouvert(e); (Strom) être branché(e)

an|setzen sep **1.** vt (anfügen) ajouter; (Wagenheber) mettre, placer; (Glas) porter à sa bouche; (Trompete) emboucher; (Knospen, Frucht) faire, produire; (Rost) se couvrir de; (Bowle) faire macérer; (Termin) fixer; (Kosten) calculer; (Fett) ~ engraisser **2.** vi (beginnen) commencer

Ansicht f (Anblick) vue f; (INFORM) affichage m; (Meinung) avis m, opinion f; zur ~ (COM) à vue; meiner ~ nach à mon avis; **Ansichtskarte** f carte f postale; **Ansichtssache** f affaire f d'opinion

an|spannen sep vt (Tiere) atteler; (Muskel) bander; (Nerven) tendre; **Anspannung** f tension f

Anspiel nt (SPORT) commencement m du jeu; **an|spielen** sep vi (SPORT) commencer à jouer; **auf etw** akk ~ faire allusion à qch; **Anspielung** f allusion f

Ansporn m (-(e)s) stimulation f

Ansprache f allocution f

an|sprechen sep irr **1.** vt (reden mit) adresser la parole à; (bitten) demander à; (gefallen) plaire à; **jdn auf etw** akk ~ parler de qch à qn **2.** vi (gefallen) plaire, intéresser; (reagieren) réagir; (wirken) faire effet; **ansprechend** adj charmant(e); **Ansprechpartner(in)** m(f) interlocuteur(-trice)

an|springen sep irr vi ⟨sein⟩ (AUTO) démarrer

Anspruch m (Recht) droit m; (Forderung) exigence f; hohe Ansprüche stellen/haben être exigeant(e); ~ auf etw akk haben avoir droit à qch; etw in ~ nehmen avoir recours à qch; **anspruchslos** adj peu exigeant(e); **anspruchsvoll** adj exigeant(e)

an|spucken sep vt cracher sur

an|stacheln sep vt encourager, pousser

Anstalt f (-, -en) (Schule, Heim, Gefängnis) établissement m; (Institut) institut m, institution f; (Heil~) maison f de santé; **~en machen, etw zu tun** se préparer à faire qch

Anstand m décence f; **anständig** adj (Mensch, Benehmen) honnête, comme il faut; (Leistung, Arbeit) bon(ne); (fam: Schulden, Prügel) sacré(e); **anstandslos** adv sans hésitation

an|starren sep vt regarder fixement, fixer du regard

anstatt 1. prep +gen à la place de 2. konj ~ **etw zu tun** au lieu de faire qch

an|stechen sep irr vt (Blase, Reifen) crever; (Fass) mettre en perce

an|stecken sep 1. vt (Abzeichen, Blume) attacher; (MED) contaminer; (Pfeife) allumer; (Haus) mettre le feu à 2. vi (fig) être contagieux(-euse) 3. vr **ich habe mich bei ihm angesteckt** il m'a contaminé(e); **ansteckend** adj contagieux(-euse); **Anstecker** m pin's m; **Ansteckung** f contagion f

an|stehen sep irr vi faire la queue; (Verhandlungspunkt) être à l'ordre du jour

anstelle, an Stelle adv ~ **von** +dat à la place de

an|stellen sep 1. vt (Gerät) allumer, mettre en marche; (Wasser) ouvrir; (anlehnen) poser, placer (an +akk contre); (Arbeit geben) employer, engager; (fam: machen, unternehmen) faire 2. vr **sich** ~ (Schlange stehen) se mettre à la queue; **sich dumm** ~ faire l'imbécile; **sich geschickt** ~ s'y prendre bien; **Anstellung** f emploi m

Anstieg m (-(e)s) montée f

an|stiften sep vt **jdn zu etw** ~ pousser qn à qch; **Anstifter(in)** m(f) instigateur (-trice)

an|stimmen sep vt (Lied) entonner; (Geschrei) pousser

Anstoß m (Impuls) impulsion f; (Ärgernis) offense f, scandale m; (SPORT) coup m d'envoi; ~ **nehmen an** +dat être choqué(e) par

an|stoßen sep irr 1. vt pousser; (mit Fuß) heurter, buter 2. vi (SPORT) donner le coup d'envoi; (mit Gläsern) trinquer 3. vi ⟨sein⟩ (sich stoßen) se heurter; **an etw** akk ~ (angrenzen) être attenant(e) à qch

Anstößer(in) m(f) (-s, -) (CH) s. **Anwohner**

anstößig adj choquant(e), inconvenant(e)

an|streben sep vt aspirer à

an|streichen sep irr vt peindre; (markieren) marquer; **Anstreicher(in)** m(f) (-s, -) peintre m (en bâtiment(s))

an|strengen sep 1. vt forcer; (strapazieren) surmener, fatiguer; (JUR: Prozess) intenter 2. vr **sich** ~ faire des efforts, s'efforcer;

anstrengend adj fatigant(e); **Anstrengung** f effort m

Anstrich m couche f de peinture; (fig: Note) air m

Ansturm m assaut m, attaque f

Antagonismus m antagonisme m

Antarktis f l'Antarctique m; **antarktisch** adj antarctique

an|tasten sep vt (berühren) toucher; (Recht) porter atteinte à; (Ersparnisse, Vorrat) entamer

Anteil m (Teil) part f; (Teilnahme) participation f; ~ **nehmen an** +dat (Mitgefühl haben) compatir à; **Anteilnahme** f (-) (Mitleid) compassion f, sympathie f

Antenne f (-, -n) antenne f

Anthrazit m (-s, -e) anthracite m

Anti- in Zusammensetzungen anti; **Antialkoholiker(in)** m(f) antialcoolique mf; **antiautoritär** adj antiautoritaire; **Antibiotikum** nt (-s, Antibiotika) antibiotique m; **Antiblockiersystem** nt (AUTO) système m (de freinage) antiblocage; **Antihistamin** nt (-s, -e) (MED) antihistaminique m

antik adj ancien(ne); **Antike** f (-) (Zeitalter) Antiquité f

Antikörper m (MED) anticorps m

Antilope f (-, -n) antilope f

Antipathie f antipathie f

Antiquariat nt librairie f d'occasions

Antiquitäten pl antiquités fpl; **Antiquitätenhandel** m commerce m d'antiquités; **Antiquitätenhändler(in)** m(f) antiquaire mf

Antisemitismus m antisémitisme m

Antivirenprogramm nt (INFORM) anti-virus m

antönen vt (CH) s. **andeuten**

an|törnen sep vt (sl) faire flasher, exciter

Antrag m (-(e)s, Anträge) (POL) motion f; (Gesuch) demande f; (Formular) formulaire m; (Heirats~) demande f en mariage

an|treffen sep irr vt rencontrer

an|treiben sep irr vt pousser, faire avancer; (jdn) inciter; (Maschine) mettre en marche

an|treten sep irr 1. vt (Stellung) prendre; (Erbschaft) accepter; (Strafe) commencer à purger; (Beweis) fournir; (Reise, Urlaub) partir en; **das Amt/die Regierung** ~ prendre ses fonctions/le pouvoir 2. vi ⟨sein⟩ s'aligner

Antrieb m force f motrice; (fig) impulsion f; **aus eigenem** ~ de sa propre initiative

an|trinken sep irr vt (Flasche, Glas) entamer; **sich** *dat* **Mut/einen Rausch** ~ boire pour se donner du courage/se soûler; **angetrunken sein** être en état d'ébriété

Antritt *m* (*von Erbschaft*) prise *f* de possession; (*von Reise*) départ *m*; (*von Amt*) entrée *f* en fonction; **vor** ~ **seiner neuen Stelle** avant de prendre son nouveau poste

an|tun *sep irr vt* **jdm etw** ~ faire qch à qn; **sich** *dat* **Zwang** ~ se faire violence, se contraindre

Antwort *f* (-, -en) réponse *f*; **um** ~ **wird gebeten** RSVP (*Répondez s'il vous plaît*); **antworten** *vi* répondre (*dat* à)

an|vertrauen (*pp* anvertraut) *sep* **1.** *vt* **jdm etw** ~ confier qch à qn **2.** *vr* **sich jdm** ~ se confier à qn

an|wachsen *sep irr vi* 〈*sein*〉 (*sich steigern*) augmenter; (*Pflanze*) prendre racine

Anwalt *m* (-(e)s, Anwälte), **Anwältin** *f* avocat(e); **Anwaltskosten** *pl* frais *mpl* d'avocat

Anwandlung *f* élan *m*; **eine** ~ **von etw** un accès de qch

Anwärter(in) *m(f)* candidat(e), prétendant(e)

an|weisen *sep irr vt* (*anleiten*) diriger, instruire; (*befehlen*) ordonner; (*zuteilen*) assigner, attribuer; (*Geld*) virer; **Anweisung** *f* (*Anleitung*) directives *fpl*; (*Befehl*) ordre *m*; (*Zuteilung*) assignation *f*, attribution *f*; (*Post~, Zahlungs~*) mandat *m*, virement *m*

anwendbar *adj* applicable; **an|wenden** *sep irr vt* employer; (*Gerät*) utiliser; (*Gesetz, Regel*) appliquer; **etw auf jdn/etw** ~ appliquer qch à qn/à qch; **Gewalt** ~ user de violence; **Anwender(in)** *m(f)* (-s, -) utilisateur(-trice); **Anwendung** *f* utilisation *f*, emploi *m*, application *f*; (*INFORM*) application *f*; **Anwendungsprogramm** *nt* (*INFORM*) programme *m* d'application

anwesend *adj* présent(e); **die Anwesenden** les personnes présentes; **Anwesenheit** *f* présence *f*; **Anwesenheitsliste** *f* liste *f* de présence

an|widern *sep vt* répugner à, dégoûter

Anwohner(in) *m(f)* (-s, -) riverain(e)

Anzahl *f* (*Menge*) quantité *f*; (*Gesamtzahl*) nombre *m*

an|zahlen *sep vt* (*Betrag*) payer; (*Gegenstand*) payer un acompte pour; **Anzahlung** *f* acompte *m*; (*Betrag*) premier versement *m*

an|zapfen *sep vt* (*Fass*) mettre en perce; (*Telefon*) mettre sur écoute; (*fam: um Geld*) taper

Anzeichen *nt* signe *m*, indice *m*

Anzeige *f* (-, -n) annonce *f*; (*bei Polizei*) dénonciation *f*; (*INFORM*) affichage *m*; ~ **gegen jdn erstatten** dénoncer qn; **an|zeigen** *sep vt* (*Zeit*) marquer, indiquer; (*Geburt*) faire part de; (*bei Polizei*) dénoncer; (*INFORM*) afficher; **Anzeigenblatt** *nt* journal *m* de petites annonces; **Anzeigenmarkt** *m* annonces *fpl*; **Anzeiger** *m* (*TECH*) indicateur *m*

an|zetteln *sep vt* (*fam*) tramer

an|ziehen *sep irr vt* **1.** *vt* attirer; (*Kleidung*) mettre; (*anlocken*) attirer; (*sympathisch sein*) plaire à; (*Schraube, Handbremse*) serrer; (*Seil*) tirer; (*Knie*) plier; (*Feuchtigkeit*) absorber **2.** *vi* (*Preise etc*) monter, être en hausse; (*sich nähern*) s'approcher; (*MIL*) avancer **3.** *vr* **sich** ~ s'habiller; **anziehend** *adj* attirant(e), attrayant(e); **Anziehung** *f* (*Reiz*) attrait *m*, charme *m*, **Anziehungskraft** *f* attirance *f*; (*PHYS*) force *f* d'attraction

Anzug **1.** *m* (-(e)s, Anzüge) costume *m* **2.** *m* **im** ~ **sein** s'approcher

anzüglich *adj* de mauvais goût; (*Bemerkung*) désobligeant(e); **Anzüglichkeit** *f* sans-gêne *m*; (*Bemerkung*) allusion *f* désobligeante

an|zünden *sep vt* allumer; (*Haus*) mettre le feu à; **Anzünder** *m* allume-gaz *m*

an|zweifeln *sep vt* mettre en doute

apart *adj* chic, original(e)

Apartment *nt* (-s, -s) appartement *m*

Apathie *f* apathie *f*, indifférence *f*; **apathisch** *adj* apathique, indifférent(e)

aper *adj* (*A, CH*) sans neige; (*Straße*) déneigé(e)

Apfel *m* (-s, Äpfel) pomme *f*; **Apfelmus** *nt* compote *f* de pommes; **Apfelsaft** *m* jus *m* de pommes

Apfelsine *f* orange *f*

Apfelwein *m* cidre *m*

Apostel *m* (-s, -) apôtre *m*

Apostroph *m* (-s, -e) apostrophe *f*

Apotheke *f* (-, -n) pharmacie *f*

Apotheke

Une **Apotheke** est une pharmacie où l'on vend principalement des médicaments surtout sur ordonnance ainsi que des produits de toilette. Le pharmacien est qualifié pour aider et donner des conseils sur les médicaments et les traitements à suivre.

Apotheker(in) *m(f)* (-s, -) pharmacien(ne)

Apparat m (-(e)s, -e) appareil m; **am ~ bleiben** (TEL) rester en ligne [o l'appareil]

Apparatur f appareillage m

Appartement nt (-s, -s) appartement m

Appell m (-s, -e) (MIL) revue f; (fig) exhortation f, prière f; **appellieren** (pp appelliert) vi **an etw** akk **~** faire appel à qch

Appenzell-Ausserrhoden nt (-s) Appenzell Rhodes-Extérieures m

Appenzell-Innerrhoden nt (-s) Appenzell Rhodes-Intérieures m

Appetit m (-(e)s) appétit m; **guten ~!** bon appétit!; **appetitlich** adj appétissant(e); **Appetitlosigkeit** f manque m d'appétit; **Appetitzügler** m (-s, -) coupe-faim m

Applaus m (-es) applaudissements mpl

Applikation f (INFORM) application f

Appretur f apprêt m

Aprikose f (-, -n) abricot m

April m (-(s), -e) avril m; **im ~** en avril; **24. ~ 2002** le 24 avril 2002; **am 24. ~** le 24 avril; **Aprilwetter** nt giboulées fpl de mars

Aquaplaning nt (-(s)) aquaplaning m

Aquarell nt (-s, -e) aquarelle f

Aquarium nt aquarium m

Äquator m équateur m

Araber(in) m(f) (-s, -) Arabe mf

Arabien nt (-s) l'Arabie f; **arabisch** adj arabe; **Arabisch** nt arabe m

Arbeit f (-, -en) travail m; (Klassen~) contrôle m, devoir m sur table

arbeiten vi travailler; (funktionieren) fonctionner

Arbeiter(in) m(f) (-s, -) travailleur(-euse); (ungelernt) ouvrier(-ière); **Arbeiterschaft** f ouvriers mpl, main-d'œuvre f

Arbeitgeber(in) m(f) (-s, -) employeur(-euse); **Arbeitnehmer(in)** m(f) (-s, -) salarié(e); **arbeitsam** adj travailleur(-euse)

Arbeitsamt nt agence f pour l'emploi; **Arbeitsbeschaffungsmaßnahme** f mesure f pour la création d'emplois; **Arbeitserlaubnis** f permis m de travail; **Arbeitsessen** nt repas m d'affaires; **arbeitsfähig** adj apte au travail; **Arbeitsgang** m phase f de travail; **Arbeitsgemeinschaft** f groupe m de travail; **Arbeitskräfte** pl main-d'œuvre f; **arbeitslos** adj au chômage; **~ sein** être au chômage; **Arbeitslose(r)** mf chômeur(-euse); **Arbeitslosengeld** nt allocation f chômage; **Arbeitslosenhilfe** f allocation f de fin de droits; **Arbeitslosenzahlen** pl nombre m des

chômeurs; **Arbeitslosigkeit** f chômage m; **Arbeitsmarkt** m marché m du travail; **Arbeitsplatz** m lieu m de travail; (Computer~) poste m de travail; **arbeitsscheu** adj rétif(-ive) au travail, paresseux(-euse); **Arbeitsspeicher** m (INFORM) mémoire f de travail; **Arbeitssuche** f recherche f d'un emploi; **Arbeitstag** m journée f de travail; **Arbeitsteilung** f division f du travail; **arbeitsunfähig** adj inapte au travail; **Arbeitszeit** f horaire m de travail; **gleitende ~** horaire souple; **Arbeitszeitverkürzung** f réduction f du temps de travail

Archäologe m (-n, -n), **-login** f archéologue mf

Architekt(in) m(f) (-en, -en) architecte mf; **Architektur** f architecture f

Archiv nt (-s, -e) archives fpl; (INFORM) archive f

arg (ärger, am ärgsten) **1.** adj terrible **2.** adv fort, très

Argentinien nt (-s) l'Argentine f; **Argentinier(in)** m(f) (-s, -) Argentin(e); **argentinisch** adj argentin(e)

Ärger m (-s) (Wut) colère f; (Unannehmlichkeit) ennuis mpl, contrariété f; **ärgerlich** adj (zornig) fâché(e), en colère; (lästig) fâcheux(-euse), ennuyeux(-euse); **ärgern 1.** vt fâcher, contrarier **2.** vr **sich ~** se fâcher, s'énerver; **Ärgernis** nt contrariété f; (Anstoß) scandale m; **öffentliches ~ erregen** commettre un outrage aux bonnes mœurs

Argument nt argument m

Argwohn m suspicion f, défiance f; **argwöhnisch** adj soupçonneux(-euse)

Arie f aria f

Aristokrat(in) m(f) (-en, -en) aristocrate mf; **Aristokratie** f aristocratie f; **aristokratisch** adj aristocratique

arithmetisch adj arithmétique

Arktis f (-) l'Arctique m; **arktisch** adj arctique

arm adj (ärmer, am ärmsten) pauvre; **~ an etw** dat **sein** être pauvre en qch; **~ dran sein** être à plaindre

Arm m (-(e)s, -e) bras m; (von Leuchter) branche f; (von Polyp) tentacule m; **~ in ~** bras dessus bras dessous

Armatur f (ELEC) tableau m (de contrôle); **Armaturenbrett** nt tableau m de bord

Armband nt (-bänder pl) bracelet m; **Armbanduhr** f montre(-bracelet) f

Arme(r) mf pauvre mf

Armee f (-, -n) armée f

Ärmel m (-s, -) manche f; **etw aus dem ~ schütteln** (fig) sortir qch de son chapeau; **Ärmelkanal** m der ~ la Manche

Armenien nt l'Arménie f; **armenisch** adj arménien(ne)

ärmlich adj pauvre

armselig adj (elend) pauvre, misérable; (schlecht) piètre, minable

Armut f (-) pauvreté f; **Armutszeugnis** nt jdm ein ~ ausstellen montrer l'incompétence de qn; **sich** dat **ein ~ ausstellen** se révéler incapable

Aroma nt (-s, Aromen) arôme m; **Aromatherapie** f aromathérapie f; **aromatisch** adj aromatique

arrangieren (pp arrangiert) **1.** vt arranger **2.** vr sich ~ s'arranger (mit avec)

Arrest m (-(e)s, -e) (Haft) arrêts mpl

arrogant adj arrogant(e); **Arroganz** f arrogance f

Arsch m (-es, Ärsche) (vulg) cul m; **Arschkriecher(in)** m(f) (vulg) lèche-cul m

Art f (-, -en) (Weise) façon f, manière f; (Sorte) sorte f; (Wesen) caractère m, nature f; (BIO) espèce f, variété f; **Sauerkraut nach ~ des Hauses** choucroute maison f; **Artenschutz** m protection f des espèces animales et végétales; **Artenschwund** m, **Artensterben** nt (-s) disparition f des espèces; **Artenvielfalt** f biodiversité f

Arterie f artère f; **Arterienverkalkung** f artériosclérose f

artig adj (folgsam) obéissant(e), sage

Artikel m (-s, -) article m

Artischocke f (-, -n) artichaut m

Arznei f, **Arzneimittel** nt médicament m; **Arzneimittelmissbrauch** m abus m de médicaments

Arzt m (-es, Ärzte) médecin m, docteur m; **Arzthelfer(in)** m(f) assistant(e) médical(e); **Ärztin** f médecin f, docteur f

ärztlich adj médical(e)

As nt s. **Ass**

Asbest m (-(e)s, -e) amiante m

Asche f (-, -n) cendre f; **Aschenbahn** f (SPORT) piste f cendrée, cendrée f; **Aschenbecher** m cendrier m; **Aschenbrödel**, **Aschenputtel** nt (-s) Cendrillon f; **Aschermittwoch** m mercredi m des Cendres

ASCII-Code m code m ASCII

Aserbaidschan nt (-s) l'Azerbaïdjan m

Asiat(in) m(f) (-en, -en) Asiatique mf; **asiatisch** adj asiatique; **Asien** nt (-s) l'Asie f

asozial adj asocial(e)

Aspekt m (-s, -e) aspect m

Asphalt m (-(e)s, -e) asphalte m; **asphaltieren** (pp asphaltiert) vt asphalter, bitumer; **Asphaltstraße** f route f goudronnée

aß imperf von **essen**

Ass nt (-es, -e) as m

Assembler m (-s, -) (INFORM) assembleur m

Assistent(in) m(f) assistant(e)

Assoziation f association f

Ast m (-(e)s, Äste) branche f

Aster f (-, -n) aster m

ästhetisch adj esthétique

Asthma nt (-s) asthme m; **Asthmatiker(in)** m(f) (-s, -) asthmatique mf

Astrologe m (-n, -n), **-login** f astrologue mf; **Astrologie** f astrologie f

Astronaut(in) m(f) (-en, -en) astronaute mf; **Astronautik** f astronautique f

Astronom(in) m(f) astronome mf; **Astronomie** f astronomie f

ASU f (-, -s) akr von **Abgassonderuntersuchung** test m antipollution

Asyl nt (-s, -e) asile m; (Heim) hospice m; (Obdachlosen~) abri m, refuge m; **Asylant(in)** m(f) demandeur(-euse) d'asile; **Asylantenwohnheim** nt centre m pour les demandeurs d'asile; **Asylantrag** m demande f d'asile; **Asylbewerber(in)** m(f) demandeur(-euse) d'asile; **Asylrecht** nt droit m d'asile

Atelier nt (-s, -s) atelier m

Atem m (-s) (das Atmen) respiration f; (Luft) haleine f, souffle m; **außer ~** hors d'haleine, à bout de souffle; **jdn in ~ halten** (fig) tenir qn en haleine; **jdm den ~ verschlagen** (fig) couper le souffle [o la respiration] à qn; **atemberaubend** adj (Spannung) palpitant(e); (Tempo) vertigineux(-euse); (Schönheit) époustouflant(e); **atemlos** adj (Mensch) essoufflé(e), hors d'haleine; **Atempause** f temps m d'arrêt; **Atemzug** m souffle m; **in einem ~** (fig) d'une (seule) traite

Atheismus m athéisme m; **Atheist(in)** m(f) athée mf; **atheistisch** adj athée

Äther m (-s, -) éther m

Äthiopien nt (-s) l'Éthiopie f; **äthiopisch** adj éthiopien(ne)

Athlet(in) m(f) (-en, -en) athlète mf; **Athletik** f athlétisme m; **athletisch** adj athlétique

Atlantik m (-s) Atlantique m; **atlantisch** adj der Atlantische Ozean l'Atlantique m, l'océan m Atlantique

Atlas m (-ses, Atlanten) atlas m
atmen vt, vi respirer
Atmosphäre f atmosphère f; **atmosphärisch** adj atmosphérique
Atmung f respiration f
Ätna m (-s) der ~ l'Etna m
Atom nt (-s, -e) atome m
Atom- in Zusammensetzungen atomique, nucléaire
atomar adj atomique, nucléaire
Atombombe f bombe f atomique; **Atomenergie** f énergie f nucléaire; **Atomkraft** f énergie f nucléaire; **Atomkraftwerk** nt centrale f nucléaire; **Atomkrieg** m guerre f atomique; **Atommacht** f puissance f nucléaire; **Atommüll** m déchets mpl nucléaires; **Atomsperrvertrag** m traité m de non-prolifération (des armes nucléaires); **Atomsprengkopf** m ogive f nucléaire; **Atomstreitmacht** f force f (de frappe) nucléaire; **Atomversuch** m essai m nucléaire; **Atomwaffen** pl armes fpl nucléaires; **atomwaffenfrei** adj dénucléarisé(e); **Atomwaffengegner(in)** m(f) opposant(e) aux armements nucléaires; **Atomzeitalter** nt ère f atomique
Attentat nt (-(e)s, -e) attentat m; **Attentäter(in)** m(f) auteur mf d'un attentat
Attest nt (-(e)s, -e) certificat m
attraktiv adj séduisant(e), attrayant(e)
Attrappe f (-, -n) imitation f; (MIL) leurre m
Attribut nt (-(e)s, -e) attribut m
At-Zeichen nt ar(r)obase f
ätzen vi, vt corroder; (Haut) attaquer, brûler; **ätzend** adj (fam) chiant(e)
AU f (-, -s) abk von **Abgasuntersuchung** contrôle m antipollution
Aubergine f aubergine f
auch adv aussi; (überdies) en plus, de plus; (selbst, sogar) même; **oder ~** ou bien; ~ **das ist schön** ça aussi, c'est beau; **ich ~ nicht** moi non plus; ~ **wenn das Wetter schlecht ist** même si le temps est mauvais; **was ~ immer** quoi que; **wer ~ immer** quiconque; **so sieht es ~ aus** ça se voit bien; ~ **das noch!** il ne manquait plus que cela!
audiovisuell adj audiovisuel(le)
auf 1. prep +akk o dat (räumlich) sur; (nach) après; ~ **der Reise** en voyage; ~ **der Post/dem Fest** à la poste/à la fête; ~ **der Straße** dans la rue; ~ **das/dem Land** à la campagne; ~ **der ganzen Welt** dans le monde entier; ~ **Deutsch** en allemand; ~ **Lebenszeit** à vie; **bis ~ ihn** à part lui, sauf

lui **2.** adv ~ **und ab** de haut en bas; (hin und her) de long en large; ~ **einmal** soudain, tout à coup; ~**! (los)** en route!; ~ **sein** (fam) être ouvert(e); (Mensch) être debout **3.** konj ~ **dass** afin que, pour que +subj
auf|atmen sep vi être soulagé(e)
auf|bahren sep vt exposer
Aufbau m (Bauen) construction f; (Struktur) structure f; (Schaffung) création f; (AUTO) carrosserie f; **auf|bauen** sep vt (Zelt, Maschine) monter; (Gerüst) construire; (Stadt) reconstruire; (gestalten: Vortrag, Aufsatz) élaborer; (Existenz) bâtir; (Gruppe) fonder; (Beziehungen) créer; (groß herausbringen: Sportler, Politiker) lancer
auf|bauschen sep vt (fig) exagérer
Aufbaustudium nt complément m de formation (universitaire)
auf|behalten (pp aufbehalten) sep irr vt garder
auf|bekommen (pp aufbekommen) sep irr vt (öffnen) réussir à ouvrir; (Hausaufgaben) avoir à faire
auf|bereiten (pp aufbereitet) sep vt (Daten) éditer
auf|bessern sep vt (Gehalt) augmenter
auf|bewahren (pp aufbewahrt) sep vt (aufheben, lagern) garder, conserver; **Aufbewahrung** f conservation f; (Gepäck~) consigne f; **jdm etw zur ~ geben** donner qch à garder à qn; **Aufbewahrungsort** m lieu m où est déposé(e) qch
auf|bieten sep irr vt (Kraft, Verstand) employer; (Armee, Polizei) mobiliser
auf|blasen sep irr vt gonfler
auf|bleiben sep irr vi ⟨sein⟩ (Geschäft) rester ouvert(e); (Mensch) rester éveillé(e), veiller
auf|blenden sep **1.** vt (Scheinwerfer) allumer **2.** vi (Fahrer) allumer les phares
auf|blühen sep vi ⟨sein⟩ (Blume) fleurir; (Mensch) s'épanouir; (Wirtschaft) prospérer
auf|brauchen sep vt consommer
auf|brausen sep vi ⟨sein⟩ (Mensch) se mettre en colère, s'emporter; **aufbrausend** adj emporté(e)
auf|brechen sep irr **1.** vt (Kiste) ouvrir (en forçant); (Schloss) fracturer **2.** vi ⟨sein⟩ s'ouvrir; (Wunde) se rouvrir; (gehen) partir
auf|bringen sep irr vt (öffnen können) réussir à ouvrir; (in Mode bringen) introduire, mettre en vogue; (Geld, Energie) trouver; (Verständnis) montrer, avoir; (ärgern) mettre en colère; (aufwiegeln) monter (gegen contre)
Aufbruch m départ m

auf|brühen sep vt (Tee, Kaffee) faire
auf|bürden sep vt sich dat etw ~ se charger de qch, se mettre qch sur le dos
auf|decken sep vt découvrir; (Bett) ouvrir
auf|drängen sep 1. vt jdm etw ~ imposer qch à qn 2. vr sich jdm ~ (Mensch) s'imposer à qn; (Gedanke, Verdacht) ne pas sortir de la tête de qn
aufdringlich adj importun(e)
aufeinander adv (übereinander) l'un(e) sur l'autre; (gegenseitig) l'un(e) l'autre, réciproquement; (schießen) l'un(e) sur l'autre; (vertrauen) l'un(e) en l'autre; ~ **folgen** se succéder; ~ **legen** mettre l'un(e) sur l'autre; ~ **prallen** se heurter
Aufenthalt m (-(e)s, -e) séjour m; (Verzögerung) retard m, délai m; (bei Flug, Zugfahrt) arrêt m; **Aufenthaltsbewilligung** f (CH), **Aufenthaltsgenehmigung** f permis m de séjour; **Aufenthaltsort** m lieu m de séjour [o de résidence]
Auferstehung f résurrection f
auf|essen sep irr vt finir (de manger)
auf|fahren sep irr vi ⟨sein⟩ (herankommen) s'approcher; (dicht aufschließen) serrer (auf jdn qn); (hochfahren) se dresser (en sursaut); (wütend werden) s'emporter; auf etw akk ~ (dagegenfahren) tamponner qch, emboutir qch
Auffahrt f (Haus~) accès m; (Autobahn~) bretelle f d'accès
Auffahrunfall m télescopage m
auf|fallen sep irr vi ⟨sein⟩ se faire remarquer; das ist mir aufgefallen je l'ai remarqué; **auffallend** adj (Erscheinung) remarquable; (Begabung) extraordinaire; (Kleid) voyant(e); **auffällig** adj voyant(e), frappant(e)
auf|fangen sep irr vt (Ball) attraper; (fallenden Menschen) rattraper; (Wasser) recueillir; (Strahlen, Funkspruch) capter; (Preisanstieg) arrêter, freiner; **Auffanglager** nt camp m d'accueil
auf|fassen sep vt (verstehen) comprendre, saisir; (auslegen) interpréter; **Auffassung** f (Meinung) opinion f, avis m; (Auslegung) interprétation f; (~sgabe) faculté f de compréhension, intelligence f
auffindbar adj trouvable
auf|fordern sep vt (befehlen) ordonner; (bitten) inviter, prier; **Aufforderung** f (Befehl) demande f, sommation f; (Einladung) invitation f
auf|frischen sep 1. vt (Farbe, Kenntnisse) rafraîchir; (Erinnerungen) raviver 2. vi ⟨sein o haben⟩ (Wind) fraîchir

auf|führen sep 1. vt (THEAT) représenter, jouer; (in einem Verzeichnis) mentionner 2. vr sich ~ (sich benehmen) se conduire, se comporter; **Aufführung** f (THEAT) représentation f; (in einer Liste) énumération f
Aufgabe f (Auftrag, Arbeit) tâche f; (Pflicht, SCH) devoir m; (Verzicht) abandon m; (von Gepäck) enregistrement m; (von Post) expédition f; (von Inserat) publication f, insertion f; **Aufgabenbereich** m ressort m, compétence f
Aufgang m (Sonnen~) lever m; (Treppe) escalier m
auf|geben sep irr 1. vt (Paket, Gepäck) envoyer, expédier; (Bestellung) passer, faire; (Inserat) insérer, passer; (Schularbeit) donner; (Rätsel, Problem) poser (jdm à qn); (verzichten auf) abandonner, renoncer à; (Rauchen) arrêter; (Kampf) abandonner; (Hoffnung) perdre; (Verlorenes) renoncer à 2. vi abandonner
Aufgebot nt mobilisation f; (Ehe~) publication f des bans
aufgebracht adj en colère
aufgedreht adj (fam) excité(e)
aufgedunsen adj enflé(e), boursouflé(e)
auf|gehen sep irr vi ⟨sein⟩ (Sonne) se lever; (Teig, Saat) lever; (sich öffnen) s'ouvrir; (Knospe) éclore; (MATH) tomber juste; jdm ~ (klar werden) devenir clair(e) pour qn; in etw dat ~ (sich begeistert widmen) s'investir avec passion [o entièrement] à qch; in Flammen ~ être la proie des flammes
aufgeklärt adj (Zeitalter) éclairé(e); (sexuell) averti(e), informé(e)
aufgekratzt adj (fam) gai(e)
aufgelegt adj gut/schlecht ~ sein être de bonne/mauvaise humeur; zu etw ~ sein être disposé(e) à faire qch
aufgeregt adj énervé(e), agité(e)
aufgeschlossen adj ouvert(e), compréhensif(-ive)
aufgeschmissen vi (fam) ~ sein être fichu(e)
aufgeweckt adj éveillé(e)
auf|gießen sep irr vt (Wasser) verser; (Tee) faire
auf|greifen sep irr vt (Thema, Punkt) reprendre; (Verdächtige) appréhender, saisir
aufgrund, auf Grund prep +gen en raison de
Aufguss m infusion f; (in Sauna) projection f d'eau
auf|haben sep irr 1. vt (Hut, Brille) porter;

(*machen müssen, scH*) avoir à faire **2.** *vi* (*Geschäft*) être ouvert(e)

auf|halsen *sep vt* jdm etw ~ (*fam*) mettre qch sur le dos de qn

auf|halten *sep irr* **1.** *vt* (*stoppen*) arrêter; (*Entwicklung*) freiner; (*Katastrophe*) empêcher; (*verlangsamen*) retarder, retenir; (*Tür, Hand, Augen, Sack*) garder, tenir ouvert(e) **2.** *vr* **sich** ~ (*bleiben*) s'arrêter; (*wohnen*) séjourner; **sich über** jdn/etw ~ (*aufregen*) être énervé(e) par qn/qch; **sich mit etw** ~ passer son temps à qch

auf|hängen *sep* **1.** *vt* accrocher; (*Hörer*) raccrocher; (*jdn*) pendre **2.** *vr* **sich** ~ se pendre; **Aufhänger** *m* (-s, -) (*am Mantel*) attache *f*; (*fig*) point *m* de départ

auf|heben *sep irr* **1.** *vt* (*hochheben*) (sou)lever, ramasser; (*aufbewahren*) conserver; (*Sitzung, Belagerung, Widerspruch*) lever; (*Verlobung*) rompre; (*Urteil*) casser; (*Gesetz*) abroger; (*bei jdm*) **gut aufgehoben sein** être en (de) bonnes mains (chez qn); **sich** *dat* **etw für später** ~ garder qch pour plus tard **2.** *vr* **sich** ~ se compenser; **Aufheben** *nt* (-s) **viel Aufheben(s) machen** faire toute une histoire

auf|heitern *sep* **1.** *vr* **sich** ~ (*Himmel*) s'éclaircir; (*Miene, Stimmung*) se dérider **2.** *vt* (*jdn*) égayer

auf|hellen *sep* **1.** *vt* (*Geheimnis*) faire la lumière sur; (*Farbe, Haare*) éclaircir **2.** *vr* **sich** ~ (*Himmel*) se dégager; (*Miene*) s'éclaircir

auf|hetzen *sep vt* jdn ~ **gegen** monter qn contre

auf|holen *sep vt, vi* rattraper

auf|horchen *sep vi* tendre l'oreille

auf|hören *sep vi* arrêter

auf|klären *sep* **1.** *vt* (*Fall etc*) tirer au clair, élucider; (*Irrtum*) tirer [o mettre] au clair; (*unterrichten*) informer (*über +akk* de, sur); (*sexuell*) donner une éducation sexuelle à **2.** *vr* **sich** ~ (*Wetter, Geheimnis*) s'éclaircir; (*Gesicht*) s'éclairer; (*Irrtum*) s'expliquer; **Aufklärer** *m* (-s, -) (*MIL, AVIAT*) avion *m* de reconnaissance; **Aufklärung** *f* (*von Geheimnis*) éclaircissement *m*; (*Unterrichtung*) information *f*; (*sexuelle* ~) éducation *f* sexuelle; (*MIL*) reconnaissance *f*; **die** ~ (*Zeitalter*) le Siècle des Lumières

auf|kleben *sep vt* coller; **Aufkleber** *m* (-s, -) autocollant *m*

auf|knöpfen *sep vt* déboutonner

auf|kommen *sep irr vi* ⟨*sein*⟩ (*Wind*) se lever; (*Zweifel, Gefühl, Stimmung*) naître; (*Mode*) se répandre, s'introduire; **für** jdn/etw ~ subvenir aux besoins de qn/pren-

dre qch en charge

auf|laden *sep irr vt* (*Batterie*) recharger; **jdm etw** ~ (*Last, Verantwortung*) charger qn de qch

Auflage *f* revêtement *m*; (*von Zeitung etc*) tirage *m*, édition *f*; (*Bedingung*) obligation *f*; **jdm etw zur** ~ **machen** imposer qch à qn

auf|lassen *sep vt* (*fam: offen lassen*) laisser ouvert(e); (*A: stilllegen*) fermer

auf|lauern *sep vi* jdm ~ épier qn, guetter qn

Auflauf *m* (*GASTR*) soufflé *m*; (*Menschen*~) attroupement *m*

auf|leben *sep vi* ⟨*sein*⟩ (*Mensch, Pflanze*) renaître; (*Gespräch, Interesse*) reprendre

auf|legen *sep vt* mettre; (*Telefon*) raccrocher; (*Buch etc*) éditer

auflehnen *vr* **sich gegen** jdn/etw ~ se révolter contre qn/qch

auf|lesen *sep irr vt* ramasser

auf|leuchten *sep vi* ⟨*sein o haben*⟩ s'allumer; (*Augen*) s'illuminer

auf|liegen *sep irr vi* (*Gegenstand*) être posé(e); (*zur Einsicht*) être disponible

Auflistung *f* (*INFORM*) listing *m*

auf|lockern *sep vt* détendre; (*Erde*) rendre meuble, ameublir

auf|lösen *sep* **1.** *vt* (*in Wasser*) diluer, délayer; (*Versammlung*) dissoudre; (*Geschäft*) liquider **2.** *vr* **sich** ~ se dissoudre

auf|machen *sep* **1.** *vt* (*öffnen*) ouvrir; (*Kleidung*) déboutonner; (*Geschäft*) ouvrir; (*Verein*) fonder; (*gestalten*) arranger **2.** *vr* **sich** ~ (*aufbrechen*) se mettre en route; **Aufmachung** *f* (*Kleidung*) tenue *f*; (*Gestaltung*) présentation *f*

aufmerksam *adj* attentif(-ive); (*höflich*) attentionné(e), prévenant(e); **jdn auf etw** *akk* ~ **machen** attirer l'attention de qn sur qch; **Aufmerksamkeit** *f* attention *f*; (*Höflichkeit*) attentions *fpl*

auf|muntern *sep vt* (*ermutigen*) encourager; (*erheitern*) remonter le moral de

Aufnahme *f* (-, -n) (*Empfang*) accueil *m*; (*in Verein etc*) admission *f*; (*in Liste, Programm etc*) insertion *f*; (*von Geld*) emprunt *m*; (*von Verhandlungen, Beziehungen*) établissement *m*; (*FOTO*) photo(graphie) *f*; (*Tonband*~ *etc*) enregistrement *m*; (*Reaktion*) accueil *m*; **aufnahmefähig** *adj* réceptif(-ive); **Aufnahmeprüfung** *f* examen *m* d'entrée; **auf|nehmen** *sep irr vt* (*empfangen*) accueillir; (*in Verein etc*) admettre; (*einbeziehen*) insérer; (*FIN: Geld*) emprunter; (*Protokoll*) établir, noter; (*Kampf, Verhandlungen*) ouvrir, engager;

(fotografieren) photographier; *(auf Tonband, Platte)* enregistrer; *(reagieren auf)* réagir à, accueillir; *(Eindrücke)* enregistrer; *(hochheben)* lever, soulever; *(Maschen)* reprendre; *(Anzahl, Menge)* contenir; **es mit jdm ~ können** égaler qn

auf|opfern *sep* **1.** *vt* sacrifier **2.** *vr* **sich ~** se sacrifier; **aufopfernd** *adj (Mensch)* dévoué(e)

auf|passen *sep vi* faire attention *(auf +akk* à); **aufgepasst!** attention!

Aufprall *m* (-(e)s) choc *m,* heurt *m;* **auf|prallen** *sep vi* ⟨*sein*⟩ heurter *(auf +akk* qch)

Aufpreis *m* majoration *f*

auf|pumpen *sep vt* gonfler

auf|putschen *sep vt (aufhetzen)* soulever; *(erregen)* stimuler; **Aufputschmittel** *nt* excitant *m,* stimulant *m*

auf|putzen *sep vt (A)* dècorer

auf|raffen *sep vr* **sich ~** se décider enfin *(zu* à)

auf|räumen *sep vt, vi* ranger

aufrecht *adj* droit(e); **aufrecht|erhalten** *(pp* aufrechterhalten) *sep irr vt* maintenir

auf|regen *sep* **1.** *vt* exciter, énerver **2.** *vr* **sich ~** s'énerver; **aufregend** *adj* excitant(e); **Aufregung** *f* énervement *m,* émoi *m*

auf|reiben *sep irr* **1.** *vt (Haut)* écorcher; *(erschöpfen)* épuiser; *(MIL)* anéantir **2.** *vr* **sich ~** s'épuiser; **aufreibend** *adj* épuisant(e)

auf|reißen *sep irr vt (Umschlag)* déchirer; *(Augen)* écarquiller; *(Mund)* ouvrir grand; *(Tür)* ouvrir brusquement

auf|reizen *sep vt* exciter; **aufreizend** *adj* provocant(e)

auf|richten *sep* **1.** *vt* mettre debout, dresser; *(moralisch)* consoler, remonter **2.** *vr* **sich ~** se dresser; *(nach Gebücktsein)* se mettre debout; *(moralisch)* se consoler, se remettre

aufrichtig *adj* sincère; **Aufrichtigkeit** *f* sincérité *f*

auf|rücken *sep vi* ⟨*sein*⟩ avancer; *(beruflich)* monter en grade

Aufruf *m (a.* INFORM) appel *m (an +akk* à); *(von Flug)* annonce *f;* **auf|rufen** *sep irr vt* (INFORM) appeler; *(Namen)* faire l'appel (nominal) de; **jdn zu etw ~** *(auffordern)* appeler qn à faire qch

Aufruhr *m* (-s, -e) *(Erregung)* tumulte *m,* émeute *f;* (POL) révolte *f,* insurrection *f*

auf|runden *sep vt (Summe)* arrondir

auf|rüsten *sep vt* (MIL) réarmer; *(Compu-*

ter) augmenter la capacité de; **Aufrüstung** *f* (MIL) (ré)armement *m*

auf|rütteln *sep vt (a. fig)* secouer

aufs = **auf das**

auf|sagen *sep vt (Gedicht)* réciter; **jdm die Freundschaft ~** rompre avec qn

aufsässig *adj* rebelle, récalcitrant(e)

Aufsatz *m (Geschriebenes)* essai *m;* *(Schul-)* rédaction *f,* dissertation *f;* *(auf Schrank etc)* dessus *m*

auf|saugen *sep irr vt* absorber

auf|schauen *sep vi* lever les yeux; **zu jdm ~** *(bewundernd)* admirer qn

auf|scheuchen *sep vt* effrayer

auf|schieben *sep irr vt (verzögern)* remettre, différer; *(öffnen)* ouvrir

Aufschlag *m (an Kleidung)* revers *m;* *(Aufprall)* choc *m;* *(Preis~)* augmentation *f;* (TENNIS) service *m;* **auf|schlagen** *sep irr* **1.** *vt (öffnen)* ouvrir; *(verwunden: Knie, Kopf)* se blesser à; *(Zelt, Lager)* dresser, monter; *(Wohnsitz)* installer; *(Ärmel)* retrousser; *(Kragen)* relever **2.** *vi (teurer werden)* augmenter; (TENNIS) servir **3.** *vi* ⟨*sein*⟩ *(aufprallen)* percuter *(auf +akk* contre)

auf|schließen *sep irr* **1.** *vt* ouvrir **2.** *vi (auf rücken)* serrer les rangs

Aufschluss *m* explication *f,* information *f;* **aufschlussreich** *adj* révélateur(-trice), significatif(-ive)

auf|schnappen *sep vt (fam)* saisir au vol

auf|schneiden *sep irr* **1.** *vt (Paket)* ouvrir (en coupant); *(Brot, Wurst, Knoten)* couper; (MED) inciser **2.** *vi (prahlen)* se vanter

Aufschnitt *m (Wurst~)* charcuterie *f* en tranches; *(Käse~)* fromage *m* en tranches

auf|schrauben *sep vt (festschrauben)* visser; *(lösen)* dévisser

auf|schrecken *sep* **1.** *vt* effrayer, faire sursauter **2.** *vi* ⟨*sein*⟩ sursauter

Aufschrei *m* cri *m* perçant

auf|schreiben *sep irr vt* écrire, noter; *(Polizist)* dresser un procès-verbal à

auf|schreien *sep irr vi* pousser des cris

Aufschrift *f* inscription *f*

Aufschub *m* (-(e)s, Aufschübe) délai *m,* renvoi *m*

auf|schwatzen *sep vt* **jdm etw ~** *(fam)* persuader qn de prendre qch

Aufschwung *m (Auftrieb)* élan *m,* essor *m;* *(wirtschaftlich)* redressement *m,* expansion *f*

auf|sehen *sep irr vi* lever les yeux; **Aufsehen** *nt* (-s) sensation *f;* **~ erregend** sensationnel(le), retentissant(e)

Aufseher(in) *m(f)* (-s, -) surveillant(e); *(Museums~, Park~)* gardien(ne)

auf sein irr vi ⟨sein⟩ (aufgestanden) être debout; (Fenster, Tür, Geschäft) être ouvert(e)

auf|setzen sep 1. vt (Hut, Brille) mettre; (Essen) mettre sur le feu; (Fuß) poser; (Schreiben) rédiger 2. vr sich ~ se redresser (pour s'asseoir) 3. vi (Flugzeug) atterrir

Aufsicht f (Kontrolle) surveillance f; (Mensch) garde mf, surveillant(e); **Aufsichtsgremium** nt comité m de surveillance; **Aufsichtsrat** m conseil m de surveillance

auf|sitzen sep irr vi 1. vi (aufrecht sitzen) s'asseoir droit 2. vi ⟨sein⟩ (aufs Pferd) monter; **jdm** ~ (fam) se faire rouler par qn

auf|sparen sep vt mettre de côté; **sich** dat **etw** ~ garder qch

auf|sperren sep vt ouvrir; (Mund) ouvrir tout(e) grand(e); **die Ohren** ~ dresser l'oreille

auf|spielen sep vr sich ~ se faire mousser; **sich als etw** ~ jouer qch

auf|springen sep irr vi ⟨sein⟩ sauter (auf +akk sur, dans); (hochspringen) bondir, sauter; (sich öffnen) s'ouvrir (brusquement); (Hände, Lippen) gercer; (Ball) rebondir

auf|spüren sep vt dépister

auf|stacheln sep vt soulever, exciter

Aufstand m soulèvement m, insurrection f; **aufständisch** adj séditieux(-euse), rebelle

auf|stechen sep irr vt (Blase etc) percer

auf|stehen sep irr vi ⟨sein⟩ se lever; (Tür) être ouvert(e)

auf|steigen sep irr vi ⟨sein⟩ monter (auf +akk sur); (Flugzeug) s'envoler; (Rauch) s'élever; (beruflich) faire carrière; (SPORT) monter, être promu(e)

auf|stellen sep vt (hinstellen) mettre, poser; (Gerüst) monter; (Wachen) poster, placer; (Heer, Mannschaft) constituer, former; (Kandidaten) présenter; (Programm, Rekord etc) établir; **Aufstellung** f (SPORT) composition f; (Liste) liste f

Aufstieg m (-(e)s, -e) (auf Berg, Fortschritt) ascension f; (Weg) montée f; (SPORT) promotion f; (beruflich) avancement m

auf|stoßen sep irr 1. vt pousser 2. vi roter; **jdm** ~ (fig) frapper qn

Aufstrich m pâte f à tartiner

auf|stützen sep 1. vr sich ~ s'appuyer 2. vt (Körperteil) appuyer

auf|suchen sep vt (besuchen) rendre visite à; (konsultieren) consulter

auf|takeln sep 1. vt (NAUT) gréer 2. vr sich ~ (fam) s'attifer

Auftakt m (fig) début m

auf|tanken sep vi, vt faire le plein d'essence (de)

auf|tauchen sep vi ⟨sein⟩ émerger; (U-Boot) faire surface; (Zweifel, Problem) apparaître

auf|tauen sep 1. vt (Gefrorenes) décongeler; (Leitung) faire dégeler 2. vi ⟨sein⟩ (Eis) dégeler; (fig: Mensch) se dégeler

auf|teilen sep vt répartir; (Raum) diviser; **Aufteilung** f répartition f; (von Raum) division f

auf|tischen sep vt (Essen) servir; (fig) sortir

Auftrag m (-(e)s, Aufträge) (Bestellung) commande f, ordre m; (Anweisung) instruction f; (Aufgabe) mission f, charge f; **im** ~ **von** sur ordre de

auf|tragen sep irr 1. vt (Essen) servir, apporter; (Farbe, Salbe) mettre, passer; **jdm etw** ~ charger qn de qch 2. vi (dick machen) grossir; **dick** ~ (fig) exagérer

Auftraggeber(in) m(f) (-s, -) client(e)

auf|treiben sep irr vt (fam) dénicher

auf|treten sep irr vi ⟨sein⟩ (erscheinen) se présenter; (THEAT) entrer en scène; (mit Füßen) marcher; (sich verhalten) se conduire; **Auftreten** nt (-s) (Vorkommen) apparition f; (Benehmen) comportement m, attitude f

Auftrieb m (PHYS) poussée f verticale; (fig) essor m, impulsion f

Auftritt m (das Erscheinen) apparition f; (von Schauspieler) entrée f en scène; (THEAT, fig: Szene) scène f

auf|wachen sep vi ⟨sein⟩ s'éveiller, se réveiller

auf|wachsen sep irr vi ⟨sein⟩ grandir

Aufwand m (-(e)s) (an Kraft, Geld) dépense f, apport m; (Kosten) frais mpl; (Luxus) luxe m, faste m

aufwändig adj coûteux(-euse)

auf|wärmen sep vt (Essen) réchauffer; (alte Geschichten) ressasser

aufwärts adv en haut, vers le haut; **mit seiner Gesundheit geht es** ~ il reprend du poil de la bête; **mit der Wirtschaft geht es** ~ l'économie est en pleine reprise

Aufwasch m (Geschirr) vaisselle f; **den** ~ **machen** faire la vaisselle; **alles in einem** ~ (fam) tout à la fois

auf|wecken sep vt réveiller

auf|weichen sep vt faire tremper; (Boden) détremper; (System) miner

auf|weisen sep irr vt présenter, montrer

auf|wenden sep irr vt employer; (Geld) dépenser

aufwendig adj coûteux(-euse)
auf|werfen sep irr 1. vt (Fenster etc) ouvrir violemment; (Probleme) soulever 2. vr **sich zu etw ~** s'ériger [o se poser] en qch
auf|werten sep vt (FIN) réévaluer; (fig) valoriser
auf|wiegeln sep vt soulever
auf|wiegen sep irr vt compenser
Aufwind m vent m ascendant
auf|wirbeln sep vt soulever des tourbillons de; **Staub ~** (fig) provoquer des remous
auf|wischen sep vt essuyer
auf|zählen sep vt énumérer
auf|zeichnen sep vt dessiner; (schriftlich) noter; (auf Band) enregistrer; **Aufzeichnung** f (schriftlich) note f; (Tonband~) enregistrement m; (Film~) reproduction f
auf|zeigen sep vt montrer
auf|ziehen sep irr 1. vt (Uhr) remonter; (Unternehmung, Fest) organiser; (Kinder, Tiere) élever; (fam: necken) faire marcher, taquiner; (öffnen) ouvrir 2. vi ⟨sein⟩ (aufmarschieren) se déployer; (Sturm) approcher
Aufzug m (Fahrstuhl) ascenseur m; (Aufmarsch) cortège m; (Kleidung) accoutrement m; (THEAT) acte m
auf|zwingen sep irr vt jdm etw ~ imposer qch à qn
Augapfel m globe m oculaire; (fig) prunelle f des yeux
Auge nt (-s, -n) œil m; (auf Würfel) point m; **ein ~ zudrücken** (fig) fermer les yeux; **ins ~ gehen** (fig fam) mal tourner; **jdm etw aufs ~ drücken** (fig fam) imposer qch à qn; **jdm etw vor ~n führen** démontrer qch à qn; **Augenarzt** m, **-ärztin** f oculiste mf, ophthalmologue mf
Augenblick m moment m, instant m; **augenblicklich** adj (sofort) instantané(e), momentané(e); (gegenwärtig) présent(e), actuel(le)
Augenbraue f sourcil m; **Augenschein** m apparence f; **etw in ~ nehmen** examiner qch de près; **augenscheinlich** adj évident(e); **Augentropfen** pl (MED) gouttes fpl pour les yeux; **Augenweide** f régal m pour les yeux; **Augenzeuge** m, **-zeugin** f témoin m oculaire
August m (-(e)s o -, -e) août m; **im ~** en août; **12. ~ 2003** le 12 août 2003; **am 12. ~** le 12 août
Auktion f vente f aux enchères; **Auktionator(in)** m(f) commissaire-priseur(-euse)
Aula f (-, Aulen o -s) salle f des fêtes

aus 1. prep +dat de; (Material) en, de; (wegen) par; **~ ihr wird nie etwas** on ne fera jamais rien d'elle; **etw ~ etw machen** faire qch de qch **2.** adv (beendet) fini(e), terminé(e); (ausgezogen) enlevé(e); (nicht an) fermé(e), éteint(e); (Boxen) K.O.; **~ und vorbei** terminé; **bei jdm ~ und ein gehen** fréquenter qn; **weder ~ noch ein wissen** ne plus savoir sur quel pied danser; **vom Fenster ~** de la fenêtre; **von Rom ~** de Rome; **von sich ~** de soi-même, spontanément; **von mir ~** (meinetwegen) quant à moi; **Aus** nt (-) (SPORT) hors-jeu m; (fig) fin f
aus|arbeiten sep vt élaborer
aus|arten sep vi ⟨sein⟩ (Spiel, Party) dégénérer
aus|atmen sep vi expirer
aus|baden sep vt **etw ~ müssen** (fam) devoir payer les pots cassés pour qch
Ausbau m (ARCHIT) aménagement m; (fig) agrandissement m, extension f; **aus|bauen** sep vt aménager, agrandir; (herausnehmen) démonter; **ausbaufähig** adj (fig) qui peut être développé(e)
aus|bedingen (bedingte o bedang aus, ausbedungen) sep vt **sich** dat **etw ~** se réserver qch
aus|bessern sep vt réparer, améliorer
aus|beulen sep vt débosseler
Ausbeute f rendement m, profit m; **aus|beuten** sep vt exploiter
aus|bilden sep vt (beruflich) former; (Fähigkeiten) développer; (Stimme) former; (Geschmack) cultiver; **Ausbilder(in)** m(f) (-s, -) formateur(-trice); **Ausbildung** f (beruflich) formation f; **Ausbildungsangebot** nt nombre m de places disponibles d'apprentissage; **Ausbildungsplatz** m place f de stage
aus|bitten sep irr vr **sich** dat **etw ~** demander qch
aus|bleiben sep irr vi ⟨sein⟩ (Mensch) ne pas venir; (Ereignis) ne pas se produire
Ausblick m vue f; (fig) perspective f
aus|bomben sep vt bombarder la maison de
aus|brechen sep irr vi ⟨sein⟩ (Gefangener) s'évader; (Krankheit, Feuer) se déclarer; (Krieg, Panik) éclater; (Vulkan) entrer en éruption; **in Tränen ~** fondre en larmes; **in Gelächter ~** éclater de rire
aus|breiten sep 1. vt (Waren) étendre, étaler; (Karte) déplier; (Arme, Flügel) déployer 2. vr **sich ~** s'étendre; (Nebel, Wärme) se répandre; (Seuche, Feuer) se propager

aus|brennen sep irr vi ⟨sein⟩ (Haus, Auto) être réduit(e) en cendres; (Feuer) finir de brûler, s'éteindre; **er ist völlig ausgebrannt** il est à bout

Ausbruch m (von Gefangenen) évasion f; (Beginn) début m, commencement m; (von Vulkan) éruption f; (Gefühls~) effusion f; **zum ~ kommen** se déclarer

aus|brüten sep vt couver

aus|buhen sep vt siffler, huer

aus|bürsten sep vt brosser

Ausdauer f endurance f, persévérance f; **ausdauernd** adj endurant(e)

aus|dehnen sep 1. vt étendre; (Gummi) étirer; (zeitlich) prolonger 2. vr sich ~ s'étendre; (zeitlich) se prolonger

aus|denken sep irr vt (zu Ende denken) considérer à fond; **sich** dat **etw ~** imaginer qch

aus|diskutieren (pp ausdiskutiert) sep vt discuter à fond

aus|drehen sep vt (Gas) fermer; (Licht) éteindre

Ausdruck 1. m (-drücke pl) (verbal, mimisch) expression f **2.** m (-drucke pl) (INFORM) impression f

aus|drucken sep vt (INFORM) imprimer

aus|drücken sep 1. vt exprimer; (Zigarette) écraser; (Zitrone, Schwamm) presser **2.** vr sich ~ s'exprimer

ausdrücklich adj exprès(-esse)

ausdruckslos adj sans expression; **Ausdrucksweise** f manière f de s'exprimer

auseinander adv (räumlich) éloigné(e) l'un(e) de l'autre; (zeitlich) loin l'un(e) de l'autre; ~ **gehen** (Menschen) se séparer; (Meinungen) diverger, différer; (Gegenstand) se disjoindre, se disloquer; (fam: dick werden) engraisser; ~ **halten** (unterscheiden) distinguer; **Auseinandersetzung** f (Diskussion) discussion f; (Streit) dispute f, démêlé m

auserlesen adj choisi(e), de choix

aus|fahrbar adj escamotable; **aus|fahren** sep irr 1. vi ⟨sein⟩ (Schiff) partir; (spazieren fahren) se promener (en voiture) **2.** vt (spazieren fahren) promener; (Ware) livrer, distribuer; (TECH: Fahrwerk) baisser, sortir; **Ausfahrt** f (Autobahn~, Garagen~) sortie f; (des Zuges etc) départ m; (Spazierfahrt) promenade f (en voiture)

Ausfall m (Wegfall, Verlust) perte f; (Nichtstattfinden) annulation f; (TECH) panne f; (Produktionsstörung) arrêt m de la production; **aus|fallen** sep irr vi ⟨sein⟩ (Zähne, Haare) tomber; (nicht stattfinden) ne pas avoir lieu; (wegbleiben) manquer; (nicht

funktionieren) tomber en panne; (Resultat haben) tourner; **wie ist das Spiel ausgefallen?** comment s'est terminée la partie?; **ausfallend** adj blessant(e); **Ausfallstraße** f route f de sortie de ville; **Ausfallzeit** f heures fpl de travail non effectuées; (INFORM) temps m d'immobilisation

aus|feilen sep vt limer; (Stil) polir

aus|fertigen sep vt (Urkunde, Pass) rédiger, délivrer; (Rechnung) faire; **doppelt ausgefertigt** en double exemplaire; **Ausfertigung** f (von Pass) délivrance f; (Exemplar) exemplaire m; **in doppelter/dreifacher ~** en deux/trois exemplaires

ausfindig adv ~ **machen** dénicher, découvrir

aus|fliegen sep irr vi ⟨sein⟩ (Vögel) quitter le nid; **sie sind ausgeflogen** (fam) ils ne sont pas là

aus|flippen sep vi ⟨sein⟩ (fam) déconner

Ausflucht f (-, Ausflüchte) prétexte m

Ausflug m excursion f, tour m; **Ausflügler(in)** m(f) (-s, -) excursionniste mf

Ausfluss m écoulement m; (MED) sécrétions fpl

aus|fragen sep vt questionner

aus|fransen sep vi ⟨sein⟩ effranger, effilocher

aus|fressen sep irr vt **etwas ~** (fam: anstellen) faire des bêtises

Ausfuhr f (-, -en) exportation f

ausführbar adj (durchführbar) faisable; (COM) exportable; **aus|führen** sep vt (spazieren führen) sortir, promener; (erledigen) accomplir, exécuter; (verwirklichen) réaliser; (gestalten) produire, élaborer; (exportieren) exporter; (erklären) expliquer; **einen Befehl ~** (INFORM) traiter une commande; **ein Programm ~** (INFORM) exécuter l'application d'un programme

ausführlich 1. adj détaillé(e) **2.** adv en détail

Ausführung f (Durchführung) exécution f; (Modell) modèle m; (Herstellungsart) version f; (Erklärung) explication f

aus|füllen sep vt (Loch, Zeit, Platz) combler; (Fragebogen etc) remplir; (Beruf: jdn) satisfaire

Ausgabe f (Kosten) dépense f; (Aushändigung) remise f; (bei einem Amt) délivrance f; (Gepäck~) consigne f; (INFORM) sortie f; (Buch, Nummer) édition f; (Modell, Version) version f

Ausgang m (Stelle) sortie f; (Ende) fin f; (~spunkt) point m de départ; (Ergebnis) résultat m; (Ausgehtag) jour m de sortie;

(MIL) quartier m libre; **kein** ~ sortie interdite; **Ausgangssperre** f couvre-feu m
aus|geben sep irr vt (Geld) dépenser; (austeilen) distribuer; **sich für etw/jdn** ~ se faire passer pour qch/qn
ausgebucht adj complet(-ète)
ausgebufft adj (fam: trickreich) roublard(e)
ausgedient adj (Soldat) libéré(e); (verbraucht) usé(e); ~ **haben** avoir fait son temps
ausgefallen adj (ungewöhnlich) extravagant(e), étrange
ausgeglichen adj (Mensch, Spiel) équilibré(e); **Ausgeglichenheit** f équilibre m
aus|gehen sep irr vi ⟨sein⟩ (weggehen) sortir; (Haare, Zähne) tomber; (zu Ende gehen) finir, se terminer; (Benzin) venir à manquer, s'épuiser; (Feuer, Ofen, Licht) s'éteindre; (Resultat haben) finir; **von etw** ~ partir de qch; (ausgestrahlt werden) provenir de qch; (herrühren) venir de qch; **schlecht** ~ finir mal
ausgelassen adj fougueux(-euse), plein(e) d'entrain
ausgelastet adj ~ **sein** être très occupé(e)
ausgelernt adj qualifié(e)
ausgemacht adj (vereinbart) convenu(e); **ein** ~**er Dummkopf** un parfait imbécile; **es gilt als** ~, **dass** il est entendu que; **es war eine** ~**e Sache, dass** c'était chose convenue que
ausgenommen 1. prep +akk sauf, excepté **2.** konj excepté si, à moins que (ne) +subj
ausgepowert adj (fam) ~ **sein** être vidé(e), être vanné(e)
ausgeprägt adj marqué(e), prononcé(e)
ausgerechnet adv justement, précisément
ausgereift adj parachevé(e), longuement mûri(e)
ausgeschlossen adj (unmöglich) impossible; **es ist nicht** ~, **dass** ... il n'est pas exclu que ...
ausgesprochen 1. adj prononcé(e), marqué(e) **2.** adv particulièrement
ausgezeichnet adj excellent(e)
ausgiebig adj (Gebrauch) large, fréquent(e); (Essen) copieux(-euse)
Ausgleich m (-(e)s, -e) compensation f; (Gleichgewicht) équilibre m; (Kompromiss) compromis m; (SPORT) égalisation f; **zum** ~ en compensation; **aus|gleichen** sep irr **1.** vt (Höhe) égaliser; (Unterschied) aplanir, équilibrer; (Konflikt) arranger; (Man-

gel) compenser; (Konto) balancer **2.** vr **sich** ~ s'équilibrer, se compenser; **Ausgleichssport** m sport m de compensation; **Ausgleichstor** nt but m égalisateur
aus|graben sep irr vt déterrer; (Leichen) exhumer; (fig) ressortir; **Ausgrabung** f (archäologisch) fouilles fpl
aus|grenzen sep vt (Menschen) exclure; (Sache) écarter
Ausguss m (Spüle) évier m; (Abfluss) tuyau m d'écoulement; (Tülle) bec m
aus|haben sep irr **1.** vt (fam: Kleidung) avoir enlevé(e); (Buch) avoir fini (de lire) **2.** vi (Schule) sortir (de classe)
aus|halten sep irr **1.** vt (Schmerzen, Hunger) supporter, endurer; (Blick, Vergleich) soutenir; (Geliebte) entretenir; **das ist nicht zum Aushalten** c'est insupportable **2.** vi (durchhalten) tenir bon, durer
aus|handeln sep vt négocier
aus|händigen sep vt jdm etw ~ remettre qch à qn (en mains propres)
Aushang m affiche f, placard m
aus|hängen sep **1.** vt (Meldung) afficher; (Fenster) décrocher, déboîter **2.** vr sich ~ (Kleidung, Falten) se défroisser **3.** irr vi (Meldung) être affiché(e); **Aushängeschild** nt (fig) enseigne f
aus|harren sep vi patienter
aus|hecken sep vt (fam) inventer, tramer
aus|helfen sep irr vi jdm ~ aider qn, donner un coup de main à qn
Aushilfe f aide f; **Aushilfskraft** f aide f; **Aushilfskräfte** pl personnel m auxiliaire; **aushilfsweise** adv à titre provisoire, provisoirement
aus|holen sep vi (zum Schlag, Wurf) lever le bras; (zur Ohrfeige) lever la main; (beim Gehen) allonger les pas; **weit** ~ (fig) remonter au coup de main à déluge
aus|horchen sep vt faire parler
aus|hungern sep vt affamer
aus|kennen sep irr vr sich ~ s'y connaître
aus|kippen sep vt vider
aus|klammern sep vt (Thema) mettre de côté, exclure
Ausklang m fin f
aus|klingen sep irr vi ⟨sein⟩ (Ton, Lied) s'éteindre, s'achever; (Fest) se terminer
aus|klopfen sep vt (Teppich) battre; (Pfeife) débourrer
aus|kochen sep vt (Wäsche) faire bouillir; (Knochen) faire bien cuire; (MED) stériliser
aus|kommen sep irr vi ⟨sein⟩ **mit jdm** ~ s'entendre avec qn; **mit etw** ~ se

débrouiller avec qch; **ohne jdn/etw ~ pouvoir** se passer de qn/qch; **Auskommen** nt sein ~ **haben** avoir de quoi vivre

aus|kosten sep vt savourer

aus|kugeln sep vt **sich** dat **den Arm ~** se démettre le bras

aus|kundschaften sep vt (Gegend) explorer; (Meinung) sonder, scruter

Auskunft f (-, -künfte) (Mitteilung) information f; (nähere ~) détails mpl; (Stelle) bureau m de renseignements [o d'informations]; (TEL) renseignements mpl; **jdm ~ erteilen** renseigner qn, donner des renseignements à qn

aus|kuppeln sep vi débrayer

aus|kurieren (pp auskuriert) sep vt guérir complètement

aus|lachen sep vt rire de

aus|laden sep irr vt décharger; (Gäste) décommander

Auslage f (Waren) étalage m, éventaire m; (Schaufenster) vitrine f; **~n** (Kosten) frais mpl

Ausland nt étranger m; **im/ins ~** à l'étranger; **Ausländer(in)** m(f) (-s, -) étranger(-ère); **ausländerfeindlich** adj hostile aux étrangers, xénophobe; **Ausländerfeindlichkeit** f xénophobie f; **ausländisch** adj étranger(-ère); **Auslandschutzbrief** m contrat m d'assistance pour l'étranger; **Auslandsgespräch** nt (TEL) communication f internationale; **Auslandskorrespondent(in)** m(f) correspondant(e) à l'étranger; **Auslandskrankenschein** m (formulaire m) E 111 m; **Auslandsschutzbrief** m contrat m d'assistance pour l'étranger

aus|lassen sep irr **1.** vt omettre; (Fett) faire fondre; (Wut, Ärger) décharger, passer (an +dat sur); (fam: nicht anstellen) ne pas allumer; (fam: nicht anziehen) ne pas mettre **2.** vr **sich über etw** akk **~** s'étendre sur qch

Auslauf m espace m; (Auslaufstelle) voie f d'écoulement

aus|laufen sep irr vi 〈sein〉 (Flüssigkeit) s'écouler, couler; (Behälter) fuir; (NAUT) partir, appareiller; (Serie) se terminer; (Vertrag, Amtszeit) cesser, se terminer

Ausläufer m (von Gebirge) contrefort m; (von Pflanze) pousse f, surgeon m

aus|leeren sep vt vider

aus|legen sep vt (Waren) étaler; (Köder, Schlinge) placer, poser; (leihen: Geld) avancer; (Kiste, Zimmer, Boden) revêtir; (interpretieren: Text etc) interpréter; (technisch aus-

statten) concevoir; **Auslegung** f interprétation f

Ausleihe f (-, -n) (Vorgang) prêt m; (Stelle) salle f de prêt; **aus|leihen** sep irr vt (verleihen) prêter; **sich** dat **etw ~** emprunter qch

Auslese f (Vorgang) choix m, sélection f; (Elite) élite f; (Wein) grand vin m, grand cru m

aus|lesen sep irr vt (aussondern) trier; (auswählen) sélectionner; (fam: zu Ende lesen) finir de lire

aus|liefern sep **1.** vt livrer; **jdm/einer Sache ausgeliefert sein** être à la merci de qn/qch **2.** vr **sich jdm ~** se livrer à qn; **Auslieferung** f livraison f; (von Gefangenen) extradition f

aus|liegen sep irr vi être exposé(e), être à l'étalage; (Zeitschrift, Liste) être à la disposition des lecteurs

aus|loggen sep vi (INFORM) se déconnecter

aus|löschen sep vt effacer; (Feuer, Kerze) éteindre

aus|losen sep vt tirer au sort

aus|lösen sep vt (Explosion, Alarm, Reaktion) déclencher, provoquer; (Panik, Gefühle, Heiterkeit) susciter; (Gefangene) racheter; (Pfand) dégager, retirer; **Auslöser** m (-s, -) (FOTO) déclencheur m

aus|machen sep vt (Licht, Feuer, Radio) éteindre; (erkennen) distinguer, repérer; (vereinbaren) convenir de, fixer; (Anteil darstellen, betragen) constituer; **das macht ihm nichts aus** ça ne lui fait rien; **macht es Ihnen etwas aus, wenn ...?** ça vous dérange si ...?

aus|malen sep vt (Bild, Umrisse) peindre; (fig: schildern) décrire, dépeindre; **sich** dat **etw ~** s'imaginer qch

Ausmaß nt (von Katastrophe) ampleur f; (von Liebe etc) profondeur f

aus|merzen sep vt supprimer; (Erinnerung) chasser

aus|messen sep irr vt mesurer

Ausnahme f (-, -n) exception f; **eine ~ machen** faire une exception; **Ausnahmefall** m cas m exceptionnel; **Ausnahmezustand** m état m d'urgence; **ausnahmslos** adv sans exception; **ausnahmsweise** adv exceptionnellement

aus|nehmen sep irr vt **1.** vt (Tier, Nest) vider; (ausschließen) exclure; (fam: Geld abnehmen) plumer **2.** vr **sich ~** avoir l'air; **ausnehmend** adv extrêmement

aus|nutzen sep vt profiter de

aus|packen sep vt (Koffer) défaire;

(Geschenk) déballer
aus|pfeifen sep irr vt siffler
aus|plaudern sep vt révéler
aus|probieren (pp ausprobiert) sep vt
essayer
Auspuff m (-(e)s, -e) (TECH) échappement
m; **Auspuffrohr** nt tuyau m d'échappement; **Auspufftopf** nt pot m d'échappement
aus|pumpen sep vt pomper; (MED:
Magen) faire un lavage (d'estomac)
aus|radieren (pp ausradiert) sep vt effa-
cer
aus|rangieren (pp ausrangiert) sep vt
(fam) mettre au rancart
aus|rasten sep vi (sein) (TECH) se décli-
queter; (fam: durchdrehen) paniquer
aus|rauben sep vt dévaliser
aus|räumen sep vt (Dinge) enlever;
(Schrank, Zimmer) vider; (Bedenken) écarter
aus|rechnen sep vt calculer; **sich** dat **etw**
~ **können** pouvoir s'imaginer qch
Ausrede f excuse f, prétexte m
aus|reden sep 1. vi (zu Ende reden) finir
(de parler) 2. vt **jdm etw** ~ dissuader qn
de qch
aus|reichen sep vi suffire; **ausreichend**
adj suffisant(e)
Ausreise f sortie f, départ m; **Ausreise-
erlaubnis** f autorisation f de quitter le
territoire; **aus|reisen** sep vi (sein) sortir
du pays; **Ausreisewillige(r)** mf volontaire mf pour quitter le pays
aus|reißen sep irr 1. vt arracher 2. vi
(sein) (Riss bekommen) se déchirer; (fam:
weglaufen) se sauver, déguerpir
aus|renken sep vt **sich** dat **etw** ~ se
déboîter qch, se démettre qch
aus|richten sep vt (Botschaft, Gruß) trans-
mettre; (in gerade Linie bringen) aligner;
jdm etw ~ faire savoir qch à qn
aus|rotten sep vt exterminer
aus|rücken sep vi (sein) (MIL) se mettre
en marche; (Feuerwehr, Polizei) entrer en
action; (fam: weglaufen) décamper
Ausruf m (Schrei) exclamation f; (Verkün-
den) proclamation f; **aus|rufen** sep irr vt
(schreien) crier, s'exclamer; (Stationen,
Schlagzeile) annoncer; (Streik, Revolution)
proclamer; **Ausrufezeichen** nt point m
d'exclamation
aus|ruhen sep 1. vi reposer 2. vr **sich** ~ se
reposer
aus|rüsten sep vt équiper; **Ausrüstung**
f équipement m
aus|rutschen sep vi (sein) glisser, déra-
per

Aussage f déclaration f; (JUR) déposition
f; **aus|sagen** sep 1. vt déclarer 2. vi (JUR)
déposer (en justice)
aus|schalten sep vt (Maschine) arrêter;
(Licht) éteindre; (Strom) couper; (fig: Gegner, Fehlerquelle) éliminer, écarter
Ausschank m (-(e)s, -schänke) (von Alkohol) débit m de boissons; (Theke) comptoir m
Ausschau f ~ **halten** guetter (nach etw
qch); **aus|schauen** sep vi **nach jdm** ~
guetter qn
aus|scheiden sep irr 1. vt écarter; (MED)
sécréter 2. vi (sein) (nicht in Betracht kommen) ne pas entrer en ligne de compte;
(weggehen) partir; (SPORT) être éliminé(e)
aus|schenken sep vt servir
aus|schimpfen sep vt gronder
aus|schlachten sep vt (Auto) démonter
(pour récupérer les pièces); (fig: Ereignis)
exploiter
aus|schlafen sep irr vi, vr **sich** ~ dormir
son content
Ausschlag m (MED) éruption f; (Pendel~)
oscillation f; (Nadel~) déviation f; **den** ~
geben être déterminant(e); **aus|schla-
gen** sep irr 1. vt (Zähne) casser; (ausklei-
den) tapisser, revêtir; (verweigern) refuser
2. vi (Pferd) ruer; (BOT) bourgeonner; (Zeiger, Pendel) osciller; **ausschlaggebend**
adj déterminant(e), capital(e)
aus|schließen sep irr vt exclure
ausschließlich 1. adj exclusif(-ive) 2. adv
exclusivement 3. prep +gen à l'exclusion
de
Ausschluss m exclusion f; **unter** ~ **der
Öffentlichkeit** à huis clos
aus|schmücken sep vt décorer; (fig)
enjoliver, embellir
aus|schneiden sep irr vt découper;
(Büsche) élaguer, tailler; (INFORM) couper
Ausschnitt m (Teil) fragment m, partie
(von Kleid) décolleté m; (Zeitungs~) coupure f de journal; (aus Film etc) extrait m
aus|schreiben sep irr vt (ganz schreiben)
écrire en toutes lettres; (ausstellen) établir
(Wettbewerb) annoncer; (Projekt) lancer u
appel d'offre pour; **eine Stelle** ~ publier
une annonce pour pourvoir un poste
Ausschreitungen pl excès mpl, actes
mpl de violence
Ausschuss m (Gremium) comité m; (Prü-
fungs~) commission f; (COM: ~ware) mar
chandise f de rebut
aus|schütten sep 1. vt (Flüssigkeit) verser
(wegschütten, leeren) vider; (Geld) payer
2. vr **sich** ~ **(vor Lachen)** se tordre de rire

ausschweifend adj (Leben) de débauche; (Fantasie) extravagant(e); **Ausschweifung** f excès m, débauche f

aus|schweigen sep irr vr **sich ~** garder le silence

aus|schwitzen sep vt (durch die Haut) éliminer en transpirant; (Wand) exsuder

aus|sehen sep irr vi sembler, paraître; **es sieht nach Regen aus** le temps est à la pluie; **es sieht schlecht aus** ça va mal; **Aussehen** nt (-s) apparence f

aus sein irr vi ⟨sein⟩ (zu Ende sein) être fini(e); (vorbei sein) être passé(e); (nicht brennen) être éteint(e); (abgeschaltet sein) être arrêté(e); **auf etw** akk **~** vouloir avoir qch, aspirer à qch

außen adv à l'extérieur, au dehors; **~ vor sein** être laissé(e) à l'écart; **Außenantenne** f antenne f extérieure; **Außenbordmotor** m moteur m hors-bord

aus|senden sep irr vt envoyer; (Strahlen) émettre

Außendienst m **im ~ sein** être affecté(e) au service extérieur; **Außenhandel** m commerce m extérieur; **Außenminister(in)** m(f) ministre m des Affaires étrangères; **Außenministerium** nt ministère m des Affaires étrangères; **Außenpolitik** f politique f étrangère [o extérieure]; **Außenseite** f extérieur m, dehors m; **Außenseiter(in)** m(f) (-s, -) (SPORT) outsider m; (fig) marginal(e); **Außenspiegel** m rétroviseur m (extérieur); **Außenstände** pl (COM) créances fpl; **Außenstehende(r)** mf observateur(-trice) extérieur(e)

außer 1. prep +dat (räumlich) en dehors de; (abgesehen von) à l'exception de, sauf; **~ Gefahr sein** être hors de danger; **~ Zweifel/Atem/Betrieb** hors de doute/d'haleine/service; **~ sich sein** être hors de soi **2.** konj (ausgenommen) sauf si; **~ wenn** à moins que (ne) +subj; **~ dass** sauf que

außerdem adv en outre, en plus

außerdienstlich adj privé(e)

äußere(r, s) adj (nicht innen) extérieur(e); (von außen) du dehors; (Erscheinung, Rahmen) apparent(e); **das Äußerste** l'extérieur m, les dehors mpl

außerehelich adj extra-conjugal(e); **außergewöhnlich** adj insolite; (außerordentlich) extraordinaire, exceptionnel(le); **außerhalb 1.** prep +gen hors de; (räumlich) en dehors de; (zeitlich) hors de **2.** adv au dehors, à l'extérieur; **Außerkraftsetzung** f annulation f

äußerlich 1. adj externe, superficiel(le) **2.** adv en apparence; **Äußerlichkeit** f formalité f

äußern 1. vt (aussprechen) dire, exprimer **2.** vr **sich ~** s'exprimer, se prononcer; (sich zeigen) se manifester

außerordentlich adj extraordinaire; **Außerortsgespräch** nt (CH) s. **Ferngespräch**; **außerparlamentarisch** adj extraparlementaire; **außerplanmäßig** adj non prévu(e)

äußerst adv extrêmement

außerstande, außer Stande adj **~ sein, etw zu tun** être incapable de faire qch

äußerste(r, s) adj (größte, räumlich) extrême; (am weitesten weg) le (la) plus éloigné(e); (Termin, Preis) dernier(-ière); **äußerstenfalls** adv à la rigueur

Äußerung f propos m(pl)

aus|setzen sep **1.** vt (Kind, Tier) abandonner; (Boote) mettre à l'eau; (Belohnung) offrir; (Urteil, Verfahren) remettre, suspendre; **jdn/sich einer Sache** dat **~** (preisgeben) exposer qn/s'exposer à qch; **an jdm/ etw etwas auszusetzen haben** trouver quelque chose à redire à qn/qch **2.** vi (aufhören) cesser; (Herz) s'arrêter; (Motor) faire des ratés, caler; (bei Arbeit) s'interrompre

Aussicht f (Blick) vue f; (in Zukunft) perspective f; **etw in ~ haben** avoir qch en vue; **aussichtslos** adj sans espoir, vain(e); **Aussichtspunkt** m point m de vue; **aussichtsreich** adj prometteur(-euse); **Aussichtsturm** m belvédère m

Aussiedler(in) m(f) (-s, -) émigrant(e); (Rückkehrer nach Deutschland) rapatrié(e)

aus|sitzen sep irr vt attendre que les problèmes se résolvent d'eux-mêmes

aus|söhnen sep vr **sich ~** se réconcilier; **Aussöhnung** f réconciliation f

aus|sondern sep vt sélectionner

aus|sortieren (pp aussortiert) sep vt trier

aus|spannen sep **1.** vt (Tuch, Netz) étendre, déployer; (Pferd, Kutsche) dételer; (fam: Mädchen) chiper, souffler (jdm à qn) **2.** vi (sich erholen) se détendre

aus|sparen sep vt laisser de côté

aus|sperren sep vt (ausschließen) fermer la porte à; (Streikende) lock-outer; **Aussperrung** f lock-out m

aus|spielen sep vt (Karte) jouer; (Erfahrung, Wissen) faire valoir; **jdn gegen jdn ~** se servir de qn contre qn

Aussprache f prononciation f; (Unterre-

dung) explication f

aus|sprechen *sep irr* **1.** *vt* (*Wort*) prononcer; (*äußern*) exprimer; (*Urteil, Strafe, Warnung*) prononcer **2.** *vi* (*zu Ende sprechen*) finir de parler **3.** *vr* **sich ~** (*sich äußern*) s'exprimer; (*sich anvertrauen*) s'épancher, se confier; (*diskutieren*) discuter; **sich für/ gegen etw ~** se prononcer pour/contre qch

Ausspruch *m* mot *m*; (*geflügeltes Wort*) adage *m*

aus|spülen *sep vt* rincer

Ausstand *m* (*Streik*) grève f

aus|statten *sep vt* **jdn mit etw ~** doter qn de qch; **etw ~** équiper qch; **Ausstattung** f (*das Ausstatten*) équipement *m*; (*Aufmachung*) présentation f; (*von Zimmer*) ameublement *m*, mobilier *m*; (*von Auto*) équipement *m*

aus|stechen *sep irr vt* (*Augen*) crever; (*Rasenstück, Kekse*) découper; (*Graben*) creuser; (*übertreffen*) supplanter

aus|stehen *sep irr* **1.** *vt* (*ertragen*) supporter; **ausgestanden sein** être passé(e); **etw nicht ~ können** ne pas pouvoir supporter qch **2.** *vi* (*noch nicht da sein*) manquer, ne pas être là

aus|steigen *sep irr vi* (*sein*) (*aus Fahrzeug*) descendre (*aus* de); (*aus Geschäft*) se retirer; **Aussteiger(in)** *m(f)* (-s, -) (*aus Gesellschaft*) marginal(e)

aus|stellen *sep vt* (*Waren*) exposer; (*Pass, Zeugnis*) délivrer; (*Rechnung, Scheck*) établir; (*fam: Gerät*) arrêter; **Ausstellung** f (*Kunst~ etc*) exposition f; (*von Waren*) étalage *m*; (*von Pass etc*) délivrance f; (*von Rechnung*) établissement *m*

aus|sterben *sep irr vi* (*sein*) disparaître; **wie ausgestorben** (*fig*) comme mort(e)

Aussteuer f (-, -n) trousseau *m*, dot f

Ausstieg *m* (-(e)s, -e) abandon *m* (*aus* de); **~ aus der Gesellschaft** marginalisation f

aus|stopfen *sep vt* empailler

aus|stoßen *sep irr vt* (*Luft, Rauch*) émettre; (*Drohungen*) proférer; (*Seufzer, Schrei*) pousser; (*aus Verein etc*) exclure, expulser; (*produzieren*) produire

aus|strahlen *sep* **1.** *vt* répandre; (*RADIO, TV*) émettre, diffuser **2.** *vi* (*sein*) **von etw ~** émaner de qch; **Ausstrahlung** f diffusion f; (*fig: eines Menschen*) rayonnement *m*

aus|strecken *sep* **1.** *vt* (*Arme, Beine*) étendre; (*Fühler*) déployer **2.** *vr* **sich ~** s'étendre

aus|streichen *sep irr vt* rayer, barrer; (*Fal-*

ten) faire disparaître

aus|strömen *sep vi* (*sein*) (*Gas*) fuir, s'échapper

aus|suchen *sep vt* choisir

Austausch *m* échange *m*; **austauschbar** *adj* échangeable; (*gegeneinander*) interchangeable; **aus|tauschen** *sep vt* échanger; **Austauschmotor** *m* moteur *m* de rechange

aus|teilen *sep vt* distribuer

Auster f (-, -n) huître f

aus|toben *sep vr* **sich ~** (*Kind*) se dépenser; (*Erwachsene*) se défouler

aus|tragen *sep irr vt* (*Post*) porter à domicile; (*Streit etc*) régler; (*Wettkämpfe*) disputer

Australien *nt* (-s) l'Australie f; **Australier(in)** *m(f)* (-s, -) Australien(ne); **australisch** *adj* australien(ne)

aus|treiben *sep irr vt* (*Geister*) exorciser; **jdm etw ~** faire passer qch à qn

aus|treten *sep irr* **1.** *vt* (*Feuer*) éteindre (avec les pieds); (*Schuhe*) déformer; (*Treppe*) user **2.** *vi* (*sein*) (*zur Toilette*) sortir, aller aux toilettes; (*aus Verein etc*) démissionner; (*Flüssigkeit*) s'échapper

aus|trinken *sep irr vt* (*Glas*) finir, vider; (*Getränk*) finir de boire

Austritt *m* démission f, retrait *m*

aus|trocknen *sep* **1.** *vt* (*Sumpf*) assécher; (*Haut, Kehle*) dessécher **2.** *vi* (*sein*) se dessécher; (*Bach*) tarir

aus|üben *sep vt* exercer; **Ausübung** f exercice *m*, pratique f

Ausverkauf *m* soldes *mpl*; **aus|verkaufen** (*pp* ausverkauft) *sep vt* solder; (*Geschäft*) liquider; **ausverkauft** *adj* épuisé(e); (*THEAT: Haus*) complet(-ète)

Auswahl f choix *m*; (*SPORT*) sélection f; (*COM: Angebot*) assortiment *m* (*an +dat* de); **aus|wählen** *sep vt* choisir

aus|wandern *sep vi* (*sein*) émigrer; **Auswanderung** f émigration f

auswärtig *adj* étranger(-ère); **Auswärtiges Amt** ministère *m* des Affaires étrangères; **auswärts** *adv* (*nicht zu Hause*) au dehors, à l'extérieur; (*nicht am Ort*) hors de la ville, à l'extérieur; **Auswärtsspiel** *nt* match *m* à l'extérieur

aus|wechseln *sep vt* remplacer

Ausweg *m* issue f, sortie f; **ausweglos** *adj* sans issue

aus|weichen *sep irr vi* (*sein*) **jdm/einer Sache ~** éviter qn/qch; **ausweichend** *adj* évasif(-ive)

aus|weinen *sep vr* **sich ~** pleurer un bon coup

Ausweis m (-es, -e) (Personal~) pièce f d'identité; (Mitglieds~, Bibliotheks~ etc) carte f
aus|weisen sep irr **1.** vt expulser, chasser **2.** vr sich ~ (Identität nachweisen) justifier son identité, montrer ses papiers; **Ausweispapiere** pl papiers mpl (d'identité); **Ausweisung** f expulsion f
auswendig adv par cœur
aus|werten sep vt (Daten) exploiter; (Bericht) analyser; **Auswertung** f analyse f; (Nutzung) exploitation f
aus|wirken sep vr sich ~ se répercuter, faire effet; **Auswirkung** f effet m
aus|wischen sep vt (säubern) essuyer; (Geschriebenes, Tafel) effacer; jdm eins ~ (fam) rendre la monnaie de sa pièce à qn
Auswuchs m (-es, -wüchse) excroissance f; (fig) excès m
aus|wuchten sep vt (AUTO) équilibrer
aus|zählen sep vt die Stimmen ~ dépouiller le scrutin; **ausgezählt werden** (Boxer) être renvoyé(e) au tapis pour le compte
aus|zahlen sep **1.** vt payer **2.** vr sich ~ être payant(e)
aus|zeichnen sep **1.** vt (ehren) décorer; (hervorheben) distinguer; (COM: Waren) étiqueter **2.** vr sich ~ se distinguer; **Auszeichnung** f (Ehrung) distinction f; (Ehre) honneur m; (Orden) décoration f; (COM) étiquetage m; mit ~ avec mention
aus|ziehen sep irr **1.** vt (Kleidung) enlever; (Tisch) rallonger; (Antenne) sortir **2.** vi ⟨sein⟩ (aus Wohnung) déménager **3.** vr sich ~ se déshabiller
Auszubildende(r) mf stagiaire mf, apprenti(e)
Auszug m (aus Wohnung) déménagement m; (aus Buch etc) extrait m; (Abschrift) copie f; (Konto~) relevé m
Autismus m autisme m; **autistisch** adj autiste
Auto nt (-s, -s) voiture f, auto f; ~ **fahren** conduire (une voiture); **Autobahn** f autoroute f

Autobahndreieck nt échangeur m; **Autobahngebühr** f péage m; **Autobahnkreuz** nt échangeur m; **Autobombe** f voiture f piégée; **Autofahrer(in)** m(f) automobiliste mf; **Autofahrt** f tour m en voiture; **Autogas** nt gaz m de pétrole liquéfié
autogen adj autogène
Autogramm nt (-s, -e) autographe m
Autokino nt ciné-parc m; **Automarke** f marque f de voiture
Automat m (-en, -en) distributeur m automatique
Automatikgetriebe nt boîte f automatique; **Automatikgurt** m ceinture f à enrouleur; **Automatikschaltung** f boîte f automatique; **Automatikwagen** m voiture f (à embrayage) automatique
automatisch adj automatique
autonom adj autonome; **Autonome(r)** mf autonomiste mf
Autopsie f autopsie f
Autor m auteur m
Autoradio nt autoradio m; **Autoreifen** m pneu m; **Autoreisezug** m train m auto-couchettes, train m autos accompagnées; **Autorennen** nt course f automobile
Autorin f auteur f
autorisieren (pp autorisiert) vt autoriser
autoritär adj autoritaire
Autorität f autorité f
Autoskooter m (-s, -) auto f tamponneuse; **Autostopp** m (-s) per ~ **fahren** faire du stop; **Autotelefon** nt radiotéléphone m; **Autounfall** m accident m de voiture; **Autoverleih** m, **Autovermietung** f location f de voitures
Avocado f (-, -s) avocat m
Axt f (-, Äxte) hache f
Azalee f (-, -n) azalée f
Azoren pl die ~ les Açores fpl
Azubi m (-s, -s), f (-, -s) akr von **Auszubildende** stagiaire mf, apprenti(e)

B

B, b nt (-, -) B, b m; (MUS: Note) si m; (MUS: Erniedrigungszeichen) bémol m
Baby nt (-s, -s) bébé m; **Babyjahr** nt congé m parental d'éducation; **Babyklappe** f endroit m pour déposer les bébés abandonnés; **Babynahrung** f aliments mpl [o nourriture f] de bébé ;
Babysitter(in) m(f) (-s, -) baby-sitter mf;
Babytragetasche f couffin m
Bach m (-(e)s, Bäche) ruisseau m
Backblech nt plaque f de four
Backbord nt (NAUT) bâbord m
Backe f (-, -n) joue f
backen (backte, gebacken) vt faire cuire; (Fisch) faire frire
Backenbart m favoris mpl; **Backenzahn** m molaire f
Bäcker(in) m(f) (-s, -) boulanger(-ère);
Bäckerei f boulangerie f
Backform f moule m (à pâtisserie);
Backhähnchen nt poulet m rôti;
Backobst nt fruits mpl secs; **Backofen** m four m; **Backpflaume** f pruneau m;
Backpulver nt levure f chimique
Backslash m (-, -s) (INFORM) antislash m
Backspace-Taste f touche f retour
Backstein m brique f
backte imperf von **backen**
Back-up nt (-s, -s) (INFORM) copie f de sauvegarde
Bad nt (-(e)s, Bäder) (das Baden) bain m; (Raum) salle f de bains; (Anstalt) piscine f; (Kurort) station f thermale; (das Schwimmen) bain m, baignade f; **Badeanstalt** f piscine f; **Badeanzug** m maillot m de bain; **Badehose** f maillot m de bain, slip m de bain; **Badekappe** f bonnet m de bain; **Bademantel** m peignoir m; **Bademeister(in)** m(f) maître nageur m; **Bademütze** f bonnet m de bain;
baden 1. vi se baigner **2.** vt baigner
Baden-Württemberg nt (-s) le Bade-Wurtemberg
Badeort m station f balnéaire; **Badetuch** nt drap m de bain; **Badewanne** f baignoire f; **Badezimmer** nt salle f de bains
baff adj ~ sein (fam) en rester baba
Bafög nt (-) akr von **Bundesausbildungsförderungsgesetz** bourse f d'études

```
Bafög
```

Bafög est un système qui accorde les bourses d'études aux étudiants des universités et de certaines écoles professionnelles. Les bourses sont calculées en fonction des revenus des parents. Une partie du montant octroyé doit être remboursée quelques années après la fin des études.

Bagatelle f bagatelle f
Bagger m (-s, -) excavateur m, pelle f mécanique; **baggern** vt, vi excaver, creuser; **Baggersee** m lac m artificiel (ancienne sablière ou gravière remplie d'eau)
Bahamas pl die ~ les (îles) Bahamas fpl
Bahn f (-, -en) voie f; (Kegel~, Renn~) piste f; (von Gestirn, Geschoss) trajectoire f; (Tapeten~) bande f; (Stoff~) panneau m; (Eisen~) chemin m de fer; (Straßen~) tram m; (Schienenstrecke) voie f ferrée; **mit der ~ fahren** aller en train; **bahnbrechend** adj novateur(-trice), révolutionnaire; **BahnCard®** f (-, -s) carte f demi-tarif; **Bahndamm** m remblai m (de chemin de fer)
bahnen vt **sich/jdm einen Weg ~** se frayer un chemin/frayer un chemin à qn
Bahnfahrt f voyage m en train; **Bahnhof** m gare f; **auf dem ~** à la gare; **Bahnhofshalle** f hall m de gare; **Bahnhofswirtschaft** f buffet m de gare; **Bahnlinie** f ligne f de chemin de fer; **Bahnpolizei** f police f des chemins de fer; **Bahnsteig** m (-s, -e) quai m; **Bahnstrecke** f ligne f de chemin de fer; **Bahnübergang** m passage m à niveau; **Bahnwärter(in)** m(f) garde-barrière mf
Bahrain nt (-s) le Bahreïn
Bahre f (-, -n) brancard m, civière f
Baiser nt (-s, -s) meringue f
Bakterie f bactérie f
Balance f (-) équilibre m; **balancieren** (pp balanciert) **1.** vt faire tenir en équilibre **2.** vi <sein> être en équilibre
bald adv (zeitlich) bientôt; (leicht) vite; (fast) presque; ~ ..., ~ ... tantôt ... tantôt ...; **baldig** adj (Antwort, Bearbeitung) rapide; (Genesung) prochain(e); **baldmöglichst** adv le plus tôt possible
Baldrian m (-s, -e) valériane f
Balearen pl die ~ les Baléares fpl
Balkan m (-s) der ~ les Balkans mpl
Balken m (-s, -) poutre f; **Balkendiagramm** nt diagramme m en bâtons

Balkon m (-s, -s o -e) balcon m
Ball m (-(e)s, Bälle) ballon m, balle f; (Tanz) bal m
Ballade f ballade f
Ballast m (-(e)s) lest m; (fig) poids m mort; **Ballaststoffe** pl fibres fpl (alimentaire)
ballen 1. vt (Papier) froisser; (Faust) serrer **2.** vr sich ~ (Schnee) s'agglomérer; (Wolken) s'amonceler; (Industrieanlagen) se concentrer
Ballen m (-s, -) (Stoff~) rouleau m; (Heu~) botte f; (Hand~) thénar m; (Fuß~) éminence f du gros orteil
Ballett nt (-(e)s, -e) ballet m; **Balletttänzer(in)** m(f) danseur(-euse) (de ballet)
Balljunge m ramasseur m de balles; **Ballkleid** nt robe f de bal; **Ballmädchen** nt ramasseuse f de balles
Ballon m (-s, -s o -e) ballon m
Ballspiel nt jeu m de balle [o de ballon]
Ballung f concentration f; (von Energie) accumulation f; **Ballungsgebiet** nt, **Ballungsraum** m, **Ballungszentrum** nt zone f à forte concentration urbaine
Balsam m (-s, -e) baume m
Balte m (-n, -n) Balte m
Baltikum nt (-s) **das** ~ les pays baltes
Baltin f Balte f
Bambus m (-o -ses, -se) bambou m; **Bambusrohr** nt tige f de bambou; **Bambussprossen** pl pousses fpl de bambou
banal adj banal(e); **Banalität** f banalité f
Banane f (-, -n) banane f; **Bananenrepublik** f (pej) république f bananière
Banause m (-n, -n) philistin m
band imperf von **binden**
Band 1. m (-(e)s, Bände) (Buch~) volume m **2.** nt (-(e)s, Bänder) (Stoff~) bandeau m; (Ordens~) ruban m; (Fließ~) chaîne f (de fabrication); (Ton~) bande f magnétique; (ANAT) ligament m; **etw auf** ~ **aufnehmen** enregistrer qch; **er hat sich am laufenden** ~ **beschwert** il n'a pas cessé de se plaindre **3.** nt (-(e)s, -e) (Freundschafts~ etc) lien m **4.** f (-, -s) (Jazz~) orchestre m; (Pop~) groupe m
bandagieren (pp bandagiert) vt panser
Bandbreite f (RADIO) largeur f de bande; (fig: von Gehältern) fourchette f, marge f; (von Meinungen etc) éventail m
Bande f (-, -n) (pej) bande f
bändigen vt (Tier) dompter; (Trieb, Leidenschaft) maîtriser

Bandit(in) m(f) (-en, -en) bandit m
Bandlaufwerk nt unité f de bande magnétique; **Bandmaß** nt mètre m à ruban; **Bandsäge** f scie f à ruban; **Bandscheibe** f (ANAT) disque m intervertébral; **Bandwurm** m ténia m, ver m solitaire
bange adj anxieux(-euse); **jdm Bange machen** faire peur à qn; **mir wird es** ~ j'ai la frousse; **bangen** vi um jdn/etw ~ craindre pour qn/qch
Bangladesch nt (-) le Bangladesh
Banjo nt (-s, -s) banjo m
Bank 1. f (-, Bänke) (Sitz~) banc m **2.** f (-, -en) (Geld~) banque f; **Bankangestellte(r)** mf employé(e) de banque; **Bankanweisung** f mandat m de paiement (à une banque)
Bankett nt (-s, -e) acotement m; **~e nicht befahrbar** acotements non stabilisés
Bankier m (-s, -s) banquier m
Banking nt (-s) **elektronisches** ~ télé-banking m
Bankkarte f carte f bancaire; **Bankkonto** nt compte m en banque; **Bankleitzahl** f code m banque; **Banknote** f billet m de banque; **Bankraub** m hold-up m; **Bankräuber(in)** m(f) cambrioleur(-euse) de banque
bankrott adj en faillite, failli(e); **Bankrott** m (-(e)s, -e) faillite f; ~ **machen** faire faillite
Banküberfall m hold-up m (dans une banque); **Bankverbindung** f identité f bancaire
bannen vt (Geister) exorciser; (Gefahr) conjurer; (bezaubern) ensorceler, captiver
Banner nt (-s, -) bannière f
bar adj (unbedeckt) découvert(e); (offenkundig) pur(e); **~es Geld** argent m liquide; **etw (in)** ~ **bezahlen** payer qch en espèces; (Rechnung) payer qch comptant
Bar f (-, -s) bar m
Bär m (-en, -en) ours m
Baracke f (-, -n) baraque f
Barbados nt (-) la Barbade
barbarisch adj barbare
barfuß adv pieds nus
barg imperf von **bergen**
Bargeld nt espèces fpl, argent m liquide; **bargeldlos** adv par chèque; (durch Überweisung) par virement; (mit Karte) par carte (de crédit); **Bargeldumstellung** f conversion f de l'argent liquide
Barhocker m tabouret m de bar
Bariton m (-s, -e) baryton m
Barkauf m achat m au comptant

Barkeeper m (-s, -), **Barmann** m (-männer pl) barman m

barmherzig adj miséricordieux(-euse); **Barmherzigkeit** f miséricorde f

Barometer nt (-s, -) baromètre m

Barren m (-s, -) (SPORT) barres fpl parallèles; (Gold~) lingot m

Barriere f (-, -n) barrière f

Barrikade f barricade f

barsch adj brusque, bourru(e)

Barsch m (-(e)s, -e) perche f

Barscheck m chèque m non barré

barst imperf von **bersten**

Bart m (-(e)s, Bärte) barbe f; (Schlüssel~) panneton m; **bärtig** adj barbu(e)

Barzahlung f paiement m comptant

Basar m (-s, -e) (Markt) bazar m; (Wohltätigkeits~) vente f de bienfaisance

Base f (-, -n) (CHEM) base f.

Baseball m base-ball m

Basedowkrankheit f maladie f de Basedow

Basel nt (-s) Bâle

Basel-Landschaft nt (-s) Bâle-Campagne

Basel-Stadt nt (-s) Bâle-Ville

basieren (pp basiert) vi ~ **auf** +dat se baser sur, être basé(e) sur

Basis f (-, Basen) base f

basisch adj (CHEM) basique

Baskenland nt le Pays basque

Basketball m (Ball) ballon m de basket; (Spiel) basket m, basket-ball m

baskisch adj basque

Bass m (-es, Bässe) basse f

Bassin nt (-s, -s) bassin m

Bassist(in) m(f) bassiste mf

Bassschlüssel m clé f de fa

Bast m (-(e)s, -e) raphia m

basteln vt, vi bricoler; **Bastler(in)** m(f) (-s, -) bricoleur(-euse)

bat imperf von **bitten**

Batchbetrieb m (INFORM) traitement m en lots

Batterie f pile f; (Auto ~) batterie f

Batzen m (-s, -) (CH) pièce f de dix centimes

Bau 1. m (-(e)s) (das Bauen) construction f; (Baustelle) chantier m; **sich im ~ befinden** être en construction **2.** m (Baue pl) (Tier~) terrier m, tanière f **3.** m (Bauten pl) (Gebäude) bâtiment m, édifice m; **Bauarbeiter(in)** m(f) ouvrier(-ière) du bâtiment

Bauch m (-(e)s, Bäuche) ventre m; **Bauchfell** nt (ANAT) péritoine m; **bauchig** adj (Gefäß) ventru(e), renflé(e);

Bauchmuskel m muscle m abdominal; **Bauchnabel** m (ANAT) nombril m; **Bauchredner(in)** m(f) ventriloque mf; **Bauchschmerzen** pl mal m au ventre; **Bauchtanz** m danse f du ventre; **Bauchweh** nt (-s) mal m au ventre

Baudrate f débit m en bauds

Bauelement nt élément m préfabriqué; (für Möbel) élément m; (INFORM) composant m

bauen vt, vi construire, bâtir; (Nest) faire; (Instrumente) fabriquer; **auf jdn/etw ~** compter sur qn/qch; **gut gebaut sein** (Mensch) être bien bâti(e); **kräftig gebaut sein** être costaud(e)

Bauer 1. m (-n o -s, -n) paysan m; (pej) plouc m; (im Schach) pion m **2.** nt o m (-s, -) (Vogel~) cage f

Bäuerin f paysanne f, fermière f

bäuerlich adj paysan(ne), rustique

Bauernbrot nt pain m paysan; **Bauernfängerei** f attrape-nigaud m; **Bauernhaus** nt, **Bauernhof** m ferme f

baufällig adj délabré(e); **Baufälligkeit** f délabrement m; **Baufirma** f entreprise f de construction; **Baugelände** nt terrain m à bâtir; **Baugenehmigung** f permis m de construire; **Bauherr(in)** m(f) maître mf d'ouvrage; **Baujahr** nt (von Auto) année f de fabrication; (von Haus) année f de construction; **Baukasten** m jeu m de construction; **Baukastensystem** nt système m modulaire; **Baukosten** pl coût m de la construction; **Bauland** nt terrain m à bâtir; **baulich** adj qui concerne la construction

Baum m (-(e)s, Bäume) arbre m

Baumarkt m magasin m de bricolage

baumeln vi pendre

bäumen vr sich ~ se cabrer

Baumschule f pépinière f; **Baumstamm** m tronc m d'arbre; **Baumsterben** nt (-s) dépérissement m des arbres; **Baumstumpf** m souche f d'arbre

Baumwolle f coton m

Bauplan m plan m; **Bauplatz** m terrain m (à bâtir)

Bausch m (-(e)s, Bäusche) (Watte~) tampon m

bauschen vr sich ~ se gonfler; (Hemd) bouffer; **bauschig** adj bouffant(e)

bau|sparen sep vi souscrire une l'épargne-logement; **Bausparkasse** f caisse f d'épargne-logement; **Bausparvertrag** m plan m d'épargne-logement; **Baustein** m (für Haus) pierre f de construction; (Spielzeug~) cube m; (elektronischer

~) composant m électronique; (*fig: Bestandteil*) élément m, constituant m;
Baustelle f chantier m; **Bauteil** nt élément m; **Bauunternehmer(in)** m(f) entrepreneur(-euse) en bâtiment(s);
Bauweise f style m de construction;
Bauwerk nt construction f, édifice m;
Bauwirtschaft f industrie f du bâtiment; **Bauzaun** m clôture f de chantier
Bayer(in) m(f) (-n, -n) Bavarois(e);
bay(e)risch adj bavarois(e); **Bayern** nt (-s) la Bavière
Bazillus m (-, Bazillen) bacille m
beabsichtigen (*pp* beabsichtigt) vt ~, **etw zu tun** avoir l'intention de faire qch
beachten (*pp* beachtet) vt (*jdn, Worte*) faire attention à; (*Vorschrift, Regeln, Vorfahrt*) observer; **beachtenswert** adj remarquable; **beachtlich** adj considérable; **Beachtung** f attention f
Beamte(r) m (-, -n), **Beamtin** f fonctionnaire mf; (*Bank~*) employé(e)
beängstigend adj (*Lage, Zustand*) inquiétant(e); (*Geschwindigkeit*) effrayant(e)
beanspruchen (*pp* beansprucht) vt (*Recht, Erbe*) revendiquer; (*Hilfe*) demander; (*Zeit, Platz*) prendre; (*jdn*) occuper; (*verbrauchen*) user
beanstanden (*pp* beanstandet) vt contester, réclamer au sujet de
beantragen (*pp* beantragt) vt demander (officiellement)
beantworten (*pp* beantwortet) vt répondre à
bearbeiten (*pp* bearbeitet) vt s'occuper de; (*Thema*) étudier; (*Buch*) revoir, corriger; (*Film, Stück, Musik*) adapter; (*Material*) travailler, façonner; (*INFORM*) traiter; (*fam: beeinflussen wollen*) travailler; **Bearbeitung** f traitement m; (*von Buch, Film*) adapatation f; (*Version von Buch*) nouvelle édition f; (*THEAT, CINE*) version f; **Bearbeitungsgebühr** f frais mpl de gestion
Beatmung f respiration f
beaufsichtigen (*pp* beaufsichtigt) vt surveiller
beauftragen (*pp* beauftragt) vt charger (*mit* de)
bebauen (*pp* bebaut) vt (*Grundstück*) construire sur
beben vi trembler; **Beben** nt (-s, -) tremblement m; (*Erd~*) tremblement m de terre
bebildern (*pp* bebildert) vt illustrer
Becher m (-s, -) (*ohne Henkel*) gobelet m; (*mit Henkel*) tasse f; **bechern** vi (*fam*) picoler

Becken nt (-s, -) bassin m; (*Wasch~*) lavabo m; (*MUS*) cymbale f
Becquerel nt (-s, -) becquerel m
bedacht adj réfléchi(e); **auf etw** akk ~ **sein** être soucieux(-euse) de qch; **darauf** ~ **sein, etw zu tun** veiller à faire qch
bedächtig adj (*umsichtig*) prudent(e); (*langsam*) lent(e), posé(e)
bedang aus *imperf von* **ausbedingen**
bedanken (*pp* bedankt) vr **sich** ~ dire merci; **sich bei jdm für etw** ~ remercier qn de [o pour] qch
Bedarf m (-(e)s) besoin(s) m(pl) (*an* +dat en); (*COM*) demande f; **je nach** ~ selon les besoins; **bei** ~ en cas de besoin; **an etw** dat ~ **haben** avoir besoin de qch; **Bedarfsfall** m im ~ en cas de besoin; **Bedarfsgüter** pl biens mpl de consommation; **Bedarfshaltestelle** f arrêt m facultatif
bedauerlich adj regrettable; **bedauern** (*pp* bedauert) vt regretter; (*bemitleiden*) plaindre; **Bedauern** nt (-s) regret m; **zu jds** ~ au regret de qn; **bedauernswert** adj (*Zustände*) regrettable; (*Mensch*) à plaindre; **bedauernswerterweise** adv malheureusement
bedecken (*pp* bedeckt) vt couvrir; **bedeckt** adj couvert(e)
bedenken (*pp* bedacht) irr vt (*Folgen, Tat*) réfléchir à; **jdn mit etw** ~ faire cadeau de qch à qn; **Bedenken** nt (-s, -) (*Überlegung*) réflexion f; (*Zweifel*) doute m; (*Skrupel*) scrupule m
bedenklich adj (*besorgt*) préoccupé(e); (*Zustand*) inquiétant(e); (*Aussehen*) menaçant(e); (*Geschäfte*) douteux(-euse)
Bedenkzeit f délai m de réflexion
bedeuten (*pp* bedeutet) vt signifier, vouloir dire; **jdm viel/wenig** ~ avoir beaucoup/peu d'importance pour qn;
bedeutend adj important(e); (*beträchtlich*) considérable; **Bedeutung** f sens m, signification f; (*Wichtigkeit*) importance f;
bedeutungslos adj (*Wort, Zeichen*) dépourvu(e) de sens; (*Mensch, Ereignis*) sans importance; **bedeutungsvoll** adj (*viel sagend*) éloquent(e); (*wichtig*) important(e)
bedienen (*pp* bedient) 1. vt servir; (*Maschine*) faire marcher 2. vr **sich** ~ (*beim Essen*) se servir; **sich einer Sache** gen ~ faire usage de qch; **Bediener(in)** m(f) opérateur(-trice); **bedienerfreundlich** adj facile d'emploi; (*INFORM*) convivial(e);
Bedienung f service m; (*von Maschinen*) maniement m; (*in Lokal*) garçon m, ser-

veuse f; (*Verkäufer*) vendeur(-euse);
Bedienungsanleitung f mode m
d'emploi; **Bedienungskomfort** m
confort m d'utilisation
bedingen (*pp* bedingt) vt (*voraussetzen*)
demander, impliquer; (*verursachen*) causer; **bedingt** adj (*beschränkt*) limité(e);
(*Lob*) réservé(e); (*Zusage*) conditionnel(le);
(*Reflex*) conditionné(e); **Bedingung** f
condition f; **bedingungslos** adj sans
condition
bedrängen (*pp* bedrängt) vt harceler;
jdn mit etw ~ presser qn de qch
bedrohen (*pp* bedroht) vt menacer;
bedrohlich adj menaçant(e); **Bedrohung** f menace f
bedrucken (*pp* bedruckt) vt imprimer
bedrücken (*pp* bedrückt) vt oppresser,
accabler
Bedürfnis nt besoin m; (*Notwendigkeit*)
nécessité f; **nach etw ~ haben** désirer qch
bedürftig adj (*arm*) dans le besoin
beeilen (*pp* beeilt) vr **sich ~** se dépêcher
beeindrucken (*pp* beeindruckt) vt
impressionner; **beeindruckend** adj
impressionnant(e)
beeinflussen (*pp* beeinflusst) vt (*jdn*)
influencer; (*Verhandlungen, Ergebnisse*)
avoir une influence sur
beeinträchtigen (*pp* beeinträchtigt) vt
porter atteinte [o préjudice] à; (*Freiheit*)
empiéter sur
beenden (*pp* beendet) vt (*a.* INFORM) terminer
beengen (*pp* beengt) vt (*Kleidung*) serrer;
(*jdn*) oppresser
beerben (*pp* beerbt) vt hériter de
beerdigen (*pp* beerdigt) vt enterrer;
Beerdigung f enterrement m; **Beerdi-
gungsunternehmen** nt entreprise f de
pompes funèbres; **Beerdigungsunter-
nehmer(in)** m(f) entrepreneur(-euse) de
pompes funèbres
Beere f (-, -n) baie f; (*Trauben~*) grain m
Beet nt (-(e)s, -e) plate-bande f
Befähigung f (*Können*) compétence f;
(*Qualifikation*) qualification f
befahl imperf von **befehlen**
befahrbar adj (*Straße*) carrossable; (NAUT)
navigable
befahren irr 1. (*pp* befahren) vt (*Straße,
Route*) emprunter; (NAUT) naviguer sur
2. adj (*Straße*) fréquenté(e)
befallen (*pp* befallen) irr vt (*Krankheit*)
frapper; (*Übelkeit, Fieber*) saisir; (*Ekel, Angst,
Zweifel*) envahir
befangen adj (*schüchtern*) embarrassé(e);

(*voreingenommen*) partial(e); **in etw** dat **~
sein** être prisonnier(-ière) de; **Befan-
genheit** f (*Schüchternheit*) embarras m;
(*Voreingenommenheit*) manque m d'objectivité
befassen (*pp* befasst) vr **sich ~ mit**
s'occuper de
Befehl m (-(e)s, -e) (*Anweisung*) ordre m;
(*Führung*) commandement m; (INFORM)
instruction f, ordre m; **befehlen** (befahl,
befohlen) 1. vt ordonner 2. vi commander; **über jdn/etw ~** commander qn/
qch; **Befehlsempfänger(in)** m(f) exé-
cutant(e); **Befehlsform** f (LING) impératif m; **Befehlshaber(in)** m(f) (-s, -) com-
mandant(e); **Befehlsschaltfläche** f
(INFORM) bouton m de commande;
Befehlsverweigerung f refus m
d'obéissance; **Befehlsvorrat** m (INFORM)
répertoire m de commandes
befestigen (*pp* befestigt) vt (*Gegenstand*)
fixer; (*Straße, Ufer*) stabiliser, consolider;
(MIL: *Stadt*) fortifier; **Befestigung** f fortification f; (*von Gegenstand*) fixation f
befeuchten (*pp* befeuchtet) vt humecter, mouiller
befinden (*pp* befunden) irr 1. vr **sich ~** se
trouver 2. vt **etw/jdn für** [o **als**] **etw ~**
tenir qch/qn pour qch; **Befinden** nt (-s)
(*Zustand*) santé f, état m de santé; (*Meinung*) opinion f
befohlen pp von **befehlen**
befolgen (*pp* befolgt) vt suivre
befördern (*pp* befördert) vt (*Güter*) transporter, envoyer; (*beruflich*) promouvoir;
Beförderung f (*von Gütern*) transport m;
(*beruflich*) promotion f
befragen (*pp* befragt) vt interroger;
(*Wörterbuch*) consulter; **Befragung** f
interrogation f; (*Umfrage*) sondage m
befreien (*pp* befreit) vt **1.** vt délivrer, libérer;
(*freistellen*) exempter (*von* de) **2.** vr **sich ~**
se libérer; **Befreiung** f libération f, délivrance f; (*Freistellung*) exemption f (*von*
de)
befreunden (*pp* befreundet) vr **sich mit
jdm ~** se lier d'amitié avec qn; **sich mit
etw ~** se faire à qch; **befreundet** adj
ami(e)
befriedigen (*pp* befriedigt) vt satisfaire;
befriedigend adj satisfaisant(e); (SCH)
assez bien; **befriedigt** adj satisfait(e);
Befriedigung f satisfaction f
befristet adj à durée limitée
befruchten (*pp* befruchtet) vt féconder;
(*fig*) stimuler
Befugnis f pouvoir m

befugt adj ~ **sein, etw zu tun** être compétent(e) pour faire qch

befühlen (pp befühlt) vt toucher

Befund m (-(e)s, -e) (von Sachverständigen) rapport m d'expertise; (MED) rapport m médical; **ohne** ~ résultat négatif, rien à signaler

befürchten (pp befürchtet) vt craindre; **Befürchtung** f crainte f

befürworten (pp befürwortet) vt parler en faveur de, appuyer; **Befürworter(in)** m(f) (-s, -) partisan(e); **Befürwortung** f approbation f; (von Vorschlag) soutien m

begabt adj doué(e); **Begabung** f don m

begann imperf von **beginnen**

begeben (pp begeben) irr vr **sich** ~ (gehen) se rendre; (geschehen) se passer; **Begebenheit** f événement m

begegnen (pp begegnet) 1. vi ⟨sein⟩ jdm ~ rencontrer qn; **einer Sache** dat ~ se trouver face à qch; (Frechheit, Meinung) rencontrer qch; (behandeln) traiter qch; **wir sind uns** dat **begegnet** nous nous sommes rencontré(e)s 2. vr **sich** ~ (Blicke) se croiser; **Begegnung** f rencontre f

begehen (pp begangen) irr vt (Straftat, Fehler) commettre; (Dummheit) faire; (Feier) fêter

begehren (pp begehrt) vt convoiter; **begehrenswert** adj désirable; **begehrt** adj (Mensch) courtisé(e); (Posten) convoité(e); (Reiseziel) prisé(e)

begeistern (pp begeistert) 1. vt enthousiasmer 2. vr **sich** ~ s'enthousiasmer (für pour); **begeistert** adj enthousiaste; **Begeisterung** f enthousiasme m

Begierde f (-, -n) désir m; **begierig** adj avide

begießen (pp begossen) irr vt arroser

Beginn m (-(e)s) commencement m, début m; **zu** ~ pour commencer; **beginnen** (begann, begonnen) vt, vi commencer

beglaubigen (pp beglaubigt) vt (Dokument) authentifier; (Echtheit) certifier; **Beglaubigung** f authentification f; **Beglaubigungsschreiben** nt lettres fpl de créance

begleichen (pp beglichen) irr vt (Schulden) régler

begleiten (pp begleitet) vt accompagner; (MIL) escorter; **Begleiter(in)** m(f) (-s, -) compagnon m, compagne f; **Begleiterscheinung** f effet m secondaire; **Begleitmusik** f musique f d'accompagnement; **Begleitschreiben**

nt lettre f d'accompagnement; **Begleitung** f compagnie f; (MUS) accompagnement m

beglückwünschen (pp beglückwünscht) vt féliciter (zu pour, de)

begnadigen (pp begnadigt) vt gracier; **Begnadigung** f grâce f

begnügen (pp begnügt) vr **sich mit etw** ~ se contenter de qch

Begonie f bégonia m

begonnen pp von **beginnen**

begraben (pp begraben) irr vt (Toten) enterrer; (Streit) oublier

Begräbnis nt enterrement m

begradigen (pp begradigt) vt rectifier

begreifen (pp begriffen) irr vt (verstehen) comprendre; **begreiflich** adj compréhensible; **jdm etw** ~ **machen** expliquer qch à qn

Begrenztheit f limitation f; (fig: von Mensch) étroitesse f d'esprit

Begriff m (-(e)s, -e) notion f, concept m; (Meinung, Vorstellung) idée f; **im** ~ **sein, etw zu tun** être sur le point de faire qch; **begriffsstutzig** adj ~ **sein** avoir l'esprit lent

begründen (pp begründet) vt (Tat) justifier; (Abwesenheit) excuser; (Theorie) fonder; **begründet** adj fondé(e); (Aussicht) raisonnable; **Begründung** f justification f

begrüßen (pp begrüßt) vt accueillir; **begrüßenswert** adj bienvenu(e), opportun(e); **Begrüßung** f accueil m; **zur** ~ **der Gäste** pour souhaiter la bienvenue aux invités

begünstigen (pp begünstigt) vt (jdn) favoriser; (Sache, Wachstum, Fortschritt) promouvoir

begutachten (pp begutachtet) vt expertiser; **jdn** ~ (fam) voir de quoi qn a l'air

behaart adj poilu(e); (Pflanze) velu(e)

behäbig adj (dick) corpulent(e) et flegmatique; (geruhsam) peinard(e)

behagen (pp behagt) vi **jdm** ~ plaire à qn; **Behagen** nt (-s) plaisir m, aise f; **behaglich** adj agréable, douillet(te); **Behaglichkeit** f bien-être m

behalten (pp behalten) irr vt garder; (Mehrheit) conserver; (im Gedächtnis) retenir; **die Nerven** ~ garder son sang-froid; **Recht** ~ avoir raison

Behälter m (-s, -) récipient m

behandeln (pp behandelt) vt traiter; (Maschine) manier; (MED) soigner; **Behandlung** f traitement m; (von Maschine) maniement m

beharren (pp beharrt) vi **auf etw** dat ~ ne pas démordre de qch; **beharrlich** adj (ausdauernd) ferme, résolu(e); (hartnäckig) opiniâtre, tenace; **Beharrlichkeit** f persévérance f; (Hartnäckigkeit) ténacité f
behaupten (pp behauptet) 1. vt affirmer; (Position) soutenir 2. vr **sich** ~ s'affirmer; **Behauptung** f (Äußerung) affirmation f
Behausung f habitation f; (armselig) taudis m
beheimatet adj domicilié(e); **irgendwo** ~ (Tier, Pflanze) originaire de quelque part
beheizen (pp beheizt) vt chauffer
Behelf m (-(e)s, -e) expédient m
behelfen (pp beholfen) irr vr **sich mit etw** ~ se débrouiller avec qch; **behelfsmäßig** adj improvisé(e); (vorübergehend) provisoire
behelligen (pp behelligt) vt importuner
beherbergen (pp beherbergt) vt héberger
beherrschen (pp beherrscht) 1. vt (Volk) régner sur, gouverner; (Situation, Gefühle) maîtriser; (Sprache) posséder; (Szene, Landschaft) dominer 2. vr **sich** ~ se maîtriser; **beherrscht** adj sûr(e) de soi; **Beherrschung** f (Selbst~) maîtrise f de soi; **die** ~ **verlieren** ne plus pouvoir se contrôler
beherzigen (pp beherzigt) vt prendre à cœur
behilflich adj **jdm** ~ **sein** aider qn (bei dans)
behindern (pp behindert) vt gêner; (Verkehr) entraver; (Arbeit) empêcher; **Behinderte(r)** mf handicapé(e); **behindertengerecht** 1. adj adapté(e) aux handicapés 2. adv (spécialement) pour les handicapés; **Behinderung** f (Körper~) infirmité f
Behörde f (-, -n) autorités fpl, administration f; **behördlich** adj officiel(le)
behüten (pp behütet) vt garder, protéger; **jdn vor etw** dat ~ préserver qn de qch
behutsam adv avec précaution
bei prep +dat (räumlich) près de; (mit etw zusammen) dans, avec, parmi; (mit jdm zusammen) chez; (Teilnahme) à; (zeitlich) à; ~ **der Firma XY arbeiten** travailler chez XY; ~ **uns** chez nous; **etw** ~ **sich haben** avoir qch sur soi; ~**m Friseur** chez le coiffeur; ~**m Fahren** en conduisant; ~ **Nacht/Tag** la nuit/le jour; ~ **Nebel** quand il y a du brouillard; ~ **einem Glas Wein** tout en buvant un verre de vin
bei|behalten (pp beibehalten) sep irr vt

conserver, garder
bei|bringen sep irr vt (Beweis) fournir; (Zeugen) produire; **jdm etw** ~ (lehren) apprendre qch à qn; (zu verstehen geben) faire comprendre qch à qn; (Wunde, Niederlage) infliger qch à qn
Beichte f (-, -n) confession f; **beichten** 1. vt (Sünden) confesser 2. vi se confesser; **Beichtgeheimnis** nt secret m de la confession; **Beichtstuhl** m confessional m
beide pron les deux; **meine** ~**n Brüder** mes deux frères; **wir** ~ nous deux; **einer von** ~**n** l'un des deux; **beidemal** adv les deux fois; **beiderlei** adj inv des deux, de l'un(e) et de l'autre; **Menschen** ~ **Geschlechts** des personnes des deux sexes; **beiderseitig** adj mutuel(le), réciproque; (Lungenentzündung) double; (Lähmung) bilatéral(e); **beiderseits** 1. adv des deux côtés 2. prep +gen des deux côtés de; **beides** pron les deux; **alles** ~ les deux; **beidseits** prep +gen (CH) des deux côtés
beieinander adv ensemble
Beifahrer(in) m(f) passager(-ère); **Beifahrerairbag** m airbag m passager; **Beifahrersitz** m siège m du passager avant
Beifall m applaudissements mpl; (Zustimmung) approbation f
bei|fügen sep vt joindre
beige adj inv beige
bei|geben sep irr 1. vt (zufügen) ajouter; (mitgeben) adjoindre 2. vi (nachgeben) capituler
Beigeschmack m petit goût m
Beihilfe f (für Bedürftige) aide f; (zur Krankenversicherung) allocation f; (Studien~) bourse f; (JUR) complicité f (zu de)
bei|kommen sep irr vi (sein) +dat venir à bout de
beil. adj abk von beiliegend ci-joint(e)
Beil nt (-(e)s, -e) hache f
Beilage f (Buch~) supplément m; (GASTR) garniture f
beiläufig 1. adj (Bemerkung) accessoire 2. adv en passant, incidemment
bei|legen sep vt (hinzufügen) joindre; (Wert, Bedeutung) attacher; (Streit) régler
beileibe adv ~ **nicht** surtout pas
Beileid nt condoléances fpl
beiliegend adj ci-joint(e)
beim = bei dem
bei|messen sep irr vt **einer Sache** dat **Wert** ~ attacher de la valeur à qch
Bein nt (-(e)s, -e) jambe f; (von kleinem

Tier) patte f; (*von Möbelstück*) pied m
beinah(e) adv presque
Beinbruch m fracture f de la jambe
beinhalten (*pp* beinhaltet) vt contenir
Beipackzettel m notice f
bei|pflichten sep vi jdm/einer Sache ~
être d'accord avec qn/qch
Beirat m conseil m; (*Körperschaft*) comité
m consultatif; (*Eltern~*) comité m de
parents
Beiried nt (-(e)s) (A) bœuf m rôti
beirren (*pp* beirrt) vt sich nicht ~ lassen
ne pas se laisser troubler
beisammen adv ensemble; **Beisammensein** nt (-s) réunion f
Beischlaf m rapports mpl sexuels
Beisein nt (-s) présence f; im ~ von jdm
en présence de qn
beiseite adv de côté; (*abseits*) à l'écart;
(*THEAT*) en aparté; **etw ~ legen** (*sparen*)
mettre qch de côté; **jdn/etw ~ schaffen**
faire disparaître qn/qch
bei|setzen sep vt enterrer; (*Urne*) inhu-
mer; **Beisetzung** f enterrement m; (*von
Urne*) inhumation f
Beisitzer(in) m(f) (-s, -) assesseur(-euse)
Beispiel nt (-s, -e) exemple m; **zum ~**
par exemple; **sich** dat **an jdm ein ~ nehmen** prendre exemple sur qn; **beispielhaft** adj exemplaire; **beispiellos** adj
sans précédent; **beispielsweise** adv
par exemple
beißen (biss, gebissen) **1.** vt, vi mordre;
(*Rauch, Säure*) brûler **2.** vr sich ~ (*Farben*)
jurer; **beißend** adj (*Rauch*) âcre; (*Hohn,
Spott*) mordant(e)
Beißzange f tenailles fpl
Beistand m (-(e)s, Beistände) aide f,
assistance f; (*JUR*) avocat(e); **bei|stehen**
sep irr vi jdm ~ aider qn, assister qn
bei|steuern sep vt contribuer (*zu* à)
Beitrag m (-(e)s, Beiträge) contribution f;
(*Mitglieds~, Versicherungs~*) cotisation f;
bei|tragen sep irr vt contribuer (*zu* à);
beitragspflichtig adj soumis(e) à contribution; **Beitragssatz** m taux m de la
cotisation; **Beitragszahler(in)** m(f)
cotisant(e)
bei|treten sep irr vi ⟨sein⟩ adhérer (*dat* à);
Beitritt m adhésion f; **Beitrittserklä-
rung** f déclaration f d'adhésion
Beiwagen m (*Motorrad~*) side-car m;
(*Straßenbahn~*) baladeuse f
bei|wohnen sep vi **einer Sache** dat ~
assister à qch
Beize f (-, -n) (*Holz~*) enduit m; (*GASTR*)
marinade f

beizeiten adv à temps
bejahen (*pp* bejaht) vt (*Frage*) répondre
par l'affirmative à; (*gutheißen*) approuver
bekämpfen (*pp* bekämpft) vt combattre;
(*Schädling, Unkraut, Seuche*) lutter contre;
sich (gegenseitig) ~ se battre;
Bekämpfung f lutte f (*gen* contre)
bekannt adj connu(e); (*nicht fremd*) fami-
lier(-ière); ~ **geben** annoncer; **jdn mit
jdm ~ machen** présenter qn à qn; **mit
jdm ~ sein** connaître qn; **das ist mir ~**
je suis au courant (de cela); **es kommt mir
~ vor** ça me rappelle quelque chose;
durch etw ~ werden devenir célèbre
grâce à qch; **Bekannte(r)** mf ami(e),
connaissance f; **Bekanntenkreis** m cercle m d'amis, connaissances fpl;
bekannt|geben sep vt s. **bekannt**;
Bekanntheitsgrad m degré m de célébrité; **bekanntlich** adv comme on sait;
bekannt|machen sep vt s. **bekannt**;
Bekanntmachung f notification f, avis
m; **Bekanntschaft** f connaissance f
bekehren (*pp* bekehrt) vt convertir (*zu*
à); **Bekehrung** f conversion f
bekennen (*pp* bekannt) irr **1.** vt reconnaître; (*Sünden*) confesser; (*Glauben*) professer **2.** vr **sich zu jdm** ~ prendre parti
pour qn; **sich zu etw** ~ proclamer qch;
sich schuldig ~ se reconnaître coupable;
Bekennerbrief m, **Bekennerschrei-
ben** nt lettre f revendiquant un attentat;
Bekenntnis nt aveu m; (*Religion*) confession f
bekiffen (*pp* bekifft) vr sich ~ (*fam*) se
camer
beklagen (*pp* beklagt) **1.** vt pleurer; (*Ver-
luste*) déplorer **2.** vr **sich** ~ se plaindre
(*über +akk* de); **beklagenswert** adj
(*Mensch*) à plaindre; (*situation*) regrettable; (*Unfall*) terrible
bekleben (*pp* beklebt) vt **etw mit Bildern
~** coller des images sur qch
bekleiden (*pp* bekleidet) vt (*jdn*) habiller;
(*Amt*) occuper, remplir; **Bekleidung** f
habillement m
beklemmen (*pp* beklemmt) vt oppresser
beklommen adj angoissé(e); **Beklom-
menheit** f angoisse f
bekommen (*pp* bekommen) irr **1.** vt
recevoir; (*Kind*) avoir; (*im Futur*) aller
avoir; (*Krankheit, Fieber*) attraper; (*Ärger*)
avoir; **die Mauer bekommt Risse** le mur
se lézarde; **Hunger ~** commencer à avoir
faim; **etw ~ haben** avoir reçu qch; **wir
haben nichts zu essen ~** on ne nous a
rien donné à manger **2.** vi ⟨sein⟩ **jdm gut/**

schlecht ~ faire du bien/mal à qn
bekömmlich *adj* digeste
bekräftigen (*pp* bekräftigt) *vt* confirmer
bekreuzigen (*pp* bekreuzigt) *vr* **sich** ~ se signer
bekümmern (*pp* bekümmert) *vt* inquiéter
bekunden (*pp* bekundet) *vt* (*sagen*) exprimer; (*zeigen*) manifester
belächeln (*pp* belächelt) *vt* sourire de
beladen (*pp* beladen) *irr vt* charger
Belag *m* (-(e)s, Beläge) enduit *m*, couche *f*; (*Zahn*~) tartre *m*; (*Brems*~) garniture *f*
belagern (*pp* belagert) *vt* assiéger; **Belagerung** *f* siège *m*; **Belagerungszustand** *m* état *m* de siège
belämmert *adj* (*fam: betreten*) hébété(e)
Belang *m* (-(e)s, -e) **von/ohne** ~ **sein** être d'/sans importance; ~**e** *pl* intérêts *mpl*;
belangen (*pp* belangt) *vt* (*JUR*) poursuivre en justice; **belanglos** *adj* insignifiant(e); **Belanglosigkeit** *f* futilité *f*
belassen (*pp* belassen) *irr vt* laisser; **es dabei** ~ en rester là
Belastbarkeit *f* (*TECH*) charge *f* admissible; (*von Menschen, Nerven*) résistance *f*;
belasten (*pp* belastet) **1.** *vt* charger; (*Organ, Körper*) surmener; (*Gedächtnis*) encombrer; (*Stromnetz*) saturer; (*fig: bedrücken*) causer de gros soucis à; (*Konto*) débiter; (*Haus, Etat, Steuerzahler*) grever **2.** *vr* **sich** ~ s'accabler (*mit* de); **belastend** *adj* pénible; ~**es Material** pièces *fpl* à conviction
belästigen (*pp* belästigt) *vt* importuner; **Belästigung** *f* gêne *m*; (*durch Mensch*) harcèlement *m*; **sexuelle** ~ harcèlement sexuel
Belastung *f* charge *f*; (*fig: Sorge*) poids *m*; (*von Konto*) débit *m*; (*FIN*) charges *fpl*
belaufen (*pp* belaufen) *irr vr* **sich** ~ **auf** +*akk* s'élever à
belauschen (*pp* belauscht) *vt* écouter, épier
belebt *adj* animé(e)
Beleg *m* (-(e)s, -e) (*COM*) reçu *m*; (*Beweis*) document *m*, attestation *f*; (*Beispiel*) exemple *m*
belegen (*pp* belegt) *vt* (*Boden*) recouvrir (*mit* de); (*Kuchen*) garnir; (*Brot*) tartiner; (*Platz, Zimmer*) retenir; (*Kurs, Vorlesung*) s'inscrire à; (*beweisen*) justifier; (*urkundlich*) documenter; **jdn mit einer Strafe** ~ infliger une peine à qn
Belegschaft *f* personnel *m*
belegt *adj* (*besetzt*) occupé(e); (*Zunge*) chargé(e); ~**e Brote** canapés *mpl*;

Belegzeichen *nt* (*TEL*) signal *m* occupé
belehren (*pp* belehrt) *vt* faire la leçon à; **Belehrung** *f* formation *f*; (*Zurechtweisung*) leçon *f*
beleidigen (*pp* beleidigt) *vt* (*durch Benehmen*) offenser; (*mündlich*) insulter, injurier; (*JUR*) outrager; **beleidigt sein** être vexé(e)
Beleidigung *f* offense *f*, injure *f*; (*JUR*) outrage *m*
belemmert *adj s.* **belämmert**
belesen *adj* cultivé(e)
beleuchten (*pp* beleuchtet) *vt* éclairer; (*Gebäude*) illuminer; (*Problem, Thema*) éclaircir; **Beleuchtung** *f* éclairage *m*; (*von Gebäude*) illumination *f*; (*von Fahrzeug*) feux *mpl*, phares *mpl*
Belgien *nt* (-s) la Belgique; **Belgier(in)** *m(f)* (-s, -) Belge *mf*; **belgisch** *adj* belge
belichten (*pp* belichtet) *vt* exposer; **Belichtung** *f* (*FOTO*) exposition *f*, pose *f*; **Belichtungsmesser** *m* (-s, -) posemètre *m*
Belieben *nt* (**ganz**) **nach** ~ à volonté; (*nach Geschmack*) comme il vous plaira
beliebig *adj* quelconque; (*irgendein*) n'importe quel(le); ~ **viel** autant que vous voudrez
beliebt *adj* populaire; **sich bei jdm** ~ **machen** se faire bien voir de qn; **Beliebtheit** *f* popularité *f*
beliefern (*pp* beliefert) *vt* (*Firma*) fournir (*mit* en)
bellen *vi* aboyer
belohnen (*pp* belohnt) *vt* récompenser (*für* de, pour); **Belohnung** *f* récompense *f*
belügen (*pp* belogen) *irr vt* mentir à
belustigen (*pp* belustigt) *vt* amuser; **Belustigung** *f* divertissement *m*; **zu ihrer** ~ à son grand amusement
bemalen (*pp* bemalt) *vt* peindre; (*Papier*) peindre sur; (*verzieren*) décorer
bemängeln (*pp* bemängelt) *vt* critiquer
bemannen (*pp* bemannt) *vt* équiper en personnel
bemerkbar *adj* sensible, notable; **sich** ~ **machen** se faire sentir; (*Mensch*) se faire remarquer; **bemerken** (*pp* bemerkt) *vt* remarquer; **bemerkenswert** *adj* remarquable; **Bemerkung** *f* remarque *f*
bemitleiden (*pp* bemitleidet) *vt* plaindre
bemühen (*pp* bemüht) **1.** *vr* **sich** ~ s'efforcer; **sich um jdn** ~ prendre soin de qn; **sich um etw** ~ veiller à qch **2.** *vt* (*beanspruchen*) mettre à contribution; **Bemühung** *f* (*Anstrengung*) effort *m*; (*Dienstleistung*) peine *f*

bemuttern (pp bemuttert) vt dorloter
benachbart adj voisin(e)
benachrichtigen (pp benachrichtigt) vt
informer; **Benachrichtigung** f avis m
benachteiligen (pp benachteiligt) vt
désavantager
benehmen (pp benommen) irr vr sich ~
(sich verhalten) se comporter; (höflich sein)
bien se tenir; **Benehmen** nt (-s) comportement m
beneiden (pp beneidet) vt envier (jdn um
etw qch à qn); **beneidenswert** adj
enviable
Beneluxländer pl le Benelux
benennen (pp benannt) irr vt (Straße,
Pflanze) donner un nom à; (Täter) nommer; **jdn nach jdm** ~ donner à qn le nom
de qn
Bengel m (-s, -) garnement m
Benin m der ~ le Bénin
benommen adj hébété(e)
benoten (pp benotet) vt noter
benötigen (pp benötigt) vt avoir besoin
de
benutzen, benützen (pp benutzt,
benützt) vt utiliser; (Eingang) emprunter;
(Bücherei) fréquenter; (Zug, Taxi) prendre;
Benutzer(in) m(f) (-s, -) (a. INFORM) utili-
sateur(-trice); (von Bücherei etc) usa-
ger(-ère); **benutzerdefiniert** adj
(INFORM) défini(e) par l'utilisateur; **benutzerfreundlich** adj d'un emploi pratique; (INFORM) convivial(e); **Benutzer-
handbuch** nt guide m de l'utilisateur;
Benutzerkennung f identité f de l'utilisateur; **Benutzerkonto** nt compte m
Internet; **Benutzername** m login m;
Benutzeroberfläche f (INFORM) interface f utilisateur; **Benutzerpasswort** nt
mot m de passe; **Benutzerprofil** nt
profil m d'utilisateur; **Benutzung** f utilisation f; (von Gerät) emploi m
Benzin nt (-s, -e) (AUTO) essence f; (Reini-
gungs~) benzine f; **Benzinkanister** m
bidon m d'essence; **Benzintank** m
réservoir m (d'essence); **Benzinuhr** f
jauge f d'essence; **Benzinverbrauch** m
consommation f d'essence
beobachten (pp beobachtet) vt observer; (Verdächtigen) filer; (bemerken) remarquer; **Beobachter(in)** m(f) (-s, -) obser-
vateur(-trice); (Zeitung, TV) correspon-
dant(e); **Beobachtung** f observation f;
(polizeilich, ärztlich) surveillance f
bepacken (pp bepackt) vt charger
bepflanzen (pp bepflanzt) vt planter
bequem adj confortable; (Lösung, Aus-

rede) facile; (Schüler, Untergebene) docile;
(träge) paresseux(-euse); **sitzen Sie ~?**
êtes-vous bien assis(e)?; **Bequemlich-
keit** f confort m, commodité f; (Faulheit)
paresse f
beraten (pp beraten) irr 1. vt (Rat geben)
conseiller; (besprechen) discuter; **gut/
schlecht ~ sein** être bien/mal avisé(e)
2. vr sich ~ tenir conseil; **Berater(in)**
m(f) (-s, -) conseiller(-ère); **beratschla-
gen** (pp beratschlagt) vi délibérer; **Beratung** f (das Beraten) conseil m; (ärztlich)
consultation f; (Besprechung) délibération
f; **Beratungsstelle** f bureau m d'information, service m de consultation
berauben (pp beraubt) vt voler
berechenbar adj calculable; (Verhalten)
prévisible
berechnen (pp berechnet) vt calculer;
jdm etw ~ facturer qch à qn; **berechnend** adj (Mensch) calculateur(-trice);
Berechnung f calcul m; (COM) factura-
tion f
berechtigen (pp berechtigt) vt autoriser;
(fig) justifier, autoriser; **jdn zum
Gebrauch/Zutritt ~** donner à qn droit à
l'usage/l'entrée; **berechtigt** adj (Sorge)
fondé(e); (Ärger, Forderung) justifié(e);
Berechtigung f autorisation f; (fig) justification f
bereden (pp beredet) vt (besprechen) discuter; (überreden) convaincre
beredt adj éloquent(e)
Bereich m (-(e)s, -e) (Bezirk) région f;
(Ressort, Gebiet) domaine m
bereichern (pp bereichert) 1. vt (Sammlung) enrichir; (Wissen) augmenter 2. vr
sich ~ s'enrichir
bereinigen (pp bereinigt) vt (Angelegenheit) régler; (Missverständnisse) dissiper;
(Verhältnis) normaliser
bereisen (pp bereist) vt parcourir
bereit adj ~ sein être prêt(e) (zu à); sich
~ halten se tenir prêt(e)
bereiten (pp bereitet) vt préparer; (Kummer, Freude) causer (jdm à qn)
bereit|halten sep irr vt tenir prêt(e);
bereit|legen sep vt préparer; **bereit|-
machen** sep vt préparer
bereits adv déjà
Bereitschaft f disponibilité f; **in ~ sein**
être prêt(e); (Polizei) être prêt(e) à intervenir; (Arzt) être de garde; **Bereitschaftsdienst** m permanence f; (Arzt)
garde f; ~ **haben** être de permanence;
(Arzt) être de garde
bereit|stehen sep irr vi être prêt(e);

bereit|stellen *sep vt* préparer; (*Geld*) assurer; (*Truppen, Maschinen*) mettre à disposition; **bereitwillig** *adj* empressé(e)
bereuen (*pp* bereut) *vt* regretter
Berg *m* (-(e)s, -e) montagne *f*; **in die ~e fahren** aller à la montagne; **bergab** *adv* ~ **gehen/fahren** descendre; **bergan** *adv* **es geht steil** ~ la pente est très raide;
Bergarbeiter *m* mineur *m*; **bergauf** *adv* ~ **gehen/fahren** monter; **Bergbahn** *f* chemin *m* de fer de montagne; **Bergbau** *m* exploitation *f* minière
bergen (barg, geborgen) *vt* (*retten*) sauver; (*Tote*) dégager; (*Material*) récupérer; (*enthalten*) renfermer
Bergführer(in) *m(f)* guide *mf* de montagne; **Berggipfel** *m* sommet *m*
bergig *adj* montagneux(-euse)
Bergkamm *m* crête *f*; **Bergkette** *f* chaîne *f* de montagnes; **Bergmann** *m* (-leute *pl*) mineur *m*; **Bergrutsch** *m* glissement *m* de terrain; **Bergschuh** *m* chaussure *f* de montagne; **Bergsteigen** *nt* (-s) alpinisme *m*; **Bergsteiger(in)** *m(f)* (-s, -) alpiniste *mf*
Bergung *f* (*von Menschen*) sauvetage *m*; (*von Toten*) dégagement *m*; (*von Material*) récupération *f*
Bergwacht *f* (-, -en) secours *m* en montagne; **Bergwerk** *nt* mine *f*
Bericht *m* (-(e)s, -e) rapport *m*; **berichten** (*pp* berichtet) **1.** *vi* faire un rapport; **über etw** *akk* ~ relater qch **2.** *vt* faire un rapport de, relater; **jdm etw** ~ informer qn de qch; **Berichterstatter(in)** *m(f)* (-s, -) reporter *mf*; (*im Ausland*) correspondant(e); **Berichterstattung** *f* reportage *m*
berichtigen (*pp* berichtigt) *vt* corriger
Beringstraße *f* détroit *m* de Bering
beritten *adj* **die ~e Polizei** la police montée
Berlin *nt* (-s) Berlin *m*; **Berliner Republik** *f* République *f* de Berlin
Bermudadreieck *nt* triangle *m* des Bermudes; **Bermudainseln** *pl*, **Bermudas** *pl* **die** ~ les Bermudes *fpl*; **Bermudashorts** *pl* bermuda *m*
Bern *nt* (-s) (*Stadt und Kanton*) Berne
Bernstein *m* ambre *m* (jaune)
bersten (barst, geborsten) *vi* ⟨sein⟩ crever (*vor* de)
berüchtigt *adj* (*Gegend, Lokal*) mal famé(e); (*Verbrecher*) notoire
berücksichtigen (*pp* berücksichtigt) *vt* prendre en considération; **Berücksichtigung** *f* prise *f* en considération

Beruf *m* (-(e)s, -e) (*Tätigkeit*) profession *f*; (*Gewerbe*) métier *m*; **von** ~ **Lehrer sein** être professeur de son métier; **was sind Sie von** ~? quelle est votre profession?; **ohne** ~ sans profession
berufen (*pp* berufen) *irr* **1.** *vt* nommer; **sich zu etw** ~ **fühlen** se sentir appelé(e) à qch **2.** *vr* **sich auf jdn/etw** ~ en appeler à qn/qch **3.** *adj* compétent(e)
beruflich *adj* professionnel(le); ~ **unterwegs sein** être en déplacement
Berufsausbildung *f* formation *f* professionnelle; **Berufsberater(in)** *m(f)* conseiller(-ère) d'orientation; **Berufsberatung** *f* orientation *f* professionnelle; **Berufsbezeichnung** *f* dénomination *f* professionnelle; **Berufserfahrung** *f* expérience *f* professionnelle; **Berufskrankheit** *f* maladie *f* professionnelle; **Berufsleben** *nt* vie *f* professionnelle; **im** ~ **stehen** tavailler; **Berufsrisiko** *nt* risques *mpl* du métier; **Berufsschule** *f* école *f* professionnelle; **Berufssoldat(in)** *m(f)* militaire *mf* de carrière; **Berufssportler(in)** *m(f)* sportif(-ive) professionnel(le); **berufstätig** *adj* qui exerce une activité professionnelle, qui travaille; **Berufsverkehr** *m* heures *fpl* de pointe; **Berufswahl** *f* choix *m* d'une profession
Berufung *f* nomination *f*; (*innerer Auftrag*) vocation *f* (*zu* de); (*JUR*) appel *m*, recours *m*; ~ **einlegen** faire appel
beruhen (*pp* beruht) *vi* **auf etw** *dat* ~ reposer sur qch; **etw auf sich** ~ **lassen** laisser dormir qch
beruhigen (*pp* beruhigt) **1.** *vt* calmer; (*Gewissen*) soulager, apaiser; **beruhigt sein** être tranquille, être rassuré(e) **2.** *vr* **sich** ~ se calmer; **Beruhigung** *f* apaisement *m*; (*von Gewissen*) soulagement *m*; **zu jds** ~ pour rassurer qn; **Beruhigungsmittel** *nt* tranquillisant *m*, sédatif *m*
berühmt *adj* célèbre, renommé(e); **Berühmtheit** *f* célébrité *f*
berühren (*pp* berührt) **1.** *vt* toucher; (*MATH*) être tangent à; (*flüchtig erwähnen*) effleurer, mentionner **2.** *vr* **sich** ~ se toucher; **Berührung** *f* contact *m*; **Berührungsangst** *f* appréhension *f*; **Berührungsbildschirm** *m* écran *m* tactile; **Berührungspunkt** *m* point *m* de contact; **berührungssensitiv** *adj* (*Bildschirm*) tactile
besagen (*pp* besagt) *vt* signifier
besammeln (*pp* besammelt) *vt*, *vr* (*CH*) s. **versammeln**

besänftigen (*pp* besänftigt) *vt* apaiser; **Besänftigung** *f* apaisement *m*

besann *imperf von* **besinnen**

Besatz *m* bordure *f*

Besatzung *f* équipage *m*; (*MIL*) troupes *fpl* d'occupation; **Besatzungsmacht** *f* force *f* occupante [o d'occupation]

besaufen (*pp* besoffen) *irr vr* **sich ~** (*fam*) se soûler, prendre une cuite

beschädigen (*pp* beschädigt) *vt* endommager, abîmer; **Beschädigung** *f* endommagement *m*; (*Stelle*) dégâts *mpl*

beschaffen 1. (*pp* beschafft) *vt* procurer, fournir; **sich** *dat* **etw ~** se procurer qch **2.** *adj* **so ~ sein, dass ...** être de nature à ...; **mit der Wirtschaft ist es schlecht ~** l'économie ne va pas bien; **Beschaffenheit** *f* nature *f*; **Beschaffung** *f* acquisition *f*; **Beschaffungskriminalität** *f* délits *mpl* commis pour se procurer de la drogue

beschäftigen (*pp* beschäftigt) **1.** *vt* occuper; (*Problem, Frage*) préoccuper; (*beruflich*) employer **2.** *vr* **sich ~** s'occuper; **sich ~ mit** (*sich befassen*) s'occuper de; **beschäftigt** *adj* occupé(e); (*angestellt*) employé(e); **Beschäftigung** *f* occupation *f*; (*Beruf*) emploi *m*; **Beschäftigungsmaßnahme** *f* mesure *f* pour l'emploi; **Beschäftigungstherapie** *f* ergothérapie *f*

beschämen (*pp* beschämt) *vt* faire honte à; **beschämend** *adj* honteux(-euse); (*Hilfsbereitschaft*) gênant(e); **beschämt** *adj* honteux(-euse)

beschatten (*pp* beschattet) *vt* ombrager; (*Verdächtige*) surveiller

beschaulich *adj* (*Abend, Leben, Mensch*) tranquille; (*REL*) contemplatif(-ive)

Bescheid *m* (-(e)s, -e) (*Auskunft*) renseignement *m*; (*Benachrichtigung*) réponse *f*; (*Weisung*) ordre *m*, directive *f*; **~ wissen** être au courant; **jdm ~ geben** [o **sagen**] avertir qn, informer qn

bescheiden *adj* modeste; **Bescheidenheit** *f* modestie *f*

bescheinen (*pp* beschienen) *irr vt* (*Sonne*) briller sur; (*Licht, Lampe*) éclairer

bescheinigen (*pp* bescheinigt) *vt* attester; **Bescheinigung** *f* certificat *m*, attestation *f*; (*Quittung*) reçu *m*

bescheißen (*pp* beschissen) *irr vt* (*sl*) rouler; **beschissen werden** se faire avoir

beschenken (*pp* beschenkt) *vt* faire un cadeau à

bescheren (*pp* beschert) *vt* **jdm etw ~** offrir qch à qn; **jdn ~** faire un cadeau/des cadeaux (de Noël) à qn; **mal sehen, was uns das neue Jahr beschert** je me demande ce que nous réserve l'année prochaine; **Bescherung** *f* distibution *f* des cadeaux de Noël; (*fam*) tuile *f*; **da haben wir die ~!** nous voilà dans de beaux draps!

beschildern (*pp* beschildert) *vt* signaliser

beschimpfen (*pp* beschimpft) *vt* insulter, injurier; **Beschimpfung** *f* insulte *f*

Beschiss *m* (-es) **das ist ~!** (*sl*) c'est de la triche!

beschissen *adj* (*sl*) chiant(e)

Beschlag *m* (*Metallband*) mature *f*; (*auf Metall*) ternissure *f*; (*Hufeisen*) fers *mpl* (à cheval); **jdn/etw in ~ nehmen, jdn/etw mit ~ belegen** accaparer qn/qch

beschlagen (*pp* beschlagen) *irr* **1.** *vt* ferrer **2.** *vr* **sich ~** (*Glas*) s'embuer; (*Metall*) se ternir **3.** *adj* **in etw** *dat* **~ sein** être ferré(e) sur qch

beschlagnahmen (*pp* beschlagnahmt) *vt* saisir, confisquer

beschleunigen (*pp* beschleunigt) *vt, vi* accélérer; **Beschleunigung** *f* accélération *f*

beschließen (*pp* beschlossen) *irr vt* décider; (*beenden*) terminer, achever

Beschluss *m* décision *f*, résolution *f*

beschmutzen (*pp* beschmutzt) *vt* salir

beschneiden (*pp* beschnitten) *irr vt* (*Hecke*) tailler; (*Flügel*) couper; (*REL*) circoncire; (*Rechte, Freiheit*) restreindre

beschönigen (*pp* beschönigt) *vt* embellir

beschränken (*pp* beschränkt) **1.** *vt* limiter, restreindre **2.** *vr* **sich ~** se limiter, se restreindre; **sich auf etw** *akk* **~** se borner à qch

beschrankt *adj* (*Bahnübergang*) gardé(e)

beschränkt *adj* limité(e); (*Mensch*) borné(e); **Beschränktheit** *f* (*geistig*) étroitesse *f* d'esprit; (*von Raum*) exiguïté *f*; **Beschränkung** *f* limitation *f*; **jdm ~en auferlegen** imposer des restrictions à qn

beschreiben (*pp* beschrieben) *irr vt* décrire; (*Papier*) écrire sur; **Beschreibung** *f* description *f*

beschriften (*pp* beschriftet) *vt* étiqueter; **Beschriftung** *f* (*das Beschriften*) étiquetage *m*; (*Schrift*) inscription *f*

beschuldigen (*pp* beschuldigt) *vt* accuser (*jdn einer Sache gen* qn de qch); **Beschuldigung** *f* accusation *f*

beschummeln (*pp* beschummelt) **1.** *vt* (*fam*) rouler **2.** *vi* (*fam*) tricher

beschützen (*pp* beschützt) *vt* protéger;

Beschützer(in) m(f) (-s, -) protecteur(-trice)

Beschwerde f (-, -n) plainte f; ~n (*Leiden*) troubles mpl

beschweren (pp beschwert) **1.** vt charger, alourdir; (*fig*) accabler, importuner **2.** vr sich ~ se plaindre

beschwerlich adj pénible, fatigant(e)

beschwichtigen (pp beschwichtigt) vt apaiser, calmer

beschwindeln (pp beschwindelt) vt (*betrügen*) duper; (*belügen*) raconter des bobards à

beschwingt adj gai(e), enjoué(e); (*Schritte*) léger(-ère)

beschwipst adj gris(e), éméché(e)

beschwören (pp beschworen) irr vt (*Aussage*) jurer, affirmer sous serment; (*anflehen*) implorer, supplier; (*Geister*) conjurer

besehen (pp besehen) irr vt regarder de près

beseitigen (pp beseitigt) vt éliminer, écarter; (*Zweifel*) lever; (*jdn*) supprimer; **Beseitigung** f élimination f

Besen m (-s, -) balai m; **Besenstiel** m manche m à balai

besessen adj obsédé(e) (*von* de, par)

besetzen (pp besetzt) vt occuper; (*Rolle*) donner; (*mit Edelstein, Spitzen*) garnir (*mit* de); **besetzt** adj occupé(e); **Besetztzeichen** nt signal m occupé; **Besetzung** f occupation f; (*THEAT*) distribution f

besichtigen (pp besichtigt) vt visiter; (*ansehen*) aller voir; **Besichtigung** f visite f

besiegen (pp besiegt) vt vaincre; **Besiegte(r)** mf vaincu(e)

besinnen (besann, besonnen) vr sich ~ (*nachdenken*) réfléchir; (*sich erinnern*) se souvenir (*auf +akk* de)

besinnlich adj médiatif(-ive), de recueillement

Besinnung f (*Bewusstsein*) connaissance f; (*Nachdenken*) réflexion f; **zur** ~ **kommen** reprendre connaissance; (*fig*) revenir à la raison; **die** ~ **verlieren** perdre connaissance; **besinnungslos** adj (*bewusstlos*) sans connaissance; (*fig*) hors de soi

Besitz m (-es) propriété f; (*das Besitzen*) possession f; **besitzanzeigend** adj (*LING*) possessif(-ive); **besitzen** (pp besessen) irr vt posséder; **Besitzer(in)** m(f) (-s, -) propriétaire mf

besoffen adj (*fam*) bourré(e)

besohlen (pp besohlt) vt ressemeler

Besoldung f (*von Beamten*) appointe-

ments mpl; (*von Soldaten*) solde f

besondere(r, s) adj exceptionnel(le), extraordinaire; (*speziell: Liebling, Interesse, Wünsche, Auftrag*) particulier(-ière); (*gesondert, zusätzlich*) spécial(e); **nichts Besonderes** rien de spécial; **etwas Besonderes** quelque chose de spécial; **im Besonderen** en particulier; **Besonderheit** f particularité f; **besonders** adv (*hauptsächlich*) principalement, surtout; (*nachdrücklich*) particulièrement, expressément; (*außergewöhnlich*) exceptionnel; (*sehr*) tout particulièrement, beaucoup; (*getrennt*) séparément; **nicht** ~ pas spécialement

besonnen 1. pp von **besinnen 2.** adj réfléchi(e), raisonnable; **Besonnenheit** f sagesse f

besorgen (pp besorgt) vt (*beschaffen*) procurer; (*Geschäfte*) faire, expédier; (*sich kümmern um*) prendre soin de

Besorgnis f souci m, inquiétude f; ~ **erregend** inquiétant(e)

besorgt adj inquiet(-ète)

Besorgung f acquisition f; ~**en machen** faire des courses

bespitzeln (pp bespitzelt) vt espionner

besprechen (pp besprochen) irr **1.** vt discuter (*mit* avec); (*Tonband etc*) parler sur; (*Buch, Theaterstück*) critiquer **2.** vr sich ~ se concerter (*mit* avec); **Besprechung** f (*Unterredung*) réunion f; (*Rezension*) critique f

besser 1. adj komp von **gut** meilleur(e); **es wäre** ~, **wenn** ... il vaudrait mieux que ...; **etwas Besseres** quelque chose de mieux; **jdn eines Besseren belehren** détromper qn **2.** adv mieux; **tue das** ~ cela vaudrait mieux; **du hättest** ~ ... tu aurais mieux fait de ...; ~ **gesagt** ou plutôt; **es geht ihm** ~ il va mieux

bessern 1. vt amender, rendre meilleur(e) **2.** vr sich ~ s'améliorer; (*Wetter*) se mettre au beau; (*Verbrecher*) s'amender; **Besserung** f amélioration f; (*MED*) rétablissement m; **gute** ~! bon rétablissement!

Besserwessi m (*pej*) grand pédant m de l'Allemagne de l'Ouest; **Besserwisser(in)** m(f) (-s, -) bêcheur(-euse)

Bestand m (-(e)s, Bestände) (*Fortbestehen*) persistance f, continuité f; (*Kassen~*) encaisse f; (*Vorrat*) stock m; ~ **haben, von** ~ **sein** durer, persister

beständig adj (*ausdauernd*) persistant(e), constant(e); (*Wetter*) stable; (*widerstandsfähig*) résistant(e); (*dauernd*) continuel(le), ininterrompu(e)

Bestandsaufnahme f inventaire m

Bestandteil m composante f; (fig) partie f intégrante; (Einzelteil) élément m
bestärken (pp bestärkt) vt jdn in etw dat ~ appuyer qn dans qch
bestätigen (pp bestätigt) **1.** vt (a. INFORM) confirmer; (Empfang) accuser réception de; jdm etw ~ confirmer qch à qn **2.** vr sich ~ se confirmer, se vérifier; **Bestätigung** f confirmation f
bestatten (pp bestattet) vt inhumer; **Bestattung** f inhumation f; **Bestattungsinstitut** nt pompes fpl funèbres
bestäuben (pp bestäubt) vt (Kuchen) saupoudrer; (Pflanze) féconder (avec du pollen)
bestaunen (pp bestaunt) vt s'émerveiller de
beste(r, s) 1. adj superl von **gut** meilleur(e); jdn zum Besten haben se jouer de qn; jdm etw zum Besten geben régaler qn de qch; aufs Beste au mieux; zu jds Besten pour le bien de qn **2.** adv le mieux; sie singt am ~n c'est elle qui chante le mieux; am ~n gehst du gleich il vaut mieux que tu partes tout de suite
bestechen (pp bestochen) irr vt soudoyer; (Leistung, Schönheit) séduire, éblouir; **bestechlich** adj corruptible, vénal(e); **Bestechlichkeit** f corruption f; **Bestechung** f corruption f, subornation f
Besteck nt (-(e)s, -e) couverts mpl; (MED) trousse f; (von Drogenabhängigen) matériel m de drogué
bestehen (pp bestanden) irr **1.** vi (existieren) exister, être; (andauern) durer, subsister; aus etw ~ se composer de qch; auf etw dat ~ insister sur qch **2.** vt (Kampf, Probe) soutenir; (Prüfung) réussir
bestehlen (pp bestohlen) irr vt voler
besteigen (pp bestiegen) irr vt (Berg) escalader; (Fahrzeug) monter dans; (Pferd) monter; (Thron) accéder à
Bestellbuch nt carnet m de commande; **bestellen** (pp bestellt) vt (Waren) commander; (reservieren lassen) réserver, retenir; (jdn) faire venir (zu chez); (Grüße, Auftrag) transmettre; (nominieren) nommer, désigner; (Acker) cultiver; um ihn ist es gut/schlecht bestellt ses affaires vont bien/mal; **Bestellnummer** f numéro m de commande; **Bestellschein** m bon m de commande; **Bestellung** f commande f
bestenfalls adv dans le meilleur des cas
bestens adv au mieux, parfaitement
besteuern (pp besteuert) vt imposer
Bestie f bête f féroce; (fig) monstre m

bestimmen (pp bestimmt) vt (anordnen) décréter, ordonner; (Tag, Ort) déterminer, fixer; (beherrschen) dominer; (ausersehen) désigner; (ernennen) nommer; (definieren) définir, qualifier; (veranlassen) décider
bestimmt 1. adj (entschlossen) ferme, décidé(e); (gewiss) certain(e); (Artikel) défini(e) **2.** adv sûrement, certainement; **Bestimmtheit** f (Entschlossenheit) détermination f
Bestimmung f (Verordnung) décret m, ordonnance f; (Festsetzen) détermination f, fixation f; (Verwendungszweck) destination f, but m; (Schicksal) destin m; (Definition) définition f; **Bestimmungsort** m destination f
Bestleistung f record m; **bestmöglich** adj der/die/das Bestmögliche ... le (la) meilleur(e) ... (possible)
Best.-Nr. abk von **Bestellnummer** numéro m de commande
bestrafen (pp bestraft) vt punir; **Bestrafung** f punition f
bestrahlen (pp bestrahlt) vt éclairer; (MED) traiter par les rayons; **Bestrahlung** f (MED) séance f de radiothérapie
Bestreben nt (-s) effort m, tentative f
bestreichen (pp bestrichen) irr vt (Brot) tartiner (mit de); (Oberfläche) enduire (mit de)
bestreiken (pp bestreikt) vt faire grève dans; der Betrieb wird bestreikt l'entreprise est en grève
bestreiten (pp bestritten) irr vt (abstreiten) contester, nier; (finanzieren) financer
bestreuen (pp bestreut) vt etw mit Erde ~ répandre de la terre sur qch; etw mit Mehl ~ saupoudrer qch de farine; etw mit Sand ~ sabler qch
Bestseller m (-s, -) best-seller m
bestürmen (pp bestürmt) vt assaillir, presser (mit de)
bestürzen (pp bestürzt) vt bouleverser, affoler; **bestürzt** adj bouleversé(e); **Bestürzung** f consternation f
Besuch m (-(e)s, -e) visite f; (von Gottesdienst) présence f (gen à); bei jdm einen ~ machen rendre visite à qn; ~ haben avoir de la visite, avoir des invités; bei jdm auf [o zu] ~ sein être en visite chez qn; **besuchen** (pp besucht) vt aller voir, rendre visite à; (Ort) visiter; (Gottesdienst) assister à; (SCH) suivre; (Kurs) suivre; gut besucht fréquenté(e); **Besucher(in)** m(f) (-s, -) visiteur(-euse); **Besucherlaubnis** f autorisation f de visite; **Besuchszeit** f heures fpl de visite

Betablocker m (-s, -) bêtabloquant m
betagt adj âgé(e), d'un âge avancé
betasten (pp betastet) vt palper
betätigen (pp betätigt) **1.** vt actionner **2.** vr sich ~ s'occuper, travailler; **sich politisch** ~ exercer une activité politique; **Betätigung** f occupation f, activité f; (beruflich) travail m; (TECH) actionnement m
betäuben (pp betäubt) vt (durch Schlag) assommer, sonner; (durch Geruch) griser, enivrer; (MED) endormir, anesthésier; **Betäubungsmittel** nt narcotique m, anesthésique m
Beta-Version f (INFORM) version f beta
Bete f (-, -n) **Rote** ~ betterave f rouge
beteiligen (pp beteiligt) **1.** vr sich ~ participer, prendre part (an +dat à) **2.** vr jdn ~ faire participer qn (an +dat à); **Beteiligung** f participation f
beten vi prier
beteuern (pp beteuert) vt affirmer; **jdm etw** ~ assurer qn de qch; **Beteuerung** f déclaration f
Beton m (-s, -s) béton m
betonen (pp betont) vt (Wort, Silbe) accentuer; (Tatsache) insister sur; (hervorheben) faire ressortir
betonieren (pp betoniert) vt bétonner
Betonkopf m (pej) tête f de mule
Betonung f accentuation f
betr. abk von **betreffend, betreffs** concernant
Betracht m **in** ~ **kommen** entrer en ligne de compte; **etw in** ~ **ziehen** prendre qch en considération
betrachten (pp betrachtet) vt regarder, contempler; **jdn als etw** ~ considérer qn comme qch; **Betrachter(in)** m(f) (-s, -) observateur(-trice)
beträchtlich adj considérable
Betrag m (-(e)s, Beträge) montant m, somme f
betragen (pp betragen) irr **1.** vt (Summe, Anzahl) s'élever à **2.** vr sich ~ se comporter, se conduire; **Betragen** nt (-s) conduite f
betrauen (pp betraut) vt jdn mit etw ~ confier qch à qn
betreffen (pp betroffen) irr vt concerner; **was mich betrifft** en ce qui me concerne; **betreffend** adj concernant; (Stelle) concerné(e); **Ihre unser Angebot** ~**e Anfrage** votre question concernant notre offre; **betreffs** prep +gen concernant
betreiben (pp betrieben) irr vt (ausüben) exercer; (Studien) faire, poursuivre;

Betreiber(in) m(f) (Firma) société f d'exploitation; (von Spielhalle, Hotel) tenancier(-ière)
betreten 1. (pp betreten) irr vt (Haus) entrer dans; (Gelände) pénétrer dans [o sur]; (Rasen) marcher sur; (Bühne) entrer en **2.** adj embarrassé(e), confus(e)
betreuen (pp betreut) vt s'occuper de; (Reisegruppe) accompagner
Betrieb m (-(e)s, -e) (Firma) entreprise f; (von Maschine) fonctionnement m; (Treiben) animation f; **außer** ~ **sein** être hors service; **in** ~ **sein** être en service; **Betriebsausflug** m sortie f d'entreprise; **betriebsbereit** adj en état de marche; **Betriebsferien** pl fermeture f annuelle; **Betriebsklima** nt ambiance f de travail; **Betriebskosten** pl charges fpl (d'exploitation); **Betriebsrat** m (Gremium) comité m d'entreprise; **Betriebsrat** m, **-rätin** f délégué(e) du personnel; **betriebssicher** adj fiable; **Betriebsstörung** f panne f; **Betriebssystem** nt (INFORM) système m d'exploitation; **Betriebsunfall** m accident m du travail; **Betriebswirtschaft** f gestion f d'entreprise
betrinken (pp betrunken) irr vr sich ~ s'enivrer
betroffen adj (bestürzt) bouleversé(e); **von etw** ~ **werden** [o **sein**] être concerné(e) par qch
betrüben (pp betrübt) vt attrister; **betrübt** adj triste, affligé(e)
Betrug m (-(e)s) tromperie f, duperie f;
betrügen (pp betrogen) irr **1.** vt tromper **2.** vr sich ~, -en) s'abuser; **Betrüger(in)** m(f) (-s, -) escroc m; **betrügerisch** adj frauduleux(-euse)
betrunken adj ivre, soûl(e)
Bett nt (-(e)s, -en) lit m; **ins** [o **zu**] ~ **gehen** aller au lit; **Bettbezug** m garniture f de lit; **Bettdecke** f couverture f; (Daunen~) couette f; (Überwurf) couvre-lit m
bettelarm adj pauvre comme Job; **Bettelei** f mendicité f; **betteln** vi mendier
betten vt (Verletzten) coucher; (Kopf) poser
bettlägerig adj alité(e); **Bettlaken** nt drap m
Bettler(in) m(f) (-s, -) mendiant(e)
Bettnässer(in) m(f) (-s, -) incontinent(e); **Bettvorleger** m descente f de lit; **Bettwäsche** f draps mpl; **Bettzeug** nt literie f
beugen 1. vt (Körperteil) plier, fléchir;

(*LING*) décliner; conjuguer **2.** *vr* **sich ~** s'incliner, se soumettre; (*sich lehnen*) se pencher

Beule *f* (-, -n) bosse *f*

beunruhigen (*pp* beunruhigt) **1.** *vt* inquiéter **2.** *vr* **sich ~** s'inquiéter; **Beunruhigung** *f* inquiétude *f*

beurkunden (*pp* beurkundet) *vt* certifier

beurlauben (*pp* beurlaubt) *vt* (*Arbeiter*) donner un congé à; (*Minister*) relever de ses fonctions; **beurlaubt sein** être en congé; (*Professor*) être en disponibilité

beurteilen (*pp* beurteilt) *vt* juger; **Beurteilung** *f* jugement *m*, appréciation *f*

Beute *f* (-) butin *m*; (*Opfer*) victime *f*; **Beutegut** *nt* butin *m*; **Beutekunst** *f* œuvres *fpl* d'art spoliées

Beutel *m* (-s, -) (*Tasche*) sac *m*; (*Kultur~, Kosmetik~*) trousse *f* de toilette; (*Geld~*) porte-monnaie *m*; (*Tabaks~*) blague *f*; (*von Känguruh*) poche *f*; **Beuteltier** *nt* marsupial *m*

bevölkern (*pp* bevölkert) *vt* peupler; (*füllen*) envahir; **Bevölkerung** *f* population *f*; **Bevölkerungsexplosion** *f* explosion *f* démographique

bevollmächtigen (*pp* bevollmächtigt) *vt* habiliter, autoriser; **Bevollmächtigte(r)** *mf* mandataire *mf*; **Bevollmächtigung** *f* procuration *f*

bevor *konj* avant de +*inf*, avant que +*subj*; **~ ich noch etwas sagen konnte** avant que j'aie pu ouvrir la bouche; **überleg's dir gut, ~ du's tust** réfléchis bien avant de le faire

bevormunden (*pp* bevormundet) *vt* tenir en tutelle

bevor|stehen *sep irr vi* être imminent(e); **bevorstehend** *adj* imminent(e)

bevorzugen (*pp* bevorzugt) *vt* préférer; **Bevorzugung** *f* préférence *f*; (*bessere Behandlung*) traitement *m* de faveur

bewachen (*pp* bewacht) *vt* surveiller; (*Schatz*) garder; **Bewachung** *f* (*Bewachen*) surveillance *f*; (*Leute*) garde *f*

bewaffnen (*pp* bewaffnet) **1.** *vt* armer **2.** *vr* **sich ~** s'armer (*mit* de); **bewaffnet** *adj* armé(e); (*Überfall*) à main armée; **Bewaffnung** *f* armement *m*

bewahren (*pp* bewahrt) *vt* garder; **jdn vor etw** *dat* **~** préserver qn de qch

bewähren (*pp* bewährt) *vr* **sich ~** (*Mensch*) faire ses preuves; (*Methode, Mittel*) donner de bons résultats

bewahrheiten (*pp* bewahrheitet) *vr* **sich ~** se vérifier

bewährt *adj* éprouvé(e)

Bewährung *f* (*JUR*) sursis *m*; **Bewährungsfrist** *f* délai *m* probatoire

bewaldet *adj* boisé(e)

bewältigen (*pp* bewältigt) *vt* surmonter; (*Arbeit*) arriver à faire; (*Strecke*) parcourir

bewandert *adj* **in etw** *dat* **~ sein** être calé(e) en qch

bewässern (*pp* bewässert) *vt* irriguer; **Bewässerung** *f* irrigation *f*

bewegen (*pp* bewegt) **1.** *vt* remuer, bouger; (*rühren: jdn*) émouvoir, toucher; (*Problem, Gedanke*) préoccuper; **jdn dazu ~, etw zu tun** amener qn à faire qch **2.** *vr* **sich ~** bouger; **es bewegt sich etwas** (*fig*) quelque chose se passe

Beweggrund *m* mobile *m*

beweglich *adj* mobile; (*flink*) agile; (*geistig wendig*) vif (vive)

bewegt *adj* (*Leben, Zeit*) agité(e), mouvementé(e); (*ergriffen*) ému(e)

Bewegung *f* mouvement *m*; (*sportlich*) exercice *m*; **keine ~!** pas un geste!; **etw in ~ setzen** mettre qch en marche [o en mouvement]; **etw kommt in ~** il y a du mouvement dans qch; **Bewegungsfreiheit** *f* liberté *f* de mouvement; **bewegungslos** *adj* immobile; **Bewegungsmelder** *m* (-s, -) détecteur *m* de mouvement

Beweis *m* (-es, -e) preuve *f*; (*MATH*) démonstration *f*; **beweisbar** *adj* que l'on peut prouver; **beweisen** (*pp* bewiesen) *irr vt* prouver; (*MATH*) démontrer; (*Mut, Geschmack*) faire preuve de; **Beweismittel** *nt* preuve *f*

bewenden *irr vi* **es bei etw ~ lassen** se contenter de qch

bewerben (*pp* beworben) *irr vr* **sich ~** poser sa candidature; (*beim Vorstellungsgespräch*) se présenter; **Bewerber(in)** *m(f)* (-s, -) candidat(e), postulant(e); **Bewerbung** *f* candidature *f*, demande *f* d'emploi; **Bewerbungsunterlagen** *pl* dossier *m* de candidature

bewerten (*pp* bewertet) *vt* évaluer, estimer; (*SPORT*) noter; **Bewertung** *f* évaluation *f*

bewilligen (*pp* bewilligt) *vt* accorder

bewirken (*pp* bewirkt) *vt* provoquer; **was will er damit ~?** qu'est-ce qu'il cherche?

bewirten (*pp* bewirtet) *vt* régaler

bewirtschaften (*pp* bewirtschaftet) *vt* (*Hotel*) gérer; (*Land*) exploiter; **bewirtschaftete Hütte** refuge *m* gardé

Bewirtung *f* accueil *m*, hospitalité *f*

bewohnbar *adj* habitable; **bewohnen**

(*pp* bewohnt) *vt* (*Haus, Höhle*) habiter; (*Gebiet, Insel*) occuper; **Bewohner(in)** *m(f)* (-s, -) habitant(e)

bewölkt *adj* nuageux(-euse); **Bewölkung** *f* nuages *mpl*, nébulosité *f*

Bewunderer *m* (-s, -), **Bewunderin** *f* admirateur(-trice); **bewundern** (*pp* bewundert) *vt* admirer; **bewundernswert** *adj* admirable; **Bewunderung** *f* admiration *f*

bewusst *adj* (*Tag, Stunde, Ort*) nommé(e), cité(e); (*Erleben, Genuss*) conscient(e); (*absichtlich*) délibéré(e), intentionnel(le); **sich** *dat* **einer Sache** *gen* ~ **sein** avoir conscience de qch; **die Folgen wurden ihr** ~ elle se rendit compte des conséquences; **bewusstlos** *adj* inconscient(e); ~ **werden** perdre connaissance; **Bewusstlosigkeit** *f* inconscience *f*; **Bewusstsein** *nt* (-s) conscience *f*; (*MED*) connaissance *f*; **im** ~ **ihres Unrechts** en pleine connaissance de ses torts; **das** ~ **und das Unterbewusstsein** le conscient et le subconscient; **das** ~ **verlieren** perdre connaissance; **bewusstseinsverändernd** *adj* (*Droge*) modifiant le champ de la conscience

bezahlen (*pp* bezahlt) *vt* payer; **sich bezahlt machen** être payant; **bitte** ~! l'addition, s'il vous plaît!; **Bezahlfernsehen** *nt* chaîne *f* à péage; **Bezahlung** *f* paiement *m*

bezähmen (*pp* bezähmt) *vt* (*fig*) refréner, maîtriser

bezaubern (*pp* bezaubert) *vt* charmer

bezeichnen (*pp* bezeichnet) *vt* (*markieren*) marquer, repérer; (*benennen*) appeler; (*beschreiben*) décrire; (*zeigen*) indiquer; **jdn als Lügner** ~ qualifier qn de menteur; **bezeichnend** *adj* caractéristique, significatif(-ive); **Bezeichnung** *f* (*Markierung*) marquage *m*; (*Zeichen*) signe *m*; (*Benennung*) désignation *f*

bezeugen (*pp* bezeugt) *vt* confirmer; (*JUR*) attester

beziehen (*pp* bezogen) *irr* **1.** *vt* (*Möbel*) recouvrir; (*Haus, Position*) occuper; (*Standpunkt*) prendre; (*Gelder*) percevoir; (*Zeitung*) être abonné(e) à; **etw auf jdn/etw** ~ rapporter qch à qn/qch; **das Bett frisch** ~ mettre des draps propres **2.** *vr* **sich** ~ (*Himmel*) se couvrir; **sich auf jdn/ etw** ~ se référer [o rapporter] à qn/qch

Beziehung *f* (*Verbindung*) relation *f*; (*Zusammenhang*) rapport *m*; (*Verhältnis*) liaison *f*; **in dieser** ~ **hat er Recht** à cet égard il a raison; ~**en haben** (*vorteilhaft*) avoir des relations; **Beziehungskiste** *f* (*fam*) histoire *f* de couple; **beziehungsweise** *konj* (*genauer gesagt*) ou plutôt; (*im anderen Fall*) ou

Bezirk *m* (-(e)s, -e) (*Stadt*~) quartier *m*; (*Polizei*~) district *m*

Bezug *m* (-(e)s, Bezüge) (*Überzug*) garniture *f*; (*von Waren*) commande *f*; (*von Zeitung*) abonnement *m*; (*von Rente*) perception *f*; (*Beziehung*) rapport *m* (*zu* avec); **Bezüge** *pl* (*Gehalt*) appointements *mpl*; **in** ~ **auf** +*akk* concernant; ~ **nehmen auf** +*akk* se référer à

Bezüger(in) *m(f)* (-s, -) (*CH*) abonné(e); (*von Rente, Lohn*) bénéficiaire *mf*

bezüglich 1. *prep* +*gen* concernant **2.** *adj* concernant; (*LING*) relatif(-ive)

Bezugnahme *f* (-, -n) **unter** ~ **auf Ihr Schreiben** (comme) suite à votre courrier; **Bezugspreis** *m* prix *m* d'achat; **Bezugsquelle** *f* source *f* d'approvisionnement

bezwecken (*pp* bezweckt) *vt* viser, avoir pour but; **etw mit etw** ~ **wollen** vouloir obtenir qch avec qch

bezweifeln (*pp* bezweifelt) *vt* douter (de)

BH *m* (-(s), -(s)) *abk von* Büstenhalter soutien-gorge *m*

Bhagwan *m* (-s) gourou *m*

Bhf. *abk von* Bahnhof

Bhutan *nt* (-s) le Bhoutan

Bibel *f* (-, -n) bible *f*

Biber *m* (-s, -) castor *m*

Bibliografie *f* bibliographie *f*

Bibliothek *f* (-, -en) bibliothèque *f*; **Bibliothekar(in)** *m(f)* (-s, -e) bibliothécaire *mf*

biblisch *adj* biblique

bieder *adj* (*rechtschaffen*) honnête, droit(e); (*Frisur, Geschmack*) sage, simple

biegen (bog, gebogen) **1.** *vt* (*Ast, Metall*) courber; (*Arm, Körper*) plier; **auf Biegen oder Brechen** quoi qu'il advienne **2.** *vr* **sich** ~ se courber; (*Ast*) ployer **3.** *vi* (*sein*) (*ab*~) tourner; **biegsam** *adj* flexible, souple

Biene *f* (-, -n) abeille *f*; **Bienenhonig** *m* miel *m* (d'abeille); **Bienenwachs** *nt* cire *f* d'abeille

Bier *nt* (-(e)s, -e) bière *f*; **Bierbrauer(in)** *m(f)* (-s, -) brasseur(-euse); **Bierdeckel** *m*, **Bierfilz** *m* dessous *m* de bière; **Bierkrug** *m*, **Bierseidel** *nt* chope *f*

Biest *nt* (-(e)s, -er) (*fam: Tier*) sale bête *f*; (*pej: Mensch*) vache *f*

bieten (bot, geboten) **1.** *vt* présenter;

(*Arm, Hand*) donner; (*Schauspiel*) représenter; (*bei Versteigerung*) offrir **2.** vr **sich ~ se présenter; sich** dat **etw ~ lassen** accepter qch

Bikini m (-s, -s) bikini m

Bilanz f bilan m; (*Handels~*) balance f

Bild nt (-(e)s, -er) image f; (*Gemälde*) tableau m; (*Foto*) photo f; (*Zeichnung*) dessin m; (*Eindruck*) impression f; (*Anblick*) vue f; **über etw** akk **im ~e sein** être au courant de qch; **Bildbericht** m reportage m photographique

bilden 1. vt (*formen*) former; (*Regierung*) constituer; (*Form, Figur*) modeler, façonner; (*Ausnahme, Ende, Höhepunkt*) représenter, être **2.** vr **sich ~** (*entstehen*) se former, se développer; (*geistig*) s'instruire, se cultiver

Bilderbuch nt livre m d'images; **wie im ~ de rêve; Bilderrahmen** m cadre m

Bildfläche f **auf der ~ erscheinen** (*fig*) apparaître; **von der ~ verschwinden** (*fig*) disparaître, s'éclipser; **Bildhauer(in)** m(f) (-s, -) sculpteur m; **bildhübsch** adj ravissant(e); **Bildlaufleiste** f (*INFORM*) barre f de défilement; **bildlich** adj (*Ausdrucksweise*) figuré(e); (*Vorstellung*) concret(-ète); (*Schilderung*) vivant(e); **sich** dat **etw ~ vorstellen** se représenter qch (concrètement); **Bildplatte** f vidéodisque m; **Bildpunkt** m pixel m

Bildschirm m (a. von Computer) écran m; **geteilter ~** écran partagé; **Bildschirmarbeitsplatz** m poste m de travail informatisé; **Bildschirmgerät** nt visuel m, unité f de visualisation; **Bildschirmschoner** m (-s, -) (*INFORM*) économiseur m d'écran; **Bildschirmtext** m Minitel® m

bildschön adj ravissant(e); **Bildtelefon** nt visiophone m, vidéophone m

Bildung f (*von Schaum, Wolken*) formation f; (*von Ausschuss, Regierung*) constitution f; (*Wissen*) instruction f; **Bildungslücke** f lacune f; **Bildungspolitik** f politique f de l'éducation; **Bildungsurlaub** m congé-formation m, congé m de formation professionnelle; **Bildungsweg** m **auf dem zweiten ~** en formation parallèle; **Bildungswesen** m enseignement m

Bildverarbeitung f (*INFORM*) traitement m d'images

Billard nt (-s, -e) billard m; **Billardball** m, **Billardkugel** f boule f de billard

billig adj bon marché; (*schlecht*) mauvais(e); (*Ausrede, Trost, Trick*) médiocre,

piètre; (*gerecht*) juste; **Billigarbeiter(in)** m(f) main d'œuvre f bon marché

billigen vt approuver

Billiglohnland nt pays m à faibles coûts salariaux

Billigung f approbation f

Billion f billion m

bimmeln vi sonner

Bimsstein m pierre f ponce

binär adj binaire

Binde f (-, -n) bande f; (*MED*) bandage m; (*Arm~*) brassard m; (*Damen~*) serviette f périodique

Bindegewebe nt tissu m conjonctif; **Bindeglied** nt lien m

binden (band, gebunden) **1.** vt attacher (*an* +akk à); (*Blumen*) faire un bouquet de; (*Buch*) relier; (*Schleife*) nouer; (*fesseln*) ligoter; (*verpflichten*) obliger; (*Soße, MUS: Töne*) lier **2.** vr **sich ~** s'engager; **sich an** **jdn ~** se lier avec qn

Bindestrich m trait m d'union; **Bindewort** nt conjonction f

Bindfaden m ficelle f

Bindung f (*Verpflichtung*) obligation f; (*Verbundenheit*) lien m; (*Ski~*) fixation f

Binnenhafen m port m fluvial; **Binnenhandel** m commerce m intérieur; **Binnenmarkt** m **Europäischer ~** marché m intérieur européen; **Binnenschifffahrt** f navigation f fluviale; **Binnensee** m lac m intérieur

Binse f (-, -n) jonc m; **Binsenwahrheit** f, **Binsenweisheit** f lapalissade f

Biochemie f biochimie f; **Biodiesel** m diesel m biologique; **biodynamisch** adj biologique; **Bioethik** f bioéthique f; **Biogas** nt biogaz m

Biografie f biographie f

Biologe m (-n, -n), **-login** f biologiste mf; **Biologie** f biologie f; **biologisch** adj biologique

Bioprodukt nt écoproduit m, produit m vert; **Biorhythmus** m biorythme m

BIOS nt (-) akr von **basic input output system** (*INFORM*) bios m

Biosphäre f biosphère f; **Biosphärenreservat** nt réserve f de biosphère; **Biotechnik** f biotechnique f; **Biotechnologie** f biotechnologie f; **Bioterrorismus** m bioterrorisme m; **Biotonne** f container m [o conteneur m] à compost; **Biotop** nt (-s, -e) biotope m; **Biotreibstoff** m carburant m vert

Birke f (-, -n) bouleau m

Birma nt (-s) la Birmanie

Birnbaum m poirier m

Birne f (-, -n) poire f; (ELEC) ampoule f

bis 1. adv, prep +akk jusqu'à; **von … ~ de … à**; ~ **hierher** jusqu'ici; ~ **in die Nacht** jusque tard dans la nuit; ~ **auf weiteres** jusqu'à nouvel ordre; ~ **bald/gleich** à bientôt/à tout de suite; ~ **auf etw** +akk sauf qch 2. konj **er wartet, bis er aufgerufen wird** il attend qu'on l'appelle

Bischof m (-s, Bischöfe), **Bischöfin** f évêque m; **bischöflich** adj épiscopal(e)

bisexuell adj bisexuel(le)

bisher adv jusqu'à présent; **bisherig** adj qui a été [o existé] jusqu'à présent; (POL) sortant(e)

Biskaya f **der Golf von ~** le golfe de Gascogne

Biskuit m (-(e)s, -s o -e) génoise f; **Biskuitteig** m pâte f à génoise

bislang adv jusqu'à présent

biss imperf von **beißen**

Biss m (-es, -e) morsure f; ~ **haben** (fig fam) avoir du mordant

bisschen pron un peu; **ein ~ Ruhe/Salz** un peu de repos/de sel; **ein ~ viel/wenig** un peu beaucoup/pas assez; **kein ~** pas du tout; **ein klein(es) ~** un tout petit peu

Bissen m (-s, -) bouchée f

bissig adj méchant(e)

Bistum nt (-s, -tümer) évêché m

Bit nt (-(s), -(s)) (INFORM) bit m

bitte interj s'il vous/te plaît; (wie ~?) comment?, pardon?; (als Antwort auf Dank) je vous en prie

Bitte f (-, -n) demande f, prière f; **bitten** (bat, gebeten) vt, vi demander; **jdn um etw ~** demander qch à qn; **jdn zu Tisch/zum Tanz ~** inviter qn à passer à table/inviter qn à danser; **bittend** adj suppliant(e), implorant(e)

bitter adj amer(-ère); (Wahrheit) triste; (Ernst, Not, Hunger, Unrecht) extrême; **bitterböse** adj très méchant(e); (Blick) très fâché(e); **Bitterkeit** f amertume f

Bizeps m (-(es), -e) biceps m

Black-out m (-(s), -s) étourdissement m

blähen 1. vt gonfler 2. vr sich ~ se gonfler 3. vi (MED) ballonner; **Blähungen** pl (MED) vents mpl, gaz mpl

blamabel adj honteux(-euse)

Blamage f (-, -n) honte f; **blamieren** (pp blamiert) 1. vr sich ~ se ridiculiser 2. vt couvrir de honte

blank adj (Metall, Schuhe, Boden) brillant(e); (unbedeckt) nu(e); (abgewetzt) lustré(e); (sauber) propre; (fam: ohne Geld) fauché(e); (fam: Unsinn, Neid, Egoismus) pur(e)

blanko adv **einen Scheck ~ unterschreiben** signer un chèque en blanc; **Blankoscheck** m chèque m en blanc

Bläschen nt (MED: auf der Haut) pustule f; (MED: am Mund, im Genitalbereich) aphte m

Blase f (-, -n) bulle f; (MED) ampoule f; (ANAT) vessie f

Blasebalg m soufflet m

blasen (blies, geblasen) 1. vt souffler; (MUS: Instrument) jouer de; (MUS: Melodie) jouer 2. vi (Mensch) souffler; (auf Instrument) jouer

blasiert adj hautain(e)

Blasinstrument nt instrument m à vent; **Blaskapelle** f orchestre m de cuivres

Blasphemie f blasphème m

blass adj pâle; **Blässe** f (-) pâleur f

Blatt nt (-(e)s, Blätter) feuille f; (Seite) page f; (Zeitung) papier m; (von Säge, Axt) lame f

blättern vi (INFORM) dérouler; **nach oben/unten ~** (INFORM) faire défiler vers le haut/le bas; **in etw** dat ~ feuilleter qch

Blätterteig m pâte f feuilletée

blau adj bleu(e); (Auge) au beurre noir; (Blut) bleu(e), noble; (Fisch) au bleu; (GASTR) au bleu; **die ~e Fahne** [o **Flagge**] (für Strandqualität) le pavillon bleu; ~**er Fleck** bleu m; **Fahrt ins Blaue** voyage m surprise; **blauäugig** adj aux yeux bleus; (fig) naïf (naïve); **Blauhelm** m casque m bleu; **Blaukraut** nt (A, SDEUTSCH) chou m rouge; **Blaulicht** nt gyrophare m; **blau|machen** sep vi (SCH) sécher; **Blaustrumpf** m bas-bleu m

Blech nt (-(e)s, -e) tôle f; (Büchsen~) ferblanc m; (Back~) plaque f; (MUS) cuivres mpl; **Blechdose** f boîte f en fer-blanc; **blechen** vt, vi (fam: Geld) casquer, cracher

Blechinstrument nt cuivre m; **Blechlawine** f flot de voitures qui roulent pare-choc contre pare-choc; **Blechschaden** m (AUTO) dégâts mpl de carrosserie

Blei nt (-(e)s, -e) plomb m

Bleibe f (-, -n) **bei jdm eine ~ finden** trouver logis chez qn

bleiben (blieb, geblieben) vi ⟨sein⟩ rester; **bei etw ~** (Einstellung nicht ändern) persister dans qch; **stehen ~** rester debout; ~ **lassen** ne pas faire; **Bleiberecht** nt droit m de séjour

bleich adj blême

bleichen vt (Wäsche) blanchir; (Haare) décolorer; **Bleichmittel** nt agent m blanchissant

bleiern adj en plomb; (Müdigkeit) de plomb

bleifrei adj (Benzin) sans plomb; **bleihaltig** adj (Benzin) plombifère
Bleistift m crayon m; **Bleistiftspitzer** m (-s, -) taille-crayon m
Blende f (-, -n) (FOTO) diaphragme m
blenden vt éblouir; (blind machen) aveugler
blendend adj (fam) formidable; ~ **aussehen** être resplendissant(e)
Blick m (-(e)s, -e) regard m; (Aussicht) vue f; (Urteilsfähigkeit) coup m d'œil; **blicken** vi regarder; **sich ~ lassen** se montrer, se faire voir; **Blickfeld** nt champ m visuel
blieb imperf von **bleiben**
blies imperf von **blasen**
blind adj aveugle; (Spiegel, Glas etc) terne, mat(e); **~er Passagier** passager m clandestin; **~er Alarm** fausse alarme [o alerte]; **~ schreiben** taper au toucher
Blinddarm m appendice m; **Blinddarmentzündung** f appendicite f
Blindenschrift f écriture f braille, braille m; **Blindgänger** m (-s, -) obus m non éclaté; (fig) nullité f; **Blindheit** f cécité f; (fig) aveuglement m; **blindlings** adv aveuglément; **Blindschleiche** f (-, -n) orvet m
blind|schreiben sep irr vi s. **blind**
blinken vi scintiller; (Licht) clignoter; (AUTO) mettre son clignotant; **Blinker** m (-s, -), **Blinklicht** nt (AUTO) clignotant m
blinzeln vi cligner des yeux; (jdm zu~) faire un clin d'œil
Blitz m (-es, -e) éclair m, foudre f; **Blitzableiter** m (-s, -) paratonnerre m; **blitzen** vi (Metall) briller, étinceler; (Augen) flamboyer; **es blitzt** (METEO) il fait des éclairs; **Blitzlicht** nt (FOTO) flash m; **Blitz(licht)würfel** m cube-flash m; **blitzschnell** adj rapide comme l'éclair [o la foudre]
Block 1. m (-(e)s, Blöcke) (Stein~ etc) bloc m 2. m (-s, -s) (Papier~ etc) bloc m; (Häuser~) pâté m; (Gruppe) bloc m
Blockade f blocus m
Blockflöte f flûte f à bec
blockfrei adj (POL) non aligné(e)
blockieren (pp blockiert) 1. vt bloquer; (unterbinden) entraver 2. vi (Räder) être bloqué(e)
Blockschrift f caractères mpl d'imprimerie
blöd(e) adj idiot(e); (unangenehm) ennuyeux(-euse), embêtant(e); **blödeln** vi (fam) débloquer; **Blödheit** f stupidité f; **Blödsinn** m idiotie f; **blödsinnig** adj stupide

blond adj blond(e)
bloß 1. adj nu(e); (nichts anderes als) rien (d'autre) que 2. adv (nur) seulement; **sag ~!** dis donc!; **lass das ~!** laisse tomber!
Blöße f (-, -n) **sich** dat **eine ~ geben** montrer son point faible
bloß|stellen sep vt mettre à nu
blühen vi fleurir; (fig) prospérer, être florissant(e); **jdm blüht etw** (fam) qch pend au nez de qn; **blühend** adj florissant(e); (Aussehen) éclatant(e)
Blume f (-, -n) fleur f; (von Wein) bouquet m; (von Bier) mousse f; **Blumenkohl** m chou-fleur m; **Blumentopf** m pot m de fleurs; **Blumenzwiebel** f bulbe m
Bluse f (-, -n) corsage m, chemisier m
Blut nt (-(e)s) sang m; **blutarm** adj anémique; **blutbefleckt** adj taché(e) de sang; **Blutbuche** f hêtre m pourpre; **Blutdruck** m tension f artérielle; **Blutdruckmesser** m (-s, -) tensiomètre m
Blüte f (-, -n) fleur f; (Blütezeit) floraison f; (fig) apogée f
Blutegel m sangsue f
bluten vi saigner
Blütenstaub m pollen m
Bluter m (-s, -) (MED) hémophile m
Bluterguss m contusion f
Blütezeit f floraison f; (fig) apogée m
Blutgruppe f groupe m sanguin; **blutig** adj (Verband) ensanglanté(e); (Kampf) sanglant(e); **blutjung** adj tout(e) jeune; **Blutkonserve** f (flacon m de) sang m de donneur; **Blutprobe** f prise f de sang; **Blutspender(in)** m(f) donneur(-euse) de sang; **Bluttransfusion** f, **Blutübertragung** f transfusion f sanguine; **Blutung** f saignement m; (starke ~) hémorragie f; **Blutvergiftung** f septicémie f; **Blutwurst** f boudin m; **Blutzuckerspiegel** m glycémie f
BLZ abk von **Bankleitzahl**
BND m (-) abk von **Bundesnachrichtendienst**
Bö f (-, -en) rafale f
Bob m (-s, -s) bobsleigh m
Bock m (-(e)s, Böcke) (Reh~) chevreuil m; (Ziegen~) bouc m; (Gestell) tréteau m; (Kutsch~) siège m du cocher; **keinen ~ haben, etw zu tun** (fam) avoir la flemme de faire qch; **auf etw** akk **~ haben** (fam) avoir envie de qch
Boden m (-s, Böden) terre f, sol m; (untere Seite) bas m; (Meeres~, Fass~) fond m; (Speicher) grenier m; (fig: Grundlage) base f, fond m; **auf dem ~ sitzen** être assis(e) par terre; **Bodenhaltung** f

élevage *m* en poulailler; **bodenlos** *adj* (*Frechheit*) inouï(e), énorme; **Bodensatz** *m* (*bei Wein*) lie *f*; (*bei Kaffee*) marc *m*; **Bodenschätze** *pl* ressources *fpl* naturelles; **Bodensee** *m* **der** ~ le lac de Constance; **Bodenturnen** *nt* gymnastique *f* au sol

Body *m* (-s, -s) body *m*

Bodybuilding *nt* (-s) culturisme *m*

Böe *f* (-, Böen) rafale *f*

bog *imperf von* **biegen**

Bogen *m* (-s, -) (*Biegung*) courbe *f*; (*Waffe, ARCHIT*) arc *m*; (*MUS*) archet *m*; (*Papier*) feuille *f*; **Bogengang** *m* arcade *f*; **Bogenschütze** *m*, **-schützin** *f* archer *m*; (*SPORT*) tireur(-euse) à l'arc

Bohle *f* (-, -n) madrier *m*

Böhmen *nt* (-s) la Bohème

Bohne *f* (-, -n) (*Gemüsepflanze*) haricot *m* vert; (*Kern*) haricot *m*; (*Kaffee*~) grain *m* de café; **Bohnenkaffee** *m* café *m* (en grains)

Bohnerwachs *nt* cire *f* à parquet

bohren 1. *vt* (*Loch*) percer; (*Brunnen*) creuser, forer; (*Metall*) perforer; (*hinein*~) enfoncer 2. *vi* (*mit Werkzeug*) percer, creuser; (*Zahnarzt*) passer la roulette; **in der Nase** ~ se mettre les doigts dans le nez; **Bohrer** *m* (-s, -) foret *m*; (*von Zahnarzt*) fraise *f*; **Bohrinsel** *f* plateforme *f* pétrolière; **Bohrmaschine** *f* perceuse *f*; **Bohrturm** *m* derrick *m*

Boiler *m* (-s, -) chauffe-eau *m*

Boje *f* (-, -n) balise *f*

Bolivianer(in) *m(f)* (-s, -) Bolivien(ne); **bolivianisch** *adj* bolivien(ne)

Bolivien *nt* (-s) la Bolivie; **Bolivier(in)** *m(f)* (-s, -) Bolivien(ne)

Bolzen *m* (-s, -) boulon *m*

bombardieren (*pp* bombardiert) *vt* bombarder; **jdn mit Fragen** ~ mitrailler qn de questions

Bombe *f* (-, -n) bombe *f*; **Bombenangriff** *m* raid *m* aérien; **Bombenschlag** *m* attentat *m* à la bombe; **Bombenerfolg** *m* (*fam*) succès *m* fou

Bomberjacke *f* (blouson *m*) bombers *m*

Bonbon *m* o *nt* (-s, -s) bonbon *m*

Bonus *m* (-, -se) (*Gewinnanteil*) bonus *m*; (*Sondervergütung*) bonification *f*

Boot *nt* (-(e)s, -e) bateau *m*

booten *vt*, *vi* (*INFORM*) booter; **Bootsektor** *m* (*INFORM*) secteur *m* de démarrage [o de boot]

Bord 1. *nt* (-(e)s, -e) (*Brett*) étagère *f* 2. *m* (-(e)s, -e) **an** ~ à bord; **über** ~ par-dessus bord; **von** ~ **gehen** débarquer

Bordell *nt* (-s, -e) bordel *m*

Bordfunkanlage *f* radio *f* de bord; **Bordkarte** *f* carte *f* d'embarquement

Bordstein *m* bord *m* du trottoir

borgen *vt* (*verleihen*) prêter; (*ausleihen*) emprunter (*etw von jdm* qch à qn); **sich** *dat* **etw** ~ emprunter qch

Borke *f* (-, -n) écorce *f*

borniert *adj* borné(e)

Börse *f* (-, -n) (*FIN*) Bourse *f*; (*Geld*~) porte-monnaie *m*; **Börsengang** *m* introduction *f* en Bourse; **Börsenkrach** *m* krach *m* (boursier); **Börsenkurs** *m* cours *m* de la Bourse

Borste *f* (-, -n) soie *f*

Borte *f* (-, -n) bordure *f*

bös *adj s.* **böse**

bösartig *adj* méchant(e); (*MED*) malin (-igne)

Böschung *f* (*Straßen*~) talus *m*; (*Ufer*~) berge *f*

böse *adj* mauvais(e); (*bösartig*) méchant(e); (*Krankheit*) grave; **ein** ~**es Gesicht machen** avoir l'air fâché; **boshaft** *adj* méchant(e); **Bosheit** *f* méchanceté *f*

Bosnien *nt* (-s) la Bosnie; **Bosnien-Herzegowina** *nt* (-s) la Bosnie-Herzégovine; **Bosnier(in)** *m(f)* (-s, -) Bosniaque *mf*; **bosnisch** *adj* bosniaque

böswillig *adj* malveillant(e)

bot *imperf von* **bieten**

Botanik *f* botanique *f*; **botanisch** *adj* botanique

Bote *m* (-n, -n), **Botin** *f* messager(-ère); (*Laufbursche*) garçon *m* de courses

Botschaft *f* message *m*; (*POL*) ambassade *f*; **Botschafter(in)** *m(f)* (-s, -) ambassadeur(-drice)

Botswana *nt* (-s) le Botswana

Bottich *m* (-s, -e) cuve *f*; (*Wäsche*~) baquet *m*

Bouillon *f* (-, -s) bouillon *m*, consommé *m*

Bowle *f* (-, -n) punch *m*

boxen *vi* boxer; **Boxer** *m* (-s, -) boxeur *m*; **Boxerin** *f* boxeuse *f*; **Boxershorts** *pl* boxer-short *m*; **Boxhandschuh** *m* gant *m* de boxe; **Boxkampf** *m* match *m* de boxe

Boykott *m* (-(e)s, -s o -e) boycott *m*, boycottage *m*; **boykottieren** (*pp* boykottiert) *vt* boycotter

brach *imperf von* **brechen**

brachte *imperf von* **bringen**

Brainstorming *nt* (-s) brainstorming *m*, remue-méninges *m*

Branche f (-, -n) branche f; **Branchen-
verzeichnis** nt annuaire m des professions, pages fpl jaunes
Brand m (-(e)s, Brände) feu m, incendie
m; (MED) gangrène f
branden vi (Meer) se briser; (fig) se
déchaîner (um jdn contre qn)
Brandenburg nt (-s) le Brandebourg
brandmarken vt (Tiere) marquer (au fer
rouge); (fig) stigmatiser
Brandsalbe f pommade f pour brûlures;
Brandstifter(in) m(f) (-s, -) incendiaire
mf, pyromane mf; **Brandstiftung** f
incendie m criminel
Brandung f ressac m
Brandwunde f brûlure f
brannte imperf von **brennen**
Branntwein m eau-de-vie f
Brasilianer(in) m(f) (-s, -) Brésilien(ne);
brasilianisch adj brésilien(ne)
Brasilien nt (-s) le Brésil
braten (briet, gebraten) vt (Fleisch) rôtir,
cuire; (in Fett) frire; **Braten** m (-s, -) rôti
m; **Brathähnchen** nt poulet m rôti;
Brathuhn nt poulet m; **Bratkartoffeln**
pl pommes fpl de terre sautées; **Brat-
pfanne** f poêle f à frire; **Bratrost** m gril
m
Bratsche f (-, -n) alto m
Bratspieß m broche f; **Bratwurst** f
(zum Braten) saucisse f à griller; (gebraten)
saucisse f grillée
Brauch m (-(e)s, Bräuche) tradition f,
usage m
brauchbar adj utilisable; (Vorschlag) utile;
(Mensch) capable
brauchen vt avoir besoin (jdn/etw de qn/
qch); (verwenden) utiliser; (Strom, Benzin)
consommer
Braue f (-, -n) sourcil m
brauen vt brasser; **Brauerei** f brasserie f
braun adj brun(e), marron; (von Sonne)
bronzé(e); ~ **gebrannt** bronzé(e);
Bräune f (-, -n) couleur f brune; (Son-
nen~) bronzage m, hâle m; **bräunen**
1. vt (GASTR) faire revenir 2. vr sich ~ se
bronzer; **Bräunungsmittel** nt crème f
autobronzante
Brause f (-, -n) (Dusche) douche f; (von
Gießkanne) pomme f; (Getränk) limonade
f; **brausen** 1. vi (tosen) rugir 2. vi <sein>
(schnell fahren) foncer, filer; **Brausetablette** f comprimé m effervescent
Braut f (-, Bräute) mariée f; (Verlobte)
fiancée f
Bräutigam m (-s, -e) marié m; (Verlobter)
fiancé m

Brautjungfer f demoiselle f d'honneur;
Brautpaar nt mariés mpl
brav adj (artig) sage, gentil(le)
bravo interj bravo
BRD f (-) abk von **Bundesrepublik Deutschland** R.F.A. f

BRD

La BRD est le nom officiel de la République
fédérale d'Allemagne. La 'BRD' comprend 16
Länder (voir Land). La BRD était le nom
donné à l'ancienne Allemagne de l'Ouest, par
opposition à l'Allemagne de l'Est (la DDR). La
réunification de l'Allemagne a eu lieu le
3 octobre 1990.

Brecheisen nt pince-monseigneur f
brechen (brach, gebrochen) 1. vt (zer~)
casser; (Licht, Wellen) réfléchir, réfracter;
(Widerstand, Trotz, jdn) briser; (Schweigen,
Versprechen) rompre; (Rekord) battre; (Blockade) forcer; (Blut, Galle) vomir; **die Ehe
~** commettre un adultère; **sich das Bein/
den Arm ~** se casser la jambe/le bras 2. vi
<sein> (zer~) rompre, se casser; (Rohr etc)
crever; (Strahlen) percer (durch etw qch)
3. vi (sich übergeben) vomir, rendre; **mit
jdm/etw ~** rompre avec qn/qch 4. vr sich
~ (Wellen) se briser (an +dat contre)
Brecher m (-s, -) lame vt brisante
Brechreiz m nausée f
Brei m (-(e)s, -e) (Masse) pâte f; (GASTR)
bouillie f
breit adj large; (ausgedehnt) vaste,
étendu(e); (Lachen) gras(se); **1 m ~** large
de 1 m, 1 m de large; **die ~e Masse** la
masse; **sich ~ machen** s'étaler; **Breit-
band** nt (INFORM) haut débit m; **Breite**
f (-, -n) largeur f; (Ausdehnung) étendue f;
(GEO) latitude f; **breiten** vt etw über jdn/
etw ~ étendre qch sur qn/qch; **Brei-
tengrad** m degré m de latitude; **breit|-
machen** sep vr s. **breit**; **breitschult(e)-
rig** adj large d'épaules; **breit|treten** sep
irr vt (fam) rabâcher; **Breitwandfilm** m
film m en cinémascope
Bremen nt (-s) Brême
Bremsbelag m garniture f de frein,
semelle f de frein; **Bremse** f (-, -n) frein
m; (ZOOL) taon m; **bremsen** 1. vi freiner
2. vt (Auto) faire freiner; (fig) freiner; (jdn)
retenir; **Bremsfallschirm** m parachute
m de freinage; **Bremsflüssigkeit** f
liquide m de frein(s); **Bremslicht** nt feu
m de stop; **Bremspedal** nt pédale f de
frein; **Bremsspur** f trace f de freinage;
Bremstrommel f tambour m de frein;

Bremsweg m distance f de freinage
brennbar adj combustible; **Brennelement** nt élément m combustible
brennen (brannte, gebrannt) 1. vi brûler; **mir ~ die Augen** j'ai les yeux qui piquent; **es brennt!** au feu!; **darauf ~, etw zu tun** être impatient(e) de faire qch 2. vt brûler; (Muster) imprimer; (Ziegel, Ton) cuire; (Branntwein) distiller; (Kaffee) torréfier, griller
Brennmaterial nt combustible m; **Brennnessel** f ortie f; **Brennpunkt** m (PHYS) foyer m; (Mittelpunkt) centre m; **Brennspiritus** m alcool m à brûler; **Brennstab** m (barre f de) combustible m nucléaire; **Brennstoff** m combustible m; **Brennstoffzelle** f pile f à combustible
brenzlig adj (Geruch) de brûlé; (Situation) critique
Brett nt (-(e)s, -er) planche f; (Bord) étagère f; (Spiel~) damier m; (Schach~) échiquier m; **schwarzes ~** panneau m d'affichage; **~er** pl (Skier) skis mpl; **Bretterzaun** m palissade f
Brezel f (-, -n) bretzel m
Brief m (-(e)s, -e) lettre f; **Briefbeschwerer** m (-s, -) presse-papier m; **Briefbombe** f lettre f piégée; **Brieffreund(in)** m(f) correspondant(e); **Briefkasten** m (a. elektronischer ~) boîte f aux lettres; **brieflich** adj par écrit, par lettre; **Briefmarke** f timbre(-poste) m; **Briefmarkenautomat** m distributeur m automatique de timbres; **Brieföffner** m coupe-papier m; **Briefpapier** nt papier m à lettres; **Brieftasche** f portefeuille m; **Briefträger(in)** m(f) facteur (-trice); **Briefumschlag** m enveloppe f; **Briefwechsel** m correspondance f
brief imperf von **braten**
Brikett nt (-s, -s) briquette f
brillant adj (ausgezeichnet) brillant(e), excellent(e)
Brillant m brillant m
Brille f (-, -n) lunettes fpl; (Toiletten~) lunette f
bringen (brachte, gebracht) vt porter, apporter; (mitnehmen) emporter; (jdn) emmener; (Profit) rapporter; (veröffentlichen) publier; (THEAT, CINE) jouer, présenter; (RADIO, TV) passer; (in einen Zustand versetzen) mener (zu, in +akk à); **jdn dazu ~, etw zu tun** amener qn à faire qch; **jdn nach Hause ~** ramener qn à la maison; **er bringt es nicht** (fam) il n'y arrive pas; **jdn um etw ~** faire perdre qch à qn; **es zu**

etw ~ parvenir à qch; **jdn auf eine Idee ~** donner une idée à qn
Brise f (-, -n) brise f
Brite m (-n, -n), **Britin** f Britannique mf; **britisch** adj britannique; **die Britischen Inseln** les îles fpl Britanniques
bröckelig adj friable
Brocken m (-s, -) (Stückchen) morceau m; (Bissen) bouchée f; (von Kenntnissen) bribe f; (Fels~) fragment m; (fam: großes Exemplar) sacré morceau m
Brokat m (-(e)s, -e) brocart m
Brokkoli pl brocoli m
Brombeere f mûre f
Bronchien pl (ANAT) bronches fpl
Bronchitis f (-) (MED) bronchite f
Bronze f (-, -n) bronze m; **Bronzemedaille** f médaille f de bronze
Brosame f (-, -n) miette f
Brosche f (-, -n) broche f
Broschüre f (-, -n) brochure f
Brot nt (-(e)s, -e) pain m; (belegtes ~) sandwich m, tartine f
Brötchen nt petit pain m
brotlos adj (Mensch) sans emploi; (Arbeit) peu lucratif(-ive)
browsen vi explorer; **Browser** m (-s, -) (INFORM) logiciel m de navigation; (für das Internet) navigateur m Web
Bruch m (-(e)s, Brüche) cassure f; (fig) rupture f; (MED: Eingeweide~) hernie f; (MED: Bein~ etc) fracture f; (MATH) fraction f; **Bruchbude** f (fam) taudis m
brüchig adj (Material) cassant(e), fragile; (Stein) friable
Bruchlandung f atterrissage m forcé; **Bruchstrich** m barre f de fraction; **Bruchstück** nt fragment m; **Bruchteil** m fraction f
Brücke f (-, -n) pont m; (Zahn~) bridge m; (NAUT) passerelle f; (Teppich) carpette f; **Brückenspringen** nt (-s) saut m à l'élastique
Bruder m (-s, Brüder) frère m; **brüderlich** 1. adj fraternel(le) 2. adv fraternellement; **Brüderschaft** f amitié f, camaraderie f; **mit jdm ~ trinken** trinquer avec qn (pour pouvoir se tutoyer)
Brühe f (-, -n) (GASTR) bouillon m; (pej: Getränk) lavasse f; (pej: Wasser) eau f de vaisselle; **Brühwürfel** m cube m de bouillon
brüllen vi (Mensch) hurler; (Tier) mugir, rugir
brummen 1. vi grogner; (Insekt, Radio) bourdonner; (Motoren) vrombir, ronfler; (murren) ronchonner; **jdm brummt der**

Schädel qn a mal au crâne **2.** vt (Antwort, Worte) grommeler; (Lied) chantonner
Brunch m (-es, -e) brunch m
Brunei nt (-s) (l'État m de) Brunéi
brünett adj châtain
Brunft f (-, Brünfte) rut m, chaleur f
Brunnen m (-s, -) fontaine f; (tief) puits m; (natürlich) source f; **Brunnenkresse** f cresson m de fontaine
brüsk adj brusque, brutal(e)
Brüssel nt (-s) Bruxelles
Brust f (-, Brüste) poitrine f; (~korb) thorax m
brüsten vr sich ~ se vanter
Brustfellentzündung f pleurésie f; **Brustkasten** m coffre m; **Brustschwimmen** nt (-s) brasse f
Brüstung f balustrade f
Brustwarze f mamelon m
Brut f (-, -en) (Tiere) couvée f; (pej: Gesindel) racaille f; (Brüten) incubation f
brutal adj brutal(e); **Brutalität** f brutalité f
Brutapparat m couveuse f
brüten vi couver; **Brüter** m (-s, -) schneller ~ sur(ré)générateur m
Brutkasten m couveuse f
brutto adv brut; **Bruttogehalt** nt salaire m brut; **Bruttogewicht** f poids m brut; **Bruttoinlandsprodukt** nt produit m intérieur brut; **Bruttolohn** m salaire m brut; **Bruttosozialprodukt** nt produit m national brut
BSE nt (-) abk von **bovine spongiforme Enzephalopathie** ESB f
Btx abk von **Bildschirmtext** Minitel® m; **Btx-Gerät** nt Minitel® m
Bubikopf m coupe f au carré
Buch nt (-(e)s, Bücher) livre m; (COM) livre m de comptabilité, registre m; **Buchbinder(in)** m(f) (-s, -) relieur(-euse) f; **Buchdrucker(in)** m(f) typographe mf
Buche f (-, -n) hêtre m
buchen vt réserver, retenir; (Betrag) comptabiliser
Bücherbrett nt étagère f; **Bücherei** f bibliothèque f; **Bücherregal** nt rayons mpl de bibliothèque; **Bücherschrank** m bibliothèque f; **Bücherwurm** m (fig) rat m de bibliothèque
Buchfink m pinson m
Buchführung f comptabilité f; **Buchhalter(in)** m(f) (-s, -) comptable mf; **Buchhandel** m marché m du livre; im ~ erhältlich (disponible) en librairie; **Buchhändler(in)** m(f) libraire mf; **Buchhandlung** f librairie f

Buchse f (-, -n) (ELEC) prise f femelle
Büchse f (-, -n) boîte f; (Gewehr) carabine f, fusil m; **Büchsenfleisch** nt viande f en conserve; **Büchsenöffner** m ouvre-boîte m
Buchstabe m (-ns, -n) lettre f; **buchstabieren** (pp buchstabiert) vt épeler; **buchstäblich** adv (fig) littéralement, à la lettre
Bucht f (-, -en) baie f; (Park~) place f de stationnement
Buchung f (Reservierung) réservation f; (COM) opération f comptable
Buckel m (-s, -) bosse f; (fam: Rücken) dos m; **Buckelskifahren** nt ski m sur bosses
bücken vr sich ~ se baisser
Bückling m (Fisch) hareng m saur; (Verbeugung) courbette f
Buddhismus m bouddhisme m
Bude f (-, -n) baraque f
Budget nt (-s, -s) budget m
Büfett nt (-s, -s) (Schrank) buffet m; (Theke) comptoir m; **kaltes** ~ buffet m froid
Büffel m (-s, -) buffle m
Bug m (-(e)s, -e) (NAUT) proue f
Bügel m (-s, -) (Kleider~) cintre m; (Steig~) étrier m; (Brillen~) branche f; (an Handtasche etc) poignée f; **Bügel-BH** m soutien-gorge m à armatures; **Bügelbrett** nt planche f à repasser; **Bügeleisen** nt fer m à repasser; **Bügelfalte** f pli m; **Bügelflasche** f canette f (à bouchon mécanique); **bügeln** vt, vi repasser
Bühne f (-, -n) (Podium) podium m, estrade f; (im Theater) scène f; (Theater) théâtre m; **Bühnenbild** nt scène f, décor m
Buhruf m huée f
Bulette f boulette f de viande
Bulgare m (-s, -) Bulgare m
Bulgarien nt (-s) la Bulgarie; **Bulgarin** f Bulgare f; **bulgarisch** adj bulgare
Bulimie f (-) boulimie f
Bulldogge f bouledogue m
Bulldozer m (-s, -) bulldozer m
Bulle m (-n, -n) taureau m
Bummel m (-s, -) balade f; (Schaufenster~) lèche-vitrine m
Bummelant(in) m(f) traînard(e)
bummeln 1. vi ⟨sein⟩ (gehen) se balader, flâner **2.** vi (trödeln) traîner; (faulenzen) se la couler douce
Bummelstreik m grève f du zèle; **Bummelzug** m omnibus m
Bummler(in) m(f) (-s, -) (langsamer Mensch) traînard(e), lambin(e); (Faulen-

zer) fainéant(e), flemmard(e) m
bumsen 1. vi ⟨sein⟩ (aufprallen) rentrer
(gegen dans) **2.** vi (krachen) faire boum;
(fam: koitieren) baiser
Bund 1. m (-(e)s, Bünde) (zwischen Menschen) lien m; (Vereinigung) alliance f; (POL)
fédération f; (Hosen~, Rock~) ceinture f
2. nt (-(e)s, -e) (Zusammengebundenes)
botte f; (Schlüssel~) trousseau m
Bündchen nt manchette f; (Hals~)
revers m
Bündel nt (-s, -) paquet m, ballot m;
(Strahlen~) faisceau m
Bundes- in Zusammensetzungen fédéral(e);
Bundesbank f banque f fédérale (allemande); **Bundesbürger(in)** m(f) citoyen(ne) de la République fédérale d'Allemagne; **Bundesheer** nt (A) armée f
fédérale autrichienne; **Bundeskanzler(in)** m(f) chancelier m fédéral

Bundesland nt land m; **die alten/neuen
Bundesländer** les anciens/nouveaux
Länder; **Bundesliga** f première division
f de football; **Bundesnachrichtendienst** m service m de renseignements
fédéral; **Bundespräsident(in)** m(f)
président(e) de la République fédérale

Bundesrat m conseil m fédéral, Bundesrat m

Bundesregierung f gouvernement m
fédéral; **Bundesrepublik** f république f
fédérale; **die ~ Deutschland** la République fédérale d'Allemagne; **Bundesstaat** m État m fédéral; **Bundesstraße**
f route f fédérale, route f nationale; **Bundestag** m Parlement m fédéral, Bundestag m

Bundestagswahl f élections fpl au Bundestag; **Bundesverfassungsgericht**
nt tribunal f constitutionnel suprême;
Bundeswehr f armée f allemande

Bundfaltenhose f pantalon m à pinces
bündig adj (kurz) concis(e), succint(e)
Bündnis nt alliance f, pacte m; **~ 90/die
Grünen** parti allemand écologiste et alternatif;
Bündnisgrüne pl alliance f des verts
Bundweite f taille f
Bungalow m (-s, -s) bungalow m
Bungeejumping nt saut m à l'élastique
Bunker m (-s, -) bunker m, casemate m
bunt adj coloré(e); (gemischt) varié(e);
jdm wird es zu ~ c'en est trop pour qn;
Buntstift m crayon m de couleur;
Buntwäsche f linge m de couleur
Burg f (-, -en) (Festung) forteresse f, château m fort
Bürge m (-n, -n) garant m; **bürgen** vi **für
jdn/etw ~** se porter garant de qn/qch
Burgenland nt das ~ le Burgenland
Bürger(in) m(f) (-s, -) (Staats~) cito-

yen(ne); (*Angehöriger des Bürgertums*) bour-
geois(e); **Bürgerinitiative** f (*in Stadt*)
association f de quartier, comité m de
défense; **Bürgerkrieg** m guerre f civile;
bürgerlich adj (*Rechte*) civique, civil(e);
(*pej: Klasse*) bourgeois(e); **Bürgermeis-
ter(in)** m(f) maire m; **Bürgerrechte** pl
droits mpl civils; **Bürgerrechtler(in)**
m(f) (-s, -) défenseur m des droits civils;
Bürgerschaft f citoyens mpl; **Bürger-
schaftswahl** f élections fpl municipales;
Bürgersteig m (-(e)s, -e) trottoir m;
Bürgertum nt (-s) bourgeoisie f
Bürgin f garante f; **Bürgschaft** f caution f
Burgund nt (-s) la Bourgogne
Burkina Faso nt (-s) le Burkina-Faso
Burn-out nt (-s, -s) épuisement m physi-
que et moral
Büro nt (-s, -s) bureau m; **Büroange-
stellte(r)** mf employé(e) de bureau;
Büroautomation f bureautique f;
Büroklammer f trombone m; **Büro-
kommunikation** f bureautique f;
Bürokommunikationssystem nt
système m de bureautique
Bürokrat(in) m(f) (-en, -en) bureaucrate
mf; **Bürokratie** f bureaucratie f; **büro-
kratisch** adj bureaucratique
Bursche m (-n, -n) garçon m, gars m
burschikos adj sans complexes, décon-
tracté(e)
Bürste f (-, -n) brosse f; **bürsten** vt
brosser
Burundi nt (-s) le Burundi
Bus 1. m (-ses, -se) (auto)bus m **2.** m (-,

-se) (*INFORM*) bus m; **Busbahnhof** m
gare f routière
Busch m (-(e)s, Büsche) buisson m,
arbuste m; (*in Tropen*) brousse f
Büschel nt (-s, -) touffe f
buschig adj touffu(e)
Busen m (-s, -) poitrine f, seins mpl;
(*Meer~*) golfe m; **Busenfreund(in)** m(f)
amie(e) intime
Businessclass f (-) classe f affaires
Bussard m (-s, -e) busard m
Buße f (-, -n) pénitence f; (*Geld~*)
amende f
büßen 1. vi faire pénitence **2.** vt (*Leichtsinn, Tat*) payer, expier
Bußgeld nt amende f; **Bußgeldbe-
scheid** m contravention f
Büste f (-, -n) buste m; (*Schneider~*)
mannequin m de tailleur; **Büstenhalter**
m (-s, -) soutien-gorge m
Butt m (-(e)s, -e) turbot m
Butter f (-) beurre m; **Butterberg** m
excédents mpl de beurre; **Butterblume**
f bouton m d'or; **Butterbrot** nt tartine f
beurrée; **Butterbrotpapier** nt papier m
sulfurisé; **Butterdose** f beurrier m; **But-
termilch** f babeurre m; **butterweich**
adj très tendre; (*fam: Mensch*) mou
(molle)
Button m (-s, -s) badge m
b. w. abk von **bitte wenden** T.S.V.P.
Bypass m (-es, Bypässe) (*MED*) greffon m;
Bypassoperation f pontage m
Byte nt (-(s), -(s)) (*INFORM*) octet m
bzgl. abk von **bezüglich** concernant
bzw. adv abk von **beziehungsweise** resp.

C

C, c nt (-, -) C, c m; (*MUS*) do m
Cache m (-) (*INFORM*) antémémoire f
CAD nt (-) abk von **Computer Aided
Design** CAO f
Café nt (-s, -s) salon m de thé
Cafeteria f (-, -s) cafétéria f
Callboy m (-s, -s) call-boy m; **Callcenter**

nt (-s, -) centre m d'appels; **Callgirl** nt
(-s, -s) call-girl f
Camcorder m (-s, -) caméscope m
campen vi camper; **Camper(in)** m(f)
(-s, -) campeur(-euse)
campieren (*pp* campiert) vi (*CH*) faire du
camping

Camping nt (-s) camping m; **Campingbus** m camping-car m; **Campingkocher** m réchaud m de camping, camping-gaz® m; **Campingplatz** m camping m, terrain m de camping

Canyoning nt (-s) canyoning m

Cape nt (-s, -s) cape f

Caravan m (-s, -s) caravane f

Carsharing nt (-s) covoiturage m

Carving nt (-s) carve m; **Carvingski** m ski m parabolique

Cäsium nt (-s) césium m

CB-Funk m C.B. f

CD f (-, -s) abk von **Compactdisc** CD m; **CD-Brenner** m (-s, -) graveur m de CD; **CD-Player** m (-s, -) platine f laser

CD-ROM f (-, -s) abk von **Compact Disc Read Only Memory** CD-ROM m, disque m optique compact; **CD-ROM-Laufwerk** nt lecteur m de CD-ROM

CD-Spieler m lecteur m laser

CDU f (-) abk von **Christlich-Demokratische Union** Union chrétienne démocrate

Cellist(in) m(f) violoncelliste mf

Cello nt (-s, -s o Celli) violoncelle m

Celsius nt (-, -) centigrade m

Cent m (-s, -s) (von Dollar) cent m; (von Euro) euro-cent m, euro centime m

Chamäleon nt (-s, -s) caméléon m

Champagner m (-s, -s) champagne m

Champignon m (-s, -s) champignon m de Paris

Champions League f (-, -s) ligue f des champions

Chance f (-, -n) (Gelegenheit) occasion f, possibilité f; (Aussicht) chance f; **Chancengleichheit** f égalité f des chances

Chanson nt (-s, -s) chanson f à texte

Chaos nt (-) chaos m; **Chaot(in)** m(f) (-en, -en) fauteur(trice) de trouble; (fig: unordentlicher Mensch) personne f bordélique; **chaotisch** adj chaotique

Charakter m (-s, -e) caractère m; **charakterfest** adj de caractère; **charakterisieren** (pp charakterisiert) vt caractériser; **Charakteristik** f description f; **charakteristisch** adj caractéristique (für de); **charakterlich** adj de caractère; **charakterlos** adj sans caractère; **Charakterlosigkeit** f manque m de caractère; **Charakterschwäche** f faiblesse f de caractère; **Charakterstärke** f force f de caractère; **Charakterzug** m trait m de caractère

Charisma nt (-s, Charismen o Charismata) (a. fig) charisme m

charmant adj charmant(e)

Charme m (-s) charme m

Charterflug m vol m charter; **Charterflugzeug** nt charter m

Chassis nt (-, -) châssis m

Chat m (-s, -s) (im Internet) discussion f directe; **Chatiquette** f (n)étiquette f de causeries en ligne directe; **Chatprogramm** nt programme m de causeries en ligne directe; **Chatroom** m (-s, -s) salle f de conversation; **chatten** vi bavarder en ligne directe

Chauffeur(in) m(f) chauffeur m

Chauffeuse f (CH) conductrice f de taxi

Chauvi m (-s, -s) (fam) phallo(crate) m; **Chauvinismus** m (POL) chauvinisme m; (männlicher ~) phallocratie f; **Chauvinist(in)** m(f) (POL) chauvin(e); (männlicher ~) phallocrate m; **chauvinistisch** adj (POL) chauvin(e); (männlich ~) phallocrate

checken vt (kontrollieren) vérifier; (fam: begreifen) piger

Check-in m (-s, -s) enregistrement m; **Check-in-Schalter** m guichet m d'enregistrement

Chef(in) m(f) (-s, -s) chef mf, patron(ne); **Chefarzt** m, **-ärztin** f médecin-chef f; **Chefredakteur(in)** m(f) rédacteur(-trice) en chef; **Chefsekretär(in)** m(f) secrétaire mf de direction

Chemie f (-) chimie f; **Chemiefaser** f fibre f synthétique

Chemikalie f produit m chimique

Chemiker(in) m(f) (-s, -) chimiste mf

chemisch adj chimique; ~**e Reinigung** nettoyage m à sec

Chemotherapie f chimiothérapie f

Chicorée m (-s, -), f (-, -) endive f

Chiffon m (-s, -s) gaze f

Chiffre f (-, -n) (Geheimzeichen) chiffre m; (in Zeitung) référence f

Chile nt (-s) le Chili; **Chilene** m (-n, -n), **Chilenin** f Chilien(ne); **chilenisch** adj chilien(ne)

Chill-out nt (-s, -s) (sl) action f de décompresser

China nt (-s) la Chine; **Chinese** m (-n, -n), **Chinesin** f Chinois(e); **chinesisch** adj chinois(e)

Chinin nt (-s) quinine f

Chip m (-s, -s) (INFORM) puce f (électronique); **Chipkarte** f carte f à puce

Chips pl (Spielmarken) jetons mpl; (Kartoffel~) chips mpl

Chirurg(in) m(f) (-en, -en) chirurgien(ne); **Chirurgie** f chirurgie f; **chirurgisch** adj chirurgical(e)

Chlor nt (-s) chlore m
Chloroform nt (-s) chloroforme m;
  chloroformieren (pp chloroformiert) vt
  chloroformer
Chlorophyll nt (-s) chlorophylle f
Choke m (-s, -s) (AUTO) starter m
Cholera f (-) choléra m
cholerisch adj colérique, coléreux(-euse)
Cholesterin nt (-s) cholestérol m
Chor m (-(e)s, Chöre) chœur m
Choreograf(in) m(f) (-en, -en) chorégraphe mf; **Choreografie** f chorégraphie f
Chorgestühl nt stalles fpl; **Chorknabe**
  m petit chanteur m
Christ(in) m(f) (-en, -en) chrétien(ne);
  Christbaum m arbre m de Noël;
  Christenheit f chrétienté f; **Christentum** nt (-s) christianisme m; **Christkind**
  nt enfant m Jésus; (das Geschenke bringt)
  Père m Noël; **christlich** adj chrétien(ne);
  Christrose f rose f de Noël; **Christus**
  m (-) le Christ; **vor/nach** ~ avant/après
  Jésus-Christ
Chrom nt (-s) chrome m
Chromosom nt (-s, -en) chromosome m
Chronik f chronique f
chronisch adj chronique
chronologisch adj chronologique
Chrysantheme f (-, -n) chrysanthème m
circa adv environ
Clementine f clémentine f
clever adj (fam) malin(-igne), futé(e)
Clique f (-, -n) clique f, clan m
Clou m (-s, -s) clou m
Clown m (-s, -s) clown m.
Co. abk von **Kompanie** Co.
Cockerspaniel m (-s, -s) cocker m
Cocktail m (-s, -s) cocktail m; **Cocktailkleid** nt robe f de cocktail; **Cocktailparty** f cocktail m; **Cocktailtomate** f
  tomate f cocktail
Code m (-s, -s) s. **Kode**
Cola f (-, -s) coca m
Come-back nt (-(s), -s) come-back m,
  retour m
Comic m (-s, -s) bande f dessinée, bédé f,
  BD f
Compactdisc, Compact Disc f (-, -s)
  disque m compact
Compiler m (-s, -) (INFORM) compilateur
  m
Computer m (-s, -) ordinateur m; **Computeranimation** f animation f par ordinateur; **Computerarbeitsplatz** m
  poste m de travail informatisé; **compu-**

tergestützt adj assisté(e) par ordinateur; **Computergrafik** f dessin m fait
  par infographie; **computerlesbar** adj
  lisible informatiquement; **Computernetz** nt réseau m informatique; **Computerspiel** nt jeu m informatique;
  Computerstrahlung f émission f de
  rayons par l'ordinateur; **Computertomograf** m scanner m; **Computertomografie** f tomographie f; **Computertomogramm** nt image f scanner;
  Computervirus m virus m informatique
Conférencier m (-s, -s) animateur(-trice)
Connections pl (fam) relations fpl
Container m (-s, -) (zum Transport) container m, conteneut m; (für Bauschutt)
  benne f; (für Pflanzen) conteneur m
Controller(in) m(f) (-s, -) (COM) contrôleur(-euse) de gestion; (INFORM) contrôleur m
Control-Taste f touche f Contrôle
Cookie nt (-s, -s) cookie m, fichier m de
  témoins
cool adj (fam) calme, cool
Copyright nt (-s, -s) copyright m
Copyshop m (-s, -s) copyshop m
Costa Rica nt (-s) le Costa Rica
Couch f (-, -en) canapé m
Count-down m (-(s), -s) compte m à
  rebours
Coupé nt (-s, -s) (AUTO) coupé m
Coupon m (-s, -s) coupon m
Cousin m (-s, -s) cousin m; **Cousine** f
  cousine f
Crack nt (-s) (Droge) crack m
Creme f (-, -s) crème f; **cremefarben**
  adj couleur crème
Creutzfeld-Jakob-Krankheit f maladie f de Creutzfeld-Jakob
CS-Gas nt gaz m C.S.
CSU f (-) abk von **Christlich-Soziale Union**
  équivalent bavarois du parti chrétien-démocrate
Curry(pulver) m o nt (-s, -s) curry m;
  Currywurst f saucisse f au curry
Cursor m (-s, -) (INFORM) curseur m; **Cursortaste** f touche f de curseur
Cutter(in) m(f) (-s, -) monteur(-euse)
CVP f (-) abk von **Christlichdemokratische
  Volkspartei** parti populaire chrétien-démocrate
Cybercafé nt cybercafé m; **Cybergeld**
  nt monnaie f électronique; **Cyberspace**
  m cyberespace m, cybermonde m

D

D, d *nt* (-, -) D, d *m*; (*MUS*) ré *m*
da 1. *adv* (*dort*) là, là-bas; (*hier*) ici, là; (*dann*) alors; ~ **drüben/draußen/vorn** là-bas/là-dehors/là-devant; ~ **hinein/ hinauf** là-dedans/là-dessus; ~, **wo ...** là où ...; **von ... an** à partir de (ce moment-)là; ~ **haben sie gelacht** ça les a fait rire; **was soll man ~ sagen/machen?** que dire de plus/qu'y faire?; ~ **sein** (*anwesend*) être présent(e); **es ist noch Brot ~** il y a encore du pain **2.** *konj* (*weil*) comme, puisque; **da|behalten** (*pp* dabehalten) *sep irr vt* (*Kranken, Gast*) garder; (*Schüler*) consigner
dabei *adv* (*räumlich*) à côté; (*mit etwas zusammen*) avec; (*inklusive*) compris(e); (*zeitlich: während*) en même temps; (*obwohl doch*) pourtant; **ich habe kein Geld ~** je n'ai pas d'argent sur moi; **er hatte seine Tochter ~** sa fille l'accompagnait; **was ist schon ~?** et alors?; **es ist doch nichts ~, wenn man ...** qu'est-ce que ça peut faire qu'on ...; **es bleibt ~** c'est décidé; **das Schwierige ~ ist ...** le problème (là-dedans), c'est ...; ~ **sein** (*anwesend*) être présent(e); (*beteiligt*) en être; **er war gerade ~ zu gehen** il était en train de partir; **dabei|stehen** *sep irr vi* être présent(e)
Dach *nt* (-(e)s, Dächer) toit *m*; **Dachboden** *m* grenier *m*; **Dachdecker(in)** *m(f)* (-s, -) couvreur(-euse); **Dachfenster** *nt*, **Dachluke** *f* lucarne *f*; **Dachpappe** *f* carton *m* bitumé; **Dachrinne** *f* gouttière *f*
Dachs *m* (-es, -e) blaireau *m*
Dachständer *m* (*AUTO*) galerie *f*
dachte *imperf von* **denken**
Dachträger *m* (*AUTO*) galerie *f*; **Dachziegel** *m* tuile *f*
Dackel *m* (-s, -) basset *m*
dadurch *adv* (*räumlich*) par là; (*mittels*) par ce moyen, ainsi; (*aus diesem Grund*) c'est pourquoi; ~, **dass ...** du fait que ...
dafür *adv* pour cela; (*Ersatz*) en échange; ~ **sein** être pour; ~ **sein, dass ...** (*der Meinung sein*) être d'avis que ... +*subj*; ~, **dass ...** étant donné que ...; **er kann nichts ~** il n'y peut rien; **was bekomme ich ~?** qu'est-ce que j'aurai en échange?; **Dafürhalten** *nt* (-s) **nach meinem ~** à mon avis
dagegen 1. *adv* contre (cela); (*an, auf*) y; (*im Vergleich*) en comparaison; **ein gutes Mittel ~** un bon remède à cela; **er prallte ~** il a foncé dedans; **ich habe nichts ~** je n'ai rien contre (cela); **ich war ~** j'étais contre **2.** *konj* par contre, en revanche
daheim *adv* à la maison, chez soi; **Daheim** *nt* (-s) foyer *m*
daher 1. *adv* de là; **ich komme gerade ~** j'en viens; **die Schmerzen kommen ~** voilà la cause des douleurs; **das geht ~ nicht, weil ...** c'est impossible pour la raison que ... **2.** *konj* (*deshalb*) c'est pourquoi
dahin *adv* (*räumlich*) là; **gehst du auch ~?** tu y vas aussi?; **sich ~ einigen** se mettre d'accord sur cela; ~ **gehend** en ce sens; **sich ~ gehend einigen, dass** trouver un accord en ce sens que; **bis ~** (*zeitlich*) jusque-là; **dahingestellt** *adv* ~ **bleiben** rester en suspens; ~ **sein lassen** passer sous silence
dahinten *adv* là-derrière; (*weit entfernt*) là-bas; (*in Raum*) au fond
dahinter *adv* derrière; **was verbirgt sich/ steckt ~?** qu'est-ce qui se cache/qu'il y a là-dessous?; ~ **kommen, dass/wer/was ...** découvrir que/qui/ce que ...
Dahlie *f* dahlia *m*
Daktylo *f* (-, -s) (*CH*) dactylo *f*
da|lassen *sep irr vt* laisser (ici)
Dalmatiner *m* (-s, -) dalmatien *m*
damalig *adj* d'alors; **der ~e Direktor war Herr ...** le directeur était alors Monsieur ...; **damals** *adv* à cette époque(-là); ~ **als** à l'époque où; ~ **und heute** jadis et aujourd'hui
Damast *m* (-(e)s, -e) damas *m*, damassé *m*
Dame *f* (-, -n) dame *f*; (*im Schach*) reine *f*; **meine ~n und Herren** mesdames et messieurs; **Damenbekanntschaft** *f* connaissance *f* féminine; **Damenbinde** *f* serviette *f*; **Damendoppel** *nt* double *m* dames; **Dameneinzel** *nt* simple *m* dames; **damenhaft** *adj* de dame, comme une dame; **Damenwahl** *f* quart *m* d'heure américain; **bei ~** quand c'est aux dames d'inviter les messieurs; **Damespiel** *nt* jeu *m* de dames
damit 1. *konj* pour que +*subj* **2.** *adv* avec cela; (*begründend*) ainsi; **was ist ~?** qu'est-ce qu'il y a?; **genug ~!** suffit comme ça!; ~ **basta** [o **Schluss**] un point,

c'est tout; ~ **eilt es nicht** ça ne presse pas
dämlich adj (fam) idiot(e)
Damm m (-(e)s, Dämme) (Stau~) barrage m; (Hafen~) môle m; (Bahn~, Straßen~) chaussée f
dämmern vi (Tag) se lever; (Abend) tomber; **es dämmert schon** (morgens) le jour se lève; (abends) la nuit tombe; **Dämmerung** f (Morgen~) aube f, lever m du jour; (Abend~) crépuscule m, nuit f tombante
dämmrig adj (Zimmer) sombre; (Licht) faible
Dämon m (-s, -en) démon m; **dämonisch** adj démoniaque
Dampf m (-(e)s, Dämpfe) vapeur f; **Dampfbügeleisen** nt fer m (à repasser) à vapeur; **dampfen** vi fumer
dämpfen vt (GASTR) cuire à l'étuvée [o à la vapeur]; (bügeln) repasser à la vapeur; (Lärm) étouffer; (Freude, Schmerz) atténuer
Dampfer m (-s, -) bateau m à vapeur
Dampfkochtopf m autocuiseur m, cocotte-minute® f; **Dampfmaschine** f machine f à vapeur; **Dampfschiff** nt bateau m à vapeur; **Dampfwalze** f rouleau m compresseur
danach adv ensuite; (in Richtung) vers cela; (demgemäß) d'après cela; ~ **kann man nicht gehen** on ne peut pas s'y fier; **ich werde mich ~ richten** j'en tiendrai compte; **er schoss ~** il a tiré dessus; **mir ist nicht ~** je n'en ai pas envie; **er sieht auch ~ aus** il en a tout l'air
Däne m (-n, -n) Danois m
daneben adv à côté; (im Vergleich damit) en comparaison; (außerdem) en outre; **daneben|benehmen** (pp danebenbenommen) sep irr vr **sich ~** mal se conduire; **daneben|gehen** sep irr vi (sein) échouer; (Schuss) manquer la cible
Dänemark nt (-s) le Danemark; **Dänin** f Danoise f; **dänisch** adj danois(e)
dank prep +gen o dat grâce à
Dank m (-(e)s) remerciement(s) m(pl); **vielen** [o **schönen**] ~! merci beaucoup!; **dankbar** adj (Mensch) reconnaissant(e); (Aufgabe) qui en vaut la peine; **Dankbarkeit** f gratitude f; **danke** interj merci; ~ **schön!** merci (beaucoup)!; **danken** vt, vi remercier; **jdm für etw ~** remercier qn de qch; **ich danke** merci; (ironisch) non merci; **niemand wird dir das ~** personne ne t'en sera reconnaissant; **dankenswert** adj (Arbeit) qui en vaut la peine; (Bemühung) louable
dann adv alors; (danach) puis, ensuite;

(außerdem) et puis, en outre; ~ **und wann** de temps en temps
daran adv à cela, y; (zweifeln) de cela; **im Anschluss** ~ tout de suite après; **es liegt** ~, **dass** … c'est parce que …; **mir liegt viel** ~ c'est très important pour moi; **das Beste** ~ **ist** … le meilleur de l'histoire, c'est …; **ich war nahe ~ zu** … j'étais sur le point de …; **er ist ~ gestorben** il en est mort; **daran|setzen** sep vt mettre en œuvre; **sie hat alles darangesetzt, von Ulm wegzukommen** elle a tout mis en œuvre pour quitter Ulm
darauf adv (räumlich) dessus; (danach) après; **es kommt ~ an, ob** … cela dépend si …; **ich komme nicht ~** cela m'échappe; **die Tage** ~ les jours suivants; **am Tag** ~ le lendemain; ~ **folgend** suivant(e); **daraufhin** adv (aus diesem Grund) en conséquence; **wir müssen es ~ prüfen, ob** … nous devons l'examiner pour savoir si …
daraus adv (räumlich) de là, en; (Material) en cela, de cela; **was ist ~ geworden?** qu'en est-il advenu?; ~ **geht hervor, dass** … il en ressort que …; **mach dir nichts ~** ne t'en fais pas
Darbietung f spectacle m
darin adv là-dedans, y; (Grund angebend) en cela, y
dar|legen sep vt exposer, expliquer
Darlehen nt (-s, -) prêt m, emprunt m
Darm m (-(e)s, Därme) intestin m; (Wurst~) boyau m; **Darmsaite** f corde f de boyau
dar|stellen sep **1.** vt représenter; (beschreiben) décrire **2.** vr **sich ~** se montrer, se présenter; **Darsteller(in)** m(f) (-s, -) acteur(-trice), interprète mf; **Darstellung** f représentation f; (von Ereignis) description f
darüber adv (räumlich) au-dessus; (zur Bedeckung) par-dessus; (in Bezug auf Thema) à ce sujet; (bei Zahlen, Beträgen) au-dessus; **er hat sich ~ geärgert/gefreut** ça l'a mis en colère/lui a fait plaisir; **er hat ~ gesprochen** il en a parlé; ~ **geht nichts** il n'y a rien de mieux
darum **1.** adv (räumlich) autour; (hinsichtlich einer Sache) pour cela; **wir bitten ~** nous vous en prions; **ich bemühe mich ~** je m'y efforce; **es geht ~, dass** … il s'agit de …; **er würde viel ~ geben, wenn** … il donnerait beaucoup pour que … +subj **2.** konj c'est pourquoi
darunter adv en-dessous; (mit Verb der Bewegung) par-dessous; (im Haus, bei Zah-

len, *Unterordnung*) au-dessous; (*dazwischen, dabei*) parmi eux (elles); **was verstehen Sie ~?** qu'entendez-vous par là?

das *art s.* **der, die, das**

da sein *irr vi* ⟨*sein*⟩ être présent(e); **es ist noch Brot da** il y a encore du pain

Dasein *nt* (-s) (*Leben*) existence *f;* (*Anwesenheit*) présence *f*

dass *konj* que; (*damit*) pour que +*subj;* (*in Wunschsätzen*) si; **zu teuer, als ~ ...** trop cher pour que ... +*subj;* **außer ~ ...** excepté que ...; **ohne ~** sans que +*subj*

dasselbe *pron* la même chose

da|stehen *irr vi* (*bewegungslos ~*) être là; (*fig*) se trouver; (*in Buch*) être mentionné(e); **dumm ~** avoir l'air bête

DAT *nt* (-, -s) *abk von* **Digital Audio Tape** D.A.T. *m*

Datei *f* (*INFORM*) fichier *m;* **Dateiattribut** *nt* attribut *m* de fichier; **Dateiendung** *f* extension *f* de fichier

Dateienverwaltungsprogramm *nt* gestionnaire *m* de fichiers; **Dateienverzeichnis** *nt* répertoire *m* de fichiers **Dateierweiterung** *f* extension *f* de fichier; **Dateimanager** *m* gestionnaire *m* de fichiers; **Dateiname** *m* nom *m* de fichier

Daten 1. *pl von* **Datum** 2. *pl* (*INFORM*) données *fpl;* **Datenaustausch** *m* échange *m* des données; **Datenautobahn** *f* autoroute *f* de l'information; **Datenbank** *f* (-banken *pl*) banque *f* de données; **Datenbankadministrator(in)** *m(f)* administrateur(-trice) de banque de données; **Datenbasis** *f* base *f* de données; **Datenbereinigung** *f* remise *f* à jour des données; **Datenbestand** *m* ensemble *m* des données; **Datenerfassung** *f* saisie *f* des données; **Datenfernübertragung** *f* télétransmission *f* des donnés; **Datenfernverarbeitung** *f* télétraitement *m;* **Datenfluss** *m* flux *m* de données; **Datenhandschuh** *m* gant *m* de données; **Datenklau** *m* (-s, -s) vol *m* de données; **Datenkomprimierung** *f* compression *f* de données; **Datenmissbrauch** *m* fraude *f* informatique; **Datenmüll** *m* données *fpl* non intéressantes; **Datenschrott** *m* données *fpl* non exploitables; **Datenschutz** *m* protection *f* des données contre les abus de l'informatique; **Datenschutzbeauftragte(r)** *mf* personne *f* chargée de la protection des données; **Datenträger** *m* support *m* de données; **Datentypist(in)** *m(f)* opérateur(-trice) de saisie; **Daten-**

übertragung *f* transfert *m* de données; **Datenübertragungsrate** *f* taux *m* de transmission des données; **Datenverarbeitung** *f* traitement *m* de données; **elektronische ~** traitement *m* électronique de données; **Datenverbund** *m* raccordement *m* informatique; **Datenverwaltung** *m* gestion *f* de données; **Datenzentrum** *nt* centrale *f* de données

datieren (*pp* datiert) 1. *vt* dater 2. *vi* **~ von** dater de

Dativ *m* datif *m*

Datscha *f* (-, Datschen) datcha *f*

Dattel *f* (-, -n) datte *f*

Datum *nt* (-s, Daten) date *f*

Dauer *f* (-) durée *f;* **auf die ~** à la longue; **Dauerauftrag** *m* (*FIN*) ordre *m* de virement permanent, prélèvement *m* automatique; **Dauerbeschäftigung** *f* emploi *m* stable; **dauerhaft** *adj* durable; **Dauerkarte** *f* abonnement *m;* **Dauerlauf** *m* jogging *m;* **dauern** *vi* durer; **es hat sehr lange gedauert, bis sie begriffen hat** elle a mis très longtemps à comprendre; **dauernd** 1. *adj* constant(e), incessant(e); (*andauernd*) permanent(e) 2. *adv* constamment; **Dauerregen** *m* pluie *f* incessante; **Dauerwelle** *f* permanente *f;* **Dauerwurst** *f* ≈ saucisson *m* sec; **Dauerzustand** *m* état *m* permanent

Daumen *m* (-s, -) pouce *m;* **am ~ lutschen** sucer son pouce; **Daumenlutscher(in)** *m(f)* enfant *m* qui suce son pouce

Daune *f* (-, -n) duvet *m;* **Daunendecke** *f* édredon *m;* **Daunenjacke** *f* doudoune *f*

davon *adv* en, de là; (*Trennung, Grund*) de cela; **die Hälfte ~** la moitié (de cela); **10 ~ waren gekommen** dix d'entre eux étaient venus; **~ wissen** être au courant; **~ wusste er nichts** il n'en savait rien; **das kommt ~!** c'est bien fait!; **~ abgesehen** à part cela; **was habe ich ~?** à quoi ça m'avance?; **das hast du nun ~!** tu vois le résultat!; **davon|kommen** *sep irr vi* ⟨*sein*⟩ s'en tirer; **mit dem Schrecken ~** en être quitte pour la peur; **davon|laufen** *sep irr vi* ⟨*sein*⟩ se sauver; **davon|tragen** *sep irr vt* (*Sieg*) remporter; (*Verletzung*) subir

davor *adv* devant; (*zeitlich, Reihenfolge*) avant; **das Jahr ~** l'année d'avant; **ihn ~ warnen** l'en avertir; **Angst ~ haben** en avoir peur

dazu adj avec cela; (*Zweck angebend*) pour cela; (*in Bezug auf Thema, Frage*) sur cela; **er arbeitet und singt** ~ il chante en travaillant; **was hat er** ~ **gesagt?** qu'est-ce qu'il en a dit?; **und** ~ **noch** et en plus; ~ **fähig sein** en être capable; **Zeit/Lust** ~ **haben** en avoir le temps/ envie; **dazu|gehören** (*pp* dazugehört) *sep vi* en faire partie; **dazu|kommen** *sep irr vi* ⟨sein⟩ (*Ereignisse*) survenir; (*an einen Ort*) arriver

dazwischen adv (*räumlich*) au milieu; (*zeitlich*) entre-temps; (*bei Maß-, Mengenangaben*) entre les deux; (*dabei, darunter*) dans le tas, parmi eux (elles); **dazwischen|kommen** *sep irr vi* ⟨sein⟩ **mit den Fingern** ~ (*hineingeraten*) se coincer les doigts; **es ist etwas dazwischengekommen** il y a eu un contretemps; **dazwischen|reden** *sep vi* (*unterbrechen*) interrompre

DDR f (-) *abk von* **Deutsche Demokratische Republik** (*HIST*) R.D.A. f; **die ehemalige** ~ l'ex-R.D.A.

DDR

La DDR était le nom de l'ancienne République démocratique allemande, fondée en 1949 dans la zone d'occupation soviétique. La construction du mur de Berlin en 1961 a complètement isolé la DDR du reste des pays occidentaux. D'importantes manifestations réclamant la démocratisation du régime ont provoqué la destruction du mur et l'ouverture des frontières en 1989. La DDR et la BRD ont été réunifiées en 1990.

---

deaktivieren (*pp* deaktiviert) *vt* (*INFORM*) désactiver

Deal m (-s, -s) (*fam*) transaction f; **dealen** vi (*fam*) faire du trafic de drogue; **Dealer(in)** m(f) (-s, -) (*fam*) trafiquant(e); (*in kleinem Rahmen*) revendeur(-euse), dealer m

Debatte f (-, -n) débat m

debuggen (*pp* debuggt) *vt* (*INFORM*) déboguer

Deck nt (-(e)s, -s) pont m

Deckbett nt édredon m; **Deckblatt** nt (*von Fax*) page f de garde

Decke f (-, -n) couverture f; (*Tisch~*) nappe f; (*Zimmer~*) plafond m; **unter einer** ~ **stecken** être de connivence

Deckel m (-s, -) couvercle m; (*Buch~*) couverture f

decken 1. *vt* couvrir; (*Bedarf*) satisfaire à; (*FIN*) couvrir; (*Defizit*) combler; (*SPORT*)

marquer; **den Tisch** ~ mettre le couvert [o la table] **2.** *vr* **sich** ~ (*Meinungen*) être identique(s); (*MATH*) coïncider **3.** *vi* (*Farbe*) couvrir, camoufler

Deckmantel m **unter dem** ~ **von** sous le couvert de; **Deckname** m pseudonyme m

Deckung f (*Schutz*) abri m; (*SPORT: von Gegner*) marquage m; (*von Meinungen*) accord m; (*COM: von Bedarf*) satisfaction f; **in** ~ **gehen** se mettre à l'abri; **zur** ~ **des Defizits** pour combler le déficit; **zur** ~ **der Kosten** pour couvrir les frais; **deckungsgleich** adj (*Ansichten*) concordant(e); (*MATH*) congruent(e); **Deckungszusage** f promesse f de garantie

Decoder m (-s, -) décodeur m

defekt adj (*Maschine*) défectueux(-euse); **Defekt** m (-(e)s, -e) défaut m

defensiv adj défensif(-ive)

definieren (*pp* definiert) *vt* définir

Definition f définition f

definitiv adj définitif(-ive)

Defizit nt (-s, -e) déficit m

defragmentieren (*pp* defragmentiert) *vt* (*INFORM*) défragmenter

deftig adj (*Essen*) consistant(e); (*Witz*) grossier(-ière)

Degen m (-s, -) épée f

degenerieren (*pp* degeneriert) *vi* ⟨sein⟩ dégénérer; (*Sitten*) se dégrader

degradieren (*pp* degradiert) *vt* dégrader

dehnbar adj extensible; **dehnen 1.** *vt* (*Stoff*) étirer; (*Vokal*) allonger **2.** *vr* **sich** ~ (*Stoff*) s'allonger, s'élargir; (*Mensch*) s'étirer; (*Strecke*) s'étendre; (*dauern*) traîner en longueur; **Dehnung** f (*von Gummizug*) tension f; (*von Vokal*) allongement m

Deich m (-(e)s, -e) digue f

Deichsel f (-, -n) timon m

deichseln *vt* **wir werden es schon** ~! (*fam*) nous allons arranger ça!

dein pron (*adjektivisch*) ton (ta); (*pl*) tes; **deine(r, s)** pron (*substantivisch*) le tien (la tienne); (*pl*) les tiens (les tiennes); **die Deinen** (*Angehörige*) les tiens; **deiner** pron *gen von* **du** de toi; **deinerseits** adv de ta part, de ton côté; **deinesgleichen** pron des gens comme toi; **deinetwegen** adv (*für dich*) pour toi; (*wegen dir*) à cause de toi; (*von dir aus*) en ce qui te concerne

deinstallieren (*pp* deinstalliert) *vt* (*Programm*) désinstaller

Deka nt (-(s), -) (*A*) décigramme m

dekadent adj décadent(e); **Dekadenz** f décadence f

Dekagramm nt (*A*) décigramme m

Dekan m (-s, -e) doyen m
Deklination f déclinaison f; **deklinieren** (pp dekliniert) vt décliner
Dekolleté, Dekolletee nt (-s, -s) décolleté m
dekomprimieren (pp dekomprimiert) vt (Datei) décompresser
Dekorateur(in) m(f) décorateur(-trice); **Dekoration** f décoration f; **dekorativ** adj décoratif(-ive); **dekorieren** (pp dekoriert) vt décorer
Delegation f délégation f; **delegieren** (pp delegiert) vt déléguer (an +akk à)
Delete-Taste f touche f Suppression
Delfin 1. m (-s, -e) (Tier) dauphin m 2. nt (-s) (SPORT: Schwimmstil) brasse f papillon
delikat adj délicat(e); (köstlich) délicieux(-euse)
Delikatesse f (-, -n) délicatesse f; (Feinkost) mets m délicat; **Delikatessengeschäft** nt épicerie f fine
Delikt nt (-(e)s, -e) délit m
Delle f (-, -n) (fam) bosse f
Delphin s. **Delfin**
Delta nt (-s, -s) delta m
dem art s. **der, die, das**
Demagoge m (-n, -n), **-gogin** f démagogue mf
dementieren (pp dementiert) vt (Meldung) démentir
demgemäß adv en conséquence
demnach adv donc
demnächst adv bientôt, sous peu
Demo f (-, -s) (fam) manif f
Demokrat(in) m(f) démocrate mf; **Demokratie** f démocratie f; **demokratisch** adj démocratique; **demokratisieren** (pp demokratisiert) vt démocratiser
demolieren (pp demoliert) vt démolir
Demonstrant(in) m(f) manifestant(e); **Demonstration** f (Darlegung) démonstration f; (Umzug) manifestation f; **demonstrativ** adj démonstratif(-ive); **demonstrieren** (pp demonstriert) 1. vt démontrer; (guten Willen) manifester, montrer 2. vi manifester
Demoskopie f sondage m d'opinion
Demut f (-) humilité f; **demütig** adj humble
demütigen 1. vt humilier 2. vr sich ~ s'humilier, s'abaisser; **Demütigung** f humiliation f
demzufolge adv donc, par conséquent
den art s. **der, die, das**
denen dat von **diese**
Denglisch nt (-) allemand anglicisé à

l'extrême
Den Haag nt (-s) La Haye
denkbar 1. adj concevable 2. adv (sehr) extrêmement
Denke f (-) (fam) façon f de penser
denken (dachte, gedacht) vt, vi penser; **sich** dat **etw** ~ (vermuten) se douter de qch; **gut/schlecht über jdn/etw** ~ penser du bien/du mal de qn/qch; **an jdn/etw** ~ penser à qn/qch; **denk(e) daran, dass ...** n'oublie pas que ...; **Denken** nt (-s) (das Überlegen) réflexion f; (Denkfähigkeit) pensée f; **Denker(in)** m(f) (-s, -) penseur(-euse); **Denkfähigkeit** f intelligence f; **denkfaul** adj paresseux(-euse) d'esprit; **Denkfehler** m faute f de raisonnement, erreur f de raisonnement; **Denkmal** nt (-s, -mäler) monument m; **Denkmalschutz** m protection f des monuments; **denkwürdig** adj mémorable; **Denkzettel** m jdm einen ~ verpassen donner une leçon à qn
denn 1. konj car; **mehr/besser** ~ **je** plus/mieux que jamais; **es sei** ~ à moins que +subj 2. adv (verstärkend) donc; **wo ist er** ~? où est-il donc?
dennoch adv cependant, pourtant
Denunziant(in) m(f) dénonciateur(-trice)
Deo nt (-s, -s), **Deodorant** nt (-s, -e o -s) déodorant m; **Deoroller** m déodorant m à bille; **Deospray** m o nt déodorant m en spray
Deponie f décharge f
deponieren (pp deponiert) vt déposer
Depot nt (-s, -s) dépôt m; (CH: Pfand) consigne f
Depression f dépression f; **depressiv** adj dépressif(-ive)
deprimieren (pp deprimiert) vt déprimer
der, die, das 1. art le (la); (pl) les 2. pron (demonstrativ) celui-ci (celle-ci), celui-là (celle-là); (pl) ceux-ci (celles-ci), ceux-là (celles-là); (relativ) qui; (bezüglich auf Sachen) que; (jemand) il (elle)
derart adv tellement, tant; (solcher Art) de ce genre(-là), de cette sorte; ~, **dass ...** (relativ) de telle sorte que ...; (verstärkend) tellement ... que ...; **derartig** adj tel(le)
derb adj grossier(-ière); (Kost) peu raffiné(e)
deregulieren (pp dereguliert) vt déréguler
deren pron s. **der, die, das**
dergleichen pron tel(le), semblable; **derjenige** pron ~, **der** (demonstrativ)

celui qui; **dermaßen** adv tant, si; **derselbe** pron le (la) même; **derzeitig** adj (jetzig) actuel(le); (damalig) d'alors

des art s. **der, die, das**

Desaster nt (-s, -) désastre m

Deserteur(in) m(f) déserteur(-euse)

desertieren (pp desertiert) vi ⟨sein⟩ déserter

desgleichen adv pareillement

deshalb adv c'est pourquoi, pour cette raison, pour cela

Design nt (-s, -s) design m, stylisme m; **Designer(in)** m(f) (-s, -) designer mf, styliste m; **Designerdroge** f drogue f de synthèse; **Designerkleidung** f vêtement m de styliste

Desinfektion f désinfection f; **Desinfektionsmittel** nt désinfectant m; **desinfizieren** (pp desinfiziert) vt désinfecter

Desinteresse nt manque m d'intérêt (an +dat pour)

Desktoppublishing nt (-, -(s)) microédition f, publication f assistée par ordinateur

Desoxyribonukleinsäure f acide m désoxyribonucléique

dessen pron s. **der, die, das:** ~ **ungeachtet** malgré cela, néanmoins

Dessert nt (-s, -s) dessert m

Destillation f distillation f; **destillieren** (pp destilliert) vt distiller

desto konj d'autant; ~ **besser** d'autant mieux

deswegen konj c'est pourquoi, à cause de cela

Detail nt (-s, -s) détail m; **detaillieren** (pp detailliert) vt détailler

Detektiv(in) m(f) détective mf

Detektor m (TECH) détecteur m

deuten 1. vt interpréter **2.** vi **auf etw** ~ indiquer qch

deutlich adj clair(e); (Schrift) lisible; (Aussprache) distinct(e); (Unterschied) net(te); **jdm etw** ~ **machen** faire comprendre qch à qn; **Deutlichkeit** f clarté f

deutsch adj allemand(e); ~**er Schäferhund** berger m allemand; **Deutsche Demokratische Republik** (HIST) République f démocratique allemande; **Deutsch** nt (LING) (l')allemand m; ~ **lernen** apprendre l'allemand; ~ **sprechen** parler allemand; **ins** ~**e übersetzen** traduire en allemand; **Deutsche(r)** mf Allemand(e); **Deutschland** nt l'Allemagne f; **in** ~ en Allemagne; **nach** ~ **fahren** aller en Allemagne

Deutung f interprétation f

Devise f (-, -n) devise f; **Devisenhandel** m marché m des changes; **Devisenkurs** m cours m du change

Dezember m (-(s), -) décembre m; **im** ~ en décembre; **18.** ~ **2003** le 18 décembre 2003; **am 18.** ~ le 18 décembre

dezent adj discret(-ète)

dezentral adj décentralisé(e)

dezimal adj décimal(e); **Dezimalbruch** m fraction f décimale; **Dezimalsystem** nt système m décimal

DFÜ f (-) abk von **Datenfernübertragung** télétransmission f

DGB m (-) abk von **Deutscher Gewerkschaftsbund** confédération des syndicats allemands

d. h. abk von **das heißt** c.-à-d.

Dia nt (-s, -s) diapo f

Diabetes m (-) diabète m; **Diabetiker(in)** m(f) (-s, -) diabétique mf

Diagnose f (-, -n) diagnostic m

diagonal adj diagonal(e); **Diagonale** f (-, -n) diagonale f

Diagramm nt (-s, -e) diagramme m

Dialekt m (-(e)s, -e) dialecte m, patois m

dialektisch adj dialectique

Dialog m (-(e)s, -e) (a. INFORM) dialogue m, conversation f; **Dialogbetrieb** m mode m conversationnel; **Dialogfeld** nt (INFORM) fenêtre f de dialogue

Dialyse f (-, -n) (MED) dialyse f

Diamant m diamant m

Diaphragma nt (-s, Diaphragmen) diaphragme m

Diapositiv nt diapositive f

Diät f (-, -en) régime m; ~ **halten** être au régime, suivre un régime; **Diäten** pl indemnité f parlementaire

Diavortrag m diaporama m

dich pron akk von **du** (vor Vokal) te; (vor Vokal o stummem h) t'; (nach Präposition) toi

dicht 1. adj épais(se); (Menschenmenge, Verkehr) dense; (Bäume) touffu(e); (Gewebe) serré(e); (Dach) étanche **2.** adv ~ **an/bei** tout près de; ~ **bevölkert** à forte densité de population

dichten 1. vt (dicht machen) étancher; (Leck) colmater; (verfassen) composer; (fam: erfinden) inventer, imaginer **2.** vi (reimen) écrire des vers; **Dichter(in)** m(f) (-s, -) poète mf; **dichterisch** adj poétique

dicht|halten sep irr vi (fam) la boucler; **dicht|machen** sep vt (fam) fermer

Dichtung f (TECH) joint m, garniture f; (AUTO) joint m de culasse; (Gedichte) poésie f; (Prosa) œuvre f poétique

dick adj épais(se); (Mensch) gros(se); **durch ~ und dünn** pour le meilleur et pour le pire; **Dicke** f (-, -n) épaisseur f; **dickfellig** adj cabochard(e); **dickflüssig** adj visqueux(-euse), épais(se)

Dickicht nt (-s, -e) fourré m

Dickkopf m (Mensch) tête f de mule; **einen ~ haben** être têtu(e) (comme une mule); **dickköpfig** adj cabochard(e); **Dickmilch** f lait m caillé

die art s. **der, die, das**

Dieb(in) m(f) (-(e)s, -e) voleur(-euse); **Diebesgut** nt butin m; **diebisch** adj voleur(-euse); (fam: Vergnügen) malin (-igne); **Diebstahl** m (-(e)s, Diebstähle) vol m; **Diebstahlsicherung(sanlage)** f alarme f

diejenige pron ~, **die** (demonstrativ) celle qui

Diele f (-, -n) (Brett) planche f; (Flur) vestibule m, entrée f

dienen vi servir; **Diener(in)** m(f) (-s, -) domestique mf

Dienst m (-(e)s, -e) service m; **außer ~** hors service; **im ~** en service; **~ haben** être de service; **~ habend** de garde; **der öffentliche ~** le service public

Dienstag m mardi m; (am) **~** mardi (qui vient); **Dienstagabend** m mardi soir m; **dienstags** adv tous les mardis; (Zeitplan) le mardi

Dienstbote m, **-botin** f domestique mf; **diensteifrig** adj empressé(e), zélé(e); **dienstfrei** adj **~ haben** avoir congé; **Dienstgeheimnis** nt secret m professionnel; **Dienstgespräch** nt communication f de service; **Dienstgrad** m grade m; **diensthabend** adj s. **Dienst**; **Dienstleistung** f (prestation f de) service m; **Dienstleistungsgewerbe** nt (secteur m) tertiaire m; **Dienstleistungssektor** m secteur m tertiaire; **dienstlich 1.** adj officiel(le) **2.** adv pour affaires; **Dienstmädchen** nt bonne f; **Dienstreise** f voyage m d'affaires; **Dienststelle** f bureau m, office m; **Dienstvorschrift** f instruction f de service; **Dienstweg** m voie f hiérarchique; **Dienstzeit** f heures fpl de service

dies pron ceci; **~ sind meine Eltern** voici mes parents

diesbezüglich adj (Frage) à ce propos

diese(r, s) pron (demonstrativ) ce, cet(te); (substantivisch) celui-là (celle-là)

Diesel 1. m (-s, -s) (Auto) diesel m **2.** m (-s) (~kraftstoff) gazole m, gas-oil m

dieselbe pron le (la) même

diesig adj brumeux(-euse)

diesjährig adj de cette année; **diesmal** adv cette fois; **diesseits** prep +gen de ce côté; **Diesseits** nt (-) **das ~** la vie ici-bas

Dietrich m (-s, -e) crochet m

Differentialgetriebe nt engrenage m différentiel; **Differentialrechnung** f calcul m différentiel

Differenz f différence f; (pl: Streit) différend m

Differenzial nt (-s, -e) différentielle f; **Differenzialgetriebe** nt (AUTO) engrenage m différentiel; **Differenzialrechnung** f calcul m différentiel

differenzieren (pp differenziert) vt, vi différencier

digital adj numérique, digital(e); **~es Fernsehen** télévision f numérique; **Digitalanzeige** f affichage m numérique; **Digitalfernsehen** nt télévision f numérique; **digitalisieren** (pp digitalisiert) vt numériser; **Digitalisierung** f numérisation f; **Digitalkamera** f appareil m photo numérique; **Digitalrechner** m calculateur m numérique; **Digitaluhr** f montre f digitale; **Digitalzeitalter** nt ère f numérique

Diktat nt dictée f; (fig: von Mode) canons mpl

Diktator(in) m(f) dictateur(-trice); **diktatorisch** adj dictatorial(e)

Diktatur f dictature f

diktieren (pp diktiert) vt dicter

Dilemma nt (-s, -s) dilemme m

Dilettant(in) m(f) dilettante mf; **dilettantisch** adj de dilettante

Dimension f dimension f

Ding nt (-(e)s, -e) chose f

Dingsbums nt (-, -) (fam) truc m, machin-chouette m

Dinosaurier m (-s, -) dinosaure m

Diode f (-, -n) diode f

Dioxid nt dioxyde m

Dioxin nt (-s) dioxine f

Diözese f (-, -n) diocèse m

Diphtherie f diphtérie f

Diplom nt (-s, -e) diplôme m

Diplomat(in) m(f) (-en, -en) diplomate mf; **Diplomatengepäck** nt valise f diplomatique; **Diplomatie** f diplomatie f; **diplomatisch** adj diplomatique

Diplomingenieur(in) m(f) ingénieur(e) diplômé(e)

dir pron dat von **du** (vor Verb) te; (vor Vokal o stummem h) t'; (nach Präposition) toi; **das gehört ~** c'est à toi

direkt 1. adj direct(e) **2.** adv directement; (ehrlich) franchement; **Direktbank** f (-banken pl) banque f directe; **Direktflug** m vol m direct

Direktor(in) m(f) directeur(-trice); (von Gymnasium) proviseur mf; (von Realschule) principal(e)

Direktübertragung f retransmission f en direct; **Direktzugriffsspeicher** m (INFORM) mémoire f vive

Dirigent(in) m(f) chef m d'orchestre

dirigieren (pp dirigiert) vt, vi diriger

Dirndl nt (-s, -n) (Kleid) dirndl m (costume bavarois ou autrichien); (A) fille f

Dirne f (-, -n) prostituée f

Discman® m (-s, -s) lecteur m CD portable

Diskette f disquette f; **Diskettenfehler** m erreur f disquette; **Diskettenlaufwerk** nt lecteur m de disquettes

Diskjockei m (-s, -s) disc-jockey m

Disko f (-, -s) discothèque f, boîte f

Diskont m (-s, -e) (FIN) escompte m; (COM) remise f, rabais m; **Diskontsatz** m (FIN) taux m d'escompte

Diskothek f (-, -en) discothèque f

Diskrepanz f divergence f, contradiction f

diskret adj discret(-ète)

Diskretion f discrétion f

diskriminieren (pp diskriminiert) vt discriminer; **Diskriminierung** f discrimination f

Diskussion f discussion f; **zur ~ stehen** être à l'ordre du jour; **Diskussionsforum** nt (-s, -foren) (INFORM) forum m de discussion

diskutabel adj discutable

diskutieren (pp diskutiert) vt, vi discuter (über +akk de)

Disneyland® nt Dysneyland® m

Display nt (-s, -s) afficheur m

disqualifizieren (pp disqualifiziert) vt disqualifier

dissen vt (fam) débiner

Dissertation f thèse f (de doctorat)

Distanz f distance f; **~ halten** garder ses distances; **distanzieren** (pp distanziert) vr **sich von jdm/etw ~** prendre ses distances par rapport à qn/qch

Distel f (-, -n) chardon m

Disziplin f discipline f

divers adj ~**e** plusieurs; **Diverses** divers; **wir haben noch Diverses vor** nous avons encore pas mal de choses à faire

dividieren (pp dividiert) vt diviser (durch par)

DJ m (-s, -s) abk von **Diskjockei** DJ m

DM, D-Mark f (HIST) abk von **Deutsche Mark** mark m

DNS f (-, -) abk von **Desoxyribonukleinsäure** A.D.N. m

doch 1. konj (aber) mais; (trotzdem) quand même **2.** adv ~! si!; **das ist ~ schön!** mais c'est beau!; **nicht ~!** mais non!; **er kam ~ noch** il est venu quand même; **komm ~!** viens donc!

Docht m (-(e)s, -e) mèche f

Dock nt (-s, -s) dock m, bassin m

Dogge f (-, -n) dogue m

Dogma nt (-s, Dogmen) dogme m; **dogmatisch** adj dogmatique

Doktor(in) m(f) docteur mf; (Arzt) docteur m; **Doktorand(in)** m(f) (-en, -en) doctorant(e); **Doktorarbeit** f thèse f de doctorat; **Doktortitel** m titre m de docteur; **Doktorvater** m patron m de thèse

Dokument nt document m; **Dokumentarbericht** m, **Dokumentarfilm** m documentaire m; **dokumentarisch** adj documentaire; **dokumentieren** (pp dokumentiert) vt (a. INFORM) documenter; **Dokumentvorlage** f (INFORM) modèle m de lettre

Dolch m (-(e)s, -e) poignard m

Dollar m (-s, -) dollar m

dolmetschen 1. vt traduire, interpréter **2.** vi servir d'interprète; **Dolmetscher(in)** m(f) (-s, -) interprète mf

Dolomiten pl Dolomites fpl

Dom m (-(e)s, -e) cathédrale f

Domain nt (-s, -s) domaine m; **Domain-Name** m nom m de domaine

Domäne f (-, -n) (a. INFORM) domaine m

dominieren (pp dominiert) vt, vi dominer

Dominikanische Republik f **die ~** la République dominicaine

Dompfaff m (-en o -s, -en) bouvreuil m

Dompteur m, **Dompteuse** f dompteur(-euse)

Donau f (-) Danube m

Döner (Kebab) m (-s, -) döner kebab m

Donner m (-s, -) tonnerre m; **donnern** vi tonner

Donnerstag m jeudi m; (am) ~ jeudi (qui vient); **Donnerstagmorgen** m jeudi matin m; **donnerstags** adv tous les jeudis; (Zeitplan) le jeudi

Donnerwetter 1. nt (fig) engueulade f **2.** interj (verärgert) bon sang!; (überrascht) dis donc!

doof adj (fam) idiot(e), stupide; **ein ~es Gesicht machen** faire une drôle de tête

dopen vt doper; **Doping** nt (-s) doping m, dopage m; **Dopingkontrolle** f contrôle m antidopage

Doppel nt (-s, -) double m; **Doppelbett** nt lit m pour deux personnes; **Doppelfenster** nt double fenêtre f; **Doppelgänger(in)** m(f) (-s, -) sosie m; **Doppelhaushalt** m double ménage m; **Doppelklick** m (-s, -s) double clic m; **doppelklicken** (doppelklickte, doppelgeklickt) vi double-cliquer; **Doppelpunkt** m deux-points mpl; **Doppelstecker** m prise f double

doppelt 1. adj double; **in ~er Ausfertigung** en double exemplaire 2. adv en double; (sich freuen, ärgern) doublement

Doppelverdiener m foyer m à deux salaires; **Doppelwährungsphase** f période f de double circulation; **Doppelzimmer** nt chambre f double

Dorf nt (-(e)s, Dörfer) village m; **Dorfbewohner(in)** m(f) villageois(e)

Dorn 1. m (-(e)s, -en) (an Pflanze) épine f 2. m (Dorne pl) (aus Metall) ardillon m; **dornig** adj épineux(-euse); **Dornröschen** nt la Belle au bois dormant

dörren vt sécher; **Dörrobst** nt fruits mpl secs

Dorsch m (-(e)s, -e) petite morue f

dort adv là(-bas); ~ **drüben/oben** là-bas/là-haut; **dorther** adv de là; **dorthin** adv là-bas; **dortig** adj de là-bas

DOS nt (-) akr von **disk operating system** DOS m

Dose f (-, -n) boîte f

dösen vi (fam) sommeiller

Dosenbier nt bière f en boîte; **Dosenöffner** m ouvre-boîte m; **Dosenpfand** nt consigne f sur les canettes et les bouteilles jetables

Dosis f (-, Dosen) dose f

Dotter m (-s, -) jaune m d'œuf

Download m (-s, -s) (INFORM) téléchargement m; **downloaden** (pp gedownloadet o downgeloadet) vt télécharger vers l'aval, downloader

Downsyndrom, **Down-Syndrom** nt (-(e)s, -e) (MED) trisomie f 21

Dozent(in) m(f) maître mf de conférences

Drache m (-n, -n) (Fabeltier) dragon m

Drachen m (-s, -) (Spielzeug) cerf-volant m; (SPORT) deltaplane m; (pej fam: Frau) dragon m; **Drachenfliegen** nt (-s) (SPORT) vol m libre, deltaplane m; **Drachenflieger(in)** m(f) libériste mf

Draht m (-(e)s, Drähte) fil m de fer; **auf ~ sein** (fig fam) savoir saisir les occasions; **drahtig** adj (Mann) sportif(-ive); **Drahtseil** nt câble m métallique; **Drahtseilbahn** f funiculaire m

drall adj plantureux(-euse)

Drama nt (-s, Dramen) drame m; **Dramatiker(in)** m(f) (-s, -) dramaturge mf; **dramatisch** adj dramatique

dran 1. = **daran** 2. adv **gut/schlecht ~ sein** être en bonne/mauvaise posture

drang imperf von **dringen**

Drang m (-(e)s, Dränge) (Trieb) forte envie f; (Druck) pression f

drängeln vt, vi pousser

drängen 1. vt presser 2. vi presser; **auf etw** akk ~ insister sur qch

Drängler(in) m(f) (-s, -) harceleur(-euse) au volant

drastisch adj (Maßnahme) draconien(ne); (Schilderung) cru(e)

drauf = **darauf**

Draufgänger(in) m(f) (-s, -) casse-cou m, fonceur(-euse); **draufgängerisch** adj (Mentalität) de fonceur(-euse); **ein ~er Typ** un fonceur

draußen adv (au) dehors

Dreck m (-(e)s) saleté f; (am Körper) crasse f; **dreckig** adj sale; (Bemerkung, Witz) obscène

Dreharbeiten pl tournage m; **Drehbank** f (-bänke pl) tour m; **drehbar** adj rotatif(-ive); **Drehbuch** nt (CINE) scénario m

drehen 1. vt tourner; (Zigaretten) rouler 2. vi tourner; (Schiff) virer de bord 3. vr **sich** ~ tourner; (Mensch) se tourner; (handeln von) s'agir (um de)

Drehorgel f orgue m de Barbarie; **Drehstuhl** m siège m pivotant; **Drehtür** f porte f pivotante; **Drehung** f (Rotation) rotation f; (Um~, Wendung) tour m; **Drehwurm** m **den ~ haben/bekommen** (fam) avoir/attraper le tournis; **Drehzahl** f nombre m de tours

drei num trois; **Drei** f (-, -en) trois m; **Dreieck** nt (-s, -e) triangle m; **dreieckig** adj triangulaire; **dreieinhalb** num trois et demi; **Dreieinigkeit** f (REL) Trinité f; **dreierlei** adj inv de trois sortes; **dreifach** adj triple; **dreihundert** num trois cents; **dreijährig** adj de trois ans; **Dreikönigsfest** nt Épiphanie f, fête f des Rois; **dreimal** adv trois fois

drein|reden sep vi **jdm** ~ (dazwischenreden) interrompre qn; (sich einmischen) se mêler des affaires de qn

dreißig num trente

dreist adj impertinent(e); **Dreistigkeit** f impudence f

Dreiviertel num trois quarts; **Dreiviertelstunde** f trois quarts mpl d'heure

dreizehn num treize

dreschen (drosch, gedroschen) vt (Getreide) battre; **Phrasen ~** (fam) faire des phrases

Dresden nt (-s) Dresde

dressieren (pp dressiert) vt dresser

Dressing nt (-s, -s) sauce f de salade

Drillbohrer m drille f

Drilling m triplé(e)

dringen (drang, gedrungen) vi ⟨sein⟩ **durch/in etw** akk ~ pénétrer dans qch; **in jdn ~** presser qn; **auf etw** akk ~ insister sur qch

dringend adj, **dringlich** adj urgent(e), pressant(e); (Verdacht) sérieux(-euse); **Dringlichkeit** f urgence f

Drink m (-s, -s) drink m

drinnen adv à l'intérieur; (in Behälter) dedans

dritt adv **zu ~** à trois; **dritte(r, s)** adj troisième; **der ~ September** le trois septembre; **Paris, den 3. September** Paris, le 3 septembre; **die Dritte Welt** le tiersmonde; **Dritte(r)** mf troisième mf; **Drittel** nt (-s, -) tiers m; **drittens** adv troisièmement, tertio; **Dritte-Welt-Laden** m magasin m d'articles du tiers-monde; **Drittland** nt pays m tiers

droben adv là-haut

Droge f (-, -n) drogue f; **drogenabhängig** adj drogué(e); **Drogenabhängige(r)** mf toxicomane mf; **Drogenhandel** m narcotrafic m; **Drogensüchtige(r)** mf toxicomane mf; **Drogenszene** f milieu m de la drogue; **Drogentote(r)** mf victime f de la drogue

Drogerie f droguerie f

Drogerie

Une **Drogerie**, contrairement à une **Apotheke**, est un magasin où les médicaments non prescrits sur ordonnance sont en vente libre. On y trouve également des cosmétiques, de la parfumerie et des produits de toilette. Les articles y sont en général moins chers que dans une 'Apotheke'.

Drogist(in) m(f) droguiste mf

drohen vi menacer (jdm qn)

dröhnen vi (Motor) vrombir; (Stimme, Musik) retentir

Drohung f menace f

drollig adj amusant(e)

drosch imperf von **dreschen**

Droschke f (-, -n) fiacre m

Drossel f (-, -n) grive f

drüben adv de l'autre côté

drüber = darüber

Druck 1. m (-(e)s, Drücke) pression f; **im ~ sein** être surchargé(e) de travail **2.** m (Drucke pl) (TYPO) impression f; **Druckbuchstabe** m lettre f d'imprimerie

Drückeberger(in) m(f) (-s, -) tire-au-flanc m

drucken vt (TYPO, INFORM) imprimer

drücken 1. vt pousser; (pressen) presser; (Preise) casser; (bedrücken) oppresser, accabler; (Taste) appuyer; **jdm die Hand ~** serrer la main à qn; **jdm etw in die Hand ~** donner qch à qn; **jdn an sich** akk ~ serrer qn contre soi **2.** vi (zu eng sein) serrer **3.** vr **sich (vor etw** dat) ~ se dérober (à qch); **drückend** adj (Hitze) étouffant(e); (Stille) pesant(e), oppressant(e)

Drucker m (-s, -) (INFORM) imprimante f

Drucker(in) m(f) (-s, -) imprimeur(-euse)

Drücker m (-s, -) (Tür~) poignée f; (Gewehr~) gâchette f

Druckerei f imprimerie f

Druckerschwärze f encre f d'imprimerie; **Druckertreiber** m (INFORM) driver m, pilote m d'imprimante

Druckfehler m faute f d'impression, coquille f; **Druckknopf** m bouton-pression m; **Druckmittel** nt moyen m de pression; **Drucksache** f imprimé m; **Druckschrift** f caractères mpl d'imprimerie

drunten adv en bas

Drüse f (-, -n) glande f

Dschungel m (-s, -) jungle f

DSD

Le **DSD** (Duales System Deutschland) est un système introduit en Allemagne qui permet de diviser les ordures ménagères en deux catégories, afin de limiter l'impact sur l'environnement. Les déchets normaux sont traités de façon habituelle : incinération ou enfouissement. Les emballages marqués d'un point vert (**grüner Punkt**) sont collectés séparément puis recyclés.

DTP nt (-) abk von **Desktoppublishing** PAO f

du pron tu; (allein stehend) toi

Duales System nt système de tri et de recyclage des emballages

ducken vr **sich ~** se baisser; (fig) courber

l'échine; **Duckmäuser(in)** m(f) (-s, -)
lâche mf

Dudelsack m cornemuse f

Duell nt (-s, -e) duel m

Duett nt (-(e)s, -e) duo m

Duft m (-(e)s, Düfte) parfum m, senteur f

dufte adj (fam) génial(e)

duften vi sentir bon, embaumer

duftig adj (Stoff, Kleid) vaporeux(-euse);
(Muster) délicat(e)

Duftnote f senteur f

dulden 1. vi souffrir 2. vt subir; (Maßnahmen) admettre; (Widerspruch) tolérer;
duldsam adj patient(e)

dumm adj (dümmer, am dümmsten) stupide, bête, sot(te); **das wird mir zu ~** j'en
ai assez; **der Dumme sein** être le dindon
de la farce; **~ gelaufen** c'était mal barré;
dummdreist adj effronté(e); **dum-
merweise** adv bêtement; **Dummheit**
f stupidité f, bêtise f; **Dummkopf** m
imbécile mf

dumpf adj (Ton, Schmerz) sourd(e); (Luft)
étouffant(e); (Erinnerung) vague; **Dumpf-
backe** f (fam) couillon m

Düne f (-, -n) dune f

Dung m (-(e)s) fumier m; **düngen** vt
mettre de l'engrais à; (mit Mist) fumer;
Dünger m (-s, -) engrais m

dunkel adj sombre; (Farbe) foncé(e);
(Stimme) grave; (Ahnung) vague; (rätsel-
haft) obscur(e); (verdächtig) louche; **im
Dunkeln tappen** (fig) tâtonner

Dünkel m (-s) suffisance f; **dünkelhaft**
adj prétentieux(-euse)

Dunkelheit f obscurité f; **Dunkelkammer** f (FOTO) chambre f noire; **Dunkel-
ziffer** f cas mpl non enregistrés

dünn adj (Mensch) maigre; (Scheibe)
mince; (Schleier, Luft) léger(-ère); (Haar)
fin(e); (Suppe) clair(e); **~ gesät** rare;
dünnflüssig adj fluide

Dunst m (-es, Dünste) vapeur f; (Wetter)
brume f

dünsten vt cuire à l'étuvée

dunstig adj (Raum) embué(e); (Luft)
humide; (Wetter) brumeux(-euse)

Duplikat nt duplicata m

Dur nt (-) (MUS) majeur m

durch 1. prep +akk par; (mit Hilfe von)
grâce à; (MATH) divisé par 2. adv **es ist
schon fünf ~** il est déjà cinq heures passées; **die Nacht ~** (zeitlich) toute la nuit;
hier ~ par ici; **~ und ~** complètement,
tout à fait; **die Hose ist an den Knien ~** le
pantalon est troué [o élimé] aux genoux;
das Gesetz ist ~ la loi a été adoptée

durch|arbeiten sep 1. vt (Akten, Buch)
étudier à fond; (ausarbeiten: Text) travailler
2. vi (ohne Pause arbeiten) travailler sans
interruption 3. vr **sich durch etw ~** se frayer un chemin à travers qch; (fig) venir à
bout de qch

durchaus adv complètement; (unbedingt)
absolument

durch|beißen sep irr 1. vt couper avec les
dents 2. vr **sich ~** (fig) se débrouiller

durch|blättern sep vt feuilleter

Durchblick m **keinen/den ~ haben** (fam)
ne pas piger/piger; **durch|blicken** sep v
regarder (à travers); (fam: verstehen)
piger; **etw ~ lassen** (fig) laisser entendre
qch

durchbohren (pp durchbohrt) vt (mit
Bohrer) percer; (mit Degen) transpercer;
(mit Kugel) cribler (de balles)

durchbrechen (pp durchbrochen) irr vt
casser, briser; (Schranken) forcer; (Schallmauer) franchir; (Gewohnheit) rompre
avec

durch|brechen sep irr vi ⟨sein⟩ casser;
(sich zeigen) percer

durch|brennen sep irr vi ⟨sein⟩ (Draht)
brûler; (Sicherung) sauter; (fam: weglaufen)
filer

durch|bringen sep irr vt (Kranken) tirer
d'affaire; (Familie) nourrir; (Antrag) faire
valoir; (Geld) dilapider, gaspiller

durchdacht adj examiné(e) à fond;
durchdenken (pp durchdacht) irr vt
considérer dans tous ses détails

durch|diskutieren (pp durchdiskutiert)
sep vt discuter à fond

durch|drehen sep 1. vt (Fleisch) hacher
2. vi (fam) craquer

durch|dringen sep irr vi ⟨sein⟩ (Wasser)
pénétrer; (Nachricht) arriver; **mit etw ~**
faire prévaloir qch

Durcheinander nt (-s) (Verwirrung) confusion f; (Unordnung) désordre m; **durch
einander** adv pêle-mêle, en désordre;
(fam: verwirrt) troublé(e), dérouté(e); **~
bringen** (in Unordnung) déranger; (Pläne)
bouleverser; (verwirren) troubler; **~ reder**
parler en même temps

Durchfahrt f (Öffnung) passage m; (das
Durchfahren) traversée f; **auf der ~ sein**
être de passage

Durchfall m (MED) diarrhée f

durch|fallen sep irr vi ⟨sein⟩ tomber
(durch à travers); (in Prüfung) échouer

durch|fragen sep vr **sich ~** trouver son
chemin après l'avoir demandé

durchführbar adj réalisable; **durch|-**

führen sep vt (jdn) guider; (Plan, Maßnahme) mettre à exécution; (Experiment) réaliser; **Durchführung** f (von Plan, Experiment) exécution f; (von Kurs, Reise) organisation f

Durchgang m passage m (durch à travers); (bei Produktion) phase f; (SPORT) round m; (bei Wahl) tour m; ~ **verboten!** passage interdit; **Durchgangslager** nt camp m de passage; **Durchgangsverkehr** m trafic m de transit

durchgefroren adj (Mensch) gelé(e)

durch|gehen sep irr 1. vt (Arbeit, Text) parcourir 2. vi <sein> passer (durch à travers); (Antrag) être adopté(e); (ohne Unterbrechung) durer; (Zug) aller directement; (ausreißen: Pferd) s'emballer; (Mensch) filer; **mein Temperament ging mit mir durch** je me suis emporté(e); **etw ~ lassen** passer sur qch; **durchgehend** adj (Zug) direct(e); (Öffnungszeiten) sans interruption

durch|greifen sep irr vi intervenir (énergiquement)

durch|halten sep irr 1. vi tenir bon 2. vt supporter

durch|hecheln sep vt (fam) éreinter

durch|kommen sep irr vi <sein> passer; (Nachricht) arriver; (auskommen) se débrouiller; (im Examen) réussir; (überleben) s'en tirer

durchkreuzen (pp durchkreuzt) vt (Plan) contrarier

durch|lassen sep irr vt laisser passer; **jdm etw ~** laisser passer qch à qn

Durchlauf m (INFORM) passage m; **Durchlauferhitzer** m (-s, -) chauffe-eau m

durchleben (pp durchlebt) vt vivre

durch|lesen sep irr vt lire

durchleuchten (pp durchleuchtet) vt radiographier

durchlöchern (pp durchlöchert) vt trouer; (mit Kugeln) cribler; (fig: Argumentation) démolir

durch|machen sep vt (Leiden) subir; **die Nacht ~** passer une nuit blanche, faire la fête

Durchmesser m (-s, -) diamètre m

durch|nehmen sep irr vt traiter

durch|nummerieren (pp durchnummeriert) sep vt numéroter

durch|pausen sep vt calquer

durchqueren (pp durchquert) vt traverser

Durchreiche f (-, -n) passe-plat m

Durchreise f passage m; **auf der ~ sein** être de passage

durch|ringen sep irr vr **sich zu etw ~** se résoudre à qch

durch|rosten sep vi <sein> rouiller complètement

durchs = durch das

Durchsage f annonce f

durchschauen (pp durchschaut) vt ne pas se laisser tromper par

durch|scheinen sep irr vi (Sonne) briller (à travers les nuages); (Schrift, Untergrund) se voir; **durchscheinend** adj transparent(e)

Durchschlag m (Doppel) copie f; **durch|schlagen** sep irr 1. vt (entzweischlagen) casser en deux 2. vr **sich ~** (fam) se débrouiller; **durchschlagend** adj (Erfolg) retentissant(e)

durch|schneiden sep irr vt couper

Durchschnitt m moyenne f; **im ~** en moyenne; **durchschnittlich** 1. adj moyen(ne) 2. adv en moyenne; **Durchschnittsgeschwindigkeit** f vitesse f moyenne; **Durchschnittsmensch** m homme m de la rue; **Durchschnittswert** m valeur f moyenne

Durchschrift f double m

durch|sehen sep irr 1. vt (Artikel) parcourir; (Maschine) contrôler 2. vi voir (durch à travers)

durch|setzen sep 1. vt imposer; **seinen Kopf ~** imposer sa volonté 2. vr **sich ~** s'imposer; **Durchsetzungsvermögen** nt capacité f de s'imposer

Durchseuchung f contamination f

Durchsicht f examen m; **durchsichtig** adj (Stoff) transparent(e); (Manöver) évident(e); **Durchsichtigkeit** f (von Stoff) transparence f; (von Manöver) manque m de subtilité

durch|sickern sep vi <sein> suinter; (fig) s'ébruiter

durch|sprechen sep irr vt discuter (à fond)

durch|stehen sep irr vt endurer

durchstöbern (pp durchstöbert) vt fouiller

durch|streichen sep irr vt barrer, biffer

durchsuchen (pp durchsucht) vt fouiller; (JUR) perquisitionner; (INFORM) explorer; **die Wohnung nach Waffen ~** chercher des armes dans l'appartement; **Durchsuchung** f fouille f; (von Haus) perquisition f; **Durchsuchungsbefehl** m mandat m de perquisition

durchtrieben adj rusé(e)

durchwachsen adj (Speck) maigre; (fig) couci-couça

Durchwahl f ligne f directe; (*Nummer*) numéro m de poste

durchweg adv complètement, sans exception

durch|zählen sep **1.** vt faire le compte de **2.** vi compter

durch|ziehen sep irr **1.** vt (*Faden*) faire passer **2.** vi <*sein*> passer

Durchzug m (*Luft*) courant m d'air; (*von Truppen, Vögeln*) passage m

durch|zwängen sep **1.** vt faire passer de force (*durch* à travers) **2.** vr sich ~ passer de force (*durch* à travers)

dürfen (durfte, gedurft) vt, vi avoir la permission de, pouvoir; **darf ich?** je peux?; **es darf geraucht werden** il est permis de fumer; **was darf es sein?** que désirez-vous?; **das darf nicht geschehen** cela ne doit pas arriver; **das ~ Sie mir glauben** vous pouvez m'en croire; **es dürfte Ihnen bekannt sein, dass ...** vous savez sûrement que ...

dürftig adj (*ärmlich*) misérable; (*unzulänglich*) insuffisant(e), maigre

dürr adj (*Ast*) mort(e); (*Land*) aride; (*mager*) maigre; **Dürre** f (-, -n) (*von Land*) aridité f; (*Witterung*) sécheresse f; (*Magerkeit*) maigreur f

Durst m (-(e)s) soif f; **durstig** adj assoiffé(e)

Dusche f (-, -n) douche f; **duschen** vi, vr sich ~ se doucher, prendre une douche;

Duschgel nt gel m douche; **Duschvorhang** m rideau m de douche

Düse f (-, -n) (*AVIAT*) réacteur m; **düsen** vi <*sein*> (*fam*) aller à toute allure, foncer, filer; **Düsenantrieb** m propulsion f par réaction; **Düsenflugzeug** nt avion m à réaction; **Düsenjäger** m chasseur m à réaction

Dussel m (-s, -) (*fam*) crétin m; **duss(e)lig** adj (*fam*) hébété(e)

düster adj sombre; **Düsterkeit** f obscurité f

Dutyfreeshop m (-(s), -s) boutique f hors taxes

Dutzend nt (-s, -e) douzaine f; **im ~** à la douzaine; **dutzendmal** adv des douzaines de fois; **dutzendweise** adv par douzaines

Duvet nt (-s, -s) (*CH*) édredon m

duzen vt tutoyer

DV f (-) abk von **Datenverarbeitung** informatique f

DVD f (-, -s) abk von **Digital Versatile Disk** DVD m; **DVD-Brenner** m graveur m de DVD

Dynamik f (*PHYS*) dynamique f; (*fig*) élan m, dynamisme m; **Dynamiker(in)** m(f) (-s, -) fonceur(-euse); **dynamisch** adj dynamique

Dynamit nt (-s) dynamite f

Dynamo m (-s, -s) dynamo f

D-Zug m train m express

E

E, e nt (-, -) E, e m; (*MUS*) mi m

Ebbe f (-, -n) marée f basse

eben 1. adj plat(e); (*glatt*) lisse **2.** adv (*bestätigend*) justement; **er ist ~ abgereist** il vient de partir (en voyage); **so ist das ~** eh bien, c'est comme ça

ebenbürtig adj jdm ~ **sein** valoir qn

Ebene f (-, -n) plaine f; (*fig*) niveau m; (*MATH*) plan m

ebenerdig adj (*Wohnung*) au rez-de-chaussée; **ebenfalls** adv aussi; **danke, ~!** merci, de même!; **Ebenheit** f aspect m plat; **ebenso** adv (*vor Adjektiv, Adverb*) (tout) aussi; (*allein stehend*) pareillement; ~ **gut** (tout) aussi bien; ~ **oft** (tout) aussi souvent; ~ **weit** (tout) aussi loin; ~ **wenig** (tout) aussi peu

Eber m (-s, -) verrat m; (*wilder* ~) sanglier m

Eberesche f sorbier m

ebnen vt aplanir; **jdm/einer Sache den Weg** ~ aplanir le terrain pour qn/qch

EC m (-, -s) abk von **Eurocityzug**

E-Cash m (-s) monnaie f électronique

Echo nt (-s, -s) écho m

echt adj vrai(e), authentique; (typisch) typique; **Echtheit** f authenticité f; **Echtzeit** f (INFORM) temps m réel

Eckball m corner m; **Ecke** f (-, -n) coin m; (von Kragen) pointe f; (SPORT) corner m; **eckig** adj anguleux(-euse); (fig: Bewegung) gauche; **Eckzahn** m canine f

E-Commerce m (-) commerce m électronique

Economyclass f (-) classe f économique

Ecstasy nt (-) ecstasy f

Ecuador nt (-s) l'Équateur m; **Ecuadorianer(in)** m(f) (-s, -) Équatorien(ne); **ecuadorianisch** adj équatorien(ne)

edel adj (Holz) précieux(-euse); (Wein) sélectionné(e); (Pferd) de race; (Tat, Mensch) noble, généreux(-euse); **Edelmetall** nt métal m précieux; **Edelstein** m pierre f précieuse

editieren (pp editiert) vt (INFORM) éditer

Editor m (-s, -en) (INFORM) éditeur m (de texte)

Edutainment nt éducation et information par le divertissement

EDV f (-) abk von **elektronische Datenverarbeitung** T.E.D. f; **EDV-Anlage** f système m informatique

EEG nt (-, -s) abk von **Elektroenzephalogramm** électro-encéphalogramme m

Efeu m (-s) lierre m

Effekt m (-(e)s, -e) effet m; **Effekten** pl (COM) titres mpl, valeurs fpl; **Effektenbörse** f Bourse f des valeurs; **Effekthascherei** f recherche f de l'effet

effektiv adj effectif(-ive)

effizient adj efficace

egal adj égal(e); **das ist ~** c'est égal

Egoismus m égoïsme m; **Egoist(in)** m(f) égoïste mf; **egoistisch** adj égoïste; **egozentrisch** adj égocentrique

ehe konj avant que +subj

Ehe f (-, -n) mariage m; **eheähnlich** adj **~e Gemeinschaft** concubinage m; **Eheberater(in)** m(f) conseiller(-ère) conjugal(e); **Ehebrecher(in)** m(f) homme (femme) adultère; **Ehebruch** m adultère m; **Ehefrau** f femme f, épouse f; **Ehekrach** m scène f de ménage; **Ehekrise** f crise f conjugale; **Eheleute** pl couple m marié; **ehelich** adj (Beziehungen) conjugal(e); (Recht) matrimonial(e); (Kind) légitime

ehemalig adj ancien(ne); **ehemals** adv autrefois

Ehemann m (-männer pl) mari m, époux m; **Ehepaar** nt couple m marié

eher adv (früher) plus tôt; (lieber, mehr) plutôt

Ehering m alliance f; **Ehescheidung** f divorce m; **Eheschließung** f mariage m

eheste(r, s) adj (frühester) premier(-ière); **am ~n** (am liebsten) de préférence

Ehevertrag m contrat m de mariage

ehrbar adj (Mensch) honnête; (Beruf) honorable

Ehre f (-, -n) honneur m; **zu ~n von** en l'honneur de; **es war mir eine ~** ça a été un honneur pour moi; **ehren** vt honorer; **Ehrengast** m invité(e) d'honneur; **ehrenhaft** adj honorable; **Ehrenmann** m (-männer pl) homme m d'honneur; **Ehrenmitglied** nt membre m honoraire; **Ehrenplatz** m place f d'honneur; **ehrenrührig** adj diffamatoire; **Ehrenrunde** f (SPORT) tour m d'honneur; **Ehrensache** f affaire f d'honneur; **ehrenvoll** adj honorable; **Ehrenwort** nt parole f (d'honneur)

Ehrfurcht f (profond) respect m; **Ehrgefühl** nt sens m de l'honneur; **Ehrgeiz** m ambition f; **ehrgeizig** adj ambitieux(-euse)

ehrlich adj honnête; **es ~ meinen** avoir des intentions honnêtes; **~ gesagt** à vrai dire; **Ehrlichkeit** f honnêteté f

Ehrung f honneur m, hommage m

ehrwürdig adj vénérable, respectable

ei interj tiens

Ei nt (-(e)s, -er) œuf m

Eibe f (-, -n) if m

Eichamt nt bureau m des poids et mesures

Eichblattsalat m feuille f de chêne

Eiche f (-, -n) chêne m

Eichel f (-, -n) (Frucht) gland m

eichen vt étalonner

Eichhörnchen nt écureuil m

Eichmaß nt étalon m; **Eichung** f étalonnage m

Eid m (-(e)s, -e) serment m; **unter ~ stehen** être sous serment, être assermenté(e); **an ~es statt** (par une déclaration) tenant lieu de serment

Eidechse f (-, -n) lézard m

eidesstattlich adj **~e Erklärung** déclaration f solennelle

Eidgenosse m, **-genossin** f (Schweizer) confédéré(e) (suisse)

eidlich adj sous serment

Eidotter nt jaune m d'œuf

Eierbecher m coquetier m; **Eierkuchen** m omelette f; (Süßspeise) crêpe f; **Eierschale** f coquille f d'œuf; **Eierschwammerl** nt (A) chanterelle f; **Eierstock** m ovaire m; **Eieruhr** f sablier m

Eifer m (-s) zèle m

Eifersucht f jalousie f; **eifersüchtig** adj jaloux(-ouse)

eifrig adj zélé(e); (Antwort) empressé(e)

Eigelb nt jaune m d'œuf

eigen adj propre (mit Possessivpronomen); (Meinung) personnel(le); (gesondert, typisch) particulier(-ière); (~artig) étrange; **der ~e Bruder** son propre frère; **mit der ihm ~en ...** avec ce... qui le caractérise; **sich** dat **etw zu Eigen machen** faire sien(ne) qch, **Eigenart** f (von Mensch) particularité f; **eigenartig** adj étrange, bizarre; **Eigenbedarf** m besoins mpl personnels; **Eigengewicht** nt (TECH) poids m mort; (Nettogewicht) poids m net; **eigenhändig** adj de sa propre main; **Eigenheim** nt maison f individuelle; **Eigenheit** f particularité f; (von Mensch) bizarrerie f; **Eigenlob** nt éloge m de soi-même; **eigenmächtig** adj (Handeln) de son propre chef; (Entscheidung) arbitraire; **Eigenname** m nom m propre; **eigens** adv exprès; **Eigenschaft** f (Merkmal) qualité f, propriété f; **in seiner ~ als ...** en (sa) qualité de ...; **Eigenschaftswort** nt adjectif m; **Eigensinn** m obstination f; **eigensinnig** adj têtu(e)

eigentlich 1. adj (Grund) vrai(e); (Bedeutung) propre 2. adv en réalité, à vrai dire; (überhaupt) au fait

Eigentor nt but m contre son propre camp; **Eigentum** nt (-s) propriété f; **Eigentümer(in)** m(f) (-s, -) propriétaire mf; **eigentümlich** adj bizarre, étrange; **Eigentümlichkeit** f (Kennzeichen) propriété f; (Besonderheit) particularité f; **Eigentumswohnung** f appartement m en copropriété

eignen vr **sich ~** convenir (für, als à), être apte (für, als à); **er eignet sich nicht zum Lehrer** il n'est pas fait pour être professeur; **Eignung** f aptitude f, qualification f

Eilbote m courrier m; **Eilbrief** m lettre f (par) exprès

Eile f (-) hâte f, précipitation f; **es hat keine ~** ça ne presse pas

eilen 1. vi (sein) (Mensch) se presser, se dépêcher 2. vi (dringend sein) être

urgent(e)

Eilgut nt colis m exprès

eilig adj (Passant, Schritt) pressé(e); (dringlich) urgent(e); **es ~ haben** être pressé(e)

Eilzug m rapide m

Eimer m (-s, -) seau m

ein(e) 1. num un(e) 2. art un(e) 3. adv **nicht mehr ~ noch aus wissen** ne plus savoir quoi faire; **bei jdm ~ und aus gehen** fréquenter qn

einander pron (dativisch) l'un(e) à l'autre, les uns (les unes) aux autres; (akkusativisch) l'un(e) l'autre, les uns (les unes) les autres

ein|arbeiten sep vt **jd in etw** akk **~** apprendre qch à qn; **sich ~** apprendre le métier

einarmig adj manchot(e)

ein|atmen sep 1. vi inspirer 2. vt inhaler

einäugig adj borgne

Einbahnstraße f rue f à sens unique

Einband m (-bände pl) couverture f, reliure f

einbändig adj en un volume

ein|bauen sep vt installer, monter; (Schrank) encastrer; **Einbauküche** f cuisine f intégrée; **Einbaumöbel** pl meubles mpl encastrables

ein|berufen (pp einberufen) sep irr vt (Versammlung) convoquer; (Soldaten) appeler; **Einberufung** f convocation f; (MIL) incorporation f

Einbettzimmer nt chambre f à un lit; (im Krankenhaus) chambre f particulière

ein|beziehen (pp einbezogen) sep irr vt (Tatsache) inclure; (jdn) impliquer (in +akk dans)

ein|biegen sep irr vi ⟨sein⟩ tourner

ein|bilden sep vt **sich** dat **etw ~** s'imaginer qch; (stolz sein) se croire quelqu'un (auf +akk à cause de); **Einbildung** f imagination f; (Dünkel) prétention f; **Einbildungskraft** f imagination f

ein|binden sep irr vt (Buch) relier; (fig: einbeziehen) intégrer, assimiler; **Einbindung** f (fig) intégration f, assimilation f

ein|bläuen sep vt **jdm etw ~** (fam) seriner qch à qn

ein|blenden sep vt insérer

Einblick m aperçu m, idée f; **jdm ~ in etw** akk **gewähren** autoriser qn à consulter qch

ein|brechen sep irr vi ⟨sein⟩ (Nacht) tomber; (Winter) faire irruption; (Decke) s'effondrer; (in Eis) s'enfoncer; **in ein Haus ~** cambrioler une maison; **in ein Land ~** envahir un pays; **Einbrecher(in)** m(f) cambrioleur(-euse)

ein|bringen sep irr **1.** vt (Geld, Nutzen, Zinsen) rapporter; (Gesetzesantrag) déposer; (Ernte) rentrer; (fig: integrieren) intégrer; **jdm etw ~** rapporter qch à qn; **das bringt nichts ein** ça ne rapporte rien **2.** vr **sich ~** s'investir

Einbruch m (Haus~) cambriolage m; (des Winters) irruption f; (Einsturz) effondrement m; **bei ~ der Dunkelheit** à la tombée de la nuit; **einbruch(s)sicher** adj (Schloss) antivol; (Haus) muni(e) d'un système d'alarme

ein|bürgern sep **1.** vt naturaliser **2.** vr sich ~ (üblich werden) devenir une habitude, passer dans l'usage

Einbuße f perte f (an +dat de); **ein|büßen** sep **1.** vt perdre **2.** vi an etw dat ~ perdre de qch

ein|checken sep vt (am Flughafen, in Hotel) enregistrer

ein|cremen sep **1.** vt mettre de la crème sur **2.** vr sich ~ se mettre de la crème

ein|decken sep vr sich ~ s'approvisionner (mit en)

eindeutig adj (Beweis) incontestable; (Absage) clair(e)

ein|dringen sep irr vi ⟨sein⟩ pénétrer (in +akk dans); **auf jdn ~** harceler qn; **eindringlich** adj (Bitte) pressant(e); (Rede) énergique; **Eindringling** m intrus m

Eindruck m (-drücke pl) (Wirkung) impression f; (Spur) trace f; **eindrucksvoll** adj impressionnant(e)

eine(r, s) pron (jemand) quelqu'un(e); (etwas) quelque chose; (man) on; **ich habe ~n gesehen** j'en ai vu un(e); **~r von uns** l'un d'entre nous

eineiig adj **~e Zwillinge** vrais jumeaux

eineinhalb num un(e) et demi(e)

Eineltern(teil)familie f famille f monoparentale

ein|engen sep vt restreindre

einerlei adj inv (gleichartig) du même genre; (egal) égal; **Einerlei** nt (-s) train-train m

einerseits adv d'une part

einfach 1. adj simple **2.** adv etw ~ tun faire qch simplement; ~ großartig tout simplement extraordinaire; **Einfachheit** f simplicité f

ein|fädeln sep **1.** vt (Nadel) enfiler; (fig) tramer **2.** vr sich ~ (AUTO) s'engager

ein|fahren sep irr **1.** vt (Ernte) rentrer; (Mauer, Barriere) défoncer; (Fahrgestell) rentrer; (Auto) roder **2.** vi ⟨sein⟩ entrer (in +akk dans); (Zug) entrer en gare; **Einfahrt** f arrivée f; (Ort) entrée f

Einfall m (-(e)s, Einfälle) (Idee) idée f; (Licht~) incidence f (in +akk sur); (MIL) invasion f (in +akk de)

ein|fallen sep irr vi ⟨sein⟩ (Licht) tomber (in +akk sur); (MIL) envahir (in +akk qch); (einstimmen) se joindre (in +akk à); (einstürzen) s'écrouler; **mir fällt etw ein** qch me vient à l'esprit; **das fällt mir gar nicht ein** je n'y pense même pas; **sich** dat **etwas ~ lassen** avoir une bonne idée

einfallsreich adj ingénieux(-euse)

einfältig adj niais(e)

Einfamilienhaus nt maison f individuelle

ein|fangen sep irr vt attraper; (Stimmung) rendre

einfarbig adj d'une (seule) couleur; (Stoff) uni(e)

ein|fassen sep vt (Edelstein) enchâsser; (Stoff) border; (Beet) entourer; **Einfassung** f bordure f

ein|fetten sep vt (Backblech) beurrer; (Hände) enduire de crème; (Leder) cirer

ein|finden sep irr vr sich ~ arriver

ein|fliegen sep vt faire venir par avion; (neues Flugzeug) essayer

ein|fließen sep irr vi ⟨sein⟩ (Wasser) couler; (Luft) arriver; **eine Bemerkung ~ lassen** ajouter une remarque

ein|flößen sep vt jdm etw ~ (Medizin) faire prendre qch à qn; (Angst etc) inspirer qch à qn

Einfluss m influence f; **Einflussbereich** m sphère f d'influence; **einflussreich** adj influent(e)

einförmig adj monotone; **Einförmigkeit** f monotonie f

ein|frieren sep irr **1.** vi ⟨sein⟩ geler; (Schiff) être pris(e) dans les glaces **2.** vt (Lebensmittel) congeler, surgeler

Einfügemarke f emplacement m du curseur; **Einfügemodus** m (INFORM) mode m insertion; **ein|fügen** sep **1.** vt insérer, emboîter (in +akk dans); (INFORM) insérer (in +akk dans); (zusätzlich) ajouter (in +akk à) **2.** vr sich ~ s'adapter (in +akk à); **Einfügetaste** f (INFORM) touche f Insérer

Einfühlungsvermögen nt capacité f à se mettre à la place des autres

Einfuhr f (-, -en) importation f

ein|führen sep vt introduire; (jdn) présenter; (in Arbeit) initier (in +akk à); (importieren) importer; **Einführung** f introduction f; (in Arbeit) initiation f; (von Mensch) présentation f; **Einführungspreis** m prix m de lancement

Eingabe f pétition f; (INFORM) entrée f, saisie f; **Eingabeaufforderung** f (INFORM) signal m de sollicitation, invite f; **Eingabegerät** nt (INFORM) périphérique m d'entrée-sortie; **Eingabetaste** f (INFORM) touche f Entrée

Eingang m entrée f; (COM: Ankunft) réception f; (COM: Sendung) courrier m; **eingangs** adv, prep +gen au début (de); **Eingangsbestätigung** f avis m de réception, récépissé m; **Eingangshalle** f hall m d'entrée

ein|geben sep irr vt (Arznei) donner; (Daten) entrer; (Gedanken) suggérer, inspirer

eingebildet adj (Krankheit) imaginaire; (Mensch) vaniteux(-euse); (Benehmen) prétentieux(-euse)

Eingeborene(r) mf indigène mf

Eingebung f inspiration f

eingefallen adj (Gesicht) creux (creuse)

eingefleischt adj invétéré(e); **~er Junggeselle** célibataire m endurci

ein|gehen sep irr 1. vi ⟨sein⟩ (Aufnahme finden) entrer (in +akk dans); (verständlich sein) entrer dans la tête (jdm de qn); (Sendung, Geld) arriver; (Tier, Pflanze) mourir (an +dat de); (Firma) faire faillite (an +dat à cause de); (schrumpfen) rétrécir; **auf jdn/etw ~** s'occuper de qn/qch 2. vt ⟨sein⟩ (Vertrag, Wette, Verbindung) conclure; (Risiko) courir; **eingehend** adj détaillé(e), minutieux(-euse)

Eingemachte(s) nt conserves fpl, confitures fpl; **ans ~ gehen** entamer ses réserves

ein|gemeinden (pp eingemeindet) sep vt rattacher (à une commune)

eingenommen adj ~ (von) infatué(e) (de); ~ (gegen) prévenu(e) (contre)

eingeschrieben adj (Sendung) recommandé(e)

eingespielt adj **aufeinander ~ sein** former une bonne équipe

Eingeständnis nt aveu m

ein|gestehen (pp eingestanden) sep irr vt avouer

eingestellt adj **modern/konservativ ~** moderne/conservateur(-trice); **ein ökologisch ~er Mensch** une personne aux idées écologiques

eingetragen adj (Warenzeichen) déposé(e); (Verein) déclaré(e); (in Frankreich) régi(e) par la loi de 1901

Eingeweide nt (-s, -) viscères mpl

Eingeweihte(r) mf initié(e)

ein|gewöhnen (pp eingewöhnt) sep vr

sich ~ s'adapter (in +akk à)

ein|gießen sep irr vt verser

eingleisig adj (Bahnstrecke) à voie unique; (Denken) borné(e)

ein|graben sep irr 1. vt (Pflanze) mettre en terre; (Pfahl) enfoncer 2. vr **sich ~** (Tier) se terrer

ein|greifen sep irr vi intervenir; **Eingreiftruppe** f **schnelle ~** force f d'intervention rapide; **Eingriff** m intervention f; (MED) intervention f chirurgicale

ein|haken sep 1. vt accrocher 2. vr **sich bei jdm ~** prendre le bras de qn 3. vi (sich einmischen) mettre son grain de sel

Einhalt m **jdm ~ gebieten** arrêter qn; **einer Sache** dat **~ gebieten** mettre un terme à qch

ein|halten sep irr vt (Regel) observer; (Plan, Frist) respecter; (Diät) suivre; (Richtung) garder

einhändig adj à une (seule) main

ein|hängen sep vt accrocher; (Telefon) raccrocher; **sich bei jdm ~** prendre le bras de qn

einheimisch adj (Ware) local(e); (Mensch) indigène, autochtone; **Einheimische(r)** mf indigène mf, autochtone mf

Einheit f unité f; **einheitlich** adj (System) cohérent(e); (Format) uniforme; (Preis) même; **Einheitspreis** m prix m unique

einhellig adj unanime; **etw ~ ablehnen** rejeter qch à l'unanimité

ein|holen sep vt (Tau) haler; (Fahne) amener; (Segel) rentrer; (jdn, Verspätung) rattraper; (Rat, Erlaubnis) demander; (fam: einkaufen) acheter

Einhorn nt licorne f

einhundert num cent

einig adj (vereint) uni(e); **sich** dat **~ sein/ werden** être/se mettre d'accord

einige pron pl quelques; (ohne Substantiv) quelques-un(e)s; ~ **Mal** plusieurs fois

einigen 1. vt unir, unifier 2. vr **sich ~** se mettre d'accord (auf, über +akk sur)

einigermaßen adv plus ou moins

einiges pron plusieurs choses

Einigkeit f unité f, union f; (Übereinstimmung) accord m

Einigung f (Übereinstimmung) accord m; (das Einigen) unification f

einjährig adj d'un an

ein|kalkulieren (pp einkalkuliert) sep vt (fig) tenir compte de

Einkauf m achat m; **ein|kaufen** sep 1. vt acheter 2. vi faire des courses; **Ein-**

kaufsbummel m lèche-vitrine m; **Einkaufsgutschein** m bon m d'achat; **Einkaufsnetz** nt filet m à provisions; **Einkaufspreis** m prix m d'achat; **Einkaufswagen** m caddie® m, chariot m; **Einkaufszentrum** nt grande surface f, centre m commercial; **virtuelles** ~ centre commercial virtuel

ein|kerben sep vt (Stock) entailler; (Zeichen) graver

ein|klammern sep vt mettre entre parenthèses

Einklang m accord m; **in** ~ en accord

ein|kleiden sep vt habiller; (fig) formuler; **sich neu** ~ se constituer une nouvelle garde-robe

ein|klemmen sep vt coincer

ein|knicken sep 1. vt casser; (Papier) corner 2. vi ⟨sein⟩ fléchir

ein|kochen sep vt (Marmelade) faire; (Obst) faire des conserves de

Einkommen nt (-s, -) revenu m; **einkommensschwach** adj à faibles revenus; **einkommensstark** adj à hauts revenus; **Einkommensteuer** f impôt m sur le revenu

ein|kreisen sep vt encercler

Einkünfte pl revenus mpl

ein|laden sep irr vt (jdn) inviter; (Gegenstände) charger; **Einladung** f invitation f

Einlage f (Programm~) intermède m; (Spar~) dépôt m; (Schuh~) semelle f; (Zahn~) obturation f provisoire

ein|lagern sep vt (Kartoffeln) entreposer, mettre en réserve; (Möbel) mettre en dépôt

Einlass m (-es, Einlässe) admission f; **jdm** ~ **gewähren** laisser entrer qn; **ein|lassen** sep irr 1. vt (jdn) laisser entrer; (Wasser) faire couler; (einsetzen) encastrer, mettre (in +akk dans) 2. vr **sich mit jdm** ~ entrer en relations avec qn; **sich auf etw** akk ~ se laisser embarquer dans qch

Einlauf m arrivée f; (MED) lavement m

ein|laufen sep irr 1. vi ⟨sein⟩ arriver, arriver; (in Hafen) entrer dans le port; (Wasser) couler; (Stoff) rétrécir 2. vt (Schuhe) faire à son pied 3. vr **sich** ~ (SPORT) s'échauffer; (Motor, Maschine) se roder

ein|leben sep vr **sich** ~ s'acclimater (in +dat à)

Einlegearbeit f marqueterie f; **ein|legen** sep vt (einfügen) insérer, joindre; (GASTR) mettre en conserve; (in Holz etc) incruster; (Geld) déposer; (Pause) faire; (Veto) opposer; **Berufung** ~ faire appel; **Protest** ~ protester; **ein gutes Wort für**

jdn bei jdm ~ intercéder pour qn auprès de qn; **Einlegesohle** f semelle f orthopédique

ein|leiten sep vt (Feier) ouvrir; (Maßnahmen, Rede) introduire; (Geburt) provoquer; **Einleitung** f introduction f

ein|leuchten sep vi **jdm** ~ paraître évident(e) à qn; **einleuchtend** adj convaincant(e)

ein|liefern sep vt livrer; **jdn ins Krankenhaus** ~ hospitaliser qn

ein|loggen sep vi (INFORM) se connecter

ein|lösen sep vt (Scheck) encaisser; (Schuldschein, Pfand) retirer, dégager; (Versprechen) tenir

ein|machen sep vt (konservieren) mettre en conserve

einmal adv une fois; (irgendwann: in Zukunft) un jour; (in Vergangenheit) une fois; **nehmen wir** ~ **an** supposons; **erst** ~ d'abord; **noch** ~ encore une fois; **nicht** ~ même pas; **auf** ~ (plötzlich) tout à coup; (zugleich) à la fois; **es war** ~ il était une fois; **Einmaleins** nt (-) tables fpl de multiplication; **Einmalhandtuch** nt serviette f jetable; **einmalig** adj qui n'a lieu qu'une fois; (prima) unique

Einmannbetrieb m entreprise f individuelle; **Einmannbus** m bus sans receveur

Einmarsch m (MIL) invasion f; (von Sportlern) entrée f; **ein|marschieren** (pp einmarschiert) sep vi ⟨sein⟩ **in etw** akk ~ (Truppen) envahir qch; (Sportler) faire son entrée dans qch

ein|mischen sep vr **sich** ~ se mêler (in +akk de)

ein|münden sep vi ⟨sein⟩ (Straße) déboucher (in +akk sur); (Fluss) se jeter (in +akk dans)

einmütig adj unanime

Einnahme f (-, -n) (Geld) recette f, revenu m; (von Medizin) absorption f; (MIL) prise f; **Einnahmequelle** f source f de revenus

ein|nehmen sep irr vt (Geld) toucher; (Steuern) percevoir; (Medizin, Mahlzeit) prendre; (Stellung, Raum) occuper; **jdn für/gegen etw** ~ prévenir qn en faveur de/contre qch; **einnehmend** adj (Wesen) engageant(e), aimable

ein|nicken sep vi ⟨sein⟩ piquer un petit somme

ein|nisten sep vr **sich bei jdm** ~ s'installer chez qn

Einöde f désert m, région f sauvage

ein|ordnen sep 1. vt ranger, classer (in +akk dans) 2. vr **sich** ~ s'intégrer (in +akk

dans, à); (*AUTO*) prendre une file
ein|packen *sep vt* empaqueter, emballer;
(*in Koffer*) mettre dans la/une valise
ein|parken *sep* **1.** *vt* garer **2.** *vi* se garer,
faire un créneau
ein|pendeln *sep vr* sich ~ se stabiliser
Einpersonenhaushalt *m* ménage *m*
d'une seule personne
ein|pferchen *sep vt* parquer
ein|pflanzen *sep vt* planter
ein|planen *sep vt* planifier; (*Ausgaben*)
programmer; (*Abstecher*) prévoir
ein|prägen *sep* **1.** *vt* (*Zeichen*) graver,
imprimer; (*beibringen*) inculquer; **jdm** *dat*
etw ~ se graver qch dans la mémoire
2. *vr* sich ~ (*Spuren*) s'imprimer; (*Erlebnisse*) rester dans la mémoire (*jdm* à
qn); **einprägsam** *adj* facile à retenir
ein|rahmen *sep vt* encadrer
ein|rasten *sep vi* ⟨sein⟩ s'enclencher
ein|räumen *sep vt* (*ordnend*) ranger;
(*Platz*) laisser, céder; (*zugestehen*) concéder
ein|rechnen *sep vt* comprendre; (*berück-
sichtigen*) tenir compte de
ein|reden *sep vt* **jdm etw** ~ persuader qn
de qch
ein|reiben *sep irr vt* frictionner
ein|reichen *sep vt* (*Antrag*) présenter;
(*Beschwerde*) déposer
Einreise *f* entrée *f*; **Einreisebestim-
mungen** *pl* dispositions *fpl* d'entrée;
Einreiseerlaubnis *f*, **Einreisegeneh-
migung** *f* autorisation *f* d'entrée, permis
m d'entrée; **ein|reisen** *sep vi* ⟨sein⟩ **in ein
Land** ~ entrer dans un pays
ein|reißen *sep irr* **1.** *vt* (*Papier*) déchirer;
(*Gebäude*) démolir **2.** *vi* ⟨sein⟩ se déchirer;
(*Gewohnheit werden*) entrer dans les
mœurs
ein|richten *sep* **1.** *vt* (*Haus*) meubler,
aménager; (*Büro*) ouvrir; (*arrangieren*)
arranger; (*INFORM: Seite, Homepage, Website*)
installer; **es (sich** *dat*) **so** ~, **dass ...**
s'arranger pour que ... **+subj 2.** *vr* sich ~
(*in Haus*) se meubler, s'installer; (*sich vorbereiten*) se préparer (*auf* +akk à); (*sich
anpassen*) s'adapter (*auf* +akk à); **Einrichtung** *f* (*Wohnungs*~) équipement *m*;
(*öffentliche Anstalt*) institution *f*, organisme *m*; (*Dienst*) service *m*; **Einrich-
tungshaus** *nt* magasin *m* de meubles
ein|rosten *sep vi* ⟨sein⟩ rouiller; (*fig*) se
rouiller
ein|rücken *sep* **1.** *vi* ⟨sein⟩ (*Soldat*) être
incorporé(e); (*in Land*) pénétrer (*in* +akk
en, à) **2.** *vt* (*Zeile*) commencer en retrait

eins *num* un; **es ist mir alles** ~ tout ça
m'est égal; **Eins** *f* (-, -en) un *m*
ein|salzen (*pp* eingesalzen) *sep vt* saler
einsam *adj* solitaire, seul(e); **Einsamkeit** *f* solitude *f*
ein|sammeln *sep vt* (*Geld*) recueillir;
(*Hefte*) ramasser
Einsatz *m* (*Teil*) pièce *f* amovible [o de
rechange]; (*in Tisch*) rallonge *f*; (*Stoff*~)
pièce *f* rapportée; (*Verwendung*) emploi *m*;
(*Bemühung*) effort *m*; (*in Spiel*) mise *f*;
(*Risiko*) risque *m*; (*MIL*) opération *f*; (*MUS*)
entrée *f*; **einsatzbereit** *adj* (*Gruppe*)
opérationnel(le); (*Helfer*) disponible;
(*Gerät*) en état de marche
ein|scannen *sep vt* scanner
ein|schalten *sep* **1.** *vt* (*Radio etc*) allumer;
(*Maschine*) mettre en marche; (*einfügen*)
ajouter; (*Pause*) faire; (*Anwalt*) demander
les services de **2.** *vr* sich ~ (*dazwischentreten*) intervenir
ein|schärfen *sep vt* **jdm etw** ~ exhorter
qn à qch
ein|schätzen *sep* **1.** *vt* estimer, juger **2.** *vr*
sich ~ s'estimer
ein|schenken *sep vt* verser; **jdm** ~ servir
(à boire à) qn
ein|schicken *sep vt* envoyer
ein|schieben *sep irr vt* mettre; (*Sonder-
zug*) ajouter; (*Patienten*) prendre (entre
deux); (*Diskussion*) avoir le temps pour;
eine Pause ~ faire une pause
ein|schiffen *sep* **1.** *vt* embarquer **2.** *vr* sich
~ s'embarquer
ein|schlafen *sep irr vi* ⟨sein⟩ s'endormir;
(*Glieder*) s'engourdir
einschläfernd *adj* soporifique; (*Stimme*)
monotone
ein|schlagen *sep irr* **1.** *vt* (*Nagel*) enfon-
cer; (*Fenster, Zähne*) casser; (*Schädel*)
défoncer; (*Steuer*) braquer; (*Ware*) emballer; (*Richtung*) prendre, suivre; (*Laufbahn*)
embrasser, choisir **2.** *vi* (*Blitz*) tomber (*in*
+akk sur); (*sich einigen*) toper; (*Anklang
finden*) être bien accueilli(e)
einschlägig *adj* (*Literatur*) relatif(-ive) au
sujet; (*Geschäft*) spécialisé(e)
ein|schleichen *sep irr vr* sich ~ (*in Haus*)
s'introduire subrepticement; (*Fehler*) se
glisser; **sich in jds Vertrauen** *akk* ~ s'insinuer dans la confiance de qn
ein|schließen *sep irr vt* (*jdn*) enfermer;
(*Gegenstand*) mettre sous clé; (*umgeben*)
entourer; (*MIL*) encercler; (*fig*) inclure,
comprendre; **einschließlich** *adv, prep*
+gen y compris
ein|schmeicheln *sep vr* sich ~ s'insinuer

dans les bonnes grâces (*bei* de)

ein|schnappen *sep vi* ⟨*sein*⟩ (*Tür*) se fermer; (*fig*) se vexer; **eingeschnappt sein** avoir pris la mouche

einschneidend *adj* (*Veränderung*) profond(e); (*Bedeutung*) décisif(-ive)

Einschnitt *m* coupure *f*; (*MED*) incision *f*

ein|schränken *sep* **1.** *vt* réduire (*auf +akk* à); (*Freiheit*) limiter; (*Behauptung, Begriff*) restreindre **2.** *vr* **sich** ~ se priver; **einschränkend** *adj* restrictif(-ive); **Einschränkung** *f* (*von Freiheit*) limitation *f*; (*von Begriff*) restriction *f*; (*von Kosten*) réduction *f*; **ohne** ~ sans réserve

Einschreib(e)brief *m* lettre *f* recommandée; **ein|schreiben** *sep irr* **1.** *vt* inscrire; (*Post*) recommander **2.** *vr* **sich** ~ s'inscrire; **Einschreiben** *nt* envoi *m* recommandé; **Einschreib(e)sendung** *f* envoi *m* recommandé

ein|schreiten *sep irr vi* ⟨*sein*⟩ intervenir

Einschub *m* (-s, Einschübe) insertion *f*

ein|schüchtern *sep vt* intimider

ein|schweißen *sep vt* (*in Plastik*) emballer sous plastique

ein|sehen *sep irr vt* (*Akten*) examiner; (*verstehen*) voir; **Einsehen** *nt* (-s) **ein** ~ **haben** se montrer compréhensif(-ive)

ein|seifen *sep vt* savonner; (*fig*) embobiner

einseitig *adj* (*Lähmung*) partiel(le); (*Liebe*) non partagé(e); (*POL*) unilatéral(e); (*Bericht*) partial(e); (*Ausbildung*) trop spécialisé(e); (*Ernährung*) peu varié(e); **Einseitigkeit** *f* (*von Bericht*) partialité *f*; (*von Ausbildung*) caractère *m* trop spécialisé; (*von Ernährung*) déséquilibre *m*

ein|senden *sep irr vt* envoyer; **Einsender(in)** *m(f)* expéditeur(-trice); **Einsendung** *f* envoi *m*

ein|setzen *sep* **1.** *vt* (*Teil*) mettre, placer; (*Betrag*) miser; (*in Amt*) installer; (*verwenden*) employer **2.** *vi* (*beginnen*) commencer; **das Fieber setzt wieder ein** il y a une nouvelle poussée de fièvre **3.** *vr* **sich** ~ (*sich bemühen*) payer de sa personne; **sich für jdn/etw** ~ apporter son appui à qn/ s'employer à qch

Einsicht *f* (-, -en) intelligence *f*, discernement *m*; (*in Akten*) consultation *f*, examen *m*; **zu der** ~ **kommen, dass ...** en arriver à la conclusion que ...; **einsichtig** *adj* raisonnable, compréhensif(-ive); **Einsichtnahme** *f* (-, -n) examen *m*; **nach** ~ **in etw** *akk* après avoir consulté qch

Einsiedler(in) *m(f)* (-s, -s) ermite *m*

einsilbig *adj* (*fig*) laconique; **Einsilbigkeit** *f* (*fig*) laconisme *m*

ein|sinken *sep irr vi* ⟨*sein*⟩ s'enfoncer; (*Boden*) s'affaisser

Einsitzer *m* (-s, -) monoplace *m*

ein|spannen *sep vt* (*Werkstück*) serrer; (*Papier*) mettre; (*Pferde*) atteler; (*fam: jdn*) embringuer

ein|speisen *sep vt* (*Strom*) distribuer; (*Daten, Programm*) entrer

ein|sperren *sep vt* enfermer

ein|spielen *sep* **1.** *vr* **sich** ~ s'échauffer; **gut eingespielt** (*Team*) bien rodé(e) **2.** *vt* (*Film: Geld*) rapporter

einsprachig *adj* monolingue

ein|springen *sep irr vi* ⟨*sein*⟩ (*aushelfen*) remplacer (*für jdn* qn)

ein|spritzen *sep vt* injecter; **Einspritzmotor** *m* moteur *m* à injection

Einspruch *m* objection *f*, protestation *f* (*gegen* contre); **Einspruchsrecht** *nt* droit *m* d'appel

einspurig *adj* à une (seule) voie

einst *adv* autrefois, jadis; (*zukünftig*) un jour

Einstand *m* (*TENNIS*) égalité *f*; (*Antritt*) entrée *f* en fonction

ein|stecken *sep vt* (*ELEC*) brancher; (*Geld*) empocher; (*mitnehmen*) prendre; (*hinnehmen*) encaisser

ein|stehen *sep irr vi* ⟨*sein*⟩ se porter garant(e) (*für* de); **für einen Schaden** ~ réparer un dommage

Einsteigekarte *f* (*AVIAT*) carte *f* d'embarquement; **ein|steigen** *sep irr vi* ⟨*sein*⟩ ~ **in** +*akk* (*in Fahrzeug*) monter dans, monter en; (*in Schiff*) s'embarquer sur; (*sich beteiligen*) participer à; **Einsteiger(in)** *m(f)* (-s, -) (*fam*) débutant(e), novice *mf*

einstellbar *adj* réglable; **ein|stellen** *sep* **1.** *vt* (*aufhören: Arbeit*) arrêter; (*Zahlungen*) cesser, suspendre; (*Geräte*) régler; (*Kamera etc*) mettre au point; (*anmachen: Radio etc*) allumer; (*unterstellen*) mettre (*in +akk* dans, *bei* chez); (*Firma*) recruter, embaucher; (*SPORT: Rekord*) battre **2.** *vr* **sich** ~ (*kommen*) se trouver; (*Erfolg, Besserung, Interesse*) se manifester; **sich auf jdn/etw** ~ se préparer à qn/qch; (*sich anpassen*) s'adapter à qn/qch; **Einstellung** *f* (*das Aufhören*) arrêt *m*, cessation *f*; (*Einrichtung*) réglage *m*, mise *f* au point; (*INFORM*) paramètre *m*; (*in Firma*) recrutement *m*; (*Haltung*) attitude *f*

Einstieg *m* (-(e)s, -e) (*Eingang*) entrée *f*; (*fig*) approche *f*

einstig *adj* ancien(ne)

ein|stimmen sep **1.** vi joindre sa voix (in +akk à) **2.** vt (jdn) préparer (auf +akk à)

einstimmig adj unanime; **Einstimmigkeit** f unanimité f

einstmalig adj ancien(ne); **einstmals** adv autrefois

einstöckig adj (Haus) à un étage

ein|studieren (pp einstudiert) sep vt étudier, répéter

Einstufungstest m test m d'évaluation

einstündig adj d'une heure

ein|stürmen sep vi <sein> **auf jdn ~** assaillir qn

Einsturz m (von Gebäude) effondrement m, écroulement m; **ein|stürzen** sep vi <sein> s'écrouler, s'effondrer; **Einsturzgefahr** f danger m d'effondrement

einstweilen adv en attendant; **einstweilig** adj provisoire, temporaire

eintägig adj d'un jour, d'une journée

ein|tauchen sep **1.** vt tremper (in +akk dans) **2.** vi <sein> plonger (in +akk dans)

ein|tauschen sep vt échanger (für, gegen contre)

eintausend num mille

ein|teilen sep vt (in Teile) partager, diviser (in +akk en); (Menschen) répartir

einteilig adj (Badeanzug) d'une (seule) pièce

eintönig adj monotone; **Eintönigkeit** f monotonie f

Eintopf m, **Eintopfgericht** nt plat m unique

Eintracht f (-) concorde f, harmonie f; **einträchtig** adj en bonne harmonie

Eintrag m (-(e)s, Einträge) inscription f; **amtlicher ~** enregistrement m; **ein|tragen** sep irr **1.** vt (in Buch) inscrire (in +akk dans, sur); (Profit) rapporter; **jdm etw ~** (Lob, Tadel, Ehre) valoir qch à qn **2.** vr **sich ~** s'inscrire (in +akk dans, sur)

einträglich adj lucratif(-ive)

ein|treffen sep irr vi <sein> (Prophezeiung) se réaliser; (ankommen) arriver

ein|treten sep irr vi <sein> entrer (in +akk dans); (sich einsetzen) intervenir (für en faveur de); (geschehen) se produire

Eintritt m entrée f (in +akk dans); (Anfang) début m; **Eintrittsbedingung** f (FIN) condition f d'admission; **Eintrittsgeld** nt prix m du billet; **Eintrittskarte** f billet m d'entrée; **Eintrittspreis** m (prix m d')entrée f

ein|trocknen sep vi <sein> se dessécher

ein|üben sep vt exercer; (Rolle) répéter; (Klavierstück) étudier

einundzwanzig num vingt et un

ein|verleiben (pp einverleibt) sep vt incorporer; **sich** dat **etw ~** (Gebiet, Land) annexer qch

ein|vernehmen (pp einvernommen) irr vt (CH) s. **vernehmen**

Einvernehmen nt (-s) accord m

einverstanden 1. interj d'accord **2.** adj **mit jdm ~ sein** être d'accord avec qn; **mit etw ~ sein** approuver qch, accepter qch; **Einverständnis** nt (Zustimmung) consentement m; (gleiche Meinung) accord m

Einwahlknoten m point m d'accès

Einwand m (-(e)s, Einwände) objection f (gegen à)

Einwanderer m, **Einwanderin** f (jd, der in ein Land einwandert) immigrant(e); (jd, der in ein Land eingewandert ist) immigré(e); **ein|wandern** sep vi <sein> immigrer; **Einwanderung** f immigration f; **Einwanderungsland** nt pays m d'immigration

einwandfrei adj (Ware) impeccable; (Benehmen) irréprochable; (Beweis) irrécusable

einwärts adv vers l'intérieur

ein|wecken sep vt mettre en conserve

Einwegflasche f bouteille f non consignée [o perdue]; **Einweggeschirr** nt vaisselle f jetable; **Einwegpfand** nt consigne f sur les canettes et les bouteilles jetables; **Einwegspritze** f seringue f jetable; **Einwegverpackung** f emballage m jetable

ein|weichen sep vt faire tremper

ein|weihen sep vt (Brücke, Gebäude) inaugurer; (fam: Gegenstand) étrenner; (jdn) mettre au courant (in +akk de); **Einweihung** f inauguration f

ein|weisen sep irr vt (in Amt) installer; (in Arbeit) initier; (in Anstalt) envoyer; **Einweisung** f (in Amt) installation f; (in Arbeit) initiation f; (in Klinik) hospitalisation f

ein|wenden sep irr vt objecter (gegen à, contre)

ein|werfen sep irr vt (Brief) poster; (SPORT: Ball) remettre en jeu; (Fenster) casser; (äußern) objecter

ein|wickeln sep vt envelopper

ein|willigen sep vi consentir (in +akk à); **Einwilligung** f consentement m

ein|wirken sep vi **auf jdn/etw ~** influer sur qn/qch; **etw ~ lassen** (MED) attendre l'effet de qch; **Einwirkung** f influence f, effet m

Einwohner(in) m(f) (-s, -) habitant(e);

Einwohnerkontrolle f (CH), **Einwohnermeldeamt** nt bureau m de déclaration de domicile; **Einwohnerschaft** f population f, habitants mpl; **Einwohnerzahl** f nombre m d'habitants

Einwurf m (Öffnung) fente f; (SPORT) remise f en jeu; (Einwand) objection f

Einzahl f singulier m

ein|zahlen sep vt, vi (Geld) payer, verser (auf, in +akk sur); **Einzahlung** f versement m; **Einzahlungsbeleg** m reçu m de versement

ein|zäunen sep vt clôturer

ein|zeichnen sep vt inscrire

Einzel nt (-s, -) (TENNIS) simple m; **Einzelbett** nt lit m à une place; **Einzelblatteinzug** m alimentation f feuille à feuille; **Einzelfahrschein** m billet m simple; **Einzelfall** m cas m isolé; **Einzelgänger(in)** m(f) (-s, -) solitaire mf; **Einzelhaft** f détention f cellulaire; **Einzelhandel** m commerce m de détail; **Einzelheit** f détail m; **Einzelkind** nt enfant mf unique; **einzeln** 1. adj seul(e), unique; (vereinzelt) séparé(e), isolé(e); **der/die Einzelne** l'individu m; **ins Einzelne gehen** entrer dans les détails 2. adv séparément; ~ **angeben** spécifier; **Einzelplatzlizenz** f licence f d'exploitation pour un utilisateur; **Einzelteil** nt pièce f détachée; **Einzelzimmer** nt (in Krankenhaus) chambre f individuelle; (in Hotel) chambre f pour une personne

ein|ziehen sep irr 1. vt (Kopf) baisser; (Fühler) rétracter; (Zwischenwand) construire; (Steuern) percevoir; (Erkundigungen) prendre; (Rekruten) appeler (sous les drapeaux); (konfiszieren) confisquer, saisir 2. vi ⟨sein⟩ (in Wohnung) emménager; (in Land, Stadion etc) entrer (in +akk dans); (Friede, Ruhe) revenir, s'établir; (Flüssigkeit) pénétrer (in +akk dans)

einzig 1. adj seul(e), unique; **das Einzige** la seule chose; **der/die Einzige** la seule personne 2. adv (nur) seulement; **einzigartig** adj unique en son genre, sans pareil

Einzug m entrée f (in +akk dans); (in Haus) emménagement m (in +akk dans)

Eis nt (-es, -) glace f; **Eisbahn** f patinoire f; **Eisbär** m ours m blanc; **Eisbecher** m coupe f glacée; **Eisbein** nt jarret m de porc; **Eisbereiter** m (-s, -) sorbetière f; **Eisberg** m iceberg m; **Eisbergsalat** m batavia f; **Eisblumen** pl cristaux mpl de glace; **Eisdecke** f couche f de glace; **Eisdiele** f (pâtissier-)glacier m

Eisen nt (-s, -) fer m

Eisenbahn f chemin m de fer; **Eisenbahner(in)** m(f) (-s, -) cheminot(e); **Eisenbahnfähre** f bac m ferroviaire; **Eisenbahnschaffner(in)** m(f) contrôleur(-euse) (des chemins de fer); **Eisenbahnübergang** m passerelle f (par-dessus la voie ferrée); **Eisenbahnwagen** m wagon m, voiture f

Eisenerz nt minerai m de fer; **eisenhaltig** adj ferrugineux(-euse)

eisern 1. adj de fer; **der Eiserne Vorhang** (HIST) le rideau de fer 2. adv tenacement, avec ténacité

Eisfach nt compartiment m à glace; **eisfrei** adj dégagé(e), débarrassé(e) des glaces; **Eishockey** nt hockey m sur glace; **eisig** adj glacial(e); **eiskalt** adj glacial(e), glacé(e); **Eiskratzer** m racloir m; **Eiskunstlauf** m patinage m artistique; **Eislauf** m patinage m; **Eislaufen** nt (-s) patinage m; **Eisläufer(in)** m(f) patineur(-euse); **Eispickel** m piolet m; **Eisschießen** nt (-s) curling m; **Eisschrank** m réfrigérateur m; (fam) frigo m; **Eiswürfel** m glaçon m; **Eiszapfen** m stalactite f de glace; **Eiszeit** f période f glaciaire

eitel adj (Mensch) vaniteux(-euse); (rein: Freude) pur(e); **Eitelkeit** f vanité f

Eiter m (-s) pus m; **eit(e)rig** adj purulent(e); **eitern** vi suppurer

Eiweiß nt (-es, -e) blanc m d'œuf; (CHEM) protéine f; **eiweißreich** adj riche en protéines; **Eizelle** f ovule m

Ekel 1. m (-s) dégoût m (vor +dat pour); ~ **erregend** dégoûtant(e) 2. nt (-s, -) (fam: Mensch) horreur f; **ekelhaft, ek(e)lig** adj dégoûtant(e), écœurant(e); **ekeln** 1. vt dégoûter, écœurer 2. vr **ich ekle mich vor diesem Schmutz** cette saleté me dégoûte

EKG nt (-s, -s) abk von **Elektrokardiogramm** électrocardiogramme m

Ekstase f (-, -n) extase f

Ekzem nt (-s, -e) (MED) eczéma m

Elan m (-s) énergie f, vitalité f

elastisch adj élastique; (Bewegung) souple

Elastizität f élasticité f

Elbe f (-) Elbe f

Elch m (-(e)s, -e) élan m; **Elchtest** m test de tenue de route

Elefant m éléphant m

elegant adj élégant(e)

Eleganz f élégance f

Elektriker(in) m(f) (-s, -) électricien(ne)

elektrisch adj électrique
elektrisieren (pp elektrisiert) 1. vt électriser 2. vr sich ~ recevoir une décharge électrique
Elektrizität f électricité f; **Elektrizitätsversorgung** f approvisionnement m en électricité; **Elektrizitätswerk** nt centrale f (électrique)
Elektroartikel m (Einzelprodukt) appareil m électroménager; (Produktkategorie) électroménager m; **Elektroauto** nt voiture f électrique
Elektrode f (-, -n) électrode f
Elektroenzephalogramm nt électro-encéphalogramme m; **Elektroherd** m cuisinière f électrique; **Elektroingenieur(in)** m(f) ingénieur m électricien; **Elektrokardiogramm** nt électro-cardiogramme m; **Elektrolyse** f (-, -n) électrolyse f; **Elektromotor** m moteur m électrique
Elektron nt (-s, -en) électron m; **Elektronen(ge)hirn** nt cerveau m électronique; **Elektronenmikroskop** nt microscope m électronique
Elektronik f électronique f; **Elektronikschrott** m appareils mpl électroniques usés; **elektronisch** adj électronique; ~e **Fußfessel** bracelet m électronique; ~es **Banking** gestion f de comptes à distance; ~s **Geld** monnaie f électronique; ~e **Unterschrift** signature f électronique
Elektrorasierer m (-s, -) rasoir m électrique; **Elektrotechnik** f électrotechnique f
Element nt élément m; **in seinem ~ sein** être dans son élément
elementar adj élémentaire
elend adj misérable; (krank) malade; (fam: Hunger) terrible; **Elend** nt (-(e)s) misère f; **elendiglich** adv misérablement; **Elendsviertel** nt quartier m insalubre, bidonville m
elf num onze; **Elf** f (-, -en) (a. SPORT) onze m
Elfe f (-, -n) sylphide f
Elfenbein nt ivoire m; **Elfenbeinküste** f die ~ la Côte d'Ivoire; **Elfenbeinturm** m tour f d'ivoire
Elfmeter m (SPORT) penalty m; **Elfmeterschießen** nt (-s) tir m au but
eliminieren (pp eliminiert) vt éliminer
Elite f (-, -n) élite f
Elixier nt (-s, -e) élixir m
Elle f (-, -n) cubitus m; (Maß) aune f
Ell(en)bogen m coude m
Ellipse f (-, -n) ellipse f

El Salvador nt (-s) le Salvador
Elsass nt (-) **das ~** l'Alsace f; **Elsässer(in)** m(f) (-s, -) Alsacien(ne)
Elster f (-, -n) pie f
elterlich adj des parents, parental(e)
Eltern pl parents mpl; **Elternhaus** nt maison f familiale; **elternlos** adj sans parents
Email nt (-s, -s) émail m
E-Mail f (-, -s) (INFORM) courrier m électronique, e-mail m; **E-Mail-Adresse** f adresse f de messagerie
emaillieren (pp emailliert) vt émailler
Emanze f (-, -n) (fam) femme f émancipée
Emanzipation f émancipation f; **emanzipieren** (pp emanzipiert) 1. vt émanciper 2. vr sich ~ s'émanciper
Embargo nt (-s, -s) embargo m
Embryo m (-s, -s o -nen) embryon m
Embryonenforschung f recherche f sur les embryons
Emigrant(in) m(f) émigré(e); **Emigration** f émigration f; **emigrieren** (pp emigriert) vi <sein> émigrer (nach en, à)
Emoticon nt (-s, -s) icône f émotive
emotional adj émotionnel(le)
empfahl imperf von **empfehlen**
empfand imperf von **empfinden**
Empfang m (-(e)s, Empfänge) réception f; (der Gäste) accueil m; **in ~ nehmen** recevoir; **empfangen** (empfing, empfangen) 1. vt recevoir, accueillir; (INFORM) recevoir 2. vi (schwanger werden) concevoir; **Empfänger** m (-s, -) (Gerät) récepteur m; **Empfänger(in)** m(f) (-s, -) (von Brief etc) destinataire m/f
empfänglich adj sensible (für à)
Empfängnis f conception f; **Empfängnisverhütung** f contraception f
Empfangsbestätigung f accusé m de réception; **Empfangsdame** f hôtesse f d'accueil; **Empfangsschein** m reçu m
empfehlen (empfahl, empfohlen) vt recommander; **es empfiehlt sich, das zu tun** il est recommandé de faire ceci; **empfehlenswert** adj à recommander; **Empfehlung** f recommandation f; **Empfehlungsschreiben** nt lettre f de recommandation
empfinden (empfand, empfunden) vt éprouver, ressentir
empfindlich adj (Stelle) sensible; (Gerät) fragile; (Mensch) sensible, susceptible; **Empfindlichkeit** f sensibilité f; (Reizbarkeit) susceptibilité f; **empfindsam** adj sensible

Empfindung f sensation f; (Gefühl) sentiment m; **empfindungslos** adj insensible

empfing imperf von **empfangen**

empfohlen pp von **empfehlen**

empfunden pp von **empfinden**

empor adv vers le haut

empören (pp empört) vt indigner; **empörend** adj scandaleux(-euse)

empor|kommen sep irr vi ⟨sein⟩ s'élever; (vorankommen) réussir; **Emporkömmling** m parvenu(e)

Empörung f indignation f

emsig adj (Mensch) affairé(e)

End- in Zusammensetzungen final(e); **Endauswertung** f évaluation f finale; **Endbahnhof** m terminus m

Ende nt (-s, -n) fin f; (von Weg, Stock, Seil) bout m, extrémité f; (Ausgang) fin f, conclusion f; **am ~** (räumlich) au bout (de); (zeitlich) à la fin (de); (schließlich) finalement; **am ~ des Zuges** en queue du train; **am ~ sein** être au bout du rouleau; **~ Dezember** fin décembre; **zu ~ sein** être terminé(e); (Geduld) être à bout; **enden** vi finir, se terminer; **Endetaste** f touche f Fin

Endgerät nt (INFORM) terminal m; **endgültig** adj définitif(-ive)

Endivie f chicorée f

Endlager nt centre m de stockage définitif; **Endlagerung** f stockage m définitif

endlich **1.** adj limité(e); (MATH) fini(e) **2.** adv enfin, finalement

endlos adj interminable; (Seil) sans fin; **Endlospapier** nt (INFORM) papier m en continu

Endoskop nt (-s, -e) (MED) endoscope m

Endspiel nt finale f; **Endspurt** m sprint m; **Endstation** f terminus m; **Endsumme** f somme f totale

Endung f terminaison f; (von Datei) extension f

Energie f énergie f; **~ sparend** qui consomme peu d'énergie; **Energiebedarf** m besoins mpl énergétiques; **energiegeladen** adj en super-forme, avec une pêche d'enfer; **Energiekrise** f crise f de l'énergie; **energielos** adj sans énergie; **energiesparend** adj s. Energie; **Energiesparlampe** f ampoule f à faible consommation; **Energiesteuer** f impôt m sur l'énergie; **Energieträger** m source f d'énergie; **Energiewirtschaft** f secteur m de l'énergie

energisch adj énergique

eng adj étroit(e); (fig: Horizont) borné(e),

limité(e); **etw ~ sehen** (fam) prendre qch trop au sérieux

Engadin nt (-s) **das ~** l'Engadine f

Engagement nt (-s, -) (von Künstler) engagement m; (Einsatz) engagement m personnel

engagieren (pp engagiert) **1.** vt (Künstler) engager **2.** vr **sich ~** s'engager

Enge f (-, -n) étroitesse f; (Land~) isthme m; (Meer~) détroit m; **jdn in die ~ treiben** acculer qn

Engel m (-s, -) ange m; **engelhaft** adj angélique; **Engelmacher(in)** m(f) (fam) avorteur(-euse)

engherzig adj mesquin(e)

England nt l'Angleterre f; **Engländer(in)** m(f) (-s, -) Anglais(e); **englisch** adj anglais(e); **Englisch** nt anglais m; **~ lernen** apprendre l'anglais

Engpass m goulot m d'étranglement

en gros adv en gros

engstirnig adj (Mensch) borné(e); (Entscheidung) mesquin(e)

Enkel m (-s, -) petit-fils m; **Enkelin** f petite-fille f; **Enkelkind** nt petit-enfant m

en masse adv en masse

enorm adj énorme

Ensemble nt (-s, -s) (THEAT) troupe f; (Kleidung, MUS) ensemble m

entarten (pp entartet) vi ⟨sein⟩ dégénérer

entbehren (pp entbehrt) vt se passer de; **entbehrlich** adj superflu(e); **Entbehrung** f privation f

entbinden (pp entbunden) irr **1.** vt dispenser (von de); (MED) accoucher **2.** vi (MED) accoucher; **Entbindung** f dispense f (von de); (MED) accouchement m; **Entbindungsheim** nt maternité f

entblößen (pp entblößt) **1.** vt dénuder **2.** vr **sich ~** se déshabiller

entdecken (pp entdeckt) vt découvrir; **Entdecker(in)** m(f) (-s, -) découvreur (-euse); **Entdeckung** f découverte f

Ente f (-, -n) canard m; (Zeitungs~) bobard m, fausse nouvelle f

entehren (pp entehrt) vt déshonorer

enteignen (pp enteignet) vt (Besitzer) exproprier, déposséder; **Enteignung** f expropriation f

enteisen (pp enteist) vt (auftauen) dégivrer

enterben (pp enterbt) vt déshériter

Enter-Taste f (INFORM) touche f Entrée

entfachen (pp entfacht) vt (Feuer) attiser; (Leidenschaft) enflammer

entfallen (pp entfallen) irr vi ⟨sein⟩ (weg-
fallen) être annulé(e); jdm ~ (vergessen)
échapper à qn; **auf jdn** ~ revenir à qn
entfalten (pp entfaltet) **1.** vt (Karte)
déplier; (Talente) développer; (Pracht,
Schönheit) déployer **2.** vr **sich** ~ (Blume,
Mensch) s'épanouir; (Talente) se développer
entfernen (pp entfernt) **1.** vt éloigner;
(Flecken) enlever; (INFORM) supprimer **2.** vr
sich ~ s'éloigner; **entfernt** adj éloi-
gné(e), lointain(e); **weit davon** ~ **sein,
etw zu tun** être bien loin de faire qch;
Entfernung f (Abstand) distance f; (das
Wegschaffen) enlèvement m; **Entfer-
nungsmesser** m (-s, -) (FOTO) télémètre
m; **Entfernungstaste** f (INFORM) touche
f Suppression
entfesseln (pp entfesselt) vt (fig) déclencher
entfetten (pp entfettet) vt dégraisser
entfremden (pp entfremdet) **1.** vt éloigner (dat de) **2.** vr **sich jdm/einer Sache** ~
s'éloigner de qn/qch, s'aliéner qn/qch;
Entfremdung f aliénation f
entfrosten (pp entfrostet) vt dégivrer;
Entfroster m (-s, -) (AUTO) dégivreur m
entführen (pp entführt) vt enlever; (Flugzeug) détourner; **Entführer(in)** m(f)
ravisseur(-euse); (Flugzeug~) pirate m de
l'air; **Entführung** f enlèvement m, rapt
m; (Flugzeug~) détournement m
entgegen 1. prep +dat contre **2.** adv
neuen Abenteuern ~ vers de nouvelles
aventures; **entgegen|bringen** sep irr vt
(fig: Vertrauen) témoigner; **entgegen|-
gehen** sep irr vi ⟨sein⟩ **jdm** ~ aller à la
rencontre de qn; **entgegengesetzt** adj
opposé(e); (Maßnahme) contradictoire;
entgegen|halten sep irr vt (fig) objec-
ter; **entgegen|kommen** sep irr vi ⟨sein⟩
venir à la rencontre (jdm de qn); (fig)
obliger (jdm qn); **Entgegenkommen**
nt (-s, -) (Zugeständnis) concession f;
(Freundlichkeit) prévenance f; **entgegen-
kommend** adj obligeant(e); **entge-
gen|nehmen** sep irr vt recevoir, accep-
ter; **entgegen|sehen** sep irr vi **jdm/einer
Sache** ~ attendre qn/qch; **entgegen|-
treten** sep irr vi ⟨sein⟩ +dat faire front à;
(fig) combattre; **entgegen|wirken** sep vi
jdm/einer Sache ~ contrecarrer qn/qch
entgegnen (pp entgegnet) vt répliquer;
Entgegnung f riposte f
entgehen (pp entgangen) irr vi ⟨sein⟩
jdm/einer Gefahr ~ échapper à qn/à un
danger; **sich** dat **etw nicht** ~ **lassen** ne

pas rater qch
entgeistert adj abasourdi(e)
Entgelt nt (-(e)s, -e) rémunération f;
entgelten (pp entgolten) irr vt **jdm etw**
~ récompenser qn de [o pour] qch
entgleisen (pp entgleist) vi ⟨sein⟩ (Zug)
dérailler; (Mensch) dérailler; **Entglei-
sung** f déraillement m; (fig) dérapage m
entgleiten (pp entglitten) irr vi ⟨sein⟩
échapper (jdm à qn)
entgräten (pp entgrätet) vt enlever les
arêtes de
Enthaarungsmittel nt dépilatoire m
enthalten (pp enthalten) irr **1.** vt contenir
2. vr **sich der Stimme** gen ~ s'abstenir;
sich einer Meinung gen ~ ne pas prendre
position; **enthaltsam** adj (Leben) absti-
nent(e); (Mensch) sobre; (sexuell) absti-
nent(e), chaste; **Enthaltsamkeit** f tem-
pérance f; (sexuell) abstinence f, chasteté
f; **Enthaltung** f abstention f
enthemmen (pp enthemmt) vt (jdn)
désinhiber
enthüllen (pp enthüllt) vt (Statue) découvrir; (Geheimnis) dévoiler; **Enthüllung** f
révélation f
Enthusiasmus m enthousiasme m; **en-
thusiastisch** adj enthousiaste
entkernen (pp entkernt) vt dénoyauter;
(Gebäude) énucler
entkoffeiniert adj décaféiné(e)
entkommen (pp entkommen) irr vi
⟨sein⟩ échapper (dat à), s'évader (aus
de)
entkorken (pp entkorkt) vt déboucher
entkräften (pp entkräftet) vt (Menschen)
épuiser; (Argument) réfuter
entladen (pp entladen) irr **1.** vt (Wagen,
Schiff) décharger; (ELEC: Batterie) vider **2.** vr
sich ~ se décharger; (Gewitter) éclater
entlang adv, prep +akk o dat le long de;
entlang|gehen sep irr vt, vi ⟨sein⟩ lon-
ger
entlarven (pp entlarvt) vt (Betrüger)
démasquer; (Absicht) dévoiler
entlassen (pp entlassen) irr vt libérer,
renvoyer; (Arbeiter) licencier; **Entlassung** f libération f; (von Arbeiter) licenciement m
entlasten (pp entlastet) vt (von Arbeit)
décharger; (Achse) soulager; (Straßen)
délester; (Angeklagten) disculper; (Konto)
créditer; **Entlastung** f (von Arbeit)
décharge f; (von Verkehr) délestage m;
(von Angeklagten) disculpation f; (des Vor-
stands) approbation f; **Entlastungs-
zeuge** m, **-zeugin** f témoin m à

décharge

entlauben (pp entlaubt) vt défolier;
Entlaubungsmittel nt défoliant m

entledigen (pp entledigt) vr sich jds/
einer Sache ~ se débarrasser de qn/qch

entlegen adj (Ort) isolé(e); (Gedanke)
saugrenu(e)

entlocken (pp entlockt) vt jdm etw ~
arracher qch à qn

entlüften (pp entlüftet) vt ventiler, aérer;
(Heizung) purger

entmachten (pp entmachtet) vt destituer

entmenscht adj déshumanisé(e)

entmilitarisiert adj démilitarisé(e)

entmündigen (pp entmündigt) vt mettre sous tutelle

entmutigen (pp entmutigt) vt décourager

Entnahme f (-, -n) prélèvement m

entnehmen (pp entnommen) irr vt etw
aus etw ~ (Ware) prendre qch dans qch;
etw einer Sache dat ~ (folgern) conclure
qch de qch; wie ich Ihren Worten entnehme d'après ce que vous venez de dire

entpacken (pp entpackt) vt (INFORM)
décompacter

entpuppen (pp entpuppt) vr sich als etw
~ s'avérer être qch

entrahmen (pp entrahmt) vt écrémer

entreißen (pp entrissen) irr vt arracher

entrichten (pp entrichtet) vt acquitter

entrosten (pp entrostet) vt débarrasser
de sa rouille

entrüsten (pp entrüstet) 1. vt indigner
2. vr sich ~ s'indigner (über jdn/etw contre qn/de qch); **entrüstet** adj indigné(e); **Entrüstung** f indignation f

entsagen (pp entsagt) vi renoncer (einer
Sache dat à qch)

entschädigen (pp entschädigt) vt
dédommager (für de); **Entschädigung**
f dédommagement m; (Ersatz) indemnité
f

entschärfen (pp entschärft) vt désamorcer

Entscheid m (-(e)s, -e) décision f; **entscheiden** (pp entschieden) irr 1. vt décider 2. vr sich ~ se décider; sich für jdn/
etw ~ se décider pour qn/qch; **entscheidend** adj décisif(-ive); (Irrtum)
capital(e); **Entscheidung** f décision f;
Entscheidungsspiel nt belle f; **Entscheidungsträger(in)** m(f) décideur(-euse)

entschieden adj (Gegner) résolu(e); (Meinung) catégorique; (klar, entschlossen)

net(te); das geht ~ zu weit cela dépasse
vraiment les bornes; **Entschiedenheit** f
détermination f

entschlacken (pp entschlackt) vt (MED)
désintoxiquer

entschließen (pp entschlossen) irr vr sich
~ se décider (zu à)

entschlossen adj décidé(e); **Entschlossenheit** f résolution f, détermination f

Entschluss m décision f

entschlüsseln (pp entschlüsselt) vt
décoder, décrypter

entschlussfreudig adj qui se décide
facilement; **Entschlusskraft** f résolution f

entschuldbar adj pardonnable

entschuldigen (pp entschuldigt) 1. vt
excuser 2. vr sich ~ s'excuser (für de);
Entschuldigung f excuse f; jdn um ~
bitten demander pardon à qn

Entschwefelung f désulfuration f; **Entschwefelungsanlage** f système m de
désulfuration

entsetzen (pp entsetzt) vt horrifier; **Entsetzen** nt (-s) (von Mensch) effroi m; **entsetzlich** adj effroyable; **entsetzt** adj
horrifié(e)

entsichern (pp entsichert) vt armer

entsinnen (pp entsonnen) irr vr sich ~ se
souvenir (einer Sache gen de qch)

entsorgen (pp entsorgt) vt eine Stadt ~
éliminer les déchets d'une ville; **Entsorgung** f élimination f des déchets

entspannen (pp entspannt) 1. vt détendre 2. vr sich ~ se détendre; **Entspannung** f détente f; **Entspannungspolitik** f politique f de détente; **Entspannungsübungen** pl exercices mpl de
relaxation

entsprechen (pp entsprochen) irr vi einer
Sache dat ~ correspondre à qch; den
Anforderungen/Wünschen dat ~ satisfaire
les exigences/désirs; **entsprechend**
1. adj approprié(e); (Befehl) correspondant(e) 2. adv selon, conformément (à)

entspringen (pp entsprungen) irr vi
⟨sein⟩ (Fluss) prendre sa source; (herrühren) être dû (due) (dat à)

entstehen (pp entstanden) irr vi ⟨sein⟩
naître; (Unruhe) se produire; (Kosten)
résulter; (Unheil) arriver; **Entstehung** f
naissance f, origine f

entstellen (pp entstellt) vt (jdn) défigurer; (Bericht, Wahrheit) déformer, altérer

Entstickungsanlage f système m de
dénitrification

entstören (*pp* entstört) *vt* (*RADIO, TEL*) déparasiter; (*AUTO*) munir d'un dispositif antiparasite

enttäuschen (*pp* enttäuscht) *vt* décevoir; **Enttäuschung** *f* déception *f*

entwaffnen (*pp* entwaffnet) *vt* désarmer; **entwaffnend** *adj* désarmant(e)

Entwarnung *f* fin *f* de l'alarme

entwässern (*pp* entwässert) *vt* drainer, assécher; **Entwässerung** *f* drainage *m*; **Entwässerungssystem** *nt* drainage *m*

entweder *konj* ~ ... oder ... ou ... ou ...

entweichen (*pp* entwichen) *irr vi* ⟨sein⟩ fuir

entweihen (*pp* entweiht) *vt* profaner

entwenden (*pp* entwendet) *vt* dérober

entwerfen (*pp* entworfen) *irr vt* (*Zeichnung*) esquisser; (*Modell, Roman*) concevoir; (*Plan*) dresser; (*Gesetz*) faire un projet de

entwerten (*pp* entwertet) *vt* dévaluer; (*Briefmarken*) oblitérer; (*Fahrkarte*) composter; **Entwerter** *m* (-s, -) composteur *m*

entwickeln (*pp* entwickelt) **1.** *vt* développer **2.** *vr* **sich** ~ se développer; **Entwickler** *m* (-s, -) révélateur *m*; **Entwicklung** *f* développement *m*; **Entwicklungsdienst** *m* coopération *f*; **Entwicklungshelfer(in)** *m(f)* coopérant(e); **Entwicklungshilfe** *f* aide *f* aux pays en voie de développement; **Entwicklungsjahre** *pl* puberté *f*; **Entwicklungsland** *nt* pays *m* en voie de développement

entwirren (*pp* entwirrt) *vt* démêler, débrouiller

entwischen (*pp* entwischt) *vi* ⟨sein⟩ s'échapper

entwöhnen (*pp* entwöhnt) *vt* sevrer; (*Süchtige*) désintoxiquer; **Entwöhnung** *f* (*von Säugling*) sevrage *m*; (*von Süchtigen*) désintoxication *f*

entwürdigend *adj* dégradant(e)

Entwurf *m* esquisse *f*; (*Konzept*) brouillon *m*; (*Gesetz~*) projet *m*

entwurzeln (*pp* entwurzelt) *vt* déraciner

entziehen (*pp* entzogen) *irr* **1.** *vt* jdm etw ~ retirer qch à qn **2.** *vr* **sich** ~ échapper (*dat* à), se dérober (*dat* à); **Entziehungskur** *f* cure *f* de désintoxication

entziffern (*pp* entziffert) *vt* déchiffrer

entzücken (*pp* entzückt) *vt* enchanter, ravir; **Entzücken** *nt* (-s) ravissement *m*; **entzückend** *adj* ravissant(e); (*Kind*) adorable

Entzug *m* (*von Lizenz*) retrait *m*; (*von Rauschgift*) désintoxication *f*; **Entzugserscheinung** *f* symptôme *m* de manque

entzünden (*pp* entzündet) *vt* (*Holz*) allumer; (*Begeisterung, MED*) enflammer; (*Streit*) déclencher; **Entzündung** *f* (*MED*) inflammation *f*

entzwei *adj* ~ **sein** être cassé(e); **entzwei|brechen** *sep irr* **1.** *vt* mettre en morceaux **2.** *vi* ⟨sein⟩ se casser; **entzweien** (*pp* entzweit) **1.** *vt* (*Familie*) désunir; (*Freunde*) brouiller **2.** *vr* **sich** ~ (*Familie*) être désuni(e); **sich mit jdm** ~ se brouiller avec qn; **entzwei|gehen** *sep irr vi* ⟨sein⟩ se casser; (*Freundschaft*) se briser

Enzian *m* (-s, -e) gentiane *f*

Enzyklopädie *f* encyclopédie *f*

Enzym *nt* (-s, -e) enzyme *m*

Epidemie *f* épidémie *f*; **Epidemiologe** *m* (-n, -n), **-login** *f* épidémiologiste *mf*; **Epidemiologie** *f* épidémiologie *f*; **epidemiologisch** *adj* épidémiologique

Epilepsie *f* épilepsie *f*; **Epileptiker(in)** *m(f)* (-s, -) épileptique *mf*

episch *adj* épique

Episode *f* (-, -n) épisode *m*

Epoche *f* (-, -n) époque *f*

Epos *nt* (-s, Epen) épopée *f*

er *pron* il; (*bei weiblichen französischen Substantiven*) elle; (*allein stehend*) lui; elle

erachten (*pp* erachtet) *vt* ~ **für** [*o* **als**] considérer comme; **meines Erachtens** à mon avis

erbarmen (*pp* erbarmt) *vr* **sich** (*jds/einer Sache*) ~ avoir pitié (de qn/qch); **Erbarmen** *nt* (-s) pitié *f*

erbärmlich *adj* minable; (*Zustände*) misérable; **Erbärmlichkeit** *f* (*von Zuständen*) état *m* lamentable; (*Gemeinheit*) bassesse *f*

erbarmungslos *adj* sans pitié; **erbarmungswürdig** *adj* pitoyable; (*Mensch*) digne de pitié

erbauen (*pp* erbaut) **1.** *vt* (*Stadt*) bâtir; (*Denkmal*) construire; (*fig*) édifier **2.** *vr* **sich an etw** *dat* ~ être édifié(e) par qch; **Erbauer(in)** *m(f)* (-s, -) bâtisseur(-euse) *m*; **erbaulich** *adj* édifiant(e); **Erbauung** *f* construction *f*; (*fig*) édification *f*

Erbe **1.** *m* (-n, -n) héritier *m* **2.** *nt* (-s) héritage *m*; **erben** *vt, vi* hériter

erbeuten (*pp* erbeutet) *vt* prendre comme butin

Erbfaktor *m* facteur *m* héréditaire; **Erbfehler** *m* affection *f* congénitale; **Erbfolge** *f* (ordre *m* de) succession *f*; **Erbgut** *nt* (*BIO*) patrimoine *m* héréditaire [*o* génétique]; **erbgutschädigend** *adj*

nocif(-ive) pour le patrimoine génétique;
Erbin f héritière f
erbittert adj acharné(e)
Erbkrankheit f maladie f héréditaire
erblassen, erbleichen (pp erblasst,
erbleicht) vi ⟨sein⟩ pâlir
erblich adj héréditaire
Erbmasse f (JUR) masse f successorale;
(BIO) génotype m
erbost adj ~ **sein über** +akk être fâché(e)
contre
erbrechen (pp erbrochen) irr **1.** vt vomir
2. vr sich ~ vomir
Erbrecht nt droit m successoral; **Erbschaft** f héritage m
Erbse f (-, -n) petit pois m
Erbstück nt bien reçu en héritage m;
Erbteil nt (JUR) part f d'héritage
Erdachse f axe m de la terre; **Erdapfel**
m (A) pomme de terre f; **Erdbahn** f
orbite f terrestre; **Erdbeben** nt tremblement m de terre; **Erdbeere** f fraise f;
Erdboden m sol m
Erde f (-, -n) terre f; **zu ebener** ~ au rez-
de-chaussée; **erden** vt (ELEC) relier à la
terre
erdenklich adj imaginable, concevable
Erdgas nt gaz m naturel; **Erdgeschoss**
nt rez-de-chaussée m; **Erdkunde** f (SCH)
géographie f; **Erdnuss** f cacahuète f;
Erdoberfläche f surface f de la terre;
Erdöl nt pétrole m
erdreisten (pp erdreistet) vr **sich** ~, **etw
zu tun** avoir l'audace de faire qch
erdrosseln (pp erdrosselt) vt étrangler
erdrücken (pp erdrückt) vt écraser; (fig)
accabler
Erdrutsch m (-es, -e) glissement m de
terrain; (POL) raz-de-marée m (électoral);
Erdteil m continent m
erdulden (pp erduldet) vt endurer
Erdumlaufbahn f orbite f terrestre
ereifern (pp ereifert) vr **sich** ~ s'échauffer
(über +akk au sujet de)
ereignen (pp ereignet) vr **sich** ~ arriver,
se passer; **Ereignis** nt événement m;
ereignisreich adj mouvementé(e)
erfahren 1. (pp erfahren) irr vt apprendre;
(erleben) éprouver **2.** adj expérimenté(e);
Erfahrung f expérience f; **erfahrungs-
gemäß** adv par expérience
erfassen (pp erfasst) vt saisir; (fig: einbe-
ziehen) inclure, comprendre; (Daten)
taper
erfinden (pp erfunden) irr vt inventer;
Erfinder(in) m(f) inventeur(-trice);
erfinderisch adj inventif(-ive); **Erfin-**

dung f invention f; **Erfindungsgabe** f
esprit m inventif, imagination f
Erfolg m (-(e)s, -e) succès m; ~ **versprechend** promis(e) au succès; (Versuch) pro-
metteur(-euse); **erfolglos** adj (Mensch)
qui n'a pas de succès; (Versuch) infruc-
tueux(-euse), vain(e); **Erfolglosigkeit** f
(von Mensch) manque m de succès; (von
Versuch) échec m; **erfolgreich** adj
(Mensch) qui a du succès; (Versuch) cou-
ronné(e) de succès; **Erfolgsaussicht** f
chances fpl de réussite; **Erfolgserleb-
nis** nt succès m, réussite f; **erfolgver-
sprechend** adj s. **Erfolg**
erforderlich adj nécessaire; (Kenntnisse)
requis(e); **erfordern** (pp erfordert) vt
demander, exiger; **Erfordernis** nt
nécessité f
erforschen (pp erforscht) vt (Land)
explorer; (Problem) étudier; **Erfor-
scher(in)** m(f) explorateur(-trice);
Erforschung f exploration f
erfragen (pp erfragt) vt demander
erfreuen (pp erfreut) **1.** vr sich ~ **an** +dat
se réjouir de; **sich bester Gesundheit** gen
~ être en parfaite santé **2.** vt faire plaisir
à; **erfreulich** adj qui fait plaisir; **erfreu-
licherweise** adv heureusement
erfrieren (pp erfroren) irr vi ⟨sein⟩ geler;
(Mensch) mourir de froid
erfrischen (pp erfrischt) **1.** vt rafraîchir
2. vr sich ~ se rafraîchir; **Erfrischung** f
rafraîchissement m; **Erfrischungs-
raum** m buvette f, cafétéria f; **Erfri-
schungstuch** nt serviette f rafraîchis-
sante
erfüllen (pp erfüllt) **1.** vt remplir; (Bitte)
satisfaire; (Erwartung) répondre à **2.** vr sich
~ s'accomplir
ergänzen (pp ergänzt) **1.** vt compléter
2. vr sich ~ se compléter; **Ergänzung** f
complément m; (Zusatz) supplément m
ergattern (pp ergattert) vt (fam) réussir à
avoir
ergaunern (pp ergaunert) vt sich dat etw
~ (fam) se procurer qch de manière malhonnête
ergeben (pp ergeben) irr **1.** vt (Betrag)
donner, rapporter; (Bild) révéler **2.** vr sich
~ (sich ausliefern) se rendre (dat à); (folgen) s'ensuivre **3.** adj dévoué(e); (dem
Alkohol) adonné(e) (dat à); **Ergeben-
heit** f dévouement m
Ergebnis nt résultat m; **ergebnislos** adj
sans résultat
ergehen (pp ergangen) irr **1.** vi ⟨sein⟩
(Befehl) être donné(e); (Gesetz) paraître;

etw über sich *akk* **~ lassen** subir qch patiemment **2.** *vi unpers* ⟨*sein*⟩ **es erging ihr gut/schlecht** cela s'est bien/mal passé pour elle

ergiebig *adj* (*Quelle*) productif(-ive); (*Untersuchung*) fructueux(-euse); (*Boden*) fertile

Ergonomie *f* ergonomie *f*; **ergonomisch** *adj* ergonomique

Ergotherapie *f* ergothérapie *f*

ergötzen (*pp* ergötzt) *vt* délecter

ergreifen (*pp* ergriffen) *irr vt* saisir; (*Täter*) attraper; (*Beruf*) choisir; (*Maßnahmen*) prendre; (*rühren*) toucher; **ergreifend** *adj* émouvant(e); **ergriffen** *adj* (*Mensch*) touché(e); (*Worte*) ému(e)

erhaben *adj* en relief; (*fig*) sublime; **über etw** *akk* **~ sein** être au-dessus de qch

erhalten (*pp* erhalten) *irr vt* recevoir; (*Art*) maintenir; (*Kunstwerk*) conserver; **gut ~** en bon état

erhältlich *adj* (*Ware*) disponible, en vente

Erhaltung *f* (*Bewahrung*) maintien *m*; (*von Gebäude, Energie*) conservation *f*

erhängen (*pp* erhängt) *vt* pendre

erhärten (*pp* erhärtet) *vt* durcir; (*Behauptung*) confirmer

erheben (*pp* erhoben) *irr* **1.** *vt* (*hochheben*) lever; (*rangmäßig*) élever (*zu* au rang de); (*stimmungsmäßig*) élever; (*Steuern etc*) percevoir; **Klage ~** porter plainte; **Anspruch auf etw** *akk* **~** revendiquer qch **2.** *vr* **sich ~** (*aufstehen*) se lever; (*aufsteigen*) s'élever; (*Frage*) se poser; (*revoltieren*) se soulever; **sich über jdn/etw ~** se mettre au dessus de qn/qch

erheblich *adj* considérable

erheitern (*pp* erheitert) *vt* égayer; **Erheiterung** *f* amusement *m*; **zur allgemeinen ~** à la grande joie de tout le monde

erhellen (*pp* erhellt) **1.** *vt* (*Zimmer*) éclairer; (*Geheimnis*) éclaircir **2.** *vr* **sich ~** s'éclairer; (*Gesicht*) s'illuminer

erhitzen (*pp* erhitzt) **1.** *vt* chauffer; (*fig*) échauffer **2.** *vr* **sich ~** chauffer, s'échauffer

erhoffen (*pp* erhofft) *vt* espérer; **was erhoffst du dir davon?** qu'est-ce que tu espères y gagner?

erhöhen (*pp* erhöht) *vt* (*Mauer*) hausser; (*Steuern*) augmenter; (*Geschwindigkeit*) accroître

erholen (*pp* erholt) *vr* **sich ~** (*von Krankheit, Schreck*) se remettre; (*sich entspannen*) se reposer; **erholsam** *adj* reposant(e); **Erholung** *f* (*Gesundung*) rétablissement *m*; (*Entspannung*) repos *m*, détente *f*;

erholungsbedürftig *adj* qui a besoin de repos; **Erholungsgebiet** *nt* région *f* de villégiature; **Erholungsheim** *nt* maison *f* de repos [*o* de convalescence]

erhören (*pp* erhört) *vt* exaucer

Erika *f* (-, -s *o* Eriken) bruyère *f*

erinnern (*pp* erinnert) **1.** *vt* jdn an jdn/ etw **~** rappeler qn/qch à qn **2.** *vr* **sich ~** se souvenir (*an* +*akk* de); **Erinnerung** *f* mémoire *f*; (*Andenken*) souvenir *m*; **zur ~ an** +*akk* en souvenir de; **Erinnerungstafel** *f* plaque *f* commémorative; **Erinnerungsvermögen** *nt* mémoire *f*

Eritrea *nt* (-s) l'Érythrée *f*

erkälten (*pp* erkältet) *vr* **sich ~** prendre froid; **erkältet** *adj* enrhumé(e); **~ sein** avoir un rhume, être enrhumé(e); **Erkältung** *f* refroidissement *m*, rhume *m*

erkennbar *adj* reconnaissable; **erkennen** (*pp* erkannt) *irr vt* (*jdn, Fehler*) reconnaître; (*Krankheit*) diagnostiquer; (*sehen*) distinguer

erkenntlich *adj* **sich ~ zeigen** se montrer reconnaissant(e) (*für* de); **Erkenntlichkeit** *f* reconnaissance *f*; (*Geschenk*) marque *f* de reconnaissance

Erkenntnis *f* connaissance *f*; (*Einsicht*) idée *f*; **zur ~ kommen** se rendre compte

Erkennung *f* reconnaissance *f*; **Erkennungsmarke** *f* plaque *f* d'identité

Erker *m* (-s, -) encorbellement *m*; **Erkerfenster** *nt* oriel *m*

erklärbar *adj* explicable; **erklären** (*pp* erklärt) *vt* expliquer; **erklärlich** *adj* explicable; (*verständlich*) compréhensible; **Erklärung** *f* explication *f*; (*Aussage*) déclaration *f*

erklecklich *adj* considérable

erklingen (*pp* erklungen) *irr vi* ⟨*sein*⟩ retentir

erkranken (*pp* erkrankt) *vi* ⟨*sein*⟩ tomber malade; **Erkrankung** *f* maladie *f*

erkunden (*pp* erkundet) *vt* sonder; (*MIL*) reconnaître

erkundigen (*pp* erkundigt) *vr* **sich ~** se renseigner (*nach, über* +*akk* sur); **Erkundigung** *f* (*prise f de*) renseignements *mpl*

Erkundung *f* (*MIL*) reconnaissance *f*

erlahmen (*pp* erlahmt) *vi* ⟨*sein*⟩ (*Kräfte*) diminuer; (*Interesse*) faiblir; (*Eifer*) fléchir

erlangen (*pp* erlangt) *vt* (*Vorteil, Mehrheit*) obtenir; (*Bedeutung*) prendre; (*Gewissheit*) acquérir

Erlass *m* (-es, -e) décret *m*; (*von Strafe*) remise *f*; **erlassen** (*pp* erlassen) *irr vt* (*Gesetz*) décréter; (*Strafe*) exempter; **jdm**

etw ~ dispenser qn de qch
erlauben (pp erlaubt) vt permettre (jdm
etw qch à qn); **sich** dat **etw** ~ se permettre qch; **Erlaubnis** f permission f
erläutern (pp erläutert) vt expliquer;
Erläuterung f explication f
Erle f (-, -n) au(l)ne m
erleben (pp erlebt) vt (Überraschung etc)
éprouver; (Zeit) passer par; (mit~) assister à; **Erlebnis** nt expérience f
erledigen (pp erledigt) vt (Auftrag etc)
exécuter; (fam: erschöpfen) crever; (fam:
ruinieren) ruiner; (fam: umbringen) liquider;
er ist erledigt (fam) il est foutu
erlegen (pp erlegt) vt tuer
erleichtern (pp erleichtert) vt alléger;
(Aufgabe) faciliter; (Gewissen, jdn) soulager;
erleichtert adj soulagé(e); (Seufzer) de
soulagement; **Erleichterung** f soulagement m
erleiden (pp erlitten) irr vt subir; (Schmerzen) endurer
erlernbar adj qui peut s'apprendre;
erlernen (pp erlernt) vt apprendre
erlesen adj (Speisen) sélectionné(e); (Publikum) choisi(e)
erleuchten (pp erleuchtet) vt éclairer;
Erleuchtung f inspiration f
Erlös m (-es, -e) produit m (aus de)
erlöschen (erlosch, erloschen) vi (sein)
(Feuer) s'éteindre; (Interesse) faiblir; (Vertrag, Recht) expirer; **ein erloschener Vulkan** un volcan éteint
erlösen (pp erlöst) vt (jdn) délivrer; (REL)
sauver; **Erlösung** f délivrance f; (REL)
rédemption f
ermächtigen (pp ermächtigt) vt autoriser, habiliter (zu à); **Ermächtigung** f
(das Ermächtigen) autorisation f; (Vollmacht) pleins pouvoirs mpl
ermahnen (pp ermahnt) vt exhorter (zu
à); **Ermahnung** f exhortation f
ermäßigen (pp ermäßigt) vt (Gebühr)
réduire; **Ermäßigung** f réduction f
ermessen (pp ermessen) irr vt se rendre
compte de; **Ermessen** nt (-s) appréciation f; **in jds** ~ dat **liegen** être laissé à
l'appréciation de qn
ermitteln (pp ermittelt) 1. vt (Wert) calculer; (Täter) retrouver 2. vi **gegen jdn** ~
enquêter sur qn; **Ermittler(in)** m(f) (-s,
-) enquêteur(-euse); **verdeckter** ~ enquêteur en civil; **Ermittlung** f (polizeiliche)
enquête f
ermöglichen (pp ermöglicht) vt jdm etw
~ rendre qch possible à qn
ermorden (pp ermordet) vt assassiner;

Ermordung f assassinat m
ermüden (pp ermüdet) 1. vt fatiguer 2. vi
(sein) se fatiguer; **ermüdend** adj fatigant(e); **Ermüdung** f fatigue f; **Ermüdungserscheinung** f signe m de fatigue
ermuntern (pp ermuntert) vt (ermutigen)
encourager; (beleben) animer; (aufmuntern) dérider
ermutigen (pp ermutigt) vt encourager
(zu à)
ernähren (pp ernährt) 1. vt nourrir 2. vr
sich ~ vivre, se nourrir (von de); **Ernährer(in)** m(f) (-s, -) soutien m de famille;
Ernährung f (das Ernähren) alimentation
f; (Nahrung) nourriture f; (Unterhalt)
entretien m; **Ernährungsberater(in)**
m(f) nutritionniste mf; **Ernährungswissenschaft** f science f de la nutrition,
diététique f
ernennen (pp ernannt) irr vt nommer;
Ernennung f nomination f
erneuerbar adj (Energie) renouvelable;
erneuern (pp erneuert) vt (renovieren)
rénover, restaurer; (austauschen) remplacer; (verlängern) renouveler; **Erneuerung** f (von Gebäude) restauration f,
rénovation f; (von Teil) remplacement m;
(von Vertrag) renouvellement m
erneut 1. adj nouveau(-velle), répété(e)
2. adv à nouveau
erniedrigen (pp erniedrigt) vt (Preis,
Druck) baisser; (demütigen) humilier
ernst adj sérieux(-euse); (Lage) grave;
Ernst m (-es) sérieux m; **das ist mein** ~
je suis sérieux(-euse); **im** ~ sérieusement;
mit etw ~ **machen** mettre qch en pratique; **Ernstfall** m cas m d'urgence;
ernsthaft adj sérieux(-euse); **Ernsthaftigkeit** f sérieux m; (von Krankheit) gravité f; **ernstlich** adj sérieux(-euse)
Ernte f (-, -n) (von Getreide) moisson f;
(von Obst) récolte f; **Erntedankfest** nt
fête f des moissons; **ernten** vt moissonner; récolter; (Lob etc) récolter
ernüchtern (pp ernüchtert) vt dégriser;
(fig) ramener à la réalité; **Ernüchterung**
f désillusion f
Eroberer m (-s, -) conquérant m; **erobern** (pp erobert) vt conquérir; **Eroberung** f conquête f
eröffnen (pp eröffnet) 1. vt ouvrir; (mitteilen) révéler (jdm etw qch à qn) 2. vr **sich**
~ (Möglichkeiten) se présenter; **Eröffnung** f (von Sitzung etc) ouverture f; (Mitteilung) communication f; **Eröffnungsansprache** f discours m d'ouverture;

Eröffnungsfeier f cérémonie f d'inauguration [o d'ouverture]

erogen adj (Zone) érogène

erörtern (pp erörtert) vt (Vorschlag) discuter; **Erörterung** f discussion f

Erotik f érotisme m; **erotisch** adj érotique

erpicht adj avide (auf +akk de)

erpressen (pp erpresst) vt (Geld etc) extorquer; (jdn) faire chanter; **Erpresser(in)** m(f) (-s, -) maître chanteur(-euse); **Erpressung** f chantage m

erproben (pp erprobt) vt éprouver, mettre à l'épreuve; (Gerät) tester

erraten (pp erraten) irr vt deviner

erregbar adj excitable; (reizbar) irritable; **Erregbarkeit** f irritabilité f; **erregen** (pp erregt) 1. vt exciter; (ärgern) irriter; (Neid) exciter; (Neugierde) éveiller; (Interesse) susciter; **Aufsehen ~** faire sensation 2. vr sich ~ s'énerver (über +akk à cause de); **Erreger** m (-s, -) (MED) agent m pathogène; **Erregtheit** f excitation f; (Ärger) irritation f; **Erregung** f excitation f

erreichbar adj (Ziel) que l'on peut atteindre; **in ~er Nähe bleiben** rester à proximité; **wo sind Sie ~?** où est-ce qu'on peut vous joindre?; **ich bin jederzeit telefonisch ~** on peut me joindre au téléphone à n'importe quel moment; **erreichen** (pp erreicht) vt atteindre; (jdn) joindre; (Zug) attraper

errichten (pp errichtet) vt (Gebäude) dresser, ériger; (gründen) fonder

erringen (pp errungen) irr vt remporter

erröten (pp errötet) vi ⟨sein⟩ rougir

Errungenschaft f conquête f; (fam: Anschaffung) acquisition f

Ersatz m (-es) (das Ersetzen) remplacement m; (Mensch) remplaçant(e); (Sache) substitut m; (Schadens~) dédommagement m; **Ersatzbefriedigung** f compensation f; **Ersatzdienst** m (MIL) service m civil; **Ersatzmann** m (-männer o -leute pl) remplaçant m; **Ersatzrad** nt roue f de secours; **Ersatzreifen** m pneu m de rechange; **Ersatzteil** nt pièce f de rechange

ersaufen (pp ersoffen) irr vi ⟨sein⟩ (fam) se noyer

ersäufen (pp ersäuft) vt noyer

erschaffen (pp erschaffen) irr vt créer

erscheinen (pp erschienen) irr vi ⟨sein⟩ (sich zeigen) apparaître; (auftreten) arriver; (vor Gericht) comparaître; (Buch etc) paraître; **das erscheint mir vernünftig**

cela me semble raisonnable; **Erscheinung** f (Geist) apparition f; (Gegebenheit) phénomène m; (Gestalt) air m, aspect m

erschießen (pp erschossen) irr vt tuer d'un coup de feu; (MIL) fusiller

erschlagen (pp erschlagen) irr vt battre à mort

erschöpfen (pp erschöpft) vt épuiser; **erschöpfend** adj (ausführlich) exhaustif(-ive); (ermüdend) épuisant(e); **erschöpft** adj épuisé(e); **Erschöpfung** f épuisement m

erschrak imperf von **erschrecken**

erschrecken 1. (pp erschreckt) vt effrayer 2. (erschrak, erschrocken) vi ⟨sein⟩ s'effrayer; **erschreckend** adj effrayant(e); **erschrocken** adj effrayé(e)

erschüttern (pp erschüttert) vt (Gebäude, Gesundheit) ébranler; (jdn) secouer, émouvoir; **Erschütterung** f (von Gebäude) ébranlement m; (von Menschen) bouleversement m

erschweren (pp erschwert) vt rendre (plus) difficile

erschwinglich adj (Artikel) d'un prix accessible; (Preise) abordable

ersetzbar adj remplaçable; **ersetzen** (pp ersetzt) vt (a. INFORM) remplacer; (Unkosten) rembourser; **jdm etw ~** remplacer qch, rembourser qch à qn

ersichtlich adj (Grund) apparent(e)

ersparen (pp erspart) vt (Geld) économiser; (Ärger etc) épargner; **jdm etw ~** épargner qch à qn; **Ersparnis** f économie f (an +dat de); **~se** pl économies fpl

ersprießlich adj (fruchtbar) fructueux(-euse); (angenehm) agréable

erst adv (zuerst) d'abord; (nicht früher/mehr als) seulement, ne … que; **~ einmal** d'abord

erstarren (pp erstarrt) vi ⟨sein⟩ (vor Kälte) s'engourdir; (vor Furcht) se figer; (Materie) se solidifier

erstatten (pp erstattet) vt (Kosten) rembourser; (Bericht etc) faire; **gegen jdn Anzeige ~** porter plainte contre qn

Erstaufführung f première f

erstaunen (pp erstaunt) vt étonner; **Erstaunen** nt (-s) étonnement m; **erstaunlich** adj étonnant(e)

Erstausgabe f première édition f; **erstbeste(r, s)** adj (Mensch) le (la) premier(-ière) venu(e); (Sache) la première chose qui (vous) tombe sous la main

erste(r, s) adj premier(-ière); **der ~ Juni** le premier juin; **Paris, den 1. Juni** Paris, le 1er juin; **das ~ Mal** la première fois;

Erste(r) *mf* premier(-ière)
erstechen (*pp* erstochen) *irr vt* (*jdn*) poignarder
ersteigen (*pp* erstiegen) *irr vt* escalader
erstellen (*pp* erstellt) *vt* (*Gebäude*) construire; (*Gutachten*) faire
erstens *adv* premièrement, primo
erstere(r, s) *adj* **der Erstere** le premier
ersticken (*pp* erstickt) **1.** *vt* étouffer **2.** *vi* ⟨sein⟩ (s')étouffer; **Erstickung** *f* (*von Mensch*) étouffement *m,* asphyxie *f*
erstklassig *adj* (*Ware*) de premier choix; (*Sportler, Hotel*) de première classe; (*Essen*) de première qualité; **Erstkommunion** *f* première communion *f*; **erstmalig** *adj* premier(-ière); **erstmals** *adv* pour la première fois
erstrebenswert *adj* désirable
erstrecken (*pp* erstreckt) *vr* sich ~ s'étendre
Erstschlag *m* offensive *f*; **nuklearer ~** offensive *f* nucléaire

---
Erststimme

Le système de l'Erststimme et de la Zweitstimme (première et deuxième voix) est utilisé pour l'élection des membres du Bundestag. Chaque électeur dispose de deux voix. La première lui sert à choisir un candidat dans sa circonscription électorale, le candidat qui obtient la majorité des voix est élu membre du Parlement; la deuxième voix permet de choisir un parti. Toutes les secondes voix sont comptabilisées dans chaque Land et une représentation proportionnelle de chaque parti est nommée au Bundestag.

Ersttagsbrief *m* enveloppe *f* 'premier jour'; **Ersttagsstempel** *m* oblitération *f* 'premier jour'
ersuchen (*pp* ersucht) *vt* solliciter
ertappen (*pp* ertappt) *vt* surprendre; **jdn beim Stehlen ~** prendre qn en flagrant délit de vol
erteilen (*pp* erteilt) *vt* donner
Ertrag *m* (-(e)s, Erträge) (*Ergebnis*) rendement *m;* (*Gewinn*) recette *f*
ertragen (*pp* ertragen) *irr vt* supporter
erträglich *adj* supportable
Ertragslage *f* niveau *m* de rendement
ertränken (*pp* ertränkt) *vt* noyer
erträumen (*pp* erträumt) *vt* **sich** *dat* **etw ~** rêver de qch
ertrinken (*pp* ertrunken) *irr vi* ⟨sein⟩ se noyer; **Ertrinken** *nt* (-s) noyade *f*
erübrigen (*pp* erübrigt) **1.** *vt* etw (für jdn) ~ können pouvoir donner qch à qn;

(*Zeit*) pouvoir consacrer qch à qn **2.** *vr* sich ~ être superflu(e)
erwachsen *adj* (*Mensch*) adulte; **Erwachsene(r)** *mf* adulte *mf*; **Erwachsenenbildung** *f* formation *f* pour adultes
erwägen (erwog *o* erwägte, erwogen) *vt* (*Plan*) examiner; (*Möglichkeiten*) peser; **Erwägung** *f* considération *f*
erwähnen (*pp* erwähnt) *vt* mentionner; **erwähnenswert** *adj* digne d'être mentionné(e); **Erwähnung** *f* mention *f*
erwärmen (*pp* erwärmt) **1.** *vt* chauffer **2.** *vr* sich für jdn/etw nicht ~ können ne pas pouvoir s'enthousiasmer pour qn/qch
erwarten (*pp* erwartet) *vt* (*rechnen mit*) s'attendre à; (*warten auf*) attendre; **etw kaum ~ können** attendre qch avec impatience; **Erwartung** *f* attente *f,* espoir *m;* **erwartungsgemäß** *adv* comme il fallait s'y attendre; **erwartungsvoll** *adj* plein(e) d'espoir
erwecken (*pp* erweckt) *vt* éveiller; **den Anschein ~** donner l'impression; **etw zu neuem Leben ~** faire revivre qch
erweichen (*pp* erweicht) *vt* attendrir; **sich nicht ~ lassen** être inexorable
Erweis *m* (-es, -e) preuve *f*
erweisen (*pp* erwiesen) *irr* **1.** *vt* (*Ehre, Dienst*) rendre (*jdm* à qn) **2.** *vr* sich ~ se révéler; **sich ~, dass ...** s'avérer que ...
Erwerb *m* (-(e)s, -e) (*von Haus, Auto*) acquisition *f;* (*Beruf*) emploi *m;* **erwerben** (*pp* erworben) *irr vt* acquérir; **Erwerbsgrundlage** *f* sources *fpl* de revenus; **erwerbslos** *adj* sans emploi; **Erwerbsquelle** *f* source *f* de revenus; **erwerbstätig** *adj* actif(-ive); **erwerbsunfähig** *adj* invalide
erwidern (*pp* erwidert) *vt* (*Gefühl*) répondre (*jdm* à qn); (*Besuch, Böses*) rendre; **Erwiderung** *f* réponse *f*
erwiesen *adj* prouvé(e), démontré(e)
erwischen (*pp* erwischt) *vt* (*fam*) attraper, choper
erwog *imperf von* **erwägen**
erwogen *pp von* **erwägen**
erwünscht *adj* désiré(e)
erwürgen (*pp* erwürgt) *vt* étrangler
Erz *nt* (-es, -e) minerai *m*
erzählen (*pp* erzählt) *vt* raconter; **Erzähler(in)** *m(f)* (-s, -) narrateur(-trice); **Erzählung** *f* histoire *f,* conte *m*
Erzbischof *m* archevêque *m;* **Erzengel** *m* archange *m*
erzeugen (*pp* erzeugt) *vt* produire, fabriquer; (*Angst*) provoquer; **Erzeugnis** *nt*

produit *m*; **Erzeugung** *f* production *f*
Erzgebirge *nt* das ~ les monts *mpl*
Métallifères
erziehen (*pp* erzogen) *irr vt* (*Kind*) élever;
(*bilden*) éduquer; **Erzieher(in)** *m(f)* (-s, -)
éducateur(-trice); **Erziehung** *f* éducation *f*; **Erziehungsberechtigte(r)** *mf*
personne chargée de l'éducation; **Erzie-
hungsheim** *nt* centre *m* d'éducation
surveillée; **Erziehungsurlaub** *m* congé
m parental d'éducation
erzielen (*pp* erzielt) *vt* obtenir, réaliser
erzwingen (*pp* erzwungen) *irr vt* forcer,
obtenir de force
es *pron* il (elle); (*in unpersönlichen Konstruktionen*) ce, c', cela, ça; (*bei unpersönlichen
Verben*) il; (*akk*) le (la), l'; (*in unpersönlichen
Konstruktionen*) le
Escape-Taste *f* (*INFORM*) touche *f* Échap
Esche *f* (-, -n) frêne *m*
Esel *m* (-s, -) âne *m*; **Eselsbrücke** *f* (*fig
fam*) moyen *m* mnémotechnique; **Esels-
ohr** *nt* (*fam: im Buch*) corne *f*
Eskimo *m* (-s, -s) Esquimau *m*; **Eskimofrau** *f* Esquimande *f*
Esoterik *f* ésotérisme *m*; **esoterisch** *adj*
ésotérique
Espresso *m* (-(s), -s) express *m*, expresso
m; **Espressomaschine** *f* cafetière *f*
expresso
essbar *adj* mangeable; (*Pilz*) comestible;
essen (aß, gegessen) *vt, vi* manger;
gegessen sein (*fig fam*) être classé(e);
Essen *nt* (-s, -) (*Nahrung*) nourriture *f*;
(*Mahlzeit*) repas *m*; **Essensmarke** *f*
ticket-repas *m*; **Essenszeit** *f* heure *f* du
repas
Essig *m* (-s, -e) vinaigre *m*; **Essiggurke** *f*
cornichon *m* (au vinaigre)
Esskastanie *f* marron *m*; **Esslöffel** *m*
cuillère *f* (à soupe); **Esstisch** *m* table *f*;
Esswaren *pl* aliments *mpl*; **Esszimmer**
nt salle *f* à manger
Estland *nt* l'Estonie *f*; **estnisch** *adj* esto-
nien(ne)
ESZB *nt* (-) *abk von* **Europäisches System
der Zentralbanken** SEBC *m*
ETA *f* (-) (*baskische Befreiungsbewegung*)
ETA *f*
etablieren (*pp* etabliert) *vr* sich ~
(*Geschäft*) s'installer; (*Mensch*) s'établir
Etage *f* (-, -n) étage *m*; **Etagenbett** *nt*
lits *mpl* superposés; **Etagenwohnung** *f*
appartement *m* (sur tout un étage)
Etappe *f* (-, -n) étape *f*
Etat *m* (-s, -s) budget *m*
etepetete *adj* (*fam*) guindé(e)

Ethik *f* éthique *f*, morale *f*; **Ethikunter-
richt** *m* cours *m* d'éthique et de culture
religieuse; **ethisch** *adj* éthique, moral(e)
ethnisch *adj* ethnique; **~e Säuberungen**
purification *f* ethnique
E-Ticket *nt* billet *m* électronique
Etikett *nt* (-(e)s, -e(n) *o* -s) étiquette *f*
Etikette *f* (-, -n) étiquette *f*
etikettieren (*pp* etikettiert) *vt* étiqueter
etliche *pron pl* pas mal (de); ~ **sind
gekommen** il y en a pas mal qui sont
venus; **~s** pas mal de choses
Etui *nt* (-s, -s) étui *m*
etwa *adv* (*ungefähr*) environ; (*vielleicht*)
par hasard; (*beispielsweise*) par exemple;
nicht ~ non pas
etwaig *adj* éventuel(le)
etwas 1. *pron* quelque chose; (*ein wenig*)
un peu (de) **2.** *adv* un peu
Etymologie *f* étymologie *f*
Et-Zeichen *nt* esperluette *f*
EU *f* (-) *abk von* **Europäische Union** UE *f*
euch *pron akk, dat von* **ihr** vous; **dieses
Buch gehört ~** ce livre est à vous
euer 1. *pron* (*adjektivisch*) votre; (*pl*) vos
2. *pron gen von* **ihr** de vous; **euere(r, s)**
pron (*substantivisch*) le (la) vôtre; (*pl*) les
vôtres
EU-Erweiterung *f* élargissement *m* de
l'UE
Eule *f* (-, -n) hibou *m*, chouette *f*
Euphorie *f* euphorie *f*; **euphorisch** *adj*
euphorique
eure(r, s) *pron* (*substantivisch*) le (la)
vôtre; (*pl*) les vôtres; **eurerseits** *adv* de
votre côté; **euresgleichen** *pron* des
gens comme vous; **euretwegen** *adv* (*für
euch*) pour vous; (*wegen euch*) à cause de
vous; (*von euch aus*) en ce qui vous concerne
Euro *m* (-, -) euro *m*; **Eurocent** *m* euro-
cent *m*, euro centime *m*; **Eurocheque**
m (-s, -s) eurochèque *m*; **Eurocityzug**
m Eurocity *m*; **Eurokrat(in)** *m(f)* (-en, -en)
eurocrate *mf*; **Euroland** *nt* (*fam*) zone *f*
euro; **Euromünze** *f* pièce *f* (en) euro
Europa *nt* (-s) l'Europe *f*; **Europaabge-
ordnete(r)** *mf* député *m* au Parlement
Européen; **Europäer(in)** *m(f)* (-s, -)
Européen(ne); **europäisch** *adj* euro-
péen(ne); **Europäische Kommission** Commission *f* européenne; **Europäische Union**
Union *f* européenne; **Europäische Wirtschaftsgemeinschaft** (*HIST*) Communauté
f économique européenne; **Europäische
Wirtschafts- und Währungsunion** Union *f*
économique et monétaire européenne;

Europäische Zentralbank Banque f centrale européenne; **Europäischer Binnenmarkt** marché m unique; **Europäischer Gerichtshof** Cour f de justice des Communautés européennes; **Europäischer Kommissar** commissaire m européen; **Europäischer Rat** Conseil m de l'Union européenne; **Europäischer Rechnungshof** Cour f des comptes européenne; **Europäischer Wirtschaftsraum** Espace m économique européen; **Europäisches Parlament** Parlement m européen; **Europäisches System der Zentralbanken** Système m européen de banques centrales; **Europäisches Währungsinstitut** Institut m monétaire européen; **Europäisches Währungssystem** Système m monétaire européen; **Europameister(in)** m(f) champion m d'Europe; **Europameisterschaft** f championnat m d'Europe; **Europaparlament** nt Parlement m européen; **Europarat** m Conseil m de l'Europe; **Europawahl** f élections fpl européennes **Europol** f (-) Europol m; **Europolitik** f politique f de l'euro; **Euroscheck** m eurochèque m; **Euroskeptiker(in)** m(f) (-s, -) eurosceptique mf; **Eurotunnel** m tunnel m sous la Manche; **Eurozeichen** nt marque f euro; **Eurozone** f zone f euro

Euter nt (-s, -) pis m, mamelle f
EU-Verordnung f règlement m UE; **EU-Vertrag** m traité m UE, traité m sur l'UE
e. V. abk von **eingetragener Verein** association f déclarée
evakuieren (pp evakuiert) vt évacuer
evangelisch adj protestant(e)
Evangelium nt évangile m
Eva(s)kostüm nt im ~ en tenue d'Ève
eventuell 1. adj éventuel(le) **2.** adv éventuellement
EWG f (-) (HIST) abk von **Europäische Wirtschaftsgemeinschaft** CEE f
EWI nt (-) abk von **Europäisches Währungsinstitut** IME m
ewig adj éternel(le); **Ewigkeit** f éternité f
EWR m (-) abk von **Europäischer Wirtschaftsraum** E.E.E. m
EWS nt (-) abk von **Europäisches Währungssystem** SME m
EWU f (-) abk von **Europäische Wirtschaftsunion** U.E.E. f
EWWU f (-) abk von **Europäische Wirtschafts- und Währungsunion** UEME f
exakt adj (Zahl) exact(e); (Arbeit) précis(e)

Examen nt (-s, - o Examina) examen m
Exempel nt (-s, -) exemple m; **an jdm ein ~ statuieren** faire un exemple de qn
Exemplar nt (-s, -e) exemplaire m; **exemplarisch** adj exemplaire
exerzieren (pp exerziert) vi faire l'exercice
Exhibitionist(in) m(f) exhibitionniste mf
Exil nt (-s, -e) exil m
Existenz f existence f; (fig) individu m; **Existenzgründer(in)** m(f) créateur (-trice) d'entreprise; **Existenzgründung** f création f d'entreprise; **Existenzkampf** m lutte f pour la survie; **Existenzminimum** nt minimum m vital
existieren (pp existiert) vi exister
exklusiv adj (Bericht) exclusif(-ive); (Gesellschaft) sélect(e); **exklusive** prep +gen non compris(e)
exotisch adj exotique
Expansion f expansion f
Expedition f expédition f; (COM) service m des expéditions
Experiment nt expérience f; **experimentell** adj expérimental(e); **experimentieren** (pp experimentiert) vi faire une expérience
Experte m (-n, -n) expert m, spécialiste m; **Expertensystem** nt (INFORM) système m expert; **Expertin** f experte f, spécialiste f
explodieren (pp explodiert) vi ⟨sein⟩ exploser; **Explosion** f explosion f; **explosiv** adj explosif(-ive); (Mensch) d'un tempérament explosif
Exponent m (MATH) exposant m
Export m (-(e)s, -e) exportation f; **Exporteur(in)** m(f) exportateur(-trice); **Exporthandel** m commerce m d'exportation; **exportieren** (pp exportiert) vt (Waren) exporter; **Exportland** nt pays m exportateur
Expressgut nt colis m exprès
Extension f (-, -s) (INFORM) extension f
extra 1. adj inv séparé(e); (besonders) spécial(e) **2.** adv (gesondert) à part; (speziell) spécialement; (absichtlich) exprès; (zuzüglich) en supplément; **ich bin ~ langsam gefahren** j'ai fait un effort pour conduire lentement; **Extra** nt (-s, -s) option f; **Extraausgabe** f, **Extrablatt** nt édition f spéciale
Extrakt m (-(e)s, -e) extrait m
Extrawurst f (fig fam) **jdm eine ~ braten** faire exception pour qn, être aux petits soins pour qn

extrem *adj* extrême
extremistisch *adj* (*POL*) extrémiste
Extremitäten *pl* extrémités *fpl*
Extremsportart *f* sport *m* extrême
Exzentriker(in) *m(f)* (-s, -) excentrique

mf; **exzentrisch** *adj* excentrique
Exzess *m* (-es, -e) excès *m*
Eyeliner *m* (-s, -) eye-liner *m*
EZB *f* (-) *abk von* **Europäische Zentralbank**
BCE *f*

F

F, f *nt* (-, -) F, f *m*; (*MUS*) fa *m*
Fabel *f* (-, -n) fable *f*; **fabelhaft** *adj* merveilleux(-euse)
Fabrik *f* usine *f*, fabrique *f*; **Fabrikant(in)** *m(f)* (*Hersteller*) fabricant(e); (*Besitzer*) industriel(-le); **Fabrikarbeiter(in)** *m(f)* ouvrier(-ière) d'usine
Fabrikat *nt* produit *m*
Fabrikbesitzer(in) *m(f)* propriétaire *mf* d'usine; **Fabrikgelände** *nt* terrain *m* industriel; (*einer bestimmten Fabrik*) terrain *m* de l'usine; **Fabrikverkauf** *m* vente *f* sortie d'usine
Fach *nt* (-(e)s, Fächer) rayon *m*, compartiment *m*; (*Gebiet*) discipline *f*, matière *f*, sujet *m*; **Facharbeiter(in)** *m(f)* ouvrier(-ière) qualifié(e); **Facharzt** *m*, **-ärztin** *f* spécialiste *mf*; **Fachausdruck** *m* terme *m* technique
Fächer *m* (-s, -) éventail *m*
Fachfrau *f* spécialiste *f*; **Fachhochschule** *f* école *f* supérieure spécialisée; **fachkundig** *adj* expert(e); **fachlich** *adj* professionnel(le); **Fachliteratur** *f* littérature *f* spécialisée; **Fachmann** *m* (-leute *pl*) spécialiste *m*; **fachmännisch** *adj* de spécialiste; **Fachschule** *f* école *f* professionnelle; **fachsimpeln** *vi* (*fam*) parler métier; **Fachsprache** *f* langage *m* technique, jargon *m*; **Fachwerk** *nt* colombage *m*; **Fachwerkhaus** *nt* maison *f* à colombage
Fackel *f* (-, -n) torche *f*, flambeau *m*
fad(e) *adj* fade
Faden *m* (-s, Fäden) fil *m*; **der rote ~** le fil conducteur; **Fadennudeln** *pl* vermicelles *mpl*; **fadenscheinig** *adj* (*Lüge*) cousu(e) de fil blanc

fähig *adj* capable; **zu etw ~ sein** être capable de qch; **Fähigkeit** *f* capacité *f*
Fähnchen *nt* fanion *m*
fahnden *vi* ~ **nach** rechercher; **Fahndung** *f* recherches *fpl*; **Fahndungsliste** *f* avis *m* de recherche
Fahne *f* (-, -n) (*Flagge*) pavillon *m*, drapeau *m*; **eine ~ haben** (*fam*) sentir l'alcool
Fahrausweis *m* titre *m* de transport; (*von Zug*) billet *m*; (*von Bus etc*) ticket *m*; **Fahrausweisautomat** *m* distributeur *m* automatique de titres de transport; **Fahrbahn** *f* chaussée *f*; **fahrbar** *adj* roulant(e); ~**er Untersatz** bagnole *f*
Fähre *f* (-, -n) bac *m*
fahren (fuhr, gefahren) **1.** *vt* (*Rad, Karussell, Ski, Schlitten etc*) faire de; (*Fahrzeug, Auto*) conduire; (*befördern: Fuhre*) transporter; **etw an eine Stelle ~** conduire qch quelque part **2.** *vt* ⟨*sein*⟩ (*Strecke*) faire, parcourir **3.** *vi* ⟨*sein*⟩ aller, rouler; (*Auto ~*) conduire; (*abfahren*) partir; ~ **nach** partir à; **mit etw ~** aller en, partir en; **ein Gedanke fuhr ihm durch den Kopf** une idée lui est passé par la tête; **mit der Hand über den Tisch ~** passer la main sur la table; **Fahrer(in)** *m(f)* (-s, -) conducteur(-trice); **Fahrerairbag** *m* airbag *m* conducteur; **Fahrerflucht** *f* délit *m* de fuite; **Fahrgast** *m* passager(-ère); **Fahrgeld** *nt* prix *m* du billet; **Fahrgemeinschaft** *f* covoiturage *m*; **Fahrgestell** *nt* châssis *m*; (*AVIAT*) train *m* d'atterrissage; **Fahrkarte** *f* billet *m*; **Fahrkartenausgabe** *f* guichet *m* (des billets); **Fahrkartenautomat** *m* distributeur *m* automatique, billeterie *f*; **Fahrkartenschalter** *m* guichet *m* (des billets)

fahrlässig adj négligent(e); (JUR) par négligence; **Fahrlässigkeit** f négligence f

Fahrlehrer(in) m(f) moniteur(-trice) d'auto-école; **Fahrplan** m horaire m; **Fahrplanauszug** m horaire m des trains, fiche-horaire f des trains; **fahrplanmäßig** adj à l'heure prévue; **Fahrpreis** m prix m du billet; **Fahrpreisermäßigung** f réduction f sur le prix du billet; **Fahrprüfung** f examen m du permis de conduire; **Fahrrad** nt bicyclette f, vélo m; **Fahrradfahrer(in)** m(f) cycliste mf; **Fahrradträger** m galerie f pour vélos; **Fahrradweg** m piste f cyclable; **Fahrschein** m ticket m; **Fahrscheinautomat** m distributeur m automatique, billeterie f; **Fahrscheinentwerter** m composteur m (de billets); **Fahrschule** f auto-école f; **Fahrschüler(in)** m(f) apprenti(e) conducteur(-trice); **Fahrstuhl** m ascenseur m

Fahrt f (-, -en) voyage m; **in voller ~** à toute allure; **in ~ kommen** (fam) se mettre en train

Fährte f (-, -n) piste f

Fahrtkosten pl frais mpl de déplacement; **Fahrtrichtung** f direction f; **Fahrtunterbrechung** f arrêt m

Fahrverbot nt interdiction f de circuler; **Fahrzeug** nt véhicule m; **Fahrzeugbrief** m carte f grise (titre de propriété); **Fahrzeughalter(in)** m(f) (-s, -) propriétaire mf d'un véhicule; **Fahrzeugschein** m carte f grise

fair adj équitable, loyal(e); **Fairness** f (-) loyauté f, bonne foi f; (a. SPORT) fair-play m, franc-jeu m

Fakt m (-s, -en) fait m

faktisch adj effectif(-ive), réel(le)

Faktor m facteur m

Faktum nt (-s, Fakten) fait m

Faktura f (-, Fakturen) (A, CH) facture f

Fakultät f faculté f

Falke m (-n, -n) faucon m

Fall m (-(e)s, Fälle) (Sturz, Untergang) chute f; (Sachverhalt, LING, MED) cas m; (JUR) affaire f; **auf jeden ~, auf alle Fälle** en tout cas; **auf ~, dass …** au cas où …; **auf keinen ~** en aucun cas

Falle f (-, -n) piège m

fallen (fiel, gefallen) vi ⟨sein⟩ tomber; (Entscheidung) être pris(e); (Tor) être marqué(e); **~ lassen** (Bemerkung) faire; (Plan) laisser tomber, abandonner

fällen vt (Baum) abattre; (Urteil) rendre

fallen|lassen sep irr vt s. **fallen**

fällig adj (Zinsen) exigible, arrivé(e) à échéance; (Bus, Zug) attendu(e); **Fälligkeit** f (COM) échéance f

Fallobst nt fruits mpl tombés

Fall-out m (-s, -s) retombées fpl radioactives

falls konj au cas où

Fallschirm m parachute m; **Fallschirmspringer(in)** m(f) parachutiste mf; **Falltür** f trappe f

falsch adj faux (fausse)

fälschen vt contrefaire; **Fälscher(in)** m(f) (-s, -) faussaire mf

Falschfahrer(in) m(f) automobiliste mf circulant à contresens; **Falschgeld** nt fausse monnaie f; **Falschheit** f fausseté f

fälschlich adj faux (fausse), erroné(e); **fälschlicherweise** adv par erreur

Fälschung f falsification f, contrefaçon f; **fälschungssicher** adj infalsifiable

Faltblatt nt dépliant m; **Faltboot** nt canot m pliant

Fältchen nt (von Haut) ride f

Falte f (-, -n) pli m; (Haut~) ride f; **falten** vt plier; (Hände) joindre

Falter m (-s, -) papillon m

faltig adj froissé(e); (Gesicht, Haut) ridé(e)

familiär adj de famille; (vertraut) familier(-ière)

Familie f famille f; **Familienfeier** f fête f de famille; **Familienkreis** m cercle m de famille; **Familienmitglied** nt membre m de la famille; **Familienname** m nom m de famille; **Familienplanung** f planning m familial; **Familienstand** m situation f de famille; **Familienvater** m père m de famille

Fan m (-s, -s) fana(tique) mf; (eines Stars) fan mf

Fanatiker(in) m(f) (-s, -) fanatique mf; **fanatisch** adj fanatique; **Fanatismus** m fanatisme m

fand imperf von **finden**

Fang m (-(e)s, Fänge) capture f; (das Jagen) chasse f; (Beute) prise f; **Fänge** pl (Zähne) croc m; (Krallen) serres fpl

fangen (fing, gefangen) 1. vt attraper 2. vr **sich ~** (nicht fallen) se rattraper; (seelisch) se reprendre

Fango m (-s) boue f marine

Fantasie f imagination f; **fantasielos** adj sans imagination; **fantasieren** (pp fantasiert) vi rêver (von de); (MED, pej) délirer; **fantasievoll** adj plein(e) d'imagination

fantastisch adj fantastique

FAQ f (-, -s) abk von **frequently asked questions** foire f aux questions
Farbabzug m tirage m couleur; **Farbaufnahme** f photo f en couleurs; **Farbband** m (-bänder pl) ruban m encreur; **Farbdrucker** m imprimante f couleur
Farbe f (-, -n) couleur f; (zum Malen etc) peinture f
farbecht adj grand teint
färben 1. vi (Stoff etc) déteindre **2.** vt teindre **3.** vr sich ~ se colorer
farbenblind adj daltonien(ne); **farbenfroh, farbenprächtig** adj aux couleurs gaies
Farbfernsehen nt télévision f en couleurs; **Farbfernseher** m téléviseur m couleur; **Farbfilm** m film m (en couleur(s); **Farbfoto** nt photo f en couleur; **Farbfotografie** f photographie f en couleur
farbig adj (bunt) coloré(e); (Mensch) de couleur; **Farbige(r)** mf homme m de couleur, femme f de couleur
Farbkasten m boîte f de couleurs; **Farbkopierer** m photocopieuse f couleur; **farblos** adj incolore; (fig) terne, plat(e); **Farbstift** m crayon m de couleur; **Farbstoff** m colorant m; **Farbton** m ton m
Färbung f coloration f, teinte f; (fig) tendance f
Farn m (-(e)s, -e) fougère f
Fasan m (-(e)s, -e(n)) faisan m
Faschierte(s) nt (A) viande hachée f
Fasching m (-s) carnaval m
Faschismus m fascisme m; **Faschist(in)** m(f) fasciste mf; **faschistisch** adj fasciste
faseln vt, vi radoter
Faser f (-, -n) fibre f; **fasern** vi s'effilocher
Fass nt (-es, Fässer) tonneau m
Fassade f façade f
fassbar adj (begreifbar) compréhensible
Fassbier nt bière f (à la) pression
fassen 1. vt (ergreifen, angreifen) saisir, empoigner; (begreifen, glauben) saisir, comprendre; (inhaltlich) contenir; (Edelstein) sertir; (Plan, Gedanken) concevoir; (Entschluss, Vertrauen) prendre; (Verbrecher) arrêter, attraper **2.** vr sich ~ se ressaisir, se calmer
fasslich adj compréhensible
Fassung f (Umrahmung) monture f; (bei Lampe) douille f; (von Text) version f; (Beherrschung) contenance f, maîtrise f de soi; **jdn aus der ~ bringen** faire perdre

contenance à qn; **fassungslos** adj décontenancé(e); **Fassungsvermögen** nt (von Behälter) capacité f, contenance f; (von Mensch) compréhension f
fast adv presque
fasten vi jeûner; **Fasten** nt (-s) jeûne m; **Fastenzeit** f carême m
Fastfood, Fast Food nt (-, -(s)) fastfood m
Fastnacht f Mardi m gras
faszinieren (pp fasziniert) vt fasciner
fatal adj fatal(e), désastreux(-euse)
fauchen vi siffler
faul adj (verdorben) pourri(e), avarié(e); (Mensch) paresseux(-euse); (Witz, Ausrede, Sache) douteux(-euse), louche
faulen vi ⟨sein o haben⟩ pourrir
faulenzen vi paresser; **Faulenzer(in)** m(f) (-s, -) paresseux(-euse)
Faulheit f paresse f
faulig adj pourri(e), putride
Fäulnis f décomposition f, putréfaction f
Faust f (-, Fäuste) poing m; **auf eigene ~** de sa propre initiative; **Fausthandschuh** m moufle f
Favorit(in) m(f) (-en, -en) favori(-ite)
Fax nt (-es, -e) fax m; **Faxanschluss** m prise f fax; **faxen** vt, vi faxer; **Faxgerät** nt fax m; **Faxnummer** f numéro m de fax
Fazit nt (-s, -s) bilan m
FCKW m (-s, -s) abk von **Fluorchlorkohlenwasserstoff** CFC m
FDP f (-) abk von **Freisinnig-Demokratische Partei** parti radical-démocrate
F.D.P. f (-) abk von **Freie Demokratische Partei** parti libéral allemand
Feature nt (-s, -s) film m documentaire
Feber m (-(s), -) (A) février m
Februar m (-(s), -e) février m; **im ~** en février; **24. ~ 2010** le 24 février 2010; **am 24. ~** le 24 février
fechten (focht, gefochten) vi (kämpfen) se battre (à l'épée); (SPORT) faire de l'escrime
Feder f (-, -n) plume f; (Bett~) duvet m; (TECH) ressort m; **Federball** m volant m; **Federballspiel** nt badminton m; **Federhalter** m édredon m; **Federhalter** m (-s, -) porte-plume m; (Füller) stylo m à encre; **federleicht** adj léger(-ère) comme une plume
federn 1. vi (nachgeben) faire ressort; (Turner) se recevoir en souplesse **2.** vt (Auto) équiper d'une suspension; (Sessel) monter sur ressorts; **das Bett ist gut gefedert** le lit a un bon sommier; **Federung** f

ressorts *mpl*; (*AUTO*) suspension *f*
Fee *f* (-, -n) fée *f*
Feed-back *nt* (-s, -s) réactions *fpl*
Feeling *nt* (-s) intuition *f*; (*von Musiker*)
sensibilité *f*; (*gutes Gefühl*) sensation *f* formidable
Fegefeuer *nt* purgatoire *m*
fegen *vt* balayer
fehl *adj* ~ **am Platz** déplacé(e)
fehlen *vi* (*nicht vorhanden sein*) manquer;
(*abwesend sein*) être absent(e); **etw fehlt
jdm** il manque qch à qn; **du fehlst mir** tu
me manques; **was fehlt ihm?** qu'est-ce
qu'il a?; **es fehlt an etw** *dat* il manque
qch
Fehler *m* (-s, -) faute *f*; (*bei Mensch, Gerät*)
défaut *m*; (*INFORM*) erreur *f*; **fehlerfrei** *adj*
irréprochable, impeccable; **fehlerhaft**
adj incorrect(e); (*Ware, Artikel*) défectueux(-euse); **Fehlermeldung** *f* (*INFORM*)
message *m* d'erreur; **Fehlerquote** *f*
taux *m* d'erreur
Fehlgeburt *f* fausse couche *f*; **Fehlgriff**
m erreur *f*; **Fehlkonstruktion** *f* **eine** ~
sein être mal conçu(e); **Fehlschlag** *m*
échec *m*; **fehl|schlagen** *sep irr vi* ⟨*sein*⟩
échouer; **Fehlschluss** *m* conclusion *f*
erronée; **Fehlstart** *m* (*SPORT*) faux départ
m; **Fehltritt** *m* faux pas *m*; **Fehlzündung** *f* (*AUTO*) raté *m*, défaut *m* d'allumage
Feier *f* (-, -n) fête *f*, cérémonie *f*; **Feierabend** *m* fin *f* du travail; ~ **machen**
arrêter de travailler; ~ **haben** terminer sa
journée; **jetzt ist** ~ (*fig*) c'est terminé;
feierlich *adj* solennel(le); **Feierlichkeit**
f solennité *f*; ~**en** *pl* cérémonie *f*; **feiern**
vt, *vi* fêter; **Feiertag** *m* jour *m* férié
feig(e) *adj* lâche
Feige *f* (-, -n) figue *f*
Feigheit *f* lâcheté *f*
Feigling *m* lâche *mf*
Feile *f* (-, -n) lime *f*; **feilen** *vt*, *vi* limer
feilschen *vi* marchander
fein *adj* fin(e); (*Qualität, vornehm*) raffiné(e); ~**!** formidable!
Feind(in) *m(f)* (-(e)s, -e) ennemi(e);
Feindbild *nt* concept d'ennemi *m*;
feindlich *adj* hostile; **Feindschaft** *f*
inimitié *f*, hostilité *f*; **feindselig** *adj* hostile; **Feindseligkeit** *f* hostilité *f*
feinfühlig *adj* sensible; **Feingefühl** *nt*
délicatesse *f*, tact *m*; **Feinheit** *f* finesse *f*,
raffinement *m*; **Feinkostgeschäft** *nt*
épicerie *f* fine; **Feinschmecker(in)** *m(f)*
(-s, -) gourmet *m*; **Feinwäsche** *f* linge
m délicat

feist *adj* gros(se), replet(-ète)
Feld *nt* (-(e)s, -er) (*Acker, INFORM*) champ *m*;
(*bei Brettspiel*) case *f*; (*fig: Gebiet*) domaine
m; (*Schlacht~*) champ *m* de bataille;
(*SPORT*) terrain *m*; **Feldblume** *f* fleur *f* des
champs; **Feldherr** *m* commandant *m* en
chef; **Feldsalat** *m* mâche *f*, doucette *f*;
Feldversuch *m* essai *m* in situ; **Feldwebel(in)** *m(f)* (-s, -) adjudant(e); **Feldweg** *m* chemin *m* de terre [o rural];
Feldzug *m* (*a. fig*) campagne *f*
Felge *f* (-, -n) jante *f*; **Felgenbremse** *f*
frein *m* sur jante
Fell *nt* (-(e)s, -e) poil *m*, pelage *m*; (*von
Schaf*) toison *f*; (*verarbeitetes* ~) fourrure *f*;
Felljacke *f* veste *f* de fourrure
Fels *m* (-en, -en), **Felsen** *m* (-s, -) rocher
m, roc *m*; **felsenfest** *adj* ferme, inébranlable; **Felsenvorsprung** *m* saillie *f*
rocheuse; **felsig** *adj* rocheux(-euse);
Felsspalte *f* fissure *f*
feminin *adj* féminin(e)
Femininum *nt* (-s, Feminina) (*LING*) féminin *m*
Feminismus *m* féminisme *m*; **Feminist(in)** *m(f)* féministe *mf*; **feministisch**
adj féministe
Fenchel *m* (-s) fenouil *m*
Feng-Shui *nt* (-) Feng-shui *m*
Fenster *nt* (-s, -) (*a. INFORM*) fenêtre *f*;
Fensterbrett *nt* appui *m* de fenêtre;
Fensterladen *m* volet *m*; **Fensterputzer(in)** *m(f)* (-s, -) laveur(-euse) de carreaux; **Fensterscheibe** *f* vitre *f*, carreau *m*; **Fenstersims** *m* rebord *m* de
fenêtre; **Fenstertechnik** *f* (*INFORM*)
technique *f* de multifenêtrage
Ferien *pl* vacances *fpl*; ~ **machen** prendre des vacances; ~ **haben** avoir des
vacances, être en vacances; **Ferienarbeit** *f* job *m* de vacances; **Feriendorf** *nt*
village-vacances *m*; **Ferienhaus** *nt* maison *f* de vacances; **Ferienkurs** *m* cours
m de vacances; **Ferienlager** *nt* camp *m*
de vacances; **Ferienreise** *f* voyage *m*;
Ferienwohnung *f* appartement *m* de
vacances; **Ferienzeit** *f* vacances *fpl*,
periode *f* de vacances
Ferkel *nt* (-s, -) porcelet *m*
fern 1. *adj* lointain(e), éloigné(e) **2.** *adv*
loin; ~ **von hier** loin d'ici; **jdn/etw** ~ **halten** tenir qn/qch à l'écart; **jdm** ~ **liegen**
être loin de la pensée de qn; **Fernabfrage** *f* (*von Anrufbeantworter*) interrogation *f* à distance; **Fernbedienung** *f*
télécommande *f*; **Ferne** *f* (-, -n) lointain
m

ferner adv (zukünftig) à l'avenir, à venir; (außerdem) en outre

Fernflug m vol m long courrier; **Ferngespräch** nt communication f interurbaine; **ferngesteuert** adj télécommandé(e); **Fernglas** nt jumelles fpl; **fern|halten** sep irr vt s. **fern**; **Fernheizung** f chauffage m urbain; **Fernkopie** f télécopie f; **Fernkopierer** m télécopieur m; **Fernlenkung** f téléguidage m; **fern|liegen** sep irr vi s. **fern**; **Fernmeldeamt** nt centre m de télécommunications; **Fernrohr** nt longue-vue f, télescope m; **Fernschreiber** m téléscripteur m

Fernsehapparat m poste m de télévision; **Fernsehdebatte** f débat m télévisé; **fern|sehen** sep irr vi regarder la télévision; **Fernsehen** nt (-s) télévision f; **im ~** à la télévision; **Fernseher** m (-s, -) télé f; **Fernseher(in)** m(f) (-s, -) téléspectateur(-trice); **Fernsehgebühr** f redevance f de la télévision; **Fernsehgerät** nt téléviseur m; **Fernsehsatellit** m satellite m de télévision; **Fernsehüberwachungsanlage** f télévision f en circuit fermé; **Fernsehzeitschrift** f programme m télé

Fernsprecher m téléphone m; **Fernsprechnetz** nt réseau m téléphonique; **Fernsprechzelle** f cabine f téléphonique; **Fernsteuerung** f (Gerät) télécommande f; **Fernstraße** f route f à grande circulation

---

Fernstudium

Fernstudium désigne l'enseignement universitaire à distance. Les étudiants ne vont pas à l'université mais suivent leurs cours par correspondance, avec des programmes radio ou des émissions télévisées. Le premier téléenseignement a vu le jour en 1974. Ce système permet ainsi de concilier des études avec une carrière professionnelle ou des enfants.

Ferntourismus m tourisme m d'évasion; **Fernverkehr** m transport m longues distances; (Zug) trafic m grandes lignes

Ferse f (-, -n) talon m

fertig adj prêt(e); (beendet) fini(e); **~ sein** (fam: müde) être à plat; **mit jdm ~ sein** en avoir fini avec qn; **mit etw ~ werden** finir qch; (zurechtkommen) venir à bout de qch; **~ bringen** (fähig sein) arriver à faire; **~ machen** (beenden) finir, terminer; (fam: Menschen: körperlich) épuiser; (moralisch) démolir; **sich ~ machen** se préparer; **~**

stellen finir, achever; **Fertigbau** m (-bauten pl) construction f en préfabriqué; **fertig|bringen** sep irr vt s. **fertig**; **Fertiggericht** nt plat m préparé

Fertigkeit f adresse f, habileté f

fertig|machen sep vt s. **fertig**; **fertig|stellen** sep vt s. **fertig**

Fertigungsstandort m lieu m de fabrication

fesch adj (A: hübsch) joli(e)

Fessel f (-, -n) lien m, chaîne f; **fesseln** vt (Gefangenen) ligoter; (fig) captiver; **fesselnd** adj captivant(e)

fest adj ferme; (Nahrung, Stoff) solide; (Preis, Wohnsitz) fixe; (Anstellung) permanent(e); (Bindung) sérieux(-euse); (Schlaf) profond(e); **~e Schuhe** de bonnes chaussures; **~ angestellt sein** avoir un emploi fixe

Fest nt (-(e)s, -e) fête f

Festbeleuchtung f illumination f

fest|binden sep irr vt lier, attacher; **fest|bleiben** sep irr vi ⟨sein⟩ rester inébranlable

Festessen nt banquet m

fest|fahren sep irr vr **sich ~** s'enliser; **fest|halten** sep irr **1.** vt (Gegenstand) tenir ferme; (Ereignis) noter, retenir **2.** vr **sich ~** s'accrocher (an +dat à) **3.** vi **an etw** dat **~** (fig) rester fidèle à qch, garder qch

festigen 1. vt consolider; (Material) renforcer **2.** vr **sich ~** (Beziehung, Gesundheit) se consolider; **Festiger** m (-s, -) fixateur m; **Festigkeit** f consistance f, fermeté f

Festival nt (-s, -s) festival m

fest|klammern sep vr **sich ~** s'accrocher (an +dat à); **Festland** nt continent m; **fest|legen** sep **1.** vt déterminer, fixer **2.** vr **sich ~** s'engager (auf +akk à)

festlich adj de cérémonie, solennel(le)

fest|machen sep vt fixer; **Festnahme** f (-, -n) arrestation f; **fest|nehmen** sep irr vt arrêter; **Festplatte** f (INFORM) disque m dur; **Festplattenlaufwerk** nt (INFORM) lecteur m de disque dur

Festrede f discours m solennel

fest|schreiben sep irr vt retenir, fixer par écrit; **fest|setzen** sep vt fixer, établir

Festspiele pl festival m

fest|stehen sep irr vi être fixé(e); **fest|stellen** sep vt constater; **Feststelltaste** f touche f de blocage (des majuscules)

Festung f forteresse f

fett adj gras(se); **~ gedruckt** imprimé(e) en caractères gras; **Fett** nt (-(e)s, -e) graisse f; **fettarm** adj (Nahrung) pauvre en graisses; **fetten** vt graisser; **Fettfleck**

m tache *f* de graisse; **fettgedruckt** *adj s.*
fett; Fettgehalt *m* teneur *m* en graisse;
fettig *adj* gras(se); **Fettnäpfchen** *nt*
ins ~ treten mettre les pieds dans le plat
Fetzen *m* (-s, -) lambeau *m*, chiffon *m*
fetzig *adj* (*fam*) qui décoiffe
feucht *adj* humide; **Feuchtigkeit** *f*
humidité *f*; **Feuchtigkeitscreme** *f*
crème *f* hydratante
Feuer *nt* (-s, -) feu *m*; ~ **fangen** prendre
feu; (*fig*) s'enthousiasmer; (*sich verlieben*)
tomber amoureux(-euse); ~ **und Flamme**
sein être tout feu tout flamme; **Feuer-**
alarm *m* alerte *f* au feu; **Feuereifer** *m*
enthousiasme *m*; **feuerfest** *adj* (*Geschirr*)
résistant(e) au feu; **Feuergefahr** *f* danger *m* d'incendie; **feuergefährlich** *adj*
inflammable; **Feuerleiter** *f* échelle *f*
d'incendie; **Feuerlöscher** *m* (-s, -)
extincteur *m*; **Feuermelder** *m* (-s, -)
avertisseur *m* d'incendie
feuern 1. *vi* (*schießen*) tirer; **mit Holz ~** se
chauffer au bois **2.** *vt* (*fam: werfen*) balancer; (*entlassen*) virer; **jdm eine ~** donner
une baffe à qn
feuersicher *adj* à l'épreuve du feu; **Feu-**
erstein *m* silex *m*, pierre *f* à briquet;
Feuerwehr *f* (-, -en) sapeurs-pompiers
mpl; **Feuerwehrauto** *nt* voiture *f* de
pompiers; **Feuerwehrmann** *m* (-leute
pl) pompier *m*; **Feuerwerk** *nt* feu *m*
d'artifice; **Feuerzeug** *nt* briquet *m*
feurig *adj* brûlant(e); (*Liebhaber*) fer-
vent(e), ardent(e)
Fichte *f* (-, -n) (*Baum*) épicéa *m*; (*Holz*)
sapin *m*
ficken *vt, vi* (*vulg*) baiser
fidel *adj* joyeux(-euse), gai(e)
Fidschi *nt* (-s) les îles *fpl* Fidji
Fieber *nt* (-s, -) fièvre *f*; **fieberhaft** *adj*
fiévreux(-euse); **Fiebermesser** *m* (-s, -),
Fieberthermometer *nt* thermomètre
m (médical)
fiel *imperf von* **fallen**
fies *adj* (*fam*) dégoûtant(e), vache
Figur *f* (-, -en) (*von Mensch*) stature *f*,
silhouette *f*; (*Mensch*) personnage *m*;
(*Spiel~*) pièce *f*, pion *m*; **sie hat eine gute**
~ elle est bien faite; **auf die ~ achten**
faire attention à sa ligne
Filiale *f* (-, -n) succursale *f*
Film *m* (-(e)s, -e) (*Spiel~ etc*) film *m*;
(*FOTO*) pellicule *f*; **Filmaufnahme** *f*
prise *f* de vue; **filmen** *vt* filmer; **Film-**
kamera *f* caméra *f*; **Filmprojektor** *m*,
Filmvorführgerät *nt* projecteur *m*
Filter *m* (-s, -) filtre *m*; (*TECH*) écran *m*;

Filtermundstück *nt* bout *m* filtre; **fil-**
tern *vt* filtrer; **Filterpapier** *nt* papier-
filtre *m*; **Filtertüte** *f* filtre *m*; **Filterziga-**
rette *f* cigarette filtre *f*
Filz *m* (-es, -e) feutre *m*; **filzen 1.** *vt* (*fam:*
durchsuchen) fouiller **2.** *vi* (*Wolle*) feutrer;
Filzschreiber *m*, **Filzstift** *m* feutre *m*,
stylo-feutre *m*, crayon *m* feutre
Finale *nt* (-s, -(s)) finale *f*
Finanzamt *nt* perception *f*; **Finanzaus-**
gleich *m* péréquation *f* financière;
Finanzbeamte(r) *m*, **-beamtin** *f* fonctionnaire *mf* des finances; **Finanzen** *pl*
finances *fpl*; **finanziell** *adj* finan-
cier(-ière); **finanzieren** (*pp* finanziert) *vt*
financer; **Finanzminister(in)** *m(f)*
ministre *m* des Finances
finden (fand, gefunden) *vt* trouver; **ich**
finde nichts dabei, wenn ... je ne trouve
rien de mal à ce que ...; **zu sich selbst ~**
se trouver; **Finder(in)** *m(f)* (-s, -) personne *f* qui trouve qch; **Finderlohn** *m*
récompense *f*; **findig** *adj* ingé-
nieux(-euse)
fing *imperf von* **fangen**
Finger *m* (-s, -) doigt *m*; **lass die ~ davon**
(*fam*) ne t'en mêle pas; **jdm auf die ~**
sehen avoir qn à l'œil; **Fingerabdruck**
m empreinte *f* digitale; **genetischer ~**
empreinte *f* génétique; **Fingerhand-**
schuh *m* gant *m*; **Fingerhut** *m* dé *m* à
coudre; (*BOT*) digitale *f*; **Fingernagel** *m*
ongle *m*; **Fingerring** *m* bague *f*; **Fin-**
gerspitze *f* bout *m* du doigt; **Finger-**
spitzengefühl *nt* doigté *m*; **Finger-**
zeig *m* (-(e)s, -e) signe *m*
fingieren (*pp* fingiert) *vt* feindre; **fin-**
giert *adj* fictif(-ive)
Fink *m* (-en, -en) pinson *m*
Finne *m* (-n, -n), **Finnin** *f* Finlandais(e),
Finnois(e); **finnisch** *adj* finlandais(e),
finnois(e)
Finnland *nt* la Finlande
finster *adj* sombre; (*Mensch*) lugubre;
(*Kneipe*) sinistre; (*Mittelalter*) obscur(e);
Finsternis *f* obscurité *f*
Finte *f* (-, -n) ruse *f*
Firewall *f* (-, -s) (*INFORM*) pare-feu *m*
Firma *f* (-, Firmen) compagnie *f*, firme *f*;
Firmenschild *nt* enseigne *f*; **Firmen-**
zeichen *nt* marque *f* de fabrique
Firnis *m* (-ses, -se) vernis *m*
Fis *nt* (-, -) (*MUS*) fa *m* dièse
Fisch *m* (-(e)s, -e) poisson *m*; (*ASTR*) Pois-
sons *mpl*; **Adelheid ist (ein) ~** Adelheid
est Poissons; **fischen** *vt, vi* pêcher;
Fischer(in) *m(f)* (-s, -) pêcheur(-euse);

Fischerei f pêche f; **Fischfang** m pêche f; **Fischgeschäft** nt poissonnerie f; **Fischgräte** f arête f; **Fischstäbchen** nt bâtonnet m de poisson; **Fischzucht** f pisciculture f

Fisole f (-, -n) (A) haricot m vert

fit adj en forme; **Fitness** f (-) forme f; **Fitnesscenter** nt (-s, -) centre m de remise en forme; **Fitnessraum** m salle f de musculation

fix adj (Mensch) leste, adroit(e); (Idee, Kosten) fixe; ~ **und fertig** fin prêt(e); (erschöpft) sur les rotules; (erschüttert) bouleversé(e)

fixen vi (fam) se piquer (à l'héroïne); **Fixer(in)** m(f) (-s, -) (fam) héroïnomane mf; **Fixerstube** f (fam) local m à la disposition des drogués

fixieren (pp fixiert) vt fixer

flach adj plat(e); **Flachbildschirm** m écran m plat

Fläche f (-, -n) surface f, superficie f; **flächendeckend** adj global(e), complet(-ète); **Flächeninhalt** m superficie f

Flachheit f aspect m plat; **Flachland** nt plaine f

flackern vi vaciller

Fladen m (-s, -) galette f; **Fladenbrot** nt pain m rond (pour kebab)

Flagge f (-, -n) pavillon m

flagrant adj flagrant(e); s. a. in flagranti

flämisch adj flamand(e)

Flamme f (-, -n) flamme f; **in** ~n **stehen** être en flammes

Flandern nt (-s) la Flandre, les Flandres

Flanell m (-s, -e) flanelle f

Flanke f (-, -n) flanc m; (SPORT) saut m de côté

Flasche f (-, -n) bouteille f; (fam: Versager) cloche f; **Flaschenbier** nt bière f en bouteille [o canette]; **Flaschenöffner** m ouvre-bouteille m; (Kapselheber) décapsuleur m; **Flaschenpfand** nt consigne f; **Flaschentomate** f tomate f roma; **Flaschenzug** m palan m

flatterhaft adj volage, écervelé(e)

flattern vi ⟨sein⟩ voleter; (Fahne) flotter

flau adj (Stimmung) mou (molle); (COM) stagnant(e); **jdm ist** ~ qn se trouve mal

Flaum m (-(e)s) duvet m

flauschig adj moelleux(-euse)

Flausen pl balivernes fpl

Flaute f (-, -n) (NAUT) calme m; (COM) récession f

Flechte f (-, -n) tresse f, natte f; (MED) dartre f; (BOT) lichen m; **flechten** (flocht, geflochten) vt tresser

Fleck m (-(e)s, -e) tache f; (fam: Ort, Stelle) endroit m; (Stoff~) petit bout m (de tissu); **nicht vom** ~ **kommen** ne pas avancer d'une semelle; **fleckenlos** adj sans tache; (fig) immaculé(e); **Fleckenmittel** nt, **Fleckentferner** m (-s, -) détachant m; **fleckig** adj (schmutzig) taché(e), maculé(e)

Fledermaus f chauve-souris f

Flegel m (-s, -) (Dresch~) fléau m; (Mann) mufle m; **flegelhaft** adj impertinent(e); (Mann) mufle; **Flegeljahre** pl âge m ingrat; **flegeln** vr sich ~ se vautrer

flehen vi implorer, supplier; **flehentlich** adj suppliant(e)

Fleisch nt (-(e)s) chair f; (Essen) viande f; **Fleischbrühe** f bouillon m (de viande); **Fleischer(in)** m(f) (-s, -) boucher(-ère); (für Schweinefleisch und Wurstwaren) charcutier(-ière); **Fleischerei** f boucherie f; (für Schweinefleisch und Wurstwaren) charcuterie f; **fleischig** adj charnu(e); **Fleischküchle** nt (-s, -) boulette f de viande; **fleischlich** adj (Gelüste) charnel(le); **Fleischpflanzerl** nt (-s, -n) (A) boulette f de viande; **Fleischtomate** f tomate f à farcir; **Fleischwolf** m hachoir m; **Fleischwunde** f blessure f ouverte

Fleiß m (-es) application f, assiduité f; **fleißig 1.** adj travailleur(-euse), assidu(e) **2.** adv (oft) assidûment

flektieren (pp flektiert) vt décliner; (Verb) conjuguer

flennen vi (fam) pleurnicher

fletschen vt die Zähne ~ montrer les dents

flexibel adj flexible

flicken vt rapiécer, raccommoder; **Flicken** m (-s, -) pièce f

Flieder m (-s, -) lilas m

Fliege f (-, -n) mouche f; (zur Kleidung) nœud m papillon

fliegen (flog, geflogen) **1.** vt (Flugzeug) piloter; (Menschen) transporter (par avion); (Strecke) parcourir **2.** vi ⟨sein⟩ voler; (im Flugzeug) aller en avion; (durch Schleudern) être précipité(e); **nach London** ~ aller à Londres en avion; **aus der Schule/Firma** ~ (fam) être mis(e) à la porte de l'école/de l'entreprise; **auf jdn/ etw** ~ (fam) avoir un faible pour qn/qch

Fliegenpilz m amanite f tue-mouches

Flieger(in) m(f) (-s, -) aviateur(-trice); **Fliegeralarm** m alerte f aérienne

fliehen (floh, geflohen) vi ⟨sein⟩ fuir; **vor etw** dat ~ (s'en)fuir devant qch

Fliese f (-, -n) carreau m

Fließband nt (-bänder pl) tapis m roulant; (in Fabrik) chaîne f de montage; **Fließbandarbeit** f travail m à la chaîne
fließen (floss, geflossen) vi ⟨sein⟩ couler; **fließend 1.** adj (Wasser) courant(e) **2.** adv (sprechen) couramment; **Fließheck** nt arrière m profilé; **Fließkomma** nt virgule f flottante
flimmerfrei adj (INFORM: Monitor) non entrelacé; **flimmern** vi scintiller; (Bild) trembler
flink adj vif (vive), agile
Flinte f (-, -n) fusil m (de chasse)
Flipchart f (-, -s) tableau m à feuilles mobiles
Flipper m (-s, -) flipper m; **flippern** vi jouer au flipper
flippig adj (fam) farfelu(e)
Flirt m (-s, -s) flirt m; **flirten** vi flirter (mit avec)
Flitterwochen pl lune f de miel
flitzen vi ⟨sein⟩ filer
Floating nt (-s) flottement m, flottaison f de monnaie
flocht imperf von **flechten**
Flocke f (-, -n) (Schnee~, Getreide~) flocon m; **flockig** adj floconneux(-euse)
flog imperf von **fliegen**
floh imperf von **fliehen**
Floh m (-(e)s, Flöhe) puce f; jdm einen ~ ins Ohr setzen donner des idées à qn; **Flohmarkt** m marché m aux puces
Flop m (-s, -s) bide m
Florenz nt (-) Florence
florieren (pp floriert) vi prospérer
Floskel f (-, -n) formule f rhétorique
Floß nt (-es, Flöße) radeau m
floss imperf von **fließen**
Flosse f (-, -n) (von Fisch) nageoire f, aileron m; (Taucher~) palme f
Flöte f (-, -n) flûte f; **flöten** vi jouer de la flûte; ~ **gehen** (fam) être perdu(e); **Flötist(in)** m(f) flûtiste mf
flott adj (schnell) rapide; (Musik) entraînant(e); (schick) chic, élégant(e); (NAUT) à flot
Flotte f (-, -n) flotte f, marine f
Fluch m (-(e)s, Flüche) juron m; (Verfluchung) malédiction f; **fluchen** vi jurer (auf +akk contre)
Flucht f (-, -en) fuite f; **auf der** ~ **sein** être en fuite; **fluchtartig** adv avec précipitation, précipitamment; **flüchten 1.** vi ⟨sein⟩ fuir, s'enfuir (vor +dat devant) **2.** vr **sich ins Haus** ~ se réfugier dans la maison
flüchtig adj (Arbeit) superficiel(le);

(Besuch, Blick) rapide; (Bekanntschaft) passager(-ère); (Verbrecher) en fuite; **Flüchtigkeit** f rapidité f, caractère m superficiel; **Flüchtigkeitsfehler** m faute f d'inattention
Flüchtling m fugitif(-ive); (politischer ~) réfugié(e); **Flüchtlingslager** m camp m de réfugiés
Flug m (-(e)s, Flüge) vol m; **im** ~ en vol; **Flugabwehr** f défense f aérienne; **Flugangst** f peur f de prendre l'avion; **Flugbegleiter(in)** m(f) steward m, hôtesse f (de l'air); **Flugblatt** nt tract m; **Flugdatenschreiber** m boîte f noire
Flügel m (-s, -) aile f; (Altar~) volet m; (SPORT) ailier m; (MUS) piano m à queue
Fluggast m passager(-ère)
flügge adj (Vogel) capable de voler; (fig: Mensch) capable de voler de ses propres ailes
Fluggeschwindigkeit f vitesse f de vol; **Fluggesellschaft** f compagnie f aérienne; **Flughafen** m aéroport m; **Flughafenzubringerdienst** m navette f aéroportuaire; **Flughöhe** f altitude f de vol; **Fluglotse** m aiguilleur m du ciel; **Flugnummer** f numéro m de vol; **Flugplan** m horaire m d'avions; **Flugplatz** m aérodrome m; **Flugrettungsdienst** m service m de secours héliporté; **Flugschein** m billet m d'avion; (des Piloten) brevet m de pilote; **Flugschreiber** m boîte f noire; **Flugsimulator** m simulateur m de vol; **Flugsteig** m (-s, -e) porte f d'embarquement; **Flugstrecke** f itinéraire m (de vol); **Flugverkehr** m trafic m aérien
Flugzeug nt avion m; **Flugzeugentführer(in)** m(f) pirate mf de l'air; **Flugzeugentführung** f détournement m d'avion; **Flugzeughalle** f hangar m; **Flugzeugträger** m porte-avions m
Flunder f (-, -n) flet m
flunkern vi raconter des bobards
Fluor nt (-s) fluor m; **Fluorchlorkohlenwasserstoff** m chlorofluorocarbone m
Flur m (-(e)s, -e) entrée f
Fluss m (-es, Flüsse) fleuve m, rivière f; (das Fließen) courant m, flot m; **im** ~ **sein** (fig) être en cours; **Flussdiagramm** nt organigramme m
flüssig adj liquide; (Verkehr) fluide; (Stil) aisé(e); ~ **machen** (Geld) se procurer; **Flüssigkeit** f liquide m; (Zustand) liquidité f, fluidité f; **Flüssigkristall** m cristal m liquide; **Flüssigkristallanzeige** f

afficheur *m* à cristaux liquides; **flüssig|-machen** *sep vt s.* **flüssig**

flüstern *vt, vi* chuchoter; **Flüsterpropaganda** *f* bouche à oreille *m*

Flut *f* (-, -en) inondation *f*, déluge *m*; (*Gezeiten*) marée *f* haute; (*Wassermassen*) flots *mpl*; (*fig*) torrent *m*; **fluten** *vi* ⟨*sein*⟩ arriver à flots; **Flutlicht** *nt* lumière *f* des projecteurs, projecteurs *mpl*

focht *imperf von* **fechten**

Fohlen *nt* (-s, -) poulain *m*

Föhn *m* (-(e)s, -e) (*Wind*) fœhn *m*; (*Haartrockner*) sèche-cheveux *m*, séchoir *m*; **föhnen** *vt* sécher (au séchoir)

Föhre *f* (-, -n) pin *m* sylvestre

Folge *f* (-, -n) suite *f*, continuation *f*; (*Auswirkung*) conséquence *f*; **etw zur ~ haben** avoir qch pour conséquence; **einer Sache** *dat* **~ leisten** donner suite à qch; **Folgeerscheinung** *f* conséquence *f*, effet *m*; **folgen 1.** *vi* ⟨*sein*⟩ suivre; **daraus folgt ...** il en résulte ... **2.** *vi* (*gehorchen*) obéir (*jdm* à qn); **folgend** *adj* suivant(e); **folgendermaßen** *adv* de la manière suivante; **folgenschwer** *adj* lourd(e) de conséquences; **folgerichtig** *adj* logique

folgern *vt* conclure (*aus* de); **Folgerung** *f* conclusion *f*; **folglich** *adv* en conséquence, par conséquent

folgsam *adj* docile, obéissant(e)

Folie *f* film *m* plastique; (*für Tageslichtprojektor*) transparent *m*; (*Alu~*) feuille *f* d'aluminium

Folter *f* (-, -n) torture *f*; (*Gerät*) chevalet *m*; **foltern** *vt* torturer

Fön® *m* (-(e)s, -e) sèche-cheveux *m*

Fonds *m* (-, -) fonds *m*

Fondue *nt* (-s, -s) fondue *f*

fönen *vt s.* **föhnen**

Font *m* (-s, -s) police *f* de caractères

Fontäne *f* (-, -n) jet *m* d'eau

foppen *vt* faire marcher

Förderband *nt* (-bänder *pl*) tapis *m* roulant; **Förderkorb** *m* cage *f* d'extraction; **förderlich** *adj* **einer Sache** *dat* **~ sein** être bon(ne) pour qch

fordern *vt* exiger

fördern *vt* (*Menschen, Produktivität*) encourager; (*Plan*) favoriser; (*Kohle*) extraire

Forderung *f* exigence *f*, demande *f*

Förderung *f* encouragement *m*, aide *f*; (*von Kohle*) extraction *f*

Forelle *f* truite *f*

Form *f* (-, -en) forme *f*; (*Guss~, Back~*) moule *m*; **in ~ sein** être en forme; **in ~ von** sous forme de; **die ~ wahren** respecter les formes

Formaldehyd *m* (-s) formaldéhyde *m*

formalisieren (*pp* formalisiert) *vt* formaliser

Formalität *f* formalité *f*

Format *nt* format *m*; (*fig*) envergure *f*, (grande) classe *f*

formatieren (*pp* formatiert) *vt* (*Diskette*) formater

Formation *f* formation *f*

Formatvorlage *f* (*INFORM*) modèle *m*

formbar *adj* malléable

Formel *f* (-, -n) formule *f*

formell *adj* formel(le)

formen *vt* former

Formfehler *m* faux pas *m*; (*JUR*) vice *m* de forme

förmlich 1. *adj* en bonne et due forme; (*Mensch, Benehmen*) cérémonieux(-euse) **2.** *adv* (*geradezu*) presque; **Förmlichkeit** *f* formalité *f*

formlos *adj* sans forme, informe; (*Antrag, Brief*) sans formalités

Formular *nt* (-s, -e) formulaire *m*

formulieren (*pp* formuliert) *vt* formuler; **Formulierung** *f* formulation *f*

forsch *adj* résolu(e), énergique

forschen *vi* chercher, rechercher (*nach etw* qch); (*wissenschaftlich*) faire de la recherche; **forschend** *adj* scrutateur(-trice); **Forscher(in)** *m(f)* (-s, -) chercheur(-euse); **Forschung** *f* recherche *f*; **Forschungsreise** *f* voyage *m* d'étude; **Forschungssatellit** *m* satellite *m* d'observation; **Forschungsvorhaben** *nt* projet *m* de recherches

Forst *m* (-(e)s, -e) forêt *f*; **Forstarbeiter(in)** *m(f)* employé(e) des eaux et forêts

Förster(in) *m(f)* (-s, -) garde forestier(-ière)

Forstwirtschaft *f* sylviculture *f*

fort *adv* (*verschwunden, weg*) disparu(e), parti(e); **und so ~** et ainsi de suite; **in einem ~** sans arrêt

fort|bestehen (*pp* fortbestanden) *sep irr vi* persister, survivre

fort|bewegen (*pp* fortbewegt) *sep* **1.** *vt* faire avancer **2.** *vr* **sich ~** (*vorankommen*) avancer

fort|bilden *sep vr* **sich ~** se perfectionner, faire des stages (de formation); **Fortbildung** *f* formation *f* permanente

fort|bleiben *sep irr vi* ⟨*sein*⟩ ne pas (re)venir

fort|bringen *sep irr vt* (*jdn*) emmener; (*etw*) emporter; (*fortschaffen*) débarrasser

Fortdauer *f* continuation *f*

fort|fahren sep irr **1.** vi ⟨sein⟩ (wegfahren) partir, s'en aller **2.** vi (weitermachen) continuer

fort|führen sep vt (Arbeit) poursuivre; (wegführen) emmener

fort|gehen sep irr vi ⟨sein⟩ s'en aller, partir

fortgeschritten adj avancé(e)

fort|kommen sep irr vi ⟨sein⟩ (wegkommen) arriver à s'en aller; (vorankommen) faire des progrès; (verloren gehen) disparaître

fort|können sep irr vi pouvoir s'en aller

fort|lassen sep irr vt laisser partir

fort|müssen sep irr vi devoir partir

fort|pflanzen sep vr sich ~ se reproduire; **Fortpflanzung** f reproduction f

fort|schreiten sep irr vi ⟨sein⟩ (Krankheit) progresser; (Alter, Arbeit) avancer

Fortschritt m progrès m; **fortschritt-lich** adj progressive

fort|setzen sep vt continuer; **Fortset-zung** f continuation f, suite f; ~ **folgt** à suivre

fortwährend adj constant(e), continuel(le)

fort|ziehen sep irr **1.** vt tirer **2.** vi ⟨sein⟩ émigrer; (umziehen) déménager

fossil adj (Brennstoff) fossile

Foto nt (-s, -s) photo f; **Fotoapparat** m appareil m photo; **Fotoartikel** pl articles mpl photographiques; **Foto-CD** f CD m photo; **Fotograf(in)** m(f) (-en, -en) photographe mf; **Fotografie** f photographie f; **fotografieren** (pp fotografiert) **1.** vt photographier **2.** vi faire de la photo, faire des photos; **Fotokopie** f photocopie f; **fotokopieren** (pp fotokopiert) vt photocopier; **Fotokopierer** m photocopieur m

Foul nt (-s, -s) faute f

Fracht f (-, -en) fret m, cargaison f; **Frachter** m (-s, -) cargo m; **Frachtgut** nt fret m

Frack m (-(e)s, Fräcke) frac m, habit m

Frage f (-, -n) question f; **eine** ~ **stellen** poser une question; s. a. **infrage**; **Frage-bogen** m questionnaire m; **fragen** vt, vi demander (jdn à qn); **Fragezeichen** nt point m d'interrogation; **fraglich** adj (infrage kommend) en question; (ungewiss) incertain(e); **fraglos** adv incontestablement

Fragment nt fragment m; **fragmenta-risch** adj fragmentaire

fragwürdig adj douteux(-euse)

Fraktion f fraction f

Franc m (-, -s) franc m

Franchising nt (-s) franchisage m

Franken m (-s, -) (Schweizer Währung) franc m (suisse)

Frankfurt nt (-s) Francfort

frankieren (pp frankiert) vt affranchir

franko adv franco de port

Frankreich nt (-s) la France; **in** ~ en France; **nach** ~ **fahren** aller en France

Franse f (-, -n) frange f; **fransen** vi s'effrayer, s'effilocher

Franzose m (-n, -n), **Französin** f Français(e); **französisch** adj français; **die** ~**e Schweiz** la Suisse romande; **Franzö-sisch** nt (LING) français m; ~ **lernen** apprendre le français; ~ **sprechen** parler français; **ins** ~**e übersetzen** traduire en français

fraß imperf von **fressen**

Fratze f (-, -n) grimace f

Frau f (-, -en) femme f; ~ **Schmid** Madame Schmid; ~ **Doktor** Madame le docteur, Docteur; **Frauenarzt** m, **-ärz-tin** f gynécologue mf; **Frauenbeauf-tragte(r)** mf délégué(e) à la condition féminine; **Frauenbewegung** f mouve-ment m féministe; **frauenfeindlich** adj misogyne; **Frauenförderung** f promo-tion f de la femme; **Frauenhaus** nt cen-tre m d'hébergement pour femmes bat-tues; **Frauenrechtler(in)** m(f) (-s, -) féministe mf; **Frauenzeitschrift** f magazine m féminin

Fräulein nt demoiselle f; (Anrede) Made-moiselle f

fraulich adj féminin(e)

Freak m (-s, -s) (fam) enragé(e), mordu(e)

frech adj insolent(e); (Lied, Kleidung, Ausse-hen) audacieux(-euse); **Frechdachs** m petit(e) impertinent(e); **Frechheit** f insolence f, effronterie f

Freeclimbing nt (-s) escalade f en libre

Freeware f (-, -s) logiciel m libre [o gra-tuit]

Fregatte f frégate f

frei adj libre; (Mitarbeiter) indépendant(e); (Arbeitsstelle) vacant(e); (Gefangener) en liberté; (kostenlos) gratuit(e); (Aussicht, schnee~) dégagé(e); **von etw** ~ **sein** être libéré(e) de qch; **im Freien** en plein air; **Freibad** nt piscine f en plein air; **frei|-bekommen** (pp freibekommen) sep irr vt **jdn** ~ faire libérer qn; **einen Tag** ~ obte-nir un jour de congé; **freiberuflich 1.** adj indépendant(e), à son compte, en free-lance **2.** adv ~ **tätig sein** travailler à son compte [o en free-lance]; **Freibetrag** m montant *m* exonéré

Freiburg *nt* (-s) (*Stadt und Kanton*) Fribourg

freigebig *adj* généreux(-euse); **Freigebigkeit** *f* générosité *f*; **frei|haben** *sep vi* être en congé; **frei|halten** *sep irr* **1.** *vt* **Ausfahrt** ~ sortie de voitures **2.** *vr sich* ~ se libérer; **Freihandelsabkommen** *nt* accord *m* de libre échange; **freihändig** *adv* ~ **fahren** conduire sans tenir son volant [o guidon]

Freiheit *f* liberté *f*; **freiheitlich** *adj* libéral(e); **Freiheitsstrafe** *f* peine *f* de prison; **Freikarte** *f* billet *m* gratuit; **Frei|klettern** *nt* escalade *f* en libre; **frei|kommen** *sep irr vi* ⟨*sein*⟩ être remis(e) en liberté; **Freiland** *nt* œuf *m* de poule élevée en plein air; **Freilandversuch** *m* essai *m* de culture en pleine terre; **frei|lassen** *sep irr vt* libérer, remettre en liberté; **Freilauf** *m* (*am Fahrrad*) roue *f* libre; **frei|legen** *sep vt* mettre à jour

freilich *adv* à dire vrai, à la vérité; **ja** ~ mais certainement

Freilichtbühne *f* théâtre *m* en plein air; **frei|machen** *sep* **1.** *vt* (*Post*) affranchir **2.** *vr sich* ~ (*zeitlich*) se libérer; (*sich entkleiden*) se déshabiller; **freimütig** *adj* franc (franche), ouvert(e); **frei|nehmen** *sep irr vt* **sich** *dat* **einen Tag** ~ prendre un jour de congé; **frei|schalten** *sep vt* mettre en liaison; **Freisprechanlage** *f* (*TEL*) pack *m* [o kit *m*] mains libres; **frei|sprechen** *sep irr vt* acquitter (*von* de); **Freispruch** *m* acquittement *m*; **frei|stellen** *sep vt* jdm etw ~ laisser le choix (de qch) à qn; **Freistellungsauftrag** *m* demande *f* d'exonération de prélèvement libératoire; **Freistoß** *m* (*SPORT*) coup *m* franc

Freitag *m* vendredi *m*; (*am*) ~ vendredi (qui vient); **freitags** *adv* tous les vendredis; (*Zeitplan*) le vendredi

freiwillig *adj* volontaire; **Freiwillige(r)** *mf* volontaire *mf*

Freizeichen *nt* (*TEL*) tonalité *f*

Freizeit *f* loisirs *mpl*; **Freizeitausgleich** *m* repos *m* compensateur; **Freizeitgestaltung** *f* organisation *f* des loisirs; **Freizeithemd** *nt* chemise *f* sport; **Freizeitindustrie** *f* industrie *f* des loisirs; **Freizeitpark** *m* parc *m* de loisirs, parc *m* d'attractions

freizügig *adj* large d'esprit; (*großzügig*) généreux(-euse)

fremd *adj* étranger(-ère); (*unvertraut*)

étrange; **sich** ~ **fühlen** se sentir dépaysé(e); **fremdartig** *adj* étrange, bizarre; **Fremde(r)** *mf* étranger(-ère); **fremdenfeindlich** *adj* hostile aux étrangers; **Fremdenführer(in)** *m(f)* guide *mf* touristique; **Fremdenlegion** *f* légion *f* étrangère; **Fremdenverkehr** *m* tourisme *m*; **Fremdenverkehrsamt** *nt* office *m* du tourisme; **Fremdenzimmer** *nt* chambre *f* à louer; **fremd|gehen** *sep irr vi* ⟨*sein*⟩ (*fam*) tromper sa femme [o son mari]; **Fremdkörper** *m* (*im Auge etc*) corps *m* étranger; (*fig: Mensch*) intrus(e); **fremdländisch** *adj* étranger(-ère); **Fremdling** *m* étranger *m*; **Fremdsprache** *f* langue *f* étrangère; **fremdsprachig** *adj* de langue étrangère; (*Unterricht*) en langue étrangère; (*Literatur*) étranger(-ère); **Fremdwort** *nt* mot *m* étranger

Frequenz *f* fréquence *f*

fressen (fraß, gefressen) *vt*, *vi* (*Tier*) manger; (*fam: Mensch*) bouffer

Freude *f* (-, -n) joie *f*, plaisir *m*; **an etw** *dat* ~ **haben** trouver (du) plaisir à qch; **jdm eine** ~ **machen** faire plaisir à qn; **freudig** *adj* joyeux(-euse); **freudlos** *adj* triste; **freuen 1.** *vt* faire plaisir à; **es freut mich, dass …** je suis content(e) que … **2.** *vr sich* ~ être heureux(-euse), être content(e) (*über* +akk de); **sich auf etw** *akk* ~ attendre qch avec impatience

Freund(in) *m(f)* (-(e)s, -e) (*Kamerad*) ami(e); (*Liebhaber*) petit(e) ami(e)

freundlich *adj* (*Mensch, Miene*) aimable, avenant(e); (*Wetter, Farbe*) agréable; (*Wohnung, Gegend*) accueillant(e), riant(e); **das ist sehr** ~ **von Ihnen** c'est très aimable à vous; **er war so** ~, **mir zu helfen** il a eu l'amabilité de m'aider; **freundlicherweise** *adv* aimablement; **Freundlichkeit** *f* amabilité *f*

Freundschaft *f* amitié *f*; **freundschaftlich** *adj* amical(e)

Frevel *m* (-s, -) crime *m*, offense *f* (*an* +dat à); (*REL*) sacrilège *m*; **frevelhaft** *adj* criminel(le); sacrilège

Frieden *m* (-s, -) paix *f*; **im** ~ en temps de paix; **in** ~ **leben** vivre en paix; **Friedensbemühungen** *pl* efforts *mpl* en faveur de la paix; **Friedensbewegung** *f* mouvement *m* pour la paix; **Friedensinitiative** *f* démarches *fpl* de paix, initiative *f* de paix; (*Gruppe*) comité *m* pour la paix; **Friedensschluss** *m* conclusion *f* de la paix; **Friedenstruppe** *f* force *f* d'interposition; **Friedensverhandlun-**

gen pl négociations fpl de paix; **Friedensvertrag** m traité m de paix; **Friedenszeit** f période f de paix; **in ~en** en temps de paix

friedfertig adj pacifique

Friedhof m cimetière m

friedlich adj paisible

frieren (fror, gefroren) **1.** vi ⟨sein⟩ ⟨Wasser⟩ geler **2.** vt, vi ⟨Mensch⟩ avoir froid; **ich friere, es friert mich** j'ai froid

Fries m (-es, -e) (ARCHIT) frise f

frigid(e) adj frigide

Frikadelle f boulette f de viande

Frisbee® nt (-, -s) Frisbee® m

frisch adj frais (fraîche); **~ gestrichen** peinture fraîche; **sich ~ machen** faire un brin de toilette; **Frische** f (-) fraîcheur f; **Frischhaltefolie** f film m alimentaire; **Frischzellentherapie** f thérapeutique f par (les) cellules fraîches

Friseur m, **Friseuse** f coiffeur(-euse); **frisieren** (pp frisiert) **1.** vt coiffer; (fig: Abrechnung) maquiller, falsifier; (Motor) trafiquer **2.** vr **sich ~** se coiffer; **Frisiersalon** m salon m de coiffure; **Frisiertisch** m coiffeuse f

Frisör(in) m(f) (-s, -e) coiffeur(-euse)

Frist f (-, -en) délai m, terme m; **fristen** vt **ein kümmerliches Dasein ~** mener une existence misérable; **fristlos** adj (Entlassung) sans préavis

Frisur f coiffure f

frittieren (pp frittiert) vt (faire) frire

frivol adj frivole; (Witz) léger(-ère)

Frl. nt abk von **Fräulein** Mlle

froh adj joyeux(-euse); **~e Ostern** joyeuses Pâques; **ich bin ~, dass …** je suis content(e) que …

fröhlich adj joyeux(-euse), gai(e); **Fröhlichkeit** f gaieté f, joie f

frohlocken (pp frohlockt) vi exulter

Frohsinn m enjouement m

fromm adj (frömmer, am frömmsten) pieux(-euse); (Wunsch) vain(e); **Frömmigkeit** f piété f, dévotion f

frönen vi **einer Sache** dat **~** s'adonner à qch

Fronleichnam m (-(e)s) Fête-Dieu f

Front f (-, -en) (Haus~) façade f; (MIL) front m

frontal adj frontal(e); **Frontalzusammenstoß** m collision f frontale

fror imperf von **frieren**

Frosch m (-(e)s, Frösche) grenouille f; (Feuerwerks~) pétard m; **Froschmann** m (-männer pl) homme-grenouille m; **Froschschenkel** m cuisse f de grenouille

Frost m (-(e)s, Fröste) gelée f; **Frostbeule** f engelure f; **frösteln** vi frissonner; **es fröstelt mich** j'ai des frissons; **Frostgefahr** f danger m de gel; **frostig** adj glacial(e); **Frostschutzmittel** nt antigel m

Frottee nt (-(s), -s) tissu m éponge

frottieren (pp frottiert) vt frotter, frictionner

Frottier(hand)tuch nt serviette f éponge

Frucht f (-, Früchte) fruit m

fruchtbar adj fertile; (Frau, Tier) fécond(e); (fig: Gespräch etc) fructueux(-euse); **Fruchtbarkeit** f fertilité f; fécondité f; productivité f

fruchten vi porter ses fruits

fruchtig adj fruité(e)

Fruchtsaft m jus m de fruit; **Fruchtwasseruntersuchung** f amniocentèse f; **Fruchtzucker** m fructose m

früh 1. adj (vorzeitig) précoce; **~e Kindheit** première enfance f **2.** adv tôt; (beizeiten) de bonne heure; **heute ~** ce matin; **Frühaufsteher(in)** m(f) (-s, -) lève-tôt mf; **Frühe** f (-) matin m; **in aller ~** de bonne heure

früher 1. adj ancien(ne) **2.** adv autrefois, avant

frühestens adv au plus tôt

Frühgeburt f (Kind) prématuré(e)

Frühjahr nt printemps m; **Frühjahrsmüdigkeit** f fatigue f due au printemps; **Frühling** m printemps m; **im ~** au printemps; **Frühlingsrolle** f pâté m impérial; (klein) nem m

frühreif adj précoce; **Frührentner(in)** m(f) préretraité(e)

Frühstück nt petit-déjeuner m; **frühstücken** vi prendre le petit-déjeuner; **Frühstücksbüfett** nt petit-déjeuner m buffet; **Frühstücksfernsehen** nt émissions fpl (de télé) matinales

Frühverrentung f retraite f anticipée; **frühzeitig 1.** adj précoce **2.** adv (rechtzeitig) de bonne heure; (vorzeitig) prématurément

Frust m (-(e)s) (fam) frustration f; **frustrieren** (pp frustriert) vt frustrer; **frustriert** adj frustré(e)

FTP nt (-s, -s) abk von **file transfer protocol** protocole m de transfert de fichier

Fuchs m (-es, Füchse) renard m; **fuchsen 1.** vt (fam) énerver, agacer **2.** vr **sich ~** (fam) en faire une jaunisse; **Füchsin** f renarde f; **fuchsteufelswild** adj (fam)

furieux(-euse)
fuchteln vi gesticuler (*mit* avec)
Fuge f (-, -n) jointure f; (*MUS*) fugue f
fügen 1. vt (*an~, bei~*) joindre (*an* +akk
à) **2.** vr **sich** ~ se soumettre (*in* +akk à);
(*dem Schicksal*) se résigner (*dat* à); **füg-
sam** adj docile
fühlbar adj perceptible; **fühlen 1.** vt sentir, ressentir; (*durch Tasten, Puls*) tâter **2.** vi
nach etw ~ chercher qch (en tâtant); **mit
jdm** ~ comprendre (les sentiments de)
qn **3.** vr **sich** ~ se sentir; **Fühler** m (-s, -)
antenne f, tentacule m
fuhr imperf von **fahren**
Fuhre f (-, -n) (*Ladung*) charge f
führen 1. vt (*leiten: Gruppe etc*) guider;
(*wohin*) conduire; (*Namen*) porter; (*Ware
etc*) avoir; (*Geschäft, Haushalt, Kasse, Kommando*) tenir; (*Gespräch*) avoir, tenir; **etw
mit sich** ~ avoir qch sur soi [*o* avec soi];
Buch ~ tenir la comptabilité **2.** vi mener;
(*an der Spitze liegen*) être en tête; **zu etw**
~ (*zur Folge haben*) mener à qch **3.** vr **sich**
~ se conduire
Führer(in) m(f) (-s, -) guide mf; (*POL*) leader m; (*von Fahrzeug*) conducteur(-trice);
Führerschein m permis m de conduire
Fuhrmann m (-leute pl) charretier m
Führung f conduite f; (*eines Unterneh-
mens*) direction f; (*MIL*) commandement
m; (*Benehmen*) conduite f; (*Museums~*)
visite f guidée; **Führungskraft** f cadre
m (supérieur); **Führungszeugnis** nt
certificat m de bonne vie et mœurs
Fuhrwerk nt (-s, -e) charrette f, voiture f
Fülle f (-) (*Menge*) abondance f, masse f;
(*Leibes~*) embonpoint m
füllen 1. vt emplir, remplir; (*Abend*) occuper; (*Zahn*) plomber; (*GASTR*) farcir; **Bier in
Flaschen** ~ mettre de la bière en bouteilles **2.** vr **sich** ~ se remplir (*mit* de)
Füller m (-s, -), **Füllfederhalter** m stylo
m (à) plume [*o* à encre]
füllig adj rondelet(te)
Füllung f remplissage m; (*GASTR*) farce f
fummeln vi (*fam*) **an etw** dat ~ tripoter
qch; **mit jdm** ~ peloter qn
Fund m (-(e)s, -e) trouvaille f, découverte f
Fundament nt (*Grundlage*) base f, fondement m; (*von Gebäude*) fondations fpl;
fundamental adj fondamental(e)
Fundamentalismus m fondamentalisme m; **Fundamentalist(in)** m(f) (*POL*)
fondamentaliste mf; (*REL*) intégriste mf;
fundamentalistisch adj (*POL*) fondamentaliste

Fundbüro nt bureau m des objets trou-
vés; **Fundgrube** f (*fig*) mine f
Fundi m (-s, -s), f (-, -s) écologiste parti-
san(e) d'une politique radicale
fundieren (*pp* fundiert) vt fonder; **fundiert** adj solide
fünf num cinq; **Fünf** f (-, -en) cinq m;
fünffach adj quintuple; **fünfhundert**
num cinq cents; **Fünfjahresplan** m
plan m quinquénal; **fünfjährig** adj de
cinq ans; **Fünfliber** m (-s, -) (*CH*) pièce f
de cinq francs; **fünfmal** adv cinq fois;
Fünfprozentklausel f clause f des cinq
pour cent; **fünft** adv **zu** ~ à cinq; **Fünf-
tagewoche** f semaine f de cinq jours;
fünfte(r, s) adj cinquième; **der** ~ **Mai** le
cinq mai; **Paris, den 5. Mai** Paris, le 5 mai;
Fünfte(r) mf cinquième mf; **Fünftel** nt
(-s, -) cinquième m; **fünftens** adv cinquièmement
fünfzehn num quinze
fünfzig num cinquante
fungieren (*pp* fungiert) vi ~ **als** faire
fonction de
Funk m (-s) radio f
Funke m (-ns, -n) étincelle f
funkeln vi étinceler
funken 1. vt (*durch Funk*) transmettre par
radiotélégraphie **2.** vi (*Funken sprühen*) lancer des étincelles
Funken m (-s, -) étincelle f
Funker(in) m(f) (-s, -) opérateur(-trice)
radio
Funkgerät nt appareil m de radio;
Funkhaus nt maison f de la radio;
Funkspruch m message m radio;
Funkstation f station f de radio; **Funk-
streife** f policiers mpl en voiture radio;
Funktaxi nt radio-taxi m; **Funktelefon**
nt radiotéléphone m
Funktion f fonction f
Funktionär(in) m(f) permanent(e)
funktionieren (*pp* funktioniert) vi fonctionner
funktionsfähig adj en état de fonctionner; **Funktionstaste** f (*INFORM*) clé f de
fonction
für prep +akk pour; **sich** ~ **etw entschuldigen** s'excuser de qch; **etw** ~ **richtig/
dumm halten** trouver qch correct/idiot;
was ~ **ein Künstler/eine Frechheit!** quel
artiste/quelle impertinence!; ~ **sich leben**
vivre seul(e); **das hat etwas** ~ **sich** cela a
du bon; ~s **erste** d'abord; **Schritt** ~
Schritt pas à pas; **Tag** ~ **Tag** jour après
jour; **das Für und Wider** le pour et le contre

Furan nt (-s, -e) furanne m
Fürbitte f intercession f
Furche f (-, -n) sillon m; **furchen** vt sillonner
Furcht f (-) crainte f, peur f
furchtbar adj terrible, effroyable; (Wetter, Mensch, Kleid etc) affreux(-euse)
fürchten 1. vt craindre 2. vr sich ~ avoir peur (vor +dat de)
fürchterlich adj terrible
furchtlos adj intrépide, sans peur; **furchtsam** adj peureux(-euse), craintif(-ive)
füreinander adv l'un(e) pour l'autre, les un(e)s pour les autres
Furnier nt (-s, -e) placage m; **furnieren** (pp furniert) vt contre-plaquer
fürs = **für das**
Fürsorge f (persönlich) soins mpl, sollicitude f; (sozial) assistance f; **Fürsorger(in)** m(f) (-s, -) assistant(e) social(e); **Fürsorgeunterstützung** f allocation f; **fürsorglich** adj aux petits soins
Fürsprache f intercession f; **Fürsprecher(in)** m(f) intercesseur m, porte-parole m
Fürst(in) m(f) (-en, -en) prince(-esse); **Fürstentum** nt (-s, -zümer) principauté f; **fürstlich** adj princier(-ière)
Furt f (-, -en) gué m
Furunkel m (-s, -) m furoncle m
Fürwort nt pronom m

Furz m (-es, -e) (fam) pet m; **furzen** vi (fam) péter
Fusion f fusion f
Fuß m (-es, Füße) pied m; (von Tier) patte f; **zu** ~ à pied; ~ **fassen** (re)prendre pied; **Fußball** m ballon m de football; (Spiel) football m; **Fußballplatz** m terrain m de football; **Fußballspiel** nt match m de football; **Fußballspieler(in)** m(f) footballeur(-euse); **Fußboden** m sol m, plancher m; **Fußbremse** f (AUTO) pédale f de frein; **fußen** vi auf etw dat ~ reposer sur qch; **Fußende** nt pied m; **Fußgänger(in)** m(f) (-s, -) piéton(ne); **Fußgängerstreifen** m (CH) passage piéton m; **Fußgängerzone** f zone f piétonnière; **Fußnote** f note f, annotation f; **Fußpfleger(in)** m(f) pédicure mf; **Fußspur** f empreinte f, trace f; **Fußtritt** m coup m de pied; **Fußweg** m sentier m
Futon m (-s, -s) futon m
Futter 1. nt (-s) (Tier~) nourriture f 2. nt (-s, -) (Stoff) doublure f
Futteral nt (-s, -e) étui m
futtern vt, vi (fam) bouffer
füttern vt donner à manger à; (Kleidung) doubler; **Fütterung** f alimentation f; **die nächste** ~ **der Raubtiere** le prochain repas des fauves
Futur nt (-s, -e) futur m; **futuristisch** adj futuriste; (Roman) d'anticipation

G

G, g nt (-, -) G, g m; (MUS) sol m
gab imperf von **geben**
Gabe f (-, -n) don m; (Geschenk) cadeau m
Gabel f (-, -n) fourche f; (Ess~) fourchette f; **gabeln** vr sich ~ (Weg, Straße) bifurquer; **Gabelung** f bifurcation f
Gabun nt (-s) le Gabon
gackern vi caqueter
gaffen vi regarder bouche bée
Gage f (-, -n) cachet m

gähnen vi (Mensch) bâiller
Gala f (-) gala m
galant adj galant(e)
Galavorstellung f (THEAT) représentation f de gala
Galerie f (Kunst~) musée m; (Kunsthandlung, ARCHIT) galerie f; (Theater~) poulailler m
Galgen m (-s, -) (für Todesstrafe) potence f; **Galgenfrist** f répit m; **Galgenhumor** m humour m noir

Galle f (-, -n) (*Organ*) vésicule f biliaire; (*~nsaft*) bile f; **Gallenblase** f vésicule f biliaire; **Gallenstein** m calcul m biliaire

gallisch adj gaulois(e)

Galopp m (-s, -s o -e) galop m; **galoppieren** (*pp* galoppiert) vi ⟨*sein*⟩ galoper

galt imperf von **gelten**

galvanisieren (*pp* galvanisiert) vt galvaniser

Gamasche f (-, -n) guêtre f

Gambia nt (-s) la Gambie

Gameboy® m (-s, -s) gameboy® f

Gameshow f (-, -s) jeu m télévisé

gammeln vi (*fam: Mensch*) traînasser

Gämse f (-, -n) chamois m

gang adj ~ **und gäbe** courant(e)

Gang 1. m (-(e)s, Gänge) (*~art*) démarche f; (*Essens~*) plat m; (*Besorgung*) commission f; (*Ablauf, Verlauf*) cours m; (*Arbeits~*) stade m; (*Korridor*) couloir m; (*beim Auto, Fahrrad*) vitesse f; **in ~ bringen** (*Motor, Maschine*) mettre en route; (*Sache, Vorgang*) amorcer; **in ~ kommen** démarrer; **im ~ sein** (*Aktion*) être en cours 2. f (-, -s) gang m

Gangart f (*von Pferd, Mensch*) allure f; **eine härtere ~ einschlagen** prendre des mesures plus sévères; **gangbar** adj (*Lösung, Möglichkeit*) envisageable; (*Weg, Brücke*) praticable

gängeln vt (*pej fam*) tenir en laisse

gängig adj courant(e); (*Methode, Meinung*) répandu(e)

Gangschaltung f (*an Fahrrad*) dérailleur m

Gangway f (-, -s) passerelle f (d'embarquement) f

Ganove m (-n, -n) (*fam*) voyou m, truand m

Gans f (-, Gänse) oie f; **dumme ~** (*fam*) bécasse f

Gänseblümchen nt pâquerette f; **Gänsebraten** m oie f rôtie; **Gänsefüßchen** nt guillemet m; **Gänsehaut** f **eine ~ haben/bekommen** avoir la chair de poule; **Gänsemarsch** m **im ~** à la file indienne; **Gänserich** m jars m

ganz 1. adj tout(e); (*fam: nicht kaputt*) intact(e); ~ **Europa** toute l'Europe; **die ~e Welt** le monde entier; **sein ~es Geld** tout son argent; ~**e fünf Wochen** (*so lange*) bien cinq semaines; (*nur*) cinq semaines en tout et pour tout; **eine ~e Menge ...** pas mal de ..., pas mal d'...; **das Ganze** le tout 2. adv (*ziemlich*) assez; (*völlig*) complètement; **er ist ~ die Mutter** il est le portrait de sa mère; ~ **und gar**

complètement; ~ **und gar nicht** (ne ...) absolument pas

gänzlich adv complètement, entièrement

Ganztagsschule f école f toute la journée

gar 1. adj (*durchgekocht*) cuit(e) 2. adv ~ **nicht/nichts/keiner** (ne...) pas du tout/ (ne...) rien du tout/absolument personne (ne...); ~ **nicht schlecht** pas mal du tout; **ich hätte ~ zu gern gewusst** j'aurais bien aimé savoir; **oder ~ ...?** ou peut-être ...?

Garage f (-, -n) garage m

Garantie f garantie f; **garantieren** (*pp* garantiert) 1. vt garantir 2. vi **für etw ~** garantir qch

Garbe f (-, -n) gerbe f

Garde f (-, -n) garde f; **die alte ~** la vieille garde

Garderobe f (-, -n) (*Kleidung*) garde-robe f; (*Raum, ~nabgabe*) vestiaire m; **Garderobenständer** m portemanteau m

Gardine f rideau m

gären (gor o gärte, gegoren o gegärt) vi ⟨*haben o sein*⟩ (*Wein*) fermenter; **es gärt im Volk** le peuple est en effervescence

Garn nt (-(e)s, -e) fil m

Garnele f (-, -n) crevette f

garnieren (*pp* garniert) vt garnir

Garnison f (-, -en) garnison f

Garnitur f (*Satz*) assortiment m, ensemble m; (*Unterwäsche*) parure f

garstig adj épouvantable

Garten m (-s, Gärten) jardin m; **Gartenarbeit** f jardinage m; **Gartenbau** m horticulture f; **Gartenfest** nt garden-party f; **Gartengerät** nt outil m de jardinage; **Gartenhaus** nt pavillon m; **Gartenkresse** f cresson m; **Gartenlokal** nt café m avec jardin; **Gartenschere** f sécateur m

Gärtner(in) m(f) (-s, -) jardinier(-ière); (*Obst~, Gemüse~*) maraîcher(-ère); **Gärtnerei** f jardinage m; (*Unternehmen*) entreprise f horticole; **gärtnern** vi jardiner

Gärung f fermentation f

Gas nt (-es, -e) gaz m; ~ **geben** (*AUTO*) accélérer; **gasförmig** adj gazeux(-euse); **Gasherd** m cuisinière f à gaz; **Gasleitung** f conduite f de gaz; **Gasmaske** f masque m à gaz; **Gaspedal** nt accélérateur m

Gasse f (-, -n) ruelle f

Gast m (-(e)s, Gäste) hôte mf; (*Besuch*) invité(e); (*in Hotel*) client(e); (*in Land*) visiteur(-euse); **bei jdm zu ~ sein** être l'hôte de qn; **Gastarbeiter(in)** m(f) travailleur(-euse) immigré(e); **Gästebuch** nt livre m d'hôtes; **Gästezimmer** nt chambre f d'ami(s); **gastfreundlich** adj hospitalier(-ière); **Gastgeber(in)** m(f) (-s, -) hôte(-esse); **Gasthaus** nt, **Gasthof** m hôtel m, auberge f

gastieren (pp gastiert) vi (THEAT) être en tournée

gastlich adj hospitalier(-ière)

Gastronomie f gastronomie f; **gastronomisch** adj gastronomique

Gastspiel nt (THEAT) représentation f d'acteurs en tournée, spectacle m invité; (SPORT) match m à l'extérieur; **Gaststätte** f restaurant m; **Gastwirt(in)** m(f) cafetier-restaurateur m, cafetière-restauratrice f; **Gastwirtschaft** f auberge f

Gasvergiftung f intoxication f par le gaz; **Gaswerk** nt usine f à gaz; **Gaszähler** m compteur m à gaz

Gatte m (-n, -n) époux m, mari m

Gatter nt (-s, -) grille f

Gattin f épouse f, femme f

Gattung f (bei Tieren, Pflanzen) espèce f, famille f; (Art, Literatur~) genre m

GAU m (-s, -s) akr von **größter anzunehmender Unfall** accident m maximal hypothétique [o prévisible]

Gaul m (-s, Gäule) cheval m; (pej) canasson m, rosse f

Gaumen m (-s, -) palais m

Gauner(in) m(f) (-s, -) filou m; **Gaunerei** f escroquerie f

Gaze f (-, -n) gaze f

geb. adj abk von **geboren(e)**

Gebäck nt (-(e)s, -e) pâtisserie f

gebacken pp von **backen**

Gebälk nt (-(e)s) charpente f

gebar imperf von **gebären**

Gebärde f (-, -n) geste m; **gebärden** (pp gebärdet) vr **sich** ~ se conduire, se comporter

gebären (gebar, geboren) vt mettre au monde; s. a. geboren; **Gebärmutter** f utérus m

Gebäude nt (-s, -) bâtiment m; **Gebäudekomplex** m ensemble m immobilier

Gebell nt (-(e)s) aboiement m

geben (gab, gegeben) **1.** vt donner; (in Lehre, Schule, Obhut) mettre; **zu gegebener Zeit** au moment opportun; **unter den gegebenen Umständen** dans les circonstances présentes; **dem werde ich es** ~ (fam) il va voir ce qu'il va voir; **darauf kann man nichts** ~ on ne peut pas tabler là-dessus; **bitte** ~ **Sie mir den Chef** (am

Telefon) veuillez me passer le directeur, s'il vous plaît; **5 plus 3 gibt 8** 5 plus 3 font 8; **er gäbe alles darum zu wissen ...** il donnerait tout pour savoir ...; **Wärme** ~ chauffer, réchauffer; **Schatten** ~ faire de l'ombre; **jdm etw zu essen** ~ donner qch à manger à qn; **etw verloren** ~ considérer qch comme perdu; **etw von sich** ~ dire qch **2.** vr **sich** ~ se montrer; (aufhören) se calmer; **das wird sich** ~ ça va s'arranger **3.** vi unpers **es gibt viele Fische hier** il y a beaucoup de poissons ici; **es wird Frost** ~ il va geler; **was gibt es zu Mittag?** qu'est-ce qu'il y a à manger à midi?; **das gibt es nicht** (erstaunt) c'est pas vrai; (ist verboten) pas question

Gebet nt (-(e)s, -e) prière f

gebeten pp von **bitten**

Gebiet nt (-(e)s, -e) (Bezirk) région f; (Hoheits~) territoire f; (Fach~) domaine m

gebieten (pp geboten) irr vt (Mensch) ordonner; (Lage) exiger

gebieterisch adj impérieux(-euse)

Gebilde nt (-s, -) structure f

gebildet adj cultivé(e)

Gebirge nt (-s, -) montagne f; **gebirgig** adj montagneux(-euse); **Gebirgskette** f chaîne f de montagnes

Gebiss nt (-es, -e) dents fpl; (künstlich) dentier m

gebissen pp von **beißen**

Gebläse nt (-s, -) (AUTO) désembuage m

geblasen pp von **blasen**

geblieben pp von **bleiben**

geblümt adj à fleurs

gebogen pp von **biegen**

geboren 1. pp von **gebären 2.** adj ~ **am ...** né(e) le ...; **Meyer, ~e Schulz** Meyer, née Schulz; **er ist der ~e Musiker** c'est un musicien-né

geborgen 1. pp von **bergen 2.** adj **sich (bei jdm)** ~ **fühlen** se sentir en sécurité (chez qn); **Geborgenheit** f sécurité f, sûreté f

geborsten pp von **bersten**

Gebot nt (-(e)s, -e) (REL) commandement m

geboten pp von **bieten**

Gebr. abk von **Gebrüder**

gebracht pp von **bringen**

gebrannt pp von **brennen**

gebraten pp von **braten**

Gebräu nt (-(e)s, -e) breuvage m

Gebrauch m (-(e)s, Gebräuche) (Benutzung) emploi m, utilisation f, usage m; (Sitte) coutume f; **gebrauchen** (pp gebraucht) vt employer, se servir de; **das**

kann ich gut ~ ça peut me rendre service, je peux en avoir besoin
gebräuchlich adj (*Redewendung*) usité(e)
Gebrauchsanleitung f, **Gebrauchsanweisung** f mode m d'emploi;
Gebrauchsartikel m article m utilitaire;
gebrauchsfertig adj prêt(e) à l'emploi;
Gebrauchsgegenstand m objet m d'usage courant
gebraucht adj usagé(e); **Gebrauchtwagen** m voiture f d'occasion
Gebrechen nt (-s, -) infirmité f;
gebrechlich adj (*Mensch*) infirme, invalide
gebrochen pp von **brechen**
Gebrüder pl frères mpl; **Gebr. Mayer** Mayer frères
Gebrüll nt (-(e)s) hurlements mpl; (*von Tier*) rugissement m
Gebühr f (-, -en) tarif m; **über ~** (fig) exagérément, à l'excès, trop
gebühren (pp gebührt) **1.** vi jdm ~ être dû (due) à qn **2.** vr **das gebührt sich nicht** ça ne se fait pas; **wie es sich gebührt** comme il faut; **gebührend** adj dû (due)
Gebühreneinheit f (*TEL*) unité f;
Gebührenerlass m exonération f des taxes; **Gebührenermäßigung** f réduction f; **gebührenfrei** adj gratuit(e); (*Post*) franc de port; **gebührenpflichtig** adj payant(e), passible de droits; **~e Verwarnung** contravention f, P.-V. m
gebunden pp von **binden**
Geburt f (-, -en) naissance f; **Geburtenkontrolle** f contrôle m des naissances;
Geburtenrate f natalité f; **Geburtenrückgang** m chute f de la natalité;
geburtenschwach adj à faible taux de natalité; **geburtenstark** adj à taux de natalité élevé; **gebürtig** adj natif(-ive) de, originaire de; **sie ist ~e Schweizerin** elle est d'origine suisse; **Geburtsanzeige** f faire-part m de naissance;
Geburtsdatum nt date f de naissance;
Geburtshelfer(in) m(f) (infirmier(-ière)) accoucheur(-euse), sage-femme f;
Geburtsjahr nt année f de naissance;
Geburtsort m lieu m de naissance;
Geburtstag m anniversaire m; (*Tag der Geburt*) date f de naissance; **herzlichen Glückwunsch zum ~** bon anniversaire;
Geburtsurkunde f acte m de naissance
Gebüsch nt (-(e)s, -e) buissons mpl, broussailles fpl
gedacht pp von **denken**

Gedächtnis nt (*Erinnerungsvermögen*) mémoire f; (*Andenken*) souvenir m;
Gedächtnisfeier f commémoration f;
Gedächtnisschwund m perte f de la mémoire; **Gedächtnisverlust** m amnésie f
Gedanke m (-ns, -n) (*das Denken*) pensée f; (*Idee*) idée f; **sich** dat **über etw** akk **~n machen** réfléchir à qch; **Gedankenaustausch** m échange m d'idées; **gedankenlos** adv sans réfléchir; (*geistesabwesend*) distraitement; **Gedankenlosigkeit** f étourderie f; **Gedankenstrich** m tiret m; **Gedankenübertragung** f transmission f de pensée, télépathie f
gedankenverloren adj perdu(e) dans ses pensées, absent(e)
Gedeck nt (-(e)s, -e) (*Teller und Besteck*) couvert m; (*Menü*) menu m
gedeihen (gedieh, gediehen) vi (*sein*) (*Pflanze*) pousser; (*Mensch, Tier*) grandir; (fig) prospérer; (*Werk etc*) avancer
gedenken (pp gedacht) irr vi **zu tun ~** (*beabsichtigen*) avoir l'intention de faire; **jds/einer Sache ~** se souvenir de qn/de qch; **Gedenkfeier** f commémoration f;
Gedenkminute f minute f de silence;
Gedenktag m anniversaire m
Gedicht nt (-(e)s, -e) poème m; **das ist ein ~** (fig) c'est une merreille
gediegen adj (*Schuhwerk, Verarbeitung, Kenntnisse*) solide; (*Metall*) pur(e); (*Arbeit, Charakter*) sérieux(-euse); (*rechtschaffen*) honnête
gedieh imperf von **gedeihen**
gediehen pp von **gedeihen**
Gedränge nt (-s) (*das Drängeln*) bousculade f; (*Menschen, Menge*) foule f, cohue f
gedrängt adj (*Übersicht*) concis(e); **~ voll** bondé(e)
gedroschen pp von **dreschen**
gedrückt adj déprimé(e), abattu(e)
gedrungen pp von **dringen**
Geduld f (-) patience f; **gedulden** (pp geduldet) vr **sich ~** prendre patience;
geduldig adj patient(e); **Geduldsprobe** f **das stellte sie auf eine harte ~** cela a mis sa patience à rude épreuve
gedurft pp von **dürfen**
geehrt adj **sehr ~e Damen und Herren** Mesdames et Messieurs
geeignet adj (*Mensch*) capable, apte; (*Mittel, Methode, Wort*) approprié(e); **für etw ~ sein** être capable de faire qch
Gefahr f (-, -en) danger m; **~ laufen, etw zu tun** courir le risque de (faire) qch; **auf eigene ~** à ses risques et périls

gefährden (*pp* gefährdet) *vt* (*Menschen*) mettre en danger, exposer; (*Plan, Erfolg*) compromettre

gefahren *pp von* **fahren**

Gefahrenquelle *f* facteur *m* de risque; **Gefahrenzulage** *f* prime *f* de risque

gefährlich *adj* dangereux(-euse); (*Alter*) critique; (*Krankheit*) grave

Gefährte *m* (-n, -n), **Gefährtin** *f* compagnon *m*, compagne *f*

Gefälle *nt* (-s, -) (*von Straße*) pente *f*, inclinaison *f*; (*soziales* ~) différence *f*, écart *m*

gefallen 1. *pp von* **fallen 2.** (gefiel, gefallen) *vi* jdm ~ plaire à qn; **das gefällt mir an ihm** c'est ce que j'aime bien chez lui; **sich** *dat* **etw** ~ **lassen** accepter qch, supporter qch; **Gefallen 1.** *m* (-s, -) (*Gefälligkeit*) service *m*; **jdm einen** ~ **tun** rendre service à qn **2.** *nt* (-s) **an etw** *dat* ~ **finden/haben** prendre plaisir à qch

gefällig *adj* (*hilfsbereit*) serviable; (*erfreulich, hübsch*) agréable; **Gefälligkeit** *f* (*Hilfsbereitschaft*) obligeance *f*; **etw aus** ~ **tun** faire qch pour rendre service; **gefälligst** *adv* s'il te/vous plaît

gefangen *pp von* **fangen**; ~ **nehmen** capturer; ~ **halten** détenir; **Gefangene(r)** *mf* (*Verbrecher*) détenu(e); (*Kriegs*~) prisonnier(-ière); **Gefangenenlager** *nt* camp *m* de prisonniers; **gefangen|halten** *sep irr vt s.* **gefangen**; **Gefangennahme** *f* (-, -n) arrestation *f*, capture *f*; **gefangen|nehmen** *sep irr vt s.* **gefangen**; **Gefangenschaft** *f* (*Haft*) détention *f*; (*Kriegs*~) captivité *f*

Gefängnis *nt* prison *f*; **Gefängnisstrafe** *f* (peine *f* de) prison *f*; **Gefängniswärter(in)** *m(f)* gardien(ne) de prison

Gefasel *nt* (-s) radotage *m*

Gefäß *nt* (-es, -e) (*Behälter*) récipient *m*; (*Blut*~) vaisseau *m*

gefasst *adj* (*beherrscht*) posé(e), calme; **auf etw** *akk* ~ **sein** s'attendre à qch

gefäßverengend *adj* vasoconstricteur

Gefecht *nt* (-(e)s, -e) combat *m*

gefeit *adj* **gegen etw** ~ **sein** être à l'abri de qch

Gefieder *nt* (-s, -) plumage *m*; **gefiedert** *adj* à plumes

gefiel *imperf von* **gefallen**

gefleckt *adj* tacheté(e), moucheté(e)

geflissentlich *adv* délibérément

geflochten *pp von* **flechten**

geflogen *pp von* **fliegen**

geflohen *pp von* **fliehen**

geflossen *pp von* **fließen**

Geflügel *nt* (-s) volaille *f*

gefochten *pp von* **fechten**

Gefolge *nt* (-s, -) suite *f*; **Gefolgschaft** *f* (*Anhänger*) partisans *mpl*; (*Gefolge*) suite *f*; **Gefolgsmann** *m* (-leute *pl*) partisan *m*

gefragt *adj* très demandé(e)

gefräßig *adj* vorace

Gefreite(r) *mf* caporal *m*; (*NAUT*) brigadier *m*

gefressen *pp von* **fressen**

gefrieren (*pp* gefroren) *irr vi* ⟨sein⟩ geler; **Gefrierfach** *nt* congélateur *m*, freezer *m*; **Gefrierfleisch** *nt* viande *f* congelée; **gefriergetrocknet** *adj* lyophilisé(e); **Gefrierpunkt** *m* point *m* de congélation; **Gefrierschrank** *m* congélateur-armoire *m*; **Gefriertruhe** *f* congélateur *m* (coffre)

gefroren *pp von* **frieren, gefrieren**

Gefüge *nt* (-s, -) structure *f*

gefügig *adj* docile

Gefühl *nt* (-s, -e) sentiment *m*; (*physisch*) sensation *f*; (*Gespür*) intuition *f*, sensibilité *f*; **gefühllos** *adj* insensible; **gefühlsbetont** *adj* sentimental(-e), sensible; **Gefühlsduselei** *f* (*fam*) sensiblerie *f*; **gefühlsmäßig** *adj* intuitif(-ive)

gefüllt *adj* (*Praline*) fourré(e); (*Paprika, Tomate*) farci(e)

gefunden *pp von* **finden**

gegangen *pp von* **gehen**

gegeben *pp von* **geben**; **gegebenenfalls** *adv* le cas échéant

gegen *prep* +*akk* contre; (*ungefähr*) à peu près, environ; (*zeitlich*) vers; ~ **ihn bin ich klein/arm** (*im Vergleich zu*) en comparaison de lui, je suis petit(e)/pauvre; ~ **Mittag** vers midi; ~ **jdn/etw sein** être contre qn/qch; **Gegenangriff** *m* contre-attaque *f*; **Gegenanzeige** *f* contre-indication *f*; **Gegenbeweis** *m* preuve *f* du contraire

Gegend *f* (-, -en) région *f*

Gegendarstellung *f* version *f* différente [o contraire], contre-exposé *m*

gegeneinander *adv* l'un(e) contre l'autre, les un(e)s contre les autres

Gegenfahrbahn *f* voie *f* de gauche; **Gegenfrage** *f* autre question *f*; **Gegengewicht** *nt* contrepoids *m*; **Gegengift** *nt* contrepoison *m*, antidote *m*; **Gegenleistung** *f* contrepartie *f*, compensation *f*; **Gegenlichtaufnahme** *f* photographie *f* à contre-jour; **Gegenmaßnahme** *f* contre-mesure *f*; **Gegenprobe** *f* contre-épreuve *f*;

Gegensatz m (bei Begriff, Wort) contraire m; (bei Meinung etc) différence f, contradiction f; **gegensätzlich** adj opposé(e), contraire; **Gegenschlag** m contre-attaque f; **Gegenseite** f (Gegenpartei) adversaire m; (JUR) partie f adverse; **gegenseitig** adj mutuel(le), réciproque; **sich ~ helfen** s'entraider; **Gegenseitigkeit** f réciprocité f; **Gegenspieler(in)** m(f) adversaire mf; (SPORT) homologue mf
Gegenstand m (Ding) objet m; (Thema) sujet m; **gegenständlich** adj (Kunst) figuratif(-ive)
Gegenstimme f (bei Abstimmung) non m; **Gegenstück** nt (bei Paar) pendant m; (Gegensatz) contraire m; **Gegenteil** nt contraire m; **im ~** au contraire; **gegenteilig** adj contraire
gegenüber 1. prep +dat (räumlich) en face de; **jdm ~ freundlich sein** être aimable avec qn; **allen Reformen ~ zurückhaltend** (in Hinsicht auf etw) opposé(e) à toute réforme; **ihm ~ ist sie sehr intelligent** (im Vergleich mit) comparée à lui, elle est très intelligente 2. adv en face; **~ von** en face de; **Gegenüber** nt (-s, -) (Mensch) vis-à-vis m; **gegenüber|liegen** sep irr vr **sich ~** être situé(e)s en face l'un(e) de l'autre; **gegenüber|stehen** sep irr vr **sich ~** être face à face; **gegenüber|stellen** sep vt (Menschen) confronter; (zum Vergleich) comparer; **Gegenüberstellung** f confrontation f; (fig: Vergleich) comparaison f; **gegenüber|treten** sep irr vi ⟨sein⟩ **jdm ~** se présenter devant qn, affronter qn
Gegenverkehr m circulation f en sens inverse; **Gegenvorschlag** m contreproposition f; **Gegenwart** f (-) (LING) présent m; (Anwesenheit) présence f; **gegenwärtig** 1. adj actuel(le), présent(e); (anwesend) présent(e) 2. adv actuellement; **Gegenwert** m équivalent m; **Gegenwind** m vent m contraire; **Gegenwirkung** f réaction f; **gegen|zeichnen** sep vt contresigner; **Gegenzug** m riposte f; (EISENBAHN) train m en sens inverse
gegessen pp von **essen**
geglichen pp von **gleichen**
geglitten pp von **gleiten**
geglommen pp von **glimmen**
Gegner(in) m(f) (-s, -) adversaire mf; (militärisch) ennemi(e); **gegnerisch** adj adverse; **Gegnerschaft** f opposition f
gegolten pp von **gelten**
gegoren pp von **gären**
gegossen pp von **gießen**
gegraben pp von **graben**

gegriffen pp von **greifen**
gegrillt adj grillé(e)
Gehabe nt (-s) (pej) manières fpl
gehabt pp von **haben**
Gehackte(s) nt viande f hachée
Gehalt 1. m (-(e)s, -e) (Inhalt) contenu m; (Anteil) teneur f (an +dat en) 2. nt (-(e)s, Gehälter) traitement m, salaire m
gehalten pp von **halten**
Gehaltsabrechnung f bulletin m de salaire; **Gehaltsempfänger(in)** m(f) salarié(e); **Gehaltserhöhung** f augmentation f de salaire; **Gehaltszulage** f supplément f de salaire
gehangen pp von **hängen**
geharnischt adj (fig) virulent(e)
gehässig adj haineux(-euse); **Gehässigkeit** f méchanceté f
gehauen pp von **hauen**
Gehäuse nt (-s, -) boîte f; (Uhr~) boîtier m; (Schnecken~) coquille f; (von Apfel etc) trognon m
Gehege nt (-s, -) (im Zoo) enclos m; (Jagd~) réserve f; **jdm ins ~ kommen** (fig) marcher sur les plates-bandes de qn
geheim adj secret(-ète); (Mitteilung) confidentiel(le); (Wahl) à bulletins secrets; **im Geheimen** en secret; **~ halten** ne pas révéler; **Geheimdienst** m service m secret; **Geheimnis** nt secret m; (Rätsel) mystère m; **Geheimniskrämer(in)** m(f) (-s, -) petit(e) cachottier(-ière); **geheimnisumwittert** adj envelopé(e) de mystère; **geheimnisvoll** adj mystérieux(-euse); **Geheimnummer** f (TEL) numéro m sur la liste rouge; (für Geldautomat) code m confidentiel; **Geheimpolizei** f police f secrète; **Geheimschrift** f code m; **Geheimzahl** f (für Geldautomat) code m confidentiel
geheißen pp von **heißen**
gehemmt adj bloqué(e), complexé(e)
gehen (ging, gegangen) 1. vi ⟨sein⟩ aller; (laufen, funktionieren) marcher; (weggehen) s'en aller; (abfahren) partir; (Teig) lever; (sich verkaufen lassen) se vendre; (florieren: Geschäft) bien marcher; (andauern) durer; **mit einem Mädchen ~** sortir avec une fille; **das Zimmer geht nach Süden** la chambre donne au sud; **in dieses Auto ~ 5 Leute** il y a de la place pour 5 personnes dans cette voiture; **daran ~, etw zu tun** se mettre à faire qch; **sich ~ lassen** se laisser aller 2. vt ⟨sein⟩ (Weg, Strecke) faire, parcourir 3. vi unpers ⟨sein⟩ **wie geht es dir?** comment vas-tu?; **mir/ihm geht es gut** je vais/il va bien; **geht das?** c'est

possible?; **es geht um etw** il s'agit de
qch; **gehen|lassen** *sep irr vr s.* **gehen**
geheuer *adj* **nicht ~** inquiétant(e)
Geheul *nt* (-(e)s) hurlements *mpl*
Gehilfe *m* (-n, -n), **Gehilfin** *f* aide *mf*,
assistant(e)
Gehirn *nt* (-(e)s, -e) cerveau *m*; **Gehirnerschütterung** *f* commotion *f* cérébrale; **Gehirnwäsche** *f* lavage *m* de
cerveau
gehoben 1. *pp von* **heben 2.** *adj* (*Position*)
élevé(e); (*Sprache*) soutenu(e)
geholfen *pp von* **helfen**
Gehör *nt* (-(e)s) (*Organ*) ouïe *f*; **musikali-
sches ~** oreille *f*; **jdm ~ schenken** prêter
l'oreille à qn
gehorchen (*pp* gehorcht) *vi* obéir (*jdm* à
qn)
gehören (*pp* gehört) **1.** *vi* **jdm ~** être à
qn, appartenir à qn; **zu etw ~** faire partie
de qch; **in etw** *akk* **~** (*hin~*) avoir sa
place dans qc, aller dans qch; **dazu
gehört Mut** il faut du courage pour (faire)
cela; **er gehört ins Bett** il devrait être au
lit **2.** *vr sich* **~** être convenable
gehörig *adj* (*gebührend*) convenable;
(*stark*) gros(se); **zu etw ~** appartenant à
qch; **jdm ~** appartenant à qn
gehorsam *adj* obéissant(e); **Gehorsam**
m (-s) obéissance *f*
Gehörsturz *m* surdité *f* brusque
Gehsteig *m* (-s, -e), **Gehweg** *m* trottoir
m
Geier *m* (-s, -) vautour *m*
Geige *f* (-, -n) violon *m*; **Geiger(in)** *m(f)*
(-s, -) violoniste *mf*
Geigerzähler *m* compteur *m* Geiger
geil *adj* (*erregt*) excité(e); (*fam: toll*) super,
délirant(e), géant(e)
Geisel *f* (-, -n) otage *m*; **Geiselnahme** *f*
(-, -n) prise *f* d'otage(s); **Geiselneh-
mer(in)** *m(f)* (-s, -) preneur(-euse) d'ota-
ge(s)
Geißel *f* (-, -n) fouet *m*; (*fig*) fléau *m*;
geißeln *vt* flageller; (*fig*) fustiger
Geist *m* (-(e)s, -er) esprit *m*
Geisterfahrer(in) *m(f)* automobiliste *mf*
circulant à contresens; **geisterhaft** *adj*
fantomatique
geistesabwesend *adj* absent(e); **Geistesblitz** *m* idée *f* géniale; **Geistesgegenwart** *f* présence *f* d'esprit; **geistes-
gegenwärtig** *adv* avec à-propos; **geis-
teskrank** *adj* aliéné(e); **Geistes-
kranke(r)** *mf* malade mental(e); **Geis-
teskrankheit** *f* maladie *f* mentale;
Geisteswissenschaften *pl* sciences

fpl humaines; **Geisteszustand** *m* état
m mental
geistig *adj* intellectuel(le), mental(e); **~
behindert** handicapé(e) mental(e)
geistlich *adj* spirituel(le), reli-
gieux(-euse); **Geistliche(r)** *mf* ecclésiastique *m*; **Geistlichkeit** *f* clergé *m*
geistlos *adj* (*Mensch*) sans esprit; (*Antwort, Bemerkung*) idiot(e); **geistreich** *adj*
spirituel(le); **geisttötend** *adj* abrutis-
sant(e)
Geiz *m* (-es) avarice *f*; **geizen** *vi* **mit etw
~** être avare de qch; **Geizhals** *m* avare
m, grigou *m*; **geizig** *adj* avare; **Geiz-
kragen** *m* avare *m*
gekannt *pp von* **kennen**
Geklapper *nt* (-s) boucan *m*
geklungen *pp von* **klingen**
geknickt *adj* (*fig*) abattu(e), déprimé(e)
gekniffen *pp von* **kneifen**
gekommen *pp von* **kommen**
gekonnt 1. *pp von* **können 2.** *adj* habile,
adroit(e)
Gekritzel *nt* (-s) gribouillage *m*
gekrochen *pp von* **kriechen**
gekünstelt *adj* affecté(e)
Gel *nt* (-s, -e) gel *m*
Gelächter *nt* (-s, -) rire(s) *m(pl)*
geladen 1. *pp von* **laden 2.** *adj* chargé(e);
(*ELEC*) sous tension; (*fig*) furieux(-euse)
Gelage *nt* (-s, -) beuverie *f*
gelähmt *adj* paralysé(e)
Gelände *nt* (-s, -) terrain *m*; **Gelände-
fahrzeug** *nt* véhicule *m* tout terrain;
geländegängig *adj* tout terrain;
Geländelauf *m* cross-country *m*
Geländer *nt* (-s, -) balustrade *f*; (*Trep-
pen~*) rampe *f*
Geländewagen *m* voiture *f* tout-terrain
gelang *imperf von* **gelingen**
gelangen (*pp* gelangt) *vi* ⟨sein⟩ **~ an**
+*akk*, **~ zu** (*kommen, ankommen*) arriver à,
parvenir à; (*erreichen*) atteindre; (*erwerben*) acquérir; **in jds Besitz** *akk* **~** être
acquis(e) par qn
gelangweilt 1. *adj* qui s'ennuie; (*Gesichtsausdruck*) d'ennui **2.** *adv* avec l'air de
s'ennuyer
gelassen 1. *pp von* **lassen 2.** *adj* calme;
Gelassenheit *f* calme *m*
Gelatine *f* gélatine *f*
gelaufen *pp von* **laufen**
geläufig *adj* courant(e)
gelaunt *adj* **schlecht/gut ~** de mauvaise/
bonne humeur
Geläut(e) *nt* (-(e)s) son *m* des cloches
gelb *adj* jaune; (*Ampellicht*) orange; **der**

~**e Sack** le sac pour emballages recyclables;
gelblich adj jaunâtre; **Gelbsucht** f jaunisse f
Geld nt (-(e)s, -er) argent m; **Geldanlage** f placement m; **Geldautomat** m distributeur m (automatique) de billets;
Geldbetrag m somme f d'argent;
Geldbeutel m, **Geldbörse** f portemonnaie m; **Geldbuße** f amende f;
Geldeinwurf m (Schlitz) fente f (pour pièces); (das Einwerfen) introduction f de la monnaie; **Geldgeber(in)** m(f) (-s, -) bailleur(-eresse) de fonds; **geldgierig** adj âpre au gain; **Geldmittel** pl ressources fpl financières, capitaux mpl; **Geldschein** m billet m de banque; **Geldschrank** m coffre-fort m; **Geldspielautomat** m machine f à sous; **Geldstrafe** f amende f; **Geldstück** nt pièce f de monnaie;
Geldverlegenheit f embarras m; **in** ~ **sein** être à court d'argent; **Geldverschwendung** f argent m jeté par les fenêtres; **Geldwaschanlage** f officine f de blanchiment de l'argent; **Geldwäsche** f blanchiment m d'argent; **Geldwechsel** m change m; **Geldwechsler** m (-s, -) changeur m de monnaie
Gelee nt (-s, -s) gelée f
gelegen 1. pp von **liegen** 2. adj situé(e); (passend) opportun(e); **etw kommt jdm** ~ qch vient à propos
Gelegenheit f occasion f; **bei jeder** ~ à tout propos; **bei** ~ à l'occasion; **Gelegenheitsarbeit** f travail m occasionnel, petit boulot m; **Gelegenheitsarbeiter(in)** m(f) travailleur(-euse) temporaire; **Gelegenheitskauf** m occasion f
gelegentlich 1. adj occasionnel(le) 2. adv (ab und zu) de temps à autre; (bei Gelegenheit) à l'occasion
gelehrig adj qui apprend facilement, intelligent(e)
gelehrt adj savant(e), érudit(e); **Gelehrte(r)** mf érudit(e); **Gelehrtheit** f érudition f
Geleit nt (-(e)s, -e) escorte f; **freies** ~ sauf-conduit m; **geleiten** (pp geleitet) vt escorter, accompagner; **Geleitschutz** m escorte f
Gelenk nt (-(e)s, -e) (von Mensch) articulation f; (von Maschine) joint m; **gelenkig** adj souple
gelernt adj qualifié(e)
gelesen pp von **lesen**
Geliebte(r) mf amant m, maîtresse f
geliehen pp von **leihen**
gelinde adv ~ gesagt c'est le moins

qu'on puisse dire
gelingen (gelang, gelungen) vi (sein) réussir; **die Arbeit gelingt mir nicht** je n'arrive pas à faire ce travail; **es ist mir gelungen, etw zu tun** j'ai réussi à faire qch
gelitten pp von **leiden**
geloben (pp gelobt) vt faire le serment de; **sich** dat ~, **etw zu tun** prendre la résolution de faire qch
gelogen pp von **lügen**
gelten (galt, gegolten) 1. vt (wert sein) valoir 2. vi (gültig sein) être valable; **für/als etw** ~ être considéré(e) comme qch; **das gilt dir** cela s'adresse à toi; **das gilt nicht** ça ne compte pas 3. vi unpers **es gilt, etw zu tun** il s'agit de faire qch; **geltend** adj en vigueur; (Meinung) répandu(e); **etw** ~ **machen** faire valoir qch; **sich** ~ **machen** se manifester; **Geltung** f ~ **haben** valoir, être valable; **sich/einer Sache** dat ~ **verschaffen** s'imposer/faire respecter qch; **etw zur** ~ **bringen** mettre qch en valeur; **Geltungsbedürfnis** nt besoin m de se faire valoir
Gelübde nt (-s, -) vœu m
gelungen 1. pp von **gelingen** 2. adj réussi(e); (Witz) drôle, bon(ne)
gemächlich adj tranquille
Gemahl(in) m(f) (-s, -e) époux m, épouse f
gemahlen pp von **mahlen**
Gemälde nt (-s, -) tableau m
gemäß 1. prep +dat (zufolge) conformément à, selon; **den Vorschriften** ~ conformément aux instructions 2. adj **jdm/einer Sache** ~ **sein** convenir à qn/être conforme à qch
gemäßigt adj modéré(e); (Klima) tempéré(e)
gemein adj (niederträchtig) méchant(e), infâme; (allgemein) commun(e); **etw** ~ **haben** avoir qch en commun (mit jdm avec qn)
Gemeinde f (-, -n) commune f; (Pfarr~) paroisse f; **Gemeinderat** m (Gremium) conseil m municipal; **Gemeinderat** m, **-rätin** f conseiller m municipal;
Gemeinderatswahl f élection f du conseil municipal; **Gemeindeverwaltung** f administration f municipale;
Gemeindewahlen pl élections fpl municipales; **Gemeindezentrum** nt foyer m municipal; (von Kirche) centre m paroissial
gemeingefährlich adj (Verbrecher) très dangereux(-euse)

Gemeingut nt domaine m public
Gemeinheit f méchanceté f
gemeinsam adj commun(e); **etw ~ tun** faire qch ensemble
Gemeinschaft f communauté f; **~ Unabhängiger Staaten** Communauté f des États indépendants; **gemeinschaftlich** adj commun(e); **Gemeinschaftsarbeit** f travail m d'équipe
Gemeinwohl nt bien m public
Gemenge nt (-s, -) cohue f
gemessen 1. pp von **messen** 2. adj (Bewegung) mesuré(e)
Gemetzel nt (-s, -) carnage m
gemieden pp von **meiden**
Gemisch nt (-(e)s, -e) mélange m; **gemischt** adj mélangé(e); (beider Geschlechter) mixte; (Gefühle) mêlé(e)
gemocht pp von **mögen**
gemolken pp von **melken**
Gemse s. **Gämse**
Gemunkel nt (-s) ragots mpl
Gemüse nt (-s, -) légumes mpl; **Gemüsegarten** m potager m; **Gemüsehändler(in)** m(f) marchand(e) de fruits et légumes
gemusst pp von **müssen**
gemustert adj imprimé(e)
Gemüt nt (-(e)s, -er) âme f, cœur m; (Mensch) nature f; **sich** dat **etw zu ~e führen** (fam) s'offrir qch; (beherzigen) noter qch
gemütlich adj agréable; (Möbelstück) confortable; (Haus) accueillant; (Beisammensein) sympathique; (Tempo) tranquille; **Gemütlichkeit** f confort m; (von Lokal) atmosphère f accueillante; **in aller ~** tranquillement
Gemütsbewegung f émotion f; **Gemütsmensch** m bonne pâte f; **Gemütsruhe** f calme m; **Gemütszustand** m état m d'âme
gemütvoll adj avec beaucoup de sensibilité
Gen nt (-s, -e) gène m
genannt pp von **nennen**
genas imperf von **genesen**
genau 1. adj exact(e); (sorgfältig) précis(e), minutieux(-euse) 2. adv (exakt) exactement; (sorgfältig) consciencieusement; **er kam ~ da, als ...** il est arrivé juste au moment où ...; **das reicht ~** cela suffit tout juste; **etw ~ nehmen** prendre qch au sérieux; **~ genommen** à strictement parler; **Genauigkeit** f (Exaktheit) exactitude f; (Sorgfältigkeit) soin m;
genauso adv de même; **~ ... wie** tout

aussi ... que
genehm adj **jdm ~ sein** convenir à qn
genehmigen (pp genehmigt) vt approuver, autoriser; **sich** dat **etw ~** se permettre qch; **Genehmigung** f autorisation f
geneigt adj favorable; **~ sein, etw zu tun** incliner à faire qch; **jdm ~ sein** être favorable à qn
General(in) m(f) (-s, -e o Generäle) général m; **Generaldirektor(in)** m(f) P.D.G. m; **Generalkonsul(in)** m(f) consul m général; **Generalkonsulat** nt consulat m général; **Generalprobe** f répétition f générale, générale f; **Generalstreik** m grève f générale; **generalüberholen** (pp generalüberholt) vt effectuer une révision générale de
Generation f génération f; **Generationenfolge** f cycle m des générations; **Generationskonflikt** m conflit m de générations
Generator m générateur m
generell adj général(e)
genesen (genas, genesen) vi ⟨sein⟩ se rétablir; **Genesung** f guérison f
genetisch adj génétique; **~er Fingerabdruck** empreinte f génétique
Genf nt (-s) (Stadt und Kanton) Genève; **der ~er See** le lac Léman
genial adj génial(e), de génie; **Genialität** f génie m
Genick nt (-(e)s, -e) nuque f
Genie nt (-s, -s) génie m
genieren (pp geniert) vr **sich ~** être embarrassé(e); **sich nicht ~** ne pas se gêner
genießbar adj mangeable; (Getränk) buvable; **genießen** (genoss, genossen) vt prendre plaisir à, apprécier; (Essen) savourer; (erhalten) recevoir, avoir droit à; **das ist nicht zu ~** (Essen) c'est immangeable; **Genießer(in)** m(f) (-s, -) bon vivant m; **genießerisch** adv avec délectation
Genitiv m génitif m
Genlebensmittel nt aliments mpl transgéniques; **Genmais** m maïs m transgénique; **Genmanipulation** f manipulation f génétique; **genmanipuliert** adj génétiquement manipulé(e)
Genom nt (-s, -e) génome m; **Genomanalyse** f analyse f du génome humain
genommen pp von **nehmen**
genoss imperf von **genießen**
Genosse m (-n, -n) camarade m
genossen pp von **genießen**
Genossenschaft f coopérative f

Genossin f camarade f
Gentechnik f technique f génétique, génétique f; **gentechnisch** adj génétique; ~ **verändert** génétiquement modifié(e); **Gentechnologie** f génie m génétique
genug adv assez, suffisamment
Genüge f zur ~ assez, suffisamment; **genügen** (pp genügt) vi (ausreichen) suffire; **einer Sache** dat ~ satisfaire qch; (Ansprüchen) correspondre à qch; **genügend** adj suffisant(e)
genügsam adj sobre, modeste; **Genügsamkeit** f modestie f
Genugtuung f (Wiedergutmachung) réparation f; (innere ~) satisfaction f
Genuss m (-es, Genüsse) (von Nahrung etc) consommation f; (Freude) plaisir m; **in den ~ von etw kommen** bénéficier de qch; **genüsslich** adv avec délectation; **Genussmittel** nt stimulant m; (aus steuerlicher Sicht) produit m (de consommation) de luxe
geöffnet adj ouvert(e)
Geograf(in) m(f) (-en, -en) géographe mf; **Geografie** f géographie f; **geografisch** adj géographique
Geologe m (-n, -n), **-login** f géologue mf; **Geologie** f géologie f; **geologisch** adj géologique
Geometrie f géométrie f
Georgien nt (-s) la Géorgie
Gepäck nt (-(e)s) bagages mpl; **Gepäckabfertigung** f, **Gepäckannahme** f enregistrement m des bagages; **Gepäckaufbewahrung** f consigne f; **Gepäckausgabe** f retrait m des bagages; **Gepäcknetz** nt filet m à bagages; **Gepäckschein** m bulletin m de consigne; **Gepäckschließfach** nt consigne f automatique; **Gepäckträger** m porteur m; (am Fahrrad) porte-bagages m; **Gepäckversicherung** f assurance f bagages; **Gepäckwagen** m fourgon m
Gepard m (-en, -en) guépard m
gepfiffen pp von **pfeifen**
gepflegt adj soigné(e); (Atmosphäre) raffiné(e); (Park, Wohnung) bien entretenu(e)
Gepflogenheit f coutume f
Geplapper nt (-s) babillage m
Geplauder nt (-s) bavardage m
gepriesen pp von **preisen**
gequollen pp von **quellen**
gerade 1. adj droit(e); (Zahl) pair(e) **2.** adv droit; (genau das) justement; ~ **gegenüber** juste en face; **er ist ~ angekommen** il vient d'arriver; **er isst ~** il est

en train de manger; **warum ~ ich?** pourquoi moi?; ~ **dann muss er kommen, wenn ...** il faut qu'il arrive juste au moment où ...; ~ **eben** à l'instant; ~ **noch** (rechtzeitig) juste à temps; ~, **weil** précisément parce que; **das ist es ja** ~ c'est justement ça le problème; **nicht** ~ **schön** pas précisément beau; **Gerade** f (-n, -n) (MATH) droite f; **geradeaus** adv tout droit; **geradeheraus** adv carrément; **geradeso** adv de la même manière; ~ **dumm** (tout) aussi bête; ~ **wie** (tout) comme; **geradezu** adv même, vraiment
gerann imperf von **gerinnen**
gerannt pp von **rennen**
Gerät nt (-(e)s, -e) (Haushalts~) appareil m; (landwirtschaftliches ~) machine f; (Werkzeug) outil m; (RADIO, TV) poste m; (SPORT) agrès mpl
geraten 1. pp von **raten 2.** (geriet, geraten) vi (sein) (gelingen) réussir; (mit Präposition: wohin kommen) arriver, atterrir; (in Zustand, Situation) se retrouver; **gut/schlecht** ~ bien réussir/ne pas réussir; **an jdn** ~ tomber sur qn; **in Schulden/Schwierigkeiten** ~ s'endetter/avoir des difficultés; **in Angst** ~ prendre peur; **nach jdm** ~ ressembler à qn; **außer sich** ~ être hors de soi
Geratewohl nt aufs ~ au hasard, au petit bonheur
geräuchert adj fumé(e)
geraum adj seit ~**er Zeit** depuis un certain temps
geräumig adj spacieux(-euse)
Geräusch nt (-(e)s, -e) bruit m; **geräuschlos** adj silencieux(-euse); **geräuschvoll** adj bruyant(e)
gerben vt tanner; **Gerber(in)** m(f) (-s, -) tanneur m; **Gerberei** f tannerie f
gerecht adj juste, équitable; **jdm/einer Sache** ~ **werden** rendre justice à qn/qch
Gerechtigkeit f justice f
Gerede nt (-s) bavardage m
geregelt adj régulier(-ière); (Leben) réglé(e)
gereizt adj irrité(e), énervé(e); **Gereiztheit** f irritation f
Gericht nt (-(e)s, -e) (JUR) tribunal m; (Essen) plat m; **das Letzte** ~ le Jugement dernier; **gerichtlich** adj judiciaire; **Gerichtsbarkeit** f juridiction f; **Gerichtshof** m cour f de justice; **Gerichtskosten** pl frais mpl de justice; **Gerichtssaal** m salle f du tribunal; **Gerichtsverfahren** nt procédure f judi-

ciaire; **Gerichtsverhandlung** f débats mpl (judiciaires); **Gerichtsvollzie-her(in)** m(f) (-s, -) huissier m
erieben pp von **reiben**
eriet imperf von **geraten**
ering adj minime; (Zeit) court(e), bref (brève); **nicht im ~sten** pas du tout; **geringfügig** adj insignifiant(e); (Betrag) petit(e); ~ **Beschäftigte** travailleurs mpl au salaire minimum non imposable; **geringschätzig** adj dédaigneux(-euse); **Geringschätzung** f dédain m, mépris m; **geringste(r, s)** adj le (la) moindre
erinnen (gerann, geronnen) vi ⟨sein⟩ se figer; (Milch) cailler; (Blut) (se) coaguler; **Gerinnsel** nt (-s, -) (Blut~) caillot m
erippe nt (-s, -) squelette m; (von Tier) carcasse f
erissen 1. pp von **reißen 2.** adj (Mensch) rusé(e)
eritten pp von **reiten**
Germ f (-) (A) levure f
Germanistik f études fpl supérieures d'allemand
Germknödel m (A) quenelle sucrée
ern(e) adv **etw ~ tun** aimer faire qch; **jdn/etw ~ haben** [o **mögen**] bien aimer qn/qch; **~!** avec plaisir!, volontiers!; **~ geschehen** il n'y a pas de quoi; **Gerne-groß** m (-, -e) frimeur m
erochen pp von **riechen**
Geröll nt (-(e)s, -e) éboulis m
eronnen pp von **gerinnen**, **rinnen**
Gerontologie f gérontologie f
Gerste f (-, -n) orge f; **Gerstenkorn** nt (im Auge) orgelet m
Gerte f (-, -n) baguette f; **gerten-schlank** adj très mince
Geruch m (-(e)s, Gerüche) odeur f; **geruchlos** adj inodore; **Geruch(s)-sinn** m odorat m
Gerücht nt (-(e)s, -e) bruit m, rumeur f
eruchtilgend adj désodorisant(e)
erufen pp von **rufen**
geruhen (pp geruht) vi **~, etw zu tun** daigner de faire qch
eruhsam adj tranquille, calme
Gerümpel nt (-s) fatras m
erungen pp von **ringen**
Gerüst nt (-(e)s, -e) (Bau~) échafaudage m; (fig) structure f
esalzen pp von **salzen**
esamt adj tout(e) entier(-ière), tout(e) le (la); (Kosten) total(e); **Gesamtaus-gabe** f (édition f des) œuvres fpl complè-tes; **Gesamteindruck** m impression f d'ensemble; **Gesamtheit** f ensemble m,

totalité f

Gesamtschule f école réunissant enseigne-ment primaire et secondaire

Gesamtvolumen nt volume m brut; **gesamtwirtschaftlich** adj macroéco-nomique
gesandt pp von **senden**; **Gesandte(r)** mf ministre mf plénipotentiaire; **Gesandt-schaft** f légation f
Gesang m (-(e)s, Gesänge) chant m; **Gesangbuch** nt (REL) recueil m de canti-que; **Gesangverein** m chorale f
Gesäß nt (-es, -e) derrière m, postérieur m
gesch. adj abk von **geschieden**
geschaffen pp von **schaffen**
Geschäft nt (-(e)s, -e) affaire f; (Laden) magasin m; (fam) boulot m; (Aufgabe) travail m; **Geschäftemacher(in)** m(f) affairiste mf; **geschäftig** adj affairé(e); **geschäftlich 1.** adj d'affaires, commer-cial(e) **2.** adv **er muss ~ oft nach Paris** il va souvent à Paris pour affaires; **Geschäftsbericht** m rapport m de ges-tion; **Geschäftsessen** nt repas m d'affaires; **Geschäftsfrau** f femme f d'affaires; **Geschäftsführer(in)** m(f) gérant(e); (im Klub) secrétaire mf; **Geschäftsjahr** nt exercice m; **Geschäftslage** f situation f financière; **Geschäftsleitung** f direction f, gestion f; **Geschäftsmann** m (-leute pl)

homme m d'affaires; **geschäftsmäßig** adj sec (sèche); **Geschäftspartner(in)** m(f) associé(e); **Geschäftsreise** f voyage m d'affaires; **Geschäftsschluss** m heure f de fermeture (des magasins, des bureaux); **Geschäftssinn** m sens m des affaires; **Geschäftsstelle** f (COM) bureau m, agence f; **geschäftstüchtig** adj habile en affaires; **Geschäftszeiten** pl heures fpl d'ouverture

geschehen (geschah, geschehen) vi ⟨sein⟩ arriver; **jdm ~** arriver à qn; **es war um ihn ~** c'en était fait de lui; **das geschieht ihm recht** c'est bien fait pour lui

gescheit adj intelligent(e); (fam) pas bête

Geschenk nt (-(e)s, -e) cadeau m; **Geschenkgutschein** m chèque-cadeau m; **Geschenkpackung** f emballage-cadeau m

Geschichte f (-, -n) histoire f; **Geschichtenerzähler(in)** m(f) conteur(-euse); **geschichtlich** adj historique; **Geschichtsschreiber(in)** m(f) historien(ne)

Geschick nt (-(e)s, -e) (Schicksal) sort m, destin m; (Geschicklichkeit) adresse f **Geschicklichkeit** f adresse f

geschickt adj habile, adroit(e)

geschieden 1. pp von **scheiden 2.** adj divorcé(e)

geschienen pp von **scheinen**

Geschirr nt (-(e)s, -e) vaisselle f; (für Pferd) harnais m; **Geschirrspülmaschine** f lave-vaisselle m; **Geschirrspülmittel** nt produit m (pour la) vaisselle; **Geschirrtuch** nt torchon m

geschlafen pp von **schlafen**

geschlagen pp von **schlagen**

Geschlecht nt (-(e)s, -er) sexe m; (Generation) génération f; (Familie) famille f; (LING) genre m; **geschlechtlich** adj sexuel(le); **Geschlechtskrankheit** f maladie f vénérienne; **Geschlechtsorgan** nt organe m génital; **Geschlechtsteil** nt organe m (sexuel), organe m génital; **Geschlechtsverkehr** m rapports mpl sexuels; **Geschlechtswort** nt (LING) article m

geschlichen pp von **schleichen**

geschliffen pp von **schleifen**

geschlossen pp von **schließen**

geschlungen pp von **schlingen**

Geschmack m (-(e)s, Geschmäcke) goût m; **nach jds ~** au goût de qn; **auf den ~ kommen** (fig) y prendre goût;

geschmacklos adj (fig) de mauvais goût; **Geschmacksinn** m goût m; **Geschmack(s)sache** f question f de goût; **geschmackvoll 1.** adj de bon goût **2.** adv avec goût

geschmeidig adj (Haut, Stoff) doux (douce); (beweglich) souple

geschmissen pp von **schmeißen**

geschmolzen pp von **schmelzen**

geschnitten pp von **schneiden**

geschoben pp von **schieben**

gescholten pp von **schelten**

Geschöpf nt (-(e)s, -e) créature f

geschoren pp von **scheren**

Geschoss nt (-es, -e) (MIL) projectile m; (Stockwerk) étage m

geschossen pp von **schießen**

Geschrei nt (-s) cris mpl; (fig) protestations fpl

geschrieben pp von **schreiben**

geschrien pp von **schreien**

geschritten pp von **schreiten**

geschunden pp von **schinden**

Geschütz nt (-es, -e) pièces fpl d'artillerie, canon m; **schwere ~e auffahren** (fig) sortir des arguments massue

geschützt adj protégé(e)

Geschwader nt (-s, -) escadre f

Geschwafel nt (-s) verbiage m

Geschwätz nt (-es) bavardage(s) m(pl); **geschwätzig** adj bavard(e)

geschweige adv **~ denn** et encore moins

geschwiegen pp von **schweigen**

geschwind adj rapide

Geschwindigkeit f vitesse f; **Geschwindigkeitsbegrenzung** f, **Geschwindigkeitsbeschränkung** f limitation f de vitesse; **Geschwindigkeitskontrolle** f contrôle m de vitesse; **Geschwindigkeitsmesser** m (-s, -) (AUTO) compteur m; **Geschwindigkeitsüberschreitung** f excès m de vitesse

Geschwister pl frère(s) et sœur(s) mpl

geschwollen 1. pp von **schwellen 2.** adj (Gelenk) enflé(e); (Redeweise) ampoulé(e)

geschwommen pp von **schwimmen**

geschworen pp von **schwören**; **Geschworene(r)** mf juré(e); **die ~n** pl le jury

Geschwulst f (-, Geschwülste) enflure f; (Tumor) tumeur f

geschwunden pp von **schwinden**

geschwungen pp von **schwingen**

Geschwür nt (-(e)s, -e) abcès m, ulcère m

gesehen pp von **sehen**

Geselchte(s) nt (A) viande f fumée
Geselle m (-n, -n) (Handwerks~) compagnon m; (Bursche) type m
gesellig adj (Mensch, Wesen) sociable; **ein ~es Beisammensein** une réunion amicale; **Geselligkeit** f sociabilité f
Gesellin f (Handwerks~) compagnon m
Gesellschaft f société f; (Begleitung) compagnie f; ~ **mit beschränkter Haftung** société à responsabilité limitée; **Gesellschafter(in)** m(f) (-s, -) associé(e); **gesellschaftlich** adj social(e); **gesellschaftsfähig** adj sortable; **Gesellschaftsordnung** f structures fpl sociales; **Gesellschaftsschicht** f couche f sociale
gesessen pp von **sitzen**
Gesetz nt (-es, -e) loi f; **Gesetzbuch** m code m; **Gesetzentwurf** m, **Gesetzesvorlage** f projet m de loi; **gesetzgebend** adj législatif(-ive); **Gesetzgeber** m (-s, -) législateur m; **Gesetzgebung** f législation f; **gesetzlich** adj légal(e); ~ **geschützte Marke** marque f déposée; **gesetzlos** adj (Zustände) anarchique; **gesetzmäßig** adj légal(e); **eine ~e Entwicklung** une évolution naturelle
gesetzt adj posé(e), pondéré(e)
gesetzwidrig adj illégal(e)
ges. gesch. abk von **gesetzlich geschützt** marque déposée
Gesicht nt (-(e)s, -er) figure f, visage m; (Miene) air m; **ein langes ~ machen** faire une tête d'enterrement; **Gesichtsausdruck** m expression f; **Gesichtsfarbe** f teint m; **Gesichtskontrolle** f filtrage m; **Gesichtslotion** f lotion f; **Gesichtsmilch** f lait m démaquillant; **Gesichtspunkt** m point m de vue; **Gesichtsverlust** m **ohne ~** sans perdre la face; **Gesichtswasser** nt lotion f (pour le visage); **Gesichtszüge** pl traits mpl (du visage)
Gesindel nt (-s) racaille f
gesinnt adj **jdm übel/wohl ~ sein** être mal/bien disposé(e) envers qn
Gesinnung f mentalité f; (POL) idées fpl; **Gesinnungsgenosse** m, **-genossin** f ami(e) politique; **Gesinnungslosigkeit** f manque m de principes; **Gesinnungswandel** m volte-face f
gesittet adj bien élevé(e)
gesoffen pp von **saufen**
gesogen pp von **saugen**
gesonnen pp von **sinnen**
Gespann nt (-(e)s, -e) attelage m; (fam) tandem m

gespannt adj (voll Erwartung) impatient(e), curieux(-euse); (Verhältnis, Lage) tendu(e); **ich bin ~, ob ...** je me demande si ...; **auf etw/jdn ~ sein** attendre qch/qn avec impatience
Gespenst nt (-(e)s, -er) fantôme m; **gespensterhaft** adj fantomatique
gesperrt adj fermé(e) à la circulation
Gespiele m (-n, -n), **Gespielin** f partenaire mf
gespien pp von **speien**
gesponnen pp von **spinnen**
Gespött nt (-(e)s) moqueries fpl; **zum ~ der Leute werden** devenir la risée générale
Gespräch nt (-(e)s, -e) entretien m, conversation f; (Telefon~) communication f téléphonique; **gesprächig** adj bavard(e), loquace; **Gesprächigkeit** f loquacité f; **Gesprächsstoff** m, **Gesprächsthema** nt sujet m de conversation
gesprochen pp von **sprechen**
gesprungen pp von **springen**
Gespür nt (-s) sens m (für de)
gest. adj abk von **gestorben** décédé(e)
Gestalt f (-, -en) forme f; (fam: Mensch) figure f; **in ~ von** sous forme de; ~ **annehmen** prendre forme
gestalten (pp gestaltet) **1.** vt organiser; (formen) agencer **2.** vr **sich ~** se révéler; **Gestaltung** f organisation f
gestanden pp von **stehen**
geständig adj ~ **sein** avouer
Geständnis nt aveu m
Gestank m (-(e)s) puanteur f
gestatten (pp gestattet) vt permettre; ~ **Sie?** vous permettez?; **sich** dat ~, **etw zu tun** se permettre de faire qch
Geste f (-, -n) geste m
gestehen (pp gestanden) irr vt avouer
Gestein nt (-(e)s, -e) roche f
Gestell nt (-(e)s, -e) (aus Holz) tréteau m; (Fahr~) châssis m; (Regal) étagère f
gestern adv hier; ~ **Abend/Morgen** hier soir/matin
gestiegen pp von **steigen**
gestikulieren (pp gestikuliert) vi gesticuler
Gestirn nt (-(e)s, -e) astre m; (Sternbild) constellation f
gestochen pp von **stechen**
gestohlen pp von **stehlen**
gestorben pp von **sterben**
gestört adj (psychisch) dérangé(e); (problematisch) problématique; **ein ~es Verhalten haben** avoir des troubles caracté-

riels; **ein ~es Verhältnis zu jdm/etw haben** avoir de mauvais rapports avec qn/qch
gestoßen pp von **stoßen**
Gesträuch nt (-(e)s, -e) branchages mpl
gestreift adj rayé(e), à rayures
gestrichen pp von **streichen**
gestrig adj d'hier
gestritten pp von **streiten**
Gestrüpp nt (-(e)s, -e) broussailles fpl
gestunken pp von **stinken**
Gestüt nt (-(e)s, -e) haras m
gestylt adj (fam) stylé(e)
Gesuch nt (-(e)s, -e) demande f, requête f
gesucht adj (COM) demandé(e); (Verbrecher) recherché(e)
gesund adj (gesünder, am gesündesten) sain(e); (Mensch: körperlich) en bonne santé; **Gesundheit** f santé f; **~!** à tes/à vos souhaits!; **gesundheitlich** 1. adj de santé 2. adv pour ce qui est de la santé; **wie geht es Ihnen ~?** comment va la santé?; **Gesundheitsfarm** f (-, -en) centre m de remise en forme; **Gesundheitsschaden** m danger m pour la santé; **gesundheitsschädlich** adj malsain(e); **Gesundheitswesen** nt (services mpl de la) santé f publique; **Gesundheitszustand** m état m de santé; **gesund|schreiben** sep irr vt jdn ~ déclarer que qn est guéri(e)
gesungen pp von **singen**
gesunken pp von **sinken**
getan pp von **tun**
Getöse nt (-s) vacarme m
getragen pp von **tragen**
Getränk nt (-(e)s, -e) boisson f; **Getränkeautomat** m distributeur m automatique de boissons; **Getränkekarte** f carte f des consommations; (Weinkarte) carte f des vins
getrauen (pp getraut) vr sich ~, etw zu tun oser faire qch
Getreide nt (-s, -) céréales fpl; **Getreidespeicher** m silo m (à céréales)
getrennt adj séparé(e); **~ leben** être séparés; **~ schlafen** faire chambre à part
getreten pp von **treten**
Getriebe nt (-s, -) (von Maschinen) rouages mpl; (AUTO) boîte f de vitesses; (Umtrieb) animation f
getrieben pp von **treiben**
Getriebeöl nt huile f de graissage
getroffen pp von **treffen**
getrogen pp von **trügen**
getrost adv en toute confiance
getrunken pp von **trinken**

Getue nt (-s) chichis mpl
geübt adj exercé(e); (Mensch) adroit(e)
Gewächs nt (-es, -e) (Pflanze) plante f; (MED) tumeur f
gewachsen 1. pp von **wachsen** 2. adj jdm/ einer Sache ~ sein être de taille à tenir tête à qn/être à la hauteur de qch
Gewächshaus nt serre f
gewagt adj osé(e); (Schritt) risqué(e)
gewählt adj (Sprache) soutenu(e)
Gewähr f (-) garantie f; **keine ~ übernehmen** ne pas répondre (für de); **ohne ~** sans garantie; **gewähren** (pp gewährt) vt (Wunsch) accéder à; (bewilligen) accorder; **gewährleisten** (pp gewährleistet) vt garantir
Gewahrsam m (-s) etw in ~ nehmen se voir confier qch; **jdn in ~ bringen** mettre qn en lieu sûr; (Polizei~) placer qn en détention préventive
Gewährsmann m (-leute pl) source f
Gewalt f (-, -en) force f; (Macht) pouvoir m; (Kontrolle) contrôle m; (~taten) violence f; **~ über etw** akk **haben/verlieren** avoir/perdre le contrôle de qch; **Gewaltanwendung** f recours m à la force; **Gewaltbereitschaft** f propension f à la violence; **gewaltfrei** adj nonviolent(e); **Gewaltherrschaft** f dictature f
gewaltig 1. adj (Bau, Fels, Menge) énorme; (mächtig) puissant(e); (fam: groß) sacré(e) 2. adv (fam) sacrément
Gewaltmarsch m marche f forcée; **Gewaltmonopol** nt monopole m de la violence; **gewaltsam** adj violent(e); **gewalttätig** adj violent(e); **Gewalttätigkeit** f violence f; **Gewaltverbrechen** nt (Mord) crime m de sang; **Gewaltverherrlichung** f apologie f de la violence; **Gewaltverzicht** m non-belligérence f; **Gewaltvideo** m vidéo f montrant des scènes de violence
Gewand nt (-(e)s, Gewänder) vêtement m
gewandt 1. pp von **wenden** 2. adj agile; (Stil) fluide; (Redner) habile; (im Auftreten) à l'aise; **Gewandtheit** f agilité f; habileté f; aisance f
gewann imperf von **gewinnen**
gewaschen pp von **waschen**
Gewässer nt (-s, -) eaux fpl
Gewebe nt (-s, -) tissu m
Gewehr nt (-(e)s, -e) fusil m; **Gewehrlauf** m canon m de fusil
Geweih nt (-(e)s, -e) bois mpl
Gewerbe nt (-s, -) industrie f, commerce

m; (Beruf) métier m; **Handel und ~** le commerce et l'industrie; **Gewerbegebiet** nt zone f industrielle; **Gewerbeschule** f école f professionnelle; **Gewerbesteuer** f taxe f professionnelle; **gewerblich** adj commercial(e); **gewerbsmäßig** adj professionnel(le) **Gewerkschaft** f syndicat m; **Gewerkschaft(l)er(in)** m(f) (-s, -) syndicaliste mf; **gewerkschaftlich** adv ~ **organisiert sein** être syndiqué(e); **Gewerkschaftsbund** m confédération f syndicale **gewesen** pp von **sein** **gewichen** pp von **weichen** **Gewicht** nt (-(e)s, -e) poids m; **gewichtig** adj important(e) **gewieft** adj futé(e) **gewiesen** pp von **weisen** **gewillt** adj ~ **sein, etw zu tun** être disposé(e) à faire qch **Gewimmel** nt (-s) fourmillement m **Gewinde** nt (-s, -) (von Schraube) pas m **Gewinn** m (-(e)s, -e) gain m; (finanziell) bénéfice m; (in Lotterie) lot m; ~ **bringend** lucratif(-ive); **etw mit ~ verkaufen** vendre qch à bénéfice; **Gewinnbeteiligung** f participation f aux bénéfices; **gewinnbringend** adj s. Gewinn; **gewinnen** (gewann, gewonnen) 1. vt gagner; (Kohle, Öl etc) extraire; **jdn für etw ~** gagner qn pour qch 2. vi gagner; (profitieren) tirer bénéfice; (besser werden) s'améliorer; **an etw** dat ~ gagner en qch; **gewinnend** adj séduisant(e); **Gewinner(in)** m(f) (-s, -) vainqueur m, gagnant(e); **Gewinnnummer** f numéro m gagnant; **Gewinnpotenzial** nt gain m potentiel; **Gewinnspanne** f marge f bénéficiaire; **Gewinnsucht** f cupidité f; **Gewinnung** f (von Kohle etc) extraction f; (von Strom, Erdöl) production f; **Gewinnwarnung** f (COMM) profit warning m **Gewirr** nt (-(e)s) enchevêtrement m; (von Straßen etc) dédale m **gewiss** 1. adj certain(e) 2. adv (sicherlich) certainement **Gewissen** nt (-s, -) conscience f; **gewissenhaft** adj consciencieux(-euse); **Gewissenhaftigkeit** f minutie f; **gewissenlos** adj qui n'a pas de conscience, sans scrupules; **Gewissenlosigkeit** f manque m de conscience, absence f de scrupules; **Gewissensbisse** pl remords mpl; **Gewissensfrage** f cas m de conscience; **Gewissenskonflikt** m conflit m moral

gewissermaßen adv pour ainsi dire **Gewissheit** f certitude f **Gewitter** nt (-s, -) orage m; **gewittern** (pp gewittert) vi unpers **es gewittert** il y a de l'orage **gewitzt** adj malin(-igne) **gewoben** pp von **weben** **gewogen** 1. pp von **wiegen** 2. adj jdm/ einer Sache ~ **sein** être favorable à qn/ qch **gewöhnen** (pp gewöhnt) 1. vt habituer 2. vr sich an etw akk ~ s'habituer à qch **Gewohnheit** f habitude f; **aus ~** par habitude; **zur ~ werden** devenir une habitude; **Gewohnheitsmensch** m routinier(-ère) mf; **Gewohnheitstier** nt (fam) esclave mf de ses habitudes **gewöhnlich** adj (alltäglich) habituel(le); (vulgär) vulgaire; **wie ~** comme d'habitude **gewohnt** adj habituel(le); **etw ~ sein** être habitué(e) à qch **Gewöhnung** f accoutumance f (an +akk à) **Gewölbe** nt (-s, -) (Decke) voûte f; (Raum) cave f voûtée **gewonnen** pp von **gewinnen** **geworben** pp von **werben** **geworden** pp von **werden** **geworfen** pp von **werfen** **gewrungen** pp von **wringen** **Gewühl** nt (-(e)s) (von Menschen) cohue f **gewunden** pp von **winden** **Gewürz** nt (-es, -e) épice f, assaisonnement m; **Gewürzgurke** f cornichon m au vinaigre; **Gewürznelke** f clou m de girofle **gewusst** pp von **wissen** **gezahnt** adj denté(e), dentelé(e) **Gezeiten** pl marée f; **Gezeitenkraftwerk** nt usine f marémotrice **gezielt** adj ciblé(e) **geziert** adj affecté(e) **gezogen** pp von **ziehen** **Gezwitscher** nt (-s) gazouillis m **gezwungen** 1. pp von **zwingen** 2. adj forcé(e); **gezwungenermaßen** adv etw ~ **tun** être obligé(e) de faire qch **ggf.** adv abk von **gegebenenfalls** le cas échéant **Ghana** nt (-s) le Ghana **Gibraltar** nt (-s) Gibraltar **Gicht** f (-) goutte f **Giebel** m (-s, -) pignon m; **Giebeldach** nt toit m en pente; **Giebelfenster** nt fenêtre au dernier étage d'une maison à pignon **Gier** f (-) avidité f; **gierig** adj avide

gießen (goss, gegossen) vt verser; (*Blumen*) arroser; (*Metall, Wachs*) couler; **es gießt** il pleut à verse; **Gießerei** f fonderie f; **Gießkanne** f arrosoir m

Gift nt (-(e)s, -e) poison m; **giftig** adj toxique; (*Pilz*) vénéneux(-euse); (*Schlange, fig*) venimeux(-euse); **Giftmüll** m déchets mpl toxiques; **Giftmülldeponie** f décharge f de produits toxiques; **Giftstoff** m produit m toxique, poison m; **Giftzahn** m crochet m à venin

Gigabyte nt giga-octet m

gigantisch adj gigantesque; (*Erfolg*) immense; (*fam: sehr gut*) géant(e)

Gilde f (-, -n) corporation f; (*HIST*) guilde f

ging imperf von **gehen**

Ginster m (-s, -) genêt m

Gipfel m (-s, -) sommet m; (*von Dummheit*) comble m; **gipfeln** vi **in etw** dat ~ se terminer par qch; **Gipfeltreffen** nt rencontre f au sommet

Gips m (-es, -e) plâtre m; **Gipsabdruck** m plâtre m; **gipsen** vt plâtrer; **Gipsfigur** f plâtre m; **Gipsverband** m plâtre m

Giraffe f (-, -n) girafe f

Girlande f (-, -n) guirlande f

Giro nt (-s, -s) virement m; **Girokonto** nt compte m courant

Gischt m (-(e)s, -e) embruns mpl

Gitarre f (-, -n) guitare f

Gitter nt (-s, -) grille f; (*für Pflanzen*) treillage m; **Gitterbett** nt lit m d'enfant (à barreaux); **Gitterfenster** nt fenêtre f à barreaux; **Gitterzaun** m clôture f

Glace f (-, -) (*CH*) glace f

Glacéhandschuh m gant m de chevreau; **jdn mit** ~**en anfassen** prendre des gants avec qn

Gladiole f (-, -n) glaïeul m

Glanz m (-es) éclat m; (*fig*) splendeur f

glänzen vi briller; **glänzend** adj brillant(e); (*fig*) excellent(e)

Glanzleistung f brillante performance f; **glanzlos** adj terne; **Glanzzeit** f apogée m

Glarus nt (-) Glaris

Glas nt (-es, Gläser) verre m; **Glasbläser** m (-s, -) souffleur m (de verre); **Glascontainer** m conteneur m à verre; **Glaser(in)** m(f) (-s, -) vitrier m; **gläsern** adj (*aus Glas*) de verre, en verre; (*fig: durchschaubar*) transparent(e); **Glasfaserkabel** nt câble m optique

glasieren (pp glasiert) vt (*Tongefäß*) vernisser; (*GASTR*) glacer

glasig adj (*Blick, Augen*) vitreux(-euse)

Glasscheibe f vitre f

Glasur f vernis m; (*GASTR*) glaçage m

glatt adj lisse; (*rutschig*) glissant(e); (*komplikationslos*) sans histoire; (*Absage*) catégorique; (*Lüge*) pur(e) et simple; **das habe ich** ~ **vergessen** je l'ai complètement oublié; **Glätte** f (-, -n) structure f lisse, poli m; (*Rutschigkeit*) état m glissant; **Glatteis** nt verglas m; **glätten** 1. vt lisser, défroisser 2. vr sich ~ (*Wogen, Meer*) se calmer

Glatze f (-, -n) calvitie f; (*fam: Skinhead*) crâne m rasé; **eine** ~ **bekommen** devenir chauve; **glatzköpfig** adj chauve

Glaube m (-ns, -n) (*REL*) foi f; (*Überzeugung*) croyance f (an +akk à, en, dans); **glauben** vt, vi croire (an +akk à); (*REL*) croire (an +akk en); **jdm** ~ croire qn; **Glaubensbekenntnis** nt profession f de foi; **glaubhaft** adj digne de foi, crédible

gläubig adj (*REL*) croyant(e); (*vertrauensvoll*) confiant(e); **Gläubige(r)** mf croyant(e); **die** ~**n** pl les fidèles

Gläubiger(in) m(f) (-s, -) créancier(-ière)

glaubwürdig adj digne de foi; (*Mensch, Partei, Politik*) digne de confiance; **Glaubwürdigkeit** f crédibilité f

gleich 1. adj égal(e); (*identisch*) (le (la)) même; **2 mal 2** ~ **4** 2 fois 2 font 4; **es ist mir** ~ ça m'est égal 2. adv (*ebenso*) également; (*sofort*) tout de suite; (*bald*) dans un instant; ~ **gesinnt** qui a les mêmes idées; ~ **groß** aussi grand(e), de la même taille; ~ **nach** juste après; ~ **bleiben** rester le (la) même; **sich** ~ **bleiben** rester le (la) même; **das bleibt sich doch** ~ cela revient au même; ~ **bleibend** constant(e); **gleichaltrig** adj du même âge; **gleichartig** adj semblable; **gleichbedeutend** adj synonyme; **gleichberechtigt** adj égal(e); **Gleichberechtigung** f égalité f (des droits); **gleich|bleiben** sep irr vi s. gleich; **gleichbleibend** adj s. gleich

gleichen (glich, geglichen) 1. vi jdm/einer Sache ~ ressembler à qn/à qch 2. vr sich ~ se ressembler

gleichfalls adv pareillement; **Gleichförmigkeit** f uniformité f; **gleichgesinnt** adj s. gleich; **Gleichgewicht** nt équilibre m; **gleichgültig** adj indifférent(e); (*unbedeutend*) sans importance; **das ist mir** ~ cela m'est égal; **Gleichgültigkeit** f indifférence f; **Gleichheit** f égalité f; **gleich|kommen** sep irr vi ⟨sein⟩ **einer Sache** dat ~ équivaloir à qch; **jdm** ~

égaler qn; **Gleichmacherei** f nivellement m; **gleichmäßig** adj régulier(-ière); **Gleichmut** m (-(e)s) égalité f d'humeur

Gleichnis nt parabole f

gleich|sehen sep irr vi jdm ~ ressembler à qn; **gleich|stellen** sep vt mettre sur le même plan (einer Sache dat que qch); **Gleichstellung** f assimilation f; **Gleichstrom** m (ELEC) courant m continu

Gleichung f équation f

gleichwertig adj équivalent(e); **gleichzeitig** adj simultané(e)

Gleis nt (-es, -e) (Schiene) voie f ferrée, rails mpl; (Bahnsteig) quai m

gleiten (glitt, geglitten) vi ⟨sein⟩ glisser; ~de Arbeitszeit horaire m flexible; **Gleitflug** m vol m plané; **Gleitschirm** m parapente m; **Gleitschirmfliegen** nt (-s) parapente m; **Gleitzeit** f horaire m flexible

Gletscher m (-s, -) glacier m; **Gletscherkunde** f glaciologie f; **Gletscherskifahren** nt ski m sur glacier; **Gletscherspalte** f crevasse f

glich imperf von **gleichen**

Glied nt (-(e)s, -er) (einer Kette) maillon m; (Körper~) membre m

gliedern vt structurer; (Arbeit) organiser; **Gliederung** f organisation f

Gliedmaßen pl membres mpl

glimmen (glomm, geglommen) vi rougeoyer, luire

Glimmer m (-s, -) mica m

Glimmstängel m (fam) clope f

glimpflich adj (nachsichtig) indulgent(e); ~ davonkommen s'en tirer à bon compte

glitschig adj glissant(e)

glitt imperf von **gleiten**

glitzern vi scintiller

global adj (weltumspannend) mondial(e); (allgemein) global(e); ~e Erwärmung réchauffement m de la planète; **Globalisierung** f globalisation f; **Globalplayer** m (-s, -) agent m économique global

Globus m (-o -ses, -se o Globen) globe m

Glöckchen nt clochette f

Glocke f (-, -n) (Kirchen~) cloche f; (Käse~) cloche f à fromage; (Schul~) sonnerie f; **etw an die große ~ hängen** crier qch sur les toits; **Glockenspiel** nt carillon m; **Glockenturm** m clocher m

glomm imperf von **glimmen**

Glosse f (-, -n) commentaire m

Glotze f (-, -n) (fam: Fernseher) téloche f; (Computer) bécane f; **glotzen** vi (fam)

regarder bouche bée

Glück nt (-(e)s) (guter Umstand) chance f; (Zustand) bonheur m; ~ **haben** avoir de la chance; **viel ~!** bonne chance!; **zum ~** par bonheur; **auf gut ~** au petit bonheur; **glücken** vi ⟨sein⟩ réussir

gluckern vi (Wasser) glouglouter

glücklich adj heureux(-euse); **glücklicherweise** adv heureusement; **Glücksbringer** m (-s, -) porte-bonheur m; **Glücksfall** m coup m de chance; **Glückskind** nt veinard(e); **Glückssache** f das ist ~ c'est une question de chance; **Glücksspiel** nt jeu m de hasard; **Glücksstern** m bonne étoile f; **Glückwunsch** m félicitations fpl; **herzlichen ~** toutes mes félicitations; (zum Geburtstag) bon anniversaire

Glühbirne f ampoule f

glühen vi (Draht, Kohle, Ofen) rougeoyer; (erregt, begeistert sein) brûler (vor +dat de); **glühend** adj torride; (leidenschaftlich) passionné(e); **Glühwein** m vin m chaud; **Glühwürmchen** nt ver m luisant

Glut f (-, -en) (Feuers~) braise f; (Hitze) chaleur f torride; (von Leidenschaft) feu m

GmbH f (-, -s) abk von **Gesellschaft mit beschränkter Haftung** S.A.R.L. f

Gnade f (-, -n) (Gunst) faveur f; (Erbarmen) grâce f; **Gnadenfrist** f délai m de grâce; **Gnadengesuch** nt recours m en grâce; **gnadenlos** adj sans pitié; **Gnadenstoß** m coup m de grâce

gnädig adj clément(e); ~e Frau (Anrede) Madame

Gokart m (-(s), -s) kart m

Gold nt (-(e)s) or m; **golden** adj d'or; (Zukunft) doré(e); **Goldfisch** m poisson m rouge; **Goldgrube** f mine f d'or; **goldig** adj adorable; **Goldmedaille** f médaille f d'or; **Goldregen** m cytise m; **Goldschmied(in)** m(f) orfèvre m; **Goldschnitt** m dorure f sur tranche

Golf 1. nt (-s) (SPORT) golf m 2. m (-(e)s, -e) golfe m; **Golfkrieg** m guerre f du Golfe; **Golfplatz** m terrain m de golf; **Golfschläger** m club m; **Golfspieler(in)** m(f) joueur(-euse) de golf; **Golfstaat** m pays m du Golfe; **Golfstrom** m Gulf Stream m

Gondel f (-, -n) (Boot) gondole f; (von Seilbahn) (télé)cabine f; **gondeln** vi ⟨sein⟩ (fam) trimbaler; **durch die Welt ~** rouler sa bosse

gönnen vt jdm etw ~ penser que qn à mérité qch; **sich** dat **etw** ~ s'accorder qch; **Gönner(in)** m(f) (-s, -) bienfaiteur(-trice); (von Künstler) mécène; **gönnerhaft** adj condescendant(e); **Gönnermiene** f air m condescendant

gor imperf von **gären**

goss imperf von **gießen**

Gosse f (-, -n) caniveau m; (fig) ruisseau m

Gott m (-es, Götter) dieu m; (christlicher ~) Dieu m; **um ~es willen** mon Dieu; **grüß ~** (SDEUTSCH) bonjour; **leider ~es** malheureusement; **~ sei Dank** Dieu merci; **Gottesdienst** m (evangelisch) culte m; (katholisch) messe f; **Gotteshaus** nt maison f de Dieu; **Gotteskrieger(in)** m(f) terroriste mf religieux (-euse); **Göttin** f déesse f; **göttlich** adj divin(e); **gottlos** adj impie, athée; **Gottvertrauen** nt foi f

Götze m (-n, -n) idole f

GPS 1. f (-) abk von **Grüne Partei der Schweiz** parti écologiste suisse 2. nt (-) abk von **Global Positioning System** GPS m

Grab nt (-(e)s, Gräber) tombe f; **graben** (grub, gegraben) vt, vi creuser; **nach etw ~** chercher qch

Graben m (-s, Gräben) fossé m; (MIL) tranchée f

Grabrede f oraison f funèbre; **Grabstein** m pierre f tombale

Grad m (-(e)s, -e) degré m; (Rang) grade m; (akademischer ~) grade m universitaire; **Gradeinteilung** f graduation f; **gradweise** adv graduellement

Graf m (-en, -en) comte m

Graffiti pl graffiti mpl

Grafik f (-, -en) graphique m; **Grafikbildschirm** m (INFORM) écran m graphique; **Grafiker(in)** m(f) (-s, -) graphiste mf; **Grafikkarte** f (INFORM) carte f graphique; **Grafikmodus** m (INFORM) mode m graphique; **Grafikprogramm** nt (INFORM) grapheur m

Gräfin f comtesse f

grafisch adj graphique

Gram m (-(e)s) chagrin m; **grämen** vr **sich ~** être rongé(e) de chagrin

Gramm nt (-s, -(e)) gramme m

Grammatik f grammaire f; **grammatisch** adj grammatical(e)

Grammel f (-, -n) (A) petit lardon m frit

Granat m (-(e)s, -e) (Stein) grenat m; **Granatapfel** m grenade f

Granate f (-, -n) (MIL) obus m; (Hand~) grenade f

Granit m (-s, -e) granit m; **auf ~ beißen** se heurter à un mur

Grapefruit f (-, -s) pamplemousse m

Gras nt (-es, Gräser) herbe f; **grasen** vi paître; **Grashalm** m brin m d'herbe; **grasig** adj herbeux(-euse); **Grasnarb** f gazon m

grassieren (pp grassiert) vi sévir

grässlich adj horrible

Grat m (-(e)s, -e) arête f

Gräte f (-, -n) arête f

gratis adv gratuitement, gratis; **Gratisprobe** f échantillon m gratuit

Gratulation f félicitations fpl; **gratulieren** (pp gratuliert) vi **jdm ~** féliciter qn (zu etw de qch); **ich gratuliere!** félicitations!

Gratwanderung f (fig) exercice m sur corde raide

grau adj gris(e); **~ meliert** grisonnant(e)

Graubünden nt (-s) les Grisons mpl

Gräuel m (-s, -) horreur f; **Gräueltat** f atrocité f

grauen 1. vi (Tag) se lever 2. vi unpers **es graut ihm/ihr vor etw** dat il/elle appréhende qch 3. vr **sich vor etw** dat **~** avoir horreur de qch; **Grauen** nt (-s) horreur f

grauenhaft adj horrible

grauhaarig adj aux cheveux blancs; **graumeliert** adj s. **grau**

grausam adj atroce; (Mensch) cruel(le); (Sitten) barbare; **Grausamkeit** f atroci f, cruauté f

gravieren (pp graviert) vt graver

gravierend adj (Fehler, Irrtum) grave; (Verlust, Unterschied) grand(e); (Umstand) aggravant(e)

Grazie f grâce f; **graziös** adj gracieux(-euse)

Greencard f (-, -s) permis de travail pour spécialistes non originaires de l'UE

greifbar adj tangible; (deutlich) évident(e); **in ~er Nähe** tout près

greifen (griff, gegriffen) 1. vt (ergreifen) saisir; (auf Musikinstrument) jouer 2. vi (Wirkung haben: Maßnahmen, Regelung etc) opérer; (Reifen) avoir une adhérence; **in etw** akk **~** mettre la main dans qch; **an etw** akk **~** toucher qch; **nach etw ~** tendre la main pour prendre qch; **zu etw ~** (fig) recourir à qch; **um sich ~** (sich ausbreiten) se propager

Greis m (-es, -e) vieillard m; **Greisenalter** nt vieillesse f; **Greisin** f vieille f

grell adj (Licht) aveuglant(e); (Farbe) criard(e), cru(e); (Stimme, Ton) perçant(e

Gremium nt comité m

Grenzbeamte(r) m, **-beamtin** f douanier m; **Grenze** f (-, -n) frontière f; (fig)

limite f; **sich in ~n halten** être modéré(e);
grenzen vi **an etw** akk ~ confiner à qch;
grenzenlos adj immense, infini(e);
(Angst) démesuré(e); **Grenzfall** m cas m
limite; **Grenzlinie** f ligne f de démarca-
tion; (SPORT) limite f du terrain; **Grenz-
übergang** m (Ort) poste m frontière;
Grenzverkehr m trafic m transfrontalier; **Grenzwert** m limite f

Greuel m s. **Gräuel; Greueltat** f s. **Gräueltat**

Griebe f (-, -n) petit lardon m frit; **Grie-
benschmalz** nt rillons mpl

Grieche m (-n, -n) Grec m; **Griechenland** nt la Grèce; **Griechin** f Grecque f;
griechisch adj grec(que)

griesgrämig adj grincheux(-euse)

Grieß m (-es, -e) semoule f

griff imperf von **greifen**

Griff m (-(e)s, -e) poigne f, prise f; (an Tür
etc) poignée f; (an Topf, Messer) manche
m; **griffbereit** adj **etw** ~ **haben** avoir
qch sous la main

Griffel m (-s, -) crayon m d'ardoise; (BOT)
style m

Grill m (-s, -s) gril m; (Garten~) barbecue
m

Grille f (-, -n) grillon m

grillen vt griller; **Grillfest** nt barbecue
m; **Grillplatte** f grillade f

Grimasse f (-, -n) grimace f

Grimm m (-(e)s) courroux m; **grimmig**
adj furieux(-euse); (heftig) terrible

grinsen vi ricaner; (dumm ~) sourire
bêtement

Grippe f (-, -n) grippe f; **Grippeschutzimpfung** f vaccin m antigrippal; **Grip-
pewelle** f épidémie f de grippe

grob adj (gröber, am gröbsten) gros-
sier(-ière); (brutal) brutal(e); (Netz) à lar-
ges mailles; (Eindruck, Überblick) sommaire; (Fehler, Unfug) grave; **Grobheit** f
grossièreté f; **Grobian** m (-s, -e) brute f

Grog m (-s, -s) grog m

grölen vi brailler

Groll m (-(e)s) rancœur f; **grollen** vi
(Donner) gronder; (mit) **jdm** ~ en vouloir
à qn

Grönland nt le Groenland

Groschen m (-s, -) (österreichische Münze)
groschen m

groß adj (größer, am größten) grand(e);
(Mühe, Lärm) beaucoup de; **die ~e Zehe**
le gros orteil; **~e Angst/Schmerzen
haben** avoir très peur/mal; **im Großen
und Ganzen** dans l'ensemble; **er ist 1,80
m** ~ il mesure 1,80 m; **großartig** adj

formidable; **Großaufnahme** f gros
plan m

Großbritannien nt (-s) la Grande-Bretagne

Größe f (-, -n) taille f, dimensions fpl;
(MATH) valeur f; (bei Kleidung) taille f; (bei
Schuhen) pointure f; (fig) grandeur f; (von
Ereignis) importance f

Großeinkauf m grand ravitaillement m

Großeltern pl grands-parents mpl

Größenordnung f ordre m de grandeur; **in der ~ von** de l'ordre de

größenteils adv en grande partie

Größenunterschied m différence f de
taille; **Größenwahn** m mégalomanie f,
folie f des grandeurs; **größenwahnsinnig** adj mégalomane

Großfahndung f vastes recherches fpl;
Großformat nt grand format m; **Großhandel** m commerce m de gros; **Groß-
händler(in)** m(f) grossiste mf; **großher-
zig** adj magnanime; **Großmacht** f
grande puissance f; **Großmarkt** m marché m de gros; **Großmaul** nt (fam)
grande gueule f; **Großmut** f (-) magna-
nimité f; **großmütig** adj magnanime;
Großmutter f grand-mère f; **Großoffensive** f offensive f de grande envergure; **Großraumbüro** nt bureau m en
espace ouvert; **Großraumwagen** m
(EISENBAHN) (wagon-)salle m; **Großrech-
ner** m macroordinateur m; **großspurig**
adj vantard(e); **Großstadt** f grande ville
f

größte(r, s) adj superl von **groß** le (la)
plus grand(e); **größtenteils** adv pour la
plupart

Großvater m grand-père m; **groß|zie-
hen** sep irr vt élever; **großzügig** adj
généreux(-euse); (in Ausdehnung) spa-
cieux(-euse), vaste

grotesk adj grotesque

Grotte f (-, -n) grotte f

grub imperf von **graben**

Grübchen nt fossette f

Grube f (-, -n) trou m, fosse f; (im Bergbau) mine f

grübeln vi se creuser la tête; **über etw**
akk ~ tourner et retourner qch dans sa
tête

Grubengas nt grisou m

Grübler(in) m(f) (-s, -) personne f sou-
cieuse; **grüblerisch** adj soucieux(-euse),
sombre

grüezi interj (CH) bonjour

Gruft f (-, Grüfte) caveau m, tombeau m;
Grufti m (-s, -s) (Jugendsprache) vieux m,

vieille f, ringard(e)
grün adj vert(e); (POL) vert(e), écologiste; (unerfahren) sans expérience; **der ~e Punkt** le point vert

---

grüner Punkt

Le grüner Punkt est un symbole représentant un point vert. On le trouve sur certains emballages qui doivent être collectés séparément pour être recyclés par le système DSD. Les fabricants financent le recyclage des emballages en achetant des licences à la 'DSD' et répercutent souvent le coût sur les consommateurs.

Grünanlagen pl espaces mpl verts
Grund m (-(e)s, Gründe) (Motiv, Ursache) raison f; (von Gewässer) fond m; **im ~e genommen** au fond; **zu ~e gehen** sombrer; **einer Sache** dat **auf den ~ gehen** tâcher de découvrir le fin fond de qch; **Grundausbildung** f formation f de base; (MIL) manoeuvre f; **Grundbedeutung** f sens m premier; **Grundbesitz** m propriété f foncière; **Grundbuch** nt cadastre m; **grundehrlich** adj foncièrement honnête
gründen 1. vt fonder **2.** vr **sich ~ auf** +akk être fondé(e) sur; **Gründer(in)** m(f) (-s, -) fondateur(-trice)
grundfalsch adj complètement faux (fausse); **Grundfreibetrag** m abattement m à la base; **Grundgebühr** f taxe f de base; **Grundgedanke** m idée f fondamentale; **Grundgesetz** nt (in BRD) constitution f; **Grundkurs** m cours m de base; (an der Universität) initiation f; **Grundlage** f base f, fondement m; **grundlegend** adj fondamental(e)
gründlich 1. adj (Mensch, Arbeit) consciencieux(-euse); (Kenntnisse) approfondi(e); (Vorbereitung) minutieux(-euse) **2.** adv à fond
grundlos adj sans fondement; **Grundmauer** f fondation f; **Grundregel** f règle f de base; **Grundriss** m plan m; (fig) grandes lignes fpl; **Grundsatz** m principe m; **grundsätzlich 1.** adj fondamental(e) **2.** adv par principe; (normalerweise) en principe; **Grundschule** f école f primaire

---

Grundschule

La Grundschule est l'école primaire qui accueille les enfants de 6 à 10 ans. Il n'y a pas d'examens proprement dits à la 'Grundschule', mais les parents reçoivent deux fois par an un rapport sur les progrès de l'enfant. Beaucoup d'enfants fréquentent un Kindergarten de 3 à 6 ans, mais le 'Kindergarten' ne dispense pas de l'enseignement scolaire.

Grundstein m première pierre f; **Grundsteuer** f taxe f foncière; **Grundstück** nt terrain m
Gründung f fondation f
grundverschieden adj tout à fait différent(e); **Grundwasser** nt nappe f phréatique; **Grundzug** m trait m fondamental; **etw in seinen Grundzügen darstellen** présenter les grandes lignes de qch
Grüne(r) mf (POL) vert(e), écologiste mf
Grüne(s) nt (-n) **im ~n wohnen** vivre à la campagne; **ins ~ fahren** aller à la campagne
Grüngürtel m ceinture f verte; **Grünkohl** m chou m frisé; **Grünschnabel** m blanc-bec m; **Grünspan** m vert-de-gris m; **Grünstreifen** m bande f médiane, terre-plein m central
grunzen vi grogner
Gruppe f (-, -n) groupe m; **Gruppenarbeit** f travail m en [o de] groupe; **Gruppenreise** f voyage m organisé; **gruppenweise** adv en groupes
gruppieren (pp gruppiert) **1.** vt regrouper **2.** vr **sich ~** se regrouper
gruselig adj qui donne des frissons
gruseln 1. vi unpers **es gruselt mir/ihm vor etw** dat je suis/il est épouvanté(e) par qch **2.** vr **sich ~** avoir peur
Gruß m (-es, Grüße) salutations fpl, salut m; **viele Grüße** amitiés; **viele Grüße an deine Mutter** donne le bonjour à ta mère; **mit freundlichen Grüßen** recevez mes sincères salutations, avec mes/nos sincères salutations; **grüßen** vt saluer; **jdn von jdm ~** donner le bonjour à qn; **jdn ~ lassen** donner le bonjour à qn
gschamig adj (A) pudique
GSM nt (-) abk von **Globales System für Mobilkommunikation** GSM m
Guatemala nt (-s) le Guatemala; **Guatemalteke** m (-n, -n), **Guatemaltekin** f Guatémaltèque mf; **guatemaltekisch** adj guatémaltèque
gucken vi regarder
Gugelhupf m (-s, -e) kouglof m
Guinea nt (-s) la Guinée; **Guinea-Bissau** nt (-s) la Guinée-Bissau
Gulasch nt (-(e)s, -e) goulasch m
gültig adj (Pass, Gesetz) valide; (Fahrkarte, Vertrag) valable; **Gültigkeit** f validité f;

Gültigkeitsdauer f durée f de validité; **Gültigkeitsprüfung** f (INFORM) validation f

Gummi nt o m (-s, -(s)) caoutchouc m; **Gummiband** nt (-bänder pl) élastique m; **Gummibärchen** nt ourson m gélifié; **gummieren** (pp gummiert) vt gommer; **Gummiknüppel** m matraque f; **Gummireifen** m pneu m; **Gummistiefel** m botte f en caoutchouc; **Gummistrumpf** m bas m à varices

Gunst f (-) faveur f; **zu ~en** en faveur de

günstig adj favorable; (Angebot, Preis) avantageux(-euse)

Gurgel f (-, -n) (fam) gorge f; **gurgeln** vi (Wasser) gargouiller; (Mensch) se gargariser

Gurke f (-, -n) concombre m; **saure ~** cornichon m

Gurt m (-(e)s, -e) (Band) courroie f; (Sicherheits~) ceinture f

Gürtel m (-s, -) ceinture f; **Gürtelreifen** m pneu m à carcasse radiale; **Gürtelrose** f zona m; **Gürteltasche** f (sac m) banane f; **Gürteltier** nt tatou m

Gurtstraffer m (-s, -) rétracteur m de ceinture

Guru m (-s, -s) gourou m

GUS f (-) abk von **Gemeinschaft Unabhängiger Staaten** CEI f

Guss m (-es, Güsse) fonte f, coulage m; (Regen~) averse f; (GASTR) glaçage m; **Gusseisen** nt fonte f

gut (besser, am besten) **1.** adj bon(ne); (Schulnote) bien; **sehr ~** (Schulnote) très bien; **wenn das Wetter ~ ist** quand il fait beau/s'il fait beau; **es ist ~e 2 Meter lang** cela fait bien 2 mètres de long; **alles Gute** bonne chance; **alles Gute zum Geburtstag** bon anniversaire **2.** adv bien; **~ gehen** bien se passer; **es geht ihm/mir ~** il va/je vais bien; **jdm ~ tun** faire du bien à qn; **es ~ sein lassen** ne plus en parler; **~ aussehend** beau (belle), mignon(ne); **~ gelaunt** de bonne humeur; **~ gemeint** qui part d'une bonne intention

Gut nt (-(e)s, Güter) (Besitz) bien m; (Ware) marchandise f; (Land~) propriété f

Gutachten nt (-s, -) expertise f; **Gutachter(in)** m(f) (-s, -) expert(e)

gutartig adj (MED) bénin(-igne); **gutaussehend** adj s. gut; **gutbürgerlich** adj **~e Küche** cuisine f bourgeoise; **Gutdünken** nt (-s) **nach ~** à sa guise

Güte f (-) (charakterlich) bonté f; (Qualität) qualité f

Güterabfertigung f expédition f des marchandises; **Güterbahnhof** m gare f de marchandises; **Güterwagen** m wagon m de marchandises; **Güterzug** m train m de marchandises

gut|gehen sep irr vi s. gut; **gutgelaunt** adj s. gut; **gutgemeint** adj s. gut; **gutgläubig** adj crédule; **gut|haben** sep irr vt avoir à son crédit; **Guthaben** nt (-s, -) avoir m; **gut|heißen** sep irr vt approuver; **gutherzig** adj qui a bon cœur

gütig adj bon(ne), gentil(le)

gütlich adj **sich an etw** dat **~ tun** se régaler de qch

gutmütig adj brave, bon(ne); **Gutmütigkeit** f bonté f

Gutsbesitzer(in) m(f) propriétaire foncier(-ière)

Gutschein m bon m; **gut|schreiben** sep irr vt créditer; **Gutschrift** f crédit m; (Bescheinigung) avis m de crédit; **gut|tun** sep irr vi s. gut; **gutwillig** adj plein(e) de bonne volonté

Guyana nt (-s) la Guyane

Gymnasiallehrer(in) m(f) professeur m de lycée mf

Gymnasium nt ≈ lycée m

Gymnasium

Le *Gymnasium* est une école secondaire. Les neuf années d'études conduisent à l'*Abitur*, diplôme qui permet l'accès à l'université. Les élèves qui passent six années avec succès obtiennent automatiquement la *mittlere Reife* (brevet des collèges).

Gymnastik f gymnastique f; **Gymnastikanzug** m justeaucorps m de gymnastique

Gynäkologe m (-n, -n), **-login** f gynécologue mf; **Gynäkologie** f gynécologie f

Gyros nt (-, -) giros m

H

H, h *nt* (-, -) H, h *m;* (*MUS*) si *m*
Haar *nt* (-(e)s, -e) poil *m;* (*Kopf~*) cheveu *m;* **sie hat schönes ~** [o **schöne ~e**] elle a de beaux cheveux; **um ein ~** (*fam*) à un cheveu près; **Haarbürste** *f* brosse *f* (à cheveux); **haaren** *vi, vr* **sich ~** perdre ses poils; **Haaresbreite** *f um* ~ à un cheveu près; **Haarfestiger** *m* fixateur *m;* **Haargel** *nt* gel *m* coiffant; **haargenau** *adv* (*übereinstimmen*) exactement; (*erklären*) jusque dans les moindres détails; **das trifft ~ zu** c'est très juste; **haarig** *adj* poilu(e); (*Pflanze*) velu(e); (*fig fam*) désagréable; **Haarklemme** *f* pince *f* à cheveux; **Haarnadel** *f* épingle *f* à cheveux; **Haarnadelkurve** *f* virage *m* en épingle à cheveux; **haarscharf** *adj* (*Beobachtung*) très précis(e); ~ **an etw** *dat* **vorbei** en évitant qch de justesse; **Haarschnitt** *m* coupe *f* de cheveux; **Haarschopf** *m* (-es, -schöpfe) tignasse *f;* **Haarspalterei** *f* ergotage *m;* **Haarspange** *f* barrette *f;* **Haarspliss** *m* pointes *fpl* fourchues; **Haarspray** *m* o *nt* laque *f;* **Haarspülung** *f* après-shampooing *m;* **haarsträubend** *adj* à faire dresser les cheveux sur la tête; **Haarteil** *nt* postiche *m;* **Haartrockner** *m* (-s, -) sèche-cheveux *m;* **Haarwaschmittel** *nt* shampooing *m*
Habe *f* (-) avoir *m,* propriété *f*
haben (hatte, gehabt) **1.** *vb aux* avoir; (*mit Infinitiv: müssen*) devoir; **er hat gesagt** il a dit; **er hat zu gehorchen** il doit obéir **2.** *vt* (*besitzen*) avoir; **etw von jdm ~** avoir qch de qn; **woher hast du denn das?** où as-tu trouvé cela?; (*gehört*) d'où tiens-tu cela?; **es am Herzen ~** être malade du cœur; **was hast du denn?** qu'est-ce que tu as?; **zu ~ sein** (*erhältlich*) être en vente; (*Mensch*) être libre; **für etw zu ~ sein** (*begeistert*) être enthousiasmé(e) par qch **3.** *vr* **sich ~** faire des manières; **damit hat es sich** c'est fini [o terminé]; **Haben** *nt* (-s) (*FIN*) avoir *m*
Habenichts *m* (-es, -e) sans-le-sous *m*
Habgier *f* cupidité *f,* avidité *f;* **habgierig** *adj* cupide, avide
Habicht *m* (-s, -e) autour *m*
Habseligkeiten *pl* affaires *fpl*
Hachse *f* (-, -n) jarret *m*
Hacke *f* (-, -n) pioche *f;* (*Ferse*) talon *m;* **hacken 1.** *vi* piocher; (*Vogel*) donner des coups de bec; (*INFORM*) pirater **2.** *vt* (*Erde*) piocher, retourner; (*Holz*) fendre; (*Fleisch*) hacher; (*Loch*) creuser (*in +akk* dans); **Hacker(in)** *m(f)* (-s, -) (*INFORM*) pirate *mf* informatique; **Hackfleisch** *nt* viande *f* hachée
Häcksel *m* (-s) fourrage *m* haché
hadern *vi* **mit dem Schicksal ~** s'en prendre au destin
Hafen *m* (-s, Häfen) port *m;* **Hafenarbeiter(in)** *m(f)* docker *m;* **Hafenstadt** *f* ville *f* portuaire
Hafer *m* (-s, -) avoine *f;* **Haferbrei** *m* bouillie *f* d'avoine; **Haferflocken** *pl* flocons *mpl* d'avoine; **Haferschleim** *m* crème *f* d'avoine
Haft *f* (-) détention *f,* prison *f;* **in ~ sein** [o **sitzen**] être détenu(e), être en détention; **haftbar** *adj* responsable (*für* de); **Haftbefehl** *m* mandat *m* d'arrêt; **haften** *vi* (*kleben*) coller (*an +dat* à); **für jdn/etw ~** répondre de qn/qch, être responsable de qn/qch; **Häftling** *m* détenu(e); **Haftnotiz** *f* papillon *m* adhésif (repositionnable), post-it® *m;* **Haftpflicht** *f* responsabilité *f* civile; **Haftpflichtversicherung** *f* assurance *f* de responsabilité civile; **Haftung** *f* responsabilité *f*
Hagebutte *f* (-, -n) cynorrhodon *m,* fruit *m* de l'églantier
Hagedorn *m* aubépine *f*
Hagel *m* (-s) grêle *f;* **hageln 1.** *vi unpers* grêler **2.** *vt* **es hagelte Schläge** les coups pleuvaient
hager *adj* décharné(e)
Häher *m* (-s, -) geai *m*
Hahn *m* (-(e)s, Hähne) coq *m;* (*Wasser~, Gas~*) robinet *m;* **Hähnchen** *nt* poulet *m*
Hai(fisch) *m* (-(e)s, -e) requin *m*
Haiti *nt* (-s) Haïti *m*
Häkchen *nt* petit crochet *m*
Häkelarbeit *f* crochet *m;* (*Gegenstand*) ouvrage *m* au crochet; **häkeln 1.** *vt* faire au crochet **2.** *vi* faire du crochet; **Häkelnadel** *f* crochet *m*
Haken *m* (-s, -) crochet *m;* (*Angel~*) hameçon *m;* (*fig*) accroc *m;* **Hakenkreuz** *nt* croix *f* gammée; **Hakennase** *f* nez *m* crochu
halb 1. *adj* demi(e); (*Arbeit*) à moitié fait(e); **eine ~e Stunde** une demi-heure; **~ zwei** une heure et demie; **ein ~es Jahr**

six mois; **sein ~es Leben** la moitié de sa vie; **die ~e Stadt** la moitié de la ville; **ein ~es Dutzend** une demi-douzaine **2.** *adv* à moitié, à demi; ~ **nackt** demi-nu(e); ~ **offen** entrouvert(e); ~ **voll** à moitié plein(e); ~ ... ~ mi-... mi-...; ~ **und** ~ moitié-moitié; **halbe-halbe machen** faire moitié-moitié; **Halbdunkel** *nt* (-s) pénombre *f*

halber *prep +gen* pour

-halber *prep +gen (wegen)* pour (cause de); *(für)* pour (l'amour de)

Halbheit *f* demi-mesure *f*

halbieren *(pp halbiert)* *vt* partager en deux

Halbinsel *f* presqu'île *f; (groß)* péninsule *f;* **Halbjahr** *nt* semestre *m;* **halbjährlich** *adv* tous les six mois; **Halbkreis** *m* demi-cercle *m;* **Halbkugel** *f* hémisphère *m;* **halblaut** *adv* à mi-voix; **Halbleiter** *m* semi-conducteur *m;* **Halblinks** *m* (-, -) *(SPORT)* intérieur *m* gauche; **halbmast** *adv* **auf** ~ en berne; **Halbmond** *m* demi-lune *f; (Symbol)* croissant *m;* **halbnackt** *adj s.* **halb; halboffen** *adj s.* **halb; Halbrechts** *m* (-, -) *(SPORT)* intérieur *m* droit; **Halbschuh** *m* chaussure *f* basse; **halbstündlich** *adv* toutes les demi-heures; **halbtags** *adv* à mi-temps; **Halbtagsarbeit** *f* travail *m* à mi-temps; **halbvoll** *adj s.* **halb; Halbwaise** *f* orphelin(e) de père [*o* de mère]; **halbwegs** *adv (fam: ungefähr)* plus ou moins; **Halbwertzeit** *f* période *f* radioactive; **Halbwüchsige(r)** *mf* adolescent(e); **Halbzeit** *f* mi-temps *f*

Halde *f* (-, -n) *(Abhang)* pente *f,* versant *m; (Kohlen~)* terril *m; (Schutt~)* éboulis *m*

half *imperf von* **helfen**

Hälfte *f* (-, -n) moitié *f*

Halfter **1.** *f* (-, -n) *(Pistolen~)* étui *m* **2.** *m o nt* (-s, -) *(für Tiere)* licou *m*

Halle *f* (-, -n) hall *m; (AVIAT)* hangar *m; (Turn~)* gymnase *m*

hallen *vi* résonner

Hallenbad *nt* piscine *f* (couverte)

hallo *interj (zur Begrüßung)* salut; *(überrascht)* tiens; *(TEL)* allo; *(heda)* hé

Halluzination *f* hallucination *f*

Halm *m* (-(e)s, -e) brin *m,* tige *f*

Halogen *nt* (-s, -e) halogène *m;* **Halogenbirne** *f* ampoule *f* halogène; **Halogenlampe** *f* lampe *f* (à) halogène; **Halogenlicht** *nt* lumière *f* halogène

Hals *m* (-es, Hälse) *(von Tier)* encolure *f; (von Mensch: außen)* cou *m; (innen)* gorge *f; (von Flasche)* col *m; (von Instrument)*

manche *m;* ~ **über Kopf abreisen** partir précipitamment; **Halsband** *nt* (-bänder *pl)* collier *m;* **Halsentzündung** *f* laryngite *f;* **Halskette** *f* collier *m;* **Hals-Nasen-Ohren-Arzt** *m,* **-Ärztin** *f* oto-rhino(-laryngologiste) *mf;* **Halsschlagader** *f* carotide *f;* **Halsschmerzen** *pl* mal *m* à la gorge; **halsstarrig** *adj* obstiné(e); **Halstuch** *nt* écharpe *f;* **Halsweh** *nt* (-s) mal *m* à la gorge; **Halswirbel** *m* vertèbre *f* cervicale

halt *interj* halte, stop

Halt *m* (-(e)s, -e) *(das Anhalten)* arrêt *m; (für Füße, Hände)* appui *m; (fig)* soutien *m,* appui *m; (innerer ~)* stabilité *f;* ~ **machen** s'arrêter, faire une halte; **vor nichts ~ machen** ne reculer devant rien; **haltbar** *adj (Material)* résistant(e); *(Lebensmittel)* non périssable; *(Position, Behauptung)* défendable; **Haltbarkeit** *f (von Lebensmitteln)* conservation *f;* **Haltbarkeitsdatum** *nt* date *f* limite de consommation; **Haltbarkeitsdauer** *f* durée *f* de conservation

halten (hielt, gehalten) **1.** *vt* tenir; *(Rede)* faire, prononcer; *(Abstand, Takt)* garder; *(Disziplin)* maintenir; *(Stellung, Rekord)* défendre; *(zurück~)* retenir; *(Versprechen)* tenir; *(in bestimmtem Zustand)* garder, conserver; *(Haustiere)* avoir; **jdn/etw für jdn/etw ~** prendre qn/qch pour qn/qch, considérer qn/qch comme qn/qch; *(versehentlich)* prendre qn/qch pour qn/qch; **viel/wenig von jdm/etw ~** estimer beaucoup/peu qn/qch; **ihn hält hier nichts** rien ne le retient ici **2.** *vi (Nahrungsmittel)* se conserver; *(nicht abgehen, fest bleiben)* tenir; *(an~)* s'arrêter; **an sich** *akk* ~ *(sich beherrschen)* se contenir; **zu jdm ~** soutenir qn **3.** *vr* **sich ~** *(Nahrung)* se conserver; *(Blumen)* rester frais (fraîche); *(Wetter)* rester beau (belle); *(sich behaupten)* se maintenir; **sich rechts ~** serrer à droite; **sich an jdn ~** *(sich richten nach)* prendre exemple sur qn; *(sich wenden an)* s'adresser à qn; **sich an etw** *akk* ~ observer qch; **Haltestelle** *f* arrêt *m;* **Halteverbot** *nt* interdiction *f* de stationner [*o* de s'arrêter]

haltlos *adj* instable, faible; *(Behauptung)* sans fondement; ~ **weinen** pleurer sans retenue; **Haltlosigkeit** *f (Schwäche)* caractère *m* instable; *(Hemmungslosigkeit)* manque *m* de retenue; *(Unbegründetheit)* manque *m* de fondement

halt|machen *sep vi s.* **Halt**

Haltung *f (Körper~)* posture *f,* allure *f;*

(*Einstellung*) attitude f; (*Selbstbeherrschung*) maîtrise f de soi

Halunke m (-n, -n) canaille f

Hamburg nt (-s) Hambourg

Hamburger m (-s, -) (*GASTR*) hamburger m

hämisch adj sournois(e); (*Lachen*) sardonique

Hammel m (-s, -) mouton m; **Hammelfleisch** nt mouton m; **Hammelkeule** f gigot m de mouton

Hammer m (-s, Hämmer) marteau m; **hämmern 1.** vt (*Metall*) marteler **2.** vi (*Herz, Puls*) battre

Hämoglobin nt (-s) hémoglobine f

Hämorr(ho)iden pl hémorroïdes fpl

Hampelmann m (-männer pl) (a. fig) pantin m

Hamster m (-s, -) hamster m; **hamstern 1.** vi faire des réserves **2.** vt amasser

Hand f (-, Hände) main f; ~ **in** ~ **arbeiten** collaborer (étroitement); ~ **in** ~ **gehen** marcher la main dans la main; **zu Händen von** à l'attention de; **Handarbeit** f travail m manuel [o artisanal]; (*Nadelarbeit*) ouvrage m à l'aiguille; **etw ist** ~ **gefertigt** fait(e) à la main; **Handball** m handball m; **Handbesen** m balayette f; **Handbremse** f frein m à main; **Handbuch** nt manuel m; **Händedruck** m poignée f de main

Handel m (-s) commerce m

handeln 1. vi (*tätig werden*) agir **2.** vr unpers **sich um etw** ~ s'agir de qch; **mit etw** ~ faire commerce de qch; **um etw** ~ (*feilschen*) marchander qch; **von etw** ~ traiter de qch; **Handeln** nt (-s) (*Tätigwerden*) réaction f; (*Feilschen*) marchandage m; **schnelles** ~ **ist nötig** il faut agir vite

Handelsabkommen nt accord m commercial; **Handelsbilanz** f balance f commerciale; **handelseinig** adj **mit jdm** ~ **werden/sein** conclure/avoir conclu une affaire avec qn; **Handelsgesellschaft** f **Offene** ~ société f en nom collectif; **Handelskammer** f chambre f de commerce; **Handelskette** f chaîne f [o circuit m] de distribution; **Handelskorrespondenz** f correspondance f commerciale; **Handelsmarine** f marine f marchande; **Handelspartner** m partenaire m commercial; **Handelsrecht** nt droit m commercial; **Handelsreisende(r)** mf représentant(e); **Handelsschule** f école f de commerce; **handelsüblich** adj courant(e); **Handelsvertreter(in)** m(f) représentant(e)

Händetrockner m sèche-mains m

Handfeger m (-s, -) balayette f; **handfest** adj (*Mahlzeit*) solide, copieux(-euse); (*Information, Ideen*) précis(e); **handgearbeitet** adj fait(e) (à la) main; **Handgelenk** nt poignet m; **Handgemenge** nt rixe f, bagarre f; **Handgepäck** nt bagages mpl à main; **handgeschrieben** adj manuscrit(e); **handgreiflich** adj ~ **werden** devenir violent(e), se livrer à des voies de fait; **Handgriff** m (*Bewegung*) geste m; (*zum Halten*) poignée f; **mit ein paar** ~**en** (*schnell*) en cinq sec; **handhaben** vt (*Maschine*) manier, manœuvrer; (*Gesetze, Regeln*) appliquer

Handheld-PC m assistant m personnel numérique, ordinateur m de poche

Handkuss m baisemain m

Händler(in) m(f) (-s, -) commerçant(e)

handlich adj facile à manier, maniable

Handlung f action f; (*Geschäft*) commerce m, magasin m; **Handlungsbevollmächtigte(r)** mf fondé(e) de pouvoir; **Handlungsweise** f manière f d'agir

Hand-out nt (-s, -s) polycopié m

Handpflege f soins mpl des mains; **Handschelle** f (-, -n) menotte f; **Handschlag** m poignée f de main; **Handschrift** f écriture f; (*Text*) manuscrit m; **Handschuh** m gant m; **Handschuhfach** nt boîte f à gants

Handshake m (-s, -s) établissement m d'un protocole de transfert

Handtasche f sac m à main; **Handtuch** nt essuie-main(s) m, serviette f de toilette; **das** ~ **werfen** jeter l'éponge; **Handwäsche** f lavage m à la main

Handwerk nt métier m; **Handwerker(in)** m(f) (-s, -) artisan(e); **Handwerkszeug** nt outils mpl

Handy nt (-s, -s) téléphone m portable [o mobile]

Hanf m (-(e)s) chanvre m

Hang m (-(e)s, Hänge) (*Berg*~) versant m, (*Vorliebe*) penchant m (*zu* pour)

Hängebrücke f pont m suspendu; **Hängematte** f hamac m

hängen 1. vt (*befestigen*) accrocher (*an* +akk à); (*töten*) pendre **2.** (hing, gehangen) vi (*befestigt sein*) être accroché(e) (*an* +dat à); **an etw** dat ~ (*abhängig sein von*) dépendre de qch; **an jdm/etw** ~ (*gern haben*) tenir à qn/qch; ~ **bleiben** rester accroché(e) (*an* +dat à); (*fig*) rester; (*im Gedächtnis*) rester en mémoire

Hannover nt (-s) Hanovre

hänseln vt taquiner
Hansestadt f ville f hanséatique
Hantel f (-, -n) (*SPORT*) haltère m
hantieren (*pp* hantiert) vi s'affairer; **mit etw** ~ manier qch, manipuler qch
hapern vi unpers **es hapert an etw** dat on manque de qch; **es hapert (bei jdm) mit etw** (*klappt nicht*) en qch, ça marche pas fort (chez qn)
Happen m (-s, -) bouchée f, morceau m
Happyend, Happy End nt (-(s), -s) happy end m o f, dénouement m heureux
Hardliner(in) m(f) (-s, -) pur(e) et dur(e)
Hardware f (-, -s) hardware m, matériel m
Harfe f (-, -n) harpe f
Harke f (-, -n) râteau m; **harken** vt, vi ratisser
harmlos adj inoffensif(-ive); (*Krankheit, Wunde*) bénin(-igne); (*Bemerkung, Frage*) innocent(e); **Harmlosigkeit** f (*Ungefährlichkeit*) bénignité f; (*von Droge*) innocuité f; (*von Frage*) innocence f; (*von Mensch*) caractère m inoffensif
Harmonie f harmonie f; **harmonieren** (*pp* harmoniert) vi (*Töne, Farben*) s'harmoniser; (*Menschen*) bien s'entendre, bien s'accorder
Harmonika f (-, -s o Harmoniken) (*Zieh*~) accordéon m
harmonisch adj harmonieux(-euse)
Harmonium nt harmonium m
Harn m (-(e)s, -e) urine f; **Harnblase** f vessie f
Harnisch m (-(e)s, -e) armure f; **jdn in** ~ **bringen** mettre qn en colère; **in** ~ **geraten** se mettre en colère
Harpune f (-, -n) harpon m
harren vi attendre (*auf jdn/etw* qn/qch)
hart (härter, am härtesten) **1.** adj dur(e); (*Währung*) stable, fort(e); (*Arbeit, Leben, Schlag*) rude; (*Winter, Gesetze, Strenge*) rigoureux(-euse); (*Aufprall*) violent(e) **2.** adv ~ **an** +dat (*dicht*) tout près de; ~ **gekochtes Ei** œuf m dur; **Härte** f (-, -n) dureté f; (*Strenge*) sévérité f; (*von Leben*) difficulté f; **härten 1.** vt durcir **2.** vr sich ~ s'endurcir; **Härtetest** m (*TECH*) test m de résistance; (*fig*) examen m de passage; **hartgekocht** adj s. **hart**; **hartgesotten** adj dur(e) à cuire; **hartherzig** adj dur(e), impitoyable; **hartnäckig** adj (*Mensch*) obstiné(e); (*Husten*) persistant(e); **Hartschalenkoffer** m valise f rigide
Harz nt (-es, -e) résine f
Haschee nt (-s, -s) hachis m

haschen 1. vt attraper **2.** vi (*fam*) fumer du hasch
Haschisch nt (-(s)) haschisch m
Hase m (-n, -n) lièvre m
Haselnuss f noisette f
Hasenfuß m poule f mouillée; **Hasenscharte** f bec-de-lièvre m
Hass m (Hasses) haine f; **hassen** vt haïr, détester
hässlich adj laid(e); (*gemein*) méchant(e); **Hässlichkeit** f laideur f
Hast f (-) hâte f; **hastig** adj précipité(e)
hätscheln vt chouchouter; (*zärtlich*) câliner
hatte imperf von **haben**
Haube f (-, -n) (*Kopfbedeckung*) bonnet m, coiffe f; (*von Nonne*) voile m; (*AUTO*) capot m; (*Trocken*~) casque m, séchoir m
Hauch m (-(e)s, -e) souffle m; (*Duft*) odeur f; (*fig*) soupçon m; **hauchdünn** adj très mince; **hauchen** vi souffler (*auf* +akk sur); **hauchfein** adj (*Schleier, Nebel*) très fin(e); (*Scheibe*) très mince; (*Schokolade*) en fines lamelles
Haue f (-, -n) (*Hacke*) pioche f; (*fam: Schläge*) raclée f
hauen (haute, gehauen) **1.** vt (*Holz*) fendre; (*Bäume*) abattre; (*Stein*) tailler; (*fam: verprügeln*) rosser; **ein Loch in etw akk** ~ faire un trou dans qch **2.** vi **jdm auf die Finger** ~ (*fam*) taper qn sur les doigts
Haufen m (-s, -) tas m; (*Leute*) foule f; **ein** ~ **Fehler** (*fam*) un tas de fautes; **auf einem** ~ en tas; **etw über den** ~ **werfen** bouleverser qch
häufen 1. vt accumuler, amasser **2.** vr sich ~ s'accumuler
haufenweise adv en masse
häufig 1. adj fréquent(e) **2.** adv fréquemment; **Häufigkeit** f fréquence f
Haupt nt (-(e)s, Häupter) (*Kopf*) tête f; (*Ober*~) chef m
Haupt- in Zusammensetzungen principal(e); (*bei Orten*) central(e); (*bei Dienstgraden*) général(e); **Hauptbahnhof** m gare f centrale; **hauptberuflich** adv à plein temps; **Hauptbuch** nt (*COM*) grand livre m; **Hauptdarsteller(in)** m(f) acteur(-trice) principal(e); **Haupteingang** m entrée f principale
Häuptelsalat m (*A*) laitue f
Hauptfach nt matière f principale; **Hauptfilm** m long métrage m; **Hauptgeschäftszeit** f heure f d'affluence; **Hauptgewinn** m gros lot m
Häuptling m chef m de tribu
Hauptmann m (-leute pl) capitaine m;

Hauptperson f personnage m principal; **Hauptpostamt** nt poste f centrale; **Hauptquartier** nt quartier m général; **Hauptreisezeit** f période f des grands départs; **Hauptrolle** f rôle m principal, premier rôle m; **Hauptsache** f essentiel m; **hauptsächlich** adv surtout; **Hauptsaison** f haute saison f; **Hauptsatz** m proposition f principale; **Hauptschlagader** f aorte f; **Hauptschule** f ≈ école f secondaire élémentaire (de niveau inférieur au collège)

Hauptschule

La **Hauptschule** est une école sans examen d'entrée qui accueille les élèves après la **Grundschule**. Les élèves restent cinq ans dans une 'Hauptschule' et la majorité continuent ensuite pour apprendre un métier ou étudier une matière concrète.

Hauptspeicher m (INFORM) mémoire f centrale; **Hauptstadt** f capitale f; **Hauptstraße** f (von Stadt) grand-rue f; (Durchgangsstraße) rue f principale; **Hauptverkehrszeit** f heures fpl de pointe; **Hauptverzeichnis** nt (INFORM) répertoire m racine; **Hauptwort** nt nom m, substantif m

Haus nt (-es, Häuser) (Gebäude) maison f; (von Schnecke) coquille f; (Geschlecht) famille f, dynastie f; (THEAT) salle f (de spectacle); **nach/zu ~e** à la maison; **von ~ zu ~** de porte en porte; **ins ~ stehen** être imminent(e); **~ halten** tenir son ménage; (sparen) économiser; **mit den Kräften ~ halten** ménager ses forces; **Hausapotheke** f pharmacie f; **Hausarbeit** f travaux mpl ménagers; (SCH) devoirs mpl; **Hausarzt** m, **-ärztin** f médecin m de famille; **Hausaufgabe** f (SCH) devoirs mpl; **Hausbesetzer(in)** m(f) (-s, -) squatter m; **Hausbesetzung** f squat m; **Hausbesitzer(in)** m(f) propriétaire mf; **Hausdurchsuchung** f (A, CH) perquisition f; **Hauseigentümer(in)** m(f) propriétaire mf

hausen vi (wohnen) nicher; (Unordnung schaffen) faire des ravages

Häuserblock m pâté m de maisons; **Häusermakler(in)** m(f) agent m immobilier

Hausfrau f femme f au foyer, ménagère f; **Hausfreund** m ami m de la maison; (fam: Liebhaber) ami m de madame; **Hausfriedensbruch** m violation f de domicile; **hausgemacht** adj (GASTR)

maison; (selbst verschuldet) d'origine interne; **Haushalt** m (-(e)s, -e) ménage m; (POL) budget m; **haus|halten** sep irr vi s. **Haus**; **Haushälterin** f gouvernante f; **Haushaltsdefizit** nt déficit m budgétaire; **Haushaltsgeld** nt argent m du ménage; **Haushaltsgerät** nt appareil m ménager; **Haushaltsplan** m (POL) budget m; **Hausherr(in)** m(f) maître(-esse) de maison; (Vermieter) propriétaire mf; **haushoch** adv ~ **verlieren** être battu(e) à plate(s) couture(s)

hausieren (pp hausiert) vi faire du porte à porte; **mit etw ~** colporter qch; **Hausierer(in)** m(f) (-s, -) colporteur(-euse)

Hausleute pl (CH: Bewohner) (co)locataires mpl

häuslich adj domestique; (Mensch) casanier(-ière); **Häuslichkeit** f goûts mpl casaniers

Hausmann m (-männer pl) homme m au foyer; **Hausmeister(in)** m(f) concierge mf; **Hausnummer** f numéro m (d'une maison); **Hausordnung** f règlement m intérieur; **Hausputz** m nettoyage m; **Hausratversicherung** f assurance f habitation; **Hausschlüssel** m clé f de la maison; **Hausschuh** m chausson m, pantoufle f; **Haussuchung** f perquisition f; **Haustier** nt animal m domestique; **Haustür** f porte f d'entrée; **Hausverwalter(in)** m(f) gérant(e) d'immeuble(s); **Hauswart(in)** m(f) (-s, -e) (A, CH) concierge mf; **Hauswirt(in)** m(f) propriétaire mf; **Hauswirtschaft** f économie f domestique

Haut f (-, Häute) peau f; (von Zwiebel, Obst) pelure f; **Hautarzt** m, **-ärztin** f dermatologue mf

häuten 1. vt (Tier) écorcher; (Wurst) enlever la peau de 2. vr **sich ~** (Schlange) muer; (Mensch) peler

hauteng adj collant(e); **Hautfarbe** f couleur f de (la) peau

Hawaii nt (-s) (l'île f de) Hawaii

Haxe f (-, -n) jarret m

Hbf. abk von **Hauptbahnhof**

Headhunter(in) m(f) (-s, -) chasseur(-euse) de têtes

Hearing nt (-(s), -s) audition f

Hebamme f (-, -n) sage-femme f, accoucheuse f

Hebel m (-s, -) levier m

heben (hob, gehoben) 1. vt (Gegenstand, Kind) soulever; (Arm, Augen) lever; (Schatz, Wrack) retirer; (Niveau, Stimmung) améliorer 2. vr **sich ~** (Vorhang) se lever; (Wasser-

spiegel) monter; *(Stimmung)* s'animer
Hebräisch nt hébreu m
hecheln vi haleter
Hecht m (-(e)s, -e) *(Fisch)* brochet m;
Hechtsprung m saut m de carpe
Heck nt (-(e)s, -e o -s) poupe f; *(von Auto)*
arrière m
Hecke f (-, -n) haie f; **Heckenrose** f
églantier m; **Heckenschütze** m franc-
tireur m
Heckklappe f hayon m; **Heckmotor** m
(AUTO) moteur m arrière; **Heckscheibe** f
lunette f arrière, vitre f arrière; **Hecktür** f
hayon m, porte f arrière
Heer nt (-(e)s, -e) armée f; *(Unmenge)*
multitude f, foule f
Hefe f (-, -n) levure f
Heft nt (-(e)s, -e) *(Schreib~)* cahier m;
(Fahrschein~) carnet m; *(Zeitschrift)*
numéro m (d'un magazine); *(von Messer)*
manche m
heften vt *(befestigen)* épingler *(an +akk*
à); *(nähen)* faufiler; **sich an jds Fersen** akk
~ être sur les talons de qn
Hefter m (-s, -) classeur m
heftig adj violent(e); *(Liebe)* passionné(e),
ardent(e); **Heftigkeit** f violence f; intensité f
Heftklammer f agrafe f; **Heftmaschine** f agrafeuse f; **Heftpflaster** nt
pansement m adhésif, sparadrap m;
Heftzwecke f punaise f
hegen vt *(Wild, Bäume)* protéger; *(jdn)*
s'occuper de, prendre soin de; *(Pläne)*
caresser; *(fig: empfinden)* avoir
Hehl m o nt **kein(en)** ~ **aus etw machen**
ne pas cacher qch
Hehler(in) m(f) (-s, -) receleur(-euse)
Heide 1. f (-, -n) *(Gebiet)* lande f;
(Gewächs) bruyère f 2. m (-n, -n) païen m;
Heidekraut nt bruyère f
Heidelbeere f myrtille f
Heidentum nt (-s) paganisme m; **Heidin** f païenne f; **heidnisch** adj
païen(ne)
heikel adj délicat(e); *(Mensch)* difficile
heil 1. adj *(nicht kaputt)* intact(e); *(unverletzt)* indemne 2. interj vive; **Heil** nt (-s)
(Glück) bonheur m; *(Seelen~)* salut m
Heiland m (-(e)s, -e) Sauveur m
heilbar adj guérissable
heilen vt, vi *(vi: sein)* guérir
heilfroh adj vachement content(e)
heilig adj saint(e); ~ **sprechen** canoniser;
Heiligabend m nuit f de Noël, veille f
de Noël; **Heilige(r)** mf saint(e); **Heili-
genschein** m auréole f; **Heiligkeit** f

sainteté f; **heilig|sprechen** sep irr vt s.
heilig; **Heiligtum** nt (-s, -tümer) *(Ort)*
sanctuaire m
heillos adj terrible; **Heilmittel** nt
remède m; **Heilpraktiker(in)** m(f) (-s, -)
thérapeute m utilisant des médecines
naturelles, guérisseur(-euse); **heilsam**
adj *(fig)* salutaire; **Heilsarmee** f armée f
du salut; **Heilung** f *(von Kranken)* guérison f; *(von Wunde)* cicatrisation f
heim adv à la maison, chez soi; **Heim** nt
(-(e)s, -e) foyer m, maison f; *(Alters~)*
maison f de retraite; *(Kinder~)* home m
d'enfants
Heimat f (-, -en) *(von Mensch)* patrie f;
(von Tier, Pflanze) pays m d'origine; **Hei-
matland** nt pays m natal; **heimatlich**
adj du pays; *(Gefühle)* nostalgique;
(Klänge) qui rappelle le pays natal; **hei-
matlos** adj sans patrie; **Heimatort** m
lieu m de naissance, ville f natale; **Hei-
matvertriebene(r)** mf réfugié(e)
heim|begleiten *(pp heimbegleitet)* sep vt
raccompagner; **Heimcomputer** m
ordinateur m domestique
heimelig adj *(Wohnung, Atmosphäre)*
douillet(te)
heim|fahren sep irr vi ⟨sein⟩ rentrer chez
soi; **Heimfahrt** f retour m; **heim|ge-
hen** sep irr vi ⟨sein⟩ rentrer chez soi; **heimisch** adj local(e), du pays; **sich** ~ **fühlen** se sentir chez soi; **Heimkehr** f (-)
retour m; **heim|kehren** sep vi ⟨sein⟩
retourner chez soi, rentrer
heimlich adj secret(-ète); **Heimlichkeit**
f secret m
Heimreise f retour m; **Heimspiel** nt
match m à domicile; **heim|suchen** sep
vt frapper; **Heimtrainer** m home-trainer m
heimtückisch adj *(Krankheit)* malin
(-igne); *(Mensch, Blick)* sournois(e); *(Tat)*
perfide
Heimvorteil m avantage d'une équipe sportive qui joue sur son propre terrain; **heim-
wärts** adv vers chez soi; **Heimweg** m
chemin m du retour; **Heimweh** nt (-s)
mal m du pays, nostalgie f; **Heimwer-
ker(in)** m(f) (-s, -) bricoleur(-euse);
heim|zahlen sep vt jdm etw ~ rendre à
qn la monnaie de sa pièce
Heirat f (-, -en) mariage m; **heiraten**
1. vi se marier 2. vt épouser; **Heiratsan-
trag** m demande f en mariage
heiser adj enroué(e); **Heiserkeit** f
enrouement m
heiß adj chaud(e); *(Kampf)* acharné(e);

(*Liebe*) passionné(e); (*Wunsch*) ardent(e); (*Musik*) excitant(e); **heißblütig** *adj* passionné(e), ardent(e)

heißen (hieß, geheißen) **1.** *vi* (*Namen haben*) s'appeler; (*Titel haben*) s'intituler **2.** *vt* (*nennen*) appeler; (*bedeuten*) signifier; **jdn etw tun ~** (*befehlen*) ordonner à qn de faire qch **3.** *vi unpers* **es heißt, ...** on dit que ...; **das heißt ...** c'est-à-dire ..., à savoir ..

Heißhunger *m* faim *f* de loup; **heißlaufen** *sep irr vi* ⟨*sein*⟩ chauffer; **Heißluftherd** *m* four *m* à chaleur tournante; **Heißwasserbereiter** *m* (-s, -) chauffe-eau *m*

heiter *adj* gai(e), joyeux(-euse); (*Wetter*) beau (belle); (*Himmel*) dégagé(e); **das kann ~ werden** ça promet; **Heiterkeit** *f* gaieté *f*; (*Belustigung*) hilarité *f*

Heizdecke *f* couverture *f* chauffante; **heizen** *vi, vt* chauffer; **Heizer** *m* (-s, -) chauffeur *m*; **Heizkörper** *m* radiateur *m*; **Heizmaterial** *nt* combustible *m*; **Heizöl** *nt* mazout *m*; **Heizung** *f* chauffage *m*; **Heizungsanlage** *f* chauffage *m*

hektisch *adj* fébrile

Held(in) *m(f)* (-en, -en) héros *m*, héroïne *f*; **heldenhaft** *adj* héroïque

helfen (half, geholfen) **1.** *vi* aider (*jdm* qn, *bei* dans); (*nützen*) aider, servir; **sich zu ~ wissen** savoir se débrouiller **2.** *vi unpers* **es hilft nichts, du musst ...** il n'y a rien à faire, tu dois ...; **Helfer(in)** *m(f)* (-s, -) aide *mf*, collaborateur(-trice); **Helfershelfer(in)** *m(f)* complice *mf*

Helgoland *nt* (l'île *f* d') Helgoland

Helikopter-Skiing *nt* (-s) héliski *m*

hell 1. *adj* clair(e); (*klug*) éveillé(e); (*fam: sehr groß*) énorme **2.** *adv* (*fam: sehr*) complètement; **hellblau** *adj* bleu clair; **hellblond** *adj* blond pâle; **hellhörig** *adj* (*Mensch*) qui a l'ouïe fine; (*Wand*) sonore; **Helligkeit** *f* clarté *f*; (*Lichtstärke*) intensité *f* lumineuse, luminosité *f*; **Helligkeitsregelung** *f* réglage *m* de la luminosité; **Hellseher(in)** *m(f)* (-s, -) voyant(e); **hellwach** *adj* bien éveillé(e)

Helm *m* (-(e)s, -e) casque *m*; **Helmpflicht** *f* port *m* du casque obligatoire

Hemd *nt* (-(e)s, -en) (*Ober~*) chemise *f*; (*Unter~*) tricot *m* (de corps); **Hemdbluse** *f* chemisier *m*; **Hemdenknopf** *m* bouton *m* de chemise

hemmen *vt* contrarier, freiner; (*jdn*) gêner; **Hemmschwelle** *f* blocage *m*; **Hemmung** *f* (*psychisch*) complexe *m*; **hemmungslos** *adj* (*Mensch*) sans scrupules; (*Weinen*) sans retenue

Hengst *m* (-es, -e) étalon *m*

Henkel *m* (-s, -) anse *f*; (*an Koffer, Topf*) poignée *f*

henken *vt* pendre

Henker *m* (-s, -) bourreau *m*

Henna *nt* (-s) henné *m*

Henne *f* (-, -n) poule *f*

Hepatitis *f* (-) hépatite *f*

her *adv* (*par*) ici; **es ist lange/2 Jahre ~** il y a longtemps/deux ans; **~ damit!** (*fam*) donne!; **nebeneinander ~** l'un(e) à côté de l'autre, les un(e)s à côté des autres; **von weit ~** de loin

herab *adv* ~! descendez!; **herabhängen** *sep irr vi* pendre; **herablassen** *sep irr vr* **sich ~, etw zu tun** daigner faire qch; **herablassend** *adj* condescendant(e); **Herablassung** *f* attitude *f* condescendante; **herabsehen** *sep irr vi* **auf jdn/etw ~** (*fig*) regarder qn/qch de haut; **herabsetzen** *sep vt* (*Preise*) baisser; (*Strafe*) réduire; (*fig*) déprécier; **Herabsetzung** *f* (*von Preis*) baisse *f*; **herabwürdigen** *sep vt* rabaisser

heran *adv* näher ~! approchez!; **heranbilden** *sep vt* former; **heranfahren** *sep irr vi* ⟨*sein*⟩ s'approcher; **herankommen** *sep irr vi* ⟨*sein*⟩ s'approcher (*an +akk* de); **etw an sich** *akk* **~ lassen** laisser venir qch; **heranmachen** *sep vr* **sich an jdn ~** entreprendre qn; **heranwachsen** *sep irr vi* ⟨*sein*⟩ grandir; **heranziehen** *sep irr vt* tirer à soi; (*Pflanzen*) cultiver; (*Nachwuchs*) former; (*Experten*) faire appel à; **jdn zur Hilfe ~** demander l'aide de qn

herauf *adv* vers le haut, en haut; **vom Tal ~** (en montant) de la vallée; **heraufbeschwören** (*pp* heraufbeschworen) *sep irr vt* (*Unheil*) provoquer; (*Erinnerung*) évoquer; **heraufbringen** *sep irr vt* monter; **heraufladen** *sep irr vt* (*INFORM*) télécharger vers l'amont; **heraufziehen** *sep irr* **1.** *vt* tirer (à soi) **2.** *vi* ⟨*sein*⟩ (*Sturm*) se préparer; (*nach oben ziehen*) déménager à l'étage supérieur

heraus *adv* (vers le) dehors; **~ damit!** donne-le (la) moi!; **~ aus dem Bett!** lève-toi!; **~ mit der Sprache!** parle(z)!; **aus der Not ~** poussé(e) par la nécessité; **~ sein** (*Buch, Fahrplan, Briefmarke*) être sorti(e), être paru(e); (*Gesetz*) être publié(e); **aus etw ~ sein** (*überstanden haben*) être sorti(e) de qch, avoir surmonté qch; **es ist noch nicht ~** (*entschieden*) ce n'est pas encore décidé; **herausarbeiten** *sep vt* (*Problem, Wesent-*

liches) souligner; (*Arbeitszeit*) rattraper;
heraus|bekommen (*pp* herausbekommen) *sep irr vt* (*erfahren*) découvrir; (*Rätsel*) résoudre; **Sie bekommen noch 2 Euro heraus** je vous rends 2 euros; **heraus|bringen** *sep irr vt* (*nach außen bringen*) sortir; (*COM*) lancer; (*veröffentlichen*) publier; (*Geheimnis*) deviner; **kein Wort ~** ne pas pouvoir sortir un seul mot; **heraus|finden** *sep irr vt* (*Geheimnis*) découvrir; **heraus|fordern** *sep vt* provoquer, défier; **Herausforderung** *f* provocation *f*, défi *m*; **heraus|geben** *sep irr vt* (*nach außen*) passer; (*zurückgeben*) rendre; (*Buch*) éditer; (*Zeitung*) publier; **Herausgeber(in)** *m(f)* (-, -) éditeur (-trice); **heraus|gehen** *sep irr vi* 〈*sein*〉 **aus sich ~** sortir de sa coquille; **heraus|halten** *sep irr vr* **sich aus etw ~** ne pas se mêler de qch; **heraus|holen** *sep vt* sortir (*aus* de); (*Ergebnis*) arriver à obtenir; (*Sieg*) remporter; **heraus|kommen** *sep irr vi* 〈*sein*〉 sortir; (*Blumen*) apparaître; (*Buch*) sortir, paraître; (*Gesetz*) être publié(e); **heraus|nehmen** *sep irr vt* prendre, sortir; **sich** *dat* **den Blinddarm ~ lassen** se faire opérer de l'appendicite; **heraus|reißen** *sep irr vt* arracher; (*fam: aus Notlage*) sauver la mise à; (*besser machen*) relever le niveau de; **heraus|rücken** *sep* **1.** *vt* (*Geld*) casquer **2.** *vi* 〈*sein*〉 **mit etw ~** (*fig*) révéler qch; **heraus|rutschen** *sep vi* 〈*sein*〉 **das ist mir so herausgerutscht** ça m'a échappé; **heraus|schlagen** *sep irr vt* (*Nagel*) arracher; (*Staub*) enlever; (*fig: Vorteil, Geld*) se procurer; **heraus|sein** *sep irr vi* s. herausen; **heraus|stellen** *sep vr* **sich ~** apparaître; **heraus|wachsen** *sep irr vi* 〈*sein*〉 devenir trop grand(e) (*aus* pour); **heraus|ziehen** *sep irr vt* (*nach außen*) tirer (*aus* hors de); (*aus Tasche etc*) sortir; (*Zahn*) arracher; (*Splitter*) enlever

herb *adj* (*Geschmack, Duft*) âcre; (*Wein*) âpre; (*Enttäuschung*) amer(-ère); (*Verlust*) douloureux(-euse); (*Worte, Kritik*) dur(e); (*Gesicht, Schönheit*) austère
herbei *adv* par ici
Herberge *f* (-, -n) auberge *f*; **Herbergsmutter** *f* mère *f* aubergiste; **Herbergsvater** *m* père *m* aubergiste
her|bitten *sep irr vt* inviter
her|bringen *sep irr vt* (*etw*) apporter; (*jdn*) amener
Herbst *m* (-(e)s, -e) automne *m*; **im ~** en automne; **herbstlich** *adj* automnal(e); **Herbstzeitlose** *f* (-, -n) colchique *m*

Herd *m* (-(e)s, -e) cuisinière *f*
Herde *f* (-, -n) troupeau *m*
herein *adv* vers l'intérieur, dedans; **~!** entrez!; **herein|bitten** *sep irr vt* prier d'entrer; **herein|brechen** *sep irr vi* 〈*sein*〉 (*Krieg*) éclater; **die Dunkelheit brach herein** la nuit est tombée; **über jdn ~** s'abattre sur qn; **herein|bringen** *sep irr vt* apporter (à l'intérieur); **herein|dürfen** *sep irr vi* pouvoir entrer; **herein|fallen** *sep irr vi* 〈*sein*〉 (*getäuscht werden*) se laisser prendre; **auf jdn/etw ~** se laisser berner par qn/qch; **herein|kommen** *sep irr vi* 〈*sein*〉 entrer; **herein|lassen** *sep irr vt* laisser entrer; **herein|legen** *sep vt* **jdn ~** (*fam: betrügen*) rouler qn; **herein|platzen** *sep vi* 〈*sein*〉 arriver à l'improviste

Herfahrt *f* trajet *m*; **auf der ~** en venant
her|fallen *sep irr vi* 〈*sein*〉 **über jdn/etw ~** se jeter sur, attaquer qn/qch; **Hergang** *m* déroulement *m* (des faits); **her|geben** *sep irr vt* (*weggeben*) donner; (*zurückgeben*) rendre; **sich zu etw ~** se prêter à qch; **hergebracht** *adj* traditionnel(le); **her|gehen** *sep irr vi* 〈*sein*〉 **hinter jdm/etw ~** suivre qn/qch; **es geht hoch her** il y a de l'ambiance; **her|halten** *sep irr vi* **~ müssen** (*Mensch*) servir de bouc émissaire; **her|hören** *sep vi* écouter
Hering *m* (-s, -e) hareng *m*
her|kommen *sep irr vi* 〈*sein*〉 (*näher kommen*) s'approcher; **von etw ~** (*herrühren*) provenir de qch; **wo kommen Sie her?** d'où venez-vous?; **herkömmlich** *adj* traditionnel(le); **Herkunft** *f* (-) origine *f*; **her|laufen** *sep irr vi* 〈*sein*〉 **hinter jdm/etw ~** suivre qn/qch; **her|leiten** *sep vt* (*Rechte*) faire découler; **her|machen** *sep vr* **sich über jdn/etw ~** attaquer qn/qch
hermetisch *adj* hermétique
Heroin *nt* (-s) héroïne *f*
heroisch *adj* héroïque
Herpes *m* (-) (*MED*) herpès *m*
Herr *m* (-(e)n, -en) (*Herrscher*) maître *m*; (*Mann*) monsieur *m*; (*vor Namen*) Monsieur *m*; (*REL*) Seigneur *m*; **meine ~en!** messieurs; **Herrenbekanntschaft** *f* ami *m*; **Herrendoppel** *nt* double *m* messieurs; **Herreneinzel** *nt* simple *m* messieurs; **Herrenhaus** *nt* maison *f* de maître; **herrenlos** *adj* sans maître; **her|richten** *sep vt* (*Essen*) préparer; (*Bett*) faire; (*Haus*) remettre à neuf
Herrin *f* maîtresse *f*
herrisch *adj* despotique
herrlich *adj* merveilleux(-euse); **Herr-**

lichkeit f splendeur f
Herrschaft f domination f, souveraineté f, autorité f; (Herr und Herrin) maîtres mpl; **meine ~en!** messieurs dames
herrschen vi régner; **Herrscher(in)** m(f) (-s, -) souverain(e)
her|rühren sep vi **von etw ~** provenir de qch
her|stellen sep vt (produzieren) produire, fabriquer; **Hersteller(in)** m(f) (-s, -) producteur(-trice), fabricant(e); **Herstellung** f production f, fabrication f; **Herstellungskosten** pl frais mpl de production
herüber adv par ici
herum adv **verkehrt ~** à l'envers; **um etw ~** autour de qch; **herum|ärgern** sep vr **sich ~** s'embêter (mit avec); **herum|führen** sep **1.** vt jdn in der Stadt ~ faire faire le tour de la ville à qn **2.** vi **die Autobahn führt um die Stadt herum** l'autoroute contourne la ville; **herum|gehen** sep irr vi ⟨sein⟩ (vergehen) passer; (herumgereicht werden) passer de main en main; **in etw** dat **~** parcourir qch; **um etw ~** faire le tour de qch; **herum|irren** sep vi ⟨sein⟩ errer; **herum|kommen** sep irr vi ⟨sein⟩ **um etw ~** (vermeiden) éviter qch; **viel ~** (fam) rouler sa bosse; **herum|kriegen** sep vt (fam: überreden) convaincre; **herum|lungern** sep vi ⟨sein⟩ traînasser; **herum|sprechen** sep irr vr **sich ~** s'ébruiter; **herum|treiben** sep irr vr **sich ~** traîner; **herum|werfen** sep irr vt (Gegenstände) lancer; (Kopf) tourner brusquement; (Steuer) donner un brusque coup de; (Hebel) tirer brusquement; **herum|ziehen** sep irr vi ⟨sein⟩ se déplacer
herunter adv **von etw ~** du haut de qch; **~ mit euch!** descendez!; **herunter|fahren** sep irr vt (INFORM, TECH) arrêter; (Produktion) réduire; **heruntergekommen** adj (gesundheitlich) affaibli(e); (moralisch) dépravé(e); (Haus) en mauvais état; **herunter|hängen** sep irr vi pendre; **herunter|holen** sep vt aller chercher; **herunter|kommen** sep irr vi ⟨sein⟩ descendre; (gesundheitlich) être affaibli(e); (moralisch) déchoir; (finanziell) aller à la ruine; **herunter|laden** sep irr vt (INFORM) télécharger vers l'aval
hervor adv dehors; **~ (mit euch)!** sortez!; **hervor|bringen** sep irr vt produire; (Wort) prononcer; **hervor|gehen** sep irr vi ⟨sein⟩ (als Sieger) sortir; (als Resultat) résulter; **aus dem Brief geht hervor, dass ...** il

ressort de cette lettre que ...; **hervor|heben** sep irr vt souligner; (als Kontrast) faire ressortir; **hervorragend** adj (gut) excellent(e); **hervor|rufen** sep irr vt (bewirken) causer, provoquer; **hervor|treten** sep irr vi ⟨sein⟩ (Adern) saillir; **hervor|tun** sep irr vr **sich ~** se faire remarquer (mit par)
Herz nt (-ens, -en) (a. Spielkartenfarbe) cœur m; **Herzanfall** m crise f cardiaque; **Herzenslust** f **nach ~** à cœur joie; **Herzfehler** m malformation f cardiaque; **herzhaft** adj (Essen) nourrissant(e); (Lachen) joyeux(-euse); **Herzinfarkt** m infarctus m; **Herzklopfen** nt (-s) battements mpl de cœur; **herzkrank** adj cardiaque; **herzlich** adj cordial(e); (Grüße) sincère; **~en Glückwunsch** toutes mes félicitations; **Herzlichkeit** f cordialité f; **herzlos** adj sans cœur
Herzog(in) m(f) (-s, Herzöge) duc m, duchesse f; **herzoglich** adj ducal(e); **Herzogtum** nt (-s, -tümer) duché m; **Herzschlag** m battement m du cœur; (MED) arrêt m du cœur; **Herzschrittmacher** m accélérateur m cardiaque; **herzzerreißend** adj à fendre l'âme
Hessen nt (-s) la Hesse
heterogen adj hétérogène
Heterosexualität f hétérosexualité f; **heterosexuell** adj hétérosexuel(e); **Heterosexuelle(r)** mf hétérosexuel(le)
Hetze f (-, -n) (Eile) précipitation f, hâte f; (Verleumdung) calomnie f, diffamation f; **hetzen 1.** vt (jagen) traquer, chasser; **Hunde auf jdn ~** lâcher les chiens sur qn **2.** vi ⟨sein⟩ (eilen) se dépêcher; **zur Arbeit ~** se précipiter à son travail; **Hetzerei** f (Eile) hâte f
Heu nt (-(e)s) foin m; **Heuboden** m grenier m à foin
Heuchelei f hypocrisie f; **heucheln 1.** vt feindre, simuler **2.** vi faire semblant; **Heuchler(in)** m(f) (-s, -) hypocrite mf; **heuchlerisch** adj hypocrite
heuer adv (A) cette année
Heugabel f fourche f (à foin)
heulen vi hurler; **das ~de Elend bekommen** (fam) avoir le cafard
heurig adj (A, CH) de cette année
Heuschnupfen m rhume m des foins; **Heuschrecke** f (-, -n) sauterelle f
heute adv aujourd'hui; **~ Abend/früh** ce soir/matin; **das Heute** aujourd'hui; **heutig** adj (Jugend, Probleme) actuel(le); (Zeitung) d'aujourd'hui; **heutzutage** adv de nos jours

hexadezimal adj hexadécimal(e)
Hexe f (-, -n) sorcière f; **hexen** vi avoir
des pouvoirs magiques; **ich kann doch
nicht ~** je ne peux pas faire de miracles;
Hexenkessel m (fig) enfer m; **Hexen-
meister** m sorcier m; **Hexenschuss** m
lumbago m; **Hexerei** f sorcellerie f
Hickhack nt (-s, -s) bisbille f
hieb imperf von **hauen**
Hieb m (-(e)s, -e) coup m
hielt imperf von **halten**
hier adv ici; ~ **behalten** garder (ici); ~
bleiben rester (ici); ~ **lassen** laisser (ici);
hierauf adv là-dessus; (danach) à la suite
de quoi; **hier|behalten** sep irr vt s. **hier;
hierbei** adv ce faisant; ~ **handelt es sich
um ...** il s'agit (ici) de ...; **hier|bleiben**
sep irr vi s. **hier; hierdurch** adv ainsi; (örtlich) par ici; **hierher** adv vers cet
endroit, ici; **hier|lassen** sep irr vt s. **hier;
hiermit** adv (schriftlich) par la présente;
hiernach adv (später) plus tard; (folglich)
en conséquence; **hiervon** adv de cela;
hierzulande, hier zu Lande adv dans
ce pays
hiesig adj local(e), d'ici
hieß imperf von **heißen**
Hi-Fi-Anlage f chaîne f (hi-fi)
high adj (fam) camé(e); (fig) en pleine
forme; **Highlife** nt (-s) super-ambiance f;
~ **machen** mettre de l'ambiance; **High-
light** nt (-s, -s) moment m fort; **High-
tech** nt (-s), **High Tech** nt (-s) high-tech
m, technologie f avancée [o de pointe],
haute technologie f
Hilfe f (-, -n) aide f; ~! au secours!; **erste
~** premiers soins mpl, premiers secours
mpl; **Hilfefunktion** f (INFORM) fonction f
d'aide; **Hilfeleistung** f assistance f;
unterlassene ~ (JUR) non-assistance f à
personne en danger; **hilflos** adj sans
défense, impuissant(e); **Hilflosigkeit** f
air m perdu; **hilfreich** adj (Mensch) serviable; (Hinweis) utile
Hilfsaktion f opération f de secours;
Hilfsarbeiter(in) m(f) manœuvre m,
O.S. m; **hilfsbedürftig** adj (körperlich)
invalide; (Not leidend) dans le besoin;
hilfsbereit adj serviable; **Hilfsbereitschaft** f serviabilité f; **Hilfsdatei** f
fichier m de travail; **Hilfskraft** f aide mf;
Hilfsorganisation f organisation f
humanitaire; **Hilfszeitwort** nt verbe m
auxiliaire
Himbeere f framboise f
Himmel m (-s, -) ciel m; **himmelangst**
adj **es ist mir ~** j'ai des sueurs froides;

himmelblau adj bleu ciel; **Himmelfahrt** f Ascension f; **himmelschreiend**
adj (Ungerechtigkeit) criant(e); (Dummheit)
consternant(e); **Himmelsrichtung** f
point m cardinal; **himmlisch** adj
céleste, divin(e)
hin adv (fam: kaputt) cassé(e), fichu(e); **bis
zur Mauer ~** jusqu'au mur; **nach Süden
~** vers le sud; **wo gehst du ~?** où
vas-tu?; **über Jahre ~** pendant des
années; ~ **und zurück** aller (et) retour; ~
und her laufen faire les cent pas; **vor sich
akk ~ reden/weinen** marmonner/pleurni-
cher; ~ **und wieder** de temps à autre
hinab|gehen sep irr vi ⟨sein⟩ descendre;
hinab|sehen sep irr vi regarder (vers le
bas)
hinauf adv ~! montez!; **hinauf|arbei-
ten** sep vr sich ~ gravir les échelons (de
la hiérarchie); **hinauf|steigen** sep irr vi
⟨sein⟩ monter
hinaus adv ~! dehors!; **hinaus|beför-
dern** (pp hinausbefördert) sep vt jeter
dehors; **hinaus|gehen** sep irr vi ⟨sein⟩
sortir; **über etw** akk ~ dépasser qch,
excéder qch; **hinaus|laufen** sep irr vi
⟨sein⟩ sortir en courant; **auf etw** akk ~
revenir à qch; **hinaus|schieben** sep irr vt
remettre, reporter; **hinaus|werfen** sep
irr vt (Gegenstand) jeter (dehors); (jdn)
mettre à la porte; **hinaus|wollen** sep irr
vi vouloir sortir; **auf etw** akk ~ vouloir en
venir à qch; **hinaus|ziehen** sep irr **1.** vt
faire durer **2.** vr sich ~ être remis(e)
Hinblick m im ~ **auf** +akk eu égard à
hinderlich adj gênant(e), encom-
brant(e); **hindern** vt empêcher; **jdn an
etw** dat ~ empêcher qn de faire qch;
Hindernis nt obstacle m
hin|deuten sep vi indiquer (auf etw akk
qch)
Hinduismus m hindouisme m
hindurch adv **durch etw** ~ à travers qch;
(zeitlich) pendant qch
hinein adv ~! entrez!; **bis in die Nacht** ~
jusque tard dans la nuit; **hinein|fallen**
sep irr vi ⟨sein⟩ ~ **in** +akk tomber dans;
hinein|gehen sep irr vi ⟨sein⟩ entrer (in
+akk dans); **hinein|geraten** (pp hinein-
geraten) sep irr vi ⟨sein⟩ ~ **in** +akk se trou-
ver mêlé(e) à; **hinein|passen** sep vi
(Sache) entrer (in +akk dans); **hinein|re-
den** sep vi **jdm in etw** ~ donner des
conseils à qn au sujet de qch; **hinein|-
schlittern** sep vi ⟨sein⟩ **in eine Situation**
~ se fourrer dans une situation;
hinein|stecken sep vt (Schlüssel) mettre,

introduire; (*Geld, Mühe*) investir;
hinein|steigern *sep vr* sich in eine Hysterie ~ devenir complètement hystérique; sich in ein Problem ~ être accaparé(e) par un problème; **hinein|versetzen** (*pp* hineinversetzt) *sep vr* sich in jdn ~ +akk se mettre à la place de qn
hin|fahren *sep irr* 1. *vi* ⟨sein⟩ (*mit Fahrzeug*) (y) aller (en voiture) 2. *vt* conduire; **Hinfahrt** *f* aller *m*; **hin|fallen** *sep irr vi* ⟨sein⟩ tomber
hinfällig *adj* (*Mensch*) fragile, décrépit; (*Argument, Pläne*) périmé(e), caduc(-uque)
Hinflug *m* vol *m* aller
hing *imperf von* **hängen**
Hingabe *f* dévouement *m* (*an +akk* à); **hin|gehen** *sep irr vi* ⟨sein⟩ (*Mensch*) (y) aller; **etw ~ lassen** fermer les yeux sur qch; **hin|halten** *sep irr vt* (*Gegenstand*) tendre; (*vertrösten*) faire attendre
hinken 1. *vi* (*Mensch*) boiter(-euse); (*Vergleich*) être boiteux(-euse) 2. *vi* ⟨sein⟩ (*gehen*) aller en boitant
hin|kommen *sep irr vi* ⟨sein⟩ (*an Ort*) (y) arriver; **wo kämen wir da hin?** où irions-nous?; **wo ist das hingekommen?** où est-il (elle) passé(e)?; **mit den Vorräten ~** avoir assez de réserves
hinlänglich *adv* suffisamment
hin|legen *sep* 1. *vt* (*Gegenstand*) poser; (*jdn*) coucher; (*Geld*) débourser 2. *vr* sich ~ se coucher; **hin|nehmen** *sep irr vt* (*fig*) accepter
Hinreise *f* aller *m*
hin|reißen *sep irr vt* (*begeistern*) enthousiasmer; sich ~ lassen, etw zu tun se laisser entraîner à faire qch
hin|richten *sep vt* exécuter; **Hinrichtung** *f* exécution *f*
hin|schaffen *sep vt* faire parvenir, transporter; **hin|schicken** *sep vt* envoyer; **hin|setzen** *sep* 1. *vt* (*Gegenstand*) déposer; (*Menschen*) asseoir 2. *vr* sich ~ s'asseoir
hinsichtlich *prep +gen* en ce qui concerne
Hinspiel *nt* match *m* aller
hin|stellen *sep* 1. *vt* poser; jdn/etw als etw ~ présenter qn/qch comme qch 2. *vr* sich ~ se mettre
hintan|stellen *sep vt* mettre au second plan
hinten *adv* derrière; (*am Ende*) à la fin; (*in Raum*) au fond; ~ **und vorne nicht reichen** ne pas suffire du tout; **hintenherum** *adv* par derrière
hinter *prep +akk o dat* derrière; ~ **dem**

Komma après la virgule; ~ **Glas aufbewahren** conserver sous verre; **etw ~ sich akk bringen** en finir avec qch; **etw ~ sich dat lassen** dépasser qch; **etw ~ sich dat haben** en avoir fini avec qch; **jdn ~ sich dat haben** (*als Unterstützung*) avoir qn derrière soi; ~ **jdm her sein** (*fahnden*) être aux trousses de qn; (*werben*) courir après qn; ~ **etw dat her sein** être après qch; ~ **ein Geheimnis kommen** découvrir un secret; **Hinterachse** *f* essieu *m* arrière; **Hinterbliebene(r)** *mf* **die ~n** la famille du défunt (de la défunte); **hinterdrein** *adv* à l'arrière; (*später*) après; **hintere(r, s)** *adj* (*an der Rückseite*) arrière; (*am Ende*) dernier(-ière)
hintereinander *adv* (*räumlich*) l'un(e) derrière l'autre; (*zeitlich*) l'un(e) après l'autre
Hintergedanke *m* arrière-pensée *f*; **hintergehen** (*pp* hintergangen) *irr vt* tromper; **Hintergrund** *m* fond *m*, arrière-plan *m*; (*INFORM*) arrière-plan *m*; (*von Geschehen*) antécédents *mpl*, dessous *mpl*; **Hintergrundinformation** *f* information *f* de second plan; **Hinterhalt** *m* embuscade *f*; **hinterhältig** *adj* sournois(e); **hinterher** *adv* après coup; **Hinterhof** *m* arrière-cour *f*; **Hinterkopf** *m* occiput *m*; **hinterlassen** (*pp* hinterlassen) *irr vt* (*zurücklassen*) laisser; (*nach Tod*) léguer; **Hinterlassenschaft** *f* héritage *m*; **hinterlegen** (*pp* hinterlegt) *vt* déposer; **Hinterlist** *f* ruse *f*; **hinterlistig** *adj* sournois(e), rusé(e); **Hintermann** *m* (-männer *pl*) instigateur *m*; **mein ~** la personne derrière moi
Hintern *m* (-s, -) derrière *m*, postérieur *m*
Hinterrad *nt* roue *f* arrière; **Hinterradantrieb** *m* traction *f* arrière; **hinterrücks** *adv* par derrière; **Hinterteil** *nt* derrière *m*; **Hintertreffen** *nt* **ins ~ kommen** être en perte de vitesse; **hintertreiben** (*pp* hintertrieben) *irr vt* contrecarrer; **Hintertür** *f* (*fig*) porte *f* de sortie; **hinterziehen** (*pp* hinterzogen) *irr vt* **Steuern ~** frauder le fisc
hinüber *adv* de l'autre côté; ~! traversez!; **hinüber|gehen** *sep irr vi* ⟨sein⟩ traverser (*über etw akk* qch); **zu jdm ~** (*besuchen*) aller voir qn
hinunter *adv* ~! descendez!; **hinunter|bringen** *sep irr vt* descendre; **hinunter|schlucken** *sep vt* avaler; **hinunter|steigen** *sep irr vi* ⟨sein⟩ descendre
Hinweg *m* aller *m*
hinweg|helfen *sep irr vi* **jdm über etw akk**

~ aider qn à surmonter qch; **hinweg|-
setzen** sep vr **sich über etw** akk ~ ne pas
tenir compte de qch
Hinweis m (-es, -e) indication f; (Verweis)
renvoi m; (Andeutung) allusion f; (Anlei-
tung) instructions fpl; **hin|weisen** sep irr
vt, vi **(jdn) auf etw** akk ~ indiquer qch (à
qn); (aufmerksam machen) attirer l'attention (de qn) sur qch
hin|ziehen sep irr vr **sich** ~ (lange dauern)
traîner en longueur; (sich erstrecken)
s'étendre, se prolonger
hinzu adv en outre, en plus; **hinzu|fü-
gen** sep vt (a. INFORM) ajouter; **hinzu|-
kommen** sep irr vi ⟨sein⟩ (Mensch) se
joindre; (Umstand) s'ajouter; **hinzu|zie-
hen** sep irr vt consulter
Hirn nt (-(e)s, -e) cerveau m; (GASTR) cervelle f; **Hirngespinst** nt chimère f;
hirnverbrannt adj complètement fou
(folle)
Hirsch m (-(e)s, -e) cerf m
Hirse f (-, -n) millet m
Hirt(in) m(f) (-en, -en) pâtre m; (Schaf~)
berger(-ère); (fig) pasteur m
hissen vt hisser
Historiker(in) m(f) (-s, -) historien(ne)
historisch adj historique
Hit m (-s, -s) (MUS) tube m; (INFORM)
impact m; **ein** ~ **sein** (fig) faire un tabac;
Hitparade f hit-parade m
Hitze f (-) chaleur f; (GASTR) température
f; **hitzebeständig** adj résistant(e) à la
chaleur [o au feu]; **hitzefrei** adj ~
bekommen ne pas avoir classe en raison
de la chaleur; **Hitzewelle** f vague f de
chaleur
hitzig adj (Mensch) impétueux(-euse);
(Temperament) fougueux(-euse); (Debatte)
passionné(e)
Hitzkopf m tête f brûlée; **Hitzschlag** m
coup m de chaleur
HIV nt (-(s), -(s)) abk von **Human Immunodeficiency Virus** HIV m; **HIV-negativ** adj
séronégatif(-ive); **HIV-positiv** adj séro-
positif(-ive)
H-Milch f lait m UHT
hob imperf von **heben**
Hobby nt (-s, -s) hobby m, violon m
d'Ingres; **Hobbyraum** m pièce interactive
aménagée pour la pratique de hobbys
Hobel m (-s, -) rabot m; **Hobelbank** f
(-bänke pl) établi m; **hobeln** vt (Holz)
raboter; (Gurken etc) émincer; **Hobel-
späne** pl copeaux mpl
hoch (hohe(r, s), höher, am höchsten)
1. adj haut(e); (Zahl, Gehalt) élevé(e); (Fie-

ber) fort(e); (Offizier) supérieur(e); (Vertrauen, Lob, Qualifikation) grand(e); **das ist
mir zu** ~ (fam) ça me dépasse **2.** adv
haut; (weit nach oben) très haut; (sehr)
très, extrêmement; **Hände** ~! haut les
mains!; **Kopf** ~! courage!; **drei Mann** ~ à
trois; ~ **begabt** extrêmement doué(e); ~
dotiert très bien payé(e); ~ **rentabel** très
rentable, à haute rentabilité; **Hoch** nt (-s,
-s) (Ruf) vivat m; (METEO) anticyclone m;
Hochachtung f estime f, considération
f; **hochachtungsvoll** adv (Briefschluss)
recevez l'assurance de ma considération,
veuillez agréer mes salutations respec-
tueuses; **Hochamt** nt grand-messe f;
hoch|arbeiten sep vr **sich** ~ réussir à
force de travail; **hochauflösend** adj à
haute résolution [o définition]; **hochbe-
gabt** adj s. **hoch**; **hochbetagt** adj très
âgé(e); **Hochbetrieb** m activité f
intense; **hoch|bringen** sep irr vt monter;
Hochburg f (fig) fief m; **Hochdeutsch**
nt haut allemand m; **hochdotiert** adj s.
hoch; **Hochdruck** m (METEO) haute pression f; **Hochebene** f haut plateau m;
hoch|fahren sep irr **1.** vt (nach oben fah-
ren) monter; (INFORM, TECH) démarrer; (Produktion) augmenter **2.** vi ⟨sein⟩ (nach oben
fahren) monter; (erschrecken) sursauter;
hochfliegend adj (fig) ambi-
tieux(-euse); **Hochform** f excellente
condition f; **Hochformat** nt format m
en hauteur; (INFORM) format m portrait;
Hochgebirge nt haute montagne f;
Hochgeschwindigkeitszug m TGV
m, train m à grande vitesse; **hochgra-
dig** adj extrême; **hoch|halten** sep irr vt
tenir en l'air; (fig) sauvegarder; **Hoch-
haus** nt tour f; **hoch|heben** sep irr vt
soulever; **Hochkonjunktur** f boom m;
hoch|laden sep irr vt (INFORM) téléchar-
ger vers l'amont; **Hochland** nt régions
fpl montagneuses; **hoch|leben** sep vi **jdn**
~ **lassen** acclamer qn; **Hochleistungs-
chip** m puce f à haute performance;
Hochleistungssport m sport m de
haut niveau; **Hochlohnland** nt pays m
à niveau de salaire élévé; **Hochmut** m
orgueil m; **hochmütig** adj orgueil-
leux(-euse), hautain(e); **hochnäsig** adj
prétentieux(-euse); **Hochofen** m haut
fourneau m; **hochprozentig** adj
(Getränk) à teneur en alcool élevée;
Hochrechnung f estimation f; **hoch-
rentabel** adj s. **hoch**; **Hochsaison** f
pleine saison f; **Hochschätzung** f
haute estime f; **Hochschulabschluss**

m diplôme m d'études supérieures [o de l'enseignement supérieur]; **Hochschule** f établissement m d'enseignement supérieur; **hochschwanger** adj en état de grossesse avancée; **Hochsicherheitstrakt** m bâtiment m de haute sécurité; **Hochsommer** m plein été m; **Hochspannung** f haute tension f; **Hochspannungsleitung** f ligne f à haute tension; **hoch|springen** sep irr vi <sein> sauter; **Hochsprung** m saut m en hauteur

höchst adv très, extrêmement
Hochstapler(in) m(f) (-s, -) imposteur m, usurpatrice f
höchste(r, s) adj superl von hoch: **aufs Höchste erstaunt** très étonné(e); **es ist ~ Zeit** il est grand temps
Hochstelltaste f touche f Majuscule
höchstens adv tout au plus, au maximum; **Höchstgeschwindigkeit** f vitesse f maximum, plafond m; **höchstpersönlich** adv en personne; **Höchstpreis** m prix m fort; **höchstwahrscheinlich** adv très probablement
hochtrabend adj pompeux(-euse); **Hochverrat** m haute trahison f; **Hochwasser** nt (von Meer) marée f haute; (von Fluss) crue f; (Überschwemmung) inondation f; **hochwertig** adj de très bonne qualité; **Hochwürden** m (-(s)) monseigneur m; **Hochzahl** f exposant m
Hochzeit f (-, -en) mariage m; **Hochzeitsreise** f voyage m de noces
Hocke f (-, -n) (Stellung) accroupissement m; (SPORT) saut m groupé; **hocken** vi (Mensch) être accroupi(e); (Vogel) être perché(e)
Hocker m (-s, -) tabouret m
Höcker m (-s, -) bosse f
Hockey nt (-s) hockey m (sur gazon)
Hoden m (-s, -) testicule m
Hof m (-(e)s, Höfe) cour f; (von Mond) halo m
hoffen vi, vt espérer; **auf etw** akk **~** espérer qch
hoffentlich adv **~ ist morgen schönes Wetter** espérons/j'espère qu'il fera beau demain
Hoffnung f espoir m; **hoffnungslos** adj désespéré(e); **Hoffnungslosigkeit** f caractère m désespéré; **Hoffnungsschimmer** m lueur f d'espoir; **Hoffnungsträger(in)** m(f) espoir m; **hoffnungsvoll** adj plein(e) d'espoir
höflich adj poli(e); **Höflichkeit** f politesse f

hohe(r, s) adj s. **hoch**
Höhe f (-, -n) hauteur f; (zahlen-, mengenmäßig) niveau m; (von Betrag) montant m
Hoheit f (POL) souveraineté f; (Titel) altesse f; **Hoheitsgebiet** nt territoire m national; **Hoheitsgewässer** pl eaux fpl territoriales; **Hoheitszeichen** nt emblème m national
Höhenangabe f indication f d'altitude; (auf Karte) cote f; **Höhenmesser** m (-s, -) altimètre m; **Höhensonne** f lampe f à rayons ultraviolets; **Höhenunterschied** m différence f d'altitude; **Höhenzug** m chaîne f de montagnes
Höhepunkt m apogée m, sommet m
höher adj, adv komp von hoch plus haut(e)
hohl adj creux(-euse)
Höhle f (-, -n) grotte f, caverne f; (von Tier) antre m, tanière f
Hohlheit f (fig: Geistlosigkeit) vacuité f; **Hohlmaß** nt mesure f de capacité
Hohn m (-(e)s) ironie f, raillerie f; **höhnen** vt railler; **höhnisch** adj sarcastique
holen vt aller chercher; **Atem ~** reprendre son souffle, respirer; **sich** dat **Rat/Hilfe ~** demander conseil/de l'aide; **sich** dat **einen Schnupfen ~** attraper un rhume; **jdn/etw ~ lassen** envoyer chercher qn/qch
Holland nt (-s) la Hollande; **Holländer(in)** m(f) (-s, -) Hollandais(e); **holländisch** adj hollandais(e)
Hölle f (-, -n) enfer m; **Höllenangst** f **eine ~ haben** avoir une peur bleue; **höllisch** adj infernal(e), d'enfer
Holocaust m (-(s), -s) holocauste m
Hologramm nt (-s, -e) hologramme m
holperig adj cahoteux(-euse); (Sprachkenntnisse) hésitant(e); **holpern** vi <sein> (Wagen) cahoter
Holunder m (-s, -) sureau m
Holz nt (-es, Hölzer) bois m; **hölzern** adj en bois; (fig) gauche; **Holzfäller** m (-s, -) bûcheron m; **holzig** adj (Apfel, Spargel etc) filandreux(-euse); **Holzklotz** m billot m; (Spielzeug) cube m en bois; **Holzkohle** f charbon m de bois; **Holzscheit** nt bûche f; **Holzschuh** m sabot m; **Holzweg** m **auf dem ~ sein** faire fausse route; **Holzwolle** f laine f de bois; **Holzwurm** m ver m du bois
Homebanking nt homebanking m, banque f à domicile
Homepage f (-, -s) page f d'accueil
Hometrainer m home-trainer m
Homoehe f (fam) mariage m homosexuel
Homöopathie f homéopathie f; **ho-**

möopathisch adj homéopathique
Homosexualität f homosexualité f;
homosexuell adj homosexuel(le);
Homosexuelle(r) mf homosexuel(le)
Honduras nt (-) le Honduras
Honig m (-s, -e) miel m; **Honigmelone**
f melon m d'hiver, melon m d'Antibes;
Honigwabe f rayon m de miel
Honorar nt (-s, -e) honoraires mpl
honorieren (pp honoriert) vt (bezahlen)
rétribuer; (anerkennen) honorer
Hopfen m (-s, -) houblon m
hopsen vi (sein) sautiller
hops|gehen sep vi (sein) (fam: umkom-
men) clamser; (verloren gehen) se perdre;
(ertappt werden) se faire pincer
hörbar adj audible, perceptible; **Hörbuch** nt livre-cassette m
horchen vi écouter
Horde f (-, -n) horde f
hören 1. vt entendre; (an~) écouter **2.** vi
entendre; (erfahren) apprendre; **auf jdn/
etw** ~ écouter qn/qch; **von jdm** ~ avoir
des nouvelles de qn; **Hörensagen** nt
vom ~ par ouï-dire; **Hörer** m (-s, -)
(Telefon~) écouteur m; **Hörer(in)** m(f) (-s,
-) auditeur(-trice); **Hörgerät** nt appareil
m auditif
Horizont m (-(e)s, -e) horizon m; (Verständnis) portée f
horizontal adj horizontal(e)
Hormon nt (-s, -e) hormone f
Hörmuschel f écouteur m
Horn nt (-(e)s, Hörner) corne f; (Instrument) cor m; **Hornhaut** f (am Fuß) callosité f; (von Auge) cornée f
Hornisse f (-, -n) frelon m
Horoskop nt (-s, -e) horoscope m
Hörrohr nt (MED) stéthoscope m
Horror m (-s) horreur f; **Horrorfilm** m
film m d'horreur
Hörsaal m amphi m; **Hörspiel** nt pièce
f radiophonique; **Hörsturz** m surdité f
brusque
Hort m (-(e)s, -e) (SCH) garderie f
horten vt stocker, accumuler
Höschen nt (Slip) culotte f; **heiße** ~
mini-short m
Hose f (-, -n) pantalon m; (Unter~) slip
m, culotte f; **tote** ~ **sein** (fam: langweilig
sein) être mortel(le); (fam: erfolglos sein)
foirer, merder; **in die** ~ **gehen** (fam) tomber à l'eau; **Hosenanzug** m tailleur-
pantalon m; **Hosenrock** m jupe-culotte
f; **Hosensack** m (CH) poche f de pantalon; **Hosentasche** f poche f de pantalon; **Hosenträger** pl bretelles fpl

Hostie f (REL) hostie f
Hostrechner m hôte m
Hotdog m o nt (-s, -s) hot-dog m
Hotel nt (-s, -s) hôtel m; **Hotelier** m (-s,
-s) hôtelier m
Hotkey m (-s, -s) raccourci m clavier
Hotline f (-, -s) hotline f
HTML nt (-) abk von **hypertext mark-up
language** HTML m
Hub m (-(e)s, Hübe) (TECH) course f
hüben adv de ce côté-ci; ~ **wie drüben**
des deux côtés
Hubraum m (AUTO) cylindrée f
hübsch adj joli(e)
Hubschrauber m (-s, -) hélicoptère m
Huckepackverkehr m trafic m combiné
rail-route
Huf m (-(e)s, -e) sabot m; **Hufeisen** nt
fer m à cheval
Hüfte f (-, -n) hanche f; **Hüfthalter** f (-s,
-) gaine f
Hügel m (-s, -) colline f; (Erd~) monticule
m; **hügelig** adj vallonné(e)
Huhn nt (-(e)s, Hühner) poule f; **Hühnerauge** nt cor m (au pied); **Hühner-
brühe** f bouillon m de poule
Hülle f (-, -n) enveloppe f; **in** ~ **und Fülle**
en abondance; **hüllen** vt envelopper (in
+akk dans)
Hülse f (-, -n) (von Pflanze) cosse f, enveloppe f; (von Geschoss) douille f; (Behälter,
Etui) étui m; **Hülsenfrucht** f légumi-
neuse f
human adj humain(e); **humanitär** adj
humanitaire; **Humanität** f humanité f
Hummel f (-, -n) bourdon m
Hummer m (-s, -) homard m
Humor m (-s, -e) humour m; **Humo-
rist(in)** m(f) humoriste mf; **humoristisch** adj humoristique; **humorvoll** adj
plein(e) d'humour
humpeln vi (sein) boiter, boitiller
Humpen m (-s, -) hanap m
Hund m (-(e)s, -e) chien m; **Hunde-
hütte** f niche f; **Hundekuchen** m biscuit m pour chien; **hundemüde** adj
(fam) éreinté(e), crevé(e)
hundert num cent; **hunderte** [o **Hunderte**] **von Menschen** des centaines de
personnes; **Hundertjahrfeier** f centenaire m; **hundertmal** adv cent fois;
hundertprozentig adj (à) cent pour
cent
Hündin f chienne f
Hunger m (-s) faim f; ~ **haben** avoir
faim; **Hungerlohn** m salaire m de
misère; **hungern** vi souffrir de la faim;

(*zum Abnehmen*) faire un régime; **nach etw ~** désirer ardemment qch, avoir soif de qch; **Hungersnot** f famine f; **Hungerstreik** m grève f de la faim; **hungrig** adj affamé(e), qui a faim
Hupe f (-, -n) klaxon m; **hupen** vi klaxonner
Hüpfburg f château en structure gonflable pour enfants; **hüpfen** vi ⟨sein⟩ sautiller
Hürde f (-, -n) (*SPORT*) haie f; (*Hindernis*) obstacle m; (*für Schafe*) clôture f; **Hürdenlauf** m course f de haies
Hure f (-, -n) putain f
huschen vi ⟨sein⟩ passer furtivement
husten vi tousser; **Husten** m (-s) toux f; **Hustenanfall** m quinte f de toux; **Hustenbonbon** m o nt pastille f contre la toux; **Hustensaft** m sirop m (contre la toux)
Hut 1. m (-(e)s, Hüte) chapeau m **2.** f **auf der ~ sein** se tenir sur ses gardes
hüten 1. vt garder **2.** vr **sich ~ vor** +dat prendre garde à; **sich ~, etw zu tun** se garder de faire qch
Hütte f (-, -n) cabane f; (*im Gebirge*) refuge m; (*Eisen~*) aciérie f; **Hütten-schuh** m chausson m (en laine); **Hüttenwerk** nt usine f métallurgique
hutzelig adj ridé(e)
Hyäne f (-, -n) hyène f
Hyazinthe f (-, -n) jacinthe f
Hydrant m bouche f d'incendie
hydraulisch adj hydraulique
Hydrokultur f hydroculture f
Hygiene f (-) hygiène f; **hygienisch** adj hygiénique
Hymne f (-, -n) hymne m
hyper- pref hyper; **hyperkorrekt** adj hypercorrect(e); **hyperkritisch** adj hypercritique
Hyperlink m lien m hypertexte; **Hypermedia** pl hypermédia m; **Hypertext** m hypertexte m
Hypnose f (-, -n) hypnose f; **hypno-tisch** adj hypnotique; **Hypnotiseur(in)** m(f) hypnotiseur(-euse); **hypnotisieren** (*pp* hypnotisiert) vt hypnotiser
Hypothek f (-, -en) hypothèque f
Hypothese f hypothèse f; **hypothe-tisch** adj hypothétique
Hysterie f hystérie f
hysterisch adj hystérique

I

l, i nt (-, -) l, i m
i. A. abk von **im Auftrag** p.o.
IC m (-, -s) abk von **Intercity** I.C. m, train rapide de grandes lignes
ICE m (-, -s) abk von **Intercityexpress** ≈ T.G.V. m
ich pron je; (*vor Vokal o stummem h*) j'; (*betont*) moi (je); **~ bin's** c'est moi; **Ich** nt (-(s), -(s)) moi m
Icon nt (-s, -s) (*INFORM*) icône f
IC-Zuschlag m supplément m Intercité
ideal adj idéal(e); **Ideal** nt (-s, -e) idéal m; **Idealgewicht** nt poids m idéal; **Idealismus** m idéalisme m; **Idealist(in)** m(f) idéaliste mf; **idealistisch** adj idéaliste
Idee f (-, -n) idée f; **eine ~** (*ein bisschen*) un petit peu; **ideell** adj idéel(le)
identifizieren (*pp* identifiziert) vt identi-fier
identisch adj identique (*mit* à)
Identität f identité f
Ideologe m (-n, -n), **-login** f idéologue mf; **Ideologie** f idéologie f; **ideolo-gisch** adj idéologique
idiomatisch adj idiomatique
Idiot m (-en, -en) idiot(e), imbécile mf; **idiotisch** adj idiot(e), bête
Idylle f (-, -n) idylle f; **idyllisch** adj idylli-que
IG f (-, -s) abk von **Industriegewerk-schaft**
Igel m (-s, -) hérisson m
ignorieren (*pp* ignoriert) vt ne tenir

aucun compte de, ignorer; (*INFORM*) ignorer

IHK f (-, -s) *abk von* **Industrie- und Handelskammer** C.C.I. f

ihm *pron dat von* **er** (*vor Verb*) lui, le; (*vor Vokal o stummem h*) l'; (*nach Präposition: von er*) lui; (*von es*) cela, ça

ihn *pron akk von* **er** (*vor Verb*) le, lui; (*vor Vokal o stummem h*) l'; (*nach Präposition*) lui

ihnen *pron dat von pl* **sie** (*vor Verb*) les, leur; (*vor Vokal o stummem h*) les; (*nach Präposition*) eux (elles)

Ihnen *pron dat von* **Sie** vous

ihr 1. *pron* (*2. Person pl*) vous **2.** *pron dat von sing* **sie** (*vor Verb*) lui; (*vor Vokal o stummem h*) l'; (*nach Präposition*) elle **3.** *pron possessiv von sing* **sie** (*adjektivisch*) son (sa); (*vor Vokal o stummem h*) son; (*pl*) ses **4.** *pron possessiv von pl* **sie** (*adjektivisch*) leur; (*pl*) leurs

Ihr *pron* (*adjektivisch*) votre

ihre(r, s) 1. *pron possessiv von sing* **sie** (*substantivisch*) le (la) sien(ne); (*pl*) les siens (siennes) **2.** *pron possessiv von pl* **sie** (*substantivisch*) le (la) leur; (*pl*) les leurs

Ihre(r, s) *pron* (*substantivisch*) le (la) vôtre; (*pl*) les vôtres

ihrer 1. *pron gen von sing* **sie** d'elle **2.** *pron gen von pl* **sie** d'eux (d'elles)

Ihrer *pron gen von* **Sie** de vous

ihrerseits 1. *adv bezüglich auf sing* **sie** de son côté **2.** *adv bezüglich auf pl* **sie** de leur côté; **Ihrerseits** *adv* de votre côté;

ihresgleichen 1. *pron bezüglich auf sing* **sie** des personnes comme elle **2.** *pron bezüglich auf pl* **sie** des gens comme eux; (*von Dingen*) des choses du même genre; **Ihresgleichen** *pron* des gens comme vous;

ihretwegen 1. *adv* (*für sie*) pour elle; (*wegen ihr*) à cause d'elle; (*von ihr aus*) en ce qui la concerne **2.** *adv* (*für sie pl*) pour eux (elles); (*wegen ihnen*) à cause d'eux (d'elles); (*von ihnen aus*) en ce qui les concerne; **Ihretwegen** *adv* (*für Sie*) pour vous; (*wegen Ihnen*) à cause de vous; (*von Ihnen aus*) en ce qui vous concerne

Ikone f (-, -n) icône f

illegal *adj* illégal(e)

Illusion f illusion f; **illusorisch** *adj* illusoire

illustrieren (*pp* illustriert) *vt* illustrer

Illustrierte f (-n, -n) illustré m, magazine m

Iltis m (-ses, -se) putois m

im = in dem

Image nt (-(s), -s) image f de marque

imaginär *adj* imaginaire

Imbiss m (-es, -e) casse-croûte m; **Imbissstube** f snack(-bar) m

imitieren (*pp* imitiert) *vt* imiter

Imker(in) m(f) (-s, -) apiculteur(-trice)

Immatrikulation f (*SCH*) inscription f; **immatrikulieren** (*pp* immatrikuliert) *vr* **sich ~** s'inscrire

immer *adv* toujours; (*jeweils*) à chaque fois; **~ vier zusammen** quatre par quatre; **~ wieder** toujours, constamment; **~ noch** encore, toujours; **~ noch nicht** toujours pas; **für ~** pour toujours, à jamais; **~ wenn ich …** chaque fois que je …; **~ schöner/trauriger** de plus en plus beau/triste; **was (auch) ~** quoi que; **wer (auch) ~** qui que ce soit qui; **immerhin** *adv* tout de même; **immerzu** *adv* sans arrêt

Immobilien *pl* biens *mpl* immobiliers [o immeubles]

immun *adj* immunisé(e) (*gegen* contre); **Immunität** f immunité f; **Immunschwäche** f immunodéficience f; **Immunschwächekrankheit** f syndrome m immunodéficitaire; **Immunsystem** nt système m immunitaire

Imperativ m impératif m

Imperfekt nt imparfait m

imperialistisch *adj* impérialiste

impfen *vt* vacciner (*jdn gegen etw* qn contre qch); **Impfpass** m carnet m de vaccination; **Impfstoff** m vaccin m; **Impfung** f vaccination f; **Impfzwang** m vaccination f obligatoire

implizieren (*pp* impliziert) *vt* impliquer

imponieren (*pp* imponiert) *vi* **jdm ~** impressionner qn

Import m (-(e)s, -e) importation f; **importieren** (*pp* importiert) *vt* importer

imposant *adj* imposant(e)

impotent *adj* impuissant(e); **Impotenz** f impuissance f

imprägnieren (*pp* imprägniert) *vt* imprégner; (*Mantel*) imperméabiliser

Improvisation f improvisation f

improvisieren (*pp* improvisiert) *vt, vi* improviser

Impuls m (-es, -e) impulsion f; **impulsiv** *adj* impulsif(-ive)

imstande *adj* **~ sein, etw zu tun** (*in der Lage sein*) être en état de faire qch; (*fähig sein*) être capable de faire qch

in 1. *prep +akk* (*räumlich*) dans; **~ die Schule** à l'école; **~ die Stadt** en ville; **~s Ausland fahren** aller à l'étranger; **bis ~s 19. Jahrhundert** jusqu'au 19e siècle **2.** *prep +dat* (*räumlich*) dans, à, en; (*zeit-*

lich) dans; (*Art und Weise*) en, dans; **Bonn ist ~ Deutschland** Bonn est en Allemagne; **das ist im Haus/Schrank** c'est dans la maison/dans l'armoire; **~ diesem Monat/Jahr** ce mois-ci/cette année; **er kommt ~ einem Monat** il vient dans un mois; **~ der Schule** à l'école; **~ der Stadt** en ville; **im Frühling/Herbst/Sommer/ Winter/Mai** au printemps/en automne/ en été/en hiver/en mai; **im Stehen essen** manger debout

Inanspruchnahme *f* (-, -n) **bei ~** *+gen* si l'on profite de

Inbegriff *m* incarnation *f*

inbegriffen *adv* compris(e); **Bedienung ~** service compris

Inbetriebname *f* (-, -n) (*von Maschine*) mise *f* en service; (*von Gebäude*) inauguration *f*

inbrünstig *adj* fervent(e)

indem *konj* (*dadurch, dass*) grâce au fait que; (*während*) pendant que; **~ man etw macht** en faisant qch

Inder(in) *m(f)* (-s, -) Indien(ne) (de l'Inde)

Indianer(in) *m(f)* (-s, -) Indien(ne) (d'Amérique); **indianisch** *adj* indien(ne)

Indien *nt* (-s) l'Inde *f*

Indikativ *m* indicatif *m*

indirekt *adj* indirect(e)

indisch *adj* indien(ne); **der Indische Ozean** l'océan Indien

indiskret *adj* indiscret(-ète); **Indiskretion** *f* indiscrétion *f*

indiskutabel *adj* hors de question

Individualist(in) *m(f)* individualiste *mf*; **Individualität** *f* individualité *f*; **individuell** *adj* individuel(le); **Individuum** *nt* (-s, -en) individu *m*

Indiz *nt* (-es, -ien) indice *m* (*für* de); **Indizienbeweis** *m* preuve *f* indirecte

Indochina *nt* l'Indochine *f*

indoktrinieren (*pp* indoktriniert) *vt* endoctriner

Indonesien *nt* (-s) l'Indonésie *f*; **indonesisch** *adj* indonésien(ne)

industrialisieren (*pp* industrialisiert) *vt* industrialiser

Industrie *f* industrie *f*

Industrie- *in Zusammensetzungen* industriel(le); **Industriegebiet** *nt* zone *f* industrielle; **Industriegewerkschaft** *f* syndicat *m* ouvrier; **Industriekonzern** *m* consortium *m* industriel; **Industrieland** *nt* pays *m* industriel; **industriell** *adj* industriel(le); **Industrieroboter** *m* robot *m* industriel; **Industrie- und Handelskammer** *f* chambre *f* de com-

merce et d'industrie; **Industriezweig** *m* branche *f* de l'industrie

ineinander *adv* l'un(e) dans l'autre, les un(e)s dans les autres

Infanterie *f* infanterie *f*

Infarkt *m* (-(e)s, -e) infarctus *m*

Infektion *f* infection *f*; **Infektionskrankheit** *f* maladie *f* infectieuse

Infinitiv *m* infinitif *m*

infizieren (*pp* infiziert) **1.** *vt* infecter **2.** *vr* **sich ~** être contaminé(e) (*bei* par)

in flagranti *adv* en flagrant délit

Inflation *f* inflation *f*; **inflationär** *adj* inflationniste; **Inflationsrate** *f* taux *m* d'inflation

Info *f* (-, -s) renseignement *m*

infolge *prep* +gen par suite de; **infolgedessen** *adv* par conséquent

Informatik *f* informatique *f*; **Informatiker(in)** *m(f)* (-s, -) informaticien(ne)

Information *f* information *f*; **informationell** *adj* de l'information, relatif(-ive) à l'information; **Informationsforum** *nt* (-s, -foren) (*INFORM*) forum *m* d'information; **Informationsstand** *m* stand *m* d'information(s); (*fig: Wissensstand*) niveau *m* de connaissances; **Informationstechnik** *f* technique *f* de l'information; **Informationstechnologie** *f* technologies *fpl* de l'information

informieren (*pp* informiert) **1.** *vt* informer **2.** *vr* **sich ~** s'informer (*über* +akk de)

Infotainment *nt* programme *m* d'information

infrage, in Frage *adv* **das kommt nicht ~** il n'en est pas question; **etw ~ stellen** remettre qch en question

Infrarotbestrahlung *f* traitement *m* par les infrarouges

Infrastruktur *f* infrastructure *f*

Infusion *f* perfusion *f*

Ingenieur(in) *m(f)* ingénieur *mf*; **Ingenieurschule** *f* école *f* d'ingénieurs

Ingwer *m* (-s) gingembre *m*

Inhaber(in) *m(f)* (-s, -) (*von Rekord, Genehmigung*) détenteur(-trice); (*von Titel*) titulaire *mf*; (*Haus~*) propriétaire *mf*; (*FIN*) porteur *m*

inhaftieren (*pp* inhaftiert) *vt* incarcérer

inhalieren (*pp* inhaliert) *vt*, *vi* (*MED*) inhaler; (*beim Rauchen*) avaler la fumée

Inhalt *m* (-(e)s, -e) contenu *m*; (*Volumen*) volume *m*; (*Bedeutung von Wort, Leben*) signification *f*; **inhaltlich** *adv* en ce qui concerne le contenu; **Inhaltsangabe** *f* résumé *m*; **inhaltslos** *adj* creux (creuse); **inhaltsreich** *adj* très intéressant(e); **Inhaltsverzeichnis** nt indication f du contenu; (in Buch) table f des matières

inhuman adj inhumain(e)

Initiative f initiative f

Injektion f injection f

inklusive adv, prep +gen y compris; ~ Getränke boissons comprises; bis zum 20. März ~ jusqu'au 20 mars inclus

inkognito adv incognito

inkompatibel adj incompatible

inkompetent adj incompétent(e)

inkonsequent adj inconséquent(e)

inkorrekt adj incorrect(e)

In-Kraft-Treten nt (-s) entrée f en vigueur

Inland nt intérieur m des terres; (POL) pays m; im ~ und Ausland dans le pays et à l'étranger; **Inlandsporto** nt tarif m postal intérieur

Inlineskates pl patins mpl en ligne, rollers mpl; **Inlineskating** nt (-s) faire du patin en ligne

inmitten prep +gen au milieu de; ~ von au milieu de

inne|haben sep irr vt (Amt) exercer; (Titel) porter; (Rekord) détenir

innen adv à l'intérieur; nach ~ vers l'intérieur; **Innenarchitekt(in)** m(f) décorateur(-trice) d'intérieur; **Innenaufnahme** f intérieur m; **Inneneinrichtung** f aménagement m intérieur; **Innenminister(in)** m(f) ministre m de l'Intérieur; **Innenpolitik** f politique f intérieure; **innenpolitisch** adj de politique intérieure; (Experte) en politique intérieure; **Innenstadt** f centre-ville m; **Innentasche** f poche f intérieure

innere(r, s) adj intérieur(e); (im Körper) interne; **Innere(s)** nt intérieur m; (fig) cœur m

Innereien pl (GASTR) abats mpl

innerhalb 1. prep +gen (zeitlich) dans un délai de; (räumlich) à l'intérieur de 2. adv à l'intérieur

innerlich adj interne; (geistig) intérieur(e)

innerste(r, s) adj (Punkt) central(e); (Gedanken, Gefühle) intime; **Innerste(s)** nt fond m de soi-même; (von Land) centre m

innert prep +dat (CH) dans un délai de

innig adj intime; (Freundschaft) profond(e)

Innovation f innovation f; **innovativ** adj innovateur(-trice)

inoffiziell adj non officiel(le)

inopportun adj malvenu(e)

Inquisition f Inquisition f

ins = **in das**

Insasse m (-n, -n), **Insassin** f (von Anstalt) pensionnaire mf; (AUTO) passager(-ère), occcupant(e)

insbesondere adv en particulier

Inschrift f inscription f

Insekt nt (-(e)s, -en) insecte m; **Insektenbekämpfungsmittel** nt insecticide m; **Insektenschutzmittel** nt insectifuge m

Insel f (-, -n) île f; (Verkehrs~) refuge m; reif für die ~ sein avoir grand besoin de vacances

Inserat nt annonce f; **Inserent(in)** m(f) annonceur(-euse); **inserieren** (pp inseriert) 1. vi passer une annonce 2. vt passer une annonce pour

insgeheim adv en secret

insgesamt adv dans l'ensemble; er war ~ 10 Tage krank en tout il a été malade 10 jours

Insider(in) m(f) (-s, -) initié(e)

insofern, insoweit 1. adv sur ce point, en cela 2. konj (deshalb) dans la mesure où; (falls) si; ~ als ... dans la mesure où ...

Installateur(in) m(f) électricien(ne); (für sanitäre Anlagen) plombier m; **Installation** f (a. INFORM) installation f; **installieren** (pp installiert) vt (a. INFORM) installer; (TECH) équiper

Instandhaltung f entretien m; **Instandsetzung** f remise f en état; (von Gebäude) restauration f

Instanz f autorité f; (JUR) instance f; **Instanzenweg** m voie f hiérarchique

Instinkt m (-(e)s, -e) instinct m; **instinktiv** adj instinctif(-ive)

Institut nt (-(e)s, -e) institut m

Institution f institution f

Instrument nt instrument m

Insulin nt (-s) insuline f

insultieren (pp insultiert) vt (A) insulter

inszenieren (pp inszeniert) vt mettre en scène; (fig: Skandal, Szene) monter; **Inszenierung** f mise f en scène

Integralhelm m casque m intégral

integrieren (pp integriert) vt intégrer; integrierte Schaltung circuit m intégré; **Integrierung** f intégration f

intellektuell adj intellectuel(le)

intelligent adj intelligent(e); **Intelligenz** f intelligence f; (Leute) intelligentsia f; künstliche ~ intelligence artificielle

Intendant(in) m(f) intendant(e); (RADIO, TV) président(e); (THEAT) directeur(-trice)

Intensität f intensité f

intensiv *adj* intense; (*Ackerbau*) intensif(-ive); **Intensivkurs** *m* cours *m* intensif; **Intensivmedizin** *f* médecine *f* intensive; **Intensivstation** *f* service *m* de réanimation

interaktiv *adj* interactif(-ive)

Intercity *m* (-s, -s) Intercité *m*; **Intercityexpress(zug)** *m* train *m* à grande vitesse (allemand); **Intercityzug** *m* Intercité *m*

interessant *adj* intéressant(e); **interessanterweise** *adv* curieusement

Interesse *nt* (-s, -n) intérêt *m*; ~ **haben** s'intéresser (*an +dat* à); **Interessent(in)** *m(f)* personne *f* intéressée; **interessieren** (*pp* interessiert) **1.** *vt* intéresser; **jdn für etw ~** intéresser qn à qch; **an jdm/ einer Sache interessiert sein** être intéressé(e) par qn/qch **2.** *vr* **sich ~** s'intéresser (*für* à)

Interface *nt* (-, -s) interface *f*

Internat *nt* internat *m*

international *adj* international(e); **Internationaler Währungsfonds** Fonds *m* monétaire international; **Internationale Standardbuchnummer** numéro *m* d'identification international

Internet *nt* (-s) Internet *m*, Internet *m*, toile *f*; **Internetadresse** *f* adresse *f* Internet; **Internetanschluss** *m* branchement *m* Internet; **Internetbroker(in)** *m(f)* (-s, -) courtier *m* en ligne; **Internetcafé** *nt* cybercafé *m*; **Internetfreak** *m* Webmane *mf*; **Internethandel** *m* cybercommerce *m*; **Internetseite** *f* page *f* Web [*o* web]; **Internetsurfer(in)** *m(f)* internaute *mf*; **Internettelefon** *nt* téléphone *m* sur Internet; **Internetzugang** *m* accès *m* à l'internet, accès *m* à Internet; **Internetzugriff** *m* accès *m* à Internet

internieren (*pp* interniert) *vt* interner

Internist(in) *m(f)* spécialiste *mf* des maladies internes

Interpretation *f* interprétation *f*; **interpretieren** (*pp* interpretiert) *vt* interpréter

Interpunktion *f* ponctuation *f*

Interrailkarte *f* carte *f* Interrail

Interregio *m* (-s, -s) express *m* régional

Interrogativpronomen *nt* pronom *m* interrogatif

Intervall *nt* (-s, -e) intervalle *m*; **Intervallschaltung** *f* régime *m* alternatif

intervenieren (*pp* interveniert) *vi* intervenir

Interview *nt* (-s, -s) interview *f*; **interviewen** (*pp* interviewt) *vt* interviewer

intim *adj* intime; **Intimität** *f* intimité *f*; **Intimkontakt** *m* contact *m* intime; **Intimschmuck** *m* piercing *m* intime

intolerant *adj* intolérant(e)

Intranet *nt* (-s, -s) intranet *m*

intransitiv *adj* intransitif(-ive)

Intrige *f* (-, -n) intrigue *f*

introvertiert *adj* introverti(e)

Intuition *f* intuition *f*

Invalide *mf* (-n, -n), **Invalidin** *f* invalide *mf*

Invasion *f* invasion *f*

Inventar *nt* (-s, -e) inventaire *m*

Inventur *f* ~ **machen** dresser un inventaire

investieren (*pp* investiert) *vt* investir; **Investition** *f* investissement *m*; **Investitionsgüter** *pl* biens *mpl* d'investissement

Investmentfonds *m* fonds *mpl* d'investissements

In-vitro-Fertilisation *f* fécondation *f* in vitro

inwiefern, **inwieweit** *adv* dans quelle mesure

inzwischen *adv* entre-temps

Irak *m* (-s) (**der**) ~ l'Irak *m*, l'Iraq *m*; **irakisch** *adj* irakien(ne)

Iran *m* (-s) (**der**) ~ l'Iran *m*; **iranisch** *adj* iranien(ne)

irdisch *adj* terrestre

Ire *m* (-n, -n) Irlandais *m*

irgend *adv* d'une façon ou d'une autre; ~ **so ein Vertreter** un de ces représentants; **irgendein** *pron* un(e) ... (quelconque); **irgendeine(r, s)** *pron* quelqu'un(e); (*egal wer*) n'importe qui; **irgendeinmal** *adv* (*in Zukunft*) un jour; (*in Vergangenheit*) une fois; **irgendetwas** *pron* quelque chose; (*egal was*) n'importe quoi; **irgendjemand** *pron* quelqu'un; (*egal wer*) n'importe qui; **irgendwann** *adv* un jour, une fois; (*egal wann*) n'importe quand; **irgendwer** *pron* quelqu'un(e); (*egal wer*) n'importe qui; **irgendwie** *adv* d'une façon ou d'une autre; (*egal wie*) n'importe comment; **irgendwo** *adv* quelque part; (*egal wo*) n'importe où; **irgendwohin** *adv* quelque part; (*egal wo*) n'importe où

Irin *f* Irlandaise *f*; **irisch** *adj* irlandais(e)

Irland *nt* l'Irlande *f*

Ironie *f* ironie *f*; **ironisch** *adj* ironique

irre *adj* fou (folle); (*fam: prima*) chouette; **Irre(r)** *mf* fou (folle); **irre|führen** *sep vt* induire en erreur; **irre|machen** *sep vt* embrouiller

irren 1. *vr* **sich** ~ (*Unrecht haben*) se tromper; **wenn ich mich nicht irre** si je ne me
trompe; **sich im Datum** ~ se tromper de
date; **sich in jdm** ~ se tromper sur qn
2. *vi* 〈*sein*〉 (*umher*~) errer
Irrenanstalt *f* asile *m* d'aliénés
irrig *adj* (*ungenau*) inexact(e); (*falsch*) faux
(fausse)
Irrsinn *m* folie *f*; **irrsinnig** *adj* fou (folle);
(*fam*) dingue
Irrtum *m* (-s, -tümer) erreur *f*; **irrtüm-
lich 1.** *adj* erroné(e) **2.** *adv* par erreur
ISBN *f* (-, -s) *abk von* **Internationale Standardbuchnummer** ISBN *m*
Ischias *m o nt* (-) sciatique *f*
ISDN *nt* (-s) *abk von* **integrated services
digital network** Numéris *m*; **ISDN-Netz**
nt réseau *m* Numéris
Islam *m* (-(s)) islam *m*, islamisme *m*; **islamisch** *adj* islamique; **Islamisierung** *f*
islamisation *f*
Island *nt* l'Islande *f*; **Isländer(in)** *m(f)*

(-s, -) Islandais(e); **isländisch** *adj* islan-
dais(e)
Iso-Drink *m* (-s, -s) boisson *f* énergétique
Isolation *f* isolement *m*; (*ELEC*) isolation *f*;
Isolator *m* isolant *m*; **Isolierband** *nt*
(-bänder *pl*) ruban *m* isolant; **isolieren**
(*pp* isoliert) **1.** *vt* isoler **2.** *vr* **sich** ~ s'isoler;
Isolierkanne *f* (bouteille *f*) thermos® *m*;
Isolierstation *f* (*MED*) salle *f* de quarantaine; **Isolierung** *f* isolement *m*; **Iso-
matte** *f* tapis *m* de sol
Israel *nt* (-s) (l'État *m* d')Israël; **Israeli** *m*
(-(s), -(s)), *f* (-, -(s)) Israélien(ne); **israelisch** *adj* israélien(ne)
IT *f* (-) *abk von* **Informationstechnologie**
technologies *fpl* de l'information
Italien *nt* (-s) l'Italie *f*; **Italiener(in)** *m(f)*
(-s, -) Italien(ne); **italienisch** *adj* ita-
lien(ne); **Italienisch** *nt* italien *m*; ~ **lernen** apprendre l'italien
Italowestern *m* western *m* spaghetti
IWF *m* (-) *abk von* **Internationaler Währungsfonds** F.M.I. *m*

J

J, j *nt* (-, -) J, j *m*
ja *adv* oui; **ich habe es** ~ **gewusst** je le
savais bien; **das soll er** ~ **nicht tun** il ne
faut surtout pas qu'il fasse cela
Jacht *f* (-, -en) yacht *m*; **Jachthafen** *m*
port *m* de plaisance
Jacke *f* (-, -n) veste *f*
Jackett *nt* (-s, -s *o* -e) veston *m*
Jackpot *m* (-s, -s) jackpot *m*
Jagd *f* (-, -en) chasse *f* (*auf +akk* à);
Jagdbeute *f* tableau *m* de chasse;
Jagdflugzeug *nt* avion *m* de chasse;
Jagdgewehr *nt* fusil *m* de chasse
jagen 1. *vi* chasser **2.** *vi* 〈*sein*〉 (*eilen*) filer
3. *vt* chasser; (*verfolgen*) pourchasser
Jäger(in) *m(f)* (-s, -) chasseur(-euse)
jäh *adj* soudain(e); (*steil*) abrupt(e)
Jahr *nt* (-(e)s, -e) an *m*; (*im Verlauf gese-
hen*) année *f*; **alle** ~**e wieder** chaque
année; **ein ganzes** ~ toute une année; **im**

~**e 1924** en 1924; **er ist 5** ~**e alt** il a 5
ans; **jahrelang** *adv* pendant des années;
Jahresabonnement *nt* abonnement
m annuel; **Jahresabschluss** *m* fin *f* de
l'année; (*COM*) bilan *m* annuel; **Jahres-
ausgleich** *m* péréquation *f* des impôts;
Jahresbericht *m* rapport *m* annuel;
Jahreswechsel *m* nouvel an *m*; **Jahreszahl** *f* date *f*; **Jahreszeit** *f* saison *f*;
Jahrgang *m* année *f*; **Jahrhundert** *nt*
(-s, -e) siècle *m*; **Jahrhundertwende** *f*
tournant *m* du siècle
jährlich 1. *adj* annuel(le) **2.** *adv* annuellement
Jahrmarkt *m* foire *f*
Jahrzehnt *nt* (-s, -e) décennie *f*
Jähzorn *m* accès *m* de colère; (*Eigenschaft*) caractère *m* colérique; **jähzornig**
adj colérique
Jalousie *f* persienne *f*

Jamaika nt (-s) la Jamaïque

Jammer m (-s) (*Klagen*) lamentations *fpl*; (*Elend*) misère *f*; **es ist ein ~, dass ...** c'est dommage que ... +*subj*

jämmerlich adj misérable; (*Geschrei, Tod*) pitoyable, lamentable

jammern 1. vi gémir 2. vt **es jammert mich/ihn/sie** cela me/lui fait de la peine

jammerschade adj **es ist ~** c'est vraiment dommage

Janker m (-s, -) (*A: Strickjacke*) veste *f* de laine; (*Trachtenjacke*) jaquette *f*

Jänner m (-(s), -) (*A*) janvier m

Januar m (-(s), -e) janvier m; **im ~** en janvier; **24. ~ 1999** le 24 janvier 1999; **am 24. ~** le 24 janvier

Japan nt (-s) le Japon; **Japaner(in)** m(f) (-s, -) Japonais(e); **japanisch** adj japonais(e)

Jargon m (-s, -s) jargon m

jäten vt sarcler

jauchzen vi pousser des cris de joie; **Jauchzer** m (-s, -) cri m de joie

jaulen vi hurler

Jause f (-, -n) (*A*) casse-croûte m

Java nt (-) (*INFORM*) Java m

jawohl adv oui (bien sûr); **Jawort** nt oui m

Jazz m (-) jazz m

je 1. adv (*zeitlich*) jamais; **sie erhielten ~ zwei Stück** ils ont reçu chacun deux morceaux; **er gab ihnen ~ 5 Euro** il leur a donné à chacun 5 euros; **die schönste Stadt, die sie ~ gesehen hatte** la plus belle ville qu'elle ait jamais vue; **wenn du ~ einmal dahin kommst** si jamais tu y vas; **schöner denn ~** plus beau (belle) que jamais 2. prep +*akk* (*pro*) par 3. interj **ach ~!** oh là, là!; **o ~!** hou là, là! 4. konj **~ nach Größe/Alter/Umständen** selon la grandeur/l'âge/les circonstances; **~ nachdem** cela dépend; **~ ... desto ...** plus ... plus ...

Jeans f (-, -) jean m; **Jeanshemd** nt chemise f en jean; **Jeansjacke** f veste f en jean; **Jeanskleid** nt robe f en jean; **Jeansweste** f veste f en jean

jede(r, s) 1. adj chaque; **ohne ~ Scham** sans aucune honte 2. pron chacun(e); **jedenfalls** adv en tout cas; **jedermann** pron chacun, tout le monde; **jederzeit** adv à tout moment; **jedesmal** adv chaque fois

jedoch adv cependant, pourtant

jeher adv **von ~** depuis toujours

jemals adv jamais

jemand pron quelqu'un(e)

Jemen m (-s) (**der**) **~** le Yémen

jene(r, s) 1. adj ce(t) (cette); (*pl*) ces (cettes) 2. pron celui-là (celle-là); (*pl*) ceux-là (celles-là)

jenseits 1. adv de l'autre côté; **das Jenseits** l'au-delà m 2. prep +*gen* de l'autre côté de, au-delà de

Jetlag m (-s) troubles *mpl* dus au décalage horaire

jetzig adj actuel(le); **jetzt** adv maintenant

jeweilig adj respectif(-ive); **jeweils** adv chaque fois

Job m (-s, -s) boulot m; (*INFORM*) travail m; **jobben** vi (fam) bosser; **Jobsharing** nt (-s) partage d'un emploi entre plusieurs personnes; **Jobverlust** m perte f de l'emploi

Joch nt (-(e)s, -e) joug m

Jockei m (-s, -s), **Jockey** m (-s, -s) jockey m

Jod nt (-(e)s) iode m

jodeln vi iodler

Joga m o nt s. **Yoga**

joggen vi (*sein*) faire du jogging [o footing]; **Jogger(in)** m(f) (-s, -) adepte mf du jogging; **Jogging** nt (-s) jogging m, footing m; **Jogginganzug** m survêtement m, jogging m

Jog(h)urt m o nt (-(s), -(s)) yaourt m; **Jog(h)urtbereiter** m (-s, -) yaourtière f

Johannisbeere f groseille f; **Schwarze ~** cassis m

johlen vi brailler

Joint m (-s, -s) joint m

Jolle f (-, -n) yole f

jonglieren (pp jongliert) vi jongler (*mit* avec)

Jordanien nt (-s) la Jordanie; **jordanisch** adj jordanien(ne)

Joule nt (-(s), -) joule m

Journalismus m journalisme m; **Journalist(in)** m(f) journaliste mf; **journalistisch** adj journalistique

Joystick m (-s, -s) (*INFORM*) manche m (à balai)

Jubel m (-s) cris *mpl* de joie; **jubeln** vi pousser des cris de joie

Jubiläum nt (-s, Jubiläen) anniversaire m; **fünfzigjähriges ~** jubilé m

jucken vt, vi démanger; **es juckt mich am Arm** le bras me démange; **Juckreiz** m démangeaison f

Jude m (-n, -n) juif m; **Judentum** nt (-s) judaïsme m; **Judenverfolgung** f persécution f des juifs; **Jüdin** f juive f; **jüdisch** adj juif (juive)

Judo nt (-(s)) judo m

Jugend f (-) jeunesse f; **Jugendherberge** f auberge f de jeunesse; **Jugendherbergsausweis** m carte f d'auberge de jeunesse; **Jugendkriminalität** f délinquance f juvénile; **jugendlich** adj jeune; **Jugendliche(r)** mf jeune mf, adolescent(e); **Jugendrichter(in)** m(f) juge mf pour enfants

Jugoslawe m (-n, -n) Yougoslave m

Jugoslawien nt (-s) **das ehemalige ~** l'ex-Yougoslavie; **Jugoslawin** f Yougoslave f; **jugoslawisch** adj yougoslave

Juli m (-(s), -s) juillet m; **im ~** en juillet; **6. ~ 2003** le 6 juillet 2003; **am 6. ~** le 6 juillet

jung adj (jünger, am jüngsten) jeune

Junge m (-n, -n) garçon m

Junge(s) nt petit m

jünger adj komp von **jung** plus jeune; (Bruder, Schwester) cadet(te)

Jünger m (-s, -) disciple m

Jungfer f (-, -n) **alte ~** vieille fille f; **Jungfernfahrt** f première traversée f

Jungfrau f vierge f; (ASTR) Vierge f; **Veronika ist (eine) ~** Veronika est Vierge

Junggeselle m, **-gesellin** f célibataire mf

Jüngling m jeune homme m

jüngste(r, s) adj le (la) plus jeune; (neueste) dernier(-ière)

Juni m (-(s), -s) juin m; **im ~** en juin; **17. ~ 2010** le 17 juin 2010; **am 17. ~** le 17 juin

Junior(in) m(f) (-s, -en) fils m, fille f; (SPORT) junior mf; **Juniorpass** m carte f jeunes

Junkfood nt (-s) bouffe f industrielle

Junkie m (-s, -s) junkie mf

Jupe m (-, -s) (CH) jupe f

Jura 1. m (-s) (Gebirge) Jura m; (Kanton) (canton m du) Jura m **2.** nt (Recht) droit m

Jurist(in) m(f) juriste m; **juristisch** adj juridique

Jus nt (A, CH) droit m

Justiz f (-) justice f; **Justizbeamte(r)** m, **-beamtin** f fonctionnaire mf au tribunal; **Justizirrtum** m erreur f judiciaire

Jute f (-) jute m

Juwel nt o m (-s, -en) joyau m; **Juwelier(in)** m(f) (-s, -e) bijoutier(-ière), joaillier(-ière); **Juweliergeschäft** nt bijouterie f

Jux m (-es, -e) blague f; **nur aus ~** pour rigoler

K

K, k nt (-, -) K, k m

K nt (-, -) abk von **Kilobyte** K

Kabarett nt (-s, -s) cabaret m; **Kabarettist(in)** m(f) chansonnier(-ière)

Kabel nt (-s, -) câble m; **Kabelfernsehen** nt télévision f par câble, câblodistribution f

Kabeljau m (-s, -e o -s) morue f

Kabelkanal m chaîne f câblée

Kabine f cabine f; (in Flugzeug) carlingue f

Kabinett nt (-s, -e) (POL) cabinet m

Kachel f (-, -n) carreau m; **kacheln** vt carreler; **Kachelofen** m poêle m de faïence

Kadaver m (-s, -) charogne f

Kadett m (-en, -en) élève m officier

Käfer m (-s, -) coléoptère m

Kaff nt (-s, -s o -e) (pej) patelin m

Kaffee m (-s, -s) (Getränk) café m; (Nachmittags~) goûter m; **Kaffeebohne** f grain m de café; **Kaffeehaus** nt café m; **Kaffeekanne** f cafetière f; **Kaffeeklatsch** m **sich zum ~ treffen** se retrouver pour bavarder autour d'une tasse de café; **Kaffeekränzchen** nt **sich zum ~ treffen** se retrouver régulièrement pour bavarder autour d'une tasse de café; **Kaffeelöffel** m petite cuillère f, cuillère f à café; **Kaffeemaschine** f cafetière f (électrique); **Kaffeemühle** f moulin m à café; **Kaffeepause** f pause-café f; **Kaffeesatz** m marc m de café

Käfig m (-s, -e) cage f; **Käfighaltung** f élevage m en batterie

kahl adj (Mensch) chauve; (Baum) dénudé(e); (Landschaft) pelé(e); (Raum) vide; ~ **geschoren** tondu(e), rasé(e); **Kahlheit** f calvitie f; (von Baum) nudité f; **kahlköpfig** adj chauve

Kahn m (-(e)s, Kähne) barque f; (Last~) péniche f, chaland m

Kai m (-s, -s) quai m

Kaiser(in) m(f) (-s, -) empereur m, impératrice f; **kaiserlich** adj impérial(e); **Kaiserreich** nt empire m; **Kaiserschmarrn** m (-, -) crêpes aux raisins secs, coupée en petits morceaux; **Kaiserschnitt** m césarienne f

Kajalstift m crayon m khôl

Kajüte f (-, -n) cabine f

Kakao m (-s, -s) cacao m

Kaktus m (-, Kakteen) cactus m

Kalb nt (-(e)s, Kälber) veau m; **kalben** vi vêler; **Kalbfleisch** nt (viande f de) veau m; **Kalbsleder** nt vachette f

Kalender m (-s, -) calendrier m; (Taschen~) agenda m

Kali nt (-s, -) potasse f

Kaliber nt (-s, -) calibre m

Kalk m (-(e)s, -e) chaux f; (im Körper) calcium m; **Kalkstein** m pierre f à chaux

Kalkulation f calcul m; **kalkulieren** (pp kalkuliert) vt, vi calculer

Kalorie f calorie f; **kalorienarm** adj basses calories

kalt adj (kälter, am kältesten) froid(e); **mir ist (es)** ~ j'ai froid; ~ **bleiben** (fig) demeurer insensible; **etw** ~ **stellen** mettre qch au frais; **kaltblütig** adj (Mensch) qui a du sang-froid; (Tat) de sang-froid; **Kaltblütigkeit** f sang-froid m; **Kälte** f (-) froid m; (fig) froideur f; **Kälteeinbruch** m forte chute f de la température; **Kältegrad** m degré m au-dessous de zéro; **Kältewelle** f vague f de froid; **kaltherzig** adj froid(e); **kaltschnäuzig** adj (fam) insensible; **Kaltstart** m (INFORM) démarrage m à froid; **kalt|stellen** sep vt (fig: jdn) limoger

Kalzium nt (-s) calcium m

kam imperf von **kommen**

Kambodscha nt (-s) le Kampuchéa, le Cambodge

Kamel nt (-(e)s, -e) chameau m

Kamera f (-, -s) appareil m photo; (Film~) caméra f

Kamerad(in) m(f) (-en, -en) camarade mf; **Kameradschaft** f camaraderie f; **kameradschaftlich** adj amical(e)

Kamerafrau f cadreuse f; **Kameraführung** f prises fpl de vue; **Kameramann** m (-leute o -männer pl) cameraman m, cadreur m

Kamerun nt (-s) le Cameroun

Kamille f (-, -n) camomille f; **Kamillentee** m infusion f de camomille

Kamin m (-s, -e) cheminée f; **Kaminfeger(in)** m(f) (-s, -), **Kaminkehrer(in)** m(f) (-s, -) ramoneur m

Kamm m (-(e)s, Kämme) peigne m; (Berg~, Hahnen~) crête f; **kämmen** vt peigner

Kammer f (-, -n) chambre f; (Herz~) cavité f; **Kammerorchester** nt orchestre m de chambre; **Kammerton** m diapason m

Kampf m (-(e)s, Kämpfe) combat m, lutte f; (Spiel) match m; **kampfbereit** adj prêt(e) au combat; **kämpfen** vi se battre (um pour); **mit etw** ~ lutter contre qch; **mit jdm** ~ se battre contre qn

Kampfer m (-s) camphre m

Kämpfer(in) m(f) (-s, -) combattant(e); (in Wettkampf) concurrent(e)

Kampfhandlung f opération f; **Kampfhund** m chien m de combat; **kampflos** adj sans combattre; **kampflustig** adj bagarreur(-euse); **Kampfrichter(in)** m(f) arbitre mf

kampieren (pp kampiert) vi camper

Kanada nt (-s) le Canada; **Kanadier(in)** m(f) (-s, -) Canadien(ne); **kanadisch** adj canadien(ne)

Kanal m (-s, Kanäle) canal m; (für Abfluss) égout m; (Ärmel~) Manche f; **Kanalinseln** pl îles fpl Anglo-Normandes

Kanalisation f égouts mpl

kanalisieren (pp kanalisiert) vt canaliser

Kanaltunnel m tunnel m sous la Manche

Kanarienvogel m canari m

kanarisch adj des Canaries; **die Kanarischen Inseln** les Canaries fpl

Kandidat(in) m(f) (-en, -en) candidat(e); **Kandidatur** f candidature f; **kandidieren** (pp kandidiert) vi se porter candidat(e)

Kandis(zucker) m (-) sucre m candi

Känguru nt (-s, -s) kangourou m

Kaninchen nt lapin m

Kanister m (-s, -) bidon m

Kännchen nt (Kaffee~) cafetière f; (Tee~) théière f

Kanne f (-, -n) pot m, cruche f; (Kaffee~) verseuse f; (große Milch~) bidon m à lait

Kannibale m (-n, -n), **-balin** f cannibale mf

kannte imperf von **kennen**
Kanon m (-s, -s) canon m
Kanone f (-, -n) canon m; (fig: Mensch) as m
Kante f (-, -n) bord m; (Web~) lisière f; (Rand, Borte) bordure f; **kantig** adj (Holz) équarri(e); (Gesicht) anguleux(-euse)
Kantine f cantine f
Kanton m (-s, -e) canton m; **Kantonsrat** m (CH) conseil m cantonal; **Kantonsrat** m, **-rätin** f (CH) conseiller(-ère) cantonal(e)
Kanu nt (-s, -s) canoë m
Kanzel f (-, -n) (in Kirche) chaire f; (im Flugzeug) poste m de pilotage
Kanzlei f (Anwalts~) cabinet m; (Notariats~) étude f
Kanzler(in) m(f) (-s, -) chancelier(-ière)
Kap nt (-s, -s) cap m; **das ~ der Guten Hoffnung** le cap de Bonne Espérance
Kapazität f capacité f; (Fachmann) autorité f
Kapelle f chapelle f; (MUS) orchestre m
Kaper f (-, -n) câpre f
kapieren (pp kapiert) vt, vi (fam) saisir, piger
Kapital nt (-s, -e o -ien) capital m; **Kapitalanlage** f placement m de capitaux
Kapitalismus m capitalisme m; **Kapitalist(in)** m(f) capitaliste mf; **kapitalistisch** adj capitaliste
kapitalkräftig adj riche; **Kapitalmarkt** m marché m monétaire; **Kapitalnachfrage** f demande f de capital; **Kapitaltransfer** m (-s, -e) transfert m de capital
Kapitän m (-s, -e) capitaine m; (von Flugzeug) commandant m
Kapitel nt (-s, -) chapitre m
Kapitell nt (-s, -e) chapiteau m
Kapitulation f capitulation f
kapitulieren (pp kapituliert) vi capituler (vor +dat devant)
Kaplan m (-s, Kapläne) chapelain m, vicaire m
Kaposysarkom nt (MED) sarcome m de Kaposi
Kappe f (-, -n) (Mütze) bonnet m; (auf Füllfederhalter) capuchon m; (auf Flasche) capsule f
kappen vt couper
Kapsel f (-, -n) capsule f
kaputt adj cassé(e), foutu(e); (müde) crevé(e); **kaputt|gehen** sep irr vi ⟨sein⟩ (Auto, Gerät) se détraquer; (Schuhe, Stoff) s'abîmer; (Firma) faire faillite; (sterben) crever; **kaputt|lachen** sep vr sich ~

mourir de rire; **kaputt|machen** sep 1. vt (Gegenstand) casser; (Firma) ruiner; (Gesundheit, jdn) démolir 2. vr sich ~ s'éreinter
Kapuze f (-, -n) capuchon m
Kap Verde nt (-s) le Cap-vert
Karaffe f (-, -n) carafe f
Karambolage f (-, -n) carambolage m
Karamell m (-s) caramel m
Karaoke nt (-(s)) karaoké m
Karat nt carat m
Karate nt (-s) karaté m
Karawane f (-, -n) caravane f
Kardinal m (-s, Kardinäle) cardinal m; **Kardinalzahl** f nombre m cardinal
Karfiol m (-s) (A) chou-fleur m
Karfreitag m vendredi m saint
karg adj (Landschaft, Boden) ingrat(e); (Lohn) maigre; (Mahlzeit) frugal(e)
kärglich adj pauvre, maigre
Karibik f (-) **die ~** la mer des Caraïbes fpl, les Antilles fpl
kariert adj (Stoff, Kleidungsstück) à carreaux; (Papier) quadrillé(e)
Karies f (-) carie f
Karikatur f caricature f; **Karikaturist(in)** m(f) caricaturiste mf; **karikieren** (pp karikiert) vt caricaturer
kariös adj carié(e)
karitativ adj de charité; (Tätigkeit, Zweck) charitable
Karneval m (-s, -e o -s) carnaval m

Karneval

Karneval correspond à la période précédant immédiatement le carême lorsque les gens se retrouvent pour chanter, danser, manger, boire et s'amuser avant le début du jeûne. La veille de Mardi gras, Rosenmontag, est l'apogée du 'Karneval' dans la région du Rhin. La plupart des entreprises chôment ce jour-là pour donner à leurs employés l'occasion d'admirer les défilés et de prendre part aux festivités. Dans le sud de l'Allemagne, cette période s'appelle le Fasching.

Kärnten nt (-s) la Carinthie
Karo nt (-s, -s) (a. Spielkartenfarbe) carreau m
Karosserie f carrosserie f
Karotte f (-, -n) carotte f
Karpfen m (-s, -) carpe f
Karren m (-s, -) (Schub~) brouette f; (Pferde~) charrette f; (fam: altes Fahrzeug) clou m
Karriere f (-, -n) carrière f; **Karrierefrau** f femme f qui fait carrière; **Karrierema-**

cher(in) m(f) carriériste mf
Karte f (-, -n) (a. INFORM) carte f; (Eintritts~, Fahr~) billet m; (Kartei~) fiche f
Kartei f fichier m; **Karteikarte** f fiche f
Kartell nt (-s, -e) cartel m
Kartenhaus nt château m de cartes; **Karteninhaber(in)** m(f) porteur(-euse) d'une carte de crédit; **Kartenspiel** nt jeu m de cartes; **Kartentelefon** nt téléphone m à carte; **Kartenvorverkauf** m location f, réservation f
Kartoffel f (-, -n) pomme f de terre; **Kartoffelbrei** m purée f (de pommes de terre); **Kartoffelchips** pl chips mpl; **Kartoffelpuffer** m galette f de pomme de terre rapée; **Kartoffelpüree** nt purée f (de pommes de terre); **Kartoffelsalat** m salade f de pommes de terre; **Kartoffelschäler** m (-s, -) (couteau m) économe m; **Kartoffelstock** m (CH) purée f (de pommes de terre)
Karton m (-s, -s) carton m; **kartoniert** adj cartonné(e)
Kartusche f (-, -n) cartouche f
Karussell nt (-s, -s o -e) manège m
Karwoche f semaine f sainte
karzinogen adj cancérigène, cancérogène; **Karzinom** nt (-s, -e) carcinome m
Kasachstan nt (-s) le Kazakhstan
Kaschemme f (-, -n) (pej) bouge m
kaschieren (pp kaschiert) vt dissimuler
Käse m (-s, -) fromage m; (fam: Unsinn) connerie f; **Käseblatt** nt (fam) feuille f de chou; **Käsekuchen** m gâteau m au fromage blanc
Kaserne f (-, -n) caserne f; **Kasernenhof** m cour f de caserne
Kasino nt (-s, -s) (Spiel~) casino m; (MIL) mess m
Kasper m (-s, -) guignol m
Kassa f (-, Kassen) (A) caisse f
Kasse f (-, -n) caisse f; (Kranken~) assurance f maladie; (in Frankreich) Sécurité f sociale; (Spar~) caisse f d'épargne; **getrennte ~ machen** payer séparément; **gut bei ~ sein** être en fonds; **Kassenarzt** m, **-ärztin** f médecin m conventionné; **Kassenbestand** m encaisse f; **Kassenpatient(in)** m(f) patient(e) membre d'une caisse d'assurance maladie; **Kassenprüfung** f vérification f des comptes; **Kassensturz** m ~ **machen** faire les comptes; **Kassenzettel** m ticket m de caisse
Kasserolle f (-, -n) casserole f
Kassette f (Behälter, Tonband, INFORM) cassette f; (von Decke) caisson m; (FOTO) char-

geur m; (Bücher~) coffret m; **Kassettendeck** nt platine f à cassettes; **Kassettenrekorder** m magnétophone m à cassettes
kassieren (pp kassiert) **1.** vt (Geld) encaisser; (an sich nehmen) confisquer **2.** vi **darf ich ~?** est-ce que je peux vous demander de payer?; **Kassierer(in)** m(f) (-s, -) caissier(-ière); (von Klub) trésorier(-ière)
Kastanie f (Baum: Ross~) marronnier m; (Edel~) châtaignier m; (Frucht) marron m; (Ess~) châtaigne f; **heiße ~n** des marrons chauds; **Kastanienbaum** m châtaignier m; (Ross~) marronnier m
Kästchen nt coffret m; (auf Papier) carreau m; (von Kreuzworträtsel) case f
Kaste f (-, -n) caste f
Kasten m (-s, Kästen) (Behälter) boîte f, caisse f; (Schrank) bahut m; (A) armoire f; **Kastenwagen** m camionnette f
kastrieren (pp kastriert) vt châtrer
Katalog m (-(e)s, -e) catalogue m; **katalogisieren** (pp katalogisiert) vt cataloguer
Katalysator m (PHYS) catalyseur m; (AUTO) pot m catalytique
Katapult nt (-(e)s, -e) fronde f; (für Flugzeug) catapulte f
Katar nt (-s) le Qatar
Katarr(h) m (-s, -e) catarrhe m
katastrophal adj catastrophique; **Katastrophe** f (-, -n) catastrophe f; **Katastrophenschutz** m organisation f des secours, durée m ORSEC
Kategorie f catégorie f
kategorisch adj catégorique
kategorisieren (pp kategorisiert) vt classer par catégories
Kater m (-s, -) matou m; **einen ~ haben** (fam) avoir la gueule de bois
Katheder m o nt (-s, -) chaire f
Kathedrale f (-, -n) cathédrale f
Kathode f (-, -n) cathode f
Katholik(in) m(f) (-en, -en) catholique mf; **katholisch** adj catholique; **Katholizismus** m catholicisme m
Kätzchen nt chaton m
Katze f (-, -n) chat m; (weibliche ~) chatte f; **für die Katz** (fam) pour des prunes; **Katzenauge** nt catadioptre m; **Katzenjammer** m (fam) déprime f; **Katzensprung** m **einen ~ von hier** à deux pas d'ici; **Katzenwäsche** f brin m de toilette
Kauderwelsch nt (-(s)) charabia m
kauen vt, vi mâcher
kauern **1.** vi ⟨haben o sein⟩ être accrou-

pi(e) **2.** *vr* **sich ~** s'accroupir

Kauf *m* (-(e)s, Käufe) achat *m;* **ein guter ~** une affaire, une occasion; **etw in ~ nehmen** s'accommoder de qch; **kaufen** *vt, vi* acheter; **Käufer(in)** *m(f)* (-s, -) acheteur(-euse); **Kauffrau** *f* commerçante *f,* marchande *f;* (*in großem Betrieb*) commerciale *f;* **Kaufhaus** *nt* grand magasin *m;* **Kaufkraft** *f* pouvoir *m* d'achat; **Kaufladen** *m* épicerie *f;* **käuflich** *adj* achetable, à vendre; (*bestechlich*) corruptible, vénal(e); **kauflustig** *adj* désireux(-euse) d'acheter; **Kaufmann** *m* (-leute *pl*) commerçant *m,* marchand *m;* (*in großem Betrieb*) négociant *m,* commercial *m;* **kaufmännisch** *adj* commercial(e); **Kaufvertrag** *m* contrat *m* de vente

Kaugummi *m o nt* chewing-gum *m*

Kaukasus *m* (-) **der ~** le Caucase

Kaulquappe *f* (-, -n) têtard *m*

kaum *adv* à peine, presque pas; **er ist ~ größer als ich** il est à peine plus grand que moi; **~, dass er angekommen war, hat er ...** à peine était-il arrivé qu'il a ...

Kaution *f* caution *f*

Kautschuk *m* (-s, -e) caoutchouc *m*

Kauz *m* (-es, Käuze) (*ZOOL*) hibou *m;* (*fig: Mensch*) drôle de type *m*

Kavalier *m* (-s, -e) (*höflicher Mensch*) gentleman *m;* **Kavaliersdelikt** *nt* peccadille *f,* délit *m* mineur

Kavallerie *f* cavalerie *f*

Kaviar *m* caviar *m*

KB *nt* (-, -), **Kbyte** *nt* (-, -) *abk von* **Kilobyte** Ko *m*

Kebab *m* (-(s), -s) kebab *m*

keck *adj* hardi(e), audacieux(-euse); (*Hut, Frisur*) original(e); **Keckheit** *f* impertinence *f*

Kegel *m* (-s, -) cône *m;* (*zum Kegeln*) quille *f;* **Kegelbahn** *f* ≈ bowling *m;* **kegelförmig** *adj* conique; **kegeln** *vi* jouer aux bowling

Kehle *f* (-, -n) gorge *f*

Kehlkopf *m* larynx *m*

Kehre *f* (-, -n) virage *m;* (*SPORT*) demi-tour *m* dorsal

kehren *vt* (*wenden*) tourner; (*mit Besen*) balayer; **jdm den Rücken ~** tourner le dos à qn; **Kehricht** *m* (-s) balayures *fpl;* **Kehrmaschine** *f* balayeuse *f;* **Kehrplatz** *m* (*CH*) s. **Wendeplatz; Kehrreim** *m* refrain *m;* **Kehrschaufel** *f* pelle *f* à poussière; **Kehrseite** *f* revers *m,* envers *m*

kehrt|machen *sep vi* rebrousser chemin

keifen *vi* criailler

Keil *m* (-(e)s, -e) coin *m;* (*Brems~*) cale *f;*

Keilriemen *m* courroie *f* (trapézoïdale)

Keim *m* (-(e)s, -e) (*MED, fig*) germe *m;* **etw im ~ ersticken** étouffer qch dans l'œuf; **keimen** *vi* germer; **keimfrei** *adj* stérilisé(e), stérile; **keimtötend** *adj* germicide; **Keimzelle** *f* (*fig*) point *m* de départ

kein(e) *pron* **ich habe ~ Papier/Geld** je n'ai pas de papier/d'argent; **ich habe ~e Lust** je n'ai pas d'envie; **keine(r, s)** *pron* (ne ...) pas un(e), (ne ...) aucun(e); (*Mensch*) (ne ...) personne; **keinerlei** *adj inv* aucun(e) (... ne); **keinesfalls** *adv* en aucun cas; **keineswegs** *adv* (ne ...) pas du tout; **keinmal** *adv* (ne ...) pas une seule fois

Keks *m* (-es, -e) biscuit *m;* **jdm auf den ~ gehen** (*fam*) taper sur le système de qn

Kelch *m* (-(e)s, -e) calice *m;* (*Glas*) coupe *f*

Kelle *f* (-, -n) (*Schöpf~*) louche *f;* (*Maurer~*) truelle *f;* (*von Eisenbahner*) guidon *m* de départ

Keller *m* (-s, -) cave *f;* **Kellerassel** *f* (-, -n) cloporte *m;* **Kellerwohnung** *f* appartement *m* en sous-sol

Kellner(in) *m(f)* (-s, -) garçon *m,* serveuse *f*

Kelte *m* (-n, -n), **Keltin** *f* Celte *mf*

keltern *vt* presser

keltisch *adj* celtique

Kenia *nt* (-s) le Kenya

kennen (kannte, gekannt) *vt* connaître; (*Sprache*) savoir; **~ lernen** apprendre à connaître; (*jds Bekanntschaft machen*) faire la connaissance de; **sich ~ lernen** apprendre à se connaître; (*zum ersten Mal*) faire connaissance

Kenner(in) *m(f)* (-s, -) connaisseur(-euse)

kenntlich *adj* **etw ~ machen** marquer qch

Kenntnis *f* connaissance *f;* **etw zur ~ nehmen** prendre note de qch; **von etw ~ nehmen** prendre connaissance de qch; **jdn von etw in ~ setzen** informer qn de qch

Kennwort *nt* (*INFORM*) code *m* d'accès, mot *m* de passe; **Kennzeichen** *nt* marque *f* (distinctive), caractéristique *f;* (*AUTO*) numéro *m* minéralogique; **kennzeichnen** *vt* caractériser; **Kennziffer** *f* numéro *m* de référence

kentern *vi* ⟨*sein*⟩ chavirer

Keramik *f* céramique *f*

Kerbe *f* (-, -n) encoche *f*

Kerbel *m* (-s) cerfeuil *m*

Kerbholz *nt* **etw auf dem ~ haben** avoir qch sur la conscience

Kerker m (-s, -) cachot m

Kerl m (-s, -e) (*Mann*) type m; **er/sie ist ein netter** ~ c'est une personne sympathique

Kern m (-(e)s, -e) noyau m; (*Apfel~*) pépin m; (*Nuss~*) amande f; (*fig: von Stadt*) centre m; (*von Problem*) fond m; **er hat einen guten** ~ il a un bon fond; **Kernarbeitszeit** f plage f fixe; **Kernbrennstoff** m combustible m nucléaire; **Kernenergie** f énergie f nucléaire; **Kernforschung** f recherche f nucléaire; **Kernfrage** f question f essentielle; **Kernfusion** f fusion f nucléaire; **Kerngehäuse** nt trognon m, cœur m; **kerngesund** adj **sie ist** ~ elle se porte comme un charme

kernig adj robuste; (*Ausspruch*) piquant(e)

Kernkraft f énergie f nucléaire [o atomique]; **Kernkraftgegner(in)** m(f) antinucléaire mf; **Kernkraftwerk** nt centrale f nucléaire; **kernlos** adj sans pépins; **Kernphysik** f physique f nucléaire; **Kernpunkt** m point m essentiel [o central]; **Kernreaktion** f réaction f nucléaire; **Kernschmelze** f (-) fusion f du cœur; **Kernseife** f savon m de Marseille; **Kernspaltung** f fission f nucléaire; **Kernwaffen** pl armes fpl nucléaires

Kerze f (-, -n) bougie f; (*REL*) cierge m; **kerzengerade** adj droit(e) comme un I; **Kerzenständer** m bougeoir m; (*für mehrere Kerzen*) chandelier m

kess adj éffronté(e)

Kessel m (-s, -) (*Gefäß*) chaudron m; (*Wasser~*) bouilloire f; (*von Lokomotive etc*) chaudière f; (*GEO*) cuvette f; (*MIL*) zone f d'encerclement

Ket(s)chup m o nt (-(s), -s) ketchup m

Kette f (-, -n) chaîne f; **ketten** vt enchaîner; **Kettenfahrzeug** nt véhicule m à chenilles; **Kettenrauchen** nt (-s) tabagisme m; **Kettenreaktion** f réaction f en chaîne

Ketzer(in) m(f) (-s, -) hérétique mf; **ketzerisch** adj hérétique

keuchen vi haleter; **Keuchhusten** m coqueluche f

Keule f (-, -n) massue f; (*GASTR*) cuisse f; (*Hammel~*) gigot m

keusch adj chaste; **Keuschheit** f chasteté f

Keyboard nt (-s, -s) (*MUS*) orgue m électronique; **Keyboardspieler(in)** m(f) joueur(-euse) d'orgue électronique

Kfz nt (-(s), -(s)) abk von **Kraftfahrzeug**;

Kfz-Steuer f taxe f sur les véhicules à moteur; **Kfz-Versicherung** f assurance f auto(mobile)

KI f (-) abk von **künstliche Intelligenz** I.A. f

Kichererbse f pois m chiche

kichern vi pouffer, ricaner

Kickboard® nt (-s, -s) trottinette f

kidnappen vt kidnapper

Kiebitz m (-es, -e) vanneau m

Kiefer 1. m (-s, -) (*ANAT*) mâchoire f 2. f (-, -n) (*Baum*) pin m; **Kiefernzapfen** m pomme f de pin

Kieferorthopäde m, **-orthopädin** f orthodontiste m

Kiel m (-(e)s, -e) (*Feder~*) bec m; (*NAUT*) quille f; **Kielwasser** nt sillage m

Kieme f (-, -n) branchie f

Kies m (-es, -e) gravier m

Kiesel m (-s, -) caillou m; **Kieselstein** m caillou m

Kiesgrube f gravière f; **Kiesweg** m allée f de gravier

kiffen vi (*fam*) fumer de l'herbe

Kilo nt (-s, -(s)) kilo m; **Kilobyte** nt kilo-octet m; **Kilogramm** nt kilogramme m; **Kilojoule** nt kilojoule m; **Kilometer** m kilomètre m; **Kilometerzähler** m compteur m kilométrique

Kimme f (-, -n) (*an Gewehr*) cran m de mire

Kind nt (-(e)s, -er) enfant mf; **von** ~ **auf** depuis l'enfance; **sich bei jdm lieb** ~ **machen** se faire bien voir de qn; **Kinderarzt** m, **-ärztin** f pédiatre mf; **Kinderbeihilfe** f (*A*) allocations fpl familiales; **Kinderbetreuung** f garde f d'enfants; **Kinderbett** nt lit m d'enfant; **Kinderbuch** nt livre m pour enfant; **Kinderei** f enfantillage m; **Kinderfahrkarte** f billet m demi-tarif; **kinderfeindlich** adj qui n'aime pas les enfants; (*Architektur*) peu adapté(e) aux besoins de l'enfant; **Kindergarten** m jardin m d'enfants, école f maternelle

---

Kindergarten

Un Kindergarten est une école maternelle pour les enfants de 3 à 6 ans. L'enseignement n'est pas académique mais ludique (chants, activités manuelles, etc.). La majorité des 'Kindergarten' sont financés par la ville ou l'église, et non par l'État. Les parents participent également au financement.

Kindergärtner(in) m(f) jardinier(-ière) d'enfants; **Kindergeld** nt allocations fpl familiales; **Kinderkrankheit** f maladie ■

infantile; **Kinderkrippe** f crèche f; **Kinderlähmung** f poliomyélite f; **kinderleicht** adj enfantin(e); **kinderlos** adj sans enfants; **Kindermädchen** nt bonne f d'enfants; **kinderreich** adj ~e **Familie** famille f nombreuse; **Kindersicherung** f verrou m de sécurité enfants; **Kinderspiel** nt das ist ein ~ c'est un jeu d'enfant; **Kinderstube** f eine gute ~ gehabt haben être bien élevé(e); **Kindertagesstätte** f, **Kindertagheim** nt garderie f; **Kinderwagen** m landau m; **Kinderzimmer** nt chambre f d'enfant; **Kindesalter** nt im ~ dans l'enfance; **Kindesbeine** pl von ~n an depuis la plus tendre enfance; **Kindheit** f enfance f; **kindisch** adj puéril(e); **kindlich** adj d'enfant, innocent(e); **Kindstod** m plötzlicher ~ mort f subite du nourrisson

Kinn nt (-(e)s, -e) menton m; **Kinnhaken** m crochet m à la mâchoire; **Kinnlade** f (-, -n) mâchoire f

Kino nt (-s, -s) cinéma m; **Kinobesucher(in)** m(f) spectateur(-trice); **Kinoprogramm** nt programme m de cinéma

Kiosk m (-(e)s, -e) kiosque m

Kipferl nt (-s, -n) (A) croissant m

Kippe f (-, -n) (fam: Zigarette) mégot m; **auf der ~ stehen** (gefährdet) être dans une situation critique; (unsicher) être incertain(e); **kippen 1.** vt incliner, pencher; (fig: umstoßen) renverser **2.** vi ⟨sein⟩ se renverser; **Kippschalter** m interrupteur m à bascule

Kirche f (-, -n) église f; **Kirchendiener** m sacristain m; **Kirchenlied** nt cantique m; **Kirchensteuer** f impôt m ecclésiastique; **Kirchgänger(in)** m(f) (-s, -) pratiquant(e); **Kirchhof** m cimetière m; **kirchlich** adj ecclésiastique; (Feiertag, Trauung) religieux(-euse); **Kirchtag** m (A) fête f patronale; **Kirchturm** m clocher m; **Kirchweih** f (-, -en) fête f patronale

Kirgisien nt (-s), **Kirgisistan** nt (-s), **Kirgistan** nt (-s) le Kirghizistan

Kiribati nt (-s) la République de Kiribati

Kirschbaum m cerisier m; **Kirsche** f (-, -n) cerise f; (Baum) cerisier m; **Kirschtomate** f tomate f cerise; **Kirschwasser** nt kirsch m

Kissen nt (-s, -) coussin m; (Kopf~) oreiller m; **Kissenbezug** m taie f d'oreiller

Kiste f (-, -n) caisse f

Kitsch m (-(e)s) kitsch; **kitschig** adj kitsch

Kitt m (-(e)s, -e) mastic m

Kittchen nt (fam) taule f

Kittel m (-s, -) blouse f

kitten vt (re)coller; (Fenster) mastiquer

Kitz nt (-es, -e) chevreau m; (Reh~) faon m

kitzelig adj chatouilleux(-euse); (fig) délicat(e); **kitzeln** vt, vi chatouiller

Kiwi f (-, -s) (Frucht) kiwi m

KKW nt (-s, -s) abk von **Kernkraftwerk** centrale f nucléaire

klaffen vi être béant(e)

kläffen vi japper, glapir

Klage f (-, -n) plainte f; **klagen** vi (weh~) se lamenter; (sich beschweren) se plaindre; (JUR) porter plainte; **Kläger(in)** m(f) (-s, -) plaignant(e); (bei Scheidung) demandeur(-deresse)

kläglich adj pitoyable; (Stimme) plaintif(-ive)

klamm adj (Finger) engourdi(e); (feucht) humide (et froid(e))

Klamm f (-, -en) gorge f

Klammer f (-, -n) crochet m; (in Text) parenthèse f; (Büro~) trombone m; (Heft~) agrafe f; (Wäsche~) pince f à linge; (Zahn~) appareil m (dentaire); **Klammeraffe** m (INFORM) ar(r)obas f, ar(r)obase f; **klammern** vr sich an jdn/etw ~ se cramponner à qn/qch

klang imperf von **klingen**

Klang m (-(e)s, Klänge) son m; **klangvoll** adj sonore

Klappe f (-, -n) valve f; (Herz~) valvule f; (von Blasinstrument, Ofen) clé f; (fam: Mund) gueule f; (A: Apparat) poste m

klappen 1. vi (gelingen) marcher **2.** vt (nach oben) relever; (nach unten) baisser

Klapper f (-, -n) hochet m; **klappern** vi claquer; (Schreibmaschine) cliqueter; (Pferdehufe, Schuhe) résonner; **Klapperschlange** f serpent m à sonnettes; **Klapperstorch** m cigogne f

Klappmesser nt couteau m pliant; **Klapprad** nt vélo m pliant

klapprig adj (Fahrzeug) déglingué(e); (Gestell) branlant(e); (Mensch) décati(e)

Klappstuhl m chaise f pliante

Klaps m (-es, -e) tape f; **Klapsmühle** f (pej) maison f de fous

klar adj clair(e); (NAUT) paré(e); (das ist) ~! bien sûr!; **sich** dat **über etw** akk **im Klaren sein** être parfaitement conscient(e) de qch

Kläranlage f station f d'épuration

klären 1. vt clarifier, éclaircir **2.** vr sich ~ se clarifier, s'éclaircir

Klarheit f clarté f

Klarinette f clarinette f

klar|kommen sep irr vi ⟨sein⟩ se débrouiller; (begreifen) saisir (mit etw qch); **klar|legen** sep vt expliquer; **klar|machen** sep vt jdm etw ~ faire comprendre qch à qn

Klärschlamm m boues fpl d'épuration

Klarsichtfolie f cellophane f; **Klarsichtpackung** f emballage m de plastique transparent; **klar|stellen** sep vt mettre au point

Klärung f (von Flüssigkeit) clarification f; (von Abwasser) épuration f; (von Frage, Problem) éclaircissement m

klasse adj inv (fam) super; **Klasse** f (-, -n) classe f; (SPORT) catégorie f; **Klassenarbeit** f composition f; **Klassenbewusstsein** nt conscience f de classe; **Klassengesellschaft** f société f de classes; **Klassenkampf** m lutte f des classes; **Klassenlehrer(in)** m(f) professeur mf principale; **klassenlos** adj sans classes; **Klassensprecher(in)** m(f) délégué(e) de classe; **Klassentreffen** nt réunion f d'anciens élèves; **Klassenzimmer** nt salle f de classe

klassifizieren (pp klassifiziert) vt classifier, classer; **Klassifizierung** f classification f

Klassik f (-) (Zeit) période f classique; (Stil) classicisme m; **Klassiker(in)** m(f) (-s, -) classique m; **klassisch** adj classique

Klatsch m (-(e)s, -e) (Geräusch) claquement m; (von weichem Gegenstand) fouettement m; (Gerede) cancan m, commérage m; **Klatschbase** f commère f

Klatsche f (-, -n) (Fliegen~) tapette f

klatschen vi (Geräusch) battre, claquer; fouetter; (reden) bavarder, cancaner; (Beifall ~) applaudir

Klatschmohn m coquelicot m; **klatschnass** adj trempé(e); **Klatschspalte** f chronique f mondaine

Klaue f (-, -n) (von Tier) griffe f; (von Raubvogel) serres fpl; (fam: Schrift) écriture f illisible

klauen vt, vi (fam) piquer, chiper

Klausel f (-, -n) clause f

Klausur f (Abgeschlossenheit) isolement m; (von Kloster) clôture f; (SCH) devoir m surveillé; (UNIV) examen m écrit; **Klausurarbeit** f (SCH) devoir m surveillé; (UNIV) examen m écrit

Klaviatur f clavier m

Klavier nt (-s, -e) piano m

Klebemittel nt colle f; **kleben** vt, vi coller (an +akk o dat à, sur); **Klebestreifen** m ruban m adhésif; **klebrig** adj collant(e); **Klebstoff** m colle f; **Klebstreifen** m ruban m adhésif

kleckern vi faire des taches; **nicht ~, sondern klotzen** mettre le pacson

Klecks m (-es, -e) tache f; **klecksen** vi faire des taches

Klee m (-s) trèfle m; **Kleeblatt** nt feuille f de trèfle; (fig) trio m

Kleid nt (-(e)s, -er) (Frauen~) robe f; ~er pl (Kleidung) vêtements mpl; **kleiden 1.** vt habiller **2.** vr sich elegant ~ s'habiller élégamment; **Kleiderbügel** m cintre m; **Kleiderbürste** f brosse f à habits; **Kleiderschrank** m garde-robe f; **Kleidung** f habits mpl; **Kleidungsstück** nt vêtement m

Kleie f (-, -n) son m

klein adj petit(e); **der ~e Mann** l'homme de la rue; **ein ~ wenig** un tout petit peu; **~ anfangen** partir de rien; **~ hacken** hacher (menu); **~ schneiden** couper en petits morceaux; **Kleinanzeige** f petite annonce f; **Kleinasien** nt l'Asie f Mineure; **Kleinbürgertum** nt petite bourgeoisie f; **Kleine(r)** mf, **Kleine(s)** nt petit(e); **Kleinformat** nt petit format m; **Kleingedruckte(s)** nt clauses fpl; **Kleingeld** nt monnaie f; **kleingläubig** adj défaitiste; **klein|hacken** sep vt s. klein; **Kleinholz** nt petit bois m; **aus jdm ~ machen** réduire qn en bouillie; **Kleinigkeit** f (nicht wichtig) bagatelle f, détail m; (nicht groß, viel) babiole f, petit quelque chose m; **Kleinkind** nt petit enfant m; **Kleinkram** m babioles fpl; **kleinlaut** adj décontenancé(e), qui a baissé le ton; **kleinlich** adj mesquin(e); **Kleinlichkeit** f mesquinerie f; **kleinmütig** adj timoré(e); **klein|schneiden** sep irr vt s. klein; **Kleinstadt** f petite ville f; **kleinstädtisch** adj provincial(e); **kleinstmöglich** adj le (la) plus petit(e) possible; **kleinwüchsig** adj de petite taille

Kleister m (-s, -) colle f (d'amidon); **kleistern** vt coller

Klementine f clémentine f

Klemmbrett nt planchette f à pince

Klemme f (-, -n) pince f; (Haar~) barrette f; (fig) embarras m

klemmen 1. vt (festhalten) bloquer, coincer; (quetschen) pincer **2.** vi (Tür) être coincé(e) **3.** vr sich ~ se coincer; **sich hinter jdn ~** entreprendre qn; **sich hinter etw ~** se mettre à qch

Klempner(in) m(f) (-s, -) plombier(ière)

Kleptomanie f cleptomanie f

Klerus m (-) clergé m

Klette f (-, -n) bardane f; (fam: Mensch) pot m de colle

Kletterer m (-s, -) grimpeur m

klettern vi <sein> grimper; (Preise, Temperaturen) monter; **Klettern** nt (-s) escalade f; (Freiklettern) varape f; **Kletterpflanze** f plante f grimpante; **Klett(r)erin** f grimpeuse f

Klettverschluss m fermeture f Velcro®

klicken vi (mit der Maus) cliquer (auf akk sur)

Klient(in) m(f) (-en, -en) client(e)

Klima nt (-s, -s) climat m; **Klimaanlage** f climatisation f; **Klimaschutz** m protection f du climat; **Klimaschutzabkommen** nt convention f sur le changement climatique; **klimatisieren** (pp klimatisiert) vt climatiser; **Klimaveränderung** f modification f climatique; **Klimawechsel** m changement m d'air

klimpern vi (mit Geld) faire tinter (mit etw qch); (auf Gitarre) gratter (auf +dat de)

Klinge f (-, -n) tranchant m, lame f

Klingel f (-, -n) sonnette f; **Klingelbeutel** m bourse f de la quête; **klingeln** vi sonner

klingen (klang, geklungen) vi résonner; (Glocken) sonner; (Gläser) tinter; **eigenartig ~** paraître étrange; **seine Stimme klang etwas belegt** sa voix était un peu voilée

Klinik f clinique f; **klinisch** adj clinique

Klinke f (-, -n) poignée f

Klinker m (-s, -) brique f recuite

Klippe f (-, -n) falaise f; (im Meer, fig) écueil m

klipp und klar adv sans détour

Klips m (-es, -e) clip m; (Ohr~) boucle f d'oreille

klirren vi (Ketten, Waffen) cliqueter; (Gläser) tinter; **-de Kälte** froid m de canard

Klischee nt (-s, -s) cliché m; **Klischeevorstellung** f stéréotype m

Klo nt (-s, -s) (fam) W.-C. mpl

Kloake f (-, -n) égout m, cloaque m

klobig adj massif(-ive), mastoc

Klon m (-s, -e) clone m; **klonen** vt cloner; **Klonen** nt (-s) clonage m

klopfen 1. vi frapper; (Herz) battre; (Motor) cogner; **es klopft** on frappe; **ihm auf die Schulter ~** lui taper sur l'épaule 2. vt (Teppich, Matratze) battre; (Steine) casser; (Fleisch) attendrir; (Takt) battre; (Nagel etc) enfoncer (in +akk dans); **Klopfer** m (-s, -) (Teppich~) tapette f; (Tür~) heurtoir m

Klöppel m (-s, -) (von Glocke) battant m

Klops m (-es, -e) boulette f (de viande)

Klosett nt (-s, -e o -s) cabinets mpl; **Klosettpapier** nt papier m hygiénique

Kloß m (-es, Klöße) (GASTR) boulette f; (im Hals) boule f

Kloster nt (-s, Klöster) couvent m

Klotz m (-es, Klötze) (aus Holz) bille f; (aus Stein) bloc m; (Spielzeug) cube m; (Hack~) billot m; (fig: Mensch) balourd m; **ein ~ am Bein** un boulet (à traîner)

Klub m (-s, -s) club m; **Klubsessel** m fauteuil m club

Kluft 1. f (-, Klüfte) (Spalt) fente f, crevasse f; (fig: Gegensatz) fossé m; (GEO) gouffre m 2. f (-, -en) (Kleidung, Uniform) habit m, uniforme m

klug adj (klüger, am klügsten) (Mensch) intelligent(e); (Verhalten) sensé(e); (Rat) judicieux(-euse); (Entscheidung) sage; **aus jdm/etw nicht ~ werden** ne pas saisir qn/qch; **Klugheit** f (von Mensch) intelligence f; (von Entscheidung etc) sagesse f, prudence f; **Klugscheißer(in)** m(f) (-s, -) (fam) petit(e) con(ne) prétentieux(-euse)

Klümpchen nt (Blut~) caillot m; (GASTR) grumeau m

klumpen vi (GASTR) former des grumeaux; **Klumpen** m (-s, -) (Erd~) motte f; (Blut~) caillot m; (Gold~) pépite f; (GASTR) grumeau m

Klumpfuß m pied m bot

knabbern 1. vt grignoter 2. vi **an etw** dat **~** grignoter qch, ronger qch

Knabe m (-n, -n) garçon m; **knabenhaft** adj de garçon, comme un garçon

Knäckebrot nt pain m suédois

knacken 1. vt (Nüsse) casser; (Tresor, Auto) forcer 2. vi (Boden, Holz) craquer; (Radio) grésiller

Knackpunkt m point m crucial

Knacks m (-es, -e) (Sprung) fêlure f; (Laut) craquement m; **einen ~ bekommen** accuser le coup; **einen ~ haben** être un peu fêlé(e)

Knall m (-(e)s, -e) (von Explosion) détonation f; (von Aufprall) fracas m; (Peitschen~, von Schlag) claquement m; **~ und Fall** (fam) sur-le-champ; **einen ~ haben** (fam) débloquer; **Knallbonbon** m diablotin m; **Knalleffekt** m effet m sensationnel; **knallen** 1. vi claquer; (Korken) sauter; (Schlag) cogner; **wir hörten Schüsse ~** on entendait des détonations 2. vt (werfen) flanquer; (schießen) tirer 3. vi <sein> **gegen etw ~** heurter qch; **knallhart** adj brutal(e); (Geschäftsmann) dur(e) en affaire;

knallrot adj rouge vif

knapp adj (Kleidungsstück) étroit(e), juste; (Portionen) maigre; (Sieg) remporté(e) de justesse; (Mehrheit) faible; (Sprache, Bericht) concis(e); **mit etw ~ sein** être à court de qch; **meine Zeit ist ~** je n'ai pas beaucoup de temps; **eine ~e Stunde** une petite heure; **~ zwei Meter** pas tout à fait deux mètres; **~ an/neben** tout près de; **~ unter** juste au-dessous de; **~ halten** être radin(e) avec; **Knappheit** f (von Geld, Vorräten) pénurie f; (von Zeit) manque m; (von Kleidungsstück) étroitesse f; (von Ausdrucksweise) concision f

knarren vi grincer

knattern vi crépiter; (Motorräder) pétarader

Knäuel m o nt (-s, -) (Woll~) pelote f; (Menschen~) grappe f

Knauf m (-(e)s, Knäufe) pommeau m; (Tür~) bouton m

knauserig adj radin(e); **knausern** vi être radin(e); **mit etw ~** lésiner sur qch

Knaus-Ogino-Methode f méthode f Ogino-Knaus

knautschen vt froisser, friper; **Knautschzone** f (AUTO) zone f de poussée

Knebel m (-s, -) bâillon m; **knebeln** vt bâillonner

Knecht m (-(e)s, -e) valet m de ferme; **knechten** vt opprimer; **Knechtschaft** f servitude f

kneifen (kniff, gekniffen) **1.** vt (jdn) pincer; (Kleidung) serrer; (Bauch) faire mal à **2.** vi (Kleidung) serrer; (fam: sich drücken) se dégonfler; **vor etw** dat **~** esquiver qch

Kneipe f (-, -n) (fam) bistro(t) m

Knete f (-) (fam) pognon m

kneten vt pétrir; (Muskeln) masser; **Knetmasse** f pâte f à modeler

Knick m (-(e)s, -e) (in Papier etc) pli m; (in Blume) cassure f; (Kurve) virage m, tournant m; **knicken 1.** vt (Papier) plier; (biegen: Draht) tordre; (Ast, Blumenstängel) casser; (bedrücken) démoraliser; **geknickt sein** (fig) être déprimé(e) **2.** vi ⟨sein⟩ (Balken, Ast etc) se briser, se casser

Knicks m (-es, -e) révérence f; **knicksen** vi faire la révérence

Knie nt (-s, -) (Körperteil) genou m; (in Rohr) coude m; **etw übers ~ brechen** (fig) décider qch à la va-vite; **Kniebeuge** f (-, -n) flexion f des genoux; (REL) génuflexion f; **Kniefall** m prosternation f; **Kniegelenk** nt articulation f du genou; **Kniekehle** f jarret m; **knien 1.** vi être à

genoux **2.** vr **sich ~** se mettre à genoux, s'agenouiller; **sich in etw** akk **~** (fig) se plonger dans qch; **Kniescheibe** f rotule f; **Knieschützer** m (-s, -) genouillère f; **Kniestrumpf** m (mi-)bas m

kniff imperf von **kneifen**

Kniff m (-(e)s, -e) (Falte) pli m; (fig) truc m; **kniff(e)lig** adj difficile, délicat(e)

knipsen 1. vt (Fahrkarte) poinçonner; (FOTO) photographier **2.** vi prendre des photos

Knirps m (-es, -e) (kleiner Mensch) nabot m; (Kind) petit bonhomme m; (®: Schirm) parapluie m télescopique [o pliant]

knirschen vi crisser; **mit den Zähnen ~** grincer des dents

knistern vi (Feuer) crépiter; **mit Papier ~** froisser du papier

knitterfrei adj infroissable

knittern vi se froisser

Knoblauch m ail m; **Knoblauchpresse** f presse-ail m; **Knoblauchzehe** f gousse f d'ail

Knöchel m (-s, -) (Finger~) articulation f (des phalanges); (Fuß~) cheville f

Knochen m (-s, -) os m; **Knochenbau** m ossature f; **Knochenbruch** m fracture f; **Knochengerüst** nt squelette m; **Knochenmark** nt moelle f osseuse

knöchern adj en os

knochig adj osseux(-euse)

Knödel m (-s, -) boulette f

Knolle f (-, -n) bulbe m, oignon m

Knopf m (-(e)s, Knöpfe) bouton m; **knöpfen** vt boutonner; **Knopfloch** nt boutonnière f

Knorpel m (-s, -) cartilage m; **knorpelig** adj cartilagineux(-euse)

knorrig adj noueux(-euse)

Knospe f (-, -n) bourgeon m; (von Blume) bouton m; **knospen** vi bourgeonner

knoten vt nouer; **Knoten** m (-s, -) nœud m; (Haar~) chignon m; (MED) nodule m; (an Gelenk) nodosité f; **Knotenpunkt** m (Verkehrs~) carrefour m; (Eisenbahn~) embranchement m

Know-how nt (-(s)) savoir-faire m

Knüller m (-s, -) (fam) succès m fou; (Reportage) scoop m

knüpfen vt nouer; **Hoffnungen an etw** akk **~** fonder ses espoirs sur qch; **Bedingungen an etw** akk **~** mettre des conditions à qch

Knüppel m (-s, -) gourdin m; (Polizei~) matraque f; (AVIAT) manche m à balai; **Knüppelschaltung** f (AUTO) levier m de vitesse au plancher

knurren vi (Hund, Mensch) grogner; (Magen) gargouiller

knusprig adj croustillant(e)

knutschen vi (fam) se bécoter; **Knutschfleck** m suçon m

k. o. adj k.-o.; ~ **sein** être k.-o.; (fam: müde) être complètement crevé(e)

Koala m (-s, -s) koala m

Koalition f coalition f

Kobalt nt cobalt m

Kobold m (-(e)s, -e) lutin m

Kobra f (-, -s) cobra m

Koch m (-(e)s, Köche) cuisinier m; **Kochbuch** nt livre m de cuisine; **kochen 1.** vt cuire; (Kaffee, Tee) faire; (Wasser, Wäsche) faire bouillir **2.** vi (Essen bereiten) cuisiner, faire la cuisine; (Wasser etc, fig fam) bouillir; **Kocher** m (-s, -) (Gerät) réchaud m

Köcher m (-s, -) carquois m

Kochfeld nt table f de cuisson; **Kochgelegenheit** f possibilité f de faire la cuisine; **Köchin** f cuisinière f; **Kochlöffel** m cuillère f en bois; **Kochnische** f coin m cuisine; **Kochplatte** f réchaud m (électrique); **Kochsalz** nt sel m de cuisine; **Kochtopf** m casserole f; **Kochwäsche** f linge m à bouillir

Kode m (-s, -s) code m

Köder m (-s, -) appât m; **ködern** vt appâter

Koexistenz f coexistence f

Koffein nt (-s) caféine f; **koffeinfrei** adj décaféiné(e)

Koffer m (-s, -) valise f; (Schrank~) malle f; **Kofferkuli** m chariot m à bagages; **Kofferradio** nt transistor m; **Kofferraum** m (AUTO) coffre m

Kognak m (-s, -s) cognac m

Kohl m (-(e)s, -e) chou m

Kohle f (-, -n) charbon m; (CHEM) carbone m; **wie auf glühenden ~n sitzen** être sur des charbons ardents; **Kohlehydrat** nt (-(e)s, -e) hydrate m de carbone, glucide m; **Kohlekraftwerk** nt centrale f thermique au charbon; **Kohlendioxid** nt gaz m carbonique; **Kohlenmonoxid** nt oxyde m de carbone; **Kohlensäure** f acide m carbonique; **Kohlenstoff** m carbone m; **Kohlepapier** nt papier m carbone; **Kohlestift** m fusain m

Kohlrabi m (-(s), -(s)) chou-rave m; **Kohlrübe** f chou-navet m; **kohlschwarz** adj noir(e) comme du jais; (schmutzig) très sale; **Kohlsprossen** pl (A) chou m de Bruxelles

Koje f (-, -n) cabine f; (Bett) couchette f

Kokain nt (-s) cocaïne f

kokett adj coquet(te); **kokettieren** (pp kokettiert) vi flirter (mit avec); **mit etw ~** (fig) songer à qch

Kokosnuss f noix f de coco; **Kokospalme** f cocotier m

Koks m (-es, -e) coke m

Kolben m (-s, -) (Gewehr~) crosse f; (von Motor) piston m; (Mais~) épi m; (CHEM) ballon m

Kolik f colique f

Kollaps m (-es, -e) effondrement m

Kollateralschäden pl dégâts mpl collatéraux

Kolleg nt (-s, -s o -ien) cours m

Kollege m (-n, -n), **Kollegin** f collègue mf; **Kollegium** nt corps m

Kollekte f (-, -n) (REL) quête f

kollektiv adj collectif(-ive)

kollidieren (pp kollidiert) vi ⟨sein⟩ entrer en collision; (zeitlich) se chevaucher; **Kollision** f collision f; (zeitlich) chevauchement m

Köln nt (-s) Cologne

Kölnischwasser nt eau f de Cologne

kolonial adj colonial(e)

Kolonie f colonie f

kolonisieren (pp kolonisiert) vt coloniser

Kolonne f (-, -n) colonne f; (von Fahrzeugen) convoi m

Koloss m (-es, -e) colosse m

kolossal adj (riesig) colossal(e); (fam: sehr viel) sacré(e)

Kölsch nt (-, -) (Bier) kölsch f (bière de Cologne)

Kolumbianer(in) m(f) (-s, -) Colombien(ne); **kolumbianisch** adj colombien(ne)

Kolumbien nt (-s) la Colombie; **kolumbisch** adj colombien(ne)

Koma nt (-s, -s o Komata) (MED) coma m

Kombi m (-(s), -s) break m

Kombination f combinaison f; (Vermutung) conjecture f; (Hose und Jackett) ensemble m

kombinieren (pp kombiniert) **1.** vt combiner **2.** vi (vermuten) conjecturer

Kombiwagen m break m; **Kombizange** f pince f universelle

Komet m (-en, -en) comète f

Komfort m (-s) confort m

Komik f comique m; **Komiker(in)** m(f) (-s, -) comique mf; **komisch** adj (lustig) comique, drôle; (merkwürdig) bizarre

Komitee nt (-s, -s) comité m

Komma nt (-s, -s o Kommata) virgule f

Kommandant(in) m(f) commandant(e)

Kommandeur(in) m(f) commandant(e)

kommandieren (*pp* kommandiert) *vt, vi* commander

Kommando *nt* (-s, -s) commandement *m*; (*Truppeneinheit*) commando *m*; **auf ~** sur commande; **Kommandokapsel** *f* module *m* de commande

kommen (kam, gekommen) *vi* ⟨sein⟩ venir; (*ankommen, geschehen*) arriver; (*Gewitter*) se préparer; (*Blumen*) poindre, pousser; (*Zähne*) percer; (*kosten*) revenir (*auf +akk* à); (*unter, zwischen*) atterrir; **jdn/etw ~ lassen** faire venir qn/qch; **in die Schule/ins Krankenhaus ~** aller à l'école/à l'hôpital; **zur Zeit ~ laufend Beschwerden** en ce moment il y a continuellement des réclamations; **bei Mayers ist ein Baby gekommen** les Mayer viennent d'avoir un bébé; **ihm kamen die Tränen** il avait les larmes aux yeux; **jetzt kommt sie (dran)** c'est à son tour; **wie kommt es, dass …?** comment se fait-il que …?; **und so kam es auch** ça n'a pas manqué; **um etw ~** perdre qch; **hinter etw** *akk* **~** (*entdecken*) découvrir qch; **zu sich ~** (*nach Bewusstlosigkeit*) retrouver ses esprits; **nichts auf jdn ~ lassen** prendre fait et cause pour qn;

Kommen *nt* (-s) venue *f*; **ein einziges ~ und Gehen** des allées et venues continuelles; **kommend** *adj* prochain(e); (*Generationen*) futur(e)

Kommentar *m* commentaire *m*; **kein ~** sans commentaire; **kommentarlos** *adj* sans commentaire; **Kommentator(in)** *m(f)* (*TV*) commentateur(-trice)

kommentieren (*pp* kommentiert) *vt* commenter

kommerziell *adj* commercial(e)

Kommilitone *m* (-n, -n), **-tonin** *f* camarade *mf* d'études

Kommiss *m* (-es) armée *f*

Kommissar(in) *m(f)* commissaire *mf*

Kommissbrot *nt* pain *m* de munition

Kommission *f* (*Ausschuss*) commission *f*; **etw in ~ geben** confier qch à un commissionnaire

Kommode *f* (-, -n) commode *f*

Kommunalwahlen *pl* élections *fpl* municipales

Kommune *f* (-, -n) commune *f*

Kommunikation *f* communication *f*

Kommunikee, Kommuniqué *nt* (-s, -s) communiqué *m*

Kommunion *f* communion *f*

Kommunismus *m* communisme *m*; **Kommunist(in)** *m(f)* communiste *mf*; **kommunistisch** *adj* communiste

kommunizieren (*pp* kommuniziert) *vi* communiquer; (*REL*) communier

Komödiant(in) *m(f)* comédien(ne)

Komödie *f* comédie *f*

Komoren *pl* **die ~** les Comores *fpl*

Kompagnon *m* (-s, -s) (*COM*) associé *m*

kompakt *adj* compact(e); **Kompaktkamera** *f* appareil photo *m* compact

Kompanie *f* compagnie *f*

Komparativ *m* comparatif *m*

Kompass *m* (-es, -e) boussole *f*

kompatibel *adj* compatible; **Kompatibilität** *f* compatibilité *f*

kompetent *adj* compétent(e); **Kompetenz** *f* (*Zuständigkeit*) compétence *f*; (*Fähigkeit*) capacité *f*; **Kompetenzüberschreitung** *f* dépassement *m* de compétence

komplett *adj* complet(-ète)

komplex *adj* complexe

Komplex *m* (-es, -e) complexe *m*; (*von Fragen etc*) ensemble *m*

Komplikation *f* complication *f*

Kompliment *nt* compliment *m*

Komplize *m* (-n, -n) complice *m*

komplizieren (*pp* kompliziert) *vt* compliquer; **kompliziert** *adj* complexe, compliqué(e)

Komplizin *f* complice *f*

Komplott *nt* (-(e)s, -e) complot *m*

komponieren (*pp* komponiert) *vt* composer; **Komponist(in)** *m(f)* compositeur(-trice); **Komposition** *f* composition *f*

Kompost *m* (-(e)s, -e) compost *m*; **Komposthaufen** *m* tas *m* de compost; **Kompostieranlage** *f* usine *f* de compostage; **kompostierbar** *adj* biodégradable; **kompostieren** (*pp* kompostiert) *vt* transformer en compost; **Kompostierung** *f* compostage *m*

Kompott *nt* (-(e)s, -e) compote *f*

Kompresse *f* (-, -n) compresse *f*

Kompression *f* compression *f*; **Kompressionsprogramm** *nt* (*INFORM*) programme *m* de compression de données

Kompressor *m* compresseur *m*

komprimieren (*pp* komprimiert) *vt* (*INFORM*) comprimer

Kompromiss *m* (-es, -e) compromis *m*; **kompromissbereit** *adj* conciliant(e); **Kompromisslösung** *f* solution *f* de compromis

kompromittieren (*pp* kompromittiert) *vt* compromettre

Kondensation *f* condensation *f*

Kondensator *m* condensateur *m*

kondensieren (*pp* kondensiert) *vt* condenser

Kondensmilch f lait m condensé; **Kondensstreifen** m traînée f de condensation; **Kondenswasser** nt eau f de condensation

Kondition f (-, -en) (COM) conditions fpl; (körperlich) condition f physique

Konditor(in) m(f) pâtissier(-ière); **Konditorei** f pâtisserie f

kondolieren (pp kondoliert) vi présenter ses condoléances (jdm à qn)

Kondom nt (-s, -e) préservatif m

Kondukteur(in) m(f) (CH) s. **Schaffner**

Konfektion f confection f; **Konfektionskleidung** f vêtements mpl de confection

Konferenz f conférence f; **Konferenzschaltung** f (TEL) multiplex m

Konfession f religion f, confession f; **konfessionell** adj confessionnel(le); **konfessionslos** adj sans confession; **Konfessionsschule** f école f confessionnelle

Konfetti nt (-(s)) confettis mpl

Konfiguration f (INFORM) configuration f; **konfigurieren** (pp konfiguriert) vt (INFORM) configurer

Konfirmand(in) m(f) (-en, -en) confirmand(e); **Konfirmation** f confirmation f; **konfirmieren** (pp konfirmiert) vt confirmer

konfiszieren (pp konfisziert) vt confisquer

Konfitüre f (-, -n) confiture f

Konflikt m (-(e)s, -e) conflit m; **Konfliktparteien** pl les partis mpl en conflit

konform adj conforme; **mit jdm in etw** dat ~ **gehen** être d'accord avec qn sur qch

konfrontieren (pp konfrontiert) vt confronter

konfus adj confus(e)

Kongo m (-s) der ~ le Congo

Kongress m (-es, -e) congrès m

Kongruenz f congruence f

König m (-s, -e) roi m; **Königin** f reine f; **Königinpastete** f bouchée f à la reine; **königlich** adj royal(e); **Königreich** nt royaume m; **Königtum** nt (-(e)s, -tümer) royauté f

konisch adj conique

Konjugation f conjugaison f; **konjugieren** (pp konjugiert) vt conjuguer

Konjunktion f conjonction f

Konjunktiv m subjonctif m

Konjunktur f conjoncture f; **Konjunkturaufschwung** m essor m de la conjoncture économique

konkav adj concave

konkret adj concret(-ète)

Konkurrent(in) m(f) concurrent(e); **Konkurrenz** f concurrence f; **konkurrenzfähig** adj compétitif(-ive); **Konkurrenzkampf** m concurrence f; **konkurrieren** (pp konkurriert) vi rivaliser (mit avec), faire concurrence (mit à); (um Posten) concourir (um pour)

Konkurs m (-es, -e) faillite f; ~ **anmelden** déposer son bilan

können (konnte, gekonnt) vt, vi pouvoir; (beherrschen, wissen) savoir; **ich kann nicht schwimmen** (grundsätzlich) je ne sais pas nager; (jetzt) je ne peux pas nager; **er kann gut Italienisch** il parle bien l'italien; **ich kann nicht mehr** je n'en peux plus; **das kann (möglich) sein** c'est bien possible; **er kann nichts dafür** il n'y peut rien; **ihr könnt mich mal** (fam) allez vous faire foutre; **Können** nt (-s) **er zeigt sein ~** il montre ce qu'il sait faire

konsequent adj conséquent(e); **Konsequenz** f conséquence f; (Folgerung) conclusion f

konservativ adj conservateur(-trice)

Konservatorium nt conservatoire m

Konserve f (-, -n) conserve f; **Konservenbüchse** f boîte f de conserve

konservieren (pp konserviert) vt conserver; **Konservierung** f conservation f; **Konservierungsmittel** nt agent m de conservation

Konsonant m consonne f

konstant adj constant(e); (Frechheit, Weigerung) obstiné(e); **Konstante** f (-, -n) constante f

Konstellation f constellation f; (Lage) ensemble m de circonstances, situation f

konstruieren (pp konstruiert) vt construire; (fig) fabriquer, imaginer; **Konstrukteur(in)** m(f) ingénieur m, constructeur(-trice); **Konstruktion** f construction f

konstruktiv adj constructif(-ive); (TECH) de construction

Konsul(in) m(f) (-s, -n) consul m

Konsulat nt consulat m

konsultieren (pp konsultiert) vt consulter

Konsum m (-s) consommation f; **Konsumartikel** m article m de consommation courante

Konsumation f (CH) consommation f

Konsument(in) m(f) consommateur (-trice)

Konsumgesellschaft f société f de consommation

konsumieren (pp konsumiert) vt consommer

Kontakt m (-(e)s, -e) contact m; **kontaktarm** adj solitaire, peu sociable; **Kontaktfrau** f agente f de liaison; **kontaktfreudig** adj sociable; **Kontaktlinsen** pl lentilles fpl de contact; **Kontaktmann** m (-männer pl) agent m de liaison; **Kontaktperson** f intermédiaire mf; (MED) personne f à risque(s)

konterkarieren (pp konterkariert) vt contrecarrer

kontern vi contre-attaquer

Konterrevolution f contre-révolution f

kontextsensitiv adj dépendant(e) du contexte, sensible au contexte

Kontinent m (-(e)s, -e) continent m

Kontingent nt (-(e)s, -e) quota m; (Truppen~) contingent m

kontinuierlich adj continu(e), permanent(e); **Kontinuität** f continuité f

Konto nt (-s, Konten) compte m; **auf jds ~ akk gehen** (fig) être à mettre au compte de qn; **Kontoauszug** m relevé m de compte; **Kontoauszugsdrucker** m imprimante f d'extrait de comptes; **Kontoinhaber(in)** m(f) titulaire mf du compte; **Kontonummer** f numéro m de compte; **Kontostand** m état f [o position f] (du compte)

Kontra nt (-s, -s) **jdm ~ geben** (fig) contredire qn; **Kontrabass** m contrebasse f

Kontrahent(in) m(f) adversaire mf

kontraproduktiv adj nuisible, néfaste

Kontrapunkt m contrepoint m

Kontrast m (-(e)s, -e) contraste m; **Kontrastregler** m réglage m de contraste

Kontrolle f (-, -n) contrôle m; **Kontrolleur(in)** m(f) (Fahrkarten~) contrôleur(-euse); **kontrollieren** (pp kontrolliert) vt contrôler; **Kontrollzentrum** nt centre m de contrôle

Kontur f contour m

Konvention f convention f; **konventionell** adj conventionnel(le)

Konvergenz f (-, -en) (FIN) convergence f; **Konvergenzkriterien** pl critères mpl de convergence

Konversation f conversation f, causerie f; **Konversationslexikon** nt encyclopédie f

Konversionskurs m (FIN) taux m de conversion

konvertieren (pp konvertiert) vt (Daten) convertir

konvex adj convexe

Konvoi m (-s, -s) convoi m

Konzentrat nt concentré m

Konzentration f concentration f; **Konzentrationslager** nt camp m de concentration

konzentrieren (pp konzentriert) **1.** vt concentrer **2.** vr sich ~ se concentrer (auf +akk sur); **konzentriert 1.** adj concentré(e) **2.** adv attentivement

Konzept nt (-(e)s, -e) (Entwurf) brouillon m; (Vorstellung, Plan) projet m; **jdn aus dem ~ bringen** (fig) embrouiller qn

Konzern m (-(e)s, -e) groupe m industriel, trust m; **Konzernmutter** f maison f mère; **Konzerntochter** f filiale f d'un consortium

Konzert nt (-(e)s, -e) concert m; **konzertiert** adj ~e Aktion (POL) concertation f

Konzertsaal m salle f de concert

Konzession f concession f; (für Alkohol) licence f

Konzil nt (-s, -e o -ien) concile m

konzipieren (pp konzipiert) vt concevoir

Kooperation f coopération f

koordinieren (pp koordiniert) vt coordonner

Kopf m (-(e)s, Köpfe) tête f; (Brief~, Nachrichten~) en-tête m; (Zeitungs~) titre m; (Spreng~) ogive f; **pro ~** par tête, par personne; **den ~ hängen lassen** être découragé(e); **sich dat den ~ zerbrechen** se creuser la tête; **etw auf den ~ stellen** (unordentlich machen) mettre qch sens dessus dessous; (verdrehen) inverser qch; **aus dem ~** (auswendig) par cœur; **im ~ rechnen** calculer de tête; **Kopfbedeckung** f chapeau m, couvre-chef m

köpfen vt (jdn) décapiter; (Ball) envoyer de la tête

Kopfhaut f cuir m chevelu; **Kopfhörer** m casque m (à écouteurs); **Kopfkissen** nt oreiller m; **kopflos** adj affolé(e); **Kopfrechnen** nt calcul m mental; **Kopfsalat** m laitue f; **Kopfschmerzen** pl mal m de tête; **Kopfsprung** m plongeon m; **Kopfstand** m poirier m; **Kopftuch** nt foulard m; **kopfüber** adv la tête la première; **Kopfweh** nt (-s) mal m de tête; **Kopfzerbrechen** nt **jdm ~ machen** poser des problèmes à qn

Kopie f Copie f; **Kopierbefehl** m commande f Copie; **kopieren** (pp kopiert) vt (a. INFORM) copier; (jdn) imiter; **Kopierer** m (-s, -), **Kopiergerät** nt copieur m; **Kopierschutz** m (INFORM) protection f contre copie

koppeln vt (Fahrzeuge) atteler; (Dinge, Vorhaben) combiner; **Koppelung** f couplage m; **Koppelungsmanöver** nt arrimage m

Koralle f (-, -n) corail m; **Korallenriff** nt récif m de corail

Koran m (-s) Coran m; **Koranschule** f école f coranique

Korb m (-(e)s, Körbe) panier m; **ich habe ihm einen ~ gegeben** je l'ai envoyé promener; **Korbball** m ≈ basket-ball m; **Korbstuhl** m chaise f de rotin

Kord m (-(e)s, -e) velours m côtelé

Kordel f (-, -n) cordelette f

Kordsamt m velours m côtelé

Korea nt (-s) la Corée; **Koreaner(in)** m(f) (-s, -) Coréen(ne); **koreanisch** adj coréen(ne)

Korfu nt (-s) (l'île f de) Corfou

Kork m (-(e)s, -e) (Material) liège m; **Korken** m (-s, -) bouchon m; **Korkenzieher** m (-s, -) tire-bouchon m

Korn nt (-(e)s, Körner) grain m; (Getreide) céréale f; (von Gewehr) mire f; **Kornblume** f bleuet m

Körnchen nt petit grain m

Kornkammer f grenier m

Körper m (-s, -) corps m; (MATH) solide m; **Körperbau** m carrure f, stature f; **körperbehindert** adj handicapé(e); **Körpergeruch** m odeurs fpl corporelles; **~ haben** sentir la transpiration; **Körpergewicht** nt poids m; **Körpergröße** f taille f; **Körperhaltung** f maintien m; **körperlich** adj physique; **Körperpflege** f hygiène f corporelle; **Körperschaft** f corporation f; **Körperteil** m partie f du corps

Korps nt (-, -) (MIL) corps m; (SCH) corporation f d'étudiants

korpulent adj corpulent(e)

korrekt adj correct(e); **Korrektheit** f correction f

Korrektor(in) m(f) correcteur(-trice)

Korrektur f correction f; **Korrekturband** nt (-bänder pl) ruban m correcteur; **Korrekturflüssigkeit** f liquide m correcteur; **Korrekturspeicher** m capacité f à mémoire de correction automatique; **Korrekturtaste** f touche f de correction

Korrespondent(in) m(f) (von Zeitung) correspondant(e); **Korrespondenz** f correspondance f; **korrespondieren** (pp korrespondiert) vi correspondre

Korridor m (-s, -e) corridor m

korrigieren (pp korrigiert) vt corriger

Korrosion f corrosion f

korrumpieren (pp korrumpiert) vt corrompre

Korruption f corruption f

Korsett nt (-(e)s, -e) corset m

Korsika nt (-s) la Corse

Kortison nt (-s) cortisone f

Koseform f diminutif m; **Kosename** m petit nom m; **Kosewort** nt mot m tendre

Kosmetik f art m cosmétique, cosmétologie f; **Kosmetiker(in)** m(f) (-s, -) esthéticien(ne); **Kosmetikkoffer** m vanity-case m; **Kosmetiktuch** nt mouchoir m en papier, Kleenex® m; **kosmetisch** adj cosmétique; (Chirurgie) plastique, esthétique

kosmisch adj cosmique

Kosmonaut(in) m(f) (-en, -en) cosmonaute mf; **Kosmopolit(in)** m(f) (-en, -en) citoyen(ne) du monde; **kosmopolitisch** adj cosmopolite

Kosmos m (-) cosmos m

Kosovo m (-s) **der ~** le Kosovo

Kost f (-) (Nahrung) nourriture f; (Verpflegung) pension f; **inklusive ~ und Logis** logé et nourri

kostbar adj (wertvoll) précieux(-euse); (teuer) coûteux(-euse); **Kostbarkeit** f grande valeur f; (Wertstück) objet m de valeur

kosten 1. vt (Preis haben) coûter; **jdn Zeit ~** prendre du temps à qn 2. vt, vi (versuchen) goûter; **Kosten** pl coût m; (Auslagen) frais mpl; (persönliche ~, für Einkäufe etc) dépenses fpl; **auf jds ~** akk aux frais de qn; (fig: zu jds Nachteil) aux dépens de qn; **kostenlos** adj gratuit(e); **Kostenvoranschlag** m devis m

köstlich adj (ausgezeichnet) savoureux(-euse); (amüsant) amusant(e); **sich ~ amüsieren** s'amuser comme un petit fou (une petite folle)/des petits fous

Kostprobe f (von Essen) dégustation f; (fig) échantillon m; **kostspielig** adj cher (chère), coûteux(-euse)

Kostüm nt (-s, -e) costume m; (Damen~) tailleur m; **Kostümfest** nt bal m costumé; **kostümieren** (pp kostümiert) vr **sich ~** se déguiser (als en); **Kostümverleih** m location f des costumes

Kot m (-(e)s) excrément(s) m(pl)

Kotelett nt (-(e)s, -e o -s) côtelette f

Koteletten pl (Bart) favoris mpl, pattes fpl

Köter m (-s, -) cabot m

Kotflügel m aile f

kotzen vi (sl) dégueuler

Krabbe f (-, -n) crevette f

krabbeln vi ⟨sein⟩ (Kind) marcher à quatre pattes; (Tier) courir

Krach m (-(e)s, Kräche) fracas m; (andauernd) vacarme m; (fam: Streit) bagarre f; **krachen** vi ⟨sein⟩ (fam: brechen) se casser; **gegen etw ~** heurter (bruyamment) qch

krächzen vi (Rabe, Krähe) croasser; (Mensch) parler d'une voix éraillée

kraft prep +gen en vertu de

Kraft f (-, Kräfte) force f; (von Energiequelle, Natur) énergie f; (Arbeits~) employé(e); **in ~ treten** entrer en vigueur; **mit vereinten Kräften** tous (toutes) ensemble; **in/außer ~ sein** (Gesetz) être en vigueur/être abrogé(e); **Kraftausdruck** m (-ausdrücke pl) gros mot m; **Kraftfahrer(in)** m(f) automobiliste mf; **Kraftfahrzeug** nt véhicule m, automobile f; **Kraftfahrzeugbrief** m ≈ carte f grise (titre de propriété); **Kraftfahrzeugschein** m carte f grise; **Kraftfahrzeugsteuer** f taxe f sur les véhicule à moteur; **Kraftfahrzeugversicherung** f assurance f automobile; **Kraftfahrzeugzulassungsstelle** f service m des cartes grises [o des immatriculations]

kräftig 1. adj fort(e); (nahrhaft) riche **2.** adv (stark) vigoureusement; **kräftigen** vt fortifier, tonifier

kraftlos adj sans force, faible; **Kraftprobe** f épreuve f de force; **Kraftrad** nt moto(cyclette) f; **kraftvoll** adj vigoureux(-euse); **Kraftwagen** m automobile f; **Kraftwerk** nt centrale f

Kragen m (-s, -) (von Kleidung) col m; **Kragenweite** f encolure f

Krähe f (-, -n) corneille f

krähen vi (Hahn) chanter; (Säugling) piailler

Krake m (-n, -n) pieuvre f

krakeelen (pp krakeelt) vi (fam) brailler

Kralle f (-, -n) (von Tier) griffe f; (Vogel~) serre f; (Park~) sabot m (de Denver); **krallen** vt **die Finger in etw** akk ~ s'agripper à qch

Kram m (-(e)s) affaires fpl; (unordentlich) fourbi m; **kramen** vi fouiller; **nach etw ~** fouiller pour trouver qch; **Kramladen** m (pej) bazar m, boutique f

Krampf m (-(e)s, Krämpfe) crampe f; **Krampfader** f varice f; **krampfhaft** adj convulsif(-ive); (fig: Versuche) désespéré(e)

Kran m (-(e)s, Kräne) grue f; (Wasser~) robinet m

Kranich m (-s, -e) grue f

krank adj (kränker, am kränksten) malade; **Kranke(r)** mf malade mf, patient(e)

kränkeln vi avoir une santé fragile

kranken vi **an etw** dat ~ souffrir de qch

kränken vt blesser

Krankenbericht m bulletin m de santé; **Krankengeld** nt prestations fpl maladie **Krankengeschichte** f passé m médical; **Krankengymnast(in)** m(f) (-en, -en) kinésithérapeute mf; **Krankengymnastik** f kinésithérapie f; **Krankenhaus** nt hôpital m; **Krankenkasse** f caisse f (d'assurance-)maladie; **Krankenpfleger** m infirmier m; **Krankenschein** m ≈ feuille f de maladie; **Krankenschwester** f infirmière f; **Krankenversicherung** f assurance-maladie f; **Krankenwagen** m ambulance f

krank|feiern sep vi prétexter une maladie, se faire porter pâle; **krankhaft** adj maladif(-ive); **Krankheit** f maladie f; **Krankheitserreger** m agent m pathogène

kränklich adj maladif(-ive)

krank|melden sep vt **sich ~** se faire porter malade; **krank|schreiben** sep vt **jdn ~** prescrire un arrêt de travail à qn

Kränkung f offense f, humiliation f

Kranz m (-es, Kränze) couronne f

Kränzchen nt petite couronne f; (Kaffee~ etc) petit cercle m d'amies

Krapfen m (-s, -) beignet m

krass adj grossier(-ière), extrême

Krater m (-s, -) cratère m

Kratzbürste f (fig) mégère f

kratzen 1. vt gratter; (mit Nägeln, Krallen) griffer; (einritzen) graver; (fam: stören) gêner **2.** vi gratter; (Katze) griffer; **Kratzer** m (-s, -) (Wunde) égratignure f; (Werkzeug) grattoir m, racloir m

kraulen 1. vt (streicheln) caresser, flatter **2.** vi ⟨sein⟩ (schwimmen) nager le crawl; **Kraul(schwimmen)** nt (-s) crawl m

kraus adj (Haar) frisé(e); (Stirn) plissé(e); (verworren) confus(e); **Krause** f (-, -n) (Hals~) fraise f; (Haare) chevelure f frisée, (von Schwarzen) chevelure f crêpue

kräuseln 1. vt (Haar) friser; (Stoff, Stirn) plisser; (Wasser) rider, faire onduler **2.** vr **sich ~** friser; se plisser; onduler

Kraut nt (-(e)s, Kräuter) herbe f; (Blätter) fanes fpl; (Kohl) chou m; (fam: Tabak) tabac m

Krawall m (-s, -e) tumulte m, émeute f; (Lärm) tapage m

Krawatte f (-, -n) cravate f; **Krawatten-nadel** f épingle f à cravate

kreativ adj créatif(-ive); **Kreativität** f créativité f

Kreatur f créature f

Krebs m (-es, -e) (ZOOL) écrevisse f; (MED) cancer m; (ASTR) Cancer m; **Beate ist (ein) ~ Beate est Cancer; ~ erregend** cancérigène, cancérogène; **Krebsvorsorge** f prévention f contre le cancer; (~untersuchung) dépistage m du cancer

Kredit m (-(e)s, -e) crédit m; **Kreditgeber(in)** m(f) (-s, -) prêteur(-euse); **Kreditkarte** f carte f de crédit; **Kreditnehmer(in)** m(f) (-s, -) emprunteur(-euse); **kreditwürdig** adj solvable

Kreide f (-, -n) craie f; **kreidebleich** adj blanc (blanche) comme un linge

kreieren (pp kreiert) vt créer

Kreis m (-es, -e) cercle m; (Gesellschaft) milieu m, société f; (Verwaltungs~) ≈ district m, canton m, arrondissement m; **im ~ gehen** tourner en rond

kreischen vi (Vogel) piailler; (Mensch) crailler

Kreisel m (-s, -) toupie f; (Verkehrs~) rond-point m

kreisen vi (sein o haben) tourner (um autour de); (herumgereicht werden) passer de main en main

kreisförmig adj circulaire; **Kreislauf** m (MED) circulation f; (der Natur etc) cycle m; **Kreislaufstörungen** pl troubles mpl circulatoires; **Kreissäge** f scie f circulaire

Kreißsaal m salle f d'accouchement

Kreisstadt f ≈ chef-lieu m; **Kreisverkehr** m sens m giratoire

Krem f (-, -s) crème f

Krematorium nt crématorium m

Kreml m (-(s)) Kremlin m

Krempe f (-, -n) bord m (de chapeau)

Krempel m (-s) (fam) fatras m

Kren m (-(e)s) (A) raifort m

krepieren (pp krepiert) vi (sein) (fam: sterben) crever; (Bombe) exploser

Krepp m (-s, -s o -e) crêpe m; **Krepppapier** nt papier m crépon; **Kreppsohle** f semelle f de crêpe

Kresse f (-, -n) cresson m

Kreta nt (-s) la Crète

Kreuz nt (-es, -e) croix f; (MUS) dièse m; (ANAT) reins mpl; (Spielkartenfarbe) trèfle m

kreuzen 1. vt croiser **2.** vi (haben o sein) (NAUT) croiser **3.** vr sich ~ se croiser; (Ansichten) s'opposer

Kreuzfahrt f croisière f; **Kreuzfeuer** nt **ins ~ geraten/im ~ stehen** être atta-

qué(e) de toutes parts; **Kreuzgang** m cloître m

kreuzigen vt crucifier; **Kreuzigung** f crucifixion f

Kreuzotter f vipère f; **Kreuzschlitz-schraubenzieher** m tournevis m cruciforme; **Kreuzschlüssel** m (AUTO) clef f en croix

Kreuzung f croisement m

Kreuzverhör nt audition f contradictoire; **Kreuzweg** m carrefour m; (REL) chemin m de la croix; **Kreuzworträtsel** nt mots mpl croisés; **Kreuzzeichen** nt signe m de croix; **Kreuzzug** m croisade f

kriechen (kroch, gekrochen) vi (sein) ramper; (langsam) se traîner; (pej) faire de la lèche (vor dat à); **Kriecher(in)** m(f) (-s, -) lèche-bottes mf; **Kriechspur** f (auf Autobahn) voie f réservée aux véhicules lents; **Kriechtier** nt reptile m

Krieg m (-(e)s, -e) guerre f

kriegen vt (fam: bekommen) recevoir; (erwischen) attraper

Krieger(in) m(f) (-s, -) guerrier(-ière); **kriegerisch** adj guerrier(-ière); (Aktion) militaire

Kriegführung f stratégie f; **Kriegsbemalung** f peinture f de guerre; **in voller ~** (geschminkt) peinturluré(e); **Kriegsdienstverweigerer** m (-s, -) objecteur m de conscience; **Kriegserklärung** f déclaration f de guerre; **Kriegsflüchtling** m réfugié m de guerre; **Kriegsfuß** m **mit jdm auf ~ stehen** être fâché(e) avec qn; **mit etw auf ~ stehen** avoir des problèmes avec qch; **Kriegsgefangene(r)** mf prisonnier(-ière) de guerre; **Kriegsgefangenschaft** f captivité f; **Kriegsgericht** nt cour f martiale; **Kriegsschiff** nt navire m de guerre; **Kriegsverbrechen** nt crime m de guerre; **Kriegsverbrecher(in)** m(f) criminel(le) de guerre; **Kriegsversehrte(r)** mf mutilé(e) de guerre; **Kriegszustand** m état m de guerre

Krim f (-) **die ~** la Crimée

Krimi m (-s, -s) (fam: Roman) (roman m) policier m, polar m; (Film) film m policier

Kriminalbeamte(r) m, **-beamtin** f agent m de la police judiciaire; **Kriminalität** f criminalité f; **Kriminalpolizei** f police f judiciaire; **Kriminalroman** m roman m policier

kriminell adj criminel(le); **Kriminelle(r)** mf criminel(le)

Krimskrams m (-(es)) (fam) camelote f

Kripo f (-, -s) (fam) P.J. f
Krippe f (-, -n) crèche f; (Futter~) mangeoire f; **Krippentod** m mort f subite du nourrisson
Krise f (-, -n) crise f; **kriseln** vi unpers **es kriselt** une crise se prépare; **Krisengebiet** nt point m chaud; **Krisenherd** m foyer m de crise; **Krisenstab** m état-major m de crise
Kristall 1. m (-s, -e) (Mineral) cristal m **2.** nt (-s) (Glas) cristal m
Kriterium nt critère m
Kritik f critique f; **unter jeder ~ sein** être au-dessous de tout; **Kritiker(in)** m(f) (-s, -) critique mf; **kritiklos** adj dénué(e) d'esprit critique
kritisch adj critique
kritisieren (pp kritisiert) vt, vi critiquer
kritzeln vt, vi gribouiller, griffonner
Kroate m (-n, -n) Croate m
Kroatien nt (-s) la Croatie; **Kroatin** f Croate f; **kroatisch** adj croate
kroch imperf von **kriechen**
Krokodil nt (-s, -e) crocodile m
Krokus m (-, - o -se) crocus m
Krone f (-, -n) couronne f; (Baum~, fig) sommet m; **krönen** vt couronner
Kronkorken m capsule f; **Kronleuchter** m lustre m; **Kronprinz** m prince m héritier; **Kronprinzessin** f princesse f héritière
Krönung f couronnement m
Kropf m (-(e)s, Kröpfe) (MED) goitre m; (von Vogel) jabot m
Kröte f (-, -n) (ZOOL) crapaud m
Krücke f (-, -n) béquille f
Krug m (-(e)s, Krüge) cruche f; (Bier~) chope f
Krümel m (-s, -) miette f; **krümeln** vi s'émietter
krumm adj (gebogen) tordu(e); (kurvig) pas droit(e); (pej) louche; **jdm etw ~ nehmen** (fam) mal prendre qch; **krummbeinig** adj aux jambes torses; **krümmen 1.** vt courber, plier **2.** vr sich ~ (vor Schmerz, Lachen) se tordre; (Rücken) se voûter; (Linie) être courbe; **krumm|lachen** sep vr sich ~ (fam) se tordre de rire; **krumm|nehmen** sep irr vt s. **krumm**
Krümmung f (das Krümmen) torsion f; (von Fluss) boucle f; (von Weg) virage m; (MATH) courbe f; (MED) déviation f
Krupp m (-) croup m
Krüppel m (-s, -) infirme mf
Kruste f (-, -n) croûte f
Kruzifix nt (-es, -e) crucifix m
Krypta f (-, Krypten) crypte f

Kuba nt (-s) (l'île f de) Cuba; **Kubaner(in)** m(f) (-s, -) Cubain(e); **kubanisch** adj cubain(e)
Kübel m (-s, -) seau m
Kubikmeter m mètre m cube
Küche f (-, -n) cuisine f
Kuchen m (-s, -) gâteau m; **Kuchenblech** nt plaque f à gâteaux; **Kuchenform** f moule m (à gâteaux); **Kuchengabel** f fourchette f à gâteau [o à dessert]
Küchenherd m cuisinière f; **Küchenmaschine** f robot m; **Küchenpapier** nt essuie-tout m; **Küchenschabe** f blatte f, cafard m; **Küchenschrank** m buffet m de cuisine
Kuchenteig m pâte f (à gâteau)
Küchentuch nt essuie-tout m
Kuckuck m (-s, -e) (Vogel) coucou m
Kufe f (-, -n) (von Fass) cuve f; (Schlitten~) patin m
Kugel f (-, -n) (Körper) boule f; (Erd~) globe m; (MATH) sphère f; (MIL: Gewehr~) balle f; (Kanonen~) boulet m; (SPORT) poids m; **kugelförmig** adj sphérique; **Kugelhagel** m pluie f de balles; **Kugelkopf** m boule f; **Kugelkopfschreibmaschine** f machine f à écrire à boule; **Kugellager** nt roulement m à billes; **kugelrund** adj (Gegenstand) rond(e) (comme une boule); (fam: Mensch) rondouillard(e), rondelet(te); **Kugelschreiber** m stylo m à bille; **kugelsicher** adj pare-balles; **Kugelstoßen** nt (-s) lancer m du poids
Kuh f (-, Kühe) vache f; (fam: Frau) conne f; **Kuhhandel** m marchandage m
kühl adj frais (fraîche); (fig) froid(e); **Kühlanlage** f installation f frigorifique; **Kühlbecken** nt (für Brennelemente) piscine f de refroidissement; **Kühlbox** f (-, -en) glacière f; **Kühle** f (-) fraîcheur f; (von Mensch) froideur f; **kühlen** vt rafraîchir, refroidir; **Kühler** m (-s, -) (Kübel) seau m à glace; (AUTO) radiateur m; **Kühlerhaube** f (AUTO) capot m; **Kühlhaus** nt entrepôt m frigorifique; **Kühlraum** m chambre f froide; **Kühlschrank** m réfrigérateur m; (fam) frigo m; **Kühltruhe** f congélateur m; **Kühlturm** m tour f de refroidissement; **Kühlung** f refroidissement m; (von Nahrungsmitteln) réfrigération f; **Kühlwasser** nt (AUTO) eau f de refroidissement
kühn adj (mutig) hardi(e); (gewagt) audacieux(-euse); (tollkühn) téméraire
Küken nt (-s, -) poussin m

kulant adj arrangeant(e)
Kuli m (-s, -s) coolie m; (fam: Kugelschreiber) bic® m
Kulisse f (-, -n) (THEAT) décor m; (fig: Rahmen) cadre m
kullern vi ⟨sein⟩ rouler
Kult m (-(e)s, -e) culte m; **mit etw einen ~ treiben** idolâtrer qch; **Kultfigur** f idole f
kultivieren (pp kultiviert) vt cultiver; **kultiviert** adj cultivé(e)
Kultur f culture f, civilisation f; **Kulturbeutel** m trousse f de toilette; **kulturell** adj culturel(le); **Kultur(haupt)stadt** f ville f culturelle
Kultusminister(in) m(f) ministre mf de l'Éducation; **Kultusministerium** nt ministère m de l'Éducation
Kümmel m (-s, -) cumin m
Kummer m (-s) chagrin m, souci m
kümmerlich adj misérable; (Pflanze, Tier) chétif(-ive)
kümmern 1. vr sich um jdn/etw ~ s'occuper de qn/qch **2.** vt concerner; **das kümmert mich nicht** cela m'est égal, je m'en fiche
Kumpan m (-s, -e) copain m; (pej) complice m
Kumpel m (-s, -) (Bergmann) mineur m; (fam: Kamerad) pote m
kündbar adj résiliable
Kunde m (-n, -n) client m
künden vt, vi (CH) s. **kündigen**
Kundendienst m service m après-vente; **Kundenkreditkarte** f carte f de crédit client
kund|geben sep irr vt annoncer; **Kundgebung** f meeting m, manifestation f
kundig adj expérimenté(e); (Rat, Blick) d'expert; **sich ~ machen** se mettre à jour
kündigen 1. vi donner son préavis (jdm à qn); (Arbeitnehmer) démissionner **2.** vt résilier; **seine Wohnung ~** résilier son bail; **Kündigung** f préavis m; (des Arbeitnehmers) démission f; **Kündigungsfrist** f préavis m
Kundin f cliente f; **Kundschaft** f clientèle f
künftig 1. adj futur(e) **2.** adv à l'avenir
Kunst f (-, Künste) art m; (Können) adresse f, habileté f; **das ist doch keine ~** ce n'est vraiment pas la mer à boire; **Kunstakademie** f école f des beaux-arts; **Kunstdruck** m (-drucke pl) reproduction f (d'art); **Kunstdünger** m engrais m chimique; **Kunstfaser** f fibre f synthétique; **Kunstfehler** m faute f professionnelle; **Kunstfertigkeit** f habileté f, adresse f; **Kunstgeschichte** f histoire f de l'art; **Kunstgewerbe** nt arts mpl décoratifs [o appliqués], arts mpl industriels; **Kunstgriff** m truc m; **Kunsthändler(in)** m(f) marchand(e) d'objets d'art; **Kunsthandwerk** nt artisanat m d'art; **kunsthandwerklich** adj artisanal(e); **Kunstharz** nt résine f synthétique; **Kunstherz** nt cœur m artificiel
Künstler(in) m(f) (-s, -) artiste mf; **künstlerisch** adj artistique; **Künstlername** m pseudonyme m
künstlich adj artificiel(le); **~e Intelligenz** intelligence f artificielle
Kunstsammler(in) m(f) collectionneur(-euse) d'objets d'art; **Kunstseide** f soie f artificielle; **Kunststoff** m matière f plastique [o synthétique]; **kunststoffbeschichtet** adj recouvert(e) d'une matière synthétique; **Kunststopfen** nt (-s) raccommodage m; **Kunststück** nt tour m; **das ist kein ~** ce n'est pas sorcier; **Kunstturnen** nt gymnastique f; **kunstvoll** adj artistique; (geschickt) ingénieux(-euse); **Kunstwerk** nt œuvre f d'art
kunterbunt adj (farbig) bariolé(e); (gemischt) varié(e); (durcheinander) pêlemêle
Kupfer nt (-s, -) cuivre m; **Kupfergeld** nt petite monnaie f; **kupfern** adj de [o en] cuivre; **Kupferstich** m taille-douce f
Kuppe f (-, -n) (Berg~) sommet m; (Finger~) bout m
Kuppel f (-, -n) coupole f
Kuppelei f (JUR) proxénétisme m; **kuppeln** vi (JUR) faire l'entremetteur(-euse); (AUTO) débrayer; **Kuppler(in)** m(f) (-s, -) proxénète mf; **Kupplung** f (AUTO) embrayage m
Kur f (-, -en) cure f, traitement m
Kür f (-, -en) (SPORT) figures fpl libres
Kurbel f (-, -n) manivelle f; **Kurbelwelle** f vilebrequin m
Kürbis m (-ses, -se) citrouille f; (Riesen~) potiron m
Kurde m (-n, -n), **Kurdin** f Kurde mf; **kurdisch** adj kurde
Kurgast m curiste mf
Kurier m (-s, -e) courrier m; **Kurierdienst** m service m de messageries
kurieren (pp kuriert) vt guérir
kurios adj curieux(-euse), bizarre; **Kuriosität** f curiosité f
Kurort m station f thermale; **Kurpfuscher(in)** m(f) (pej) charlatan m

Kurs m (-es, -e) cours m; (von Schiff, Flugzeug) route f; **hoch im ~ stehen** (fig) être très en vogue; **Kursbuch** nt horaire m, indicateur m (des chemins de fer); **Kurseinbruch** m effondrement m du cours; **Kursfixierung** f fixation f du cours
kursieren (pp kursiert) vi circuler
kursiv adj italique; (Buchstabe) en italique
Kursleiter(in) m(f) chargé(e) cours; **Kursteilnehmer(in)** m(f) participant(e) au cours; **Kursverfall** m chute f des cotations; **Kurswagen** m (EISENBAHN) voiture f directe; **Kurswechsel** m changement m de cap
Kurtaxe f (-, -n) taxe f de séjour
Kurve f (-, -n) (Linie) courbe f; (Straßen~) virage m, tournant m; (von Frau) forme f; **kurvenreich, kurvig** adj (Straße) sinueux(-euse)
kurz adj (kürzer, am kürzesten) court(e); (zeitlich, knapp) court(e), bref (brève); (unfreundlich) sec (sèche); **jdn ~ halten** tenir la bride haute à qn; **zu ~ kommen** être désavantagé(e); **den Kürzeren ziehen** avoir le dessous; **Kurzarbeit** f chômage m partiel

---

Kurzarbeit

Kurzarbeit désigne une semaine de travail courte imposée par un manque de travail. Ce type de semaine a été introduit récemment comme alternative préférable au licenciement. La semaine de travail courte doit recueillir l'approbation de l'**Arbeitsamt**, équivalent allemand de l'ANPE, qui verse alors une compensation de salaire au travailleur.

---

kurz|arbeiten sep vi travailler à temps réduit; **kurzärm(e)lig** adj à manches courtes; **Kürze** f (-, -n) brièveté f;

(Unfreundlichkeit) sécheresse f; **kürzen** vt raccourcir; (verringern) réduire, diminuer; **kurzerhand** adv brusquement; **Kurzfassung** f version f abrégée; **kurzfristig** adj à bref délai; (Kredit) à court terme; **Kurzgeschichte** f nouvelle f; **kurz|halten** sep irr vt s. **kurz**; **kurzlebig** adj éphémère
kürzlich adv récemment
Kurzparkzone f zone f de stationnement à temps limité; **Kurzschluss** m (ELEC) court-circuit m; **Kurzschrift** f sténographie f; **kurzsichtig** adj myope; **Kurzsichtigkeit** f myopie f; **Kurzstreckenrakete** f missile m à [o de] courte portée; **Kurzwahltaste** f (TEL) touche f d'accès direct; **Kurzwaren** pl (articles mpl de) mercerie f; **Kurzwelle** f ondes fpl courtes; **Kurzzeitgedächtnis** nt mémoire f à court terme; **Kurzzeitspeicher** m (INFORM) registre m
kuscheln vr sich an jdn/etw ~ se blottir contre qn/dans qch
Kusine f cousine f
Kuss m (-es, Küsse) baiser m; **küssen** vt embrasser; (Hand) baiser
Küste f (-, -n) côte f; **Küstenwache** f service m de surveillance côtière
Küster m (-s, -) sacristain m
Kutsche f (-, -n) diligence f; **Kutscher** m (-s, -) cocher m
Kutte f (-, -n) froc m
Kutteln pl tripes fpl
Kuvert nt (-s, -e o -s) enveloppe f
Kuwait nt (-s) le Koweït
Kybernetik f cybernétique f; **kybernetisch** adj cybernétique
kyrillisch adj cyrillique
KZ nt (-s, -s) abk von **Konzentrationslager** camp m de concentration

L

L, l nt (-, -) L, l m
labil adj (PHYS, fig) instable; (Gesundheit) fragile; (Charakter) inconstant(e)

Labor nt (-s, -e o -s) laboratoire m; **Laborant(in)** m(f) laborantin(e); **Laboratorium** nt laboratoire m

laborieren (pp laboriert) vi **an etw** dat ~ traîner qch

Labrador m (-s, -e) labrador m

Labyrinth nt (-s, -e) labyrinthe m

Lache f (-, -n) flaque f; (größere ~, Blut~) mare f; (fam: Gelächter) rire m

lächeln vi sourire; **Lächeln** nt (-s) sourire m

lachen vi rire (über +akk de); **das wäre doch gelacht, wenn ...** ce serait un monde si ...

lächerlich adj ridicule; **jdn ~ machen** ridiculiser qn

Lachgas nt gaz m hilarant; **lachhaft** adj ridicule

Lachs m (-es, -e) saumon m

Lack f (-(e)s, -e) laque f, vernis m; (AUTO) peinture f; **lackieren** (pp lackiert) vt (Möbel) vernir; (Fingernägel) (se) vernir; (Auto) peindre; **Lackleder** nt cuir m verni

laden (lud, geladen) vt (a. INFORM) charger; (vor Gericht) citer; (einladen) inviter; **das Schiff hat Kohle geladen** le bateau transporte du charbon

Laden m (-s, Läden) (Geschäft) magasin m; (Fenster~) volet m; **Ladenbesitzer(in)** m(f) propriétaire mf (de magasin); **Ladendieb(in)** m(f) voleur(-euse) (à l'étalage); **Ladendiebstahl** m vol m à l'étalage; **Ladenhüter** m (-s, -) (pej) rossignol m; **Ladenpreis** m prix m de détail; **Ladenschluss** m heure f de fermeture des magasins; **Ladenschlusszeit** f heure f (légale) de fermeture des magasins; **Ladentisch** m comptoir m; **unter dem ~** (fig) en sous-main

Laderaum m cale f

lädieren (pp lädiert) vt endommager, abîmer

Ladung f (Last, Fracht) chargement m, cargaison f; (das Beladen) chargement m; (Spreng~) charge f; (fam: große Menge) tas m; (JUR) citation f

lag imperf von **liegen**

Lage f (-, -n) (Situation f; (Position) position f; (Schicht) couche f; **in der ~ sein, etw zu tun** être en mesure de faire qch; **lagenweise** adv par couches

Lager nt (-s, -) (COM) entrepôt m, magasin m; (Schlaf~) lit m; (TECH) coussinet m; (POL) camp m; (von Bodenschätzen) gisement m; **Lagerarbeiter(in)** m(f) magasinier(-ière); **Lagerbestand** m stock m; **Lagerhaus** nt entrepôt m; **lagern** 1. vi (Vorräte) être stocké(e); (übernachten) camper; (rasten) faire halte, s'arrêter 2. vt stocker; (betten)

étendre; **kühl ~ conserver au frais; Lagerstätte** f gisement m; **Lagerung** f (von Waren) entreposage m

Lagune f (-, -n) lagune f

lahm adj (Mensch, Tier, Glied) paralysé(e); (langsam) apathique; (Ausrede) mauvais(e); ~ **legen** (fig) paralyser; **lahmen** vi traîner la jambe

lähmen vt paralyser

lahm|legen sep vt s. **lahm**

Lähmung f paralysie f

Laib m (-(e)s, -e) miche f

Laich m (-(e)s, -e) frai m; **laichen** vi frayer

Laie m (-n, -n) profane mf; (REL) laïque mf; **laienhaft** adj de profane

Lakai m (-en, -en) laquais m

Laken nt (-s, -) (Betttuch) drap m

Lakritze f (-, -n) réglisse m o f

lallen vt, vi (Betrunkener) bafouiller; (Säugling) babiller

Lamelle f lamelle f; (von Heizkörper) ailette f

Lametta nt (-s) lamelles fpl argentées

Lamm nt (-(e)s, Lämmer) agneau m; **Lammfell** nt fourrure f d'agneau; **lammfromm** adj doux (douce) comme un agneau; **Lammwolle** f lambswool f, laine f d'agneau

Lampe f (-, -n) lampe f; **Lampenfieber** nt trac m; **Lampenschirm** m abat-jour m

Lampion m (-s, -s) lampion m

LAN nt (-, -s) akr von **Local Area Network** (INFORM) réseau m local

Land nt (-(e)s, Länder) (Gebiet, Nation) pays m; (nicht Stadt) campagne f; (Erdboden) terre f, terrain m; (Fest~) terre f; (Bundes~) Land m; **auf dem ~e** à la campagne

Land

Un **Land** (au pluriel **Länder**) est un état membre de la BRD. La 'BRD' est formée de 16 **Länder** : le Bade-Wurtemberg, la Basse-Saxe, la Bavière, Berlin, le Brandebourg, Brême, Hambourg, la Hesse, le Mecklembourg-Poméranie-Occidentale, la Rhénanie-du-Nord-Westphalie, la Rhénanie-Palatinat, la Sarre, la Saxe, la Saxe-Anhalt, le Schleswig-Holstein, la Thuringe. Chaque 'Land' a son assemblée et sa constitution.

Landbesitz m propriété f foncière; **Landbesitzer(in)** m(f) propriétaire foncier(-ière)

Landebahn f piste f d'atterrissage;

landeinwärts adv vers l'intérieur du pays; **landen** vi ⟨sein⟩ (Flugzeug) atterrir; (Schiff) accoster; (Passagier) débarquer; (fam: geraten) atterrir, se retrouver

Ländereien pl terres fpl

Landesfarben pl couleurs fpl nationales; **Landeshauptstadt** f capitale f du Land; **Landesinnere(s)** nt intérieur m du pays; **Landesregierung** f gouvernement m de/du Land; **Landessprache** f langue f nationale; **Landestracht** f costume m national; **landesüblich** adj d'usage (dans le pays); (Bräuche, Tracht) du pays; **das ist dort ~** c'est la coutume là-bas; **Landesverrat** m haute trahison f; **Landeswährung** f monnaie f nationale

Landgut nt domaine m (rural); **Landhaus** nt maison f de campagne; **Landkarte** f carte f (routière); **Landkreis** m ≈ arrondissement m; **landläufig** adj courant(e)

ländlich adj rural(e)

Landmine f mine f antipersonnel

Landschaft f paysage m; (Landstrich) contrée f; **landschaftlich** adj du paysage; régional(e); **Landschaftsschutzgebiet** nt site m protégé

Landsmann m, **-männin** f (-leute pl) compatriote mf

Landstraße f route f; **Landstreicher(in)** m(f) (-s, -) vagabond(e); **Landstrich** m contrée f, région f; **Landtag** m (POL) landtag m, diète f; **Landtagswahlen** pl élections fpl au landtag

Landung f (von Flugzeug) atterrissage m; (von Schiff) arrivée f; **Landungsboot** nt péniche f de débarquement; **Landungsbrücke** f débarcadère m

Landvermesser(in) m(f) (-s, -) arpenteur(-euse)-(géomètre); **Landwirt(in)** m(f) agriculteur(-trice), cultivateur(-trice); **Landwirtschaft** f agriculture f; **landwirtschaftlich** adj agricole; **Landzunge** f langue f de terre

lang adj (länger, am längsten) long(ue); (fam: Mensch) grand(e); **sein Leben ~** toute sa vie; **langatmig** adj interminable; **lange** adv longtemps; **Länge** f (-, -n) (räumlich) longueur f; (GEO) longitude f; (zeitlich) durée f

langen vi (ausreichen) suffire; (sich erstrecken) s'étendre, arriver (bis jusqu'à); (greifen) tendre la main (nach vers); **es langt mir** j'en ai assez

Längengrad m degré m de longitude; **Längenmaß** nt mesure f de longueur

Langeweile f (-) ennui m

langfristig adj à long terme; **lang|gehen** sep irr vi ⟨sein⟩ **wissen, wo es lang geht** (fam) savoir de quoi il retourne; **Langlauf** m ski m de fond; **Langläufer(in)** m(f) skieur(-euse) de fond; **Langlaufski** m ski m de fond; **langlebig** adj qui vit longtemps

länglich adj allongé(e)

Langmut f (-) patience f; **langmütig** adj patient(e)

längs **1.** prep +gen o dat le long de **2.** adv dans le sens de la longueur

langsam **1.** adj lent(e) **2.** adv lentement; (allmählich) peu à peu; **Langsamkeit** f lenteur f

Langschläfer(in) m(f) lève-tard mf; **Langspielplatte** f 33 tours m

längst adv depuis longtemps

Langstreckenrakete f missile m à [o de] longue portée

Languste f (-, -n) langouste f

langweilen vt ennuyer; **langweilig** adj ennuyeux(-euse)

Langwelle f grandes ondes fpl; **langwierig** adj long(ue); (Verhandlungen) laborieux(-euse); **Langzeitarbeitslose** pl chômeurs mpl de longue durée; **Langzeitgedächtnis** nt mémoire f à long terme; **Langzeitparker(in)** m(f) (-s, -) automobiliste mf en stationnement longue durée

La Niña f (-, -s) la Niña f

Lanze f (-, -n) lance f

La-Ola-Welle f **die ~** la ola

Laos nt (-) le Laos; **laotisch** adj laotien(ne)

lapidar adj lapidaire

Lappalie f bagatelle f

Lappen m (-s, -) (Stoff) chiffon m

läppisch adj puéril(e)

Lappland nt la Laponie

Lapsus m (-, -) (Fehler) lapsus m; (im Benehmen) faux pas m

Laptop m o nt (-s, -s) ordinateur m portable, portable m

Lärche f (-, -n) mélèze m

Lärm m (-(e)s) bruit m; **lärmen** vi faire du bruit; **Lärmschutz** m protection f contre le bruit; **Lärmschutzwall** m écran m antibruit

Larve f (-, -n) (BIO) larve f

las imperf von **lesen**

lasch adj (Bewegung) mou (molle); (Behandlung, Einstellung) flou(e); (Geschmack) fade

Lasche f (-, -n) (Schuh~) languette f;

TECH) couvre-joint m; (*EISENBAHN*) éclisse f

aser m (-s, -) laser m; **Laserdrucker** m (*INFORM*) imprimante f laser; **Lasersonde** f sonde f laser; **Laserstrahl** m
ayon m laser

ssen (ließ, gelassen) **1.** vt laisser; (*unter-
assen*) arrêter; (*veranlassen*) faire; **etw
machen** ~ faire faire qch; **das lässt sich
machen** ça peut se faire **2.** vi **von jdm/
einer Sache** ~ se passer de qn/qch

ssig adj désinvolte; (*nach~*) négli-
gent(e); **Lässigkeit** f désinvolture f;
(*Nach~*) négligence f

ast f (-, -en) (*Gegenstand*) fardeau m,
charge f; (*Fracht*) cargaison f; (*Belastung*)
poids m, charge f; **jdm zur** ~ **fallen** être à
charge à qn; **lasten** vi **auf jdm/etw** ~
peser sur qn/qch; **Lasten** pl (*Gebühren*)
charges fpl

aster 1. nt (-s, -) vice m **2.** m (-s, -) (*fam:
Lastwagen*) bahut m; **lasterhaft** adj
immoral(e)

asterlich adj calomniateur(-trice)

astern 1. vi (*abfällig sprechen*) médire
(*über +akk* de) **2.** vt (*Gott*) blasphémer;
Lästerung f médisance f; (*Gottes~*)
blasphème m

astig adj ennuyeux(-euse), désagréable;
(*Mensch*) importun(e)

astkahn m péniche f; **Lastkraftwagen** m poids m lourd

ast-Minute-Angebot nt offre f de
voyage en last minute; **Last-Minute-
Flug** m vol m en last minute; **Last-Mi-
nute-Ticket** nt billet m en last minute;
Last-Minute-Urlaub m vacances fpl
en last minute

astschrift f (*FIN*) écriture f au débit;
Lasttier nt bête f de somme; **Lastwagen** m camion m

atein nt (-s) latin m; **lateinisch** adj
latin(e)

atent adj latent(e)

aterne f (-, -n) lanterne f; (*Straßen~*)
réverbère m; **Laternenpfahl** m lampadaire m

atrine f latrines fpl

atsche f (-, -n) pin m nain

atschen vi (*sein*) (*fam: schlurfen*) traîner
les pieds; (*gehen*) se traîner

atte f (-, -n) latte f; (*beim Fußball*) barre f
transversale; (*fam: Mensch*) échalas m;
Lattenzaun m clôture f à claire-voie

atz m (-es, Lätze) (*für Säugling*) bavette f
(*an Kleidungsstück*) pont m, plastron m

ätzchen nt bavoir m

atzhose f salopette f

lau adj tiède; (*Wetter, Wind*) doux (douce)

Laub nt (-(e)s) feuillage m; (*abgefallen*)
feuilles fpl; **Laubbaum** m arbre m à
feuilles caduques

Laube f (-, -n) tonnelle f

Laubfrosch m rainette f; **Laubsäge** f
scie f à chantourner

Lauch m (-(e)s, -e) poireau m

Lauer f **auf der** ~ **sein** [o **liegen**] se tenir
aux aguets; **lauern** vi **auf jdn/etw** ~
guetter qn/qch

Lauf m (-(e)s, Läufe) course f; (*Ab~,
Fluss~, Entwicklung, ASTR*) cours m; (*INFORM*)
passage m; (*Gewehr~*) canon m; **einer
Sache** dat **ihren** ~ **lassen** laisser qch suivre son cours

Laufbahn f carrière f

laufen (lief, gelaufen) **1.** vt (*sein*) (*Strecke*)
parcourir, faire; (*Wettlauf*) courir, faire;
sich dat **Blasen** ~ attraper des ampoules
2. vi (*sein*) (*rennen*) courir; (*zu Fuß gehen*)
marcher, aller (à pied); (*Flüssigkeit*) couler;
(*sich zeitlich erstrecken*) durer; (*sich bewegen*) avancer; (*funktionieren*) marcher;
(*gezeigt werden: Film*) passer; (*in Gang sein:
Verhandlungen*) être en cours; **auf jds
Namen** akk ~ être au nom de qn; **laufend** adj (*Klagen, Schmerzen*) continu-
el(le); (*Monat, Ausgaben*) courant(e); **auf
dem Laufenden sein/halten** être/tenir au
courant; **am** ~**en Band** (*fig*) sans arrêt

Läufer m (-s, -) (*Teppich*) tapis m de couloir; (*Treppen~*) chemin m d'escalier; (*im
Schach*) fou m

Läufer(in) m(f) (-s, -) (*SPORT*) cou-
reur(-euse)

Laufkundschaft f clientèle f de passage;
Laufmasche f maille f qui file; **Lauf-
pass** m **jdm den** ~ **geben** mettre qn à la
porte, rompre avec qn; **Laufstall** m parc
m; **Laufsteg** m passerelle f; **Laufwerk**
nt (*INFORM*) lecteur m; **Laufzettel** m
fiche f de contrôle

Lauge f (-, -n) (*CHEM*) solution f alcaline;
(*Seifen~*) eau f savonneuse

Laune f (-, -n) humeur f; (*Einfall*) caprice
m; **launenhaft**, **launisch** adj lunatique

Laus f (-, Läuse) pou m

Lausbub m petit garnement m

lauschen vi écouter

lauschig adj retiré(e), intime

lausen vt épouiller

lausig adj (*fam*) minable; **eine** ~**e Kälte**
un froid de canard

laut 1. adj fort(e), haut(e); (*voller Lärm*)
bruyant(e); ~ **werden** (*bekannt*) devenir
notoire **2.** prep +gen o dat d'après; **Laut**

m (-(e)s, -e) son *m*

Laute *f* (-, -n) luth *m*

lauten *vi* wie lautet das Urteil? quel est le verdict?; **wie lautet das englische Original?** que dit l'original anglais?

läuten *vi* sonner; **nach jdm ~** sonner qn; **es hat geläutet** on a sonné

lauter 1. *adj* pur(e); (*Charakter*) sincère 2. *adv* ~ **dummes Zeug reden** ne dire que des bêtises

läutern *vt* purifier

lauthals *adv* à pleine voix; (*lachen*) à gorge déployée; **lautlos** *adj* silencieux(-euse); **lautmalend** *adj* onomatopéique; **Lautschrift** *f* transcription *f* phonétique; **Lautsprecher** *m* haut-parleur *m*; **Lautsprecherbox** *f* (-, -en) baffle *m*; **Lautsprecherwagen** *m* voiture *f* (à) haut-parleur; **lautstark** *adj* très fort(e); **Lautstärke** *f* (RADIO) volume *m*

lauwarm *adj* tiède

Lava *f* (-, Laven) lave *f*

Lavendel *m* (-s, -) lavande *f*

Lawine *f* avalanche *f*; **Lawinengefahr** *f* danger *m* d'avalanches

lax *adj* (*Disziplin, Grundsätze*) relâché(e); (*Benehmen*) laxiste

Lay-out *nt* (-s, -s) mise *f* en pages

Lazarett *nt* (-(e)s, -e) hôpital *m* militaire

LCD-Anzeige *f*, **LCD-Display** *nt* afficheur *m* LCD

leasen *vt* avoir en leasing; **Leasing** *nt* (-s, -s) leasing *m*

leben *vi, vt* vivre; **von etw ~** vivre de qch; **Leben** *nt* (-s, -) vie *f*; **lebend** *adj* vivant(e)

lebendig *adj* (*nicht tot*) vivant(e); (*lebhaft*) vif (vive), plein(e) d'entrain; **Lebendigkeit** *f* vivacité *f*

Lebensart *f* manière *f* de vivre; (*Benehmen*) savoir-vivre *m*; **Lebenserfahrung** *f* expérience *f* de la vie; **Lebenserwartung** *f* espérance *f* de vie; **lebensfähig** *adj* viable; **lebensfroh** *adj* plein(e) de joie de vivre; **Lebensgefahr** *f* danger *m* de mort; **in ~ sein** être dans un état critique; **lebensgefährlich** *adj* très dangereux(-euse); (*Verletzung, Krankheit*) grave; **Lebenshaltung** *f* niveau *m* de vie; **Lebenshaltungskosten** *pl* coût *m* de la vie; **Lebenslage** *f* situation *f*; **lebenslänglich** *adj* à perpétuité; **~ bekommen** prendre perpète; **Lebenslauf** *m* curriculum *m* vitae; **lebenslustig** *adj* plein(e) de joie de vivre; **Lebensmittel** *pl* alimentation *f*; **Lebensmittelgeschäft** *nt* épicerie *f*; **lebensmüde**

adj las(se) de vivre; **Lebenspartnerschaft** *f*: eingetragene Lebenspartnerschaft ≈ PACS *m*; **Lebensqualität** *f* qualité *f* de (la) vie; **Lebensretter(in)** *m(f)* sauveteur(-euse); **Lebensstanda** *m* niveau *m* de vie; **Lebensstellung** *f* situation *f* pour la vie; **Lebensunterhalt** *m* moyens *mpl* d'existence; **Lebensversicherung** *f* assurance-vie; **Lebenswandel** *m* manière *f* de vivre, vie *f*; **Lebensweise** *f* mode *f* de vie; **lebenswichtig** *adj* vital(e); **Lebenszeichen** *nt* signe *m* de vie; **Lebensze** *f* durée *f* de la vie; **auf ~** à vie

Leber *f* (-, -n) foie *m*; **Leberfleck** *m* grain *m* de beauté; **Lebertran** *m* huile de foie de morue; **Leberwurst** *f* pâté de foie (*sous forme de saucisson*)

Lebewesen *nt* être *m* vivant

lebhaft *adj* vif (vive), plein(e) d'entrain, (*Straße, Verkehr*) animé(e); (*Interesse*) vif (vive); **Lebhaftigkeit** *f* vivacité *f*; **Lebkuchen** *m* pain *m* d'épice; **leblos** *adj* inanimé(e)

lechzen *vi* **nach etw ~** être avide de qch

leck *adj* ~ **sein** avoir une fuite; **Leck** *nt* (-(e)s, -s) fuite *f*

lecken 1. *vi* (*Loch haben*) avoir une fuite 2. *vt, vi* (*schlecken*) lécher

lecker *adj* délicieux(-euse); **Leckerbissen** *m* délice *m*; **Leckermaul** *nt* petit gourmand(e)

led. *adj abk von* **ledig**

Leder *nt* (-s, -) cuir *m*; **Lederhose** *f* culotte *f* de peau [o de cuir]; **ledern** *ac* en cuir, de cuir; **Lederwaren** *pl* article *mpl* de cuir

ledig *adj* célibataire; **einer Sache** *gen* ~ **sein** être délivré(e) d'une chose; **Ledige(r)** *mf* célibataire *mf*

lediglich *adv* uniquement

leer *adj* vide; (*Seite*) blanc (blanche); ~ **stehend** vide; **Leere** *f* (-) vide *m*; **leere** *vt* (*a. INFORM*) vider; **Leergewicht** *nt* poids *m* à vide; **Leergut** *nt* bouteilles *f* consignées; **Leerlauf** *m* point *m* mort; **Leerschlag** *m* blanc *m*, espace *f*; **leer stehend** *adj s.* leer; **Leertaste** *f* barre *m* d'espacement; **Leerung** *f* vidage *m*; (*von Briefkasten*) levée *f*; **Leerzeichen** *n* blanc *m*, espace *f*

legal *adj* légal(e); **legalisieren** (*pp* leg lisiert) *vt* légaliser; **Legalität** *f* légalité

Legasthenie *f* dyslexie *f*

Legebatterie *f* élevage *m* en batterie; **Legehenne** *f* poule *f* pondeuse

legen 1. *vt* (*tun*) mettre, poser; (*in flache*

Lage) coucher, étendre; *(Kabel, Schienen)* poser; *(Ei)* pondre; **Waschen und Legen** un shampoing-mise en plis **2.** *vr* **sich ~** *(Mensch)* s'allonger; *(Sturm)* tomber; *(abflauen)* diminuer; *(Betrieb, Interesse)* baisser; *(Schmerzen)* se calmer
Legende *f* (-, -n) légende *f*
leger *adj* décontracté(e)
Leggings *pl* caleçon *m*
legieren *(pp* legiert) *vt (Metall)* allier; *(GASTR)* lier; **Legierung** *f* alliage *m*
Legislative *f* pouvoir *m* législatif; *(Versammlung)* assemblée *f* législative
Legislaturperiode *f* législature *f*
legitim *adj* légitime; **Legitimation** *f* légitimation *f*; **legitimieren** *(pp* legitimiert) **1.** *vt* légitimer **2.** *vr* **sich ~** prouver son identité; **Legitimität** *f* légitimité *f*
Lehm *m* (-(e)s, -e) terre *f* glaise; **lehmig** *adj* glaiseux(-euse)
Lehne *f* (-, -n) *(Rücken~)* dossier *m*, dos *m*; *(Arm~)* accoudoir *m*, bras *m*
lehnen 1. *vt* appuyer *(an +akk* contre) **2.** *vr* **sich ~** s'appuyer; **Lehnstuhl** *m* fauteuil *m*
Lehramt *nt* enseignement *m*; *(an höherer Schule)* professorat *m*; **Lehrbuch** *nt* manuel *m*
Lehre *f* (-, -n) *(Ideologie)* doctrine *f*; *(wissenschaftlich)* théorie *f*; *(beruflich)* apprentissage *m*; *(Lebensweisheit)* leçon *f*; *(TECH)* jauge *f*, calibre *m*
lehren *vt* apprendre; *(unterrichten)* enseigner; **Lehrer(in)** *m(f)* (-s, -) instituteur (-trice); *(an höherer Schule)* professeur; **Lehrerzimmer** *nt* salle *f* des professeurs; **Lehrgang** *m* cours *m*; **Lehrjahre** *pl* années *fpl* d'apprentissage; **Lehrkraft** *f* enseignant(e); **Lehrling** *m* apprenti(e); **Lehrplan** *m* programme *m*; **lehrreich** *adj* instructif(-ive); **Lehrsatz** *m* théorème *m*; **Lehrstelle** *f* (place *f* d')apprentissage *m*; **Lehrstuhl** *m* chaire *f (für* de); **Lehrtochter** *f (CH)* apprentie *f*; **Lehrzeit** *f* apprentissage *m*
Leib *m* (-(e)s, -er) corps *m*; **Leibeserziehung** *f* éducation *f* physique; **Leibesübungen** *pl* éducation *f* physique et sportive; **leibhaftig** *adj* en chair et en os; *(Teufel)* incarné(e); **leiblich** *adj* physique; **Leibwächter** *m* garde *m* du corps
Leiche *f* (-, -n) cadavre *m*; **Leichenbeschauer(in)** *m(f)* (-s, -) médecin *m* légiste; **Leichenhaus** *nt* chapelle *f* mortuaire; **Leichenstarre** *f* (-) rigidité *f* cadavérique; **Leichenwagen** *m* corbillard *m*

Leichnam *m* (-(e)s, -e) dépouille *f*
leicht 1. *adj* léger(-ère); *(einfach)* facile **2.** *adv (schnell)* facilement; **jdm ~ fallen** ne pas poser de problème à qn; **~ machen** faciliter *(jdm etw* qch à qn); **~ nehmen** prendre à la légère; **Leichtathletik** *f* athlétisme *m*; **leicht|fallen** *sep irr vi s.* leicht; **leichtfertig** *adj (Handeln)* léger(-ère); *(Mensch)* insouciant(e); *(Lebenswandel)* volage; **leichtgläubig** *adj* crédule; **Leichtgläubigkeit** *f* crédulité *f*; **leichthin** *adv* à la légère; **Leichtigkeit** *f (Mühelosigkeit)* facilité *f*; **leichtlebig** *adj* insouciant(e); **leicht|machen** *sep vt s.* leicht; **Leichtmetall** *nt* métal *m* léger; **leicht|nehmen** *sep irr vt s.* leicht; **Leichtsinn** *m* légèreté *f*; **leichtsinnig** *adj* étourdi(e); **Leichtwasserreaktor** *m* réacteur *m* à eau légère
leid *adj* **etw ~ haben** [o **sein**] en avoir par-dessus la tête de qch
Leid *nt* (-(e)s) chagrin *m*, douleur *f*; **es tut mir ~** je suis désolé(e); **er tut mir ~** il me fait pitié
leiden (litt, gelitten) **1.** *vt (Hunger, Not)* souffrir; **jdn/etw nicht ~ können** ne pas pouvoir supporter qn/qch **2.** *vi* souffrir; *(Schaden nehmen)* se détériorer; **Leiden** *nt* (-s, -) souffrance *f*; *(Krankheit)* affection *f*
Leidenschaft *f* passion *f*; **leidenschaftlich** *adj* passionné(e)
leider *adv* malheureusement
leidig *adj* fâcheux(-euse)
leidlich 1. *adj* passable **2.** *adv* ni bien, ni mal
Leidtragende(r) *mf* **der ~ sein** subir les conséquences de qch; **Leidwesen** *nt* **zu meinem ~** à mon grand regret
Leier *f* (-, -n) lyre *f*; **es ist immer die alte ~** c'est toujours la même rengaine; **Leierkasten** *m* orgue *f* de Barbarie
Leiharbeit *f* travail *m* intérimaire; **Leihbibliothek** *f* bibliothèque *f* de prêt; **leihen** (lieh, geliehen) *vt* prêter; **sich** *dat* **etw ~** emprunter qch; **Leihgabe** *f* prêt *m*; **Leihgebühr** *f* frais *mpl* de location; **Leihhaus** *nt* mont-de-piété *m*; **Leihmutter** *f* mère *f* porteuse; **Leihschein** *m* bulletin *m* de prêt; **Leihwagen** *m* voiture *f* de location
Leim *m* (-(e)s, -e) colle *f*; **leimen** *vt (kleben)* coller; *(fam: reinlegen)* rouler, duper
Leine *f* (-, -n) corde *f*; *(Hunde~)* laisse *f*
Leinen *nt* (-s, -) toile *f*
Leintuch *nt* drap *m*; **Leinwand** *f* toile *f*; *(CINE)* écran *m*
leise *adj (nicht laut)* bas(se), faible;

(schwach) léger(-ère)
Leiste f (-, -n) bordure f; (Zier~)
baguette f; (ANAT) aine f
leisten vt faire; (vollbringen) accomplir;
jdm Gesellschaft ~ tenir compagnie à
qn; **sich** dat **etw** ~ **können** pouvoir se
payer qch; **sich** dat **eine Frechheit** ~ se
permettre une insolence; **für etw Ersatz**
~ remplacer qch
Leistenbruch m hernie f
Leistung f (gute) performance f; (Kapazität) rendement m; (eines Motors) puissance f; (finanziell) prestations fpl; **Leistungsdruck** m stress m; **leistungsfähig** adj performant(e); **Leistungsfähigkeit** f efficacité f, capacité f; **Leistungsgesellschaft** f méritocratie f;
Leistungskurs m (SCH) cours m renforcé; **Leistungssport** m sport m de
compétition; **Leistungssportler(in)**
m(f) sportif(-ive) de haut niveau; **Leistungszulage** f prime f de rendement
Leitartikel m éditorial m; **Leitbild** nt
modèle m
leiten vt (an der Spitze sein) être à la tête
de; (Firma) diriger; (in eine Richtung) conduire; (Kabel, Rohre) amener; (Wärme)
conduire; **sich von etw** ~ **lassen** suivre
qch; **leitend** adj (Stellung) dirigeant(e);
(Gedanke) directeur(-trice); ~**er Angestellter** cadre m (supérieur)
Leiter 1. f (-, -n) échelle f **2.** m (-s, -) (ELEC)
conducteur m
Leiter(in) m(f) (-s, -) directeur(-trice),
chef mf
Leitfaden m précis m; **Leitfähigkeit** f
conductibilité f; **Leitmotiv** nt leitmotiv
m; **Leitplanke** f glissière f de sécurité
Leitung f (Führung) direction f; (Wasser~)
conduite f, tuyau m; (Kabel) câble m;
(ELEC, TEL) ligne f; **eine lange** ~ **haben** (fam)
être dur(e) à la détente; **Leitungsrohr**
nt conduite f; **Leitungswasser** nt eau f
du robinet
Leitwerk nt (AVIAT) empennage m
Lektion f leçon f; **jdm eine** ~ **erteilen**
faire la leçon à qn
Lektor(in) m(f) lecteur(-trice)
Lektüre f (-, -n) lecture f
Lemming m (-s, -e) lemming m
Lende f (-, -n) lombes mpl, reins mpl;
(GASTR) filet m, longe f; **Lendenbraten**
m aloyau m; **Lendenstück** nt filet m
lenkbar adj manœuvrable; (Räder) dirigeable; **lenken** vt (Fahrzeug) conduire;
(Kind) guider; (Blick) diriger (auf +akk
vers); **Lenkflugkörper** m missile m

téléguidé; **Lenkrad** nt volant m; **Lenkstange** f (Fahrrad~) guidon m
Leopard m (-en, -en) léopard m
Lepra f (-) lèpre f
Lerche f (-, -n) alouette f
lernbegierig adj studieux(-euse); **lernbehindert** adj ayant des difficultés à
apprendre à lire et à écrire; **lernen 1.** vt
apprendre; (Handwerk) faire un apprentissage de **2.** vi travailler, étudier; (in der
Ausbildung sein) être à l'école; être en
apprentissage; **Lernprogramm** nt,
Lernsoftware f didacticiel m
lesbar adj lisible
Lesbe f (-, -n) (fam), **Lesbierin** f lesbienne f; **lesbisch** adj lesbien(ne)
Lese f (-, -n) (Wein~) vendange(s) f(pl)
Lesebrille f lunettes fpl pour lire; **Lesebuch** nt livre m de lecture; **Lesekopf** m
(INFORM) tête f de lecture; **lesen** (las,
gelesen) **1.** vt (a. INFORM) lire; (ernten)
récolter, cueillir **2.** vi lire; (SCH) faire un
cours (über +akk sur); **Leser(in)** m(f) (-s,
-) lecteur(-trice); **Leserbrief** m lettre f
de lecteur; ~**e** (Rubrik) courrier des lecteurs; **leserlich** adj lisible; **Lesesaal** m
salle f de lecture; **Lesespeicher** m
(INFORM) mémoire f morte; **Lesezeichen**
nt (a. INFORM) signet m
Lesotho nt (-s) le Lesotho
Lesung f lecture f
lettisch adj letton(ne)
Lettland nt la Lettonie
Lettner m (-s, -) jubé m
letzte(r, s) adj dernier(-ière); **zum** ~**n**
Mal pour la dernière fois; **letztens** adv
récemment; (zuletzt) enfin; **letztere(r,
s)** adj ce (cette) dernier(-ière)
Leuchtanzeige f témoin m lumineux;
Leuchtdiode f diode f électroluminescente
Leuchte f (-, -n) lampe f, lumière f
leuchten vi briller; (mit Lampe) éclairer
Leuchter m (-s, -) bougeoir m, chandelier m
Leuchtfarbe f couleur f fluorescente;
Leuchtfeuer nt balise f; **Leuchtkugel**
f, **Leuchtrakete** f fusée f éclairante;
Leuchtreklame f réclame f lumineuse;
Leuchtröhre f néon m; **Leuchtstift** m
surligneur m; **Leuchtturm** m phare m;
Leuchtzifferblatt nt cadran m lumineux
leugnen vt, vi nier
Leukämie f leucémie f
Leukoplast® nt (-(e)s, -e) sparadrap m
Leumund m (-(e)s) réputation f; **Leu-**

mundszeugnis nt certificat m de bonne conduite

Leute pl gens mpl o fpl; (Personal) personnel m; (MIL) hommes mpl

Leutnant m (-s, -s o -e) lieutenant m

leutselig adj affable, bienveillant(e);
Leutseligkeit f affabilité f

Lexikon nt (-s, Lexika) (Konversations~) encyclopédie f; (Wörterbuch) dictionnaire m

Libanese m (-n, -n), **Libanesin** f Libanais(e)

Libanon m (-s) der ~ le Liban

Libelle f libellule f

liberal adj libéral(e); **Liberales Forum** (österreichische Partei) parti libéral autrichien;
Liberalismus m libéralisme m

Liberia nt (-s) le Libéria, le Liberia

Libero m (-s, -s) (Fußball) arrière m volant

Libyen nt (-s) la Libye

Licht nt (-(e)s, -er) lumière f; (Kerze) bougie f; **Lichtbild** nt photo f; (Dia) diapositive f; **Lichtblick** m (Hoffnung) lueur f d'espoir; **lichtempfindlich** adj sensible à la lumière

lichten 1. vt (Wald) éclaircir; (Anker) lever 2. vr sich ~ s'éclaircir; (Nebel) se lever

lichterloh adv ~ **brennen** flamber

Lichtgriffel m (INFORM) crayon m optique, photostyle m; **Lichthupe** f die ~ **betätigen** faire un appel de phares;
Lichtjahr nt année-lumière f; **Lichtmaschine** f dynamo f; **Lichtmess** f (-) la Chandeleur f; **Lichtschalter** m interrupteur m; **Lichtschutzfaktor** m indice m de protection

Lichtung f clairière f

Lid nt (-(e)s, -er) paupière f; **Lidschatten** m ombre f à paupières

lieb adj gentil(le); (artig) sage; (willkommen) agréable; (geliebt: Eltern, Frau etc) cher (chère); **jdn** ~ **gewinnen** se mettre à aimer qch; **jdn** ~ **haben** aimer qn beaucoup; **würden Sie so** ~ **sein und …** auriez-vous la gentillesse de …; ~**er Horst** (in Brief) cher Horst; **liebäugeln** vi **mit etw** ~ avoir qch en vue; **mit dem Gedanken** ~ caresser l'idée

Liebe f (-, -n) amour m (zu pour); **liebebedürftig** adj ~ **sein** avoir besoin d'affection; **Liebelei** f amourette f; **lieben** vt aimer; **liebenswert** adj très sympathique, adorable; **liebenswürdig** adj aimable; **liebenswürdigerweise** adv aimablement; **Liebenswürdigkeit** f amabilité f

lieber adv etw ~ **mögen/tun** (vorzugsweise) préférer qch/faire qch; **ich gehe** ~ **nicht** (besser) il vaut mieux que je n'y aille pas

liebesbedürftig adj ~ **sein** avoir besoin d'affection; **Liebesbrief** m lettre f d'amour; **Liebesdienst** m faveur f; **Liebeskummer** m chagrin m d'amour;
Liebespaar nt amoureux mpl

liebevoll adj affectueux(-euse), tendre

liebgewinnen irr vt s. **lieb**; **liebhaben** irr vt s. **lieb**; **Liebhaber(in)** m(f) (-s, -) amateur m; (einer Frau) amant m; **Liebhaberei** f violon m d'Ingres; **liebkosen** (pp liebkost) vt caresser, câliner

lieblich adj (entzückend) mignon(ne);
(angenehm) agréable

Liebling m (von Eltern) préféré(e), chouchou(te); (von Publikum) favori(te); (Anrede) chéri(e)

Lieblings- in Zusammensetzungen préféré(e), favori(te)

lieblos adj sans cœur; **Liebschaft** f liaison f, aventure f

Liechtenstein nt (-s) le Liechtenstein;
das Fürstentum ~ la principauté du Liechtenstein

Lied nt (-(e)s, -er) chanson f; (Kirchen~) chant m; **Liederbuch** nt recueil m de chansons; (REL) recueil m de chants

liederlich adj (unordentlich) négligé(e);
(unmoralisch) dissolu(e)

Liedermacher(in) m(f) auteur-compositeur(-trice)

lief imperf von **laufen**

Lieferant(in) m(f) fournisseur(-euse)

liefern vt (Waren) livrer; (Rohstoffe) produire; (Beweis) fournir

Lieferschein m bon m de livraison; **Liefertermin** m délai m de livraison; **Lieferung** f livraison f; **Lieferwagen** m voiture f de livraison

Liege f (-, -n) divan m

liegen (lag, gelegen) vi se trouver; (waagerecht sein) être couché(e), être étendu(e); ~ **bleiben** (Mensch) rester couché(e); (Ding) être oublié(e); (Arbeit) rester en plan; ~ **lassen** (vergessen) oublier; **bei jdm** ~ (fig) dépendre de qn; **schwer im Magen** ~ peser sur l'estomac; **an etw** dat ~ (Ursache) tenir à qch; **mir liegt viel daran** j'y tiens beaucoup; **Sprachen** ~ **mir nicht** je ne suis pas doué(e) pour les langues

Liegenschaft f terrain m

Liegesitz m siège m couchette; **Liegestuhl** m chaise f longue; **Liegewagen** m wagon-couchettes m

lieh imperf von **leihen**
ließ imperf von **lassen**
Lifestyle m (-s) style m de vie
Lift m (-(e)s, -e o -s) ascenseur m; (Ski~) téléski m, remonte-pente m
Likör m (-s, -e) liqueur f
lila adj inv lilas
Lilie f lis m
Liliputaner(in) m(f) (-s, -) nain(e)
Limo f (-, -s) (fam) soda m
Limonade f limonade f
lind adj doux (douce)
Linde f (-, -n) tilleul m
lindern vt soulager, adoucir; **Linderung** f soulagement m
lindgrün adj vert tilleul
Lineal nt (-s, -e) règle f
Linguistik f linguistique f
Linie f ligne f; **Linienblatt** nt feuille f lignée; **Linienflug** m vol m régulier; **Linienrichter(in)** m(f) (SPORT) juge m de touche
lini(i)eren (pp lini(i)ert) vt régler
Link m (-s, -s) (INFORM) lien m
linke(r, s) adj gauche; ~ **Seite** (eines Stoffs etc) envers m; ~ **Masche** maille f à l'envers; **Linke** f (-n, -n) (POL) gauche f
linken vt (fam) rouler
linkisch adj gauche
links adv à gauche; (verkehrt herum) à l'envers; (mit der linken Hand) de la main gauche; ~ **von mir** à ma gauche; ~ **vom Eingang** à gauche de l'entrée; **Linksaußen** m (-, -) (SPORT) ailier m gauche; **linksbündig** adj aligné(e) à gauche; **Linkshänder(in)** m(f) (-s, -) gaucher(-ère); **Linkskurve** f virage m à gauche; **linksradikal** adj (POL) d'extrême gauche; **Linksverkehr** m conduite f à gauche
Linoleum nt (-s) linoléum m
Linse f (-, -n) lentille f
Linux® nt (-) (Betriebssystem) Linux® m
Lippe f (-, -n) lèvre f; **Lippenbekenntnis** nt engagement m purement verbal; **Lippenpflegestift** m baume m pour les lèvres; **Lippenstift** m rouge m à lèvres
liquidieren (pp liquidiert) vt liquider
lispeln vi zézayer
List f (-, -en) ruse f, astuce f
Liste f (-, -n) liste f
listig adj rusé(e), malin(-igne)
Litanei f litanie f
Litauen nt (-s) la Lituanie; **litauisch** adj lituanien(ne)
Liter m o nt (-s, -) litre m
literarisch adj littéraire

Literatur f littérature f; **Literaturpreis** m prix m littéraire
Litfaßsäule f colonne f Morris
Lithografie f lithographie f
Litschi f (-, -s) litschi m
litt imperf von **leiden**
Liturgie f liturgie f; **liturgisch** adj liturgique
Litze f (-, -n) cordon m; (ELEC) toron m
live adv (RADIO, TV) en direct
Livree f (-, -n) livrée f
Lizenz f licence f
Lkw m (-(s), -s) abk von **Lastkraftwagen**
Lob nt (-(e)s) éloge m, louange f; **loben** vt faire l'éloge de, louer; **lobenswert**, **löblich** adj louable; **Lobrede** f panégyrique m
Loch nt (-(e)s, Löcher) trou m; (fig) taudis m; **lochen** vt (Papier) perforer; (Fahrkarte) poinçonner; **Locher** m (-s, -) perforatrice f; **löcherig** adj troué(e)
Locke f (-, -n) boucle f; **locken** vt attirer, séduire; (Haare) boucler, friser; **Lockenwickler** m (-s, -) bigoudi m
locker adj (wackelnd) desserré(e); (Zahn) branlant(e); (nicht eng, nicht straff) lâche; (Muskel) décontracté(e); (Mensch) libertin(e); (nicht streng) relâché(e); **lockerlassen** sep irr vi **nicht** ~ ne pas céder (d'un pouce); **lockern** vt desserrer; (fig: Vorschriften etc) assouplir
lockig adj bouclé(e)
Lockruf m cri m
Lockung f attrait m
Lockvogel m leurre m
Lodenmantel m loden m
lodern vi flamber
Löffel m (-s, -) cuillère f, cuiller f; **löffeln** vt manger à la cuillère; (schöpfen) verser une louche de; **löffelweise** adv par cuillerées
log imperf von **lügen**
Logarithmentafel f table f de logarithmes
Logarithmus m logarithme m
Loge f (-, -n) loge f
Logik f logique f
logisch adj logique
Logo nt (-s, -s) logo m
Lohn m (-(e)s, Löhne) récompense f; (Arbeits~) salaire m; **Lohnarbeit** f main-d'œuvre f; **Lohnausfall** m perte f de salaire; **Lohnausgleich** m réajustement m des salaires; **Lohndumping** nt (-s) dumping m salarial; **Lohnempfänger(in)** m(f) salarié(e)
lohnen vr **sich** ~ en valoir la peine; **es**

ohnt sich nicht, das zu tun ça ne vaut pas la peine de faire cela; **lohnend** adj qui en vaut la peine

ohnforderung f revendication f salariale; **Lohnfortzahlung** f droit au salaire en cas de maladie; **Lohnnebenkosten** pl charges fpl annexes; **Lohnniveau** nt niveau m de salaire; **Lohnpolitik** f politique f salariale; **Lohnsteuer** f impôt m sur le revenu; **Lohnsteuerjahresausgleich** m réajustement m des impôts sur le revenu; **Lohnsteuerkarte** f carte f d'impôts; **Lohnstreifen** m fiche f de paie; **Lohnstückkosten** pl coût m unitaire de salaire; **Lohntüte** f enveloppe f de paie

oipe f (-, -n) piste f de ski de fond

okal adj local(e)

okal nt (-s, -e) restaurant m; (nicht Speiselokal) café m

okalisieren (pp lokalisiert) vt localiser; **Lokalisierung** f localisation f

okomotive f locomotive f; **Lokomotivführer(in)** m(f) conducteur(-trice) de locomotive

ollo rosso m (-, -s) lollo rosso f

ondon nt (-s) Londres

orbeer m (-s, -en) laurier m; **Lorbeerblatt** nt (GASTR) feuille f de laurier

ore f (-, -n) truc(k) m

os adv ~! en avant!, allons-y!; ~ **sein** (abgetrennt) être détaché(e); **was ist ~?** qu'est-ce qu'il y a?; **was ist mit ihm ~?** qu'est-ce qu'il a?; **mit ihm ist nichts ~** (er taugt nichts) ce n'est vraiment pas une lumière; **dort ist nichts ~** c'est un endroit mort; **jdn/etw ~ sein** être débarrassé(e) de qn/de qch

os nt (-es, -e) (Schicksal) sort m, destin m; (Lotterie~) billet m de loterie

os|binden sep irr vt détacher

öschen 1. vt (Feuer, Licht) éteindre; (Durst) étancher; (Tonband, INFORM) effacer; (Speicher) remettre à zéro; (Eintragung) supprimer; (Fracht) décharger 2. vi (Feuerwehr) éteindre le feu; (Papier) sécher; **Löschfahrzeug** nt voiture f de pompiers; **Löschgerät** nt extincteur m; **Löschpapier** nt buvard m; **Löschtaste** f (INFORM) touche f Suppression; **Löschung** f (von Eintragung) suppression f; (von Fracht) déchargement m

ose adj (locker) lâche; (Schraube) desserré(e); (Blätter) volant(e); (nicht verpackt) en vrac; (einzeln) à l'unité; (moralisch) sans principes

ösegeld nt rançon f

losen vi tirer au sort (um etw qch)

lösen 1. vt (aufmachen) défaire; (Rätsel etc) résoudre; (Partnerschaft) rompre; (CHEM) dissoudre; (Fahrkarte) acheter 2. vr **sich ~** (aufgehen) se séparer; (Zucker etc) se dissoudre; (Problem, Schwierigkeit) se résoudre

los|fahren sep irr vi ⟨sein⟩ (Fahrzeug) démarrer, partir; **los|gehen** sep irr vi ⟨sein⟩ (aufbrechen) s'en aller, partir; (anfangen) commencer; (Bombe) exploser; **auf jdn ~** se jeter sur qn; **los|haben** sep vt **etwas ~** (fam) connaître un rayon; **los|kaufen** sep vt racheter; **los|kommen** sep irr vi ⟨sein⟩ **von jdm/etw ~** arriver à se détacher de qn/se passer de qch; **los|lassen** sep irr vt lâcher; **los|legen** sep vi (fam) démarrer

löslich adj soluble

los|machen sep vt détacher; (Boot) démarrer; **los|sagen** sep vr **sich von jdm/etw ~** rompre avec qn/qch

Losung f mot m d'ordre; (Kennwort) mot m de passe

Lösung f solution f; (der Verlobung) rupture f; **Lösungsmittel** nt (dis)solvant m

los|werden sep irr vt ⟨sein⟩ se débarrasser de; (verkaufen) écouler

Lot nt (-(e)s, -e) (Blei) plomb m; (Senkblei) fil m à plomb; (Senkrechte) perpendiculaire f; **im ~** (senkrecht) à plomb; (fig: in Ordnung) en ordre

löten vt souder

Lothringen nt (-s) la Lorraine

Lötkolben m fer m à souder

Lotse m (-n, -n) (NAUT) pilote m; (AVIAT) aiguilleur m du ciel; **lotsen** vt piloter, diriger; (fam) traîner

Lotterie f loterie f

Lotto nt (-s) loto m; **Lottozahlen** pl numéros mpl du loto; (Gewinnzahlen) numéros mpl gagnants

Löwe m (-n, -n) lion m; (ASTR) Lion m; **Manfred ist (ein) ~** Manfred est Lion; **Löwenanteil** m part f du lion; **Löwenmaul** nt, **Löwenmäulchen** nt gueule-de-loup f; **Löwenzahn** m (BOT) pissenlit m; **Löwin** f lionne f

loyal adj loyal(e); **Loyalität** f loyauté f

LP f (-, -s) abk von **Langspielplatte** 33-tours m

Luchs m (-es, -e) lynx m

Lücke f (-, -n) trou m; (Mangel; in Text) lacune f; **Lückenbüßer(in)** m(f) (-s, -) bouche-trou m; **lückenhaft** adj (Wissen, Beweise) incomplet(-ète); (Versorgung) intermittent(e); **lückenlos** adj complet(-ète)

lud imperf von **laden**

Luder nt (-s, -) (pej: Mann) ordure f; (pej: Frau) garce f

Luft f (-, Lüfte) air m; (Atem) souffle m; **in die ~ sprengen** faire sauter; **in die ~ gehen** (explodieren) sauter; **in der ~ liegen** être dans l'air; **jdn wie ~ behandeln** ignorer qn; **dicke ~** (fam) de l'orage dans l'air; **Luftangriff** m attaque f aérienne; **Luftballon** m ballon m; **Luftblase** f bulle f d'air; **Luftbrücke** f pont m aérien; **luftdicht** adj hermétique; **Luftdruck** m pression f atmosphérique

lüften 1. vt (Kleidung, Zimmer) aérer; (Hut) soulever; (Geheimnis) éventer; (Schleier) lever **2.** vi aérer

Luftfahrt f aviation f; **luftgekühlt** adj à refroidi(e); **luftig** adj (Ort) aéré(e), frais (fraîche); (Kleider) léger(-ère); **Luftkissenfahrzeug** nt aéroglisseur m; **Luftkurort** m station f climatique; **luftleer** adj ~**er Raum** vide m; **Luftlinie** f **in der ~** à vol d'oiseau; **Luftloch** nt trou m d'air; **Luftmatratze** f matelas m pneumatique; **Luftpirat(in)** m(f) pirate mf de l'air; **Luftpost** f poste f aérienne; **Luftreinhaltung** f préservation f de la qualité de l'air; **Luftrettungsdienst** m service m de secours héliporté; **Luftröhre** f trachée(-artère) f; **Luftschadstoffe** pl polluants mpl atmosphériques; **Luftschlange** f serpentin m; **Luftschutz** m défence f antiaérienne; **Luftschutzkeller** m abri m antiaérien; **Luftsprung** m galipette f; **einen ~ machen** (fig) sauter de joie

Lüftung f aération f

Luftverkehr m trafic m aérien; **Luftverschmutzung** f pollution f atmosphérique; **Luftwaffe** f armée f de l'air; **Luftzug** m courant m d'air

Lüge f (-, -n) mensonge m; **jdn/etw ~n strafen** démentir qn/qch; **lügen** (log, gelogen) vi mentir; **Lügner(in)** m(f) (-s, -) menteur(-euse)

Luke f (-, -n) lucarne f

lukrativ adj lucratif(-ive)

Lümmel m (-s, -) malotru m; **lümmeln** vr **sich ~** (pej fam) se prélasser

Lump m (-en, -en) vaurien m

lumpen vi **sich nicht ~ lassen** faire les choses comme il faut

Lumpen m (-s, -) chiffon m

lumpig adj (gemein) ignoble; (wenig) minable; ~**e 10 Euro** seulement 10 euro

Lunchpaket nt panier-repas m

Lunge f (-, -n) poumon m; **eiserne ~** poumon m d'acier; **Lungenbraten** m (A) rôti m d'aloyau; **Lungenentzündung** f pneumonie f; **lungenkrank** ac malade des poumons; **Lungenkrebs** m cancer m du poumon

lungern vi traîner

Lunte f (-, -n) mèche f; **~ riechen** (fam) flairer quelque chose

Lupe f (-, -n) loupe f; **unter die ~ nehmen** (fig) examiner de très près

Lupine f lupin m

Lust f (-, Lüste) (Freude) plaisir m, joie f; (Begierde) désir m; (Neigung) désir m, envie f; **~ haben auf** +akk avoir envie de

Lüsterklemme f barrette f de dominos

lüstern adj lascif(-ive), lubrique

Lustgefühl nt plaisir m

lustig adj (komisch) drôle; (fröhlich) joyeux(-euse), gai(e)

Lüstling m obsédé m sexuel

lustlos adj sans entrain; **Lustspiel** nt comédie f

lutherisch adj luthérien(ne)

lutschen vt, vi sucer; **am Daumen ~** sucer son pouce; **Lutscher** m (-s, -) sucette f

Luxemburg nt (-s) le Luxembourg; **luxemburgisch** adj luxembourgeois(e

luxuriös adj luxueux(-euse); **Luxus** m (- luxe m; **Luxusartikel** m article m de luxe; **Luxussteuer** f taxe f de luxe

Luzern nt (-s) (Stadt und Kanton) Lucerne

Lymphe f (-, -n) lymphe f

lynchen vt lyncher

Lyrik f poésie f lyrique; **Lyriker(in)** m(f) (-s, -) poète m (lyrique); **lyrisch** adj lyrique

M

M, m nt (-, -) M, m m
Maastrichter Vertrag m traité m de Maastricht
Machart f (von Kleid etc) façon f; **machbar** adj (Muster) faisable; (Plan) réalisable
Mache f (-) (fam: Vortäuschung) frime f; **etw in der ~ haben** travailler à qch
machen 1. vt faire; (fam: reparieren) réparer; (mit Adjektiv) rendre; **jdn eifersüchtig ~** rendre qn jaloux(-ouse); **das macht nichts** ça ne fait rien; **mach's gut!** bon courage! **2.** vr **sich ~** aller mieux; (passen) aller (bien); **sich an etw** akk **~** se mettre à qch; **Machenschaften** pl intrigues fpl; **Macher(in)** m(f) (-s, -) (fam) battant m
Macho m (-s, -s) macho m
Macht f (-, Mächte) pouvoir m; **Machthaber(in)** m(f) (-s, -) homme (femme) au pouvoir
mächtig adj puissant(e); (Gebäude) massif(-ive)
machtlos adj impuissant(e); (hilflos) désarmé(e); **Machtprobe** f épreuve f de force; **Machtwort** nt **ein ~ sprechen** faire acte d'autorité
Machwerk nt (schlechte Arbeit) travail m bâclé
Madagaskar nt (-s) (l'île f de) Madagascar
Mädchen nt jeune fille f; (Kind) fille f; **mädchenhaft** adj de petite fille; **Mädchenname** m nom m de jeune fille
Made f (-, -n) asticot m, ver m; **madig** adj (Holz) vermoulu(e); (Obst) véreux(-euse); **jdm etw ~ machen** (fam) gâcher qch à qn
Mafia f (-) maf(f)ia f
Mafioso m (-s, Mafiosi) mafioso m
Magazin nt (-s, -e) (Zeitschrift) magazine m, revue f; (MIL) magasin m; (einer Pistole) chargeur m
Magd f (-, Mägde) servante f
Magdeburg nt (-s) Magdebourg
Magen m (-s, - o Mägen) estomac m; **Magengeschwür** nt ulcère m à l'estomac; **Magenschmerzen** pl maux mpl d'estomac
mager adj maigre; **Magerkeit** f maigreur f; **Magersucht** f anorexie f; **magersüchtig** adj anorexique
Magie f magie f; **Magier(in)** m(f) (-s, -) magicien(ne); **magisch** adj magique

Magnet m (-(e)s o -en, -e(n)) aimant m; **Magnetband** nt (-bänder pl) bande f magnétique; **magnetisch** adj magnétique; **magnetisieren** (pp magnetisiert) vt aimanter; **Magnetkarte** f carte f à puce [o à mémoire]; **Magnetnadel** f aiguille f aimantée; **Magnetstreifen** m piste f magnétique
Mahagoni nt (-s) acajou m
Mähdrescher m (-s, -) moissonneuse-batteuse f
mähen vt (Rasen) tondre; (Gras) faucher
Mahl nt (-(e)s, -e) repas m
mahlen (mahlte, gemahlen) vt moudre
Mahlzeit f repas m; **~!** (fam) bon appétit!
Mahnbescheid m lettre f de rappel; **Mahnbrief** m lettre f de rappel
Mähne f (-, -n) crinière f
mahnen vt (auffordern) exhorter (zu à); **jdn wegen Schulden ~** mettre qn en demeure (de payer); **Mahnung** f exhortation f; (mahnende Worte) avertissement m; (wegen Schulden) mise f en demeure; (Mahnbrief) lettre f de rappel
Mai m (-(e)s, -e) mai m; **im ~** en mai; **24. ~ 2005** le 24 mai 2005; **am 24. ~** le 24 mai; **Maiglöckchen** nt muguet m; **Maikäfer** m hanneton m
Mail f (-, -s) (INFORM) courrier m électronique, e-mail m; **Mailadresse** f adresse f de messagerie; **Mailbox** f (-, -en) boîte f aux lettres; **mailen 1.** vi envoyer des e-mails **2.** vt envoyer par e-mail
Mailing nt (-s, -s) mailing m
Mailprogramm nt logiciel m de courrier électronique; **Mailserver** m serveur m de courrier; **Mailsystem** nt messagerie f
Main m (-s) Main m
Mainz nt (-) Mayence
Mais m (-es, -e) maïs m; **Maiskolben** m épi m de maïs; **Maisstärke** f farine f de maïs
Majestät f majesté f; **majestätisch** adj majestueux(-euse)
Majo f (-, -s) (fam) mayo f
Majonäse f (-, -n) s. **Mayonnaise**
Majoran m (-s, -e) marjolaine f
makaber adj macabre
Makel m (-s, -) (von Material) défaut m; (Fleck) tache f; **makellos** adj sans défaut; sans tache; (Sauberkeit) parfait(e);

(*Vergangenheit*) irréprochable
mäkeln *vi* trouver à redire (*an +dat* à)
Make-up *nt* (-s, -s) maquillage *m*
Makkaroni *pl* macaronis *mpl*
Makler(in) *m(f)* (-s, -) courtier(-ière); (*FIN*) agent *m* de change
Makrele *f* (-, -n) maquereau *m*
Makro *nt* (-s, -s) macro *f*
makrobiotisch *adj* macrobiotique
Makrone *f* (-, -n) macaron *m*
mal 1. *adv* (*MATH*) fois 2. (*fam*) = **einmal**
Mal *nt* (-(e)s, -e) (*Zeichen*) marque *f*; (*Zeitpunkt*) fois *f*
Malaria *f* (-) paludisme *m*
Malawi *nt* (-s) le Malawi
Malaysia *nt* (-s) la Malaisie
Malediven *pl* **die ~** les Maldives *fpl*
malen *vt, vi* peindre; **Maler(in)** *m(f)* (-s, -) peintre *m*; **Malerei** *f* peinture *f*; **malerisch** *adj* pittoresque
Mali *nt* (-s) le Mali
Malkasten *m* boîte *f* de couleurs
Mallorca *nt* (-s) (l'île *f* de) Majorque
mal|nehmen *sep irr vt, vi* multiplier (*mit* par)
Malta *nt* (-s) (l'île *f* de) Malte; **maltesisch** *adj* maltais(e)
Malz *nt* (-es) malt *m*; **Malzkaffee** *m* café *m* de malt
Mama *f* (-, -s), **Mami** *f* (-, -s) (*fam*) maman *f*
Mammut *nt* (-s, -e *o* -s) mammouth *m*
man *pron* on
Management *nt* (-s, -s) management *m*; (*Führungskräfte*) direction *f*; **managen** *vt* gérer; (*Star*) gérer les intérêts de; (*Sportler*) manager; **ich werde es schon ~** je vais arriver; **Manager(in)** *m(f)* (-s, -) manager *mf*
manche(r, s) 1. *adj* certain(e); (*pl*) quelques, plusieurs 2. *pron* maint(e), plus d'un(e); **mancherlei** 1. *adj inv* toutes sortes de 2. *pron* toutes sortes de choses; **manchmal** *adv* quelquefois, parfois
Mandant(in) *m(f)* mandant(e), client(e)
Mandarine *f* mandarine *f*
Mandat *nt* mandat *m*
Mandatar(in) *m(f)* (-s, -e) (*A: Abgeordnete*) député(e)
Mandel *f* (-, -n) amande *f*; (*MED*) amygdale *f*; **Mandelentzündung** *f* amygdalite *f*
Manege *f* (-, -n) (*Reitbahn*) manège *m*; (*im Zirkus*) piste *f*
Mangel 1. *m* (-s, Mängel) (*Knappheit*) manque *m* (*an +dat* de); (*Fehler*) défaut *m* 2. *f* (-, -n) (*Wäsche~*) calandre *f*; **Man-**

gelerscheinung *f* symptôme *m* de carence; **mangelhaft** *adj* (*ungenügend*) médiocre; (*fehlerhaft*) défectueux(-euse); **mangeln** 1. *vi unpers* **es mangelt ihm an etw** *dat* il lui manque qch 2. *vt* (*Wäsche*) calandrer; **mangels** *prep +gen* faute de
Mango *f* (-, -s) mangue *f*
Manie *f* obsession *f*
Manier *f* (-, -en) manière *f*; (*fig*) affectation *f*; **~en** *pl* manières *fpl*; **manierlich** *adj* convenable; **~es Benehmen** bonnes manières *fpl*
Manifest *nt* (-es, -e) manifeste *m*
Maniküre *f* (-, -n) manucure *f*; **maniküren** (*pp* manikürt) *vt* faire les mains de
manipulieren (*pp* manipuliert) *vt* manipuler
Manko *nt* (-s, -s) manque *m*; (*COM*) déficit *m*
Mann *m* (-(e)s, Männer) homme *m*; (*Ehe~*) mari *m*; **seinen ~ stehen** être à la hauteur (de la situation)
Männchen *nt* petit homme *m*; (*Zwerg*) nain *m*; (*Tier*) mâle *m*
Mannequin *nt* (-s, -s) mannequin *m*
männerlastig *adj* où les hommes sont en surnombre
mannigfaltig *adj* (*Erlebnisse*) divers(e); (*Eindrücke*) varié(e)
männlich *adj* (*BIO*) mâle; (*LING, fig*) masculin(e)
Mannschaft *f* (*SPORT, fig*) équipe *f*; (*NAUT, AVIAT*) équipage *m*; (*MIL*) troupe *f*
Mannweib *nt* (*pej*) virago *f*, femme *f* très masculine
Manöver *nt* (-s, -) manœuvre *f*; **manövrieren** (*pp* manövriert) *vt, vi* manœuvrer
Mansarde *f* (-, -n) mansarde *f*
Manschette *f* manchette *f*; **Manschettenknopf** *m* bouton *m* de manchette
Mantel *m* (-s, Mäntel) manteau *m*; (*TECH*) revêtement *m*
Manuskript *nt* (-(e)s, -e) manuscrit *m*
Mappe *f* (-, -n) serviette *f*; (*Akten~*) chemise *f*, classeur *m*
Maracuja *f* (-, -s) maracuja *m*, fruit *m* de la passion
Märchen *nt* (-s, -) conte *m*; (*Lüge*) histoires *fpl*; **märchenhaft** *adj* féerique; (*Tag*) fantastique; **Märchenprinz** *m* prince *m* charmant; **Märchenprinzessin** *f* **seine ~** la femme de ses rêves
Marder *m* (-s, -) martre *f*
Margarine *f* margarine *f*
Marienkäfer *m* coccinelle *f*
Marihuana *nt* (-s) marijuana *f*
Marille *f* (-, -n) (*A*) abricot *m*

Marine f marine f; **marineblau** adj bleu marine

marinieren (pp mariniert) vt mariner

Marionette f marionnette f

Mark 1. f (-, -) (HIST: Münze) mark m 2. nt (-(e)s) (Knochen~) moelle f; **jdm durch ~ und Bein gehen** transpercer qn

markant adj (Gesicht, Erscheinung) marquant(e); (Stil) caractéristique

Marke f (-, -n) (Fabrikat) marque f; (Rabatt~, Brief~) timbre m; (Essens~) ticket m; (aus Metall etc) plaque f; (Spiel~, Garderoben~) jeton m; **Markenname** m nom m de marque

Marker m (-s, -) marqueur m

Marketing nt (-(s)) marketing m, mercatique f

markieren (pp markiert) 1. vt marquer (mit de); (INFORM) sélectionner; (fam) faire, jouer 2. vi (fam: sich verstellen) faire semblant; **Markierung** f marque f

markig adj (Mensch) énergique; (Stil, Worte) vigoureux(-euse)

Markise f (-, -n) store m

Markstück nt (HIST) pièce f d'un mark

Markt m (-(e)s, Märkte) marché m; **Marktanteil** m part f de marché; **Marktchancen** pl chances fpl du marché; **Markterfolg** m succès m commercial; **Marktforschung** f étude f de marché; **Marktplatz** m place f du marché; **Marktstudie** f étude f de marché; **Markttrend** m tendance f du marché; **Marktwirtschaft** f économie f de marché; **marktwirtschaftlich** adj fondé(e) sur l'économie de marché

Marmelade f confiture f

Marmor m (-s, -e) marbre m; **marmorieren** (pp marmoriert) vt marbrer

marode adj (fam) en difficulté; **etw ist ~** qch est en difficulté

Marokkaner(in) m(f) (-s, -) Marocain(e); **marokkanisch** adj marocain(e)

Marokko nt (-s) le Maroc

Marone f (-, -n o Maroni) marron m

Marotte f (-, -n) marotte f

marsch interj marche

Marsch m (-(e)s, Märsche) marche f; **Marschbefehl** m ordre m de marche; **marschbereit** adj prêt(e) à partir; **Marschflugkörper** m missile m de croisière; **marschieren** (pp marschiert) vi <sein> marcher; (MIL) marcher au pas

Martinique nt (-s) la Martinique

Märtyrer(in) m(f) (-s, -) martyr(e)

März m (-(es), -e) mars m; **im ~** en mars; **16. ~ 2011** le 16 mars 2011; **am 16. ~ le 16 mars**

Marzipan nt (-s, -e) massepain m

Masche f (-, -n) maille f; **das ist die neuste ~** (fam) c'est une nouvelle combine; **Maschendraht** m treillis m métallique

Maschine f machine f; **~ schreiben** taper (à la machine)

maschinell adj mécanique, à la machine

Maschinenbau m construction f mécanique; **Maschinenbauer(in)** m(f) (-s, -) ingénieur mécanicien(ne); **Maschinengewehr** nt mitrailleuse f; **maschinenlesbar** adj (INFORM) lisible informatiquement; **Maschinenpistole** f mitraillette f; **Maschinenraum** m salle f des machines; (NAUT) machinerie f; **Maschinenschlosser(in)** m(f) ajusteur(-euse)-mécanicien(ne); **Maschinenschrift** f dactylographie f; **maschine|schreiben** sep irr vi s. **Maschine**

Maschinist(in) m(f) mécanicien(ne)

Maser f (-, -n) (von Holz) veine f

Masern pl (MED) rougeole f

Maserung f veinure f

Maske f (-, -n) (a. INFORM) masque m; **Maskenball** m bal m masqué; **Maskerade** f déguisement m; **maskieren** (pp maskiert) 1. vt (verkleiden) déguiser; (fig) masquer 2. vr **sich ~** se déguiser

Maskulinum nt (-s, Maskulina) (LING) masculin m

Masochismus m masochisme m

maß imperf von **messen**

Maß 1. nt (-es, -e) mesure f; **~ halten** garder la mesure, se modérer 2. f (-, -(e)) litre m de bière

Massage f (-, -n) massage m

Maßanzug m complet m sur mesure; **Maßarbeit** f (fig) travail m impeccable

Masse f (-, -n) masse f; **Massenarbeitslosigkeit** f chômage m de masse; **Massenartikel** m article m fabriqué en série; **Massengrab** nt fosse f commune; **massenhaft** adj en masse; **Massenkarambolage** f carambolage m monstre; **Massenmedien** pl mass media mpl; **Massentierhaltung** f élevage m en batterie; **Massenvernichtungswaffen** f pl armes fpl de destruction massive

Masseur(in) m(f) masseur(-euse); **Masseuse** f (in Eroscenter etc) masseuse f

maßgebend adj qui fait autorité; **maßgeblich** adj prépondérant(e); **~ an etw** dat **beteiligt sein** jouer un rôle prépondérant dans qch; **maßgeschneidert** adj fait(e) sur mesure; (*fig*) cousu(e) main; **maß|halten** *sep irr vi* s. **Maß**

massieren (*pp* massiert) *vt* masser

massig 1. *adj* massif(-ive) **2.** *adv* (*fam*) en masse

mäßig 1. *adj* (*Preise*) raisonnable; (*mittel~*) médiocre; (*Qualität*) moyen(ne) **2.** *adv* (*essen, trinken*) avec modération; **mäßigen 1.** *vt* modérer **2.** *vr sich* ~ se modérer, se retenir; **Mäßigkeit** *f* modération *f*; (*Mittelmäßigkeit*) médiocrité *f*

massiv *adj* massif(-ive); (*fig: Beleidigung*) grossier(-ière)

Massiv *nt* (-s, -e) massif *m*

Maßkrug *m* chope *f*; **maßlos** *adj* (*Essen, Trinken*) sans mesure; (*Enttäuschung etc*) immense; **Maßnahme** *f* (-, -n) mesure *f*, disposition *f*; **Maßstab** *m* règle *f*; (*fig*) norme *f*, critère *m*; (*GEO*) échelle *f*; **maßvoll** *adj* mesuré(e), modéré(e)

Mast *m* (-(e)s, -e(n)) mât *m*; (*ELEC*) pylône *m*

mästen *vt* (*Tier*) gaver

Matchsack *m* sac *m* (de) marin

Material *nt* (-s, -ien) matériaux *mpl*, matériel *m*; **Materialermüdung** *f* fatigue *f* du matériau; **Materialfehler** *m* défaut *m* du matériau

Materialismus *m* matérialisme *m*; **Materialist(in)** *m(f)* matérialiste *mf*; **materialistisch** *adj* matérialiste

Materie *f* matière *f*

materiell *adj* (*Werte*) matériel(le); (*Denken*) matérialiste

Mathematik *f* mathématiques *fpl*; **Mathematiker(in)** *m(f)* (-s, -) mathématicien(ne); **mathematisch** *adj* mathématique

Matjeshering *m* (jeune) hareng *m*

Matratze *f* (-, -n) matelas *m*

Matrixdrucker *m* imprimante *f* matricielle

Matrose *m* (-n, -n) matelot *m*

Matsch *m* (-(e)s) boue *f*; (*Schnee~*) neige *f* fondue; **matschig** *adj* boueux(-euse); (*Schnee*) fondu(e); (*Obst*) blet(te)

matt *adj* las(se); (*Lächeln*) faible; (*Metall, FOTO*) mat(e); (*Schimmer*) terne; (*im Schach*) mat

Matte *f* (-, -n) natte *f*; (*Fuß~*) paillasson *m*; (*Turn~*) tapis *m*; **auf der** ~ **stehen** (*fam*) être à pied d'œuvre

Matterhorn *nt* mont *m* Cervin

Mattscheibe *f* (*TV*) écran *m*; ~ **haben** (*fam*) avoir un trou

Matura *f* (-) (*A, CH*) s. **Abitur**

maturieren (*pp* maturiert) *vi* (*A, CH: das*

Abitur machen) passer le bac

Mauer *f* (-, -n) mur *m*; **mauern 1.** *vt* maçonner, construire **2.** *vi* faire de la maçonnerie; (*fig*) bétonner; **Mauerwerk** *nt* murs *mpl*; (*aus Stein*) maçonnerie *f*

Maul *nt* (-(e)s, Mäuler) gueule *f*; **maulen** *vi* (*fam*) râler; **Maulesel** *m* mulet *m*, mule *f*; **Maulkorb** *m* muselière *f*; **Maultier** *nt* mulet *m*, mule *f*; **Maul- und Klauenseuche** *f* fièvre *f* aphteuse; **Maulwurf** *m* (-(e)s, Maulwürfe) taupe *f*; **Maulwurfshaufen** *m* taupinière *f*

Maurer(in) *m(f)* (-s, -) maçon *m*

Mauretanien *nt* (-s) la Mauritanie

Mauritius *nt* (-) l'île *f* Maurice

Maus *f* (-, Mäuse) (*a. INFORM*) souris *f*; **mäuschenstill** *adj* ~ **sein** (*Mensch*) ne pas piper mot; **es ist** ~ on entendrait une mouche voler; **Mausefalle** *f* souricière *f*

mausern *vr sich* ~ (*Vogel*) muer; (*fig*) se métamorphoser

mausetot *adj* (*fam*) raide mort(e)

Mausklick *m* clic *m* sur la souris; **Mausmatte** *f*, **Mauspad** *nt* (-s, -s) tapis *m* souris; **Mausspur** *f* traces *fpl* de souris; **Maustaste** *f* bouton *m* de la souris; **Mauszeiger** *m* flèche *f* (de souris)

Maut *f* (-, -en) péage *m*

maximal *adj* maximum

Maxime *f* (-, -n) maxime *f*

maximieren (*pp* maximiert) *vt* (*Gewinne, INFORM*) maximiser

Maxisingle *f* maxi quarante-cinq tours *m*

Mayonnaise *f* (-, -n) mayonnaise *f*

Mazedonien *nt* (-s) la Macédoine; **Mazedonier(in)** *m(f)* (-s, -) Macédonien(ne); **mazedonisch** *adj* macédonien

MB *nt* (-, -), **Mbyte** *nt* (-, -) *abk von* **Megabyte** Mo *m*

Mechanik *f* mécanique *f*; (*Getriebe*) mécanisme *m*; **Mechaniker(in)** *m(f)* (-s, -) mécanicien(ne); **mechanisch** *adj* mécanique

Mechanismus *m* mécanisme *m*

meckern *vi* (*Ziege*) chevroter; (*fam*) râler

Mecklenburg-Vorpommern *nt* (-s) le Mecklembourg-Poméranie occidentale

Medaille *f* (-, -n) médaille *f*

Medaillon *nt* (-s, -s) médaillon *m*

Medien *pl* (*TV*) médias *mpl*; **Mediengesellschaft** *f* société *f* médiatique; **Mediengetümmel** *nt* cacophonie *f* des médias; **medienwirksam** *adj* médiatique

Medikament *nt* médicament *m*
Meditation *f* méditation *f;* **meditieren** (*pp* meditiert) *vi* méditer (*über +akk* sur)
Medizin *f* (-, -en) remède *m;* (*Wissenschaft*) médecine *f;* **medizinisch** *adj* médical(e)
Meer *nt* (-(e)s, -e) mer *f;* **Meerbusen** *m* golfe *m;* **Meerenge** *f* détroit *m;* **Meeresspiegel** *m* niveau *m* de la mer; **Meerrettich** *m* raifort *m;* **Meerschweinchen** *nt* cobaye *m*
Mega- *in Zusammensetzungen* méga; **Megabyte** *nt* mégaoctet *m;* **Megafon** *nt* (-s, -e) mégaphone *m;* **Megahertz** *nt* mégahertz *m;* **mega-out** *adj* (*sl*) mega out; **Megaphon** *nt* (-s, -e) mégaphone *m;* **Megastar** *m* superstar *f*
Mehl *nt* (-(e)s, -e) farine *f;* **mehlig** *adj* (*Hände*) couvert(e) de farine; (*Obst, Kartoffeln*) farineux(-euse); **Mehlspeise** *f* (A) entremets *m* sucré; (*Kuchen*) gâteau *m*
mehr 1. *pron* plus de 2. *adv* plus; **Mehraufwand** *m* dépenses *fpl* supplémentaires; **Mehrbereichsöl** *nt* (AUTO) huile *f* multigrade; **mehrdeutig** *adj* (*Wort*) ambigu(ë)
mehrere *pron* plusieurs; **mehreres** *pron* plusieurs choses
mehrfach *adj* (*Ausfertigung*) multiple; (*Hinsicht*) divers(e); (*wiederholt*) réitéré(e); **Mehrfamilienhaus** *nt* petit immeuble *m;* **Mehrheit** *f* majorité *f;* **mehrmalig** *adj* répété(e), réitéré(e); **mehrmals** *adv* à plusieurs reprises; **mehrplatzfähig** *adj* (INFORM) multiposte; **Mehrplatzlizenz** *f* licence *f* d'exploitation pour plusieurs utilisateurs; **Mehrplatzrechner** *m* (INFORM) système *m* multiposte; **mehrsprachig** *adj* plurilingue; (*Mensch*) polyglotte; **mehrstimmig** *adj* à plusieurs voix; **Mehrwegflasche** *f* bouteille *f* consignée; **Mehrweggeschirr** *nt* vaisselle *f* réutilisable; **Mehrwegverpackung** *f* emballage *m* consigné; **Mehrwertsteuer** *f* taxe *f* sur la valeur ajoutée, T.V.A. *f*
Mehrzahl *f* majorité *f;* (LING) pluriel *m*
Mehrzweck- *in Zusammensetzungen* multiusage; (*~halle*) polyvalent(e)
meiden (mied, gemieden) *vt* éviter
Meile *f* (-, -n) mille *m;* **Meilenstein** *m* borne *f;* (*fig*) tournant *m;* **meilenweit** *adv* très loin
mein *pron* (*adjektivisch*) mon (ma); (*pl*) mes; **meine(r, s)** *pron* (*substantivisch*) le mien (la mienne); (*pl*) les miens (les miennes)

Meineid *m* parjure *m*
meinen *vt* (*sich beziehen auf*) penser; (*sagen*) dire; (*sagen wollen*) vouloir dire; **das will ich ~** je pense bien
meiner *pron gen von* **ich** de moi; **meinerseits** *adv* de mon côté; **meinesgleichen** *pron* des gens comme moi; **meinetwegen** *adj* (*für mich*) pour moi; (*wegen mir*) à cause de moi; (*von mir aus*) en ce qui me concerne
Meinung *f* opinion *f;* **jdm die ~ sagen** dire ses quatre vérités à qn; **Meinungsaustausch** *m* échange *m* de vues; **Meinungsforschung** *f* sondages *mpl* d'opinion; **Meinungsfreiheit** *f* liberté *f* d'opinion; **Meinungsumfrage** *f* sondage *m* d'opinion; **Meinungsverschiedenheit** *f* divergence *f* d'opinions
Meise *f* (-, -n) mésange *f*
Meißel *m* (-s, -) ciseau *m;* **meißeln** *vt* ciseler
meist *adv* la plupart du temps, généralement; **meiste(r, s)** *pron* la plupart de; **meistens** *adv* la plupart du temps, généralement
Meister(in) *m(f)* (-s, -) maître *m;* (SPORT) champion(ne); **meisterhaft** *adj* (*Arbeit*) parfait(e); (*Können*) magistral(e); **meistern** *vt* maîtriser; **sein Leben ~** se débrouiller dans la vie; **Meisterschaft** *f* maîtrise *f;* (SPORT) championnat *m;* **Meisterstück** *nt,* **Meisterwerk** *nt* chef-d'œuvre *m*
Melancholie *f* mélancolie *f;* **melancholisch** *adj* mélancolique
Melanom *nt* (-s, -e) mélanome *m*
Melanzani *pl* (A) aubergine *f*
Meldefrist *f* délai *m* de déclaration de changement de domicile
melden 1. *vt* (*anzeigen*) annoncer, déclarer; (*Gerät*) signaler 2. *vr* **sich** ~ se présenter (*bei* chez); (*Bescheid geben*) donner signe de vie; (SCH) lever le doigt; (*freiwillig*) se porter volontaire; (MIL) s'engager; (*am Telefon*) répondre; **sich zu Wort ~** demander la parole; **Meldepflicht** *f* (*bei Meldeamt*) obligation *f* de déclarer tout changement de domicile au service compétent; (*von Krankheit*) déclaration *f* obligatoire; **Meldestelle** *f* bureau *m;* **Meldung** *f* annonce *f;* (*Bericht*) information *f;* (INFORM) message *m*
meliert *adj* (*Haar*) grisonnant(e); (*Wolle*) moucheté(e)
melken (melkte *o* molk, gemolken) *vt* traire
Melodie *f* mélodie *f*

melodisch adj mélodieux(-euse)
Melone f (-, -n) (Honig~) melon m; (Wasser~) pastèque f; (Hut) (chapeau m) melon m
Membran(e) f (-, -en) membrane f
Memoiren pl mémoires mpl
Menge f (-, -n) quantité f; (Menschen~) foule f; (große Anzahl) beaucoup de, un tas de
mengen 1. vt (Zutaten) mélanger **2.** vr **sich in etw** akk ~ (fam) se mêler de qch; **sich unter eine Gruppe** ~ se mêler à un groupe
Mengenlehre f (MATH) théorie f des ensembles; **Mengenrabatt** m remise f sur la quantité
Menorca nt (-s) (l'île f de) Minorque
Mensa f (-, -s o Mensen) restaurant m universitaire, resto U m
Mensch 1. m (-en, -en) homme m, être m (humain); **kein** ~ personne **2.** nt (-(e)s, -er) (fam) garce f; **Menschenalter** nt durée f d'une vie humaine; **Menschenfeind(in)** m(f) misanthrope mf; **menschenfreundlich** adj bienveillant(e); **Menschenkenner(in)** m(f) fin(e) psychologue; **Menschenkette** f chaîne f humaine; **Menschenliebe** f amour m du prochain; **menschenmöglich** adj humainement possible; **das** Menschenmögliche tout ce qui est humainement possible; **Menschenrechte** pl droits mpl de l'homme; **Menschenrechtsbeauftragte(r)** f(m) délégué(e) aux droits de l'homme; **Menschenrechtsverletzung** f violation f des droits de l'homme; **menschenscheu** adj farouche; **menschenunwürdig** adj dégradant(e); **menschenverachtend** adj méprisant(e) pour le genre humain; **Menschenverstand** m **gesunder** ~ bon sens m; **Menschheit** f humanité f; **menschlich** adj humain(e); **Menschlichkeit** f humanité f
Menstruation f règles fpl
mental 1. adj psychologique **2.** adv psychologiquement
Mentalität f mentalité f
Menü nt (-s, -s) (a. INFORM) menu m; **Menüanzeige** f (INFORM) affichage m de menus; **Menübefehl** m (INFORM) commande f de menu; **menügesteuert** adj (INFORM) dirigé(e) [o piloté(e)] par menu; **Menüleiste** f, **Menüzeile** f barre f de menu
Merchandising nt (-s) merchandisage m
merci interj (CH) merci

Merkblatt nt notice f
merken vt remarquer; **sich** dat **etw** ~ retenir qch
merklich adj visible
Merkmal nt (-s, -e) signe m, marque f
merkwürdig adj curieux(-euse), bizarre
messbar adj mesurable; **Messbecher** m mesure f; **Messbuch** nt missel m
Messe f (-, -n) (Schau) foire f; (REL) messe f; (MIL) mess m; **Messegelände** nt parc m des expositions
messen (maß, gemessen) **1.** vt mesurer **2.** vr **sich mit jdm/etw** ~ se mesurer à [o avec] qn/qch
Messer nt (-s, -) couteau m; **Messerspitze** f pointe f du couteau; (in Rezept) pointe f de couteau
Messestand m stand m
Messgerät nt appareil m de mesure; **Messgewand** nt chasuble f
Messing nt (-s) laiton m
Metall nt (-s, -e) métal m; **metallen, metallisch** adj, adj métallique
Metaphysik f métaphysique f
Metastase f (-, -n) (MED) métastase f
Meteor m (-s, -e) météore m
Meter m o nt (-s, -) mètre m; **Metermaß** nt mètre m
Methadon nt (-s) méthadone f
Methode f (-, -n) méthode f; **methodisch** adj méthodique
Metropole f (-, -n) métropole f
Metzger(in) m(f) (-s, -) boucher(-ère); (Schweinfleisch und Wurstwaren) charcutier(-ière); **Metzgerei** f boucherie f; (Schweinfleisch und Wurstwaren) charcuterie f
Meuchelmord m assassinat m
Meute f (-, -n) meute f
Meuterei f mutinerie f; **Meuterer** m (-s, -) mutin m; **meutern** vi se mutiner
Mexikaner(in) m(f) (-s, -) Mexicain(e); **mexikanisch** adj mexicain(e)
Mexiko nt (-s) le Mexique
MfG abk von **mit freundlichen Grüßen** avec mes/nos sincères salutations
MHz nt (-, -) abk von **Megahertz** MHz
miauen (pp miaut) vi miauler
mich pron akk von **ich** (vor Verb) me; (vor Vokal o stummem h) m'; (nach Präposition) moi
mied imperf von **meiden**
Miederhöschen nt gaine-culotte f
Miene f (-, -n) mine f
mies adj (fam) mauvais(e), sale (vorgestellt)
Miesmuschel f moule f

Mietauto nt voiture f de location;
Miete f (-, -n) loyer m; **zur ~ wohnen**
être locataire; **mieten** vt louer; **Mie-
ter(in)** m(f) (-s, -) (von Wohnung) locataire
mf; **Mietshaus** nt immeuble m locatif;
Mietvertrag m contrat m de location;
Mietwagen m voiture f de location;
Mietwohnung f logement m en location

Migräne f (-, -n) migraine f
Mikro nt (-s, -s) micro m
Mikrobe f (-, -n) microbe m
Mikrochip m puce f; **Mikrocomputer**
m micro-ordinateur m; **Mikroelektro-
nik** f microélectronique f
Mikrofon nt (-s, -e) micro(phone) m
Mikronesien nt (-s) la Micronésie
Mikrophon nt (-s, -e) micro(phone) m;
Mikroprozessor m microprocesseur m;
Mikroroller m trottinette f; **Mikroskop** nt (-s, -e) microscope m; **mikroskopisch** adj microscopique; **Mikrowelle** f micro-onde f; **Mikrowellenherd** m (four m à) micro-ondes m
Milch f (-) lait m; **Milchglas** nt verre m
dépoli; **milchig** adj laiteux(-euse);
Milchkaffee m café m au lait; **Milch-
mixgetränk** nt milk-shake m; **Milchpulver** nt lait m en poudre; **Milchshake** m (-s, -s) milk-shake m; **Milchstraße** f voie f lactée; **Milchzahn** m
dent f de lait
mild adj indulgent(e); (Wetter) doux
(douce); (Gabe) charitable; **Milde** f (-)
douceur f; (Freundlichkeit) indulgence f;
mildern vt atténuer; **~de Umstände**
circonstances fpl atténuantes
Milieu nt (-s, -s) milieu m; **milieuge-
schädigt** adj victime de son milieu
militant adj militant(e)
Militär nt (-s) militaires mpl; (Truppen)
armée f; **Militärdiktatur** f dictature f
militaire; **Militärgericht** nt tribunal m
militaire; **militärisch** adj militaire; **Militarismus** m militarisme m; **militaristisch** adj militariste; **Militärpflicht** f
service m militaire obligatoire
Millenium nt (-s, Millenien) millénaire m
Milliardär(in) m(f) milliardaire mf
Milliarde f (-, -n) milliard m
Millimeter m o nt millimètre m
Million f (-, -en) million m; **Millio-
när(in)** m(f) millionnaire mf; **Millionen-
stadt** f ville f d'un million d'habitants ou
plus
Millirem nt millirem m
Milz f (-, -en) rate f

Mimik f mimique f
Mimose f (-, -n) mimosa m; (fig) hypersensible mf
minder 1. adj (Qualität) inférieur(e);
(Ware) de qualité inférieure 2. adv moins;
Minderheit f minorité f; **minderjäh-
rig** adj mineur(e); **Minderjährigkeit** f
minorité f
mindern vt (Wert) diminuer; (Qualität)
(a)baisser; **Minderung** f (von Wert)
baisse f
minderwertig adj (Ware) de qualité inférieure; **Minderwertigkeitsgefühl** nt
sentiment m d'infériorité; **Minderwer-
tigkeitskomplex** m complexe m
d'infériorité
Mindestalter nt âge m minimum; **Min-
destbetrag** m montant m minimum;
mindeste(r, s) adj le (la) moindre; (Einsatz) le (la) plus petit(e) possible; **mindestens** adv au moins; **Mindesthalt-
barkeitsdatum** nt date f limite de conservation; **Mindestlohn** m salaire m
minimum; **Mindestmaß** nt minimum
m; **Mindestreserve** f (FIN) réserve f
obligatoire; **Mindeststandard** m standard m minimum
Mine f (-, -n) mine f; (Kugelschreiber~)
recharge f; **Minenfeld** nt champ m de
mines
Mineral nt (-s, -e o -ien) minéral m;
mineralisch adj minéral(e); **Mineral-
ölsteuer** f taxe f sur les produits pétro-
liers; **Mineralwasser** nt eau f minérale
Miniatur f miniature f
Minibar f minibar m; **Minibus** m minibus m
minimal adj minime, infime; **~ invasiv**
mini-invasif(-ive)
minimieren (pp minimiert) vt (Kosten)
réduire au minimum; (INFORM) minimiser
Minimum nt (-s, Minima) minimum m
Minirock m minijupe f
Minister(in) m(f) (-s, -) ministre mf;
ministeriell adj ministériel(le); **Ministerium** nt ministère m; **Ministerpräsi-
dent(in)** m(f) Premier ministre mf
minus 1. adv moins 2. prep +gen moins;
Minus nt (-, -) déficit m; **Minuspol** m
pôle m négatif; **Minuszeichen** nt
(signe m) moins m
Minute f (-, -n) minute f; **Minutenzei-
ger** m aiguille f des minutes
minutiös adj minutieux(-euse)
mir pron dat von ich (vor Verb) me; (vor
Vokal o stummem h) m'; (nach Präposition)
moi; **das gehört ~** c'est à moi

Mischehe f mariage m mixte
mischen vt mélanger; (*Leute*) mêler;
(*CINE, RADIO, TV*) mixer
Mischling m métis(se); **Mischpult** m
table f de mixage
Mischung f mélange m
miserabel 1. adj (*sehr schlecht*) exécrable;
(*Film, Rede, Leistung, Benehmen*) lamentable; (*gemein*) infâme **2.** adv très mal
missachten (pp missachtet) vt ne pas
tenir compte de; **Missachtung** f
mépris m; **Missbehagen** nt malaise m;
Missbildung f malformation f; **missbilligen** (pp missbilligt) vt désapprouver; **Missbilligung** f désapprobation f;
Missbrauch m abus m; **missbrauchen** (pp missbraucht) vt abuser de; **jdn
zu etw ~** se servir de qn pour qch;
Misserfolg m échec m
Missetat f méfait m; **Missetäter(in)**
m(f) malfaiteur m, coupable mf
missfallen (pp missfallen) irr vi **jdm ~**
déplaire à qn; **Missfallen** nt (-s) mécontentement m, déplaisir m; **jds ~ erregen**
déplaire à qn; **Missgeburt** f monstre
m; **Missgeschick** nt malchance f;
missglücken (pp missglückt) vi ⟨sein⟩
(*Versuch*) échouer; **Missgriff** m erreur f;
Missgunst f envie f; **missgünstig** adj
envieux(-euse), malveillant(e); **misshandeln** (pp misshandelt) vt maltraiter;
Misshandlung f mauvais traitement(s)
m(pl)
Mission f (*Aufgabe*) mission f; (*REL*) mis-
sions fpl; **Missionar(in)** m(f) missionnaire mf
Missklang m dissonance f; (*Unstimmigkeit*) désaccord m; **Misskredit** m discrédit m; **misslingen** (misslang, misslun-
gen) vi ⟨sein⟩ (*Experiment*) échouer; (*Werk*)
rater; **Missmanagement** nt mauvaise
gestion f, erreurs fpl de management;
Missmut m mauvaise humeur f; **missmutig** adj maussade; **missraten 1.** (pp
missraten) irr vi ⟨sein⟩ **der Braten ist mir ~**
j'ai raté le rôti **2.** adj (*Essen*) raté(e); (*Kind*)
mal élevé(e); **Missstand** m anomalie f;
Missstimmung f mésentente f; **misstrauen** (pp misstraut) vi se méfier (*jdm/
einer Sache* de qn/qch); **Misstrauen** nt
(-s) méfiance f (*gegenüber* à l'égard de);
Misstrauensantrag m, **Misstrauens-
votum** nt motion f de censure; **misstrauisch** adj méfiant(e); (*Frage*) soup-
çonneux(-euse); **Missverhältnis** nt disproportion f; **Missverständnis** nt
malentendu m; **missverstehen** (pp

missverstanden) irr vt mal comprendre;
(*Tat*) se méprendre sur
Mist m (-(e)s) fumier m; (*fam*) foutaise f;
~! zut!
Mistel f (-, -n) gui m
Misthaufen m tas m de fumier
mit 1. prep +dat avec; (*mittels*) avec, par;
~ der Bahn en train; **~ 10 Jahren** à dix
ans; **~ Bleistift** au crayon; **~ einem Wort**
en un mot; **~ dem nächsten Zug ankommen** arriver par le train suivant **2.** adv
aussi; **er ist ~ schuld** c'est aussi de sa
faute; **wollen Sie ~?** vous voulez venir?
Mitarbeit f collaboration f; **mit|arbei-
ten** sep vi collaborer (*an* +dat à); (*SCH*)
participer; (*ebenfalls arbeiten*) travailler
aussi; **Mitarbeiter(in)** m(f) collabora-
teur(-trice); **die ~** pl l'équipe f; **freier ~**
travailleur indépendant, free-lance m
Mitbestimmung f participation f (à une
décision), cogestion f
Mitbewohner(in) m(f) (*in der gleichen
Wohnung*) personne f qui partage un
appartement [o une chambre]; (*im gleichen Haus*) colocataire mf
mit|bringen sep irr vt (*jdn*) amener;
(*Sache*) apporter; **Mitbringsel** nt (-s, -)
petit cadeau m
Mitbürger(in) m(f) concitoyen(ne)
mit|denken sep irr vi réfléchir
miteinander adv ensemble
mit|erleben (pp miterlebt) sep vt assister
à; (*Krieg, Katastrophe*) vivre
Mitesser m (-s, -) point m noir
mit|fahren sep irr vi ⟨sein⟩ **mit jdm ~**
accompagner qn; **jdn ~ lassen** prendre
qn; **Mitfahrerzentrale** f societé f de
covoiturage; **Mitfahrgelegenheit** f
possibilité f de covoiturage
mit|geben sep irr vt donner (à emporter)
(*jdm* à qn)
Mitgefühl nt compassion f
mit|gehen sep irr vi ⟨sein⟩ venir; **mit jdm
~** accompagner qn
mitgenommen adj **~ sein, ~ aussehen**
(*Mensch*) être marqué(e); (*Möbel, Auto*)
être en mauvais état
Mitgift f (-, -en) dot f
Mitglied nt membre m; **Mitgliedsbei-
trag** m cotisation f; **Mitgliedschaft** f
appartenance f (*in* +dat à)
mit|halten sep irr vi suivre
mit|helfen sep vi irr aider
Mithilfe f aide f, assistance f
mit|hören sep vt, vi écouter
mit|kommen sep irr vi ⟨sein⟩ venir; (*ver-
stehen*) arriver à suivre

Mitläufer(in) m(f) suiveur(-euse); (POL) sympathisant(e)

Mitleid nt (-(e)s) compassion f; (Erbarmen) pitié f

Mitleidenschaft f in ~ **ziehen** affecter

mitleidig adj compatissant(e); **mitleidslos** adj impitoyable

mit|machen sep **1.** vt prendre part à; **sie hat viel mitgemacht** elle a beaucoup souffert **2.** vi être de la partie

Mitmensch m prochain m

mit|nehmen sep irr vt (jdn) emmener; (Sache) emporter; (anstrengen) épuiser

mitsamt prep +dat avec

Mitschuld f complicité f; **mitschuldig** adj **an etw** dat ~ **sein** être complice de qch; (an Unfall) avoir une part de responsabilité dans qc; **Mitschuldige(r)** mf complice mf

Mitschüler(in) m(f) camarade mf (de classe)

mit|spielen sep vi participer au jeu; (fig) entrer en jeu (bei dans); **Mitspieler(in)** m(f) partenaire mf

Mitspracherecht nt droit m d'intervention

Mittag m (-s, -e) midi m; **zu ~ essen** déjeuner; **heute/gestern ~** à [o ce] midi/ hier (à) midi; **Mittagessen** nt déjeuner m, repas m de midi; **mittags** adv à midi; **Mittagspause** f pause f de midi; (in Geschäften) fermeture f entre midi et deux heures; **Mittagsschlaf** m sieste f

Mittäter(in) m(f) complice mf

Mitte f (-, -n) milieu m; **aus unserer ~** d'entre nous; ~ **Mai** à la mi-mai

mit|teilen sep vt **jdm etw** ~ informer qn de qch; **mitteilsam** adj communicatif(-ive); **Mitteilung** f communication f; (Nachricht) information f

Mittel nt (-s, -) moyen m; (MATH) moyenne f; (MED) remède m (gegen contre); **Mittelalter** nt (HIST) Moyen Âge m; **mittelalterlich** adj médiéval(e); (Zustände) moyenâgeux(-euse)

Mittelamerika nt l'Amérique f centrale

mittelbar adj indirect(e)

Mitteleuropa nt (-s) l'Europe f centrale; **Mittelfinger** m majeur m

mittellos adj sans argent

mittelmäßig adj médiocre; **Mittelmäßigkeit** f médiocrité f

Mittelmeer nt Méditerranée f; **Mittelpunkt** m centre m; **sie will immer im ~ stehen** elle veut toujours être le point de mire

mittels prep +gen au moyen de

Mittelstand m classes fpl moyennes; **mittelständisch** adj moyen(ne); **Mittelstreckenrakete** f fusée f à [o de] moyenne portée; **Mittelstreifen** m bande f médiane; **Mittelstürmer(in)** m(f) avant-centre m; **Mittelweg** m voie f moyenne; **Mittelwelle** f (RADIO) ondes fpl moyennes; **Mittelwert** m valeur f moyenne

mitten adv ~ **auf der Straße** en plein milieu de la route; ~ **in der Nacht** au milieu de la nuit; **mittenhindurch** adv tout au travers

Mitternacht f minuit m

mittlere(r, s) adj du milieu; (durchschnittlich) moyen(ne)

mittlerweile adv entre-temps

Mittwoch m (-(e)s, -e) mercredi m; (am) ~ mercredi (qui vient); **mittwochs** adv tous les mercredis; (Zeitplan) le mercredi

mitunter adv de temps en temps

mitverantwortlich adj (Mensch) coresponsable

mit|wirken sep vi coopérer (bei, an +dat à); (THEAT) participer; **Mitwirkung** f collaboration f; **unter ~ von** avec la participation de

Mitwisser(in) m(f) (-s, -) personne f qui est dans le secret; (Zeuge) témoin m

Mixer m (-s, -) (Gerät) batteur f

mobben vt harceler moralement; **Mobbing** nt (-s) harcèlement m moral

Möbel nt (-s, -) meuble m; **Möbelwagen** m camion m de déménagement

mobil adj (Gerät) mobile; (fam: Mensch) alerte; (MIL) sur le pied de guerre; ~ **telefonieren** téléphoner sur un portable; **Mobilfunk** m téléphonie f mobile; **Mobilfunknetz** nt réseau m de téléphonie mobile

Mobiliar nt (-s) mobilier m

Mobiltelefon nt téléphone m mobile

möblieren (pp möbliert) vt meubler; **möbliert wohnen** habiter un meublé

mochte imperf von **mögen**

Mode f (-, -n) mode f

Model nt (-s, -s) (Mannequin) mannequin m

Modell nt (-s, -e) modèle m; (Mannequin) mannequin m; (ARCHIT) maquette f

modellieren (pp modelliert) vt modeler

Modem m o nt (-s, -s) (INFORM) modem m

Modenschau f défilé m de mode

modern adj moderne; (modisch) à la mode; **modernisieren** (pp modernisiert) vt moderniser

Modeschmuck m bijou m fantaisie;

Modewort nt mot m à la mode
modisch adj à la mode
Modul nt (-s, -e) module m; **modular** adj modulaire
Modus m (-, Modi) (a. INFORM) mode m
Mofa nt (-s, -s) cyclomoteur m, moby-lette® f
mogeln vi (fam) tricher
mögen (mochte, gemocht) vt, vi aimer; (wollen) vouloir; **ich möchte** ... je voudrais ...; **das mag wohl sein** cela se pourrait bien
möglich adj possible; **möglicherweise** adv peut-être; **Möglichkeit** f possibilité f; **nach** ~ si possible; **möglichst** adv ~ **schnell** le plus rapidement possible
Mohn m (-(e)s, -e) pavot m; (Klatsch~) coquelicot m
Möhre f (-, -n), **Mohrrübe** f carotte f
mokieren (pp mokiert) vr **sich über jdn/ etw** ~ se moquer de qn/qch
Moldawien nt (-s) la Moldavie
Mole f (-, -n) môle m
Molekül nt (-s, -e) molécule f
molk imperf von **melken**
Molkerei f laiterie f
Moll nt (-, -) (MUS) mineur(e)
mollig adj (Wärme) agréable; (Pullover) douillet(te); (dicklich) potelé(e)
Moment 1. m (-(e)s, -e) moment m; **im** ~ pour le moment **2.** nt (-(e)s, -e) facteur m, élément m
momentan 1. adj momentané(e) **2.** adv pour le moment
Monaco nt (-s) (la principauté de) Monaco
Monarch(in) m(f) (-en, -en) monarque m, souverain(e); **Monarchie** f monarchie f
Monat m (-(e)s, -e) mois m; **monatelang** adj pendant des mois; **monatlich** adj mensuel(le); **Monatsgehalt** nt salaire m mensuel; **das 13.** ~ le treizième mois; **Monatskarte** f abonnement m mensuel
Mönch m (-(e)s, -e) moine m
Mond m (-(e)s, -e) lune f; **Mondfähre** f module m lunaire; **Mondfinsternis** f éclipse f de lune; **mondhell** adj éclairé(e) par la lune; **Mondlandung** f alunissage m; **Mondschein** m clair m de lune; **Mondsonde** f sonde f lunaire
monegassisch adj monégasque
Mongole m (-n, -n) Mongol m
Mongolei f **die** ~ la Mongolie; **Mongolin** f Mongole f; **mongolisch** adj mongol(e)

mongoloid adj mongolien(ne)
Monitor m (a. INFORM) moniteur m, écran m
Monolog m (-(e)s, -e) monologue m
Monopol nt (-s, -e) monopole m; **monopolisieren** (pp monopolisiert) vt monopoliser
monoton adj monotone; **Monotonie** f monotonie f
Monoxid nt monoxyde m
Monsun m (-s, -e) mousson f
Montag m lundi m; (am) ~ lundi (qui vient)
Montage f (-, -n) montage m
montags adj tous les lundis; (Zeitplan) le lundi
Monteur(in) m(f) (TECH) monteur m; **montieren** (pp montiert) vt monter
Monument nt monument m; **monumental** adj monumental(e)
Moonboots pl après-skis mpl, moon-boots mpl
Moor nt (-(e)s, -e) marécage m
Moos nt (-es, -e) mousse f
Moped nt (-s, -s) cyclomoteur m, moby-lette® f
Mopp m (-s, -s) balai m à franges
Mops m (-es, Möpse) carlin m
Moral f (-) morale f; **moralisch** adj moral(e)
Moräne f (-, -n) moraine f
Morast m (-(e)s, -e) bourbier m; **morastig** adj boueux(-euse)
Mord m (-(e)s, -e) meurtre m; **Mordanschlag** m attentat m; **Mörder(in)** m(f) (-s, -) meurtrier(-ière); **Mordkommission** f brigade f criminelle; **Mordsglück** nt (fam) chance f inouïe; **mordsmäßig** adj (fam) énorme; **Mordsschreck** m (fam) peur bleue f; **Mordverdacht** m **unter** ~ **stehen** être soupçonné(e) de meurtre; **Mordwaffe** f arme f du crime
morgen adv demain; ~ **früh** demain matin; **Morgen** m (-s, -) matin m; **Morgenessen** nt (CH) petit déjeuner m; **Morgenmantel** m, **Morgenrock** m robe f de chambre; **Morgenröte** f aurore f; **morgens** adv le matin; **morgig** adj de demain; **der ~e Tag** demain
Morphium nt (-s) morphine f
morsch adj (Holz) pourri(e); (Knochen) fragile
Morsealphabet nt alphabet m morse; **morsen 1.** vt télégraphier en morse **2.** vi envoyer un message en morse
Mörtel m (-s, -) mortier m

Mosaik nt (-s, -en o -e) mosaïque f
Mosambik nt (-s) le Mozambique
Moschee f (-, -n) mosquée f
Möse f (-, -n) (vulg) con m
Mosel f (-) Moselle f
Moskau nt (-s) Moscou
Moskito m (-s, -s) moustique m; **Moskitonetz** nt moustiquaire m
Moslem m (-s, -s) musulman m; **moslemisch** adj musulman(e); **Moslime** f (-, -n) musulmane f
Most m (-(e)s, -e) moût m; (Apfelwein) cidre m
Motel nt (-s, -s) motel m
Motiv nt motif m
Motivation f motivation f
motivieren (pp motiviert) vt motiver
Motor m (-s, -s) moteur m; **Motorboot** nt canot m automobile; **Motorenöl** nt huile f à moteur; **Motorhaube** f capot m; **motorisieren** (pp motorisiert) vt motoriser; **Motorrad** nt moto f; **Motorradfahrer(in)** m(f) motocycliste mf; **Motorroller** m scooter m; **Motorschaden** m ennuis mpl mécaniques, panne f; **Motorsport** m sport m automobile
Motte f (-, -n) mite f; **Mottenkugel** f, **Mottenpulver** nt antimite m
Motto nt (-s, -s) devise f
Mountainbike nt (-s, -s) V.T.T. m, vélo tout-terrain m; **Mountainbiker(in)** m(f) (-s, -) vététiste mf
Möwe f (-, -n) mouette f
MP3 nt (-) MP3 m; **MP3-Spieler** m lecteur m MP3
MS f (-) abk von **multiple Sklerose** SEP f
Mücke f (-, -n) moustique m
Mucken pl **seine ~ haben** avoir des sautes d'humeur; (Sache) clocher
Mückenstich m piqûre f de moustique
mucksen vr **sich nicht ~** (fam) ne pas bouger; (still sein) ne pas piper mot
müde adj fatigué(e); (Lächeln) las(se); **einer Sache** gen **~ sein** être las(se) de qch; **Müdigkeit** f fatigue f
Muff m (-(e)s, -e) manchon m
Muffel m (-s, -) (fam) ronchonneur(-euse)
muffig adj qui sent le renfermé
Mühe f (-, -n) peine f; **mit Müh und Not** avec peine; **sich** dat **~ geben** se donner de la peine; **mühelos** adj facile
muhen vi meugler
mühevoll adj pénible
Mühle f (-, -n) moulin m
Mühsal f (-, -e) tribulations fpl
mühsam, mühselig adj pénible
Mulatte m (-n, -n), **Mulattin** f mulâtre(-tresse)

Mulde f (-, -n) cuvette f
Mull m (-(e)s, -e) mousseline f
Müll m (-(e)s) ordures fpl; **Müllabfuhr** f enlèvement m des ordures; (kommunale Einrichtung) service m de voirie; **Müllablageplatz** m décharge f
Mullbinde f bande f de gaze
Müllcontainer m benne f d'ordures ménagères, conteneur m d'ordures ménagères; **Mülldeponie** f décharge f; **Mülleimer** m poubelle f
Müller(in) m(f) (-s, -) meunier(-ière) f
Müllhaufen m tas m d'ordures; **Müllkippe** f décharge f; **Müllschlucker** m (-s, -) vide-ordures m; **Mülltonne** f poubelle f; **Mülltrennung** f triage m des déchets; **Müllverbrennung** f incinération f des ordures; **Müllverbrennungsanlage** f incinérateur m; (Fabrik) usine f d'incinération d'ordures; **Müllwagen** m benne f à ordures
mulmig adj (Gefühl) bizarre; **mir ist (es) ~** (fam) je me sens mal à l'aise
Multi m (-s, -s) société f multinationale, multinationale f
multifunktional adj (a. INFORM) multifonctionnel(le), polyvalent(e); **Multifunktionstastatur** f (INFORM) clavier m à touches multifonctionnel
multikulti adj (fam), **multikulturell** adj multiculturel(le)
Multimedia- in Zusammensetzungen multimédia; **Multimedia-CD-ROM** f CD-ROM m multimédia; **multimedial** adj multimédia
Multiple-Choice-Verfahren nt QCM m, questionnaire m à choix multiple
multiple Sklerose f (-n, -n) sclérose f en plaques
Multiplexkino nt multiplexe m
multiplizieren (pp multipliziert) vt multiplier
Multitasking nt (-s) (INFORM) multiprogrammation f
Mumie f momie f
Mumm m (-s) (fam) cran m
Mumps m (-) oreillons mpl
München nt (-s) Munich
Mund m (-(e)s, Münder) bouche f; **Mundart** f dialecte m; **Munddusche** f hydropulseur m
Mündel nt (-s, -) pupille mf
münden vi <sein o haben> (Fluss) se jeter (in +akk dans); (Straße) déboucher (in +akk sur)
mundfaul adj peu loquace; **Mundfäule**

f (-) (MED) stomatite f; **Mundgeruch** m mauvaise haleine f; **Mundharmonika** f harmonica m

mündig adj majeur(e); **Mündigkeit** f majorité f

mündlich 1. adj (Absprache) verbal(e); (Prüfung) oral(e) **2.** adv de vive voix; oralement

Mundstück nt (von Trompete etc) embouchure f; (Zigaretten~) bout m; **mundtot** adj jdn ~ **machen** réduire qn au silence

Mündung f embouchure f; (eines Gewehrs) gueule f

Mundwasser nt bain m de bouche; **Mundwerk** nt ein großes ~ haben (fam) avoir une grande gueule; **Mundwinkel** m coin m de la bouche

Munition f munitions fpl; **Munitionslager** nt dépôt m de munitions

munkeln vi chuchoter

Münster nt (-s, -) cathédrale f

munter adj (lebhaft) gai(e); (wach) plein(e) d'entrain; **Munterkeit** f entrain m

Münze f (-, -n) pièce f (de monnaie); **münzen** vt monnayer; **auf jdn gemünzt sein** être dirigé(e) contre qn; **Münzfernsprecher** m cabine f téléphonique à pièces; **Münztankstelle** f station f service automatique

mürb(e) adj (Gestein, Holz) friable; (Gebäck) sablé(e); **jdn ~ machen** briser qn; **Mürb(e)teig** m pâte f brisée

murmeln vt, vi murmurer

Murmeltier nt marmotte f

murren vi rouspéter

mürrisch adj (Mensch) de mauvaise humeur; (Antwort) maussade; (Gesicht) renfrogné(e)

Mus nt (-es, -e) compote f

Muschel f (-, -n) moule f; (~schale) coquillage m; (Telefon~) combiné m

Muschi f (-, -s) (fam) chatte f

Muse f (-, -n) muse f

Museum nt (-s, Museen) musée m

Musical nt (-s, -s) comédie f musicale

Musik f musique f; **musikalisch** adj (Mensch) musicien(ne); (Verständnis) musical(e); **Musikbox** f (-, -en) juke-box m; **Musiker(in)** m(f) (-s, -) musicien(ne); **Musikhochschule** f conservatoire m; **Musikinstrument** nt instrument m de musique; **Musikkassette** f cassette f (musicale)

musizieren (pp musiziert) vi jouer de la musique

Muskat m muscade f; **Muskatblüte** f

macis m; **Muskatnuss** f noix f de muscade

Muskel m (-s, -n) muscle m; **Muskelkater** m courbatures fpl; **Muskulatur** f musculature f; **muskulös** adj musclé(e)

Müsli nt (-s, -) mu(e)sli m

Muslim m (-s, -s), **Muslimin** f musulman(e)

Muss nt (-) nécessité f

Muße f (-) loisir m

müssen (musste, gemusst) vi devoir; **ich muss es machen** je dois le faire, il faut que je le fasse; **er hat gehen ~** il a dû s'en aller

müßig adj (untätig) oisif(-ive); (nutzlos) vain(e); **Müßiggang** m oisiveté f

musste imperf von **müssen**

Muster nt (-s, -) modèle m; (Dessin) motif m; (Probe) échantillon m; **mustergültig** adj exemplaire

mustern vt (Truppen) passer en revue; (fig: ansehen) dévisager

Musterschüler(in) m(f) élève mf modèle

Musterung f (MIL) conseil m de révision

Mut m (-(e)s) courage m; **nur ~!** courage!; **jdm ~ machen** encourager qn; **jdm ist wohl zu ~e** qn se sent bien; **mutig** adj courageux(-euse); **mutlos** adj découragé(e)

mutmaßlich adj (Täter) présumé(e)

Mutprobe f épreuve f de courage

Mutter 1. f (-, Mütter) mère f **2.** f (Muttern pl) (Schrauben~) écrou m; **mütterlich** adj maternel(le); **mütterlicherseits** adv Großvater ~ grand-père maternel; **Mutterliebe** f amour m maternel; **Muttermal** nt envie f; **Mutterschaft** f maternité f; **Mutterschaftsurlaub** m congé m de maternité; **Mutterschutz** m protection f sociale de la femme enceinte; (Zeit) congé m (de) maternité; **mutterseelenallein** adj absolument seul(e); **Muttersprache** f langue f maternelle; **Muttersprachler(in)** m(f) (-s, -) locuteur (-trice) natif(-ive); **Muttertag** m fête f des mères

Mutti f (-, -s) (fam) maman f

mutwillig adj (Zerstörung) volontaire

Mütze f (-, -n) (Woll~) bonnet m; (Schiffer~) casquette f

MWSt. abk von **Mehrwertsteuer** T.V.A. f

Myanmar nt (-s) l'Union f de Myanmar

mysteriös adj mystérieux(-euse)

Mystik f mystique f; **Mystiker(in)** m(f) (-s, -) mystique mf

Mythos m (-, Mythen) mythe m

N

N, n nt (-, -) N, n m
na interj eh bien
Nabel m (-s, -) nombril m; **Nabelschnur** f cordon m ombilical
nach 1. prep +dat (zeitlich) après; (in Richtung) à, vers; (gemäß) d'après, selon; ~
oben/hinten vers le haut, en haut/en
arrière **2.** adv ihm ~! suivons-le!; ~ **wie
vor** tout comme avant; ~ **und** ~ peu à
peu
nach|äffen sep vt singer
nach|ahmen sep vt imiter; **Nachah-
mung** f imitation f
Nachbar(in) m(f) (-s o -n, -n) voisin(e);
Nachbarhaus nt maison f voisine;
nachbarlich adj (Beziehung) de bon voisinage; **Nachbarschaft** f voisinage m;
Nachbarstaat m État m voisin
nach|bestellen (pp nachbestellt) sep vt
(zusätzliche Ware) faire une commande
supplémentaire de; (zu einem späteren Zeitpunkt) commander ultérieurement;
Nachbestellung f (COM) commande f
supplémentaire de; (zu einem späteren Zeitpunkt) commande f ultérieure
nach|bilden sep vt faire une copie de;
Nachbildung f copie f, réproduction f
nach|blicken sep vi jdm/einer Sache ~
suivre qn/qch des yeux
nach|datieren (pp nachdatiert) sep vt
antidater
nachdem konj après que, après +inf;
(weil) puisque, comme
nach|denken sep irr vi réfléchir (über +akk
à); **nachdenklich** adj pensif(-ive)
Nachdruck m (-drucke pl) instance f;
(TYPO) réimpression f; **etw mit** ~ **sagen**
insister sur qch
nachdrücklich adj catégorique
nach|eifern sep vi jdm ~ se modeler sur
qn
nacheinander adv l'un(e) après l'autre,
successivement
nach|empfinden (pp nachempfunden)
sep irr vt jdm etw ~ comprendre (les sentiments de) qn; **das kann ich Ihnen** ~ je
comprends ce que vous ressentez
Nacherzählung f compte rendu m (de
lecture)
Nachfolge f succession f; **nach|folgen**
sep vi ⟨sein⟩ suivre (jdm/einer Sache qn/
qch); (in Amt etc) succéder; **Nachfol-
ger(in)** m(f) (-s, -) successeur m

nach|forschen sep vi faire des recher-
ches; **Nachforschung** f recherche f
Nachfrage f demande f de renseigne-
ments; (COM) demande f; **nach|fragen**
sep vi se renseigner
nach|fühlen sep vt jdm etw ~ compren-
dre qn, se mettre à la place de qn
nach|füllen sep vt (Behälter) recharger;
(Flüssigkeit) remplir à nouveau; **Nachfüll-
pack** m (-s, -e), **Nachfüllpackung** f
(éco-)recharge f
nach|geben sep irr vi céder
Nachgebühr f surtaxe f
Nachgeburt f placenta m
nach|gehen sep irr vi ⟨sein⟩ suivre (jdm
qn); (erforschen) faire des recherches (dat
sur); (Uhr) retarder
Nachgeschmack m arrière-goût m
nachgiebig adj (Mensch) conciliant(e);
(Boden etc) mou (molle)
nachhause adv (A, CH) à la maison
nach|helfen sep irr vi aider (jdm qn)
nachher adv après, ensuite
Nachhilfeunterricht m cours m particulier [o de rattrapage]
Nachholbedarf m (einen) ~ **haben** avoir
un retard à combler (an +dat en qch);
nach|holen sep vt (Versäumtes) rattraper
Nachkomme m (-n, -n) descendant m
nach|kommen sep irr vi ⟨sein⟩ venir
après; (mitkommen) rejoindre; (einer Verpflichtung) remplir (einer Sache dat qch)
Nachkommenschaft f descendance f
Nachkriegs- in Zusammensetzungen
d'après-guerre; **Nachkriegszeit** f
après-guerre m
Nachlass m (-es, -lässe) (COM) remise f;
(Erbe) héritage m; **nach|lassen** sep irr
1. vt (Strafe) remettre; (Preise) rabattre,
diminuer **2.** vi (Sturm etc) s'apaiser;
(schlechter werden: Mensch) se laisser aller;
(Leistung) diminuer
nachlässig adj négligé(e); (Mensch)
négligent(e); **Nachlässigkeit** f laisser-aller m
nach|laufen sep irr vi ⟨sein⟩ jdm ~ courir
après qn
nach|lösen sep vt (Fahrschein, Zuschlag)
acquitter en cours de voyage
nach|machen sep vt (Fotos) faire refaire;
(Arbeit) faire plus tard, rattraper; (Gebärde)
imiter; (fälschen) contrefaire; **jdm etw** ~
imiter [o copier] qn (en qch)

Nachmittag m après-midi m o f; **am ~** l'après-midi; **nachmittags** adv l'après-midi

Nachnahme f (-, -n) **per ~** contre remboursement

Nachname m nom m de famille

Nachporto nt surtaxe f

nach|prüfen sep vt, vi contrôler

nach|rechnen sep vt (Zahlen) vérifier

Nachrede f **üble ~** diffamation f

Nachricht f (-, -en) (Mitteilung) information f; (Neuigkeit) nouvelle f; (INFORM) message m; **Nachrichten** pl informations fpl; **Nachrichtenagentur** f agence f de presse; **Nachrichtenbrett** nt (INFORM) panneau m d'informations; **Nachrichtendienst** m (MIL) service m secret; **Nachrichtensprecher(in)** m(f) speaker m, speakerine f; **Nachrichtentechnik** f télécommunications fpl

nach|rücken sep vi ⟨sein⟩ avancer; **auf einen Posten ~** accéder à un poste

Nachruf m nécrologie f

nach|rüsten sep **1.** vt (Gerät, Auto) compléter l'équipement de, équiper après-coup **2.** vi (MIL) compléter son armement; **Nachrüstung** f (von Gerät, Auto) équipement m supplémentaire [o ultérieur]; (MIL) armement m additionnel [o complémentaire]

nach|sagen sep vt jdm etw ~ (wiederholen) répéter qch après qn; (vorwerfen) reprocher qch à qn

nach|schicken sep vt faire suivre

nach|schlagen sep irr **1.** vt (Wort) vérifier; (Sache) chercher **2.** vi jdm ~ tenir de qn; **in einem Buch ~** consulter un livre; **Nachschlagewerk** nt ouvrage m de référence

Nachschlüssel m double m (d'une clé)

Nachschub m ravitaillement m

nach|sehen sep irr **1.** vt (prüfen) vérifier; **jdm etw ~** pardonner qch à qn **2.** vi regarder; **jdm/einer Sache ~** suivre qn/qch des yeux; **das Nachsehen haben** en être pour ses frais

nach|senden sep irr vt faire suivre

Nachsicht f indulgence f; **nachsichtig** adj indulgent(e)

nach|sitzen sep vi ~ **müssen** être retenu(e)

Nachspeise f dessert m

Nachspiel nt (fig) suites fpl, conséquences fpl; **Nachspielzeit** f temps m de jeu additionnel

nach|sprechen sep irr vt, vi répéter (jdm après qn)

nächstbeste(r, s) adj le (la) premier(-ière) venu(e); **nächste(r, s)** adj suivant(e), prochain(e); **Nächste(r)** m prochain m; **Nächstenliebe** f amour m du prochain; **nächstens** adv prochainement; **nächstliegend** adj (Grundstück) d'à côté; (Buch) à portée de main; (fig) évident(e), manifeste; **nächstmöglich** adj (Termin) le plus tôt (possible)

Nacht f (-, Nächte) nuit f

Nachteil m inconvénient m, désavantage m; **nachteilig** adj défavorable

Nachtessen nt (CH) dîner m; **Nachthemd** nt chemise f de nuit

Nachtigall f (-, -en) rossignol m

Nachtisch m dessert m

Nachtklub m boîte f de nuit; **Nachtleben** nt vie f nocturne; **nächtlich** adj nocturne; **Nachtmahl** nt (A) dîner m

Nachtrag m (-(e)s, -träge) supplément m; **nach|tragen** sep irr vt ajouter; **jdm etw ~** (übel nehmen) en vouloir à qn de qch; **nachtragend** adj rancunier(-ière)

nach|trauern sep vi jdm/einer Sache ~ regretter qn/qch

Nachtruhe f repos m nocturne; **nachts** adv la nuit, de nuit; **Nachtschicht** f poste m de nuit; **nachtsüber** adv (pendant) la nuit; **Nachttarif** m tarif m de nuit; **Nachttisch** m table f de nuit; **Nachttopf** m pot m de chambre; **Nachtwächter** m veilleur m de nuit

Nachuntersuchung f contrôle m médical

nach|wachsen sep irr vi ⟨sein⟩ repousser

Nachwehen pl tranchées fpl utérines; (fig) suites fpl fâcheuses

Nachweis m (-es, -e) preuve f; **nachweisbar** adj vérifiable; **nach|weisen** sep irr vt prouver, démontrer; **jdm etw ~** (Fehler) convaincre qn de qch; (angeben) fournir qch à qn

nach|winken sep vi jdm ~ faire des signes d'adieu à qn

nach|wirken sep vi continuer de produire de l'effet; **Nachwirkung** f répercussions fpl, effet m ultérieur

Nachwort nt postface f

Nachwuchs m (in Familie) progéniture f; (in Beruf) nouvelles recrues fpl

nach|zahlen sep vt, vi (Summe) payer en plus; (Steuer) payer postérieurement

nach|zählen sep vt, vi recompter, vérifier; **Nachzahlung** f (zusätzlich) supplément m; (zurückdatiert) rappel m

Nachzügler(in) m(f) (-s, -) retardataire mf; (bei Wanderung) traînard(e); (Kind)

enfant venu(e) sur le tard
Nacken m (-s, -) nuque f
nackt adj nu(e); (Wand) dénudé(e); (Tatsachen) cru(e); (Wahrheit) tout(e) nu(e);
Nacktheit f nudité f
Nadel f (-, -n) aiguille f; (Steck~) épingle
f; **Nadelbaum** m conifère m; **Nadeldrucker** m imprimante f à aiguilles;
Nadelkissen nt pelote f à épingles;
Nadelöhr nt chas m; **Nadelwald** m
forêt f de résineux
Nagel m (-s, Nägel) clou m; (Finger~)
ongle m; **Nägel mit Köpfen machen** faire
les choses convenablement; **Nagelbürste** f brosse f à ongles; **Nagelfeile** f
lime f à ongles; **Nagelhaut** f cuticule f;
Nagellack m vernis m à ongles; **Nagellackentferner** m (-s, -) dissolvant m;
nageln vt (Kiste etc) clouer; (Schuhe)
clouter; **nagelneu** adj flambant neuf
(neuve); **Nagelschere** f ciseaux mpl à
ongles
nagen vt, vi ronger (an jdm/etw qn/qch);
Nagetier nt rongeur m
nah adj s. **nahe**
Nahaufnahme f gros plan m
nahe (näher, am nächsten) 1. adj proche
2. prep +dat près de 3. adv (tout) près;
jdm ~ gehen (Erlebnis etc) toucher qn de
près; **einer Sache** dat ~ **kommen** s'approcher de qch; **sich ~ kommen** (Menschen)
devenir très proches; **jdm etw ~ legen**
suggérer qch à qn; ~ **liegen** paraître
évident(e); ~ **liegend** tout(e) naturel(le);
jdm/einer Sache dat ~ **stehen** être proche de qn/qch; ~ **stehend** (Freunde)
intime, proche; **jdm zu ~ treten** froisser
qn
Nähe f (-) proximité f; (Umgebung) environs mpl; **in der ~** à deux pas d'ici; **aus
der ~** de près
nahebei adv à proximité; **nahe|gehen**
sep irr vi s. **nahe**; **nahe|kommen** sep irr vi
s. **nahe**; **nahe|legen** sep vt s. **nahe**;
nahe|liegen sep irr vi s. **nahe**; **naheliegend** adj s. **nahe**
nahen vi ⟨sein⟩ approcher
nähen vt, vi (Kleidung) coudre; (Wunde)
suturer
näher adj komp von **nahe** plus proche;
(Erklärung, Erkundigung) plus précis(e); ~
kommen s'approcher; **sich ~ kommen** se
rapprocher; **Nähere(s)** nt détails mpl
Naherholungsgebiet nt région de villégiature à proximité d'une grande ville
Näherin f couturière f
näher|kommen sep irr vi, vr s. **näher**

nähern vr sich ~ s'approcher; **Näherungswert** m valeur f approximative
nahe|stehen sep irr vi s. **nahe**; **nahestehend** adj s. **nahe**
Nähgarn nt fil m (à coudre); **Nähkasten** m boîte f à ouvrage
nahm imperf von **nehmen**
Nähmaschine f machine f à coudre;
Nähnadel f aiguille f (à coudre)
nähren 1. vt nourrir 2. vr sich ~ se nourrir
(von de); **nahrhaft** adj nourrissant(e);
Nährstoffe pl substances fpl nutritives;
Nahrung f nourriture f; **Nahrungskette** f chaîne f alimentaire; **Nahrungsmittel** nt aliment m, produit m
alimentaire; **Nahrungsmittelindustrie** f industrie f agro-alimentaire; **Nahrungssuche** f recherche f de la nourriture; **Nährwert** m valeur f nutritive
Naht f (-, Nähte) couture f; (MED) suture f;
(TECH) soudure f; **nahtlos** adj (Strumpf)
sans couture(s); (Übergang) immédiat(e)
Nahverkehr m trafic m suburbain [o de
banlieue]; **Nahverkehrszug** m train m
régional; **Nahziel** nt objectif m immédiat
naiv adj naïf (naïve); **Naivität** f naïveté
f
Name m (-ns, -n) nom m; **im ~n von** au
nom de; **namens** 1. adv du nom de
2. prep +gen au nom de; **Namensschild**
nt (an Haustür) plaque f; (am Revers)
badge m; **Namensschwester** f
homonyme f; **Namenstag** m fête f;
Namensvetter m homonyme m;
namentlich 1. adj (Abstimmung) nominal(e) 2. adv nominalement; (besonders)
surtout
namhaft adj (berühmt) connu(e);
(beträchtlich) considérable; ~ **machen**
identifier
Namibia nt (-s) la Namibie
nämlich adv à savoir; (denn) car
nannte imperf von **nennen**
Nanotechnologie f nanotechnologie f
nanu interj ça alors
Napf m (-(e)s, Näpfe) écuelle f
Narbe f (-, -n) cicatrice f; **narbig** adj
couvert(e) de cicatrices
Narkose f (-, -n) anesthésie f
Narr m (-en, -en) fou m; **narren** vt
duper, berner; **närrisch** adj fou (folle),
loufoque
Narzisse f (-, -n) narcisse m; (gelbe) jonquille f
naschen vt (Schokolade etc) grignoter;
naschhaft adj gourmand(e); **Nasch-**

katze f (fam) gourmand(e)
Nase f (-, -n) nez m; **Nasenbluten** nt
(-s) saignement m de nez; **Nasenloch**
nt narine f; **Nasenrücken** m arête f du
nez; **Nasentropfen** pl gouttes fpl pour
le nez; **naseweis** adj effronté(e), imper-
tinent(e); (neugierig) curieux(-euse)
Nashorn nt (-s, Nashörner) rhinocéros m
nass adj mouillé(e); **Nässe** f (-) humidité f; **nässen** vi (Wunde) suinter; **nass-
kalt** adj froid(e) et humide; **Nassrasur** f
rasage m mécanique
Nastuch nt (A, CH) s. **Taschentuch**
Nation f (-, -en) nation f; **national** adj natio-
nal(e); **Nationalfeiertag** m fête f nationale; **Nationalhymne** f hymne m
national; **nationalisieren** (pp nationali-
siert) vt nationaliser; **Nationalismus** m
nationalisme m; **Nationalist(in)** m(f)
nationaliste mf; **nationalistisch** adj
nationaliste; **Nationalität** f nationalité
f; **Nationalmannschaft** f équipe f
nationale; **Nationalpark** m parc m
national; **Nationalrat** m (A, CH) Conseil
m national; **Nationalsozialismus** m
national-socialisme m, nazisme m
NATO f (-) akr von **North Atlantic Treaty
Organization** OTAN f
Natrium nt sodium m
Natron nt (-s) soude f
Natter f (-, -n) vipère f
Natur f nature f
Naturalien pl in ~ en nature
Naturalismus m naturalisme m
Naturerscheinung f phénomène m
naturel; **naturfarben** adj de couleur
naturelle; **naturgemäß** adj naturel(le);
Naturgesetz nt loi f de la nature;
Naturkatastrophe f catastrophe f
naturelle
natürlich 1. adj naturel(le) 2. adv naturellement; **natürlicherweise** adv naturellement; **Natürlichkeit** f (von Mensch)
naturel m, simplicité f
Naturmedizin f médecine f naturelle;
Naturpark m parc m naturel; **Natur-
produkt** nt (Rohstoff) matière f première;
(landwirtschaftlich) produit m naturel;
naturrein adj (Wein etc) naturel(le);
Naturschutz m protection f de la
nature; **Naturschutzgebiet** nt site m
protégé; **Naturwissenschaften** pl
sciences fpl naturelles; **Naturwissen-
schaftler(in)** m(f) scientifique mf;
Naturzustand m état m naturel
nautisch adj nautique
Navelorange f orange f navel

Navigation f navigation f; **Naviga-
tionsfehler** m erreur f de navigation;
Navigationsinstrumente pl instruments mpl de navigation; **Navigationssystem** nt système m de navigation
Nazi m (-s, -s) nazi(e)
n. Chr. abk von **nach Christus** après J.-C.
Neapel nt (-s) Naples
Nebel m (-s, -) brouillard m, brume f;
nebelig adj brumeux(-euse); **Nebelscheinwerfer** m phare m antibrouillard;
Nebelschlussleuchte f (AUTO) feu m
arrière de brouillard
neben prep +dat o akk près de; (außer) à
part; **nebenan** adv à côté; **Nebenan-
schluss** m (TEL) ligne f supplémentaire;
nebenbei adv en outre; (beiläufig) en
passant; **Nebenbeschäftigung** f activité f secondaire; **Nebenbuhler(in)** m(f)
(-s, -) rival(e); **nebeneinander** adv
l'un(e) à côté de l'autre; ~ **legen** mettre
l'un(e) à côté de l'autre; **Nebenein-
gang** m entrée f latérale; **Nebener-
scheinung** f effet m secondaire;
Nebenfach nt (SCH) matière f secondaire; **Nebenfluss** m affluent m;
Nebengeräusch nt parasites mpl,
interférences fpl; **nebenher** adv (zusätzlich) en outre; (gleichzeitig) en même
temps; (daneben) à côté; **nebenher|fah-
ren** sep irr vi ⟨sein⟩ rouler à côté;
Nebenkosten pl frais mpl supplémentaires; **Nebenprodukt** nt sous-produit
m; **Nebenrolle** f rôle m secondaire;
Nebensache f bagatelle f; **nebensächlich** adj insignifiant(e); **Nebensai-
son** f basse saison f; **Nebensatz** m proposition f subordonnée; **Nebenstraße** f
rue f latérale; **Nebenwirkung** f effet m
secondaire; **Nebenzimmer** nt pièce f
voisine
neblig adj brumeux(-euse)
Necessaire nt (-s, -s) (Reise~) trousse f
de voyage; (Nagel~) trousse f de mani-
cure
necken vt taquiner; **Neckerei** f taquinerie f; **neckisch** adj taquin(e); (Einfall, Lied)
amusant(e)
Neffe m (-n, -n) neveu m
negativ adj négatif(-ive); **Negativ** nt
négatif m
Neger(in) m(f) (-s, -) Noir(e)
negieren (pp negiert) vt nier
nehmen (nahm, genommen) vt prendre;
etw an sich akk ~ prendre qch; **sich ernst
~** se prendre au sérieux; **nimm dir noch
einmal** ressers-toi

Neid m (-(e)s) jalousie f; **Neider(in)** m(f) (-s, -) jaloux(-ouse), envieux(-euse); **neidisch** adj envieux(-euse)

neigen 1. vt incliner **2.** vi **zu etw** ~ tendre à qch; **Neigung** f (des Geländes) pente f, inclinaison f; (Tendenz) tendance f (zu à); (Vorliebe) penchant m (zu pour); (Zuneigung) affection f (zu pour); **Neigungswinkel** m angle m d'inclinaison

nein adv non

Nektarine f brugnon m, nectarine f

Nelke f (-, -n) œillet m; (Gewürz) clou m de girofle

nennen (nannte, genannt) vt nommer; (Kind) appeler; (Namen) dire; **nennenswert** adj digne d'être mentionné(e), remarquable; (Schaden) considérable

Nenner m (-s, -) nerf m; (MATH) dénominateur m

Nennung f mention f; **ohne** ~ **von Namen** sans mentionner personne

Nennwert m (FIN) valeur f nominale

Neologismus m néologisme m

Neon nt (-s) néon m

Neonazi m néonazi(e)

Neonlicht nt lampe f au néon; **Neonröhre** f tube m au néon

Neoprenanzug m combinaison f en néoprène

Nepal nt (-s) le Népal

Nerv m (-s, -en) nerf m; **jdm auf die** ~**en gehen** taper sur les nerfs de qn; **nerven** vt (fam) taper sur les nerfs de, énerver; **nervenaufreibend** adj énervant(e); **Nervenbündel** nt paquet m de nerfs; **Nervenheilanstalt** f maison f de santé; **Nervenklinik** f clinique f psychiatrique; (Neurologie) clinique f neurologique; **nervenkrank** adj neurasthénique; **Nervensäge** f (fam) casse-pieds mf; **Nervenschwäche** f neurasthénie f; (fam: schwache Nerven) nerfs mpl fragiles; **Nervensystem** nt système m nerveux; **Nervenzusammenbruch** m dépression f nerveuse

nervig adj (fam) tuant(e); (Mensch) assommant(e)

nervös adj nerveux(-euse); **Nervosität** f nervosité f

nervtötend adj abrutissant(e)

Nerz m (-es, -e) vison m

Nessel f (-, -n) ortie f

Nessessär nt (-s, -s) s. Necessaire

Nest nt (-(e)s, -er) nid m; (fam: Ort) patelin m; (von Dieben) repaire m

nesteln vi **an etw** dat ~ tripoter qch; (zurechtrücken) arranger qch

Netikette f, **Netiquette** f nétiquette f,

étiquette f de réseau

nett adj joli(e); (Abend) agréable; (freundlich) gentil(le); **netterweise** adv gentiment, aimablement

netto adv net; **Nettobetrag** m montant m net

Netz nt (-es, -e) filet m; (Spinnen~) toile f; (System) réseau m; **ans** ~ **gehen** être mis(e) en service; **etw ins** ~ **stellen** mettre qch en réseau; **Netzanschluss** m raccordement m au secteur; **Netzbetreiber(in)** m(f) fournisseur m d'accès; **Netzgerät** nt alimentation f (sur) secteur; **Netzhaut** f rétine f; **Netzkarte** f abonnement m; **Netzpirat(in)** m(f) pirate mf informatique; **Netzsurfer(in)** m(f) internaute mf; **Netzwerk** nt réseau m; **Netzwerkkarte** f adaptateur m de réseau

neu 1. adj nouveau(-velle); (noch nicht gebraucht) neuf (neuve); (Sprachen, Geschichte) moderne; **Neuer Markt** Nouveau marché m **2.** adv ~ **schreiben/machen** récrire/refaire; **seit** ~**estem** tout récemment; **Neuanschaffung** f nouvelle acquisition f; **neuartig** adj (Sache) inédit(e); **Neuauflage** f réédition f; **Neuausgabe** f nouvelle édition f; **Neubau** m (-bauten pl) construction f nouvelle; **Neue(r)** mf nouveau(-velle)

Neuenburg nt (-s) (Stadt und Kanton) Neuchâtel

neuerdings adv (kürzlich) récemment; (von neuem) de nouveau; **Neuerung** f innovation f

Neufundland nt la Terre-Neuve

Neugier f (-) curiosité f; **neugierig** adj curieux(-euse)

Neuguinea nt la Nouvelle-Guinée

Neuheit f nouveauté f

Neuigkeit f nouvelle f

Neujahr nt nouvel an m

neulich adv l'autre jour

Neuling m novice mf, débutant(e)

Neumond m nouvelle lune f

neun num neuf; **Neun** f (-, -en) neuf m; **neunfach** adj neuf fois; **neunhundert** num neuf cents; **neunjährig** adj de neuf ans; **neunmal** adv neuf fois; **neunt** adv **zu** ~ à neuf; **neunte(r, s)** adj neuvième; **der** ~ **Mai** le neuf mai; **Dinard, den 9. Mai** Dinard, le 9 mai; **Neunte(r)** mf neuvième m; **Neuntel** nt (-s, -) neuvième m; **neuntens** adv neuvièmement

neunzehn num dix-neuf

neunzig num quatre-vingt-dix; (schweizerisch, belgisch) nonante

neureich adj (Mensch) nouveau riche

Neurose f (-, -n) névrose f; **Neurotiker(in)** m(f) (-s, -) névrosé(e); **neurotisch** adj névrosé(e)

Neuseeland nt la Nouvelle-Zélande; **Neuseeländer(in)** m(f) (-s, -) Néo-Zélandais(e); **neuseeländisch** adj néo-zélandais(e)

Neustart m (INFORM) redémarrage m

neutral adj neutre; **neutralisieren** (pp neutralisiert) vt neutraliser; **Neutralität** f neutralité f

Neutron nt (-s, -en) neutron m; **Neutronenbombe** f bombe f à neutrons

Neutrum nt (-s, Neutra o Neutren) neutre m

Neuwert m valeur f à l'état neuf; **neuwertig** adj à l'état neuf; **Neuzeit** f temps mpl modernes; **neuzeitlich** adj moderne

Newbie m (-s, -s) (INFORM) internaute mf novice

Newsgroup f (-, -s) (INFORM) newsgroup m

Nicaragua nt (-s) le Nicaragua; **Nicaraguaner(in)** m(f) (-s, -) Nicaraguayen(ne); **nicaraguanisch** adj nicaraguayen(ne)

nicht adv (ne ...) pas; ~ **wahr?** n'est-ce pas?; ~ **doch** mais non; ~ **berühren** ne pas toucher; ~ **rostend** inoxydable; **Nichtangriffspakt** m pacte m de non-agression

Nichte f (-, -n) nièce f

Nichteuropäer(in) m(f) non-Européen(ne)

nichtig adj (ungültig) nul(le); (bedeutungslos) vain(e); (wertlos) futile; **Nichtigkeit** f nullité f; (Sinnlosigkeit) futilité f

Nichtraucher(in) m(f) non-fumeur (-euse); **Nichtraucherflug** m vol m non-fumeur; **nichtrostend** adj s. nicht

nichts pron (ne ...) rien; ~ **ahnend** sans se douter de rien; ~ **sagend** insignifiant(e); **Nichts** nt (-s) néant m; (pej: Mensch) zéro m

Nichtschwimmer(in) m(f) non-nageur(-euse); **nichtsdestoweniger** adv néanmoins; **Nichtsnutz** m (-es, -e) vaurien(ne); **nichtsnutzig** adj ein ~er Kerl un vaurien; **nichtssagend** adj s. nichts; **Nichtstun** nt oisiveté f

Nichtzutreffende(s) nt Nichtzutreffendes bitte streichen rayer les mentions inutiles

Nickel nt (-s) nickel m

nicken vi faire un signe de la tête

Nickerchen nt petit somme m

Nidwalden nt (-s) Nidwald

nie adv (ne ...) jamais; ~ **wieder**, ~ **mehr** jamais plus, plus jamais; ~ **und nimmer** jamais de la vie

nieder 1. adj bas(se) 2. adv ~ **mit ...** à bas ...; **Niedergang** m déclin m, décadence f; **nieder|gehen** sep irr vi (sein) descendre; (Regen) s'abattre; **niedergeschlagen** adj abattu(e), déprimé(e); **Niedergeschlagenheit** f abattement m; **Niederlage** f défaite f, échec m

Niederlande pl die ~ les Pays-Bas mpl; **Niederländer(in)** m(f) (-s, -) Néerlandais(e); **niederländisch** adj néerlandais(e)

nieder|lassen sep irr vr sich ~ s'installer; **Niederlassung** f (COM) succursale f; **nieder|legen** sep vt poser; (Arbeit) cesser; (Amt) démissionner de

Niederösterreich nt la Basse-Autriche

Niedersachsen nt la Basse-Saxe

Niederschlag m (CHEM) précipité m; (METEO) précipitations fpl; **nieder|schlagen** sep irr 1. vt (Gegner) terrasser; (Augen) baisser; (Aufstand) réprimer; **das Verfahren wurde niedergeschlagen** l'affaire a été classée 2. vr sich ~ (CHEM) former un précipité; **sich in etw** dat ~ s'exprimer dans qch

niederträchtig adj infâme, vil(e)

Niederung f (GEO) cuvette f

niedlich adj mignon(ne), adorable

niedrig adj bas(se); (Geschwindigkeit) faible; (Stand) modeste

niemals adv (ne ...) jamais

niemand pron personne (ne ...); **Niemandsland** nt zone f neutre

Niere f (-, -n) rein m; **jdm an die ~n gehen** (fam) toucher qn au vif; **Nierenentzündung** f néphrite f; **Nierentasche** f sac m banane

nieseln vb unpers **es nieselt** il bruine

niesen vi éternuer

Niete f (-, -n) (TECH) rivet m; (Los) mauvais numéro m; (Reinfall) fiasco m; (Mensch) raté(e); **nieten** vt riveter

Niger nt (-s) le Niger

Nigeria nt (-s) le Nigeria

Nihilismus m nihilisme m; **Nihilist(in)** m(f) nihiliste mf; **nihilistisch** adj nihiliste

Nikolaus m (-) saint Nicolas m; **Nikolaustag** m Saint-Nicolas f

Nikotin nt (-s) nicotine f; **nikotinarm** adj pauvre en nicotine

Nil m (-s) Nil m

Nilpferd nt hippopotame m

Nimmersatt m (-(e)s, -e) glouton(ne)
nippen vt, vi siroter (an +dat qch)
Nippsachen pl bibelots mpl
nirgends, nirgendwo adv (ne ...) nulle
part; **nirgendwohin** adv nulle part
Nische f (-, -n) niche f
nisten vi (Vogel) nicher, faire son nid
Nitrat nt nitrate m
Niveau nt (-s, -s) niveau m
Nixe f (-, -n) ondine f
Nizza nt (-s) Nice
noch 1. adv encore; ~ **nie** jamais; ~ **nicht**
pas encore; **immer** ~ toujours, encore; ~
heute aujourd'hui même; ~ **vor einer**
Woche il y a encore une semaine; **und**
wenn es ~ **so schwer ist** même si c'est
très difficile; ~ **einmal** encore une fois; ~
und ~ en masse 2. konj **weder ... ~** ni ...
ni; **nochmalig** adj répété(e); **noch-**
mals adv encore une fois
Nockenwelle f arbre m à cames
Nominalwert m valeur f nominale
Nominativ m nominatif m
nominell 1. adj (Besitzer) nominal(e)
2. adv nominalement
No-Name-Produkt nt produit m sans
nom
Nonne f (-, -n) religieuse f; **Nonnen-**
kloster nt couvent m
Nordamerika nt l'Amérique f du Nord;
norddeutsch adj allemand(e) du Nord;
Norddeutschland nt l'Allemagne f du
Nord; **Norden** m (-s) nord m; (Region)
Nord m; **im** ~ **von** au nord de; **Nordir-**
land nt l'Irlande f du Nord, l'Ulster m;
nordisch adj nordique; **Nordkorea** nt
la Corée du Nord; **nördlich** 1. adj sep-
tentrional(e), du nord 2. adv au nord; ~
von Heidelberg au nord de Heidelberg;
Nordosten m nord-est m; (Region)
Nord-Est m; **Nordpol** m pôle m Nord
Nordrhein-Westfalen nt (-s) la Rhéna-
nie-(du-Nord-)Westphalie
Nordsee f mer f du Nord; **Nordwesten**
m nord-ouest m; (Region) Nord-Ouest m
Nörgelei f récriminations fpl, remarques
fpl continuelles; **nörgeln** vi grogner,
rouspéter; **Nörgler(in)** m(f) (-s, -) ron-
chonneur(-euse), rouspéteur(-euse)
Norm f (-, -en) norme f
normal adj normal(e); **Normalbenzin**
nt essence f ordinaire, ordinaire m; **nor-**
malerweise adv normalement; **nor-**
malisieren (pp normalisiert) 1. vt (Lage)
normaliser 2. vr **sich** ~ se normaliser,
revenir à la normale
normen vt standardiser

Norwegen nt (-s) la Norvège; **Norwe-**
ger(in) m(f) (-s, -) Norvégien(ne); **nor-**
wegisch adj norvégien(ne)
Not f (-, Nöte) détresse f; (Armut) besoin
m, dénuement m; (Mühe) peine f;
(Zwang) nécessité f; **zur** ~ au besoin;
(gerade noch) à la rigueur; ~ **leidend**
nécessiteux(-euse)
Notar(in) m(f) notaire m; **Notariat** nt
cabinet m de notaire; **notariell** adj
(Beglaubigung) notarié(e)
Notarzt m médecin m d'urgence [o de
SAMU]; **Notarztdienst** m service m
d'aide médicale urgente, SAMU m; **Not-**
arztwagen m voiture f du SAMU;
Notausgang m sortie f de secours;
Notbehelf m succédané m, expédient
m; **Notbremse** f signal m d'alarme;
Notdienst m service m de garde; **not-**
dürftig adj (Ersatz) insuffisant(e);
(behelfsmäßig: Reparatur) provisoire; **sich** ~
verständigen se faire comprendre tant
bien que mal
Note f (-, -n) note f; (Bank~) billet m;
(Gepräge) trait m, marque f
Notebook nt (-(s), -s) (INFORM) ordinateur
m portable, portable m
Notenblatt nt feuillet m de musique;
Notenschlüssel m clé f; **Notenstän-**
der m pupitre m (à musique)
Notfall m cas m d'urgence; **notfalls** adv
au besoin, si besoin est; **notgedrun-**
gen adv **etw** ~ **machen** faire qch par
nécessité
notieren (pp notiert) vt, vi noter; (FIN)
coter; **Notierung** f (FIN) cotation f
nötig adj nécessaire; **etw** ~ **haben** avoir
besoin de qch
nötigen vt obliger (zu à)
nötigenfalls adv si besoin est, au besoin
Notiz f (-, -en) notice f, note f; ~ **neh-**
men remarquer (von etw qch); **Notiz-**
block m bloc-notes m; **Notizbuch** nt
carnet m, calepin m; **Notizzettel** m
bout m de papier
Notlage f situation f critique, détresse f;
notlanden (notlandete, notgelandet) vi
⟨sein⟩ faire un atterrissage forcé; **Not-**
landung f atterrissage m forcé; **notlei-**
dend adj s. Not; **Notlösung** f solution f
provisoire; **Notlüge** f pieux mensonge
m
notorisch adj notoire
Notruf m appel m au secours; **Notruf-**
säule f poste m d'appel de secours;
Notrutsche f toboggan m de secours [o
d'évacuation]; **Notstand** m état m

d'urgence; **Notstandsgesetz** nt loi f
d'urgence; **Notunterkunft** f logement
m provisoire; **Notverband** m pansement m provisoire; **Notwehr** f (-) légitime défense f; **notwendig** adj nécessaire; (zwangsläufig) obligatoire; **Notwendigkeit** f nécessité f; **Notzucht** f
viol m

Novelle f nouvelle f; (JUR) amendement
m

November m (-(s), -) novembre m; **im ~**
en novembre; **16. ~ 2007** le 16 novembre 2007; **am 16. ~** le 16 novembre

Nu m **im ~** en moins de rien

Nuance f (-, -n) nuance f; (Kleinigkeit)
soupçon m

nüchtern adj (Mensch) à jeun; (nicht
betrunken) pas ivre; (Urteil) objectif(-ive);
(Einrichtung) simple; **Nüchternheit** f
sobriété f

Nudel f (-, -n) nouille f

null num zéro; **~ und nichtig** nul(le) et
non avenu(e); **Null** f (-, -en) zéro m;
Nullpunkt m zéro m; **Nullrunde** f gel
m des salaires; **Nullsummenspiel** nt
opération f blanche; **Nulltarif** m gra-
tuité f; **zum ~** gratuitement

numerieren vt s. **nummerieren**

numerisch adj numérique

Numerus clausus m (-, -) numerus
clausus m

Nummer f (-, -n) numéro m; **numme-**

rieren (pp nummeriert) vt numéroter;
Nummernblock m (INFORM) bloc m
numérique; **Nummernkonto** nt
compte m numéroté; **Nummern-
scheibe** f cadran m; **Nummernschild**
nt (AUTO) plaque f minéralogique

nun 1. adv maintenant **2.** interj alors

nur adv seulement

Nürnberg nt (-s) Nuremberg

Nuss f (-, Nüsse) noix f; (Hasel~) noisette
f; **Nussbaum** m noyer m; **Nussknacker** m (-s, -) casse-noisettes m

Nüster f (-, -n) naseau m

Nutte f (-, -n) putain f

nutzbar adj (Boden) cultivable; **~ machen**
rendre cultivable; **Nutzbarmachung** f
exploitation f; **nutzbringend 1.** adj profitable **2.** adv **etw ~ anwenden** mettre
qch à profit

nütze adj **zu nichts ~ sein** n'être bon(ne)
à rien

nutzen, nützen 1. vt utiliser; **nichts ~**
ne servir à rien **2.** vi (gut sein) être utile,
être bon(ne) (dat à, pour); **Nutzen** m
(-s) utilité f; s. a. zunutze

nützlich adj utile; **Nützlichkeit** f utilité
f

nutzlos adj inutile; **Nutzlosigkeit** f
inutilité f; **Nutznießer(in)** m(f) (-s, -)
usufruitier(-ière)

Nymphe f (-, -n) nymphe f

Nymphomanin f nymphomane f

O

O, o nt (-, -) O, o m

Oase f (-, -n) oasis f

o. B. abk von **ohne Befund** rien à signaler

OB m (-s, -s) abk von **Oberbürgermeister**
maire m

ob konj si; **~ das wohl wahr ist?** je me
demande si c'est vrai; **und ~!** et comment!

Obacht f (auf jdn/etw) **~ geben** faire
attention (à qn/qch)

ÖBB f (-) abk von **Österreichische Bundes-**

bahn chemin m de fer autrichien

Obdach nt abri m, refuge m; **obdach-
los** adj sans abri; **Obdachlose(r)** mf
sans-abri mf

Obduktion f autopsie f; **obduzieren**
(pp obduziert) vt autopsier

O-Beine pl jambes fpl arquées

oben adv en haut; **~ genannt, ~ erwähnt**
mentionné(e) ci-dessus; **nach ~** en haut,
vers le haut; **von ~** d'en haut; **~ ohne**
seins nus; **obenan** adv tout en haut;

obenauf 1. adv dessus **2.** adj (munter) en forme; **obendrein** adv par-dessus le marché; **obenerwähnt, obengenannt** adj s. **oben**

Ober m (-s, -) (Kellner) garçon m

Oberarm m haut m du bras; **Oberarzt** m, **-ärztin** f médecin f chef; **Oberaufsicht** f supervision f; **Oberbefehl** m haut commandement m; **Oberbefehlshaber(in)** m(f) commandant(e) en chef; **Oberbegriff** m terme m générique; **Oberbekleidung** f vêtements mpl (de dessus); **Oberbett** nt couette f; **Oberbürgermeister(in)** m(f) maire mf; **Oberdeck** nt (von Schiff) pont m supérieur; (von Bus) impériale f

obere(r, s) adj supérieur(e)

Oberfläche f surface f; **oberflächlich** adj superficiel(le)

Obergeschoss nt étage m; **oberhalb 1.** adv au-dessus **2.** prep +gen au-dessus de; **Oberhaupt** nt chef m; **Oberhaus** nt chambre f haute; **Oberhemd** nt chemise f; **Oberherrschaft** f suprématie f

Oberin f (REL) mère f supérieure

Oberkellner(in) m(f) maître m d'hôtel; **Oberkiefer** m mâchoire f supérieure; **Oberkommando** nt haut commandement m; **Oberkörper** m tronc m, haut m du corps; **Oberleitung** f direction f générale; (ELEC) câble m aérien; **Oberlicht** nt imposte f; **Oberlippe** f lèvre f supérieure; **Oberösterreich** nt la Haute-Autriche

Obers nt (-) (A) crème f

Oberschenkel m cuisse f; **Oberschicht** f classe f supérieure; **Oberschule** f ≈ lycée m; **Oberschwester** f (MED) infirmière-chef f

Oberst m (-en o -s, -e(n)) colonel m

oberste(r, s) adj le (la) plus haut(e); (Befehlshaber, Gesetz) suprême; (Klasse) supérieur(e)

Oberstufe f ≈ second cycle m; **Oberteil** nt partie f supérieure; **Oberwasser** nt ~ **haben** (fam) avoir le vent en poupe; **Oberweite** f tour m de poitrine

obgleich konj bien que +subj

Obhut f (-) garde f, protection f

obig adj ci-dessus

Objekt nt (-s, -e) objet m; (LING) complément m d'objet

objektiv adj objectif(-ive)

Objektiv nt objectif m

Objektivität f objectivité f

obligatorisch adj obligatoire

Oboe f (-, -n) hautbois m

Obrigkeit f (Behörde) autorités fpl; (Regierung) pouvoirs mpl publics

obschon konj quoique +subj

Observatorium nt observatoire m

obskur adj obscur(e); (verdächtig) douteux(-euse)

Obst nt (-(e)s) fruit(s) m(pl); **Obstbau** m culture f fruitière; **Obstbaum** m arbre m fruitier; **Obstgarten** m verger m; **Obsthändler(in)** m(f) marchand(e) de fruits; **Obstkuchen** m tarte f aux fruits; **Obstsalat** m macédoine f

obszön adj obscène; **Obszönität** f obscénité f

Obwalden nt (-s) Obwald

obwohl konj bien que +subj

Ochse m (-n, -n) bœuf m; **Ochsenschwanzsuppe** f soupe f à la queue de bœuf; **Ochsenzunge** f langue f de bœuf

öd(e) adj (Land) désert(e), inculte; (fig: Leben) terne, ennuyeux(-euse)

Öde f (-, -n) désert m; (fig) vide m, ennui m

oder konj ou

OECD f (-) abk von **Organization for Economic Cooperation and Development** OCDE f

Ofen m (-s, Öfen) (Heiz~) poêle m; (Back~) four m; (Hoch~) haut fourneau m; **Ofenkartoffel** f pomme f de terre au four; **Ofenrohr** nt tuyau m de poêle

offen adj ouvert(e); (Feuer) vif (vive); (Meer, Land) plein(e); (Stelle) vacant(e); (aufrichtig) franc (franche); **ein ~es Haus haben** tenir table ouverte; ~ **gesagt** à vrai dire; ~ **bleiben** (Fenster) rester ouvert(e); (Frage, Entscheidung) rester en suspens; ~ **lassen** (Tür etc) laisser ouvert(e); (Frage) laisser en suspens; ~ **stehen** (Tür etc) être ouvert(e); **es steht Ihnen ~, das zu tun** vous êtes libre de le faire

offenbar 1. adj manifeste, évident(e) **2.** adv manifestement; **offenbaren** (pp offenbart) vt jdm etw ~ révéler qch à qn; **Offenbarung** f révélation f

offen|bleiben sep irr vi s. **offen**; **Offenheit** f franchise f, sincérité f; **offenherzig** adj (Mensch) ouvert(e); (Bekenntnis) sincère; (Kleid) très décolleté(e); **offenkundig** adj public(-ique); (klar) évident(e); **offen|lassen** sep irr vt s. **offen**; **offensichtlich** adj manifeste

offensiv adj offensif(-ive); **Offensive** f offensive f

offen|stehen sep irr vi s. **offen**

öffentlich *adj* public(-ique); **Erregung ~en Ärgernisses** outrage *m* public à la pudeur; **Öffentlichkeit** *f* public *m*; *(einer Versammlung etc)* publicité *f*; **in aller ~** en public; **an die ~ dringen** transpirer; **Öffentlichkeitskampagne** *f* campagne *f* de relations publiques

Offerte *f* (-, -n) offre *f*

offiziell *adj* officiel(le)

Offizier *m* (-s, -e) officier *m*; **Offizierskasino** *nt* mess *m*

offline *adv* (INFORM) hors-ligne, offline; **Offlinebetrieb** *m* mode *m* autonome, opération *f* hors ligne

öffnen 1. *vt* (Tür, INFORM) ouvrir **2.** *vr* **sich ~** s'ouvrir; **Öffner** *m* (-s, -) *(Dosen~)* ouvre-boîte *m*; *(Tür~)* portier *m* automatique; **Öffnung** *f* ouverture *f*; **Öffnungszeiten** *pl* heures *fpl* d'ouverture

oft *adv* souvent; **öfter** *adv* plus souvent; **öfters** *adv* souvent

OHG *f* (-, -s) *abk von* **Offene Handelsgesellschaft** société *f* en nom collectif

ohne 1. *prep* +akk sans; **das ist nicht ~** *(fam)* ce n'est pas si bête que ça; **~ weiteres** simplement; *(sofort)* immédiatement **2.** *konj* (mit Infinitiv) sans; **~, dass ...** sans que ... +subj; **ohnedies** *adv* de toute façon; **ohnegleichen** *adv inv* sans égal, incomparable; **ohnehin** *adv* de toute façon

Ohnmacht *f* (-, -en) évanouissement *m*; *(fig)* impuissance *f*; **in ~ fallen** s'évanouir; **ohnmächtig** *adj* évanoui(e); *(fig)* impuissant(e)

Ohr *nt* (-(e)s, -en) oreille *f*; *(Gehör)* ouïe *f*

Öhr *nt* (-(e)s, -e) chas *m*

Ohrenarzt *m*, **-ärztin** *f* oto-rhino(-laryngologiste) *mf*; **ohrenbetäubend** *adj* assourdissant(e); **Ohrenschmalz** *nt* cérumen *m*; **Ohrenschmerzen** *pl* maux *mpl* d'oreilles; **Ohrenschützer** *pl* cache-oreilles *m*; **Ohrfeige** *f* gifle *f*, claque *f*; **ohrfeigen** *vt* gifler; **Ohrläppchen** *nt* lobe *m* de l'oreille; **Ohrringe** *pl* boucles *fpl* d'oreille; **Ohrwurm** *m* perce-oreille *m*; *(MUS)* ritournelle *f*

oje *interj* hélas

okkupieren *(pp okkupiert) vt* occuper

Ökologe *m* (-n, -n), **-login** *f* écologiste *mf*; **Ökologie** *f* écologie *f*; **ökologisch** *adj* écologique; **~es Gleichgewicht** équilibre *m* écologique

ökonomisch *adj* économique

Ökopartei *f* parti *m* écologiste; **Ökopax(in)** *m(f)* (-en, -en) écolo *mf* (pacifiste); **Ökosteuer** *f* écotaxe *f*; **Ökosys-**

tem *nt* écosystème *m*

Oktanzahl *f* indice *m* d'octane

Oktave *f* (-, -n) octave *f*

Oktober *m* (-(s), -) octobre *m*; **im ~** en octobre; **4. ~ 2009** le 4 octobre 2009; **am 4. ~** le 4 octobre; **Oktoberfest** *nt* festival *m* de la bière *(à Munich)*

Oktoberfest

Le festival de la bière ou *Oktoberfest* a lieu tous les ans à la mi-septembre à Munich, dans un grand champ où l'on installe tentes à bière, montagnes russes et autres attractions. Il dure deux semaines. Les participants prennent place le long de grandes tables de bois, boivent de la bière dans d'énormes chopes d'un litre et savourent des bretzels tout en écoutant des orchestres de cuivre. Le festival est un succès aussi bien auprès des touristes que des gens du pays.

ökumenisch *adj* œcuménique

Öl *nt* (-(e)s, -e) huile *f*; *(Erd~)* pétrole *m*; *(Heiz~)* mazout *m*; **Ölbaum** *m* olivier *m*; **ölen** *vt* (TECH) lubrifier, graisser; **Ölfarbe** *f* peinture *f* à l'huile; **Ölfeld** *nt* gisement *m* de pétrole; **Ölfilm** *m* pellicule *f* d'huile; **Ölfilter** *m* filtre *m* à huile; **Ölheizung** *f* chauffage *m* au mazout; **ölig** *adj* (ölhaltig) oléagineux(-euse); *(schmierig)* huileux(-euse); *(Stimme)* mielleux(-euse)

Olive *f* (-, -n) olive *f*; **oliv(farben)** *adj inv* (vert) olive

Ölmessstab *m* jauge *f* de niveau d'huile; **Ölpest** *f* marée *f* noire; **Ölsardine** *f* sardine *f* à l'huile; **Ölscheich** *m* émir *m* du pétrole; **Ölstandanzeiger** *m* indicateur *m* de niveau d'huile; **Ölteppich** *m* marée *f* noire; **Ölung** *f* lubrification *f*; **die Letzte ~** (REL) l'extrême onction; **Ölwechsel** *m* vidange *f* (d'huile)

Olympiade *f* olympiade *f*; **Olympiasieger(in)** *m(f)* champion(ne) olympique; **Olympiateilnehmer(in)** *m(f)* sportif(-ive) qui participe aux jeux olympiques; **olympisch** *adj* (Spiele) olympique

Ölzeug *nt* ciré *m*

Oma *f* (-, -s) *(fam)* mémé *f*, mamie *f*

Oman *nt* (-s) (le sultanat d')Oman

Omelett *nt* (-(e)s, -e o -s), **Omelette** *f* (-, -n) omelette *f*

Omen *nt* (-s, - o Omina) présage *m*

Omnibus *m* autobus *m*

onanieren *(pp onaniert) vi* se masturber

Onkel *m* (-s, -) oncle *m*

online *adv* (INFORM) en ligne, online;

Onlinebanking nt système m de banque en ligne; **Onlinebetrieb** m mode m connecté, opération f en ligne; **Onlinebibliothek** f bibliothèque f en ligne; **Onlinedienst** m service m en ligne; **Onlinelearning** nt (-s) téléenseignement m en ligne; **Onlineshopping** nt achat m en ligne

Opa m (-s, -s) (fam) pépé m, papi m
Opal m (-s, -e) opale f
OPEC f (-) akr von **Organization of Petroleum Exporting Countries** OPEP f
Openair nt (-s, -s) concert m en plein air
Oper f (-, -n) opéra m
Operation f opération f; **Operationssaal** m salle f d'opération
Operette f opérette f
operieren (pp operiert) vt, vi opérer; **am Blinddarm operiert werden** être opéré(e) de l'appendicite
Opernglas nt jumelles fpl de spectacle; **Opernhaus** nt opéra m; **Opernsänger(in)** m(f) chanteur(-euse) d'opéra
Opfer nt (-s, -) (Gabe) offrande f; (Verzicht) sacrifice m; (Mensch) victime f; **opfern** vt sacrifier; **Opferstock** m (REL) tronc m; **Opferung** f sacrifice m
Opium nt opium m
opponieren (pp opponiert) vi s'opposer (gegen jdn/etw à qn/qch)
opportun adj opportun(e); **Opportunismus** m opportunisme m; **Opportunist(in)** m(f) opportuniste mf
Opposition f opposition f; **oppositionell** adj d'opposition
Optik f optique f; **Optiker(in)** m(f) (-s, -) opticien(ne)
optimal adj optimal(e), optimum
optimieren (pp optimiert) vt optimaliser
Optimismus m optimisme m; **Optimist(in)** m(f) optimiste mf; **optimistisch** adj optimiste; **Optimum** nt (-s, Optima) optimum m
Option f (-, -en) option f
optisch adj optique
Orakel nt (-s, -) oracle m
orange adj inv orange; **Orange** f (-, -n) orange f; **Orangeade** f orangeade f; **Orangeat** nt écorce f d'orange confite; **Orangenmarmelade** f confiture f d'orange; **Orangensaft** m jus m d'orange; **Orangenschale** f écorce f d'orange
Orchester nt (-s, -) orchestre m
Orchidee f (-, -n) orchidée f
Orden m (-s, -) (REL) ordre m; (MIL) décoration f; **Ordensschwester** f

religieuse f
ordentlich 1. adj (anständig) respectable; (Arbeit) soigné(e); (Zimmer) bien rangé(e); (fam: annehmbar) potable **2.** adv bien; **Ordentlichkeit** f respectabilité f; soin m; bon ordre m
Ordinalzahl f nombre m ordinal
ordinär adj (gemein) vulgaire; (alltäglich) ordinaire
ordnen vt (Papiere, Bücher etc) ordonner, classer; (Gedanken) mettre de l'ordre dans; **Ordner** m (-s, -) (Akten~) classeur m; (INFORM) dossier m; **Ordner(in)** m(f) (-s, -) ordonnateur(-trice); **Ordnung** f (das Ordnen) rangement m, classement m; (das Geordnetsein) ordre m; **ordnungsgemäß** adj (Erledigung) correct(e), en bonne et due forme; (Verhalten) conforme aux règles; **ordnungshalber** adv pour la forme; **Ordnungsliebe** f goût m de l'ordre; **Ordnungsstrafe** f amende f; **ordnungswidrig** adj (Verhalten) irrégulier(-ière); **Ordnungszahl** f nombre m ordinal
Oregano m (-) origan m
Organ nt (-s, -e) organe m
Organisation f (a. INFORM) organisation f; **Organisationstalent** nt talent m d'organisateur; (Mensch) organisateur (-trice) de premier ordre; **Organisator(in)** m(f) organisateur(-trice); **organisatorisch** adj (Talent) d'organisateur(-trice); (Arbeit) d'organisation
organisch adj organique
organisieren (pp organisiert) **1.** vt organiser **2.** vr sich ~ s'organiser
Organismus m organisme m
Organist(in) m(f) organiste mf
Organizer m (-s, -) agenda m électronique
Organspender(in) m(f) donneur(-euse) d'organes; **Organverpflanzung** f transplantation f d'organe
Orgasmus m orgasme m
Orgel f (-, -n) orgue m, orgues fpl; **Orgelpfeife** f tuyau m d'orgue; **wie die ~n stehen** être en rang d'oignons
Orgie f orgie f
Orient m (-s) Orient m; **Orientale** m (-n, -n), **-talin** f Oriental(e); **orientalisch** adj oriental(e)
orientieren (pp orientiert) **1.** vt (informieren: jdn) informer, mettre au courant **2.** vr sich ~ (örtlich) s'orienter; (sich informieren) s'informer; **sich an etw** dat ~ s'orienter d'après [o par] qch; **Orientierung** f orientation f; **zu Ihrer ~** à titre d'informa-

tion; **Orientierungssinn** m sens m de l'orientation; **Orientierungsstufe** f ≈ cycle m d'orientation

---

Orientierungsstufe

Orientierungsstufe est le nom donné aux deux premières années passées dans une Real-schule ou un Gymnasium. Durant ces deux années, l'élève est jugé sur ses capacités et peut passer au bout de ces deux ans dans l'école qui lui correspond mieux.

---

original adj original(e)
Original nt (-s, -e) original m; (Mensch) original(e); **Originalfassung** f version f originale; **Originalität** f (Echtheit) authenticité f; (von Idee, Mensch) originalité f; **Originalton** m version f originale
originell adj original(e)
Orkan m (-(e)s, -e) ouragan m
Ornament nt ornement m, décoration f; **ornamental** adj ornemental(e)
Ort m (-(e)s, -e o Örter) endroit m, lieu m; (Stadt etc) localité f; **an ~ und Stelle** sur place, sur les lieux; **vor ~** sur place; **orten** vt repérer
orthodox adj orthodoxe
Orthografie f orthographe f; **orthografisch** adj orthographique
Orthopäde m (-n, -n), **-pädin** f orthopédiste mf; **Orthopädie** f orthopédie f; **orthopädisch** adj orthopédique
örtlich adj local(e); **Örtlichkeit** f endroit m; **die ~n** (Toiletten) les toilettes fpl; **sich mit den ~en vertraut machen** se familiariser avec les lieux
Ortsangabe f indication f du lieu; **orts-ansässig** adj (Arzt) de l'endroit; (Firma) local(e); **die ~en Bewohner** les autochtones mpl; **irgendwo ~ sein** habiter quelque part; (Firma) être implanté(e) quelque part
Ortschaft f localité f, agglomération f; **geschlossene ~** localité f
ortsfremd adj étranger(-ère); **ich bin hier ~** je ne suis pas d'ici; **Ortsgespräch** nt (TEL) communication f locale [o urbaine]; **Ortsname** m nom m de lieu; **Ortsnetz** nt réseau m local [o urbain]; **Ortssinn** m sens m de l'orientation; **Ortszeit** f heure f locale
Ortung f repérage m
Oscarverleihung f remise f des oscars
Öse f (-, -n) œillet m, anneau m
Osmose f (-, -n) osmose f
Ossi m (-s, -s) (fam) habitant de l'ex-R.D.A.

Ossi

Ossi est un terme familier et irrespectueux désignant un Allemand de l'ancienne DDR.

Ostalgie f nostalgie du régime de l'ex-R.D.A.
Ostblock m (HIST) bloc m de l'Est; **Osten** m (-s) est m; (Region) Est m; (POL) pays mpl de l'Est; **im ~ von** à l'est de; **der Ferne ~** l'Extrême-Orient; **der Mittlere ~** le Moyen-Orient; **der Nahe ~** le Proche-Orient
ostentativ adj ostensible
Osterei nt œuf m de Pâques; **Osterfest** nt fête f de Pâques; **Osterglocke** f jonquille f; **Osterhase** m lapin m de Pâques; **Ostermontag** m lundi m de Pâques; **Ostern** nt (-, -) Pâques fpl
Österreich nt (-s) l'Autriche f; **Österreicher(in)** m(f) (-s, -) Autrichien(ne); **österreichisch** adj autrichien(ne)
Ostersonntag m dimanche m de Pâques
östlich 1. adj de l'est; (POL) de l'Est 2. adv à l'est; **~ von Frankfurt** à l'est de Frankfurt; **Ostsee** f (mer f) Baltique f; **Ostwind** m vent m d'est
OSZE f (-) abk von **Organisation für Sicherheit und Zusammenarbeit in Europa** OSCE f
oszillieren (pp oszilliert) vi osciller
O-Ton m version f originale
Otter 1. m (-s, -) loutre f 2. f (-, -n) (Schlange) vipère f
out adj (fam) démodé(e)
Outdoor-Aktivitäten pl activités fpl de plein air
outen 1. vt **einen Homosexuellen ~** dévoiler l'homosexualité d'une personne 2. vr **sich ~** reconnaître officiellement son homosexualité
Outfit nt (-s, -s) (fam) tenue f
Outsourcing nt (-s) sous-traitance f
Ouvertüre f (-, -n) ouverture f
oval adj ovale
Overall m (-s, -s) combinaison f
Overheadfolie f transparent m; **Overheadprojektor** m rétroprojecteur m
Overkill m o nt (-(s)) (capacité f de) surextermination f
ÖVP f (-) abk von **Österreichische Volkspartei** parti autrichien du peuple
Ovulation f ovulation f; **Ovulationshemmer** m (-s, -) (MED) pilule f anticonceptionnelle
Oxid nt (-(e)s, -e) oxyde m; **oxidieren** (pp oxidiert) 1. vt oxyder 2. vi ⟨sein⟩ s'oxyder

Ozean m (-s, -e) océan m; **Ozean-dampfer** m paquebot m (transatlantique); **ozeanisch** adj océanien(ne)
Ozon m o nt (-s) ozone m; **Ozonalarm**

m alerte f à l'ozone; **Ozonloch** nt trou m (dans la couche) d'ozone; **Ozon-schicht** f couche f d'ozone; **Ozon-schild** m ceinture f d'ozone

P

P, p nt (-, -) P, p m
paar adj inv **ein** ~ quelques
Paar nt (-(e)s, -e) paire f; (Ehe~) couple m; **paaren 1.** vt (Eigenschaften) allier; (Tiere) accoupler **2.** vr **sich** ~ s'allier; (Tiere) s'accoupler; **Paarlauf** m patinage m par couples
paarmal adv **ein** ~ plusieurs fois
Paarung f (von Tieren) accouplement m; (fig) combinaison f
paarweise adv par paires, par deux
Pacht f (-, -en) bail m; **pachten** vt louer; **Pächter(in)** m(f) (-s, -) gérant(e), locataire mf
Pack 1. m (-(e)s, -e o Päcke) (von Sachen) paquet m, liasse f **2.** nt (-(e)s) (Gesindel) racaille f
Päckchen nt petit paquet m; (Zigaretten~) paquet m
packen vt (Koffer, Paket) faire; (INFORM: komprimieren) tasser; (fassen) saisir; (fam: schaffen) réussir; **seine Sachen** ~ faire sa valise
Packen m (-s, -) pile f; (fig: Menge) tas m
Packesel m (fig) bête f de somme; **Pack-papier** nt papier m d'emballage, papier m kraft
Packung f paquet m; (Pralinen~) boîte f; (MED) enveloppement m; (Gesichts~, Haar~) masque m; **Packungsbeilage** f notice f explicative
PAD m (-s, -s) abk von **personal digital assistant** assistant m personnel
Pädagoge m, **-gogin** f pédagogue mf; **Pädagogik** f pédagogie f; **pädago-gisch** adj pédagogique
Paddel nt (-s, -) pagaie f, aviron m; **Pad-delboot** nt pirogue f; (SPORT) canoë m; **paddeln** vi ⟨sein o haben⟩ pagayer

paffen vt, vi (fam) fumer
Page m (-n, -n) (Hotel~) chasseur m, groom m; **Pagenkopf** m coiffure f à la Jeanne d'Arc
Paillette f paillette f
Paket nt (-(e)s, -e) paquet m; (Post~) colis m (postal); (INFORM: von Programmen) progiciel m; **Paketbombe** f colis m piégé; **Paketkarte** f bordereau m d'expédition des colis; **Paketpost** f service m des colis postaux; **Paketschalter** m guichet m des colis
Pakistan nt (-s) le Pakistan; **pakista-nisch** adj pakistanais(e)
Pakt m (-(e)s, -e) pacte m
Palast m (-es, Paläste) palais m
Palästina nt (-s) la Palestine; **Palästi-nenser(in)** m(f) (-s, -) Palestinien(ne); **Palästinenserstaat** m État m de Pales-tine; **palästinensisch** adj palesti-nien(ne)
Palette f (Malerei, Lade~) palette f; (Viel-falt) gamme f
Palme f (-, -n) palmier m
Palm-PC m assistant m personnel Palm, ordinateur m de poche Palm
Palmsonntag m (Dimanche m des) Rameaux mpl
Palmtop m (-s, -s) assistant m personnel Palm, ordinateur m de poche Palm
Pampelmuse f (-, -n) pamplemousse m
pampig adj (fam: frech) insolent(e); (breiig) pâteux(-euse)
Panama nt (-s) le Panama; **pana-maisch** adj panaméen(ne); **Panama-kanal** m canal m de Panama
Panda(bär) m (-s, -s) panda m
panieren (pp paniert) vt paner; **Panier-mehl** nt chapelure f, panure f

Panik f panique f; **panisch** adj (Angst) panique; **in** ~**er Eile** pris(e) de panique

Panne f (-, -n) (TECH) panne f; (Missgeschick) erreur f, bévue f; **Pannendienst** m, **Pannenhilfe** f service m de dépannage

panschen 1. vi patauger, barboter **2.** vt (Wein etc) couper d'eau

Pant(h)er m (-s, -) panthère f

Pantoffel m (-s, -n) pantoufle f; **Pantoffelheld** m (fam) mari m mené par le bout du nez

Pantomime f (-, -n) pantomime f

Panzer m (-s, -) (von Tieren) carapace f; (Fahrzeug) char m (d'assaut); **Panzerglas** nt verre m pare-balles; **panzern 1.** vt blinder **2.** vr sich ~ (fig) se blinder; **Panzerschrank** m coffre-fort m

Papa m (-s, -s) (fam) papa m

Papagei m (-s o -en, -en) perroquet m

Paparazzi pl paparazzi mpl

Papaya f (-, -s) papaye f

Papier nt (-s, -e) papier m; (Wert~) valeurs fpl; **Papiercontainer** m conteneur m [o container m] à papier; **Papierfabrik** f usine f de papeterie; **Papierformat** nt format m papier; **Papiergeld** nt billets mpl de banque; **Papierkorb** m (a. INFORM) corbeille f; **Papierkrieg** m paperasserie f; **Papierstau** m bourrage m papier; **Papiertaschentuch** nt kleenex® m; **Papiertonne** f conteneur m [o container m] à papier; **Papiertüte** f sachet m de papier; **Papiervorschub** m (-s, -schübe) (bei Drucker) avance f papier, avancement m du papier; **Papierzufuhr** f alimentation f du papier

Pappbecher m gobelet m en carton; **Pappdeckel** m, **Pappe** f (-, -n) carton m

Pappel f (-, -n) peuplier m

Pappenstiel m keinen ~ wert sein (fam) valoir que dalle; **etw für einen** ~ **bekommen** avoir qch pour une bouchée de pain

papperlapapp interj taratata

pappig adj poisseux(-euse)

Pappmaché, Pappmaschee nt (-s, -s) papier m mâché; **Pappteller** m assiette f en carton

Paprika m (-s, -(s)) (Gewürz) paprika m; (~schote) poivron m

Papst m (-(e)s, Päpste) pape m; **päpstlich** adj papal(e)

Papua-Neuguinea nt la Papouasie-Nouvelle-Guinée

Parabel f (-, -n) parabole f

Parabolantenne f parabole f

Parade f (MIL) défilé m; (beim Fechten) parade f

Paradeiser m (-s, -) (A) tomate f

Parademarsch m marche f de parade; **Paradeschritt** m pas m de l'oie

Paradies nt (-es, -e) paradis m; **paradiesisch** adj divin(e), paradisiaque

paradox adj paradoxal(e); **Paradox** nt (-es, -e) paradoxe m

Paragraph m (-en, -en) paragraphe m; (JUR) article m

Paraguay nt (-s) le Paraguay; **Paraguayer(in)** m(f) (-s, -) Paraguayen(ne); **paraguayisch** adj paraguayen(ne)

parallel adj parallèle; **Parallele** f (-, -n) parallèle f; **Parallelrechner** f ordinateur m parallèle; **Parallelverarbeitung** f multitraitement m

Parameter m paramètre m

paramilitärisch adj paramilitaire

Paranuss f noix f du Brésil

paraphieren (pp paraphiert) vt parapher

Parasit m (-en, -en) parasite m

parat adj tout(e) prêt(e)

Pärchen nt couple m

Parfüm nt (-s, -s o -e) parfum m; **Parfümerie** f parfumerie f; **Parfümflasche** f flacon m de parfum; **parfümieren** (pp parfümiert) **1.** vt parfumer **2.** vr sich ~ se parfumer

parieren (pp pariert) **1.** vt (Angriff) parer **2.** vi (fam) obéir

Paris nt (-) Paris

Pariser m (-s, -) (fam) capote f

Parität f (a. INFORM) parité f

Park m (-s, -s) parc m

Parka m (-s, -s) parka m o f

Park-and-ride-System nt ≈ système m de parcotrain

Parkanlage f parc m

parken 1. vt garer **2.** vi se garer, stationner

Parkett nt (-(e)s, -e o -s) parquet m; (THEAT) orchestre m

Parkhaus nt parking m couvert

parkinsonsche Krankheit f maladie f de Parkinson

Parkkralle f sabot m (de Denver); **Parklücke** f place f de stationnement; **Parkplatz** m parking m; **Parkscheibe** f disque m de stationnement; **Parkschein** m ticket m de stationnement; **Parkscheinautomat** m horodateur m; **Parkuhr** f parcmètre m; **Parkverbot** nt interdiction f de stationner

Parlament nt parlement m; **Parlamentarier(in)** m(f) (-s, -) parlementaire mf;

parlamentarisch adj parlementaire; **Parlamentsmitglied** nt membre m du parlement, député(e)

Parmesan m (-s, -e) parmesan m

Parodie f parodie f (auf +akk de); **parodieren** (pp parodiert) vt parodier

Parodontose f (-, -n) parodontose f

Parole f (-, -n) mot m de passe; (Wahlspruch) slogan m

Parsing nt (-s) (INFORM) analyse f syntaxique

Partei f parti m; **für jdn ~ ergreifen** prendre parti pour qn; **Parteiführung** f direction f du parti; **parteiisch** adj partial(e); **parteilos** adj non inscrit(e); **Parteimitglied** nt membre m du parti; **Parteinahme** f (-, -n) prise f de position; **Parteitag** m congrès m du parti; **Parteivorsitzende(r)** mf leader mf [o chef mf] d'un parti

Parterre nt (-s, -s) rez-de-chaussée m; (THEAT) parterre m

Partie f partie f; (zur Heirat) parti m; (COM) lot m; **mit von der ~ sein** être de la partie

Partikel f (-, -n) particule f

Partisan(in) m(f) (-s o -en, -en) partisan(e)

Partitur f partition f

Partizip nt (-s, -ien) participe m

Partner(in) m(f) (-s, -) partenaire mf; (COM) associé(e); **partnerschaftlich** adj d'égal à égal; **~es Verhalten** égards mpl pour les autres; **Partnerstadt** f ville f jumelée

Party f (-, -s) fête f, soirée f; **Partyservice** m traiteur m

Parzelle f parcelle f (de terrain)

Pass m (-es, Pässe) (GEO) col m; (Ausweis) passeport m

passabel adj (Lösung) passable; (Befinden) ni bon(ne) ni mauvais(e)

Passage f (-, -n) passage m; (Überfahrt) traversée f

Passagier m (-s, -e) passager(-ère); **Passagierdampfer** m paquebot m; **Passagierflugzeug** nt avion m de ligne

Passamt nt bureau délivrant les passeports; (in Frankreich) préfecture f

Passant(in) m(f) passant(e)

Passbild nt photo f d'identité

passen vi aller (bien); (im Spiel, SPORT) passer; **das passt mir nicht** cela ne me convient pas; **zu etw ~** aller (bien) avec qch; **passend** adj (dazu~) assorti(e); (Zeit) opportun(e); (Geschenk) approprié(e)

passierbar adj (Weg, Pass) praticable; (Fluss, Kanal, Pass) franchissable

passieren (pp passiert) **1.** vt (durch Sieb) passer **2.** vi ⟨sein⟩ se produire, arriver; **Passierschein** m laissez-passer m

Passion f passion f; (REL) Passion f; **passioniert** adj enthousiaste; **Passionsfrucht** f fruit m de la passion; **Passionsspiel** nt mystère m de la Passion

passiv adj passif(-ive); **Passiv** nt (-s, -e) passif m; **Passiva** pl (COM) passif m; **Passivität** f passivité f; **Passivrauchen** (-s) tabagisme m passif

Passkontrolle f contrôle m des passeports; **Passstraße** f route passant par un col; **Passwort** nt (INFORM) mot m de passe; **Passwortschutz** m accès m codé

Paste f (-, -n) pâte f

Pastell nt (-(e)s, -e) (Bild) pastel m

Pastete f (-, -n) vol-au-vent m; (Leber~ etc) pâté m

pasteurisieren (pp pasteurisiert) vt pasteuriser

Pastor(in) m(f) (femme f) pasteur m

Pate m (-n, -n) parrain m; **Patenkind** nt filleul(e)

patent adj (Mensch) débrouillard(e)

Patent nt (-(e)s, -e) brevet m d'invention; **Patentamt** nt Institut m national de la propriété industrielle; **patentieren** (pp patentiert) vt (Erfindung) breveter; **Patentinhaber(in)** m(f) détenteur (-trice) d'un brevet; **Patentrezept** nt remède m miracle; **Patentschutz** m droit m d'exploitation exclusif

Pater m (-s, - o Patres) père m

pathetisch adj pathétique

Pathologe m (-n, -n), **-login** f pathologiste mf; **pathologisch** adj pathologique

Pathos nt (-) pathétique m

Patient(in) m(f) patient(e), malade mf

Patin f marraine f

Patina f (-) patine f

Patriarch(in) m(f) (-en, -en) patriarche m; **patriarchalisch** adj patriarcal(e)

Patriot(in) m(f) (-en, -en) patriote mf; **patriotisch** adj patriotique; **Patriotismus** m patriotisme m

Patron(in) m(f) (-s, -e) patron(ne); (pej) type m

Patrone f (-, -n) cartouche f; (FOTO) chargeur m; **Patronenhülse** f douille f

Patrouille f (-, -n) patrouille f; **patrouillieren** (pp patrouilliert) vi patrouiller

Patsche f (-, -n) (fam: Bedrängnis) pétrin m; **patschen** vi taper; (im Wasser) patauger; **patschnass** adj (fam) trempé(e)

patzig adj (fam) effronté(e)
Pauke f (-, -n) timbales fpl; **auf die ~ hauen** (fam: feiern) faire la fête
pauken vt, vi (SCH) bûcher; **Pauker(in)** m(f) (-s, -) (fam) prof mf
pausbäckig adj joufflu(e)
pauschal adj (Kosten) forfaitaire; (Urteil) en bloc; **Pauschale** f (-, -n), **Pauschalpreis** m prix m forfaitaire; **Pauschalreise** f forfait m vacances; **Pauschalsumme** f forfait m
Pause f (-, -n) pause f; (THEAT) entracte m; (SCH) récréation f; (Kopie) calque m; **pausen** vt calquer; **pausenlos** adj continuel(le); **Pausenzeichen** nt (RADIO, TV) indicatif m; (MUS) silence m; **Pauspapier** nt papier m calque
Pavian m (-s, -e) babouin m
Pay-TV nt (-s, -s) télévision f payante
Pazifik m (-s) **der ~, der Pazifische Ozean** le Pacifique, l'océan m Pacifique
Pazifist(in) m(f) pacifiste mf; **pazifistisch** adj pacifiste
PC m (-s, -s) abk von **Personalcomputer** PC m, ordinateur m individuel
PDA nt assistant m numérique personnel
PDS f (-) abk von **Partei des Demokratischen Sozialismus** parti des communistes réformateurs qui a succédé au SED
Pech nt (-s, -e) poix f; (Missgeschick) malchance f, poisse f; ~ **haben** ne pas avoir de chance; **pechschwarz** adj (Haar) noir(e) comme jais; (Nacht) noir(e) comme l'encre; **Pechsträhne** f (fam) série f noire; **Pechvogel** m (fam) malchanceux(-euse)
Pedal nt (-s, -e) pédale f
Pedant(in) m(f) homme m pointilleux, femme f pointilleuse; **Pedanterie** f minutie f excessive; **pedantisch** adj (Mensch) pointilleux(-euse); (Genauigkeit) exagérément scrupuleux(-euse); (Arbeit) exagérément méticuleux(-euse)
Peddigrohr nt rotin m
Peeling nt (-s, -s) peeling m
Peepshow f (-, -s) peep-show m
Pegel m (-s, -) indicateur m de niveau; **Pegelstand** m niveau m de l'eau
peilen vt déterminer; **die Lage ~** prendre le vent
Pein f (-) peine f, tourment m; **peinigen** vt tourmenter; **peinlich** adj pénible; (unangenehm) gênant(e), embarrassant(e); (Sauberkeit, Ordnung) exagérément méticuleux(-euse)
Peitsche f (-, -n) fouet m; **peitschen** 1. vt (Pferd) fouetter 2. vi (Regen) battre (an +akk contre)

Peking nt (-s) Pékin f
Pelikan m (-s, -e) pélican m
Pelle f (-, -n) (von Wurst) peau f; (von Kartoffel) pelure f; **pellen** vt (Wurst) peler; (Kartoffel) éplucher; **Pellkartoffeln** pl pommes fpl de terre en robe des champs
Pelz m (-es, -e) fourrure f
Pendel nt (-s, -) pendule m; (Uhr~) balancier m; **pendeln** vi <sein> faire la navette; **Pendelverkehr** m (Bus etc) navette f; **Pendler(in)** m(f) (-s, -) banlieusard(e) (qui fait la navette entre son domicile et son lieu de travail)
penetrant adj (Geruch) fort(e); (Mensch) envahissant(e), importun(e)
Penis m (-, -se o Penes) pénis m
pennen vi (fam: schlafen) roupiller; (nicht aufpassen) ne pas faire attention; **mit jdm ~** coucher avec qn; **Penner(in)** m(f) (-s, -) (fam: unachtsamer Mensch) endormi(e); (Obdachloser) clochard(e)
Pension f pension f; (Ruhestand, Ruhestandsgeld) retraite f; **Pensionär(in)** m(f) retraité(e); **pensionieren** (pp pensioniert) vt mettre à la retraite; **pensioniert** adj retraité(e); **Pensionierung** f départ m à la retraite; **Pensionsgast** m pensionnaire mf
Pensum nt (-s, Pensen o Pensa) travail m, tâche f; (SCH) programme m
Penthouse nt (-, -s) penthouse m
Pentiumrechner® m ordinateur m équipé d'un processeur Pentium®
per prep +akk par; (bis) d'ici à
perfekt adj parfait(e)
Perfekt nt (-s, -e) passé m composé
Perfektionismus m perfectionnisme m
perforieren (pp perforiert) vt perforer, percer
Pergament nt parchemin m; **Pergamentpapier** nt papier-parchemin m; (Butterbrotpapier) papier m sulfurisé
Periode f (-, -n) période f; (MED) règles fpl; **periodisch** adj périodique
Peripherie f périphérie f; **Peripheriegerät** nt (INFORM) périphérique m
Perle f (-, -n) perle f; **perlen** vi (Sekt, Wein) pétiller; (Schweiß) perler; **Perlmutt** nt (-s) nacre f
perplex adj stupéfait(e)
Perron m (-s, -s) (CH: Bahnsteig) quai m
Perserteppich m tapis m persan
Persianer m (-s, -) (Pelz) astrakan m; (Mantel) (manteau m d')astrakan m
Persien nt (-s) la Perse; **persisch** adj persan(e)

Person f (-, -en) personne f; **ich für meine ~** en ce qui me concerne

Personal nt (-s) personnel m; **Personalabteilung** f service m du personnel; **Personalausweis** m carte f d'identité; **Personalcomputer** m ordinateur m individuel

Personalien pl état m civil, identité f

Personalpronomen nt pronom m personnel

Personenaufzug m ascenseur m; **Personenkraftwagen** m voiture f de tourisme; **Personenkreis** m groupe m de personnes; **Personenschaden** m dommage m physique; **Personenwaage** f balance f; **Personenzug** m train m de voyageurs; (Nahverkehrszug) omnibus m

personifizieren (pp personifiziert) vt personnifier

persönlich 1. adj personnel(le) **2.** adv personnellement; (erscheinen) en personne; **jdn ~ angreifen** faire une attaque personnelle contre qn; **Persönlichkeit** f personnalité f

Perspektive f perspective f

Peru nt (-s) le Pérou; **Peruaner(in)** m(f) (-s, -) Péruvien(ne); **peruanisch** adj péruvien(ne)

Perücke f (-, -n) perruque f

pervers adj pervers(e); **Perversität** f perversité f

Pessimismus m pessimisme m; **Pessimist(in)** m(f) pessimiste mf; **pessimistisch** adj pessimiste

Pest f (-) peste f

Pestizid nt (-s, -e) pesticide m

Petersilie f persil m

Pet-Flasche f bouteille f en plastique

Petrodollar m pétrodollar m

Petroleum nt (-s) pétrole m

petzen vi (fam) moucharder, cafarder

Pfad m (-(e)s, -e) sentier m; (INFORM) chemin m, route f; **Pfadfinder(in)** m(f) scout(e), guide f

Pfahl m (-(e)s, Pfähle) pieu m, poteau m; **Pfahlbau** m (-bauten pl) construction f sur pilotis

Pfalz f (-) **die ~** le Palatinat

Pfand nt (-(e)s, Pfänder) gage m; (COM) consigne f; **Pfandbrief** m obligation f hypothécaire

pfänden vt saisir

Pfänderspiel nt jeu de société avec des gages

Pfandflasche f bouteille f consignée; **Pfandhaus** nt mont-de-piété m; **Pfandleiher(in)** m(f) (-s, -) prê-

teur(-euse) sur gages; **Pfandschein** m reconnaissance f de gage

Pfändung f saisie f

Pfanne f (-, -n) poêle f

Pfannkuchen m crêpe f; (Berliner) beignet m à la confiture

Pfarrei f paroisse f; **Pfarrer(in)** m(f) (-s, -) curé m; (evangelisch) (femme f) pasteur m; **Pfarrhaus** nt presbytère m, cure f

Pfau m (-(e)s, -en) paon m; **Pfauenauge** nt paon-de-jour m, vanesse f

Pfeffer m (-s, -) poivre m; **Pfefferkorn** nt grain m de poivre; **Pfefferkuchen** m pain m d'épice; **Pfefferminz** nt (-es, -e) pastille f de menthe; **Pfefferminze** f menthe f (poivrée); **Pfeffermühle** f moulin m à poivre; **pfeffern** vt poivrer; (fam: werfen) balancer; **gepfefferte Preise** (fam) prix salés

Pfeife f (-, -n) sifflet m; (Tabak~) pipe f; (Orgel~) tuyau m; **pfeifen** (pfiff, gepfiffen) vt, vi siffler

Pfeil m (-(e)s, -e) flèche f

Pfeiler m (-s, -) pilier m; (Brücken~) pile f

Pfeiltaste f (INFORM) touche f fléchée

Pfennig m (-(e)s, -e) pfennig m

Pferd nt (-(e)s, -e) cheval m; **Pferderennen** nt course f de chevaux; **Pferdeschwanz** m (Frisur) queue f de cheval; **Pferdestall** m écurie f

pfiff imperf von **pfeifen**

Pfiff m (-(e)s, -e) (das Pfeifen) sifflement m; (Kniff) truc m

Pfifferling m chanterelle f, girolle f; **das ist keinen ~ wert** (fam) ça ne vaut pas un clou

pfiffig adj futé(e)

Pfingsten nt (-, -) Pentecôte f

Pfingstrose f pivoine f

Pfirsich m (-s, -e) pêche f

Pflanze f (-, -n) plante f; **pflanzen** vt planter; **Pflanzenfett** nt graisse f végétale; **pflanzlich** adj végétal(e)

Pflanzung f plantation f

Pflaster nt (-s, -) pansement m (adhésif); (von Straße) pavé m; **pflastermüde** adj qui a les jambes comme du coton; **pflastern** vt paver; **Pflasterstein** m pavé m

Pflaume f (-, -n) prune f

Pflege f (-, -n) (von Mensch, Tier) soins mpl; (von Dingen) entretien m; **in ~ sein/geben** (Kind) être/placer chez des parents nourriciers; **pflegebedürftig** adj qui a besoin de soins; (alter Mensch) dépendant(e); **Pflegeeltern** pl parents mpl nourriciers; **Pflegekind** nt enfant m en nourrice; **pflegeleicht** adj (Stoff) facile à laver; (Boden) d'entretien facile; (fig) facile à vivre; **Pflegemutter** f mère f nourricière; **pflegen** vt soigner; (Beziehungen) entretenir; (Daten) tenir à jour; (gewöhnlich tun) avoir l'habitude (zu de); **Pfleger(in)** m(f) (-s, -) (MED) infirmier(-ière); **Pflegevater** m père m nourricier; **Pflegeversicherung** f assurance f dépendance

Pflicht f (-, -en) devoir m; (SPORT) figures fpl imposées; **pflichtbewusst** adj consciencieux(-euse); **Pflichtfach** nt matière f obligatoire; **Pflichtgefühl** nt sentiment m du devoir; **pflichtgemäß** 1. adj consciencieux(-euse) 2. adv consciencieusement; **pflichtvergessen** adj oublieux(-euse) de ses devoirs; **Pflichtversicherung** f assurance f obligatoire

Pflock m (-(e)s, Pflöcke) piquet m

pflücken vt cueillir

Pflug m (-(e)s, Pflüge) charrue f; **pflügen** vt (Feld) labourer

Pforte f (-, -n) porte f

Pförtner(in) m(f) (-s, -) concierge mf, portier(-ière)

Pfosten m (-s, -) poteau m; (Tür~) montant m

Pfote f (-, -n) patte f

Pfropf m (-(e)s, -e) (Flaschen~) bouchon m; (Blut~) caillot m

pfropfen vt (stopfen) boucher; (Baum) greffer

Pfropfen m (-s, -) bouchon m

pfui interj pouah

Pfund nt (-(e)s, -e) livre f

pfuschen vi (fam) bâcler; **jdm ins Handwerk ~** se mêler des affaires de qn; **Pfuscher(in)** m(f) (-s, -) (fam) gâcheur(-euse); (Kur~) charlatan m; **Pfuscherei** f (fam) travail m bâclé

Pfütze f (-, -n) flaque f

Phänomen nt (-s, -e) phénomène m; **phänomenal** adj (Erfindung) génial(e); (Gedächtnis) phénoménal(e)

Phantasie f s. **Fantasie**

Phantombild nt portrait-robot m

Pharisäer m (-s, -) tartuffe m

Pharmaindustrie f industrie f pharmaceutique; **Pharmazeut(in)** m(f) (-en, -en) pharmacien(ne)

Phase f (-, -n) phase f

Phenol nt (-s, -) phénol m

Philanthrop m (-en, -en) philanthrope mf; **philanthropisch** adj philanthropique

Philippinen pl die ~ les Philippines fpl;

philippinisch adj philippin(e)

Philologe m (-n, -n), **-login** f philologu mf; **Philologie** f philologie f

Philosoph(in) m(f) (-en, -en) philosoph mf; **Philosophie** f philosophie f; **philo sophisch** adj philosophique; (Mensch) philosophe

Phlegma nt (-s) apathie f; **phlegmatisch** adj (Mensch) lymphatique

Phonetik f phonétique f; **phonetisch** adj phonétique

Phosphat nt phosphate m; **phosphat frei** adj sans phosphate(s)

Phosphor m (-s) phosphore m

Photo nt s. **Foto**

Phrase f (-, -n) (LING) phrase f; ~**n** pl (fig) verbiage m

pH-Wert m pH m

Physik f physique f; **physikalisch** adj physique; **Physiker(in)** m(f) (-s, -) physicien(ne)

Physiologe m (-n, -n), **-login** f physiologiste mf; **Physiologie** f physiologie f

physisch adj physique

Pianist(in) m(f) pianiste mf

picheln vi (fam) picoler

Pickel m (-s, -) (MED) bouton m; (Werkzeug) pic m, pioche f; (Berg~) piolet m; **pickelig** adj (Gesicht) boutonneux(-euse

picken vt, vi picorer

Picknick nt (-s, -e o -s) pique-nique m; **ein ~ machen** pique-niquer

Picture Messaging nt partage m de photos par MMS

piepen, **piepsen** vi pépier; **Piep(s)er** m (-s, -) messager m de poche; (von Arzt Polizist) bipper m

piercen vt percer; **Piercing** nt (-s, -s) piercing m

piesacken vt (fam) asticoter, agacer

Pietät f respect m; **pietätlos** adj irrévé rencieux(-euse)

Pigment nt pigment m

Pik 1. nt (-s, -) (Spielkartenfarbe) pique m **2.** m **einen ~ auf jdn haben** (fam) avoir une dent contre qn

pikant adj (Speise) épicé(e), relevé(e); (Geschichte) piquant(e), croustillant(e)

pikiert adj vexé(e), froissé(e)

Piktogramm nt (-s, -e) pictogramme m

Pilger(in) m(f) (-s, -) pèlerin(e); **Pilgerfahrt** f pèlerinage m

Pille f (-, -n) pilule f

Pilot(in) m(f) (-en, -en) pilote mf; **Pilotprojekt** nt projet m pilote

Pils nt (-, -) pils f

Pilz m (-es, -e) champignon m; **Pilz-**

krankheit f mycose f; **Pilzvergiftung** f empoisonnement m par les champignons

Pimmel m (-s, -) (fam) queue f

PIN f (-, -s) akr von **personal identification number** code m confidentiel

pingelig adj (fam) tatillon(ne), pointilleux(-euse)

Pinguin m (-s, -e) pingouin m

Pinie f pin m parasol

pink adj rose bonbon

pinkeln vi (fam) pisser

Pinnwand f tableau m aide-mémoire

Pinsel m (-s, -) pinceau m

Pinzette f pince f, pincette f

Pionier(in) m(f) (-s, -e) pionnier(-ière); (MIL) sapeur m

Pirat(in) m(f) (-en, -en) pirate mf; **Piratensender** m radio f pirate

Pirsch f (-) traque f

Piste f (-, -n) piste f

Pistole f (-, -n) pistolet m

Pixel nt (-s, -s) (INFORM) pixel m

Pizza f (-, -s) pizza f

PKK f (-) (kurdische Arbeiterpartei) PKK m

Pkw m (-(s), -(s)) abk von **Personenkraftwagen**

Placebo nt (-s, -s) placebo m

Plackerei f (fam) corvée f

plädieren (pp plädiert) vi plaider

Plädoyer nt (-s, -s) plaidoyer m

Plage f (-, -n) fléau m; (Mühe) fardeau m; **Plagegeist** m plaie f; **plagen** 1. vt (Mensch) harceler; (Hunger) tourmenter 2. vr sich ~ s'esquinter

Plakat nt affiche f

Plakette f plaque f, badge m

Plan m (-(e)s, Pläne) plan m

Plane f (-, -n) bâche f

planen vt projeter; (Entwicklung) planifier; (Mord etc) tramer; **Planer(in)** m(f) (-s, -) planificateur(-trice)

Planet m (-en, -en) planète f; **Planetenbahn** f orbite f

planieren (pp planiert) vt (Gelände) aplanir, niveler; **Planierraupe** f bulldozer m

Planke f (-, -n) (Brett) planche f

Plankton nt (-s) plancton m

planlos 1. adj irréfléchi(e) 2. adv sans méthode; (umherlaufen) sans but; **planmäßig** 1. adj (Ankunft, Abfahrt) à l'heure 2. adv comme prévu

Planschbecken nt bassin m pour enfants; **planschen** vi barboter

Plansoll nt objectif m de production; **Planstelle** f poste m prévu (dans le budget)

Plantage f (-, -n) plantation f

Plantschbecken nt bassin m pour enfants; **plantschen** vi barboter

Planung f planification f

Planwagen m voiture f bâchée

Planwirtschaft f économie f planifiée

plappern vi papoter, babiller

plärren vi (Mensch) brailler, criailler; (Radio) beugler

Plasma nt (-s, Plasmen) plasma m

Plastik 1. f (Skulptur) sculpture f **2.** nt (-s) (Kunststoff) plastique m; **Plastikbeutel** m, **Plastiktüte** f sac m en plastique; **Plastikfolie** f sellofrais® m

Plastilin nt (-s) pâte f à modeler

plastisch adj plastique; (Material) malléable; **eine ~e Darstellung** une description vivante

Platane f (-, -n) platane m

Plateauschuhe pl chaussures fpl à semelles compensées

Platin nt (-s) platine m

platonisch adj (von Plato) platonicien(ne); (Liebe) platonique

platsch interj flac; **platschen** vi 〈sein〉 (Regen) tambouriner; (fallen) tomber (bruyamment)

plätschern vi (Wasser) murmurer, clapoter

platschnass adj trempé(e)

platt adj plat(e); (Reifen) à plat, crevé(e); (fam: überrascht) baba

plattdeutsch adj en bas allemand; **Plattdeutsch** nt bas allemand m

Platte f (-, -n) plat m; (Stein~, FOTO) plaque f; (Kachel) carreau m; (Schall~, INFORM) disque m

plätten vt, vi repasser

Plattenbau m (-bauten pl) immeuble en préfabriqué courant dans l'ex-R.D.A.; **Plattenspeicher** m (INFORM) espace m sur disque dur; **Plattenspieler** m platine f (disques), tourne-disque m; **Plattenteller** m platine f

Plattfuß m pied m plat; (Reifen) pneu m crevé [o à plat]

Plattitüde f (-, -n) platitude f

Platz m (-es, Plätze) place f; (Sport~) terrain m (de sport); **jdm ~ machen** céder la place à qn; **~ nehmen** prendre place; **Platzangst** f agoraphobie f; (fam) claustrophobie f; **Platzanweiser(in)** m(f) (-s, -) ouvreur(-euse)

Plätzchen nt petite place f, coin m; (Gebäck) petit four m

platzen vi 〈sein〉 éclater; (Reifen) crever; (Kleid) craquer; **vor Wut/Neid ~** (fam) être fou (folle) de rage/crever de jalousie

platzieren (*pp* platziert) **1.** *vt* placer **2.** *vr*
sich ~ (*SPORT*) arriver parmi les premiers
(-ières); (*TENNIS*) être tête de série

Platzkarte *f* réservation *f*; **Platzmangel**
m manque *m* de place; **Platzpatrone** *f*
cartouche *f* à blanc; **Platzregen** *m*
averse *f*; **Platzwunde** *f* plaie *f* béante

Plauderei *f* bavardage *m*; **plaudern** *vi*
causer, bavarder

plausibel *adj* plausible; **Plausibilität** *f*
plausibilité *f*; **Plausibilitätskontrolle** *f*
(*INFORM*) contrôle *m* de vraisemblance [*o*
de plausibilité]

Play-back *nt* (-s, -s) play-back *m*

Playboy *m* (-s, -s) play-boy *m*

plazieren *vt, vr* s. **platzieren**

pleite *adj* (*fig*) en faillite; (*fam: Mensch*)
fauché(e); **Pleite** *f* (-, -n) faillite *f*, banqueroute *f*; (*fam: Reinfall*) fiasco *m*

Plenum *nt* (-s) assemblée *f* plénière

Pleuelstange *f* bielle *f*

Plissee *nt* (-s, -s) plissé *m*

PLO *f* (-) *abk von* **Palästinensische Befreiungsorganisation** O.L.P. *f*

Plombe *f* (-, -n) plomb *m*; (*Zahn~*)
plombage *m*; **plombieren** (*pp* plom-
biert) *vt* plomber

Plotter *m* (-s, -) (*INFORM*) traceur *m*

plötzlich **1.** *adj* soudain(e), subit(e) **2.** *adv*
brusquement, tout à coup, soudain

Plug-in *nt* (-s, -s) (*INFORM*) plugiciel *m*

plump *adj* (*Mensch*) lourdaud(e); (*Körper,
Hände*) épais(se); (*Bewegung*) lourd(e);
(*Auto, Vase*) mastoc; (*Versuch*) maladroit(e)

plumpsen *vi* ⟨*sein*⟩ (*fam*) tomber lourde-
ment

Plunder *m* (-s) (*fam*) fatras *m*

plündern *vt* piller; **Plünderung** *f* pillage *m*

Plural *m* (-s, -e) pluriel *m*; **Pluralismus**
m pluralisme *m*; **pluralistisch** *adj* plura-
liste

plus *adv* plus; **Plus** *nt* (-, -) excédent *m*;
(*FIN*) bénéfice *m*; (*Vorteil*) avantage *m*

Plüsch *m* (-(e)s, -e) peluche *f*; **Plüsch-
tier** *nt* peluche *f*

Pluspol *m* pôle *m* positif; **Pluspunkt** *m*
(*Vorteil*) avantage *m*; **Plusquamperfekt**
nt plus-que-parfait *m*

Plutonium *nt* plutonium *m*

PLZ *abk von* **Postleitzahl** code *m* postal

Pneu *m* (-s, -s) (*CH*) *s.* **Reifen**

Po *m* (-s, -s) (*fam*) derrière *m*

Pöbel *m* (-s) populace *f*; **Pöbelei** *f* vulgarité *f*; **pöbelhaft** *adj* vulgaire;
pöbeln *vi* faire du barouf; (*schimpfen*)
dire des grossièretés

pochen *vi* frapper (*an +akk* à); (*Herz*)
battre; **auf etw** *akk* ~ (*fig*) ne pas démordre de qch

Pocken *pl* (*MED*) variole *f*

Podium *nt* estrade *f*; **Podiumsdiskus-
sion** *f* débat *m* public

Poesie *f* poésie *f*

Poet(in) *m(f)* (-en, -en) poète *m*; **poetisch** *adj* poétique

Pointe *f* (-, -n) chute *f*

Pokal *m* (-s, -e) coupe *f*; **Pokalspiel** *nt*
match *m* de coupe

Pökelfleisch *nt* viande *f* salée; **pökeln**
vt saler

Pol *m* (-s, -e) pôle *m*; **polar** *adj* polaire;
Polarkreis *m* cercle *m* polaire

Pole *m* (-n, -n) Polonais *m*

Polemik *f* polémique *f*; **polemisch** *adj*
polémique; **polemisieren** (*pp* polemi-
siert) *vi* polémiquer, faire de la polémique

Polen *nt* (-s) la Pologne

Police *f* (-, -n) police *f* (d'assurance)

Polier *m* (-s, -e) chef *m* de l'équipe

polieren (*pp* poliert) *vt* astiquer

Poliklinik *f* policlinique *f*

Polin *f* Polonaise *f*

Politik *f* politique *f*; **Politiker(in)** *m(f)*
(-s, -) homme *m* politique, politicien(ne);
Politikverdrossenheit *f* lassitude *f* à
l'égard de la politique; **politisch** *adj*
politique; **politisieren** (*pp* politisiert)
1. *vi* parler politique **2.** *vt* politiser

Politur *f* (*Mittel*) encaustique *f*

Polizei *f* police *f*; **Polizeibeamte(r)** *m*,
-beamtin *f* agent *m* de police; **polizeilich** *adj* policier(-ière); (*Anordnung*) de la
police; ~**es Kennzeichen** plaque *f* minéralogique; **Polizeirevier** *nt* secteur *m*;
(*Wache*) commissariat *m*; **Polizeischutz**
m protection *f* policière; **Polizeistaat** *m*
État *m* policier; **Polizeistunde** *f* heure *f*
de fermeture; **Polizeiübergriffe** *pl*
bavure *f* policière; **polizeiwidrig** *adj*
illégal(e); **Polizist(in)** *m(f)* agent *m* de
police

Polizze *f* (-, -n) (*A*) police *f* (d'assurance)

Pollen *m* (-s, -) pollen *m*; **Pollenflug** *m*
concentrations *fpl* de pollen

polnisch *adj* polonais(e)

Polohemd *nt* polo *m*

Polster *nt* (-s, -) (*Polsterung*) rembourrage
m; (*in Kleidung*) épaulette *f*; (*fig: Geld*)
réserves *fpl*; **Polsterer** *m* (-s, -) tapissier
m; **Polstermöbel** *pl* meubles *mpl* rem-
bourrés; **polstern** *vt* rembourrer; **Polsterung** *f* rembourrage *m*

Polterabend *m* fête à la veille d'un mariage,

où l'on casse de la vaisselle pour porter bonheur aux mariés

poltern vi (Krach machen) faire du vacarme; (schimpfen) tempêter

Polygamie f polygamie f

Polynesien nt (-s) la Polynésie

Polyp m (-en -en) (ZOOL) polype m; (fam: Polizist) flic m

Polypen pl végétations fpl

Pomade f brillantine f

Pomelo m (-s, -s) pomélo m

Pommern nt (-s) la Poméranie

Pommes frites pl frites fpl

Pomp m (-(e)s) pompe f, faste m; **pompös** adj somptueux(-euse)

Pony 1. nt (-s, -s) (Pferd) poney m **2.** m (-s, -s) (Frisur) frange f; **Pony-Trekking** nt (-s) trekking m à poney

Popcorn nt (-s) pop-corn m

Popmusik f (musique f) pop m

Popo m (-s, -s) (fam) derrière m

poppig adj tape-à-l'œil

populär adj (Mensch) populaire; (Ort) en vogue; (Methode) à la portée de tous; **Popularität** f popularité f; **populärwissenschaftlich** adj de vulgarisation; **~er Schriftsteller** vulgarisateur m

Pore f (-, -n) pore m

Pornografie f pornographie f

porös adj poreux(-euse)

Porree m (-s, -s) poireau m

Portal nt (-s, -e) portail m

Portemonnaie, Portmonee nt (-s, -s) porte-monnaie m

Portier m (-s, -s) portier m

Portion f (Essens~) portion f, part f; (fam: Menge) dose f

Porto nt (-s, -s o Porti) port m, affranchissement m; **portofrei** adj franc(o) de port

Porträt nt (-s, -s) portrait m; **porträtieren** (pp porträtiert) vt faire le portrait de

Portugal nt (-s) le Portugal; **Portugiese** m (-n, -n), **Portugiesin** f Portugais(e); **portugiesisch** adj portugais(e)

Porzellan nt (-s, -e) porcelaine f

POS1-Taste f touche f Origine

Posaune f (-, -n) trombone m

Pose f (-, -n) pose f; **posieren** (pp posiert) vi poser

Position f position f; (beruflich) situation f; (auf Liste) poste m

positionieren (pp positioniert) vt (a. INFORM) positionner; **Positionierung** f (INFORM) positionnement m

Positionslichter pl (AVIAT) feux mpl de navigation

positiv adj positif(-ive); **Positiv** nt (FOTO)

épreuve f positive

Positur f pose f; **sich in ~ setzen** poser pour la galerie

possessiv adj possessif(-ive); **Possessivpronomen** nt adjectif m possessif, pronom m possessif

possierlich adj amusant(e)

Post f (-, -en) poste f; (Briefe) courrier m; **Postamt** nt (bureau m de) poste f; **Postanweisung** f mandat m postal, mandat-poste m; **Postbank** f (-banken pl) services mpl financiers de la poste; **Postbote** m, **-botin** f facteur(-trice)

Posten m (-s, -) poste m; (Soldat) sentinelle f; (COM) lot m; (auf Liste) rubrique f; (Streik~) piquet m de grève

Poster m o nt (-s, -) poster m

Postf. abk von **Postfach** B.P.

Postfach nt boîte f postale; **Postgiroamt** nt centre m de chèques postaux; **Postgirokonto** nt compte m chèque postal; **Postkarte** f carte f postale; **postlagernd** adv (en) poste restante; **Postleitzahl** f code m postal; **Postmaster** m (-s, -s) administrateur m de courrier

postmodern adj postmoderne

Postscheckkonto nt compte m chèque postal; **Postsparkasse** f Caisse f d'épargne postale; **Poststempel** m cachet m (d'oblitération) de la poste; **postwendend** adv par retour du courrier

potent adj (Mann) viril(e); **Potenz** f (MATH) puissance f; (eines Mannes) virilité f

Potenzial nt (-s, -e) potentiel m

potenziell adj potentiel(le), possible

Potenzpille f médicament m contre l'impuissance

Poulet nt (-s, -s) (CH) poulet m

Powidl m (-s, -) (A) confiture f de prunes

PR pl abk von **Public Relations** relations fpl publiques

Pracht f (-) magnificence f, splendeur f; **prächtig** adj magnifique, splendide; **Prachtstück** nt joyau m; **prachtvoll** adj magnifique, splendide

Prädikat nt (Adels~) titre m; (LING) prédicat m; (Bewertung) mention f; **Wein mit ~** vin m de qualité

Präfix nt (-es, -e) préfixe m

Prag nt (-s) Prague

prägen vt (Münze) battre; (Ausdruck) inventer; (Charakter) marquer

prägnant adj concis(e), précis(e); **Prägnanz** f concision f

Prägung f (auf Münze) frappe f; (von Cha-

rakter) formation f; (*auf Leder*) empreinte f (gaufrée); (*Eigenart*) caractère m

prahlen vi se vanter; **Prahlerei** f vantardise f; **prahlerisch** adj fanfaron(ne)

Praktik f pratique f

praktikabel adj (*Lösung*) réalisable

Praktikant(in) m(f) stagiaire mf; **Praktikum** nt (-s, Praktika) stage m

praktisch adj pratique; ~**er Arzt** généraliste m

praktizieren (pp praktiziert) **1.** vt (*Idee*) mettre en pratique **2.** vi (*Arzt etc*) exercer

Praline f chocolat m (fourré)

prall adj (*Sack*) bourré(e); (*Ball*) bien gonflé(e); (*Segel*) tendu(e); (*Arme*) dodu(e); **in der** ~**en Sonne** en plein soleil

prallen vi ⟨sein⟩ se heurter (*gegen, auf* +akk contre)

Prämie f prime f; (*Belohnung*) récompense f

prämieren (pp prämiert) vt (*belohnen*) récompenser; (*auszeichnen*) primer

Pranger m (-s, -) pilori m

Pranke f (-, -n) griffes fpl

Präparat nt (BIO) préparation f; (MED) médicament m

Präposition f préposition f

Präsens nt (-) présent m

präsentieren (pp präsentiert) vt présenter

Präsenzdiener m (A) soldat m qui fait son service; **Präsenzdienst** m (A) service m militaire obligatoire

Präservativ nt préservatif m

Präsident(in) m(f) président(e); **Präsidentschaft** f présidence f; **Präsidentschaftskandidat(in)** m(f) candidat(e) à la présidence

Präsidium nt (*Vorsitz*) présidence f; (*Polizei*~) préfecture f de police

prasseln 1. vi (*Feuer*) crépiter **2.** vi ⟨sein⟩ (*Hagel, Wörter*) tomber dru

prassen vi festoyer

Pratze f (-, -n) patte f

Präventiv- pref préventif(-ive)

Praxis 1. f (-) (*Wirklichkeit*) pratique f **2.** f (Praxen pl) (*von Arzt, Anwalt*) cabinet m; **praxisbezogen, praxisnah** adj pratique, fondé(e) sur la pratique; **praxisorientiert** adj fondé(e) sur la pratique

Präzedenzfall m précédent m

präzis(e) adj précis(e); **Präzision** f précision f

predigen vt, vi prêcher; **Prediger(in)** m(f) (-s, -) prédicateur(-trice); **Predigt** f (-, -en) sermon m

Preis m (-es, -e) prix m; **um keinen** ~ à aucun prix; **Preisausschreiben** nt concours m

Preiselbeere f airelle f

preisen (pries, gepriesen) vt louer

preis|geben sep irr vt (*aufgeben*) abandonner; (*ausliefern*) livrer; (*verraten*) révéler

preisgekrönt adj couronné(e); **Preisgericht** nt jury m; **preisgünstig** adj (*Ware*) avantageux(-euse); **Preislage** f catégorie f de prix; **preislich** adj de(s) prix; **Preisrichter(in)** m(f) membre m du jury; **Preisschild** nt étiquette f; **Preisstabilität** f stabilité f des prix; **Preissturz** m chute f des prix; **Preisträger(in)** m(f) lauréat(e); **preiswert** adj (*Ware*) bon marché

prekär adj précaire

Prellbock m butoir m; **prellen** vt (*stoßen*) cogner; **jdn um etw** ~ (fig) escroquer qch à qn; **Prellung** f contusion f

Premiere f (-, -n) première f

Premierminister(in) m(f) premier ministre m

Presse f (-, -n) presse f; **Pressefreiheit** f liberté f de la presse; **Pressekonferenz** f conférence f de presse; **Pressemeldung** f, **Pressemitteilung** f communiqué m de presse

pressen vt presser

Pressluft f air m comprimé; **Pressluftbohrer** m marteau-piqueur m

Prestige nt (-s) prestige m

Preußen nt (-s) la Prusse; **preußisch** adj prussien(ne)

prickeln vi picoter, chatouiller

pries imperf von **preisen**

Priester(in) m(f) (-s, -) prêtre(-esse)

prima adj inv de première qualité; (fam) super

primär adj (*wesentlich*) primordial(e); (*ursprünglich*) initial(e); (*Ursache*) principal(e)

Primararzt m, **-ärztin** f (CH) s. **Chefarzt**; **Primarlehrer(in)** m(f) (CH) instituteur (-trice); **Primarschule** f (CH) école f primaire

Primel f (-, -n) primevère f

primitiv adj primitif(-ive)

Printmedien pl presse f écrite

Prinz m (-en, -en) prince m; **Prinzessin** f princesse f

Prinzip nt (-s, -ien) principe m; **prinzipiell 1.** adj de principe **2.** adv en principe; **prinzipienlos** adj sans principes

Priorität f priorité f; ~**en setzen** décider de ce qui est le plus urgent; **Prioritä-**

Prioritätenliste f liste f des choses prioritaires

Prise f (-, -n) pincée f

Prisma nt (-s, Prismen) prisme m

privat adj privé(e)

Privat- in Zusammensetzungen privé(e); **Privatfernsehen** nt télévision f privée; **Privatpatient(in)** m(f) patient(e) du secteur privé; **Privatschule** f école f privée; **Privatsender** m chaîne f privée

Privileg nt (-(e)s, -ien o -e) privilège m

pro prep +akk par; **Pro** nt (-s, -s) pour m

Probe f (-, -n) essai m; (Prüfstück) échantillon m; (THEAT) répétition f; **jdn auf die ~ stellen** mettre qn à l'épreuve; **Probeexemplar** nt spécimen m; **Probefahrt** f essai m de route; **proben** vt, vi répéter; **probeweise** adv à titre d'essai; **Probezeit** f période f d'essai [o probatoire]

probieren (pp probiert) 1. vt essayer; (Wein, Speise) goûter 2. vi ~, ob etw passt essayer qch

Problem nt (-s, -e) problème m; **Problematik** f problématique f; **problematisch** adj problématique; **problemlos** adj sans problème

Produkt nt (-(e)s, -e) produit m; **Produkterpressung** f chantage à l'empoisonnement d'un produit alimentaire auprès des producteurs; **Produkthaftung** f responsabilité f du fabricant

Produktion f production f; **Produktionsstandort** m lieu m de production

produktiv adj productif(-ive); **Produktivität** f productivité f

Produktpalette f gamme f de produit; **Produktpiraterie** f contrefaçon f

Produzent(in) m(f) producteur(-trice)

produzieren (pp produziert) vt produire

Professor(in) m(f) (-s, -en) professeur mf de faculté, professeur mf d'université; **Professur** f chaire f

Profi m (-s, -s) pro mf

Profil nt (-s, -e) (Ansicht) profil m; (von Reifen) bande f de roulement; (fig) personnalité f; **profilieren** (pp profiliert) sich ~ (Politiker, Künstler etc) s'affirmer

Profit m (-(e)s, -e) profit m; **profitieren** (pp profitiert) vi profiter (von de)

Prognose f (-, -n) pronostic m

Programm nt (-s, -e) (a. INFORM) programme m; (TV) chaîne f; (Sendung) émission f; **Programmdatei** f (INFORM) fichier m de programme

programmieren (pp programmiert) vt (INFORM) programmer; **Programmierer(in)** m(f) (-s, -) programmeur(-euse); **Programmierfehler** m défaut m, bogue f; **Programmierkurs** m cours m de programmation; **Programmiersprache** f langage m de programmation, langage m informatique

Programmkino nt cinéma m à programme culturel; **programmmäßig** adv comme prévu; **Programmzeitschrift** f programme m

progressiv adj progressif(-ive)

Projekt nt (-(e)s, -e) projet m

Projektor m projecteur m

projizieren (pp projiziert) vt projeter

proklamieren (pp proklamiert) vt proclamer

Prolet m (-en, -en) prolo m

Proletariat nt prolétariat m; **Proletarier(in)** m(f) (-s, -) prolétaire mf

Proll m (-s, -s) (fam) plouc m; **prollig** adj (fam) plouc

Prolog m (-(e)s, -e) prologue m

Promenade f promenade f

Promille nt (-(s), -) pour mille m; **Promillegrenze** f taux m d'alcoolémie maximal

prominent adj important(e)

Prominenz f élite f, notables mpl; (fam) gratin m

promisk adj (Mensch) de mœurs faciles, aux relations sexuelles inconstantes; (Verhalten) marqué(e) d'inconstance dans les relations sexuelles; **Promiskuität** f inconstance f dans les relations sexuelles

Promotion f (obtention f du) doctorat m

promovieren (pp promoviert) vi faire son doctorat

prompt 1. adj (Reaktion) rapide, immédiat(e) 2. adv immédiatement

Pronomen nt (-s, - o Pronomina) pronom m

Propaganda f (-) propagande f

Propeller m (-s, -) hélice f

Prophet(in) m(f) (-en, -en) prophète (-phétesse)

prophezeien (pp prophezeit) vt prophétiser; **Prophezeiung** f prophétie f

Proportion f proportion f; **proportional** adj proportionnel(le); **Proportionalschrift** f espacement m proportionnel

Proporzwahl f (CH) proportionnelle f

proppenvoll adj (fam) plein(e) à craquer

Prosa f (-) prose f

prosaisch adj (nüchtern) prosaïque

prosit interj à votre/ta santé, santé; ~ Neujahr! bonne année!

Prospekt m (-(e)s, -e) prospectus m, brochure f

prost *interj* à votre/ta santé, santé
Prostituierte(r) *mf* prostitué(e); **Prostitution** *f* prostitution *f*
Protein *nt* (-s, -e) protéine *f*
Protest *m* (-(e)s, -e) protestation *f*
Protestant(in) *m(f)* protestant(e); **protestantisch** *adj* protestant(e)
protestieren (*pp* protestiert) *vi* protester
Protestkundgebung *f* manifestation *f*
Prothese *f* (-, -n) prothèse *f*; (*Gebiss*) dentier *m*
Protokoll *nt* (-s, -e) (*von Sitzung*) procès-verbal *m*; (*diplomatisch, INFORM*) protocole *m*; (*Polizei~*) déposition *f*; **protokollieren** (*pp* protokolliert) *vt* (*INFORM*) établir le protocole de; **etw** ~ rédiger le procès-verbal de qch
Proton *nt* (-s, -en) proton *m*
Prototyp *m* prototype *m*
Protz *m* (-en o -es, -e(n)) (*fam: Mensch*) vantard(e); **protzen** *vi* (*fam*) se vanter (*mit* de), se donner de grands airs; **protzig** *adj* (*Mensch*) qui se donne de grands airs; (*Gegenstand*) tape-à-l'œil
Proviant *m* (-s, -e) provisions *fpl*
Provider *m* (-s, -) (*INFORM*) fournisseur *m* d'accès
Provinz *f* (-, -en) province *f*; **provinziell** *adj* provincial(e)
Provision *f* (*COM*) commission *f*
provisorisch *adj* provisoire
Provokation *f* provocation *f*
provozieren (*pp* provoziert) *vt* provoquer
Prozedur *f* procédure *f*; (*pej*) cirque *m*
Prozent *nt* (-(e)s, -e) pour cent *m*; **Prozentrechnung** *f* calcul *m* du pourcentage; **Prozentsatz** *m* pourcentage *m*; **prozentual** 1. *adj* ~e Beteiligung pourcentage *m* de bénéfices 2. *adv* ~ am Gewinn beteiligt sein toucher un pourcentage
Prozess *m* (-es, -e) processus *m*; (*JUR*) procès *m*; **prozessieren** (*pp* prozessiert) *vi* être en procès (*mit, gegen* avec)
Prozession *f* défilé *m*; (*REL*) procession *f*
Prozesskosten *pl* (*JUR*) frais *mpl* de justice
Prozessor *m* (-s, -en) (*INFORM*) processeur *m*
prüde *adj* prude; **Prüderie** *f* pruderie *f*
prüfen *vt* (*Gerät*) tester; (*Kandidaten*) interroger; (*Rechnung, Bücher*) vérifier; **Prüfer(in)** *m(f)* (-s, -) examinateur (-trice); **Prüfling** *m* candidat(e); **Prüfung** *f* examen *m*; (*Heimsuchung*) épreuve *f*; **Prüfungskommission** *f**

jury *m* (d'examen); **Prüfungsordnung** *f* règlement *m* (d'un examen)
Prügel *pl* raclée *f*; **Prügelei** *f* bagarre *f*; **Prügelknabe** *m* bouc *m* émissaire; **prügeln** 1. *vt* battre 2. *vr* sich ~ se battre; **Prügelstrafe** *f* châtiment *m* corporel
Prunk *m* (-(e)s) pompe *f*, faste *m*; **prunkvoll** *adj* magnifique, fastueux(-euse)
PS 1. *abk von* **Pferdestärken** Ch 2. *abk von* **Nachschrift** P.S.
Psalm *m* (-s, -en) psaume *m*
pseudo- *pref* pseudo; **Pseudokrupp** *m* (*MED*) faux croup *m*
Psychiater(in) *m(f)* (-s, -) psychiatre *mf*
psychisch *adj* psychique, psychologique
Psychoanalyse *f* psychanalyse *f*
Psychologe *m*, **-login** *f* psychologue *mf*; **Psychologie** *f* psychologie *f*; **psychologisch** *adj* psychologique
Psychopharmaka *pl* psychotropes *mpl*; **psychosomatisch** *adj* psychosomatique; **Psychoterror** *m* terreur *f*; **Psychotherapeut(in)** *m(f)* psychothérapeute *mf*; **Psychotherapie** *f* psychothérapie *f*
Pubertät *f* puberté *f*
Public Domain *nt* (*INFORM*) domaine *m* public
Publikum *nt* (-s) public *m*; (*SPORT*) spectateurs *mpl*
publizieren (*pp* publiziert) *vt* publier
Publizistik *f* journalisme *m*
Pudding *m* (-s, -e o -s) ≈ flan *m*
Pudel *m* (-s, -) caniche *m*
Puder *m* (-s, -) poudre *f*; **Puderdose** *f* poudrier *m*; **pudern** *vt* poudrer; **Puderzucker** *m* sucre *m* glace
Puff 1. *m* (-(e)s, Püffe) (*fam: Stoß*) bourrade *f* 2. *m* (Puffs *pl*) (*fam: Freudenhaus*) bordel *m* 3. *m* (-(e)s, -e o -s) (*Wäsche~*) corbeille *f* à linge; (*Sitz~*) pouf *m*
Puffer *m* (-s, -) tampon *m*; (*INFORM*) mémoire *f* tampon [o intermédiaire]; **Pufferspeicher** *m* (*INFORM*) mémoire *f* tampon; **Pufferstaat** *m* État *m* tampon
Pull-down-Menü *nt* (*INFORM*) menu *m* déroulant
Pulli *m* (-s, -s), **Pullover** *m* (-s, -) pull (-over) *m*, tricot *m*
Puls *m* (-es, -e) pouls *m*; **Pulsader** *f* artère *f*; **pulsieren** (*pp* pulsiert) *vi* battre; (*fig*) s'agiter
Pult *nt* (-(e)s, -e) pupitre *m*
Pulver *nt* (-s, -) poudre *f*; **pulverig** *adj* poudreux(-euse); **pulverisieren** (*pp*

pulverisiert) vt pulvériser; **Pulverschnee** m neige f poudreuse

pummelig adj (Kind) potelé(e)

pumpe f (-, -n) pompe f; **pumpen** vt pomper; (fam: verleihen) prêter; (fam: sich leihen) emprunter

punk m (-(s), -s) (~musik) punk m; (Punker) punk mf

punkt m (-(e)s, -e) point m; **etw auf den** ~ **bringen** mettre qch au point

punktieren (pp punktiert) vt (MED) ponctionner; (Linie) tracer en pointillé

pünktlich adj ponctuel(le); **Pünktlichkeit** f ponctualité f

punktsieg m victoire f aux points; **Punktzahl** f score m

pupille f (-, -n) pupille f

puppe f (-, -n) poupée f; (Marionette) marionnette f; (Insekten~) chrysalide f; **Puppenspieler(in)** m(f) marionnettiste mf; **Puppenstube** f maison f de poupée; **Puppenwagen** m landau m de poupée

pur adj pur(e)

püree nt (-s, -s) purée f

purzelbaum m (fam) culbute f; **purzeln** vi ⟨sein⟩ tomber

Puste f (-) (fam) souffle m

Pustel f (-, -n) pustule f

pusten vi souffler

Pute f (-, -n) dinde f; **Puter** m (-s, -) dindon m

Putsch m (-(e)s, -e) putsch m, coup m d'État; **putschen** vi faire un putsch; **Putschist(in)** m(f) putschiste mf

Putz m (-es) (Mörtel) crépi m

putzen 1. vt (Haus, Auto) nettoyer; (Schuhe) cirer; (Nase) moucher; (Zähne) brosser **2.** vr sich ~ faire sa toilette; **Putzfrau** f femme f de ménage

putzig adj mignon(ne)

Putzlappen m chiffon m, torchon m; **Putzmann** m (-männer pl) homme m de ménage; **Putzmittel** nt produit m de nettoyage; **Putztag** m jour m de nettoyage; **Putzzeug** nt ustensiles mpl de ménage

Puzzle nt (-s, -s) puzzle m

Pyjama m (-s, -s) pyjama m

Pyramide f (-, -n) pyramide f

Pyrotechnik f pyrotechnie f

Python m (-s, -s) python m

Q

Q, q nt (-, -) Q, q m

quabb(e)lig adj gélatineux(-euse); (Frosch) visqueux(-euse)

Quacksalber(in) m(f) (-s, -) (fam) charlatan m

Quader m (-s, -) pierre f de taille; (MATH) parallélépipède m, rectangle m

Quadrat nt carré m; **quadratisch** adj carré(e); (Gleichung) du second degré; **Quadratmeter** m o nt mètre m carré

quaken vi (Frosch) coasser; (Ente) faire coin-coin

quäken vi (fam) brailler

Qual f (-, -en) tourment m, peine f, torture f; **quälen 1.** vt tourmenter, torturer; (mit Bitten) importuner **2.** vr sich ~ avancer avec peine; (geistig) se tourmenter;

Quälerei f (das Quälen) tourment m, torture f; (fig) corvée f; **Quälgeist** m (fam) casse-pieds mf

qualifizieren (pp qualifiziert) **1.** vt qualifier; (einstufen) classer **2.** vr sich ~ se qualifier

Qualität f qualité f; **Qualitätskontrolle** f contrôle m de qualité; **Qualitätsmanagement** nt management m de la qualité; **Qualitätssicherung** f garantie f de qualité; **Qualitätsware** f marchandise f de qualité

Qualle f (-, -n) méduse f

Qualm m (-(e)s) fumée f épaisse; **qualmen** vi (Ofen, Kerze etc) fumer; (fam) fumer (comme une locomotive)

qualvoll adj atroce, douloureux(-euse)

Quantentheorie f théorie f des quanta
Quantität f quantité f; **quantitativ** adj quantitatif(-ive)
Quantum nt (-s, Quanten) (PHYS) quantum m; (Anteil) quota m
Quarantäne f (-, -n) quarantaine f
Quark m (-s) fromage m blanc; (fam) bêtise f
Quartal nt (-s, -e) trimestre m
Quartier nt (-s, -e) logement m; (MIL) quartiers mpl
Quarz m (-es, -e) quartz m; **Quarzuhr** f montre f à quartz
quasi adv quasi, quasiment
quasseln vi (fam) radoter
Quatsch m (-(e)s) bêtises fpl; **quatschen** vi dire des bêtises; (fam) bavarder; **Quatschkopf** m (fam) radoteur(-euse)
Quecksilber nt mercure m
Quellcode m (INFORM) code m source; **Quelldatei** f (INFORM) fichier m source
Quelle f (-, -n) source f
quellen (quoll, gequollen) vi ⟨sein⟩ (hervor~) jaillir; (schwellen) gonfler, grossir
Quellensteuer f impôt m à la source; **Quelllaufwerk** nt lecteur m source
Quengelei f (fam) jérémiades fpl; **quengelig** adj (fam) pleurnicheur(-euse); **quengeln** vi (fam) pleurnicher
quer adv (der Breite nach) en travers; (rechtwinklig) de travers; ~ **auf dem Bett** en travers du lit; ~ **durch den Wald** à travers la forêt; **Querbalken** m poutre f transversale; **Querdenker(in)** m(f) esprit m fort [o novateur]; **querfeldein** adv à travers champs; **Querflöte** f flûte f traversière; **Querformat** nt format m oblong [o à l'italienne]; (INFORM) mode m de paysage; **Querkopf** m tête f de mule
Querschiff nt transept m; **Querschnitt** m coupe f transversale; (Auswahl) échantillon m; **querschnittsgelähmt** adj paraplégique; **Querstraße** f rue f transversale; **Quertreiber(in)** m(f) casse-pieds mf; **Querverbindung** f (fig) lien m; **Querverweis** m renvoi m
quetschen vt presser, écraser; (MED) contusionner, meurtrir; **Quetschung** f (MED) contusion f
quieken vi (Schwein) couiner; (Mensch) pousser des cris perçants
quietschen vi (Tür) grincer; (Mensch) pousser des cris perçants
Quintessenz f quintessence f
Quintett nt (-(e)s, -e) quintette m
Quirl m (-(e)s, -e) (GASTR) fouet m
quitt adj ~ **sein** être quitte
Quitte f (-, -n) coing m; **quittengelb** adj jaune comme un coing
quittieren (pp quittiert) vt donner un reçu pour; (Dienst) quitter
Quittung f quittance f, reçu m; **Quittungsaustausch** m établissement m d'un protocole de transfert
Quiz nt (-, -) jeu(-concours) m
quoll imperf von **quellen**
Quote f (-, -n) quote-part f, taux m; **Quotenregelung** f (POL) pourcentage m obligatoire de femmes

R

R, r nt (-, -) R, r m
Rabatt m (-(e)s, -e) rabais m, remise f
Rabatte f (-, -n) bordure f
Rabattmarke f timbre-ristourne m
Rabe m (-n, -n) corbeau m; **Rabenmutter** f marâtre f
rabiat adj furieux(-euse)
Rache f (-) vengeance f
Rachen m (-s, -) gorge f
rächen 1. vt venger 2. vr **sich** ~ (Mensch) se venger (an +dat de); (Leichtsinn etc) coûter cher
Rachitis f (-) rachitisme m
Rachsucht f soif f de vengeance; **rachsüchtig** adj vindicatif(-ive)
Rad nt (-es, Räder) roue f; (Fahr~) vélo m

~ **fahren** faire du vélo
Radar m o nt (-s) radar m; **Radarfalle** f,
Radarkontrolle f contrôle m radar
Radau m (-s) (fam) vacarme m
Raddampfer m bateau m à aubes
radebrechen vi **deutsch** ~ baragouiner
l'allemand
radeln vi ⟨sein⟩ (fam) faire du vélo; **zur
Schule** ~ aller à l'école en vélo
Rädelsführer(in) m(f) (pej) me-
neur(-euse), chef mf de complot
rad|fahren sep irr vi s. **Rad**; **Radfah-
rer(in)** m(f) cycliste mf; **Radfahrweg** m
piste f cyclable
radicchio m (-s) (Salatsorte) chicorée f
sauvage, reine f des glaces
radieren (pp radiert) vt, vi gommer, effacer; (in der Kunst) graver (à l'eau-forte);
Radiergummi m gomme f; **Radie-
rung** f eau-forte f, gravure f à l'eau forte
Radieschen nt radis m
radikal adj radical(e); (POL) extrémiste;
Radikale(r) mf extrémiste mf
Radio nt (-s, -s) radio f
radioaktiv adj radioactif(-ive); **Radioak-
tivität** f radioactivité f
Radioapparat m poste m de radio;
Radiorekorder m radiocassette f;
Radiowecker m radio-réveil m
Radium nt radium m
Radius m (-, Radien) rayon m
Radkappe f (AUTO) enjoliveur m
Radler(in) m(f) (-s, -) cycliste mf; **Radler-
hose** f short m de cycliste
Radrennbahn f vélodrome m; **Radren-
nen** nt course f cycliste; **Radsport** m
cyclisme m; **Radweg** m piste f cyclable
RAF f (-) abk von **Rote Armee Fraktion**
Fraction f armée rouge
raffen vt (Besitz) amasser; (Stoff) froncer
Raffinade f sucre m raffiné
raffinieren (pp raffiniert) vt raffiner; **raffiniert** adj rusé(e), malin(-igne);
(Methode) astucieux(-euse); (Kleid) raffi-
né(e)
Rafting nt (-s) (SPORT) rafting m
ragen vi s'élever, se dresser
Rahm m (-(e)s) crème f
rahmen vt (Bild) encadrer; **Rahmen** m
(-s, -) cadre m; (von Fenster) châssis m; **im
~ des Möglichen** dans la mesure du possible
rahmig adj crémeux(-euse)
Rakete f (-, -n) fusée f; **Raketenab-
wehrsystem** nt système m antimissile;
Raketenbasis f, **Raketenstützpunkt**
m rampe f de lancement (de fusées)

RAM nt (-(s), -(s)) (INFORM) mémoire f vive
rammen vt (Pfahl) enfoncer, ficher;
(Schiff) éperonner; (Auto) emboutir
Rampe f (-, -n) rampe f; **Rampenlicht**
nt feux mpl de la rampe
ramponieren (pp ramponiert) vt (fam)
abîmer
Ramsch m (-(e)s, -e) camelote f
RAM-Speicher m mémoire f vive
ran (fam) = **heran**
Rand m (-(e)s, Ränder) bord m; (Wald~)
lisière f; (von Stadt) abords mpl; (auf Papier)
marge f; (unter Augen) cerne m; **am ~e
der Verzweiflung sein** être au bord du
désespoir; **außer ~ und Band** déchaî-
né(e); **am ~e bemerkt** soit dit en passant
Randale f (-) (fam) chahut m; ~ **machen**
faire du chahut; **randalieren** (pp randa-
liert) vi faire du tapage [o du chahut];
Randalierer(in) m(f) (-s, -) cas-
seur(-euse), hooligan m
Randbemerkung f note f en marge;
(fig) remarque f en passant; **Rander-
scheinung** f phénomène m marginal;
Randgruppe f groupe m de marginaux
rang imperf von **ringen**
Rang m (-(e)s, Ränge) rang m; (Dienstgrad) grade m; (THEAT) balcon m
Rangierbahnhof m gare f de triage;
rangieren (pp rangiert) **1.** vt (EISENBAHN)
garer **2.** vi (fig) se classer; **Rangiergleis**
nt voie f de garage
Rangordnung f hiérarchie f; **Rangun-
terschied** m différence f hiérarchique
Ranke f (-, -n) vrille f
rann imperf von **rinnen**
rannte imperf von **rennen**
Ranzen m (-s, -) cartable m; (fam: Bauch)
panse f, bedaine f
ranzig adj (Butter) rance
Rap m (-(s), -s) (MUS) rap m
rapid(e) adj rapide
Rappe m (-n, -n) (Pferd) cheval m noir
rappen vi rapper
Rappen m (-s, -) (Schweizer Münze) centime m
Rapper(in) m(f) (-s, -) (MUS) rap-
peur(-euse)
Raps m (-es, -e) colza m
rar adj rare; **sich ~ machen** (fam) se faire
rare; **Rarität** f rareté f
rasant adj très rapide
rasch adj rapide
rascheln vi (Blätter, Papier) bruire; **mit etw
~** froisser qch
rasen 1. vi (toben) être déchaîné(e); **vor
Eifersucht ~** être fou (folle) de jalousie

2. vi ⟨sein⟩ (fam: schnell fahren) foncer
Rasen m (-s, -) gazon m, pelouse f
rasend adj (Eifersucht, Tempo) fou (folle);
(Kopfschmerzen) atroce; (Entwicklung) très
rapide
Rasenmäher m (-s, -) tondeuse f à
gazon; **Rasenplatz** m pelouse f; (TENNIS)
court m en gazon
Raser(in) m(f) (-s, -) automobiliste qui conduit comme un fou; **Raserei** f (Wut) fureur
f; (Schnelligkeit) vitesse f folle
Rasierapparat m rasoir m (électrique);
Rasiercreme f crème f à raser; **rasie-**
ren (pp rasiert) **1.** vt raser **2.** vr sich ~ se
raser; **Rasierklinge** f lame f de rasoir;
Rasiermesser nt rasoir m; **Rasierpin-**
sel m blaireau m; **Rasierschaum** m
mousse f à raser; **Rasierseife** f savon m
à barbe; **Rasierwasser** nt après-rasage
m, after-shave m
Rasse f (-, -n) race f; **Rassehund** m
chien m de race
Rassel f (-, -n) crécelle f; (Baby~) hochet
m; **rasseln** vi faire un bruit de ferraille;
(Ketten) cliqueter
Rassenhass m racisme m; **Rassen-**
trennung f ségrégation f raciale; **Ras-**
sismus m racisme m; **Rassist(in)** m(f)
raciste m/f; **rassistisch** adj raciste
Rast f (-, -en) arrêt m; (Ruhe) repos m
Rastalocken pl tresses fpl rasta
rasten vi s'arrêter; (ausruhen) se reposer
Rasterfahndung f méthode f de recherche policière par recoupements
Rasthaus nt (AUTO) restoroute® m; **Rast-**
hof m aire f de repos équipée, relais m
d'autoroute; **rastlos** adj (Mensch) infatigable; (Tätigkeit) ininterrompu(e); (unruhig) agité(e); **Rastplatz** m (AUTO) aire f
de repos; **Raststätte** f s. **Rasthof**
Rasur f rasage m
Rat 1. m (-(e)s) conseil m; jdn zu ~e ziehen demander conseil à qn; **keinen** ~
wissen ne savoir que faire **2.** m (Räte pl)
(Mensch) conseiller m; (Einrichtung) conseil
m
Rate f (-, -n) paiement m partiel; (monatlich) mensualité f
raten (riet, geraten) vt, vi deviner; (empfehlen) conseiller
ratenweise adv (zahlen) à tempérament,
par mensualités; **Ratenzahlung** f paiement m à tempérament
Ratgeber(in) m(f) (-s, -) conseiller(-ère) m/f;
(Buch) manuel m
Rathaus nt mairie f
ratifizieren (pp ratifiziert) vt ratifier;

Ratifizierung f ratification f
Rätin f conseillère f
Ration f ration f
rational adj rationnel(le), raisonnable
rationalisieren (pp rationalisiert) vt
rationaliser
rationell adj rationnel(le), économique
rationieren (pp rationiert) vt rationner
ratlos adj (Mensch) perplexe; **Ratlosig-**
keit f perplexité f; **ratsam** adj indi-
qué(e), recommandable; **Ratschlag** m
conseil m
Rätsel nt (-s, -) devinette f; (Geheimnis)
énigme f; **rätselhaft** adj énigmatique,
mystérieux(-euse)
Ratskeller m restaurant m de l'hôtel de
ville
Ratte f (-, -n) rat m
rattern vi (Maschine) cliqueter; (Auto)
pétarader
rau adj rêche, rugueux(-euse); (Stimme)
rauque; (Hals) enroué(e); (Klima) rude
Raub m (-(e)s) (von Gegenstand) vol m (à
main armée); (von Mensch) rapt m; (Beute)
butin m; **Raubbau** m exploitation f abu-
sive; **rauben** vt (Gegenstand) voler; (jdn)
enlever; **Räuber(in)** m(f) (-s, -) bandit m,
voleur(-euse); **räuberisch** adj (Tier) pré-
dateur(-trice); (Bande) de malfaiteurs;
(Überfall) criminel(le); in ~er Absicht ave
l'intention de voler; **Raubkopie** f piratage m; **Raubmord** m assassinat m ave
vol; **Raubtier** nt prédateur m; **Raub-**
überfall m attaque f à main armée;
Raubvogel m oiseau m de proie
Rauch m (-(e)s) fumée f; **rauchen** vt, vi
fumer; **Raucher(in)** m(f) (-s, -) fu-
meur(-euse); **Raucherabteil** nt (EISEN-
BAHN) compartiment m fumeurs
räuchern vt (Fleisch) fumer
Rauchfang m (A) cheminée f; **Rauch-**
fangkehrer(in) m(f) (A) ramo-
neur(-euse); **Rauchfleisch** nt viande f
fumée
rauchig adj enfumé(e); (Geschmack)
fumé(e)
Rauchmelder m (-s, -) détecteur m de
fumée; **Rauchverbot** nt interdiction f
de fumer
räudig adj (Hund) galeux(-euse)
rauf (fam) = **herauf**
Raufasertapete f papier m ingrain
Raufbold m (-(e)s, -e) brute f
raufen 1. vt (Haar) arracher **2.** vi, vr sich ~
se chamailler; **Rauferei** f bagarre f;
rauflustig adj bagarreur(-euse)
rauh adj s. **rau**; **Rauhfasertapete** s.

Raufasertapete; **Rauhreif** s. **Raureif**
aum m (-(e)s, Räume) (Zimmer) pièce f;
(Platz) place f; (Gebiet) région f; (Weltraum) espace m
äumen vt (verlassen) quitter, vider;
(Gebiet) évacuer; (wegschaffen) enlever
aumfähre f navette f spatiale; **Raum-**
fahrt f navigation f spatiale; **Raumin-**
halt m volume m; **Raumlabor** nt laboratoire m spatial
äumlich adj (Darstellung) dans l'espace;
Räumlichkeiten pl locaux mpl
aummangel m manque m de place;
Raummeter m o nt stère m; **Raum-**
pfleger(in) m(f) technicien(ne) de surface; **Raumschiff** nt engin m spatial;
Raumschifffahrt f navigation f spatiale; **Raumsonde** f sonde f spatiale;
Raumstation f station f orbitale [o spa-
tiale]
äumung f déménagement m; (von
Gebiet) évacuation f; **Räumungsver-**
kauf m liquidation f générale (des
stocks)
aunen vt, vi murmurer
aupe f (-, -n) chenille f; **Raupen-**
schlepper m véhicule m à chenilles
aureif m givre m
aus (fam) = **heraus, hinaus**
ausch m (-(e)s, Räusche) ivresse f
auschen vi bruire, murmurer; (Radio etc)
grésiller; **rauschend** adj (Fest) magnifique; **~er Beifall** tempête f d'applaudissements
auschgift nt drogue f; **Rauschgiftde-**
zernat nt brigade f des stupéfiants;
Rauschgiftsüchtige(r) mf drogué(e)
äuspern vr sich **~** se racler la gorge
aute f (-, -n) losange m; **rautenförmig**
adj en forme de losange
aveparty f rave f
aver(in) m(f) (-s, -) raver m
avioli pl ravioli(s) mpl
azzia f (-, Razzien) rafle f
eagenzglas nt éprouvette f
eagieren (pp reagiert) vi réagir (auf +akk
à)
eaktion f réaction f
eaktionär adj réactionnaire
eaktionsgeschwindigkeit f vitesse f
de réaction
eaktor m réacteur m; **Reaktorblock**
m tranche f de centrale nucléaire; **Reak-**
torkern m cœur m du réacteur; **Reak-**
torsicherheit f sûreté f des centrales
nucléaires
eal adj réel(le); (Vorstellung) concret(-ète)

realisieren (pp realisiert) vt (verwirklichen)
réaliser; (begreifen) se rendre compte de
Realismus m réalisme m; **Realist(in)**
m(f) réaliste mf; **realistisch** adj réaliste
Realität f (-, -en) réalité f; **virtuelle ~**
réalité virtuelle
Reality-TV nt (-s) télé f réality-show
Realo m (-s, -s) (POL) écologiste m parti-
san d'une politique réaliste
Realpolitiker(in) m(f) politicien(ne) par-
tisan(e) d'une politique réaliste
Realschule f ≈ collège m

Realschule

La Realschule est une des écoles secondaires
que les élèves allemands peuvent choisir après
la Grundschule. Après six années d'études, les
élèves obtiennent la mittlere Reife (le brevet
des collèges) et en général s'orientent vers un
métier ou continuent leurs études.

Rebe f (-, -n) vigne f
Rebell(in) m(f) (-en, -en) rebelle mf;
Rebellion f rébellion f; **rebellisch** adj
rebelle
Rebhuhn nt perdrix f
Rebstock m cep m (de vigne)
Rechaud m o nt (-s, -s) réchaud m (à
alcool à brûler)
rechen vt, vi ratisser; **Rechen** m (-s, -)
râteau m
Rechenaufgabe f problème m (d'arithmétique); **Rechenfehler** m erreur f de
calcul; **Rechenmaschine** f calculatrice
f
Rechenschaft f jdm über etw akk **~**
ablegen [o **geben**] rendre compte de qch
à qn; **von jdm ~ verlangen** demander des
comptes à qn; **Rechenschaftsbericht**
m rapport m
Rechenschieber m règle f à calcul;
Rechenzentrum nt centre m de calcul
rechnen 1. vt, vi calculer; (Haus halten)
compter (ses sous); (veranschlagen) compter; **jdn/etw ~ unter** +akk [o **zu**] compter
qn/qch parmi; **~ mit/auf** +akk compter
sur **2.** vr sich **~** être rentable; **Rechnen**
nt (-s) calcul m
Rechner m (-s, -) (Gerät) calculatrice f;
(Computer) ordinateur m
Rechnung f (MATH) calcul m; (fig)
compte m; (COM) facture f; (im Restaurant)
addition f; (im Hotel) note f; **jdm/einer**
Sache ~ tragen tenir compte de qn/qch;
Rechnungsjahr nt exercice m; **Rech-**
nungsprüfer(in) m(f) vérificateur
(-trice); **Rechnungsprüfung** f vérifica-

tion f des comptes

recht 1. adj juste; (wahr, echt) vrai(e); **das ist mir ~** cela me convient **2.** adv (vor Adjektiv) vraiment; **jetzt erst ~** maintenant plus que jamais

Recht nt (-(e)s, -e) droit m (auf +akk à); (JUR) droit m; **~ sprechen** rendre la justice; **mit ~** à bon droit; **~ haben** avoir raison; **jdm ~ geben** donner raison à qn

rechte(r, s) adj droit(e); **~ Seite** (von Stoff etc) endroit m; **~ Masche** maille f à l'endroit; **Rechte** f (-n, -n) (POL) droite f

Rechte(s) nt etwas **~s** ce qu'il faut

Rechteck nt (-(e)s, -e) rectangle m; **rechteckig** adj rectangulaire

rechtfertigen 1. vt justifier **2.** vr sich ~ se justifier (vor +dat devant); **Rechtfertigung** f justification f; **rechthaberisch** adj qui veut toujours avoir raison; **rechtlich** adj, **rechtmäßig** adj légal(e)

rechts adv à droite; (richtig herum) à l'endroit; (mit der rechten Hand) de la main droite; **~ von mir** à ma droite; **~ vom Eingang** à droite de l'entrée

Rechtsanwalt m, **-anwältin** f avocat(e)

Rechtsaußen m (-, -) (SPORT) ailier m droit

Rechtsbeistand m conseiller m juridique

rechtsbündig adj aligné(e) à droite

rechtschaffen adj droit(e), honnête

Rechtschreibfehler m faute f d'orthographe; **Rechtschreibhilfe** f (INFORM) correcteur m orthographique; **Rechtschreibprüfung** f (INFORM) vérification f d'orthographe; **Rechtschreibreform** f réforme f de l'orthographe; **Rechtschreibung** f orthographe f

Rechtsextremismus m extrémisme m de droite; **Rechtsextremist(in)** m(f) extrémiste mf de droite; **rechtsextremistisch** adj d'extrême droite

Rechtsfall m cas m (juridique); **Rechtsfrage** f problème m juridique

Rechtshänder(in) m(f) (-s, -) droitier(-ière)

rechtskräftig adj valide

Rechtskurve f virage m à droite; **rechtsradikal** adj d'extrême droite; **Rechtsradikale(r)** mf extrémiste mf de droite

Rechtsschutzversicherung f assurance f de protection juridique; **Rechtsstreit** m litige m

Rechtsverkehr m circulation f à droite

Rechtsweg m procédure f judiciaire;

rechtswidrig adj illégal(e)

rechtwinklig adj à angle(s) droit(s); (Dreieck) rectangle; **rechtzeitig** adv à temps

Reck nt (-(e)s, -e o -s) barre f fixe

recken 1. vt (Hals) tendre, étirer **2.** vr sich **~** (Mensch) s'étirer

recycelbar adj recyclable; **recyceln** (recycelt) vt recycler; **Recycling** nt (-s) recyclage m; **Recyclingpapier** nt papier m recyclé

Redakteur(in) m(f) rédacteur(-trice); **Redaktion** f rédaction f; **redaktionelle** adj rédactionnel(le); (Mitarbeit) à la rédaction

Rede f (-, -n) discours m; (Gespräch) conversation f; **jdn (wegen etw) zur ~ stellen** demander raison (de qch) à qn; **Redefreiheit** f liberté f de parole; **redegewandt** adj éloquent(e); **reden 1.** vi parler **2.** vt (Unsinn etc) dire **3.** vr sich heiser **~** parler jusqu'à en être enroué(e); **sich in Wut ~** s'énerver de plus en plus; **Redensart** f manière f de parler; **Redewendung** f expression f

redlich adj honnête

Redner(in) m(f) (-s, -) orateur(-trice); **redselig** adj loquace

reduzieren (pp reduziert) vt réduire (au +akk à)

Reede f (-, -n) rade f; **Reeder(in)** m(f) (-s, -) armateur(-trice); **Reederei** f (société f d')armement m maritime

reell adj (Chance) véritable; (Preis, Geschäft) honnête; (MATH) réel(le)

Referat nt (Vortrag) exposé m; (Abteilung) service m

Referent(in) m(f) (Berichterstatter) rapporteur(-euse) m; (Sachbearbeiter) chef mf de service

Referenz f référence f

referieren (pp referiert) vi faire un exposé

reflektieren (pp reflektiert) **1.** vt réfléchi **2.** vi réfléchir la lumière; **~ auf** +akk viser à

Reflex m (-es, -e) réflexe m; **Reflexbewegung** f mouvement m réflexe

reflexiv adj (LING) réfléchi(e); **Reflexivpronomen** nt pronom m réfléchi

Reflexzonenmassage f massage m de zones réflexes

Reform f (-, -en) réforme f

Reformation f Réformation f; **Reformator(in)** m(f) réformateur(-trice); **reformatorisch** adj réformateur(-trice)

Reformhaus nt magasin m diététique;

reformieren (pp reformiert) vt réformer; **Reformstau** m fait de laisser s'accumuler les réformes inachevées

Refrain m (-s, -s) refrain m

Regatta f (-, Regatten) régate f

Regal nt (-s, -e) étagère f

ege adj (Treiben) animé(e), intense; (Geist) vif (vive)

Regel f (-, -n) règle f; (MED) règles fpl; **regelmäßig 1.** adj régulier(-ière) **2.** adv régulièrement; **Regelmäßigkeit** f régularité f; **regeln 1.** vt régler; **etw geregelt kriegen** (fam) arriver à qch, s'en sortir avec qch **2.** vr **sich von selbst ~** (Angelegenheit) se régler tout(e) seul(e); **regelrecht 1.** adj (Verfahren) en règle; (fam: Frechheit etc) sacré(e); (Beleidigung) véritable **2.** adv carrément; **Regelung** f (von Verkehr) régulation f; (von Angelegenheit) règlement m; **regelwidrig** adj (Verhalten) contraire à la règle

egen 1. vt (Glieder) bouger, remuer **2.** vr **sich ~** bouger

Regen m (-s, -) pluie f; **Regenbogen** m arc-en-ciel m; **Regenbogenhaut** f iris m; **Regenbogenpresse** f presse f à sensation; **Regenguss** m averse f; **Regenmantel** m imperméable m; **Regenschauer** m averse f; **Regenschirm** m parapluie m; **Regenzeit** f saison f des pluies

Regent(in) m(f) souverain(e); (Vertreter) régent(e)

Regentag m jour m de pluie

Regentschaft f règne m

Regenwald m forêt f tropicale; **Regenwurm** m ver m de terre; **Regenzeit** f saison f des pluies

Regie f (CINE) réalisation f; (THEAT) mise en scène; (fig) direction f

regieren (pp regiert) **1.** vt gouverner **2.** vi régner

Regierung f gouvernement m; **Regierungsrat** m haut fonctionnaire m; (CH) membre m du Conseil d'État; **Regierungswechsel** m changement m de gouvernement; **Regierungszeit** f durée f de gouvernement; (von König) règne m

Regime nt (-s, -s) pej régime m

Regiment 1. nt (-(e)s, -er) (MIL) régiment m **2.** nt (-(e)s, -e) (Herrschaft) gouvernement m

Region f région f; **regional** adj régional(e)

Regisseur(in) m(f) (CINE) réalisateur (-trice); (THEAT) metteur(-euse) en scène

Register nt (-s, -) registre m; (in Buch) index m

Registratur f (Raum) archives fpl; (Schrank) fichier m

registrieren (pp registriert) vt (verzeichnen) enregistrer; **Registrierkasse** f caisse f enregistreuse

Regler m (-s, -) régulateur m

regnen vb unpers pleuvoir; **es regnet** il pleut; **regnerisch** adj pluvieux(-euse)

regulär adj régulier(-ière); (Preis) courant(e), normal(e)

regulieren (pp reguliert) vt régler, régulariser

Regung f (Bewegung) mouvement m; (Gefühl) sentiment m; **regungslos** adj immobile

Reh nt (-(e)s, -e) chevreuil m

Reha f (-, -s) (MED) rééducation f

Reha(bilitations)zentrum nt (MED) centre m de rééducation

rehabilitieren (pp rehabilitiert) vt (Kranken) rééduquer; (Straffälligen) réinsérer; (Ruf) réhabiliter

Rehbock m chevreuil m; **Rehkalb** nt, **Rehkitz** nt faon m

Reibe f (-, -n), **Reibeisen** nt râpe f; **Reibekuchen** m galette f de pomme de terre rapée

reiben (rieb, gerieben) **1.** vt (Creme etc) passer (in, auf +akk sur); (scheuern) frotter; (zerkleinern) râper; **sich** dat **die Hände ~** se frotter les mains **2.** vr **sich ~** (Flächen etc) frotter; **Reibereien** pl friction f; **Reibfläche** f frottoir m; **Reibung** f friction f, frottement m; **reibungslos** adj (fig) sans problème

reich adj riche

Reich nt (-(e)s, -e) empire m; (fig) royaume m; **das Dritte ~** le troisième Reich

reichen 1. vi s'étendre, aller (bis jusqu'à); (genügen) suffire **2.** vt donner, passer; (Hand) tendre; (Erfrischungen) offrir

reichhaltig adj (Essen) abondant(e); (Auswahl) très grand(e); **reichlich** adj (Geschenke) en grand nombre; (Entlohnung) généreux(-euse), large; **~ Zeit** bien assez de temps

Reichstag m (Gebäude, Regierungssitz) Reichstag m

Reichtum m (-s, -tümer) richesse f

Reichweite f portée f; **außer/in ~** hors de/à portée

reif adj mûr(e)

Reif 1. m (-(e)s) (Rau~) givre m **2.** m (-(e)s, -e) (Ring) anneau m

Reife f (-) maturité f; **mittlere** ~ brevet m des collèges

| mittlere Reife |
---

*La **mittlere Reife** est un diplôme obtenu après six années d'études dans une Realschule. Cela correspond au brevet des collèges en France. Lorsqu'un élève a de bons résultats dans plusieurs matières, il est autorisé à rejoindre un Gymnasium pour préparer l'Abitur.*

reifen vi ⟨sein⟩ mûrir
Reifen m (-s, -) cerceau m; (Fahrzeug~) pneu m; **Reifenpanne** f, **Reifenschaden** m crevaison f
Reifeprüfung f, **Reifezeugnis** nt ≈ baccalauréat m
Reihe f (-, -n) rangée f; (von Menschen) rang m; (von Tagen etc) suite f; (fam: Anzahl) série f; **der** ~ **nach** à tour de rôle; **sie ist an der** ~ c'est (à) son tour; **ich komme an die** ~ c'est (à) mon tour; **reihen 1.** vt (Perlen) enfiler; (beim Nähen) faufiler **2.** vr **A reiht sich an B** A suit B; **Reihenfolge** f suite f; **alphabetische** ~ ordre m alphabétique; **Reihenhaus** nt maison f d'habitation alignée
Reiher m (-s, -) héron m
Reim m (-(e)s, -e) rime f; **reimen** vr sich ~ rimer (auf +akk avec)
rein (fam) = **herein**, **hinein**
rein adj pur(e); (sauber) propre; **etw ins Reine bringen** mettre qch au clair; ~ **gar nichts** rien du tout
Rein- in Zusammensetzungen (COM) net(te)
Reinemachefrau f femme f de ménage
Reinfall m (fam) échec m; **Reingewinn** m bénéfice m net
Reinheit f pureté f; (von Wäsche) propreté f
reinigen vt nettoyer; **Reinigung** f (das Reinigen) nettoyage m; (Geschäft) teinturerie f; **chemische** ~ nettoyage m à sec
reinlich adj propre; **Reinlichkeit** f propreté f
reinrassig adj de race; **Reinschrift** f copie f au net; **rein|waschen** sep irr vr sich (von einem Verdacht) ~ se blanchir (d'un soupçon)
Reis 1. m (-es, -e) (GASTR) riz m **2.** nt (-es, -er) (Zweig) rameau m
Reise f (-, -n) voyage m; **Reiseandenken** nt souvenir m; **Reisebüro** nt agence f de voyages; **reisefertig** adj prêt(e) pour le départ; **Reiseführer(in)** m(f) guide mf; **Reisegepäck** nt bagages mpl; **Reisegesellschaft** f groupe m (de touristes); **Reisekosten** pl frais mpl de voyage; **Reiseleiter(in)** m(f) accompagnateur(-trice); **Reiselektüre** f livres mpl à lire en voyage; **reisen** vi ⟨sein⟩ voyager; **nach Athen/Schottland** ~ aller à Athènes/en Ecosse; **Reisende(r)** mf voyageur(-euse); **Reisepass** m passeport m; **Reisepläne** pl projets mpl de voyage; **Reiseproviant** m casse-croûte m; **Reiserücktrittversicherung** f assurance f annulation; **Reiseruf** m (im Radio) message m personnel; **Reisescheck** m chèque m de voyage; **Reisetasche** f sac m de voyage; **Reiseveranstalter** m tour-opérateur m, voyagiste m; **Reiseverkehr** m trafic m touristique; **Reiseversicherung** f assurance voyage; **Reisewetter** nt temps m pour voyager [o qu'il fait pendant un voyage]
Reisewetterbericht m météo f des vacances; **Reiseziel** nt destination f
Reißaus m ~ **nehmen** prendre la poudre d'escampette
Reißbrett nt planche f à dessin
reißen (riss, gerissen) **1.** vi ⟨sein⟩ (Stoff) se déchirer; (Seil) casser **2.** vi (ziehen) tirer (an +dat sur) **3.** vt (ziehen) tirer; (Witz) faire; **etw an sich** akk ~ s'emparer de qch **4.** vr sich um etw ~ s'arracher qch; **reißend** adj (Fluss) impétueux(-euse); ~en **Absatz finden** partir comme des petits pains
reißerisch adj (pej) tape-à-l'œil
Reißleine f (AVIAT) poignée f d'ouverture
Reißnagel m punaise f; **Reißschiene** f té m; **Reißverschluss** m fermeture f éclair®; **Reißzeug** nt matériel m de dessin (industriel); **Reißzwecke** f punaise f
reiten (ritt, geritten) **1.** vt monter **2.** vi ⟨sein⟩ faire du cheval; **Galopp/Trab** ~ aller au galop/trot; **er reitet auf einem Esel** il va à dos d'âne; **er reitet gern** il aime bien faire du cheval; **Reiter(in)** m(f) (-s, -) cavalier(-ière); **Reithose** f culotte f de cheval; **Reitpferd** nt cheval m de selle; **Reitsport** m équitation f; **Reitstiefel** m botte f d'équitation; **Reitzeug** nt équipement m d'équitation
Reiz m (-es, -e) charme m; (von Licht) stimulation f; (unangenehm) irritation f; (Verlockung) attrait m; ~e pl (von Frau) charmes mpl
reizbar adj (Mensch) irritable
reizen vt irriter; (verlocken) exciter, attirer, (Aufgabe, Angebot) intéresser
reizend adj charmant(e), ravissant(e)
Reizgas nt gaz m irritant; **reizlos** adj

peu attrayant(e); **Reizthema** nt sujet m explosif; **reizvoll** adj attrayant(e); **Reizwäsche** f dessous mpl sexy

rekeln vr sich ~ s'étirer; (lümmeln) se prélasser

Reklamation f réclamation f

Reklame f (-, -n) publicité f, réclame f

reklamieren (pp reklamiert) **1.** vt se plaindre de; (zurückfordern) réclamer **2.** vi se plaindre

rekonstruieren (pp rekonstruiert) vt (Gebäude) reconstruire; (Vorfall) reconstituer

Rekonvaleszenz f convalescence f

Rekord m (-(e)s, -e) record m

Rekorder m (-s, -) lecteur m de cassettes audio

Rekordleistung f record m

Rekrut(in) m(f) (-en, -en) recrue f;

rekrutieren (pp rekrutiert) **1.** vt recruter **2.** vr sich ~ (Team) se recruter (aus dans, parmi)

Rektor(in) m(f) (von Universität) recteur mf; (von Schule) directeur(-trice); **Rektorat** nt direction f

Relais nt (-, -) relais m

relational adj (INFORM) relationnel(le)

relativ adj relatif(-ive); **Relativität** f relativité f

relaxen (pp relaxt) vi (sl) relaxer

relevant adj (Bemerkung) pertinent(e); (Sache) important(e)

Relief nt (-s, -s) relief m

Religion f religion f; **Religionsunterricht** m ≈ catéchisme m

religiös adj religieux(-euse); (Mensch) pieux(-euse)

Relikt nt (-(e)s, -e) vestige m

Reling f (-, -s) (NAUT) bastingage m

Reliquie f relique f

Rem nt (-, -) rem m

Remoulade f (-, -n), **Remouladensoße** f sauce f rémoulade

Ren nt (-s, -s o -e) renne m

Rendezvous nt (-, -) rendez-vous m

Rendite f (-, -n) rapport m

Rennbahn f (Pferde~) champ m de courses; (Rad~) vélodrome m; (AUTO) circuit m automobile

rennen (rannte, gerannt) vt, vi ⟨vi: sein⟩ courir; **Rennen** nt (-s, -) course f; **Renner** m (-s, -) (Ware) succès m commercial; **Rennfahrer(in)** m(f) coureur(-euse); **Rennpferd** nt cheval m de course; **Rennplatz** m champ m de courses; **Rennrad** nt vélo m de course; **Rennwagen** m voiture f de course

renovieren (pp renoviert) vt (Gebäude) rénover; **Renovierung** f rénovation f

rentabel adj rentable, lucratif(-ive); **Rentabilität** f rentabilité f

Rente f (-, -n) retraite f, pension f; **Rentenalter** nt âge m de la retraite; **Rentenanspruch** m droit m à la pension de retraite; **Rentenempfänger(in)** m(f) bénéficiaire mf de la retraite; **Rentenversicherung** f assurance f retraite

Rentier nt renne m

rentieren (pp rentiert) vr sich ~ être rentable

Rentner(in) m(f) (-s, -) retraité(e), bénéficiaire mf d'une pension

Reparatur f réparation f; **reparaturbedürftig** adj en mauvais état; **Reparaturwerkstatt** f atelier m de réparation; (AUTO) garage m; **reparieren** (pp repariert) vt réparer

Repertoire nt (-s, -s) répertoire m

Reportage f (-, -n) reportage m; **Reporter(in)** m(f) (-s, -) reporter mf

Repräsentant(in) m(f) représentant(e)

repräsentativ adj représentatif(-ive); (Geschenk etc) de prestige

repräsentieren (pp repräsentiert) vt, vi représenter

Repressalien pl représailles fpl

Reproduktion f reproduction f; **reproduzieren** (pp reproduziert) vt reproduire

Reptil nt (-s, -ien) reptile m

Republik f république f; **Republikaner(in)** m(f) (-s, -) républicain(e); (in Deutschland) membre d'un parti d'extrême droite; **republikanisch** adj républicain(e)

resch adj (A: knusprig) croustillant(e); (Frau) déluré(e)

Reservat nt (Gebiet) réserve f

Reserve f (-, -n) réserve f; etw in ~ haben avoir qch en réserve; **Reserverad** nt roue f de secours; **Reservespieler(in)** m(f) remplaçant(e); **Reservetank** m nourrice f; **reservieren** (pp reserviert) vt réserver, retenir

Reservist(in) m(f) réserviste mf

Reservoir nt (-s, -e) réservoir m

Reset nt (-s, -s) (INFORM) r.a.z. m, reset m; **Reset-Taste** f (INFORM) touche f reset

Residenz f résidence f

Resignation f résignation f; **resignieren** (pp resigniert) vi se résigner; **resigniert** adj résigné(e)

resolut adj résolu(e)

Resolution f résolution f

Resonanz f résonance f; (fig) écho m; **Resonanzboden** m table f d'harmonie; **Resonanzkasten** m, **Resonanzkörper** m caisse f de résonance

Resopal® nt (-s) formica® m

resozialisieren (pp resozialisiert) vt réinsérer dans la société; **Resozialisierung** f réinsertion f sociale

Respekt m (-(e)s) respect m (vor +dat pour, envers); **respektabel** adj respectable; **respektieren** (pp respektiert) vt respecter; **respektlos** adj irrespectueux(-euse); **Respektsperson** f personne f qui commande le respect; **respektvoll** adj respectueux(-euse)

Ressort nt (-s, -s) département m, compétence f

Rest m (-(e)s, -e) reste m; (von Stoff) coupon m; (Über~) restes mpl

Restaurant nt (-s, -s) restaurant m

restaurieren (pp restauriert) vt restaurer

Restbetrag m restant m, solde m; **restlich** adj qui reste; **restlos** adv complètement; **Restrisiko** nt risque m non évaluable

Resultat nt résultat m

Retorte f (-, -n) cornue f; **Retortenbaby** nt bébé-éprouvette m

Retourgeld nt (CH) monnaie f (de change)

Retrovirus nt rétrovirus m

retten 1. vt sauver 2. vr sich ~ se sauver; **Retter(in)** m(f) (-s, -) sauveur m; (nach Katastrophe) sauveteur m

Rettich m (-s, -e) radis m

Rettung f (das Retten) sauvetage m; (Hilfe) secours m; **seine letzte** ~ son dernier espoir; **Rettungsboot** nt canot m de sauvetage; **Rettungsgürtel** m bouée f (de sauvetage); **Rettungsinsel** f radeau m de sauvetage; **Rettungsring** m bouée f de sauvetage; **Rettungswagen** m ambulance f

Return-Taste f touche f Retour

retuschieren (pp retuschiert) vt (FOTO) retoucher

Reue f (-) remords m; **reuen** vt es reut Michael nun, dass er nicht geschrieben hat Michael regrette maintenant de ne pas avoir écrit; **reuig** adj (Sünder) repentant(e); (Miene) contrit(e)

Revanche f (-, -n) revanche f

revanchieren (pp revanchiert) vr sich ~ prendre sa revanche; (durch Gleiches) rendre la pareille (bei jdm à qn); **sich bei jdm für eine Einladung** ~ inviter qn à son tour

Revers m o nt (-, -) revers m

revidieren (pp revidiert) vt (Rechnung) vérifier; (Politik, Ansichten) réviser

Revier nt (-s, -e) district m; (Jagd~) terrain m de chasse; (Polizei~) commissariat m

Revision f (von Ansichten) révision f; (COM) vérification f; (JUR) appel m

Revolte f (-, -n) révolte f

Revolution f révolution f; **revolutionär** adj révolutionnaire; **Revolutionär(in)** m(f) révolutionnaire mf; **revolutionieren** (pp revolutioniert) vt révolutionner

Revolver m (-s, -) révolver m

Rezensent(in) m(f) critique mf; **rezensieren** (pp rezensiert) vt faire la critique de; **Rezension** f critique f

Rezept nt (-(e)s, -e) recette f; (MED) ordonnance f; **rezeptfrei** adj en vente libre

Rezeption f (-, -en) réception f

rezeptpflichtig adj délivré(e) seulement sur ordonnance

Rezession f (-, -en) récession f

rezitieren (pp rezitiert) vt réciter

Rhabarber m (-s) rhubarbe f

Rhein m (-(e)s) **der** ~ le Rhin; **Rheinland-Pfalz** nt (-) la Rhénanie-Palatinat

Rhesusfaktor m facteur m rhésus

Rhetorik f rhétorique f

rhetorisch adj rhétorique

Rheuma nt (-s) rhumatisme m

Rhinozeros nt (- o -ses, -se) rhinocéros m

Rhodos nt (-) Rhodes

rhythmisch adj rythmique; **Rhythmus** m (-, Rhythmen) rythme m

Ribisel f (-, -n) (A) **Rote** ~ groseille f rouge; **Schwarze** ~ cassis m

Ribonukleinsäure f acide m ribonucléique

richten 1. vt adresser (an +akk à); (Waffe) pointer (auf +akk sur); (einstellen) ajuster; (instand setzen) réparer; (zurechtmachen) préparer; (bestrafen) juger 2. vi (urteilen) juger (über jdn jdn) 3. vr **sich nach jdm** ~ faire comme qn

Richter(in) m(f) (-s, -) juge m; **richterlich** adj judiciaire

richtig 1. adj (Antwort) juste; (Abzweigung) bon(ne); (Partner) qu'il (me/te/lui) faut 2. adv effectivement; (fam: sehr) vraiment; **Richtigkeit** f (von Antwort) exactitude f; (von Verhalten) justesse f; **Richtigstellung** f rectification f

Richtlinie f directive f; **Richtpreis** m prix m recommandé

Richtung f direction f; (fig) tendance f

...ieb *imperf von* **reiben**

...echen (roch, gerochen) *vt, vi* sentir; **an etw** *dat* ~ sentir qch, renifler qch; **nach etw** ~ sentir qch; **ich kann das/ihn nicht** ~ *(fam)* je ne peux pas supporter cela/le sentir

...ief *imperf von* **rufen**

Riege *f* (-, -n) équipe *f*

Riegel *m* (-s, -) (*Schieber*) verrou *m*; (*von Schokolade*) barre *f*

Riemen *m* (-s, -) (*TECH*) courroie *f*; (*Gürtel*) ceinture *f*

Riese *m* (-n, -n) géant *m*

...ieseln *vi* ⟨*sein*⟩ (*fließen*) couler doucement; (*Regen, Schnee, Staub*) tomber doucement

Riesenerfolg *m* succès *m* monstre; **riesengroß, riesenhaft** *adj* énorme, gigantesque; **Riesenrad** *nt* grande roue *f*; **riesig** *adj* énorme; **Riesin** *f* géante *f*

...iet *imperf von* **raten**

Riff *nt* (-(e)s, -e) récif *m*

Rille *f* (-, -n) rainure *f*

Rind *nt* (-(e)s, -er) bœuf *m*

Rinde *f* (-, -n) (*Baum~*) écorce *f*; (*Brot~, Käse~*) croûte *f*

Rinderbraten *m* rôti *m* de bœuf; **Rinderwahnsinn** *m* maladie *f* de la vache folle; **Rindfleisch** *nt* (viande *f* de) bœuf *m*; **Rindsbraten** *m* rôti *m* de bœuf; **Rindvieh** *nt* bétail *m*; *(fam)* imbécile *mf*

Ring *m* (-(e)s, -e) anneau *m*; (*Schmuck*) bague *f*; (*Kreis*) cercle *m*; (*SPORT*) ring *m*; **Ringbuch** *nt* classeur *m*

Ringelnatter *f* couleuvre *f*

Ringelspiel *nt* (*A*) s. **Karussell**

...ingen (rang, gerungen) *vi* lutter (*um* pour); **Ringen** *nt* (-s) lutte *f*

Ringfinger *m* annulaire *m*; **ringförmig** *adj* circulaire; **Ringkampf** *m* lutte *f*; **Ringrichter(in)** *m(f)* arbitre *m*

...rings *adv* ~ **um** ... (**herum**) tout autour de ...; **ringsherum** *adv* tout autour (de)

Ringstraße *f* (boulevard *m*) périphérique *m*

...ingsum(her) *adv* tout autour; (*überall*) partout

Rinne *f* (-, -n) rigole *f*

...rinnen (rann, geronnen) **1.** *vi* (*Eimer etc*) fuir **2.** *vi* ⟨*sein*⟩ (*Flüssigkeit*) fuir, couler

Rinnsal *nt* (-(e)s, -e) filet *m* (d'eau); **Rinnstein** *m* caniveau *m*

Rippchen *nt* côtelette *f*

Rippe *f* (-, -n) côte *f*; **Rippenfellentzündung** *f* pleurésie *f*

Risiko *nt* (-s, -s *o* Risiken) risque *m*; **risikobereit** *adj* prêt(e) à assumer un risque éventuel; **Risikogruppe** *f* groupe *m* à risque(s)

riskant *adj* risqué(e)

riskieren (*pp* riskiert) *vt* risquer

riss *imperf von* **reißen**

Riss *m* (-es, -e) (*in Mauer etc*) fissure *f*; (*in Tasse*) fêlure *f*; (*an Lippe, Händen*) gerçure *f*; (*in Papier, Stoff*) déchirure *f*; **rissig** *adj* (*Mauer*) fissuré(e); (*Hände*) gercé(e)

ritt *imperf von* **reiten**

Ritt *m* (-(e)s, -e) chevauchée *f*

Ritter *m* (-s, -) chevalier *m*; **ritterlich** *adj* chevaleresque; **Rittertum** *nt* (-s) chevalerie *f*; **Ritterzeit** *f* âge *m* de la chevalerie

rittlings *adv* à cheval

Ritus *m* (-, Riten) rite *m*

Ritze *f* (-, -n) fente *f*, fissure *f*

ritzen *vt* graver

Rivale *m* (-n, -n), **Rivalin** *f* rival(e); **Rivalität** *f* rivalité *f*

Rizinusöl *nt* huile *f* de ricin

RNS *f* (-, -) *abk von* **Ribonukleinsäure** A.R.N. *m*, ARN *m*

Robbe *f* (-, -n) phoque *m*

Robe *f* (-, -n) robe *f*

Roboter *m* (-s, -) robot *m*

roch *imperf von* **riechen**

röcheln *vi* respirer bruyamment; (*beim Sterben*) râler

Rock *m* (-(e)s, Röcke) jupe *f*; (*Jackett*) veston *m*

Rockband *f* (-bands *pl*) (*Musikgruppe*) groupe *m* (de) rock; **Rockmusik** *f* rock *m*

Rodel *m* (-s, -) luge *f*; **Rodelbahn** *f* piste *f* de luge; **rodeln** *vi* ⟨*sein o haben*⟩ luger

roden *vt* déboiser; (*Bäume*) abattre

Rogen *m* (-s, -) œufs *mpl* de poisson

Roggen *m* (-s, -) seigle *m*; **Roggenbrot** *nt* pain *m* de seigle

roh *adj* (*ungekocht*) cru(e); (*unbearbeitet*) brut(e); (*Mensch, Sitten*) grossier(-ière), rude; **Rohbau** *m* (-bauten *pl*) gros œuvre *m*; **Roheisen** *nt* fonte *f*; **Rohling** *m* brute *f*; **Rohöl** *nt* pétrole *m* brut

Rohr *nt* (-(e)s, -e) tuyau *m*, tube *m*; (*BOT*) canne *f*; (*Schilf*) roseau *m*; (*A: Backofen*) four *m*; **Rohrbruch** *m* rupture *f* d'un tuyau

Röhre *f* (-, -n) tube *m*; (*größeres Rohr*) tuyau *m*; (*Back~*) four *m*; **Röhrenhose** *f* pantalon *m* tube

Rohrleitung *f* conduite *f*; **Rohrpost** *f* poste *f* pneumatique; **Rohrstock** *m*

canne f; **Rohrstuhl** m chaise f en rotin;
Rohrzucker m sucre m de canne
Rohseide f soie f grège; **Rohstoff** m
matière f première
Rokoko nt (-s) rococo m
Rolle f (-, -n) rouleau m; (Garn~ etc)
bobine f; (Walze) roulette f; (sozial, THEAT)
rôle m; **keine ~ spielen** ne jouer aucun
rôle
rollen vt, vi ⟨vi: sein⟩ rouler
Rollenbesetzung f (THEAT) distribution f
des rôles; **Rollenspiel** nt jeu m de rôles;
Rollentausch m permutation f des
rôles; **Rollenverteilung** f répartition f
des rôles
Roller m (-s, -) scooter m; (für Kinder)
trottinette f; (Welle) rouleau m
Rollerblades® pl rollerblades® mpl
Rollerskates pl roller mpl
Rollfeld nt (AVIAT: Startbahn) piste f
d'envol; (Landebahn) piste f d'atterrissage; **Rollkragenpullover** m pull m à
col roulé; **Rollladen** m volet m roulant;
Rollmops m rollmops m; **Rollschuh** m
patin m à roulettes; **Rollstuhl** m fauteuil m roulant; **Rollstuhlfahrer(in)** m(f)
handicapé(e) dans un fauteuil roulant;
rollstuhlgerecht adj accessible aux
fauteuils roulants; **Rolltreppe** f escalator
m
Rom nt (-s) Rome f
ROM nt (-(s), -(s)) (INFORM) mémoire f
morte
Roman m (-s, -e) roman m; **Roman-
schreiber(in)** m(f), **Romanschriftstel-
ler(in)** m(f) romancier(-ière)
Romantik f romantisme m; **Romanti-
ker(in)** m(f) (-s, -) romantique mf;
romantisch adj romantique
Romanze f (-, -n) romance f; (Affäre) histoire f d'amour, liaison f
Römer(in) m(f) (-s, -) Romain(e);
römisch adj romain(e); **römisch-ka-
tholisch** adj catholique romain(e)
ROM-Speicher m mémoire f morte
röntgen vt, vi radiographier; **Röntgenaufnahme** f radio(graphie) f; **Röntgenstrahlen** pl rayons mpl X
rosa adj inv rose
Rose f (-, -n) rose f
Rosé m (-s, -s) (Wein) rosé m
Rosenkohl m chou m de Bruxelles;
Rosenkranz m chapelet m; **Rosenmontag** m lundi m de carnaval
Rosette f rosette f; (Fenster~) rosace f
rosig adj rose
Rosine f raisin m sec

Rosmarin m (-s) romarin m
Ross nt (-es, -e) cheval m, coursier m;
Rosskastanie f marronnier m
Rost m (-(e)s, -e) rouille f; (Gitter) grille f;
(Brat~) gril m; (Bett~) sommier m; **Rost-
braten** m grillade f; **rosten** vi rouiller
rösten vt griller
rostfrei adj inoxydable
Rösti pl rösti f
rostig adj rouillé(e); **Rostschutz** m traitement m antirouille
rot adj rouge; (Haare) roux (rousse)
Rotation f (TECH: Umdrehung) rotation f;
(POL) rotation f, roulement m
rotbäckig adj aux joues rouges; **rot-
blond** adj blond roux
Röte f (-) rougeur f
Röteln pl rubéole f
röten 1. vt rougir **2.** vr **sich ~** rougir
rothaarig adj roux (rousse)
rotieren (pp rotiert) vi tourner; (fam) être
débordé(e) [o en effervescence]
Rotkäppchen nt Petit chaperon m
rouge; **Rotkehlchen** nt rouge-gorge m;
Rotkraut nt (A, SDEUTSCH) chou m rouge;
Rotstift m crayon m rouge; **Rotwein**
m vin m rouge
Rotz m (-es) (fam) morve f; **rotzfrech** adj
(fam) morveux(-euse)
Roulade f (GASTR) paupiette f
Route f (-, -n) itinéraire m
Routine f expérience f; (pej) routine f
Rowdy m (-s, -s) voyou m
RTF nt (-) abk von **rich text format** rtf m
Ruanda nt (-s) le Rwanda
Rubbellos nt billet m de loterie (à grat-
ter); **rubbeln 1.** vi frotter **2.** vt frotter;
(Los) gratter
Rübe f (-, -n) rave f; **Gelbe ~** carotte f;
Rote ~ betterave f (rouge); **Rübenzu-
cker** m sucre m de betterave
Rubin m (-s, -e) rubis m
Rubrik f (Kategorie) rubrique f; (Spalte)
colonne f
Ruck m (-(e)s, -e) secousse f; **sich** dat
einen ~ geben se secouer
Rückantwort f réponse f; **rückbezüg-
lich** adj (Fürwort) réfléchi(e); **Rückblende** f flash-back m; **rückblickend**
adv rétrospectivement
rücken 1. vt (Möbel) déplacer **2.** vi ⟨sein⟩
bouger, remuer
Rücken m (-s, -) dos m; (Nasen~) arête f;
(Berg~) crête f; **Rückendeckung** f
appui m, soutien m; **Rückenlehne** f
dossier m; **Rückenmark** nt moelle f
épinière; **Rückenschwimmen** nt (-s)

nage f sur le dos; **Rückenwind** m vent m arrière

Rückerstattung f (von Auslagen) remboursement m; **Rückfahrkarte** f (billet m) aller-retour m; **Rückfahrt** f retour m; **Rückfall** m (von Patient) rechute f; (von Verbrecher) récidive f; **rückfällig** adj (Kranke) qui fait une rechute; (Verbrecher) récidiviste; ~ **werden** faire une rechute; récidiver; **Rückflug** m vol m de retour; **Rückfrage** f demande f de précision; **Rückgabe** f (von Dingen) restitution f; **Rückgang** m déclin m; (von Hochwasser) baisse f; **rückgängig** adj etw ~ **machen** (a. INFORM) annuler qch; **Rückgrat** nt (-(e)s, -e) colonne f vertébrale; **Rückgriff** m recours m (auf +akk à); **Rückhalt** m (Unterstützung) soutien m; (Einschränkung) réserve f; **rückhaltlos** adj (Offenheit) total(e); **Rückhand** f revers m; **Rückkehr** f (-) retour m (zu à); **Rückkoppelung** f feed-back m, rétroaction f; (Störung) larsen m; **Rücklage** f (Reserve) réserve f; **rückläufig** adj (Entwicklung) régressif(-ive); (Preise) en baisse; **Rücklaufquote** f indice m des réponses; **Rücklicht** nt feu m arrière; **rücklings** adv par derrière; **Rücknahme** f (-, -n) reprise f; **Rückporto** nt port m pour la réponse; **Rückreise** f (voyage m de) retour m; **Rückruf** m rappel m

Rucksack m sac m à dos; **Rucksacktourist(in)** m(f) routard(e)

Rückschau f rétrospective f (auf +akk de); **Rückschluss** m conclusion f; **Rückschritt** m régression f; **rückschrittlich** adj rétrograde; **Rückseite** f dos m; (von Papier) verso m; (von Münze) revers m

Rücksicht f considération f; **auf jdn/etw ~ nehmen** ménager qn/tenir compte de qch; **rücksichtslos** adj (Mensch, Benehmen) qui manque d'égards; (Fahren) irresponsable; (unbarmherzig) sans pitié; **rücksichtsvoll** adj (Mensch) prévenant(e); (Benehmen) plein(e) d'égards

Rücksitz m siège m arrière; **Rückspiegel** m rétroviseur m; **Rückspiel** nt match m retour; **Rücksprache** f entretien m, pourparlers mpl; **Rückstand** m (Betrag) arriéré m; **im ~ sein** être en retard; **rückständig** adj (Methoden) démodé(e); (Zahlungen) dû (due); **Rückstoß** m recul m; **Rückstrahler** m (-s, -) catadioptre m; **Rücktaste** f touche f de rappel; **Rücktritt** m démission

f; **Rücktrittbremse** f frein m au pédalier; **Rückvergütung** f (COM) ristourne f; **rückwärts** adv en arrière; **Rückwärtsgang** m marche f arrière; **Rückweg** m retour m; **rückwirkend** adj rétroactif(-ive); **Rückwirkung** f effet m rétroactif; **Rückzahlung** f remboursement m; **Rückzieher** m (-s, -) (Fußball) retourné m; **einen ~ machen** (fam) se rétracter, revenir sur sa décision; **Rückzug** m retraite f

Rucola f (-) roquette f

rüde adj brutal(e)

Rüde m (-n, -n) mâle m

Rudel nt (-s, -) (von Wölfen) bande f; (von Hirschen) harde f

Ruder nt (-s, -) rame f; (Steuer) gouvernail m; **Ruderboot** nt bateau m à rames; **Ruderer** m (-s, -) rameur m; **Rudergerät** nt rameur m; **Ruderin** f rameuse f; **rudern** vi ramer; (SPORT) faire de l'aviron

Rüebli nt (-s, -) (CH) carotte f

Ruf m (-(e)s, -e) cri m, appel m; (Ansehen) réputation f; **rufen** (rief, gerufen) 1. vt appeler 2. vi crier, appeler; **nach jdm ~, jdn ~** appeler qn; **Rufname** m prénom m usuel; **Rufnummer** f numéro m de téléphone; **Rufnummeranzeige** f affichage m du numéro de l'appelant; **Rufumleitung** f transfert m d'appels; **Rufzeichen** nt (TEL) tonalité f

Rüge f (-, -n) réprimande f; **rügen** vt réprimander

Ruhe f (-) calme m; (Ausruhen, Bewegungslosigkeit) repos m; (Ungestörtheit) paix f; (Schweigen) silence m; **sich zur ~ setzen** prendre sa retraite; **~! silence!; ruhelos** adj agité(e); **ruhen** vi (Mensch) se reposer; (Tätigkeit) être interrompu(e); (liegen) reposer; **Ruhepause** f pause f; **Ruhestand** m retraite f; **Ruhestätte** f letzte ~ dernière demeure f; **Ruhestörung** f tapage m nocturne; **Ruhetag** m jour m de repos; **Ruhezonen** pl zones fpl de repos

ruhig adj tranquille; (gelassen, friedlich) calme; **tu das ~** ne te gêne pas

Ruhm m (-(e)s) gloire f; **rühmen 1.** vt louer, vanter **2.** vr **sich ~** se vanter (gen de); **rühmlich** adj glorieux(-euse); **ruhmlos** adj sans gloire; **ruhmreich** adj glorieux(-euse)

Ruhr f (-) dysenterie f

Rührei nt œufs mpl brouillés; **rühren 1.** vt remuer; (fig) toucher **2.** vr **sich ~** bouger **3.** vi **~ von** provenir de; **~ an** +akk

toucher à; **rührend** *adj* touchant(e)
Ruhrgebiet *nt* bassin *m* de la Ruhr
rührig *adj* actif(-ive)
rührselig *adj* sentimental(e)
Rührung *f* émotion *f*
Ruin *m* (-s) ruine *f*
Ruine *f* (-, -n) ruine *f*
ruinieren (*pp* ruiniert) *vt* (*jdn*) ruiner; (*Stoff*) abîmer
rülpsen *vi* (*fam*) roter
Rum *m* (-s, -s) rhum *m*
Rumäne *m* (-n, -n) Roumain *m*
Rumänien *nt* (-s) la Roumanie; **Rumänin** *f* Roumaine *f*; **rumänisch** *adj* roumain(e)
Rummel *m* (-s) (*fam*) agitation *f*, vacarme *m*; (*Jahrmarkt*) foire *f*; **Rummelplatz** *m* champ *m* de foire
rumoren (*pp* rumort) *vi* faire du bruit
Rumpelkammer *f* débarras *m*
rumpeln *vi* ⟨*bei Fortbewegung: sein*⟩ (*Wagen*) cahoter; (*Donner*) gronder
Rumpf *m* (-(e)s, Rümpfe) tronc *m*; (*AVIAT*) fuselage *m*; (*NAUT*) coque *f*
rümpfen *vt* (*Nase*) froncer
Run *m* (-s, -s) ruée *f* (*auf* +*akk* sur)
rund 1. *adj* rond(e) **2.** *adv* (*etwa*) environ; ~ **um etw** tout autour de qch; **Rundbogen** *m* arc *m* en plein cintre; **Rundbrief** *m* circulaire *f*
Runde *f* (-, -n) tour *m*; (*von Wächter*) ronde *f*; (*Gesellschaft*) cercle *m*; (*von Getränken*) tournée *f*
runden 1. *vt* arrondir **2.** *vr* **sich** ~ (*fig*) se préciser
runderneuert *adj* (*Reifen*) rechapé(e); **Rundfahrt** *f* circuit *m*
Rundfunk *m* radio *f*; **im** ~ à la radio; **Rundfunkanstalt** *f* station *f* de radio; **Rundfunkempfang** *m* réception *f* (radiophonique); **Rundfunkgebühr** *f* redevance *f* radio; **Rundfunkgerät** *nt* (poste *m* de) radio *f*; **Rundfunksen-**

dung *f* émission *f* de radio
rundlich *adj* rondelet(te); (*Gesicht*) rond(e)
Rundreise *f* circuit *m*; **Rundschreiben** *nt* circulaire *f*
Rundung *f* (*von Gewölbe*) courbure *f*; (*von Wange*) rondeur *f*
runter (*fam*) = **herunter, hinunter**
Runzel *f* (-, -n) ride *f*; **runzelig** *adj* ridé(e); **runzeln** *vt* plisser; **die Stirn** ~ froncer les sourcils
Rüpel *m* (-s, -) mufle *m*; **rüpelhaft** *adj* grossier(-ière)
rupfen *vt* (*Huhn*) plumer; (*Gras*) arracher
Rupfen *m* (-s, -) (toile *f* de) jute *m*
ruppig *adj* grossier(-ière)
Rüsche *f* (-, -n) ruche *f*; (*an Hemd*) jabot *m*
Ruß *m* (-es) suie *f*
Russe *m* (-n, -n) Russe *m*
Rüssel *m* (-s, -) trompe *f*
rußen *vi* fumer
rußig *adj* couvert(e) de suie
Russin *f* Russe *f*; **russisch** *adj* russe; **Russisch** *nt* russe *m*
Russland *nt* la Russie
rüsten 1. *vt* préparer; (*MIL*) armer **2.** *vi* (*MIL*) réarmer **3.** *vr* **sich** ~ se préparer
rüstig *adj* alerte; **Rüstigkeit** *f* vigueur *f*
Rüstung *f* (*das Rüsten*) armement *m*; (*Ritter~*) armure *f*; (*Waffen*) armements *mpl*; **Rüstungskontrolle** *f* contrôle *m* des armements; **Rüstungswettlauf** *m* course *f* aux armements
Rüstzeug *nt* outils *mpl*; (*Wissen*) connaissances *fpl*
Rute *f* (-, -n) baguette *f*
Rutsch *m* (-(e)s, -e) (*Erd~*) glissement *m* de terrain; **Rutschbahn** *f* toboggan *m*; **rutschen** *vi* ⟨*sein*⟩ glisser; (*Erde*) s'affaisser; **rutschfest** *adj* antidérapant(e); **rutschig** *adj* glissant(e)
rütteln *vt* secouer

S

S, s nt (-, -) S, s m
Saal m (-(e)s, Säle) salle f
Saarbrücken nt (-s) Saarbruck
Saarland nt la Sarre
Saat f (-, -en) (Pflanzen) semence(s) f(pl); (das Säen) semailles fpl
sabbern vi (fam) baver
Säbel m (-s, -) sabre m
Sabotage f (-, -n) sabotage m; **sabotieren** (pp sabotiert) vt saboter
Sachbearbeiter(in) m(f) spécialiste mf; (Beamter) responsable mf; **sachdienlich** adj (Hinweis) utile
Sache f (-, -n) chose f; (Angelegenheit) affaire f; (JUR) cause f; (Thema) sujet m; (Pflicht) problème m; **zur ~** au fait; **dumme ~n machen** faire des bêtises
sachgemäß adj adéquat(e); **sachkundig** adj compétent(e); **Sachlage** f circonstances fpl, situation f; **sachlich** adj objectif(-ive)
sächlich adj neutre
Sachschaden m dommage m matériel
Sachsen nt (-s) la Saxe; **Sachsen-Anhalt** nt (-s) la Saxe-Anhalt; **sächsisch** adj saxon(ne)
sacht adv avec précaution; (bewegen) doucement
Sachverständige(r) mf expert(e); **Sachzwang** m contrainte f (résultant d'une situation)
Sack m (-(e)s, Säcke) sac m; **Sackgasse** f impasse f, cul-de-sac m
Sadismus m sadisme m; **Sadist(in)** m(f) sadique mf; **sadistisch** adj sadique
säen vt, vi semer
Safe m (-s -s) coffre-fort m
Safersex m rapports mpl protégés
Saft m (-(e)s, Säfte) jus m; (BOT) sève f; **saftig** adj juteux(-euse); (Ohrfeige) retentissant(e); (Witz, Rechnung) salé(e); **saftlos** adj sans jus
Sage f (-, -n) légende f
Säge f (-, -n) scie f; **Sägemehl** nt sciure f
sagen vt, vi dire
sägen vt, vi scier
sagenhaft adj légendaire; (fam: Haus, Auto) formidable
Sägewerk nt scierie f
sah imperf von **sehen**
Sahara f (-) **die ~** le Sahara
Sahne f (-) crème f; **erste ~ sein** (fam:

Konzert) casser la baraque; (Computer) être sensationnel(le)
Saison f (-, -s) (haute) saison f; **Saisonarbeiter(in)** m(f) saisonnier(-ière)
Saite f (-, -n) corde f; **Saiteninstrument** nt instrument m à cordes
Sakko m o nt (-s, -s) veste f
Sakrament nt sacrement m
Sakristei f sacristie f
Salat m (-(e)s, -e) salade f; (Kopfsalat) laitue f; **Salatmajonäse** f assaisonnement m pour salade à la mayonnaise; **Salatrauke** f roquette f; **Salatsoße** f assaisonnement m
Salbe f (-, -n) pommade f, crème f
Salbei m (-s) sauge f
salbungsvoll adj onctueux(-euse)
Saldo m (-s, -s o Saldi o Salden) solde m
Salmiak m (-s) chlorure m d'ammonium; **Salmiakgeist** m ammoniaque f
Salmonellen pl salmonelles fpl
Salon m (-s, -s) salon m
salopp adj (Kleidung) négligé(e); (Ausdrucksweise) relâché(e)
Salpeter m (-s) salpêtre m; **Salpetersäure** f acide m nitrique
Salsamusik f salsa f; **Salsasoße** f sauce f épicée pour tacos
Salut m (-(e)s, -e) salut m; **salutieren** (pp salutiert) vi saluer
Salvadorianer(in) m(f) (-s, -) Salvadorien(ne); **salvadorianisch** adj salvadorien(ne)
Salve f (-, -n) salve f
Salz nt (-es, -e) sel m
Salzburg nt (-s) Salzbourg
salzen (salzte, gesalzen) vt saler; **Salzhering** m hareng m salé; **salzig** adj salé(e); **Salzkartoffeln** pl pommes fpl de terre à l'eau; **Salzkorn** nt grain m de sel; **Salzsäure** f acide m chlorhydrique; **Salzstange** f stick m salé; **Salzstreuer** m (-s, -) salière f; **Salzwasser** nt eau f salée
Samba m (-, -s) samba f
Sambia nt (-s) la Zambie
Samen m (-s, -) semence f, graine f; (ANAT) sperme m
Sammelband m (-bände pl) anthologie f; **Sammelbecken** nt réservoir m; (fig) ramassis m; **Sammelbegriff** m terme m générique; **Sammelbestellung** f commande f groupée

sammeln 580 Sauerteig

sammeln 1. vt (Beeren) ramasser, cueillir; (Unterschriften) recueillir; (Geld) collecter; (Truppen) rassembler; (als Hobby) collectionner **2.** vr **sich ~** se rassembler; (sich konzentrieren) se concentrer

Sammlung f (das Sammeln) collecte f; rassemblement m; (das Gesammelte) collection f; (Konzentration) concentration f

Samstag m samedi m; (am) ~ samedi (qui vient); **samstags** adv tous les samedis; (Zeitplan) le samedi

samt prep +dat avec; ~ **und sonders** tous (toutes) sans exception

Samt m (-(e)s, -e) velours m

sämtliche adj tous (toutes) les

Sand m (-(e)s, -e) sable m

Sandale f (-, -n) sandale f

Sandbank f (-bänke pl) banc m de sable

Sandelholz nt santal m

sandig adj (Boden) sablonneux(-euse); **Sandkasten** m bac m à sable; **Sandkuchen** m gâteau m de Savoie; **Sandpapier** nt papier m de verre; **Sandplatz** m court f en terre battue; **Sandstein** m grès m; **sandstrahlen** (pp gesandstrahlt o sandgestrahlt) vt sabler; **Sandstrand** m plage f de sable

sandte imperf von **senden**

Sanduhr f sablier m

sanft adj doux (douce); (Tourismus) respectueux(-euse) de l'environnement; **sanftmütig** adj doux (douce), gentil(le)

sang imperf von **singen**

Sänger(in) m(f) (-s, -) chanteur(-euse)

Sangria f (-, -s) sangria f

sanieren (pp saniert) **1.** vt (Stadt) assainir, rénover; (Betrieb) redresser financièrement **2.** vr **sich ~** redresser sa situation; **Sanierung** f (von Stadt) rénovation f; (von Betrieb) redressement m financier

sanitär adj sanitaire, hygiénique; **~e Anlagen** installations fpl sanitaires

Sanitäter(in) m(f) (-s, -) secouriste mf; (MIL) infirmier m militaire

sank imperf von **sinken**

Sanktion f sanction f

sanktionieren (pp sanktioniert) vt (Maßnahmen) approuver; (Gesetz) adopter

sann imperf von **sinnen**

Saphir m (-s, -e) saphir m

Sardelle f anchois m

Sardine f sardine f

Sarg m (-(e)s, Särge) cercueil m

Sarkasmus m sarcasme m; **sarkastisch** adj sarcastique

Sarkom nt (-s, -e) sarcome m

SARS abk (= Schweres Akutes Respiratorisches Syndrom) pneumonie f atypique, SRAS m

saß imperf von **sitzen**

Satellit m (-en, -en) satellite m; **Satellitenaufnahme** f photo f (par) satellite; **Satellitenfernsehen** nt télévision f par satellite; **Satellitenfoto** nt photo f satellite; **Satellitennavigation** f navigation f par satellite; **Satellitennavigationssystem** nt système m de navigation par satellite; **Satellitenschüssel** f (fam) antenne f parabolique; **Satellitenstadt** f ville f satellite; **Satellitenübertragung** f transmission f par satellite

Satire f (-, -n) satire f; **satirisch** adj satirique

satt adj rassasié(e); (Farbe) vif (vive), intense; **sich ~ essen** manger à sa faim; **jdn/etw ~ sein** [o **haben**] (fam) en avoir marre de qn/qch

Sattel m (-s, Sättel) selle f; **sattelfest** adj (fig) compétent(e); **satteln** vt seller

sättigen vt rassasier; (CHEM) saturer

Satz m (-es, Sätze) phrase f; (Lehr~) théorème m; (MUS) mouvement m; (von Töpfen etc) assortiment m; (von Briefmarken) série f; (SPORT) set m; (Kaffee~) marc m; (Sprung) bond m, saut m; (TYPO) composition f; **Satzgegenstand** m sujet m; **Satzlehre** f syntaxe f; **Satzteil** m syntagme m

Satzung f statuts mpl, règlement m; **satzungsgemäß** adj conforme aux statuts

Satzzeichen nt signe m de ponctuation

Sau f (-, Säue) truie f; (fam: Mensch) cochon(ne)

sauber adj propre; (Charakter) honnête; (ironisch) sacré(e); **Sauberkeit** f propreté f

säuberlich adv soigneusement

Saubermann m (-männer pl) honnête homme m

säubern vt nettoyer; (POL) épurer, purger

Sauce f (-, -n) s. **Soße**

Saudi-Arabien nt (-s) l'Arabie f Saoudite

sauer adj acide; (Wein) aigre; (Hering) saur; (Milch) caillé(e); (fam: Mensch, Gesicht) fâché(e); **saurer Regen** pluies fpl acides

Sauerei f (fam) cochonnerie f

Sauerkraut nt choucroute f

säuerlich adj (Geschmack) aigrelet(te), acidulé(e); (Gesicht) revêche, acariâtre

Sauermilch f (lait m) caillé m; **Sauerstoff** m oxygène m; **Sauerstoffgerät** nt (Atemgerät) masque m à oxygène; (MED: Beatmungsgerät) appareil m à oxygène

Sauerteig m levain m

saufen (soff, gesoffen) vt, vi (Tier) boire; (fam: Mensch) boire, picoler; **Säufer(in)** m(f) (-s, -) (fam) ivrogne mf, poivrot(e); **Sauferei** f (fam) soûlerie f

saugen vt, vi (Flüssigkeit) sucer; (Staub) aspirer; **an etw** dat ~ sucer qch; **etw aus dem Internet** ~ télécharger qch de l'internet

säugen vt allaiter
Sauger m (-s, -) (auf Flasche) tétine f
Säugetier nt mammifère m
Säugling m nourrisson m
Saugrüssel m (von Tier) suçoir m; (an Tankstelle) tuyau m antipollution
Säule f (-, -n) colonne f, pilier m; **Säulengang** m arcade f, colonnade f
Saum m (-(e)s, Säume) (von Kleid) ourlet m; **säumen** vt (Kleid) ourler; (fig) border
Sauna f (-, -s o Saunen) sauna m; **saunieren** (pp sauniert) vi faire du sauna; ~ **gehen** aller au sauna
Säure f (-, -n) (CHEM) acide m; (Geschmack) acidité f, aigreur f; **säurebeständig** adj résistant(e) aux acides; **säurehaltig** adj acide
säuseln vt, vi (Wind) murmurer; (sprechen) susurrer
sausen 1. vi siffler, mugir; (Ohren) bourdonner 2. vi ⟨sein⟩ (fam: eilen) foncer
Saustall m (fam) porcherie f
Saxofon, **Saxophon** nt (-s, -e) saxophone m
S-Bahn f ≈ R.E.R. m
SB-Bank f (-Banken pl) banque f self-service
scannen vt (INFORM) scanner; **Scanner** m (-s, -) (INFORM) scanner m
Schabe f (-, -n) blatte f, cafard m
schaben vt gratter; (GASTR) râper
Schabernack m (-(e)s, -e) farce f
schäbig adj miteux(-euse); (gemein) méprisable
Schablone f (-, -n) pochoir m; (fig) cliché m; **schablonenhaft** adj stéréotypé(e)
Schach nt (-s, -s) échecs mpl; (Stellung) échec m; **Schachbrett** nt échiquier m; **Schachfigur** f pièce f (d'un jeu d'échecs); **schachmatt** adj échec et mat; **Schachpartie** f, **Schachspiel** nt jeu m d'échecs
Schacht m (-(e)s, Schächte) puits m; (Fahrstuhl~) cage f
Schachtel f (-, -n) boîte f
schade adj es ist ~ c'est dommage; **für diese Arbeit ist der Anzug zu** ~ ce costume est trop bon pour ce travail; **sich** dat

zu ~ **für etw sein** ne pas s'abaisser à qch
Schädel m (-s, -) crâne m; **Schädelbruch** m fracture f du crâne
schaden vi nuire (dat à); **Schaden** m (-s, Schäden) dommage m, dégât m; (Verletzung) lésion f; (Nachteil) perte f, désavantage m; **Schadenersatz** m dommages et intérêts mpl, indemnité f; **schadenersatzpflichtig** adj tenu(e) de payer des dommages et intérêts; **Schadenfreiheitsrabatt** m bonus m; **Schadenfreude** f joie f maligne; **schadenfroh** adj qui se réjouit du malheur des autres; **Schadensbegrenzung** f limitation f des dégâts
schadhaft adj endommagé(e)
schädigen vt nuire à
schädlich adj nuisible; (Stoffe, Einfluss) nocif(-ive); **Schädlichkeit** f (von Stoffen) nocivité f; **Schädling** m animal m nuisible; (Insekt) insecte m nuisible; **Schädlingsbekämpfungsmittel** nt pesticide m
schadlos adj sich ~ **halten** se rattraper (an +dat sur)
Schadstoff m polluant m, substance f nocive; **schadstoffarm** adj peu polluant(e); **schadstofffrei** adj non polluant(e), à pollution zéro
Schaf nt (-(e)s, -e) mouton m; **Schafbock** m bélier m; **Schäfchen** nt agneau m; **jd hat sein** ~ **im Trockenen** qn a accumulé un petit magot; **Schäfchenwolken** pl nuages mpl moutonnés; **Schäfer(in)** m(f) (-s, -) berger(-ère); **Schäferhund** m chien m de berger; **Deutscher** ~ berger m allemand
schaffen 1. vt (erledigen) arriver à terminer, réussir à faire; (fam: Zug) réussir à attraper; (transportieren) transporter 2. vi (fam: arbeiten) travailler, bosser 3. (schuf, geschaffen) vt (Werk) créer; (Ordnung) rétablir; (Platz) faire; **sich** dat etw ~ se faire qch; **Schaffensdrang** m impulsion f créatrice; **Schaffenskraft** f créativité f
Schaffhausen nt (-s) (Stadt und Kanton) Schaffhouse
Schaffner(in) m(f) (-s, -) contrôleur(-euse)
Schaft m (-(e)s, Schäfte) (von Werkzeug) manche m; (von Gewehr) crosse f; (von Blume, Stiefel) tige f; **Schaftstiefel** m botte f haute
Schakal m (-s, -e) chacal m
schäkern vi badiner
schal adj plat(e)

Schal m (-s, -e o -s) écharpe f
Schälchen nt coupe f
Schale f (-, -n) (Kartoffel~, Obst~) peau f; (abgeschält) pelure f, épluchure f; (Orangen~) écorce f; (Nuss~, Muschel~, Ei~) coquille f; (Behälter) coupe f, bol m
schälen 1. vt (Kartoffeln, Obst) éplucher, peler; (Eier) enlever la coquille de 2. vr sich ~ (Haut) peler
Schall m (-(e)s, -e o Schälle) son m; **Schalldämpfer** m (-s, -) (von Waffe, AUTO) silencieux m; **schalldicht** adj insonorisé(e); **schallen** vi sonner, retentir; **schallend** adj (Ton) retentissant(e); **Schallmauer** f mur m du son; **Schallplatte** f disque m
Schalotte f (-, -n) échalote f
schalt imperf von **schelten**
Schaltbild nt schéma m de circuit; **Schaltbrett** nt tableau m de commande
schalten 1. vt auf warm ~ mettre sur chaud 2. vi (AUTO) changer de vitesse; (fam: begreifen) piger; in den 2. Gang ~ passer la [o en] seconde; ~ und walten agir à sa guise
Schalter m (-s, -) guichet m; (an Gerät) interrupteur m, bouton m; **Schalterbeamte(r)** m, **-beamtin** f guichetier(-ière); **Schalterstunden** pl heures fpl d'ouverture (des guichets)
Schaltfläche f (INFORM) bouton m; **Schalthebel** m levier m de commande; (AUTO) levier m de (changement) de vitesse; **Schaltjahr** nt année f bissextile; **Schaltkreis** m circuit m; **Schaltung** f (ELEC) circuit m; (AUTO) changement m de vitesse
Scham f (-) pudeur f; (ANAT) organes mpl génitaux
Schamane m (-n, -n), **Schamanin** f chaman(e)
schämen vr sich ~ avoir honte (vor +dat de)
Schamgegend f (ANAT) région f pubienne; **Schamhaare** pl poils mpl du pubis; **schamhaft** adj pudique; **schamlos** adj éhonté(e)
Schande f (-) honte f
schänden vt (Frau, Kind) violer; (Grab) profaner; (Namen) déshonorer
schändlich adj (Benehmen) scandaleux(-euse), honteux(-euse)
Schandtat f infamie f; (fam) folie f
Schändung f (von Frau, Kind) viol m; (von Grab) profanation f; (von Namen) discrédit m

Schankerlaubnis f licence f (de débit de boissons); **Schanktisch** m comptoir m
Schanze f (-, -n) (Sprung~) tremplin m
Schar f (-, -en) (von Menschen) foule f; (Vögel) volée f; **in ~en** en grand nombre; **scharen** vr sich ~ s'assembler, se rassembler; **scharenweise** adv en grand nombre
scharf adj (schärfer, am schärfsten) (Klinge) tranchant(e); (Essen) épicé(e); (Senf) fort(e); (Auge) perçant(e); (Ohr) fin(e); (Verstand) incisif(-ive); (Wind) glacial(e); (Kurve) dangereux(-euse); (Ton) aigu(ë); (FOTO) net(te); (streng: Worte) dur(e); (Kritik) acerbe; (Vorgesetzter) sévère; (Hund) méchant(e); ~ **nachdenken** bien réfléchir; **auf etw** akk ~ **sein** (fam) être fou (folle) de qch; **Scharfblick** m (fig) perspicacité f; **Schärfe** f (--n) tranchant m; (von Essen) goût m épicé; (von Wind) âpreté f; (FOTO) netteté f; (Strenge) dureté f; (von Kritik) causticité f; **schärfen** vt aiguiser; **Scharfrichter** m bourreau m; **Scharfschütze** m, **-schützin** f tireur(-euse) d'élite;
Scharfsinn m perspicacité f; **scharfsinnig** adj (Mensch) perspicace; (Überlegung) fin(e)
Scharia f (-) charia f
Scharmützel nt (-s, -) escarmouche f
Scharnier nt (-s, -e) charnière f
Schärpe f (-, -n) écharpe f
scharren vt, vi creuser, gratter
Scharte f (-, -n) brèche f; **schartig** adj (Klinge) ébréché(e)
Schaschlik m o nt (-s, -s) brochette f, chiche-kebab m
Schatten m (-s, -) ombre f; **Schattenbild** nt, **Schattenriss** m silhouette f; **Schattenseite** f (fig) désavantage m
schattieren (pp schattiert) vt ombrer; **Schattierung** f ombres fpl
schattig adj ombragé(e)
Schatulle f (-, -n) coffret m; (Geld~) cassette f
Schatz m (-es, Schätze) trésor m; **Schatzamt** nt Trésor m (public)
schätzbar adj évaluable
Schätzchen nt chéri(e)
schätzen vt estimer; ~ **lernen** se mettre à apprécier; **Schätzung** f estimation f, évaluation f; **schätzungsweise** adv à peu près; **Schätzwert** m valeur f estimée
Schau f (-, -en) spectacle m; (Ausstellung) exposition f; **etw zur** ~ **stellen** exposer

qch; **Schaubild** nt diagramme m

Schauder m (-s, -) frisson m; **schauderhaft** adj horrible, épouvantable; **schaudern** vi frissonner; **es schaudert mich bei dem Gedanken …** je frémis à la pensée …

schauen vi regarder

Schauer m (-s, -) (Regen~) averse f; (Schreck) frisson m; **Schauergeschichte** f histoire f épouvantable; **schauerlich** adj horrible

Schaufel f (-, -n) (Gerät) pelle f; **schaufeln** vt (Sand) pelleter, déplacer avec une pelle

Schaufenster nt vitrine f; **Schaufensterauslage** f étalage m; **Schaufensterbummel** m lèche-vitrine m; **Schaufensterdekorateur(in)** m(f) étalagiste mf

Schaugeschäft nt show-business m; **Schaukasten** m vitrine f

Schaukel f (-, -n) balançoire f; **schaukeln** vi se balancer; **Schaukelpferd** nt cheval m à bascule; **Schaukelstuhl** m fauteuil m à bascule

Schaulustige(r) mf badaud(e)

Schaum m (-(e)s, Schäume) écume f; (Seifen~) mousse f; **schäumen** vi (Bier, Seife) mousser; (vor Wut) écumer; **Schaumfestiger** m mousse f fixante; **Schaumgummi** m caoutchouc m mousse; **Schaumkrone** f écume f; **Schaumschlägerei** f (fig) fanfaronnade f; **Schaumwein** m (vin m) mousseux m

Schauplatz m scène f

schaurig adj horrible, épouvantable

Schauspiel nt spectacle m; (THEAT) pièce f (de théâtre); **Schauspieler(in)** m(f) acteur(-trice); **schauspielern** vi jouer la comédie

Scheck m (-s, -s) chèque m; **Scheckbuch** nt, **Scheckheft** nt chéquier m, carnet m de chèques

scheckig adj miroité(e)

Scheckkarte f carte f bancaire

scheel adj jdn ~ **ansehen** (fam) regarder qn de travers

scheffeln vt (Geld) amasser

Scheibe f (-, -n) disque m; (von Brot, Braten) tranche f; (Glas~) carreau m; (Schieß~) cible f; **Scheibenbremse** f (AUTO) frein m à disque; **Scheibenwaschanlage** f lave-glace m; **Scheibenwischer** m essuie-glace m

Scheich m (-(e)s, -e o -s) cheik m; **Scheichtum** nt (-s, -tümer) émirat m

Scheide f (-, -n) (von Waffe) gaine f, fourreau m; (Grenze) frontière f; (ANAT) vagin m

scheiden (schied, geschieden) **1.** vt séparer; (Ehe) dissoudre; **sich ~ lassen** divorcer (von d'avec) **2.** vi (sein) s'en aller; **Scheidung** f (Ehe~) divorce m; **die ~ einreichen** demander le divorce; **Scheidungsgrund** m motif m du divorce; **Scheidungsklage** f demande f en divorce

Schein m (-(e)s, -e) (Licht~, Glanz) lumière f, éclat m; (An~) apparence f; (Geld~) billet m; (Bescheinigung) attestation f; **zum ~** pour la galerie; **Scheinasylant(in)** m(f) pseudo-demandeur (-euse) d'asile politique; **scheinbar** adj apparent(e); **scheinen** (schien, geschienen) vi briller; (Anschein haben) sembler; **scheinheilig** adj hypocrite; **Scheinselbstständigkeit** f statut m de pseudo-travailleur indépendant; **Scheintod** m mort f apparente; **Scheinwerfer** m (-s, -) projecteur m; (AUTO) phare m

Scheiß- in Zusammensetzungen (sl: verdammt) à la con; (sehr schlecht) merdique

Scheiße f (-) (fam) merde f; **scheißen** vt, vi (vulg) chier

Scheit nt (-(e)s, -e o -er) bûche f

Scheitel m (-s, -) (höchster Punkt) sommet m; (Haar~) raie f; **scheiteln** vt faire une raie dans; **Scheitelpunkt** m (von Kurve) sommet m; (von Karriere) tournant m décisif

scheitern vi (sein) échouer

Schellfisch m églefin m

Schelm m (-(e)s, -e) farceur m; **schelmisch** adj espiègle

Schelte f (-, -n) réprimande f; **schelten** (schalt, gescholten) vt gronder

Schema nt (-s, -s o Schemata) plan m; (Darstellung) schéma m; **nach ~ F** d'une manière routinière; **schematisch** adj schématique; (pej) machinal(e)

Schemel m (-s, -) tabouret m

Schengener Abkommen nt convention f de Schengen

Schenkel m (-s, -) cuisse f; (MATH) côté m; (von Zirkel) branche f

schenken vt offrir, donner; (Getränk) verser; **sich** dat **etw ~** (fam) se dispenser de qch; **das ist geschenkt** (fam) c'est donné; **Schenkung** f don m

Scherbe f (-, -n) tesson m, débris m

Schere f (-, -n) ciseaux mpl; (groß) cisailles fpl; (von Hummer etc) pince f; **scheren 1.** vt (kümmern) intéresser, préoccuper; **sich nicht ~ um** (fam) se ficher de

2. (schor, geschoren) vt (Schaf) tondre
Schererei f (fam) embêtement m
Scherflein nt obole f
Scherz m (-es, -e) plaisanterie f; **Scherzartikel** pl farces et attrapes fpl; **scherzen** vi plaisanter; **Scherzfrage** f devinette f; **scherzhaft 1.** adj (Frage) pour plaisanter; **eine ~e Bemerkung** une plaisanterie **2.** adv en plaisantant
scheu adj craintif(-ive); (schüchtern) timide; **Scheu** f (-) (Angst) crainte f; (Ehrfurcht) respect m
scheuchen vt chasser
scheuen 1. vt (Gefahr) avoir peur de, craindre; (Anstrengung) épargner; (Aufgabe) se dérober à **2.** vi (Pferd) s'emballer **3.** vr sich ~ **vor** +dat craindre
Scheuerbürste f brosse f; **Scheuerlappen** m serpillière f; **Scheuerleiste** f plinthe f; **scheuern** vt (putzen) récurer; (reiben) frotter
Scheuklappe f œillère f
Scheune f (-, -n) grange f
Scheusal nt (-s, -e) monstre m
scheußlich adj épouvantable; **Scheußlichkeit** f (von Anblick) laideur f; (von Verbrechen) atrocité f
Schi m s. **Ski**
Schicht f (-, -en) couche f; (in Fabrik) poste m; (Gruppe) équipe f; **Schichtarbeit** f travail m par roulement; **Schichtarbeiter(in)** m(f) travailleur(-euse) posté(e); **schichten** vt empiler
schick adj chic
schicken 1. vt envoyer **2.** vr sich ~ se résigner (in +akk à); **es schickt sich nicht** ce n'est pas convenable
Schickimicki m (-s, -s) B.C.B.G. branché(e)
schicklich adj convenable
Schicksal nt (-s, -e) destin m; **Schicksalsschlag** m coup m du destin
Schiebedach nt toit m ouvrant; **schieben** (schob, geschoben) vt pousser; (Schuld, Verantwortung) rejeter (auf jdn sur qn); (fam: Waren) trafiquer, faire (le) trafic de; **Schieber** m (-s, -) coulisseau m; (von Gerät) curseur m; **Schieber(in)** m(f) (-s, -) trafiquant(e); **Schiebetür** f porte f coulissante; **Schieblehre** f (MATH) pied m à coulisse
Schiebung f (fam: Betrug) trafic m
schied imperf von **scheiden**
Schiedsgericht nt tribunal m d'arbitrage; (SPORT) commission f d'arbitrage; **Schiedsrichter(in)** m(f) arbitre m; **schiedsrichtern** vi faire l'arbitre;

Schiedsspruch m arbitrage m
schief 1. adj (Ebene) en pente, incliné(e); (Turm) penché(e); (falsch) faussé(e), faux (fausse) **2.** adv de travers; ~ **gehen** (fam) ne pas marcher, louper; ~ **liegen** (fam) se tromper
Schiefer m (-s, -) ardoise f; **Schieferdach** nt toit m d'ardoises; **Schiefertafel** f ardoise f
schief|gehen sep irr vi s. **schief**; **schief|lachen** sep vr sich ~ (fam) se tordre de rire; **schief|liegen** sep irr vi s. **schief**
schielen vi loucher; **nach etw ~** (fig) loucher sur qch
schien imperf von **scheinen**
Schienbein nt tibia m
Schiene f (-, -n) rail m; (MED) attelle f; **schienen** vt éclisser; **Schienenstrang** m (EISENBAHN) ligne f de chemin de fer
schier 1. adj (Fleisch) maigre (et sans os); (fig) pur(e) **2.** adv presque
Schießbude f (stand m de) tir m; **Schießbudenfigur** f (fam) guignol m; **schießen** (schoss, geschossen) **1.** vt, vi tirer **2.** vi (sein) (Blut) jaillir; (Salat) monter en graine; **Schießerei** f coups mpl de feu, fusillade f; **Schießplatz** m champ m de tir; **Schießpulver** nt poudre f à canon; **Schießscharte** f meurtrière f; **Schießstand** m stand m de tir
Schiff nt (-(e)s, -e) bateau m; (Kirchen~) nef f; **Schiffahrt** f s. **Schifffahrt**; **schiffbar** adj navigable; **Schiffbau** m construction f navale; **Schiffbruch** m naufrage m; **schiffbrüchig** adj naufragé(e); **Schiffchen** nt (beim Weben) navette f; **Schiffer(in)** m(f) (-s, -) batelier(-ière); **Schiffeversenken** nt (-s) (Spiel) bataille f navale; **Schifffahrt** f navigation f; (Reise) traversée f; **Schifffahrtslinie** f ligne f maritime; **Schifffahrtsweg** m route f maritime; **Schiffsjunge** m mousse m; **Schiffsladung** f cargaison f
Schikane f (-, -n) chicane f, tracasserie f; **mit allen ~n** (fam) avec tout ce qu'il faut; **schikanieren** (pp schikaniert) vt brimer
Schikoree m (-s, -), f (-, -) endive f
Schild 1. m (-(e)s, -e) (Schutz~) bouclier m; (von Tier) carapace f; (Mützen~) visière f **2.** nt (-(e)s, -er) (Verkehrs~) panneau m; (Etikett) étiquette f; **etw im ~e führen** tramer qch; **Schildbürger** m (pej) béotien m; **Schilddrüse** f (glande f) thyroïde f
schildern vt (dé)peindre, décrire; **Schilderung** f description f
Schildkröte f tortue f

Schilf nt (-(e)s, -e), **Schilfrohr** nt roseau m

schillern vi chatoyer, miroiter; **schillernd** adj chatoyant(e); (fig) ambigu(ë)

Schilling m (-s, -e) (österreichische Währung) schilling m

Schimmel m (-s, -) moisissure f; (Pferd) cheval m blanc; **schimmelig** adj moisi(e); **schimmeln** vi moisir

Schimmer m (-s) lueur f; **schimmern** vi luire

Schimpanse m (-n, -n) chimpanzé m

schimpfen 1. vt jdn einen Idioten ~ traiter qn d'idiot 2. vi jurer, pester, râler; **mit jdm** ~ gronder qn; **Schimpfwort** nt juron m, injure f

Schindel f (-, -n) bardeau m

schinden (schindete, geschunden) 1. vt maltraiter; **Eindruck** ~ (fam) vouloir en mettre plein la vue 2. vr **sich** ~ s'esquinter (mit etw à faire qch); (fig) se donner de la peine; **Schinderei** f corvée f; **Schindluder** nt mit jdm ~ treiben (fam) malmener qn; mit etw ~ treiben galvauder qch

Schinken m (-s, -) jambon m

Schippe f (-, -n) pelle f; **schippen** vt (Sand, Schnee) pelleter

Schirm m (-(e)s, -e) (Regen~) parapluie m; (Sonnen~) parasol m; (Wand~, Bild~) écran m; (Lampen~) abat-jour m; (Mützen~) visière f; (Pilz~) chapeau m; **Schirmbildaufnahme** f radiographie f; **Schirmherr(in)** m(f) patron(ne), protecteur(-trice); **Schirmherrschaft** f patronage m; **Schirmmütze** f casquette f; **Schirmständer** m porte-parapluies m

schizophren adj schizophrène; (widersprüchlich) absurde

Schlacht f (-, -en) bataille f

schlachten vt abattre

Schlachtenbummler(in) m(f) supporteur(-trice) (d'une équipe en déplacement)

Schlächter(in) m(f) (-s, -) boucher(-ère)

Schlachtfeld nt champ m de bataille; **Schlachthaus** nt, **Schlachthof** m abattoir m; **Schlachtplan** m plan m de bataille; **Schlachtruf** m cri m de guerre; **Schlachtschiff** nt cuirassé m; **Schlachtvieh** nt animaux mpl de boucherie

Schlacke f (-, -n) scorie f

Schlaf m (-(e)s) sommeil m; **Schlafanzug** m pyjama m

Schläfchen nt sieste f

Schläfe f (-, -n) tempe f

schlafen (schlief, geschlafen) vi dormir; ~ **gehen** aller se coucher; **mit jdm** ~ coucher avec qn; **Schlafengehen** nt (-s) coucher m; **vor dem** ~ avant de se coucher; **Schlafenszeit** f es ist ~ c'est l'heure d'aller se coucher; **Schläfer(in)** m(f) (-s, -) dormeur(-euse)

schlaff adj (Haut, Muskeln) flasque; (energielos) mou (molle); (erschöpft) épuisé(e); **Schlaffheit** f (von Haut, Muskeln) flaccidité f; (Erschöpfung) épuisement m

Schlafgelegenheit f endroit m où dormir; **Schlaflied** nt berceuse f; **schlaflos** adj eine ~e Nacht une nuit blanche; **Schlaflosigkeit** f insomnie f; **Schlafmittel** nt somnifère m

schläfrig adj (Mensch) qui a sommeil; (Stimmung) endormant(e)

Schlafsaal m dortoir m; **Schlafsack** m sac m de couchage; **Schlafstadt** f ville-dortoir f, cité-dortoir f; **Schlaftablette** f somnifère m; **schlaftrunken** adj somnolent(e), ensommeillé(e); **Schlafwagen** m wagon-lit m; **schlafwandeln** vi (sein o haben) être somnambule; **Schlafzimmer** nt chambre f à coucher

Schlag m (-(e)s, Schläge) (Hieb) coup m; (Herz~) battement m de cœur; (Gehirn~) (attaque f d')apoplexie f; (ELEC) secousse f; (Blitz~) coup m de foudre; (Schicksals~) coup m du sort; (Puls~) pouls m; (Glocken~) son m; (fam: Portion) portion f; (Art) race f, espèce f; (A) crème f chantilly; **mit einem** ~ d'un seul coup; **Schläge** pl (Tracht Prügel) raclée f; **Schlagabtausch** m (verbal) joute f oratoire; (nuklear) conflit m nucléaire; (beim Boxen) échange m de coups; **Schlagader** f artère f; **Schlaganfall** m apoplexie f; **schlagartig** adj brusque; **Schlagbaum** m barrière f; **Schlagbohrmaschine** f perceuse f à percussion

Schlägel m (-s, -) (Trommel~) baguette f

schlagen (schlug, geschlagen) 1. vt battre; (Sahne) fouetter; (einschlagen) enfoncer; (Kreis, Bogen) décrire; (Schlacht) livrer; **sich geschlagen geben** reconnaître sa défaite 2. vi battre; (Uhr) sonner; **um sich** ~ se débattre; **nach jdm** ~ ressembler à qn; **auf/an/gegen etw** akk ~ heurter qch 3. vi (sein) (Blitz) tomber (in +akk sur) 4. vr **sich** ~ se battre; **schlagend** adj (Beweis) convaincant(e)

Schlager m (-s, -) (Lied) tube m; (Erfolg) succès m

Schläger m (-s, -) (Tennis~) raquette f; (Hockey~, Golf~) crosse f; **Schläger(in)**

m(f) (-s, -) (*pej*) bagarreur(-euse); **Schlägerei** *f* bagarre *f*

Schlagersänger(in) *m(f)* chanteur(-euse) à succès

schlagfertig *adj* qui a de la répartie; **Schlagfertigkeit** *f* répartie *f*; **Schlaginstrument** *nt* instrument *m* à percussion; **Schlagloch** *nt* nid-de-poule *m*; **Schlagobers** *nt* (A), **Schlagrahm** *m*, **Schlagsahne** *f* crème *f* chantilly; **Schlagseite** *f* ~ **haben** (*Schiff*) donner de la bande; (*fig: Mensch*) avoir du vent dans les voiles; **Schlagwort** *nt* slogan *m*; **Schlagzeile** *f* manchette *f*; **Schlagzeug** *nt* batterie *f*; **Schlagzeuger(in)** *m(f)* (-s, -) batteur(-euse)

Schlamassel *m* (-s) (*fam*) merdier *m*

Schlamm *m* (-(e)s, -e o Schlämme) boue *f*; **schlammig** *adj* boueux(-euse); **Schlammschlacht** *f* match *m* de football sur terrain boueux; (*fig*) bataille *f* de chiffonniers

Schlampe *f* (-, -n) (*fam*) souillon *f*; (*fig*) salope *f*; **schlampen** *vi* **mit einer Arbeit** ~ bâcler un travail; **Schlamper(in)** *m(f)* (-s, -) personne *f* bordélique; **ein** ~ **sein** être bordélique; **Schlamperei** *f* (*fam*) bâclage *m*; (*Durcheinander*) pagaille *f*; **schlampig** *adj* (*fam: Mensch*) négligé(e); (*Arbeit*) salopé(e), bâclé(e)

schlang *imperf von* **schlingen**

Schlange *f* (-, -n) serpent *m*; (*Menschen~, Auto~*) file *f*; ~ **stehen** faire la queue

schlängeln *vr* **sich** ~ se faufiler; (*Fluss, Weg*) serpenter

Schlangenbiss *m* morsure *f* de serpent; **Schlangengift** *nt* venin *m*; **Schlangenlinie** *f* ligne *f* sinueuse

schlank *adj* mince, svelte; (*Produktion, Verwaltung, Staat*) réduit(e); **Schlankheit** *f* minceur *f*; **Schlankheitskur** *f* régime *m* amaigrissant

schlapp *adj* mou (molle); (*erschöpft*) vidé(e)

Schlappe *f* (-, -n) (*fam*) échec *m*

Schlappheit *f* mollesse *f*

Schlapphut *m* chapeau *m* mou

schlapp|machen *sep vi* (*fam*) flancher

Schlaraffenland *nt* pays *m* de cocagne

schlau *adj* (*Mensch*) malin(-igne); (*Plan*) astucieux(-euse)

Schlauch *m* (-(e)s, Schläuche) tuyau *m*; (*in Reifen*) chambre *f* à air; (*fam: Anstrengung*) corvée *f*; **Schlauchboot** *nt* canot *m* pneumatique; **schlauchen** *vt* (*fam*) pomper; **schlauchlos** *adj* (*Reifen*) sans

chambre à air

Schläue *f* (-) ruse *f*, subtilité *f*

Schlaukopf *m* (*fam*) petit malin *m*

schlecht 1. *adj* mauvais(e); (*verdorben: Essen*) gâté(e), avarié(e); (*Mensch*) méchant(e) **2.** *adv* mal; (*kaum*) difficilement; ~ **und recht** tant bien que mal; **mir ist (es)** ~ je me sens mal; **jdm geht es** ~ qn est mal en point; ~ **machen** dénigrer; **schlechthin** *adv* tout simplement; **der Dramatiker** ~ le vrai dramaturge; **Schlechtigkeit** *f* méchanceté *f*; **schlecht|machen** *sep vt s.* **schlecht**

schlecken *vt, vi* lécher

Schlegel *m* (-s, -) (*GASTR*) cuisse *f*

schleichen (schlich, geschlichen) *vi* (*sein*) ramper; (*fig: langsam*) traîner; **schleichend** *adj* (*Krankheit*) insidieux(-euse); **Schleichwerbung** *f* publicité *f* déguisée

Schleier *m* (-s, -) voile *m*; **schleierhaft** *adj* **jdm** ~ **sein** échapper à qn

Schleife *f* (-, -n) (*a. INFORM*) boucle *f*; (*Band*) nœud *m*

schleifen *vt* (*ziehen*) traîner; (*niederreißen*) raser **2.** (schliff, geschliffen) *vt* (*Messer*) aiguiser; (*Edelstein*) tailler; **Schleifstein** *m* pierre *f* à aiguiser

Schleim *m* (-(e)s, -e) (*zäher* ~) glaire *f*; (*MED*) mucosité *f*; (*GASTR*) bouillie *f*; **Schleimhaut** *f* muqueuse *f*; **schleimig** *adj* visqueux(-euse)

schlemmen *vi* festoyer; **Schlemmer(in)** *m(f)* (-s, -) gourmet *m*; **Schlemmerei** *f* festin *m*, gueuleton *m*

schlendern *vi* (*sein*) flâner; (*irgendwohin*) aller en flânant

Schlendrian *m* (-(e)s) (*fam*) laisser-aller *m*

schlenkern *vt* balancer

Schleppe *f* (-, -n) traîne *f*

schleppen 1. *vt* traîner; (*Schiff, Auto*) remorquer **2.** *vr* **sich** ~ se traîner; **schleppend** *adj* (*Gang*) traînant(e); (*Abfertigung*) très lent(e); **Schlepper** *m* (-s, -) (*NAUT*) remorqueur *m*; **Schlepplift** *m* téléski *m*, remonte-pente *m*; **Schlepptau** *nt* câble *m* de remorquage; **jdn ins** ~ **nehmen** (*fig*) prendre qn en remorque

Schlesien *nt* (-s) la Silésie

Schleswig-Holstein *nt* (-s) le Schleswig-Holstein

Schleuder *f* (-, -n) (*Geschütz*) fronde *f*; (*Wäsche~*) essoreuse *f*; (*Honig~*) extracteur *m*; **schleudern 1.** *vt* lancer; (*Wäsche*) essorer **2.** *vi* (*sein*) (*Auto*) déra-

per; **Schleuderpreis** m prix m écrasé;
Schleudersitz m siège m éjectable;
Schleuderware f marchandise f bradée

schleunigst adv au plus vite
Schleuse f (-, -n) écluse f; **Schleusenwärter(in)** m(f) éclusier(-ière)

schlich imperf von **schleichen**
Schlich m (-(e)s, -e) truc m; **jdm auf die ~e kommen** comprendre le petit jeu de qn

schlicht adj simple
schlichten vt (Streit) régler, aplanir;
Schlichter(in) m(f) (-s, -) médiateur (-trice); **Schlichtung** f conciliation f
Schlick m (-(e)s, -e) vase f
schlief imperf von **schlafen**
Schließe f (-, -n) fermoir m
schließen (schloss, geschlossen) 1. vt (a. INFORM) fermer; (Sitzung) clore; (einschließen) enfermer; (Lücke) boucher; (Vertrag, folgern) conclure 2. vr sich ~ se fermer 3. vi (Tür, Deckel) (se) fermer; (enden) se terminer; **Schließfach** nt (auf Bahnhöfen) consigne f automatique
schließlich adv finalement; ~ **doch** après tout
schliff imperf von **schleifen**
Schliff m (-(e)s, -e) taille f; (fig) savoir-vivre m
schlimm adj grave; (Nachricht, Bursche) mauvais(e); (Zeiten) difficile; **schlimmer** adj pire; **schlimmste(r, s)** adj le (la) pire; **schlimmstenfalls** adv au pire
Schlinge f (-, -n) boucle f; (Falle) collet m; (MED) écharpe f
Schlingel m (-s, -) vaurien m
schlingen (schlang, geschlungen) 1. vt mettre, enrouler 2. vt, vi (essen) engloutir
schlingern vi (Schiff) rouler
Schlips m (-es, -e) cravate f
schlitteln vi (sein o haben) (CH) faire de la luge
Schlitten m (-s, -) luge f; (Fahrzeug) traîneau m; ~ **fahren** faire de la luge;
Schlittenfahren nt (-s) luge f
schlittern vi (sein o haben) glisser, patiner
Schlittschuh m patin m (à glace);
Schlittschuhbahn f patinoire f;
Schlittschuhlaufen nt (-s) patinage m;
Schlittschuhläufer(in) m(f) patineur(-euse)
Schlitz m (-es, -e) fente f; (Hosen~) braguette f; **schlitzäugig** adj qui a les yeux bridés; **schlitzen** vt fendre; **Schlitzohr** nt (fam) filou m

Schlögel m (A) cuisseau m; (vom Wild) cuissot m
schlohweiß adj blanc (blanche) comme neige
schloss imperf von **schließen**
Schloss nt (-es, Schlösser) (an Tür) serrure f; (Bau) château m
Schlosser(in) m(f) (-s, -) serrurier m;
Schlosserei f (Werkstatt) serrurerie f
Schlot m (-(e)s, -e) cheminée f
schlottern vi trembler (vor +dat de);
(Kleidung) flotter
Schlucht f (-, -en) gorge f
schluchzen vi sangloter
Schluck m (-(e)s, -e) gorgée f
Schluckauf m (-s, -s) hoquet m
schlucken vi, vt avaler
schlud(e)rig adj (fam) bâclé(e)
schludern vi bei (o mit) etw ~ bâcler qch
schlug imperf von **schlagen**
schlummern vi faire un petit somme;
(fig) être caché(e)
Schlund m (-(e)s, Schlünde) gosier m
schlüpfen vi (sein) se glisser, se faufiler;
aus dem Ei ~ sortir de l'œuf; **in die Kleider ~** enfiler ses habits
Schlüpfer m (-s, -) slip m
Schlupfloch nt trou m, cachette f
schlüpfrig adj glissant(e); (fig) équivoque, obscène; **Schlüpfrigkeit** f surface f glissante; (fig) obscénité f
schlurfen vi (sein) traîner les pieds, se traîner
schlürfen vt, vi boire bruyamment
Schluss m (-es, Schlüsse) fin f; (~folgerung) conclusion f; **am ~** à la fin; ~ **machen** s'arrêter; **mit jdm ~ machen** rompre avec qn
Schlüssel m (-s, -) clé f; **Schlüsselbein** nt clavicule f; **Schlüsselblume** f primevère f; **Schlüsselbund** m trousseau m de clés; **Schlüsseldienst** m clés-minute fpl; **Schlüsselkind** nt enfant m à la clé (qui rentre à la maison avant ses parents);
Schlüsselloch nt trou m de la serrure;
Schlüssellochchirurgie f coeliochirurgie f; **Schlüsselposition** f position f clé
Schlussfolgerung f conclusion f
schlüssig adj (überzeugend) concluant(e);
sich dat **über etw** akk ~ **sein** être sûr(e) de qch
Schlusslicht nt feu m arrière; **Schlussstrich** m (fig) point m final; **Schlussverkauf** m soldes mpl; **Schlusswort** nt conclusion f
Schmach f (-) honte f, ignominie f

schmachten vi (vor Durst) mourir (vor +dat de); (vor Sehnsucht) languir (nach loin de, après)

schmächtig adj chétif(-ive), frêle

schmachvoll adj honteux(-euse)

schmackhaft adj (Essen) savoureux(-euse); **jdm etw ~ machen** rendre qch alléchant

schmählich adj honteux(-euse)

schmal adj étroit(e); (Mensch, Buch) mince; (karg) maigre; **schmälern** vt diminuer; (fig) rabaisser; **Schmalfilm** m film m à format réduit; **Schmalspur** f (EISENBAHN) voie f étroite

Schmalz nt (-es, -e) graisse f fondue; (von Schwein) saindoux m; **schmalzig** adj sentimental(e)

schmarotzen (pp schmarotzt) vt bei [o von] jdm ~ vivre aux crochets de qn; **Schmarotzer(in)** m(f) (-s, -) parasite m

Schmarren m (-s, -) crêpe sucrée coupée en morceaux; (fig fam) idioties fpl

schmatzen vi manger bruyamment

Schmaus m (-es, Schmäuse) festin m; **schmausen** vi se régaler

schmecken 1. vt sentir **2.** vi (Essen) être bon; **nach etw ~** sentir qch, avoir le goût de qch; **es schmeckt ihm** il trouve cela bon

Schmeichelei f flatterie f; **schmeichelhaft** adj flatteur(-euse); **schmeicheln** vi **jdm ~** flatter qn

schmeißen (schmiss, geschmissen) vt (fam) jeter, balancer

Schmeißfliege f mouche f de la viande

schmelzen (schmolz, geschmolzen) **1.** vt faire fondre **2.** vi (sein) fondre; **Schmelzpunkt** m point m de fusion; **Schmelzwasser** nt eau f de fonte

Schmerz m (-es, -en) douleur f; (Trauer) chagrin m; **schmerzempfindlich** adj sensible; **schmerzen** vt faire mal à; (fig) peiner; **Schmerzensgeld** nt dommages et intérêts mpl; **schmerzhaft** adj douloureux(-euse); **schmerzlich** adj douloureux(-euse); **schmerzlindernd** adj calmant(e), analgésique; **schmerzlos** adj indolore; **Schmerzmittel** nt analgésique m; **schmerzstillend** adj (Mittel) analgésique; **Schmerztablette** f cachet m antidouleur

Schmetterling m papillon m

schmettern vt (werfen) lancer avec violence, projeter; (singen) chanter à tue-tête

Schmied(in) m(f) (-(e)s, -e) forgeron m; **Schmiede** f (-, -n) forge f; **Schmiedeeisen** nt fer m forgé; **schmieden** vt forger

schmiegen 1. vt (Kopf) poser, appuyer (an +akk contre) **2.** vr sich ~ (Mensch) se blottir; (Stoff) mouler; **schmiegsam** adj flexible, souple

Schmiere f (-, -n) graisse f; **schmieren 1.** vt étaler; (Butterbrot) tartiner; (fetten) graisser; (fam: bestechen) graisser la patte à; (a. vi: schreiben) gribouiller **2.** vi (Kuli) baver, couler; **Schmierfett** nt graisse f, lubrifiant m; **Schmierfink** m (Kind) petit cochon m; **Schmiergeld** nt pot-de-vin m; **schmierig** adj (Hände) gras(se); (eklig) obséquieux(-euse); **Schmiermittel** nt lubrifiant m; **Schmierseife** f savon m noir

Schminke f (-, -n) maquillage m; **schminken 1.** vt farder, maquiller **2.** vr sich ~ se maquiller

schmirgeln vt (glätten) polir à l'émeri; **Schmirgelpapier** nt papier m émeri

schmiss imperf von **schmeißen**

Schmöker m (-s, -) (fam) bouquin m; **schmökern** vi (fam) bouquiner

schmollen vi bouder; **schmollend** adj boudeur(-euse)

schmolz imperf von **schmelzen**

Schmorbraten m bœuf m braisé; **schmoren** vt, vi braiser

Schmuck m (-(e)s) décoration f; (~stücke) bijoux mpl; **schmücken** vt décorer; **schmucklos** adj (Kleid) sobre; (Raum) dépouillé(e); **Schmucksachen** pl bijoux mpl

Schmuggel m (-s) contrebande f; **schmuggeln 1.** vt passer en contrebande [o en fraude] **2.** vi faire de la contrebande; **Schmuggler(in)** m(f) (-s, -) contrebandier(-ière)

schmunzeln vi sourire

schmusen vi faire des mamours

Schmutz m (-es) saleté f; **schmutzen** vi (Stoff) se salir; **Schmutzfink** m souillon f; **Schmutzfleck** m tache f; **schmutzig** adj sale; (Witz) cochon(ne); (Geschäfte) louche

Schnabel m (-s, Schnäbel) bec m

Schnake f (-, -n) (Stechmücke) moustique m; (Weberknecht) tipule f

Schnalle f (-, -n) boucle f; **schnallen** vt attacher; **den Gürtel enger ~** se serrer la ceinture

schnalzen vi claquer (mit de)

Schnäppchen nt (fam) bonne affaire f

schnappen 1. vt saisir; **Luft ~** (ins Freie gehen) prendre l'air **2.** vi chercher à happer (nach etw qch); **Schnappschloss** nt

forger

cadenas m; **Schnappschuss** m instantané m

Schnaps m (-es, Schnäpse) eau-de-vie f

schnarchen vi ronfler

schnattern vi (Ente) cancaner; (zittern) grelotter

schnaufen vi haleter

Schnauz m (-es, Schnäuze) (CH) moustache f

Schnauzbart m moustache f

Schnauze f (-, -n) museau m; (von Kanne) bec m; (fam) gueule f

schnäuzen vr sich ~ se moucher

Schnecke f (-, -n) escargot m; (ohne Gehäuse) limace f; **Schneckenhaus** nt coquille f (d'escargot); **Schneckenpost** f courrier m (postal) escargot; **Schneckentempo** nt im ~ comme un escargot

Schnee m (-s) neige f; (Ei~) blancs mpl (d'œufs) en neige; ~ **von gestern** du réchauffé; **Schneeball** m boule f de neige; **Schneebob** m scooter m des neiges; **Schneeflocke** f flocon m de neige; **Schneegestöber** nt tourbillon m de neige; **Schneeglöckchen** nt perce-neige m o f; **Schneekanone** f canon m à neige; **Schneekette** f chaîne f; **Schneemann** m (-männer pl) bonhomme m de neige; **Schneematsch** m neige f fondante; **Schneemobil** nt (-s, -e) chenillette f; **Schneepflug** m chasse-neige m; **Schneeschmelze** f (-, -n) fonte f des neiges; **Schneeverwehung** f, **Schneewehe** f congère f; **Schneewittchen** nt Blanche-Neige f

Schneid m (-(e)s) (fam) cran m

Schneide f (-, -n) tranchant m

schneiden (schnitt, geschnitten) **1.** vt couper; **Gesichter** ~ faire des grimaces **2.** vr sich ~ (Mensch) se couper; (sich kreuzen) se croiser; **schneidend** adj (Wind) cinglant(e); (Spott) mordant(e); (Stimme) cassant(e)

Schneider(in) m(f) (-s, -) tailleur m, couturier(-ère); **schneidern** vt, vi coudre

Schneidezahn m incisive f

schneidig adj fringant(e); (mutig) qui a du cran

schneien vb unpers neiger; **es schneit** il neige

Schneise f (-, -n) laie f

schnell 1. adj rapide **2.** adv vite, rapidement; **Schnelldienst** m (Reparatur) réparation-minute f; (für Schlüssel) clés-minute fpl; (Reinigung) nettoyage-express m

schnellen vi (sein) bondir; (Preise, Tempe-

ratur) faire un bond

Schnellgaststätte f ≈ snack-bar m; **Schnellhefter** m (-s, -) chemise f (classeur); **Schnelligkeit** f rapidité f; **Schnellimbiss** m fast-food m; **Schnellreparatur** f réparation-minute f; **Schnellrücklauf** m (von Rekorder) rembobinage m rapide; **schnellstens** adv au plus vite; **Schnellstraße** f voie f rapide; **Schnellvorlauf** m (von Rekorder) avance f rapide; **Schnellzug** m rapide m

schneuzen vr s. **schnäuzen**

Schnickschnack m (-s) (technische Spielerei) gadget m

schnippisch adj impertinent(e)

schnitt imperf von **schneiden**

Schnitt m (-(e)s, -e) coupure f; (Quer~) coupe f (transversale); (Durch~) moyenne f; (~muster) patron m; (von Gesicht) forme f; (fam: Gewinn) bénéfice m; **Schnittblumen** pl fleurs fpl coupées

Schnitte f (-, -n) tranche f

Schnittfläche f coupe f; **Schnittlauch** m ciboulette f; **Schnittmuster** nt patron m; **Schnittpunkt** m intersection f; **Schnittstelle** f (INFORM) jonction f, interface f; (fig) jonction f; **Schnittwunde** f coupure f

Schnitzel nt (-s, -) (Stückchen) petit morceau m; (GASTR) escalope f

schnitzen vt, vi tailler

Schnitzer m (-s, -) (fam: Fehler) gaffe f

Schnitzerei f sculpture f (sur bois)

schnodderig adj (fam) impudent(e)

schnöde adj (Behandlung) mesquin(e); (Gewinn) méprisable

Schnorchel m (-s, -) tuba m; **schnorcheln** vi nager avec un tuba; **Schnorcheln** nt (-s) nage f avec tuba

Schnörkel m (-s, -) fioriture f; (ARCHIT) volute f

schnorren vt, vi mendier

schnüffeln vi renifler, flairer (an etw qch); (fam: spionieren) fouiner; **Schnüffeln** nt (-s) (Klebstoff~) sniff f; **Schnüffler(in)** m(f) (-s, -) (Detektiv) privé(e); (Süchtiger) sniffeur(-euse)

Schnuller m (-s, -) tétine f

Schnupfen m (-s, -) rhume m

schnuppern vi renifler

Schnur f (-, Schnüre) ficelle f; (ELEC) fil m

schnüren vt (Paket) lacer; (Schuhe) lacer

schnurgerade adj tout(e) droit(e); **schnurlos** adj sans fil; ~**es Telefon** téléphone m sans fil

Schnurrbart m moustache f

schnurren vi (*Katze*) ronronner

Schnürschuh m chaussure f à lacets; **Schnürsenkel** m lacet m

schnurstracks adv (*fam*) (tout) droit

schob imperf von **schieben**

Schock m (-(e)s, -s) choc m

schockieren (pp schockiert) vt choquer

Schöffe m (-n, -n) juré m; **Schöffengericht** nt tribunal m avec un jury; **Schöffin** f jurée f

Schokolade f chocolat m

Schokoriegel m barre f chocolatée

Scholle f (-, -n) (*Erde*) motte f de terre; (*Eis~*) glace f flottante; (*Fisch*) plie f

schon adv déjà; (*endlich*) enfin; (*zwar*) certes; **das ist ~ immer so** ça a toujours été le cas; **das wird ~ (noch) gut** tout ira bien; **~ der Gedanke ...** rien que de penser ...

schön adj beau (belle); **~e Grüße** bien le bonjour; **~es Wochenende** bon week-end; **~en Dank** merci beaucoup; **sich ~ machen** se faire beau (belle)

schonen 1. vt épargner, ménager 2. vr **sich ~** se ménager

schönen vt arranger

schonend adj (*Behandlung*) doux(douce); **jdm etw ~ beibringen** annoncer qch à qn avec ménagement

Schöngeist m bel esprit m

Schönheit f beauté f; **Schönheitsfehler** m imperfection f; **Schönheitskönigin** f reine f de beauté, miss f; **Schönheitsoperation** f opération f de chirurgie esthétique

schön|machen sep vr s. **schön**; **Schönschreibdrucker** m imprimante f qualité courrier

Schonung f (*Nachsicht*) égards mpl; (*von Gegenstand*) ménagement m; (*Forst*) pépinière f; **schonungslos** adj (*Vorgehen*) impitoyable

Schonzeit f période où la chasse est interdite

schöpfen vt (*Flüssigkeit*) puiser; (*Mut*) rassembler; **frische Luft ~** prendre l'air

Schöpfer(in) m(f) (-s, -) créateur(-trice); **schöpferisch** adj (*Begabung*) créateur (-trice)

Schöpfkelle f, **Schöpflöffel** m louche f

Schöpfung f création f

schor imperf von **scheren**

Schorf m (-(e)s, -e) croûte f

Schornstein m cheminée f; **Schornsteinfeger(in)** m(f) (-s, -) ramoneur(-euse) m

schoss imperf von **schießen**

Schoß m (-es, Schöße) (*von Rock*) basque f; **auf jds ~** dat sur les genoux de qn;

Schoßhund m chien m d'appartement

Schote f (-, -n) (*BOT*) cosse f

Schotte m (-n, -n) Écossais m

Schotter m (-s) cailloutis m; (*EISENBAHN*) ballast m

Schottin f Écossaise f; **schottisch** adj écossais(e)

Schottland nt l'Écosse f

schraffieren (pp schraffiert) vt hachurer

schräg adj (*Wand*) incliné(e), penché(e); (*Linie*) oblique; **etw ~ stellen** mettre qch de biais; **Schräge** f (-, -n) inclinaison f; **Schrägschrift** f italique m; **Schrägstreifen** m biais m; **Schrägstrich** m slash m avant, barre f oblique; **umgekehrter ~** antislash m

Schramme f (-, -n) éraflure f; **schrammen** vt rayer, érafler

Schrank m (-(e)s, Schränke) placard m; (*Kleider~*) armoire f

Schranke f (-, -n) barrière f; **Schrankenwärter(in)** m(f) garde-barrière mf

Schrankkoffer m malle f penderie

Schraube f (-, -n) vis f; (*Schiffs~*) hélice f; **schrauben** vt visser; **Schraubenschlüssel** m clé f à écrous; **Schraubenzieher** m (-s, -) tournevis m; **Schraubstock** m étau m; **Schraubverschluss** m capsule f vissée

Schrebergarten m jardin m ouvrier

Schreck m (-(e)s, -e), **Schrecken** m (-s, -) effroi m, terreur f; **Schreckgespenst** nt spectre m; **schreckhaft** adj craintif(-ive); **schrecklich** adj terrible; (*fam*) épouvantable; **Schreckschuss** m coup m en l'air; **Schreckschusspistole** f pistolet m d'alarme

Schredder m (-s, -) destructeur m de documents; **schreddern** vt détruire

Schrei m (-(e)s, -e) cri m

Schreibblock m bloc-notes m

Schreibdichte f (*von Diskette*) densité f

schreiben (schrieb, geschrieben) vt, vi écrire; **Schreiben** nt (-s, -) lettre f, écrit m; **Schreiber** m (-s, -) stylo m; **schreibfaul** adj qui n'aime pas écrire (des lettres); **Schreibfehler** m faute f d'orthographe; **schreibgeschützt** adj (*Diskette*) protégé(e) en écriture; **Schreibkopf** m (*INFORM*) tête f d'impression; **Schreibkraft** f dactylo mf; **Schreibmaschine** f machine f à écrire; **Schreibpapier** nt papier m; **Schreibschutz** m (*von Diskette*) protection f en écriture; **Schreibstelle** f (*INFORM*) position f du curseur; **Schreibtisch** m bureau m; **Schrei-**

bung f orthographe f; **Schreibwaren** pl articles mpl de papeterie; **Schreibweise** f orthographe f; (Stil) style m; **Schreibzeug** nt matériel m pour écrire

schreien (schrie, geschrie(e)n) vt, vi crier; **schreiend** adj (Ungerechtigkeit) criant(e); (Farbe) criard(e)

Schreiner(in) m(f) (-s, -) menuisier m; (Möbel~) ébéniste mf; **Schreinerei** f menuiserie f

schreiten (schritt, geschritten) vi ⟨sein⟩ marcher; **zur Tat ~** passer à l'acte

schrie imperf von **schreien**

schrieb imperf von **schreiben**

Schrift f (-, -en) écriture f; (Gedrucktes) écrit m; **Schriftart** f police f (de caractères); **Schriftbild** nt écriture f; (von Druck) typographie f; **Schriftdeutsch** nt allemand m écrit; (nicht Dialekt) bon allemand m; **Schriftführer(in)** m(f) secrétaire mf; **Schriftgrad** m corps m; **schriftlich** 1. adj écrit(e) 2. adv par écrit; **Schriftsetzer(in)** m(f) compositeur (-trice); **Schriftsprache** f langue f écrite; **Schriftsteller(in)** m(f) (-s, -) écrivain m; **Schriftstück** nt document m

schrill adj perçant(e), aigu(ë); **schrillen** vi (Stimme) être perçant(e); (Telefon) retentir

schritt imperf von **schreiten**

Schritt m (-(e)s, -e) pas m; (Gangart) démarche f; (von Hose) entrejambes m; **Schrittmacher** m stimulateur m cardiaque; **Schritttempo** nt **im ~** au pas

schroff adj (Felswand) abrupt(e); (fig) brusque

schröpfen vt (fig) plumer

Schrot m o nt (-(e)s, -e) (Blei) plomb m; (Getreide) gruau m; **Schrotflinte** f fusil m de chasse

Schrott m (-(e)s, -e) ferraille f; **Schrotthaufen** m tas m de ferraille; **schrottreif** adj (Auto) bon(ne) pour la casse

schrubben vt (Boden) frotter; **Schrubber** m (-s, -) balai-brosse m

Schrulle f (-, -n) lubie f

schrumpfen vi ⟨sein⟩ rétrécir; (Apfel) se ratatiner; (Kapital) fondre

Schubkarren m brouette f; **Schublade** f tiroir m

schüchtern adj timide; **Schüchternheit** f timidité f

schuf imperf von **schaffen**

Schufa f (-) société d'assurance et de surveillance du crédit à la consommation

Schuft m (-(e)s, -e) fripouille f

schuften vi (fam) bosser (dur)

Schuh m (-(e)s, -e) chaussure f; **Schuhband** nt (-bänder pl) lacet m; **Schuhcreme** f cirage m; **Schuhgeschäft** nt magasin m de chaussures; **Schuhgröße** f pointure f; **Schuhlöffel** m chausse-pied m; **Schuhmacher(in)** m(f) cordonnier(-ière); **Schuhwerk** nt chaussures fpl

Schulabgänger(in) m(f) (-s, -) jeune mf ayant terminé sa scolarité; **Schulabschluss** m certificat m de fin de scolarité; **Schularbeiten, Schulaufgaben** pl devoirs mpl; **Schulbericht** m appréciation f; **Schulbesuch** m fréquentation f de l'école; **Schulbuch** nt livre m scolaire

schuld adj **~ sein, Schuld haben** être responsable (an +dat de); **er ist ~** c'est sa faute; **Schuld** f (-, -en) culpabilité f; (Verschulden) faute f; **schulden** vt jdm etw ~ devoir qch à qn; **Schulden** pl (FIN) dettes fpl; **schuldenfrei** adj (Mensch) qui n'a pas de dettes; (Besitz) non hypothéqué(e); **Schuldenkriterium** nt critère m d'endettement; **Schuldgefühl** nt culpabilité f; **schuldig** adj coupable (an +dat de); (Respekt) dû (due); **jdm etw ~ sein/bleiben** devoir qch à qn; **schuldlos** adj innocent(e); **Schuldner(in)** m(f) (-s, -) débiteur (-trice); **Schuldschein** m reconnaissance f de dette; **Schuldspruch** m verdict m de culpabilité; **Schuldzuweisung** f accusation f, incrimination f

Schule f (-, -n) école f; **schulen** vt former; (Ohr) exercer

Schüler(in) m(f) (-s, -) élève mf; **Schüleraustausch** m échange m scolaire; **Schülerausweis** m carte f d'identité scolaire

Schulferien pl vacances fpl scolaires; **schulfrei** adj (Tag) de congé; **~ haben** avoir congé; **Schulfunk** m radio f scolaire; **Schulgeld** nt frais mpl de scolarité; **Schulhof** m cour f de l'école; (überdacht) préau m; **Schuljahr** nt année f scolaire; **Schuljunge** m écolier m; **Schulmädchen** nt écolière f; **Schulmedizin** f médecine f scolaire; **schulpflichtig** adj (Kind) en âge [o d'âge] scolaire; (Alter) scolaire; **Schulschiff** nt (NAUT) navire-école m; **Schulstunde** f heure f de classe; **Schultasche** f cartable m

Schulter f (-, -n) épaule f; **Schulterblatt** nt omoplate f; **schultern** vt (Gewehr) épauler; (Rucksack) mettre sur ses épaules; **Schulterschluss** m solidarité f

Schulung f formation f; **Schulungsdiskette** f disquette f éducative; **Schulverweigerer** m, **-verweigerin** f élève mf en refus scolaire; **Schulwesen** nt système m scolaire [o d'éducation]; **Schulzeugnis** nt bulletin m scolaire

Schund m (-(e)s) camelote f; **Schundroman** m roman m de gare

Schuppe f (-, -n) écaille f; **schuppen** 1. vt (Fisch) écailler 2. vr sich ~ (Haut) se desquamer; **Schuppen** pl (Haar~) pellicules fpl

Schuppen m (-s, -) remise f

schuppig adj (Haut) sec (sèche), qui se desquame; (Haar) à pellicules

Schur f (-, -en) tonte f

schüren vt attiser

schürfen vt égratigner, écorcher; (Gold) chercher; **Schürfung** f éraflure f

Schürhaken m tisonnier m

Schurke m (-n, -n) vaurien m

Schürze f (-, -n) tablier m

Schuss m (-es, Schüsse) (Gewehr~) coup m (de feu); (SPORT) tir m; (fig) dose f

Schüssel f (-, -n) saladier m, jatte f

schusselig adj (fam) étourdi(e); (ungeschickt) maladroit(e)

Schusslinie f ligne f de tir; **Schussverletzung** f blessure f par balle; **Schusswaffe** f arme f à feu

Schuster m(f) m(f) (-s, -) cordonnier(-ière) f

Schutt m (-(e)s) détritus mpl; (Bau~) décombres mpl; **Schuttabladeplatz** m décharge f publique

Schüttelfrost m frissons mpl

schütteln 1. vt secouer 2. vr sich ~ frissonner, trembler; (Hund) s'ébrouer

schütten 1. vt verser 2. vb unpers es schüttet il pleut à verse

schütter adj (Haare) clairsemé(e)

Schutz m (-es) protection f; (Unterschlupf) abri m; jdn in ~ nehmen prendre la défense de qn; **Schutzanzug** m combinaison f de protection; **Schutzbefohlene(r)** mf protégé(e); **Schutzblech** nt garde-boue m; **Schutzbrief** m contrat m d'assistance; **Schutzbrille** f lunettes fpl de protection

Schütze m (-n, -n) tireur m; (Tor~) marqueur m; (ASTR) Sagittaire m; Hans ist (ein) ~ Hans est Sagittaire

schützen 1. vt protéger (vor +dat, gegen de, contre) 2. vr sich ~ se protéger

Schutzengel m ange m gardien; **Schutzgebiet** nt protectorat m;

(Natur~) parc m naturel; **Schutzgeld** nt taxe f (extorquée par les racketteurs); **Schutzgelderpressung** f racket m; **Schutzhaft** f détention f préventive; **Schutzhelm** m casque m (de chantier/ de protection); **Schutzimpfung** f vaccination f préventive

Schützin f tireuse f; (Tor~) marqueuse f

schutzlos adj sans défense; **Schutzmann** m (-männer o -leute pl) agent m de police; **Schutzmaßnahme** f mesure f de sécurité; **Schutzpatron(in)** m(f) saint(e)) patron(ne); **Schutzumschlag** m jaquette f; **Schutzvorrichtung** f dispositif m de protection

Schwabe m (-n, -n) Souabe m; **Schwaben** nt (-s) la Souabe; **Schwäbin** f Souabe f; **schwäbisch** adj souabe

schwach adj (schwächer, am schwächsten) faible; (Tee) léger(-ère); (Gedächtnis) mauvais(e); **Schwäche** f (-, -n) faiblesse f; (schwache Seite) faible m; **schwächeln** vi montrer des signes de défaillance; **schwächen** vt affaiblir; **Schwachkopf** m (fam) débile mf; **schwächlich** adj (Mensch) délicat(e); **Schwächling** m (pej) gringalet m; (charakterlich) faible m; **Schwachsinn** m imbécillité f; **schwachsinnig** adj imbécile, débile; **Schwachstelle** f point m faible; **Schwachstrom** m courant m de faible intensité; **Schwächung** f affaiblissement m

Schwaden m (-s, -) nuage m

schwafeln vt, vi (fam) radoter

Schwager m (-s, Schwäger) beau-frère m; **Schwägerin** f belle-sœur f

Schwalbe f (-, -n) hirondelle f

Schwall m (-(e)s, -e) flot m

schwamm imperf von **schwimmen**

Schwamm m (-(e)s, Schwämme) éponge f

Schwammerl nt (-s, -n) (A) s. **Pilz**

schwammig adj spongieux(-euse); (Gesicht) bouffi(e)

Schwan m (-(e)s, Schwäne) cygne m

schwand imperf von **schwinden**

schwanen vi unpers jdm schwant etw qn a le pressentiment de qch

schwang imperf von **schwingen**

schwanger adj enceinte; **schwängern** vt mettre enceinte; **Schwangerschaft** f grossesse f; **Schwangerschaftsabbruch** m interruption f de grossesse, avortement m thérapeutique; **Schwangerschaftsstreifen** m vergeture f;

Schwangerschaftstest m test m de grossesse
Schwank m (-(e)s, Schwänke) farce f; (Geschichte) histoire f drôle
schwanken 1. vi se balancer; (wackeln) osciller, vaciller; (Preise, Zahlen) fluctuer; (zögern) hésiter, balancer **2.** vi ⟨sein⟩ (gehen) tituber; **Schwankung** f fluctuation f, variation f
Schwanz m (-es, Schwänze) queue f
schwänzen 1. vt (fam: Schule) sécher **2.** vi faire l'école buissonnière
Schwarm m (-(e)s, Schwärme) essaim m; (fam) idole f, béguin m
schwärmen vi ⟨sein⟩ ~ **für** (fig) être fou (folle) de; **schwärmerisch** adj d'adoration; (Verehrung) passionné(e)
Schwarte f (-, -n) (Speck~) couenne f; (fam: Buch) vieux bouquin m
schwarz adj (schwärzer, am schwärzesten) noir(e); **ins Schwarze treffen** (a. fig) taper dans le mille; ~ **sehen** (fam) voir tout en noir; **Schwarzarbeit** f travail m (au) noir; **Schwarzbrot** nt pain m noir; **Schwarze(r)** mf noir(e)
Schwärze f (-, -n) noirceur f; (Drucker~) encre f (d'imprimerie); **schwärzen** vt noircir
schwarz|fahren sep irr vi ⟨sein⟩ voyager sans billet, resquiller; (mit Auto) conduire sans permis; **Schwarzfahrer(in)** m(f) resquilleur(-euse); **Schwarzhandel** m marché m noir; **schwarz|hören** sep vi ne pas déclarer sa radio; **Schwarzmarkt** m marché m noir; **schwarz|sehen** sep irr vi (TV) ne pas déclarer sa télévision; s. a. schwarz; **Schwarzseher(in)** m(f) (-s, -) pessimiste mf; (TV) téléspectateur qui n'a pas payé sa redevance; **Schwarzwald** m der ~ la Forêt-Noire; **schwarzweiß** adj noir et blanc; **Schwarzweißfilm** m (für Fotos) pellicule f noir et blanc; (im Kino) film m en blanc et noir
schwatzen, schwätzen vi bavarder; **Schwätzer(in)** m(f) (-s, -) (pej) bavard(e); **schwatzhaft** adj (pej) bavard(e)
Schwebe f in der ~ (fig) en suspens; **Schwebebahn** f téléphérique m; **Schwebebalken** m (SPORT) poutre f; **schweben** vi ⟨sein⟩ planer, être suspendu(e)
Schwede m (-n, -n) Suédois m
Schweden nt (-s) la Suède; **Schwedin** f Suédoise f; **schwedisch** adj suédois(e)
Schwefel m (-s) soufre m; **schwefelig** adj (Säure) sulfureux(-euse); (Geruch) de soufre; **Schwefelsäure** f acide m sulfurique
Schweif m (-(e)s, -e) queue f
Schweigegeld nt pot-de-vin m; **schweigen** (schwieg, geschwiegen) vi se taire, ne pas parler; **Schweigen** nt (-s) silence m; **schweigsam** adj (Mensch) taciturne, silencieux(-euse); **Schweigsamkeit** f silence m
Schwein nt (-(e)s, -e) cochon m; (GASTR) porc m; (fam: Glück) bol m; **Schweinefleisch** nt viande f de porc; **Schweinehund** m (fam) salaud m; **den inneren ~ überwinden** surmonter sa pétoche; **Schweinerei** f (fam) cochonnerie f; **das ist eine ~** (Gemeinheit) c'est dégoûtant; **Schweinestall** m porcherie f; **schweinisch** adj cochon(ne); **Schweinsleder** nt peau f de porc
Schweiß m (-es) sueur f, transpiration f
Schweißbrenner m (-s, -) chalumeau m
schweißen vt, vi (TECH) souder; **Schweißer(in)** m(f) (-s, -) soudeur(-euse)
Schweißfüße pl ~ **haben** transpirer des pieds
Schweißnaht f soudure f
Schweiz f (-) **die** ~ la Suisse; **Schweizer(in)** m(f) (-s, -) Suisse mf; **Schweizerdeutsch** nt alémanique m; **schweizerisch** adj suisse
schwelen vi couver
schwelgen vi faire ripaille; **in Erinnerungen** ~ se laisser aller à ses souvenirs
Schwelle f (-, -n) seuil m; (EISENBAHN) traverse f
schwellen (schwoll, geschwollen) vi ⟨sein⟩ (MED) grossir; enfler
Schwellenangst f (fig) appréhension f; **Schwellenland** nt pays m en développement
Schwellung f (MED) enflure f
schwenkbar adj pivotant(e); **schwenken 1.** vt agiter; (abspülen) rincer **2.** vi ⟨sein⟩ (MIL) changer de direction
schwer 1. adj lourd(e); (Gold) massif(-ive); (Wein) capiteux(-euse); (schwierig) difficile; (Sorgen, Gewitter) gros(se); (Schicksal) cruel(le); (Schmerzen) insupportable; (Krankheit, Verdacht) grave **2.** adv (sehr) très, beaucoup; **jdm ~ fallen** être difficile pour qn; **jdm/sich etw ~ machen** rendre qch (plus) difficile pour qn/se compliquer qch; ~ **nehmen** prendre au tragique; **sich** dat o akk (**mit etw**) ~ **tun** avoir des difficultés (avec qch); ~ **erziehbar** difficile; ~ **verdaulich** lourd(e), indigeste; ~ **verletzt** grièvement blessé(e); **Schwerarbei-**

ter(in) m(f) travailleur(-euse) de force; **Schwere** f (-) lourdeur f, poids m; (PHYS) pesanteur f; **schwerelos** adj (Zustand) d'apesanteur; **Schwerelosigkeit** f apesanteur f; **schwererziehbar** adj s. schwer; **schwer|fallen** sep irr vi s. schwer; **schwerfällig** adj (Gang) lourd(e); (Mensch) lourdaud(e); **Schwergewicht** nt (fig) accent m; **schwerhörig** adj dur(e) d'oreille; **Schwerindustrie** f industrie f lourde; **Schwerkraft** f gravité f; **Schwerkranke(r)** mf grand(e) malade; **schwerlich** adv difficilement; **schwer|machen** sep vt s. schwer; **Schwermetall** nt métal m lourd; **schwermütig** adj mélancolique; **schwer|nehmen** sep irr vt s. schwer; **Schwerpunkt** m centre m de gravité; (fig) centre m

Schwert nt (-(e)s, -er) épée f; **Schwertlilie** f iris m

schwertun irr vr s. schwer; **Schwerverbrecher(in)** m(f) grand(e) criminel(le); **schwerverdaulich** adj s. schwer; **schwerverletzt** adj s. schwer; **schwerwiegend** adj (Grund) important(e); (Fehler) grave

Schwester f (-, -n) sœur f; (MED) infirmière f; **schwesterlich** adj de sœur

schwieg imperf von **schweigen**

Schwiegereltern pl beaux-parents mpl; **Schwiegermutter** f belle-mère f; **Schwiegersohn** m gendre m, beau-fils m; **Schwiegertochter** f belle-fille f; **Schwiegervater** m beau-père m

Schwiele f (-, -n) cal m

schwierig adj difficile; **Schwierigkeit** f difficulté f

Schwimmbad nt piscine f; **Schwimmbecken** nt bassin m

schwimmen (schwamm, geschwommen) vi ⟨sein⟩ nager; (treiben, nicht sinken) surnager, flotter; **Schwimmer(in)** m(f) (-s, -) nageur(-euse); (beim Angeln) flotteur m; **Schwimmflosse** f palme f; **Schwimmflügel** m flotteur m; **Schwimmsport** m natation f; **Schwimmweste** f gilet m de sauvetage

Schwindel m (-s) vertige m; (Betrug) escroquerie f; **schwindelfrei** adj non sujet(te) au vertige; **nicht ~ sein** être sujet(te) au vertige; **schwindeln** vi (fam: lügen) mentir; **mir schwindelt (es)** j'ai le vertige

schwinden (schwand, geschwunden) vi ⟨sein⟩ disparaître; (sich verringern) dimi-

nuer; (Kräfte) décliner

Schwindler(in) m(f) (-s, -) escroc m; (Lügner) menteur(-euse)

schwindlig adj **mir ist/wird ~** j'ai le vertige

schwingen (schwang, geschwungen) **1.** vt balancer; (Waffe) brandir **2.** vi (hin und her) se balancer, osciller; (vibrieren) vibrer; (klingen) résonner; **Schwingtür** f porte f battante; **Schwingung** f (eines Pendels) oscillation f

Schwips m (-es, -e) **einen ~ haben** être éméché(e)

schwirren vi ⟨sein⟩ passer en bourdonnant

schwitzen vi transpirer, suer

schwoll imperf von **schwellen**

schwören (schwor, geschworen) vt, vi jurer

schwul adj (fam) pédé, homosexuel(le)

schwül adj lourd(e); **Schwüle** f (-) temps m lourd

Schwule(r) m (fam) pédé m

schwülstig adj pompeux(-euse)

Schwund m (-(e)s) perte f

Schwung m (-(e)s, Schwünge) élan m; (Energie) énergie f; (fam: Menge) tapée f; **schwunghaft** adj (Handel) florissant(e); **schwungvoll** adj plein(e) d'élan

Schwur m (-(e)s, Schwüre) serment m; **Schwurgericht** nt cour f d'assises

Schwyz nt (-) Schwytz

Sciencefiction f (-) science-fiction f

Scientology f (-) scientologie f

sechs num six; **Sechs** f (-, -en) six m; **Sechseck** nt (-s, -e) hexagone m; **Sechserpack** m pack m de six; **sechsfach** adj sextuple; **sechshundert** num six cent(s); **sechsjährig** adj de six ans; **sechsmal** adv six fois; **sechst** adv **zu ~** à six; **sechste(r, s)** adj sixième; **der ~ Mai** le six mai; **Bonn, den 6. Mai** Bonn, le 6 mai; **Sechste(r)** mf sixième mf; **Sechstel** nt (-s, -) sixième m; **sechstens** adv sixièmement

sechzehn num seize

sechzig num soixante

Secondhand- in Zusammensetzungen d'occasion; **Secondhandladen** m magasin m de vêtements d'occasion

See 1. f (-, -n) mer f **2.** m (-s, -n) lac m; **Seebad** nt station f balnéaire; **Seefahrt** f navigation f maritime; **Seegang** m (état m de la) mer f; **Seegras** nt zostère f; **Seehund** m phoque m; **Seeigel** m oursin m; **seekrank** adj qui a le mal de mer; **Seekrankheit** f mal m de mer;

Seelachs m colin m
Seele f (-, -n) âme f; **seelenruhig** adj calme, tranquille
Seeleute pl marins mpl
seelisch adj mental(e), psychologique
Seelsorge f direction f de conscience; **Seelsorger(in)** m(f) (-s, -) directeur (-trice) de conscience
Seemacht f puissance f maritime; **Seemann** m (-leute pl) marin m; **Seemeile** f mille m marin; **Seenot** f détresse f; **Seepferd(chen)** nt hippocampe m; **Seeräuber(in)** m(f) pirate m; **Seerose** f nénuphar m; **Seestern** m étoile f de mer; **seetüchtig** adj (Schiff) en état de naviguer; **Seeweg** m voie f maritime; **auf dem** ~ par mer; **Seezunge** f sole f
Segel nt (-s, -) voile f; **Segelboot** nt voilier m; **Segelfliegen** nt (-s) vol m à voile; **Segelflieger(in)** m(f) vélivole mf; **Segelflugzeug** nt planeur m; **segeln** vi (sein o haben) naviguer; (SPORT) faire de la voile; **Segelschiff** nt voilier m; **Segelsport** m voile f; **Segeltuch** nt toile f à voile
Segen m (-s, -) bénédiction f
Segler(in) m(f) (-s, -) personne f qui pratique la voile
segnen vt bénir
sehbehindert adj malvoyant(e)
sehen (sah, gesehen) vt, vi voir; (in bestimmte Richtung) regarder; **sehenswert** adj à voir; **Sehenswürdigkeiten** pl curiosités fpl; **Sehfehler** m trouble m de la vue
Sehne f (-, -n) tendon m; (Bogen~) corde f
sehnen vr sich nach jdm/etw ~ s'ennuyer de qn/avoir envie de qch
sehnig adj nerveux(-euse)
sehnlich 1. adj (Wunsch) le (la) plus cher (chère) **2.** adv ardemment
Sehnsucht f désir m, envie f, nostalgie f; **sehnsüchtig 1.** adj nostalgique, plein(e) d'envie **2.** adv avec impatience
sehr adv (vor Adjektiv, Adverb) très; (mit Verben) beaucoup; **zu** ~ trop
seicht adj (Wasser) peu profond(e); (Gespräch) superficiel(le)
Seide f (-, -n) soie f
Seidel nt (-s, -) chope f
seiden adj en soie; (wie Seide) soyeux(-euse); **Seidenpapier** nt papier m de soie; **seidig** adj soyeux(-euse)
Seife f (-, -n) savon m; **Seifenlauge** f eau f savonneuse; **Seifenoper** f feuilleton m mélo [o à l'eau de rose]; **Seifenschale** f porte-savon m; **Seifenschaum** m mousse f (de savon); **seifig** adj (Geschmack) de savon; (Substanz) savonneux(-euse)
seihen vt passer, filtrer
Seil nt (-(e)s, -e) corde f, câble m; **Seilbahn** f téléphérique m; **seil||hüpfen** sep vi, **seil||springen** sep irr vi (sein) sauter à la corde; **Seilhüpfen** nt (-s), **Seilspringen** nt (-s) saut m à la corde; **Seiltänzer(in)** m(f) funambule mf
sein (war, gewesen) vi, vb aux (sein) être; (mit Partizip) être/avoir; **der Meinung** ~ être d'avis; **lass das** ~! arrête!; **es ist an dir zu …** c'est à toi de …; **ich bin 33 Jahre alt** j'ai 33 ans
sein pron possessiv von **er, es** (adjektivisch) son (sa); (vor Vokal o stummem h) son; (pl) ses
seine(r, s) pron possessiv von **er, es** (substantivisch) le (la) sien(ne); (pl) les siens (siennes)
seiner 1. pron gen von **er** de lui **2.** pron gen von **es** de cela, de ça, en; **seinerseits 1.** adv bezüglich auf **er** de son côté **2.** adv bezüglich auf **es** de ce côté là; **seinerzeit** adv autrefois; **seinesgleichen 1.** pron bezüglich auf **er** des gens comme lui **2.** pron bezüglich auf **es** des choses comme ça, des choses du même genre; **seinetwegen 1.** adv (für ihn) pour lui; (von ihm aus) en ce qui le concerne; (wegen ihm) à cause de lui **2.** adv (für es) pour ça; (von ihm aus) en ce qui le concerne; (wegen ihm) à cause de ça
Seismograf m (-en, -en) sismographe m
seit 1. prep +dat depuis; **er ist** ~ **einer Woche hier** ça fait une semaine qu'il est ici; ~ **langem** depuis longtemps **2.** konj depuis que; **seitdem 1.** adv depuis **2.** konj depuis que
Seite f (-, -n) côté m; (von Angelegenheit) aspect m; (von Buch) page f; **Seitenairbag** m airbag m latéral; **Seitenansicht** f vue f de côté; **Seitenaufprallschutz** m (AUTO) renfort m latéral; **Seitenhieb** m (fig) coup m de griffe; **Seitenruder** nt (AVIAT) gouvernail m de direction; **seitens** prep +gen du côté de qn; **Seitenschiff** nt nef f latérale; **Seitensprung** m aventure f, liaison f; **Seitenstechen** nt point m de côté; **Seitenstraße** f rue f latérale; **Seitenstreifen** m bande f latérale; **Seitenwagen** m side-car m; **Seitenzahl** f (Anzahl) nombre m de pages; (Ziffer) numéro m de page
seither adv depuis

seitlich adj (Ansicht) de côté; (Absperrung) latéral(e); **seitwärts** adv de côté
Sekretär m (Möbel) secrétaire m; **Sekretär(in)** m(f) secrétaire mf; **Sekretariat** nt secrétariat m
Sekt m (-(e)s, -e) (vin m) mousseux m
Sekte f (-, -n) secte f
Sektor m (a. INFORM) secteur m; (Bereich) domaine m
sekundär adj secondaire
Sekundarlehrer(in) m(f) (CH) professeur m de collège; **Sekundarschule** f (CH) collège m; **Sekundarstufe** f secondaire m; ~ I/II premier/second cycle
Sekunde f (-, -n) seconde f; **Sekundenkleber** m (-s, -) colle f superglu®
selber pron s. **selbst**
selbst 1. pron lui-même/elle-même/cela même 2. adv même; **von** ~ tout seul; ~ **gemacht** fait(e) maison; **Selbst** nt (-) moi m; **Selbstachtung** f respect m de soi-même, dignité f
selbständig adj s. **selbstständig**
Selbstauslöser m (FOTO) obturateur m à retardement; **Selbstbedienung** f libre-service m; **Selbstbefriedigung** f masturbation f; **Selbstbeherrschung** f maîtrise f de soi; **selbstbewusst** adj sûr(e) de soi; **Selbstbewusstsein** nt confiance f en soi; **selbstentpackend** adj (INFORM) autodécompactant(e); **Selbsterhaltung** f (instinct m de) survie f; **Selbsterhaltungstrieb** m instinct m de conservation; **Selbsterkenntnis** f connaissance f de soi; **selbstgefällig** adj suffisant(e); **Selbstgespräch** nt monologue m; **Selbsthilfegruppe** f groupe m d'entraide; **selbstklebend** adj autocollant(e); **Selbstkostenpreis** m prix m coûtant, prix m de revient; **selbstlos** adj désintéressé(e); **Selbstmord** m suicide m; **Selbstmordanschlag** m attentat m suicide; **Selbstmordattentäter(in)** m(f) terroriste mf suicidaire; **Selbstmörder(in)** m(f) suicidé(e); **selbstmörderisch** adj suicidaire; **Selbstreinigungskraft** f pouvoir m auto-épurateur; **selbstsicher** adj sûr(e) de soi, plein(e) d'assurance; **selbstständig** adj indépendant(e); **Selbstständige(r)** mf travailleur(-euse) indépendant; **Selbstständigkeit** f indépendance f; **selbstsüchtig** adj égoïste; **selbsttätig** adj automatique; **Selbstverpflegung** f mit ~ pension non comprise; **Selbstversorger(in)** m(f) (-s, -) ~ **sein** subvenir à ses propres besoins; **Urlaub für** ~ vacances fpl en appartement; **selbstverständlich** 1. adj qui va de soi 2. adv bien entendu; **Selbstverständlichkeit** f évidence f; **das ist eine** ~ cela va de soi; **Selbstverteidigung** f autodéfense f; **Selbstvertrauen** nt confiance f en soi; **Selbstverwaltung** f autogestion f; **Selbstzweck** m fin f en soi
selig adj (glücklich) heureux(-euse); (REL) bienheureux(-euse); (tot) défunt(e); **Seligkeit** f béatitude f
Sellerie m (-s, -(s)), f (-, -) céleri m
selten 1. adj rare; (Ereignis) extraordinaire 2. adv rarement; **Seltenheit** f rareté f
Selterswasser nt eau f de Seltz
seltsam adj bizarre, étrange; **seltsamerweise** adv étrangement; **Seltsamkeit** f étrangeté f, bizarrerie f
Semester nt (-s, -) semestre m
Semikolon nt (-s, -s o Semikola) point-virgule m
Seminar nt (-s, -e) séminaire m; (Institut) institut m, département m
Semmel f (-, -n) petit pain m
Sendebereich m portée f d'émission; **Sendebericht** m (von Fax) rapport m d'émission; **Sendefolge** f programme m (des émissions); (Serie) feuilleton m
senden (sandte o sendete, gesandt o gesendet) 1. vt (Brief, INFORM) envoyer 2. vt, vi (RADIO, TV) diffuser, transmettre; **Sender** m (-s, -) (RADIO, TV) station f (de radio); (Anlage) émetteur m; **Sendereihe** f série f d'émissions; **Sendung** f (Brief, Paket) envoi m, expédition f; (Aufgabe) mission f; (RADIO, TV) diffusion f; (Programm) émission f
Senegal m (-s) le Sénégal
Senf m (-(e)s, -e) moutarde f
sengen 1. vt (Haare) brûler légèrement; (Federn) flamber 2. vi (Sonne) taper
Senior(in) m(f) (-s, -en) (alter Mensch) personne f du troisième âge; (Sport) senior mf; **Seniorenheim** nt maison f de retraite; **Seniorenpass** m carte f vermeil
Senke f (-, -n) cuvette f
Senkel m (-s, -) lacet m
senken 1. vt baisser; (Steuern) diminuer 2. vr sich ~ s'affaisser; (Nacht) tomber
Senkfuß m pied m plat; **Senkfußeinlage** f semelle f pour voûte plantaire affaissée
senkrecht adj vertical(e), perpendiculaire; **Senkrechte** f (-n, -n) verticale f, perpendiculaire f; **Senkrechtstarter** m

(*AVIAT*) avion *m* à décollage vertical;
Senkrechtstarter(in) *m(f)* (*fig*) *personne qui a fait une carrière fulgurante*, jeune
loup *m*
Sensation *f* sensation *f*; **sensationell**
adj sensationnel(le)
Sense *f* (-, -n) faux *f*
sensibel *adj* sensible; (*heikel: Thema,
Bereich*) délicat(e), épineux(-euse);
(*Daten*) confidentiel(le); **sensibilisieren**
(*pp* sensibilisiert) *vt* sensibiliser; **Sensibilität** *f* sensibilité *f*
Sensor *m* (-s, -en) (*TECH*) détecteur *m*,
capteur *m*
sentimental *adj* sentimental(e); **Sentimentalität** *f* sentimentalité *f*
separat *adj* séparé(e); (*Eingang*) indépendant(e)
September *m* (-(s), -) septembre *m*; **im
~** en septembre; **11. ~ 1948** le 11 septembre 1948; **am 11. ~** le 11 septembre
septisch *adj* septique; (*Wunde*) infecté(e)
sequentiell *adj* s. **sequenziell**
Sequenz *f* (-, -en) série *f*; (*CINE, INFORM*)
séquence *f*
sequenziell *adj* (*INFORM*) séquentiel(le)
Serbe *m* (-n, -n) Serbe *m*
Serbien *nt* (-s) la Serbie; **Serbin** *f* Serbe
f; **serbisch** *adj* serbe
Serie *f* série *f*; **seriell** *adj* (*INFORM*)
sériel(le), en série; **Serienbrief** *m* lettre *f*
type; **Serienherstellung** *f* production
f en série; **serienweise** *adv* en série
seriös *adj* sérieux(-euse); (*anständig*) convenable
Serpentine *f* lacet *m*
Serum *nt* (-s, Seren *o* Sera) sérum *m*
Server *m* (-s, -) (*INFORM*) serveur *m*
Service 1. *nt* (-(s), -) (*Geschirr*) service *m*
2. *m* (-, -s) (*Bedienung, Kundendienst*) service *m*; **Servicepersonal** *nt* personnel
m de service
servieren (*pp* serviert) *vt, vi* servir
Serviette *f* serviette *f* (*de table*)
Servolenkung *f* (*AUTO*) direction *f* assistée
servus *interj* (*A*) salut
Sessel *m* (-s, -) fauteuil *m*; **Sessellift** *m*
télésiège *m*
sesshaft *adj* (*Leben*) sédentaire; (*ansässig*)
établi(e)
Set *nt o m* (-(s), -s) série *f*; (*Tisch~*) set *m*
Set-up *nt* (-s, -s) (*INFORM*) setup *m*;
Setup-Datei *f* fichier *m* d'installation
setzen 1. *vt* mettre; (*Gast*) placer, faire
asseoir; (*Ziel*) fixer; (*Baum*) planter; (*Segel*)

déployer; (*TYPO*) composer; (*Geld*) miser
(*auf +akk* sur) 2. *vr* **sich ~** (*Mensch*)
s'asseoir; (*Niederschlag*) se déposer 3. *vi*
⟨*sein o haben*⟩ (*springen*) sauter (*über etw
akk* qch) 4. *vi* (*wetten*) miser (*auf +akk*
sur); **Setzer(in)** *m(f)* (-s, -) (*TYPO*) compositeur *m*; **Setzerei** *f* atelier *m* de composition; **Setzkasten** *m* (*TYPO*) casse *f*;
(*an Wand*) étagère pour ranger de tout petits
bibelots; **Setzling** *m* semis *m*
Seuche *f* (-, -n) épidémie *f*; **Seuchengebiet** *nt* région *f* contaminée; **Seuchengefahr** *f* danger *m* d'épidémie
seufzen *vt, vi* soupirer; **Seufzer** *m* (-s, -)
soupir *m*
Sex *m* (-(es)) sexe *m*
Sexismus *m* sexisme *m*; **Sexist(in)** *m(f)*
sexiste *mf*; **sexistisch** *adj* sexiste
Sexshop *m* (-s, -s) sex-shop *m*; **Sexskandal** *m* affaire *f* de mœurs; **Sextourismus** *m* tourisme *m* sexuel
Sexualität *f* sexualité *f*
Sexualobjekt *nt* objet *m* sexuel
sexuell *adj* sexuel(le)
sexy *adj inv* sexy
Seychellen *pl* **die ~** les Seychelles *fpl*
sezieren (*pp* seziert) *vt* disséquer
SGML *nt* (-) *abk von* **standardized generalized mark-up language** SGML *m*
Shampoo *nt* (-s, -s) shampooing *m*
Shareware *f* (-, -s) (*INFORM*) shareware *m*
Sherry *m* (-s, -s) xérès *m*, sherry *m*
Shift-Taste *f* touche *f* Majuscule
shoppen *vi* faire du shopping; **Shopping** *nt* (-s) shopping *m*
Shortcut *m* (-s, -s) (*INFORM*) raccourci *m*
clavier
Shorts *pl* short *m*
sich *pron* se
Sichel *f* (-, -n) faucille *f*; (*Mond~*) croissant *m*
sicher 1. *adj* sûr(e); (*nicht gefährdet:
Mensch*) en sécurité; (*gewiss*) certain(e),
sûr(e) (*gen* de); **vor jdm/etw ~ sein** être
hors de portée de qn/qch 2. *adv* certainement; **~ gehen** être sûr(e)
Sicherheit *f* sécurité *f*; (*FIN*) garantie *f*,
caution *f*; (*Gewissheit*) certitude *f*; (*Zuverlässigkeit*) sûreté *f*; (*Selbst~*) assurance *f*;
Sicherheitsabstand *m* distance suffisante pour freiner; **Sicherheitsbehälter**
m enceinte *f* de confinement; **Sicherheitsglas** *nt* verre *m* sécurit®; **Sicherheitsgurt** *m* ceinture *f* de sécurité;
sicherheitshalber *adv* par mesure de
sécurité; **Sicherheitskopie** *f* (*INFORM*)
sauvegarde *f*; **Sicherheitsnadel** *f* épin-

gle f de sûreté; **Sicherheitsschloss** nt serrure f de sûreté; **Sicherheitsver-schluss** m fermeture f de sûreté; **Sicherheitsvorkehrung** f mesure f de précaution

sicherlich adv certainement

sichern vt (sicher machen) assurer, consolider; (schützen, INFORM) protéger (gegen, vor +dat contre, de); **sich** dat **etw** ~ se procurer qch

sicher|stellen sep vt (Beute) mettre en sécurité

Sicherung f (das Sichern) protection f; (Vorrichtung) sécurité f; (an Waffen) cran m de sûreté; (ELEC) fusible m; (INFORM) sauvegarde f; **Sicherungskopie** f sauvegarde f

Sicht f (-) vue f; **auf lange** ~ à long terme; **sichtbar** adj visible; **sichten** vt apercevoir; (durchsehen) examiner; **Sichtgerät** nt visuel m; **sichtlich** adj manifeste; **Sichtverhältnisse** pl visibilité f; **Sichtvermerk** m visa m; **Sichtweite** f visibilité f

sickern vi <sein> (Flüssigkeit) suinter; (Nachricht) filtrer

sie 1. pron 3. Person sing elle; (bei männlichen französischen Substantiven) il; (allein stehend) elle; lui 2. pron 3. Person pl elles; (bei männlichen französischen Substantiven) ils; (allein stehend) elles; eux 3. pron akk von sing **sie** (vor Verb) le (la); (vor Vokal o stummem h) l'; (nach Präposition) elle; lui 4. pron akk von pl **sie** les; (nach Präposition) eux (elles)

Sie pron (Höflichkeitsform) vous

Sieb nt (-(e)s, -e) (Mehl~) tamis m; (Getreide~) crible m; (Tee~) passoire f; **sieben** vt tamiser; (Flüssigkeit) passer, filtrer

sieben num sept; **Sieben** f (-, -(en)) sept m; **siebenfach** adj sept fois; **siebenhundert** num sept cent(s); **siebenjährig** adj de sept ans; **siebenmal** adv sept fois; **Siebensachen** pl (fam) affaires fpl; **Siebenschläfer** m loir m; **siebt** adv **zu** ~ à sept; **siebte(r, s)** adj septième; **der** ~ **August** le sept août; **Trier, den 7. August** Trèves, le 7 août; **Siebte(r)** mf septième mf; **Siebtel** nt (-s, -) septième m; **siebtens** adv septièmement

siebzehn num dix-sept

siebzig num soixante-dix; (belgisch, schweizerisch) septante

sieden vi (Wasser) bouillir; **Siedepunkt** m point m d'ébullition

Siedlung f (Häuser~) cité f, lotissement m; (größer) agglomération f

Sieg m (-(e)s, -e) victoire f

Siegel nt (-s, -) sceau m; **Siegellack** m cire f à cacheter; **Siegelring** m chevalière f

siegen vi l'emporter (über +akk sur), être vainqueur; (SPORT) gagner; **Sieger(in)** m(f) (-s, -) vainqueur m, gagnant(e); **siegessicher** adj sûr(e) de réussir; **Siegeszug** m marche f victorieuse; **siegreich** adj victorieux(-euse)

siehe imp von **sehen**

Sierra Leone nt (-s) la Sierra Leone

siezen vt vouvoyer

Signal nt (-s, -e) signal m

signalisieren (pp signalisiert) vt signaler

Signatur f (Unterschrift) signature f; (von Buch) cote f

signieren (pp signiert) vt, vi signer

Silbe f (-, -n) syllabe f

Silber nt (-s) argent m; **Silberbergwerk** nt mine f d'argent; **Silberblick** m **einen** ~ **haben** (fam) loucher, avoir un léger strabisme; **Silbermedaille** f médaille f d'argent; **silbern** adj d'argent; (Klang) argentin(e)

Silhouette f silhouette f

Silo m (-s, -s) silo m

Silvester nt (-s, -) Saint-Sylvestre f

Silvester

Silvester désigne le réveillon du nouvel an en allemand. Bien que ce ne soit pas un jour férié officiel, la plupart des entreprises finissent plus tôt et les magasins ferment à midi. La majorité des Allemands allument feux d'artifices et pétards à minuit et font la fête jusqu'au petit matin.

Simbabwe nt (-s) le Zimbabwe

simpel adj très simple

Sims nt o m (-es, -e) rebord m

simsen vti (fam) envoyer un minimessage SMS

Simulant(in) m(f) comédien(ne); (Krankheit simulierend) faux (fausse) malade

simulieren (pp simuliert) 1. vt simuler 2. vi faire semblant

simultan adj simultané(e)

Sinfonie f symphonie f

Singapur nt (-s) (l'île f de) Singapour

singen (sang, gesungen) vt, vi chanter

Single 1. f (-, -(s)) (Schallplatte) 45 tours m 2. m (-(s), -s) (Mensch) célibataire mf

Singular m singulier m

Singvogel m oiseau m chanteur

sinken (sank, gesunken) vi ⟨sein⟩ (Schiff) couler; (Sonne) se coucher; (Temperatur, Preise etc) baisser; (Hoffnung) diminuer

Sinn m (-(e)s, -e) sens m; ~ **für Humor haben** avoir le sens de l'humour; ~ **machen** être logique; **keinen** ~ **machen** ne rimer à rien; **von** ~**en sein** avoir perdu la tête; **Sinnbild** nt symbole m; **sinnbildlich** adj symbolique

sinnen (sann, gesonnen) vi **auf etw** akk ~ méditer qch

Sinnenmensch m épicurien(ne)

Sinnestäuschung f illusion f des sens

sinngemäß adj libre; **was er** ~ **gesagt hat** ce qu'il a dit en substance

sinnig adj (praktisch) ingénieux(-euse); (treffend) approprié(e)

Sinnkrise f crise f existentielle

sinnlich adj sensuel(le); **Sinnlichkeit** f sensualité f

sinnlos adj vain(e), absurde; **Sinnlosigkeit** f absurdité f; **sinnvoll** adj sensé(e)

Sintflut f déluge m

Sinus m (-, - o -se) sinus m

Siphon m (-s, -s) siphon m

Sippe f (-, -n) clan m; **Sippschaft** f (pej: Verwandte) tribu m; (Bande) équipe f

Sirene f (-, -n) sirène f

Sirup m (-s, -e) sirop m

Site f (-, -s) (Web~) site m

Sitte f (-, -n) (Brauch) coutume f; ~**n** pl mœurs fpl; **Sittenpolizei** f brigade f mondaine (o des mœurs)

sittlich adj moral(e); **Sittlichkeitsverbrechen** nt attentat m aux mœurs

Situation f situation f

Sitz m (-es, -e) siège m; **der Anzug hat einen guten** ~ le costume est (très) seyant; **Sitzblockade** f sit-in m; **sitzen** (saß, gesessen) vi être assis(e); (fam: Bemerkung) être pertinent(e); (fam: Gelerntes) être bien assimilé(e); (Kleidung) être seyant(e); ~ **bleiben** rester assis(e); (SCH) redoubler; **auf etw** dat ~ **bleiben** ne pas trouver preneur pour qch; ~ **lassen** (fam: Freund etc) laisser tomber, plaquer; (Wartenden) poser un lapin à; **etw auf sich** dat ~ **lassen** laisser passer qch; **sitzen|bleiben** sep irr vi s. sitzen; **sitzend** adj (Tätigkeit) sédentaire; **sitzen|lassen** sep irr vt s. sitzen; **Sitzgelegenheit** f siège m; **Sitzpinkler** m (-s, -) (pej fam) femmelette f; **Sitzplatz** m place f (assise); **Sitzstreik** m sit-in m; **Sitzung** f réunion f

sizilianisch adj sicilien(ne)

Sizilien nt (-n) la Sicile

Skala f (-, -s o Skalen) échelle f

Skalpell nt (-s, -e) scalpel m

Skandal m (-s, -e) scandale m; **skandalös** adj scandaleux(-euse)

Skandinavien nt (-s) la Scandinavie

Skateboard nt (-s, -s) planche f à roulettes; **Skateboardfahrer(in)** m(f) pratiquant(e) de planche à roulettes

Skelett nt (-(e)s, -e) squelette m

Skepsis f (-) scepticisme m; **skeptisch** adj sceptique

Ski m (-s, -er) ski m; ~ **laufen** [o fahren] faire du ski; **Skianzug** m combinaison m de ski; **Skibindung** f fixation f (de ski); **Skibrille** f lunettes fpl de ski; **Skifahren** nt (-s) ski m; **Skifahrer(in)** m(f), **Skiläufer(in)** m(f) skieur(-euse); **Skilehrer(in)** m(f) moniteur(-trice) de ski; **Skilift** m remonte-pente m

Skin(head) m (-s, -s) skin(head) mf

Skipass f forfait m de ski; **Skipiste** f piste f de ski; **Skischuh** m chaussure f de ski; **Skischule** f école f de ski; **Skispringen** nt (-s) saut m à ski; **Skistock** m bâton m de ski; **Skiträger** m galerie f; **Skiurlaub** m vacances fpl de neige

Skizze f (-, -n) esquisse f; **skizzieren** (pp skizziert) vt, vi esquisser, faire une esquisse (de); (Bericht) faire un plan (de)

Sklave m (-n, -n) esclave m; **Sklaverei** f esclavage m; **Sklavin** f esclave f

Skonto m o nt (-s, -s) escompte m

Skorpion m (-s, -e) scorpion m; (ASTR) Scorpion m; **Ulla ist (ein)** ~ Ulla est Scorpion

Skrupel m (-s, -) scrupule m; **skrupellos** adj sans scrupules

Skulptur f (-, -en) sculpture f

Slalom m (-s, -s) slalom m

Slapstick m (-s, -s) gros comique m

slimmen vi (sl) mincir

Slip m (-s, -s) slip m; **Slipeinlage** f protège-slip m

Slowake m (-n, -n) Slovaque m

Slowakei f (-) **die** ~ la Slovaquie; **Slowakin** f Slovaque f; **slowakisch** adj slovaque; **Slowakische Republik** République f slovaque

Slowene m (-n, -n) Slovène m

Slowenien nt (-s) la Slovénie; **Slowenin** f Slovène f; **slowenisch** adj slovène

Smalltalk m (-s) (fam) smalltalk m, bavardage m

Smaragd m (-(e)s, -e) émeraude f

smart adj (fam) doué, futé

Smiley m (-s, -s) smiley m, icône f émotive

Smog m (-(s), -s) smog m; **Smogalarm** m alerte m au smog

Smoking m (-s, -s) smoking m

SMS f (-, -) abk von short message service SMS m; **SMS-Mitteilung**, **SMS-Nachricht** f message m SMS

Snowboard nt (-s, -s) surf m (des neiges); **Snowboardfahren** nt (-s) snowboard m, monoski m; **Snowboardfahrer(in)** m(f) monoskieur(-euse), skieur(-euse) des neiges

so 1. adv (auf diese Weise) ainsi, comme cela; (etwa) à peu près; (fam: umsonst) gratis; ~? ah oui?; ~ ein Haus une maison de ce genre; ~, das ist fertig bon, voilà qui est fait; ~ ... wie ... (vor Adjektiv) aussi ... que..; ~ genannt soi-disant; ~ viel tant 2. konj ~ dass à tel point que

Söckchen nt socquette f

Socke f (-, -n) chaussette f

Sockel m (-s, -) socle m

sodass konj à tel point que

Sodawasser nt eau f de Seltz

Sodbrennen nt brûlures fpl d'estomac

soeben adv das Buch ist ~ erschienen le livre vient de paraître

Sofa nt (-s, -s) canapé m

sofern konj si, à condition que +subj

soff imperf von saufen

sofort adv sur-le-champ, immédiatement; **Sofortbildkamera** f appareil m photographique à développement instantané; **sofortig** adj immédiat(e)

Softeis nt crème f glacée crémeuse

Softie m (-s, -s) tendre m

Software f (-, -) logiciel m; **Softwarehaus** nt société f d'édition de programmes; **Softwarepaket** nt progiciel m

sog imperf von saugen

Sog m (-(e)s, -e) aspiration f

sogar adv même

sogenannt adj s. so

sogleich adv immédiatement

Sohle f (-, -n) (Fuß~) plante f; (Schuh~) semelle f; (Tal~) fond m

Sohn m (-(e)s, Söhne) fils m

Sojabohne f soja m; **Sojasoße** f sauce f au soja

solange konj tant que

Solarium nt solarium m

Solarzelle f pile f solaire

Solbad nt (Kurort) centre m d'hydrothérapie (eau salée)

solch pron ~ ein(e) ... un(e) tel(le) ...; ~e Häuser de telles maisons; ~ schöne Häuser de si belles maisons

Sold m (-(e)s, -e) solde f

Soldat(in) m(f) (-en, -en) soldat(e); **soldatisch** adj (Haltung) de soldat; (Disziplin) militaire

Söldner m (-s, -) mercenaire m

solidarisch adj solidaire; **solidarisieren** (pp solidarisiert) vi sich ~ mit se solidariser avec; **Solidarität** f (-) solidarité f, **Solidaritätszuschlag** m contribution f de solidarité

solide adj (Material) solide; (Leben, Mensch) respectable; (Arbeit, Wissen) approfondi(e)

Solist(in) m(f) soliste mf

Soll nt (-(s), -(s)) (FIN) doit m; (Arbeitsmenge) objectif m

sollen vi devoir; **du hättest nicht gehen ~** tu n'aurais pas dû t'en aller; **sie soll sehr schön sein** on dit qu'elle est très belle; **es soll 5 Tote gegeben haben** il y aurait eu 5 morts; **was soll das?** qu'est-ce que cela signifie?

Solo nt (-s, -s o Soli) solo m

Solothurn nt (-s) (Stadt und Kanton) Soleure

Somalia nt (-s) la Somalie

somit konj ainsi

Sommer m (-s, -) été m; **im ~** en été; **Sommerfahrplan** m horaires mpl d'été; **sommerlich** adj (Wetter) estival(e); (Kleidung) d'été; **Sommerloch** nt vide m (politique, commercial et culturel) des vacances d'été; **Sommerschlussverkauf** m soldes fpl d'été; **Sommersmog** m pollution f atmosphérique en été; **Sommersmogverordnung** f règlement m sur la pollution atmosphérique en été; **Sommersprossen** pl taches fpl de rousseur; **Sommerzeit** f (Uhrzeit) heure f d'été

Sonate f (-, -n) sonate f

Sonde f (-, -n) sonde f

Sonder- in Zusammensetzungen spécial(e); **Sonderangebot** nt offre f spéciale; **sonderbar** adj étrange, bizarre; **Sonderfahrt** f excursion f spéciale; **Sonderfall** m exception f; **sondergleichen** adv sans pareil(le); **sonderlich** 1. adj (eigenartig) bizarre 2. adv nicht ~ pas spécialement; **Sonderling** m excentrique m; **Sondermüll** m déchets mpl toxiques

sondern konj mais

Sonderzeichen nt (INFORM) caractère m spécial; **Sonderzug** m train m spécial

sondieren (pp sondiert) vt, vi sonder

Sonett nt (-(e)s, -e) sonnet m

Sonnabend m samedi m; (am) ~

samedi (qui vient); **sonnabends** adv tous les samedis; (Zeitplan) le samedi **Sonne** f (-, -n) soleil m; **sonnen 1.** vt mettre au soleil **2.** vr sich ~ se bronzer; **Sonnenaufgang** m lever m de soleil; **sonnen|baden** sep vi prendre un bain de soleil; **Sonnenblume** f tournesol m; **Sonnenbrand** m coup m de soleil; **Sonnenbrille** f lunettes fpl de soleil; **Sonnencreme** f crème f solaire; **Sonnenenergie** f énergie f solaire; **Sonnenfinsternis** f éclipse f de soleil; **Sonnenkollektor** m capteur m solaire; **Sonnenöl** nt huile f solaire; **Sonnenschein** m bei ~ quand le soleil brille; **Sonnenschirm** m parasol m; **Sonnenschutzcreme** f crème f solaire; **Sonnenschutzmittel** nt produit m de protection solaire; **Sonnenstich** m insolation f; **Sonnenuhr** f cadran m solaire; **Sonnenuntergang** m coucher m de soleil; **Sonnenwende** f solstice m **onnig** adj ensoleillé(e), (Gemüt) épanoui(e), souriant(e)

Sonntag m dimanche m; **(am)** ~ dimanche (qui vient); **sonntags** adv tous les dimanches; (Zeitplan) le dimanche; **Sonntagsfahrer(in)** m(f) (pej) conducteur(-trice) du dimanche **onst** adv (außerdem) à part cela; (zu anderer Zeit) d'habitude; (anderenfalls) sinon; ~ **noch etwas?** quoi encore?; **wer/was** ~? qui/quoi d'autre?; ~ **nichts** rien d'autre; ~ **woher** d'ailleurs; ~ **wo(hin)** autre part; **sonstig** adj autre; **Sonstiges** divers **ooft** konj chaque fois que; ~ **du willst** tant que tu voudras **opran** m (-s, -e) (Stimme) soprano m; (Mensch) soprano f; **Sopranistin** f soprano f **Sorge** f (-, -n) souci m; (Fürsorge) soins mpl; **sorgen 1.** vi für jdn ~ s'occuper de qn; für etw ~ (für Ruhe, Ordnung) se charger d'obtenir qch; (für Aufregung) causer qch **2.** vr sich ~ se faire du souci (um pour); **sorgenfrei** adj sans souci(s); **Sorgenkind** nt enfant mf difficile; **sorgenvoll** adj (Blick) soucieux(-euse); (Worte) inquiet(-ète); **Sorgerecht** nt (droit m de) garde f **orgfalt** f (-) soin m; **sorgfältig** adj soigneux(-euse), soigné(e); **sorglos** adj sans souci; (Mensch) insouciant(e); **sorgsam** adj soigneux(-euse) **orry** interj (fam) désolé(e) **orte** f (-, -n) sorte f, genre m; (Waren~)

marque f, variété f; **Sorten** pl (FIN) devises fpl **sortieren** (pp sortiert) vt (a. INFORM) trier; **Sortierlauf** m (INFORM) passage m de tri **Sortiment** nt assortiment m **sosehr** konj bien que +subj **Soße** f (-, -n) sauce f; (zu Salat) assaisonnement m; (Braten~) jus m (de viande); (süß) crème f **Souffleur** m, **Souffleuse** f souffleur(-euse) **soufflieren** (pp souffliert) vt, vi souffler **Sound** m (-s, -s) son m caractéristique [o typique]; **Soundkarte** f (INFORM) carte f son(ore); **Soundtrack** m bande f originale **souverän** adj souverain(e); (Haltung) supérieur(e) **soviel** konj autant que +subj; **soweit** konj autant que +subj; s. a. weit; **sowenig** konj ~ **er auch weiß ...** même s'il n'y connaît rien ...; s. a. wenig; **sowie** konj (sobald) dès que; s. a. wie; **sowieso** adv de toute façon **sowjetisch** adj (HIST) soviétique; **Sowjetunion** f die ~ (HIST) l'Union f Soviétique **sowohl** konj ~ **... als auch** non seulement ..., mais encore ...; aussi bien ... que ... **sozial** adj social(e); **Sozialabgaben** pl cotisations fpl de Sécurité sociale; **Sozialarbeiter(in)** m(f) travailleur(-euse) social(e); **Sozialdemokrat(in)** m(f) social(e)-démocrate; **sozialdemokratisch** adj social(e)-démocrate; **Sozialdienste** pl services mpl sociaux; **Sozialhilfe** f aide f sociale; **Sozialhilfeleistungen** pl prestations fpl sociales **Sozialismus** m socialisme m; **Sozialist(in)** m(f) socialiste mf; **sozialistisch** adj socialiste **Sozialpakt** m contrat m social; **Sozialpartner** pl partenaires mpl sociaux; **Sozialplan** m plan m d'aide sociale; **Sozialpolitik** f politique f sociale; **Sozialprodukt** nt produit m national; **Sozialstaat** m État-providence m; **Sozialversicherung** f assurance f sociale; **Sozialversicherungskarte** f carte f d'assuré social; **Sozialwohnung** f habitation f à loyer modéré, H.L.M. m o f **Soziologe** m (-n, -n), **-login** f sociologue mf; **Soziologie** f sociologie f; **soziologisch** adj sociologique **Sozius** m (-, -se o Sozii) (COM) associé(e);

Soziussitz m siège m arrière, tansad m
sozusagen adv pour ainsi dire
Spachtel m (-s, -) spatule f
Spag(h)etti pl spaghettis mpl
spähen vi regarder
Spalier nt (-s, -e) (Gerüst) espalier m; (für Wein) treille f; (Leute) haie f
Spalt m (-(e)s, -e) fente f; (Kluft) division f
Spalte f (-, -n) fissure f; (Gletscher~) crevasse f; (in Text) colonne f
spalten 1. vt fendre; (fig) diviser 2. vr sich ~ se fendre; se diviser; **Spaltmaterial** nt matière f fissile; **Spaltung** f division f; (PHYS) fission f
Spamming nt (-s) arrosage m
Span m (-(e)s, Späne) copeau m; **Spanferkel** nt cochon m de lait
Spange f (-, -n) (Haar~) barrette f; (Schnalle) boucle f; (Armreif) bracelet m
Spanien nt (-s) l'Espagne f; **Spanier(in)** m(f) (-s, -) Espagnol(e); **spanisch** adj espagnol(e); **Spanisch** nt espagnol m; ~ **lernen** apprendre l'espagnol
spann imperf von **spinnen**
Spannbetttuch nt drap-housse m
Spanne f (-, -n) (Zeit~) espace m (de temps), moment m; (Differenz) écart m
spannen 1. vt (straffen) tendre; (Bogen, Muskeln) bander; (Werkstück) serrer, fixer; (Briefbogen) mettre 2. vi (Kleidung) serrer, être trop juste
spannend adj captivant(e)
Spannung f tension f; **Spannungsprüfer** m tournevis m testeur
Sparbuch nt livret m de caisse d'épargne; **Sparbüchse** f tirelire f; **sparen** 1. vt économiser; **sich dat etw** ~ (Arbeit) se dispenser de qch; (Bemerkung) garder qch pour soi 2. vi faire des économies; **mit etw/an etw** dat ~ économiser qch; **Sparer(in)** m(f) (-s, -) épargnant(e); **Sparerfreibetrag** m abattement m sur capital d'épargne
Spargel m (-s, -) asperge f
Sparkasse f caisse f d'épargne; **Sparkonto** nt compte m d'épargne
spärlich adj maigre; (Haar) clairsemé(e)
Sparmaßnahme f mesure f d'économie; **Sparpaket** nt mesures fpl d'austérité; **sparsam** adj (Mensch) économe; (Gerät, Auto) économique; **Sparsamkeit** f économie f; **Sparschwein** nt tirelire f
Sparte f (-, -n) section f, catégorie f; (in Zeitung) rubrique f; **Spartenkanal** m canal m spécialisé
Spaß m (-es, Späße) plaisanterie f; (Freude) plaisir m; **jdm** ~ **machen** plaire à

qn; **Spaßbad** nt piscine f ludique; **spaßen** vi plaisanter; **mit ihm ist nicht zu** ~ on ne plaisante pas avec lui; **spaßeshalber** adv pour rire; **Spaßgesellschaft** f société f de divertissements; **spaßhaft, spaßig** adj drôle; **Spaßmacher(in)** m(f) plaisantin m; **Spaßverderber(in)** m(f) (-s, -) rabat-joie m
spät 1. adj (Stunde) tardif(-ive), avancé(e), (Gast) en retard 2. adv tard; **Spätaussiedler(in)** m(f) citoyen d'un pays d'Europe centrale, dont les ancêtres étaient allemands, et qui immigre en R.F.A.
Spaten m (-s, -) bêche f
später 1. adj ultérieur(e) 2. adv plus tard; **spätestens** adv au plus tard; **Spätlese** f vendange f tardive
Spatz m (-en o -es, -en) moineau m
Spätzle pl pâtes fraîches aux œufs
spazieren (pp spaziert) vi <sein> se promener; ~ **fahren** faire un tour (en voiture); ~ **gehen** se promener; **Spaziergang** m promenade f; ~ **im All** sortie f dans l'espace; **kein** ~ **sein** ne pas être une mince affaire; **Spazierstock** m canne f; **Spazierweg** m promenade f
SPD f (-) abk von **Sozialdemokratische Partei Deutschlands** Parti social-democrate allemand
Specht m (-(e)s, -e) pic m
Speck m (-(e)s, -e) lard m
Spediteur(in) m(f) transporteur m; (Möbel~) entreprise f de déménagement; **Spedition** f expédition f
Speer m (-(e)s, -e) lance f; (SPORT) javelot m
Speiche f (-, -n) rayon m
Speichel m (-s) salive f
Speicher m (-s, -) grenier m; (Wasser~) citerne f, réservoir m; (INFORM) mémoire f, **Speicherauszug** m (INFORM) cliché-mémoire m; **Speicherbereich** m (INFORM) espace m de stockage; **Speichererweiterung** f extension f mémoire; **Speicherfunktion** f (INFORM) fonction f de mémoire; **speicherintensiv** adj (INFORM) dévoreur(-euse) de mémoire; **Speicherkapazität** f (INFORM) capacité f de mémoire; **Speicherkarte** f (INFORM, FOTO) carte f de mémoire; **speichern** vt stocker; (Wasser) conserver; (Informationen) enregistrer; (INFORM) mémoriser; **Speicherofen** m poêle m à accumulation; **Speicherplatz** m (INFORM) mémoire f disponible; (auf Diskette/Festplatte) espace-disque m; (bestimmter Ort) logement m; **Speicherschutz** m

(INFORM) protection f de mémoire
peien (spie, gespie(e)n) vt, vi cracher;
(erbrechen) vomir
peise f (-, -n) nourriture f, aliment m;
Speiseeis nt glace f; **Speisekammer**
f garde-manger m; **Speisekarte** f menu
m; **speisen 1.** vt, vi (essen) manger **2.** vt
(versorgen) alimenter; **Speiseröhre** f
œsophage m; **Speisesaal** m réfectoire
m; (im Hotel) salle f à manger; **Speise-**
wagen m wagon-restaurant m; **Speise-**
zettel m menu m
pektakel 1. m (-s, -) (fam: Krach) tapage
m, chahut m **2.** nt (-s, -) (Schauspiel) spectacle m
pekulant(in) m(f) spéculateur(-trice);
Spekulation f spéculation f; **Spekula-**
tionsfrist f délai m de spéculation;
spekulieren (pp spekuliert) vi spéculer
pelunke f (-, -n) bouge m
pende f (-, -n) don m; **spenden** vt
donner; (Schatten) faire; (Seife, Wasser)
distribuer; **Spender(in)** m(f) (-s, -) don-
nateur(-euse); (MED) donneur(-euse);
(Gerät) distributeur m
pendieren (pp spendiert) vt offrir
pengler(in) m(f) (-s, -) (A, CH) plombier
m
perling m moineau m
perma nt (-s, Spermen) sperme m;
Spermizid nt (-s, -e) (MED) spermicide m
perrangelweit adv ~ offen grand
ouvert(e)
perre f (-, -n) barrière f, barrage m; (Verbot) interdiction f; **sperren 1.** vt (Straße)
barrer; (Grenze) fermer; (Hafen) bloquer;
(SPORT) suspendre; (einschließen) enfermer;
(verbieten) interdire **2.** vr sich (gegen etw)
~ s'opposer (à qch); **Sperrgebiet** nt
zone f interdite; **Sperrholz** nt contreplaqué m; **sperrig** adj (Paket) volumi-
neux(-euse); (Möbel) encombrant(e);
Sperrmüll m déchets mpl encombrants;
Sperrsitz m (THEAT) (fauteuil m
d')orchestre m; **Sperrstunde** f, **Sperr-**
zeit f heure f de fermeture (obligatoire
des cafés, discothèques etc)
pesen pl frais mpl
pezial- in Zusammensetzungen spécial(e);
Spezialeffekte pl effets mpl spéciaux
pezialisieren (pp spezialisiert) vr sich ~
se spécialiser (auf +akk dans, en); **Spezi-**
alisierung f spécialisation f
pezialist(in) m(f) spécialiste mf (für de)
pezialität f spécialité f
peziell adj spécial(e)
pezifisch adj spécifique

Sphäre f (-, -n) sphère f
Sphinx f (-, Sphingen) sphinx m
spicken 1. vt (GASTR, fig) entrelarder (mit
de) **2.** vi (SCH) copier
spie imperf von **speien**
Spiegel m (-s, -) glace f, miroir m; (Was-
ser~) surface f de l'eau, niveau m de
l'eau; **Spiegelbild** nt reflet m; **spiegel-**
bildlich adj renversé(e), à l'envers;
Spiegelei nt œuf m au plat; **spiegeln**
1. vr sich ~ se refléter **2.** vi briller; (blenden) éblouir; (reflektieren) réfléchir la
lumière; **Spiegelreflexkamera** f
caméra f à miroir réflecteur, reflex m;
Spiegelschrift f écriture f spéculaire;
Spiegelung f reflet m
Spiel nt (-(e)s, -e) jeu m; (SPORT) partie f,
match m; (Schau~) pièce f; **Spieldose** f
boîte f à musique; **Spielekonsole** f
console f de jeux; **spielen** vt, vi jouer;
spielend adv (mühelos) facilement;
Spieler(in) m(f) (-s, -) joueur(-euse);
Spielerei f (nicht anstrengend) jeu m
d'enfant; (Extra) gadget m; **spielerisch**
adj enjoué(e); ~es Können
aisance f, excellent jeu m; **Spielfeld** nt
terrain m (de jeu); **Spielfilm** m film m
(de fiction), long métrage m; **Spielhalle** f
salle f de jeux électroniques; **Spielplan**
m (THEAT) programme m; **Spielplatz** m
terrain m de jeu; **Spielraum** m marge f,
jeu m; **Spielregel** f règle f du jeu;
Spielsachen pl jouets mpl; **Spielver-**
derber(in) m(f) (-s, -) trouble-fête mf;
Spielwaren pl jouets mpl; **Spielzeug**
nt jouet m, jouets mpl
Spieß m (-es, -e) lance f; (Brat~) broche f
Spießbürger(in) m(f), **Spießer(in)** m(f)
(-s, -) petit(e) bourgeois(e); **spießig** adj
(pej) petit(e)-bourgeois(e)
Spikes pl chaussures fpl de course [o à
crampons]; (AUTO) pneus mpl cloutés
Spinat m (-(e)s, -e) épinards mpl
Spind m o nt (-(e)s, -e) placard m
Spinne f (-, -n) araignée f
spinnen (spann, gesponnen) vt, vi filer;
(Spinne) tisser (sa toile); (fam: verrückt sein)
avoir une araignée au plafond
Spinn(en)gewebe nt toile f d'araignée
Spinner(in) m(f) (-s, -) (pej) cinglé(e)
Spinnerei f filature f; (fam) bêtise f
Spinnrad nt rouet m; **Spinnwebe** f (-,
-n) toile f d'araignée
Spion(in) m(f) (-s, -e) espion(ne); (in Tür)
judas m; **Spionage** f (-, -n) espionnage
m; **spionieren** (pp spioniert) vi espion-
ner

Spirale f (-, -n) spirale f; (MED) stérilet m
Spirituosen pl spiritueux mpl
Spiritus m (-, -se) alcool m à brûler
Spital nt (-s, Spitäler) hôpital m
spitz adj pointu(e); (Winkel) aigu(ë); (Zunge) bien affilé(e); (Bemerkung) mordant(e)
Spitz m (-es, -e) loulou m
Spitzbogen m arc m en ogive
Spitzbube m galopin m
Spitze f (-, -n) pointe f; (Berg~) sommet m, pic m; (von Bemerkung) pique f; (erster Platz) tête f; ~n pl (Textil~) dentelle(s) f(pl)
Spitzel m (-s, -) indicateur m (de police)
spitzen vt (Bleistift) tailler; (Ohren) dresser
Spitzen- in Zusammensetzungen (erstklassig) excellent(e); (aus Spitze) en dentelle; **Spitzengespräch** nt discussion f au sommet; **Spitzenkandidat(in)** m(f) tête f de liste; **Spitzenleistung** f performance f, exploit m; **Spitzenlohn** m haut salaire m; **Spitzenmanager(in)** m(f) top-manager m; **Spitzenprodukt** nt produit m haut de gamme; **Spitzensportler(in)** m(f) sportif(-ive) de haut niveau
spitzfindig adj subtil(e)
spitzig adj s. spitz
Spitzname m surnom m
Spliss m (-) fourche f
Splitter m (-s, -) (Holz~) écharde f; (Glas~, Metall~) éclat m; **splitternackt** adj nu(e) comme un ver
Splitting nt déclaration f séparée des revenus; (POL) panachage m
SPÖ f (-) abk von **Sozialdemokratische Partei Österreichs** parti socialiste autrichien
Spoiler m (-s, -) (AUTO) becquet m; (hinten) spoiler m
sponsern vt sponsoriser, commanditer, parrainer; **Sponsor(in)** m(f) (-s, -en) sponsor mf, commanditaire mf; **Sponsoring** nt (-s) parrainage m
spontan adj spontané(e)
Sport m (-(e)s) sport m; **Sportlehrer(in)** m(f) professeur mf d'éducation physique; **Sportler(in)** m(f) (-s, -) sportif(-ive); **sportlich** adj sportif(-ive); (Kleidung) de sport, sport; **Sportplatz** m terrain m de sport; **Sportschuh** m chaussure f de sport; **Sportsfrau** f sportive f; **Sportsmann** m (-männer pl) sportif m; **Sportstudio** nt centre m de remise en forme; **Sporttauchen** nt plongée f en apnée; (mit Gerät) plongée f sous-marine; **Sportverein** m associa-

tion f sportive, club m sportif; **Sportwagen** m voiture f de sport; (für Kinder) poussette f; **Sportzeug** nt affaires fpl de sport
Spott m (-(e)s) moquerie f; **spottbillig** adj (fam: Ware) d'un prix dérisoire; **spotten** vi se moquer (über +akk de); **spöttisch** adj moqueur(-euse), railleur(-euse)
sprach imperf von **sprechen**
sprachbegabt adj doué(e) pour les langues; **Sprachcomputer** m traducteur m de poche; **Sprache** f (-, -n) langage m; (eines Volks) langue f; (Sprechfähigkeit) parole f; **Spracherkennung** f (INFORM) reconnaissance f vocale; **Sprachfehler** m défaut m d'élocution; **Sprachführer** m guide m de conversation; **Sprachgebrauch** m usage m; **Sprachgefühl** nt sens m linguistique; **Sprachkenntnisse** pl connaissances fpl linguistiques; **mit guten englischen ~n** avec de bonnes connaissances d'anglais; **Sprachkurs** m cours m de langue; **Sprachlabor** nt laboratoire m de langues; **sprachlich** adj linguistique; **sprachlos** adj (Mensch) muet(te); (Gesicht) interdit(e); **Sprachregelung** f convention f; **Sprachreise** f voyage m linguistique; **Sprachrohr** nt (fig) porte-parole m; **Sprachwissenschaft** f linguistique f
sprang imperf von **springen**
Spray nt o m (-s, -s) spray m, aérosol m; **Spraydose** f spray m, aérosol m; **Sprayer(in)** m(f) (-s, -) tagueur(-euse)
Sprechanlage f interphone m; **sprechen** (sprach, gesprochen) vt, vi parler; **jdn** [o **mit jdm**] ~ parler à qn; **das spricht für ihn** cela parle en sa faveur; **Sprecher(in)** m(f) (-s, -) orateur(-trice); (für Gruppe) porte-parole mf; (RADIO, TV) présentateur(-trice); **Sprechstunde** f heures fpl de consultation; **Sprechstundenhilfe** f assistante f médicale; **Sprechzimmer** nt cabinet m
spreizen vt écarter
Sprengarbeiten pl opérations fpl de dynamitage; **sprengen** vt (Rasen) arroser; (mit Sprengstoff) dynamiter, faire sauter; (Versammlung) disperser; **Sprengladung** f charge f d'explosifs; **Sprengstoff** m explosif m
Spreu f (-) balle f
Sprichwort nt proverbe m; **sprichwörtlich** adj proverbial(e)
Springbrunnen m jet m d'eau
springen (sprang, gesprungen) vi (sein) (hüpfen) sauter; (Wasser) jaillir, gicler;

schnellen) bondir; (*Glas, Metall*) se fendre, clater; **Springer(in)** *m(f)* (-s, -) (*Mensch*) auteur(-euse); (*im Schach*) cavalier *m;* **Springerstiefel** *pl* rangers *mpl*

prit *m* (-(e)s, -e) (*fam*) essence f

oritze f (-, -n) (*MED*) seringue f; **spriten 1.** *vt* (*mit Wasser*) arroser; (*MED*) faire ne piqûre (*jdn* à qn); (*lackieren*) peindre u pistolet **2.** *vi* ⟨*sein*⟩ (*heraus~*) gicler; **Spritzpistole** f pistolet *m*

•röde *adj* (*Material*) cassant(e); (*Haut*) ec (sèche); (*Mensch*) distant(e)

prosse f (-, -n) barreau *m;* **Sprossenenster** *nt* fenêtre f à croisillons

•rössling *m* rejeton *m*

pruch *m* (-(e)s, Sprüche) maxime f, dicon *m;* (*JUR*) sentence f, verdict *m*

prudel *m* (-s, -) eau f (minérale) azeuse

•rudeln *vi* ⟨*sein*⟩ (*Wasser*) jaillir

prühdose f bombe f (aérosol); **sprüen 1.** *vt* vaporiser **2.** *vi* ⟨*sein*⟩ (*spritzen*) aillir **3.** *vi* **vor etw** *dat* ~ pétiller de qch; **Sprühregen** *m* petite pluie f fine, ruine f

prung *m* (-(e)s, Sprünge) saut *m;* **Sprungbrett** *nt* tremplin *m;* **sprungaft** *adj* (*Denken*) incohérent(e); (*Aufstieg*) ulgurant(e); **Sprungschanze** f tremlin *m* (de ski)

PS f (-) *abk von* **Sozialdemokratische Parei** parti social-démocrate suisse

pucke f (-) (*fam*) salive f; **spucken** *vt, vi* racher

puk *m* (-(e)s, -e) fantôme *m;* **spuken** *vi* n **einem Schloss** ~ (*Geist*) hanter un château; **hier spukt es** il y a des revenants ici

pule f (-, -n) bobine f

püle f (-, -n) évier *m;* **spülen** *vt, vi* rinser; (*Geschirr*) laver, faire la vaisselle; (*Toiette*) tirer la chasse d'eau; **Spülmachine** f lave-vaisselle *m;* **Spülmittel** *nt* roduit *m* vaisselle; **Spülstein** *m* évier *n;* **Spülung** f rinçage *m*

•ur f (-, -en) trace f; (*von Rad, Schalllatte*) sillon *m;* (*Fahr~*) voie f

•ürbar *adj* sensible; **spüren** *vt* sentir; *Schmerz*) éprouver, avoir; (*Wirkung*) ressentir

purenelement *nt* oligo-élément *m*

pürhund *m* chien *m* policier; (*fig*) nier *m*

•urlos *adv* sans laisser de traces

•urt *m* (-(e)s, -s *o* -e) sprint *m*

•uten *vr* **sich** ~ se dépêcher

•quash *nt* (-) squash *m;* **Squashhalle** f alle f de squash; **Squashschläger** *m*

raquette f de squash

Sri Lanka *nt* (-s) le Sri Lanka

Staat *m* (-(e)s, -en) État *m;* **mit etw** ~ **machen** (*Prunk*) faire étalage de; **Staatenbund** *m* confédération f; **staatenlos** *adj* apatride; **staatlich** *adj* de l'État, national(e); **Staatsangehörigkeit** f nationalité f; **Staatsanwalt** *m,* **-anwältin** f procureur(-ratrice), avocat(e) général(e); **Staatsbürger(in)** *m(f)* citoyen(ne); **Staatsbürgerschaft** f nationalité f; **doppelte** ~ double nationalité; **Staatsdienst** *m* fonction f publique; **staatseigen** *adj* (*Betrieb*) nationalisé(e); **Staatsexamen** *nt* (*SCH*) examen *m* d'Etat (*nécessaire pour devenir professeur dans l'enseignement public*); **staatsfeindlich** *adj* antinational(e); **Staatsmann** *m* (-männer *pl*) homme *m* d'État [*o* politique]; **Staatsoberhaupt** *m* chef *m* de l'État [*o* d'État]; **Staatssekretär(in)** *m(f)* secrétaire *mf* d'État; **Staatssicherheitdienst** *m* (*HIST*) police secrète de l'ex-R.D.A.; **Staatsstreich** *m* coup *m* d'État; **Staatsverschuldung** f endettement *m* public; **Staatsvertrag** *m* traité *m* intergouvernemental

Stab *m* (-(e)s, Stäbe) bâton *m;* (*Gitter~*) barreau *m;* (*Menschen*) équipe f

Stäbchen *nt* (*Ess~*) baguette f

Stabhochsprung *m* saut *m* à la perche

stabil *adj* (*Bau*) solide; (*Möbel*) robuste; (*Lage, Währung*) stable; **stabilisieren** (*pp* stabilisiert) *vt* (*Konstruktion*) consolider; (*fig*) stabiliser; **Stabilitäts- und Wachstumspakt** *m* pacte *m* de stabilité et de croissance

Stabreim *m* allitération f

stach *imperf von* **stechen**

Stachel *m* (-s, -n) épine f; (*von Insekten*) dard *m;* **Stachelbeere** f groseille f (à maquereau); **Stacheldraht** *m* fil *m* de fer barbelé; **stachelig** *adj* (*Tier*) recouvert(e) de piquants; (*Pflanze*) épineux(-euse); **Stachelschwein** *nt* porc-épic *m*

Stadion *nt* (-s, Stadien) stade *m*

Stadium *nt* stade *m*

Stadt f (-, Städte) ville f

Städtchen *nt* petite ville f

Städtebau *m* urbanisme *m;* **Städtepartnerschaft** f jumelage *m;* **Städter(in)** *m(f)* (-s, -) citadin(e); **Städtetag** *m* congrès *m* des maires; **städtisch** *adj* (*Leben*) en ville, citadin(e); (*Anlagen*) municipal(e); **Stadtmauer** f remparts *mpl;* **Stadtmitte** f centre ville *m;*

Stadtplan m plan m (de ville); **Stadtrand** m banlieue f, périphérie f; **Stadtrundfahrt** f visite m guidée de la ville; **Stadtteil** m quartier m

Staffel f (-, -n) (SPORT) équipe f (de course de relais); (AVIAT) escadrille f

Staffelei f chevalet m

staffeln vt graduer; (Termine) échelonner; **Staffelung** f échelonnement m

stahl imperf von **stehlen**

Stahl m (-(e)s, Stähle) acier m; **Stahlhelm** m casque m lourd

Stall m (-(e)s, Ställe) étable f; (Pferde~) écurie f; (Kaninchen~) clapier m; (Schweine~) porcherie f; (Hühner~) poulailler m

Stamm m (-(e)s, Stämme) (Baum~) tronc m; (Menschen~) tribu f; (LING) radical m; **Stammbaum** m arbre m généalogique; **Stammdaten** pl (INFORM) données fpl permanentes

stammeln vt, vi balbutier, bégayer

stammen vi von [o aus] ... ~ venir de ..

Stammgast m habitué(e); **Stammhalter** m (-s, -) héritier m mâle

stämmig adj costaud(e)

Stammtisch m table f des habitués; (Menschen) tablée f d'habitués

Stammzelle f cellule f souche

stampfen 1. vt, vi taper (du pied); (mit Werkzeug) piler 2. vi <sein> (stapfen) marcher d'un pas lourd

stand imperf von **stehen**

Stand m (-(e)s, Stände) (das Stehen) position f (debout); (Zustand) état m; (Spiel~) score m; (Messe~) stand m; (Klasse) classe f; (Beruf) profession f; s. a. zustande

Standard m (-s, -s) norme f; (erreichte Höhe) niveau m

Standby-Betrieb m fonction f veille

Standby-Modus m fonction f veille; **Standby-Ticket** nt billet m stand-by

Ständer m (-s, -) support m; (Kerzen~) chandelier m; (Noten~) pupitre m

Ständerat m (CH) conseil m des États

Standesamt nt état m civil; (für Trauung) mairie f; **Standesbeamte(r)** m, **-beamtin** f officier-(iére) de l'état civil m; **Standesunterschied** m différence f de classe

standhaft adj ferme; **stand|halten** sep irr vi résister

ständig 1. adj permanent(e); (Bedrohung) continuel(le), incessant(e) 2. adv continuellement

Standleitung f (INFORM) ligne f directe; **Standlicht** nt feux mpl de position;

Standort m emplacement m; (MIL) ga nison f; **Standpunkt** m point m de vu **Standspur** f (AUTO) bande f d'arrêt d'urgence

Stange f (-, -n) barre f; (Zigaretten~) ca touche f; **von der ~** (COM) de confectior prêt-à-porter

Stängel m (-s, -) tige f

Stangenbrot nt baguette f

stank imperf von **stinken**

Stanniol nt (-s, -e) papier m d'aluminiu

stanzen vt (prägen) estamper; (pressen) mouler, fabriquer; (Löcher) poinçonner

Stapel m (-s, -) tas m, pile f; (NAUT) cale (sèche); (INFORM) lot m; **Stapellauf** m lancement m; **stapeln** vt empiler, enta ser; **Stapelverarbeitung** f traitemen m par lots

Star 1. m (-(e)s, -e) (Vogel) étourneau m (MED) cataracte f 2. m (-s, -s) star f, vedette f

starb imperf von **sterben**

stark adj (stärker, am stärksten) fort(e); (mächtig) puissant(e); (Schmerzen) violent(e); **2 cm ~** (bei Maßangabe) 2 cm d'épaisseur; **sich für etw ~ machen** apporter son appui à qch; **ein ~er Raucher** un grand fumeur

Stärke f (-, -n) force f; puissance f; violence f; (Wäsche~) amidon m; (GASTR) fécule f; **stärken** vt (Menschen) fortifier (Mannschaft) renforcer; (Wäsche) amido ner

Starkstrom m courant m haute tensio

Stärkung f renforcement m; (Essen) encas m, collation f; (seelisch) réconfort

starr adj (Material) rigide; (Haltung) inflexible; (Blick) fixe

starren vi (blicken) regarder fixement; i etw akk/auf jdn ~ fixer qch/qn; ~ vor [von] être couvert(e) de

Starrheit f rigidité f; (von Blick) fixité f; **starrköpfig** adj (Mensch) têtu(e); (Haltung) obstiné(e); **Starrsinn** m entêtement m, obstination f

Start m (-(e)s, -e o -s) départ m; (AVIAT) décollage m, envol m; (Anfang) début r **Startautomatik** f (AUTO) starter m automatique; **Startbahn** f piste f de décollage; **starten** 1. vi <sein> (beginner démarrer; (Flugzeug) décoller 2. vt (Mot Auto) démarrer; (Computer) mettre en marche; (Programm, Rakete) lancer; (anf gen lassen) démarrer; (Aktion) lancer; (R nen) donner le départ de; **neu ~** (Comp ter) relancer, redémarrer; **Starter** m (-s -) starter m; **Starterlaubnis** f autorisa

tion f de décoller; **Starthilfekabel** nt
câble m de démarrage; **Startkapital** nt
capital m de départ; **Startmenü** nt
(INFORM) menu m de démarrage; **Startseite** f (im Internet) page f de démarrage;
Startzeichen nt signal m de départ

Stasi

Stasi est l'abréviation de Staatssicherheits-
dienst, les services secrets de la DDR, fondés
en 1950 et démantelés en 1989. Ces services
secrets organisaient un important réseau
d'espionnage sur les employés qui occupaient
une position de confiance aussi bien dans la
DDR que dans la BRD. Des dossiers sur plus
de six millions de personnes avaient été consti-
tués.

station f station f; (in Krankenhaus) service m; ~ **machen in** faire halte à
stationieren (pp stationiert) vt (Truppen)
cantonner; (Atomwaffen) entreposer
statist(in) m(f) figurant(e)
statistik f statistique f; **Statistiker(in)**
m(f) (-s, -) statisticien(ne); **statistisch**
adj statistique
stativ nt trépied m
statt konj, prep +gen o dat au lieu de
stätte f (-, -n) lieu m, endroit m
statt|finden sep irr vi avoir lieu
statthaft adj autorisé
stattlich adj imposant(e); (Menge) considérable
statue f (-, -n) statue f
statur f stature f
status m (-, -) statut m; **Statusleiste** f
(INFORM) barre f d'état; **Statussymbol**
nt symbole m de réussite sociale; **Sta-
tuszeile** f (INFORM) ligne f d'état
stau m (-(e)s, -e o -s) blocage m; (Ver-
kehrs~) embouteillage m
staub m (-(e)s) poussière f; **stauben** vi
faire de la poussière
stauberater(in) m(f) personne conseillant
les automobilistes bloqués dans les bouchons
staubfaden m filet m; **staubig** adj
(Straße) poussiéreux(-euse); (Kleidung)
couvert(e) de poussière; **staub|saugen**
sep vi passer l'aspirateur; **Staubsauger**
m (-s, -) aspirateur m; **Staubtuch** nt
chiffon m (à poussière)
staudamm m barrage m
staude f (-, -n) arbrisseau m
stauen 1. vt (Wasser) endiguer; (Blut)
arrêter la circulation de 2. vr sich ~ (Wasser) s'accumuler; (Verkehr) être paraly-
sé(e); (Menschen) s'empiler

staunen vi s'étonner, être étonné(e);
Staunen nt (-s) étonnement m
Stausee m lac m de barrage
Stauung f (von Wasser) endiguement m;
(von Verkehr) embouteillage m
stdl. adv abk von **stündlich** toutes les heures
Steak nt (-s, -s) steak m
stechen (stach, gestochen) 1. vt, vi
piquer; (mit Messer verletzen) poignarder;
(Sonne) taper dur; (Karte, Spargel) couper;
(in Kupfer) graver 2. vi (sein) **in See** ~
appareiller; **Stechen** nt (-s, -) (SPORT)
belle f; (Schmerz) douleur f lancinante;
stechend adj brûlant(e); (Geruch) péné-
trant(e); **Stechginster** m genêt m (épineux); **Stechpalme** f houx m; **Stechuhr** f pointeuse f
Steckbrief m signalement m; **Steckdose** f prise f (électrique)
stecken (steckt, gesteckt) 1. vt enfoncer, mettre (in +akk
dans); (beim Nähen) épingler 2. vi être
enfoncé(e), être; (fam: sein) être fourré(e);
~ **bleiben** être immobilisé(e); (in Rede)
avoir un blanc
Steckenpferd nt passe-temps m favori
Stecker m (-s, -) fiche f
Steckkarte f carte f enfichable; **Steck-
nadel** f épingle f; **Steckplatz** m
(INFORM) connecteur m; **Steckrübe** f
rutabaga m; **Steckzwiebel** f bulbe m
Steg m (-(e)s, -e) passerelle f; (Anlege~)
débarcadère m
Stegreif m aus dem ~ en improvisant
stehen (stand, gestanden) vi (sich befinden) être, se trouver; (nicht liegen) être
debout; (in Zeitung) être écrit(e); (still~)
être arrêté(e); **zu etw** ~ (zu Versprechen)
tenir qch; **wie** ~ **Sie dazu?** quel est votre
point de vue?; **jdm** ~ aller (bien) à qn;
wie steht's? comment ça va?; ~ **bleiben**
s'arrêter; ~ **lassen** laisser (en place);
(Bart) laisser pousser
stehlen (stahl, gestohlen) vt voler
Stehplatz m place f debout
steif adj (Glieder) engourdi(e); (Stoff)
raide, empesé(e); (förmlich) guindé(e);
Steifheit f raideur f
Steigbügel m étrier m; **Steigeisen** nt
crampon m
steigen (stieg, gestiegen) vi (sein) monter; (klettern) grimper; (Flugzeug) prendre
de l'altitude
steigern 1. vt (Leistung) augmenter; (LING)
mettre au comparatif et au superlatif 2. vr
sich ~ augmenter; (Mensch) s'améliorer;
Steigerung f augmentation f

Steigung f montée f; (Hang) pente f,
inclinaison f
steil adj (Abhang) raide; (Fels) escarpé(e)
Stein m (-(e)s, -e) pierre f; (in Uhr) rubis
m; **steinalt** adj vieux (vieille) comme
Mathusalem; **Steinbock** m (ZOOL) bouquetin m; (ASTR) Capricorne m; **Ursin ist
(ein)** ~ Ursin est Capricorne; **Steinbruch** m carrière f; **Steinbutt** m (-s, -e)
turbot m; **steinern** adj en pierre; (Herz)
de pierre; (Miene) impassible; **Steinfraß**
m (-es) maladie f de la pierre; **Steingut**
nt poterie f; **steinhart** adj dur(e)
comme la pierre; **steinig** adj rocail-
leux(-euse); **steinigen** vt lapider;
Steinkohle f houille f; **Steinmetz(in)**
m(f) (-en, -en) tailleur m de pierres
Steiß m (-es, -e) postérieur m, derrière m
Stelle f (-, -n) place f, emplacement m;
(Position) position f; (in Buch) passage m;
(Arbeit) place f (de travail), emploi m;
(Amt) office m
stellen 1. vt mettre, placer; (Gerät) régler;
(Bedingungen) poser; (Falle) tendre; (Diagnose) établir; (Dieb) arrêter; **jdm etw** ~
mettre qch à la disposition de qn 2. vr
sich ~ se placer; (bei Polizei) se livrer; **sich
krank/tot** ~ jouer les malades/faire le (la)
mort(e)
Stellenangebot nt offre f d'emploi;
Stellenanzeige f (Angebot) offre f
d'emploi; (Gesuch) demande f d'emploi;
Stellengesuch nt demande f d'emploi;
Stellennachweis m, **Stellenvermitt-
lung** f agence f pour l'emploi; **Stellen-
wert** m (fig) valeur f; **einen hohen** ~
haben occuper une place importante
Stellung f position f; (Arbeit) emploi m;
~ **nehmen zu** prendre position au sujet
de; **Stellungnahme** f (-, -n) prise f de
position
stellvertretend adj remplaçant(e);
Stellvertreter(in) m(f) remplaçant(e)
Stellwerk nt (EISENBAHN) poste m d'aiguillage
Stelze f (-, -n) échasse f
Stemmbogen m (SKI) virage m en
stem(m)
stemmen 1. vt (Gewicht) soulever 2. vr
sich ~ **gegen** s'appuyer contre; (fig) tenir
tête à
Stempel m (-s, -) timbre m, tampon m;
(BOT) pistil m; **Stempelkissen** nt tampon m encreur; **stempeln** vt timbrer,
tamponner; (Briefmarke) oblitérer
Stengel m s. **Stängel**
Stenografie f sténographie f; **steno-**

grafieren (pp stenografiert) vt, vi sténo-
graphier; **Stenogramm** nt (-s, -e) text
m en sténo; **Stenotypist(in)** m(f) sté-
nodactylo mf
Steppdecke f couette f
Steppe f (-, -n) steppe f
steppen vt, vi (Naht) piquer
Sterbefall m décès m; **Sterbehilfe** f
euthanasie f; **sterben** (starb, gestorben
vi (sein) mourir; **Sterbeurkunde** f act
m de décès; **sterblich** adj mortel(le);
Sterblichkeit f condition f de mortel;
Sterblichkeitsziffer f taux m de mortalité
stereo- in Zusammensetzungen stéréo;
Stereoanlage f chaîne f hi-fi [o stéréo
stereotyp adj (Antwort) stéréotypé(e);
(Lächeln) artificiel(le)
steril adj stérile; **Sterilisation** f stérilisa
tion f; **sterilisieren** (pp sterilisiert) vt
stériliser; **Sterilisierung** f stérilisation f
Stern m (-(e)s, -e) étoile f; **Sternbild** n
constellation f; **Sternchen** nt (Zeichen)
astérisque m; **Sternfahrt** f rallye m; (POL
rassemblement m; **Sternfrucht** f caram
bole f; **Sternschnuppe** f (-, -n) étoile
filante; **Sternstunde** f moment m
déterminant
stet adj continu(e); (Tropfen, Treue) cons-
tant(e); **stetig** adj continu(e); **stets** ad
toujours
Steuer 1. nt (-s, -) (NAUT) barre f; (AUTO)
volant m; (fig) direction f, contrôle m 2.
(-, -n) impôt m; **Steuerberater(in)** m(
conseiller(-ère) fiscal(e); **Steuerbord** nt
tribord m; **Steuereinheit** f (INFORM)
unité f de commande; **Steuererklä-
rung** f déclaration f d'impôts; **Steuergerät** nt (RADIO) radio-ampli m; (INFORM)
unité f de contrôle, contrôleur m; **Steuergerechtigkeit** f équité f fiscale;
Steuerharmonisierung f harmonisation f fiscale; **Steuerhinterziehung** f
fraude f fiscale; **Steuerklasse** f tranche
f du barème fiscal; **Steuerknüppel** m
levier m de commande; (INFORM) manche
m (à balai); **Steuermann** m (-männer
-leute pl) pilote m; **steuern** vt, vi (Auto)
conduire; (Flugzeug) piloter; (INFORM)
gérer; (Entwicklung) contrôler; (Tonstärke)
régler; **Steuernummer** f numéro m
d'identification fiscale; **steuerpflichtig**
adj imposable; **Steuerrad** nt volant m;
Steuersignal nt (INFORM) signal m de
commande; **Steuerung** f conduite f;
(Vorrichtung) commandes fpl; (INFORM)
gestion f; **Steuerungstaste** f (INFORM)

uche f Contrôle; **Steuerzahler(in)**
(f) contribuable mf; **Steuerzeichen** nt
ᴎꜰORM) caractère m de contrôle, carac-
re m de commande

eward m (-s, -s) steward m; **Stewar-
ess** f (-, -en) hôtesse f de l'air

. **Gallen** nt (-s) (Stadt, Kanton) St-Gall

bitzen (pp stibitzt) vt (fam) subtiliser
ich m (-(e)s, -e) (Insekten~) piqûre f;
Messer~) coup m; (beim Nähen) point m;
Karte) pli m, levée f; (in der Kunst) gra-
re f; **jdn im ~ lassen** laisser qn en plan

ichel m (-s, -) burin m

ichelei f remarques fpl désobligeantes;
ticheln vi (fig) faire des remarques
ésobligeantes

chhaltig adj concluant(e); **Stich-
robe** f échantillon m; **Stichsäge** f scie
à guichet; **Stichwahl** f scrutin m de
allottage, second tour m; **Stichwort** nt
ot m clé; **Stichwortverzeichnis** nt
dex m

cken vt, vi broder

icker m (-s, -) autocollant m

ickerei f broderie f

ckig adj étouffant(e)

ickoxid nt oxyde m d'azote

ickstoff m azote m

iefel m (-s, -) botte f

iefkind nt beau-fils m, belle-fille f; (fig)
nfant mal aimé(e); **Stiefmutter** f
elle-mère f; **Stiefmütterchen** nt
ensée f; **Stiefvater** m beau-père m

ieg imperf von **steigen**

iel m (-(e)s, -e) (von Gerät) manche m;
on Glas) pied m; (вот) tige f

ier m (-(e)s, -e) taureau m; (АSТR) Tau-
au m; **Brigitte ist (ein) ~** Brigitte est
aureau

ieren vi regarder fixement

ieß imperf von **stoßen**

ift m (-(e)s, -e) (TECH) cheville f; (Nagel)
ou m; (zum Zeichnen) crayon m

iften vt (Orden etc) fonder; (Unruhe etc)
rovoquer, susciter; (spenden) donner;
Preis) instaurer; **Stifter(in)** m(f) (-s, -)
onateur(-trice); **Stiftung** f fondation f;
pende) donation f

iftzahn m dent f à pivot

il m (-(e)s, -e) style m; **Stilblüte** f
erle f

ill adj calme; (heimlich) secret(-ète); **
tille** f (-) calme m; **stillegen** vt s. **stillegen**

illen vt (Blutung) arrêter; (Schmerzen)
baiser, calmer; (Säugling) allaiter

illgestanden interj halte; **still∥legen**

sep vt (Betrieb) fermer; **Stilllegung** f fermeture f; **Stillschweigen** nt silence m
absolu; **stillschweigend** adj tacite;
Stillstand m etw zum ~ **bringen** arrêter
qch; **still∥stehen** sep irr vi être arrêté(e);
(Verkehr) être immobilisé(e)

Stimmabgabe f vote m; **Stimmbänder** pl cordes fpl vocales; **stimmbe-
rechtigt** adj qui a le droit de vote;
Stimmbürger(in) m(f) votant(e)

Stimme f (-, -n) voix f

stimmen 1. vt (MUS) accorder; **das
stimmte ihn traurig** ça l'a rendu triste 2. vi
(richtig sein) être correct(e); **für/gegen
etw ~** voter pour/contre qch

Stimmenmehrheit f majorité f;
Stimmenthaltung f abstention f;
Stimmgabel f diapason m; **stimmhaft** adj sonore; **Stimmlage** f registre
m; **stimmlos** adj sourd(e); **Stimm-
recht** nt droit m de vote

Stimmung f (Gemüts~) état m d'âme;
(Atmosphäre) ambiance f, atmosphère f;
(öffentlich) climat m; **stimmungsvoll**
adj animé(e); (Gedicht) émouvant(e)

Stimmzettel m bulletin m de vote

Stinkefinger m bras d'honneur fait avec le
majeur

stinken (stank, gestunken) vi puer

Stipendiat(in) m(f) boursier(-ière)

Stipendium nt bourse f d'études

Stirn f (-, -en) front m; **Stirnhöhle** f
sinus m; **Stirnhöhlenentzündung** f
sinusite f; **Stirnrunzeln** nt (-s) fronce-
ment m de sourcils

stöbern vi (fig) fouiller, fureter

stochern vi im Feuer ~ tisonner le feu; **in
den Zähnen ~** se curer les dents; **im
Essen ~** chipoter

Stock 1. m (-(e)s, Stöcke) bâton m 2. m
(-pl) étage m

stockbesoffen adj (fam) bourré(e)

stocken vi s'arrêter, s'immobiliser; (beim
Sprechen) hésiter; (gerinnen) se coaguler;
stockend adj hésitant(e)

stocktaub adj sourd(e) comme un pot

Stockung f (von Arbeit etc) arrêt m; (von
Verkehr) embouteillage m

Stockwerk nt (-s, -e) étage m

Stoff m (-(e)s, -e) tissu m, étoffe f; (Materie) matière f; (von Buch) sujet m; (fam:
Rauschgift) came f; **stofflich** adj maté-
riel(le); **die ~e Fülle** la quantité de
matière; **Stofftier** nt animal m en peluche; **Stoffwechsel** m métabolisme m

stöhnen vi gémir

stoisch adj stoïque; (Ruhe) olympien(ne)

Stollen m (-s, -) (im Bergbau) galerie f; (GASTR) sorte de bûche de Noël aux fruits confits

stolpern vi ⟨sein⟩ trébucher

stolz adj fier (fière) (auf +akk de); **Stolz** m (-es) fierté f; (Hochmut) orgueil m

stolzieren (pp stolziert) vi ⟨sein⟩ se pavaner

stopfen 1. vt (hinein~) enfoncer; (Sack) bourrer; (Gans) gaver; (nähen) repriser 2. vi (MED) constiper; **Stopfgarn** nt fil m à repriser

stopp interj stopp, halte

Stoppel f (-, -n) chaume m; (Bart~) poil m ras

stoppen 1. vt arrêter; (mit Uhr) chronométrer 2. vi s'arrêter; **Stoppschild** nt (signal m de) stop m; **Stoppuhr** f chronomètre m

Stöpsel m (-s, -) (von Wanne) bonde f; (Korken) bouchon m

Stör m (-(e)s, -e) esturgeon m

Storch m (-(e)s, Störche) cigogne f

stören 1. vt déranger; (behindern) empêcher; (RADIO) brouiller 2. vr sich an etw dat ~ être gêné(e) [o dérangé(e)] par qch; **störend** adj (Geräusch) qui dérange; (Umstand) fâcheux(-euse); **Störenfried** m (-(e)s, -e) importun m; **Störfall** m incident m

stornieren (pp storniert) vt annuler

störrisch adj récalcitrant(e)

Störsender m brouilleur m

Störung f dérangement m; (von Verkehr, RADIO) perturbation f; (TECH) panne f; ~ der Nachtruhe tapage m nocturne; **Störungsanzeige** f (INFORM) signalisation f des pannes; **Störungsdienst** m (TEL) service m des dérangements

Stoß m (-es, Stöße) coup m; (Erd~) secousse f; (Haufen) tas m; **Stoßdämpfer** m (-s, -) amortisseur m

stoßen (stieß, gestoßen) 1. vt (mit Druck) pousser; (mit Schlag) frapper, cogner; (mit Fuß) donner un coup de pied à; (mit Hörnern) donner des coups de cornes à; (Schwert etc) enfoncer; (Kopf etc) cogner; (zerkleinern) broyer, concasser 2. vr sich ~ se cogner (an +dat à, contre); (fig) se formaliser (an +dat de) 3. vi ⟨sein⟩ ~ an, ~ auf +akk se heurter à [o contre]; (finden) tomber sur; (angrenzen) être attenant(e) à

Stoßstange f pare-chocs m; **stoßweise** adv (ruckartig) par saccades; (stapelweise) en piles

Stotterer m (-s, -), **Stotterin** f bègue mf; **stottern** vt, vi bégayer

Stövchen nt réchaud m (à bougie de ménage)

Str. abk von **Straße** rue

stracks adv tout droit

Strafanstalt f pénitencier m; **Strafarbeit** f (SCH) punition f; **strafbar** adj punissable; **Strafbarkeit** f caractère m punissable; **Strafe** f (-, -n) punition f; (JUR) peine f; (Geld~) amende f; **strafen** vt punir

straff adj tendu(e), raide; (streng) sévère strict(e); (Stil) concis(e); **straffen** vt tendre; (Rede) abréger

Strafgefangene(r) mf détenu(e); **Strafgesetzbuch** nt Code m pénal; **Strafkolonie** f bagne m

sträflich adj impardonnable

Sträfling m prisonnier(-ière), détenu(e)

Strafporto nt surtaxe f; **Strafpredigt** sermon m; **Strafraum** m (SPORT) surface f de réparation; **Strafrecht** nt droit m pénal; **Strafstoß** m penalty m; **Straftat** f délit m; **Strafzettel** m contravention f, P.-V. m

Strahl m (-(e)s, -en) rayon m; (Wasser~) jet m

strahlen vi (Sonne) briller; (Mensch) rayonner, être rayonnant(e)

Strahlenbehandlung f radiothérapie **Strahlenbelastung** f dose f de radiations subie; (radioaktiv) rayonnement m, irradiation f; **Strahlendosis** f dose f de rayonnement; **Strahlenkrankheit** f radiotoxémie f; **Strahlentherapie** f radiothérapie f; **strahlenverseucht** adj irradié(e), contaminé(e); **Strahlung** f (PHYS) radiation f; **strahlungsarm** adj (Monitor) sans rayonnements nocifs

Strähne f (-, -n) mèche f

stramm adj raide; (Haltung) rigide; **stramm|stehen** sep irr vi se tenir au garde-à-vous

strampeln vi gigoter

Strand m (-(e)s, Strände) (an Fluss, See) rive f; (am Meer) rivage m; (mit Sand) plage f; **Strandbad** nt plage f aménagée

stranden vi ⟨sein⟩ (a. fig) échouer

Strandgut nt épaves fpl; **Strandkorb** abri m de plage (en osier)

Strang m (-(e)s, Stränge) (Strick) corde (Nerven~) cordon m; (Schienen~) ligne über die Stränge schlagen dépasser les bornes

Strapaze f (-, -n) etw ist eine ~ qch est fatigant(e); **strapazieren** (pp strapaziert) vt user; (jdn) fatiguer; **strapazier**

ähig adj solide; **strapaziös** adj (Reise) atigant(e); (Arbeit) harassant(e), épuisant(e)

traßburg nt (-s) Strasbourg

traße f (-, -n) rue f; (Land~) route f; **Straßenbahn** f tram(way) m; **Straßenbau** m travaux mpl publics; (das *auen*) construction f de routes; **Straßenbeleuchtung** f éclairage m des ues; **Straßenfeger(in)** m(f) (-s, -) balaeur(-euse); **Straßenkarte** f carte f rouière; **Straßenkehrer(in)** m(f) (-s, -) alayeur(-euse); **Straßenlage** f tenue f le route; **Straßensperre** f barrage m outier; **Straßenverkehr** m circulation f outière; **Straßenverkehrsordnung** f ode m de la route

trategie f stratégie f; **strategisch** adj tratégique

tratosphäre f stratosphère f

räuben vr sich ~ se dresser, se hérisser; Mensch) s'opposer (gegen etw à qch), egimber

trauch m (-(e)s, Sträucher) buisson m

raucheln vi (sein) trébucher

rauchtomate f tomate f en grappes

trauß 1. m (-es, Sträuße) (Blumen~) ouquet m **2.** m (Strauße pl) (Vogel) utruche f

treamer m (-s, -) (INFORM) streamer m, éviduer m

trebe f (-, -n) étai m; **Strebebalken** m tai m

reben 1. vi (sein) (sich bewegen) se dirier vers **2.** vi aspirer (nach à); **Streer(in)** m(f) (-s, -) (pej) arriviste mf; (SCH) sale) bûcheur(-euse), fayot(e); **strebam** adj (Mensch) assidu(e), travailur(-euse)

trecke f (-, -n) trajet m; (Entfernung) disance f; (EISENBAHN) ligne f; (MATH) segnent m

recken 1. vt allonger; (Glieder) étirer, endre; (Waffen) rendre, déposer; (GASTR) longer **2.** vr sich ~ s'étirer

treetball m streetball m

treetworker(in) m(f) (-s, -) éducaeur(-trice) de rue

reich m (-(e)s, -e) (Hieb) coup m; (Schaernack) (mauvais) tour m

reicheleinheiten pl (Zärtlichkeit) âlins mpl; (Lob) compliments mpl; **streiheln** vt caresser

reichen (strich, gestrichen) **1.** vt (auftraen) étaler; (anmalen) peindre; (durch~) arrer, rayer; (nicht genehmigen) annuler , vi (sein) (berühren) passer la main (über

+akk sur); (Wind) souffler

Streicher pl (MUS) joueurs mpl d'instruments à cordes

Streichholz nt allumette f; **Streichinstrument** nt instrument m à cordes

Streife f (-, -n) patrouille f

streifen 1. vt effleurer; (ab~) faire tomber **2.** vi (sein) (gehen) errer, vagabonder

Streifen m (-s, -) (Linie) bande f; (Stück) bande f; (CINE) film m; **Streifenwagen** m voiture f de police

Streifschuss m éraflure f; **Streifzug** m expédition f; (Bummel) tour m; (Überblick) tour m d'horizon

Streik m (-(e)s, -s) grève f; **Streikbrecher(in)** m(f) briseur(-euse) de grève; **streiken** vi faire (la) grève; **Streikkasse** f fonds m de solidarité pour grévistes; **Streikposten** m piquet m de grève

Streit m (-(e)s, -e) dispute f, querelle f; **streiten** (stritt, gestritten) **1.** vi (kämpfen) combattre, lutter (für pour); (zanken) se disputer **2.** vr sich ~ se disputer; **Streitfrage** f point m litigieux; **streitig** adj; **jdm etw ~ machen** contester qch à qn; **Streitigkeiten** pl disputes fpl; **Streitkräfte** pl forces fpl armées; **streitlustig** adj querelleur(-euse); **Streitsucht** f humeur f querelleuse; **streitsüchtig** adj querelleur(-euse)

streng adj sévère; (Vorschrift) strict(e); (Geruch) fort(e); **Strenge** f (-) sévérité f; **strenggläubig** adj orthodoxe

Stress m (-es, -e) surmenage m, stress m; **stressen** vt surmener, stresser; **Stressfaktor** m facteur m de stress; **stressfrei** adj détendu(e), décontracté(e); **stressgeplagt** adj surmené(e), stressé(e); **stressig** adj stressant(e)

Stretchhose f pantalon m stretch

Stretching nt (-s) (SPORT) stretching m

Streu f (-) litière f

streuen vt répandre; **Streugut** nt (Sand) sable m; **Streuung** f (PHYS) dispersion f, diffusion f

strich imperf von **streichen**

Strich m (-(e)s, -e) (Linie) trait m, ligne f; (Pinsel~) coup m de pinceau; (von Geweben, Fell) sens m; **gegen den ~ streicheln** caresser à rebrousse-poil; **auf den ~ gehen** (fam) faire le trottoir; **jdm gegen den ~ gehen** ne pas être du goût de qn; **einen ~ machen durch** rayer; (fig) empêcher; **Strichjunge** m (fam) jeune prostitué m; **Strichkode** m code m barre; **Strichmädchen** nt (fam) jeune prosti-

tuée f; **Strichpunkt** m point-virgule m;
strichweise adv par endroits
Strick m (-(e)s, -e) corde f
stricken vt, vi tricoter; **Strickjacke** f
cardigan m; **Strickleiter** f échelle f de
corde; **Stricknadel** f aiguille f à tricoter;
Strickwaren pl lainages mpl
Strieme f (-, -n), **Striemen** m (-s, -)
meurtrissure f
strikt adj (Befehl) formel(le); (Ordnung)
méticuleux(-euse)
strippen vi faire du strip
Striptease m (-) strip-tease m; **Strip-
teasetänzer(in)** m(f) strip-teaseur
(-euse)
stritt imperf von **streiten**
strittig adj controversé(e)
Stroboskoplicht nt stroboscope m
Stroh nt (-(e)s) paille f; **Strohblume** f
immortelle f; **Strohdach** nt toit m de
chaume; **Strohhalm** m brin m de paille;
(zum Trinken) paille f; **Strohmann** m
(-männer pl) homme m de paille; **Stroh-
witwe** f femme dont le mari est absent
momentanément; **Strohwitwer** m homme
dont l'épouse est absente momentanément
Strolch m (-(e)s, -e) mauvais sujet m
Strom m (-(e)s, Ströme) fleuve m; (ELEC)
courant m; **stromabwärts** adv en aval;
stromaufwärts adv en amont
strömen vi ⟨sein⟩ (Wasser) couler à flots;
(Menschen) affluer
Stromkreis m circuit m électrique;
stromlinienförmig adj aérodynamique; **Stromrechnung** f facture f
d'électricité; **Stromsperre** f coupure f
de courant; **Stromstärke** f intensité f
du courant
Strömung f courant m
Strontium nt strontium m
Strophe f (-, -n) strophe f
strotzen vi ~ vor, ~ von être débor-
dant(e) de
Strudel m (-s, -) tourbillon m; (GASTR)
sorte de pâtisserie aux pommes; **strudeln** vi
tourbillonner
Struktur f structure f; (von Material) texture f; **strukturell** adj de structure;
Strukturkrise f crise f structurelle;
strukturschwach adj économique-
ment faible; **Strukturwandel** m changement m de structure
Strumpf m (-(e)s, Strümpfe) bas m;
Strumpfband nt (-bänder pl) jarretière
f; **Strumpfhose** f collants mpl
Strunk m (-(e)s, Strünke) trognon m
struppig adj hirsute

Stube f (-, -n) pièce f, chambre f; **Stu-
benhocker(in)** m(f) (-s, -) (fam) panto
flard(e); **stubenrein** adj propre
Stuck m (-(e)s) stuc m
Stück nt (-(e)s, -e) morceau m; (THEAT)
pièce f; **20 Pfennig pro ~** 20 pfennig
pièce; **Stückchen** nt (Teil) petit bout r
ein ~ (Strecke) un petit peu; **Stückloh**
m paiement m à la pièce; **stückweise**
adv (COM) au détail; **Stückwerk** nt
ouvrage m incomplet
Student(in) m(f) étudiant(e); **Studentenausweis** m carte f d'étudiant; **Stu
dentenwohnheim** nt cité f universitaire; **studentisch** adj estudiantin(e)
Studie f étude f
Studienabschluss m diplôme m de fi
d'études; **Studienplatz** m place f à
l'université
studieren (pp studiert) **1.** vt étudier **2.** v
faire des études
Studio nt (-s, -s) atelier m; (Fernseh~)
studio m
Studium nt études fpl
Stufe f (-, -n) marche f; (Entwicklungs~)
stade m; **Stufenleiter** f **die ~ des
Erfolgs** le chemin du succès; **Stufen-
plan** m plan m progressif; **stufenweis**
adv par étapes
Stuhl m (-(e)s, Stühle) chaise f
Stuhlgang m selles fpl
stülpen vt (umdrehen) retourner; (bedecken) mettre
stumm adj muet(te); (Gebärde, Spiel)
silencieux(-euse)
Stummel m (-s, -) (Zigaretten~) mégot
m; (von Glied) moignon m
Stummfilm m film m muet; **Stummheit** f mutisme m
Stümper(in) m(f) (-s, -) incapable mf;
stümperhaft adj mal fait(e); **stüm-
pern** vi bâcler
stumpf adj (Messer etc) émoussé(e);
(glanzlos) terne, sans éclat; (teilnahmslos)
morne, apathique; (Winkel) obtus(e)
Stumpf m (-(e)s, Stümpfe) (Baum~) so
che f; (Bein~) moignon m
Stumpfsinn m abrutissement m, hébé
tude f; **stumpfsinnig** adj (Arbeit) stupide; (Leben) morne
Stunde f (-, -n) heure f; (SCH) cours m,
heure f; **stunden** vt **jdm etw ~** accord
un délai à qn pour qch; **Stundenge-
schwindigkeit** f vitesse f horaire;
Stundenkilometer pl kilomètres mp
l'heure, kilomètres-heure mpl; **stunder
lang** adj qui dure des heures; **Stunde**

lohn m salaire m horaire; **Stundenplan** m emploi m du temps, horaire m des cours; **stundenweise** adv à l'heure, temporairement; **Stundenzeiger** m aiguille f des heures

tündlich adv toutes les heures

tunt m (-s, -s) cascade f; **Stuntman** m (-s, Stuntmen), **Stuntwoman** f (-, Stuntwomen) cascadeur(-euse)

tups m (-es, -e) (fam) petit coup m; **Stupsnase** f nez m retroussé

tur adj (Mensch) têtu(e), entêté(e); (Arbeit) abrutissant(e)

turm m (-(e)s, Stürme) tempête f; (MIL) assaut m; (SPORT) attaque f; **stürmen 1.** vi attaquer; (Wind) faire rage; **es stürmt** il y a de la tempête **2.** vi (sein) (rennen) se précipiter, s'élancer **3.** vt assaillir; **Stürmer(in)** m(f) (-s, -) (SPORT) avant m; **Sturmflut** f marée f de tempête; (Flutwelle) raz m de marée; **stürmisch** adj (Wetter) de tempête; (Empfang) enthousiaste; **Sturmwarnung** f avis m de tempête

turz m (-es, Stürze) chute f; (POL) renversement m

türzen 1. vt (werfen) faire tomber; (POL, GASTR) renverser **2.** vr sich ~ se jeter, se précipiter **3.** vi (sein) (fallen) tomber, faire une chute; (rennen) s'élancer

turzflug m piqué m; **Sturzhelm** m casque m (de protection)

tute f (-, -n) jument f

tützbalken m poutre f (de support)

tütze f (-, -n) support m; (fig) soutien m; (fam: Arbeitslosenunterstützung) allocation f (de chômage)

tutzen 1. vt tailler **2.** vi avoir un geste de surprise

tützen vt soutenir; (Ellbogen etc) appuyer (auf +akk sur)

tutzig adj ~ **werden** (commencer à) se méfier

tützmauer f mur m de soutènement; **Stützpunkt** m base f; (fig) point m d'appui

tützungskäufe pl achats mpl de soutien

tyropor® nt (-s) polystyrène m (expansé)

ubjekt nt (-(e)s, -e) (Wesen) personne f, individu m; (LING) sujet m

ubjektiv adj subjectif(-ive); **Subjektivität** f subjectivité f

ubstantiv nt substantif m

ubstanz f substance f; (Kapital) capital m

subtil adj subtile

subtrahieren (pp subtrahiert) vt soustraire

Subvention f subvention f; **subventionieren** (pp subventioniert) vt subventionner

subversiv adj subversif(-ive)

Suchanfrage f demande f de recherche; **Suche** f (-, -n) (a. INFORM) recherche f (nach de); **suchen** vt, vi (a. INFORM) (re)chercher; **Sucher** m (-s, -) (FOTO) viseur m; **Suchergebnis** nt résultat m de recherche; **Suchhilfe** f outil m de recherche; **Suchlauf** m opération f de recherche; **Suchleiste** f barre f de recherche; **Suchmaschine** f moteur m de recherche

Sucht f (-, Süchte) manie f; (Drogen~) toxicomanie f; (Alkohol~) alcoolisme m; **süchtig** adj toxicomane; **Süchtige(r)** mf, **Suchtkranke(r)** mf intoxiqué(e); (Rauschgift~) toxicomane mf; (Drogen~) drogué(e)

Südafrika nt l'Afrique f du Sud; **Südamerika** nt l'Amérique f du Sud; **südamerikanisch** adj sud-américain(e)

Sudan m (-s) le Soudan

süddeutsch adj allemand(e) du Sud; **Süddeutschland** nt l'Allemagne f du Sud; **Süden** m (-s) sud m; (Region) Sud m; **im** ~ **von** au sud de; **Südfrankreich** nt le Midi; **Südfrüchte** pl fruits mpl tropicaux; **Südkorea** nt la Corée du Sud; **südlich 1.** adj du sud, méridional(e) **2.** adv au sud (de); ~ **von** au sud de; **Südosten** m sud-est m; (Region) Sud-Est m; **Südpol** m pôle m Sud; **Südsee** f **die** ~ les mers fpl du Sud; **Südtirol** nt le Tyrol du Sud; **Südwesten** m sud-ouest m; (Region) Sud-Ouest m

Sueskanal m canal m de Suez

süffig adj moelleux(-euse)

süffisant adj suffisant(e)

suggerieren (pp suggeriert) vt suggérer

Sühne f (-, -n) expiation f, punition f; **sühnen** vt expier, réparer

Sulfonamid nt (-(e)s, -e) (MED) sulfamide m

Sultan(in) m(f) (-s, -e) sultan(e)

Sultanine f raisin m sec

Sülze f (-, -n) aspic m

Sumatra nt (-s) (l'île f de) Sumatra

summarisch adj sommaire

Summe f (-, -n) somme f

summen 1. vi bourdonner **2.** vt fredonner

summieren (pp summiert) **1.** vt additionner; (zusammenfassen) résumer **2.** vr

sich ~ s'additionner

Sumpf m (-(e)s, Sümpfe) marais m, marécage m; **sumpfig** adj marécageux(-euse)

Sünde f (-, -n) péché m; **Sündenbock** m (fam) bouc m émissaire; **Sündenfall** m péché m originel; **Sünder(in)** m(f) (-s, -) pêcheur(-eresse)

super 1. adj (fam) super **2.** adv (fam) super bien

Super nt (-s) (Benzin) super m

Superlativ m superlatif m

Supermarkt m supermarché m

Suppe f (-, -n) soupe f

Support m (-s, -s) (technische Unterstützung) support m

Surfbrett nt surf m; **surfen** vi ⟨sein o haben⟩ faire du surf; **Surfen** nt (-s) surf m; **Surfer(in)** m(f) (-s, -) surfeur(-euse)

suspekt adj suspect(e)

Suspensorium nt suspensoir m

süß adj sucré(e); (lieblich) joli(e), ravissant(e); (pej) doucereux(-euse); **Süße** f (-) douceur f; **süßen** vt sucrer; **Süßigkeit** f douceur f, (Bonbon etc) sucrerie f; **süßlich** adj (Geschmack) douceâtre; (fig) doucereux(-euse); **Süßspeise** f entremets m; **Süßstoff** m saccharine f; **Süßwasser** nt eau f douce

SVP f (-) abk von **Schweizerische Volkspartei** parti populaire suisse

Swasiland nt le Swaziland

Sweatshirt nt (-s, -s) sweat-shirt m

Sylvester nt s. **Silvester**

Symbol nt (-s, -e) symbole m; (INFORM) icône f; **Symbolfigur** f symbole m, incarnation f; **symbolisch** adj symbolique; **Symbolleiste** f (INFORM) barre f d'icônes

Symmetrie f symétrie f; **Symmetrieachse** f axe m de symétrie; **symmetrisch** adj symétrique

Sympathie f sympathie f; **Sympathisant(in)** m(f) sympathisant(e); **sympathisch** adj sympathique; **sympathisieren** (pp sympathisiert) vi sympathiser

Symptom nt (-s, -e) symptôme m; **symptomatisch** adj symptomatique

Synagoge f (-, -n) synagogue f

synchron adj synchrone, synchronique; **Synchrongetriebe** nt vitesses fpl synchronisées; **synchronisieren** (pp synchronisiert) vt synchroniser

Syndrom nt (-(e)s, -e) syndrome m

Synergie f synergie f

synonym adj synonyme; **Synonym** nt (-s, -e) synonyme m

Syntax f (-, -en) (INFORM, LING) syntaxe f

Synthese f (-, -n) synthèse f

Synthesizer m (-s, -) (MUS) synthétiseur m (de son)

synthetisch adj synthétique

Syphilis f (-) syphilis f

Syrer(in) m(f) (-s, -) Syrien(ne)

Syrien nt (-s) la Syrie

System nt (-s, -e) (a. INFORM) système m; **Systemabsturz** m (INFORM) blocage m, plantage m; **Systemanalyse** f (INFORM) analyse f fonctionnelle; **Systemanalytiker(in)** m(f) (-s, -) (INFORM) analyste mf système; **systematisch** adj systématique; **systematisieren** (pp systematisiert) vt systématiser; **Systemfehler** m (INFORM) erreur f de système; **Systeminformationen** pl (INFORM) informations fpl sur le système; **Systemkritiker(in)** m(f) personne qui critique le système; **Systemprogramm** nt (INFORM) programm m d'exploitation d'un système; **Systemsteuerung** f (INFORM) panneau m de configuration

Szene f (-, -n) scène f; (Drogen~) milieu mpl de la drogue; (alternative ~) milieux mpl alternatifs; **Szenerie** f décor m

T

t nt (-, -) T, t m
ak m (-s, -e) tabac m
ellarisch adj sous forme de tableau
elle f tableau m; **Tabellenführer** m
uipe f en tête du classement; **Tabel-
nkalkulation** f (~sprogramm) tableur

bernakel m (-s, -) tabernacle m
blar m (-s, -e) (CH) étagère f
olette f comprimé m
bstopp m (-s, -s) (INFORM) taquet m de
bulation
bu nt (-s, -s) tabou m
bulator m tabulateur m; **Tabulator-
ste** f touche f Tabulation
chometer m o nt tachymètre m
del m (-s, -) (Rüge) réprimande f,
âme m; (Fehler) faute f; **tadellos** adj
éprochable; (Kleidung etc) parfait(e);
deln vt critiquer; **tadelnswert** adj
enehmen) répréhensible
dschikistan nt (-s) le Tadjikistan
fel f (-, -n) tableau m; (Anschlag~) écri-
au m; (Schiefer~) ardoise f; (Gedenk~)
aque f (commémorative); (Illustration)
anche f; (Tisch) table f; (Schokolade etc)
olette f
feln vt lambrisser; **Täfelung** f revête-
ent m, lambris m
ft m (-(e)s, -e) taffetas m
g m (-(e)s, -e) jour m; (im ganzen Verlauf
trachtet) journée f; **bei** ~ de jour; **es ist**
il fait jour; **an den** ~ **kommen** se faire
ur, apparaître; **eines** ~**es** un (beau)
ur; **guten** ~! bonjour!; ~ **für** ~ jour
près jour; **von** ~ **zu** ~ de jour en jour; **zu**
e bringen mettre au jour; **tagaus,**
gein adv jour après jour; **Tagdienst**
service m de jour; **Tagebau** m exploi-
tion f à ciel ouvert; **Tagebuch** nt jour-
al m (intime); **Tagedieb(in)** m(f) fai-
éant(e); **Tagegeld** nt indemnité f jour-
alière; **tagelang** adv pendant des jour-
ées entières; **tagen 1.** vi siéger **2.** vi
pers **es tagt** le jour se lève; **Tagesab-
uf** m cours m du jour; **Tagesanbruch**
point m du jour; **Tageskarte** f (Ein-
ttskarte) carte f valable une journée;
peisekarte) menu m du jour; **Tageslicht**
lumière f du jour; **Tageslichtprojek-
or** m rétroprojecteur m; **Tagesmutter**
nourrice f; **Tagesordnung** f ordre m
u jour; **Tagessatz** m prix m de la jour-

née; **Tagesschau** f journal m télévisé;
Tageszeit f heure f (du jour); **Tageszeitung** f quotidien m
tägl. adj, adv abk von **täglich**
täglich 1. adj quotidien(ne) **2.** adv tous
les jours, quotidiennement
tagsüber adv de jour, pendant la journée
Tagung f congrès m
Tai Chi nt (-) taï chi m
Taille f (-, -n) taille f
tailliert adj cintré(e)
Taiwan nt (-s) (l'île f de Taiwan)
takeln vt gréer
Takt m (-(e)s, -e) (MUS) cadence f, mesure
f; (Verhalten) tact m; **Taktfrequenz** f
(INFORM) fréquence f d'horloge; **Taktge-
fühl** nt tact m, discrétion f
Taktik f tactique f; **taktisch** adj tactique
taktlos adj (Mensch) sans tact; (Bemerkung) blessant(e); **Taktlosigkeit** f manque m de tact; (Bemerkung) insolence f;
Taktstock m baguette f de chef
d'orchestre; **Taktstrich** m barre f de
mesure; **taktvoll** adj (Mensch) plein(e)
de tact; (Benehmen) discret(-ète)
Tal nt (-(e)s, Täler) vallée f
Talent nt (-(e)s, -e) talent m; **talentiert**
adj doué(e)
Talg m (-(e)s, -e) suif m; **Talgdrüse** f
glande f sébacée
Talisman m (-s, -e) talisman m
Talkmaster(in) m(f) (-s, -) animateur
(-trice) de talk-show; **Talkshow** f (-, -s)
talk-show m
Talsohle f fond m de la vallée; **Tal-
sperre** f barrage m
Tamburin nt (-s, -e) tambourin m
Tampon m (-s, -s) tampon m
Tang m (-(e)s, -e) varech m
Tangente f (-, -n) tangente f
tangieren (pp tangiert) vt toucher
Tank m (-s, -s) réservoir m; (von Öltanker)
tank m; **tanken 1.** vi prendre de l'essence
2. vt prendre; **Tanker** m (-s, -), **Tank-
schiff** nt (navire m) pétrolier m; **Tank-
stelle** f station-service f, garage m; **Tank-
wart(in)** m(f) (-(e)s, -e) pompiste mf
Tanne f (-, -n), **Tannenbaum** m sapin
m; **Tannenzapfen** m pomme f de pin
Tansania nt (-s) la Tanzanie
Tante f (-, -n) tante f
Tantieme f (-, -n) part f de bénéfice; (von
Künstler) droits mpl d'auteur

Tanz m (-es, Tänze) danse f; **tanzen** vt, vi danser; **Tänzer(in)** m(f) (-s, -) danseur(-euse); **Tanzfläche** f piste f (de danse); **Tanzschule** f école f de danse

Tapete f (-, -n) papier m peint; **Tapetenwechsel** m (fig) changement m d'air

tapezieren (pp tapeziert) vt, vi tapisser; **Tapezierer(in)** m(f) (-s, -) tapissier(-ière)

tapfer 1. adj (Mensch, Tat) courageux(-euse) 2. adv courageusement; **Tapferkeit** f courage m

tappen vi ⟨sein⟩ aller à tâtons; **im Dunkeln ~** tâtonner

Tarif m (-s, -e) tarif m; (Steuer~) montant m; **Tarifauseinandersetzung** f discussion f tarifaire; **Tarifeinheit** f (TEL) unité f; **Tarifgehalt** nt, **Tariflohn** m salaire m conventionnel; **Tarifpartner** pl partenaires mpl sociaux; **Tarifverhandlungen** pl négociations fpl salariales; **Tarifvertrag** m convention f collective

tarnen vt camoufler; (fig) cacher; **Tarnfarbe** f peinture f de camouflage; **Tarnung** f camouflage m

Tasche f (-, -n) (an Kleidung) poche f; (Hand~) sac m (à main); (Einkaufs~) cabas m; (Akten~) serviette f

Taschen- in Zusammensetzungen de poche; **Taschenbuch** nt livre m de poche; **Taschendieb(in)** m(f) pickpocket m; **Taschengeld** nt argent m de poche; **Taschenlampe** f lampe f de poche; **Taschenmesser** nt canif m; **Taschenrechner** m calculette f, calculatrice f de poche; **Taschentuch** nt mouchoir m

Taskleiste f (INFORM) barre f des tâches

Tasse f (-, -n) tasse f

Tastatur f clavier m

Taste f (-, -n) touche f

tasten 1. vi tâtonner; **nach etw ~** chercher qch à tâtons 2. vt (MED) palper

Tastenkombination f (INFORM) raccourci m clavier; **Tastentelefon** nt téléphone m à touches

Tastsinn m (sens m du) toucher m

tat imperf von **tun**

Tat f (-, -en) (Handlung) acte m, action f; (Verbrechen) méfait m; **in der ~** en effet; **auf frischer ~ ertappen** prendre sur le fait; **Tatbestand** m faits mpl; **Tatendrang** m besoin m d'activité; **tatenlos** adj ~ **zusehen** regarder sans rien faire

Täter(in) m(f) (-s, -) coupable mf; **Täterschaft** f culpabilité f

tätig adj actif(-ive); **in einer Firma ~ sein** travailler dans une entreprise; **tätigen** vt (Verkauf) réaliser; (Geschäfte) conclure; (Einkauf) effectuer; **Tätigkeit** f activité f; (von Maschine) fonctionnement m; (Beru) métier m

tätlich adj ~ **werden** devenir violent(e); **Tätlichkeit** f voie f de fait

tätowieren (pp tätowiert) vt tatouer; **Tätowierung** f tatouage m

Tatsache f fait m; **tatsächlich** 1. adj réel(le) 2. adv vraiment, effectivement

Tatze f (-, -n) patte f

Tau 1. nt (-(e)s, -e) (Seil) cordage m, câble m 2. nt (-(e)s) rosée f

taub adj (Mensch) sourd(e); (Körperglied) engourdi(e)

Taube f (-, -n) pigeon m; **Taubenschla** m pigeonnier m

Taubheit f surdité f; **taubstumm** adj sourd(e)-muet(te)

tauchen vt, vi ⟨sein o haben⟩ plonger; **Tauchen** nt (-s) (SPORT) plongée f; **Taucher(in)** m(f) (-s, -) plongeur(-euse); (n Anzug) scaphandrier m; **Taucheranzu** m scaphandre m; **Taucherbrille** f lune tes fpl de plongée; **Tauchmaske** f ma que m de plongée; **Tauchsieder** m (-s -) thermoplongeur m

tauen 1. vi ⟨sein⟩ fondre 2. vi unpers **es taut** il dégèle

Taufbecken nt fonts mpl baptismaux; **Taufe** f (-, -n) baptême m; **taufen** vt baptiser; **Taufpate** m parrain m; **Taufpatin** f marraine f; **Taufschein** m extrait m de baptême

taugen vi ~ **für** [o **zu**] (geeignet sein) convenir pour; (einen Wert haben) valoir; **nichts ~** ne rien valoir; (Mensch) n'être bon(ne) à rien; **Taugenichts** m (-(es), -e) vaurien(ne); **tauglich** adj valable; (MIL) apte (au service militaire); **Tauglichkeit** f aptitude f

Taumel m (-s) vertige m; (fig) ivresse f; **taumeln** vi ⟨sein⟩ tituber

Tausch m (-(e)s, -e) échange m; **tauschen** 1. vt échanger 2. vi faire un échange

täuschen 1. vt, vi tromper 2. vr **sich ~** s tromper; **täuschend** adj trompeur(-euse)

Tauschhandel m troc m

Täuschung f tromperie f, fraude f; (optisch) illusion f (d'optique)

tausend num mille; **Tausendfüßler** m (-s, -) mille-pattes m

Tautropfen m goutte f de rosée, perle de rosée; **Tauwetter** nt dégel m; **Tauziehen** nt (-s) lutte f à la corde; (fig)

tte f, tiraillements mpl
xi nt (-s, -s) taxi m; **Taxifahrer(in)** m(f)
auffeur mf de taxi; **Taxistand** m sta-
on f de taxis
akholz nt (bois m de) teck m
am nt (-s, -s) équipe f; **Teamarbeit** f
avail m en équipe; **teamfähig** adj ~
ein avoir l'esprit d'équipe, savoir travail-
r en équipe; **Teamwork** nt (-s) travail
en équipe
chnik f technique f; **Techniker(in)**
(f) (-s, -) technicien(ne); **technisch** adj
chnique
chno m (-s) techno f
chnologie f technologie f; **Technolo-**
iepark m parc m technologique;
echnologietransfer m (-s, -s) trans-
rt m de technologie; **Technologie-**
entrum nt centre m technologique;
echnologisch adj technologique
ddybär m ours m en peluche
e m (-s, -s) (Schwarz~) thé m; (aus ande-
n Pflanzen) infusion f, tisane f; **Teebeu-**
el m sachet m de thé; **Teekanne** f
éière f; **Teelöffel** m cuillère f à café
er m (-(e)s, -e) goudron m; **teeren** vt
oudronner
esieb nt passoire f (à thé), passe-thé m;
eewagen m table f roulante
ich m (-(e)s, -e) mare f
ig m (-(e)s, -e) pâte f; **teigig** adj fari-
eux(-euse); (Kuchen) mal cuit(e); **Teig-**
varen pl pâtes fpl (alimentaires)
il m o nt (-(e)s, -e) partie f; (An~) part f;
rsatz~) pièce f détachée [o de
change]; **zum ~** en partie; **teilbar** adj
visible; **Teilbetrag** m montant m par-
el; **Teilchen** nt particule f; (Gebäck)
etit) gâteau m
ilen 1. vt partager, diviser; (MATH) divi-
er; (Meinung, Los) partager; (INFORM) par-
ager, fractionner 2. vi (mit jdm) ~ parta-
er (avec qn) 3. vr sich ~ (Vorhang)
ouvrir; (Weg) bifurquer; (Meinungen)
iverger; sich etw ~ se partager qch
il|haben sep irr vi participer; **Teilha-**
er(in) m(f) (-s, -) (COM) associé(e); **Teil-**
askoversicherung f assurance f par-
elle; **Teilnahme** f (-, -n) participation f
in +dat à); (Interesse) intérêt m; (Mitleid)
ympathie f; (Beileid) condoléances fpl;
eilnahmslos adj indifférent(e), apathi-
ue; **teil|nehmen** sep irr vi participer (an
dat à); **Teilnehmer(in)** m(f) (-s, -) par-
cipant(e) (an +dat à); **Teilnehmer-**
vährung f monnaie f d'un pays partici-
ant

teils adv en partie, partiellement
Teilung f partage m, division f
teilweise adv en partie, partiellement;
Teilzahlung f acompte m; **Teilzeitar-**
beit f travail m à temps partiel; **teilzeit-**
beschäftigt adj qui travaille à temps
partiel; **Teilzeitbeschäftigung** f activité f à temps partiel
Teint m (-s, -s) teint m
Telearbeit f télétravail m; **Telearbeits-**
platz m emploi m à domicile; **Teleban-**
king nt télébanking m; **Telefax** nt télécopie f, téléfax m; **Telefaxgerät** nt télécopieur m; **telefaxen** vt, vi faxer;
Telefaxgerät nt télécopieur m
Telefon nt (-s, -e) téléphone m; **Telefon-**
anruf m, **Telefonat** nt coup m de téléphone [o de fil], appel m téléphonique;
Telefonbanking nt opérations fpl bancaires par téléphone; **Telefonbuch** nt
annuaire m (du téléphone); **Telefonge-**
spräch nt conversation f téléphonique;
Telefonhörer m écouteur m; **telefo-**
nieren (pp telefoniert) vi téléphoner (mit
jdm à qn); **telefonisch** adj téléphonique; **Telefonist(in)** m(f) standardiste mf;
Telefonkarte f télécarte f; **Telefonla-**
den m ≈ agence f France Télécom;
Telefonleitung f ligne f (téléphonique);
Telefonmarketing nt démarchage m
par téléphone; **Telefonnummer** f
numéro m de téléphone; **Telefonterror**
m harcèlement m par téléphone; **Tele-**
fonverbindung f communication f
téléphonique; **Telefonzelle** f cabine f
téléphonique; **Telefonzentrale** f central m téléphonique, standard m téléphonique
Telegraf m (-en, -en) télégraphe m; **Tele-**
grafenleitung f ligne f télégraphique;
Telegrafenmast m poteau m télégraphique; **telegrafieren** vt, vi télégraphier
vt, vi télégraphier; **telegrafisch** 1. adj
télégraphique 2. adv par télégramme
Telegramm nt (-s, -e) télégramme m;
Telegrammadresse f adresse f télégraphique; **Telegrammformular** nt
formulaire m pour télégramme
Telekolleg nt téléenseignement m
Telekommunikationsmarkt m marché m de la télécommunication; **Tele-**
kommunikationsnetz nt réseau m de
télécommunication
Telekopie f télécopie f, téléfax m; **Tele-**
kopierer m télécopieur m
Teleobjektiv nt téléobjectif m
Telepathie f télépathie f; **telepathisch**
adj télépathique

Teleprompter m (-s, -) prompteur m
Teleshopping nt téléachat m
Teleskop nt (-s, -e) télescope m
Telex nt (-, -(e)) télex m; **telexen** vt envoyer par télex
Teller m (-s, -) assiette f
Tempel m (-s, -) temple m
Temperafarbe f détrempe f
Temperament nt tempérament m; **temperamentlos** adj mou (molle); **temperamentvoll** adj fougueux(-euse), vif (vive)
Temperatur f température f
Tempo 1. nt (-s, -s) vitesse f, allure f 2. nt (Tempi pl) (MUS) mouvement m, rythme m; **Tempolimit** nt (-s, -s) limitation f de vitesse
temporär adj temporaire
Tempotaschentuch® nt mouchoir m en papier
Tendenz f tendance f; **tendenziös** adj tendancieux(-euse); **tendieren** (pp tendiert) vi tendre (zu à)
Tenne f (-, -n) aire f de battage
Tennis nt (-) tennis m; **Tennisplatz** m court m; **Tennisschläger** m raquette f de tennis; **Tennisspieler(in)** m(f) joueur(-euse) de tennis
Tenor m (-s, Tenöre) ténor m
Teppich m (-s, -e) tapis m; **Teppichboden** m moquette f; **Teppichkehrmaschine** f balai m mécanique; **Teppichklopfer** m (-s, -) tapette f (à tapis)
Termin m (-s, -e) (Zeitpunkt) terme m, échéance f; (Frist) délai m; (Arzt~ etc) rendez-vous m; (JUR) assignation f
Terminal m (-s, -s) (AVIAT, INFORM) terminal m
Termingeschäft nt (FIN) opération f à terme; **Terminkalender** m agenda m
Terminologie f terminologie f
Terminplaner m agenda m
Termite f (-, -n) termite m
Terpentin nt (-s, -e) térébenthine f
Terrasse f (-, -n) terrasse f
Terrier m (-s, -) terrier m
Terrine f terrine f
Territorium nt territoire m
Terror m (-s) terreur f; **Terroranschlag** m attentat m terroriste; **terrorisieren** (pp terrorisiert) vt terroriser; **Terrorismus** m terrorisme m; **Terrorist(in)** m(f) terroriste mf
Terz f (-, -en) tierce f
Terzett nt (-(e)s, -e) trio m
Tesafilm® m ruban m adhésif, scotch® m
Tessin nt (-s) das ~ le Tessin

Test m (-(e)s, -s o -e) test m
Testament nt testament m; **testamentarisch** adj testamentaire; **Testamentsvollstrecker(in)** m(f) (-s, -) exécuteur(-trice) testamentaire
Testbild nt (TV) mire f (de réglage)
testen vt tester, soumettre à un test
Tetanus m (-) tétanos m; **Tetanusimpfung** f vaccin m antitétanique
teuer adj cher (chère); **Teuerung** f hausse f des prix; **Teuerungszulage** f indemnité f de vie chère
Teufel m (-s, -) diable m; **pfui** ~! pouah der ~ **ist los** c'est la pagaille; **Teufelei** f méchanceté f; **Teufelsaustreibung** f exorcisme m; **Teufelskreis** m cercle m vicieux; **teuflisch** adj diabolique
Text m (-(e)s, -e) (Geschriebenes) texte m, (zu Bildern) légende f; (Lieder~) paroles fpl; (Bibel~) passage m de la Bible; **Textbaustein** m (INFORM) bloc m (de texte), **texten** vi composer (les paroles d'une chanson); (für Werbung) écrire (un texte publicitaire)
textil adj textile; **Textilien** pl (produits mpl) textiles mpl; **Textilindustrie** f industrie f textile; **Textilwaren** pl textiles mpl
Textsystem nt (INFORM) système m de traitement de texte; **Textverarbeitung** f traitement m de texte; **Textverarbeitungsprogramm** nt programme m de traitement de texte
TH f (-, -s) abk von **Technische Hochschule** I.U.T. m
Thailand nt la Thaïlande; **thailändisch** adj thaïlandais(e)
Theater nt (-s, -) théâtre m; **so ein** ~! (fam: Aufregung) quel cinéma!; ~ **machen** (fam: Umstände) faire des histoires; ~ **spielen** faire du théâtre; (fig) jouer la comédie; **Theaterbesucher(in)** m(f) spectateur(-trice); **Theaterkasse** f caisse f (d'un théâtre), guichets mpl (d'un théâtre); **Theaterstück** nt pièce f de théâtre; **theatralisch** adj théâtral(e)
Theke f (-, -n) (Schanktisch) bar m, comptoir m; (Ladentisch) comptoir m
Thema nt (-s, Themen o Themata) sujet m; (MUS) thème m; **kein** ~ **sein** n'en être pas question; **thematisch** adj thématique; **Themenpark** m parc m à thème
Themse f (-) Tamise f
Theologe m (-n, -n), **-login** f théologien(ne); **Theologie** f théologie f; **theologisch** adj théologique
Theoretiker(in) m(f) (-s, -) théori-

cien(ne); **theoretisch** adj théorique;
Theorie f théorie f
Therapeut(in) m(f) (-en, -en) thérapeute
mf; **therapeutisch** adj thérapeutique;
Therapie f thérapie f
Thermalbad nt station f thermale
Thermodrucker m imprimante f thermi-
que, thermoimprimante f; **Thermohose**
f pantalon m molletonné [o double
toile]; **Thermometer** nt (-s, -) thermo-
mètre m
Thermosflasche® f thermos® m o f
Thermostat m (-(e)s o -en, -e(n)) ther-
mostat m
These f (-, -n) thèse f
Thon m (-s, -s) (CH) thon m
Thrombose f (-, -n) thrombose f
Thron m (-(e)s, -e) trône m; **thronen** vi
trôner; **Thronfolge** f succession f au
trône
Thunfisch m thon m
Thurgau m (-s) der ~ la Thurgovie
Thüringen nt (-s) la Thuringe
Thymian m (-s, -e) thym m
Tibet nt (-s) le Tibet
Tick m (-(e)s, -s) (nervöser) tic m; (Eigenart)
manie f; (Fimmel) marotte f, dada m
ticken vi (Uhr) faire tic tac; (Fernschreiber)
cliqueter
Ticket nt (-s, -s) billet m
Tiebreak, Tie-Break m o nt (-s, -s) tie-
break m
tief adj profond(e); (Temperaturen)
bas(se); (Stimme, Ton) grave; (mit Maßangabe) de profondeur; (Vertrauen) abso-
lu(e), total(e); **im ~sten Winter** en plein
hiver; **bis ~ in die Nacht hinein** jusque
tard dans la nuit; **das lässt ~ blicken** cela
révèle bien des choses; **~ greifend** pro-
fond(e); **~ schürfend** profond(e); **Tief** nt
(-s, -s) (METEO) zone f de basse pression;
Tiefdruck m (METEO) basses pressions fpl;
Tiefdruckgebiet nt (METEO) zone f de
basse pression; **Tiefe** f (-, -n) profondeur
f; **Tiefebene** f basse plaine f; **Tiefen-
psychologie** f psychologie f des pro-
fondeurs; **Tiefenschärfe** f profondeur f
de champ; **Tiefgang** m (NAUT) tirant m
d'eau; (geistig) profondeur f; **Tiefgarage**
f parking m souterrain; **tiefgekühlt** adj
surgelé(e); **tiefgreifend** adj s. tief; **Tiefkühlfach** nt freezer m; **Tiefkühlkost** f
produits mpl surgelés; **Tiefkühltruhe** f
congélateur m; **Tiefland** nt plaine f;
Tiefpunkt m creux m (de la vague);
einen ~ haben être au creux de la vague;
Tiefschlag m (beim Boxen) coup m bas;

(fig) sale coup m; **Tiefschneefahren** nt
(-s) ski m hors-piste; **tiefschürfend** adj
s. tief; **Tiefsee** f grands fonds mpl; **tiefsinnig** adj profond(e); **Tiefstand** m
niveau m le plus bas [o minimum];
tief|stapeln sep vi être trop modeste;
Tiefstart m (SPORT) départ m accroupi;
Tiefstwert m valeur f minimum
Tiegel m (-s, -) casserole f; (CHEM) creuset
m
Tier nt (-(e)s, -e) animal m; **Tierarzt** m,
-ärztin f vétérinaire mf; **Tiergarten** m
jardin m zoologique, zoo m; **tierisch** adj
animal(e); (fig: roh) bestial(e); (Ernst etc)
trop grand(e); **Tierkreis** m zodiaque m;
Tierkreiszeichen nt signe m du zodiaque; **Tierkunde** f zoologie f; **tierlie-
bend** adj qui aime les animaux; **Tier-
quälerei** f cruauté f envers les animaux;
Tierschutz m protection f des animaux;
Tierschützer(in) m(f) (-s, -) protec-
teur(-trice) des animaux; **Tierschutzverein** m société f protectrice des animaux; **Tierversuch** m expérience f faite
sur des animaux
Tiger m (-s, -) tigre m; **Tigerin** f tigresse f
tilgen vt effacer; (Schulden) amortir, rembourser; **Tilgung** f (von Schulden) remboursement m; (von Eintragung) effacement m
timen vt choisir le moment de; **Timing**
nt (-s, -s) minutage m; (Wahl des Datums)
choix m de la date
Tinktur f teinture f
Tinnitus m (-) (MED) acouphène m
Tinte f (-, -n) encre f; **Tintenfass** nt
encrier m; **Tintenfisch** m seiche f; **Tintenfleck** m tache f d'encre; **Tinten-
patrone** f cartouche f d'encre; **Tinten-
stift** m crayon m à copier; **Tintenstrahldrucker** m imprimante f à jet
d'encre
Tipp m (-s, -s) tuyau m
tippen 1. vt (Brief, Manuskript) dactylographier, taper 2. vi (schreiben) taper à la
machine; (raten) miser (auf +akk sur)
Tipp-Ex® nt (-, -e) Tipp-Ex® m, correcteur m fluide; **Tippfehler** m faute f de
frappe
Tippse f (-, -n) (fam) dactylo f
tipptopp adj (fam) parfait(e)
Tippzettel m grille f de loterie; (für Fuß-
balltoto) grille f de loto sportif
Tirol nt (-s) le Tyrol
Tisch m (-(e)s, -e) table f; **bei ~** à table;
vor/nach ~ avant/après le repas; **zu ~!** à
table!; **vom ~ sein** (fig) être réglé(e);

unter den ~ fallen lassen (fig) laisser tomber; **jdn über den ~ ziehen** gruger qn, posséder qn; **Tischdecke** f nappe f

Tischler(in) m(f) (-s, -) menuisier(-ière); (Möbel~) ébéniste mf; **Tischlerei** f menuiserie f; **tischlern** vi faire de la menuiserie

Tischrechner m calculatrice m de bureau; **Tischrede** f discours m (lors d'un repas de fête); **Tischtennis** nt ping-pong m; **Tischtuch** nt nappe f

Titel m (-s, -) titre m; **Titelanwärter(in)** m(f) (SPORT) candidat(e) au titre; **Titelbild** nt (von Zeitschrift) photo f de couverture; (von Buch) frontispice m; **Titelrolle** f rôle m principal; **Titelseite** f (von Zeitschrift) couverture f; (Buch~) page f de titre; **Titelverteidiger(in)** m(f) détenteur(-trice) du titre

titulieren (pp tituliert) vt appeler

Toast m (-(e)s, -s o -e) (Brot) toast m, pain m grillé; (Trinkspruch) toast m; **Toastbrot** nt pain m de mie; (getoastet) pain m grillé; **toasten** vt (Brot) griller; **Toaster** m (-s, -) grille-pain m

toben vi (Meer, Wind, Kinder) être déchaîné(e); (Kampf) faire rage; **vor Wut ~** être fou (folle) de rage

Tobsucht f folie f furieuse; **tobsüchtig** adj fou furieux, folle furieuse; **Tobsuchtsanfall** m accès m de folie furieuse

Tochter f (-, Töchter) fille f; **Tochtergesellschaft** f filiale f

Tod m (-(e)s, -e) mort f; **jdn zum ~e verurteilen** condamner qn à mort; **jdn/etw auf den ~ nicht leiden können** (fam) haïr qn/qch à mort; **todernst 1.** adj très sérieux(-euse) **2.** adv très sérieusement; **Todesangst** f (große Angst) peur f panique; **Todesanzeige** f avis m de décès; **Todesfall** m décès m; **Todeskampf** m agonie f; **Todesopfer** nt victime f; **Todesstoß** m coup m de grâce; **Todesstrafe** f peine f de mort; **Todestag** m anniversaire m de la mort; **Todesursache** f cause f de la mort; **Todesurteil** nt condamnation f à mort; **Todesverachtung** f **mit ~** avec dégoût; **todkrank** adj incurable, condamné(e)

tödlich adj mortel(le)

todmüde adj mort(e) de fatigue; **todschick** adj (fam) très chic, très élégant(e); **todsicher** adj (fam) tout à fait sûr(e); **Todsünde** f péché m mortel

Töff nt (-, -) (CH) moto f

Tofu m (-(s)) tofu m

toi interj **~, ~, ~** (viel Glück) bonne chance; (unberufen) touchons du bois

Toilette f toilette f; (Abort) toilettes fpl, W.-C. mpl; **Toilettenartikel** pl produits mpl de toilette; **Toilettenpapier** nt papier m hygiénique [o (de) toilette]; **Toilettentisch** m coiffeuse f; **Toilettenwasser** nt eau f de toilette

tolerant adj tolérant(e); **Toleranz** f tolérance f; **tolerieren** (pp toleriert) vt tolérer

toll adj audacieux(-euse), hardi(e); (wahnsinnig) fou (folle); (fam: ausgezeichnet) super, formidable; **Tollkirsche** f belladone f; **tollkühn** adj téméraire; **Tollpatsch** m (-es, -e) empoté(e); **Tollwut** f rage f

Tölpel m (-s, -) (Mensch) balourd(e)

Tomate f (-, -n) tomate f; **Tomatenmark** nt concentré m de tomates; **Tomatensaft** m jus m de tomate

Tomograf m (-en, -en) tomodensitomètre m, scanner m; **Tomografie** f tomographie f; **Tomogramm** nt (-s, -e) scanner m

Ton 1. m (-(e)s, -e) (Erde) argile f; (zum Töpfern) (terre f) glaise f **2.** m (-(e)s, Töne) (Laut) son m; (Redeweise, Nuance, MUS) ton m; (Betonung) accent m (tonique); **Tonabnehmer** m (-s, -) pick-up m; **tonangebend** adj qui donne le ton; **Tonart** f tonalité f; **Tonband** nt (-bänder pl) bande f magnétique; **Tonbandgerät** nt magnétophone m

tönen vt (Haare) teindre

Toner m (-s, -) toner m; **Tonerkassette** f (für Kopierer) cartouche f d'encre; (für Laserdrucker) cartouche f de toner

tönern adj en terre

Tonfall m intonation f; **Tonfilm** m film m parlant; **Tonhöhe** f ton m; **Tonleiter** f gamme f; **tonlos** adj sourd(e)

Tonne f (-, -n) (Fass) tonneau m; (Maß) tonne f

Tonspur f bande f sonore; **Tontaube** f pigeon m d'argile; **Tontaubenschießen** nt (-s) tir m au pigeon; **Tontechniker(in)** m(f) technicien(ne) du son; **Tonwaren** pl objets mpl céramiques, poteries fpl

Top nt (-s, -s) débardeur m

Topas m (-es, -e) topaze f

Topf m (-(e)s, Töpfe) (Koch~) casserole f, marmite f; (Blumen~) pot m de fleurs; (Nacht~) pot m de chambre; **Topfblume** f fleur f en pot

Topfen m (-s, -) (A) fromage m blanc

öpfer(in) *m(f)* (-s, -) potier(-ière); **Töpferei** *f* poterie *f*; **töpfern 1.** *vi* faire de la poterie **2.** *vt* fabriquer; **Töpferscheibe** *f* tour *m* de potier

opflappen *m* manique *f*; **Topfpflanze** *f* plante *f* en pot

•pografisch *adj* topographique

or *nt* (-(e)s, -e) (*Tür*) porte *f*, portail *m*; (*Stadt~*) porte *f*; (*SPORT*) but *m*; **Torbogen** *m* portail *m*

orf *m* (-(e)s) tourbe *f*

orheit *f* sottise *f*

orhüter(in) *m(f)* (-s, -) gardien(ne) de but

öricht *adj* sot(te)

orkeln *vi* ⟨*sein*⟩ tituber

orpedieren (*pp* torpediert) *vt* (*Boot*) torpiller; (*fig*) saboter; **Torpedo** *m* (-s, -s) torpille *f*

orte *f* (-, -n) gâteau *m*

ortellini *pl* tortellinis *mpl*

ortendiagramm *nt* (*INFORM*) camembert *m*

ortur *f* (*fig*) torture *f*, martyre *m*

orverhältnis *nt* score *m*; **Torwart(in)** *m(f)* (-(e)s, -e) gardien(ne) de but

osen *vi* (*Wasser, Wind, Meer*) être déchaîné(e); **ein ~der Beifall** une tempête d'applaudissements

ot *adj* mort(e); (*erschöpft*) mort(e) de fatigue; (*Kapital*) improductif(-ive), qui dort; (*Farben*) terne; **~ geboren** mort-né(e); **sich ~ stellen** faire le (la) mort(e)

otal 1. *adj* total(e), complet(-ète) **2.** *adv* très, complètement

otalitär *adj* totalitaire

otalschaden *m* **mein Auto hat ~** ma voiture est bonne pour la ferraille

ot|arbeiten *sep vr* **sich ~** se tuer au travail; **tot|ärgern** *sep vr* **sich ~** (*fam*) se fâcher tout rouge

ote(r) *mf* mort(e)

öten *vt, vi* tuer

otenbett *nt* lit *m* de mort; **totenblass** *adj* blême; **Totengräber(in)** *m(f)* (-s, -) fossoyeur(-euse); **Totenhemd** *nt* linceul *m*; **Totenkopf** *m* tête *f* de mort; **Totenschein** *m* acte *m* de décès; **Totenstille** *f* silence *m* de mort; **Totentanz** *m* danse *f* macabre

ot|fahren *sep irr vt* écraser; **totgeboren** *adj s.* **tot**; **tot|lachen** *sep vr* **sich ~** (*fam*) mourir de rire

oto *m o nt* (-s, -s) loto *m* sportif; **Totoschein** *m* bulletin *m* du loto sportif

otschlag *m* homicide *m* volontaire; **tot|schlagen** *sep irr vt* (*jdn*) assommer,

tuer; (*Zeit*) tuer; **Totschläger** *m* meurtrier *m*; (*Waffe*) matraque *f*; **tot|schweigen** *sep irr vt* (*Sache*) passer sous silence; **tot|stellen** *sep vr s.* **tot**

Tötung *f* (*JUR*) homicide *m*

Touchscreen *m* (-, -s) écran *m* tactile

Toupet *nt* (-s, -s) postiche *m*

toupieren (*pp* toupiert) *vt* crêper

Tour *f* (-, -en) (*Ausflug*) excursion *f*; (*Umdrehung*) tour *m*; (*fam: Verhaltensart*) manière *f*; **diese ~ kenne ich schon** je connais ce truc; **auf ~en kommen** (*sich aufregen*) s'énerver; **in einer ~** sans arrêt; **Tourenzahl** *f* nombre *m* de tours; **Tourenzähler** *m* compte-tours *m*

Tourismus *m* tourisme *m*; **Tourist(in)** *m(f)* touriste *mf*; **Touristenklasse** *f* classe *f* touriste

Tournee *f* (-, -n) tournée *f*; **auf ~ gehen** partir en tournée

toxikologisch *adj* toxicologique

Trab *m* (-(e)s) (*von Pferd*) trot *m*; **auf ~ sein** (*Mensch*) être très occupé(e)

Trabant *m* (*Satellit*) satellite *m*; **Trabantenstadt** *f* cité-satellite *f*

traben *vi* ⟨*sein*⟩ aller au trot, trotter

Tracht *f* (-, -en) (*Kleidung*) costume *m*; **eine ~ Prügel** une raclée

trachten *vi* **nach etw ~** aspirer à qch; **danach ~, etw zu tun** aspirer à faire qch; **jdm nach dem Leben ~** attenter aux jours de qn

trächtig *adj* (*Tier*) grosse, pleine

Trackball *m* (-s, -s) (*INFORM*) trackball *m*, boule *f* (de commande)

Tradition *f* tradition *f*; **traditionell** *adj* traditionnel(le)

traf *imperf von* **treffen**

Trafik *f* (-, -en) (*A: Geschäft*) bureau *m* de tabac; **Trafikant(in)** *m(f)* (*A*) buraliste *mf*

Tragbahre *f* civière *f*, brancard *m*; **tragbar** *adj* (*Gerät*) portatif(-ive), portable; (*Kleidung*) portable, mettable; (*erträglich*) supportable

träge *adj* (*Mensch*) indolent(e); (*Bewegung*) nonchalant(e); (*PHYS*) inerte

tragen (trug, getragen) **1.** *vt* porter; (*stützen: Brücke, Dach*) supporter, soutenir; (*finanzieren*) financer; (*Kosten*) supporter; (*erdulden*) supporter **2.** *vi* (*schwanger sein*) être grosse

Träger *m* (-s, -) (*Eisenteil*) poutre *f*; (*an Kleidung*) bretelles *fpl*; **Träger(in)** *m(f)* (-s, -) porteur(-euse); (*Körperschaft*) organisme *m* (responsable); **Trägerrakete** *f* fusée *f* porteuse; **Trägerrock** *m* jupe *f* à bretelles

Tragetasche f sac m
Tragfähigkeit f capacité f, charge f limite; **Tragfläche** f (AVIAT) surface f portante; **Tragflügelboot** nt hydroptère m
Trägheit f (von Mensch) indolence f, apathie f; (von Bewegung) nonchalance f; (geistig) paresse f; (PHYS) inertie f
Tragik f tragique m; **tragikomish** adj tragicomique; **tragisch** adj tragique
Traglufthalle f chapiteau m gonflable
Tragödie f tragédie f
Tragweite f portée f; **Tragwerk** nt surface f portante
Trailer m (-s, -s) (CINE) bande-annonce f
Trainee m (-s, -s) stagiaire mf
Trainer(in) m(f) (-s, -) entraîneur(-euse); **trainieren** (pp trainiert) 1. vt entraîner 2. vi s'entraîner; **Training** nt (-s, -s) entraînement m; **Trainingsanzug** m training m
Traktor m tracteur m
trällern vt, vi chantonner
trampeln 1. vi piétiner, trépigner 2. vi ⟨sein⟩ (schwerfällig gehen) piétiner
trampen vi ⟨sein⟩ faire de l'auto-stop; **Tramper(in)** m(f) (-s, -) auto-stoppeur(-euse)
Trampolin nt (-s, -e) trampoline m
Tran m (-(e)s, -e) (Öl) huile f (de poisson); **im ~** (fam) dans un état second
Trance f (-, -n) transe f
Tranchierbesteck nt service m à découper; **tranchieren** (pp tranchiert) vt découper
Träne f (-, -n) larme f; **tränen** vi (Augen) larmoyer; **Tränengas** nt gaz m lacrymogène
trank imperf von **trinken**
Tränke f (-, -n) abreuvoir m; **tränken** vt (nass machen) imbiber, tremper; (Tiere) donner à boire à
Transformator m transformateur m
Transfusion f transfusion f
transgen adj transgénique
Transistor m transistor m
Transit m (-s, -e) transit m
transitiv adj transitif(-ive)
transparent adj transparent(e); **Transparent** nt (-(e)s, -e) (Bild) transparent m; (Spruchband) banderole f
transpirieren (pp transpiriert) vi transpirer
Transplantation f greffe f; (Operation) transplantation f
Transport m (-(e)s, -e) transport m; **transportieren** (pp transportiert) vt transporter; **Transportkosten** pl frais

mpl de transport; **Transportmittel** nt moyen m de transport; **Transportunternehmen** nt entreprise f de transpor
Transvestit m (-en, -en) travesti m
Trapez nt (-es, -e) trapèze m
trat imperf von **treten**
Traube f (-, -n) (Frucht) raisin m; (Beere) (grain m de) raisin m; (Blütenstand) grappe f; **Traubenlese** f vendanges fp**Traubenzucker** m glucose m
trauen 1. vi jdm/einer Sache ~ faire con fiance à qn/qch, avoir confiance en qn/ qch; jdm nicht über den Weg ~ se méfie de qn 2. vt marier; sich ~ lassen se marier 3. vr sich ~ oser
Trauer f (-) affliction f, tristesse f; (für Ver storbenen) deuil m; ~(kleidung) tragen porter le deuil; **Trauerfall** m deuil m, décès m; **Trauermarsch** m marche f funèbre; **trauern** vi être en deuil (um jd de qn); **Trauerrand** m bordure f noire; **Trauerspiel** nt tragédie f; **Trauerweide** f saule m pleureur
Traufe f (-, -n) (Dach~) gouttière f
träufeln vt verser goutte à goutte
Traum m (-(e)s, Träume) rêve m; das fäll mir nicht im ~ ein je n'y songe même pas
Trauma nt (-s, Traumen o Traumata) traumatisme m; **traumatisch** adj traumatisant(e)
träumen vt, vi rêver; das hätte ich mir nicht ~ lassen je n'y aurais jamais songé **Träumer(in)** m(f) (-s, -) rêveur(-euse); **Träumerei** f rêverie f; **träumerisch** a rêveur(-euse)
traumhaft adj de rêve
traurig adj triste; (Rest, Leistung) pitoyable; **Traurigkeit** f tristesse f
Trauschein m acte m de mariage; **Trau ung** f mariage m; **Trauzeuge** m, -zeugin** f témoin m (d'un mariage)
treffen (traf, getroffen) 1. vi (Geschoss, Hieb) toucher qn/qch; (Schütze) toucher (la cible), toucher (le but) 2. vt toucher; (begegnen) rencontrer; (Entscheidung, Maßnahmen) prendre; (Auswahl) faire, effectuer; eine Vereinbarung ~ se mettre d'accord, conclure un accord; Vorbereitungen ~ faire des préparatifs; ihn trifft keine Schuld ce n'est pas (de) sa faute 3. vr sich ~ se rencontrer; (sich ereignen) se produire; es trifft sich gut cela tombe bien; wie es sich so trifft comme cela se trouve 4. vi ⟨sein⟩ auf jdn ~ (begegnen) rencontrer qn; auf etw akk ~ trouver qch, rencontrer qch; **Treffen** nt (-s, -)

rencontre f; **treffend** adj pertinent(e);
(Ausdruck) juste; **Treffer** m (-s, -) (Schuss
etc) tir m réussi; (von Schütze) coup m
dans le mille; (im Fußball) but m; (Los) bil-
et m gagnant; **Treffpunkt** m rendez-
vous m

reibeis nt glaces fpl flottantes
reiben (trieb, getrieben) 1. vt (bewegen:
Tiere, Menschen) mener; (Rad, Maschine)
faire tourner; (drängen) pousser (zu etw à
qch); (anspornen) encourager; (Studien,
Handel etc) faire; (Blüten, Knospen) pousser; **Unsinn** ~ faire le (la) fou (folle); **es
wild** ~ être déchaîné(e); **was treibst du
so immer?** qu'est-ce que tu deviens? 2. vi
(sein) (sich fortbewegen) avancer 3. vi
(Pflanzen) pousser; (GASTR: aufgehen) lever;
(Tee, Kaffee) être diurétique; **Treiben** nt
(-s) (Tätigkeit) activité f; (lebhafter Verkehr
etc) animation f

reiber m (-s, -) (INFORM) driver m
reibgas nt gaz m propulseur; **Treibhaus** nt serre f; **Treibhauseffekt** m
effet m de serre; **Treibhausgase** pl gaz
mpl responsables de l'effet de serre;
Treibjagd f battue f; **Treibnetzfischerei** f pêche f au filet dérivant; **Treibstoff**
m carburant m, combustible m

rendy adj inv (sl) à la mode, en vogue
rennbar adj séparable; **trennen** 1. vt
(Menschen) séparer; (Verbindung) mettre
fin à; (Begriffe) distinguer; (zerteilen) diviser 2. vr **sich** ~ se séparer; (Ideen) différer;
sich von jdm/etw ~ se séparer de qn/
qch; **Trennschärfe** f (RADIO) sélectivité f;
Trennung f séparation f; (Unterscheidung) distinction f; **Trennwand** f paroi f,
cloison f

reppab adv ~ **laufen** descendre (l'escalier); **treppauf** adv ~ **steigen** monter
(l'escalier); **Treppe** f (-, -n) escalier m;
Treppengeländer nt rampe f (d'escalier); **Treppenhaus** nt cage f d'escalier
resor m (-s, -e) coffre-fort m; (Raum)
chambre f forte
retboot nt pédalo m
reten (trat, getreten) 1. vi (sein) (gehen)
marcher; **die Tränen traten ihm in die
Augen** les larmes lui montèrent aux yeux;
auf etw akk ~ marcher sur qch, mettre le
pied sur qch; **in etw** akk ~ mettre le pied
dans qch; **in Verbindung** ~ entrer en contact; **in Erscheinung** ~ se manifester; **an
ids Stelle** ~ remplacer qn 2. vt (mit Fußtritt) donner un coup de pied à; (nieder~)
écraser 3. vi **nach jdm/gegen etw** ~ donner un coup de pied à qn/dans qch

treu adj fidèle; (Dienste) loyal(e); **Treue** f
(-) fidélité f; **Treuhand** f institut allemand
de privatisation; **Treuhänder(in)** m(f) (-s,
-) fiduciaire mf; **Treuhandgesellschaft**
f société f fiduciaire; **treuherzig** adj
naïf (naïve); **treulich** adv fidèlement;
treulos adj déloyal(e), infidèle

Tribüne f (-, -n) tribune f
Trichter m (-s, -) (Gerät) entonnoir m
Trick m (-s, -s) truc m; **Trickfilm** m des-
sin m animé

trieb imperf von **treiben**
Trieb m (-(e)s, -e) (instinkthaft) instinct m,
pulsion f; (geschlechtlich) pulsion(s) f(pl)
sexuelle(s), libido f; (Neigung) tendance f;
(an Baum etc) pousse f; **Triebfeder** f (fig)
instigateur(-trice); **triebhaft** adj instinc-
tif(-ive), impulsif(-ive); **Triebkraft** f (fig)
moteur m, locomotive f; **Triebtäter(in)**
m(f) maniaque sexuel(le); **Triebwagen**
m autorail m, automotrice f; **Triebwerk**
nt moteur m

triefen 1. vi (sein) tomber goutte à
goutte, dégouliner 2. vi **von** [o **vor**] etw ~
être ruisselant(e) de qch; **vor Nässe** ~
être trempé(e)

Trier nt (-s) Trèves f
triftig adj (Grund, Entschuldigung) valable,
convaincant(e); (Beweis) concluant(e)
Trigonometrie f trigonométrie f
Trikot 1. nt (-s, -s) (Hemd) maillot m 2. m
(-s, -s) (Gewebe) jersey m
Triller m (-s, -) (MUS) trille m; **trillern** vi
triller; **Trillerpfeife** f sifflet m (à trilles)
trinkbar adj buvable; (Wasser) potable;
trinken (trank, getrunken) vt, vi boire;
Trinker(in) m(f) (-s, -) buveur(-euse),
alcoolique mf; **Trinkgeld** nt pourboire m;
Trinkhalm m paille f; **Trinkspruch** m
toast m; **Trinkwasser** nt eau f potable
trippeln vi (haben o sein) trottiner
Tripper m (-s, -) blennoragie f
Tritt m (-(e)s, -e) pas m; (Fuß~) coup m
de pied; **Trittbrett** nt marchepied m
Triumph m (-(e)s, -e) triomphe m; **Tri-
umphbogen** m arc m de triomphe; **triumphieren** (pp triumphiert) vi triompher (über jdn/etw de qn/qch)
trivial adj trivial(e), plat(e); (alltäglich)
simple
trocken adj sec (sèche); (nüchtern) sobre;
(Witz, Humor) pince-sans-rire; **Trockendock** nt cale f sèche; **Trockenelement**
nt pile f sèche; **Trockenhaube** f casque
m (sèche-cheveux); **Trockenheit** f
sécheresse f; **trocken|legen** sep vt
(Sumpf) assécher; (Kind) changer; **Tro-**

ckenmilch f lait m en poudre
trocknen 1. vt sécher, essuyer **2.** vi ⟨sein⟩
sécher; **Trockner** m (-s, -) sèche-linge m
Troddel f (-, -n) gland m
Trödel m (-s) bric-à-brac m; **Trödel-markt** m foire f à la brocante
trödeln vi (fam) lambiner
Trödler(in) m(f) (-s, -) (Händler) brocan-teur(-euse); (langsamer Mensch) lambin(e)
trog imperf von **trügen**
Trog m (-(e)s, Tröge) auge f
Trojanisches Pferd nt (INFORM) cheval m de Troie
Trommel f (-, -n) tambour m; (Revolver~) barillet m; **Trommelfell** nt tympan m; **trommeln 1.** vt tambouriner **2.** vi jouer du tambour; **Trommelwaschma-schine** f machine f à laver à tambour; **Trommler(in)** m(f) (-s, -) tambour m
Trompete f (-, -n) trompette f; **Trompe-ter(in)** m(f) (-s, -) trompette m, trompet-tiste mf
Tropen pl tropiques mpl, régions fpl tro-picales; **tropenbeständig** adj appro-prié(e) au climat tropical; **Tropenhelm** m casque m colonial
Tropf m (-(e)s, Tröpfe) (fam: Mensch) type m; (Infusion) goutte-à-goutte m; **armer ~** pauvre diable
tröpfeln 1. vi ⟨sein⟩ couler goutte à goutte **2.** vi unpers **es tröpfelt** il tombe des gouttes (de pluie)
tropfen 1. vi ⟨sein⟩ goutter, ruisseler **2.** vt faire couler goutte à goutte; **eine Tinktur in die Augen ~** mettre des gouttes dans les yeux; **Tropfen** m (-s, -) goutte f; **tropfenweise** adv goutte à goutte; **tropfnass** adj trempé(e); **~ aufhängen** pendre encore mouillé(e); **Tropfstein** m (herunterhängend) stalactite f; (am Boden) stalagmite f; **Tropfsteinhöhle** f grotte f avec des stalactites
tropisch adj tropical(e)
Trost m (-es) consolation f; **trösten** vt consoler; **Tröster(in)** m(f) (-s, -) conso-lateur(-trice); **tröstlich** adj consolant(e); **trostlos** adj inconsolable; (Verhältnisse) désolant(e); **Trostpflaster** nt consola-tion f; **Trostpreis** m prix m de consola-tion
Tröstung f réconfort m
Trott m (-(e)s, -e) trot m; (Routine) train-train m
Trottel m (-s, -) (fam) imbécile m
trotten vi ⟨sein⟩ se traîner
Trottinett nt (-s, -e) (CH) trottinette f
Trottoir nt (-s, -s o -e) (CH, SDEUTSCH) trot-

toir m
trotz prep +gen malgré
Trotz m (-es) obstination f; **aus ~** par dépit; **jdm zum ~** en dépit (des conseils) de qn; **Trotzalter** nt âge m difficile
trotzdem adv malgré tout, quand même
trotzig adj obstiné(e), récalcitrant(e); **Trotzkopf** m tête f de mule; **Trotzre-aktion** f réaction f de dépit
trüb adj (Augen) terne; (Metall) dépoli(e), (Flüssigkeit, Glas) trouble; (Tag, Wetter) morne; (Zeiten, Aussichten) triste; (Mensch, Gedanke, Stimmung) morose
Trubel m (-s) tumulte m
trüben 1. vt (Flüssigkeit) troubler; (Glas, Metall) ternir; (Stimmung, Freude) gâter **2.** vr **sich ~** (Flüssigkeit) devenir trouble; (Glas, Metall) se ternir; (Himmel) se couvrir (Stimmung) se gâter
Trübsal f (-) chagrin m; **~ blasen** se lais-ser aller à la déprime; **trübselig** adj cha-grin(e), sombre; **Trübsinn** m mélancolie f, morosité f; **trübsinnig** adj morose
trudeln vi ⟨sein o haben⟩ (AVIAT) vriller
Trüffel f (-, -n) truffe f
trug imperf von **tragen**
trügen (trog, getrogen) vt, vi tromper; **trügerisch** adj trompeur(-euse)
Trugschluss m idée f fausse
Truhe f (-, -n) bahut m
Trümmer pl décombres mpl; (Teile) mille morceaux mpl; (Bau~) ruines fpl; **Trüm-merhaufen** m amas m de décombres
Trumpf m (-(e)s, Trümpfe) atout m
Trunk m (-(e)s, Trünke) boisson f; **trun-ken** adj ivre; **Trunkenbold** m (-(e)s, -e) (pej) ivrogne m; **Trunkenheit** f ivresse f; **Trunksucht** f alcoolisme m
Trupp m (-s, -s) groupe m
Truppe f (-, -n) troupe f; **Truppen-übungsplatz** m champ m de manœu-vre
Truthahn m dindon m
Tschad m (-s) **der ~** le Tchad
Tscheche m (-n, -n) Tchèque m
Tschechien nt (-s) la République tchè-que; **Tschechin** f Tchèque f; **tsche-chisch** adj tchèque; **Tschechische Repub-lik** la République tchèque
Tschechoslowakei f (HIST) **die ~** la Tchécoslovaquie; **tschechoslowakisch** adj (HIST) tchécoslovaque
Tschetschenien nt (-s) la Tchétchénie
tschüs(s) interj (fam) salut, tchao
T-Shirt nt (-s, -s) T-shirt m, tee-shirt m
TU f (-, -s) abk von **Technische Universität** I.U.T. m

Tube f (-, -n) tube m

Tuberkulose f (-, -n) tuberculose f

Tuch nt (-(e)s, Tücher) (Stoff) étoffe f; (Stück Stoff) pièce d'étoffe; (Lappen) chiffon m; (Hals~, Kopf~) foulard m; (Hand~) serviette f de toilette, essuie-main(s) m

tüchtig 1. adj (fleißig) travailleur(-euse); (gut, hinreichend) bon(ne) **2.** adv (fam: kräftig) très, beaucoup; **Tüchtigkeit** f (Fähigkeit) capacité f; (Fleiß) zèle m

Tücke f (-, -n) perfidie f; **tückisch** adj perfide, sournois(e); (Krankheit) malin (-igne)

Tugend f (-, -en) vertu f; **tugendhaft** adj vertueux(-euse)

Tüll m (-s, -e) tulle m

Tulpe f (-, -n) tulipe f

tummeln vr sich ~ s'ébattre

Tumor m (-s, -en o -e) tumeur f

Tümpel m (-s, -) mare f

Tumult m (-(e)s, -e) tumulte m

tun (tat, getan) **1.** vt (machen) faire; (legen etc) mettre; **jdm etwas ~** (antun) faire du mal à qn; (erweisen) rendre un service à qn; (für jdn machen) faire qch pour qn; **was soll ich ~?** que faire?; **das tut es auch** (genügt) cela suffit [o convient aussi]; **was tut's?** qu'importe?; **damit habe ich nichts zu ~** je n'ai rien à voir avec cela; **das tut nichts zur Sache** cela n'apporte rien; **es mit jdm zu ~ bekommen** avoir à faire avec qn **2.** vi **freundlich ~** se donner des airs aimables; **so ~, als ob ...** faire comme si ...; **sie täten gut daran, ...** ils feraient bien de ...; **ich habe zu ~** (bin beschäftigt) j'ai à faire; **mit wem habe ich zu ~?** à qui ai-je l'honneur? **3.** vr **sich mit etw schwer ~** avoir de la peine à faire qch; **es tut sich etwas/viel** il se passe quelque chose/beaucoup de choses

Tünche f (-, -n) chaux f; **tünchen** vt blanchir à la chaux

Tuner m (-s, -) syntoniseur m, tuner m

Tunesien nt (-s) la Tunisie

Tunfisch m thon m

Tunke f (-, -n) sauce f; **tunken** vt tremper

tunlichst adv si possible

Tunnel m (-s, -s o -) tunnel m

Tunte f (-, -n) (pej fam) tante f

Tüpfelchen nt petit pois m; **das ~ auf dem i** la cerise sur le gâteau

tupfen vt tapoter; (mit Watte) tamponner; **Tupfen** m (-s, -) point m; (auf Stoff) pois m

Tür f (-, -en) porte f

Turbine f turbine f

Turbolader m (-s, -) (AUTO) turbocompresseur m; **Turbomotor** m turbomoteur m

turbulent adj tumultueux(-euse)

Türke m (-n, -n) Turc m

Türkei f (-) die ~ la Turquie; **Türkin** f Turque f

türkis adj turquoise

Türkis m (-es, -e) turquoise f

türkisch adj turc (turque)

Turkmenistan nt (-s) le Turkménistan

Turm m (-(e)s, Türme) tour f; (Kirch~) clocher m; (Sprung~) plongeoir m (à étages)

Türmchen nt tourelle f

türmen vr sich ~ (Wolken) s'amonceler; (Bücher) s'empiler; (Arbeit) s'accumuler

turnen 1. vi faire de la gymnastique **2.** vt (Übung) effectuer; **Turnen** nt (-s) gymnastique f; **Turner(in)** m(f) (-s, -) gymnaste mf; **Turnhalle** f gymnase m; **Turnhose** f (kurze Hose) short m

Turnier nt (-s, -e) tournoi m

Turnlehrer(in) m(f) professeur mf de gymnastique; **Turnschuh** m chaussure f de sport; **Turnverein** m société f de gymnastique; **Turnzeug** nt affaires fpl de sport

Türöffner m gâche f électrique; **Türvorleger** m paillasson m

Tusche f (-, -n) encre f de Chine; (Wimpern~) mascara m

tuscheln vi chuchoter

Tuschkasten m boîte f de couleurs

Tussi f (-, -s) (pej: Frau) nana f

Tüte f (-, -n) sac m; (Eiswaffel) cornet m

tuten vi (Auto) corner, klaxonner; (Sirene) mugir

Tütensuppe f soupe f en sachet

TÜV m (-s) akr von **Technischer Überwachungsverein** (AUTO) association f pour le contrôle technique des véhicules

---

TÜV

Le TÜV est l'organisme chargé de la vérification du bon fonctionnement des machines et en particulier des véhicules. Les voitures de plus de trois ans doivent passer un contrôle de sécurité et de pollution tous les deux ans. Le 'TÜV' est l'équivalent allemand du contrôle technique.

TÜV-Plakette f vignette f de contrôle technique

Twen m (-(s), -s) personne de moins de trente ans; **die ~s** les moins de trente ans

Typ m (-s, -en) type m; (fam) mec m

Type f (-, -n) (*TYPO*) caractère m; (*fam: Mensch*) numéro m; **Typenrad** nt marguerite f; **Typenradschreibmaschine** f machine f à écrire à marguerite
Typhus m (-) typhoïde f

typisch adj typique (*für* de)
Tyrann(in) m(f) (-en, -en) tyran m;
Tyrannei f tyrannie f; **tyrannisch** adj tyrannique; **tyrannisieren** (*pp* tyrannisiert) vt tyranniser

U

U, u nt (-, -) U, u m
u. a. abk von **unter anderem** entre autres
u. A. w. g. abk von **um Antwort wird gebeten** R.S.V.P.
U-Bahn f métro m
übel adj mauvais(e); **jdm ist** ~ qn se sent mal, qn a mal au cœur; ~ **gelaunt** de mauvaise humeur, mal disposé(e); **jdm eine Bemerkung** ~ **nehmen** mal prendre l'observation de qn; **Übel** nt (-s, -) mal m; **übelgelaunt** adj s. **übel**; **Übelkeit** f nausée f, mal m au cœur; **übel|nehmen** sep irr vt s. **übel**
üben 1. vt (*auf Instrument*) étudier, s'exercer à; (*Kritik*) faire; (*Geduld*) montrer 2. vi s'exercer, s'entraîner
über 1. prep +akk sur; (*oberhalb von*) au-dessus de; (*wegen*) à cause de; (*bei Zahlen, Beträgen*) plus de; (*während*) pendant; ~ **die Kreuzung fahren** traverser le carrefour; **ich fahre** ~ **Frankfurt** je passe par Frankurt; ~ **etw sprechen** parler de qch; ~ **die Stadt fliegen** survoler la ville; **Fehler** ~ **Fehler** erreur sur erreur; **Kinder** ~ **15 Jahre** les enfants de plus de 15 ans; **Kosten weit** ~ **eine Million** des frais dépassant largement le million 2. prep +dat sur; (*räumlich, rangmäßig*) au-dessus de; ~ **dem Durchschnitt** au-dessus de la moyenne 3. adv (*zeitlich*) pendant; **den Sommer** ~ (pendant) tout l'été; **das Wochenende** ~ **bin ich hier** pendant le week-end, je suis ici; **jdn/etw** ~ **haben** (*fam*) en avoir par-dessus la tête de qn/ qch; ~ **und** ~ complètement
überall adv partout
überanstrengen (*pp* überanstrengt) 1. vt surmener, forcer 2. vr **sich** ~ se surmener
überarbeiten (*pp* überarbeitet) 1. vt (*Text*) remanier 2. vr **sich** ~ se surmener
überaus adv extrêmement
überbelichten (*pp* überbelichtet) vt surexposer
überbieten (*pp* überboten) irr vt (*Angebot*) enchérir sur; (*Leistung*) dépasser; (*Rekord*) battre
Überbleibsel nt (-s, -) reste m, résidu m
Überblick m vue f d'ensemble; (*Darstellung*) synthèse f, résumé m; **den** ~ **verlieren** ne plus savoir ce qui se passe; **überblicken** (*pp* überblickt) vt embrasser du regard; (*Sachverhalt*) avoir une vue d'ensemble de
überbringen (*pp* überbracht) irr vt remettre; **Überbringer(in)** m(f) (-s, -) porteur(-euse)
überbrücken (*pp* überbrückt) vt (*Fluss*) construire un pont sur; (*Gegensatz*) concilier; (*Zeit*) passer
Überbuchung f surbooking m
überdenken (*pp* überdacht) irr vt réfléchir à
überdies adv en outre
überdimensional adj trop grand(e)
Überdosis f surdose f; (*Rauschgift*) overdose f
Überdruss m (-es) ennui m, dégoût m; **bis zum** ~ à satiété; **überdrüssig** adj dégoûté(e), las(se)
Überdüngung f utilisation f excessive d'engrais
übereifrig adj trop zélé(e), trop empressé(e)
übereilen (*pp* übereilt) vt précipiter, hâter; **übereilt** adj précipité(e),

prématuré(e)

übereinander adv (liegen) l'un(e) sur l'autre; (sprechen) l'un(e) de l'autre; ~ **schlagen** (Beine) croiser

überein|kommen sep irr vi ⟨sein⟩ convenir; **Übereinkunft** f (-, -künfte) accord m; **überein|stimmen** sep vi correspondre; (Menschen) être d'accord; **Übereinstimmung** f accord m

überempfindlich adj hypersensible

über|fahren sep irr vt (AUTO) écraser; (fig: jdn) prendre par surprise; **Überfahrt** f traversée f

Überfall m attaque f (auf +akk de); (Bank~) attaque f à main armée, hold-up m (auf +akk de); **überfallen** (pp überfallen) irr vt attaquer; (besuchen) rendre visite à l'improviste à

überfällig adj en retard

Überfischung f pêche f excessive

überfliegen (pp überflogen) irr vt survoler

Überfluss m surabondance f (an +dat de); **Überflussgesellschaft** f société f d'abondance; **überflüssig** adj superflu(e)

überfordern (pp überfordert) vt (jdn) être trop exigeant(e) avec; **ich fühle mich überfordert** je suis dépassé(e)

Überfremdung f envahissement m par des étrangers

über|führen sep vt (Leiche etc) transporter, transférer; (Täter) convaincre (gen de); **Überführung** f (von Leiche) transport m, transfert m; (von Täter) conviction f; (Brücke) passerelle f

überfüllt adj bondé(e)

Übergabe f remise f; (MIL) capitulation f, reddition f

Übergang m passage m; (fig) transition f; **Übergangserscheinung** f phénomène m transitoire; **Übergangslösung** f solution f de transition; **Übergangsphase** f période f de transition; **Übergangsstadium** nt phase f de transition; **Übergangszeit** f période f de transition; (Jahreszeit) demi-saison f

übergeben (pp übergeben) irr **1.** vt (Geschenk) remettre; (Amt) transmettre; (MIL) rendre **2.** vr sich ~ rendre, vomir

über|gehen sep irr vi ⟨sein⟩ passer (zu, in +akk à)

übergehen (pp übergangen) irr vt (jdn) oublier; (Fehler) sauter

Übergewicht nt excédent m de poids; (fig) prépondérance f

überglücklich adj comblé(e)

über|haben sep irr vt (fam) en avoir assez de

überhand adv ~ **nehmen** s'accroître outre mesure; (Unkraut) proliférer

überhaupt adv (im Allgemeinen) en général; ~ **nicht** pas du tout

überheblich adj présomptueux(-euse); **Überheblichkeit** f présomption f

überholen (pp überholt) vt (AUTO) dépasser, doubler; (TECH) réviser; **Überholspur** f voie f de dépassement; **überholt** adj dépassé(e), démodé(e); **Überholverbot** nt interdiction f de passer

überhören (pp überhört) vt ne pas entendre; (absichtlich) faire la sourde oreille à

überirdisch adj surnaturel(le)

überkompensieren (pp überkompensiert) vt surcompenser

überladen (pp überladen) irr vt surcharger

überlassen (pp überlassen) irr vt **jdm etw** ~ confier qch à qn

überlasten (pp überlastet) vt surcharger

über|laufen sep irr vi ⟨sein⟩ (Flüssigkeit) déborder; **zum Feind** ~ passer à l'ennemi

überlaufen 1. (pp überlaufen) irr vt (Schauer etc) traverser, parcourir **2.** adj ~ **sein** être surchargé(e); (Ort) être grouillant(e) de monde; **Überläufer(in)** m(f) transfuge m

überleben (pp überlebt) vt, vi survivre (jdn à qn); **Überlebende(r)** mf survivant(e)

überlegen 1. (pp überlegt) vt réfléchir à **2.** adj supérieur(e); **Überlegenheit** f supériorité f; **Überlegung** f réflexion f

überliefern (pp überliefert) vt (Sitte) transmettre; **Überlieferung** f tradition f

überlisten (pp überlistet) vt duper

überm = über dem

Übermacht f supériorité f numérique; **übermächtig** adj extrêmement puissant(e); (Gefühl etc) envahissant(e)

übermannen (pp übermannt) vt vaincre, envahir

Übermaß nt excès m; **übermäßig** adj (Anstrengung) excessif(-ive), démesuré(e)

Übermensch m surhomme m; **übermenschlich** adj surhumain(e)

übermitteln (pp übermittelt) vt transmettre

übermorgen adv après-demain

Übermüdung f épuisement m

Übermut m exubérance f; **übermütig** adj exubérant(e); **werd nicht gleich ~!** calme-toi!

übernachten (pp übernachtet) vi passer la nuit, coucher (bei jdm chez qn)
übernächtig adj défait(e)
Übernachtung f nuit f
Übernahme f (-, -n) prise f en charge, réception f; (einer Firma) prise f de contrôle; **feindliche/freundliche** ~ rachat m hostile/amical; **übernehmen** (pp übernommen) irr **1.** vt (Geschäft) reprendre; (Amt) prendre en charge **2.** vr sich ~ se surmener
überprüfen (pp überprüft) vt contrôler; **Überprüfung** f examen m, contrôle m
überqueren (pp überquert) vt traverser
überraschen (pp überrascht) vt surprendre; **Überraschung** f surprise f
überreden (pp überredet) vt persuader
überreichen (pp überreicht) vt présenter, remettre
überreizt adj surexcité(e)
Überreste pl restes mpl
Überrollbügel m (AUTO) arceau m de sécurité
überrumpeln (pp überrumpelt) vt surprendre, prendre au dépourvu
überrunden (pp überrundet) vt dépasser
übers = **über das**
übersättigen (pp übersättigt) vt saturer
Überschallflugzeug nt avion m supersonique; **Überschallgeschwindigkeit** f vitesse f supersonique
überschätzen (pp überschätzt) **1.** vt surestimer **2.** vr sich ~ se surestimer
über|schäumen sep vi ⟨sein⟩ déborder; **von etw** ~ (fig) être débordant(e) de qch
Überschlag m (FIN) évaluation f; (SPORT) roue f; **überschlagen** (pp überschlagen) irr **1.** vt (berechnen) estimer; (Seite) sauter **2.** vr sich ~ se renverser; (Auto) faire un tonneau; (Stimme) se casser; **sich vor etw** dat ~ (fam: Mensch) déborder de qch
über|schnappen sep vi ⟨sein⟩ (Stimme) se casser; (fam: Mensch) devenir fou (folle)
überschneiden (pp überschnitten) irr vr sich ~ se chevaucher
überschreiben (pp überschrieben) vt (Daten, Diskette) recouvrir; **jdm etw** ~ (als Eigentum übertragen) léguer qch à qn; **Überschreibmodus** m (INFORM) mode m remplacement
überschreiten (pp überschritten) irr vt traverser; (fig) dépasser; (Gesetz) transgresser; (Vollmacht) abuser de, outrepasser
Überschrift f titre m
Überschuss m excédent m; **über-**

schüssig adj (Ware) excédentaire; (Kraft) débordant(e)
überschütten (pp überschüttet) vt jdn **mit etw** ~ (fig) combler [o couvrir] qn de qch
Überschwang m exubérance f
überschwänglich adj (Worte) débordant(e) d'enthousiasme; **Überschwänglichkeit** f exubérance f
überschwemmen (pp überschwemmt) vt inonder (mit de); **Überschwemmung** f inondation f
überschwenglich adj s. **überschwänglich**
Übersee f **aus** ~ d'outre-mer; **nach** ~ (en) outre-mer; **überseeisch** adj d'outre-mer
übersehen (pp übersehen) irr vt (Land) embrasser du regard; (Folgen) évaluer, prévoir; (nicht beachten) négliger, omettre
übersenden (pp übersandt o übersendet) irr vt envoyer
übersetzen (pp übersetzt) vt (Text) traduire; **Übersetzer(in)** m(f) (-s, -) traducteur(-trice); **Übersetzung** f traduction f; (TECH) multiplication f
Übersicht f vue f d'ensemble (über +akk de); (Darstellung) résumé m; **übersichtlich** adj (Gelände) dégagé(e); (Darstellung) clair(e); **Übersichtlichkeit** f clarté f
überspannt adj exalté(e); (Idee) extravagant(e)
überspitzt adj exagéré(e)
überspringen (pp übersprungen) irr vt sauter
über|sprudeln sep vi ⟨sein⟩ déborder
über|stehen sep irr vi ⟨sein⟩ dépasser
überstehen (pp überstandenpp) irr vt surmonter
übersteigen (pp überstiegen) irr vt (Zaun) escalader; (fig) dépasser
überstimmen (pp überstimmt) vt mettre en minorité
Überstunden pl heures fpl supplémentaires
überstürzen (pp überstürzt) **1.** vt précipiter, hâter **2.** vr sich ~ (Ereignisse) se précipiter; **überstürzt** adj précipité(e); (Entschluss) hâtif(-ive)
übertölpeln (pp übertölpelt) vt duper
übertönen (pp übertönt) vt noyer
Übertrag m (-(e)s, Überträge) (COM) report m; **übertragbar** adj transmissible; (MED) contagieux(-euse); **übertragen** (pp übertragen) irr **1.** vt (Aufgabe) confier; (Vollmacht) déléguer (auf +akk à); (RADIO, TV) diffuser; (übersetzen) traduire;

(Krankheit) transmettre; (Daten) transférer **2.** vr sich ~ se transmettre (auf +akk à) **3.** adj (Bedeutung) figuré(e); **Übertragung** f transmission f; **Übertragungsanzeige** f (INFORM) indicateur m de transfert; **Übertragungsfehler** m (INFORM) erreur f de transmission; **Übertragungsgeschwindigkeit** f (INFORM) vitesse f de transfert; **Übertragungsprotokoll** nt (INFORM) protocole m de transfert

übertreffen (pp übertroffen) irr vt dépasser

übertreiben (pp übertrieben) irr vt exagérer; **Übertreibung** f exagération f

übertreten sep irr vi ⟨sein⟩ dépasser; (in andere Partei) passer (in +akk à, chez); (zu anderem Glauben) se convertir

übertreten (pp übertreten) irr vt (Gebot etc) enfreindre; **Übertretung** f (von Gebot) transgression f, infraction f

übertrieben adj exagéré(e)

übervölkert adj surpeuplé(e)

übervoll adj trop plein(e); (Bus) comble

übervorteilen (pp übervorteilt) vt duper

überwachen (pp überwacht) vt surveiller; **Überwachung** f surveillance f; **Überwachungsapparat** m appareil m de surveillance; **Überwachungsstaat** m État m policier

überwältigen (pp überwältigt) vt vaincre; (fig) envahir; **überwältigend** adj grandiose

überweisen (pp überwiesen) irr vt (Geld) virer; (Patienten) envoyer; **Überweisung** f (FIN) virement m

überwiegen (pp überwogen) irr vi prédominer; **überwiegend** adv la plupart du temps

überwinden (pp überwunden) irr vt (Schwierigkeit) surmonter; (Abneigung) dominer; **Überwindung** f effort m (sur soi-même)

Überzahl f grande majorité f, surnombre m

überzählig adj excédentaire

überzeugen (pp überzeugt) vt convaincre, persuader; **überzeugend** adj convaincant(e); **Überzeugung** f conviction f; **Überzeugungskraft** f force f de persuasion

überziehen (pp überzogen) irr vt recouvrir; **sein Konto** ~ mettre son compte à découvert; **Überzug** m (Kissen~) taie f

üblich adj habituel(le)

U-Boot nt sous-marin m

übrig adj restant(e); **für jdn etwas** ~

haben (fam) avoir un faible pour qn; **das Übrige** le reste; **im Übrigen** au reste, du reste; ~ **bleiben** rester; **jdm etw** ~ **lassen** laisser qch à qn; **übrigens** adv du reste, d'ailleurs; **übrig|lassen** sep vt s. **übrig**

Übung f exercice m

UdSSR f (-) abk von **Union der Sozialistischen Sowjetrepubliken: die** ~ (HIST) l'URSS f

Ufer nt (-s, -) rive f, bord m; (Meeres~) rivage m, bord m

Ufo nt (-(s), -s) akr von **unbekanntes Flugobjekt** ovni m

Uganda nt (-s) l'Ouganda m

Uhr f (-, -en) horloge f; (Armband~) montre f; **wie viel** ~ **ist es?** quelle heure est-il?; **1** ~ une heure; **20** ~ vingt heures; **Uhrband** nt (-bänder pl) bracelet m de montre; **Uhrmacher(in)** m(f) horloger(-ère); **Uhrwerk** nt mécanisme m; **Uhrzeiger** m aiguille f (de montre); **Uhrzeigersinn** m **im** ~ dans le sens des aiguilles d'une montre; **entgegen dem** ~ en sens inverse des aiguilles d'une montre; **Uhrzeit** f heure f

Uhu m (-s, -s) grand duc m

Ukraine f **die** ~ l'Ukraine f

UKW abk von **Ultrakurzwelle**

Ulk m (-s, -e) plaisanterie f; **ulkig** adj drôle, amusant(e)

Ulme f (-, -n) orme m

Ultimatum nt (-s, Ultimaten) ultimatum m

Ultrakurzwelle f ondes fpl ultracourtes

Ultraschall m (PHYS) ultrason m; (MED) échographie f; **Ultraschallaufnahme** f échographie f; **Ultraschallgerät** nt appareil m à ultra-sons; **Ultraschalluntersuchung** f échographie f

ultraviolett adj ultraviolet(te)

um 1. prep +akk (räumlich) autour de; (in Bezug auf) au sujet de; ~ **die Stadt (herum)fahren** contourner la ville; **er ging einmal** ~ **das Haus** il a fait le tour de la maison; **die Erde kreist** ~ **die Sonne** la terre tourne autour du soleil; **ich komme** ~ **12 Uhr** je viendrai à midi; ~ **Weihnachten** aux environs [o autour] de Noël; ~ **5 cm kürzer** plus court de 5 cm; **ich mache mir Sorgen** ~ **sie** je me fais du souci pour elle [o à son sujet]; **Kampf** ~ **bessere Löhne** lutte pour des salaires meilleurs; ~ **sich schlagen** se débattre; ~ **sich schauen** regarder autour de soi; ~ **etw bitten/ kämpfen** demander qch/se battre pour qch; **Woche** ~ **Woche** semaine après semaine; **Auge** ~ **Auge** œil pour œil; ~

vieles besser/billiger bien mieux/moins cher (chère) **2.** konj (damit) afin que +subj, afin de +inf; **~ größer zu werden** pour grandir; **zu klug ~ zu ...** trop intelligent(e) pour ... **3.** adv (ungefähr) environ; s. a. umso

um|adressieren (pp umadressiert) sep vt faire suivre

um|ändern sep vt (Kleid) transformer; (Plan) modifier

umarmen (pp umarmt) vt étreindre; (liebevoll) prendre dans ses bras

Umbau m (-bauten o -baue pl) transformation f (d'un bâtiment); **um|bauen** sep vt transformer (un bâtiment)

um|benennen (pp umbenannt) sep irr vt rebaptiser

um|biegen sep irr **1.** vt plier **2.** vi ⟨sein⟩ tourner

um|bilden sep vt transformer; (Kabinett) remanier

um|binden sep irr vt (Krawatte, Schürze, Lätzchen) mettre

um|blättern sep vt tourner

um|blicken sep vr sich ~ regarder autour de soi; (zurückblicken) regarder derrière soi

um|bringen sep irr vt tuer

Umbruch m bouleversement m; (TYPO) mise f en pages

um|buchen sep vt, vi (FIN) transférer, virer; (Reise) modifier la réservation de

um|denken sep irr vi changer sa façon de penser

um|drehen sep **1.** vt (Gegenstand) (re)tourner **2.** vr sich ~ se retourner; **Umdrehung** f rotation f, tour m

umeinander adv l'un(e) autour de l'autre; (füreinander) l'un(e) pour l'autre

um|fahren sep irr vt renverser

um|fallen sep irr vi ⟨sein⟩ tomber; (fig: Meinung ändern) changer d'avis, tourner casaque

Umfang m étendue f; (von Buch) longueur f; (Reichweite) portée f; (Fläche) surface f; (MATH) circonférence f; **umfangreich** adj vaste; (Buch) volumineux(-euse)

umfassend adj complet(-ète); (Darstellung) global(e)

Umfeld nt contexte m, environnement m

Umfrage f enquête f, sondage m

um|füllen sep vt transvaser

um|funktionieren (pp umfunktioniert) sep vt transformer

Umgang m relations fpl, rapports mpl

umgänglich adj (Mensch) sociable, affable

Umgangsformen pl manières fpl;

Umgangssprache f langue f familière

umgeben (pp umgeben) irr vt entourer

Umgebung f (Landschaft) environs mpl; (Milieu) milieu m, ambiance f; (Menschen) entourage m

umgehen (pp umgangen) irr vt contourner; (Gesetz) tourner; (Antwort) éluder; (Zahlung) escamoter

um|gehen sep irr vi ⟨sein⟩ **mit jdm grob ~** traiter qn avec rudesse; **mit Geld sparsam ~** être économe

umgehend adj immédiat(e)

Umgehungsstraße f boulevard m périphérique, périphérique m

umgekehrt 1. adj renversé(e); (Reihenfolge) inverse, contraire **2.** adv au contraire, vice versa

um|graben sep irr vt bêcher

um|gruppieren (pp umgruppiert) sep vt réorganiser

Umhang m cape f, pélerine f

um|hängen sep vt (Bild) déplacer; (Jacke) mettre sur ses épaules; **Umhängetasche** f sac m à bandoulière, sacoche f

um|hauen sep irr vt (Baum) abattre; (fig) renverser

umher adv autour; (hier und da) çà et là; **umher|gehen** sep irr vi ⟨sein⟩ aller çà et là; **umher|ziehen** sep irr vi ⟨sein⟩ errer

umhin|können sep irr vi **ich kann nicht umhin, das zu tun** je suis obligé(e) de le faire

um|hören sep vr sich ~ s'informer, renseigner

Umkehr f (-) retour m; (Änderung) revirement m; **um|kehren** sep **1.** vi ⟨sein⟩ retourner **2.** vt retourner; (Reihenfolge) intervertir

um|kippen sep **1.** vt renverser **2.** vi ⟨sein⟩ se renverser; (Mensch) perdre l'équilibre; (fam: Meinung ändern) changer d'idée; (fam: ohnmächtig werden) tomber dans les pommes

Umkleidekabine f cabine f; **Umkleideraum** m vestiaire m

um|kommen sep irr vi ⟨sein⟩ mourir, périr

Umkreis m voisinage m, environs mpl; **im ~ von** dans un rayon de; **umkreisen** (pp umkreist) vt tourner autour de

um|krempeln sep vt (Ärmel) retrousser; (Strümpfe, Tasche) retourner; (fig) changer de A à Z

um|laden sep irr vt (Last) transborder; (Wagen) recharger

Umlage f participation f aux frais

Umlauf m (Geld~) circulation f; (von Gestirn) révolution f; **Umlaufbahn** f orbite f

Umlaut m tréma m, voyelle f infléchie

um|legen sep vt (Kosten) partager; (fam: töten) descendre

um|leiten sep vt (Fluss) détourner; (Verkehr) dévier; **Umleitung** f déviation f

um|lernen sep vi se recycler; (umdenken) revoir sa façon de penser

umliegend adj (Ortschaften) environnant(e)

Umluftherd m four m à chaleur tournante

Umnachtung f aliénation f mentale

umranden (pp umrandet) vt entourer

um|rechnen sep vt convertir; **Umrechnung** f change m, conversion f; **Umrechnungsgebühren** pl taxes fpl de conversion; **Umrechnungskurs** m cours m du change

umreißen (pp umrissen) irr vt exposer les grandes lignes de

umringen (pp umringt) vt entourer

Umriss m contour m

um|rühren sep vt remuer

ums = **um das**

um|satteln sep vi (fam) changer de métier (auf +akk pour devenir)

Umsatz m ventes fpl, chiffre m d'affaires

um|schalten sep vi (auf anderes Programm) passer, changer de chaîne; (auf anderen Sender) changer de poste; (an anderen Ort) passer l'antenne; (Ampel) changer; **Umschalttaste** f touche f Majuscule

Umschau f nach jdm/etw ~ halten chercher qn/qch (du regard); **um|schauen** sep vr s. **umsehen**

Umschlag m (Buch~) couverture f; (MED) compresse f; (Brief~) enveloppe f; (von Wetter) changement m; **um|schlagen** sep irr 1. vi ⟨sein⟩ changer subitement 2. vt (Ärmel) retrousser; (Seite) tourner; (Waren) transborder; **Umschlagplatz** m (COM) lieu m de transbordement

um|schreiben sep irr vt (anders schreiben) transcrire; (neu) réécrire; (übertragen) transférer (auf +akk à)

umschreiben (pp umschrieben) irr vt (indirekt ausdrücken) paraphraser

um|schulden sep vt (Kredit) consolider

um|schulen sep vt recycler; **Umschulung** f reconversion f

umschwärmen (pp umschwärmt) vt voltiger autour de; (fig) courtiser

Umschweife pl ohne ~ sans détours

Umschwung m revirement m

um|sehen sep irr vr sich ~ regarder autour de soi; (suchen) chercher (nach etw qch)

umseitig adv au verso

Umsicht f circonspection f, précaution f; **umsichtig** adj circonspect(e)

umso adv d'autant plus; ~ **besser** tant mieux; ~ **mehr** d'autant plus

umsonst adv en vain, inutilement; (gratis) gratuitement

um|springen sep irr vi ⟨sein⟩ (Wind) tourner; **mit jdm grob ~** être brusque avec qn

Umstand m circonstance f; (Faktor) facteur m; **Umstände** pl (Schwierigkeiten) difficultés fpl; **in anderen ~n sein** être enceinte; ~ **machen** faire des façons [o des histoires]; **machen Sie bitte keine ~** ne vous dérangez pas; **mildernde ~** circonstances fpl atténuantes; **umständlich** adj (Mensch) trop minutieux(-euse); (Methode) compliqué(e); (Ausdrucksweise) prolixe; **Umstandskleid** nt robe f de grossesse; **Umstandswort** nt adverbe m

um|steigen sep irr vi ⟨sein⟩ (EISENBAHN) changer (de train)

um|stellen sep 1. vt changer de place; (TECH) régler 2. vr sich ~ s'adapter (auf +akk à); **Umstellung** f changement m; (Umgewöhnung) adaptation f

um|stimmen sep vt (jdn) faire changer d'avis

um|stoßen sep irr vt renverser

umstritten adj controversé(e)

Umsturz m renversement m (politique); **um|stürzen** sep 1. vt renverser 2. vi ⟨sein⟩ tomber à la renverse, s'écrouler; (Wagen) se retourner; **umstürzlerisch** adj subversif(-ive)

Umtausch m échange m; (von Geld) conversion f, change m; **um|tauschen** sep vt échanger, changer

Umtriebe pl manigances fpl

UMTS nt (-) abk von **Universal Mobile Telecommunication System** UMTS m

um|tun sep irr vr sich nach jdm/etw ~ (fam) être à la recherche de qn/qch

um|wandeln sep vt transformer

um|wechseln sep vt changer

Umweg m détour m

Umwelt f environnement m; **Umweltauflagen** pl règles fpl de respect de l'environnement, charge f écologique; **Umweltbeauftragte(r)** mf délégué(e) à l'environnement; **Umweltbelastung** f incidence f sur l'environnement;

umweltbewusst *adj* conscient(e) des problèmes d'environnement; **Umwelteinfluss** *m* influence *f* de l'environnement; **Umweltengel** *m* label *m* écologique; **umweltfeindlich** *adj* polluant(e); **umweltfreundlich** *adj* écologique, non polluant(e); **umweltgefährdend** *adj* nocif(-ive) [o dangereux(-euse)] pour l'environnement; **Umweltgift** *nt* produit *m* nocif pour l'environnement; **Umweltkatastrophe** *f* catastrophe *f* écologique; **Umweltkriminalität** *f* délits *mpl* (graves) en matière d'environnement; **Umweltpapier** *nt* papier *m* recyclé; **umweltschädlich** *adj* polluant(e); **Umweltschutz** *m* protection *f* de l'environnement, écologie *f;* **Umweltschützer(in)** *m(f)* (-s, -) écologiste *mf;* **Umweltschutzorganisation** *f* organisation *f* pour la protection de l'environnement; **Umweltschutzpapier** *nt* papier *m* recyclé; **Umweltschutztechnik** *f* techniques *fpl* antinuisances; **Umweltsünder(in)** *m(f)* pollueur(-euse); **Umwelttechnik** *f* technique *f* de l'environnement; **Umweltverschmutzung** *f* pollution *f;* **umweltverträglich** *adj* moins [o non] polluant(e); **Umweltverträglichkeitsprüfung** *f* étude *f* de l'impact sur l'environnement
um|wenden *sep irr* **1.** *vt* tourner **2.** *vr* **sich** ~ se retourner
umwerben *(pp* umworben) *irr vt* courtiser
um|werfen *sep irr vt* renverser; (*erschüttern*) bouleverser; (*Mantel*) jeter sur ses épaules; **umwerfend** *adj* (*fam*) renversant(e)
um|ziehen *sep irr* **1.** *vt* (*Kind*) changer **2.** *vi* ⟨*sein*⟩ déménager **3.** *vr* **sich** ~ se changer
umzingeln *(pp* umzingelt) *vt* encercler
Umzug *m* (*Prozession*) procession *f;* (*Wohnungs~*) déménagement *m*
unabänderlich *adj* irrévocable
unabhängig *adj* indépendant(e); **Unabhängigkeit** *f* indépendance *f;* (*POL*) autonomie *f*
unabkömmlich *adj* occupé(e)
unablässig *adj* incessant(e)
unabsehbar *adj* imprévisible
unabsichtlich *adj* involontaire
unabwendbar *adj* inéluctable
unachtsam *adj* distrait(e); **Unachtsamkeit** *f* distraction *f,* inattention *f*
unangebracht *adj* déplacé(e), inopportun(e)

unangemessen *adj* inadéquat(e)
unangenehm *adj* désagréable; **Unannehmlichkeit** *f* désagrément *m,* ennui *m*
unansehnlich *adj* (*Sache*) insignifiant(e); (*Mensch*) disgracieux(-euse)
unanständig *adj* indécent(e); **Unanständigkeit** *f* grossièreté *f*
unappetitlich *adj* (*Essen*) peu appétissant(e); (*unhygienisch*) dégoûtant(e)
Unart *f* (*Angewohnheit*) mauvaise habitude *f;* **unartig** *adj* désobéissant(e)
unauffällig *adj* discret(-ète)
unauffindbar *adj* introuvable
unaufgefordert **1.** *adj* (*Hilfe*) spontané(e) **2.** *adv* spontanément
unaufhaltsam *adj* inéluctable
unaufhörlich *adj* incessant(e), continuel(le)
unaufmerksam *adj* inattentif(-ive)
unaufrichtig *adj* insincère
unausgeglichen *adj* (*Mensch*) peu équilibré(e)
unaussprechlich *adj* (*Name*) imprononçable; (*Kummer*) indicible
unausstehlich *adj* insupportable
unausweichlich *adj* inévitable
unbändig *adj* (*Kind*) turbulent(e); (*Freude*) pétulant(e)
unbarmherzig *adj* impitoyable
unbeabsichtigt *adj* involontaire
unbeachtet *adj* inaperçu(e)
unbedenklich **1.** *adj* (*ungefährlich*) inoffensif(-ive) **2.** *adv* (*bedenkenlos, uneingeschränkt*) sans réserve
unbedeutend *adj* (*Summe*) insignifiant(e); (*Fehler*) futile
unbedingt **1.** *adj* absolu(e) **2.** *adv* absolument; **musst du** ~ **gehen?** dois-tu vraiment partir?
unbefangen *adj* spontané(e); (*Zeuge*) impartial(e)
unbefriedigend *adj* peu satisfaisant(e); **unbefriedigt** *adj* insatisfait(e)
unbefugt *adj* non autorisé(e)
unbegabt *adj* peu doué(e)
unbegreiflich *adj* incompréhensible
unbegrenzt *adj* illimité(e)
unbegründet *adj* sans fondement
Unbehagen *nt* malaise *m,* gêne *f;* **unbehaglich** *adj* (*Wohnung*) inconfortable; (*Gefühl*) désagréable
unbeholfen *adj* maladroit(e)
unbekannt *adj* inconnu(e); ~**es Flugobjekt** objet *m* volant non identifié
unbekümmert *adj* insouciant(e)
unbeliebt *adj* mal vu(e), peu aimé(e);

(*Maßnahmen*) impopulaire; **Unbeliebtheit** f impopularité f
unbequem adj (*Stuhl*) inconfortable; (*Mensch*) gênant(e)
unberechenbar adj (*Mensch, Verhalten*) imprévisible
unberechtigt adj injuste; (*nicht erlaubt*) non autorisé(e)
unberührt adj intact(e)
unbescheiden adj présomptueux(-euse); (*Forderung*) exagéré(e)
unbeschreiblich adj indescriptible
unbesonnen adj irréfléchi(e)
unbeständig adj (*Mensch*) inconstant(e); (*Wetter, Lage*) instable
unbestechlich adj incorruptible
unbestimmt adj indéfini(e), vague; (*Zukunft*) incertain(e); **Unbestimmtheit** f incertitude f
unbeteiligt adj (*uninteressiert*) neutre; ~ **an** étranger(-ère) à
unbeugsam adj inébranlable
unbewacht adj non gardé(e), sans surveillance
unbeweglich adj (*Gerät*) fixe; (*Gelenk*) immobile
unbewusst adj involontaire, inconscient(e)
unbrauchbar adj inutilisable
unbürokratisch adj (de façon) non bureaucratique
uncool adj (*sl*) pas cool
und konj et; ~ **so weiter** et cetera
Undank m ingratitude f; **undankbar** adj ingrat(e); **Undankbarkeit** f ingratitude f
undefinierbar adj indéfinissable
undenkbar adj inconcevable
Underscore m (-s, -s) caractère m underscore
Understatement nt (-s, -s) affirmation f en-dessous de la vérité
undeutlich adj (*Schrift*) illisible; (*Erinnerung*) vague, imprécis(e); (*Sprache*) incompréhensible
undicht adj qui fuit; ~ **sein** fuir, avoir une fuite
Unding nt absurdité f, non-sens m
unduldsam adj intolérant(e)
undurchführbar adj irréalisable
undurchlässig adj imperméable, étanche
undurchsichtig adj (*Material*) opaque; (*fig*) louche
uneben adj accidenté(e)
unehelich adj (*Kind*) naturel(le), illégitime

uneigennützig adj désintéressé(e)
uneinig adj désuni(e), en désaccord; **Uneinigkeit** f désaccord m
uneins adj en désaccord
unempfindlich adj insensible; (*Stoff*) résistant(e); **Unempfindlichkeit** f insensibilité f
unendlich adj infini(e); **Unendlichkeit** f infinité f
unentbehrlich adj indispensable
unentgeltlich adj gratuit(e)
unentschieden adj ~ **enden** (*SPORT*) faire match nul
unentschlossen adj irrésolu(e), indécis(e)
unentwegt adj constant(e)
unerbittlich adj inflexible
unerfahren adj inexpérimenté(e)
unerfreulich adj désagréable
unergründlich adj (*Tiefe*) insondable; (*Wesen*) impénétrable
unerheblich adj négligeable; **es ist ~, ob** il importe peu que +*subj*
unerhört adj (*Frechheit*) inouï(e); (*Bitte*) qui n'est pas exaucé(e)
unerklärlich adj inexplicable
unerlässlich adj (*Bedingung*) indispensable
unerlaubt adj illicite, non autorisé(e)
unermesslich adj immense
unermüdlich adj infatigable
unersättlich adj insatiable
unerschöpflich adj (*Vorräte*) inépuisable; (*Geduld*) immense, sans limites
unerschütterlich adj inébranlable
unerschwinglich adj inabordable
unerträglich adj insupportable
unerwartet adj inattendu(e)
unerwünscht adj (*Besuch*) importun(e); (*in Gruppe*) indésirable
unerzogen adj mal élevé(e)
UNESCO f (-) akr von **United Nations Educational, Scientific and Cultural Organization** UNESCO f
unfähig adj incapable (*zu* de); **Unfähigkeit** f incapacité f, inaptitude f
unfair adj injuste
Unfall m accident m; **Unfallflucht** f délit m de fuite; **Unfallgefahr** f danger m d'accident; **Unfallstelle** f lieu m de l'accident; **Unfallversicherung** f assurance f (contre les) accidents
unfassbar adj inconcevable
unfehlbar 1. adj infaillible **2.** adv à coup sûr, certainement; **Unfehlbarkeit** f infaillibilité f
unflätig adj grossier(-ière)

unfolgsam adj désobéissant(e)
unfrankiert adj non affranchi(e)
unfrei adj (Volk) asservi(e); (Leben) d'esclave; (Paket) non affranchi(e)
unfreiwillig adj involontaire
unfreundlich adj (Mensch) peu aimable, désagréable; (Wetter) maussade; **Unfreundlichkeit** f manque m d'amabilité
Unfriede(n) m discorde f
unfruchtbar adj stérile; (Boden) inculte; (Gespräche) infructueux(-euse); **Unfruchtbarkeit** f stérilité f
Unfug m (Benehmen) bêtises fpl; (Unsinn) non-sens m
Ungar(in) m(f) (-n, -n) Hongrois(e); **ungarisch** adj hongrois(e)
Ungarn nt (-s) la Hongrie
ungeachtet prep +gen malgré, en dépit de
ungeahnt adj (Möglichkeiten) inespéré(e); (Talente) insoupçonné(e)
ungebeten adj (Gast) intrus(e); (Einmischung) importun(e)
ungebildet adj inculte
ungebräuchlich adj inusité(e)
ungedeckt adj (Scheck) sans provision
Ungeduld f impatience f; **ungeduldig** adj impatient(e)
ungeeignet adj inapproprié(e); (Mensch) incompétent(e)
ungefähr 1. adj approximatif(-ive) 2. adv environ, à peu près
ungefährlich adj sans danger
ungehalten adj irrité(e), mécontent(e)
ungeheuer 1. adj énorme 2. adv (fam) énormément; **Ungeheuer** nt (-s, -) monstre m; **ungeheuerlich** adj monstrueux(-euse)
ungehobelt adj (fig) grossier(-ière)
ungehörig adj inconvenant(e)
ungehorsam adj désobéissant(e), indocile; **Ungehorsam** m désobéissance f; **ziviler ~** désobéissance f du citoyen
ungeklärt adj (Frage) non éclairci(e); (Rätsel) non résolu(e)
ungeladen adj (Gewehr, Batterie) non chargé(e); (Gast) sans invitation
ungelegen adj (Besuch) importun(e); **das kommt mir sehr ~** cela me dérange beaucoup
ungelernt adj non qualifié(e)
ungelogen adv (fam) sans mentir
ungemein adv extrêmement
ungemütlich adj désagréable; (Haus, Stuhl) inconfortable; **hier ist es ~** on n'est pas bien ici

ungenau adj (Angabe) inexact(e); (Bezeichnung) imprécis(e); **Ungenauigkeit** f imprécision f
ungeniert 1. adj sans gêne 2. adv sans se gêner
ungenießbar adj (Essen) immangeable; (fam: Mensch) insupportable
ungenügend adj insuffisant(e)
ungepflegt adj négligé(e)
ungerade adj (Zahl) impair(e)
ungerecht adj injuste; **ungerechtfertigt** adj injustifié(e); **Ungerechtigkeit** f injustice f
ungern adv de mauvaise grâce
ungeschehen adj **das kann man nicht mehr ~ machen** c'est irréparable
Ungeschicklichkeit f maladresse f; **ungeschickt** adj maladroit(e)
ungeschminkt adj non maquillé(e); (Wahrheit) tout(e) nu(e)
ungesetzlich adj illégal(e)
ungestempelt adj (Briefmarke) non oblitéré(e)
ungestört adj en paix
ungestraft adv impuni(e)
ungestüm adj avec fougue; **Ungestüm** nt (-(e)s) impétuosité f
ungesund adj malsain(e); (Aussehen) maladif(-ive)
ungetrübt adj serein(e), sans nuage
Ungetüm nt (-(e)s, -e) monstre m
ungewiss adj incertain(e); **Ungewissheit** f incertitude f
ungewöhnlich adj exceptionnel(le)
ungewohnt adj inhabituel(le); (nicht vertraut) inaccoutumé(e)
Ungeziefer nt (-s) vermine f
ungezogen adj (Kind) mal élevé(e); **Ungezogenheit** f impertinence f, impolitesse f
ungezwungen adj sans contrainte, décontracté(e), relax(e)
ungläubig adj (Gesicht) incrédule
unglaublich adj incroyable
unglaubwürdig adj (Mensch) qui n'est pas digne de foi; (Aussage) peu vraisemblable; (Geschichte) invraisemblable; **sich ~ machen** perdre sa crédibilité
ungleich 1. adj inégal(e) 2. adv infiniment; **ungleichartig** adj différent(e); **Ungleichheit** f inégalité f
Unglück nt malheur m; (Pech) malchance f; (Verkehrs~) accident m; **unglücklich** adj malheureux(-euse); **unglücklicherweise** adv malheureusement; **unglückselig** adj catastrophique, désastreux(-euse); (Mensch) malheu-

reux(-euse); **Unglücksfall** m malheur m
ungültig adj (a. INFORM) non valide; (Pass)
périmé(e); **Ungültigkeit** f nullité f
ungünstig adj défavorable, peu propice
ungut adj (Gefühl) désagréable; **nichts für**
~ ne le prenez pas mal
unhaltbar adj (Stellung) intenable;
(Behauptung) insoutenable
Unheil nt désastre m, calamité f;
(Unglück) malheur m; ~ **anrichten** provoquer un malheur; **unheilvoll** adj funeste
unheimlich 1. adj inquiétant(e) **2.** adv
(fam) énormément
unhöflich adj impoli(e); **Unhöflichkeit**
f impolitesse f
unhygienisch adj pas hygiénique
uni adj inv uni(e)
Uni f (-, -s) fac f
UNICEF f (-) akr von **United Nations International Childrens' Fund** UNICEF f
Unicode-Format nt (INFORM) format m
unicode
Uniform f (-, -en) uniforme m; **unifor-
miert** adj en uniforme
uninteressant adj inintéressant(e)
Universität f université f
Universum nt (-s) univers m
unkenntlich adj méconnaissable
Unkenntnis f ignorance f
unklar adj (Bild) trouble, flou(e); (Text,
Rede) confus(e); **über etw** akk **im Unklaren sein** ne pas être sûr(e) de qch;
Unklarheit f manque m de clarté;
(Unentschiedenheit) incertitude f
unklug adj imprudent(e)
Unkosten pl frais mpl; **Unkostenbei-
trag** m participation f aux frais
Unkraut nt mauvaises herbes fpl;
Unkrautvernichtungsmittel nt désherbant m, herbicide m
unlängst adv récemment
unlauter adj (Wettbewerb) déloyal(e)
unleserlich adj illisible
unlogisch adj illogique
unlösbar, unlöslich adj insoluble
Unlust f manque m d'enthousiasme;
unlustig adj maussade
unmäßig adj démesuré(e), excessif(-ive)
Unmenge f quantité f énorme
Unmensch m brute f, monstre m;
unmenschlich adj inhumain(e)
unmerklich adj imperceptible
unmissverständlich adj (Antwort) catégorique; (Verhalten) sans équivoque
unmittelbar adj (Nähe) immédiat(e);
(Kontakt) direct(e)
unmöbliert adj non meublé(e)

unmöglich adj impossible; **Unmög-
lichkeit** f impossibilité f
unmoralisch adj immoral(e)
Unmut m mauvaise humeur f
unnachgiebig adj (Material) rigide; (fig)
intransigeant(e)
unnahbar adj inabordable, inaccessible
unnötig adj inutile; **unnötigerweise**
adv inutilement
unnütz adj inutile
UNO f (-) akr von **Organisation der Vereinten Nationen** ONU f
unordentlich adj (Mensch) désordon-
né(e); (Arbeit) négligé(e); (Zimmer) en
désordre; **Unordnung** f désordre m
unparteiisch adj impartial(e); **Unpar-
teiische(r)** mf personne f neutre; (beim
Fußball) arbitre m
unpassend adj (Äußerung) mal à propos;
(Zeit) mal choisi(e)
unpässlich adj indisposé(e)
unpersönlich adj impersonnel(le)
unpolitisch adj apolitique
unpraktisch adj (Mensch) maladroit(e);
(Gerät) peu pratique
unproduktiv adj improductif(-ive)
unproportioniert adj mal propor-
tionné(e)
unpünktlich adj qui n'est pas ponc-
tuel(le)
unrationell adj (Betrieb) peu produc-
tif(-ive)
unrecht adj (Gedanken) mauvais(e);
Unrecht nt injustice f; **zu** ~ à tort; **im** ~
sein, ~ **haben** avoir tort; **unrechtmäßig** adj (Besitz) illégitime, illégal(e)
unregelmäßig adj irrégulier(-ière);
(Leben) déréglé(e); **Unregelmäßigkeit** f
irrégularité f
unreif adj pas mûr(e)
unrentabel adj qui n'est pas rentable
unrichtig adj incorrect(e)
Unruh f (-, -en) (von Uhr) balancier m
Unruhe f agitation f, inquiétude f;
Unruhestifter(in) m(f) (-s, -) agita-
teur(-trice); **unruhig** adj inquiet(-ète),
agité(e); (Gegend) bruyant(e); (Meer) agi-
té(e), houleux(-euse)
uns pron dat, akk von **wir** nous
unsachlich adj subjectif(-ive); (persönlich)
personnel(le)
unsagbar, unsäglich adj indicible
unsanft adj brutal(e), rude; (Erwachen)
brusque
unsauber adj malpropre, sale; (fig) malhonnête
unschädlich adj inoffensif(-ive); **jdn** ~

machen mettre qn hors d'état de nuire
unscharf adj (Konturen) indistinct(e);
(Bild) flou(e)
unscheinbar adj (Mensch) modeste;
(Pflanze) simple
unschlagbar adj imbattable
unschlüssig adj indécis(e)
Unschuld f innocence f; (von Mädchen)
virginité f; **unschuldig** adj innocent(e)
unselbstständig adj dépendant(e)
unser 1. pron (adjektivisch) notre; (pl) nos
2. pron gen von **wir** de nous; **unsere(r, s)**
pron (substantivisch) le (la) nôtre; (pl) les
nôtres; **unsererseits** adv de notre côté;
unseresgleichen pron des gens
comme nous; **unseretwegen** adv (für
uns) pour nous; (von uns aus) en ce qui
nous concerne; (wegen uns) à cause de
nous
unsicher adj (Ausgang) incertain(e);
(Mensch) qui manque d'assurance; **Unsi-**
cherheit f (Ungewissheit) incertitude f;
(von Auftreten) manque m d'assurance
unsichtbar adj invisible; **Unsichtbar-**
keit f invisibilité f
Unsinn m bêtises fpl; (Nonsens) absurdité
f; ~ **sein** être absurde; **unsinnig 1.** adj
(Plan, Idee) insensé(e); (Gerede) inepte
2. adv (fam) terriblement; (hoch, teuer)
scandaleusement
Unsitte f mauvaise habitude f
unsittlich adj immoral(e); **Unsittlich-**
keit f indécence f
unsportlich adj peu sportif(-ive)
unsre(r, s) = unsere(r, s)
unsre = unsere
unsretwegen adv (für uns) pour nous;
(wegen uns) à cause de nous
unsterblich adj immortel(le); ~ **verliebt**
éperdument amoureux(-euse);
Unsterblichkeit f immortalité f
Unstimmigkeit f discordance f; (Streit)
désaccord m
unsympathisch adj antipathique
untätig adj inactif(-ive)
untauglich adj incapable; (MIL) inapte;
Untauglichkeit f inaptitude f
unteilbar adj indivisible
unten adv (en) dessous; (im Haus, an Leiter, Treppe) en bas; **nach** ~ vers le bas, en
bas; **ich bin bei ihm** ~ **durch** (fam) je ne
suis plus rien pour lui
unter 1. prep +akk sous; (zwischen, bei)
parmi **2.** prep +dat sous; (bei Zahlen, Beträgen) en dessous de; (zwischen, bei) parmi,
au milieu de; **sie wohnen** ~ **mir** ils ha-
bitent en dessous de chez moi; ~ **dem**

heutigen Datum en date d'aujourd'hui; ~
jds Leitung/Herrschaft sous la direction/
la domination de qn; ~ **Willy Brandt** lorsque Willy Brandt était au gouvernement;
~ **Schwierigkeiten/Protest** avec diffi-
culté/des protestations; ~ **Lachen** en
riant; ~ **anderem** entre autres; ~ **uns**
gesagt soit dit entre nous
Unterabteilung f subdivision f
Unterarm m avant-bras m
unterbelichten (pp unterbelichtet) vt
(FOTO) sous-exposer
Unterbewusstsein nt subconscient m
unterbezahlt adj sous-payé(e)
unterbieten (pp unterboten) irr vt (COM)
vendre moins cher
unterbinden (pp unterbunden) irr vt (fig)
empêcher
Unterbodenschutz m (AUTO) couche f
antirouille
unterbrechen (pp unterbrochen) irr vt
interrompre; (Kontakt) couper; **Unter-**
brechung f interruption f; **Unterbre-**
chungsbefehl m (INFORM) instruction f
de rupture; **Unterbrechungstaste** f
(INFORM) touche f Pause
unter|bringen sep irr vt trouver de la
place pour; (in Koffer) ranger; (in Zeitung)
publier; (in Hotel) loger; (beruflich) trouver
une place pour, placer
unterdessen adv entre-temps
Unterdruck m (-drücke pl) basse pression f
unterdrücken (pp unterdrückt) vt
(Gefühle, Aufstand) réprimer; (Leute) opprimer; (Gähnen) étouffer; **Unterdrü-**
ckung f oppression f
untere(r, s) adj inférieur(e)
untereinander adv (unter uns) entre
nous; (unter euch) entre vous; (unter sich)
entre eux (elles)
unterentwickelt adj sous-développé(e)
unterernährt adj sous-alimenté(e);
Unterernährung f sous-alimentation f
Unterführung f passage m souterrain
Untergang m (NAUT) naufrage m; (von
Staat) fin f, chute f; (von Kultur) déclin m;
(von Gestirn) coucher m
untergeben adj subordonné(e)
unter|gehen sep irr vi ⟨sein⟩ (NAUT) cou-
ler; (Sonne) se coucher; (Staat) s'effondrer; (Volk) périr; (im Lärm) se perdre
Untergeschoss nt sous-sol m
untergliedern (pp untergliedert) vt subdiviser
Untergrund m sous-sol m; (POL) clandes-
tinité f; **Untergrundbahn** f métro m;

Untergrundbewegung f mouvement m clandestin

unterhalb adv, prep +gen en dessous (de)

Unterhalt m entretien m; **unterhalten** (pp unterhalten) irr **1.** vt entretenir; (belustigen) divertir **2.** vr sich ~ (sprechen) s'entretenir; (sich amüsieren) se divertir; **unterhaltend** adj divertissant(e); **unterhaltsam** adj divertissant(e), amusant(e); **Unterhaltspflicht** f obligation f de payer une pension alimentaire; **unterhaltspflichtig** adj tenu(e) de payer une pension alimentaire; **Unterhaltszahlung** f pension f alimentaire; **Unterhaltung** f (Gespräch) entretien m; (Belustigung) distraction f; **Unterhaltungselektronik** f électronique f de divertissement; **Unterhaltungsindustrie** f industrie f des loisirs

Unterhändler(in) m(f) négociateur (-trice), médiateur(-trice)

Unterhemd nt tricot m (de corps), sous-vêtement m

Unterhose f slip m

unterirdisch adj souterrain(e)

Unterkiefer m mâchoire f inférieure

unter|kommen sep irr vi ⟨sein⟩ trouver à se loger; (Arbeit finden) trouver du travail; **das ist mir noch nie untergekommen** je n'ai encore jamais vu ça

Unterkunft f (-, -künfte) logement m

Unterlage f (Beleg) document m; (Schreibtisch~) sous-main m

unterlassen (pp unterlassen) irr vt (versäumen) manquer, laisser; (sich enthalten) s'abstenir de

unterlegen adj inférieur(e); (besiegt) vaincu(e)

Unterleib m bas-ventre m

unterliegen (pp unterlegen) irr vi ⟨sein⟩ **jdm** ~ être vaincu(e) par qn; (unterworfen) être soumis(e) à qn

Untermenü nt (INFORM) sous-menu m

Untermiete f zur ~ **wohnen** être sous-locataire; **Untermieter(in)** m(f) sous-locataire mf

unternehmen (pp unternommen) irr vt entreprendre; **Unternehmen** nt (-s, -) entreprise f; **Unternehmensberater(in)** m(f) conseil m d'entreprise, consultant(e) en entreprise; **Unternehmer(in)** m(f) (-s, -) entrepreneur(-euse); **unternehmungslustig** adj entreprenant(e)

Unterredung f entrevue f, entretien m

Unterricht m (-(e)s) cours m; **unterrichten** (pp unterrichtet) **1.** vt instruire; (SCH) enseigner **2.** vr sich ~ se renseigner (über +akk sur); **Unterrichtsfach** f matière f

Unterrock m jupon m

untersagen (pp untersagt) vt **jdm etw** ~ interdire qch à qn

unterschätzen (pp unterschätzt) vt sous-estimer

unterscheiden (pp unterschieden) irr **1.** vt distinguer **2.** vr sich ~ différer (von de); **Unterscheidung** f distinction f

Unterschied m (-(e)s, -e) différence f; **im** ~ **zu** à la différence de, contrairement à; **unterschiedlich** adj différent(e); **unterschiedslos** adv indifféremment, sans distinction

unterschlagen (pp unterschlagen) irr vt (Geld) détourner; (verheimlichen) cacher; **Unterschlagung** f détournement m

Unterschlupf m (-(e)s, -e) abri m, refuge m; (Versteck) cachette f

unterschreiben (pp unterschrieben) irr vt signer

Unterschrift f signature f

Unterseeboot nt sous-marin m

Untersetzer m (-s, -) dessous-de-plat m; (für Gläser) dessous-de-verre m

untersetzt adj (Gestalt) râblé(e)

unterste(r, s) adj inférieur(e), le (la) plus bas(se)

unterstehen (pp unterstanden) irr **1.** vi **jdm** ~ être sous les ordres de qn **2.** vr sich ~, **etw zu tun** oser faire qch

unter|stellen sep **1.** vt (Fahrzeug) mettre à l'abri [o au garage] **2.** vr sich ~ se mettre à l'abri

unterstellen (pp unterstellt) vt **jdm etw** ~ (von ihm behaupten) imputer qch à qn

unterstreichen (pp unterstrichen) irr vt souligner

Unterstrich m (INFORM) caractère m underscore

Unterstufe f degré m inférieur

unterstützen (pp unterstützt) vt (moralisch) soutenir; (finanziell) aider, subventionner; **Unterstützung** f soutien m, aide f; (Zuschuss) aide f financière

untersuchen (pp untersucht) vt examiner; (Polizei) enquêter sur; **Untersuchung** f examen m, enquête f; **Untersuchungsausschuss** m commission f d'enquête; **Untersuchungshaft** f détention f préventive

Untertan(in) m(f) (-s, -en) sujet(te); **untertänig** adj soumis(e)

Untertasse f soucoupe f; **fliegende** ~ soucoupe volante

unter|tauchen *sep vi* ⟨*sein*⟩ plonger; (*fig*) disparaître

Unterteil *nt o m* partie *f* inférieure, bas *m*

unterteilen (*pp* unterteilt) *vt* subdiviser

Untertitel *m* sous-titre *m*

untertreiben (*pp* untertrieben) *vt* minimiser

Unterverzeichnis *nt* (*INFORM*) sous-répertoire *m*

unterwandern (*pp* unterwandert) *vt* (*POL*) noyauter

Unterwäsche *f* sous-vêtements *mpl*

unterwegs *adv* en route

unterweisen (*pp* unterwiesen) *irr vt* instruire

Unterwelt *f* (*Mythologie*) enfers *mpl*; (*Verbrecher*) milieu *m*

unterwerfen (*pp* unterworfen) *irr* **1.** *vt* (*Volk*) soumettre **2.** *vr* **sich ~** se soumettre

unterwürfig *adj* soumis(e)

unterzeichnen (*pp* unterzeichnet) *vt* signer

unterziehen (*pp* unterzogen) *irr* **1.** *vt* **jdn einer Sache** *dat* **~** soumettre qn à qch **2.** *vr* **sich einer Untersuchung** *dat* **~** se soumettre à un examen; **sich einer Prüfung** *dat* **~** subir un examen

untreu *adj* infidèle; **Untreue** *f* infidélité *f*

untröstlich *adj* inconsolable

Untugend *f* mauvaise habitude *f*

untypisch *adj* atypique

unüberlegt *adj* irréfléchi(e)

unübersehbar *adj* (*Fehler, Schaden*) évident(e); (*Menge*) immense

unübersichtlich *adj* (*Liste, Grafik*) peu clair(e); (*Lage, Verhältnisse*) confus(e)

unumgänglich *adj* inévitable

unumwunden *adj* direct(e)

ununterbrochen *adj* (*Folge*) continu(e); (*Regen*) ininterrompu(e)

unveränderlich *adj* immuable; **unverändert** *adj* inchangé(e)

unverantwortlich *adj* irresponsable

unverbesserlich *adj* incorrigible

unverbindlich *adv* (*COM*) sans engagement, sans obligation

unverbleit *adj* sans plomb

unverblümt **1.** *adj* cru(e), direct(e) **2.** *adv* crûment, directement

unverdaulich *adj* indigeste

unverdorben *adj* intègre

unvereinbar *adj* incompatible

unverfänglich *adj* anodin(e)

unverfroren *adj* effronté(e)

unvergesslich *adj* inoubliable

unverkennbar *adj* indubitable, évident(e)

unvermeidlich *adj* inévitable

unvermutet *adj* inattendu(e)

unvernünftig *adj* (*Mensch*) déraisonnable; (*Entscheidung*) insensé(e)

unverschämt *adj* (*Mensch*) impertinent(e), insolent(e); (*Preise*) exorbitant(e); **Unverschämtheit** *f* insolence *f*

unversehrt *adj* sain(e) et sauf (sauve), intact(e)

unversöhnlich *adj* irréconciliable, implacable

unverständlich *adj* incompréhensible

unverträglich *adj* (*Stoffe*) qui ne vont pas ensemble; (*Meinungen*) incompatible, inconciliable

unverwüstlich *adj* très résistant(e); (*Humor*) imperturbable

unverzeihlich *adj* impardonnable

unverzüglich *adj* immédiat(e)

unvollkommen *adj* imparfait(e); **unvollständig** *adj* incomplet(-ète)

unvorbereitet *adj* non préparé(e), improvisé(e)

unvoreingenommen *adj* non prévenu(e)

unvorhergesehen *adj* imprévu(e)

unvorsichtig *adj* imprudent(e)

unvorstellbar *adj* inimaginable, inconcevable

unvorteilhaft *adj* peu avantageux(-euse)

unwahr *adj* faux (fausse)

unwahrscheinlich **1.** *adj* invraisemblable **2.** *adv* (*fam*) très; **Unwahrscheinlichkeit** *f* invraisemblance *f*

unweigerlich **1.** *adj* inéluctable **2.** *adv* immanquablement, à coup sûr

Unwesen *nt* (*Unfug*) méfaits *mpl*; **an einem Ort sein ~ treiben** causer des troubles quelque part

unwesentlich *adj* peu important(e)

Unwetter *nt* mauvais temps *m*, tempête *f*

unwichtig *adj* sans importance

unwiderlegbar *adj* (*Beweis*) irréfutable

unwiderruflich *adj* irrévocable

unwiderstehlich *adj* irrésistible

Unwille(n) *m* mécontentement *m*; **unwillig** *adj* indigné(e), mécontent(e); (*widerwillig*) rétif(-ive), récalcitrant(e)

unwillkürlich **1.** *adj* (*Reaktion*) spontané(e), involontaire **2.** *adv* involontairement

unwirklich *adj* irréel(le)

unwirksam *adj* inefficace

unwirsch *adj* brusque, impoli(e)

unwirtlich *adj* (*Gegend*) inhospita-

lier(-ière), peu accueillant(e)
unwirtschaftlich *adj* (*Verfahren*) non
rentable
unwissend *adj* ignorant(e); **Unwissenheit** *f* ignorance *f*
unwissenschaftlich *adj* peu scientifique
unwohl *adj* jdm ist es ~ qn ne se sent
pas bien; **Unwohlsein** *nt* (-s) indisposition *f*
unwürdig *adj* indigne (*jds* de qn)
unzählig *adj* innombrable
unzerbrechlich *adj* incassable
unzerstörbar *adj* indestructible
unzertrennlich *adj* inséparable
Unzucht *f* attentat *f* à la pudeur;
unzüchtig *adj* obscène
unzufrieden *adj* mécontent(e), insatis-
fait(e); **Unzufriedenheit** *f* mécontentement *m*, insatisfaction *f*
unzulänglich *adj* insuffisant(e)
unzulässig *adj* inadmissible
unzurechnungsfähig *adj* irresponsable
unzusammenhängend *adj* incohé-
rent(e)
unzutreffend *adj* inexact(e)
unzuverlässig *adj* peu sûr(e)
unzweideutig *adj* sans équivoque
Update *nt* (-s, -s), **Upgrade** *nt* (-s, -s)
(*INFORM*) dernière version *f*
uploaden (*pp* geuploadet *o* upgeloadet)
vt (*INFORM*) télécharger vers l'amont
üppig *adj* (*Frau, Busen*) plantureux(-euse);
(*Essen*) copieux(-euse); (*Vegetation*) abon-
dant(e)
Ur- *in Zusammensetzungen* (*erste*) pre-
mier(-ière); (*ursprünglich*) originel(le)
Ural *m* (-s) Oural *m*
uralt *adj* très vieux (vieille)
Uran *nt* (-s) uranium *m*
Uraufführung *f* première *f*; **Ureinwoh-
ner(in)** *m(f)* aborigène *mf*; **Urenkel(in)**

m(f) arrière-petit-fils *m*, arrière-petite-fille
f
urgieren (*pp* urgiert) *vt* (*A*) insister
Urgroßmutter *f* arrière-grand-mère *f*;
Urgroßvater *m* arrière-grand-père *m*
Urheber(in) *m(f)* (-s, -) instigateur
(-trice); (*Verfasser*) auteur *m*
Uri *nt* (-s) l'Uri *m*
urig *adj* (*Mensch*) farfelu(e), original(e)
Urin *m* (-s, -e) urine *f*
urkomisch *adj* (*fam*) très drôle
Urkunde *f* (-, -n) document *m*; **Urkun-
denfälschung** *f* faux *m*; **urkundlich**
1. *adj* écrit(e) **2.** *adv* avec document à
l'appui
URL *f* (-, -s) *abk von* **Uniform Resource
Locator** adresse *f* URL
Urlaub *m* (-(e)s, -e) vacances *fpl*; (*für
Arbeitnehmer*) congé *m*; (*MIL*) permission *f*;
Urlauber(in) *m(f)* (-s, -) vacancier(-ière)
Urmensch *m* homme *m* préhistorique
Urne *f* (-, -n) urne *f*
Ursache *f* cause *f*
Ursprung *m* origine *f*; (*von Fluss*) source
f; **ursprünglich** *adj* (*Form*) originel(le);
(*Plan*) initial(e)
Urteil *nt* (-s, -e) jugement *m*; (*JUR*) sen-
tence *f*, verdict *m*; **urteilen** *vi* juger;
Urteilsspruch *m* sentence *f*
Uruguay *nt* (-(s)) l'Uruguay *m*; **Urugu-
ayer(in)** *m(f)* (-s, -) Uruguayen(ne);
uruguayisch *adj* uruguayen(ne)
Urwald *m* forêt *f* vierge; **Urzeit** *f* ère *f*
préhistorique
USA *pl* les Etats-Unis *mpl*
Usbekistan *nt* (-s) l'Ouzbékistan *m*
User(in) *m(f)* (-s, -) (*INFORM*) utilisateur
(-trice)
usw. *abk von* **und so weiter** etc
Utensilien *pl* ustensiles *mpl*
Utopie *f* utopie *f*; **utopisch** *adj* utopi-
que

V

V, v *nt* (-, -) V, v *m*

vag(e) *adj* vague

Vagina *f* (-, Vaginen) vagin *m*

Vakuum *nt* (-s, Vakuen o Vakua) vide *m*; **vakuumverpackt** *adj* emballé(e) sous vide

Vampir *m* (-s, -e) vampire *m*

Vandalismus *m* vandalisme *m*

Vanille *f* (-) vanille *f*; **Vanillestange** *f* gousse *f* de vanille

Variation *f* variation *f*; **variieren** (*pp* variiert) *vt, vi* varier

Vase *f* (-, -n) vase *m*

Vater *m* (-s, Väter) père *m*; **Vaterland** *nt* patrie *f*; **väterlich** *adj* paternel(le); **väterlicherseits** *adv* du côté paternel; **Vaterschaft** *f* paternité *f*; **Vaterunser** *nt* (-s, -) Notre Père

Vati *m* (-s, -s) (*fam*) papa *m*

Vatikan *m* (-s) der ~ le Vatican

v. Chr. *abk von* **vor Christus** av. J.-C.

Veganer(in) *m(f)* (-s, -) végétalien(ne)

Vegetarier(in) *m(f)* (-s, -) végétarien(ne); **vegetarisch** *adj* végétarien(ne)

vegetieren (*pp* vegetiert) *vi* végéter

vehement *adj* véhément(e)

Veilchen *nt* violette *f*

Velo *nt* (-s, -s) (*CH*) vélo *m*

Vene *f* (-, -n) veine *f*

Venedig *nt* (-s) Venise *f*

Venezolaner(in) *m(f)* (-s, -) Vénézuélien(ne); **venezolanisch** *adj* vénézuélien(ne)

Venezuela *nt* (-s) le Venezuela

Ventil *nt* (-s, -e) soupape *f*, valve *f*

Ventilator *m* ventilateur *m*

verabreden (*pp* verabredet) 1. *vt* fixer, convenir de 2. *vr* sich ~ prendre (un) rendez-vous (*mit jdm* avec qn); **Verabredung** *f* accord *m*; (*Treffen*) rendez-vous *m*

verabscheuen (*pp* verabscheut) *vt* détester

verabschieden (*pp* verabschiedet) 1. *vt* (*Gäste*) prendre congé de; (*entlassen*) congédier, licencier; (*Gesetz*) adopter, voter 2. *vr* sich ~ prendre congé (*von* de); **Verabschiedung** *f* (*von Menschen*) adieux *mpl*; (*Feier*) réception *f* d'adieu; (*von Gesetz*) adoption *f*

verachten (*pp* verachtet) *vt* mépriser; **das ist nicht zu ~** (*fig*) ce n'est pas négligeable; **verächtlich** *adj* dédai-

gneux(-euse), méprisant(e); **Verachtung** *f* mépris *m*, dédain *m*

verallgemeinern (*pp* verallgemeinert) *vt* généraliser; **Verallgemeinerung** *f* généralisation *f*

veralten (*pp* veraltet) *vi* ⟨sein⟩ vieillir, tomber en désuétude; **veraltet** *adj* vieilli(e), démodé(e)

Veranda *f* (-, Veranden) véranda *f*

veränderlich *adj* variable, changeant(e); **Veränderlichkeit** *f* variabilité *f*

verändern (*pp* verändert) 1. *vt* transformer 2. *vr* sich ~ changer; **Veränderung** *f* changement *m*

verängstigt *adj* intimidé(e)

verankern (*pp* verankert) *vt* (*Schiff, fig*) ancrer

veranlagt *adj* künstlerisch ~ sein être doué(e) pour les arts; **Veranlagung** *f* don *m*, disposition *f*

veranlassen (*pp* veranlasst) *vt* occasionner, causer; **sich veranlasst sehen, etw zu tun** être obligé(e) de faire qch; **was veranlasste ihn dazu?** qu'est-ce qui l'a poussé à faire cela?; **Veranlassung** *f* cause *f*, motif *m*; **auf jds ~** *akk* (**hin**) à l'instigation de qn

veranschaulichen (*pp* veranschaulicht) *vt* illustrer

veranschlagen (*pp* veranschlagt) *vt* (*Kosten*) estimer

veranstalten (*pp* veranstaltet) *vt* organiser; (*fam: Krach*) faire; **Veranstalter(in)** *m(f)* (-s, -) organisateur(-trice); **Veranstaltung** *f* (*kulturelle, sportliche*) manifestation *f*; **Veranstaltungskalender** *m* calendrier *m* des manifestations

verantworten (*pp* verantwortet) 1. *vt* répondre de, être responsable de 2. *vr* sich für etw ~ répondre de qch; **verantwortlich** *adj* responsable; **Verantwortung** *f* responsabilité *f*; **die ~ für etw tragen** être responsable de qch; **verantwortungsbewusst** *adj* responsable; **verantwortungslos** *adj* irresponsable

verarbeiten (*pp* verarbeitet) *vt* travailler; (*geistig*) assimiler; (*INFORM*) traiter; **etw zu etw ~** travailler qch pour en faire qch; **Verarbeitung** *f* (*Art und Weise*) finition *f*; (*Bewältigung*) assimilation *f*

verärgern (*pp* verärgert) *vt* fâcher

verarzten (*pp* verarztet) *vt* soigner

verausgaben (*pp* verausgabt) *vr* sich ~

(finanziell) trop dépenser; *(fig)* se donner à fond

veräußern *(pp veräußert)* vt céder

Verb nt (-s, -en) verbe m

Verband m (-bände pl) *(MED)* pansement m, bandage m; *(Bund)* association f; **Verband(s)kasten** m boîte f à pansements; **Verbandstoff** m pansement m; **Verband(s)zeug** nt pansements mpl

verbannen *(pp verbannt)* vt bannir, proscrire; **Verbannung** f bannissement m

verbarrikadieren *(pp verbarrikadiert)* **1.** vt barricader **2.** vr sich ~ se barricader

verbergen *(pp verborgen)* irr **1.** vt dissimuler **2.** vr sich ~ se cacher

verbessern *(pp verbessert)* **1.** vt *(besser machen)* améliorer; *(berichtigen)* corriger, rectifier **2.** vr sich ~ s'améliorer; **Verbesserung** f amélioration f; correction f

verbeugen *(pp verbeugt)* vr sich ~ s'incliner; **Verbeugung** f révérence f

verbiegen *(pp verbogen)* irr vt déformer, tordre

verbieten *(pp verboten)* irr vt défendre, interdire; **jdm den Mund ~** faire taire qn

verbilligt adj au rabais, à prix réduit

verbinden *(pp verbunden)* irr **1.** vt relier; *(Menschen)* lier; *(kombinieren)* combiner; *(MED)* panser; *(TEL)* passer; **etw mit etw ~** associer qch à qch; *(ich bin) falsch verbunden (TEL)* je me suis trompé(e) de numéro; *(Sie sind) falsch verbunden* vous avez composé un faux numéro **2.** vr sich ~ s'unir; *(CHEM)* se combiner; *s. a.* verbunden

verbindlich adj *(bindend)* obligatoire; *(freundlich)* obligeant(e); **Verbindlichkeit** f obligation f; *(Höflichkeit)* obligeance f; **~en** pl *(Schulden)* obligations fpl

Verbindung f *(von Orten)* liaison f; *(Beziehung)* relation f, rapport m; *(Zug~ etc)* communication f; *(CHEM)* composé m; *(Studenten~)* corporation f

verbissen adj *(Kampf, Gegner)* acharné(e); *(Gesichtsausdruck)* tendu(e)

verbitten *(pp verbeten)* irr vt **sich** dat **etw ~** ne pas tolérer qch

verbittern *(pp verbittert)* **1.** vt aigrir **2.** vi *(sein)* s'aigrir

verblassen *(pp verblasst)* vi *(sein)* pâlir; *(Farbe)* passer

Verbleib m (-(e)s) endroit m où se trouve qch ou qn; **verbleiben** *(pp verblieben)* irr vi *(sein)* *(bleiben)* rester, demeurer; **wir ~ dabei** nous en restons là

verbleit adj contenant du plomb

Verblendung f *(fig)* aveuglement m

verblöden *(pp verblödet)* vi *(sein)* devenir complètement abruti(e)

verblüffen *(pp verblüfft)* vt épater, ébahir; **Verblüffung** f stupéfaction f, ébahissement m

verblühen *(pp verblüht)* vi *(sein)* se faner

verbluten *(pp verblutet)* vi *(sein)* mourir d'une hémorragie

verbohrt adj obstiné(e), têtu(e)

verborgen adj *(a. INFORM)* caché(e)

Verbot nt (-(e)s, -e) interdiction f, défense f; **verboten** adj interdit(e), défendu(e); **Rauchen ~** interdiction [o défense] de fumer; **verbotenerweise** adv en dépit de l'interdiction; **Verbotsschild** nt panneau m d'interdiction

Verbrauch m (-(e)s) consommation f; **verbrauchen** *(pp verbraucht)* vt consommer; *(Geld, Kraft)* dépenser; **Verbraucher(in)** m(f) (-s, -) consommateur(-trice); **Verbraucherzentrale** f institut m national de la consommation

verbraucht adj usé(e); *(Luft)* vicié(e)

verbrechen *(pp verbrochen)* irr vt commettre, faire; **Verbrechen** nt (-s, -) crime m; **Verbrecher(in)** m(f) criminel(le); **verbrecherisch** adj criminel(le)

verbreiten *(pp verbreitet)* **1.** vt répandre, propager **2.** vr sich ~ se répandre; **sich über etw** akk **~** s'étendre sur qch

verbreitern *(pp verbreitert)* vt élargir

Verbreitung f propagation f

verbrennen *(pp verbrannt)* irr **1.** vt brûler; *(Leiche)* incinérer **2.** vi *(sein)* brûler; **Verbrennung** f *(von Papier)* combustion f; *(von Leiche)* incinération f; *(MED)* brûlure f; **Verbrennungsmotor** m moteur m à explosion

verbringen *(pp verbracht)* irr vt passer

verbrüdern vr sich ~ fraterniser; **Verbrüderung** f fraternisation f

verbrühen *(pp verbrüht)* vr sich ~ s'ébouillanter

verbuchen *(pp verbucht)* vt enregistrer; *(fig: Erfolg)* avoir à son actif

Verbund m association f

verbunden *(pp verbunden)* adj lié(e); **jdm ~ sein** *(dankbar)* être obligé(e) à qn; *s. a. verbinden*

verbünden *(pp verbündet)* vr sich ~ s'allier *(mit* à, avec)

Verbundenheit f attachement m; **Verbündete(r)** mf allié(e), confédéré(e)

verbürgen *(pp verbürgt)* vr sich ~ **für** se porter garant(e) de, répondre de

verbüßen *(pp verbüßt)* vt **eine Strafe ~**

purger une peine

verchromt adj chromé(e)

Verdacht m (-(e)s, -e o Verdächte) soupçon m; **verdächtig** adj suspect(e); **verdächtigen** (pp verdächtigt) vt soupçonner; **jdn des Mordes ~** soupçonner qn de meurtre

verdammen (pp verdammt) vt condamner; **verdammt 1.** adj (fam) sacré(e) **2.** adv (fam) sacrément; **~ noch mal!** nom de Dieu!

verdampfen (pp verdampft) vi ⟨sein⟩ s'évaporer

verdanken (pp verdankt) vt jdm etw ~ devoir qch à qn

verdarb imperf von **verderben**

verdauen (pp verdaut) vt digérer; **verdaulich** adj schwer/leicht ~ indigeste/digestible; **Verdauung** f digestion f

Verdeck nt (-(e)s, -e) (AUTO) capote f; (NAUT) pont m supérieur

verdecken (pp verdeckt) vt cacher, masquer

verdenken (pp verdacht) irr vt jdm etw nicht ~ **können** ne pas pouvoir tenir rigueur de qch à qn

verderben (verdarb, verdorben) **1.** vt (ruinieren) détruire; (Augen) abîmer; (Vergnügen, Tag, Spaß) gâcher; (moralisch) corrompre, pervertir; **sich** dat **den Magen ~** se payer une indigestion; **es mit jdm ~** perdre les bonnes grâces de qn **2.** vi ⟨sein⟩ (Essen) pourrir, s'avarier; **Verderben** nt (-s) (moralisch) perte f; **verderblich** adj (Einfluss) nocif(-ive), pernicieux(-euse); (Lebensmittel) périssable; **verderbt** adj corrompu(e); **Verderbtheit** f dépravation f

verdeutlichen (pp verdeutlicht) vt rendre clair(e), élucider

verdichten (pp verdichtet) **1.** vt condenser; (CHEM) concentrer **2.** vr sich ~ se condenser

verdienen (pp verdient) vt mériter; (Geld) gagner; **Verdienst 1.** m (-(e)s, -e) (Geld) revenus mpl; (Gewinn) bénéfice m, profit m **2.** nt (-(e)s, -e) (Leistung) mérite(s) m(pl); **verdient** adj mérité(e); (Mensch) émérite(e); **sich um etw ~ machen** bien mériter de qch

verdoppeln (pp verdoppelt) vt doubler; **Verdopp(e)lung** f redoublement m

verdorben 1. pp von **verderben 2.** adj (Essen) avarié(e); (ruiniert) gâché(e); (moralisch) dépravé(e)

verdorren (pp verdorrt) vi ⟨sein⟩ se dessécher

verdrängen (pp verdrängt) vt (Gedanken) refouler; (jdn) éclipser; **Verdrängung** f refoulement m

verdrehen (pp verdreht) vt (Augen) rouler; (Tatsachen) fausser, dénaturer; **jdm den Kopf ~** tourner la tête à qn

verdreifachen (pp verdreifacht) vt tripler

verdrießlich adj renfrogné(e)

verdrossen adj contrarié(e)

verdrücken (pp verdrückt) **1.** vt (fam: Kleidung) chiffonner, froisser; (fam: Essen) avaler **2.** vr sich ~ (fam) s'esquiver

Verdruss m (-es, -e) contrariété f

verduften (pp verduftet) vi ⟨sein⟩ (Aroma) perdre son arôme; (fam: verschwinden) se volatiliser, ficher le camp

verdummen (pp verdummt) **1.** vt abêtir **2.** vi ⟨sein⟩ s'abêtir

verdunkeln (pp verdunkelt) **1.** vt (Raum) obscurcir; (Tat) camoufler **2.** vr sich ~ (Himmel) s'assombrir; **Verdunk(e)lung** f obscurcissement m; **Verdunk(e)lungsgefahr** f (JUR) danger m de suppression des indices

verdünnen (pp verdünnt) vt diluer

verdunsten (pp verdunstet) vi ⟨sein⟩ s'évaporer

verdursten (pp verdurstet) vi ⟨sein⟩ mourir de soif

verdutzt adj perplexe, ahuri(e)

verehren (pp verehrt) vt vénérer; **jdm etw ~** (fam) faire cadeau de qch à qn; **Verehrer(in)** m(f) (-s, -) admirateur (-trice); (Liebhaber) soupirant m; **verehrt** adj honoré(e), vénéré(e); **sehr ~es Publikum** mesdames et messieurs; **Verehrung** f admiration f; (REL) vénération f

vereidigen (pp vereidigt) vt assermenter, faire prêter serment à; **Vereidigung** f prestation f de serment

Verein m (-(e)s, -e) société f, association f

vereinbar adj compatible

vereinbaren (pp vereinbart) vt convenir de; **Vereinbarung** f accord m

vereinen (pp vereint) vt unir; (Prinzipien) concilier; **die Vereinten Nationen** pl les Nations fpl Unies

vereinfachen (pp vereinfacht) vt simplifier

vereinheitlichen (pp vereinheitlicht) vt uniformiser

vereinigen (pp vereinigt) **1.** vt unir; **die Vereinigten Arabischen Emirate** les Émirats mpl Arabes Unis; **die Vereinigten Staaten** pl les États-Unis mpl **2.** vr sich ~ s'unir; **Vereinigung** f union f; (Verein) association f

vereinsamen (pp vereinsamt) vi ⟨sein⟩ devenir solitaire

vereinzelt adj isolé(e)

vereisen (pp vereist) **1.** vi ⟨sein⟩ geler **2.** vt (MED) anesthésier

vereiteln (pp vereitelt) vt (Plan) faire échouer, déjouer

vereitern (pp vereitert) vi ⟨sein⟩ s'infecter; **vereitert** adj purulent(e)

verenden (pp verendet) vi ⟨sein⟩ mourir

verengen (pp verengt) vr sich ~ rétrécir

vererben (pp vererbt) **1.** vt (BIO) léguer **2.** vr sich ~ être héréditaire; **vererblich** adj héréditaire; **Vererbung** f hérédité f, transmission f

verewigen (pp verewigt) vt immortaliser

verfahren (pp verfahren) irr **1.** vi ⟨sein⟩ (vorgehen) procéder; **mit jdm/etw** ~ traiter qn/qch **2.** vt (Geld) dépenser (en transports); (Benzin, Fahrkarte) utiliser **3.** vr sich ~ se tromper de route **4.** adj (Situation) sans issue; **Verfahren** nt (-s, -) méthode f; (JUR) procédure f

Verfall m (-(e)s) déclin m; (von Haus) délabrement m; (von Epoche) décadence f; (FIN) échéance f; **verfallen** (pp verfallen) irr vi ⟨sein⟩ dépérir; (Haus) tomber en ruine; (ungültig werden) être périmé(e); (FIN) venir à échéance; ~ **in** +akk (re)tomber dans; ~ **auf** +akk avoir l'idée (saugrenue) de; **einem Laster** ~ **sein** être sous l'emprise d'un vice; **Verfallsdatum** nt date f de péremption

verfänglich adj difficile, gênant(e)

verfärben (pp verfärbt) vr sich ~ changer de couleur

verfassen (pp verfasst) vt rédiger, écrire; **Verfasser(in)** m(f) (-s, -) auteur mf

Verfassung f (Zustand) état m; (POL) constitution f; **Verfassungsgericht** nt Conseil m constitutionnel; **verfassungsmäßig** adj constitutionnel(le); **verfassungswidrig** adj anticonstitutionnel(le)

verfaulen (pp verfault) vi ⟨sein⟩ pourrir

Verfechter(in) m(f) (-s, -) défenseur m

verfehlen (pp verfehlt) vt manquer, rater; **etw für verfehlt halten** considérer qch comme mal à propos

verfeinern (pp verfeinert) vt améliorer

verfilmen (pp verfilmt) vt filmer

verfliegen (pp verflogen) irr vi ⟨sein⟩ (Duft, Ärger) se dissiper; (Zeit) passer très vite

verflixt 1. adj (fam) fichu(e) **2.** adv bigrement **3.** interj (fam) nom de Dieu

verflossen adj (Zeit) passé(e); (fam: Liebhaber) ex-; **Verflossene(r)** mf (fam) ex mf

verfluchen (pp verflucht) vt maudire

verflüchtigen (pp verflüchtigt) vr sich ~ se volatiliser

verflüssigen (pp verflüssigt) vr sich ~ se liquéfier

verfolgen (pp verfolgt) vt poursuivre; (POL: Gegner) persécuter; (Entwicklung) suivre; (INFORM: Änderungen) tracer; **Verfolger(in)** m(f) (-s, -) poursuivant(e); **Verfolgung** f poursuite f; (POL) persécution f; **Verfolgungsjagd** f course-poursuite f; **Verfolgungswahn** m délire f de la persécution

verfremden (pp verfremdet) vt rendre méconnaissable

verfrüht adj prématuré(e)

verfügbar adj disponible

verfügen (pp verfügt) **1.** vt (anordnen) ordonner **2.** vi ~ **über** +akk disposer de; **Verfügung** f (Anordnung) ordre m; **jdm zur** ~ **stehen** être à la disposition de qn

verführen (pp verführt) vt tenter; (sexuell) séduire; **Verführer(in)** m(f) séducteur(-trice); **verführerisch** adj (Mensch, Aussehen) séduisant(e); (Duft, Anblick, Angebot) attrayant(e), tentant(e); **Verführung** f tentation f; (sexuell) séduction f

vergammeln (pp vergammelt) vi ⟨sein⟩ (fam) se laisser aller; (Nahrung) moisir

vergangen adj passé(e), dernier(-ière); **Vergangenheit** f passé m; **Vergangenheitsbewältigung** f fait m d'assumer son passé

vergänglich adj passager(-ère); **Vergänglichkeit** f caractère m passager

vergasen (pp vergast) vt gazéifier; (töten) gazer

Vergaser m (-s, -) carburateur m

vergaß imperf von **vergessen**

vergeben (pp vergeben) irr vt (verzeihen) pardonner; (Stelle, Tanz) accorder; (Preis) attribuer; **sie ist schon** ~ elle n'est plus libre; **du vergibst dir nichts, wenn du ...** tu ne te compromettrais pas en ...

vergebens adv en vain

vergeblich adj vain(e), inutile

Vergebung f (Verzeihen) pardon m; **um** ~ **bitten** demander pardon

vergegenwärtigen (pp vergegenwärtigt) vt sich dat etw ~ se représenter qch

vergehen (pp vergangen) irr **1.** vi ⟨sein⟩ (Zeit) passer; (Schmerz) disparaître; **jdm vergeht etw** qn perd qch; **vor Liebe/ Angst** ~ mourir d'amour/de peur **2.** vr sich gegen etw ~ transgresser qch; **sich**

an jdm ~ violer qn
Vergehen nt (-s, -) délit m
vergelten (pp vergolten) irr vt rendre;
jdm etw ~ récompenser qn de qch; (pej)
rendre la pareille à qn; **Vergeltung** f
vengeance f; **Vergeltungsschlag** m
(MIL) représailles fpl

vergessen (vergaß, vergessen) vt oublier; **sich** ~ s'oublier; **das werde ich ihm
nie** ~ je n'oublierai jamais ce qu'il a fait;
Vergessenheit f in ~ **geraten** tomber
dans l'oubli; **vergesslich** adj étourdi(e),
distrait(e); **Vergesslichkeit** f étourderie
f

vergeuden (pp vergeudet) vt gaspiller
vergewaltigen (pp vergewaltigt) vt violer; (fig) faire violence à; **Vergewaltigung** f viol m; (fig) violation f
vergewissern (pp vergewissert) vr sich
~ s'assurer
vergießen (pp vergossen) irr vt verser
vergiften (pp vergiftet) 1. vt empoisonner 2. vr sich ~ s'intoxiquer; (Gift nehmen)
s'empoisonner; **Vergiftung** f empoisonnement m, intoxication f
vergilben (pp vergilbt) vi ⟨sein⟩ jaunir
Vergissmeinnicht nt (-(e)s, -(e)) myosotis m
verglasen (pp verglast) vt vitrer
Vergleich m (-(e)s, -e) comparaison f;
(JUR) accommodement m, compromis m;
im ~ **mit, im** ~ **zu** en comparaison de,
par comparaison à; **vergleichbar** adj
comparable; **vergleichen** (pp verglichen) irr 1. vt comparer 2. vr sich ~ (JUR)
s'arranger, s'accorder
vergnügen (pp vergnügt) vr sich ~
s'amuser; **Vergnügen** nt (-s, -) plaisir m;
an etw dat ~ **haben** trouver plaisir à qch;
viel ~! amusez-vous bien!, amuse-toi
bien!; **zum** ~ pour le plaisir; **vergnügt**
adj joyeux(-euse), gai(e); **Vergnügung** f
divertissement m, amusement m; **Vergnügungspark** m parc m d'attractions;
vergnügungssüchtig adj qui ne
pense qu'à s'amuser
vergolden (pp vergoldet) vt dorer
vergöttern (pp vergöttert) vt adorer
vergraben (pp vergraben) irr 1. vt (in Erde)
ensevelir; (in Kleidung etc) enfouir 2. vr sich
in etw akk ~ se plonger dans qch
vergrämt adj affligé(e)
vergrätzen (pp vergrätzt) vt jdn ~ (fam)
faire prendre la mouche à qn
vergreifen (pp vergriffen) irr vr sich an
jdm ~ porter la main sur qn; **sich an etw**
dat ~ détourner qch; **vergriffen** adj

(Buch) épuisé(e)
vergrößern (pp vergrößert) 1. vt agrandir; (Anzahl) augmenter; (mit Lupe) grossir
2. vr sich ~ s'agrandir, augmenter; **Vergrößerung** f agrandissement m; (mit
Lupe) grossissement m; **Vergröße-
rungsglas** nt loupe f
Vergünstigung f avantage m; (Preisnach-
lass) réduction f
vergüten (pp vergütet) vt rembourser;
jdm etw ~ dédommager qn de qch;
Vergütung f paiement m; (von Unkosten)
remboursement m
verh. adj abk von **verheiratet**
verhaften (pp verhaftet) vt arrêter; **Ver-
haftete(r)** mf personne f arrêtée; **Verhaftung** f arrestation f
verhallen (pp verhallt) vi ⟨sein⟩ s'évanouir, se perdre au loin
verhalten (pp verhalten) irr vr sich ~ se
comporter; **Verhalten** nt (-s) comportement m; **Verhaltensforschung** f étude
f du comportement, éthologie f; **verhaltensgestört** adj caractériel(le); **Verhal-
tensmaßregel** f règle f de conduite
Verhältnis nt (proportionales) rapport m;
(persönliches) rapport m, relation f, liaison
f; ~**se** pl (Umstände) conditions fpl, circonstances fpl; (Lage) situation f; **über
seine** ~**se leben** vivre au-dessus de ses
moyens; **im** ~ **zu** par rapport à; **verhältnismäßig** adv relativement; **Verhält-
niswahl** f proportionnelle f
verhandeln (pp verhandelt) 1. vi négocier (qch); (JUR) délibérer (über +akk de)
2. vt (JUR) délibérer de; **Verhandlung** f
négociation f; (JUR) délibération f
verhängen (pp verhängt) vt (Strafe) prononcer; (Ausnahmezustand) proclamer
Verhängnis nt fatalité f, sort m; jdm zum
~ **werden** être fatal(e) à qn; **verhäng-
nisvoll** adj fatal(e)
verharmlosen (pp verharmlost) vt minimiser
verharren (pp verharrt) vi ⟨haben o sein⟩
demeurer; (hartnäckig) persister
verhärten (pp verhärtet) vr sich ~ (Fron-
ten, Gegner) se durcir
verhasst adj détesté(e), haï(e)
verheerend adj catastrophique
verhehlen (pp verhehlt) vt cacher
verheilen (pp verheilt) vi ⟨sein⟩ guérir
verheimlichen (pp verheimlicht) vt
cacher
verheiratet adj marié(e)
verheißen (pp verheißen) irr vt promettre

verhelfen (*pp* verholfen) *irr vi* jdm ~ **zu** aider qn à obtenir; **jdm zur Flucht ~** aider qn à s'enfuir

verherrlichen (*pp* verherrlicht) *vt* glorifier, exalter

verhexen (*pp* verhext) *vt* ensorceler

verhindern (*pp* verhindert) *vt* empêcher

verhöhnen (*pp* verhöhnt) *vt* rire de

Verhör *nt* (-(e)s, -e) interrogatoire *m*;

verhören (*pp* verhört) **1.** *vt* interroger **2.** *vr* **sich** ~ entendre de travers

verhungern (*pp* verhungert) *vi* ⟨sein⟩ mourir de faim

verhüten (*pp* verhütet) *vt* prévenir, empêcher; **Verhütung** *f* prévention *f*; **zur** ~ préventivement; **Verhütungsmittel** *nt* contraceptif *m*

verirren (*pp* verirrt) *vr* **sich** ~ s'égarer

verjagen (*pp* verjagt) *vt* chasser

verjüngen (*pp* verjüngt) **1.** *vt* rajeunir **2.** *vr* **sich** ~ rajeunir

verkabeln (*pp* verkabelt) *vt* câbler; **Verkabelung** *f* câblage *m*

verkalken (*pp* verkalkt) *vi* ⟨sein⟩ (*Rohre*) s'entartrer; (*fam: Mensch*) devenir gaga

verkalkulieren (*pp* verkalkuliert) *vr* **sich** ~ se tromper dans ses calculs

verkannt *adj* (*Genie*) méconnu(e)

Verkauf *m* vente *f*; **verkaufen** (*pp* verkauft) *vt* vendre; **jdn für dumm** ~ prendre qn pour un(e) idiot(e); **Verkäufer(in)** *m(f)* vendeur(-euse); **verkäuflich** *adj* vendable, à vendre; **Verkaufsargument** *nt* argument *m* de vente; **verkaufsoffen** *adj* ~**er Samstag** samedi *m* où les magasins sont ouverts toute la journée; **Verkaufsschlager** *m* article *m* très demandé

Verkehr *m* (-s, -e) (*Straßen~*) circulation *f*, trafic *m*; (*Umgang*) relations *fpl*, fréquentation *f*; (*Geschlechts~*) rapports *mpl*; **etw aus dem** ~ **ziehen** retirer qch de la circulation; **verkehren** (*pp* verkehrt) **1.** *vi* ⟨haben o sein⟩ circuler; **in einem Lokal** ~ fréquenter un café; **bei/mit jdm** ~ fréquenter qn **2.** *vt* renverser; **sich ins Gegenteil** ~ se transformer complètement; **Verkehrsampel** *f* feu(x) *m(pl)*; **Verkehrsamt** *nt* office *m* du tourisme; **Verkehrsaufkommen** *nt* densité *f* de la circulation; **verkehrsberuhigt** *adj* (*Straße*) à circulation réduite; **Verkehrsberuhigung** *f* réduction *f* de la circulation; **Verkehrschaos** *nt* (forte) perturbation *f* du trafic; **Verkehrsdelikt** *nt* infraction *f* au code de la route; **Verkehrsfunk** *m* info-route *f*; **Verkehrsin-**

farkt *m* paralysie *f* du trafic; **Verkehrsinfrastruktur** *f* infrastructure *f* de transport; **Verkehrsinsel** *f* refuge *m* (pour piétons); **Verkehrsleitsystem** *nt* système *m* de délestage de la circulation; **Verkehrsmittel** *nt* moyen *m* de transport; **öffentliche** ~ *pl* transports *mpl* en commun [*o* publics]; **Verkehrsschild** *nt* panneau *m* de signalisation; **Verkehrssicherheit** *f* sécurité *f* routière; **Verkehrsstau** *m* bouchon *m*; **Verkehrsstockung** *f* embouteillage *m*; **Verkehrssünder(in)** *m(f)* contrevenant(e) au code de la route; **Verkehrsteilnehmer(in)** *m(f)* usager(-ère) de la route *m*; **Verkehrstote(r)** *mf* victime *f* de la route; **Verkehrsunfall** *m* accident *m* de la circulation; **Verkehrsverbund** *m* société *f* de transports en commun; **verkehrswidrig** *adj* (*Verhalten*) contraire au code de la route; **Verkehrszeichen** *nt* panneau *m* de signalisation

verkehrt *adj* (*falsch*) faux (fausse); (*umgekehrt*) à l'envers

verkennen (*pp* verkannt) *irr vt* méconnaître, se méprendre sur

verklagen (*pp* verklagt) *vt* porter plainte contre

verklappen (*pp* verklappt) *vt* déverser dans la mer; **Verklappung** *f* déversement *m* dans la mer

verklären (*pp* verklärt) *vt* transfigurer

verkleiden 1. (*pp* verkleidet) *vt* (*jdn*) déguiser; (*Gegenstand*) revêtir, recouvrir **2.** *vr* **sich** ~ se déguiser; **Verkleidung** *f* déguisement *m*; (*Haus~ etc*) revêtement *m*

verkleinern (*pp* verkleinert) *vt* réduire; (*Platz, Bild*) rapetisser

verklemmt *adj* complexé(e), bloqué(e)

verklingen (*pp* verklungen) *irr vi* ⟨sein⟩ s'éteindre

verkneifen (*pp* verkniffen) *irr vt* **sich** *dat* **etw** ~ retenir qch

verkniffen *adj* (*Miene*) pincé(e)

verknoten (*pp* verknotet) *vt* nouer

verknüpfen (*pp* verknüpft) *vt* (*Faden*) attacher; (*fig*) associer, joindre, lier; **Verknüpfung** *f* (-, -en) (INFORM) liaison *f*

verkohlen (*pp* verkohlt) **1.** *vi* ⟨sein⟩ être carbonisé(e) **2.** *vt* (*fam*) se payer la tête de

verkommen 1. (*pp* verkommen) *irr vi* ⟨sein⟩ (*Garten, Haus*) être laissé(e) à l'abandon; (*Mensch*) se laisser aller **2.** *adj* (*Haus*) délabré(e); (*Mensch*) dépravé(e); **Verkommenheit** *f* (*moralisch*) dépravation *f*

verkörpern (pp verkörpert) vt incarner
verkrachen (pp verkracht) vr **sich** ~ (fam) se brouiller
verkraften (pp verkraftet) vt supporter
verkriechen (pp verkrochen) irr vr **sich** ~ se terrer
verkrümmt adj déformé(e); **Verkrümmung** f déformation f
verkrüppelt adj estropié(e)
verkrustet adj (Wunde) recouvert(e) d'une croûte; (Strukturen) sclérosé(e)
verkühlen (pp verkühlt) vr **sich** ~ prendre froid
verkümmern (pp verkümmert) vi ⟨sein⟩ (Pflanze) s'étioler; (Mensch, Tier) dépérir; (Gliedmaß, Muskel) s'atrophier; (Talent) diminuer, disparaître
verkünden (pp verkündet) vt annoncer; (Urteil) prononcer; **Verkündung** f proclamation f
verkürzen (pp verkürzt) vt raccourcir, diminuer; (Arbeitszeit) réduire; **Verkürzung** f diminution f, réduction f
verladen (pp verladen) irr vt embarquer; (Waren) charger
Verlag m (-(e)s, -e) maison f d'édition
verlangen (pp verlangt) vt demander, exiger; **das ist zu viel verlangt** c'est trop demander; **Verlangen** nt (-s, -) désir m (nach de); **auf jds ~ akk** (hin) à la demande de qn
verlängern (pp verlängert) vt (Strecke, Frist) prolonger; (Kleid) rallonger; **Verlängerung** f (zeitlich) prolongation f; (räumlich) prolongement m; **Verlängerungsschnur** f rallonge f
verlangsamen (pp verlangsamt) vt ralentir
Verlass m **auf ihn/das ist kein** ~ on ne peut pas se fier à lui/s'y fier
verlassen (pp verlassen) irr **1.** vt abandonner **2.** vr **sich auf jdn** ~ compter sur qn; **sich auf etw akk** ~ se fier à qch **3.** adj (Mensch) abandonné(e); **verlässlich** adj (Mensch) sérieux(-euse), de confiance; **Verlässlichkeit** f (von Informationen) fiabilité f; **jd ist von großer** ~ on peut faire totalement confiance à qn
Verlauf m (Ablauf) déroulement m; (von Kurve) tracé m; **im** ~ **von** au cours de; **verlaufen** (pp verlaufen) irr **1.** vi ⟨sein⟩ (Grenze, Linie) s'étendre; (Feier, Abend, Urlaub) se dérouler; (Farbe) se mélanger **2.** vr **sich** ~ (sich verirren) se perdre, s'égarer; (sich auflösen) se disperser
verlauten (pp verlautet) vi **etw** ~ **lassen** révéler qch; **wie verlautet** à ce qu'il paraît

verleben (pp verlebt) vt passer
verlebt adj marqué(e) par une vie dissolue
verlegen (pp verlegt) **1.** vt déplacer; (verlieren) égarer; (Wohnsitz) transférer; (Termin) remettre, reporter; (Rohre, Leitungen) installer, poser; (Buch) éditer, publier **2.** vr **sich auf etw** akk ~ avoir recours à qch, recourir à qch; (sich beschäftigen mit) se spécialiser dans qch **3.** adj embarrassé(e), gêné(e); **um etw nicht** ~ **sein** ne pas être à court de qch; **Verlegenheit** f embarras m, gêne f; **jdn in** ~ **bringen** mettre qn dans l'embarras
Verleger(in) m(f) (-s, -) éditeur(-trice)
Verleih m (-(e)s, -e) location f; **verleihen** (pp verliehen) irr vt (leihweise geben) prêter; (Kraft, Anschein) donner; (Titel) conférer; (Medaille, Preis) décerner; **Verleihung** f (von Dingen) prêt m; (gegen Gebühr) location f; (von Preis) remise f
verleiten (pp verleitet) vt **jdn zu etw** ~ entraîner qn à qch
verlernen (pp verlernt) vt oublier, désapprendre
verlesen (pp verlesen) irr **1.** vt lire à haute voix; (aussondern) trier **2.** vr **sich** ~ mal lire
verletzen (pp verletzt) **1.** vt blesser; (Gesetz) violer **2.** vr **sich** ~ se blesser; **verletzend** adj (Worte) blessant(e); **verletzlich** adj vulnérable; **Verletzte(r)** mf blessé(e); **Verletzung** f blessure f; (Verstoß) violation f
verleugnen (pp verleugnet) vt renier
verleumden (pp verleumdet) vt calomnier, diffamer; **verleumderisch** adj calomniateur(-trice); **Verleumdung** f calomnie f, diffamation f
verlieben (pp verliebt) vr **sich** ~ tomber amoureux(-euse) (in +akk de); **verliebt** adj amoureux(-euse); **Verliebtheit** f état m amoureux
verlieren (verlor, verloren) **1.** vi, vt perdre; **an Wert** ~ se déprécier; **du hast hier nichts verloren** (fam) tu n'as rien à faire ici **2.** vr **sich** ~ se perdre, s'égarer; (Angst, Pfad) disparaître; **Verlierer(in)** m(f) (-s, -) perdant(e); (im Krieg) vaincu(e)
verloben (pp verlobt) vr **sich** ~ se fiancer; **Verlobte(r)** mf fiancé(e); **Verlobung** f fiançailles fpl
Verlockung f tentation f
verlogen adj mensonger(-ère); (Mensch) menteur(-euse); **Verlogenheit** f fausseté f

erlor imperf von **verlieren**
erloren 1. pp von **verlieren 2.** adj (Mensch) perdu(e); ~ **sein** (fig) être perdu(e); **jdn/ etw ~ geben** considérer qn/qch comme perdu(e); ~ **gehen** être perdu(e), se perdre

erlöschen (verlosch, verloschen) vi ⟨sein⟩ s'éteindre

erlosen (pp verlost) vt mettre en loterie; (auslosen) tirer au sort; **Verlosung** f loterie f; tirage m au sort

erlottern (pp verlottert) vi ⟨sein⟩ (fam: Mensch) mal tourner; (Haus) se délabrer; (Garten) être à l'abandon

erlust m (-(e)s, -e) perte f; (finanziell) déficit m

ermachen (pp vermacht) vt léguer; **Vermächtnis** nt legs m

ermählung f mariage m

ermasseln (pp vermasselt) vt (fam) gâcher

ermehren (pp vermehrt) **1.** vt augmenter; (Menge) accroître; (fortpflanzen) propager, multiplier **2.** vr sich ~ se multiplier; **Vermehrung** f augmentation f; accroissement m; (Fortpflanzung) multiplication f, propagation f

ermeiden (pp vermieden) irr vt éviter
ermeintlich adj présumé(e)
ermerk m (-(e)s, -e) note f, remarque f; (in Urkunde) mention f; **vermerken** (pp vermerkt) vt noter, remarquer

ermessen 1. (pp vermessen) irr vt (Land) arpenter, mesurer **2.** adj (Mensch) présomptueux(-euse); (Wunsch) excessif(-ive); **Vermessenheit** f présomption f; **Vermessung** f (von Land) arpentage m

ermieten (pp vermietet) vt louer; **Zimmer zu ~** chambre(s) à louer; **Vermieter(in)** m(f) propriétaire mf, logeur(-euse); **Vermietung** f location f
ermindern (pp vermindert) **1.** vt réduire **2.** vr sich ~ se réduire, diminuer; **Verminderung** f réduction f, diminution f
ermischen (pp vermischt) **1.** vt (Zutaten) mélanger **2.** vr sich ~ se mêler
ermissen (pp vermisst) vt jd vermisst etw qch manque à qn; **ich vermisse dich** tu me manques; **vermisst** adj disparu(e); **als ~ gemeldet** porté(e) disparu(e)
ermitteln (pp vermittelt) **1.** vi (in Streit) servir de médiateur(-trice) **2.** vt jdm etw ~ (Kenntnisse, Einblick) apporter qch à qn; (Wohnung, Stelle) procurer qch à qn; **Vermittler(in)** m(f) (-s, -) intermédiaire mf; (Schlichter) médiateur(-trice); **Vermitt-**

lung f (Stelle) bureau m de placement; (TEL) central m téléphonique; (Schlichtung) médiation f

vermodern (pp vermodert) vi ⟨sein⟩ pourrir, se décomposer

Vermögen nt (-s, -) (Reichtum) fortune f; (Fähigkeit) faculté f, capacité f; **ein ~ kosten** coûter une fortune; **vermögend** adj fortuné(e)

vermummen (pp vermummt) vr sich ~ se rendre méconnaissable; **Vermummung** f déguisement m visant à se rendre méconnaissable

vermuten (pp vermutet) vt supposer, présumer; **wir ~ ihn dort** nous pensons [o supposons] qu'il est là-bas; **vermutlich 1.** adj présumé(e), vraisemblable **2.** adv probablement, vraisemblablement; **Vermutung** f supposition f

vernachlässigen (pp vernachlässigt) vt négliger; **Vernachlässigung** f fait m de négliger; (von Detail) omission f

vernarben (pp vernarbt) vi ⟨sein⟩ se cicatriser

vernehmen (pp vernommen) irr vt (Stimme, Ton) entendre, percevoir; (erfahren) apprendre; (JUR) interroger; **dem Vernehmen nach** à ce qu'on dit; **vernehmlich** adj intelligible; **Vernehmung** f (von Angeklagten) interrogatoire m; (von Zeugen) audition f; **vernehmungsfähig** adj en état de témoigner; (Angeklagte) en état d'être interrogé(e)

verneigen (pp verneigt) vr sich ~ s'incliner

verneinen (pp verneint) vt (Frage) répondre par la négative à; (ablehnen) refuser; (LING) mettre à la forme négative; **Verneinung** f réponse f négative; (Ablehnung) refus m; (LING) négation f

vernetzen (pp vernetzt) vt relier (au réseau); (INFORM) (inter)connecter, connecter en réseau; **Vernetzung** f connexion f

vernichten (pp vernichtet) vt (zerstören) détruire; (Feind) anéantir; **vernichtend** adj écrasant(e); (Kritik) cinglant(e), acerbe; **Vernichtung** f destruction f; anéantissement m

verniedlichen (pp verniedlicht) vt minimiser

Vernissage f (-, -n) vernissage m
Vernunft f (-) raison f; **zur ~ kommen** (re)devenir raisonnable, revenir à la raison; **vernünftig** adj raisonnable; (fam: Essen, Arbeit) sensé(e), bon(ne)

veröden (pp verödet) **1.** vi ⟨sein⟩ se

dépeupler 2. vt (Krampfadern) enlever, opérer

veröffentlichen (pp veröffentlicht) vt publier; **Veröffentlichung** f publication f

verordnen (pp verordnet) vt (MED) prescrire; **Verordnung** f décret m; (MED) prescription f

verpachten (pp verpachtet) vt donner à bail

verpacken (pp verpackt) vt emballer; **Verpackung** f emballage m; **verpackungsarm** adj d'emballage minimal; **Verpackungsmaterial** nt matériau m d'emballage; **Verpackungsmüll** m emballages mpl usagés

verpassen (pp verpasst) vt manquer, rater; jdm eine Ohrfeige ~ (fam) donner une gifle à qn

verpesten (pp verpestet) vt empester, empoisonner

verpflanzen (pp verpflanzt) vt transplanter; **Verpflanzung** f transplantion f

verpflegen (pp verpflegt) 1. vt nourrir 2. vr sich ~ se nourrir; **Verpflegung** f repas mpl; (Kost) nourriture f; **volle ~** pension complète

verpflichten (pp verpflichtet) 1. vt obliger; (anstellen) engager; jdm zu Dank verpflichtet sein être obligé(e) à qn 2. vr sich ~ s'engager; (MIL) s'enrôler 3. vi ~ zu engager à, obliger à; **Verpflichtung** f (Einstellung) engagement m; (moralische ~) obligation f; ~en haben avoir des obligations

verpfuschen (pp verpfuscht) vt (fam) bâcler

verpissen (pp verpisst) vr sich ~ (sl) dégager; **verpiss dich** tire-toi, dégage

verplempern (pp verplempert) vt (fam) gaspiller

verpönt adj mal vu(e)

verprassen (pp verprasst) vt dilapider, gaspiller

verprügeln (pp verprügelt) vt rosser, battre

Verputz m crépi m; **verputzen** (pp verputzt) vt (Haus) crépir; (fam: essen) dévorer, engloutir

verquollen adj gonflé(e), enflé(e)

Verrat m (-(e)s) traîtrise f; (POL) trahison f; **verraten** (pp verraten) irr 1. vt trahir 2. vr sich ~ se trahir; **Verräter(in)** m(f) (-s, -) traître(-esse); **verräterisch** adj (Absicht, Mensch) traître(-esse); (Miene, Lächeln, Blick) révélateur(-trice)

verrechnen (pp verrechnet) 1. vt etw mit etw ~ décompter qch sur qch 2. vr sich ~ se tromper dans ses calculs; (fig) tromper; **Verrechnungsscheck** m chèque m barré

verregnet adj pluvieux(-euse)

verreisen (pp verreist) vi ⟨sein⟩ partir en voyage

verreißen (pp verrissen) irr vt démolir

verrenken (pp verrenkt) vt tordre; **sich** dat etw ~ se tordre qch; **Verrenkung** f (Bewegung) torsion f; (Verletzung) entorse f

verrichten (pp verrichtet) vt accomplir

verriegeln (pp verriegelt) vt verrouiller

verringern (pp verringert) 1. vt diminuer réduire 2. vr sich ~ diminuer; **Verringerung** f réduction f, diminution f

verrosten (pp verrostet) vi ⟨sein⟩ rouiller **verrostet** adj rouillé(e)

verrotten (pp verrottet) vi ⟨sein⟩ pourrir se décomposer

verrücken (pp verrückt) vt déplacer

verrückt adj fou (folle); **wie ~** (fam) comme qn fou (folle); **jdn ~ machen** rendre qn fou (folle); **du bist wohl ~** tu es complètement fou (folle); **Verrückte(r)** mf fou (folle); **Verrücktheit** f folie f

Verruf m in ~ kommen/bringen être discrédité(e)/discréditer; **verrufen** adj mal famé(e)

Vers m (-es, -e) vers m; (in Bibel) verset m

versagen (pp versagt) vi échouer; (Motor Maschine) tomber en panne; (Stimme) défaillir; **Versagen** nt (-s, -) défaillance menschliches ~ défaillance humaine; **Versager(in)** m(f) (-s, -) raté(e)

versalzen (pp versalzen) irr vt trop saler; jdm etw ~ (fig) gâcher qch à qn

versammeln (pp versammelt) 1. vt réunir, rassembler 2. vr sich ~ se réunir; **Versammlung** f réunion f, assemblée f

Versand m (-(e)s) expédition f; (~abteilung) service m d'expédition; **Versandhaus** nt maison f de vente par correspondance

versauern (pp versauert) vi ⟨sein⟩ (fam: Mensch) s'encroûter

versäumen (pp versäumt) vt (verpassen) manquer, rater; (unterlassen) omettre, négliger; **Versäumnis** nt omission f

verschaffen (pp verschafft) vt procurer

verschämt adj timide, gêné(e)

verschandeln (pp verschandelt) vt enlaidir, défigurer

verschanzen (pp verschanzt) vr sich hinter etw dat ~ se retrancher derrière qch

erschärfen (pp verschärft) 1. vt (Strafe, Zensur) rendre plus dur(e); (Spannung) intensifier; (Lage) aggraver 2. vr sich ~ s'aggraver

erschätzen (pp verschätzt) vr sich ~ se tromper dans une estimation

erschenken (pp verschenkt) vt donner (en cadeau)

erscherzen (pp verscherzt) vt sich dat etw ~ perdre qch (par sa faute); es sich dat bei jdm ~ perdre la sympathie de qn

erscheuchen (pp verscheucht) vt chasser

erschicken (pp verschickt) vt envoyer

erschieben (pp verschoben) irr 1. vt (Termin, Datum, Fest) reporter, remettre; (an anderen Ort, INFORM) déplacer; (Waren) faire le trafic de 2. vr sich ~ se déplacer

erschieden adj (unterschiedlich) différent(e); sie sind ~ groß ils sont de tailles différentes; **verschiedenartig** adj de nature différente; zwei so ~e ... deux ... tellement différent(e)s; **Verschiedene** pron pl plusieurs; **Verschiedenes** pron des choses diverses; (als Überschrift) divers; (in der Zeitung) faits mpl divers; **Verschiedenheit** f différence f, diversité f; **verschiedentlich** adv à maintes reprises

erschimmeln (pp verschimmelt) vi ⟨sein⟩ moisir

erschlafen (pp verschlafen) irr 1. vt (Zeit) passer ... à dormir; (fig) oublier 2. vi avoir une panne d'oreiller 3. adj (Mensch) mal réveillé(e); (fig) endormi(e)

erschlag m réduit m, cagibi m

erschlampen (pp verschlampt) 1. vi ⟨sein⟩ se laisser aller 2. vt (fam) paumer

erschlanken (pp verschlankt) vt (Betrieb, Produktion) amincir

erschlechtern (pp verschlechtert) 1. vt (Leistung, Chancen) diminuer; (Lage, Gesundheit) aggraver 2. vr sich ~ empirer; **Verschlechterung** f aggravation f, dégradation f

erschleiß m (-es, -e) usure f; **verschleißen** (verschliss, verschlissen) 1. vt user 2. vi ⟨sein⟩ s'user 3. vr sich ~ s'user

erschleppen (pp verschleppt) vt (Menschen) déporter, emmener de force; (zeitlich) faire traîner en longueur

erschleudern (pp verschleudert) vt dissiper, gaspiller

erschließbar adj qui ferme à clé; **verschließen** (pp verschlossen) irr 1. vt (Haus) fermer à clé 2. vr sich einer Sache dat ~ se fermer à qch

verschlimmern (pp verschlimmert) 1. vt aggraver 2. vr sich ~ s'aggraver, empirer; **Verschlimmerung** f aggravation f

verschlingen (pp verschlungen) irr 1. vt engloutir; (Fäden) entrelacer 2. vr sich ~ s'entrelacer

verschliss imperf von **verschleißen**

verschlissen pp von **verschleißen**

verschlossen adj fermé(e) à clé; (fig) renfermé(e); **Verschlossenheit** f (von Mensch) caractère m renfermé

verschlucken (pp verschluckt) 1. vt avaler 2. vr sich ~ avaler de travers

Verschluss m fermeture f; (Stöpsel) bouchon m; unter ~ halten garder sous clé

verschlüsseln (pp verschlüsselt) vt (Nachricht) coder, chiffrer; **Verschlüsselung** f chiffrement m

verschmähen (pp verschmäht) vt dédaigner

verschmelzen (pp verschmolzen) irr 1. vt fondre 2. vi ⟨sein⟩ se mêler

verschmerzen (pp verschmerzt) vt consoler de

verschmitzt adj malicieux(-euse)

verschmutzen (pp verschmutzt) vt salir; (Umwelt) polluer

verschneit adj enneigé(e)

verschnupft adj enrhumé(e); (fam: beleidigt) vexé(e)

verschollen adj disparu(e)

verschonen (pp verschont) vt épargner, ménager; jdn mit etw ~ épargner qch à qn; von etw verschont bleiben être épargné(e) par qch

verschönern (pp verschönert) vt embellir

verschreiben (pp verschrieben) irr 1. vt (MED) prescrire 2. vr sich ~ (Fehler machen) se tromper en écrivant; sich einer Sache dat ~ se vouer à qch; **verschreibungspflichtig** adj délivré(e) uniquement sur ordonnance

verschrie(e)n adj qui a mauvaise réputation

verschroben adj bizarre

verschrotten (pp verschrottet) vt mettre à la ferraille

verschüchtert adj intimidé(e)

verschulden (pp verschuldet) vt causer; **Verschulden** nt (-s) faute f

verschuldet adj endetté(e)

Verschuldung f (Geldschulden) endettement m

verschütten (pp verschüttet) vt (Lawine etc) ensevelir; (zuschütten) combler; (ausschütten) renverser

verschweigen (pp verschwiegen) irr vt taire, garder sous silence; **jdm etw ~** cacher qch à qn

verschwenden (pp verschwendet) vt gaspiller; **Verschwender(in)** m(f) (-s, -) gaspilleur(-euse); **verschwenderisch** adj (Mensch) dépensier(-ière); (Aufwand) extravagant(e); **ein ~es Leben führen** mener grand train; **Verschwendung** f gaspillage m

verschwiegen adj (Mensch) discret(-ète); (Ort) isolé(e), tranquille; **Verschwiegenheit** f discrétion f

verschwimmen (pp verschwommen) irr vi ⟨sein⟩ se brouiller

verschwinden (pp verschwunden) irr vi ⟨sein⟩ disparaître; **Verschwinden** nt (-s) disparition f

verschwitzen (pp verschwitzt) vt (Kleidung) tremper de sueur; (fam: vergessen) oublier

verschwommen adj (Farbe) brouillé(e); (Bild) flou(e)

verschwören (pp verschworen) irr vr sich ~ conspirer (gegen contre); **Verschwörer(in)** m(f) (-s, -) conspirateur(-trice); **Verschwörung** f conspiration f, complot m

versehen (pp versehen) irr vt (Dienst) faire; (Haushalt) tenir; **jdn/etw mit etw ~** munir qn/qch de qch; **ehe er (es) sich ~ hatte** sans qu'il s'en rende compte

Versehen nt (-s, -) erreur f, méprise f; **aus ~** par mégarde; **versehentlich** adv par inadvertance

Versehrte(r) mf mutilé(e), invalide mf

versenden (pp versandt) irr vt expédier, envoyer

versengen (pp versengt) vt brûler, roussir

versenken (pp versenkt) **1.** vt (Hände) enfoncer; (Schiff) couler **2.** vr sich ~ se plonger (in +akk dans)

versessen adj ~ **auf** +akk fou (folle) de

versetzen (pp versetzt) **1.** vt (an andere Stelle) déplacer; (dienstlich) muter; (verpfänden) mettre en gage; (in Schule) faire passer dans la classe supérieure; (fam: jdn) poser un lapin à; **jdm einen Tritt ~** donner un coup de pied à qn; **jdn in gute Laune ~** mettre qn de bonne humeur **2.** vr **sich in jdn** [o **jds Lage**] ~ se mettre à la place de qn; **Versetzung** f (dienstlich) mutation f; (Verpfändung) mise f en gage; (in Schule) passage m (dans la classe supérieure)

verseuchen (pp verseucht) vt contaminer; (Umwelt) polluer

versichern (pp versichert) **1.** vt assurer **2.** vr sich ~ s'assurer (gen de); **sich gegen etw ~** s'assurer contre qch; **Versicherten-karte** f carte f d'assuré; **Versicherung** f assurance f; **Versicherungs-doppelkarte** f carte f verte; **Versiche-rungskarte** f **grüne ~** carte verte; **Ver-sicherungsnehmer(in)** m(f) (-s, -) assuré(e); **Versicherungspolice** f police f d'assurance; **Versicherungs-prämie** f prime f d'assurance

versiegeln (pp versiegelt) vt (Brief) cacheter; (Parkett) vitrifier

versiegen (pp versiegt) vi ⟨sein⟩ tarir

versinken (pp versunken) irr vi ⟨sein⟩ s'enfoncer; (Schiff) couler; **in etw** akk ~ (fig) être plongé(e) dans qch

Version f (a. INFORM) version f

versöhnen (pp versöhnt) **1.** vt réconcilier **2.** vr sich ~ se réconcilier; **Versöhnung** f réconciliation f

versorgen (pp versorgt) **1.** vt (Familie) entretenir; (Haushalt) s'occuper de; **jdn ~ mit** pourvoir qn de, fournir qn en **2.** vr sich ~ **mit** se pourvoir de, s'approvisionner en; **Versorgerstaat** m État-providence m; **Versorgung** f approvisionnement m; (Unterhalt) entretien m

verspäten (pp verspätet) vr sich ~ être en retard; **verspätet** adj en retard; (Ankunft) retardé(e); (Frühling) tardif(-ive); **Verspätung** f retard m

versperren (pp versperrt) vt (Weg) barrer; (Tür) barricader; (Sicht) boucher

verspielen (pp verspielt) vt (Geld) perdre au jeu; **bei jdm verspielt haben** (fam) avoir perdu la sympathie de qn; **ver-spielt** adj joueur(-euse)

verspotten (pp verspottet) vt se moquer de

versprechen (pp versprochen) irr **1.** vt promettre; **sich** dat **etw von etw ~** attendre qch de qch **2.** vr sich ~ faire un lapsus; **Versprechen** nt (-s, -) promesse f

verspüren (pp verspürt) vt éprouver

verstaatlichen (pp verstaatlicht) vt nationaliser

Verstand m intelligence f; (Vernunft) raison f; (gesunder Menschen~) bon sens m; **über jds ~** akk **gehen** dépasser qn; **ver-standesmäßig** adj rationnel(le)

verständig adj sensé(e), raisonnable

verständigen (pp verständigt) **1.** vt informer, prévenir **2.** vr sich ~ communiquer; (sich einigen) se mettre d'accord, s'entendre; **Verständigung** f (Kommuni *kation)* communication f; *(Benachrichtigung)* information f; *(Einigung)* accord m **erständlich** adj compréhensible; **sich ~ machen** se faire comprendre; **Verständlichkeit** f intelligibilité f

erständnis nt compréhension f; **auf ~ akk stoßen** être compris(e); **verständnislos** adj *(Mensch)* qui ne comprend pas; *(Blick, Ausdruck)* déconcerté(e); **verständnisvoll** adj compréhensif(-ive)

erstärken *(pp verstärkt)* **1.** vt fortifier, renforcer; *(Ton, ELEC)* amplifier; *(Anzahl)* augmenter **2.** vr **sich ~** augmenter, s'accroître; **Verstärker** m *(-s, -)* *(RADIO)* amplificateur m; **Verstärkung** f renforcement m; *(Ton, ELEC)* amplification f; *(von Anzahl)* augmentation f; *(Hilfe)* renfort m

erstauchen *(pp verstaucht)* vt **sich** dat **etw ~** se fouler qch

erstauen *(pp verstaut)* vt caser

ersteck nt *(-(e)s, -e)* cachette f; **~ spielen** jouer à cache-cache

erstecken *(pp versteckt)* **1.** vt cacher **2.** vr **sich ~** se cacher; **Verstecken spielen** jouer à cache-cache; **Versteckspiel** nt *(fig)* jeu m de cache-cache; **versteckt** adj *(a. INFORM)* caché(e); *(Drohung)* sous-entendu(e); *(Blick)* furtif(-ive)

erstehen *(pp verstanden)* irr **1.** vt comprendre; **etwas von Kunst ~** s'y connaître en art; **~ Sie mich nicht falsch …** comprenez-moi bien; **jdm etw zu ~ geben** faire comprendre qch à qn **2.** vr **sich gut/schlecht ~** s'entendre bien/mal

ersteifen *(pp versteift)* vr **sich ~** *(fig)* ne pas démordre *(auf +akk de)*

ersteigern *(pp versteigert)* vt vendre aux enchères; **Versteigerung** f vente f aux enchères

erstellbar adj réglable; **verstellen** *(pp verstellt)* **1.** vt déplacer; *(einstellen)* régler; *(Gerät: falsch)* dérégler; *(versperren)* bloquer; *(Miene, Stimme)* déguiser **2.** vr **sich ~** *(Mensch)* jouer la comédie

erstimmen *(pp verstimmt)* vt *(Instrument)* désaccorder; *(jdn)* mettre de mauvaise humeur; **verstimmt 1.** adj *(MUS)* désaccordé(e); *(fig)* fâché(e) **2.** adv avec humeur

erstockt adj têtu(e)

erstohlen adj furtif(-ive)

erstopfen *(pp verstopft)* vt boucher, obstruer; *(Straße)* embouteiller; **Verstopfung** f obstruction f; *(von Straße)* embouteillage m; *(MED)* constipation f

erstorben adj décédé(e)

erstört adj troublé(e), bouleversé(e)

Verstoß m *(-es, Verstöße)* infraction f *(gegen à)*; **verstoßen** *(pp verstoßen)* irr **1.** vt *(jdn)* chasser, repousser; *(Frau)* répudier **2.** vi **~ gegen** contrevenir à

verstrahlt adj irradié(e)

verstreichen *(pp verstrichen)* irr **1.** vt répandre; *(Ritzen)* boucher **2.** vi ⟨sein⟩ *(Zeit)* passer, s'écouler

verstreuen *(pp verstreut)* vt *(verschütten)* renverser; *(verbreiten)* répandre

verstümmeln *(pp verstümmelt)* vt mutiler, estropier; *(fig)* tronquer

verstummen *(pp verstummt)* vi ⟨sein⟩ rester muet(te); *(Lärm)* cesser

Versuch m *(-(e)s, -e)* tentative f, essai m; *(wissenschaftlich)* expérience f; **versuchen** *(pp versucht)* **1.** vt *(Essen)* goûter; *(ausprobieren)* essayer; *(verführen)* tenter **2.** vr **sich an etw** dat **~** s'essayer à qch; **Versuchskaninchen** nt cobaye m; **versuchsweise** adv à titre expérimental; **Versuchung** f tentation f; **in ~ geraten** être tenté(e)

versunken adj **~ sein** être plongé(e) *(in +akk dans)*

versüßen *(pp versüßt)* vt jdm etw **~** rendre qch plus doux (douce) [o agréable] à qn

vertagen *(pp vertagt)* **1.** vt ajourner, remettre **2.** vr **sich ~** ajourner la séance

vertauschen *(pp vertauscht)* vt échanger; *(versehentlich)* confondre

verteidigen *(pp verteidigt)* **1.** vt défendre **2.** vr **sich ~** se défendre; **Verteidiger(in)** m(f) *(-s, -)* défenseur m; *(JUR)* avocat(e) (de la défense); *(SPORT)* arrière m; **Verteidigung** f défense f; **Verteidigungsinitiative** f initiative f de défense

verteilen *(pp verteilt)* **1.** vt distribuer; *(Salbe etc)* répandre **2.** vr **sich ~** se répartir; **Verteilung** f distribution f

vertiefen *(pp vertieft)* **1.** vt approfondir **2.** vr **sich in etw** akk **~** se plonger dans qch; **Vertiefung** f creux m

vertikal adj vertical(e)

vertilgen *(pp vertilgt)* vt *(Unkraut, Ungeziefer)* détruire; *(fam: essen)* dévorer, engloutir

vertippen *(pp vertippt)* vr **sich ~** faire une faute de frappe

vertonen *(pp vertont)* vt *(Text)* mettre en musique

Vertrag m *(-(e)s, Verträge)* contrat m; *(POL)* traité m, convention f

vertragen *(pp vertragen)* irr **1.** vt supporter **2.** vr **sich ~** bien s'entendre *(mit jdm avec qn)*

vertraglich adj contractuel(le), conventionnel(le)

verträglich adj conciliant(e), sociable; (*Speisen*) digeste; (*MED*) bien toléré(e); **Verträglichkeit** f (*von Speise*) digestibilité f; (*von Medikament*) fait d'être bien toléré par l'organisme; (*von Mensch*) caractère m accommodant

Vertragsbruch m rupture f de contrat; **vertragsbrüchig** adj qui ne respecte pas les stipulations du contrat; **Vertragspartner(in)** m(f) contractant(e); **Vertragsspieler(in)** m(f) (*SPORT*) joueur(-euse) sous contrat; **vertragswidrig** adj contraire au contrat

vertrauen (*pp* vertraut) vi avoir confiance (*jdm* en qn); ~ **auf** +*akk* faire confiance à; **Vertrauen** nt (-s) confiance f (*in* +*akk* en); **im** ~ confidentiellement; ~ **erweckend** qui inspire confiance; **Vertrauenssache** f (*Frage des Vertrauens*) question f de confiance; (*vertraulich*) affaire f confidentielle; **vertrauensvoll** adj confiant(e); **vertrauenswürdig** adj digne de confiance

vertraulich adj confidentiel(le); **Vertraulichkeit** f caractère m confidentiel; (*Aufdringlichkeit*) familiarité f excessive

verträumt adj rêveur(-euse); (*Ort*) paisible, idyllique

vertraut adj familier(-ière); **Vertraute(r)** mf confident(e); **Vertrautheit** f familiarité f

vertreiben (*pp* vertrieben) irr vt chasser; (*aus Land*) expulser; (*COM*) vendre; (*Zeit*) passer; **Vertreibung** f expulsion f

vertretbar adj défendable, justifiable; **vertreten** (*pp* vertreten) irr vt (*jdn*) remplacer; (*Interessen*) défendre; (*Ansicht*) soutenir; (*Staat, Firma*) représenter; **sich** dat **die Beine** ~ se dégourdir les jambes; **Vertreter(in)** m(f) (-s, -) représentant(e); (*Stell~*) remplaçant(e); (*Verfechter*) défenseur m; **Vertretung** f (*von Staat, Firma*) représentation f; (*von Ansicht, Interessen*) défense f; (*beruflich*) remplacement m

Vertrieb m (-(e)s, -e) (*COM*) écoulement m, vente f

Vertriebene(r) mf personne f expulsée [o exilée]

vertrocknen (*pp* vertrocknet) vi ⟨sein⟩ se dessécher

vertrödeln (*pp* vertrödelt) vt (*fam*) passer à glander

vertrösten (*pp* vertröstet) vt faire prendre patience

vertun (*pp* vertan) irr **1.** vt (*fam*) gaspiller

2. vr sich ~ se tromper

vertuschen (*pp* vertuscht) vt camoufler, dissimuler

verübeln (*pp* verübelt) vt jdm etw ~ en vouloir à qn de qch

verüben (*pp* verübt) vt commettre

verunfallen (*pp* verunfallt) vi ⟨sein⟩ (*schweizerisch*), **verunglücken** (*pp* verunglückt) vi ⟨sein⟩ avoir un accident; **tödlich** ~ mourir dans un accident

verunreinigen (*pp* verunreinigt) vt salir, (*Umwelt*) polluer

verunsichern (*pp* verunsichert) vt rendre incertain(e), mettre dans l'incertitude

verunstalten (*pp* verunstaltet) vt défigurer

veruntreuen (*pp* veruntreut) vt détourner

verursachen (*pp* verursacht) vt causer, provoquer; **Verursacher(in)** m(f) (-s, -) responsable mf; (*von Umweltverschmutzung*) pollueur(-euse); **Verursacherprinzip** n principe m du pollueur-payeur

verurteilen (*pp* verurteilt) vt condamner (*zu* à); **zum Scheitern verurteilt sein** être voué(e) à l'échec; **Verurteilung** f condamnation f

vervielfältigen (*pp* vervielfältigt) vt (*kopieren*) polycopier; **Vervielfältigung** f polycopie f

vervollkommnen (*pp* vervollkommnet) **1.** vt perfectionner **2.** vr sich ~ se perfectionner (*in* +*dat* en)

vervollständigen (*pp* vervollständigt) v compléter

verwackeln (*pp* verwackelt) vt (*FOTO*) rater

verwählen (*pp* verwählt) vr sich ~ (*TEL*) se tromper de numéro

verwahren (*pp* verwahrt) **1.** vt (*aufbewahren*) garder, conserver **2.** vr sich ~ **gegen** protester contre

verwahrlosen (*pp* verwahrlost) vi ⟨sein⟩ être laissé(e) à l'abandon; (*Mensch*) se laisser aller; **verwahrlost** adj négligé(e) (*moralisch*) dévoyé(e)

verwaist adj (*Kind*) orphelin(e)

verwalten (*pp* verwaltet) vt administrer, gérer; **Verwalter(in)** m(f) (-s, -) administrateur(-trice); (*Haus~*) intendant(e); **Verwaltung** f administration f; **Verwaltungsbezirk** m conscription f administrative

verwandeln (*pp* verwandelt) **1.** vt changer, transformer (*in* +*akk* en) **2.** vr sich ~ se transformer (*in* +*akk* en); **Verwandlung** f transformation f

verwandt adj apparenté(e); **Verwandte(r)** mf parent(e); **Verwandtschaft** f parenté f

erwarnen (pp verwarnt) vt avertir; **Verwarnung** f avertissement m; **gebührenpflichtige** ~ amende f

erwaschen adj délavé(e); (fig) flou(e)

erwässern (pp verwässert) vt diluer

erwechseln (pp verwechselt) vt confondre; **Verwechslung** f confusion f, méprise f

erwegen adj téméraire; **Verwegenheit** f témérité f; (von Plan) audace f

erwehung f (Schnee~) congère f

erweichlichen (pp verweichlicht) 1. vt affaiblir 2. vi ⟨sein⟩ s'affaiblir; **verweichlicht** adj mou (molle), efféminé(e)

erweigern (pp verweigert) vt refuser; **den Gehorsam/die Aussage** ~ refuser d'obéir/de témoigner; **Verweigerung** f refus m

erweis m (-es, -e) (Tadel) réprimande f, remontrance f; (Hinweis) renvoi m; **verweisen** (pp verwiesen) irr 1. vt renvoyer (auf +akk à); **jdn des Landes** ~ expulser qn du pays; **jdn an jdn** ~ (r)envoyer qn à qn 2. vi se référer (auf +akk à)

erwelken (pp verwelkt) vi ⟨sein⟩ se faner

erwenden (pp verwendet) vt employer; (Mühe, Zeit) consacrer; **Verwendung** f emploi m, utilisation f

erwerfen (pp verworfen) irr vt (Plan) repousser, rejeter

erwerflich adj (Tat) condamnable, répréhensible

erwerfung f (GEO) plissement m

erwerten (pp verwertet) vt utiliser; **Verwertung** f utilisation f

erwesen (pp verwest) vi ⟨sein⟩ se putréfier, se décomposer; **Verwesung** f décomposition f

erwickeln (pp verwickelt) 1. vt jdn in etw akk ~ (fig) impliquer qn dans qch 2. vr sich ~ (Faden) s'emmêler; **sich** ~ **in** +akk (fig) s'embrouiller dans; **verwickelt** adj embrouillé(e)

erwildern (pp verwildert) vi ⟨sein⟩ (Garten) être laissé(e) à l'abandon; (Tier, Kind) devenir sauvage

erwinden (pp verwunden) irr vt surmonter

erwirklichen (pp verwirklicht) vt réaliser; **Verwirklichung** f réalisation f

erwirren (pp verwirrt) vt emmêler; (fig) déconcerter; **Verwirrung** f confusion f

erwittern (pp verwittert) vi ⟨sein⟩ être érodé(e)

verwitwet adj veuf (veuve)

verwöhnen (pp verwöhnt) vt gâter

verworfen adj dépravé(e)

verworren adj confus(e), embrouillé(e)

verwundbar adj vulnérable; **verwunden** (pp verwundet) vt blesser

verwunderlich adj étonnant(e), surprenant(e); **Verwunderung** f étonnement m, surprise f

Verwundete(r) mf blessé(e); **Verwundung** f blessure f

verwünschen (pp verwünscht) vt maudire

verwüsten (pp verwüstet) vt dévaster, ravager; **Verwüstung** f dévastation f, ravage m

verzagen (pp verzagt) vi ⟨sein⟩ se décourager; **verzagt** adj découragé(e)

verzählen (pp verzählt) vr sich ~ se tromper (dans ses calculs)

verzaubern (pp verzaubert) vt ensorceler, enchanter; (fig) charmer

verzehren (pp verzehrt) vt (essen) manger; (aufbrauchen) consommer

verzeichnen (pp verzeichnet) vt inscrire; (Erfolg) mettre à son actif; (Niederlage, Verlust) essuyer

Verzeichnis nt liste f, catalogue m; (in Buch) index m; (INFORM) répertoire m

verzeihen (verzieh, verziehen) vt, vi pardonner; **verzeihlich** adj pardonnable; **Verzeihung** f pardon m; ~! pardon!; **um** ~ **bitten** demander pardon

verzerren (pp verzerrt) vt tordre, déformer

Verzicht m (-(e)s, -e) renonciation f (auf +akk à); **verzichten** (pp verzichtet) vi renoncer (auf +akk à)

verzieh imperf von **verzeihen**

verziehen pp von **verzeihen**

verziehen (pp verzogen) irr 1. vt (Kind) gâter, mal élever; **das Gesicht** ~ faire la grimace 2. vr sich ~ (Holz) travailler; (verschwinden) disparaître 3. vi ⟨sein⟩ (umziehen) déménager

verzieren (pp verziert) vt décorer; **Verzierung** f décoration f

verzinsen (pp verzinst) vt payer des intérêts sur

verzögern (pp verzögert) 1. vt retarder, différer 2. vr sich ~ être retardé(e); **Verzögerung** f retard m, délai m; **Verzögerungstaktik** f manœuvre f dilatoire, temporisation f

verzollen (pp verzollt) vt dédouaner; **nichts zu** ~ **haben** n'avoir rien à déclarer

verzückt 1. adj extasié(e) **2.** adv avec ravissement; **Verzückung** f ravissement m

verzweifeln (pp verzweifelt) vi ⟨sein⟩ désespérer (an +dat de); **es ist zum Verzweifeln** c'est désespérant; **verzweifelt** adj désespéré(e); **Verzweiflung** f désespoir m; **jdn zur ~ bringen** désespérer qn

verzweigen (pp verzweigt) vr **sich ~** (Ast) se ramifier; (Straße) bifurquer

verzwickt adj (fam) embrouillé(e), compliqué(e)

Veto nt (-s, -s) véto m; **~ einlegen** mettre son véto

Vetter m (-s, -n) cousin m; **Vetternwirtschaft** f copinage m

VHS f (-) abk von **Volkshochschule**

Viagra® nt (-s) viagra® m

vibrieren (pp vibriert) vi vibrer

Video nt (-s, -s) vidéo f; **Videoclip** m (-s, -s) clip m vidéo; **Videogerät** nt appareil m vidéo, magnétoscope m; **Videokamera** f caméra f vidéo, caméscope m; **Videokassette** f vidéocassette f, cassette f vidéo; **Videokonferenz** f vidéoconférence f; **Videorekorder** m magnétoscope m; **Videospiel** nt jeu m vidéo; **Videothek** f (-, -en) vidéothèque f; **Videoüberwachung** f vidéosurveillance f

Vieh nt (-(e)s) bétail m, bestiaux mpl; **viehisch** adj bestial(e); (Mühe, Arbeit) énorme

viel 1. pron beaucoup de; **zu ~** trop **2.** adv beaucoup; **~ zu wenig** beaucoup trop peu; **~ sagend** éloquent(e), significatif(-ive); **~ versprechend** prometteur(-euse); **viele** pron pl (attributiv) beaucoup de; (substantivisch) beaucoup de gens/choses; **vielerlei** adj inv toutes sortes de; **vieles** pron (substantivisch) beaucoup de choses; **vielfach** adj **auf ~en Wunsch** à la demande générale; **Vielfalt** f (-) multiplicité f; **vielfältig** adj multiple, divers(e)

vielleicht adv peut-être; **du bist ~ dumm!** que tu es bête!

vielmal(s) adv souvent, bien des fois; **danke ~** merci infiniment; **vielmehr** adv plutôt, au contraire; **vielsagend** adj s. **viel; vielseitig** adj varié(e), multiple; (Mensch) aux talents multiples; **vielversprechend** adj s. **viel**

vier num quatre; **unter ~ Augen** en tête-à-tête; **auf allen ~en** à quatre pattes; **Vier** f (-, -en) quatre m; **Viereck** nt

(-(e)s, -e) quadrilatère m; **viereckig** adj quadrangulaire, carré; **vierfach** adj quadruple; **vierhundert** num quatre cent(s); **vierjährig** adj de quatre ans; **viermal** adv quatre fois; **viert** adv **zu ~** à quatre; **Viertaktmotor** m moteur m quatre temps; **vierte(r, s)** adj quatrième; **der ~ Mai** le quatre mai; **Berlin, den 4. Mai** Berlin, le 4 mai; **Vierte(r)** mf quatrième mf; **vierteilen** vt écarteler

Viertel nt (-s, -) quart m; (von Stadt) quartier m; **(ein) ~ vor/nach drei** trois heures moins le quart/et quart; **Vierteljahr** nt trimestre m; **vierteljährlich** adj trimestriel(le); **Viertelliter** m o nt quart m de litre

vierteln vt couper en quatre

Viertelnote f noire f; **Viertelstunde** f quart m d'heure

viertens adv quatrièmement

Vierwaldstätter See m lac m des Quatres-Cantons

vierzehn num quatorze; **vierzehntägig** adj de quinze jours; **vierzehntäglich** adv tous les quinze jours

vierzig num quarante

Vietnam nt (-s) le Viêt-nam, le Vietnam; **vietnamesisch** adj vietnamien(ne)

Vignette f (Autobahn~) vignette f

Vikar(in) m(f) vicaire m

Villa f (-, Villen) villa f; **Villenviertel** nt quartier m résidentiel

violett adj violet(te)

Violine f violon m; **Violinschlüssel** m clé f de sol

Virensuchprogramm nt (INFORM) (programme m) antivirus m

virtuell adj (a. INFORM) virtuel(le)

Virus m o nt (-, Viren) virus m; (INFORM) virus m informatique; **Virusinfektion** f infection f virale

Visier nt (-s, -e) (an Waffe) hausse f; (an Helm) visière f

Visit nt (-s, -s) session f

Visite f (-, -n) (MED) visite f, consultation f; **Visitenkarte** f carte f de visite

visuell adj visuel(le)

Visum nt (-s, Visa o Visen) visa m

vital adj (Mensch) plein(e) de vie; (lebenswichtig) vital(e)

Vitamin nt (-s, -e) vitamine f; **Vitaminmangel** m carence f en vitamines, avitaminose f

Vizekanzler(in) m(f) vice-chancelier(-iére); **Vizepräsident(in)** m(f) vice-président(e)

Vogel m (-s, Vögel) oiseau m; **einen ~**

haben (fam) avoir une araignée au plafond; **jdm den ~ zeigen** (fam) se frapper le front; **Vogelbauer** m o nt cage f, volière f; **Vogelbeerbaum** m sorbier m
vögeln vi, vt (sl) baiser
Vogelscheuche f (-, -n) épouvantail m
Vogerlsalat m (A) mâche f, doucette f
Vogesen pl **die ~** les Vosges fpl
Voicemail f messagerie f vocale
Vokabel f (-, -n) mot m, vocable m;
Vokabular nt (-s, -e) vocabulaire m
Vokal m (-s, -e) voyelle f
Volk nt (-(e)s, Völker) (Nation) peuple m, nation f; (Masse, Menge) foule f, masse f
Völkerbund m (HIST) Société f des Nations; **Völkerrecht** nt droit m international; **völkerrechtlich** adj de droit international; **Völkerverständigung** f entente f entre les peuples; **Völkerwanderung** f migration f des peuples
Volksbegehren nt initiative f populaire;
volkseigen adj nationalisé(e); **Volksfest** nt fête f populaire; **Volkshochschule** f université f populaire

---

Volkshochschule

La Volkshochschule (VHS) est un institut de formation continue pour adultes. Aucun niveau n'est pré-requis et, pour une somme modique, les gens ont accès à des enseignements technique, professionnel ou universitaire.

Volkslied nt chanson f populaire; **Volksmund** m **im ~** dans le langage populaire; **Volksrepublik** f république f populaire; **Volkstanz** m danse f folklorique; **volkstümlich** adj populaire; **Volkswirtschaft** f économie f politique; **Volkszählung** f recensement m de la population
voll 1. adj plein(e); (ganz) entier(-ière); (Farbe, Ton) intense; **eine Hand ~ Geld** une poignée d'argent; **~ sein** (fam: betrunken) être plein(e), être bourré(e) 2. adv (ganz) entièrement; **~ und ganz** (genügen) pleinement; (zustimmen) entièrement; **jdn für ~ nehmen** prendre qn au sérieux; **~ machen** remplir; **~ tanken** faire le plein; **Vollauf** adv largement, amplement; **Vollbart** m barbe et moustache f; **Vollbeschäftigung** f plein emploi m; **vollblütig** adj pur-sang; **Vollbremsung** f freinage m à fond; **vollbringen** (pp vollbracht) irr vt accomplir; **vollenden** (pp vollendet) vt terminer, accomplir; **vollendet** adj (fig)

accompli(e); **die vollendete Dame** une vraie dame; **vollends** adv entièrement, complètement; **Vollendung** f accomplissement m, achèvement m
voller adj plein(e) de
Volleyball m volley(-ball) m
Vollgas nt **mit ~** à pleins gaz, à plein régime; **~ geben** rouler à pleins gaz
völlig 1. adj total(e), complet(-ète) 2. adv complètement
volljährig adj majeur(e); **Vollkaskoversicherung** f assurance f tous risques; **vollkommen** 1. adj (fehlerlos) parfait(e) 2. adv complètement; **Vollkommenheit** f perfection f; **Vollkornbrot** nt pain m complet; **voll|machen** sep vt s. **voll**
Vollmacht f (-, -en) procuration f; **~ haben** avoir plein(s) pouvoir(s); **jdm ~ geben** donner procuration à qn
Vollmilch f lait m entier; **Vollmond** m pleine lune f; **Vollpension** f pension f complète; **vollschlank** adj rondelet(te)
vollständig 1. adj complet(-ète), intégral(e) 2. adv complètement
vollstrecken (pp vollstreckt) vt exécuter
voll|tanken sep vi s. **voll**; **Volltextsuche** f recherche f de texte complet; **Volltreffer** m coup m dans le mille; (fig) gros succès m; **Vollversammlung** f assemblée f plénière; **Vollversion** f (INFORM) version f complète; **Vollwertkost** f aliments mpl complets; **vollzählig** adj complet(-ète), au complet
vollziehen (pp vollzogen) irr 1. vt exécuter, accomplir 2. vr **sich ~** s'accomplir;
Vollzug m (von Urteil) exécution f
Volt nt (- o -(e)s, -) volt m
Volumen nt (-s, -) volume m
vom = **von dem**: **das kommt ~ Rauchen** cela vient de ce qu'il/elle fume; **sie ist ~ Land** elle vient de la campagne
von prep +dat de; (im Passiv) par; (bestehend aus) en; (über Thema) sur, de; **~ ... an** (räumlich) dès ...; (zeitlich) depuis ...; **~ ... bis** de ... à; **ein Freund ~ mir** un de mes amis; **~ mir aus!** (fam) soit!; **~ wegen!** mon œil!; **voneinander** adv l'un(e) de l'autre; **vonstatten** adv **~ gehen** se dérouler, avoir lieu
vor prep +akk o dat devant; (zeitlich) avant; (Grund angebend) de; **fünf/Viertel ~ sieben** sept heures moins cinq/le quart; **~ der Stadt** en dehors de la ville; **~ nächstem Jahr/dem Winter** avant l'année prochaine/l'hiver; **~ einem Monat hat er noch gelebt** il y a un mois, il vivait

encore; ~ **Jahren** il y a des années; ~ **allem** surtout, avant tout; **etw** ~ **sich** dat **haben** avoir qch devant soi

Vorabend m veille f

voran adv en avant; **voran|gehen** sep irr vi ⟨sein⟩ (vorn gehen) marcher devant; (zeitlich) avancer, progresser; **einer Sache** dat ~ précéder qch; **vorangehend** adj précédent(e); **voran|kommen** sep irr vi ⟨sein⟩ avancer

Voranschlag m devis m

Vorarbeiter(in) m(f) contre-maître(-esse)

Vorarlberg nt (-s) le Vorarlberg

voraus adv devant, en avant; (zeitlich) en avance; **jdm** ~ **sein** être en avance sur qn; **im Voraus** à l'avance; **voraus|bezahlen** (pp vorausbezahlt) sep vt payer d'avance; **voraus|gehen** sep irr vi ⟨sein⟩ (vorgehen) aller devant; (zeitlich) précéder; **voraus|haben** sep irr vt **jdm etw** ~ avoir qch de plus que qn; **Voraussage** f prédiction f; (Wetter~) prévisions fpl; **voraus|sagen** sep vt prédire; **voraus|sehen** sep irr vt prévoir; **voraus|setzen** sep vt présumer, supposer; **vorausgesetzt, dass ...** à condition que ... +subj; **Voraussetzung** f (Bedingungen) condition f; (Annahme) supposition f; **unter der ~, dass ...** à condition que ... +subj; **Voraussicht** f prudence f, prévoyance f; **aller ~ nach** très probablement; **voraussichtlich** adv probablement

vor|bauen sep vi prévenir (einer Sache dat qch)

Vorbehalt m (-(e)s, -e) réserve f, restriction f; **vor|behalten** (pp vorbehalten) sep irr vt **jdm/sich etw** ~ réserver qch à qn/se réserver qch; **Änderungen** ~ sous réserve de modifications; **vorbehaltlos** adv sans réserve, sans restriction

vorbei adv (zeitlich) passé(e); (zu Ende) fini(e), terminé(e); **2 Uhr** ~ deux heures passées; **vorbei|gehen** sep irr vi ⟨sein⟩ passer (an +dat devant); (fig: nicht beachten) ne pas faire attention (an +dat à); **bei jdm** ~ (fam) passer voir qn; **vorbei|kommen** sep irr vi ⟨sein⟩ passer (bei chez); **vorbei|schrammen** sep vi ⟨sein⟩ frôler (an etw dat qch)

vorbelastet adj handicapé(e); (voreingenommen) influencé(e)

vor|bereiten (pp vorbereitet) sep 1. vt préparer 2. vr **sich auf etw** akk ~ se préparer à qch; **Vorbereitung** f préparation f; (Maßnahmen) préparatifs mpl

vor|bestellen (pp vorbestellt) sep vt réserver

vorbestraft adj qui a un casier judiciaire

vor|beugen sep 1. vr **sich** ~ se pencher (en avant) 2. vi prévenir (einer Sache dat qch); **vorbeugend** adj (Maßnahme) préventif(-ive); **Vorbeugung** f prévention f

Vorbild nt modèle m; **sich** dat **jdn zum** ~ **nehmen** prendre qn pour modèle, prendre exemple sur qn; **vorbildlich** adj exemplaire

vor|bringen sep irr vt (vortragen) formuler; (fam: nach vorne bringen) apporter

Vordenker(in) m(f) maître m à penser

Vorderachse f essieu m avant; **Vorderansicht** f vue f de face; **vordere(r, s)** adj antérieur(e), de devant; **Vordergrund** m (a. INFORM) premier plan m; **im** ~ au premier plan; **Vordermann** m (-männer pl) **mein** ~ la personne devant moi; **jdn auf** ~ **bringen** (fam) mettre qn au pas; **Vorderrad** nt roue f avant; **Vorderradantrieb** m traction f avant; **Vorderseite** f devant m; **vorderste(r, s)** adj le (la) premier(-ière), le (la) plus en avant

vordränge(l)n vr **sich** ~ jouer des coudes

vorehelich adj avant le mariage, prénuptial(e)

voreilig adj prématuré(e)

voreinander adv (räumlich) l'un(e) devant l'autre; (wechselseitig) l'un(e) pour l'autre

voreingenommen adj prévenu(e); **Voreingenommenheit** f préjugé m, parti m pris

Voreinstellung f (INFORM) défaut m

vor|enthalten (pp vorenthalten) sep irr vt **jdm etw** ~ priver qn de qch; (verheimlichen) cacher qch à qn

vorerst adv pour le moment

Vorfahr m (-en, -en) ancêtre m

vor|fahren sep irr vi ⟨sein⟩ avancer; (vors Haus etc) arriver

Vorfahrt f priorité f; ~ **achten** céder le passage; **Vorfahrtsregel** f règle f de priorité; **Vorfahrtsschild** nt panneau m de priorité; **Vorfahrtsstraße** f route f [d rue f] prioritaire

Vorfall m incident m; **vor|fallen** sep irr vi ⟨sein⟩ se passer, arriver

Vorfeld nt **im** ~ **der Wahlen** à la veille des élections

vor|finden sep irr vt trouver

Vorfreude f joie f anticipée

vor|führen sep vt présenter

Vorgabe f (SPORT) avantage m; (Bestimmung) référence f

Vorgang m cours m (des événements); (TECH, BIO) processus m

Vorgänger(in) m(f) (-s, -) prédécesseur m

vor|geben sep irr vt (vortäuschen) prétexter, prétendre

vorgefasst adj préconçu(e), préétabli(e); **vorgefertigt** adj préfabriqué(e)

Vorgefühl nt pressentiment m

vor|gehen sep irr vi ⟨sein⟩ (voraus) aller devant; (Uhr) avancer; (handeln) procéder; (Vorrang haben) avoir la priorité; **gegen jdn ~** prendre des mesures contre qn; **Vorgehen** nt (-s) action f

Vorgeschmack m avant-goût m

Vorgesetzte(r) mf supérieur(e)

vorgestern adv avant-hier

vor|greifen sep irr vi **jdm/einer Sache ~** devancer qn/qch

vor|haben sep irr vt avoir l'intention de; **ich habe heute schon etwas vor** je suis déjà pris(e) aujourd'hui; **Vorhaben** nt (-s, -) intention f, projet m

vor|halten sep irr **1.** vt (Hand, Taschentuch) tenir (devant), tendre; **jdm etw ~** (vorwerfen) reprocher qch à qn **2.** vi (Vorräte) suffire; **Vorhaltung** f reproche m, remontrance f

Vorhand f (SPORT) coup m droit

vorhanden adj présent(e), existant(e); (erhältlich) disponible; **Vorhandensein** nt (-s) existence f

Vorhang m rideau m

Vorhängeschloss nt cadenas m

Vorhaut f prépuce m

vorher adv auparavant; **vorher|bestimmen** (pp vorherbestimmt) sep vt prédéterminer; **vorher|gehen** sep irr vi ⟨sein⟩ précéder; **vorherig** adj précédent(e), antérieur(e)

Vorherrschaft f prédominance f; **vor|herrschen** sep vi prédominer

Vorhersage f prédiction f; (Wetter~) prévisions fpl météorologiques; **vorher|sagen** sep vt prédire, prévoir; **vorhersehbar** adj prévisible; **vorher|sehen** sep irr vt prévoir

vorhin adv tout à l'heure; **vorhinein** adv **im Vorhinein** à l'avance

vorig adj (Woche etc) dernier(-ière); (Amtsinhaber) précédent(e)

Vorkehrung f mesure f, disposition f; **~en treffen** prendre des dispositions [o mesures]

Vorkenntnisse pl connaissances fpl préalables

vor|kommen sep vi ⟨sein⟩ (nach vorn) avancer; (geschehen) arriver; (vorhanden sein) se trouver, exister; **das kommt mir merkwürdig vor** ça me semble bizarre; **sich** dat **dumm ~** se sentir [o se trouver] bête; **Vorkommen** nt (-s, -) (von Erdöl etc) gisement m; **Vorkommnis** nt évènement m

Vorkriegs- in Zusammensetzungen d'avant-guerre

Vorladung f citation f en justice

Vorlage f (Muster) modèle m; (Gesetzes~) projet m de loi; (beim Fußball) passe f

vor|lassen sep irr vt (vorgehen lassen) laisser passer devant; (überholen lassen) laisser doubler; **bei jdm vorgelassen werden** être reçu(e) par qn

vorläufig adj provisoire

vorlaut adj impertinent(e)

vor|legen sep vt (zur Ansicht, Prüfung) soumettre

Vorleger m (-s, -) essuie-pieds m; (Bett~) descente f de lit

vor|lesen sep irr vt lire à haute voix

Vorlesung f (SCH) cours m (magistral); **Vorlesungsverzeichnis** nt programme m des cours

vorletzte(r, s) adj avant-dernier(-ière)

vorlieb adv **mit etw/jdm ~ nehmen** se contenter de qch/qn

Vorliebe f préférence f

vor|liegen sep irr vi **jdm ~** être devant qn; **gegen ihn liegt nichts vor** il n'y a rien à lui reprocher; **vorliegend** adj présent(e)

vor|machen sep vt **jdm etw ~** (zeigen) montrer qch à qn; (fig) feindre qch devant qn

Vormachtstellung f position f de suprématie, prédominance f

Vormarsch m marche f en avant, avance f

vor|merken sep vt prendre note de, noter; **Vormittag** m matinée f; **heute/morgen ~** ce/demain matin; **vormittags** adv le matin

Vormund m tuteur(-trice)

Vorname m prénom m

vorne adv devant; **nach ~** en avant; **von ~** par devant, de face; **von ~ anfangen** commencer au début, recommencer à zéro

vornehm adj distingué(e)

vor|nehmen sep irr vt faire; **sich** dat **etw ~** projeter qch; **sich** dat **jdn ~** (fam) faire la leçon à qn

vornehmlich *adv* avant tout

vornherein *adv* **von ~** de prime abord, tout de suite

Vorort *m* faubourg *m*; **Vorortzug** *m* train *m* de banlieue

Vorrang *m* priorité *f*, préséance *f*; **vorrangig** *adj* prioritaire

Vorrat *m* (-(e)s, Vorräte) provisions *fpl*, réserves *fpl*; **auf ~** en réserve; **vorrätig** *adj* en magasin, en stock; **Vorratskammer** *f* garde-manger *m*

Vorrecht *nt* privilège *m*

Vorrichtung *f* dispositif *m*

vor|rücken *sep* **1.** *vi* ⟨sein⟩ avancer **2.** *vt* mettre en avant, avancer

Vorruhestand *m* préretraite *f*

vor|sagen *sep vt* faire répéter; (*SCH*) souffler

Vorsaison *f* avant-saison *f*

Vorsatz *m* intention *f*, projet *m*; **einen ~ fassen** prendre une résolution; **vorsätzlich 1.** *adj* intentionnel(le); (*JUR*) prémédité(e) **2.** *adv* intentionnellement; avec préméditation

Vorschau *f* aperçu *m* des programmes; (*Film*) bandes-annonces *fpl*

vor|schieben *sep irr vt* mettre [o pousser] en avant; (*fig*) prétexter; **jdn ~** (*fig*) employer qn comme homme de paille

Vorschlag *m* proposition *f*; **vor|schlagen** *sep irr vt* proposer

vorschnell *adv* inconsidérément

vor|schreiben *sep irr vt* prescrire

Vorschrift *f* règle *f*; (*Anweisung*) instruction *f*; **Dienst nach ~** grève *f* du zèle; **jdm ~en machen** donner des ordres à qn; **vorschriftsmäßig** *adj* réglementaire

Vorschule *f* enseignement *m* préscolaire

Vorschuss *m* avance *f*

vor|schweben *sep vi* **jdm schwebt etw vor** qn voit qch

vor|sehen *sep irr* **1.** *vt* (*planen*) prévoir; **das ist dafür nicht vorgesehen** cela n'a pas été prévu pour cela **2.** *vr* **sich vor jdm/ etw ~** prendre garde à qn/qch, se garder de qn/qch

Vorsehung *f* providence *f*

vor|setzen *sep* **1.** *vt* (*Essen*) servir, présenter **2.** *vr* **sich ~** avancer

Vorsicht *f* prudence *f*; **~!** attention!; **~, Stufe!** attention à la marche!; **vorsichtig** *adj* prudent(e); **vorsichtshalber** *adv* par précaution, par mesure de prudence; **Vorsichtsmaßnahme** *f* précaution *f*

Vorsilbe *f* préfixe *m*

Vorsitz *m* présidence *f*; **Vorsitzende(r)** *mf* président(e)

Vorsorge *f* précaution *f*; (**für etw**) **~ treffen** prendre les dispositions nécessaires (pour qch); **vor|sorgen** *sep vi* pourvoir (*für à*); **Vorsorgeuntersuchung** *f* examen *m* de dépistage; **vorsorglich** *adv* par précaution

Vorspeise *f* entrée *f*, hors-d'œuvre *m*

Vorspiel *nt* (*THEAT*) prologue *m*; (*MUS*) prélude *m*; (*sexuell*) préliminaires *mpl*

vor|sprechen *sep irr* **1.** *vt* dire (d'abord) **2.** *vi* **bei jdm ~** aller voir qn

Vorsprung *m* rebord *m*, saillie *f*; (*fig*) avance *f*, avantage *m*

Vorstadt *f* faubourg *m*

Vorstand *m* conseil *m* d'administration; (*Mensch*) membre *m* du conseil d'administration

vor|stehen *sep irr vi* ⟨haben o sein⟩ être proéminent(e); **einer Sache** *dat* **~** (*als Vorstand*) diriger qch

vorstellbar *adj* imaginable, concevable; **vor|stellen** *sep* **1.** *vt* (*vor etwas*) mettre devant, placer devant; (*bekannt machen*) présenter; (*darstellen*) représenter; (*bedeuten*) signifier; **sich** *dat* **etw ~** se représenter qch, s'imaginer qch **2.** *vr* **sich ~** se présenter; **Vorstellung** *f* (*das Bekanntmachen*) présentation *f*; (*THEAT*) représentation *f*; (*Gedanke*) idée *f*; **Vorstellungsgespräch** *nt* entretien *m*, entrevue *f*

Vorstoß *m* attaque *f*; (*Versuch*) tentative *f*

Vorstrafe *f* condamnation *f* antérieure

vor|strecken *sep vt* avancer

Vorstufe *f* premier stade *m*

Vortag *m* veille *f*

vor|täuschen *sep vt* feindre, simuler

Vorteil *m* (-(e)s, -e) avantage *m* (*gegenüber* par rapport à); **im ~ sein** être avantagé(e); **den ~ haben, dass …** avoir l'avantage de …; **vorteilhaft** *adj* avantageux(-euse)

Vortrag *m* (-(e)s, Vorträge) conférence *f*; **einen ~ halten** faire une conférence; **vor|tragen** *sep irr vt* (*Bitte, Plan*) présenter; (*Gedicht*) réciter; (*Lied*) chanter; (*Rede*) tenir

vortrefflich *adj* excellent(e)

vor|treten *sep irr vi* ⟨sein⟩ avancer; (*Augen etc*) être globuleux(-euse); (*Knochen*) être saillant(e)

vorüber *adv* (*räumlich*) devant; (*zeitlich*) passé(e); **vorüber|gehen** *sep irr vi* ⟨sein⟩ (*vergehen*) passer; **~ an** +*dat* passer (devant); (*fig: nicht beachten*) négliger; **vorübergehend** *adj* temporaire,

Vorurteil *nt* préjugé *m*

Vorverkauf *m* location *f*

Vorwahl *f* (*TEL*) indicatif *m*

Vorwand *m* (-(e)s, Vorwände) prétexte *m*, excuse *f*

Vorwärts *adv* en avant; ~ **gehen** avancer, progresser; ~ **kommen** avancer, progresser; **Vorwärtsgang** *m* (*AUTO*) marche *f* avant; **vorwärts|gehen** *sep irr vi s.* **vorwärts**; **vorwärts|kommen** *sep irr vi s.* **vorwärts**

Vorweg *adv* d'avance, auparavant; **Vorwegnahme** *f* (-, -n) anticipation *f*; **vorweg|nehmen** *sep irr vt* anticiper

vor|weisen *sep irr vt* montrer, présenter

vor|werfen *sep irr vt* **jdm etw** ~ reprocher qch à qn; **sich** *dat* **nichts vorzuwerfen haben** n'avoir rien à se reprocher

vorwiegend 1. *adj* prédominant(e) **2.** *adv* en majeure partie, surtout

Vorwitz *m* impertinence *f*; **vorwitzig** *adj* impertinent(e), effronté(e)

Vorwort *nt* (-(e)s, -e) avant-propos *m*, préface *f*

Vorwurf *m* reproche *m*; **vorwurfsvoll** *adj* plein(e) de reproche(s)

Vorzeichen *nt* signe *m* (avant-coureur)

vor|zeigen *sep vt* montrer, produire

vorzeitig *adj* prématuré(e)

vor|ziehen *sep irr vt* tirer (en avant); (*Gardinen*) tirer, fermer; (*lieber haben*) préférer

Vorzimmer *nt* secrétariat *m*

Vorzug *m* préférence *f*; (*gute Eigenschaft*) qualité *f*; (*Vorteil*) avantage *m*

vorzüglich *adj* excellent(e)

vulgär *adj* vulgaire

Vulkan *m* (-s, -e) volcan *m*; **Vulkanausbruch** *m* éruption *f* volcanique; **vulkanisieren** (*pp* vulkanisiert) *vt* vulcaniser

W

W, w *nt* (-, -) W, w *m*

Waadt *f* (-) canton *m* de Vaud

Waage *f* (-, -n) balance *f*; (*ASTR*) Balance *f*; **Martin ist (eine)** ~ Martin est Balance

waag(e)recht *adj* horizontal(e)

wabb(e)lig *adj* gélatineux(-euse); (*fett*) flasque

Wabe *f* (-, -n) alvéole *f*; (*Honig*~) rayon *m*

wach *adj* (r)éveillé(e); (*fig*) éveillé(e)

Wache *f* (-, -n) garde *f*; ~ **halten** monter la garde

wachen *vi* veiller

Wachmann *m* (-leute *pl*) gardien *m*; (*privat*) vigile *m*; (*A: Polizist*) agent *m* de police

Wacholder *m* (-s, -) genièvre *m*

Wachs *nt* (-es, -e) cire *f*; (*Ski*~) fart *m*

wachsam *adj* vigilant(e); **Wachsamkeit** *f* vigilance *f*

wachsen 1. (wuchs, gewachsen) *vi* ⟨sein⟩ croître; (*Pflanze, Haare*) pousser; (*Kind*) grandir; (*Kraft*) augmenter **2.** *vt* (*Skier*) farter; (*Boden*) cirer

Wachstuch *nt* toile *f* cirée

Wachstum *nt* (-s) croissance *f*; **Wachstumsmarkt** *m* marché *m* en croissance

Wächter(in) *m(f)* (-s, -) garde *m*; (*Museums*~, *Parkplatz*~) gardien(ne)

Wachtmeister(in) *m(f)* gardien(ne) de la paix; **Wachtposten** *m* poste *m* de garde

wackelig *adj* boîteux(-euse); **Wackelkontakt** *m* mauvais [o faux] contact *m*; **wackeln** *vi* branler; (*fig: Position*) être précaire

wacker 1. *adj* (*Kämpfer*) vaillant(e); (*Arbeiter*) honnête **2.** *adv* bravement

Wade *f* (-, -n) mollet *m*

Waffe *f* (-, -n) arme *f*

Waffel *f* (-, -n) gaufre *f*

Waffenschein *m* permis *m* de port d'armes; **Waffenstillstand** *m* armistice *m*

Wagemut *m* goût *m* du risque

wagen *vt* oser; (*Widerspruch*) oser émettre; (*sein Leben*) risquer

Wagen m (-s, -) voiture f; (EISENBAHN) wagon m; **Wagenführer(in)** m(f) conducteur(-trice); **Wagenheber** m (-s, -) cric m

Waggon m (-s, -s) wagon m, fourgon m

waghalsig adj téméraire

Wagnis nt risque m; (Vorhaben) entreprise f risquée

Wagon m s. **Waggon**

Wahl f (-, -en) choix m; (POL) élection f

wählbar adj éligible

wahlberechtigt adj qui a le droit de vote; **Wahlbeteiligung** f participation f électorale

wählen vt choisir; (POL) élire; (TEL) composer; **Wähler(in)** m(f) (-s, -) électeur (-trice); **wählerisch** adj exigeant(e); **Wählerpotenzial** nt potentiel m électoral; **Wählerschaft** f électorat m

Wahlfach nt (SCH) matière f à option; **Wahlgang** m tour m de scrutin; **Wahlkabine** f isoloir m; **Wahlkampf** m campagne f électorale; **Wahlkreis** m circonscription f électorale; **Wahllokal** nt bureau m de vote; **wahllos** adv au hasard; **Wahlrecht** nt droit m de vote; **Wahlspruch** m devise f; **Wahlurne** f urne f; **wahlweise** adv au choix; **Wahlwiederholung** f (TEL) rappel m du dernier numéro

Wahn m (-(e)s) délire m; **Wahnsinn** m folie f; **wahnsinnig 1.** adj fou (folle); (Blick, Lächeln) égaré(e); (fam) énorme **2.** adv (fam) très, vachement

wahr adj vrai(e); (wirklich) véritable

wahren vt préserver; (Rechte) défendre

während 1. prep +gen pendant **2.** konj pendant que; (wohingegen) alors que; **währenddessen** adv entre-temps

wahr|haben sep irr vt etw nicht ~ **wollen** refuser de croire qch; **wahrhaft** adv (tatsächlich) vraiment; **wahrhaftig 1.** adj (Mensch) sincère **2.** adv vraiment; **Wahrheit** f vérité f; **wahr|nehmen** sep irr vt remarquer; (Gelegenheit) profiter de; **Wahrnehmung** f (Sinnes~) perception f

wahrsagen (pp gewahrsagt o wahrgesagt) vi prédire l'avenir; **Wahrsager(in)** m(f) (-s, -) voyant(e), diseur(-euse) de bonne aventure

wahrscheinlich 1. adj vraisemblable; (Täter) présumé(e) **2.** adv probablement; **Wahrscheinlichkeit** f vraisemblance f

Währung f monnaie f; **Währungsausgleich** m égalisation f des changes; **Währungseinheit** f unité f monétaire;

Währungsfonds m fonds m monétaire; **Internationaler** ~ Fonds m monétaire international; **Währungspolitik** f poli tique f monétaire; **Währungsraum** m zone f monétaire; **Währungsschwan kungen** pl variations fpl monétaires; **Währungsunion** f union f monétaire

Wahrzeichen nt emblème m

Waise f (-, -n) orphelin(e); **Waisenhau** nt orphelinat m; **Waisenkind** nt orphe lin(e)

Wal m (-(e)s, -e) baleine f

Wald m (-(e)s, Wälder) forêt f

Wäldchen nt bois m

waldig adj (Gebiet) boisé(e)

Waldsterben nt (-s) dépérissement m des forêts

Wales nt (-) le pays de Galles

Walfisch m baleine f

Walkie-Talkie nt (-(s), -s) talkie-walkie

Walkman® m (-s, Walkmen) walkman® m, baladeur m

Wall m (-(e)s, Wälle) rempart m

Wallfahrer(in) m(f) pèlerin(e); **Wallfahrt** f pèlerinage m

Wallis nt (-) **das** ~ le Valais

Walnuss f noix f; **Walnussbaum** m noyer m

Walross nt morse m

Walze f (-, -n) cylindre m; (Schreibmaschi nen~) rouleau m; (Straßen~) rouleau m compresseur; **walzen** vt (Boden) cylin drer; (Blech) laminer

wälzen 1. vt rouler, pousser en roulant; (Bücher) compulser; (Probleme) ruminer; etw ~ (GASTR) rouler [o passer] dans qch **2.** vr sich ~ se rouler; (vor Schmerzen) se tordre; (im Bett) se retourner

Walzer m (-s, -) valse f

Wälzer m (-s, -) (fam) gros bouquin m, pavé m

wand imperf von **winden**

Wand f (-, Wände) mur m; (Trenn~) paro f, cloison f; (Berg~) paroi f

Wandel m (-s) transformation f; **wandeln 1.** vt changer de **2.** vr sich ~ changer

Wanderausstellung f exposition f itiné rante; **Wanderer** m (-s, -), **Wanderin** f randonneur(-euse); **wandern** vi (sein) faire une excursion, faire une randonnée (Blick, Gedanken) errer; **Wanderschaft** auf ~ **sein** être en voyage; **Wanderun** f randonnée f

Wandlung f transformation f

Wandrerin f randonneuse f

Wandschrank m placard m

andte imperf von **wenden**

andteppich m tapisserie f

ange f (-, -n) (ANAT) joue f

ankelmütig adj inconstant(e), versatile

anken vi (bei Fortbewegung: sein) chanceler; (sich bewegen) tituber

ann adv quand

anne f (-, -n) cuve f; (Bade~) baignoire

anze f (-, -n) (ZOOL) punaise f; (zum bhören) micro m

AP-Handy nt portable m Wap

appen m (-s, -) blason m

AP-Technologie f technologie f Wap

ar imperf von **sein**

arb imperf von **werben**

are f (-, -n) marchandise f; **Warenaus** nt grand magasin m; **Warenlager** t entrepôt m; **Warenprobe** f échantillon m; **Warentermingeschäft** nt opération f à terme; **Warenzeichen** nt marque f déposée

arf imperf von **werfen**

arm adj (wärmer, am wärmsten) haud(e); **es ist** ~ il fait chaud; **den lotor** ~ **laufen lassen** (AUTO) faire tourner son moteur (pour le réchauffer); **sich** ~ **laufen** (SPORT) s'échauffer; **Warmducher** m (-s, -) (pej fam) lavette f; **Värme** f (-, -n) chaleur f; **Wärmedämmung** f isolation f thermique; **wärmen** . vt chauffer; (Essen) réchauffer 2. vr **sich** ~ se réchauffer; **Wärmepumpe** f ompe f à chaleur; **Wärmetauscher** m -s, -) échangeur m de chaleur; **Wärmlasche** f bouillotte f; **Warmfront** f (METEO) front m chaud; **warmherzig** adj haleureux(-euse); **warm|laufen** sep irr i s. warm; **Warmstart** m (INFORM) émarrage m à chaud; **Warmwasserbereiter** m (-s, -), chauffe-eau m

arndreieck nt (AUTO) triangle m de ignalisation; **warnen** vt prévenir (vor +dat de), mettre en garde (vor +dat contre); **Warnlichtanlage** f feux mpl de étresse; **Warnmeldung** f (INFORM) nessage m d'avertissement; **Warnstreik** n grève f d'avertissement; **Warnung** f vertissement m, mise f en garde

artehäuschen nt abribus m; **Warteiste** f liste f d'attente; **warten** 1. vi **auf** n/etw ~ attendre qn/qch 2. vt (Maschine) réviser

ärter(in) m(f) (-s, -) gardien(ne); (Kranen~) garde-malade mf

artesaal m salle f d'attente; **Warteschlange** f file f d'attente; **Warteschleife** f (AVIAT) circuit m d'attente; **Wartezimmer** nt salle f d'attente

Wartung f (von Maschine) révision f

warum adv pourquoi

Warze f (-, -n) verrue f

was pron (interrogativ) qu'est-ce qui; (akk) qu'est-ce que; (relativ) ce qui; (akk) ce que; (nach Präposition) quoi; (fam: etwas) quelque chose

waschbar adj lavable; **Waschbecken** nt lavabo m

Wäsche f (-, -n) linge m; (das Waschen) lessive f; (Bett~) draps mpl; (Unter~) sous-vêtements m

waschecht adj résistant(e) au lavage; (fig) vrai(e)

Wäscheklammer f pince f à linge; **Wäscheleine** f corde f à linge

waschen (wusch, gewaschen) 1. vt laver; **sich** dat **die Hände** ~ se laver les mains 2. vi faire la lessive 3. vr **sich** ~ se laver

Wäscherei f blanchisserie f

Wäscheschleuder f essoreuse f; **Wäschetrockner** m sèche-linge m

Waschküche f buanderie f; **Waschlappen** m gant m de toilette; (fam: Mensch) lavette f; **Waschmaschine** f machine f à laver; **Waschmittel** nt, **Waschpulver** nt lessive f; **Waschsalon** m laverie f (automatique)

Wasser nt (-s, -) eau f; **Wasserbob** m scooter m des mers; **wasserdicht** adj (Kleidung etc) imperméable; (Dach, Schiff, Uhr) étanche; **Wasserfall** m chute f d'eau; **Wasserfarbe** f peinture f à l'eau; **wassergekühlt** adj (AUTO) à refroidissement par eau; **Wasserhahn** m robinet m

wässerig adj s. **wässrig**

Wasserkraftwerk nt centrale f hydroélectrique; **Wasserleitung** f conduite f d'eau; **Wassermann** m (-männer pl) (ASTR) Verseau m; **Daniel ist (ein)** ~ Daniel est Verseau; **Wassermelone** f pastèque f; **wassern** vi (sein o haben) amerrir

wässern vt (GASTR) dessaler

Wasserpistole f pistolet m à eau; **wasserscheu** adj qui a peur de l'eau; **Wasserschi**, **Wasserski** m ski m nautique; ~ **fahren** faire du ski nautique; **Wasserstand** m niveau m de l'eau; **Wasserstoff** m hydrogène m; **Wasserstoffbombe** f bombe f H; **Wasserversorgung** f approvisionnement m en eau; **Wasserwaage** f niveau m (à bulle d'air); **Wasserwelle** f (Frisur) mise f en plis; **Wasserwerfer** m (-s, -) canon m à

eau; **Wasserzeichen** nt filigrane m
wässrig adj (Suppe) trop dilué(e); (Frucht) sans goût
waten vi ⟨sein⟩ patauger
Watsche f (-, -n) (A: Ohrfeige) baffe f
watscheln vi ⟨sein⟩ se dandiner
watschen vt (A) donner une baffe à
Watt 1. nt (-(e)s, -en) (Küstenstreifen) laisse f **2.** nt (-s, -) (ELEC) watt m
Watte f (-, -n) ouate f; **Wattebausch** m (-es, -bäusche) tampon m d'ouate, coton m; **Wattepad** m (-s, -s) disque m à démaquiller; **Wattestäbchen** nt coton-tige® m
wattieren (pp wattiert) vt ouater
WC nt (-s, -s) W.-C. mpl
Web nt (INFORM) Web m, web m; **Webcam** f (-, -s) webcam f; **Webdesigner(in)** m(f) designer mf Web, concepteur(-trice) Web
weben (webte o wob, gewebt o gewoben) vt tisser; **Weber(in)** m(f) (-s, -) tisserand(e); **Weberei** f (Betrieb) atelier m de tissage
Webkamera f webcam f; **Webmaster(in)** m(f) (-s, -) gestionnaire mf Web; **Webseite** f, **Website** f (-, -s) (INFORM) page f Web, site m Internet; **Web-Server** m serveur m Internet
Webstuhl m métier m à tisser
Websurfer(in) m(f) internaute mf
Wechsel m (-s, -) changement m; (FIN) lettre f de change, traite f; (Geld~) change m; **Wechselbeziehung** f corrélation f; **Wechselgeld** nt monnaie f; **wechselhaft** adj changeant(e); **Wechseljahre** pl ménopause f; **Wechselkurs** m cours m du change; **Wechselkursrisiko** nt risque m de change; **Wechselkursschwankungen** pl fluctuations fpl de change; **wechseln 1.** vt changer de; (Geld) changer; (Blicke) échanger **2.** vi (sich verändern) changer; **Wechselplatte** f (INFORM) unité f de disque (amovible) à cartouche; **Wechselstrom** m courant m alternatif; **Wechselwirkung** f interaction f
Weckdienst m service m réveil; **wecken** vt réveiller; (Interesse) éveiller; **Wecker** m (-s, -) réveil m, réveille-matin m; **Weckruf** m appel m de réveil
wedeln vi (mit Schwanz) remuer la queue; (mit Fächer) s'éventer; (SKI) godiller
weder konj ~ ... noch ... ni ..., ni ...
weg adv parti(e), absent(e), pas là; **über etw** akk ~ **sein** avoir surmonté qch; **sie war schon** ~ elle était déjà parti(e)

Weg m (-(e)s, -e) chemin m; (Mittel) moyen m; **sich auf den** ~ **machen** se me⸱tre en route; **jdm aus dem** ~ **gehen** évi⸱ qn; s. a. zuwege
weg|bleiben sep irr vi ⟨sein⟩ ne plus venir; (Satz, Wort) être omis(e)
wegen prep +gen o dat à cause de
weg|fahren sep irr vi ⟨sein⟩ partir; **Weg⸱ fahrsperre** f (AUTO) antidémarrage m; **weg|fallen** sep irr vi ⟨sein⟩ (überflüssig werden) être supprimé(e); **etw** ~ **lassen** supprimer qch; **weg|gehen** sep irr vi ⟨sein⟩ s'en aller; **weg|jagen** sep vt cha⸱ ser; **weg|lassen** sep irr vt omettre; (jdn⸱ laisser partir; **weg|laufen** sep irr vi ⟨sein⟩ s'enfuir; **weg|legen** sep vt poser; (Kleidung) ranger; **weg|machen** sep vt (far⸱ Flecken) enlever; **weg|müssen** sep irr v⸱ (fam) devoir partir; **weg|nehmen** sep⸱ vt enlever; (Eigentum) voler; **weg|rationalisieren** (pp wegrationalisiert) sep vt (Arbeitsplätze) réduire afin de rationalise⸱ **weg|räumen** sep vt (Sachen) ranger; (Schnee) déblayer; **weg|schaffen** sep v⸱ enlever; **weg|schnappen** sep vt **jdm etw** ~ souffler qch à qn; **jdm die Freundin** ~ souffler l'amie de qn
Wegweiser m (-s, -) poteau m indicateu⸱
weg|werfen sep irr vt jeter; **wegwerfend** adj méprisant(e), dédaigneux(-euse); **Wegwerfgesellschaft** société f de gaspillage; **weg|ziehen** se⸱ irr **1.** vt enlever (en tirant) **2.** vi ⟨sein⟩ déménager
weh adj (Finger) douloureux(-euse), qui fait mal
weh(e) interj ~, **wenn du ...** gare à toi, s⸱ tu ...
Wehe f (-, -n) (Geburts~) contraction f; (Schnee~) congère f
wehen vi (Wind) souffler; (Fahnen) flotte⸱
wehleidig adj douillet(te)
Wehmut f (-) mélancolie f; **wehmütig** adj mélancolique
Wehr 1. nt (-(e)s, -e) (an Fluss) digue f **2.** (-, -en) **sich zur** ~ **setzen** se défendre; **Wehrdienst** m service m militaire

---

Wehrdienst

Wehrdienst désigne le service militaire obligatoire en Allemagne. Tous les hommes de plus de 18 ans reçoivent une convocation et tous ceux déclarés aptes au service doivent passer dix mois dans la Bundeswehr. Les objecteurs de conscience ont la possibilité de choisir le Zivildienst.

ehrdienstverweigerer m (-s, -) ■jecteur m de conscience; **wehren** vr ■ch ~ se défendre (gegen contre); **ehrlos** adj sans défense; **Wehrpflicht** ■service m militaire obligatoire; **wehr-flichtig** adj astreint(e) aux obligations ■ilitaires

■**h|tun** sep irr vi faire mal; **mein Bauch ■t mir weh** j'ai mal au ventre; **sich** dat ~ faire mal

■**ehwehchen** nt (-s, -) (fam) bobo m; ■n ~ **haben** avoir bobo

■**ib** nt (-(e)s, -er) femme f; **Weibchen** ■(Tier) femelle f; **weibisch** adj effémi-■(e); **weiblich** adj féminin(e)

■**ich** adj (Material, Sessel) moel-■ux(-euse); (Haut) doux (douce); ■Mensch) sensible; (Herz) tendre **■iche** f (-, -n) aiguillage m **■ichei** nt (pej) chiffe f molle **■ichen** (wich, gewichen) vi ⟨sein⟩ jdm/ ■ner Sache ~ céder à [o devant] qn/ ■h; (Platz machen) céder la place à qn/ ■h

■ichheit f (von Kissen, Pelz) moelleux m; ■on Haut, Mensch) douceur f; (von Bett) ■ollesse f

■ichlich adj (Mensch) mou (molle); **■eichling** m faible m

■ichsel f (-, -n) (A, CH: Kirsche) griotte f **■ichspüler** m (-s, -) (für Wäsche) assou-■ssant m

■ide f (-, -n) (Baum) saule m; (Grasland) ■turage m

■iden 1. vi paître **2.** vr **sich an etw** dat ~ repaître de qch

■idlich adv copieusement, beaucoup **■igern** vr **sich** ~ refuser; **Weigerung** f ■fus m

■ihe f (-, -n) consécration f; (Priester~) ■dination f; **weihen** vt (Gegenstand) ■nir; (Kirche) consacrer; (Priester) ordon-■r; (widmen) vouer

■iher m (-s, -) étang m

■eihnachten nt (-s, -) Noël m; **weih-■achtlich** adj de Noël; **Weihnachts-■end** m veillée f de Noël, réveillon m ■ Noël; **Weihnachtsbaum** m sapin m ■ Noël; **Weihnachtslied** nt chant m ■ Noël; **Weihnachtsmann** m (-män-■r pl) père m Noël; **Weihnachts-■arkt** m marché m de Noël

■eihnachtsmarkt

■*eihnachtsmarkt est un marché de Noël qui tient dans la plupart des grandes villes ■llemagne. Les gens y trouvent cadeaux,*

jouets et décorations de Noël dans une ambiance de fête. On y déguste également nourriture et boisson typiques de la période de Noël, tels que pain d'épices et vin chaud.

Weihnachtsstern m (BOT) étoile f de Noël; **Weihnachtstag** m jour m de Noël; **der zweite** ~ le 26 décembre **Weihrauch** m encens m; **Weihwasser** nt eau f bénite

weil konj parce que **Weile** f (-) moment m

Wein m (-(e)s, -e) vin m; (Pflanze) vigne f; **Weinbau** m viticulture f; **Weinbeere** f (grain m de) raisin m; **Weinberg** m vignoble m; **Weinbergschnecke** f escargot m (de Bourgogne); **Wein-brand** m eau-de-vie f

weinen vt, vi pleurer; **weinerlich** adj larmoyant(e)

Weingeist m esprit-de-vin m; **Weinglas** nt verre m à vin; **Weinlese** f vendange(s) f(pl); **Weinprobe** f dégustation f de vin; **Weinrebe** f vigne f; **Weinstein** m tartre m; **Weinstock** m pied m de vigne, cep m; **Weintraube** f raisin m **weise** adj sage

Weise f (-, -n) manière f, façon f; (MUS) air m

Weise(r) mf sage m

weisen (wies, gewiesen) vt montrer **Weisheit** f sagesse f; **Weisheitszahn** m dent f de sagesse

weiß adj blanc (blanche); **Weißbier** nt bière f blanche; **Weißblech** nt fer-blanc m; **Weißbrot** nt pain m blanc; **weißen** vt blanchir (à la chaux); **Weißglut** f (TECH) incandescence f; **jdn (bis) zur** ~ **bringen** (fig) faire exploser qn; **Weiß-kohl** m chou m blanc; **Weißkraut** nt (A, SDEUTSCH) chou m blanc; **Weißrussland** nt la Biélorussie; **Weißwandtafel** f tableau m blanc mural; **Weißwein** m vin m blanc

Weisung f directives fpl

weit 1. adj large; (Entfernung) éloigné(e); **so** ~ **sein** être prêt(e) **2.** adv loin; **das geht zu** ~ cela dépasse les bornes; ~ **bli-ckend** qui voit loin; ~ **gehend** largement; ~ **verbreitet** répandu(e); **so** ~ **wie** [o **als**] **möglich** autant que possible; **ich bin so** ~ **zufrieden** je suis assez content(e); **weit-aus** adv de loin; **Weitblick** m clairvoyance f; **weitblickend** adj qui voit loin; **Weite** f (-, -n) largeur f; (Raum) étendue f; **weiten 1.** vt élargir **2.** vr **sich** ~ se dilater; (Horizont) s'élargir

weiter 1. adj (breiter) plus large; (in Entfernung) plus éloigné(e); (zusätzlich) supplémentaire; **ohne ~es** sans façon, simplement **2.** adv en outre; **~ nichts** rien de plus; **~ niemand** personne d'autre; **weiter|arbeiten** sep vi continuer de travailler; **weiter|bilden** sep vr sich **~** se recycler; **Weiterbildung** f formation f continue; **weiter|empfehlen** (pp weiterempfohlen) sep irr vt recommander (à d'autres); **Weiterfahrt** f suite f du voyage; **Weiterflug** m suite f du vol; **weiter|gehen** sep irr vi ⟨sein⟩ aller plus loin; (Leben) continuer; **weiterhin** adv **etw ~ tun** continuer de faire qch; **weiter|leiten** sep vt (Post) faire suivre; (Anfrage) transmettre; **weiter|machen** sep vt, vi continuer; **weiter|reisen** sep vi ⟨sein⟩ continuer son voyage; **weiter|suchen** sep vi continuer à chercher; (INFORM) continuer la recherche

weitgehend adv largement; **weitläufig** adj (Gebäude) grand(e), vaste; (Erklärung) détaillé(e); (Verwandter) éloigné(e); **weitschweifig** adj (Erzählung) prolixe; **weitsichtig** adj (MED) presbyte; (Entscheidung) à long terme; (fig: Mensch) prévoyant(e); **Weitsprung** m saut m en longueur; **weitverbreitet** adj répandu(e); **Weitwinkelobjektiv** nt (FOTO) objectif m grand angle

Weizen m (-s, -) blé m; **Weizenbier** nt bière f blanche

welch pron **~ ein(e)** quel(le) …; **welche** pron (fam: einige) certains; **welche(r, s) 1.** pron (relativ) qui; (akk) que **2.** pron (interrogativ, adjektivisch) quel(le); (substantivisch) lequel (laquelle); (pl) lesquels (-quelles)

welk adj fané(e); **welken** vi ⟨sein⟩ se faner

Wellblech nt tôle f ondulée

Welle f (-, -n) vague f; (PHYS) onde f; **Wellenbereich** m gamme f de fréquences; **Wellenbrecher** m brise-lames m; **Wellenlänge** f longueur f d'onde; **Wellenlinie** f ligne f ondulée, ondulation f; **Wellensittich** m (-s, -e) perruche f

Wellness f (-) bien-être m

Wellpappe f carton m ondulé

welsch adj suisse romand(e)

Welt f (-, -en) monde m; **Weltall** nt univers m; **Weltanschauung** f vision f du monde, philosophie f; **weltberühmt** adj très célèbre, mondialement connu(e); **weltfremd** adj sans contact avec la réalité; **Welthandelsorganisation** f

Organisation f Mondiale du Commerce (OMC); **Weltkrieg** m guerre f mondia**l**; **weltlich** adj (Freuden) de ce monde; (nicht kirchlich) profane; **Weltmacht** f grande puissance f; **weltmännisch** a**dj** d'homme du monde; **Weltmarktführ**er m leader m de marché mondial; **Weltmeer** nt (grande) mer f du globe; **Weltmeister(in)** m(f) champion(ne) **d**monde; **Weltmeisterschaft** f championnat m du monde; **Weltraum** m espace m; **Weltraumrüstung** f arme**m**ment m spatial; **Weltraumstation** f station f spatiale; **Weltraumwaffe** f arme f spatiale; **Weltreise** f tour m d**u** monde; **Weltrekord** m record m du monde; **Weltstadt** f métropole f; **wei**t adj (Verbindungen) international(e **Erscheinung) universel(le); **Weltwund**er nt merveille f du monde

wem pron dat von **wer** à qui

wen pron akk von **wer** qui

Wende f (-, -n) tournant m; **Wendekreis** m (GEO) tropique m; (AUTO) rayo**n** m de braquage

Wendeltreppe f escalier m en colima**ç**on

wenden (wandte o wendete, gewandt **o** gewendet) **1.** vt tourner, retourner; (Boo**t**virer de bord; **bitte ~** tourez s'il vous plaît **2.** vi tourner **3.** vr **sich an jdn ~** s'adresser à qn; **Wendeplatz** m espace m pour faire demi-tour; **Wendepunkt** tournant m

Wendung f tournure f

wenig 1. pron peu de; (Lust) pas le (la) moindre; **zu ~** trop peu, pas assez **2.** a**dv** peu; **so ~ wie** aussi peu que; **wenige** pron pl peu de gens; **Wenigkeit** f mein**e** **~** mon humble personne; **wenigste(**s) adj moindre; **wenigstens** adv au moins

wenn konj si; (zeitlich) quand, lorsque; **auch …** même si …; **~ ich doch wüsste** **aufgepasst hätte** si seulement je savais**/**j'avais fait attention; **wennschon** adv **~** et alors?; **~, dennschon!** tant qu'à fai**re**

wer pron qui

Werbebanner nt message m publicitaire; **Werbefernsehen** nt publicité f télévisée; **Werbegeschenk** nt cadeau m publicitaire; **Werbekampagne** f campagne f publicitaire; **werben** (wa**rb**, geworben) **1.** vt tenter d'attirer, recrute**r** **2.** vi faire de la publicité (für pour); **um jdn ~** tenter de s'attirer les bonnes grâ**ces de qn; **um etw ~** tenter de se conc**i**lier qch, rechercher qch; **Werberum-**

-nel m matraquage m publicitaire; **Wer-
-espot** m (-s, -s) spot m publicitaire;
-verbewirksam adj efficace (sur le plan
ublicitaire); **Werbung** f publicité f; (von
Mitgliedern) recrutement m; (um jdn/etw)
ollicitation f
-erdegang m développement m; (beruf-
ch) carrière f
-erden (wurde, geworden) **1.** vi ⟨sein⟩
evenir; **Lehrer ~** devenir professeur;
-vas ist aus ihm geworden? qu'est-il
evenu?; **es ist nichts geworden** ça n'a
en donné; **mir wird kalt** je commence à
voir froid; **das muss anders ~** il faut que
ela change; **zu Eis ~** geler **2.** vb aux
-utur) aller; (*Passiv*) être
-erfen (warf, geworfen) vt lancer;
-unge) mettre bas
-erft f (-, -en) chantier m naval
-erk nt (-(e)s, -e) (*Buch etc*) œuvre f;
-Tätigkeit) action f, acte m; (*Fabrik*) usine
entreprise f; (*Mechanismus*) mécanisme
-; (*Uhr~*) mouvement m; **ans ~ gehen**
e mettre à l'œuvre; **Werkstatt** f (-,
*-*stätten) atelier m; (*AUTO*) garage m;
-Verkstoff m matériau m; **Werktag** m
*-*ur m ouvrable; **werktags** adv les jours
uvrables; **werktätig** adj (*Bevölkerung*)
ctif(-ive)
-erkzeug nt outils mpl; **Werkzeugkas-
-en** m caisse f à outils; **Werkzeug-
-chrank** m armoire f à outils
-ermut m (-(e)s, -s) (*Wein*) vermout(h)

-ert adj cher (chère); **es ist drei Euro ~**
ela vaut trois euros; **das ist es/er mir ~**
a/il vaut bien cela; **Wert** m (-(e)s, -e)
aleur f; **~ legen auf** +akk attacher de
importance à; **es hat doch keinen ~** cela
e sert à rien; **Wertangabe** f indication
de la valeur; **werten** vt (*Sache*) estimer;
-eistung) évaluer; **Wertgegenstand** m
bjet m de valeur; **wertkonservativ**
dj défenseur de valeurs conservatrices;
-vertlos adj (*Sache*) sans valeur; (*Informa-
-on*) inutile; **Wertlosigkeit** f absence f
e valeur; (*von Information*) inutilité f;
-Vertpapier nt titre m; **Wertpapier-
-örse** f bourse f des valeurs; **Wertpa-
-iermarkt** m marché m des titres [o des
aleurs]; **Wertsachen** pl objets mpl de
aleur; **Wertschöpfung** f création f de
aleur; **Wertstoff** m matériau m recycla-
-le; **wertvoll** adj précieux(-euse);
-Vertzuwachs m augmentation f de
aleur
-esen nt (-s, -) (*Geschöpf*) être m; (*Natur*,

Charakter) nature f, caractère m
wesentlich adj (*Unterschied*) essentiel(le),
fondamental(e); (*beträchtlich*) notable,
considérable
weshalb adv pourquoi
Wespe f (-, -n) guêpe f
wessen pron gen von **wer** de qui; **~ Buch
ist das?** à qui est ce livre?
Wessi m (-s, -s) (*pej*) surnom des habitants
de l'ex-Allemagne de l'Ouest

| Wessi |

Wessi est un terme familier et souvent irrespectueux désignant un Allemand de l'ancienne
RFA. L'expression **Besserwessi** désigne un Allemand de l'Ouest qui croit tout savoir sur tout.

Weste f (-, -n) gilet m
Westen m (-s) ouest m; (*Region*) Ouest m;
im ~ von à l'ouest de; **westeuropä-
isch** adj **~e Zeit** heure f de Greenwich;
westlich 1. adj de l'ouest, occidental(e);
(*POL*) de l'Ouest **2.** adv à l'ouest; **~ von
Bonn** à l'ouest de Bonn; **Westwind** m
vent m d'ouest
weswegen adv pourquoi
wett adj **~ sein** être quitte
Wettbewerb m concours m; **wettbewerbsfähig** adj compétitif(-ive);
Wettbewerbsfähigkeit f compétitivité f; **wettbewerbsfördernd** adj
favorisant la compétitivité; **Wettbewerbskontrolle** f contrôle f de la concurrence
Wette f (-, -n) pari m
Wetteifer m esprit m de compétition
wetten vt, vi parier
Wetter nt (-s, -) temps m; **Wetterbericht** m bulletin m météorologique;
Wetterdienst m service m météorologique; **wetterfühlig** adj sensible aux
changements de temps; **Wetterlage** f
conditions fpl atmosphériques; **Wettervorhersage** f prévisions fpl météorologiques, météo f; **Wetterwarte** f (-, -n)
station f météorologique; **wetterwen-
disch** adj lunatique
Wettkampf m (*SPORT*) compétition f;
Wettlauf m course f; **wett|machen** sep
vt compenser, réparer; **Wettstreit** m
compétition f
wetzen vt (*Messer*) aiguiser
WEZ f (-) abk von **westeuropäische Zeit**
heure f de Greenwich
WG f (-, -s) abk von **Wohngemein-
schaft**
Whirlpool® m (-s, -s) jacuzzi® m

Whisky m (-s, -s) whisky m
wich imperf von **weichen**
wichtig adj important(e); **Wichtigkeit** f importance f
wickeln vt enrouler; (Wolle) pelotonner; (Kind) langer
Widder m (-s, -) bélier m; (ASTR) Bélier m; **Werner ist (ein)** ~ Werner est Bélier
wider prep +akk contre; **widerfahren** (pp widerfahren) irr vi (sein) jdm ~ advenir à qn, arriver à qn; **widerlegen** (pp widerlegt) vt réfuter
widerlich adj repoussant(e)
widerrechtlich adj illégal(e)
Widerrede f contradiction f
Widerruf m bis auf ~ jusqu'à nouvel ordre; **widerrufen** (pp widerrufen) irr vt (Bericht) démentir; (Behauptung) rétracter; (Anordnung) révoquer
widersetzen (pp widersetzt) vr sich jdm/einer Sache ~ s'opposer à qn/qch
widerspenstig adj récalcitrant(e), rebelle; **Widerspenstigkeit** f caractère m rebelle
wider|spiegeln sep vt refléter
widersprechen (pp widersprochen) irr vi jdm/einer Sache ~ contredire qn/qch; **widersprechend** adj contradictoire; **Widerspruch** m contradiction f; **widerspruchslos** 1. adj exempt(e) de protestations 2. adv sans protester
Widerstand m résistance f; **Widerstandsbewegung** f mouvement m de résistance; **widerstandsfähig** adj résistant(e); **widerstandslos** adj sans résistance
widerstehen (pp widerstanden) irr vi résister (dat à)
widerwärtig adj repoussant(e)
Widerwille m dégoût m; (gegen jdn) aversion f (gegen pour, contre); **widerwillig** adv à contrecœur
widmen 1. vt (Buch) dédier; (Zeit) consacrer 2. vr sich jdm/einer Sache ~ se consacrer à qn/qch; **Widmung** f (in Buch etc) dédicace f
widrig adj (Umstände) adverse
wie 1. adv comment; **so** ~ (ebenso) ainsi que; ~ **viel** combien (de); ~ **viel(e) Menschen?** combien de personnes? 2. konj comme
wieder adv de nouveau; ~ **da sein** être de retour; **gehst du schon** ~? tu repars déjà?; ~ **ein(e) ... encore un(e) ...;** ~ **aufbereiten** retraiter; ~ **aufnehmen** reprendre; ~ **erkennen** reconnaître; ~ **gutmachen** réparer; ~ **vereinigen** réunir;

(POL) réunifier; ~ **verwertbar** recyclable; ~ **verwerten** recycler
Wiederaufarbeitungsanlage f usine de retraitement; **Wiederaufbau** m reconstruction f
wieder|auf|bereiten (pp wiederaufbereitet) vt retraiter; **Wiederaufbereitung** f retraitement m; **Wiederaufbereitungsanlage** f usine f de retraitement
wieder|auf|nehmen sep irr vt s. **wiede**
wieder|bekommen (pp wiederbekommen) sep irr vt (Sache) récupérer
wieder|erkennen (pp wiedererkannt) sep irr vt reconnaître
Wiedergabe f reproduction f; (von Erzählung) narration f; **wieder|geben** sep irr vt rendre; (Gefühle etc) exprimer
wieder|gut|machen sep vt s. **wieder;** **Wiedergutmachung** f réparation f
wieder|her|stellen (pp wiederhergestellt) sep vt (Ordnung) rétablir; (Frieden, Ruhe) ramener; (Datei, Zustand) restaure (gesund machen) guérir; **sobald sie [o ihr Gesundheit] wiederhergestellt ist** dès qu'elle sera rétablie; **Wiederherstellung** f restauration f; (von Frieden, Beziehung) rétablissement m
wiederholen (pp wiederholt) vt répéte (INFORM: Befehl) essayer de nouveau; **wie derholt** adj répété(e); **Wiederholung** f répétition f
Wiederhören nt auf ~ au revoir
Wiederkehr f (-) retour m
wieder|sehen sep irr vt revoir; **Wieder sehen** nt rencontre f; **auf** ~! au revoir!
wiederum adv de nouveau; (andererseit par contre
wieder|vereinigen (pp wiedervereinig vt réunir; (POL) réunifier; **Wiedervereinigung** f (POL) réunification f
wiederverwertbar adj (Stoffe) recyclable
wieder|verwerten (pp wiederverwertet) sep vt recycler
Wiederwahl f réélection f
Wiege f (-, -n) berceau m
wiegen (wog, gewogen) vt peser
wiehern vi (Pferd) hennir
Wien nt (-s) Vienne
Wiener Würstchen nt saucisse f de Francfort
wies imperf von **weisen**
Wiese f (-, -n) pré m
Wiesel nt (-s, -) belette f
wieso adv pourquoi
wieviel adv s. **wie; wievielmal** adv

combien de fois; **wievielte(r, s)** *adj*
zum ~n Mal? pour la combientième
fois?; **den Wievielten haben wir?** quel jour
sommes-nous?; **an ~r Stelle?** en quelle
position?

vieweit *konj* jusqu'où

vild *adj* sauvage; (*Volk*) primitif(-ive);
(*wütend*) furieux(-euse); (*Kampf*) achar-
né(e)

Vild *nt* (-(e)s) gibier *m*

vildern *vi* braconner; **ein ~der Hund** un
chien errant

vildfremd *adj* (complètement) incon-
nu(e); **Wildheit** *f* caractère *m* sauvage;
Wildleder *nt* daim *m*; **Wildnis** *f* région
f sauvage; **Wildschwein** *nt* sanglier *m*;
Wildwasserfahren *nt* (-s) descente *f*
en kayak; **Wildwasserrafting** *nt* rafting *m*

Ville *m* (-ns, -n) volonté *f*; **willen** *prep*
+*gen* **um jds/einer Sache ~** pour (l'amour
de) qn/qch; **willenlos** *adj* sans volonté;
willensstark *adj* qui a de la volonté
villig *adj* de bonne volonté

villkommen *adj* bienvenu(e); **herzlich
~** soyez le (la) bienvenu(e); **Willkommen** *nt* (-s, -) bienvenue *f*

villkürlich *adj* arbitraire

vimmeln *vi* fourmiller (*von* de)

vimmern *vi* geindre

Vimper *f* (-, -n) cil *m*; **Wimperntusche** *f* mascara *m*

Vind *m* (-(e)s, -e) vent *m*; **Windbeutel**
m chou *m* à la crème

Vinde *f* (-, -n) (*TECH*) treuil *m*; (*BOT*) volu-
bilis *m*, liseron *m*

Vindel *f* (-, -n) couche *f*; **Windelhöschen** *nt* couche-culotte *f*

vinden *vi unpers* **es windet** il y a du vent

vinden (wand, gewunden) **1.** *vt* (*Kranz*)
tresser; **etw um etw ~** enrouler qch
autour de qch **2.** *vr* **sich ~** (*Weg*) serpenter; (*Pflanze*) enlacer (*um etw* qch);
(*Mensch*) se tordre (*vor* +*dat* de)

Vindenergie *f* énergie *f* éolienne;
Windfarm *f* (-, -en) ferme *f* éolienne;
Windhemd *nt* blouson *m*; **Windhose** *f*
tourbillon *m*; **Windhund** *m* lévrier *m*;
(*Mann*) écervelé *m*; **windig** *adj* (*Stelle*)
éventé(e); (*fig*) qui n'inspire pas confiance; **Windkraftanlage** *f* éolienne *f*;
Windmühle *f* moulin *m* à vent; **Windpark** *m*, **Windparkanlage** *f* parc *m*
d'aérogénérateurs; **Windpocken** *pl*
varicelle *f*; **Windschutzscheibe** *f*
(*AUTO*) pare-brise *m*; **Windstärke** *f* force
f du vent; **Windstille** *f* calme *m* plat;

Windstoß *m* coup *m* de vent, bourrasque *f*; **Windsurfbrett** *nt* planche *f* à
voile; **wind|surfen** *sep vi* ⟨haben o sein⟩
faire de la planche à voile; **Windsurfen**
nt planche *f* à voile; **Windsurfer(in)**
m(f) véliplanchiste *mf*

Wink *m* (-(e)s, -e) signe *m*; (*mit Kopf*)
signe *m* de tête; (*mit Hand*) geste *m*; (*fig*)
tuyau *m*

Winkel *m* (-s, -) (*MATH*) angle *m*; (*Gerät*)
équerre *f*; (*im Raum*) coin *m*

winken 1. *vi* faire signe (*dat* à); (*fig*)
attendre (*jdm* qn) **2.** *vt* **jdn zu sich ~** faire
signe à qn d'approcher

winseln *vi* geindre

Winter *m* (-s, -) hiver *m*; **im ~** en hiver;
Winterfahrplan *m* horaires *mpl* d'hiver;
winterlich *adj* hivernal(e); **Winterreifen** *m* pneu *m* neige; **Winterschlaf** *m*
hibernation *f*; **Winterschlussverkauf**
m soldes *fpl* d'hiver; **Wintersport** *m*
sport *m* d'hiver; **Winterzeit** *f* (*Uhrzeit*)
heure *f* d'hiver

Winzer(in) *m(f)* (-s, -) vigneron(ne)

winzig *adj* minuscule

Wipfel *m* (-s, -) cime *f*

wir *pron* nous; **~ alle** nous tous

Wirbel *m* (-s, -) tourbillon *m*; (*Trommel~*)
roulement *m* de tambour; (*Aufsehen*)
remous *mpl*; (*ANAT*) vertèbre *f*; **wirbeln** *vi*
⟨sein⟩ tourbillonner; **Wirbelsäule** *f*
colonne *f* vertébrale; **Wirbeltier** *nt* ver-
tébré *m*; **Wirbelwind** *m* tourbillon *m* de
vent

wirken 1. *vi* (*scheinen*) avoir l'air, sembler;
(*erfolgreich sein*) être efficace, agir; **als Arzt
~** (*arbeiten*) être médecin **2.** *vt* (*Wunder*)
faire

wirklich *adj* réel(le), vrai(e); (*Künstler*)
véritable; **Wirklichkeit** *f* réalité *f*

wirksam *adj* efficace; (*JUR*) valide; **Wirksamkeit** *f* efficacité *f*

Wirkung *f* effet *m*; **wirkungslos** *adj*
inefficace; **wirkungsvoll** *adj* efficace

wirr *adj* (*Haar*) emmêlé(e), hirsute; (*Verhältnisse*) confus(e); **Wirren** *pl* troubles
mpl, désordres *mpl*; **Wirrwarr** *m* (-s)
confusion *f*

Wirsing(kohl) *m* (-s) chou *m* frisé

Wirt(in) *m(f)* (-(e)s, -e) (*Gastwirt*)
patron(ne); (*Gastgeber*) hôte(-esse);
Wirtschaft *f* (*Gaststätte*) auberge *f*;
(*Haushalt*) ménage *m*, tenue *f* de la maison; (*eines Landes*) économie *f*; (*fam*)
remue-ménage *m*; **wirtschaftlich** *adj*
économique; **Wirtschaftlichkeit** *f* rentabilité *f*; **Wirtschaftsflüchtling** *m*

réfugié(e) économique; **Wirtschaftskri- minalität** f délits mpl commis dans l'industrie; **Wirtschaftskrise** f crise f économique; **Wirtschaftsministe- rium** nt ministère m de l'Économie; **Wirtschaftspolitik** f politique f écono- mique; **Wirtschaftsprüfer(in)** m(f) expert(e)-comptable; **Wirtschaftswis- senschaft** f science f économique; **Wirtschaftswunder** nt miracle m éco- nomique; **Wirtschaftszone** f zone f commerciale

Wirtshaus nt auberge f
Wisch m (-(e)s, -e) papelard m
wischen vt essuyer; (Boden) nettoyer, frotter; (Augen) s'essuyer; **Wischer** m (-s, -) essui-glace m; **Wischerblatt** nt balai m d'essuie-glace
wispern vt, vi chuchoter
Wissbegier(de) f soif f d'apprendre; **wissbegierig** adj curieux(-euse)
wissen (wusste, gewusst) vt savoir; **ich weiß keinen Rat** je ne sais que faire; **Wis- sen** nt (-s) savoir m
Wissenschaft f science f; **Wissen- schaftler(in)** m(f) (-s, -) scientifique mf; **wissenschaftlich** adj scientifique
wissenswert adj intéressant(e)
wissentlich 1. adj voulu(e) 2. adv sciem- ment
wittern vt sentir; (fig) pressentir
Witterung f (Wetter) temps m; (Geruch) flair m
Witwe f (-, -n) veuve f; **Witwer** m (-s, -) veuf m
Witz m (-es, -e) plaisanterie f, histoire f drôle; **Witzblatt** nt journal m humoristi- que; **Witzbold** m (-(e)s, -e) plaisantin m; **witzeln** vi plaisanter; **witzig** adj drôle; (Ereignis, Rede) amusant(e)
wo adv où; (fam: irgendwo) quelque part; **im Augenblick, ~ ...** au moment où ...; **die Zeit, ~ ...** l'époque où ...; **woan- ders** adv ailleurs
wob imperf von **weben**
wobei adv **sie gab mir das Buch, ~ sie mich nicht ansah** elle m'a donné le le livre sans me regarder
Woche f (-, -n) semaine f; **Wochenende** nt fin f de semaine, week-end m; **wochenlang** 1. adj qui dure des semai- nes 2. adv pendant plusieurs semaines; **Wochentag** m jour m de la semaine; **wöchentlich** adj hebdomadaire
Wodka m (-s, -s) vodka f
wodurch adv (relativ) par quoi; (interroga- tiv) comment; (örtlich) par où; **wofür**

adv (relativ) pour lequel (laquelle); (interro‹ gativ) pourquoi
wog imperf von **wiegen**
Woge f (-, -n) vague f
wogegen 1. adv (relativ) contre lequel (laquelle); (interrogativ) contre quoi 2. ko‹ par contre
wogen vi onduler
woher adv d'où; **wohin** adv où
wohl adv bien; (vermutlich) probable- ment; (gewiss) sans doute; **er weiß das ~** il le sait bien; **Wohl** nt (-(e)s) bien-être m; **zum ~!** santé!; **wohlauf** adv ~ sein bien se porter; **Wohlbehagen** nt sensa- tion f de bien-être; **wohlbehalten** adj sain(e) et sauf (sauve); (Sachen) intact(e)‹ **Wohlfahrt** f (Fürsorge) assistance f publi‹ que; **Wohlfahrtsstaat** m État-provi- dence m; **wohlhabend** adj aisé(e); **wohlig** adj (Gefühl) agréable; **wohl- schmeckend** adj savoureux(-euse); **Wohlstand** m prospérité f; **Wohl- standsbauch** m ventre m bien rempli; **Wohlstandsgesellschaft** f société f d'abondance; **Wohlstandsschere** f fracture f sociale; **Wohltat** f bienfait m; **Wohltäter(in)** m(f) bienfaiteur(-trice); **wohltätig** adj (Verein) de bienfaisance; **wohlverdient** adj bien mérité(e); **wohlweislich** adv sciemment; **Wohl- wollen** nt (-s) bienveillance f; **wohl- wollend** adj bienveillant(e)
wohnen vi habiter; **Wohngebiet** nt zone f d'habitation; **Wohngemein- schaft** f ensemble de personnes qui par- tagent un appartement; **wohnhaft** adj domicilié(e) (in +dat à); **Wohnheim** nt foyer m; **wohnlich** adj (Einrichtung) con‹ fortable; **Wohnmobil** nt (-s, -e) cam- ping-car m; **Wohnort** m domicile m; **Wohnsitz** m domicile m; **Wohnsitzlo‹ se(r)** mf sans-abri mf; **Wohnung** f appartement m; (Unterkunft) logement m‹ **Wohnungsbau** m construction f de logements; **Wohnungsnot** f crise f du logement; **Wohnwagen** m caravane f; **Wohnzimmer** nt salle f de séjour, salo‹ m
Wok m (-s, -s) wok m
wölben vr sich ~ former une voûte; **gewölbt** (ARCHIT) voûté(e), en voûte; **Wölbung** f voûte f, arc m
Wolf m (-(e)s, Wölfe) loup m; **Wölfin** f louve f
Wolke f (-, -n) nuage m; **Wolkenkrat- zer** m gratte-ciel m; **wolkig** adj (Himme‹ nuageux(-euse)

Wolle f (-, -n) laine f; **wollen** adj en laine

wollen vt vouloir

wollüstig adj voluptueux(-euse)

Wollwäsche f lainage m

womit adv (relativ) avec lequel (laquelle); (interrogativ) avec quoi, comment

womöglich adv peut-être

wonach adv (relativ) après quoi, après quel (laquelle)

Wonne f (-, -n) plaisir m

woran adv (relativ) sur lequel (laquelle), auquel (à laquelle); (interrogativ) où;

worauf adv (relativ) sur lequel (laquelle); (interrogativ) sur quoi, **woraus** adv (relativ) de quoi; (interrogativ) de quoi, d'où;

worin adv en quoi, où

workaholic m (-s, -s) drogué(e) du travail

workshop m (-s, -s) rencontre f interprofessionnelle

workstation f (-, -s) (INFORM) station f de travail

World Wide Web nt world wide web m

Wort nt (-(e)s, Wörter) mot m; ~**e** pl (Äußerung) parole f; **wortbrüchig** adj

qui manque à sa parole

Wörterbuch nt dictionnaire m

Wortführer(in) m(f) porte-parole mf;

wortkarg adj laconique; **Wortlaut** m teneur f; (von Vertrag) termes mpl; **im** ~ textuellement

wörtlich adj (Übersetzung) mot à mot, littéral(e), textuel(le)

wortlos adj (Abschied) muet(te); **wortreich** adj verbeux(-euse); **Wortschatz** m vocabulaire m; **Wortspiel** nt jeu m de mots; **Wortwechsel** m altercation f

worüber adv (relativ) sur lequel (laquelle); (interrogativ) sur quoi; **worum** adv (relativ) autour duquel (de laquelle); (interrogativ) autour de quoi; **worunter** adv (relativ) sous lequel (laquelle); (interrogativ) sous quoi; **wovon** adv (relativ) duquel (de laquelle); (interrogativ) de quoi; **wovor** adv (relativ) devant lequel (laquelle); (interrogativ) devant quoi, où; **wozu** adv (relativ) ce pourquoi; (interrogativ) pourquoi

Wrack nt (-(e)s, -s) épave f

wringen (wrang, gewrungen) vt tordre

Wucher m (-s) usure f; **das ist** ~**!** c'est du vol!; **Wucherer** m (-s, -), **Wucherin** f

usurier(-ière); **wucherisch** adj usuraire

wuchern vi ⟨sein o haben⟩ (Pflanzen) proférer; **Wucherung** f (MED) excroissance

wuchs imperf von **wachsen**

Wuchs m (-es) (Wachstum) croissance f; (Statur) stature f

Wucht f (-) force f; **wuchtig** adj (Gestalt) massif(-ive); (Schlag) énergique

wühlen vi fouiller; (Tier) fouir

Wulst m (-es, Wülste) renflement m; (von Körper) bourrelet m; (an Wunde) boursouflure f

wund adj écorché(e); **Wunde** f (-, -n) blessure f

Wunder nt (-s, -) miracle m; **es ist kein** ~ ce n'est pas étonnant; **wunderbar** adj miraculeux(-euse); (herrlich) merveilleux(-euse); **Wunderkind** nt enfant m prodige; **wunderlich** adj bizarre; **wundern 1.** vt étonner **2.** vr sich ~ s'étonner (über +akk de); **wunderschön** adj, **wundervoll** adj merveilleux(-euse)

Wundstarrkrampf m tétanos m

Wunsch m (-(e)s, Wünsche) souhait m, vœu m; **wünschen** vt souhaiter; **sich** dat etw ~ souhaiter qch; **wünschenswert** adj souhaitable

wurde imperf von **werden**

Würde f (-, -n) dignité f; **Würdenträger(in)** m(f) dignitaire mf; **würdevoll** adj digne; **würdig** adj digne; **jds/einer Sache** ~ **sein** être digne de qn/qch; **würdigen** vt reconnaître (la valeur de); **jdn keines Blickes** ~ ne pas accorder un regard à qn

Wurf m (-(e)s, Würfe) jet m; (SPORT) lancer m, lancement m; (bei Tieren) portée f

Würfel m (-s, -) dé m; (MATH) cube m; **Würfelbecher** m cornet m à dés; **würfeln** vi jeter les dés; **Würfelspiel** nt jeu m de dés; **Würfelzucker** m sucre m en morceaux

Wurfpfeil m fléchette f

würgen 1. vt étrangler **2.** vi **an etw** dat ~ faire des efforts pour avaler qch

Wurm m (-(e)s, Würmer) ver m; **wurmen** vt (fam) turlupiner; **Wurmfortsatz** m appendice m; **wurmig** adj véreux(-euse); **wurmstichig** adj vermoulu(e)

Wurst f (-, Würste) saucisse f; (Hart~) saucisson m; **das ist mir** ~ (fam) ça m'est égal

Würstchen nt saucisse f de Francfort

Würze f (-, -n) épice f

Wurzel f (-, -n) racine f; **Wurzelverzeichnis** nt (INFORM) répertoire m racine

würzen vt épicer; (fig) pimenter; **würzig** adj épicé(e)

wusch imperf von **waschen**

wusste *imperf von* **wissen**
wüst *adj* (*roh*) sauvage; (*ausschweifend*) déchaîné(e); (*öde*) désert(e); (*fam: heftig*) fort(e)
Wüste *f* (-, -n) désert *m*
Wüstling *m* débauché *m*
Wut *f* (-) colère *f*, rage *f*; **Wutanfall** *m*
accès *m* de fureur; **wüten** *vi* causer des ravages; (*Wind*) être déchaîné(e); **wütend** *adj* furieux(-euse)
WWU *f* (-) *abk von* **Wirtschafts- und Währungsunion** UEM *f*
WWW *nt* (-) *abk von* **World Wide Web** www *m*

X

X, **x** *nt* (-, -) X, x *m*; **X-Beine** *pl* jambes *fpl* cagneuses; **x-beinig** *adj* aux jambes cagneuses
x-beliebig *adj* (*fam*) quelconque, n'importe quel(le)
x-mal *adv* (*fam*) x [o n] fois
Xylofon, **Xylophon** *nt* (-s, -e) xylophone *m*

Y

Y, **y** *nt* (-, -) Y, y *m*
Yen *m* (-(s), -(s)) yen *m*
Yoga *m o nt* (-(s)) yoga *m*
Ypsilon *nt* (-(s), -s) i *m* grec
Yucca *f* (-, -s) yucca *m*
Yuppie *m* (-s, -s) yuppie *mf*

Z

Z nt (-, -) Z, z m

acke f (-, -n) pointe f; (Berg~, Gabel~, Kamm~) dent f; **zackig** adj dentelé(e); (fam: Bursche) fringant(e); (Musik) qui chauffe

aghaft adj hésitant(e), craintif(-ive); **Zaghaftigkeit** f indécision f

äh adj (Mensch) robuste; (Fleisch) coriace; (zähflüssig) épais(se); (schleppend) qui traîne; **zähflüssig** adj visqueux(-euse); (Verkehr) qui avance au ralenti; **Zähigkeit** f résistance f; (Beharrlichkeit) endurance f

ahl f (-, -en) chiffre m; (Menge) nombre n

ahlbar adj payable

ahlen vt, vi payer; ~ bitte! l'addition s'il vous plaît!

ählen vt, vi compter; ~ zu compter parmi; ~ auf +akk compter sur

ahlenmäßig adj numérique

ahler(in) m(f) (-s, -) payeur(-euse)

ähler m (-s, -) (TECH) compteur m; (MATH) numérateur m

ahllos adj innombrable; **zahlreich** adj nombreux(-euse); **Zahltag** m jour m de paie; **Zahlung** f paiement m; **zahlungsfähig** adj solvable; **zahlungsunfähig** adj insolvable; **Zahlungsverkehr** m transactions fpl financières; **Zahlwort** nt numéral m

ahm adj (Tier) apprivoisé(e); (fig) docile; **zähmen** vt apprivoiser, dompter

ahn m (-(e)s, Zähne) dent f; **Zahnarzt** n, **-ärztin** f dentiste mf; **zahnärztlich** adj dentaire; **Zahnarztpraxis** f cabinet n dentaire; **Zahnbürste** f brosse f à dents; **Zahncreme** f dentifrice m; **zahnen** vi faire ses dents; **Zahnersatz** m prothèse f dentaire; **Zahnfäule** f (-) carie f; **Zahnfleisch** nt gencives fpl; **Zahnpasta** f, **Zahnpaste** f dentifrice n; **Zahnrad** nt roue f dentée; **Zahnradbahn** f chemin m de fer à crémaillère; **Zahnschmelz** m (-es, -e) émail m 'des dents); **Zahnschmerzen** pl maux npl de dent; **Zahnseide** f fil m dentaire; **Zahnspange** f appareil m (dentaire); **Zahnstein** m tartre m; **Zahnstocher** m (-s, -) cure-dent m

aire nt (-s) le Zaïre

ange f (-, -n) pince f; (Beiß~) tenailles 'pl; (MED) forceps m; **Zangengeburt** f naissance f au forceps

Zankapfel m pomme f de discorde; **zanken** vi, vr sich ~ se quereller; **zänkisch** adj querelleur(-euse)

Zäpfchen nt (ANAT) luette f; (MED) suppositoire m

zapfen vt tirer

Zapfen m (-s, -) bouchon m; (BOT) pomme f de pin, cône m; (Eis~) glaçon m; **Zapfenstreich** m (MIL) retraite f

Zapfhahn m (für Bier) chantepleure f; (an Tankstelle) robinet m distributeur; **Zapfpistole** f pistolet m de distribution; **Zapfsäule** f pompe f à essence

zappelig adj agité(e)

zappeln vi frétiller

zappen vi (fam) zapper; **Zappen** nt (-s) (fam) zapping m

Zar(in) m(f) (-en, -en) tsar(ine)

zart adj délicat(e); (Farben, Töne) doux (douce); (Berührung) léger(-ère); (Braten etc) tendre; **Zartgefühl** nt délicatesse f; **Zartheit** f douceur f

zärtlich adj tendre; **Zärtlichkeit** f tendresse f; ~en pl caresses fpl

Zauber m (-s, -) (Magie) magie f; (fig) charme m; fauler ~ (fam) fumisterie f; **Zauberei** f magie f; (Trick) tour m de passe-passe; **Zauberer** m (-s, -) magicien m; **zauberhaft** adj merveilleux(-euse); **Zauberin** f magicienne f; **Zauberkünstler(in)** m(f) prestidigitateur(-trice); **zaubern** vi faire de la magie; **Zauberspruch** m formule f magique; **Zauberin** f magicienne f

zaudern vi hésiter

Zaum m (-(e)s, Zäume) bride f; jdn/etw im ~ halten tenir qn/qch en bride

Zaun m (-(e)s, Zäune) clôture f; **Zaunkönig** m roitelet m; **Zaunpfahl** m ein Wink mit dem ~ une allusion très peu subtile

z. B. abk von zum Beispiel par exemple

Zebra nt (-s, -s) zèbre m; **Zebrastreifen** m passage m pour piétons

Zeche f (-, -n) addition f; (im Bergbau) mine f

Zecke f (-, -n) tique f

Zehe f (-, -n) doigt m de pied, orteil m; (Knoblauch~) gousse f

zehn num dix; **Zehn** f (-, -en) dix m; **Zehnerkarte** f carnet m de dix; **zehnfach** adj dix fois; **zehnjährig** adj de dix ans; **Zehnkampf** m décathlon m;

zehnmal adv dix fois; **zehnt** adv zu ~ à dix; **zehnte(r, s)** adj dixième; **der ~ Juni** le dix juin; **Berlin, den 10. Juni** Berlin, le 10 juin; **Zehnte(r)** mf dixième mf; **Zehntel** nt (-s, -) dixième m; **zehntens** adv dixièmement

Zeichen nt (-s, -) signe m; (Schild) panneau m; (INFORM) caractère m; **Zeichenbelegung** f (INFORM) occupation f des caractères; **Zeichenprogramm** nt (INFORM) logiciel m de dessin; **Zeichensatz** m (INFORM) jeu m de caractères; **Zeichentabelle** f (INFORM) table f de caractères; **Zeichentrickfilm** m dessin m animé; **Zeichenvorrat** m (INFORM) répertoire m de caractères

zeichnen vt, vi (malen) dessiner; (kenn~) marquer; (unter~) signer; **Zeichner(in)** m(f) (-s, -) dessinateur(-trice); **technischer ~** dessinateur m industriel; **Zeichnung** f dessin m

Zeigefinger m index m

zeigen 1. vt montrer 2. vi **auf etw** akk ~ indiquer qch 3. vr **sich** ~ se montrer; **es wird sich ~, ob ...** l'avenir dira si ...; **es zeigte sich, dass ...** il s'est avéré que ...

Zeiger m (-s, -) aiguille f; (INFORM) pointeur m

Zeile f (-, -n) ligne f; **Zeilenabstand** m interligne m; **Zeilenumbruch** m **automatischer** ~ (INFORM) retour m à la ligne automatique

Zeit f (-, -en) temps m; (Uhr~) heure f; (Augenblick) moment m; **sich** dat ~ **lassen** prendre son temps; **sich** dat ~ **nehmen** prendre du temps; **von ~ zu ~** de temps en temps; **mit der** ~ avec le temps; **zur rechten** ~ au bon moment; **die ganze** ~ tout le temps; **in letzter** ~ ces derniers temps; ~ **raubend** qui prend beaucoup de temps; s. a. **zurzeit**; **Zeitalter** nt époque f; **Zeitarbeit** f travail m temporaire; **Zeitgeist** m esprit m du temps; **zeitgemäß** adj moderne; **Zeitgenosse** m, **-genossin** f contemporain(e); **zeitig** adj précoce; **zeitlebens** adv toute ma/ta/sa vie; **zeitlich** adj temporel(le); **Zeitlupe** f ralenti m; **Zeitpunkt** m moment m; **Zeitraffer** m (-s, -) accéléré m; **zeitraubend** adj s. **Zeit**; **Zeitraum** m période f, durée f; **Zeitrechnung** f **nach/vor unserer** ~ après/avant notre ère; **Zeitschrift** f revue f

Zeitung f journal m

Zeitunterschied m décalage m horaire; **Zeitverschwendung** f perte f de temps; **Zeitvertreib** m (-(e)s, -e) passetemps m; **zeitweilig** adj temporaire; **zeitweise** adv de temps en temps, parfois; **Zeitwort** nt verbe m; **Zeitzeichen** nt (RADIO) top m; **Zeitzone** f fuseau m horaire; **Zeitzünder** m **eine Bombe mit ~** une bombe à retardement

Zelle f (-, -n) cellule f; (Telefon~) cabine f téléphonique; **Zellkern** m noyau m de la cellule; **Zellstoff** m cellulose f; **Zellteilung** f division f de la cellule

Zellulitis f (-) (MED) cellulite f

Zelt nt (-(e)s, -e) tente f; **Zeltbahn** f toile f de tente; **zelten** vi camper; **Zeltplatz** m terrain m de camping

Zement m ciment m; **zementieren** (pp zementiert) vt cimenter

zensieren (pp zensiert) vt censurer; (SCH) noter; **Zensur** f censure f; (SCH) note f

Zentimeter m o nt centimètre m

Zentner m (-s, -) demi-quintal m, 50 kilos mpl; (A, CH) quintal m

zentral adj central(e)

Zentralafrikanische Republik f la République centrafricaine

Zentrale f (-, -n) agence f principale; (TEL) central m téléphonique

Zentraleinheit f (INFORM) unité f centrale; **Zentralheizung** f chauffage m central

zentralisieren (pp zentralisiert) vt centraliser

zentralistisch adj centraliste

Zentralmassiv nt Massif m central; **Zentralverriegelung** f (AUTO) verrouillage m central (des portes)

zentrieren (pp zentriert) vt (TYPO) centrer; **zentriert** adj (TYPO) centré(e)

Zentrifugalkraft f force f centrifuge

Zentrifuge f (-, -n) centrifugeuse f

Zentrum nt (-s, Zentren) centre m

Zeppelin m (-s, -e) zeppelin m

Zepter nt (-s, -) sceptre m

zerbrechen (pp zerbrochen) irr 1. vt casser 2. vi ⟨sein⟩ se casser; **zerbrechlich** adj fragile

zerbröckeln (pp zerbröckelt) vi ⟨sein⟩ s'effriter

zerdrücken (pp zerdrückt) vt écraser

Zeremonie f cérémonie f

Zerfall m désagrégation f; (Untergang) déclin m; **zerfallen** (pp zerfallen) irr vi ⟨sein⟩ ~ **in** +akk se diviser en

zerfetzen (pp zerfetzt) vt déchiqueter

zerfließen (pp zerflossen) irr vi ⟨sein⟩ fondre

zergehen (pp zergangen) irr vi ⟨sein⟩ fondre

zerkleinern (pp zerkleinert) vt réduire en morceaux

zerknittern (pp zerknittert) vt froisser

zerlegbar adj démontable; **zerlegen** (pp zerlegt) vt démonter; (Fleisch, Geflügel etc) découper; (Satz) analyser

zerlumpt adj déguenillé(e)

zermalmen (pp zermalmt) vt écraser

zermürben (pp zermürbt) vt user

zerquetschen (pp zerquetscht) vt écraser

Zerrbild nt caricature f

zerreden (pp zerredet) vt rabâcher

zerreißen (pp zerrissen) irr 1. vt déchirer 2. vi ⟨sein⟩ se déchirer

zerren 1. vt traîner, tirer 2. vi tirer (an +dat sur)

zerrinnen (pp zerronnen) irr vi ⟨sein⟩ fondre; (Traum) s'en aller en fumée

zerrissen adj déchiré(e); **Zerrissenheit** f (POL) désunion f; (innere ~) déchirement m (intérieur)

Zerrung f (Muskel~) claquage m; (Sehnen~) élongation f

zerrüttet adj ébranlé(e); (Ehe) en crise

zerschlagen (pp zerschlagen) irr 1. vt fracasser, briser; **sich ~ fühlen** être moulu(e) de fatigue 2. vr **sich ~** (Pläne etc) tomber à l'eau

zerschneiden (pp zerschnitten) irr vt couper en morceaux

zersetzen (pp zersetzt) 1. vt décomposer, désagréger 2. vr **sich ~** se décomposer, se désagréger

zerspringen (pp zersprungen) irr vi ⟨sein⟩ se briser

Zerstäuber m (-s, -) vaporisateur m

zerstören (pp zerstört) vt détruire; **Zerstörung** f destruction f

zerstoßen (pp zerstoßen) irr vt piler

zerstreiten (pp zerstritten) irr vr **sich ~** se brouiller

zerstreuen (pp zerstreut) 1. vt disperser 2. vr **sich ~** se disperser; (sich unterhalten) se distraire; **zerstreut** adj dispersé(e); (Mensch) distrait(e); **Zerstreutheit** f distraction f; **Zerstreuung** f (Ablenkung) distraction f

zerstückeln (pp zerstückelt) vt couper en morceaux

zertreten (pp zertreten) irr vt écraser

zertrümmern (pp zertrümmert) vt fracasser; (Gebäude etc) démolir

Zerwürfnis nt brouille f

zerzausen (pp zerzaust) vt ébouriffer

zetern vi brailler

Zettel m (-s, -) (Notiz~) bout m de papier, billet m

Zeug nt (-(e)s, -e) (fam: Dinge) truc(s) m(pl), chose(s) f(pl); (Kleidung) vêtements mpl; (Ausrüstung) attirail m; **dummes ~** bêtises fpl; **das ~ zu etw haben** avoir l'étoffe de qch; **sich ins ~ legen** (fam) s'y mettre

Zeuge m (-n, -n) témoin m; **zeugen** 1. vi témoigner; **es zeugt von ... cela révèle ... 2. vt (Kind) procréer; **Zeugenaussage** f déposition f; **Zeugenstand** m barre f (des témoins); **Zeugin** f témoin m

Zeugnis nt certificat m; (SCH) bulletin m; (Abgangs~) diplôme m; (Referenz) références fpl

Zeugung f procréation f; **zeugungsunfähig** adj stérile

z. H(d). abk von **zu Händen von** à l'attention de

zickig adj (fam) lunatique

Zickzack m (-(e)s, -e) zigzag m

Ziege f (-, -n) chèvre f; (fam: Frau) bécasse f

Ziegel m (-s, -) brique f; (Dach~) tuile f; **Ziegelei** f briqueterie f; tuilerie f; **Ziegelstein** m brique f

Ziegenleder nt chevreau m

ziehen (zog, gezogen) 1. vt tirer; (hervor~) sortir; (Pflanzen) cultiver; (Graben) creuser; (Miene) faire; **~ und ablegen** (INFORM) glisser et déplacer; **ein Gesicht ~** faire la grimace; **etw nach sich ~** entraîner qch; **Aufmerksamkeit auf sich akk ~** attirer l'attention sur soi 2. vi tirer 3. vi ⟨sein⟩ (wandern) aller; (um~) déménager; (Rauch, Wolke etc) passer; **nach Paris/Frankreich ~** aller habiter à Paris/en France 4. vb unpers **es zieht** il y a un courant d'air 5. vr **sich ~** (Gummi etc) s'étirer; (Grenze etc) passer; **sich in die Länge ~** traîner en longueur

Ziehharmonika f accordéon m

Ziehung f (Los~) tirage m

Ziel nt (-(e)s, -e) (einer Reise) destination f; (SPORT) arrivée f; (MIL) objectif m; (Absicht) but m; **Zieldatei** f (INFORM) fichier m cible; **zielen** vi viser (auf jdn/etw qn/qch); **Zielfernrohr** nt lunette f de visée; **Zielgruppe** f groupe m cible; **Ziellaufwerk** nt (INFORM) lecteur m cible; **ziellos** adj sans but; **Zielscheibe** f cible f; **zielstrebig** adj déterminé(e)

ziemlich 1. adj considérable 2. adv assez

Zierde f (-, -n) ornement m, parure f; **zur ~ pour la décoration

zieren vr **sich ~** faire des chichis

zierlich adj gracile, délicat(e); **Zierlichkeit** f grâce f, délicatesse f
Zierpflanze f plante f ornementale
Ziffer f (-, -n) chiffre m; **Zifferblatt** nt cadran m; **Ziffernblock** m (INFORM) pavé m numérique
zig adj (fam) un grand nombre de
Zigarette f cigarette f; **Zigarettenanzünder** m allume-cigares m; **Zigarettenautomat** m distributeur m de cigarettes; **Zigarettenschachtel** f paquet m de cigarettes; **Zigarettenspitze** f fume-cigarette m
Zigarillo m o nt (-s, -) cigarillo m
Zigarre f (-, -n) cigare m
Zigeuner(in) m(f) (-s, -) tsigane mf; (in Südfrankreich, Spanien lebend) gitan(e)
Zimbabwe nt (-s) le Zimbabwe
Zimmer nt (-s, -) pièce f; (Schlafraum) chambre f; (großes ~) salle f; ~ **frei** chambre(s) à louer; **Zimmerantenne** f antenne f intérieure; **Zimmerdecke** f plafond m; **Zimmerlautstärke** f etw auf ~ **stellen** mettre qch en sourdine; **Zimmermädchen** nt femme f de chambre; **Zimmermann** m (-leute pl) charpentier m; **zimmern** vt faire; **Zimmerpflanze** f plante f d'appartement; **Zimmervermittlung** f service m d'offres de location de chambres
zimperlich adj douillet(te)
Zimt m (-(e)s, -e) cannelle f; **Zimtstange** f bâton m de cannelle
Zink nt (-(e)s) zinc m
Zinke f (-, -n) dent f; **zinken** vt (Karten) maquiller
Zinksalbe f pommade f à l'oxyde de zinc
Zinn nt (-(e)s) étain m
zinnoberrot adj vermillon
Zinnsoldat m soldat m de plomb; **Zinnwaren** pl étains mpl
Zins m (-es, -en) intérêt m; **Zinsabschlagsteuer** f impôt m sur les intérêts des capitaux placés; **Zinsbesteuerung** f fiscalité f des placements à revenu fixe; **Zinseszins** m intérêts mpl composés; **Zinsfestschreibung** f détermination f contractuelle du taux d'intérêt; **Zinsfuß** m taux m d'intérêt; **zinslos** adj sans intérêt; **Zinssatz** m taux m d'intérêt
Zionismus m sionisme m
ZIP-Diskette® f (INFORM) disquette f Zip
Zipfel m (-s, -) bout m; **Zipfelmütze** f bonnet m (pointu)
ZIP-Laufwerk® nt (INFORM) lecteur m Zip
zippen vt (INFORM) zipper
zirka adv environ

Zirkel m (-s, -) (von Menschen) cercle m; (Gerät) compas m; **Zirkelkasten** m boîte f à compas
Zirkulation f circulation f
Zirkus m (-, -se) cirque m
Zirrhose f (-, -n) cirrhose f
zischeln vt, vi marmonner
zischen vi siffler
Zitat nt citation f
zitieren (pp zitiert) vt, vi citer; **aus einem Buch** ~ citer (un passage d')un livre; **ich wurde zur Chefin zitiert** la directrice m'a convoqué(e)
Zitronat nt citron m confit
Zitrone f (-, -n) citron m; **Zitronenlimonade** f citronnade f; **Zitronensaft** m jus m de citron; **Zitronenscheibe** f tranche f de citron
Zitrusfrucht f agrume m; **Zitruspresse** f presse-citron m
zittern vi trembler; **vor Wut/Angst** ~ trembler de colère/peur; **vor einer Prüfung/seinem Lehrer** ~ appréhender un examen/trembler devant son professeur
Zitze f (-, -n) tétine f
zivil adj civil(e); (Preis) modéré(e); **Zivil** nt (-s) **in** ~ en civil; **Zivilbevölkerung** f population f civile; **Zivilcourage** f courage m de ses opinions; **Zivildienst** m service m civil

---

Zivildienst

En Allemagne les objecteurs de conscience au service militaire peuvent faire onze mois de Zivildienst ou de travaux d'intérêts général. Le service est effectué dans un hôpital ou dans une maison de retraite. Beaucoup de jeunes Allemands choisissent cette alternative au Wehrdienst bien que le 'Zivildienst' soit plus long d'un mois.

Zivilisation f civilisation f; **Zivilisationserscheinung** f phénomène m de civilisation; **Zivilisationskrankheit** f maux mpl de civilisation; **zivilisieren** (pp zivilisiert) vt civiliser
Zivilist(in) m(f) civil m
Zivilrecht nt droit m civil
zocken vi (fam) jouer pour de l'argent; **Zocker(in)** m(f) (-s, -) (fam) grand(e) joueur(-euse)
Zoff m (-s) (fam) pétard m; **dann gibt's** ~ ça va chauffer
zog imperf von **ziehen**
zögern vi hésiter
Zölibat nt o m (-(e)s) célibat m
Zoll m (-(e)s, Zölle) (Behörde) douane f;

(*Abgabe*) droits *mpl* de douane; **Zollabfertigung** f dédouanement *m*; **Zollamt** *nt* douane f; **Zollbeamte(r)** *m*, **-beamtin** f douanier *m*; **Zollerklärung** f déclaration f en douane; **zollfrei** *adj* exempt(e) de droits de douane; **zollpflichtig** *adj* soumis(e) à des droits de douane; **Zollunion** f union f douanière

Zombie *m* (-(s), -s) (*fig*) automate *mf*, zombie *m*

Zone f (-, -n) zone f

Zoo *m* (-s, -s) zoo *m*

Zoologe *m* (-n, -n), **-login** f zoologiste *mf*; **Zoologie** f zoologie f; **zoologisch** *adj* zoologique

Zoom *nt* (-s, -s), **Zoomobjektiv** *nt* zoom *m*

Zopf *m* (-(e)s, Zöpfe) (*Haar~*) natte f, tresse f; (*Kuchen*) tresse f; **alter ~** (*fig*) chose f ringarde

Zorn *m* (-(e)s) colère f; **im ~** sous l'effet de la colère; **zornig** *adj* en colère

Zote f (-, -n) obscénité f

zottelig *adj* (*fam*) hirsute; (*Fell*) broussailleux(-euse)

zottig *adj* (*Fell*) broussailleux(-euse)

z. T. *abk von* **zum Teil** en partie

zu 1. *konj* (*mit Infinitiv*) de (*meist nicht übersetzt*) **2.** *prep* +*dat* (*in bestimmte Richtung*) vers, à; (*zeitlich*) à, en, de; (*als Besuch*) chez; (*Preisangabe*) au prix de, à; (*Zweck angebend*) pour; (*zusammen mit*) avec; (*in Bezug auf Thema, Frage*) au sujet de, sur; **er rückte ~ mir/~m Feuer** il s'est rapproché de moi/du feu; **~ Boden fallen** tomber par terre; **~ Ostern** à Pâques; **~ Anfang** au commencement; **~ Mittag** à midi; **ein Bericht ~r politischen Lage** un reportage sur la situation politique; **Sahne ~m Kuchen** de la crème avec le gâteau; **von ... ~ ...** (*Entfernung*) de ... à ...; **von Tag ~ Tag** de jour en jour; **bis ~** jusqu'à; **~ Wasser und ~ Lande** par eau et par terre; **~ beiden Seiten** des deux côtés; **~ Fuß** à pied; **~m Fenster herein** par la fenêtre; **~ einem Drittel** pour un tiers; **~ meiner Zeit** de mon temps; **~ sich kommen** revenir à soi; **2 ~ 1** (*SPORT*) 2 à 1 **3.** *adv* trop; **Tür ~!** la porte!; **~ sein** être fermé(e); **auf jdn/etw ~** vers qn/qch; **~ viel** trop; **~ wenig** trop peu

zuallererst *adv* en premier lieu, en tout premier; **zuallerletzt** *adv* en dernier lieu, en tout dernier

Zubehör *nt* (-(e)s, -e) accessoires *mpl*; (*INFORM*) accessoire *m*

zu|bekommen (*pp* zubekommen) *sep irr* *vt* (*fam*) arriver à fermer

Zuber *m* (-s, -) baquet *m*

zu|bereiten (*pp* zubereitet) *sep* *vt* préparer

zu|billigen *sep* *vt* **jdm etw ~** accorder qch à qn

zu|binden *sep* *irr* *vt* (*Sack*) fermer (en nouant); (*Schuh*) lacer

zu|bleiben *sep* *irr* *vi* 〈*sein*〉 (*fam*) rester fermé(e)

zu|bringen *sep* *irr* *vt* (*Zeit*) passer; (*fam: schließen können*) arriver à fermer

Zubringer *m* (-s, -) (*Straße*) bretelle f d'accès; **Zubringerstraße** f route f d'accès; (*zu Autobahn*) bretelle f

Zucchini f (-, -) courgette(s) f(*pl*)

Zucht f (-, -en) (*von Tieren*) élevage *m*; (*von Pflanzen*) culture f; (*Disziplin*) discipline f; **züchten** *vt* (*Tiere*) élever; (*Pflanzen*) cultiver; **Züchter(in)** *m(f)* (-s, -) (*von Tieren*) éleveur(-euse); (*von Pflanzen*) horticulteur(-trice)

Zuchthaus *nt* pénitencier *m*

Zuchthengst *m* étalon *m*

züchtig *adj* sage; **züchtigen** *vt* corriger; **Züchtigung** f châtiment *m*

zucken 1. *vi* (*Mensch, Tier, Muskel*) tressaillir; (*Auge*) ciller **2.** *vt* **die Schultern ~** hausser les épaules

zücken *vt* (*Schwert*) tirer; (*Geldbeutel*) sortir

Zucker *m* (-s, -) sucre *m*; (*MED*) diabète *m*; **Zuckerdose** f sucrier *m*; **Zuckerguss** *m* glace f; **zuckerkrank** *adj* diabétique; **zuckern** *vt* sucrer; **Zuckerrohr** *nt* canne f à sucre; **Zuckerrübe** f betterave f sucrière; **Zuckerwatte** f barbe f à papa

Zuckung f convulsion f; (*leicht*) tressaillement *m*

zu|decken *sep* *vt* couvrir

zudem *adv* de plus

zu|drehen *sep* *vt* (*fam*) fermer

zudringlich *adj* importun(e)

zu|drücken *sep* *vt* (*fam*) fermer; **ein Auge ~** fermer les yeux

zueinander *adv* l'un(e) envers l'autre; **sie passen ~** ils vont bien ensemble

zuerst *adv* (*als erster*) le (la) premier(-ière); (*zu Anfang*) d'abord; **~ einmal** tout d'abord

Zufahrt f accès *m*; **Zufahrtsstraße** f voie f d'accès; (*von Autobahn etc*) bretelle f d'accès

Zufall *m* hasard *m*; **durch ~** par hasard

zu|fallen *sep* *irr* *vi* 〈*sein*〉 (*Tür, Buch, Fenster etc*) se fermer; (*Anteil, Aufgabe*) incomber

(jdm à qn); **die Augen fallen ihr zu** elle tombe de sommeil
zufällig 1. *adj* fortuit(e) **2.** *adv* par hasard
Zufallsgenerator *m* générateur *m* de nombres aléatoires
Zuflucht *f* refuge *m*
Zufluss *m* (*Zufließen*) afflux *m*; (*GEO*) affluent *m*; (*COM*) afflux *m*
zufolge *prep* +*dat o gen* conformément à; (*laut*) d'après, selon
zufrieden *adj* content(e), satisfait(e); **er ist nie ~** il n'est jamais content; **mit etw ~ sein** être satisfait(e) de qch; **sich mit etw ~ geben** se contenter de qch; ~ **stellen** satisfaire; **Zufriedenheit** *f* satisfaction *f*; **zufrieden|stellen** *sep vt* s. **zufrieden**
zu|frieren *sep irr vi* ⟨*sein*⟩ geler
zu|fügen *sep vt* (*dazutun*) ajouter; (*Leid etc*) causer
Zufuhr *f* (-, -en) (*Versorgung*) approvisionnement *m*; (*von Benzin, Luft*) arrivée *f*
zu|führen *sep* **1.** *vt* amener; (*versorgen mit*) fournir **2.** *vi* **auf etw** *akk* ~ mener à qch
Zug *nt* (-s) (*Stadt und Kanton*) Zoug
Zug *m* (-(e)s, Züge) train *m*; (*Luft~*) courant *m* d'air; (*Gesichts~, Charakter~*) trait *m*; (*Schach~ etc*) coup *m*; (*an Zigarette*) bouffée *f*; **etw in vollen Zügen genießen** profiter pleinement de qch; **in den letzten Zügen liegen** être à l'agonie
Zugabe *f* prime *f*; (*in Konzert etc*) morceau *m* supplémentaire
Zugabteil *nt* compartiment *m* (de chemin de fer)
Zugang *m* (*a. zum Internet*) accès *m*; ~ **zu etw haben** avoir accès à qch; **zugänglich** *adj* accessible
Zugbrücke *f* pont-levis *m*
zu|geben *sep irr vt* (*beifügen*) ajouter; (*gestehen*) admettre
zu|gehen *sep irr* **1.** *vi* ⟨*sein*⟩ (*fam: schließen*) fermer; **auf jdn/etw** ~ se diriger vers qn/qch; **aufs Ende** ~ toucher à sa fin **2.** *vb unpers* ⟨*sein*⟩ (*sich ereignen*) se passer
Zugehörigkeit *f* appartenance *f* (*zu* à)
zugeknöpft *adj* (*fam*) fermé(e)
Zügel *m* (-s, -) rêne *f*; (*fig*) bride *f*; **zügellos** *adj* (*Benehmen*) effréné(e), débridé(e); **Zügellosigkeit** *f* manque *m* de retenue; **zügeln** *vt* tenir en bride
Zugeständnis *nt* concession *f*; **zu|gestehen** (*pp* zugestanden) *sep irr vt* concéder; (*zugeben*) admettre
Zugführer(in) *m(f)* chef *mf* de train
zugig *adj* (*Raum*) exposé(e) aux courants d'air

zügig *adj* rapide
zugleich *adv* en même temps
Zugluft *f* courant *m* d'air; **Zugmaschine** *f* tracteur *m*
zu|greifen *sep irr vi* (*bei Angebot, Waren*) saisir une occasion; (*zupacken*) bien tenir; (*Polizei etc*) intervenir; (*helfend* ~) aider; (*beim Essen*) se servir; **Zugriff** *m* (*INFORM*) accès *m*; **Zugriffsberechtigung** *f* (*INFORM*) autorisation *f* d'accès; **Zugriffsgeschwindigkeit** *f* (*INFORM*) vitesse *f* d'exécution; **Zugriffszeit** *f* (*INFORM*) temps *m* d'accès
zugrunde, zu Grunde *adv* ~ **gehen** sombrer; (*Mensch*) périr; **etw einer Sache** *dat* ~ **legen** prendre qch comme point de départ pour quelque chose; **einer Sache** *dat* ~ **liegen** être à la base de qch; ~ **richten** ruiner
zugunsten, zu Gunsten *prep* +*gen o dat* en faveur de
zugute *adv* **jdm etw** ~ **halten** prendre en considération qch de qn; **jdm** ~ **kommen** servir à qn
Zugverbindung *f* correspondance *f*; **Zugvogel** *m* oiseau *m* migrateur
zu|halten *sep irr* **1.** *vt* (*nicht öffnen*) garder fermé(e); (*blockieren*) bloquer; **jdm die Augen** ~ empêcher qn de regarder (en lui mettant les mains devant les yeux); **sich** *dat* **die Augen** ~ se mettre les mains devant les yeux; **jdm die Nase** ~ boucher le nez de qn; **jdm den Mund** ~ plaquer sa main sur la bouche de qn **2.** *vi* **auf jdn/ etw** ~ se diriger vers qn/qch
Zuhälter *m* (-s, -) souteneur *m*, maquereau *m*
zuhause *adv* (*A, CH*) chez soi; **Zuhause** *nt* (-s) chez-soi *m*
Zuhilfenahme *f* **unter** ~ **von** à l'aide de
zu|hören *sep vi* écouter (*jdm* qn); **Zuhörer(in)** *m(f)* auditeur(-trice); **Zuhörerschaft** *f* auditeurs *mpl*
zu|jubeln *sep vi* **jdm** ~ acclamer qn
zu|kleben *sep vt* coller
zu|knöpfen *sep vt* boutonner
zu|kommen *sep irr vi* ⟨*sein*⟩ (*näher kommen*) s'approcher (*auf* +*akk* de); (*Titel, Ehre*) revenir (*jdm* à qn); **auf jdn** ~ (*Arbeit, Zeit etc*) attendre qn; **jdm etw** ~ **lassen** faire parvenir qch à qn; **etw auf sich** *akk* ~ **lassen** laisser venir qch; **wir werden in dieser Sache auf Sie** ~ nous prendrons contact avec vous à ce sujet
Zukunft *f* (-) avenir *m*; (*LING*) futur *m*; **zukünftig** *adj* futur(e); **Zukunftsaussichten** *pl* perspectives *fpl* d'avenir;

Zukunftsmusik f (fam) paroles fpl en l'air; **Zukunftsroman** m roman m d'anticipation; **Zukunftstechnologie** f technologie f d'avenir

Zulage f (Gehalts~) prime f

zu|lassen sep irr vt admettre; (erlauben) permettre; (AUTO) immatriculer; **die Tür ~** (fam) laisser la porte fermée

zulässig adj permis(e)

zu|laufen sep irr vi ⟨sein⟩ (Mensch) courir (auf +akk vers); **uns ist ein Hund zugelaufen** nous avons recueilli un chien; **spitz ~** se terminer en pointe

zu|legen sep vt (dazugeben) ajouter; (Tempo) accélérer; **sich** dat **etw ~** (fam) acquérir qch

zuleide, zu Leide adj jdm etwas ~ tun nuire à qn

zuletzt adv (in Reihenfolge) le (la) dernier(-ière); (zum letzten Mal) pour la dernière fois; (schließlich) finalement

zuliebe adv jdm ~ pour faire plaisir à qn

zum = zu dem; ~ **dritten Mal** pour la troisième fois; **das ist ~ Weinen** c'est bien triste; ~ **Vergnügen** pour le plaisir

zu|machen sep vt, vi fermer

zumal konj d'autant plus que

zumindest adv au moins

zu|müllen sep vt encombrer, submerger

zumutbar adj tolérable; **das ist für sie ~** on peut exiger d'elle qu'elle fasse ça

zumute, zu Mute adv jdm ist wohl ~ qn se sent bien

zu|muten sep vt jdm etw ~ exiger qch de qn; **Zumutung** f impudence f, demande f exagérée; **so eine ~!** quel culot!

zunächst adv (in Reihenfolge) tout d'abord; (vorerst) pour l'instant

zu|nähen sep vt coudre

Zunahme f (-, -n) augmentation f

Zuname m nom m de famille

zündeln vi jouer avec des allumettes

zünden vi s'allumer; (fig: begeistern) provoquer l'enthousiasme; **zündend** adj (Musik, Rede) fougueux(-euse); **Zünder** m (-s, -) détonateur m; **Zündflamme** f veilleuse f; **Zündholz** nt allumette f; **Zündkerze** f (AUTO) bougie f; **Zündschlüssel** m clé f de contact; **Zündschnur** f mèche f; **Zündstoff** m (fig) sujet m explosif; **Zündung** f (AUTO) allumage m

zu|nehmen sep irr vi augmenter; (Mensch) grossir

Zuneigung f affection f

Zunft f (-, Zünfte) corporation f

zünftig adj comme il faut

Zunge f (-, -n) langue f; **Zungenbrecher** m (fam) mot ou phrase très difficile à prononcer; **Zungenkuss** m baiser m langue en bouche

zunichte adv ~ **machen** réduire à néant; ~ **werden** être réduit(e) à néant

zunutze, zu Nutze adv sich dat etw ~ **machen** se servir de qch

zuoberst adv tout en haut

zu|packen sep vi (bei Arbeit) s'y mettre énergiquement; **zupackend** adj énergique

zupfen vt (Fäden) effiler; (Augenbrauen) épiler; (Gitarre) pincer; **jdn an etw** dat ~ tirer qn par qch

zur = zu der

zurande, zu Rande adv ~ kommen (fam) s'en sortir

zurate, zu Rate adv ~ ziehen consulter

zurechnungsfähig adj responsable (de ses actes); **Zurechnungsfähigkeit** f responsabilité f

zurecht|finden sep irr vr sich ~ se débrouiller, se retrouver; **zurecht|kommen** sep irr vi ⟨sein⟩ (rechtzeitig) arriver à temps; **mit etw ~** venir à bout de qch; **zurecht|legen** sep vt préparer; **zurecht|machen** sep 1. vt préparer 2. vr sich ~ s'apprêter; **zurecht|weisen** sep irr vt jdn ~ faire des remontrances à qn; **Zurechtweisung** f réprimande f

zu|reden sep vi jdm ~ chercher à persuader qn

Zürich nt (-s) Zurich; **Zürichsee** m der ~ le lac de Zurich

zu|richten sep vt (verletzen) maltraiter, arranger

zurück adv (an Ort) de retour; (im Rückstand) en retard

zurück|behalten (pp zurückbehalten) sep irr vt garder; (Schäden, Schock) subir

zurück|bekommen (pp zurückbekommen) sep irr vt récupérer; **ich bekomme noch 1 Euro zurück** vous me devez encore 1 euro

zurück|bleiben sep irr vi ⟨sein⟩ rester; (geistig) être en retard

zurück|bringen sep irr vt rapporter; (jdn) ramener

zurück|drängen sep vt (Feind) repousser; (Gefühle) réprimer

zurück|drehen sep vt die Lautstärke ~ baisser le volume; **die Zeit ~** revenir en arrière

zurück|erobern (pp zurückerobert) sep vt reconquérir

zurück|fahren *sep irr* **1.** *vi* ⟨*sein*⟩ retourner (en voiture); (*vor Schreck*) reculer brusquement **2.** *vt* ramener (en voiture)

zurück|fallen *sep irr vi* ⟨*sein*⟩ retomber; (*in Wettkampf*) rétrograder; **das fällt auf uns zurück** cela retombe sur nous

zurück|finden *sep irr vi* retrouver son chemin

zurück|fordern *sep vt* réclamer

zurück|führen *sep vt* reconduire; **etw auf etw** *akk* ~ mettre qch au compte de qch

zurück|geben *sep irr vt* rendre; (*antworten*) répliquer

zurückgeblieben *adj* (*geistig*) retardé(e)

zurück|gehen *sep irr vi* ⟨*sein*⟩ (*an Ort*) revenir, retourner; (*nachlassen*) diminuer; ~ **auf** +*akk* (*zeitlich*) remonter à

zurückgezogen *adj* retiré(e)

zurück|halten *sep irr* **1.** *vt* retenir; (*hindern*) empêcher **2.** *vr* **sich** ~ se retenir; (*mit dem Essen*) se modérer; (*in Gruppe*) ne pas se faire remarquer; **zurückhaltend** *adj* réservé(e); **Zurückhaltung** *f* réserve *f*

zurück|kehren *sep vi* ⟨*sein*⟩ retourner

zurück|kommen *sep irr vi* ⟨*sein*⟩ revenir; **auf etw** *akk* ~ revenir à qch; **auf jdn** ~ faire appel à qn

zurück|lassen *sep irr vt* laisser

zurück|legen *sep vt* (*an Platz*) remettre; (*Geld*) mettre de côté; (*reservieren*) réserver; (*Strecke*) parcourir

zurück|nehmen *sep irr vt* reprendre; (*Bemerkung*) retirer

zurück|rufen *sep irr vi* (TEL) rappeler; **sich** *dat* **etw ins Gedächtnis** ~ se rappeler qch

zurück|schrecken *sep vi* ⟨*sein o haben*⟩ reculer (*vor* +*dat* devant)

zurück|stecken *sep* **1.** *vt* remettre **2.** *vi* (*fig*) en rabattre

zurück|stellen *sep vt* remettre; (*Uhr*) retarder; (*Interessen*) reléguer au second plan; (*Ware*) mettre de côté

zurück|treten *sep irr vi* ⟨*sein*⟩ (*nach hinten*) reculer; (*von Amt*) démissionner; (*von Kauf*) résilier

zurück|weisen *sep irr vt* (*Vorwurf*) rejeter; (*jdn*) repousser

zurück|zahlen *sep vt* rembourser; **es jdm** ~ (*fam: heimzahlen*) faire payer qn; **Zurückzahlung** *f* remboursement *m*

zurück|ziehen *sep irr* **1.** *vt* retirer; (*Vorhang*) ouvrir **2.** *vr* **sich** ~ se retirer

zurzeit *adv* actuellement

Zusage *f* promesse *f*; (*Annahme*) acceptation *f*; **zu|sagen** *sep* **1.** *vt* promettre **2.** *vi* (*bei Einladung, Stelle*) accepter; **jdm** ~ (*gefallen*) plaire à qn

zusammen *adv* ensemble; (*insgesamt*) en tout; ~ **mit** avec

Zusammenarbeit *f* collaboration *f*; **zusammen|arbeiten** *sep vi* coopérer

zusammen|beißen *sep irr vt* (*Zähne*) serrer

zusammen|bleiben *sep irr vi* ⟨*sein*⟩ rester ensemble

zusammen|brechen *sep irr vi* ⟨*sein*⟩ s'écrouler; (*Mensch*) s'effondrer; (*Verkehr*) être complètement bloqué(e)

zusammen|bringen *sep irr vt* rassembler; (*Gedicht*) arriver à sortir; (*Sätze*) arriver à aligner

Zusammenbruch *m* (*Nerven~*) crise *f* de nerfs; (*von Firma*) faillite *f*; (*von Verhandlungen*) échec *m*

zusammen|fahren *sep irr vi* ⟨*sein*⟩ (*Fahrzeuge*) entrer en collision; (*erschrecken*) sursauter

zusammen|fassen *sep vt* (*vereinigen*) réunir; (*Rede etc*) résumer; **zusammenfassend** **1.** *adj* récapitulatif(-ive) **2.** *adv* en résumé; **Zusammenfassung** *f* (*von Rede*) résumé *m*

Zusammenfluss *m* confluent *m*

zusammen|gehören *sep* (*pp* zusammengehört) *vi* aller (bien) ensemble; (*Paar*) être fait(e) l'un(e) pour l'autre

zusammengesetzt *adj* composé(e)

zusammen|halten *sep irr vi* (*Teile*) tenir ensemble; (*Menschen*) se serrer les coudes

Zusammenhang *m* relation *f*, lien *m*; **zusammen|hängen** *sep irr vi* (*Ursachen*) être lié(e); **mit etw** ~ être en rapport avec qch; **zusammenhang(s)los** *adj* incohérent(e)

zusammenklappbar *adj* pliant(e)

zusammen|kommen *sep irr vi* ⟨*sein*⟩ (*Gruppe*) se réunir; (*Geld*) être recueilli(e); **Zusammenkunft** *f* (-, -künfte) réunion *f*

zusammen|leben *sep vi* vivre ensemble

zusammen|legen *sep vt* (*falten*) plier; (*verbinden*) regrouper; **Geld** ~ se cotiser

zusammen|nehmen *sep* **1.** *vt* rassembler **2.** *vr* **sich** ~ se ressaisir

zusammen|passen *sep vi* aller bien ensemble

zusammen|reißen *sep irr vr* **sich** ~ se ressaisir

zusammen|schlagen *sep irr vt* (*fam: jdn*) tabasser; (*Dinge*) casser

zusammen|schließen *sep irr vr* **sich** ~ s'associer; **Zusammenschluss** *m* association *f*, fusion *f*

zusammen|schreiben sep irr vt écrire en un seul mot; (Bericht) rédiger

Zusammensein nt (-s) réunion f; (Zusammenleben) vie f commune

zusammen|setzen sep 1. vt (Teile) assembler 2. vr sich ~ aus etw ~ être composé(e) de qch; **Zusammensetzung** f composition f

zusammen|stellen sep vt (Rede etc) composer; (Ausstellung) monter; **Zusammenstellung** f (Übersicht) résumé m; (Vorgang) sélection f

Zusammenstoß m collision f, heurt m; **zusammen|stoßen** sep irr vi ⟨sein⟩ (Fahrzeuge) entrer en collision; (Demonstranten) se trouver face à face

zusammen|treffen sep irr vi ⟨sein⟩ coïncider; (Menschen) se rencontrer; **mit jdm ~** rencontrer qn; **Zusammentreffen** nt rencontre f; (von Ereignissen) coïncidence f

zusammen|wachsen sep irr vi ⟨sein⟩ se joindre

zusammen|zählen sep vt additionner

zusammen|ziehen sep irr 1. vt (verengen) contracter; (addieren) additionner (Truppen) concentrer 2. vi ⟨sein⟩ (in Wohnung) aller habiter (ensemble) 3. vr sich ~ se contracter; (sich bilden) se former

zusammen|zucken sep vi ⟨sein⟩ sursauter

Zusatz m addition f; (Bade~) produit m pour le bain; **Zusatzantrag** m (POL) amendement m; **Zusatzgerät** nt appareil m complémentaire; (INFORM) matériel m auxiliaire; **zusätzlich** adj supplémentaire

zu|schauen sep vi regarder; **Zuschauer(in)** m(f) (-s, -) spectateur (-trice)

zu|schicken sep vt envoyer (jdm etw qch à qn)

zu|schießen sep irr vt (Geld) donner

Zuschlag m (EISENBAHN) supplément m

zu|schlagen sep irr 1. vt fermer bruyamment; (Tür) claquer 2. vi ⟨sein⟩ (Fenster, Tür) claquer 3. vi (Mensch) frapper

Zuschlagkarte f (EISENBAHN) supplément m; **zuschlagspflichtig** adj (Zug) à [o avec] supplément

zu|schließen sep irr vt fermer à clé

zu|schneiden sep irr vt couper (sur mesure)

zu|schnüren sep vt (Paket) ficeler; (Schuhe) lacer

zu|schrauben sep vt visser le couvercle de

zu|schreiben sep irr vt jdm etw ~ attribuer qch à qn

Zuschrift f lettre f

zuschulden, zu Schulden adv sich dat etwas ~ kommen lassen se rendre coupable d'une faute

Zuschuss m subvention f

zu|schütten sep vt boucher

zu|sehen sep irr vi (zuschauen) regarder; (dafür sorgen) veiller; **ich sehe zu, dass das gemacht wird** je veillerai à ce que cela se fasse; **zusehends** adv à vue d'œil

zu|senden sep irr vt jdm etw ~ envoyer qch à qn

zu|setzen sep 1. vt (beifügen) ajouter; **Geld ~** en être de sa poche 2. vi jdm ~ (belästigen) harceler qn; (Krankheit) affaiblir qn

zu|sichern sep vt jdm etw ~ assurer qn de qch

zu|spielen sep vt jdm etw ~ (Ball) passer qch à qn; (Information) communiquer qch à qn

zu|spitzen sep vr sich ~ (Lage) s'aggraver

zu|sprechen sep irr 1. vt (zuerkennen) accorder (jdm etw qch à qn) 2. vi jdm gut ~ essayer de convaincre qn; **dem Essen ~** manger de bon appétit

Zuspruch m paroles fpl d'encouragement; ~ **finden** avoir du succès

Zustand m état m; (INFORM) état m, condition f; **Zustände** pl (Verhältnisse) conditions fpl

zustande, zu Stande adv ~ **bringen** réaliser; ~ **kommen** se réaliser

zuständig adj compétent(e), responsable; **Zuständigkeit** f responsabilité f

zu|stehen sep irr vi jdm ~ être dû (due) à qn; (Titel, Lohn) revenir à qn; **ein Urteil steht mir nicht zu** ce n'est pas à moi de juger

zu|stellen sep vt barricader; (Post) distribuer

zu|stimmen sep vi être d'accord (dat avec); **Zustimmung** f approbation f, consentement m; **seine ~ geben** donner son accord

zu|stoßen sep irr vi ⟨sein⟩ jdm ~ arriver à qn

Zustrom m (von Menschen) afflux m

zutage, zu Tage adv ~ **bringen** mettre au jour, révéler

Zutaten pl ingrédients mpl

zu|teilen sep vt donner; (als Anteil) distribuer

zutiefst adv profondément

zu|tragen sep irr 1. vt jdm etw ~ (Klatsch)

rapporter qch à qn **2.** *vr* sich ~ se produire
zuträglich *adj* jdm ~ sein être bon(ne)
pour qn
zu|trauen *sep vt* jdm etw ~ (*Mord, Fähig-
keit*) croire qn capable de qch; **sich** *dat*
etw ~ se croire capable de qch;
Zutrauen *nt* (-s) confiance *f* (*zu* en);
zutraulich *adj* confiant(e); **Zutraulich-
keit** *f* nature *f* confiante
zu|treffen *sep vi* irr être exact(e), être
juste; ~ **auf** +*akk*, ~ **für** s'appliquer à;
zutreffend *adj* exact(e), juste; **Zutref-
fendes bitte unterstreichen** souligner la
mention exacte
Zutritt *m* accès *m*, entrée *f*; **zu etw** ~
haben avoir accès à qch
Zutun *nt* (-s) aide *f*; **ohne mein** ~ sans
que j'y sois pour quelque chose
zuverlässig *adj* (*Mensch*) fiable; (*Nach-
richtenquelle*) sûr(e); (*Auto*) solide; **Zuverlässigkeit** *f* fiabilité *f*
Zuversicht *f* confiance *f*, assurance *f*;
zuversichtlich *adj* confiant(e); **Zuver-
sichtlichkeit** *f* confiance *f*
zu viel *adv* trop
zuvor *adv* auparavant; **zuvor|kommen**
sep irr vi ⟨sein⟩ jdm ~ devancer qn;
zuvorkommend *adj* prévenant(e)
Zuwachs *m* (-es) (*von Verein*) accroissement *m*; (*fam: Familien~*) rejeton *m*;
zu|wachsen *sep irr vi* ⟨sein⟩ être bou-
ché(e); (*Wunde*) se cicatriser; **Zuwachsrate** *f* augmentation *f*
zuwege, zu Wege *adv* etw ~ bringen
accomplir qch
zuweilen *adv* de temps en temps
zu|weisen *sep irr vt* (*Arbeit*) donner;
(*Platz*) indiquer
zu|wenden *sep irr vt* (*Gesicht, Blicke*) tour-
ner (*dat* vers); jdm den Rücken ~ tourner
le dos à qn; sich jdm/einer Sache ~ se
tourner vers qn/qch; (*fig*) s'occuper de
qn/qch; **Zuwendung** *f* (*Aufmerksamkeit*)
sollicitude *f*; (*Geld*) don *m*
zu wenig *adv* trop peu, pas assez
zu|werfen *sep irr vt* (*Tür*) claquer; jdm
etw ~ lancer qch à qn
zuwider *adv* jdm ~ sein dégoûter qn;
zuwider|handeln *sep vi* einer Sache *dat*
~ aller à l'encontre de qch; (*einem Gesetz*)
contrevenir à qch; **Zuwiderhandlung** *f*
infraction *f*
zu|ziehen *sep irr vt* (*Vorhang*) fermer, tirer;
(*Knoten etc*) serrer; (*Arzt*) faire appel à;
sich *dat* etw ~ (*Krankheit*) attraper qch;
(*Zorn*) s'attirer qch

zuzüglich *prep* +*gen* plus
zu|zwinkern *sep vi* jdm ~ faire un clin
d'œil à qn
ZVS *f* (-) *abk von* **Zentralstelle für die Vergabe von Studienplätzen** service *m*
d'attribution de places à l'université
zwang *imperf von* **zwingen**
Zwang *m* (-(e)s, Zwänge) contrainte *f*,
pression *f*; **sich** *dat* **keinen** ~ **antun** ne pas
se gêner
zwängen 1. *vt* etw in etw *akk* ~ faire rentrer qch de force dans qch **2.** *vr* sich in ein
Auto ~ s'entasser dans une voiture
zwanghaft *adj* maniaque; **zwanglos**
adj décontracté(e), informel(le); **Zwang-
losigkeit** *f* caractère *m* informel
Zwangsarbeit *f* travaux *mpl* forcés;
Zwangsarbeiter(in) *m(f)* travail-
leur(-euse) forcé(e); **Zwangsernährung** *f* alimentation *f* forcée; **Zwangsjacke** *f* camisole *f* de force; **Zwangs-
lage** *f* état *m* de contrainte; **zwangsläufig** *adj* forcé(e), inévitable; **Zwangs-
maßnahme** *f* sanction *f*; **Zwangsräu-
mung** *f* expulsion *f*; **zwangsweise** *adv*
d'office
zwanzig *num* vingt
zwar *adv* en effet, il est vrai; **das ist** ~
traurig, aber nicht zu ändern c'est peut-
être triste, mais on ne peut rien y changer;
und ~ **am Sonntag** dimanche, pour être
tout à fait précis(e); **... und** ~ **so schnell,
dass ...** et cela si rapidement que ...
Zweck *m* (-(e)s, -e) but *m*, intention *f*; **zu
welchem** ~? dans quel but?
Zwecke *f* (-, -n) clou *m*; (*Heft~*) punaise *f*
Zweckentfremdung *f* détournement
m; **zwecklos** *adj* inutile; **zweckmäßig**
adj approprié(e)
zwecks *prep* +*gen* en vue de
zwei *num* deux; **Zwei** *f* (-, -en) deux *m*;
Zweibettzimmer *nt* chambre *f* à deux
lits; **zweideutig** *adj* ambigu(ë); (*unanständig*) scabreux(-euse); **zweierlei** *adj
inv* ~ **Stoff** deux tissus différents; **zweifach** *adj* double
Zweifel *m* (-s, -) doute *m*; **zweifelhaft**
adj douteux(-euse); **zweifellos** *adj*
indubitable; **zweifeln** *vi* douter (*an* +*dat*
de); **Zweifelsfall** *m* **im** ~ en cas de
doute
Zweig *m* (-(e)s, -e) branche *f*; **Zweig-
niederlassung** *f*, **Zweigstelle** *f* (*COM*)
succursale *f*
zweihundert *num* deux cent(s); **zweijährig** *adj* de deux ans; **Zweikampf** *m*
duel *m*; **zweimal** *adv* deux fois; **zwei-**

motorig adj bimoteur; **zweischneidig** adj (fig) à double tranchant; **Zweisitzer** m (-s, -) voiture f à deux places; (AVIAT) biplace m; **zweisprachig** adj bilingue; **zweispurig** adj (Straße) à deux voies; **zweistimmig** adj à deux voix

zweit adv zu ~ à deux

Zweitaktmotor m moteur m à deux temps

zweitbeste(r, s) adj second(e); **zweite(r, s)** adj second(e), deuxième; **der ~ Juli** le deux juillet; **Berlin, den 2. Juli** Berlin, le 2 juillet; **Zweite(r)** mf second(e), deuxième mf

zweiteilig adj en deux parties; (Kleidung) deux pièces

zweitens adv deuxièmement, secundo

zweitgrößte(r, s) adj deuxième (en taille); **zweitklassig** adj de deuxième catégorie; **zweitletzte(r, s)** adj avant-dernier(-ière); **zweitrangig** adj de qualité inférieure; **Zweitwagen** m deuxième voiture f

Zwerchfell nt diaphragme m

Zwerg m (-(e)s, -e) nain m

Zwetsch(g)e f (-, -n) quetsche f

Zwickel m (-s, -) entre-jambes m

zwicken vt, vi pincer

Zwieback m (-(e)s, -e o Zwiebäcke) biscotte f

Zwiebel f (-, -n) oignon m

Zwiegespräch nt dialogue m; **Zwielicht** nt pénombre f; **ins ~ geraten sein** s'être discrédité(e); **zwielichtig** adj louche; **Zwiespalt** m conflit m; **zwiespältig** adj contradictoire; **Zwietracht** f (-) discorde f, zizanie f

Zwilling m (-s, -e) jumeau (jumelle); (ASTR) Gémeaux mpl; **Alex ist (ein) ~** Alex est Gémeaux

zwingen (zwang, gezwungen) vt forcer; **jdn zu einem Geständnis ~** forcer qn à avouer; **zwingend** adj (Grund etc) contraignant(e); (Schluss) inévitable; (Beweis) concluant(e)

zwinkern vi cligner des yeux; (absichtlich) faire un clin d'œil

Zwirn m (-(e)s, -e) fil m

zwischen prep +akk o dat entre; **er legte es ~ die beiden Bücher** il l'a mis entre les

deux livres; **er stand ~ uns** dat il se tenait entre nous; **Zwischenablage** f (INFORM) presse-papier m; **Zwischenbemerkung** f remarque f (faite) en passant; **Zwischenbilanz** f bilan m intermédiaire; **zwischen|blenden** sep vt (TV) insérer; **Zwischending** nt mélange m; **zwischendurch** adv (zeitlich) entre-temps; (nebenbei) en passant; **Zwischenergebnis** nt résultat m provisoire; **Zwischenfall** m incident m; **Zwischenfrage** f question f; **Zwischenhandel** m commerce m de demi-gros; **Zwischenhändler(in)** m(f) intermédiaire mf; **Zwischenlager** nt stockage m provisoire; **zwischen|lagern** sep vt stocker provisoirement; **Zwischenlagerung** f stockage m provisoire; **zwischen|landen** sep vi ⟨sein⟩ faire escale; **Zwischenlandung** f escale f; **zwischenmenschlich** adj entre les personnes; **Zwischenraum** m espace m; **Zwischenruf** m interruption f; **Zwischenspiel** nt intermède m; (MUS) interlude m; **zwischenstaatlich** adj international(e); **Zwischenstation** f ~ **machen** faire halte; **Zwischenstecker** m adaptateur m; **Zwischenstopp** m (-s, -s) escale f; **Zwischenzeit** f **in der ~** entre-temps, pendant ce temps

Zwist m (-es, -e) dissension f

zwitschern vt, vi (Vögel) gazouiller

Zwitter m (-s, -) hermaphrodite m

zwölf num douze; **Zwölf** f (-, -en) douze m

Zyklus m (-, Zyklen) cycle m

Zylinder m (-s, -) cylindre m; (Hut) haut-de-forme m; **zylinderförmig** adj cylindrique; **Zylinderkopf** m culasse f; **Zylinderkopfdichtung** f joint m de culasse

Zyniker(in) m(f) (-s, -) cynique mf; **zynisch** adj cynique; **Zynismus** m cynisme m

Zypern nt (-s) (l'île f de) Chypre; **Zyprer(in)** m(f) (-s, -) Cypriote mf

Zypresse f (-, -n) cyprès m

Zypriot(in) m(f) (-en, -en) Cypriote mf

Zyste f (-, -n) kyste m

zzgl. prep abk von zuzüglich en sus

zzt. abk von zurzeit actuellement

Konjugationsmuster der französischen Verben

Hilfsverben

présent	imparfait	futur	passé composé
avoir			
j'ai	j'avais	j'aurai	j'ai eu
tu as	tu avais	tu auras	tu as eu
il a	il avait	il aura	il a eu
nous avons	nous avions	nous aurons	nous avons eu
vous avez	vous aviez	vous aurez	vous avez eu
ils ont	ils avaient	ils auront	ils ont eu

présent	imparfait	futur	passé composé
être			
je suis	j'étais	je serai	j'ai été
tu es	tu étais	tu seras	tu as été
il est	il était	il sera	il a été
nous sommes	nous étions	nous serons	nous avons été
vous êtes	vous étiez	vous serez	vous avez été
ils sont	ils étaient	ils seront	ils ont été

Zum Gebrauch der Hilfsverben in den zusammengesetzten Zeiten befindet sich beim entsprechenden Stichwort ein Vermerk. Steht keine Angabe zum Hilfsverb, wird bei transitivem und intransitivem Gebrauch des Verbs das Hilfsverb avoir benutzt. Bei Pronominalverben werden zusammengesetzte Zeiten grundsätzlich mit être gebildet.

Musterverben

Die im Wörterbuchteil bei Verben in Spitzklammern angegebenen Ziffern weisen auf die im Folgenden aufgeführten Konjugationsmuster hin.

présent	imparfait	futur	passé composé

1 aimer -er

présent	imparfait	futur	passé composé
j'aime	j'aimais	j'aimerai	j'ai aimé
tu aimes	tu aimais	tu aimeras	tu as aimé
il aime	il aimait	il aimera	il a aimé
nous aimons	nous aimions	nous aimerons	nous avons aimé
vous aimez	vous aimiez	vous aimerez	vous avez aimé
ils aiment	ils aimaient	ils aimeront	ils ont aimé

auch für Verben auf -ier, z. B. prier:

présent	imparfait	futur	passé composé
je prie	je priais	je prierai	j'ai prié
nous prions		nous priions	

und auf -éer, z. B. créer:

présent	imparfait	futur	passé composé
je crée	je créais	je créerai	j'ai créé
nous créons	nous créions		

2 placer -cer

présent	imparfait	futur	passé composé
je place	je plaçais	je placerai	j'ai placé
nous plaçons			

2 manger -ger

présent	imparfait	futur	passé composé
je mange	je mangeais	je mangerai	j'ai mangé
nous mangeons			

3 appeler -eler

présent	imparfait	futur	passé composé
j'appelle	j'appelais	j'appellerai	j'ai appelé
nous appelons			

3 jeter -eter

présent	imparfait	futur	passé composé
je jette	je jetais	je jetterai	j' ai jeté
nous jetons			

présent	imparfait	futur	passé composé

4 geler -eler

présent	imparfait	futur	passé composé
je gèle	je gelais	je gèlerai	j'ai gelé
nous gelons			

4 acheter -eter

présent	imparfait	futur	passé composé
j'achète	j'achetais	j'achèterai	j'ai acheté
nous achetons			

gleiche Konjugation für Verben auf -emer (z. B.: semer)
-ener (z. B.: mener)
-eser (z. B.: peser)
-ever (z. B.: lever)

5 céder

présent	imparfait	futur	passé composé
je cède	je cédais	je céderai	j'ai cédé
nous cédons			

auch für Verben mit é + Konsonant + er (z. B.: célébrer, préférer)

6 nettoyer

présent	imparfait	futur	passé composé
je nettoie	je nettoyais	je nettoierai	j'ai nettoyé
nous nettoyons			

auch für Verben auf -uyer (z. B.: appuyer)

7 payer

présent	imparfait	futur	passé composé
je paie o paye	je payais	je paierai	j'ai payé
nous payons			

8 finir

présent	imparfait	futur	passé composé
je finis	je finissais	je finirai	j'ai fini
tu finis			
il finit			
nous finissons			
vous finissez			
ils finissent			

présent	imparfait	futur	passé composé

9 tenir

présent	imparfait	futur	passé composé
je tiens	je tenais	je tiendrai	j'ai tenu
tu tiens			
il tient			
nous tenons			
vous tenez			
ils tiennent			

auch **venir**

10 partir

présent	imparfait	futur	passé composé
je pars	je partais	je partirai	je suis parti(e)
tu pars			
il part			
nous partons			
vous partez			
ils partent			

10 sentir

présent	imparfait	futur	passé composé
je sens	je sentais	je sentirai	j'ai senti
nous sentons			

11 ouvrir

présent	imparfait	futur	passé composé
j'ouvre	j'ouvrais	j'ouvrirai	j'ai ouvert
tu ouvres			
il ouvre			
nous ouvrons			
vous ouvrez			
ils ouvrent			

auch **offrir**

12 recevoir

présent	imparfait	futur	passé composé
je reçois	je recevais	je recevrai	j'ai reçu
tu reçois			
il reçoit			
nous recevons			
vous recevez			
ils reçoivent			

13 prendre

présent	imparfait	futur	passé composé
je prends	je prenais	je prendrai	j'ai pris
tu prends			
il prend			
nous prenons			
vous prenez			
ils prennent			

14 vendre

présent	imparfait	futur	passé composé
je vends	je vendais	je vendrai	j'ai vendu
tu vends			
il vend			
nous vendons	vous vendez		
ils vendent			

sowie Verben auf -andre (z. B.: répandre)
                           -ondre (z. B.: répondre)
                           -ordre (z. B.: mordre)

Unregelmäßige Verben

infinitif	présent	futur	participe passé
accroître	j'accrois, il accroît, nous accroissons	j'accroîtrai	accru(e)
acquérir	j'acquiers, nous acquérons, ils acquièrent	acquerrai	acquis(e)
aller	je vais, tu vas, il va, nous allons, ils vont	j'irai	allé(e)
asseoir	j'assieds o j'assois, nous asseyons o nous assoyons	j'assiérai o j'assoirai	assis(e)
battre	je bats, nous battons	je battrai	battu(e)
boire	je bois, nous buvons, ils boivent	je boirai	bu(e)
bouillir	je bous, nous bouillons	je bouillirai	bouilli(e)
conclure	je conclus, nous concluons	je conclurai	conclu(e)
conduire	je conduis, nous conduisons	je conduirai	conduit(e)
connaître	je connais, nous connaissons	je connaîtrai	connu(e)
coudre	je couds, nous cousons	je coudrai	cousu(e)
courir	je cours, nous courons	je courrai	couru(e)
craindre	je crains, nous craignons	je craindrai	craint(e)
croire	je crois, nous croyons	je croirai	cru(e)
cueillir	je cueille, nous cueillons	je cueillerai	cueilli(e)
devoir	je dois, nous devons, ils doivent	je devrai	dû, due
dire	je dis, nous disons, vous dites, ils disent	je dirai	dit(e)
dissoudre	je dissous, nous dissolvons	je dissoudrai	dissous, dissoute
dormir	je dors, nous dormons	je dormirai	dormi
écrire	j'écris, nous écrivons	j'écrirai	écrit(e)
faillir	*keine Formen*	je faillirai	failli(e)
faire	je fais, nous faisons, vous faites, ils font	je ferai	fait(e)
falloir	*nur:* il faut	*nur:* il faudra	*nur:* il a fallu
frire	*nur:* je fris, tu fris, il frit	*nur:* je frirai, tu friras, il frira	frit(e)

infinitif	présent	futur	participe passé
fuir	je fuis, nous fuyons, ils fuient	je fuirai	fui(e))
haïr	je hais, nous haïssons, ils haïssent	je haïrai	haï(e)
joindre	je joins, nous joignons	je joindrai	joint(e)
lire	je lis, nous lisons	je lirai	lu(e)
luire	je luis, nous luisons	je luirai	lui
mettre	je mets, nous mettons	je mettrai	mis(e)
moudre	je mouds, nous moulons	je moudrai	moulu(e)
mourir	je meurs, nous mourons, ils meurent	je mourrai	mort(e)
mouvoir	je meus, nous mouvons, ils meuvent	je mouvrai	mû, mue
naître	je nais, nous naissons	je naîtrai	né(e)
peindre	je peins, nous peignons	je peindrai	peint(e)
plaire	je plais, il plaît	je plairai	plu(e)
pleuvoir	*nur:* il pleut	*nur:* il pleuvra	*nur:* il a plu
pourvoir	je pourvois, nous pourvoyons	je pourvoirai	pourvu(e)
pouvoir	je peux, nous pouvons, ils peuvent	je pourrai	pu(e)
rire	je ris, nous rions, ils rient	je rirai	ri
saillir	il saille	il saillira	sailli
savoir	je sais, nous savons	je saurai	su(e)
suffire	je suffis, nous suffisons	je suffirai	suffi(e)
suivre	je suis, nous suivons	je suivrai	suivi(e)
taire, se	je me tais, nous nous taisons	je me tairai	tu(e)
traire	je trais, nous trayons, ils traient	je trairai	trait(e)
vaincre	je vaincs, nous vainquons	je vaincrai	vaincu(e)
valoir	je vaux, nous valons	je vaudrai	valu(e)
vêtir	je vêts, nous vêtons	je vêtirai	vêtu(e)
vivre	je vis, nous vivons	je vivrai	vécu(e)
voir	je vois, nous voyons, ils voient	je verrai	vu(e)
vouloir	je veux, nous voulons, ils veulent	je voudrai	voulu(e)

Verbes allemands irréguliers

Infinitiv	Präsens 2., 3. Singular	Imperfekt	Partizip Perfekt
abwägen	wägst ab, wägt ab	wog ab	abgewogen
ausbedingen	bedingst aus, bedingt aus	bedang aus	ausbedungen
backen	bäckst, bäckt	backte o buk	gebacken
befehlen	befiehlst, befiehlt	befahl	befohlen
beginnen	beginnst, beginnt	begann	begonnen
beißen	beißt, beißt	biss	gebissen
bergen	birgst, birgt	barg	geborgen
bersten	birst, birst	barst	geborsten
betrügen	betrügst, betrügt	betrog	betrogen
biegen	biegst, biegt	bog	gebogen
bieten	bietest, bietet	bot	geboten
binden	bindest, bindet	band	gebunden
bitten	bittest, bittet	bat	gebeten
blasen	bläst, bläst	blies	geblasen
bleiben	bleibst, bleibt	blieb	geblieben
braten	brätst, brät	briet	gebraten
brechen	brichst, bricht	brach	gebrochen
brennen	brennst, brennt	brannte	gebrannt
bringen	bringst, bringt	brachte	gebracht
denken	denkst, denkt	dachte	gedacht
dreschen	drischst, drischt	drosch	gedroschen
dringen	dringst, dringt	drang	gedrungen
dürfen	darfst, darf	durfte	gedurft
empfangen	empfängst, empfängt	empfing	empfangen
empfehlen	empfiehlst, empfiehlt	empfahl	empfohlen
empfinden	empfindest, empfindet	empfand	empfunden
erschrecken	erschrickst, erschrickt	erschrak	erschrocken
erwägen	erwägst, erwägt	erwog	erwogen
essen	isst, isst	aß	gegessen
fahren	fährst, fährt	fuhr	gefahren
fallen	fällst, fällt	fiel	gefallen
fangen	fängst, fängt	fing	gefangen
fechten	fichst, ficht	focht	gefochten
finden	findest, findet	fand	gefunden
flechten	flichtst, flicht	flocht	geflochten

Infinitiv	Präsens 2., 3. Singular	Imperfekt	Partizip Perfekt
fliegen	fliegst, fliegt	flog	geflogen
fliehen	fliehst, flieht	floh	geflohen
fließen	fließt, fließt	floss	geflossen
fressen	frisst, frisst	fraß	gefressen
frieren	frierst, friert	fror	gefroren
gären	gärst, gärt	gor	gegoren
gebären	gebierst, gebiert	gebar	geboren
geben	gibst, gibt	gab	gegeben
gedeihen	gedeihst, gedeiht	gedieh	gediehen
gehen	gehst, geht	ging	gegangen
gelingen	– –, gelingt	gelang	gelungen
gelten	giltst, gilt	galt	gegolten
genesen	genest, genest	genas	genesen
genießen	genießt, genießt	genoss	genossen
geraten	gerätst, gerät	geriet	geraten
geschehen	– –, geschieht	geschah	geschehen
gewinnen	gewinnst, gewinnt	gewann	gewonnen
gießen	gießt, gießt	goss	gegossen
gleichen	gleichst, gleicht	glich	geglichen
gleiten	gleitest, gleitet	glitt	geglitten
glimmen	glimmst, glimmt	glomm	geglommen
graben	gräbst, gräbt	grub	gegraben
greifen	greifst, greift	griff	gegriffen
haben	hast, hat	hatte	gehabt
halten	hältst, hält	hielt	gehalten
hängen	hängst, hängt	hing	gehangen
hauen	haust, haut	haute	gehauen
heben	hebst, hebt	hob	gehoben
heißen	heißt, heißt	hieß	geheißen
helfen	hilfst, hilft	half	geholfen
kennen	kennst, kennt	kannte	gekannt
klingen	klingst, klingt	klang	geklungen
kneifen	kneifst, kneift	kniff	gekniffen
kommen	kommst, kommt	kam	gekommen
können	kannst, kann	konnte	gekonnt
kriechen	kriechst, kriecht	kroch	gekrochen
laden	lädst, lädt	lud	geladen

Infinitiv	Präsens 2., 3. Singular	Imperfekt	Partizip Perfekt
lassen	lässt, lässt	ließ	gelassen
laufen	läufst, läuft	lief	gelaufen
leiden	leidest, leidet	litt	gelitten
leihen	leihst, leiht	lieh	geliehen
lesen	liest, liest	las	gelesen
liegen	liegst, liegt	lag	gelegen
lügen	lügst, lügt	log	gelogen
mahlen	mahlst, mahlt	mahlte	gemahlen
meiden	meidest, meidet	mied	gemieden
melken	melkst, melkt	melkte o molk	gemolken
messen	misst, misst	maß	gemessen
misslingen	– –, misslingt	misslang	misslungen
mögen	magst, mag	mochte	gemocht
müssen	musst, muss	musste	gemusst
nehmen	nimmst, nimmt	nahm	genommen
nennen	nennst, nennt	nannte	genannt
pfeifen	pfeifst, pfeift	pfiff	gepfiffen
preisen	preist, preist	pries	gepriesen
quellen	quillst, quillt	quoll	gequollen
raten	rätst, rät	riet	geraten
reiben	reibst, reibt	rieb	gerieben
reißen	reißt, reißt	riss	gerissen
reiten	reitest, reitet	ritt	geritten
rennen	rennst, rennt	rannte	gerannt
riechen	riechst, riecht	roch	gerochen
ringen	ringst, ringt	rang	gerungen
rinnen	rinnst, rinnt	rann	geronnen
rufen	rufst, ruft	rief	gerufen
salzen	salzt, salzt	salzte	gesalzen
saufen	säufst, säuft	soff	gesoffen
saugen	saugst, saugt	sog o saugte	gesogen o ge-saugt
schaffen	schaffst, schafft	schuf	geschaffen
scheiden	scheidest, scheidet	schied	geschieden
scheinen	scheinst, scheint	schien	geschienen
scheißen	scheißt, scheißt	schiss	geschissen
schelten	schiltst, schilt	schalt	gescholten
scheren	scherst, schert	schor	geschoren

Infinitiv	Präsens 2., 3. Singular	Imperfekt	Partizip Perfekt
schieben	schiebst, schiebt	schob	geschoben
schießen	schießt, schießt	schoss	geschossen
schinden	schindest, schindet	schindete	geschunden
schlafen	schläfst, schläft	schlief	geschlafen
schlagen	schlägst, schlägt	schlug	geschlagen
schleichen	schleichst, schleicht	schlich	geschlichen
schleifen	schleifst, schleift	schliff	geschliffen
schließen	schließt, schließt	schloss	geschlossen
schlingen	schlingst, schlingt	schlang	geschlungen
schmeißen	schmeißt, schmeißt	schmiss	geschmissen
schmelzen	schmilzt, schmilzt	schmolz	geschmolzen
schneiden	schneidest, schneidet	schnitt	geschnitten
schreiben	schreibst, schreibt	schrieb	geschrieben
schreien	schreist, schreit	schrie	geschrie(e)n
schreiten	schreitest, schreitet	schritt	geschritten
schweigen	schweigst, schweigt	schwieg	geschwiegen
schwellen	schwillst, schwillt	schwoll	geschwollen
schwimmen	schwimmst, schwimmt	schwamm	geschwommen
schwinden	schwindest, schwindet	schwand	geschwunden
schwingen	schwingst, schwingt	schwang	geschwungen
schwören	schwörst, schwört	schwor	geschworen
sehen	siehst, sieht	sah	gesehen
sein	bist, ist	war	gewesen
senden	sendest, sendet	sandte	gesandt
singen	singst, singt	sang	gesungen
sinken	sinkst, sinkt	sank	gesunken
sinnen	sinnst, sinnt	sann	gesonnen
sitzen	sitzt, sitzt	saß	gesessen
sollen	sollst, soll	sollte	gesollt
speien	speist, speit	spie	gespie(e)n
spinnen	spinnst, spinnt	spann	gesponnen
sprechen	sprichst, spricht	sprach	gesprochen
springen	springst, springt	sprang	gesprungen
stechen	stichst, sticht	stach	gestochen
stehen	stehst, steht	stand	gestanden
stehlen	stiehlst, stiehlt	stahl	gestohlen
steigen	steigst, steigt	stieg	gestiegen

Infinitiv	Präsens 2., 3. Singular	Imperfekt	Partizip Perfekt
sterben	stirbst, stirbt	starb	gestorben
stinken	stinkst, stinkt	stank	gestunken
stoßen	stößt, stößt	stieß	gestoßen
streichen	streichst, streicht	strich	gestrichen
streiten	streitest, streitet	stritt	gestritten
tragen	trägst, trägt	trug	getragen
treffen	triffst, trifft	traf	getroffen
treiben	treibst, treibt	trieb	getrieben
treten	trittst, tritt	trat	getreten
trinken	trinkst, trinkt	trank	getrunken
trügen	trügst, trügt	trog	getrogen
tun	tust, tut	tat	getan
verderben	verdirbst, verdirbt	verdarb	verdorben
vergessen	vergisst, vergisst	vergaß	vergessen
verlieren	verlierst, verliert	verlor	verloren
verschleißen	verleißt, verschleißt	verschliss	verschlissen
verschwinden	verschwindest, verschwindet	verschwand	verschwunden
verzeihen	verzeihst, verzeiht	verzieh	verziehen
wachsen	wächst, wächst	wuchs	gewachsen
waschen	wäschst, wäscht	wusch	gewaschen
weben	webst, webt	webte o wob	gewoben
weichen	weichst, weicht	wich	gewichen
weisen	weist, weist	wies	gewiesen
wenden	wendest, wendet	wandte	gewandt
werben	wirbst, wirbt	warb	geworben
werden	wirst, wird	wurde	geworden
werfen	wirfst, wirft	warf	geworfen
wiegen	wiegst, wiegt	wog	gewogen
winden	windest, windet	wand	gewunden
wissen	weißt, weiß	wusste	gewusst
wollen	willst, will	wollte	gewollt
wringen	wringst, wringt	wrang	gewrungen
ziehen	ziehst, zieht	zog	gezogen
zwingen	zwingst, zwingt	zwang	gezwungen

693

Les nombres

Les nombres cardinaux

Zahlwörter

Grundzahlen

zéro	0	null
un, une	1	eins
deux	2	zwei
trois	3	drei
quatre	4	vier
cinq	5	fünf
six	6	sechs
sept	7	sieben
huit	8	acht
neuf	9	neun
dix	10	zehn
onze	11	elf
douze	12	zwölf
treize	13	dreizehn
quatorze	14	vierzehn
quinze	15	fünfzehn
seize	16	sechzehn
dix-sept	17	siebzehn
dix-huit	18	achtzehn
dix-neuf	19	neunzehn
vingt	20	zwanzig
vingt et un	21	einundzwanzig
vingt-deux	22	zweiundzwanzig
trente	30	dreißig
quarante	40	vierzig
cinquante	50	fünfzig
soixante	60	sechzig
soixante-dix	70	siebzig
soixante et onze	71	einundsiebzig
soixante-douze	72	zweiundsiebzig
quatre-vingts	80	achtzig
quatre-vingt-un	81	einundachtzig
quatre-vingt-dix	90	neunzig
quatre-vingt-onze	91	einundneunzig
cent	100	(ein)hundert
cent un	101	einhundert(und)eins
deux cents	200	zweihundert
trois cents	300	dreihundert
quatre cent cinquante et un	451	vierhunderteinundfünfzig
mille	1000	(ein)tausend
mille un	1001	(ein)tausend(und)eins
deux mille	2000	zweitausend
cinq mille	5000	fünftausend
un million	1 000 000	eine Million
deux millions	2 000 000	zwei Millionen

es nombres ordinaux

Ordnungszahlen

1er, 1re	premier, -ière	1.	erste(r, s)
2nd,	second, e;	2.	zweite(r, s)
2nde, 2e	deuxième		
3e	troisième	3.	dritte(r, s)
4e	quatrième	4.	vierte(r, s)
5e	cinquième	5.	fünfte(r, s)
6e	sixième	6.	sechste(r, s)
7e	septième	7.	siebte(r, s)
8e	huitième	8.	achte(r, s)
9e	neuvième	9.	neunte(r, s)
10e	dixième	10.	zehnte(r, s)
11e	onzième	11.	elfte(r, s)
12e	douzième	12.	zwölfte(r, s)
13e	treizième	13.	dreizehnte(r, s)
14e	quatorzième	14.	vierzehnte(r, s)
15e	quinzième	15.	fünfzehnte(r, s)
16e	seizième	16.	sechzehnte(r, s)
17e	dix-septième	17.	siebzehnte(r, s)
18e	dix-huitième	18.	achtzehnte(r, s)
19e	dix-neuvième	19.	neunzehnte(r, s)
20e	vingtième	20.	zwanzigste(r, s)
21e	vingt et unième	21.	einundzwanzigste(r, s)
30e	trentième	30.	dreißigste(r, s)
100e	centième	100.	hundertste(r, s)
101e	cent unième	101.	hunderterste(r, s)
451e	quatre cent cinquante et unième	451.	vierhunderteinundfünfzigste(r, s)
1000e	millième	1000.	tausendste(r, s)

es fractions

Bruchzahlen

1/2	un demi	1/2	einhalb
1/3	un tiers	1/3	ein Drittel
1/4	un quart	1/4	ein Viertel
1/5	un cinquième	1/5	ein Fünftel
2/3	deux tiers	2/3	zwei Drittel
3/4	trois quarts	3/4	drei Viertel
11/2	un et demi	1 1/2	eineinhalb
,5	un virgule cinq	1,5	eins Komma fünf

695

L'heure

Uhrzeit

Quelle heure est-il?	*Wie viel Uhr ist es?, Wie spät ist es?*
Il est …	*Es ist …*
minuit	Mitternacht, zwölf Uhr nachts
une heure (du matin)	ein Uhr (morgens o nachts)
une heure dix	zehn Minuten nach eins ein Uhr zehn
une heure et quart une heure quinze	Viertel nach eins Viertel zwei ein Uhr fünfzehn
une heure vingt-cinq	fünf vor halb zwei ein Uhr fünfundzwanzig
une heure et demie une heure trente	halb zwei ein Uhr dreißig
deux heures moins vingt-cinq une heure trente-cinq	fünf nach halb zwei ein Uhr fünfunddreißig
deux heures moins le quart une heure trois quarts une heure quarante-cinq	Viertel vor zwei drei Viertel zwei
deux heures moins dix une heure cinquante	zehn vor zwei ein Uhr fünfzig
midi	zwölf Uhr (mittags)
une heure (de l'après-midi) treize heures	ein Uhr (mittags o nachmittags) dreizehn Uhr
sept heures (du soir) dix-neuf heures	sieben Uhr (abends) neunzehn Uhr
À quelle heure?	*Um wie viel Uhr?*
à minuit	um Mitternacht
à une heure	um eins o ein Uhr
à sept heures	um sieben (Uhr)